KODEX

DES ÖSTERREICHISCHEN RECHT[...]

Herausgeber: em. o. Univ. Pr[...]

Redaktion: Dr. Vero[...]

UNTERNEHMENS-RECHT

bearbeitet von

o. Univ.-Prof. DDr. ARTHUR WEILINGER

Institut für Recht der Wirtschaft
Universität Wien

Rubbeln Sie Ihren persönlichen Code frei und laden Sie diesen Kodexband kostenlos in die Kodex App!

893288

HIER

RUBBELN!

Der Code kann bis zum Erscheinen der Neuauflage eingelöst werden. Beachten Sie bitte, dass das Aufrubbeln des Feldes zum Kauf des Buches verpflichtet!

LexisNexis®

Benützungsanleitung: Die Novellen sind nach dem Muster der Wiederverlautbarung in Kursivdruck jeweils am Ende eines Paragraphen, eines Absatzes oder einer Ziffer durch Angabe des Bundesgesetzblattes in Klammer ausgewiesen. Soweit nach Meinung des Bearbeiters ein Bedarf nach einem genauen Novellenausweis besteht, ist der geänderte Text zusätzlich durch Anführungszeichen hervorgehoben.

KODEX

DES ÖSTERREICHISCHEN RECHTS

VERFASSUNGSRECHT
PARLAMENTSRECHT
EUROPARECHT (EU-VERFASSUNGSRECHT)
VÖLKERRECHT
SCHIEDSVERFAHREN
EINFÜHRUNGSGESETZE ABGB und B-VG
BÜRGERLICHES RECHT
UNTERNEHMENSRECHT
ZIVILGERICHTLICHES VERFAHREN
INTERNATIONALES PRIVATRECHT
FAMILIENRECHT
STRAFRECHT
GERICHTSORGANISATION
ANWALTS- UND GERICHTSTARIFE
JUSTIZGESETZE
WOHNUNGSGESETZE
FINANZMARKTRECHT I
FINANZMARKTRECHT II
FINANZMARKTRECHT III
FINANZMARKTRECHT IV
VERSICHERUNGSRECHT I + II
COMPLIANCE FÜR UNTERNEHMEN
WIRTSCHAFTSGESETZE I + VI
WETTBEWERBS- und KARTELLRECHT
UNLAUTERER WETTBEWERB
TELEKOMMUNIKATION
DATENSCHUTZ
VERGABEGESETZE
ARBEITSRECHT
EU-ARBEITSRECHT
AUSHANGPFLICHTIGE GESETZE
SOZIALVERSICHERUNG I + II
SV DURCHFÜHRUNGSVORSCHRIFTEN
STEUERGESETZE
STEUER-ERLÄSSE I -V
EU-STEUERRECHT
ESTG – RICHTLINIENKOMMENTAR
LST – RICHTLINIENKOMMENTAR
KSTG – RICHTLINIENKOMMENTAR
UMGRSTG – RICHTLINIENKOMMENTAR
USTG – RICHTLINIENKOMMENTAR
DOPPELBESTEUERUNGSABKOMMEN
ZOLLRECHT UND VERBRAUCHSTEUERN
RECHNUNGSLEGUNG UND PRÜFUNG
INTERNATIONALE RECHNUNGSLEGUNG
VERKEHRSRECHT
WEHRRECHT
ÄRZTERECHT
GESUNDHEITSBERUFE I + II
KRANKENANSTALTENGESETZE
LEBENSMITTELRECHT
VETERINÄRRECHT
UMWELTRECHT
EU-UMWELTRECHT
EU-CHEMIKALIENRECHT
CHEMIKALIENGESETZE
WASSERRECHT
ABFALLRECHT
SCHULGESETZE
UNIVERSITÄTSRECHT
INNERE VERWALTNG
BESONDERES VERWALTUNGSRECHT
ASYL- UND FREMDENRECHT
POLIZEIRECHT
VERWALTUNGSVERFAHRENSGESETZE
LANDESRECHT TIROL I + II
LANDESRECHT VORARLBERG

ISBN: 978-3-7007-7614-7

LexisNexis Verlag ARD Orac, 1030 Wien, Marxergasse 25
Druck: CZECH PRINT CENTER a.s.

Vorwort zur 59. Auflage

Durch das *Finanz-Organisationsreformgesetz* (FORG, BGBl I 2019/104) wurden 90 Gesetze novelliert. In diesem Kodex kam es zu Änderungen im **Bundes-Stiftungs- und Fondsgesetz 2015**, im **Firmenbuchgesetz**, im **Privatstiftungsgesetz**, im **Bundesgesetz gegen den unlauteren Wettbewerb (UWG)**, im **Wirtschaftlichen Eigentümer Registergesetz** und im **Umgründungssteuergesetz**. Letzteres wurde ebenfalls durch das *Steuerreformgesetz 2020* (StRefG 2020, BGBl I 2019/103) sowie durch eine Aufhebung durch den Verfassungsgerichtshof (VfGH 4.12.2019, G 156/2019-8) geändert (BGBl I 2020/1).

Durch das *Gewaltschutzgesetz 2019* (BGBl I 2019/105) kam es zu Änderungen im **Allgemeinen bürgerlichen Gesetzbuch (ABGB)**. Novelliert wurde auch das **Kartellgesetz 2005** (BGBl I 2019/109).

Aufgrund des *Wirtschaftlichen Eigentümer Registergesetzes* wurde durch den BMF die **Verordnung über zusätzliche technische Möglichkeiten für die Einsicht in das Register** (WiEReG-EinsichtsV, BGBl II 2019/390) erlassen, welche mit 11. März dieses Jahres in Kraft tritt, sowie die **Verordnung zur Festlegung der Nutzungsenthalte für die Nutzung des Registers der wirtschaftlichen Eigentümer** (WiEReG-NutzungsentgelteV) novelliert (BGBl II 2019/437).

Der **Österreichische Corporate Governance Kodex** wurde überarbeitet und in der **Fassung Jänner 2020** abgedruckt.

Die Länderlisten zum Geltungsbereich des **Übereinkommens der Vereinten Nationen über Verträge über den internationalen Warenkauf – „Wiener Kaufrecht"** – wurden aktualisiert (BGBl III 2019/150 und BGBl III 2019/230).

Es wird dringend angeraten, bei jeder Norm die Inkrafttretens- und Übergangsbestimmungen zu beachten! *Besondere Bedeutung kommt dem vor allem im Zusammenhang mit Bestimmungen zur Rechnungslegung zu.* Das gilt sowohl für die Einführung wie auch für die Novellierung einer Norm. Zu bedenken ist auch, dass im Kodex grundsätzlich jene Fassung abgedruckt wird, in der bereits alle zum Stichtag des Kodex im BGBl erschienenen Novellen eingearbeitet wurden, auch wenn einzelne Bestimmungen erst zu einem späteren Zeitpunkt in Kraft treten oder sie erst für spätere Fälle anwendbar sind. Ein Mehrfachabdruck von einzelnen Paragraphen in unterschiedlichen Fassungen würde, von wenigen Ausnahmen abgesehen – selbst mit detaillierten Anmerkungen versehen –, die Gesetzesausgabe unübersichtlich machen. Das führt jedoch dazu, dass man mitunter in der Praxis auch Vorauflagen zur Hand nehmen muss!

Auf eine Änderung der **Bezeichnung der** jeweils zuständigen **Bundesministerinnen** wurde in den abgedruckten Rechtsvorschriften weitgehend verzichtet (siehe dazu und zu einer möglichen Kompetenzverschiebung das *Bundesministeriengesetz 1986* (WV), BGBl 1986/76 idgF; derzeit BGBl I 2020/8.

Im A n h a n g findet sich weiterhin der **Vorschlag für eine Richtlinie** des Europäischen Parlaments und des Rates **über Gesellschaften mit beschränkter Haftung mit einem einzigen Gesellschafter** (9.4.2014 COM (2014) 212 final; {SWD(2014) 123 final} {SWD(2014) 124 final} {SWD(2014) 125 final}.

Für die Unterstützung bei der Neuauflage danke ich wieder meinen Mitarbeitern am Lehrstuhl, insbesondere Frau Mag. *Monika Wallner*, sowie vor allem Frau Mag. *Gundula Riedl* vom Verlag LexisNexis.

Für Verbesserungsvorschläge bin ich sehr dankbar! Sie erreichen mich unter arthur.weilinger@univie.ac.at.

Wien, im Jänner 2020 *Arthur Weilinger*

Inhaltsverzeichnis

Grundlegendes

Weiteres Gesellschaftsrecht

Gesellschaftsrechtliche Nebengesetze

Kapitalmarkt- und Wertpapierrecht

Transportrecht

Wettbewerbsrecht

Urheberrecht und gewerblicher Rechtsschutz

Anhang:

1. Unternehmensgesetzbuch

Hinweis: In den Klammern finden sich Kurzbezeichnungen bzw -hinweise zu den einzelnen Novellen. Dabei wurden nur insoweit die offiziellen Abkürzungen alleine verwendet, als diese aussagekräftig sind oder überhaupt solche vorhanden sind.

DRGBl 1897 S 219 idF

1 DRGBl 1902 S 218
2 DRGBl 1904 S 167
3 DRGBl 1908 S 307
4 DRGBl 1913 S 90
5 DRGBl 1924 I S 44
6 DRGBl 1925 I S 9
7 DRGBl 1927 I S 337
8 DRGBl 1929 II S 759
9 DRGBl 1933 I S 520
10 DRGBl 1937 I S 166
11 DRGBl 1937 I S 891
12 DRGBl 1937 I S 897
13 DRGBl 1937 I S 1026
14 DRGBl 1938 I S 1149
15 DRGBl 1938 I S 1188
16 DRGBl 1938 I S 1428 (Dritte VO z Einführung handelsrechtlicher Vorschriften im Lande Österreich)
17 DRGBl 1938 I S 1999 (Vierte VO z Einführung handelsrechtlicher Vorschriften im Lande Österreich)
18 DRGBl 1939 I S 23 (DFB)
19 DRGBl 1939 I S 1383 (VO z Einführung börsenrechtlicher Vorschriften in der Ostmark)
20 DRGBl 1944 I S 42 (VO z Vereinfachung der Bekanntmachungen über Wertpapiere)
21 StGBl 1945/184 (Verlautbarungsgesetz 1945; WV BGBl 1985/201)
22 StGBl 1945/187 (Kraftloserklärungsnovelle 1945)
23 StGBl 1945/231 (Schillinggesetz)
24 BGBl 1946/21 (VO: Zuständigkeit zur Führung des Handelsregisters)
25 BGBl 1954/213 (Eisenbahn-Verkehrsordnung – EVO)
26 BGBl 1960/153 (Ä des Handelsagentengesetz; Handelsvertreter)
27 BGBl 1964/196 (Verkürzung von Aufbewahrungsfristen)
28 BGBl 1967/170 (Eisenbahn-Verkehrsordnung – EVO)
29 BGBl 1973/577 (HaRÄG – Verwendung von Datenträgern)
30 BGBl 1974/422 (Strafrechtsanpassungsgesetz)
31 BGBl 1976/91 (Wertgrenzennovelle 1976)
32 BGBl 1977/163 (Ä der Eisenbahn-Verkehrsordnung)
33 BGBl 1979/140 (Konsumentenschutzgesetz – KSchG)
34 BGBl 1981/174 (Seeschiffahrtsgesetz)
35 BGBl 1982/370 (IRÄG 1982)
36 BGBl 1988/180 (Eisenbahnbeförderungsgesetz – EBG)
37 BGBl 1989/343 (Erweiterte Wertgrenzen-Novelle – WGN 1989)
38 BGBl 1990/459 (Binnengüterbeförderungsgesetz)
39 BGBl 1990/475 (Rechnungslegungsgesetz – RLG)
40 BGBl 1991/10 (HaRÄG; Firmenbuchgesetz – FBG)
41 BGBl 1993/458 (GesRÄG 1993)
42 BGBl 1994/153 (IRÄG 1994)
43 BGBl 1996/262 (Maklergesetz)
44 BGBl 1996/304 (EU-GesRÄG)
45 BGBl I 1997/106 (IRÄG 1997, ersetzt durch I 1997/114)
46 BGBl I 1997/114 (IRÄG 1997)
47 BGBl I 1998/125 (1. Euro-JuBeG)
48 BGBl I 1998/158 (HaRÄG)
49 BGBl I 1999/49 (Konzernabschlußgesetz – KonzaG)
50 BGBl I 1999/187 (Aktienrückerwerbsgesetz – AreG)
51 BGBl I 2000/61 (HaRÄG)
52 BGBl I 2000/142 (BudgetBeglG 2001)
53 BGBl I 2001/41 (HaRÄG; Jahresabschlussübermittlung)
54 BGBl I 2001/42 (Aktienoptionengesetz – AOG)
55 BGBl I 2001/97 (Finanzmarktaufsichtsgesetz – FMAG)
56 BGBl I 2001/98 (1. Euro-Umstellungsgesetz – Bund)
57 BGBl I 2002/108 (Ä in den Übergangsbestimmungen)
58 BGBl I 2002/118 (Zinsenrechts-Änderungsgesetz – ZinsRÄG)
59 BGBl I 2003/71 (BudgetBeglG 2003)
60 BGBl I 2003/118 (Fair Value-Bewertungsgesetz – FVBG)
61 BGBl I 2004/14 (HaRÄG; Ä der Inkrafttretensbestimmungen)
62 BGBl I 2004/161 (Rechnungslegungsänderungsgesetz – ReLÄG 2004)
63 BGBl I 2005/59 (GesRÄG 2005)
64 BGBl I 2005/120 (HaRÄG; Umbenennung in UGB)
65 BGBl I 2006/75 (Übernahmerechts-Änderungsgesetz – ÜbRÄG 2006)

66 BGBl I 2006/103 (Publizitätsrichtlinie-Gesetz – PuG)
67 BGBl I 2007/72 (GesRÄG 2007)
68 BGBl I 2008/70 (URÄG 2008)
69 BGBl I 2009/71 (AktRÄG 2009)
70 BGBl I 2009/135 (EPG)
71 BGBl I 2009/140 (RÄG 2010)
72 BGBl I 2010/29 (IRÄG 2010; Begriffsersetzungen)
73 BGBl I 2010/58 (IRÄ-BG)
74 BGBl I 2010/111 (BudgetbegleitG 2011)
75 BGBl I 2012/35 (2. StabG 2012)
76 BGBl I 2013/50 (ZVG)
77 BGBl I 2014/83
78 BGBl I 2015/22 (RÄG 2014)
79 BGBl I 2015/163 (AbgÄG 2015)
80 BGBl I 2016/43 (APRÄG 2016)
81 BGBl I 2017/20 (NaDiVeG)
82 BGBl I 2017/107
83 BGBl I 2018/17
84 BGBl I 2018/58 (ErwSchAG-Justiz)
85 BGBl I 2019/46 (Anti-Gold-Plating-Gesetz 2019)
86 BGBl I 2019/63 (AktRÄG 2019)

GLIEDERUNG

STICHWORTVERZEICHNIS

(Die Zahlenangaben beziehen sich auf die Paragraphen)

Inhalt

A

Stichwortverzeichnis

Stichwortverzeichnis

K

Stichwortverzeichnis

Stichwortverzeichnis

W

Z

„Bundesgesetz über besondere zivilrechtliche Vorschriften für Unternehmen (Unternehmensgesetzbuch – UGB)“

(BGBl I 2005/120)

Vorbemerkungen:
Die Vierte Verordnung zur Einführung handelsrechtlicher Vorschriften (EVHGB) im Lande Österreich vom 24. Dezember 1938, dRGBl. 1938 I 1999, zurletzt geändert durch das Bundesgesetz BGBl. I 2002/118, tritt mit Ablauf des 31. Dezember 2006 außer Kraft. Dessen Aufhebung wurde im UGB nicht mehr gesondert kenntlich gemacht. (HaRÄG, BGBl I 2005/120)

Erstes Buch

Allgemeine Bestimmungen

Erster Abschnitt

Begriffe und Anwendungsbereich

Unternehmer und Unternehmen

§ 1. (1) Unternehmer ist, wer ein Unternehmen betreibt.

(2) Ein Unternehmen ist jede auf Dauer angelegte Organisation selbständiger wirtschaftlicher Tätigkeit, mag sie auch nicht auf Gewinn gerichtet sein.

(3) Soweit in der Folge der Begriff des Unternehmers verwendet wird, erfasst er Unternehmerinnen und Unternehmer gleichermaßen.

(BGBl I 2005/120)

Unternehmer kraft Rechtsform

§ 2. Aktiengesellschaften, Gesellschaften mit beschränkter Haftung, Erwerbs- und Wirtschaftsgenossenschaften, Versicherungsvereine auf Gegenseitigkeit, Sparkassen, Europäische wirtschaftliche Interessenvereinigungen (EWIV), Europäische Gesellschaften (SE) und Europäische Genossenschaften (SCE) sind Unternehmer kraft Rechtsform.

(BGBl I 2005/120)

Unternehmer kraft Eintragung

§ 3. Personen, die zu Unrecht ins Firmenbuch eingetragen sind und unter ihrer Firma handeln, gelten als Unternehmer kraft Eintragung.

(BGBl I 2005/120)

Anwendungsbereich des Ersten Buches, Wahlmöglichkeit

§ 4. (1) Das Erste Buch ist auf Unternehmer im Sinn der §§ 1 bis 3 anzuwenden.

(2) [1]Angehörige der freien Berufe sind von der Anwendung der folgenden Abschnitte des Ersten Buches ausgenommen. [2]Sie können sich jedoch durch Eintragung in das Firmenbuch freiwillig dem Ersten Buch unterstellen, sofern dem keine berufsrechtlichen Sonderbestimmungen entgegenstehen.

(3) [1]Auch Land- und Forstwirte sind von der Anwendung der folgenden Abschnitte des Ersten Buches ausgenommen. [2]Sie können sich mit ihrem Unternehmen oder mit einem zu ihrer Land- oder Forstwirtschaft zählenden Nebengewerbe in das Firmenbuch eintragen lassen und damit ebenfalls freiwillig dem Ersten Buch unterstellen.

(BGBl I 2005/120)

Anwendungsbereich der weiteren Bücher

§ 5. [1]Der Anwendungsbereich des Zweiten Buches ergibt sich für offene Gesellschaften aus § 105, für Kommanditgesellschaften aus § 161 und für stille Gesellschaften aus § 179. [2]„Der Anwendungsbereich des Dritten Buches ergibt sich aus § 189, der des Vierten Buches aus § 343, für dessen Achten Abschnitt aber aus § 455, und der des Fünften Buches aus den §§ 1 bis 3.“ *(BGBl I 2013/50)*

(BGBl I 2005/120)

Öffentlichrechtliche Bestimmungen

§ 6. Durch Vorschriften des öffentlichen Rechtes, nach denen die Befugnis zur unternehmerischen Tätigkeit ausgeschlossen oder von gewissen Voraussetzungen abhängig gemacht ist, wird die Anwendung dieses Gesetzbuchs nicht berührt.

(BGBl I 2005/120)

Zweiter Abschnitt

Firmenbuch

Führung des Firmenbuchs

§ 7. Das Firmenbuch wird von den Gerichten geführt.

(BGBl I 2005/120)

Eintragung

§ 8. (1) [1]Unternehmerisch tätige natürliche Personen, die nach § 189 der Pflicht zur Rechnungslegung unterliegen, sind verpflichtet, sich in das Firmenbuch eintragen zu lassen. [2]Andere Einzelunternehmer sind dazu berechtigt. [3]Eine freiwillige Eintragung ist auf Antrag wieder zu löschen.

(2) Die Eintragung von Unternehmern kraft Rechtsform, offenen Gesellschaften, Kommanditgesellschaften und anderen Rechtsträgern wird

in den für sie geltenden Sonderbestimmungen geregelt.

(3) Betreiben mehrere Personen ein Unternehmen in der Rechtsform einer Gesellschaft bürgerlichen Rechts (§§ 1175 ff. ABGB) und überschreitet die Gesellschaft den Schwellenwert des § 189, so sind sie zur Eintragung der Gesellschaft als offene Gesellschaft oder als Kommanditgesellschaft verpflichtet.

(BGBl I 2005/120)

Das Firmenbuch betreffende Einsichtnahmen, Auszüge und Bestätigungen

§ 9. (1) Zur Einsicht in das Hauptbuch und in die zur Urkundensammlung eingereichten Schriftstücke ist jedermann befugt. *(BGBl 1991/10)*

(2) [1]Von den Eintragungen im Hauptbuch und den zur Urkundensammlung eingereichten Schriftstücken können Auszüge (Ausdrucke) gefordert werden. [2]Der Auszug ist zu beglaubigen, sofern nicht auf die Beglaubigung verzichtet wird. *(BGBl 1991/10)*

(3) [1]Soweit dies nicht durch Auszüge aus dem Firmenbuch ersichtlich ist, kann der Nachweis, wer der Inhaber einer in das Firmenbuch eingetragenen Firma ist, Behörden gegenüber durch eine Bestätigung des Gerichts über die Eintragung geführt werden. [2]Das Gleiche gilt vom Nachweis der Befugnis zu im Firmenbuch eingetragenen Vertretungen sowie davon, dass bezüglich des Gegenstandes einer Eintragung weitere Eintragungen nicht vorhanden sind oder dass eine bestimmte Eintragung nicht erfolgt ist. *(BGBl I 2005/120)*

(4) *(aufgehoben, BGBl I 2005/120)*

Veröffentlichungen

§ 10. (1) [1]Eintragungen im Firmenbuch und sonstige vom Firmenbuchgericht vorzunehmende Veröffentlichungen sind in der Ediktsdatei (§ 89j GOG) und im „Amtsblatt zur Wiener Zeitung" bekannt zu machen. [2]Soweit nicht das Gesetz etwas anderes vorschreibt, werden die Eintragungen ihrem ganzen Inhalt nach veröffentlicht. [3]Mit dem im § 89j Abs. 1 letzter Satz GOG genannten Zeitpunkt gilt die Bekanntmachung als vorgenommen; die Bekanntmachung muss zumindest einen Monat lang abfragbar bleiben.

(2) [1]Die Veröffentlichungen im „Amtsblatt zur Wiener Zeitung" sind tunlichst innerhalb eines Zeitraumes von zwei Monaten nach Erteilung der Druckgenehmigung in leicht lesbarer Schrift vorzunehmen; sie können in einer Beilage zum Blatt zusammengefasst werden. [2]Der betroffene Rechtsträger hat das Entgelt für die Veröffentlichung an die Wiener Zeitung GmbH zu bezahlen. [3]Der Bundeskanzler hat durch Verordnung Höchstsätze für diese Entgelte festzusetzen. [4]Diese Höchstsätze müssen sich an marktüblichen Einschaltungskosten orientieren.

(BGBl I 2000/142)

Anmeldungen

§ 11. (1) Die Anmeldungen zur Eintragung in das Firmenbuch sowie die zur Aufbewahrung bei Gericht bestimmten Zeichnungen von Unterschriften sind in der Regel schriftlich in öffentlich beglaubigter Form einzureichen.

(2) [1]Die gleiche Form ist für eine Vollmacht zur Anmeldung erforderlich. [2]Rechtsnachfolger eines Beteiligten haben die Rechtsnachfolge soweit tunlich durch öffentliche Urkunden nachzuweisen.

(BGBl I 2005/120)

Inländische Zweigniederlassungen ausländischer Rechtsträger

„§ 12." (1) Liegt die Hauptniederlassung oder der Sitz eines Rechtsträgers im Ausland, so ist der Rechtsträger in das Firmenbuch einzutragen, wenn er im Inland eine Zweigniederlassung hat.

(2) [1]Bei der Anmeldung ist das Bestehen des Rechtsträgers als solchen nachzuweisen. [2]In die Anmeldung sind die in das Firmenbuch einzutragenden Tatsachen aufzunehmen.

(3) [1]In das Firmenbuch einzutragen sind die Angaben gemäß § 3 FBG sowie die für einen Rechtsträger im FBG vorgesehenen besonderen Eintragungen. [2]Weiters sind in das Firmenbuch die Tätigkeit der Zweigniederlassung, das Personalstatut des Rechtsträgers (§§ 9, 10 IPR-Gesetz, BGBl. Nr. 304/1978), sowie – sofern das Personalstatut eine Registereintragung vorsieht – das Register, bei dem der Rechtsträger geführt wird, und die Nummer der Eintragung in dieses Register einzutragen. [3]Personen, die nicht auf Grund des Gesetzes befugt sind, den Rechtsträger zu vertreten, sind nur dann in das Firmenbuch einzutragen, wenn sich die Vertretungsbefugnis auf die inländische Zweigniederlassung erstreckt.

(4) Für die Anmeldungen, Zeichnungen, Einreichungen, Eintragungen und Bekanntmachungen gelten im übrigen, soweit nicht das ausländische Recht Abweichungen nötig macht, sinngemäß die für einen derartigen Rechtsträger bestehenden inländischen Vorschriften.

(BGBl 1996/304; BGBl I 2005/120)

Verlegung der Hauptniederlassung oder des Sitzes

„§ 13." (1) [1]Wird die Hauptniederlassung oder der Sitz eines Rechtsträgers im Inland verlegt, so ist die Verlegung beim Gericht der bisherigen Hauptniederlassung oder des bisherigen Sitzes anzumelden. [2]Führt die Sitzverlegung zu einer

Änderung der Zuständigkeit (§ 120 JN), so hat dies das Gericht der bisherigen Hauptniederlassung oder des bisherigen Sitzes dem Gericht der neuen Hauptniederlassung oder des neuen Sitzes mitzuteilen und diese Tatsache im Firmenbuch einzutragen. [3]Der Mitteilung sind die Anmeldung sowie die bei dem bisher zuständigen Gericht aufbewahrten Akten und Urkunden (Urkundensammlung) beizufügen.

(2) [1]Das Gericht der neuen Hauptniederlassung oder des neuen Sitzes hat zu prüfen, ob die Hauptniederlassung oder der Sitz ordnungsgemäß verlegt und „§ 29" beachtet ist. [2]Ist dies der Fall, so hat es die Verlegung sowie allenfalls mit der Anmeldung der Sitzverlegung verbundene weitere Anmeldungen einzutragen. *(BGBl I 2005/120)*

(BGBl 1991/10; BGBl I 2005/120)

Geschäftspapiere und Bestellscheine

§ 14. (1) [1]In das Firmenbuch eingetragene Unternehmer haben auf allen Geschäftsbriefen und Bestellscheinen, die auf Papier oder in sonstiger Weise an einen bestimmten Empfänger gerichtet sind, sowie auf ihren Webseiten die Firma, die Rechtsform, den Sitz und die Firmenbuchnummer des Unternehmers, gegebenenfalls den Hinweis, dass sich der Unternehmer in Liquidation befindet, sowie das Firmenbuchgericht anzugeben. [2]Bei einer offenen Gesellschaft oder Kommanditgesellschaft, bei der kein unbeschränkt haftender Gesellschafter eine natürliche Person ist, sind diese Angaben auf den Geschäftsbriefen, Bestellscheinen und Webseiten der Gesellschaft auch über die unbeschränkt haftenden Gesellschafter zu machen. [3]Einzelunternehmer haben auch ihren Namen anzugeben, wenn er sich von der Firma unterscheidet. [4]Genossenschaften haben auch die Art ihrer Haftung anzugeben.

(2) Werden bei einer Kapitalgesellschaft auf Geschäftsbriefen, Bestellscheinen und Webseiten Angaben über das Kapital der Gesellschaft gemacht, so müssen in jedem Fall das Grund- und Stammkapital sowie bei der Aktiengesellschaft, wenn auf die Aktien der Ausgabebetrag nicht vollständig, bei der Gesellschaft mit beschränkter Haftung, wenn nicht alle in Geld zu leistenden Einlagen eingezahlt sind, der Gesamtbetrag der ausstehenden Einlagen angegeben werden.

(3) Auf Geschäftsbriefen, Bestellscheinen und Webseiten, die von einer inländischen Zweigniederlassung eines Unternehmers mit ausländischer Hauptniederlassung oder mit ausländischem Sitz benützt werden, sind außer den Angaben nach Abs. 1 und 2 die Firma, die Firmenbuchnummer der Zweigniederlassung und das Firmenbuchgericht anzugeben.

(4) [1]Der Angaben nach Abs. 1 und 2 bedarf es nicht bei Mitteilungen oder Berichten, die im Rahmen einer bestehenden Geschäftsverbindung ergehen und für die üblicherweise Vordrucke verwendet werden, in denen lediglich die im Einzelfall erforderlichen besonderen Angaben eingefügt zu werden brauchen. [2]Diese Regelung gilt nicht für Bestellscheine.

(5) [1]Wer als Unternehmer diesen Verpflichtungen nicht nachkommt, ist dazu vom Firmenbuchgericht durch eine Zwangsstrafe anzuhalten. [2]§ 24 FBG findet sinngemäß Anwendung. [3]Ist der Unternehmer keine natürliche Person, so richtet sich die Zwangsstrafe gegen die Mitglieder des vertretungsbefugten Organs, im Falle einer inländischen Zweigniederlassung eines Unternehmers mit ausländischer Hauptniederlassung oder mit ausländischem Sitz gegen die für diese vertretungsbefugten Personen."

(BGBl I 2005/120)

Publizität des Firmenbuchs

§ 15. (1) Solange eine in das Firmenbuch einzutragende Tatsache nicht eingetragen und bekanntgemacht ist, kann sie von demjenigen, in dessen Angelegenheiten sie einzutragen war, einem Dritten nicht entgegengesetzt werden, es sei denn, daß sie diesem bekannt war.

(2) [1]Ist die Tatsache eingetragen und bekanntgemacht worden, so muß ein Dritter sie gegen sich gelten lassen. [2]Dies gilt nicht bei Rechtshandlungen, die innerhalb von 15 Tagen nach der „ " Bekanntmachung vorgenommen werden, sofern der Dritte beweist, daß er die Tatsache weder kannte noch kennen mußte. *(BGBl 1991/10; BGBl I 2000/142)*

(3) Wer eine unrichtige Eintragung veranlasst oder eine, wenn auch nicht von ihm veranlasste, wohl aber von ihm als unrichtig erkannte oder für ihn als unrichtig erkennbare Eintragung aus Verschulden nicht löschen lässt, muss die unrichtige Eintragung dem Dritten gegenüber im Geschäftsverkehr gegen sich gelten lassen, sofern er nicht beweist, dass der Dritte nicht im Vertrauen auf die Eintragung gehandelt hat oder deren Unrichtigkeit kannte oder grob fahrlässig nicht kannte. *(BGBl I 2005/120)*

(4) § 3 bleibt unberührt. *(BGBl I 2005/120)*

Gerichtliche Feststellungen

§ 16. (1) [1]Ist durch eine rechtskräftige oder vollstreckbare Entscheidung des Prozeßgerichts die Verpflichtung zur Mitwirkung bei einer Anmeldung zum Firmenbuch oder ein Rechtsverhältnis, bezüglich dessen eine Eintragung zu erfolgen hat, gegen einen von mehreren bei der Vornahme der Anmeldung Beteiligten festgestellt, so genügt zur Eintragung die Anmeldung der übrigen Beteiligten. [2]Wird die Entscheidung, auf Grund deren die Eintragung erfolgt ist, aufgehoben, so ist dies auf Antrag eines der Beteiligten in das Firmenbuch einzutragen.

(2) Ist durch eine rechtskräftige oder vollstreckbare Entscheidung des Prozeßgerichts die Vornahme einer Eintragung für unzulässig erklärt, so darf die Eintragung nicht gegen den Widerspruch desjenigen erfolgen, welcher die Entscheidung erwirkt hat.

Dritter Abschnitt
Firma

Begriff

§ 17. (1) Die Firma ist der in das Firmenbuch eingetragene Name eines Unternehmers, unter dem er seine Geschäfte betreibt und die Unterschrift abgibt.

(2) [1]Ein Unternehmer kann in Verfahren vor Gerichten oder Verwaltungsbehörden seine Firma als Parteibezeichnung führen und mit seiner Firma als Partei bezeichnet werden. [2]Für Einzelunternehmer gilt dies nicht in Strafverfahren.

(BGBl I 2005/120)

Eigenschaften der Firma

§ 18. (1) Die Firma muss zur Kennzeichnung des Unternehmers geeignet sein und Unterscheidungskraft besitzen.

(2) [1]Die Firma darf keine Angaben enthalten, die geeignet sind, über geschäftliche Verhältnisse, die für die angesprochenen Verkehrskreise wesentlich sind, irrezuführen. [2]Im Verfahren vor dem Firmenbuchgericht wird die Eignung zur Irreführung nur berücksichtigt, wenn sie ersichtlich ist.

(BGBl I 2005/120)

Zwingende Rechtsformzusätze

§ 19. (1) Bei in das Firmenbuch eingetragenen Unternehmern muss die Firma, auch wenn sie nach den §§ 21, 22, 24 oder nach anderen gesetzlichen Vorschriften fortgeführt wird, enthalten:

1. bei Einzelunternehmern die Bezeichnung „eingetragener Unternehmer“ oder „eingetragene Unternehmerin“ oder eine allgemein verständliche Abkürzung dieser Bezeichnung, insbesondere „e.U.“;

2. bei einer offenen Gesellschaft die Bezeichnung „offene Gesellschaft“ oder eine allgemein verständliche Abkürzung dieser Bezeichnung, insbesondere „OG“;

3. bei einer Kommanditgesellschaft die Bezeichnung „Kommanditgesellschaft“ oder eine allgemein verständliche Abkürzung dieser Bezeichnung, insbesondere „KG“;

4. bei Angehörigen eines freien Berufes, soweit die berufsrechtlichen Vorschriften für die Firma nichts anderes vorsehen, einen Hinweis auf den ausgeübten freien Beruf. An die Stelle der Bezeichnung „offene Gesellschaft“ kann die Bezeichnung „Partnerschaft“ oder – sofern die Firma nicht die Namen aller Gesellschafter enthält – der Zusatz „und (&) Partner“, an die Stelle der Bezeichnung „Kommanditgesellschaft“ die Bezeichnung „Kommandit-Partnerschaft“ treten.

(2) Wenn in einer offenen Gesellschaft oder einer Kommanditgesellschaft keine natürliche Person unbeschränkt haftet, muss dieser Umstand aus der Firma erkennbar sein, auch wenn sie nach den §§ 21, 22, 24 oder nach anderen gesetzlichen Vorschriften fortgeführt wird.

(BGBl I 2005/120)

Unzulässige Verwendung fremder Namen

§ 20. In die Firma eines Einzelunternehmers oder einer eingetragenen Personengesellschaft darf der Name einer anderen Person als des Einzelunternehmers oder eines unbeschränkt haftenden Gesellschafters nicht aufgenommen werden.

(BGBl I 2005/120)

Fortführung bei Namensänderung

§ 21. Wird der Name einer in der Firma genannten Person geändert, so kann die bisherige Firma fortgeführt werden.

(BGBl I 2005/120)

Fortführung bei Unternehmenserwerb

§ 22. (1) Wer ein bestehendes Unternehmen unter Lebenden oder von Todes wegen erwirbt, darf für das Unternehmen die bisherige Firma, auch wenn sie den Namen des bisherigen Unternehmers enthält, mit oder ohne Beifügung eines das Nachfolgeverhältnis andeutenden Zusatzes fortführen, wenn der bisherige Unternehmer oder dessen Erben in die Fortführung der Firma ausdrücklich einwilligen. *(BGBl I 2005/120)*

(2) Wird „das Unternehmen“ auf Grund eines Nießbrauchs, eines Pachtvertrags oder eines ähnlichen Verhältnisses übernommen, so finden diese Vorschriften entsprechende Anwendung. *(BGBl I 2005/120)*

Verbot der Leerübertragung

§ 23. Die Firma kann nicht ohne das „Unternehmen, für das“ sie geführt wird, veräußert werden. *(BGBl I 2005/120)*

Fortführung bei Änderungen im Gesellschafterbestand

§ 24. (1) Tritt ein neuer Gesellschafter in eine Gesellschaft ein oder scheidet ein Gesellschafter aus einer solchen aus, so kann ungeachtet dieser Veränderung die bisherige Firma fortgeführt werden. *(BGBl I 2005/120)*

(2) Bei „ “ Ausscheiden eines Gesellschafters, dessen Name in der Firma enthalten ist, bedarf es zur Fortführung der Firma der ausdrücklichen Einwilligung des Gesellschafters oder seiner Erben. *(BGBl I 2005/120)*

§§ 25 bis 27. *(aufgehoben, BGBl I 2005/120)*

Anmeldung der Firma

§ 28. [1]Die Anmeldung zum Firmenbuch erfolgt bei dem Gericht, in dessen Sprengel sich der Sitz des Unternehmens befindet. [2]Der Unternehmer hat in der Anmeldung die in § 3 Z 2 bis 4, 5, 8 und 16, gegebenenfalls auch die in § 3 Z 6, 9, 11 und 15 und § 4 Z 2 und 3 FBG genannten Tatsachen anzugeben und seine Namensunterschrift zur Aufbewahrung bei Gericht zu zeichnen.

(BGBl I 2005/120)

Unterscheidbarkeit der Firma

„**§ 29.**“ (1) Jede neue Firma muß sich von allen an demselben Orte oder in derselben Gemeinde bereits bestehenden und in das Firmenbuch eingetragenen Firmen deutlich unterscheiden.

(2) Hat ein „Unternehmer“ mit einem bereits eingetragenen „Unternehmer“ die gleichen Vornamen und den gleichen Familiennamen und will auch er sich dieser Namen als seiner Firma bedienen, so muß er der Firma einen Zusatz beifügen, durch den sie sich von der bereits eingetragenen Firma deutlich unterscheidet. *(BGBl I 2005/120)*

(3) Besteht an dem Orte oder in der Gemeinde, wo eine Zweigniederlassung errichtet wird, bereits eine gleiche eingetragene Firma, so muß der Firma für die Zweigniederlassung ein der Vorschrift des Abs. 2 entsprechender Zusatz beigefügt werden.

(4) *(aufgehoben, BGBl I 2005/120)*

(BGBl I 2005/120)

Anm: § 29 aF (nicht abgedruckt) wurde offensichtlich durch ein Redaktionsversehen zu BGBl I 2005/120 vergessen aufzuheben. Der Inhalt dürfte durch § 28 nF abgedeckt sein.

Änderung der Firma, Unternehmensbeendigung

„**§ 30.**“ (1) Eine Änderung der Firma oder ihrer Inhaber sowie die Verlegung des Sitzes an einen anderen Ort sind nach den Vorschriften des § 28 zur Eintragung in das Firmenbuch anzumelden. *(BGBl I 2005/120)*

(2) [1]Das gleiche gilt, wenn die Firma erlischt. [2]„Kann die Anmeldung des Erlöschens einer eingetragenen Firma durch die hierzu Verpflichteten nicht auf dem in § 24 FBG bezeichneten Wege innerhalb von zwei Monaten ab Rechtskraft der Verhängung der Zwangsstrafe herbeigeführt werden, so hat das Gericht das Erlöschen von Amts wegen einzutragen.“ *(BGBl 1991/10)*

(BGBl I 2005/120)

Insolvenzverfahren

„**§ 31.**“ (1) [1]Die Insolvenzgesetze bestimmen, inwieweit im Insolvenzverfahren ergangene Entscheidungen einzutragen sind. [2]„§ 10 und § 15 sind nicht anzuwenden.“ *(BGBl I 2000/142)*

(2) Für die Zwangsverwaltung gilt § 342 EO.

(3) Die nach Abs. 1 und 2 einzutragenden Personen haben ihre Unterschrift persönlich zur Aufbewahrung bei Gericht zu zeichnen oder die Zeichnung in beglaubigter Form einzureichen.

(BGBl 1991/10; BGBl I 2005/120)

Eintragung des Genehmigungsvorbehalts oder des Vertreters der Verlassenschaft

§ 32. (1) [1]„Ist für einen in das Firmenbuch eingetragenen Einzelunternehmer oder einen vertretungsbefugten Gesellschafter einer offenen Gesellschaft oder Kommanditgesellschaft ein Genehmigungsvorbehalt (§ 242 Abs. 2 ABGB) angeordnet, der die Führung eines Unternehmens oder die Ausübung von Gesellschafterrechten ganz oder teilweise umfasst, so ist dieser von Amts wegen in das Firmenbuch einzutragen.“[2]§ 15 ist nicht anzuwenden. *(BGBl I 2018/58)*

(2) Stirbt ein im Firmenbuch eingetragener Einzelunternehmer oder ein vertretungsbefugter Gesellschafter einer offenen Gesellschaft oder Kommanditgesellschaft, so ist auf Antrag einzutragen, wer berechtigt ist, die Verlassenschaft zu vertreten.

(3) Für die nach den vorstehenden Absätzen einzutragenden Personen gilt § 31 Abs. 3 sinngemäß.

(BGBl I 2005/120)

§ 32a. *(aufgehoben, BGBl I 2005/120)*

Anmeldung einer juristischen Person

§ 33. (1) Soll eine juristische Person in das Firmenbuch eingetragen werden, ist sie von sämtlichen vertretungsbefugten Organwaltern (Vorstand) zur Eintragung anzumelden. *(BGBl I 2005/120)*

(2) [1]Der Anmeldung sind die Satzung der juristischen Person und die Urkunden über die Bestellung des Vorstandes in Urschrift oder in öffentlich beglaubigter Abschrift beizufügen. [2]Bei der Eintragung sind die Firma und der Sitz der juristischen Person, „ “ und die Mitglieder des Vorstandes anzugeben. [3]Besondere Bestimmungen der Satzung über die Befugnis des Vorstandes zur Vertretung der juristischen Person oder über die

Zeitdauer des Unternehmens sind gleichfalls einzutragen. *(BGBl 1991/10)*

(3) Die Errichtung einer Zweigniederlassung ist durch den Vorstand unter Beifügung einer öffentlich beglaubigten Abschrift der Satzung anzumelden.

(4) Die Abs. 1 bis 3 finden keine Anwendung, soweit Sondervorschriften bestehen. *(BGBl I 2005/120)*

(DRGBl 1937 I S 897)

Anmeldung und Eintragung von Änderungen

§ 34. (1) Jede Änderung der nach § 33 Abs. 2 einzutragenden Tatsachen oder der Satzung, die Auflösung der juristischen Person, falls sie nicht die Folge der Eröffnung des „Konkursverfahrens" ist, sowie die Personen der Liquidatoren und die besonderen Bestimmungen über ihre Vertretungsbefugnis sind zur Eintragung in das Firmenbuch anzumelden. *(BGBl I 2010/58)*

(2) Bei der Eintragung einer Änderung der Satzung genügt, soweit nicht die Änderung die im § 33 Abs. 2 bezeichneten Angaben betrifft, die Bezugnahme auf die bei dem Gericht eingereichten Urkunden über die Änderung.

(3) Die Anmeldung hat durch den Vorstand oder, sofern die Eintragung erst nach der Anmeldung der ersten Liquidatoren geschehen soll, durch Liquidatoren zu erfolgen.

(4) Die Eintragung gerichtlich bestellter Vorstandsmitglieder oder Liquidatoren geschieht von Amts wegen.

(5) Im Falle eines Insolvenzverfahrens finden die Vorschriften des § 31 Anwendung. *(BGBl I 2010/58)*

Unterschriftenzeichnung

§ 35. Die Mitglieder des Vorstandes und die Liquidatoren einer juristischen Person haben ihre Unterschrift zur Aufbewahrung bei dem Gerichte zu zeichnen.

Ehepakte von Unternehmern

§ 36. (1) [1]Die dem Ehegatten eines Unternehmers, dessen Firma im Firmenbuch eingetragen ist, durch Ehepakte eingeräumten Vermögensrechte können, um den Unternehmensgläubigern gegenüber wirksam zu sein, in das Firmenbuch eingetragen werden, die Ehepakte mögen schon vor oder erst nach der Eintragung der Firma geschlossen worden sein. [2]Jeder der Ehegatten kann die Ehepakte zur Eintragung in das Firmenbuch anmelden.

(2) In das Firmenbuch sind nur das Datum der eingereichten Ehepakte oder ihrer Änderungen sowie der Name und das Geburtsdatum des Ehegatten einzutragen.

(3) Aus Ehepakten gegen einen Unternehmer entspringende Rechte sind einem Unternehmensgläubiger gegenüber unwirksam, wenn dessen Forderung vor Eintragung der Ehepakte in das Firmenbuch entstanden ist.

(4) Abs. 3 gilt nicht, soweit die aus Ehepakten entspringenden Rechte dem Gläubiger vor Entstehung der Forderung bekannt waren oder soweit es sich um Rechte aus Ehepakten handelt, die schon vor Entstehung der Forderung in einem öffentlichen Buch eingetragen waren.

(5) Abs. 1 bis 4 gelten auch für die unbeschränkt haftenden Gesellschafter einer offenen Gesellschaft oder Kommanditgesellschaft.

(BGBl I 2005/120)

Anmerkung zu § 36: Die „für Ehegatten, Ehesachen oder in Eheangelegenheiten maßgebenden Bestimmungen in der jeweils geltenden Fassung sind auf eingetragene Partner, Partnersachen oder Partnerangelegenheiten sinngemäß anzuwenden" (§ 43 Abs 1 EPG, BGBl I 2009/135).

Unbefugter Firmengebrauch

§ 37. „ " [1]Wer in seinen Rechten dadurch verletzt wird, daß ein anderer eine Firma unbefugt gebraucht, kann von diesem die Unterlassung des Gebrauchs der Firma verlangen. [2]Ein nach sonstigen Vorschriften begründeter Anspruch auf Schadensersatz bleibt unberührt. *(BGBl 1991/10)*

Vierter Abschnitt

Unternehmensübergang

Übernahme der Rechtsverhältnisse des Veräußerers durch den Erwerber, Haftung von Veräußerer und Erwerber

§ 38. (1) [1]Wer ein unter Lebenden erworbenes Unternehmen fortführt, übernimmt, sofern nichts anderes vereinbart ist, zum Zeitpunkt des Unternehmensübergangs die unternehmensbezogenen, nicht höchstpersönlichen Rechtsverhältnisse des Veräußerers mit den bis dahin „begründeten" Rechten und Verbindlichkeiten. [2]Für unternehmensbezogene Verbindlichkeiten des Veräußerers bestellte Sicherheiten bleiben für diese Verbindlichkeiten aufrecht. [3]Der Veräußerer haftet nach Maßgabe des § 39 für die unternehmensbezogenen Verbindlichkeiten fort. *(BGBl I 2014/83)*

(2) [1]Der Dritte kann der Übernahme seines Vertragsverhältnisses binnen dreier Monate nach Mitteilung davon sowohl gegenüber dem Veräußerer als auch gegenüber dem Erwerber widersprechen; in der Mitteilung ist er auf das Widerspruchsrecht hinzuweisen. [2]Dies gilt auch für den Besteller einer für unternehmensbezogene Verbindlichkeiten des Veräußerers gewährten Sicherheit. [3]Im Falle eines wirksamen Widerspruchs

besteht das Vertragsverhältnis mit dem Veräußerer fort.

(3) [1]Wurde dem Dritten nicht nachweislich mitgeteilt, „ob" das Vertragsverhältnis vom Erwerber übernommen wurde, oder kann dieser Übernahme noch widersprochen werden, so kann er sowohl gegenüber dem Veräußerer als auch gegenüber dem Erwerber auf das Vertragsverhältnis bezogene Erklärungen abgeben und seine Verbindlichkeiten erfüllen. [2]Dies gilt auch für den Besteller einer für unternehmensbezogene Verbindlichkeiten des Veräußerers gewährten Sicherheit. *(BGBl I 2008/70)*

(4) [1]Werden unternehmensbezogene Rechtsverhältnisse des Veräußerers vom Erwerber nicht übernommen, so haftet er dennoch für die damit verbundenen Verbindlichkeiten. [2]Dies gilt auch, wenn der Erwerber nur einzelne Verbindlichkeiten des Veräußerers nicht übernimmt. [3]Eine davon abweichende Vereinbarung über die Haftung ist einem Dritten gegenüber nur wirksam, wenn sie beim Unternehmensübergang in das Firmenbuch eingetragen, auf verkehrsübliche Weise bekannt gemacht oder dem Dritten vom Veräußerer oder vom Erwerber mitgeteilt wurde.

(5) Wird ein Unternehmen „im Weg eines Zwangsvollstreckungsverfahrens, eines Insolvenzverfahrens oder einer Überwachung des Schuldners durch einen Treuhänder der Gläubiger" erworben, so finden diese Bestimmungen keine Anwendung. *(BGBl I 2010/58)*

(5a) [1]Nicht als Erwerb eines Unternehmens im Sinn des Abs. 1 gilt die Fortführung im Weg der Pacht, der Leihe, der Fruchtnießung, des Rechtes des Gebrauchs und der Beendigung dieser Verträge. [2]Auch in diesen Fällen kann jedoch ein Dritter oder ein Sicherheitenbesteller gegenüber dem neuen Unternehmer Erklärungen in Bezug auf ein zum früheren Unternehmer bestehendes, unternehmensbezogenes und nicht höchstpersönliches Vertragsverhältnis abgeben und seine Verbindlichkeiten erfüllen, solange ihm die Fortführung des Unternehmens im Weg der Pacht, der Leihe, der Fruchtnießung, des Rechtes des Gebrauchs oder der Beendigung dieser Verträge nicht bekannt ist. *(BGBl I 2008/70, zum Inkrafttreten siehe § 906 Abs 18!)*

(6) Eine durch andere Bestimmungen begründete Haftung oder Übernahme von Rechtsverhältnissen durch den Erwerber bleibt unberührt.

(BGBl I 2005/120)

Begrenzung der Haftung des Veräußerers, Frist

§ 39. [1]Übernimmt der Erwerber des Unternehmens unternehmensbezogene Rechtsverhältnisse des Veräußerers mit den bis zum Unternehmensübergang „begründeten" Rechten und Verbindlichkeiten, so haftet der Veräußerer für diese Verbindlichkeiten nur, soweit sie vor Ablauf von fünf Jahren nach dem Unternehmensübergang fällig werden. [2]Ansprüche daraus verjähren innerhalb der für die jeweilige Verbindlichkeit geltenden Verjährungsfrist, längstens jedoch in drei Jahren. *(BGBl I 2014/83)*

(BGBl I 2005/120)

Rechtsstellung des Erben bei Unternehmensfortführung

§ 40. (1) Wird ein zu einem Nachlass gehörendes Unternehmen von dem Erben fortgeführt, so haftet er für die unternehmensbezogenen Verbindlichkeiten unbeschadet seiner Haftung als Erbe unbeschränkt.

(2) [1]Die unbeschränkte Haftung tritt nicht ein, wenn die Fortführung des Unternehmens spätestens drei Monate nach Einantwortung eingestellt oder die Haftung in sinngemäßer Anwendung des § 38 Abs. 4 ausgeschlossen wird. [2]Ist der Erbe nicht geschäftsfähig und ist für ihn kein gesetzlicher Vertreter bestellt, so endet diese Frist nicht vor dem Ablauf von drei Monaten seit der Bestellung eines gesetzlichen Vertreters oder seit dem Eintritt der Geschäftsfähigkeit des Erben.

(BGBl I 2005/120)

§§ 41 bis 47. *(aufgehoben, BGBl 1990/475)*

Fünfter Abschnitt

Prokura und Handlungsvollmacht

Erteilung der Prokura

§ 48. (1) Die Prokura kann nur von „einem in das Firmenbuch eingetragenen Unternehmer" oder seinem gesetzlichen Vertreter und nur mittels ausdrücklicher Erklärung erteilt werden. *(BGBl I 2005/120)*

(2) Die Erteilung kann an mehrere Personen gemeinschaftlich erfolgen (Gesamtprokura).

Umfang der Prokura

§ 49. (1) [1]Die Prokura ermächtigt zu allen Arten von gerichtlichen und außergerichtlichen Geschäften und Rechtshandlungen, die der Betrieb eines „Unternehmens" mit sich bringt. [2]„Für diese bedarf es keiner besonderen Vollmacht nach § 1008 ABGB." *(BGBl I 2005/120)*

(2) Zur Veräußerung und Belastung von Grundstücken ist der Prokurist nur ermächtigt, wenn ihm diese Befugnis besonders erteilt ist.

Unbeschränkbarkeit der Prokura

§ 50. (1) Eine Beschränkung des Umfanges der Prokura ist Dritten gegenüber unwirksam.

(2) Dies gilt insbesondere von der Beschränkung, daß die Prokura nur für gewisse Geschäfte oder gewisse Arten von Geschäften oder nur unter gewissen Umständen oder für eine gewisse Zeit oder an einzelnen Orten ausgeübt werden soll.

(3) [1]Eine Beschränkung der Prokura auf den Betrieb einer von mehreren Niederlassungen des „Unternehmers" ist Dritten gegenüber nur wirksam, wenn die Niederlassungen unter verschiedenen Firmen betrieben werden. [2]Eine Verschiedenheit der Firmen im Sinne dieser Vorschrift wird auch dadurch begründet, daß für eine Zweigniederlassung der Firma ein Zusatz beigefügt wird, der sie als Firma der Zweigniederlassung bezeichnet. *(BGBl I 2005/120)*

Zeichnung des Prokuristen

§ 51. Der Prokurist hat in der Weise zu zeichnen, daß er der Firma seinen Namen mit einem die Prokura andeutenden Zusatze beifügt.

Widerruflichkeit und Unübertragbarkeit der Prokura

§ 52. (1) Die Prokura ist ohne Rücksicht auf das der Erteilung zugrunde liegende Rechtsverhältnis jederzeit widerruflich, unbeschadet des Anspruchs auf die vertragsmäßige Vergütung.

(2) Die Prokura ist nicht übertragbar.

(3) Die Prokura erlischt nicht durch den Tod des „Unternehmers". *(BGBl I 2005/120)*

Eintragung der Prokura

§ 53. (1) [1]Die Erteilung der Prokura ist „vom Unternehmer" zur Eintragung in das Firmenbuch anzumelden. [2]Ist die Prokura als Gesamtprokura erteilt, so muß auch dies zur Eintragung angemeldet werden. *(BGBl I 2005/120)*

(2) Der Prokurist hat seine Namensunterschrift mit einem die Prokura andeutenden Zusatz zur Aufbewahrung bei Gericht zu zeichnen. *(BGBl 1991/10)*

(3) Das Erlöschen der Prokura ist in gleicher Weise wie die Erteilung zur Eintragung anzumelden.

Umfang der Handlungsvollmacht

§ 54. (1) [1]Ist jemand ohne Erteilung der Prokura zum Betrieb eines Unternehmens oder zur Vornahme einer bestimmten zu einem Unternehmen gehörigen Art von Geschäften oder zur Vornahme einzelner zu einem Unternehmen gehöriger Geschäfte ermächtigt, so erstreckt sich die Vollmacht (Handlungsvollmacht) auf alle Geschäfte und Rechtshandlungen, die der Betrieb eines derartigen Unternehmens oder die Vornahme derartiger Geschäfte gewöhnlich mit sich bringt; dies umfasst auch den Abschluss von Schiedsvereinbarungen. [2]Für solche Geschäfte und Rechtshandlungen bedarf es keiner besonderen Vollmacht nach § 1008 ABGB.

(2) Zur Veräußerung oder Belastung von Grundstücken, zur Eingehung von Wechselverbindlichkeiten, zur Aufnahme von Darlehen und zur Prozessführung ist der Handlungsbevollmächtigte nur ermächtigt, wenn ihm eine solche Befugnis besonders erteilt ist.

(BGBl I 2005/120)

Beschränkbarkeit der Handlungsvollmacht

§ 55. Sonstige Beschränkungen der Handlungsvollmacht braucht ein Dritter nur dann gegen sich gelten zu lassen, wenn er sie kannte oder kennen musste.

(BGBl I 2005/120)

Ladenvollmacht

§ 56. Wer in einem Laden oder in einem offenen Warenlager angestellt ist, gilt als ermächtigt zu Verkäufen und Empfangnahmen, die in einem derartigen Laden oder Warenlager gewöhnlich geschehen.

Zeichnung des Handlungsbevollmächtigten

§ 57. Der Handlungsbevollmächtigte hat sich bei der Zeichnung jedes eine Prokura andeutenden Zusatzes zu enthalten; er hat mit einem das Vollmachtsverhältnis ausdrückenden Zusatze zu zeichnen.

Widerruflichkeit und Übertragbarkeit der Handlungsvollmacht

§ 58. (1) Die Handlungsvollmacht ist unbeschadet des Anspruchs auf die vertragsmäßige Vergütung jederzeit widerruflich, sofern sich aus dem ihrer Erteilung zugrunde liegenden Rechtsverhältnis nicht das Gegenteil ergibt.

(2) Die Handlungsvollmacht ist nur mit Zustimmung des Unternehmers auf einen anderen übertragbar.

(3) Die Handlungsvollmacht erlischt im Zweifel nicht durch den Tod des Unternehmers.

(BGBl I 2005/120)

Sechster Abschnitt

Handlungsgehilfen und Handlungslehrlinge
§§ 59 bis 83

(DRGBl 1938 I S 1999, keine Geltung in Österreich)

Siebenter Abschnitt
Handlungsagenten §§ 84 bis 92

(DRGBl 1938 I S 1999, keine Geltung in Österreich)

Achter Abschnitt
Handelsmakler §§ 93 bis 104

(aufgehoben, BGBl 1996/262)

Zweites Buch
Offene Gesellschaft, Kommanditgesellschaft und stille Gesellschaft

Hinweis: Gem § 907 UGB sind gewisse („bisher geltende") Bestimmungen des HGB auf bis 31. Dezember 2006 errichtete Gesellschaften (offene Handelsgesellschaften und Kommanditgesellschaften) uU weiter anzuwenden!

Erster Abschnitt
Offene Gesellschaft

Erster Titel
Errichtung der Gesellschaft

Begriff

§ 105. [1]Eine offene Gesellschaft ist eine unter eigener Firma geführte Gesellschaft, bei der die Gesellschafter gesamthandschaftlich verbunden sind und bei keinem der Gesellschafter die Haftung gegenüber den Gesellschaftsgläubigern beschränkt ist. [2]Die offene Gesellschaft ist rechtsfähig. [3]Sie kann jeden erlaubten Zweck einschließlich freiberuflicher und land- und forstwirtschaftlicher Tätigkeit haben. Ihr gehören mindestens zwei Gesellschafter an.

(BGBl I 2005/120)

Anmeldung zum Firmenbuch

§ 106. [1]Die Gesellschaft ist bei dem Gericht, in dessen Sprengel sie ihren Sitz hat, zur Eintragung in das Firmenbuch anzumelden. [2]Die Anmeldung hat die in § 3 Z 2 bis 4, 5, 7, 8 und 16, gegebenenfalls auch die in § 3 Z 6, 9, 11 und 15 und § 4 Z 2, 3, 5 und 7 FBG genannten Tatsachen zu enthalten.

(BGBl I 2005/120)

Anmeldeverpflichtete, Musterzeichnung

„§ 107.“ (1) Die Anmeldungen sind von sämtlichen Gesellschaftern zu bewirken.

(2) Die Gesellschafter, welche die Gesellschaft vertreten sollen, haben ihre Namensunterschrift zur Aufbewahrung bei Gericht zu zeichnen. *(BGBl 1991/10)*

(BGBl I 2005/120)

Anm: § 107 aF (nicht abgedruckt) wurde offensichtlich durch ein Redaktionsversehen zu BGBl I 2005/120 vergessen aufzuheben.

Zweiter Titel
Rechtsverhältnis der Gesellschafter untereinander

Gestaltungsfreiheit

§ 108. Die Rechtsverhältnisse der Gesellschafter untereinander richten sich nach dem Gesellschaftsvertrag; die Vorschriften der §§ 109 bis 122 finden nur insoweit Anwendung, als nicht durch den Gesellschaftsvertrag anderes bestimmt ist.

(BGBl I 2014/83)

Anm: siehe die Übergangsbestimmungen gem § 906 Abs 27 UGB.

Beteiligungsverhältnisse und Beiträge der Gesellschafter, Nachschüsse

§ 109. (1) [1]Soweit die Gesellschafter nichts anderes vereinbart haben, bestimmt sich ihre Beteiligung an der Gesellschaft nach dem Verhältnis des Wertes der vereinbarten Einlagen (Kapitalanteil). [2]Im Zweifel sind die Gesellschafter zu gleichen Teilen beteiligt.

(2) [1]Soweit nichts anderes vereinbart ist, sind die Gesellschafter im gleichen Ausmaß zur Mitwirkung an der Förderung des Gesellschaftszwecks verpflichtet. [2]Der Beitrag eines Gesellschafters kann sich auch auf die Leistung von Diensten beschränken (Arbeitsgesellschafter).

(3) Die Gesellschafter sind nicht verpflichtet, Nachschüsse zur vertraglich zugesagten Einlage zu leisten.

(4) [1]Auch ohne Vereinbarung im Gesellschaftsvertrag können die Gesellschafter mit Stimmenmehrheit die Leistung von Nachschüssen im Verhältnis ihrer Kapitalanteile beschließen, wenn die Fortführung der Gesellschaft sonst nicht möglich wäre. [2]Ein Gesellschafter, der dem Beschluss nicht zugestimmt hat und den Nachschuss nicht leistet, kann innerhalb angemessener Frist aus der Gesellschaft austreten oder aufgrund einer Klage der übrigen Gesellschafter vom Gericht ausgeschlossen werden. [3]Auf das Austrittsrecht kann im Vorhinein nicht verzichtet werden. [4]Für die Auseinandersetzung mit dem ausgetretenen oder ausgeschlossenen Gesellschafter und für die Ermittlung seiner Beteiligung an schwebenden

Geschäften ist der Zeitpunkt der Beschlussfassung über die Nachschusspflicht maßgeblich.

(BGBl I 2014/83)

Anm: siehe die Übergangsbestimmungen gem § 906 Abs 27 UGB.

Ersatz für Aufwendungen und Verluste; Herausgabepflicht

§ 110. (1) Macht der Gesellschafter in den Gesellschaftsangelegenheiten Aufwendungen, die er den Umständen nach für erforderlich halten darf, oder erleidet er unmittelbar durch seine Geschäftsführung oder aus Gefahren, die mit ihr untrennbar verbunden sind, Verluste, so ist ihm die Gesellschaft zum Ersatz verpflichtet.

(2) Aufgewendetes Geld hat die Gesellschaft von der Zeit der Aufwendungen an zu verzinsen.

(3) Ein Gesellschafter kann für die Aufwendungen, die zur Erledigung der Gesellschaftsangelegenheiten nötig sind, von der Gesellschaft einen Vorschuss verlangen.

(4) Er hat alles, was er zur Führung der Geschäfte erhält und was er aus der Geschäftsführung erlangt, an die Gesellschaft herauszugeben.

(BGBl I 2005/120)

Verzinsungspflicht

§ 111. (1) Ein Gesellschafter, der seine Geldeinlage nicht zur rechten Zeit einzahlt oder eingenommenes Gesellschaftsgeld nicht zur rechten Zeit an die Gesellschaftskasse abliefert oder unbefugt Geld aus der Gesellschaftskasse für sich entnimmt, hat Zinsen von dem Tage an zu entrichten, an welchem die Zahlung oder die Ablieferung hätte geschehen sollen oder die Herausnahme des Geldes erfolgt ist.

(2) Die Geltendmachung eines weiteren Schadens ist nicht ausgeschlossen.

Mitwirkung, Interessenwahrung, Gleichbehandlung, Wettbewerbsverbot

§ 112. (1) [1]Die Gesellschafter haben unter Wahrung ihrer Rechte an der gesellschaftlichen Willensbildung und den zu treffenden Maßnahmen nach Kräften und mit gebotener Sorgfalt mitzuwirken, den Zweck und den Gegenstand der Gesellschaft redlich zu fördern und alles zu unterlassen, was den Gesellschaftsinteressen schadet. [2]Die Gesellschafter sind unter gleichen Voraussetzungen gleich zu behandeln. *(BGBl I 2014/83)*

„(2)" Ein Gesellschafter darf ohne Einwilligung der anderen Gesellschafter weder im Geschäftszweig der Gesellschaft Geschäfte machen noch an einer anderen gleichartigen Gesellschaft als unbeschränkt haftender Gesellschafter teilnehmen. *(BGBl I 2005/120; BGBl I 2014/83)*

„(3)"** Die Einwilligung zur Teilnahme an einer anderen Gesellschaft gilt als erteilt, wenn den übrigen Gesellschaftern bei Eingehung der Gesellschaft bekannt ist, daß der Gesellschafter an einer anderen Gesellschaft als „unbeschränkt"* haftender Gesellschafter teilnimmt und gleichwohl die Aufgabe dieser Beteiligung nicht ausdrücklich bedungen wird. *(*BGBl I 2005/120; **BGBl I 2014/83)*

Verletzung des Wettbewerbsverbots

§ 113. (1) Verletzt ein Gesellschafter die ihm nach „§ 112 Abs. 2" obliegende Verpflichtung, so kann die Gesellschaft Schadensersatz fordern; sie kann statt dessen von dem Gesellschafter verlangen, daß er die für eigene Rechnung gemachten Geschäfte als für Rechnung der Gesellschaft eingegangen gelten lasse und die aus Geschäften für fremde Rechnung bezogene Vergütung herausgebe oder seinen Anspruch auf die Vergütung abtrete. *(BGBl I 2014/83)*

(2) Über die Geltendmachung dieser Ansprüche beschließen die übrigen Gesellschafter.

(3) Die Ansprüche verjähren in drei Monaten von dem Zeitpunkte an, in welchem die übrigen Gesellschafter von dem Abschlusse des Geschäfts oder von der Teilnahme des Gesellschafters an der anderen Gesellschaft Kenntnis erlangen; sie verjähren ohne Rücksicht auf diese Kenntnis in fünf Jahren von ihrer Entstehung an.

(4) Das Recht der Gesellschafter, die Auflösung der Gesellschaft zu verlangen, wird durch diese Vorschriften nicht berührt.

Geschäftsführung

§ 114. (1) Zur Führung der Geschäfte der Gesellschaft sind alle Gesellschafter berechtigt und verpflichtet.

(2) Ist im Gesellschaftsvertrage die Geschäftsführung einem Gesellschafter oder mehreren Gesellschaftern übertragen, so sind die übrigen Gesellschafter von der Geschäftsführung ausgeschlossen.

(3) Ein geschäftsführender Gesellschafter ist verpflichtet, der Gesellschaft die erforderlichen Nachrichten zu geben, auf Verlangen über den Stand der Geschäfte Auskunft zu erteilen und Rechenschaft abzulegen. *(BGBl I 2005/120)*

(4) [1]Ein Gesellschafter darf im Zweifel die Führung der Geschäfte nicht einem Dritten übertragen. Ist die Übertragung gestattet, so hat er nur ein ihm bei der Übertragung zur Last fallendes Verschulden zu vertreten. [2]Das Verschulden eines Gehilfen hat er in gleichem Umfang zu vertreten wie eigenes Verschulden. *(BGBl I 2005/120)*

Geschäftsführung durch mehrere Gesellschafter; Weisungsgebundenheit

§ 115. (1) Steht die Geschäftsführung allen oder mehreren Gesellschaftern zu, so ist jeder von ihnen allein zu handeln berechtigt; widerspricht jedoch ein anderer geschäftsführender Gesellschafter der Vornahme einer Handlung, so muß diese unterbleiben.

(2) Ist im Gesellschaftsvertrage bestimmt, daß die Gesellschafter, denen die Geschäftsführung zusteht, nur zusammen handeln können, so bedarf es für jedes Geschäft der Zustimmung aller geschäftsführenden Gesellschafter, es sei denn, daß Gefahr im Verzug ist.

(3) [1]Ist ein Gesellschafter an die Weisungen der übrigen Gesellschafter gebunden, so kann er von den ihm erteilten Weisungen abweichen, wenn er den Umständen nach annehmen darf, dass die übrigen Gesellschafter bei Kenntnis der Sachlage die Abweichung billigen würden. [2]Er hat die Abweichung den übrigen Gesellschaftern anzuzeigen und ihre Entscheidung abzuwarten, wenn nicht Gefahr im Verzug ist. *(BGBl I 2005/120)*

Umfang der Geschäftsführungsbefugnis

§ 116. (1) Die Befugnis zur Geschäftsführung erstreckt sich auf alle Handlungen, die der gewöhnliche „Geschäftsbetrieb" der Gesellschaft mit sich bringt. *(BGBl I 2014/83)*

(2) Zur Vornahme von Handlungen, die darüber hinausgehen, ist „ein einstimmiger Beschluss aller" Gesellschafter erforderlich. *(BGBl I 2014/83)*

(3) [1]Zur Bestellung eines Prokuristen bedarf es der Zustimmung aller geschäftsführenden Gesellschafter, es sei denn, daß Gefahr im Verzug ist. [2]Der Widerruf der Prokura kann von jedem der zur Erteilung oder zur Mitwirkung bei der Erteilung befugten Gesellschafter erfolgen.

Entzug und Kündigung der Geschäftsführungsbefugnis

§ 117. (1) Die Befugnis zur Geschäftsführung kann einem Gesellschafter „aufgrund einer Klage aller" übrigen Gesellschafter durch gerichtliche Entscheidung entzogen werden, wenn ein wichtiger Grund vorliegt; ein solcher Grund ist insbesondere grobe Pflichtverletzung oder Unfähigkeit zur ordnungsmäßigen Geschäftsführung. *(BGBl I 2014/83)*

(2) [1]Ein Gesellschafter kann die Geschäftsführung kündigen, wenn ein wichtiger Grund vorliegt. [2]Auf dieses Recht kann nicht verzichtet werden.

(3) [1]Die Geschäftsführung darf nur in der Art gekündigt werden, dass die Gesellschafter für die Führung der Geschäfte anderweitig Vorsorge treffen können, es sei denn, dass ein wichtiger Grund für die unzeitige Kündigung vorliegt. [2]Kündigt der Gesellschafter ohne solchen Grund zur Unzeit, so hat er der Gesellschaft den daraus entstehenden Schaden zu ersetzen.

(BGBl I 2005/120)

Kontrollrecht der Gesellschafter

§ 118. (1) Ein Gesellschafter kann sich, auch wenn er von der Geschäftsführung ausgeschlossen ist, von den Angelegenheiten der Gesellschaft persönlich unterrichten, die Bücher und Schriften der Gesellschaft einsehen und sich aus ihnen einen Jahresabschluss oder, wenn nach den Vorschriften des Dritten Buches keine Pflicht zur Rechnungslegung besteht, eine sonstige Abrechnung anfertigen oder die Vorlage eines solchen Abschlusses oder einer solchen Abrechnung fordern. *(BGBl I 2005/120)*

(2) Eine Vereinbarung, durch die dieses Recht ausgeschlossen oder beschränkt wird, ist unwirksam. *(BGBl I 2014/83)*

Beschlussfassung

§ 119. (1) Gesellschafterbeschlüsse erfordern die Zustimmung aller zur Mitwirkung bei der Beschlussfassung berufenen Gesellschafter.

(2) [1]Hat nach dem Gesellschaftsvertrag die Mehrheit der Stimmen zu entscheiden, so bestimmt sie sich nach den abgegebenen gültigen Stimmen. [2]Das Stimmgewicht entspricht den Beteiligungsverhältnissen. [3]Sind nicht alle Gesellschafter am Kapital beteiligt, wird die Mehrheit nach Köpfen berechnet. [4]Arbeitsgesellschafter, denen der Gesellschaftsvertrag einen am Wert ihrer Arbeit orientierten Kapitalanteil zubilligt, gelten als am Kapital beteiligt.

(BGBl I 2014/83)

Anm: siehe die Übergangsbestimmungen gem § 906 Abs 27 UGB.

Gewinn und Verlust

§ 120. „" Am Schluß jedes Geschäftsjahrs wird auf Grund des Jahresabschlusses „oder, wenn nach den Vorschriften des Dritten Buches keine Pflicht zur Rechnungslegung besteht, nach den Ergebnissen einer sonstigen Abrechnung" der Gewinn oder der Verlust des Jahres ermittelt und für jeden Gesellschafter sein Anteil daran berechnet. *(BGBl 1990/475; BGBl I 2005/120)*

(2) *(aufgehoben, BGBl I 2005/120)*

Verteilung von Gewinn und Verlust

§ 121. (1) [1]Sofern alle Gesellschafter in gleichem Ausmaß zur Mitwirkung verpflichtet sind, wird der Gewinn und Verlust eines Geschäftsjahres den Gesellschaftern im Verhältnis ihrer Kapitalanteile zugewiesen (§ 109 Abs. 1). [2]Enthält der Gesellschaftsvertrag eine abweichende Bestimmung nur über den Anteil am Gewinn oder über den Anteil am Verlust, so gilt sie im Zweifel für Gewinn und Verlust.

(2) Sind die Gesellschafter nicht in gleichem Ausmaß zur Mitwirkung verpflichtet, so ist dies bei der Zuweisung des Gewinns angemessen zu berücksichtigen.

(3) [1]Arbeitsgesellschaftern ohne Kapitalanteil ist ein den Umständen nach angemessener Betrag des Jahresgewinns zuzuweisen. [2]Der diesen Betrag übersteigende Teil des Jahresgewinns wird sodann den Gesellschaftern im Verhältnis ihrer Beteiligung zugewiesen.

(4) Die Gesellschafterstellung steht der Vereinbarung eines Entgelts für der Gesellschaft geleistete Dienste nicht entgegen.

(BGBl I 2014/83)

Anm: siehe die Übergangsbestimmungen gem § 906 Abs 27 UGB.

Gewinnausschüttung und Entnahmen

§ 122. (1) [1]Jeder Gesellschafter hat Anspruch auf Auszahlung seines Gewinnanteils. [2]Der Anspruch kann jedoch nicht geltend gemacht werden, soweit die Auszahlung zum offenbaren Schaden der Gesellschaft gereicht, die Gesellschafter ein anderes beschließen oder der Gesellschafter vereinbarungswidrig seine Einlage nicht geleistet hat.

(2) Im Übrigen ist ein Gesellschafter nicht befugt, ohne Einwilligung der anderen Gesellschafter Entnahmen zu tätigen.

(BGBl I 2005/120)

Dritter Titel
Rechtsverhältnis der Gesellschaft zu Dritten

Entstehung der Gesellschaft

§ 123. (1) Die offene Gesellschaft entsteht mit der Eintragung in das Firmenbuch.

(2) [1]Handeln Gesellschafter oder zur Vertretung der Gesellschaft bestellte Personen nach Errichtung, aber vor Entstehung der Gesellschaft in deren Namen, so werden alle Gesellschafter daraus berechtigt und verpflichtet. [2]Dies gilt auch dann, wenn ein handelnder Gesellschafter nicht, nicht allein oder nur beschränkt vertretungsbefugt ist, der Dritte den Mangel der Vertretungsmacht aber weder kannte noch kennen musste. [3]Die Gesellschaft tritt mit Eintragung in das Firmenbuch in die Rechtsverhältnisse ein.

(BGBl I 2005/120)

Gesamthandbindung der Gesellschafter

§ 124. (1) Soweit im Gesellschaftsvertrag nichts anderes bestimmt ist, kann ein Gesellschafter nicht ohne Zustimmung aller Gesellschafter über seinen Gesellschaftsanteil verfügen.

(2) Gegen eine Forderung, die zum Gesellschaftsvermögen gehört, kann der Schuldner nicht eine ihm gegen einen einzelnen Gesellschafter zustehende Forderung aufrechnen.

(3) [1]Die Ansprüche, die den Gesellschaftern aus dem Gesellschaftsverhältnis gegeneinander oder gegen die Gesellschaft zustehen, sind nicht übertragbar und nicht pfändbar. [2]Ausgenommen sind die einem Gesellschafter aus der Geschäftsführung zustehenden Ansprüche, soweit deren Befriedigung vor der Auseinandersetzung verlangt werden kann, sowie die Ansprüche auf einen Gewinnanteil oder auf das, was dem Gesellschafter bei der Auseinandersetzung zukommt.

(BGBl I 2005/120)

Vertretung der Gesellschaft

§ 125. (1) Zur Vertretung der Gesellschaft ist jeder Gesellschafter befugt (Einzelvertretung), wenn er nicht durch den Gesellschaftsvertrag davon ausgeschlossen ist.

(2) [1]Im Gesellschaftsvertrag kann bestimmt werden, dass alle oder mehrere Gesellschafter nur in Gemeinschaft zur Vertretung der Gesellschaft ermächtigt sein sollen (Gesamtvertretung). [2]Die zur Gesamtvertretung berechtigten Gesellschafter können einzelne von ihnen zur Vornahme bestimmter Geschäfte oder bestimmter Arten von Geschäften ermächtigen. [3]Ist der Gesellschaft gegenüber eine Willenserklärung abzugeben, so genügt jedenfalls die Abgabe gegenüber einem der zur Mitwirkung bei der Vertretung befugten Gesellschafter (passive Einzelvertretung).

(3) [1]Im Gesellschaftsvertrag kann bestimmt werden, dass die Gesellschafter, wenn nicht mehrere zusammen handeln, nur in Gemeinschaft mit einem Prokuristen zur Vertretung der Gesellschaft ermächtigt sein sollen (gemischte Gesamtvertretung). [2]Die Vorschriften des Abs. 2 zweiter und dritter Satz finden in diesem Fall entsprechende Anwendung.

(4) Der Ausschluss eines Gesellschafters von der Vertretung, die Anordnung einer Gesamtvertretung oder einer gemischten Gesamtvertretung sowie jede Änderung in der Vertretungsmacht eines Gesellschafters ist von sämtlichen Gesellschaftern zur Eintragung in das Firmenbuch anzumelden.

(BGBl I 2005/120)

Umfang der Vertretungsmacht

§ 126. (1) Die Vertretungsmacht der Gesellschafter erstreckt sich auf alle gerichtlichen und außergerichtlichen Geschäfte und Rechtshandlungen einschließlich der Veräußerung und Belastung von Grundstücken sowie der Erteilung und des Widerrufs einer Prokura.

(2) Eine Beschränkung des Umfanges der Vertretungsmacht ist Dritten gegenüber unwirksam; dies gilt insbesondere von der Beschränkung, daß sich die Vertretung nur auf gewisse Geschäfte oder Arten von Geschäften erstrecken oder daß sie nur unter gewissen Umständen oder für eine gewisse Zeit oder an einzelnen Orten stattfinden soll.

(3) In betreff der Beschränkung auf den Betrieb einer von mehreren Niederlassungen der Gesellschaft finden die Vorschriften des § 50, Abs. 3, entsprechende Anwendung.

Entziehung der Vertretungsmacht

§ 127. Die Vertretungsmacht kann einem Gesellschafter „aufgrund einer Klage aller" übrigen Gesellschafter durch gerichtliche Entscheidung entzogen werden, wenn ein wichtiger Grund vorliegt; ein solcher Grund ist insbesondere grobe Pflichtverletzung oder Unfähigkeit zur ordnungsmäßigen Vertretung der Gesellschaft. *(BGBl I 2014/83)*

Unbeschränkte Haftung der Gesellschafter

§ 128. [1]Die Gesellschafter haften für die Verbindlichkeiten der Gesellschaft den Gläubigern als Gesamtschuldner „unbeschränkt". [2]Eine entgegenstehende Vereinbarung ist Dritten gegenüber unwirksam. *(BGBl I 2005/120)*

Einwendungen des Gesellschafters

§ 129. (1) Wird ein Gesellschafter wegen einer Verbindlichkeit der Gesellschaft in Anspruch genommen, so kann er Einwendungen, die nicht in seiner Person begründet sind, nur insoweit geltend machen, als sie von der Gesellschaft erhoben werden können.

(2) Der Gesellschafter kann die Befriedigung des Gläubigers verweigern, solange der Gesellschaft das Recht zusteht, das ihrer Verbindlichkeit zugrunde liegende Rechtsgeschäft anzufechten „oder ihre Verbindlichkeit durch Aufrechnung mit einer fälligen Forderung zu erfüllen". *(BGBl I 2014/83)*

(3) *(entfällt, BGBl I 2014/83)*

(4) Aus einem gegen die Gesellschaft gerichteten vollstreckbaren Schuldtitel findet die Zwangsvollstreckung gegen die Gesellschafter nicht statt.

Haftung des eintretenden Gesellschafters

§ 130. (1) Wer in eine bestehende Gesellschaft eintritt, haftet gleich den anderen Gesellschaftern nach Maßgabe der §§ 128, 129 für die vor seinem „Eintritt" begründeten Verbindlichkeiten der Gesellschaft, ohne Unterschied, ob die Firma „geändert wird" oder nicht. *(BGBl I 2005/120)*

(2) Eine entgegenstehende Vereinbarung ist Dritten gegenüber unwirksam.

Vierter Titel

Auflösung der Gesellschaft und Ausscheiden von Gesellschaftern

Auflösungsgründe

§ 131. Die offene „Gesellschaft" wird aufgelöst: *(BGBl I 2005/120)*

1. durch den Ablauf der Zeit, für welche sie eingegangen ist;

2. durch Beschluß der Gesellschafter;

3. durch die rechtskräftige Eröffnung des Konkursverfahrens über das Vermögen der Gesellschaft, durch die Abänderung der Bezeichnung Sanierungsverfahren in Konkursverfahren oder durch die rechtskräftige Nichteröffnung oder Aufhebung des Insolvenzverfahrens mangels kostendeckenden Vermögens; *(BGBl I 2015/22)*

4. durch den Tod eines Gesellschafters, „sofern sich aus dem Gesellschaftsvertrag nichts anderes ergibt"; *(BGBl I 2005/120)*

5. durch die rechtskräftige Eröffnung des Konkursverfahrens über das Vermögen eines Gesellschafters, durch die Abänderung der Bezeichnung Sanierungsverfahren in Konkursverfahren oder durch die rechtskräftige Nichteröffnung oder Aufhebung des Insolvenzverfahrens mangels kostendeckenden Vermögens; *(BGBl I 2015/22)*

6. durch Kündigung „oder" durch gerichtliche Entscheidung. *(BGBl I 2014/83)*

Kündigung eines Gesellschafters

§ 132. „(1)" Die Kündigung eines Gesellschafters kann, wenn die Gesellschaft für unbestimmte Zeit eingegangen ist, nur für den Schluß eines Geschäftsjahrs erfolgen; sie muß mindestens sechs Monate vor diesem Zeitpunkte stattfinden. *(BGBl I 2005/120)*

(2) Eine Vereinbarung, durch die das Kündigungsrecht ausgeschlossen oder in anderer Weise als durch angemessene Verlängerung der Kündigungsfrist erschwert wird, ist nichtig. *(BGBl I 2005/120)*

Auflösung durch gerichtliche Entscheidung

§ 133. (1) „Aufgrund der Klage" eines Gesellschafters kann die Auflösung der Gesellschaft vor dem Ablaufe der für ihre Dauer bestimmten Zeit oder bei einer für unbestimmte Zeit eingegangenen Gesellschaft ohne Kündigung durch gerichtliche Entscheidung ausgesprochen werden, wenn ein wichtiger Grund vorliegt. *(BGBl I 2014/83)*

(2) Ein solcher Grund ist insbesondere vorhanden, wenn ein anderer Gesellschafter eine ihm nach dem Gesellschaftsvertrag obliegende wesentliche Verpflichtung vorsätzlich oder aus grober Fahrlässigkeit verletzt oder wenn die Erfüllung einer solchen Verpflichtung unmöglich wird.

(3) Eine Vereinbarung, durch welche das Recht des Gesellschafters, die Auflösung der Gesellschaft zu verlangen, ausgeschlossen oder diesen Vorschriften zuwider beschränkt wird, ist nichtig.

Gesellschaft auf Lebenszeit, Befristung

§ 134. Eine Gesellschaft, die für die Lebenszeit eines Gesellschafters eingegangen ist oder nach dem Ablaufe der für ihre Dauer bestimmten Zeit stillschweigend fortgesetzt wird, steht im Sinne der Vorschriften der §§ 132, 133 einer für unbestimmte Zeit eingegangenen Gesellschaft gleich.

Kündigung durch den Privatgläubiger

§ 135. Hat ein Privatgläubiger eines Gesellschafters, nachdem innerhalb der letzten sechs Monate eine Zwangsvollstreckung in das bewegliche Vermögen des Gesellschafters ohne Erfolg „versucht worden war", auf Grund eines nicht bloß vorläufig vollstreckbaren „Exekutionstitels" die Pfändung und Überweisung des Anspruchs auf dasjenige erwirkt, was dem Gesellschafter bei der Auseinandersetzung zukommt, so kann er die Gesellschaft ohne Rücksicht darauf, ob sie für bestimmte oder unbestimmte Zeit eingegangen ist, sechs Monate vor dem Ende des Geschäftsjahrs für diesen Zeitpunkt kündigen. *(BGBl I 2014/83)*

§ 136. *(aufgehoben samt Überschrift, BGBl I 2014/83)*

Auseinandersetzung mit dem ausscheidenden Gesellschafter

§ 137. (1) [1]Dem ausscheidenden Gesellschafter sind die Gegenstände, die er der Gesellschaft zur Benutzung überlassen hat, zurückzugeben. [2]Für einen durch Zufall abhanden gekommenen oder verschlechterten Gegenstand kann er keinen Ersatz verlangen.

(2) [1]Dem ausscheidenden Gesellschafter ist in Geld auszuzahlen, was er bei der Auseinandersetzung erhielte, wenn die Gesellschaft zur Zeit seines Ausscheidens aufgelöst worden wäre. [2]Der Wert des Gesellschaftsvermögens ist, soweit erforderlich, durch Schätzung zu ermitteln.

(3) [1]Der ausscheidende Gesellschafter ist von den Gesellschaftsschulden zu befreien, für die er den Gläubigern haftet. [2]Ist eine Schuld noch nicht fällig, so kann ihm die Gesellschaft Sicherheit leisten statt ihn zu befreien.

(4) Verbleibt dem ausscheidenden Gesellschafter eine Verbindlichkeit aus dem Gesellschaftsverhältnis, so ist er verpflichtet, einen Ausgleich in entsprechender Höhe an die Gesellschaft zu zahlen.

(BGBl I 2005/120)

Beteiligung des Ausscheidenden an schwebenden Geschäften

§ 138. (1) [1]Der ausgeschiedene Gesellschafter nimmt am Gewinn und am Verlust teil, der sich aus den zur Zeit seines Ausscheidens schwebenden Geschäften ergibt. [2]Die Gesellschaft ist berechtigt, diese Geschäfte so zu beenden, wie es ihr am vorteilhaftesten erscheint.

(2) Der ausgeschiedene Gesellschafter kann am Schluss jedes Geschäftsjahrs Rechenschaft über die inzwischen beendeten Geschäfte, Auszahlung des ihm gebührenden Betrages und Auskunft über den Stand der noch schwebenden Geschäfte verlangen.

(BGBl I 2005/120)

Fortsetzung mit den Erben

§ 139. (1) [1]Ist im Gesellschaftsvertrag bestimmt, dass im Fall des Todes eines Gesellschafters die Gesellschaft mit seinen Erben fortgesetzt werden soll, so besteht sie nach dem Tod dieses Gesellschafters mit seiner Verlassenschaft und nach deren Einantwortung mit den Erben fort. [2]Jeder Erbe kann sein Verbleiben in der Gesellschaft davon abhängig machen, dass ihm unter Belassung des bisherigen Gewinnanteils die Stellung eines Kommanditisten eingeräumt und der auf ihn fallende Teil der Einlage des Erblassers als seine Kommanditeinlage anerkannt wird. *(BGBl I 2005/120)*

(2) Nehmen die übrigen Gesellschafter einen dahingehenden Antrag des Erben nicht an, so ist dieser befugt, ohne Einhaltung einer Kündigungsfrist sein Ausscheiden aus der Gesellschaft zu erklären.

(3) [1]Die in Abs. 1 und 2 bezeichneten Rechte können von den Erben nur innerhalb einer Frist von drei Monaten nach der Einantwortung der Verlassenschaft geltend gemacht werden. [2]Ist ein Erbe nicht geschäftsfähig und ist für ihn kein gesetzlicher Vertreter bestellt, so läuft diese Frist erst ab der Bestellung eines solchen oder ab dem Eintritt der Geschäftsfähigkeit des Erben. *(BGBl I 2005/120)*

(4) Scheidet [innerhalb der Frist des Abs. 3] der Erbe aus der Gesellschaft aus oder wird [in-

nerhalb der Frist] die Gesellschaft aufgelöst oder dem Erben die Stellung eines Kommanditisten eingeräumt, so haftet er für die bis dahin entstandenen Gesellschaftsschulden nur nach Maßgabe der die Haftung des Erben für die Nachlaßverbindlichkeiten betreffenden Vorschriften des bürgerlichen Rechtes.

(5) Der Gesellschaftsvertrag kann die Anwendung der Vorschriften der Abs. 1 bis 4 nicht ausschließen; es kann jedoch für den Fall, daß der Erbe sein Verbleiben in der Gesellschaft von der Einräumung der Stellung eines Kommanditisten abhängig macht, sein Gewinnanteil anders als der des Erblassers bestimmt werden.

Ausschluss statt Auflösung

§ 140. (1) [1]„Tritt in der Person eines Gesellschafters ein Umstand ein, der nach § 133 für jeden der übrigen Gesellschafter das Recht begründet, die Auflösung der Gesellschaft zu verlangen, so kann vom Gericht aufgrund einer Klage aller übrigen Gesellschafter anstatt der Auflösung der Gesellschaft der Ausschluss dieses Gesellschafters aus der Gesellschaft ausgesprochen werden.“[2]Der Ausschließungsklage steht nicht entgegen, dass nach der Ausschließung nur ein Gesellschafter verbleibt. *(BGBl I 2014/83)*

(2) Für die Auseinandersetzung zwischen der Gesellschaft oder dem allein verbleibenden Gesellschafter (Abs. 1 letzter Satz) und dem ausgeschlossenen Gesellschafter ist die Vermögenslage der Gesellschaft in dem Zeitpunkt maßgebend, in dem die Klage auf Ausschließung erhoben wird.

(BGBl I 2005/120)

Fortsetzungsbeschluss

§ 141. (1) [1]Die Gesellschafter können bei Auflösung der Gesellschaft, wenn sie nicht in Folge der Eröffnung des „Konkursverfahrens“* über das Vermögen der Gesellschaft eintritt (§ 144), deren Fortbestand beschließen. [2]In den Fällen des § 131 Z 4, 5 oder 6 erster Fall steht dieses Recht den verbleibenden Gesellschaftern zu. „[3]In diesen Fällen scheidet der Gesellschafter, in dessen Person der Auflösungsgrund eingetreten ist, infolge des Fortsetzungsbeschlusses aus der Gesellschaft aus.“** *(*BGBl I 2010/58; **BGBl I 2014/83)*

(2) Im Fall der Kündigung durch einen Privatgläubiger (§ 135) scheidet der betreffende Gesellschafter mit dem Ende des Geschäftsjahrs aus der Gesellschaft aus „, in den übrigen Fällen mit dem Wirksamwerden des Beschlusses.“ *(BGBl I 2014/83)*

(3) Im Fall der Eröffnung des „Konkursverfahrens“ über das Vermögen eines Gesellschafters ist Abs. 1 mit der Maßgabe anzuwenden, dass eine Erklärung gegenüber dem Masseverwalter zu erfolgen hat und der „Schuldner“ mit dem Zeitpunkt der Konkurseröffnung als aus der Gesellschaft ausgeschieden gilt. *(BGBl I 2010/58)*

(BGBl I 2005/120)

Übergang des Gesellschaftsvermögens

§ 142. (1) [1]Verbleibt nur noch ein Gesellschafter, so erlischt die Gesellschaft ohne Liquidation. [2]Das Gesellschaftsvermögen geht im Weg der Gesamtrechtsnachfolge auf diesen über.

(2) Der ausscheidende Gesellschafter ist in sinngemäßer Anwendung der §§ 137 und 138 abzufinden.

(BGBl I 2005/120)

Anmeldung von Auflösung und Ausscheiden

§ 143. (1) Die Auflösung der Gesellschaft ist, wenn sie nicht infolge der Eröffnung des „Konkursverfahrens“ über das Vermögen der Gesellschaft eintritt, von sämtlichen Gesellschaftern zur Eintragung in das Firmenbuch anzumelden. *(BGBl I 2010/58)*

(2) Das gleiche gilt von dem Ausscheiden eines Gesellschafters aus der Gesellschaft.

(3) Ist anzunehmen, dass der Tod eines Gesellschafters die Auflösung oder das Ausscheiden zur Folge gehabt hat, so kann die Eintragung auch ohne Mitwirkung der Erben bei der Anmeldung erfolgen, soweit einer solchen Mitwirkung besondere Hindernisse entgegenstehen. *(BGBl I 2005/120)*

Fortsetzung nach Insolvenz der Gesellschaft

§ 144. (1) Ist die Gesellschaft durch die Eröffnung des Konkursverfahrens über ihr Vermögen aufgelöst, das Insolvenzverfahren aber durch Bestätigung eines Sanierungsplans (§ 152 IO) oder mit Einverständnis der Gläubiger (§ 123b IO) aufgehoben worden, so können die Gesellschafter die Fortsetzung der Gesellschaft beschließen. *(BGBl I 2010/58)*

(2) Die Fortsetzung ist von sämtlichen Gesellschaftern zur Eintragung in das Firmenbuch anzumelden.

Fünfter Titel

Liquidation der Gesellschaft

Notwendigkeit der Liquidation

§ 145. (1) Nach der Auflösung der Gesellschaft findet die Liquidation statt, sofern nicht eine andere Art der Auseinandersetzung von den Gesellschaftern vereinbart oder über das Vermögen der Gesellschaft „das Insolvenzverfahren“ eröffnet ist. *(BGBl I 2010/58)*

(2) Ist die Gesellschaft durch Kündigung des Gläubigers eines Gesellschafters oder durch die Eröffnung des „Konkursverfahrens"** über das Vermögen eines Gesellschafters aufgelöst, so kann die Liquidation nur mit Zustimmung des Gläubigers oder des „Masseverwalters"* unterbleiben. *(*BGBl I 2005/120; **BGBl I 2010/58)*

Bestellung der Liquidatoren

§ 146. (1) [1]Die Liquidation erfolgt, sofern sie nicht durch Beschluß der Gesellschafter oder durch den Gesellschaftsvertrag einzelnen Gesellschaftern oder anderen Personen übertragen ist, durch sämtliche Gesellschafter als Liquidatoren. [2]Mehrere Erben eines Gesellschafters haben einen gemeinsamen Vertreter zu bestellen.

(2) [1]Auf Antrag eines Beteiligten kann aus wichtigen Gründen die Ernennung von Liquidatoren durch das Gericht erfolgen, in dessen „Sprengel" die Gesellschaft ihren Sitz hat; das Gericht kann in einem solchen Falle Personen zu Liquidatoren ernennen, die nicht zu den Gesellschaftern gehören. [2]Als Beteiligter gilt außer den Gesellschaftern im Falle des § 135 auch der Gläubiger, durch den die Kündigung erfolgt ist. *(BGBl I 2005/120)*

(3) Ist über das Vermögen eines Gesellschafters das Konkursverfahren eröffnet oder das Sanierungsverfahren eröffnet und dem Gesellschafter die Eigenverwaltung entzogen, so tritt der Insolvenzverwalter an die Stelle des Gesellschafters. *(BGBl I 2010/58)*

Abberufung von Liquidatoren

§ 147. Die Abberufung von Liquidatoren geschieht durch einstimmigen Beschluß der nach § 146, Abs. 2, 3, Beteiligten; sie kann auf Antrag eines Beteiligten aus wichtigen Gründen auch durch das Gericht erfolgen.

Anmeldung der Liquidatoren

§ 148. (1) [1]Die Liquidatoren sind von sämtlichen Gesellschaftern zur Eintragung in das Firmenbuch anzumelden. [2]Das gleiche gilt von jeder Änderung in den Personen der Liquidatoren oder in ihrer Vertretungsmacht. [3]„Im Fall des Todes eines Gesellschafters kann, wenn anzunehmen ist, dass die Anmeldung den Tatsachen entspricht, die Eintragung auch ohne Mitwirkung der Erben bei der Anmeldung erfolgen, soweit einer solchen Mitwirkung besondere Hindernisse entgegenstehen." *(BGBl I 2005/120)*

(2) Die Eintragung gerichtlich bestellter Liquidatoren sowie die Eintragung der gerichtlichen Abberufung von Liquidatoren geschieht von Amts wegen.

(3) Die Liquidatoren haben ihre Namensunterschrift zur Aufbewahrung bei Gericht zu zeichnen. *(BGBl 1991/10)*

Rechte und Pflichten der Liquidatoren; Auseinandersetzung

§ 149. (1) [1]Die Liquidatoren haben die laufenden Geschäfte zu beenden, die Forderungen einzuziehen, das übrige Vermögen in Geld umzusetzen und die Gläubiger zu befriedigen; zur Beendigung schwebender Geschäfte können sie auch neue Geschäfte eingehen. [2]Die Liquidatoren vertreten die Gesellschaft gerichtlich und außergerichtlich.

(2) [1]Den Gesellschaftern sind die Gegenstände, die sie der Gesellschaft zur Benutzung überlassen haben, zurückzugeben. [2]Für einen durch Zufall abhanden gekommenen oder verschlechterten Gegenstand können sie keinen Ersatz verlangen.

(BGBl I 2005/120)

Mehrere Liquidatoren

§ 150. (1) Sind mehrere Liquidatoren vorhanden, so können sie die zur Liquidation gehörenden Handlungen nur in Gemeinschaft vornehmen, sofern nicht bestimmt ist, daß sie einzeln handeln können; „ eine solche Bestimmung ist zur Eintragung in das Firmenbuch anzumelden." *(BGBl 1991/10)*

(2) [1]Durch die Vorschrift des Abs. 1 wird nicht ausgeschlossen, daß die Liquidatoren einzelne von ihnen zur Vornahme bestimmter Geschäfte oder bestimmter Arten von Geschäften ermächtigen. [2]Ist der Gesellschaft gegenüber eine Willenserklärung abzugeben, so findet die Vorschrift des § 125, Abs. 2, Satz 3, entsprechende Anwendung.

Unbeschränkbarkeit der Befugnisse

§ 151. Eine Beschränkung des Umfanges der Befugnisse der Liquidatoren ist Dritten gegenüber unwirksam.

Bindung an Weisungen

§ 152. Die Liquidatoren haben, auch wenn sie gerichtlich bestellt sind, den in Bezug auf die Geschäftsführung einstimmig beschlossenen Anordnungen der gemäß § 146 Abs. 2 und 3 Beteiligten Folge zu leisten.

(BGBl I 2005/120)

Unterschrift

§ 153. Die Liquidatoren haben ihre Unterschrift in der Weise abzugeben, daß sie der bisherigen, als Liquidationsfirma zu bezeichnenden Firma ihren Namen beifügen.

Liquidationsbilanz; Zuweisung des Liquidationsgewinnes oder -verlustes

§ 154. „(1)“ Die Liquidatoren haben bei dem Beginne sowie bei der Beendigung der Liquidation eine Bilanz aufzustellen. *(BGBl I 2005/120)*

(2) Die Zuweisung eines Liquidationsgewinns oder -verlustes richtet sich nach der Beteiligung der Gesellschafter (§ 109). *(BGBl I 2005/120)*

Verteilung des Gesellschaftsvermögens; Ausgleich unter den Gesellschaftern

§ 155. (1) Das nach Berücksichtigung der Schulden verbleibende Vermögen der Gesellschaft ist von den Liquidatoren nach dem Verhältnis der Beteiligung der Gesellschafter unter Berücksichtigung ihrer Guthaben und Verbindlichkeiten aus dem Gesellschaftsverhältnis, wie sie sich aufgrund der Schlussbilanz ergeben, unter die Gesellschafter zu verteilen. *(BGBl I 2005/120)*

(2) [1]Das während der Liquidation entbehrliche Geld wird vorläufig verteilt. [2]Zur Deckung noch nicht fälliger oder streitiger Verbindlichkeiten sowie zur Sicherung der den Gesellschaftern bei der Schlußverteilung zukommenden Beträge ist das Erforderliche zurückzubehalten. [3]Die Vorschriften des § 122, Abs. 1, finden während der Liquidation keine Anwendung.

(3) Entsteht über die Verteilung des Gesellschaftsvermögens Streit unter den Gesellschaftern, so haben die Liquidatoren die Verteilung bis zur Entscheidung des Streites auszusetzen.

(4) [1]Reicht das Gesellschaftsvermögen zur Deckung der Guthaben von Gesellschaftern aus dem Gesellschaftsverhältnis nicht aus, so sind die übrigen Gesellschafter ihnen gegenüber verpflichtet, für den Betrag im Verhältnis ihrer Verbindlichkeiten aus dem Gesellschaftsverhältnis aufzukommen. [2]Kann von einem Gesellschafter der auf ihn entfallende Betrag nicht erlangt werden, so wird der Ausfall auf die übrigen Gesellschafter wie ein Verlust verteilt. *(BGBl I 2005/120)*

Rechtsverhältnis der bisherigen Gesellschafter untereinander

§ 156. Bis zur Beendigung der Liquidation kommen in bezug auf das Rechtsverhältnis der bisherigen Gesellschafter untereinander sowie der Gesellschaft zu Dritten die Vorschriften des zweiten und dritten Titels zur Anwendung, soweit sich nicht aus dem gegenwärtigen Titel oder aus dem Zwecke der Liquidation ein anderes ergibt.

Anmeldung des Erlöschens; Einsichtsrecht

§ 157. (1) Nach der Beendigung der Liquidation ist das Erlöschen der Firma von den Liquidatoren zur Eintragung in das Firmenbuch anzumelden.

(2) [1]Die Bücher und Papiere der aufgelösten Gesellschaft werden einem der Gesellschafter oder einem Dritten in Verwahrung gegeben. [2]Der Gesellschafter oder der Dritte wird in Ermangelung einer Verständigung durch das Gericht bestimmt, in dessen „Sprengel“ die Gesellschaft ihren Sitz hat. *(BGBl I 2005/120)*

(3) Die Gesellschafter und deren Erben behalten das Recht auf Einsicht und Benutzung der Bücher und Papiere.

Andere Art der Auseinandersetzung

§ 158. Vereinbaren die Gesellschafter statt der Liquidation eine andere Art der Auseinandersetzung, so finden, solange noch ungeteiltes Gesellschaftsvermögen vorhanden ist, im Verhältnis zu Dritten die für die Liquidation geltenden Vorschriften entsprechende Anwendung.

Sechster Titel

Zeitliche Begrenzung der Haftung

Ansprüche gegen einen Gesellschafter

§ 159. (1) Die Ansprüche gegen einen Gesellschafter aus Verbindlichkeiten der Gesellschaft verjähren in fünf Jahren nach der Auflösung der Gesellschaft „ “, sofern nicht der Anspruch gegen die Gesellschaft einer kürzeren Verjährung unterliegt. *(BGBl I 2005/120)*

(2) Die Verjährung beginnt mit dem Ende des Tages, an welchem die Auflösung der Gesellschaft „ “ in das Firmenbuch des für den Sitz der Gesellschaft zuständigen Gerichts eingetragen wird. *(BGBl I 2005/120)*

(3) Wird der Anspruch des Gläubigers gegen die Gesellschaft erst nach der Eintragung fällig, so beginnt die Verjährung mit dem Zeitpunkte der Fälligkeit.

(4) Die Unterbrechung der Verjährung gegenüber der aufgelösten Gesellschaft wirkt auch gegenüber den Gesellschaftern, die der Gesellschaft zur Zeit der Auflösung angehört haben. *(BGBl I 2005/120)*

Begrenzung der Haftung des ausscheidenden Gesellschafters, Frist

§ 160. (1) [1]Scheidet ein Gesellschafter aus der Gesellschaft aus, so haftet er für ihre bis dahin „begründeten“ Verbindlichkeiten nur, soweit sie vor Ablauf von fünf Jahren nach dem Ausscheiden fällig sind. [2]Ansprüche daraus verjähren innerhalb der für die jeweilige Verbindlichkeit geltenden Verjährungsfrist, längstens jedoch in drei Jahren. *(BGBl I 2014/83)*

(2) Die Frist beginnt mit dem Ende des Tages, an dem das Ausscheiden des Gesellschafters in das Firmenbuch eingetragen wird.

(3) [1]Werden Forderungen eines Gläubigers für Leistungen, die er noch vor Ausscheiden des Gesellschafters erbracht hat, erst nach Ablauf von fünf Jahren fällig, so ist der Gläubiger vom Ausscheiden des Gesellschafters zu verständigen. [2]Bei Vorliegen eines wichtigen Grundes kann der Gläubiger vom ausscheidenden Gesellschafter die Sicherstellung seiner Ansprüche verlangen; auf dieses Recht ist er in der Verständigung hinzuweisen. [3]Wird seinem Verlangen nicht entsprochen, so findet Abs. 1 keine Anwendung.

(4) [1]Wird ein Gesellschafter Kommanditist, so sind für die Begrenzung seiner Haftung für die im Zeitpunkt der Eintragung der Änderung in das Firmenbuch entstandenen Verbindlichkeiten die Abs. 1 bis 3 entsprechend anzuwenden. [2]Dies gilt auch, wenn er in der Gesellschaft oder einem ihr als Gesellschafter angehörenden Unternehmen geschäftsführend tätig wird. [3]Seine Haftung als Kommanditist bleibt unberührt.

(BGBl I 2005/120)

Zweiter Abschnitt

Kommanditgesellschaft

Begriff, Anwendung der Vorschriften über die offene Gesellschaft

§ 161. (1) Eine Kommanditgesellschaft ist eine unter eigener Firma geführte Gesellschaft, bei der die Haftung gegenüber den Gesellschaftsgläubigern bei einem Teil der Gesellschafter auf einen bestimmten Betrag (Haftsumme) beschränkt ist (Kommanditisten), beim anderen Teil dagegen unbeschränkt ist (Komplementäre).

(2) Soweit dieser Abschnitt nichts anderes bestimmt, finden auf die Kommanditgesellschaft die für die offene Gesellschaft geltenden Vorschriften Anwendung.

(BGBl I 2005/120)

Anmeldung zum Firmenbuch

§ 162. (1) Die Anmeldung hat die in § 3 Z 2 bis 4, 5, 7, 8 und 16 sowie in § 4 Z 6, gegebenenfalls auch die in § 3 Z 6, 9, 11 und 15 und in § 4 Z 2, 3, 5 und 7 FBG genannten Tatsachen zu enthalten. *(BGBl I 2005/120)*

(2) Sofern der Eintritt eines Kommanditisten unter der Bedingung der Eintragung in das Firmenbuch erfolgt, hat auch der Eintretende an der Anmeldung mitzuwirken. *(BGBl I 2005/120)*

(3) Diese Vorschriften finden im Falle des Eintritts eines Kommanditisten in eine bestehende „Personengesellschaft“ und im Falle des Ausscheidens eines Kommanditisten aus einer Kommanditgesellschaft entsprechende Anwendung. *(BGBl I 2005/120)*

Rechtsverhältnis der Gesellschafter untereinander

§ 163. Für das Verhältnis der Gesellschafter untereinander gelten in Ermangelung abweichender Bestimmungen des Gesellschaftsvertrags die besonderen Vorschriften der §§ 164 bis 169.

Geschäftsführung

§ 164. [1]Die Kommanditisten sind von der Führung der Geschäfte der Gesellschaft ausgeschlossen; sie können einer Handlung der „unbeschränkt“ haftenden Gesellschafter nicht widersprechen, es sei denn, daß die Handlung über den gewöhnlichen Betrieb des „Unternehmens“ der Gesellschaft hinausgeht. [2]Die Vorschriften des § 116, Abs. 3, bleiben unberührt. *(BGBl I 2005/120)*

Wettbewerbsverbot

§ 165. Die §§ 112, 113 finden auf die Kommanditisten keine Anwendung.

Kontrollrecht

§ 166. (1) Der Kommanditist ist berechtigt, die abschriftliche Mitteilung des Jahresabschlusses „oder, wenn nach den Vorschriften des Dritten Buches keine Pflicht zur Rechnungslegung besteht, einer sonstigen Abrechnung“ zu verlangen und dessen Richtigkeit unter Einsicht der Bücher und Schriften zu prüfen. *(BGBl 1990/475; BGBl I 2005/120)*

(2) Die im § 118 dem von der Geschäftsführung ausgeschlossenen Gesellschafter eingeräumten weiteren Rechte stehen dem Kommanditisten nicht zu.

(3) Auf Antrag eines Kommanditisten kann das Gericht, wenn wichtige Gründe vorliegen, die Mitteilung einer Bilanz oder sonstiger Aufklärungen sowie die Vorlegung der Bücher und „Schriften“ jederzeit anordnen. *(BGBl I 2005/120)*

Berechnung von Gewinn und Verlust

§ 167. [1]Soweit der Gesellschaftsvertrag nichts anderes vorsieht, ist den unbeschränkt haftenden Gesellschaftern zunächst ein ihrer Haftung angemessener Betrag des Jahresgewinns zuzuweisen. [2]Im Übrigen ist für den diesen Betrag übersteigenden Teil des Jahresgewinns sowie für den Verlust eines Geschäftsjahrs § 121 anzuwenden.

(BGBl I 2005/120)

Gewinnausschüttung

§ 168. (1) [1]Der Kommanditist kann die Auszahlung des Gewinnes nicht verlangen, soweit die bedungene Einlage nicht geleistet ist oder durch dem Kommanditisten zugewiesene Verluste oder die Auszahlung des Gewinnes unter den auf sie geleisteten Betrag gemindert würde. [2]Im Übrigen findet § 122 Anwendung.

(2) Der Kommanditist ist nicht verpflichtet, den bezogenen Gewinn wegen späterer Verluste zurückzuzahlen.

(BGBl I 2005/120)

Keine Teilnahme am Ausgleich unter den Gesellschaftern

§ 169. Soweit der Kommanditist die bedungene Einlage geleistet hat, sind § 137 Abs. 4 und § 155 Abs. 4 auf ihn nicht anzuwenden.

(BGBl I 2005/120)

Vertretung

§ 170. Der Kommanditist ist als solcher nicht befugt, die Gesellschaft zu vertreten.

(BGBl I 2005/120)

Haftung des Kommanditisten

§ 171. (1) [1]Der Kommanditist haftet den Gläubigern der Gesellschaft bis zur Höhe der im Firmenbuch eingetragenen Haftsumme unmittelbar; die Haftung ist ausgeschlossen, soweit die Einlage geleistet ist. [2]Auf Verlangen hat der Kommanditist den Gläubigern über die Höhe der geleisteten Einlage binnen angemessener Frist Auskunft zu geben.

(2) Ist über das Vermögen der Gesellschaft das Insolvenzverfahren eröffnet, so übt während dessen Dauer der Masse- oder Sanierungsverwalter das Recht der Gesellschaftsgläubiger nach Abs. 1 aus. *(BGBl I 2010/58)*

(BGBl I 2005/120)

Umfang der Haftung

§ 172. (1) Auf eine nicht eingetragene Erhöhung der aus dem Firmenbuch ersichtlichen Haftsumme können sich die Gläubiger nur berufen, wenn die Erhöhung in gehöriger Weise kundgemacht oder ihnen von der Gesellschaft mitgeteilt worden ist.

(2) Eine Vereinbarung der Gesellschafter, durch die einem Kommanditisten die Einlage erlassen oder gestundet wird, ist den Gläubigern gegenüber unwirksam.

(3) [1]Soweit die Einlage eines Kommanditisten zurückgezahlt wird, gilt sie den Gläubigern gegenüber als nicht geleistet. [2]Das Gleiche gilt, soweit ein Kommanditist Gewinnanteile entnimmt, obwohl frühere Verlustzuweisungen noch nicht durch spätere Gewinne ausgeglichen wurden. [3]Ein Kommanditist, der seine Einlage geleistet und in der Folge nicht zurückerhalten hat, haftet für Verringerungen der Einlage durch Nachfolger nicht.

(4) Was ein Kommanditist im guten Glauben als Gewinn bezieht, ist er in keinem Fall zurückzuzahlen verpflichtet.

(BGBl I 2005/120)

Haftung bei Eintritt als Kommanditist

§ 173. (1) Wer in eine bestehende „eingetragene Personengesellschaft“ als Kommanditist eintritt, haftet nach Maßgabe der §§ 171, 172 für die vor seinem Eintritte begründeten Verbindlichkeiten der Gesellschaft, ohne Unterschied, ob die Firma „geändert wird“ oder nicht. *(BGBl I 2005/120)*

(2) Eine entgegenstehende Vereinbarung ist Dritten gegenüber unwirksam.

Herabsetzung der Haftsumme

§ 174. Eine Herabsetzung der Haftsumme eines Kommanditisten ist, solange sie nicht in das Firmenbuch eingetragen ist, den Gläubigern gegenüber unwirksam; Gläubiger, deren Forderungen zur Zeit der Eintragung begründet waren, brauchen die Herabsetzung nicht gegen sich gelten zu lassen.

(BGBl I 2005/120)

Anmeldung der Änderung einer Haftsumme

§ 175. [1]Die Erhöhung sowie die Herabsetzung einer Haftsumme sind durch sämtliche Gesellschafter zur Eintragung in das Firmenbuch anzumelden. [2]§ 24 FBG ist nicht anzuwenden.

(BGBl I 2005/120)

Haftungsumfang vor Eintragung der Gesellschaft, bei Eintritt in diese

§ 176. (1) [1]Handeln Gesellschafter oder zur Vertretung der Gesellschaft bestellte Personen nach Errichtung, aber vor Entstehung der Gesellschaft in deren Namen, so haftet der Kommanditist für die in der Zeit bis zur Eintragung begründeten Verbindlichkeiten der Gesellschaft bis zur Höhe seiner Haftsumme. [2]Dies gilt auch dann, wenn ein handelnder Gesellschafter nicht, nicht allein oder nur beschränkt vertretungsbefugt ist, der Dritte den Mangel der Vertretungsmacht aber weder kannte noch kennen musste.

(2) [1]Tritt ein Kommanditist in eine bestehende Personengesellschaft ein, so findet Abs. 1 für die in der Zeit zwischen seinem Eintritt und seiner Eintragung in das Firmenbuch begründeten Verbindlichkeiten der Gesellschaft entsprechende Anwendung. [2]§ 171 Abs. 1 gilt sinngemäß.

(BGBl I 2005/120)

Tod des Kommanditisten

§ 177. Der Tod eines Kommanditisten hat die Auflösung der Gesellschaft nicht zur Folge.

Ausscheiden des einzigen Komplementärs

§ 178. [1]Würde der einzige Komplementär aufgrund einer Bestimmung des Gesellschaftsvertrags oder durch die Ausübung eines ihm im Gesellschaftsvertrag eingeräumten Kündigungsrechts aus der Gesellschaft ausscheiden, so tritt diese Rechtsfolge nur ein, wenn die verbleibenden Kommanditisten vereinbaren, dass sie die Gesellschaft fortsetzen und wenigstens einer von ihnen die Stellung eines Komplementärs übernimmt, oder wenn der einzige verbleibende Kommanditist erklärt, das Gesellschaftsvermögen im Weg der Gesamtrechtsnachfolge (§ 142) zu übernehmen. [2]Ansonsten ist die Gesellschaft stattdessen aufgelöst und wird unter Beteiligung des Komplementärs abgewickelt.

(BGBl I 2014/83)

Dritter Abschnitt

Stille Gesellschaft

Begriff und Wesen der stillen Gesellschaft

§ 179. (1) Wer sich als stiller Gesellschafter am Unternehmen oder Vermögen eines anderen mit einer Vermögenseinlage beteiligt, hat die Einlage so zu leisten, dass sie in das Vermögen des anderen übergeht.

(2) Aus den Geschäften, die im Betrieb des Unternehmens geschlossen werden oder das Vermögen betreffen, an dem die Beteiligung besteht, wird allein der Inhaber berechtigt und verpflichtet.

(BGBl I 2014/83)

Einlage des stillen Gesellschafters [;][1)]

1) Der „;“ wurde vergessen aufzuheben (vgl BGBl I 2005/120).

§ 180. „“ Zur Erhöhung der vereinbarten oder zur Ergänzung der durch Verlust verminderten Einlage ist der stille Gesellschafter nicht verpflichtet. *(BGBl I 2005/120)*

(2) *(aufgehoben, BGBl I 2005/120)*

(BGBl 1990/475)

Gewinn und Verlust

§ 181. (1) Ist der Anteil des stillen Gesellschafters am Gewinn und Verlust nicht bestimmt, so gilt ein den Umständen nach angemessener Anteil als bedungen.

(2) Im Gesellschaftsvertrag kann bestimmt werden, daß der stille Gesellschafter nicht am Verlust beteiligt sein soll; seine Beteiligung am Gewinn kann nicht ausgeschlossen werden.

(3) Ist im Gesellschaftsvertrag nur der Anteil am Gewinn oder am Verlust bestimmt, so gilt die Bestimmung im Zweifel für Gewinn und Verlust.

(BGBl 1990/475)

Gewinn- oder Verlustberechnung

§ 182. (1) Am Schluß jedes Geschäftsjahres ist der Gewinn oder Verlust zu berechnen und der auf den stillen Gesellschafter fallende Gewinn auszuzahlen.

(2) [1]Der stille Gesellschafter nimmt an dem Verlust nur bis zum Betrag seiner eingezahlten oder rückständigen Einlage teil. [2]Er ist nicht verpflichtet, den bezogenen Gewinn wegen späterer Verluste zurückzuzahlen; jedoch wird, solange seine Einlage durch Verlust vermindert ist, der jährliche Gewinn zur Deckung des Verlustes verwendet.

(3) Der Gewinn, der von dem stillen Gesellschafter nicht behoben wird, vermehrt dessen Einlage nicht, sofern nicht ein anderes vereinbart ist.

(BGBl 1990/475)

Kontrollrecht des stillen Gesellschafters

§ 183. (1) Der stille Gesellschafter ist berechtigt, die abschriftliche Mitteilung des Jahresabschlusses „oder, wenn nach den Vorschriften des Dritten Buches keine Pflicht zur Rechnungslegung besteht, einer sonstigen Abrechnung“ zu verlangen und dessen Richtigkeit unter Einsicht der Bücher und Schriften zu prüfen. *(BGBl I 2005/120)*

(2) Die im § 118 dem von der Geschäftsführung ausgeschlossenen Gesellschafter eingeräumten weiteren Rechte stehen dem stillen Gesellschafter nicht zu.

(3) Auf Antrag des stillen Gesellschafters kann das Gericht, wenn wichtige Gründe vorliegen, die Mitteilung eines Status oder sonstiger Aufklärungen sowie die Vorlage der Bücher und Schriften jederzeit anordnen.

(BGBl 1990/475)

Kündigung der Gesellschaft; Tod des stillen Gesellschafters

§ 184. (1) [1]Auf die Kündigung der Gesellschaft durch einen der Gesellschafter oder durch einen Gläubiger des stillen Gesellschafters finden die Vorschriften der §§ 132, 134, 135 entsprechende Anwendung. [2]Wenn ein wichtiger Grund vorliegt, kann jeder Gesellschafter die Gesellschaft, mag sie auch auf bestimmte Zeit eingegangen sein, ohne Einhaltung einer Frist jederzeit kündigen. [3]Eine Vereinbarung, durch die dieses Kündigungsrecht ausgeschlossen oder beschränkt wird, ist nichtig.

(2) Durch den Tod des stillen Gesellschafters wird die Gesellschaft nicht aufgelöst.

(BGBl 1990/475)

Andere Auflösungsgründe

§ 185. (1) Wird der vereinbarte Zweck erreicht oder seine Erreichung unmöglich, so endet die stille Gesellschaft, auch wenn sie auf bestimmte Zeit eingegangen worden und diese Zeit noch nicht abgelaufen ist.

(2) [1]Die stille Gesellschaft wird ferner durch die Eröffnung des Konkursverfahrens über das Vermögen eines Gesellschafters und, wenn der Gesellschaftsvertrag nichts anderes bestimmt, durch den Tod des Inhabers des „Unternehmens"* „oder Vermögens"** aufgelöst. [2]„§ 136"* über die Fürsorgepflicht beim Tod oder Konkurs eines Gesellschafters ist sinngemäß anzuwenden. *(*BGBl I 2005/120; **BGBl I 2016/43)*

(BGBl 1990/475)

Auseinandersetzung

§ 186. (1) Nach der Auflösung der Gesellschaft hat sich der Inhaber des „Unternehmens"* „oder Vermögens"** mit dem stillen Gesellschafter auseinanderzusetzen und dessen Guthaben in Geld zu berichtigen. *(*BGBl I 2005/120; **BGBl I 2016/43)*

(2) [1]Die zur Zeit der Auflösung schwebenden Geschäfte werden von dem Inhaber des „Unternehmens"* „oder Vermögens"** abgewickelt. [2]Der stille Gesellschafter nimmt teil an dem Gewinn oder Verlust, der sich aus diesen Geschäften ergibt. *(*BGBl I 2005/120; **BGBl I 2016/43)*

(3) Er kann am Schluß jedes Geschäftsjahrs Rechenschaft über die inzwischen beendigten Geschäfte, Auszahlung des ihm gebührenden Betrags und Auskunft über den Stand der noch schwebenden Geschäfte verlangen.

(BGBl 1990/475)

Konkurs des Inhabers

§ 187. (1) Wird über das Vermögen des Inhabers des „Unternehmens"* „oder Vermögens"*** „das Konkursverfahren"** eröffnet, so kann der stille Gesellschafter wegen der Einlage, soweit sie den Betrag des auf ihn fallenden Anteils am Verlust übersteigt, seine Forderung als „Insolvenzgläubiger"** geltend machen. *(*BGBl I 2005/120; **BGBl I 2010/58; ***BGBl I 2016/43)*

(2) Ist die Einlage zum Zeitpunkt der Eröffnung des Konkursverfahrens noch nicht zur Gänze geleistet worden, so hat sie der stille Gesellschafter bis zu dem Betrag, welcher zur Deckung seines Anteils am Verlust erforderlich ist, zur Insolvenzmasse einzuzahlen. *(BGBl I 2010/58)*

(BGBl 1990/475)

Anfechtung im Insolvenzverfahren

§ 188. (1) [1]Ist auf Grund einer in dem letzten Jahr vor der Eröffnung „des Insolvenzverfahrens"** zwischen dem Inhaber des „Unternehmens"* „oder Vermögens"*** und dem stillen Gesellschafter getroffenen Vereinbarung diesem die Einlage ganz oder teilweise zurückgewährt oder sein Anteil an dem entstandenen Verlust ganz oder teilweise erlassen worden, so kann die Rückgewähr oder der Erlaß vom „Masse- oder Sanierungsverwalter"** angefochten werden. [2]Es begründet keinen Unterschied, ob die Rückgewähr oder der Erlaß unter Auflösung der Gesellschaft stattgefunden hat oder nicht. *(*BGBl I 2005/120; **BGBl I 2010/58; ***BGBl I 2016/43)*

(2) Die Anfechtung ist ausgeschlossen, wenn „das Insolvenzverfahren" in Umständen seinen Grund hat, die erst nach der Vereinbarung der Rückgewähr oder des Erlasses eingetreten sind. *(BGBl I 2010/58)*

(3) Die Vorschriften der „Insolvenzordnung" über die Geltendmachung der Anfechtung und deren Wirkung finden Anwendung. *(BGBl I 2010/29)*

(BGBl 1990/475)

Drittes Buch
Rechnungslegung

Erster Abschnitt
Allgemeine Vorschriften

Erster Titel
Buchführung, Inventarerrichtung

Anwendungsbereich

§ 189. (1) Soweit in der Folge nichts anderes bestimmt wird, ist das Dritte Buch anzuwenden auf:

1. Kapitalgesellschaften; *(BGBl I 2015/22)*

2. „eingetragene" Personengesellschaften, bei denen *(BGBl I 2016/43)*

a) alle unmittelbaren oder mittelbaren Gesellschafter mit ansonsten unbeschränkter Haftung tatsächlich nur beschränkt haftbar sind, weil sie entweder Kapitalgesellschaften im Sinn des Anhangs I der Richtlinie 2013/34/EU über den Jahresabschluss, den konsolidierten Abschluss und damit verbundene Berichte von Unternehmen bestimmter Rechtsformen und zur Änderung der Richtlinie 2006/43/EG des Europäischen Parlaments und des Rates und zur Aufhebung der Richtlinien 78/660/EWG und 83/349/EWG, ABl.

Nr. L 182 vom 29. 6. 2013 S. 19 „, in der Fassung der Richtlinie 2014/102/EU des Rates vom 7. November 2014, ABl. Nr. L 334 vom 21. 11. 2014, S. 86“ (im Folgenden: Bilanz-Richtlinie), sind oder Gesellschaften sind, die nicht dem Recht eines Mitgliedstaats der Europäischen Union oder eines Vertragsstaats des Abkommens über den Europäischen Wirtschaftsraum unterliegen, aber über eine Rechtsform verfügen, die einer in Anhang I der Richtlinie 2013/34/EU genannten vergleichbar ist; „als Kapitalgesellschaften im Sinn des Anhangs I der Bilanz-Richtlinie gelten auch solche, die mittels delegierter Rechtsakte der Kommission im Sinn des Art. 1 Abs. 2 dieser Richtlinie als solche erklärt werden;“ oder *(BGBl I 2016/43)*

b) kein unbeschränkt haftender Gesellschafter eine natürliche Person oder eine Personengesellschaft mit einer natürlichen Person als unbeschränkt haftendem Gesellschafter ist oder bei denen sich die Verbindung von Gesellschaften in dieser Art fortsetzt, und die unternehmerisch tätig sind; *(BGBl I 2016/43)*
(BGBl I 2015/22)

„3.“*** alle anderen mit Ausnahme der in Abs. 4 genannten Unternehmer, „die hinsichtlich der einzelnen einheitlichen Betriebe jeweils mehr als“* „700 000“** Euro Umsatzerlöse im Geschäftsjahr erzielen. *(*BGBl I 2006/103; **BGBl I 2009/140; ***BGBl I 2015/22)*

(2) Die Rechtsfolgen des Schwellenwertes („Abs. 1 Z 3“) treten ein: *(BGBl I 2015/22)*

1. ab dem zweitfolgenden Geschäftsjahr, wenn der Schwellenwert in zwei aufeinanderfolgenden Geschäftsjahren überschritten wird; sie entfallen ab dem folgenden Geschäftsjahr, wenn er in zwei aufeinanderfolgenden Geschäftsjahren nicht mehr überschritten wird;

2. „jedoch schon ab dem folgenden Geschäftsjahr, wenn der Schwellenwert um mindestens 300 000 Euro überschritten wird“** oder wenn bei Gesamt- oder bei Einzelrechtsnachfolge in den Betrieb oder Teilbetrieb eines Unternehmens der Rechtsvorgänger zur Rechnungslegung verpflichtet war, es sei denn, dass der Schwellenwert für den übernommenen Betrieb oder Teilbetrieb in den letzten zwei aufeinanderfolgenden Geschäftsjahren nicht erreicht wurde; sie entfallen ab dem folgenden Geschäftsjahr, wenn er bei Aufgabe eines „Teilbetriebs“* um mindestens die Hälfte unterschritten wird. *(*BGBl I 2006/103; **BGBl I 2009/140)*

(3) Rechnungslegungsrechtliche Sonderbestimmungen gehen der Anwendung dieses Gesetzes vor.

(4) Das Dritte Buch ist nicht anzuwenden auf Angehörige der freien Berufe, Land- und Forstwirte sowie Unternehmer, deren Einkünfte im Sinne des § 2 Abs. 4 Z 2 EStG 1988 im Überschuss der Einnahmen über die Werbungskosten liegen, auch wenn ihre Tätigkeit im Rahmen einer eingetragenen Personengesellschaft ausgeübt wird, es sei denn, dass es sich um eine Personengesellschaft im Sinn des „Abs. 1 Z 2“ handelt. *(BGBl I 2015/22)*

(BGBl I 2005/120)

Begriffsbestimmungen

§ 189a. Für das Dritte Buch gelten folgende Begriffsbestimmungen:

1. Unternehmen von öffentlichem Interesse:

a) Unternehmen, deren übertragbare Wertpapiere zum Handel an einem geregelten Markt eines Mitgliedstaats der Europäischen Union oder eines Vertragsstaats des Abkommens über den Europäischen Wirtschaftsraum im Sinn des Art. 4 Abs. 1 Nr. 21 der Richtlinie 2014/65/EU über Märkte für Finanzinstrumente sowie zur Änderung der Richtlinien 2002/92/EG und 2011/61/EU, ABl. Nr. L 173 vom 12. 6. 2014 S. 349, zugelassen sind;

b) Kapitalgesellschaften, die Kreditinstitute im Sinn des Art. 4 Abs. 1 Nr. 1 der Verordnung (EU) Nr. 575/2013 über Aufsichtsanforderungen an Kreditinstitute und Wertpapierfirmen und zur Änderung der Verordnung (EU) Nr. 646/2012, ABl. Nr. L 176 vom 27. 6. 2013 S. 1 – mit Ausnahme der in Artikel 2 Abs. 5 der Richtlinie 2013/36/EU über den Zugang zur Tätigkeit von Kreditinstituten und die Beaufsichtigung von Kreditinstituten und Wertpapierfirmen, zur Änderung der Richtlinie 2002/87/EG und zur Aufhebung der Richtlinien 2006/48/EG und 2006/49/EG, ABl. Nr. L 176 vom 27. 6. 2013 S. 338, genannten Kreditinstitute – sind;

c) Kapitalgesellschaften, die Versicherungsunternehmen im Sinn des Art. 2 Abs. 1 der Richtlinie 91/674/EWG über den Jahresabschluss und den konsolidierten Abschluss von Versicherungsunternehmen, ABl. Nr. L 374 vom 31. 12. 1991 S. 7, sind oder

d) Unternehmen, die ungeachtet ihrer Rechtsform in einem Bundesgesetz unter Verweis auf diese Bestimmung als solche bezeichnet werden;

2. Beteiligung: Anteile an einem anderen Unternehmen, die dazu bestimmt sind, dem eigenen Geschäftsbetrieb durch Herstellung einer dauernden Verbindung zu diesem Unternehmen zu dienen; dabei ist es gleichgültig, ob die Anteile in Wertpapieren verbrieft sind oder nicht; es wird eine Beteiligung an einem anderen Unternehmen vermutet, wenn der Anteil am Kapital 20% beträgt oder darüber liegt; § 244 Abs. 4 und 5 über die Berechnung der Anteile ist anzuwenden; die Beteiligung als unbeschränkt haftender Gesellschafter an einer Personengesellschaft gilt stets als Beteiligung;

3. beizulegender Wert: der Betrag, den ein Erwerber des gesamten Unternehmens im Rahmen

des Gesamtkaufpreises für den betreffenden Vermögensgegenstand oder die betreffende Schuld ansetzen würde; dabei ist davon auszugehen, dass der Erwerber das Unternehmen fortführt;

4. beizulegender Zeitwert: der Börsenkurs oder Marktpreis; im Fall von Finanzinstrumenten, deren Marktpreis sich als Ganzes nicht ohne weiteres ermitteln lässt, der aus den Marktpreisen der einzelnen Bestandteile des Finanzinstruments oder dem Marktpreis für ein gleichartiges Finanzinstrument abgeleitete Wert; falls sich bei Finanzinstrumenten ein verlässlicher Markt nicht ohne weiteres ermitteln lässt, der mit Hilfe allgemein anerkannter Bewertungsmodelle und -methoden bestimmte Wert, sofern diese Modelle und Methoden eine angemessene Annäherung an den Marktpreis gewährleisten; *(BGBl I 2019/46)*

5. Umsatzerlöse: die Beträge, die sich aus dem Verkauf von Produkten und der Erbringung von Dienstleistungen nach Abzug von Erlösschmälerungen und der Umsatzsteuer sowie von sonstigen direkt mit dem Umsatz verbundenen Steuern ergeben;

6. Mutterunternehmen: ein Unternehmen, das ein oder mehrere Tochterunternehmen im Sinn des § 244 beherrscht;

7. Tochterunternehmen: ein Unternehmen, das von einem Mutterunternehmen im Sinn des § 244 unmittelbar oder mittelbar beherrscht wird;

8. verbundene Unternehmen: zwei oder mehrere Unternehmen innerhalb einer Gruppe, wobei eine Gruppe das Mutterunternehmen und alle Tochterunternehmen bilden;

9. assoziiertes Unternehmen: ein Unternehmen, an dem ein anderes Unternehmen eine Beteiligung hält und dessen Geschäfts- und Finanzpolitik durch das andere Unternehmen maßgeblich beeinflusst wird; es wird vermutet, dass ein Unternehmen einen maßgeblichen Einfluss auf ein anderes Unternehmen ausübt, sofern jenes Unternehmen 20% oder mehr der Stimmrechte der Aktionäre oder Gesellschafter dieses Unternehmens besitzt;

10. [1]wesentlich: der Status von Informationen, wenn vernünftigerweise zu erwarten ist, dass ihre Auslassung oder fehlerhafte Angabe Entscheidungen beeinflusst, die Nutzer auf der Grundlage des Jahres- oder Konzernabschlusses treffen. [2]Die Wesentlichkeit ist von der Größe oder der spezifischen Eigenschaft des Postens oder der Fehlerhaftigkeit der Angabe abhängig. [3]Selbst wenn ein einzelner Posten für sich genommen als unwesentlich angesehen werden kann, können mehrere unwesentliche gleichartige Posten zusammen als wesentlich gelten;

11. Investmentunternehmen:

a) Unternehmen, deren einziger Zweck darin besteht, ihre Mittel in Wertpapieren oder Immobilien verschiedener Art oder in anderen Werten anzulegen mit dem einzigen Ziel, das Risiko der Investitionen zu verteilen und ihre Aktionäre oder Gesellschafter an dem Gewinn aus der Verwaltung ihres Vermögens zu beteiligen;

b) Unternehmen, die mit Unternehmen nach lit. a mit festem Kapital verbunden sind, sofern der einzige Zweck dieser verbundenen Unternehmen darin besteht, voll eingezahlte Anteile, die von den Unternehmen nach lit. a ausgegeben worden sind, zu erwerben, unbeschadet des Artikels 22 Absatz 1 Buchstabe h der Richtlinie 2012/30/EU zur Koordinierung der Schutzbestimmungen, die in den Mitgliedstaaten den Gesellschaften im Sinne des Artikels 54 Absatz 2 des Vertrages über die Arbeitsweise der Europäischen Union im Interesse der Gesellschafter sowie Dritter für die Gründung der Aktiengesellschaft sowie für die Erhaltung und Änderung ihres Kapitals vorgeschrieben sind, um diese Bestimmungen gleichwertig zu gestalten, ABl. Nr. L 315 vom 14. 11. 2012 S. 74;

12. Beteiligungsgesellschaft: Unternehmen, deren einziger Zweck darin besteht, Beteiligungen an anderen Unternehmen zu erwerben sowie die Verwaltung und Verwertung dieser Beteiligungen wahrzunehmen, ohne dass sie unmittelbar oder mittelbar in die Verwaltung dieser Unternehmen eingreifen, unbeschadet der Rechte, die ihnen in ihrer Eigenschaft als Anteilsinhaber zustehen.

(BGBl I 2015/22)

Führung der Bücher

§ 190. (1) [1]Der Unternehmer hat Bücher zu führen und in diesen seine unternehmensbezogenen Geschäfte und die Lage seines Vermögens nach den Grundsätzen ordnungsmäßiger Buchführung ersichtlich zu machen. [2]Die Buchführung muss so beschaffen sein, dass sie einem sachverständigen Dritten innerhalb angemessener Zeit einen Überblick über die Geschäftsvorfälle und über die Lage des Unternehmens vermitteln kann. [3]Die Geschäftsvorfälle müssen sich in ihrer Entstehung und Abwicklung verfolgen lassen.

(2) [1]Bei der Führung der Bücher und bei den sonst erforderlichen Aufzeichnungen hat sich der Unternehmer einer lebenden Sprache zu bedienen. [2]Werden Abkürzungen, Zahlen, Buchstaben oder Symbole verwendet, so muss im Einzelfall deren Bedeutung eindeutig festliegen.

(3) Die Eintragungen in Büchern und die sonst erforderlichen Aufzeichnungen müssen vollständig, richtig, zeitgerecht und geordnet vorgenommen werden.

(4) [1]Eine Eintragung oder eine Aufzeichnung darf nicht in einer Weise verändert werden, dass der ursprüngliche Inhalt nicht mehr feststellbar ist. [2]Auch darf durch eine Veränderung keine Ungewissheit darüber entstehen, ob eine Eintra-

gung oder Aufzeichnung ursprünglich oder zu einem späteren Zeitpunkt gemacht wurde.

(5) [1]Der Unternehmer kann zur ordnungsmäßigen Buchführung und zur Aufbewahrung seiner Geschäftsbriefe (§ 212 Abs. 1) Datenträger benützen. [2]Hierbei muss die inhaltsgleiche, vollständige und geordnete, hinsichtlich der in § 212 Abs. 1 genannten Schriftstücke auch die urschriftgetreue Wiedergabe bis zum Ablauf der gesetzlichen Aufbewahrungsfristen jederzeit gewährleistet sein. [3]Werden solche Schriftstücke auf elektronischem Weg übertragen, so muss ihre Lesbarkeit in geeigneter Form gesichert sein. [4]Soweit die Schriftstücke nur auf Datenträgern vorliegen, entfällt das Erfordernis der urschriftgetreuen Wiedergabe.

(BGBl I 2005/120)

Inventar

§ 191. (1) Der „Unternehmer" hat zu Beginn seines „Unternehmens" die diesem gewidmeten Vermögensgegenstände und Schulden genau zu verzeichnen und deren Wert anzugeben (Inventar). *(BGBl I 2005/120)*

(2) Er hat für den Schluß eines jeden Geschäftsjahrs ein solches Inventar aufzustellen.

(BGBl 1990/475)

Inventurverfahren

§ 192. (1) Die Vermögensgegenstände sind im Regelfall im Weg einer körperlichen Bestandsaufnahme zu erfassen.

(2) Bei der Inventur für den Schluß eines Geschäftsjahrs bedarf es einer körperlichen Bestandsaufnahme der Vermögensgegenstände für diesen Zeitpunkt nicht, soweit durch Anwendung eines den Grundsätzen ordnungsmäßiger Buchführung entsprechenden anderen Verfahrens gesichert ist, daß der Bestand der Vermögensgegenstände nach Art, Menge und Wert auch ohne die körperliche Bestandsaufnahme für diesen Zeitpunkt festgestellt werden kann.

(3) In dem Inventar für den Schluß eines Geschäftsjahrs müssen Vermögensgegenstände nicht verzeichnet werden, wenn

1. der „Unternehmer" ihren Bestand auf Grund einer körperlichen Bestandsaufnahme oder auf Grund eines gemäß Abs. 2 zulässigen anderen Verfahrens nach Art, Menge und Wert in einem besonderen Inventar verzeichnet hat, das für einen Tag innerhalb der letzten drei Monate vor oder der „ersten beiden" Monate nach dem Schluß des Geschäftsjahrs aufgestellt ist, und *(BGBl I 2005/120)*

2. auf Grund des besonderen Inventars durch Anwendung eines den Grundsätzen ordnungsmäßiger Buchführung entsprechenden Fortschreibungs- oder Rückrechnungsverfahrens gesichert ist, daß der am Schluß des Geschäftsjahrs vorhandene Bestand der Vermögensgegenstände für diesen Zeitpunkt ordnungsgemäß bewertet werden kann.

(4) [1]Bei der Inventur darf der Bestand von Vermögensgegenständen nach Art, Menge und Wert auch mit Hilfe anerkannter mathematisch-statistischer Methoden auf Grund von Stichproben ermittelt werden. [2]Das Verfahren muß den Grundsätzen ordnungsmäßiger Buchführung entsprechen. [3]Der Aussagewert des auf diese Weise aufgestellten Inventars muß dem Aussagewert eines auf Grund einer körperlichen Bestandsaufnahme aufgestellten Inventars gleichkommen.

(BGBl 1990/475)

ZWEITER TITEL

Eröffnungsbilanz, Jahresabschluß

Pflicht zur Aufstellung

§ 193. (1) Der „Unternehmer" hat zu Beginn seines „Unternehmens" eine Eröffnungsbilanz nach den Grundsätzen ordnungsmäßiger Buchführung aufzustellen. *(BGBl I 2005/120)*

(2) Er hat sodann für den Schluß eines jeden Geschäftsjahrs in den ersten neun Monaten des Geschäftsjahrs für das vorangegangene Geschäftsjahr einen Jahresabschluß aufzustellen.

(3) Die Dauer des Geschäftsjahrs darf zwölf Monate nicht überschreiten.

(4) Der Jahresabschluß besteht aus der Bilanz und der Gewinn- und Verlustrechnung; er ist in „Euro" und in deutscher Sprache unbeschadet der volksgruppenrechtlichen Bestimmungen in der jeweils geltenden Fassung aufzustellen. *(BGBl I 1998/125)*

(BGBl 1990/475)

Unterzeichnung

§ 194. [1]Der Jahresabschluß ist vom „Unternehmer" unter Beisetzung des Datums zu unterzeichnen. [2]Sind mehrere „unbeschränkt" haftende Gesellschafter vorhanden, so haben sie alle zu unterzeichnen. *(BGBl I 2005/120)*

(BGBl 1990/475)

Inhalt des Jahresabschlusses

§ 195. [1]Der Jahresabschluß hat den Grundsätzen ordnungsmäßiger Buchführung zu entsprechen. [2]Er ist klar und übersichtlich aufzustellen. [3]Er hat dem „Unternehmer" ein möglichst getreues Bild der Vermögens- und Ertragslage des Unternehmens zu vermitteln. *(BGBl I 2005/120)*

(BGBl 1990/475)

Vollständigkeit, Verrechnungsverbot

§ 196. (1) Der Jahresabschluß hat sämtliche Vermögensgegenstände, Rückstellungen, Verbindlichkeiten, Rechnungsabgrenzungsposten, Aufwendungen und Erträge zu enthalten, soweit gesetzlich nichts anderes bestimmt ist.

(2) Posten der Aktivseite dürfen nicht mit Posten der Passivseite, Aufwendungen dürfen nicht mit Erträgen, Grundstücksrechte nicht mit Grundstückslasten verrechnet werden.

(BGBl 1990/475)

Wirtschaftlicher Gehalt

§ 196a. „“ Die Posten des Jahresabschlusses sind unter Berücksichtigung des wirtschaftlichen Gehalts der betreffenden Geschäftsvorfälle oder der betreffenden Vereinbarungen zu bilanzieren und darzustellen. *(BGBl I 2019/46)*

(2) *(entfällt, BGBl I 2019/46)*

(BGBl I 2015/22)

Bilanzierungsverbote

§ 197. (1) Aufwendungen für die Gründung des Unternehmens und für die Beschaffung des Eigenkapitals dürfen nicht als Aktivposten in die Bilanz eingestellt werden.

(2) Für immaterielle Gegenstände des Anlagevermögens, die nicht entgeltlich erworben wurden, darf ein Aktivposten nicht angesetzt werden.

(BGBl 1990/475)

Inhalt der Bilanz

§ 198. (1) In der Bilanz sind das Anlage- und das Umlaufvermögen, das Eigenkapital, „ “ die Rückstellungen, die Verbindlichkeiten sowie die Rechnungsabgrenzungsposten gesondert auszuweisen und unter Bedachtnahme auf die Grundsätze des § 195 aufzugliedern. *(BGBl I 2015/22)*

(2) Als Anlagevermögen sind die Gegenstände auszuweisen, die bestimmt sind, dauernd dem Geschäftsbetrieb zu dienen.

(3) *(aufgehoben, BGBl I 2009/140)*

(4) Als Umlaufvermögen sind die Gegenstände auszuweisen, die nicht bestimmt sind, dauernd dem Geschäftsbetrieb zu dienen.

(5) Als Rechnungsabgrenzungsposten sind auf der Aktivseite Ausgaben vor dem Abschlußstichtag auszuweisen, soweit sie Aufwand für eine bestimmte Zeit nach diesem Tag sind.

(6) Als Rechnungsabgrenzungsposten sind auf der Passivseite Einnahmen vor dem Abschlußstichtag auszuweisen, soweit sie Ertrag für eine bestimmte Zeit nach diesem Tag sind.

(7) [1]„Ist der Rückzahlungsbetrag einer Verbindlichkeit zum Zeitpunkt ihrer Begründung höher als der Ausgabebetrag, so ist der Unterschiedsbetrag in den Rechnungsabgrenzungsposten auf der Aktivseite aufzunehmen und gesondert auszuweisen.“** „ “*[2]Der eingesetzte Betrag ist durch planmäßige jährliche Abschreibung zu tilgen. *(* BGBl 1996/304; ** BGBl I 2015/22)*

(8) Für Rückstellungen gilt folgendes:

1. Rückstellungen sind für ungewisse Verbindlichkeiten und für drohende Verluste aus schwebenden Geschäften zu bilden, die am Abschlußstichtag wahrscheinlich oder sicher, aber hinsichtlich ihrer Höhe oder „des Zeitpunkts“ ihres Eintritts unbestimmt sind. *(BGBl I 2005/120)*

2. [1]Rückstellungen dürfen außerdem für ihrer Eigenart nach genau umschriebene, dem Geschäftsjahr oder einem früheren Geschäftsjahr zuzuordnende Aufwendungen gebildet werden, die am Abschlußstichtag wahrscheinlich oder sicher, aber hinsichtlich ihrer Höhe oder „des Zeitpunkts“ ihres Eintritts unbestimmt sind. [2]Derartige Rückstellungen sind zu bilden, soweit dies den Grundsätzen ordnungsmäßiger Buchführung entspricht. *(BGBl I 2005/120)*

3. [1]Andere Rückstellungen als die gesetzlich vorgesehenen dürfen nicht gebildet werden. [2]Eine Verpflichtung zur Rückstellungsbildung besteht nicht, soweit es sich um „nicht wesentliche Beträge“ handelt. *(BGBl I 2015/22)*

4. Rückstellungen sind insbesondere zu bilden für

a) Anwartschaften auf Abfertigungen,

b) laufende Pensionen und Anwartschaften auf Pensionen,

c) Kulanzen, nicht konsumierten Urlaub, Jubiläumsgelder, Heimfallasten und Produkthaftungsrisken „ , “ *(BGBl I 2003/71)*

d) auf Gesetz oder Verordnung beruhende Verpflichtungen zur Rücknahme und Verwertung von Erzeugnissen. *(BGBl I 2003/71)*
(BGBl 1996/304)

(9) [1]Bestehen zwischen den unternehmensrechtlichen und den steuerrechtlichen Wertansätzen von Vermögensgegenständen, Rückstellungen, Verbindlichkeiten und Rechnungsabgrenzungsposten Differenzen, die sich in späteren Geschäftsjahren voraussichtlich abbauen, so ist bei einer sich daraus insgesamt ergebenden Steuerbelastung diese als Rückstellung für passive latente Steuern in der Bilanz anzusetzen. [2]Sollte sich eine Steuerentlastung ergeben, so haben mittelgroße und große Gesellschaften im Sinn des § 189 Abs. 1 Z 1 und 2 lit. a diese als aktive latente Steuern (§ 224 Abs. 2 D) in der Bilanz anzusetzen; kleine Gesellschaften im Sinn des § 189 Abs. 1 Z 1 und 2 dürfen dies nur tun, soweit sie die unverrechneten Be- und Entlastungen im Anhang aufschlüsseln. [3]Für künftige steuerliche Ansprüche aus steuerlichen Verlustvorträgen können aktive latente Steuern in dem Ausmaß angesetzt werden,

in dem ausreichende passive latente Steuern vorhanden sind oder soweit überzeugende substantielle Hinweise vorliegen, dass ein ausreichendes zu versteuerndes Ergebnis in Zukunft zur Verfügung stehen wird; diesfalls sind in die Angabe nach § 238 Abs. 1 Z 3 auch die substantiellen Hinweise, die den Ansatz rechtfertigen, aufzunehmen. *(BGBl I 2015/22)*

(10) [1]Die Bewertung der Differenzen nach Abs. 9 ergibt sich aus der Höhe der voraussichtlichen Steuerbe- und -entlastung nachfolgender Geschäftsjahre; der Betrag ist nicht abzuzinsen. [2]Eine Saldierung aktiver latenter Steuern mit passiven latenten Steuern ist nicht vorzunehmen, soweit eine Aufrechnung der tatsächlichen Steuererstattungsansprüche mit den tatsächlichen Steuerschulden rechtlich nicht möglich ist. [3]Latente Steuern sind nicht zu berücksichtigen, soweit sie entstehen

1. aus dem erstmaligen Ansatz eines Geschäfts(Firmen)werts; oder

2. aus dem erstmaligen Ansatz eines Vermögenswerts oder einer Schuld bei einem Geschäftsvorfall, der

a) keine Umgründung im Sinn des § 202 Abs. 2 oder Übernahme im Sinn des § 203 Abs. 5 ist, und

b) zum Zeitpunkt des Geschäftsvorfalls weder das bilanzielle Ergebnis vor Steuern noch das zu versteuernde Ergebnis (den steuerlichen Verlust) beeinflusst;

3. in Verbindung mit Anteilen an Tochterunternehmen, assoziierten Unternehmen oder Gemeinschaftsunternehmen im Sinn des § 262 Abs. 1, wenn das Mutterunternehmen in der Lage ist, den zeitlichen Verlauf der Auflösung der temporären Differenzen zu steuern, und es wahrscheinlich ist, dass sich die temporäre Differenz in absehbarer Zeit nicht auflösen wird.

[4]Die ausgewiesenen Posten sind aufzulösen, soweit die Steuerbe- oder -entlastung eintritt oder mit ihr nicht mehr zu rechnen ist. [5]Der Aufwand oder Ertrag aus der Veränderung bilanzierter latenter Steuern ist in der Gewinn- und Verlustrechnung gesondert unter dem Posten „Steuern vom Einkommen und vom Ertrag" auszuweisen. *(BGBl I 2015/22)*

(BGBl 1990/475)

Haftungsverhältnisse

§ 199. Unter der Bilanz sind Verbindlichkeiten aus der Begebung und Übertragung von Wechseln, Bürgschaften, Garantien sowie sonstigen vertraglichen Haftungsverhältnissen, soweit sie nicht auf der Passivseite auszuweisen sind, zu vermerken, auch wenn ihnen gleichwertige Rückgriffsforderungen gegenüberstehen.

(BGBl 1996/304)

Inhalt der Gewinn- und Verlustrechnung

§ 200. [1]In der Gewinn- und Verlustrechnung sind die Erträge und Aufwendungen unter Bedachtnahme auf die Grundsätze des § 195 aufzugliedern. [2]Der Jahresüberschuß (Jahresfehlbetrag) und der Bilanzgewinn (Bilanzverlust) sind gesondert auszuweisen.

(BGBl 1990/475)

DRITTER TITEL

Ansatz und Bewertung

Allgemeine Grundsätze

§ 201. (1) Die Bewertung hat den Grundsätzen ordnungsmäßiger Buchführung zu entsprechen.

(2) Insbesondere gilt folgendes:

1. Die auf den vorhergehenden Jahresabschluß angewendeten „Bilanzierungs- und Bewertungsmethoden" sind beizubehalten. *(BGBl I 2015/22)*

2. Bei der Bewertung ist von der Fortführung des Unternehmens auszugehen, solange dem nicht tatsächliche oder rechtliche Gründe entgegenstehen.

3. Die Vermögensgegenstände und Schulden sind zum Abschlußstichtag einzeln zu bewerten.

4. Der Grundsatz der Vorsicht ist einzuhalten, insbesondere sind

a) nur die am Abschlußstichtag verwirklichten Gewinne auszuweisen,

b) erkennbare Risken und drohende Verluste, die in dem Geschäftsjahr oder einem früheren Geschäftsjahr entstanden sind, zu berücksichtigen, selbst wenn die Umstände erst zwischen dem Abschlußstichtag und dem Tag der Aufstellung des Jahresabschlusses bekannt geworden sind,

c) Wertminderungen unabhängig davon zu berücksichtigen, ob das Geschäftsjahr mit einem Gewinn oder einem Verlust abschließt.

5. Aufwendungen und Erträge des Geschäftsjahrs sind unabhängig vom Zeitpunkt der entsprechenden Zahlungen im Jahresabschluß zu berücksichtigen.

6. Die Eröffnungsbilanz des Geschäftsjahrs muß mit der Schlußbilanz des vorhergehenden Geschäftsjahrs übereinstimmen.

7. [1]Ist die Bestimmung eines Wertes nur auf Basis von Schätzungen möglich, so müssen diese auf einer umsichtigen Beurteilung beruhen. [2]Liegen statistisch ermittelbare Erfahrungswerte aus gleich gelagerten Sachverhalten vor, so sind diese zu berücksichtigen. *(BGBl I 2015/22)*

„ " *(BGBl I 2015/22)*

(3) [1]Ein Abweichen von diesen Grundsätzen ist nur bei Vorliegen besonderer Umstände und unter Beachtung der in § 195 dritter Satz beschriebenen Zielsetzung, bei Gesellschaften im Sinn

des § 189 Abs. 1 Z 1 und 2 nur unter Beachtung der in § 222 Abs. 2 erster Satz umschriebenen Zielsetzung zulässig. [2]Die angeführten Gesellschaften haben die Abweichung im Anhang anzugeben, zu begründen und ihren Einfluss auf die Vermögens-, Finanz- und Ertragslage des Unternehmens darzulegen. *(BGBl I 2015/22)*

(BGBl 1996/304)

Bewertung von Einlagen und Zuwendungen sowie Entnahmen

§ 202. (1) [1]Einlagen und Zuwendungen sowie Entnahmen sind mit dem Wert anzusetzen, der ihnen im Zeitpunkt ihrer Leistung beizulegen ist, soweit sich nicht aus der Nutzungsmöglichkeit im Unternehmen ein geringerer Wert ergibt. [2]„Werden Betriebe oder Teilbetriebe eingelegt oder zugewendet, so gilt § 203 Abs. 5 sinngemäß.“ *(BGBl 1993/458)*

(2) [1]Bei Umgründungen (Verschmelzungen, Umwandlungen, Einbringungen, Zusammenschlüssen, Realteilungen und Spaltungen) gilt folgendes:

1. [1]Abweichend von Abs. 1 dürfen die Buchwerte aus dem letzten Jahresabschluß oder einer Zwischenbilanz, die nach den auf den letzten Jahresabschluß angewandten Bilanzierungs- und Bewertungsmethoden zu erstellen ist, fortgeführt werden. [2]Der Stichtag der zugrundegelegten Bilanz darf höchstens neun Monate vor der Anmeldung zum Firmenbuch liegen; ist eine Anmeldung zum Firmenbuch nicht vorgesehen, so ist der Tag des Abschlusses der zugrundeliegenden Vereinbarung maßgeblich. [3]War der Rechtsvorgänger (der Übertragende) zur Führung von Büchern nicht verpflichtet, dürfen die steuerrechtlichen Werte angesetzt werden.

2. Übersteigt der Gesamtbetrag der Gegenleistung die fortgeführten Werte nach Z 1, so darf der Unterschiedsbetrag unter die Posten des Anlagevermögens aufgenommen werden; der Gesamtbetrag der Gegenleistung ergibt sich aus dem „“ Gesamtausgabebetrag der neuen Anteile, dem Buchwert eigener oder untergehender Anteile und den baren Zuzahlungen. *(BGBl I 1998/125)*

3. [1]Jener Teil des Unterschiedsbetrags, der den Aktiven und Passiven des übertragenen Vermögens zugeordnet werden kann, ist als Umgründungsmehrwert gesondert auszuweisen; auf diesen Wert sind die für Vermögensgegenstände und Schulden geltenden Bestimmungen anzuwenden. [2]Ein danach verbleibender Restbetrag darf als Firmenwert angesetzt werden.
(BGBl 1993/458)

(BGBl 1990/475)

Wertansätze für Gegenstände des Anlagevermögens; Anschaffungs- und Herstellungskosten

§ 203. (1) Gegenstände des Anlagevermögens sind mit den Anschaffungs- oder Herstellungskosten, vermindert um Abschreibungen gemäß § 204, anzusetzen.

(2) [1]Anschaffungskosten sind die Aufwendungen, die geleistet werden, um einen Vermögensgegenstand zu erwerben und ihn in einen betriebsbereiten Zustand zu versetzen, soweit sie dem Vermögensgegenstand einzeln zugeordnet werden können. [2]Zu den Anschaffungskosten gehören auch die Nebenkosten sowie die nachträglichen Anschaffungskosten. [3]Anschaffungspreisminderungen sind abzusetzen.

(3) [1]Herstellungskosten sind die Aufwendungen, die für die Herstellung eines Vermögensgegenstandes, seine Erweiterung oder für eine über seinen ursprünglichen Zustand hinausgehende wesentliche Verbesserung entstehen. [2] „Bei der Berechnung der Herstellungskosten sind auch angemessene Teile dem einzelnen Erzeugnis nur mittelbar zurechenbarer fixer und variabler Gemeinkosten in dem Ausmaß, wie sie auf den Zeitraum der Herstellung entfallen, einzurechnen.“ [3]Sind die Gemeinkosten durch offenbare Unterbeschäftigung überhöht, so dürfen nur die einer durchschnittlichen Beschäftigung entsprechenden Teile dieser Kosten eingerechnet werden. [4]Aufwendungen für Sozialeinrichtungen des Betriebes, für freiwillige Sozialleistungen, für betriebliche Altersversorgung und Abfertigungen dürfen eingerechnet werden. [5]Kosten der allgemeinen Verwaltung und des Vertriebes dürfen nicht in die Herstellungskosten einbezogen werden. *(BGBl I 2015/22)*

(4) [1]Zinsen für Fremdkapital, das zur Finanzierung der Herstellung von Gegenständen des Anlage- oder des Umlaufvermögens verwendet wird, dürfen im Rahmen der Herstellungskosten angesetzt werden, soweit sie auf den Zeitraum der Herstellung entfallen. [2]Die Anwendung dieses Wahlrechts ist im Anhang anzugeben; mittelgroße und große Gesellschaften (§ 221 Abs. 2 und 3) haben außerdem im Anhang den insgesamt nach dieser Bestimmung im Geschäftsjahr aktivierten Betrag anzugeben. *(BGBl I 2015/22)*

(5) [1]Als Geschäfts(Firmen)wert ist der Unterschiedsbetrag anzusetzen, um den die Gegenleistung für die Übernahme eines Betriebes die Werte der einzelnen Vermögensgegenstände abzüglich der Schulden im Zeitpunkt der Übernahme übersteigt. [2]Die Abschreibung des Geschäfts(Firmen)werts ist planmäßig auf die Geschäftsjahre, in denen er voraussichtlich genutzt wird, zu verteilen. „[3]In Fällen, in denen die Nutzungsdauer des Geschäfts(Firmen)werts nicht verlässlich geschätzt werden kann, ist der Geschäfts(Firmen)wert über 10 Jahre gleichmäßig

verteilt abzuschreiben. [4]Im Anhang ist der Zeitraum zu erläutern, über den der Geschäfts(Firmen)wert abgeschrieben wird.“ *(BGBl I 2009/140; BGBl I 2015/22)*

(BGBl 1990/475)

Abschreibungen im Anlagevermögen

§ 204. (1) [1]Die Anschaffungs- oder Herstellungskosten sind bei den Gegenständen des Anlagevermögens, deren Nutzung zeitlich begrenzt ist, um planmäßige Abschreibungen zu vermindern. [2]Der Plan muß die Anschaffungs- oder Herstellungskosten auf die Geschäftsjahre verteilen, in denen der Vermögensgegenstand voraussichtlich wirtschaftlich genutzt werden kann.

(1a) Anschaffungs- oder Herstellungskosten geringwertiger Vermögensgegenstände des abnutzbaren Anlagevermögens dürfen im Jahr ihrer Anschaffung oder Herstellung voll abgeschrieben werden. *(BGBl I 2015/22)*

(2) [1]„Gegenstände des Anlagevermögens sind bei voraussichtlich dauernder Wertminderung ohne Rücksicht darauf, ob ihre Nutzung zeitlich begrenzt ist, außerplanmäßig auf den niedrigeren am Abschlussstichtag beizulegenden Wert abzuschreiben „ “**“*. [2]Bei Finanzanlagen dürfen solche Abschreibungen auch vorgenommen werden, wenn die Wertminderung voraussichtlich nicht von Dauer ist. *(BGBl 1996/304; *BGBl I 2015/22; **BGBl I 2019/46)*

(3) *(aufgehoben, BGBl 1996/304)*

(BGBl 1990/475)

§ 205. *(entfällt samt Überschrift, BGBl I 2015/22)*

Wertansätze für Gegenstände des Umlaufvermögens

§ 206. (1) Gegenstände des Umlaufvermögens sind mit den Anschaffungs- oder Herstellungskosten, vermindert um Abschreibungen gemäß § 207, anzusetzen.

(2) Auf die Feststellung der Anschaffungs- und Herstellungskosten ist § 203 Abs. 2 bis 4 sinngemäß anzuwenden.

(3) [1]Führt in Ausnahmefällen das Verbot der Einbeziehung von Kosten der allgemeinen Verwaltung und des Vertriebs (§ 203 Abs. 3 letzter Satz) dazu, dass ein möglichst getreues Bild der Vermögens-, Finanz- und Ertragslage auch mit zusätzlichen Anhangangaben (§ 222 Abs. 2) nicht vermittelt werden kann, so können bei Aufträgen, deren Ausführung sich über mehr als zwölf Monate erstreckt, angemessene Teile der Verwaltungs- und Vertriebskosten angesetzt werden, falls eine verlässliche Kostenrechnung vorliegt und soweit aus der weiteren Auftragsabwicklung keine Verluste drohen. [2]Die Anwendung dieser Bestimmung ist im Anhang anzugeben und zu begründen und ihr Einfluss auf die Vermögens-, Finanz- und Ertragslage der Gesellschaft darzulegen; gleichzeitig ist der insgesamt über die Herstellungskosten hinaus angesetzte Betrag anzugeben. *(BGBl I 2015/22)*

(BGBl 1990/475)

Abschreibungen auf Gegenstände des Umlaufvermögens

§ 207. [1]Bei Gegenständen des Umlaufvermögens sind Abschreibungen vorzunehmen, um sie mit dem Wert anzusetzen, der sich aus dem niedrigeren Börsenkurs oder Marktpreis am Abschlussstichtag ergibt. [2]Ist ein Börsenkurs oder Marktpreis nicht festzustellen und übersteigen die Anschaffungs- oder Herstellungskosten den beizulegenden Wert, so ist der Vermögensgegenstand auf diesen Wert abzuschreiben.

(BGBl I 2019/46)

Wertaufholung

§ 208. (1) Wird bei einem Vermögensgegenstand eine Abschreibung gemäß § 204 Abs. 2 oder § 207 vorgenommen und stellt sich in einem späteren Geschäftsjahr heraus, daß die Gründe dafür nicht mehr bestehen, so ist der Betrag dieser Abschreibung im Umfang der Werterhöhung unter Berücksichtigung der Abschreibungen, die inzwischen vorzunehmen gewesen wären, zuzuschreiben.

(2) Abs. 1 gilt nicht bei Abschreibungen des Geschäfts(Firmen)werts. *(BGBl I 2015/22)*

(3) *(entfällt, BGBl I 2015/22)*

(BGBl 1996/304)

Bewertungsvereinfachungsverfahren

§ 209. (1) [1]Gegenstände des Sachanlagevermögens sowie Roh-, Hilfs- und Betriebsstoffe können, wenn sie regelmäßig ersetzt werden und ihr Gesamtwert „nicht wesentlich“ ist, mit einem gleichbleibenden Wert angesetzt werden, sofern ihr Bestand voraussichtlich in seiner Größe, seinem Wert und seiner Zusammensetzung nur geringen Veränderungen unterliegt. [2]Jedoch ist mindestens alle fünf Jahre eine Bestandsaufnahme durchzuführen. [3]Ergibt sich dabei eine wesentliche Änderung des mengenmäßigen Bestandes, so ist insoweit der Wert anzupassen. *(BGBl I 2015/22)*

(2) [1]Gleichartige Gegenstände des Finanzanlage- und des Vorratsvermögens, Wertpapiere (Wertrechte) sowie andere gleichartige oder annähernd gleichwertige bewegliche Vermögensgegenstände können jeweils zu einer Gruppe zusammengefaßt und mit dem gewogenen Durchschnittswert angesetzt werden. [2]Soweit es den Grundsätzen

ordnungsmäßiger Buchführung entspricht, kann für den Wertansatz gleichartiger Vermögensgegenstände des Vorratsvermögens unterstellt werden, daß die zuerst oder zuletzt angeschafften oder hergestellten Vermögensgegenstände zuerst oder in einer sonstigen bestimmten Folge verbraucht oder veräußert worden sind.

(BGBl 1990/475)

§ 210. *(aufgehoben samt Überschrift, BGBl I 2009/140)*

Wertansätze von Passivposten

§ 211. (1) [1]Verbindlichkeiten sind zu ihrem Erfüllungsbetrag, Rentenverpflichtungen zum Barwert der zukünftigen Auszahlungen anzusetzen. [2]Rückstellungen sind mit dem Erfüllungsbetrag anzusetzen, der bestmöglich zu schätzen ist. [3]Rückstellungen für „Pensionen“ oder vergleichbare langfristig fällige Verpflichtungen sind mit dem sich nach versicherungsmathematischen Grundsätzen ergebenden Betrag anzusetzen.[4]„Für Rückstellungen für Abfertigungsverpflichtungen, Jubiläumsgeldzusagen oder vergleichbare langfristig fällige Verpflichtungen kann der Betrag auch durch eine finanzmathematische Berechnung ermittelt werden, sofern dagegen im Einzelfall keine erheblichen Bedenken bestehen.“ *(BGBl I 2019/46)*

(2) [1]Rückstellungen mit einer Restlaufzeit von mehr als einem Jahr sind mit einem marktüblichen Zinssatz abzuzinsen. [2]Bei Rückstellungen für Abfertigungsverpflichtungen, Pensionen, Jubiläumsgeldzusagen oder vergleichbare langfristig fällige Verpflichtungen kann ein durchschnittlicher Marktzinssatz angewendet werden, der sich bei einer angenommenen Restlaufzeit von 15 Jahren ergibt, sofern dagegen im Einzelfall keine erheblichen Bedenken bestehen.

(BGBl I 2015/22)

VIERTER TITEL

Aufbewahrung und Vorlage von Unterlagen

Aufbewahrungspflicht, Aufbewahrungsfrist

§ 212. (1) Der „Unternehmer“* hat seine „Bücher“*, Inventare, Eröffnungsbilanzen, Jahresabschlüsse samt den Lageberichten, Konzernabschlüsse samt den Konzernlageberichten, empfangene „Geschäftsbriefe“*, Abschriften der abgesendeten „Geschäftsbriefe“* und Belege für Buchungen in den von ihm gemäß „§ 190“** zu führenden Büchern (Buchungsbelege) sieben Jahre lang geordnet aufzubewahren; darüber hinaus noch solange, als sie für ein anhängiges gerichtliches oder behördliches Verfahren, in dem der „Unternehmer“* Parteistellung hat, von Bedeutung sind. *(* BGBl I 2005/120; ** BGBl I 2015/22)*

(2) Die Frist läuft vom Schluß des Kalenderjahrs an, für das die letzte „Bucheintragung“ vorgenommen, das Inventar aufgestellt, die Eröffnungsbilanz und der Jahresabschluß festgestellt, der Konzernabschluß aufgestellt oder der „Geschäftsbrief“ empfangen oder abgesendet worden ist. *(BGBl I 2005/120)*

(BGBl 1990/475)

Vorlage im Rechtsstreit

§ 213. (1) Im Laufe eines Rechtsstreits kann das Gericht auf Antrag oder von Amts wegen die Vorlage der „Bücher“ einer Partei anordnen. *(BGBl I 2005/120)*

(2) Die Vorschriften der Zivilprozeßordnung über die Verpflichtung des Prozeßgegners zur Vorlage von Urkunden bleiben unberührt.

(BGBl 1990/475)

Auszug bei Vorlage im Rechtsstreit

§ 214. [1]Werden in einem Rechtsstreit „Bücher“ vorgelegt, so ist in sie, soweit sie den Streitpunkt betreffen, unter Zuziehung der Parteien Einsicht zu nehmen und geeignetenfalls ein Auszug davon anzufertigen. [2]Der übrige Inhalt der Bücher ist dem Gericht insoweit offenzulegen, als es zur Prüfung ihrer ordnungsmäßigen Führung notwendig ist. *(BGBl I 2005/120)*

(BGBl 1990/475)

Vorlage bei Vermögensauseinandersetzungen

§ 215. Bei Vermögensauseinandersetzungen, insbesondere in Erbschafts-, Gütergemeinschafts- und Gesellschaftsteilungssachen, darf das Gericht die Vorlage der „Bücher“ zur Kenntnisnahme von ihrem ganzen Inhalt anordnen. *(BGBl I 2005/120)*

(BGBl 1990/475)

Vorlage von Unterlagen auf Datenträgern

§ 216. Wer Eintragungen oder Aufbewahrungen in der Form des „§ 190 Abs. 5“ vorgenommen hat, muß, soweit er zur Einsichtgewährung verpflichtet ist, auf seine Kosten innerhalb angemessener Frist diejenigen Hilfsmittel zur Verfügung stellen, die notwendig sind, um die Unterlagen lesbar zu machen, und, soweit erforderlich, die benötigte Anzahl ohne Hilfsmittel lesbarer, dauerhafter Wiedergaben beibringen. *(BGBl I 2015/22)*

(BGBl 1990/475)

§§ 217 bis 220. *(Diese Paragraphen sind derzeit nicht belegt. Fortsetzung mit § 221.)*

ZWEITER ABSCHNITT

Ergänzende Vorschriften für Kapitalgesellschaften

ERSTER TITEL

Größenklassen

Umschreibung

§ 221. (1) Kleine Kapitalgesellschaften sind solche, die mindestens zwei der drei nachstehenden Merkmale nicht überschreiten:

1. „5 Millionen" Euro Bilanzsumme; *(BGBl I 2008/70; BGBl I 2015/22)*

2. „10 Millionen" Euro Umsatzerlöse in den zwölf Monaten vor dem Abschlussstichtag; *(BGBl I 2008/70; BGBl I 2015/22)*

3. im Jahresdurchschnitt 50 Arbeitnehmer.

(1a) Kleinstkapitalgesellschaften sind kleine Kapitalgesellschaften, die keine Investmentunternehmen oder Beteiligungsgesellschaften sind und mindestens zwei der drei nachstehenden Merkmale nicht überschreiten:

1. 350.000 Euro Bilanzsumme;

2. 700.000 Euro Umsatzerlöse in den zwölf Monaten vor dem Abschlussstichtag;

3. im Jahresdurchschnitt 10 Arbeitnehmer. *(BGBl I 2015/22)*

(2) Mittelgroße Kapitalgesellschaften sind solche, die mindestens zwei der drei in Abs. 1 bezeichneten Merkmale überschreiten und mindestens zwei der drei nachstehenden Merkmale nicht überschreiten:

1. „20 Millionen" Euro Bilanzsumme; *(BGBl I 2008/70; BGBl I 2015/22)*

2. „40 Millionen" Euro Umsatzerlöse in den zwölf Monaten vor dem Abschlussstichtag; *(BGBl I 2008/70; BGBl I 2015/22)*

3. im Jahresdurchschnitt 250 Arbeitnehmer.

(3) [1]Große Kapitalgesellschaften sind solche, die mindestens zwei der drei in Abs. 2 bezeichneten Merkmale überschreiten. [2]„Ein Unternehmen von öffentlichem Interesse (§ 189a Z 1) gilt stets als große Kapitalgesellschaft." *(BGBl I 2004/161; BGBl I 2015/22)*

(4) [1]Die Rechtsfolgen der Größenmerkmale (Abs. 1 bis Abs. 3 erster Satz) treten ab dem folgenden Geschäftsjahr ein, wenn diese Merkmale an den Abschlussstichtagen von zwei aufeinanderfolgenden Geschäftsjahren überschritten beziehungsweise nicht mehr überschritten werden. [2]Im Falle der Neugründung und Umgründung (Verschmelzung, Umwandlung, Einbringung, Zusammenschluss, Realteilung oder Spaltung) außer bei einer rechtsformwechselnden Umwandlung treten die Rechtsfolgen bereits ein, wenn die Größenmerkmale am ersten Abschlussstichtag nach der Neugründung oder Umgründung vorliegen; dies gilt auch bei der Aufgabe eines Betriebes oder eines Teilbetriebes, wenn die Größenmerkmale um mindestens die Hälfte unterschritten werden. *(BGBl I 2015/22)*

(4a) Aktiengesellschaften, die Mutterunternehmen (§ 189a Z 6) sind, haben die Schwellenwerte nach den Abs. 1 bis 2 auf konsolidierter oder aggregierter Basis zu berechnen. *(BGBl I 2015/22)*

(5) [1]Eine Personengesellschaft im Sinn des § 189 Abs. 1 Z 2 unterliegt hinsichtlich der in den §§ 222 bis 227, § 229 Abs. 1 bis 3, „§§ 231 bis 243c" und §§ 268 bis 285 geregelten Tatbestände den der Rechtsform ihres unbeschränkt haftenden Gesellschafters entsprechenden Rechtsvorschriften; ist dieser keine Kapitalgesellschaft, so gelten die Vorschriften für Gesellschaften mit beschränkter Haftung. „[2]Dies gilt bei Unternehmen von öffentlichem Interesse im Sinn des § 189a Z 1 lit. a und d auch für die Einrichtung eines Aufsichtsrates sowie eines Prüfungsausschusses. [3]Die Einordnung in die Größenklassen nach Abs. 1 bis 4a, 6 und 7 erfolgt nach den maßgeblichen Kennzahlen der Personengesellschaft selbst." *(BGBl I 2015/22; BGBl I 2016/43)*

(6) Der Durchschnitt der Arbeitnehmeranzahl bestimmt sich nach der Arbeitnehmeranzahl an den jeweiligen Monatsletzten innerhalb des Geschäftsjahrs.

(7) Der Bundesminister für Justiz wird ermächtigt, in Umsetzung von Rechtsvorschriften der Europäischen Union durch Verordnung an Stelle der in „Abs. 1 bis 2" angeführten Merkmale andere Zahlen festzusetzen. *(BGBl I 2004/161; BGBl I 2015/22)*

(BGBl 1996/304)

ZWEITER TITEL

Allgemeine Vorschriften über den Jahresabschluss, den Lagebericht sowie den Corporate Governance-Bericht und den Bericht über Zahlungen an staatliche Stellen

Inhalt des Jahresabschlusses

§ 222. (1) [1]Die gesetzlichen Vertreter einer Kapitalgesellschaft haben in den ersten fünf Monaten des Geschäftsjahrs für das vorangegangene Geschäftsjahr den um den Anhang erweiterten Jahresabschluss, einen Lagebericht sowie gegebenenfalls „ " einen Corporate Governance-Bericht „und einen Bericht über Zahlungen an staatliche Stellen" aufzustellen und den Mitgliedern des Aufsichtsrats vorzulegen. [2]Der Jahresabschluss, der Lagebericht sowie der Corporate Governance-Bericht „und der Bericht über Zahlungen an staatliche Stellen" sind von sämtlichen gesetzlichen Vertretern zu unterzeichnen. *(BGBl I 2008/70; BGBl I 2015/22)*

(2) [1]Der Jahresabschluß hat ein möglichst getreues Bild der Vermögens-, Finanz- und Ertragslage des Unternehmens zu vermitteln. [2]Wenn dies aus besonderen Umständen nicht gelingt, sind im Anhang die erforderlichen zusätzlichen Angaben zu machen.

(3) [1]Führt in Ausnahmefällen die Anwendung einer in diesem Bundesgesetz festgelegten Rechnungslegungsvorschrift dazu, dass ein möglichst getreues Bild der Vermögens-, Finanz- und Ertragslage des Unternehmens auch mit zusätzlichen Angaben nach Abs. 2 nicht vermittelt werden kann, so kann durch Verordnung angeordnet werden, dass die betreffende Bestimmung insoweit nicht anzuwenden ist, als dies erforderlich ist, um ein möglichst getreues Bild der Vermögens-, Finanz- und Ertragslage des Unternehmens zu vermitteln. [2]Eine solche Verordnung ist vom Bundesminister für Justiz im Einvernehmen mit dem Bundesminister für Finanzen zu erlassen; sie hat die Ausnahmefälle zu definieren und vorzugeben, in welcher Art und welchem Ausmaß von der Bestimmung abgewichen werden muss, sowie die erforderlichen Anhangangaben zu regeln. *(BGBl I 2015/22)*

(BGBl 1990/475)

Allgemeine Grundsätze für die Gliederung

§ 223. (1) [1]Die einmal gewählte Form der Darstellung, insbesondere die Gliederung der aufeinanderfolgenden Bilanzen und Gewinn- und Verlustrechnungen, ist beizubehalten. [2]Ein Abweichen von diesem Grundsatz ist nur unter Beachtung der im § 222 Abs. 2 umschriebenen Zielsetzung zulässig. [3]Die Abweichungen sind im Anhang anzugeben und zu begründen.

(2) [1]Im Jahresabschluß ist zu jedem Posten der entsprechende Betrag des vorangegangenen Geschäftsjahrs zumindest „in vollen 1 000 Euro“ anzugeben; dies gilt auch für die gesondert anzumerkenden Posten. [2]Sind die Beträge nicht vergleichbar, so ist dies im Anhang anzugeben und zu erläutern. [3]Wird der Vorjahresbetrag angepaßt, so ist auch dies im Anhang anzugeben und zu erläutern. *(BGBl I 2001/41)*

(3) [1]Betreibt eine Gesellschaft mehrere Geschäftszweige und bedingt dies die Gliederung des Jahresabschlusses nach verschiedenen Gliederungsvorschriften, so hat die Gesellschaft den Jahresabschluß nach der für den wirtschaftlich bedeutendsten Geschäftszweig vorgeschriebenen Gliederung aufzustellen und nach der für seine anderen Geschäftszweige jeweils vorgeschriebenen Gliederung zu ergänzen „.“[2]„Gesellschaften, die nicht klein sind, haben die Ergänzung im Anhang anzugeben und zu begründen.“ *(BGBl I 2015/22)*

(4) [1]Eine weitere Untergliederung der Posten ist zulässig; dabei ist jedoch die vorgeschriebene Gliederung zu beachten. [2]Zusätzliche Posten „und Zwischensummen“ dürfen hinzugefügt werden, wenn ihr Inhalt nicht von einem vorgeschriebenen Posten gedeckt wird. [3]Die Aufnahme weiterer zusätzlicher Posten ist geboten, soweit es zur Erreichung der im § 222 Abs. 2 umschriebenen Zielsetzung erforderlich ist. [4]Die Postenbezeichnungen sind auf die tatsächlichen Inhalte zu verkürzen. *(BGBl I 2015/22)*

(5) Fällt ein Vermögensgegenstand oder eine Verbindlichkeit unter mehrere Posten der Bilanz, so ist die Zugehörigkeit auch zu anderen Posten bei dem Posten, unter dem der Ausweis erfolgt ist, zu vermerken oder im Anhang anzugeben, wenn dies zur Aufstellung eines klaren und übersichtlichen Jahresabschlusses erforderlich ist.

(6) Die mit arabischen Zahlen versehenen Posten der Bilanz und die mit Buchstaben gekennzeichneten Posten der Gewinn- und Verlustrechnung können zusammengefaßt werden, wenn

1. sie einen Betrag enthalten, der für die Vermittlung eines möglichst getreuen Bildes der Vermögens-, Finanz- und Ertragslage der Gesellschaft nicht wesentlich ist, oder

2. dadurch die Klarheit der Darstellung verbessert wird; in diesem Fall müssen die zusammengefaßten Posten jedoch im Anhang ausgewiesen werden.

(BGBl 1996/304)

(7) Ein Posten der Bilanz oder der Gewinn- und Verlustrechnung, der keinen Betrag ausweist, braucht nicht angeführt zu werden, es sei denn, daß im vorangegangenen Geschäftsjahr unter diesem Posten ein Betrag ausgewiesen wurde.

(8) [1]Gliederung und Bezeichnung der mit arabischen Zahlen versehenen Posten der Bilanz und der Gewinn- und Verlustrechnung sind zu ändern, wenn dies wegen Besonderheiten der Kapitalgesellschaft zur Aufstellung eines klaren und übersichtlichen Jahresabschlusses erforderlich ist. [2]Der Bundesminister für Justiz kann im Einvernehmen mit dem in seinem Wirkungsbereich berührten Bundesminister verbindliche Formblätter durch Verordnung festlegen.

(BGBl 1990/475)

DRITTER TITEL

Bilanz

Gliederung

§ 224. (1) In der Bilanz sind, unbeschadet einer weiteren Gliederung, die in den Abs. 2 und 3 angeführten Posten gesondert und in der vorgeschriebenen Reihenfolge auszuweisen.

(2) Aktivseite:
A. Anlagevermögen:
I. Immaterielle Vermögensgegenstände:

1. Konzessionen, gewerbliche Schutzrechte und ähnliche Rechte und Vorteile sowie daraus abgeleitete Lizenzen;

2. Geschäfts(Firmen)wert;

3. geleistete Anzahlungen;

II. Sachanlagen:

1. Grundstücke, grundstücksgleiche Rechte und Bauten, einschließlich der Bauten auf fremdem Grund;

2. technische Anlagen und Maschinen;

3. andere Anlagen, Betriebs- und Geschäftsausstattung;

4. geleistete Anzahlungen und Anlagen in Bau;

III. Finanzanlagen:

1. Anteile an verbundenen Unternehmen;

2. Ausleihungen an verbundene Unternehmen;

3. Beteiligungen;

4. Ausleihungen an Unternehmen, mit denen ein Beteiligungsverhältnis besteht;

5. Wertpapiere (Wertrechte) des Anlagevermögens;

6. sonstige Ausleihungen.

B. Umlaufvermögen:
I. Vorräte:

1. Roh-, Hilfs- und Betriebsstoffe;

2. unfertige Erzeugnisse;

3. fertige Erzeugnisse und Waren;

4. noch nicht abrechenbare Leistungen;

5. geleistete Anzahlungen;

II. Forderungen und sonstige Vermögensgegenstände:

1. Forderungen aus Lieferungen und Leistungen;

2. Forderungen gegenüber verbundenen Unternehmen;

3. Forderungen gegenüber Untenehmen, mit denen ein Beteiligungsverhältnis besteht;

4. sonstige Forderungen und Vermögensgegenstände;

III. Wertpapiere und Anteile:

1. Anteile an verbundenen Unternehmen;

2. sonstige Wertpapiere und Anteile;

IV. Kassenbestand, Schecks, Guthaben bei Kreditinstituten.
C. Rechnungsabgrenzungsposten.
„D. Aktive latente Steuern.“
(BGBl 1996/304; BGBl I 2015/22)

(3) Passivseite:
A. Eigenkapital:
I. „eingefordertes“** Nennkapital (Grund-, Stammkapital);
II. Kapitalrücklagen:

1. gebundene;

2. nicht gebundene;

III. Gewinnrücklagen:

1. gesetzliche Rücklage;

2. satzungsmäßige Rücklagen;

3. andere Rücklagen (freie Rücklagen);

IV. Bilanzgewinn (Bilanzverlust), davon Gewinnvortrag/Verlustvortrag.
„“*

„B.“* Rückstellungen:

1. Rückstellungen für Abfertigungen;

2. Rückstellungen für Pensionen;

3. Steuerrückstellungen;

4. sonstige Rückstellungen.

„C.“* Verbindlichkeiten:

1. Anleihen, davon konvertibel;

2. Verbindlichkeiten gegenüber Kreditinstituten;

3. erhaltene Anzahlungen auf Bestellungen;

4. Verbindlichkeiten aus Lieferungen und Leistungen;

5. Verbindlichkeiten aus der Annahme gezogener Wechsel und der Ausstellung eigener Wechsel;

6. Verbindlichkeiten gegenüber verbundenen Unternehmen;

7. Verbindlichkeiten gegenüber Unternehmen, mit denen ein Beteiligungsverhältnis besteht;

8. sonstige Verbindlichkeiten, davon aus Steuern, davon im Rahmen der sozialen Sicherheit.

„D.“* Rechnungsabgrenzungsposten.
*(BGBl 1996/304; *BGBl I 2015/22; **BGBl I 2016/43)*

(BGBl 1990/475)

Vorschriften zu einzelnen Posten der Bilanz

§ 225. (1) [1]„Ist das Eigenkapital durch Verluste aufgebraucht, so lautet dieser Posten „negatives Eigenkapital“.“[2]Im Anhang ist zu erläutern, ob eine Überschuldung im Sinne des Insolvenzrechts vorliegt. *(BGBl 1996/304)*

(2) „ “[1]Forderungen und Verbindlichkeiten gegenüber verbundenen Unternehmen und gegenüber Unternehmen, mit denen ein Beteiligungsverhältnis besteht, sind in der Regel als solche jeweils gesondert auszuweisen. [2]Werden sie unter anderen Posten ausgewiesen, so ist dies zu vermerken. *(BGBl 1996/304)*

(3) [1]Der Betrag der Forderungen mit einer Restlaufzeit von mehr als einem Jahr ist bei jedem gesondert ausgewiesenen Posten in der Bilanz anzumerken. [2]Sind unter dem Posten „sonstige Forderungen und Vermögensgegenstände” Erträ-

ge enthalten, die erst nach dem Abschlussstichtag zahlungswirksam werden, so haben Gesellschaften, die nicht klein sind, diese Beträge im Anhang zu erläutern, wenn diese Information wesentlich ist. *(BGBl I 2015/22)*

(4) Wechsel dürfen als Wertpapiere nur ausgewiesen werden, wenn dem Unternehmen nicht die der Ausstellung zugrunde liegende Forderung zusteht; anderenfalls „haben Gesellschaften, die nicht klein sind," bei Forderungen die wechselmäßige Verbriefung im Anhang anzugeben. *(BGBl I 2015/22)*

(5) [1]Anteile an Mutterunternehmen sind je nach ihrer Zweckbestimmung im Anlagevermögen oder im Umlaufvermögen in einem gesonderten Posten "Anteile an Mutterunternehmen" auszuweisen. [2]In gleicher Höhe ist auf der Passivseite eine Rücklage gesondert auszuweisen. [3]Diese Rücklage darf durch Umwidmung frei verfügbarer Kapital- und Gewinnrücklagen gebildet werden, soweit diese einen Verlustvortrag übersteigen. [4]Sie ist insoweit aufzulösen, als diese Anteile aus dem Vermögen ausscheiden oder für sie ein niedrigerer Betrag angesetzt wird. *(BGBl I 2015/22)*

(6) [1]Der Betrag der Verbindlichkeiten mit einer Restlaufzeit von bis zu einem Jahr und der Betrag der Verbindlichkeiten mit einer Restlaufzeit von mehr als einem Jahr sind bei den Posten C 1 bis 8 jeweils gesondert und für diese Posten insgesamt anzugeben. [2]Erhaltene Anzahlungen auf Bestellungen sind, soweit Anzahlungen auf Vorräte nicht von einzelnen Posten der Vorräte offen abgesetzt werden, unter den Verbindlichkeiten gesondert auszuweisen. [3]Sind unter dem Posten „sonstige Verbindlichkeiten" Aufwendungen enthalten, die erst nach dem Abschlussstichtag zahlungswirksam werden, so haben Gesellschaften, die nicht klein sind, diese Beträge im Anhang zu erläutern, wenn diese Information wesentlich ist. *(BGBl I 2015/22)*

(7) Gesellschaften, die nicht klein sind, haben bei Grundstücken den Grundwert in der Bilanz anzumerken oder im Anhang anzugeben. *(BGBl I 2015/22)*

(BGBl 1990/475)

Entwicklung des Anlagevermögens, Pauschalwertberichtigung

§ 226. (1) [1]Im Anhang ist die Entwicklung der einzelnen Posten des Anlagevermögens darzustellen. [2]Dabei sind für die verschiedenen Posten des Anlagevermögens jeweils gesondert anzugeben:

1. die Anschaffungs- oder Herstellungskosten zum Beginn und Ende des Geschäftsjahrs;

2. die Zu- und Abgänge sowie Umbuchungen im Laufe des Geschäftsjahrs;

3. die kumulierten Abschreibungen zu Beginn und Ende des Geschäftsjahrs;

4. die Ab- und Zuschreibungen des Geschäftsjahrs;

5. die Bewegungen in Abschreibungen im Zusammenhang mit Zu- und Abgängen sowie Umbuchungen im Laufe des Geschäftsjahrs und

6. der im Laufe des Geschäftsjahrs aktivierte Betrag, wenn Zinsen gemäß § 203 Abs. 4 aktiviert werden.

(BGBl I 2015/22)

(2) *(entfällt, BGBl I 2015/22)*

(3) Werden Vermögensgegenstände des Anlagevermögens im Hinblick auf ihre Geringwertigkeit im Jahre ihrer Anschaffung oder Herstellung vollständig abgeschrieben „ ", dann dürfen diese Vermögensgegenstände als Abgang behandelt werden. *(BGBl I 2015/22)*

(4) [1]Ein Geschäfts(Firmen)wert ist in die Darstellung der Entwicklung des Anlagevermögens aufzunehmen. [2]Ein voll abgeschriebener Geschäfts(Firmen)wert ist als Abgang zu behandeln.

(5) [1]„Gesellschaften, die nicht klein sind, haben den Betrag einer Pauschalwertberichtigung zu Forderungen für den entsprechenden Posten der Bilanz im Anhang anzugeben." [2]Einzelwertberichtigungen zum Umlaufvermögen sind vom entsprechenden Aktivposten abzusetzen. *(BGBl I 2015/22)*

(BGBl 1990/475)

Ausleihungen

§ 227. [1]Forderungen mit einer Laufzeit von mindestens fünf Jahren sind jedenfalls als Ausleihungen auszuweisen. [2]„Gesellschaften, die nicht klein sind, haben Ausleihungen mit einer Restlaufzeit bis zu einem Jahr im Anhang anzugeben." *(BGBl I 2015/22)*

(BGBl 1990/475)

§ 228. *(entfällt samt Überschrift, BGBl I 2015/22)*

Eigenkapital

§ 229. (1) „[1]Beim eingeforderten Nennkapital sind auch der Betrag der übernommenen Einlagen („Nennkapital") und das einbezahlte Nennkapital anzugeben." [2]Gesellschaften, die eine Gründungsprivilegierung in Anspruch nehmen (§ 10b GmbHG), haben zusätzlich jenen Betrag auszuweisen, den die Gesellschafter nach § 10b Abs. 4 GmbHG nicht zu leisten verpflichtet sind. [3]Der eingeforderte, aber noch nicht eingezahlte Betrag ist unter den Forderungen gesondert auszuweisen und entsprechend zu bezeichnen. *(BGBl I 2015/22; BGBl I 2016/43)*

(1a) [1]Der Nennbetrag oder, falls ein solcher nicht vorhanden ist, der rechnerische Wert von erworbenen eigenen Anteilen ist „offen vom Nennkapital abzuziehen". [2]Der Unterschiedsbetrag zwischen dem Nennbetrag oder dem rechnerischen Wert dieser Anteile und ihren Anschaffungskosten ist mit den nicht gebundenen Kapitalrücklagen und den freien Gewinnrücklagen (§ 224 Abs. 3 A II Z 2 und III Z 3) zu verrechnen. [3]Aufwendungen, die Anschaffungsnebenkosten sind, sind Aufwand des Geschäftsjahrs. [4]In die gebundenen Rücklagen ist ein Betrag einzustellen, der dem Nennbetrag beziehungsweise dem rechnerischen Wert der erworbenen eigenen Anteile entspricht. [5]§ 192 Abs. 5 AktG ist anzuwenden. *(BGBl I 2015/22; BGBl I 2016/43)*

(1b) [1]Nach der Veräußerung der eigenen Anteile entfällt der „Abzug“ nach Abs. 1a erster Satz. [2]Ein den Nennbetrag oder den rechnerischen Wert übersteigender Differenzbetrag aus dem Veräußerungserlös ist bis zur Höhe des mit den frei verfügbaren Rücklagen nach Abs. 1a zweiter Satz verrechneten Betrags in die jeweiligen Rücklagen einzustellen. [3]Ein darüber hinausgehender Differenzbetrag ist in die Kapitalrücklage gemäß Abs. 2 Z 1 einzustellen. [4]Die Nebenkosten der Veräußerung sind Aufwand des Geschäftsjahrs. [5]Die Rücklage nach Abs. 1a vierter Satz ist aufzulösen. *(BGBl I 2015/22; BGBl I 2016/43)*

(2) Als Kapitalrücklage sind auszuweisen:

1. der Betrag, der bei der ersten oder einer späteren Ausgabe von Anteilen für einen höheren Betrag als den Nennbetrag „oder den dem anteiligen Betrag des Grundkapitals entsprechenden Betrag“ über diesen hinaus erzielt wird; *(BGBl I 1998/125)*

2. der Betrag, der bei der Ausgabe von Schuldverschreibungen für Wandlungsrechte und Optionsrechte zum Erwerb von Anteilen erzielt wird;

3. der Betrag von Zuzahlungen, die Gesellschafter gegen Gewährung eines Vorzugs für ihre Anteile leisten;

4. die Beträge, die bei der Kapitalherabsetzung gemäß den §§ 185, 192 Abs. 5 AktG und § 59 GmbHG zu binden sind; *(BGBl I 1997/114)*

5. der Betrag von sonstigen Zuzahlungen, die durch gesellschaftsrechtliche Verbindungen veranlaßt sind. *(BGBl 1996/304)*

(3) Als Gewinnrücklagen dürfen nur Beträge ausgewiesen werden, die im Geschäftsjahr oder in einem früheren Geschäftsjahr aus dem Jahresüberschuß „ “ gebildet worden sind. *(BGBl 1996/304; BGBl I 2015/22)*

(4) Aktiengesellschaften und große Gesellschaften mit beschränkter Haftung (§ 221 Abs. 3) haben „gemäß den folgenden Abs. 5 bis 7“ gebundene Rücklagen auszuweisen, die aus der gebundenen Kapitalrücklage und der gesetzlichen Rücklage bestehen. *(BGBl I 2009/71; BGBl I 2015/22)*

(5) [1]In die gebundene Kapitalrücklage sind die in Abs. 2 Z 1 bis 4 genannten Beträge einzustellen. [2]Der Gesamtbetrag der gebundenen Teile der Kapitalrücklage ist in dieser gesondert auszuweisen. *(BGBl I 2009/71)*

(6) In die gesetzliche Rücklage ist ein Betrag einzustellen, der mindestens dem zwanzigsten Teil des um einen Verlustvortrag geminderten Jahresüberschusses „ “ entspricht, bis der Betrag der gebundenen Rücklagen insgesamt den zehnten oder den in der Satzung bestimmten höheren Teil des Nennkapitals erreicht hat. *(BGBl I 2009/71; BGBl I 2015/22)*

(7) [1]Die gebundenen Rücklagen dürfen nur zum Ausgleich eines ansonsten auszuweisenden Bilanzverlustes aufgelöst werden. [2]Der Verwendung der gesetzlichen Rücklage steht nicht entgegen, dass freie, zum Ausgleich von Wertminderungen und zur Deckung von sonstigen Verlusten bestimmte Rücklagen vorhanden sind. *(BGBl I 2009/71)*

(BGBl 1990/475)

§ 230. *(entfällt samt Überschrift, BGBl I 2015/22)*

VIERTER TITEL

Gewinn- und Verlustrechnung

Gliederung

§ 231. (1) [1]Die Gewinn- und Verlustrechnung ist in Staffelform nach dem Gesamtkostenverfahren oder dem Umsatzkostenverfahren aufzustellen. [2]In ihr sind unbeschadet einer weiteren Gliederung die nachstehend bezeichneten Posten in der angegebenen Reihenfolge gesondert auszuweisen, sofern nicht eine abweichende Gliederung vorgeschrieben ist.

(2) Bei Anwendung des Gesamtkostenverfahrens sind auszuweisen:

1. Umsatzerlöse;

2. Veränderung des Bestands an fertigen und unfertigen Erzeugnissen sowie an noch nicht abrechenbaren Leistungen; *(BGBl 1996/304)*

3. andere aktivierte Eigenleistungen; *(BGBl 1996/304)*

4. sonstige betriebliche Erträge „ , wobei Gesellschaften, die nicht klein sind, folgende Beträge aufgliedern müssen“:

a) Erträge aus dem Abgang vom und der Zuschreibung zum Anlagevermögen mit Ausnahme der Finanzanlagen; *(BGBl 1996/304)*

b) Erträge aus der Auflösung von Rückstellungen,

c) übrige;
(BGBl I 2015/22)

5. Aufwendungen für Material und sonstige bezogene Herstellungsleistungen:

a) Materialaufwand,

b) Aufwendungen für bezogene Leistungen;
(BGBl 1996/304)

6. Personalaufwand:

a) Löhne und Gehälter, wobei Gesellschaften, die nicht klein sind, Löhne und Gehälter getrennt voneinander ausweisen müssen;

b) soziale Aufwendungen, davon Aufwendungen für Altersversorgung, wobei Gesellschaften, die nicht klein sind, folgende Beträge zusätzlich gesondert ausweisen müssen:

aa) Aufwendungen für Abfertigungen und Leistungen an betriebliche Mitarbeitervorsorgekassen;

bb) Aufwendungen für gesetzlich vorgeschriebene Sozialabgaben sowie vom Entgelt abhängige Abgaben und Pflichtbeiträge;
(BGBl I 2015/22)

7. Abschreibungen:

a) auf immaterielle Gegenstände des Anlagevermögens und Sachanlagen „ “, *(BGBl I 2009/140)*

b) auf Gegenstände des Umlaufvermögens, soweit diese die im Unternehmen üblichen Abschreibungen überschreiten;
(BGBl 1996/304)

8. sonstige betriebliche Aufwendungen, wobei Gesellschaften, die nicht klein sind, Steuern, soweit sie nicht unter Z 18 fallen, gesondert ausweisen müssen; *(BGBl I 2015/22)*

9. Zwischensumme aus Z 1 bis 8;

10. Erträge aus Beteiligungen,
davon aus verbundenen Unternehmen;
(BGBl 1996/304)

11. Erträge aus anderen Wertpapieren und Ausleihungen des Finanzanlagevermögens, davon aus verbundenen Unternehmen; *(BGBl 1996/304)*

12. sonstige Zinsen und ähnliche Erträge,
davon aus verbundenen Unternehmen;
(BGBl 1996/304)

13. Erträge aus dem Abgang von und der Zuschreibung zu Finanzanlagen und Wertpapieren des Umlaufvermögens; *(BGBl 1996/304)*

14. „Aufwendungen aus Finanzanlagen und aus Wertpapieren des Umlaufvermögens, davon haben Gesellschaften, die nicht klein sind, gesondert auszuweisen:“

a) Abschreibungen

b) Aufwendungen aus verbundenen Unternehmen;
(BGBl 1996/304; BGBl I 2015/22)

15. Zinsen und ähnliche Aufwendungen, davon betreffend verbundene Unternehmen;

16. Zwischensumme aus Z 10 bis 15;

17. Ergebnis vor Steuern (Zwischensumme aus Z 9 und Z 16); *(BGBl I 2015/22)*

18. Steuern vom Einkommen und vom Ertrag; *(BGBl I 2015/22)*

19. Ergebnis nach Steuern; *(BGBl I 2015/22)*

20. sonstige Steuern, soweit nicht unter den Posten 1 bis 19 enthalten; *(BGBl I 2015/22)*

21. Jahresüberschuss/Jahresfehlbetrag; *(BGBl I 2015/22)*

22. Auflösung von Kapitalrücklagen; *(BGBl I 2015/22)*

23. Auflösung von Gewinnrücklagen; *(BGBl I 2015/22)*

24. Zuweisung zu Gewinnrücklagen; *(BGBl I 2015/22)*

25. Gewinnvortrag/Verlustvortrag aus dem Vorjahr; *(BGBl I 2015/22)*

26. Bilanzgewinn (Bilanzverlust). *(BGBl I 2015/22)*

27. bis 29. *(entfällt, BGBl I 2015/22)*

(3) Bei Anwendung des Umsatzkostenverfahrens sind auszuweisen:

1. Umsatzerlöse;

2. Herstellungskosten der zur Erzielung der Umsatzerlöse erbrachten Leistungen;

3. Bruttoergebnis vom Umsatz;

4. Vertriebskosten; *(BGBl I 2015/22)*

5. allgemeine Verwaltungskosten; *(BGBl I 2015/22)*

6. sonstige betriebliche Erträge, wobei Gesellschaften, die nicht klein sind, folgende Beträge aufgliedern müssen:

a) Erträge aus dem Abgang vom und der Zuschreibung zum Anlagevermögen mit Ausnahme der Finanzanlagen,

b) Erträge aus der Auflösung von Rückstellungen,

c) übrige;
(BGBl I 2015/22)

7. sonstige betriebliche Aufwendungen;

8. Zwischensumme aus Z 1 bis 7;

9. Erträge aus Beteiligungen,
davon aus verbundenen Unternehmen;
(BGBl 1996/304)

10. Erträge aus anderen Wertpapieren und Ausleihungen des Finanzanlagevermögens,
davon aus verbundenen Unternehmen;
(BGBl 1996/304)

11. sonstige Zinsen und ähnliche Erträge,
davon aus verbundenen Unternehmen;
(BGBl 1996/304)

12. Erträge aus dem Abgang von und der Zuschreibung zu Finanzanlagen und Wertpapieren des Umlaufvermögens; *(BGBl 1996/304)*

13. „Aufwendungen aus Finanzanlagen und aus Wertpapieren des Umlaufvermögens, davon haben Gesellschaften, die nicht klein sind, gesondert auszuweisen:“

a) Abschreibungen

b) Aufwendungen aus verbundenen Unternehmen;
(BGBl 1996/304; BGBl I 2015/22)

14. Zinsen und ähnliche Aufwendungen, davon betreffend verbundene Unternehmen;

15. Zwischensumme aus Z 9 bis 14;

16. Ergebnis vor Steuern (Zwischensumme aus Z 8 und Z 15); *(BGBl I 2015/22)*

17. Steuern vom Einkommen und vom Ertrag; *(BGBl I 2015/22)*

18. Ergebnis nach Steuern; *(BGBl I 2015/22)*

19. sonstige Steuern, soweit nicht unter den Posten 1 bis 18 enthalten; *(BGBl I 2015/22)*

20. Jahresüberschuss/Jahresfehlbetrag; *(BGBl I 2015/22)*

21. Auflösung von Kapitalrücklagen; *(BGBl I 2015/22)*

22. Auflösung von Gewinnrücklagen; *(BGBl I 2015/22)*

23. Zuweisung zu Gewinnrücklagen; *(BGBl I 2015/22)*

24. Gewinnvortrag/Verlustvortrag aus dem Vorjahr; *(BGBl I 2015/22)*

25. Bilanzgewinn (Bilanzverlust). *(BGBl I 2015/22)*

26. bis 28. *(entfällt, BGBl I 2015/22)*

(4) Die Bildung von Zwischensummen (mit Ausnahme jener nach Abs. 2 Z 19 beziehungsweise Abs. 3 Z 18) darf bei kleinen Gesellschaften unterbleiben. *(BGBl I 2015/22)*

(5) [1]Alternativ zum Ausweis in der Gewinn- und Verlustrechnung können Veränderungen der Kapital- und Gewinnrücklagen auch im Anhang ausgewiesen werden. [2]In diesem Fall endet die Gewinn- und Verlustrechnung mit dem Posten „Jahresüberschuss/Jahresfehlbetrag“. *(BGBl I 2015/22)*

(BGBl 1990/475)

Vorschriften zu einzelnen Posten der Gewinn- und Verlustrechnung

§ 232. (1) *(entfällt, BGBl I 2015/22)*

(2) Als Bestandsveränderungen sind außer Änderungen der Menge auch solche des Wertes zu berücksichtigen „.“ *(BGBl I 2015/22)*

(3) Ist die Gesellschaft vertraglich verpflichtet, ihren Gewinn oder Verlust ganz oder teilweise an andere Personen zu überrechnen, so ist der überrechnete Betrag unter entsprechender Bezeichnung „vor dem Posten“* gemäß „§ 231 Abs. 2 Z 25 oder § 231 Abs. 3 Z 24“** gesondert auszuweisen. *(*BGBl 1996/304; **BGBl I 2015/22)*

(4) *(entfällt, BGBl I 2015/22)*

(5) Außerplanmäßige Abschreibungen gemäß § 204 Abs. 2 sind gesondert auszuweisen.

(BGBl 1990/475)

§ 233. *(entfällt samt Überschrift, BGBl I 2015/22)*

Steuern

§ 234. [1]Im Posten „Steuern vom Einkommen und vom Ertrag“ sind die Beträge auszuweisen, die das Unternehmen als Steuerschuldner vom Einkommen und Ertrag zu entrichten hat. [2]„Gesellschaften, die nicht klein sind, haben Erträge aus Steuergutschriften und aus der Auflösung von nicht bestimmungsgemäß verwendeten Steuerrückstellungen gesondert auszuweisen, soweit sie wesentlich (§ 189a Z 10) sind.“ *(BGBl I 2015/22)*

(BGBl 1990/475)

Beschränkung der Ausschüttung

§ 235. (1) [1]Gewinne dürfen nicht ausgeschüttet werden, soweit sie durch Umgründungen unter Ansatz des beizulegenden Wertes entstanden sind und

1. aus der Auflösung von Kapitalrücklagen stammen,

2. nicht als Kapitalrücklage ausgewiesen werden können, oder

3. der beizulegende Wert für eine Gegenleistung angesetzt wurde.

[2]Dies gilt sinngemäß für einen Übergang des Gesellschaftsvermögens gemäß § 142. [3]Die ausschüttungsgesperrten Beträge vermindern sich insoweit, als der Unterschiedsbetrag zwischen Buchwert und dem höheren beizulegenden Wert in der Folge insbesondere durch planmäßige oder außerplanmäßige Abschreibungen gemäß den §§ 204 und 207 oder durch Buchwertabgänge vermindert wird. [4]Dies gilt unabhängig von der Auflösung einer zugrunde liegenden Kapitalrücklage. *(BGBl I 2015/163)*

(2) Bei Aktivierung latenter Steuern gemäß § 198 Abs. 9 dürfen außerdem Gewinne nur ausgeschüttet werden, soweit die danach verbleibenden jederzeit auflösbaren Rücklagen zuzüglich eines Gewinnvortrags und abzüglich eines Verlustvortrags dem aktivierten Betrag mindestens entsprechen.

(BGBl I 2015/22)

FÜNFTER TITEL

Anhang und Lagebericht

Erläuterung der Bilanz und der Gewinn- und Verlustrechnung

Erläuterung der Bilanz und der Gewinn- und Verlustrechnung

§ 236. [1]Im Anhang sind die Bilanz und die Gewinn- und Verlustrechnung sowie die darauf angewandten Bilanzierungs- und Bewertungsmethoden so zu erläutern, dass ein möglichst getreues Bild der Vermögens-, Finanz- und Ertragslage des Unternehmens vermittelt wird. [2]Eine kleine Gesellschaft braucht keine über die Anforderungen in diesem Bundesgesetz hinausgehenden Anhangangaben zu machen, soweit auf sie keine Rechnungslegungsvorschriften für Unternehmen bestimmter Rechtsformen anwendbar sind, die auf Rechtsakten der Europäischen Union beruhen. [3]Die Anhangangaben sind in der Reihenfolge der Darstellung der Posten in der Bilanz und in der Gewinn- und Verlustrechnung zu machen.

(BGBl I 2015/22)

Inhalt des für alle Gesellschaften geltenden Anhangs

§ 237. (1) Jede Gesellschaft hat im Anhang zusätzlich zu den aufgrund anderer Bestimmungen in diesem Bundesgesetz vorgesehenen Angaben folgende Angaben zu machen:

1. die Bilanzierungs- und Bewertungsmethoden; diese umfassen insbesondere die Bewertungsgrundlagen für die verschiedenen Posten, eine Angabe zur Übereinstimmung dieser Bilanzierungs- und Bewertungsmethoden mit dem Konzept der Unternehmensfortführung und wesentliche Änderungen der Bilanzierungs- und Bewertungsmethoden; diese Angaben enthalten auch die Grundlagen für die Umrechnung in Euro, soweit den Posten Beträge zugrunde liegen, die auf eine andere Währung lauten oder ursprünglich gelautet haben;

2. an Stelle des Vermerks unter der Bilanz der Gesamtbetrag der Haftungsverhältnisse (§ 199) sowie sonstiger wesentlicher finanzieller Verpflichtungen, die nicht auf der Passivseite auszuweisen sind, auch wenn ihnen gleichwertige Rückgriffsforderungen gegenüberstehen, sowie Art und Form jeder gewährten dinglichen Sicherheit; etwaige Pensionsverpflichtungen und Verpflichtungen gegenüber verbundenen oder assoziierten Unternehmen sind gesondert zu vermerken;

3. [1]die Beträge der den Mitgliedern des Vorstands und des Aufsichtsrats gewährten Vorschüsse und Kredite unter Angabe der Zinsen, der wesentlichen Bedingungen und der gegebenenfalls zurückgezahlten oder erlassenen Beträge sowie die zugunsten dieser Personen eingegangenen Haftungsverhältnisse. [2]Diese Angaben sind zusammengefasst für jede dieser Personengruppen zu machen;

4. der Betrag und die Wesensart der einzelnen Ertrags- oder Aufwandsposten von außerordentlicher Größenordnung oder von außerordentlicher Bedeutung;

5. der Gesamtbetrag der Verbindlichkeiten mit einer Restlaufzeit von mehr als fünf Jahren sowie der Gesamtbetrag der Verbindlichkeiten, für die dingliche Sicherheiten bestellt sind, unter Angabe von Art und Form der Sicherheit;

6. die durchschnittliche Zahl der Arbeitnehmer während des Geschäftsjahrs;

7. Name und Sitz des Mutterunternehmens der Gesellschaft, das den Konzernabschluss für den kleinsten Kreis von Unternehmen aufstellt.

(2) Kleine Aktiengesellschaften haben zusätzlich die Angabe nach § 238 Abs. 1 Z 11 im Anhang zu machen.

(BGBl I 2015/22)

§ 237a. *(aufgehoben samt Überschrift, BGBl I 2015/22)*

Anhangangaben für mittelgroße und große Gesellschaften

§ 238. (1) Mittelgroße und große Gesellschaften haben im Anhang zusätzlich anzugeben:

1. für jede Kategorie derivativer Finanzinstrumente:

a) Art und Umfang der Finanzinstrumente,

b) den beizulegenden Zeitwert der betreffenden Finanzinstrumente, soweit sich dieser gemäß § 189a Z 4 verlässlich ermitteln lässt, unter Angabe der angewandten Bewertungsmethode sowie eines gegebenenfalls vorhandenen Buchwertes und des Bilanzpostens, in welchem der Buchwert erfasst ist;

2. für zum Finanzanlagevermögen gehörende Finanzinstrumente, die über ihrem beizulegenden Zeitwert ausgewiesen werden, wenn eine außerplanmäßige Abschreibung gemäß § 204 Abs. 2 zweiter Satz unterblieben ist:

a) den Buchwert und den beizulegenden Zeitwert der einzelnen Vermögensgegenstände oder angemessener Gruppierungen sowie

b) die Gründe für das Unterlassen einer Abschreibung gemäß § 204 Abs. 2 und jene Anhaltspunkte, die darauf hindeuten, dass die Wertminderung voraussichtlich nicht von Dauer ist;

3. auf welchen Differenzen oder steuerlichen Verlustvorträgen die latenten Steuern beruhen und mit welchen Steuersätzen die Bewertung erfolgt ist; weiters sind die im Laufe des Geschäftsjahrs erfolgten Bewegungen der latenten Steuersalden anzugeben;

4. Name und Sitz anderer Unternehmen, an denen die Gesellschaft oder für deren Rechnung eine andere Person eine Beteiligung (§ 189a Z 2) hält; außerdem sind die Höhe des Anteils am Kapital, das Eigenkapital und das Ergebnis des letzten Geschäftsjahrs dieser Unternehmen anzugeben, für das ein Jahresabschluss vorliegt;

5. das Bestehen von Genussscheinen, Genussrechten, Wandelschuldverschreibungen, Optionsscheinen, Optionen, Besserungsscheinen oder vergleichbaren Wertpapieren oder Rechten, unter

Angabe der Zahl und der Rechte, die sie verbriefen;

6. Name, Sitz und Rechtsform der Unternehmen, deren unbeschränkt haftender Gesellschafter die Gesellschaft ist;

7. Name und Sitz des Mutterunternehmens der Gesellschaft, das den Konzernabschluss für den größten Kreis von Unternehmen aufstellt;

8. im Fall der Offenlegung der von den Mutterunternehmen „nach Z 7" und § 237 Abs. 1 Z 7 aufgestellten Konzernabschlüsse die Orte, wo diese erhältlich sind; *(BGBl I 2016/43)*

9. den Vorschlag zur Verwendung des Ergebnisses oder gegebenenfalls die Verwendung des Ergebnisses;

10. Art, Zweck und finanzielle Auswirkungen der nicht in der Bilanz enthaltenen und auch nicht gemäß § 237 Abs. 1 Z 2 anzugebenden Geschäfte, sofern die Risiken und Vorteile, die aus solchen Geschäften entstehen, wesentlich sind und die Offenlegung derartiger Risiken und Vorteile für die Beurteilung der Finanzlage der Gesellschaft notwendig ist;

11. Art und finanzielle Auswirkungen wesentlicher Ereignisse nach dem Abschlussstichtag, die weder in der Gewinn- und Verlustrechnung noch in der Bilanz berücksichtigt sind;

12. [1]Geschäfte der Gesellschaft mit nahe stehenden Unternehmen und Personen im Sinn der gemäß der Verordnung (EG) Nr. 1606/2002 des Europäischen Parlaments und des Rates vom 19. Juli 2002 betreffend die Anwendung internationaler Rechnungslegungsstandards, ABl. Nr. L 2002/243, S. 1, übernommenen internationalen Rechnungslegungsstandards, einschließlich Angaben zu deren Wertumfang, zu der Art der Beziehung mit den nahe stehenden Unternehmen und Personen sowie weiterer Angaben zu den Geschäften, die für die Beurteilung der Finanzlage der Gesellschaft notwendig sind, sofern diese Geschäfte wesentlich und unter marktunüblichen Bedingungen abgeschlossen worden sind. [2]Angaben über Einzelgeschäfte können nach Geschäftsarten zusammengefasst werden, sofern für die Beurteilung der Auswirkungen dieser Geschäfte auf die Finanzlage der Gesellschaft keine getrennten Angaben benötigt werden. [3]Geschäfte zwischen verbundenen Unternehmen sind ausgenommen, wenn die an den Geschäften beteiligten Tochterunternehmen unmittelbar oder mittelbar in hundertprozentigem Anteilsbesitz ihres Mutterunternehmens stehen;

13. bei Anwendung des Umsatzkostenverfahrens (§ 231 Abs. 3) die Aufwendungen des Geschäftsjahrs für Material und sonstige bezogene Herstellungsleistungen, gegliedert gemäß § 231 Abs. 2 Z 5, und den Personalaufwand des Geschäftsjahrs, gegliedert gemäß § 231 Abs. 2 Z 6;

14. die Aufgliederung der nach § 237 Abs. 1 Z 2 anzugebenden Haftungsverhältnisse und Erläuterungen dazu; überdies sind wesentliche Verpflichtungen aus der Nutzung von in der Bilanz nicht ausgewiesenen Sachanlagen (§ 224 Abs. 2 A II) gesondert anzugeben, wobei der Betrag der Verpflichtungen des folgenden Geschäftsjahrs und der Gesamtbetrag der folgenden fünf Jahre anzugeben ist;

15. Rückstellungen, die in der Bilanz nicht gesondert ausgewiesen werden, wenn sie einen erheblichen Umfang haben; diese Rückstellungen sind zu erläutern;

16. den in der Bilanz nicht gesondert ausgewiesenen Betrag der Einlagen von stillen Gesellschaftern;

17. bei der Anwendung einer Bewertungsmethode gemäß § 209 Abs. 2 die Unterschiedsbeträge für die jeweilige Gruppe, wenn die Bewertung im Vergleich zu einer Bewertung auf der Grundlage des letzten vor dem Abschlussstichtag bekannten Börsenkurses oder Marktpreises einen wesentlichen Unterschied aufweist;

18. [1]die auf das Geschäftsjahr entfallenden Aufwendungen für den Abschlussprüfer, aufgeschlüsselt nach den Aufwendungen für die Prüfung des Jahresabschlusses, für andere Bestätigungsleistungen, für Steuerberatungsleistungen und für sonstige Leistungen. [2]Diese Angabe kann unterbleiben, wenn das Unternehmen in einen Konzernabschluss einbezogen und eine derartige Information darin enthalten ist;

19. in der Bilanz ausgewiesene immaterielle Vermögensgegenstände, die von einem verbundenen Unternehmen oder von einem Gesellschafter mit einer Beteiligung (§ 189a Z 2) erworben wurden;

20. die Beziehungen zu verbundenen Unternehmen; hiebei ist auch über Verträge zu berichten, die die Gesellschaft verpflichten, ihren Gewinn oder Verlust ganz oder teilweise an andere Personen zu überrechnen oder einen solchen von anderen Personen zu übernehmen;

21. die im § 231 Abs. 2 Z 10 und Abs. 3 Z 9 enthaltenen Erträge sowie die im § 231 Abs. 2 Z 14 und Abs. 3 Z 13 enthaltenen Aufwendungen aus Gewinngemeinschaften.

(2) [1]Als derivative Finanzinstrumente im Sinn des Abs. 1 Z 1 gelten auch Verträge über den Erwerb oder die Veräußerung von Waren, bei denen jede der Vertragsparteien zur Abgeltung in bar oder durch ein anderes Finanzinstrument berechtigt ist, es sei denn, der Vertrag wurde geschlossen, um einen für den Erwerb, die Veräußerung oder den eigenen Gebrauch erwarteten Bedarf abzusichern, sofern diese Zweckwidmung von Anfang an bestand und nach wie vor besteht und der Vertrag mit der Lieferung der Ware als erfüllt gilt. [2]Bei der Anwendung allgemein anerkannter Bewertungsmodelle und -methoden (§ 189a Z 4)

sind die zentralen Annahmen anzugeben, die jeweils der Bestimmung des beizulegenden Zeitwertes zugrunde gelegt wurden.

(3) Mittelgroße Gesellschaften dürfen die Angaben gemäß Abs. 1 Z 12 auf diejenigen Geschäfte beschränken, die mit ihren Gesellschaftern, die eine Beteiligung (§ 189a Z 2) halten, mit Unternehmen, an denen die Gesellschaft selbst beteiligt ist, oder mit den Mitgliedern des Vorstands oder des Aufsichtsrats geschlossen werden.

(BGBl I 2015/22)

Pflichtangaben über Organe und Arbeitnehmer

§ 239. (1) „Der Anhang von mittelgroßen und großen Gesellschaften hat über Organe und Arbeitnehmer insbesondere anzuführen:" *(BGBl I 2015/22)*

1. die Aufgliederung der durchschnittlichen Zahl der Arbeitnehmer während des Geschäftsjahrs nach Arbeitern und Angestellten; *(BGBl I 2015/22)*

2. die im Posten § 231 Abs. 2 Z 6 lit. b sublit. aa oder in der entsprechenden Angabe gemäß § 238 Abs. 1 Z 13 enthaltenen Aufwendungen für Abfertigungen oder einen Hinweis, dass der Betrag nur mehr aus Leistungen an betriebliche Mitarbeitervorsorgekassen besteht; *(BGBl I 2015/22)*

3. die Aufwendungen für Abfertigungen und Pensionen, getrennt nach solchen für Vorstandsmitglieder und leitende Angestellte gemäß § 80 Abs. 1 AktG 1965 und für andere Arbeitnehmer;

4. die Bezüge der Mitglieder des Vorstands, des Aufsichtsrats oder ähnlicher Einrichtungen gesondert für jede Personengruppe, und zwar:

a) die für die Tätigkeit im Geschäftsjahr gewährten Gesamtbezüge (Gehälter, Gewinnbeteiligungen, Aufwandsentschädigungen, Versicherungsentgelte, Provisionen und Nebenleistungen jeder Art). In die Gesamtbezüge sind auch Bezüge einzurechnen, die nicht ausgezahlt, sondern in Ansprüche anderer Art umgewandelt oder zur Erhöhung anderer Ansprüche verwendet werden. Erhalten Mitglieder des Vorstands von verbundenen Unternehmen für ihre Tätigkeit für das Unternehmen oder für ihre Tätigkeit als gesetzliche Vertreter oder Angestellte des verbundenen Unternehmens Bezüge, so sind diese Bezüge gesondert anzugeben;

b) die Gesamtbezüge (Abfindungen, Ruhegehälter, Hinterbliebenenbezüge und Leistungen verwandter Art) der früheren Mitglieder der bezeichneten Organe und ihrer Hinterbliebenen; lit. a ist entsprechend anzuwenden;

5. a) Anzahl und Aufteilung der insgesamt und der im Geschäftsjahr eingeräumten Optionen auf Arbeitnehmer und leitende Angestellte sowie auf die namentlich anzuführenden Organmitglieder; anzugeben sind die jeweils beziehbare Anzahl an Aktien sowie der Ausübungspreis oder die Grundlagen oder die Formel seiner Berechnung, die Laufzeit sowie zeitliche Ausübungsfenster, die Übertragbarkeit der Optionen, eine allfällige Behaltefrist für bezogene Aktien und die Art der Bedienung der Optionen;

b) Anzahl, Aufteilung und Ausübungspreis der im Geschäftsjahr ausgeübten Optionen auf Arbeitnehmer und leitende Angestellte sowie auf die namentlich anzuführenden Organmitglieder;

c) bei „Gesellschaften nach § 189a Z 1 lit. a" überdies den jeweiligen Schätzwert (allenfalls Bandbreite des Schätzwerts) der eingeräumten Optionen zum Bilanzstichtag sowie den Wert der im Geschäftsjahr ausgeübten Optionen zum Zeitpunkt der Ausübung. *(BGBl I 2015/22)* *(BGBl I 2001/42)*

(2) [1]Im Anhang „einer großen oder mittelgroßen Gesellschaft" sind alle im Geschäftsjahr tätigen Mitglieder des Vorstands und des Aufsichtsrats, auch wenn sie im Geschäftsjahr oder später ausgeschieden sind, mit dem Familiennamen und mindestens einem ausgeschriebenen Vornamen anzugeben. [2]Der Vorsitzende des Aufsichtsrats, seine Stellvertreter und ein etwaiger Vorsitzender des Vorstands sind als solche zu bezeichnen. *(BGBl I 2015/22)*

(BGBl 1990/475)

Anhangangaben für große Gesellschaften

§ 240. [1]Große Gesellschaften haben im Anhang zusätzlich die Aufgliederung der Umsatzerlöse nach Tätigkeitsbereichen sowie nach geographisch bestimmten Märkten anzugeben, soweit sich, unter Berücksichtigung der Organisation des Verkaufs von Erzeugnissen und der Erbringung von Dienstleistungen, die Tätigkeitsbereiche und geographisch bestimmten Märkte untereinander erheblich unterscheiden. [2]Die Umsatzerlöse brauchen jedoch nicht aufgegliedert zu werden, soweit die Aufgliederung nach vernünftiger unternehmerischer Beurteilung geeignet ist, dem Unternehmen einen erheblichen Nachteil zuzufügen; die Anwendung dieser Ausnahmeregelung ist im Anhang zu erwähnen.

(BGBl I 2015/22)

Pflichtangaben bei Aktiengesellschaften

§ 241. Im Anhang von großen oder mittelgroßen Aktiengesellschaften sind auch Angaben zu machen über

1. den auf jede Aktiengattung entfallenden Betrag des Grundkapitals, bei Nennbetragsaktien die Nennbeträge und die Zahl der Aktien jedes Nennbetrags, bei Stückaktien deren Zahl sowie,

wenn mehrere Gattungen bestehen, die Zahl der Aktien jeder Gattung;

2. den Bestand und den Zugang an Aktien, die ein Aktionär für Rechnung der Gesellschaft oder eines verbundenen Unternehmens oder ein verbundenes Unternehmen als Gründer oder Zeichner oder in Ausübung eines bei einer bedingten Kapitalerhöhung eingeräumten Umtausch- oder Bezugsrechts übernommen hat; sind solche Aktien im Geschäftsjahr verwertet worden, so ist auch über die Verwertung unter Angabe des Erlöses und der Verwendung des Erlöses zu berichten;

3. Aktien, die aus einer bedingten Kapitalerhöhung oder einem genehmigten Kapital im Geschäftsjahr gezeichnet wurden;

4. das genehmigte Kapital;

5. den Betrag des unter den Verbindlichkeiten ausgewiesenen nachrangigen Kapitals;

6. das Bestehen einer wechselseitigen Beteiligung (§ 189a Z 2) unter Angabe des beteiligten Unternehmens.

(BGBl I 2015/22)

Unterlassen von Angaben

§ 242. (1) [1]Kleinstkapitalgesellschaften brauchen keinen Anhang aufzustellen, wenn sie die nach § 237 Abs. 1 Z 2 und 3 geforderten Angaben unter der Bilanz machen. [2]Bei Kleinstkapitalgesellschaften wird davon ausgegangen, dass der nach den Bestimmungen dieses Bundesgesetzes erstellte Jahresabschluss ein möglichst getreues Bild der Vermögens-, Finanz- und Ertragslage gemäß § 222 Abs. 2 vermittelt, weshalb § 222 Abs. 2 zweiter Satz und § 222 Abs. 3 keine Anwendung finden.

(2) Bei allen anderen Kapitalgesellschaften können die Angaben gemäß § 238 Abs. 1 Z 4 unterbleiben, soweit sie

1. nicht wesentlich (§ 189a Z 10) sind oder

2. nach vernünftiger unternehmerischer Beurteilung geeignet sind, dem Unternehmen oder dem anderen Unternehmen einen erheblichen Nachteil zuzufügen, wobei in diesem Fall die Anwendung dieser Ausnahmeregelung im Anhang erwähnt werden muss.

Die Angabe des Eigenkapitals und des Jahresergebnisses kann unterbleiben, wenn das Unternehmen, über das gemäß „§ 238 Abs. 1 Z 4" zu berichten ist, seinen Jahresabschluss nicht offenzulegen hat und es von der berichtenden Gesellschaft nicht beherrscht wird. *(BGBl I 2016/43)*

(3) [1]Bei der Berichterstattung gemäß § 238 Abs. 1 Z 20 brauchen Einzelheiten nicht angegeben zu werden, soweit die Angaben nach vernünftiger unternehmerischer Beurteilung geeignet sind, dem Unternehmen oder einem verbundenen Unternehmen einen erheblichen Nachteil zuzufügen. [2]Die Anwendung der Ausnahmeregelung ist im Anhang anzugeben.

(4) Betreffen die Aufschlüsselungen gemäß § 239 Abs. 1 Z 3 und 4 weniger als drei Personen, so dürfen sie „bei Gesellschaften, die nicht zur Aufstellung eines Coporate Governance-Berichts nach § 243c verpflichtet sind," unterbleiben. *(BGBl I 2019/63)*

(BGBl I 2015/22)

Lagebericht

§ 243. (1) Im Lagebericht sind der Geschäftsverlauf, einschließlich des Geschäftsergebnisses, und die Lage des Unternehmens so darzustellen, dass ein möglichst getreues Bild der Vermögens-, Finanz- und Ertragslage vermittelt wird, und die wesentlichen Risiken und Ungewissheiten, denen das Unternehmen ausgesetzt ist, zu beschreiben.

(2) [1]Der Lagebericht hat eine ausgewogene und umfassende, dem Umfang und der Komplexität der Geschäftstätigkeit angemessene Analyse des Geschäftsverlaufs, einschließlich des Geschäftsergebnisses, und der Lage des Unternehmens zu enthalten. [2]Abhängig von der Größe des Unternehmens und von der Komplexität des Geschäftsbetriebs hat die Analyse auf die für die jeweilige Geschäftstätigkeit wichtigsten finanziellen Leistungsindikatoren einzugehen und sie unter Bezugnahme auf die im Jahresabschluss ausgewiesenen Beträge und Angaben zu erläutern.

(3) Der Lagebericht hat auch einzugehen auf

1. die voraussichtliche Entwicklung des Unternehmens;

2. Tätigkeiten im Bereich Forschung und Entwicklung;

3. [1]den Bestand an eigenen Anteilen der Gesellschaft, die sie, ein verbundenes Unternehmen oder eine andere Person für Rechnung der Gesellschaft oder eines verbundenen Unternehmens erworben oder als Pfand genommen hat; dabei sind die Zahl dieser Anteile, der auf sie entfallende Betrag des Grundkapitals sowie ihr Anteil am Grundkapital, für erworbene Anteile ferner der Zeitpunkt des Erwerbs und die Gründe für den Erwerb anzugeben. [2]Sind solche Anteile im Geschäftsjahr erworben oder veräußert worden, so ist auch über den Erwerb oder die Veräußerung unter Angabe der Zahl dieser Anteile, des auf sie entfallenden Betrags des Grundkapitals, des Anteils am Grundkapital und des Erwerbs- oder Veräußerungspreises sowie über die Verwendung des Erlöses zu berichten;

4. bestehende Zweigniederlassungen der Gesellschaft;

5. die Verwendung von Finanzinstrumenten, sofern dies für die Beurteilung der Vermögens-, Finanz- und Ertragslage wesentlich ist; diesfalls sind anzugeben

a) die Risikomanagementziele und -methoden, einschließlich der Methoden zur Absicherung aller wichtigen Arten geplanter Transaktionen, die im Rahmen der Bilanzierung von Sicherungsgeschäften angewandt werden, und

b) bestehende Preisänderungs-, Ausfall-, Liquiditäts- und Cashflow-Risiken.
(BGBl I 2015/22)

(4) Kleine Gesellschaften mit beschränkter Haftung (§ 221 Abs. 1) brauchen den Lagebericht nicht aufzustellen.

(5) Für große Kapitalgesellschaften „, die nicht der Pflicht nach § 243b unterliegen," umfasst die Analyse nach Abs. 2 letzter Satz auch die wichtigsten nichtfinanziellen Leistungsindikatoren, einschließlich Informationen über Umwelt- und Arbeitnehmerbelange. Abs. 3 bleibt unberührt. *(BGBl I 2017/20)*

(BGBl I 2004/161)

§ 243a. „(1)"* „Eine Aktiengesellschaft, deren Aktien zum Handel auf einem geregelten Markt im Sinn des „§ 1 Z 2 Börsegesetz 2018 – BörseG 2018, BGBl. I Nr. 107/2017,"** zugelassen sind oder die ausschließlich andere Wertpapiere als Aktien auf einem solchen Markt emittiert und deren Aktien mit Wissen der Gesellschaft über ein multilaterales Handelssystem im Sinn des „§ 1 Z 24 Wertpapieraufsichtsgesetz 2018 – WAG 2018, BGBl. I Nr. 107/2017,"** gehandelt werden, hat im Lagebericht überdies anzugeben:"*
*(*BGBl I 2008/70; **BGBl I 2017/107)*

1. die Zusammensetzung des Kapitals einschließlich der Aktien, die nicht auf einem geregelten Markt im Sinne des „§ 1 Z 2 Börsegesetz 2018 – BörseG 2018, BGBl. I Nr. 107/2017," gehandelt werden, sowie gegebenenfalls die Angabe der verschiedenen Aktiengattungen und zu jeder Aktiengattung die Angabe der mit dieser Gattung verbundenen Rechte und Pflichten sowie des Anteils dieser Gattung am Gesellschaftskapital; *(BGBl I 2017/107)*

2. alle Beschränkungen, die Stimmrechte oder die Übertragung von Aktien betreffen, auch wenn sie in Vereinbarungen zwischen Gesellschaftern enthalten sind, soweit sie dem Vorstand der Gesellschaft bekannt sind;

3. direkte oder indirekte Beteiligungen am Kapital, die zumindest 10 vom Hundert betragen;

4. die Inhaber von Aktien mit besonderen Kontrollrechten und eine Beschreibung dieser Rechte;

5. die Art der Stimmrechtskontrolle bei einer Kapitalbeteiligung der Arbeitnehmer, wenn sie das Stimmrecht nicht unmittelbar ausüben;

6. die sich nicht unmittelbar aus dem Gesetz ergebenden Bestimmungen über die Ernennung und Abberufung der Mitglieder des Vorstands und des Aufsichtsrats und über die Änderung der Satzung der Gesellschaft;

7. die sich nicht unmittelbar aus dem Gesetz ergebenden Befugnisse der Mitglieder des Vorstands, insbesondere hinsichtlich der Möglichkeit, Aktien auszugeben oder zurückzukaufen;

8. alle bedeutenden Vereinbarungen, an denen die Gesellschaft beteiligt ist und die bei einem Kontrollwechsel in der Gesellschaft infolge eines Übernahmeangebots wirksam werden, sich ändern oder enden, sowie ihre Wirkungen; ausgenommen hiervon sind Vereinbarungen, deren Bekanntmachung der Gesellschaft erheblich schaden würde, es sei denn, die Gesellschaft ist zur Bekanntgabe derartiger Informationen aufgrund anderer Rechtsvorschriften ausdrücklich verpflichtet;

9. Bestand und wesentlicher Inhalt von Entschädigungsvereinbarungen zwischen der Gesellschaft und ihren Vorstands- und Aufsichtsratsmitgliedern oder Arbeitnehmern für den Fall eines öffentlichen Übernahmeangebots.
*(*BGBl I 2008/70)*

(2) Eine „Gesellschaft nach § 189a Z 1 lit. a" hat im Lagebericht darüber hinaus die wichtigsten Merkmale des internen Kontroll- und des Risikomanagementsystems im Hinblick auf den Rechnungslegungsprozess zu beschreiben. *(BGBl I 2008/70; BGBl I 2015/22)*

(BGBl I 2006/75)

Nichtfinanzielle Erklärung, nichtfinanzieller Bericht

§ 243b. (1) Große Kapitalgesellschaften, die Unternehmen von öffentlichem Interesse sind und an den Abschlussstichtagen das Kriterium erfüllen, im Jahresdurchschnitt (§ 221 Abs. 6) mehr als 500 Arbeitnehmer zu beschäftigen, haben in den Lagebericht an Stelle der Angaben nach § 243 Abs. 5 eine nichtfinanzielle Erklärung aufzunehmen.

(2) [1]Die nichtfinanzielle Erklärung hat diejenigen Angaben zu enthalten, die für das Verständnis des Geschäftsverlaufs, des Geschäftsergebnisses, der Lage der Gesellschaft sowie der Auswirkungen ihrer Tätigkeit erforderlich sind und sich mindestens auf Umwelt-, Sozial- und Arbeitnehmerbelange, auf die Achtung der Menschenrechte und auf die Bekämpfung von Korruption und Bestechung beziehen. [2]Die Analyse hat die nichtfinanziellen Leistungsindikatoren unter Bezugnahme auf die im Jahresabschluss ausgewiesenen Beträge und Angaben zu erläutern.

(3) [1]Die Angaben nach Abs. 2 haben zu umfassen:

1. eine kurze Beschreibung des Geschäftsmodells der Gesellschaft;

2. eine Beschreibung der von der Gesellschaft in Bezug auf die in Abs. 2 genannten Belange verfolgten Konzepte;

3. die Ergebnisse dieser Konzepte;

4. die angewandten Due-Diligence-Prozesse;

5. die wesentlichen Risiken, die wahrscheinlich negative Auswirkungen auf diese Belange haben werden, und die Handhabung dieser Risiken durch die Gesellschaft, und zwar

a) soweit sie aus der eigenen Geschäftstätigkeit der Gesellschaft entstehen und,

b) wenn dies relevant und verhältnismäßig ist, soweit sie aus ihren Geschäftsbeziehungen, ihren Erzeugnissen oder ihren Dienstleistungen entstehen;

6. die wichtigsten nichtfinanziellen Leistungsindikatoren, die für die konkrete Geschäftstätigkeit von Bedeutung sind.

[2]Verfolgt die Gesellschaft in Bezug auf einen oder mehrere der in Abs. 2 genannten Belange kein Konzept, hat die nichtfinanzielle Erklärung eine klare Begründung hiefür zu enthalten.

(4) [1]In Ausnahmefällen können Informationen über künftige Entwicklungen oder Belange, über die Verhandlungen geführt werden, weggelassen werden, soweit

1. eine solche Angabe nach vernünftiger unternehmerischer Beurteilung geeignet ist, der Geschäftslage der Gesellschaft ernsthaft zu schaden, und

2. eine solche Nichtaufnahme ein den tatsächlichen Verhältnissen entsprechendes Verständnis des Geschäftsverlaufs, des Geschäftsergebnisses, der Lage der Gesellschaft sowie der Auswirkungen ihrer Tätigkeit nicht verhindert.

(5) [1]Die Gesellschaft kann sich bei der Erstellung der nichtfinanziellen Erklärung auf nationale, unionsbasierte oder internationale Rahmenwerke stützen; wenn sie hiervon Gebrauch macht, hat sie anzugeben, auf welche Rahmenwerke sie sich stützt. [2]Bei der Anwendung solcher Rahmenwerke ist sicherzustellen, dass die Anforderungen nach Abs. 2 und Abs. 3 erfüllt sind.

(6) [1]Eine Gesellschaft ist von der Pflicht zur Erstellung einer nichtfinanziellen Erklärung im Lagebericht befreit, wenn sie einen gesonderten nichtfinanziellen Bericht erstellt, der zumindest die Anforderungen nach Abs. 2 bis Abs. 5 erfüllt. [2]Dieser ist von den gesetzlichen Vertretern aufzustellen, von sämtlichen gesetzlichen Vertretern zu unterzeichnen, den Mitgliedern des Aufsichtsrats vorzulegen, von diesem zu prüfen und gemeinsam mit dem Lagebericht nach § 277 offenzulegen.

(7) Eine Gesellschaft ist auch dann von der Pflicht zur Erstellung einer nichtfinanziellen Erklärung befreit, wenn sie und ihre Tochterunternehmen in den Konzernlagebericht oder gesonderten konsolidierten nichtfinanziellen Bericht eines Mutterunternehmens mit Sitz in einem Mitgliedstaat der Europäischen Union oder einem Vertragsstaat des Abkommens über den Europäischen Wirtschaftsraum einbezogen sind, der nach den Anforderungen der Bilanz-Richtlinie erstellt und offengelegt wurde, und wenn sie im Anhang des Jahresabschlusses angibt, bei welchem Unternehmen sie in den Konzernlagebericht oder gesonderten konsolidierten nichtfinanziellen Bericht einbezogen ist und wo dieser erhältlich ist.

(BGBl I 2017/20)

Corporate Governance-Bericht

„**§ 243c.**“ (1) Eine Aktiengesellschaft, deren Aktien zum Handel auf einem geregelten Markt im Sinn des § 1 Z 2 BörseG 2018 zugelassen sind oder die ausschließlich andere Wertpapiere als Aktien auf einem solchen Markt emittiert und deren Aktien mit Wissen der Gesellschaft über ein multilaterales Handelssystem im Sinn des § 1 Z 24 WAG 2018 gehandelt werden, hat einen Corporate Governance-Bericht aufzustellen, der zumindest die folgenden Angaben enthält:

1. die Nennung eines in Österreich oder am jeweiligen Börseplatz allgemein anerkannten Corporate Governance Kodex;

2. die Angabe, wo dieser öffentlich zugänglich ist;

3. soweit sie von diesem abweicht, eine Erklärung, in welchen Punkten und aus welchen Gründen diese Abweichung erfolgt;

4. wenn sie beschließt, keinem Kodex im Sinn der Z 1 zu entsprechen, eine Begründung hiefür. *(BGBl I 2018/17)*

(2) In diesem Bericht sind anzugeben:

1. die Zusammensetzung und die Arbeitsweise des Vorstands und des Aufsichtsrats sowie seiner Ausschüsse;

2. welche Maßnahmen zur Förderung von Frauen im Vorstand, im Aufsichtsrat und in leitenden Stellungen (§ 80 AktG) der Gesellschaft gesetzt wurden „;“ *(BGBl I 2012/35)*

„3.“ soweit es sich auch ohne Anwendung des § 221 Abs. 3 zweiter Satz um eine große Aktiengesellschaft handelt, eine Beschreibung des Diversitätskonzepts, das im Zusammenhang mit der Besetzung des Vorstands und des Aufsichtsrats der Gesellschaft in Bezug auf Aspekte wie Alter, Geschlecht, Bildungs- und Berufshintergrund verfolgt wird, der Ziele dieses Diversitätskonzepts sowie der Art und Weise der Umsetzung dieses Konzepts und der Ergebnisse im Berichtszeitraum; wird kein derartiges Konzept angewendet, so ist dies zu begründen „.“ *(BGBl I 2017/20; BGBl I 2019/63)*
(BGBl I 2009/71)

(BGBl I 2008/70; BGBl I 2017/20)

Bericht über Zahlungen an staatliche Stellen

„**§ 243d.**" (1) [1]Große Gesellschaften und Unternehmen von öffentlichem Interesse, die in der mineralgewinnenden Industrie oder auf dem Gebiet des Holzeinschlags in Primärwäldern tätig sind, haben jährlich einen Bericht über Zahlungen an staatliche Stellen zu erstellen. [2]Gesellschaften, bei denen die Zahlungen an staatliche Stellen im konsolidierten Bericht eines Mutterunternehmens mit Sitz in einem Mitgliedstaat der Europäischen Union oder einem Vertragsstaat des Abkommens über den Europäischen Wirtschaftsraum enthalten sind, der nach den Anforderungen des Art. 44 der Bilanz-Richtlinie erstellt und offengelegt wurde, sind davon befreit, wenn sie im Anhang des Jahresabschlusses angeben, bei welchem Unternehmen sie in den konsolidierten Bericht einbezogen sind und wo dieser erhältlich ist.

(2) [1]Als Tätigkeit in der mineralgewinnenden Industrie ist eine Tätigkeit auf dem Gebiet der Exploration, Prospektion, Entdeckung, Weiterentwicklung und Gewinnung von Mineralien, Erdöl- oder Erdgasvorkommen oder anderen Stoffen in den Wirtschaftszweigen zu verstehen, die in Abschnitt B Abteilungen 05 bis 08 von Anhang I der Verordnung (EG) Nr. 1893/2006 des Europäischen Parlaments und des Rates vom 20. Dezember 2006 zur Aufstellung der statistischen Systematik der Wirtschaftszweige NACE Revision 2 und zur Änderung der Verordnung (EWG) Nr. 3037/90 des Rates sowie einiger Verordnungen der EG über bestimmte Bereiche der Statistik, ABl. Nr. L 393 vom 30. 12. 2006 S. 1, aufgeführt sind. [2]Primärwälder sind natürlich regenerierte Wälder mit einheimischen Arten, in denen es keine deutlich sichtbaren Anzeichen für menschliche Eingriffe gibt und die ökologischen Prozesse nicht wesentlich gestört sind.

(3) [1]Im Bericht sind Geld- und Sachleistungen auszuweisen, die für die Tätigkeit in der mineralgewinnenden Industrie oder auf dem Gebiet des Holzeinschlags in Primärwäldern an eine staatliche Stelle je Geschäftsjahr geleistet werden. [2]Staatliche Stellen sind nationale, regionale oder lokale staatliche Behörden oder von solchen kontrollierte Abteilungen, Agenturen oder im Sinn des § 244 beherrschte Unternehmen. [3]Es ist der Gesamtwert der Leistungen im Geschäftsjahr je staatlicher Stelle anzugeben und zusätzlich aufzugliedern, welcher Gesamtbetrag jeweils entfällt auf

1. Produktionszahlungsansprüche,

2. Steuern, die auf die Erträge, die Produktion oder die Gewinne von Unternehmen erhoben werden, ausgenommen Steuern, die auf den Verbrauch erhoben werden (wie etwa Umsatzsteuern), Lohnsteuern oder vom Umsatz abhängige Steuern,

3. Nutzungsentgelte,

4. Dividenden,

5. Unterzeichnungs-, Entdeckungs- und Produktionsboni,

6. Lizenz-, Miet- und Zugangsgebühren sowie sonstige Gegenleistungen für Lizenzen und/oder Konzessionen und

7. Beiträge für die Verbesserung der Infrastruktur.

(4) [1]Wenn die Leistungen für ein bestimmtes Projekt gewidmet sind, ist anzugeben, welcher Teil der gemäß Abs. 3 anzugebenden Beträge auf das Projekt entfällt. [2]Zusätzlich ist der Gesamtwert der Leistungen für das Projekt anzugeben. [3]Als Projekt ist die Gesamtheit der operativen Tätigkeiten anzusehen, die sich nach einer einzigen Vereinbarung oder nach mehreren inhaltlich miteinander verbundenen Vereinbarungen richten, welche die Grundlage für die Leistungen nach Abs. 3 bildet oder bilden.

(5) [1]Leistungen, deren Gegenwert im Geschäftsjahr unter 100.000 Euro liegt, müssen nicht ausgewiesen werden. [2]Im Falle einer bestehenden Vereinbarung über regelmäßige Leistungen ist auf den Gesamtbetrag der verbundenen regelmäßigen Leistungen im Berichtszeitraum abzustellen. [3]Wenn bei einer Aufgliederung nach Art der Leistung und nach Projekten einzelne Leistungen wegen Unterschreitens der Grenze von 100.000 Euro nicht ausgewiesen werden, sodass die Summe der aufgegliederten Einzelleistungen den anzugebenden Gesamtbetrag nicht erreicht, so ist gesondert auf die Inanspruchnahme dieser Erleichterung hinzuweisen. [4]Hat eine zur Erstellung eines Berichts verpflichtete Gesellschaft in einem Berichtszeitraum an keine staatliche Stelle berichtspflichtige Zahlungen geleistet, so hat sie im Bericht nur anzugeben, dass eine Geschäftstätigkeit in der mineralgewinnenden Industrie oder auf dem Gebiet des Holzeinschlags in Primärwäldern ausgeübt wurde, ohne dass berichtspflichtige Zahlungen geleistet wurden.

(6) [1]Bei der Angabe der Leistungen wird auf den Inhalt der betreffenden Zahlung oder Tätigkeit und nicht auf deren Form Bezug genommen. [2]Zahlungen und Tätigkeiten dürfen nicht künstlich mit dem Ziel aufgeteilt oder zusammengefasst werden, die Anwendung dieser Bestimmung zu umgehen. [3]Soweit Sachleistungen erbracht werden, sind ihr Wert und, wenn möglich, ihr Umfang anzugeben. [4]Ergänzende Erläuterungen sind beizufügen, um darzulegen, wie ihr Wert festgelegt worden ist.

(7) Ist eine staatliche Stelle stimmberechtigter Anteilsinhaber der Gesellschaft, so müssen gezahlte Dividenden oder Gewinnanteile nur berücksichtigt werden, wenn sie

1. nicht unter denselben Bedingungen wie an andere Anteilsinhaber mit vergleichbaren Anteilen gleicher Gattung gezahlt wurden oder

2. anstelle von Produktionsrechten oder Nutzungsentgelten gezahlt wurden.

(8) [1]Unternehmen, die einen Bericht nach gleichwertigen Berichtspflichten eines Drittlands erstellen und gemäß § 277 offenlegen, sind von der Erstellung eines Berichts nach Abs. 1 ausgenommen. [2]Ob die Berichtspflichten eines Drittlands gleichwertig sind, ist nach den aufgrund des Art. 47 der Bilanz-Richtlinie ergangenen Durchführungsrechtsakten zu beurteilen.

(BGBl I 2015/22; BGBl I 2017/20)

DRITTER ABSCHNITT

Konzernabschluss, Konzernlagebericht, konsolidierter Corporate Governance-Bericht und konsolidierter Bericht über Zahlungen an staatliche Stellen

ERSTER TITEL

Anwendungsbereich

Pflicht zur Aufstellung

§ 244. (1) [1]Stehen Unternehmen unter der einheitlichen Leitung einer Kapitalgesellschaft (Mutterunternehmen) mit Sitz im Inland, so haben die gesetzlichen Vertreter des Mutterunternehmens einen Konzernabschluss, einen Konzernlagebericht sowie gegebenenfalls einen konsolidierten Corporate Governance-Bericht „ “ aufzustellen sowie dem Aufsichtsrat und der Hauptversammlung (Generalversammlung) des Mutterunternehmens innerhalb der für die Vorlage des Jahresabschlusses geltenden Fristen vorzulegen. [2]Der Konzernabschluss, der Konzernlagebericht sowie der konsolidierte Corporate Governance-Bericht „ “ sind von sämtlichen gesetzlichen Vertretern zu unterzeichnen und der Haupt- oder Generalversammlung zusammen mit dem Jahresabschluss des Mutterunternehmens vorzulegen. [3]Soweit in den folgenden Bestimmungen der Konzernlagebericht erwähnt wird, erfasst dieser Begriff gegebenenfalls auch den konsolidierten Corporate Governance-Bericht. *(BGBl I 2015/22; BGBl I 2017/20)*

(2) Eine Kapitalgesellschaft mit Sitz im Inland ist stets zur Aufstellung eines Konzernabschlusses und eines Konzernlageberichtes verpflichtet (Mutterunternehmen), wenn ihr bei einem Unternehmen (Tochterunternehmen)

1. die Mehrheit der Stimmrechte der Gesellschafter zusteht,

2. das Recht zusteht, die Mehrheit der Mitglieder des Verwaltungs-, Leitungs- oder Aufsichtsorgans zu bestellen oder abzuberufen, und sie gleichzeitig Gesellschafter ist oder

3. das Recht zusteht, einen beherrschenden Einfluß auszuüben, oder

4. auf Grund eines Vertrages mit einem oder mehreren Gesellschaftern des Tochterunternehmens das Recht zur Entscheidung zusteht, wie Stimmrechte der Gesellschafter, soweit sie mit ihren eigenen Stimmrechten zur Erreichung der Mehrheit aller Stimmen erforderlich sind, bei Bestellung oder Abberufung der Mehrheit der Mitglieder des Leitungs- oder eines Aufsichtsorgans auszuüben sind.
(BGBl 1996/304)

(3) Eine Personengesellschaft im Sinn des § 189 Abs. 1 Z 2 unterliegt hinsichtlich der in den §§ 244 bis 267b geregelten Tatbestände den der Rechtsform ihres unbeschränkt haftenden Gesellschafters entsprechenden Rechtsvorschriften; ist dieser keine Kapitalgesellschaft, so gelten die Vorschriften für Gesellschaften mit beschränkter Haftung. *(BGBl I 2015/22)*

(4) [1]Als Rechte, die einem Mutterunternehmen zustehen, gelten auch die Rechte eines anderen Tochterunternehmens oder von Personen, die für Rechnung des Mutterunternehmens oder eines anderen Tochterunternehmens handeln. [2]Abzuziehen sind die Rechte, die mit Anteilen verbunden sind, die

1. vom Mutterunternehmen oder einem Tochterunternehmen für Rechnung einer anderen Person gehalten werden oder

2. als Sicherheit gehalten werden, sofern diese Rechte nach Weisung des Sicherungsgebers oder, wenn ein Kreditinstitut die Anteile als Sicherheit für eine Kreditgewährung hält, im Interesse des Sicherungsgebers ausgeübt werden.
(BGBl I 2015/22)

(5) Bei Ermittlung der Mehrheit der Stimmrechte sind von der Zahl aller Stimmrechte die Stimmrechte aus eigenen Anteilen abzuziehen, die dem Tochterunternehmen selbst, einem seiner Tochterunternehmen oder einer anderen Person für Rechnung dieser Unternehmen gehören.

(6) *(entfällt, BGBl I 2015/22)*

(7) [1]Bei Meinungsverschiedenheiten über das Vorliegen einer Verpflichtung zur Aufstellung „des Konzernabschlusses, des Konzernlageberichts und des konsolidierten Berichts über Zahlungen an staatliche Stellen“** entscheidet der für den Sitz des Unternehmens zuständige, zur Ausübung der Gerichtsbarkeit in Handelssachen berufene Gerichtshof erster Instanz im Verfahren außer Streitsachen. [2]Vom Mutter- als auch vom Tochterunternehmen sind antragsberechtigt: jedes Vorstands- und Aufsichtsratsmitglied, der Abschlußprüfer und eine Minderheit, deren Anteile den zwanzigsten Teil des Nennkapitals oder den „anteiligen Betrag von 700 000 Euro“* erreichen. [3]„Diese Regelung gilt sinngemäß für Personengesellschaften im Sinn des § 189 Abs. 1 Z 2.“**.
*(*BGBl I 1998/125; **BGBl I 2016/43)*

(BGBl 1990/475)

Befreiende Konzernabschlüsse und Konzernlageberichte

§ 245. (1) Ein Mutterunternehmen (§ 189a Z 6), das österreichischem Recht unterliegt, braucht bei Erfüllung der Voraussetzungen des Abs. 2 keinen Teilkonzernabschluss samt Konzernlagebericht aufzustellen (befreites Unternehmen), wenn es in den Konzernabschluss eines übergeordneten Mutterunternehmens (befreiender Konzernabschluss) einbezogen ist und

1. das übergeordnete Mutterunternehmen dem Recht eines Mitgliedstaats der Europäischen Union oder eines Vertragsstaats des Abkommens über den Europäischen Wirtschaftsraum unterliegt und entweder

a) sämtliche Anteile am befreiten Unternehmen besitzt oder

b) mindestens 90% der Anteile am befreiten Unternehmen besitzt und die anderen Anteilsinhaber der Befreiung zugestimmt haben oder

c) weder der Aufsichtsrat noch eine qualifizierte Minderheit, deren Anteile 10% des Nennkapitals oder den anteiligen Betrag von 1 400 000 Euro erreichen, spätestens sechs Monate vor dem Ablauf des Konzerngeschäftsjahrs die Aufstellung des Teilkonzernabschlusses verlangen oder

2. das übergeordnete Mutterunternehmen nicht dem Recht eines Mitgliedstaats der Europäischen Union oder eines Vertragsstaats des Abkommens über den Europäischen Wirtschaftsraum unterliegt und weder der Aufsichtsrat noch eine qualifizierte Minderheit, deren Anteile 5% des Nennkapitals oder den anteiligen Betrag von 700 000 Euro erreichen, spätestens sechs Monate vor dem Ablauf des Konzerngeschäftsjahres die Aufstellung des Teilkonzernabschlusses verlangen.

(2) Der Konzernabschluss und der Konzernlagebericht des übergeordneten Mutterunternehmens haben nur befreiende Wirkung nach Abs. 1, wenn alle nachstehenden Voraussetzungen erfüllt sind:

1. das befreite Unternehmen sowie alle seine Tochterunternehmen sind unbeschadet des § 249 in den befreienden Konzernabschluss einbezogen;

2. Konzernabschluss und Konzernlagebericht wurden nach dem für das übergeordnete Mutterunternehmen maßgeblichen Recht im Einklang mit der Bilanz-Richtlinie oder nach den gemäß der Verordnung (EG) Nr. 1606/2002 angenommenen internationalen Rechnungslegungsstandards aufgestellt; im Fall des Abs. 1 Z 2 reicht es aus, wenn Konzernabschluss und Konzernlagebericht den nach der Bilanz-Richlinie erstellten Unterlagen oder internationalen Rechnungslegungsstandards, die gemäß der Verordnung (EG) Nr. 1569/2007 der Kommission über die Einrichtung eines Mechanismus zur Festlegung der Gleichwertigkeit der von Drittstaatemittenten angewandten Rechnungslegungsgrundsätze gemäß den Richtlinien 2003/71/EG und 2004/109/EG ABl. Nr. L 340 vom 22. 12. 2007 S. 66, festgelegt wurden, gleichwertig sind;

3. der befreiende Konzernabschluss eines übergeordneten Mutterunternehmens nach Abs. 1 Z 2 wurde von einem nach dem anzuwendenden Recht zugelassenen Abschlussprüfer geprüft;

4. der Anhang des Jahresabschlusses des befreiten Unternehmens enthält Angaben über den Namen und den Sitz des übergeordneten Mutterunternehmens, das den befreienden Konzernabschluss aufstellt, sowie einen Hinweis auf die Befreiung von der Verpflichtung, einen Konzernabschluss und einen Konzernlagebericht aufzustellen;

5. der befreiende Konzernabschluss und der Konzernlagebericht des übergeordneten Mutterunternehmens werden unverzüglich in deutscher Sprache oder in einer in internationalen Finanzkreisen gebräuchlichen Sprache beim Firmenbuchgericht offengelegt (§ 280 Abs. 2) und dem Aufsichtsrat sowie der nächsten ordentlichen Hauptversammlung (Generalversammlung) vorgelegt.

(3) Die Befreiung nach Abs. 1 darf nicht in Anspruch genommen werden, wenn das befreite Unternehmen eine Gesellschaft im Sinn des § 189a Abs. 1 lit. a ist.

(BGBl I 2015/22)

Konzernabschlüsse nach international anerkannten Rechnungslegungsgrundsätzen

§ 245a. (1) Ein Mutterunternehmen, das nach Art. 4 der Verordnung (EG) Nr. 1606/2002 betreffend die Anwendung internationaler Rechnungslegungsstandards dazu verpflichtet ist, den Konzernabschluss nach den internationalen Rechnungslegungsstandards aufzustellen, die nach Art. 3 der Verordnung übernommen wurden, hat dabei § 193 Abs. 4 zweiter Halbsatz und § 194 „sowie von den Vorschriften des zweiten bis neunten Titels § 247 Abs. 3, § 265 Abs. 2 bis 4, „§ 267, § 267a und § 267b“** anzuwenden; der Konzernanhang ist außerdem um die Angaben nach § 237 Abs. 1 Z 6 in Verbindung mit § 266 Z 4, § 237 Abs. 1 Z 3 und § 239 Abs. 1 Z 4 in Verbindung mit § 266 Z 2 sowie § 238 Abs. 1 Z 10 und Z 18 zu ergänzen“*. *(BGBl I 2008/70; *BGBl I 2015/22; **BGBl I 2019/46)*

(2) Ein Mutterunternehmen, das nicht unter Abs. 1 fällt, kann den Konzernabschluss nach den Rechnungslegungsvorschriften in Abs. 1 aufstellen.

(3) Ein Mutterunternehmen, das einen Konzernabschluss nach den in Abs. 1 bezeichneten Rechnungslegungsstandards aufstellt, hat bei der Offenlegung ausdrücklich darauf hinzuweisen, dass es sich um einen nach den in Abs. 1 bezeichneten

Rechnungslegungsstandards aufgestellten Konzernabschluss und Konzernlagebericht handelt.

(BGBl I 2004/161)

Größenabhängige Befreiungen

§ 246. (1) Ein Mutterunternehmen ist von der Pflicht, einen Konzernabschluß und einen Konzernlagebericht aufzustellen, befreit, wenn

1. am Abschlußstichtag seines Jahresabschlusses und am vorhergehenden Abschlußstichtag mindestens zwei der drei nachstehenden Merkmale zutreffen:

a) Die Bilanzsummen in den Bilanzen des Mutterunternehmens und der Tochterunternehmen, die in den Konzernabschluß einzubeziehen wären, übersteigen insgesamt nicht „ „24“** Millionen Euro“*. *(*BGBl I 2000/61; **BGBl I 2015/22)*

b) Die Umsatzerlöse des Mutterunternehmens und der Tochterunternehmen, die in den Konzernabschluß einzubeziehen wären, übersteigen in den zwölf Monaten vor dem Abschlußstichtag insgesamt nicht „ „48“** Millionen Euro“*. *(*BGBl I 2000/61; **BGBl I 2015/22)*

c) Das Mutterunternehmen und die Tochterunternehmen, die in den Konzernabschluß einzubeziehen wären, haben in den zwölf Monaten vor dem Abschlußstichtag im Jahresdurchschnitt nicht mehr als „250 Arbeitnehmer“ beschäftigt; oder *(BGBl I 2000/61)*

2. am Abschlußstichtag eines von ihm aufzustellenden Konzernabschlusses und am vorhergehenden Abschlußstichtag mindestens zwei der drei nachstehenden Merkmale zutreffen:

a) Die Bilanzsumme übersteigt nicht „ „20“** Millionen Euro“*. *(*BGBl I 2000/61; **BGBl I 2015/22)*

b) Die Umsatzerlöse in den zwölf Monaten vor dem Abschlußstichtag übersteigen nicht „ „40“** Millionen Euro“*. *(*BGBl I 2000/61; **BGBl I 2015/22)*

c) Das Mutterunternehmen und die in den Konzernabschluß einbezogenen Tochterunternehmen haben in den zwölf Monaten vor dem Abschlußstichtag im Jahresdurchschnitt nicht mehr als „250 Arbeitnehmer“ beschäftigt. *(BGBl I 2000/61)*

(2) Die Rechtsfolgen der Merkmale gemäß Abs. 1 Z 1 und 2 treten, wenn diese Merkmale an den Abschlußstichtagen von zwei aufeinanderfolgenden Geschäftsjahren zutreffen, ab dem folgenden Geschäftsjahr ein.

(3) Abs. 1 ist nicht anzuwenden, wenn eines der verbundenen Unternehmen ein Unternehmen von öffentlichem Interesse (§ 189a Z 1) ist. *(BGBl I 2015/22)*

(4) § 221 Abs. 7 gilt sinngemäß für die in Abs. 1 Z 1 und 2 angeführten Merkmale. *(BGBl 1996/304)*

(BGBl 1990/475)

ZWEITER TITEL

Umfang der einzubeziehenden Unternehmen (Konsolidierungskreis)

Einzubeziehende Unternehmen, Vorlage- und Auskunftspflichten

§ 247. (1) In den Konzernabschluß sind das Mutterunternehmen und alle Tochterunternehmen ohne Rücksicht auf den Sitz der Tochterunternehmen einzubeziehen, sofern die Einbeziehung nicht „gemäß § 249“ unterbleibt. *(BGBl I 2004/161)*

(2) [1]Hat sich die Zusammensetzung der in den Konzernabschluß einbezogenen Unternehmen im Laufe des Geschäftsjahrs wesentlich geändert, so sind in den Konzernabschluß Angaben aufzunehmen, die es ermöglichen, die aufeinanderfolgenden Konzernabschlüsse sinnvoll zu vergleichen. [2]Dieser Verpflichtung kann auch dadurch entsprochen werden, daß die entsprechenden Beträge des vorhergehenden Konzernabschlusses an die Änderung angepaßt werden.

(3) [1]Die Tochterunternehmen haben dem Mutterunternehmen ihre Jahresabschlüsse, Lageberichte, Konzernabschlüsse, Konzernlageberichte und, wenn eine Prüfung des Jahresabschlusses oder des Konzernabschlusses stattgefunden hat, die Prüfungsberichte sowie, wenn ein Zwischenabschluß aufzustellen ist, einen auf den Stichtag des Konzernabschlusses aufgestellten Abschluß unverzüglich einzureichen. [2]Das Mutterunternehmen kann von jedem Tochterunternehmen alle Aufklärungen und Nachweise verlangen, welche die Aufstellung des Konzernabschlusses und des Konzernlageberichts erfordert.

(BGBl 1990/475)

Verbot der Einbeziehung

§ 248. *(aufgehoben, BGBl I 2004/161)*

Verzicht auf die Einbeziehung

§ 249. (1) Ein Tochterunternehmen braucht in den Konzernabschluss nicht einbezogen zu werden, wenn

1. die für die Aufstellung des Konzernabschlusses erforderlichen Angaben nicht ohne unverhältnismäßige Verzögerungen oder ohne unverhältnismäßig hohe Kosten zu erhalten sind, wobei auf die Größe des Unternehmens Bedacht zu nehmen ist; oder

2. die Anteile an dem Tochterunternehmen ausschließlich zum Zwecke ihrer Weiterveräußerung gehalten werden; oder

3. erhebliche und andauernde Beschränkungen die Ausübung der Rechte des Mutterunternehmens in Bezug auf das Vermögen oder die Geschäftsführung dieses Unternehmens nachhaltig beeinträchtigen.

(2) [1]Wenn die Einbeziehung eines Tochterunternehmens nicht wesentlich ist, braucht es nicht in den Konzernabschluss einbezogen zu werden. [2]Trifft dies auf mehrere Tochterunternehmen zu, so sind sie dann in den Konzernabschluss einzubeziehen, wenn sie zusammen wesentlich sind. [3]Für ein Mutterunternehmen, das ausschließlich Tochterunternehmen hat, deren Einbeziehung entweder für sich und zusammengenommen nicht wesentlich ist oder die aufgrund von Abs. 1 nicht einbezogen zu werden brauchen, entfällt die Pflicht zur Aufstellung eines Konzernabschlusses und eines Konzernlageberichts.

(3) Der Ausschluss der in Abs. 1 bezeichneten Unternehmen ist im Konzernanhang, falls kein Konzernabschluss aufzustellen ist, im Anhang des Jahresabschlusses der Muttergesellschaft anzugeben und zu begründen.

(BGBl I 2015/22)

DRITTER TITEL

Inhalt und Form des Konzernabschlusses

Inhalt

§ 250. (1) [1]Der Konzernabschluss besteht aus der Konzernbilanz, der Konzern-Gewinn- und Verlustrechnung, dem Konzernanhang, der Konzernkapitalflussrechnung und einer Darstellung der Komponenten des Eigenkapitals und ihrer Entwicklung. [2]Er kann um die Segmentberichterstattung erweitert werden. *(BGBl I 2004/161)*

(2) [1]Der Konzernabschluß hat den Grundsätzen ordnungsmäßiger Buchführung zu entsprechen. [2]Er ist klar und übersichtlich aufzustellen. [3]Er hat ein möglichst getreues Bild der Vermögens-, Finanz- und Ertragslage des Konzerns zu vermitteln. [4]Wenn dies aus besonderen Umständen nicht gelingt, sind im Konzernanhang die erforderlichen zusätzlichen Angaben zu machen.

(3) [1]Im Konzernabschluß ist die Vermögens-, Finanz- und Ertragslage der einbezogenen Unternehmen so darzustellen, als ob diese Unternehmen insgesamt ein einziges Unternehmen wären. [2]Die auf den vorhergehenden Konzernabschluß angewandten Zusammenfassungs(Konsolidierungs)methoden sind beizubehalten. [3]„Ein Abweichen von diesem Grundsatz ist nur bei Vorliegen besonderer Umstände und unter Beachtung der in Abs. 2 dritter Satz umschriebenen Zielsetzung zulässig; im Konzernanhang ist die Abweichung anzugeben, zu begründen und ihr Einfluss auf die Vermögens-, Finanz- und Ertragslage des Konzerns darzulegen.“ *(BGBl I 2015/22)*

(BGBl 1990/475)

Anzuwendende Vorschriften; Erleichterungen

§ 251. (1) Auf den Konzernabschluß sind, soweit seine Eigenart keine Abweichung bedingt oder in den folgenden Vorschriften nichts anderes bestimmt ist, „§ 193 Abs. 3 und 4 zweiter Halbsatz, §§ 194 bis 211, §§ 223 bis 227, § 229 Abs. 1 bis 3, §§ 231 bis 234 und §§ 237 bis 241“ über den Jahresabschluß und die für die Rechtsform und den Geschäftszweig der in den Konzernabschluß einbezogenen Unternehmen mit dem Sitz im Geltungsbereich dieses Gesetzes geltenden Vorschriften entsprechend anzuwenden. *(BGBl I 2015/22)*

(2) In der Gliederung der Konzernbilanz dürfen die Vorräte in einem Posten zusammengefasst werden, wenn die Aufgliederung nicht wesentlich ist. *(BGBl I 2015/22)*

(3) [1]Der Konzernanhang und der Anhang des Jahresabschlusses des Mutterunternehmens dürfen zusammengefaßt werden. [2]In diesem Falle müssen der Konzernabschluß und der Jahresabschluß des Mutterunternehmens gemeinsam offengelegt und dürfen auch die Prüfungsberichte und die Bestätigungsvermerke zusammengefaßt werden.

(BGBl 1990/475)

Stichtag für die Aufstellung

§ 252. (1) Der Konzernabschluß ist auf den Stichtag des Jahresabschlusses des Mutterunternehmens oder auf den hievon abweichenden Stichtag der Jahresabschlüsse der bedeutendsten oder der Mehrzahl der in den Konzernabschluß einbezogenen Unternehmen aufzustellen; die Abweichung vom Abschlußstichtag des Mutterunternehmens ist im Konzernanhang anzugeben und zu begründen.

(2) [1]Die Jahresabschlüsse der in den Konzernabschluß einbezogenen Unternehmen sollen auf den Stichtag des Konzernabschlusses aufgestellt werden. [2]Liegt der Abschlußstichtag eines Unternehmens um mehr als drei Monate vor „oder nach“ dem Stichtag des Konzernabschlusses, so ist dieses Unternehmen auf Grund eines auf den Stichtag und den Zeitraum des Konzernabschlusses aufgestellten Zwischenabschlusses in den Konzernabschluß einzubeziehen. *(BGBl 1996/304; BGBl I 2015/22)*

(3) Wird bei abweichenden Abschlußstichtagen ein Unternehmen nicht auf der Grundlage eines auf den Stichtag und den Zeitraum des Konzernabschlusses aufgestellten Zwischenabschlusses einbezogen, so sind Vorgänge von besonderer Bedeutung für die Vermögens-, Finanz- und Ertragslage eines in den Konzernabschluß einbezogenen Unternehmens, die zwischen dem Abschlußstichtag dieses Unternehmens und dem Abschlußstichtag des Konzernabschlusses eingetreten sind, in der Konzernbilanz und der Konzern-Gewinn-

und Verlustrechnung zu berücksichtigen oder im Konzernanhang anzugeben. *(BGBl 1996/304)*

(BGBl 1990/475)

VIERTER TITEL
Vollständige Zusammenfassung der Jahresabschlüsse verbundener Unternehmen (Vollkonsolidierung)

Grundsätze, Vollständigkeitsgebot

§ 253. (1) [1]In dem Konzernabschluß ist der Jahresabschluß des Mutterunternehmens mit den Jahresabschlüssen der Tochterunternehmen zusammenzufassen. [2]An die Stelle der dem Mutterunternehmen gehörenden Anteile an den einbezogenen Tochterunternehmen treten die Vermögensgegenstände, „ “ Rückstellungen, Verbindlichkeiten und Rechnungsabgrenzungsposten der Tochterunternehmen, soweit sie nach dem Recht des Mutterunternehmens bilanzierbar sind und die Eigenart des Konzernabschlusses keine Abweichungen bedingt oder in den folgenden Vorschriften nichts anderes bestimmt ist. *(BGBl I 2015/22)*

(2) [1]Die Vermögensgegenstände, „ “* „aktiven latenten Steuern,“** Rückstellungen, Verbindlichkeiten und Rechnungsabgrenzungsposten sowie die Erträge und Aufwendungen der in den Konzernabschluß einbezogenen Unternehmen sind unabhängig von ihrer Berücksichtigung in den Jahresabschlüssen dieser Unternehmen vollständig aufzunehmen, soweit nach dem Recht des Mutterunternehmens nicht ein Bilanzierungsverbot oder ein Bilanzierungswahlrecht besteht. [2]Nach dem Recht des Mutterunternehmens zulässige Bilanzierungswahlrechte dürfen im Konzernabschluß unabhängig von ihrer Ausübung in den Jahresabschlüssen der in den Konzernabschluß einbezogenen Unternehmen ausgeübt werden. *(*BGBl I 2015/22; **BGBl I 2016/43)*

(3) *(entfällt, BGBl I 2015/22)*

(BGBl 1990/475)

Zusammenfassung von Eigenkapital und Beteiligungen (Kapitalkonsolidierung)

§ 254. (1) [1]Der Wertansatz der dem Mutterunternehmen gehörenden Anteile an einem in den Konzernabschluss einbezogenen Tochterunternehmen wird mit dem auf diese Anteile entfallenden Betrag des Eigenkapitals des Tochterunternehmens verrechnet. [2]Das Eigenkapital ist mit dem Betrag anzusetzen, der dem beizulegenden Zeitwert der in den Konzernabschluss aufzunehmenden Vermögensgegenstände, Rückstellungen, Verbindlichkeiten und Rechnungsabgrenzungsposten zu dem für die Verrechnung gemäß Abs. 2 gewählten Zeitpunkt entspricht. [3]Das anteilige Eigenkapital darf nicht mit einem Betrag angesetzt werden, der die Anschaffungskosten des Mutterunternehmens für die Anteile an dem einbezogenen Tochterunternehmen überschreitet. [4]Wenn die Anschaffungskosten den Buchwert des anteiligen Eigenkapitals unterschreiten, so ist der Buchwert anzusetzen. *(BGBl I 2015/22)*

(2) [1]Die Verrechnung gemäß Abs. 1 wird auf der Grundlage der Wertansätze zum Zeitpunkt des Erwerbs der Anteile oder der erstmaligen Einbeziehung des Tochterunternehmens in den Konzernabschluß oder, beim Erwerb der Anteile zu verschiedenen Zeitpunkten, zu dem Zeitpunkt, zu dem das Unternehmen Tochterunternehmen geworden ist, durchgeführt. [2]Der gewählte Zeitpunkt ist im Konzernanhang anzugeben.

(3) [1]„Ein bei der Verrechnung entstehender Unterschiedsbetrag ist in der Konzernbilanz, wenn er auf der Aktivseite entsteht, als Geschäfts(Firmen)wert und, wenn er auf der Passivseite entsteht, als Unterschiedsbetrag aus der Zusammenfassung von Eigenkapital und Beteiligungen (Kapitalkonsolidierung) auszuweisen.“ [2]Dieser Posten und wesentliche Änderungen gegenüber dem Vorjahr sind im Anhang zu erläutern. [3]Werden Unterschiedsbeträge der Aktivseite mit solchen der Passivseite verrechnet, so sind die verrechneten Beträge im Anhang anzugeben. *(BGBl I 2015/22)*

(4) Anteile an dem Mutterunternehmen, die diesem oder einem in den Konzernabschluß einbezogenen Tochterunternehmen gehören, sind in der Konzernbilanz als eigene Anteile „zu behandeln“. *(BGBl I 2016/43)*

(BGBl 1990/475)

Zusammenfassung von Forderungen und Schulden verbundener Unternehmen (Schuldenkonsolidierung)

§ 255. (1) Ausleihungen und andere Forderungen, Rückstellungen und Verbindlichkeiten aus Beziehungen zwischen den in den Konzernabschluß einbezogenen Unternehmen sowie entsprechende Rechnungsabgrenzungsposten sind wegzulassen.

(2) Abs. 1 braucht nicht angewendet zu werden, soweit die wegzulassenden Beträge nicht wesentlich (§ 189a Z 10) sind. *(BGBl I 2015/22)*

(BGBl 1990/475)

Behandlung der Zwischenergebnisse

§ 256. (1) In den Konzernabschluß zu übernehmende Vermögensgegenstände, die ganz oder teilweise auf Lieferungen oder Leistungen zwischen in den Konzernabschluß einbezogenen Unternehmen beruhen, sind in der Konzernbilanz mit dem Betrag anzusetzen, zu dem sie in der auf den Stichtag des Konzernabschlusses aufgestellten Bilanz dieses Unternehmens anzusetzen wären, wenn die in den Konzernabschluß einbezogenen

Unternehmen auch rechtlich ein einziges Unternehmen bildeten.

(2) Abs. 1 braucht nicht angewendet zu werden, soweit die Behandlung der Zwischenergebnisse nicht wesentlich (§ 189a Z 10) ist. *(BGBl I 2015/22)*

(BGBl 1990/475)

Zusammenfassung von Aufwendungen und Erträgen verbundener Unternehmen (Aufwands- und Ertragskonsolidierung)

§ 257. (1) In der Konzern-Gewinn- und Verlustrechnung sind

1. bei den Umsatzerlösen die Erlöse aus Lieferungen und Leistungen zwischen den in den Konzernabschluß einbezogenen Unternehmen mit den auf sie entfallenden Aufwendungen zu verrechnen, soweit sie nicht als Erhöhung des Bestands an fertigen und unfertigen Erzeugnissen oder als andere „aktivierte" Eigenleistungen auszuweisen sind, *(BGBl 1996/304)*

2. andere Erträge aus Lieferungen und Leistungen zwischen den in den Konzernabschluß einbezogenen Unternehmen mit den auf sie entfallenden Aufwendungen zu verrechnen, soweit sie nicht als andere „aktivierte" Eigenleistungen auszuweisen sind. *(BGBl 1996/304)*

(2) Aufwendungen und Erträge brauchen nicht gemäß Abs. 1 weggelassen zu werden, soweit die wegzulassenden Beträge nicht wesentlich (§ 189a Z 10) sind. *(BGBl I 2015/22)*

(BGBl 1990/475)

Steuerabgrenzung

§ 258. [1]Führen Maßnahmen, die nach den Vorschriften des dritten Abschnitts durchgeführt worden sind, zu Differenzen zwischen den unternehmensrechtlichen und den steuerrechtlichen Wertansätzen der Vermögensgegenstände, Schulden oder Rechnungsabgrenzungsposten und bauen sich diese Differenzen in späteren Geschäftsjahren voraussichtlich wieder ab, so ist eine sich insgesamt ergebende Steuerbelastung als Rückstellung für passive latente Steuern und eine sich insgesamt ergebende Steuerentlastung als aktive latente Steuern in der Konzernbilanz anzusetzen. [2]Differenzen aus dem erstmaligen Ansatz eines nach § 254 Abs. 3 verbleibenden Unterschiedsbetrages bleiben unberücksichtigt. [3]Unberücksichtigt bleiben auch Differenzen, die sich zwischen dem steuerrechtlichen Wertansatz einer Beteiligung an einem Tochterunternehmen, einem assoziierten Unternehmen oder einem Gemeinschaftsunternehmen im Sinn des § 262 Abs. 1 und dem unternehmensrechtlichen Wertansatz des im Konzernabschluss angesetzten Nettovermögens ergeben, wenn das Mutterunternehmen in der Lage ist, den zeitlichen Verlauf der Auflösung der temporären Differenzen zu steuern, und es wahrscheinlich ist, dass sich die temporäre Differenz in absehbarer Zeit nicht auflösen wird. [4]Eine Saldierung ist nicht vorzunehmen, soweit eine Aufrechnung der tatsächlichen Steuererstattungsansprüche mit den tatsächlichen Steuerschulden rechtlich nicht möglich ist. [5]§ 198 Abs. 10 ist entsprechend anzuwenden. [6]Die Posten dürfen mit den Posten nach § 198 Abs. 9 zusammengefasst werden. [7]Die Steuerabgrenzung braucht nicht vorgenommen zu werden, soweit sie nicht wesentlich ist.

(BGBl I 2015/22)

Anteile anderer Gesellschafter

§ 259. (1) In der Konzernbilanz ist für die nicht dem Mutterunternehmen oder einem einbezogenen Tochterunternehmen gehörenden Anteile an den in den Konzernabschluss einbezogenen Tochterunternehmen ein Ausgleichsposten für die Anteile der anderen Gesellschafter in Höhe ihres Anteils am nach den Vorschriften des „§ 254 Abs. 1" ermittelten Eigenkapital unter dem Posten „nicht beherrschende Anteile" innerhalb des Eigenkapitals gesondert auszuweisen. *(BGBl I 2015/22; BGBl I 2016/43)*

(2) In der Konzern-Gewinn- und Verlustrechnung ist der im Jahresergebnis enthaltene, anderen Gesellschaftern zustehende Gewinn und der auf sie entfallende Verlust nach dem Posten „Jahresüberschuß/Jahresfehlbetrag" unter entsprechender Bezeichnung gesondert auszuweisen.

(BGBl 1990/475)

FÜNFTER TITEL

Bewertungsvorschriften

Einheitliche Bewertung

§ 260. (1) [1]Die in den Konzernabschluß gemäß § 253 Abs. 2 übernommenen Vermögensgegenstände und Schulden der in den Konzernabschluß einbezogenen Unternehmen sind nach den auf den Jahresabschluß des Mutterunternehmens anwendbaren Bewertungsmethoden einheitlich zu bewerten; zulässige Bewertungswahlrechte können im Konzernabschluß unabhängig von ihrer Ausübung in den Jahresabschlüssen der in den Konzernabschluß einbezogenen Unternehmen ausgeübt werden. [2]Abweichungen von den auf den Jahresabschluß des Mutterunternehmens angewandten Bewertungsmethoden sind im Konzernanhang anzugeben und zu begründen.

(2) [1]Sind in den Konzernabschluß aufzunehmende Vermögensgegenstände oder Schulden des Mutterunternehmens oder der Tochterunternehmen in den Jahresabschlüssen dieser Unternehmen nach Methoden bewertet worden, die sich von denen unterscheiden, die auf den Konzernab-

schluß anzuwenden sind oder die von den gesetzlichen Vertretern des Mutterunternehmens in Ausübung von Bewertungswahlrechten auf den Konzernabschluß angewendet werden, so sind die abweichend bewerteten Vermögensgegenstände oder Schulden nach den auf den Konzernabschluß angewandten Bewertungsmethoden neu zu bewerten und mit den neuen Wertansätzen in den Konzernabschluß zu übernehmen. [2]Wertansätze, die auf Sondervorschriften für Banken oder Versicherungsunternehmen beruhen, sind beizubehalten; auf die Anwendung dieser Ausnahme ist im Konzernanhang hinzuweisen. [3]„Eine einheitliche Bewertung nach dem ersten Satz braucht nicht vorgenommen zu werden, soweit ihre Auswirkungen nicht wesentlich (§ 189a Z 10) sind. [4]Darüber hinaus ist ein Abweichen bei Vorliegen besonderer Umstände und unter Beachtung der in § 250 Abs. 2 dritter Satz umschriebenen Zielsetzung zulässig; im Konzernanhang ist die Abweichung anzugeben, zu begründen und ihr Einfluss auf die Vermögens-, Finanz- und Ertragslage des Konzerns darzulegen.“ *(BGBl I 2015/22)*

(3) *(aufgehoben, BGBl I 2004/161)*

(BGBl 1990/475)

Behandlung des Unterschiedsbetrags

§ 261. (1) Die Abschreibung eines nach § 254 Abs. 3 auszuweisenden Geschäfts(Firmen)werts richtet sich nach § 203 Abs. 5. *(BGBl I 2015/22)*

(2) Ein gemäß § 254 Abs. 3 auf der Passivseite auszuweisender Unterschiedsbetrag darf ergebniswirksam aufgelöst werden, soweit

1. eine zum Zeitpunkt des Erwerbs der Anteile oder der erstmaligen Zusammenfassung der Jahresabschlüsse verbundener Unternehmen (Konsolidierung) erwartete ungünstige Entwicklung der künftigen Ertragslage des Unternehmens eingetreten ist oder zu diesem Zeitpunkt erwartete Aufwendungen zu berücksichtigen sind oder

2. am Abschlußstichtag feststeht, daß er einem verwirklichten Gewinn entspricht „.“ *(BGBl I 2015/22)*

(BGBl 1990/475)

SECHSTER TITEL

Anteilmäßige Zusammenfassung der Jahresabschlüsse verbundener Unternehmen (anteilmäßige Konsolidierung)

Begriff

§ 262. (1) Führt ein in einen Konzernabschluß einbezogenes Mutter- oder Tochterunternehmen ein anderes Unternehmen gemeinsam mit einem oder mehreren nicht in den Konzernabschluß einbezogenen Unternehmen, so darf das andere Unternehmen in den Konzernabschluß entsprechend den Anteilen am Kapital einbezogen werden, die dem Mutter- oder dem Tochterunternehmen gehören.

(2) Auf die anteilmäßige Zusammenfassung der Jahresabschlüsse verbundener Unternehmen (anteilmäßige Konsolidierung) sind die §§ 250 bis 258, 260 und 261 entsprechend anzuwenden.

(BGBl 1990/475)

SIEBENTER TITEL

Assoziierte Unternehmen

Befreiung

§ 263. (1) Die Beteiligung an einem assoziierten Unternehmen ist in der Konzernbilanz unter einem besonderen Posten mit entsprechender Bezeichnung auszuweisen. *(BGBl I 2015/22)*

(2) Auf eine Beteiligung an einem „assoziierten Unternehmen“ brauchen Abs. 1 und § 264 nicht angewendet zu werden, wenn die Beteiligung „nicht wesentlich (§ 189a Z 10)“ ist. *(BGBl I 2015/22)*

(BGBl 1990/475)

Wertansatz der Beteiligung und Behandlung des Unterschiedsbetrags

§ 264. (1) [1]Eine Beteiligung an einem assoziierten Unternehmen ist in der Konzernbilanz beim erstmaligen Ansatz mit dem Buchwert gemäß den §§ 198 bis 242 anzusetzen. [2]Der Unterschiedsbetrag zwischen dem Buchwert und dem anteiligen Eigenkapital des assoziierten Unternehmens ist bei erstmaliger Anwendung in der Konzernbilanz oder im Konzernanhang gesondert auszuweisen. *(BGBl I 2015/22)*

(2) [1]Der Unterschiedsbetrag gemäß Abs. 1 zweiter Satz ist den Wertansätzen von Vermögensgegenständen und Schulden des assoziierten Unternehmens insoweit zuzuordnen, als deren beizulegender Zeitwert höher oder niedriger ist als ihr Buchwert. [2]Der nach dem ersten Satz zugeordnete Unterschiedsbetrag ist entsprechend der Behandlung der Wertansätze dieser Vermögensgegenstände und Schulden im Jahresabschluss des assoziierten Unternehmens im Konzernabschluss fortzuführen, abzuschreiben oder aufzulösen. [3]Auf einen nach Zuordnung nach dem ersten Satz verbleibenden Unterschiedsbetrag ist § 261 entsprechend anzuwenden. *(BGBl I 2015/22)*

(3) [1]Der Wertansatz der Beteiligung und die Unterschiedsbeträge werden auf der Grundlage der Wertansätze zum Zeitpunkt des Erwerbs der Anteile oder der erstmaligen Einbeziehung des „assoziierten Unternehmens“ in den Konzernabschluß oder beim Erwerb der Anteile zu verschiedenen Zeitpunkten zu dem Zeitpunkt, zu dem das Unternehmen „assoziiertes Unternehmen“ geworden ist, ermittelt. [2]Der gewählte Zeitpunkt ist im Konzernanhang anzugeben. *(BGBl I 2015/22)*

(4) [1]Der gemäß Abs. 1 ermittelte Wertansatz einer Beteiligung ist in den Folgejahren um den Betrag der Eigenkapitalveränderungen, die den dem Mutterunternehmen gehörenden Anteilen am Kapital des „assoziierten Unternehmens" entsprechen, zu erhöhen oder zu vermindern; auf die Beteiligung entfallende Gewinnausschüttungen sind abzusetzen. [2]In der Konzern-Gewinn- und Verlustrechnung ist das auf „Beteiligungen an assoziierten Unternehmen" entfallende Ergebnis unter einem gesonderten Posten auszuweisen. *(BGBl I 2015/22)*

(5) [1]Wendet das „assoziierte Unternehmen" in seinem Jahresabschluß vom Konzernabschluß abweichende Bewertungsmethoden an, so können abweichend bewertete Vermögensgegenstände oder Schulden für die Zwecke der Abs. 1 bis 4 nach den auf den Konzernabschluß angewandten Bewertungsmethoden bewertet werden. [2]Wird die Bewertung nicht angepaßt, so ist dies im Konzernanhang anzugeben. [3]§ 256 über die Behandlung der Zwischenergebnisse ist entsprechend anzuwenden, soweit die für die Beurteilung maßgeblichen Sachverhalte bekannt oder zugänglich sind. [4]Die Zwischenergebnisse dürfen auch anteilig entsprechend den dem Mutterunternehmen gehörenden Anteilen am Kapital des „assoziierten Unternehmens" weggelassen werden. *(BGBl I 2015/22)*

(6) [1]Es ist jeweils der letzte Jahresabschluß des „assoziierten Unternehmens" zu Grunde zu legen. [2]Stellt das „assoziierte Unternehmen" einen Konzernabschluß auf, so ist von diesem und nicht vom Jahresabschluß des „assoziierten Unternehmens" auszugehen. *(BGBl I 2015/22)*

(BGBl 1990/475)

ACHTER TITEL
Konzernanhang

Erläuterung der Konzernbilanz und der Konzern-Gewinn- und Verlustrechnung, Angaben zum Beteiligungsbesitz

§ 265. (1) [1]Im Konzernanhang sind die Konzernbilanz und die Konzern-Gewinn- und Verlustrechnung sowie die darauf angewandten Bilanzierungs- und Bewertungsmethoden so zu erläutern, daß ein möglichst getreues Bild der Vermögens-, Finanz- und Ertragslage des Konzerns vermittelt wird. [2]Insbesondere sind „anstelle der Angabe nach § 237 Abs. 1 Z 1" anzugeben: *(BGBl I 2015/22)*

1. die auf die Posten der Konzernbilanz und der Konzern-Gewinn- und Verlustrechnung angewandten Bilanzierungs- und Bewertungsmethoden;

2. die Grundlagen für die Umrechnung in „Euro", sofern der Konzernabschluß Posten enthält, denen Beträge zugrunde liegen, die auf fremde Währung lauten oder ursprünglich auf fremde Währung lauteten; *(BGBl I 1998/125)*

3. Änderungen der Bilanzierungs-, Bewertungs- und Zusammenfassungs(Konsolidierungs)methoden; diese sind zu begründen und ihr Einfluß auf die Vermögens-, Finanz- und Ertragslage des Konzerns ist gesondert darzustellen.

(2) Im Konzernanhang sind ferner „anstelle der Angabe nach § 238 Abs. 1 Z 4" anzugeben: *(BGBl I 2015/22)*

1. [1]Name und Sitz der in den Konzernabschluß einbezogenen Unternehmen, der Anteil am Kapital der Tochterunternehmen, der dem Mutterunternehmen und den in den Konzernabschluß einbezogenen Tochterunternehmen gehört oder für Rechnung dieser Unternehmen von einer anderen Person gehalten wird, sowie der zur Einbeziehung in den Konzernabschluß verpflichtende Sachverhalt, sofern die Einbeziehung nicht auf einer der Kapitalbeteiligung entsprechenden Mehrheit der Stimmrechte beruht. [2]Diese Angaben sind auch für Tochterunternehmen zu machen, die „gemäß § 249" nicht einbezogen worden sind; *(BGBl I 2004/161)*

2. [1]Name und Sitz der „assoziierten Unternehmen", der Anteil am Kapital der „assoziierten Unternehmen", der dem Mutterunternehmen und den in den Konzernabschluß einbezogenen Tochterunternehmen gehört oder für Rechnung dieser Unternehmen von einer anderen Person gehalten wird. [2]Die Anwendung des § 263 Abs. 2 ist jeweils anzugeben und zu begründen; *(BGBl I 2015/22)*

3. Name und Sitz der Unternehmen, die gemäß § 262 nur anteilmäßig in den Konzernabschluß einbezogen worden sind, der Tatbestand, aus dem sich die Anwendung dieser Vorschrift ergibt, sowie der Anteil am Kapital dieser Unternehmen, der dem Mutterunternehmen und den in den Konzernabschluß einbezogenen Tochterunternehmen gehört oder für Rechnung dieser Unternehmen von einer anderen Person gehalten wird;

4. [1]„Name und Sitz anderer als der unter den Z 1 bis 3 bezeichneten Unternehmen, bei denen das Mutterunternehmen, ein Tochterunternehmen oder für Rechnung eines dieser Unternehmen eine andere Person „eine Beteiligung (§ 189a Z 2)"** besitzt, unter Angabe des Anteils am Kapital sowie der Höhe des Eigenkapitals und des Ergebnisses des letzten Geschäftsjahrs, für das ein Abschluß aufgestellt worden ist."* [2]Diese Angaben brauchen nicht gemacht zu werden, wenn sie „nicht wesentlich (§ 189a Z 10)"** sind. [3]Das Eigenkapital und das Ergebnis brauchen nicht angegeben zu werden, wenn das in Anteilsbesitz stehende Unternehmen seinen Jahresabschluß nicht offenzulegen hat und das Mutterunternehmen, das Tochterunternehmen oder die andere Person weniger als die Hälfte der Anteile an die-

sem Unternehmen besitzt. *(*BGBl 1996/304; **BGBl I 2015/22)*

(3) [1]Die in Abs. 2 verlangten Angaben können insoweit unterlassen werden, soweit die Angaben nach vernünftiger „unternehmerischer“ Beurteilung geeignet sind, dem Mutterunternehmen, einem Tochterunternehmen oder einem anderen in Abs. 2 bezeichneten Unternehmen einen erheblichen Nachteil zuzufügen. [2]Die Anwendung der Ausnahmeregelung ist im Konzernanhang anzugeben. *(BGBl I 2005/120)*

(4) [1]Die Angaben gemäß Abs. 2 dürfen statt im Anhang auch in einer Aufstellung des Anteilsbesitzes gesondert gemacht werden. [2]Die Aufstellung ist Bestandteil des Anhangs. [3]Auf die besondere Aufstellung des Anteilsbesitzes und den Ort ihrer Hinterlegung ist im Anhang hinzuweisen.

(BGBl 1990/475)

Weitere Angaben

§ 266. Bei den Angaben, die gemäß § 251 Abs. 1 in Verbindung mit den §§ 237 bis 240 zu machen sind, gelten folgende Besonderheiten:

1. die Angabe nach § 238 Abs. 1 Z 9 hat sich auf das Ergebnis des Mutterunternehmens zu beziehen; *(BGBl I 2016/43)*

2. [1]bei den Angaben nach § 237 Abs. 1 Z 3 und nach § 239 Abs. 1 Z 4 ist nur die Höhe der Beträge anzugeben, die das Mutterunternehmen und seine Tochterunternehmen den Mitgliedern des Vorstands, des Aufsichtsrats oder ähnlicher Einrichtungen des Mutterunternehmens gewährt haben. [2]„§ 239 Abs. 1 Z 4 lit. a dritter Satz“ bleibt unberücksichtigt. [3]§ 242 Abs. 4 ist sinngemäß anzuwenden. [4]Außer den Bezügen für das Geschäftsjahr sind die weiteren Bezüge anzugeben, die im Geschäftsjahr gewährt, bisher aber in keinem Konzernabschluss angegeben worden sind; *(BGBl I 2016/43)*

3. bei der Angabe nach § 237 Abs. 1 Z 5 ist auf Verbindlichkeiten Bedacht zu nehmen, für die von den in den Konzernabschluss einbezogenen Unternehmen dingliche Sicherheiten bestellt sind;

4. bei den Angaben nach § 237 Abs. 1 Z 6 und § 239 Abs. 1 Z 1 und 3 ist auf die Beschäftigten der in den Konzernabschluss einbezogenen Unternehmen Bezug zu nehmen; die durchschnittliche Zahl der Arbeitnehmer von gemäß § 262 nur anteilig einbezogenen Unternehmen ist gesondert anzugeben;

5. bei der Angabe von Geschäften von in den Konzernabschluss einbezogenen Unternehmen und mit nahe stehenden Unternehmen und Personen (§ 238 Abs. 1 Z 12) werden Geschäfte, die bei der Konsolidierung weggelassen werden, nicht berücksichtigt; § 238 Abs. 3 ist nicht anzuwenden;

6. die Angaben nach § 238 Abs. 1 Z 15 bis 17 und 19 bis 21, § 239 Abs. 1 Z 2 und Z 5 und § 241 Z 2, 4, 5 und 6 können unterbleiben.

(BGBl I 2015/22)

NEUNTER TITEL

Konzernlagebericht, konsolidierter Corporate Governance-Bericht

Konzernlagebericht

§ 267. (1) Im Konzernlagebericht sind der Geschäftsverlauf, einschließlich des Geschäftsergebnisses, und die Lage des Konzerns so darzustellen, dass ein möglichst getreues Bild der Vermögens-, Finanz- und Ertragslage vermittelt wird, und die wesentlichen Risiken und Ungewissheiten, denen der Konzern ausgesetzt ist, zu beschreiben.

(2) [1]Der Konzernlagebericht hat eine ausgewogene und umfassende, dem Umfang und der Komplexität der Geschäftstätigkeit angemessene Analyse des Geschäftsverlaufs, einschließlich des Geschäftsergebnisses, und der Lage des Konzerns zu enthalten. [2]Abhängig von der Größe des Konzerns und von der Komplexität des Geschäftsbetriebs der einbezogenen Unternehmen hat die Analyse auf die für die jeweilige Geschäftstätigkeit wichtigsten finanziellen und nichtfinanziellen Leistungsindikatoren, einschließlich Informationen über Umwelt- und Arbeitnehmerbelange, einzugehen und sie unter Bezugnahme auf die im Konzernabschluss ausgewiesenen Beträge und Angaben zu erläutern.

(3) Der Konzernlagebericht hat auch einzugehen auf

1. die voraussichtliche Entwicklung des Konzerns;

2. Tätigkeiten des Konzerns im Bereich Forschung und Entwicklung;

3. [1]den Bestand an Aktien an dem Mutterunternehmen, die das Mutterunternehmen oder ein Tochterunternehmen oder eine andere Person für Rechnung eines dieser Unternehmen erworben oder als Pfand genommen hat; dabei sind die Zahl dieser Aktien, der auf sie entfallende Betrag des Grundkapitals sowie ihr Anteil am Grundkapital anzugeben. [2]Sind solche Aktien im Geschäftsjahr erworben oder veräußert worden, so ist auch über den Erwerb oder die Veräußerung unter Angabe der Zahl dieser Aktien, des auf sie entfallenden Betrags des Grundkapitals, des Anteils am Grundkapital und des Erwerbs- oder Veräußerungspreises sowie über die Verwendung des Erlöses zu berichten;

4. für das Verständnis der Lage der in den Konzernabschluss einbezogenen Unternehmen wesentliche Zweigniederlassungen des Mutterunternehmens und der Tochterunternehmen;

5. die Verwendung von Finanzinstrumenten, sofern dies für die Beurteilung der Vermögens-, Finanz- und Ertragslage wesentlich (§ 189a Z 10) ist; diesfalls sind anzugeben

a) die Risikomanagementziele und -methoden, einschließlich der Methoden zur Absicherung aller wichtigen Arten geplanter Transaktionen, die im Rahmen der Bilanzierung von Sicherungsgeschäften angewandt werden, und

b) bestehende Preisänderungs-, Ausfall-, Liquiditäts- und Cashflow-Risiken.
(BGBl I 2015/22)

(3a) Bei einem Mutterunternehmen, dessen Aktien zum Handel auf einem geregelten Markt im Sinn des § 1 Z 2 BörseG 2018 zugelassen sind oder das ausschließlich andere Wertpapiere als Aktien auf einem solchen Markt emittiert und dessen Aktien mit Wissen der Gesellschaft über ein multilaterales Handelssystem im Sinne des § 1 Z 24 WAG 2018 gehandelt werden, hat der Konzernlagebericht auch die Angaben nach § 243a Abs. 1 zu enthalten. *(BGBl I 2017/107)*

(3b) Bei einem „Mutterunternehmen nach § 189a Z 1 lit. a" hat der Konzernlagebericht auch die Angaben nach § 243a Abs. 2 zu enthalten. Diese haben sich auf das interne Kontroll- und das Risikomanagementsystem des Konzerns im Zusammenhang mit der Aufstellung des Konzernabschlusses zu beziehen. *(BGBl I 2008/70; BGBl I 2015/22)*

(4) § 251 Abs. 3 über die Zusammenfassung von Konzernanhang und Anhang ist entsprechend anzuwenden.

(BGBl I 2004/161)

Konsolidierte nichtfinanzielle Erklärung, konsolidierter nichtfinanzieller Bericht

§ 267a. (1) Unternehmen von öffentlichem Interesse, die Mutterunternehmen sind und an den Abschlussstichtagen das Kriterium erfüllen, im Jahresdurchschnitt (§ 221 Abs. 6) auf konsolidierter Basis mehr als 500 Arbeitnehmer zu beschäftigen, haben, wenn sie nicht von der Aufstellung eines Konzernabschlusses nach § 246 Abs. 1 befreit sind, in den Konzernlagebericht an Stelle der Analyse der nichtfinanziellen Leistungsindikatoren nach § 267 Abs. 2 eine konsolidierte nichtfinanzielle Erklärung aufzunehmen.

(2) [1]Die konsolidierte nichtfinanzielle Erklärung hat diejenigen Angaben zu enthalten, die für das Verständnis des Geschäftsverlaufs, des Geschäftsergebnisses, der Lage des Konzerns sowie der Auswirkungen seiner Tätigkeit erforderlich sind und sich mindestens auf Umwelt-, Sozial- und Arbeitnehmerbelange, auf die Achtung der Menschenrechte und auf die Bekämpfung von Korruption und Bestechung beziehen. [2]Die Analyse hat die nichtfinanziellen Leistungsindikatoren unter Bezugnahme auf die im Konzernabschluss ausgewiesenen Beträge und Angaben zu erläutern.

(3) [1]Die Angaben nach Abs. 2 haben zu umfassen:

1. eine kurze Beschreibung des Geschäftsmodells des Konzerns;

2. eine Beschreibung der vom Konzern in Bezug auf diese Belange verfolgten Konzepte;

3. die Ergebnisse dieser Konzepte;

4. die angewandten Due-Diligence-Prozesse;

5. die wesentlichen Risiken, die wahrscheinlich negative Auswirkungen auf diese Belange haben werden, und die Handhabung dieser Risiken durch den Konzern, und zwar

a) soweit sie aus der eigenen Geschäftstätigkeit des Konzerns entstehen und,

b) wenn dies relevant und verhältnismäßig ist, soweit sie aus seinen Geschäftsbeziehungen, seinen Erzeugnissen oder seinen Dienstleistungen entstehen;

6. die wichtigsten nichtfinanziellen Leistungsindikatoren, die für die konkrete Geschäftstätigkeit von Bedeutung sind.

[2]Verfolgt der Konzern in Bezug auf einen oder mehrere dieser Belange kein Konzept, hat die konsolidierte nichtfinanzielle Erklärung eine klare und begründete Erläuterung zu enthalten, warum dies der Fall ist.

(4) In Ausnahmefällen können Informationen über künftige Entwicklungen oder Belange, über die Verhandlungen geführt werden, weggelassen werden, soweit

1. eine solche Angabe nach vernünftiger unternehmerischer Beurteilung geeignet ist, der Geschäftslage des Konzerns ernsthaft zu schaden, und

2. eine solche Nichtaufnahme ein den tatsächlichen Verhältnissen entsprechendes Verständnis des Geschäftsverlaufs, des Geschäftsergebnisses, der Lage des Konzerns sowie der Auswirkungen seiner Tätigkeit nicht verhindert.

(5) [1]Das Mutterunternehmen kann sich bei der Erstellung der konsolidierten nichtfinanziellen Erklärung auf nationale, unionsbasierte oder internationale Rahmenwerke stützen; wenn es hiervon Gebrauch macht, hat es anzugeben, auf welche Rahmenwerke es sich stützt. [2]Bei der Anwendung solcher Rahmenwerke ist sicherzustellen, dass die Anforderungen nach Abs. 2 und Abs. 3 erfüllt sind.

(6) [1]Die konsolidierte nichtfinanzielle Erklärung kann als gesonderter konsolidierter nichtfinanzieller Bericht erstellt werden. [2]Der gesonderte konsolidierte nichtfinanzielle Bericht ist von den gesetzlichen Vertretern aufzustellen, von sämtlichen gesetzlichen Vertretern zu unterzeichnen, dem Aufsichtsrat vorzulegen und von diesem zu

prüfen, sowie gemeinsam mit dem konsolidierten Lagebericht nach § 280 offenzulegen.

(7) [1]Ein Mutterunternehmen (§ 189a Z 6), das österreichischem Recht unterliegt, ist von der Verpflichtung zur Aufstellung einer konsolidierten nichtfinanziellen Erklärung befreit, wenn dieses Mutterunternehmen (befreites Unternehmen) und seine Tochterunternehmen in den Konzernlagebericht oder gesonderten konsolidierten nichtfinanziellen Bericht eines anderen Unternehmens einbezogen sind, der im Einklang mit der Bilanz-Richtlinie aufgestellt wurde. [2]Ist das Mutterunternehmen zwar nach § 245 von der Aufstellung eines Teilkonzernabschlusses und Teilkonzernlageberichts befreit, nicht aber von der konsolidierten nichtfinanziellen Erklärung, hat es einen gesonderten konsolidierten nichtfinanziellen Bericht nach Abs. 6 aufzustellen.

(BGBl I 2017/20)

Konsolidierter Corporate-Governance Bericht

§ 267b. [1]Ein Mutterunternehmen, dessen Aktien zum Handel auf einem geregelten Markt im Sinn des § 1 Z 2 BörseG 2018 zugelassen sind oder das ausschließlich andere Wertpapiere als Aktien auf einem solchen Markt emittiert und dessen Aktien mit Wissen des Unternehmens über ein multilaterales Handelssystem im Sinn des § 1 Z 24 WAG 2018 gehandelt werden, hat einen konsolidierten Corporate Governance-Bericht aufzustellen, der die in § 243c vorgeschriebenen Angaben enthält, wobei die erforderlichen Anpassungen vorzunehmen sind, um die Lage der insgesamt in die Konsolidierung einbezogenen Unternehmen bewerten zu können. [2]§ 251 Abs. 3 ist entsprechend anzuwenden.

(BGBl I 2017/107)

ZEHNTER TITEL

Konsolidierter Bericht über Zahlungen an staatliche Stellen

„**§ 267c.**" (1) [1]Die gesetzlichen Vertreter eines großen (§ 221 Abs. 3) Mutterunternehmens (§ 189a Z 6) haben, wenn es selbst oder eines seiner Tochterunternehmen in der mineralgewinnenden Industrie oder auf dem Gebiet des Holzeinschlags in Primärwäldern tätig ist, auch wenn die Aufstellung des Konzernabschlusses im Einzelfall wegen der Anwendung des § 249 unterbleibt, jährlich einen konsolidierten Bericht über Zahlungen an staatliche Stellen nach den Vorgaben des „§ 243d" aufzustellen und dem Aufsichtsrat und der Hauptversammlung (Generalversammlung) des Mutterunternehmens innerhalb der für die Vorlage des Jahresabschlusses geltenden Fristen vorzulegen. [2]Der konsolidierte Bericht ist von sämtlichen gesetzlichen Vertretern zu unterzeichnen und der Hauptversammlung zusammen mit dem Jahresabschluss des Mutterunternehmens vorzulegen. [3]Er hat sich nur auf Leistungen zu erstrecken, die sich aus der Geschäftstätigkeit in der mineralgewinnenden Industrie oder auf dem Gebiet des Holzeinschlags in Primärwäldern ergeben. *(BGBl I 2017/20)*

(2) [1]Von der Erstellung eines konsolidierten Berichts über Zahlungen an staatliche Stellen sind Mutterunternehmen befreit, die gemäß § 246 von der Aufstellung eines Konzernabschlusses befreit sind oder Tochterunternehmen eines Unternehmens sind, das dem Recht eines anderen Mitgliedstaats der Europäischen Union oder eines Vertragsstaat des Abkommens über den Europäischen Wirtschaftsraum unterliegt. [2]Von der Einbeziehung eines Tochterunternehmens in den konsolidierten Bericht über Zahlungen an staatliche Stellen kann unter den Voraussetzungen des § 249 Abs. 1 abgesehen werden, wenn das Tochterunternehmen aus diesen Gründen auch nicht in den Konzernabschluss einbezogen wird. [3]Schließlich sind Mutterunternehmen befreit, die einen konsolidierten Bericht nach gleichwertigen Berichtspflichten eines Drittlands erstellen und gemäß § 277 offenlegen. [4]Ob die Berichtspflichten eines Drittlands gleichwertig sind, ist nach den aufgrund des Art. 47 der Bilanz-Richtlinie ergangenen Durchführungsrechtsakten zu beurteilen.

(BGBl I 2015/22; BGBl I 2017/20)

VIERTER ABSCHNITT

Vorschriften über die Prüfung, Offenlegung, Veröffentlichung und Zwangsstrafen

ERSTER TITEL

Abschlußprüfung

Pflicht zur Abschlußprüfung

§ 268. (1) [1]Der Jahresabschluß und der Lagebericht von Kapitalgesellschaften sind durch einen Abschlußprüfer zu prüfen. [2]Dies gilt nicht für kleine Gesellschaften mit beschränkter Haftung (§ 221 Abs. 1), sofern diese nicht auf Grund gesetzlicher Vorschriften einen Aufsichtsrat haben müssen. [3]Hat die erforderliche Prüfung nicht stattgefunden, so kann der Jahresabschluß nicht festgestellt werden. [4]„Umstände, die in einem Verfahren nach § 270 Abs. 3 „ "** geltend gemacht werden können, hindern die Gültigkeit der Prüfung nur, wenn ein solches Verfahren zur Bestellung eines anderen Abschlussprüfers geführt hat."* *(BGBl 1996/304; *BGBl I 2005/59; **BGBl I 2005/120)*

(2) Der Konzernabschluß und der Konzernlagebericht von Gesellschaften sind durch einen Abschlußprüfer zu prüfen, bevor sie dem Aufsichtsrat der Muttergesellschaft vorgelegt werden.

(3) *(entfällt, BGBl I 2015/22)*

(4) Abschlussprüfer (Konzernabschlussprüfer) können Wirtschaftsprüfer oder Wirtschaftsprüfungsgesellschaften sein. *(BGBl I 2008/70)*

(BGBl 1990/475)

Gegenstand und Umfang der Prüfung

§ 269. (1) [1]Die Prüfung des Jahresabschlusses und des Konzernabschlusses hat sich darauf zu erstrecken, ob die gesetzlichen Vorschriften und ergänzende Bestimmungen des Gesellschaftsvertrags oder der Satzung beachtet worden sind. [2]In die Prüfung des Jahresabschlusses ist die Buchführung einzubeziehen.

(1a) Für die Abschlussprüfung von Gesellschaften von öffentlichem Interesse im Sinn des § 189a Z 1 lit. a und lit. d gelten die Bestimmungen des Ersten Titels des Vierten Abschnitts, soweit nicht die Verordnung (EU) Nr. 537/2014 über spezifische Anforderungen an die Abschlussprüfung bei Unternehmen von öffentlichem Interesse und zur Aufhebung des Beschlusses 2005/909/EG, ABl. Nr. L 158 vom 27.05.2014 S. 77, in der Fassung der Berichtigung ABl. Nr. L 170 vom 11.06.2014 S. 66, anzuwenden ist. *(BGBl I 2016/43)*

(2) [1]„Der Abschlussprüfer des Konzernabschlusses trägt die volle Verantwortung für den Bestätigungsvermerk zum Konzernabschluss sowie gegebenenfalls für den zusätzlichen Bericht an den Prüfungsausschuss gemäß Art. 11 der Verordnung (EU) Nr. 537/2014.“ [2]Er hat auch die im Konzernabschluss zusammengefassten Jahresabschlüsse daraufhin zu prüfen, ob sie den Grundsätzen ordnungsmäßiger Buchführung entsprechen und ob die für die Übernahme in den Konzernabschluss maßgeblichen Vorschriften beachtet worden sind. [3]Wenn in den Konzernabschluss einbezogene Unternehmen von anderen Abschlussprüfern geprüft werden, hat der Konzernabschlussprüfer deren Tätigkeit in geeigneter Weise zu überwachen, soweit dies für die Prüfung des Konzernabschlusses maßgeblich ist. *(BGBl I 2016/43)*

(3) [1]Der Lagebericht und der Konzernlagebericht von Kapitalgesellschaften sind darauf zu prüfen, ob der Lagebericht mit dem Jahresabschluss und der Konzernlagebericht mit dem Konzernabschluss in Einklang stehen und ob der Lagebericht und Konzernlagebericht nach den geltenden rechtlichen Anforderungen aufgestellt wurden. [2]Gegenstand der Abschlussprüfung ist auch, ob „eine nach § 243b oder § 267a erforderliche nichtfinanzielle Erklärung oder ein solcher Bericht und ob ein nach § 243c oder § 267b erforderlicher Corporate Governance-Bericht aufgestellt worden sind“. *(BGBl I 2017/20)*

(4) [1]Werden der Jahresabschluss, der Konzernabschluss, der Lagebericht oder der Konzernlagebericht nach Vorlage des Prüfungsberichts geändert, so ist die Änderung dem Abschlussprüfer bekanntzugeben, der sie mit ihren Auswirkungen zu prüfen hat. [2]Über das Ergebnis der Prüfung ist zu berichten; der Bestätigungsvermerk ist gemäß § 274 entsprechend zu ergänzen und erforderlichenfalls zu ändern.

(5) Die Abschlussprüfung umfasst keine Zusicherung des künftigen Fortbestands der geprüften Gesellschaft oder der Wirtschaftlichkeit oder Wirksamkeit der bisherigen oder zukünftigen Geschäftsführung. *(BGBl I 2016/43)*

(BGBl I 2015/22)

Internationale Prüfungsstandards

§ 269a. Wenn und soweit die Europäische Kommission internationale Prüfungsstandards übernommen hat, sind Abschlussprüfungen und Konzernabschlussprüfungen unter Beachtung dieser Grundsätze durchzuführen.

(BGBl I 2008/70)

Bestellung und Abberufung des Abschlußprüfers

§ 270. (1) [1]Der Abschlussprüfer des Jahresabschlusses wird von den Gesellschaftern gewählt; den Abschlussprüfer des Konzernabschlusses wählen die Gesellschafter des Mutterunternehmens. [2]Wenn ein Aufsichtsrat besteht, hat dieser einen Vorschlag für die Wahl des Abschlussprüfers zu erstatten. „[3]Eine Vereinbarung, die die Wahlmöglichkeiten auf bestimmte Kategorien oder Listen von Abschlussprüfern beschränkt, ist nichtig.“ [4]Die Aufsichtsratsmitglieder sind zur Teilnahme an der Hauptversammlung (Generalversammlung), die über die Bestellung des Abschlussprüfers zu entscheiden hat, einzuladen. [5]Der Abschlussprüfer soll jeweils vor Ablauf des Geschäftsjahrs gewählt werden, auf das sich seine Prüfungstätigkeit erstreckt. [6]Der Aufsichtsrat hat unverzüglich nach der Wahl mit dem gewählten Prüfer den Vertrag über die Durchführung der Abschlussprüfung abzuschließen und das Entgelt zu vereinbaren. [7]Falls kein Aufsichtsrat besteht, wird die Gesellschaft durch ihre gesetzlichen Vertreter vertreten. [8]Das Entgelt hat in einem angemessenen Verhältnis zu den Aufgaben des Prüfers und dem voraussichtlichen Umfang der Prüfung zu stehen. [9]Der Prüfungsvertrag und die Höhe des vereinbarten Entgelts dürfen an keinerlei Voraussetzungen oder Bedingungen geknüpft werden und nicht davon abhängen, ob der Prüfer neben der Prüfungstätigkeit zusätzliche Leistungen für die geprüfte Gesellschaft erbringt. *(BGBl I 2008/70; BGBl I 2016/43)*

(1a) [1]Ein Wirtschaftsprüfer oder eine Wirtschaftsprüfungsgesellschaft, der oder die in einen Wahlvorschlag aufgenommen werden soll, hat vor Erstattung dieses Wahlvorschlags durch den Aufsichtsrat beziehungsweise vor der Wahl durch die Gesellschafter eine nach Leistungskategorien gegliederte Aufstellung über das für das vorangegangene Geschäftsjahr von der Gesellschaft erhaltene Entgelt vorzulegen und über seine (ihre) Einbeziehung in „das durch das Abschlussprüfer-Aufsichtsgesetz [(BGBl I Nr. 43/2016)]*) eingerichtete System der externen Qualitätssicherung und die aufrechte Registrierung“ zu berichten. [2]Darüber hinaus hat er (sie) alle Umstände darzulegen und zu dokumentieren, die seine (ihre) Befangenheit oder Ausgeschlossenheit begründen könnten sowie jene Schutzmaßnahmen, die getroffen worden sind, um eine unabhängige und unbefangene Prüfung sicherzustellen. [3]Sofern aufgrund gesetzlicher Verpflichtung ein Prüfungsausschuss besteht, ist diesem schriftlich zu berichten. *(BGBl I 2008/70; BGBl I 2016/43)*

(2) [1]Als Abschlußprüfer des Konzernabschlusses gilt, wenn kein anderer Prüfer bestellt wird, der Prüfer als bestellt, der für die Prüfung des in den Konzernabschluß einbezogenen Jahresabschlusses des Mutterunternehmens bestellt worden ist, wenn er die Voraussetzungen gemäß „§ 268 Abs. 4“ erfüllt. [2]Erfolgt die Einbeziehung auf Grund eines Zwischenabschlusses, so gilt, wenn kein anderer Prüfer bestellt wird, der Prüfer als bestellt, der für die Prüfung des letzten vor dem Konzernabschlußstichtag aufgestellten Jahresabschlusses des Mutterunternehmens bestellt worden ist. *(BGBl I 2008/70)*

(3) [1]Auf Antrag der gesetzlichen Vertreter, des Aufsichtsrats „, von Gesellschaftern, deren Anteile zusammen fünf Prozent der Stimmrechte oder des Nennkapitals“*** oder den anteiligen Betrag von 350 000 Euro erreichen „, oder der Abschlussprüferaufsichtsbehörde“***, hat der zur Ausübung der Gerichtsbarkeit in Handelssachen berufene Gerichtshof erster Instanz im Verfahren außer Streitsachen nach Anhörung der Beteiligten und des gewählten Prüfers einen anderen Abschlussprüfer zu bestellen, wenn dies aus einem in der Person des gewählten Prüfers liegenden wichtigen Grund geboten erscheint, insbesondere wenn ein Ausschlussgrund „ “** vorliegt oder sonst die Besorgnis einer Befangenheit besteht. [2]Der Antrag ist binnen einem Monat nach dem Tag der Wahl des Abschlussprüfers zu stellen; Gesellschafter können den Antrag nur stellen, wenn sie gegen die Wahl des Abschlussprüfers bei der Beschlussfassung Widerspruch erklärt haben. [3]Wird ein Ausschluss- oder Befangenheitsgrund erst nach der Wahl bekannt oder tritt er erst nach der Wahl ein, ist der Antrag binnen einem Monat nach dem Tag zu stellen, an dem der Antragsberechtigte Kenntnis davon erlangt hat oder ohne grobe Fahrlässigkeit hätte erlangen können. [4]Stellen Aktionäre den Antrag, so haben sie glaubhaft zu machen, dass sie seit mindestens drei Monaten vor dem Tag der Hauptversammlung Inhaber der Aktien sind. [5]Zur Glaubhaftmachung genügt eine eidesstättige Erklärung vor einem Notar. [6]Unterliegt die Gesellschaft einer staatlichen Aufsicht, so kann auch die Aufsichtsbehörde den Antrag stellen. [7]Der Antrag kann nach Erteilung des Bestätigungsvermerks, im Fall einer Nachtragsprüfung nach „§ 269 Abs. 4“** nach Ergänzung des Bestätigungsvermerks, nicht mehr gestellt werden. [8]Wegen eines Verstoßes gegen „§§ 271 Abs. 1 bis 5, 271a oder 271b“* kann weder eine Nichtigkeits- noch eine Anfechtungsklage erhoben werden. *(BGBl I 2005/59, ab 1. 1. 2006, siehe § 906 Abs. 13; *BGBl I 2008/70; **BGBl I 2015/22; ***BGBl I 2016/43)*

(4) [1]Ist der Abschlußprüfer bis zum Ablauf des Geschäftsjahrs nicht gewählt worden, so hat der für den Sitz des Mutterunternehmens zuständige, zur Ausübung der Gerichtsbarkeit in Handelssachen berufene Gerichtshof erster Instanz im Verfahren außer Streitsachen auf Antrag der gesetzlichen Vertreter, mindestens zweier Mitglieder des Aufsichtsrats oder eines Gesellschafters den Abschlußprüfer zu bestellen. [2]Gleiches gilt, wenn ein gewählter Abschlußprüfer „den Abschluss des Prüfungsvertrags“ abgelehnt hat, weggefallen ist oder am rechtzeitigen Abschluß der Prüfung verhindert ist und ein anderer Abschlußprüfer nicht gewählt worden ist. [3]Die gesetzlichen Vertreter sind verpflichtet, den Antrag zu stellen. [4]Die Bestellung des Abschlußprüfers ist unanfechtbar. *(BGBl I 2008/70)*

(5) [1]Der vom Gericht bestellte Abschlußprüfer hat Anspruch auf Ersatz der notwendigen baren Auslagen und auf angemessene Entlohnung für seine Tätigkeit. [2] „ “ *(BGBl I 2005/59)*

(6) [1]Der Abschlußprüfer kann „den Prüfungsvertrag“ nur aus wichtigem Grund kündigen. [2]Als wichtiger Grund ist es nicht anzusehen, wenn Meinungsverschiedenheiten zwischen Gesellschaft und Abschlußprüfer bestehen. [3]Die Kündigung bedarf der Schriftform und ist zu begründen. [4]Der Abschlußprüfer hat über das Ergebnis seiner bisherigen Prüfung zu berichten. [5]§ 273 ist entsprechend anzuwenden. „[6]Die zu prüfende Gesellschaft kann den Prüfungsvertrag nicht kündigen. [7]Liegt auf Seiten des Prüfers ein wichtiger Grund vor, der seine Abberufung rechtfertigt, so ist Abs. 3 entsprechend anzuwenden.“ *(BGBl I 2008/70)*

(7) [1]„Kündigt der Abschlussprüfer den Prüfungsvertrag gemäß Abs. 6 oder wird dieser aus anderen Gründen beendet, so ist ein Abschlussprüfer von den Gesellschaftern unverzüglich zu wählen.“ [2]Der bisherige Abschlußprüfer hat seinen Bericht unverzüglich dem Vorstand und den Mitgliedern des Aufsichtsrats vorzulegen. *(BGBl I 2016/43)*

(BGBl 1990/475)

*) *Richtig: BGBl I 43/2016*

Höchstlaufzeit der fortlaufenden Bestellung bei Gesellschaften von öffentlichem Interesse

§ 270a. Sofern bei Gesellschaften im Sinn des § 189a Z 1 lit. a und lit. d die fortlaufende Bestellung des Abschlussprüfers erstmalig für ein Geschäftsjahr erfolgt ist, das zwischen dem 17. Juni 2003 und dem 15. Juni 2014 begonnen hat, so verlängert sich die Höchstlaufzeit seiner fortlaufenden Bestellung gemäß Art. 17 Abs. 1 Unterabs. 2 der Verordnung (EU) Nr. 537/2014,

1. auf 20 Jahre, wenn der Wahl für das erste nach dem 16. Juni 2016 beginnende zu prüfende Geschäftsjahr, mit dem die Höchstlaufzeit des Art. 17 Abs. 1 Unterabs. 2 der Verordnung (EU) Nr. 537/2014 überschritten ist, ein im Einklang mit Art. 16 Abs. 2 bis 5 dieser Verordnung durchgeführtes öffentliches Ausschreibungsverfahren vorausgeht;

2. auf 24 Jahre, wenn ab dem ersten nach dem 16. Juni 2016 beginnenden zu prüfenden Geschäftsjahr, mit welchem die Höchstlaufzeit des Art. 17 Abs. 1 Unterabs. 2 der Verordnung (EU) Nr. 537/2014 überschritten ist, mehrere Abschlussprüfer gemeinsam bestellt werden.

(BGBl I 2016/43)

Befangenheit und Ausgeschlossenheit

§ 271. (1) Ein Wirtschaftsprüfer darf die Abschlussprüfung nicht durchführen, wenn „während des zu prüfenden Geschäftsjahres oder bis zur Abgabe des Bestätigungsvermerks“ Gründe, insbesondere Beziehungen geschäftlicher, finanzieller oder persönlicher Art, vorliegen, nach denen die Besorgnis der Befangenheit besteht. *(BGBl I 2016/43)*

(2) Ein Wirtschaftsprüfer ist als Abschlussprüfer ausgeschlossen, wenn er „während des zu prüfenden Geschäftsjahres oder bis zur Abgabe des Bestätigungsvermerks“ *(BGBl I 2016/43)*

1. Anteile an der zu prüfenden Gesellschaft oder an einem Unternehmen besitzt, das mit dieser Gesellschaft verbunden ist oder an dieser mindestens 20 von Hundert der Anteile besitzt, oder auf Erwerb, Verwaltung und Veräußerung derartiger Anteile maßgeblichen Einfluss hat;

2. gesetzlicher Vertreter oder Mitglied des Aufsichtsrats oder Arbeitnehmer der zu prüfenden Gesellschaft oder eines Unternehmens ist, das mit dieser Gesellschaft verbunden ist oder an dieser mindestens 20 von Hundert der Anteile besitzt, oder diese Tatbestände innerhalb von 24 Monaten vor dem Beginn des zu prüfenden Geschäftsjahrs erfüllt hat;

3. über keine „Registrierung gemäß § 52 APAG“ verfügt; *(BGBl I 2016/43)*

4. bei der zu prüfenden Gesellschaft oder für die zu prüfende Gesellschaft „ “ *(BGBl I 2016/43)*

a) bei der Führung der Bücher oder der Aufstellung des zu prüfenden Jahresabschlusses über die Prüfungstätigkeit hinaus mitgewirkt hat,

b) bei der internen Revision mitgewirkt hat,

c) Managementaufgaben übernommen hat oder in das Treffen von Entscheidungen, insbesondere über die Auswahl der gesetzlichen Vertreter oder der im Bereich der Rechnungslegung leitenden Angestellten, einbezogen war,

d) Bewertungsleistungen oder versicherungsmathematische Dienstleistungen erbracht hat, die sich auf den zu prüfenden Jahresabschluss nicht nur unwesentlich auswirken;

5. gesetzlicher Vertreter, Mitglied des Aufsichtsrats oder Gesellschafter einer juristischen Person oder einer Personengesellschaft, Arbeitnehmer einer natürlichen oder juristischen Person oder einer Personengesellschaft ist, sofern die natürliche oder juristische Person, die Personengesellschaft oder einer ihrer Gesellschafter gemäß Z 4 nicht Abschlussprüfer der zu prüfenden Gesellschaft sein darf;

6. bei der Prüfung eine Person beschäftigt, die gemäß Z 1, 2, 4 oder 5 nicht Abschlussprüfer sein darf;

7. in den letzten fünf Jahren jeweils mindestens 30 von Hundert der Gesamteinnahmen aus seiner beruflichen Tätigkeit aus der Prüfung und Beratung der zu prüfenden Gesellschaft oder von mit dieser verbundenen Unternehmen oder von Unternehmen, an denen die zu prüfende Gesellschaft mindestens 20 von Hundert der Anteile besitzt, bezogen hat, wenn dies auch im laufenden Geschäftsjahr zu erwarten ist.

(3) Ein Wirtschaftsprüfer ist als Abschlussprüfer ferner ausgeschlossen, wenn er seinen Beruf zusammen mit einer gemäß Abs. 2 Z 1, 2, 4, 5, 6 oder 7 ausgeschlossenen Person ausübt oder gemeinsam mit dieser im Rahmen gemeinsamer Berufsausübung die Voraussetzung des Abs. 2 Z 7 erfüllt.

(4) [1]Eine Wirtschaftsprüfungsgesellschaft gilt bei der Abschlussprüfung als befangen, wenn der den Bestätigungsvermerk unterzeichnende Wirtschaftsprüfer oder eine für ihn tätige Person, die eine maßgeblich leitende Funktion bei der Prüfung ausübt, nach Abs. 1 befangen ist. [2]Eine Wirtschaftsprüfungsgesellschaft ist von der Abschlussprüfung ausgeschlossen, wenn sie selbst, einer ihrer gesetzlichen Vertreter, ein Gesellschafter, ein mit ihr verbundenes Unternehmen oder eine von ihr bei der Prüfung beschäftigte Person nach Abs. 2 Z 1, 2, 4, 5, 6 oder 7 ausgeschlossen ist, oder einer ihrer Gesellschafter an einer ausgeschlossenen Gesellschaft beteiligt ist, oder jemand, der zumindest mittelbar an der Wirtschaftsprüfungsgesellschaft beteiligt ist, auch an einer ausgeschlossenen Gesellschaft mit mehr als fünf von Hundert zumindest mittelbar beteiligt ist. [3]Eine Wirtschaftsprüfungsgesellschaft ist ferner

ausgeschlossen, wenn sie über keine „Registrierung gemäß § 52 APAG“ verfügt. *(BGBl I 2016/43)*

(5) Die Abs. 1 bis 4 sind auf den Konzernabschlussprüfer sinngemäß anzuwenden.

(6) [1]Weiß der Abschlussprüfer, dass er ausgeschlossen oder befangen ist, so gebührt ihm für dennoch erbrachte Leistungen kein Entgelt. [2]Dies gilt auch, wenn er seine Ausgeschlossenheit erkennen hätte müssen oder wenn er grob fahrlässig seine Befangenheit nicht erkannt hat.

(BGBl I 2008/70)

Ausschlussgründe bei fünffach großen Gesellschaften und Gesellschaften von öffentlichem Interesse

§ 271a. (1) „Ein Wirtschaftsprüfer ist als Abschlussprüfer „ “*** einer großen Gesellschaft, bei der das Fünffache eines der in Euro ausgedrückten Größenmerkmale einer großen Gesellschaft (§ 221 Abs. 3 erster Satz in Verbindung mit Abs. 4 bis 6) überschritten wird, neben den in § 271 Abs. 2 genannten Gründen ausgeschlossen, wenn er“* *(BGBl I 2005/120; *BGBl I 2008/70; **BGBl I 2016/43)*

1. in den letzten fünf Jahren jeweils mindestens 15 von Hundert der Gesamteinnahmen aus seiner beruflichen Tätigkeit aus der Prüfung und Beratung der zu prüfenden Gesellschaft oder „von mit dieser verbundenen Unternehmen“ oder von Unternehmen, an denen die zu prüfende Gesellschaft mindestens 20 von Hundert der Anteile besitzt, bezogen hat „ , wenn“ dies auch im laufenden Geschäftsjahr zu erwarten ist; *(BGBl I 2008/70)*

2. in dem zu prüfenden Geschäftsjahr über die Prüfungstätigkeit hinaus für die zu prüfende Gesellschaft Rechts- oder Steuerberatungsleistungen erbracht hat, die über das Aufzeigen von Gestaltungsalternativen hinausgehen und die sich auf den Jahresabschluss nicht nur unwesentlich auswirken;

3. in dem zu prüfenden Geschäftsjahr für die zu prüfende Gesellschaft bei der Entwicklung, Installation und Einführung von Rechnungslegungsinformationssystemen mitgewirkt hat;

4. einen Bestätigungsvermerk gemäß § 274 über die Prüfung des Jahresabschlusses der Gesellschaft bereits in sieben Fällen gezeichnet hat; dies gilt nicht nach einer Unterbrechung der Prüfungstätigkeit für zumindest drei aufeinander folgende Geschäftsjahre. *(BGBl I 2016/43)*

(2) Ein Wirtschaftsprüfer ist als Abschlussprüfer einer in Abs. 1 genannten Gesellschaft neben den in § 271 Abs. 2 und 3 genannten Gründen ferner ausgeschlossen, wenn er seinen Beruf zusammen mit einer gemäß Abs. 1 Z 2 oder 3 ausgeschlossenen Person ausübt oder gemeinsam mit dieser im Rahmen gemeinsamer Berufsausübung die Voraussetzung des Abs. 1 Z 1 erfüllt. *(BGBl I 2008/70)*

(3) [1]Eine Wirtschaftsprüfungsgesellschaft ist von der Abschlussprüfung einer in Abs. 1 genannten Gesellschaft neben den in § 271 Abs. 4 genannten Gründen ausgeschlossen, wenn sie selbst, einer ihrer gesetzlichen Vertreter, ein Gesellschafter, ein mit ihr verbundenes Unternehmen oder eine von ihr bei der Prüfung beschäftigte Person nach Abs. 1 ausgeschlossen ist, oder einer ihrer Gesellschafter an einer ausgeschlossenen Gesellschaft beteiligt ist, oder jemand, der zumindest mittelbar an der Wirtschaftsprüfungsgesellschaft beteiligt ist, auch an einer ausgeschlossenen Gesellschaft mit mehr als fünf von Hundert zumindest mittelbar beteiligt ist. [2]Abs. 1 Z 4 findet dabei mit der Maßgabe Anwendung, dass von der Prüfung der den Bestätigungsvermerk unterzeichnende Wirtschaftsprüfer nach Abs. 1 Z 4 ausgeschlossen wäre; dies gilt sinngemäß für eine für ihn tätige Person, die eine maßgeblich leitende Funktion bei der Prüfung ausübt. *(BGBl I 2008/70)*

(4) [1]Die Abs. 1 bis 3 sind auf den Konzernabschlussprüfer sinngemäß anzuwenden. „[2]Ausgeschlossen sind darüber hinaus Personen, die gemäß Abs. 1 Z 4 von der Prüfung eines bedeutenden verbundenen Unternehmens ausgeschlossen sind, sowie Wirtschaftsprüfungsgesellschaften, die gemäß Abs. 3 in Verbindung mit Abs. 1 Z 4 von der Prüfung eines bedeutenden verbundenen Unternehmens ausgeschlossen sind.“ *(BGBl I 2008/70)*

(5) Abweichend von Abs. 1 bis 4 ist ein Wirtschaftsprüfer oder eine Wirtschaftsprüfungsgesellschaft als Abschlussprüfer einer Gesellschaft von öffentlichem Interesse nach den in § 271 Abs. 2 genannten Gründen ausgeschlossen, sofern sich nicht aus der Verordnung (EU) Nr. 537/2014 oder den Abs. 6 und Abs. 7 anderes ergibt. *(BGBl I 2016/43)*

(6) Abweichend von Art. 5 Abs. 1 Unterabs. 2 der Verordnung (EU) Nr. 537/2014 darf der Abschlussprüfer in Gesellschaften im Sinn des § 189a Z 1 lit. a und lit. d Steuerberatungsleistungen gemäß Art. 5 Abs. 1 Unterabs. 2 lit. a (i) und (iv) bis (vii) Verordnung (EU) Nr. 537/2014 oder Bewertungsleistungen gemäß Art. 5 Abs. 1 Unterabs. 2 lit. f Verordnung (EU) Nr. 537/2014 erbringen, wenn

1. diese Leistungen in dem Geschäftsjahr, für dessen Schluss der zu prüfende Jahresabschluss aufzustellen ist, einzeln oder zusammen keine direkten oder nur unwesentliche Auswirkungen auf die geprüften Abschlüsse haben,

2. der Prüfungsausschuss diese Leistungen unter Bedachtnahme auf die Unabhängigkeit des Abschlussprüfers und die angewendeten Schutzmaßnahmen genehmigt und

3. der Abschlussprüfer die Auswirkungen dieser Leistungen auf den zu prüfenden Jahresab-

schluss im zusätzlichen Bericht an den Prüfungsausschuss darstellt und erläutert.
(BGBl I 2016/43)

(7) [1]Die Abschlussprüferaufsichtsbehörde kann den Abschlussprüfer einer Gesellschaft im Sinn des § 189a Z 1 lit. a und lit. d auf dessen Antrag ausnahmsweise und unter Bedachtnahme auf seine weiter bestehende Unabhängigkeit von den Anforderungen des Art. 4 Abs. 2 Unterabs. 1 der Verordnung (EU) Nr. 537/2014 für höchstens zwei Geschäftsjahre ausnehmen. [2]Der weitere Zeitraum gemäß Art. 4 Abs. 3 Unterabs. 2 der Verordnung (EU) Nr. 537/2014 darf ein Jahr nicht überschreiten. *(BGBl I 2016/43)*

(BGBl I 2005/59)

Befangenheit und Ausgeschlossenheit im Netzwerk

§ 271b. (1) Ein Netzwerk liegt vor, wenn Personen bei ihrer Berufsausübung zur Verfolgung gemeinsamer wirtschaftlicher Interessen für eine gewisse Dauer zusammenwirken.

(2) [1]Ein Abschlussprüfer ist befangen, wenn bei einem Mitglied seines Netzwerks die Voraussetzungen des § 271 Abs. 1, Abs. 2 Z 1, 2, 5 oder 6, oder des § 271a Abs. 1 Z 3 vorliegen, sofern nicht durch Schutzmaßnahmen sichergestellt ist, dass das Netzwerkmitglied auf das Ergebnis der Abschlussprüfung keinen Einfluss nehmen kann. [2]Er ist ausgeschlossen, wenn bei einem Mitglied seines Netzwerks die Voraussetzungen des § 271 Abs. 2 Z 4 oder des § 271a Abs. 1 Z 2 vorliegen. [3]Ist das Netzwerkmitglied keine natürliche Person, so sind § 271 Abs. 4 zweiter Satz und § 271a Abs. 3 sinngemäß anzuwenden.

(3) Abs. 2 ist auf den Konzernabschlussprüfer sinngemäß anzuwenden.

(BGBl I 2008/70)

Befristetes Tätigkeitsverbot

§ 271c. (1) Der Abschlussprüfer, der Konzernabschlussprüfer, der Abschlussprüfer eines bedeutenden verbundenen Unternehmens und der den jeweiligen Bestätigungsvermerk unterzeichnende Wirtschaftsprüfer dürfen innerhalb eines Jahres, in einer Gesellschaft von öffentlichem Interesse im Sinn des § 189a Z 1 lit. a und lit. d sowie in einer großen Gesellschaft mit den Merkmalen des § 271a Abs. 1 innerhalb von zwei Jahren nach Zeichnung des Bestätigungsvermerks weder eine Organfunktion noch eine leitende Stellung (§ 80 AktG) einnehmen. *(BGBl I 2016/43)*

(1a) Mitarbeiter und Mitgesellschafter eines Abschlussprüfers sowie alle anderen natürlichen Personen, deren Leistungen der Abschlussprüfer in Anspruch nehmen oder kontrollieren kann, dürfen dann, wenn sie selbst zugelassene Abschlussprüfer sind, innerhalb eines Jahres nach ihrer unmittelbaren Beteiligung an der Abschlussprüfung einer Gesellschaft weder eine Organfunktion noch eine leitende Stellung (§ 80 AktG) in dieser Gesellschaft einnehmen. *(BGBl I 2016/43)*

(2) Wenn eine der in Abs. 1 „und Abs. 1a“ genannten Personen eine Organfunktion einnimmt, gilt sie als nicht bestellt. Ihr gebührt für dennoch erbrachte Leistungen kein Entgelt; das gilt auch für die Einnahme einer leitenden Stellung. *(BGBl I 2016/43)*

(BGBl I 2008/70)

Vorlagepflicht, Auskunftsrecht

§ 272. (1) [1]Die gesetzlichen Vertreter der Gesellschaft haben dem Abschlußprüfer den Jahresabschluß und den Lagebericht unverzüglich nach der Aufstellung vorzulegen. [2]Sie haben ihm zu gestatten, die Bücher und Schriften der Gesellschaft sowie die Vermögensgegenstände und Schulden zu prüfen.

(2) [1]Der Abschlußprüfer kann von den gesetzlichen Vertretern alle Aufklärungen und Nachweise verlangen, die er für eine sorgfältige Prüfung als notwendig ansieht. [2]Er hat diese Rechte sowie die gemäß Abs. 1 auch schon vor Aufstellung des Jahresabschlusses. [3]Soweit er es für eine sorgfältige Prüfung als notwendig ansieht, hat der Abschlußprüfer diese Rechte auch gegenüber Mutter- und Tochterunternehmen.

(3) [1]Die gesetzlichen Vertreter einer Gesellschaft, die einen Konzernabschluß aufzustellen hat, haben dem Abschlußprüfer des Konzernabschlusses den Konzernabschluß, den Konzernlagebericht, die Jahresabschlüsse, Lageberichte und, wenn eine Prüfung stattgefunden hat, die Prüfungsberichte des Mutterunternehmens und der Tochterunternehmen vorzulegen. [2]Der Abschlußprüfer hat die Rechte gemäß Abs. 1 und Abs. 2 bei dem Mutterunternehmen und den Tochterunternehmen, die Rechte gemäß Abs. 2 auch gegenüber den Abschlußprüfern des Mutterunternehmens und der Tochterunternehmen.

(4) Ist die Kapitalgesellschaft als Tochterunternehmen in den Konzernabschluss eines Mutterunternehmens einbezogen, das seinen Sitz nicht in einem Mitgliedstaat der Europäischen Union oder in einem anderen Vertragsstaat des Abkommens über den Europäischen Wirtschaftsraum hat, so kann der Prüfer nach Abs. 2 zur Verfügung gestellte Unterlagen an den Abschlussprüfer des Konzernabschlusses weitergeben, soweit diese für die Prüfung des Konzernabschlusses des Mutterunternehmens erforderlich sind. *(BGBl I 2016/43)*

(BGBl 1990/475)

Prüfungsbericht

§ 273. (1) [1]Der Abschlussprüfer hat über das Ergebnis der Prüfung schriftlich zu berichten. [2]Im Bericht ist insbesondere festzustellen, ob die Buchführung, der Jahresabschluss, der Lagebericht, der Konzernabschluss und der Konzernlagebericht den gesetzlichen Vorschriften entsprechen „und die nichtfinanzielle Erklärung oder der gesonderte nichtfinanzielle Bericht (§ 243b), der Corporate Governance-Bericht (§ 243c), die konsolidierte nichtfinanzielle Erklärung oder der gesonderte konsolidierte nichtfinanzielle Bericht (§ 267a) und der konsolidierte Corporate-Governance Bericht (§ 267b)"** „aufgestellt worden sind"* sowie ob die gesetzlichen Vertreter die verlangten Aufklärungen und Nachweise erbracht haben. [3]Im Prüfungsbericht zum Konzernabschluss ist auch festzustellen, ob die für die Übernahme in den Konzernabschluss maßgeblichen Vorschriften beachtet worden sind. [4]Die Posten des Jahresabschlusses sind aufzugliedern und zu erläutern. [5]Nachteilige Veränderungen der Vermögens-, Finanz- und Ertragslage gegenüber dem Vorjahr und Verluste, die das Jahresergebnis nicht unwesentlich beeinflusst haben, sind anzuführen und zu erläutern. [6]Werden Tatsachen nach Abs. 2 und 3 nicht festgestellt, so ist dies im Bericht ausdrücklich festzuhalten. *(*BGBl I 2016/43; **BGBl I 2017/20)*

(2) [1]Stellt der Abschlussprüfer bei Wahrnehmung seiner Aufgaben Tatsachen fest, die den Bestand des geprüften Unternehmens oder Konzerns gefährden oder seine Entwicklung wesentlich beeinträchtigen können oder die schwerwiegende Verstöße der gesetzlichen Vertreter oder von Arbeitnehmern gegen Gesetz, Gesellschaftsvertrag oder Satzung erkennen lassen, so hat er darüber unverzüglich zu berichten. [2]Darüber hinaus hat er unverzüglich über wesentliche Schwächen bei der internen Kontrolle des Rechnungslegungsprozesses zu berichten.

(3) Der Abschlussprüfer hat auch unverzüglich zu berichten, wenn bei der Prüfung des Jahresabschlusses das Vorliegen der Voraussetzungen für die Vermutung eines Reorganisationsbedarfs (§ 22 Abs. 1 Z 1 URG) festgestellt wird; im Bericht sind in diesem Fall die Eigenmittelquote (§ 23 URG) und die fiktive Schuldentilgungsdauer (§ 24 URG) anzugeben.

(4) [1]Der Abschlussprüfer hat diese Berichte zu unterzeichnen und den gesetzlichen Vertretern sowie den Mitgliedern des Aufsichtsrats vorzulegen. [2]Ist bei einem unbeschränkt haftenden Gesellschafter einer unternehmerisch tätigen eingetragenen Personengesellschaft im Sinn des § 221 Abs. 5 ein Aufsichtsrat eingerichtet, so hat der Abschlussprüfer den Bericht hinsichtlich der Personengesellschaft auch den Mitgliedern dieses Aufsichtsrats vorzulegen.

(BGBl I 2008/70)

Bestätigungsvermerk

§ 274. (1) [1]Der Abschlussprüfer hat das Ergebnis seiner Prüfung in einem Bestätigungsvermerk zusammenzufassen. [2]Der Bestätigungsvermerk umfasst

1. eine Einleitung, die zumindest das Unternehmen angibt, dessen Jahresabschluss beziehungsweise Konzernabschluss Gegenstand der Abschlussprüfung ist, weiters den Abschlussstichtag und den Abschlusszeitraum sowie die Rechnungslegungsgrundsätze, nach denen der Abschluss aufgestellt wurde,

2. eine Beschreibung der Art und des Umfanges der Abschlussprüfung, die zumindest Angaben über die Prüfungsgrundsätze enthält, nach denen die Abschlussprüfung durchgeführt wurde, sowie

3. ein Prüfungsurteil, das entweder ein uneingeschränktes, ein eingeschränktes oder ein negatives ist und zweifelsfrei Auskunft darüber gibt, ob nach Auffassung des Abschlussprüfers der Jahresabschluss oder Konzernabschluss den gesetzlichen Vorschriften entspricht und unter Beachtung der maßgeblichen Rechnungslegungsgrundsätzen ein möglichst getreues Bild der Vermögens-, Finanz- und Ertragslage des Unternehmens oder des Konzerns vermittelt.

(2) Ist der Abschlussprüfer nicht in der Lage, ein Prüfungsurteil abzugeben, so hat er dies im Bestätigungsvermerk anzugeben.

(3) Im Bestätigungsvermerk ist auf alle anderen Umstände zu verweisen, auf die der Abschlussprüfer in besonderer Weise aufmerksam gemacht hat, ohne das Prüfungsurteil einzuschränken.

(4) Der Bestätigungsvermerk muss eine Erklärung zu etwaigen wesentlichen Unsicherheiten in Verbindung mit den Ereignissen oder Gegebenheiten enthalten, die erhebliche Zweifel an der Fähigkeit des Unternehmens zur Fortführung der Unternehmenstätigkeit aufwerfen können.

(5) Der Bestätigungsvermerk umfasst ferner

1. ein Urteil darüber, ob der Lagebericht oder Konzernlagebericht

a) mit dem Jahresabschluss beziehungsweise Konzernabschluss des betreffenden Geschäftsjahres in Einklang steht,

b) nach den geltenden rechtlichen Anforderungen aufgestellt wurde und

c) gegebenenfalls zutreffende Angaben nach § 243a enthält sowie

2. eine Erklärung, ob angesichts der bei der Prüfung gewonnenen Erkenntnisse und des gewonnenen Verständnisses über das Unternehmen und sein Umfeld wesentliche fehlerhafte Angaben im Lagebericht beziehungsweise Konzernlagebericht festgestellt wurden, wobei auf die Art dieser fehlerhaften Angaben einzugehen ist.

(6) [1]Wurde die Abschlussprüfung von mehr als einem Abschlussprüfer durchgeführt, so haben sie sich auf die Ergebnisse der Abschlussprüfung zu einigen und einen gemeinsamen Bestätigungsvermerk und ein gemeinsames Prüfungsurteil zu erteilen. [2]Bei Uneinigkeit hat jeder Abschlussprüfer ein eigenes Urteil in einem gesonderten Absatz des Bestätigungsvermerks abzugeben und die Gründe für die Uneinigkeit darzulegen.

(7) [1]Der Bestätigungsvermerk ist vom Abschlussprüfer unter Angabe des Datums und des Ortes der Niederlassung zu unterzeichnen. [2]Wird eine Abschlussprüfung von einer Prüfungsgesellschaft durchgeführt, so ist der Bestätigungsvermerk zumindest vom verantwortlichen Abschlussprüfer zu unterzeichnen. [3]Sind mehr als ein Abschlussprüfer gleichzeitig beauftragt worden, so ist der Bestätigungsvermerk von allen verantwortlichen Abschlussprüfern zu unterzeichnen, welche die Abschlussprüfung durchgeführt haben.

(8) [1]Der Bestätigungsvermerk ist schriftlich zu verfassen und hat die Ergebnisse der Prüfung deutlich und in übersichtlicher Form darzustellen. [2]Der Bestätigungsvermerk ist auch in den Prüfungsbericht (§ 273) aufzunehmen.

(BGBl I 2015/22)

Verantwortlichkeit des Abschlußprüfers

§ 275. (1) [1]Der Abschlussprüfer, seine Gehilfen und die bei der Prüfung mitwirkenden gesetzlichen Vertreter einer Prüfungsgesellschaft sind zur Verschwiegenheit verpflichtet. [2]Sie dürfen nicht unbefugt Geschäfts- und Betriebsgeheimnisse verwerten, die sie bei ihrer Tätigkeit erfahren haben. [3]Wer vorsätzlich oder fahrlässig seine Pflichten verletzt, ist der Gesellschaft und, wenn ein verbundenes Unternehmen geschädigt worden ist, auch diesem zum Ersatz des daraus entstehenden Schadens verpflichtet. [4]Mehrere Personen haften als Gesamtschuldner. [5]„Der Abschlussprüfer hat dem nachfolgenden Abschlussprüfer auf schriftliches Verlangen Zugang zu den relevanten Informationen über das geprüfte Unternehmen „und über die zuletzt durchgeführte Abschlussprüfung"** zu gewähren."* *(BGBl I 2001/97; *BGBl I 2009/71; **BGBl I 2016/43)*

(2) [1]Der Abschlussprüfer ist zur gewissenhaften und unparteiischen Prüfung verpflichtet. [2]Verletzt er vorsätzlich oder fahrlässig diese Pflicht, so ist er der Gesellschaft und, wenn ein verbundenes Unternehmen geschädigt worden ist, auch diesem zum Ersatz des daraus entstehenden Schadens verpflichtet. [3]Mehrere Abschlussprüfer haften als Gesamtschuldner. [4]Die Ersatzpflicht ist bei Fahrlässigkeit bei der Prüfung einer kleinen oder mittelgroßen Gesellschaft (§ 221 Abs. 2) mit zwei Millionen Euro, bei Prüfung einer großen Gesellschaft (§ 221 Abs. 3) mit vier Millionen Euro, „bei Prüfung einer großen Gesellschaft, bei der"* das Fünffache eines der in Euro ausgedrückten Größenmerkmale einer großen Gesellschaft überschritten wird, mit acht Millionen Euro und „bei Prüfung einer großen Gesellschaft, bei der"* das Zehnfache eines der in Euro ausgedrückten Größenmerkmale einer großen Gesellschaft überschritten wird, mit zwölf Millionen Euro beschränkt; § 221 Abs. 4 bis 6 gilt sinngemäß. [5]Diese Beschränkungen für eine Prüfung gelten auch, wenn an ihr mehrere Abschlussprüfer beteiligt gewesen oder mehrere zum Ersatz verpflichtende Handlungen begangen worden sind, und ohne Rücksicht darauf, ob andere Beteiligte vorsätzlich gehandelt haben. „[7]Sie gelten jedoch nicht für den Abschlussprüfer, der in Kenntnis oder in grob fahrlässiger Unkenntnis seiner Befangenheit oder Ausgeschlossenheit gehandelt hat."** *(BGBl I 2005/59; *BGBl I 2005/120; **BGBl I 2008/70)*

(3) Die Verpflichtung zur Verschwiegenheit besteht, wenn eine Prüfungsgesellschaft Abschlußprüfer ist, auch gegenüber dem Aufsichtsrat der Prüfungsgesellschaft und dessen Mitgliedern.

(4) Die Ersatzpflicht nach diesen Vorschriften kann durch Vertrag weder ausgeschlossen noch beschränkt werden.

(5) Die Ansprüche aus diesen Vorschriften verjähren in fünf Jahren.

(BGBl 1990/475)

Meinungsverschiedenheiten zwischen Gesellschaft und Abschlußprüfer

§ 276. Bei Meinungsverschiedenheiten zwischen dem Abschlußprüfer und der Gesellschaft über die Auslegung und Anwendung von gesetzlichen Vorschriften sowie von Bestimmungen des Gesellschaftsvertrags oder der Satzung über den Jahresabschluß, Lagebericht, Konzernabschluß oder Konzernlagebericht entscheidet auf Antrag des Abschlußprüfers oder der gesetzlichen Vertreter der Gesellschaft ausschließlich der für den Sitz des Unternehmens zuständige, zur Ausübung der Gerichtsbarkeit in Handelssachen berufene Gerichtshof erster Instanz im Verfahren außer Streitsachen.

(BGBl 1990/475)

ZWEITER TITEL

Offenlegung, Veröffentlichung und Vervielfältigung, Prüfung durch das Registergericht

Offenlegung

§ 277. (1) [1]Die gesetzlichen Vertreter von Kapitalgesellschaften haben den Jahresabschluss und den Lagebericht sowie gegebenenfalls „den gesonderten nichtfinanziellen Bericht," den Corporate Governance-Bericht und den Bericht über Zahlungen an staatliche Stellen nach seiner Behandlung in der Hauptversammlung (Generalversammlung), jedoch spätestens neun Monate nach dem Bilanzstichtag, mit dem Bestätigungsvermerk beim Firmenbuchgericht des Sitzes der Kapitalgesellschaft einzureichen; innerhalb derselben Frist sind der Bericht des Aufsichtsrats und der Beschluss über die Verwendung des Ergebnisses einzureichen. [2]Werden zur Wahrung dieser Frist der Jahresabschluss und der Lagebericht sowie gegebenenfalls „der gesonderte nichtfinanzielle Bericht," der Corporate Governance-Bericht und der Bericht über Zahlungen an staatliche Stellen ohne die anderen Unterlagen eingereicht, so sind der Bericht des Aufsichtsrats nach seinem Vorliegen, die Beschlüsse nach der Beschlussfassung und der Vermerk nach der Erteilung unverzüglich einzureichen. [3]Wird der Jahresabschluss bei nachträglicher Prüfung oder Feststellung geändert, so ist auch diese Änderung einzureichen. *(BGBl I 2015/22; BGBl I 2017/20)*

(2) [1]Der Vorstand einer großen Aktiengesellschaft (§ 221 Abs. 3) hat die Veröffentlichung des Jahresabschlusses unmittelbar nach seiner Behandlung in der Hauptversammlung, jedoch spätestens neun Monate nach dem Bilanzstichtag, mit dem Bestätigungsvermerk „ "** im „Amtsblatt zur Wiener Zeitung"* zu veranlassen. [2]Der Nachweis über die Veranlassung dieser Veröffentlichung ist gleichzeitig mit den in Abs. 1 bezeichneten Unterlagen beim Firmenbuchgericht einzureichen. [3]Bei der Veröffentlichung ist das Firmenbuchgericht und die Firmenbuchnummer anzugeben. [4]Dies gilt auch für allfällige Änderungen (Abs. 1 letzter Satz). *(*BGBl I 2001/41; **BGBl I 2015/22)*

(3) In der Offenlegung und der Veröffentlichung können alle Posten in vollen 1 000 Euro angegeben werden, nach Maßgabe der Wesentlichkeit (§ 189a Z 10) auch in größeren Einheiten. *(BGBl I 2015/22)*

(4) Die gesetzlichen Vertreter von Kapitalgesellschaften haben spätestens mit den Einreichungen gemäß Abs. 1 und 2 oder auf dem Jahresabschluss selbst anzugeben, in welche der Größenklassen des § 221 Abs. 1 bis 3 die Gesellschaft unter Bedachtnahme auf § 221 Abs. 4 im betreffenden Geschäftsjahr einzuordnen ist „und gegebenenfalls, dass die Gesellschaft die Kriterien der § 243b Abs. 1 oder § 243c Abs. 1 erfüllt". *(BGBl I 2001/41; BGBl I 2017/20)*

„(5)" Sonstige Veröffentlichungs- und Informationspflichten bleiben unberührt. *(BGBl I 2006/103)*

(6) [1]„Die Unterlagen nach Abs. 1 sind elektronisch einzureichen, in die Urkundensammlung des Firmenbuchs aufzunehmen und gemäß §§ 33 f. FBG öffentlich zugänglich zu machen." [2]Überschreiten die Umsatzerlöse in den zwölf Monaten vor dem Abschlussstichtag des einzureichenden Jahresabschlusses nicht 70 000 Euro, kann der Jahresabschluss auch in Papierform eingereicht werden. [3]Die Umsatzerlöse sind gleichzeitig mit der Einreichung bekannt zu geben. [4]In Papierform eingereichte Jahresabschlüsse müssen für die Aufnahme in die Datenbank des Firmenbuchs geeignet sein. [5]Der Bundesminister für Justiz kann durch Verordnung nähere Bestimmungen über die äußere Form der Jahresabschlüsse festlegen. *(BGBl I 2006/103; BGBl I 2015/22)*

(7) Nach der Aufnahme der Jahresabschlüsse in die Datenbank des Firmenbuchs hat sie das Gericht in elektronischer Form der Wirtschaftskammer Österreich, der Österreichischen Bundesarbeitskammer und der Präsidentenkonferenz der Landwirtschaftskammern Österreichs (Landwirtschaftskammer Österreich – LKÖ) zur Verfügung zu stellen; dies gilt jedoch nicht für die Jahresabschlüsse von kleinen Gesellschaften mit beschränkter Haftung (§ 221 Abs. 1). *(BGBl I 2006/103)*

(8) [1]Die Oesterreichische Nationalbank ist berechtigt, von der BundesrechenzentrumGmbH die elektronische Übermittlung elektronisch eingereichter Jahresabschlüsse gegen kostendeckendes Entgelt zu verlangen, soweit sie diese Daten zur Erfüllung der ihr gesetzlich oder gemeinschaftsrechtlich zugewiesenen Aufgaben benötigt. [2]Sie ist weiters berechtigt, die Daten an die Bundesanstalt Statistik Österreich weiterzugeben, soweit diese die Daten zur Erfüllung der ihr gesetzlich oder gemeinschaftsrechtlich zugewiesenen Aufgaben benötigt. *(BGBl I 2001/41)*

(BGBl 1996/304)

Offenlegung für kleine Gesellschaften mit beschränkter Haftung

§ 278. (1) [1]Auf kleine Gesellschaften mit beschränkter Haftung (§ 221 Abs. 1) ist § 277 mit der Maßgabe anzuwenden, dass die gesetzlichen Vertreter nur die Bilanz und den Anhang, bei Kleinstkapitalgesellschaften nur die Bilanz „ohne die Angaben nach § 242 Abs. 1 erster Satz", einzureichen haben. [2]Die offenzulegende Bilanz braucht nur die in § 224 Abs. 2 und 3 mit Buchstaben und römischen Zahlen versehenen Posten zu enthalten, wobei beim Posten nach § 224 Abs. 2 B II alle zusammengefassten Forderungen mit einer Restlaufzeit von mehr als einem Jahr und beim Posten nach § 224 Abs. 3 C alle zusammengefassten Verbindlichkeiten mit einer Restlaufzeit von mehr als einem Jahr gesondert anzugeben sind; die Angaben nach § 229 Abs. 1 erster bis dritter Satz sind zu machen. [3]Ist die Gesellschaft gemäß § 268 Abs. 1 prüfungspflichtig, so ist auch der Bestätigungsvermerk einzureichen. *(BGBl I 2015/22; BGBl I 2019/46)*

(2) Der Bundesminister für Justiz hat durch Verordnung ein Formblatt festzulegen, dessen

Verwendung zur Erfüllung der Verpflichtung gemäß Abs. 1 ausreichend ist.

(BGBl 1996/304)

Offenlegung für kleine und mittelgroße Aktiengesellschaften und mittelgroße Gesellschaften mit beschränkter Haftung

§ 279. Für die Offenlegung kleiner und mittelgroßer Aktiengesellschaften (§ 221 Abs. 1 und Abs. 2) und mittelgroßer Gesellschaften mit beschränkter Haftung (§ 221 Abs. 2) gilt Folgendes:

1. [1]Die offenzulegende Bilanz braucht nur die in § 224 Abs. 2 und 3 mit Buchstaben und römischen Zahlen bezeichneten, zusätzlich jedoch die folgenden Posten zu enthalten: auf der Aktivseite die Posten A I 2, A II 1, 2, 3 und 4, A III 1, 2, 3 und 4, B II 2 und 3, B III 1, auf der Passivseite die Posten B 1 und 2 und C 1, 2, 6 und 7. [2]Forderungen mit einer Restlaufzeit von mehr als einem Jahr sind bei den Posten nach § 224 Abs. 2 B II 2 und 3 gesondert auszuweisen, ebenso Verbindlichkeiten mit einer Restlaufzeit von mehr als einem Jahr bei den Posten nach § 224 Abs. 3 C 1, 2, 6 und 7. [3]Die Angaben nach § 229 sind zu machen.

2. Die Posten des § 231 Abs. 2 Z 1 bis 3 und 5 und Abs. 3 Z 1 bis 3 dürfen zu einem Posten unter der Bezeichnung „Rohergebnis" zusammengefasst werden.

(BGBl I 2015/22)

Offenlegung des Konzernabschlusses

§ 280. (1) „[1]Die gesetzlichen Vertreter einer Gesellschaft, die einen Konzernabschluss aufzustellen hat, haben den Konzernabschluss und den Konzernlagebericht sowie gegebenenfalls „den gesonderten konsolidierten nichtfinanziellen Bericht,"** den konsolidierten Corporate Governance-Bericht und den konsolidierten Bericht über Zahlungen an staatliche Stellen mit dem Bestätigungsvermerk gleichzeitig mit dem Jahresabschluss beim Firmenbuchgericht des Sitzes der Gesellschaft einzureichen. [2]§ 277 Abs. 3 und Abs. 6 erster Satz gelten sinngemäß."* [3]§ 277 Abs. 2 ist für die Veröffentlichung des Konzernabschlusses sinngemäß anzuwenden, wenn ein Tochterunternehmen eine große Aktiengesellschaft mit Sitz im Inland ist. *(BGBl 1996/304; * BGBl I 2015/22; ** BGBl I 2017/20)*

(2) Ist ein Tochterunternehmen in einen ausländischen Konzernabschluß mit befreiender Wirkung gemäß § 245 Abs. 1 einbezogen, so hat es diesen in deutscher Sprache „oder in einer in internationalen Finanzkreisen gebräuchlichen Sprache" bei dem zuständigen „Firmenbuchgericht" zu hinterlegen; das gleiche gilt, falls eine große Kapitalgesellschaft in einen ausländischen Konzernabschluß einbezogen ist. *(BGBl I 2015/22)*

(3) und (4) *(aufgehoben, BGBl 1996/304)*

(BGBl 1990/475)

Offenlegung der Zweigniederlassungen ausländischer Kapitalgesellschaften

§ 280a. Bei Zweigniederlassungen von ausländischen Kapitalgesellschaften haben die Vertreter der Zweigniederlassung die Unterlagen der Rechnungslegung, die nach dem für die Hauptniederlassung der Gesellschaft maßgeblichen Recht erstellt, geprüft und offengelegt worden sind, gemäß den §§ 277, 281 und 282 in deutscher Sprache offenzulegen.

(BGBl 1996/304)

Form und Inhalt der Unterlagen bei der Offenlegung, Veröffentlichung und Vervielfältigung

§ 281. (1) [1]Bei der vollständigen oder teilweisen Offenlegung des Jahresabschlusses und des Konzernabschlusses und bei der Veröffentlichung oder Vervielfältigung in anderer Form auf Grund des Gesellschaftsvertrags oder der Satzung sind der Jahresabschluß und der Konzernabschluß so wiederzugeben, daß sie den für ihre Aufstellung maßgeblichen Vorschriften entsprechen; sie haben in diesem Rahmen vollständig und richtig zu sein. „"*[2]Wurde der Jahresabschluß oder der Konzernabschluß auf Grund gesetzlicher Vorschriften durch einen Abschlußprüfer geprüft, so ist jeweils der vollständige Wortlaut des Bestätigungsvermerks „ "** wiederzugeben; wird der Jahresabschluß wegen der Inanspruchnahme von Erleichterungen nur teilweise offengelegt und bezieht sich der Bestätigungsvermerk auf den vollständigen Jahresabschluß, so ist hierauf hinzuweisen. *(* BGBl I 2006/103; ** BGBl I 2015/22)*

(2) [1]Werden der Jahresabschluß oder der Konzernabschluß in Veröffentlichungen und Vervielfältigungen, die nicht durch Gesetz, Gesellschaftsvertrag oder Satzung vorgeschrieben sind, nicht in der gemäß Abs. 1 vorgeschriebenen Form wiedergegeben, so ist jeweils in einer Überschrift darauf hinzuweisen, daß es sich nicht um eine der gesetzlichen Form entsprechende Veröffentlichung handelt. [2]Ein Bestätigungsvermerk darf nicht beigefügt werden. [3]„Im Fall einer verpflichtenden Abschlussprüfung ist jedoch über den Inhalt des Bestätigungsvermerks zu dem in gesetzlicher Form erstellten Jahresabschluss oder Konzernabschluss einschließlich der Angaben nach § 274 Abs. 3 zu berichten." [4]Ferner ist anzugeben, bei welchem Firmenbuch und in welcher Nummer des Bekanntmachungsblattes die Offenlegung erfolgt oder daß die Offenlegung noch nicht erfolgt ist. *(BGBl I 2015/22)*

(3) In den Dokumenten, die den Jahresabschluss und den Konzernabschluss enthalten, sind

die in § 14 Abs. 1 erster Satz vorgeschriebenen Informationen anzugeben. *(BGBl I 2015/22)*

(BGBl 1990/475)

DRITTER TITEL
Prüfungspflicht und Zwangsstrafen

Prüfungspflicht des Registergerichts

§ 282. (1) Das Gericht hat zu prüfen, ob die gemäß §§ 277 bis 281 offenzulegenden Unterlagen vollzählig zum Firmenbuch eingereicht und ob, soweit Veröffentlichungen vorgeschrieben sind, diese veranlaßt worden sind. *(BGBl 1996/304)*

(2) [1]Gibt die Prüfung gemäß Abs. 1 Anlaß zu der Annahme, daß von der Größe der Gesellschaft abhängige Vorschriften nicht hätten in Anspruch genommen werden dürfen, so kann das Gericht zu seiner Unterrichtung von der Gesellschaft innerhalb einer angemessenen Frist die Mitteilung der Bilanzsumme, der Umsatzerlöse gemäß „§ 189a Z 5“** und der durchschnittlichen Zahl der Arbeitnehmer gemäß „§ 221 Abs. 6“* verlangen. [2]Unterläßt die Gesellschaft die fristgemäße Mitteilung, so gelten die Vorschriften als zu Unrecht in Anspruch genommen. *(* BGBl 1996/304; ** BGBl I 2016/43)*

(2a) [1]Das Gericht kann eine Gesellschaft zu folgenden Erklärungen auffordern:

1. ob sie oder eines ihrer Tochterunternehmen im Sinn des § 243d Abs. 2 in der mineralgewinnenden Industrie oder auf dem Gebiet des Holzeinschlages in Primärwäldern tätig ist;

2. ob ihre übertragbaren Wertpapiere zum Handel an einem geregelten Markt im Sinne des § 189a Z 1 lit. a zugelassen sind.

[2]Die Aufforderung ist zu begründen. [3]Zur Abgabe einer Erklärung ist eine angemessene Frist zu setzen. [4]Gibt die Gesellschaft innerhalb der Frist keine Erklärung ab, so wird vermutet, dass die Gesellschaft bei Unterlassen einer Erklärung nach Z 1 in den Anwendungsbereich des § 243d beziehungsweise des § 267c und bei Unterlassen einer Erklärung nach Z 2 in den Anwendungsbereich des § 243b beziehungsweise des § 267a fällt. *(BGBl I 2017/20)*

(3) [1]Ist eine gebotene Veröffentlichung unterblieben, so hat das Gericht diese Tatsache ohne Durchführung eines Verbesserungsverfahrens auf Kosten der Gesellschaft bekanntzumachen, wenn dies ein Gesellschafter, Gläubiger, Betriebsrat (Zentralbetriebsrat) oder eine gesetzliche Interessenvertretung beantragt. [2]Die Antragsberechtigung ist glaubhaft zu machen. [3]Ein späterer Wegfall der Antragsberechtigung ist unschädlich. [4]Der Antrag kann nicht zurückgenommen werden. *(BGBl 1996/304)*

(BGBl 1994/153)

Zwangsstrafen

§ 283. (1) [1]Die gesetzlichen Vertreter der Gesellschaft sind, unbeschadet der allgemeinen unternehmensrechtlichen Vorschriften, zur zeitgerechten Befolgung der §§ 277 und 280 vom Gericht durch Zwangsstrafen von 700 Euro bis 3 600 Euro, bei Kleinstkapitalgesellschaften (§ 221 Abs. 1a) von 350 Euro bis 1 800 Euro anzuhalten. [2]Die Zwangsstrafe ist nach Ablauf der Offenlegungsfrist zu verhängen. [3]Sie ist wiederholt zu verhängen, soweit die genannten Organe ihren Pflichten nach je weiteren zwei Monaten noch nicht nachgekommen sind. [4]Eine Gesellschaft ist als Kleinstkapitalgesellschaft im Sinn dieser Bestimmung anzusehen, wenn sie die gesetzlichen Vertreter zuletzt in plausibler Weise als solche eingestuft haben (§ 277 Abs. 4), es sei denn, es liegen Hinweise vor, dass die Schwellenwerte mittlerweile überschritten wurden. [5]Ansonsten wird eine Kleinstkapitalgesellschaft nur über rechtzeitigen Einwand der Partei als solche behandelt, wobei § 282 Abs. 2 anzuwenden ist. *(BGBl I 2015/22)*

(2) [1]Ist die Offenlegung nach Abs. 1 nicht bis zum letzten Tag der Offenlegungsfrist erfolgt, so ist – sofern die Offenlegung nicht bis zum Tag vor Erlassung der Zwangsstrafverfügung bei Gericht eingelangt ist – ohne vorausgehendes Verfahren durch Strafverfügung eine Zwangsstrafe von 700 Euro „, bei Kleinstkapitalgesellschaften (§ 221 Abs. 1a) von 350 Euro“ zu verhängen. [2]Von der Verhängung einer Zwangsstrafverfügung kann abgesehen werden, wenn das in Abs. 1 genannte Organ offenkundig durch ein unvorhergesehenes oder unabwendbares Ereignis an der fristgerechten Offenlegung gehindert war. [3]In diesem Fall kann – soweit bis dahin noch keine Offenlegung erfolgt ist – mit der Verhängung der Zwangsstrafverfügung bis zum Ablauf von vier Wochen nach Wegfall des Hindernisses, welches der Offenlegung entgegenstand, zugewartet werden. [4]Zwangsstrafverfügungen sind wie Klagen zuzustellen. [5]Gegen die Zwangsstrafverfügung kann das jeweilige Organ binnen 14 Tagen Einspruch erheben, andernfalls erwächst die Zwangsstrafverfügung in Rechtskraft. [6]Im Einspruch sind die Gründe für die Nichtbefolgung der in Abs. 1 genannten Pflichten anzuführen. [7]Gegen die Versäumung der Einspruchsfrist kann Wiedereinsetzung in den vorigen Stand bewilligt werden (§ 21 AußStrG). [8]Ist der Einspruch verspätet oder fehlt ihm jegliche Begründung, so ist er mit Beschluss zurückzuweisen. *(BGBl I 2015/22)*

(3) [1]Mit der rechtzeitigen Erhebung des begründeten Einspruchs tritt die Zwangsstrafverfügung außer Kraft. [2]Über die Verhängung der Zwangsstrafe ist im ordentlichen Verfahren mit Beschluss zu entscheiden. [3]Ist nicht mit Einstellung des Zwangsstrafverfahrens vorzugehen, so kann – ohne vorherige Androhung – eine Zwangsstrafe

von 700 Euro bis 3 600 Euro „ , bei Kleinstkapitalgesellschaften (§ 221 Abs. 1a) von 350 Euro bis 1 800 Euro“ verhängt werden. [4]Gegen die Verhängung einer Zwangsstrafe im ordentlichen Verfahren steht dem jeweiligen Organ ein Rechtsmittel zu (§§ 45 ff. AußStrG). *(BGBl I 2015/22)*

(4) [1]Ist die Offenlegung innerhalb von zwei Monaten nach Ablauf des letzten Tages der Offenlegungsfrist noch immer nicht erfolgt, so ist durch Strafverfügung eine weitere Zwangsstrafe von 700 Euro „ , bei Kleinstkapitalgesellschaften (§ 221 Abs. 1a) von 350 Euro“ zu verhängen. [2]Das Gleiche gilt bei Unterbleiben der Offenlegung für jeweils weitere zwei Monate; wird gegen eine solche Zwangsstrafverfügung Einspruch erhoben, so ist der Beschluss über die verhängte Zwangsstrafe zu veröffentlichen. „Zwischen dem Tag der Erlassung einer Zwangsstrafverfügung nach diesem Absatz und dem Tag der Erlassung einer vorangegangenen Zwangsstrafverfügung, die denselben Adressaten und denselben Bilanzstichtag betrifft, müssen mindestens sechs Wochen liegen.“ *(BGBl I 2015/22)*

(5) [1]Richtet sich die Zwangsstrafverfügung gemäß Abs. 4 gegen ein in Abs. 1 genanntes Organ einer mittelgroßen (§ 221 Abs. 2) Kapitalgesellschaft, so erhöhen sich die damit zu verhängenden Zwangsstrafen sowie die in Abs. 1 und 3 angedrohten Zwangsstrafen im ordentlichen Verfahren jeweils auf das Dreifache. [2]Wird das Zwangsstrafenverfahren gegen ein in Abs. 1 genanntes Organ einer großen (§ 221 Abs. 3) Kapitalgesellschaft geführt, so erhöhen sich diese Beträge jeweils auf das Sechsfache. [3]Als Grundlage für die Größenklasse kann der zuletzt vorgelegte Jahresabschluss herangezogen werden.

(6) Die Zwangsstrafen sind auch dann zu vollstrecken, wenn die Bestraften ihrer Pflicht nachkommen oder deren Erfüllung unmöglich geworden ist.

(7) [1]Die den gesetzlichen Vertretern in den „§§ 277 und 280“ auferlegten Pflichten treffen auch die Gesellschaft. [2]Kommt die Gesellschaft diesen Pflichten durch ihre Organe nicht nach, so ist gleichzeitig auch mit der Verhängung von Zwangsstrafen unter sinngemäßer Anwendung der Abs. 1 bis 6 auch gegen die Gesellschaft vorzugehen. *(BGBl I 2015/22)*

(BGBl I 2010/111)

§ 284. [1]Die gesetzlichen Vertreter der Gesellschaft und die Gesellschaft selbst sind, unbeschadet der allgemeinen unternehmensrechtlichen Vorschriften, zur Befolgung der §§ 222 Abs. 1, 244, 245, 247, 270, 272, 281 und 283, die Aufsichtsratsmitglieder zur Befolgung des § 270 und im Fall einer inländischen Zweigniederlassung einer ausländischen Kapitalgesellschaft die für diese im Inland vertretungsbefugten Personen zur Befolgung des § 280a vom Gericht durch Zwangsstrafen bis zu 3 600 Euro anzuhalten. [2]§ 24 Abs. 2 bis 5 FBG ist anzuwenden.

(BGBl I 2015/22)

Ausnahmen, Stundung und Nachlass

§ 285. (1) [1]Während der Dauer eines Insolvenzverfahrens mit Ausnahme eines Sanierungsverfahrens mit Eigenverwaltung sind keine Zwangsstrafverfügungen nach § 283 zu erlassen. [2]Rechte von Gesellschaftern und Dritten, die Offenlegung einzufordern, bleiben unberührt.

(2) [1]Auf Antrag des Adressaten einer Zwangsstrafe kann das Firmenbuchgericht den Zeitpunkt der Entrichtung einer Zwangsstrafe auch über mehr als sechs Monate hinausschieben (Stundung) oder die Entrichtung in Raten bewilligen, wenn die sofortige oder die sofortige volle Entrichtung der Strafe für den Antragsteller mit besonderer Härte verbunden wäre und die Einbringlichkeit der Zwangsstrafe durch den Aufschub nicht gefährdet wird. [2]Die Entrichtung in Raten darf nur mit der Maßgabe gestattet werden, dass alle noch aushaftenden Teilbeträge sofort fällig werden, wenn der Zahlungspflichtige mit mindestens zwei Raten in Verzug ist.

(3) Auf Antrag des Adressaten einer Zwangsstrafe kann das Firmenbuchgericht bis zur vollständigen Entrichtung eine Zwangsstrafe ganz oder teilweise nachlassen, wenn alle folgenden Voraussetzungen vorliegen:

1. die Einbringung ist für den Antragsteller mit besonderer Härte verbunden,

2. alle Offenlegungspflichten sind inzwischen erfüllt oder ihre Erfüllung ist für den Antragsteller nicht mehr möglich,

3. dem Antragsteller oder seinen vertretungsbefugten Organen ist nur ein geringes Verschulden an dem Verstoß zur Last zu legen, und

4. es bedarf der Einbringung nicht oder nicht in voller Höhe, um den Adressaten oder andere Unternehmen zur künftigen zeitgerechten Offenlegung anzuhalten.

(BGBl I 2015/22)

§§ 286 bis 334. *(aufgehoben, DRGBl 1937 I S 166)*

§§ 335 bis 342. *(aufgehoben, BGBl 1990/475)*

Viertes Buch
Unternehmensbezogene Geschäfte

Erster Abschnitt
Allgemeine Vorschriften

Anwendungsbereich

§ 343. (1) Das Vierte Buch ist auf Unternehmer im Sinn der §§ 1 bis 3 sowie auf juristische Personen des öffentlichen Rechts anzuwenden.

(2) Unternehmensbezogene Geschäfte sind alle Geschäfte eines Unternehmers, die zum Betrieb seines Unternehmens gehören.

(3) Geschäfte, die eine natürliche Person vor Aufnahme des Betriebes ihres Unternehmens zur Schaffung der Voraussetzungen dafür tätigt, gelten noch nicht als unternehmensbezogene Geschäfte.

(BGBl I 2005/120)

Vermutung unternehmensbezogener Geschäfte

§ 344. Die von einem Unternehmer vorgenommenen Rechtsgeschäfte gelten im Zweifel als zum Betrieb seines Unternehmens gehörig.

(BGBl I 2005/120)

Einseitig unternehmensbezogene Geschäfte

§ 345. Auf ein Rechtsgeschäft, das für einen der beiden Teile ein unternehmensbezogenes Geschäft ist, kommen die Vorschriften des Vierten Buchs für beide Teile zur Anwendung, soweit sich aus diesen Vorschriften nicht ein anderes ergibt.

(BGBl I 2005/120)

Gebräuche im Geschäftsverkehr

§ 346. Unter Unternehmern ist in Hinblick auf die Bedeutung und Wirkung von Handlungen und Unterlassungen auf die im Geschäftsverkehr geltenden Gewohnheiten und Gebräuche Rücksicht zu nehmen.

(BGBl I 2005/120)

Sorgfaltspflicht

§ 347. Wer aus einem Geschäft, das auf seiner Seite unternehmensbezogen ist, einem anderen zur Sorgfalt verpflichtet ist, hat für die Sorgfalt eines ordentlichen Unternehmers einzustehen.

(BGBl I 2005/120)

Haftung als Gesamtschuldner

§ 348. Verpflichten sich mehrere Unternehmer gemeinschaftlich zu einer teilbaren Leistung, so haften sie im Zweifel als Gesamtschuldner.

(BGBl I 2005/120)

Schadenersatz

§ 349. Unter Unternehmern umfasst der zu ersetzende Schaden auch den entgangenen Gewinn.

(BGBl I 2005/120)

§ 350. *(aufgehoben, BGBl I 2005/120)*

Verkürzung über die Hälfte

§ 351. Zulasten eines Unternehmers kann die Anwendung des § 934 ABGB vertraglich ausgeschlossen werden.

(BGBl I 2005/120)

§ 352. *(aufgehoben, BGBl I 2013/50)*

Unanwendbarkeit von § 1335 ABGB

§ 353. § 1335 ABGB ist auf Geldforderungen gegen einen Unternehmer nicht anzuwenden.

(BGBl I 2005/120)

Entgeltlichkeit

§ 354. (1) Ist in einem Geschäft kein Entgelt bestimmt und auch nicht Unentgeltlichkeit vereinbart, so gilt ein angemessenes Entgelt als bedungen.

(2) Für Darlehen, Vorschüsse, Auslagen und andere Verwendungen können vom Tag der Leistung an Zinsen berechnet werden.

(BGBl I 2005/120)

Kontokorrent

§ 355. (1) Vereinbart jemand mit einem Unternehmer, mit dem er in Geschäftsverbindung steht, dass die aus der Verbindung entspringenden beiderseitigen Ansprüche und Leistungen nebst Zinsen in Rechnung gestellt und in regelmäßigen Zeitabschnitten durch Verrechnung und Feststellung des für den einen oder anderen Teil sich ergebenden Überschusses ausgeglichen werden (laufende Rechnung, Kontokorrent), so treten, soweit nicht ein anderes vereinbart ist, die in den folgenden Bestimmungen geregelten Rechtswirkungen ein.

(2) Die Rechnungsperiode beträgt ein Jahr.

(3) [1]Zum Ende der Rechnungsperiode kommt es zur Verrechnung der beiderseitigen Ansprüche und Leistungen nebst Zinsen. [2]Die §§ 1415 und 1416 ABGB sind anzuwenden.

(4) [1]Jeder Teil hat gegen den anderen einen Anspruch auf Feststellung des Rechnungsabschlusses. [2]Liegt ein festgestellter Rechnungsabschluss vor, so kann derjenige, dem daraus ein Überschuss zusteht, sich zur Begründung seines Anspruchs auch auf diesen berufen. [3]Die Einwendung des anderen Teils, der Gläubiger werde dadurch ungerechtfertigt bereichert, bleibt unberührt. [4]Derjenige, dem beim Rechnungsabschluss ein Überschuss gebührt, kann vom Tag des Abschlusses an Zinsen vom Überschuss verlangen, auch soweit in der Rechnung Zinsen enthalten sind.

(5) Die laufende Rechnung kann im Zweifel auch während der Dauer einer Rechnungsperiode jederzeit mit der Wirkung gekündigt werden, dass derjenige, dem nach der Rechnung ein Überschuss gebührt, dessen Zahlung beanspruchen kann.

(6) Das Sich-Berufen auf einen Rechnungsabschluss, der unter Verwendung einer gegen ein gesetzliches Verbot oder gegen die guten Sitten verstoßenden Bedingung in Allgemeinen Geschäftsbedingungen oder Formblättern für Verträge aufgestellt wurde, steht einem Sich-Berufen auf eine solche Bedingung im Sinn des § 28 Abs. 1 letzter Satz KSchG gleich.

(BGBl I 2005/120)

Sicherheiten

§ 356. (1) Wird eine Forderung, die durch Pfand, Bürgschaft oder in anderer Weise gesichert ist, in die laufende Rechnung aufgenommen, so wird der Gläubiger durch die Anerkennung des Rechnungsabschlusses nicht gehindert, aus der Sicherheit insoweit Befriedigung zu suchen, „soweit die gesicherte Forderung nach § 355 Abs. 3 fortbesteht“. *(BGBl I 2005/120)*

(2) Haftet ein Dritter für eine in die laufende Rechnung aufgenommene Forderung als Gesamtschuldner, so findet auf die Geltendmachung der Forderung gegen ihn die Vorschrift des Abs. 1 entsprechende Anwendung.

Pfändung des Saldos

§ 357. [1]Hat der Gläubiger eines Beteiligten die Pfändung und Überweisung des Anspruchs auf dasjenige erwirkt, was seinem Schuldner als Überschuß aus der laufenden Rechnung zukommt, so können dem Gläubiger gegenüber Schuldposten, die nach der Pfändung durch neue Geschäfte entstehen, nicht in Rechnung gestellt werden. [2]Geschäfte, die auf Grund eines schon vor der Pfändung bestehenden Rechtes oder einer schon vor diesem Zeitpunkte bestehenden Verpflichtung des Drittschuldners vorgenommen werden, gelten nicht als neue Geschäfte im Sinne dieser Vorschrift.

§§ 358 bis 362. *(aufgehoben, BGBl I 2005/120)*

Unternehmerische Wertpapiere

§ 363. (1) [1]Anweisungen, die auf einen „Unternehmer“ über die Leistung von Geld, Wertpapieren oder anderen vertretbaren Sachen ausgestellt sind, ohne daß darin die Leistung von einer Gegenleistung abhängig gemacht ist, können durch Indossament übertragen werden, wenn sie an Order lauten. [2]Dasselbe gilt von Verpflichtungsscheinen, die von einem „Unternehmer“ über Gegenstände der bezeichneten Art an Order ausgestellt sind, ohne daß darin die Leistung von einer Gegenleistung abhängig gemacht ist. *(BGBl I 2005/120)*

(2) Ferner können Konnossemente der „Verfrachter“*, Ladescheine der Frachtführer, Lagerscheine der staatlich zur Ausstellung solcher Urkunden ermächtigten Anstalten sowie „Transportversicherungspolizzen“** durch Indossament übertragen werden, wenn sie an Order lauten. *(* DRGBl 1937 I S 891; ** BGBl I 2005/120)*

Indossament

§ 364. (1) Durch das Indossament gehen alle Rechte aus dem indossierten Papier auf den Indossatar über.

(2) Dem legitimierten „Inhaber“ der Urkunde kann der Schuldner nur solche Einwendungen entgegensetzen, welche die Gültigkeit seiner Erklärung in der Urkunde betreffen oder sich aus dem Inhalte der Urkunde ergeben oder ihm unmittelbar gegen den „Inhaber“ zustehen. *(BGBl I 2005/120)*

(3) Der Schuldner ist nur gegen Aushändigung der quittierten Urkunde zur Leistung verpflichtet.

Anwendung des Wechselrechts; Aufgebotsverfahren; Kraftloserklärung

§ 365. (1) Hinsichtlich der Form des Indossaments, der Legitimation des Inhabers und der Prüfung der Legitimation sowie der Verpflichtung des Inhabers zur Herausgabe finden die Vorschriften der Art. 13, 14, 16 und 40 des Wechselgesetzes entsprechende Anwendung.

(2) [1]Ist die Urkunde vernichtet oder abhanden gekommen, so unterliegt sie der Kraftloserklärung im Wege des Aufgebotsverfahrens. [2]Ist das Aufgebotsverfahren eingeleitet, so kann der Berechtigte, wenn er bis zur Kraftloserklärung eine Sicherheit bestellt, vom Schuldner Leistung nach Maßgabe der Urkunde verlangen.

(3) Das Aufgebotsverfahren und die Aufgebotsfrist richten sich nach den für Wechsel geltenden Vorschriften, soweit nicht für einzelne Arten der

in § 363 bezeichneten Urkunden Sondervorschriften bestehen.

(BGBl I 2005/120)

§ 366. *(aufgehoben, BGBl I 2005/120)*

Gutgläubiger Erwerb gesetzlicher Pfandrechte

§ 367. Das gesetzliche Pfandrecht des Kommissionärs, des Spediteurs, des Lagerhalters und des Frachtführers steht hinsichtlich des Schutzes des guten Glaubens einem gemäß § 456 ABGB durch Vertrag erworbenen Pfandrecht gleich.

(BGBl I 2005/120)

Pfandverwertung

§ 368. (1) Ist eine Verpfändung auf der Seite des Pfandgläubigers und des Pfandbestellers ein unternehmensbezogenes Geschäft, so tritt an die Stelle der in § 466b Abs. 1 ABGB bestimmten Frist von einem Monat eine solche von einer Woche.

(2) Diese Vorschrift findet auf das gesetzliche Pfandrecht des Kommissionärs, des Spediteurs, des Lagerhalters und des Frachtführers entsprechende Anwendung, auf das Pfandrecht des Spediteurs und des Frachtführers auch dann, wenn der Speditions- oder Frachtvertrag nur auf ihrer Seite ein unternehmensbezogenes Geschäft ist.

(BGBl I 2005/120)

Zurückbehaltungsrecht

§ 369. (1) [1]Ein Unternehmer hat für die fälligen Forderungen, die ihm gegen einen anderen Unternehmer aus den zwischen ihnen geschlossenen unternehmensbezogenen Geschäften zustehen, ein Zurückbehaltungsrecht an den beweglichen Sachen und Wertpapieren des Schuldners, die mit dessen Willen auf Grund von unternehmensbezogenen Geschäften in seine Innehabung gelangt sind, sofern er sie noch innehat, insbesondere mittels Konnossements, Ladescheins oder Lagerscheins darüber verfügen kann. [2]Das Zurückbehaltungsrecht ist auch dann begründet, wenn das Eigentum an dem Gegenstand vom Schuldner auf den Gläubiger übergegangen ist oder von einem Dritten für den Schuldner auf den Gläubiger übertragen wurde, aber auf den Schuldner zurückzuübertragen ist. *(BGBl I 2005/120)*

(2) Einem dinglich berechtigten Dritten gegenüber besteht das Zurückbehaltungsrecht nicht. *(DRGBl 1938 I S 1999)*

(3) Das Zurückbehaltungsrecht ist ausgeschlossen, wenn die Zurückbehaltung des Gegenstandes der von dem Schuldner vor oder bei der Übergabe erteilten Anweisung oder der von dem Gläubiger übernommenen Verpflichtung, in einer bestimmten Weise mit dem Gegenstande zu verfahren, widerstreitet.

(4) [1]Der Schuldner kann die Ausübung des Zurückbehaltungsrechts durch Sicherheitsleistung abwenden. [2]Die Sicherheitsleistung durch Bürgen ist ausgeschlossen.

Außerordentliches Zurückbehaltungsrecht

§ 370. (1) Das Zurückbehaltungsrecht kann auch wegen nicht fälliger Forderungen geltend gemacht werden:

1. wenn über das Vermögen des Schuldners „das Konkursverfahren“ eröffnet ist oder der Schuldner seine Zahlungen eingestellt hat; *(BGBl I 2010/58)*

2. wenn eine Zwangsvollstreckung in das Vermögen des Schuldners ohne Erfolg versucht ist.

(2) Der Geltendmachung des Zurückbehaltungsrechts steht die Anweisung des Schuldners oder die Übernahme der Verpflichtung, in einer bestimmten Weise mit dem Gegenstande zu verfahren, nicht entgegen, sofern die im Abs. 1, Nr. 1, 2, bezeichneten Tatsachen erst nach der Übergabe des Gegenstandes oder nach der Übernahme der Verpflichtung dem Gläubiger bekannt werden.

Befriedigungsrecht

§ 371. (1) [1]Der Gläubiger ist kraft des Zurückbehaltungsrechts befugt, sich aus dem zurückbehaltenen Gegenstande für seine Forderung zu befriedigen. [2]„Der Gläubiger hat gegenüber einem an dem Gegenstand nach der Entstehung des Zurückbehaltungsrechts durch Pfändung entstandenen Pfandrecht in Ansehung der Befriedigung aus dem Gegenstand den Vorrang.“ *(DRGBl 1938 I S 1999)*

(2) [1]Die Befriedigung erfolgt nach den für das Pfandrecht geltenden Vorschriften. [2]An die Stelle der in § 466b Abs. 1 ABGB bestimmten Frist von einem Monat tritt eine solche von einer Woche. *(BGBl I 2005/120)*

(3) [1]Sofern die Befriedigung nicht im Wege der Zwangsvollstreckung stattfindet, ist sie erst zulässig, nachdem der Gläubiger einen vollstreckbaren Titel für sein Recht auf Befriedigung gegen den Eigentümer oder, wenn der Gegenstand ihm selbst gehört, gegen den Schuldner erlangt hat; in dem letzteren Falle finden die den Eigentümer betreffenden Vorschriften des „ABGB“ über die Befriedigung auf den Schuldner entsprechende Anwendung. [2]In Ermangelung des vollstreckbaren Titels ist der Verkauf des Gegenstandes nicht rechtmäßig. *(BGBl I 2005/120)*

(4) *(aufgehoben, BGBl I 2005/120)*

Eigentumsfiktion und Rechtskraftwirkung bei Befriedigungsrecht

§ 372. „“ In Ansehung der Befriedigung aus dem zurückbehaltenen Gegenstande gilt zugunsten des Gläubigers der Schuldner, sofern er „beim

Erwerb der Innehabung“ des Gläubigers der Eigentümer des Gegenstandes war, auch weiter als Eigentümer, sofern nicht der Gläubiger weiß, daß der Schuldner nicht mehr Eigentümer ist. *(BGBl I 2005/120)*

(2) *(aufgehoben, DRGBl 1938 I S 1999)*

Zweiter Abschnitt

Warenkauf

Annahmeverzug

§ 373. (1) Ist der Käufer mit der Annahme der Ware im Verzuge, so kann der Verkäufer die Ware auf Gefahr und Kosten des Käufers in einem öffentlichen Lagerhaus oder sonst in sicherer Weise hinterlegen.

(2) [1]„Er ist ferner befugt, nach vorgängiger Androhung die Ware durch einen dazu befugten Unternehmer öffentlich versteigern zu lassen; er kann, wenn die Ware einen Börsen- oder Marktpreis hat, nach vorgängiger Androhung den Verkauf auch aus freier Hand durch einen dazu befugten Unternehmer zum laufenden Preis bewirken.“ [2]Ist die Ware dem Verderb ausgesetzt und Gefahr im Verzuge, so bedarf es der vorgängigen Androhung nicht; dasselbe gilt, wenn die Androhung aus anderen Gründen untunlich ist. *(BGBl I 2005/120)*

(3) Der Selbsthilfeverkauf erfolgt für Rechnung des säumigen Käufers.

(4) Der Verkäufer und der Käufer können bei der öffentlichen Versteigerung mitbieten.

(5) [1]Im Falle der öffentlichen Versteigerung hat der Verkäufer den Käufer von der Zeit und dem Orte der Versteigerung vorher zu benachrichtigen; von dem vollzogenen Verkaufe hat er bei jeder Art des Verkaufs dem Käufer unverzüglich Nachricht zu geben. [2]Im Falle der Unterlassung ist er zum Schadensersatze verpflichtet. [3]Die Benachrichtigungen dürfen unterbleiben, wenn sie untunlich sind.

Anwendbarkeit der bürgerlich-rechtlichen Bestimmungen

§ 374. Durch die Vorschriften des § 373 werden die Befugnisse nicht berührt, welche dem Verkäufer nach „anderen Bestimmungen“ zustehen, wenn der Käufer im Verzuge der Annahme ist. *(BGBl I 2005/120)*

§ 375. *(aufgehoben, BGBl I 2005/120)*

Schadenersatz wegen Nichterfüllung

§ 376. „(1)“ Wird „Schadenersatz“ wegen Nichterfüllung verlangt und hat die Ware einen Börsen- oder Marktpreis, so kann der Unterschied des Kaufpreises und des Börsen- oder Marktpreises zur Zeit und am Orte der geschuldeten Leistung gefordert werden. *(BGBl I 2005/120)*

„(2)“ [1]Das Ergebnis eines anderweit vorgenommenen Verkaufs oder Kaufes kann, falls die Ware einen Börsen- oder Marktpreis hat, dem Ersatzanspruche nur zugrunde gelegt werden, wenn der Verkauf oder Kauf sofort nach dem Ablaufe der bedungenen Leistungszeit oder Leistungsfrist bewirkt ist. [2]Der Verkauf oder Kauf muß, wenn er nicht in öffentlicher Versteigerung geschieht, durch einen zu solchen Verkäufen oder Käufen „oder zu einer öffentlichen Versteigerung befugten Unternehmer“ zum laufenden Preise erfolgen. *(BGBl I 2005/120)*

„(3)“ [1]Auf den Verkauf „durch öffentliche“ Versteigerung findet die Vorschrift des § 373, Abs. 4, Anwendung. [2]Von dem Verkauf oder Kaufe hat der Gläubiger den Schuldner unverzüglich zu benachrichtigen; im Falle der Unterlassung ist er zum „Schadenersatz“ verpflichtet. *(BGBl I 2005/120)*

Mängelrüge

§ 377. (1) Ist der Kauf für beide Teile ein unternehmensbezogenes Geschäft, so hat der Käufer dem Verkäufer Mängel der Ware, die er bei ordnungsgemäßem Geschäftsgang nach Ablieferung durch Untersuchung festgestellt hat oder feststellen hätte müssen, binnen angemessener Frist anzuzeigen.

(2) Unterlässt der Käufer die Anzeige, so kann er Ansprüche auf Gewährleistung (§§ 922 ff. ABGB), auf Schadenersatz wegen des Mangels selbst (§ 933a Abs. 2 ABGB) sowie aus einem Irrtum über die Mangelfreiheit der Sache (§§ 871 f. ABGB) nicht mehr geltend machen.

(3) Zeigt sich später ein solcher Mangel, so muss er ebenfalls in angemessener Frist angezeigt werden; andernfalls kann der Käufer auch in Ansehung dieses Mangels die in Abs. 2 bezeichneten Ansprüche nicht mehr geltend machen.

(4) Zur Erhaltung der Rechte des Käufers genügt die rechtzeitige Absendung der Anzeige; dies gilt auch dann, wenn die Anzeige dem Verkäufer nicht zugeht.

(5) Der Verkäufer kann sich auf diese Vorschrift nicht berufen, wenn der Käufer beweist, dass der Verkäufer den Mangel vorsätzlich oder grob fahrlässig verursacht oder verschwiegen hat, oder wenn es sich um einen Viehmangel handelt, für den eine Vermutungsfrist (§ 925 ABGB) besteht.

(BGBl I 2005/120)

Rügeobliegenheit bei Falschlieferung oder Mengenfehlern

§ 378. Die Vorschriften des § 377 finden auch dann Anwendung, wenn eine andere als die bedungene Ware oder eine andere als die bedungene Menge von Waren geliefert ist, sofern die gelieferte Ware nicht offensichtlich von der Bestellung so erheblich abweicht, daß der Verkäufer die Genehmigung des Käufers als ausgeschlossen betrachten mußte.

Aufbewahrungspflicht

§ 379. (1) Ist der Kauf für beide Teile ein „unternehmensbezogenes Geschäft", so ist der Käufer, wenn er die ihm von einem anderen Orte übersendete Ware beanstandet, verpflichtet, für ihre einstweilige Aufbewahrung zu sorgen. *(BGBl I 2005/120)*

(2) Er kann die Ware, wenn sie dem Verderb ausgesetzt und Gefahr im Verzuge ist, unter Beobachtung der Vorschriften des § 373 verkaufen lassen.

§ 380. *(aufgehoben, BGBl I 2005/120)*

Anwendungsbereich

§ 381. (1) Die in diesem Abschnitte für den Kauf von Waren getroffenen Vorschriften gelten auch für den Kauf von Wertpapieren.

(2) Sie finden auch auf Werkverträge über die Herstellung körperlicher beweglicher Sachen und Tauschverträge über körperliche bewegliche Sachen Anwendung. *(BGBl I 2005/120)*

§ 382. *(aufgehoben, BGBl I 2005/120)*

Dritter Abschnitt

Kommissionsgeschäft

Kommissionär, Kommissionsvertrag

§ 383. (1) [1]Kommissionär ist, wer es übernimmt, Waren oder Wertpapiere für Rechnung eines anderen (des Kommittenten) in eigenem Namen zu kaufen oder zu verkaufen. [2]Die Vorschriften dieses Abschnitts gelten auch für andere Geschäfte, insbesondere Werklieferungen, die ein Unternehmer für Rechnung eines anderen im eigenen Namen zu schließen übernimmt.

(2) [1]Kommissionsagent ist, wer von einem Kommittenten ständig mit Kommissionsgeschäften betraut ist. [2]Die Vorschriften über das Kommissionsgeschäft finden auf das Verhältnis des Kommissionsagenten zu den Kunden Anwendung. [3]Auf das Verhältnis zwischen Kommissionsagenten und Kommittenten sind die Vorschriften des Handelsvertretergesetzes anzuwenden.

(BGBl I 2005/120)

Pflichten des Kommissionärs

§ 384. (1) Der Kommissionär ist verpflichtet, das übernommene Geschäft mit der Sorgfalt eines ordentlichen „Unternehmers" auszuführen; er hat hierbei das Interesse des Kommittenten wahrzunehmen und dessen Weisungen zu befolgen. *(BGBl I 2005/120)*

(2) Er hat dem Kommittenten die erforderlichen Nachrichten zu geben, insbesondere von der Ausführung der Kommission unverzüglich Anzeige zu machen; er ist verpflichtet, dem Kommittenten über das Geschäft Rechenschaft abzulegen und ihm dasjenige herauszugeben, was er aus der Geschäftsbesorgung erlangt hat.

(3) Der Kommissionär haftet dem Kommittenten für die Erfüllung des Geschäfts, wenn er ihm nicht zugleich mit der Anzeige von der Ausführung der Kommission den Dritten namhaft macht, mit dem er das Geschäft abgeschlossen hat.

Weisungen des Kommittenten

§ 385. (1) Handelt der Kommissionär nicht gemäß den Weisungen des Kommittenten, so ist er diesem zum Ersatze des Schadens verpflichtet; der Kommittent braucht das Geschäft nicht für seine Rechnung gelten zu lassen.

(2) [1]Der Kommissionär ist berechtigt, von den Weisungen des Kommittenten abzuweichen, wenn er den Umständen nach annehmen darf, daß dieser bei Kenntnis der Sachlage die Abweichung billigen würde. [2]Der Kommissionär hat vor der Abweichung dem Kommittenten Anzeige zu machen und seine Entschließung abzuwarten, wenn nicht mit dem Aufschub Gefahr verbunden ist. *(DRGBl 1938 I S 1999)*

Preisgrenzen

§ 386. (1) Hat der Kommissionär unter dem ihm gesetzten Preise verkauft oder hat er den ihm für den Einkauf gesetzten Preis überschritten, so muß der Kommittent, falls er das Geschäft als nicht für seine Rechnung abgeschlossen zurückweisen will, dies unverzüglich auf die Anzeige von der Ausführung des Geschäfts erklären; andernfalls gilt die Abweichung von der Preisbestimmung als genehmigt.

(2) [1]Erbietet sich der Kommissionär zugleich mit der Anzeige von der Ausführung des Geschäfts zur Deckung des Preisunterschieds, so ist der Kommittent zur Zurückweisung nicht berechtigt. [2]Der Anspruch des Kommittenten auf den Ersatz eines den Preisunterschied übersteigenden Schadens bleibt unberührt.

Vorteilhafterer Abschluss

§ 387. (1) Schließt der Kommissionär zu vorteilhafteren Bedingungen ab, als sie ihm von dem Kommittenten gesetzt worden sind, so kommt dies dem Kommittenten zustatten.

(2) Dies gilt insbesondere, wenn der Preis, für welchen der Kommissionär verkauft, den von

dem Kommittenten bestimmten niedrigsten Preis übersteigt oder wenn der Preis, für welchen er einkauft, den von dem Kommittenten bestimmten höchsten Preis nicht erreicht.

Beschädigtes oder mangelhaftes Kommissionsgut

§ 388. (1) Befindet sich das Gut, welches dem Kommissionär zugesendet ist, bei der Ablieferung in einem beschädigten oder mangelhaften Zustande, der äußerlich erkennbar ist, so hat der Kommissionär die Rechte gegen den Frachtführer oder Schiffer zu wahren, für den Beweis des Zustandes zu sorgen und dem Kommittenten unverzüglich Nachricht zu geben; im Falle der Unterlassung ist er zum Schadensersatze verpflichtet.

(2) Ist das Gut dem Verderb ausgesetzt oder treten später Veränderungen an dem Gute ein, die dessen Entwertung befürchten lassen, und ist keine Zeit vorhanden, die Verfügung des Kommittenten einzuholen, oder ist der Kommittent in der Erteilung der Verfügung säumig, so kann der Kommissionär den Verkauf des Gutes nach Maßgabe der Vorschriften des § 373 bewirken.

Hinterlegung, Selbsthilfeverkauf

§ 389. Unterläßt der Kommittent, über das Gut zu verfügen, obwohl er dazu nach Lage der Sache verpflichtet ist, so hat der Kommissionär die nach § 373 dem Verkäufer zustehenden Rechte.

Haftung des Kommissionärs für das Gut

§ 390. (1) Der Kommissionär ist für den Verlust und die Beschädigung des in seiner Verwahrung befindlichen Gutes verantwortlich, es sei denn, daß der Verlust oder die Beschädigung auf Umständen beruht, die durch die Sorgfalt eines ordentlichen „Unternehmers“ nicht abgewendet werden konnten. *(BGBl I 2005/120)*

(2) Der Kommissionär ist wegen der Unterlassung der Versicherung des Gutes nur verantwortlich, wenn er von dem Kommittenten angewiesen war, die Versicherung zu bewirken.

Untersuchungs- und Rügepflicht; Aufbewahrung, Notverkauf

§ 391. [1]Ist eine Einkaufskommission erteilt, die für beide Teile ein „unternehmensbezogenes Geschäft“ ist, so finden in bezug auf die Verpflichtung des Kommittenten, das Gut zu untersuchen und dem Kommissionär von den entdeckten Mängeln Anzeige zu machen, sowie in bezug auf die Sorge für die Aufbewahrung des beanstandeten Gutes und auf den Verkauf bei drohendem Verderbe die für den Käufer geltenden Vorschriften der §§ 377 bis 379 entsprechende Anwendung. [2]Der Anspruch des Kommittenten auf Abtretung der Rechte, die dem Kommissionär gegen den Dritten zustehen, von welchem er das Gut für Rechnung des Kommittenten gekauft hat, wird durch eine verspätete Anzeige des Mangels nicht berührt. *(BGBl I 2005/120)*

Forderungen aus dem Ausführungsgeschäft

§ 392. (1) Forderungen aus einem Geschäfte, das der Kommissionär abgeschlossen hat, kann der Kommittent dem Schuldner gegenüber erst nach der Abtretung geltend machen.

(2) Jedoch gelten solche Forderungen, auch wenn sie nicht abgetreten sind, im Verhältnisse zwischen dem Kommittenten und dem Kommissionär oder dessen Gläubigern als Forderungen des Kommittenten.

Vorschuss oder Kredite an Dritte

§ 393. (1) Wird von dem Kommissionär ohne Zustimmung des Kommittenten einem Dritten ein Vorschuß geleistet oder Kredit gewährt, so handelt der Kommissionär auf eigene Gefahr.

(2) Soweit am Ort des Geschäfts nach den im Geschäftsverkehr geltenden Gewohnheiten und Gebräuchen die Stundung des Kaufpreises üblich ist, ist mangels einer anderen Bestimmung des Kommittenten auch der Kommissionär dazu berechtigt. *(BGBl I 2005/120)*

(3) [1]Verkauft der Kommissionär unbefugt auf Kredit, so ist er verpflichtet, dem Kommittenten sofort als Schuldner des Kaufpreises die Zahlung zu leisten. [2]Wäre beim Verkaufe gegen bar der Preis geringer gewesen, so hat der Kommissionär nur den geringeren Preis und, wenn dieser niedriger ist als der ihm gesetzte Preis, auch den Unterschied nach § 386 zu vergüten.

Delkredere

§ 394. (1) Der Kommissionär hat für die Erfüllung der Verbindlichkeit des Dritten, mit dem er das Geschäft für Rechnung des Kommittenten abschließt, einzustehen, wenn dies von ihm übernommen oder am Orte seiner Niederlassung „üblich“ ist. *(BGBl I 2005/120)*

(2) [1]Der Kommissionär, der für den Dritten einzustehen hat, ist dem Kommittenten für die Erfüllung im Zeitpunkte des Verfalls unmittelbar insoweit verhaftet, als die Erfüllung aus dem Vertragsverhältnisse gefordert werden kann. [2]Er kann eine besondere Vergütung (Delkredereprovision) beanspruchen.

Wechselindossament

§ 395. Ein Kommissionär, der den Ankauf eines Wechsels übernimmt, ist verpflichtet, den Wechsel, wenn er ihn indossiert, in üblicher Weise und ohne Vorbehalt zu indossieren.

Provision des Kommissionärs; Ersatz von Aufwendungen

§ 396. (1) [1]Der Kommissionär kann die Provision fordern, wenn das Geschäft zur Ausführung gekommen ist. [2]Ist das Geschäft nicht zur Ausführung gekommen, so hat er gleichwohl den Anspruch auf die Auslieferungsprovision, sofern eine solche ortsgebräuchlich ist; auch kann er die Provision verlangen, wenn die Ausführung des von ihm abgeschlossenen Geschäfts nur aus einem in der Person des Kommittenten liegenden Grunde unterblieben ist.

(2) [1]Der Kommittent ist zum Ersatz der Aufwendungen verpflichtet, die der Kommissionär zum Zweck der Ausführung des Auftrags gemacht hat und den Umständen nach für erforderlich halten durfte. [2]Zu diesem Ersatz gehört auch die Vergütung für die Benutzung der Lagerräume und der Beförderungsmittel des Kommissionärs. *(DRGBl 1938 I S 1999)*

Gesetzliches Pfandrecht

§ 397. Der Kommissionär hat an dem Kommissionsgute, sofern er es im Besitze hat, insbesondere mittels Konnossements, Ladescheins oder Lagerscheins darüber verfügen kann, ein Pfandrecht wegen der auf das Gut verwendeten Kosten, der Provision, der auf das Gut gegebenen Vorschüsse und Darlehen, der mit Rücksicht auf das Gut gezeichneten Wechsel oder in anderer Weise eingegangenen Verbindlichkeiten sowie wegen aller Forderungen aus laufender Rechnung in Kommissionsgeschäften.

Befriedigung aus eigenem Kommissionsgut

§ 398. Der Kommissionär kann sich, auch wenn er Eigentümer des Kommissionsguts ist, für die im § 397 bezeichneten Ansprüche nach Maßgabe der für das Pfandrecht geltenden Vorschriften aus dem Gute befriedigen.

Befriedigung aus Forderungen

§ 399. Aus den Forderungen, welche durch das für Rechnung des Kommittenten geschlossene Geschäft begründet sind, kann sich der Kommissionär für die im § 397 bezeichneten Ansprüche vor dem Kommittenten und dessen Gläubigern befriedigen.

Selbsteintritt des Kommissionärs

§ 400. (1) Die Kommission zum Einkauf oder zum Verkaufe von Waren, die einen Börsen- oder Marktpreis haben, sowie von Wertpapieren, bei denen ein Börsen- oder Marktpreis amtlich festgestellt wird, kann, wenn der Kommittent nicht ein anderes bestimmt hat, von dem Kommissionär dadurch ausgeführt werden, daß er das Gut, welches er einkaufen soll, selbst als Verkäufer liefert oder das Gut, welches er verkaufen soll, selbst als Käufer übernimmt.

(2) [1]Im Falle einer solchen Ausführung der Kommission beschränkt sich die Pflicht des Kommissionärs, Rechenschaft über die Abschließung des Kaufes oder Verkaufs abzulegen, auf den Nachweis, daß bei dem berechneten Preise der zur Zeit der Ausführung der Kommission bestehende Börsen- oder Marktpreis eingehalten ist. [2]Als Zeit der Ausführung gilt der Zeitpunkt, in welchem der Kommissionär die Anzeige von der Ausführung zur Absendung an den Kommittenten abgegeben hat.

(3) Ist bei einer Kommission, die während der Börsen- oder Marktzeit auszuführen war, die Ausführungsanzeige erst nach dem Schlusse der Börse oder des Marktes zur Absendung abgegeben, so darf der berechnete Preis für den Kommittenten nicht ungünstiger sein als der Preis, der am Schlusse der Börse oder des Marktes bestand.

(4) Bei einer Kommission, die zu einem bestimmten Kurse (erster Kurs, Mittelkurs, letzter Kurs) ausgeführt werden soll, ist der Kommissionär ohne Rücksicht auf den Zeitpunkt der Absendung der Ausführungsanzeige berechtigt und verpflichtet, diesen Kurs dem Kommittenten in Rechnung zu stellen.

(5) Bei Wertpapieren und Waren, für welche der Börsen- oder Marktpreis amtlich festgestellt wird, kann der Kommissionär im Falle der Ausführung der Kommission durch Selbsteintritt dem Kommittenten keinen ungünstigeren Preis als den amtlich festgestellten in Rechnung stellen.

Deckungsgeschäft bei Selbsteintritt

§ 401. (1) Auch im Falle der Ausführung der Kommission durch Selbsteintritt hat der Kommissionär, wenn er bei Anwendung pflichtmäßiger Sorgfalt die Kommission zu einem günstigeren als dem nach § 400 sich ergebenden Preise ausführen konnte, dem Kommittenten den günstigeren Preis zu berechnen.

(2) Hat der Kommissionär vor der Absendung der Ausführungsanzeige aus Anlaß der erteilten Kommission an der Börse oder am Markte ein Geschäft mit einem Dritten abgeschlossen, so darf er dem Kommittenten keinen ungünstigeren als den hierbei vereinbarten Preis berechnen.

Unabdingbarkeit

§ 402. Die Vorschriften des § 400, Abs. 2 bis 5, und des § 401 können nicht durch Vertrag zum Nachteile des Kommittenten abgeändert werden.

Provision und Kosten bei Selbsteintritt

§ 403. Der Kommissionär, der das Gut selbst als Verkäufer liefert oder als Käufer übernimmt, ist zu der gewöhnlichen Provision berechtigt und kann die bei Kommissionsgeschäften sonst regelmäßig vorkommenden Kosten berechnen.

Gesetzliches Pfandrecht bei Selbsteintritt

§ 404. Die Vorschriften der §§ 397, 398 finden auch im Falle der Ausführung der Kommission durch Selbsteintritt Anwendung.

Ausführungsanzeige und Selbsteintritt; Widerruf der Kommission

§ 405. (1) Zeigt der Kommissionär die Ausführung der Kommission an, ohne ausdrücklich zu bemerken, daß er selbst eintreten wolle, so gilt dies als Erklärung, daß die Ausführung durch Abschluß des Geschäfts mit einem Dritten für Rechnung des Kommittenten erfolgt sei.

(2) Eine Vereinbarung zwischen dem Kommittenten und dem Kommissionär, daß die Erklärung darüber, ob die Kommission durch Selbsteintritt oder durch Abschluß mit einem Dritten ausgeführt sei, später als am Tage der Ausführungsanzeige abgegeben werden dürfe, ist nichtig.

(3) Widerruft der Kommittent die Kommission und geht der Widerruf dem Kommissionär zu, bevor die Ausführungsanzeige zur Absendung abgegeben ist, so steht dem Kommissionär das Recht des Selbsteintritts nicht mehr zu.

§ 406. *(aufgehoben, BGBl I 2005/120)*

Vierter Abschnitt

Speditionsgeschäft

Spediteur, Anwendung des 3. Abschnitts

§ 407. (1) Spediteur ist, wer es „ “ übernimmt, Güterversendungen durch Frachtführer oder durch Verfrachter von Seeschiffen für Rechnung eines anderen (des Versenders) im eigenen Namen zu besorgen. *(BGBl I 2005/120)*

(2) Auf die Rechte und Pflichten des Spediteurs finden, soweit dieser Abschnitt keine Vorschriften enthält, die für den Kommissionär geltenden Vorschriften, insbesondere die Vorschriften der §§ 388 bis 390 über die Empfangnahme, die Aufbewahrung und Versicherung des Gutes, Anwendung.

Pflichten des Spediteurs

§ 408. (1) Der Spediteur hat die Versendung, insbesondere die Wahl der Frachtführer, Verfrachter und Zwischenspediteure, mit der Sorgfalt eines ordentlichen „Unternehmers“ auszuführen; er hat hierbei das Interesse des Versenders wahrzunehmen und dessen Weisungen zu befolgen. *(BGBl I 2005/120)*

(2) Der Spediteur ist nicht berechtigt, dem Versender eine höhere als die mit dem Frachtführer oder dem Verfrachter bedungene Fracht zu berechnen.

Fälligkeit der Provision

§ 409. Der Spediteur hat die Provision zu fordern, wenn das Gut dem Frachtführer oder dem Verfrachter zur Beförderung übergeben ist.

Gesetzliches Pfandrecht

§ 410. Der Spediteur hat wegen der Fracht, der Provision, der Auslagen und Verwendungen sowie wegen der auf das Gut gegebenen Vorschüsse ein Pfandrecht an dem Gute, sofern er es noch im Besitze hat, insbesondere mittels Konnossements, Ladescheins oder Lagerscheins darüber verfügen kann.

Zwischenspediteur

§ 411. (1) Bedient sich der Spediteur eines Zwischenspediteurs, so hat dieser zugleich die seinem Vormanne zustehenden Rechte, insbesondere dessen Pfandrecht, auszuüben.

(2) [1]Soweit der Vormann wegen seiner Forderung von dem Nachmanne befriedigt wird, geht die Forderung und das Pfandrecht des Vormannes auf den Nachmann über. [2]Dasselbe gilt von der Forderung und dem Pfandrechte des Frachtführers, soweit der Zwischenspediteur ihn befriedigt.

Selbsteintritt des Spediteurs

§ 412. (1) Der Spediteur ist, wenn nicht ein anderes bestimmt ist, befugt, die Beförderung des Gutes selbst auszuführen.

(2) Macht er von dieser Befugnis Gebrauch, so hat er zugleich die Rechte und Pflichten eines Frachtführers oder Verfrachters; er kann die Provision, die bei Speditionsgeschäften sonst regelmäßig vorkommenden Kosten sowie die gewöhnliche Fracht verlangen.

Spedition zu festen Spesen; Sammelladung

§ 413. (1) [1]Hat sich der Spediteur mit dem Versender über einen bestimmten Satz der Beförderungskosten geeinigt, so hat er ausschließlich die Rechte und Pflichten eines Frachtführers. [2]Er kann in einem solchen Falle Provision nur verlangen, wenn es besonders vereinbart ist.

(2) [1]Bewirkt der Spediteur die Versendung des Gutes zusammen mit den Gütern anderer Versender auf Grund eines für seine Rechnung über eine Sammelladung geschlossenen Frachtvertrags, so finden die Vorschriften des Abs. 1 Anwendung, auch wenn eine Einigung über einen bestimmten Satz der Beförderungskosten nicht stattgefunden hat. [2]Der Spediteur kann in diesem Falle eine den

Umständen nach angemessene Fracht, höchstens aber die für die Beförderung des einzelnen Gutes gewöhnliche Fracht verlangen.

Verjährung

§ 414. (1) [1]Die Ansprüche gegen den Spediteur wegen Verlustes, Minderung, Beschädigung oder verspäteter Ablieferung des Gutes verjähren in einem Jahre. [2]Die Verjährungsfrist kann durch Vertrag verlängert werden.

(2) Die Verjährung beginnt im Falle der Beschädigung oder Minderung mit dem Ablaufe des Tages, an welchem die Ablieferung stattgefunden hat, im Falle des Verlustes oder der verspäteten Ablieferung mit dem Ablaufe des Tages, an welchem die Ablieferung hätte bewirkt sein müssen.

(3) [1]Die im Abs. 1 bezeichneten Ansprüche können nach der Vollendung der Verjährung nur aufgerechnet werden, wenn vorher der Verlust, die Minderung, die Beschädigung oder die verspätete Ablieferung dem Spediteur angezeigt oder die Anzeige an ihn abgesendet worden ist. [2]Der Anzeige an den Spediteur steht es gleich, wenn gerichtliche Beweisaufnahme zur Sicherung des Beweises beantragt oder in einem zwischen dem Versender und dem Empfänger oder einem späteren Erwerber des Gutes wegen des Verlustes, der Minderung, der Beschädigung oder der verspäteten Ablieferung anhängigen Rechtsstreite dem Spediteur der Streit verkündet wird.

(4) Diese Vorschriften finden keine Anwendung, wenn der Spediteur den Verlust, die Minderung, die Beschädigung oder die verspätete Ablieferung des Gutes vorsätzlich herbeigeführt hat.

§ 415. *(aufgehoben, BGBl I 2005/120)*

Fünfter Abschnitt

Lagergeschäft[1)]

[1)] Die §§ 416-424 HGB wurden bereits durch die 3. EVO (14. 10. 1938, RGBl 1938 I S 1428) in Österreich eingeführt.

Lagerhalter

§ 416. Lagerhalter ist, wer „ “ die Lagerung und Aufbewahrung von Gütern übernimmt. *(BGBl I 2005/120)*

(DRGBl 1938 I S 1428)

Rechte und Pflichten des Lagerhalters

§ 417. (1) Auf die Rechte und Pflichten des Lagerhalters in Ansehung der Empfangnahme, Aufbewahrung und Versicherung des Gutes finden die für den Kommissionär geltenden Vorschriften der §§ 388 bis 390 Anwendung.

(2) [1]Treten Veränderungen an dem Gute ein, welche dessen Entwertung befürchten lassen, so hat der Lagerhalter den Einlagerer hiervon unverzüglich zu benachrichtigen. [2]Versäumt er dies, so hat er den daraus entstehenden Schaden zu ersetzen.

(DRGBl 1938 I S 1428)

Besichtigung während der Geschäftszeit

§ 418. Der Lagerhalter hat dem Einlagerer die Besichtigung des Gutes, die Entnahme von Proben und die zur Erhaltung des Gutes notwendigen Handlungen während der Geschäftsstunden zu gestatten.

(DRGBl 1938 I S 1428)

Sammellagerung

§ 419. (1) Im Falle der Lagerung vertretbarer Sachen ist der Lagerhalter zu ihrer Vermischung mit anderen Sachen von gleicher Art und Güte nur befugt, wenn ihm dies ausdrücklich gestattet ist.

(2) Der Lagerhalter erwirbt auch in diesem Falle nicht das Eigentum des Gutes; aus dem durch die Vermischung entstandenen Gesamtvorrate kann er jedem Einlagerer den ihm gebührenden Anteil ausliefern, ohne daß er hierzu der Genehmigung der übrigen Beteiligten bedarf.

(3) Ist das Gut in der Art hinterlegt, daß das Eigentum auf den Lagerhalter übergehen und dieser verpflichtet sein soll, Sachen von gleicher Art, Güte und Menge zurückzugewähren, so finden die Vorschriften dieses Abschnitts keine Anwendung.

(DRGBl 1938 I S 1428)

Lagerkosten

§ 420. (1) Der Lagerhalter hat Anspruch auf das bedungene oder ortsübliche Lagergeld sowie auf Erstattung der Auslagen für Fracht und Zölle und der sonst für das Gut gemachten Aufwendungen, soweit er sie den Umständen nach für erforderlich halten durfte.

(2) [1]Von den hiernach dem Lagerhalter zukommenden Beträgen (Lagerkosten) sind die baren Auslagen sofort zu erstatten. [2]Die sonstigen Lagerkosten sind nach dem Ablaufe von je drei Monaten seit der Einlieferung oder, wenn das Gut in der Zwischenzeit zurückgenommen wird, bei der Rücknahme zu erstatten; wird das Gut teilweise zurückgenommen, so ist nur ein entsprechender Teil zu berichtigen, es sei denn, daß das auf dem Lager verbleibende Gut zur Sicherung des Lagerhalters nicht ausreicht.

(DRGBl 1938 I S 1428)

Gesetzliches Pfandrecht

§ 421. Der Lagerhalter hat wegen der Lagerkosten ein Pfandrecht an dem Gute, solange er es im Besitze hat, insbesondere mittels Konnossements, Ladescheins oder Lagerscheins darüber verfügen kann.

(DRGBl 1938 I S 1428)

Rücknahme des Gutes

§ 422. (1) [1]Der Lagerhalter kann nicht verlangen, daß der Einlagerer das Gut vor dem Ablaufe der bedungenen Lagerzeit und, falls eine solche nicht bedungen ist, daß er es vor dem Ablaufe von drei Monaten nach der Einlieferung zurücknehme. [2]Ist eine Lagerzeit nicht bedungen oder behält der Lagerhalter nach dem Ablaufe der bedungenen Lagerzeit das Gut auf dem Lager, so kann er die Rücknahme nur nach vorgängiger Kündigung unter Einhaltung einer Kündigungsfrist von einem Monate verlangen.

(2) Der Lagerhalter ist berechtigt, die Rücknahme des Gutes vor dem Ablaufe der Lagerzeit und ohne Einhaltung einer Kündigungsfrist zu verlangen, wenn ein wichtiger Grund vorliegt.

(DRGBl 1938 I S 1428)

Verjährung

§ 423. [1]Auf die Verjährung der Ansprüche gegen den Lagerhalter wegen Verlustes, Minderung, Beschädigung oder verspäteter Ablieferung des Gutes finden die Vorschriften des § 414 entsprechende Anwendung. [2]Im Falle des gänzlichen Verlustes beginnt die Verjährung mit dem Ablaufe des Tages, an welchem der Lagerhalter dem Einlagerer Anzeige von dem Verluste macht.

(DRGBl 1938 I S 1428)

Übergabe des Lagerscheins

§ 424. Ist von dem Lagerhalter ein Lagerschein ausgestellt, der durch Indossament übertragen werden kann, so hat, wenn das Gut von dem Lagerhalter übernommen ist, die Übergabe des Lagerscheins an denjenigen, welcher durch den Schein zur Empfangnahme des Gutes legitimiert wird, für den Erwerb von Rechten an dem Gute dieselben Wirkungen wie die Übergabe des Gutes.

(DRGBl 1938 I S 1428)

Sechster Abschnitt

Frachtgeschäft

Frachtführer

§ 425. Frachtführer ist, wer es „ “ übernimmt, die Beförderung von Gütern zu Lande oder auf Flüssen oder sonstigen Binnengewässern auszuführen. *(BGBl I 2005/120)*

Frachtbrief

§ 426. (1) Der Frachtführer kann die Ausstellung eines Frachtbriefs verlangen.

(2) Der Frachtbrief soll enthalten:

1. den Ort und den Tag der Ausstellung;
2. den Namen und den Wohnort des Frachtführers;
3. den Namen dessen, an welchen das Gut abgeliefert werden soll (des Empfängers);
4. den Ort der Ablieferung;
5. die Bezeichnung des Gutes nach Beschaffenheit, Menge und Merkzeichen;
6. die Bezeichnung der für eine zoll- oder steueramtliche Behandlung oder polizeiliche Prüfung nötigen Begleitpapiere;
7. die Bestimmung über die Fracht sowie im Falle ihrer Vorausbezahlung einen Vermerk über die Vorausbezahlung;
8. die besonderen Vereinbarungen, welche die Beteiligten über andere Punkte, namentlich über die Zeit, innerhalb welcher die Beförderung bewirkt werden soll, über die Entschädigung wegen verspäteter Ablieferung und über die auf dem Gute haftenden Nachnahmen, getroffen haben;
9. die Unterschrift des Absenders; eine im Wege der mechanischen Vervielfältigung hergestellte Unterschrift ist genügend.

(3) Der Absender haftet dem Frachtführer für die Richtigkeit und die Vollständigkeit der in den Frachtbrief aufgenommenen Angaben.

Begleitpapiere

§ 427. [1]Der Absender ist verpflichtet, dem Frachtführer die Begleitpapiere zu übergeben, welche zur Erfüllung der Zoll-, Steuer- oder Polizeivorschriften vor der Ablieferung an den Empfänger erforderlich sind. [2]Er haftet dem Frachtführer, sofern nicht diesem ein Verschulden zur Last fällt, für alle Folgen, die aus dem Mangel, der Unzulänglichkeit oder der Unrichtigkeit der Papiere entstehen.

Lieferfrist; Verhinderung der Beförderung

§ 428. (1) [1]Ist über die Zeit, binnen welcher der Frachtführer die Beförderung bewirken soll, nichts bedungen, so bestimmt sich die Frist, innerhalb deren er die Reise anzutreten und zu vollenden hat, nach dem Ortsgebrauche. [2]Besteht ein Ortsgebrauch nicht, so ist die Beförderung binnen einer den Umständen nach angemessenen Frist zu bewirken.

(2) [1]Wird der Antritt oder die Fortsetzung der Reise ohne Verschulden des Absenders zeitweilig verhindert, so kann der Absender von dem Vertrage zurücktreten; er hat jedoch den Frachtführer, wenn diesem kein Verschulden zur Last fällt, für

die Vorbereitung der Reise, die Wiederausladung und den zurückgelegten Teil der Reise zu entschädigen. [2]Über die Höhe der Entschädigung entscheidet der Ortsgebrauch; besteht ein Ortsgebrauch nicht, so ist eine den Umständen nach angemessene Entschädigung zu gewähren.

Haftung des Frachtführers

§ 429. (1) Der Frachtführer haftet für den Schaden, der durch Verlust oder Beschädigung des Gutes in der Zeit von der Annahme bis zur Ablieferung oder durch Versäumung der Lieferzeit entsteht, es sei denn, daß der Verlust, die Beschädigung oder die Verspätung auf Umständen beruht, die durch die Sorgfalt eines ordentlichen Frachtführers nicht abgewendet werden konnten.

(2) Für den Verlust oder die Beschädigung von Kostbarkeiten, Kunstgegenständen, Geld und Wertpapieren haftet der Frachtführer nur, wenn ihm diese Beschaffenheit oder der Wert des Gutes bei der Übergabe zur Beförderung angegeben worden ist.

(3) Sondergesetzliche Haftungsansprüche bleiben unberührt. *(BGBl I 2005/120)*

Umfang des Ersatzes

§ 430. (1) Muß auf Grund des Frachtvertrags von dem Frachtführer für gänzlichen oder teilweisen Verlust des Gutes Ersatz geleistet werden, so ist der gemeine Handelswert und in dessen Ermangelung der gemeine Wert zu ersetzen, welchen Gut derselben Art und Beschaffenheit am Orte der Ablieferung in dem Zeitpunkte hatte, in welchem die Ablieferung zu bewirken war; hiervon kommt in Abzug, was infolge des Verlustes an Zöllen und sonstigen Kosten sowie an Fracht erspart ist.

(2) Im Falle der Beschädigung ist der Unterschied zwischen dem Verkaufswerte des Gutes im beschädigten Zustand und dem gemeinen Handelswert oder dem gemeinen Wert zu ersetzen, welchen das Gut ohne die Beschädigung am Orte und zur Zeit der Ablieferung gehabt haben würde; hiervon kommt in Abzug, was infolge der Beschädigung an Zöllen und sonstigen Kosten erspart ist.

(3) Ist der Schaden durch Vorsatz oder grobe Fahrlässigkeit des Frachtführers herbeigeführt, so kann Ersatz des vollen Schadens gefordert werden.

Haftung für Gehilfen

§ 431. Der Frachtführer hat ein Verschulden seiner Leute und ein Verschulden anderer Personen, deren er sich bei der Ausführung der Beförderung bedient, in gleichem Umfange zu vertreten wie eigenes Verschulden.

Mehrere aufeinanderfolgende Frachtführer

§ 432. (1) Übergibt der Frachtführer zur Ausführung der von ihm übernommenen Beförderung das Gut einem anderen Frachtführer, so haftet er für die Ausführung der Beförderung bis zur Ablieferung des Gutes an den Empfänger.

(2) Der nachfolgende Frachtführer tritt dadurch, daß er das Gut mit dem ursprünglichen Frachtbrief annimmt, diesem gemäß in den Frachtvertrag ein und übernimmt die selbständige Verpflichtung, die Beförderung nach dem Inhalte des Frachtbriefs auszuführen.

(3) [1]Hat auf Grund dieser Vorschriften einer der beteiligten Frachtführer Schadensersatz geleistet, so steht ihm der Rückgriff gegen denjenigen zu, welcher den Schaden verschuldet hat. [2]Kann dieser nicht ermittelt werden, so haben die beteiligten Frachtführer den Schaden nach dem Verhältnis ihrer Anteile an der Fracht gemeinsam zu tragen, soweit nicht festgestellt wird, daß der Schaden nicht auf ihrer Beförderungsstrecke entstanden ist.

Verfügungsrecht des Absenders

§ 433. (1) [1]Der Absender kann den Frachtführer anweisen, das Gut anzuhalten, zurückzugeben oder an einen anderen als den im Frachtbriefe bezeichneten Empfänger auszuliefern. [2]Die Mehrkosten, die durch eine solche Verfügung entstehen, sind dem Frachtführer zu erstatten.

(2) [1]Das Verfügungsrecht des Absenders erlischt, wenn nach der Ankunft des Gutes am Orte der Ablieferung der Frachtbrief dem Empfänger übergeben oder von dem Empfänger Klage gemäß § 435 gegen den Frachtführer erhoben wird. [2]Der Frachtführer hat in einem solchen Falle nur die Anweisungen des Empfängers zu beachten; verletzt er diese Verpflichtung, so ist er dem Empfänger für das Gut verhaftet.

Rechte des Empfängers vor der Ankunft des Gutes

§ 434. [1]Der Empfänger ist vor der Ankunft des Gutes am Orte der Ablieferung dem Frachtführer gegenüber berechtigt, alle zur Sicherstellung des Gutes erforderlichen Maßregeln zu ergreifen und dem Frachtführer die zu diesem Zwecke notwendigen Anweisungen zu erteilen. [2]Die Auslieferung des Gutes kann er vor dessen Ankunft am Orte der Ablieferung nur fordern, wenn der Absender den Frachtführer dazu ermächtigt hat.

Rechte des Empfängers nach der Ankunft des Gutes

§ 435. [1]Nach der Ankunft des Gutes am Orte der Ablieferung ist der Empfänger berechtigt, die durch den Frachtvertrag begründeten Rechte gegen Erfüllung der sich daraus ergebenden Verpflichtungen in eigenem Namen gegen den Frachtführer geltend zu machen, ohne Unterschied, ob er hierbei in eigenem oder in fremdem Interesse handelt. [2]Er ist insbesondere berechtigt, von dem Frachtführer die Übergabe des Frachtbriefs und die Auslieferung des Gutes zu verlangen. [3]Dieses Recht erlischt, wenn der Absender dem Frachtführer eine nach § 433 noch zulässige entgegenstehende Anweisung erteilt.

Zahlungspflicht des Empfängers

§ 436. Durch Annahme des Gutes und des Frachtbriefs wird der Empfänger verpflichtet, dem Frachtführer nach Maßgabe des Frachtbriefs Zahlung zu leisten.

Ablieferungshindernisse

§ 437. (1) Ist der Empfänger des Gutes nicht zu ermitteln oder verweigert er die Annahme oder ergibt sich ein sonstiges Ablieferungshindernis, so hat der Frachtführer den Absender unverzüglich hiervon in Kenntnis zu setzen und dessen Anweisung einzuholen.

(2) [1]Ist dies den Umständen nach nicht tunlich oder der Absender mit der Erteilung der Anweisung säumig oder die Anweisung nicht ausführbar, so ist der Frachtführer befugt, das Gut in einem öffentlichen Lagerhaus oder sonst in sicherer Weise zu hinterlegen. [2]Er kann, falls das Gut dem Verderben ausgesetzt und Gefahr im Verzug ist, das Gut auch gemäß § 373, Abs. 2 bis 4, verkaufen lassen.

(3) Von der Hinterlegung und dem Verkaufe des Gutes hat der Frachtführer den Absender und den Empfänger unverzüglich zu benachrichtigen, es sei denn, daß dies untunlich ist; im Falle der Unterlassung ist er zum Schadensersatze verpflichtet.

Erlöschen der Ansprüche gegen den Frachtführer

§ 438. (1) Ist die Fracht nebst den sonst auf dem Gute haftenden Forderungen bezahlt und das Gut angenommen, so sind alle Ansprüche gegen den Frachtführer aus dem Frachtvertrag erloschen.

(2) Diese Vorschrift findet keine Anwendung, soweit die Beschädigung oder Minderung des Gutes vor dessen Annahme durch amtlich bestellte Sachverständige festgestellt ist.

(3) [1]Wegen einer Beschädigung oder Minderung des Gutes, die bei der Annahme äußerlich nicht erkennbar ist, kann der Frachtführer auch nach der Annahme des Gutes und der Bezahlung der Fracht in Anspruch genommen werden, wenn der Mangel in der Zeit zwischen der Übernahme des Gutes durch den Frachtführer und der Ablieferung entstanden ist und die Feststellung des Mangels durch amtlich bestellte Sachverständige unverzüglich nach der Entdeckung und spätestens binnen einer Woche nach der Annahme beantragt wird. [2]Ist dem Frachtführer der Mangel unverzüglich nach der Entdeckung und binnen der bezeichneten Frist angezeigt, so genügt es, wenn die Feststellung unverzüglich nach dem Zeitpunkte beantragt wird, bis zu welchem der Eingang einer Antwort des Frachtführers unter regelmäßigen Umständen erwartet werden darf.

(4) Die Kosten einer von dem Empfangsberechtigten beantragten Feststellung sind von dem Frachtführer zu tragen, wenn ein Verlust oder eine Beschädigung ermittelt wird, für welche der Frachtführer Ersatz leisten muß.

(5) Der Frachtführer kann sich auf diese Vorschriften nicht berufen, wenn er den Schaden durch Vorsatz oder grobe Fahrlässigkeit herbeigeführt hat.

Verjährung

§ 439. [1]Auf die Verjährung der Ansprüche gegen den Frachtführer wegen Verlustes, Minderung, Beschädigung oder verspäteter Ablieferung des Gutes finden die Vorschriften des § 414 entsprechende Anwendung. [2]Dies gilt nicht für die im § 432, Abs. 3, bezeichneten Ansprüche.

Anwendung des Beförderungsvertrages im internationalen Straßengüterverkehr (CMR)

§ 439a. (1) Auf den Abschluß und die Ausführung des Vertrages über die entgeltliche Beförderung von Gütern auf der Straße - ausgenommen Umzugsgut – mittels Fahrzeugen, die Haftung des Frachtführers, Reklamationen und das Rechtsverhältnis zwischen aufeinanderfolgenden Frachtführern sind die Art. 2 bis 30 und 32 bis 41 des Übereinkommens vom 19. Mai 1956, BGBl. Nr. 138/1961, über den Beförderungsvertrag im internationalen Straßengüterverkehr (CMR) in der Fassung des Protokolls vom 5. Juli 1978, BGBl. Nr. 192/1981, in der für Österreich jeweils geltenden Fassung auch dann anzuwenden, wenn der vertragliche Ort der Übernahme und der vertragliche Ort der Ablieferung des Gutes im Inland liegen.

(2) Im Sinne des Abs. 1 sind unter Fahrzeugen Kraftfahrzeuge, Sattelkraftfahrzeuge, Anhänger und Sattelanhänger gemäß Art. I lit. p, q, r und u des Übereinkommens über den Straßenverkehr, BGBl. Nr. 289/1982, zu verstehen.

(BGBl 1990/459)

Gesetzliches Pfandrecht

§ 440. (1) Der Frachtführer hat wegen aller durch den Frachtvertrag begründeten Forderungen, insbesondere der Fracht- und Liegegelder, der Zollgelder und anderer Auslagen, sowie wegen der auf das Gut geleisteten Vorschüsse ein Pfandrecht an dem Gute.

(2) Das Pfandrecht besteht, solange der Frachtführer das Gut noch im Besitze hat, insbesondere mittels Konnossements, Ladescheins oder Lagerscheins darüber verfügen kann.

(3) Auch nach der Ablieferung dauert das Pfandrecht fort, sofern der Frachtführer es binnen drei Tagen nach der Ablieferung gerichtlich geltend macht und das Gut noch im Besitze des Empfängers ist.

(4) [1]„Die Androhung des Pfandverkaufs und die übrigen in § 466b ABGB genannten Benachrichtigungen sind an den Empfänger zu richten." [2]Ist dieser nicht zu ermitteln oder verweigert er die Annahme des Gutes, so hat die Androhung und Benachrichtigung gegenüber dem Absender zu erfolgen. *(BGBl I 2005/120)*

Rechte und Pflichten des letzten Frachtführers

§ 441. (1) [1]Der letzte Frachtführer hat, falls nicht im Frachtbrief ein anderes bestimmt ist, bei der Ablieferung auch die Forderungen der Vormänner sowie die auf dem Gute haftenden Nachnahmen einzuziehen und die Rechte der Vormänner, insbesondere auch das Pfandrecht, auszuüben. [2]Das Pfandrecht der Vormänner besteht solange als das Pfandrecht des letzten Frachtführers.

(2) Wird der vorhergehende Frachtführer von dem nachfolgenden befriedigt, so gehen seine Forderung und sein Pfandrecht auf den letzteren über.

(3) In gleicher Art gehen die Forderung und das Pfandrecht des Spediteurs auf den nachfolgenden Spediteur und den nachfolgenden Frachtführer über.

Haftung des abliefernden Frachtführers

§ 442. [1]Der Frachtführer, welcher das Gut ohne Bezahlung abliefert und das Pfandrecht nicht binnen drei Tagen nach der Ablieferung gerichtlich geltend macht, ist den Vormännern verantwortlich. [2]Er wird, ebenso wie die vorhergehenden Frachtführer und Spediteure des Rückgriffs gegen die Vormänner verlustig. [3]Der Anspruch gegen den Empfänger bleibt in Kraft.

Rang mehrerer Pfänder

§ 443. (1) Bestehen an demselben Gute mehrere nach den §§ 397, 410, 421, 440 begründete Pfandrechte, so geht unter denjenigen Pfandrechten, welche durch die Versendung oder durch die Beförderung des Gutes entstanden sind, das später entstandene dem früher entstandenen vor.

(2) Diese Pfandrechte haben sämtlich den Vorrang vor dem nicht aus der Versendung entstandenen Pfandrechte des Kommissionärs und des Lagerhalters sowie vor dem Pfandrechte des Spediteurs und des Frachtführers für Vorschüsse.

Ladeschein

§ 444. Über die Verpflichtung zur Auslieferung des Gutes kann von dem Frachtführer ein Ladeschein ausgestellt werden.

Inhalt des Ladescheins

§ 445. (1) Der Ladeschein soll enthalten:

1. den Ort und den Tag der Ausstellung;

2. den Namen und den Wohnort des Frachtführers;

3. den Namen des Absenders;

4. den Namen desjenigen, an welchen oder an dessen Order das Gut abgeliefert werden soll; als solcher gilt der Absender, wenn der Ladeschein nur an Order gestellt ist;

5. den Ort der Ablieferung;

6. die Bezeichnung des Gutes nach Beschaffenheit, Menge und Merkzeichen;

7. die Bestimmung über die Fracht und über die auf dem Gute haftenden Nachnahmen sowie im Falle der Vorausbezahlung der Fracht einen Vermerk über die Vorausbezahlung.

(2) Der Ladeschein muß von dem Frachtführer unterzeichnet sein.

(3) Der Absender hat dem Frachtführer auf Verlangen eine von ihm unterschriebene Abschrift des Ladescheins auszuhändigen.

Ladeschein und Frachtvertrag

§ 446. (1) Der Ladeschein entscheidet für das Rechtsverhältnis zwischen dem Frachtführer und dem Empfänger des Gutes; die nicht in den Ladeschein aufgenommenen Bestimmungen des Frachtvertrags sind dem Empfänger gegenüber unwirksam, sofern nicht der Ladeschein ausdrücklich auf sie Bezug nimmt.

(2) Für das Rechtsverhältnis zwischen dem Frachtführer und dem Absender bleiben die Bestimmungen des Frachtvertrags maßgebend.

Legitimation durch Ladeschein

§ 447. (1) Zum Empfange des Gutes legitimiert ist derjenige, an welchen das Gut nach dem Ladeschein abgeliefert werden soll oder auf welchen der Ladeschein, wenn er an Order lautet, durch Indossament übertragen ist.

(2) Der zum Empfange Legitimierte hat schon vor der Ankunft des Gutes am Ablieferungsorte die Rechte, welche dem Absender in Ansehung der Verfügung über das Gut zustehen, wenn ein Ladeschein nicht ausgestellt ist.

(3) Der Frachtführer darf einer Anweisung des Absenders, das Gut anzuhalten, zurückzugeben

oder an einen anderen als den durch den Ladeschein legitimierten Empfänger auszuliefern, nur Folge leisten, wenn ihm der Ladeschein zurückgegeben wird; verletzt er diese Verpflichtung, so ist er dem rechtmäßigen Besitzer des Ladescheins für das Gut verhaftet.

Frachtgut gegen Ladeschein

§ 448. Der Frachtführer ist zur Ablieferung des Gutes nur gegen Rückgabe des Ladescheins, auf dem die Ablieferung des Gutes bescheinigt ist, verpflichtet.

Ladeschein und nachfolgende Frachtführer

§ 449. Im Falle des § 432, Abs. 1, wird der nachfolgende Frachtführer, der das Gut auf Grund des Ladescheins übernimmt, nach Maßgabe des Scheines verpflichtet.

Wirkungen der Übergabe des Ladescheins

§ 450. Die Übergabe des Ladescheins an denjenigen, welcher durch den Schein zur Empfangnahme des Gutes legitimiert wird, hat, wenn das Gut von dem Frachtführer übernommen ist, für den Erwerb von Rechten an dem Gute dieselben Wirkungen wie die Übergabe des Gutes.

§ 451. Auf die Beförderung von Briefen und briefähnlichen Sendungen sind nicht die Bestimmungen des sechsten Abschnitts (Frachtgeschäft), sondern jene des allgemeinen Zivil- und Unternehmensrechts anzuwenden.

(BGBl I 2008/70)

§ 452. *(aufgehoben, BGBl I 2005/120)*

§ 453. *(aufgehoben BGBl I 2005/120; BGBl I 2008/70)*

Siebenter Abschnitt
(BGBl I 2013/50)

Investitionsersatz

§ 454. (1) Ein Unternehmer, der an einem vertikalen Vertriebsbindungssystem als gebundener Unternehmer „ “ oder als selbständiger Handelsvertreter (§ 1 HVertrG) teilnimmt, hat bei Beendigung des Vertragsverhältnisses mit dem bindenden Unternehmer Anspruch auf Ersatz von Investitionen, die er nach dem Vertriebsbindungsvertrag für einen einheitlichen Vertrieb zu tätigen verpflichtet war, soweit sie bei der Vertragsbeendigung weder amortisiert noch angemessen verwertbar sind. *(BGBl I 2014/83)*

(2) Der Anspruch besteht nicht, wenn

a) der gebundene Unternehmer das Vertragsverhältnis gekündigt oder vorzeitig aufgelöst hat, es sei denn, dass dafür ein dem bindenden Unternehmer zurechenbarer wichtiger Grund vorlag,

b) der bindende Unternehmer das Vertragsverhältnis aus einem dem gebundenen Unternehmer zurechenbaren wichtigen Grund gekündigt oder vorzeitig aufgelöst hat oder

c) der gebundene Unternehmer gemäß einer Vereinbarung mit dem bindenden Unternehmer die Rechte und Pflichten, die er nach dem Vertrag hat, einem Dritten überbindet.

(3) Der gebundene Unternehmer verliert den Anspruch, wenn er dem bindenden Unternehmer nicht innerhalb eines Jahres nach Beendigung des Vertragsverhältnisses mitgeteilt hat, dass er seine Rechte geltend macht.

(4) Ansprüche nach Abs. 1 können zum Nachteil des gebundenen Unternehmers im Voraus durch Vereinbarung weder aufgehoben noch beschränkt werden.

(5) Der Ausgleichsanspruch nach § 24 HVertrG bleibt von dieser Bestimmung unberührt.

(BGBl I 2003/71)

Achter Abschnitt

Zahlungsverzug
(BGBl I 2013/50)

Anwendungsbereich

§ 455. Dieser Abschnitt gilt für Rechtsgeschäfte zwischen Unternehmern sowie für Rechtsgeschäfte zwischen einem Unternehmer und einer juristischen Person des öffentlichen Rechts.

(BGBl I 2013/50)

Verzugszinsen

§ 456. [1]Bei der Verzögerung der Zahlung von Geldforderungen beträgt der gesetzliche Zinssatz 9,2 Prozentpunkte über dem Basiszinssatz. [2]Dabei ist der Basiszinssatz, der am ersten Kalendertag eines Halbjahres gilt, für das jeweilige Halbjahr maßgebend. [3]Soweit der Schuldner für die Verzögerung aber nicht verantwortlich ist, hat er nur die in § 1000 Abs. 1 ABGB bestimmten Zinsen zu entrichten.

(BGBl I 2013/50)

Dauer von Abnahme- oder Überprüfungsverfahren

§ 457. [1]Die Dauer eines gesetzlich oder vertraglich vorgesehenen Abnahme- oder Überprüfungsverfahrens zur Feststellung der vertragsgemäßen Leistungserbringung darf höchstens 30 Tage ab dem Empfang der Ware oder der Erbringung der Dienstleistung betragen. [2]Die Vereinbarung einer längeren Frist kann nur ausdrücklich getroffen werden und ist nur zulässig, soweit dies für den Gläubiger nicht grob nachteilig ist.

(BGBl I 2013/50)

Entschädigung für Betreibungskosten

§ 458. Bei der Verzögerung der Zahlung von Geldforderungen ist der Gläubiger berechtigt, als Entschädigung für etwaige Betreibungskosten vom Schuldner einen Pauschalbetrag von 40 Euro zu fordern. Für den Ersatz von Betreibungskosten, die diesen Pauschalbetrag übersteigen, ist § 1333 Abs. 2 ABGB anzuwenden.

(BGBl I 2013/50)

Grob nachteilige Vertragsbestimmungen oder Geschäftspraktiken

§ 459. (1) [1]Eine Vertragsbestimmung über den Zahlungstermin, die Zahlungsfrist, den Verzugszinssatz oder die Entschädigung für Betreibungskosten ist nichtig, wenn sie für den Gläubiger grob nachteilig ist. [2]Ebenso wenig können aus einer diese Fragen betreffenden Geschäftspraktik rechtliche Wirkungen abgeleitet werden, wenn sie für den Gläubiger grob nachteilig ist.

(2) [1]Für die Beurteilung der groben Nachteiligkeit einer Vertragsbestimmung oder Geschäftspraktik ist insbesondere zu berücksichtigen, inwieweit diese von der Übung des redlichen Verkehrs abweicht, ob es einen sachlichen Grund für diese Abweichung gibt und um welche Vertragsleistung es sich handelt. [2]Bei einer zu Lasten des Gläubigers vereinbarten Vertragsbestimmung über eine von § 456 abweichende Höhe der Verzugszinsen oder über eine von § 458 erster Satz abweichende Höhe des pauschalen Entschädigungsbetrags ist auch zu berücksichtigen, ob es einen sachlichen Grund für diese Abweichung gibt.

(3) Die Vereinbarung einer Zahlungsfrist von bis zu 60 Tagen ist keinesfalls grob nachteilig.

(4) Der Ausschluss von Verzugszinsen ist jedenfalls grob nachteilig.

(5) Der Ausschluss der Entschädigung für Betreibungskosten nach § 458 gilt als grob nachteilig, sofern er nicht ausnahmsweise nach den Umständen des jeweiligen Rechtsgeschäfts sachlich gerechtfertigt ist.

(BGBl I 2013/50)

Verbandsklage

§ 460. (1) [1]Ein Unternehmer, der im geschäftlichen Verkehr ohne sachliche Rechtfertigung grob nachteilige Vertragsbestimmungen im Sinn des § 459 verwendet oder grob nachteilige Geschäftspraktiken in diesem Sinn ausübt, kann von Vereinigungen zur Förderung wirtschaftlicher Interessen von Unternehmern auf Unterlassung geklagt werden, soweit diese Vereinigungen Interessen vertreten, die durch die Handlung berührt werden. [2]Der Unterlassungsanspruch kann auch von der Wirtschaftskammer Österreich und der Präsidentenkonferenz der Landwirtschaftskammern Österreichs geltend gemacht werden. [3]Die §§ 24, 25 Abs. 3 bis 7 und 26 UWG 1984 sind sinngemäß anzuwenden.

(2) Die Gefahr einer Verwendung derartiger Vertragsbestimmungen oder einer Ausübung derartiger Geschäftspraktiken besteht nicht mehr, wenn der Unternehmer nach Abmahnung durch eine nach Abs. 1 klagebefugte Vereinigung binnen angemessener Frist eine mit angemessener Konventionalstrafe (§ 1336 ABGB) besicherte Unterlassungserklärung abgibt.

(BGBl I 2013/50)

§§ 461 bis 473. *(aufgehoben, DRGBl 1938 I S 1149)*

Fünftes Buch

Seehandel

§ 474 bis § 905. *(nicht abgedruckt)*

Inkrafttreten

§ 906. (1) § 17 Abs. 2 in der Fassung des Bundesgesetzes BGBl. I Nr. 158/1998 tritt mit 1. Jänner 1999 in Kraft. *(BGBl I 1998/158)*

(2) Die durch das Bundesgesetz BGBl. I Nr. 61/2000 geänderten Schwellenwerte des § 221 Abs. 1 und 2 und des § 246 Abs. 1 sind erstmals auf Geschäftsjahre anzuwenden, die nach dem 31. Dezember 1999 beginnen. *(BGBl I 2000/61)*

(3) Die §§ 10, 15 Abs. 2, 32 Abs. 1, 162 und 283 Abs. 2 in der Fassung des Bundesgesetzes BGBl. I Nr. 142/2000 treten mit 1. Jänner 2002 in Kraft. *(BGBl I 2000/142)*

(4) § 223 Abs. 2 sowie § 277 Abs. 3, 4, 7 und 8 in der Fassung des Bundesgesetzes BGBl. I Nr. 41/2001 treten mit 1. Mai 2001 in Kraft. Werden Einreichungen gemäß §§ 277 bis 281 für Geschäftsjahre, die spätestens am 31. Dezember 2002 enden, im Weg des elektronischen Rechtsverkehrs vorgenommen, so verlängert sich die Frist des § 277 Abs. 1 auf zwölf Monate. *(BGBl I 2001/41)*

(5) § 239 Abs. 1 Z 5 in der Fassung des Bundesgesetzes BGBl. I Nr. 42/2001 tritt am 1. Mai 2001 in Kraft und ist auf danach endende Geschäftsjahre anzuwenden. *(BGBl I 2001/42)*

(6) [1]§ 271 Abs. 2 Z 9 und Abs. 4 Z 2 sowie § 275 Abs. 1 und 2 in der Fassung des Bundesgesetzes BGBl. I Nr. 97/2001 treten am 1. Jänner 2002 in Kraft. [2]§ 271 Abs. 2 Z 9 und Abs. 4 Z 2 ist auf Prüfungen von Geschäftsjahren anzuwenden, die nach dem 31. Dezember 2005 beginnen und § 275 Abs. 1 und Abs. 2 auf Prüfungen von

Geschäftsjahren, die nach dem 31. Dezember 2001 beginnen. [3]Auf die Prüfung von Geschäftsjahren, die nicht erst nach dem 31. Dezember 2005 beginnen, ist § 275 Abs. 2 mit der Maßgabe anzuwenden, dass im vierten Satz der Betrag von zwei Millionen Euro durch den Betrag von einer Million Euro zu ersetzen ist. [4]Sofern in den Bestimmungen über andere Prüfungen auf § 275 verwiesen wird, ist § 275 Abs. 1 und 2 in der Fassung des BGBl. I Nr. 97/2001 anzuwenden, wenn der Prüfungsbericht nach dem 31. Dezember 2002 erstattet wird; für Berichte, die bis zum 31. Dezember 2006 erstattet werden, gilt dies mit der Maßgabe, dass im vierten Satz des Abs. 2 der Betrag von zwei Millionen Euro durch den Betrag von einer Million Euro zu ersetzen ist. *(BGBl I 2004/14)*

(7) § 352 und die Aufhebung des § 353 in der Fassung des Bundesgesetzes BGBl. I Nr. 118/2002 treten mit 1. August 2002 in Kraft. *(BGBl I 2002/118)*

(8) [1]Rückstellungen im Sinne von § 198 Abs. 8 Z 4 lit. d für Verpflichtungen zur Rücknahme und Verwertungen von Altfahrzeugen gemäß § 5 der auf Grund von § 14 Abs. 1 des Abfallwirtschaftsgesetzes 2002, BGBl. I Nr. 102/2002, erlassenen Altfahrzeugeverordnung vom 6. November 2002, BGBl. II Nr. 407/2002, sind erstmals im Jahresabschluss für das nach dem 5. November 2002 endende Geschäftsjahr zu bilden. [2]Soweit sich diese Verpflichtungen auf Fahrzeuge beziehen, die vor dem 1. Juli 2002 in Verkehr gebracht wurden, darf der Unterschiedsbetrag zwischen der nach § 198 Abs. 8 Z 4 lit. d anzusetzenden Rückstellung und dem Betrag, der sich bei Ansammlung der Rückstellung in gleichmäßig bemessenen Jahresraten ergibt, als gesonderter Aktivposten, der in der Bilanz unter der Bezeichnung „Abgrenzungsposten gemäß § 906 Abs. 8 HGB" vor dem Anlagevermögen auszuweisen ist, in die Bilanz aufgenommen werden. [3]Dabei ist ein Ansammlungszeitraum zugrundezulegen, der mit dem nach dem 5. November 2002 endenden Geschäftsjahr beginnt und mit dem letzten vor dem 1. Jänner 2007 endenden Geschäftsjahr endet. [4]Durch den Ansatz des Aktivpostens darf der ausschüttbare Gewinn nicht erhöht werden. *(BGBl I 2003/71)*

(9) [1]§ 454 in der Fassung des Bundesgesetzes BGBl. I Nr. 71/2003 ist auf Investitionen anzuwenden, zu denen der gebundene Unternehmer zur Durchführung des Vertriebsbindungsvertrags nach In-Kraft-Treten dieser Bestimmung verpflichtet wird. [2]Bereits bestehende Ansprüche bleiben unberührt. *(BGBl I 2003/71)*

(10) Die §§ 237a, 242 Abs. 2, 243 Abs. 2 Z 5, 266 Z 9 und 10, 267 Abs. 2 Z 4 in der Fassung des Bundesgesetzes BGBl. I Nr. 118/2003 treten am 1. Jänner 2004 in Kraft und sind auf Geschäftsjahre anzuwenden, die nach dem 31. Dezember 2003 beginnen. *(BGBl I 2003/118)*

(11) [1]Die §§ 221 Abs. 1 bis 3 und 7, 228 Abs. 3, 243, 245 Abs. 5, 245a, 246 Abs. 1 und 3, 247 Abs. 1, 250 Abs. 1, 265 Abs. 2 Z 1, 267 und 274 in der Fassung des Bundesgesetzes BGBl. I Nr. 161/2004 treten mit 1. Jänner 2005 in Kraft. Sie sind für Geschäftsjahre anzuwenden, die nach dem 31. Dezember 2004 beginnen. [2]Für den Eintritt der Rechtsfolgen der §§ 221 Abs. 1 und 2, sowie 246 Abs. 1 sind die geänderten Größenmerkmale auch für Beobachtungszeiträume nach §§ 221 Abs. 4 und 246 Abs. 2 anzuwenden, die vor diesem Zeitpunkt liegen. [3]Die §§ 248 und 260 Abs. 3 treten mit 1. Jänner 2005 außer Kraft. *(BGBl I 2004/161)*

(12) [1]Art. 4 der Verordnung (EG) Nr. 1606/2002 betreffend die Anwendung internationaler Rechnungslegungsstandards, Abl. Nr. L 243 vom 11.9.2002 S.1, muss von Unternehmen, von denen lediglich Schuldtitel zum Handel an einem geregelten Markt im Sinne des „§ 1 Abs. 2 BörseG"** zugelassen sind, erst für Geschäftsjahre angewendet werden, die nach dem 31. Dezember 2006 beginnen. [2]Dasselbe gilt für Unternehmen, deren Wertpapiere zum öffentlichen Handel in einem Nichtmitgliedstaat der EU zugelassen sind und die zu diesem Zweck seit einem Geschäftsjahr, das vor dem 11. September 2002 begonnen hat, international anerkannte Rechnungslegungsstandards anwenden. [3]In diesen Fällen ist § 245a HGB in der Fassung des Bundesgesetzes BGBl. I Nr. 49/1999 weiterhin anwendbar. [4]„In dieser Fassung ist § 245a auch auf nicht zu einem Konzernabschluss nach international anerkannten Rechnungslegungsgrundsätzen verpflichtete Mutterunternehmen bis zu Geschäftsjahren, die nach dem 31. Dezember 2006 beginnen, weiterhin anwendbar."* *(BGBl I 2004/161; *BGBl I 2005/59; **BGBl I 2007/72)*

(13) [1]§ 268 Abs. 1, § 270 Abs. 1, 3 und 5, § 271, § 271a und § 275 Abs. 2 in der Fassung des Bundesgesetzes BGBl. I Nr. 59/2005 treten mit 1. Jänner 2006 in Kraft und sind auf die Bestellung zur Prüfung und auf die Prüfung von Geschäftsjahren anzuwenden, die nach dem 31. Dezember 2005 beginnen. [2]Sofern in Bestimmungen über andere Prüfungen auf § 275 verwiesen wird, ist § 275 in der Fassung des BGBl. I Nr. 59/2005 anzuwenden, wenn der Prüfungsbericht nach dem 31. Dezember 2005 erstattet wird. [3]§ 271 Abs. 2 Z 3 ist in Fällen, in denen ein Gesellschafter weniger als 20 von Hundert der Stimmrechte an einer Prüfungsgesellschaft besitzt, erst auf die Bestellung zur Prüfung von Geschäftsjahren anzuwenden, die nach dem 31. Dezember 2007 beginnen. *(BGBl I 2005/59)*

(14) [1]Die §§ 1 bis 24, 28 bis 40, 48 bis 58, 105 bis 180, 185 bis 195, 198, 205, 207, 211 bis 215, 221, 225, 228, 229, 237, 241, 244, 265, 266, 268,

273, 283, 343 bis 349, 351 bis 357, 363 bis 365, 367 bis 374, 376 bis 379, 381, 383 bis 405, 407 bis 414, 416 bis 439, 440 bis 450, 486a, 739a und 793 in der Fassung des Handelsrechts-Änderungsgesetzes, BGBl. I Nr. 120/2005, treten mit 1. Jänner 2007 in Kraft. [2]Die §§ 25 bis 27, 32a, 358 bis 362, 366, 375, 380, 382, 406, 415, 451 bis 453, 489 bis 510 und 679 bis 699 treten mit Ablauf des 31. Dezember 2006 außer Kraft. [3]Soweit im folgenden nichts anderes bestimmt ist, sind auf Sachverhalte, die sich vor diesem Zeitpunkt ereignet haben, die bisher geltenden Bestimmungen weiter anzuwenden. [4]Die §§ 270 Abs. 3, 271a Abs. 1 und 275 Abs. 2 in der Fassung des Handelsrechts-Änderungsgesetzes, BGBl. I Nr. 120/2005, treten mit 1. Jänner 2006 in Kraft. *(BGBl I 2005/120)*

(15) § 243a und § 267 Abs. 3a treten mit 20. Mai 2006 in Kraft und sind auf Jahresabschlüsse (Konzernabschlüsse) für Geschäftsjahre anzuwenden, die nach dem 31. Dezember 2005 beginnen. *(BGBl I 2006/75)*

(16) [1]§ 32 und § 189 Abs. 1 Z 2 und Abs. 2 Z 2 in der Fassung des Bundesgesetzes BGBl. I Nr. 103/2006 treten am 1. Jänner 2007 in Kraft. [2]§§ 277, 281 und 283 in der Fassung des Bundesgesetzes BGBl. I Nr. 103/2006 treten am 1. Juli 2006 in Kraft; § 277 Abs. 6 erster bis dritter Satz in der Fassung des Bundesgesetzes BGBl. I Nr. 103/2006 gilt erstmals für Einreichungen für Geschäftsjahre, die am 31. Dezember 2007 enden. *(BGBl I 2006/103)*

(17) §§ 221, 243a, 245, 246, 267 und 906 Abs. 12 in der Fassung des Bundesgesetzes BGBl. I Nr. 72/2007 treten am 15. Dezember 2007 in Kraft. *(BGBl I 2007/72)*

(18) [1]Die §§ 38, 221, 222, 237, 242, 243a, 243b, 245a, 246, 266, 267, 268, 269, 269a, 270, 271, 271a, 271b, 271c, 273, 274, 275, 277 und 451 in der Fassung des Bundesgesetzes BGBl. I Nr. 70/2008 treten mit 1. Juni 2008 in Kraft. [2]§ 38 Abs. 5a ist auf Unternehmensübergänge aufgrund eines nach dem 31. Mai 2008 vereinbarten oder beendeten Pacht-, Leih-, Fruchtnießungsvertrags und Vertrags über das Recht des Gebrauchs anzuwenden. [3]Auf davor aufgrund des Abschlusses oder der Beendigung eines Pacht-, Leih-, Fruchtnießungsvertrags und Vertrags über das Recht des Gebrauchs erfolgte Unternehmensübergänge sind die bisher geltenden Bestimmungen weiter anzuwenden. [4]§§ 221 Abs. 1 und 2 sowie 246 Abs. 1 sind auf Geschäftsjahre anzuwenden, die nach dem 31. Dezember 2007 beginnen. [5]Für den Eintritt der Rechtsfolgen der §§ 221 Abs. 1 und 2, sowie 246 Abs. 1 sind die geänderten Größenmerkmale auch für Beobachtungszeiträume nach §§ 221 Abs. 4 und 246 Abs. 2 anzuwenden, die vor diesem Zeitpunkt liegen. [6]Die §§ 222, 237, 242, 243a, 243b, 245a, 266, 267 und 277 sind auf Geschäftsjahre anzuwenden, die nach dem 31. Dezember 2008 beginnen. [7]„Die §§ 268, 269, 269a, 270, 271, 271a, 271b, 273, 274 und 275 sind auf die Bestellung zur Prüfung und auf die Prüfung von Geschäftsjahren anzuwenden, die nach dem 31. Dezember 2008 beginnen; § 271 Abs. 2 Z 3 und Abs. 4 letzter Satz ist abweichend davon auf Abschlussprüfer, die sich nach § 4 Abs. 2 AQSG in einem Abstand von jeweils sechs Jahren einer externen Qualitätsprüfung unterziehen müssen, für die Bestellung zum Abschlussprüfer für Geschäftsjahre anzuwenden, die nach dem 31. Dezember 2011 beginnen; dies gilt auch dann, wenn solche Abschlussprüfer erstmals zum Abschlussprüfer eines Unternehmens im Sinn von § 4 Abs. 1 Z 1 A-QSG bestellt werden.“ [8]Die §§ 271c und 451 sind auf nach dem 31. Mai 2008 geschlossene Verträge anzuwenden. Auf davor geschlossene Verträge sind die bisher geltenden Bestimmungen weiter anzuwenden. *(BGBl I 2008/70; BGBl I 2009/71)*

(19) Die §§ 229 Abs. 4 bis 7, 243b Abs. 2, 244 Abs. 1 und 275 Abs. 1 in der Fassung des Aktienrechts-Änderungsgesetzes 2009, BGBl. I Nr. 71/2009, treten mit 1. August 2009 in Kraft. § 243b Abs. 2 ist auf Geschäftsjahre anzuwenden, die nach dem 31. Dezember 2009 beginnen. *(BGBl I 2009/71)*

(20) § 189 Abs. 1 Z 2 und Abs. 2 Z 2 in der Fassung des Bundesgesetzes BGBl. I Nr. 140/2009 treten mit 1. Jänner 2010 in Kraft und sind in dieser Fassung auf Jahresabschlüsse für Geschäftsjahre anzuwenden, die nach dem 31. Dezember 2009 beginnen. Für den Eintritt und den Entfall der Rechtsfolgen des § 189 Abs. 1 Z 2 sind die geänderten Werte auch für Beobachtungszeiträume nach § 189 Abs. 2 anzuwenden, die vor diesem Zeitpunkt liegen. *(BGBl I 2009/140)*

(21) Die §§ 198 Abs. 3, 203 Abs. 5, 207, 210, 226 Abs. 1 und 2, 231 Abs. 2 Z 7 lit. a, 249 Abs. 2 und 261 Abs. 1 in der Fassung des Bundesgesetzes BGBl. I Nr. 140/2009 treten mit 1. Jänner 2010 in Kraft und sind auf Jahresabschlüsse (Konzernabschlüsse) für Geschäftsjahre anzuwenden, die nach dem 31. Dezember 2009 beginnen. Für Aktivposten nach § 198 Abs. 3, die in Geschäftsjahren, die vor dem 1. Jänner 2010 begonnen haben, ausgewiesen worden sind, sind die §§ 198 Abs. 3, 210, 226 Abs. 1 und 2 und 231 Abs. 2 Z 7 lit. a in der bis dahin geltenden Fassung weiter anzuwenden. *(BGBl I 2009/140)*

„(22)“ Die §§ 34 Abs. 1 und Abs. 5, 38 Abs. 5, 131 Z 3 und 5, 136 Abs. 2, 141 Abs.[1)] und 3, 143 Abs. 1, 144 Abs. 1, 145 Abs. 1 und 2, 146 Abs. 3, 171 Abs. 2, 187 Abs. 1 und 2, die Überschrift vor § 188, § 188 Abs. 1 und 2 sowie §§ 370 Abs. 1, 888 und 889 Abs. 1 in der Fassung des Bundesgesetzes BGBl. I Nr. 58/2010 treten mit 1. August 2010 in Kraft. § 144 Abs. 1 in der Fassung des Bundesgesetzes BGBl. I Nr. 58/2010 ist anzuwenden, wenn das Insolvenzverfahren nach dem 30. Juni 2010 eröffnet oder wieder aufgenommen (§ 158 Abs. 2 IO) wurde. *(BGBl I 2010/58; BGBl I 2010/111)*

[1)] *Gemeint ist hier wohl Abs „1"!*

(23) [1]§ 283 in der Fassung des Budgetbegleitgesetzes 2011, BGBl. I Nr. 111/2010, tritt mit 1. Jänner 2011 in Kraft. [2]§ 283 in der Fassung des genannten Bundesgesetzes ist auf Verstöße gegen die in § 283 Abs. 1 genannten Pflichten anzuwenden, die nach dem 1. Jänner 2011 gesetzt werden oder fortdauern. [3]Hat die Offenlegungsfrist vor dem 1. März 2011 geendet und ist die Offenlegung nicht bis zum 28. Februar 2011 erfolgt, so ist mit einer Zwangsstrafverfügung nach § 283 Abs. 2 in der Fassung des Budgetbegleitgesetzes 2011 gegen das offenlegungspflichtige Organ sowie die Gesellschaft vorzugehen. [4]Erst bei Unterbleiben der Offenlegung für jeweils weitere zwei Monate nach dem 28. Februar 2011 kommen die Bestimmungen des § 283 Abs. 4 und 5 jeweils in der Fassung des genannten Bundesgesetzes zur Anwendung. [5]In Ansehung von Säumnissen der jeweiligen Organe vor dem 1. Jänner 2011 ist § 283 in der bis dahin geltenden Fassung anzuwenden. *(BGBl I 2010/111)*

(24) § 241 Abs. 4 und § 243b Abs. 2 Z 2 und 3 in der Fassung des 2. Stabilitätsgesetzes 2012, BGBl. I Nr. 35/2012, treten mit 1. Juli 2012 in Kraft und sind auf Geschäftsjahre anzuwenden, die nach dem 31. Dezember 2011 begonnen haben. *(BGBl I 2012/35)*

(25) § 5 und der Achte Abschnitt des Vierten Buches mit den §§ 455 bis 460 jeweils in der Fassung des Zahlungsverzugsgesetzes, BGBl. I Nr. 50/2013, die Änderung der Abschnittsbezeichnung vor § 454 durch dieses Bundesgesetz sowie die Aufhebung des § 352 durch dieses Bundesgesetz treten mit 16. März 2013 in Kraft. Die genannten Bestimmungen sind in der Fassung des Zahlungsverzugsgesetzes auf Verträge anzuwenden, die ab dem 16. März 2013 geschlossen werden. Auf Verträge, die vor dem 16. März 2013 geschlossen wurden, sind die bisherigen Bestimmungen weiter anzuwenden. *(BGBl I 2013/50)*

(26) [1]§ 38 Abs. 1, § 39, § 108, § 109, § 112, § 113 Abs. 1, § 116 Abs. 1 und 2, § 117 Abs. 1, § 118 Abs. 2, § 119, § 121, § 127, § 129 Abs. 2, § 131 Z 3 und Z 6, § 133 Abs. 1, § 135, § 140 Abs. 1, § 141 Abs. 1 und Abs. 2, § 160 Abs. 1, § 178, § 179 und § 454 Abs. 1 in der Fassung des GesbR-Reformgesetzes, BGBl. I Nr. 83/2014, treten mit 1. Jänner 2015 in Kraft. [2]§ 129 Abs. 3 und § 136 treten mit Ablauf des 31. Dezember 2014 außer Kraft. [3]Soweit im Folgenden nichts anderes bestimmt ist, sind auf Sachverhalte, die sich vor dem 1. Jänner 2015 ereignet haben, die Bestimmungen in ihrer Fassung vor dem GesbR-Reformgesetz weiter anzuwenden. *(BGBl I 2014/83)*

(27) [1]Unbeschadet des Vorrangs gesellschaftsvertraglicher Vereinbarungen (§ 108) gelten § 109, § 119 und § 121 in der Fassung des GesbR-Reformgesetzes, BGBl. I Nr. 83/2014, ab 1. Juli 2016 für Gesellschaften, die vor dem 1. Jänner 2015 errichtet wurden, wenn bis zum Ablauf des 30. Juni 2016 keiner der Gesellschafter gegenüber den übrigen Gesellschaftern erklärt, die Anwendung des zuvor geltenden Rechts beibehalten zu wollen. [2]Ab 1. Jänner 2022 gelten die § 109, § 119 und § 121 in der Fassung des GesbR-Reformgesetzes, BGBl. I Nr. 83/2014, unbeschadet des Vorrangs gesellschaftsvertraglicher Vereinbarungen (§ 108) jedenfalls auch für Gesellschaften, die vor dem 1. Jänner 2015 errichtet wurden. *(BGBl I 2014/83)*

(28) [1]§ 189 Abs. 1, 2 und 4, § 189a, § 196a, § 198 Abs. 1 und 7 bis 10, § 201 Abs. 2 und 3, § 203 Abs. 3 bis 5, § 204 Abs. 1a und 2, § 206 Abs. 3, § 207, § 208 Abs. 2, § 209 Abs. 1, § 211, § 212 Abs. 1, § 216, § 221 Abs. 1 bis 5 und 7, § 222 Abs. 1 und 3, § 223 Abs. 3 und 4, § 224 Abs. 2 und 3, § 225 Abs. 3 bis 7, § 226 Abs. 1, 3 und 5, § 227, § 229 Abs. 1 bis 1b, 3, 4 und 6, § 231 Abs. 2 bis 5, § 232 Abs. 2 und 3, §§ 234 bis 238, § 239 Abs. 1 und 2, § 240 bis 242, § 243 Abs. 3, § 243a Abs. 2, § 243c, § 244 Abs. 1, 3, 4 und 7, § 245, § 245a Abs. 1, § 246 Abs. 1 und 3, § 249, § 250 Abs. 3, § 251 Abs. 1 und 2, § 253 Abs. 1 und 2, § 254 Abs. 1 und 3, § 255 Abs. 2, § 256 Abs. 2, § 257 Abs. 2, § 258, § 259 Abs. 1, § 260 Abs. 2, § 261 Abs. 1 und 2, § 263 Abs. 1 und 2, § 264, § 265 Abs. 1 und 2, § 266, § 267 Abs. 3 und 3b, § 267a, § 267b, § 269, § 270 Abs. 3, § 274, § 277 Abs. 1 bis 3 und 6, § 278 Abs. 1, § 279, § 280, § 281, § 282 Abs. 2a, § 283, § 284 und § 285 in der Fassung des Bundesgesetz[es][2)] BGBl. I Nr. 22/2015 treten mit 20. Juli 2015 in Kraft. [2]Sie sind, soweit im Folgenden nichts Abweichendes angeordnet wird, erstmalig auf Unterlagen der Rechnungslegung für Geschäftsjahre anzuwenden, die nach dem 31. Dezember 2015 beginnen. [3]§ 205, § 208 Abs. 3, § 226 Abs. 2, § 228, § 230, § 232 Abs. 1 und 4, § 233, § 244 Abs. 6, § 253 Abs. 3 und § 268 Abs. 3 treten mit 20. Juli 2015 außer Kraft. [4]Auf Unterlagen der Rechnungslegung für Geschäftsjahre, die vor dem 1. Jänner 2016 begonnen haben, sind die Bestimmungen in der Fassung vor dem Bundesgesetzes BGBl. I Nr. 22/2015 weiterhin anzuwenden. [5]Unternehmen nach § 243c oder § 267b können einen Bericht oder einen konsolidierten Bericht über Zahlungen an staatliche Stellen bereits für jene Geschäftsjahre erstellen, die nach dem 31. Dezember 2014 beginnen; in diesem Fall wenden sie § 243c oder § 267b in der Fassung des Bundesgesetzes BGBl. I Nr. 28/2015 an. *(BGBl I 2015/22)*

[2)] *Redaktionelles Versehen.*

(29) Für den Eintritt der Rechtsfolgen des § 221 Abs. 1, 1a und 2 sowie des § 246 Abs. 1 sind die geänderten Größenmerkmale auch für

Beobachtungszeiträume nach § 221 Abs. 4 und § 246 Abs. 2 anzuwenden, die vor dem 1. Jänner 2016 liegen. *(BGBl I 2015/22)*

(30) [1]Wurde ein Disagio nach § 198 Abs. 7 in der Fassung vor dem Bundesgesetz BGBl. I Nr. 22/2015 nicht als aktiver Rechnungsabgrenzungsposten bilanziert, so unterbleibt die Bildung eines aktiven Rechnungsabgrenzungsposten für diese Verbindlichkeit, bis diese nicht mehr ausgewiesen wird. [2]§ 203 Abs. 3 findet erstmals auf Herstellungsvorgänge Anwendung, die in Geschäftsjahren begonnen wurden, die nach dem 31. Dezember 2015 beginnen. [3]Auf Herstellungsvorgänge, die vor dem 1. Jänner 2016 begonnen wurden, ist § 203 Abs. 3 in der bisherigen Fassung anzuwenden. [4]§ 203 Abs. 5 und § 261 Abs. 1 in der Fassung des Bundesgesetzes BGBl. I Nr. 22/2015 sind nur auf Geschäfts(Firmen)werte anzuwenden, die nach dem 31. Dezember 2015 gebildet werden. [5]Auf Geschäfts(Firmen)werte, die vor dem 1. Jänner 2016 gebildet wurden, sind diese Bestimmungen in der bisherigen Fassung anzuwenden. *(BGBl I 2015/22)*

(31) Unversteuerte Rücklagen, die nach § 205 in der Fassung vor dem Bundesgesetz BGBl. I Nr. 22/2015 gebildet wurden, sind, soweit die darin enthaltenen passiven latenten Steuern nicht den Rückstellungen zuzuführen sind, im Geschäftsjahr, das nach dem 31. Dezember 2015 beginnt, unmittelbar in die Gewinnrücklagen einzustellen. *(BGBl I 2015/22)*

(32) [1]Ist bei einem Vermögensgegenstand eine Abschreibung gemäß § 204 Abs. 2 oder § 207 vorgenommen worden und wurde von der Zuschreibung aufgrund des § 208 Abs. 2 in der Fassung vor dem Bundesgesetz BGBl. I Nr. 22/2015 bisher abgesehen, so ist, wenn die Gründe für die Abschreibung nicht mehr bestehen, im Geschäftsjahr, das nach dem 31. Dezember 2015 beginnt, eine Zuschreibung vorzunehmen. [2]Wird nach § 124b Z 270 des Einkommensteuergesetzes 1988 steuerlich eine Zuschreibungsrücklage gebildet, kann der in dieser Rücklage erfasste Betrag in der Bilanz unter den passiven Rechnungsabgrenzungsposten gesondert ausgewiesen und entsprechend den Vorgaben des § 124b Z 270 des Einkommensteuergesetzes 1988 aufgelöst werden. *(BGBl I 2015/22)*

(33) [1]Soweit auf Grund der geänderten Bewertung von langfristigen Verpflichtungen, die die Bildung einer Rückstellung erforderlich machen, und auf Grund des Ansatzes von latenten Steuern aus der erstmaligen Anwendung des § 198 Abs. 9 und 10 und § 258 in der Fassung des Bundesgesetzes BGBl. I Nr. 22/2015 eine Zuführung zu den Rückstellungen erforderlich ist, ist dieser Betrag, beginnend mit dem Jahr der Zuführung, über längstens fünf Jahre gleichmäßig verteilt nachzuholen. „[2]Der Unterschiedsbetrag ermittelt sich als Differenzbetrag zwischen dem bei der erstmaligen Anwendung zu Beginn des Geschäftsjahres sich ergebenden Betrag und dem im vorausgegangenen Abschluss ausgewiesenen Betrag.“ [3]Es ist zulässig, die gebotene Rückstellung in Abschlüssen für Geschäftsjahre, die nach dem 31. Dezember 2015 beginnen, voll in die Bilanz einzustellen. [4]In diesem Fall kann in der Bilanz unter den aktiven Rechnungsabgrenzungsposten der sich gegenüber der nach dem ersten Satz gebotenen Rückstellung in den einzelnen Jahren ergebende Unterschiedsbetrag gesondert ausgewiesen werden. „[5]Latente Steuern aus der erstmaligen Anwendung des § 198 Abs. 10 Z 2 und § 254 in Verbindung mit § 258 sind nicht über die Gewinn- und Verlustrechnung nachzuerfassen.“ *(BGBl I 2015/22; BGBl I 2016/43)*

(34) [1]Soweit die erstmalige Anwendung des § 211 in der Fassung des Bundesgesetzes BGBl. I Nr. 22/2015 eine Auflösung der Rückstellungen erforderlich macht oder auf Grund der erstmaligen Anwendung des § 198 Abs. 9 und 10 und § 258 in der Fassung des Bundesgesetzes BGBl. I Nr. 22/2015 der Ansatz aktiver latenter Steuern erforderlich ist, ist dieser Betrag, beginnend mit dem Jahr der erstmaligen Anwendung dieser Bestimmungen, über längstens fünf Jahre gleichmäßig zu verteilen. „[2]Der Unterschiedsbetrag ermittelt sich als Differenzbetrag zwischen dem bei der erstmaligen Anwendung zu Beginn des Geschäftsjahres sich ergebenden Betrag und dem im vorausgangenen Abschluss ausgewiesenen Betrag.“ [3]Es ist zulässig, den gebotenen Betrag in Abschlüssen für Geschäftsjahre, die nach dem 31. Dezember 2015 beginnen, in vollem Umfang zu bilanzieren. [4]In diesem Fall kann eine Verteilung über längstens fünf Jahre erfolgen, indem der Unterschiedsbetrag zwischen dem vollen Umfang des Betrags und dem nach dem ersten Satz zumindest zu berücksichtigenden Betrag unter den passiven Rechnungsabgrenzungsposten gesondert ausgewiesen wird. „[5]Latente Steuern aus der erstmaligen Anwendung des § 254 in Verbindung mit § 258 sind nicht über die Gewinn- und Verlustrechnung nachzuerfassen.“ *(BGBl I 2015/22; BGBl I 2016/43)*

(35) [1]Gesellschaften, die in Konzernabschlüssen für Geschäftsjahre, die vor dem 1. Jänner 2016 begonnen haben, die Kapitalkonsolidierung nach § 254 Abs. 1 Z 1 in der Fassung vor dem Bundesgesetz BGBl. I Nr. 22/2015 durchgeführt haben, können diese Methode beibehalten; diesfalls ist § 254 Abs. 1, 2 und 3 in der bisherigen Fassung weiterhin anzuwenden. [2]Der Wechsel auf die Konsolidierungsmethode nach § 254 Abs. 1 in der Fassung des Bundesgesetzes BGBl. I Nr. 22/2015 ist im Sinn des § 250 Abs. 3 dritter Satz gerechtfertigt; die Auswirkungen auf die Vermögens-, Finanz- und Ertragslage sind im Konzernanhang darzustellen. *(BGBl I 2015/22)*

(36) [1]Ändern sich bei der erstmaligen Anwendung der Bestimmungen nach dem Bundesgesetz

BGBl. I Nr. 22/2015 die bisherige Form der Darstellung oder die bisher angewandten Bewertungsmethoden, so sind § 201 Abs. 2 Z 1 und § 223 Abs. 1 bei der erstmaligen Aufstellung eine Jahres- oder Konzernabschlusses nach den geänderten Vorschriften nicht anzuwenden. [2]Sind bei der erstmaligen Anwendung der Bestimmungen nach dem Bundesgesetz BGBl. I Nr. 22/2015 im Vergleich „zum Jahresabschluss des Vorjahres“ Angaben einem anderen Posten zuzuordnen als bisher, so sind die Vorjahresbeträge (§ 223 Abs. 2) so zu berechnen, als wären die Bestimmungen nach der neuen Rechtslage schon im Vorjahr angewandt worden „, soweit das im Einzelfall zur Herstellung der im § 222 Abs. 2 genannten Zielsetzung erforderlich und praktikabel ist.“ [3]Soweit die Beträge nicht vergleichbar sind, sind die entsprechenden Anhangangaben zu machen. *(BGBl I 2015/22; BGBl I 2016/43)*

(37) [1]§§ 283, 284 und 285 sind auf Verstöße gegen die in § 283 Abs. 1 und § 284 genannten Pflichten anzuwenden, die nach dem 19. Juli 2015 gesetzt werden oder fortdauern. [2]Anträge auf Stundung und Nachlass können ab dem 20. Juli 2015 bei allen Zwangsstrafen gestellt werden; auf bereits anhängige Anträge auf Stundung und Nachlass ist § 285 in der Fassung des Bundesgesetzes BGBl. I Nr. 22/2015 sinngemäß anzuwenden. *(BGBl I 2015/22)*

(38) [1]§ 269, § 270 Abs. 3 und § 274 sind in der Fassung des Bundesgesetzes BGBl. I Nr. 22/2015 auf die Abschlussprüfung von Geschäftsjahren anzuwenden, die nach dem 31. Dezember 2015 beginnen. [2]§ 268 Abs. 3 tritt mit 20. Juli 2015 außer Kraft; auf die Abschlussprüfung von Geschäftsjahren, die vor dem 1. Jänner 2016 begonnen haben, sind die Bestimmungen in der Fassung vor dem Bundesgesetzes BGBl. I Nr. 22/2015 weiterhin anzuwenden. *(BGBl I 2015/22)*

(39) Durch die §§ 189 Abs. 1 Z 1 und 2, 189a, 195 Abs. 2, 196, 198, 201, 203 bis 211, 221 bis 227, 231 bis 269, 274 und 277 bis 284 in der Fassung des Bundesgesetzes BGBl. I Nr. 22/2015 wird die Richtlinie 2013/34/EU über den Jahresabschluss, den konsolidierten Abschluss und damit verbundene Berichte von Unternehmen bestimmter Rechtsformen und zur Änderung der Richtlinie 2006/43/EG des Europäischen Parlaments und des Rates und zur Aufhebung der Richtlinien 78/660/EWG und 83/349/EWG, ABl. Nr. L 182 vom 29.06.2013 S. 19, zuletzt geändert durch die Richtlinie 2014/102/EU, ABl. Nr. L 334 vom 21.11.2014 S. 86, umgesetzt. *(BGBl I 2016/43)*

„(40)“ § 131 in der Fassung des Bundesgesetzes BGBl. I Nr. 22/2015 tritt mit 1. Jänner 2015 in Kraft. *(BGBl I 2015/22; BGBl I 2016/43)*

„(41)“ § 235 Abs. 1 in der Fassung des Bundesgesetzes BGBl. I Nr. 163/2015 tritt mit 1. Jänner 2016 in Kraft. § 235 Abs. 1 Z 2 und 3 in der Fassung des Bundesgesetzes BGBl. I Nr. 163/2015 sind auf nach dem 31. Mai 2015 beschlossene Umgründungsvorgänge anzuwenden und gelten für Ausschüttungsbeschlüsse nach dem 31. Dezember 2015. § 235 Abs. 1 in der Fassung des Bundesgesetzes BGBl. I Nr. 163/2015 ist auf nach dem 31. Mai 2015 stattfindende Übergänge des Gesellschaftsvermögens gemäß § 142 anzuwenden und gilt für Ausschüttungsbeschlüsse nach dem 31. Dezember 2015. *(BGBl I 2015/163; BGBl I 2016/43)*

(42) § 189 Abs. 1 Z 2, § 221 Abs. 5, § 224 Abs. 3, § 229 Abs. 1 bis 1b, § 238 Abs. 1 Z 8, § 242 Abs. 2, § 244 Abs. 7, § 253 Abs. 2, § 254 Abs. 4, § 259 Abs. 1, § 266 Z 1 und 2, § 282 Abs. 2 und § 906 Abs. 33, 34 und 36 in der Fassung des Bundesgesetzes BGBl. I Nr. 43/2016 treten mit 20. Juli 2015 in Kraft; die Anwendbarkeit richtet sich nach Abs. 28. *(BGBl I 2016/43)*

(43) § 269 Abs. 1a, Abs. 2 und Abs. 5, § 270 Abs. 1, Abs. 1a, Abs. 3 und Abs 7, § 270a, § 271 Abs. 1 und Abs. 2 mit Ausnahme der Z 3, § 271a Abs. 1 erster Satz und Abs. 5 bis 7, § 271c, § 272 Abs. 4, § 273 Abs. 1 und § 275 Abs. 1 in der Fassung des Bundesgesetzes BGBl. I Nr. 43/2016 treten mit 17. Juni 2016 in Kraft. § 271 Abs. 2 Z 3 und Abs. 4 in der Fassung des Bundesgesetzes BGBl. I Nr. 43/2016 treten mit 1. Oktober 2016 in Kraft. §§ 269 Abs. 2, 271c und 275 Abs. 1 sind erstmals auf die Abschlussprüfung von Geschäftsjahren anzuwenden, die nach dem 16. Juni 2016 beginnen. § 271a Abs. 1 Z 4 in der Fassung des Bundesgesetzes BGBl. I 43/2016 ist erstmals auf die Abschlussprüfung von Geschäftsjahren anzuwenden, die nach dem 16. Juni 2016 beginnen; wurde vor dessen Anwendbarkeit die Prüfungstätigkeit für zumindest zwei Geschäftsjahre unterbrochen, so ist diese Unterbrechung einer dreijährigen gleichzuhalten. *(BGBl I 2016/43)*

(44) § 242 Abs. 4, § 243 Abs. 5, § 243b, § 243c, § 243d, § 244, § 267a, § 267b, § 267c, § 269 Abs. 3, § 273 Abs. 1, § 277 Abs. 1 und Abs. 4, § 280 Abs. 1 und § 282 Abs. 2a in der Fassung des Bundesgesetzes BGBl. I Nr. 20/2017 treten mit 6. Dezember 2016 in Kraft. Sie sind erstmalig auf Unterlagen der Rechnungslegung für Geschäftsjahre anzuwenden, die nach dem 31. Dezember 2016 beginnen. *(BGBl I 2017/20)*

(45) Durch § 243b, § 243c, § 267a, § 267b, § 269 Abs. 3, § 273 Abs. 1, § 277 Abs. 1 und 4, § 280 Abs. 1 und § 282 Abs. 2a in der Fassung des Bundesgesetzes BGBl. I Nr. 20/2017 wird die Richtlinie 2014/95/EU zur Änderung der Richtlinie 2013/34/EU im Hinblick auf die Angabe nichtfinanzieller und die Diversität betreffender Informationen durch bestimmte große Unternehmen und Gruppen, ABl. Nr. L 330 vom 22.10.2014, S. 1, umgesetzt. *(BGBl I 2017/20)*

(46) § 243a Abs. 1, § 243c Abs. 1, § 267 Abs. 3a und § 267b in der Fassung des Bundesge-

setzes BGBl. I Nr. 107/2017 treten mit 3. Jänner 2018 in Kraft. *(BGBl I 2017/107)*

(47) § 243c Abs. 1 in der Fassung des Bundesgesetzes BGBl. I Nr. 17/2018 tritt mit 3. Jänner 2018 in Kraft. *(BGBl I 2018/17)*

(48) § 32 in der Fassung des Bundesgesetzes BGBl. I Nr. 58/2018, tritt mit 1. August 2018 in Kraft. *(BGBl I 2018/58)*

(49) § 196a samt Überschrift, § 211 Abs. 1 und § 278 Abs. 1 in der Fassung des Bundesgesetzes BGBl. I Nr. 46/2019 treten mit 1. Juli 2019 in Kraft. Sie sind erstmalig auf Unterlagen der Rechnungslegung für Geschäftsjahre anzuwenden, die nach dem 31. Dezember 2018 beginnen. *(BGBl I 2019/46)*

(49)[3)] [1]§ 242 Abs. 4 und § 243c Abs. 2 in der Fassung des Aktienrechts-Änderungsgesetzes 2019, BGBl. I Nr. 63/2019, treten mit 10. Juni 2019 in Kraft. [2]Die Angaben zu den Gesamtbezügen der einzelnen Vorstandsmitglieder und zu den Grundsätzen der Vergütungspolitik können erstmals im Corporate Governance-Bericht über jenes Geschäftsjahr unterbleiben, das nach dem 10. Juni 2019 beginnt. *(BGBl I 2019/63)*

3) Redaktionsfehler; richtig wohl Abs. 50

Übergangsbestimmungen zum Handelsrechts-Änderungsgesetz[1)]

1) 2005

§ 907. (1) Kaufleute im Sinne des Ersten Abschnitts des Ersten Buches des HGB gelten mit In-Kraft-Treten des Handelsrechts-Änderungsgesetzes, BGBl. I Nr. 120/2005, als Unternehmer im Sinne von § 1 in der Fassung dieses Gesetzes.

(2) [1]Vor dem 1. Jänner 2007 entstandene offene Handelsgesellschaften, offene Erwerbsgesellschaften und Kommanditerwerbsgesellschaften gelten unbeschadet der Abs. 8 bis 14 mit 1. Jänner 2007 als offene Gesellschaften bzw. Kommanditgesellschaften. [2]Sofern ihr Gegenstand auf eine unternehmerische Tätigkeit gerichtet ist, gelten sie ab diesem Zeitpunkt als Unternehmer im Sinne von § 1 in der Fassung des Handelsrechts-Änderungsgesetzes, BGBl. I Nr. 120/2005.

(3) [1]Vordrucke von Geschäftspapieren und Bestellscheinen sowie Webseiten haben bei Kapitalgesellschaften spätestens ab 1. Jänner 2007, bei anderen Unternehmern spätestens ab 1. Jänner 2010 den Bestimmungen des § 14 in der Fassung des Handelsrechts-Änderungsgesetzes, BGBl. I Nr. 120/2005, zu entsprechen. [2]Bis dahin finden ansonsten die bisher geltenden Bestimmungen Anwendung.

(4) Vor dem 1. Jänner 2007 in das Firmenbuch eingetragene Firmen können mit folgender Maßgabe weitergeführt werden:

1. Eingetragene Einzelunternehmer haben spätestens ab dem 1. Jänner 2010 im Geschäftsverkehr ihrer Firma den in § 19 Abs. 1 Z 1 in der Fassung des Handelsrechts-Änderungsgesetzes, BGBl. I Nr. 120/2005, bezeichneten Rechtsformzusatz beizufügen und die Änderung bis zu diesem Zeitpunkt zur Eintragung ins Firmenbuch anzumelden.

2. [1]Eingetragene Personengesellschaften haben spätestens ab dem 1. Jänner 2010 im Geschäftsverkehr ihrer Firma die in § 19 Abs. 1 Z 2 und 3 in der Fassung des Handelsrechts-Änderungsgesetzes, BGBl. I Nr. 120/2005, bezeichneten Rechtsformzusätze beizufügen und die Änderung bis zu diesem Zeitpunkt zur Eintragung im Firmenbuch anzumelden. [2]Eine offene Handelsgesellschaft, die zum Zeitpunkt des In-Kraft-Tretens des Handelsrechts-Änderungsgesetzes, BGBl. I Nr. 120/2005, den Rechtsformzusatz „OHG" in ihrer Firma führt, kann diesen beibehalten.

3. [1]Auf Anmeldungen zur Eintragung in das Firmenbuch, die ausschließlich die Aufnahme der nach den § 19 Abs. 1 Z 1 bis 3 in der Fassung des Handelsrechts-Änderungsgesetzes, BGBl. I Nr. 120/2005, vorgeschriebenen Rechtsformzusätze in eine Firma zum Gegenstand haben, ist § 11 FBG anzuwenden. [2]Solche Anmeldungen sowie Firmenbucheintragungen, die auf Grund dieser Anmeldungen vorgenommen werden, sind von den Gerichtsgebühren befreit, wenn die Anmeldung vor dem 1. Jänner 2010 beim Firmenbuchgericht eingelangt ist. [3]Wird in der Eingabe, die die Anmeldung enthält, darüber hinaus noch die Vornahme weiterer Eintragungen begehrt, so ist für die Eingabe die Eingabengebühr nach Tarifpost 10 Z I lit. a GGG und sind für diese Eintragungen die Eintragungsgebühren nach Tarifpost 10 Z I lit. b oder c GGG zu entrichten; hingegen ist auch in diesen Fällen die Aufnahme des Rechtsformzusatzes in die Firma von der Eintragungsgebühr nach Tarifpost 10 Z I lit. b Z 1 GGG befreit.

4. Entspricht der Unternehmer der genannten Verpflichtung nicht, werden ab dem 1. Jänner 2010 keine weiteren Eintragungen in das Firmenbuch vorgenommen.

5. Bestehende Personengesellschaften, die nicht im Firmenbuch eingetragen sind, sind bis zum 1. Jänner 2010 unter Berücksichtigung von § 19 Abs. 1 Z 2 zur Eintragung in das Firmenbuch anzumelden.

6. In der Eintragung ist auf die Anpassung an die Bestimmungen dieses Bundesgesetzes hinzuweisen.

(5) Für neu einzutragende Firmenwortlaute gilt:

1. Ein zur Eintragung in das Firmenbuch angemeldeter Firmenwortlaut, der nicht den Bestimmungen der §§ 18 ff. in der Fassung des Handelsrechts-Änderungsgesetzes, BGBl. I Nr. 120/2005,

entspricht, kann nach In-Kraft-Treten dieses Bundesgesetzes nicht mehr in das Firmenbuch eingetragen werden.

2. Ein vor In-Kraft-Treten des Handelsrechts-Änderungsgesetzes, BGBl. I Nr. 120/2005, zur Eintragung in das Firmenbuch angemeldeter Firmenwortlaut, der bereits den damit geänderten Bestimmungen der §§ 18 ff. entspricht, kann nach In-Kraft-Treten dieses Bundesgesetzes in das Firmenbuch eingetragen werden.

(6) Die §§ 38 und 39 in der Fassung des Handelsrechts-Änderungsgesetzes, BGBl. I Nr. 120/2005, sind auf nach dem 31. Dezember 2006 vereinbarte Unternehmensübergänge anzuwenden.

(7) § 40 in der Fassung des Handelsrechts-Änderungsgesetzes, BGBl. I Nr. 120/2005, ist auf die Fortführung eines Unternehmens durch den Erben anzuwenden, wenn der Erbanfall nach dem 31. Dezember 2006 liegt.

(8) Sofern in der Folge nichts anderes bestimmt wird, sind die Bestimmungen des Zweiten Buches in der Fassung des Handelsrechts-Änderungsgesetzes, BGBl. I Nr. 120/2005, auch auf Gesellschaften anzuwenden, die vor dem 1. Jänner 2007 errichtet wurden.

(9) [1]§ 123 in der Fassung des Handelsrechts-Änderungsgesetzes, BGBl. I Nr. 120/2005, ist auf nach dem 31. Dezember 2006 errichtete Personengesellschaften anzuwenden. [2]Sofern unter den Gesellschaftern nichts anderes vereinbart wurde, gilt dies auch für die §§ 109, 119, 120, 121 Abs. 1 und 2, 122 Abs. 1, 124 Abs. 1, 137 Abs. 4, 141 Abs. 1 erster Satz, 154 Abs. 2, 155 Abs. 1 und 4 sowie 167 bis 169. [3]Auf vor diesem Zeitpunkt errichtete Gesellschaften sind die bisher geltenden Bestimmungen weiter anzuwenden.

(10) [1]§ 136 Abs. 1 in der Fassung des Handelsrechts-Änderungsgesetzes, BGBl. I Nr. 120/2005, ist auf die einstweilige Fortführung von Geschäften anzuwenden, wenn die Gesellschaft nach dem 31. Dezember 2006 durch den Tod eines Gesellschafters aufgelöst würde. [2]Liegt der Tod des Gesellschafters vor diesem Zeitpunkt, so ist die bisher geltende Bestimmung weiter anzuwenden.

(11) § 139 Abs. 3 in der Fassung des Handelsrechts-Änderungsgesetzes, BGBl. I Nr. 120/2005, ist auch auf Erben anzuwenden, denen die Verlassenschaft innerhalb von drei Monaten vor dem 1. Jänner 2007 eingeantwortet wurde. Wurde die Verlassenschaft vor diesem Zeitpunkt eingeantwortet, so ist die bisher geltende Bestimmung weiter anzuwenden.

(12) [1]§ 149 in der Fassung des Handelsrechts-Änderungsgesetzes, BGBl. I Nr. 120/2005 ist auf Liquidatoren anzuwenden, die nach dem 31. Dezember 2006 bestellt werden. [2]Auf vor diesem Zeitpunkt bestellte Liquidatoren ist die bisher geltende Bestimmung weiter anzuwenden.

(13) [1]§ 160 in der Fassung des Handelsrechts-Änderungsgesetzes, BGBl. I Nr. 120/2005, ist auf vor dem 1. Jänner 2007 entstandene Verbindlichkeiten anzuwenden, wenn das Ausscheiden eines Gesellschafters oder sein Wechsel in die Rechtsstellung eines Kommanditisten nach diesem Zeitpunkt vereinbart wurde. [2]Auf vor diesem Zeitpunkt getroffene Vereinbarungen über das Ausscheiden eines Gesellschafters oder einen Wechsel in die Rechtsstellung eines Kommanditisten sind die bisher geltenden Bestimmungen weiter anzuwenden.

(14) [1]§ 176 in der Fassung des Handelsrechts-Änderungsgesetzes, BGBl. I Nr. 120/2005, ist auf nach dem 31. Dezember 2006 errichtete Kommanditgesellschaften anzuwenden. [2]Für die Haftung eines Kommanditisten einer vor diesem Zeitpunkt errichteten Kommanditgesellschaft ist die bisher geltende Bestimmung weiter anzuwenden.

(15) § 178 in der Fassung des Handelsrechts-Änderungsgesetzes, BGBl. I Nr. 120/2005, ist auf nach dem 31. Dezember 2006 vorgenommene rechtsgeschäftliche Handlungen im Namen einer unternehmerisch tätigen Gesellschaft bürgerlichen Rechts anzuwenden.

(16) [1]Für Unternehmer, die vor dem 1. Jänner 2007 nicht zur Rechnungslegung verpflichtet waren, sind ab diesem Stichtag die Beobachtungszeiträume des § 189 Abs. 2 für den Eintritt der Rechtsfolgen des § 189 Abs. 1 Z 2 maßgeblich. [2]Für Unternehmer, die vor dem 1. Jänner 2007 rechnungslegungspflichtig waren, sind für den Eintritt und den Entfall der Rechtsfolgen des § 189 Abs. 1 Z 2 auch Beobachtungszeiträume maßgeblich, die vor dem 1. Jänner 2007 liegen. [3]Für die Beurteilung der Rechnungslegungspflicht vor dem 1. Jänner 2007 sind im Zweifel die Umsatzgrenzen des § 125 Abs. 1 lit. a BAO in der bis 31. Dezember 2006 anzuwendenden Fassung heranzuziehen. *(BGBl I 2006/103)*

(17) [1]Vor dem 1. Jänner 2007 eingetragene Erwerbsgesellschaften und Kommanditerwerbsgesellschaften, bei denen kein unbeschränkt haftender Gesellschafter eine natürliche Person ist, sind erstmals für Geschäftsjahre gemäß § 189 Abs. 1 Z 1 rechnungslegungspflichtig, die nach dem 31. Dezember 2007 beginnen. [2]Zugleich beginnen die Beobachtungszeiträume gemäß § 221 Abs. 4 Z 1 und § 246 Abs. 2. *(BGBl I 2006/103)*

(18) Die mit dem Handelsrechts-Änderungsgesetz, BGBl. I Nr. 120/2005, geänderten Bestimmungen des Vierten Buches (§§ 343 bis 450) sind auf nach dem 31. Dezember 2006 abgeschlossene Rechtsgeschäfte anzuwenden.

(19) Auf vor dem 1. Jänner 2007 errichtete Reedereien sowie vereinbarte Verbodmungen sind die bisher geltenden Bestimmungen weiter anzuwenden.

(BGBl I 2005/120)

§ 908. *(aufgehoben, BGBl I 2016/43, die nunmehr obsolete Überschrift wurde weggelassen)*

Vollziehungsklausel

„**§ 909.**" Mit der Vollziehung dieses Bundesgesetzes ist der Bundesminister für Justiz betraut. *(BGBl I 2015/22)*

(BGBl I 2005/120)

1/1a. Handelsrechts-Änderungsgesetz 2005

(Auszug)

BGBl I 2005/120

Artikel XXIX
Außer-Kraft-Treten der 4. EVHGB

Die Vierte Verordnung zur Einführung handelsrechtlicher Vorschriften im Lande Österreich vom 24. Dezember 1938, dRGBl. 1938 I 1999, zuletzt geändert durch das Bundesgesetz BGBl. I Nr. 118/2002, tritt mit Ablauf des 31. Dezember 2006 außer Kraft. Sofern in den §§ 906 und 907 UGB nichts anderes bestimmt ist, ist sie jedoch auf Sachverhalte, die sich vor diesem Zeitpunkt ereignet haben, weiter anzuwenden. Die Geltung des Handelsgesetzbuches vom 10. Mai 1897, dRGBl. S 219/1897, von § 1 Abs. 4 Gutsangestelltengesetz, BGBl. Nr. 538/1923, sowie von den §§ 384 Abs. 2 und 385 Abs. 1 zweiter Satz ZPO, RGBl. Nr. 113/1895, in der jeweils zum 31. Dezember 2006 geltenden Fassung, bleibt nach Maßgabe dieses Bundesgesetzes unberührt.

Artikel XXX
Verweisungen

(1) Soweit in diesem Bundesgesetz auf Bestimmungen anderer Bundesgesetze verwiesen wird, sind diese in ihrer jeweils geltenden Fassung anzuwenden.

(2) Soweit in anderen Bundesgesetzen und Verordnungen auf Bestimmungen verwiesen ist, die durch dieses Bundesgesetz geändert oder aufgehoben werden, erhält die Verweisung ihren Inhalt aus den entsprechenden Bestimmungen dieses Bundesgesetzes einschließlich der Übergangsvorschriften.

Artikel XXXI
In-Kraft-Treten

Soweit in diesem Bundesgesetz keine anderen Anordnungen getroffen werden, tritt dieses Bundesgesetz mit 1. Jänner 2007 in Kraft; jedoch tritt Artikel XXVII Z 3 schon mit dem der Kundmachung dieses Bundesgesetzes folgenden Tag in Kraft. Bestimmungen, die aufgehoben werden, treten mit Ablauf des 31. Dezember 2006 außer Kraft.

Artikel XXXII
Übergangsbestimmungen

Soweit in diesem Bundesgesetz keine besonderen Regelungen getroffen werden, gilt:

(1) § 367, § 368, § 456, § 460a, §§ 466a bis 466e, § 905, § 905a, § 905b, § 906, § 1019, § 1029, § 1063a, § 1063b, § 1082, § 1170b, § 1333, § 1335, § 1336 und § 1396a ABGB in der Fassung des Handelsrechts-Änderungsgesetzes, BGBl. I Nr. 120/2005, sind auf nach dem 31. Dezember 2006 abgeschlossene Rechtsgeschäfte anzuwenden. Auf davor abgeschlossene Rechtsgeschäfte sind die bisher geltenden Bestimmungen weiter anzuwenden.

(2) § 51 und § 87a JN in der Fassung des Handelsrechts-Änderungsgesetzes, BGBl. I Nr. 120/2005, sind auf Klagen anzuwenden, die nach In-Kraft-Treten dieses Bundesgesetzes bei Gericht eingebracht werden. Für Unternehmer wird der Gerichtsstand des Erfüllungsortes gemäß § 88 Abs. 2 JN in der Fassung des Handelsrechts-Änderungsgesetzes, BGBl. I Nr. 120/2005, begründet, wenn die Faktura nach In-Kraft-Treten des Handelsrechts-Änderungsgesetzes angenommen wurde.

1/1b. Handelsgesetzbuch (HGB) Fassung zum 31. 12. 2006[1)]

(Auszug)

1) Hinweis: Gemäß § 907 UGB sind gewisse („bisher geltende") Bestimmungen des HGB auf bis zum 31. Dezember 2006 errichtete Gesellschaften weiter anzuwenden. Dies gilt zumeist aber nur, soweit zwischen den Gesellschaftern nichts anderes vereinbart wurde. Siehe vorallem § 907 Abs 9 UGB! Um den Zugriff auf die notwendigen Passagen zu erleichtern und nur deren Einbettung im „alten" HGB zu verstehen, wird nachfolgend das Zweite Buch des HGB, soweit es die OHG und KG betrifft (§§ 105-177) in der Fassung zum 31. 12. 2006 abgedruckt.

Handelsgesetzbuch vom 10. Mai 1897 mit den Ausgleichs- und Ergänzungsbestimmungen der Vierten Verordnung zur Einführung handelsrechtlicher Vorschriften im Lande Österreich vom 24. Dezember 1938 (EV HGB)[1)]

1) Die Ergänzungsbestimmungen des 4. EVO werden im folgenden kursiv gedruckt und mit „EVHGB" bezeichnet; die §§ 416 bis 424 HGB wurden bereits durch die 3. EVO vom 14. 10. 1938 in Österreich in Kraft gesetzt.

Zweites Buch

Handelsgesellschaften und stille Gesellschaft

Erster Abschnitt

Offene Handelsgesellschaft

Erster Titel

Errichtung der Gesellschaft

§ 105. (1) Eine Gesellschaft, deren Zweck auf den Betrieb eines Handelsgewerbes unter gemeinschaftlicher Firma gerichtet ist, ist eine offene Handelsgesellschaft, wenn bei keinem der Gesellschafter die Haftung gegenüber den Gesellschaftsgläubigern beschränkt ist.

(2) *(überlagert durch Art 7, Nr. 1 EVHGB, DRGBl 1938 I S 1999)*

Artikel 7, Nr. 1 EVHGB

Ergänzende Anwendung des Bürgerlichen Rechts

Auf die offene Handelsgesellschaft sind die Vorschriften des 27. Hauptstücks des Zweiten Teils des österreichischen Bürgerlichen Gesetzbuchs nicht mehr anzuwenden. An Stelle der im § 105, Abs. 2, für anwendbar erklärten Vorschriften des Bürgerlichen Gesetzbuchs über die Gesellschaft finden die nachstehenden Vorschriften Nr. 2 bis 15 und 17 bis 19 ergänzend Anwendung.

(DRGBl 1938 I S 1999)

§ 106. (1) Die Gesellschaft ist bei dem Gericht, in dessen Bezirke sie ihren Sitz hat, zur Eintragung in das Firmenbuch anzumelden.

(2) Die Anmeldung hat zu enthalten:

1. den Namen und das Geburtsdatum jedes Gesellschafters, gegebenenfalls seine Firmenbuchnummer; *(BGBl 1991/10)*

2. die Firma der Gesellschaft und den Ort, wo sie ihren Sitz hat;

3. den Zeitpunkt, mit welchem die Gesellschaft begonnen hat.

§ 107. Wird die Firma einer Gesellschaft geändert oder der Sitz der Gesellschaft an einen anderen Ort verlegt oder tritt ein neuer Gesellschafter in die Gesellschaft ein, so ist dies ebenfalls zur Eintragung in das Firmenbuch anzumelden.

§ 108. (1) Die Anmeldungen sind von sämtlichen Gesellschaftern zu bewirken.

(2) Die Gesellschafter, welche die Gesellschaft vertreten sollen, haben ihre Namensunterschrift zur Aufbewahrung bei Gericht zu zeichnen. *(BGBl 1991/10)*

Zweiter Titel

Rechtsverhältnis der Gesellschafter untereinander

§ 109. Das Rechtsverhältnis der Gesellschafter untereinander richtet sich zunächst nach dem Gesellschaftsvertrage; die Vorschriften der §§ 110 bis 122 finden nur insoweit Anwendung, als nicht durch den Gesellschaftsvertrag ein anderes bestimmt ist.

Artikel 7, Nr. 2 EVHGB

Einlagen der Gesellschaft

(1) Die Gesellschafter haben in Ermangelung einer anderen Vereinbarung gleiche Einlagen zu leisten.

(2) Sind vertretbare oder verbrauchbare Sachen einzubringen, so ist im Zweifel anzunehmen, daß sie gemeinschaftliches Eigentum der Gesellschafter werden sollen. Gleiches gilt von nicht vertretbaren und nicht verbrauchbaren Sachen, wenn sie nach einer Schätzung einzubringen sind, die nicht bloß für die Gewinnverteilung bestimmt ist.

(3) Die Einlage eines Gesellschafters kann auch in der Leistung von Diensten bestehen.

(4) Zur Erhöhung der vereinbarten oder zur Ergänzung der durch Verlust verminderten Einlage ist ein Gesellschafter nicht verpflichtet.

(DRGBl 1938 I S 1999)

Artikel 7, Nr. 3 EVHGB

Sorgfaltspflicht

Ein Gesellschafter hat bei Erfüllung der ihm obliegenden Verpflichtungen nur für diejenige Sorgfalt einzustehen, die er in eigenen Angelegenheiten anzuwenden pflegt. Von der Haftung wegen grober Fahrlässigkeit wird er durch diese Vorschrift nicht befreit.
(DRGBl 1938 I S 1999)

§ 110. (1) Macht der Gesellschafter in den Gesellschaftsangelegenheiten Aufwendungen, die er den Umständen nach für erforderlich halten darf, oder erleidet er unmittelbar durch seine Geschäftsführung oder aus Gefahren, die mit ihr untrennbar verbunden sind, Verluste, so ist ihm die Gesellschaft zum Ersatze verpflichtet.

(2) Aufgewendetes Geld hat die Gesellschaft von der Zeit der Aufwendungen an zu verzinsen.

Artikel 7, Nr. 4 EVHGB

Aufwendungen der Gesellschafter; Herausgabepflicht

(1) Ein Gesellschafter kann für die Aufwendungen, die zur Erledigung der Gesellschaftsangelegenheiten nötig sind, von der Gesellschaft einen Vorschuß verlangen.

(2) Er hat alles, was er zur Führung der Geschäfte erhält und was er aus der Geschäftsführung erlangt, an die Gesellschaft herauszugeben.

(DRGBl 1938 I S 1999)

§ 111. (1) Ein Gesellschafter, der seine Geldeinlage nicht zur rechten Zeit einzahlt oder eingenommenes Gesellschaftsgeld nicht zur rechten Zeit an die Gesellschaftskasse abliefert oder unbefugt Geld aus der Gesellschaftskasse für sich entnimmt, hat Zinsen von dem Tage an zu entrichten, an welchem die Zahlung oder die Ablieferung hätte geschehen sollen oder die Herausnahme des Geldes erfolgt ist.

(2) Die Geltendmachung eines weiteren Schadens ist nicht ausgeschlossen.

§ 112. (1) Ein Gesellschafter darf ohne Einwilligung der anderen Gesellschafter weder in dem Handelszweige der Gesellschaft Geschäfte machen noch an einer anderen gleichartigen Handelsgesellschaft als persönlich haftender Gesellschafter teilnehmen.

(2) Die Einwilligung zur Teilnahme an einer anderen Gesellschaft gilt als erteilt, wenn den übrigen Gesellschaftern bei Eingehung der Gesellschaft bekannt ist, daß der Gesellschafter an einer anderen Gesellschaft als persönlich haftender Gesellschafter teilnimmt und gleichwohl die Aufgabe dieser Beteiligung nicht ausdrücklich bedungen wird.

§ 113. (1) Verletzt ein Gesellschafter die ihm nach § 112 obliegende Verpflichtung, so kann die Gesellschaft Schadensersatz fordern; sie kann statt dessen von dem Gesellschafter verlangen, daß er die für eigene Rechnung gemachten Geschäfte als für Rechnung der Gesellschaft eingegangen gelten lasse und die aus Geschäften für fremde Rechnung bezogene Vergütung herausgebe oder seinen Anspruch auf die Vergütung abtrete.

(2) Über die Geltendmachung dieser Ansprüche beschließen die übrigen Gesellschafter.

(3) Die Ansprüche verjähren in drei Monaten von dem Zeitpunkte an, in welchem die übrigen Gesellschafter von dem Abschlusse des Geschäfts oder von der Teilnahme des Gesellschafters an der anderen Gesellschaft Kenntnis erlangen; sie verjähren ohne Rücksicht auf diese Kenntnis in fünf Jahren von ihrer Entstehung an.

(4) Das Recht der Gesellschafter, die Auflösung der Gesellschaft zu verlangen, wird durch diese Vorschriften nicht berührt.

§ 114. (1) Zur Führung der Geschäfte der Gesellschaft sind alle Gesellschafter berechtigt und verpflichtet.

(2) Ist im Gesellschaftsvertrage die Geschäftsführung einem Gesellschafter oder mehreren Gesellschaftern übertragen, so sind die übrigen Gesellschafter von der Geschäftsführung ausgeschlossen.

Artikel 7, Nr. 5 EVHGB

Übertragung der Geschäftsführungsbefugnis

Ein Gesellschafter darf im Zweifel die Führung der Geschäfte nicht einem Dritten übertragen. Ist die Übertragung gestattet, so hat er nur ein ihm bei der Übertragung zur Last fallendes Verschulden zu vertreten. Das Verschulden eines Gehilfen hat er in gleichem Umfange zu vertreten wie eigenes Verschulden.

(DRGBl 1938 I S 1999)

§ 115. (1) Steht die Geschäftsführung allen oder mehreren Gesellschaftern zu, so ist jeder von ihnen allein zu handeln berechtigt; widerspricht jedoch ein anderer geschäftsführender Gesellschafter der Vornahme einer Handlung, so muß diese unterbleiben.

(2) Ist im Gesellschaftsvertrage bestimmt, daß die Gesellschafter, denen die Geschäftsführung zusteht, nur zusammen handeln können, so bedarf es für jedes Geschäft der Zustimmung aller geschäftsführenden Gesellschafter, es sei denn, daß Gefahr im Verzug ist.

Artikel 7, Nr. 6 EVHGB

Abweichung von Weisungen; Auskunftspflicht

(1) Ist ein Gesellschafter an die Weisungen der übrigen Gesellschafter gebunden, so kann er von den ihm erteilten Weisungen abweichen, wenn er den Umständen nach annehmen darf, daß die übrigen Gesellschafter bei Kenntnis der Sachlage die Abweichung billigen würden. Er hat vor der Abweichung den übrigen Gesellschaftern Anzeige zu machen und ihre Entschließung abzuwarten, wenn nicht mit dem Aufschub Gefahr verbunden ist.

(2) Ein geschäftsführender Gesellschafter ist verpflichtet, der Gesellschaft die erforderlichen Nachrichten zu geben, auf Verlangen über den Stand des Geschäfts Auskunft zu erteilen und Rechenschaft abzulegen.

(DRGBl 1938 I S 1999)

§ 116. (1) Die Befugnis zur Geschäftsführung erstreckt sich auf alle Handlungen, die der gewöhnliche Betrieb des Handelsgewerbes der Gesellschaft mit sich bringt.

(2) Zur Vornahme von Handlungen, die darüber hinausgehen, ist ein Beschluß sämtlicher Gesellschafter erforderlich.

(3) Zur Bestellung eines Prokuristen bedarf es der Zustimmung aller geschäftsführenden Gesellschafter, es sei denn, daß Gefahr im Verzug ist. Der Widerruf der Prokura kann von jedem der zur Erteilung oder zur Mitwirkung bei der Erteilung befugten Gesellschafter erfolgen.

§ 117. Die Befugnis zur Geschäftsführung kann einem Gesellschafter auf Antrag der übrigen Gesellschafter durch gerichtliche Entscheidung entzogen werden, wenn ein wichtiger Grund vorliegt; ein solcher Grund ist insbesondere grobe Pflichtverletzung oder Unfähigkeit zur ordnungsmäßigen Geschäftsführung.

Artikel 7, Nr. 7 EVHGB

Kündigung der Geschäftsführung

(1) Ein Gesellschafter kann die Geschäftsführung kündigen, wenn ein wichtiger Grund vorliegt. Auf dieses Recht kann nicht verzichtet werden.

(2) Die Geschäftsführung darf nur in der Art gekündigt werden, daß die Gesellschafter für die Führung der Geschäfte anderweit Vorsorge treffen können, es sei denn, daß ein wichtiger Grund für die unzeitige Kündigung vorliegt. Kündigt der Gesellschafter ohne solchen Grund zur Unzeit, so hat er der Gesellschaft den daraus entstehenden Schaden zu ersetzen.

(DRGBl 1938 I S 1999)

§ 118. (1) Ein Gesellschafter kann, auch wenn er von der Geschäftsführung ausgeschlossen ist, sich von den Angelegenheiten der Gesellschaft persönlich unterrichten, die Handelsbücher und die Schriften der Gesellschaft einsehen und sich aus ihnen einen Jahresabschluß anfertigen. *(BGBl 1990/475)*

(2) Eine dieses Recht ausschließende oder beschränkende Vereinbarung steht der Geltendmachung des Rechtes nicht entgegen, wenn Grund zu der Annahme unredlicher Geschäftsführung besteht.

§ 119. (1) Für die von den Gesellschaftern zu fassenden Beschlüsse bedarf es der Zustimmung aller zur Mitwirkung bei der Beschlußfassung berufenen Gesellschafter.

(2) Hat nach dem Gesellschaftsvertrage die Mehrheit der Stimmen zu entscheiden, so ist die Mehrheit im Zweifel nach der Zahl der Gesellschafter zu berechnen.

§ 120. (1) Am Schluß jedes Geschäftsjahrs wird auf Grund des Jahresabschlusses der Gewinn oder der Verlust des Jahres ermittelt und für jeden Gesellschafter sein Anteil daran berechnet. *(BGBl 1990/475)*

(2) Der einem Gesellschafter zukommende Gewinn wird dem Kapitalanteile des Gesellschafters zugeschrieben; der auf einen Gesellschafter entfallende Verlust sowie das während des Geschäftsjahrs auf den Kapitalanteil entnommene Geld wird davon abgeschrieben.

Artikel 26 EVHGB

(1) Auf offene Handelsgesellschaften und Kommanditgesellschaften, die vor dem Tage des Inkrafttretens dieser Verordnung in das Firmenbuch eingetragen worden sind, sind die Vorschriften des Handelsgesetzbuchs nur mit folgender Einschränkung anzuwenden: Soweit der Gesellschaftsvertrag nichts anderes bestimmt, sind jedem persönlich haftenden Gesellschafter und jedem Kommanditisten am Schluß eines jeden Geschäftsjahres von seinem Kapitalanteil Zinsen zu vier vom Hundert gutzuschreiben und von den während des Geschäftsjahres auf den Kapitalanteil entnommenen Geldern Zinsen in demselben Maßstab zur Last zu schreiben. Die dem Gesellschafter hiernach zukommenden Zinsen vermehren seinen Kapitalanteil und sind ihm auf sein Verlangen auszuzahlen. Auf den nach Deckung dieser Zinsen verbleibenden Gewinn und auf den durch sie gebildeten oder vermehrten Verlust sind die §§ 120 bis 122 des Handelsgesetzbuchs anzuwenden.

(DRGBl 1938 I S 1999)

§ 121. (1) Von dem Jahresgewinne gebührt jedem Gesellschafter zunächst ein Anteil in Höhe von vier vom Hundert seines Kapitalanteils.

Reicht der Jahresgewinn hierzu nicht aus, so bestimmen sich die Anteile nach einem entsprechend niedrigeren Satze.

(2) Bei der Berechnung des nach Abs. 1 einem Gesellschafter zukommenden Gewinnanteils werden Leistungen, die der Gesellschafter im Laufe des Geschäftsjahrs als Einlage gemacht hat, nach dem Verhältnisse der seit der Leistung abgelaufenen Zeit berücksichtigt. Hat der Gesellschafter im Laufe des Geschäftsjahrs Geld auf seinen Kapitalanteil entnommen, so werden die entnommenen Beträge nach dem Verhältnisse der bis zur Entnahme abgelaufenen Zeit berücksichtigt.

(3) Derjenige Teil des Jahresgewinns, welcher die nach den Abs. 1, 2 zu berechnenden Gewinnanteile übersteigt, sowie der Verlust eines Geschäftsjahres wird unter die Gesellschafter nach Köpfen verteilt.

Artikel 7, Nr. 8 EVHGB

Gewinn- und Verlustverteilung

Enthält der Gesellschaftsvertrag eine von Abs. 3 abweichende Bestimmung nur über den Anteil am Gewinn oder über den Anteil am Verlust, so gilt die Bestimmung im Zweifel für Gewinn und Verlust.

(DRGBl 1938 I S 1999)

§ 122. (1) Jeder Gesellschafter ist berechtigt, aus der Gesellschaftskasse Geld bis zum Betrage von vier vom Hundert seines für das letzte Geschäftsjahr festgestellten Kapitalanteils zu seinen Lasten zu erheben und, soweit es nicht zum offenbaren Schaden der Gesellschaft gereicht, auch die Auszahlung seines den bezeichneten Betrag übersteigenden Anteils am Gewinne des letzten Jahres zu verlangen.

(2) Im übrigen ist ein Gesellschafter nicht befugt, ohne Einwilligung der anderen Gesellschafter seinen Kapitalanteil zu vermindern.

Dritter Titel

Rechtsverhältnis der Gesellschafter zu Dritten

§ 123. (1) Die Wirksamkeit der offenen Handelsgesellschaft tritt im Verhältnisse zu Dritten mit dem Zeitpunkte ein, in welchem die Gesellschaft in das Firmenbuch eingetragen wird.

(2) Beginnt die Gesellschaft ihre Geschäfte schon vor der Eintragung, so tritt die Wirksamkeit mit dem Zeitpunkte des Geschäftsbeginns ein, soweit nicht aus dem § 2 sich ein anderes ergibt.

(3) Eine Vereinbarung, daß die Gesellschaft erst mit einem späteren Zeitpunkt ihren Anfang nehmen soll, ist Dritten gegenüber unwirksam.

§ 124. (1) Die offene Handelsgesellschaft kann unter ihrer Firma Rechte erwerben und Verbindlichkeiten eingehen, Eigentum und andere dingliche Rechte an Grundstücken erwerben, vor Gericht klagen und verklagt werden.

(2) Zur Zwangsvollstreckung in das Gesellschaftsvermögen ist ein gegen die Gesellschaft gerichteter vollstreckbarer Schuldtitel erforderlich.

Artikel 7, Nr. 9 EVHGB

Gesellschaftsvermögen

(1) Die Einlagen der Gesellschafter und die durch die Geschäftsführung für die Gesellschaft erworbenen Gegenstände werden gemeinschaftliches Vermögen der Gesellschafter (Gesellschaftsvermögen).

(2) Zu dem Gesellschaftsvermögen gehört auch, was auf Grund eines zu dem Gesellschaftsvermögen gehörenden Rechts oder als Ersatz für die Zerstörung, Beschädigung oder Entziehung eines zu dem Gesellschaftsvermögen gehörenden Gegenstandes erworben wird.

(DRGBl 1938 I S 1999)

Artikel 7, Nr. 10 EVHGB

Keine Verfügung des Gesellschafters über seinen Anteil am Gesellschaftsvermögen; Aufrechnungsverbot

(1) Ein Gesellschafter kann nicht über seinen Anteil an dem Gesellschaftsvermögen und an den einzelnen dazu gehörenden Gegenständen verfügen; er ist nicht berechtigt, Teilung zu verlangen.

(2) Gegen eine Forderung, die zum Gesellschaftsvermögen gehört, kann der Schuldner nicht eine ihm gegen einen einzelnen Gesellschafter zustehende Forderung aufrechnen.

(3) Die Zugehörigkeit einer nach Nr. 9 erworbenen Forderung zum Gesellschaftsvermögen hat der Schuldner erst dann gegen sich gelten zu lassen, wenn er von der Zugehörigkeit Kenntnis erlangt. Die §§ 1395, 1396 des österreichischen Bürgerlichen Gesetzbuchs gelten sinngemäß.

(DRGBl 1938 I S 1999)

Artikel 7, Nr. 11 EVHGB

Unübertragbarkeit und Unpfändbarkeit von Ansprüchen aus dem Gesellschaftsverhältnis

Die Ansprüche, die den Gesellschaftern aus dem Gesellschaftsverhältnis gegeneinander oder gegen die Gesellschaft zustehen, sind nicht übertragbar und können nicht gepfändet werden. Ausgenommen sind die einem Gesellschafter aus der Geschäftsführung zustehenden Ansprüche, soweit deren Befriedigung vor der Auseinandersetzung verlangt werden kann, sowie die Ansprüche auf einen Gewinnanteil oder auf dasjenige, was dem Gesellschafter bei der Auseinandersetzung zukommt.

(DRGBl 1938 I S 1999)

§ 125. (1) Zur Vertretung der Gesellschaft ist jeder Gesellschafter ermächtigt, wenn er nicht durch den Gesellschaftsvertrag von der Vertretung ausgeschlossen ist.

(2) Im Gesellschaftsvertrage kann bestimmt werden, daß alle oder mehrere Gesellschafter nur in Gemeinschaft zur Vertretung der Gesellschaft ermächtigt sein sollen (Gesamtvertretung). Die zur Gesamtvertretung berechtigten Gesellschafter können einzelne von ihnen zur Vornahme bestimmter Geschäfte oder bestimmter Arten von Geschäften ermächtigen. Ist der Gesellschaft gegenüber eine Willenserklärung abzugeben, so genügt die Abgabe gegenüber einem der zur Mitwirkung bei der Vertretung befugten Gesellschafter.

(3) Im Gesellschaftsvertrage kann bestimmt werden, daß die Gesellschafter, wenn nicht mehrere zusammen handeln, nur in Gemeinschaft mit einem Prokuristen zur Vertretung der Gesellschaft ermächtigt sein sollen. Die Vorschriften des Abs. 2, Satz 2, 3, finden in diesem Falle entsprechende Anwendung.

(4) Der Ausschluß eines Gesellschafters von der Vertretung, die Anordnung einer Gesamtvertretung oder eine gemäß Abs. 3, Satz 1, getroffene Bestimmung sowie jede Änderung in der Vertretungsmacht eines Gesellschafters ist von sämtlichen Gesellschaftern zur Eintragung in das Firmenbuch anzumelden.

§ 126. (1) Die Vertretungsmacht der Gesellschafter erstreckt sich auf alle gerichtlichen und außergerichtlichen Geschäfte und Rechtshandlungen einschließlich der Veräußerung und Belastung von Grundstücken sowie der Erteilung und des Widerrufs einer Prokura.

(2) Eine Beschränkung des Umfanges der Vertretungsmacht ist Dritten gegenüber unwirksam; dies gilt insbesondere von der Beschränkung, daß sich die Vertretung nur auf gewisse Geschäfte oder Arten von Geschäften erstrecken oder daß sie nur unter gewissen Umständen oder für eine gewisse Zeit oder an einzelnen Orten stattfinden soll.

(3) In betreff der Beschränkung auf den Betrieb einer von mehreren Niederlassungen der Gesellschaft finden die Vorschriften des § 50, Abs. 3, entsprechende Anwendung.

§ 127. Die Vertretungsmacht kann einem Gesellschafter auf Antrag der übrigen Gesellschafter durch gerichtliche Entscheidung entzogen werden, wenn ein wichtiger Grund vorliegt; ein solcher Grund ist insbesondere grobe Pflichtverletzung oder Unfähigkeit zur ordnungsmäßigen Vertretung der Gesellschaft.

§ 128. Die Gesellschafter haften für die Verbindlichkeiten der Gesellschaft den Gläubigern als Gesamtschuldner persönlich. Eine entgegenstehende Vereinbarung ist Dritten gegenüber unwirksam.

Artikel 7, Nr. 12 EVHGB
(DRGBl 1938 I S 1999)

Ansprüche der Gesellschaftsgläubiger im Konkurs oder Ausgleichsverfahren gegen Gesellschafter

(aufgehoben, BGBl 1982/370)

§ 129. (1) Wird ein Gesellschafter wegen einer Verbindlichkeit der Gesellschaft in Anspruch genommen, so kann er Einwendungen, die nicht in seiner Person begründet sind, nur insoweit geltend machen, als sie von der Gesellschaft erhoben werden können.

(2) Der Gesellschafter kann die Befriedigung des Gläubigers verweigern, solange der Gesellschaft das Recht zusteht, das ihrer Verbindlichkeit zugrunde liegende Rechtsgeschäft anzufechten.

(3) Die gleiche Befugnis hat der Gesellschafter, solange sich der Gläubiger durch Aufrechnung gegen eine fällige Forderung der Gesellschaft befriedigen kann.

(4) Aus einem gegen die Gesellschaft gerichteten vollstreckbaren Schuldtitel findet die Zwangsvollstreckung gegen die Gesellschafter nicht statt.

§ 130. (1) Wer in eine bestehende Gesellschaft eintritt, haftet gleich den anderen Gesellschaftern nach Maßgabe der §§ 128, 129 für die vor seinem Eintritte begründeten Verbindlichkeiten der Gesellschaft, ohne Unterschied, ob die Firma eine Änderung erleidet oder nicht.

(2) Eine entgegenstehende Vereinbarung ist Dritten gegenüber unwirksam.

Vierter Titel

Auflösung der Gesellschaft und Ausscheiden von Gesellschaftern

§ 131. Die offene Handelsgesellschaft wird aufgelöst:

1. durch den Ablauf der Zeit, für welche sie eingegangen ist;

2. durch Beschluß der Gesellschafter;

3. durch die Eröffnung des Konkurses über das Vermögen der Gesellschaft;

4. durch den Tod eines Gesellschafters, sofern nicht aus dem Gesellschaftsvertrage sich ein anderes ergibt;

5. durch die Eröffnung des Konkurses über das Vermögen eines Gesellschafters;

6. durch Kündigung und durch gerichtliche Entscheidung.

Artikel 7, Nr. 13 EVHGB
(DRGBl 1938 I S 1999)

Konkurs über das Vermögen der aufgelösten Gesellschaft

(aufgehoben, BGBl 1982/370)

§ 132. Die Kündigung eines Gesellschafters kann, wenn die Gesellschaft für unbestimmte Zeit eingegangen ist, nur für den Schluß eines Geschäftsjahrs erfolgen; sie muß mindestens sechs Monate vor diesem Zeitpunkte stattfinden.

Artikel 7, Nr. 14 EVHGB

Beschränkung der Kündigungsbefugnis

Eine Vereinbarung, durch die das Kündigungsrecht ausgeschlossen oder in anderer Weise als durch Verlängerung der Kündigungsfrist erschwert wird, ist nichtig.

(DRGBl 1938 I S 1999)

§ 133. (1) Auf Antrag eines Gesellschafters kann die Auflösung der Gesellschaft vor dem Ablaufe der für ihre Dauer bestimmten Zeit oder bei einer für unbestimmte Zeit eingegangenen Gesellschaft ohne Kündigung durch gerichtliche Entscheidung ausgesprochen werden, wenn ein wichtiger Grund vorliegt.

(2) Ein solcher Grund ist insbesondere vorhanden, wenn ein anderer Gesellschafter eine ihm nach dem Gesellschaftsvertrag obliegende wesentliche Verpflichtung vorsätzlich oder aus grober Fahrlässigkeit verletzt oder wenn die Erfüllung einer solchen Verpflichtung unmöglich wird.

(3) Eine Vereinbarung, durch welche das Recht des Gesellschafters, die Auflösung der Gesellschaft zu verlangen, ausgeschlossen oder diesen Vorschriften zuwider beschränkt wird, ist nichtig.

§ 134. Eine Gesellschaft, die für die Lebenszeit eines Gesellschafters eingegangen ist oder nach dem Ablaufe der für ihre Dauer bestimmten Zeit stillschweigend fortgesetzt wird, steht im Sinne der Vorschriften der §§ 132, 133 einer für unbestimmte Zeit eingegangenen Gesellschaft gleich.

§ 135. Hat ein Privatgläubiger eines Gesellschafters, nachdem innerhalb der letzten sechs Monate eine Zwangsvollstreckung in das bewegliche Vermögen des Gesellschafters ohne Erfolg versucht ist, auf Grund eines nicht bloß vorläufig vollstreckbaren Schuldtitels die Pfändung und Überweisung des Anspruchs auf dasjenige erwirkt, was dem Gesellschafter bei der Auseinandersetzung zukommt, so kann er die Gesellschaft ohne Rücksicht darauf, ob sie für bestimmte oder unbestimmte Zeit eingegangen ist, sechs Monate vor dem Ende des Geschäftsjahrs für diesen Zeitpunkt kündigen.

§ 136. Wird die Gesellschaft in anderer Weise als durch Kündigung aufgelöst, so gilt die Befugnis eines Gesellschafters zur Geschäftsführung zu seinen Gunsten gleichwohl als fortbestehend, bis er von der Auflösung Kenntnis erlangt oder die Auflösung kennen muß.

§ 137. (1) Wird die Gesellschaft durch den Tod eines Gesellschafters aufgelöst, so hat der Erbe des verstorbenen Gesellschafters den übrigen Gesellschaftern den Tod unverzüglich anzuzeigen und bei Gefahr im Verzuge die von seinem Erblasser zu besorgenden Geschäfte fortzuführen, bis die übrigen Gesellschafter in Gemeinschaft mit ihm anderweit Fürsorge treffen können. Die übrigen Gesellschafter sind in gleicher Weise zur einstweiligen Fortführung der von ihnen zu besorgenden Geschäfte verpflichtet. Die Gesellschaft gilt insoweit als fortbestehend.

(2) Die Vorschriften des Abs. 1, Satz 2, 3, finden auch im Falle der Auflösung der Gesellschaft durch die Eröffnung des Konkurses über das Vermögen eines Gesellschafters Anwendung.

§ 138. Ist im Gesellschaftsvertrage bestimmt, daß, wenn ein Gesellschafter kündigt oder stirbt oder wenn der Konkurs über sein Vermögen eröffnet wird, die Gesellschaft unter den übrigen Gesellschaftern fortbestehen soll, so scheidet mit dem Zeitpunkt, in welchem mangels einer solchen Bestimmung die Gesellschaft aufgelöst werden würde, der Gesellschafter, in dessen Person das Ereignis eintritt, aus der Gesellschaft aus.

Artikel 7, Nr. 15 EVHGB

Auseinandersetzung mit dem ausscheidenden Gesellschafter

(1) Der Anteil des ausscheidenden Gesellschafters am Gesellschaftsvermögen wächst den übrigen Gesellschaftern zu.

(2) Dem ausscheidenden Gesellschafter sind die Gegenstände, die er der Gesellschaft zur Benutzung überlassen hat, zurückzugeben. Für einen durch Zufall in Abgang gekommenen oder verschlechterten Gegenstand kann er nicht Ersatz verlangen.

(3) Dem ausscheidenden Gesellschafter ist in Geld auszuzahlen, was er bei der Auseinandersetzung erhalten würde, falls die Gesellschaft zur Zeit seines Ausscheidens aufgelöst worden wäre. Der Wert des Gesellschaftsvermögens ist, soweit erforderlich, durch Schätzung zu ermitteln.

(4) Der ausscheidende Gesellschafter ist von den Gesellschaftsschulden zu befreien, für die er den Gläubigern haftet. Ist eine Schuld noch nicht fällig, so kann ihm die Gesellschaft Sicherheit leisten, statt ihn zu befreien.

(5) Reicht der Wert des Gesellschaftsvermögens zur Deckung der Gesellschaftsschulden und der Kapitalanteile der Gesellschafter nicht aus, so hat der ausscheidende Gesellschafter den Teil des Fehlbetrages an die Gesellschaft zu zahlen, der nach dem Verhältnis seines Anteils am Verlust auf ihn entfällt.

(DRGBl 1938 I S 1999)

Artikel 7, Nr. 16 EVHGB

Beteiligung des Ausscheidenden an schwebenden Geschäften

(1) Der ausgeschiedene Gesellschafter nimmt an dem Gewinn und dem Verlust teil, der sich aus den zur Zeit seines Ausscheidens schwebenden Geschäften ergibt. Die Gesellschaft ist berechtigt, diese Geschäfte so zu beendigen, wie es ihr am vorteilhaftesten erscheint.

(2) Der ausgeschiedene Gesellschafter kann am Schluß jedes Geschäftsjahres Rechenschaft über die inzwischen beendeten Geschäfte, Auszahlung des ihm gebührenden Betrags und Auskunft über den Stand der noch schwebenden Geschäfte verlangen.

(DRGBl 1938 I S 1999)

§ 139. (1) Ist im Gesellschaftsvertrage bestimmt, daß im Falle des Todes eines Gesellschafters die Gesellschaft mit dessen Erben fortgesetzt werden soll, so kann jeder Erbe sein Verbleiben in der Gesellschaft davon abhängig machen, daß ihm unter Belassung des bisherigen Gewinnanteils die Stellung eines Kommanditisten eingeräumt und der auf ihn fallende Teil der Einlage des Erblassers als seine Kommanditeinlage anerkannt wird.

(2) Nehmen die übrigen Gesellschafter einen dahingehenden Antrag des Erben nicht an, so ist dieser befugt, ohne Einhaltung einer Kündigungsfrist sein Ausscheiden aus der Gesellschaft zu erklären.

(3) *(gegenstandslos, DRGBl 1938 I S 1999)*

(4) Scheidet [innerhalb der Frist des Abs. 3][1)] der Erbe aus der Gesellschaft aus oder wird [innerhalb der Frist][1)] die Gesellschaft aufgelöst oder dem Erben die Stellung eines Kommanditisten eingeräumt, so haftet er für die bis dahin entstandenen Gesellschaftsschulden nur nach Maßgabe der die Haftung des Erben für die Nachlaßverbindlichkeiten betreffenden Vorschriften des bürgerlichen Rechtes.

(5) Der Gesellschaftsvertrag kann die Anwendung der Vorschriften der Abs. 1 bis 4 nicht ausschließen; es kann jedoch für den Fall, daß der Erbe sein Verbleiben in der Gesellschaft von der Einräumung der Stellung eines Kommanditisten abhängig macht, sein Gewinnanteil anders als der des Erblassers bestimmt werden.

[1)] Siehe Art 7 Nr. 17 EVHGB

Artikel 7, Nr. 17 EVHGB

Fortsetzung der Gesellschaft mit den Erben eines Gesellschafters

§ 139 ist mit folgender Maßgabe anzuwenden:

(1) Ist im Gesellschaftsvertrag bestimmt, daß im Falle des Todes eines Gesellschafters die Gesellschaft mit seinen Erben fortgesetzt werden soll, so besteht sie nach dem Tode dieses Gesellschafters mit seiner Verlassenschaft und nach deren Einantwortung mit den Erben fort.

(2) Die im Abs. 1 und 2 des § 139 bezeichneten Rechte können von den Erben nur innerhalb einer Frist von einem Monat nach der Einantwortung der Verlassenschaft geltend gemacht werden. Ist der Erbe nicht eigenberechtigt und ist für ihn kein gesetzlicher Vertreter bestellt, so läuft die einmonatige Frist erst von der Bestellung eines solchen oder von dem Eintritt der Eigenberechtigung des Erben.

(DRGBl 1938 I S 1999)

§ 140. (1) Tritt in der Person eines Gesellschafters ein Umstand ein, der nach § 133 für die übrigen Gesellschafter das Recht begründet, die Auflösung der Gesellschaft zu verlangen, so kann vom Gericht anstatt der Auflösung die Ausschließung dieses Gesellschafters aus der Gesellschaft ausgesprochen werden, sofern die übrigen Gesellschafter dies beantragen.

(2) Für die Auseinandersetzung zwischen der Gesellschaft und dem ausgeschlossenen Gesellschafter ist die Vermögenslage der Gesellschaft in dem Zeitpunkte maßgebend, in welchem die Klage auf Ausschließung erhoben ist.

§ 141. (1) Macht ein Privatgläubiger eines Gesellschafters von dem ihm nach § 135 zustehenden Rechte Gebrauch, so können die übrigen Gesellschafter auf Grund eines von ihnen gefaßten Beschlusses dem Gläubiger erklären, daß die Gesellschaft unter ihnen fortbestehen solle. In diesem Falle scheidet der betreffende Gesellschafter mit dem Ende des Geschäftsjahres aus der Gesellschaft aus.

(2) Diese Vorschriften finden im Falle der Eröffnung des Konkurses über das Vermögen eines Gesellschafters mit der Maßgabe Anwendung, daß die Erklärung gegenüber dem „Masseverwalter" zu erfolgen hat und daß der Gemeinschuldner mit dem Zeitpunkte der Eröffnung des Konkurses als aus der Gesellschaft ausgeschieden gilt. *(DRGBl 1938 I S 1999)*

§ 142. (1) Sind nur zwei Gesellschafter vorhanden, so kann, wenn in der Person des einen von ihnen die Voraussetzungen vorliegen, unter welchen bei einer größeren Zahl von Gesellschaftern seine Ausschließung aus der Gesellschaft zulässig sein würde, der andere Gesellschafter auf seinen Antrag vom Gerichte für berechtigt erklärt werden, das Geschäft ohne Liquidation mit Aktiven und Passiven zu übernehmen.

(2) Macht bei einer aus zwei Gesellschaftern bestehenden Gesellschaft ein Privatgläubiger des einen Gesellschafters von der ihm nach § 135 zustehenden Befugnis Gebrauch oder wird über das Vermögen des einen Gesellschafters der Konkurs eröffnet, so ist der andere Gesellschafter berechtigt, das Geschäft in der bezeichneten Weise zu übernehmen.

(3) Auf die Auseinandersetzung finden die für den Fall des Ausscheidens eines Gesellschafters aus der Gesellschaft geltenden Vorschriften entsprechende Anwendung.

§ 143. (1) Die Auflösung der Gesellschaft ist, wenn sie nicht infolge der Eröffnung des Konkurses über das Vermögen der Gesellschaft eintritt, von sämtlichen Gesellschaftern zur Eintragung in das Firmenbuch anzumelden.

(2) Das gleiche gilt von dem Ausscheiden eines Gesellschafters aus der Gesellschaft.

(3) Ist anzunehmen, daß der Tod eines Gesellschafters die Auflösung oder das Ausscheiden zur Folge gehabt hat, so kann, auch ohne daß die Erben bei der Anmeldung mitwirken, die Eintragung erfolgen, soweit einer solchen Mitwirkung besondere Hindernisse entgegenstehen.

§ 144. (1) Ist die Gesellschaft durch die Eröffnung des Konkurses über ihr Vermögen aufgelöst, der Konkurs aber nach Abschluß eines „Zwangsausgleichs" aufgehoben oder auf Antrag des Gemeinschuldners eingestellt, so können die Gesellschafter die Fortsetzung der Gesellschaft beschließen. *(DRGBl 1938 I S 1999)*

(2) Die Fortsetzung ist von sämtlichen Gesellschaftern zur Eintragung in das Firmenbuch anzumelden.

Fünfter Titel

Liquidation der Gesellschaft

§ 145. (1) Nach der Auflösung der Gesellschaft findet die Liquidation statt, sofern nicht eine andere Art der Auseinandersetzung von den Gesellschaftern vereinbart oder über das Vermögen der Gesellschaft der Konkurs eröffnet ist.

(2) Ist die Gesellschaft durch Kündigung des Gläubigers eines Gesellschafters oder durch die Eröffnung des Konkurses über das Vermögen eines Gesellschafters aufgelöst, so kann die Liquidation nur mit Zustimmung des Gläubigers oder des „Masseverwalters" unterbleiben. *(DRGBl 1938 I S 1999)*

§ 146. (1) Die Liquidation erfolgt, sofern sie nicht durch Beschluß der Gesellschafter oder durch den Gesellschaftsvertrag einzelnen Gesellschaftern oder anderen Personen übertragen ist, durch sämtliche Gesellschafter als Liquidatoren. Mehrere Erben eines Gesellschafters haben einen gemeinsamen Vertreter zu bestellen.

(2) Auf Antrag eines Beteiligten kann aus wichtigen Gründen die Ernennung von Liquidatoren durch das Gericht erfolgen, in dessen Bezirke die Gesellschaft ihren Sitz hat; das Gericht kann in einem solchen Falle Personen zu Liquidatoren ernennen, die nicht zu den Gesellschaftern gehören. Als Beteiligter gilt außer den Gesellschaftern im Falle des § 135 auch der Gläubiger, durch den die Kündigung erfolgt ist.

(3) Ist über das Vermögen eines Gesellschafters der Konkurs eröffnet, so tritt der „Masseverwalter" an die Stelle des Gesellschafters. *(DRGBl 1938 I S 1999)*

§ 147. Die Abberufung von Liquidatoren geschieht durch einstimmigen Beschluß der nach § 146, Abs. 2, 3, Beteiligten; sie kann auf Antrag eines Beteiligten aus wichtigen Gründen auch durch das Gericht erfolgen.

§ 148. (1) Die Liquidatoren sind von sämtlichen Gesellschaftern zur Eintragung in das Firmenbuch anzumelden. Das gleiche gilt von jeder Änderung in den Personen der Liquidatoren oder in ihrer Vertretungsmacht. Im Falle des Todes eines Gesellschafters kann, wenn anzunehmen ist, daß die Anmeldung den Tatsachen entspricht, die Eintragung erfolgen, auch ohne daß die Erben bei der Anmeldung mitwirken, soweit einer solchen Mitwirkung besondere Hindernisse entgegenstehen.

(2) Die Eintragung gerichtlich bestellter Liquidatoren sowie die Eintragung der gerichtlichen Abberufung von Liquidatoren geschieht von Amts wegen.

(3) Die Liquidatoren haben ihre Namensunterschrift zur Aufbewahrung bei Gericht zu zeichnen. *(BGBl 1991/10)*

§ 149. Die Liquidatoren haben die laufenden Geschäfte zu beendigen, die Forderungen einzuziehen, das übrige Vermögen in Geld umzusetzen und die Gläubiger zu befriedigen; zur Beendigung schwebender Geschäfte können sie auch neue Geschäfte eingehen. Die Liquidatoren vertreten innerhalb ihres Geschäftskreises die Gesellschaft gerichtlich und außergerichtlich.

Artikel 7, Nr. 18 EVHGB

Auseinandersetzung

Den Gesellschaftern sind die Gegenstände, die sie der Gesellschaft zur Benutzung überlassen haben, zurückzugeben. Für einen durch Zufall in

Abgang gekommenen oder verschlechterten Gegenstand können sie Ersatz nicht verlangen.
(DRGBl 1938 I S 1999)

§ 150. (1) Sind mehrere Liquidatoren vorhanden, so können sie die zur Liquidation gehörenden Handlungen nur in Gemeinschaft vornehmen, sofern nicht bestimmt ist, daß sie einzeln handeln können; „ eine solche Bestimmung ist zur Eintragung in das Firmenbuch anzumelden.“ *(BGBl 1991/10)*

(2) Durch die Vorschrift des Abs. 1 wird nicht ausgeschlossen, daß die Liquidatoren einzelne von ihnen zur Vornahme bestimmter Geschäfte oder bestimmter Arten von Geschäften ermächtigen. Ist der Gesellschaft gegenüber eine Willenserklärung abzugeben, so findet die Vorschrift des § 125, Abs. 2, Satz 3, entsprechende Anwendung.

§ 151. Eine Beschränkung des Umfanges der Befugnisse der Liquidatoren ist Dritten gegenüber unwirksam.

§ 152. Gegenüber den nach § 146, Abs. 2, 3, Beteiligten haben die Liquidatoren, auch wenn sie vom Gerichte bestellt sind, den Anordnungen Folge zu leisten, welche die Beteiligten in betreff der Geschäftsführung einstimmig beschließen.

§ 153. Die Liquidatoren haben ihre Unterschrift in der Weise abzugeben, daß sie der bisherigen, als Liquidationsfirma zu bezeichnenden Firma ihren Namen beifügen.

§ 154. Die Liquidatoren haben bei dem Beginne sowie bei der Beendigung der Liquidation eine Bilanz aufzustellen.

§ 155. (1) Das nach Berichtigung der Schulden verbleibende Vermögen der Gesellschaft ist von den Liquidatoren nach dem Verhältnisse der Kapitalanteile, wie sie sich auf Grund der Schlußbilanz ergeben, unter die Gesellschafter zu verteilen.

(2) Das während der Liquidation entbehrliche Geld wird vorläufig verteilt. Zur Deckung noch nicht fälliger oder streitiger Verbindlichkeiten sowie zur Sicherung der den Gesellschaftern bei der Schlußverteilung zukommenden Beträge ist das Erforderliche zurückzubehalten. Die Vorschriften des § 122, Abs. 1, finden während der Liquidation keine Anwendung.

(3) Entsteht über die Verteilung des Gesellschaftsvermögens Streit unter den Gesellschaftern, so haben die Liquidatoren die Verteilung bis zur Entscheidung des Streites auszusetzen.

Artikel 7, Nr. 19 EVHGB

Ausgleich unter den Gesellschaftern

Reicht das Gesellschaftsvermögen zur Deckung der Gesellschaftsschulden und der Kapitalanteile der Gesellschafter nicht aus, so haben die Gesellschafter für den Fehlbetrag nach dem Verhältnis aufzukommen, nach dem sie den Verlust zu tragen haben. Kann von einem Gesellschafter der auf ihn entfallende Betrag nicht erlangt werden, so haben die übrigen Gesellschafter den Ausfall nach dem genannten Verhältnis zu tragen.

(DRGBl 1938 I S 1999)

§ 156. Bis zur Beendigung der Liquidation kommen in bezug auf das Rechtsverhältnis der bisherigen Gesellschafter untereinander sowie der Gesellschaft zu Dritten die Vorschriften des zweiten und dritten Titels zur Anwendung, soweit sich nicht aus dem gegenwärtigen Titel oder aus dem Zwecke der Liquidation ein anderes ergibt.

§ 157. (1) Nach der Beendigung der Liquidation ist das Erlöschen der Firma von den Liquidatoren zur Eintragung in das Firmenbuch anzumelden.

(2) Die Bücher und Papiere der aufgelösten Gesellschaft werden einem der Gesellschafter oder einem Dritten in Verwahrung gegeben. Der Gesellschafter oder der Dritte wird in Ermangelung einer Verständigung durch das Gericht bestimmt, in dessen Bezirke die Gesellschaft ihren Sitz hat.

(3) Die Gesellschafter und deren Erben behalten das Recht auf Einsicht und Benutzung der Bücher und Papiere.

§ 158. Vereinbaren die Gesellschafter statt der Liquidation eine andere Art der Auseinandersetzung, so finden, solange noch ungeteiltes Gesellschaftsvermögen vorhanden ist, im Verhältnis zu Dritten die für die Liquidation geltenden Vorschriften entsprechende Anwendung.

Sechster Titel

Verjährung

§ 159. (1) Die Ansprüche gegen einen Gesellschafter aus Verbindlichkeiten der Gesellschaft verjähren in fünf Jahren nach der Auflösung der Gesellschaft oder nach dem Ausscheiden des Gesellschafters, sofern nicht der Anspruch gegen die Gesellschaft einer kürzeren Verjährung unterliegt.

(2) Die Verjährung beginnt mit dem Ende des Tages, an welchem die Auflösung der Gesellschaft oder das Ausscheiden des Gesellschafters in das Firmenbuch des für den Sitz der Gesellschaft zuständigen Gerichts eingetragen wird.

(3) Wird der Anspruch des Gläubigers gegen die Gesellschaft erst nach der Eintragung fällig, so beginnt die Verjährung mit dem Zeitpunkte der Fälligkeit.

Artikel 7, Nr. 20 EVHGB

Verjährung der Ansprüche gegen einen Gesellschafter

Die Verjährung der Ansprüche gegen Gesellschafter aus Verbindlichkeiten der Gesellschaft läuft gegen nicht eigenberechtigte Gläubiger auch dann, wenn für sie kein gesetzlicher Vertreter bestellt ist. Doch endet die Verjährungszeit nicht vor dem Ablauf von sechs Monaten nach dem Eintritt der unbeschränkten Eigenberechtigung des Gläubigers oder der Bestellung des gesetzlichen Vertreters.

(DRGBl 1938 I S 1999)

§ 160. Die Unterbrechung der Verjährung gegenüber der aufgelösten Gesellschaft wirkt auch gegenüber den Gesellschaftern, welche der Gesellschaft zur Zeit der Auflösung angehört haben.

Zweiter Abschnitt

Kommanditgesellschaft

§ 161. (1) Eine Gesellschaft, deren Zweck auf den Betrieb eines Handelsgewerbes unter gemeinschaftlicher Firma gerichtet ist, ist eine Kommanditgesellschaft, wenn bei einem oder bei einigen von den Gesellschaftern die Haftung gegenüber den Gesellschaftsgläubigern auf den Betrag einer bestimmten Vermögenseinlage beschränkt ist (Kommanditisten), während bei dem anderen Teile der Gesellschafter eine Beschränkung der Haftung nicht stattfindet (persönlich haftende Gesellschafter).

(2) Soweit nicht in diesem Abschnitt ein anderes vorgeschrieben ist, finden auf die Kommanditgesellschaft die für die offene Handelsgesellschaft geltenden Vorschriften Anwendung.

§ 162. (1) Die Anmeldung der Gesellschaft hat außer den im § 106, Abs. 2, vorgesehenen Angaben die Bezeichnung der Kommanditisten und den Betrag der Einlage eines jeden von ihnen zu enthalten.

(2) *(aufgehoben, BGBl I 2000/142, ab 1. 1. 2002)*

(3) Diese Vorschriften finden im Falle des Eintritts eines Kommanditisten in eine bestehende Handelsgesellschaft und im Falle des Ausscheidens eines Kommanditisten aus einer Kommanditgesellschaft entsprechende Anwendung.

§ 163. Für das Verhältnis der Gesellschafter untereinander gelten in Ermangelung abweichender Bestimmungen des Gesellschaftsvertrags die besonderen Vorschriften der §§ 164 bis 169.

§ 164. Die Kommanditisten sind von der Führung der Geschäfte der Gesellschaft ausgeschlossen; sie können einer Handlung der persönlich haftenden Gesellschafter nicht widersprechen, es sei denn, daß die Handlung über den gewöhnlichen Betrieb des Handelsgewerbes der Gesellschaft hinausgeht. Die Vorschriften des § 116, Abs. 3, bleiben unberührt.

§ 165. Die §§ 112, 113 finden auf die Kommanditisten keine Anwendung.

§ 166. (1) Der Kommanditist ist berechtigt, die abschriftliche Mitteilung des Jahresabschlusses zu verlangen und dessen Richtigkeit unter Einsicht der Bücher und Schriften zu prüfen. *(BGBl 1990/475)*

(2) Die im § 118 dem von der Geschäftsführung ausgeschlossenen Gesellschafter eingeräumten weiteren Rechte stehen dem Kommanditisten nicht zu.

(3) Auf Antrag eines Kommanditisten kann das Gericht, wenn wichtige Gründe vorliegen, die Mitteilung einer Bilanz oder sonstiger Aufklärungen sowie die Vorlegung der Bücher und Papiere jederzeit anordnen.

§ 167. (1) Die Vorschriften des § 120 über die Berechnung des Gewinns oder Verlustes gelten auch für den Kommanditisten.

(2) Jedoch wird der einem Kommanditisten zukommende Gewinn seinem Kapitalanteil nur so lange zugeschrieben, als dieser den Betrag der bedungenen Einlage nicht erreicht.

(3) An dem Verluste nimmt der Kommanditist nur bis zum Betrage seines Kapitalanteils und seiner noch rückständigen Einlage teil.

§ 168. (1) Die Anteile der Gesellschafter am Gewinne bestimmen sich, soweit der Gewinn den Betrag von vier vom Hundert der Kapitalanteile nicht übersteigt, nach den Vorschriften des § 121, Abs. 1, 2.

(2) In Ansehung des Gewinns, welcher diesen Betrag übersteigt, sowie in Ansehung des Verlustes gilt, soweit nicht ein anderes vereinbart ist, ein den Umständen nach angemessenes Verhältnis der Anteile als bedungen.

§ 169. (1) Der § 122 findet auf den Kommanditisten keine Anwendung. Dieser hat nur Anspruch auf Auszahlung des ihm zukommenden Gewinns; er kann auch die Auszahlung des Gewinns nicht fordern, solange sein Kapitalanteil durch Verlust unter den auf die bedungene Einlage geleisteten Betrag herabgemindert ist oder durch die Auszahlung unter diesen Betrag herabgemindert werden würde.

(2) Der Kommanditist ist nicht verpflichtet, den bezogenen Gewinn wegen späterer Verluste zurückzuzahlen.

§ 170. Der Kommanditist ist zur Vertretung der Gesellschaft nicht ermächtigt.

§ 171. (1) Der Kommanditist haftet den Gläubigern der Gesellschaft bis zur Höhe seiner Einlage unmittelbar; die Haftung ist ausgeschlossen, soweit die Einlage geleistet ist.

(2) Ist über das Vermögen der Gesellschaft der Konkurs eröffnet, so wird während der Dauer des Verfahrens das den Gesellschaftsgläubigern nach Abs. 1 zustehende Recht durch den „Masseverwalter" ausgeübt. *(DRGBl 1938 I S 1999)*

Artikel 7, Nr. 21 EVHGB
(DRGBl 1938 I S 1999)

Kommanditgesellschaft

(aufgehoben, BGBl 1982/370)

§ 172. (1) Im Verhältnisse zu den Gläubigern der Gesellschaft wird nach der Eintragung in das Firmenbuch die Einlage eines Kommanditisten durch den in der Eintragung angegebenen Betrag bestimmt.

(2) Auf eine nicht eingetragene Erhöhung der aus dem Firmenbuch ersichtlichen Einlage können sich die Gläubiger nur berufen, wenn die Erhöhung in handelsüblicher Weise kundgemacht oder ihnen in anderer Weise von der Gesellschaft mitgeteilt worden ist.

(3) Eine Vereinbarung der Gesellschafter, durch die einem Kommanditisten die Einlage erlassen oder gestundet wird, ist den Gläubigern gegenüber unwirksam.

(4) Soweit die Einlage eines Kommanditisten zurückbezahlt wird, gilt sie den Gläubigern gegenüber als nicht geleistet. Das gleiche gilt, soweit ein Kommanditist Gewinnanteile entnimmt, während sein Kapitalanteil durch Verlust unter den Betrag der geleisteten Einlage herabgemindert ist, oder soweit durch die Entnahme der Kapitalanteil unter den bezeichneten Betrag herabgemindert wird.

(5) Was ein Kommanditist auf Grund eines im guten Glauben errichteten Jahresabschlusses im guten Glauben als Gewinn bezieht, ist er in keinem Fall zurückzuzahlen verpflichtet. *(BGBl 1990/475)*

§ 173. (1) Wer in eine bestehende Handelsgesellschaft als Kommanditist eintritt, haftet nach Maßgabe der §§ 171, 172 für die vor seinem Eintritte begründeten Verbindlichkeiten der Gesellschaft, ohne Unterschied, ob die Firma eine Änderung erleidet oder nicht.

(2) Eine entgegenstehende Vereinbarung ist Dritten gegenüber unwirksam.

§ 174. Eine Herabsetzung der Einlage eines Kommanditisten ist, solange sie nicht in das Firmenbuch des Gerichts, in dessen Bezirke die Gesellschaft ihren Sitz hat, eingetragen ist, den Gläubigern gegenüber unwirksam; Gläubiger, deren Forderungen zur Zeit der Eintragung begründet waren, brauchen die Herabsetzung nicht gegen sich gelten zu lassen.

§ 175. Die Erhöhung sowie die Herabsetzung einer Einlage ist durch die sämtlichen Gesellschafter zur Eintragung in das Firmenbuch anzumelden. Die Bekanntmachung der Eintragung erfolgt gemäß § 162, Abs. 2. Auf die Eintragung in das Firmenbuch des Sitzes der Gesellschaft finden die Vorschriften des [§ 14][1] keine Anwendung.

(BGBl 1991/10)

[1] Die Verweisung auf § 14 geht ins Leere, vgl nunmehr § 24 FBG (BGBl 1991/10)

§ 176. (1) Hat die Gesellschaft ihre Geschäfte begonnen, bevor sie in das Firmenbuch des Gerichts, in dessen Bezirke sie ihren Sitz hat, eingetragen ist, so haftet jeder Kommanditist, der dem Geschäftsbeginne zugestimmt hat, für die bis zur Eintragung begründeten Verbindlichkeiten der Gesellschaft gleich einem persönlich haftenden Gesellschafter, es sei denn, daß seine Beteiligung als Kommanditist dem Gläubiger bekannt war. Diese Vorschrift kommt nicht zur Anwendung, soweit sich aus dem § 2 ein anderes ergibt.

(2) Tritt ein Kommanditist in eine bestehende Handelsgesellschaft ein, so findet die Vorschrift des Abs. 1, Satz 1, für die in der Zeit zwischen seinem Eintritt und dessen Eintragung in das Firmenbuch begründeten Verbindlichkeiten der Gesellschaft entsprechende Anwendung.

§ 177. Der Tod eines Kommanditisten hat die Auflösung der Gesellschaft nicht zur Folge.

1/2a. UGB-Formblatt-V

BGBl II 2008/316 idF

1 BGBl II 2009/9
2 BGBl II 2013/320
3 BGBl II 2015/412
4 BGBl II 2019/83 (Berichtigung im BGBl)

Verordnung über die Verwendung von Formblättern für die offenzulegende Bilanz und den offenzulegenden Anhang von kleinen Gesellschaften mit beschränkter Haftung (UGB-Formblatt-V)

Aufgrund des § 278 Abs. 2 des Unternehmensgesetzbuchs, dRGBl. 219/1897, zuletzt geändert durch das Bundesgesetz „BGBl. I Nr. 22/2015“, wird verordnet: *(BGBl II 2015/412)*

§ 1. (1) Für die Offenlegung der Bilanz und des Anhangs einer kleinen Gesellschaft mit beschränkter Haftung in Papierform genügt die Verwendung der Formblätter Anlagen 1 und 2, für die Offenlegung der Bilanz einer Kleinstkapitalgesellschaft in der Rechtsform einer Gesellschaft mit beschränkter Haftung in Papierform genügt die Verwendung des Formblattes Anlage 1. *(BGBl II 2015/412)*

(2) Für die Offenlegung folgender Unterlagen von Personengesellschaften im Sinne des § 189 Abs. 1 Z 2 UGB, für die im Sinne des § 221 Abs. 5 UGB die Vorschriften einer Gesellschaft mit beschränkter Haftung gelten, in Papierform genügt die Verwendung folgender Formblätter:

1. Offenlegung der Bilanz und des Anhangs einer kleinen Personengesellschaft (§ 221 Abs. 1 UGB): die Verwendung der Formblätter Anlage 2 und 3,

2. Offenlegung der Bilanz einer Kleinstgesellschaft (§ 221 Abs. 1a UGB) in der Rechtsform einer Personengesellschaft: die Verwendung des Formblattes Anlage 3.
(BGBl II 2015/412)

(3) Enthält die Bilanz zur Erreichung der in § 222 Abs. 2 UGB angeordneten Zielsetzung (Vermittlung eines möglichst getreuen Bilds der Vermögens-, Finanz- und Ertragslage) weitere Posten, so sind die Formblätter Anlage 1 beziehungsweise Anlage 3 und – soweit erforderlich – das Formblatt Anlage 2 zu ergänzen.

(4) Für die Offenlegung der Bilanz und des Anhangs der Gesellschaften gemäß Abs. 1 und 2 in elektronischer Form gelten die Bestimmungen der ERV 2006.

§ 2. Die Offenlegung der Bilanz und des Anhangs von Gesellschaften gemäß § 1 Abs. 1 und 2, deren Umsatzerlöse gemäß § 277 Abs. 6 UGB 70 000 Euro nicht übersteigen, darf auch ohne Verwendung der Formblätter nach den **Anlagen 1 bis 3** in Papierform vorgenommen werden, sofern sichergestellt ist, dass deren Inhalt in derselben Gliederung oder in der Gliederung gemäß § 9 Abs. 3 ERV 2006 enthalten und entweder gedruckt, maschinenschriftlich oder sonst maschinell hergestellt ist.

§ 3. „(1)“ Diese Verordnung tritt mit 1. November 2008 in Kraft. Mit dem Inkrafttreten dieser Verordnung tritt die Verordnung des Bundesministers für Justiz über die Verwendung von Formblättern für die offenzulegende Bilanz und den offenzulegenden Anhang von kleinen Gesellschaften mit beschränkter Haftung (3. Formblatt-V), BGBl. II Nr. 197/2001, außer Kraft. Die nach dieser Verordnung ausgegebenen Formblätter Form 2 und 3 dürfen jedoch weiter verwendet werden. *(BGBl II 2009/9)*

(2) Die Anlagen 1 und 3 in der Fassung der Verordnung BGBl. II Nr. 9/2009 treten mit 1. Februar 2009 in Kraft. Die nach der Stammfassung der UGB-Formblatt-V ausgegebenen Formblätter „UGBForm 2“ und „UGBForm 4“ dürfen aufbrauchend weiter verwendet werden. *(BGBl II 2009/9)*

(3) Die Anlagen 2 und 3 in der Fassung der Verordnung BGBl. II Nr. 320/2013 treten mit 1. November 2013 in Kraft. Die entsprechenden Anlagen nach der bisherigen Fassung der Verordnung können für die Einreichung der Jahresabschlüsse für jene Geschäftsjahre weiter verwendet werden, die vor dem 1. Jänner 2013 begonnen haben. *(BGBl II 2013/320)*

(4) Die Offenlegung mittels Online-Formularen in elektronischer Form (§ 9 Abs. 3 ERV 2006) hat ab dem 1. Jänner 2014 in Form der Anlagen 2 und 3 in der Fassung der Verordnung BGBl. II Nr. 320/2013 zu erfolgen. *(BGBl II 2013/320)*

(5) § 1 Abs. 1 und 2 und die Anlagen in der Fassung der Verordnung „BGBl. II Nr. 412/2015“ treten mit 1. Jänner 2016 in Kraft und sind für die Einreichung der Jahresabschlüsse für jene Geschäftsjahre anzuwenden, die nach dem 31. Dezember 2015 beginnen. Die entsprechenden Anlagen nach der bisherigen Fassung der Verordnung sind für die Einreichung der Jahresabschlüsse für jene Geschäftsjahre weiter zu verwenden, die vor dem 1. Jänner 2016 begonnen haben. Die Offenlegung mittels Online-Formularen in elektronischer Form (§ 9 Abs. 3 ERV 2006) hat für Jahresabschlüsse für Geschäftsjahre, die nach dem 31. Dezember 2015 beginnen, in Form der

Anlagen in der Fassung der Verordnung BGBl. II Nr. 412/2015 zu erfolgen. *(BGBl II 2015/412; BGBl II 2019/83)*

Anlage 1

(BGBl II 2009/9) Anhänge in Geltung für Geschäftsjahre bis 1. 1. 2016, vgl § 3 Abs. 5.

Offenzulegender Auszug aus der Bilanz der kleinen GmbH[1)]

Firmenbuchnummer	Firmenbuchgericht	Beginn und Ende des Geschäftsjahrs

Firma:
Unterzeichner des Jahresabschlusses:

Aktiva	Geschäftsjahr	vorangegangenes Geschäftsjahr[2)]	Passiva	Geschäftsjahr	vorangegangenes Geschäftsjahr[2)]
A. Anlagevermögen			**A. Eigenkapital/Negatives Eigenkapital[3)]**		
I. Immaterielle Vermögensgegenstände			I. Nennkapital (Stammkapital)[4)]		
II. Sachanlagen			II. Kapitalrücklagen		
III. Finanzanlagen			III. Gewinnrücklagen		
B. Umlaufvermögen			IV. Bilanzgewinn (Bilanzverlust), davon		
I. Vorräte					
II. Forderungen und sonstige Vermögensgegenstände			Gewinnvortrag/Verlustvortrag		
III. Wertpapiere und Anteile			**B. Unversteuerte Rücklagen**		
IV. Kassenbestand, Schecks, Guthaben bei Kreditinstituten			**C. Rückstellungen**		
C. Rechnungsabgrenzungsposten			**D. Verbindlichkeiten**		
			E. Rechnungsabgrenzungsposten		
5)			5)		
Bilanzsumme			**Bilanzsumme**		

Die Richtigkeit dieses Auszugs wird bestätigt:[6)]

1) **Achtung:** Besteht nach § 268 UGB Prüfungspflicht, so ist auch der Bestätigungsvermerk oder der Vermerk über dessen Versagung oder Einschränkung offenzulegen.
2) Angabe in vollen 1000 Euro ausreichend (§ 223 Abs. 2 UGB).
3) Nicht zutreffendes streichen.
4) Gegebenenfalls nach Abzug der nicht eingeforderten ausstehenden Einlagen, vgl. Punkt 23 des Anhangs (Anlage 2).
5) Dieses Feld dient der Einfügung weiterer Posten (§ 1 Abs. 3 UGB-Formblatt-V). Dabei ist anzugeben, an welcher Stelle die Posten einzufügen sind; diese können auch gleich an dieser Stelle eingefügt werden.
6) Unterschrift der gesetzlichen Vertreter/innen in vertretungsbefugter Anzahl. Anzugeben sind auch Ort und Datum der Unterschrift.

(BGBl II 2009/9)

Anlage 1

(BGBl II 2015/412) Anhänge in Geltung für Geschäftsjahre ab 1. 1. 2016, vgl § 3 Abs. 5.

Anlage 1

Offenzulegender Auszug aus der Bilanz der kleinen GmbH[1)]

Firmenbuchnummer	Firmenbuchgericht	Beginn und Ende des Geschäftsjahrs
Firma:		
Unterzeichner/in(nen) des Jahresabschlusses:		

Aktiva			Passiva		
	Geschäftsjahr[2)]	vorangegangenes Geschäftsjahr[2)]		Geschäftsjahr[2)]	vorangegangenes Geschäftsjahr[2)]
A. Anlagevermögen			**A. Eigenkapital/Negatives Eigenkapital**[3)]		
I. Immaterielle Vermögensgegenstände			I. eingefordertes Stammkapital:		
			Stammkapital		
II. Sachanlagen			abzüglich nach § 10b Abs. 4 GmbHG derzeit nicht einforderbare Einlagen[4)]		
III. Finanzanlagen			abzüglich sonstige nicht eingeforderte ausstehende Einlagen		
B. Umlaufvermögen			davon eingezahlt		
I. Vorräte			II. Kapitalrücklagen		
II. Forderungen und sonstige Vermögensgegenstände			III. Gewinnrücklagen		
davon mit einer Restlaufzeit von mehr als einem Jahr			IV. Bilanzgewinn (Bilanzverlust),		
			davon Gewinnvortrag/Verlustvortrag		
III. Wertpapiere und Anteile			**B. Rückstellungen**		
IV. Kassenbestand, Schecks, Guthaben bei Kreditinstituten			**C. Verbindlichkeiten**		
			davon mit einer Restlaufzeit von mehr als einem Jahr		
C. Rechnungsabgrenzungsposten					
D. Aktive latente Steuern[5)]			**D. Rechnungsabgrenzungsposten**		
6)			6)		
Bilanzsumme			**Bilanzsumme**		

Die Richtigkeit dieses Auszugs wird bestätigt:[7)]

1) **Achtung:** Besteht nach § 268 UGB Prüfungspflicht, so ist auch der Bestätigungsvermerk offenzulegen.
2) Angabe in vollen 1.000 Euro ausreichend (§§ 223 Abs. 2 und 277 Abs. 3 UGB).
3) Nicht Zutreffendes streichen.
4) Nur bei aufrechter Gründungsprivilegierung.
5) Dieser Posten ist nur fakultativ zu bilden; wenn er aber gebildet wird, so sind die unverrechneten Steuerbe- und entlastungen im Anhang aufzuschlüsseln.
6) Dieses Feld dient der Einfügung weiterer Posten (§ 1 Abs. 3 UGB-Formblatt-V). Dabei ist anzugeben, an welcher Stelle die Posten einzufügen sind; diese können auch gleich an dieser Stelle eingefügt werden.
7) Unterschrift der gesetzlichen Vertreter/innen in vertretungsbefugter Anzahl. Anzugeben sind auch Ort und Datum der Unterschrift.

(BGBl II 2015/412)

Anlage 2

(BGBl II 2013/320) Anhänge in Geltung für Geschäftsjahre bis 1. 1. 2016, vgl § 3 Abs. 5.

Anlage 2

Offenzulegender Anhang [1)2)]

Firmenbuchnummer	Firmenbuchgericht	Beginn und Ende des Geschäftsjahres

Firmenwortlaut:
Die Umsatzerlöse in den zwölf Monaten vor dem Abschlussstichtag des einzureichenden Jahresabschlusses übersteigen nicht 70 000 Euro.: Ja [3)] ☐

1. Angabe, wenn die einmal gewählte Form der Darstellung, insbesondere der Gliederung der Bilanz, nicht beibehalten wurde (§ 223 Abs. 1 UGB):

- Begründung dafür:

2. Angabe und Erläuterung, wenn Vorjahresbeträge nicht vergleichbar sind oder der Vorjahresbetrag angepasst wurde (§ 223 Abs. 2 UGB):

3. Abweichung auf Grund der für einen Geschäftszweig vorgeschriebenen Gliederung (§ 223 Abs. 3 UGB):

- Begründung dafür:

4. Zugehörigkeit eines Postens der Bilanz auch zu (einem) anderen Posten, falls dies zur Aufstellung eines klaren und übersichtlichen Jahresabschlusses erforderlich ist (§ 223 Abs. 5 UGB):

5. Bei Ausweis eines „negativen Eigenkapitals“: Erläuterung, ob eine Überschuldung im Sinn des Insolvenzrechts vorliegt (§ 225 Abs. 1 UGB):

6. Abweichungen von Bilanzierungs- und Bewertungsmethoden (§ 236 Z 1 UGB):

- Begründung dafür:

- Gesonderte Darstellung des Einflusses auf die Vermögens-, Finanz- und Ertragslage:

7. Aktivierte Zinsen für Fremdkapital im Sinn des § 203 Abs. 4 UGB (§ 236 Z 2 UGB):

8. Aktivierte Verwaltungs- und Vertriebskosten im Sinn des § 206 Abs. 3 UGB (§ 236 Z 4 UGB)

- im Geschäftsjahr:

- insgesamt über die Herstellungskosten hinaus:

9. Jeweils zusammengefasst für alle Posten der Verbindlichkeiten (§ 237 Z 1 in Verbindung mit § 242 Abs. 2 UGB)

- Gesamtbetrag der Verbindlichkeiten mit einer Restlaufzeit von mehr als fünf Jahren:

- Gesamtbetrag der Verbindlichkeiten mit einer Restlaufzeit von mehr als einem Jahr:

- Gesamtbetrag der Verbindlichkeiten, für die dingliche Sicherheiten bestellt sind:

- Art und Form dieser Sicherheiten:

10. Grundlagen für die Umrechnung von Posten, die auf fremde Währung lauten, in Euro (§ 237 Z 2 UGB):

11. Aufgliederung und Erläuterung der gemäß § 199 UGB ausgewiesenen Haftungsverhältnisse (§ 237 Z 3 UGB); Betrag insgesamt:

- davon Haftungen gegenüber verbundenen Unternehmen:

- davon Pfandrechte:

- davon sonstige dingliche Sicherheiten:

12. In der Bilanz nicht gesondert ausgewiesener Betrag der Einlagen von stillen Gesellschaftern (§ 237 Z 10 UGB):

13. Name und Sitz des Mutterunternehmens der Gesellschaft, das den Konzernabschluss für den größten Kreis von Unternehmen aufstellt, und ihres Mutterunternehmens, das den Konzernabschluss für den kleinsten Kreis von Unternehmen aufstellt, sowie im Fall der Offenlegung der von diesen Mutterunternehmen aufgestellten Konzernabschlüssen der Ort, wo diese erhältlich sind (§ 237 Z 12 UGB):

14. Name und Sitz anderer Unternehmen, von denen das Unternehmen oder für dessen Rechnung eine andere Person mindestens den fünften Teil der Anteile besitzt, sowie

- Höhe des Anteils am Kapital:

- das Eigenkapital:

- und das Ergebnis des letzten Geschäftsjahres dieser Unternehmen, für das ein Jahresabschluss vorliegt (§ 238 Z 2 UGB):

15. Name, Sitz und Rechtsform von Unternehmen, deren unbeschränkt haftende Gesellschafterin die Gesellschaft ist (§ 238 Z 2 UGB):

16. Durchschnittliche Zahl der Arbeitnehmer/innen während des Geschäftsjahrs (§ 239 Abs. 1 Z 1 UGB)

- insgesamt:

- davon Arbeiter/innen:

- davon Angestellte:

17. Vorschüsse, Kredite und eingegangene Haftungsverhältnisse (§ 239 Abs. 1 Z 2 UGB) an bzw. für

a) Geschäftsführer/innen
- Betrag der Vorschüsse/Kredite:
- Zinsen dafür:
- wesentliche Bedingungen:
- im Geschäftsjahr zurückgezahlte Beträge:
- zugunsten der Geschäftsführer/innen eingegangene Haftungsverhältnisse:

b) Aufsichtsratsmitglieder
- Betrag der Vorschüsse/Kredite:
- Zinsen dafür:
- wesentliche Bedingungen:
- im Geschäftsjahr zurückgezahlte Beträge:
- zugunsten der Aufsichtsratsmitglieder eingegangene Haftungsverhältnisse:

18. Mitglieder (Familienname und Vorname, § 239 Abs. 2 UGB) der Geschäftsführung und des Aufsichtsrats

- Geschäftsführung:
- Aufsichtsrat:

19. Darstellung der Entwicklung der Posten des Anlagevermögens und – soweit noch zulässig – des Postens „Aufwendungen für das Ingangsetzen und Erweitern eines Betriebs" (Anlagenspiegel, § 226 Abs. 1 UGB): (gegebenenfalls als Beilage anschließen)

20. Zuweisung zu und Auflösung von Bewertungsreserven, entsprechend den Posten des Anlagevermögens (Bewertungsreservenspiegel, § 230 Abs. 2 UGB): (gegebenenfalls als Beilage anschließen)

21. Zusätzlich erforderliche Angaben zur Vermittlung eines möglichst getreuen Bildes der Vermögens-, Finanz- und Ertragslage des Unternehmens (§§ 222 Abs. 2 und 236 erster Satz UGB; zu den zur Darstellung des Eigenkapitals bei einer Personengesellschaft im Sinn des § 221 Abs. 5 UGB notwendigen Angaben siehe Punkt 25):

22. Wurden Angaben gemäß § 238 Z 2 UGB unterlassen, weil sie geeignet sind, dem Unternehmen oder dem anderen Unternehmen einen erheblichen Nachteil zuzufügen (§ 241 Abs. 2 letzter Satz UGB)?

23. Betrag der nicht eingeforderten ausstehenden Stammeinlagen (§ 229 Abs. 1 UGB):

24. Zum Finanzanlagevermögen gehörende Finanzinstrumente, die über ihrem beizulegenden Zeitwert ausgewiesen werden, wenn eine außerplanmäßige Abschreibung gemäß § 204 Abs. 2 zweiter Satz UGB unterblieben ist. Anzugeben ist

- der Buchwert und der beizulegende Zeitwert der einzelnen Vermögensgegenstände oder angemessener Gruppierungen:

- sowie die Gründe für das Unterlassen einer Abschreibung gemäß § 204 Abs. 2 UGB und jene Anhaltspunkte, die darauf hindeuten, dass die Wertminderung voraussichtlich nicht von Dauer ist:

25. Zur Darstellung des Eigenkapitals erforderliche Informationen für Personengesellschaften im Sinne des § 221 Abs. 5 UGB:

- ob es einen reinen Arbeitsgesellschafter gibt und die damit verbundenen Vereinbarungen hinsichtlich der Teilnahme am Ergebnis sowie Abgeltung:

- die Haftsumme der Kommanditisten, wenn sie nicht mit der bedungenen Einlage übereinstimmt:

- ein im Posten V. der Gliederung ausgewiesener Verlust und dessen Aufteilung auf die einzelnen Gesellschafter:

Unterschrift der gesetzlichen Vertreter/innen in vertretungsbefugter Anzahl	……………………………, am ………………...

[1]) Achtung: a) Besteht nach § 268 UGB Prüfungspflicht, so ist auch der Bestätigungsvermerk oder der Vermerk über dessen Versagung oder Einschränkung offenzulegen.
b) Reicht der Platz für die Angaben nicht aus, so ist eine Beilage anzuschließen.

[2]) Das Nichtanführen eines Punktes dieses Anhangs gilt als Erklärung, dass die entsprechenden Angaben für die Gesellschaft nicht zutreffen.

[3]) Der Jahresabschluss kann daher gemäß § 277 Abs. 6 UGB in Papierform eingereicht werden.

(BGBl II 2013/320)

Anlage 2

(BGBl II 2015/412) Anhänge in Geltung für Geschäftsjahre ab 1. 1. 2016, vgl § 3 Abs. 5.

Anlage 2

Offenzulegender Anhang [1)2)]

Firmenbuchnummer	Firmenbuchgericht	Beginn und Ende des Geschäftsjahres

Firmenwortlaut:
Die Umsatzerlöse in den zwölf Monaten vor dem Abschlussstichtag des einzureichenden Jahresabschlusses übersteigen nicht 70 000 Euro.: Ja [3)] ☐

1. Angabe, wenn die einmal gewählte Form der Darstellung, insbesondere die Gliederung der Bilanz, nicht beibehalten wurde (§ 223 Abs. 1 UGB):

- Begründung dafür:

2. Angabe und Erläuterung, wenn Vorjahresbeträge nicht vergleichbar sind oder der Vorjahresbetrag angepasst wurde (§ 223 Abs. 2 UGB):

3. Zugehörigkeit eines Postens der Bilanz auch zu (einem) anderen Posten, falls dies zur Aufstellung eines klaren und übersichtlichen Jahresabschlusses erforderlich ist (§ 223 Abs. 5 UGB):

4. Bei Ausweis eines „negativen Eigenkapitals“: Erläuterung, ob eine Überschuldung im Sinn des Insolvenzrechts vorliegt (§ 225 Abs. 1 UGB):

5. Angabe von Bilanzierungs- und Bewertungsmethoden (§ 237 Abs. 1 Z 1 UGB):

- Bewertungsgrundlagen für die verschiedenen Posten:

- Angabe zur Übereinstimmung der Bilanzierungs- und Bewertungsmethoden mit dem Konzept der Unternehmensfortführung:

- wesentliche Änderungen der Bilanzierungs- und Bewertungsmethoden:

    - Begründung dafür (§ 201 Abs. 3 UGB):

    - Einfluss auf die Vermögens-, Finanz- und Ertragslage:

- Grundlagen für die Umrechnung von Posten, die auf fremde Währung lauten, in Euro:

6. Erläuterung des Zeitraums, über den der Geschäfts(Firmen)wert abgeschrieben wird (§ 203 Abs. 5 UGB):
7. Angabe, ob Zinsen für Fremdkapital im Sinn des § 203 Abs. 4 UGB aktiviert wurden:

8. Angabe, ob Verwaltungs- und Vertriebskosten im Sinn des § 206 Abs. 3 UGB aktiviert wurden:

- Begründung dafür:

- Einfluss auf die Vermögens-, Finanz- und Ertragslage:

- Betrag, der insgesamt über die Herstellungskosten hinausgeht:

9. Gesamtbetrag der Haftungsverhältnisse und sonstiger wesentlicher finanzieller Verpflichtungen, die nicht auf der Passivseite auszuweisen sind (§ 237 Abs. 1 Z 2 UGB):

- davon Pensionsverpflichtungen:

- davon Verpflichtungen gegenüber verbundenen oder assoziierten Unternehmen:

- Art und Form jeder gewährten dinglichen Sicherheit:

10. Vorschüsse, Kredite und eingegangene Haftungsverhältnisse (§ 237 Abs. 1 Z 3 UGB) an bzw. für

a) Geschäftsführer/innen
   - Betrag der Vorschüsse/Kredite:
   - Zinsen dafür:
   - wesentliche Bedingungen:
   - im Geschäftsjahr zurückgezahlte/erlassene Beträge:
   - zugunsten der Geschäftsführer/innen eingegangene Haftungsverhältnisse:

b) Aufsichtsratsmitglieder
   - Betrag der Vorschüsse/Kredite:
   - Zinsen dafür:
   - wesentliche Bedingungen:
   - im Geschäftsjahr zurückgezahlte/erlassene Beträge:
   - zugunsten der Aufsichtsratsmitglieder eingegangene Haftungsverhältnisse:

11. Betrag und Wesensart der einzelnen Ertrags- oder Aufwandsposten von außerordentlicher Größenordnung oder von außerordentlicher Bedeutung (§ 237 Abs. 1 Z 4 UGB):
12. Jeweils zusammengefasst für alle Posten der Verbindlichkeiten (§ 237 Abs. 1 Z 5 UGB)

- Gesamtbetrag der Verbindlichkeiten mit einer Restlaufzeit von mehr als fünf Jahren:

- Gesamtbetrag der Verbindlichkeiten, für die dingliche Sicherheiten bestellt sind:

- Art und Form dieser Sicherheiten:

13. Durchschnittliche Zahl der Arbeitnehmer/innen während des Geschäftsjahrs (§ 237 Abs. 1 Z 6 UGB):

14. Name und Sitz des Mutterunternehmens der Gesellschaft, das den Konzernabschluss für den kleinsten Kreis von Unternehmen aufstellt (§ 237 Abs. 1 Z 7 UGB):

15. Darstellung der Entwicklung der Posten des Anlagevermögens (Anlagenspiegel, § 226 Abs. 1 UGB): (gegebenenfalls als Beilage anschließen)

16. Falls aktive latente Steuern gebildet werden: unverrechnete Be- und Entlastungen (§ 198 Abs. 9 UGB):

17. Zusätzlich erforderliche Angaben zur Vermittlung eines möglichst getreuen Bildes der Vermögens-, Finanz- und Ertragslage des Unternehmens (§§ 222 Abs. 2 und 236 erster Satz UGB; zu den zur Darstellung des Eigenkapitals bei einer Personengesellschaft im Sinn des § 189 Abs. 1 Z 2 UGB notwendigen Angaben siehe Punkt 18):

18. Zur Darstellung des Eigenkapitals erforderliche Informationen für Personengesellschaften im Sinne des § 189 Abs. 1 Z 2 UGB:

- ob es einen reinen Arbeitsgesellschafter gibt und die damit verbundenen Vereinbarungen hinsichtlich der Teilnahme am Ergebnis sowie Abgeltung:

- die Haftsumme der Kommanditisten, wenn sie nicht mit der bedungenen Einlage übereinstimmt:

- ein im Posten V. der Gliederung ausgewiesener Verlust und dessen Aufteilung auf die einzelnen Gesellschafter:

Unterschrift der gesetzlichen Vertreter/innen in vertretungsbefugter Anzahl	………………………………., am …………………..

[1]) Achtung: a) Besteht nach § 268 UGB Prüfungspflicht, so ist auch der Bestätigungsvermerk offenzulegen.
b) Reicht der Platz für die Angaben nicht aus, so ist eine Beilage anzuschließen.

[2]) Das Nichtanführen eines Punktes dieses Anhangs gilt als Erklärung, dass die entsprechenden Angaben für die Gesellschaft nicht zutreffen.

[3]) Der Jahresabschluss kann daher gemäß § 277 Abs. 6 UGB in Papierform eingereicht werden.

(BGBl II 2015/412)

Anlage 3

(BGBl II 2013/320) Anhänge in Geltung für Geschäftsjahre bis 1. 1. 2016, vgl § 3 Abs. 5.

Anlage 3

Offenzulegender Auszug aus der Bilanz der kleinen GmbH & Co KG und sonstiger kleiner kapitalistischer Personengesellschaften (§ 221 Abs. 5 UGB)[1]

Firmenbuchnummer	Firmenbuchgericht	Beginn und Ende des Geschäftsjahrs

Firma:
Unterzeichner des Jahresabschlusses:

Aktiva			Passiva		
	Geschäftsjahr[2]	vorangegangenes Geschäftsjahr[2]		Geschäftsjahr[2]	vorangegangenes Geschäftsjahr[2]
A. Anlagevermögen			**A. Eigenkapital / Negatives Eigenkapital**[3]		
I. Immaterielle Vermögensgegenstände			I. Komplementärkapital / Einlage (OG)[3) 4) 5)] II. Kommanditkapital[4) 5)]		
II. Sachanlagen			III. Kapitalrücklagen		
III. Finanzanlagen			IV. Gewinnrücklagen		
B. Umlaufvermögen			V. Den Gesellschaftern zuzurechnender Gewinn / Verlust		
I. Vorräte			(davon Gewinnvortrag)		
II. Forderungen und sonstige Vermögensgegenstände			**B. Unversteuerte Rücklagen**		
III. Wertpapiere und Anteile			**C. Rückstellungen**		
IV. Kassenbestand, Schecks, Guthaben bei Kreditinstituten			**D. Verbindlichkeiten**		
C. Rechnungsabgrenzungsposten			**E. Rechnungsabgrenzungsposten**		
6)			6)		
Bilanzsumme			**Bilanzsumme**		

Die Richtigkeit dieses Auszugs wird bestätigt:[7]

1) **Achtung:** Besteht nach § 268 UGB Prüfungspflicht, so ist auch der Bestätigungsvermerk oder der Vermerk über dessen Versagung oder Einschränkung offenzulegen.
2) Angabe in vollen 1.000 Euro ausreichend (§§ 223 Abs. 2 und 277 Abs. 3 UGB).
3) Nicht Zutreffendes streichen.
4) Bei offenen Gesellschaften ist die vereinbarte Einlage in Pkt. I anzugeben, Pkt. II ist zu streichen.
5) Gegebenenfalls nach Abzug der nicht eingeforderten ausstehenden Einlagen, vgl. Punkt 23 des Anhangs (Anlage 2).
6) Dieses Feld dient der Einfügung weiterer Posten (§ 1 Abs. 3 UGB-Formblatt-V). Dabei ist anzugeben, an welcher Stelle die Posten einzufügen sind; diese können auch gleich an dieser Stelle eingefügt werden.
7) Unterschrift der gesetzlichen Vertreter/innen in vertretungsbefugter Anzahl. Anzugeben sind auch Ort und Datum der Unterschrift.

(BGBl II 2013/320)

Anlage 3

(BGBl II 2015/412) Anhänge in Geltung für Geschäftsjahre ab 1. 1. 2016, vgl § 3 Abs. 5.

Anlage 3

Offenzulegender Auszug aus der Bilanz der kleinen GmbH & Co KG und sonstiger kleiner kapitalistischer Personengesellschaften (§ 189 Abs. 1 Z 2 UGB)[1)]

Firmenbuchnummer	Firmenbuchgericht	Beginn und Ende des Geschäftsjahrs

Firma:
Unterzeichner/in(nen) des Jahresabschlusses:

Aktiva			Passiva		
	Geschäftsjahr[2)]	vorangegangenes Geschäftsjahr[2)]		Geschäftsjahr[2)]	vorangegangenes Geschäftsjahr[2)]
A. Anlagevermögen			**A. Eigenkapital / Negatives Eigenkapital[3)]**		
I. Immaterielle Vermögensgegenstände			I. Eingefordertes Komplementärkapital / eingeforderte Einlage (OG)[3) 4) 5)]		
II. Sachanlagen			II. Kommanditkapital[4) 5)]		
III. Finanzanlagen			III. Kapitalrücklagen		
B. Umlaufvermögen			IV. Gewinnrücklagen		
I. Vorräte			V. Den Gesellschaftern zuzurechnender Gewinn / Verlust		
II. Forderungen und sonstige Vermögensgegenstände			davon Gewinnvortrag/Verlustvortrag		
davon mit einer Restlaufzeit von mehr als einem Jahr			**B. Rückstellungen**		
III. Wertpapiere und Anteile			**C. Verbindlichkeiten**		
IV. Kassenbestand, Schecks, Guthaben bei Kreditinstituten			davon mit einer Restlaufzeit von mehr als einem Jahr		
C. Rechnungsabgrenzungsposten			**D. Rechnungsabgrenzungsposten**		
6)			6)		
Bilanzsumme			**Bilanzsumme**		

Die Richtigkeit dieses Auszugs wird bestätigt:[7)]

1) **Achtung:** Besteht nach § 268 UGB Prüfungspflicht, so ist auch der Bestätigungsvermerk offenzulegen.
2) Angabe in vollen 1.000 Euro ausreichend (§§ 223 Abs. 2 und 277 Abs. 3 UGB).
3) Nicht Zutreffendes streichen.
4) Bei offenen Gesellschaften ist die vereinbarte Einlage in Pkt. I anzugeben, Pkt. II ist zu streichen.
5) Gegebenenfalls nach Abzug der nicht eingeforderten ausstehenden Einlagen.
6) Dieses Feld dient der Einfügung weiterer Posten (§ 1 Abs. 3 UGB-Formblatt-V). Dabei ist anzugeben, an welcher Stelle die Posten einzufügen sind; diese können auch gleich an dieser Stelle eingefügt werden.
7) Unterschrift der gesetzlichen Vertreter/innen in vertretungsbefugter Anzahl. Anzugeben sind auch Ort und Datum der Unterschrift.

(BGBl II 2015/412)

1/2b. Override-V

BGBl II 2018/283

Verordnung über die Nichtanwendung einer Rechnungslegungsvorschrift des Unternehmensgesetzbuches (Override-Verordnung)

Aufgrund des § 222 Abs. 3 des Unternehmensgesetzbuches (UGB), dRGBl. S 219/1897, zuletzt geändert durch das Bundesgesetz BGBl. I Nr. 58/2018, wird im Einvernehmen mit dem Bundesminister für Finanzen verordnet:

Anwendungsbereich

§ 1. Diese Verordnung ist auf alle Rechtsträger anzuwenden, die die Bestimmungen des zweiten Abschnitts des dritten Buchs des UGB anwenden.

Nichtanwendung einer Rechnungslegungsvorschrift

§ 2. (1) [1]Werden die den anerkannten Regeln der Versicherungsmathematik entsprechenden biometrischen Rechnungsgrundlagen geändert und ist dadurch eine Zuführung zu oder eine Auflösung von Pensionsrückstellungen, Abfertigungsrückstellungen oder Rückstellungen für die Verpflichtung zu einer Zuwendung anläßlich eines Dienstjubiläums notwendig, so ist der Unterschiedsbetrag, wenn durch die sofortige Zuführung oder Auflösung des gesamten Betrages das möglichst getreue Bild der Vermögens-, Finanz- und Ertragslage auch mit zusätzlichen Angaben nach § 222 Abs. 2 UGB nicht vermittelt werden kann, beginnend mit dem Geschäftsjahr der Änderung gleichmäßig auf längstens fünf Jahre zu verteilen. [2]Der Unterschiedsbetrag errechnet sich aus der Differenz zwischen dem nach den bisherigen Rechnungsgrundlagen errechneten Rückstellungsbetrag und dem Rückstellungsbetrag auf der Grundlage der geänderten Rechnungsgrundlagen.

(2) Anstelle der Verteilung nach Abs. 1 kann die gebotene Rückstellung voll in die Bilanz eingestellt und unter den aktiven Rechnungsabgrenzungsposten der sich gegenüber der nach Abs. 1 gebotenen Rückstellung in den einzelnen Jahren ergebende Unterschiedsbetrag gesondert ausgewiesen werden.

Ausschüttungssperre

§ 3. Bei einer Verteilung nach § 2 dürfen Gewinne nur ausgeschüttet werden, soweit, zusätzlich zu den Regelungen des § 235 Abs. 2 UGB, die danach verbleibenden jederzeit auflösbaren Rücklagen zuzüglich eines Gewinnvortrags und abzüglich eines Verlustvortrags folgendem Betrag mindestens entsprechen:

1. bei Verteilung nach § 2 Abs. 1 dem gesamten Unterschiedsbetrag abzüglich des bereits in der Rückstellung berücksichtigten Betrags;
2. bei Anwendung des § 2 Abs. 2 dem in die aktiven Rechnungsabgrenzungsposten eingestellten Betrag.

Anhangangabe

§ 4. Im Anhang ist anzugeben, für welchen Betrag und welchen Verteilungszeitraum von der in § 2 genannten Verteilung Gebrauch gemacht wurde.

Inkrafttreten

§ 5. (1) Diese Verordnung tritt mit 20. November 2018 in Kraft.

(2) Diese Verordnung ist anwendbar auf Jahresabschlüsse von Geschäftsjahren, die nach dem 31. Dezember 2017 enden, sofern der Jahresabschluss am Tag nach der Verlautbarung im Bundesgesetzblatt noch nicht aufgestellt wurde.

1/3. Abschlussprüfer-Aufsichtsgesetz – APAG 2016

BGBl I 2016/83 idF

1 BGBl I 2017/107 **2** BGBl I 2018/30

GLIEDERUNG

STICHWORTVERZEICHNIS

(Die Zahlenangaben beziehen sich auf die Paragraphen)

Bundesgesetz über die Aufsicht über Abschlussprüfer und Prüfungsgesellschaften (Abschlussprüfer-Aufsichtsgesetz – APAG)

1. Teil
Allgemeines

Gegenstand und Zweck

§ 1. (1) Dieses Bundesgesetz regelt die Aufsicht über Abschlussprüfer und Prüfungsgesellschaften und legt fest, unter welchen Voraussetzungen Abschlussprüfer und Prüfungsgesellschaften zur Durchführung von Abschlussprüfungen berechtigt sind.

(2) Dieses Bundesgesetz enthält:

1. Bestimmungen zur Umsetzung der Richtlinie 2006/43/EG über Abschlussprüfungen von Jahresabschlüssen und konsolidierten Abschlüssen, zur Änderung der Richtlinien 78/660/EWG und 83/349/EWG des Rates und zur Aufhebung der Richtlinie 84/253/EWG des Rates, ABl. Nr. L 157 vom 09.06.2006 S. 87, in der Fassung der Richtlinie 2014/56/EU, ABl. Nr. L 158 vom 27.05.2014, S. 196 in österreichisches Recht und

2. Bestimmungen zur Durchführung der Verordnung (EU) Nr. 537/2014 über spezifische Anforderungen an die Abschlussprüfung bei Unternehmen von öffentlichem Interesse und zur Aufhebung des Beschlusses 2005/909/EG der Kommission, ABl. Nr. L 158 vom 27.05.2014 S. 77, in der Fassung der Berichtigung ABl. Nr. L 170 vom 11.06.2014 S. 66.

(3) Die Bestimmungen der §§ 61 bis 67 sind sinngemäß auch auf natürliche und juristische Personen anzuwenden, die Abschlussprüfungen ohne aufrechte Bescheinigung durchführen.

(4) Soweit nicht in einem anderen Bundesgesetz anderes bestimmt ist, regelt dieses Bundesgesetz auch die Aufsicht über Unternehmen von öffentlichem Interesse gemäß § 189a Z 1 lit. a und d des Unternehmensgesetzbuches, dRGBl. S. 219/1897, betreffend die Einhaltung abschlussprüfungsrelevanter Verpflichtungen, insbesondere der Verpflichtungen gemäß § 92 Abs. 4a des Aktiengesetzes, BGBl. Nr. 98/1965, § 30g Abs. 4a des Gesetzes über Gesellschaften mit beschränkter Haftung, RGBl. Nr. 58/1906, § 51 Abs. 3a des SE-Gesetzes, BGBl. I Nr. 67/2004, § 24c Abs. 6 des Gesetzes vom 9. April 1873 über Erwerbs- und Wirtschaftsgenossenschaften, RGBl. Nr. 70/1873, sowie Art. 16 und 17 der Verordnung (EU) Nr. 537/2014.

Begriffsbestimmungen

§ 2. Im Sinne dieses Bundesgesetzes sind bzw. ist

1. „Abschlussprüfungen" bundesgesetzlich vorgeschriebene Prüfungen des Jahresabschlusses oder des konsolidierten Abschlusses, ausgenommen Prüfungen des Jahresabschlusses oder des konsolidierten Abschlusses von Vereinen gemäß Vereinsgesetz 2002 – VerG, BGBl. I Nr. 66/2002, und Stiftungen gemäß Privatstiftungsgesetz – PSG, BGBl. Nr. 694/1993 oder gemäß Bundes-Stiftungs- und Fondsgesetz 2015 – BStFG 2015, BGBl. I Nr. 160/2015, sofern sie nicht dem Versicherungsaufsichtsgesetz 2016 – VAG 2016, BGBl. I Nr. 34/2015, unterliegen, sowie von nicht abschlussprüfungspflichtigen Genossenschaften gemäß Gesetz vom 9. April 1873 über Erwerbs- und Wirtschaftsgenossenschaften,

2. „Abschlussprüfer" alle berufsberechtigten Wirtschaftsprüfer und eingetragenen Revisoren, die über eine aufrechte Bescheinigung gemäß § 35 oder § 36 verfügen,

3. „Prüfungsgesellschaften" alle Unternehmen einschließlich des Sparkassen-Prüfungsverbandes sowie der Revisionsverbände, die über eine aufrechte Bescheinigung gemäß § 35 oder § 36 verfügen,

4. „Revisionsverbände" alle jene Vereine und Genossenschaften, die gemäß § 19 des Genossenschaftsrevisionsgesetzes 1997 (GenRevG 1997), BGBl. I Nr. 127/1997, als Revisionsverbände anerkannt wurden,

5. der „Sparkassen-Prüfungsverband" die Körperschaft gemäß § 24 des Sparkassengesetzes (SpG), BGBl. Nr. 64/1979,

6. „Inspektor" ein Prüfer gemäß Art. 26 Abs. 1 lit. b der Verordnung (EU) Nr. 537/2014,

7. „Inspektionen" Qualitätssicherungsprüfungen gemäß Art. 26 Abs. 1 lit. a der Verordnung (EU) Nr. 537/2014,

8. „Sachverständiger" eine natürliche Person gemäß Art. 26 Abs. 1 lit. c der Verordnung (EU) Nr. 537/2014, die nicht in Entscheidungsprozesse der Abschlussprüferaufsichtsbehörde (APAB) eingebunden ist,

9. „Unternehmen von öffentlichem Interesse" Unternehmen gemäß § 189a Z 1 Unternehmensgesetzbuch (UGB), dRGBl. S 219/1897, wobei die in Art. 2 Abs. 3 der Verordnung (EU) Nr. 537/2014 genannten Unternehmen im Rahmen dieses Gesetzes nur dann als Unternehmen von öffentlichem Interesse gelten, wenn sie Wertpapiere begeben haben, welche an einem geregelten Markt eines Mitgliedstaats der Europäischen Union oder eines anderen EWR- Vertragsstaats im Sinn des Art. 4 Abs. 1 Nr. 21 der Richtlinie 2014/65/EU über Märkte für Finanzinstrumente sowie zur Änderung der Richtlinien 2002/92/EG und 2011/61/EU, ABl. Nr. L 173 vom 12.06.2014 S. 349, geändert durch Verordnung (EU) Nr. 909/2014, ABl. Nr. L 257 vom 28.08.2014 S. 1, in der Fassung der Berichtigung ABl. Nr. L 74 vom 18.03.2015 S. 38 zugelassen sind,

10. „Sparkassen" Sparkassen gemäß § 1 SpG,

11. „Prüfungsbetrieb" eine organisatorische Einheit, die zur Durchführung von Abschlussprüfungen ein einheitliches internes Qualitätssicherungssystem verwendet, wobei sich diese organisatorische Einheit auf den gesamten oder einen Teil des Betriebes eines Abschlussprüfers oder einer Prüfungsgesellschaft, einen Zusammenschluss von Abschlussprüfern oder Prüfungsgesellschaften oder auf die Betriebe mehrerer Abschlussprüfer oder Prüfungsgesellschaften erstrecken kann,

12. „Qualitätssicherungsprüfungen" Überprüfungen der Gestaltung und Einhaltung von Qualitätssicherungsmaßnahmen und der Einhaltung der Qualitätssicherungsmaßnahmen bei Abschlussprüfern und Prüfungsgesellschaften, die keine Unternehmen von öffentlichem Interesse prüfen. Bei Abschlussprüfern und Prüfungsgesellschaften, die Unternehmen von öffentlichem Interesse prüfen, wird in Qualitätssicherungsprüfungen nur die Einhaltung der Qualitätssicherungsmaßnahmen bei der Durchführung von Abschlussprüfungen bei Unternehmen, die nicht von öffentlichem Interesse sind, überprüft,

13. „Qualitätssicherungsprüfer" eine natürliche oder juristische Person, die zur Durchführung von Qualitätssicherungsprüfungen befugt ist,

14. „Prüfungsgesellschaft aus einem Drittstaat" ein Unternehmen gleich welcher Rechtsform, das Prüfungen des Jahresabschlusses oder des konsolidierten Abschlusses von in einem Drittstaat eingetragenen Gesellschaften durchführt, und das nicht in einem Mitgliedstaat der Europäischen Union oder einem anderen EWR-Vertragsstaat als Prüfungsgesellschaft infolge einer Zulassung registriert ist,

15. „Abschlussprüfer aus einem Drittstaat" eine natürliche Person, die Prüfungen des Jahresabschlusses oder des konsolidierten Abschlusses von in einem Drittland eingetragenen Gesellschaften durchführt, und die nicht in einem Mitgliedstaat der Europäischen Union oder einem anderen EWR-Vertragsstaat als Abschlussprüfer infolge einer Zulassung registriert ist,

16. „Nichtberufsausübender" eine natürliche Person, die während ihrer Beauftragung mit der öffentlichen Aufsicht und während der drei Jahre unmittelbar vor dieser Beauftragung keine Abschlussprüfungen durchgeführt hat, keine Stimmrechte in einer Prüfungsgesellschaft gehalten hat, weder Mitglied eines Verwaltungs-, Leitungs- oder Aufsichtsorgans einer Prüfungsgesellschaft noch bei einer Prüfungsgesellschaft angestellt war noch in sonst vergleichbarer Weise mit einer Prüfungsgesellschaft verbunden war,

17. „Mittelgroße Unternehmen" Unternehmen gemäß § 221 Abs. 2 UGB,

18. „Kleine Unternehmen" Unternehmen gemäß § 221 Abs. 1 UGB,

19. „Herkunftsmitgliedstaat" ein EU-Mitgliedstaat, in dem ein Abschlussprüfer oder eine Prüfungsgesellschaft zugelassen wurde,

20. „Herkunftsstaat" ein Herkunftsmitgliedstaat oder ein anderer EWR-Vertragsstaat, in dem ein Abschlussprüfer oder eine Prüfungsgesellschaft zugelassen wurde,

21. „Aufnahmemitgliedstaat" ein EU-Mitgliedstaat, in dem ein Abschlussprüfer mit Zulassung im Herkunftsmitgliedstaat ebenfalls eine Zulassung gemäß Art. 14 der Richtlinie 2006/43/EG beantragt, oder ein EU-Mitgliedstaat, in dem eine Prüfungsgesellschaft mit Zulassung im Herkunftsmitgliedstaat gemäß Art. 3a der Richtlinie 2006/43/EG die Registrierung beantragt hat oder registriert ist,

22. „Ausschuss der Aufsichtsstellen" der Ausschuss der Europäischen Aufsichtsstellen für Abschlussprüfer gemäß Art. 30 der Verordnung (EU) Nr. 537/2014,

23. „Verantwortlicher Prüfer" eine natürliche Person, die für die Durchführung der Abschlussprüfung sowie den erteilten Bestätigungsvermerk verantwortlich ist,

24. „Qualifizierter Assistent" ein im Rahmen einer Qualitätssicherungsprüfung mitwirkender Wirtschaftsprüfer, Steuerberater oder Berufsanwärter, der mindestens drei Jahre Berufserfahrung hat und davon mindestens 50 vH in der Abschlussprüfung tätig war.

2. Teil

Organisation

Errichtung der Abschlussprüferaufsichtsbehörde

§ 3. (1) **(Verfassungsbestimmung)** Zur Durchführung der Aufsicht über Abschlussprüfer und Prüfungsgesellschaften wird unter der Bezeichnung „Abschlussprüferaufsichtsbehörde" (APAB) eine Anstalt öffentlichen Rechts mit eigener Rechtspersönlichkeit eingerichtet. Diese ist in Ausübung ihres Amtes an keine Weisungen gebunden.

(2) Der Sitz der APAB ist Wien. Ihr Wirkungsbereich erstreckt sich auf das gesamte Bundesgebiet. Sie ist berechtigt, das Bundeswappen zu führen.

(3) Die Gewerbeordnung 1994 (GewO 1994), BGBl. Nr. 194/1994, ist auf die APAB nicht anzuwenden.

(4) Das Bundesverwaltungsgericht erkennt über Beschwerden gegen Bescheide der APAB durch Senat, ausgenommen in Verwaltungsstrafsachen gemäß § 65 Abs. 1 und in Fällen des § 26 Abs. 4 und 6.

(5) Die Kosten für den laufenden Betrieb der APAB sind durch kostendeckende Beiträge gemäß § 21 zu decken.

(6) Die APAB ist Verwaltungsstrafbehörde.

Aufgaben und Befugnisse der Abschlussprüferaufsichtsbehörde (APAB)

§ 4. (1) Die APAB ist die zuständige Behörde im Sinne des Art. 2 Z 10 der Richtlinie 2006/43/EG und des Art. 3 der Verordnung (EU) Nr. 537/2014. Die APAB hat alle in diesem Bundesgesetz und in der Verordnung (EU) Nr. 537/2014 festgelegten behördlichen Aufgaben wahrzunehmen und Befugnisse auszuüben.

(2) Zu den Aufgaben der APAB zählen:

1. die Durchführung von Qualitätssicherungsprüfungen gemäß den §§ 24 bis 42,

2. die Durchführung von Inspektionen gemäß Art. 26 der Verordnung (EU) Nr. 537/2014,

3. die Durchführung von Untersuchungen gemäß § 61,

4. die Verhängung von Sanktionen gemäß den §§ 62 bis 65,

5. die Zustimmung zu Berufsgrundsätzen für Abschlussprüfer, zu Standards für die interne Qualitätssicherung von Prüfungsgesellschaften sowie zu Prüfungsstandards gemäß § 57,

6. die Beaufsichtigung der Einhaltung der Fortbildungsverpflichtung gemäß § 56,

7. die Registrierung von Abschlussprüfern und Prüfungsgesellschaften gemäß den §§ 52 bis 54,

8. die Überwachung der Qualität und des Wettbewerbs auf dem inländischen Markt für Abschlussprüfungsleistungen für Unternehmen von öffentlichem Interesse gemäß Art. 27 der Verordnung (EU) Nr. 537/2014,

9. die Zusammenarbeit mit anderen zuständigen österreichischen Behörden gemäß Art. 25 Verordnung (EU) Nr. 537/2014,

10. die Wahrnehmung der Aufgaben der europäischen und internationalen Zusammenarbeit gemäß den §§ 69 ff,

11. die Vertretung Österreichs im Ausschuss der Aufsichtsstellen gemäß Art. 30 der Verordnung (EU) Nr. 537/2014 und

12. die Veröffentlichung von Jahresberichten und jährlichen Arbeitsprogrammen sowie der Berichte gemäß Art. 28 der Verordnung (EU) Nr. 537/2014.

(3) Zur Erfüllung ihrer Aufgaben gemäß Abs. 2 ist die APAB insbesondere berechtigt:

1. von Abschlussprüfern und Prüfungsgesellschaften alle Informationen zu verlangen, die für Angelegenheiten der Aufsicht erforderlich sind,

2. bei Abschlussprüfern und Prüfungsgesellschaften, die Unternehmen von öffentlichem Interesse prüfen, die Befugnisse gemäß Art. 23 der Verordnung (EU) Nr. 537/2014 wahrzunehmen,

3. Hilfeleistungen gemäß § 80 in Anspruch zu nehmen und

4. Kollegien mit den zuständigen Stellen anderer Mitgliedstaaten der Europäischen Union oder anderen EWR-Vertragsstaaten gemäß Art. 32 der Verordnung (EU) Nr. 537/2014 zu bilden oder darin mitzuarbeiten.

Organe

§ 5. Organe der APAB sind:

1. der Vorstand und

2. der Aufsichtsrat.

Vorstand

§ 6. (1) Der Vorstand der APAB besteht aus zwei Mitgliedern.

(2) Die Mitglieder des Vorstandes werden auf Grund eines Vorschlags des Aufsichtsrats von der Bundesregierung bestellt; die Wiederbestellung ist zulässig. Die Funktionsperiode beträgt fünf Jahre.

(3) Zu Mitgliedern des Vorstandes dürfen nur Personen bestellt werden, die nichtberufsausübend gemäß § 2 Z 16, aber zumindest in einem der für die Aufsicht relevanten Bereiche (Wirtschaftsprüfung, Rechnungslegung, Rechtswissenschaften) fachkundig sind. Ein Mitglied des Vorstandes muss dabei die Qualifikation eines Wirtschaftsprüfers haben. Die Mitglieder des Vorstands haben die Anforderungen des Art. 21 der Verordnung (EU) Nr. 537/2014 zu erfüllen.

(4) Vor der Bestellung von Mitgliedern des Vorstandes hat der Bundesminister für Finanzen eine Ausschreibung zu veranlassen. Das Stellenbesetzungsgesetz, BGBl. I Nr. 26/1998, ist anzuwenden.

(5) Mitglieder des Vorstandes dürfen nicht vom Wahlrecht in den Nationalrat ausgeschlossen sein und müssen ihre Funktion hauptberuflich ausüben.

Aufgaben des Vorstandes

§ 7. (1) Der Vorstand hat den gesamten Dienstbetrieb zu leiten und die Geschäfte der APAB zu führen. Der Vorstand vertritt die APAB gerichtlich und außergerichtlich.

(2) Der Vorstand hat eine Geschäftsordnung zu erlassen, die der Genehmigung des Aufsichtsrates bedarf. In der Geschäftsordnung ist dafür Vorsorge zu treffen, dass die APAB ihre Aufgaben in gesetzmäßiger, zweckmäßiger, wirtschaftlicher und sparsamer Weise besorgt und die bei der APAB beschäftigten Bediensteten sachgerecht verwendet werden. In der Geschäftsordnung ist insbesondere auch zu regeln, inwieweit der Vorstand unbeschadet seiner Verantwortlichkeit für die Tätigkeit der APAB sich bei den zu treffenden

Entscheidungen oder Verfügungen oder sonstigen Amtshandlungen durch Bedienstete der APAB vertreten lassen kann. Im organisatorischen Aufbau und in der Geschäftsordnung sind die fachlichen Besonderheiten und unterschiedlichen Zielsetzungen verschiedener Aufsichtsbereiche angemessen zu berücksichtigen.

(3) Die Geschäftsordnung gemäß Abs. 2 ist in der jeweils geltenden Fassung gemeinsam mit einem Unterschriftenverzeichnis der auf Grund der Geschäftsordnung ermächtigten Bediensteten in den Räumlichkeiten der APAB zur öffentlichen Einsicht aufzulegen. Die Geschäftsordnung ist auch auf der Website der APAB zu veröffentlichen.

(4) Der Vorstand hat eine Compliance-Ordnung zu erstellen, die der Genehmigung des Aufsichtsrates bedarf. In der Compliance-Ordnung sind Richtlinien für die Vorgangsweise beim Abschluss von privaten Rechtsgeschäften zwischen den Mitgliedern des Vorstandes und des Aufsichtsrates sowie APAB-Bediensteten einerseits mit den beaufsichtigten Abschlussprüfern und Prüfungsgesellschaften andererseits zu erstellen.

(5) Der Vorstand hat dem Aufsichtsrat vierteljährlich einen Bericht über die Aufsichtsführung im Berichtszeitraum zu geben. Weiters ist dem Aufsichtsrat über die geplante Aufsichtspolitik und die für die folgende Berichtsperiode zu setzenden Tätigkeitsschwerpunkte zu berichten.

Ende der Funktion als Vorstand

§ 8. (1) Die Funktion eines Mitgliedes des Vorstandes der APAB endet

1. mit Ablauf der Funktionsperiode,

2. mit der Zustimmung des Aufsichtsrates zur Zurücklegung der Funktion aus wichtigen Gründen,

3. mit der Abberufung gemäß Abs. 3 oder

4. mit dem Tod.

(2) Die beabsichtigte Zurücklegung der Funktion ist vom betreffenden Mitglied des Vorstandes dem Aufsichtsrat sowie dem Bundesminister für Finanzen frühestmöglich unter Nennung der Gründe schriftlich bekannt zu geben. Erteilt der Aufsichtsrat seine Zustimmung, so hat er diese unverzüglich unter Angabe des Zeitpunkts der Wirksamkeit der Zurücklegung der Funktion des betreffenden Vorstandsmitgliedes dem Bundesminister für Finanzen schriftlich mitzuteilen. Der Bundesminister für Finanzen hat die Bundesregierung von der Zurücklegung der Funktion zu informieren und die Bestellung eines neuen Mitgliedes des Vorstandes gemäß § 6 Abs. 2 iVm § 6 Abs. 4 zu veranlassen. Für den Fall, dass der Funktionsantritt des neu bestellten Mitgliedes des Vorstandes nach dem Zeitpunkt des Ausscheidens des ehemaligen Mitgliedes erfolgt, ist für die Dauer der Vakanz ein geeignetes Ersatzmitglied vom Bundesminister für Finanzen auf Vorschlag des Aufsichtsrates unverzüglich zu bestellen; § 6 findet hierbei keine Anwendung. Die vorstehenden Bestimmungen über die Bestellung eines neuen Mitgliedes des Vorstandes sowie für die Bestellung eines Ersatzmitgliedes gelten in gleicher Weise für den Fall der Abberufung gemäß Abs. 3.

(3) Der Bundesminister für Finanzen hat ein Mitglied des Vorstandes abzuberufen, wenn ein wichtiger Grund vorliegt, wie insbesondere

1. Wegfall einer Bestellungsvoraussetzung oder

2. nachträgliches Hervorkommen, dass eine Bestellungsvoraussetzung nicht gegeben war, oder

3. grobe Pflichtverletzung oder

4. dauernde Dienstunfähigkeit oder wenn das betreffende Mitglied infolge Krankheit, Unfall oder eines Gebrechens länger als ein halbes Jahr vom Dienst abwesend ist oder

5. wenn trotz gemäß § 11 durchgeführter Aufsichtsmaßnahmen Pflichtverletzungen nicht oder nicht nachhaltig beseitigt wurden.

(4) Der Bundesminister für Finanzen hat bei Gefahr in Verzug das betreffende Mitglied des Vorstandes sofort abzuberufen.

Aufsichtsrat

§ 9. (1) Der Aufsichtsrat der APAB besteht aus dem Vorsitzenden, dem Stellvertreter des Vorsitzenden und „zwei" weiteren Mitgliedern. *(BGBl I 2018/30)*

(2) Die Mitglieder des Aufsichtsrates dürfen während ihrer Funktionsperiode sowie innerhalb der ihrer Bestellung vorangegangenen drei Jahre keine Abschlussprüfungen bei Unternehmen von öffentlichem Interesse durchführen oder durchgeführt haben. Die Mitglieder des Aufsichtsrates müssen insbesondere in den Bereichen Rechnungslegung, Finanzwesen, Wissenschaft oder Rechtsprechung tätig sein oder tätig gewesen sein und müssen über entsprechende Kenntnisse in den für die Ausübung der Tätigkeit der Abschlussprüfung relevanten Bereichen verfügen. Zu Mitgliedern des Aufsichtsrates dürfen nur geeignete und zuverlässige Personen bestellt werden, die nicht vom Wahlrecht in den Nationalrat ausgeschlossen sind.

(3) Der Vorsitzende und zwei weitere Mitglieder des Aufsichtsrates werden vom Bundesminister für Finanzen „ " und ein Mitglied des Aufsichtsrates vom Bundesminister für Wissenschaft, Forschung und Wirtschaft jeweils nach Anhörung der Sozialpartner für die Dauer von fünf Jahren bestellt. Die Wiederbestellung nach Ablauf der Funktionsdauer ist zulässig. *(BGBl I 2018/30)*

(4) Die Funktion eines Mitgliedes des Aufsichtsrates endet:

1. mit Ablauf der Funktionsperiode,

2. durch Zurücklegung der Funktion,

3. durch Abberufung gemäß Abs. 5 oder

4. mit dem Tod.

Im Fall der Z 2 und 3 ist unverzüglich ein neues Mitglied für die Dauer der restlichen Funktionsperiode des ausgeschiedenen Mitgliedes zu bestellen.

(5) Der Bundesminister für Finanzen „ “ und der Bundesminister für Wissenschaft, Forschung und Wirtschaft haben die von ihnen bestellten Mitglieder des Aufsichtsrates abzuberufen, wenn *(BGBl I 2018/30)*

1. eine Voraussetzung für die Bestellung wegfällt,

2. nachträglich hervorkommt, dass eine Bestellungsvoraussetzung nicht gegeben war,

3. dauernde Unfähigkeit zur Ausübung der Funktion eintritt oder

4. grobe Pflichtverletzung vorliegt.

Der Bundesminister für Finanzen „ “ und der Bundesminister für Wissenschaft, Forschung und Wirtschaft haben bei Gefahr in Verzug das betreffende Mitglied des Aufsichtsrates sofort abzuberufen. *(BGBl I 2018/30)*

Sitzungen und Beschlussfähigkeit des Aufsichtsrates

§ 10. (1) Der Vorsitzende des Aufsichtsrates hat unter Angabe der Tagesordnung mindestens einmal in jedem Kalendervierteljahr sowie bei wichtigem Anlass unverzüglich eine Sitzung des Aufsichtsrates einzuberufen. Die Sitzung muss binnen zwei Wochen nach der Einberufung stattfinden.

(2) Jedes Mitglied des Aufsichtsrates, der Vorstand sowie der Bundesminister für Finanzen können aus wichtigem Anlass die unverzügliche Einberufung des Aufsichtsrates verlangen.

(3) Der Aufsichtsrat ist beschlussfähig, wenn mindestens drei Mitglieder, darunter der Vorsitzende oder dessen Stellvertreter, anwesend sind. Der Aufsichtsrat fasst seine Beschlüsse mit einfacher Stimmenmehrheit. Bei Gleichheit der abgegebenen Stimmen entscheidet die Stimme des Vorsitzführenden. Eine Stimmenthaltung ist nicht zulässig.

(4) Über die Sitzungen des Aufsichtsrates ist ein Protokoll zu führen. Dieses ist vom Vorsitzführenden zu unterzeichnen; nähere Anordnungen sind in der Geschäftsordnung des Aufsichtsrates zu treffen.

(5) Umlaufbeschlüsse sind nur in begründeten Ausnahmefällen, und wenn kein Mitglied des Aufsichtsrates widerspricht, zulässig. Umlaufbeschlüsse können nur mit der Stimmenmehrheit aller Mitglieder des Aufsichtsrates gefasst werden. Eine Stimmenthaltung ist nicht zulässig. Umlaufbeschlüsse sind vom Vorsitzenden (Stellvertreter) schriftlich festzuhalten, über das Ergebnis der Beschlussfassung ist in der nächstfolgenden Sitzung des Aufsichtsrates Bericht zu erstatten.

Aufgaben des Aufsichtsrates

§ 11. (1) Der Aufsichtsrat hat die Geschäftsführung der APAB zu überwachen. § 95 Abs. 2 und 3 des Aktiengesetzes (AktG), BGBl. Nr. 98/1965, ist anzuwenden.

(2) Maßnahmen der Geschäftsführung der APAB dürfen dem Aufsichtsrat nicht übertragen werden. Der Genehmigung des Aufsichtsrates bedürfen jedoch:

1. das vom Vorstand zu erstellende Budget einschließlich des Investitions- und Stellenplans;

2. Investitionen, soweit sie nicht durch den Investitionsplan genehmigt sind, und Kreditaufnahmen, die jeweils in Summe 75 000 Euro pro Geschäftsjahr überschreiten;

3. der Erwerb, die Veräußerung und die Belastung von Liegenschaften;

4. der vom Vorstand zu erstellende Jahresabschluss;

5. die Geschäftsordnung gemäß § 7 Abs. 2 sowie deren Änderung;

6. die Compliance-Ordnung gemäß § 7 Abs. 4 sowie deren Änderung;

7. der gemäß § 4 Abs. 2 Z 12 zu erstellende Jahresbericht.

(3) Der Aufsichtsrat hat sich eine Geschäftsordnung zu geben, die der Genehmigung des Bundesministers für Finanzen bedarf.

(4) Der Aufsichtsrat hat die Dienstverträge mit den Vorstandsmitgliedern abzuschließen und den Abschlussprüfer zu bestellen. Der Dienstvertrag, der mit den Vorstandsmitgliedern abgeschlossen wird, hat die Bestimmung zu enthalten, dass eine Abberufung gemäß § 8 Abs. 3 auch eine Kündigung des Dienstvertrages zur Folge hat.

(5) Der Aufsichtsrat ist weiters für die Entlastung der Mitglieder des Vorstandes im Zusammenhang mit der Genehmigung des Jahresabschlusses gemäß Abs. 2 Z 4 zuständig.

(6) Den Mitgliedern des Aufsichtsrates gebührt eine angemessene Vergütung, die aus den Mitteln der APAB zu erstatten ist. Die Höhe der Vergütung wird vom Bundesminister für Finanzen festgesetzt.

(7) Der Aufsichtsrat hat, wenn er Kenntnis vom Eintritt eines Abberufungsgrundes bei einem Mitglied des Vorstandes gemäß § 8 Abs. 3 erlangt, dies dem Bundesminister für Finanzen unverzüglich mitzuteilen, sofern nicht nach Abs. 8 vorzugehen ist.

(8) Verletzt ein Mitglied des Vorstandes Bestimmungen dieses Bundesgesetzes, oder der Geschäftsordnung, ohne dass bereits eine grobe Pflichtverletzung gemäß § 8 Abs. 3 Z 3 vorliegt,

so hat der Aufsichtsrat das betreffende Mitglied schriftlich aufzufordern, unverzüglich den rechtmäßigen Zustand wieder herzustellen und künftig Pflichtverletzungen zu unterlassen. Im Wiederholungs- oder Fortsetzungsfall hat der Aufsichtsrat den Bundesminister für Finanzen im Hinblick auf § 8 Abs. 3 zu verständigen, es sei denn, dass dies nach Art und Schwere des Vergehens unangemessen wäre.

Qualitätsprüfungskommission

§ 12. (1) Zur Durchführung der Qualitätssicherungsprüfungen ist in der APAB als Beirat eine Qualitätsprüfungskommission einzurichten.

(2) Die Qualitätsprüfungskommission besteht aus sieben Mitgliedern.

(3) Die Mitglieder der Qualitätsprüfungskommission werden auf Vorschlag der Kammer der Wirtschaftstreuhänder, der Vereinigung Österreichischer Revisionsverbände und des Sparkassen-Prüfungsverbandes gemäß Abs. 4 vom Aufsichtsrat bestellt. Für jedes Mitglied ist in gleicher Weise ein Ersatzmitglied ausschließlich für den Fall der Verhinderung zu bestellen. Die Wiederbestellung ist zulässig. Die Funktionsperiode beträgt vier Jahre. Voraussetzung für die Bestellung der Mitglieder und Ersatzmitglieder ist deren Nachweis über spezielle Schulungen oder einschlägige Erfahrungen auf dem Gebiet der Qualitätssicherung. Eine Bestellung von Vorstandsmitgliedern der Kammer der Wirtschaftstreuhänder und deren Ersatzmitgliedern ist nicht zulässig.

(4) Die Kammer der Wirtschaftstreuhänder hat vier Mitglieder, von denen zumindest drei Mitglieder öffentlich bestellte Wirtschaftsprüfer sein müssen, die Vereinigung Österreichischer Revisionsverbände hat gemeinsam mit dem Sparkassen-Prüfungsverband insgesamt drei Mitglieder, von denen zumindest zwei Mitglieder öffentlich bestellte Wirtschaftsprüfer sein müssen, vorzuschlagen. Für jedes Mitglied ist in gleicher Weise ein Ersatzmitglied ausschließlich für den Fall der Verhinderung vorzuschlagen.

(5) Die Qualitätsprüfungskommission ist beschlussfähig, wenn wenigstens fünf Mitglieder oder an deren Stelle Ersatzmitglieder anwesend sind, wobei die Anzahl der Ersatzmitglieder die Anzahl der Mitglieder nicht überschreiten darf. Die Qualitätsprüfungskommission hat ihre Beschlüsse mit einfacher Stimmenmehrheit zu fassen. Im Falle der Stimmengleichheit entscheidet die Stimme des Vorsitzenden. Die Qualitätsprüfungskommission hat sich eine Geschäftsordnung zu geben. Diese bedarf der Genehmigung durch den Vorstand der APAB.

(6) Die Mitglieder und Ersatzmitglieder der Qualitätsprüfungskommission sind ehrenamtlich tätig.

Aufgaben der Qualitätsprüfungskommission

§ 13. (1) Die APAB hat die Qualitätsprüfungskommission anzuhören vor:

1. der Bestellung des Qualitätssicherungsprüfers für Qualitätssicherungsprüfungen,
2. der Erteilung oder Versagung der Bescheinigung aufgrund des Prüfberichts zur Qualitätssicherungsprüfung,
3. der Maßnahmen gemäß § 38 Abs. 2,
4. der Annahme der gemäß § 38 Abs. 3 übermittelten Darstellung und
5. der Bestellung des Sonderprüfers einschließlich des Honorars gemäß § 38 Abs. 4.

(2) Die APAB hat Stellungnahmen der Qualitätsprüfungskommission einzuholen:

1. zum Widerruf einer Bescheinigung gemäß § 40,
2. zum Entzug einer Bescheinigung gemäß § 41 und
3. im Rahmen von Verwaltungsverfahren der APAB.

Aufsicht über die APAB

§ 14. (1) Der Bundesminister für Finanzen hat die Aufsicht über die APAB dahin auszuüben, dass die APAB die ihr gesetzlich obliegenden Aufgaben erfüllt, bei Besorgung ihrer Aufgaben die Gesetze und Verordnungen nicht verletzt und ihren Aufgabenbereich nicht überschreitet.

(2) Der Bundesminister für Finanzen ist berechtigt, zu dem in Abs. 1 genannten Zweck Auskünfte der APAB über alle Angelegenheiten der Aufsicht über Abschlussprüfer und Prüfungsgesellschaften einzuholen. Die APAB hat dem Bundesminister für Finanzen die geforderten Auskünfte ohne unnötigen Verzug, längstens aber binnen zwei Wochen zu erteilen. Im Fall der Erlassung von Verordnungen der APAB hat sie das Vorhaben dem Bundesminister für Finanzen zur Kenntnis zu bringen und beschlussreife Entwürfe vor der Erlassung der Verordnung dem Bundesminister für Finanzen zu übermitteln. Verordnungen der APAB sind im Bundesgesetzblatt kundzumachen.

(3) Die APAB hat dem Bundesminister für Finanzen auf Anfrage unverzüglich diejenigen Daten und Informationen zu übermitteln, die für die Erstellung von Regelungsvorhaben und für die Erfüllung der §§ 17 und 18 des Bundeshaushaltsgesetzes 2013 (BHG 2013), BGBl. I Nr. 139/2009, erforderlich sind.

(4) Die APAB hat dem Finanzausschuss des Nationalrates und dem Bundesminister für Finanzen binnen sechs Monaten nach Ende jedes Kalenderjahres einen Bericht über das abgelaufene Kalenderjahr zu erstatten. In diesen Bericht sind insbesondere ein Überblick über die Aufsichtstä-

tigkeit und über Entwicklungen des Abschlussprüfungsmarktes aufzunehmen.

Personal

§ 15. (1) Der Vorstand der APAB ist berechtigt, Arbeitnehmer in der erforderlichen Anzahl durch Dienstvertrag einzustellen. Dabei ist insbesondere eine ausreichende Zahl an Inspektoren vorzusehen. Auf das Dienstverhältnis der Arbeitnehmer zur APAB ist das Angestelltengesetz, BGBl. Nr. 292/1921, und die für Arbeitnehmer in der privaten Wirtschaft geltenden sonstigen Rechtsvorschriften anzuwenden. Der Vorstand ist weiters berechtigt, Dienstverhältnisse nach den arbeitsrechtlichen Bestimmungen, insbesondere durch Kündigung, zu beenden.

(2) Die APAB hat für einen angemessenen Rechtsschutz für ihre mit Aufsichtstätigkeiten betrauten Arbeitnehmer für den Fall von deren schadenersatzrechtlicher Inanspruchnahme aus der Aufsichtstätigkeit vorzusorgen.

(3) Für die Arbeitnehmer der APAB ist das Bundes-Gleichbehandlungsgesetz (B-GlBG), BGBl. Nr. 100/1993, anzuwenden.

Haftung für die Tätigkeit der APAB

§ 16. (1) Für die von Organen und Bediensteten der APAB sowie von Mitgliedern der Qualitätsprüfungskommission in Erfüllung der in § 4 genannten Aufgaben zugefügten Schäden haftet der Bund nach den Bestimmungen des Amtshaftungsgesetzes (AHG), BGBl. Nr. 20/1949. Schäden im Sinne dieser Bestimmung sind solche, die Rechtsträgern unmittelbar zugefügt wurden, die der Aufsicht nach diesem Bundesgesetz unterliegen. Die APAB sowie deren Bedienstete und Organe haften dem Geschädigten nicht.

(2) Die APAB hat bei ihrer Tätigkeit nach pflichtgemäßem Ermessen alle nach den Umständen des Einzelfalls erforderlichen, zweckmäßigen und angemessenen Aufsichtsmaßnahmen zu ergreifen.

(3) Hat der Bund einem Geschädigten den Schaden gemäß Abs. 1 ersetzt, so kann er von den Organen oder Bediensteten der APAB sowie von Mitgliedern der Qualitätsprüfungskommission Rückersatz nach den Bestimmungen des AHG begehren.

(4) Die APAB und die Qualitätsprüfungskommission haben den Bund in Amtshaftungs- und Rückersatzverfahren nach Abs. 1 und 2 zu unterstützen, soweit dies für die Durchführung dieser Verfahren erforderlich ist. Dabei darf der Eingriff in das Grundrecht auf Datenschutz der jeweiligen betroffenen natürlichen oder juristischen Person nur in der gelindesten zum Ziel führenden Art vorgenommen werden. Sie hat insbesondere alle Informationen und Unterlagen, die das Amtshaftungs- oder Rückersatzverfahren betreffen, zur Verfügung zu stellen sowie dafür zu sorgen, dass der Bund das Wissen und die Kenntnisse der Organe und Bediensteten der APAB über die verfahrensgegenständlichen Aufsichtsmaßnahmen in Anspruch nehmen kann.

Verschwiegenheitspflicht und Schutz personenbezogener Daten

§ 17. (1) Die Vorschriften über die Verschwiegenheitspflicht gemäß § 46 Abs. 1 bis 4 des Beamten-Dienstrechtsgesetzes 1979 (BDG 1979), BGBl. Nr. 333/1979, gelten für

1. die Organe der APAB,
2. die Mitarbeiter der APAB,
3. die Mitglieder und Ersatzmitglieder der Qualitätsprüfungskommission,
4. die Qualitätssicherungsprüfer und ihre qualifizierten Assistenten und
5. die beigezogenen Sachverständigen.

(2) Die Verschwiegenheitspflicht gemäß Abs. 1 besteht nicht gegenüber anderen Personen, die im Rahmen derselben Qualitätssicherungsprüfung tätig werden.

(3) Die Organe und Mitarbeiter der APAB sind verpflichtet, über persönliche Verhältnisse, Einrichtungen und Geschäfts- und Betriebsverhältnisse, die ihnen in Wahrnehmung ihrer Aufgaben zur Kenntnis gelangen, Verschwiegenheit zu bewahren. Jede Verwertung von Geschäfts- und Betriebsgeheimnissen ist ihnen untersagt.

(4) Die Entbindung von der Verschwiegenheitspflicht gemäß Abs. 1 obliegt dem Vorstand der APAB.

(5) Die APAB hat Unterlagen und Aufzeichnungen, insbesondere die von ihr erlassene Bescheide, so lange aufzubewahren, als dies für die Erfüllung ihrer Aufgaben erforderlich ist.

(6) Die APAB hat gemäß § 14 Datenschutzgesetz 2000 – DSG 2000, BGBl I. Nr. 165/1999, Datensicherheitsmaßnahmen, insbesondere hinsichtlich der Zutritts- und Zugriffsberechtigungen, der Protokollierung sowie der Dokumentation der getroffenen Maßnahmen, zu ergreifen.

Budget

§ 18. (1) Die gesamte Gebarung der APAB und alle Ausgaben haben nach den Grundsätzen der Zweckmäßigkeit, Wirtschaftlichkeit und Sparsamkeit zu erfolgen.

(2) Der Vorstand der APAB hat jährlich ein Budget zu erstellen. Das Budget hat eine für die Wahrnehmung der Aufgaben der APAB angemessene personelle und finanzielle Ressourcenausstattung sicherzustellen. Das Budget umfasst eine Plan-Gewinn-/Verlustrechnung, eine Planbilanz, eine Planfinanzrechnung sowie Investitionsplanungen und Personalplanungen für das Geschäftsjahr. Das Budget für das nächste Geschäftsfahr

ist dem Aufsichtsrat bis zum 31. August des laufenden Geschäftsjahres zur Genehmigung vorzulegen. Der Aufsichtsrat hat über das Budget bis zum 31. Oktober dieses Geschäftsjahres zu befinden.

(3) Im Planbudget sind sämtliche im folgenden Geschäftsjahr zu erwartenden Erträge und Aufwendungen der APAB unsaldiert aufzunehmen. Die Budgetbeträge sind zu errechnen, wenn dies nicht möglich ist, zu schätzen.

(4) Durch den Stellenplan des jährlichen Planbudgets ist die Anzahl der Bediensteten der APAB festzulegen. Hierbei dürfen Planstellen nur in der Art und Anzahl vorgesehen werden, die zur Bewältigung der Aufgaben der APAB erforderlich sind. Die erforderliche Anzahl an Inspektoren ist anhand der Anzahl der Unternehmen von öffentlichem Interesse, der Anzahl der einer Inspektion gemäß § 43 unterliegenden Abschlussprüfer und Prüfungsgesellschaften und der darauf basierend geschätzten Anzahl der erforderlichen Leistungsstunden für Inspektionen festzulegen. Die Anzahl der Inspektoren hat in einem angemessenen Verhältnis zu dem für die Durchführung der Inspektionen erforderlichen Zeitaufwand zu stehen.

(5) Der Vorstand hat dem Aufsichtsrat zumindest halbjährlich über die Einhaltung des Planbudgets einschließlich des Investitions- und Stellenplanes zu berichten. Ergeben sich voraussichtlich Überschreitungen der Planwerte im Ausmaß von mehr als 5 vH, so dürfen die entsprechenden Maßnahmen nur nach Genehmigung des Aufsichtsrates getroffen werden.

(6) Durch eine im Planbudget, Investitions- oder Stellenplan angeführte bindende Grundlage werden Ansprüche oder Verbindlichkeiten weder begründet noch aufgehoben.

(7) Der Vorstand hat den Mitgliedern des Aufsichtsrates aussagekräftige Informationen über die wesentlichen Positionen des Planbudgets und des Investitions- und Stellenplans ehestmöglich, in der Regel zwei Wochen vor der betreffenden Sitzung des Aufsichtsrates, zu übermitteln. Der Vorstand hat hierbei erforderlichenfalls jene Informationen zu bezeichnen, über die die Amtsverschwiegenheit zu wahren ist.

Jahresabschluss

§ 19. (1) Das Geschäftsjahr der APAB ist das Kalenderjahr. Die APAB hat für das vergangene Geschäftsjahr den Jahresabschluss in Form der Bilanz und der Gewinn- und Verlustrechnung aufzustellen. Im Übrigen sind die Bestimmungen des dritten Buches des UGB auf den Jahresabschluss anzuwenden, sofern in diesem Bundesgesetz nichts anderes bestimmt ist.

(2) Der Jahresabschluss ist von einem Abschlussprüfer oder einer Prüfungsgesellschaft zu prüfen.

(3) Der geprüfte Jahresabschluss ist vom Vorstand dem Aufsichtsrat innerhalb von fünf Monaten nach Ablauf des vorangegangenen Geschäftsjahres zur Genehmigung vorzulegen. Die Beschlussfassung des Aufsichtsrates über die Genehmigung des Jahresabschlusses hat so rechtzeitig zu erfolgen, dass der Vorstand den Jahresabschluss dem Bundesminister für Finanzen innerhalb von sechs Monaten nach Ablauf des vorangegangenen Geschäftsjahres übermitteln kann.

(4) Der Aufsichtsrat hat nach Ablauf jedes Geschäftsjahrs über die Entlastung des Vorstandes zu befinden.

(5) Der Vorstand hat den geprüften und vom Aufsichtsrat genehmigten Jahresabschluss auf der Website der APAB zu veröffentlichen und in den Jahresbericht der APAB aufzunehmen. Der Jahresabschluss ist jeweils bis zur Veröffentlichung des nächstfolgenden Jahresabschlusses zur Einsicht im Internet bereit zu halten.

Kosten der Aufsicht

§ 20. (1) Die APAB hat für jeden der folgenden Aufsichtsbereiche eine eigene Kostenstelle zu bilden. Sie hat bei der internen Organisation für die weitest mögliche direkte Zuordnung der Aufsichtskosten (Personal- und Sachaufwand, Abschreibungen und sonstige Aufwendungen) zu diesen Kostenstellen Vorsorge zu treffen. Jene Kosten, die einer bestimmten Kostenstelle nicht direkt zugeordnet werden können, sind der Kostenstelle „Sonstige Kosten der Aufsicht" zuzuordnen. Diese Kostenstellen sind:

1. Kostenstelle: Kosten für Inspektionen;

2. Kostenstelle: Kosten für Qualitätssicherungsprüfungen;

3. Kostenstelle: Kosten der Aufsicht gemäß § 1 Abs. 4;

4. Kostenstelle: Kosten für Untersuchungen und Sanktionen/Maßnahmen;

5. Kostenstelle: Kosten für europäische und internationale Zusammenarbeit;

6. Kostenstelle: Sonstige Kosten der Aufsicht.

(2) Mit dem Jahresabschluss ist auch eine kostenstellenbezogene Aufstellung zu erstellen und dem Aufsichtsrat vorzulegen.

(3) Für das Planbudget ist eine kostenstellenbezogene Kostenschätzung zu erstellen.

Finanzierung und Verwaltungsbeiträge

§ 21. (1) Die Finanzierung der APAB setzt sich aus folgenden Beiträgen zusammen:

1. einem Finanzierungsbeitrag für Inspektionen,

2. einem Finanzierungsbeitrag für Qualitätssicherungsprüfungen,

3. einem Finanzierungsbeitrag für Aufgaben im allgemeinen öffentlichen Interesse und

4. einem Umlagefinanzierungsbeitrag für allfällige weitere Kosten der APAB.

(2) Für die Finanzierung der Kosten im Zusammenhang mit Inspektionen ist von der APAB ein Finanzierungsbeitrag von Abschlussprüfern und Prüfungsgesellschaften einzuheben, der sich bemisst nach:

1. der Anzahl der im vorangegangenen Kalenderjahr übernommenen Einzel- und Konzernabschlussprüfungsaufträge bei Unternehmen von öffentlichem Interesse und

2. der Honorarsumme, die im vorangegangenen Kalenderjahr für Einzel- und Konzernabschlussprüfungsaufträge bei Unternehmen von öffentlichem Interesse in Rechnung gestellt wurde.

(3) Für die Finanzierung der administrativen Kosten im Zusammenhang mit Qualitätssicherungsprüfungen gemäß Abs. 1 Z 2 leisten die Kammer der Wirtschaftstreuhänder, die Vereinigung Österreichischer Revisionsverbände und der Sparkassen-Prüfungsverband einen Beitrag von mindestens 500 000 Euro. Dieser Beitrag ist in zwei gleichen Teilbeträgen jeweils zum ersten Werktag im Jänner und Juli jedes Kalenderjahres an die APAB zu überweisen. Erhöhungen dieses Beitrags können vom Bundesminister für Finanzen nach Anhörung der genannten Institutionen durch Verordnung festgelegt werden. Jedenfalls ist der Beitrag entsprechend der Erhöhung des verlautbarten Verbraucherpreisindex 2010 der Bundesanstalt „Statistik Österreich" jährlich anzupassen. Die Aufteilung des Finanzierungsbeitrags der Kammer der Wirtschaftstreuhänder, der Vereinigung Österreichischer Revisionsverbände und des Sparkassen-Prüfungsverbands ist von diesen selbst festzulegen.

(4) Der Bund leistet der APAB für die von ihr im allgemeinen öffentlichen Interesse zu erfüllenden Aufgaben pro Geschäftsjahr einen Beitrag von 500 000 Euro. Der Beitrag ist in gleich hohen Teilbeträgen jeweils bis zum 15. des ersten Monats des jeweiligen Kalenderquartals an die APAB zu überweisen.

(5) Zur Finanzierung weiterer Kosten hat die APAB, im Wege einer Umlage von den ihrer Aufsicht unterworfenen Abschlussprüfern und Prüfungsgesellschaften einen Finanzierungsbeitrag einzuheben. Der Beitrag ist in zwei gleichen Teilbeträgen jeweils zum 1. Jänner und 1. Juli jedes Kalenderjahres mit Bescheid vorzuschreiben. Die Gesamthöhe dieses Finanzierungsbeitrages bemisst sich nach dem vom Aufsichtsrat genehmigten Budget abzüglich der Finanzierungsbeiträge gemäß Abs. 1 Z 1 bis 3. Überschüsse oder Fehlbeträge gemäß Abs. 1 Z 1 bis 3 aus Vorjahren sind im Budget zu berücksichtigen.

(6) Der Anteil eines Abschlussprüfers oder einer Prüfungsgesellschaft an der Gesamthöhe des Finanzierungsbeitrags gemäß Abs. 5 bemisst sich nach dem Verhältnis zwischen dem Gesamthonorar für alle Abschlussprüfungen die im vorangegangen Kalenderjahr in Rechnung gestellt wurden, und dem Gesamthonorar, das vom jeweiligen Abschlussprüfer oder der jeweiligen Prüfungsgesellschaft im vorangegangenen Kalenderjahr in Rechnung gestellt wurden. Der Finanzierungsbeitrag ist von der APAB mit Bescheid vorzuschreiben.

(7) Eine Verringerung der Teilbeträge gemäß Abs. 6 kann vorgenommen werden, wenn geringere Aufwendungen als im Budget zu erwarten sind. Eine Erhöhung der Teilbeträge kann nur nach Genehmigung eines neuen Budgets durch den Aufsichtsrat erfolgen.

(8) Die APAB hat durch Verordnung mit Zustimmung des Bundesministers für Finanzen nähere Vorgaben für die Berechnung der Beiträge gemäß Abs. 2 festzulegen. Die Beiträge sind den Abschlussprüfern und Prüfungsgesellschaften mit Bescheid von der APAB vorzuschreiben. Einem dagegen eingebrachten Rechtsmittel kommt keine aufschiebende Wirkung zu.

(9) Zusätzlich zu dem Beitrag, den der Bund gemäß Abs. 4 für die APAB leistet, kann der Bund nach Maßgabe der im jährlichen Bundesfinanzgesetz für diesen Zweck vorgesehenen Mittel einen weiteren Kostenbeitrag leisten, wenn dies trotz wirtschaftlicher, sparsamer und zweckmäßiger Gebarung der APAB zur Abdeckung notwendiger Aufsichtskosten erforderlich ist.

(10) Die Kosten einer Untersuchung gemäß § 61 sind von dem der Untersuchung unterzogenen Abschlussprüfer oder der der Untersuchung unterzogenen Prüfungsgesellschaft auf der Basis von Stundensätzen zu tragen. Die APAB hat durch Verordnung mit Zustimmung des Bundesministers für Finanzen den Kostenersatz festzulegen. Diese hat insbesondere zu regeln:

1. die Höhe der Stundensätze für Mitarbeiter der APAB und für Sachverständige,

2. die Nebenkosten und

3. die Zahlungsmodalitäten.

(11) Für Zwecke der Abs. 2 und 5 haben die Abschlussprüfer und Prüfungsgesellschaften bis zum 31. Jänner jeden Kalenderjahres die Anzahl der übernommenen Abschlussprüfungsaufträge bei Unternehmen von öffentlichem Interesse im vorangegangen Kalenderjahr und die Honorarsumme für die abgerechneten Abschlussprüfungsaufträge im vorangegangen Kalenderjahr aufgegliedert nach der Honorarsumme für Abschlussprüfungen bei Unternehmen von öffentlichem Interesse und Abschlussprüfungen für andere Abschlussprüfungsaufträge zu melden.

(12) Die APAB hat mit Zustimmung des Bundesministers für Finanzen durch Verordnung Verwaltungskostenbeiträge festzulegen für:

1. die Anerkennung als Qualitätssicherungsprüfer gemäß § 26,

2. die Versagung der Anerkennung als Qualitätssicherungsprüfer gemäß § 26 Abs. 6,

3. das Erteilen einer Bescheinigung gemäß den §§ 35 bis 37,

4. das Versagen einer Bescheinigung gemäß § 39,

5. den Widerruf einer Bescheinigung gemäß § 40,

6. den Entzug einer Bescheinigung,

7. Eintragungen und Änderungen im öffentlichen Register gemäß den §§ 52 bis 54 für inländische Abschlussprüfer und Prüfungsgesellschaften,

8. Eintragungen und Änderungen im öffentlichen Register gemäß den §§ 52 bis 54 für Abschlussprüfer und Prüfungsgesellschaften aus anderen Mitgliedstaaten der EU oder anderen EWR-Vertragsstaaten,

9. Eintragungen und Änderungen im öffentlichen Register gemäß den §§ 52 bis 54 für Abschlussprüfer und Prüfungsgesellschaften aus Drittstaaten,

10. die Beantragung auf Zulassung als Abschlussprüfer für Abschlussprüfer aus anderen Mitgliedstaaten der EU oder anderen EWR-Vertragsstaaten,

11. die Beantragung auf Anerkennung als Prüfungsgesellschaft für Prüfungsgesellschaften aus anderen Mitgliedstaaten der EU oder anderen EWR-Vertragsstaaten,

12. die Beantragung auf Zulassung als Abschlussprüfer für Abschlussprüfer aus Drittstaaten und

13. die Beantragung auf Registrierung als Prüfungsgesellschaft von Prüfungsgesellschaften aus Drittstaaten.

(13) Die aufgrund von Abs. 12 zu entrichtenden Verwaltungskostenbeiträge fließen der APAB zu.

Rücklage für unvorhergesehene Belastungen

§ 22. (1) Die APAB hat im Budget für die Bedeckung unvorhergesehener Belastungen eine Rücklage zu bilden, die nur für unvorhergesehene Belastungen verwendet werden darf.

(2) Die Dotierung der Rücklage darf je Geschäftsjahr im Ausmaß von höchstens 1 vH der Gesamtkosten der APAB auf Basis des zuletzt festgestellten Jahresabschlusses so lange und insoweit erfolgen, als die Rücklage insgesamt ein Ausmaß von 5 vH der jeweils im letzten Jahresabschluss festgestellten Gesamtkosten nicht erreicht hat.

(3) Die Rücklage ist im Jahresabschluss auszuweisen.

3. Teil
Aufgaben und Befugnisse

1. Hauptstück
Öffentliche Aufsicht

1. Abschnitt

Regelungen zur Qualitätssicherung

§ 23. (1) Abschlussprüfer und Prüfungsgesellschaften sind verpflichtet, Regelungen festzulegen, die eine hohe Qualität der von ihnen durchzuführenden Prüfungen gewährleisten.

(2) Die Regelungen haben auf der Grundlage allgemein anerkannter nationaler und internationaler Prüfungsstandards und Berufsgrundsätze jedenfalls zu umfassen:

1. Regelungen zur allgemeinen Organisation des Prüfungsbetriebs (internes Qualitätssicherungssystem):

a) Einhaltung der allgemeinen Berufsgrundsätze,

b) Annahme, Fortführung und vorzeitige Beendigung von Aufträgen,

c) Mitarbeiterentwicklung,

d) Gesamtplanung aller Aufträge,

e) ausreichender Versicherungsschutz,

f) Umgang mit Beschwerden und Vorwürfen und

g) Einhaltung der kontinuierlichen Fortbildungsverpflichtung.

2. Regelungen zur Auftragsabwicklung:

a) Organisation der Auftragsabwicklung,

b) Einhaltung der gesetzlichen Vorschriften und der fachlichen Regelungen für die Auftragsabwicklung,

c) Anleitung des Auftragsteams,

d) Einholung von fachlichem Rat (Konsultation),

e) laufende Überwachung der Auftragsabwicklung,

f) abschließende Durchsicht der Auftragsergebnisse,

g) auftragsbegleitende Qualitätssicherung,

h) Lösung von Meinungsverschiedenheiten und

i) Ausgestaltung, Abschluss und Archivierung der Arbeitspapiere.

3. Regelungen zur Überwachung der Angemessenheit und Wirksamkeit des Qualitätssicherungssystems.

(3) Abschlussprüfer und Prüfungsgesellschaften unterliegen hinsichtlich ihrer Regelungen zur Qualitätssicherung Qualitätssicherungsprüfungen gemäß den §§ 24 bis 41 und, wenn sie Unternehmen von öffentlichem Interesse prüfen, zusätzlich Inspektionen gemäß den §§ 43 bis 50.

(4) Anstelle des Abschlussprüfers unterliegt der Prüfungsbetrieb des Revisionsverbandes Qualitätssicherungsprüfungen und, wenn dieser Unternehmen von öffentlichem Interesse prüft, zusätzlich Inspektionen gemäß den §§ 43 bis 50, wenn der Abschlussprüfer für den Revisionsverband tätig wird und ihm der Revisionsverband die Methode der Qualitätssicherung vorgibt.

(5) Die Vorschriften dieses Bundesgesetzes gelten auch für freiwillige Qualitätssicherungsprüfungen.

2. Abschnitt
Qualitätssicherungsprüfungen

Gegenstand von Qualitätssicherungsprüfungen

§ 24. (1) Im Rahmen der Qualitätssicherungsprüfung sind alle gesetzten Regelungen zur Qualitätssicherung eines Abschlussprüfers oder einer Prüfungsgesellschaft, welche im Zusammenhang mit Abschlussprüfungen stehen, zu prüfen.

(2) Die Prüfung der Qualitätssicherung des Prüfungsbetriebes hat insbesondere die in § 23 Abs. 2 aufgezählten Regelungen zu umfassen, soweit diese für die Tätigkeit des Abschlussprüfers oder der Prüfungsgesellschaft relevant sind.

(3) Die Qualitätssicherungsprüfungen haben auf der Grundlage einer Risikoanalyse durch Einschau durch Qualitätssicherungsprüfer zu erfolgen. Als Risikoindikator gilt insbesondere die Zahl der festgestellten Mängel in der letzten Qualitätssicherungsprüfung. Die Entscheidung über eine Änderung des Zeitpunkts der nächsten Qualitätssicherungsprüfung und deren Anordnung gegenüber den zu Prüfenden trifft die APAB.

(4) Die Qualitätssicherungsprüfungen müssen im Hinblick auf den Umfang und die Komplexität der Tätigkeit des überprüften Abschlussprüfers bzw. der überprüften Prüfungsgesellschaft geeignet und angemessen sein.

(5) Für die Zwecke des Abs. 4 ist bei der Durchführung von Qualitätssicherungsprüfungen der Abschlussprüfung von Jahres- oder konsolidierten Abschlüssen von mittelgroßen und kleinen Unternehmen die Tatsache zu berücksichtigen, dass die internationalen Prüfungsstandards gemäß § 269a UGB in einer Weise angewandt werden sollen, die dem Umfang und der Komplexität der Geschäftstätigkeit des geprüften Unternehmens angemessen ist.

(6) Unterliegt ein Abschlussprüfer oder eine Prüfungsgesellschaft Inspektionen, ist im Rahmen von Qualitätssicherungsprüfungen nur die Durchführung von Abschlussprüfungen bei Unternehmen, die nicht von öffentlichem Interesse sind, zu prüfen. Informationen zum internen Qualitätssicherungssystem werden diesfalls aus den Inspektionen zur Verfügung gestellt.

Intervalle der Qualitätssicherungsprüfungen

§ 25. Prüfungsbetriebe von Abschlussprüfern und Prüfungsgesellschaften sind mindestens alle sechs Jahre einer Qualitätssicherungsprüfung zu unterziehen.

Qualitätssicherungsprüfer

§ 26. (1) Qualitätssicherungsprüfungen dürfen nur von anerkannten Qualitätssicherungsprüfern durchgeführt werden.

(2) Voraussetzungen für die Anerkennung einer natürlichen Person als Qualitätssicherungsprüfer sind:

1. eine mindestens fünfjährige, mindestens fünf Abschlussprüfungen pro Jahr umfassende Praxis als Wirtschaftsprüfer, eingetragener Revisor oder Prüfer des Sparkassen-Prüfungsverbandes,

2. spezielle Schulungen oder einschlägige Erfahrungen auf dem Gebiet der Qualitätssicherung,

3. das Nichtvorliegen von rechtskräftig verhängten Disziplinarstrafen, deren zugrunde liegendes Berufsvergehen gemäß § 120 Wirtschaftstreuhandberufsgesetz (WTBG), BGBl Nr. 58/1999, die Eignung als Qualitätssicherungsprüfer ausschließt,

4. kein Widerruf als Qualitätssicherungsprüfer gemäß Abs. 8 in den letzten fünf Jahren und

5. die Entrichtung eines Verwaltungskostenbeitrags für die Anerkennung.

(3) Voraussetzungen für die Anerkennung von Prüfungsgesellschaften als Qualitätssicherungsprüfer sind:

1. die Anerkennung mindestens eines Vorstandsmitgliedes oder eines Geschäftsführers oder eines Personengesellschafters oder eines angestellten Revisors als Qualitätssicherungsprüfer und

2. das Vorliegen der Bescheinigung für diese Prüfungsgesellschaft.

(4) Die APAB hat eine natürliche Person oder eine Prüfungsgesellschaft als Qualitätssicherungsprüfer mit Bescheid anzuerkennen, wenn die Voraussetzungen gemäß Abs. 2 oder Abs. 3 vorliegen. Die APAB hat über die Anerkennung eine Urkunde auszustellen.

(5) Die APAB hat eine Liste der Qualitätssicherungsprüfer zu führen. Anerkannte Qualitätssicherungsprüfer sind von Amts wegen in diese Liste einzutragen.

(6) Über die Versagung der Anerkennung hat die APAB einen Bescheid zu erlassen.

(7) Qualitätssicherungsprüfer sind verpflichtet, der APAB alle drei Jahre nach ihrer Anerkennung

Nachweise über ihre praktische Tätigkeit als Abschlussprüfer im Ausmaß von mindestens fünf Abschlussprüfungen pro Jahr und über ihre laufende Fortbildung auf dem Gebiet der Qualitätssicherung zu übermitteln.

(8) Die APAB hat die Anerkennung eines Qualitätssicherungsprüfers mit Bescheid zu widerrufen, wenn

1. über einen Qualitätssicherungsprüfer eine Disziplinarstrafe rechtskräftig verhängt wurde, deren zugrunde liegendes Berufsvergehen die Eignung als Qualitätssicherungsprüfer ausschließt oder

2. ein Qualitätssicherungsprüfer länger als drei Jahre keine die Durchführung von Abschlussprüfungen umfassende Tätigkeiten ausgeübt hat oder

3. ein Qualitätssicherungsprüfer einer Verpflichtung gemäß Abs. 7 nicht nachkommt oder

4. ein Qualitätssicherungsprüfer in einer Qualitätssicherungsprüfung schwerwiegend gegen die Bestimmungen dieses Bundesgesetzes verstoßen hat oder

5. eine der Anerkennungsvoraussetzungen nicht vorlag oder

6. eine der Anerkennungsvoraussetzungen nicht mehr vorliegt oder

7. die Tätigkeit des Qualitätssicherungsprüfers wiederholt negativ evaluiert wurde.

(9) Aufgrund des rechtskräftigen Widerrufs der Anerkennung als Qualitätssicherungsprüfer hat die Streichung aus der Liste der Qualitätssicherungsprüfer zu erfolgen. Die Gültigkeit der vor dem Widerruf durchgeführten Qualitätssicherungsprüfungen bleibt unberührt.

Qualitätssicherungsprüfungen durch Prüfungsgesellschaften

§ 27. (1) Wird eine Prüfungsgesellschaft mit der Durchführung einer Qualitätssicherungsprüfung beauftragt, so muss der für die Qualitätssicherungsprüfung Verantwortliche als Qualitätssicherungsprüfer eingetragen und Vorstandsmitglied oder Geschäftsführer oder vertretungsbefugter Personengesellschafter oder angestellter Revisor der Prüfungsgesellschaft sein.

(2) Der für die Qualitätssicherungsprüfung Verantwortliche ist im Auftrag zur Durchführung der Qualitätssicherungsprüfung zu benennen.

Qualifizierte Assistenten

§ 28. Qualitätssicherungsprüfer sind berechtigt, unter ihrer Verantwortung entsprechend qualifizierte Assistenten zur Durchführung der Qualitätssicherungsprüfung heranzuziehen.

Bestellung des Qualitätssicherungsprüfers

§ 29. (1) Der zu überprüfende Abschlussprüfer oder die zu überprüfende Prüfungsgesellschaft hat bei der APAB die Durchführung einer Qualitätssicherungsprüfung zu beantragen. Hierzu sind unter Einhaltung der für die Berufsausübung geltenden Unvereinbarkeitsregeln drei Qualitätssicherungsprüfer für die Durchführung einer Qualitätssicherungsprüfung vorzuschlagen. Erstreckt sich ein Prüfungsbetrieb auf mehrere Abschlussprüfer oder Prüfungsgesellschaften, können diese gemeinsam einen solchen Vorschlag einbringen.

(2) Die APAB hat den Vorschlag dahin zu prüfen, ob alle vorgeschlagenen Qualitätssicherungsprüfer eine ordnungsgemäße Qualitätssicherungsprüfung unter Berücksichtigung der Angemessenheit des Honorars gemäß § 31 Abs. 3 gewährleisten. Andernfalls hat die APAB aus der Liste der Qualitätssicherungsprüfer einen geeigneten Qualitätssicherungsprüfer zu bestellen und dessen Honorar nach Maßgabe des § 31 Abs. 3 festzulegen. Gegen diese Verfahrensanordnung ist ein abgesondertes Rechtsmittel nicht zulässig.

(3) Die APAB hat unverzüglich einen der vorgeschlagenen Qualitätssicherungsprüfer zu bestellen, wenn die Bestellungsvoraussetzungen erfüllt sind. Fällt eine Bestellungsvoraussetzung später weg, so hat die APAB die Bestellung binnen zwei Wochen ab Kenntnis widerrufen, wenn dies zur Gewährleistung einer ordnungsgemäßen Qualitätssicherungsprüfung unumgänglich ist. In diesem Fall gilt § 32 Abs. 3 sinngemäß.

(4) Die APAB hat mit Zustimmung des Bundesministers für Finanzen eine Verordnung hinsichtlich der von dem zu überprüfenden Abschlussprüfer oder der zu überprüfenden Prüfungsgesellschaft bereitzustellenden Informationen für die Angebotserstellung durch die potentiellen Qualitätssicherungsprüfer zu erlassen. Diese Verordnung hat insbesondere die bereitzustellenden Informationen zu regeln hinsichtlich:

1. Angaben zur Mandantenstruktur,

2. Angaben zu den durchgeführten Abschlussprüfungen,

3. Anzahl der Leistungsstunden für Abschlussprüfungen getrennt nach Stunden für Abschlussprüfungen bei Unternehmen von öffentlichem Interesse und anderen Abschlussprüfungen,

4. Mitarbeiterstruktur im Prüfungsbetrieb und

5. Anzahl der im Prüfungsbetrieb tätigen Wirtschaftsprüfer und Revisoren mit Auftragsverantwortung.

(5) Die APAB hat mit Zustimmung des Bundesministers für Finanzen eine Verordnung zu den von dem zu überprüfenden Abschlussprüfer oder der zu überprüfenden Prüfungsgesellschaft bereitzustellenden Informationen zur Beurteilung des gemäß Abs. 1 eingebrachten Vorschlages zu erlassen. Diese Verordnung hat insbesondere die

bereitzustellenden Informationen zu regeln hinsichtlich:

1. Informationen gemäß Abs. 5,

2. Namen und Anschrift des verantwortlichen Qualitätssicherungsprüfers,

3. Honorar für die Qualitätssicherungsprüfung,

4. Stundensätze für den Qualitätssicherungsprüfer und die qualifizierten Assistenten und

5. Regelungen zu Werkverträgen.

Unabhängigkeit des Qualitätssicherungsprüfers

§ 30. (1) Ein Qualitätssicherungsprüfer darf eine Qualitätssicherungsprüfung nicht durchführen, wenn dies den für die berufliche Ausübung geltenden Unvereinbarkeitsregeln zuwiderläuft. Wechselseitige Qualitätssicherungsprüfungen sind unzulässig.

(2) Personen, die Gesellschafter oder Mitarbeiter eines Abschlussprüfers oder einer Prüfungsgesellschaft oder in sonstig vergleichbarer Weise mit diesem Abschlussprüfer bzw. dieser Prüfungsgesellschaft verbunden waren, dürfen frühestens drei Jahre nach Beendigung dieser Tätigkeit oder Verbindung als Qualitätssicherungsprüfer eine Qualitätssicherungsprüfung dieses Abschlussprüfers bzw. dieser Prüfungsgesellschaft vornehmen.

(3) Die Qualitätssicherungsprüfer haben gegenüber der APAB zu erklären, dass zwischen ihnen und dem zu überprüfenden Abschlussprüfer bzw. der zu überprüfenden Prüfungsgesellschaft keine Interessenkonflikte bestehen.

Honorierung der Qualitätssicherungsprüfung

§ 31. (1) Die Kosten der Qualitätssicherungsprüfung hat der zu überprüfende Abschlussprüfer oder die zu überprüfende Prüfungsgesellschaft zu tragen.

(2) Der Prüfungsauftrag und die Honorarberechnung sind vor Erstellung des Vorschlages gemäß § 29 Abs. 1 zwischen den jeweiligen vorgeschlagenen Qualitätssicherungsprüfern und dem zu überprüfenden Abschlussprüfer oder der zu überprüfenden Prüfungsgesellschaft unter der aufschiebenden Bedingung der Bestellung schriftlich in Form eines Fixhonorars zu vereinbaren und der APAB im Rahmen des Vorschlages gemäß § 29 Abs. 1 zu übermitteln.

(3) Die Honorierung des Qualitätssicherungsprüfers hat sich insbesondere zu orientieren an

1. den berufsüblichen Grundsätzen,

2. der Größe des zu überprüfenden Prüfungsbetriebes und

3. der dafür aufzuwendenden Zeit.

(4) Die Ausbezahlung des Honorars des Qualitätssicherungsprüfers hat über die APAB zu erfolgen. Hierzu ist bei der APAB ein eigenes Verrechnungskonto zu führen.

(5) Abschlussprüfer und Prüfungsgesellschaften haben für den bestellten Qualitätssicherungsprüfer einen Kostenvorschuss in Höhe des berechneten Honorars gemäß Abs. 3 innerhalb einer Frist von längstens zwei Wochen nach erfolgter Bestellung auf das Verrechnungskonto der Zahlstelle zu überweisen. Von der erfolgten Überweisung ist der bestellte Qualitätssicherungsprüfer unverzüglich und nachweislich durch die APAB zu informieren. Der bestellte Qualitätssicherungsprüfer ist erst nach Überweisung seines Honorars auf das Verrechnungskonto verpflichtet, die Qualitätssicherungsprüfung durchzuführen.

(6) Die APAB hat innerhalb einer Frist von längstens zwei Wochen nach Auswertung des schriftlichen Prüfberichtes das Honorar an den Qualitätsprüfer zu überweisen.

Vorzeitige Beendigung der Qualitätssicherungsprüfung

§ 32. (1) Die Durchführung der Qualitätssicherungsprüfung kann vom Qualitätssicherungsprüfer oder von dem zu überprüfenden Abschlussprüfer oder von der zu überprüfenden Prüfungsgesellschaft nur aus wichtigem Grund vorzeitig beendet werden. Wichtige Gründe sind insbesondere

1. die sich nachträglich ergebende Unerfüllbarkeit der Qualitätssicherungsprüfung oder

2. die Verhinderung durch eine Krankheit oder

3. das nachträgliche Hervorkommen des Umstandes, dass der zu überprüfende Abschlussprüfer oder die zu überprüfende Prüfungsgesellschaft bewusst unrichtige oder unvollständige Unterlagen zur Verfügung gestellt hat.

(2) Meinungsverschiedenheiten über den Inhalt des schriftlichen Prüfberichtes berechtigen nicht zur vorzeitigen Beendigung der Qualitätssicherungsprüfung.

(3) Wurde die Qualitätssicherungsprüfung vorzeitig beendet, so hat der Qualitätssicherungsprüfer einen Bericht über das Ergebnis seiner bisherigen Prüfung zu verfassen und den Grund für die vorzeitige Beendigung bekannt zu geben. Der Bericht ist vom Qualitätssicherungsprüfer dem zu überprüfenden Abschlussprüfer oder der zu überprüfenden Prüfungsgesellschaft und der APAB vorzulegen und von dieser dem nachfolgend bestellten Qualitätssicherungsprüfer zur Verfügung zu stellen.

Mitwirkungspflichten

§ 33. (1) Der zu überprüfende Abschlussprüfer oder die zu überprüfende Prüfungsgesellschaft und jene Personen, die den Beruf gemeinsam mit diesen ausüben, sind verpflichtet,

1. dem Qualitätssicherungsprüfer und seinen Assistenten gemäß § 28 Zutritt zu den Betriebsräumlichkeiten zu gewähren,

2. eine vollständige Liste der verantwortlich übernommenen Prüfungsmandate vorzulegen und

3. alle Aufklärungen zu geben und die verlangten Unterlagen vorzulegen, soweit diese für eine sorgfältige Qualitätssicherungsprüfung erforderlich sind.

(2) Der zu überprüfende Abschlussprüfer oder die zu überprüfende Prüfungsgesellschaft und jene Personen, die den Beruf gemeinsam mit diesen ausüben, unterliegen im Verhältnis zum Qualitätssicherungsprüfer und seinen Assistenten gemäß § 28 nicht der berufsmäßigen Verschwiegenheitspflicht.

Prüfbericht

§ 34. (1) Der Qualitätssicherungsprüfer hat über die erfolgte Qualitätssicherungsprüfung einen schriftlichen Prüfbericht zu verfassen. Die APAB hat durch Verordnung den Aufbau und die inhaltliche Gestaltung des schriftlichen Prüfberichts des Qualitätssicherungsprüfers zu regeln. Diese Verordnung hat insbesondere die Angaben im Prüfbericht zu regeln hinsichtlich:

1. Gegenstand, Art und Umfang der Prüfung,

2. Feststellungen betreffend die Qualitätssicherungsprüfung und

3. einer gesonderten Anmerkung für den Fall, dass der Qualitätssicherungsprüfer bei der Durchführung der Qualitätssicherungsprüfung Kenntnis über die mögliche Verwirklichung eines Tatbestandes gemäß § 41 Abs. 1 durch einen Wirtschaftsprüfer oder eingetragenen Revisor erlangt hat.

(2) Prüfhemmnisse, die während einer Qualitätssicherungsprüfung aufgetreten sind, sind im schriftlichen Prüfbericht zu nennen und hinsichtlich ihrer Auswirkungen auf die Qualitätssicherungsprüfung zu erläutern.

(3) Der schriftliche Prüfbericht ist unter Angabe von Ort und Tag vom verantwortlichen Qualitätssicherungsprüfer zu unterzeichnen. Der schriftliche Prüfbericht ist vom Qualitätssicherungsprüfer an die APAB und an den der Qualitätssicherungsprüfung unterzogenen Abschlussprüfer oder an die der Qualitätssicherungsprüfung unterzogene Prüfungsgesellschaft zu übermitteln.

(4) Die APAB ist berechtigt, dem Qualitätssicherungsprüfer Ergänzungen des schriftlichen Prüfberichts aufzutragen.

Bescheinigung

§ 35. (1) Die APAB hat die bei ihr eingelangten schriftlichen Prüfberichte innerhalb einer Frist von acht Wochen nach Einlangen auszuwerten und unter Berücksichtigung des Vorschlags der Qualitätsprüfungskommission gemäß § 13 mit Bescheid über die Erteilung oder Versagung einer Bescheinigung zu entscheiden. Bezieht sich ein Prüfbericht auf mehrere Antragsteller, ist über die Erteilung oder Versagung einer Bescheinigung für jeden Antragsteller gesondert zu entscheiden. Die APAB hat die erfolgreiche Teilnahme an der Qualitätssicherungsprüfung zu bescheinigen, wenn

1. keine wesentlichen Prüfungshemmnisse vorgelegen sind,

2. keine wesentlichen Mängel in der Qualitätssicherung des Abschlussprüfers oder der Prüfungsgesellschaft festgestellt worden sind, die die Qualitätssicherung als unangemessen oder unwirksam erscheinen lassen und

3. bei der Durchführung der Qualitätssicherungsprüfung nicht schwerwiegend gegen Bestimmungen dieses Bundesgesetzes verstoßen wurde.

(2) Wird ein Tatbestand gemäß § 41 Abs. 1 durch einen Wirtschaftsprüfer oder einen eingetragenen Revisor oder einen Sparkassenprüfer, der bei der Prüfungsgesellschaft entweder angestellt ist oder mit dieser in ähnlicher Form verbunden ist, verwirklicht, so ist eine Bescheinigung für die Prüfungsgesellschaft auszustellen, aus der hervorgeht, dass der Wirtschaftsprüfer oder der eingetragene Revisor oder der Sparkassenprüfer, der diesen Tatbestand verwirklicht hat, nicht von dieser Bescheinigung erfasst ist.

(3) Die Bescheinigung ist bis zu dem Zeitpunkt, zu dem die nächste Qualitätssicherungsprüfung durchzuführen ist, zu befristen. Werden in der Qualitätssicherungsprüfung Mängel festgestellt, kann die APAB eine Verkürzung der Frist für die nächste Qualitätssicherungsprüfung anordnen. Die Frist muss mindestens 18 Monate betragen. Wurde die Qualitätssicherungsprüfung nicht früher als drei Monate vor Fristablauf der letzten Bescheinigung abgeschlossen, ist als neuer Fristbeginn der Tag nach dem Fristablauf der letzten Bescheinigung anzusetzen. In der Bescheinigung ist auch der Zeitpunkt, bis zu dem die nächste Qualitätssicherungsprüfung abgeschlossen sein muss, anzugeben. Die Bescheinigung ist unverzüglich dem überprüften Abschlussprüfer oder der überprüften Prüfungsgesellschaft zu übermitteln und unbeschadet der Verantwortlichkeit gemäß § 52 Abs. 6 von Amts wegen in das öffentliche Register einzutragen. Wurde nach Fristablauf einer Bescheinigung keine neue Bescheinigung erlangt, dürfen bei noch nicht abgeschlossenen Abschlussprüfungsaufträgen ab dem Erlöschen der Bescheinigung keine weiteren Abschlussprüfungshandlungen gesetzt werden.

(4) Abschlussprüfer und Prüfungsgesellschaften sind berechtigt, auf eine gemäß Abs. 1 erteilte Bescheinigung jederzeit durch schriftliche Meldung an die APAB zu verzichten. Ein solcher Verzicht ist unwiderruflich. Die Bescheinigung

ist unverzüglich zurückzustellen und die Eintragung im öffentlichen Register von Amts wegen zu löschen.

(5) Eine Bescheinigung kann nicht übertragen werden oder übergehen. Im Falle einer Änderung der Firma gemäß den §§ 17 bis 37 UGB ist auf Antrag unter Vorlage eines aktuellen Firmenbuchauszuges eine neue Bescheinigung auszustellen.

Vorläufige Bescheinigung bei Neuaufnahme eines Prüfungsbetriebes

§ 36. (1) Wer erstmalig beabsichtigt, einen Auftrag zur Durchführung einer Abschlussprüfung anzunehmen, hat dies der APAB unverzüglich anzuzeigen und die Erteilung einer vorläufigen Bescheinigung zu beantragen. Dieser Anzeige sind der Nachweis über eine aufrechte Berufsbefugnis als Wirtschaftsprüfer oder die Anerkennung als Wirtschaftsprüfungsgesellschaft oder die Eintragung als Revisor oder die Anerkennung als Revisionsverband sowie ein Nachweis der getroffenen Qualitätssicherungsmaßnahmen gemäß § 23 Abs. 2 Z 1 anzuschließen.

(2) Bei Vorliegen der Voraussetzungen gemäß Abs. 1 und nach Vorliegen aller erforderlichen Unterlagen gemäß den §§ 52 bis 54 hat die APAB dem Antragsteller eine vorläufige Bescheinigung zu erteilen und den Abschlussprüfer oder die Prüfungsgesellschaft in das öffentliche Register einzutragen. Diese vorläufige Bescheinigung ist auf 18 Monate befristet.

(3) Abschlussprüfer oder Prüfungsgesellschaften, denen eine Bescheinigung gemäß Abs. 2 erteilt worden ist, müssen sich bis spätestens zum Ablauf der Befristung der Bescheinigung gemäß Abs. 2 einer Qualitätssicherungsprüfung unterzogen haben, andernfalls ist die Eintragung im öffentlichen Register von Amts wegen zu löschen.

Erteilung einer Bescheinigung bei Wiederaufnahme eines Prüfungsbetriebes

§ 37. Wird nach Ablauf von zwölf Monaten nach

1. Erlöschen der Gültigkeit der Bescheinigung gemäß § 35 Abs. 3 oder

2. Erlöschen der Bescheinigung gemäß § 42 oder

3. Widerruf der Bescheinigung gemäß § 40 oder

4. Entzug der Bescheinigung gemäß § 41 oder

5. amtswegiger Löschung einer Eintragung eines Abschlussprüfers oder einer Prüfungsgesellschaft aus dem öffentlichen Teil des öffentlichen Registers, weil die Rechte aus einer gemäß § 35 erteilten Bescheinigung vom Abschlussprüfer oder von der Prüfungsgesellschaft nicht mehr ausgeübt wurden oder nicht mehr ausgeübt werden konnten oder

6. Verzicht auf eine gemäß § 35 erteilte Bescheinigung,

neuerlich eine Bescheinigung erteilt, ist diese auf einen Zeitraum von höchstens 18 Monaten zu befristen.

Anordnung von Maßnahmen

§ 38. (1) Die APAB kann aufgrund der Erkenntnisse aus der Qualitätssicherungsprüfung mit Bescheid Maßnahmen anordnen, wenn

1. Mängel bei dem überprüften Prüfungsbetrieb vorliegen oder

2. bei der Durchführung der Qualitätssicherungsprüfung gegen die Bestimmungen dieses Bundesgesetzes verstoßen wurde.

(2) Die APAB kann folgende Maßnahmen anordnen:

1. die nachweisliche Beseitigung der Mängel und

2. eine Sonderprüfung.

(3) Der betroffene Abschlussprüfer bzw. die betroffene Prüfungsgesellschaft hat die getroffenen Maßnahmen gemäß Abs. 2 Z 1 innerhalb einer von der APAB festzusetzenden angemessenen Frist, längstens jedoch binnen neun Monaten, umzusetzen. Der APAB ist eine Darstellung der getroffenen Maßnahmen schriftlich zu übermitteln.

(4) Wird eine Sonderprüfung angeordnet, so hat die APAB hiefür einen Qualitätssicherungsprüfer zu bestellen und für diesen ein angemessenes von dem zu prüfenden Abschlussprüfer oder der zu prüfenden Prüfungsgesellschaft zu bezahlendes Honorar festzusetzen.

(5) Alle Maßnahmen gemäß Abs. 2 sind an den überprüften Abschlussprüfer oder an die überprüfte Prüfungsgesellschaft gerichtet. Dies gilt auch dann, wenn der Qualitätssicherungsprüfer gegen die Vorschriften dieses Bundesgesetzes verstoßen hat. Es obliegt dem zu überprüfenden Abschlussprüfer oder der zu überprüfenden Prüfungsgesellschaft, für eine ordnungsgemäße Qualitätssicherungsprüfung Sorge zu tragen, erforderlichenfalls durch einen Antrag auf Bestellung eines weiteren Qualitätssicherungsprüfers.

(6) Der überprüfte Abschlussprüfer oder die überprüfte Prüfungsgesellschaft ist vor der Anordnung einer Maßnahme gemäß Abs. 2 anzuhören.

(7) Die Anordnung von Maßnahmen hat zu unterbleiben, wenn der überprüfte Abschlussprüfer oder die überprüfte Prüfungsgesellschaft auf die Erteilung einer Bescheinigung verzichtet.

Versagung der Bescheinigung

§ 39. Die Bescheinigung ist mit Bescheid zu versagen, wenn

1. wesentliche Prüfungshemmnisse vorgelegen sind oder

2. wesentliche Mängel in der Qualitätssicherung des Abschlussprüfers oder der Prüfungsgesellschaft festgestellt worden sind, die die Qualitätssicherung als unangemessen oder unwirksam erscheinen lassen oder

3. bei der Durchführung der Qualitätssicherungsprüfung schwerwiegend gegen Bestimmungen dieses Bundesgesetzes verstoßen wurde.

Widerruf der Bescheinigung

§ 40. (1) Die APAB hat eine erteilte Bescheinigung mit Bescheid zu widerrufen, wenn sich nachträglich herausstellt, dass eine Bescheinigung nicht zu erteilen war.

(2) Die Bescheinigung ist unverzüglich zurückzustellen und die Eintragung im öffentlichen Register von Amts wegen zu löschen.

(3) Ab Widerruf der Bescheinigung sind weitere Abschlussprüfungshandlungen zu unterlassen. Die Gültigkeit von Abschlüssen aufgrund davor bereits abgeschlossener Prüfungen bleibt unberührt.

Entzug der Bescheinigung

§ 41. (1) Die APAB hat einem Abschlussprüfer oder einer Prüfungsgesellschaft die Bescheinigung über die erfolgreiche Teilnahme an der Qualitätssicherungsprüfung mit Bescheid zu entziehen, wenn

1. der Abschlussprüfer bzw. die Prüfungsgesellschaft fahrlässig oder vorsätzlich § 271 Abs. 2 Z 1, 2, 4, 5, 6 oder 7, Abs. 3 oder Abs. 4 erster oder zweiter Satz, Abs. 5, § 271a, § 271b oder § 275 Abs. 1 des UGB verletzt hat und dies zu einer schwerwiegenden Beeinträchtigung der ordnungsgemäßen Berufsausübung geführt hat oder

2. ein der Qualitätssicherungsprüfung unterliegender Abschlussprüfer oder eine der Qualitätssicherungsprüfung unterliegende Prüfungsgesellschaft einer Anordnung gemäß § 38 Abs. 2 oder Empfehlungen gemäß § 49 beharrlich nicht nachkommt oder

3. sich nachträglich herausstellt, dass ein schwerwiegender Verstoß gegen die Bestimmungen dieses Bundesgesetzes gegeben war.

(2) Die Bescheinigung ist unverzüglich zurückzustellen und die Eintragung im öffentlichen Register von Amts wegen zu löschen. Ab Entzug der Bescheinigung sind weitere Abschlussprüfungshandlungen zu unterlassen.

(3) Bei Verwirklichung eines Tatbestandes gemäß Abs. 1 durch einen Wirtschaftsprüfer, einen eingetragenen Revisor oder einen Sparkassenprüfer einer Prüfungsgesellschaft hat die APAB mit Bescheid festzustellen, dass der Abschlussprüfer, der einen Tatbestand gemäß Abs. 1 verwirklicht hat, für einen Zeitraum von längstens drei Jahren nicht mehr von der Bescheinigung der Prüfungsgesellschaft gemäß § 35 erfasst ist. Mit der Rechtskraft dieses Bescheides ist von der APAB eine neue Bescheinigung gemäß § 35 für die Prüfungsgesellschaft auszustellen. Die ursprüngliche Bescheinigung ist diesfalls von der Prüfungsgesellschaft unverzüglich an die APAB zurückzustellen.

(4) Der Entzug der Bescheinigung gilt bis zur nächsten Qualitätssicherungsprüfung. Diese kann frühestens sechs Monate nach Entzug der Bescheinigung beantragt werden.

(5) Der Entzug der Bescheinigung ist im jährlichen öffentlichen Bericht der APAB gemäß § 4 Abs. 2 Z 12 zu veröffentlichen. Der Entzug der Bescheinigung ist im öffentlichen Register gemäß den §§ 52 bis 54 ersichtlich zu machen.

Erlöschen der Bescheinigung

§ 42. Die Bescheinigung gemäß den §§ 35 und 36 erlischt gleichzeitig mit dem Erlöschen der Berufsberechtigung Wirtschaftsprüfer, spätestens jedoch mit dem Zeitpunkt der Endigung eines Fortführungsrechts gemäß den §§ 107 bis 113 WTBG. Die Kammer der Wirtschaftstreuhänder hat das Erlöschen der Berufsberechtigung Wirtschaftsprüfer der APAB elektronisch oder in Papierform unter Anschluss der entsprechenden Nachweise zu melden. Die APAB hat die Löschung des jeweiligen Abschlussprüfers oder der jeweiligen Prüfungsgesellschaft im öffentlichen Register gemäß den §§ 52 bis 54 unverzüglich vorzunehmen.

3. Abschnitt

Inspektionen

Gegenstand von Inspektionen

§ 43. (1) Abschlussprüfer und Prüfungsgesellschaften sind verpflichtet, sich einer Inspektion durch die APAB nach Art. 26 der Verordnung (EU) Nr. 537/2014 zu unterziehen, wenn sie Abschlussprüfungen bei Unternehmen von öffentlichem Interesse nach § 2 Z 9 oder Abschlussprüfungen aufgrund einer Registrierung gemäß den §§ 75 oder 76 durchführen. Bei diesen Inspektionen trägt die APAB die Verantwortung gemäß Art. 26 Abs. 3 und 4 der Verordnung (EU) Nr. 537/2014. Die APAB beauftragt einen Inspektor zur Durchführung einer Inspektion und hat die geplante Inspektion dem Abschlussprüfer oder der Prüfungsgesellschaft tunlichst eine Woche vorher anzukündigen. Gegen den Inspektionsauftrag ist ein abgesondertes Rechtsmittel nicht zulässig.

(2) Im Fall von festgestellten Mängeln können in die Inspektionen andere Abschlussprüfungen einbezogen werden. Wird im Zusammenhang mit einer Anfrage zur internationalen Zusammenarbeit

gemäß § 78 eine Inspektion durchgeführt, können andere Prüfungen in die Inspektion einbezogen werden.

(3) Bei Inspektionen festgestellte Mängel im Qualitätssicherungssystem eines zu überprüfenden Abschlussprüfers oder einer zu überprüfenden Prüfungsgesellschaft werden dem Qualitätssicherungsprüfer zur Verfügung gestellt.

Intervalle von Inspektionen

§ 44. Inspektionen sind gemäß Art. 26 Abs. 2 der Verordnung (EU) Nr. 537/2014 bei Abschlussprüfern und Prüfungsgesellschaften, die Unternehmen von öffentlichem Interesse, die unter § 221 Abs. 3 erster Satz UGB fallen, mindestens alle drei Jahre und bei Unternehmen von öffentlichem Interesse, die unter § 221 Abs. 1 und 2 UGB fallen, mindestens alle sechs Jahre durchzuführen.

Anzeige- und Informationspflichten

§ 45. (1) Abschlussprüfer und Prüfungsgesellschaften, die Unternehmen von öffentlichem Interesse prüfen, dürfen einen Auftrag zur Abschlussprüfung nur bei Vorliegen einer aufrechten Bescheinigung gemäß § 35 annehmen. Die erstmalige Annahme eines Auftrages zur Durchführung einer Abschlussprüfung eines Unternehmens von öffentlichem Interesse ist vom Abschlussprüfer oder der Prüfungsgesellschaft unverzüglich der APAB anzuzeigen.

(2) Die Einstellung eines Prüfungsbetriebes oder die Beendigung sämtlicher Aufträge zur Durchführung einer Abschlussprüfung eines Unternehmens von öffentlichem Interesse ist der APAB unverzüglich anzuzeigen. Für die neuerliche Annahme eines Auftrages zur Durchführung einer Abschlussprüfung eines Unternehmens von öffentlichem Interesse gilt Abs. 1 entsprechend.

(3) Abschlussprüfer und Prüfungsgesellschaften haben der APAB jährlich eine Liste gemäß Art. 14 der Verordnung (EU) Nr. 537/2014 gleichzeitig mit dem Transparenzbericht vorzulegen.

Bestellung von Inspektoren

§ 46. Bei der Bestellung von Inspektoren ist Art. 26 Abs. 5 der Verordnung (EU) Nr. 537/2014 anzuwenden. Werden Sachverständige zur Erfüllung spezifischer Aufgaben beigezogen, sind Art. 26 Abs. 1 lit. c und Art. 26 Abs. 5 letzter Unterabsatz der Verordnung (EU) Nr. 537/2014 anzuwenden.

Umfang der Inspektion

§ 47. Die Inspektionen erstrecken sich auf die in Art. 26 Abs. 6 der Verordnung (EU) Nr. 537/2014 genannten Bereiche sowie die in Art. 26 Abs. 7 der Verordnung (EU) Nr. 537/2014 genannten Grundsätze und Verfahren für die interne Qualitätssicherung.

Informationsrecht

§ 48. Inspektoren sind berechtigt, alle Auskünfte zu verlangen und in alle Unterlagen Einsicht zu nehmen, die zur Durchführung der Inspektion erforderlich sind. Der zu prüfende Abschlussprüfer oder die Prüfungsgesellschaft sind zur Mitwirkung gemäß § 33 verpflichtet.

Maßnahmen

§ 49. Bei Erkenntnissen und Schlussfolgerungen aus Inspektionen ist Art. 26 Abs. 8 Verordnung (EU) Nr. 537/2014 anzuwenden. Empfehlungen sind mit Bescheid festzulegen, in welchem auch die Frist für die nachweisliche Umsetzung dieser Empfehlungen festzusetzen ist. Diese Frist längstens neun Monate betragen.

Inspektionsbericht

§ 50. (1) Nach Abschluss der Inspektion ist ein Bericht gemäß Art. 26 Abs. 9 der Verordnung (EU) Nr. 537/2014 zu erstellen.

(2) Einem Abschlussprüfer oder einer Prüfungsgesellschaft, die ausschließlich Unternehmen von öffentlichem Interesse gemäß § 2 Z 9 prüft, hat die APAB auf Antrag sowie unter den Voraussetzungen und nach Maßgabe des § 35 Abs. 1 eine Bescheinigung gemäß § 35 Abs. 1 zu erteilen.

4. Abschnitt

Informationspflichten bei Konzernabschlussprüfungen

§ 51. (1) Wird ein Konzernabschlussprüfer in Bezug auf die Prüfung des konsolidierten Abschlusses eines Konzerns einer Qualitätssicherungsprüfung, einer Inspektion oder einer Untersuchung unterzogen, stellt er der APAB auf Verlangen die relevanten ihm vorliegenden Unterlagen zur Verfügung, die die von den betreffenden Abschlussprüfern oder Prüfungsgesellschaften aus einem Mitgliedstaat der Europäischen Union, einem anderen EWR-Vertragsstaat oder einem Drittstaat für die Zwecke der Konzernabschlussprüfung durchgeführten Prüfungstätigkeiten betreffen. Dazu zählen auch sämtliche für die Konzernabschlussprüfung relevanten Arbeitspapiere.

(2) Die APAB kann zuständige Behörden gemäß § 72 ersuchen, zusätzliche Unterlagen zu den von Abschlussprüfern oder Prüfungsgesellschaften für die Zwecke der Konzernabschlussprüfung durchgeführten Prüfungsarbeiten zur Verfügung zu stellen.

(3) Wird ein Mutter- oder Tochterunternehmen eines Konzerns von einem oder mehreren Abschlussprüfern oder Prüfungsgesellschaften aus

einem Drittstaat geprüft, so kann die zuständige Behörde verlangen, dass die jeweils zuständigen Drittstaatenbehörden im Rahmen der in § 78 genannten Vereinbarungen zur Zusammenarbeit zusätzliche Unterlagen zu den von Abschlussprüfern oder Prüfungsgesellschaften aus einem Drittstaat durchgeführten Prüfungsarbeiten zur Verfügung stellen.

(4) Abweichend von Abs. 3 trägt der Konzernabschlussprüfer für den Fall, dass ein Mutter- oder Tochterunternehmen eines Konzerns von einem oder mehreren Abschlussprüfern oder Prüfungsgesellschaften aus einem Drittstaat geprüft wird, das nicht über eine Vereinbarung zur Zusammenarbeit gemäß § 78 verfügt, zudem dafür Sorge, dass, sollte dies verlangt werden, die zusätzlichen Unterlagen zu den von diesem Abschlussprüfer oder Prüfungsgesellschaften bzw. von diesen Abschlussprüfern oder Prüfungsgesellschaften aus einem Drittstaat durchgeführten Prüfungsarbeiten samt der für die Konzernabschlussprüfung relevanten Arbeitspapiere ordnungsgemäß ausgehändigt werden. Zur Sicherstellung dieser Aushändigung bewahrt der Konzernabschlussprüfer eine Kopie dieser Unterlagen auf oder vereinbart andernfalls mit dem Abschlussprüfer oder Prüfungsgesellschaften bzw. den Abschlussprüfern oder Prüfungsgesellschaften aus einem Drittstaat, dass auf Antrag unbeschränkter Zugang gestattet wird, oder er trifft sonstige geeignete Maßnahmen. Verhindern rechtliche oder andere Hindernisse, dass die die Prüfung betreffenden Arbeitspapiere aus einem Drittstaat an den Konzernabschlussprüfer weitergegeben werden können, müssen die vom Konzernabschlussprüfer aufbewahrten Unterlagen Nachweise dafür enthalten, dass er die geeigneten Verfahren durchgeführt hat, um Zugang zu den Prüfungsunterlagen zu erhalten, und, im Fall anderer als durch die Rechtsvorschriften des betroffenen Drittstaates entstandener rechtlicher Hindernisse, Nachweise für das Vorhandensein eines solchen Hindernisses.

5. Abschnitt

Registrierung

Öffentliches Register

§ 52. (1) Die APAB hat ein öffentliches Register aller Abschlussprüfer und Prüfungsgesellschaften, die über eine aufrechte Bescheinigung gemäß § 35 oder § 36 verfügen, zu führen. Unter besonderen Umständen kann die APAB von den Anforderungen der §§ 53 und 54 hinsichtlich der Offenlegung abweichen. Dies ist nur insofern zulässig, um eine absehbare und ernst zu nehmende Gefahr für die persönliche Sicherheit einer Person zu verringern.

(2) Die Führung des öffentlichen Registers hat elektronisch zu erfolgen. Das öffentliche Register muss für jedermann unentgeltlich zugänglich sein.

(3) Im öffentlichen Register ist die APAB als zuständige Stelle für die Zulassung als Abschlussprüfer oder Prüfungsgesellschaft, die Qualitätssicherungsprüfungen, die Inspektionen, die Untersuchungen, die Sanktionen und die öffentliche Aufsicht zu nennen.

(4) Die im öffentlichen Register geführten Abschlussprüfer und Prüfungsgesellschaften sind verpflichtet, die zur Anlage und Führung des öffentlichen Registers erforderlichen Unterlagen gemäß § 53 Abs. 1 und § 54 Abs. 1 unverzüglich beizubringen und jede Änderung der im öffentlichen Register enthaltenen Informationen der APAB unverzüglich zu melden. Die APAB hat Aktualisierungen unverzüglich durchzuführen.

(5) Jedermann ist nach Maßgabe der technischen und personellen Möglichkeiten dazu befugt, das öffentliche Register mittels automationsunterstützter Datenübermittlung unentgeltlich einzusehen und Abschriften oder Auszüge daraus zu erstellen.

(6) Für die Richtigkeit und Vollständigkeit der im öffentlichen Register erfolgten Eintragung und für die Änderung von Informationen sind der jeweilige Abschlussprüfer bzw. die jeweilige Prüfungsgesellschaft verantwortlich. Erfolgt die Datenübermittlung auf elektronischem Weg, bestätigen der jeweilige Abschlussprüfer und die jeweilige Prüfungsgesellschaft die Richtigkeit und Vollständigkeit durch eine fortgeschrittene elektronische Signatur gemäß § 2 Z 3 Signaturgesetz (SigG), BGBl, Nr. 190/1999.

(7) Das öffentliche Register ist grundsätzlich in deutscher Sprache zu führen. Die APAB kann jedoch mehrere Amtssprachen der Europäischen Union für die Eintragung von Informationen zuzulassen. Übersetzungen sind beglaubigt vorzulegen.

Registrierung von Abschlussprüfern

§ 53. (1) Für Abschlussprüfer hat das öffentliche Register folgende Angaben zu enthalten:

1. den Namen oder die Firma,

2. den Berufssitz oder den Hauptwohnsitz,

3. die Art der Berufsberechtigung,

4. die Registernummer,

5. gegebenenfalls die Namen, die Anschriften und die Registernummern der Prüfungsgesellschaften, bei der der Abschlussprüfer angestellt ist oder in ähnlicher Form tätig ist sowie gegebenenfalls die Namen und die Anschriften aller anderen Wirtschaftsprüfer, die im Prüfungsbetrieb des Abschlussprüfers angestellt oder in ähnlicher Form tätig sind,

6. einen Ansprechpartner und gegebenenfalls die Internetadresse des Abschlussprüfers,

7. Registrierungen als Abschlussprüfer bei den zuständigen Stellen anderer Mitgliedstaaten der EU, anderer EWR-Vertragsstaaten oder von Drittstaaten, einschließlich der Bezeichnung der Zulassungsbehörden und gegebenenfalls der Registernummern und

8. die Befristung der von der APAB ausgestellten Bescheinigung.

(2) Abschlussprüfer, die in einem anderen Mitgliedstaat der Europäischen Union oder einem anderen EWR-Vertragsstaat zugelassen sind, sind im öffentlichen Register eindeutig kenntlich zu machen. Abs. 1 ist entsprechend anzuwenden.

(3) Abschlussprüfer, die in einem Drittstaat zugelassen sind, sind im öffentlichen Register eindeutig kenntlich zu machen. Abs. 1 ist entsprechend anzuwenden.

Registrierung von Prüfungsgesellschaften

§ 54. (1) Für Prüfungsgesellschaften hat das öffentliche Register folgende Angaben zu enthalten:

1. den Namen oder die Firma und die Registernummer,

2. die Rechtsform,

3. die Anschrift der Gesellschaft und von Zweigstellen,

4. den Namen und die Anschrift aller Wirtschaftsprüfer und eingetragenen Revisoren, die im Prüfungsbetrieb bei der Prüfungsgesellschaft angestellt oder in ähnlicher Form tätig sind,

5. einen Hinweis auf eine Mitgliedschaft in einem Netzwerk gemäß § 271b Abs. 1 UGB und eine Liste mit Namen und Anschriften der Mitgliedsgesellschaften und ihrer verbundenen Unternehmen oder einen Hinweis darauf, wo diese Informationen öffentlich zugänglich sind,

6. andere Registrierungen als Prüfungsgesellschaft bei den zuständigen Stellen anderer Mitgliedstaaten der EU, anderer EWR-Vertragsstaaten oder in Drittstaaten, einschließlich der Namen der Zulassungsbehörden und gegebenenfalls der Registernummern,

7. gegebenenfalls eine Registrierung gemäß § 70 Abs. 2,

8. einen Ansprechpartner und gegebenenfalls die Internetadresse der Prüfungsgesellschaft,

9. Namen und Anschriften der Gesellschafter und der Mitglieder des zur gesetzlichen Vertretung berufenen Organs einer juristischen Person sowie Namen und Anschriften der Vertretungsberechtigten und der übrigen Gesellschafter einer Personengesellschaft und

10. die Befristung der von der APAB ausgestellten Bescheinigung.

(2) Prüfungsgesellschaften, die in einem anderen Mitgliedstaat der Europäischen Union oder einem anderen EWR-Vertragsstaat zugelassen sind und in Österreich anerkannt wurden, sind im öffentlichen Register eindeutig kenntlich zu machen. Abs. 1 ist entsprechend anzuwenden. Die APAB registriert die Prüfungsgesellschaft, wenn sie sich vergewissert hat, dass die Prüfungsgesellschaft bei der zuständigen Behörde des Herkunftsstaats registriert ist. Die APAB informiert die zuständige Behörde des Herkunftsstaats über die Registrierung der Prüfungsgesellschaft.

(3) Prüfungsgesellschaften, die in einem Drittstaat zugelassen sind, sind im öffentlichen Register eindeutig kenntlich zu machen. Abs. 1 ist entsprechend anzuwenden. Bei der Eintragung in das öffentliche Register sind eine öffentlich beglaubigte Abschrift des Gesellschaftsvertrages bzw. der Satzung beizufügen.

6. Abschnitt

Transparenzbericht

Transparenzbericht

§ 55. Abschlussprüfer und Prüfungsgesellschaften, die Unternehmen von öffentlichem Interesse prüfen, haben alljährlich einen Transparenzbericht gemäß Art. 13 der Verordnung (EU) Nr. 537/2014 zu erstellen, zu veröffentlichen und der APAB anzuzeigen.

7. Abschnitt

Fortbildung

Kontinuierliche Fortbildung

§ 56. (1) Abschlussprüfer und jene Mitarbeiter eines Abschlussprüfers oder einer Prüfungsgesellschaft, die an der Durchführung von Abschlussprüfungen maßgeblich in leitender Funktion mitwirken, sind verpflichtet, sich kontinuierlich fortzubilden.

(2) Die kontinuierliche Fortbildung hat die Fachgebiete im Sinne des § 35 Z 1, 2, 3, 5, 6 und 8 des WTBG zu umfassen. Das zeitliche Ausmaß der kontinuierlichen Fortbildung hat mindestens 120 Stunden innerhalb eines Durchrechnungszeitraumes von drei Jahren, jedoch zumindest 30 Stunden pro Kalenderjahr, zu betragen. Von den 120 Stunden sind mindestens 60 Stunden in den Fachgebieten im Sinne des § 35 Z 3 und Z 6 WTBG nachzuweisen.

(3) Von der Verpflichtung zur kontinuierlichen Fortbildung gemäß Abs. 1 sind auch die Prüfer der Revisionsverbände, für die § 16 Abs. 2 des GenRevG 1997 anzuwenden ist, und die Prüfer des Sparkassen-Prüfungsverbandes erfasst.

(4) Abschlussprüfer und jene Mitarbeiter eines Abschlussprüfers oder einer Prüfungsgesellschaft, die an der Durchführung von Abschlussprüfungen

maßgeblich in leitender Funktion mitwirken, haben bis zum 31. März des Folgejahres einen schriftlichen Nachweis über die absolvierte Fortbildung an die APAB zu übermitteln. Der Nachweis hat eine Aufgliederung der Fachgebiete im Sinne des Abs. 2 zu enthalten. Für Prüfungsgesellschaften kann dieser Meldepflicht entsprochen werden, indem die Prüfungsgesellschaft diese Nachweise für ihre jeweiligen Abschlussprüfer und jene Mitarbeiter, die an der Durchführung von Abschlussprüfungen maßgeblich in leitender Funktion mitwirken, gesammelt der APAB übermittelt.

(5) Prüfungsgesellschaften haben der APAB bis zum 31. März des Folgejahres eine Liste der im vorherigen Kalenderjahr angestellten Wirtschaftsprüfer, die in Abschlussprüfungen tätig waren, zu übermitteln.

(6) Die APAB hat eine Richtlinie zur kontinuierlichen Fortbildung herauszugeben. Die APAB hat vor deren Erlassung die Kammer der Wirtschaftstreuhänder, den Sparkassen-Prüfungsverband und die Vereinigung Österreichischer Revisionsverbände anzuhören. Die Richtlinie hat insbesondere zu regeln:

1. Aktivitäten, die als kontinuierliche Fortbildung anrechenbar sind,

2. betroffener Personenkreis,

3. zeitlicher und sachlicher Umfang der kontinuierlichen Fortbildung.

8. Abschnitt
Standardsetzung

Standardsetzung

§ 57. Von der Kammer der Wirtschaftstreuhänder, dem Institut österreichischer Wirtschaftsprüfer oder der Vereinigung Österreichischer Revisionsverbände entwickelte Berufsgrundsätze und Standards für die interne Qualitätssicherung von Prüfungsgesellschaften sowie von Prüfungsstandards bedürfen der Zustimmung der APAB.

9. Abschnitt
Meldepflichten

Meldepflicht bei Abberufung und Rücktritt

§ 58. (1) Abschlussprüfer und Prüfungsgesellschaften bzw. das geprüfte Unternehmen haben der APAB unverzüglich zu melden, wenn sie von einer Abschlussprüfung zurücktreten bzw. einen Abschlussprüfer oder eine Prüfungsgesellschaft abberufen.

(2) Meldungen gemäß Abs. 1 müssen schriftlich und unter Angabe von Gründen für den Rücktritt bzw. die Abberufung erfolgen.

(3) Die gerichtliche Enthebung als bestellter Revisor ist der APAB vom Revisionsverband unverzüglich zu melden. Die Meldung hat schriftlich unter Anschluss des Nachweises der gerichtlichen Enthebung zu erfolgen.

Weitere Meldepflichten für Abschlussprüfer und Prüfungsgesellschaften

§ 59. (1) Meldungen gemäß § 53 Abs. 1 Z 5 und § 54 Abs. 1 Z 4 sind von Abschlussprüfern und Prüfungsgesellschaften gemeinsam unterfertigt bei der APAB einzubringen.

(2) Abschlussprüfer und Prüfungsgesellschaften haben Meldungen gemäß den §§ 52 bis 54 an die APAB elektronisch oder in Papierform unter Anschluss der entsprechenden Nachweise vorzunehmen.

Meldepflichten von Interessenvertretungen

§ 60. Die Kammer der Wirtschaftstreuhänder für Wirtschaftsprüfer und die Vereinigung der Österreichischen Revisionsverbände für eingetragene Revisoren haben der APAB folgende Änderungen bezüglich des Erlöschens einer Berufsberechtigung und des Widerrufs einer Zulassung als Revisor unverzüglich zu melden:

1. Ruhen der Berufsberechtigung,

2. Suspendierung der Berufsberechtigung,

3. Verzicht auf die Berufsberechtigung,

4. Widerruf der öffentlichen Bestellung als Berufsberechtigter,

5. Widerruf der Zulassung als Revisor,

6. Widerruf einer durch Anerkennung erteilten Berufsberechtigung,

7. Tod eines Berufsberechtigten,

8. Auflösung einer Gesellschaft oder Entzug der Anerkennung als Revisionsverband oder

9. Fortführung der Tätigkeit aus der Berufsberechtigung durch einen Kurator oder Liquidator, ausgenommen der Kurator oder Liquidator verfügt über eine Bescheinigung gemäß § 35 oder § 36.

10. Abschnitt
Untersuchungen und Sanktionen

Untersuchungen

§ 61. (1) Die APAB ist befugt, zur Feststellung, ob Verstöße gegen Bestimmungen dieses Bundesgesetzes, der Verordnung (EU) Nr. 537/2014 oder anderer abschlussprüfungsrelevanter Bestimmungen vorliegen, bei Bedarf Untersuchungen bei Abschlussprüfern und Prüfungsgesellschaften durchzuführen, um eine unzureichende Durchführung von Abschlussprüfungen aufzudecken oder zu verhindern. Die APAB ist dabei berechtigt von natürlichen und juristischen Personen sowie von sonstigen Einrichtungen mit Rechtspersönlichkeit die erforderlichen Auskünfte einzuholen und die erforderlichen Daten zu verarbeiten; dieses Recht umfasst auch die Befugnis, in Bücher, Schriftstücke und EDV-Datenträger vor Ort Einsicht zu nehmen und sich Auszüge davon herstellen zu lassen. Die APAB ist ebenfalls berechtigt, Untersuchungen bei Unternehmen von öffentlichem Interesse, die der Aufsicht gemäß § 1 Abs. 4 unterliegen, durchzuführen, um Verstöße gegen Bestimmungen dieses Bundesgesetzes, der Verordnung (EU) Nr. 537/2014 oder anderer abschlussprüfungsrelevanter Bestimmungen aufzudecken oder zu verhindern.

(2) Zieht die APAB für Untersuchungen Sachverständige bei, so stellt sie sicher, dass zwischen diesen Sachverständigen und dem betreffenden Abschlussprüfer oder der betreffenden Prüfungsgesellschaft keine Interessenkonflikte bestehen. Diese Sachverständigen müssen die Anforderungen im Sinne des § 26 Abs. 2 und des § 30 erfüllen.

(3) Die APAB ist berechtigt, von Abschlussprüfern und Prüfungsgesellschaften die erforderlichen Auskünfte einzuholen und die erforderlichen Daten zu verarbeiten; dieses Recht umfasst auch die Befugnis, vor Ort in alle Unterlagen, die für die Untersuchung relevant sind, Einsicht zu nehmen und sich Auszüge davon herstellen zu lassen.

Sanktionen

§ 62. (1) Die APAB ist befugt, bei Verstößen gegen Bestimmungen dieses Bundesgesetzes und der Verordnung (EU) Nr. 537/2014, folgende Sanktionen zu verhängen:

1. eine Mitteilung an den Abschlussprüfer oder die Prüfungsgesellschaft oder Unternehmen von öffentlichem Interesse, die der Aufsicht gemäß § 1 Abs. 4 unterliegen, wonach die für den Verstoß verantwortliche natürliche oder juristische Person die Verhaltensweise einzustellen und von einer Wiederholung abzusehen hat;

2. eine öffentliche Erklärung, in der die Art des Verstoßes genannt werden und die auf der Website der APAB veröffentlicht wird;

3. ein dem Abschlussprüfer, der Prüfungsgesellschaft oder dem verantwortlichen Prüfer auferlegtes vorübergehendes Verbot der Durchführung von Abschlussprüfungen von bis zu drei Jahren;

4. ein dem Abschlussprüfer, der Prüfungsgesellschaft oder dem verantwortlichen Prüfer auferlegtes vorübergehendes Verbot der Unterzeichnung von Bestätigungsvermerken von bis zu drei Jahren;

5. eine Erklärung, dass der Bestätigungsvermerk nicht den gesetzlichen Anforderungen entspricht;

6. ein vorübergehendes Verbot der Wahrnehmung von Aufgaben bei Prüfungsgesellschaften oder Unternehmen von öffentlichem Interesse, die der Aufsicht gemäß § 1 Abs. 4 unterliegen, für die Dauer von bis zu drei Jahren, das gegen Mitglieder einer Prüfungsgesellschaft oder eines Verwaltungs- oder Leitungsorgans eines Unternehmens von öffentlichem Interesse ausgesprochen wird und

7. die Verhängung von Geldstrafen gemäß § 65.

(2) In den Fällen des Abs. 1 Z 1 und Z 3 bis 7 ist von der APAB ein schriftlicher Bescheid zu erlassen. Im Fall des Abs. 1 Z 2 kann der von der Veröffentlichung Betroffene eine Überprüfung der Rechtmäßigkeit der Veröffentlichung in einem bescheidmäßig zu erledigenden Verfahren bei der APAB beantragen. Die APAB hat in diesem Falle die Einleitung eines solchen Verfahrens in gleicher Weise bekannt zu machen. Wird im Rahmen einer Überprüfung die Rechtswidrigkeit der Veröffentlichung festgestellt, so hat die APAB die Veröffentlichung richtig zu stellen oder auf Antrag des Betroffenen entweder zu widerrufen oder von der Website zu entfernen.

Bemessung von Sanktionen

§ 63. Bei der Festsetzung von Art und Höhe von Sanktionen hat die APAB allen relevanten Umständen Rechnung zu tragen. Dabei ist insbesondere zu berücksichtigen:

1. die Schwere und die Dauer des Verstoßes;

2. der Grad an Verantwortung der verantwortlichen Person;

3. die Finanzkraft der verantwortlichen Person, die sich beispielsweise aus dem Gesamtumsatz des verantwortlichen Unternehmens oder den Jahreseinkommen der verantwortlichen natürlichen Person ablesen lässt;

4. die Höhe der von der verantwortlichen Person erzielten Mehrerlöse oder verhinderten Verluste, sofern diese sich beziffern lassen;

5. der Grad der Bereitwilligkeit der verantwortlichen Person, mit der APAB zusammenzuarbeiten;

6. früherer Verstöße der verantwortlichen Person.

Bekanntmachung von Sanktionen

§ 64. (1) Die APAB hat auf ihrer Website alle Sanktionen zu veröffentlichen, die wegen Verstößen gegen die Bestimmungen dieses Bundesgesetzes oder der Verordnung (EU) Nr. 537/2014 verhängt wurden, bei denen alle Rechtsmittel ausgeschöpft oder die entsprechenden Rechtsmittelfristen abgelaufen sind, unverzüglich nachdem die belangte natürliche oder juristische Person über diese Entscheidung informiert wurde. Dabei sind die Art des Verstoßes zu nennen. Die Veröffentlichung darf keine personenbezogenen Daten enthalten.

(2) Die APAB hat Sanktionen in anonymisierter Form zu veröffentlichen, wenn die öffentliche Bekanntmachung der personenbezogenen Daten

1. nach Bewertung durch die APAB unverhältnismäßig wäre oder

2. die Stabilität der Finanzmärkte oder laufende strafrechtliche Ermittlungen gefährden würde oder

3. den natürlichen oder juristischen Personen einen unverhältnismäßigen Schaden zufügen würde.

(3) Die APAB sorgt dafür, dass jede öffentliche Bekanntmachung gemäß Abs. 1 von verhältnismäßiger Dauer ist und mindestens fünf Jahre auf ihrer Website zugänglich bleibt. Längstens nach zehn Jahren ist eine Bekanntmachung zu löschen.

Strafbestimmungen

§ 65. (1) Eine mit einer Geldstrafe in Höhe von 400 bis 5 000 Euro zu bestrafende Verwaltungsübertretung begeht, wer

1. einen Auftrag zur Abschlussprüfung bei Unternehmen, die nicht von öffentlichem Interesse sind, ohne Vorliegen einer Bescheinigung gemäß den §§ 35 oder 36 annimmt oder

2. der APAB die Darstellung der getroffenen Maßnahmen gemäß § 38 Abs. 3 nicht fristgerecht schriftlich anzeigt oder

3. gegen die Verpflichtung gemäß § 52 Abs. 4 verstößt oder

4. gegen die Verpflichtung gemäß § 52 Abs. 6 verstößt oder

5. gegen die Verpflichtungen gemäß § 55 verstößt oder

6. gegen die Meldepflichten gemäß § 21 Abs. 11 verstößt und keine Abschlussprüfungen bei Unternehmen von öffentlichem Interesse durchführt oder

7. gegen eine Meldepflicht gemäß § 60 verstößt oder

8. gegen die Meldepflichten gemäß § 56 Abs. 4 oder 5 verstößt oder

9. gegen die Meldepflicht gemäß § 58 verstößt oder

10. gegen die Meldepflicht gemäß § 45 Abs. 2 verstößt oder

11. gegen die Meldepflicht gemäß § 45 Abs. 3 verstößt oder

12. gegen Verpflichtungen gemäß § 92 Abs. 4a AktG, § 30g Abs. 4a GmbHG, § 51 Abs. 3a SE-Gesetz, § 24c Abs. 6 Genossenschaftsgesetz oder Art. 16 oder 17 der Verordnung (EU) Nr. 537/2014 verstößt.

(2) Eine mit einer Geldstrafe in Höhe von 5 000 bis 50 000 Euro zu bestrafende Verwaltungsübertretung begeht, wer

1. ohne aufrechte Bescheinigung gemäß den §§ 35 oder 36 Abschlussprüfungen bei Unternehmen, die nicht von öffentlichem Interesse sind, durchführt oder

2. erstmalig einen Auftrag zur Abschlussprüfung gemäß § 45 Abs. 1 ohne Meldung an die APAB annimmt oder

3. nach Widerruf der Bescheinigung gemäß § 40 weitere Abschlussprüfungshandlungen setzt oder

4. nach Entzug der Bescheinigung gemäß § 41 weitere Abschlussprüfungshandlungen setzt oder

5. nach Erlöschen der Bescheinigung gemäß § 35 Abs. 3 weitere Abschlussprüfungshandlungen setzt oder

6. der APAB die verlangten Auskünfte nicht erteilt oder die verlangten Unterlagen nicht übermittelt oder

7. der APAB gegenüber falsche oder unvollständige Angaben macht oder

8. der APAB, dem Inspektor, dem Qualitätssicherungsprüfer oder den Sachverständigen keinen Zutritt zu seinen Geschäftsräumlichkeiten gewährt oder

9. als Qualitätssicherungsprüfer gegen die Unabhängigkeitsbestimmungen des § 30 verstößt oder

10. gegen die Meldepflichten gemäß § 21 Abs. 11 verstößt und Abschlussprüfungen bei Unternehmen von öffentlichem Interesse durchführt oder

11. gegen die Anforderungen gemäß § 56 Abs. 1 bis 3 verstößt.

(3) Eine mit einer Geldstrafe in Höhe von 50 000 bis 350 000 Euro zu bestrafende Verwaltungsübertretung begeht, wer

1. ohne aufrechte Bescheinigung gemäß § 35 Abschlussprüfungen bei Unternehmen von öffentlichem Interesse durchführt oder

2. einem Inspektor gegenüber im Rahmen einer Inspektion oder einer Untersuchung wissentlich unvollständige oder falsche Angaben macht.

(4) Die nach den Vorschriften dieses Bundesgesetzes verhängten Geldstrafen fließen dem Bund zu.

Meldung von Verstößen

§ 66. (1) Die APAB hat über wirksame Mechanismen zu verfügen, die dazu ermutigen, Verstöße oder den Verdacht eines Verstoßes gegen die Bestimmungen dieses Bundesgesetze, gegen auf Grund dieses Bundesgesetzes erlassene Verordnungen oder Bescheide, gegen die Bestimmungen der Verordnung (EU) Nr. 537/2014 oder anderer abschlussprüfungsrelevanter Bestimmungen anzuzeigen.

(2) Die in Abs. 1 angeführten Mechanismen umfassen zumindest

1. spezielle Verfahren für den Empfang der Meldungen über Verstöße und deren Weiterverfolgung;

2. einen angemessenen Schutz für die Mitarbeiter von Abschlussprüfern und Prüfungsgesellschaften, die Verstöße innerhalb ihres Unternehmens melden, zumindest vor Vergeltungsmaßnahmen, Diskriminierung oder anderen Arten von Mobbing;

3. den Schutz personenbezogener Daten gemäß den Grundsätzen des Datenschutzgesetzes 2000 (DSG 2000), BGBl I. Nr. 165/1999, und zum freien Datenverkehr sowohl für die Person, die die Verstöße anzeigt, als auch für die Person, die mutmaßlich für einen Verstoß verantwortlich ist;

4. klare Regeln, welche die Geheimhaltung der Identität der Person, die die Verstöße anzeigt, gewährleisten, soweit nicht die Offenlegung der Identität im Rahmen eines staatsanwaltschaftlichen, gerichtlichen oder verwaltungsrechtlichen Verfahrens zwingend zu erfolgen hat.

(3) Abschlussprüfer und Prüfungsgesellschaften haben über angemessene Verfahren zu verfügen, die es ihren Mitarbeitern unter Wahrung der Vertraulichkeit ihrer Identität ermöglichen, betriebsinterne Verstöße gegen die Bestimmungen dieses Bundesgesetze, gegen auf Grund dieses Bundesgesetzes erlassene Verordnungen oder Bescheide, gegen die Bestimmungen der Verordnung (EU) Nr. 537/2014 oder anderer abschlussprüfungsrelevanter Bestimmungen an eine geeignete Stelle zu melden. Die Verfahren nach diesem Absatz müssen den Anforderungen des Abs. 2 Z 2 bis 4 entsprechen.

Informationsaustausch

§ 67. (1) Die APAB übermittelt dem Ausschuss der Aufsichtsstellen jährlich aggregierte Informationen über alle gemäß diesem Bundesgesetz verhängten Sanktionen.

(2) Die APAB unterrichtet den Ausschuss der Aufsichtsstellen unverzüglich über alle vorübergehenden Verbote gemäß § 62 Abs. 1 Z 3, 4 und 6.

11. Abschnitt

Marktüberwachung

§ 68. Die APAB hat die Überwachung des inländischen Marktes gemäß Art. 27 Abs. 1 der Verordnung (EU) Nr. 537/2014 durchzuführen und die Berichterstattung gemäß Art. 27 Abs. 2 der Verordnung (EU) Nr. 537/2014 vorzunehmen.

2. Hauptstück

Europäische und internationale Zusammenarbeit

1. Abschnitt

Abschlussprüfer und Prüfungsgesellschaften aus Mitgliedstaaten der Europäischen Union oder anderen Vertragsstaaten des Europäischen Wirtschaftsraumes

Zulassung von Abschlussprüfern

§ 69. (1) Abschlussprüfer, die in einem anderen Mitgliedstaat der Europäischen Union oder anderen EWR-Vertragsstaat als Abschlussprüfer zugelassen sind, haben über einen Nachweis der beruflichen Voraussetzungen, die für die Ausübung der Tätigkeit einer Abschlussprüfung gemäß § 2 Z 1 erforderlich sind, zu verfügen.

(2) Voraussetzungen für die Zulassung von Abschlussprüfern aus einem anderen Mitgliedstaat der Europäischen Union oder einem anderen EWR-Vertragsstaat sind:

1. die aufrechte Zulassung im Herkunftsstaat zur Ausübung der Tätigkeit des Abschlussprüfers,

2. die positive Absolvierung eines Eignungstests im Sinne des Art. 3 Abs. 1 lit. h der Richtlinie 2005/36/EG über die Anerkennung von Berufsqualifikationen, ABl. Nr. L 255 vom 30.09.2005 S. 22, zuletzt geändert durch Richtlinie 2013/55/EU, ABl. Nr. L 354 vom 28.12.2013 S. 132, in der Fassung der Berichtigung ABl. Nr. L 268 vom 15.10.2015 S. 35 und

3. eine aufrechte Vermögensschaden-Haftpflichtversicherung im Sinne der §§ 11 und 88 Abs. 1 WTBG.

(3) Der Antrag auf Zulassung ist an die APAB zu richten. Dem Antrag sind anzuschließen:

1. ein Identitätsnachweis,

2. der Nachweis über die aufrechte Zulassung zur Ausübung der Tätigkeit des Abschlussprüfers im Herkunftsstaat,

3. der Nachweis über die positive Absolvierung des Eignungstests gemäß Abs. 2 Z 2 und

4. die Bestätigung über eine aufrechte Vermögensschaden-Haftpflichtversicherung gemäß Abs. 2 Z 3.

(4) Die APAB hat die Nachweise auf ihre Vollständigkeit hin zu überprüfen. Sind die Nachweise nicht vollständig erbracht worden, hat die APAB die fehlenden Nachweise unter Setzung einer angemessenen Frist nachzufordern. Bei Nichterbringung der Nachweise innerhalb der angemessenen Frist ist der Antrag auf Zulassung von der APAB mit Bescheid zurückzuweisen.

(5) Die Zulassung zur Ausübung der Tätigkeit des Abschlussprüfers hat zu erfolgen, wenn die Voraussetzungen gemäß Abs. 2 und 3 vorliegen.

(6) Die Voraussetzungen für die Zulassung zum Eignungstest von Abschlussprüfern aus einem anderen Mitgliedstaat der Europäischen Union oder einem anderem EWR-Vertragsstaat in Österreich ist die aufrechte Zulassung im Herkunftsstaat Abschlussprüfungen durchzuführen.

(7) Der Eignungstest gemäß Abs. 3 Z 5 ist von der Kammer der Wirtschaftstreuhänder am Sitz der Kammer der Wirtschaftstreuhänder durchzuführen.

(8) Der Eignungstest ist in deutscher Sprache abzulegen und umfasst ausschließlich angemessene Kenntnisse der österreichischen Rechtsvorschriften folgender Sachgebiete im Sinne des Art. 3 Abs. 1 lit. h der Richtlinie 2005/36/EG:

1. die schriftliche Ausarbeitung von zwei Klausurarbeiten gemäß den §§ 34 Abs. 4, 6, 7 und 29 Abs. 2 und 4 WTBG und

2. die mündliche Beantwortung von Prüfungsfragen aus den Fachgebieten gemäß § 35 Z 1, 2, 5 und 8 WTBG.

(9) Für das Prüfungsverfahren betreffend die Ablegung des Eignungstests gelten die §§ 17 bis 23 und die §§ 36 bis 54 WTBG.

(10) Die APAB arbeitet im Rahmen des Ausschusses der Aufsichtsstellen im Hinblick auf eine Angleichung der Anforderungen in Bezug auf die Eignungsprüfung mit den anderen Aufsichtsstellen der Mitgliedstaaten der Europäischen Union zusammen. Die Anforderungen für den Eignungstest sind transparent und vorhersehbar zu definieren.

(11) Auf der Grundlage der erbrachten Nachweise gemäß Abs. 3 hat die APAB die Eintragung in das öffentliche Register gemäß § 53 Abs. 1 und 2 unverzüglich durchzuführen.

(12) Über die Zulassung von Abschlussprüfern, die in einem anderen Mitgliedstaat der Europäischen Union oder einem anderen EWR-Vertragsstaat zugelassen sind, entscheidet die APAB mit Bescheid.

(13) Mit dem Erlöschen der Zulassung zur Ausübung der Tätigkeit des Abschlussprüfers im Herkunftsstaat erlischt die Zulassung in Österreich. Erhält die APAB von der zuständigen Behörde des Herkunftsstaates die Information über das Erlöschen der Zulassung, hat sie die Eintragung im öffentlichen Register von Amts wegen zu löschen.

Anerkennung von Prüfungsgesellschaften

§ 70. (1) Eine Prüfungsgesellschaft mit Zulassung in einem anderen Mitgliedstaat der Europäischen Union oder einem anderen EWR-Vertragsstaat ist berechtigt, Abschlussprüfungen durchzuführen, wenn der verantwortliche Prüfer, der die Abschlussprüfung im Namen der Prüfungsgesellschaft durchführt, Wirtschaftsprüfer oder ein gemäß § 69 zugelassener Abschlussprüfer ist.

(2) Über die Anerkennung von Prüfungsgesellschaften entscheidet die APAB mit Bescheid. Die Berechtigung gemäß Abs. 1 tritt erst mit der bescheidmäßigen Anerkennung ein.

(3) Eine Prüfungsgesellschaft im Sinne des Abs. 1, die Abschlussprüfungen durchführen möchte, muss sich gemäß § 52 und § 54 bei der APAB registrieren lassen. Dem Antrag auf Registrierung ist eine öffentlich beglaubigte Abschrift des Gesellschaftsvertrages oder der Satzung beizufügen.

(4) Mit dem Erlöschen oder dem Wegfall der Zulassung im Herkunftsstaat erlischt die Anerkennung in Österreich.

2. Abschnitt

Europäische Kooperation

Meldung an zuständige Stellen auf Unionsebene und den anderen Vertragsstaaten des Europäischen Wirtschaftsraumes über Wegfall der Zulassung

§ 71. Die APAB hat den zuständigen Behörden der Aufnahmemitgliedstaaten der Europäischen Union und der anderen EWR-Vertragsstaaten, in denen der Abschlussprüfer oder die Prüfungsgesellschaft gemäß § 70, § 53 Abs. 1 Z 7 und § 54 Abs. 1 Z 6 auch registriert ist, unter Angabe der Gründe mitzuteilen, wenn

1. einem Abschlussprüfer oder einer Prüfungsgesellschaft die Bescheinigung von der APAB gemäß § 40 widerrufen wurde,

2. einem Abschlussprüfer oder einer Prüfungsgesellschaft die Bescheinigung von der APAB gemäß § 41 entzogen wurde,

3. die Bescheinigung gemäß § 42 erloschen ist oder

4. eine Abschlussprüfer oder eine Prüfungsgesellschaft aus anderen Gründen nicht mehr registriert ist.

Zusammenarbeit mit den zuständigen Stellen auf Unionsebene und den anderen Vertragsstaaten des Europäischen Wirtschaftsraumes

§ 72. (1) Die APAB ist die zuständige Stelle für die Zusammenarbeit mit den zuständigen Behörden anderer Mitgliedstaaten der Europäischen Union, mit anderen EWR-Vertragsstaaten und den einschlägigen Europäischen Aufsichtsbehörden. Die APAB hat diesen zuständigen Stellen auf deren Ersuchen in Bezug auf die Zulassung, das öffentliche Register, die externe Qualitätssicherungsprüfung, die öffentliche Aufsicht, die Inspektionen, die Untersuchungen und Sanktionen Amtshilfe zu leisten. Insbesondere erfolgt ein Informationsaustausch mit den zuständigen Behörden und eine Zusammenarbeit bei Untersuchungen im Zusammenhang mit der Durchführung von Abschlussprüfungen. Betrifft die Zusammenarbeit Abschlussprüfer oder Prüfungsgesellschaften, die Unternehmen von öffentlichem Interesse prüfen, sind die Anforderungen des Art. 31 der Verordnung (EU) Nr. 537/2014 zu berücksichtigen.

(2) Die APAB darf dem Ersuchen gemäß Abs. 1 nicht entsprechen, wenn

1. wegen derselben Handlung gegen denselben Abschlussprüfer oder dieselbe Prüfungsgesellschaft in Österreich bereits ein berufsrechtliches, gerichtliches oder verwaltungsbehördliches Verfahren eingeleitet worden ist oder

2. gegen denselben Abschlussprüfer bzw. dieselbe Prüfungsgesellschaft aufgrund derselben Handlung in Österreich bereits eine rechtskräftige Entscheidung ergangen ist oder

3. die Erledigung des Ersuchens geeignet wäre, die Souveränität, die Sicherheit, die öffentliche Ordnung oder andere wesentliche Interessen der Republik Österreich zu beeinträchtigen.

(3) Die von der zuständigen Stelle eines anderen Mitgliedstaats der Europäischen Union oder einem anderen EWR-Vertragsstaat übermittelten Informationen dürfen nur für Angelegenheiten verwendet werden, für die sie angefordert oder übermittelt wurden. Bei der Übermittlung an die zuständigen Stellen eines anderen Mitgliedstaats der Europäischen Union oder einem anderen EWR-Vertragsstaat ist ausdrücklich auf den jeweiligen Übermittlungszweck Bezug zu nehmen.

(4) Ersuchen sowie die Beantwortung von Ersuchen einer zuständigen Stelle eines anderen Mitgliedstaats der Europäischen Union oder eines anderen EWR-Vertragsstaates sind in einer Form zu übermitteln, die gewährleistet, dass personenbezogene Daten vor zufälliger oder unbefugter Zerstörung, zufälligem Verlust, zufälliger oder unbefugter Änderung, zufälliger oder unbefugter Weitergabe, zufälligem oder unbefugten Zugang oder zufälliger oder unbefugter Veröffentlichung geschützt werden. Es ist sicherzustellen, dass zur jeweils verwendeten Kommunikationseinrichtung nur befugte Personen Zugang haben. In dringenden Fällen können solche Ersuchen auch mündlich gestellt oder entgegengenommen werden. Diesfalls ist unverzüglich eine schriftliche Bestätigung nachzureichen bzw. einzufordern.

(5) Bei der Verwaltungszusammenarbeit zwischen den zuständigen Stellen eines anderen Mitgliedstaats der Europäischen Union oder eines anderen EWR-Vertragsstaates ist zu gewährleisten, dass jede Übermittlung und jeder Empfang von personenbezogenen Daten dokumentiert wird. Diese Dokumentation hat den Anlass der Übermittlung, die übermittelten oder empfangenen Daten, das Datum und den genauen Zeitpunkt der Übermittlung oder des Empfangs und die Bezeichnung der anfragenden oder angefragten zuständigen Stelle zu umfassen. Die anfragende oder angefragte Stelle dokumentiert darüber hinaus die Kennung der Person, die eine Anfrage durchgeführt hat.

(6) Erlangt die APAB Kenntnis darüber, dass ein Abschlussprüfer oder eine Prüfungsgesellschaft aus einem anderen Mitgliedstaat der Europäischen Union oder einem anderen EWR-Vertragsstaat gegen Bestimmungen der Richtlinie 2006/43/EG verstößt, so hat sie dies der zuständigen Stelle des anderen Mitgliedstaats der Europäischen Union oder des anderen EWR-Vertragsstaates mitzuteilen.

(7) Die APAB kann die zuständige Stelle eines anderen Mitgliedstaats der Europäischen Union oder eines anderen EWR-Vertragsstaates ersuchen, auf dessen Hoheitsgebiet eine Untersuchung durchführen zu lassen. In diesem Fall ist die APAB berechtigt, die betreffende zuständige Stelle bei der Durchführung der Untersuchung zu begleiten. Die APAB kann zuständige Stellen anderer Mitgliedstaaten der Europäischen Union oder anderer EWR-Vertragsstaaten bei Untersuchungen im Sinne des § 61 in Österreich unter der Voraussetzung mitwirken lassen, dass diese der Verschwiegenheitspflicht unterliegen.

(8) Die APAB darf dem Ersuchen gemäß Abs. 7 nicht entsprechen, wenn

1. wegen derselben Handlung gegen denselben Abschlussprüfer oder dieselbe Prüfungsgesellschaft in Österreich bereits ein berufsrechtliches, gerichtliches oder verwaltungsbehördliches Verfahren anhängig ist oder

2. gegen denselben Abschlussprüfer bzw. dieselbe Prüfungsgesellschaft aufgrund derselben Handlung in Österreich bereits eine rechtskräftige Entscheidung ergangen ist oder

3. die Erledigung des Ersuchens geeignet wäre, die Souveränität, die Sicherheit, die öffentliche Ordnung oder andere wesentliche Interessen der Republik Österreich zu beeinträchtigen.

(9) Übermittelte personenbezogene Daten sind zu löschen, wenn sich deren Unrichtigkeit ergibt, deren Beschaffung oder Übermittlung nicht rechtmäßig erfolgte, rechtmäßig übermittelte Daten gemäß dem Recht des übermittelnden Staates zu einem späteren Zeitpunkt zu löschen sind oder sie zu dem Zweck, zu dem sie übermittelt worden sind, nicht mehr erforderlich sind und kein Grund zu der Annahme besteht, dass durch die Löschung schutzwürdige Interessen des Betroffenen beeinträchtigt werden.

(10) Bei der Zusammenarbeit mit den zuständigen Stellen anderer Mitgliedstaaten der Europäischen Union oder anderen EWR-Vertragsstaaten sind die Verschwiegenheitsbestimmungen des Art. 34 der Verordnung (EU) Nr. 537/2014 einzuhalten.

Gegenseitige Anerkennung der mitgliedstaatlichen oder EWR-vertragsstaatlichen Regelungen

§ 73. (1) Bei der Anwendung der Rechtsvorschriften und Aufsichtsregeln ist das Herkunftslandprinzip anzuwenden. Es gelten die Rechtsvorschriften und Aufsichtsregeln des Herkunftsstaats.

(2) Unbeschadet Abs. 1 unterliegen gemäß § 70 anerkannte Prüfungsgesellschaften in Bezug auf in Österreich durchgeführte Abschlussprüfungen der Qualitätssicherungsprüfung im Herkunftsstaat und der Aufsicht der APAB.

(3) Bei der Prüfung konsolidierter Abschlüsse dürfen dem Abschlussprüfer oder der Prüfungsgesellschaft, der bzw. die die Abschlussprüfung einer in einem anderen Mitgliedstaat der Europäischen Union oder einem anderen EWR-Vertragsstaat niedergelassenen Tochtergesellschaft durchführt, für diese Abschlussprüfung in Bezug auf Registrierung, Qualitätssicherungsprüfung, Prüfungsstandards, Berufsgrundsätze und Unabhängigkeit keine zusätzlichen Anforderungen auferlegt werden.

(4) Werden die Wertpapiere eines Unternehmens, das seinen eingetragenen Sitz in einem anderen Mitgliedstaat der Europäischen Union oder einem anderen EWR-Vertragsstaat hat, auf einem geregelten Markt gemäß „§ 1 Z 2 Börsegesetz 2018 (BörseG 2018), BGBl Nr. 107/2017“, in Österreich gehandelt, dürfen dem Abschlussprüfer oder der Prüfungsgesellschaft, der oder die die Prüfung des Jahresabschlusses oder des konsolidierten Abschlusses dieses Unternehmens durchführt, in Bezug auf Registrierung, Qualitätssicherung, Prüfungsstandards, Berufsgrundsätze und Unabhängigkeit keine zusätzlichen Anforderungen auferlegt werden. *(BGBl I 2017/107)*

(5) Ist ein Abschlussprüfer oder eine Prüfungsgesellschaft infolge einer Zulassung gemäß § 2 Z 2 oder 3 oder § 74 registriert und erteilt dieser Abschlussprüfer oder diese Prüfungsgesellschaft Bestätigungsvermerke in Bezug auf Jahresabschlüsse oder konsolidierte Abschlüsse gemäß § 75 Abs. 1, unterliegt der Abschlussprüfer oder die Prüfungsgesellschaft hinsichtlich der Aufsicht, der Qualitätssicherungsprüfungen, Inspektionen, Untersuchungen und Sanktionen der APAB.

3. Abschnitt

Abschlussprüfer und Prüfungsgesellschaften aus Drittstaaten

Zulassung von Abschlussprüfern

§ 74. (1) Auf Grundlage der Gegenseitigkeit kann die APAB Prüfer aus Drittstaaten als Abschlussprüfer zulassen, sofern sie nachweisen können, dass sie die Voraussetzungen erfüllen, die denjenigen des § 2 Z 2 gleichwertig sind.

(2) Sind die Anforderungen des Abs. 1 erfüllt, hat die APAB vor Gewährung der Zulassung die Anforderungen gemäß § 69 anzuwenden.

(3) Über die Zulassung von Abschlussprüfern, die in einem Drittstaat zugelassen sind, entscheidet die APAB mit Bescheid.

Registrierung von Abschlussprüfern

§ 75. (1) Abschlussprüfer aus Drittstaaten sind verpflichtet, sich nach den Bestimmungen des § 52 und § 53 registrieren zu lassen, wenn sie beabsichtigen, den Bestätigungsvermerk für einen gesetzlich vorgeschriebenen Jahresabschluss oder konsolidierten Abschluss eines Unternehmens mit Sitz außerhalb der Europäischen Union oder dem EWR, dessen übertragbare Wertpapiere oder andere von ihm ausgegebene Wertpapiere auf einem geregelten Markt im Sinne des „§ 1 Z 2 BörseG 2018“, in Österreich zum Handel zugelassen sind, zu erteilen, es sei denn, das Unternehmen gibt ausschließlich Schuldtitel aus, die eines der folgenden Merkmale aufweisen:

1. sie wurden vor dem 31. Dezember 2010 zum Handel an einem geregelten Markt im Sinne des § 1 Abs. 2 BörseG in einem Mitgliedstaat der Europäischen Union oder einem anderen EWR-Vertragsstaat mit einer Mindeststückelung von 50 000 Euro oder, wenn es sich um Schuldtitel handelt, die auf eine andere Währung als Euro lauten, mit einer Mindeststückelung, deren Wert am Ausgabetag mindestens 50 000 Euro entspricht, zugelassen oder

2. sie wurden ab dem 31. Dezember 2010 zum Handel an einem geregelten Markt im Sinne des § 1 Abs. 2 BörseG in einem Mitgliedstaat der Europäischen Union oder einem anderen EWR-Vertragsstaat mit einer Mindeststückelung von 100 000 Euro am Ausgabetag oder, wenn es sich um Schuldtitel handelt, die auf eine andere Währung als Euro lauten, mit einer Mindeststückelung, deren Wert am Ausgabetag mindestens 100 000 Euro entspricht, zugelassen.
(BGBl I 2017/107)

(2) Kein Erfordernis der Registrierung im öffentlichen Register gemäß § 52 und § 53 besteht für Abschlussprüfer, die Bestätigungsvermerke für Jahresabschlüsse oder Konzernabschlüsse von Emittenten gemäß „§ 129 Abs. 1 Z 2 BörseG 2018“ erteilen. *(BGBl I 2017/107)*

(3) Bestätigungsvermerke gemäß Abs. 1 und 2 für Jahresabschlüsse oder Konzernabschlüsse, die von Abschlussprüfern aus Drittstaaten erteilt worden sind, die nicht im öffentlichen Register gemäß § 52 und § 53 eingetragen sind, haben in Österreich keine Rechtswirkung.

(4) Der Abschlussprüfer hat die Prüfungen des Jahres- und Konzernabschlusses in Übereinstimmung mit

1. den internationalen Prüfungsstandards gemäß § 269a UGB,

2. den für den österreichischen Abschlussprüfer festgelegten Anforderungen an die Unabhängigkeit und Unparteilichkeit gemäß den §§ 271, 271a und 271b UGB und

3. den Bestimmungen betreffend das vereinbarte Entgelt des Abschlussprüfers gemäß § 270 UGB

durchzuführen.

(5) Die Gleichwertigkeit im Sinne des Abs. 4 Z 1 entscheidet die Europäische Kommission im Wege von Durchführungsrechtsakten. Bis zur Erlassung einer Entscheidung durch die Europäischen Kommission über die Gleichwertigkeit im Sinne des Abs. 4 Z 1 entscheidet die APAB über die Gleichwertigkeit. Bei dieser Entscheidung sind die von der Europäischen Kommission in delegierten Rechtsakten gemäß Art. 45 Abs. 6 Unterabsatz 2 der Richtlinie 2006/43/EG festgelegten Kriterien heranzuziehen.

(6) Der Antrag auf Registrierung ist an die APAB zu richten. Dem Antrag sind anzuschließen:

1. ein Identitätsnachweis,

2. der Nachweis der Staatsangehörigkeit,

3. der Nachweis über die aufrechte Berechtigung zur Ausübung der Tätigkeit des Abschlussprüfers im Drittstaat,

4. der Nachweis über das Vorliegen einer gleichwertigen Qualifikation zur Ausübung der Tätigkeit des Abschlussprüfers in Österreich,

5. der Nachweis über eine aufrechte vergleichbare Vermögensschaden-Haftpflichtversicherung gemäß den §§ 11 und 88 Abs. 1 WTBG,

6. der Nachweis, dass auf der Website des Abschlussprüfers ein jährlicher Transparenzbericht veröffentlicht wird, der die in § 55 genannten Anforderungen oder gleichwertige Anforderungen an die Offenlegung erfüllt.

(7) Die APAB hat nach Vorliegen der vollständigen Nachweise die Eintragung in das öffentliche Register gemäß § 52 und § 53 vorzunehmen. Sind die Nachweise nicht vollständig erbracht worden, hat die APAB die fehlenden Nachweise unter Setzung einer angemessenen Frist nachzufordern. Bei Nichterbringung der Nachweise innerhalb der angemessenen Frist ist der Antrag auf Zulassung mit Bescheid zurückzuweisen.

(8) Abschlussprüfer aus Drittstaaten unterliegen bezüglich der Aufsicht, der Qualitätssicherungsprüfungen, der Inspektionen, der Untersuchungen und Sanktionen der APAB.

(9) Die APAB kann einen registrierten Abschlussprüfer aus einem Drittstaat von der Unterwerfung unter ihr Qualitätssicherungssystem ausnehmen, wenn das Qualitätssicherungssystem des Drittstaats, das als gleichwertig nach § 77 bewertet wurde, bereits während der vorausgegangenen drei Jahre eine Qualitätsprüfung des betreffenden Abschlussprüfers des Drittstaats durchgeführt hat.

(10) Mit dem Erlöschen oder dem Wegfall der Zulassung im Drittstaat ist die Eintragung im öffentlichen Register in Österreich zu löschen.

Registrierung von Prüfungsgesellschaften

§ 76. (1) Prüfungsgesellschaften aus Drittstaaten sind verpflichtet, sich nach den Bestimmungen des § 52 und § 54 registrieren zu lassen, wenn sie beabsichtigen, den Bestätigungsvermerk für einen gesetzlich vorgeschriebenen Jahresabschluss oder konsolidierten Abschluss einer Gesellschaft mit Sitz außerhalb der Europäischen Union oder dem EWR, deren übertragbare Wertpapiere oder andere von ihr ausgegebene Wertpapiere auf einem geregelten Markt im Sinne des „§ 1 Z 2 BörseG 2018" in Österreich zum Handel zugelassen sind, zu erteilen, es sei denn, das Unternehmen gibt ausschließlich Schuldtitel aus, die eines der folgenden Merkmale aufweisen:

1. sie wurden vor dem 31. Dezember 2010 zum Handel an einem geregelten Markt im Sinne des § 1 Abs. 2 BörseG in einem Mitgliedstaat der Europäischen Union oder einem anderen EWR-Vertragsstaat mit einer Mindeststückelung von 50 000 Euro oder, wenn es sich um Schuldtitel handelt, die auf eine andere Währung als Euro lauten, mit einer Mindeststückelung, deren Wert am Ausgabetag mindestens 50 000 Euro entspricht, zugelassen oder

2. sie wurden ab dem 31. Dezember 2010 zum Handel an einem geregelten Markt im Sinne des § 1 Abs. 2 BörseG in einem Mitgliedstaat der Europäischen Union oder einem anderen EWR-Vertragsstaat mit einer Mindeststückelung von 100 000 Euro am Ausgabetag oder, wenn es sich um Schuldtitel handelt, die auf eine andere Währung als Euro lauten, mit einer Mindeststückelung, deren Wert am Ausgabetag mindestens 100 000 Euro entspricht, zugelassen.
(BGBl I 2017/107)

(2) Kein Erfordernis der Registrierung im öffentlichen Register gemäß § 52 und § 54 besteht für Prüfungsgesellschaften, die Bestätigungsvermerke für Jahresabschlüsse oder Konzernabschlüsse von Emittenten gemäß „§ 129 Abs. 1 Z 2 BörseG 2018" erteilen. *(BGBl I 2017/107)*

(3) Bestätigungsvermerke gemäß Abs. 1 und 2 für Jahresabschlüsse oder Konzernabschlüsse, die von Prüfungsgesellschaften aus Drittstaaten erteilt worden sind, die zu diesem Zeitpunkt nicht im öffentlichen Register gemäß § 52 und § 54 eingetragen sind, haben in Österreich keine Rechtswirkung.

(4) Die Prüfungsgesellschaft hat die Prüfungen des Jahres- und Konzernabschlusses in Übereinstimmung mit

1. den internationalen Prüfungsstandards gemäß § 269a UGB,

2. den für den österreichischen Abschlussprüfer festgelegten Anforderungen an die Unabhängigkeit und Unparteilichkeit gemäß den §§ 271, 271a und 271b UGB und

3. den Bestimmungen betreffend das vereinbarte Entgelt des Abschlussprüfers gemäß § 270 UGB

durchzuführen.

(5) Die Gleichwertigkeit im Sinne des Abs. 4 Z 1 entscheidet die Europäische Kommission im Wege von Durchführungsrechtsakten. Bis zu einer solchen Entscheidung der Europäischen Kommission entscheidet die APAB über die Gleichwertigkeit. Bei dieser Entscheidung sind die von der Europäischen Kommission in delegierten Rechtsakten gemäß Art. 45 Abs. 6 Unterabsatz 2 der Richtlinie 2006/43/EG festgelegten Kriterien heranzuziehen.

(6) Der Antrag auf Registrierung ist an die APAB zu richten. Dem Antrag sind anzuschließen:

1. der Nachweis über die Zulassung der Prüfungsgesellschaft im Drittstaat,

2. der Nachweis über das Vorliegen einer einem österreichischen Abschlussprüfer gleichwertigen Qualifikation des die Abschlussprüfung durchführenden verantwortlichen Prüfers,

3. der Nachweis über das Vorliegen einer gleichwertigen Qualifikation zur Ausübung der Tätigkeit des Abschlussprüfers in Österreich durch die Mehrheit der der Geschäftsführung und der Vertretung nach außen angehörenden natürlichen Personen, die im Drittstaat zur Ausübung der Tätigkeit einer Abschlussprüfung zugelassen sind,

4. eine öffentlich beglaubigte Abschrift des Gesellschaftsvertrages bzw. der Satzung,

5. die jährliche Veröffentlichung des Transparenzberichts gemäß § 55 oder einer gleichwertigen Information auf der Website der Prüfungsgesellschaft spätestens drei Monate nach Ende des Geschäftsjahres und

6. der Nachweis über eine aufrechte Vermögensschaden-Haftpflichtversicherung gemäß den §§ 11 und 88 Abs. 1 WTBG.

(7) Die APAB hat nach Vorliegen der vollständigen Nachweise die Eintragung in das öffentliche Register gemäß § 52 und § 54 vorzunehmen. Sind die Nachweise nicht vollständig erbracht worden, hat die APAB die fehlenden Nachweise unter Setzung einer angemessenen Frist nachzufordern. Bei Nichterbringung der Nachweise innerhalb der angemessenen Frist ist der Antrag auf Zulassung mit Bescheid zurückzuweisen.

(8) Prüfungsgesellschaften aus Drittstaaten unterliegen bezüglich der Aufsicht, der Qualitätssicherungsprüfungen, der Inspektionen, der Untersuchungen und Sanktionen der APAB.

(9) Die APAB kann eine registrierte Prüfungsgesellschaft aus einem Drittstaat von der Unterwerfung unter ihr Qualitätssicherungssystem ausnehmen, wenn das Qualitätssicherungssystem des Drittstaats, das als gleichwertig nach § 77 bewertet wurde, bereits während der vorausgegangenen drei Jahre eine Qualitätsprüfung der betreffenden Prüfungsgesellschaft des Drittstaats durchgeführt hat.

(10) Mit dem Erlöschen oder dem Wegfall der Zulassung im Drittstaat ist die Eintragung im öffentlichen Register in Österreich zu löschen.

Ausnahmen bei Gleichwertigkeit

§ 77. (1) Die APAB kann auf der Grundlage der Gegenseitigkeit einen Abschlussprüfer oder eine Prüfungsgesellschaft aus einem Drittstaat von

1. der Registrierung gemäß § 75 Abs. 1 oder § 76 Abs. 1,

2. der Aufsicht durch die APAB gemäß § 4,

3. der Durchführung von Inspektionen gemäß den §§ 43 bis 50,

4. der Durchführung der Qualitätssicherungsprüfung gemäß den §§ 24 bis 42,

5. den Untersuchungen gemäß § 61 und

6. den Sanktionen gemäß den §§ 62 bis 65.

ausnehmen.

(2) Die Ausnahme gemäß Abs. 1 ist dann zu gewähren, wenn in dem Drittstaat in den Bereichen des Abs. 1 Z 2 bis 6 Gleichwertigkeit gegeben ist.

(3) Hat die Europäische Kommission im Wege von Durchführungsrechtsakten gemäß Art. 48 Abs. 2 der Richtlinie 2006/43/EG die Gleichwertigkeit festgestellt, kann die APAB von den Anforderungen gemäß § 70 Abs. 1 und 7 und § 71 Abs. 1 und 7 ganz oder teilweise absehen. Liegt keine Entscheidung der Europäischen Kommission vor, so kann die APAB die Gleichwertigkeit selbst beurteilen oder sich die durch einen anderen Mitgliedstaat der Europäischen Union oder einen anderen EWR-Vertragsstaat durchgeführte Beurteilung zu eigen machen, bis die Europäische Kommission eine Entscheidung trifft. Diesfalls hat die APAB über die Gleichwertigkeit mit Bescheid zu entscheiden. Bei dieser Entscheidung sind die von der Europäischen Kommission in delegierten Rechtsakten gemäß Art. 46 Abs. 2 Unterabsatz 2 der Richtlinie 2006/43/EG festgelegten Kriterien heranzuziehen. Entscheidet die Europäische Kommission, dass die Anforderung

der Gleichwertigkeit bei einem Drittstaat nicht erfüllt ist, kann ein betroffener Abschlussprüfer oder eine Prüfungsgesellschaft aus diesem Drittstaat die Prüfungstätigkeit in Einklang mit den österreichischen gesetzlichen Bestimmungen weiterführen, wenn eine Übergangsentscheidung der Europäischen Kommission nach Art. 46 Abs. 2 der Richtlinie 2006/43/EG vorliegt.

(4) Die APAB hat der Europäischen Kommission mitzuteilen:

1. die Beurteilung der Gleichwertigkeit im Sinne des Abs. 3 und

2. die Hauptpunkte ihrer Kooperationsvereinbarungen mit zuständigen Stellen in Drittstaaten hinsichtlich der öffentlichen Aufsicht, der Qualitätssicherung, der Inspektionen sowie der Untersuchungen und Sanktionen auf der Grundlage von Abs. 1 und 2.

4. Abschnitt

Zusammenarbeit mit den zuständigen Stellen der Drittstaaten

§ 78. (1) Die APAB ist die zuständige Stelle für die Zusammenarbeit mit den zuständigen Stellen und Behörden von Drittstaaten.

(2) Die APAB kann die Weitergabe von Arbeitspapieren und anderen Dokumenten, die sich im Besitz von von ihr zugelassenen Abschlussprüfern oder Prüfungsgesellschaften befinden, erlauben und Untersuchungs- oder Inspektionsberichte im Zusammenhang mit den jeweiligen Prüfungen an die zuständigen Behörden von Drittstaaten weitergeben, sofern

1. diese Arbeitspapiere oder anderen Dokumente sich auf Prüfungen von Unternehmen beziehen, die Wertpapiere in diesem Drittland ausgegeben haben oder die Teile eines Konzerns sind, der in diesem Drittstaat einen gesetzlich vorgeschriebenen konsolidierten Abschluss vorlegt;

2. die Weitergabe über die APAB an die zuständige Stelle dieses Drittstaats auf deren Anforderung erfolgt;

3. die zuständige Stelle des betroffenen Drittstaats die Anforderungen erfüllt, die nach Abs. 4 als angemessen erklärt wurden;

4. auf Grundlage der Gegenseitigkeit Vereinbarungen zur Zusammenarbeit gemäß Abs. 6 getroffen wurden;

5. im innerstaatlichen Recht des betreffenden Drittstaates zumindest in Bezug auf die Verarbeitung personenbezogener Daten, die übermittelt werden oder worden sind, ein angemessenes Datenschutzniveau im Sinne von § 12 Abs. 2 DSG 2000 besteht oder die Übermittlung durch die Datenschutzbehörde im Einzelfall im Verfahren nach § 13 DSG 2000 bewilligt wurde. Informationen, die einer spezifischen Geheimhaltungspflicht unterliegen, dürfen nur übermittelt werden, wenn zusätzlich sichergestellt ist, dass sie bei diesen Stellen in gleicher Weise geheim gehalten werden.

(3) Die in Abs. 2 Z 4 genannten Vereinbarungen zur Zusammenarbeit stellen sicher, dass

1. eine Glaubhaftmachung des Zweckes der Anfrage für Arbeitspapiere und sonstige Dokumente durch die zuständigen Stellen erfolgt;

2. Personen, die durch die zuständigen Stellen des Drittstaats beschäftigt werden oder wurden, zur Wahrung des Berufsgeheimnisses verpflichtet sind;

3. der Schutz der wirtschaftlichen Interessen des geprüften Unternehmens, einschließlich seiner Rechte an gewerblichem und geistigem Eigentum, nicht beeinträchtigt wird;

4. die zuständigen Stellen des Drittstaats die Arbeitspapiere oder sonstigen Dokumente nur für Zwecke der Ausübung ihrer Aufsichtstätigkeit, Qualitätssicherung und Untersuchungen nutzen, die Anforderungen genügen, die denen der §§ 3 bis 17, §§ 24 bis 50 und §§ 62 bis 65 gleichwertig sind;

5. die angefragte Weitergabe von Arbeitspapieren oder sonstigen Dokumenten verweigert werden kann, falls

a) die Bereitstellung dieser Arbeitspapiere oder Dokumente die Souveränität, die Sicherheit oder die öffentliche Ordnung der Europäischen Union oder Österreichs beeinträchtigen würde oder,

b) wegen derselben Handlung gegen denselben Abschlussprüfer oder dieselbe Prüfungsgesellschaft in Österreich bereits ein berufsrechtliches, gerichtliches oder verwaltungsbehördliches Verfahren anhängig ist oder

c) gegen dieselben Abschlussprüfer oder Prüfungsgesellschaften aufgrund derselben Handlungen in Österreich bereits eine rechtskräftige Entscheidung ergangen ist,

6. falls Abschlussprüfer oder Prüfungsgesellschaften, die Unternehmen von öffentlichem Interesse prüfen, betroffen sind, die Bestimmungen des Art. 36 der Verordnung (EU) Nr. 537/2014 eingehalten werden.

(4) Hat die Europäische Kommission über die Angemessenheit der zuständigen Stellen in Drittstaaten im Wege von Durchführungsrechtsakten entschieden, hat die APAB die zur Einhaltung der Entscheidung der Europäischen Kommission gebotenen Maßnahmen zu ergreifen. Die in delegierten Rechtsakten der Europäische Kommission gemäß Artikel 48a der Richtlinie 2006/43/EG enthaltenen allgemeinen Kriterien für die Beurteilung der Angemessenheit der zuständigen Stellen in Drittstaaten hinsichtlich des Austausches von Arbeitspapieren oder anderen Dokumenten, die sich im Besitz der Abschlussprüfer und Prüfungsgesellschaften befinden, sind von der APAB zu berücksichtigen.

(5) Die APAB kann auf Antrag in Ausnahmefällen erlauben, dass Abschlussprüfer und Prüfungsgesellschaften direkt Arbeitspapiere und sonstige Dokumente an die zuständigen Stellen eines Drittstaats weitergeben, wenn

1. Untersuchungen von den zuständigen Stellen in diesem Drittstaat eingeleitet wurden;

2. die Weitergabe nicht in Widerspruch zu gesetzlichen Verpflichtungen steht, die Abschlussprüfer oder Prüfungsgesellschaften im Hinblick auf die Weitergabe von Arbeitspapieren und sonstigen Dokumenten an die APAB zu beachten haben;

3. Vereinbarungen zur Zusammenarbeit mit den zuständigen Stellen dieses Drittstaats bestehen, die der APAB gegenseitigen direkten Zugang zu Arbeitspapieren und sonstigen Dokumenten von Prüfungsgesellschaften dieses Drittstaats erlauben;

4. die anfragende zuständige Stelle des Drittstaats vorab die APAB von jeder direkten Anfrage von Informationen unter Angabe von Gründen in Kenntnis setzt und

5. die in Abs. 3 genannten Bedingungen eingehalten werden.

(6) Der Bundesminister für Finanzen kann auf Vorschlag der APAB mit den zuständigen Behörden von Drittstaaten Vereinbarungen zur Regelung der näheren Zusammenarbeit schließen, wenn die Voraussetzungen gemäß Art. 36 der Verordnung (EU) Nr. 537/2014 und Art. 47 der Richtlinie 2006/43/EG in der Fassung der Richtlinie 2014/56/EU erfüllt sind und die zu übermittelnden Informationen zur Wahrnehmung der Aufgaben gemäß den genannten Vorschriften notwendig sind. Informationen aus einem anderen Mitgliedstaat der Europäischen Union oder einem EWR-Vertragsstaat dürfen nur mit ausdrücklicher Zustimmung der zuständigen Behörden, die diese Information mitgeteilt haben und nur für die Zwecke weitergegeben werden, denen diese Behörden zugestimmt haben. Die APAB teilt der Europäischen Kommission die in den Abs. 2 und 5 genannten Vereinbarungen zur Zusammenarbeit mit.

(7) Bei der Offenlegung von Informationen aus Drittstaaten oder gegenüber Drittstaaten sind Art. 37 und Art. 38 der Verordnung (EU) Nr. 537/2014 anzuwenden.

4. Teil

Schluss- und Übergangsbestimmungen

Mitteilungen an die Europäische Kommission

§ 79. (1) Die APAB hat folgende Mitteilungen an die Europäische Kommission zu übermitteln:

1. unverzüglich die in den §§ 62 bis 65 genannten Vorschriften,

2. jede nachfolgende Änderung der in Z 1 genannten Vorschriften,

3. den ersten Marktüberwachungsbericht gemäß Art. 27 Abs. 2 der Verordnung (EU) Nr. 537/2014,

4. die in § 78 Abs. 2 und 5 genannten Vereinbarungen zur Zusammenarbeit,

5. die Nichtanwendung der Bestimmungen der Verordnung (EU) Nr. 537/2014 betreffend die Aufsicht und Qualitätssicherung, soweit Unternehmen im Sinne des Art. 2 Abs. 3 der Verordnung (EU) Nr. 537/2014 nicht an einem geregelten Markt im Sinne des „1 Z 2 BörseG 2018" zugelassen sind. *(BGBl I 2017/107)*

(2) Der Bundesminister für Finanzen hat folgende Mitteilungen an die Europäische Kommission zu übermitteln:

1. die Benennung der APAB als zuständige Behörde im Sinne des Art. 32 Abs. 4a der Richtlinie 2006/43/EG und des Art. 20 Abs. 1 lit. c der Verordnung (EU) Nr. 537/2014,

2. die Nichtanwendung der Bestimmungen der Verordnung (EU) Nr. 537/2014 auf Unternehmen im Sinne des Art. 2 Abs. 3 der Verordnung (EU) Nr. 537/2014, außer diese Unternehmen haben Wertpapiere begeben, welche an einem geregelten Markt eines Mitgliedstaats der Europäischen Union oder eines anderen EWR- Vertragsstaats im Sinn des Art. 4 Abs. 1 Nr. 21 der Richtlinie 2014/65/EU gehandelt werden.

(3) Die Mitteilung gemäß Abs. 2 Z 2 ist vom Bundesminister für Finanzen auch an den Ausschuss der Aufsichtsstellen zu übermitteln.

Wechselseitige Hilfeleistungspflichten

§ 80. (1) Alle Behörden und alle auf Grund gesetzlicher Bestimmungen zur Vertretung wirtschaftlicher Interessen berufenen oder auf Grund freier Vereinbarung hierzu errichteten Körperschaften sind verpflichtet, der APAB auf Verlangen die zur Erfüllung ihrer Aufgaben erforderlichen Auskünfte zu erteilen, insoweit dies gemäß den Bestimmungen des DSG 2000 zulässig ist.

(2) Die Gerichte, die Staatsanwaltschaften und die Finanzstrafbehörden sind verpflichtet, die APAB von der Einleitung einer Untersuchung wegen des Verdachtes einer mit Vorsatz begangenen strafbaren Handlung, die mit mehr als einjähriger Freiheitsstrafe bedroht ist, einer mit Bereicherungsvorsatz begangenen sonstigen gerichtlich strafbaren Handlung, eines gerichtlich strafbaren Finanzvergehens, eines sonstigen vorsätzlichen Finanzvergehens mit Ausnahme einer Finanzordnungswidrigkeit sowie von der Verhängung der Untersuchungshaft oder der vorläufigen Verwahrung gegen einen Berufsberechtigten ohne Verzug zu verständigen und ihnen das Ergebnis des durchgeführten Strafverfahrens unter Anschluss einer Ausfertigung der Strafentscheidung oder

der Untersuchung mitzuteilen und der APAB auf Verlangen Akteneinsicht zu gewähren. Bis zur Mitteilung der Anklageschrift können jedoch die Gerichte, die Staatsanwaltschaften und die Finanzstrafbehörden sowie bis zum Abschluss des Untersuchungsverfahrens die Finanzstrafbehörden einzelne Aktenstücke von der Einsichtnahme ausnehmen, wenn besondere Umstände die Befürchtung rechtfertigen, dass durch eine sofortige Kenntnisnahme von diesen Aktenstücken der Zweck der Untersuchung gefährdet wäre.

(3) Der Vorsitzende des Disziplinarrates der Kammer der Wirtschaftstreuhänder und das Bundesverwaltungsgericht haben der APAB auf Verlangen jederzeit Auskunft über den Stand eines Disziplinarverfahrens oder dessen Ausgang zu erteilen.

(4) Die APAB arbeitet mit der Kammer der Wirtschaftstreuhänder und der Vereinigung Österreichischer Revisionsverbände im Hinblick auf eine Angleichung der Anforderungen der Ausbildung zum Wirtschaftsprüfer oder zum Genossenschaftsrevisor zusammen. Bei der Aufnahme dieser Zusammenarbeit ist den Entwicklungen im Prüfungswesen und im Berufsstand der Prüfer und insbesondere der Angleichung Rechnung zu tragen, die bereits in dem Berufsstand erreicht wurde. Die APAB arbeitet diesbezüglich mit dem Ausschuss der Aufsichtsstellen zusammen.

(5) Die Finanzmarktaufsicht und die Prüfstelle für Rechnungslegung haben bei begründetem Verdacht des Vorliegens von wesentlichen Mängeln bei den Qualitätssicherungsmaßnahmen eines Abschlussprüfers oder einer Prüfungsgesellschaft dies der APAB mitzuteilen. Diese hat der Finanzmarktaufsicht und der Prüfstelle für Rechnungslegung binnen vier Wochen mitzuteilen, ob und wann eine Untersuchung nach § 61 durchgeführt wird.

(6) Die Finanzprokuratur kann die APAB auf deren Ersuchen entgeltlich vertreten.

Sprachliche Gleichbehandlung

§ 81. Soweit in diesem Bundesgesetz personenbezogene Bezeichnungen nur in männlicher Form angeführt sind, beziehen sie sich auf Frauen und Männer in gleicher Weise. Bei der Anwendung auf bestimmte Personen ist die jeweils geschlechtsspezifische Form zu verwenden.

Verhältnis zu anderen Bundesgesetzen

§ 82. Soweit in diesem Bundesgesetz auf Bestimmungen in anderen Bundesgesetzen verwiesen wird, sind diese in ihrer jeweils geltenden Fassung anzuwenden.

Gebühren- und Abgabenbefreiung

§ 83. Die APAB ist von sämtlichen Steuern (mit Ausnahme der Umsatzsteuer), Gebühren und sonstigen Abgaben befreit.

Übergangsbestimmungen

§ 84. (1) Die APAB gilt mit der Wirksamkeit der Bestellung des ersten Vorstandes und Aufsichtsrates als errichtet. Die behördliche Zuständigkeit der APAB beginnt mit 1. Oktober 2016. Die Qualitätskontrollbehörde und der Arbeitsausschuss für externe Qualitätsprüfungen haben der APAB spätestens zu diesem Zeitpunkt alle Akten und Datenbestände zu übergeben. Das gesamte Vermögen des Arbeitsausschusses für externe Qualitätsprüfungen geht mit Beginn der behördlichen Zuständigkeit der APAB auf die APAB über.

(2) Der Bundesminister für Finanzen hat ehestmöglich nach der Kundmachung dieses Bundesgesetzes die für die Bestellung des ersten Vorstandes der APAB erforderlichen Veranlassungen zu treffen.

(3) Der erste Vorstand hat innerhalb des ersten Geschäftsjahres eine Geschäftsordnung zu erlassen und dem Aufsichtsrat zur Genehmigung vorzulegen. Bei Säumigkeit des Vorstandes hat der Aufsichtsrat ehestmöglich die Geschäftsordnung zu erlassen.

(4) Der Bundesminister für Finanzen, der Bundeskanzler und der Bundesminister für Wissenschaft, Forschung und Wirtschaft haben bis spätestens vier Wochen nach der Kundmachung dieses Bundesgesetzes die Mitglieder des ersten Aufsichtsrates zu bestellen.

(5) Der erste Aufsichtsrat hat sich unverzüglich eine Geschäftsordnung zu geben, für den Abschluss der Dienstverträge mit den ersten Vorstandsmitgliedern zu sorgen und die Mitglieder der Qualitätsprüfungskommission gemäß § 12 Abs. 3 zu bestellen.

(6) Das Budget gemäß § 18 für das Geschäftsjahr 2017 ist vom Vorstand unverzüglich, spätestens jedoch bis zum 30. November 2016, zu erstellen und dem Aufsichtsrat zur Genehmigung vorzulegen. Der Aufsichtsrat hat das Budget möglichst bis zum 15. Dezember 2016 zu beschließen.

(7) Die Kammer der Wirtschaftstreuhänder, die Vereinigung Österreichischer Revisionsverbände und der Sparkassen-Prüfungsverband haben für 2016 einen Beitrag von 250 000 Euro binnen vierzehn Tagen nach Aufforderung durch den Vorstand der APAB auf das vom Vorstand der APAB zu nennende Bankkonto der APAB zu leisten.

(8) Die Vorauszahlungen für Inspektionen sind von Abschlussprüfern und Prüfungsgesellschaften zu leisten, die im Kalenderjahr 2015 Abschlussprüfungen bei Unternehmen von öffentlichem Interesse durchgeführt haben. Für Zwecke der

Ermittlung des Vorauszahlungsbetrages haben die Abschlussprüfer und Prüfungsgesellschaften bis zum 15. Oktober 2016 die Anzahl ihrer Abschlussprüfungsaufträge bei Unternehmen von öffentlichem Interesse im Kalenderjahr 2015 und die Honorarsumme für abgerechnete Abschlussprüfungsaufträge im Kalenderjahr 2015 für Abschlussprüfungen bei Unternehmen von öffentlichem Interesse an die APAB zu melden. Der Vorauszahlungsbetrag ist unter Zugrundelegung der Berechnung gemäß § 21 Abs. 2 und Abs. 4 zu ermitteln. Die ermittelten Einzelbeträge sind um 50 vH zu kürzen und den Abschlussprüfern und Prüfungsgesellschaften mit Bescheid zur Zahlung vorzuschreiben. Einem dagegen eingebrachten Rechtsmittel kommt keine aufschiebende Wirkung zu.

(9) Das Bundesministerium für Wissenschaft, Forschung und Wirtschaft hat für das Geschäftsjahr 2016 eine Zahlung gemäß § 21 Abs. 4 von 300 000 Euro binnen vierzehn Tagen nach Aufforderung durch den Vorstand der APAB auf das vom Vorstand der APAB zu nennende Bankkonto der APAB zu leisten.

(10) Der Bundesminister für Wissenschaft, Forschung und Wirtschaft und der Bundesminister für Finanzen sind berechtigt, der APAB bewegliches und unbewegliches Vermögen des Bundes als Sachausstattung der Aufsicht zur Verfügung zu stellen.

(11) Die nach den Bestimmungen des Abschlussprüfungs-Qualitätssicherungsgesetzes (A-QSG), BGBl. Nr. 84/2005 anerkannten Qualitätsprüfer gelten mit dem Beginn der behördlichen Zuständigkeit der APAB als Qualitätssicherungsprüfer im Sinne dieses Bundesgesetzes. Diese haben, wenn sie nach Beginn der behördlichen Zuständigkeit der APAB Qualitätssicherungsprüfungsaufträge annehmen wollen, den Verwaltungskostenbeitrag gemäß § 26 Abs. 2 Z 5 zu entrichten.

(12) Bis zum 30. September 2016 nach den Bestimmungen des A-QSG erteilte Bescheinigungen behalten jedenfalls ihre Gültigkeit bis zum Ablauf der in der Bescheinigung festgelegten Frist von sechs Jahren. Eine allfällige Fristverkürzung gemäß § 16 Abs. 2 Z 2 A-QSG ist zu berücksichtigen. Die in den bescheidmäßig ausgestellten Bescheinigungen enthaltene Befristung gemäß § 4 Abs. 1 A-QSG auf drei Jahre verliert ihre Wirkung. Für im Zeitpunkt der Verlautbarung dieses Bundesgesetzes im Bundesgesetzblatt aufrechte Bescheinigungen, deren Befristung auf sechs Jahre bis spätestens zum 31. März 2017 abläuft, wird die Ablauffrist für höchstens neun Monate verlängert, sofern der Antrag auf Ausstellung einer neuen Bescheinigung bis zum Datum der ursprünglich vorgesehenen Ablauffrist gestellt wird und vorher keine neue Bescheinigung durch die zuständige Behörde ausgestellt wird.

(13) Die mit Beginn der behördlichen Zuständigkeit der APAB noch nicht abgeschlossenen Verfahren nach dem A-QSG sind von der APAB weiterzuführen. Die Strafbarkeit von Verletzungen der Vorschriften des A-QSG, die vor dem 1. Oktober 2016 begangen wurden, ist nach dem zur Zeit der Tat geltenden Recht zu beurteilen.

(14) Für die mit Beginn der behördlichen Zuständigkeit der APAB noch nicht abgeschlossenen Rechtsmittelverfahren vor dem Bundesverwaltungsgericht, in denen die Qualitätskontrollbehörde gemäß § 18c Abs. 2 A-QSG Amtsparteistellung innehatte, kommt der APAB diese Amtsparteistellung zu.

(15) Die Qualitätskontrollbehörde ist mit Ablauf des 30. September 2016 aufgelöst.

(16) Der Arbeitsausschuss für externe Qualitätsprüfungen ist mit Ablauf des 30. September 2016 aufgelöst.

(17) Die Funktionsperiode der vom Bundeskanzler gemäß § 9 Abs. 3 in der Fassung des Bundesgesetzes BGBl. I Nr. 83/2016 bestellten Mitglieder des Aufsichtsrates endet mit Ablauf von zwei Monaten nach Inkrafttreten des § 9 Abs. 3 in der Fassung des Bundesgesetzes BGBl. I Nr. 30/2018. *(BGBl I 2018/30)*

Inkrafttreten

§ 85. „(1)" § 23 bis § 78 treten mit 1. Oktober 2016 in Kraft. *(BGBl I 2017/107)*

(2) § 73 Abs. 4, § 75 Abs. 1 und 2, § 76 Abs. 1 und 2 und § 79 Abs. 1 Z 5 in der Fassung des Bundesgesetzes BGBl. I Nr. 107/2017 treten mit 3. Jänner 2018 in Kraft. *(BGBl I 2017/107)*

Außerkrafttreten

§ 86. Das A-QSG und die Abschlussprüfungs-Qualitätssicherungsrichtlinie (A-QSRL), BGBl. II Nr. 251/2006, treten mit Ablauf des 30. September 2016 außer Kraft.

Vollziehung

§ 87. Mit der Vollziehung des § 6 Abs. 2 ist die Bundesregierung betraut. Mit der Vollziehung des § 9 Abs. 3 und 5 „sind" der Bundesminister für Finanzen und der Bundesminister für Wissenschaft, Forschung und Wirtschaft betraut. Mit der Vollziehung der übrigen Bestimmungen dieses Bundesgesetzes ist der Bundesminister für Finanzen betraut. *(BGBl I 2018/30)*

1/3a. APAB-Inspektionsfinanzierungsverordnung – APAB-IFV 2017

BGBl II 2017/149

Verordnung der Abschlussprüferaufsichtsbehörde über die Finanzierung der Kosten im Zusammenhang mit Inspektionen der Abschlussprüferaufsichtsbehörde (APAB-Inspektionsfinanzierungsverordnung – APAB-IFV)

Aufgrund des § 21 Abs. 8 des Abschlussprüfer-Aufsichtsgesetzes – APAG, BGBl. I Nr. 83/2016, wird mit Zustimmung des Bundesministers für Finanzen verordnet:

§ 1. Der jährliche Beitrag für die Finanzierung der Kosten im Zusammenhang mit Inspektionen (Inspektionsfinanzierungsbeitrag) gemäß § 21 Abs. 2 APAG setzt sich zusammen aus

1. einem Beitrag für jeden im vorangegangenen Kalenderjahr von Abschlussprüfern und Prüfungsgesellschaften übernommenen Einzel- und Konzernabschlussprüfungsauftrag bei Unternehmen von öffentlichem Interesse und

2. einem Beitrag für die im vorangegangenen Kalenderjahr für Einzel- und Konzernabschlussprüfungsaufträge bei Unternehmen von öffentlichem Interesse in Rechnung gestellte Honorarsumme in Höhe der Differenz zwischen dem vom Aufsichtsrat für das laufende Kalenderjahr genehmigten Budget, höchstens jedoch einem genehmigten Budget von 600 000 Euro, für den Rechnungskreis Inspektionen der Behörde gemäß § 20 Abs. 1 Z 1 APAG und der Gesamtsumme der Beiträge gemäß Z 1.

§ 2. Als Beitrag gemäß § 1 Z 1 ist den Abschlussprüfern und Prüfungsgesellschaften von der Abschlussprüferaufsichtsbehörde (APAB) für die ersten fünf Prüfungsaufträge ein Betrag in Höhe von 300 Euro je Prüfungsauftrag sowie ein Betrag in Höhe von 1 500 Euro für jeden weiteren Prüfungsauftrag mit Bescheid vorzuschreiben.

§ 3. Als Beitrag gemäß § 1 Z 2 ist den Abschlussprüfern und Prüfungsgesellschaften von der APAB mit Bescheid ein Betrag vorzuschreiben, der sich errechnet aus dem prozentuellen Anteil der von dem jeweiligen Abschlussprüfer oder der jeweiligen Prüfungsgesellschaft im vorangegangenen Kalenderjahr für Einzel- und Konzernabschlussprüfungsaufträge bei Unternehmen von öffentlichem Interesse in Rechnung gestellten Honorarsumme an dem gemäß § 1 Z 2 errechneten Gesamtbetrag.

§ 4. Für den Inspektionsfinanzierungsbeitrag für das Kalenderjahr 2016 sind die aufgrund der für das Kalenderjahr 2015 abgegebenen Meldungen und des vom Aufsichtsrat für das Kalenderjahr 2017 genehmigten Budgets gemäß den §§ 1 bis 3 errechneten Einzelbeiträge gemäß § 84 Abs. 8 APAG um 50 vH zu kürzen.

§ 5. Diese Verordnung tritt mit dem der Veröffentlichung im Bundesgesetzblatt folgenden Tag in Kraft.

1/3b. APAB-Untersuchungskostenverordnung – APAB-UKV 2017

BGBl II 2017/216

Verordnung der Abschlussprüferaufsichtsbehörde über die Kosten von Untersuchungen gemäß § 61 APAG (APAB-Untersuchungskostenverordnung – APAB-UKV)

Aufgrund des § 21 Abs. 10 des Abschlussprüfer-Aufsichtsgesetzes – APAG, BGBl. I Nr. 83/2016, wird mit Zustimmung des Bundesministers für Finanzen verordnet:

§ 1. Die Kosten einer Untersuchung gemäß § 61 APAG sind von dem der Untersuchung unterzogenen Abschlussprüfer oder der der Untersuchung unterzogenen Prüfungsgesellschaft auf Basis von Stundensätzen zu tragen. Die Pflicht zum Kostenersatz für Untersuchungshandlungen der Abschlussprüferaufsichtsbehörde (APAB) entsteht mit der Mitteilung der APAB, dass der Bedarf einer Untersuchung durch die APAB festgestellt wurde, und endet mit der Mitteilung der Einstellung der Untersuchung, dem Widerruf der Anerkennung als Qualitätssicherungsprüfer gemäß § 26 Abs. 8 APAG, dem Widerruf der Bescheinigung gemäß § 40 APAG, dem Entzug der Bescheinigung gemäß § 41 APAG oder der Verhängung einer Sanktion gemäß § 62 APAG.

§ 2. Der Stundensatz beträgt

1. für mit der Funktion „Gruppenverantwortlicher" betraute Mitarbeiter der APAB 200 Euro,

2. für mit der Funktion „Referent" betraute Mitarbeiter der APAB 150 Euro,

3. für von der APAB beigezogene Sachverständige 200 Euro.

§ 3. Die Höhe des Kostenersatzes für Reisetätigkeiten für Mitarbeiter der APAB und für Sachverständige ist unter Anwendung der § 1 Abs. 1 lit. a und b, Abs. 2 lit. a, Abs. 3 und Abs. 5, § 2 Abs. 1 lit. b, § 2 Abs. 2 und Abs. 5 erster Satz, § 4 Z 1 und Z 2, §§ 5 bis 9, § 10 Abs. 1 bis 6, § 11 Abs. 1 und 2, §§ 12 bis 19 und § 20 Abs. 1 und 2 der Reisegebührenvorschrift 1955, BGBl. Nr. 133/1955 in der Fassung BGBl. I Nr. 64/2016, (Reisegebührenvorschrift 1955) festzulegen. Dabei sind § 5 Abs. 1 und § 16 Abs. 6, § 7 Abs. 2 und § 10 Abs. 2 sowie § 6 Abs. 1 der Reisegebührenvorschrift 1955 mit der Maßgabe anzuwenden, dass anstelle des Dienstauftrags, der Bestätigung der vorgesetzten Dienststelle oder der Bewilligung des Bundesministers die Bewilligung durch den Vorstand der APAB tritt, welche unter Einhaltung der Grundsätze der Zweckmäßigkeit und Sparsamkeit zu erfolgen hat. § 17 Abs. 3 Z 1 bis 3 sowie § 18 Abs. 3 Z 3 der Reisegebührenvorschrift 1955 ist anzuwenden, wenn die Verpflegung oder Unterkunft von einer anderen Stelle als der APAB unentgeltlich beigestellt wird.

§ 4. Dienstreisen in das Ausland dürfen nur in dem Umfang durchgeführt werden, in dem sie unter Bedachtnahme auf Zweckmäßigkeit und Sparsamkeit erforderlich sind. Neben den in § 3 aufgezählten Bestimmungen sind dabei auch die § 25a Abs. 1 lit. b, § 25b Abs. 2 und 3 sowie § 25d der Reisegebührenvorschrift 1955 anzuwenden. § 25c Abs. 1 der Reisegebührenvorschrift 1955 ist mit der Maßgabe anzuwenden, dass zur Berechnung der Reisezulage die Gebührenstufe 3 in Verbindung mit § 13 Abs. 1 der Reisegebührenvorschrift 1955 in der Fassung BGBl. I Nr. 153/2009 heranzuziehen ist. Sollte mit Rücksicht auf die Verhältnisse des Landes, in das die Dienstreise führt oder das bei der Dienstreise durchfahren wird, mit der Nächtigungsgebühr gemäß § 13 Abs. 1 der Reisegebührenvorschrift 1955 in der Fassung BGBl. I Nr. 153/2009 nicht das Auslangen gefunden werden, sind die tatsächlichen unter Bedachtnahme auf Zweckmäßigkeit und Sparsamkeit angefallenen Kosten für die Unterkunft heranzuziehen.

§ 5. Die APAB hat dem der Untersuchung unterzogenen Abschlussprüfer oder der der Untersuchung unterzogenen Prüfungsgesellschaft die Kosten nach Abschluss der Untersuchung mit Rechnung vorzuschreiben. Die Forderung der APAB wird zwei Wochen nach Zustellung der Rechnung fällig. Sofern eine Untersuchung länger als drei Monate dauert, hat durch die APAB jedenfalls eine Vorschreibung der Kosten am Ende jeden Kalenderquartals für die jeweils vorangegangenen drei Monate zu erfolgen.

§ 6. Diese Verordnung tritt mit dem der Veröffentlichung im Bundesgesetzblatt folgenden Tag in Kraft.

1/3c. APAB-Qualitätssicherungsprüfberichtsverordnung – APAB-QPBV

BGBl II 2017/371

Verordnung der Abschlussprüferaufsichtsbehörde über den Aufbau und die inhaltliche Gestaltung des schriftlichen Prüfberichts des Qualitätssicherungsprüfers (APAB-Qualitätssicherungsprüfberichtsverordnung – APAB-QPBV)

Aufgrund des § 34 des Abschlussprüfer-Aufsichtsgesetzes – APAG, BGBl. I Nr. 83/2016, zuletzt geändert durch das Bundesgesetz BGBl. I Nr. 107/2017, wird verordnet:

§ 1. Der schriftliche Prüfbericht hat sich am folgenden Aufbau zu orientieren und jedenfalls folgende Angaben zu enthalten:

1. Auftrag und Auftragsgegenstand

1.1. Auftragserteilung und –durchführung

1.2. Prüfungszeitraum

1.3. Angaben zum Qualitätssicherungsprüfer

1.4. Bestätigung der Unabhängigkeit gemäß § 30 APAG

2. Angaben zu dem/den Antragsteller(n) (Abschlussprüfer oder Prüfungsgesellschaft(en) bzw. gemeinsamer Prüfungsbetrieb)

3. Planung der Qualitätssicherungsprüfung

3.1. Qualitätsumfeld sowie Feststellung und Beurteilung qualitätsgefährdender Risiken

3.2. Risikobeurteilung und Planung der Qualitätssicherungsprüfung

4. Prüfung der Regelungen zur allgemeinen Organisation des Prüfungsbetriebes (internes Qualitätssicherungssystem)

4.1. Überblick über die Regelungen zur allgemeinen Organisation des Prüfungsbetriebes

4.2. Einhaltung der allgemeinen Berufsgrundsätze gemäß § 23 Abs. 2 Z 1 lit a APAG

4.2.1. Feststellungen

4.2.2. Maßnahmenempfehlungen

4.3. Grundsätze der Honorarkalkulation

4.4. Annahme, Fortführung und vorzeitige Beendigung von Aufträgen gemäß § 23 Abs. 2 Z 1 lit. b APAG

4.4.1. Feststellungen

4.4.2. Maßnahmenempfehlungen

4.5. Mitarbeiterentwicklung gemäß § 23 Abs. 2 Z 1 lit. c APAG

4.5.1. Feststellungen

4.5.2. Maßnahmenempfehlungen

4.6. Gesamtplanung aller Aufträge gemäß § 23 Abs. 2 Z 1 lit. d APAG

4.6.1. Feststellungen

4.6.2. Maßnahmenempfehlungen

4.7. Ausreichender Versicherungsschutz gemäß § 23 Abs. 2 Z 1 lit. e APAG

4.7.1. Feststellungen

4.7.2. Maßnahmenempfehlungen

4.8. Umgang mit Beschwerden und Vorwürfen gemäß § 23 Abs. 2 Z 1 lit. f APAG

4.8.1. Feststellungen

4.8.2. Maßnahmenempfehlungen

4.9. Einhaltung der kontinuierlichen Fortbildungsverpflichtung gemäß § 23 Abs. 2 Z 1 lit. g APAG in Verbindung mit § 56 APAG

4.9.1. Feststellungen

4.9.2. Maßnahmenempfehlungen

5. Prüfung der Regelungen zur Auftragsabwicklung

5.1. Überblick über die Regelungen zur Auftragsabwicklung

5.2. Beurteilung der Angemessenheit

5.2.1. Organisation der Auftragsabwicklung und Anleitung des Auftragsteams sowie Einhaltung der gesetzlichen Vorschriften und der fachlichen Regelungen für die Auftragsabwicklung gemäß § 23 Abs. 2 Z 2 lit. a bis c APAG

5.2.1.1. Feststellungen

5.2.1.2. Maßnahmenempfehlungen

5.2.2. Einholung von fachlichem Rat (Konsultation) und Auslagerung von Prüfungstätigkeiten gemäß § 23 Abs. 2 Z 2 lit. d APAG

5.2.2.1. Feststellungen

5.2.2.2. Maßnahmenempfehlungen

5.2.3. Laufende Überwachung der Auftragsabwicklung gemäß § 23 Abs. 2 Z 2 lit. e APAG

5.2.3.1. Feststellungen

5.2.3.2. Maßnahmenempfehlungen

5.2.4. Abschließende Durchsicht der Arbeitsergebnisse gemäß § 23 Abs. 2 Z 2 lit. f APAG

5.2.4.1. Feststellungen

5.2.4.2. Maßnahmenempfehlungen

5.2.5. Auftragsbegleitende Qualitätssicherung gemäß § 23 Abs. 2 Z 2 lit. g APAG

5.2.5.1. Feststellungen

5.2.5.2. Maßnahmenempfehlungen

5.2.6. Lösung von Meinungsverschiedenheiten gemäß § 23 Abs. 2 Z 2 lit. h APAG

5.2.6.1. Feststellungen

5.2.6.2. Maßnahmenempfehlungen

5.2.7. Ausgestaltung, Abschluss und Archivierung der Arbeitspapiere gemäß § 23 Abs. 2 Z 2 lit. i APAG

5.2.7.1. Feststellungen

5.2.7.2. Maßnahmenempfehlungen

5.3. Beurteilung der Wirksamkeit

5.3.1. Feststellungen im Zusammenhang mit der Planung und Risikoeinschätzung

5.3.2. Feststellungen im Zusammenhang mit der Erlangung von Prüfungsnachweisen

5.3.3. Feststellungen im Zusammenhang mit sonstigen verpflichtenden Prüfungshandlungen

5.3.4. Feststellungen im Zusammenhang mit der Darstellung des Abschlusses

5.3.5. Feststellungen im Zusammenhang mit der abschließenden Durchsicht der Auftragsergebnisse und dem Abschluss der Arbeitspapiere

6. Prüfung der Regelungen zur Überwachung der Angemessenheit und Wirksamkeit des Qualitätssicherungssystems (Interne Nachschau) gemäß § 23 Abs. 2 Z 3 APAG

6.1. Überblick über die Regelungen zur Überwachung der Angemessenheit und Wirksamkeit des Qualitätssicherungssystems

6.2. Feststellungen

6.3. Maßnahmenempfehlungen

7. Sonstige Angaben

7.1. Einhaltung der Meldepflichten gemäß APAG

7.2. Hinweise auf möglicherweise verwirklichte Tatbestände gemäß § 41 Abs. 1 APAG

7.3. Prüfhemmnisse und deren Auswirkungen

7.4. Sonstige Anmerkungen und Hinweise des Qualitätssicherungsprüfers

8. Zusammenfassende Einschätzung

§ 2. (1) Der schriftliche Prüfbericht hat sich zweckmäßigerweise an dem auf der Internetseite der APAB veröffentlichten Musterprüfbericht zu orientieren.

(2) Feststellungen gemäß § 1 haben neben der Beschreibung des festgestellten Mangels jedenfalls die Angabe der übertretenen Norm (Gesetz oder berufsständische Regelungen), die Einstufung der Schwere des festgestellten Mangels und die Angabe der Ursachen zu enthalten. Bei den Kapiteln 4.2 bis 4.9, 5.2.1. bis 5.2.7. und 6. ist nach den Feststellungen eine Gesamteinstufung des jeweiligen funktionellen Bereiches vorzunehmen.

(3) Unter dem Punkt Maßnahmenempfehlungen können, sofern erforderlich, Empfehlungen zur Beseitigung der festgestellten Mängel angegeben werden.

§ 3. Diese Verordnung tritt mit 1. Jänner 2018 in Kraft. Die Verordnung gilt für Qualitätssicherungsprüfberichte für nach dem Inkrafttreten neu eingebrachte Anträge auf Bestellung eines Qualitätssicherungsprüfers.

1/3d. APAB-Dreiervorschlagsverordnung – APAB-DVV

BGBl II 2017/395

Verordnung der Abschlussprüferaufsichtsbehörde zu den von zu überprüfenden Abschlussprüfern oder Prüfungsgesellschaften bereitzustellenden Informationen zur Beurteilung des Antrages auf Bestellung eines Qualitätssicherungsprüfers (APAB-Dreiervorschlagsverordnung – APAB-DVV)

Aufgrund des § 29 Abs. 5 des Abschlussprüfer-Aufsichtsgesetzes – APAG, BGBl. I Nr. 83/2016, zuletzt geändert durch das Bundesgesetz BGBl. I Nr. 107/2017, wird mit Zustimmung des Bundesministers für Finanzen verordnet:

§ 1. (1) Der Abschlussprüferaufsichtsbehörde (APAB) sind von dem zu überprüfenden Abschlussprüfer oder der zu überprüfenden Prüfungsgesellschaft zur Prüfung des Antrags gemäß § 29 Abs. 1 APAG (Dreiervorschlag) für jeden der vorgeschlagenen Qualitätssicherungsprüfer folgende Informationen zu übermitteln:

1. Informationen gemäß § 1 Abs. 1 oder Abs. 2 der APAB-Angebotsinformationsverordnung, BGBl. II Nr. 396/2017, in der jeweils geltenden Fassung,

2. Name und Anschrift des verantwortlichen Qualitätssicherungsprüfers sowie Namen der qualifizierten Assistenten,

3. die jeweiligen Stundensätze und die veranschlagten Stunden für den Qualitätssicherungsprüfer und die qualifizierten Assistenten,

4. Honorar für die Qualitätssicherungsprüfung,

5. Regelungen zu allfälligen Werkverträgen und

6. das Angebot des vorgeschlagenen Qualitätssicherungsprüfers.

(2) Der Antrag auf Bestellung eines Qualitätssicherungsprüfers ist unter ausschließlicher Verwendung des von der APAB auch über deren Internetseite zur Verfügung gestellten Formulars zu übermitteln.

§ 2. Diese Verordnung tritt mit 1. Jänner 2018 in Kraft. Die Verordnung gilt für nach dem Inkrafttreten neu eingebrachte Anträge auf Bestellung eines Qualitätssicherungsprüfers.

Anlage zu § 1 Abs. 2

APAB
Abschlussprüferaufsichtsbehörde

Angaben gemäß APAB-Dreiervorschlagsverordnung (APAB-DVV)

Hinweis: Alle Angaben sind Pflichtangaben, soweit nicht ausdrücklich anders angegeben.

Name/Firma des vorgeschlagenen Qualitätssicherungsprüfers:

1. Name und Anschrift des verantwortlichen Qualitätssicherungsprüfers sowie Namen der qualifizierten Assistenten

	Name	Anschrift
Verantwortlicher Qualitätssicherungsprüfer:		

	Name	Berufsbefugnis*
Qualifizierter Assistent 1:		
Qualifizierter Assistent 2:		
Qualifizierter Assistent 3:		
Qualifizierter Assistent 4:		
Qualifizierter Assistent 5:		

*Qualifizierter Assistent ist gemäß § 2 Z 24 APAG ein im Rahmen einer Qualitätssicherungsprüfung mitwirkender Wirtschaftsprüfer, Steuerberater oder Berufsanwärter, der mindestens drei Jahren Berufserfahrung hat und davon mindestens 50 % in der Abschlussprüfung tätig war.

2. Honorar und Stundensätze

	Stunden	Stundensatz	Honorar	im Werkvertrag tätig
Verantwortlicher Qualitätssicherungsprüfer:				
Qualifizierter Assistent 1:				
Qualifizierter Assistent 2:				
Qualifizierter Assistent 3:				
Qualifizierter Assistent 4:				
Qualifizierter Assistent 5:				
Summe:				

Gesamthonorar:*	

*Gesamthonorar inklusive einkalkulierter Reisezeiten, Assistenztätigkeiten u.a.

Seite 1 von 2

3. Regelungen zu allfälligen Werkverträgen*

*Angabe der speziellen Auftragsteile, welche im Werkvertrag vergeben werden.

4. Angebot des jeweils vorgeschlagenen Qualitätssicherungsprüfers

(Bitte als Anlage anschließen!)

Seite 2 von 2

1/3e. APAB-Angebotsinformationsverordnung – APAB-AIV

BGBl II 2017/396

Verordnung der Abschlussprüferaufsichtsbehörde über die von zu überprüfenden Abschlussprüfern oder Prüfungsgesellschaften bereitzustellenden Informationen für die Angebotserstellung durch potentielle Qualitätssicherungsprüfer (APAB-Angebotsinformationsverordnung – APAB-AIV)

Aufgrund des § 29 Abs. 4 des Abschlussprüfer-Aufsichtsgesetzes – APAG, BGBl. I Nr. 83/2016, zuletzt geändert durch das Bundesgesetz BGBl. I Nr. 107/2017, wird mit Zustimmung des Bundesministers für Finanzen verordnet:

§ 1. (1) Der zu überprüfende Abschlussprüfer oder die zu überprüfende Prüfungsgesellschaft hat den potentiellen Qualitätssicherungsprüfern für die Angebotserstellung jedenfalls folgende Informationen bereitzustellen:

1. Angaben zur Mandantenstruktur der durchgeführten Abschlussprüfungen gemäß § 2 Z 1 APAG, insbesondere hinsichtlich Rechtsform, Größenklasse gemäß § 221 Abs. 1 bis 6 iVm § 271a Abs. 1 des Unternehmensgesetzbuches (UGB), dRGBl. S 219/1897 in der Fassung des Bundesgesetzes BGBl. I Nr. 107/2017, und Branche,

2. Anzahl der im vorangegangenen Geschäftsjahr erbrachten Leistungsstunden für durchgeführte Abschlussprüfungen gemäß § 2 Z 1 APAG getrennt nach Stunden für Abschlussprüfungen bei Unternehmen von öffentlichem Interesse und anderen Abschlussprüfungen,

3. Angaben zu den durchgeführten Abschlussprüfungen gemäß § 2 Z 1 APAG durch Aufgliederung der im vorangegangenen Geschäftsjahr erbrachten Leistungsstunden,

4. Anzahl der im vorangegangenen Geschäftsjahr von mehr als einem Abschlussprüfer oder mehr als einer Prüfungsgesellschaft gemeinsam durchgeführten Abschlussprüfungen gemäß § 2 Z 1 APAG,

5. Anzahl der im vorangegangenen Geschäftsjahr durchgeführten Abschlussprüfungen von Konzernen gemäß § 2 Z 1 APAG aufgeschlüsselt nach nationalen und internationalen Rechnungslegungsstandards,

6. Anzahl der Standorte (Berufssitz, Zweigstellen oder ausgelagerte Abteilungen) des Prüfungsbetriebes gemäß § 2 Z 11 APAG,

7. Mitarbeiterstruktur im Prüfungsbetrieb, insbesondere die Anzahl der im Prüfungsbetrieb tätigen Wirtschaftsprüfer, eingetragenen Revisoren und Prüfer des Sparkassen-Prüfungsverbandes mit Auftragsverantwortung, aufgegliedert nach Standorten,

8. Angaben zu einem allfällig vorhandenen Netzwerk oder einem sonstigen beruflichen Zusammenwirken.

(2) Bei einer freiwilligen Qualitätssicherungsprüfung gemäß § 23 Abs. 5 APAG sind die Informationen des Abs. 1 Z 1 bis 8 bereitzustellen, wobei an die Stelle der Abschlussprüfungen gemäß § 2 Z 1 APAG Angaben zu den nicht dem APAG unterliegenden Jahresabschluss- und Konzernabschlussprüfungen treten.

(3) Die Informationen gemäß § 1 Abs. 1 Z 1 bis 8 sind den potentiellen Qualitätssicherungsprüfern ausschließlich anhand des von der Abschlussprüferaufsichtsbehörde (APAB) auch über deren Internetseite zur Verfügung gestellten Formulars bereitzustellen.

§ 2. Diese Verordnung tritt mit 1. Jänner 2018 in Kraft. Die Verordnung gilt für nach dem Inkrafttreten neu erstellte Angebote.

Anlage zu § 1 Abs. 3

Anlage zu § 1 Abs. 3

APAB Abschlussprüferaufsichtsbehörde

Angaben gemäß APAB-Angebotsinformationsverordnung (APAB-AIV)

Hinweis: Alle Angaben sind Pflichtangaben, soweit nicht ausdrücklich anders angegeben.

Name/Firma und Anschrift des/der zu überprüfenden Abschlussprüfer(s) oder Prüfungsgesellschaft(en):

1. Angaben zur Mandantenstruktur

a) Rechtsform und Größenklasse

		davon*			
	Anzahl	5fach groß	groß	mittel	klein
Aktiengesellschaften					
Gesellschaften mit beschränkter Haftung					
kapitalistische Personengesellschaften (§ 189 Abs. 1 Z 2 UGB)					
Genossenschaften					
Vereine gemäß VAG 2016					
Sonstige Vereine**					
Stiftungen**					
Sonstige** (z.B. freiwillige Jahresabschlussprüfungen)					
Summe					

*Die Definition der Größenklassen ergibt sich aus § 221 Abs. 1 bis 3 UGB. „5fach-groß" ist keine Größenklasse im Sinne des § 221 UGB, sondern ein Merkmal mit erhöhten Unabhängigkeitsanforderungen (§ 271a UGB). Die Anzahl solcher Mandate ist jedoch ein Hinweis auf die Größe und Komplexität des Prüfungsbetriebes, weshalb solche Mandate gesondert anzugeben und nicht in die Anzahl der Mandate mit der Größenklasse „groß" einzurechnen sind.

**Nur anzugeben bei Beantragung einer freiwilligen Qualitätssicherungsprüfung gemäß § 23 Abs. 5 APAG. Bitte beachten Sie die Definition von „Abschlussprüfungen" gemäß § 2 Z 1 APAG.

b) Branche

	Anzahl
Banken	
Versicherungen	
Industrie	
Handel	

Seite 1 von 3

Gewerbe und Handwerk	
Transport und Verkehr	
Tourismus und Freizeitwirtschaft	
Information und Consulting	

2. Anzahl der im vorangegangenen Geschäftsjahr erbrachten Leistungsstunden für Abschlussprüfungen

	Anzahl der Mandate	Leistungsstunden
bei Unternehmen von öffentlichem Interesse		
bei anderen Unternehmen		
Summe		

3. Aufgliederung der im vorangegangenen Geschäftsjahr erbrachten Leistungsstunden pro Jahresabschlussprüfung und Konzernabschlussprüfung

	Anzahl
weniger als 200 Stunden	
201 - 500 Stunden	
501 - 1.000 Stunden	
mehr als 1.000 Stunden	
Summe	

4. Anzahl der im vorangegangenen Geschäftsjahr von mehr als einem Abschlussprüfer durchgeführten Abschlussprüfungen

	Anzahl
Gemeinschaftsprüfungen („Joint Audit")	

5. Anzahl der im vorangegangenen Geschäftsjahr durchgeführten Abschlussprüfungen von Konzernen

	Anzahl
nationale Rechnungslegungsstandards	
internationale Rechnungslegungsstandards	
Summe	

Seite 2 von 3

6. Anzahl der Standorte (Berufssitz, Zweigstellen oder ausgelagerte Abteilungen) des Prüfungsbetriebs

	Anzahl
Standorte	

7. Mitarbeiterstruktur des Prüfungsbetriebs pro Standort

Standort	1	2	3	4	5	6
	Anzahl	Anzahl	Anzahl	Anzahl	Anzahl	Anzahl
Gesamtzahl der im Prüfungsbetrieb tätigen Mitarbeiter (fachliche und nichtfachliche Mitarbeiter), davon						
Wirtschaftsprüfer, Revisoren und Prüfer des Sparkassen-Prüfungsverbandes mit Auftragsverantwortung						
fachliche Mitarbeiter, die maßgeblich in leitender Funktion an der Durchführung von Abschlussprüfungen mitwirken						
fachliche Mitarbeiter, die nicht maßgeblich in leitender Funktion an der Durchführung von Abschlussprüfungen mitwirken						
nichtfachliche Mitarbeiter						

8. Angaben zu einem allfällig vorhandenen Netzwerk oder einem sonstigen beruflichen Zusammenwirken

Hiermit wird die Vollständigkeit und Richtigkeit der gemachten Angaben bestätigt.

Datum:______________ Firmenmäßige Fertigung/Unterschrift:____________________________

Seite 3 von 3

1/4. Sonderrechnungslegungsgesetz

BGBl I 2007/14

GLIEDERUNG

Bundesgesetz über Sonderrechnungslegungsvorschriften für Unternehmen, die zu einer getrennten Buchführung verpflichtet sind (Sonderrechnungslegungsgesetz – SRLG)

Ziel

§ 1. Ziel dieses Bundesgesetzes ist es, die Transparenz der finanziellen Beziehungen zwischen Stellen der öffentlichen Hand und Unternehmen, die unter dieses Bundesgesetz fallen sowie die finanzielle Transparenz innerhalb dieser Unternehmen zu gewährleisten und dadurch Wettbewerbsverzerrungen in Form von Quersubventionierungen verfolgen zu können.

Geltungsbereich

§ 2. Dieses Bundesgesetz gilt für

1. öffentliche Unternehmen und

2. private Unternehmen

a) denen zur Ausübung bestimmter Tätigkeiten besondere oder ausschließliche Rechte im Sinne von § 4 Z 3 und 4 gewährt werden, oder

b) die mit Dienstleistungen von allgemeinem wirtschaftlichem Interesse im Sinne von § 4 Z 5 betraut sind,

und die hierfür öffentliche Leistungen in unterschiedlicher Form (einschließlich staatliche Beihilfen, Abgeltungen und Ausgleichszahlungen) erhalten, die nicht für einen angemessenen Zeitraum im Rahmen eines offenen, transparenten und nicht diskriminierenden Verfahrens festgesetzt wurden.

Ausnahmen vom Geltungsbereich

§ 3. (1) Dieses Bundesgesetz gilt nicht für private Unternehmen, die neben den Tätigkeiten im Sinne des § 2 Z 2 keine weiteren Geschäftstätigkeiten ausüben.

(2) Dieses Bundesgesetz gilt weder für öffentliche noch private Unternehmen,

1. deren Tätigkeit nach Art und Umfang nicht geeignet ist, den Handel zwischen den Mitgliedstaaten der Europäischen Union merklich zu beeinträchtigen, oder

2. die in den letzten beiden abgeschlossenen Geschäftsjahren Umsatzerlöse im Sinne des § 232 Abs. 1 Unternehmensgesetzbuch, dR GBl. S. 219/1897, in der jeweils geltenden Fassung, von jeweils weniger als 40 Millionen Euro erzielt haben. Bei Kreditinstituten tritt an die Stelle der Umsatzerlöse eine Bilanzsumme von 800 Millionen Euro.

Begriffsbestimmungen

§ 4. Im Sinne dieses Bundesgesetzes sind

1. Stellen der öffentlichen Hand:

a) der Bund, die Länder, die Gemeinden und andere gesetzlich eingerichtete Selbstverwaltungskörperschaften,

b) Einrichtungen, die

– zu dem besonderen Zweck gegründet wurden, im Allgemeininteresse liegende Aufgaben zu erfüllen und

– überwiegend von Stellen der öffentlichen Hand gemäß lit. a, anderen Einrichtungen gemäß lit. b oder Verbänden gemäß lit. c finanziert werden oder die hinsichtlich ihrer Leitung der Aufsicht durch diese unterliegen oder deren Verwaltungs-, Leitungs- oder Aufsichtsorgan mehrheitlich aus Mitgliedern besteht, die von Stellen der öffentlichen Hand gemäß lit. a, anderen Einrichtungen gemäß lit. b oder Verbänden gemäß lit. c ernannt worden sind,

c) Verbände, die sich überwiegend aus zwei oder mehreren Stellen der öffentlichen Hand gemäß lit. a oder b zusammensetzen;

2. öffentliches Unternehmen: jedes Unternehmen, auf das die öffentliche Hand aufgrund Eigentums, finanzieller Beteiligung, Satzung oder sonstiger Bestimmungen, die die Tätigkeit des Unternehmens regeln, mittel- oder unmittelbar einen beherrschenden Einfluss ausüben kann, indem es

a) die Mehrheit des gezeichneten Kapitals des Unternehmens besitzt oder

b) über die Mehrheit der mit den Anteilen des Unternehmens verbundenen Stimmrechte verfügt oder

c) mehr als die Hälfte der Mitglieder des Verwaltungs-, Leistungs- oder Aufsichtsorgans des Unternehmens bestellen kann;

3. ausschließliche Rechte: Rechte zur Ausübung einer Dienstleistung oder sonstigen Tätigkeit in einem bestimmten Gebiet, die durch Rechts- oder Verwaltungsvorschriften einem einzigen Unternehmen vorbehalten sind;

4. besondere Rechte:

a) Rechte zur Ausübung einer Dienstleistung oder sonstigen Tätigkeit in einem bestimmten Gebiet, die durch Rechts- oder Verwaltungsvorschriften

- einer auf zwei oder mehr begrenzten Anzahl von Unternehmen vorbehalten sind, ohne dass die zahlenmäßige Begrenzung oder die Auswahl der berechtigten Unternehmen auf objektiven, angemessenen und nicht diskriminierenden Kriterien beruht, oder
- mehreren konkurrierenden Unternehmen nach anderen als solchen Kriterien eingeräumt werden, um eine Leistung zu erbringen oder eine Tätigkeit zu betreiben, oder

b) Vorteile, die einem oder mehreren Unternehmen nach anderen als solchen Kriterien durch Rechts- oder Verwaltungsvorschriften eingeräumt werden und die Fähigkeit anderer Unternehmen, die gleiche Tätigkeit in demselben Gebiet unter im Wesentlichen gleichen Bedingungen zu leisten, wesentlich beeinträchtigen;

5. Dienstleistungen von allgemeinem wirtschaftlichen Interesse: marktbezogene, wirtschaftliche Tätigkeiten, die im Interesse der Allgemeinheit erbracht und mit besonderen Gemeinwohlverpflichtungen verbunden werden.

Kontenführung

§ 5. (1) Die Unternehmen sind verpflichtet, intern getrennte Konten zur Erfassung der Kosten und Erlöse einerseits für alle Geschäftsbereiche im Sinne des § 2 und andererseits für jeden weiteren Geschäftsbereich zu führen. Alle Kosten und Erlöse sind den jeweiligen Bereichen nach objektiv gerechtfertigten und einheitlich angewandten Kostenrechnungsgrundsätzen korrekt zuzuordnen. Die zugrunde gelegten Kostenrechnungsgrundsätze müssen eindeutig bestimmt sein.

(2) Die Kontenführung muss so beschaffen sein, dass sie einem sachverständigen Dritten innerhalb angemessener Zeit einen Überblick über die Geschäftsvorfälle und über die Lage des Unternehmens vermitteln kann. Die Geschäftsvorfälle müssen sich in ihrer Entstehung und Abwicklung verfolgen lassen und Aufschluss über Herkunft und Verwendung öffentlicher Mittel geben.

(3) Die Kontenführung von öffentlichen Unternehmen mit nur einer Geschäftstätigkeit muss den in Abs. 2 genannten Kriterien entsprechen.

Aufbewahrungspflichten

§ 6. Die Unternehmen haben die Konten und sonstigen Aufzeichnungen nach § 5 Abs. 1 sieben Jahre geordnet aufzubewahren. Die Aufbewahrungsfrist beginnt mit dem Ende des Geschäftsjahres, auf das sich die Angaben beziehen.

Auskunftsverlangen und Unterlagenvorlage

§ 7. (1) Die Stelle der öffentlichen Hand, die die öffentliche Leistung gewährt hat, hat Auskunftsverlangen der Europäischen Kommission im Sinne des Art. 5 Abs. 3 der Richtlinie der Kommission über die Transparenz der finanziellen Beziehungen zwischen den Mitgliedstaaten und den öffentlichen Unternehmen sowie über die finanzielle Transparenz innerhalb bestimmter Unternehmen 80/723/EWG, ABl. Nr. L 195 vom 29.07.1980 S. 35, zuletzt geändert durch die Richtlinie 2005/81/EG, ABl. Nr. L 312 vom 29.11.2005 S. 47, im Wege des Bundesministeriums für [Wirtschaft und Arbeit][1)] entgegenzunehmen und zu beantworten.

(2) Soweit es zur Beantwortung eines Auskunftsverlangens der Europäischen Kommission erforderlich ist, ist die Stelle der öffentlichen Hand gemäß Abs. 1 befugt

1. von den Unternehmen die Erteilung von Auskünften anzufordern,

2. geschäftliche Unterlagen einzusehen und zu prüfen oder durch geeignete Sachverständige einsehen und prüfen zu lassen, Kopien und Abschriften aus diesen Unterlagen anzufertigen sowie

3. vor Ort alle für die Durchführung von Ermittlungshandlungen erforderlichen Auskünfte zu verlangen.

(3) Das Unternehmen ist verpflichtet, die verlangten Auskünfte (Abs. 2 Z 1 und 3) binnen drei Wochen ab Einlangen des Auskunftsbegehrens beim Unternehmen zu erteilen, die geschäftlichen Unterlagen vorzulegen und ihre Prüfung sowie das Anfertigen von Kopien und Abschriften aus diesen Unterlagen (Abs. 2 Z 2) zu ermöglichen.

(4) Sofern eine zuständige Stelle der öffentlichen Hand im Sinne von § 7 Abs. 1 nicht existiert, erfolgt die Einholung der Auskünfte beim betreffenden Unternehmen direkt durch das Bundesministerium für Wirtschaft und Arbeit.

1) Jetzt: BM für Wissenschaft, Forschung und Wirtschaft.

§ 8. Rechnungs-, Buchführungs-, Aufzeichnungs-, Aufbewahrungs-, Vorlage- und Auskunftspflichten nach anderen Vorschriften bleiben unberührt.

Vollziehung

§ 9. Mit der Vollziehung dieses Bundesgesetzes sind betraut:

1. hinsichtlich des § 7 Abs. 1 der [Bundesminister für Wirtschaft und Arbeit][1] im Einvernehmen mit dem jeweils sachlich zuständigen Bundesminister,

2. hinsichtlich des § 7 Abs. 4 der [Bundesminister für Wirtschaft und Arbeit][1]

3. im Übrigen der jeweils sachlich zuständige Bundesminister.

1) Jetzt: Bundesminister für Wissenschaft, Forschung und Wirtschaft

In-Kraft-Treten

§ 10. Getrennte Konten zur Erfassung der Kosten und Erlöse verschiedener Geschäftsbereiche (§ 5) sind erstmals in dem Geschäftsjahr zu führen, das nach dem In-Kraft-Treten dieses Bundesgesetzes beginnt.

Umsetzungshinweis

§ 11. Durch dieses Bundesgesetz wird die Richtlinie 80/723/EWG über die Transparenz der finanziellen Beziehungen zwischen den Mitgliedstaaten und den öffentlichen Unternehmen, ABl. Nr. L 195 vom 29.07.1980 S. 35, zuletzt geändert durch die Richtlinie 2005/81/EG zur Änderung der Richtlinie 80/723/EWG über die Transparenz der finanziellen Beziehungen zwischen den Mitgliedstaaten und den öffentlichen Unternehmen sowie über die finanzielle Transparenz innerhalb bestimmter Unternehmen, ABl. Nr. L 312 vom 29.11.2005 S. 47, umgesetzt.

1/5. Unternehmensserviceportalgesetz

Art 30 BGBl I 2009/52 (BudgetbegleitG 2009) idF

1 BGBl I 2010/111 (BudgetbegleitG 2011)
2 BGBl I 2015/144 (BudgetbegleitG 2016)
3 BGBl I 2017/40 (Deregulierungsgesetz 2017)
4 BGBl I 2018/32 (Materien-Datenschutz-Anpassungsgesetz 2018)
5 BGBl I 2018/104

GLIEDERUNG

Bundesgesetz über die Einrichtung und den Betrieb eines Unternehmensserviceportals (Unternehmensserviceportalgesetz – USPG)

Regelungsgegenstand

§ 1. (1) Dieses Bundesgesetz regelt die Einrichtung und den Betrieb eines zentralen Internetserviceportals für Unternehmen (Unternehmensserviceportal) zur Unterstützung beim elektronischen Austausch von Informationen zwischen Teilnehmern (Transaktionen) und bei der Bereitstellung von Informationen. Das Unternehmensserviceportal hat folgende Funktionen zu erfüllen:

1. Transaktionsfunktion: Unterstützung bei Transaktionen;

2. Informationsfunktion: Bereitstellung von Basisinformation, Fachinformationen und Änderungsinformationen zu Informationsverpflichtungen.

(2) Dieses Bundesgesetz regelt den Betrieb eines Internetserviceportals für Bürgerinnen und Bürger (Bürgerserviceportal), das Informationen bereit hält und bei der Erledigung von Amtswegen Unterstützung leistet.

(3) Dieses Bundesgesetz regelt weiters die Einrichtung einer Anwendung, die Beschreibungen zu Informationsverpflichtungen für Bürgerinnen und Bürger oder Unternehmen enthält und sicherstellen soll, dass keine über das unbedingt notwendige Ausmaß hinausgehenden Verwaltungslasten aus Informationsverpflichtungen für Bürgerinnen und Bürger und Unternehmen verursacht werden.

Begriffsbestimmungen

§ 2. Im Sinne dieses Bundesgesetzes bedeutet:

1. Informationsverpflichtung: eine aus einer Rechtsvorschrift resultierende Pflicht eines Unternehmens oder einer Bürgerin oder eines Bürgers, Informationen zusammenzustellen oder bereitzuhalten und diese – unaufgefordert oder auf Verlangen – einer Behörde oder anderen Institution zur Verfügung zu stellen oder zu übermitteln.

2. Unternehmen: Unternehmen gemäß § 3 Z 20 des Bundesgesetzes über die Bundesstatistik (Bundesstatistikgesetz 2000), BGBl. I Nr. 193/1999.

3. Benutzerin oder Benutzer: natürliche Person, die im Unternehmensserviceportal Rollen und Rechte erhalten hat, um in diesem Umfang für einen Teilnehmer gemäß § 5 Abs. 1 Z 1 und 2 zu handeln. *(BGBl I 2015/144)*

4. Transaktion: eine automationsunterstützte Datenübermittlung zwischen Teilnehmern (§ 5) des Unternehmensserviceportals.

5. Informationsverpflichtungsdatenbank: eine Datenbank, die Beschreibungen zu Informationsverpflichtungen für Bürgerinnen und Bürger oder Unternehmen enthält.

6. Anwendung: Unterstützung des elektronischen Datenverkehrs zwischen Teilnehmern; Anwendungen können Online-Anwendungen oder Webservices darstellen. *(BGBl I 2015/144)*

7. USP-Administratorin/USP-Administrator: eine von einem Teilnehmer gemäß § 5 Abs. 1 Z 1 und 2 bevollmächtigte natürliche Person, die Rollen und Rechte für die Benutzerinnen/Benutzer und Webservicekonten dieses Teilnehmers verwaltet, andere USP-Administratorinnen/USP-Administratoren anlegen, ihnen alle oder Teile ihrer/seiner Aufgaben übertragen und selbst in den Anwendungen für den Teilnehmer tätig werden kann. *(BGBl I 2015/144)*

8. Vertretungsmanagement: eine Funktion des Unternehmensserviceportals, die es Teilnehmern gemäß § 5 Abs. 1 technisch ermöglicht, für andere Teilnehmer gemäß § 5 Abs. 1 im Unternehmensserviceportal und nach Maßgabe der für die jeweilige Anwendung anzuwendenden Rechtsvorschriften in den im Unternehmensserviceportal eingebundenen Anwendungen und anderen Anwendungen für die der Zugang zu den hinterlegten Vollmachten ermöglicht wird, tätig zu werden. *(BGBl I 2015/144)*

9. Melde- und Kommunikationsinfrastruktur: eine Funktion des Unternehmensserviceportals und des Bürgerserviceportals, die es Teilnehmern ermöglicht Anträge und Mitteilungen abzusenden und zu empfangen, und die das Anzeigemodul gemäß § 37b des Zustellgesetzes einbindet. *(BGBl I 2017/40)*

Einrichtung und Betrieb des Unternehmensserviceportals und Betrieb des Bürgerserviceportals

§ 3. (1) „Die Bundesministerin/der Bundesminister für Digitalisierung und Wirtschaftsstandort“** hat die Bundesrechenzentrum GmbH zu beauftragen, ein Unternehmensserviceportal einzurichten und zu betreiben. „Die Bundesministerin/der Bundesminister für Digitalisierung und Wirtschaftsstandort“** hat nähere Bedingungen für die Nutzung des Unternehmensserviceportals durch Verordnung festzulegen. Diese hat insbesondere die nähere Ausgestaltung der Registrierung von Teilnehmern gemäß § 5 Abs. 1 am Unternehmensserviceportal sowie der Rechte und Pflichten der Benutzerinnen/Benutzer und der USP-Administratorin/des USP-Administrators, der Nutzung der „Melde- und Kommunikationsinfrastruktur“* und des Vertretungsmanagements des Unternehmensserviceportals zu enthalten. *(BGBl I 2015/144; *BGBl I 2017/40; **BGBl I 2018/104)*

(2) „Die Bundesministerin/der Bundesminister für Digitalisierung und Wirtschaftsstandort“ hat

das Internetserviceportal für Bürgerinnen und Bürger (Bürgerserviceportal) zu führen. *(BGBl I 2018/104)*

(3) Jede Bundesministerin/jeder Bundesminister ist verpflichtet, innerhalb „ihres/seines" jeweiligen Wirkungsbereiches an der Einrichtung und am Betrieb des Unternehmensserviceportals durch Bereitstellung von Informationen und Unterstützung bei Transaktionen im Sinne des § 1 Abs. 1 sowie am Betrieb des Bürgerserviceportals (§ 1 Abs. 2) durch Bereitstellung von Information mitzuwirken. *(BGBl I 2015/144)*

(3a) Teilnehmer gemäß § 5 Abs. 2 Z 1 und 2 können innerhalb ihres jeweiligen Wirkungsbereiches am Unternehmensserviceportal durch Bereitstellung von Informationen und Unterstützung bei Transaktionen mitwirken. *(BGBl I 2010/111)*

(4) „Die Bundesministerin/der Bundesminister für Digitalisierung und Wirtschaftsstandort" kann zur Sicherstellung einer einheitlichen Vorgangsweise bei der Mitwirkung am Unternehmensserviceportal gemäß Abs. 3 „ " durch Verordnung die näheren Bestimmungen insbesondere über Vorkehrungen zur Datensicherheit, zu Schnittstellen, zu Datenformaten sowie zur Informationsaufbereitung und -übermittlung regeln. *(BGBl I 2018/104)*

(5) „Die Bundesministerin/der Bundesminister für Digitalisierung und Wirtschaftsstandort" kann zur Sicherstellung einer einheitlichen Vorgangsweise bei der Mitwirkung am Bürgerserviceportal gemäß Abs. 3 „ " durch Verordnung die näheren Bestimmungen insbesondere zur Informationsaufbereitung und -übermittlung regeln. *(BGBl I 2018/104)*

(6) Bei der Einrichtung des Unternehmensserviceportals sind technische Voraussetzungen zu schaffen, die auch eine Einbeziehung von Anwendungen der Länder, Gemeinden und Sozialversicherungsträger ermöglichen.

Auftragsverarbeiterstellung des Betreibers des Unternehmensserviceportals

§ 4. „(1)"* „Der Betreiber des Unternehmensserviceportals ist hinsichtlich der für die Authentifizierung und Identifikation der Benutzerinnen/Benutzer von im Unternehmensserviceportal eingebundenen Anwendungen gesetzlicher Auftragsverarbeiter im Sinne des Art. 4 Z 8 der Verordnung (EU) 2016/679 zum Schutz natürlicher Personen bei der Verarbeitung personenbezogener Daten, zum freien Datenverkehr und zur Aufhebung der Richtlinie 95/46/EG (Datenschutz-Grundverordnung), ABl. Nr. L 119 vom 4.5.2016 S. 1, und des Datenschutzgesetzes – DSG, BGBl. I Nr. 165/1999, in der jeweils geltenden Fassung, für Teilnehmer gemäß § 5 Abs. 2 Z 1 und 2 und kann sich dabei eines weiteren Auftragsverarbeiters oder FinanzOnline als Authentifizierungsprovider bedienen."** Die im Unternehmensserviceportal eingebundenen Anwendungen und die für diese zuständigen „Teilnehmer gemäß § 5 Abs. 2 Z 1 und 2"* sind „ "** „von der Bundesministerin/vom Bundesminister für Digitalisierung und Wirtschaftsstandort"*** im Internet kundzumachen. *(*BGBl I 2010/111; **BGBl I 2018/32; ***BGBl I 2018/104)*

(2) Für Teilnehmer gemäß § 5 Abs. 2 Z 1 und 2 hat, insoweit sie gemäß § 3 Abs. 3a mitwirken, im Rahmen des Unternehmensserviceportals die Authentifizierung und Identifikation der Benutzerinnen und Benutzer unentgeltlich zu erfolgen sowie diesen Benutzerinnen und Benutzern direkter Zugang auf das Unternehmensserviceportal gewährt zu werden. *(BGBl I 2010/111)*

(3) Teilnehmern gemäß § 5 Abs. 1 kann technisch ermöglicht werden, nach Maßgabe der anzuwendenden Rechtsvorschriften elektronisch Anträge und Mitteilungen über die „Melde- und Kommunikationsinfrastruktur" des Unternehmensserviceportals an jene Teilnehmer gemäß § 5 Abs. 2 abzusenden „und zu empfangen," die diese nutzen. Weitere Bestimmungen sind in der Verordnung gemäß § 3 Abs. 1 zu regeln. *(BGBl I 2015/144; BGBl I 2017/40)*

Teilnehmer des Unternehmensserviceportals

§ 5. (1) Teilnehmer, die sich bei Transaktionen einer in das Unternehmensserviceportal einbezogenen Anwendung bedienen und in einer solchen Anwendung ordnungsgemäß angemeldet sind, können sein:

1. Unternehmen,

2. Parteienvertreterinnen/Parteienvertreter „und" *(BGBl I 2015/144)*

3. natürliche Personen, die nicht im Unternehmensregister gemäß § 25 des Bundesstatistikgesetzes 2000 eingetragen sind, für eingeschränkte Zwecke, insbesondere bei Transaktionen im Zuge der Aufnahme einer unternehmerischen Tätigkeit und bei der Übermittlung von e-Rechnungen gemäß der e-Rechnungsverordnung, BGBl. II. Nr. 505/2012. *(BGBl I 2015/144)*
(BGBl I 2010/111)

(2) Teilnehmer, die Anwendungen oder Informationen im Unternehmensserviceportal bereitstellen, können sein:

1. Behörden, gesetzliche Interessenvertretungen, Sozialversicherungsträger und sonstige juristische Personen des öffentlichen Rechts,

2. mehrheitlich mittelbar oder unmittelbar im Eigentum von Bund, Länder und Gemeinden stehende juristische Personen, für im öffentlichen Interesse wahrgenommene Aufgaben,

3. sonstige Unternehmen.
(BGBl I 2010/111)

„(3)" Teilnehmer, die Versuche oder Handlungen unternehmen, die

1. auf eine Störung des ordnungsmäßigen Ablaufes der Datenübermittlungen abzielen,

2. eine Störung des ordnungsmäßigen Ablaufes der Datenübermittlungen zur Folge haben, oder

3. Sicherheitsauflagen, Sorgfalts- oder Geheimhaltungspflichten verletzen,

können von der Teilnahme am Unternehmensserviceportal ausgeschlossen werden. *(BGBl I 2010/111)*

Errichtung einer Informationsverpflichtungsdatenbank

§ 6. (1) Die Bundesanstalt Statistik Österreich hat eine Informationsverpflichtungsdatenbank einzurichten und zu führen.

(2) Die Bundesministerinnen/Bundesminister und Leiterinnen/Leiter anderer Institutionen (§ 2 Z 1), in deren Wirkungs- oder Zuständigkeitsbereich Informationsverpflichtungen für Bürgerinnen und Bürger oder Unternehmen bestehen, sind verpflichtet, diese nach einheitlichen Vorgaben an den Betreiber der Informationsverpflichtungsdatenbank zu melden.

(3) „Die Bundesministerin/der Bundesminister für Digitalisierung und Wirtschaftsstandort kann" durch Verordnung die näheren Bestimmungen zur Sicherstellung einer einheitlichen Vorgangsweise regeln. *(BGBl I 2018/104)*

Neue rechtsetzende Maßnahmen

§ 7. Bei der Ausarbeitung von Entwürfen für ein Gesetz, eine Verordnung oder eine Maßnahme grundsätzlicher Art, welche eine Informationsverpflichtung für Bürgerinnen und Bürger oder Unternehmen enthalten soll, ist von der jeweils zuständigen Bundesministerin/vom jeweils zuständigen Bundesminister beim Betreiber der Informationsverpflichtungsdatenbank anzufragen, ob eine diesbezügliche oder ähnliche Informationsverpflichtung bereits von einem bestehenden Gesetz, von einer bestehenden Verordnung oder von einer bestehenden Maßnahme grundsätzlicher Art begründet wird. Diesfalls hat die mit der Ausarbeitung des Entwurfs betraute Bundesministerin/der mit der Ausarbeitung des Entwurfs betraute Bundesminister zu prüfen, ob eine gemeinsame Nutzung der Informationsverpflichtung möglich ist und gegebenenfalls dies ihrem/seinem Entwurf zugrunde zu legen. Ist eine gemeinsame Nutzung nicht möglich, so ist zu prüfen, ob die für seinen Entwurf erforderliche Informationsverpflichtung auf die bereits bestehende abgestimmt werden kann.

Verweisungen und Inkrafttreten

§ 8. (1) Verweisungen in diesem Bundesgesetz auf andere Bundesgesetze sind als Verweisungen auf die jeweils geltende Fassung zu verstehen, soweit in den einzelnen Verweisungen nicht auf eine bestimmte Fassung verwiesen wird.

(2) Dieses Bundesgesetz tritt mit 1. Jänner 2010 in Kraft.

(3) § 3 Abs. 1 und 3a, § 4 Abs. 1 und 2 sowie § 5 in der Fassung des Budgetbegleitgesetzes 2011, BGBl. I Nr. 111/2010, treten mit 1. Jänner 2011 in Kraft. *(BGBl I 2010/111)*

(4) § 2 Z 3, 6, 7 und 8, § 3 Abs. 1 und 3, § 4 Abs. 1 und 3 sowie § 5 Abs. 1 Z 2 und 3 in der Fassung des Budgetbegleitgesetzes 2016, BGBl. I Nr. 144/2015, treten mit 1. Februar 2016 in Kraft. Gleichzeitig verlieren die auf der Grundlage des § 3 Abs. 1 in der Fassung des Budgetbegleitgesetzes 2011, BGBl. I Nr. 111/2010, erlassenen Nutzungsbedingungen ihre Gültigkeit. *(BGBl I 2015/144)*

(5) § 2 Z 9, § 3 Abs. 1 letzter Satz und § 4 Abs. 3 in der Fassung des Deregulierungsgesetzes 2017, BGBl. I Nr. 40/2017, treten mit dem der Kundmachung folgenden Tag in Kraft. *(BGBl I 2017/40)*

„(6)" Die Überschrift zu § 4 und § 4 Abs. 1 in der Fassung des Materien-Datenschutz-Anpassungsgesetzes 2018, BGBl. I Nr. 32/2018, treten mit 25. Mai 2018 in Kraft. *(BGBl I 2018/32; BGBl I 2018/104)*

(7) § 3 Abs. 1, 2, 4 und 5, § 4 Abs. 1, § 6 Abs. 3 und § 9 Z 2 und 3 in der Fassung des Bundesgesetzes BGBl. I Nr. 104/2018 treten am 8. Jänner 2018 in Kraft. *(BGBl I 2018/104)*

Vollziehung

§ 9. Mit der Vollziehung dieses Bundesgesetzes ist

1. hinsichtlich der § 3 Abs. 3, § 6 Abs. 2 und § 7 die jeweils zuständige Bundesministerin/der jeweils zuständige Bundesminister,

2. *(entfällt, BGBl I 2018/104)*

3. im Übrigen „die Bundesministerin/der Bundesminister für Digitalisierung und Wirtschaftsstandort" *(BGBl I 2018/104)*

betraut.

1/6. Verordnung des Bundesministers für Finanzen zur Mitwirkung an der Einrichtung und am Betrieb des Unternehmensserviceportals

BGBl II 2010/69

Verordnung des Bundesministers für Finanzen zur Mitwirkung an der Einrichtung und am Betrieb des Unternehmensserviceportals (USPV)

Auf Grund des § 3 Abs. 4 des Unternehmensserviceportalgesetzes (USPG), BGBl. I Nr. 52/2009, wird im Einvernehmen mit dem Bundeskanzler verordnet:

1. Abschnitt

Allgemeine Bestimmungen

Gegenstand

§ 1. Die Bundesministerinnen und Bundesminister haben im Rahmen der Mitwirkung an der Einrichtung und am Betrieb des Unternehmensserviceportals gemäß § 3 Abs. 3 des Unternehmensserviceportalgesetzes (USPG), BGBl. I Nr. 52/2009, Basisinformationen (§ 2 Z 1), Fachinformationen (§ 2 Z 2) und Änderungsinformationen (§ 2 Z 3) nach den Bestimmungen dieser Verordnung bereitzustellen.

Begriffsbestimmungen

§ 2. Im Sinne dieser Verordnung bedeuten die Begriffe Basisinformationen, Fachinformationen und Änderungsinformationen: Möglichst verständliche und aktuelle Aufbereitungen von Informationen aus ausgewählten Rechtsvorschriften, Entwürfen zu Rechtsvorschriften oder deren Erläuterungen, die Unternehmen zur Unterstützung bei der Erfüllung von Informationsverpflichtungen oder der Information über vorgeschlagene Änderungen im Unternehmensserviceportal zur Verfügung gestellt werden.

1. Basisinformationen geben allgemeine Beschreibungen zur Erfüllung von Informationsverpflichtungen.

2. Fachinformationen geben weiterführende Beschreibungen zur Erfüllung von Informationsverpflichtungen.

3. Änderungsinformationen geben einen Überblick über Inhalte der nach Einschätzung der Bundesministerinnen und Bundesminister für Unternehmen besonders relevanten veröffentlichten Gesetzesvorschläge und Verordnungen.

2. Abschnitt

Informationsaufbereitung und –übermittlung

Initialbefüllung mit Basis- und Fachinformationen

§ 3. (1) Jede Bundesministerin bzw. jeder Bundesminister hat zum Zweck der Einrichtung des Unternehmensserviceportals dafür zu sorgen, dass die Basisinformationen und Fachinformationen ihres bzw. seines Wirkungsbereichs gemäß der zum Zeitpunkt der Bereitstellung geltenden Rechtslage im Unternehmensserviceportal zur Verfügung stehen.

(2) Die zeitliche Abfolge und das Zusammenwirken bei der Einrichtung (Initialbefüllung) sind von der gemeinsamen Redaktion (§ 8) unter Einbeziehung der Bundesministerien zu planen.

Bereitstellung von Änderungsinformationen

§ 4. Änderungsinformationen sind von der jeweils zuständigen Bundesministerin bzw. dem jeweils zuständigen Bundesminister im Unternehmensserviceportal bereitzustellen. Dies hat möglichst zeitnah

1. nach Beschluss eines Gesetzesvorschlags als Vorlage der Bundesregierung, und

2. nach Beschluss eines Gesetzesvorschlags durch den Nationalrat

sowie

3. mit Kundmachung einer Verordnung

im Zusammenwirken mit der gemeinsamen Redaktion gemäß § 9 zu erfolgen.

Laufende Bereitstellung von Basis- und Fachinformationen

§ 5. Basisinformationen und Fachinformationen sind von der jeweils zuständigen Bundesministerin bzw. dem jeweils zuständigen Bundesminister im Unternehmensserviceportal zu aktualisieren oder neu bereitzustellen. Dies hat möglichst zeitnah zum Inkrafttreten der Rechtsvorschrift im Zusammenwirken mit der gemeinsamen Redaktion gemäß § 9 zu erfolgen.

Informationsstruktur

§ 6. Die Bundesministerinnen und Bundesminister haben die von der gemeinsamen Redaktion zur Verfügung gestellten Informationsstrukturen und Vorlagen für Basisinformationen, Fachinformationen und Änderungsinformationen zu verwenden.

Technische Umsetzung

§ 7. Die Bereitstellung von Basisinformationen, Fachinformationen und Änderungsinformationen gemäß den §§ 3 bis 6 hat durch die zuständige Bundesministerin bzw. den zuständigen Bundesminister unter Verwendung der vom Unternehmensserviceportal bereitgestellten Anwendung zur Informationsaufbereitung und -übermittlung zu erfolgen.

Gemeinsame Redaktion

§ 8. Die Bundesministerin bzw. der Bundesminister für Finanzen und die Bundeskanzlerin bzw. der Bundeskanzler haben zu deren Unterstützung eine gemeinsame Redaktion für redaktionelle und organisatorische Aufgaben vorzusehen, die insbesondere die Überarbeitung und Veröffentlichung von Informationen vornimmt.

Zusammenwirken mit der gemeinsamen Redaktion (Redaktionsprozess)

§ 9. (1) Die gemeinsame Redaktion hat die von der jeweils zuständigen Bundesministerin bzw. dem jeweils zuständigen Bundesminister gemäß den §§ 4 und 5 bereitgestellten Informationen entweder zu veröffentlichen oder innerhalb von fünf Arbeitstagen Änderungsvorschläge zu erstellen, insbesondere soweit diese Informationen nicht den Ansprüchen der Einheitlichkeit, Verständlichkeit und internationaler Standards über den barrierefreien Zugang für behinderte Menschen genügen.

(2) Hat die gemeinsame Redaktion Änderungsvorschläge gemäß Abs. 1 erstellt, so hat die jeweils zuständige Bundesministerin bzw. der jeweils zuständige Bundesminister innerhalb von zehn Arbeitstagen

1. die gemeinsame Redaktion zu informieren, dass die Version mit den Änderungsvorschlägen der gemeinsamen Redaktion zu veröffentlichen ist, oder

2. eine endgültige Version der Informationen zu erstellen, die zu veröffentlichen ist, oder

3. eine neue Version der Informationen zu erstellen, die von der gemeinsamen Redaktion innerhalb von fünf Arbeitstagen nochmals einer Qualitätssicherung zu unterziehen ist.

(3) Hat die jeweils zuständige Bundesministerin bzw. der jeweils zuständige Bundesminister innerhalb von zehn Arbeitstagen die Änderungsvorschläge der gemeinsamen Redaktion unwidersprochen gelassen, so kann die Version mit den Änderungsvorschlägen oder die Information in jener Version, wie sie zuvor von der Bundesministerin bzw. dem Bundesminister bereitgestellt wurde, von der gemeinsamen Redaktion veröffentlicht werden.

(4) Die gemeinsame Redaktion hat im Unternehmensserviceportal erkenntlich zu machen, welche jeweils zuständige Bundesministerin bzw. welcher jeweils zuständige Bundesminister die im Unternehmensserviceportal veröffentlichten Informationen bereitgestellt hat.

Zusammenwirken mit anderen Portalen

§ 10. (1) Die Bundesministerin bzw. der Bundesminister für Finanzen und die Bundeskanzlerin bzw. der Bundeskanzler haben auf Synergien zwischen Unternehmensserviceportal und Bürgerserviceportal hinzuwirken.

(2) Soweit Informationen im Unternehmensserviceportal den Anwendungsbereich der Richtlinie 2006/123/EG über Dienstleistungen im Binnenmarkt, ABl. Nr. L 376 vom 27.12.2006 S. 36, betreffen, werden diese im Ausmaß der Informationspflichten des einheitlichen Ansprechpartners diesem über eine technische Schnittstelle bereitgestellt.

3. Abschnitt

Schlussbestimmung

Inkrafttreten

§ 11. Diese Verordnung tritt mit 1. März 2010 in Kraft.

1/7. Verordnung des Bundeskanzlers zur Mitwirkung am Betrieb des Bürgerserviceportals

BGBl II 2010/70

Verordnung des Bundeskanzlers zur Mitwirkung am Betrieb des Bürgerserviceportals (BSPV)

Auf Grund des § 3 Abs. 5 des Unternehmensserviceportalgesetzes (USPG), BGBl. I Nr. 52/2009, wird im Einvernehmen mit dem Bundesminister für Finanzen verordnet:

1. Abschnitt

Allgemeine Bestimmungen

Gegenstand

§ 1. Die Bundesministerinnen und Bundesminister haben im Rahmen der Mitwirkung am Betrieb des Bürgerserviceportals gemäß § 3 Abs. 3 des Unternehmensserviceportalgesetzes (USPG), BGBl. I Nr. 52/2009, Basisinformationen (§ 2 Z 1), Fachinformationen (§ 2 Z 2), und Änderungsinformationen (§ 2 Z 3) nach den Bestimmungen dieser Verordnung bereitzustellen.

Begriffsbestimmungen

§ 2. Im Sinne dieser Verordnung bedeuten die Begriffe Basisinformationen, Fachinformationen und Änderungsinformationen: Möglichst verständliche und aktuelle Aufbereitungen von Informationen aus ausgewählten Rechtsvorschriften, Entwürfen zu Rechtsvorschriften oder deren Erläuterungen, die Bürgerinnen bzw. Bürger zur Unterstützung bei der Erfüllung von Informationsverpflichtungen oder der Information über vorgeschlagene Änderungen im Bürgerserviceportal zur Verfügung gestellt werden.

1. Basisinformationen geben allgemeine Beschreibungen zur Erfüllung von Informationsverpflichtungen.

2. Fachinformationen geben weiterführende Beschreibungen zur Erfüllung von Informationsverpflichtungen.

3. Änderungsinformationen geben einen Überblick über Inhalte der nach Einschätzung der Bundesministerinnen und Bundesminister für Bürgerinnen bzw. Bürger besonders relevanten veröffentlichten Gesetzesvorschläge und Verordnungen.

2. Abschnitt

Informationsaufbereitung und –übermittlung

Bereitstellung von Informationen

§ 3. (1) Änderungsinformationen sind von der jeweils zuständigen Bundesministerin bzw. dem jeweils zuständigen Bundesminister im Bürgerserviceportal bereitzustellen. Dies hat möglichst zeitnah

1. nach Beschluss eines Gesetzesvorschlags als Vorlage der Bundesregierung und

2. nach Beschluss eines Gesetzesvorschlags durch den Nationalrat, sowie

3. mit Kundmachung einer Verordnung

im Zusammenwirken mit der gemeinsamen Redaktion gemäß § 8 zu erfolgen.

(2) Jede Bundesministerin bzw. jeder Bundesminister kann Basisinformationen und Fachinformationen ihres bzw. seines Wirkungsbereichs gemäß der zum Zeitpunkt des Inkrafttretens dieser Verordnung geltenden Rechtslage im Bürgerserviceportal zur Verfügung stellen, sofern diese nicht bereits von der gemeinsamen Redaktion aufbereitet wurden. Die zeitliche Abfolge und das Zusammenwirken sind von der gemeinsamen Redaktion unter Einbeziehung der Bundesministerien zu planen.

Laufende Bereitstellung von Basis- und Fachinformationen

§ 4. Basisinformationen und Fachinformationen sind von der jeweils zuständigen Bundesministerin bzw. dem jeweils zuständigen Bundesminister im Bürgerserviceportal zu aktualisieren oder neu bereitzustellen. Dies hat möglichst zeitnah zum Inkrafttreten der Rechtsvorschrift im Zusammenwirken mit der gemeinsamen Redaktion gemäß § 8 zu erfolgen.

Informationsstruktur

§ 5. Die Bundesministerinnen und Bundesminister haben die von der gemeinsamen Redaktion zur Verfügung gestellten Informationsstrukturen und Vorlagen für Basisinformationen, Fachinformationen und Änderungsinformationen zu verwenden.

Technische Umsetzung

§ 6. Die Bereitstellung von Basisinformationen, Fachinformationen und Änderungsinformationen gemäß den §§ 3 bis 5 hat durch die zuständige Bundesministerin bzw. den zuständigen Bundesminister unter Verwendung der vom Bürgerserviceportal bereitgestellten Anwendung zur Informationsaufbereitung und -übermittlung zu erfolgen.

Gemeinsame Redaktion

§ 7. Die Bundeskanzlerin bzw. der Bundeskanzler und die Bundesministerin bzw. der Bundesminister für Finanzen haben zu deren Unterstützung eine gemeinsame Redaktion für redaktionelle und organisatorische Aufgaben vorzusehen, die insbesondere die Überarbeitung und Veröffentlichung von Informationen vornimmt.

Zusammenwirken mit der gemeinsamen Redaktion (Redaktionsprozess)

§ 8. (1) Die gemeinsame Redaktion hat die von der jeweils zuständigen Bundesministerin bzw. dem jeweils zuständigen Bundesminister gemäß den §§ 3 und 4 bereitgestellten Informationen entweder zu veröffentlichen oder innerhalb von fünf Arbeitstagen Änderungsvorschläge zu erstellen, insbesondere soweit diese Informationen nicht den Ansprüchen der Einheitlichkeit, Verständlichkeit und internationaler Standards über den barrierefreien Zugang für behinderte Menschen genügen.

(2) Hat die gemeinsame Redaktion Änderungsvorschläge gemäß Abs. 1 erstellt, so hat die jeweils zuständige Bundesministerin bzw. der jeweils zuständige Bundesminister innerhalb von zehn Arbeitstagen

1. die gemeinsame Redaktion zu informieren, dass die Version mit den Änderungsvorschlägen der gemeinsamen Redaktion zu veröffentlichen ist, oder

2. eine endgültige Version der Informationen zu erstellen, die zu veröffentlichen ist, oder

3. eine neue Version der Informationen zu erstellen, die von der gemeinsamen Redaktion innerhalb von fünf Arbeitstagen nochmals einer Qualitätssicherung zu unterziehen ist.

(3) Hat die jeweils zuständige Bundesministerin bzw. der jeweils zuständige Bundesminister innerhalb von zehn Arbeitstagen die Änderungsvorschläge der gemeinsamen Redaktion unwidersprochen gelassen, so kann die Version mit den Änderungsvorschlägen oder die Information in jener Version, wie sie zuvor von der Bundesministerin bzw. dem Bundesminister bereitgestellt wurde, von der gemeinsamen Redaktion veröffentlicht werden.

(4) Die gemeinsame Redaktion hat im Bürgerserviceportal erkenntlich zu machen, welche jeweils zuständige Bundesministerin bzw. welcher jeweils zuständige Bundesminister die im Bürgerseviceportal veröffentlichten Informationen bereitgestellt hat.

Zusammenwirken mit anderen Portalen

§ 9. (1) Die Bundeskanzlerin bzw. der Bundeskanzler und die Bundesministerin bzw. der Bundesminister für Finanzen haben auf Synergien zwischen Bürgerserviceportal und Unternehmensserviceportal hinzuwirken.

(2) Soweit Informationen im Bürgerserviceportal den Anwendungsbereich der Richtlinie 2006/123/EG über Dienstleistungen im Binnenmarkt, ABl. Nr. L 376 vom 27.12.2006 S. 36, betreffen, werden diese im Ausmaß der Informationspflichten des einheitlichen Ansprechpartners diesem über eine technische Schnittstelle bereitgestellt.

3. Abschnitt

Schlussbestimmung

Inkrafttreten

§ 10. Diese Verordnung tritt mit 1. März 2010 in Kraft.

1/8. Rechnungslegungs-Kontrollgesetz

BGBl I 2013/21 idF

1 BGBl I 2015/98
2 BGBl I 2015/150
3 BGBl I 2016/118
4 BGBl I 2017/107
5 BGBl I 2018/37
6 BGBl I 2019/62 (EU-FinAnpG 2019)

GLIEDERUNG

Bundesgesetz über die Einrichtung eines Prüfverfahrens für die Finanzberichterstattung von Unternehmen, deren Wertpapiere zum Handel an einem geregelten Markt zugelassen sind (Rechnungslegungs-Kontrollgesetz – RL-KG)

1. Abschnitt: Kontrollbehörde

FMA

§ 1. (1) „Die FMA ist Kontrollbehörde für die Einhaltung von Rechnungslegungsvorschriften durch Unternehmen, deren Herkunftsmitgliedstaat gemäß „§ 1 Z 14 Börsegesetz 2018 – BörseG 2018, BGBl. Nr. 107/2017,“** Österreich ist.“* Sie hat nach Maßgabe des öffentlichen Interesses an der Richtigkeit der Finanzberichterstattung eine Prüfung der Rechnungslegung eines Unternehmens selbst vorzunehmen oder durch die Prüfstelle gemäß § 3 Abs. 3 anzuordnen. Der Prüfungsumfang für die Prüfstelle ist in der Prüfungsanordnung festzulegen. *(*BGBl I 2015/98; **BGBl I 2017/107)*

(2) Die FMA hat einen jährlichen Prüfplan für Prüfungen gemäß § 2 Abs. 1 Z 2 zu erstellen. Sie hat jährliche Prüfungsschwerpunkte festzulegen und diese zu veröffentlichen. Die Prüfstelle hat der FMA hierfür Vorschläge zu erstatten.

(3) Die FMA hat die Vollziehung dieses Bundesgesetzes in der Geschäftsordnung gemäß § 6 FMABG zu berücksichtigen.

Prüfungsgegenstand

§ 2. (1) Die FMA hat zu prüfen, ob die Jahresabschlüsse, Lageberichte, Konzernabschlüsse und Konzernlageberichte sowie die sonstigen vorgeschriebenen Informationen gemäß „§ 1 Z 22 BörseG 2018“ von Unternehmen den nationalen und internationalen Rechnungslegungsvorschriften entsprechen. Sie wird tätig *(BGBl I 2017/107)*

1. bei konkreten Anhaltspunkten für einen Verstoß gegen die Rechnungslegungsvorschriften nach Maßgabe des öffentlichen Interesses;

2. ohne besonderen Anlass.

Die FMA kann sich bei der Durchführung ihrer Aufgaben geeigneter dritter Personen bedienen.

(2) Eine Prüfung hat nur dann den Jahresabschluss zu umfassen, sofern vom Unternehmen kein Konzernabschluss erstellt wurde. Sie umfasst lediglich zuletzt festgestellte Jahres- und Konzernabschlüsse sowie die Halbjahresfinanzberichte des vergangenen und laufenden Geschäftsjahres. Sie bezieht sich nicht auf den Bestätigungsvermerk des Abschlussprüfers. Eine Prüfung hat zu unterbleiben, wenn ein „Verfahren gemäß § 201 des Aktiengesetzes – AktG, BGBl. Nr. 98/1965, oder gemäß § 163a des Strafgesetzbuches – StGB, BGBl. Nr. 60/1974“, anhängig ist oder die Prüfung den Gegenstand einer Sonderprüfung gemäß den §§ 130 ff AktG berühren würde. *(BGBl I 2015/150)*

Prüfungstätigkeit, sofern eine Prüfstelle besteht

§ 3. (1) Die FMA hat, sofern ein Verein als Prüfstelle gemäß § 8 Abs. 1 anerkannt ist, dann Prüfungen selbst durchzuführen und an sich zu ziehen, wenn

1. ihr die Prüfstelle berichtet, dass ein Unternehmen seine Mitwirkung bei einer Prüfung verweigert oder mit dem Ergebnis der Prüfung nicht einverstanden ist, oder

2. wesentliche Zweifel an der Richtigkeit des Prüfungsergebnisses der Prüfstelle oder an der ordnungsgemäßen Durchführung der Prüfung durch die Prüfstelle bestehen oder

3. die Prüfungsdurchführung durch die FMA unter Berücksichtigung des öffentlichen Interesses an der Richtigkeit der Rechnungslegung unter Wahrung der in § 18 Abs. 1 AVG genannten Grundsätze in Einzelfällen geboten ist.

(2) Die Beschränkungen hinsichtlich des Prüfungsgegenstandes in § 2 Abs. 2 gelten auch für diese Prüfungstätigkeit der FMA. In den Fällen von Abs. 1 Z 1 und 2 können jedoch auch früher festgestellte Jahres- und Konzernabschlüsse sowie sonstige Informationen vom Prüfungsumfang umfasst sein, sofern diese den Prüfungsgegenstand der Prüfstelle gebildet haben oder hätten.

(3) Bei der Durchführung der Prüfung kann sich die FMA der Prüfstelle sowie anderer geeigneter Einrichtungen und Personen bedienen. Auf Verlangen der FMA hat die Prüfstelle das Ergebnis und die Durchführung der Prüfung zu erläutern und einen Prüfbericht vorzulegen.

(4) Sofern keine Prüfstelle gemäß § 8 besteht, hat die FMA die in § 2 Abs. 1 genannten Prüfungen jedenfalls selbst durchzuführen, wobei sie sich zu deren Durchführung geeigneter dritter Personen bedienen kann.

Mitwirkungspflicht von Unternehmen und Abschlussprüfern

§ 4. (1) Das Unternehmen, die Mitglieder seiner Organe, seine Beschäftigten, seine in den Konzernabschluss einzubeziehenden Unternehmen sowie seine Abschlussprüfer haben der FMA und den Personen, derer sich die FMA bei der Durchführung ihrer Aufgaben bedient, auf Verlangen Auskünfte zu erteilen und Unterlagen vorzulegen, soweit dies zur Prüfung erforderlich ist. Die Auskunftspflicht der Abschlussprüfer beschränkt sich auf Tatsachen, die ihnen im Rahmen der Abschlussprüfung bekannt geworden sind.

(2) Die Auskunftspflicht gemäß Abs. 1 gilt nicht, wenn sich die genannten Personen damit selbst oder einen Angehörigen gemäß § 36a AVG der Gefahr einer strafrechtlichen Verfolgung aussetzen würden. Die FMA hat den Verpflichteten über sein Recht zur Aussageverweigerung (§ 157 StPO) Entschlagungsrecht zu belehren. Die Vorlagepflicht bleibt davon unberührt.

(3) Die zur Auskunft und Vorlage von Unterlagen nach Abs. 1 Verpflichteten haben den Bediensteten der FMA oder den von ihr beauftragten Personen, soweit dies zur Wahrnehmung ihrer Aufgaben erforderlich ist, während der üblichen Arbeitszeit das Betreten ihrer Grundstücke und Geschäftsräume zu gestatten.

Ergebnis der Prüfung

§ 5. (1) Ergibt die Prüfung durch die FMA, dass die Rechnungslegung fehlerhaft ist, so hat die FMA den Fehler mit Bescheid festzustellen.

(2) Die FMA kann nach Maßgabe des öffentlichen Interesses an der Richtigkeit der Finanzberichterstattung bescheidmäßig anordnen, dass das Unternehmen den von der FMA oder den von der Prüfstelle im Einvernehmen mit dem Unternehmen festgestellten Fehler samt den wesentlichen Teilen der Begründung der Feststellung gemäß § 8 Abs. 3 Z 3 oder 4 des Kapitalmarktgesetzes 2019 – KMG 2019 oder in elektronischer Form auf der Internetseite des geregelten Marktes unverzüglich bekannt zu machen hat. Auf Antrag des Unternehmens kann die FMA von einer Anordnung nach dem ersten Satz absehen, wenn die Veröffentlichung geeignet ist, den berechtigten Interessen des Unternehmens zu schaden. *(BGBl I 2019/62)*

(3) Ergibt die Prüfung durch die FMA keine Beanstandungen, so teilt die FMA dies dem Unternehmen mit.

Anzeigepflicht

§ 6. (1) Die FMA hat Tatsachen, die auf das Vorliegen einer Berufspflichtverletzung durch den Abschlussprüfer schließen lassen, der Kammer der Wirtschaftstreuhänder zu berichten. Tatsachen, die auf das Vorliegen eines Verstoßes gegen börserechtliche Vorschriften schließen lassen, hat sie von Amts wegen wahrzunehmen und dem Börseunternehmen mitzuteilen. Die FMA hat bei begründetem Verdacht des Vorliegens von wesentlichen Mängeln bei den Qualitätssicherungsmaßnahmen eines Abschlussprüfers dies dem Arbeitsausschuss für externe Qualitätsprüfungen mitzuteilen. Dieser hat der FMA sowie der Qualitätskontrollbehörde binnen vier Wochen mitzuteilen, ob und wann eine Sonderprüfung nach § 16 Abs. 2 Z 3 Abschlussprüfungs-Qualitätssicherungsgesetz – A-QSG, BGBl. I Nr. 84/2005, durchgeführt wird. In Bezug auf Tatsachen, die den Verdacht einer Straftat im Zusammenhang mit der Rechnungslegung eines Unternehmens begründen, kann eine Anzeige im Sinne des § 78 StPO insbesondere unterbleiben, wenn und so lange ein Prüfverfahren durch die Prüfstelle oder die FMA anhängig und kein schwerwiegender Schaden für das Unternehmen oder seine Gläubiger zu befürchten ist; die Bekanntmachung festgestellter Fehler gemäß § 5 Abs. 2 gilt für Zwecke des Absehens von der Anzeige jedenfalls als schadensbereinigende Maßnahme gemäß § 78 Abs. 2 Z 2 StPO.

(2) Ergibt sich der FMA bei Ausübung ihrer Tätigkeit gemäß diesem Bundesgesetz der Verdacht, dass eine Transaktion der Geldwäscherei oder der Terrorismusfinanzierung dient, so hat sie die Geldwäschemeldestelle (§ 4 Abs. 2 des Bundeskriminalamt-Gesetzes – BKA-G, BGBl. I Nr. 22/2002) hievon unverzüglich in Kenntnis zu setzen. *(BGBl I 2016/118)*

Datenschutz und Internationale Zusammenarbeit

§ 7. (1) Der FMA obliegt die Zusammenarbeit mit den Stellen im Ausland, die zuständig sind für die Untersuchung möglicher Verstöße gegen Rechnungslegungsvorschriften von Unternehmen, deren Wertpapiere an einem geregelten Markt oder an einer anerkannten Wertpapierbörse eines Drittlandes zugelassen sind. Im Rahmen dieser Zusammenarbeit kann ein gegenseitiger Informations- und Datenaustausch erfolgen, soweit er sich auf das für die Zusammenarbeit notwendige Maß beschränkt und dadurch weder das Bankgeheimnis (§ 38 BWG) noch die abgabenrechtliche Geheimhaltungspflicht (§ 48a BAO) verletzt werden. Die Erteilung von Auskünften an eine Behörde in einem Drittland ist im Übrigen nur dann gestattet, wenn die Voraussetzungen gemäß Kapitel V der Verordnung (EU) 2016/679 zum Schutz natürlicher Personen bei der Verarbeitung personenbezogener Daten, zum freien Datenverkehr und zur Aufhebung der Richtlinie 95/46/EG (Datenschutz-Grundverordnung), ABl. Nr. L 119 vom 04.05.2016 S. 1 erfüllt sind. *(BGBl I 2018/37)*

(2) Die FMA kann mit den zuständigen Stellen von Mitgliedstaaten der Europäischen Union oder von Vertragsstaaten des Abkommens über den Europäischen Wirtschaftsraum zusammenarbeiten, um eine einheitliche Durchsetzung internationaler Rechnungslegungsvorschriften grenzüberschreitend gewährleisten zu können. Dazu kann sie diesen Stellen auch den Wortlaut von Entscheidungen zur Verfügung stellen, die sie oder die Prüfstelle in Einzelfällen getroffen haben. Der Wortlaut der Entscheidungen darf nur in anonymisierter Form zur Verfügung gestellt werden.

(3) Die FMA hat die Prüfstelle über die internationale Zusammenarbeit der FMA gemäß den

Abs. 1 und 2 zu informieren. Die Prüfstelle ihrerseits ist zur Unterstützung der FMA bei der internationalen Zusammenarbeit verpflichtet.

2. Abschnitt: Prüfstelle

Rechtsform, Anerkennung und Prüfungsgegenstand

§ 8. (1) Der Bundesminister für Finanzen kann nach Anhörung des Bundesministers für Justiz durch Bescheid einen unabhängigen, nicht auf Gewinn gerichteten Verein auf dessen Antrag als Prüfstelle für die Einhaltung von Rechnungslegungsvorschriften durch Unternehmen, deren Herkunftsland gemäß „§ 1 Z 14 BörseG 2018" Österreich ist, anerkennen. Ein solcher Verein hat den Namen „Österreichische Prüfstelle für Rechnungslegung" zu führen und darf in Ausübung seiner Tätigkeit an keine Weisungen gebunden sein. *(BGBl I 2015/150; BGBl I 2017/107)*

(2) Ein Verein darf nur dann als Prüfstelle anerkannt werden, wenn die Statuten dieses Vereins eine ausreichende Gewähr für eine sachverständige, unabhängige und vertrauliche Erfüllung der Aufgaben des Vereins bieten und geeignete organisatorische Vorkehrungen für die Prüfungstätigkeit in einer Verfahrensordnung festgelegt sind. Jede Änderung der Statuten oder der Verfahrensordnung ist vom Bundesminister für Finanzen nach Anhörung des Bundesministers für Justiz zu genehmigen. Die bescheidmäßige Anerkennung kann auf eine Dauer von fünf Jahren befristet werden; eine wiederholte Anerkennung ist zulässig.

(3) An der Durchführung der Prüfung dürfen Personen nicht mitwirken, bei denen Gründe, insbesondere Beziehungen geschäftlicher, finanzieller oder persönlicher Art, vorliegen, nach denen die Besorgnis der Befangenheit besteht. Von der Mitwirkung jedenfalls ausgeschlossen sind Personen, bei denen einer der in § 271 Abs. 2 Z 1, 2, 4, 5 oder 7 des Unternehmensgesetzbuchs – UGB, BGBl. I Nr. 120/2005, genannten Umstände in den letzten drei Jahren vorgelegen ist.

(4) Die Prüfstelle hat die FMA von der Durchführung von Prüfungen gemäß § 2 Abs. 1 Z 1 zu informieren.

(5) Die FMA kann Richtlinien über die Prüftätigkeit durch die Prüfstelle erlassen, nach der diese vorzugehen hat. Die Prüfstelle hat der FMA hierfür Vorschläge zu erstatten.

Verhältnis der Prüfstelle zu Unternehmen

§ 9. (1) Wenn das Unternehmen bei einer Prüfung durch die Prüfstelle mitwirkt, sind die gesetzlichen Vertreter des Unternehmens und die sonstigen Personen, deren sich die gesetzlichen Vertreter bei der Mitwirkung bedienen, verpflichtet, der Prüfstelle richtige und vollständige Auskünfte zu erteilen und richtige und vollständige Unterlagen vorzulegen, es sei denn, die genannten Personen würden sich oder einen Angehörigen gemäß § 36a AVG damit der Gefahr einer strafgerichtlichen Verfolgung aussetzen. Die Prüfstelle hat den Verpflichteten über sein Verweigerungsrecht zu belehren. Die Vorlagepflicht bleibt davon unberührt.

(2) Die Prüfstelle hat dem Unternehmen das Ergebnis der Prüfung mitzuteilen. Ergibt die Prüfung, dass die Rechnungslegung fehlerhaft ist, so hat sie ihre Entscheidung zu begründen und dem Unternehmen unter Bestimmung einer angemessenen Frist Gelegenheit zur Äußerung zu geben, ob es mit dem Ergebnis der Prüfstelle einverstanden ist.

Anzeige-, Mitteilungspflichten und Haftung der Prüfstelle

§ 10. (1) Die Prüfstelle hat der FMA zu berichten über:

1. die Weigerung des betroffenen Unternehmens, an einer Prüfung mitzuwirken,

2. das Ergebnis der Prüfung und darüber, ob sich das Unternehmen mit dem Prüfungsergebnis einverstanden erklärt hat.

(2) Die Beschäftigten der Prüfstelle sind zur gewissenhaften und unparteiischen Prüfung verpflichtet. Die Prüfstelle und ihre Beschäftigten sind im öffentlichen Interesse einer verlässlichen und einheitlichen Finanzberichterstattung auf dem Kapitalmarkt tätig.

(3) Die Prüfstelle hat Tatsachen, die den Verdacht einer Straftat im Zusammenhang mit der Rechnungslegung eines Unternehmens begründen, der FMA zu berichten. Tatsachen, die den Verdacht auf das Vorliegen einer Berufspflichtverletzung durch den Abschlussprüfer begründen, hat sie der Kammer der Wirtschaftstreuhänder zu berichten.

(4) Für die von der Prüfstelle zugefügten Schäden haftet der Bund nach den Bestimmungen des Amtshaftungsgesetzes – AHG, BGBl. Nr. 20/1949. Schäden im Sinne dieser Bestimmung sind solche, die Rechtsträgern unmittelbar zugefügt wurden, die der Prüftätigkeit der Prüfstelle nach diesem Bundesgesetz unterliegen. Die Prüfstelle sowie deren Bedienstete und Organe haften dem Geschädigten nicht.

(5) Hat der Bund einem Geschädigten den Schaden gemäß Abs. 4 ersetzt, so kann er von den Organen oder Bediensteten der Prüfstelle Rückersatz nach den Bestimmungen des AHG begehren.

(6) Die Prüfstelle hat den Bund im Amtshaftungs- und Rückersatzverfahren nach den Abs. 4 und 5 in jeder zweckdienlichen Weise zu unter-

stützen. Sie hat insbesondere alle Informationen und Unterlagen, die das Amtshaftungs- oder Rückersatzverfahren betreffen, zur Verfügung zu stellen sowie dafür zu sorgen, dass der Bund das Wissen und die Kenntnisse der Organe und Bediensteten der Prüfstelle über die verfahrensgegenständlichen Prüftätigkeiten in Anspruch nehmen kann.

Verschwiegenheitspflicht

§ 11. (1) Beschäftigte der Prüfstelle dürfen die ihnen bei ihrer Tätigkeit bekannt gewordenen Tatsachen und Erkenntnisse, deren Geheimhaltung im Interesse eines nach diesem Gesetz Verpflichteten oder eines Dritten liegt, insbesondere Geschäfts- und Betriebsgeheimnisse sowie personenbezogene Daten, nicht unbefugt offenbaren oder verwerten, auch wenn sie nicht mehr im Dienst sind oder ihre Tätigkeit beendet ist. Dies gilt nicht im Fall von gesetzlichen Mitteilungspflichten. Mitteilungen zur Erfüllung der Verpflichtung nach § 10 stellen keine unbefugte Offenbarung oder Verwertung dar.

Finanzierung der Prüfstelle

§ 12. (1) Die Prüfstelle hat über die erforderlichen Finanzierungsmittel für jedes folgende Kalenderjahr einen Wirtschaftsplan zu erstellen, der vom Bundesminister für Finanzen zu genehmigen ist. Die voraussichtlichen Kosten für das Folgejahr werden von den einzelnen Unternehmen mittels eines Fixbetrages von 7 500 Euro pro Kalenderjahr sowie durch Mitgliedsbeiträge der Vereinsmitglieder in der Höhe von 10 000 Euro je Vereinsmitglied pro Kalenderjahr vorfinanziert. Ein allfällig verbleibender Restbetrag ist den Unternehmen gemäß ihrer Börsekapitalisierung von der Prüfstelle anteilsmäßig zu verrechnen.

(2) Die Prüfstelle gilt unabhängig von ihren tatsächlichen Einnahmen und Ausgaben als Verein gemäß § 22 Abs. 2 Vereinsgesetz 2002 – VerG, BGBl. I Nr. 66/2002.

Sanktionen

§ 13. (1) Wer vorsätzlich entgegen § 4 der FMA oder entgegen § 9 der Prüfstelle eine Auskunft nicht richtig oder nicht vollständig erteilt oder eine Unterlage nicht richtig oder nicht vollständig vorlegt, begeht eine Verwaltungsübertretung und ist von der FMA mit einer Geldstrafe bis zu 100 000 Euro zu bestrafen.

(2) Die von der FMA gemäß diesem Bundesgesetz verhängten Geldstrafen fließen dem Bund zu.

3. Abschnitt: Übergangs- und Schlussbestimmungen

Sprachliche Gleichbehandlung

§ 14. Soweit in diesem Bundesgesetz personenbezogene Bezeichnungen nur in männlicher Form angeführt sind, beziehen sie sich auf Frauen und Männer in gleicher Weise. Bei der Anwendung auf bestimmte Personen ist die jeweils geschlechtsspezifische Form zu verwenden.

Verweise und Verordnungen

§ 15. (1) Soweit in diesem Bundesgesetz auf andere Bundesgesetze verwiesen wird, sind diese, wenn nichts anderes angeordnet ist, in ihrer jeweils geltenden Fassung anzuwenden.

Übergangsbestimmung

§ 16. Die Bestimmungen dieses Gesetzes finden erstmals auf Abschlüsse und sonstige vorgeschriebene Informationen jenes Geschäftsjahres Anwendung, das nach dem 30. Dezember 2013 endet. Maßnahmen zur organisatorischen Einrichtung und Finanzierung der Prüfstelle können ab Kundmachung des Bundesgesetzes BGBl. I Nr. 21/2013 getroffen werden.

In-Kraft-Treten

§ 17. „(1)“ Dieses Bundesgesetz tritt mit 1. Juli 2013 in Kraft. *(BGBl I 2015/98)*

(2) § Abs. 1 erster Satz in der Fassung des Bundesgesetzes BGBl. I Nr. 98/2015 tritt mit 26. November 2015 in Kraft. *(BGBl I 2015/98)*

(3) § 6 Abs. 2 in der Fassung des Bundesgesetzes BGBl. I Nr. 118/2016 tritt mit 1. Jänner 2017 in Kraft. *(BGBl I 2016/118)*

(4) § 1 Abs. 1, § 2 Abs. 1 und § 8 Abs. 1 in der Fassung des Bundesgesetzes BGBl. I Nr. 107/2017 treten mit 3. Jänner 2018 in Kraft. *(BGBl I 2017/107)*

(5) § 5 Abs. 2 in der Fassung des Bundesgesetzes BGBl. I Nr. 62/2019 tritt mit 21. Juli 2019 in Kraft. *(BGBl I 2019/62)*

Vollziehung

§ 18. Mit der Vollziehung dieses Bundesgesetzes ist

1. hinsichtlich des § 8 Abs. 1 und 2 sowie des § 12 der Bundesminister für Finanzen im Einvernehmen mit dem Bundesminister für Justiz,

2. hinsichtlich der übrigen Bestimmungen der Bundesminister für Finanzen betraut.

Evaluierung

§ 19. Der Bundesminister für Finanzen hat das Rechnungslegungs-Kontrollgesetz spätestens bis zum 31. Dezember 2015 zu evaluieren.

2. Allgemeines Bürgerliches Gesetzbuch

JGS 1811/946 idF

1 RGBl 1859/217
2 RGBl 1860/9
3 RGBl 1860/108
4 RGBl 1867/131
5 RGBl 1868/49
6 RGBl 1868/62
7 RGBl 1895/110
8 RGBl 1914/276
9 RGBl 1915/208
10 RGBl 1916/69
11 StGBl 1919/96
12 BGBl 1921/638
13 BGBl 1922/850
14 BGBl 1936/111
15 dRGBl 1938 I 807
16 dRGBl 1938 I 825
17 dRGBl 1938 I 923
18 dRGBl 1938 I 973
19 dRGBl 1939 I 1186
20 dRGBl 1939 I 2394
21 dRGBl 1943 I 80
22 dRGBl 1943 I 266
23 BGBl 1947/30
24 BGBl 1951/259
25 BGBl 1954/99 (JWG)
26 BGBl 1956/157
27 BGBl 1958/268
28 BGBl 1960/58
29 BGBl 1967/122
30 BGBl 1968/306
31 BGBl 1970/342
32 BGBl 1973/108
33 BGBl 1974/496
34 BGBl 1975/412
35 BGBl 1975/416
36 BGBl 1976/91
37 BGBl 1977/403
38 BGBl 1978/280
39 BGBl 1978/304 (IPR-Gesetz)
40 BGBl 1979/140 (KSchG)
41 BGBl 1982/370
42 BGBl 1983/136
43 BGBl 1983/566
44 BGBl 1985/196 (K)
45 BGBl 1986/97
46 BGBl 1988/179
47 BGBl 1989/162 (KindRÄG)
48 BGBl 1989/343 (WGN 1989)
49 BGBl 1989/656 (ErbRÄG 1989)
50 BGBl 1992/275 (FMedG)
51 BGBl 1993/502
52 BGBl 1995/25 (NamRÄG)
53 BGBl 1996/759 (GeSchG)
54 BGBl I 1997/6
55 BGBl I 1997/30 (GBNov 1997)
56 BGBl I 1997/140 (WGN 1997)
57 BGBl I 1999/125 (EheRÄG 1999)
58 BGBl I 1999/164
59 BGBl I 2000/44 (ARÄG 2000)
60 BGBl I 2000/135 (KindRÄG 2001)
61 BGBl I 2001/48 (GewRÄG)
62 BGBl I 2001/98 (2. Euro-JuBeG)
63 BGBl I 2002/71
64 BGBl I 2002/104 (SPG-Nov 2002)
65 BGBl I 2002/118 (ZinsRÄG)
66 BGBl I 2003/85 (VfGH)
67 BGBl I 2003/91 (ZivRÄG 2004)
68 BGBl I 2004/58 (FamErbRÄG 2004)
69 BGBl I 2004/77
70 BGBl I 2005/43
71 BGBl I 2005/51 (ZessRÄG)
72 BGBl I 2005/120 (HaRÄG)
73 BGBl I 2006/92 (SWRÄG 2006)
74 BGBl I 2006/113 (DRG 2006)
75 BGBl I 2008/100 (GB-Nov 2008)
76 BGBl I 2009/40 (2. GeSchG)
77 BGBl I 2009/52 (BudgetbegleitG 2009)
78 BGBl I 2009/75 (FamRÄG 2009)
79 BGBl I 2009/135 (EPG)
80 BGBl I 2010/28 (DaKRÄG)
81 BGBl I 2010/29 (IRÄG 2010; Begriffsersetzungen)
82 BGBl I 2010/58 (IRÄ-BG)
83 BGBl I 2012/68 (VfGH)
84 BGBl I 2013/15 (KindNamRÄG 2013)
85 BGBl I 2013/50 (ZVG)
86 BGBl I 2013/145
87 BGBl I 2013/179 (AdRÄG 2013)
88 BGBl I 2014/33 (VRUG)
89 BGBl I 2014/83 (GesbR-RG)
90 BGBl I 2015/25 (VfGH)
91 BGBl I 2015/29 (VfGH)
92 BGBl I 2015/35 (FMedRÄG 2015)
93 BGBl I 2015/87 (ErbRÄG 2015)
94 BGBl I 2016/43 (APRÄG 2016)
95 BGBl I 2017/59 (2. ErwSchG)
96 BGBl I 2017/153
97 BGBl I 2017/161 (VfGH)
98 BGBl I 2018/58 (ErwSchAG-Justiz)
99 BGBl I 2018/100 (SV-OG)
100 BGBl I 2019/69 (HaftRÄG 2019)
101 BGBl I 2019/74
102 BGBl I 2019/105 (Gewaltschutzgesetz 2019)

GLIEDERUNG

STICHWORTVERZEICHNIS

(Die Zahlenangaben beziehen sich auf die Paragraphen)

Stichwortverzeichnis

Stichwortverzeichnis

Stichwortverzeichnis

Stichwortverzeichnis

Allgemeines bürgerliches Gesetzbuch

Kundmachung des allgemeinen bürgerlichen Gesetzbuches

(1) Aus der Betrachtung, daß die bürgerlichen Gesetze, um den Bürgern volle Beruhigung über den gesicherten Genuß ihrer Privatrechte zu verschaffen, nicht nur nach den allgemeinen Grundsätzen der Gerechtigkeit; sondern auch nach den besonderen Verhältnissen der Einwohner bestimmt, in einer ihnen verständlichen Sprache bekannt gemacht, und durch eine ordentliche Sammlung in stetem Andenken erhalten werden sollen, haben Wir seit dem Antritte Unserer Regierung unausgesetzt Sorge getragen, daß die schon von Unseren Vorfahren beschlossene und unternommene Abfassung eines vollständigen, einheimischen bürgerlichen Gesetzbuches ihrer Vollendung zugeführt werde.

(2) Der während Unserer Regierung von Unserer Hofkommission in Gesetzsachen zu stande gebrachte Entwurf ward, sowie ehedem der Entwurf des Gesetzbuches über Verbrechen und schwere Polizeiübertretungen, den in den verschiedenen Provinzen eigens aufgestellten Kommissionen zur Beurteilung mitgeteilt, in Galizien aber inzwischen schon in Anwendung gesetzt.

(3) Nachdem auf solche Art die Meinungen der Sachverständigen, und die aus der Anwendung eingeholten Erfahrungen zur Berichtigung dieses so wichtigen Zweiges der Gesetzgebung benützt worden sind; haben Wir nun beschlossen, dieses allgemeine bürgerliche Gesetzbuch für Unsere gesamten deutschen Erbländer kund zu machen, und zu verordnen, daß dasselbe mit dem 1. Januar 1812 zur Anwendung kommen solle.

(4) Dadurch wird das bis jetzt angenommene gemeine Recht, der am 1. November 1786 kundgemachte erste Teil des bürgerlichen Gesetzbuches, das für Galizien gegebene bürgerliche Gesetzbuch, samt allen auf die Gegenstände dieses allgemeinen bürgerlichen Rechtes sich beziehenden Gesetzen und Gewohnheiten, außer Wirksamkeit gesetzt.

(5) Wie Wir aber in dem Gesetzbuche selbst zur allgemeinen Vorschrift aufgestellt haben, daß die Gesetze nicht zurückwirken sollen; so soll auch dieses Gesetzbuch auf Handlungen, die dem Tage, an welchem es verbindliche Kraft erhält, vorhergegangen, und auf die nach den früheren Gesetzen bereits erworbenen Rechte keinen Einfluß haben; diese Handlungen mögen in zweiseitig verbindlichen Rechtsgeschäften, oder in solchen Willenserklärungen bestehen, die von dem Erklärenden noch eigenmächtig abgeändert, und nach den in dem gegenwärtigen Gesetzbuche enthaltenen Vorschriften eingerichtet werden könnten.

(6) [1]Daher ist auch eine schon vor der Wirksamkeit dieses Gesetzbuches angefangene Ersitzung oder Verjährung nach den älteren Gesetzen zu beurteilen. [1]Wollte sich jemand auf eine Ersitzung oder Verjährung berufen, die in dem neueren Gesetze auf eine kürzere Zeit als in den früheren Gesetzen bestimmt ist; so kann er auch diese kürzere Frist erst von dem Zeitpunkte, an welchem das gegenwärtige Gesetz verbindliche Kraft erhält, zu berechnen anfangen.

(7) [1]Die Vorschriften dieses Gesetzbuches sind zwar allgemein verbindlich; doch bestehen für den Militärstand und für die zum Militärkörper gehörigen Personen besondere, auf das Privatrecht sich beziehende Vorschriften, welche bei den von, oder mit ihnen vorzunehmenden Rechtsgeschäften, obschon in dem Gesetzbuche nicht ausdrücklich darauf hingewiesen worden ist, zu beobachten sind. [1]Handels- und Wechselgeschäfte werden nach den besonderen Handels- und Wechselgesetzen, insofern sie von den Vorschriften dieses Gesetzbuches abweichen, beurteilt.

(8) Auch bleiben die über politische, Kameral- oder Finanzgegenstände kundgemachten, die Privatrechte beschränkenden, oder näher bestimmenden Verordnungen, obschon in diesem Gesetzbuche sich darauf nicht ausdrücklich bezogen würde, in ihrer Kraft.

(9) Insbesondere sind die auf Geldzahlungen sich beziehenden Rechte und Verbindlichkeiten nach dem, über das zum Umlauf und zur gemeinen Landes- (Wiener) Währung bestimmte Geld, bereits erlassenen Patente vom 20. Hornung 1811, oder nach den noch zu erlassenden besonderen Gesetzen, und nur bei deren Ermanglung, nach den allgemeinen Vorschriften des Gesetzbuches zu beurteilen.

(10) Wir erklären zugleich den gegenwärtigen deutschen Text des Gesetzbuches als den Urtext, wonach die veranstalteten Übersetzungen in die verschiedenen Landessprachen Unserer Provinzen zu beurteilen sind.

Einleitung

Von den bürgerlichen Gesetzen überhaupt

Begriff des bürgerlichen Rechtes

§ 1. Der Inbegriff der Gesetze, wodurch die Privatrechte und Pflichten der Einwohner des

Staates unter sich bestimmt werden, macht das bürgerliche Recht in demselben aus.

§ 2. Sobald ein Gesetz gehörig kundgemacht worden ist, kann sich niemand damit entschuldigen, daß ihm dasselbe nicht bekannt geworden sei.

Anfang der Wirksamkeit der Gesetze

§ 3. Die Wirksamkeit eines Gesetzes und die daraus entspringenden rechtlichen Folgen nehmen [gleich nach der Kundmachung] ihren Anfang; es wäre denn, daß in dem kundgemachten Gesetze selbst der Zeitpunkt seiner Wirksamkeit weiter hinaus bestimmt würde.

[] *Gegenstandslos, nach § 11 BGBlG BGBl I 2005/100 mit Ablauf des Tages der Freigabe zur Abfrage*

Umfang des Gesetzes

§ 4. *(aufgehoben, BGBl 1978/304)*

§ 5. Gesetze wirken nicht zurück; sie haben daher auf vorhergegangene Handlungen und auf vorher erworbene Rechte keinen Einfluß.

Auslegung

§ 6. Einem Gesetze darf in der Anwendung kein anderer Verstand beigelegt werden, als welcher aus der eigentümlichen Bedeutung der Worte in ihrem Zusammenhange und aus der klaren Absicht des Gesetzgebers hervorleuchtet.

§ 7. [1]Läßt sich ein Rechtsfall weder aus den Worten, noch aus dem natürlichen Sinne eines Gesetzes entscheiden, so muß auf ähnliche, in den Gesetzen bestimmt entschiedene Fälle, und auf die Gründe anderer damit verwandten Gesetze Rücksicht genommen werden. [2]Bleibt der Rechtsfall noch zweifelhaft; so muß solcher mit Hinsicht auf die sorgfältig gesammelten und reiflich erwogenen Umstände nach den natürlichen Rechtsgrundsätzen entschieden werden.

§ 8. [1]Nur dem Gesetzgeber steht die Macht zu, ein Gesetz auf eine allgemein verbindliche Art zu erklären. [2]Eine solche Erklärung muß auf alle noch zu entscheidende Rechtsfälle angewendet werden, dafern der Gesetzgeber nicht hinzufügt, daß seine Erklärung bei Entscheidung solcher Rechtsfälle, welche die vor der Erklärung unternommenen Handlungen und angesprochenen Rechte zum Gegenstande haben, nicht bezogen werden solle.

Dauer des Gesetzes

§ 9. Gesetze behalten so lange ihre Kraft, bis sie von dem Gesetzgeber abgeändert oder ausdrücklich aufgehoben werden.

Andere Arten der Vorschriften, als:

a) Gewohnheiten

§ 10. Auf Gewohnheiten kann nur in den Fällen, in welchen sich ein Gesetz darauf beruft, Rücksicht genommen werden.

[b) Provinzialstatuten]

§ 11. [Nur jene Statuten einzelner Provinzen und Landesbezirke haben Gesetzeskraft, welche nach der Kundmachung dieses Gesetzbuches von dem Landesfürsten ausdrücklich bestätigt werden.]

[] *Gegenstandslos*

c) Richterliche Aussprüche

§ 12. Die in einzelnen Fällen ergangenen Verfügungen und die von Richter[stühle]n in besonderen Rechtsstreitigkeiten gefällten Urteile haben nie die Kraft eines Gesetzes, sie können auf andere Fälle oder auf andere Personen nicht ausgedehnt werden.

d) Privilegien

§ 13. Die einzelnen Personen oder auch ganzen Körpern verliehenen Privilegien und Befreiungen sind, insofern hierüber die politischen Verordnungen keine besondere Bestimmung enthalten, gleich den übrigen Rechten zu beurteilen.

Haupteinteilung des bürgerlichen Rechtes

§ 14. Die in dem bürgerlichen Gesetzbuche enthaltenen Vorschriften haben das Personenrecht, das Sachenrecht und die denselben gemeinschaftlich zukommenden Bestimmungen zum Gegenstande.

Erster Teil

Von dem Personenrechte

Erstes Hauptstück

Von den Rechten, welche sich auf persönliche Eigenschaften und Verhältnisse beziehen

Personenrechte

§ 15. Die Personenrechte beziehen sich teils auf persönliche Eigenschaften und Verhältnisse; teils gründen sie sich in dem Familienverhältnisse.

I. Aus dem Charakter der Persönlichkeit. Angeborne Rechte

§ 16. [1]Jeder Mensch hat angeborne, schon durch die Vernunft einleuchtende Rechte, und ist daher als eine Person zu betrachten. [2]Sklaverei oder Leibeigenschaft, und die Ausübung einer darauf sich beziehenden Macht wird in diesen Ländern nicht gestattet.

Rechtliche Vermutung derselben

§ 17. Was den angebornen natürlichen Rechten angemessen ist, dieses wird so lange als bestehend angenommen, als die gesetzmäßige Beschränkung dieser Rechte nicht bewiesen wird.

Erwerbliche Rechte

§ 18. Jedermann ist unter den von den Gesetzen vorgeschriebenen Bedingungen fähig, Rechte zu erwerben.

Verfolgung der Rechte

§ 19. [1]Jedem, der sich in seinem Rechte gekränkt zu sein erachtet, steht es frei, seine Beschwerde vor der durch die Gesetze bestimmten Behörde anzubringen. [2]Wer sich aber mit Hintansetzung derselben der eigenmächtigen Hilfe bedient, oder, wer die Grenzen der Notwehr überschreitet, ist dafür verantwortlich.

§ 20. [Auch solche Rechtsgeschäfte, die das Oberhaupt des Staates betreffen, aber auf dessen Privateigentum, oder auf die in dem bürgerlichen Rechte gegründeten Erwerbungsarten sich beziehen, sind von den Gerichtsbehörden nach den Gesetzen zu beurteilen.]

[] *Gegenstandslos*

II. Personenrechte der Minderjährigen und sonstiger schutzberechtigter Personen

§ 21. (1) [1]Minderjährige und Personen, die aus einem anderen Grund als dem ihrer Minderjährigkeit alle oder einzelne ihrer Angelegenheiten selbst gehörig zu besorgen nicht vermögen, stehen unter dem besonderen Schutz der Gesetze. „[2]Sie heißen schutzberechtigte Personen.“ *(BGBl I 2017/59, ab 1. 7. 2018, s § 1503 Abs 9 Z 4)*

(2) Minderjährige sind Personen, die das achtzehnte Lebensjahr noch nicht vollendet haben; haben sie das vierzehnte Lebensjahr noch nicht vollendet, so sind sie unmündig. *(BGBl I 2000/135, ab 1. 7. 2001)*

(BGBl 1973/108)

§ 22. [1]Selbst ungeborne Kinder haben von dem Zeitpunkte ihrer Empfängnis an einen Anspruch auf den Schutz der Gesetze. [2]Insoweit es um ihre und nicht um die Rechte eines Dritten zu tun ist, werden sie als Geborne angesehen; ein totgebornes Kind aber wird in Rücksicht auf die ihm für den Lebensfall vorbehaltenen Rechte so betrachtet, als wäre es nie empfangen worden.

§ 23. [1]In zweifelhaftem Falle, ob ein Kind lebendig oder tot geboren worden sei, wird das erstere vermutet. [2]Wer das Gegenteil behauptet, muß es beweisen.

III. Handlungs- und Entscheidungsfähigkeit

§ 24. (1) [1]Handlungsfähigkeit ist die Fähigkeit einer Person, sich im jeweiligen rechtlichen Zusammenhang durch eigenes Handeln zu berechtigen und zu verpflichten. [2]Soweit nichts anderes bestimmt ist, setzt sie Entscheidungsfähigkeit voraus; im jeweiligen Zusammenhang können noch weitere Erfordernisse vorgesehen sein.

(2) [1]Entscheidungsfähig ist, wer die Bedeutung und die Folgen seines Handelns im jeweiligen Zusammenhang verstehen, seinen Willen danach bestimmen und sich entsprechend verhalten kann. [2]Dies wird im Zweifel bei Volljährigen vermutet.

(BGBl I 2017/59, ab 1. 7. 2018, s § 1503 Abs 9 Z 4)

§ 25. *(aufgehoben, dRGBl 1939 I 1186)*

IV. Aus dem Verhältnisse einer moralischen Person

§ 26. [1]Die Rechte der Mitglieder einer erlaubten Gesellschaft unter sich werden durch den Vertrag oder Zweck und die besondern für dieselben bestehenden Vorschriften bestimmt. [2]Im Verhältnisse gegen andere genießen erlaubte Gesellschaften in der Regel gleiche Rechte mit den einzelnen Personen. [3]Unerlaubte Gesellschaften haben als solche keine Rechte, weder gegen die Mitglieder, noch gegen andere, und sie sind unfähig, Rechte zu erwerben. [4]Unerlaubte Gesellschaften sind aber diejenigen, welche durch die politischen Gesetze insbesondere verboten werden, oder offenbar der Sicherheit, öffentlichen Ordnung oder den guten Sitten widerstreiten.

§ 27. Inwiefern Gemeinden in Rücksicht ihrer Rechte unter einer besonderen Vorsorge der öffentlichen Verwaltung stehen, ist in den politischen Gesetzen enthalten.

(In Vorarlberg für den selbständigen Wirkungsbereich der Länder aufgehoben durch § 92 Abs 2 lit a Vorarlberger GemeindeG LGBl 1965/45, Wv als § 100 LGBl 1985/40)

V. Aus dem Verhältnisse eines Staatsbürgers

§ 28. [1]Den vollen Genuß der bürgerlichen Rechte erwirbt man durch die Staatsbürgerschaft. [2][Die Staatsbürgerschaft in diesen [Erb]staaten ist Kindern eines österreichischen Staatsbürgers durch die Geburt eigen.]

[] *Gegenstandslos, s §§ 7, 7a und 8 StaatsbürgerschaftsG 1985 BGBl 311.*

§§ 29 bis 32. *(aufgehoben, RGBl 1860/108 und BGBl 1925/285)*

Rechte der Fremden

§ 33. [1]Den Fremden kommen überhaupt gleiche bürgerliche Rechte und Verbindlichkeiten mit den Eingebornen zu, wenn nicht zu dem Genusse dieser Rechte ausdrücklich die Eigenschaft eines Staatsbürgers erfordert wird. [2]Auch müssen die Fremden, um gleiches Recht mit den Eingebornen zu genießen, in zweifelhaften Fällen beweisen, daß der Staat, dem sie angehören, die hierländigen Staatsbürger in Rücksicht des Rechtes, wovon die Frage ist, ebenfalls wie die seinigen behandle.

§§ 34 bis 37. *(aufgehoben, BGBl 1978/304)*

§ 38. Die Gesandten, die öffentlichen Geschäftsträger und die in ihren Diensten stehenden Personen genießen die in dem Völkerrechte und in den öffentlichen Verträgen gegründeten Befreiungen.

VI. Personenrechte aus dem Religionsverhältnisse

§ 39. Die Verschiedenheit der Religion hat auf die Privatrechte keinen Einfluß, außer insofern dieses bei einigen Gegenständen durch die Gesetze insbesondere angeordnet wird.

VII. Aus dem Familienverhältnisse. Familie, Verwandtschaft und Schwägerschaft

§ 40. [1]Unter Familie werden die Stammeltern mit allen ihren Nachkommen verstanden. [2]Die Verbindung zwischen diesen Personen wird Verwandtschaft; die Verbindung aber, welche zwischen einem Ehegatten und den Verwandten des andern Ehegatten entsteht, Schwägerschaft genannt.

§ 41. [1]Die Grade der Verwandtschaft zwischen zwei Personen sind nach der Zahl der Zeugungen, mittels welcher in der geraden Linie eine derselben von der andern, und in der Seitenlinie beide von ihrem nächsten gemeinschaftlichen Stamme abhängen, zu bestimmen. [2]In welcher Linie und in welchem Grade jemand mit dem einen Ehegatten verwandt ist, in eben der Linie und in eben dem Grade ist er mit dem andern Ehegatten verschwägert.

§ 42. Unter dem Namen Eltern werden in der Regel ohne Unterschied des Grades alle Verwandte in der aufsteigenden; und unter dem Namen Kinder alle Verwandte in der absteigenden Linie begriffen.

VIII. Schutz des Namens

§ 43. Wird jemandem das Recht zur Führung seines Namens bestritten oder wird er durch unbefugten Gebrauch seines Namens (Decknamens) beeinträchtigt, so kann er auf Unterlassung und bei Verschulden auf Schadenersatz klagen.

(RGBl 1916/69)

Zweites Hauptstück

Von dem Eherechte

Begriff der Ehe

§ 44. [1]Die Familienverhältnisse werden durch den Ehevertrag gegründet. [2]In dem Ehevertrage erklären zwei Personen „ “ gesetzmäßig ihren Willen, in unzertrennlicher Gemeinschaft zu leben, Kinder zu zeugen, sie zu erziehen, und sich gegenseitigen Beistand zu leisten. *(BGBl I 2017/161 (VfGH), ab 1. 1. 2019)*

und des Eheverlöbnisses

§ 45. Ein Eheverlöbnis oder ein vorläufiges Versprechen, sich zu ehelichen, unter was für Umständen oder Bedingungen es gegeben oder erhalten worden, zieht keine rechtliche Verbindlichkeit nach sich, weder zur Schließung der Ehe selbst, noch zur Leistung desjenigen, was auf den Fall des Rücktrittes bedungen worden ist.

Rechtliche Wirkung des Rücktrittes vom Eheverlöbnisse

§ 46. Nur bleibt dem Teile, von dessen Seite keine gegründete Ursache zu dem Rücktritte entstanden ist, der Anspruch auf den Ersatz des wirklichen Schadens vorbehalten, welchen er aus diesem Rücktritte zu leiden beweisen kann.

§§ 47 bis 88. *(aufgehoben, dRGBl 1938 I 807)*

Persönliche Rechtswirkungen der Ehe

§ 89. Die persönlichen Rechte und Pflichten der Ehegatten im Verhältnis zueinander sind, soweit in diesem Hauptstück nicht anderes bestimmt ist, gleich.

(BGBl 1975/412)

§ 90. (1) Die Ehegatten sind einander zur umfassenden ehelichen Lebensgemeinschaft, besonders zum gemeinsamen Wohnen, sowie zur Treue, zur anständigen Begegnung und zum Beistand verpflichtet.

(2) Im Erwerb des anderen hat ein Ehegatte mitzuwirken, soweit ihm dies zumutbar, es nach den Lebensverhältnissen der Ehegatten üblich und nicht anderes vereinbart ist.

(3) [1]Jeder Ehegatte hat dem anderen in der Ausübung der Obsorge für dessen Kinder in angemessener Weise beizustehen. [2]Soweit es die Umstände erfordern, vertritt er ihn auch in den Obsorgeangelegenheiten des täglichen Lebens. *(BGBl I 2009/75, ab 1. 1. 2010)*

(BGBl I 1999/125, ab 1. 1. 2000)

§ 91. (1) Die Ehegatten sollen ihre eheliche Lebensgemeinschaft, besonders die Haushaltsführung, die Erwerbstätigkeit, die Leistung des Beistandes und die Obsorge, unter Rücksichtnahme aufeinander und auf das Wohl der Kinder mit dem Ziel voller Ausgewogenheit ihrer Beiträge einvernehmlich gestalten.

(2) [1]Von einer einvernehmlichen Gestaltung kann ein Ehegatte abgehen, wenn dem nicht ein wichtiges Anliegen des anderen oder der Kinder entgegensteht oder, auch wenn ein solches Anliegen vorliegt, persönliche Gründe des Ehegatten, besonders sein Wunsch nach Aufnahme einer Erwerbstätigkeit, als gewichtiger anzusehen sind. [2]In diesen Fällen haben sich die Ehegatten um ein Einvernehmen über die Neugestaltung der ehelichen Lebensgemeinschaft zu bemühen.

(BGBl I 1999/125, ab 1. 1. 2000)

§ 92. (1) Verlangt ein Ehegatte aus gerechtfertigten Gründen die Verlegung der gemeinsamen Wohnung, so hat der andere diesem Verlangen zu entsprechen, es sei denn, er habe gerechtfertigte Gründe von zumindest gleichem Gewicht, nicht mitzuziehen.

(2) Ungeachtet des Abs. 1, kann ein Ehegatte vorübergehend gesondert Wohnung nehmen, solange ihm ein Zusammenleben mit dem anderen Ehegatten, besonders wegen körperlicher Bedrohung, unzumutbar oder dies aus wichtigen persönlichen Gründen gerechtfertigt ist.

(3) [1]In den Fällen der Abs. 1 und 2 kann jeder der Ehegatten vor oder auch nach der Verlegung der Wohnung oder der gesonderten Wohnungnahme die Entscheidung des Gerichtes beantragen. [2]Das Gericht hat im Verfahren außer Streitsachen festzustellen, ob das Verlangen auf Verlegung der gemeinsamen Wohnung oder die Weigerung mitzuziehen oder die gesonderte Wohnungnahme durch einen Ehegatten rechtmäßig war oder ist. [3]Es hat bei der Entscheidung auf die gesamten Umstände der Familie, besonders auf das Wohl der Kinder, Bedacht zu nehmen.

(BGBl 1975/412)

Name

§ 93. (1) [1]Die Ehegatten führen den von ihnen bestimmten gemeinsamen Familiennamen. [2]Mangels einer solchen Bestimmung behalten sie ihre bisherigen Familiennamen bei.

(2) [1]Zum gemeinsamen Familiennamen können die Verlobten oder Ehegatten einen ihrer Namen bestimmen. [2]Wird hiefür ein aus mehreren voneinander getrennten oder durch einen Bindestrich verbundenen Teilen bestehender Name herangezogen, so können der gesamte Name oder dessen Teile verwendet werden. [3]Sie können auch einen aus den Familiennamen beider gebildeten Doppelnamen zum gemeinsamen Familiennamen bestimmen; dabei dürfen sie insgesamt zwei Teile dieser Namen verwenden.

(3) Derjenige Ehegatte, dessen Familienname nicht gemeinsamer Familienname ist, kann auch schon vor Eheschließung bestimmen, dass er einen aus dem gemeinsamen Familiennamen und seinem Familiennamen gebildeten Doppelnamen führt, sofern nicht der gemeinsame Familienname bereits aus mehreren Teilen besteht; auch darf der Ehegatte, dessen Familienname aus mehreren Teilen besteht, nur einen dieser Teile verwenden.

(4) Ein Doppelname ist durch einen Bindestrich zwischen dessen einzelnen Teilen zu trennen.

(BGBl I 2013/15, ab 1. 2. 2013; auf Ehegatten anzuwenden, die die Ehe nach dem 31. 3. 2013 schließen; s auch § 1503 Abs 1 Z 5, zu Abs 2 auch Z 6)

§ 93a. (1) Ändert sich der Familienname eines Ehegatten, so kann eine erneute Bestimmung vorgenommen werden.

(2) Wird die Ehe aufgelöst, so können die Ehegatten jeden früher rechtmäßig geführten Familiennamen wieder annehmen.

(3) [1]Eine Person kann bestimmen, dass ihr Familienname dem Geschlecht angepasst wird, soweit dies der Herkunft der Person oder der Tradition der Sprache entspricht, aus der der Name stammt. [2]Sie kann auch bestimmen, dass eine auf das Geschlecht hinweisende Endung des Namens entfällt.

(BGBl I 2013/15, ab 1. 2. 2013; auf Ehegatten anzuwenden, die die Ehe nach dem 31. 3. 2013 schließen, s auch § 1503 Abs 1 Z 5)

§ 93b. Die Bestimmung oder Wiederannahme eines Familiennamens nach den §§ 93 und 93a ist nur einmalig zulässig.

(BGBl I 2013/15, ab 1. 2. 2013; auf Ehegatten anzuwenden, die die Ehe nach dem 31. 3. 2013 schließen, s auch § 1503 Abs 1 Z 5)

§ 93c. [1]Namensrechtliche Erklärungen sind dem Standesbeamten gegenüber in öffentlicher oder öffentlich beglaubigter Urkunde abzugeben. [2]Ihre Wirkungen treten ein, sobald sie dem Standesbeamten zukommen.

(BGBl I 2013/15, ab 1. 2. 2013; auf Ehegatten anzuwenden, die die Ehe nach dem 31. 3. 2013 schließen, s auch § 1503 Abs 1 Z 5)

Sonstige Wirkungen der Ehe

§ 94. (1) Die Ehegatten haben nach ihren Kräften und gemäß der Gestaltung ihrer ehelichen Lebensgemeinschaft zur Deckung der ihren Lebensverhältnissen angemessenen Bedürfnisse gemeinsam beizutragen.

(2) [1]Der Ehegatte, der den gemeinsamen Haushalt führt, leistet dadurch seinen Beitrag im Sinn des Abs. 1; er hat an den anderen einen Anspruch auf Unterhalt, wobei eigene Einkünfte angemessen zu berücksichtigen sind. [2]Dies gilt nach der Aufhebung des gemeinsamen Haushalts zugunsten des bisher Unterhaltsberechtigten weiter, sofern nicht die Geltendmachung des Unterhaltsanspruchs, besonders wegen der Gründe, die zur Aufhebung des gemeinsamen Haushalts geführt haben, ein Mißbrauch des Rechtes wäre. [3]Ein Unterhaltsanspruch steht einem Ehegatten auch zu, soweit er seinen Beitrag nach Abs. 1 nicht zu leisten vermag.

(3) [1]„Auf Verlangen des unterhaltsberechtigten Ehegatten ist der Unterhalt auch bei aufrechter Haushaltsgemeinschaft ganz oder zum Teil in Geld zu leisten, soweit nicht ein solches Verlangen, insbesondere im Hinblick auf die zur Deckung der Bedürfnisse zur Verfügung stehenden Mittel, unbillig wäre.“[2]Auf den Unterhaltsanspruch an sich kann im vorhinein nicht verzichtet werden. *(BGBl I 1999/125, ab 1. 1. 2000)*

(BGBl 1975/412)

§ 95. [1]Die Ehegatten haben an der Führung des gemeinsamen Haushalts nach ihren persönlichen Verhältnissen, besonders unter Berücksichtigung ihrer beruflichen Belastung, mitzuwirken. [2]„Ist jedoch ein Ehegatte nicht erwerbstätig, so obliegt diesem die Haushaltsführung; der andere ist nach Maßgabe des § 91 zur Mithilfe verpflichtet.“ *(BGBl I 1999/125, ab 1. 1. 2000)*

(BGBl 1975/412)

§ 96. [1]Der Ehegatte, der den gemeinsamen Haushalt führt und keine Einkünfte hat, vertritt den anderen bei den Rechtsgeschäften des täglichen Lebens, die er für den gemeinsamen Haushalt schließt und die ein den Lebensverhältnissen der Ehegatten entsprechendes Maß nicht übersteigen. [2]Dies gilt nicht, wenn der andere Ehegatte dem Dritten zu erkennen gegeben hat, daß er von seinem Ehegatten nicht vertreten sein wolle. [3]Kann der Dritte aus den Umständen nicht erkennen, daß der handelnde Ehegatte als Vertreter auftritt, dann haften beide Ehegatten zur ungeteilten Hand.

(BGBl 1975/412)

§ 97. [1]Ist ein Ehegatte über die Wohnung, die der Befriedigung des dringenden Wohnbedürfnisses des anderen Ehegatten dient, verfügungsberechtigt, so hat dieser einen Anspruch darauf, daß der verfügungsberechtigte Ehegatte alles unterlasse und vorkehre, damit der auf die Wohnung angewiesene Ehegatte diese nicht verliere. [2]Dies gilt nicht, wenn das Handeln oder Unterlassen des verfügungsberechtigten Ehegatten durch die Umstände erzwungen wird.

(BGBl 1975/412)

§ 98. [1]Wirkt ein Ehegatte im Erwerb des anderen mit, so hat er Anspruch auf angemessene Abgeltung seiner Mitwirkung. [2]Die Höhe des Anspruchs richtet sich nach der Art und Dauer der Leistungen; die gesamten Lebensverhältnisse der Ehegatten, besonders auch die gewährten Unterhaltsleistungen, sind angemessen zu berücksichtigen.

(BGBl 1978/280)

§ 99. Ansprüche auf Abgeltung der Mitwirkung eines Ehegatten im Erwerb des anderen (§ 98) sind vererblich, unter Lebenden oder von Todes wegen übertragbar und verpfändbar, soweit sie durch Vertrag oder Vergleich anerkannt oder gerichtlich geltend gemacht worden sind.

(BGBl 1978/280)

§ 100. [1]Der § 98 berührt nicht vertragliche Ansprüche eines Ehegatten an den anderen aus einem Mit- oder Zusammenwirken im Erwerb. [2]Solche Ansprüche schließen einen Anspruch nach § 98 aus; bei einem Dienstverhältnis bleibt dem Ehegatten jedoch der Anspruch nach § 98 gewahrt, soweit er seine Ansprüche aus dem Dienstverhältnis übersteigt.

(BGBl 1978/280)

§§ 101 bis 106. *(aufgehoben, dRGBl 1938 I 807)*

§ 107. *(aufgehoben, BGBl 1975/412)*

§§ 108 und 109. *(aufgehoben, dRGBl 1938 I 807)*

§ 110. *(aufgehoben, BGBl 1975/412)*

§ 111. *(aufgehoben, dRGBl 1938 I 807)*

§§ 112 bis 114. *(aufgehoben, dRGBl 1939 I 1186)*

§§ 115 und 116. *(aufgehoben, dRGBl 1938 I 807)*

§§ 117 und 118. *(aufgehoben, BGBl 1975/412)*

§§ 119 und 120. *(aufgehoben, dRGBl 1938 I 807)*

§ 121. *(aufgehoben, BGBl 1975/412)*

§§ 122 bis 136. *(aufgehoben, dRGBl 1938 I 807)*

Drittes Hauptstück
Rechte zwischen Eltern und Kindern

Erster Abschnitt
Allgemeine Bestimmungen

Allgemeine Grundsätze

§ 137. (1) [1]Eltern und Kinder haben einander beizustehen und mit Achtung zu begegnen. [2]Die Rechte und Pflichten des Vaters und der Mutter sind, soweit nicht anderes bestimmt ist, gleich.

(2) [1]Eltern haben das Wohl ihrer minderjährigen Kinder zu fördern, ihnen Fürsorge, Geborgenheit und eine sorgfältige Erziehung zu gewähren. [2]Die Anwendung jeglicher Gewalt und die Zufügung körperlichen oder seelischen Leides sind unzulässig. [3]Soweit tunlich und möglich sollen die Eltern die Obsorge einvernehmlich wahrnehmen.

(BGBl I 2013/15, ab 1. 2. 2013)

Kindeswohl

§ 138. [1]In allen das minderjährige Kind betreffenden Angelegenheiten, insbesondere der Obsorge und der persönlichen Kontakte, ist das Wohl des Kindes (Kindeswohl) als leitender Gesichtspunkt zu berücksichtigen und bestmöglich zu gewährleisten. [2]Wichtige Kriterien bei der Beurteilung des Kindeswohls sind insbesondere

1. eine angemessene Versorgung, insbesondere mit Nahrung, medizinischer und sanitärer Betreuung und Wohnraum, sowie eine sorgfältige Erziehung des Kindes;

2. die Fürsorge, Geborgenheit und der Schutz der körperlichen und seelischen Integrität des Kindes;

3. die Wertschätzung und Akzeptanz des Kindes durch die Eltern;

4. die Förderung der Anlagen, Fähigkeiten, Neigungen und Entwicklungsmöglichkeiten des Kindes;

5. die Berücksichtigung der Meinung des Kindes in Abhängigkeit von dessen Verständnis und der Fähigkeit zur Meinungsbildung;

6. die Vermeidung der Beeinträchtigung, die das Kind durch die Um- und Durchsetzung einer Maßnahme gegen seinen Willen erleiden könnte;

7. die Vermeidung der Gefahr für das Kind, Übergriffe oder Gewalt selbst zu erleiden oder an wichtigen Bezugspersonen mitzuerleben;

8. die Vermeidung der Gefahr für das Kind, rechtswidrig verbracht oder zurückgehalten zu werden oder sonst zu Schaden zu kommen;

9. verlässliche Kontakte des Kindes zu beiden Elternteilen und wichtigen Bezugspersonen sowie sichere Bindungen des Kindes zu diesen Personen;

10. die Vermeidung von Loyalitätskonflikten und Schuldgefühlen des Kindes;

11. die Wahrung der Rechte, Ansprüche und Interessen des Kindes sowie

12. die Lebensverhältnisse des Kindes, seiner Eltern und seiner sonstigen Umgebung.

(BGBl I 2013/15, ab 1. 2. 2013)

§ 139. (1) Dritte dürfen in die elterlichen Rechte nur insoweit eingreifen, als ihnen dies durch die Eltern selbst, unmittelbar auf Grund des Gesetzes oder durch eine behördliche Verfügung gestattet ist.

(2) [1]Eine mit einem Elternteil und dessen minderjährigem Kind nicht nur vorübergehend im

gemeinsamen Haushalt lebende volljährige Person, die in einem familiären Verhältnis zum Elternteil steht, hat alles den Umständen nach Zumutbare zu tun, um das Kindeswohl zu schützen. [2]Soweit es die Umstände erfordern, vertritt sie den Elternteil auch in Obsorgeangelegenheiten des täglichen Lebens.

(BGBl I 2013/15, ab 1. 2. 2013)

Zweiter Abschnitt

Abstammung des Kindes

a) Allgemeines

§ 140. Die nach diesem Gesetzbuch begründete Abstammung und deren Änderung sowie die Feststellung der Nichtabstammung wirken gegenüber jedermann.

(BGBl I 2013/15, ab 1. 2. 2013)

Handlungsfähigkeit in Abstammungsangelegenheiten

§ 141. (1) [1]Eine Person kann in Angelegenheiten ihrer Abstammung und der Abstammung von ihr rechtswirksam handeln, wenn sie entscheidungsfähig ist. [2]Im Zweifel wird das Vorliegen der Entscheidungsfähigkeit bei mündigen Minderjährigen vermutet.

(2) [1]Minderjährige bedürfen darüber hinaus der Zustimmung ihres gesetzlichen Vertreters. [2]Handelt der gesetzliche Vertreter selbst, so bedarf er der Zustimmung des Minderjährigen.

(3) [1]Ist eine Person in Angelegenheiten der Abstammung nicht entscheidungsfähig, so kann ihr gesetzlicher Vertreter für sie handeln. [2]Ist die vertretene Person volljährig, so gilt § 250 Abs. 2 sinngemäß. [3]Die Vaterschaft oder Elternschaft kann eine Person jedoch nur selbst anerkennen.

(4) [1]Der gesetzliche Vertreter hat sich vom Wohl der vertretenen Person leiten zu lassen. [2]Seine Vertretungshandlungen in Angelegenheiten der Abstammung bedürfen nicht der Genehmigung des Gerichts.

(BGBl I 2017/59, ab 1. 7. 2018, s § 1503 Abs 9 Z 4)

Rechtsnachfolge in Abstammungsangelegenheiten

§ 142. Nach dem Tod der betroffenen Person kann die Feststellung der Abstammung, deren Änderung oder die Feststellung der Nichtabstammung von den Rechtsnachfolgern oder gegen diese bewirkt werden.

(BGBl I 2013/15, ab 12. 1. 2013; ist, außer in vor dem 12. 1. 2013 anhängig gemachten gerichtlichen Verfahren auch auf Anerkenntnisse anzuwenden, die vor dem 12. 1. 2013 erklärt worden sind)

b) Abstammung von der Mutter

§ 143. Mutter ist die Frau, die das Kind geboren hat.

(BGBl I 2013/15, ab 1. 2. 2013)

c) Abstammung vom Vater und vom anderen Elternteil[1)]

[1)] Im BGBl fehlt aufgrund eines Redaktionsversehens „c)" (s RV 445 BlgNR 25. GP)

§ 144. (1) Vater des Kindes ist der Mann,

1. der mit der Mutter im Zeitpunkt der Geburt des Kindes verheiratet ist oder als Ehemann der Mutter nicht früher als 300 Tage vor der Geburt des Kindes verstorben ist oder

2. der die Vaterschaft anerkannt hat oder

3. dessen Vaterschaft gerichtlich festgestellt ist.

(2) Ist an der Mutter innerhalb von nicht mehr als 300 und nicht weniger als 180 Tagen vor der Geburt eine medizinisch unterstützte Fortpflanzung durchgeführt worden, so ist die Frau Elternteil,

1. die mit der Mutter im Zeitpunkt der Geburt des Kindes in eingetragener Partnerschaft verbunden ist oder als eingetragene Partnerin der Mutter nicht früher als 300 Tage vor der Geburt des Kindes verstorben ist oder

2. die die Elternschaft anerkannt hat oder

3. deren Elternschaft gerichtlich festgestellt ist.

(3) [1]Auf diese Frau sind die auf den Vater und die Vaterschaft Bezug nehmenden Bestimmungen in diesem Gesetz und anderen bundesgesetzlichen Vorschriften sinngemäß anzuwenden. [2]Gelten im Verhältnis der Eltern zu ihrem Kind und zwischen den Eltern besondere Rechte und Pflichten, so kommen diese gleichermaßen zur Anwendung.

(4) [1]Würden nach Abs. 1 Z 1 mehrere Männer als Vater in Betracht kommen, so ist derjenige von ihnen Vater, der mit der Mutter zuletzt die Ehe geschlossen hat. [2]Würden nach Abs. 2 Z 1 mehrere Frauen in Betracht kommen, so ist diejenige von ihnen Elternteil, die mit der Mutter zuletzt die eingetragene Partnerschaft begründet hat.

(BGBl I 2015/35, ab 1. 1. 2015, s § 1503 Abs 6)

Anerkenntnis des Vaters und des anderen Elternteils

§ 145. (1) [1]Die Vaterschaft oder Elternschaft wird durch persönliche Erklärung in inländischer öffentlicher oder öffentlich-beglaubigter Urkunde anerkannt. [2]Dem Anerkenntnis der Elternschaft ist ein Nachweis über die an der Mutter durchgeführte medizinisch unterstützte Fortpflanzung (§ 144 Abs. 2) beizulegen. [3]Das Anerkenntnis wirkt ab dem Zeitpunkt der Erklärung, sofern die Urkunde oder ihre öffentlich-beglaubigte Abschrift mit den nötigen Nachweisen dem Standesbeamten zukommt. *(BGBl I 2015/35)*

(2) Das Anerkenntnis soll eine genaue Bezeichnung des Anerkennenden, der Mutter und des Kindes, sofern es bereits geboren ist, enthalten.

(3) Für Zustimmungen zum Anerkenntnis gelten die Abs. 1 und 2 entsprechend.

(BGBl I 2013/15, ab 1. 2. 2013)

§ 146. (1) Das Kind oder die Mutter, sofern sie „entscheidungsfähig" sowie am Leben ist, können gegen das Anerkenntnis innerhalb von zwei Jahren ab Kenntnis von dessen Rechtswirksamkeit bei Gericht Widerspruch erheben. *(BGBl I 2017/59, ab 1. 7. 2018, s § 1503 Abs 9 Z 4)*

(2) Der Lauf der Frist ist gehemmt, solange die zum Widerspruch berechtigte Person „minderjährig oder nicht entscheidungsfähig" ist oder innerhalb des letzten Jahres der Frist durch ein unvorhergesehenes oder unabwendbares Ereignis am Widerspruch gehindert ist. *(BGBl I 2017/59, ab 1. 7. 2018, s § 1503 Abs 9 Z 4)*

(BGBl I 2013/15, ab 1. 2. 2013)

§ 147. (1) Steht zum Zeitpunkt der Anerkennung bereits die Vaterschaft eines anderen Mannes fest, so wird das Anerkenntnis erst rechtswirksam, sobald mit allgemein verbindlicher Wirkung festgestellt ist, dass der andere Mann nicht der Vater des betreffenden Kindes ist.

(2) [1]Ein zu einem Zeitpunkt, zu dem die Abstammung des Kindes von einem anderen Mann feststand, abgegebenes Vaterschaftsanerkenntnis wird jedoch rechtswirksam, wenn das Kind dem Anerkenntnis in öffentlicher oder öffentlich beglaubigter Urkunde zustimmt. [2]Ist das Kind „minderjährig", so wird das Anerkenntnis überdies nur rechtswirksam, wenn die „entscheidungsfähige" Mutter selbst den Anerkennenden in der genannten Form als Vater bezeichnet. [3]Das Anerkenntnis wirkt ab dem Zeitpunkt seiner Erklärung, sofern die über diese Erklärung sowie über die Zustimmung zum Anerkenntnis und, falls erforderlich, über die Bezeichnung des Anerkennenden als Vater errichteten Urkunden oder ihre öffentlich-beglaubigten Abschriften dem Standesbeamten zukommen. *(BGBl I 2017/59, ab 1. 7. 2018, s § 1503 Abs 9 Z 4)*

(3) [1]Der Mann, der als Vater feststand, oder die Mutter, sofern sie „entscheidungsfähig" sowie am Leben ist und nicht nach Abs. 2 den Anerkennenden als Vater bezeichnet hat, kann gegen das Anerkenntnis bei Gericht Widerspruch erheben. [2]§ 146 gilt entsprechend. *(BGBl I 2017/59, ab 1. 7. 2018, s § 1503 Abs 9 Z 4)*

(4) Für die Zustimmung des minderjährigen Kindes ist der „Kinder- und Jugendhilfeträger" gesetzlicher Vertreter des Kindes. *(BGBl I 2017/59, ab 26. 4. 2017)*

(BGBl I 2013/15, ab 1. 2. 2013)

Gerichtliche Feststellung der Vaterschaft

§ 148. (1) [1]Als Vater hat das Gericht den Mann festzustellen, von dem das Kind abstammt. [2]Der Antrag kann vom Kind gegen den Mann oder von diesem gegen das Kind gestellt werden.

(2) [1]Auf Antrag des Kindes kann der Mann als Vater festgestellt werden, welcher der Mutter innerhalb von nicht mehr als 300 und nicht weniger als 180 Tagen vor der Geburt beigewohnt hat oder mit dessen Samen an der Mutter in diesem Zeitraum eine medizinisch unterstützte Fortpflanzung durchgeführt worden ist, es sei denn, er weist nach, dass das Kind nicht von ihm abstammt. [2]Eine solche Feststellung ist nach Ablauf von zwei Jahren nach dem Tod des Mannes nicht mehr möglich, es sei denn, das Kind weist nach, dass ihm der Beweis nach Abs. 1 aus Gründen auf Seiten des Mannes nicht gelingt.

(3) Ist an der Mutter innerhalb der im Abs. 2 genannten Frist eine medizinisch unterstützte Fortpflanzung mit dem Samen eines Dritten durchgeführt worden, so ist als Vater der Mann festzustellen, der dieser medizinisch unterstützten Fortpflanzung in Form eines Notariatsakts zugestimmt hat, es sei denn, er weist nach, dass das Kind nicht durch diese medizinisch unterstützte Fortpflanzung gezeugt worden ist.

(4) [1]Ein Dritter, dessen Samen für eine medizinisch unterstützte Fortpflanzung verwendet wird, kann nicht als Vater des mit seinem Samen gezeugten Kindes festgestellt werden. [2]Dritter ist, wer seinen Samen einer für medizinisch unterstützte Fortpflanzungen zugelassenen Krankenanstalt mit dem Willen überlässt, nicht selbst als Vater eines mit diesem Samen gezeugten Kindes festgestellt zu werden.

(BGBl I 2013/15, ab 1. 2. 2013; Abs 3 ist auf zu gerichtlichem Protokoll erklärte Zustimmungen entsprechend anzuwenden)

§ 149. (1) Der gesetzliche Vertreter hat dafür zu sorgen, dass die Vaterschaft festgestellt wird, es sei denn, dass die Feststellung der Vaterschaft für das Wohl des Kindes nachteilig ist oder die Mutter von ihrem Recht, den Namen des Vaters nicht bekanntzugeben, Gebrauch macht.

(2) Der „Kinder- und Jugendhilfeträger" hat die Mutter darauf aufmerksam zu machen, welche Folgen es hat, wenn die Vaterschaft nicht festgestellt wird. *(BGBl I 2017/59, ab 26. 4. 2017)*

(BGBl I 2013/15, ab 1. 2. 2013)

Vaterschaftsfeststellung bei bestehender Abstammung

§ 150. [1]Das Kind kann die Feststellung seiner Abstammung auch beantragen, wenn die Vaterschaft eines anderen Mannes bereits feststeht. [2]In einem solchen Fall hat die Feststellung der Abstammung die vom Gericht auszusprechende Wirkung, dass das Kind nicht vom anderen Mann abstammt.

(BGBl I 2013/15, ab 1. 2. 2013)

Feststellung der Nichtabstammung vom Ehemann der Mutter

§ 151. (1) Stammt ein Kind, das während der Ehe der Mutter oder vor Ablauf von 300 Tagen nach dem Tod des Ehemanns der Mutter geboren worden ist, nicht von diesem ab, so hat das Gericht dies auf Antrag festzustellen.

(2) Der Antrag kann vom Kind gegen den Mann und von diesem gegen das Kind gestellt werden.

(BGBl I 2013/15, ab 1. 2. 2013)

§ 152. Hat der Ehemann der Mutter einer medizinisch unterstützten Fortpflanzung mit dem Samen eines Dritten in Form eines Notariatsakts zugestimmt, so kann nicht die Feststellung begehrt werden, dass das mit dem Samen des Dritten gezeugte Kind nicht vom Ehemann der Mutter abstammt.

(BGBl I 2013/15, ab 1. 2. 2013; ist auf zu gerichtlichem Protokoll erklärte Zustimmungen entsprechend anzuwenden)

§ 153. (1) [1]Ein Antrag auf Feststellung, dass das Kind nicht vom Ehemann der Mutter abstammt, kann binnen zwei Jahren ab Kenntnis der hiefür sprechenden Umstände gestellt werden. [2]Diese Frist beginnt frühestens mit der Geburt des Kindes, im Fall einer Änderung der Abstammung frühestens mit der Wirksamkeit der Änderung. [3]Ein Antrag ist nicht zulässig, solange die Abstammung des Kindes von einem anderen Mann feststeht.

(2) Der Lauf der Frist ist gehemmt, solange die antragsberechtigte Person „minderjährig oder nicht entscheidungsfähig" ist oder innerhalb des letzten Jahres der Frist durch ein unvorhergesehenes oder unabwendbares Ereignis an der Antragstellung gehindert ist. *(BGBl I 2017/59, ab 1. 7. 2018, s § 1503 Abs 9 Z 4)*

(3) Später als 30 Jahre nach der Geburt des Kindes oder nach einer Änderung der Abstammung kann nur das Kind die Feststellung der Nichtabstammung begehren.

(BGBl I 2013/15, ab 1. 2. 2013)

Rechtsunwirksamerklärung des Vaterschaftsanerkenntnisses

§ 154. (1) Das Gericht hat das Anerkenntnis für rechtsunwirksam zu erklären

1. von Amts wegen, wenn

a) das Anerkenntnis oder – im Fall des § 147 Abs. 2 – die Zustimmung des Kindes oder die Bezeichnung des Anerkennenden als Vater durch die Mutter nicht den Formvorschriften entspricht oder

b) der Anerkennende oder – im Fall des § 147 Abs. 2 – die Mutter oder das Kind nicht entscheidungsfähig war oder der gesetzliche Vertreter des Kindes nicht zugestimmt hat, es sei denn, dass der Mangel der gesetzlichen Vertretung nachträglich behoben wurde oder dass der Anerkennende nach Erreichen der Entscheidungsfähigkeit sein Anerkenntnis gebilligt hat; *(BGBl I 2017/59, ab 1. 7. 2018, s § 1503 Abs 9 Z 4)*

2. aufgrund eines Widerspruchs, es sei denn, es ist erwiesen, dass das Kind vom Anerkennenden abstammt oder – wenn das Kind durch eine medizinisch unterstützte Fortpflanzung mit dem Samen eines Dritten gezeugt worden ist – dass der Anerkennende dem in Form eines Notariatsakts zugestimmt hat;

3. auf Antrag des Anerkennenden, wenn er beweist,

a) dass sein Anerkenntnis durch List, ungerechte und gegründete Furcht oder Irrtum darüber veranlasst worden ist, dass das Kind von ihm abstammt oder dass an der Mutter eine medizinisch unterstützte Fortpflanzung mit seinem Samen oder mit seiner Zustimmung mit dem Samen eines Dritten vorgenommen wurde oder

b) dass das Kind nicht von ihm abstammt und er erst nachträglich von Umständen Kenntnis erlangt hat, die für die Nichtabstammung des Kindes sprechen.

(2) [1]Der Antrag nach Abs. 1 Z 3 kann längstens bis zum Ablauf von zwei Jahren nach Entdeckung der Täuschung, des Irrtums oder der genannten Umstände oder nach Wegfall der Zwangslage erhoben werden. [2]Die Frist beginnt frühestens mit der Geburt des Kindes.

(BGBl I 2013/15, ab 1. 2. 2013)

Dritter Abschnitt

Name

§ 155. (1) [1]Das Kind erhält den gemeinsamen Familiennamen der Eltern. [2]Es kann aber auch der Doppelname eines Elternteils (§ 93 Abs. 3) zum Familiennamen des Kindes bestimmt werden.

(2) [1]Führen die Eltern keinen gemeinsamen Familiennamen, so kann zum Familiennamen des Kindes der Familienname eines Elternteils bestimmt werden. [2]Wird hiefür ein aus mehreren

voneinander getrennten oder durch einen Bindestrich verbundenen Teilen bestehender Name herangezogen, so können der gesamte Name oder dessen Teile verwendet werden. [3]Es kann auch ein aus den Familiennamen beider Elternteile gebildeter Doppelname bestimmt werden; dabei dürfen aber höchstens zwei Teile dieser Namen verwendet werden. [4]Ein Doppelname ist durch einen Bindestrich zwischen dessen einzelnen Teilen zu trennen.

(3) Mangels einer solchen Bestimmung erhält das Kind den Familiennamen der Mutter, auch wenn dieser ein Doppelname ist.

(BGBl I 2013/15, ab 1. 2. 2013; auf Kinder anzuwenden, deren Geburt oder Annahme an Kindesstatt nach dem 31. 3. 2013 beurkundet wird; s auch § 1503 Abs 1 Z 5; zu Abs 2 auch Z 6. § 139 in der Fassung des NamRÄG 1995 ist auf Kinder anzuwenden, deren Geburt vor dem 1. 4. 2013 beurkundet wird.)

§ 156. (1) [1]Den Familiennamen des Kindes bestimmt die mit der Pflege und Erziehung betraute Person. [2]Mehrere damit betraute Personen haben das Einvernehmen herzustellen; es genügt aber die Erklärung einer von ihnen, sofern sie versichert, dass die andere damit einverstanden ist oder das Einvernehmen nicht mit zumutbarem Aufwand erreicht werden kann.

(2) [1]„Entscheidungsfähige" Personen bestimmen ihren Familiennamen selbst. [2]Die „Entscheidungsfähigkeit" wird bei mündigen Minderjährigen vermutet. *(BGBl I 2017/59, ab 1. 7. 2018, s § 1503 Abs 9 Z 1, ab 1. 7. 2018, s § 1503 Abs 9 Z 4)*

(BGBl I 2013/15, ab 1. 2. 2013; auf Kinder anzuwenden, deren Geburt oder Annahme an Kindesstatt nach dem 31. 3. 2013 beurkundet wird; s auch § 1503 Abs 1 Z 5. § 139 in der Fassung des NamRÄG 1995 ist auf Kinder anzuwenden, deren Geburt vor dem 1. 4. 2013 beurkundet wird.)

§ 157. (1) Die Bestimmung eines Familiennamens nach § 155 ist nur einmalig zulässig.

(2) [1]Ändert sich der Familienname der Eltern oder eines Elternteils oder heiraten die Eltern einander, so kann der Familienname des Kindes erneut bestimmt werden. [2]Das Gleiche gilt bei Änderungen in der Person eines Elternteils, etwa bei einer Annahme an Kindesstatt oder bei einer Begründung oder Änderung der Abstammung des Kindes.

(3) Auf die Bestimmung des Familiennamens des Kindes sind die §§ 93a und 93c anzuwenden.

(BGBl I 2013/15, ab 1. 2. 2013; auf Kinder anzuwenden, deren Geburt oder Annahme an Kindesstatt nach dem 31. 3. 2013 beurkundet wird; s auch § 1503 Abs 1 Z 5. § 139 in der Fassung des NamRÄG 1995 ist auf Kinder anzuwenden, deren Geburt vor dem 1. 4. 2013 beurkundet wird.)

Vierter Abschnitt

Obsorge

Inhalt der Obsorge

§ 158. (1) Wer mit der Obsorge für ein minderjähriges Kind betraut ist, hat es zu pflegen und zu erziehen, sein Vermögen zu verwalten und es in diesen sowie allen anderen Angelegenheiten zu vertreten; Pflege und Erziehung sowie die Vermögensverwaltung umfassen auch die gesetzliche Vertretung in diesen Bereichen.

(2) [1]Solange ein Elternteil minderjährig ist, hat er nicht das Recht und die Pflicht, das Vermögen des Kindes zu verwalten und das Kind zu vertreten. [2]Ein volljähriger Elternteil muss, um sein Kind vertreten und dessen Vermögen verwalten zu können, über jene Entscheidungsfähigkeit verfügen, die ein Handeln in eigenen Angelegenheiten erfordert; § 181 ist sinngemäß anzuwenden. *(BGBl I 2017/59, ab 1. 7. 2018, s § 1503 Abs 9 Z 5)*

(BGBl I 2013/15, ab 1. 2. 2013)

Wohlverhaltensgebot

§ 159. Bei Ausübung der Rechte und Erfüllung der Pflichten nach diesem Hauptstück ist zur Wahrung des Kindeswohls alles zu unterlassen, was das Verhältnis des Minderjährigen zu anderen Personen, denen nach diesem Hauptstück das Kind betreffende Rechte und Pflichten zukommen, beeinträchtigt oder die Wahrnehmung von deren Aufgaben erschwert.

(BGBl I 2013/15, ab 1. 2. 2013)

Pflege, Erziehung und Bestimmung des Aufenthalts des Kindes

§ 160. (1) Die Pflege des minderjährigen Kindes umfasst besonders die Wahrnehmung des körperlichen Wohles und der Gesundheit sowie die unmittelbare Aufsicht, die Erziehung besonders die Entfaltung der körperlichen, geistigen, seelischen und sittlichen Kräfte, die Förderung der Anlagen, Fähigkeiten, Neigungen und Entwicklungsmöglichkeiten des Kindes sowie dessen Ausbildung in Schule und Beruf.

(2) Das Ausmaß der Pflege und Erziehung richtet sich nach den Lebensverhältnissen der Eltern.

(3) [1]Die Eltern haben in Angelegenheiten der Pflege und Erziehung auch auf den Willen des Kindes Bedacht zu nehmen, soweit dem nicht dessen Wohl oder ihre Lebensverhältnisse entge-

genstehen. [2]Der Wille des Kindes ist umso maßgeblicher, je mehr es den Grund und die Bedeutung einer Maßnahme einzusehen und seinen Willen nach dieser Einsicht zu bestimmen vermag.

(BGBl I 2013/15, ab 1. 2. 2013)

§ 161. [1]Das minderjährige Kind hat die Anordnungen der Eltern zu befolgen. [2]Die Eltern haben bei ihren Anordnungen und deren Durchsetzung auf Alter, Entwicklung und Persönlichkeit des Kindes Bedacht zu nehmen.

(BGBl I 2013/15, ab 1. 2. 2013)

§ 162. (1) [1]Soweit die Pflege und Erziehung es erfordern, hat der hierzu berechtigte Elternteil auch das Recht, den Aufenthalt des Kindes zu bestimmen. [2]Hält sich das Kind woanders auf, so haben die Behörden und Organe des öffentlichen Sicherheitsdienstes auf Ersuchen eines berechtigten Elternteils bei der Ermittlung des Aufenthalts, notfalls auch bei der Zurückholung des Kindes mitzuwirken.

(2) Haben die Eltern vereinbart oder das Gericht bestimmt, welcher der obsorgeberechtigten Elternteile das Kind hauptsächlich in seinem Haushalt betreuen soll, so hat dieser Elternteil das alleinige Recht, den Wohnort des Kindes zu bestimmen.

(3) [1]Ist nicht festgelegt, in wessen Haushalt das Kind hauptsächlich betreut werden soll, so darf der Wohnort des Kindes nur mit Zustimmung beider Elternteile oder Genehmigung des Gerichts in das Ausland verlegt werden. [2]Das Gericht hat bei der Entscheidung über die Genehmigung sowohl das Kindeswohl zu beachten als auch die Rechte der Eltern auf Schutz vor Gewalt, Freizügigkeit und Berufsfreiheit zu berücksichtigen.

(BGBl I 2013/15, ab 1. 2. 2013)

§ 163. Weder ein minderjähriges Kind noch die Eltern können in eine medizinische Maßnahme, die eine dauernde Fortpflanzungsunfähigkeit des minderjährigen Kindes zum Ziel hat, einwilligen.

(BGBl I 2013/15, ab 1. 2. 2013)

Vermögensverwaltung

§ 164. (1) [1]Die Eltern haben das Vermögen eines minderjährigen Kindes mit der Sorgfalt ordentlicher Eltern zu verwalten. [2]„Sofern das Wohl des Kindes nichts anderes erfordert, haben sie es in seinem Bestand zu erhalten und nach Möglichkeit zu vermehren. [3]Für die Anlegung von Bargeld und Geld auf Zahlungskonten des Kindes, den Wechsel der Anlageform und die Veräußerung von dessen Vermögen gelten die §§ 215 bis 223 sinngemäß.“ *(BGBl I 2017/59, ab 1. 7. 2018, s § 1503 Abs 9 Z 6)*

(2) Aus dem Vermögen sind jedenfalls die Kosten der Verwaltung einschließlich der für die Erhaltung des Vermögens und den ordentlichen Wirtschaftsbetrieb nötigen Aufwendungen und die fälligen Zahlungen zu berichtigen; weiter auch die Kosten des Unterhalts, soweit das Kind nach den §§ 231 und 232 zur Heranziehung seines Vermögens verpflichtet ist oder die Bedürfnisse des Kindes nicht in anderer Weise gedeckt sind.

(BGBl I 2013/15, ab 1. 2. 2013)

§ 165. [1]Die Eltern haben über das Vermögen des minderjährigen Kindes dem Gericht Rechnung zu legen, soweit dies das Gericht aus besonderen Gründen verfügt; über die Erträgnisse jedoch nur, soweit sie nicht für den Unterhalt des Kindes verwendet worden sind. [2]Näheres wird in den Verfahrensgesetzen bestimmt.

(BGBl I 2018/58, ab 1. 8. 2018)

§ 166. [1]Wird einem minderjährigen Kind ein Vermögen zugewendet und ein Elternteil von der Verwaltung ausgeschlossen, so ist der andere Elternteil mit der Verwaltung betraut. [2]Sind beide Elternteile oder jener Elternteil, der mit der Obsorge allein betraut ist, ausgeschlossen, so hat das Gericht andere Personen mit der Verwaltung zu betrauen.

(BGBl I 2013/15, ab 1. 2. 2013)

Gesetzliche Vertretung des Kindes

§ 167. (1) Sind beide Eltern mit der Obsorge betraut, so ist jeder Elternteil für sich allein berechtigt und verpflichtet, das Kind zu vertreten; seine Vertretungshandlung ist selbst dann rechtswirksam, wenn der andere Elternteil mit ihr nicht einverstanden ist.

(2) [1]Vertretungshandlungen und Einwilligungen eines Elternteils, die die Änderung des Vornamens oder des Familiennamens, den Eintritt in eine Kirche oder Religionsgesellschaft und den Austritt aus einer solchen, die Übergabe in fremde Pflege, den Erwerb einer Staatsangehörigkeit oder den Verzicht auf eine solche, die vorzeitige Lösung eines Lehr-, Ausbildungs- oder Dienstvertrags und die Anerkennung der Vaterschaft zu einem unehelichen Kind betreffen, bedürfen zu ihrer Rechtswirksamkeit der Zustimmung des anderen obsorgebetrauten Elternteils. [2]Dies gilt nicht für die Entgegennahme von Willenserklärungen und Zustellstücken.

(3) [1]Vertretungshandlungen und Einwilligungen eines Elternteils in Vermögensangelegenheiten bedürfen zu ihrer Rechtswirksamkeit der Zustimmung des anderen obsorgebetrauten Elternteils und der Genehmigung des Gerichtes, sofern

die Vermögensangelegenheit nicht zum ordentlichen Wirtschaftsbetrieb gehört. [2]Unter dieser Voraussetzung gehören dazu besonders die Veräußerung oder Belastung von Liegenschaften, die Gründung, der, auch erbrechtliche, Erwerb, die Umwandlung, Veräußerung oder Auflösung sowie die Änderung des Gegenstandes eines Unternehmens, der, auch erbrechtliche, Eintritt in eine oder die Umwandlung einer Gesellschaft oder Genossenschaft, der Verzicht auf ein Erbrecht, die unbedingte Annahme oder die Ausschlagung einer Erbschaft, die Annahme einer mit Belastungen verbundenen Schenkung oder die Ablehnung eines Schenkungsanbots, die Anlegung von Geld mit Ausnahme der in den §§ 216 und 217 geregelten Arten sowie die Erhebung einer Klage und alle verfahrensrechtlichen Verfügungen, die den Verfahrensgegenstand an sich betreffen. [3]Dies gilt nicht für die Entgegennahme von Willenserklärungen und Zustellstücken.

(BGBl I 2013/15, ab 1. 2. 2013)

§ 168. [1]Bedarf ein Rechtsgeschäft der Einwilligung des gesetzlichen Vertreters, der Zustimmung des anderen Elternteils oder der Genehmigung des Pflegschaftsgerichts, so ist bei deren Fehlen das volljährig gewordene Kind nur dann daraus wirksam verpflichtet, wenn es schriftlich erklärt, diese Verpflichtungen als rechtswirksam anzuerkennen. [2]Fordert der Gläubiger den volljährig Gewordenen auf, sich nach dem ersten Satz zu erklären, so hat er ihm dafür eine angemessene Frist zu setzen.

(BGBl I 2013/15, ab 1. 2. 2013)

§ 169. (1) In zivilgerichtlichen Verfahren ist nur ein obsorgebetrauter Elternteil allein zur Vertretung des Kindes berechtigt; solange sich die Eltern nicht auf den anderen Elternteil einigen oder das Gericht nach § 181 diesen oder einen Dritten als Vertreter bestimmt, ist Vertreter derjenige Elternteil, der die erste Verfahrenshandlung setzt.

(2) Die nach § 167 erforderliche Zustimmung des anderen Elternteils und Genehmigung des Gerichtes gelten für das ganze Verfahren.

(BGBl I 2013/15, ab 1. 2. 2013)

Handlungsfähigkeit des Kindes

§ 170. (1) Ein minderjähriges Kind kann ohne ausdrückliche oder stillschweigende Einwilligung seines gesetzlichen Vertreters rechtsgeschäftlich weder verfügen noch sich verpflichten.

(2) Nach erreichter Mündigkeit kann es jedoch über Sachen, die ihm zur freien Verfügung überlassen worden sind, und über sein Einkommen aus eigenem Erwerb so weit verfügen und sich verpflichten, als dadurch nicht die Befriedigung seiner Lebensbedürfnisse gefährdet wird.

(3) Schließt ein minderjähriges Kind ein Rechtsgeschäft, das von Minderjährigen seines Alters üblicherweise geschlossen wird und eine geringfügige Angelegenheit des täglichen Lebens betrifft, so wird dieses Rechtsgeschäft, auch wenn die Voraussetzungen des Abs. 2 nicht vorliegen, mit der Erfüllung der das Kind treffenden Pflichten rückwirkend rechtswirksam.

(BGBl I 2013/15, ab 1. 2. 2013)

§ 171. [1]Soweit nicht anderes bestimmt ist, kann sich ein mündiges minderjähriges Kind selbständig durch Vertrag zu Dienstleistungen verpflichten, ausgenommen zu Dienstleistungen auf Grund eines Lehr- oder sonstigen Ausbildungsvertrags. [2]Der gesetzliche Vertreter des Kindes kann das durch den Vertrag begründete Rechtsverhältnis aus wichtigen Gründen vorzeitig lösen.

(BGBl I 2013/15, ab 1. 2. 2013)

§ 172. [1]Hat das „entscheidungsfähige" Kind seine Meinung über seine Ausbildung den Eltern erfolglos vorgetragen, so kann es das Gericht anrufen. [2]Dieses hat nach sorgfältiger Abwägung der von den Eltern und dem Kind angeführten Gründe die zum Wohl des Kindes angemessenen Verfügungen zu treffen. *(BGBl I 2017/59, ab 1. 7. 2018, s § 1503 Abs 9 Z 4)*

(BGBl I 2013/15, ab 1. 2. 2013)

§ 173. (1) [1]Einwilligungen in medizinische Behandlungen kann das „entscheidungsfähige" Kind nur selbst erteilen; im Zweifel wird das Vorliegen dieser „Entscheidungsfähigkeit" bei mündigen Minderjährigen vermutet. [2]Mangelt es an der notwendigen „Entscheidungsfähigkeit", so ist die Zustimmung der Person erforderlich, die mit der gesetzlichen Vertretung bei Pflege und Erziehung betraut ist. *(BGBl I 2017/59, ab 1. 7. 2018, s § 1503 Abs 9 Z 4)*

(2) Willigt ein „entscheidungsfähiges" minderjähriges Kind in eine Behandlung ein, die gewöhnlich mit einer schweren oder nachhaltigen Beeinträchtigung der körperlichen Unversehrtheit oder der Persönlichkeit verbunden ist, so darf die Behandlung nur vorgenommen werden, wenn auch die Person zustimmt, die mit der gesetzlichen Vertretung bei Pflege und Erziehung betraut ist. *(BGBl I 2017/59, ab 1. 7. 2018, s § 1503 Abs 9 Z 4)*

(3) Die Einwilligung des „entscheidungsfähigen" Kindes sowie die Zustimmung der Person, die mit Pflege und Erziehung betraut ist, sind nicht erforderlich, wenn die Behandlung so dringend notwendig ist, dass der mit der Einholung der Einwilligung oder der Zustimmung verbundene Aufschub das Leben des Kindes gefährden

würde oder mit der Gefahr einer schweren Schädigung der Gesundheit verbunden wäre. *(BGBl I 2017/59, ab 1. 7. 2018, s § 1503 Abs 9 Z 4)*

(BGBl I 2013/15, ab 1. 2. 2013)

§ 174. Ein verheiratetes minderjähriges Kind steht hinsichtlich seiner persönlichen Verhältnisse einem Volljährigen gleich, solange die Ehe dauert.

(BGBl I 2013/15, ab 1. 2. 2013)

§ 175. *(entfällt, BGBl I 2017/59, ab 1. 7. 2018, s § 1503 Abs 9 Z 7)*

Deliktsfähigkeit des Kindes

§ 176. Soweit einem minderjährigen Kind nicht bereits früher ein Verschulden zugerechnet werden kann (§ 1310), wird es mit der Erreichung der Mündigkeit nach den schadensersatzrechtlichen Bestimmungen „deliktsfähig". *(BGBl I 2017/59, ab 1. 7. 2018, s § 1503 Abs 9 Z 4)*

(BGBl I 2013/15, ab 1. 2. 2013)

Obsorge der Eltern

§ 177. (1) [1]Beide Elternteile sind mit der Obsorge betraut, wenn sie zum Zeitpunkt der Geburt des Kindes miteinander verheiratet sind. [2]Gleiches gilt ab dem Zeitpunkt der Eheschließung, wenn sie einander nach der Geburt des Kindes heiraten.

(2) [1]Sind die Eltern zum Zeitpunkt der Geburt des Kindes nicht miteinander verheiratet, so ist allein die Mutter mit der Obsorge betraut. [2]Die Eltern können aber vor dem Standesbeamten persönlich und unter gleichzeitiger Anwesenheit nach einer Belehrung über die Rechtsfolgen einmalig bestimmen, dass sie beide mit der Obsorge betraut sind, sofern die Obsorge nicht bereits gerichtlich geregelt ist. [3]Die Bestimmung wird wirksam, sobald beide Eltern persönlich vor dem Standesbeamten übereinstimmende Erklärungen abgegeben haben. [4]Innerhalb von acht Wochen ab ihrer Wirksamkeit kann die Bestimmung ohne Begründung durch einseitige Erklärung eines Elternteils gegenüber dem Standesbeamten widerrufen werden. [5]Vorher gesetzte Vertretungshandlungen bleiben davon unberührt.

(3) Die Eltern können weiters dem Gericht – auch in Abänderung einer bestehenden Regelung – eine Vereinbarung über die Betrauung mit der Obsorge vorlegen, wobei die Betrauung eines Elternteils allein oder beider Eltern vereinbart werden kann.

(4) [1]Sind beide Elternteile mit der Obsorge betraut und leben sie nicht in häuslicher Gemeinschaft, so haben sie festzulegen, bei welchem Elternteil sich das Kind hauptsächlich aufhalten soll. [2]Außerdem muss der Elternteil, in dessen Haushalt das Kind hauptsächlich betreut wird, vorbehaltlich des § 158 Abs. 2, mit der gesamten Obsorge betraut sein. [3]Im Fall des Abs. 3 kann die Obsorge des Elternteils, in dessen Haushalt das Kind nicht hauptsächlich betreut wird, auf bestimmte Angelegenheiten beschränkt sein.

(BGBl I 2013/15, ab 1. 2. 2013)

Obsorge bei Verhinderung eines Elternteils

§ 178. (1) [1]Ist ein Elternteil, der mit der Obsorge für das Kind gemeinsam mit dem anderen Elternteil betraut war, gestorben, ist sein Aufenthalt seit mindestens sechs Monaten unbekannt, kann die Verbindung mit ihm nicht oder nur mit unverhältnismäßig großen Schwierigkeiten hergestellt werden oder ist ihm die Obsorge ganz oder teilweise entzogen, so ist der andere Elternteil insoweit allein mit der Obsorge betraut. [2]Ist in dieser Weise der Elternteil, der mit der Obsorge allein betraut ist, betroffen, so hat das Gericht unter Beachtung des Wohles des Kindes zu entscheiden, ob der andere Elternteil oder ob und welches Großelternpaar (Großelternteil) oder Pflegeelternpaar (Pflegeelternteil) mit der Obsorge zu betrauen ist; Letzteres gilt auch, wenn beide Elternteile betroffen sind. [3]Die Regelungen über die Obsorge gelten dann für dieses Großelternpaar (diesen Großelternteil).

(2) Auf Antrag des Elternteiles, auf den die Obsorge nach Abs. 1 erster Satz übergegangen ist, hat das Gericht diesen Übergang festzustellen.

(3) Geht die Obsorge auf den anderen Elternteil über oder überträgt das Gericht die Obsorge, so sind, sofern sich der Übergang oder die Übertragung der Obsorge darauf bezieht, das Vermögen sowie sämtliche die Person des Kindes betreffenden Urkunden und Nachweise zu übergeben.

(BGBl I 2013/15, ab 1. 2. 2013)

Obsorge bei Auflösung der Ehe und der häuslichen Gemeinschaft

§ 179. (1) [1]Wird die Ehe oder die häusliche Gemeinschaft der Eltern aufgelöst, so bleibt die Obsorge beider Eltern aufrecht. [2]Sie können jedoch vor Gericht eine Vereinbarung schließen, wonach ein Elternteil allein mit der Obsorge betraut wird oder die Obsorge eines Elternteils auf bestimmte Angelegenheiten beschränkt wird.

(2) Im Fall einer Obsorge beider Eltern nach Auflösung der Ehe oder der häuslichen Gemeinschaft haben diese vor Gericht eine Vereinbarung darüber zu schließen, in wessen Haushalt das Kind hauptsächlich betreut wird.

(BGBl I 2013/15, ab 1. 2. 2013)

Änderung der Obsorge

§ 180. (1) [1]Sofern dies dem Wohl des Kindes entspricht, hat das Gericht eine vorläufige Regelung der elterlichen Verantwortung (Phase der vorläufigen elterlichen Verantwortung) zu treffen, wenn

1. nach Auflösung der Ehe oder der häuslichen Gemeinschaft der Eltern binnen angemessener Frist eine Vereinbarung nach § 179 nicht zustande kommt oder

2. ein Elternteil die Übertragung der alleinigen Obsorge an ihn oder seine Beteiligung an der Obsorge beantragt.

[2]Die Phase der vorläufigen elterlichen Verantwortung besteht darin, dass das Gericht einem mit der Obsorge betrauten Elternteil unter Aufrechterhaltung der bisherigen Obsorgeregelung für einen Zeitraum von sechs Monaten die hauptsächliche Betreuung des Kindes in seinem Haushalt aufträgt und dem anderen ein derart ausreichendes Kontaktrecht einräumt, dass er auch die Pflege und Erziehung des Kindes wahrnehmen kann. [3]Für diesen Zeitraum sind im Einvernehmen der Eltern oder auf gerichtliche Anordnung die Details des Kontaktrechts, der Pflege und Erziehung sowie der Unterhaltsleistung festzulegen.

(2) [1]Nach Ablauf des Zeitraums hat das Gericht auf der Grundlage der Erfahrungen in der Phase der vorläufigen elterlichen Verantwortung einschließlich der Leistung des gesetzlichen Unterhalts und nach Maßgabe des Kindeswohls über die Obsorge endgültig zu entscheiden. [2]Zum Zweck der Vorbereitung der Entscheidung kann das Gericht die Phase der vorläufigen elterlichen Verantwortung auch verlängern. [3]Wenn das Gericht beide Eltern mit der Obsorge betraut, hat es auch festzulegen, in wessen Haushalt das Kind hauptsächlich betreut wird.

(3) [1]Ist die Obsorge im Sinn des Abs. 2 endgültig geregelt, so kann jeder Elternteil, sofern sich die Verhältnisse maßgeblich geändert haben, bei Gericht eine Neuregelung der Obsorge beantragen. [2]Für die Änderung einer geregelten Obsorge gelten die Abs. 1 und 2 entsprechend.

(BGBl I 2013/15, ab 1. 2. 2013)

Entziehung oder Einschränkung der Obsorge

§ 181. (1) [1]Gefährden die Eltern durch ihr Verhalten das Wohl des minderjährigen Kindes, so hat das Gericht, von wem immer es angerufen wird, die zur Sicherung des Wohles des Kindes nötigen Verfügungen zu treffen. [2]Besonders darf das Gericht die Obsorge für das Kind ganz oder teilweise, auch gesetzlich vorgesehene Einwilligungs- und Zustimmungsrechte, entziehen. [3]Im Einzelfall kann das Gericht auch eine gesetzlich erforderliche Einwilligung oder Zustimmung ersetzen, wenn keine gerechtfertigten Gründe für die Weigerung vorliegen.

(2) [1]Solche Verfügungen können von einem Elternteil, etwa wenn die Eltern in einer wichtigen Angelegenheit des Kindes kein Einvernehmen erzielen, den sonstigen Verwandten in gerader aufsteigender Linie, den Pflegeeltern (einem Pflegeelternteil), dem „Kinder- und Jugendhilfeträger" und dem mündigen Minderjährigen, von diesem jedoch nur in Angelegenheiten seiner Pflege und Erziehung, beantragt werden. [2]Andere Personen können solche Verfügungen anregen. *(BGBl I 2017/59, ab 26. 4. 2017)*

(3) Die gänzliche oder teilweise Entziehung der Pflege und Erziehung oder der Verwaltung des Vermögens des Kindes schließt die Entziehung der gesetzlichen Vertretung in dem jeweiligen Bereich mit ein; die gesetzliche Vertretung in diesen Bereichen kann für sich allein entzogen werden, wenn die Eltern oder der betreffende Elternteil ihre übrigen Pflichten erfüllen.

(4) Fordert das Gesetz die Einwilligung oder Zustimmung der mit Pflege und Erziehung betrauten Personen (Erziehungsberechtigten), so ist die Erklärung der mit der gesetzlichen Vertretung in diesem Bereich betrauten Person notwendig, aber auch hinreichend, sofern nicht Abweichendes bestimmt ist.

(BGBl I 2013/15, ab 1. 2. 2013)

§ 182. Durch eine Verfügung nach § 181 darf das Gericht die Obsorge nur so weit beschränken, als dies zur Sicherung des Wohles des Kindes nötig ist.

(BGBl I 2013/15, ab 1. 2. 2013)

Erlöschen der Obsorge

§ 183. (1) Die Obsorge für das Kind erlischt mit dem Eintritt seiner Volljährigkeit.

(2) Der gesetzliche Vertreter hat dem volljährig gewordenen Kind dessen Vermögen sowie sämtliche dessen Person betreffenden Urkunden und Nachweise zu übergeben.

(BGBl I 2013/15, ab 1. 2. 2013)

Pflegeeltern

§ 184. [1]Pflegeeltern sind Personen, die die Pflege und Erziehung des Kindes ganz oder teilweise besorgen und zu denen eine dem Verhältnis zwischen leiblichen Eltern und Kindern nahe kommende Beziehung besteht oder hergestellt werden soll. [2]Sie haben das Recht, in den die Person des Kindes betreffenden Verfahren Anträge zu stellen.

(BGBl I 2013/15, ab 1. 2. 2013)

§ 185. (1) [1]Das Gericht hat einem Pflegeelternpaar (Pflegeelternteil) auf seinen Antrag die Obsorge für das Kind ganz oder teilweise zu übertragen, wenn das Pflegeverhältnis nicht nur für kurze Zeit beabsichtigt ist und die Übertragung dem Wohl des Kindes entspricht. [2]Die Regelungen über die Obsorge gelten dann für dieses Pflegeelternpaar (diesen Pflegeelternteil).

(2) Sind die Eltern oder Großeltern mit der Obsorge betraut und stimmen sie der Übertragung nicht zu, so darf diese nur verfügt werden, wenn ohne sie das Wohl des Kindes gefährdet wäre.

(3) [1]Die Übertragung ist aufzuheben, wenn dies dem Wohl des Kindes entspricht. [2]Gleichzeitig hat das Gericht unter Beachtung des Wohles des Kindes auszusprechen, auf wen die Obsorge übergeht.

(4) [1]Das Gericht hat vor seiner Entscheidung die Eltern, den gesetzlichen Vertreter, weitere Erziehungsberechtigte, den „Kinder- und Jugendhilfeträger" und jedenfalls das bereits zehnjährige Kind zu hören. [2]§ 196 Abs. 2 gilt sinngemäß. *(BGBl I 2017/59, ab 26. 4. 2017)*

(BGBl I 2013/15, ab 1. 2. 2013)

Fünfter Abschnitt
Sonstige Rechte und Pflichten

Persönliche Kontakte

§ 186. Jeder Elternteil eines minderjährigen Kindes hat mit dem Kind eine persönliche Beziehung einschließlich der persönlichen Kontakte (§ 187) zu pflegen.

(BGBl I 2013/15, ab 1. 2. 2013)

§ 187. (1) [1]Das Kind und jeder Elternteil haben das Recht auf regelmäßige und den Bedürfnissen des Kindes entsprechende persönliche Kontakte. [2]Die persönlichen Kontakte sollen das Kind und die Eltern einvernehmlich regeln. [3]Soweit ein solches Einvernehmen nicht erzielt wird, hat das Gericht auf Antrag des Kindes oder eines Elternteils diese Kontakte in einer dem Wohl des Kindes entsprechenden Weise zu regeln und die Pflichten festzulegen. [4]Die Regelung hat die Anbahnung und Wahrung des besonderen Naheverhältnisses zwischen Eltern und Kind sicherzustellen und soll möglichst sowohl Zeiten der Freizeit als auch die Betreuung im Alltag des Kindes umfassen. [5]Das Alter, die Bedürfnisse und die Wünsche des Kindes sowie die Intensität der bisherigen Beziehung sind besonders zu berücksichtigen.

(2) Das Gericht hat nötigenfalls die persönlichen Kontakte einzuschränken oder zu untersagen, insbesondere soweit dies aufgrund der Anwendung von Gewalt gegen das Kind oder eine wichtige Bezugsperson geboten erscheint oder der Elternteil, der mit dem minderjährigen Kind nicht im gemeinsamen Haushalt lebt, seine Verpflichtung aus § 159 nicht erfüllt.

(BGBl I 2013/15, ab 1. 2. 2013)

§ 188. (1) [1]Zwischen Enkeln und ihren Großeltern gilt § 187 entsprechend. [2]Die persönlichen Kontakte der Großeltern sind jedoch auch so weit einzuschränken oder zu untersagen, als sonst das Familienleben der Eltern (eines Elternteils) oder deren Beziehung zu dem Kind gestört würde.

(2) [1]Wenn persönliche Kontakte des minderjährigen Kindes mit einem hiezu bereiten Dritten dem Wohl des Kindes dienen, hat das Gericht auf Antrag des Kindes, eines Elternteils oder des Dritten, sofern dieser zu dem Kind in einem besonderen persönlichen oder familiären Verhältnis steht oder gestanden ist, die zur Regelung der persönlichen Kontakte nötigen Verfügungen zu treffen. [2]Solche Verfügungen hat es auf Antrag des „Kinder- und Jugendhilfeträgers" oder von Amts wegen zu treffen, wenn ansonsten das Kindeswohl gefährdet wäre. *(BGBl I 2017/59, ab 26. 4. 2017, s § 1503 Abs 9 Z 2)*

(BGBl I 2013/15, ab 1. 2. 2013)

Informations-, Äußerungs- und Vertretungsrecht

§ 189. (1) [1]Ein nicht mit der Obsorge betrauter Elternteil

1. ist durch die mit der Obsorge betraute Person von wichtigen Angelegenheiten, insbesondere von beabsichtigten Maßnahmen nach § 167 Abs. 2 und 3, rechtzeitig zu verständigen und kann sich hiezu in angemessener Frist äußern,

2. hat den mit der Obsorge betrauten Elternteil in Angelegenheiten des täglichen Lebens zu vertreten sowie das Kind zu pflegen und zu erziehen, soweit das die Umstände erfordern und sich das Kind rechtmäßig bei ihm aufhält.

[2]Eine Äußerung nach Z 1 ist in jedem Fall zu berücksichtigen, wenn der darin ausgedrückte Wunsch dem Wohl des Kindes besser entspricht.

(2) [1]Wenn der nicht mit der Obsorge betraute Elternteil bei der Wahrnehmung seiner Rechte und Pflichten nach Abs. 1 das Wohl des Kindes gefährdet oder diese Rechte rechtsmissbräuchlich oder in einer für den anderen Elternteil oder das Kind nicht zumutbaren Weise in Anspruch nimmt, hat das Gericht diese Rechte auf Antrag, sofern das Wohl des Kindes gefährdet wird, auch von Amts wegen, einzuschränken oder zu entziehen. [2]Die Rechte nach Abs. 1 entfallen, wenn der mit der Obsorge nicht betraute Elternteil grundlos das Recht des Kindes auf persönliche Kontakte ablehnt.

(3) Finden trotz Bereitschaft des nicht mit der Obsorge betrauten Elternteils persönliche Kontakte mit dem Kind nicht regelmäßig statt, so steht

ihm das Verständigungs- und Äußerungsrecht (Abs. 1 Z 1) auch in minderwichtigen Angelegenheiten zu, sofern es sich dabei nicht bloß um Angelegenheiten des täglichen Lebens handelt.

(4) Wenn der mit der Obsorge betraute Elternteil die Rechte des anderen nach Abs. 1 beharrlich verletzt, hat das Gericht auf Antrag, sofern das Wohl des Kindes gefährdet wird, auch von Amts wegen, die angemessenen Verfügungen zu treffen.

(5) Diese Bestimmung gilt sinngemäß auch für einen mit der Obsorge betrauten Elternteil.

(BGBl I 2013/15, ab 1. 2. 2013)

Vereinbarungen über die Obsorge, die persönlichen Kontakte und den Unterhalt

§ 190. (1) Die Eltern haben bei Vereinbarungen über die Obsorge, die persönlichen Kontakte sowie die Betreuung des Kindes das Wohl des Kindes bestmöglich zu wahren.

(2) [1]Die Bestimmung der Obsorge (§ 177 Abs. 2) und vor Gericht geschlossene Vereinbarungen nach Abs. 1 bedürfen zu ihrer Rechtswirksamkeit keiner gerichtlichen Genehmigung. [2]Das Gericht hat die Bestimmung der Obsorge und Vereinbarungen der Eltern aber für unwirksam zu erklären und zugleich eine davon abweichende Anordnung zu treffen, wenn ansonsten das Kindeswohl gefährdet wäre.

(3) Vor Gericht geschlossene Vereinbarungen über die Höhe gesetzlicher Unterhaltsleistungen bedürfen zur ihrer Rechtswirksamkeit keiner gerichtlichen Genehmigung und sind für den Unterhaltsverpflichteten verbindlich.

(BGBl I 2013/15, ab 1. 2. 2013)

Sechster Abschnitt

Annahme an Kindesstatt

§ 191. (1) [1]Eine Person kann ein Kind an Kindesstatt annehmen, wenn sie entscheidungsfähig ist. [2]Sie kann dabei nicht vertreten werden. [3]Durch die Annahme an Kindesstatt wird die Wahlkindschaft begründet. *(BGBl I 2017/59, ab 1. 7. 2018, s § 1503 Abs 9 Z 4)*

(2) „ “* [1]Ehegatten dürfen in der Regel nur gemeinsam annehmen. [2]Ausnahmen sind zulässig, wenn das leibliche Kind des anderen Ehegatten angenommen werden soll, wenn ein Ehegatte nicht annehmen kann, weil er die gesetzlichen Voraussetzungen hinsichtlich der „Entscheidungsfähigkeit“** oder des Alters nicht erfüllt, wenn sein Aufenthalt seit mindestens einem Jahr unbekannt ist, wenn die Ehegatten seit mindestens drei Jahren die eheliche Gemeinschaft aufgegeben haben oder wenn ähnliche und besonders gewichtige Gründe die Annahme durch nur einen der Ehegatten rechtfertigen. *(*BGBl I 2015/25 (VfGH), ab 1. 1. 2016; **BGBl I 2017/59, ab 1. 7. 2018, s § 1503 Abs 9 Z 4)*

(3) [1]Personen, denen die Sorge für das Vermögen des anzunehmenden Wahlkindes durch gerichtliche Verfügung anvertraut ist, können dieses so lange nicht annehmen, als sie nicht von dieser Pflicht entbunden sind. [2]Sie müssen vorher Rechnung gelegt und die Bewahrung des anvertrauten Vermögens nachgewiesen haben.

(BGBl I 2013/15, ab 1. 2. 2013)

Form; Eintritt der Wirksamkeit

§ 192. (1) [1]Die Annahme an Kindesstatt kommt durch schriftlichen Vertrag zwischen dem Annehmenden und dem Wahlkind und durch gerichtliche Bewilligung auf Antrag eines Vertragsteiles zustande. [2]Sie wird im Fall ihrer Bewilligung mit dem Zeitpunkt der vertraglichen Willenseinigung wirksam. [3]Stirbt der Annehmende nach diesem Zeitpunkt, so hindert dies die Bewilligung nicht.

(2) [1]Ein entscheidungsfähiges Wahlkind schließt den Vertrag selbst ab. [2]Im Zweifel wird das Vorliegen der Entscheidungsfähigkeit bei mündigen Minderjährigen auch in Angelegenheiten der Annahme an Kindesstatt vermutet. *(BGBl I 2017/59, ab 1. 7. 2018, s § 1503 Abs 9 Z 4)*

(3) [1]Ist eine Person nicht entscheidungsfähig, so kann ihr gesetzlicher Vertreter für sie den Vertrag abschließen. [2]Verweigert der gesetzliche Vertreter die Einwilligung, so hat das Gericht sie auf Antrag des Annehmenden oder des Wahlkindes zu ersetzen, wenn keine gerechtfertigten Gründe für die Weigerung vorliegen. *(BGBl I 2017/59, ab 1. 7. 2018, s § 1503 Abs 9 Z 4)*

(4) [1]Der Vertreter hat sich vom Wohl der vertretenen Person leiten zu lassen. [2]Seine Vertretungshandlungen in Angelegenheiten der Annahme an Kindesstatt bedürfen nicht der Genehmigung des Gerichts. *(BGBl I 2017/59, ab 1. 7. 2018, s § 1503 Abs 9 Z 4)*

(BGBl I 2013/15, ab 1. 2. 2013)

Alter

§ 193. (1) Die Wahleltern müssen das fünfundzwanzigste Lebensjahr vollendet haben.

(2) Wahlvater und Wahlmutter müssen „ “ älter als das Wahlkind sein. *(BGBl I 2015/29 (VfGH), ab 1. 1. 2016)*

(BGBl I 2013/15, ab 1. 2. 2013)

Bewilligung

§ 194. (1) Die Annahme eines „minderjährigen“ Kindes ist zu bewilligen, wenn sie dessen Wohl dient und eine dem Verhältnis zwischen leiblichen Eltern und Kindern entsprechende Beziehung besteht oder hergestellt werden soll. Ist das Wahlkind „volljährig“, so ist die Annahme nur zu bewilligen, wenn die Antragsteller nachweisen, dass bereits ein enges, der Beziehung zwischen leiblichen Eltern und Kindern entsprechendes Verhältnis vorliegt, insbesondere wenn Wahlkind und Annehmender während fünf Jahren entweder in häuslicher Gemeinschaft gelebt oder einander in einer vergleichbar engen Gemeinschaft Beistand geleistet haben. *(BGBl I 2017/59, ab 1. 7. 2018, s § 1503 Abs 9 Z 4)*

(2) Die Bewilligung ist, außer bei Fehlen der Voraussetzungen des Abs. 1, zu versagen, wenn ein überwiegendes Anliegen eines leiblichen Kindes des Annehmenden entgegensteht, insbesondere dessen Unterhalt oder Erziehung gefährdet wäre; im übrigen sind wirtschaftliche Belange nicht zu beachten, außer der Annehmende handelt in der ausschließlichen oder überwiegenden Absicht, ein leibliches Kind zu schädigen.

(BGBl I 2013/15, ab 1. 2. 2013)

§ 195. (1) Die Bewilligung darf nur erteilt werden, wenn folgende Personen der Annahme zustimmen:

1. die Eltern des minderjährigen Wahlkindes;

2. der Ehegatte oder der eingetragene Partner des Annehmenden;

3. der Ehegatte oder der eingetragene Partner des Wahlkindes;

4. das nicht entscheidungsfähige volljährige Wahlkind; *(BGBl I 2017/59, ab 1. 7. 2018, s § 1503 Abs 9 Z 4)*

5. der gesetzliche Vertreter des minderjährigen Wahlkindes. *(BGBl I 2017/59, ab 1. 7. 2018, s § 1503 Abs 9 Z 4)*

(2) Das Zustimmungsrecht nach Abs. 1 entfällt, wenn die zustimmungsberechtigte Person als gesetzlicher Vertreter des Wahlkindes den Annahmevertrag geschlossen hat, wenn eine der in Abs. 1 Z 1 bis 4 genannten Personen zu einer Äußerung nicht nur vorübergehend unfähig ist oder wenn der Aufenthalt einer der in Abs. 1 Z 1 bis 3 genannten Personen seit mindestens sechs Monaten unbekannt ist. *(BGBl I 2017/59, ab 1. 7. 2018, s § 1503 Abs 9 Z 4)*

(3) Das Gericht hat die verweigerte Zustimmung einer der in Abs. 1 Z 1 bis 3 und 5 genannten Personen auf Antrag eines Vertragsteiles zu ersetzen, wenn keine gerechtfertigten Gründe für die Weigerung vorliegen. *(BGBl I 2017/59, ab 1. 7. 2018, s § 1503 Abs 9 Z 4)*

(BGBl I 2013/15, ab 1. 2. 2013)

§ 196. (1) Ein Recht auf Anhörung haben:

1. das nicht entscheidungsfähige minderjährige Wahlkind; *(BGBl I 2017/59, ab 1. 7. 2018, s § 1503 Abs 9 Z 4)*

2. die Eltern des volljährigen Wahlkindes;

3. die Pflegeeltern oder der Leiter des Heimes, in dem sich das Wahlkind befindet;

4. der „Kinder- und Jugendhilfeträger“. *(BGBl I 2017/59, ab 26. 4. 2017)*

(2) [1]Das Anhörungsrecht des in Abs. 1 genannten Wahlkindes entfällt, wenn es zu einer Äußerung nicht nur vorübergehend unfähig ist oder durch die Anhörung dessen Wohl gefährdet wäre. [2]Das Anhörungsrecht eines sonstigen im Abs. 1 genannten Berechtigten entfällt, wenn er als gesetzlicher Vertreter des Wahlkindes den Annahmevertrag geschlossen hat; ferner, wenn er nicht oder nur mit unverhältnismäßigen Schwierigkeiten gehört werden könnte. *(BGBl I 2017/59, ab 1. 7. 2018, s § 1503 Abs 9 Z 4)*

(BGBl I 2013/15, ab 1. 2. 2013)

Wirkungen

§ 197. (1) Zwischen dem Annehmenden und dessen Nachkommen einerseits und dem Wahlkind und dessen im Zeitpunkt des Wirksamwerdens der Annahme minderjährigen Nachkommen andererseits entstehen mit diesem Zeitpunkt die gleichen Rechte, wie sie durch die Abstammung begründet werden.

(2) Wird das Wahlkind durch Ehegatten als Wahleltern angenommen, so erlöschen mit den in § 198 bestimmten Ausnahmen die nicht bloß in der Verwandtschaft an sich (§ 40) bestehenden familienrechtlichen Beziehungen zwischen den leiblichen Eltern und deren Verwandten einerseits und dem Wahlkind und dessen im Zeitpunkt des Wirksamwerdens der Annahme minderjährigen Nachkommen andererseits mit diesem Zeitpunkt. *(BGBl I 2013/179)*

(3) Wird das Wahlkind nur durch einen Wahlvater (eine Wahlmutter) angenommen, so erlöschen die familienrechtlichen Beziehungen nach Maßgabe des Abs. 2 zum leiblichen Vater (zur leiblichen Mutter) und zu dessen (deren) Verwandten. Dem nicht verdrängten leiblichen Elternteil gegenüber hat das Gericht das Erlöschen auszusprechen, wenn dieser dem zustimmt. Das Erlöschen wirkt vom Zeitpunkt der Abgabe der Zustimmungserklärung an, frühestens jedoch vom Zeitpunkt des Wirksamwerdens der Annahme an. *(BGBl I 2013/179)*

(4) Nimmt ein Ehegatte, ein eingetragener Partner oder ein Lebensgefährte das Kind seines Ehegatten, eingetragenen Partners oder Lebensgefährten an, so erlöschen die familienrechtlichen Beziehungen nach Maßgabe des Abs. 2 lediglich zum anderen Elternteil und zu dessen Verwandten. *(BGBl I 2013/179)*

(BGBl I 2013/15, ab 1. 2. 2013)

§ 198. (1) Die im Familienrecht begründeten Pflichten der leiblichen Eltern und deren Verwandten zur Leistung des Unterhaltes und der Ausstattung gegenüber dem Wahlkind und dessen im Zeitpunkt des Wirksamwerdens der Annahme minderjährigen Nachkommen bleiben aufrecht.

(2) Das gleiche gilt für die Unterhaltspflicht des Wahlkindes gegenüber den leiblichen Eltern, sofern diese ihre Unterhaltspflicht gegenüber dem noch nicht vierzehn Jahre alten Kinde vor dessen Annahme an Kindesstatt nicht gröblich vernachlässigt haben.

(3) Die nach den Abs. 1 und 2 aufrecht bleibenden Pflichten stehen jedoch den durch die Annahme begründeten gleichen Pflichten im Range nach.

(BGBl I 2013/15, ab 1. 2. 2013)

§ 199. (1) Die im Erbrecht begründeten Rechte zwischen den leiblichen Eltern und deren Verwandten einerseits und dem Wahlkind und dessen im Zeitpunkt des Wirksamwerdens der Annahme minderjährigen Nachkommen andererseits bleiben aufrecht.

(2) Bei der gesetzlichen Erbfolge in das Vermögen des Wahlkindes in der zweiten Linie gehen die Wahleltern und deren Nachkommen einerseits den leiblichen Eltern und deren Nachkommen andererseits vor. *(BGBl I 2013/179)*

(3) Ist das Wahlkind nur durch eine Person angenommen worden und sind sowohl diese Person oder deren Nachkommen als auch der nicht verdrängte leibliche Elternteil oder dessen Nachkommen vorhanden, so fällt „die Verlassenschaft" – ungeachtet eines allfälligen Erlöschens der familienrechtlichen Beziehungen nach § 197 Abs. 3 zweiter Satz – je zur Hälfte auf den Stamm der annehmenden Person und des nicht verdrängten leiblichen Elternteils. *(BGBl I 2013/179; BGBl I 2015/87, ab 1. 1. 2017, s § 1503 Abs 7 Z 2)*

(BGBl I 2013/15, ab 1. 2. 2013)

Widerruf und Aufhebung

§ 200. (1) Die gerichtliche Bewilligung ist vom Gericht mit rückwirkender Kraft zu widerrufen:

1. von Amts wegen oder auf Antrag eines Vertragsteiles, wenn beim Abschluss des Annahmevertrages der Annehmende nicht „entscheidungsfähig" gewesen ist, außer er hat nach der Erlangung seiner „Entscheidungsfähigkeit" zu erkennen gegeben, dass er die Wahlkindschaft fortsetzen wolle; *(BGBl I 2017/59, ab 1. 7. 2018, s § 1503 Abs 9 Z 4)*

2. von Amts wegen oder auf Antrag eines Vertragsteiles, wenn ein nicht „entscheidungsfähiges" Wahlkind selbst den Annahmevertrag geschlossen hat, außer es hat der gesetzliche Vertreter oder nach Erlangung der „Entscheidungsfähigkeit" das Wahlkind nachträglich zugestimmt oder das Gericht die verweigerte nachträgliche Zustimmung des gesetzlichen Vertreters im Sinne des „§ 192 Abs. 3" ersetzt; *(BGBl I 2017/59, ab 1. 7. 2018, s § 1503 Abs 9 Z 4)*

3. von Amts wegen oder auf Antrag eines Vertragsteiles, wenn das Wahlkind durch mehr als eine Person angenommen worden ist, außer die Annehmenden sind im Zeitpunkt der Bewilligung miteinander verheiratet gewesen;

4. von Amts wegen oder auf Antrag eines Vertragsteiles, wenn der Annahmevertrag ausschließlich oder vorwiegend in der Absicht geschlossen worden ist, dem Wahlkind die Führung des Familiennamens des Wahlvaters oder der Wahlmutter zu ermöglichen oder den äußeren Schein einer Wahlkindschaft zur Verdeckung rechtswidriger geschlechtlicher Beziehungen zu schaffen;

5. auf Antrag eines Vertragsteiles, wenn der Annahmevertrag nicht schriftlich geschlossen worden ist und seit dem Eintritt der Rechtskraft des Bewilligungsbeschlusses nicht mehr als fünf Jahre verstrichen sind.

(2) Hat einer der Vertragsteile den Widerrufsgrund (Abs. 1 Z 1 bis 3 und 5) bei Abschließung des Annahmevertrages nicht gekannt, so gilt in seinem Verhältnis zum anderen Vertragsteil der Widerruf insoweit als Aufhebung (§ 201), als er dies beansprucht.

(3) [1]Einem Dritten, der im Vertrauen auf die Gültigkeit der Annahme an Kindesstatt vor dem Widerruf Rechte erworben hat, kann nicht eingewendet werden, dass die Bewilligung widerrufen worden ist. [2]Zum Nachteil eines der Vertragsteile, der den Widerrufsgrund bei Abschließung des Annahmevertrages nicht gekannt hat, kann ein Dritter nicht die Wirkungen des Widerrufes beanspruchen.

(BGBl I 2013/15, ab 1. 2. 2013)

§ 201. (1) Die Wahlkindschaft ist vom Gericht aufzuheben:

1. wenn die Erklärung eines Vertragsteiles oder eines Zustimmungsberechtigten durch List oder ungerechte und gegründete Furcht veranlasst worden ist und der Betroffene die Aufhebung binnen Jahresfrist nach Entdeckung der Täuschung oder Wegfall der Zwangslage beantragt;

2. von Amts wegen, wenn die Aufrechterhaltung der Wahlkindschaft das Wohl des „minderjährigen oder nicht entscheidungsfähigen" Wahlkindes ernstlich gefährden würde; *(BGBl I 2017/59, ab 1. 7. 2018, s § 1503 Abs 9 Z 4)*

3. auf Antrag des Wahlkindes, wenn die Aufhebung nach Auflösung oder Nichtigerklärung der Ehe der Wahleltern oder des leiblichen Elternteils mit dem Wahlelternteil oder nach Auflösung oder Nichtigerklärung der eingetragenen Partnerschaft des leiblichen Elternteils mit dem Wahlelternteil oder nach dem Tode des Wahlvaters (der

Wahlmutter) dem Wohle des Wahlkindes dient und nicht einem gerechtfertigten Anliegen des (der) von der Aufhebung betroffenen, wenn auch bereits verstorbenen Wahlvaters (Wahlmutter) widerspricht; *(BGBl I 2013/179)*

4. wenn der Wahlvater (die Wahlmutter) und das „ “ Wahlkind die Aufhebung beantragen. *(BGBl I 2017/59, ab 1. 7. 2018, s § 1503 Abs 9 Z 4)*

(2) Besteht die Wahlkindschaft gegenüber einem Wahlvater und einer Wahlmutter, so darf die Aufhebung im Sinne des Abs. 1 nur beiden gegenüber bewilligt werden; die Aufhebung gegenüber einem von ihnen allein ist nur im Falle der Auflösung oder Nichtigerklärung ihrer Ehe zulässig.

(BGBl I 2013/15, ab 1. 2. 2013)

§ 202. (1) Mit dem Eintritt der Rechtskraft des Aufhebungsbeschlusses erlöschen die durch die Annahme zwischen dem Wahlvater (der Wahlmutter) und dessen (deren) Nachkommen einerseits und dem Wahlkind und dessen Nachkommen andererseits begründeten Rechtsbeziehungen.

(2) Mit diesem Zeitpunkt leben die familienrechtlichen Beziehungen zwischen den leiblichen Eltern und deren Verwandten einerseits und dem Wahlkind und dessen Nachkommen andererseits, soweit sie nach dem § 197 erloschen sind, wieder auf.

(3) *(entfällt, BGBl I 2017/59, ab 1. 7. 2018, s § 1503 Abs 9 Z 4)*

(BGBl I 2013/15, ab 1. 2. 2013)

§ 203. Ein Widerruf oder eine Aufhebung aus anderen als den in den §§ 200 und 201 angeführten Gründen ist unzulässig; ebenso eine vertragliche Einigung oder ein Rechtsstreit über die Anfechtung des Annahmevertrages.

(BGBl I 2013/15, ab 1. 2. 2013)

Viertes Hauptstück

Von der Obsorge einer anderen Person[1)]

[1)] *(BGBl I 2006/92)*

§ 204. Soweit nach dem dritten Hauptstück weder Eltern noch Großeltern oder Pflegeeltern mit der Obsorge betraut sind oder betraut werden können und kein Fall des § 207 vorliegt, hat das Gericht unter Beachtung des Wohles des Kindes eine andere geeignete Person mit der Obsorge zu betrauen.

(BGBl I 2013/15, ab 1. 2. 2013)

„**§ 205.**“ (1) [1]Bei der Auswahl einer anderen Person für die Obsorge ist besonders auf das Wohl des Kindes Bedacht zu nehmen. [2]Wünsche des Kindes und der Eltern, im Falle des „§ 166“ des Zuwendenden, sind zu berücksichtigen, sofern sie dem Wohl des Kindes entsprechen. *(BGBl I 2013/15, ab 1. 2. 2013)*

(2) Mit der Obsorge dürfen nicht betraut werden

1. „im Sinn des § 21 Abs. 1 schutzberechtigte“ Personen; *(BGBl I 2017/59, ab 1. 7. 2018, s § 1503 Abs 9 Z 4)*

2. Personen, von denen, besonders auch wegen der durch eine strafgerichtliche Verurteilung zutage getretenen Veranlagung oder Eigenschaft, eine dem Wohl des minderjährigen Kindes förderliche Ausübung der Obsorge nicht zu erwarten ist.

(BGBl I 2000/135, ab 1. 7. 2001; BGBl I 2013/15)

„**§ 206.**“ (1) [1]Derjenige, den das Gericht mit der Obsorge betrauen will, hat alle Umstände, die ihn dafür ungeeignet erscheinen lassen, dem Gericht mitzuteilen. [2]Unterlässt er diese Mitteilung schuldhaft, so haftet er für alle dem minderjährigen Kind daraus entstehenden Nachteile.

(2) Eine besonders geeignete Person kann die Betrauung mit der Obsorge nur ablehnen, wenn ihr diese unzumutbar wäre.

(BGBl I 2000/135, ab 1. 7. 2001; BGBl I 2013/15)

Aufgaben des Kinder- und Jugendhilfeträgers

„**§ 207.**“* [1]Wird ein minderjähriges Kind im Inland gefunden und sind dessen Eltern unbekannt, so ist kraft Gesetzes der „Kinder- und Jugendhilfeträger“** mit der Obsorge betraut. [2]„Dies gilt für den Bereich der Vermögensverwaltung und der Vertretung auch, wenn ein Kind im Inland geboren wird und dessen unverheiratete Mutter minderjährig ist.“** *(*BGBl I 2013/15 **BGBl I 2017/59, Satz 1 ab 26. 4. 2017, Satz 2 ab 1. 7. 2018, s § 1503 Abs 9 Z 5)*

(BGBl I 2000/135, ab 1. 7. 2001)

„**§ 208.**“ (1) Der „Kinder- und Jugendhilfeträger“ hat, soweit es nach den Umständen geboten scheint, den gesetzlichen Vertreter eines im Inland geborenen Kindes innerhalb angemessener Frist nach der Geburt über die elterlichen Rechte und Pflichten, besonders über den Unterhaltsanspruch des Kindes, gegebenenfalls auch über die Feststellung der Vaterschaft, in Kenntnis zu setzen und ihm für die Wahrnehmung der Rechte des Kindes seine Hilfe anzubieten. *(BGBl I 2017/59, ab 26. 4. 2017)*

(2) Für die Festsetzung oder Durchsetzung der Unterhaltsansprüche des Kindes sowie gegebenenfalls in Abstammungsangelegenheiten ist der „Kinder- und Jugendhilfeträger“ Vertreter des

Kindes, wenn die schriftliche Zustimmung des sonstigen gesetzlichen Vertreters vorliegt. *(BGBl I 2004/58, ab 1. 1. 2005; BGBl I 2017/59, ab 26. 4. 2017)*

(3) Für andere Angelegenheiten ist der „Kinder- und Jugendhilfeträger"** „Vertreter"* des Kindes, wenn er sich zur Vertretung bereit erklärt und die schriftliche Zustimmung des „sonstigen"* gesetzlichen Vertreters vorliegt. *(*BGBl I 2000/135, ab 1. 7. 2001, s Art XVIII § 2 KindRÄG 2001; **BGBl I 2017/59, ab 26. 4. 2017)*

(4) [1]Durch die Vertretungsbefugnis des „Kinder- und Jugendhilfeträgers"** wird die Vertretungsbefugnis des sonstigen gesetzlichen Vertreters nicht eingeschränkt, jedoch gilt „§ 169"* sinngemäß. [2]Der „Kinder- und Jugendhilfeträger"** und der sonstige gesetzliche Vertreter haben einander über ihre Vertretungshandlungen in Kenntnis zu setzen. *(*BGBl I 2013/15, ab 1. 2. 2013; **BGBl I 2017/59, ab 26. 4. 2017)*

(5) Die Vertretungsbefugnis des „Kinder- und Jugendhilfeträgers"** endet, wenn der „sonstige"* gesetzliche Vertreter seine Zustimmung schriftlich widerruft, der „Kinder- und Jugendhilfeträger"** seine Erklärung nach Abs. 3 zurücknimmt oder das Gericht den „Kinder- und Jugendhilfeträger"** auf dessen Antrag als „Vertreter"* enthebt, weil er zur Wahrung der Rechte und zur Durchsetzung der Ansprüche des Kindes nach Lage des Falles nichts mehr beizutragen vermag. *(*BGBl I 2000/135, ab 1. 7. 2001; **BGBl I 2017/59, ab 26. 4. 2017)*

(BGBl 1989/162; BGBl I 2013/15)

„**§ 209.**"** [1]Ist eine andere Person mit der Obsorge für einen Minderjährigen ganz oder teilweise zu betrauen und lassen sich dafür Verwandte oder andere nahe stehende oder sonst besonders geeignete Personen nicht finden, so hat das Gericht die Obsorge dem „Kinder- und Jugendhilfeträger"*** zu übertragen. [2]„Gleiches gilt, wenn einem Minderjährigen ein Kurator zu bestellen ist."* *(*BGBl I 2004/58, ab 1. 1. 2005; **BGBl I 2013/15; ***BGBl I 2017/59, ab 26. 4. 2017)*

(BGBl I 2000/135, ab 1. 7. 2001)

„**§ 210.**" (1) [1]Die „§§ 213,224, 228, 229 und 230"*[1]) gelten für den „Kinder- und Jugendhilfeträger"** nicht. [2]Dieser ist vor der Anlegung des Vermögens eines Minderjährigen nur im Fall des „§ 220"* verpflichtet, die Zustimmung des Gerichtes einzuholen. *(BGBl I 2000/135, ab 1. 7. 2001; *BGBl I 2013/15, ab 1. 2. 2013; **BGBl I 2017/59, ab 26. 4. 2017)*

(2) [1]Der „Kinder- und Jugendhilfeträger"** bedarf „ "* zum Abschluß von Vereinbarungen über die Höhe gesetzlicher Unterhaltsleistungen nicht der Genehmigung des Gerichtes. [2]Vereinbarungen über die Leistung des Unterhalts eines Minderjährigen, die vor dem „Kinder- und Jugendhilfeträger"** oder von ihm geschlossen und von ihm beurkundet werden, haben die Wirkung eines gerichtlichen Vergleiches. *(*BGBl I 2004/58, ab 1. 1. 2005; **BGBl I 2017/59, ab 26. 4. 2017)*

(3) Der „Kinder- und Jugendhilfeträger" hat Personen, die ein Kind pflegen und erziehen oder gesetzlich vertreten, über seine Vertretungstätigkeit bezüglich dieses Kindes Auskünfte zu erteilen, soweit das Wohl des Kindes hiedurch nicht gefährdet wird. *(BGBl I 2017/59, ab 26. 4. 2017)*

(BGBl 1989/162; BGBl I 2013/15)

[1]) *Im BGBl unrichtig nur ein Paragrafenzeichen.*

„**§ 211.**" (1) [1]Der „Kinder- und Jugendhilfeträger" hat die zur Wahrung des Wohles eines Minderjährigen erforderlichen gerichtlichen Verfügungen im Bereich der Obsorge zu beantragen. [2]Bei Gefahr im Verzug kann er die erforderlichen Maßnahmen der Pflege und Erziehung vorläufig mit Wirksamkeit bis zur gerichtlichen Entscheidung selbst treffen; er hat diese Entscheidung unverzüglich, jedenfalls innerhalb von acht Tagen, zu beantragen. [3]Im Umfang der getroffenen Maßnahmen ist der „Kinder- und Jugendhilfeträger" vorläufig mit der Obsorge betraut. *(BGBl I 2017/59, ab 26. 4. 2017, s § 1503 Abs 9 Z 2, ab 26. 4. 2017)*

(2) Eine einstweilige Verfügung „nach den „§§ 382b, 382e und 382g EO"**** sowie deren Vollzug"* kann der „Kinder- und Jugendhilfeträger"*** als Vertreter des Minderjährigen beantragen, wenn der sonstige gesetzliche Vertreter einen erforderlichen Antrag nicht unverzüglich gestellt hat; „§ 208 Abs. 4"** gilt hiefür entsprechend. *(*BGBl I 2009/40, ab 1. 6. 2009; **BGBl I 2013/15, ab 1. 2. 2013; ***BGBl I 2017/59, ab 26. 4. 2017; ****BGBl I 2019/105, ab 30. 10. 2019)*

(BGBl I 2000/135, ab 1. 7. 2001; BGBl I 2013/15)

„**§ 212.**"* [1]Sofern nicht anderes angeordnet ist, fallen die Aufgaben dem Bundesland als „Kinder- und Jugendhilfeträger"** zu, in dem das minderjährige Kind seinen gewöhnlichen Aufenthalt, mangels eines solchen im Inland seinen Aufenthalt hat. [2]Fehlt ein Aufenthalt im Inland, so ist, sofern das minderjährige Kind österreichischer Staatsbürger ist, für im Inland zu besorgende Aufgaben das Bundesland als „Kinder- und Jugendhilfeträger"** zuständig, in dem der Minderjährige seinen letzten Aufenthalt gehabt hat, dann dasjenige, in dem ein Elternteil seinen Aufenthalt hat oder zuletzt gehabt hat. [3]Wechselt das minderjährige Kind seinen Aufenthalt in ein anderes Bundesland, so kann der „Kinder- und Jugendhilfeträger"** seine Aufgaben dem anderen mit dessen Zustimmung übertragen. [4]Hievon ist das

Gericht zu verständigen, wenn es mit den Angelegenheiten des minderjährigen Kindes bereits befasst war. *(*BGBl I 2013/15; **BGBl I 2017/59, ab 26. 4. 2017)*

(BGBl I 2000/135, ab 1. 7. 2001)

Besondere Pflichten und Rechte anderer mit der Obsorge betrauter Personen

a) in Angelegenheiten der Pflege und Erziehung

„**§ 213.**" „(1)"* [1]Ist eine andere Person mit der Obsorge betraut, so hat sie, soweit nicht anderes bestimmt ist, in wichtigen, die Person des Kindes betreffenden Angelegenheiten, insbesondere in den Angelegenheiten des „§ 167 Abs. 2"**, die Genehmigung des Gerichtes einzuholen. [2]Ohne Genehmigung getroffene Maßnahmen oder Vertretungshandlungen sind unzulässig und unwirksam, sofern nicht Gefahr im Verzug vorliegt. *(*BGBl I 2006/92, ab 1. 7. 2007; **BGBl I 2013/15, ab 1. 2. 2013)*

(2) [1]Einer medizinischen Behandlung, die gewöhnlich mit einer schweren oder nachhaltigen Beeinträchtigung der körperlichen Unversehrtheit oder der Persönlichkeit verbunden ist, kann die mit der Obsorge betraute Person nur zustimmen, wenn ein vom behandelnden Arzt unabhängiger Arzt in einem ärztlichen Zeugnis bestätigt, dass das Kind nicht über die erforderliche „Entscheidungsfähigkeit" verfügt und die Vornahme der Behandlung zur Wahrung seines Wohles erforderlich ist. [2]Wenn ein solches Zeugnis nicht vorliegt oder das Kind zu erkennen gibt, dass es die Behandlung ablehnt, bedarf die Zustimmung der Genehmigung des Gerichts. [3]Erteilt die mit der Obsorge betraute Person die Zustimmung zu einer medizinischen Behandlung nicht und wird dadurch das Wohl des Kindes gefährdet, so kann das Gericht die Zustimmung ersetzen oder die Obsorge an eine andere Person übertragen. *(BGBl I 2006/92, ab 1. 7. 2007; BGBl I 2017/59, ab 1. 7. 2018, s § 1503 Abs 9 Z 4)*

(BGBl I 2000/135; BGBl I 2013/15)

b) in Angelegenheiten der Vermögensverwaltung

Überwachung der Vermögensverwaltung

„**§ 214.**" „(1)"* [1]Die mit der gesetzlichen Vertretung in Angelegenheiten der Vermögensverwaltung betraute Person hat bei Antritt der Obsorge nach gründlicher Erforschung des Vermögensstandes dem Gericht gegenüber das Vermögen im Einzelnen anzugeben und „– ausgenommen ein Kinder- und Jugendhilfeträger –"**** „in weiterer Folge"** Rechnung zu legen. [2]Das Gericht hat die Tätigkeit des gesetzlichen Vertreters zur Vermeidung einer Gefährdung des Wohls des „"*** Kindes zu überwachen und die dazu notwendigen Aufträge zu erteilen. [3]Näheres wird in den Verfahrensgesetzen bestimmt. *(*BGBl I 2006/92, ab 1. 7. 2007; **BGBl I 2017/59, ab 1. 7. 2018, s § 1503 Abs 9 Z 6; ***BGBl I 2018/58, ab 1. 8. 2018)*

(2) Auf Vertretungshandlungen und Einwilligungen in Vermögensangelegenheiten ist „§ 167 Abs. 3 und § 168" sinngemäß anzuwenden. *(BGBl I 2006/92, ab 1. 7. 2007; BGBl I 2013/15, ab 1. 2. 2013)*

(BGBl I 2000/135; BGBl I 2013/15)

Anlegung von Mündelgeld

Allgemeine Grundsätze

„**§ 215.**" (1) Soweit „Bargeld und Geld auf Zahlungskonten eines Kindes (Mündelgeld)" nicht, dem Gesetz entsprechend, für besondere Zwecke zu verwenden ist, ist es unverzüglich sicher und möglichst fruchtbringend durch Spareinlagen, den Erwerb von Wertpapieren (Forderungen), die Gewährung von „Krediten", den Erwerb von Liegenschaften oder in anderer Weise nach den folgenden Bestimmungen anzulegen. *(BGBl I 2017/59, ab 1. 7. 2018, s § 1503 Abs 9 Z 6)*

(2) Ist es wirtschaftlich zweckmäßig, so ist Mündelgeld auf mehrere dieser Arten anzulegen.

(BGBl 1977/403; BGBl I 2013/15)

Mündelsichere Spareinlagen

§ 216. Spareinlagen bei einem Kreditinstitut, das zur Entgegennahme von Spareinlagen berechtigt ist, sind zur Anlegung von Mündelgeld geeignet, wenn

1. die Spareinlagen auf den Namen des Kindes lauten und ausdrücklich die Bezeichnung „Mündelgeld" tragen, und

2. für die Verzinsung und Rückzahlung der Mündelspareinlagen ein vom Kreditinstitut gebildeter, jederzeit mit der jeweiligen Höhe solcher Einlagen übereinstimmender unbelasteter Deckungsstock haftet, und

3. der Deckungsstock ausschließlich in mündelsicheren Wertpapieren (§ 217), in Hypothekarforderungen mit gesetzmäßiger Sicherheit (§ 218), in Forderungen, für die der Bund oder ein Land haftet, oder in Bargeld besteht.

(BGBl I 2017/59, ab 1. 7. 2018, s § 1503 Abs 9 Z 6)

Mündelsichere Wertpapiere und Forderungen

„**§ 217.**“ Der Erwerb folgender Wertpapiere und Forderungen ist zur Anlegung von Mündelgeld geeignet:

1. Teilschuldverschreibungen von Anleihen, für deren Verzinsung und Rückzahlung der Bund oder eines der Länder haftet;

2. Forderungen, die in das Hauptbuch der Staatsschuld eingetragen sind;

3. Pfandbriefe und Kommunalschuldverschreibungen der nach den gesetzlichen Vorschriften zur Ausgabe solcher Wertpapiere zugelassenen inländischen Kreditinstitute;

4. von einem inländischen Kreditinstitut ausgegebene Teilschuldverschreibungen, sofern das Kreditinstitut verpflichtet ist, die Ansprüche aus diesen Teilschuldverschreibungen vorzugsweise zu befriedigen und als Sicherheit für diese Befriedigung Forderungen des Kreditinstitutes, für das der Bund haftet, Wertpapiere oder Forderungen gemäß den Z. 1 bis 3 und 5 oder Bargeld zu bestellen, und dies auf den Teilschuldverschreibungen ausdrücklich ersichtlich gemacht ist;

5. sonstige Wertpapiere, sofern sie durch besondere gesetzliche Vorschriften zur Anlegung von Mündelgeld geeignet erklärt worden sind.

(BGBl 1977/403; BGBl I 2013/15)

Mündelsichere Kredite

„**§ 218.**“ (1) [1]Kredite sind zur Anlegung von Mündelgeld geeignet, wenn zu ihrer Sicherstellung an einer inländischen Liegenschaft eine Hypothek bestellt wird und die Liegenschaft samt ihrem Zubehör während der Laufzeit des Kredites ausreichend feuerversichert ist. [2]Liegenschaften, deren Wert sich wegen eines darauf befindlichen Abbaubetriebs ständig und beträchtlich vermindert, sind nicht geeignet. *(BGBl I 2017/59, ab 1. 7. 2018, s § 1503 Abs 9 Z 6)*

(2) [1]„Es darf jedoch eine Liegenschaft nicht über die Hälfte des Verkehrswertes belastet werden.“*[2]Bei Weingärten, Wäldern und anderen Liegenschaften, deren Ertrag auf ähnlichen dauernden Anpflanzungen beruht, ist die Belastungsgrenze ohne Berücksichtigung des Wertes der Kulturgattung vom Grundwert zu errechnen. [3]Ebenso ist bei industriell oder gewerblich genutzten Liegenschaften vom bloßen Grundwert auszugehen, doch sind von diesem die Kosten der Freimachung der Liegenschaft von industriell oder gewerblich genutzten Baulichkeiten abzuziehen. „ “** *(*BGBl I 2000/135, ab 1. 7. 2001; **BGBl I 2013/15, ab 1. 2. 2013)*

(BGBl 1977/403; BGBl I 2013/15)

Mündelsichere Liegenschaften

„**§ 219.**“ (1) Der Erwerb inländischer Liegenschaften ist zur Anlegung von Mündelgeld geeignet, wenn sich ihr Wert nicht wegen eines darauf befindlichen Abbaubetriebs ständig und beträchtlich vermindert oder sie nicht ausschließlich oder überwiegend industriellen oder gewerblichen Zwecken dienen.

(2) Der Kaufpreis soll in der Regel den Verkehrswert nicht übersteigen.

(BGBl I 2000/135, ab 1. 7. 2001; BGBl I 2013/15)

Andere Anlageformen

§ 220. (1) [1]Eine andere Anlegung „von Mündelgeld“ ist zulässig, wenn sie nach den Verhältnissen des Einzelfalls den Grundsätzen einer sicheren und wirtschaftlichen Vermögensverwaltung entspricht. [2]Dem Eintreten eines größeren Schadens durch Verwirklichung von „Risiken“ ist tunlichst durch deren Streuung entgegenzuwirken. *(BGBl I 2017/59, ab 1. 7. 2018, s § 1503 Abs 9 Z 6)*

(2) [1]Bei Wertpapieren und Forderungen, die in den §§ 216 bis 218 nicht genannt sind, muss dafür vorgesorgt sein, dass sie laufend sachkundig auf ihre Sicherheit und Wirtschaftlichkeit hin verwaltet werden und ein Verkauf, falls er durch die Marktentwicklung geboten sein sollte, unverzüglich vorgenommen wird; die Haftung des Verwalters dem „ “ Kind gegenüber muss gesichert sein. [2]Bei Einlagen, die eine regelmäßige Einzahlung voraussetzen, muss sichergestellt sein, dass diese aus dem Vermögen des „ “ Kindes geleistet werden können. *(BGBl I 2017/59, ab 1. 7. 2018, s § 1503 Abs 9 Z 6)*

(3) Bei Liegenschaften, die im § 219 nicht genannt sind, muss ihr Erwerb dem „ “ Kind mit Beziehung auf die gegenwärtige oder künftige Berufsausübung oder sonst zum „offenbaren“ Vorteil gereichen; der Kaufpreis darf den Verkehrswert nicht übersteigen. *(BGBl I 2017/59, ab 1. 7. 2018, s § 1503 Abs 9 Z 6)*

(BGBl I 2013/15, ab 1. 2. 2013)

§ 221. Der gesetzliche Vertreter hat jedenfalls dann eine andere Anlegung von im Sinn des § 220 angelegtem Vermögen zu veranlassen, wenn ansonsten mit überwiegender Wahrscheinlichkeit damit zu rechnen ist, dass ein für das Kind unter Berücksichtigung seiner Lebensverhältnisse nicht unbeträchtliches Vermögen dauerhaft geschmälert werden wird und die Umschichtung dem Wohl des Kindes entspricht.

(BGBl I 2017/59, ab 1. 7. 2018, s § 1503 Abs 9 Z 6)

Veräußerung von beweglichem Vermögen

§ 222. Bewegliches Vermögen, außer Mündelgeld oder im Sinn der §§ 216 bis 220 veranlagtes Vermögen, darf nur soweit verwertet werden, als dies zur Befriedigung der gegenwärtigen oder zukünftigen Bedürfnisse des Kindes nötig ist oder sonst dem Wohl des Kindes entspricht.

(BGBl I 2017/59, ab 1. 7. 2018, s § 1503 Abs 9 Z 6)

Veräußerung von unbeweglichem Gut

§ 223. Ein unbewegliches Gut oder ein Anteil an einem solchen darf nur im Notfall oder zum offenbaren Vorteil des Kindes veräußert werden.

(BGBl I 2017/59, ab 1. 7. 2018, s § 1503 Abs 9 Z 6)

Entgegennahme von Zahlungen

§ 224. [1]Der gesetzliche Vertreter kann 10 000 Euro übersteigende Zahlungen an das Kind nur entgegennehmen und darüber quittieren, wenn er dazu vom Gericht im Einzelfall oder allgemein ermächtigt wurde oder eine gerichtliche Genehmigung des Wechsels der Anlageform vorliegt. [2]Fehlt eine solche Ermächtigung oder Genehmigung, so wird der Schuldner durch Zahlung an den Vertreter von seiner Schuld nur befreit, wenn das Gezahlte noch im Vermögen des Kindes vorhanden ist oder für dessen Zwecke verwendet wurde.

(BGBl I 2017/59, ab 1. 7. 2018, s § 1503 Abs 9 Z 6)

Änderungen in der Obsorge

„**§ 225.**“* Die Obsorge des „Kinder- und Jugendhilfeträgers“** („§ 207“*) endet, sofern der Umstand, der die Eltern von der Ausübung der Obsorge ausgeschlossen hat, weggefallen ist; im ersten Fall des „§ 207“* bedarf es hiezu jedoch der Übertragung der Obsorge an die Eltern durch das Gericht. *(*BGBl I 2013/15, ab 1. 2. 2013; **BGBl I 2017/59, ab 26. 4. 2017)*

(BGBl I 2000/135, ab 1. 7. 2001)

„**§ 226.**“ Das Gericht hat die Obsorge an eine andere Person zu übertragen, wenn das Wohl des minderjährigen Kindes dies erfordert, insbesondere wenn die mit der Obsorge betraute Person ihre Verpflichtungen aus „§ 159“ nicht erfüllt, einer der Umstände des „§ 205 Abs. 2“ eintritt oder bekannt wird oder die Person, die bisher mit der Obsorge betraut war, stirbt. *(BGBl I 2013/15, ab 1. 2. 2013)*

(BGBl I 2000/135, ab 1. 7. 2001)

Haftung

„**§ 227.**“ (1) Die nach „§ 204“ mit der Obsorge betrauten Personen haften dem Kind gegenüber für jeden durch ihr Verschulden verursachten Schaden. *(BGBl I 2013/15, ab 1. 2. 2013)*

(2) Soweit sich die mit der Obsorge betraute Person zu ihrer Ausübung rechtmäßig anderer Personen bedient, haftet sie nur insoweit, als sie schuldhaft eine untüchtige oder gefährliche Person ausgewählt, deren Tätigkeit nur unzureichend überwacht oder die Geltendmachung von Ersatzansprüchen des minderjährigen Kindes gegen diese Personen schuldhaft unterlassen hat.

(BGBl I 2000/135, ab 1. 7. 2001; BGBl I 2013/15)

„**§ 228.**“* Der Richter kann die Ersatzpflicht nach „§ 227“* insoweit mäßigen oder ganz erlassen, als sie die mit der Obsorge betraute Person unter Berücksichtigung aller Umstände, insbesondere des Grades des Verschuldens oder eines besonderen Naheverhältnisses zwischen dem „ “** Kind und der mit der Obsorge betrauten Person, unbillig hart träfe. *(BGBl I 2013/15, ab 1. 2. 2013; **BGBl I 2017/59, ab 1. 7. 2018, s § 1503 Abs 9 Z 6)*

(BGBl I 2000/135, ab 1. 7. 2001)

Entschädigung

„**§ 229.**“ (1) Der nach „§ 204“ mit der Obsorge betrauten Person gebührt unter Bedachtnahme auf Art und Umfang ihrer Tätigkeit und des damit gewöhnlich verbundenen Aufwands an Zeit und Mühe eine jährliche Entschädigung, soweit dadurch die Befriedigung der Lebensbedürfnisse des Kindes nicht gefährdet wird. *(BGBl I 2013/15, ab 1. 2. 2013)*

(2) [1]Sofern das Gericht nicht aus besonderen Gründen eine geringere Entschädigung für angemessen findet, beträgt sie fünf vom Hundert sämtlicher Einkünfte nach Abzug der hievon zu entrichtenden gesetzlichen Steuern und Abgaben. [2]Bezüge, die kraft besonderer gesetzlicher Anordnung zur Deckung bestimmter Aufwendungen dienen, sind nicht als Einkünfte zu berücksichtigen. [3]Übersteigt der Wert des Vermögens des „ “ Kindes „15 000 Euro“, so kann das Gericht überdies pro Jahr bis zu zwei vom Hundert des Mehrbetrags als Entschädigung gewähren, soweit sich die mit der Obsorge betraute Person um die Erhaltung des Vermögens oder dessen Verwendung zur Deckung von Bedürfnissen des Kindes besonders verdient gemacht hat. [4]Betrifft die Obsorge nur einen Teilbereich der Obsorge oder dauert die Tätigkeit der mit der Obsorge betrauten Person nicht ein volles Jahr, so vermindert sich der Anspruch auf Entschädigung entsprechend.

(BGBl I 2017/59, ab 1. 7. 2018, s § 1503 Abs 9 Z 6)

(3) Bei besonders umfangreichen und erfolgreichen Bemühungen der mit der Obsorge betrauten Person kann das Gericht die Entschädigung auch höher als nach Abs. 2 erster Satz bemessen, jedoch nicht höher als zehn vom Hundert der Einkünfte.

(BGBl I 2000/135, ab 1. 7. 2001; BGBl I 2013/15)

Entgelt und Aufwandsersatz

„**§ 230.**" (1) [1]Nützt die mit der Obsorge betraute Person für Angelegenheiten, deren Besorgung sonst einem Dritten übertragen werden müsste, ihre besonderen beruflichen Kenntnisse und Fähigkeiten, so hat sie hiefür einen Anspruch auf angemessenes Entgelt. [2]Dieser Anspruch besteht für die Kosten einer rechtsfreundlichen Vertretung jedoch nicht, soweit beim „ " Kind die Voraussetzungen für die Bewilligung der Verfahrenshilfe gegeben sind oder diese Kosten nach gesetzlichen Vorschriften vom Gegner ersetzt werden. *(BGBl I 2017/59, ab 1. 7. 2018, s § 1503 Abs 9 Z 4)*

(2) Zur zweckentsprechenden Ausübung der Obsorge notwendige Barauslagen, tatsächliche Aufwendungen und die Kosten der Versicherung der Haftpflicht nach „§ 227"* sind der mit der Obsorge betrauten Person vom „ "** Kind jedenfalls zu erstatten, soweit sie nach gesetzlichen Vorschriften nicht unmittelbar von Dritten getragen werden. *(*BGBl I 2013/15, ab 1. 2. 2013; **BGBl I 2017/59, ab 1. 7. 2018, s § 1503 Abs 9 Z 4)*

(3) Ansprüche nach den Abs. 1 und 2 bestehen insoweit nicht, als durch sie die Befriedigung der Lebensbedürfnisse des Kindes gefährdet wäre.

(BGBl I 2000/135, ab 1. 7. 2001; BGBl I 2013/15)

Fünftes Hauptstück

Kindesunterhalt

§ 231. (1) Die Eltern haben zur Deckung der ihren Lebensverhältnissen angemessenen Bedürfnisse des Kindes unter Berücksichtigung seiner Anlagen, Fähigkeiten, Neigungen und Entwicklungsmöglichkeiten nach ihren Kräften anteilig beizutragen.

(2) [1]Der Elternteil, der den Haushalt führt, in dem er das Kind betreut, leistet dadurch seinen Beitrag. [2]Darüber hinaus hat er zum Unterhalt des Kindes beizutragen, soweit der andere Elternteil zur vollen Deckung der Bedürfnisse des Kindes nicht imstande ist oder mehr leisten müsste, als es seinen eigenen Lebensverhältnissen angemessen wäre.

(3) Der Anspruch auf Unterhalt mindert sich insoweit, als das Kind eigene Einkünfte hat oder unter Berücksichtigung seiner Lebensverhältnisse selbsterhaltungsfähig ist.

(4) Vereinbarungen, wonach sich ein Elternteil dem anderen gegenüber verpflichtet, für den Unterhalt des Kindes allein oder überwiegend aufzukommen und den anderen für den Fall der Inanspruchnahme mit der Unterhaltspflicht schad- und klaglos zu halten, sind unwirksam, sofern sie nicht im Rahmen einer umfassenden Regelung der Folgen einer Scheidung vor Gericht geschlossen werden.

(BGBl I 2013/15, ab 1. 2. 2013)

§ 232. [1]Soweit die Eltern nach ihren Kräften zur Leistung des Unterhalts nicht imstande sind, schulden ihn die Großeltern nach den den Lebensverhältnissen der Eltern angemessenen Bedürfnissen des Kindes. [2]Im Übrigen gilt der § 231 sinngemäß; der Unterhaltsanspruch eines Enkels mindert sich jedoch auch insoweit, als ihm die Heranziehung des Stammes eigenen Vermögens zumutbar ist. [3]Überdies hat ein Großelternteil nur insoweit Unterhalt zu leisten, als er dadurch bei Berücksichtigung seiner sonstigen Sorgepflichten den eigenen angemessenen Unterhalt nicht gefährdet.

(BGBl I 2013/15, ab 1. 2. 2013)

§ 233. [1]Die Schuld eines Elternteils, dem Kind den Unterhalt zu leisten, geht bis zum Wert der Verlassenschaft auf seine Erben über. [2]„Auf den Anspruch des Kindes ist alles anzurechnen, was das Kind nach dem Verstorbenen" durch eine vertragliche oder letztwillige Zuwendung, als gesetzlichen Erbteil, als Pflichtteil oder durch eine öffentlich-rechtliche oder privatrechtliche Leistung erhält. [3]Reicht der Wert der Verlassenschaft nicht aus, um dem Kind den geschuldeten Unterhalt bis zum voraussichtlichen Eintritt der Selbsterhaltungsfähigkeit zu sichern, so mindert sich der Anspruch des Kindes entsprechend. *(BGBl I 2015/87, ab 1. 1. 2017, s § 1503 Abs 7 Z 2)*

(BGBl I 2013/15, ab 1. 2. 2013)

§ 234. (1) Das Kind schuldet seinen Eltern und Großeltern unter Berücksichtigung seiner Lebensverhältnisse den Unterhalt, soweit der Unterhaltsberechtigte nicht imstande ist, sich selbst zu erhalten, und sofern er seine Unterhaltspflicht gegenüber dem Kind nicht gröblich vernachlässigt hat.

(2) [1]Die Unterhaltspflicht der Kinder steht der eines Ehegatten, eines früheren Ehegatten, von Vorfahren und von Nachkommen näheren Grades des Unterhaltsberechtigten im Rang nach. [2]Mehrere Kinder haben den Unterhalt anteilig nach ihren Kräften zu leisten.

(3) [1]Der Unterhaltsanspruch eines Eltern- oder Großelternteils mindert sich insoweit, als ihm die Heranziehung des Stammes eigenen Vermögens zumutbar ist. [2]Überdies hat ein Kind nur insoweit Unterhalt zu leisten, als es dadurch bei Berücksichtigung seiner sonstigen Sorgepflichten den eigenen angemessenen Unterhalt nicht gefährdet.

(BGBl I 2013/15, ab 1. 2. 2013)

Ansprüche im Zusammenhang mit der Geburt

§ 235. (1) Der Vater ist verpflichtet, der Mutter die Kosten der Entbindung sowie die Kosten ihres Unterhaltes für die ersten acht Wochen nach der Entbindung und, falls infolge der Entbindung weitere Auslagen notwendig werden, auch diese zu ersetzen.

(2) Die Forderung ist mit Ablauf von drei Jahren nach der Entbindung verjährt.

(BGBl I 2013/15, ab 1. 2. 2013)

§§ 236 bis 238. *(aufgehoben, BGBl I 2000/135, ab 1. 7. 2001)*

Sechstes Hauptstück

Von der Vorsorgevollmacht und der Erwachsenenvertretung

Erster Abschnitt

Allgemeine Bestimmungen

I. Teilnahme am Rechtsverkehr

Selbstbestimmung

§ 239. (1) Im rechtlichen Verkehr ist dafür Sorge zu tragen, dass volljährige Personen, die aufgrund einer psychischen Krankheit oder einer vergleichbaren Beeinträchtigung in ihrer Entscheidungsfähigkeit eingeschränkt sind, möglichst selbständig, erforderlichenfalls mit entsprechender Unterstützung, ihre Angelegenheiten selbst besorgen können.

(2) Unterstützung kann insbesondere durch die Familie, andere nahe stehende Personen, Pflegeeinrichtungen, Einrichtungen der Behindertenhilfe und soziale und psychosoziale Dienste, Gruppen von Gleichgestellten, Beratungsstellen oder im Rahmen eines betreuten Kontos oder eines Vorsorgedialogs geleistet werden.

(BGBl I 2017/59, ab 1. 7. 2018, s § 1503 Abs 9 Z 4, 10 und 15)

Nachrang der Stellvertretung

§ 240. (1) [1]Die in § 239 Abs. 1 genannten Personen nehmen nur dann durch einen Vertreter am Rechtsverkehr teil, wenn sie dies selbst vorsehen oder eine Vertretung zur Wahrung ihrer Rechte und Interessen unvermeidlich ist. [2]Sie können durch eine von ihnen bevollmächtigte Person (Vorsorgevollmacht) oder durch einen gewählten oder gesetzlichen oder gerichtlichen Erwachsenenvertreter vertreten werden.

(2) Soweit eine volljährige Person bei Besorgung ihrer Angelegenheiten entsprechend unterstützt wird oder selbst, besonders durch eine Vorsorgevollmacht, für deren Besorgung im erforderlichen Ausmaß vorgesorgt hat, darf für sie kein Erwachsenenvertreter tätig werden.

(BGBl I 2017/59, ab 1. 7. 2018, s § 1503 Abs 9 Z 4, 10 und 15)

Selbstbestimmung trotz Stellvertretung

§ 241. (1) Ein Vorsorgebevollmächtigter oder Erwachsenenvertreter hat danach zu trachten, dass die vertretene Person im Rahmen ihrer Fähigkeiten und Möglichkeiten ihre Lebensverhältnisse nach ihren Wünschen und Vorstellungen gestalten kann, und sie, soweit wie möglich, in die Lage zu versetzen, ihre Angelegenheiten selbst zu besorgen.

(2) [1]Ein Vorsorgebevollmächtigter oder Erwachsenenvertreter hat die vertretene Person von beabsichtigten, ihre Person oder ihr Vermögen betreffenden Entscheidungen rechtzeitig zu verständigen und ihr die Möglichkeit zu geben, sich dazu in angemessener Frist zu äußern. [2]Die Äußerung der vertretenen Person ist zu berücksichtigen, es sei denn, ihr Wohl wäre hierdurch erheblich gefährdet.

(BGBl I 2017/59, ab 1. 7. 2018, s § 1503 Abs 9 Z 4, 10 und 15)

Handlungsfähigkeit

§ 242. (1) Die Handlungsfähigkeit einer vertretenen Person wird durch eine Vorsorgevollmacht oder eine Erwachsenenvertretung nicht eingeschränkt.

(2) [1]Soweit dies zur Abwendung einer ernstlichen und erheblichen Gefahr für die vertretene Person erforderlich ist, hat das Gericht im Wirkungsbereich der gerichtlichen Erwachsenenvertretung anzuordnen, dass die Wirksamkeit bestimmter rechtsgeschäftlicher Handlungen der vertretenen Person oder bestimmter Verfahrenshandlungen bei Verwaltungsbehörden und Verwaltungsgerichten wie nach § 865 Abs. 3 und Abs. 5 die Genehmigung des Erwachsenenvertreters und in den Fällen des § 258 Abs. 4 auch jene des Gerichts voraussetzt. [2]Der Genehmigungsvorbehalt bleibt ungeachtet der Übertragung einer Erwachsenenvertretung im Sinn des § 246 Abs. 3 Z 2 bestehen; er ist vom Gericht aufzuheben, wenn er nicht mehr erforderlich ist.

(3) Schließt eine volljährige Person, die nicht entscheidungsfähig ist, ein Rechtsgeschäft des täglichen Lebens, das ihre Lebensverhältnisse nicht übersteigt, so wird dieses – sofern in diesem Bereich kein Genehmigungsvorbehalt nach Abs. 2 angeordnet wurde – mit der Erfüllung der sie treffenden Pflichten rückwirkend rechtswirksam.

(BGBl I 2017/59, ab 1. 7. 2018, s § 1503 Abs 9 Z 4, 10, 12 und 15)

II. Auswahl und Dauer der Vertretung

Eignung

§ 243. (1) Als Vorsorgebevollmächtigter und Erwachsenenvertreter darf nicht eingesetzt werden, wer

1. schutzberechtigt im Sinn des § 21 Abs. 1 ist,

2. eine dem Wohl der volljährigen Person förderliche Ausübung der Vertretung nicht erwarten lässt, etwa wegen einer strafgerichtlichen Verurteilung, oder

3. in einem Abhängigkeitsverhältnis oder in einer vergleichbar engen Beziehung zu einer Einrichtung steht, in der sich die volljährige Person aufhält oder von der diese betreut wird.

(2) [1]Eine Person darf nur so viele Vorsorgevollmachten und Erwachsenenvertretungen übernehmen, wie sie unter Bedachtnahme auf die damit verbundenen Pflichten, insbesondere jene zur persönlichen Kontaktaufnahme, ordnungsgemäß besorgen kann. [2]Insgesamt darf eine Person – ausgenommen ein Erwachsenenschutzverein (§ 1 ErwSchVG) – nicht mehr als 15 Vorsorgevollmachten und Erwachsenenvertretungen übernehmen. [3]Ein Notar (Notariatskandidat) oder Rechtsanwalt (Rechtsanwaltsanwärter) kann diese Anzahl überschreiten, wenn er aufrecht in der Liste von zur Übernahme von Vorsorgevollmachten und gerichtlichen Erwachsenenvertretungen besonders geeigneten Rechtsanwälten oder Notaren eingetragen ist.

(3) Mehrere Erwachsenenvertreter können für eine Person nur mit jeweils unterschiedlichem Wirkungsbereich eingesetzt und im Österreichischen Zentralen Vertretungsverzeichnis eingetragen werden.

(BGBl I 2017/59, ab 1. 7. 2018, s § 1503 Abs 9 Z 4, 10 und 15)

Erwachsenenvertreter-Verfügung

§ 244. (1) [1]Eine Person kann in einer Erwachsenenvertreter-Verfügung jemanden bezeichnen, der für sie als Erwachsenenvertreter tätig oder nicht tätig werden soll. [2]Die verfügende Person muss hierfür fähig sein, die Bedeutung und Folgen einer Erwachsenenvertretung sowie der Verfügung in Grundzügen zu verstehen, ihren Willen danach zu bestimmen und sich entsprechend zu verhalten.

(2) [1]Die Erwachsenenvertreter-Verfügung muss schriftlich vor einem Notar, Rechtsanwalt oder Mitarbeiter eines Erwachsenenschutzvereins errichtet und im Österreichischen Zentralen Vertretungsverzeichnis eingetragen werden. [2]Hegt die eintragende Person Bedenken gegen das Vorliegen der Entscheidungsfähigkeit der verfügenden Person, so hat sie die Eintragung abzulehnen und bei begründeten Anhaltspunkten für eine Gefährdung des Wohles der volljährigen Person unverzüglich das Pflegschaftsgericht zu verständigen.

(3) [1]Die verfügende Person kann die Erwachsenenvertreter-Verfügung jederzeit widerrufen. [2]Der Widerruf muss von einem Notar, Rechtsanwalt oder Mitarbeiter eines Erwachsenenschutzvereins im Österreichischen Zentralen Vertretungsverzeichnis eingetragen werden. [3]Die Eintragung hat auf Verlangen der vertretenen Person zu erfolgen. [4]Für den Widerruf genügt es, dass die verfügende Person zu erkennen gibt, dass die Verfügung nicht mehr gelten soll. [5]Auf diese Möglichkeiten kann sie nicht verzichten.

(BGBl I 2017/59, ab 1. 7. 2018, s § 1503 Abs 9 Z 4 und 10)

Beginn und Fortbestand

§ 245. (1) Eine Vorsorgevollmacht ist wirksam, wenn und soweit der Eintritt des Vorsorgefalls im Österreichischen Zentralen Vertretungsverzeichnis eingetragen ist.

(2) Eine gewählte oder gesetzliche Erwachsenenvertretung entsteht mit ihrer Eintragung im Österreichischen Zentralen Vertretungsverzeichnis.

(3) Eine gerichtliche Erwachsenenvertretung entsteht mit der Bestellung durch das Gericht.

(4) Solange die Vertretungsbefugnis eines Vorsorgebevollmächtigten oder Erwachsenenvertreters im Österreichischen Zentralen Vertretungsverzeichnis eingetragen ist, besteht sie fort, auch wenn die vertretene Person im Wirkungsbereich ihres Vertreters handlungsfähig ist oder ihre Handlungsfähigkeit erlangt.

(BGBl I 2017/59, ab 1. 7. 2018, s § 1503 Abs 9 Z 4, 10 und 15)

Änderung, Übertragung und Beendigung

§ 246. (1) [1]Die Vertretungsbefugnis des Vorsorgebevollmächtigten oder des Erwachsenenvertreters endet

1. mit dem Tod der vertretenen Person oder ihres Vertreters,

2. durch gerichtliche Entscheidung,

3. durch die Eintragung des Widerrufs oder der Kündigung einer Vorsorgevollmacht oder des

Wegfalls des Vorsorgefalls im Österreichischen Zentralen Vertretungsverzeichnis,

4. durch die Eintragung des Widerrufs oder der Kündigung einer gewählten Erwachsenenvertretung im Österreichischen Zentralen Vertretungsverzeichnis,

5. bei einer gesetzlichen Erwachsenenvertretung durch die Eintragung des Widerspruchs der vertretenen Person oder ihres Vertreters im Österreichischen Zentralen Vertretungsverzeichnis oder mit dem Ablauf von drei Jahren, sofern sie nicht zuvor erneut eingetragen wird, oder

6. bei einer gerichtlichen Erwachsenenvertretung spätestens mit dem Ablauf von drei Jahren nach Beschlussfassung erster Instanz über die Bestellung, sofern sie nicht erneuert wird; die Änderung oder Übertragung der Erwachsenenvertretung verlängert diese Frist nicht.

[2]Für den Widerruf oder den Widerspruch der vertretenen Person genügt es, wenn sie zu erkennen gibt, dass sie nicht mehr vertreten sein will. [3]Auf diese Möglichkeiten kann sie nicht verzichten. [4]Die Eintragung des Widerrufs oder des Widerspruchs hat auf Verlangen der vertretenen Person oder ihres Vertreters zu erfolgen.

(2) Für die Änderung der Vertretungsbefugnis des Vorsorgebevollmächtigten oder Erwachsenenvertreters gilt § 245 sinngemäß.

(3) [1]Das Gericht hat

1. die Beendigung der Vorsorgevollmacht oder der gewählten oder gesetzlichen Erwachsenenvertretung anzuordnen und erforderlichenfalls einen gerichtlichen Erwachsenenvertreter zu bestellen, wenn der Vertreter nicht oder pflichtwidrig tätig wird oder es sonst das Wohl der vertretenen Person erfordert;

2. die gerichtliche Erwachsenenvertretung einer anderen Person zu übertragen, wenn der Vertreter verstorben ist, nicht die erforderliche Eignung aufweist oder durch die Vertretung unzumutbar belastet wird oder es sonst das Wohl der vertretenen Person erfordert;

3. die gerichtliche Erwachsenenvertretung zu beenden, wenn die übertragene Angelegenheit erledigt ist oder die Voraussetzungen für die Bestellung nach § 271 weggefallen sind; betrifft dies nur einen Teil der Angelegenheiten, so ist der Wirkungsbereich insoweit einzuschränken. [2]Erforderlichenfalls ist die gerichtliche Erwachsenenvertretung zu erweitern.

(4) § 178 Abs. 3, § 183 Abs. 2 und § 1025 gelten sinngemäß.

(BGBl I 2017/59, ab 1. 7. 2018, s § 1503 Abs 9 Z 4, 10, 15 und 17)

III. Besondere Rechte und Pflichten des Vertreters

Kontakte

§ 247. [1]Ein Erwachsenenvertreter hat mit der vertretenen Person in dem nach den Umständen des Einzelfalls erforderlichen Ausmaß persönlichen Kontakt zu halten. [2]Sofern ihm nicht ausschließlich Angelegenheiten übertragen worden sind, deren Besorgung vorwiegend Kenntnisse des Rechts oder der Vermögensverwaltung voraussetzen, soll der Kontakt mindestens einmal im Monat stattfinden.

(BGBl I 2017/59, ab 1. 7. 2018, s § 1503 Abs 9 Z 4 und 10)

Verschwiegenheitspflicht

§ 248. (1) Ein Vorsorgebevollmächtigter oder Erwachsenenvertreter ist, außer gegenüber dem Pflegschaftsgericht, zur Verschwiegenheit über alle ihm in Ausübung seiner Funktion anvertrauten oder bekannt gewordenen Tatsachen verpflichtet.

(2) [1]Ein Vorsorgebevollmächtigter oder Erwachsenenvertreter hat aber auf entsprechende Anfrage hin dem Ehegatten, eingetragenen Partner oder Lebensgefährten sowie den Eltern und Kindern der vertretenen Person über deren geistiges und körperliches Befinden und deren Wohnort sowie über seinen Wirkungsbereich Auskunft zu erteilen. [2]Dies gilt nicht, soweit die vertretene Person etwas anderes verfügt hat, oder zu erkennen gibt, dass sie eine solche Auskunftserteilung nicht will, oder diese ihrem Wohl widerspricht.

(3) Ein Vorsorgebevollmächtigter oder Erwachsenenvertreter ist weiters nicht zur Verschwiegenheit verpflichtet, soweit

1. ihn davon die insoweit entscheidungsfähige vertretene Person entbunden hat,

2. die vertretene Person zur Offenlegung verpflichtet ist oder

3. die Offenlegung zur Wahrung ihres Wohles erforderlich ist.

(BGBl I 2017/59, ab 1. 7. 2018, s § 1503 Abs 9 Z 4, 10 und 15)

Haftung und Aufwandersatz

§ 249. (1) [1]Ein Vorsorgebevollmächtigter oder Erwachsenenvertreter haftet der vertretenen Person für jeden durch sein Verschulden verursachten Schaden. [2]Das Gericht kann die Ersatzpflicht insoweit mäßigen oder ganz erlassen, als sie den Vertreter unter Berücksichtigung aller Umstände, insbesondere des Grades des Verschuldens oder seines besonderen Naheverhältnisses zur vertretenen Person, unbillig hart träfe.

(2) [1]Die zur zweckentsprechenden Ausübung der Vertretung notwendigen Barauslagen, die tatsächlichen Aufwendungen und die angemessenen Kosten einer zur Deckung der Haftung nach Abs. 1 abgeschlossenen Haftpflichtversicherung sind dem gewählten und gesetzlichen Erwachsenenvertreter von der vertretenen Person zu erstatten „, soweit sie nach gesetzlichen Vorschriften nicht unmittelbar von Dritten getragen werden; ist der einzelne Nachweis dem Erwachsenenvertreter nicht zumutbar, so ist ein angemessener Pauschalbetrag zu erstatten". [2]Für den gerichtlichen Erwachsenenvertreter gilt § 276 Abs. 4. *(BGBl I 2018/58, ab 1. 8. 2018)*

(BGBl I 2017/59, ab 1. 7. 2018, s § 1503 Abs 9 Z 4, 10 und 15)

IV. Personensorge

Vertretung in personenrechtlichen Angelegenheiten

§ 250. (1) Ein Vorsorgebevollmächtigter oder Erwachsenenvertreter darf in Angelegenheiten, die in der Persönlichkeit der vertretenen Person oder deren familiären Verhältnissen gründen, nur dann tätig werden, wenn

1. diese von seinem Wirkungsbereich umfasst sind,

2. die vertretene Person nicht entscheidungsfähig ist,

3. nach dem Gesetz eine Stellvertretung nicht jedenfalls ausgeschlossen ist und

4. eine Vertretungshandlung zur Wahrung des Wohles der vertretenen Person erforderlich ist.

(2) Gibt die vertretene Person zu erkennen, dass sie die geplante Vertretungshandlung ablehnt, so hat diese bei sonstiger Rechtsunwirksamkeit zu unterbleiben, es sei denn, das Wohl der vertretenen Person wäre sonst erheblich gefährdet.

(3) In wichtigen Angelegenheiten der Personensorge hat ein Erwachsenenvertreter die Genehmigung des Gerichts einzuholen, sofern nicht Gefahr im Verzug vorliegt.

(4) Das Recht der vertretenen Person auf persönliche Kontakte zu anderen Personen sowie ihr Schriftverkehr dürfen vom Vorsorgebevollmächtigten oder Erwachsenenvertreter nur eingeschränkt werden, wenn sonst ihr Wohl erheblich gefährdet wäre.

(BGBl I 2017/59, ab 1. 7. 2018, s § 1503 Abs 9 Z 4, 10 und 15)

Bemühung um Betreuung

§ 251. [1]Ein Erwachsenenvertreter ist nicht zur Betreuung der vertretenen Person verpflichtet. [2]Ist sie aber nicht umfassend betreut, so hat er sich, unabhängig von seinem Wirkungsbereich, darum zu bemühen, dass ihr die gebotene medizinische und soziale Betreuung gewährt wird.

(BGBl I 2017/59, ab 1. 7. 2018, s § 1503 Abs 9 Z 4, 10 und 15)

Medizinische Behandlung

a) entscheidungsfähiger Personen

§ 252. (1) [1]In eine medizinische Behandlung kann eine volljährige Person, soweit sie entscheidungsfähig ist, nur selbst einwilligen. [2]Eine medizinische Behandlung ist eine von einem Arzt oder auf seine Anordnung hin vorgenommene diagnostische, therapeutische, rehabilitative, krankheitsvorbeugende oder geburtshilfliche Maßnahme an der volljährigen Person. [3]Auf diagnostische, therapeutische, rehabilitative, krankheitsvorbeugende, pflegerische oder geburtshilfliche Maßnahmen von Angehörigen anderer gesetzlich geregelter Gesundheitsberufe sind die §§ 252 bis 254 sinngemäß anzuwenden.

(2) [1]Hält der Arzt eine volljährige Person für nicht entscheidungsfähig, so hat er sich nachweislich um die Beiziehung von Angehörigen, anderen nahe stehenden Personen, Vertrauenspersonen und im Umgang mit Menschen in solchen schwierigen Lebenslagen besonders geübten Fachleuten zu bemühen, die die volljährige Person dabei unterstützen können, ihre Entscheidungsfähigkeit zu erlangen. [2]Soweit sie aber zu erkennen gibt, dass sie mit der beabsichtigten Beiziehung anderer und der Weitergabe von medizinischen Informationen nicht einverstanden ist, hat der Arzt dies zu unterlassen.

(3) Kann durch Unterstützung im Sinn des Abs. 2 die Entscheidungsfähigkeit der volljährigen Person hergestellt werden, so ist ihre Einwilligung in die medizinische Behandlung ausreichend, andernfalls ist nach § 253 vorzugehen.

(4) Von einer Aufklärung der von der Behandlung betroffenen Person oder ihrer Unterstützung im Sinn des Abs. 2 ist abzusehen, wenn mit der damit einhergehenden Verzögerung eine Gefährdung des Lebens, die Gefahr einer schweren Schädigung der Gesundheit oder starke Schmerzen verbunden wären.

(BGBl I 2017/59, ab 1. 7. 2018, s § 1503 Abs 9 Z 8)

b) nicht entscheidungsfähiger Personen

§ 253. (1) [1]Eine medizinische Behandlung an einer volljährigen Person, die nicht entscheidungsfähig ist, bedarf der Zustimmung ihres Vorsorgebevollmächtigten oder Erwachsenenvertreters, dessen Wirkungsbereich diese Angelegenheit umfasst. [2]Er hat sich dabei vom Willen der vertretenen Person leiten zu lassen. [3]Im Zweifel ist davon auszugehen, dass diese eine medizinisch indizierte Behandlung wünscht.

(2) Der Grund und die Bedeutung der medizinischen Behandlung sind auch einer im Behandlungszeitpunkt nicht entscheidungsfähigen Person zu erläutern, soweit dies möglich und ihrem Wohl nicht abträglich ist.

(3) [1]Die Zustimmung des Vorsorgebevollmächtigten oder Erwachsenenvertreters ist nicht erforderlich, wenn mit der damit einhergehenden Verzögerung eine Gefährdung des Lebens, die Gefahr einer schweren Schädigung der Gesundheit oder starke Schmerzen verbunden wären. [2]Dauert die medizinische Behandlung voraussichtlich auch nach Abwendung dieser Gefahrenmomente noch an, so ist sie zu beginnen und unverzüglich die Zustimmung des Vertreters zur weiteren Behandlung einzuholen bzw. das Gericht zur Bestellung eines Vertreters oder zur Erweiterung seines Wirkungsbereichs anzurufen.

(4) Hat die im Behandlungszeitpunkt nicht entscheidungsfähige Person die medizinische Behandlung in einer verbindlichen Patientenverfügung abgelehnt und gibt es keine Hinweise auf die Unwirksamkeit der Patientenverfügung, so muss die Behandlung ohne Befassung eines Vertreters unterbleiben.

(BGBl I 2017/59, ab 1. 7. 2018, s § 1503 Abs 9 Z 8)

§ 254. (1) Gibt eine nicht entscheidungsfähige Person ihrem Vorsorgebevollmächtigten oder Erwachsenenvertreter oder dem Arzt gegenüber zu erkennen, dass sie die medizinische Behandlung oder deren Fortsetzung ablehnt, so bedarf die Zustimmung des Vorsorgebevollmächtigten oder Erwachsenenvertreters zur Behandlung der Genehmigung des Gerichts.

(2) [1]Wenn der Vorsorgebevollmächtigte oder Erwachsenenvertreter der Behandlung einer nicht entscheidungsfähigen Person oder ihrer Fortsetzung nicht zustimmt und dadurch dem Willen der vertretenen Person nicht entspricht, so kann das Gericht die Zustimmung des Vertreters ersetzen oder einen anderen Vertreter bestellen. [2]Im Zweifel ist davon auszugehen, dass die vertretene Person eine medizinisch indizierte Behandlung wünscht.

(3) [1]Die Genehmigung oder Ersetzung der Zustimmung durch das Gericht oder die Bestellung eines anderen Vertreters ist nicht erforderlich, wenn mit der mit solchen Gerichtsverfahren einhergehenden Verzögerung eine Gefährdung des Lebens, die Gefahr einer schweren Schädigung der Gesundheit oder starke Schmerzen verbunden wären. [2]Dauert die medizinische Behandlung voraussichtlich auch nach Abwendung dieser Gefahrenmomente noch an, so ist sie zu beginnen und unverzüglich das Gericht anzurufen.

(BGBl I 2017/59, ab 1. 7. 2018, s § 1503 Abs 9 Z 8)

Sterilisation

§ 255. (1) Ein Vorsorgebevollmächtigter oder Erwachsenenvertreter darf einer medizinischen Maßnahme, die eine dauernde Fortpflanzungsunfähigkeit der vertretenen nicht entscheidungsfähigen Person zum Ziel hat, nicht zustimmen, es sei denn, dass sonst wegen eines dauerhaften körperlichen Leidens eine Gefährdung des Lebens oder die Gefahr einer schweren Schädigung der Gesundheit oder starker Schmerzen besteht.

(2) Die Zustimmung des Vorsorgebevollmächtigten oder Erwachsenenvertreters bedarf der gerichtlichen Genehmigung.

(BGBl I 2017/59, ab 1. 7. 2018, s § 1503 Abs 9 Z 8)

Forschung

§ 256. (1) Ebenso darf ein Vorsorgebevollmächtigter oder Erwachsenenvertreter einer medizinischen Forschung, die mit einer Beeinträchtigung der körperlichen Unversehrtheit oder der Persönlichkeit der vertretenen nicht entscheidungsfähigen Person verbunden ist, nicht zustimmen, es sei denn, dass diese für deren Gesundheit oder Wohlbefinden von unmittelbarem Nutzen sein kann. Die Zustimmung bedarf der gerichtlichen Genehmigung, außer es liegt eine befürwortende Stellungnahme einer für die jeweilige Krankenanstalt eingerichteten Ethikkommission vor. *(BGBl I 2018/58, ab 1. 8. 2018)*

(2) [1]Gibt eine nicht entscheidungsfähige Person ihrem Vorsorgebevollmächtigten oder Erwachsenenvertreter oder dem Arzt gegenüber zu erkennen, dass sie die Forschung oder deren Fortsetzung ablehnt, so hat diese zu unterbleiben, es sei denn, das Wohl der vertretenen Person wäre sonst erheblich gefährdet. [2]Die Zustimmung des gesetzlichen Vertreters bedarf diesfalls auch bei Vorliegen einer befürwortenden Stellungnahme einer Ethikkommission der gerichtlichen Genehmigung.

(BGBl I 2017/59, ab 1. 7. 2018, s § 1503 Abs 9 Z 8)

Änderung des Wohnortes

§ 257. (1) Über eine Änderung des Wohnortes kann eine volljährige Person, soweit sie entscheidungsfähig ist, nur selbst entscheiden.

(2) Ist sie nicht entscheidungsfähig, so hat der Vorsorgebevollmächtigte oder Erwachsenenvertreter, dessen Wirkungsbereich diese Angelegenheit umfasst, die Entscheidung zu treffen, sofern

dies zur Wahrung des Wohles der vertretenen Person erforderlich ist.

(3) [1]Soll der Wohnort der vertretenen Person dauerhaft geändert werden, so bedarf es zuvor der gerichtlichen Genehmigung. [2]Bis zum Vorliegen der gerichtlichen Entscheidung kann der Wohnort der vertretenen Person geändert werden, sofern eine Rückkehr möglich ist.

(4) Abs. 3 gilt für den Vorsorgebevollmächtigten sinngemäß, sofern der Wohnort der vertretenen Person dauerhaft ins Ausland verlegt werden soll.

(BGBl I 2017/59, ab 1. 7. 2018, s § 1503 Abs 9 Z 8)

V. Vermögenssorge

§ 258. (1) Ist ein Erwachsenenvertreter mit der Verwaltung des Vermögens oder des Einkommens der vertretenen Person betraut, so hat er mit dem Einkommen und dem Vermögen ihre den persönlichen Lebensverhältnissen angemessenen Bedürfnisse zu befriedigen.

(2) [1]Bei der Erfüllung der Verpflichtung nach Abs. 1 hat der Erwachsenenvertreter auch dafür zu sorgen, dass der vertretenen Person die notwendigen finanziellen Mittel für Rechtsgeschäfte des täglichen Lebens zur Verfügung stehen, soweit ihr Wohl dadurch nicht gefährdet ist. [2]Dafür hat der Erwachsenenvertreter der vertretenen Person etwa das notwendige Bargeld zu überlassen oder den notwendigen Zugriff auf Zahlungskonten zu gewähren.

(3) Für die Anlegung von Bargeld und von Geld auf Zahlungskonten der vertretenen Person, die Veräußerung von beweglichem Vermögen und unbeweglichem Gut sowie die Entgegennahme von Zahlungen gelten die §§ 215 bis 224 sinngemäß.

(4) [1]Vertretungshandlungen eines Erwachsenenvertreters in Vermögensangelegenheiten bedürfen zu ihrer Rechtswirksamkeit der Genehmigung des Gerichtes, sofern die Vermögensangelegenheit nicht zum ordentlichen Wirtschaftsbetrieb gehört. [2]§ 167 Abs. 3 gilt sinngemäß.

(5) Ist ein Vorsorgebevollmächtigter mit der Verwaltung des Vermögens oder des Einkommens der vertretenen Person betraut, so gelten die §§ 215 bis 221, soweit dies in der Vorsorgevollmacht verfügt wurde.

(BGBl I 2017/59, ab 1. 7. 2018, s § 1503 Abs 9 Z 4, 10 und 15)

VI. Gerichtliche Kontrolle

§ 259. (1) [1]Ein Erwachsenenvertreter hat dem Gericht jährlich über die Gestaltung und Häufigkeit seiner persönlichen Kontakte mit der vertretenen Person, ihren Wohnort, ihr geistiges und körperliches Befinden und die für sie im vergangenen Jahr besorgten und im kommenden Jahr zu besorgenden Angelegenheiten zu berichten. [2]Näheres wird in den Verfahrensgesetzen bestimmt.

(2) [1]Ein Erwachsenenvertreter, der mit der Verwaltung des Vermögens oder des Einkommens der vertretenen Person betraut ist, hat dem Gericht bei Antritt der Vermögenssorge nach gründlicher Erforschung des Vermögensstandes das Vermögen im Einzelnen anzugeben und in weiterer Folge Rechnung zu legen. [2]Das Gericht hat seine Tätigkeit zur Vermeidung einer Gefährdung des Wohles der vertretenen Person zu überwachen und die dazu notwendigen Aufträge zu erteilen. [3]Näheres wird in den Verfahrensgesetzen bestimmt.

(3) Ein Vorsorgebevollmächtigter oder Erwachsenenvertreter ist verpflichtet, die Vollmachtsurkunde sowie die nach § 140h NO erforderlichen ärztlichen Zeugnisse bis zur Beendigung seiner Vertretung aufzubewahren und auf Verlangen des Gerichts diesem zu übermitteln.

(4) Ist das Wohl einer vertretenen Person gefährdet, so hat das Gericht jederzeit von Amts wegen die zur Sicherung des Wohles nötigen Verfügungen zu treffen.

(BGBl I 2017/59, ab 1. 7. 2018, s § 1503 Abs 9 Z 4, 10 und 15)

Zweiter Abschnitt
Vorsorgevollmacht

Vollmacht für den Vorsorgefall

§ 260. [1]Eine Vorsorgevollmacht ist eine Vollmacht, die nach ihrem Inhalt dann wirksam werden soll, wenn der Vollmachtgeber die zur Besorgung der anvertrauten Angelegenheiten erforderliche Entscheidungsfähigkeit verliert. [2]Der Vollmachtgeber kann auch die Umwandlung einer bestehenden Vollmacht in eine Vorsorgevollmacht bei Eintritt des Vorsorgefalls anordnen.

(BGBl I 2017/59, ab 1. 7. 2018, s § 1503 Abs 9 Z 4 und 15)

Wirkungsbereich

§ 261. Die Vorsorgevollmacht kann für einzelne Angelegenheiten oder für Arten von Angelegenheiten erteilt werden.

(BGBl I 2017/59, ab 1. 7. 2018, s § 1503 Abs 9 Z 4 und 15)

Form

§ 262. (1) Die Vorsorgevollmacht ist vor einem Notar, einem Rechtsanwalt oder einem Erwachsenenschutzverein (§ 1 ErwSchVG) höchstpersönlich und schriftlich zu errichten.

(2) [1]Der Vollmachtgeber ist über

1. die Rechtsfolgen einer Vorsorgevollmacht,

2. die Möglichkeit, allgemein oder in bestimmten Angelegenheiten die Weitergabe der Vorsorgevollmacht zu untersagen oder eine gemeinsame Vertretung durch zwei oder mehrere Bevollmächtigte vorzusehen, sowie

3. die Möglichkeit des jederzeitigen Widerrufs

persönlich zu belehren. [2]Der Notar, der Rechtsanwalt oder der Mitarbeiter des Erwachsenenschutzvereins hat die Vornahme dieser Belehrung in der Vollmachtsurkunde zu dokumentieren.

(BGBl I 2017/59, ab 1. 7. 2018, s § 1503 Abs 9 Z 4 und 15)

Registrierung

§ 263. (1) [1]Die Vorsorgevollmacht und der Eintritt des Vorsorgefalls sind von einem Notar, einem Rechtsanwalt oder einem Erwachsenenschutzverein (§ 1 ErwSchVG) im Österreichischen Zentralen Vertretungsverzeichnis einzutragen. [2]Der Eintritt des Vorsorgefalls darf nur insoweit eingetragen werden, als der Vollmachtgeber die zur Besorgung der anvertrauten Angelegenheiten erforderliche Entscheidungsfähigkeit verloren hat.

(2) Hegt der Notar, der Rechtsanwalt oder der Mitarbeiter des Erwachsenenschutzvereins begründete Zweifel am Vorliegen der Entscheidungsfähigkeit des Vollmachtgebers im Zeitpunkt der Errichtung der Vorsorgevollmacht, am Eintritt des Vorsorgefalls oder an der Eignung des Bevollmächtigten, so hat er die Errichtung der Vorsorgevollmacht bzw. die Eintragung des Vorsorgefalls abzulehnen und bei begründeten Anhaltspunkten für eine Gefährdung des Wohles der volljährigen Person unverzüglich das Pflegschaftsgericht zu verständigen.

(3) [1]Erlangt die volljährige Person ihre Entscheidungsfähigkeit wieder, so ist dies auf ihr Verlangen oder jenes ihres Vertreters im Österreichischen Zentralen Vertretungsverzeichnis als Wegfall des Vorsorgefalls einzutragen. [2]Die Abs. 1 und 2 gelten sinngemäß.

(BGBl I 2017/59, ab 1. 7. 2018, s § 1503 Abs 9 Z 4 und 15)

Dritter Abschnitt
Gewählter Erwachsenenvertreter

Voraussetzungen

§ 264. Soweit eine volljährige Person ihre Angelegenheiten aufgrund einer psychischen Krankheit oder einer vergleichbaren Beeinträchtigung ihrer Entscheidungsfähigkeit nicht für sich selbst besorgen kann, dafür keinen Vertreter hat und eine Vorsorgevollmacht nicht mehr errichten kann, aber noch fähig ist, die Bedeutung und Folgen einer Bevollmächtigung in Grundzügen zu verstehen, ihren Willen danach zu bestimmen und sich entsprechend zu verhalten, kann sie eine oder mehrere ihr nahe stehende Personen als Erwachsenenvertreter zur Besorgung dieser Angelegenheiten auswählen.

(BGBl I 2017/59, ab 1. 7. 2018, s § 1503 Abs 9 Z 4)

Wirkungsbereich

§ 265. (1) Die volljährige Person und ihr gewählter Erwachsenenvertreter haben eine Vereinbarung (§ 1002) zu schließen und dabei die Vertretungsbefugnisse des Erwachsenenvertreters festzulegen.

(2) [1]Die Vereinbarung über die gewählte Erwachsenenvertretung kann – ausgenommen die Vertretung vor Gericht – vorsehen, dass der Erwachsenenvertreter nur im Einvernehmen mit der vertretenen Person rechtswirksam Vertretungshandlungen vornehmen kann. [2]Ebenso kann die Vereinbarung – ausgenommen die Vertretung vor Gericht – vorsehen, dass die vertretene Person selbst nur mit Genehmigung des Erwachsenenvertreters rechtswirksam Erklärungen abgeben kann.

(3) Die Vertretungsbefugnisse können einzelne Angelegenheiten oder Arten von Angelegenheiten betreffen.

(4) [1]Die Übertragung der Angelegenheiten umfasst, soweit nichts anderes vereinbart ist, immer auch die Vertretung vor Gericht. [2]In allen Fällen kann die Vertretungsbefugnis aber auch auf die Ausübung von Einsichts- und Auskunftsrechten beschränkt werden.

(BGBl I 2017/59, ab 1. 7. 2018, s § 1503 Abs 9 Z 4)

Form

§ 266. (1) Die Vereinbarung einer gewählten Erwachsenenvertretung muss höchstpersönlich und schriftlich vor einem Notar, einem Rechtsanwalt oder einem Erwachsenenschutzverein (§ 1 ErwSchVG) errichtet werden.

(2) [1]Vor dem Abschluss der Vereinbarung sind die volljährige Person und der Erwachsenenvertreter über das Wesen und die Folgen der Erwachsenenvertretung, die Möglichkeit des jederzeitigen Widerrufs sowie die Rechte und Pflichten des gewählten Erwachsenenvertreters persönlich zu belehren. [2]Der Notar, der Rechtsanwalt oder der Mitarbeiter des Erwachsenenschutzvereins hat

die Vornahme dieser Belehrung in der Vereinbarung zu dokumentieren.

(BGBl I 2017/59, ab 1. 7. 2018, s § 1503 Abs 9 Z 4)

Registrierung

§ 267. (1) Die Vereinbarung über die gewählte Erwachsenenvertretung ist von einem Notar, einem Rechtsanwalt oder einem Erwachsenenschutzverein (§ 1 ErwSchVG) im Österreichischen Zentralen Vertretungsverzeichnis einzutragen.

(2) Hegt der Notar, der Rechtsanwalt oder der Mitarbeiter des Erwachsenenschutzvereins am Vorliegen der Voraussetzungen der gewählten Erwachsenenvertretung oder an der Eignung der Person, die als Erwachsenenvertreter eingetragen werden soll, begründete Zweifel, so hat er die Eintragung abzulehnen und bei begründeten Anhaltspunkten für eine Gefährdung des Wohles der volljährigen Person unverzüglich das Pflegschaftsgericht zu verständigen.

(BGBl I 2017/59, ab 1. 7. 2018, s § 1503 Abs 9 Z 4)

Vierter Abschnitt

Gesetzlicher Erwachsenenvertreter

Voraussetzungen

§ 268. (1) Eine volljährige Person kann in den in § 269 angeführten Angelegenheiten von einem oder mehreren nächsten Angehörigen vertreten werden, soweit sie

1. diese Angelegenheiten aufgrund einer psychischen Krankheit oder einer vergleichbaren Beeinträchtigung ihrer Entscheidungsfähigkeit nicht ohne Gefahr eines Nachteils für sich selbst besorgen kann,

2. dafür keinen Vertreter hat,

3. einen solchen nicht mehr wählen kann oder will und

4. der gesetzlichen Erwachsenenvertretung nicht vorab widersprochen hat und dies im Österreichischen Zentralen Vertretungsregister registriert wurde.

(2) Nächste Angehörige sind die Eltern und Großeltern, volljährige Kinder und Enkelkinder, Geschwister, Nichten und Neffen der volljährigen Person, ihr Ehegatte oder eingetragener Partner und ihr Lebensgefährte, wenn dieser mit ihr seit mindestens drei Jahren im gemeinsamen Haushalt lebt, sowie die von der volljährigen Person in einer Erwachsenenvertreter-Verfügung bezeichnete Person.

(BGBl I 2017/59, ab 1. 7. 2018, s § 1503 Abs 9 Z 4, 16 und 17)

Wirkungsbereich

§ 269. (1) Die Vertretungsbefugnisse können folgende Bereiche betreffen:

1. Vertretung in Verwaltungsverfahren und verwaltungsgerichtlichen Verfahren,

2. Vertretung in gerichtlichen Verfahren,

3. Verwaltung von Einkünften, Vermögen und Verbindlichkeiten,

4. Abschluss von Rechtsgeschäften zur Deckung des Pflege- und Betreuungsbedarfs,

5. Entscheidung über medizinische Behandlungen und Abschluss von damit im Zusammenhang stehenden Verträgen,

6. Änderung des Wohnortes und Abschluss von Heimverträgen,

7. Vertretung in nicht in Z 5 und 6 genannten personenrechtlichen Angelegenheiten sowie

8. Abschluss von nicht in Z 4 bis 6 genannten Rechtsgeschäften.

(2) Vom Wirkungsbereich der in Abs. 1 Z 3 bis 8 geregelten Angelegenheiten ist immer auch die Vertretung vor Gericht und die Befugnis mitumfasst, über laufende Einkünfte und das Vermögen der vertretenen Person insoweit zu verfügen, als diese zur Besorgung der Rechtsgeschäfte erforderlich ist.

(BGBl I 2017/59, ab 1. 7. 2018, s § 1503 Abs 9 Z 4)

Registrierung

§ 270. (1) Die gesetzliche Erwachsenenvertretung ist von einem Notar, einem Rechtsanwalt oder einem Erwachsenenschutzverein (§ 1 ErwSchVG) im Österreichischen Zentralen Vertretungsverzeichnis einzutragen.

(2) Hegt der Notar, der Rechtsanwalt oder der Mitarbeiter des Erwachsenenschutzvereins am Vorliegen der Voraussetzungen der gesetzlichen Erwachsenenvertretung oder an der Eignung der Person, die als Erwachsenenvertreter eingetragen werden soll, begründete Zweifel, so hat er die Eintragung abzulehnen und bei begründeten Anhaltspunkten für eine Gefährdung des Wohles der volljährigen Person unverzüglich das Pflegschaftsgericht zu verständigen.

(3) [1]Vor der Eintragung der gesetzlichen Erwachsenenvertretung sind der Erwachsenenvertreter und die volljährige Person über das Wesen und die Folgen der Erwachsenenvertretung, über die Möglichkeit des jederzeitigen Widerspruchs sowie über die Rechte und Pflichten des gesetzlichen Erwachsenenvertreters persönlich zu belehren. [2]Der Notar, der Rechtsanwalt oder der Mitar-

beiter des Erwachsenenschutzvereins hat die Vornahme dieser Belehrung zu dokumentieren.

(BGBl I 2017/59, ab 1. 7. 2018, s § 1503 Abs 9 Z 4)

Fünfter Abschnitt

Gerichtlicher Erwachsenenvertreter

Voraussetzungen

§ 271. Einer volljährigen Person ist vom Gericht auf ihren Antrag oder von Amts wegen insoweit ein gerichtlicher Erwachsenenvertreter zu bestellen, als

1. sie bestimmte Angelegenheiten aufgrund einer psychischen Krankheit oder einer vergleichbaren Beeinträchtigung ihrer Entscheidungsfähigkeit nicht ohne Gefahr eines Nachteils für sich selbst besorgen kann,

2. sie dafür keinen Vertreter hat,

3. sie einen solchen nicht wählen kann oder will und

4. eine gesetzliche Erwachsenenvertretung nicht in Betracht kommt.

(BGBl I 2017/59, ab 1. 7. 2018, s § 1503 Abs 9 Z 4, 10 und 14)

Wirkungsbereich

§ 272. (1) Ein gerichtlicher Erwachsenenvertreter darf nur für einzelne oder Arten von gegenwärtig zu besorgenden und bestimmt zu bezeichnenden Angelegenheiten bestellt werden.

(2) [1]Nach Erledigung der übertragenen Angelegenheit ist die gerichtliche Erwachsenenvertretung einzuschränken oder zu beenden. [2]Darauf hat der Erwachsenenvertreter unverzüglich bei Gericht hinzuwirken.

(BGBl I 2017/59, ab 1. 7. 2018, s § 1503 Abs 9 Z 4 und 10)

Auswahl und Bestellung

§ 273. (1) Bei der Auswahl des gerichtlichen Erwachsenenvertreters ist auf die Bedürfnisse der volljährigen Person und deren Wünsche, die Eignung des Erwachsenenvertreters und auf die zu besorgenden Angelegenheiten Bedacht zu nehmen.

(2) [1]Eine Person, die das Gericht zum gerichtlichen Erwachsenenvertreter bestellen will, hat alle Umstände, die sie dafür ungeeignet erscheinen lassen, dem Gericht unverzüglich mitzuteilen. [2]Treten solche Umstände nach der Bestellung ein, so hat sie diese ebenso unverzüglich offen zu legen. [3]Unterlässt sie diese Mitteilung schuldhaft, so haftet sie für alle der volljährigen Person daraus entstehenden Nachteile.

(BGBl I 2017/59, ab 1. 7. 2018, s § 1503 Abs 9 Z 4 und 10)

§ 274. (1) Zum Erwachsenenvertreter ist vorrangig mit deren Zustimmung die Person zu bestellen, die aus einer Vorsorgevollmacht, einer Vereinbarung einer gewählten Erwachsenenvertretung oder einer Erwachsenenvertreter-Verfügung hervorgeht.

(2) Ist eine solche Person nicht verfügbar oder geeignet, so ist mit deren Zustimmung eine der volljährigen Person nahestehende und für die Aufgabe geeignete Person zu bestellen.

(3) Kommt eine solche Person nicht in Betracht, so ist mit dessen Zustimmung ein Erwachsenenschutzverein (§ 1 ErwSchVG) zu bestellen.

(4) Ist auch die Bestellung eines Erwachsenenschutzvereins nicht möglich, so ist – nach Maßgabe des § 275 – ein Notar (Notariatskandidat) oder Rechtsanwalt (Rechtsanwaltsanwärter) oder mit deren Zustimmung eine andere geeignete Person zu bestellen.

(5) Ein Notar (Notariatskandidat) oder Rechtsanwalt (Rechtsanwaltsanwärter) ist vor allem dann zu bestellen, wenn die Besorgung der Angelegenheiten vorwiegend Rechtskenntnisse erfordert, ein Erwachsenenschutzverein (§ 1 ErwSchVG) vor allem dann, wenn sonst besondere Anforderungen mit der Erwachsenenvertretung verbunden sind.

(BGBl I 2017/59, ab 1. 7. 2018, s § 1503 Abs 9 Z 4 und 11)

§ 275. [1]Ein Notar (Notariatskandidat) oder Rechtsanwalt (Rechtsanwaltsanwärter), der nicht aufrecht in der Liste von zur Übernahme von Vorsorgevollmachten und gerichtlichen Erwachsenenvertretungen besonders geeigneten Rechtsanwälten oder Notaren eingetragen ist, kann die Übernahme einer gerichtlichen Erwachsenenvertretung nur ablehnen, wenn

1. die Besorgung der Angelegenheiten nicht vorwiegend Rechtskenntnisse erfordert,

2. er nachweist, dass ein Notar (Notariatskandidat) oder Rechtsanwalt (Rechtsanwaltsanwärter), der in der Liste von zur Übernahme von Vorsorgevollmachten und gerichtlichen Erwachsenenvertretungen besonders geeigneten Rechtsanwälten oder Notaren aufrecht eingetragen ist, mit der Übernahme der Erwachsenenvertretung einverstanden wäre oder

3. ihm diese unter Berücksichtigung seiner persönlichen, familiären, beruflichen und sonstigen Verhältnisse nicht zugemutet werden kann.

[2]Dies wird bei mehr als fünf gerichtlichen Erwachsenenvertretungen vermutet.

(BGBl I 2017/59, ab 1. 7. 2018, s § 1503 Abs 9 Z 4 und 11)

Entschädigung, Entgelt und Aufwandersatz

§ 276. (1) [1]Dem gerichtlichen Erwachsenenvertreter gebührt eine jährliche Entschädigung zuzüglich der allenfalls zu entrichtenden Umsatzsteuer. [2]Die Entschädigung beträgt fünf Prozent sämtlicher Einkünfte der vertretenen Person nach Abzug der davon zu entrichtenden Steuern und Abgaben, wobei Bezüge, die kraft besonderer gesetzlicher Anordnung zur Deckung bestimmter Aufwendungen dienen, nicht als Einkünfte zu berücksichtigen sind. [3]Übersteigt der Wert des Vermögens der vertretenen Person 15 000 Euro, so sind darüber hinaus pro Jahr zwei Prozent des Mehrbetrags an Entschädigung zu gewähren. [4]Ist der gerichtliche Erwachsenenvertreter kürzer als ein volles Jahr tätig, so vermindert sich der Anspruch auf Entschädigung entsprechend.

(2) [1]Das Gericht hat die so berechnete Entschädigung zu mindern, wenn es dies aus besonderen Gründen, insbesondere wenn die Tätigkeit nach Art oder Umfang mit einem bloß geringen Aufwand an Zeit und Mühe verbunden ist oder die vertretene Person ein besonders hohes Vermögen hat, für angemessen hält. [2]Bei besonders umfangreichen und erfolgreichen Bemühungen des gerichtlichen Erwachsenenvertreters, insbesondere im ersten Jahr seiner Tätigkeit oder im Bereich der Personensorge, kann das Gericht die Entschädigung auch mit bis zu zehn Prozent der Einkünfte und bis zu fünf Prozent des Mehrbetrags vom Vermögen bemessen. [3]Dies gilt auch, wenn der gerichtliche Erwachsenenvertreter ausschließlich aufgrund der Art der ihm übertragenen Angelegenheit für eine besonders kurze Zeit tätig war und deshalb die nach Abs. 1 berechnete Entschädigung unangemessen niedrig ist. [4]Bei der Ermittlung des Wertes des Vermögens nach Abs. 1 sind Verbindlichkeiten ausnahmsweise außer Acht zu lassen, wenn die Tätigkeit des gerichtlichen Erwachsenenvertreters wegen der bestehenden Verbindlichkeiten mit einem besonderen Aufwand verbunden war.

(3) [1]Nützt der gerichtliche Erwachsenenvertreter für Angelegenheiten, deren Besorgung sonst einem Dritten entgeltlich übertragen werden müsste, seine besonderen beruflichen Kenntnisse und Fähigkeiten, so hat er hiefür einen Anspruch auf angemessenes Entgelt. [2]Dieser Anspruch besteht für die Kosten einer rechtsfreundlichen Vertretung jedoch nicht, soweit bei der vertretenen Person die Voraussetzungen für die Bewilligung der Verfahrenshilfe gegeben sind oder diese Kosten nach gesetzlichen Vorschriften vom Gegner ersetzt werden.

(4) [1]Die zur zweckentsprechenden Ausübung der gerichtlichen Erwachsenenvertretung notwendigen Barauslagen, die tatsächlichen Aufwendungen und die angemessenen Kosten einer zur Deckung der Haftung nach § 249 Abs. 1 abgeschlossenen Haftpflichtversicherung sind dem gerichtlichen Erwachsenenvertreter zu erstatten, soweit sie nach gesetzlichen Vorschriften nicht unmittelbar von Dritten getragen werden. [2]Ist der einzelne Nachweis dem gerichtlichen Erwachsenenvertreter nicht zumutbar, so ist ein angemessener Pauschalbetrag zu erstatten.

(BGBl I 2017/59, ab 1. 7. 2018, s § 1503 Abs 9 Z 4 und 13)

Siebentes Hauptstück

Von der Kuratel

Voraussetzungen

§ 277. (1) Kann eine Person ihre Angelegenheiten selbst nicht besorgen, weil sie

1. noch nicht gezeugt,
2. ungeboren,
3. abwesend oder
4. unbekannt ist,

können diese Angelegenheiten nicht durch einen anderen Vertreter wahrgenommen werden und sind hierdurch die Interessen dieser Person gefährdet, so ist für sie ein Kurator zu bestellen.

(2) [1]Ein Kurator ist auch dann zu bestellen, wenn die Interessen einer minderjährigen oder sonst im Sinn des § 21 Abs. 1 schutzberechtigten Person dadurch gefährdet sind, dass in einer bestimmten Angelegenheit ihre Interessen jenen ihres gesetzlichen Vertreters oder jenen einer ebenfalls von diesem vertretenen anderen minderjährigen oder sonst schutzberechtigten Person widerstreiten (Kollision). [2]Im zweiten Fall darf der gesetzliche Vertreter keine der genannten Personen vertreten und hat das Gericht für jede von ihnen einen Kurator zu bestellen.

(3) Im berechtigten Interesse einer dritten Person ist ein Kurator zu bestellen, wenn der Dritte ansonsten an der Durchsetzung seiner Rechte aus seinem Rechtsverhältnis mit einer abwesenden oder unbekannten Person dieser gegenüber gehindert wäre.

(BGBl I 2017/59, ab 1. 7. 2018, s § 1503 Abs 9 Z 18)

Wirkungsbereich

§ 278. Das Gericht hat den Kurator mit bestimmt zu bezeichnenden Angelegenheiten zu betrauen.

(BGBl I 2017/59, ab 1. 7. 2018, s § 1503 Abs 9 Z 18)

Auswahl und Bestellung

§ 279. (1) Bei der Auswahl des Kurators ist auf die Interessen der vertretenen Person, die Eignung des Kurators und die zu besorgenden Angelegenheiten Bedacht zu nehmen.

(2) Ein Notar (Notariatskandidat) oder Rechtsanwalt (Rechtsanwaltsanwärter) ist vor allem dann zu bestellen, wenn die Besorgung der Angelegenheiten vorwiegend Rechtskenntnisse erfordert.

(3) Mit der Kuratel dürfen solche Personen nicht betraut werden, die

1. schutzberechtigt im Sinn des § 21 Abs. 1 sind oder

2. eine förderliche Ausübung der Kuratel nicht erwarten lassen, etwa wegen einer strafgerichtlichen Verurteilung.

(4) [1]Zum Kurator kann auch eine juristische Person oder eine eingetragene Personengesellschaft bestellt werden. [2]Sie hat dem Gericht bekanntzugeben, wer sie bei Ausübung der Kuratel vertritt.

(BGBl I 2017/59, ab 1. 7. 2018, s § 1503 Abs 9 Z 18)

§ 280. (1) [1]Eine Person, die das Gericht zum Kurator bestellen will, hat alle Umstände, die sie dafür ungeeignet erscheinen lassen, dem Gericht unverzüglich mitzuteilen. [2]Treten solche Umstände nach der Bestellung ein, so hat sie diese ebenso unverzüglich offen zu legen. [3]Unterlässt sie diese Mitteilung schuldhaft, so haftet sie für alle der vertretenen Person daraus entstehenden Nachteile.

(2) Eine Person darf nur so viele Kuratelen übernehmen, wie sie unter Bedachtnahme auf die damit verbundenen Pflichten ordnungsgemäß besorgen kann.

(3) [1]Die vom Gericht in Aussicht genommene Person kann die Übernahme der Kuratel ablehnen, soweit sie nicht durch besondere gesetzliche Bestimmungen zur Übernahme verpflichtet ist. [2]Ein Notar oder Rechtsanwalt kann die Übernahme nur ablehnen, wenn ihm diese unter Berücksichtigung seiner persönlichen, familiären, beruflichen und sonstigen Verhältnisse nicht zugemutet werden kann. [3]Dies wird bei mehr als fünf Kuratelen vermutet.

(BGBl I 2017/59, ab 1. 7. 2018, s § 1503 Abs 9 Z 18)

Besondere Rechte und Pflichten des Kurators

§ 281. (1) [1]Der Kurator hat das Recht und die Pflicht, alle Tätigkeiten vorzunehmen, die zur Besorgung der übertragenen Angelegenheiten erforderlich sind. [2]Der Kurator hat dabei die Interessen der vertretenen Person bestmöglich zu wahren.

(2) Der Kurator kann sich bei der Besorgung der übertragenen Angelegenheiten vertreten lassen.

(3) In Vermögensangelegenheiten gelten § 258 Abs. 3 und 4 sowie § 259 Abs. 2 und 4 sinngemäß.

(BGBl I 2017/59, ab 1. 7. 2018, s § 1503 Abs 9 Z 18 und 19)

Verschwiegenheitspflicht und Haftung

§ 282. (1) [1]Der Kurator ist, außer gegenüber dem Gericht, zur Verschwiegenheit über alle ihm in Ausübung seiner Funktion anvertrauten oder bekannt gewordenen Tatsachen verpflichtet. [2]§ 248 Abs. 2 und 3 gelten sinngemäß.

(2) [1]Der Kurator haftet der vertretenen Person für jeden durch sein Verschulden verursachten Schaden. [2]Das Gericht kann die Ersatzpflicht insoweit mäßigen oder ganz erlassen, als sie den Kurator unter Berücksichtigung aller Umstände, insbesondere des Grades des Verschuldens oder seines besonderen Naheverhältnisses zur vertretenen Person, unbillig hart träfe.

(BGBl I 2017/59, ab 1. 7. 2018, s § 1503 Abs 9 Z 18 und 19)

Entschädigung, Entgelt und Aufwandersatz

§ 283. (1) [1]Dem Kurator gebührt eine angemessene jährliche Entschädigung zuzüglich der allenfalls zu entrichtenden Umsatzsteuer. [2]Die Entschädigung beträgt fünf Prozent des von der Kuratel erfassten Vermögens. „[3]Bei der Ermittlung des Wertes des Vermögens sind Verbindlichkeiten nicht zu berücksichtigen.“ [4]Ist der Kurator kürzer als ein volles Jahr tätig, so vermindert sich der Anspruch auf Entschädigung entsprechend. *(BGBl I 2018/58, ab 15. 8. 2018)*

(2) [1]Das Gericht hat die so berechnete Entschädigung zu mindern, wenn es dies aus besonderen Gründen, insbesondere wenn die Tätigkeit nach Art oder Umfang mit einem bloß geringen Aufwand an Zeit und Mühe verbunden ist oder die vertretene Person ein besonders hohes Vermögen hat, für angemessen hält. [2]Das Gericht kann die Entschädigung auch mit bis zu zehn Prozent des von der Kuratel erfassten Vermögens bemessen, wenn sich der Kurator um die Erhaltung oder Vermehrung des Vermögens besonders verdient gemacht oder er ausschließlich aufgrund der Art der ihm übertragenen Angelegenheit nur für eine besonders kurze Zeit tätig war und deshalb die nach Abs. 1 berechnete Entschädigung unangemessen niedrig ist. „ “ *(BGBl I 2018/58, ab 15. 8. 2018)*

(3) [1]Nützt der Kurator für Angelegenheiten, deren Besorgung sonst einem Dritten entgeltlich übertragen werden müsste, seine besonderen beruflichen Kenntnisse und Fähigkeiten, so hat er

hiefür einen Anspruch auf angemessenes Entgelt. [2]Dieser Anspruch besteht für die Kosten einer rechtsfreundlichen Vertretung jedoch nicht, soweit bei der Person, für die der Kurator bestellt wurde, die Voraussetzungen für die Bewilligung der Verfahrenshilfe gegeben sind oder diese Kosten nach gesetzlichen Vorschriften vom Gegner ersetzt werden.

(4) [1]Die zur zweckentsprechenden Ausübung der Kuratel notwendigen Barauslagen, die tatsächlichen Aufwendungen und die angemessenen Kosten einer zur Deckung der Haftung nach § 282 Abs. 2 abgeschlossenen Haftpflichtversicherung sind dem Kurator zu erstatten, soweit sie nach gesetzlichen Vorschriften nicht unmittelbar von Dritten getragen werden. [2]Ist dem Kurator der einzelne Nachweis nicht zumutbar, so ist ein angemessener Pauschalbetrag zu erstatten.

(BGBl I 2017/59, ab 1. 7. 2018, s § 1503 Abs 9 Z 18 und 19)

Änderung und Beendigung der Kuratel

§ 284. (1) [1]Das Gericht hat die Kuratel auf Antrag des Kurators oder von Amts wegen einer anderen Person zu übertragen, wenn der Kurator stirbt, nicht die erforderliche Eignung aufweist oder durch die Kuratel unzumutbar belastet wird oder es sonst das Interesse der vertretenen Person aus anderen Gründen erfordert. [2]§ 178 Abs. 3 ist sinngemäß anzuwenden.

(2) [1]Das Gericht hat den Kurator auf Antrag oder von Amts wegen zu entheben, wenn die Voraussetzungen für seine Bestellung wegfallen; fallen diese Voraussetzungen nur für einen Teil der übertragenen Angelegenheiten weg, so ist der Wirkungskreis einzuschränken. [2]Der Wirkungskreis ist erforderlichenfalls zu erweitern. [3]Mit dem Tod der vertretenen Person erlischt die Kuratel. [4]§ 183 Abs. 2 ist sinngemäß anzuwenden.

(3) Das Gericht hat in angemessenen Zeitabständen zu prüfen, ob die Kuratel zu ändern oder zu beenden ist.

(BGBl I 2017/59, ab 1. 7. 2018, s § 1503 Abs 9 Z 18 und 19)

§§ 284a bis 284h. *(aufgehoben, BGBl I 2017/59, ab 1. 7. 2018, s § 1503 Abs 9 Z 17)*

Zweiter Teil

Von dem Sachenrechte

Von Sachen und ihrer rechtlichen Einteilung

Begriff von Sachen im rechtlichen Sinne

§ 285. Alles, was von der Person unterschieden ist, und zum Gebrauche der Menschen dient, wird im rechtlichen Sinne eine Sache genannt.

§ 285a. [1]Tiere sind keine Sachen; sie werden durch besondere Gesetze geschützt. [2]Die für Sachen geltenden Vorschriften sind auf Tiere nur insoweit anzuwenden, als keine abweichenden Regelungen bestehen.

(BGBl 1988/179)

Einteilung der Sachen nach Verschiedenheit des Subjektes, dem sie gehören

§ 286. [1]Die Sachen in dem Staatsgebiete sind entweder ein Staats- oder ein Privatgut. [2]Das letztere gehört einzelnen oder moralischen Personen, kleinern Gesellschaften, oder ganzen Gemeinden.

Freistehende Sachen; öffentliches Gut und Staatsvermögen

§ 287. [1]Sachen, welche allen Mitgliedern des Staates zur Zueignung überlassen sind, heißen freistehende Sachen. [2]Jene, die ihnen nur zum Gebrauche verstattet werden, als: Landstraßen, Ströme, Flüsse, Seehäfen und Meeresufer, heißen ein allgemeines oder öffentliches Gut. [3]Was zur Bedeckung der Staatsbedürfnisse bestimmt ist, als: das Münz- oder Post- und andere Regalien, Kammergüter, Berg- und Salzwerke, Steuern und Zölle, wird das Staatsvermögen genannt.

Gemeindegut; Gemeindevermögen;

§ 288. Auf gleiche Weise machen die Sachen, welche nach der Landesverfassung zum Gebrauche eines jeden Mitgliedes einer Gemeinde dienen, das Gemeindegut; diejenigen aber, deren Einkünfte zur Bestreitung der Gemeindeauslagen bestimmt sind, das Gemeindevermögen aus.

[Privatgut des Landesfürsten]

§ 289. [Auch dasjenige Vermögen des Landesfürsten, welches er nicht als Oberhaupt des Staates besitzt, wird als ein Privatgut betrachtet.]

[] *Gegenstandslos*

Allgemeine Vorschrift in Rücksicht dieser verschiedenen Arten der Güter

§ 290. [1]Die in diesem Privatrechte enthaltenen Vorschriften über die Art, wie Sachen rechtmäßig erworben, erhalten und auf andere übertragen werden können, sind in der Regel auch von den Verwaltern der Staats- und Gemeindegüter, oder des Staats- und Gemeindevermögens zu beobachten. [2]Die in Hinsicht auf die Verwaltung und den Gebrauch dieser Güter sich beziehenden Abweichungen und besondern Vorschriften sind in dem Staatsrechte und in den politischen Verordnungen enthalten.

Einteilung der Sachen nach dem Unterschiede ihrer Beschaffenheit

§ 291. Die Sachen werden nach dem Unterschiede ihrer Beschaffenheit eingeteilt: in körperliche und unkörperliche; in bewegliche und unbewegliche; in verbrauchbare und unverbrauchbare; in schätzbare und unschätzbare.

Körperliche und unkörperliche Sachen;

§ 292. Körperliche Sachen sind diejenigen, welche in die Sinne fallen; sonst heißen sie unkörperliche; z.B. das Recht zu jagen, zu fischen und alle andere Rechte.

bewegliche und unbewegliche

§ 293. [1]Sachen, welche ohne Verletzung ihrer Substanz von einer Stelle zur andern versetzt werden können, sind beweglich; im entgegengesetzten Falle sind sie unbeweglich. [2]Sachen, die an sich beweglich sind, werden im rechtlichen Sinne für unbeweglich gehalten, wenn sie vermöge des Gesetzes oder der Bestimmung des Eigentümers das Zugehör einer unbeweglichen Sache ausmachen.

Zugehör überhaupt;

§ 294. [1]Unter Zugehör versteht man dasjenige, was mit einer Sache in fortdauernde Verbindung gesetzt wird. [2]Dahin gehören nicht nur der Zuwachs einer Sache solange er von derselben nicht abgesondert ist; sondern auch die Nebensachen, ohne welche die Hauptsache nicht gebraucht werden kann, oder die das Gesetz, oder der Eigentümer zum fortdauernden Gebrauche der Hauptsache bestimmt hat.

insbesondere bei Grundstücken und Teichen;

§ 295. [1]Gras, Bäume, Früchte und alle brauchbare Dinge, welche die Erde auf ihrer Oberfläche hervorbringt, bleiben so lange ein unbewegliches Vermögen, als sie nicht von Grund und Boden abgesondert worden sind. [2]Selbst die Fische in einem Teiche, und das Wild in einem Walde werden erst dann ein bewegliches Gut, wenn der Teich gefischt, und das Wild gefangen oder erlegt worden ist.

§ 296. Auch das Getreide, das Holz, das Viehfutter und alle übrige, obgleich schon eingebrachte Erzeugnisse, sowie alles Vieh und alle zu einem liegenden Gute gehörige Werkzeuge und Gerätschaften werden insofern für unbewegliche Sachen gehalten, als sie zur Fortsetzung des ordentlichen Wirtschaftsbetriebes erforderlich sind.

und bei Gebäuden;

§ 297. Ebenso gehören zu den unbeweglichen Sachen diejenigen, welche auf Grund und Boden in der Absicht aufgeführt werden, daß sie stets darauf bleiben sollen, als: Häuser und andere Gebäude mit dem in senkrechter Linie darüber befindlichen Luftraume; ferner: nicht nur alles, was erd-, mauer-, niet- und nagelfest ist, als: Braupfannen, Branntweinkessel und eingezimmerte Schränke, sondern auch diejenigen Dinge, die zum anhaltenden Gebrauche eines Ganzen bestimmt sind: z.B. Brunneneimer, Seile, Ketten, Löschgeräte und dergleichen.

Maschinen

§ 297a. [1]Werden mit einer unbeweglichen Sache Maschinen in Verbindung gebracht, so gelten sie nicht als Zugehör, wenn mit Zustimmung des Eigentümers der Liegenschaft im öffentlichen Buch angemerkt wird, daß die Maschinen Eigentum eines anderen sind. [2]Werden sie als Ersatz an Stelle solcher Maschinen angebracht, die als Zugehör anzusehen waren, so ist zu dieser Anmerkung auch die Zustimmung der früher eingetragenen bücherlich Berechtigten erforderlich. [3]Die Anmerkung verliert mit Ablauf von fünf Jahren nach der Eintragung ihre Wirkung; durch das „Insolvenz- oder Zwangsversteigerungsverfahren" wird der Ablauf der Frist gehemmt. *(BGBl I 2010/58, ab 1. 8. 2010)*

(RGBl 1916/69)

Rechte sind insgemein als bewegliche Sachen anzusehen;

§ 298. Rechte werden den beweglichen Sachen beigezählt, wenn sie nicht mit dem Besitze einer unbeweglichen Sache verbunden, oder durch [die Landesverfassung][1)] für eine unbewegliche Sache erklärt sind.

1) Jetzt: Gesetz

auch die vorgemerkten Forderungen

§ 299. Schuldforderungen werden durch die Sicherstellung auf ein unbewegliches Gut nicht in ein unbewegliches Vermögen verwandelt.

Kellereigentum

§ 300. An Räumen und Bauwerken, die sich unter der Erdoberfläche der Liegenschaft eines anderen befinden und nicht der Fundierung von über der Erdoberfläche errichteten Bauwerken dienen, wie Kellern, Tiefgaragen und industriellen oder wirtschaftlichen Zwecken gewidmeten Stollen, kann mit Einwilligung des Liegenschaftseigentümers gesondert Eigentum begründet werden.

(BGBl I 2008/100, ab 1. 1. 2009)

Verbrauchbare und unverbrauchbare Sachen

§ 301. Sachen, welche ohne ihre Zerstörung oder Verzehrung den gewöhnlichen Nutzen nicht gewähren, heißen verbrauchbare; die von entgegengesetzter Beschaffenheit aber, unverbrauchbare Sachen.

Gesamtsache (universitas rerum)

§ 302. Ein Inbegriff von mehreren besondern Sachen, die als eine Sache angesehen, und mit einem gemeinschaftlichen Namen bezeichnet zu werden pflegen, macht eine Gesamtsache aus, und wird als ein Ganzes betrachtet.

Schätzbare und unschätzbare;

§ 303. [1]Schätzbare Sachen sind diejenigen, deren Wert durch Vergleichung mit andern zum Verkehre bestimmt werden kann; darunter gehören auch Dienstleistungen, Hand- und Kopfarbeiten. [2]Sachen hingegen, deren Wert durch keine Vergleichung mit andern im Verkehre befindlichen Sachen bestimmt werden kann, heißen unschätzbare.

Maßstab der gerichtlichen Schätzung

§ 304. [1]Der bestimmte Wert einer Sache heißt ihr Preis. [2]Wenn eine Sache vom Gerichte zu schätzen ist, so muß die Schätzung nach einer bestimmten Summe Geldes geschehen.

Ordentlicher und außerordentlicher Preis

§ 305. Wird eine Sache nach dem Nutzen geschätzt, den sie mit Rücksicht auf Zeit und Ort gewöhnlich und allgemein leistet, so fällt der ordentliche und gemeine Preis aus; nimmt man aber auf die besondern Verhältnisse und auf die in zufälligen Eigenschaften der Sache gegründete besondere Vorliebe desjenigen, dem der Wert ersetzt werden muß, Rücksicht, so entsteht ein außerordentlicher Preis.

Welcher bei gerichtlichen Schätzungen zur Richtschnur zu nehmen

§ 306. In allen Fällen, wo nichts anderes entweder bedungen, oder von dem Gesetze verordnet wird, muß bei der Schätzung einer Sache der gemeine Preis zur Richtschnur genommen werden.

Begriffe vom dinglichen und persönlichen Sachenrechte

§ 307. [1]Rechte, welche einer Person über eine Sache ohne Rücksicht auf gewisse Personen zustehen, werden dingliche Rechte genannt. [2]Rechte, welche zu einer Sache nur gegen gewisse Personen unmittelbar aus einem Gesetze, oder aus einer verbindlichen Handlung entstehen, heißen persönliche Sachenrechte.

§ 308. Dingliche Sachenrechte sind das Recht des Besitzes, des Eigentums, des Pfandes und der Dienstbarkeit.

(BGBl I 2015/87, ab 1. 1. 2017, s § 1503 Abs 7 Z 2)

Erste Abteilung des Sachenrechtes

Von den dinglichen Rechten

Erstes Hauptstück

Von dem Besitze

Inhaber. Besitzer

§ 309. [1]Wer eine Sache in seiner Macht oder Gewahrsame hat, heißt ihr Inhaber. [2]Hat der Inhaber einer Sache den Willen, sie als die seinige zu behalten, so ist er ihr Besitzer.

Erwerbung des Besitzes. Fähigkeit der Person zur Besitzerwerbung

§ 310. [1]„Kinder unter sieben Jahren sowie nicht entscheidungsfähige Personen können – außer in den Fällen des § 170 Abs. 3, § 242 Abs. 3 und § 865 Abs. 2 – Besitz nur durch ihren gesetzlichen Vertreter erwerben.“[2]Im übrigen ist die Fähigkeit zum selbständigen Besitzerwerb gegeben. *(BGBl I 2017/59, ab 1. 7. 2018, s § 1503 Abs 9 Z 4)*

(BGBl 1973/108)

Gegenstände des Besitzes

§ 311. Alle körperliche und unkörperliche Sachen, welche ein Gegenstand des rechtlichen

Verkehres sind, können in Besitz genommen werden.

Arten der Besitzerwerbung;

§ 312. [1]Körperliche, bewegliche Sachen werden durch physische Ergreifung, Wegführung oder Verwahrung; unbewegliche aber durch Betretung, Verrainung, Einzäunung, Bezeichnung oder Bearbeitung in Besitz genommen. [2]In den Besitz unkörperlicher Sachen oder Rechte kommt man durch den Gebrauch derselben im eigenen Namen.

insbesondere von einem bejahenden, verneinenden, oder einem Verbotsrechte

§ 313. Der Gebrauch eines Rechtes wird gemacht, wenn jemand von einem andern etwas als eine Schuldigkeit fordert, und dieser es ihm leistet; ferner, wenn jemand die einem andern gehörige Sache mit dessen Gestattung zu seinem Nutzen anwendet; endlich, wenn auf fremdes Verbot ein anderer das, was er sonst zu tun befugt wäre, unterläßt.

Unmittelbare und mittelbare Erwerbungsart des Besitzes

§ 314. Den Besitz sowohl von Rechten, als von körperlichen Sachen erlangt man entweder unmittelbar, wenn man freistehender Rechte und Sachen; oder mittelbar, wenn man eines Rechtes, oder einer Sache, die einem andern gehört, habhaft wird.

Umfang der Erwerbung

§ 315. Durch die unmittelbare und durch die mittelbare eigenmächtige Besitzergreifung erhält man nur so viel in Besitz, als wirklich ergriffen, betreten, gebraucht, bezeichnet, oder in Verwahrung gebracht worden ist; bei der mittelbaren, wenn uns der Inhaber in seinem oder eines andern Namen ein Recht oder eine Sache überläßt, erhält man alles, was der vorige Inhaber gehabt und durch deutliche Zeichen übergeben hat, ohne daß es nötig ist, jeden Teil des Ganzen besonders zu übernehmen.

Rechtmäßiger; unrechtmäßiger Besitz

§ 316. [1]Der Besitz einer Sache heißt rechtmäßig, wenn er auf einem gültigen Titel, das ist, auf einem zur Erwerbung tauglichen Rechtsgrunde beruht. [2]Im entgegengesetzten Falle heißt er unrechtmäßig.

Haupttitel des rechtmäßigen Besitzes

§ 317. Der Titel liegt bei freistehenden Sachen in der angebornen Freiheit zu Handlungen, wodurch die Rechte anderer nicht verletzt werden; bei andern in dem Willen des vorigen Besitzers, oder in dem Ausspruche des Richters, oder endlich in dem Gesetze, wodurch jemandem[1)] das Recht zum Besitze erteilt wird.

[1)] *In JGS „jemanden"*

Der Inhaber hat noch keinen Titel;

§ 318. Dem Inhaber, der eine Sache nicht in seinem, sondern im Namen eines andern innehat, kommt noch kein Rechtsgrund zur Besitznahme dieser Sache zu.

und kann ihn nicht eigenmächtig erlangen

§ 319. Der Inhaber einer Sache ist nicht berechtigt, den Grund seiner Gewahrsame eigenmächtig zu verwechseln, und sich dadurch eines Titels anzumaßen; wohl aber kann derjenige, welcher bisher eine Sache in eigenem Namen rechtmäßig besaß, das Besitzrecht einem anderen überlassen und sie künftig in dessen Namen innehaben.

Wirkung des bloßen Titels

§ 320. [1]Durch einen gültigen Titel erhält man nur das Recht zum Besitze einer Sache, nicht den Besitz selbst. [2]Wer nur das Recht zum Besitze hat, darf sich im Verweigerungsfalle nicht eigenmächtig in den Besitz setzen; er muß ihn von dem ordentlichen Richter mit Anführung seines Titels im Wege Rechtens fordern.

Erforderung zum wirklichen Besitzrechte

§ 321. Wo sogenannte Landtafeln, [Stadt-] oder Grundbücher, oder andere dergleichen öffentliche Register eingeführt sind, wird der rechtmäßige Besitz eines dinglichen Rechtes auf unbewegliche Sachen nur durch die ordentliche Eintragung in diese öffentlichen Bücher erlangt.

[] *Gegenstandslos*

§ 322. [1]Ist eine bewegliche Sache nach und nach mehreren Personen übergeben worden; so gebührt das Besitzrecht derjenigen, welche sie in ihrer Macht hat. [2]Ist aber die Sache unbeweglich, und sind öffentliche Bücher eingeführt, so steht das Besitzrecht ausschließlich demjenigen zu, welcher als Besitzer derselben eingeschrieben ist.

Der Besitzer kann zur Angabe des Rechtsgrundes nicht aufgefordert werden

§ 323. Der Besitzer einer Sache hat die rechtliche Vermutung eines gültigen Titels für sich; er kann also zur Angabe desselben nicht aufgefordert werden.

§ 324. [1]Diese Aufforderung findet auch dann noch nicht statt, wenn jemand behauptet, daß der Besitz seines Gegners mit andern rechtlichen Vermutungen, z.B. mit der Freiheit des Eigentumes, sich nicht vereinbaren lasse. [2]In solchen Fällen muß der behauptende Gegner vor dem ordentlichen Richter klagen, und sein vermeintliches stärkeres Recht dartun. [3]Im Zweifel gebührt dem Besitzer der Vorzug.

Ausnahme

§ 325. Inwiefern der Besitzer einer Sache, deren Verkehr verboten; oder die entwendet zu sein scheint, den Titel seines Besitzes anzuzeigen verbunden sei, darüber entscheiden die Straf- und politischen Gesetze.

Redlicher und unredlicher Besitzer

§ 326. [1]Wer aus wahrscheinlichen Gründen die Sache, die er besitzt, für die seinige hält, ist ein redlicher Besitzer. [2]Ein unredlicher Besitzer ist derjenige, welcher weiß oder aus den Umständen vermuten muß, daß die in seinem Besitze befindliche Sache einem andern zugehöre. [3]Aus Irrtum in Tatsachen oder aus Unwissenheit der gesetzlichen Vorschriften kann man ein unrechtmäßiger (§ 316) und doch ein redlicher Besitzer sein.

Wie ein Mitbesitzer zum unredlichen oder unrechtmäßigen Besitzer werde

§ 327. Besitzt eine Person die Sache selbst, eine andere aber das Recht auf alle oder auf einige Nutzungen dieser Sache; so kann eine und dieselbe Person, wenn sie die Grenzen ihres Rechtes überschreitet, in verschiedenen Rücksichten ein redlicher und unredlicher, ein rechtmäßiger und unrechtmäßiger Besitzer sein.

Entscheidung über die Redlichkeit des Besitzes

§ 328. [1]Die Redlichkeit oder Unredlichkeit des Besitzes muß im Falle eines Rechtsstreites durch richterlichen Ausspruch entschieden werden. [2]Im Zweifel ist die Vermutung für die Redlichkeit des Besitzes.

Fortdauer des Besitzes. Rechte des redlichen Besitzes:

a) in Rücksicht der Substanz der Sache;

§ 329. Ein redlicher Besitzer kann schon allein aus dem Grunde des redlichen Besitzes die Sache, die er besitzt, ohne Verantwortung nach Belieben brauchen, verbrauchen, auch wohl vertilgen.

b) der Nutzungen;

§ 330. Dem redlichen Besitzer gehören alle aus der Sache entspringende Früchte, sobald sie von der Sache abgesondert worden sind; ihm gehören auch alle andere schon eingehobene Nutzungen, insofern sie während des ruhigen Besitzes bereits fällig gewesen sind.

c) des Aufwandes

§ 331. Hat der redliche Besitzer an die Sache entweder zur fortwährenden Erhaltung der Substanz einen notwendigen, oder, zur Vermehrung noch fortdauernder Nutzungen einen nützlichen Aufwand gemacht; so gebührt ihm der Ersatz nach dem gegenwärtigen Werte, insofern er den wirklich gemachten Aufwand nicht übersteigt.

§ 332. Von dem Aufwande, welcher nur zum Vergnügen und zur Verschönerung gemacht worden ist, wird nur so viel ersetzt, als die Sache dem gemeinen Werte nach wirklich dadurch gewonnen hat; doch hat der vorige Besitzer die Wahl, alles für sich wegzunehmen, was davon ohne Schaden der Substanz weggenommen werden kann.

Anspruch auf den Ersatz des Preises

§ 333. [1]Selbst der redliche Besitzer kann den Preis, welchen er seinem Vormanne für die ihm überlassene Sache gegeben hat, nicht fordern. [2]Wer aber eine fremde Sache, die der Eigentümer sonst schwerlich wieder erlangt haben würde, redlicher Weise an sich gelöst, und dadurch dem Eigentümer einen erweislichen Nutzen verschafft hat, kann eine angemessene Vergütung fordern.

§ 334. Ob einem redlichen Inhaber das Recht zustehe, seiner Forderung wegen die Sache zurückzubehalten, wird in dem Hauptstücke vom Pfandrechte bestimmt.

Verbindlichkeit des unredlichen Besitzers

§ 335. [1]Der unredliche Besitzer ist verbunden, nicht nur alle durch den Besitz einer fremden Sache erlangte Vorteile zurückzustellen; sondern auch diejenigen, welche der Verkürzte erlangt haben würde, und allen durch seinen Besitz entstandenen Schaden zu ersetzen. [2]In dem Falle, daß der unredliche Besitzer durch eine in den Strafgesetzen verbotene Handlung zum Besitze gelangt ist, erstreckt sich der Ersatz bis zum Werte der besondern Vorliebe.

§ 336. Hat der unredliche Besitzer einen Aufwand auf die Sache gemacht, so ist dasjenige anzuwenden, was in Rücksicht des von einem Geschäftsführer ohne Auftrag gemachten Aufwandes in dem Hauptstücke von der Bevollmächtigung verordnet ist.

Beurteilung der Redlichkeit des Besitzes einer Gemeinde

§ 337. [1]Der Besitz einer Gemeinde wird nach der Redlichkeit oder Unredlichkeit der im Namen der Mitglieder handelnden Machthaber beurteilt. [2]Immer müssen jedoch die unredlichen sowohl den redlichen Mitgliedern, als dem Eigentümer den Schaden ersetzen.

Inwiefern durch die Klage der Besitz unredlich werde

§ 338. Auch der redliche Besitzer, wenn er durch richterlichen Ausspruch zur Zurückstellung der Sache verurteilt wird, ist in Rücksicht des Ersatzes der Nutzungen und des Schadens, wie auch in Rücksicht des Aufwandes, von dem Zeitpunkte der ihm zugestellten Klage, gleich einem unredlichen Besitzer zu behandeln; doch haftet er für den Zufall, der die Sache bei dem Eigentümer nicht getroffen hätte, nur in dem Falle, daß er die Zurückgabe durch einen mutwilligen Rechtsstreit verzögert hat.

Rechtsmittel des Besitzers bei einer Störung seines Besitzes;

§ 339. [1]Der Besitz mag von was immer für einer Beschaffenheit sein, so ist niemand befugt, denselben eigenmächtig zu stören. [2]Der Gestörte hat das Recht, die Untersagung des Eingriffes, und den Ersatz des erweislichen Schadens gerichtlich zu fordern.

besonders durch eine Bauführung;

§ 340. Wird der Besitzer einer unbeweglichen Sache oder eines dinglichen Rechtes durch Führung eines neuen Gebäudes, Wasserwerkes, oder andern Werkes in seinen Rechten gefährdet, ohne daß sich der Bauführer nach Vorschrift der allgemeinen Gerichtsordnung gegen ihn geschützt hat; so ist der Gefährdete berechtigt, das Verbot einer solchen Neuerung vor Gericht zu fordern, und das Gericht ist verbunden, die Sache auf das schleunigste zu entscheiden.

§ 341. [1]Bis zur Entscheidung der Sache ist die Fortsetzung des Baues von dem Gerichte in der Regel nicht zu gestatten. [2]Nur bei einer nahen, offenbaren Gefahr, oder, wenn der Bauführer eine angemessene Sicherheit leistet, daß er die Sache in den vorigen Stand setzen, und den Schaden vergüten wolle, der Verbotsleger dagegen in dem letztern Falle keine ähnliche Sicherstellung für die Folgen seines Verbots leistet, ist die einstweilige Fortsetzung des Baues zu bewilligen.

§ 342. Was in den vorhergehenden Paragraphen in Rücksicht einer neuen Bauführung verordnet wird, ist auch auf die Niederreißung eines alten Gebäudes, oder andern Werkes anzuwenden.

und bei der Gefahr eines vorhandenen Baues

§ 343. Kann der Besitzer eines dinglichen Rechtes beweisen, daß ein bereits vorhandener fremder Bau oder eine andere fremde Sache dem Einsturze nahe sei, und ihm offenbarer Schaden drohe; so ist er befugt, gerichtlich auf Sicherstellung zu dringen, wenn anders die politische Behörde nicht bereits hinlänglich für die öffentliche Sicherheit gesorgt hat.

Rechtsmittel zur Erhaltung des Besitzstandes:

a) bei dringender Gefahr;

§ 344. [1]Zu den Rechten des Besitzes gehört auch das Recht, sich in seinem Besitze zu schützen, und in dem Falle, daß die richterliche Hilfe zu spät kommen würde, Gewalt mit angemessener Gewalt abzutreiben (§ 19). [2]Übrigens hat die politische Behörde für die Erhaltung der öffentlichen Ruhe, so wie das Strafgericht für die Bestrafung öffentlicher Gewalttätigkeiten, zu sorgen.

b) gegen den unechten Besitzer;

§ 345. Wenn sich jemand in den Besitz eindringt, oder durch List oder Bitte heimlich einschleicht, und das, was man ihm aus Gefälligkeit, ohne sich einer fortdauernden Verbindlichkeit zu unterziehen gestattet, in ein fortwährendes Recht zu verwandeln sucht; so wird der an sich unrechtmäßige und unredliche Besitz noch überdies unecht; in entgegengesetzten Fällen wird der Besitz für echt angesehen.

§ 346. [1]Gegen jeden unechten Besitzer kann sowohl die Zurücksetzung in die vorige Lage, als auch die Schadloshaltung eingeklagt werden. [2]Beides muß das Gericht nach rechtlicher Verhandlung, selbst ohne Rücksicht auf ein stärkeres Recht, welches der Geklagte auf die Sache haben könnte, verordnen.

c) beim Zweifel über die Echtheit des Besitzes;

§ 347. [1]Zeigt es sich nicht gleich auf der Stelle, wer sich in einem echten Besitze befinde, und inwiefern der eine oder der andere Teil auf gerichtliche Unterstützung Anspruch habe; so wird die im Streite verfangene Sache so lange der Gewahrsame des Gerichtes oder eines Dritten anvertraut, bis der Streit über den Besitz verhandelt und entschieden worden ist. [2]Der Sachfällige kann auch nach dieser Entscheidung die Klage aus einem vermeintlich stärkeren Rechte auf die Sache noch anhängig machen.

Verwahrungsmittel des Inhabers gegen mehrere zusammentreffende Besitzwerber

§ 348. [1]Wenn der bloße Inhaber von mehreren Besitzwerbern zugleich um die Übergabe der Sache angegangen wird, und sich einer darunter befindet, in dessen Namen die Sache aufbewahrt wurde; so wird sie vorzüglich diesem übergeben, und die Übergabe den übrigen bekanntgemacht. [2]Kommt dieser Umstand keinem zustatten, so wird die Sache der Gewahrsame des Richters oder eines Dritten anvertraut. [3]Der Richter hat die Rechtsgründe der Besitzwerber zu prüfen und darüber zu entscheiden.

Erlöschung des Besitzes:

a) körperlicher Sachen;

§ 349. Der Besitz einer körperlichen Sache geht insgemein verloren, wenn dieselbe ohne Hoffnung, wieder gefunden zu werden, in Verlust gerät; wenn sie freiwillig verlassen wird; oder, in fremden Besitz kommt.

b) der in die öffentlichen Bücher eingetragenen Rechte;

§ 350. Der Besitz derjenigen Rechte und unbeweglichen Sachen, welche einen Gegenstand der öffentlichen Bücher ausmachen, erlischt, wenn sie aus den landtäflichen, [Stadt-] oder Grundbüchern gelöscht; oder wenn sie auf den Namen eines andern eingetragen werden.

[] *Gegenstandslos*

c) anderer Rechte

§ 351. [1]Bei andern Rechten hört der Besitz auf, wenn der Gegenteil das, was er sonst geleistet hat, nicht mehr leisten zu wollen erklärt; wenn er die Ausübung des Rechtes eines andern nicht mehr duldet; oder wenn er das Verbot, etwas zu unterlassen, nicht mehr achtet, der Besitzer aber in allen diesen Fällen es dabei bewenden läßt, und die Erhaltung des Besitzes nicht einklagt. [2]Durch den bloßen Nichtgebrauch eines Rechtes geht der Besitz, außer den im Gesetze bestimmten Verjährungsfällen, nicht verloren.

§ 352. [1]Solange noch Hoffnung vorhanden ist, eine verlorene Sache zu erhalten, kann man sich durch den bloßen Willen in ihrem Besitze erhalten. [2]Die Abwesenheit des Besitzers oder die eintretende Unfähigkeit einen Besitz zu erwerben, heben den bereits erworbenen Besitz nicht auf.

Zweites Hauptstück

Von dem Eigentumsrechte

Begriff des Eigentumes. Eigentum im objektiven Sinne;

§ 353. Alles, was jemandem[1)] zugehöret, alle seine körperlichen und unkörperlichen Sachen, heißen sein Eigentum.

[1)] *In JGS „jemanden"*

im subjektiven

§ 354. Als ein Recht betrachtet, ist Eigentum das Befugnis, mit der Substanz und den Nutzungen einer Sache nach Willkür zu schalten, und jeden andern davon auszuschließen.

Objektive und subjektive Möglichkeit der Erwerbung des Eigentumes

§ 355. Alle Sachen sind insgemein Gegenstände des Eigentumsrechtes, und jedermann, den die Gesetze nicht ausdrücklich ausschließen, ist befugt, dasselbe durch sich selbst oder durch einen andern in seinem Namen zu erwerben.

§ 356. Wer also behauptet, daß der Person, die etwas erwerben will, in Rücksicht ihrer persönlichen Fähigkeit, oder in Rücksicht auf die Sache, die erworben werden soll, ein gesetzliches Hindernis entgegenstehe, dem liegt der Beweis ob.

§ 357. *(aufgehoben, BGBl I 2006/113, ab 25. 7. 2006)*

§ 358. Alle „ " Arten der Beschränkungen durch das Gesetz oder durch den Willen des Eigentümers heben die Vollständigkeit des Eigentumes nicht auf. *(BGBl I 2006/113, ab 25. 7. 2006)*

§§ 359 und 360. *(aufgehoben, BGBl I 2006/113, ab 25. 7. 2006)*

Miteigentum

§ 361. [1]Wenn eine noch ungeteilte Sache mehrern Personen zugleich zugehört; so entsteht ein gemeinschaftliches Eigentum. [2]In Beziehung auf das Ganze werden die Miteigentümer für eine einzige Person angesehen; insoweit ihnen aber gewisse, obgleich unabgesonderte Teile angewiesen sind, hat jeder Miteigentümer das vollständige Eigentum des ihm gehörigen Teiles.

Rechte des Eigentümers

§ 362. Kraft des Rechtes, frei über sein Eigentum zu verfügen, kann der vollständige Eigentümer in der Regel seine Sache nach Willkür benützen oder unbenützt lassen; er kann sie vertilgen, ganz oder zum Teile auf andere übertragen, oder unbedingt sich derselben begeben, das ist, sie verlassen.

Beschränkungen derselben

§ 363. Eben diese Rechte genießen auch unvollständige, sowohl Ober- als Nutzungseigentümer; nur darf der eine nichts vornehmen, was mit dem Rechte des andern im Widerspruche steht.

§ 364. (1) [1]Überhaupt findet die Ausübung des Eigentumsrechtes nur insofern statt, als dadurch weder in die Rechte eines Dritten ein Eingriff geschieht, noch die in den Gesetzen zur Erhaltung und Beförderung des allgemeinen Wohles vorgeschriebenen Einschränkungen übertreten werden. [2]„Im Besonderen haben die Eigentümer benachbarter Grundstücke bei der Ausübung ihrer Rechte aufeinander Rücksicht zu nehmen.“ *(BGBl I 2003/91, ab 1. 7. 2004)*

(2) [1]Der Eigentümer eines Grundstückes kann dem Nachbarn die von dessen Grund ausgehenden Einwirkungen durch Abwässer, Rauch, Gase, Wärme, Geruch, Geräusch, Erschütterung und ähnliche insoweit untersagen, als sie das nach den örtlichen Verhältnissen gewöhnliche Maß überschreiten und die ortsübliche Benutzung des Grundstückes wesentlich beeinträchtigen. [2]Unmittelbare Zuleitung ist ohne besonderen Rechtstitel unter allen Umständen unzulässig.

(3) [1]Ebenso kann der Grundstückseigentümer einem Nachbarn die von dessen Bäumen oder anderen Pflanzen ausgehenden Einwirkungen durch den Entzug von Licht oder Luft insoweit untersagen, als diese das Maß des Abs. 2 überschreiten und zu einer unzumutbaren Beeinträchtigung der Benutzung des Grundstücks führen. [2]Bundes- und landesgesetzliche Regelungen über den Schutz von oder vor Bäumen und anderen Pflanzen, insbesondere über den Wald-, Flur-, Feld-, Ortsbild-, Natur- und Baumschutz, bleiben unberührt. *(BGBl I 2003/91, ab 1. 7. 2004)*

(RGBl 1916/69)

Zum obligatorischen Schlichtungsversuch vor Einbringung einer Klage s Art III ZivRÄG BGBl I 2003/91.

§ 364a. Wird jedoch die Beeinträchtigung durch eine Bergwerksanlage oder eine behördlich genehmigte Anlage auf dem nachbarlichen Grund in einer dieses Maß überschreitenden Weise verursacht, so ist der Grundbesitzer nur berechtigt, den Ersatz des zugefügten Schadens gerichtlich zu verlangen, auch wenn der Schaden durch Umstände verursacht wird, auf die bei der behördlichen Verhandlung keine Rücksicht genommen wurde.

(RGBl 1916/69)

§ 364b. Ein Grundstück darf nicht in der Weise vertieft werden, daß der Boden oder das Gebäude des Nachbars die erforderliche Stütze verliert, es sei denn, daß der Besitzer des Grundstückes für eine genügende anderweitige Befestigung Vorsorge trifft.

(RGBl 1916/69)

§ 364c. [1]Ein vertragsmäßiges oder letztwilliges Veräußerungs- oder Belastungsverbot hinsichtlich einer Sache oder eines dinglichen Rechtes verpflichtet nur den ersten Eigentümer, nicht aber seine Erben oder sonstigen Rechtsnachfolger. [2]Gegen Dritte wirkt es dann, wenn es zwischen Ehegatten, eingetragenen Partnern, Eltern und Kindern, Wahl- oder Pflegekindern oder deren Ehegatten oder eingetragenen Partnern begründet und im öffentlichen Buche eingetragen wurde.

(BGBl I 2009/135, ab 1. 1. 2010)

§ 365. Wenn es das allgemeine Beste erheischt, muß ein Mitglied des Staates gegen eine angemessene Schadloshaltung selbst das vollständige Eigentum einer Sache abtreten.

Klagen aus dem Eigentumsrechte:

a) Eigentliche Eigentumsklage: wem und gegen wen sie gebühre?

§ 366. [1]Mit dem Rechte des Eigentümers, jeden andern von dem Besitze seiner Sache auszuschließen, ist auch das Recht verbunden, seine ihm vorenthaltene Sache von jedem Inhaber durch die Eigentumsklage gerichtlich zu fordern. [2]Doch steht dieses Recht demjenigen nicht zu, welcher eine Sache zur Zeit, da er noch nicht Eigentümer war, in seinem eigenen Namen veräußert, in der Folge aber das Eigentum derselben erlangt hat.

Gutgläubiger Erwerb

§ 367. (1) [1]Die Eigentumsklage gegen den rechtmäßigen und redlichen Besitzer einer beweglichen Sache ist abzuweisen, wenn er beweist, dass er die Sache gegen Entgelt in einer öffentlichen Versteigerung, von einem Unternehmer im gewöhnlichen Betrieb seines Unternehmens oder von jemandem erworben hat, dem sie der vorige Eigentümer anvertraut hatte. [2]In diesen Fällen erwirbt der rechtmäßige und redliche Besitzer das Eigentum. Der Anspruch des vorigen Eigentümers auf Schadenersatz gegen seinen Vertrauensmann oder gegen andere Personen bleibt unberührt.

(2) Ist die Sache mit dem Recht eines Dritten belastet, so erlischt dieses Recht mit dem Erwerb des Eigentums durch den rechtmäßigen und redlichen Besitzer, es sei denn, dass dieser in Ansehung dieses Rechtes nicht redlich ist.

(BGBl I 2005/120, ab 1. 1. 2007, auf nach dem 31. 12. 2006 abgeschlossene Rechtsgeschäfte anzuwenden. Auf davor abgeschlossene Rechtsgeschäfte sind die bisher geltenden Bestimmungen weiter anzuwenden)

§ 368. (1) [1]Der Besitzer ist redlich, wenn er weder weiß noch vermuten muss, dass die Sache nicht dem Veräußerer gehört. [2]Beim Erwerb von einem Unternehmer im gewöhnlichen Betrieb seines Unternehmens genügt der gute Glaube an die Befugnis des Veräußerers, über die Sache zu verfügen.

(2) Beweist der Eigentümer, dass der Besitzer aus der Natur der Sache, aus ihrem auffällig geringen Preis, aus den ihm bekannten persönlichen Eigenschaften seines Vormanns, aus dessen Unternehmen oder aus anderen Umständen einen gegründeten Verdacht hätte schöpfen müssen, so hat der Besitzer die Sache dem Eigentümer zu überlassen.

(BGBl I 2005/120, ab 1. 1. 2007, s Anm zu § 367)

Was dem Kläger zu beweisen obliege?

§ 369. Wer die Eigentumsklage übernimmt, muß den Beweis führen, daß der Geklagte die eingeklagte Sache in seiner Macht habe, und daß diese Sache sein Eigentum sei.

§ 370. Wer eine bewegliche Sache gerichtlich zurückfordert, muß sie durch Merkmale beschreiben, wodurch sie von allen ähnlichen Sachen gleicher Gattung ausgezeichnet wird.

§ 371. Sachen, die sich auf diese Art nicht unterscheiden lassen, wie bares Geld mit anderm baren Gelde vermengt, oder auf den Überbringer lautende Schuldbriefe, sind also in der Regel kein Gegenstand der Eigentumsklage; wenn nicht solche Umstände eintreten, aus denen der Kläger sein Eigentumsrecht beweisen kann, und aus denen der Geklagte wissen mußte, daß er die Sache sich zuzuwenden nicht berechtigt sei.

b) Eigentumsklage aus dem rechtlich vermuteten Eigentume des Klägers

Gegen welchen Besitzer diese Vermutung eintrete?

§ 372. Wenn der Kläger mit dem Beweise des erworbenen Eigentumes einer ihm vorenthaltenen Sache zwar nicht ausreicht, aber den gültigen Titel, und die echte Art, wodurch er zu ihrem Besitze gelangt ist, dargetan hat; so wird er doch in Rücksicht eines jeden Besitzers, der keinen, oder nur einen schwächern Titel seines Besitzes anzugeben vermag, für den wahren Eigentümer gehalten.

§ 373. Wenn also der Geklagte die Sache auf eine unredliche oder unrechtmäßige Weise besitzt; wenn er keinen oder nur einen verdächtigen Vormann anzugeben vermag; oder, wenn er die Sache ohne Entgelt, der Kläger aber gegen Entgelt erhalten hat; so muß er dem Kläger weichen.

§ 374. Haben der Geklagte und der Kläger einen gleichen Titel ihres echten Besitzes, so gebührt dem Geklagten kraft des Besitzes der Vorzug.

§ 375. Wer eine Sache in fremdem Namen besitzt, kann sich gegen die Eigentumsklage dadurch schützen, daß er seinen Vormann namhaft macht, und sich darüber ausweist.

Gesetzliche Folge:

a) der Ableugnung des Besitzes;

§ 376. Wer den Besitz einer Sache vor Gericht leugnet und dessen überwiesen wird, muß dem Kläger deswegen allein schon den Besitz abtreten; doch behält er das Recht, in der Folge seine Eigentumsklage anzustellen.

b) des vorgegebenen Besitzes;

§ 377. Wer eine Sache, die er nicht besitzt, zu besitzen vorgibt, und den Kläger dadurch irreführt, haftet für allen daraus entstehenden Schaden.

c) des aufgegebenen Besitzes der streitigen Sache

§ 378. Wer eine Sache im Besitze hatte, und nach zugestellter Klage fahren ließ, muß sie dem Kläger, wenn dieser sich nicht an den wirklichen Inhaber halten will, auf seine Kosten zurückverschaffen, oder den außerordentlichen Wert derselben ersetzen.

Was der Besitzer dem Eigentümer erstatte

§ 379. Was sowohl der redliche als unredliche Besitzer dem Eigentümer in Ansehung des entgangenen Nutzens, oder des erlittenen Schadens zu ersetzen habe, ist in dem vorigen Hauptstücke bestimmt worden.

Drittes Hauptstück

Von der Erwerbung des Eigentumes durch Zueignung

Rechtliche Erfordernisse der Erwerbung

§ 380. Ohne Titel und ohne rechtliche Erwerbungsart kann kein Eigentum erlangt werden.

Titel und Art der unmittelbaren Erwerbung: Die Zueignung

§ 381. [1]Bei freistehenden Sachen besteht der Titel in der angebornen Freiheit, sie in Besitz zu nehmen. [2]Die Erwerbungsart ist die Zueignung, wodurch man sich einer freistehenden Sache bemächtigt, in der Absicht, sie als die seinige zu behandeln.

§ 382. Freistehende Sachen können von allen Mitgliedern des Staates durch die Zueignung erworben werden, insofern diese Befugnis nicht durch politische Gesetze eingeschränkt ist, oder einigen Mitgliedern das Vorrecht der Zueignung zusteht.

1. durch den Tierfang;

§ 383. [1]Dieses gilt insbesondere von dem Tierfange. [2]Wem das Recht zu jagen oder zu fischen gebühre; wie der übermäßige Anwachs des Wildes gehemmt, und der vom Wilde verursachte Schaden ersetzt werde; wie der Honigraub, der durch fremde Bienen geschieht, zu verhindern sei; ist in den politischen Gesetzen festgesetzt. [3]Wie Wilddiebe zu bestrafen seien, wird in den Strafgesetzen bestimmt.

§ 384. [1]Häusliche Bienenschwärme und andere zahme oder zahm gemachte Tiere sind kein Gegenstand des freien Tierfanges, vielmehr hat der Eigentümer das Recht, sie auf fremdem Grunde zu verfolgen; doch soll er dem Grundbesitzer den ihm etwa verursachten Schaden ersetzen. [2]Im Falle, daß der Eigentümer des Mutterstockes den Schwarm durch zwei Tage nicht verfolgt hat; oder, daß ein zahm gemachtes Tier durch zweiundvierzig Tage von selbst ausgeblieben ist, kann sie auf gemeinem Grunde jedermann; auf dem seinigen der Grundeigentümer für sich nehmen, und behalten.

2. durch das Finden freistehender Sachen

§ 385. Keine Privatperson ist berechtigt, die dem Staate durch die politischen Verordnungen vorbehaltenen Erzeugnisse sich zuzueignen.

§ 386. [1]Bewegliche Sachen, welche der Eigentümer nicht mehr als die seinigen behalten will, und daher verläßt, kann sich jedes Mitglied des Staates eigen machen. [2]„Im Zweifel ist nicht zu vermuten, dass jemand sein Eigentum aufgeben wolle; daher darf kein Finder eine gefundene Sache für verlassen ansehen und sich diese zueignen.“ *(BGBl I 2002/104, ab 1. 2. 2003)*

§ 387. Inwiefern Grundstücke wegen gänzlicher Unterlassung ihres Anbaues, oder Gebäude wegen der unterlassenen Herstellung für verlassen anzusehen, oder einzuziehen seien, bestimmen die politischen Gesetze.

Vorschriften über das Finden

a) verlorener und vergessener Sachen

§ 388. (1) Verloren sind bewegliche, in niemandes Gewahrsame stehende Sachen, die ohne den Willen des Inhabers aus seiner Gewalt gekommen sind.

(2) Vergessen sind bewegliche Sachen, die ohne den Willen des Inhabers an einem fremden, unter der Aufsicht eines anderen stehenden Ort zurückgelassen worden und dadurch in fremde Gewahrsame gekommen sind.

(BGBl I 2002/104, ab 1. 2. 2003)

§ 389. (1) Finder ist, wer eine verlorene oder vergessene Sache entdeckt und an sich nimmt.

(2) Verlustträger sind der Eigentümer und andere zur Innehabung der verlorenen oder vergessenen Sache berechtigte Personen.

(BGBl I 2002/104, ab 1. 2. 2003)

§ 390. Der Finder hat den Fund unverzüglich der zuständigen Fundbehörde (§ 14 Abs. 5 SPG) unter Abgabe der gefundenen Sache anzuzeigen und über alle für die Ausforschung eines Verlustträgers maßgeblichen Umstände Auskunft zu geben.

(BGBl I 2002/104, ab 1. 2. 2003)

§ 391. Die Pflichten nach § 390 bestehen nicht, wenn

1. der Finder die gefundene Sache einem Verlustträger vor der Anzeigeerstattung ausfolgt oder

2. der gemeine Wert der gefundenen Sache 10 Euro nicht übersteigt, es sei denn erkennbar, dass

die Wiedererlangung der Sache für einen Verlustträger von erheblicher Bedeutung ist.

(BGBl I 2002/104, ab 1. 2. 2003)

§ 392. Der Finder hat gegen den, dem der Fundgegenstand ausgefolgt wird, Anspruch auf Finderlohn und auf Ersatz des notwendig und zweckmäßig gemachten Aufwandes.

(BGBl I 2002/104, ab 1. 2. 2003, nicht anzuwenden, wenn der Finder die verlorene oder vergessene Sache davor entdeckt und an sich genommen hat)

§ 393. (1) [1]Der Finderlohn beträgt bei verlorenen Sachen 10 vH, bei vergessenen Sachen 5 vH des gemeinen Wertes. [2]Übersteigt der gemeine Wert 2 000 Euro, so beträgt der Finderlohn in Rücksicht des Übermaßes die Hälfte dieser Hundertersätze.

(2) Bei unschätzbaren Sachen und solchen, deren Wiedererlangung für den Verlustträger von erheblicher Bedeutung ist, ist der Finderlohn nach billigem Ermessen festzulegen; hierbei ist auf die Grundsätze des Abs. 1, auf die dem Finder entstandene Mühe und auf den dem Verlustträger durch die Wiedererlangung der gefundenen Sache verschafften Vorteil Bedacht zu nehmen.

(BGBl I 2002/104, ab 1. 2. 2003, siehe Anm zu § 392)

§ 394. Ein Anspruch auf Finderlohn besteht nicht, wenn

1. die Sache von einer Person im Rahmen ihrer privat- oder öffentlich-rechtlichen, die Rettung der Sache umfassenden Pflicht gefunden worden ist oder

2. der Finder die in den §§ 390 und 391 enthaltenen Anordnungen schuldhaft verletzt hat oder

3. die vergessene Sache auch sonst ohne deren Gefährdung wiedererlangt worden wäre.

(BGBl I 2002/104, ab 1. 2. 2003, siehe Anm zu § 392)

§ 395. [1]Wird die Sache innerhalb eines Jahres von keinem Verlustträger angesprochen, so erwirbt der Finder das Eigentum an der in seiner Gewahrsame befindlichen Sache mit Ablauf der Frist, an der abgegebenen Sache mit ihrer Ausfolgung an ihn. [2]Die Frist beginnt im Fall des § 391 Z 2 mit dem Zeitpunkt des Findens, sonst mit der Erstattung der Anzeige (§ 390).

(BGBl I 2002/104, ab 1. 2. 2003, siehe Anm zu § 392)

§ 396. [1]Wer eine verlorene oder vergessene Sache entdeckt, sie aber nicht an sich nehmen kann, hat Anspruch auf die Hälfte des im § 393 bestimmten Finderlohnes, wenn er die Entdeckung einer im § 390 bezeichneten Stelle anzeigt und der Verlustträger die Sache dadurch wiedererlangt, es sei denn, dass dieser die Sache auch sonst ohne deren Gefährdung wiedererlangt hätte. [2]§ 394 Z 1 ist anzuwenden.

(BGBl I 2002/104, ab 1. 2. 2003, siehe Anm zu § 392)

b) verborgener Gegenstände

§ 397. (1) Werden vergrabene, eingemauerte oder sonst verborgene Sachen eines unbekannten Eigentümers entdeckt, so gilt sinngemäß das, was für die verlorenen Sachen bestimmt ist.

(2) Der Finderlohn ist auch dann nicht zu entrichten, wenn die Sache auch sonst ohne deren Gefährdung wiedererlangt worden wäre.

(BGBl I 2002/104, ab 1. 2. 2003, siehe Anm zu § 392)

c) eines Schatzes

§ 398. [1]Bestehen die entdeckten Sachen in Geld, Schmuck oder andern Kostbarkeiten, die so lange im Verborgenen gelegen haben, daß man ihren vorigen Eigentümer nicht mehr erfahren kann, dann heißen sie ein Schatz. [2]Die Entdeckung eines Schatzes ist von der Obrigkeit [der Landesstelle][1)] anzuzeigen.

[1)] Jetzt: dem Bundesdenkmalamt

§ 399. Von einem Schatz erhalten der Finder und der Eigentümer des Grundes je die Hälfte.

(BGBl I 2002/104, ab 1. 2. 2003)

§ 400. Wer sich dabei einer unerlaubten Handlung schuldig gemacht; wer ohne Wissen und Willen des Nutzungseigentümers den Schatz aufgesucht; oder den Fund verheimlicht hat; dessen Anteil soll dem Angeber; oder, wenn kein Angeber vorhanden ist, dem Staate zufallen.

§ 401. [1]Finden Arbeitsleute zufälliger Weise einen Schatz, so gebührt ihnen als Findern ein Dritteil[1)] davon. [2]Sind sie aber von dem Eigentümer ausdrücklich zur Aufsuchung eines Schatzes gedungen worden, so müssen sie sich mit ihrem ordentlichen Lohne begnügen.

[1)] Jetzt wohl: die Hälfte (s § 399)

3. von der Beute

§ 402. Über das Recht der Beute und der von dem Feinde zurückerbeuteten Sachen, sind die Vorschriften in den Kriegsgesetzen enthalten.

Von dem Rechte aus der Rettung einer fremden beweglichen Sache

§ 403. Wer eine fremde bewegliche Sache von dem unvermeidlichen Verluste oder Untergange rettet, ist berechtigt, von dem rückfordernden Eigentümer den Ersatz seines Aufwandes, und eine verhältnismäßige Belohnung von höchstens zehn von Hundert zu fordern.

Viertes Hauptstück

Von Erwerbung des Eigentumes durch Zuwachs

Zuwachs

§ 404. [1]Zuwachs heißt alles, was aus einer Sache entsteht, oder neu zu derselben kommt, ohne daß es dem Eigentümer von jemand andern übergeben worden ist. [2]Der Zuwachs wird durch Natur, durch Kunst, oder durch beide zugleich bewirkt.

I. Natürlicher Zuwachs:

a) an Naturprodukten;

b) Werfen der Tiere;

§ 405. Die natürlichen Früchte eines Grundes, nämlich solche Nutzungen, die er, ohne bearbeitet zu werden, hervorbringt, als: Kräuter, Schwämme und dergleichen, wachsen dem Eigentümer des Grundes, sowie alle Nutzungen, welche aus einem Tiere entstehen, dem Eigentümer des Tieres zu.

§ 406. Der Eigentümer eines Tieres, welches durch das Tier eines andern befruchtet wird, ist diesem keinen Lohn schuldig, wenn er nicht bedungen worden ist.

c) Inseln;

§ 407. [[1]Wenn in der Mitte eines Gewässers eine Insel entsteht, so sind die Eigentümer der nach der Länge derselben an beiden Ufern liegenden Grundstücke ausschließend befugt, die entstandene Insel in zwei gleichen Teilen sich zuzueignen, und nach Maß der Länge ihrer Grundstücke unter sich zu teilen. [2]Entsteht die Insel auf der einen Hälfte des Gewässers, so hat der Eigentümer des nähern Uferlandes allein darauf Anspruch. [3]Inseln auf schiffbaren Flüssen bleiben dem Staate vorbehalten.]

[] *Gegenstandslos, s § 4 Abs 1 WRG*

§ 408. Werden bloß durch die Austrocknung des Gewässers, oder durch desselben Teilung in mehrere Arme, Inseln gebildet, oder Grundstücke überschwemmt; so bleiben die Rechte des vorigen Eigentumes unverletzt.

d) vom verlassenen Wasserbette;

§ 409. Wenn ein Gewässer sein Bett verläßt, so haben vor allem die Grundbesitzer, welche durch den neuen Lauf des Gewässers Schaden leiden, das Recht, aus dem verlassenen Bette oder dessen Werte entschädigt zu werden.

§ 410. [Außer dem Falle einer solchen Entschädigung gehört das verlassene Bett, so wie von einer entstandenen Insel verordnet wird, den angrenzenden Uferbesitzern.]

[] *Gegenstandslos, s WRG*

e) vom Anspülen;

§ 411. Das Erdreich, welches ein Gewässer unmerklich an ein Ufer anspült, gehört dem Eigentümer des Ufers.

f) vom abgerissenen Lande

§ 412. Wird aber ein merklicher Erdteil durch die Gewalt des Flusses an ein fremdes Ufer gelegt; so verliert der vorige Besitzer sein Eigentumsrecht darauf nur in dem Falle, wenn er es in einer Jahresfrist nicht ausübt.

§ 413. [1]Jeder Grundbesitzer ist befugt, sein Ufer gegen das Ausreißen des Flusses zu befestigen. [2]Allein niemand darf solche Werke oder Pflanzungen anlegen, die den ordentlichen Lauf des Flusses verändern, oder die der Schifffahrt, den Mühlen, der Fischerei oder andern fremden Rechten nachteilig werden könnten. [3]Überhaupt können ähnliche Anlagen nur mit Erlaubnis der politischen Behörde gemacht werden.

II. Künstlicher Zuwachs durch Verarbeitung oder Vereinigung überhaupt;

§ 414. Wer fremde Sachen verarbeitet; wer sie mit den seinigen vereinigt, vermengt, oder vermischt, erhält dadurch noch keinen Anspruch auf das fremde Eigentum.

§ 415. [1]Können dergleichen verarbeitete Sachen in ihren vorigen Stand zurückgebracht; vereinigte, vermengte oder vermischte Sachen wieder abgesondert werden; so wird einem jeden Eigentümer das Seinige zurückgestellt, und demjenigen Schadloshaltung geleistet, dem sie gebührt. [2]Ist die Zurücksetzung in den vorigen Stand, oder die Absonderung nicht möglich, so wird die Sache den Teilnehmern gemein; doch steht demjenigen, mit dessen Sache der andere durch Verschulden die Vereinigung vorgenommen hat, die Wahl frei, ob er den ganzen Gegenstand gegen Ersatz der Verbesserung behalten, oder ihn dem andern ebenfalls gegen Vergütung überlassen wolle. [3]Der Schuld tragende Teilnehmer wird nach Beschaffenheit seiner redlichen oder unredlichen Absicht behandelt. [4]Kann aber keinem Teile ein Verschulden beigemessen werden, so bleibt dem, dessen Anteil mehr wert ist, die Auswahl vorbehalten.

§ 416. Werden fremde Materialien nur zur Ausbesserung einer Sache verwendet, so fällt die fremde Materie dem Eigentümer der Hauptsache zu, und dieser ist verbunden, nach Beschaffenheit seines redlichen oder unredlichen Verfahrens, dem vorigen Eigentümer der verbrauchten Materialien den Wert derselben zu bezahlen.

insbesondere bei einem Baue

§ 417. Wenn jemand auf eigenem Boden ein Gebäude aufführt, und fremde Materialien dazu verwendet hat, so bleibt das Gebäude zwar sein Eigentum; doch muß selbst ein redlicher Bauführer dem Beschädigten die Materialien, wenn er sie außer den im § 367 angeführten Verhältnissen an sich gebracht hat, nach dem gemeinen; ein unredlicher aber muß sie nach dem höchsten Preise, und überdies noch allen anderweitigen Schaden ersetzen.

§ 418. [1]Hat im entgegengesetzten Falle jemand mit eigenen Materialien, ohne Wissen und Willen des Eigentümers auf fremdem Grunde gebaut, so fällt das Gebäude dem Grundeigentümer zu. [2]Der redliche Bauführer kann den Ersatz der notwendigen und nützlichen Kosten fordern; der unredliche wird gleich einem Geschäftsführer ohne Auftrag behandelt. [3]Hat der Eigentümer des Grundes die Bauführung gewußt, und sie nicht sogleich dem redlichen Bauführer untersagt, so kann er nur den gemeinen Wert für den Grund fordern.

§ 419. [1]Ist das Gebäude auf fremdem Grunde, und aus fremden Materialien entstanden, so wächst auch in diesem Falle das Eigentum desselben dem Grundeigentümer zu. [2]Zwischen dem Grundeigentümer und dem Bauführer treten die nämlichen Rechte und Verbindlichkeiten, wie in dem vorstehenden Paragraphen[1)], ein, und der Bauführer muß dem vorigen Eigentümer der Materialien, nach Beschaffenheit seiner redlichen oder unredlichen Absicht, den gemeinen oder den höchsten Wert ersetzen.

[1)] in JGS „Paragraphe"

III. Vermischter Zuwachs

§ 420. [1]Was bisher wegen der mit fremden Materialien aufgeführten Gebäude bestimmt worden ist, gilt auch für die Fälle, wenn ein Feld mit fremden Samen besät, oder mit fremden Pflanzen besetzt worden ist. [2]Ein solcher Zuwachs gehört dem Eigentümer des Grundes, wenn anders die Pflanzen schon Wurzel geschlagen haben.

§ 421. [1]Das Eigentum eines Baumes wird nicht nach den Wurzeln, die sich in einem angrenzenden Grunde verbreiten, sondern nach dem Stamme bestimmt, der aus dem Grunde hervorragt. [2]Steht der Stamm auf den Grenzen mehrerer Eigentümer, so ist ihnen der Baum gemein.

§ 422. (1) [1]Jeder Eigentümer kann die in seinen Grund eindringenden Wurzeln eines fremden Baumes oder einer anderen fremden Pflanze aus seinem Boden entfernen und die über seinem Luftraum hängenden Äste abschneiden oder sonst benützen. [2]Dabei hat er aber fachgerecht vorzugehen und die Pflanze möglichst zu schonen. [3]Bundes- und landesgesetzliche Regelungen über den Schutz von oder vor Bäumen und anderen Pflanzen, insbesondere über den Wald-, Flur-, Feld-, Ortsbild-, Natur- und Baumschutz, bleiben unberührt.

(2) [1]Die für die Entfernung der Wurzeln oder das Abschneiden der Äste notwendigen Kosten hat der beeinträchtigte Grundeigentümer zu tragen. [2]Sofern diesem aber durch die Wurzeln oder Äste ein Schaden entstanden ist oder offenbar droht, hat der Eigentümer des Baumes oder der Pflanze die Hälfte der notwendigen Kosten zu ersetzen.

(BGBl I 2003/91, ab 1. 7. 2004)

Fünftes Hauptstück

Von Erwerbung des Eigentumes durch Übergabe

Mittelbare Erwerbung

§ 423. Sachen, die schon einen Eigentümer haben, werden mittelbar erworben, indem sie auf eine rechtliche Art von dem Eigentümer auf einen andern übergehen.

Titel derselben

§ 424. Der Titel der mittelbaren Erwerbung liegt in einem Vertrage; in einer Verfügung auf den Todesfall; in dem richterlichen Ausspruche; oder, in der Anordnung des Gesetzes.

Mittelbare Erwerbungsart

§ 425. [1]Der bloße Titel gibt noch kein Eigentum. [2]Das Eigentum und alle dingliche Rechte überhaupt können, außer den in dem Gesetze bestimmten Fällen, nur durch die rechtliche Übergabe und Übernahme erworben werden.

Arten der Übergabe: 1. bei beweglichen Sachen:

a) körperliche Übergabe;

§ 426. Bewegliche Sachen können in der Regel nur durch körperliche Übergabe von Hand zu Hand an einen andern übertragen werden.

b) Übergabe durch Zeichen;

§ 427. Bei solchen beweglichen Sachen aber, welche ihrer Beschaffenheit nach keine körperliche Übergabe zulassen, wie bei Schuldforderungen, Frachtgütern, bei einem Warenlager oder einer andern Gesamtsache, gestattet das Gesetz die Übergabe durch Zeichen; indem der Eigentümer dem Übernehmer die Urkunden, wodurch das Eigentum dargetan wird, oder die Werkzeuge übergibt, durch die der Übernehmer in den Stand gesetzt wird, ausschließend den Besitz der Sache zu ergreifen; oder, indem man mit der Sache ein Merkmal verbindet, woraus jedermann deutlich erkennen kann, daß die Sache einem andern überlassen worden ist.

c) durch Erklärung

§ 428. Durch Erklärung wird die Sache übergeben, wenn der Veräußerer auf eine erweisliche Art seinen Willen an den Tag legt, daß er die Sache künftig im Namen des Übernehmers innehabe; oder, daß der Übernehmer die Sache, welche er bisher ohne ein dingliches Recht innehatte, künftig aus einem dinglichen Rechte besitzen solle.

Folge in Rücksicht der übersendeten,

§ 429. Wenn die Sache mit Willen des Übernehmers an einen anderen Ort als den Erfüllungsort übersendet wird, ist die Sache bereits mit ihrer Aushändigung an eine mit der Übersendung betraute Person übergeben, sofern die Art der Übersendung der getroffenen Vereinbarung, mangels einer solchen der Verkehrsübung entspricht.

(BGBl I 2014/33, ab 13. 6. 2014)

oder, an mehrere veräußerten Sachen

§ 430. Hat ein Eigentümer eben dieselbe bewegliche Sache an zwei verschiedene Personen, an eine mit, an die andere ohne Übergabe veräußert; so gebührt sie derjenigen, welcher sie zuerst übergeben worden ist; doch hat der Eigentümer dem verletzten Teile zu haften.

2. Bei unbeweglichen Sachen und Bauwerken

§ 431. [1]Zur Übertragung des Eigentumes unbeweglicher Sachen muß das Erwerbungsgeschäft in die dazu bestimmten öffentlichen Bücher eingetragen werden. [2]Diese Eintragung nennt man Einverleibung (Intabulation).

Insbesondere bei Erwerbung

a) durch Vertrag;

§ 432. Zu diesem Zwecke muß über das Erwerbungsgeschäft eine beglaubigte Urkunde in der zur Gültigkeit des Geschäftes vorgeschriebenen Form oder eine öffentliche Urkunde ausgefertigt werden.

(RGBl 1916/69)

§ 433. Die Urkunde muß die genaue Angabe der Personen, die das Eigentum übergeben und übernehmen; der Liegenschaft, die übergeben werden soll, mit ihren Bestandteilen; des Rechtsgrundes der Übergabe; ferner des Ortes und der Zeit des Vertragsschlusses enthalten; und es muß von dem Übergeber in dieser oder in einer besonderen Urkunde die ausdrückliche Erklärung abgegeben werden, daß er in die Einverleibung einwillige.

(RGBl 1916/69)

§ 434. [1]Zur Übertragung des Eigentums an Liegenschaften, die in keinem Grundbuche eingetragen sind, muß eine mit den Erfordernissen der §§ 432 und 433 versehene Urkunde bei Gericht hinterlegt werden. [2]An die Stelle der Bewilligung der Einverleibung tritt die Erklärung der Einwilligung zur Hinterlegung der Urkunde.

(RGBl 1916/69)

§ 435. Dasselbe gilt auch für die Übertragung des Eigentums an Bauwerken, die auf fremdem Grund in der Absicht aufgeführt sind, daß sie nicht stets darauf bleiben sollen, soferne sie nicht Zugehör eines Baurechtes sind.

(RGBl 1916/69)

b) durch Urteil und andere gerichtliche Urkunden;

§ 436. Wenn das Eigentum unbeweglicher Sachen oder eines Bauwerkes zufolge rechtskräftigen Urteils, gerichtlicher Teilung oder Einantwortung einer Erbschaft übertragen werden soll, ist ebenfalls die Einverleibung (§§ 431 bis 433) oder die Hinterlegung der Urkunde (§§ 434, 435) erforderlich.

(RGBl 1916/69)

oder c) durch Vermächtnis

§ 437. Ebenso ist es, um das Eigentum eines vermachten unbeweglichen Gutes oder eines Bauwerkes zu erwerben, notwendig, daß die Sache dem Vermächtnisnehmer gemäß §§ 431 bis 435 übergeben werde.

(RGBl 1916/69)

Bedingte Aufzeichnung in das öffentliche Buch; oder Vormerkung

§ 438. [1]Wenn derjenige, welcher das Eigentum einer unbeweglichen Sache anspricht, darüber zwar eine glaubwürdige, aber nicht mit allen in den [§§ 434 und 435][1)] zur Einverleibung vorgeschriebenen Erfordernissen versehene Urkunde besitzt; so kann er doch, damit ihm niemand ein Vorrecht abgewinne, die bedingte Eintragung in das öffentliche Buch bewirken, welche Vormerkung (Pränotation) genannt wird. [2]Dadurch erhält er ein bedingtes Eigentumsrecht, und er wird, sobald er zu Folge richterlichen Ausspruches die Vormerkung gerechtfertigt hat, von der Zeit des nach gesetzlicher Ordnung eingereichten Vormerkungsgesuches, für den wahren Eigentümer gehalten.

[1)] *Jetzt: §§ 432 und 433*

§ 439. [Die geschehene Vormerkung muß sowohl demjenigen, der sie bewirkt hat, als auch seinem Gegner durch Zustellung zu eigenen Handen bekannt gemacht werden.] Der Vormerkungswerber muß binnen vierzehn Tagen, vom Tage der erhaltenen Zustellung, die ordentliche Klage zum Erweise des Eigentumsrechtes einreichen; widrigenfalls soll die bewirkte Vormerkung auf Ansuchen des Gegners gelöscht werden.

[] *Gegenstandslos, s §§ 118 ff GBG*

Vorschrift über die Kollision der Einverleibungen

§ 440. Hat der Eigentümer eben dieselbe unbewegliche Sache zwei verschiedenen Personen überlassen; so fällt sie derjenigen zu, welche früher die Einverleibung angesucht hat.

Folge der Erwerbung:

a) in Rücksicht des Besitzes;

§ 441. Sobald die Urkunde über das Eigentumsrecht in das öffentliche Buch eingetragen ist, tritt der neue Eigentümer in den rechtmäßigen Besitz.

b) der damit verbundenen Rechte;

§ 442. [1]Wer das Eigentum einer Sache erwirbt, erlangt auch die damit verbundenen Rechte. [2]Rechte, die auf die Person des Übergebers eingeschränkt sind, kann er nicht übergeben. [3]Überhaupt kann niemand einem andern mehr Recht abtreten, als er selbst hat.

c) Lasten

§ 443. [1]Mit dem Eigentume unbeweglicher Sachen werden auch die darauf haftenden, in den öffentlichen Büchern angemerkten Lasten übernommen. [2]Wer diese Bücher nicht einsieht, leidet in allen Fällen für seine Nachlässigkeit. [3]Andere Forderungen und Ansprüche, die jemand an den vorigen Eigentümer hat, gehen nicht auf den neuen Erwerber über.

Erlöschung des Eigentumsrechtes

§ 444. [1]Das Eigentum überhaupt kann durch den Willen des Eigentümers; durch das Gesetz, und durch richterlichen Ausspruch verloren gehen. [2]Das Eigentum der unbeweglichen Sachen aber wird nur durch die Löschung aus den öffentlichen Büchern aufgehoben.

Ausdehnung dieser Vorschriften auf andere dingliche Rechte

§ 445. Nach den in diesem Hauptstücke über die Erwerbungs- und Erlöschungsart des Eigentumsrechtes unbeweglicher Sachen gegebenen Vorschriften hat man sich auch bei den übrigen, auf unbewegliche Sachen sich beziehenden, dinglichen Rechten zu verhalten.

Form und Vorsichten der Einverleibungen

§ 446. Auf was Art und mit welchen Vorsichten überhaupt bei Einverleibung dinglicher Rechte vorzugehen sei, ist in den über die Einrichtung der Landtafeln und Grundbücher bestehenden besondern Anordnungen enthalten.

Sechstes Hauptstück

Von dem Pfandrechte

Begriff von dem Pfandrechte und Pfande

§ 447. [1]Das Pfandrecht ist das dingliche Recht, welches dem Gläubiger eingeräumt wird, aus einer Sache, wenn die Verbindlichkeit zur bestimmten Zeit nicht erfüllt wird, die Befriedigung zu erlangen. [2]Die Sache, worauf dem Gläubiger dieses Recht zusteht, heißt überhaupt ein Pfand.

Arten des Pfandes

§ 448. [1]Als Pfand kann jede Sache dienen, die im Verkehre steht. [2]Ist sie beweglich, so wird sie Handpfand, oder ein Pfand in enger Bedeutung genannt; ist sie unbeweglich, so heißt sie eine Hypothek oder ein Grundpfand.

Titel des Pfandrechtes

§ 449. [1]Das Pfandrecht bezieht sich zwar immer auf eine gültige Forderung, aber nicht jede Forderung gibt einen Titel zur Erwerbung des Pfandrechtes. [2]Dieser gründet sich auf das Gesetz; auf einen richterlichen Ausspruch; auf einen Vertrag; oder den letzten Willen des Eigentümers.

§ 450. [1]Die Fälle, in welchen das Gesetz jemandem[1)] das Pfandrecht einräumt, sind am gehörigen Orte dieses Gesetzbuches und bei dem Verfahren in Konkursfällen angegeben. [2]Inwiefern das Gericht ein Pfandrecht einräumen könne, bestimmt die Gerichtsordnung. [3]Soll durch die Einwilligung des Schuldners oder eines Dritten, der seine Sache für ihn verhaftet, das Pfandrecht erworben werden; so dienen die Vorschriften von Verträgen und Vermächtnissen zur Richtschnur.

1) In JGS „jemanden"

Erwerbungsart des Pfandrechtes:

a) durch körperliche Übergabe;

b) durch Einverleibung oder gerichtliche Urkundenhinterlegung;

§ 451. (1) [1]Um das Pfandrecht wirklich zu erwerben, muß der mit einem Titel versehene Gläubiger die verpfändete Sache, wenn sie beweglich ist, in Verwahrung nehmen; und, wenn sie unbeweglich ist, seine Forderung auf die zur Erwerbung des Eigentumes liegender Güter vorgeschriebene Art einverleiben lassen. [2]Der Titel allein gibt nur ein persönliches Recht zu der Sache, aber kein dingliches Recht auf die Sache.

(2) [1]Das Pfandrecht an bücherlich nicht eingetragenen Liegenschaften (§ 434) oder an Bauwerken (§ 435) wird durch die gerichtliche Hinterlegung einer beglaubigten Pfandbestellungsurkunde erworben. [2]Die Urkunde muß die genaue Angabe des Pfandgegenstandes und der Forderung mit einer ziffermäßig bestimmten Geldsumme, bei einer verzinslichen Forderung auch die Höhe der Zinsen; ferner die ausdrückliche Zustimmung des Verpfänders zu der gerichtlichen Hinterlegung enthalten.

(RGBl 1916/69)

c) durch symbolische Übergabe;

§ 452. [1]Bei Verpfändung derjenigen beweglichen Sachen, welche keine körperliche Übergabe von Hand zu Hand zulassen, muß man sich, wie bei der Übertragung des Eigentumes (§ 427), solcher Zeichen bedienen, woraus jedermann die Verpfändung leicht erfahren kann. [2]Wer diese Vorsicht unterläßt, haftet für die nachteiligen Folgen.

d) durch die Vormerkung

§ 453. [1]Findet die Einverleibung einer Forderung in die öffentlichen Bücher wegen Mangels gesetzmäßiger Förmlichkeit in der Urkunde nicht statt; so kann sich der Gläubiger vormerken (pränotieren) lassen. [2]Durch diese Vormerkung erhält er ein bedingtes Pfandrecht, welches, wenn die Forderung auf die oben §§ 438 und 439 angeführte Art gerechtfertigt worden ist, von dem Zeitpunkte des nach gesetzlicher Ordnung eingereichten Vormerkungsgesuches in ein unbedingtes übergeht.

Erwerbung eines Afterpfandes

§ 454. Der Pfandinhaber kann sein Pfand, insoweit er ein Recht darauf hat, einem Dritten wieder verpfänden, und insofern wird es zum Afterpfande, wenn zugleich letzterer sich dasselbe übergeben, oder die Afterverpfändung auf das Pfandrecht in die öffentlichen Bücher eintragen läßt.

§ 455. Wird der Eigentümer von der weiteren Verpfändung benachrichtigt; so kann er seine Schuld nur mit Willen dessen, der das Afterpfand hat, dem Gläubiger abführen, oder er muß sie gerichtlich hinterlegen, sonst bleibt das Pfand dem Inhaber des Afterpfandes verhaftet.

Verpfändung einer fremden Sache

§ 456. (1) [1]Wird eine bewegliche Sache von jemandem verpfändet, dem sie nicht gehört und der darüber auch nicht verfügen kann, so hat der Eigentümer zwar in der Regel das Recht, sie zurückzufordern. [2]In solchen Fällen, in denen die Eigentumsklage gegen einen rechtmäßigen und redlichen Besitzer abzuweisen ist (§§ 367 und 368), ist er aber verpflichtet, den Pfandbesitzer schadlos zu halten oder das Pfand fahren zu lassen und sich mit dem Schadenersatzanspruch gegen den Verpfänder oder dritte Personen zu begnügen.

(2) Ist die Sache mit dem Recht eines Dritten belastet, so geht das Pfandrecht des rechtmäßigen und redlichen Pfandbesitzers diesem Recht vor, es sei denn, dass der Pfandbesitzer in Ansehung dieses Rechtes nicht redlich ist (§ 368).

(BGBl I 2005/120, ab 1. 1. 2007, s Anm zu § 367)

Objektiver Umfang des Pfandrechtes

§ 457. [1]Das Pfandrecht erstreckt sich auf alle zu dem freien Eigentume des Verpfänders gehörige Teile, auf Zuwachs und Zugehör des Pfandes, folglich auch auf die Früchte, insolange sie noch nicht abgesondert oder bezogen sind. [2]Wenn also ein Schuldner einem Gläubiger sein Gut, und einem andern später die Früchte desselben verpfändet; so ist die spätere Verpfändung nur in Rücksicht auf die schon abgesonderten und bezogenen Früchte wirksam.

Rechte und Verbindlichkeiten des Pfandgläubigers:

a) bei Entdeckung eines unzureichenden Pfandes;

§ 458. Wenn der Wert eines Pfandes durch Verschulden des Pfandgebers, oder wegen eines erst offenbar gewordenen Mangels der Sache zur Bedeckung der Schuld nicht mehr zureichend gefunden wird; so ist der Gläubiger berechtigt, von dem Pfandgeber ein anderes angemessenes Pfand zu fordern.

b) vor dem Verfalle;

§ 459. [1]Ohne Bewilligung des Pfandgebers darf der Gläubiger das Pfandstück nicht benützen; er muß es vielmehr genau bewahren, und, wenn es durch sein Verschulden in Verlust gerät, dafür haften. [2]Geht es ohne sein Verschulden verloren, so verliert er deswegen seine Forderung nicht.

§ 460. Hat der Gläubiger das Pfand weiter verpfändet; so haftet er selbst für einen solchen Zufall, wodurch das Pfand bei ihm nicht zu Grunde gegangen oder verschlimmert worden wäre.

§ 460a. (1) [1]Wenn eine bewegliche körperliche Sache einschließlich eines Inhaber- oder Orderpapiers als Pfand zu verderben oder erheblich und dauernd so an Wert zu verlieren droht, dass die Sicherheit des Pfandgläubigers gefährdet wird, kann dieser das Pfand bereits vor der Fälligkeit seiner Forderung gemäß den §§ 466a bis 466d außergerichtlich verwerten. [2]Der Pfandgläubiger hat dem Pfandgeber tunlichst die Gelegenheit zur Leistung einer anderweitigen Sicherheit einzuräumen.

(2) [1]Der Erlös tritt an die Stelle des Pfandes. [2]Auf Verlangen des Pfandgebers ist der Erlös zu hinterlegen.

(BGBl I 2005/120, ab 1. 1. 2007, s Anm zu § 367)

c) nach dem Verfalle der Forderung

§ 461. [1]Wird der Pfandgläubiger nach Verlauf der bestimmten Zeit nicht befriedigt; so ist er befugt, die Feilbietung des Pfandes gerichtlich zu verlangen. [2]Das Gericht hat dabei nach Vorschrift der Gerichtsordnung zu verfahren.

§ 462. Vor der Feilbietung des Gutes ist jedem darauf eingetragenen Pfandgläubiger die Einlösung der Forderung, wegen welcher die Feilbietung angesucht worden, zu gestatten.

§ 463. Schuldner haben kein Recht, bei Versteigerung einer von ihnen verpfändeten Sache mitzubieten.

§ 464. Wird der Schuldbetrag aus dem Pfande nicht gelöst, so ersetzt der Schuldner das Fehlende; ihm fällt aber auch das zu, was über den Schuldbetrag gelöst wird.

§ 465. Inwiefern ein Pfandgläubiger sich an sein Pfand zu halten schuldig; oder, auf ein anderes Vermögen seines Schuldners zu greifen berechtigt sei, bestimmt die Gerichtsordnung.

§ 466. Hat der Schuldner während der Verpfändungszeit das Eigentum der verpfändeten Sache auf einen andern übertragen; so steht dem Gläubiger frei, erst sein persönliches Recht gegen den Schuldner, und dann seine volle Befriedigung an der verpfändeten Sache zu suchen.

d) außergerichtliche Pfandverwertung

§ 466a. (1) Der Pfandgläubiger kann sich aus einer beweglichen körperlichen Sache (§ 460a Abs. 1), die ihm verpfändet worden ist oder an der er ein gesetzliches Pfandrecht erworben hat, auch durch den Verkauf der Sache befriedigen.

(2) Der Pfandgläubiger hat bei der Verwertung der Sache angemessen auf die Interessen des Pfandgebers Bedacht zu nehmen.

(3) [1]Der Pfandgläubiger und der Pfandgeber können abweichende Arten der außergerichtlichen Pfandverwertung vereinbaren. [2]Besondere Vorschriften über die außergerichtliche Verwertung von Sicherheiten bleiben unberührt.

(BGBl I 2005/120, ab 1. 1. 2007, s Anm zu § 367)

§ 466b. (1) [1]Der Pfandgläubiger hat dem Pfandgeber nach Eintritt der Fälligkeit der gesicherten Forderung den Verkauf der Sache anzudrohen, soweit dies nicht untunlich ist. [2]Er hat dabei die Höhe der ausstehenden Forderung anzugeben. [3]Der Verkauf darf erst einen Monat nach dessen Androhung oder, wenn diese untunlich war, nach Eintritt der Fälligkeit stattfinden. [4]Besteht an der Sache ein anderes Pfandrecht, so hat der Gläubiger den Verkauf auch dem anderen Pfandgläubiger anzudrohen. [5]Diesem ist die Einlösung der Forderung zu gestatten (§ 462).

(2) Der Verkauf ist im Wege einer öffentlichen Versteigerung durch einen dazu befugten Unternehmer zu bewirken.

(3) [1]Zeit und Ort der Versteigerung sind unter allgemeiner Bezeichnung des Pfandes öffentlich bekannt zu machen. [2]Der Pfandgeber und Dritte, denen Rechte am Pfand zustehen, sind hievon zu benachrichtigen.

(4) [1]Sachen mit einem Börsen- oder Marktpreis dürfen zu diesem Preis vom Pfandgläubiger auch aus freier Hand verkauft werden. [2]Wertpapiere, die einen Börsen- oder Marktpreis haben, sowie Sparurkunden dürfen nur aus freier Hand zu ihrem Preis oder Wert verkauft werden.

(BGBl I 2005/120, ab 1. 1. 2007, s Anm zu § 367)

§ 466c. (1) [1]Das Pfand darf nur mit der Bestimmung verkauft werden, dass der Erwerber den Kaufpreis sofort zu entrichten hat. [2]Wird die Sache dem Erwerber vor der Entrichtung des Preises übergeben, so gilt auch der Kaufpreis als dem Pfandgläubiger übergeben.

(2) Der Pfandgläubiger hat den Pfandgeber vom Verkauf des Pfandes und von dessen Ergebnis unverzüglich zu verständigen.

(3) [1]Mit dem Verkauf erlöschen die Pfandrechte an der Sache selbst. [2]Das Gleiche gilt für andere dingliche Rechte, sofern diese nicht allen Pfandrechten im Rang vorgehen.

(4) [1]Der Kaufpreis gebührt dem Pfandgläubiger nach Maßgabe seines Ranges im Ausmaß der gesicherten Forderung und der angemessenen Kosten einer zweckentsprechenden Verwertung. [2]Im Übrigen tritt der Anspruch des Pfandgebers auf Herausgabe des Mehrbetrags an die Stelle des Pfandes.

(5) Wenn der Pfandgläubiger und der Pfandgeber eine abweichende Art der Pfandverwertung vereinbaren und am Pfand einem Dritten ein Recht zusteht, das durch die Verwertung erlischt, so bedarf die Vereinbarung zu ihrer Wirksamkeit der Zustimmung des Dritten.

(BGBl I 2005/120, ab 1. 1. 2007, s Anm zu § 367)

§ 466d. Wenn der Pfandgläubiger die Sache außergerichtlich als Pfand verwertet, genügt für die Redlichkeit des Erwerbers (§§ 367 und 368) der gute Glaube in die Befugnis des Pfandgläubigers, über die Sache zu verfügen.

(BGBl I 2005/120, ab 1. 1. 2007, s Anm zu § 367)

§ 466e. (1) Besteht das Pfandrecht an einem Inhaber- oder Orderpapier, so ist der Pfandgläubiger berechtigt, eine etwa erforderliche Kündigung vorzunehmen und die Forderung aus dem Wertpapier einzuziehen.

(2) [1]Ist die Forderung aus dem verpfändeten Papier bereits fällig, so kann der Pfandgläubiger diese auch dann einziehen, wenn die gesicherte Forderung noch nicht fällig ist. [2]In diesem Fall erwirbt der Pfandgläubiger ein Pfandrecht an der erhaltenen Leistung. [3]Besteht die Leistung in Geld, so hat der Pfandgläubiger den erhaltenen Betrag nach den Bestimmungen über die Anlegung von Mündelgeld zu veranlagen.

(BGBl I 2005/120, ab 1. 1. 2007, s Anm zu § 367)

Erlöschung des Pfandrechtes

§ 467. Wenn die verpfändete Sache zerstört wird; wenn sich der Gläubiger seines Rechtes darauf gesetzmäßig begibt; oder, wenn er sie dem Schuldner ohne Vorbehalt zurückstellt; so erlischt zwar das Pfandrecht, aber die Schuldforderung besteht noch.

§ 468. Das Pfandrecht erlischt ferner mit der Zeit, auf welche es eingeschränkt war, folglich auch mit dem zeitlichen Rechte des Pfandgebers auf die verpfändete Sache; wenn anders dieser Umstand dem Gläubiger bekannt war, oder aus den öffentlichen Büchern bekannt sein konnte.

§ 469. [1]Durch Tilgung der Schuld hört das Pfandrecht auf. [2]Der Pfandgeber ist aber die Schuld nur gegen dem zu tilgen verbunden, daß ihm das Pfand zugleich zurückgestellt werde. [3]Zur Aufhebung einer Hypothek ist die Tilgung der Schuld allein nicht hinreichend. [4]Ein Hypothekargut bleibt so lange verhaftet, bis die Schuld aus den öffentlichen Büchern gelöscht ist. [5]Bis dahin kann der Eigentümer des Gutes auf Grund einer Quittung oder einer anderen, das Erlöschen der Pfandschuld dartuenden Urkunde das Pfandrecht auf eine neue Forderung übertragen, die den Betrag der eingetragenen Pfandforderung nicht übersteigt.

(RGBl 1916/69)

§ 469a. [1]Bei Bestellung des Pfandrechtes kann auf dieses Verfügungsrecht nicht verzichtet werden. [2]„Ist jedoch im öffentlichen Buch ein der Hypothek im Rang nachfolgendes oder ihr gleichrangiges, rechtsgeschäftlich bestelltes Recht eingetragen, so kann der Eigentümer über die Hypothek nur dann verfügen, wenn er sich das Verfügungsrecht gegenüber dem Buchberechtigten vertraglich vorbehalten hat und dieser Vorbehalt im öffentlichen Buch bei der Hypothek angemerkt ist.“ *(BGBl I 1997/30, ab 1.1. 1998, gilt* *unter der Voraussetzung, daß der Antrag auf Eintragung des der Hypothek im Rang nachfolgenden oder ihr gleichrangigen Rechts nach dem 31. 12. 1997 beim Grundbuchsgericht eingelangt ist. Auf Anträge auf Anmerkung der Löschungsverpflichtung nach § 469a aF, die vor dem 1. 1. 1998 beim Grundbuchsgericht einlangen, ist §469a aF anzuwenden. Anmerkungen der Löschungsverpflichtung nach § 469a aF kommt weiterhin die in der angeführten Bestimmung vorgesehene Rechtswirkung zu. Satz 2 aF lautete: „Verpflichtet sich der Eigentümer einem andern gegenüber, eine bestimmte Hypothek löschen zu lassen, so kann er über die Hypothek nicht verfügen, wenn diese Verpflichtung im öffentlichen Buch bei der Hypothek angemerkt ist.")*

(RGBl 1916/69)

§ 470. [1]Wird nach Tilgung der Schuld (§ 469) oder eingetretener Vereinigung (§ 1446), bevor das Pfandrecht bücherlich gelöscht oder die Liegenschaft oder das Pfandrecht übertragen worden ist, das Hypothekargut zwangsweise versteigert oder dessen Zwangsverwaltung bewilligt, so ist bei Verteilung des Erlöses auf dieses Pfandrecht keine Rücksicht zu nehmen. [2]Nur insoweit die durch das Pfandrecht gesicherte Forderung gegen einen Dritten noch fortbesteht oder dem Eigentümer der Ersatz für deren Tilgung gebührt (§ 1358), wird der darauf entfallende Teil dem Eigentümer zugewiesen.

(RGBl 1916/69)

Von dem Retentionsrechte

§ 471. (1) Wer zur Herausgabe einer Sache verpflichtet ist, kann sie zur Sicherung seiner fälligen Forderungen wegen des für die Sache gemachten Aufwandes oder des durch die Sache ihm verursachten Schadens mit der Wirkung zurückbehalten, daß er zur Herausgabe nur gegen die Zug um Zug zu bewirkende Gegenleistung verurteilt werden kann.

(2) Die Ausübung des Zurückbehaltungsrechtes kann durch Sicherheitsleistung abgewendet werden; Sicherheitsleistung durch Bürgen ist ausgeschlossen.

(RGBl 1916/69)

Siebentes Hauptstück

Von Dienstbarkeiten (Servituten)

Begriff des Rechtes der Dienstbarkeit

§ 472. [1]Durch das Recht der Dienstbarkeit wird ein Eigentümer verbunden, zum Vorteile eines andern in Rücksicht seiner Sache etwas zu dulden oder zu unterlassen. [2]Es ist ein dingliches, gegen jeden Besitzer der dienstbaren Sache wirksames Recht.

Einteilung der Dienstbarkeiten in Grunddienstbarkeiten und persönliche;

§ 473. Wird das Recht der Dienstbarkeit mit dem Besitze eines Grundstückes zu dessen vorteilhafteren oder bequemeren Benützung verknüpft; so entsteht eine Grunddienstbarkeit; außer dem ist die Dienstbarkeit persönlich.

in Feld- und Haus-Servituten

§ 474. [1]Grunddienstbarkeiten setzen zwei Grundbesitzer voraus, deren einem als Verpflichteten das dienstbare; dem andern als Berechtigten das herrschende Gut gehört. [2]Das herrschende Grundstück ist entweder zur Landwirtschaft oder zu einem andern Gebrauche bestimmt; daher unterscheidet man auch die Feld- und Haus-Servituten.

Gewöhnlichere Arten:

a) der Haus-Servituten;

§ 475. (1) Die Haus-Servituten sind gewöhnlich:

1. das Recht, eine Last seines Gebäudes auf ein fremdes Gebäude zu setzen;

2. einen Balken oder Sparren in eine fremde Wand einzufügen;

3. ein Fenster in der fremden Wand zu öffnen; es sei des Lichtes oder der Aussicht wegen;

4. ein Dach oder einen Erker über des Nachbars Luftraum zu bauen;

5. den Rauch durch des Nachbars Schornstein zu führen;

6. die Dachtraufe auf fremden Grund zu leiten;

7. Flüssigkeiten auf des Nachbars Grund zu gießen oder durchzuführen.

(2) Durch diese und ähnliche Haus-Servituten wird ein Hausbesitzer befugt, etwas auf dem Grunde seines Nachbars vorzunehmen, was dieser dulden muß.

§ 476. [1]Durch andere Haus-Servituten wird der Besitzer des dienstbaren Grundes verpflichtet, etwas zu unterlassen, was ihm sonst zu tun frei stand. [2]Dergleichen sind:

8. sein Haus nicht zu erhöhen;

9. es nicht niedriger zu machen;

10. dem herrschenden Gebäude Licht und Luft;

11. oder Aussicht nicht zu benehmen;

12. die Dachtraufe seines Hauses von dem Grunde des Nachbars, dem sie zur Bewässerung

seines Gartens oder zur Füllung seiner Zisterne, oder auf eine andere Art nützlich sein kann, nicht abzuleiten.

b) der Feld-Servituten

§ 477. Die vorzüglichen Feld-Servituten sind:

1. das Recht, einen Fußsteig, Viehtrieb oder Fahrweg auf fremdem[1)] Grund und Boden zu halten;

2. das Wasser zu schöpfen, das Vieh zu tränken, das Wasser ab- und herzuleiten;

3. das Vieh zu hüten und zu weiden;

4. Holz zu fällen, verdorrte Äste und Reiser zu sammeln, Eicheln zu lesen, Laub zu rechen;

5. zu jagen, zu fischen, Vögel zu fangen;

6. Steine zu brechen, Sand zu graben, Kalk zu brennen.

[1)] In JGS „fremden"

Arten der persönlichen Dienstbarkeiten

§ 478. Die persönlichen Servituten sind: der nötige Gebrauch einer Sache; die Fruchtnießung; und die Wohnung.

Unregelmäßige und Schein-Servituten

§ 479. [1]Es können aber auch Dienstbarkeiten, welche an sich Grunddienstbarkeiten sind, der Person allein; oder, es können Begünstigungen, die ordentlicher Weise Servituten sind, nur bloß auf Widerrufen zugestanden werden. [2]Die Abweichungen von der Natur einer Servitut werden jedoch nicht vermutet; wer sie behauptet, dem liegt der Beweis ob.

Erwerbung des Rechtes der Dienstbarkeit. Titel zur Erwerbung

§ 480. Der Titel zu einer Servitut ist auf einem Vertrage; auf einer letzten Willenserklärung; auf einem bei der Teilung gemeinschaftlicher Grundstücke erfolgten Rechtsspruche; oder endlich, auf Verjährung gegründet.

Erwerbungsart

§ 481. (1) Das dingliche Recht der Dienstbarkeit kann an Gegenständen, die in den öffentlichen Büchern eingetragen sind, nur durch die Eintragung in diese erworben werden.

(2) An bücherlich nicht eingetragenen Liegenschaften (§ 434) oder an Bauwerken (§ 435) wird das dingliche Recht durch die gerichtliche Hinterlegung einer über die Einräumung der Dienstbarkeit errichteten beglaubigten Urkunde; auf andere Sachen aber durch die oben (§§ 426 bis 428) angegebenen Arten der Übergabe erworben.

(RGBl 1916/69)

Rechtsverhältnis bei den Dienstbarkeiten. Allgemeine Vorschriften über das Recht der Dienstbarkeit

§ 482. Alle Servituten kommen darin überein, daß der Besitzer der dienstbaren Sache in der Regel nicht verbunden ist, etwas zu tun; sondern nur einem andern die Ausübung eines Rechtes zu gestatten, oder das zu unterlassen, was er als Eigentümer sonst zu tun berechtigt wäre.

§ 483. [1]Daher muß auch der Aufwand zur Erhaltung und Herstellung der Sache, welche zur Dienstbarkeit bestimmt ist, in der Regel von dem Berechtigten getragen werden. [2]Wenn aber diese Sache auch von dem Verpflichteten benützt wird; so muß er verhältnismäßig zu dem Aufwande beitragen, und nur durch die Abtretung derselben an den Berechtigten kann er sich, auch ohne dessen Beistimmung, von dem Beitrage befreien.

§ 484. Der Besitzer des herrschenden Gutes kann zwar sein Recht auf die ihm gefällige Art ausüben; doch dürfen Servituten nicht erweitert, sie müssen vielmehr, insoweit es ihre Natur und der Zweck der Bestellung gestattet, eingeschränkt werden.

§ 485. [1]Keine Servitut läßt sich eigenmächtig von der dienstbaren Sache absondern, noch auf eine andere Sache oder Person übertragen. [2]Auch wird jede Servitut insofern für unteilbar gehalten, als das auf dem Grundstücke haftende Recht durch Vergrößerung, Verkleinerung oder Zerstücklung desselben, abgesehen von dem im § 847 bezeichneten Falle, weder verändert noch geteilt werden kann.

(RGBl 1916/69)

§ 486. Ein Grundstück kann mehrern Personen zugleich dienstbar sein, wenn anders die ältern Rechte eines Dritten nicht darunter leiden.

Anwendung auf die Grunddienstbarkeiten; insbesondere auf das Recht, eine Last, einen Balken auf fremdem Gebäude zu haben, oder den Rauch durchzuführen

§ 487. [1]Nach den hier aufgestellten Grundsätzen sind die Rechtsverhältnisse bei den besondern Arten der Servituten zu bestimmen. [2]Wer also die Last des benachbarten Gebäudes zu tragen; die Einfügung des fremden Balkens an seiner Wand; oder, den Durchzug des fremden Rauches in seinem Schornsteine zu dulden hat; der muß verhältnismäßig zur Erhaltung der dazu bestimmten Mauer, Säule, Wand oder des Schornsteines beitragen. [3]Es kann ihm aber nicht zugemutet werden, daß er das herrschende Gut unterstützen oder den Schornstein des Nachbars ausbessern lasse.

Fensterrecht

§ 488. [1]Das Fensterrecht gibt nur auf Licht und Luft Anspruch; die Aussicht muß besonders bewilligt werden. [2]Wer kein Recht zur Aussicht hat, kann angehalten werden, das Fenster zu vergittern. [3]Mit dem Fensterrechte ist die Schuldigkeit verbunden, die Öffnung zu verwahren; wer diese Verwahrung vernachlässigt, haftet für den daraus entstehenden Schaden.

Recht der Dachtraufe

§ 489. [1]Wer das Recht der Dachtraufe besitzt, kann das Regenwasser auf das fremde Dach frei oder durch Rinnen abfließen lassen; er kann auch sein Dach erhöhen; doch muß er solche Vorkehrungen treffen, daß dadurch die Dienstbarkeit nicht lästiger werde. [2]Ebenso muß er häufig gefallenen Schnee zeitig hinwegräumen, wie auch die zum Abflusse bestimmten Rinnen unterhalten.

Recht der Ableitung des Regenwassers

§ 490. Wer das Recht hat, das Regenwasser von dem benachbarten Dache auf seinen Grund zu leiten, hat die Obliegenheit, für Rinnen, Wasserkästen und andere dazu gehörige Anstalten die Auslagen allein zu bestreiten.

§ 491. Erfordern die abzuführenden Flüssigkeiten Gräben und Kanäle; so muß sie der Eigentümer des herrschenden Grundes errichten; er muß sie auch ordentlich decken und reinigen, und dadurch die Last des dienstbaren Grundes erleichtern.

Recht des Fußsteiges, Viehtriebes und Fahrweges

§ 492. [1]Das Recht des Fußsteiges begreift das Recht in sich, auf diesem Steige zu gehen, sich von Menschen tragen, oder andere Menschen zu sich kommen zu lassen. [2]Mit dem Viehtriebe ist das Recht, einen Schiebkarren zu gebrauchen; und, mit dem Fahrwege das Recht, mit einem oder mehreren Zügen zu fahren, verbunden.

§ 493. Hingegen kann, ohne besondere Bewilligung, das Recht zu gehen, nicht auf das Recht, zu reiten, oder sich durch Tiere tragen zu lassen; weder das Recht des Viehtriebes auf das Recht, schwere Lasten über den dienstbaren Grund zu schleifen; noch das Recht zu fahren, auf das Recht, frei gelassenes Vieh darüber zu treiben, ausgedehnt werden.

§ 494. Zur Erhaltung des Weges, der Brücken und Stege tragen verhältnismäßig alle Personen oder Grundbesitzer, denen der Gebrauch derselben zusteht, folglich auch der Besitzer des dienstbaren Grundes, so weit bei, als er davon Nutzen zieht.

Raum hierzu

§ 495. [1]Der Raum für diese drei Servituten muß dem nötigen Gebrauche und den Umständen des Ortes angemessen sein. [2]Werden Wege und Steige durch Überschwemmung oder durch einen andern Zufall unbrauchbar; so muß, bis zu der Herstellung in den vorigen Stand, wenn nicht schon die politische Behörde eine Vorkehrung getroffen hat, ein neuer Raum angewiesen werden.

Recht, Wasser zu schöpfen

§ 496. Mit dem Rechte, fremdes Wasser zu schöpfen, wird auch der Zugang zu demselben gestattet.

Recht der Wasserleitung

§ 497. [1]Wer das Recht hat, Wasser von fremdem Grunde auf den seinigen; oder, von seinem Grunde auf fremden zu leiten, ist auch berechtigt, die dazu nötigen Röhren, Rinnen und Schleusen auf eigene Kosten anzulegen. [2]Das nicht zu überschreitende Maß dieser Anlagen wird durch das Bedürfnis des herrschenden Grundes festgesetzt.

Weiderecht

§ 498. [1]Ist bei Erwerbung des Weiderechtes die Gattung und die Anzahl des Triebviehes; ferner die Zeit und das Maß des Genusses nicht bestimmt worden; so ist der ruhige dreißigjährige Besitz zu schützen. [2]In zweifelhaften Fällen dienen folgende Vorschriften zur Richtschnur.

Gesetzliche Bestimmung:

a) über die Gattung des Triebviehes;

§ 499. [1]Das Weiderecht erstreckt sich, insoweit die politischen, und im Forstwesen gegebenen Verordnungen nicht entgegenstehen, auf jede Gattung von Zug-, Rind- und Schafvieh, aber nicht auf Schweine und Federvieh; ebensowenig in waldigen Gegenden auf Ziegen. [2]Unreines, ungesundes und fremdes Vieh ist stets von der Weide ausgeschlossen.

b) dessen Anzahl;

§ 500. [1]Hat die Anzahl des Triebviehes während der letzten dreißig Jahre abgewechselt; so muß aus dem Triebe der drei ersten Jahre die Mittelzahl angenommen werden. [2]Erhellt auch diese nicht; so ist teils auf den Umfang, teils auf die Beschaffenheit der Weide billige Rücksicht zu nehmen, und dem Berechtigten wenigstens nicht gestattet, daß er mehr Vieh auf der fremden Weide halte, als er mit dem auf dem herrschenden Grunde erzeugten Futter durchwintern kann. [3]Säugevieh wird nicht zur bestimmten Anzahl gerechnet.

c) Triftzeit;

§ 501. Die Triftzeit wird zwar überhaupt durch den in jeder Feldmarke eingeführten unangefochtenen Gebrauch bestimmt: allein in keinem Falle darf der vermöge politischer Bestimmungen geordnete Wirtschaftsbetrieb durch die Behütung verhindert, oder erschwert werden.

d) Maß des Genusses

§ 502. [1]Der Genuß des Weiderechtes erstreckt sich auf keine andere Benutzung. [2]Der Berechtigte darf weder Gras mähen, noch in der Regel den Eigentümer des Grundstückes von der Mitweide ausschließen, am wenigsten aber die Substanz der Weide verletzen. [3]Wenn ein Schade zu befürchten ist, muß er sein Vieh von einem Hirten hüten lassen.

Anwendung dieser Bestimmungen auf andere Servituten

§ 503. [1]Was bisher in Rücksicht auf das Weiderecht vorgeschrieben worden, ist verhältnismäßig auch auf die Rechte des Tierfanges, des Holzschlages, des Steinbrechens und die übrigen Servituten anzuwenden. [2]Glaubt jemand diese Rechte auf das Miteigentum gründen zu können; so sind die darüber entstehenden Streitigkeiten nach den, in dem Hauptstücke von der Gemeinschaft des Eigentumes, enthaltenen Grundsätzen zu entscheiden.

Persönliche Dienstbarkeiten; insbesondere:

1. das Recht des Gebrauches;

§ 504. Die Ausübung persönlicher Servituten wird, wenn nichts anderes verabredet worden ist, nach folgenden Grundsätzen bestimmt: Die Servitut des Gebrauches besteht darin, daß jemand befugt ist, eine fremde Sache, ohne Verletzung der Substanz, bloß zu seinem Bedürfnisse zu benützen.

Bestimmung in Rücksicht der Nutzungen;

§ 505. Wer also das Gebrauchsrecht einer Sache hat, der darf, ohne Rücksicht auf sein übriges Vermögen, den seinem Stande, seinem Gewerbe, und seinem Hauswesen angemessenen Nutzen davon ziehen.

§ 506. [1]Das Bedürfnis ist nach dem Zeitpunkte der Bewilligung des Gebrauches zu bestimmen. [2]Nachfolgende Veränderungen in dem Stande oder Gewerbe des Berechtigten geben keinen Anspruch auf einen ausgedehnteren Gebrauch.

der Substanz;

§ 507. Der Berechtigte darf die Substanz der ihm zum Gebrauche bewilligten Sache nicht verändern; er darf auch das Recht an keinen andern übertragen.

und der Lasten;

§ 508. [1]Alle Benützungen, die sich ohne Störung des Gebrauchsberechtigten aus der Sache schöpfen lassen, kommen dem Eigentümer zustatten. [2]Dieser ist aber verbunden, alle ordentlichen[1)] und außerordentlichen[2)], auf der Sache haftenden[3)] Lasten zu tragen, und sie auf seine Kosten in gutem Stande zu erhalten. [3]Nur wenn die Kosten denjenigen Nutzen übersteigen, der dem Eigentümer übrig bleibt, muß der Berechtigte den Überschuß tragen, oder vom Gebrauche abstehen.

1) In JGS „ordentliche"
2) In JGS „außerordentliche"
3) In JGS „haftende"

2. der Fruchtnießung

§ 509. Die Fruchtnießung ist das Recht eine fremde Sache, mit Schonung der Substanz ohne alle Einschränkung zu genießen.

Inwiefern sie sich auf verbrauchbare Sachen erstrecken könne

§ 510. [1]Verbrauchbare Sachen sind an sich selbst kein Gegenstand des Gebrauches oder der Fruchtnießung, sondern nur ihr Wert. [2]Mit dem baren Gelde kann der Berechtigte nach Belieben verfügen. [3]Wird aber ein bereits anliegendes Kapital zum Fruchtgenusse oder Gebrauche bewilligt; so kann der Berechtigte nur die Zinsen fordern.

Rechte und Verbindlichkeiten des Fruchtnießers

§ 511. [1]Der Fruchtnießer hat ein Recht auf den vollen, sowohl gewöhnlichen als ungewöhnlichen

Ertrag; ihm gehört daher auch die mit Beobachtung der bestehenden Bergwerksordnung erhaltene reine Ausbeute von Bergwerksanteilen, und das forstmäßig geschlagene Holz. [2]Auf einen Schatz, welcher in dem zur Fruchtnießung bestimmten Grunde gefunden wird, hat er keinen Anspruch.

Insbesondere:

a) in Rücksicht der auf der Sache haftenden Lasten;

§ 512. [1]Als ein reiner Ertrag kann aber nur das angesehen werden, was nach Abzug aller nötigen Auslagen übrig bleibt. [2]Der Fruchtnießer übernimmt also alle Lasten, welche zur Zeit der bewilligten Fruchtnießung mit der dienstbaren Sache verbunden waren, mithin auch die Zinsen der darauf eingetragenen Kapitalien. [3]Auf ihn fallen alle ordentlichen[1)] und außerordentlichen[2)], von der Sache zu leistenden[3)] Schuldigkeiten, insofern sie aus den während der Dauer der Fruchtnießung gezogenen Nutzungen bestritten werden können; er trägt auch die Kosten, ohne welche die Früchte nicht erzielt werden.

[1)] *In JGS „ordentliche"*
[2)] *In JGS „außerordentliche"*
[3)] *In JGS „leistende"*

b) der Erhaltung der Sache;

§ 513. [1]Der Fruchtnießer ist verbunden, die dienstbare Sache als ein guter Haushälter in dem Stande, in welchem er sie übernommen hat, zu erhalten, und aus dem Ertrage die Ausbesserungen, Ergänzungen und Herstellungen zu besorgen. [2]Wird dessen ungeachtet der Wert der dienstbaren Sache bloß durch den rechtmäßigen Genuß ohne Verschulden des Fruchtnießers verringert; so ist er dafür nicht verantwortlich.

c) der Bauführungen;

§ 514. Wenn der Eigentümer Bauführungen, die durch das Alter des Gebäudes, oder durch einen Zufall notwendig gemacht werden, auf Anzeige des Fruchtnießers auf seine Kosten besorgt; ist ihm der Fruchtnießer, nach Maß der dadurch verbesserten Fruchtnießung, die Zinsen des verwendeten Kapitals zu vergüten schuldig.

§ 515. Kann oder will der Eigentümer dazu sich nicht verstehen; so ist der Fruchtnießer berechtigt, entweder den Bau zu führen, und nach geendigter Fruchtnießung, gleich einem redlichen Besitzer, den Ersatz zu fordern; oder, für die durch Unterbleibung des Baues vermißte Fruchtnießung, eine angemessene Vergütung zu verlangen.

§ 516. Bauführungen, welche nicht notwendig, obgleich sonst zur Vermehrung des Ertrages gedeihlich sind, ist der Fruchtnießer nicht verbunden, ohne vollständige Entschädigung, zu gestatten.

d) der Meliorationskosten

§ 517. Was der Fruchtnießer ohne Einwilligung des Eigentümers zur Vermehrung fortdauernder Nutzungen verwendet hat, kann er zurücknehmen; eine Vergütung der aus der Verbesserung noch bestehenden Nutzungen aber kann er nur fordern; insofern sie ein Geschäftsführer ohne Auftrag zu fordern berechtigt ist.

Beweismittel darüber

§ 518. [1]Zur Erleichterung des Beweises der gegenseitigen Forderungen, sollen der Eigentümer und der Fruchtnießer eine beglaubte Beschreibung aller dienstbaren Sachen aufnehmen lassen. [2]Ist sie unterlassen worden; so wird vermutet, daß der Fruchtnießer die Sache samt allen zur ordentlichen Benützung derselben erforderlichen Stücken in brauchbarem Zustande von mittlerer Beschaffenheit erhalten habe.

Zuteilung der Nutzungen bei Erlöschung der Fruchtnießung

§ 519. [1]Nach geendigter Fruchtnießung gehören die noch stehenden Früchte dem Eigentümer; doch muß er die auf deren Erzielung verwendeten Kosten dem Fruchtnießer oder dessen Erben, gleich einem redlichen Besitzer, ersetzen. [2]Auf andere Nutzungen haben der Fruchtnießer oder dessen Erben den Anspruch nach Maß der Dauer der Fruchtnießung.

Inwiefern der Gebrauchsberechtigte oder der Fruchtnießer zur Sicherstellung verbunden sei

§ 520. [1]In der Regel kann der Eigentümer von dem Gebrauchsberechtigten oder Fruchtnießer nur bei einer sich äußernden Gefahr die Sicherstellung der Substanz verlangen. [2]Wird sie nicht geleistet; so soll die Sache entweder dem Eigentümer gegen eine billige Abfindung überlassen, oder nach Umständen in gerichtliche Verwaltung gegeben werden.

3. Dienstbarkeit der Wohnung

§ 521. [1]Die Servitut der Wohnung ist das Recht, die bewohnbaren Teile eines Hauses zu seinem Bedürfnisse zu benützen. [2]Sie ist also eine Servitut des Gebrauches von dem Wohngebäude. [3]Werden aber jemandem[1)] alle bewohnbaren[2)] Teile des Hauses, mit Schonung der Substanz, ohne Einschränkung zu genießen überlassen; so ist es eine Fruchtnießung des Wohngebäudes. [4]Hiernach sind die oben gegebenen Vorschriften auf das rechtliche Verhältnis zwischen dem Berechtigten und dem Eigentümer anzuwenden.

[1] In JGS „jemanden"
[2] In JGS „bewohnbare"

§ 522. In jedem Falle behält der Eigentümer das Recht, über alle Teile des Hauses, die nicht zur eigentlichen Wohnung gehören, zu verfügen; auch darf ihm die nötige Aufsicht über sein Haus nicht erschwert werden.

Klagerecht in Rücksicht der Servituten

§ 523. [1]In Ansehung der Servituten findet ein doppeltes Klagerecht statt. [2]Man kann gegen den Eigentümer das Recht der Servitut behaupten; oder, der Eigentümer kann sich über die Anmaßung einer Servitut beschweren. [3]Im ersten Falle muß der Kläger die Erwerbung der Servitut oder wenigstens den Besitz derselben als eines dinglichen Rechtes, im zweiten Falle muß er die Anmaßung der Servitut in seiner Sache beweisen.

Erlöschung der Dienstbarkeiten. Im allgemeinen

§ 524. Die Servituten erlöschen im allgemeinen auf diejenigen Arten, wodurch nach dem dritten und vierten Hauptstücke des dritten Teiles Rechte und Verbindlichkeiten überhaupt aufgehoben werden.

Besondere Anordnung bei deren Erlöschung:

a) durch den Untergang des dienstbaren oder herrschenden Grundes;

§ 525. Der Untergang des dienstbaren oder des herrschenden Grundes stellt zwar die Dienstbarkeit ein; sobald aber der Grund, oder das Gebäude wieder in den vorigen Stand gesetzt ist, erhält die Servitut wieder ihre vorige Kraft.

b) durch Vereinigung;

§ 526. [1]Wenn das Eigentum des dienstbaren und des herrschenden Grundes in einer Person vereinigt wird, hört die Dienstbarkeit von selbst auf. [2]Wird aber in der Folge einer dieser vereinigten Gründe wieder veräußert, ohne daß inzwischen in den öffentlichen Büchern die Dienstbarkeit gelöscht worden; so ist der neue Besitzer des herrschenden Grundes befugt, die Servitut auszuüben.

c) durch Zeitverlauf

§ 527. Hat das bloß zeitliche Recht desjenigen, der die Servitut bestellt hat, oder die Zeit, auf welche sie beschränkt worden ist, dem Servitutsinhaber aus öffentlichen Büchern, oder auf eine andere Art bekannt sein können; so hört nach Verlauf dieser Zeit die Servitut von selbst auf.

§ 528. Eine Servitut, welche jemandem[1] bis zur Zeit, da ein Dritter ein bestimmtes Alter erreicht, verliehen wird, erlischt erst zu der bestimmten Zeit, obschon der Dritte vor diesem Alter verstorben ist.

[1] In JGS „jemanden"

Erlöschung der persönlichen Servituten insbesondere

§ 529. [1]Persönliche Servituten hören mit dem Tode auf. [2]Werden sie ausdrücklich auf die Erben ausgedehnt; so sind im Zweifel nur die ersten gesetzlichen Erben darunter verstanden. [3]Das einer Familie verliehene Recht aber geht auf alle Mitglieder derselben über. [4]Die von einer Gemeinde oder einer andern moralischen Person erworbene persönliche Servitut dauert so lange, als die moralische Person besteht.

Unanwendbarkeit auf beständige Renten

§ 530. Beständige jährliche Renten sind keine persönliche Servitut, und können also ihrer Natur nach auf alle Nachfolger übertragen werden.

Achtes Hauptstück
Vom Erbrecht allgemein

I. Begriffe

Verlassenschaft

§ 531. Die Rechte und Verbindlichkeiten eines Verstorbenen bilden, soweit sie nicht höchstpersönlicher Art sind, dessen Verlassenschaft.

(BGBl I 2015/87, ab 1. 1. 2017, s § 1503 Abs 7 Z 2)

Erbrecht

§ 532. [1]Das Erbrecht ist das absolute Recht, die ganze Verlassenschaft oder einen bestimmten Teil davon zu erwerben. [2]Diejenige Person, der das Erbrecht gebührt, wird Erbe genannt.

(BGBl I 2015/87, ab 1. 1. 2017, s § 1503 Abs 7 Z 2)

Erbrechtstitel

§ 533. Das Erbrecht gründet sich auf einen Erbvertrag, auf den letzten Willen des Verstorbenen oder auf das Gesetz.

(BGBl I 2015/87, ab 1. 1. 2017, s § 1503 Abs 7 Z 2)

Mehrere Berufungsgründe

§ 534. Die angeführten Erbrechtstitel können auch nebeneinander bestehen, sodass einem Erben ein bestimmter Teil der Verlassenschaft aus dem letzten Willen, einem anderen ein Teil aus dem Erbvertrag und einem dritten ein Teil aus dem Gesetz gebühren können.

(BGBl I 2015/87, ab 1. 1. 2017, s § 1503 Abs 7 Z 2)

Unterschied zwischen Erbschaft und Vermächtnis

§ 535. [1]Wird einer Person nicht ein Erbteil, der sich auf die ganze Verlassenschaft bezieht, sondern eine bestimmte Sache, eine oder mehrere Sachen einer Gattung, ein Betrag oder ein Recht zugedacht, so ist das Zugedachte, auch wenn sein Wert einen erheblichen Teil der Verlassenschaft ausmacht, ein Vermächtnis. [2]Diejenige Person, der es hinterlassen wurde, ist nicht Erbe, sondern Vermächtnisnehmer.

(BGBl I 2015/87, ab 1. 1. 2017, s § 1503 Abs 7 Z 2)

II. Entstehung des Erbrechts

Erbanfall

§ 536. (1) Der Erbe erwirbt das Erbrecht (Erbanfall) mit dem Tod des Verstorbenen (Erbfall) oder mit dem Eintritt einer aufschiebenden Bedingung (§§ 696 und 703).

(2) Wenn ein möglicher Erbe vor dem Erbanfall verstirbt, erwirbt er kein Erbrecht; es kann daher auch nicht auf seine Erben übergehen.

(BGBl I 2015/87, ab 1. 1. 2017, s § 1503 Abs 7 Z 2)

Vererblichkeit des Erbrechts

§ 537. (1) Wenn der Erbe den Verstorbenen überlebt hat, geht das Erbrecht auch vor Einantwortung der Erbschaft auf seine Erben (Erbeserben) über, es sei denn, dass der Verstorbene dies ausgeschlossen hat, die Erbschaft ausgeschlagen wurde oder das Erbrecht auf eine andere Art erloschen ist.

(2) Die Erbeserben gehen Anwachsungsberechtigten (§ 560) jedenfalls und Ersatzerben (§ 604) dann vor, wenn der Erbe nach Abgabe seiner Erbantrittserklärung verstirbt.

(BGBl I 2015/87, ab 1. 1. 2017, s § 1503 Abs 7 Z 2)

Erbfähigkeit

§ 538. Erbfähig ist, wer rechtsfähig und erbwürdig ist.

(BGBl I 2015/87, ab 1. 1. 2017, s § 1503 Abs 7 Z 2)

Gründe für die Erbunwürdigkeit

§ 539. Wer gegen den Verstorbenen oder die Verlassenschaft eine gerichtlich strafbare Handlung begangen hat, die nur vorsätzlich begangen werden kann und mit mehr als einjähriger Freiheitsstrafe bedroht ist, ist erbunwürdig, sofern der Verstorbene nicht zu erkennen gegeben hat, dass er ihm verziehen hat.

(BGBl I 2015/87, ab 1. 1. 2017, s § 1503 Abs 7 Z 2)

§ 540. [1]Wer absichtlich die Verwirklichung des wahren letzten Willens des Verstorbenen vereitelt oder zu vereiteln versucht hat, etwa indem er ihn zur Erklärung des letzten Willens gezwungen oder arglistig verleitet, ihn an der Erklärung oder Änderung des letzten Willens gehindert oder einen bereits errichteten letzten Willen unterdrückt hat, ist erbunwürdig, sofern der Verstorbene nicht zu erkennen gegeben hat, dass er ihm verziehen hat. [2]Er haftet für jeden einem Dritten dadurch zugefügten Schaden.

(BGBl I 2015/87, ab 1. 1. 2017, s § 1503 Abs 7 Z 2)

§ 541. Wer

1. gegen den Ehegatten, eingetragenen Partner oder Lebensgefährten des Verstorbenen oder gegen dessen Verwandte in gerader Linie eine gerichtlich strafbare Handlung begangen hat, die nur vorsätzlich begangen werden kann und mit mehr als einjähriger Freiheitsstrafe bedroht ist,

2. dem Verstorbenen in verwerflicher Weise schweres seelisches Leid zugefügt hat oder

3. sonst gegenüber dem Verstorbenen seine Pflichten aus dem Rechtsverhältnis zwischen Eltern und Kindern gröblich vernachlässigt hat,

ist erbunwürdig, wenn der Verstorbene aufgrund seiner Testierunfähigkeit, aus Unkenntnis oder aus sonstigen Gründen nicht in der Lage war, ihn zu enterben, und er auch nicht zu erkennen gegeben hat, dass er ihm verziehen hat.

(BGBl I 2015/87, ab 1. 1. 2017, s § 1503 Abs 7 Z 2)

Eintrittsrecht bei Erbunwürdigkeit

§ 542. Bei gesetzlicher Erbfolge treten die Nachkommen der erbunwürdigen Person an deren Stelle, auch wenn diese den Verstorbenen überlebt hat.

(BGBl I 2015/87, ab 1. 1. 2017, s § 1503 Abs 7 Z 2)

Beurteilung der Erbfähigkeit

§ 543. (1) [1]Die Erbfähigkeit muss im Zeitpunkt des Erbanfalls vorliegen. [2]Eine später erlangte Erbfähigkeit ist unbeachtlich und berechtigt daher nicht, anderen das zu entziehen, was ihnen bereits rechtmäßig zugekommen ist.

(2) Wer nach dem Erbanfall eine gerichtlich strafbare Handlung gegen die Verlassenschaft im Sinn des § 539 begeht oder die Verwirklichung des wahren letzten Willens des Verstorbenen vereitelt oder zu vereiteln versucht (§ 540), verliert nachträglich seine Erbfähigkeit.

(BGBl I 2015/87, ab 1. 1. 2017, s § 1503 Abs 7 Z 2)

§§ 544 und 545. *(aufgehoben, BGBl I 2015/87, ab 1. 1. 2017)*

Verlassenschaft als juristische Person

§ 546. Mit dem Tod setzt die Verlassenschaft als juristische Person die Rechtsposition des Verstorbenen fort.

(BGBl I 2015/87, ab 1. 1. 2017, s § 1503 Abs 7 Z 2)

Gesamtrechtsnachfolge

§ 547. Mit der Einantwortung folgt der Erbe der Rechtsposition der Verlassenschaft nach; dasselbe gilt mit Übergabebeschluss für die Aneignung durch den Bund.

(BGBl I 2015/87, ab 1. 1. 2017, s § 1503 Abs 7 Z 2)

Verbindlichkeiten

§ 548. [1]Verbindlichkeiten, die der Verstorbene aus seinem Vermögen zu leisten gehabt hätte, übernimmt sein Erbe. [2]Geldstrafen gehen nicht auf den Erben über.

(BGBl I 2015/87, ab 1. 1. 2017, s § 1503 Abs 7 Z 2)

Begräbniskosten

§ 549. Zu den auf einer Verlassenschaft haftenden Lasten gehören auch die Kosten für ein ortsübliches und den Lebensverhältnissen sowie dem Vermögen des Verstorbenen angemessenes Begräbnis.

(BGBl I 2015/87, ab 1. 1. 2017, s § 1503 Abs 7 Z 2)

Erbengemeinschaft

§ 550. [1]Mehrere Erben bilden in Ansehung ihres gemeinschaftlichen Erbrechts eine Erbengemeinschaft. [2]Der Anteil eines dieser Miterben richtet sich nach seiner Erbquote. [3]Im Übrigen sind die Bestimmungen des Fünfzehnten und Sechzehnten Hauptstücks entsprechend anzuwenden.

(BGBl I 2015/87, ab 1. 1. 2017, s § 1503 Abs 7 Z 2)

Erbverzicht

§ 551. (1) [1]Wer über sein Erbrecht gültig verfügen kann, kann auch durch Vertrag mit dem Verstorbenen im Voraus darauf verzichten. [2]Der Vertrag bedarf zu seiner Gültigkeit der Aufnahme eines Notariatsakts oder der Beurkundung durch gerichtliches Protokoll; die Aufhebung des Vertrags bedarf der Schriftform.

(2) Soweit nichts anderes vereinbart ist, erstreckt sich ein solcher Verzicht auch auf den Pflichtteil und auf die Nachkommen.

(BGBl I 2015/87, ab 1. 1. 2017, s § 1503 Abs 7 Z 2 und 3)

Neuntes Hauptstück
Gewillkürte Erbfolge

I. Grundsätze

Letztwillige Verfügung

§ 552. (1) [1]Mit einer letztwilligen Verfügung wird das Schicksal der künftigen Verlassenschaft auf den Todesfall geregelt. [2]Eine letztwillige Verfügung kann jederzeit widerrufen werden.

(2) Wird über die Erbfolge verfügt, so liegt ein Testament vor. Es können aber auch sonstige letztwillige Verfügungen getroffen werden, insbesondere über Vermächtnisse, Auflagen oder die Einsetzung von Testamentsvollstreckern.

(BGBl I 2015/87, ab 1. 1. 2017, s § 1503 Abs 7 Z 2)

Auslegung letztwilliger Verfügungen

§ 553. [1]Wörter sind nach ihrer gewöhnlichen Bedeutung auszulegen, außer der Verstorbene hat mit gewissen Ausdrücken einen besonderen Sinn verbunden. [2]Maßgeblich ist der wahre Wille des Verstorbenen, der im Wortlaut der Verfügung zumindest angedeutet sein muss. [3]Die Auslegung soll so erfolgen, dass der vom Verstorbenen angestrebte Erfolg eintritt und dass die letztwillige Verfügung als solche zumindest teilweise aufrecht bleiben kann. [4]Die §§ 681 bis 683 sind anzuwenden.

(BGBl I 2015/87, ab 1. 1. 2017, s § 1503 Abs 7 Z 2)

Einsetzung eines einzigen Erben

§ 554. [1]Hat der Verstorbene nur eine Person unbestimmt, also ohne ihren Erbteil festzulegen, als Erben eingesetzt, so erhält sie die gesamte Verlassenschaft. [2]Hat er einer Person nur einen bestimmten Erbteil zugedacht, so fällt der übrige Teil an die gesetzlichen Erben.

(BGBl I 2015/87, ab 1. 1. 2017, s § 1503 Abs 7 Z 2)

Einsetzung mehrerer Erben

§ 555. Hat der Verstorbene mehrere Personen unbestimmt als Erben eingesetzt, so erben sie zu gleichen Teilen.

(BGBl I 2015/87, ab 1. 1. 2017, s § 1503 Abs 7 Z 2)

§ 556. [1]Hat der Verstorbene mehrere Personen als Erben zu bestimmten, die Verlassenschaft nicht erschöpfenden Erbteilen eingesetzt, so fällt der übrige Teil an die gesetzlichen Erben. [2]Hat der Verstorbene die Erben zur gesamten Verlassenschaft berufen, so schließt dies im Zweifel das gesetzliche Erbrecht aus, selbst wenn der Verstorbene sich verrechnet oder die Erbstücke unvollständig aufgezählt hat.

(BGBl I 2015/87, ab 1. 1. 2017, s § 1503 Abs 7 Z 2)

Bestimmte und unbestimmte Einsetzung nebeneinander

§ 557. Hat der Verstorbene nur den Anteil eines oder mehrerer Erben bestimmt, die Anteile der übrigen Erben aber nicht, so erhalten diese den Rest zu gleichen Teilen.

(BGBl I 2015/87, ab 1. 1. 2017, s § 1503 Abs 7 Z 2)

§ 558. Wenn danach für einen unbestimmt eingesetzten Erben nichts übrig bleibt, muss für ihn von sämtlichen bestimmten Teilen der anderen Erben verhältnismäßig so viel abgezogen werden, dass er den gleichen Anteil erhält wie der am geringsten bedachte Erbe.

(BGBl I 2015/87, ab 1. 1. 2017, s § 1503 Abs 7 Z 2)

Erbeinsetzung mehrerer Personen zu unbestimmten Anteilen

§ 559. [1]Sind unter mehreren unbestimmt eingesetzten Erben auch solche Personen, die nach der gesetzlichen Erbfolge als eine Person anzusehen sind (etwa die Kinder des einen Bruders gegenüber dem anderen Bruder des Verstorbenen), so gelten sie im Zweifel auch bei testamentarischer Einsetzung als eine Person. [2]Hat der Verstorbene als Erben bestimmbare Personen eingesetzt, so wird vermutet, dass er sie nebeneinander zu einzelnen Anteilen als Erben einsetzen wollte. [3]Wird eine Mehrheit unbestimmbarer Personen eingesetzt, so ist sie im Zweifel als eine Person zu betrachten.

(BGBl I 2015/87, ab 1. 1. 2017, s § 1503 Abs 7 Z 2)

Anwachsung

§ 560. (1) [1]Wenn der Verstorbene über die gesamte Verlassenschaft verfügt und mehrere Erben eingesetzt hat, einer der Erben aber von seinem Erbrecht keinen Gebrauch machen kann oder will und für diesen kein Ersatzerbe bestimmt ist, wächst der frei gewordene Teil im Zweifel den übrigen eingesetzten Erben im Verhältnis ihrer Erbteile an. [2]Gleiches gilt, wenn die Einsetzung eines von mehreren Erben unwirksam ist.

(2) Kommt es zu keiner Anwachsung, so fällt der frei gewordene Teil an die gesetzlichen Erben.

(BGBl I 2015/87, ab 1. 1. 2017, s § 1503 Abs 7 Z 2)

§§ 561 und 562. *(aufgehoben, BGBl I 2015/87, ab 1. 1. 2017)*

§ 563. Wer den frei gewordenen Erbteil erhält, übernimmt auch die damit verknüpften Lasten, soweit sie nicht in höchstpersönlichen Verpflichtungen des eingesetzten Erben bestehen.

(BGBl I 2015/87, ab 1. 1. 2017, s § 1503 Abs 7 Z 2)

II. Anforderungen an den letzten Willen

Höchstpersönliche Willenserklärung

§ 564. [1]Man kann seinen letzten Willen nur selbst erklären, den Erben nur selbst einsetzen und diese Erklärungen nicht einer dritten Person überlassen. [2]Auch genügt die bloße Bejahung des Vorschlags einer dritten Person nicht.

(BGBl I 2015/87, ab 1. 1. 2017, s § 1503 Abs 7 Z 2)

Bestimmtheit und Mangelfreiheit

§ 565. Der letzte Wille muss bestimmt, mit Überlegung, ernst sowie frei von Drohung, List und wesentlichem Irrtum erklärt werden.

(BGBl I 2015/87, ab 1. 1. 2017, s § 1503 Abs 7 Z 2)

Testierfähigkeit

§ 566. Testierfähig ist, wer die Bedeutung und die Folgen seiner letztwilligen Verfügung verstehen und sich entsprechend verhalten kann.

(BGBl I 2015/87, ab 1. 1. 2017, s § 1503 Abs 7 Z 2)

§ 567. Hat der Verstorbene seinen letzten Willen in einem die Testierfähigkeit ausschließenden Zustand erklärt, etwa unter dem Einfluss einer psychischen Krankheit oder im Rausch, so ist die letztwillige Verfügung ungültig.

(BGBl I 2015/87, ab 1. 1. 2017, s § 1503 Abs 7 Z 2)

§ 568. Wer behauptet, dass ein sonst nach § 566 testierunfähiger Verstorbener bei Erklärung des letzten Willens testierfähig war (lichter Augenblick), hat dies zu beweisen.

(BGBl I 2015/87, ab 1. 1. 2017, s § 1503 Abs 7 Z 2)

Alter

§ 569. [1]Unmündige Personen sind testierunfähig. [2]Mündige Minderjährige können – ausgenommen im Notfall (§ 584) – nur mündlich vor Gericht oder Notar testieren. [3]Das Gericht oder der Notar hat sich davon zu überzeugen, dass die Erklärung des letzten Willens frei und überlegt erfolgt. [4]Die Erklärung des letzten Willens und das Ergebnis der Erhebungen sind in einem Protokoll festzuhalten.

(BGBl I 2015/87, ab 1. 1. 2017, s § 1503 Abs 7 Z 2)

Wesentlicher Irrtum

§ 570. [1]Ein wesentlicher Irrtum des Verstorbenen macht die Anordnung ungültig. [2]Der Irrtum ist insbesondere wesentlich, wenn der Verstorbene die bedachte Person oder die zugewendete Sache verfehlt hat.

(BGBl I 2015/87, ab 1. 1. 2017, s § 1503 Abs 7 Z 2)

Falsche Bezeichnung

§ 571. Wenn sich zeigt, dass der Verstorbene die bedachte Person oder die zugewendete Sache nur unrichtig benannt oder beschrieben hat, ist die Verfügung gültig.

(BGBl I 2015/87, ab 1. 1. 2017, s § 1503 Abs 7 Z 2)

Motivirrtum

§ 572. Auch wenn sich der vom Verstorbenen angegebene Beweggrund als falsch herausstellt, bleibt die Verfügung gültig, es sei denn, dass sein Wille einzig und allein auf diesem irrigen Beweggrund beruht hat.

(BGBl I 2015/87, ab 1. 1. 2017, s § 1503 Abs 7 Z 2)

§ 573. *(aufgehoben, BGBl I 2015/87, ab 1. 1. 2017)*

§ 574. *(aufgehoben, RGBl 1867/131)*

Zeitpunkt für die Beurteilung der Gültigkeit

§ 575. Die Voraussetzungen der Gültigkeit einer letztwilligen Verfügung müssen bei deren Errichtung vorliegen.

(BGBl I 2015/87, ab 1. 1. 2017, s § 1503 Abs 7 Z 2)

§ 576. [1]Eine anfänglich ungültige letztwillige Verfügung wird durch den späteren Wegfall des Hindernisses nicht gültig. [2]Wird in diesem Fall keine neue Verfügung getroffen, so tritt die gesetzliche Erbfolge ein.

(BGBl I 2015/87, ab 1. 1. 2017, s § 1503 Abs 7 Z 2)

III. Form der letztwilligen Verfügung

Arten

§ 577. Eine letztwillige Verfügung kann nach Maßgabe der folgenden Bestimmungen außergerichtlich oder gerichtlich, schriftlich oder mündlich und schriftlich mit oder ohne Zeugen errichtet werden.

(BGBl I 2015/87, ab 1. 1. 2017, s § 1503 Abs 7 Z 5)

Eigenhändige Verfügung

§ 578. [1]Wer schriftlich ohne Zeugen letztwillig verfügen will, muss die Verfügung eigenhändig schreiben und eigenhändig mit seinem Namen unterschreiben. [2]Die Beisetzung von Ort und Datum der Errichtung ist zwar nicht notwendig, aber ratsam.

(BGBl I 2015/87, ab 1. 1. 2017, s § 1503 Abs 7 Z 5)

Fremdhändige Verfügung

§ 579. (1) Eine von ihm nicht eigenhändig geschriebene letztwillige Verfügung muss der Verfügende in Gegenwart von drei gleichzeitig anwesenden Zeugen eigenhändig unterschreiben und mit einem eigenhändig geschriebenen Zusatz versehen, dass die Urkunde seinen letzten Willen enthält.

(2) [1]Die Zeugen, deren Identität aus der Urkunde hervorgehen muss, haben auf der Urkunde mit einem auf ihre Eigenschaft als Zeugen hinweisenden und eigenhändig geschriebenen Zusatz zu unterschreiben. [2]Den Inhalt der letztwilligen Verfügung müssen sie nicht kennen.

(BGBl I 2015/87, ab 1. 1. 2017, s § 1503 Abs 7 Z 5)

§ 580. (1) [1]Wenn der letztwillig Verfügende nicht schreiben kann, muss er statt der Unterschrift und des eigenhändigen Zusatzes sein Handzeichen in Gegenwart der in § 579 genannten Zeugen eigenhändig setzen und ausdrücklich vor ihnen erklären, dass die Urkunde sein letzter Wille ist. [2]Die Anführung des Namens des letztwillig Verfügenden durch einen Zeugen ist zwar nicht notwendig, aber ratsam.

(2) Wer nicht lesen kann, muss sich die fremdhändige Verfügung von einem Zeugen in Gegenwart der beiden anderen Zeugen, die den Inhalt eingesehen haben, vorlesen lassen und bekräftigen, dass dieser seinem Willen entspricht.

(BGBl I 2015/87, ab 1. 1. 2017, s § 1503 Abs 7 Z 5)

Gerichtliche Verfügung

§ 581. (1) Eine letztwillige Verfügung kann auch vor Gericht schriftlich oder mündlich errichtet werden.

(2) [1]Die schriftliche Verfügung muss der Verfügende eigenhändig unterschreiben und dem Gericht persönlich übergeben. [2]Das Gericht hat ihn darüber zu belehren, dass die Verfügung eigenhändig unterschrieben sein muss, die Verfügung gerichtlich zu versiegeln und auf dem Umschlag anzumerken, wessen letzter Wille darin enthalten ist. [3]Über die Amtshandlung ist ein Protokoll aufzunehmen. [4]Die letztwillige Verfügung ist gegen Ausstellung einer Empfangsbestätigung gerichtlich zu hinterlegen.

(3) Will der letztwillig Verfügende seinen letzten Willen mündlich erklären, so ist über die Erklärung ein Protokoll aufzunehmen und dieses versiegelt zu hinterlegen.

(BGBl I 2015/87, ab 1. 1. 2017, s § 1503 Abs 7 Z 5)

§ 582. (1) [1]Das Gericht, das die schriftliche oder mündliche Erklärung des letzten Willens aufnimmt, muss zumindest aus zwei Gerichtsbediensteten bestehen, wobei eine Person an diesem Gericht als Richter tätig sein muss. [2]Der zweite Gerichtsbedienstete kann durch zwei andere Zeugen ersetzt werden.

(2) Im Notfall kann sich das Gericht zu der Person begeben, die eine letztwillige Verfügung errichten will, und seinen letzten Willen zu Protokoll nehmen.

(BGBl I 2015/87, ab 1. 1. 2017, s § 1503 Abs 7 Z 5)

Notarielle Verfügung

§ 583. [1]Eine letztwillige Verfügung kann weiters vor zwei Notaren oder vor einem Notar und zwei Zeugen schriftlich oder mündlich errichtet werden. [2]Die §§ 67 und 70 bis 75 Notariatsordnung sind anzuwenden.

(BGBl I 2015/87, ab 1. 1. 2017, s § 1503 Abs 7 Z 5)

Nottestament

§ 584. (1) [1]Droht aus Sicht des letztwillig Verfügenden unmittelbar die begründete Gefahr, dass er stirbt oder die Testierfähigkeit verliert, bevor er seinen letzten Willen auf andere Weise zu erklären vermag, so kann er seinen letzten Willen in Gegenwart von zwei Zeugen fremdhändig (§ 579) oder mündlich erklären. [2]Eine solche mündliche letztwillige Verfügung muss durch die übereinstimmenden Aussagen der Zeugen bestätigt werden, widrigenfalls diese Erklärung des letzten Willens ungültig ist.

(2) [1]Ein so erklärter letzter Wille verliert drei Monate nach Wegfall der Gefahr seine Gültigkeit und gilt als nicht errichtet. [2]Im Zweifel ist damit auch der durch das Nottestament erfolgte Widerruf einer früheren letztwilligen Verfügung (§§ 713 und 714) aufgehoben.

(BGBl I 2015/87, ab 1. 1. 2017, s § 1503 Abs 7 Z 5)

Verweisende Verfügung

§ 585. [1]Eine Verfügung des Verstorbenen durch Verweis auf einen Zettel oder auf eine andere Urkunde ist nur wirksam, wenn eine solche Urkunde alle Gültigkeitserfordernisse einer letztwilligen Verfügung erfüllt. [2]Sonst können derartige schriftliche Bemerkungen des Verstorbenen nur zur Auslegung seines Willens herangezogen werden.

(BGBl I 2015/87, ab 1. 1. 2017, s § 1503 Abs 7 Z 5)

Gemeinschaftliche letztwillige Verfügungen

§ 586. (1) In der Regel gilt ein und dieselbe schriftliche letztwillige Verfügung nur für einen Verstorbenen.

(2) [1]Allerdings können Ehegatten oder eingetragene Partner in einem Testament einander gegenseitig oder andere Personen als Erben einsetzen. [2]Ein solches Testament ist widerruflich. [3]Aus dem Widerruf der gegenseitigen Erbeinsetzung durch einen Teil kann auf den Widerruf dieser Erbeinsetzung durch den anderen geschlossen werden.

(BGBl I 2015/87, ab 1. 1. 2017, s § 1503 Abs 7 Z 5)

Zeugen

§ 587. [1]Unmündige Minderjährige, Personen, die auf Grund einer körperlichen oder geistigen Beeinträchtigung nicht fähig sind, entsprechend der jeweiligen Testamentsform einen letzten Willen zu bezeugen, sowie Personen, die die Sprache des letztwillig Verfügenden nicht verstehen, können nicht Zeugen letztwilliger Verfügungen sein. [2]Mündige Minderjährige können nur Zeugen eines Nottestaments sein.

(BGBl I 2015/87, ab 1. 1. 2017, s § 1503 Abs 7 Z 5)

§ 588. (1) Ein Erbe oder Vermächtnisnehmer ist für die ihm zugedachte Zuwendung kein fähiger Zeuge, ebenso wenig sein Ehegatte, eingetragener Partner oder Lebensgefährte, seine Eltern, Kinder, Geschwister sowie die Eltern, Kinder und Geschwister des Ehegatten, eingetragenen Partners oder Lebensgefährten des Erben oder Vermächtnisnehmers.

(2) Zeugnisunfähig sind auch gesetzliche Vertreter, „ “ vertretungsbefugte Organe, Gesellschafter, Machthaber und Dienstnehmer bedachter Personen oder rechtsfähiger Gesellschaften. *(BGBl I 2018/58, ab 1. 8. 2018)*

(BGBl I 2015/87, ab 1. 1. 2017, s § 1503 Abs 7 Z 5)

§ 589. Die Bestimmungen über die Fähigkeit und Unbefangenheit der Zeugen sind auch auf die Gerichtsbediensteten und Notare anzuwenden, die den letzten Willen aufnehmen.

(BGBl I 2015/87, ab 1. 1. 2017, s § 1503 Abs 7 Z 5)

Ausgeschlossenheit des Verfassers

§ 590. Der Verfasser einer nicht vom letztwillig Verfügenden handschriftlich geschriebenen Erklärung kann zugleich Zeuge sein, ist aber, wenn der Verfügende nicht lesen kann, vom Vorlesen des letzten Willens ausgeschlossen.

(BGBl I 2015/87, ab 1. 1. 2017, s § 1503 Abs 7 Z 5)

§ 591. Für den bedachten Verfasser einer letztwilligen Verfügung und ihm nahestehende bedachte Personen oder Gesellschaften gilt § 588 entsprechend.

(BGBl I 2015/87, ab 1. 1. 2017, s § 1503 Abs 7 Z 5)

§§ 592 und 593. *(aufgehoben, RGBl 1914/276 bzw RGBl 1860/9)*

§§ 594 bis 597. *(aufgehoben, BGBl I 2015/87, ab 1. 1. 2017)*

§§ 598 bis 600. *(aufgehoben, BGBl I 2004/58, ab 1. 1. 2005; s Anm zu § 568)*

Formungültige letztwillige Verfügungen

§ 601. Wurde bei Errichtung einer letztwilligen Verfügung eine zwingende Formvorschrift nicht eingehalten, so ist die letztwillige Verfügung ungültig.

(BGBl I 2015/87, ab 1. 1. 2017, s § 1503 Abs 7 Z 2)

IV. Vereinbarungen von Todes wegen

Erbverträge

§ 602. [1]Erbverträge können nur zwischen Ehegatten, eingetragenen Partnern sowie Personen, die sich verlobt oder die eingetragene Partnerschaft versprochen haben, gültig geschlossen werden. [2]Die Vorschriften hierüber sind im Achtundzwanzigsten Hauptstück enthalten.

(BGBl I 2015/87, ab 1. 1. 2017, s § 1503 Abs 7 Z 2)

Schenkung auf den Todesfall

§ 603. [1]Eine Schenkung auf den Todesfall ist auch nach dem Tod des Geschenkgebers als Vertrag anzusehen, wenn er sich kein Widerrufsrecht vertraglich vorbehalten hat und der Vertrag als Notariatsakt aufgenommen wurde. [2]Die Bestimmungen des Achtzehnten Hauptstücks von Schenkungen und § 1253 sind anzuwenden.

(BGBl I 2015/87, ab 1. 1. 2017, s § 1503 Abs 7 Z 5)

Zehntes Hauptstück
Von der Ersatz- und Nacherbschaft

Ersatzerbschaft

§ 604. (1) Für den Fall, dass der eingesetzte oder gesetzliche Erbe die Erbschaft nicht erlangt, können ein Ersatzerbe, und wenn auch dieser sie nicht erlangt, ein zweiter oder auch noch weitere Ersatzerben berufen werden.

(2) Ersatzerben gehen Anwachsungsberechtigten (§ 560) jedenfalls vor.

(BGBl I 2015/87, ab 1. 1. 2017, s § 1503 Abs 7 Z 2)

Vermutete Ersatzerbschaft

§ 605. Es wird vermutet, dass der Verstorbene die Nachkommen eingesetzter Kinder zu Ersatzerben einsetzen wollte.

(BGBl I 2015/87, ab 1. 1. 2017, s § 1503 Abs 7 Z 2)

Rechte und Pflichten des Ersatzerben

§ 606. Die Rechte und Pflichten des Erben kommen auch dem an seine Stelle tretenden Ersatzerben zu, sofern sie nicht nach dem ausdrücklichen Willen des Verstorbenen oder nach den Umständen des Falles allein die Person des Erben betreffen. Für einschränkende Bedingungen gilt § 702.

(BGBl I 2015/87, ab 1. 1. 2017, s § 1503 Abs 7 Z 2)

Gegenseitige Ersatzerbschaft

§ 607. [1]Sind allein Miterben gegenseitig zu Ersatzerben berufen, so wird vermutet, dass der Verstorbene die in der Einsetzung bestimmten Teile auch auf die Ersatzerbschaft ausdehnen wollte. [2]Ist aber in der Ersatzerbschaft außer den Miterben auch eine andere Person zum Ersatzerben berufen, so fällt der frei gewordene Erbteil allen zu gleichen Teilen zu.

(BGBl I 2015/87, ab 1. 1. 2017, s § 1503 Abs 7 Z 2)

Nacherbschaft

§ 608. (1) [1]Der letztwillig Verfügende kann einen Erben so einsetzen, dass dieser erst nach einem anderen Erben erbt. [2]Der Nacherbe ist im Zweifel auch Ersatzerbe.

(2) Hat der Verstorbene nichts anderes verfügt, so tritt der Nacherbfall mit dem Tod des Vorerben ein.

(BGBl I 2015/87, ab 1. 1. 2017, s § 1503 Abs 7 Z 2)

Nacherbschaft auf den Überrest

§ 609. Eine Nacherbschaft auf den Überrest liegt vor, wenn der Nacherbe nach dem Willen des Verstorbenen nur das erhalten soll, was beim Ableben des Vorerben noch übrig ist.

(BGBl I 2015/87, ab 1. 1. 2017, s § 1503 Abs 7 Z 2)

Umdeutung von Testieranordnungen

§ 610. (1) Hat der letztwillig Verfügende dem Erben verboten oder zugunsten einer bestimmten Person geboten, über die Verlassenschaft zu testieren, so ist dies im Zweifel in eine Nacherbschaft auf den Überrest umzudeuten, und zwar im Fall des Verbots zugunsten der gesetzlichen Erben, im Fall des Gebots zugunsten der bestimmten Person.

(2) Das Verbot, eine Sache zu veräußern, schließt im Zweifel das Recht, darüber letztwillig zu verfügen, nicht aus.

(BGBl I 2015/87, ab 1. 1. 2017, s § 1503 Abs 7 Z 2)

Nacherbschaft bei Zeitgenossen

§ 611. [1]Wenn die Nacherben Zeitgenossen des letztwillig Verfügenden sind, kann er sie ohne zahlenmäßige Beschränkung als Nacherben einsetzen. [2]Zeitgenossen sind natürliche Personen, die zum Zeitpunkt der Errichtung der Nacherbschaft bereits gezeugt (§ 22) oder geboren sind.

(BGBl I 2015/87, ab 1. 1. 2017, s § 1503 Abs 7 Z 2)

Einschränkung der Nacherbschaft

§ 612. Sind die Nacherben im Zeitpunkt der Errichtung der letztwilligen Verfügung noch keine Zeitgenossen des Verfügenden, so ist die Nacherbschaft bei Geld und anderen beweglichen Sachen auf zwei Nacherbfälle, bei unbeweglichen Sachen auf einen Nacherbfall beschränkt.

(BGBl I 2015/87, ab 1. 1. 2017, s § 1503 Abs 7 Z 2)

Rechte des Vorerben

§ 613. (1) Bis zum Eintritt der Nacherbschaft kommt dem eingesetzten Vorerben das eingeschränkte Eigentumsrecht mit den Rechten und Verbindlichkeiten eines Fruchtnießers zu.

(2) Verfügungen über Sachen der von der Nacherbschaft erfassten Verlassenschaft sind mit der Zustimmung des Nacherben zulässig, sonst nur zur Erfüllung von Verbindlichkeiten der Verlassenschaft, zur Vermeidung von Schäden an derselben oder soweit sie im Rahmen der ordentlichen Verwaltung erfolgen.

(3) Erlangt der Vorerbe durch die Verfügung über eine Sache der von der Nacherbschaft erfassten Verlassenschaft Geld oder eine andere Sache, so wird diese Ersatzsache im Zweifel Teil der Verlassenschaft.

(4) Ist jedoch die angeordnete Nacherbschaft eine solche auf den Überrest, so kann der Vorerbe wie jeder Eigentümer über Sachen der Verlassenschaft unter Lebenden verfügen.

(BGBl I 2015/87, ab 1. 1. 2017, s § 1503 Abs 7 Z 2)

Auslegung einer Ersatz- oder Nacherbschaft

§ 614. [1]Ist eine Ersatz- oder Nacherbschaft undeutlich ausgedrückt, so ist sie auf eine solche Art auszulegen, dass die Freiheit des Erben, über das Eigentum zu verfügen, am wenigsten eingeschränkt wird. [2]Dies gilt auch für die Frage, ob überhaupt eine Ersatz- oder Nacherbschaft angeordnet wurde.

(BGBl I 2015/87, ab 1. 1. 2017, s § 1503 Abs 7 Z 2)

Erlöschen der Ersatz- und Nacherbschaft

§ 615. (1) [1]Eine Ersatzerbschaft erlischt im Zweifel, sobald der eingesetzte Erbe die Erbschaft angetreten hat. [2]Eine Nacherbschaft erlischt, wenn kein berufener Nacherbe mehr vorhanden ist oder wenn sie unter einer aufschiebenden Bedingung errichtet wurde, die endgültig nicht eintreten kann.

(2) Das Recht eines Nacherben geht im Zweifel auch dann auf seine Erben über (§ 537 Abs. 1), wenn er den Eintritt des Nacherbfalls nicht erlebt.

(BGBl I 2015/87, ab 1. 1. 2017, s § 1503 Abs 7 Z 2)

§ 616. (1) Ist für eine vermeintlich testierunfähige Person ein Nacherbe bestimmt, so ist die Nacherbschaft im Zweifel ungültig, wenn diese Person im Zeitpunkt der Errichtung der letztwilligen Verfügung testierfähig war.

(2) [1]Ist für eine tatsächlich testierunfähige Person ein Nacherbe bestimmt, so erlischt die Nacherbschaft im Zweifel, wenn diese Person die Testierfähigkeit später erlangt. [2]Die Nacherbschaft lebt nicht wieder auf, wenn sie später wieder testierunfähig wird.

(BGBl I 2015/87, ab 1. 1. 2017, s § 1503 Abs 7 Z 2)

§ 617. Die von einem letztwillig Verfügenden seinem Kind in einem Zeitpunkt angeordnete Ersatz- oder Nacherbschaft, in dem dieses noch keine Kinder hatte, erlischt im Zweifel, wenn es später doch erbfähige Kinder hinterlassen hat.

(BGBl I 2015/87, ab 1. 1. 2017, s § 1503 Abs 7 Z 2)

§§ 618 bis 645. *Gegenstandslos seit der Aufhebung aller Familienfideikommisse und sonstigen gebundenen Vermögen durch dRGBl 1938 I 825*

§ 646. *(aufgehoben, BGBl I 2015/87, ab 1. 1. 2017)*

Elftes Hauptstück

Vermächtnisse

I. Grundsätze

Berufung zum Vermächtnisnehmer

§ 647. (1) Ein Vermächtnis (§ 535) gründet sich auf einen Erb- oder Vermächtnisvertrag, auf den gültig erklärten Willen des Verstorbenen oder auf das Gesetz.

(2) Die Bestimmungen über die Vererblichkeit des Erbrechts (§ 537) und die Erbfähigkeit (§§ 538 bis 543) sowie über die Ausschlagung der Erbschaft (§§ 803 ff.) sind entsprechend anzuwenden.

(BGBl I 2015/87, ab 1. 1. 2017, s § 1503 Abs 7 Z 2)

Erbe und Vermächtnisnehmer

§ 648. (1) [1]Einem Erben kann auch ein Vermächtnis zugedacht werden. [2]Insoweit wird der Erbe als Vermächtnisnehmer behandelt. [3]Im Zweifel ist ein solches Vermächtnis nicht auf den Anteil des begünstigten Erben anzurechnen und belastet alle Erben nach ihrer Erbquote (Vorausvermächtnis).

(2) Wenn die Anrechnung des Vermächtnisses auf den Erbteil ausdrücklich angeordnet wurde oder sich aus der Auslegung des letzten Willens ergibt (Hineinvermächtnis), liegt darin im Zweifel eine Teilungsanordnung.

(3) [1]Übersteigt der Wert des Hineinvermächtnisses den letztwillig zugedachten Erbteil, so erhöht sich im Zweifel der Erbteil dieses Erben entsprechend. [2]Im selben Ausmaß vermindern sich die Erbteile der übrigen eingesetzten Erben verhältnismäßig. [3]Im Zweifel kommt es auf den Wert des Hineinvermächtnisses im Zeitpunkt der Errichtung der letztwilligen Verfügung an.

(BGBl I 2015/87, ab 1. 1. 2017, s § 1503 Abs 7 Z 2)

Vermächtnisschuldner

§ 649. (1) Aufgrund des Vermächtnisses erwirbt der Vermächtnisnehmer eine Forderung gegen die Verlassenschaft und nach der Einantwortung gegen die Erben.

(2) [1]Im Zweifel haften die Erben zur ungeteilten Hand. [2]Sie haben im Zweifel untereinander im Verhältnis ihrer Erbteile zur Leistung des Vermächtnisses beizutragen, selbst wenn die Sache eines Miterben vermacht worden ist. [3]Die Leistung des Vermächtnisses kann aber auch einem Miterben allein oder einem Vermächtnisnehmer aufgetragen werden.

(BGBl I 2015/87, ab 1. 1. 2017, s § 1503 Abs 7 Z 2)

Untervermächtnis

§ 650. [1]Ein Vermächtnisnehmer kann sich von der vollständigen Erfüllung des ihm aufgetragenen weiteren Vermächtnisses nicht mit der Begründung befreien, dass es den Wert des ihm zugedachten Vermächtnisses übersteigt. [2]Nimmt er das Vermächtnis nicht an, so muss derjenige, dem es zufällt, das Untervermächtnis erfüllen oder das ihm zugefallene Vermächtnis dem darauf gewiesenen Untervermächtnisnehmer herausgeben.

(BGBl I 2015/87, ab 1. 1. 2017, s § 1503 Abs 7 Z 2)

Verteilungsvermächtnis

§ 651. [1]Wer ein Vermächtnis einer gewissen Personengruppe, etwa seinen Verwandten, seinen Dienstnehmern oder bedürftigen Menschen, zukommen lassen will, kann die Verteilung, welchen Personen was zukommen soll, dem Erben oder einem Dritten überlassen. [2]Ist dazu nichts bestimmt, so kann der Erbe die Verteilung vornehmen.

(BGBl I 2015/87, ab 1. 1. 2017, s § 1503 Abs 7 Z 2)

Ersatz- und Nachvermächtnis

§ 652. Es kann auch ein Ersatz- oder Nachvermächtnis angeordnet werden; die Bestimmungen des Zehnten Hauptstücks sind darauf sinngemäß anzuwenden.

(BGBl I 2015/87, ab 1. 1. 2017, s § 1503 Abs 7 Z 2)

Gegenstand eines Vermächtnisses

§ 653. (1) Jede Sache, die im Verkehr steht, vererblich ist und den Inhalt einer selbstständigen Forderung bilden kann, kann Gegenstand eines Vermächtnisses sein.

(2) Ist die vermachte Sache verpfändet oder sonst wie belastet, so hat der Vermächtnisnehmer auch die darauf haftenden Lasten zu übernehmen.

(BGBl I 2015/87, ab 1. 1. 2017, s § 1503 Abs 7 Z 2)

Unmöglichkeit

§ 654. [1]Ist die Leistung des Vermächtnisses ohne Verschulden des Vermächtnisschuldners oder eines Dritten unmöglich, so erhält der Vermächtnisnehmer keinen Ersatz. [2]Werden aber verkehrsfähige Sachen vermacht, die der Vermächtnisnehmer aus rechtlichen Gründen nicht erwerben kann, so gebührt ihm der Verkehrswert.

(BGBl I 2015/87, ab 1. 1. 2017, s § 1503 Abs 7 Z 2)

§ 655. *(aufgehoben, BGBl I 2015/87, ab 1. 1. 2017)*

II. Arten von Vermächtnissen

1. Gattungsvermächtnisse

§ 656. [1]Wenn eine oder mehrere Sachen einer Gattung ohne eine nähere Bestimmung vermacht werden und sich mehrere solche Sachen in der Verlassenschaft befinden, kann die Wahl dem Erben, einem Dritten oder dem Vermächtnisnehmer überlassen werden. [2]Im Zweifel steht dem Erben die Wahl zu. [3]Der Erbe und der Dritte müssen ein Stück wählen, das unter Beachtung des letzten Willens den Bedürfnissen des Vermächtnisnehmers entspricht. [4]Der Vermächtnisnehmer kann auch das beste Stück wählen.

(BGBl I 2015/87, ab 1. 1. 2017, s § 1503 Abs 7 Z 2)

§ 657. [1]Wenn eine oder mehrere Sachen einer Gattung nach dem Willen des Verstorbenen dessen Eigentum entstammen sollen, sich aber nicht in der Verlassenschaft befinden, ist das Vermächtnis ungültig. [2]Finden sie sich nicht in der bestimmten Zahl, so muss sich der Vermächtnisnehmer mit den vorhandenen begnügen.

(BGBl I 2015/87, ab 1. 1. 2017, s § 1503 Abs 7 Z 2)

§ 658. (1) Wenn hingegen solche Sachen nach dem Willen des Verstorbenen nicht ausdrücklich aus seinem Eigentum stammen sollen und sich nicht in der Verlassenschaft befinden, muss sie der Erbe dem Vermächtnisnehmer in einer dessen Bedürfnissen entsprechenden Eigenschaft verschaffen.

(2) Ein Geldvermächtnis verpflichtet den Erben zur Zahlung der bestimmten Summe ohne Rück-

sicht darauf, ob Bargeld in der Verlassenschaft vorhanden ist oder nicht.

(BGBl I 2015/87, ab 1. 1. 2017, s § 1503 Abs 7 Z 2)

§ 659. Kann oder will der Dritte oder der wahlberechtigte Vermächtnisnehmer nicht wählen, so hat das Gericht das Vermächtnis mit Rücksicht auf die Bedürfnisse des Vermächtnisnehmers zu bestimmen.

(BGBl I 2015/87, ab 1. 1. 2017)

Vermächtnis einer bestimmten Sache

§ 660. (1) [1]Der Vermächtnisnehmer kann die Erfüllung des Vermächtnisses einer bestimmten Sache nicht zugleich in Natur und dem Wert nach verlangen, auch wenn der Verstorbene ihm diese Sache mehrfach, sei dies in einer oder in mehreren letztwilligen Verfügungen, vermacht hat. [2]Andere Vermächtnisse, die eine Sache derselben Art oder denselben Betrag betreffen, gebühren dem Vermächtnisnehmer im Zweifel so oft, wie sie der Verstorbene wiederholt hat.

(2) Wie beim Gattungsvermächtnis kann auch einem Erben, Vermächtnisnehmer oder Dritten die Wahl überlassen werden, aus mehreren bestimmten Sachen auszuwählen.

(BGBl I 2015/87, ab 1. 1. 2017, s § 1503 Abs 7 Z 2)

§ 661. [1]Das Vermächtnis ist ungültig, wenn die vermachte Sache im Zeitpunkt der Errichtung der letztwilligen Verfügung schon im Eigentum des Vermächtnisnehmers stand. [2]Hat er sie später erworben, so gebührt ihm der Verkehrswert. [3]Wenn er sie aber vom Verstorbenen vor dessen Tod unentgeltlich erhalten hat, gilt das Vermächtnis als aufgehoben.

(BGBl I 2015/87, ab 1. 1. 2017, s § 1503 Abs 7 Z 2)

3. Vermächtnis einer fremden Sache

§ 662. (1) Das Vermächtnis einer fremden Sache, die weder dem Vermächtnisgeber noch dem Erben noch dem Vermächtnisnehmer, der sie einem Dritten leisten soll, gehört, ist unwirksam. Gebührt diesen Personen ein Anteil oder Recht an der Sache, so umfasst das Vermächtnis nur diesen Anteil oder dieses Recht.

(2) Wenn der Verstorbene ausdrücklich angeordnet hat, dass eine bestimmte fremde Sache gekauft und dem Vermächtnisnehmer geleistet werden soll (Verschaffungsvermächtnis) und der Eigentümer diese Sache nicht um den Verkehrswert veräußern will, ist dem Vermächtnisnehmer dieser Wert zu leisten.

(BGBl I 2015/87, ab 1. 1. 2017, s § 1503 Abs 7 Z 2)

4. Vermächtnis einer Forderung

§ 663. Das Vermächtnis einer Forderung, die der Verstorbene gegen den Vermächtnisnehmer hatte (Befreiungsvermächtnis), verpflichtet den Erben, die Forderung samt den rückständigen Zinsen zu erlassen.

(BGBl I 2015/87, ab 1. 1. 2017, s § 1503 Abs 7 Z 2)

§ 664. Hat der Verstorbene dem Vermächtnisnehmer eine Forderung vermacht, die ihm gegen einen Dritten zustand (Forderungsvermächtnis), so muss der Erbe die Forderung samt den rückständigen und weiter laufenden Zinsen dem Vermächtnisnehmer abtreten.

(BGBl I 2015/87, ab 1. 1. 2017, s § 1503 Abs 7 Z 2)

§ 665. Das Vermächtnis der Schuld, die der Verstorbene dem Vermächtnisnehmer gegenüber zu erfüllen hatte (Schuldvermächtnis), bewirkt, dass der Erbe die vom Verstorbenen bestimmte oder vom Vermächtnisnehmer ausgewiesene Schuld anerkennen und sie, ohne Rücksicht auf die mit der Schuld verbundenen Bedingungen oder Fristen, längstens binnen der zur Leistung der übrigen Vermächtnisse bestimmten Frist erfüllen muss.

(BGBl I 2015/87, ab 1. 1. 2017, s § 1503 Abs 7 Z 2)

§ 666. [1]Das Befreiungsvermächtnis umfasst im Zweifel nicht die erst nach Errichtung des Vermächtnisses entstandenen Schulden. [2]Hat der Verstorbene durch ein Vermächtnis ein Pfandrecht oder eine Bürgschaft erlassen, so folgt daraus nicht, dass er auch die Schuld erlassen hat. [3]Hat er die Zahlungsfristen verlängert, so müssen die Zinsen weiter bezahlt werden.

(BGBl I 2015/87, ab 1. 1. 2017, s § 1503 Abs 7 Z 2)

§ 667. Wenn der Verstorbene einer Person den gleichen Betrag vermacht hat, den er ihr geschuldet hat, wird nicht vermutet, dass er die Schuld mit dem Vermächtnis erfüllen wollte.

(BGBl I 2015/87, ab 1. 1. 2017, s § 1503 Abs 7 Z 2)

§ 668. *(aufgehoben, BGBl I 2015/87, ab 1. 1. 2017)*

§§ 669 bis 671. *(aufgehoben samt Überschrift, BGBl I 2009/75, ab 1. 1. 2010)*

5. Vermächtnis des Unterhalts oder der Ausbildung

§ 672. (1) [1]Das Vermächtnis des Unterhalts umfasst im Zweifel Nahrung, Kleidung, Wohnung, die nötige Ausbildung und die übrigen Bedürfnisse des Vermächtnisnehmers. [2]Das Ausmaß richtet sich im Zweifel nach den bisherigen Lebensverhältnissen des Vermächtnisnehmers.

(2) [1]Das Unterhaltsvermächtnis gewährt im Zweifel Unterhalt bis zur Selbsterhaltungsfähigkeit des Vermächtnisnehmers, wenn dieser im Zeitpunkt der Errichtung des Vermächtnisses nicht selbsterhaltungsfähig war. [2]Das einem selbsterhaltungsfähigen Vermächtnisnehmer eingeräumte Unterhaltsvermächtnis gewährt im Zweifel Unterhalt bis zum Lebensende.

(BGBl I 2015/87, ab 1. 1. 2017, s § 1503 Abs 7 Z 2)

§ 673. [1]Das Vermächtnis der Ausbildung umfasst im Zweifel alle Kosten einer den Fähigkeiten und Neigungen des Vermächtnisnehmers entsprechenden Ausbildung nach denselben Grundsätzen, wie sie für die Verpflichtung von Eltern gegenüber ihren Kindern gelten. [2]Die Kosten des notwendigen Lebensunterhalts sind im Zweifel insoweit mit umfasst, als dem Vermächtnisnehmer wegen seiner Ausbildung eine Erwerbstätigkeit nicht zuzumuten ist.

(BGBl I 2015/87, ab 1. 1. 2017, s § 1503 Abs 7 Z 2)

6. Vermächtnis der Möbel und des Hausrats

§ 674. [1]Unter den Möbeln oder der Einrichtung werden nur die zum gewöhnlichen Gebrauch der Wohnung, unter dem Hausrat die zur Führung des Haushalts erforderlichen Sachen verstanden. [2]Sachen zum Betrieb eines Unternehmens fallen im Zweifel nicht darunter.

(BGBl I 2015/87, ab 1. 1. 2017, s § 1503 Abs 7 Z 2)

7. Vermächtnis eines Behältnisses

§ 675. Wenn der Verstorbene ein Behältnis vermacht hat, das nicht für sich selbst besteht (etwa eine Schublade), so wird vermutet, dass nur diejenigen Sachen erfasst sind, die sich bei seinem Ableben darin befinden und zu deren Aufbewahrung das Behältnis seiner Natur nach bestimmt oder vom Verstorbenen gewöhnlich verwendet worden ist.

(BGBl I 2015/87, ab 1. 1. 2017, s § 1503 Abs 7 Z 2)

§ 676. Besteht das Behältnis dagegen für sich selbst (etwa ein Kasten), so hat der Vermächtnisnehmer im Zweifel nur auf das Behältnis, nicht aber auf die darin befindlichen Sachen Anspruch.

(BGBl I 2015/87, ab 1. 1. 2017, s § 1503 Abs 7 Z 2)

8. Pflegevermächtnis

§ 677. (1) Einer dem Verstorbenen nahe stehenden Person, die diesen in den letzten drei Jahren vor seinem Tod mindestens sechs Monate in nicht bloß geringfügigem Ausmaß gepflegt hat, gebührt dafür ein gesetzliches Vermächtnis, soweit nicht eine Zuwendung gewährt oder ein Entgelt vereinbart wurde.

(2) Pflege ist jede Tätigkeit, die dazu dient, einer pflegebedürftigen Person soweit wie möglich die notwendige Betreuung und Hilfe zu sichern sowie die Möglichkeit zu verbessern, ein selbstbestimmtes, bedürfnisorientiertes Leben zu führen.

(3) Nahe stehend sind Personen aus dem Kreis der gesetzlichen Erben des Verstorbenen, deren Ehegatte, eingetragener Partner oder Lebensgefährte und deren Kinder sowie der Lebensgefährte des Verstorbenen und dessen Kinder.

(BGBl I 2015/87, ab 1. 1. 2017, s § 1503 Abs 7 Z 2)

§ 678. (1) Die Höhe des Vermächtnisses richtet sich nach Art, Dauer und Umfang der Leistungen.

(2) [1]Das Vermächtnis gebührt jedenfalls neben dem Pflichtteil, neben anderen Leistungen aus der Verlassenschaft nur dann nicht, wenn der Verstorbene das verfügt hat. [2]Das Vermächtnis kann nur bei Vorliegen eines Enterbungsgrundes entzogen werden.

(BGBl I 2015/87, ab 1. 1. 2017, s § 1503 Abs 7 Z 2)

§§ 679 und 680. *(aufgehoben, BGBl I 2015/87, ab 1. 1. 2017)*

9. Auslegung bestimmter Begriffe

a) Kinder

§ 681. Unter dem Wort Kinder werden, wenn der Verstorbene die Kinder eines anderen bedacht hat, nur dessen Söhne und Töchter, wenn er aber seine eigenen Kinder bedacht hat, auch die an deren Stelle tretenden Nachkommen verstanden, die beim Ableben des Verstorbenen schon gezeugt waren.

(BGBl I 2015/87, ab 1. 1. 2017, s § 1503 Abs 7 Z 2)

b) Verwandte

§ 682. [1]Ein ohne nähere Bestimmung für die Verwandten ausgesetztes Vermächtnis wird den nach der gesetzlichen Erbfolge nächsten Verwandten zugewendet. [2]§ 555 ist sinngemäß anzuwenden.

(BGBl I 2015/87, ab 1. 1. 2017, s § 1503 Abs 7 Z 2)

c) Dienstnehmer

§ 683. Hat der Verstorbene seinen Dienstnehmern ein Vermächtnis hinterlassen und sie bloß durch das Dienstverhältnis bezeichnet, so wird vermutet, dass es diejenigen erhalten sollen, die im Zeitpunkt seines Ablebens in einem Dienstverhältnis zu ihm stehen.

(BGBl I 2015/87, ab 1. 1. 2017, s § 1503 Abs 7 Z 2)

III. Erwerb von Vermächtnissen

Anfallstag und Erwerbsvoraussetzungen bei Vermächtnissen

§ 684. (1) Der Vermächtnisnehmer erwirbt in der Regel (§ 699) mit dem Tod des Vermächtnisgebers für sich und seine Nachfolger das Recht auf das Vermächtnis.

(2) Das Eigentum an der vermachten Sache wird nach den Bestimmungen des Fünften Hauptstücks über den Erwerb des Eigentums erlangt.

(BGBl I 2015/87, ab 1. 1. 2017, s § 1503 Abs 7 Z 2)

Fälligkeit des Vermächtnisses

§ 685. [1]Das Vermächtnis ist im Zweifel sogleich mit dem Tod des Vermächtnisgebers zu erfüllen. [2]Geldvermächtnisse und Vermächtnisse von Sachen, die sich nicht in der Verlassenschaft befinden, können erst nach Ablauf eines Jahres nach dem Tod des Vermächtnisgebers geltend gemacht werden.

(BGBl I 2015/87, ab 1. 1. 2017, s § 1503 Abs 7 Z 2)

§ 686. [1]Beim Vermächtnis von Sachen aus der Verlassenschaft gebühren dem Vermächtnisnehmer auch die seit dem Tod des Vermächtnisgebers laufenden Zinsen und entstandenen Nutzungen sowie jeder andere Zuwachs. [2]Er trägt hingegen alle auf dem Vermächtnis haftenden Lasten und selbst den Verlust, wenn es ohne Verschulden eines Dritten gemindert oder die Leistung gänzlich unmöglich wird.

(BGBl I 2015/87, ab 1. 1. 2017, s § 1503 Abs 7 Z 2)

§ 687. [1]Wenn der Verstorbene dem Vermächtnisnehmer ein Rentenvermächtnis, also einen bestimmten, jährlich, monatlich oder sonst in periodischen Zeiträumen zu leistenden Betrag vermacht hat, erhält der Vermächtnisnehmer ein Recht auf den ganzen Betrag für den Zeitraum, dessen Anfang er erlebt hat. [2]Den Betrag selbst kann er jedoch erst mit Ende des Zeitraums fordern. [3]Der erste Zeitraum beginnt mit dem Tod des Vermächtnisgebers.

(BGBl I 2015/87, ab 1. 1. 2017, s § 1503 Abs 7 Z 2)

Recht des Vermächtnisnehmers auf Sicherstellung

§ 688. In allen Fällen, in denen ein Gläubiger von einem Schuldner Sicherstellung fordern kann, kann auch ein Vermächtnisnehmer die Sicherstellung seines Vermächtnisses verlangen.

(BGBl I 2015/87, ab 1. 1. 2017, s § 1503 Abs 7 Z 2)

Wem ein frei gewordenes Vermächtnis zufällt

§ 689. [1]Ein Vermächtnis, das der Vermächtnisnehmer nicht annehmen kann oder will, fällt dem Nachberufenen zu (§ 652). [2]Wenn kein Nachberufener vorhanden ist und das gesamte Vermächtnis mehreren Personen zugedacht worden ist, wächst der Anteil, den einer von ihnen nicht erhält, den übrigen Vermächtnisnehmern zu. [3]Außer diesen beiden Fällen bleibt ein frei gewordenes Vermächtnis in der Verlassenschaft.

(BGBl I 2015/87, ab 1. 1. 2017, s § 1503 Abs 7 Z 2)

Recht des Erben, wenn die Lasten die Verlassenschaft erschöpfen

§ 690. [1]Wenn die gesamte Verlassenschaft durch Vermächtnisse erschöpft ist, kann der beschränkt haftende Erbe nur die Vergütung seiner zum Besten der Verlassenschaft gemachten Auslagen und eine seinen Bemühungen angemessene Belohnung fordern. [2]Will er die Verlassenschaft nicht selbst verwalten, so muss er die Bestellung eines Kurators beantragen.

(BGBl I 2015/87, ab 1. 1. 2017, s § 1503 Abs 7 Z 2)

§ 691. Können nicht alle Vermächtnisnehmer aus der Verlassenschaft befriedigt werden, so wird das Vermächtnis des Unterhalts vor allen anderen entrichtet; diesem Vermächtnisnehmer gebührt der Unterhalt mit dem Erbfall.

(BGBl I 2015/87, ab 1. 1. 2017, s § 1503 Abs 7 Z 2)

Recht des Erben, wenn die Lasten die Verlassenschaft übersteigen

§ 692. [1]Reicht die Verlassenschaft nicht zur Zahlung der Schulden und anderer pflichtmäßiger Auslagen sowie zur Leistung aller Vermächtnisse aus, so erleiden die Vermächtnisnehmer bei beschränkter Haftung der Erben (§ 802) einen verhältnismäßigen Abzug. [2]Der beschränkt haftende Erbe kann, so lange eine solche Gefahr besteht, die Vermächtnisse auch nur gegen Sicherstellung leisten.

(BGBl I 2015/87, ab 1. 1. 2017, s § 1503 Abs 7 Z 2)

§ 693. Haben die Vermächtnisnehmer die Vermächtnisse bereits empfangen, so wird der verhältnismäßige Abzug nach dem Wert, den das Vermächtnis zum Zeitpunkt des Empfangs hatte, und den daraus gezogenen Nutzungen bestimmt.

(BGBl I 2015/87, ab 1. 1. 2017, s § 1503 Abs 7 Z 2)

§ 694. Der Vermächtnisnehmer kann zur Vermeidung einer Zahlung an die Verlassenschaft das Vermächtnis oder den in § 693 angeführten Wert und die bezogenen Nutzungen in die Verlassenschaft zurückstellen; in Rücksicht auf die Verbesserungen und Verschlechterungen wird er als ein redlicher Besitzer behandelt.

(BGBl I 2015/87, ab 1. 1. 2017, s § 1503 Abs 7 Z 2)

Zwölftes Hauptstück

Von der Einschränkung und Aufhebung des letzten Willens

I. Allgemeines

§ 695. [1]Der letztwillig Verfügende kann die Rechte der Erben oder Vermächtnisnehmer einschränken, etwa durch eine Bedingung, eine Befristung oder eine Auflage, sowie seine Beweggründe und den Zweck seiner Anordnung schildern. [2]Er kann seine letztwillige Verfügung auch ändern oder ganz aufheben.

(BGBl I 2015/87, ab 1. 1. 2017, s § 1503 Abs 7 Z 2)

II. Arten der Einschränkung

1. Bedingung

§ 696. [1]Eine Bedingung ist ein ungewisses Ereignis, von dem ein Recht abhängig gemacht wird. [2]Die Bedingung ist bejahend oder verneinend, je nachdem, ob sie sich auf den Eintritt oder Nichteintritt des Ereignisses bezieht. [3]Sie ist aufschiebend, wenn das zugedachte Recht erst nach ihrer Erfüllung wirksam wird, und auflösend, wenn das zugedachte Recht bei ihrem Eintritt verloren geht.

(BGBl I 2015/87, ab 1. 1. 2017, s § 1503 Abs 7 Z 2)

a) Unverständliche und gesetz- oder sittenwidrige Bedingungen

§ 697. Unverständliche, unbestimmte sowie gesetz- oder sittenwidrige Bedingungen gelten als nicht beigesetzt.

(BGBl I 2015/87, ab 1. 1. 2017, s § 1503 Abs 7 Z 2)

b) Unmögliche Bedingungen

§ 698. [1]Die Anordnung, durch die einer Person unter einer aufschiebenden unmöglichen Bedingung ein Recht zukommen soll, ist ungültig, selbst wenn die Erfüllung der Bedingung erst in der Folge unmöglich und die Unmöglichkeit dem Verstorbenen bekannt geworden war. [2]Eine auflösende unmögliche Bedingung ist als nicht beigesetzt anzusehen.

(BGBl I 2015/87, ab 1. 1. 2017, s § 1503 Abs 7 Z 2)

c) Mögliche und erlaubte Bedingungen

§ 699. Sind die Bedingungen möglich und erlaubt, so kann das davon abhängende Recht nur durch ihre genaue Erfüllung erworben werden, mögen sie vom Zufall oder vom Willen des bedachten Erben, Vermächtnisnehmers oder eines Dritten abhängen.

(BGBl I 2015/87, ab 1. 1. 2017, s § 1503 Abs 7 Z 2)

§ 700. *(aufgehoben, BGBl I 2015/87, ab 1. 1. 2017)*

d) Erfüllung der Bedingung zu Lebzeiten des Verstorbenen

§ 701. Ist die im letzten Willen vorgeschriebene Bedingung schon zu Lebzeiten des Verstorbenen erfüllt worden, so muss sie nach dessen Tod nur dann neuerlich erfüllt werden, wenn sie in einer Handlung des Erben oder Vermächtnisnehmers besteht, die von ihm wiederholt werden kann.

(BGBl I 2015/87, ab 1. 1. 2017, s § 1503 Abs 7 Z 2)

e) Keine Erfüllung der Bedingung durch Nachberufene

§ 702. Eine den Erben oder Vermächtnisnehmer einschränkende Bedingung ist ohne ausdrückliche Erklärung des Verstorbenen nicht auf den von diesem nachberufenen Erben oder Vermächtnisnehmer auszudehnen.

(BGBl I 2015/87, ab 1. 1. 2017, s § 1503 Abs 7 Z 2)

f) Wirkung einer möglichen aufschiebenden Bedingung

§ 703. Um eine unter einer aufschiebenden Bedingung zugedachte Verlassenschaft zu erwerben, muss die bedachte Person den Eintritt der Bedingung erleben und in diesem Zeitpunkt erbfähig sein.

(BGBl I 2015/87, ab 1. 1. 2017, s § 1503 Abs 7 Z 2)

§ 704. *(aufgehoben, BGBl I 2015/87, ab 1. 1. 2017)*

2. Befristung

§ 705. [1]Ist der Eintritt des Ereignisses, auf das der Verstorbene das zugedachte Recht „eingeschränkt" hat, gewiss, so geht das zugedachte Recht wie andere unbedingte Rechte auch auf die Erben der bedachten Person über. [2]In einem solchen Fall wird nur die Übergabe bis zum gesetzten Termin aufgeschoben. *(BGBl I 2017/59, ab 2. 1. 2017, s § 1503 Abs 9 Z 3)*

(BGBl I 2015/87, ab 1. 1. 2017, s § 1503 Abs 7 Z 2)

§ 706. [1]Ein unmöglicher Anfangstermin macht die Anordnung ungültig. [2]Ein unmöglicher Endtermin gilt als nicht beigesetzt. Wenn sich der Verstorbene in der Berechnung der Zeit geirrt hat, ist die Befristung nach seinem mutmaßlichen Willen zu bestimmen.

(BGBl I 2015/87, ab 1. 1. 2017, s § 1503 Abs 7 Z 2)

Vorberechtigung

§ 707. [1]Solange das Recht des Erben wegen einer noch nicht erfüllten Bedingung oder wegen einer Befristung in Schwebe bleibt, gelten zwischen dem gesetzlichen und dem eingesetzten Erben im Hinblick auf den einstweiligen Besitz und Genuss der Verlassenschaft die gleichen Rechte und Pflichten wie bei der Nacherbschaft. [2]Dies gilt sinngemäß für das Verhältnis zwischen dem Erben und dem bedingt oder befristet bedachten Vermächtnisnehmer.

(BGBl I 2015/87, ab 1. 1. 2017, s § 1503 Abs 7 Z 2)

Nachberechtigung

§ 708. Wer eine Erbschaft oder ein Vermächtnis unter einer verneinenden oder auflösenden Bedingung oder nur auf eine gewisse Zeit erhält, hat gegen den, dem die Erbschaft oder das Vermächtnis bei Eintritt der Bedingung oder des bestimmten Zeitpunktes zufällt, die gleichen Rechte und Pflichten, die einem Vorerben oder Vorvermächtnisnehmer gegen den Nacherben oder Nachvermächtnisnehmer zukommen (§§ 613 und 652).

(BGBl I 2015/87, ab 1. 1. 2017, s § 1503 Abs 7 Z 2)

3. Auflage

§ 709. Hat der Verstorbene die Verlassenschaft einer Person unter einer Auflage zugewendet, so muss der Belastete die Auflage möglichst genau erfüllen.

(BGBl I 2015/87, ab 1. 1. 2017, s § 1503 Abs 7 Z 2)

§ 710. Wenn der Belastete die Auflage aus seinem Alleinverschulden nicht oder nicht vollständig erfüllt hat, ist die Auflage im Zweifel als auflösende Bedingung (§ 696) zu behandeln.

(BGBl I 2015/87, ab 1. 1. 2017, s § 1503 Abs 7 Z 2)

§ 711. Ob der Verstorbene mit der Schilderung der Beweggründe oder des Zwecks seiner Verfügung eine Verpflichtung auferlegen wollte oder seine Erklärung nur ein Rat, ein Wunsch oder eine Bitte ist, dessen oder deren Nichteinhaltung keinen Nachteil bewirkt, ist durch Auslegung zu ermitteln.

(BGBl I 2015/87, ab 1. 1. 2017, s § 1503 Abs 7 Z 2)

Strafvermächtnis und Bestreitungsverbot

§ 712. (1) Die Anordnung des Verstorbenen, dass der Erbe einem Dritten ein Vermächtnis entrichten soll, wenn er eine Auflage nicht befolgt, ist insoweit gültig, als die Auflage möglich und erlaubt ist.

(2) Eine Anordnung des Verstorbenen, mit der er dem Erben oder Vermächtnisnehmer unter an-

gedrohter Entziehung eines Vorteils verboten hat, den letzten Willen zu bestreiten, ist insoweit unwirksam, als nur die Echtheit oder der Sinn der letztwilligen Verfügung und die Auslegung des Bestreitungsverbots angefochten, sittenwidrige oder gesetzlich verbotene Anordnungen bekämpft oder Verstöße gegen zwingende Formvorschriften eingewendet werden.

(BGBl I 2015/87, ab 1. 1. 2017, s § 1503 Abs 7 Z 2)

III. Aufhebung letztwilliger Verfügungen

1. durch Errichtung eines späteren Testaments

§ 713. (1) [1]Ein früheres Testament wird durch ein späteres gültiges Testament nicht nur in der Erbeinsetzung, sondern auch in den übrigen Anordnungen aufgehoben, sofern der Verstorbene in der späteren Verfügung nicht zu erkennen gegeben hat, dass die frühere ganz oder zum Teil weiter bestehen soll. [2]Dies gilt auch dann, wenn der Erbe im späteren Testament nur zu einem Teil der Erbschaft berufen wurde. [3]Der übrig bleibende Teil fällt nicht den im früheren Testament eingesetzten, sondern den gesetzlichen Erben zu.

(2) Frühere letztwillige Verfügungen ohne Erbeinsetzung (§ 552 Abs. 2) werden im Zweifel nur durch ein späteres Testament, mit dem über die gesamte Verlassenschaft verfügt wird, aufgehoben.

(BGBl I 2015/87, ab 1. 1. 2017, s § 1503 Abs 7 Z 2)

oder einer sonstigen späteren letztwilligen Verfügung

§ 714. Durch eine spätere letztwillige Verfügung ohne Erbeinsetzung werden frühere Vermächtnisse oder andere letztwillige Verfügungen ohne Erbeinsetzung nur insoweit aufgehoben, als sie ihr widersprechen.

(BGBl I 2015/87, ab 1. 1. 2017, s § 1503 Abs 7 Z 2)

§ 715. [1]Kann nicht festgestellt werden, welche von mehreren letztwilligen Verfügungen früher oder später errichtet wurde, so gelten alle, soweit sie nebeneinander bestehen können. [2]Die Bestimmungen des Sechzehnten Hauptstücks gelten entsprechend.

(BGBl I 2015/87, ab 1. 1. 2017, s § 1503 Abs 7 Z 2)

Unbeachtlichkeit der früher erklärten Unabänderlichkeit

§ 716. Die Erklärung in einer letztwilligen Verfügung, wonach jede spätere letztwillige Verfügung überhaupt oder dann unwirksam sein soll, wenn sie nicht in einer besonderen Form errichtet oder besonders gekennzeichnet wird, gilt als nicht beigesetzt.

(BGBl I 2015/87, ab 1. 1. 2017, s § 1503 Abs 7 Z 2)

2. durch Widerruf

a) Allgemeines

§ 717. Will der letztwillig Verfügende seine Verfügung aufheben, ohne eine neue zu errichten, so muss er sie ausdrücklich oder stillschweigend widerrufen.

(BGBl I 2015/87, ab 1. 1. 2017, s § 1503 Abs 7 Z 2)

§ 718. Der Widerruf kann nur im Zustand der Testierfähigkeit gültig erfolgen.

(BGBl I 2015/87, ab 1. 1. 2017, s § 1503 Abs 7 Z 2)

b) Ausdrücklicher Widerruf

§ 719. Der ausdrückliche Widerruf einer letztwilligen Verfügung kann nur in einer solchen Form erfolgen, die zur Errichtung einer letztwilligen Verfügung nötig ist.

(BGBl I 2015/87, ab 1. 1. 2017, s § 1503 Abs 7 Z 2)

§ 720. *(aufgehoben, BGBl I 2015/87, ab 1. 1. 2017)*

c) Stillschweigender Widerruf

§ 721. [1]Wer seine letztwillige Verfügung zerstört, etwa indem er sie zerreißt, zerschneidet, verbrennt oder die Unterschrift oder den ganzen Inhalt durchstreicht, widerruft sie. [2]Wenn von mehreren gleichlautenden Urkunden nur eine zerstört wird, so ist daraus im Zweifel nicht auf einen Widerruf der letztwilligen Verfügung zu schließen.

(BGBl I 2015/87, ab 1. 1. 2017, s § 1503 Abs 7 Z 2)

§ 722. Wenn die Urkunde nur zufällig zerstört wird oder verloren geht, bleibt der letzte Wille wirksam, sofern der Zufall oder Verlust und der Inhalt der Urkunde bewiesen werden.

(BGBl I 2015/87, ab 1. 1. 2017, s § 1503 Abs 7 Z 2)

§ 723. [1]Hat der Verstorbene eine spätere letztwillige Verfügung zerstört, eine frühere Verfügung aber unversehrt gelassen, so tritt im Zweifel diese frühere Anordnung wieder in Kraft. [2]Eine frühere mündliche Verfügung, ausgenommen die mündliche gerichtliche oder mündliche notarielle Verfügung, lebt dadurch aber nicht wieder auf.

(BGBl I 2015/87, ab 1. 1. 2017, s § 1503 Abs 7 Z 2)

d) Vermuteter Widerruf

§ 724. (1) Der Widerruf eines Vermächtnisses wird vermutet, wenn der Verstorbene

1. die vermachte Forderung eingetrieben oder sonst zum Erlöschen gebracht hat,

2. die zugedachte Sache veräußert und nicht wieder zurück erhalten hat oder

3. die Sache derart umgestaltet hat, dass sie ihre vorige Gestalt und Bezeichnung verliert.

(2) Wenn aber der Schuldner die Forderung aus eigenem Antrieb berichtigt hat, die Veräußerung des Vermächtnisses auf gerichtliche oder behördliche Anordnung erfolgt ist oder die Sache ohne Einwilligung des Verstorbenen umgestaltet worden ist, bleibt das Vermächtnis wirksam.

(BGBl I 2015/87, ab 1. 1. 2017, s § 1503 Abs 7 Z 2)

3. durch Verlust der Angehörigenstellung

§ 725. (1) [1]Mit Auflösung der Ehe, der eingetragenen Partnerschaft oder der Lebensgemeinschaft zu Lebzeiten des Verstorbenen werden davor errichtete letztwillige Verfügungen, soweit sie den früheren Ehegatten, eingetragenen Partner oder Lebensgefährten betreffen, aufgehoben, es sei denn, dass der Verstorbene ausdrücklich das Gegenteil angeordnet hat. [2]Das Gleiche gilt für die Aufhebung der Abstammung oder den Widerruf oder die Aufhebung der Adoption, auch wenn sie nach dem Erbfall erfolgt, für letztwillige Verfügungen zugunsten des früheren Angehörigen.

(2) [1]Die letztwillige Anordnung wird im Zweifel auch dann aufgehoben, wenn der Verstorbene oder die letztwillig bedachte Person das gerichtliche Verfahren zur Auflösung der Ehe oder eingetragenen Partnerschaft oder zum Widerruf oder zur Aufhebung der Adoption eingeleitet hat. [2]Das Gleiche gilt auch für den Fall, dass der Verstorbene das gerichtliche Abstammungsverfahren eingeleitet hat, wenn sich in der Folge herausstellt, dass der vermeintliche Angehörige tatsächlich nicht vom Verstorbenen abstammt.

(BGBl I 2015/87, ab 1. 1. 2017, s § 1503 Abs 7 Z 2)

4. durch Ausfall des eingesetzten Erben

§ 726. [1]Wenn weder ein Erbe noch ein Nacherbe die Erbschaft annehmen will oder kann, fällt das Erbrecht auf die gesetzlichen Erben. [2]Diese sind verpflichtet, die übrigen Verfügungen des Verstorbenen zu befolgen.

(BGBl I 2015/87, ab 1. 1. 2017, s § 1503 Abs 7 Z 2)

Dreizehntes Hauptstück

Von der gesetzlichen Erbfolge

I. Grundsätze

Fälle der gesetzlichen Erbfolge

§ 727. Wenn der Verstorbene seinen letzten Willen nicht gültig erklärt oder nicht über sein gesamtes Vermögen verfügt hat oder wenn die eingesetzten Erben die Verlassenschaft nicht annehmen können oder wollen, kommt es ganz oder zum Teil zur gesetzlichen Erbfolge.

(BGBl I 2015/87, ab 1. 1. 2017, s § 1503 Abs 7 Z 2)

§ 728. [1]Mangels einer gültigen Erklärung des letzten Willens fällt die gesamte Verlassenschaft den gesetzlichen Erben zu. [2]Hat der Verstorbene über einen Teil seines Vermögens nicht gültig verfügt, so kommt allein dieser den gesetzlichen Erben zu.

(BGBl I 2015/87, ab 1. 1. 2017, s § 1503 Abs 7 Z 2)

Verkürzter Pflichtteil und Folgen einer Enterbung

§ 729. (1) Ist eine pflichtteilsberechtigte Person durch eine letztwillige Verfügung verkürzt worden, so kann sie sich auf das Gesetz berufen und den ihr gebührenden Pflichtteil fordern.

(2) Hat der Verstorbene die gänzliche oder teilweise Entziehung des Pflichtteils verfügt, so wird vermutet, dass er der enterbten Person auch deren gesetzlichen Erbteil entziehen wollte.

(3) Bei gesetzlicher Erbfolge erben die Nachkommen der enterbten Person an deren Stelle, auch wenn diese den Verstorbenen überlebt hat.

(BGBl I 2015/87, ab 1. 1. 2017, s § 1503 Abs 7 Z 2)

Gesetzliche Erben

§ 730. Gesetzliche Erben sind die in nächster Linie mit dem Verstorbenen Verwandten und sein Ehegatte oder eingetragener Partner.

(BGBl I 2015/87, ab 1. 1. 2017, s § 1503 Abs 7 Z 2)

II. Gesetzliches Erbrecht der Verwandten

§ 731. (1) Zur ersten Linie gehören diejenigen Verwandten, die vom Verstorbenen abstammen, also seine Kinder und deren Nachkommen.

(2) Zur zweiten Linie gehören die Eltern des Verstorbenen und deren Nachkommen, also seine Geschwister und deren Nachkommen.

(3) Zur dritten Linie gehören die Großeltern des Verstorbenen und deren Nachkommen, also seine Onkel und Tanten und deren Nachkommen.

(4) In der vierten Linie sind nur die Urgroßeltern des Verstorbenen zur Erbfolge berufen.

(BGBl I 2015/87, ab 1. 1. 2017, s § 1503 Abs 7 Z 2)

1. Linie: Kinder

§ 732. [1]Wenn der Verstorbene Kinder hat, fällt ihnen die gesamte Verlassenschaft zu, mögen sie zu seinen Lebzeiten oder nach seinem Tod geboren sein. [2]Mehreren Kindern fällt die Verlassenschaft zu gleichen Teilen zu. [3]Enkel von noch lebenden Kindern und Urenkel von noch lebenden Enkeln haben kein Recht zur Erbfolge.

(BGBl I 2015/87, ab 1. 1. 2017, s § 1503 Abs 7 Z 2)

§ 733. Wenn ein Nachkomme des Verstorbenen vor ihm gestorben ist und seinerseits Nachkommen hinterlassen hat, fällt der Anteil, der dem verstorbenen Nachkommen gebührt hätte, dessen Kindern zu gleichen Teilen zu.

(BGBl I 2015/87, ab 1. 1. 2017, s § 1503 Abs 7 Z 2)

§ 734. [1]Auf diese Art wird eine Verlassenschaft nicht nur dann geteilt, wenn Enkel von verstorbenen Kindern mit noch lebenden Kindern oder entferntere Nachkommen mit näheren Nachkommen des Verstorbenen zusammen treffen, sondern auch dann, wenn die Verlassenschaft bloß zwischen Enkeln von verschiedenen Kindern oder zwischen Urenkeln von verschiedenen Enkeln zu teilen ist. [2]Es können also die von jedem Kind hinterlassenen Enkel und die von jedem Enkel hinterlassenen Urenkel nie mehr und nie weniger erhalten, als das verstorbene Kind oder der verstorbene Enkel erhalten hätte, wenn es oder er am Leben geblieben wäre.

(BGBl I 2015/87, ab 1. 1. 2017, s § 1503 Abs 7 Z 2)

2. Linie: Eltern und ihre Nachkommen

§ 735. [1]Ist kein Nachkomme des Verstorbenen vorhanden, so fällt die Verlassenschaft den mit ihm in zweiter Linie Verwandten, also seinen Eltern und deren Nachkommen zu. [2]Leben noch beide Eltern, so gebührt ihnen die ganze Verlassenschaft zu gleichen Teilen. [3]Ist ein Elternteil verstorben, so treten dessen Nachkommen in sein Recht ein. [4]Die Hälfte, die dem Verstorbenen gebührt hätte, wird nach den §§ 732 bis 734 geteilt.

(BGBl I 2015/87, ab 1. 1. 2017, s § 1503 Abs 7 Z 2)

§ 736. [1]Wenn beide Eltern des Verstorbenen verstorben sind, wird die eine Hälfte der Verlassenschaft, die dem einen Elternteil zugefallen wäre, unter dessen Nachkommen, die andere Hälfte aber unter den Nachkommen des anderen nach den §§ 732 bis 734 geteilt. [2]Haben die Eltern nur gemeinsame Kinder oder deren Nachkommen hinterlassen, so teilen diese die beiden Hälften unter sich gleich. [3]Sind aber außer diesen noch Kinder nur eines Elternteils vorhanden, so erhalten diese und deren Nachkommen nur den ihnen von der Hälfte gebührenden Anteil.

(BGBl I 2015/87, ab 1. 1. 2017, s § 1503 Abs 7 Z 2)

§ 737. [1]Hat ein verstorbener Elternteil des Verstorbenen keine Nachkommen hinterlassen, so fällt die gesamte Verlassenschaft dem anderen noch lebenden Elternteil zu. [2]Ist auch dieser verstorben, so wird die gesamte Verlassenschaft unter seinen Kindern und Nachkommen nach den bereits angeführten Grundsätzen verteilt.

(BGBl I 2015/87, ab 1. 1. 2017, s § 1503 Abs 7 Z 2)

3. Linie: Großeltern und ihre Nachkommen

§ 738. [1]Sind die Eltern des Verstorbenen ohne Nachkommen verstorben, so fällt die Verlassenschaft der dritten Linie, also den Großeltern und ihren Nachkommen zu. [2]Die Verlassenschaft wird dann in zwei gleiche Teile geteilt. [3]Die eine Hälfte gebührt den Eltern des einen Elternteils des Verstorbenen und ihren Nachkommen, die andere den Eltern des anderen und ihren Nachkommen.

(BGBl I 2015/87, ab 1. 1. 2017, s § 1503 Abs 7 Z 2)

§ 739. [1]Jede dieser Hälften wird unter den Großeltern der einen und der anderen Seite, wenn sie beide noch leben, gleich geteilt. [2]Ist ein Großelternteil oder sind beide Großeltern von der einen oder anderen Seite gestorben, so wird die dieser Seite zugefallene Hälfte zwischen den Kindern und Nachkommen dieser Großeltern nach den Grundsätzen geteilt, nach denen in der zweiten Linie die ganze Verlassenschaft zwischen den

Kindern und Nachkommen der Eltern des Verstorbenen geteilt wird (§§ 735 bis 737).

(BGBl I 2015/87, ab 1. 1. 2017, s § 1503 Abs 7 Z 2)

§ 740. Sind von der Seite eines Elternteils beide Großeltern ohne Nachkommen verstorben, so fällt den von der anderen Seite noch lebenden Großeltern oder nach deren Tod deren Kindern und Nachkommen die gesamte Verlassenschaft zu.

(BGBl I 2015/87, ab 1. 1. 2017, s § 1503 Abs 7 Z 2)

4. Linie: Urgroßeltern

§ 741. (1) [1]Nach gänzlichem Ausfall der dritten Linie sind die Urgroßeltern des Verstorbenen zur gesetzlichen Erbfolge berufen. [2]Auf die Großeltern des einen Elternteils des Verstorbenen entfällt die eine Hälfte der Verlassenschaft, auf die Großeltern des anderen Elternteils die andere Hälfte. [3]Jede Hälfte der Verlassenschaft teilen sich die beiden Großelternpaare zu gleichen Teilen. [4]Ist ein Teil eines Großelternpaares nicht vorhanden, so fällt das auf diesen Teil entfallende Achtel der Verlassenschaft an den überlebenden Teil dieses Großelternpaares. [5]Fehlt ein Großelternpaar, so ist zu seinem Viertel das andere Großelternpaar desselben Elternteiles des Verstorbenen berufen.

(2) Fehlen die Großelternpaare des einen Elternteils des Verstorbenen, so sind zu der auf sie entfallenden Verlassenschaftshälfte die Großelternpaare des anderen Elternteils in demselben Ausmaß wie zu der ihnen unmittelbar zufallenden Verlassenschaftshälfte berufen.

(BGBl I 2015/87, ab 1. 1. 2017, s § 1503 Abs 7 Z 2)

Mehrfache Verwandtschaft

§ 742. Wenn jemand mit dem Verstorbenen mehrfach verwandt ist, genießt er von jeder Seite das Erbrecht, das ihm als einem Verwandten von dieser Seite gebührt.

(BGBl I 2015/87, ab 1. 1. 2017, s § 1503 Abs 7 Z 2)

Ausschluss von entfernten Verwandten

§ 743. Auf diese vier Linien der Verwandtschaft (§ 731) wird die gesetzliche Erbfolge eingeschränkt.

(BGBl I 2015/87, ab 1. 1. 2017, s § 1503 Abs 7 Z 2)

III. Gesetzliches Erbrecht des Ehegatten und eingetragenen Partners

§ 744. (1) [1]Der Ehegatte oder eingetragene Partner des Verstorbenen ist neben Kindern des Verstorbenen und deren Nachkommen zu einem Drittel der Verlassenschaft, neben Eltern des Verstorbenen zu zwei Dritteln der Verlassenschaft und in den übrigen Fällen zur Gänze gesetzlicher Erbe. [2]Ist ein Elternteil vorverstorben, so fällt auch dessen Anteil dem Ehegatten oder dem eingetragenen Partner zu.

(2) Auf den Erbteil des Ehegatten oder eingetragenen Partners ist alles anzurechnen, was er durch Ehe- oder Partnerschaftspakt oder Erbvertrag aus dem Vermögen des Verstorbenen erhält.

(BGBl I 2015/87, ab 1. 1. 2017, s § 1503 Abs 7 Z 2)

Gesetzliches Vorausvermächtnis

§ 745. (1) Sofern der Ehegatte oder eingetragene Partner nicht rechtmäßig enterbt worden ist, gebühren ihm als gesetzliches Vorausvermächtnis das Recht, in der Ehe- oder Partnerschaftswohnung weiter zu wohnen, und die zum ehelichen oder partnerschaftlichen Haushalt gehörenden beweglichen Sachen, soweit sie zu dessen Fortführung entsprechend den bisherigen Lebensverhältnissen erforderlich sind.

(2) [1]Dem Lebensgefährten des Verstorbenen steht ein solches gesetzliches Vermächtnis zu, sofern er mit dem Verstorbenen als dessen Lebensgefährte zumindest in den letzten drei Jahren im gemeinsamen Haushalt gelebt hat und der Verstorbene im Zeitpunkt des Todes weder verheiratet war noch in einer eingetragenen Partnerschaft gelebt hat. [2]Die in Abs. 1 erwähnten Rechte enden ein Jahr nach dem Tod des Verstorbenen.

(BGBl I 2015/87, ab 1. 1. 2017, s § 1503 Abs 7 Z 2)

Auflösung der Ehe oder Partnerschaft

§ 746. (1) Nach Auflösung der Ehe oder eingetragenen Partnerschaft zu Lebzeiten des Verstorbenen steht dem früheren Ehegatten oder eingetragenen Partner weder ein gesetzliches Erbrecht noch das gesetzliche Vorausvermächtnis zu.

(2) [1]Das gesetzliche Erbrecht und das gesetzliche Vorausvermächtnis stehen dem überlebenden Ehegatten oder eingetragenen Partner auch dann nicht zu, wenn in einem im Zeitpunkt des Erbfalls anhängigen Verfahren über die Auflösung der Ehe oder eingetragenen Partnerschaft eine Vereinbarung über die Aufteilung des Gebrauchsvermögens und der Ersparnisse für den Fall der Rechtskraft der Auflösungsentscheidung vorliegt. [2]Eine solche Vereinbarung gilt im Zweifel auch für die Auflösung der Ehe oder eingetragenen

Partnerschaft durch den Tod eines Ehegatten oder eingetragenen Partners.

(BGBl I 2015/87, ab 1. 1. 2017, s § 1503 Abs 7 Z 2)

Anspruch auf Unterhalt

§ 747. [1]Der Ehegatte oder eingetragene Partner hat, außer in den Fällen der §§ 746 und 777, gegen die Verlassenschaft und nach Einantwortung gegen die Erben bis zum Wert der Verlassenschaft einen Anspruch auf Unterhalt nach den sinngemäß anzuwendenden Grundsätzen des § 94 oder des § 12 EPG, solange er nicht wieder eine Ehe oder eingetragene Partnerschaft eingeht. [2]Auf diesen Anspruch ist alles anzurechnen, was der Ehegatte oder eingetragene Partner nach dem Verstorbenen durch vertragliche oder letztwillige Zuwendung, als gesetzlichen Erbteil, als Pflichtteil und durch öffentlich-rechtliche oder privatrechtliche Leistung erhält, desgleichen eigenes Vermögen des Ehegatten oder eingetragenen Partners sowie Erträgnisse einer von ihm tatsächlich ausgeübten oder einer solchen Erwerbstätigkeit, die von ihm den Umständen nach erwartet werden kann.

(BGBl I 2015/87, ab 1. 1. 2017, s § 1503 Abs 7 Z 2)

IV. Außerordentliches Erbrecht und Aneignung durch den Bund

Außerordentliches Erbrecht des Lebensgefährten

§ 748. (1) Gelangt kein gesetzlicher Erbe zur Verlassenschaft, so fällt dem Lebensgefährten des Verstorbenen die ganze Erbschaft zu, sofern er mit dem Verstorbenen als dessen Lebensgefährte zumindest in den letzten drei Jahren vor dem Tod des Verstorbenen im gemeinsamen Haushalt gelebt hat.

(2) Vom Erfordernis eines gemeinsamen Haushalts ist dann abzusehen, wenn diesem erhebliche Gründe, etwa gesundheitlicher oder beruflicher Art, entgegenstanden, ansonsten aber eine für Lebensgefährten typische besondere Verbundenheit bestand.

(BGBl I 2015/87, ab 1. 1. 2017, s § 1503 Abs 7 Z 2)

Außerordentliches Erbrecht der Vermächtnisnehmer

§ 749. Gelangt weder ein gesetzlicher Erbe noch der Lebensgefährte des Verstorbenen zur Verlassenschaft, so werden die vom Verstorbenen bedachten Vermächtnisnehmer verhältnismäßig als Erben betrachtet.

(BGBl I 2015/87, ab 1. 1. 2017, s § 1503 Abs 7 Z 2)

Aneignung durch den Bund

§ 750. (1) Wenn kein zur Erbfolge Berechtigter vorhanden ist und auch sonst niemand die Verlassenschaft erwirbt, hat der Bund das Recht, sie sich anzueignen.

(2) Soweit eine Verlassenschaft, die sich im Zeitpunkt des Todes des Verstorbenen in Österreich befindet, weder auf einen durch Verfügung von Todes wegen eingesetzten Erben oder Vermächtnisnehmer noch auf eine natürliche Person als gesetzlicher Erbe übergeht, hat der Bund das Recht, sie sich anzueignen, auch wenn sich die Erbfolge nicht nach österreichischem Recht richtet.

(BGBl I 2015/87, Abs 1 ab 1. 1. 2017, Abs. 2 ab 17. 8. 2015, s § 1503 Abs. 7 Z 2 und 6)

Abweichungen von der allgemeinen Erbfolge

§ 751. Abweichungen von der in diesem Hauptstück bestimmten gesetzlichen Erbfolge, insbesondere für land- und forstwirtschaftliche Betriebe, sind gesondert geregelt.

(BGBl I 2015/87, ab 1. 1. 2017, s § 1503 Abs 7 Z 2)

V. Anrechnung beim Erbteil

§ 752. [1]Bei der gewillkürten und bei der gesetzlichen Erbfolge muss sich der Erbe eine Schenkung unter Lebenden (§ 781) anrechnen lassen, wenn der „Verstorbene" das letztwillig angeordnet oder mit dem Geschenknehmer vereinbart hat. [2]Dieser Vertrag und seine Aufhebung bedürfen der Schriftform, bei Abschluss erst nach erfolgter Schenkung aber der Formvorschriften für einen Erbverzicht. *(BGBl I 2017/59, ab 2. 1. 2017, s § 1503 Abs 9 Z 3)*

(BGBl I 2015/87, ab 1. 1. 2017, s § 1503 Abs 7 Z 7)

§ 753. [1]Bei der gesetzlichen Erbfolge der Kinder muss sich ein Kind auf Verlangen eines anderen Kindes eine Schenkung unter Lebenden (§ 781) anrechnen lassen, es sei denn, dass der Verstorbene die Schenkung aus Einkünften ohne Schmälerung des Stammvermögens gemacht hat oder den Erlass dieser Anrechnung letztwillig verfügt oder mit dem Geschenknehmer vereinbart hat. [2]Dieser Vertrag und seine Aufhebung bedürfen der Schriftform.

(BGBl I 2015/87, ab 1. 1. 2017, s § 1503 Abs 7 Z 7)

§ 754. [1]Einem Nachkommen wird nicht nur das, was er selbst, sondern auch das, was seine Vorfahren, an deren Stelle er tritt, auf solche Art empfangen haben, auf den Erbteil angerechnet. [2]Auch wer einen Erbteil im Wege der Anwachsung erhält (§ 560), hat sich Schenkungen an denjenigen, dessen frei gewordenen Erbteil er übernimmt, anrechnen zu lassen.

(BGBl I 2015/87, ab 1. 1. 2017, s § 1503 Abs 7 Z 2)

Rechenmethode

§ 755. (1) [1]Das bei der Anrechnung zu berücksichtigende Vermögen ist auf den Zeitpunkt zu bewerten, in dem die Schenkung wirklich gemacht wurde. [2]Dieser Wert ist sodann auf den Todeszeitpunkt nach einem von der Statistik Austria verlautbarten Verbraucherpreisindex aufzuwerten und der Verlassenschaft hinzuzurechnen.

(2) [1]Von dem Erbteil des anrechnungspflichtigen Erben ist das anzurechnende Vermögen abzuziehen. [2]Der anrechnungspflichtige Erbe ist nicht zur Herausgabe seines Geschenks verpflichtet.

(BGBl I 2015/87, ab 1. 1. 2017, s § 1503 Abs 7 Z 2)

Vierzehntes Hauptstück

Vom Pflichtteil und der Anrechnung auf den Pflichtteil

I. Allgemeines

1. Pflichtteilsberechtigung

§ 756. Der Pflichtteil ist der Anteil am Wert des Vermögens des Verstorbenen, der dem Pflichtteilsberechtigten zukommen soll.

(BGBl I 2015/87, ab 1. 1. 2017, s § 1503 Abs 7 Z 2)

§ 757. Pflichtteilsberechtigt sind die Nachkommen sowie der Ehegatte oder eingetragene Partner des Verstorbenen.

(BGBl I 2015/87, ab 1. 1. 2017, s § 1503 Abs 7 Z 2)

§ 758. (1) Einer in § 757 angeführten Person steht ein Pflichtteil zu, wenn ihr bei gesetzlicher Erbfolge ein Erbrecht zustünde, sie nicht enterbt wurde und nicht auf den Pflichtteil verzichtet worden ist.

(2) [1]Den Nachkommen einer „erbunfähigen, enterbten oder vorverstorbenen Person" steht ein Pflichtteil zu, wenn sie die Voraussetzungen des Abs. 1 erfüllen. [2]Der Verzicht auf den Pflichtteil und die Ausschlagung der Erbschaft erstrecken sich im Zweifel auch auf die Nachkommen. [3]Die Nachkommen eines vorverstorbenen Pflichtteilsberechtigten, dessen Pflichtteil gemindert worden ist, müssen sich mit dem geminderten Pflichtteil begnügen, wenn auch für sie die Voraussetzungen für die Minderung vorliegen (§ 776 Abs. 1 und 2). *(BGBl I 2017/59, ab 2. 1. 2017, s § 1503 Abs 9 Z 3)*

(3) Eine in ihrem Pflichtteil verkürzte Person kann sich auch dann auf ihre Pflichtteilsberechtigung stützen, wenn ihr ein Erbrecht aus einem Erbvertrag, einem letzten Willen oder dem Gesetz gebührt.

(BGBl I 2015/87, ab 1. 1. 2017, s § 1503 Abs 7 Z 2)

2. Höhe

§ 759. Als Pflichtteil gebührt jeder pflichtteilsberechtigten Person die Hälfte dessen, was ihr nach der gesetzlichen Erbfolge zustünde.

(BGBl I 2015/87, ab 1. 1. 2017, s § 1503 Abs 7 Z 2)

§ 760. (1) Wenn einer der in § 757 angeführten Personen infolge Pflichtteilsverzichtes oder Ausschlagung der Erbschaft kein Pflichtteil zusteht, erhöht dies im Zweifel die Pflichtteile der anderen Pflichtteilsberechtigten nicht.

(2) Wenn aber einer der in § 757 angeführten Personen aus anderen Gründen kein oder nur ein geminderter Pflichtteil zusteht und an ihrer Stelle auch keine Nachkommen den Pflichtteil erhalten, erhöhen sich die Pflichtteile der anderen Pflichtteilsberechtigten anteilig; die §§ 733 und 734 sind anzuwenden.

(BGBl I 2015/87, ab 1. 1. 2017, s § 1503 Abs 7 Z 2)

3. Erfüllungsarten

Leistung und Deckung des Pflichtteils

§ 761. (1) [1]Der Pflichtteil ist in Geld zu leisten. [2]Er kann aber auch durch eine Zuwendung auf den Todesfall des Verstorbenen (§ 780) oder eine Schenkung unter Lebenden (§ 781) gedeckt werden.

(2) Wenn der Verstorbene jemanden auf den Pflichtteil gesetzt hat, wird vermutet, dass er ihm einen Geldanspruch und nicht ein Vermächtnis zuwenden wollte.

(BGBl I 2015/87, ab 1. 1. 2017, s § 1503 Abs 7 Z 2)

Bedingungen und Belastungen

§ 762. Haften einer Zuwendung oder Schenkung im Sinn der §§ 780 und 781 Bedingungen oder Belastungen an, die der Verwertung des zugewendeten Vermögens entgegenstehen, so hindert dies nicht deren Eignung zur Pflichtteilsdeckung; ein dadurch fehlender oder verminderter Nutzen ist aber bei der Bewertung der Zuwendung oder Schenkung zu berücksichtigen.

(BGBl I 2015/87, ab 1. 1. 2017, s § 1503 Abs 7 Z 2)

Geldpflichtteil

§ 763. Soweit der Pflichtteil durch eine Zuwendung oder Schenkung im Sinn der §§ 780 und 781 nicht oder nicht voll gedeckt wird, kann der Pflichtteilsberechtigte den Pflichtteil selbst oder dessen Ergänzung in Geld fordern.

(BGBl I 2015/87, ab 1. 1. 2017, s § 1503 Abs 7 Z 2)

4. Pflichtteilsschuldner

§ 764. (1) Der Pflichtteilsanspruch ist von der Verlassenschaft und nach der Einantwortung von den Erben zu erfüllen.

(2) Wenn der Pflichtteil durch eine Zuwendung oder Schenkung im Sinn der §§ 780 und 781 nicht oder nicht voll gedeckt wird, haben neben den Erben auch die Vermächtnisnehmer höchstens bis zum Wert der Verlassenschaft zu seiner Bedeckung verhältnismäßig beizutragen, nicht jedoch der Ehegatte oder eingetragene Partner mit dem gesetzlichen Vorausvermächtnis, der Lebensgefährte mit einem solchen gesetzlichen Vermächtnis und der Begünstigte aus einem Pflegevermächtnis.

(BGBl I 2015/87, ab 1. 1. 2017, s § 1503 Abs 7 Z 2)

5. Anfall und Fälligkeit

§ 765. (1) Der Pflichtteilsberechtigte erwirbt den Anspruch für sich und seine Nachfolger mit dem Tod des Verstorbenen.

(2) Den Geldpflichtteil kann der Pflichtteilsberechtigte erst ein Jahr nach dem Tod des Verstorbenen fordern.

(BGBl I 2015/87, ab 1. 1. 2017, s § 1503 Abs 7 Z 2)

Stundung

§ 766. (1) [1]Der letztwillig Verfügende kann die Stundung des Pflichtteilsanspruchs auf höchstens fünf Jahre nach seinem Tod oder die Zahlung in Teilbeträgen innerhalb dieses Zeitraums anordnen. [2]Ebenso kann er die Deckung des Pflichtteils durch eine Zuwendung ganz oder zum Teil auf diesen Zeitraum erstrecken.

(2) [1]In den Fällen des Abs. 1 kann der Pflichtteilsberechtigte den gesamten oder restlichen Geldpflichtteil erst mit Ende dieses Zeitraums fordern, es sei denn, dass ihn dies unter Berücksichtigung aller Umstände unbillig hart träfe. [2]Die Interessen und die Vermögenslage des Pflichtteilsschuldners sind angemessen zu berücksichtigen.

(3) In besonders berücksichtigungswürdigen Fällen kann der in Abs. 1 genannte Zeitraum auf insgesamt höchstens zehn Jahre durch das Gericht verlängert werden.

(BGBl I 2015/87, ab 1. 1. 2017, s § 1503 Abs 7 Z 2)

§ 767. (1) [1]Der Pflichtteilsanspruch ist auf Verlangen eines Pflichtteilsschuldners auch gerichtlich zu stunden, soweit diesen die Erfüllung unter Berücksichtigung aller Umstände unbillig hart träfe. [2]Dies kann insbesondere der Fall sein, wenn er mangels ausreichenden anderen Vermögens die Wohnung, die ihm zur Befriedigung seines dringenden Wohnbedürfnisses dient, oder ein Unternehmen, das seine wirtschaftliche Lebensgrundlage darstellt, veräußern müsste. [3]Ebenso ist der Geldpflichtteilsanspruch auf Verlangen eines Pflichtteilsschuldners zu stunden, wenn dessen sofortige Entrichtung den Fortbestand eines Unternehmens erheblich gefährdet. [4]Die Interessen des Pflichtteilsberechtigten sind angemessen zu berücksichtigen.

(2) Das Gericht kann den Pflichtteilsanspruch auf höchstens fünf Jahre nach dem Tod des Verstorbenen stunden oder die Zahlung in Teilbeträgen innerhalb dieses Zeitraums bewilligen.

(3) In besonders berücksichtigungswürdigen Fällen kann der in Abs. 2 genannte Zeitraum auf insgesamt höchstens zehn Jahre durch das Gericht verlängert werden.

(BGBl I 2015/87, ab 1. 1. 2017, s § 1503 Abs 7 Z 2)

Sicherstellung des Pflichtteilsanspruchs und Anpassung einer Stundungsregelung

§ 768. [1]Das Gericht kann auf Antrag die Sicherstellung des Pflichtteilsanspruchs anordnen und bei einer erheblichen Änderung der Umstände eine Stundungsregelung ändern oder aufheben. [2]Der Pflichtteilsschuldner und der Pflichtteilsberechtigte haben einander über eine wesentliche Änderung der Umstände unverzüglich zu informieren.

(BGBl I 2015/87, ab 1. 1. 2017, s § 1503 Abs 7 Z 2)

II. Ausschluss von der Pflichtteilsberechtigung

1. Enterbung

Allgemeines

§ 769. Enterbung ist die gänzliche oder teilweise Entziehung des Pflichtteils durch letztwillige Verfügung.

(BGBl I 2015/87, ab 1. 1. 2017, s § 1503 Abs 7 Z 2)

Enterbungsgründe

§ 770. Ein Pflichtteilsberechtigter kann enterbt werden, wenn er

1. gegen den Verstorbenen eine gerichtlich strafbare Handlung begangen hat, die nur vorsätzlich begangen werden kann und mit mehr als einjähriger Freiheitsstrafe bedroht ist,

2. gegen den Ehegatten, eingetragenen Partner, Lebensgefährten oder Verwandten in gerader Linie, die Geschwister des Verstorbenen und deren Kinder, Ehegatten, eingetragenen Partner oder Lebensgefährten sowie die Stiefkinder des Verstorbenen eine gerichtlich strafbare Handlung begangen hat, die nur vorsätzlich begangen werden kann und mit mehr als einjähriger Freiheitsstrafe bedroht ist,

3. absichtlich die Verwirklichung des wahren letzten Willens des Verstorbenen vereitelt oder zu vereiteln versucht hat (§ 540),

4. dem Verstorbenen in verwerflicher Weise schweres seelisches Leid zugefügt hat,

5. sonst seine familienrechtlichen Pflichten gegenüber dem Verstorbenen gröblich vernachlässigt hat, oder

6. wegen einer oder mehrerer mit Vorsatz begangener strafbarer Handlungen zu einer lebenslangen oder zwanzigjährigen Freiheitsstrafe verurteilt worden ist.

(BGBl I 2015/87, ab 1. 1. 2017, s § 1503 Abs 7 Z 2)

Enterbung aus guter Absicht

§ 771. Wenn auf Grund der Verschuldung oder des verschwenderischen Lebensstils eines Pflichtteilsberechtigten die Gefahr besteht, dass der ihm gebührende Pflichtteil ganz oder größtenteils seinen Kindern entgehen wird, kann ihm der Pflichtteil zugunsten seiner Kinder entzogen werden.

(BGBl I 2015/87, ab 1. 1. 2017, s § 1503 Abs 7 Z 2)

Art der Erklärung und Ursächlichkeit des Grundes

§ 772. (1) Die Enterbung kann ausdrücklich oder stillschweigend durch Übergehung in der letztwilligen Verfügung erfolgen.

(2) Der Enterbungsgrund muss für die Enterbung durch den Verstorbenen ursächlich gewesen sein.

(BGBl I 2015/87, ab 1. 1. 2017, s § 1503 Abs 7 Z 2)

Widerruf der Enterbung und Verzeihung

§ 773. (1) Die Enterbung kann widerrufen werden, und zwar ausdrücklich oder stillschweigend durch die nachträgliche letztwillige Bedenkung des vorher Enterbten oder durch den Widerruf der letztwilligen Verfügung, welche die Enterbung anordnet.

(2) Konnte der Verstorbene die Enterbung auf Grund fehlender Testierfähigkeit nicht mehr widerrufen, so ist die Enterbung unwirksam, wenn der Verstorbene zu erkennen gegeben hat, dass er dem Enterbten verziehen hat.

(BGBl I 2015/87, ab 1. 1. 2017, s § 1503 Abs 7 Z 2)

Beweislast

§ 774. (1) Das Vorliegen eines Enterbungsgrundes muss der Pflichtteilsschuldner beweisen.

(2) Bei Vorliegen eines Enterbungsgrundes wird vermutet, dass dieser für die ausdrückliche oder stillschweigende Enterbung ursächlich war.

(BGBl I 2015/87, ab 1. 1. 2017, s § 1503 Abs 7 Z 2)

Enterbung ohne Grund und Übergehung

§ 775. (1) Hat der Verstorbene den Pflichtteilsberechtigten wegen eines bestimmten Verhaltens, das keinen Enterbungsgrund darstellt, ausdrücklich oder stillschweigend enterbt, so wird vermutet, dass er ihn auf den Pflichtteil setzen und nicht mit einem Erbteil bedenken wollte.

(2) [1]Wenn der Verstorbene Kinder und deren Nachkommen hatte, von deren Geburt er bei Errichtung einer letztwilligen Verfügung nicht wusste, wird vermutet, dass er ihnen letztwillig etwas zukommen lassen wollte. [2]Hatte er daneben noch andere Kinder, so wird vermutet, dass er das ihm nicht bekannte Kind zumindest gleich bedacht hätte wie das am mindesten bedachte Kind. [3]Wenn das ihm nicht bekannte Kind sein einziges war, gilt die letztwillige Verfügung als widerrufen, es sei denn, dass der Verstorbene

diese Verfügung auch in Kenntnis von seinem Kind errichtet hätte.

(BGBl I 2015/87, ab 1. 1. 2017, s § 1503 Abs 7 Z 2)

2. Pflichtteilsminderung

§ 776. (1) Der Verfügende kann den Pflichtteil letztwillig auf die Hälfte mindern, wenn er und der Pflichtteilsberechtigte zu keiner Zeit oder zumindest über einen längeren Zeitraum vor dem Tod des Verfügenden nicht in einem Naheverhältnis standen, wie es zwischen solchen Familienangehörigen gewöhnlich besteht.

(2) Das Recht auf Pflichtteilsminderung steht nicht zu, wenn der Verstorbene den Kontakt grundlos gemieden oder berechtigten Anlass für den fehlenden Kontakt gegeben hat.

(3) Die §§ 773 und 774 gelten sinngemäß für die Pflichtteilsminderung; die Pflichtteilsminderung kann auch stillschweigend durch Übergehung in der letztwilligen Verfügung angeordnet worden sein.

(BGBl I 2015/87, ab 1. 1. 2017, s § 1503 Abs 7 Z 2)

3. Notwendiger Unterhalt des Pflichtteilsberechtigten

§ 777. Selbst wenn ein Pflichtteilsberechtigter erbunwürdig oder enterbt worden ist, steht ihm doch stets der notwendige Unterhalt zu.

(BGBl I 2015/87, ab 1. 1. 2017, s § 1503 Abs 7 Z 2)

III. Pflichtteilsermittlung

1. Ermittlung und Berechnung des Pflichtteils

§ 778. (1) Auf Antrag eines Pflichtteilsberechtigten wird zur Ermittlung des Pflichtteils die gesamte Verlassenschaft genau beschrieben und geschätzt.

(2) [1]Die Schätzung hat auf den Todestag des Verstorbenen abzustellen. [2]Bis zur Erfüllung des Geldpflichtteils stehen dem Pflichtteilsberechtigten die gesetzlichen Zinsen zu.

(BGBl I 2015/87, ab 1. 1. 2017, s § 1503 Abs 7 Z 2)

§ 779. (1) Schulden und andere Lasten, die schon zu Lebzeiten des Verstorbenen auf dem Vermögen hafteten, werden von der Verlassenschaft ebenso abgezogen wie alle nach dem Erbfall und vor der Einantwortung entstandenen und mit der Besorgung, Verwaltung und Abhandlung der Verlassenschaft verbundenen Kosten.

(2) Der Pflichtteil wird aber ohne Rücksicht auf Vermächtnisse und andere aus dem letzten Willen entspringende Lasten berechnet.

(BGBl I 2015/87, ab 1. 1. 2017, s § 1503 Abs 7 Z 2)

2. Anrechnung von Zuwendungen auf den Todesfall

§ 780. (1) Alles, was der Pflichtteilsberechtigte als Erbteil, Vermächtnis oder nach dem Erbfall als Begünstigter einer vom Verstorbenen errichteten Privatstiftung oder vergleichbaren Vermögensmasse erhält, wird auf den Geldpflichtteil angerechnet, also von diesem abgezogen.

(2) Zuwendungen auf den Todesfall sind auf den Zeitpunkt des Todes des Verstorbenen zu bewerten.

(BGBl I 2015/87, ab 1. 1. 2017, s § 1503 Abs 7 Z 2)

3. Hinzu- und Anrechnung von Schenkungen unter Lebenden

§ 781. (1) Schenkungen, die der Pflichtteilsberechtigte oder auch ein Dritter vom Verstorbenen zu dessen Lebzeiten oder auf den Todesfall erhalten hat, sind der Verlassenschaft nach Maßgabe der folgenden Bestimmungen hinzuzurechnen und auf einen allfälligen Geldpflichtteil des Geschenknehmers anzurechnen.

(2) Als Schenkung in diesem Sinn gelten auch

1. die Ausstattung eines Kindes,

2. ein Vorschuss auf den Pflichtteil,

3. die Abfindung für einen Erb- oder Pflichtteilsverzicht,

4. die Vermögenswidmung an eine Privatstiftung,

5. die Einräumung der Stellung als Begünstigter einer Privatstiftung, soweit ihr der Verstorbene sein Vermögen gewidmet hat, sowie

6. jede andere Leistung, die nach ihrem wirtschaftlichen Gehalt einem unentgeltlichen Rechtsgeschäft unter Lebenden gleichkommt.

(BGBl I 2015/87, ab 1. 1. 2017, s § 1503 Abs 7 Z 2)

Schenkungen an nicht pflichtteilsberechtigte Personen

§ 782. (1) Auf Verlangen eines Pflichtteilsberechtigten sind Schenkungen, die der Verstorbene in den letzten beiden Jahren vor seinem Tod an Personen, die nicht dem Kreis der Pflichtteilsberechtigten angehören (§ 757), wirklich gemacht hat, bei der Berechnung der Verlassenschaft hinzuzurechnen.

(2) Dieses Recht steht einem Nachkommen nur bei Schenkungen zu, die der Verstorbene zu einer Zeit gemacht hat, zu der er ein pflichtteilsberechtigtes Kind gehabt hat, dem Ehegatten oder eingetragenen Partner nur bei Schenkungen, die während seiner Ehe oder eingetragenen Partnerschaft mit dem Verstorbenen gemacht worden sind.

(BGBl I 2015/87, ab 1. 1. 2017, s § 1503 Abs 7 Z 2)

Schenkungen an Pflichtteilsberechtigte

§ 783. (1) [1]Auf Verlangen eines Pflichtteilsberechtigten oder eines Erben sind Schenkungen an Personen, die dem Kreis der Pflichtteilsberechtigten angehören (§ 757), der Verlassenschaft hinzuzurechnen und auf den Pflichtteil der beschenkten Person oder derjenigen Person, die an deren Stelle tritt, anzurechnen. [2]Ein Geschenknehmer, der im Zeitpunkt der Schenkung allgemein zum Kreis der pflichtteilsberechtigten Personen gehörte (§ 757) und dem deshalb kein Pflichtteil zukommt, weil er auf seinen Pflichtteil verzichtet hat oder die Erbschaft ausgeschlagen hat, kann ebenfalls die Hinzu- und Anrechnung von Schenkungen an Pflichtteilsberechtigte verlangen.

(2) Die Hinzu- und Anrechnung kann auch ein Vermächtnisnehmer verlangen, soweit er zur Pflichtteilserfüllung beizutragen hat oder einen verhältnismäßigen Abzug erleidet.

(BGBl I 2015/87, ab 1. 1. 2017, s § 1503 Abs 7 Z 2)

Ausnahmen

§ 784. Schenkungen, die der Verstorbene aus Einkünften ohne Schmälerung des Stammvermögens, zu gemeinnützigen Zwecken, in Entsprechung einer sittlichen Pflicht oder aus Gründen des Anstandes gemacht hat, sind weder hinzunoch anzurechnen, sofern der Verstorbene und der Geschenknehmer nichts anderes vereinbart haben.

(BGBl I 2015/87, ab 1. 1. 2017, s § 1503 Abs 7 Z 2)

§ 785. [1]Schenkungen an einen Pflichtteilsberechtigten sind auf dessen Pflichtteil insoweit nicht anzurechnen, als der Verstorbene den Erlass dieser Anrechnung letztwillig verfügt oder mit ihm vereinbart hat. [2]In einem solchen Fall ist die von der Anrechnung befreite Zuwendung bei der Ermittlung des Pflichtteils dieses von der Anrechnung befreiten Pflichtteilsberechtigten nicht hinzuzurechnen. [3]Der Vertrag über den Erlass der Anrechnung bedarf der Schriftform; die Aufhebung dieses Vertrags bedarf der Formvorschriften für einen Pflichtteilsverzicht.

(BGBl I 2015/87, ab 1. 1. 2017, s § 1503 Abs 7 Z 7)

Auskunftsanspruch

§ 786. Wer berechtigt ist, die Hinzurechnung bestimmter Schenkungen zu verlangen, hat in Bezug auf diese einen Auskunftsanspruch gegen die Verlassenschaft, die Erben und den Geschenknehmer.

(BGBl I 2015/87, ab 1. 1. 2017, s § 1503 Abs 7 Z 2)

Rechenmethode

§ 787. (1) [1]Eine Schenkung, die der Verlassenschaft nach den vorstehenden Bestimmungen hinzugerechnet wird, ist ihr rechnerisch hinzuzuschlagen. [2]Von der dadurch vergrößerten Verlassenschaft sind die Pflichtteile zu ermitteln.

(2) Von einem auf solche Art und Weise vergrößerten Pflichtteil ist die Schenkung an den pflichtteilsberechtigten Geschenknehmer, soweit sie auf seinen Pflichtteil anzurechnen ist, abzuziehen.

(BGBl I 2015/87, ab 1. 1. 2017, s § 1503 Abs 7 Z 2)

Bewertung der Schenkung

§ 788. [1]Die geschenkte Sache ist auf den Zeitpunkt zu bewerten, in dem die Schenkung wirklich gemacht wurde. [2]Dieser Wert ist sodann auf den Todeszeitpunkt nach einem von der Statistik Austria verlautbarten Verbraucherpreisindex anzupassen.

(BGBl I 2015/87, ab 1. 1. 2017, s § 1503 Abs 7 Z 2)

IV. Haftung des Geschenknehmers

§ 789. (1) [1]Wenn bei Bestimmung der Pflichtteile Schenkungen hinzu- oder angerechnet werden, die Verlassenschaft aber zur Deckung der Pflichtteile nicht ausreicht, kann der verkürzte Pflichtteilsberechtigte vom Geschenknehmer die Zahlung des Fehlbetrags verlangen. [2]Dies gilt nicht für die Ausstattung, die ein Kind erhalten hat, soweit es auf diese nach § 1220 einen Anspruch hatte.

(2) Mehrere Geschenknehmer haften für den Ausfall am Pflichtteil anteilig im Verhältnis des Wertes ihrer Geschenke.

(3) Bezahlt der Geschenknehmer den Fehlbetrag oder den Anteil, für den er nach Abs. 2 ein-

zustehen hat, nicht, so haftet er nur mit der zugewendeten Sache.

(BGBl I 2015/87, ab 1. 1. 2017, s § 1503 Abs 7 Z 2)

§ 790. (1) Besitzt der Geschenknehmer die zugewendete Sache oder ihren Wert nicht mehr oder hat sich ihr Wert vermindert, so haftet er mit seinem gesamten Vermögen, wenn er diesen Verlust unredlich zugelassen hat.

(2) Auf den Anspruch auf Zahlung des Fehlbetrags sind §§ 766 bis 768 über die Stundung des Pflichtteils sinngemäß anzuwenden.

(BGBl I 2015/87, ab 1. 1. 2017, s § 1503 Abs 7 Z 2)

§ 791. (1) Ein pflichtteilsberechtigter Geschenknehmer (§ 758) haftet einem anderen verkürzten Pflichtteilsberechtigten nur insoweit, als er infolge der Schenkung mehr als den ihm bei Berücksichtigung der hinzuzurechnenden Schenkungen gebührenden Pflichtteil erhalten hat.

(2) [1]Ist der Geschenknehmer vorverstorben, hat er auf seinen Pflichtteil verzichtet oder die Erbschaft ausgeschlagen, so steht ihm oder seinen Erben die Haftungsfreistellung in Höhe seines hypothetischen Pflichtteils, der zum Todeszeitpunkt des Verstorbenen zu berechnen ist, zu. [2]Die Schenkung ist selbst dann hinzuzurechnen, wenn der Verstorbene die Anrechnung auf den Pflichtteil erlassen hat.

(3) Soweit der Geschenknehmer oder dessen Erbe eine Haftungsbeschränkung bereits geltend gemacht hat, kann eine Person, der der Pflichtteil anstelle des Pflichtteilsberechtigten zufällt oder deren Pflichtteil durch den Wegfall des Pflichtteilsberechtigten erhöht wird, keine weitere solche Haftungsbeschränkung geltend machen.

(BGBl I 2015/87, ab 1. 1. 2017, s § 1503 Abs 7 Z 2)

§ 792. Wenn der Geschenknehmer im Zeitpunkt der Schenkung nicht zum Kreis der pflichtteilsberechtigten Personen gehörte (§ 757), haftet er nicht, wenn der Verstorbene die Schenkung mehr als zwei Jahre vor seinem Tod wirklich gemacht hat.

(BGBl I 2015/87, ab 1. 1. 2017, s § 1503 Abs 7 Z 2)

§§ 793 bis 796. *(aufgehoben, BGBl I 2015/87, ab 1. 1. 2017)*

Fünfzehntes Hauptstück

Erwerb einer Erbschaft

I. Voraussetzungen für den Erwerb einer Erbschaft

Einantwortungsprinzip

§ 797. (1) [1]Niemand darf eine Erbschaft eigenmächtig in Besitz nehmen. [2]Der Erwerb einer Erbschaft erfolgt in der Regel nach Durchführung des Verlassenschaftsverfahrens durch die Einantwortung der Verlassenschaft, das ist die Übergabe in den rechtlichen Besitz der Erben.

(2) [1]Wie weit das Gericht nach einem Todesfall von Amts wegen vorzugehen hat und welche Fristen und Sicherungsmittel bei der Abhandlung zu beachten sind, bestimmen die Verfahrensgesetze. [2]Sie regeln auch, wie ein Erbe oder Gläubiger Ansprüche gegen die Verlassenschaft geltend machen kann.

(BGBl I 2015/87, ab 1. 1. 2017, s § 1503 Abs 7 Z 8)

Überlassung der Verlassenschaft

§ 798. [1]Überlässt das Gericht eine überschuldete Verlassenschaft an Zahlungs statt, so bildet der Überlassungsbeschluss den Titel zum Erwerb. [2]Das Gleiche gilt für die gerichtlich erteilte Ermächtigung, Verlassenschaftsvermögen zu übernehmen.

(BGBl I 2015/87, ab 1. 1. 2017, s § 1503 Abs 7 Z 8)

Nachweis des Rechtstitels; Erbantrittserklärung

§ 799. Wer eine Erbschaft erwerben will, muss dem Gericht den Rechtstitel (Erbvertrag, letztwillige Verfügung oder Gesetz) nachweisen und ausdrücklich erklären, die Erbschaft anzutreten.

(BGBl I 2015/87, ab 1. 1. 2017, s § 1503 Abs 7 Z 8)

Bedingte und unbedingte Erbantrittserklärung

§ 800. Die Erbantrittserklärung kann unbedingt oder bedingt, also unter dem Vorbehalt der Errichtung eines Inventars, abgegeben werden.

(BGBl I 2015/87, ab 1. 1. 2017, s § 1503 Abs 7 Z 8)

Wirkung der unbedingten Erbantrittserklärung

§ 801. Die unbedingte Erbantrittserklärung bewirkt, dass der Erbe persönlich allen Gläubigern des Verstorbenen für ihre Forderungen und allen Vermächtnisnehmern für ihre Vermächtnisse haftet, selbst wenn die Verlassenschaft zur Deckung dieser Lasten nicht hinreicht.

(BGBl I 2015/87, ab 1. 1. 2017, s § 1503 Abs 7 Z 8)

Wirkung der bedingten Erbantrittserklärung

§ 802. [1]Wird die Erbschaft mit Vorbehalt des Inventars angetreten, so hat das Gericht auf Kosten der Verlassenschaft ein Inventar zu errichten. [2]Ein solcher Erbe haftet den Gläubigern und Vermächtnisnehmern nur so weit, als die Verlassenschaft für ihre und auch seine eigenen Forderungen, das Erbrecht ausgenommen, hinreicht.

(BGBl I 2015/87, ab 1. 1. 2017, s § 1503 Abs 7 Z 8)

Berechtigung zum Antritt oder zur Ausschlagung der Erbschaft

§ 803. (1) Letztwillige Anordnungen, wonach der Erbe die Erbschaft nur unbedingt antreten darf oder bei Abgabe einer bedingten Erbantrittserklärung oder bei Antragstellung auf Inventarisierung der Verlassenschaft verliert, sind ungültig und gelten als nicht beigesetzt.

(2) Auf das Recht, eine Erbschaft bedingt oder unbedingt anzutreten, sie auszuschlagen oder die Errichtung eines Inventars zu verlangen, kann im Voraus nicht verzichtet werden.

(BGBl I 2015/87, ab 1. 1. 2017, s § 1503 Abs 7 Z 8)

§ 804. Auch ein Pflichtteilsberechtigter kann die Errichtung des Inventars beantragen.

(BGBl I 2015/87, ab 1. 1. 2017, s § 1503 Abs 7 Z 8)

§ 805. Der Erbe kann die Erbschaft auch ausschlagen.

(BGBl I 2015/87, ab 1. 1. 2017, s § 1503 Abs 7 Z 8)

§ 806. Der Erbe kann weder die Ausschlagung noch seine Erbantrittserklärung widerrufen noch seine unbedingte in eine bedingte Erbantrittserklärung ändern und sich die Errichtung des Inventars vorbehalten.

(BGBl I 2015/87, ab 1. 1. 2017, s § 1503 Abs 7 Z 8)

§ 807. [1]Wenn auch nur ein Miterbe eine bedingte Erbantrittserklärung abgibt, so ist ein Inventar zu errichten, das der Verlassenschaftsabhandlung zu Grunde zu legen ist. [2]Nach Errichtung eines Inventars genießt auch ein Erbe, der eine unbedingte Erbantrittserklärung abgegeben hat, die damit verbundene Haftungsbeschränkung.

(BGBl I 2015/87, ab 1. 1. 2017, s § 1503 Abs 7 Z 8)

§ 808. (1) [1]Wird eine Person zum Erben eingesetzt, der auch ohne letztwillige Verfügung das Erbrecht ganz oder zum Teil gebührt hätte, so ist sie nicht befugt, sich auf die gesetzliche Erbfolge zu berufen, wenn dadurch vom Verstorbenen getroffene Anordnungen unausgeführt blieben. [2]In einem solchen Fall muss sie die Erbschaft entweder aus dem letzten Willen antreten oder sie zur Gänze ausschlagen.

(2) Eine pflichtteilsberechtigte Person kann die Erbschaft nicht unter dem Vorbehalt ihres Pflichtteiles ausschlagen.

(BGBl I 2015/87, ab 1. 1. 2017, s § 1503 Abs 7 Z 8)

Übertragung des Erbrechts

§ 809. Stirbt der Erbe, bevor er die angefallene Erbschaft angetreten oder ausgeschlagen hat, so treten seine Erben in das Recht, die Erbschaft anzunehmen oder auszuschlagen, ein (§ 537).

(BGBl I 2015/87, ab 1. 1. 2017, s § 1503 Abs 7 Z 8)

II. Vorkehrungen vor Einantwortung

1. Verwaltung

§ 810. (1) [1]Der Erbe, der bei Antretung der Erbschaft sein Erbrecht hinreichend ausweist, hat das Recht, das Verlassenschaftsvermögen zu benützen, zu verwalten und die Verlassenschaft zu vertreten, solange das Verlassenschaftsgericht nichts anderes anordnet. [2]Trifft dies auf mehrere Personen zu, so üben sie dieses Recht gemeinsam aus, soweit sie nichts anderes vereinbaren.

(2) [1]Verwaltungs- und Vertretungshandlungen vor Abgabe von Erbantrittserklärungen zur gesamten Verlassenschaft sowie alle Veräußerungen von Gegenständen aus dem Verlassenschaftsvermögen bedürfen der Genehmigung des Verlassenschaftsgerichts, wenn sie nicht zum ordentlichen Wirtschaftsbetrieb gehören. [2]Die Genehmigung ist zu versagen, wenn die Handlung für die Verlassenschaft offenbar nachteilig wäre.

(3) Ist nach der Aktenlage die Errichtung eines Inventars zu erwarten, so dürfen Vermögensgegenstände, deren Veräußerung nicht zum ordentlichen Wirtschaftsbetrieb gehört, erst veräußert werden, nachdem sie in ein Inventar (Teilinventar) aufgenommen worden sind.

(BGBl I 2004/58, ab 1. 1. 2005, s Art IV § 3 Z 3 FamErbRÄG)

2. Sicherstellung oder Befriedigung der Gläubiger

§ 811. Die Gläubiger können die Befriedigung oder Sicherstellung ihrer Forderungen gegen die Verlassenschaft bereits vor Abgabe einer Erbantrittserklärung verlangen und zur Vertretung der Verlassenschaft die Bestellung eines Kurators beantragen.

(BGBl I 2015/87, ab 1. 1. 2017, s § 1503 Abs 7 Z 8)

3. Absonderung der Verlassenschaft vom Vermögen des Erben

§ 812. (1) Wenn die Forderung eines Gläubigers der Verlassenschaft durch Vermengung der Verlassenschaft mit dem Vermögen des Erben gefährdet wäre, kann der Gläubiger vor der Einantwortung beantragen, dass ein seiner Forderung entsprechender Teil der Verlassenschaft vom Vermögen des Erben abgesondert, vom Gericht verwahrt oder von einem Kurator verwaltet wird, bis sein Anspruch berichtigt ist.

(2) In einem solchen Fall haftet der Erbe den Separationsgläubigern auch nach Abgabe einer unbedingten Erbantrittserklärung nur mit der abgesonderten Verlassenschaft, den übrigen Gläubigern aber wie ein bedingt erbantrittserklärter Erbe.

(3) [1]Die Absonderung kann durch eine angemessene Sicherheitsleistung des Erben, die auch der Verlassenschaft entnommen werden kann, abgewendet oder aufgehoben werden. [2]Die Absonderung ist weiters von Amts wegen oder auf Antrag aufzuheben, wenn sie zu Unrecht bewilligt wurde, ihre Voraussetzungen weggefallen sind oder die Separationsgläubiger ihre Ansprüche nicht ohne Verzug gehörig betreiben.

(BGBl I 2015/87, ab 1. 1. 2017, s § 1503 Abs 7 Z 8)

4. Aufforderung der Verlassenschaftsgläubiger

§ 813. [1]Der Erbe oder Verlassenschaftskurator kann zur Feststellung des Schuldenstandes beantragen, dass mit Edikt alle Gläubiger aufgefordert werden, ihre Forderungen binnen einer zu bestimmenden angemessenen Frist anzumelden. [2]Dieses Edikt hat den Hinweis zu enthalten, dass bis zum Ablauf der Frist mit der Befriedigung der Gläubiger innegehalten werden kann.

(BGBl I 2015/87, ab 1. 1. 2017, s § 1503 Abs 7 Z 8)

Wirkung der Aufforderung oder ihrer Unterlassung

§ 814. [1]Die gerichtliche Aufforderung bewirkt, dass den Gläubigern, die ihre Forderung nicht fristgerecht angemeldet haben, gegen die Verlassenschaft kein weiterer Anspruch zusteht, wenn sie durch Befriedigung der angemeldeten Forderungen erschöpft ist. [2]Das gilt nicht, soweit die Forderung pfandrechtlich gesichert ist.

(BGBl I 2015/87, ab 1. 1. 2017, s § 1503 Abs 7 Z 8)

§ 815. Wenn der Erbe die Aufforderung unterlässt oder nur einige Gläubiger befriedigt, ohne auf die Rechte der anderen Rücksicht zu nehmen, und deshalb einige Gläubiger wegen Überschuldung der Verlassenschaft unbefriedigt bleiben, haftet der Erbe diesen Gläubigern, ungeachtet einer bedingten Erbantrittserklärung, mit seinem ganzen Vermögen für denjenigen Betrag, den sie bei gehöriger Aufforderung oder Befriedigung erhalten hätten.

(BGBl I 2015/87, ab 1. 1. 2017, s § 1503 Abs 7 Z 8)

5. Nachweis über die Erfüllung des letzten Willens

Testamentsvollstrecker

§ 816. [1]Der Verstorbene kann letztwillig einen Vollstrecker seines letzten Willens ernennen. [2]Übernimmt der Testamentsvollstrecker diese Aufgabe, so hat er entweder als Machthaber die Anordnungen des Verstorbenen selbst zu vollziehen oder deren Einhaltung zu überwachen und den säumigen Erben zur Vollziehung derselben zu veranlassen.

(BGBl I 2015/87, ab 1. 1. 2017, s § 1503 Abs 7 Z 8)

Nachweis der Testamentserfüllung

§ 817. Ist kein Testamentsvollstrecker ernannt oder nimmt dieser seine Ernennung nicht an, so hat der Erbe dem Gericht nachzuweisen, dass er den Willen des Verstorbenen möglichst erfüllt oder Sicherheit geleistet hat.

(BGBl I 2015/87, ab 1. 1. 2017, s § 1503 Abs 7 Z 8)

§ 818. *(aufgehoben, BGBl I 2015/87, ab 1. 1. 2017)*

III. Einantwortung und ihre Folgen

Einantwortung

§ 819. [1]Sobald die Erbantrittserklärungen abgegeben wurden, die Erben und ihre Quoten feststehen und die übrigen Voraussetzungen erfüllt sind, wird den Erben die Erbschaft eingeantwortet und die Abhandlung beendet. [2]Die Erben haben ihr durch die Einantwortung begründetes Eigentum an unbeweglichen Sachen in die öffentlichen Bücher eintragen zu lassen (§ 436).

(BGBl I 2015/87, ab 1. 1. 2017, s § 1503 Abs 7 Z 8)

Haftung mehrerer Erben

§ 820. [1]Mehrere Erben, die eine Erbschaft unbedingt angetreten haben, haften Erbschaftsgläubigern und Vermächtnisnehmern zur ungeteilten Hand. [2]Im Verhältnis zueinander haften sie nach dem Verhältnis ihrer Erbteile.

(BGBl I 2015/87, ab 1. 1. 2017, s § 1503 Abs 7 Z 8)

§ 821. [1]Wenn ein Inventar errichtet wurde und die Schuld teilbar ist, haftet jeder Miterbe persönlich nur für denjenigen Teil einer Forderung, der seiner Erbquote entspricht. [2]Ist die Schuld unteilbar, so haften die Erben trotz Inventarisierung zur ungeteilten Hand, insgesamt jedoch höchstens bis zum Wert der eingeantworteten Verlassenschaft.

(BGBl I 2015/87, ab 1. 1. 2017, s § 1503 Abs 7 Z 8)

§ 822. *(aufgehoben, BGBl I 2015/87, ab 1. 1. 2017)*

Erbschafts- und Aneignungsklage

§ 823. (1) [1]Auch nach Einantwortung kann der Erwerber der Verlassenschaft von jeder Person, die ein besseres oder gleichwertiges Erbrecht behauptet, auf Herausgabe der Erbschaft oder des seiner Berechtigung entsprechenden Teils der Erbschaft belangt werden. [2]Das Eigentum an einzelnen Erbschaftstücken wird aber nicht mit der Erbschafts-, sondern mit der Eigentumsklage geltend gemacht.

(2) Der Bund kann in sinngemäßer Anwendung des Abs. 1 gegen den eingeantworteten Erben das Recht, sich die Verlassenschaft anzueignen, geltend machen.

(BGBl I 2015/87, ab 1. 1. 2017, s § 1503 Abs 7 Z 8)

Wirkung der Erbschafts- und Aneignungsklage

§ 824. [1]Wenn der Beklagte ganz oder zum Teil zur Herausgabe der Verlassenschaft verurteilt wird, sind die Ansprüche auf die Zurückstellung der von ihm gezogenen Früchte oder auf die Vergütung der von ihm getätigten Aufwendungen und Kosten nach denjenigen Grundsätzen zu beurteilen, die für den redlichen oder unredlichen Besitzer im Hauptstück vom Besitz festgesetzt sind. [2]Ein dritter redlicher Erwerber ist für die in der Zwischenzeit erworbenen Erbstücke niemandem verantwortlich.

(BGBl I 2015/87, ab 1. 1. 2017, s § 1503 Abs 7 Z 8)

Sechzehntes Hauptstück

Von der Gemeinschaft des Eigentumes und anderer dinglichen Rechte

Ursprung einer Gemeinschaft

§ 825. [1]So oft das Eigentum der nämlichen Sache, oder ein und dasselbe Recht mehreren Personen ungeteilt zukommt; besteht eine Gemeinschaft. [2]Sie gründet sich auf eine zufällige Ereignung; auf ein Gesetz; auf eine letzte Willenserklärung, oder auf einen Vertrag.

§ 826. [1]Nach Verschiedenheit der Quellen, aus denen eine Gemeinschaft entspringt, erhalten auch die Rechte und Pflichten der Teilhaber ihre nähere Bestimmung. [2]„Für eine bloße Miteigentumsgemeinschaft gelten die Bestimmungen des siebenundzwanzigsten Hauptstücks nur dann, wenn die Miteigentümer ausdrücklich vereinbaren, als Gesellschafter einer Gesellschaft bürgerlichen Rechts zusammenwirken zu wollen.“ *(BGBl I 2014/83, ab 1. 1. 2015)*

§ 827. Wer einen Anteil an einer gemeinschaftlichen Sache anspricht, der muß sein Recht, wenn es von den übrigen Teilnehmern widersprochen wird, beweisen.

Gemeinschaftliche Rechte der Teilhaber

§ 828. (1) [1]Solange alle Teilhaber einverstanden sind, stellen sie nur eine Person vor, und haben das Recht, mit der gemeinschaftlichen Sache nach Belieben zu schalten. [2]Sobald sie uneinig sind, kann kein Teilhaber in der gemeinschaftlichen Sache eine Veränderung vornehmen, wodurch über den Anteil des andern verfügt würde.

(2) Eine gerichtliche oder vertraglich vereinbarte Benützungsregelung zwischen den Teilhabern einer unbeweglichen Sache wirkt auch für deren Rechtsnachfolger, wenn sie im Grundbuch angemerkt ist. *(BGBl I 2002/71, ab 1. 7. 2002)*

Rechte des Teilhabers auf seinen Anteil

§ 829. [1]Jeder Teilhaber ist vollständiger Eigentümer seines Anteiles. [2]Insofern er die Rechte seiner Mitgenossen nicht verletzt, kann er denselben, oder die Nutzungen davon willkürlich und unabhängig verpfänden, vermachen, oder sonst veräußern (§ 361).

§ 830. [1]Jeder Teilhaber ist befugt, auf Ablegung der Rechnung und auf Verteilung des Ertrages zu dringen. [2]Er kann in der Regel auch die Aufhebung der Gemeinschaft verlangen; doch nicht zur Unzeit, oder zum Nachteile der übrigen. [3]Er muß sich daher einen, den Umständen angemessenen, nicht wohl vermeidlichen Aufschub gefallen lassen.

§ 831. Hat sich ein Teilhaber zur Fortsetzung der Gemeinschaft verbunden, so kann er zwar vor Verlauf der Zeit nicht austreten; allein diese Verbindlichkeit wird, wie andere Verbindlichkeiten, aufgehoben, und erstreckt sich nicht auf die Erben, wenn diese nicht selbst dazu eingewilligt haben.

§ 832. [1]Auch die Anordnung eines Dritten, wodurch eine Sache zur Gemeinschaft bestimmt wird, muß zwar von den ersten Teilhabern, nicht auch von ihren Erben befolgt werden. [2]Eine Verbindlichkeit zu einer immerwährenden Gemeinschaft kann nicht bestehen.

Rechte der Teilhaber in der gemeinschaftlichen Sache:

a) In Rücksicht des Hauptstammes;

§ 833. [1]Der Besitz und die Verwaltung der gemeinschaftlichen Sache kommt allen Teilhabern insgesamt zu. [2]In Angelegenheiten, welche nur die ordentliche Verwaltung und Benützung des Hauptstammes betreffen, entscheidet die Mehrheit der Stimmen, welche nicht nach den Personen, sondern nach Verhältnis der Anteile der Teilnehmer gezählt werden.

§ 834. Bei wichtigen Veränderungen aber, welche zur Erhaltung oder besseren Benützung des Hauptstammes vorgeschlagen werden, können die Überstimmten Sicherstellung für künftigen Schaden; oder, wenn diese verweigert wird, den Austritt aus der Gemeinschaft verlangen.

§ 835. [1]Wollen sie nicht austreten; oder geschähe der Austritt zur Unzeit; so soll das Los, ein Schiedsmann, oder, wofern sie sich darüber nicht einhellig vereinigen, der Richter entscheiden, ob die Veränderung unbedingt oder gegen Sicherstellung stattfinden soll oder nicht. [2]Diese Arten der Entscheidung treten auch bei gleichen Stimmen der Mitglieder ein.

§ 836. Ist ein Verwalter der gemeinschaftlichen Sachen zu bestellen; so entscheidet über dessen Auswahl die Mehrheit der Stimmen, und in deren Abgang der Richter.

§ 837. [1]Der Verwalter des gemeinschaftlichen Gutes wird als ein Machthaber angesehen. [2]Er ist einerseits verbunden, ordentliche Rechnung abzulegen; andererseits aber befugt, alle nützlich gemachte Auslagen in Abrechnung zu bringen. [3]Dieses gilt auch in dem Falle, daß ein Teilgenosse ein gemeinschaftliches Gut ohne Auftrag der übrigen Teilnehmer verwaltet.

§ 838. Wird die Verwaltung mehreren überlassen; so entscheidet auch unter ihnen die Mehrheit der Stimmen.

§ 838a. Streitigkeiten zwischen den Teilhabern über die mit der Verwaltung und Benützung der gemeinschaftlichen Sache unmittelbar zusammenhängenden Rechte und Pflichten sind im Verfahren außer Streitsachen zu entscheiden.

(BGBl I 2004/58, ab 1. 1. 2005; anzuwenden, wenn die Sache nach dem 31. 12. 2004 anhängig wurde)

b) der Nutzungen und Lasten;

§ 839. [1]Die gemeinschaftlichen Nutzungen und Lasten werden nach Verhältnis der Anteile ausgemessen. [2]Im Zweifel wird jeder Anteil gleich groß angesehen; wer das Gegenteil behauptet, muß es beweisen.

§ 840. [1]Ordentlicher Weise sind die erzielten Nutzungen in Natur zu teilen. [2]Ist aber diese Verteilungsart nicht tunlich; so ist jeder berechtigt, auf die öffentliche Feilbietung zu dringen. [3]Der gelöste Wert wird den Teilhabern verhältnismäßig entrichtet.

c) der Teilung

§ 841. [1]Bei der nach aufgehobener Gemeinschaft vorzunehmenden Teilung der gemeinschaftlichen Sache gilt keine Mehrheit der Stimmen. [2]Die Teilung muß zur Zufriedenheit eines jeden Sachgenossen vorgenommen werden. [3]Können sie nicht einig werden; so entscheidet das Los, oder ein Schiedsmann, oder, wenn sie sich über die Bestimmung der einen oder andern dieser Entscheidungsarten nicht einhellig vereinigen, der Richter.

§ 842. Ein Schiedsmann oder der Richter entscheidet auch, ob bei der Teilung liegender Gründe oder Gebäude ein Teilgenosse, zur Benützung seines Anteiles, einer Servitut bedürfe, und unter welcher Bedingung sie ihm zu verwilligen sei.

§ 843. Kann eine gemeinschaftliche Sache entweder gar nicht, oder nicht ohne beträchtliche

Verminderung des Wertes geteilt werden; so ist sie, und zwar, wenn auch nur ein Teilgenosse es verlangt, vermittelst gerichtlicher Feilbietung zu verkaufen, und der Kaufschilling unter die Teilhaber zu verteilen.

§ 844. [1]Servituten, Grenzzeichen und die zum gemeinschaftlichen Gebrauche nötigen Urkunden sind keiner Teilung fähig. [2]Die Urkunden werden, wenn sonst nichts im Wege steht, bei dem ältesten Teilhaber niedergelegt. [3]Die übrigen erhalten auf ihre Kosten beglaubigte Abschriften. [4]Die Grunddienstbarkeiten bestehen mangels Vereinbarung zugunsten aller Teile fort; jedoch darf die Dienstbarkeit dadurch nicht erweitert oder für das dienstbare Gut beschwerlicher werden. [5]Kommt die Ausübung der Dienstbarkeit nur einzelnen Teilen zugute, so erlischt das Recht hinsichtlich der übrigen Teile.

(RGBl 1916/69)

§ 845. Bei Teilungen der Grundstücke sind die gegenseitigen Grenzen durch entsprechende Grenzzeichen auf eine deutliche und unwandelbare Art zu bezeichnen.

(BGBl 1968/306)

§ 846. [1]Über die gemachte Teilung sind Urkunden zu errichten. [2]Ein Teilhaber einer unbeweglichen Sache erhält auch erst dadurch ein dingliches Recht auf seinen Anteil, daß die darüber errichtete Urkunde den öffentlichen Büchern einverleibt wird (§ 436).

§ 847. [1]Die bloße Teilung was immer für eines gemeinschaftlichen Gutes kann einem Dritten nicht zum Nachteile gereichen; alle ihm zustehenden Pfand-, Servituts- und anderen dinglichen Rechte werden nach wie vor der Teilung ausgeübt. [2]Trifft jedoch die Ausübung einer Grunddienstbarkeit nur ein Teilstück, so erlischt das Recht hinsichtlich der übrigen Teile.

(RGBl 1916/69)

§ 848. [1]Auch persönliche Rechte, die einem Dritten gegen eine Gemeinschaft zustehen, haben ungeachtet des erfolgten Austrittes ihre vorige Kraft. [2]Ebenso kann derjenige, welcher an eine Gemeinschaft schuldig ist, die Zahlung nicht an einzelne Teilnehmer entrichten. [3]Solche Schulden müssen an die ganze Gemeinschaft oder an jenen, der sie ordentlich vorstellt, abgetragen werden.

(RGBl 1916/69)

§ 848a. [1]Gewährt eine Dienstbarkeit oder eine andere dingliche Last einen Anspruch auf Nutzungen, so kann bei Teilung des herrschenden Grundstückes jeder Berechtigte und bei Teilung des belasteten Grundstückes jeder Belastete eine gerichtliche Regelung der Ausübung begehren. [2]Die Ausübung ist mit Rücksicht auf die Natur und Zweckbestimmung des Rechtes sowie auf das Größenverhältnis und die wirtschaftliche Besonderheit der einzelnen Liegenschaftsteile ohne Erschwerung der Last so zu regeln, wie es allen Interessen billigerweise entspricht.

(RGBl 1916/69)

§ 849. Was bisher von der Gemeinschaft überhaupt bestimmt worden ist, läßt sich auch auf die einer Familie, als einer Gemeinschaft, zustehenden Rechte und Sachen, z.B. Stiftungen, [Fideikommisse] u. dgl. anwenden.

[] *Gegenstandslos, s Anm zu §§ 618 bis 645*

Erneuerung und Berichtigung der Grenzen

§ 850. [1]Wenn die Grenzzeichen zwischen zwei Grundstücken durch was immer für Umstände so verletzt worden sind, daß sie ganz unkenntlich werden könnten, oder wenn die Grenzen wirklich unkennbar oder streitig sind, so hat jeder der Nachbarn das Recht, die gerichtliche Erneuerung oder Berichtigung der Grenze zu verlangen. [2]Zu diesem Behufe sind die Nachbarn zu einer Verhandlung im Verfahren außer Streitsachen mit dem Bedeuten zu laden, daß trotz Ausbleibens des Geladenen die Grenze festgesetzt und vermarkt werden wird.

(RGBl 1915/208)

§ 851. (1) [1]Sind die Grenzen wirklich unkennbar geworden oder streitig, so werden sie nach dem letzten ruhigen Besitzstande festgesetzt. [2]Läßt sich dieser nicht feststellen, so hat das Gericht die streitige Fläche nach billigem Ermessen zu verteilen.

(2) Jeder Partei bleibt es vorbehalten, ihr besseres Recht im Prozeßweg geltend zu machen. *(BGBl 1958/268)*

(RGBl 1915/208)

§ 852. Die wichtigsten Behelfe bei einer Grenzberichtigung sind: die Ausmessung und Beschreibung, oder auch die Abzeichnung des streitigen Grundes; dann, die sich darauf beziehenden öffentlichen Bücher und andere Urkunden; endlich, die Aussagen sachkundiger Zeugen, und das von Sachverständigen nach vorgenommenem Augenscheine gegebene Gutachten.

§ 853. (1) [1]Die Kosten des Verfahrens sind von den Nachbarn nach Maß ihrer Grenzlinien zu bestreiten. [2]Der Antragsteller hat die Kosten des Verfahrens zu tragen, wenn sich aus der Verhandlung ergibt, daß die Grenzerneuerung oder Grenzberichtigung nicht notwendig war, weil die

Grenze nicht bestritten oder hinlänglich kenntlich gewesen ist, oder weil die anderen Beteiligten zur außergerichtlichen Vermarkung bereit waren. „“ *(BGBl I 2004/58, ab 1. 1. 2005; anzuwenden, wenn die Sache nach dem 31. 12. 2004 anhängig wurde)*

(2) Wenn das Verfahren durch Störung des ruhigen Besitzes veranlaßt wurde, kann das Gericht die Kosten ganz oder teilweise der Partei auferlegen, die den Streit veranlaßt hat.

(RGBl 1915/208)

§ 853a. Für Grenzen von Grundstücken, die im Grenzkataster enthalten sind, finden die Bestimmungen der §§ 850 bis 853 keine Anwendung.

(BGBl 1968/306)

Vermutete Gemeinschaft

§ 854. Erdfurchen, Zäune, Hecken, Planken, Mauern, Privatbäche, Kanäle, Plätze und andere dergleichen Scheidewände, die sich zwischen benachbarten Grundstücken befinden, werden für ein gemeinschaftliches Eigentum angesehen; wenn nicht Wappen, Auf- oder Inschriften, oder andere Kennzeichen und Behelfe das Gegenteil beweisen.

§ 855. [1]Jeder Mitgenosse kann eine gemeinschaftliche Mauer auf seiner Seite bis zur Hälfte in der Dicke benützen, auch Blindtüren und Wandschränke dort anbringen, wo auf der entgegengesetzten Seite noch keine angebracht sind. [2]Doch darf das Gebäude durch einen Schornstein[1)], Feuerherd oder andere Anlagen nicht in Gefahr gesetzt, und der Nachbar auf keine Art in dem Gebrauche seines Anteiles gehindert werden.

1) In JGS „Schorstein“

§ 856. [1]Alle Miteigentümer tragen zur Erhaltung solcher gemeinschaftlichen Scheidewände verhältnismäßig bei. [2]Wo sie doppelt vorhanden sind; oder das Eigentum geteilt ist, bestreitet jeder die Unterhaltungskosten für das, was ihm allein gehört.

§ 857. [1]Ist die Stellung einer Scheidewand von der Art, daß die Ziegel, Latten oder Steine nur auf einer Seite vorlaufen oder abhängen; oder sind die Pfeiler, Säulen, Ständer, Bachställe auf einer Seite eingegraben; so ist im Zweifel auf dieser Seite das ungeteilte Eigentum der Scheidewand, wenn nicht aus einer beiderseitigen Belastung, Einfügung, aus andern Kennzeichen, oder sonstigen Beweisen das Gegenteil erhellt. [2]Auch derjenige wird für den ausschließenden Besitzer einer Mauer gehalten, welcher eine in der Richtung gleich fortlaufende Mauer von gleicher Höhe und Dicke unstreitig besitzt.

§ 858. [1]In der Regel ist der ausschließende Besitzer nicht schuldig, seine verfallene Mauer oder Planke neu aufzuführen; nur dann muß er sie in gutem Stande erhalten, wenn durch die Öffnung für den Grenznachbar Schaden zu befürchten stünde. [2]Es ist aber jeder Eigentümer verbunden, auf der rechten Seite seines Haupteinganges für die nötige Einschließung seines Raumes, und für die Abteilung von dem fremden Raume zu sorgen.

Zweite Abteilung
Von den persönlichen Sachenrechten

Siebzehntes Hauptstück
Von Verträgen und Rechtsgeschäften überhaupt

Grund der persönlichen Sachenrechte

§ 859. Die persönlichen Sachenrechte, vermöge welcher eine Person einer andern zu einer Leistung verbunden ist, gründen sich unmittelbar auf ein Gesetz; oder auf ein Rechtsgeschäft; oder auf eine erlittene Beschädigung.

(RGBl 1916/69)

Auslobung

§ 860. [1]Die nicht an bestimmte Personen gerichtete Zusage einer Belohnung für eine Leistung oder einen Erfolg (Auslobung) wird durch die öffentliche Bekanntmachung verbindlich. [2]Eine Auslobung, die eine Preisbewerbung zum Gegenstande hat, ist nur gültig, wenn in der Bekanntmachung eine Frist für die Bewerbung bestimmt ist.

(RGBl 1916/69)

§ 860a. [1]Bis zur Vollendung der Leistung kann die Auslobung in derselben Form, in welcher sie bekannt gemacht war, oder einer gleich wirksamen Form, oder durch besondere Mitteilung widerrufen werden, wenn anders darauf in der Bekanntmachung nicht ausdrücklich oder durch Bestimmung einer Frist verzichtet ist. [2]Der Widerruf ist aber unwirksam gegenüber demjenigen, der die Leistung im Hinblick auf die Auslobung vollbracht hat, wenn er dartut, daß der Widerruf ihm zu dieser Zeit ohne sein Verschulden nicht bekannt geworden war.

(RGBl 1916/69)

§ 860b. Ist die Leistung von mehreren Personen vollbracht worden, so gebührt, falls nicht aus der Auslobung ein anderer Wille hervorgeht, die

Belohnung demjenigen, der die Leistung zuerst vollbracht hat, und bei gleichzeitiger Vollendung allen zu gleichen Teilen.

(RGBl 1916/69)

Abschließung des Vertrages

§ 861. [1]Wer sich erklärt, daß er jemandem[1)] sein Recht übertragen, das heißt, daß er ihm etwas gestatten, etwas geben, daß er für ihn etwas tun, oder seinetwegen etwas unterlassen wolle, macht ein Versprechen; nimmt aber der andere das Versprechen gültig an, so kommt durch den übereinstimmenden Willen beider Teile ein Vertrag zustande. [2]Solange die Unterhandlungen dauern, und das Versprechen noch nicht gemacht, oder weder zum voraus, noch nachher angenommen ist, entsteht kein Vertrag.

[1)] *In JGS „jemanden"*

§ 862. [1]Das Versprechen (Antrag) muß innerhalb der vom Antragsteller bestimmten Frist angenommen werden. [2]In Ermanglung einer solchen muß der einem Anwesenden oder mittels Fernsprechers von Person zu Person gemachte Antrag sogleich, der sonst einem Abwesenden gemachte Antrag längstens bis zu dem Zeitpunkte angenommen werden, in welchem der Antragsteller unter der Voraussetzung, daß sein Antrag rechtzeitig angekommen sei, bei rechtzeitiger und ordnungsmäßiger Absendung der Antwort deren Eintreffen erwarten darf; widrigenfalls ist der Antrag erloschen. [3]Vor Ablauf der Annahmefrist kann der Antrag nicht zurückgenommen werden. [4]Er erlischt auch nicht, wenn ein Teil während der Annahmefrist stirbt oder handlungsunfähig wird, sofern nicht ein anderer Wille des Antragstellers aus den Umständen hervorgeht.

(RGBl 1916/69)

§ 862a. [1]Als rechtzeitig gilt die Annahme, wenn die Erklärung innerhalb der Annahmefrist dem Antragsteller zugekommen ist. [2]Trotz ihrer Verspätung kommt jedoch der Vertrag zustande, wenn der Antragsteller erkennen mußte, daß die Annahmeerklärung rechtzeitig abgesendet wurde, und gleichwohl seinen Rücktritt dem andern nicht unverzüglich anzeigt.

(RGBl 1916/69)

§ 863. (1) Man kann seinen Willen nicht nur ausdrücklich durch Worte und allgemein angenommene Zeichen; sondern auch stillschweigend durch solche Handlungen erklären, welche mit Überlegung aller Umstände keinen vernünftigen Grund, daran zu zweifeln, übrig lassen.

(2) In bezug auf die Bedeutung und Wirkung von Handlungen und Unterlassungen ist auf die im redlichen Verkehr geltenden Gewohnheiten und Gebräuche Rücksicht zu nehmen.

(RGBl 1916/69)

§ 864. (1) Ist eine ausdrückliche Erklärung der Annahme nach der Natur des Geschäftes oder der Verkehrssitte nicht zu erwarten, so kommt der Vertrag zustande, wenn dem Antrag innerhalb der hierfür bestimmten oder den Umständen angemessenen Frist tatsächlich entsprochen worden ist.

(2) [1]Das Behalten, Verwenden oder Verbrauchen einer Sache, die dem Empfänger ohne seine Veranlassung übersandt worden ist, gilt nicht als Annahme eines Antrags. [2]Der Empfänger ist nicht verpflichtet, die Sache zu verwahren oder zurückzuleiten, er darf sich ihrer auch entledigen. [3]Muß ihm jedoch nach den Umständen auffallen, daß die Sache irrtümlich an ihn gelangt ist, so hat er in angemessener Frist dies dem Absender mitzuteilen oder die Sache an den Absender zurückzuleiten. *(BGBl I 1997/6, ab 1. 1. 1997, nicht anzuwenden auf Verträge und andere Schuldverhältnisse, die davor abgeschlossen oder begründet worden sind.)*

(RGBl 1916/69)

§ 864a. Bestimmungen ungewöhnlichen Inhaltes in Allgemeinen Geschäftsbedingungen oder Vertragsformblättern, die ein Vertragsteil verwendet hat, werden nicht Vertragsbestandteil, wenn sie dem anderen Teil nachteilig sind und er mit ihnen auch nach den Umständen, vor allem nach dem äußeren Erscheinungsbild der Urkunde, nicht zu rechnen brauchte; es sei denn, der eine Vertragsteil hat den anderen besonders darauf hingewiesen.

(BGBl 1979/140)

Erfordernisse eines gültigen Vertrages:

1. Fähigkeiten der Personen

§ 865. (1) [1]Geschäftsfähigkeit ist die Fähigkeit einer Person, sich durch eigenes Handeln rechtsgeschäftlich zu berechtigen und zu verpflichten. [2]Sie setzt voraus, dass die Person entscheidungsfähig ist und wird bei Volljährigen vermutet; bei Minderjährigen sind die §§ 170 und 171, bei Volljährigen ist der § 242 Abs. 2 zu beachten.

(2) Ein bloß zu ihrem Vorteil gemachtes Versprechen kann jede Person annehmen.

(3) [1]Rechtsgeschäftliches Handeln von nicht geschäftsfähigen Volljährigen ist zur Gänze unwirksam, es sei denn, sie haben für das betreffende Rechtsgeschäft einen vertretungsbefugten Vorsorgebevollmächtigten oder Erwachsenenvertreter. [2]In diesem Fall ist das rechtsgeschäftliche Handeln mit Genehmigung des Vertreters und

gegebenenfalls auch des Gerichts wirksam. Abs. 2 und § 242 Abs. 3 bleiben unberührt.

(4) [1]Rechtsgeschäftliches Handeln von Minderjährigen unter sieben Jahren ist zur Gänze unwirksam. [2]Bei anderen Minderjährigen ist das rechtsgeschäftliche Handeln mit Genehmigung ihres Vertreters und gegebenenfalls auch des Gerichts wirksam. [3]Abs. 2 sowie die §§ 170 und 171 bleiben unberührt.

(5) Bis die nach Abs. 3 und 4 erforderlichen Genehmigungen erteilt werden, ist der andere Teil an seine Vertragserklärung gebunden, er kann aber für die Erteilung der Genehmigung durch den Vertreter eine angemessene Frist setzen.

(BGBl I 2017/59, ab 1. 7. 2018, s § 1503 Abs 9 Z 4)

§ 866. *(aufgehoben, BGBl I 2000/135, ab 1. 7. 2001)*

§ 867. Was zur Gültigkeit eines Vertrages mit einer unter der besondern Vorsorge der öffentlichen Verwaltung stehenden Gemeinde (§ 27), oder ihren einzelnen Gliedern und Stellvertretern erfordert werde, ist aus der Verfassung derselben und den politischen Gesetzen zu entnehmen (§ 290).[1)]

[1)] *Siehe Anm zu § 27*

§ 868. *(aufgehoben, RGBl 1867/131)*

2. Wahre Einwilligung

§ 869. [1]Die Einwilligung in einen Vertrag muß frei, ernstlich, bestimmt und verständlich erklärt werden. [2]Ist die Erklärung unverständlich, ganz unbestimmt, oder erfolgt die Annahme unter anderen Bestimmungen, als unter welchen das Versprechen geschehen ist; so entsteht kein Vertrag. [3]Wer sich, um einen andern zu bevorteilen, undeutlicher Ausdrücke bedient, oder eine Scheinhandlung unternimmt, leistet Genugtuung.

§ 870. Wer von dem anderen Teile durch List oder durch ungerechte und gegründete Furcht [(§ 55)] zu einem Vertrage veranlaßt worden, ist ihn zu halten nicht verbunden.

(RGBl 1916/69)

[] *Gegenstandslos, § 55 aufgehoben durch EheG*

§ 871. (1) War ein Teil über den Inhalt der von ihm abgegebenen oder dem anderen zugegangenen Erklärung in einem Irrtum befangen, der die Hauptsache oder eine wesentliche Beschaffenheit derselben betrifft, worauf die Absicht vorzüglich gerichtet und erklärt wurde, so entsteht für ihn keine Verbindlichkeit, falls der Irrtum durch den anderen veranlaßt war, oder diesem aus den Umständen offenbar auffallen mußte oder noch rechtzeitig aufgeklärt wurde.

(2) Ein Irrtum eines Teiles über einen Umstand, über den ihn der andere nach geltenden Rechtsvorschriften aufzuklären gehabt hätte, gilt immer als Irrtum über den Inhalt des Vertrages und nicht bloß als solcher über den Bewegungsgrund oder den Endzweck (§ 901). *(BGBl 1979/140)*

(RGBl 1916/69)

§ 872. Betrifft aber der Irrtum weder die Hauptsache, noch eine wesentliche Beschaffenheit derselben, sondern einen Nebenumstand; so bleibt der Vertrag, insofern beide Teile in den Hauptgegenstand gewilligt, und den Nebenumstand nicht als vorzügliche Absicht erklärt haben, noch immer gültig: allein dem Irregeführten ist von dem Urheber des Irrtumes die angemessene Vergütung zu leisten.

§ 873. [1]Ebendiese Grundsätze sind auch auf den Irrtum in der Person desjenigen, welchem ein Versprechen gemacht worden ist, anzuwenden; insofern ohne den Irrtum der Vertrag entweder gar nicht, oder doch nicht auf solche Art errichtet worden wäre. [2]„Als Irrtum in der Person gilt jedenfalls der Irrtum über das Vorhandensein einer erforderlichen verwaltungsrechtlichen Befugnis zur Erbringung der Leistung.“ *(BGBl 1979/140)*

§ 874. In jedem Falle muß derjenige, welcher einen Vertrag durch List oder ungerechte Furcht bewirkt hat, für die nachteiligen Folgen Genugtuung leisten.

§ 875. [1]Ist einer der Vertragschließenden von einem Dritten durch List oder durch ungerechte und gegründete Furcht zu einem Vertrage bewogen; oder zu einer irrtümlichen Erklärung veranlaßt worden; so ist der Vertrag gültig. [2]Nur in dem Falle, daß der andere Teil an der Handlung des Dritten teilnahm oder von derselben offenbar wissen mußte, kommen die §§ 870 bis 874 zur Anwendung.

(RGBl 1916/69)

§ 876. Die vorstehenden Bestimmungen (§§ 869 bis 875) finden entsprechende Anwendung auf sonstige Willenserklärungen, welche einer anderen Person gegenüber abzugeben sind.

(RGBl 1916/69)

§ 877. Wer die Aufhebung eines Vertrages aus Mangel der Einwilligung verlangt, muß dagegen auch alles zurückstellen, was er aus einem solchen Vertrage zu seinem Vorteile erhalten hat.

3. Möglichkeit und Erlaubtheit

§ 878. [1]Was geradezu unmöglich ist, kann nicht Gegenstand eines gültigen Vertrages werden. [2]Ist Mögliches und Unmögliches zugleich bedungen, so bleibt der Vertrag in ersterem Teile gültig, wenn anders aus dem Vertrage nicht hervorgeht, daß kein Punkt von dem anderen abgesondert werden könne. [3]Wer bei Abschließung des Vertrages die Unmöglichkeit kannte oder kennen mußte, hat dem anderen Teile, falls von diesem nicht dasselbe gilt, den Schaden zu ersetzen, den er durch das Vertrauen auf die Gültigkeit des Vertrages erlitten hat.

(RGBl 1916/69)

§ 879. (1) Ein Vertrag, der gegen ein gesetzliches Verbot oder gegen die guten Sitten verstößt, ist nichtig.

(2) Insbesondere sind folgende Verträge nichtig:

1. wenn etwas für die Unterhandlung eines Ehevertrages bedungen wird;

1a. wenn etwas für die Vermittlung einer medizinisch unterstützten Fortpflanzung bedungen wird; *(BGBl 1992/275, ab 1. 7. 1992)*

2. wenn ein Rechtsfreund eine ihm anvertraute Streitsache ganz oder teilweise an sich löst oder sich einen bestimmten Teil des Betrages versprechen läßt, der der Partei zuerkannt wird;

3. wenn eine Erbschaft oder ein Vermächtnis, die man von einer dritten Person erhofft, noch bei Lebzeiten derselben veräußert wird;

4. wenn jemand den Leichtsinn, die Zwangslage, Verstandesschwäche, Unerfahrenheit oder Gemütsaufregung eines anderen dadurch ausbeutet, daß er sich oder einem Dritten für eine Leistung eine Gegenleistung versprechen oder gewähren läßt, deren Vermögenswert zu dem Werte der Leistung in auffallendem Mißverhältnisse steht.

(3) Eine in Allgemeinen Geschäftsbedingungen oder Vertragsformblättern enthaltene Vertragsbestimmung, die nicht eine der beiderseitigen Hauptleistungen festlegt, ist jedenfalls nichtig, wenn sie unter Berücksichtigung aller Umstände des Falles einen Teil gröblich benachteiligt. *(BGBl 1979/140)*

(RGBl 1916/69)

§ 880. Wird der Gegenstand, worüber ein Vertrag geschlossen worden, vor dessen Übergabe dem Verkehre entzogen; so ist es ebensoviel, als wenn man den Vertrag nicht geschlossen hätte.

§ 880a. Hat jemand einem andern eine Leistung eines Dritten versprochen, so gilt dies als Zusage seiner Verwendung bei dem Dritten; ist er aber für den Erfolg eingestanden, so haftet er für volle Genugtuung, wenn die Leistung des Dritten ausbleibt.

(RGBl 1916/69)

Verträge zugunsten Dritter

§ 881. (1) Hat sich jemand eine Leistung an einen Dritten versprechen lassen, so kann er fordern, daß an den Dritten geleistet werde.

(2) [1]Ob und in welchem Zeitpunkt auch der Dritte unmittelbar das Recht erwirbt, vom Versprechenden Erfüllung zu fordern, ist aus der Vereinbarung und der Natur und dem Zwecke des Vertrages zu beurteilen. [2]Im Zweifel erwirbt der Dritte dieses Recht, wenn die Leistung hauptsächlich ihm zum Vorteile gereichen soll.

(3) Das Recht auf die bei einer Gutsabtretung vom Übernehmer zugunsten eines Dritten versprochenen Leistungen gilt mangels anderer Vereinbarung dem Dritten als mit der Übergabe des Gutes erworben.

(RGBl 1916/69)

§ 882. (1) Weist der Dritte das aus dem Vertrag erworbene Recht zurück, so gilt das Recht als nicht erworben.

(2) Einwendungen aus dem Vertrage stehen dem Versprechenden auch gegen den Dritten zu.

(RGBl 1916/69)

Form der Verträge

§ 883. [1]Ein Vertrag kann mündlich oder schriftlich; vor Gerichte oder außerhalb desselben; mit oder ohne Zeugen errichtet werden. [2]Diese Verschiedenheit der Form macht, außer den im Gesetze bestimmten Fällen, in Ansehung der Verbindlichkeit keinen Unterschied.

§ 884. Haben die Parteien für einen Vertrag die Anwendung einer bestimmten Form vorbehalten, so wird vermutet, daß sie vor Erfüllung dieser Form nicht gebunden sein wollen.

(RGBl 1916/69)

§ 885. Ist zwar noch nicht die förmliche Urkunde, aber doch ein Aufsatz über die Hauptpunkte errichtet und von den Parteien unterfertigt worden (Punktation), so gründet auch schon ein solcher Aufsatz diejenigen Rechte und Verbindlichkeiten, welche darin ausgedrückt sind.

(RGBl 1916/69)

§ 886. [1]Ein Vertrag, für den Gesetz oder Parteiwille Schriftlichkeit bestimmt, kommt durch die Unterschrift der Parteien oder, falls sie des Schreibens unkundig oder wegen Gebrechens unfähig sind, durch Beisetzung ihres gerichtlich oder notariell beglaubigten Handzeichens oder Beisetzung des Handzeichens vor zwei Zeugen, deren einer den Namen der Partei unterfertigt, zustande. [2]Der schriftliche Abschluß des Vertrages wird durch gerichtliche oder notarielle Beurkundung ersetzt. [3]Eine Nachbildung der eigenhändigen Unterschrift auf mechanischem Wege ist nur da genügend, wo sie im Geschäftsverkehr üblich ist.

(RGBl 1916/69)

§ 887. *(aufgehoben, RGBl 1916/69)*

Gemeinschaftliche Verbindlichkeit oder Berechtigung

§ 888. Wenn zwei oder mehrere Personen jemandem[1)] eben dasselbe Recht zu einer Sache versprechen, oder es von ihm annehmen; so wird sowohl die Forderung, als die Schuld nach den Grundsätzen der Gemeinschaft des Eigentumes geteilt.

[1)] In JGS „jemanden“

§ 889. Außer den in dem Gesetze bestimmten Fällen haftet also aus mehrern Mitschuldnern einer teilbaren Sache jeder nur für seinen Anteil, und ebenso muß von mehrern Mitgenossen einer teilbaren Sache, jeder sich mit dem ihm gebührenden Teile begnügen.

§ 890. [1]Betrifft es hingegen unteilbare Sachen; so kann ein Gläubiger, wenn er der einzige ist, solche von einem jeden Mitschuldner fordern. [2]Wenn aber mehrere Gläubiger und nur ein Schuldner da sind; so ist dieser die Sache einem einzelnen Mitgläubiger, ohne Sicherstellung herauszugeben, nicht verpflichtet; er kann auf die Übereinkunft aller Mitgläubiger dringen, oder die gerichtliche Verwahrung der Sache verlangen.

Korrealität

§ 891. [1]Versprechen mehrere Personen ein und dasselbe Ganze zur ungeteilten Hand dergestalt, daß sich einer für alle, und alle für einen ausdrücklich verbinden; so haftet jede einzelne Person für das Ganze. [2]Es hängt dann von dem Gläubiger ab, ob er von allen, oder von einigen Mitschuldnern das Ganze, oder nach von ihm gewählten Anteilen; oder ob er es von einem einzigen fordern wolle. [3]Selbst nach erhobener Klage bleibt ihm, wenn er von derselben absteht, diese Wahl vorbehalten; und, wenn er von einem oder dem andern Mitschuldner nur zum Teile befriedigt wird; so kann er das Rückständige von den übrigen fordern.

§ 892. Hat hingegen einer mehrern Personen eben dasselbe Ganze zugesagt, und sind diese ausdrücklich berechtigt worden, es zur ungeteilten Hand fordern zu können; so muß der Schuldner das Ganze demjenigen dieser Gläubiger entrichten, der ihn zuerst darum angeht.

§ 893. Sobald ein Mitschuldner dem Gläubiger das Ganze entrichtet hat, darf dieser von den übrigen Mitschuldnern nichts mehr fordern; und sobald ein Mitgläubiger von dem Schuldner ganz befriedigt worden ist, haben die übrigen Mitgläubiger keinen Anspruch mehr.

§ 894. Ein Mitschuldner kann dadurch, daß er mit dem Gläubiger lästigere Bedingungen eingeht, den übrigen keinen Nachteil zuziehen, und die Nachsicht oder Befreiung, welche ein Mitschuldner für seine Person erhält, kommt den übrigen nicht zustatten.

§ 895. [1]Wie weit aus mehrern Mitgläubigern, welchen eben dasselbe Ganze zur ungeteilten Hand zugesagt worden ist, derjenige, welcher die ganze Forderung für sich erhalten hat, den übrigen Gläubigern hafte, muß aus den besondern, zwischen den Mitgläubigern bestehenden, rechtlichen Verhältnissen bestimmt werden. [2]Besteht kein solches Verhältnis; so ist einer dem andern keine Rechenschaft schuldig.

§ 896. [1]Ein Mitschuldner zur ungeteilten Hand, welcher die ganze Schuld aus dem Seinigen abgetragen hat, ist berechtigt, auch ohne geschehene Rechtsabtretung, von den übrigen den Ersatz, und zwar, wenn kein anderes besonderes Verhältnis unter ihnen besteht, zu gleichen Teilen zu fordern. [2]War einer aus ihnen unfähig, sich zu verpflichten, oder ist er unvermögend, seiner Verpflichtung Genüge zu leisten; so muß ein solcher ausfallender Anteil ebenfalls von allen Mitverpflichteten übernommen werden. [3]Die erhaltene Befreiung eines Mitverpflichteten kann den übrigen bei der Forderung des Ersatzes nicht nachteilig sein (§ 894).

Nebenbestimmungen bei Verträgen:

1. Bedingungen;

§ 897. In Ansehung der Bedingungen bei Verträgen gelten überhaupt die nämlichen Vorschriften, welche über die den Erklärungen des letzten Willens beigesetzten Bedingungen aufgestellt worden sind.

§ 898. Verabredungen unter solchen Bedingungen, welche bei einem letzten Willen für nicht beigesetzt angesehen werden, sind ungültig.

§ 899. Ist die in einem Vertrage vorgeschriebene Bedingung schon vor dem Vertrage eingetroffen; so muß sie nach dem Vertrage nur dann wiederholt werden, wenn sie in einer Handlung dessen, der das Recht erwerben soll, besteht, und von ihm wiederholt werden kann.

§ 900. Ein unter einer aufschiebenden Bedingung zugesagtes Recht geht auch auf die Erben über.

2. Bewegungsgrund;

§ 901. [1]Haben die Parteien den Bewegungsgrund, oder den Endzweck ihrer Einwilligung ausdrücklich zur Bedingung gemacht; so wird der Bewegungsgrund oder Endzweck wie eine andere Bedingung angesehen. [2]Außerdem haben dergleichen Äußerungen auf die Gültigkeit entgeltlicher Verträge keinen Einfluß. [3]Bei den unentgeltlichen aber sind die bei den letzten Anordnungen gegebenen Vorschriften anzuwenden.

3. Zeit, Ort und Art der Erfüllung;

§ 902. (1) Eine durch Vertrag oder Gesetz bestimmte Frist ist vorbehaltlich anderer Festsetzung so zu berechnen, daß bei einer nach Tagen bestimmten Frist der Tag nicht mitgezählt wird, in welchen das Ereignis fällt, von dem der Fristenlauf beginnt.[1)]

(2) Das Ende einer nach Wochen, Monaten oder Jahren bestimmten Frist fällt auf denjenigen Tag der letzten Woche oder des letzten Monats, welcher nach seiner Benennung oder Zahl dem Tage des Ereignisses entspricht, mit dem der Lauf der Frist beginnt, wenn aber dieser Tag in dem letzten Monat fehlt, auf den letzten Tag dieses Monats.

(3) Unter einem halben Monate sind fünfzehn Tage zu verstehen, unter der Mitte eines Monats der fünfzehnte dieses Monats.

(RGBl 1916/69)

[1)] *Siehe Fristenübk.*

§ 903. [1]Ein Recht, dessen Erwerbung an einen bestimmten Tag gebunden ist, wird mit dem Anfang dieses Tages erworben. [2]Die Rechtsfolgen der Nichterfüllung einer Verbindlichkeit oder eines Versäumnisses treten erst mit dem Ablauf des letzten Tages der Frist ein. [3]Fällt der für die Abgabe einer Erklärung oder für eine Leistung bestimmte letzte Tag auf einen Sonntag oder anerkannten Feiertag[1)], so tritt an dessen Stelle, vorbehaltlich gegenteiliger Vereinbarung, der nächstfolgende Werktag.

(RGBl 1916/69)

[1)] *Siehe Fristenübk.*

§ 904. [1]Ist keine gewisse Zeit für die Erfüllung des Vertrages bestimmt worden; so kann sie sogleich, nämlich ohne unnötigen Aufschub, gefordert werden. [2]Hat der Verpflichtete die Erfüllungszeit seiner Willkür vorbehalten; so muß man entweder seinen Tod abwarten, und sich an die Erben halten; oder, wenn es um eine bloß persönliche, nicht vererbliche, Pflicht zu tun ist, die Erfüllungszeit von dem Richter nach Billigkeit festsetzen lassen. [3]Letzteres findet auch dann statt, wenn der Verpflichtete die Erfüllung, nach Möglichkeit, oder Tunlichkeit versprochen hat. [4]Übrigens müssen die Vorschriften, welche oben (§§ 704–706) in Rücksicht der den letzten Anordnungen beigerückten Zeitbestimmung gegeben werden, auch hier angewendet werden.

§ 905. (1) [1]Kann der Erfüllungsort weder aus der Verabredung noch aus der Natur oder dem Zwecke des Geschäftes bestimmt werden, so ist an dem Orte zu leisten, wo der Schuldner zur Zeit des Vertragsabschlusses seinen Wohnsitz hatte, oder, wenn die Verbindlichkeit im Betriebe des gewerblichen oder geschäftlichen Unternehmens des Schuldners entstand, am Orte der Niederlassung. [2]„Für das Maß und das Gewicht ist der Ort der Erfüllung maßgeblich." *(BGBl I 2013/50, ab 16. 3. 2013, s § 1503 Abs 2 Z 1)*

„(2)" Aus der Übernahme der Kosten der Versendung durch den Schuldner allein folgt noch nicht, dass der Ort, an den die Versendung zu erfolgen hat, für den Schuldner als Erfüllungsort zu gelten hat. *(BGBl I 2005/120, ab 1. 1. 2007, s Anm zu § 367; BGBl I 2013/50)*

(3) Die Gefahr für eine mit Willen des Gläubigers an einen anderen Ort als den Erfüllungsort übersendete Sache geht mit dem Zeitpunkt der Übergabe (§ 429) an den Gläubiger über. *(BGBl I 2014/33, ab 13. 6. 2014)*

(RGBl 1916/69)

„**§ 905a.**" Wird eine nur der Gattung nach bestimmte Sache geschuldet, so ist diese in mittlerer Art und Güte zu leisten. *(BGBl I 2013/50)*

(BGBl I 2005/120, ab 1. 1. 2007, s Anm zu § 367)

§ 906. (1) [1]Kann das Versprechen auf mehrere Arten erfüllt werden, so hat der Schuldner die Wahl. [2]Er kann aber von der einmal getroffenen Wahl für sich allein nicht abgehen.

(2) [1]Hat der Gläubiger die Wahl und ist er mit ihr in Verzug, so kann der Schuldner die Wahl an Stelle des Gläubigers treffen oder nach den §§ 918 und 919 vorgehen. [2]Wenn er die Wahl an Stelle des Gläubigers trifft, hat er diesen davon zu verständigen und ihm zugleich eine angemessene Frist zur Vornahme einer anderen Wahl zu setzen. [3]Trifft der Gläubiger keine solche Wahl,

so ist die Wahl des Schuldners maßgebend. [4]In jedem Fall gebührt dem Schuldner der Ersatz des Schadens.

(BGBl I 2005/120, ab 1. 1. 2007, s Anm zu § 367)

§ 907. [1]Wird ein Vertrag ausdrücklich mit Vorbehalt der Wahl geschlossen, und dieselbe durch zufälligen Untergang eines oder mehrerer Wahlstücke vereitelt; so ist der Teil, dem die Wahl zusteht, an den Vertrag nicht gebunden. [2]Unterläuft aber ein Verschulden des Verpflichteten; so muß er dem Berechtigten für die Vereitlung der Wahl haften.

§ 907a. (1) [1]Eine Geldschuld ist am Wohnsitz oder an der Niederlassung des Gläubigers zu erfüllen, indem der Geldbetrag dort übergeben oder auf ein vom Gläubiger bekanntgegebenes Bankkonto überwiesen wird. [2]Haben sich nach der Entstehung der Forderung der Wohnsitz oder die Niederlassung des Gläubigers oder dessen Bankverbindung geändert, so trägt der Gläubiger eine dadurch bewirkte Erhöhung der Gefahr und der Kosten für die Erfüllung.

(2) [1]Wird eine Geldschuld durch Banküberweisung erfüllt, so hat der Schuldner den Überweisungsauftrag so rechtzeitig zu erteilen, dass der geschuldete Betrag bei Fälligkeit auf dem Konto des Gläubigers wertgestellt ist. [2]Wenn der Fälligkeitstermin nicht schon im Vorhinein bestimmt ist, sondern die Fälligkeit erst durch Erbringung der Gegenleistung, Rechnungsstellung, Zahlungsaufforderung oder einen gleichartigen Umstand ausgelöst wird, hat der Schuldner den Überweisungsauftrag ohne unnötigen Aufschub nach Eintritt des für die Fälligkeit maßgeblichen Umstands zu erteilen. [3]Der Schuldner trägt die Gefahr für die Verzögerung oder das Unterbleiben der Gutschrift auf dem Konto des Gläubigers, soweit die Ursache dafür nicht beim Bankinstitut des Gläubigers liegt.

(BGBl I 2013/50, ab 16. 3. 2013, s § 1503 Abs 2 Z 1)

„§ 907b.“ (1) Ist eine in ausländischer Währung ausgedrückte Geldschuld im Inland zu zahlen, so kann die Zahlung in inländischer Währung erfolgen, es sei denn, dass die Zahlung in ausländischer Währung ausdrücklich bedungen worden ist.

(2) [1]Die Umrechnung erfolgt nach dem zur Zeit der Zahlung am Zahlungsort maßgeblichen Kurswert. [2]Wenn der Schuldner die Zahlung verzögert, hat der Gläubiger die Wahl zwischen dem bei Fälligkeit und dem zur Zeit der Zahlung maßgeblichen Kurswert.

(BGBl I 2005/120, ab 1. 1. 2007, s Anm zu § 367; BGBl I 2013/50)

4. Angeld;

§ 908. [1]Was bei Abschließung eines Vertrages voraus gegeben wird, ist, außer dem Falle einer besondern Verabredung, nur als ein Zeichen der Abschließung, oder als eine Sicherstellung für die Erfüllung des Vertrages zu betrachten, und heißt Angeld. [2]Wird der Vertrag durch Schuld einer Partei nicht erfüllt; so kann die schuldlose Partei das von ihr empfangene Angeld behalten, oder den doppelten Betrag des von ihr gegebenen Angeldes zurückfordern. [3]Will sie sich aber damit nicht begnügen, so kann sie auf die Erfüllung; oder, wenn diese nicht mehr möglich ist, auf den Ersatz dringen.

5. Reugeld;

§ 909. [1]Wird bei Schließung eines Vertrages ein Betrag bestimmt, welchen ein oder der andere Teil in dem Falle, daß er von dem Vertrage vor der Erfüllung zurücktreten will, entrichten muß; so wird der Vertrag gegen Reugeld geschlossen. [2]In diesem Falle muß entweder der Vertrag erfüllt, oder das Reugeld bezahlt werden. [3]Wer den Vertrag auch nur zum Teile erfüllt; oder das, was von dem andern auch nur zum Teile zur Erfüllung geleistet worden ist, angenommen hat, kann selbst gegen Entrichtung des Reugeldes nicht mehr zurücktreten.

§ 910. [1]Wenn ein Angeld gegeben, und zugleich die[1)] Befugnis des Rücktrittes ohne Bestimmung eines besondern Reugeldes bedungen wird; so vertritt das Angeld die Stelle des Reugeldes. [2]Im Falle des Rücktrittes verliert also der Geber das Angeld; oder der Empfänger stellt das Doppelte zurück.

[1)] In JGS „das“

§ 911. Wer nicht durch bloßen Zufall, sondern durch sein Verschulden an der Erfüllung des Vertrages verhindert wird, muß ebenfalls das Reugeld entrichten.

6. Nebengebühren

§ 912. [1]Der Gläubiger ist von seinem Schuldner außer der Hauptschuld zuweilen auch Nebengebühren zu fordern berechtigt. [2]Sie bestehen in dem Zuwachse, und in den Früchten der Hauptsache; in den bestimmten oder in den Zögerungszinsen; oder in dem Ersatze des verursachten Schadens; oder dessen, was dem andern daran liegt, daß die Verbindlichkeit nicht gehörig erfüllt worden; endlich in dem Betrage, welchen ein Teil sich auf diesen Fall bedungen hat.

§ 913. [1]Inwieweit mit einem dinglichen Rechte das Recht auf den Zuwachs, oder auf die Früchte verbunden sei, ist in dem ersten und vierten Hauptstücke des zweiten Teiles bestimmt worden. [2]Wegen eines bloß persönlichen Rechtes hat der Berechtigte noch keinen Anspruch auf Nebengebühren. [3]Inwieweit dem Gläubiger ein Recht auf diese zukomme, ist teils aus den besonderen Arten und Bestimmungen der Verträge; teils aus dem Hauptstücke von dem Rechte des Schadenersatzes und der Genugtuung zu entnehmen.

Auslegungsregeln bei Verträgen

§ 914. Bei Auslegung von Verträgen ist nicht an dem buchstäblichen Sinne des Ausdrucks zu haften, sondern die Absicht der Parteien zu erforschen und der Vertrag so zu verstehen, wie es der Übung des redlichen Verkehrs entspricht.

(RGBl 1916/69)

§ 915. Bei einseitig verbindlichen Verträgen wird im Zweifel angenommen, daß sich der Verpflichtete eher die geringere als die schwerere Last auflegen wollte; bei zweiseitig verbindlichen wird eine undeutliche Äußerung zum Nachteile desjenigen erklärt, der sich derselben bedient hat (§ 869).

§ 916. (1) [1]Eine Willenserklärung, die einem anderen gegenüber mit dessen Einverständnis zum Schein abgegeben wird, ist nichtig. [2]Soll dadurch ein anderes Geschäft verborgen werden, so ist dieses nach seiner wahren Beschaffenheit zu beurteilen.

(2) Einem Dritten, der im Vertrauen auf die Erklärung Rechte erworben hat, kann die Einrede des Scheingeschäftes nicht entgegengesetzt werden.

(RGBl 1916/69)

Allgemeine Bestimmungen über entgeltliche Verträge und Geschäfte

§ 917. Bei einem entgeltlichen Vertrage werden entweder Sachen mit Sachen, oder Handlungen, worunter auch die Unterlassungen gehören, mit Handlungen, oder endlich Sachen mit Handlungen und Handlungen mit Sachen vergolten.

(RGBl 1916/69)

§ 917a. [1]Ist zum Schutz eines Vertragspartners gesetzlich bestimmt, daß kein höheres oder kein niedrigeres als ein bestimmtes Entgelt vereinbart werden darf, so ist eine Entgeltvereinbarung soweit unwirksam, als sie dieses Höchstmaß überbeziehungsweise dieses Mindestmaß unterschreitet. [2]Im zweiten Fall gilt das festgelegte Mindestentgelt als vereinbart.

(BGBl 1979/140)

§ 918. (1) Wenn ein entgeltlicher Vertrag von einem Teil entweder nicht zur gehörigen Zeit, am gehörigen Ort oder auf die bedungene Weise erfüllt wird, kann der andere entweder Erfüllung und Schadenersatz wegen der Verspätung begehren oder unter Festsetzung einer angemessenen Frist zur Nachholung den Rücktritt vom Vertrag erklären.

(2) Ist die Erfüllung für beide Seiten teilbar, so kann wegen Verzögerung einer Teilleistung der Rücktritt nur hinsichtlich der einzelnen oder auch aller noch ausstehenden Teilleistungen erklärt werden.

(RGBl 1916/69)

§ 919. [1]Ist die Erfüllung zu einer festbestimmten Zeit oder binnen einer festbestimmten Frist bei sonstigem Rücktritt bedungen, so muß der Rücktrittsberechtigte, wenn er auf der Erfüllung bestehen will, das nach Ablauf der Zeit dem andern ohne Verzug anzeigen; unterläßt er dies, so kann er später nicht mehr auf der Erfüllung bestehen. [2]Dasselbe gilt, wenn die Natur des Geschäftes oder der dem Verpflichteten bekannte Zweck der Leistung entnehmen läßt, daß die verspätete Leistung oder, im Falle der Verspätung einer Teilleistung, die noch übrigen Leistungen für den Empfänger kein Interesse haben.

(RGBl 1916/69)

§ 920. [1]Wird die Erfüllung durch Verschulden des Verpflichteten oder einen von ihm zu vertretenden Zufall vereitelt, so kann der andere Teil entweder Schadenersatz wegen Nichterfüllung fordern oder vom Vertrage zurücktreten. [2]Bei teilweiser Vereitlung steht ihm der Rücktritt zu, falls die Natur des Geschäftes oder der dem Verpflichteten bekannte Zweck der Leistung entnehmen läßt, daß die teilweise Erfüllung für ihn kein Interesse hat.

(RGBl 1916/69)

§ 921. [1]Der Rücktritt vom Vertrage läßt den Anspruch auf Ersatz des durch verschuldete Nichterfüllung verursachten Schadens unberührt. [2]Das bereits empfangene Entgelt ist auf solche Art zurückzustellen oder zu vergüten, daß kein Teil aus dem Schaden des anderen Gewinn zieht.

(RGBl 1916/69)

Gewährleistung

§ 922. (1) [1]Wer einem anderen eine Sache gegen Entgelt überlässt, leistet Gewähr, dass sie dem Vertrag entspricht. [2]Er haftet also dafür, dass die Sache die bedungenen oder gewöhnlich vorausgesetzten Eigenschaften hat, dass sie seiner Beschreibung, einer Probe oder einem Muster entspricht und dass sie der Natur des Geschäftes oder der getroffenen Verabredung gemäß verwendet werden kann.

(2) [1]Ob die Sache dem Vertrag entspricht, ist auch danach zu beurteilen, was der Übernehmer auf Grund der über sie gemachten öffentlichen Äußerungen des Übergebers oder des Herstellers, vor allem in der Werbung und in den der Sache beigefügten Angaben, erwarten kann; das gilt auch für öffentliche Äußerungen einer Person, die die Sache in den Europäischen Wirtschaftsraum eingeführt hat oder die sich durch die Anbringung ihres Namens, ihrer Marke oder eines anderen Kennzeichens an der Sache als Hersteller bezeichnet. [2]Solche öffentlichen Äußerungen binden den Übergeber jedoch nicht, wenn er sie weder kannte noch kennen konnte, wenn sie beim Abschluss des Vertrags berichtigt waren oder wenn sie den Vertragsabschluss nicht beeinflusst haben konnten.

(BGBl I 2001/48, ab 1. 1. 2002, auf Verträge anzuwenden, die nach dem 31. 12. 2001 geschlossen werden)

Fälle der Gewährleistung

§ 923. Wer also der Sache Eigenschaften beilegt, die sie nicht hat und die ausdrücklich oder vermöge der Natur des Geschäftes stillschweigend bedungen worden sind; wer ungewöhnliche Mängel, oder Lasten derselben verschweigt; wer eine nicht mehr vorhandene, oder eine fremde Sache als die seinige veräußert; wer fälschlich vorgibt, daß die Sache zu einem bestimmten Gebrauche tauglich; oder daß sie auch von den gewöhnlichen Mängeln und Lasten frei sei; der hat, wenn das Widerspiel hervorkommt, dafür zu haften.

Vermutung der Mangelhaftigkeit

§ 924. [1]Der Übergeber leistet Gewähr für Mängel, die bei der Übergabe vorhanden sind. [2]Dies wird bis zum Beweis des Gegenteils vermutet, wenn der Mangel innerhalb von sechs Monaten nach der Übergabe hervorkommt. [3]Die Vermutung tritt nicht ein, wenn sie mit der Art der Sache oder des Mangels unvereinbar ist.

(BGBl I 2001/48, ab 1. 1. 2002, s Anm zu § 922)

§ 925. Durch Verordnung wird bestimmt, inwiefern die Vermutung eintritt, daß ein Tier schon vor der Übergabe krank gewesen ist, wenn innerhalb bestimmter Fristen gewisse Krankheiten und Mängel hervorkommen.[1)]

(RGBl 1916/69)

1) Siehe V BGBl 1972/472

§ 926. Von der rechtlichen Vermutung, daß der Mangel schon vor der Übergabe des Tieres vorhanden war, kann aber der Übernehmer nur dann Gebrauch machen, wenn er dem Übergeber oder in dessen Abwesenheit dem Gemeindevorsteher sogleich von dem bemerkten Fehler Nachricht gibt oder das Tier durch einen Sachverständigen untersuchen läßt oder die gerichtliche Beweisaufnahme zur Sicherung des Beweises beantragt.

(RGBl 1916/69)

§ 927. [1]Vernachlässigt der Übernehmer diese Vorsicht, so liegt ihm der Beweis ob, daß das Tier schon vor der Übergabe mangelhaft war. [2]Immer steht aber auch dem Übergeber der Beweis offen, daß der gerügte Mangel erst nach der Übergabe eingetreten sei.

(RGBl 1916/69)

§ 928. [1]Fallen die Mängel einer Sache in die Augen oder sind die auf der Sache haftenden Lasten aus den öffentlichen Büchern zu ersehen, so findet außer dem Falle arglistigen Verschweigens des Mangels oder einer ausdrücklichen Zusage, daß die Sache von allen Fehlern und Lasten frei sei, keine Gewährleistung statt (§ 443). [2]Schulden und Rückstände, welche auf der Sache haften, müssen stets vertreten werden.

(RGBl 1916/69)

§ 929. Wer eine fremde Sache wissentlich an sich bringt, hat ebensowenig Anspruch auf eine Gewährleistung, als derjenige, welcher ausdrücklich darauf Verzicht getan hat.

§ 930. Werden Sachen in Pausch und Bogen, nämlich so, wie sie stehen und liegen, ohne Zahl, Maß und Gewicht übergeben; so ist der Übergeber, außer dem Falle, daß eine von ihm fälschlich vorgegebene, oder von dem Empfänger bedungene Beschaffenheit mangelt, für die daran entdeckten Fehler nicht verantwortlich.

Bedingung der Gewährleistung

§ 931. [1]Wenn der Übernehmer wegen eines von einem Dritten auf die Sache erhobenen Anspruches von der Gewährleistung Gebrauch machen will, so muß er seinem Vormann den Streit verkündigen. [2]Unterläßt er dies, so verliert er zwar noch nicht das Recht der Schadloshaltung, aber sein Vormann kann ihm alle wider den Dritten unausgeführt gebliebenen Einwendungen entgegensetzen und sich dadurch von der Entschädigung in dem Maße befreien, als erkannt wird, daß diese Einwendungen, wenn von ihnen der gehörige Gebrauch gemacht worden wäre, eine andere

Entscheidung gegen den Dritten veranlaßt haben würden.

(RGBl 1916/69)

Rechte aus der Gewährleistung

§ 932. (1) Der Übernehmer kann wegen eines Mangels die Verbesserung (Nachbesserung oder Nachtrag des Fehlenden), den Austausch der Sache, eine angemessene Minderung des Entgelts (Preisminderung) oder die Aufhebung des Vertrags (Wandlung) fordern.

(2) [1]Zunächst kann der Übernehmer nur die Verbesserung oder den Austausch der Sache verlangen, es sei denn, dass die Verbesserung oder der Austausch unmöglich ist oder für den Übergeber, verglichen mit der anderen Abhilfe, mit einem unverhältnismäßig hohen Aufwand verbunden wäre. [2]Ob dies der Fall ist, richtet sich auch nach dem Wert der mangelfreien Sache, der Schwere des Mangels und den mit der anderen Abhilfe für den Übernehmer verbundenen Unannehmlichkeiten.

(3) Die Verbesserung oder der Austausch ist in angemessener Frist und mit möglichst geringen Unannehmlichkeiten für den Übernehmer zu bewirken, wobei die Art der Sache und der mit ihr verfolgte Zweck zu berücksichtigen sind.

(4) [1]Sind sowohl die Verbesserung als auch der Austausch unmöglich oder für den Übergeber mit einem unverhältnismäßig hohen Aufwand verbunden, so hat der Übernehmer das Recht auf Preisminderung oder, sofern es sich nicht um einen geringfügigen Mangel handelt, das Recht auf Wandlung. [2]Dasselbe gilt, wenn der Übergeber die Verbesserung oder den Austausch verweigert oder nicht in angemessener Frist vornimmt, wenn diese Abhilfen für den Übernehmer mit erheblichen Unannehmlichkeiten verbunden wären oder wenn sie ihm aus triftigen, in der Person des Übergebers liegenden Gründen unzumutbar sind.

(BGBl I 2001/48, ab 1. 1. 2002, s Anm zu § 922)

§ 932a. Während des Rechtsstreites über die Aufhebung des Vertrages wegen eines Viehmangels hat das Gericht auf Antrag einer der Parteien, sobald die Besichtigung nicht mehr erforderlich ist, durch einstweilige Verfügung den gerichtlichen Verkauf des Tieres und die gerichtliche Hinterlegung des Erlöses anzuordnen.

(RGBl 1916/69)

Verjährung

§ 933. (1) [1]Das Recht auf die Gewährleistung muss, wenn es unbewegliche Sachen betrifft, binnen drei Jahren, wenn es bewegliche Sachen betrifft, binnen zwei Jahren gerichtlich geltend gemacht werden. [2]Die Frist beginnt mit dem Tag der Ablieferung der Sache, bei Rechtsmängeln aber erst mit dem Tag, an dem der Mangel dem Übernehmer bekannt wird. [3]Die Parteien können eine Verkürzung oder Verlängerung dieser Frist vereinbaren.

(2) [1]Bei Viehmängeln beträgt die Frist sechs Wochen. [2]Sie beginnt bei Mängeln, für die eine Vermutungsfrist besteht, erst nach deren Ablauf.

(3) In jedem Fall bleibt dem Übernehmer die Geltendmachung durch Einrede vorbehalten, wenn er innerhalb der Frist dem Übergeber den Mangel anzeigt.

(BGBl I 2001/48, ab 1. 1. 2002, s Anm zu § 922)

Schadenersatz

§ 933a. (1) Hat der Übergeber den Mangel verschuldet, so kann der Übernehmer auch Schadenersatz fordern.

(2) [1]Wegen des Mangels selbst kann der Übernehmer auch als Schadenersatz zunächst nur die Verbesserung oder den Austausch verlangen. [2]Er kann jedoch Geldersatz verlangen, wenn sowohl die Verbesserung als auch der Austausch unmöglich ist oder für den Übergeber mit einem unverhältnismäßig hohen Aufwand verbunden wäre. [3]Dasselbe gilt, wenn der Übergeber die Verbesserung oder den Austausch verweigert oder nicht in angemessener Frist vornimmt, wenn diese Abhilfen für den Übernehmer mit erheblichen Unannehmlichkeiten verbunden wären oder wenn sie ihm aus triftigen, in der Person des Übergebers liegenden Gründen unzumutbar sind.

(3) Nach Ablauf von zehn Jahren ab der Übergabe der Sache obliegt für einen Ersatzanspruch wegen der Mangelhaftigkeit selbst und wegen eines durch diese verursachten weiteren Schadens dem Übernehmer der Beweis des Verschuldens des Übergebers.

(BGBl I 2001/48, ab 1. 1. 2002, s Anm zu § 922)

Besonderer Rückgriff

§ 933b. (1) [1]Hat ein Unternehmer einem Verbraucher Gewähr geleistet, so kann er von seinem Vormann, wenn auch dieser Unternehmer ist, auch nach Ablauf der Fristen des § 933 die Gewährleistung fordern. [2]Dasselbe gilt für frühere Übergeber im Verhältnis zu ihren Vormännern, wenn sie selbst wegen der Gewährleistungsrechte des letzten Käufers ihrem Nachmann Gewähr geleistet haben. [3]Der Anspruch ist mit der Höhe des eigenen Aufwandes beschränkt.

(2) [1]Ansprüche nach Abs. 1 sind innerhalb von zwei Monaten ab Erfüllung der eigenen Gewährleistungspflicht gerichtlich geltend zu machen.

[2]Die Haftung eines Rückgriffspflichtigen verjährt jedenfalls in fünf Jahren nach Erbringung seiner Leistung. [3]Die Frist wird durch eine Streitverkündigung für die Dauer des Rechtsstreits gehemmt.

(BGBl I 2001/48)

Schadloshaltung wegen Verkürzung über die Hälfte

§ 934. [1]Hat bei zweiseitig verbindlichen Geschäften ein Teil nicht einmal die Hälfte dessen, was er dem andern gegeben hat, von diesem an dem gemeinen Werte erhalten; so räumt das Gesetz dem verletzten Teile das Recht ein, die Aufhebung und die Herstellung in den vorigen Stand zu fordern. [2]Dem andern Teile steht aber bevor, das Geschäft dadurch aufrecht zu erhalten, daß er den Abgang bis zum gemeinen Werte zu ersetzen bereit ist. [3]Das Mißverhältnis des Wertes wird nach dem Zeitpunkte des geschlossenen Geschäftes bestimmt.

§ 935. „Die Anwendung des § 934 kann vertraglich nicht ausgeschlossen werden; er ist jedoch dann nicht anzuwenden, wenn jemand erklärt hat“, die Sache aus besonderer Vorliebe um einen außerordentlichen Wert zu übernehmen; wenn er, obgleich ihm der wahre Wert bekannt war, sich dennoch zu dem unverhältnismäßigen Werte verstanden hat; ferner, wenn aus dem Verhältnisse der Personen zu vermuten ist, daß sie einen, aus einem entgeltlichen und unentgeltlichen vermischten Vertrag schließen wollten; wenn sich der eigentliche Wert nicht mehr erheben läßt; endlich, wenn die Sache von dem Gerichte versteigert worden ist. *(BGBl 1979/140)*

Von der Verabredung eines künftigen Vertrages

§ 936. [1]Die Verabredung, künftig erst einen Vertrag schließen zu wollen, ist nur dann verbindlich, wenn sowohl die Zeit der Abschließung, als die wesentlichen Stücke des Vertrages bestimmt, und die Umstände inzwischen nicht dergestalt verändert worden sind, daß dadurch der ausdrücklich bestimmte, oder aus den Umständen hervorleuchtende Zweck vereitelt, oder das Zutrauen des einen oder andern Teiles verloren wird. [2]Überhaupt muß auf die Vollziehung solcher Zusagen längstens in einem Jahre nach dem bedungenen Zeitpunkte gedrungen werden; widrigenfalls ist das Recht erloschen.

Von dem Verzicht auf Einwendungen

§ 937. Allgemeine, unbestimmte Verzichtleistungen auf Einwendungen gegen die Gültigkeit eines Vertrages sind ohne Wirkung.

Achtzehntes Hauptstück

Von Schenkungen

Schenkung

§ 938. Ein Vertrag, wodurch eine Sache jemandem[1)] unentgeltlich überlassen wird, heißt eine Schenkung.

[1)] *In JGS „jemanden“*

Inwiefern eine Verzichtleistung eine Schenkung sei

§ 939. Wer auf ein gehofftes, oder wirklich angefallenes, oder zweifelhaftes Recht Verzicht tut, ohne es einem andern ordentlich abzutreten, oder dasselbe dem Verpflichteten mit dessen Einwilligung zu erlassen, ist für keinen Geschenkgeber anzusehen.

Belohnende Schenkung

§ 940. Es verändert die Wesenheit der Schenkung nicht, wenn sie aus Erkenntlichkeit; oder in Rücksicht auf die Verdienste des Beschenkten; oder als eine besondere Belohnung desselben gemacht worden ist; nur darf er vorher kein Klagerecht darauf gehabt haben.

§ 941. Hat der Beschenkte ein Klagerecht auf die Belohnung gehabt, entweder, weil sie unter den Parteien schon bedungen, oder durch das Gesetz vorgeschrieben war; so hört das Geschäft auf, eine Schenkung zu sein, und ist als ein entgeltlicher Vertrag anzusehen.

Wechselseitige Schenkungen

§ 942. Sind Schenkungen vorher dergestalt bedungen, daß der Schenkende wieder beschenkt werden muß; so entsteht keine wahre Schenkung im Ganzen; sondern nur in Ansehung des übersteigenden Wertes.

Form des Schenkungsvertrages,

§ 943. [1]Aus einem bloß mündlichen, ohne wirkliche Übergabe geschlossenen Schenkungsvertrage erwächst dem Geschenknehmer kein Klagerecht. [2]Dieses Recht muß durch eine schriftliche Urkunde begründet werden.

und Maß einer Schenkung

§ 944. [1]Ein unbeschränkter Eigentümer kann mit Beobachtung der gesetzlichen Vorschriften auch sein ganzes gegenwärtiges Vermögen verschenken. [2]Ein Vertrag aber, wodurch das künftige Vermögen verschenkt wird, besteht nur insoweit, als er die Hälfte dieses Vermögens nicht übersteigt.

Inwiefern der Geber für das Geschenkte hafte

§ 945. Wer wissentlich eine fremde Sache verschenkt, und dem Geschenknehmer diesen Umstand verschweigt, haftet für die nachteiligen Folgen.

Unwiderruflichkeit der Schenkungen

§ 946. Schenkungsverträge dürfen in der Regel nicht widerrufen werden.

Ausnahmen:

1. Wegen Dürftigkeit;

§ 947. [1]Gerät der Geschenkgeber in der Folge in solche Dürftigkeit, daß es ihm an dem nötigen Unterhalte gebricht; so ist er befugt, jährlich von dem geschenkten Betrage die gesetzlichen Zinsen, insoweit die geschenkte Sache, oder derselben Wert noch vorhanden ist, und ihm der nötige Unterhalt mangelt, von dem Beschenkten zu fordern, wenn sich anders dieser nicht selbst in gleich dürftigen Umständen befindet. [2]Aus mehreren Geschenknehmern ist der frühere nur insoweit verbunden, als die Beiträge der spätern zum Unterhalte nicht zureichen.

2. Undankes;

§ 948. [1]Wenn der Beschenkte sich gegen seinen Wohltäter eines groben Undankes schuldig macht, kann die Schenkung widerrufen werden. [2]Unter grobem Undanke wird eine Verletzung am Leibe, an Ehre, an Freiheit oder am Vermögen verstanden, welche von der Art ist, daß gegen den Verletzer von Amts wegen, oder auf Verlangen des Verletzten nach dem Strafgesetze verfahren werden kann.

§ 949. Der Undank macht den Undankbaren für seine Person zum unredlichen Besitzer, und gibt selbst dem Erben des Verletzten, insofern der letztere den Undank nicht verziehen hat, und noch etwas von dem Geschenke in Natur oder Werte vorhanden ist, ein Recht zur Widerrufungsklage auch gegen den Erben des Verletzers.

3. Verkürzung des schuldigen Unterhaltes;

§ 950. [1]Wer jemandem[1)] den Unterhalt zu reichen schuldig ist, kann dessen Recht durch Beschenkung eines Dritten nicht verletzen. [2]Der auf solche Art Verkürzte ist befugt, den Beschenkten um die Ergänzung desjenigen zu belangen, was ihm der Schenkende nun nicht mehr zu leisten vermag. [3]Bei mehreren Geschenknehmern ist die obige (§ 947) Vorschrift anzuwenden.

1) in JGS „jemanden“

§§ 951 und 952. *(aufgehoben, BGBl I 2015/87, ab 1. 1. 2017)*

[5. der Gläubiger;]

§ 953. [[1]Unter eben dieser (§ 952) Beschränkung können auch diejenigen Geschenke zurückgefordert werden, wodurch die zur Zeit der Schenkung schon vorhandenen Gläubiger verkürzt worden sind. [2]Auf Gläubiger, deren Forderungen jünger sind, als die Schenkung, erstreckt sich dieses Recht nur dann, wenn der Beschenkte eines hinterlistigen Einverständnisses überwiesen werden kann.]

[] *Gegenstandslos, s AnfO und §§ 27 bis 43 IO*

6. wegen nachgeborner Kinder

§ 954. [1]Dadurch, daß einem kinderlosen Geschenkgeber nach geschlossenem Schenkungsvertrage Kinder geboren werden, erwächst weder ihm, noch den nachgebornen Kindern das Recht, die Schenkung zu widerrufen. [2]Doch kann er, oder das nachgeborne Kind, im Notfalle sowohl gegen den Beschenkten, als gegen dessen Erben das oben angeführte Recht auf die gesetzlichen Zinsen des geschenkten Betrages geltend machen (§ 947).

Welche Schenkungen auf die Erben nicht übergehen

§ 955. Hat der Geschenkgeber dem Beschenkten eine Unterstützung in gewissen Fristen zugesichert, so erwächst für die Erben derselben weder ein Recht, noch eine Verbindlichkeit; es müßte denn in dem Schenkungsvertrage ausdrücklich anders bedungen worden sein.

§ 956. *(aufgehoben, BGBl I 2015/87, ab 1. 1. 2017)*

Neunzehntes Hauptstück

Von dem Verwahrungsvertrage

Verwahrungsvertrag

§ 957. [1]Wenn jemand eine fremde Sache in seine Obsorge übernimmt; so entsteht ein Verwahrungsvertrag. [2]Das angenommene Versprechen, eine fremde, noch nicht übergebene Sache in die Obsorge zu übernehmen, macht zwar den versprechenden Teil verbindlich; es ist aber noch kein Verwahrungsvertrag.

§ 958. Durch den Verwahrungsvertrag erwirbt der Übernehmer weder Eigentum, noch Besitz, noch Gebrauchsrecht; er ist bloßer Inhaber mit der Pflicht, die ihm anvertraute Sache vor Schaden zu sichern.

Wann er in einen Darlehens- oder Leihvertrag;

§ 959. Wird dem Verwahrer auf sein Verlangen, oder durch freiwilliges Anerbieten des Hinterlegers der Gebrauch gestattet; so hört im ersten Falle der Vertrag gleich nach der Verwilligung; im zweiten aber von dem Augenblicke, da das Anerbieten angenommen, oder von der hinterlegten Sache wirklich Gebrauch gemacht worden ist, auf, ein Verwahrungsvertrag zu sein; er wird bei verbrauchbaren Sachen in einen Darlehens-,[1)] bei unverbrauchbaren in einen Leihvertrag umgeändert, und es treten die damit verbundenen Rechte und Pflichten ein.

[1)] In JGS „Darleihens-“

oder in eine Bevollmächtigung übergehe

§ 960. [1]Es können bewegliche und unbewegliche Sachen in Obsorge gegeben werden. [2]Wird aber dem Übernehmer zugleich ein anderes, auf die anvertraute Sache sich beziehendes Geschäft aufgetragen; so wird er als ein Gewalthaber angesehen.

Pflichten und Rechte des Verwahrers;

§ 961. Die Hauptpflicht des Verwahrers ist: die ihm anvertraute Sache durch die bestimmte Zeit sorgfältig zu bewahren, und nach Verlauf derselben dem Hinterleger in eben dem Zustande, in welchem er sie übernommen hat, und mit allem Zuwachse zurückzustellen.

§ 962. [1]Der Verwahrer muß dem Hinterleger auf Verlangen die Sache auch noch vor Verlauf der Zeit zurückstellen, und kann nur den Ersatz des ihm etwa verursachten Schadens begehren. [2]Er kann hingegen die ihm anvertraute Sache nicht früher zurückgeben; es wäre denn, daß ein unvorhergesehener Umstand ihn außer Stand setzte, die Sache mit Sicherheit oder ohne seinen eigenen Nachteil zu verwahren.

§ 963. Ist die Verwahrungszeit weder ausdrücklich bestimmt worden, noch sonst aus Nebenumständen abzunehmen; so kann die Verwahrung nach Belieben aufgekündet werden.

§ 964. Der Verwahrer haftet dem Hinterleger für den aus der Unterlassung der pflichtmäßigen Obsorge verursachten Schaden, aber nicht für den Zufall; selbst dann nicht, wenn er die anvertraute, obschon kostbarere Sache, mit Aufopferung seiner eigenen hätte retten können.

§ 965. Hat aber der Verwahrer von der hinterlegten Sache Gebrauch gemacht; hat er sie ohne Not und ohne Erlaubnis des Hinterlegers einem Dritten in Verwahrung gegeben; oder die Zurückstellung verzögert, und die Sache leidet einen Schaden, welchem sie bei dem Hinterleger nicht ausgesetzt gewesen wäre; so kann er keinen Zufall vorschützen, und die Beschädigung wird ihm zugerechnet.

§ 966. [[1]Wenn Sachen verschlossen oder versiegelt hinterlegt, und in der Folge das Schloß oder Siegel verletzt worden; so ist der Hinterleger, wenn er einen Abgang behauptet, zur Beschwörung seines Schadens, insofern derselbe nach seinem Stande, Gewerbe, Vermögen und den übrigen Umständen wahrscheinlich ist, nach Vorschrift der Gerichtsordnung zuzulassen; es wäre denn, daß der Verwahrer beweisen könnte, daß die Verletzung des Schlosses oder Siegels ohne sein Verschulden geschehen sei. [2]Das Nämliche hat auch dann zu gelten, wenn sämtliche auf solche Art hinterlegte Sachen in Verlust geraten sind.]

[] *Gegenstandslos, s § 272 ZPO*

und des Hinterlegers

§ 967. [1]Der Hinterleger ist verpflichtet, dem Verwahrer den schuldbarer Weise zugefügten Schaden, und die zur Erhaltung der verwahrten Sache, oder zur Vermehrung der fortdauernden Nutzungen verwendeten Kosten zu ersetzen. [2]Hat der Verwahrer im Notfalle, um das hinterlegte Gut zu retten, seine eigenen Sachen aufgeopfert; so kann er einen angemessenen Ersatz fordern. [3]Die wechselseitigen Forderungen des Verwahrers und Hinterlegers einer beweglichen Sache können aber nur binnen dreißig Tagen von Zeit der Zurückstellung angebracht werden.

Sequester

§ 968. [1]Wird eine in Anspruch genommene Sache von den streitenden Parteien oder vom Gerichte jemandem[1)] in Verwahrung gegeben; so heißt der Verwahrer, Sequester. [2]Die Rechte und Verbindlichkeiten des Sequesters werden nach den hier festgesetzten Grundsätzen beurteilt.

[1)] In JGS „jemanden“

Ob dem Verwahrer ein Lohn gebühre

§ 969. Ein Lohn kann für die Aufbewahrung nur dann gefordert werden, wenn er ausdrücklich, oder nach dem Stande des Aufbewahrers stillschweigend bedungen worden ist.

Gastaufnahme

§ 970. (1) [1]Gastwirte, die Fremde beherbergen, haften als Verwahrer für die von den aufgenommenen Gästen eingebrachten Sachen, sofern sie nicht beweisen, daß der Schaden weder durch sie oder einen ihrer Leute verschuldet noch durch fremde, in dem Hause aus- und eingehende Personen verursacht ist. [2]Hat bei der Entstehung des Schadens ein Verschulden des Beschädigten mitgewirkt, so hat der Richter nach den Umständen zu entscheiden, ob und in welcher Höhe ein Ersatz gebührt.[1)]

(2) [1]Als eingebracht gelten die Sachen, die dem Wirte oder einem seiner Leute übergeben oder an einen von diesen angewiesenen oder hierzu bestimmten Ort gebracht sind. [2]Ebenso haften Unternehmer, die Stallungen und Aufbewahrungsräume halten, für die bei ihnen eingestellten Tiere und Fahrzeuge und die auf diesen befindlichen Sachen.

(3) Den Wirten werden gleichgehalten die Besitzer von Badeanstalten in Rücksicht auf die üblicherweise eingebrachten Sachen der Badegäste.

(RGBl 1916/69)

[1)] Siehe BG BGBl 1921/638 idF BGBl 1989/343

§ 970a. [1]Ablehnung der Haftung durch Anschlag ist ohne rechtliche Wirkung. [2]Für Kostbarkeiten, Geld und Wertpapiere haftet der Gastwirt nur bis zum Betrage von „550 Euro", es sei denn, daß er diese Sachen in Kenntnis ihrer Beschaffenheit zur Aufbewahrung übernommen hat oder daß der Schaden von ihm selbst oder seinen Leuten verschuldet ist. *(BGBl I 2001/98, ab 1. 1. 2002, anzuwenden auf Schadensereignisse, die sich nach dem 31. 12. 2001 ereignet haben)*

(RGBl 1916/69)

§ 970b. [1]Der Ersatzanspruch aus der Gastaufnahme erlischt, wenn der Beschädigte nach erlangter Kenntnis von dem Schaden nicht ohne Verzug dem Wirte die Anzeige macht. [2]Dies gilt jedoch nicht, wenn die Sachen vom Wirte zur Aufbewahrung übernommen waren.

(RGBl 1916/69)

§ 970c. Den im § 970 bezeichneten Personen steht das Recht zu, zur Sicherung ihrer Forderungen aus der Beherbergung und Verpflegung sowie ihrer Auslagen für die Gäste die eingebrachten Sachen zurückzuhalten.

(RGBl 1916/69)

Zwanzigstes Hauptstück
Von dem Leihvertrage

Leihvertrag

§ 971. [1]Wenn jemandem[1)] eine unverbrauchbare Sache bloß zum unentgeltlichen Gebrauche auf eine bestimmte Zeit übergeben wird; so entsteht ein Leihvertrag. [2]Der Vertrag, wodurch man jemandem eine Sache zu leihen verspricht, ohne sie zu übergeben, ist zwar verbindlich, aber noch kein Leihvertrag.

[1)] In JGS „jemanden"

Rechte und Pflichten des Entlehners:

1. in Rücksicht des Gebrauches;

§ 972. [1]Der Entlehner erwirbt das Recht, den ordentlichen oder näher bestimmten Gebrauch von der Sache zu machen. [2]Nach Verlauf der Zeit ist er verpflichtet, eben dieselbe Sache zurückzustellen.

2. der Zurückstellung;

§ 973. Wenn keine Zeit zur Zurückgabe festgesetzt, wohl aber die Absicht des Gebrauches bestimmt worden ist; so ist der Entlehner verbunden, mit dem Gebrauche nicht zu zögern, und die Sache so bald als möglich zurückzugeben.

§ 974. Hat man weder die Dauer, noch die Absicht des Gebrauches bestimmt; so entsteht kein wahrer Vertrag, sondern ein unverbindliches Bittleihen (Prekarium), und der Verleiher kann die entlehnte Sache nach Willkür zurückfordern.

§ 975. Bei einem Streite über die Dauer des Gebrauches muß der Entlehner das Recht auf den längeren Gebrauch beweisen.

§ 976. Wenngleich die verlehnte Sache vor Verlauf der Zeit und vor geendigtem Gebrauche dem Verleiher selbst unentbehrlich wird; so hat er ohne ausdrückliche Verabredung doch kein Recht, die Sache früher zurückzunehmen.

§ 977. Der Entlehner ist zwar in der Regel berechtigt, die entlehnte Sache auch vor der bestimmten Zeit zurückzugeben; fällt aber die frühere Zurückgabe dem Verleiher beschwerlich; so kann sie wider seinen Willen nicht stattfinden.

3. der Beschädigung;

§ 978. Wenn der Entlehner die geliehene Sache anders gebraucht, als es bedungen war, oder den

Gebrauch derselben eigenmächtig einem Dritten gestattet; so ist er dem Verleiher verantwortlich, und dieser auch berechtigt, die Sache sogleich zurückzufordern.

§ 979. Wird die geliehene Sache beschädigt, oder zu Grunde gerichtet; so muß der Entlehner nicht nur den zunächst durch sein Verschulden verursachten, sondern auch den zufälligen Schaden, den er durch eine widerrechtliche Handlung veranlaßt hat, so wie der Verwahrer einer Sache ersetzen (§ 965).

§ 980. Dadurch, daß der Entlehner für ein verlornes Lehnstück den Wert erlegt, hat er noch kein Recht, dasselbe, wenn es wieder gefunden wird, gegen den Willen des Eigentümers für sich zu behalten, wenn dieser bereit ist, den empfangenen Wert zurückzugeben.

4. der Erhaltungskosten

§ 981. [1]Die mit dem Gebrauche ordentlicher Weise verbundenen Kosten muß der Entlehner selbst bestreiten. [2]Die außerordentlichen Erhaltungskosten hat er zwar, dafern er die Sache dem Verleiher nicht zur eigenen Besorgung überlassen kann oder will, inzwischen vorzuschießen; doch werden sie ihm gleich einem redlichen Besitzer vergütet.

Beschränkung der wechselseitigen Klagen

§ 982. Wenn der Verleiher nach der Zurücknahme des Lehnstückes dessen Mißbrauch, oder übertriebene Abnutzung innerhalb dreißig Tagen nicht gerügt; oder, wenn der Entlehner nach der Zurückgabe von den auf die Sache verwendeten außerordentlichen Kosten binnen eben diesem Zeitraume keine Meldung gemacht hat; so ist die Klage erloschen.

Einundzwanzigstes Hauptstück

Von dem Darlehensvertrage[1)]

1) In JGS „Darleihensvertrag"

Darlehensvertrag

§ 983. [1]Im Darlehensvertrag verpflichtet sich der Darlehensgeber, dem Darlehensnehmer vertretbare Sachen mit der Bestimmung zu übergeben, dass der Darlehensnehmer über die Sachen nach seinem Belieben verfügen kann. [2]Der Darlehensnehmer ist verpflichtet, dem Darlehensgeber spätestens nach Vertragsende ebenso viele Sachen derselben Gattung und Güte zurückzugeben.

(BGBl I 2010/28, ab 11. 6. 2010; auf Kreditverträge anzuwenden, die nach dem 10. 6. 2010 geschlossen werden)

Arten des Darlehensvertrags

§ 984. (1) [1]Gegenstand eines Darlehensvertrags können Geld oder andere vertretbare Sachen sein. [2]Ein Darlehen kann entweder unentgeltlich oder gegen Entgelt gewährt werden. Wenn die Parteien nichts über ein Entgelt vereinbaren, gilt der Darlehensvertrag im Zweifel als entgeltlich.

(2) Ein unentgeltlicher Darlehensvertrag ohne Übergabe der Sachen ist nur wirksam, wenn der Darlehensgeber seine Vertragserklärung schriftlich abgibt.

(BGBl I 2010/28, ab 11. 6. 2010; auf Kreditverträge anzuwenden, die nach dem 10. 6. 2010 geschlossen werden)

Steigerung und Minderung des Werts

§ 985. [1]Der Darlehensnehmer hat, sofern nichts anderes vereinbart ist, bei der Rückgabe der Sachen einen in der Zwischenzeit eingetretenen Wertverlust nicht auszugleichen. [2]Gleichermaßen kann er sich auch nicht auf eine Wertsteigerung zur Minderung seiner Rückgabepflicht berufen.

(BGBl I 2010/28, ab 11. 6. 2010; auf Kreditverträge anzuwenden, die nach dem 10. 6. 2010 geschlossen werden)

Dauer und Auflösung des Darlehensvertrags

§ 986. (1) Der Darlehensvertrag kann auf eine im Voraus bestimmte oder auf unbestimmte Zeit geschlossen werden.

(2) Ein auf unbestimmte Zeit geschlossener Darlehensvertrag kann von jedem Vertragsteil unter Einhaltung einer einmonatigen Kündigungsfrist gekündigt werden.

(3) Ein auf bestimmte Zeit geschlossener Darlehensvertrag endet durch Zeitablauf.

(BGBl I 2010/28, ab 11. 6. 2010; auf Kreditverträge anzuwenden, die nach dem 10. 6. 2010 geschlossen werden)

Außerordentliche Kündigung des Darlehensvertrags

§ 987. Jeder Vertragsteil kann den Darlehensvertrag jederzeit ohne Einhaltung einer Kündigungsfrist kündigen, wenn ihm die Aufrechterhaltung des Vertrags aus wichtigen Gründen unzumutbar ist.

(BGBl I 2010/28, ab 11. 6. 2010; auf Kreditverträge anzuwenden, die nach dem 10. 6. 2010 geschlossen werden)

Kreditvertrag

§ 988. [1]Der entgeltliche Darlehensvertrag über Geld heißt Kreditvertrag; dazu zählt auch ein

Vertrag, mit dem ein Geldbetrag zum Abruf zur Verfügung gestellt wird. [2]Die Parteien dieses Vertrags heißen Kreditgeber und Kreditnehmer. [3]Das Entgelt besteht in der Regel in den vom Kreditnehmer zu zahlenden Zinsen; für diese gilt § 1000 Abs. 1.

(BGBl I 2010/28, ab 11. 6. 2010; auf Kreditverträge anzuwenden, die nach dem 10. 6. 2010 geschlossen werden)

Befristung und Ende des Kreditvertrags

§ 989. (1) Beim Kreditvertrag kann sich eine bestimmte Vertragsdauer nicht bloß aus der datumsmäßigen Festlegung eines Endtermins ergeben, sondern auch aus den Vereinbarungen über den Kreditbetrag sowie über die Art der Rückzahlung des Kredits und die zu leistenden Zinsen.

(2) Nach Ende des Kreditvertrags hat der Kreditnehmer den Kreditbetrag samt den noch zu leistenden Zinsen zurückzuzahlen.

(BGBl I 2010/28, ab 11. 6. 2010; auf Kreditverträge anzuwenden, die nach dem 10. 6. 2010 geschlossen werden)

Unwirksame Vereinbarungen über das Kündigungsrecht des Kreditgebers

§ 990. Vereinbarungen, durch die dem Kreditgeber ein nicht an sachlich gerechtfertigte Gründe geknüpftes Recht zur vorzeitigen Kündigung eines auf bestimmte Zeit geschlossenen und seinerseits schon erfüllten Kreditvertrags eingeräumt wird, sind nicht wirksam.

(BGBl I 2010/28, ab 11. 6. 2010; auf Kreditverträge anzuwenden, die nach dem 10. 6. 2010 geschlossen werden)

Verweigerung der Kreditauszahlung

§ 991. Der Kreditgeber kann die Auszahlung des Kreditbetrags verweigern, wenn sich nach Vertragsabschluss Umstände ergeben, die eine Verschlechterung der Vermögenslage des Kreditnehmers oder eine Entwertung bedungener Sicherheiten in einem solchen Ausmaß erweisen, dass die Rückzahlung des Kredits oder die Entrichtung der Zinsen selbst bei Verwertung der Sicherheiten gefährdet sind.

(BGBl I 2010/28, ab 11. 6. 2010; auf Kreditverträge anzuwenden, die nach dem 10. 6. 2010 geschlossen werden)

§ 992. *(aufgehoben samt Überschrift, BGBl I 2010/28, ab 11. 6. 2010)*

§§ 993 bis 998. *(aufgehoben, RGBl 1868/62)*

§ 999. *(aufgehoben samt Überschrift, BGBl I 2010/28, ab 11. 6. 2010)*

Zinsen und Zinseszinsen

§ 1000. (1) An Zinsen, die ohne Bestimmung der Höhe vereinbart worden sind oder aus dem Gesetz gebühren, sind, sofern gesetzlich nicht anderes bestimmt ist, vier vom Hundert auf ein Jahr zu entrichten.[1)]

(2) [1]Der Gläubiger einer Geldforderung kann Zinsen von Zinsen verlangen, wenn die Parteien dies ausdrücklich vereinbart haben. [2]Sonst kann er, sofern fällige Zinsen eingeklagt werden, Zinseszinsen vom Tag der Streitanhängigkeit an fordern. [3]Wurde über die Höhe der Zinseszinsen keine Vereinbarung getroffen, so sind ebenfalls vier vom Hundert auf ein Jahr zu entrichten.

(3) Haben die Parteien über die Frist zur Zahlung der Zinsen keine Vereinbarung getroffen, so sind diese bei der Zurückzahlung des Kapitals oder, sofern der Vertrag auf mehrere Jahre abgeschlossen worden ist, jährlich zu zahlen.

(BGBl I 2002/118, ab 1. 8. 2002)

[1)] Zur Höhe der gesetzlichen Zinsen für Forderungen im Zusammenhang mit einem Arbeitsverhältnis s § 49a ASGG

§ 1001. *(aufgehoben samt Überschrift, BGBl I 2010/28, ab 11. 6. 2010)*

Zweiundzwanzigstes Hauptstück

Von der Bevollmächtigung und andern Arten der Geschäftsführung

Bevollmächtigungsvertrag

§ 1002. Der Vertrag, wodurch jemand ein ihm aufgetragenes Geschäft im Namen des andern zur Besorgung übernimmt, heißt Bevollmächtigungsvertrag.

§ 1003. Personen, welche zur Besorgung bestimmter Geschäfte öffentlich bestellt worden, sind schuldig, über einen darauf sich beziehenden Auftrag ohne Zögerung gegen den Auftragenden sich ausdrücklich zu erklären, ob sie denselben annehmen oder nicht; widrigenfalls bleiben sie dem Auftragenden für den dadurch veranlaßten Nachteil verantwortlich.

Einteilung der Bevollmächtigung in eine unentgeltliche oder entgeltliche;

§ 1004. Wird für die Besorgung eines fremden Geschäftes entweder ausdrücklich, oder nach dem Stande des Geschäftsträgers auch nur stillschweigend eine Belohnung bedungen; so gehört der

Vertrag zu den entgeltlichen, außer dem aber zu den unentgeltlichen.

mündliche oder schriftliche;

§ 1005. [1]Bevollmächtigungsverträge können mündlich oder schriftlich geschlossen werden. [2]Die von dem Gewaltgeber dem Gewalthaber hierüber ausgestellte Urkunde wird Vollmacht genannt.

allgemeine oder besondere;

§ 1006. [1]Es gibt allgemeine und besondere Vollmachten, je nachdem jemandem[1)] die Besorgung aller, oder nur einiger Geschäfte anvertraut wird. [2]Die besonderen Vollmachten können bloß gerichtliche oder bloß außergerichtliche Geschäfte überhaupt; oder sie können einzelne Angelegenheiten der einen oder der andern Gattung zum Gegenstande haben.

1) In JGS „jemanden“

unumschränkte oder beschränkte

§ 1007. [1]Vollmachten werden entweder mit unumschränkter oder mit beschränkter Freiheit zu handeln erteilet. [2]Durch die erstere wird der Gewalthaber berechtigt, das Geschäft nach seinem besten Wissen und Gewissen zu leiten; durch die letztere aber werden ihm die Grenzen, wie weit, und die Art, wie er dasselbe betreiben soll, vorgeschrieben.

§ 1008. [1]Folgende Geschäfte: wenn im Namen eines andern Sachen veräußert, oder entgeltlich übernommen; Anleihen oder Darlehen[1)] geschlossen; Geld oder Geldeswert erhoben; Prozesse anhängig gemacht; [Eide aufgetragen, angenommen oder zurückgeschoben], oder Vergleiche getroffen werden sollen, erfordern eine besondere, auf diese Gattungen der Geschäfte lautende Vollmacht. [2]Wenn aber eine Erbschaft unbedingt angenommen oder ausgeschlagen; Gesellschaftsverträge errichtet; Schenkungen gemacht; die[2)] Befugnis, einen Schiedsrichter zu wählen, eingeräumt, oder Rechte unentgeltlich aufgegeben werden sollen; ist eine besondere, auf das einzelne Geschäft ausgestellte Vollmacht notwendig. [3]Allgemeine, selbst unbeschränkte Vollmachten sind in diesen Fällen nur hinreichend, wenn die Gattung des Geschäftes in der Vollmacht ausgedrückt worden ist.

[] *Gegenstandslos*

1) In JGS „Darleihen“
2) In JGS „das“

Rechte und Verbindlichkeiten des Gewalthabers;

§ 1009. [1]Der Gewalthaber ist verpflichtet, das Geschäft seinem Versprechen und der erhaltenen Vollmacht gemäß, emsig und redlich zu besorgen, und allen aus dem Geschäfte entspringenden Nutzen dem Machtgeber zu überlassen. [2]Er ist, ob er gleich eine beschränkte Vollmacht hat, berechtigt, alle Mittel anzuwenden, die mit der Natur des Geschäftes notwendig verbunden, oder der erklärten Absicht des Machtgebers gemäß sind. [3]Überschreitet er aber die Grenzen der Vollmacht; so haftet er für die Folgen.

§ 1010. [1]Trägt der Gewalthaber das Geschäft ohne Not einem Dritten auf; so haftet er ganz allein für den Erfolg. [2]Wird ihm aber die Bestellung eines Stellvertreters in der Vollmacht ausdrücklich gestattet, oder durch die Umstände unvermeidlich; so verantwortet er nur ein bei der Auswahl der Person begangenes Verschulden.

§ 1011. Wird mehreren Bevollmächtigten zugleich ein Geschäft aufgetragen; so ist die Mitwirkung aller zur Gültigkeit des Geschäftes, und Verpflichtung des Machtgebers notwendig; wenn nicht ausdrücklich einem oder mehreren aus ihnen die volle Befugnis in der Vollmacht erteilt worden ist.

§ 1012. Der Gewalthaber ist schuldig, dem Machtgeber den durch sein Verschulden verursachten Schaden zu ersetzen, und die bei dem Geschäfte vorkommenden Rechnungen, sooft dieser es verlangt, vorzulegen.

§ 1013. [1]Gewalthaber sind, außer dem im § 1004 enthaltenen Falle, nicht befugt, ihrer Bemühung wegen eine Belohnung zu fordern. [2]Es ist ihnen nicht erlaubt, ohne Willen des Machtgebers in Rücksicht auf die Geschäftsverwaltung von einem Dritten Geschenke anzunehmen. [3]Die erhaltenen werden [zur Armenkasse][1)] eingezogen.

1) Jetzt: Fürsorgeverband

des Gewaltgebers;

§ 1014. Der Gewaltgeber ist verbunden, dem Gewalthaber allen zur Besorgung des Geschäftes notwendig oder nützlich gemachten Aufwand, selbst bei fehlgeschlagenem Erfolge, zu ersetzen, und ihm auf Verlangen zur Bestreitung der baren Auslagen auch einen angemessenen Vorschuß zu leisten; er muß ferner allen durch sein Verschulden entstandenen, oder mit der Erfüllung des Auftrages verbundenen Schaden vergüten.

§ 1015. Leidet der Gewalthaber bei der Geschäftsführung nur zufälligerweise Schaden; so kann er in dem Falle, daß er das Geschäft unentgeltlich zu besorgen übernahm, einen solchen Betrag fordern, welcher ihm bei einem entgeltlichen Vertrage zur Vergütung der Bemühung nach dem höchsten Schätzungswerte gebührt haben würde.

§ 1016. Überschreitet der Gewalthaber die Grenzen seiner Vollmacht; so ist der Gewaltgeber nur insofern verbunden, als er das Geschäft genehmigt, oder den aus dem Geschäfte entstandenen Vorteil sich zuwendet.

in Rücksicht eines Dritten;

§ 1017. [1]Insofern der Gewalthaber nach dem Inhalte der Vollmacht den Gewaltgeber vorstellt, kann er ihm Rechte erwerben und Verbindlichkeiten auflegen. [2]Hat er also innerhalb der Grenzen der offenen Vollmacht mit einem Dritten einen Vertrag geschlossen; so kommen die dadurch gegründeten Rechte und Verbindlichkeiten dem Gewaltgeber und dem Dritten; nicht aber dem Gewalthaber zu. [3]Die dem Gewalthaber erteilte geheime Vollmacht hat auf die Rechte des Dritten keinen Einfluß.

§ 1018. Auch in dem Falle, daß der Gewaltgeber einen solchen Gewalthaber, der sich selbst zu verbinden unfähig ist, aufgestellt hat, sind die innerhalb der Grenzen der Vollmacht geschlossenen Geschäfte sowohl für den Gewaltgeber, als für den Dritten verbindlich.

§ 1019. [1]Ist der Gewalthaber zu dem von ihm geschlossenen Geschäft nicht oder nicht ausreichend bevollmächtigt, so ist er, wenn der Gewaltgeber weder das Geschäft genehmigt noch sich den aus dem Geschäft entstandenen Vorteil zuwendet (§ 1016), dem anderen Teil zum Ersatz des Schadens verpflichtet, den dieser im Vertrauen auf die Vertretungsmacht erleidet. [2]Der Gewalthaber haftet jedoch nicht über den Betrag des Interesses hinaus, das der andere Teil an der Wirksamkeit des Vertrages hat.

(BGBl I 2005/120, ab 1. 1. 2007, s Anm zu § 367)

Auflösung des Vertrages durch den Widerruf;

§ 1020. [1]Es steht dem Machtgeber frei, die Vollmacht nach Belieben zu widerrufen; doch muß er dem Gewalthaber nicht nur die in der Zwischenzeit gehabten Kosten und den sonst erlittenen Schaden ersetzen; sondern auch einen der Bemühung angemessenen Teil der Belohnung entrichten. [2]Dieses findet auch dann statt, wenn die Vollendung des Geschäftes durch einen Zufall verhindert worden ist.

die Aufkündung;

§ 1021. [1]Auch der Machthaber kann die angenommene Vollmacht aufkünden. [2]Wenn er sie aber vor Vollendung des ihm insbesondere aufgetragenen, oder vermöge der allgemeinen Vollmacht angefangenen Geschäftes aufkündet; so muß er, dafern nicht ein unvorhergesehenes und unvermeidliches Hindernis eingetreten ist, allen daraus entstandenen Schaden ersetzen.

den Tod;

§ 1022. [1]In der Regel wird die Vollmacht sowohl durch den Tod des Gewaltgebers als des Gewalthabers aufgehoben. [2]Läßt sich aber das angefangene Geschäft ohne offenbaren Nachteil der Erben nicht unterbrechen, oder erstreckt sich die Vollmacht selbst auf den Sterbefall des Gewaltgebers; so hat der Gewalthaber das Recht und die Pflicht, das Geschäft zu vollenden.

§ 1023. Die von einem Körper (Gemeinschaft) ausgestellten und übernommenen Vollmachten werden durch die Erlöschung der Gemeinschaft aufgehoben.

oder ein Insolvenzverfahren

§ 1024. [1]Wird über das Vermögen des Machtgebers das Insolvenzverfahren eröffnet, so sind Vertretungshandlungen des Machthabers ab der Bekanntmachung der Insolvenzeröffnung nicht rechtswirksam. [2]Durch die Eröffnung des Insolvenzverfahrens über das Vermögen des Machthabers erlischt dessen Vollmacht.

(BGBl I 2010/58, ab 1. 8. 2010)

Inwiefern die Verbindlichkeit fortdauere

§ 1025. Wird die Vollmacht durch Widerruf, Aufkündung, oder durch den Tod des Gewaltgebers oder Gewalthabers aufgehoben; so müssen doch die Geschäfte, welche keinen Aufschub leiden, so lange fortgesetzt werden, bis von dem Machtgeber oder dessen Erben eine andere Verfügung getroffen worden ist, oder füglich getroffen werden konnte.

§ 1026. Auch bleiben die mit einem Dritten, dem die Aufhebung der Vollmacht ohne sein Verschulden unbekannt war, geschlossenen Verträge verbindlich, und der Gewaltgeber kann sich nur bei dem Gewalthaber, der die Aufhebung verschwiegen hat, wegen seines Schadens erholen.

Stillschweigende Bevollmächtigung der Dienstpersonen

§ 1027. Die in diesem Hauptstücke enthaltenen Vorschriften haben auch ihre Anwendung auf die Eigentümer einer Handlung, eines Schiffes, Kaufladens oder andern Gewerbes, welche die Verwaltung einem Faktor, Schiffer, Ladendiener oder andern Geschäftsträgern anvertrauen.

§ 1028. Die Rechte solcher Geschäftsführer sind vorzüglich aus der Urkunde ihrer Bestellung, dergleichen unter Handelsleuten die[1] ordentlich kundgemachte Befugnis der Unterzeichnung (Firma) ist, zu beurteilen.

[1] In JGS „das“

§ 1029. „(1)“ [1]Ist die Vollmacht nicht schriftlich gegeben worden; so wird ihr Umfang aus dem Gegenstande, und aus der Natur des Geschäftes beurteilt. [2]Wer einem andern eine Verwaltung anvertraut hat, von dem wird vermutet, daß er ihm auch die Macht eingeräumt habe, alles dasjenige zu tun, was die Verwaltung selbst erfordert und was gewöhnlich damit verbunden ist (§ 1009). *(BGBl I 2005/120, ab 1. 1. 2007)*

(2) Der Überbringer einer Quittung gilt als ermächtigt, die Leistung zu empfangen, sofern nicht dem Leistenden bekannte Umstände der Annahme einer solchen Ermächtigung entgegenstehen. *(BGBl I 2005/120, ab 1. 1. 2007, s Anm zu § 367)*

§ 1030. Gestattet der Eigentümer einer Handlung, oder eines Gewerbes seinem Diener oder Lehrlinge, Waren im Laden oder außer demselben zu verkaufen; so wird vermutet, daß sie bevollmächtigt seien, die Bezahlung zu empfangen, und Quittungen dagegen auszustellen.

§ 1031. Die Vollmacht, Waren im Namen des Eigentümers zu verkaufen, erstreckt sich aber nicht auf das Recht, in seinem Namen Waren einzukaufen; auch dürfen Fuhrleute weder den Wert der ihnen anvertrauten Güter beziehen, noch Geld darauf anleihen, wenn es nicht ausdrücklich in Frachtbriefen bestimmt worden ist.

§ 1032. [1]Dienstgeber und Familienhäupter sind nicht verbunden, das, was von ihren Dienstpersonen oder andern Hausgenossen in ihrem Namen auf Borg genommen wird, zu bezahlen. [2]Der Borger muß in solchen Fällen den gemachten Auftrag erweisen.

§ 1033. Besteht aber zwischen dem Borgnehmer und dem Borggeber ein ordentliches Einschreibebuch, worin die ausgeborgten Sachen aufgezeichnet werden; so gilt die Vermutung, daß der Überbringer dieses Buches bevollmächtigt sei, die Ware auf Borg zu nehmen.

Gesetzliche Vertretung

§ 1034. (1) Als gesetzlicher Vertreter einer Person wird bezeichnet:

1. wer für ein minderjähriges Kind im Rahmen der Obsorge oder sonst im Einzelfall gesetzlich mit dessen Vertretung betraut ist;

2. ein Vorsorgebevollmächtigter, sobald die Vorsorgevollmacht wirksam ist (§ 245 Abs. 1);

3. ein gewählter und ein gesetzlicher Erwachsenenvertreter nach der Registrierung im Österreichischen Zentralen Vertretungsverzeichnis sowie ein gerichtlicher Erwachsenenvertreter und

4. ein Kurator (§ 277).

(2) Sofern nichts anderes angeordnet ist, wird eine durch Gerichtsentscheidung angeordnete gesetzliche Vertretung mit Rechtskraft der Entscheidung wirksam.

(BGBl I 2017/59, ab 1. 7. 2018, s § 1503 Abs 9 Z 4)

Geschäftsführung ohne Auftrag;

§ 1035. [1]Wer weder durch ausdrücklichen oder stillschweigenden Vertrag, noch vom Gerichte, noch aus dem Gesetze die[1] Befugnis erhalten hat, darf der Regel nach sich in das Geschäft eines andern nicht mengen. [2]Hätte er sich dessen angemaßt; so ist er für alle Folgen verantwortlich.

[1] In JGS „das“

im Notfalle;

§ 1036. Wer, obgleich unberufen, ein fremdes Geschäft zur Abwendung eines bevorstehenden Schadens besorgt, dem ist derjenige, dessen Geschäft er besorgt hat, den notwendigen und zweckmäßig gemachten Aufwand zu ersetzen schuldig; wenngleich die Bemühung ohne Verschulden fruchtlos geblieben ist (§ 403).

oder zum Nutzen des anderen;

§ 1037. [1]Wer fremde Geschäfte bloß, um den Nutzen des andern zu befördern, übernehmen will, soll sich um dessen Einwilligung bewerben. [2]Hat der Geschäftsführer zwar diese Vorschrift unterlassen, aber das Geschäft auf seine Kosten zu des andern klarem, überwiegenden Vorteile geführt; so müssen ihm von diesem die darauf verwendeten Kosten ersetzt werden.

§ 1038. Ist aber der überwiegende Vorteil nicht klar; oder hat der Geschäftsführer eigenmächtig so wichtige Veränderungen in einer fremden Sache vorgenommen, daß die Sache dem andern zu dem Zwecke, wozu er sie bisher benützte, unbrauchbar wird, so ist dieser zu keinem Ersatze verbunden; er kann vielmehr verlangen, daß der Geschäftsführer auf eigene Kosten die Sache in den vorigen Stand zurücksetze, oder, wenn das nicht möglich ist, ihm volle Genugtuung leiste.

§ 1039. Wer ein fremdes Geschäft ohne Auftrag auf sich genommen hat, muß es bis zur Vollendung fortsetzen, und gleich einem Bevollmächtigten genaue Rechnung darüber ablegen.

gegen den Willen des anderen

§ 1040. Wenn jemand gegen den gültig erklärten Willen des Eigentümers sich eines fremden Geschäftes anmaßt, oder den rechtmäßigen Bevollmächtigten durch eine solche Einmengung an der Besorgung des Geschäftes verhindert; so verantwortet er nicht nur den hieraus erwachsenen Schaden und entgangenen Gewinn, sondern er verliert auch den gemachten Aufwand, insofern er nicht in Natur zurückgenommen werden kann.

Verwendung einer Sache zum Nutzen des anderen

§ 1041. Wenn ohne Geschäftsführung eine Sache zum Nutzen eines andern verwendet worden ist; kann der Eigentümer sie in Natur, oder, wenn dies nicht mehr geschehen kann, den Wert verlangen, den sie zur Zeit der Verwendung gehabt hat, obgleich der Nutzen in der Folge vereitelt worden ist.

§ 1042. Wer für einen andern einen Aufwand macht, den dieser nach dem Gesetze selbst hätte machen müssen, hat das Recht, den Ersatz zu fordern.

§ 1043. [1]Hat jemand in einem Notfalle, um einen größern Schaden von sich und andern abzuwenden, sein Eigentum aufgeopfert; so müssen ihn alle, welche daraus Vorteil zogen, verhältnismäßig entschädigen. [2]Die ausführlichere Anwendung dieser Vorschrift auf Seegefahren ist ein Gegenstand der Seegesetze.

§ 1044. Die Verteilung der Kriegsschäden wird nach besondern Vorschriften von den politischen Behörden bestimmt.

Dreiundzwanzigstes Hauptstück

Von dem Tauschvertrage

Tausch

§ 1045. [1]Der Tausch ist ein Vertrag, wodurch eine Sache gegen eine andere Sache überlassen wird. [2]Die wirkliche Übergabe ist nicht zur Errichtung; sondern nur zur Erfüllung des Tauschvertrages, und zur Erwerbung des Eigentumes notwendig.

§ 1046. Das Geld ist kein Gegenstand des Tauschvertrages; doch lassen sich Gold und Silber als eine Ware, und selbst als Münzsorten insoweit vertauschen, als sie nur gegen andere Münzsorten, goldene nämlich gegen silberne, kleinere gegen größere Stücke verwechselt werden sollen.

Rechte und Pflichten der Tauschenden;

§ 1047. Tauschende sind vermöge des Vertrages verpflichtet, die vertauschten Sachen der Verabredung gemäß mit ihren Bestandteilen und mit allem Zugehöre zu rechter Zeit, am gehörigen Ort und in eben dem Zustand, in welchem sie sich bei Schließung des Vertrages befunden haben, zum freien Besitz zu übergeben und zu übernehmen.

(RGBl 1916/69)

insbesondere in Rücksicht der Gefahr;

§ 1048. Ist eine Zeit bedungen, zu welcher die Übergabe geschehen soll, und wird in der Zwischenzeit entweder die vertauschte bestimmte Sache durch Verbot außer Verkehr gesetzt, oder zufälligerweise ganz, oder doch über die Hälfte am Werte zu Grunde gerichtet, so ist der Tausch für nicht geschlossen anzusehen.

§ 1049. [1]Andere in dieser Zwischenzeit durch Zufall erfolgte Verschlimmerungen der Sache und Lasten gehen auf die Rechnung des Besitzers. [2]Sind jedoch Sachen in Pausch und Bogen behandelt worden; so trägt der Übernehmer den zufälligen Untergang einzelner Stücke, wenn anders hierdurch das Ganze nicht über die Hälfte am Werte verändert worden ist.

und der Nutzungen vor der Übergabe

§ 1050. [1]Dem Besitzer gebühren die Nutzungen der vertauschten Sache bis zur bedungenen Zeit der Übergabe. [2]Von dieser Zeit an gebühren sie, samt dem Zuwachse, dem Übernehmer, obgleich die Sache noch nicht übergeben worden ist.

§ 1051. Ist keine Zeit zur Übergabe der bestimmten Sache bedungen, und fällt keinem Teile ein Versehen zur Last; so sind die obigen Vorschriften wegen Gefahr und Nutzungen (§§ 1048–1050) auf den Zeitpunkt der Übergabe selbst anzuwenden; insofern die Parteien nicht etwas anderes festgesetzt haben.

§ 1052. [1]Wer auf die Übergabe dringen will, muß seine Verbindlichkeit erfüllt haben oder sie zu erfüllen bereit sein. [2]Auch der zur Vorausleistung Verpflichtete kann seine Leistung bis zur Bewirkung oder Sicherstellung der Gegenleistung verweigern, wenn diese durch schlechte Vermögensverhältnisse des anderen Teiles gefährdet ist, die ihm zur Zeit des Vertragsabschlusses nicht bekannt sein mußten.

(RGBl 1916/69)

Vierundzwanzigstes Hauptstück

Von dem Kaufvertrage

Kaufvertrag

§ 1053. [1]Durch den Kaufvertrag wird eine Sache um eine bestimmte Summe Geldes einem andern überlassen. [2]Er gehört, wie der Tausch, zu den Titeln ein Eigentum zu erwerben. [3]Die Erwerbung erfolgt erst durch die Übergabe des Kaufgegenstandes. [4]Bis zur Übergabe behält der Verkäufer das Eigentumsrecht.

Erfordernisse des Kaufvertrages

§ 1054. [1]Wie die Einwilligung des Käufers und Verkäufers beschaffen sein müsse, und welche Sachen gekauft und verkauft werden dürfen, dieses wird nach den Regeln der Verträge überhaupt bestimmt. [2]Der Kaufpreis muß in barem[1)] Gelde bestehen, und darf weder unbestimmt, noch gesetzwidrig sein.

[1)] *In JGS „im baren“*

Der Kaufpreis muß

a) in barem Gelde bestehen;

§ 1055. Wird eine Sache teils gegen Geld, teils gegen eine andere Sache veräußert; so wird der Vertrag, je nachdem der Wert am Gelde mehr oder weniger, als der gemeine Wert der gegebenen Sache beträgt, zum Kaufe oder Tausche, und bei gleichem Werte der Sache, zum Kaufe gerechnet.

b) bestimmt;

§ 1056. [1]Käufer und Verkäufer können die Festsetzung des Preises auch einer dritten bestimmten Person überlassen. [2]Wird von dieser in dem bedungenen Zeitraume nichts festgesetzt; oder will im Falle, daß kein Zeitraum bedungen worden ist, ein Teil vor der Bestimmung des Preises zurücktreten; so wird der Kaufvertrag als nicht geschlossen angesehen.

§ 1057. [1]Wird die Bestimmung des Preises mehreren Personen überlassen, so entscheidet die Mehrheit der Stimmen. [2]Fallen die Stimmen so verschieden aus, daß der Preis nicht einmal durch wirkliche Mehrheit der Stimmen festgesetzt wird; so ist der Kauf für nicht eingegangen zu achten.

§ 1058. [1]Auch der Wert, welcher bei einer frühern Veräußerung bedungen worden ist, kann zur Bestimmung des Preises dienen. [2]Hat man den ordentlichen Marktpreis zum Grunde gelegt, so wird der mittlere Marktpreis des Ortes, und der Zeit, wo und in welcher der Vertrag erfüllt werden muß, angenommen.

c) nicht gesetzwidrig sein

§ 1059. *(aufgehoben, BGBl 1979/140)*

§ 1060. [1]Außer diesem Falle kann der Kauf sowohl von dem Käufer als Verkäufer nur wegen Verletzung über die Hälfte bestritten werden (§§ 934–935). [2]Diese Beschwerde findet auch dann statt, wenn der Ausspruch des Kaufpreises einem Dritten überlassen worden ist.

Pflichten des Verkäufers,

§ 1061. Der Verkäufer ist schuldig, die Sache bis zur Zeit der Übergabe sorgfältig zu verwahren und sie dem Käufer nach eben den Vorschriften zu übergeben, welche oben bei dem Tausche (§ 1047) aufgestellt worden sind.

und des Käufers

§ 1062. Der Käufer hingegen ist verbunden, die Sache sogleich, oder zur bedungenen Zeit zu übernehmen, zugleich aber auch das Kaufgeld bar abzuführen; widrigenfalls ist der Verkäufer ihm die Übergabe der Sache zu verweigern berechtigt.

§ 1063. Wird die Sache dem Käufer von dem Verkäufer, ohne das Kaufgeld zu erhalten, übergeben; so ist die Sache auf Borg verkauft, und das Eigentum derselben geht gleich auf den Käufer über.

§ 1063a. Die Kosten der Übergabe der verkauften Ware, insbesondere die Kosten des Messens und des Wägens, fallen dem Verkäufer zur Last, die Kosten der Abnahme und der Versendung der Sache an einen anderen Ort als den Erfüllungsort aber dem Käufer.

(BGBl I 2005/120, ab 1. 1. 2007, s Anm zu § 367)

§ 1063b. [1]Wenn dem Käufer beim Kauf einer beweglichen Sache die nähere Bestimmung der Form, des Maßes oder ähnlicher Verhältnisse vorbehalten ist, ist er verpflichtet, die vorbehaltene Bestimmung zu treffen. [2]Im Übrigen gilt § 906 Abs. 2 sinngemäß.

(BGBl I 2005/120, ab 1. 1. 2007, s Anm zu § 367)

Gefahr und Nutzen des Kaufgegenstandes

§ 1064. In Rücksicht der Gefahr und Nutzungen einer zwar gekauften, aber noch nicht übergebenen Sache gelten die nämlichen Vorschriften, die bei dem Tauschvertrage gegeben worden sind (§§ 1048 – 1051).

Kauf einer gehofften Sache

§ 1065. Wenn Sachen, die noch zu erwarten stehen, gekauft werden; so sind die in dem Hauptstücke von gewagten Geschäften gegebenen Anordnungen anzuwenden.

Allgemeine Vorschrift

§ 1066. In allen bei einem Kaufvertrage vorkommenden Fällen, welche in dem Gesetze nicht ausdrücklich entschieden werden, sind die in den Hauptstücken von Verträgen überhaupt, und von dem Tauschvertrage insbesondere aufgestellten Vorschriften anzuwenden.

Besondere Arten oder Nebenverträge eines Kaufvertrages

§ 1067. Besondere Arten oder Nebenverträge eines Kaufvertrages sind: der Vorbehalt des Wiederkaufes, des Rückverkaufes, des Vorkaufes; der Verkauf auf die Probe; der Verkauf mit Vorbehalt eines bessern Käufers; und der Verkaufsauftrag.

Verkauf mit Vorbehalt des Wiederkaufes

§ 1068. [1]Das Recht, eine verkaufte Sache wieder einzulösen, heißt das Recht des Wiederkaufes. [2]Ist dieses Recht dem Verkäufer überhaupt und ohne nähere Bestimmung eingeräumt, so wird von einer Seite das Kaufstück in einem nicht verschlimmerten Zustande; von der andern Seite aber das erlegte Kaufgeld zurückgegeben, und die inzwischen beiderseits aus dem Gelde und der Sache gezogenen Nutzungen bleiben gegeneinander aufgehoben.

§ 1069. Hat der Käufer das Kaufstück aus dem Seinigen verbessert; oder zu dessen Erhaltung außerordentliche Kosten verwendet, so gebührt ihm gleich einem redlichen Besitzer der Ersatz; er haftet aber auch dafür, wenn durch sein Verschulden der Wert verändert, oder die Zurückgabe vereitelt worden ist.

§ 1070. [1]Der Vorbehalt des Wiederkaufes findet nur bei unbeweglichen Sachen statt und gebührt dem Verkäufer nur für seine Lebenszeit. [2]Er kann sein Recht weder auf die Erben noch auf einen anderen übertragen. [3]Ist das Recht in die öffentlichen Bücher einverleibt, so kann die Sache auch einem Dritten abgefordert werden und dieser wird nach Beschaffenheit seines redlichen oder unredlichen Besitzes behandelt.

(RGBl 1916/69)

Kauf mit Vorbehalt des Rückverkaufes

§ 1071. [1]Den nämlichen Beschränkungen unterliegt das von dem Käufer ausbedungene Recht, die Sache dem Verkäufer wieder zurückzuverkaufen; und es sind auf dasselbe die für den Wiederkauf erteilten Vorschriften anzuwenden. [2]Ist aber die Bedingung des Wiederverkaufs oder Wiederkaufs verstellt, und eigentlich, um ein Pfandrecht oder ein Borggeschäft zu verbergen, gebraucht worden, so tritt die Vorschrift des § 916 ein.

Vorbehalt des Vorkaufsrechts

§ 1072. Wer eine Sache mit der Bedingung verkauft, daß der Käufer, wenn er solche wieder verkaufen will, ihm die Einlösung anbieten soll, der hat das Vorkaufsrecht.

§ 1073. [1]Das Vorkaufsrecht ist in der Regel ein persönliches Recht. [2]In Rücksicht auf unbewegliche Güter kann es durch Eintragung in die öffentlichen Bücher in ein dingliches verwandelt werden.

§ 1074. Auch kann das Vorkaufsrecht weder einem Dritten abgetreten, noch auf die Erben des Berechtigten übertragen werden.

§ 1075. [1]Der Berechtigte muß bewegliche Sachen binnen vierundzwanzig Stunden; unbewegliche aber binnen dreißig Tagen, nach der geschehenen Anbietung, wirklich einlösen. [2]Nach Verlauf dieser Zeit ist das Vorkaufsrecht erloschen.

§ 1076. Das Vorkaufsrecht hat im Falle einer gerichtlichen Feilbietung der mit diesem Rechte belasteten Sachen keine andere Wirkung, als daß der den öffentlichen Büchern einverleibte Berechtigte zur Feilbietung insbesondere vorgeladen werden muß.

§ 1077. [1]Der zur Einlösung Berechtigte muß,[1)] außer dem Falle einer andern Verabredung, den vollständigen Preis, welcher von einem Dritten angeboten worden ist, entrichten. [2]Kann er die außer dem gewöhnlichen Kaufpreise angebotenen Nebenbedingungen nicht erfüllen, und lassen sie sich auch durch einen Schätzungswert nicht ausgleichen; so kann das Vorkaufsrecht nicht ausgeübt werden.

[1)] In JGS steht der Beistrich vor „muß“

§ 1078. Das Vorkaufsrecht läßt sich auf andere Veräußerungsarten ohne eine besondere Verabredung nicht ausdehnen.

§ 1079. [1]Hat der Besitzer dem Berechtigten die Einlösung nicht angeboten, so muß er ihm für allen Schaden haften. [2]Im Falle eines dinglichen Vorkaufsrechtes kann die veräußerte Sache dem Dritten abgefordert werden, und dieser wird nach Beschaffenheit seines redlichen oder unredlichen Besitzes behandelt.

Kauf auf die Probe

§ 1080. [1]Der Kauf auf die Probe ist unter der im Belieben des Käufers stehenden Bedingung geschlossen, daß er die Ware genehmige. [2]Die Bedingung ist im Zweifel eine aufschiebende; der Käufer ist vor der Genehmigung an den Kauf nicht gebunden, der Verkäufer hört auf, gebunden zu sein, wenn der Käufer bis zum Ablaufe der Probezeit nicht genehmigt.

(RGBl 1916/69)

§ 1081. Ist die Sache zum Zwecke der Besichtigung oder Probe bereits übergeben, so gilt Stillschweigen des Käufers bis nach Ablauf der Probezeit als Genehmigung.

(RGBl 1916/69)

§ 1082. Ist bei einem Kauf auf Probe keine Probezeit vereinbart worden, so kann der Verkäufer dem Käufer eine angemessene Frist als Probezeit setzen.

(BGBl I 2005/120, ab 1. 1. 2007, s Anm zu § 367)

Verkauf mit Vorbehalt eines besseren Käufers

§ 1083. Wird das Kaufgeschäft mit dem Vorbehalte verabredet, daß der Verkäufer, wenn sich binnen einer bestimmten Zeit ein besserer Käufer meldet, denselben vorzuziehen befugt sei; so bleibt in dem Falle, daß das Kaufstück nicht übergeben worden, die Wirklichkeit des Vertrages bis zum Eintritte der Bedingung aufgeschoben.

§ 1084. [1]Ist das Kaufstück übergeben worden, so ist der Kaufvertrag abgeschlossen; er wird aber durch den Eintritt der Bedingung wieder aufgelöst. [2]Bei dem Mangel einer ausdrücklichen Zeitbestimmung wird der bei dem Kaufe auf die Probe angenommene Zeitraum vermutet.

§ 1085. [1]Ob der neue Käufer besser sei, beurteilt der Verkäufer. [2]Er kann den zweiten Käufer, wenn der erste auch noch mehr zahlen wollte, vorziehen. [3]Bei der Auflösung des Vertrages heben sich die Nutzungen der Sache und des Geldes gegeneinander auf. [4]In Rücksicht der Verbesserungen oder Verschlimmerungen wird der Käufer gleich einem redlichen Besitzer behandelt.

Verkaufsauftrag

§ 1086. Wenn jemand seine bewegliche Sache einem anderen für einen gewissen Preis zum Verkaufe übergibt, mit der Bedingung, daß ihm der Übernehmer binnen einer festgesetzten Zeit entweder das bestimmte Kaufgeld liefern oder die Sache zurückstellen soll; so ist der Übergeber vor Verlauf der Zeit die Sache zurückzufordern nicht berechtigt; der Übernehmer aber muß nach deren Ablauf das bestimmte Kaufgeld entrichten.

§ 1087. [1]Während der festgesetzten Zeit bleibt der Übergeber Eigentümer. [2]Der Übernehmer haftet ihm für den durch sein Verschulden verursachten Schaden, und es werden ihm bei Zurückstellung der Sache nur solche Kosten vergütet, die dem Übergeber zum Nutzen gereichen.

§ 1088. [1]Ist die Sache unbeweglich; oder ist der Preis, oder die Zahlungsfrist nicht bestimmt; so wird der Übernehmer wie ein Gewalthaber angesehen. [2]In keinem Falle kann die zum Verkaufe anvertraute Sache dem Dritten, welcher sie von dem Übernehmer redlicherweise an sich gebracht hat, abgefordert werden (§ 367).

§ 1089. Auch bei gerichtlichen Verkäufen finden die über Verträge, und den Tausch- und Kaufvertrag insbesondere aufgestellten Vorschriften in der Regel statt; insofern nicht in diesem Gesetze, oder in der Gerichtsordnung eigene Anordnungen enthalten sind.

Fünfundzwanzigstes Hauptstück

Von Bestand-, [Erbpacht- und Erbzins]verträgen

Bestandvertrag

§ 1090. Der Vertrag, wodurch jemand den Gebrauch einer unverbrauchbaren Sache auf eine gewisse Zeit und gegen einen bestimmten Preis erhält, heißt überhaupt Bestandvertrag.

[] *Gegenstandslos*

I. Miet- und Pachtvertrag

§ 1091. [1]Der Bestandvertrag wird, wenn sich die in Bestand gegebene Sache ohne weitere Bearbeitung gebrauchen läßt, ein Mietvertrag; wenn sie aber nur durch Fleiß und Mühe benützt werden kann, ein Pachtvertrag genannt. [2]Werden durch einen Vertrag Sachen von der ersten und zweiten Art zugleich in Bestand gegeben; so ist der Vertrag nach der Beschaffenheit der Hauptsache zu beurteilen.

Erfordernisse

§ 1092. [1]Miet- und Pachtverträge können über die nämlichen Gegenstände und auf die nämliche Art, als der Kaufvertrag geschlossen werden. [2]Der Miet- und Pachtzins wird, wenn keine andere Übereinkunft getroffen worden ist, wie das Kaufgeld entrichtet.

§ 1093. Der Eigentümer kann sowohl seine beweglichen und unbeweglichen Sachen, als seine Rechte in Bestand geben; er kann aber auch in den Fall kommen, den Gebrauch seiner eigenen Sache, wenn er einem Dritten gebührt, in Bestand zu nehmen.

Wirkung

§ 1094. Sind die vertragschließenden Teile über das Wesentliche des Bestandes, nämlich über die Sache und den Preis, übereingekommen; so ist der Vertrag vollkommen abgeschlossen, und der Gebrauch der Sache für gekauft anzusehen.

§ 1095. Wenn ein Bestandvertrag in die öffentlichen Bücher eingetragen ist; so ist das Recht des Bestandnehmers als ein dingliches Recht zu betrachten, welches sich auch der nachfolgende Besitzer auf die noch übrige Zeit gefallen lassen muß.

Wechselseitige Rechte:

1. In Hinsicht auf Überlassung, Erhaltung, Benützung;

§ 1096. (1) [1]Vermieter und Verpächter sind verpflichtet, das Bestandstück auf eigene Kosten in brauchbarem Stande zu übergeben und zu erhalten und die Bestandinhaber in dem bedungenen Gebrauche oder Genusse nicht zu stören. [2]Ist das Bestandstück bei der Übergabe derart mangelhaft oder wird es während der Bestandzeit ohne Schuld des Bestandnehmers derart mangelhaft, daß es zu dem bedungenen Gebrauche nicht taugt, so ist der Bestandnehmer für die Dauer und in dem Maße der Unbrauchbarkeit von der Entrichtung des Zinses befreit. [3]Auf diese Befreiung kann bei der Miete unbeweglicher Sachen im voraus nicht verzichtet werden.

(2) Der Pächter hat die gewöhnlichen Ausbesserungen der Wirtschaftsgebäude nur insoweit selbst zu tragen, als sie mit den Materialien des Gutes und den Diensten, die er nach der Beschaffenheit des Gutes zu fordern berechtigt ist, bestritten werden können.

(RGBl 1916/69)

Siehe auch Art 4 WRN 2015

§ 1097. [1]Werden Ausbesserungen nötig, welche dem Bestandgeber obliegen, so ist der Bestandnehmer bei sonstigem Schadenersatz verpflichtet, dem Bestandgeber ohne Verzug Anzeige zu machen. [2]Der Bestandnehmer wird als ein Geschäftsführer ohne Auftrag betrachtet, wenn er auf das Bestandstück einen dem Bestandgeber obliegenden Aufwand (§ 1036) oder einen nützlichen Aufwand (§ 1037) gemacht hat; er muß aber den Ersatz längstens binnen sechs Monaten nach Zurückstellung des Bestandstückes gerichtlich fordern, sonst ist die Klage erloschen.

(RGBl 1916/69)

§ 1098. Mieter und Pächter sind berechtigt, die Miet- und Pachtstücke dem Vertrage gemäß durch die bestimmte Zeit zu gebrauchen und zu benützen, oder auch in Afterbestand zu geben, wenn es ohne Nachteil des Eigentümers geschehen kann und im Vertrage nicht ausdrücklich untersagt worden ist.

(RGBl 1916/69)

2. Lasten;

§ 1099. [1]Bei Vermietungen trägt alle Lasten und Abgaben der Vermieter. [2]Bei eigentlichen Pachtungen, wenn sie in Pausch und Bogen geschehen, übernimmt der Pächter, mit Ausschluß der eingetragenen Hypothekarlasten, alle übrige; wird aber die Pachtung nach einem Anschlage geschlossen, so trägt er jene Lasten, welche von dem Ertrage abgezogen worden sind, oder bloß von den Früchten, und nicht von dem Grunde selbst entrichtet werden müssen.

3. Zins

§ 1100. [1]Ist nichts anderes vereinbart oder ortsüblich, so ist der Zins, wenn eine Sache auf ein oder mehrere Jahre in Bestand genommen wird, halbjährlich, bei einer kürzeren Bestandzeit hingegen nach Verlauf derselben zu entrichten. [2]„Bei der Raummiete ist der Zins monatlich, und zwar jeweils am Fünften des Monats, zu entrichten." *(BGBl I 2013/50, ab 16. 3. 2013, s § 1503 Abs 2 Z 2)*

(RGBl 1916/69)

§ 1101. (1) [1]Zur Sicherstellung des Bestandzinses hat der Vermieter einer unbeweglichen Sache das Pfandrecht an den eingebrachten, dem Mieter oder seinen mit ihm in gemeinschaftlichem Haushalte lebenden Familienmitgliedern gehörigen Einrichtungsstücken und Fahrnissen, soweit sie nicht der Pfändung entzogen sind. [2]Das Pfandrecht erlischt, wenn die Gegenstände vor ihrer pfandweisen Beschreibung entfernt werden, es sei denn, daß dies infolge einer gerichtlichen Verfügung geschieht und der Vermieter binnen drei Tagen nach dem Vollzuge sein Recht bei Gericht anmeldet.

(2) Zieht der Mieter aus oder werden Sachen verschleppt, ohne daß der Zins entrichtet oder sichergestellt ist, so kann der Vermieter die Sachen auf eigene Gefahr zurückbehalten, doch muß er binnen drei Tagen um die pfandweise Beschreibung ansuchen oder die Sachen herausgeben.

(3) Dem Verpächter eines Grundstückes steht in gleichem Umfange und mit gleicher Wirkung das Pfandrecht an dem auf dem Pachtgute vorhandenen Vieh und den Wirtschaftsgerätschaften und den darauf noch befindlichen Früchten zu.

(RGBl 1916/69)

§ 1102. [1]Der Bestandgeber kann sich zwar die Vorausbezahlung des Bestandzinses bedingen. [2]Hat aber der Bestandnehmer mehr als eine Fristzahlung voraus geleistet, so kann er dieselbe einem später eingetragenen Gläubiger oder neuen Eigentümer nur dann entgegensetzen, wenn sie in dem öffentlichen Buch ersichtlich gemacht ist.

(RGBl 1916/69)

Zins in Früchten

§ 1103. Wenn der Eigentümer sein Gut mit der Bedingung überläßt, daß der Übernehmer die Wirtschaft betreiben, und dem Übergeber einen auf die ganze Nutzung sich beziehenden Teil, z.B. ein Dritteil oder die Hälfte der Früchte geben solle; so entsteht kein Pacht-, sondern ein Gesellschaftsvertrag, welcher nach den darüber aufgestellten Regeln beurteilt wird.

Fälle und Bedingungen einer Erlassung des Zinses

§ 1104. Wenn die in Bestand genommene Sache wegen außerordentlicher Zufälle, als Feuer, Krieg oder Seuche, großer Überschwemmungen, Wetterschläge, oder wegen gänzlichen Mißwachses gar nicht gebraucht oder benutzt werden kann, so ist der Bestandgeber zur Wiederherstellung nicht verpflichtet, doch ist auch kein Miet- oder Pachtzins zu entrichten.

(RGBl 1916/69)

§ 1105. [1]Behält der Mieter trotz eines solchen Zufalls einen beschränkten Gebrauch des Mietstückes, so wird ihm auch ein verhältnismäßiger Teil des Mietzinses erlassen. [2]Dem Pächter gebührt ein Erlaß an dem Pachtzinse, wenn durch außerordentliche Zufälle die Nutzungen des nur auf ein Jahr gepachteten Gutes um mehr als die Hälfte des gewöhnlichen Ertrages gefallen sind. [3]Der Verpächter ist so viel zu erlassen schuldig, als durch diesen Abfall an dem Pachtzinse mangelt.

(RGBl 1916/69)

§ 1106. [1]Hat der Bestandnehmer unbestimmt alle Gefahren auf sich genommen; so werden darunter nur die Feuer-, Wasserschäden und Wetterschläge verstanden. [2]Andere außerordentliche Unglücksfälle kommen nicht auf seine Gefahr. [3]Verbindet er sich aber ausdrücklich, auch alle andere außerordentliche Unglücksfälle zu tragen; so wird deswegen noch nicht vermutet, daß er auch für den zufälligen Untergang des ganzen Pachtstückes haften wolle.

§ 1107. [1]Wird der Gebrauch oder Genuß des Bestandstückes nicht wegen dessen Beschädigung oder sonst entstandener Unbrauchbarkeit, sondern aus einem dem Bestandnehmer zugestoßenen Hindernisse oder Unglücksfalle vereitelt, oder waren zur Zeit der Beschädigung die Früchte von dem Grunde schon abgesondert, so fällt die widrige Ereignung dem Bestandnehmer allein zur Last. [2]Er muß den Zins doch entrichten. [3]Der Bestandgeber muß sich aber den ersparten Aufwand und die Vorteile, die er durch anderweitige Verwertung des Bestandstückes erlangt, anrechnen.

(RGBl 1916/69)

§ 1108. Behauptet der Pächter den Erlaß des ganzen Pachtzinses oder eines Teiles davon entweder aus dem Vertrage oder aus dem Gesetze; so muß er dem Verpächter ohne Zeitverlust den geschehenen Unglücksfall anzeigen, und die Begebenheit, wenn sie nicht landkundig ist, gerichtlich, oder wenigstens durch zwei sachkundige Männer erheben lassen; ohne diese Vorsicht wird er nicht angehört.

4. Zurückstellung;

§ 1109. [1]Nach geendigtem Bestandvertrage muß der Bestandnehmer die Sache dem etwa errichteten Inventarium gemäß oder doch in dem Zustand, in welchem er sie übernommen hat, gepachtete Grundstücke aber mit Rücksicht auf die Jahreszeit, in welcher die[1)] Pacht geendigt worden ist, in gewöhnlicher wirtschaftlicher Kultur zurückstellen. [2]Weder ein Zurückbehaltungsrecht oder die Einwendung der Kompensation noch selbst des früheren Eigentumsrechtes kann ihn vor der Zurückstellung schützen.

(RGBl 1916/69)

[1] Im RGBl „der"

§ 1110. Wenn bei dem Bestandvertrage kein Inventarium errichtet worden ist; so tritt die nämliche Vermutung, wie bei der Fruchtnießung (§ 518) ein.

§ 1111. [1]Wird das Miet- oder Pachtstück beschädigt, oder durch Mißbrauch abgenützt; so haften Mieter und Pächter sowohl für ihr eigenes, als des Afterbestandnehmers Verschulden, nicht aber für den Zufall. [2]Doch muß der Bestandgeber den Ersatz aus dieser Haftung längstens binnen einem Jahre nach Zurückstellung des Bestandstückes gerichtlich fordern; sonst ist das Recht erloschen.

5. Auflösung des Bestandvertrages:

a) durch Untergang der Sache;

§ 1112. [1]Der Bestandvertrag löst sich von selbst auf, wenn die bestandene Sache zu Grunde geht. [2]Geschieht dies aus Verschulden des einen Teiles, so gebührt dem andern Ersatz; geschieht es durch einen Unglücksfall, so ist kein Teil dem andern dafür verantwortlich.

b) Verlauf der Zeit;

§ 1113. Der Bestandvertrag erlischt auch durch den Verlauf der Zeit, welcher ausdrücklich oder stillschweigend, entweder durch den nach einem gewissen Zeitraume ausgemessenen Zins, wie bei sogenannten Tag-, Wochen- und Monatszimmern, oder durch die erklärte, oder aus den Umständen hervorleuchtende Absicht des Bestandnehmers bedungen worden ist.

Wenn keine Erneuerung geschieht;

§ 1114. [1]Der Bestandvertrag kann aber nicht nur ausdrücklich; sondern auch stillschweigend erneuert werden. [2]Ist in dem Vertrage eine vorläufige Aufkündigung bedungen worden; so wird der Vertrag durch die Unterlassung der gehörigen Aufkündigung stillschweigend erneuert. [3]Ist keine Aufkündigung bedungen worden; so geschieht eine stillschweigende Erneuerung, wenn der Bestandnehmer nach Verlauf der Bestandzeit fortfährt, die Sache zu gebrauchen oder zu benützen, und der Bestandgeber es dabei bewenden läßt.

§ 1115. [1]Die stillschweigende Erneuerung des Bestandvertrages geschieht unter den nämlichen Bedingungen, unter welchen er vorher geschlossen war. [2]Doch erstreckt sie sich bei Pachtungen nur auf ein Jahr; wenn aber der ordentliche Genuß erst in einem späteren Zeitraume erfolgen kann, auf eine so lange Zeit, als notwendig ist, um die Nutzungen einmal beziehen zu können. [3]Mietungen, wofür man den Zins erst nach einem ganzen oder halben Jahre zu bezahlen pflegt, werden auf ein halbes Jahr; alle kürzere Mietungen aber auf diejenige Zeit stillschweigend erneuert, welche vorher durch den Bestandvertrag bestimmt war. [4]Von wiederholten Erneuerungen gilt das Nämliche, was hier in Rücksicht der ersten Erneuerung vorgeschrieben ist.

c) Aufkündigung;

§ 1116. Insofern die Dauer eines Bestandvertrages weder ausdrücklich, noch stillschweigend, noch durch besondere Vorschriften bestimmt ist, muß derjenige, welcher den Vertrag aufheben will, dem andern die Pachtung sechs Monate;[1] die Mietung einer unbeweglichen Sache vierzehn Tage;[1] und einer beweglichen vierundzwanzig Stunden vorher aufkündigen, als die Abtretung erfolgen soll.

[1] Siehe § 560 ZPO

§ 1116a. [1]Durch den Tod eines der vertragschließenden Teile wird der Bestandvertrag nicht aufgehoben. [2]Wohnungsmieten können jedoch, wenn der Mieter stirbt, ohne Rücksicht auf die vereinbarte Dauer sowohl von den Erben des Mieters wie von dem Vermieter unter Einhaltung der gesetzlichen Kündigungsfrist gelöst werden.

(RGBl 1916/69)

§ 1117. [1]Der Bestandnehmer ist berechtigt, auch vor Verlauf der bedungenen Zeit von dem Vertrag ohne Kündigung abzustehen, wenn das Bestandstück in einem Zustand übergeben oder ohne seine Schuld in einen Zustand geraten ist, der es zu dem bedungenen Gebrauch untauglich macht, oder wenn ein beträchtlicher Teil durch Zufall auf eine längere Zeit entzogen oder unbrauchbar wird. [2]Aus dem Grunde der Gesundheitsschädlichkeit gemieteter Wohnräume steht dieses Recht dem Mieter auch dann zu, wenn er im Vertrage darauf verzichtet oder die Beschaffenheit der Räume beim Vertragsabschluß gekannt hat.

(RGBl 1916/69)

§ 1118. [1]Der Bestandgeber kann seinerseits die frühere Aufhebung des Vertrages fordern, wenn der Bestandnehmer der Sache einen erheblichen nachteiligen Gebrauch davon macht; wenn er nach geschehener Einmahnung mit der Bezahlung des Zinses dergestalt säumig ist, daß er mit Ablauf des Termins den rückständigen Bestandzins nicht vollständig entrichtet hat; oder, wenn ein vermietetes Gebäude neu aufgeführt werden muß. [2]Eine nützlichere Bauführung ist der Mieter zu seinem Nachteile zuzulassen nicht schuldig, wohl aber notwendige Ausbesserungen.

§ 1119. Wenn dem Vermieter die Notwendigkeit der neuen Bauführung schon zur Zeit des geschlossenen Vertrages bekannt sein mußte; oder, wenn die Notwendigkeit der durch längere Zeit fortzusetzenden Ausbesserungen aus Vernachlässigung der kleinern Ausbesserungen entstanden ist; so muß dem Mieter für den vermißten Gebrauch eine angemessene Entschädigung geleistet werden.

d) Veräußerung der Sache

§ 1120. [1]Hat der Eigentümer das Bestandstück an einen andern veräußert, und ihm bereits übergeben; so muß der Bestandinhaber, wenn sein Recht nicht in die öffentlichen Bücher eingetragen ist (§ 1095), nach der gehörigen Aufkündigung dem neuen Besitzer weichen. [2]Er ist aber berechtigt, von dem Bestandgeber in Rücksicht auf den erlittenen Schaden, und entgangenen Nutzen eine vollkommene Genugtuung zu fordern.

§ 1121. [1]Bei einer zwangsweisen gerichtlichen Veräußerung ist das Bestandrecht, wenn es in die öffentlichen Bücher eingetragen ist, gleich einer Dienstbarkeit zu behandeln. [2]Hat der Ersteher das Bestandrecht nicht zu übernehmen, so muß ihm der Bestandnehmer nach gehöriger Aufkündigung weichen.

(RGBl 1916/69)

§ § 1122 bis 1150. *(aufgehoben samt Überschrift, BGBl I 2006/113, ab 25. 7. 2006)*

Sechsundzwanzigstes Hauptstück

Von Verträgen über Dienstleistungen

Dienst- und Werkvertrag

§ 1151. (1) Wenn jemand sich auf eine gewisse Zeit zur Dienstleistung für einen anderen verpflichtet, so entsteht ein Dienstvertrag; wenn jemand die Herstellung eines Werkes gegen Entgelt übernimmt, ein Werkvertrag.

(2) Insoweit damit eine Geschäftsbesorgung (§ 1002) verbunden ist, müssen auch die Vorschriften über den Bevollmächtigungsvertrag beobachtet werden.

(RGBl 1916/69)

§ 1152. Ist im Vertrage kein Entgelt bestimmt und auch nicht Unentgeltlichkeit vereinbart, so gilt ein angemessenes Entgelt als bedungen.

(RGBl 1916/69)

1. Dienstvertrag

§ 1153. [1]Wenn sich aus dem Dienstvertrage oder aus den Umständen nichts anderes ergibt, hat der Dienstnehmer die Dienste in eigener Person zu leisten und ist der Anspruch auf die Dienste nicht übertragbar. [2]Soweit über Art und Umfang der Dienste nichts vereinbart ist, sind die den Umständen nach angemessenen Dienste zu leisten.

(RGBl 1916/69)

Anspruch auf das Entgelt

§ 1154. (1) Wenn nichts anderes vereinbart oder bei Diensten der betreffenden Art üblich ist, ist das Entgelt nach Leistung der Dienste zu entrichten.

(2) [1]Ist das Entgelt nach Monaten oder kürzeren Zeiträumen bemessen, so ist es am Schlusse des einzelnen Zeitraumes; ist es nach längeren Zeiträumen bemessen, am Schlusse eines jeden Kalendermonats zu entrichten. [2]Ein nach Stunden, nach Stück oder Einzelleistungen bemessenes Entgelt ist für die schon vollendeten Leistungen am Schlusse einer jeden Kalenderwoche, wenn es sich jedoch um Dienste höherer Art handelt, am Schlusse eines jeden Kalendermonats zu entrichten.

(3) In jedem Falle wird das bereits verdiente Entgelt mit der Beendigung des Dienstverhältnisses fällig.

(RGBl 1916/69)

§ 1154a. Der nach Stück oder Einzelleistungen entlohnte Dienstnehmer kann einen den geleisteten Diensten und seinen Auslagen entsprechenden Vorschuß vor Fälligkeit des Entgelts verlangen.

(RGBl 1916/69)

§ 1154b. (1) [1]Der Dienstnehmer behält seinen Anspruch auf das Entgelt, wenn er nach Antritt des Dienstes durch Krankheit oder Unglücksfall an der Dienstleistung verhindert ist, ohne dies vorsätzlich oder durch grobe Fahrlässigkeit verschuldet zu haben, bis zur Dauer von sechs Wochen. [2]Der Anspruch auf das Entgelt erhöht sich auf die Dauer von acht Wochen, wenn das Dienstverhältnis fünf Jahre, von zehn Wochen, wenn es 15 Jahre und von zwölf Wochen, wenn es 25 Jahre ununterbrochen gedauert hat. [3]Durch jeweils weitere vier Wochen behält der Dienstnehmer den Anspruch auf das halbe Entgelt.

(2) Bei wiederholter Dienstverhinderung durch Krankheit (Unglücksfall) innerhalb eines Arbeitsjahres besteht ein Anspruch auf Fortzahlung des Entgelts nur insoweit, als die Dauer des Anspruchs gemäß Abs. 1 noch nicht erschöpft ist.

(3) [1]Wird ein Dienstnehmer durch Arbeitsunfall oder Berufskrankheit im Sinne der Vorschriften über die gesetzliche Unfallversicherung an der Leistung seiner Dienste verhindert, ohne dass er die Verhinderung vorsätzlich oder durch grobe Fahrlässigkeit herbeigeführt hat, so behält er seinen Anspruch auf das Entgelt ohne Rücksicht auf andere Zeiten einer Dienstverhinderung bis zur Dauer von acht Wochen. [2]Der Anspruch auf das Entgelt erhöht sich auf die Dauer von zehn Wochen, wenn das Dienstverhältnis 15 Jahre ununterbrochen gedauert hat. [3]Bei wiederholten Dienstverhinderungen, die im unmittelbaren ursächlichen Zusammenhang mit einem Arbeitsunfall oder einer Berufskrankheit stehen, besteht ein Anspruch auf Fortzahlung des Entgelts innerhalb eines Dienstjahres nur insoweit, als die Dauer des Anspruchs nach dem ersten oder zweiten Satz noch nicht erschöpft ist. [4]Ist ein Dienstnehmer gleichzeitig bei mehreren Dienstgebern beschäftigt, so entsteht ein Anspruch nach diesem Absatz nur gegenüber jenem Dienstgeber, bei dem die Dienstverhinderung im Sinne dieses Absatzes eingetreten ist; gegenüber den anderen Dienstgebern entstehen Ansprüche nach Abs. 1.

(4) Kur- und Erholungsaufenthalte, Aufenthalte in Heil- und Pflegeanstalten, Rehabilitationszentren und Rekonvaleszentenheimen, die wegen eines Arbeitsunfalles oder einer Berufskrankheit von einem Träger der Sozialversicherung, dem Bundesministerium für soziale Sicherheit und Generationen gemäß § 12 Abs. 4 Opferfürsorgegesetz, einem Bundesamt für Soziales und Behindertenwesen oder einer Landesregierung auf Grund eines Behindertengesetzes auf deren Rechnung bewilligt oder angeordnet werden, sind einer Dienstverhinderung gemäß Abs. 3 gleichzuhalten.

(5) Der Dienstnehmer behält ferner den Anspruch auf das Entgelt, wenn er durch andere wichtige, seine Person betreffende Gründe ohne sein Verschulden während einer verhältnismäßig kurzen Zeit an der Dienstleistung verhindert wird.

(6) Ist der Dienstnehmer nach Antritt des Dienstverhältnisses wegen eines Einsatzes als freiwilliges Mitglied einer Katastrophenhilfsorganisation, eines Rettungsdienstes oder einer freiwilligen Feuerwehr bei einem Großschadensereignis nach § 3 Z 2 lit. b des Katastrophenfondsgesetzes, BGBl. Nr. 201/1996 oder als Mitglied eines Bergrettungsdienstes an der Dienstleistung verhindert, so hat er unbeschadet seiner Ansprüche nach Abs. 5 einen Anspruch auf Fortzahlung des Entgelts, wenn das Ausmaß und die Lage der Dienstfreistellung mit dem Dienstgeber vereinbart wird. *(BGBl I 2019/74, ab 1. 9. 2019)*

(BGBl I 2000/44)

§ 1155. (1) Auch für Dienstleistungen, die nicht zustande gekommen sind, gebührt dem Dienstnehmer das Entgelt, wenn er zur Leistung bereit war und durch Umstände, die auf Seite des Dienstgebers liegen, daran verhindert worden ist; er muß sich jedoch anrechnen, was er infolge Unterbleibens der Dienstleistung erspart oder durch anderweitige Verwendung erworben oder zu erwerben absichtlich versäumt hat.

(2) Wurde er infolge solcher Umstände durch Zeitverlust bei der Dienstleistung verkürzt, so gebührt ihm angemessene Entschädigung.

(RGBl 1916/69)

Erlöschen der Ansprüche

§ 1156. [1]Die dem Dienstgeber „nach § 1154b" obliegenden Verpflichtungen erlöschen, wenn das Dienstverhältnis infolge Ablaufes der Zeit, für die es eingegangen wurde, oder infolge einer früheren Kündigung oder einer Entlassung endet, die nicht durch die Erkrankung oder sonstige die Person des Dienstnehmers betreffende wichtige Gründe im Sinne des § 1154b verursacht ist. [2]Wird der Dienstnehmer wegen der Verhinderung entlassen oder wird ihm während der Verhinderung gekündigt, so bleibt die dadurch herbeigeführte Beendigung des Dienstverhältnisses in Ansehung der bezeichneten Ansprüche außer Betracht. *(BGBl I 2000/44, s § 1164)*

(RGBl 1916/69)

§ 1156a. *(aufgehoben, BGBl I 2000/44, ab 8. 7. 2000)*

Fürsorgepflicht des Dienstgebers

§ 1157. (1) Der Dienstgeber hat die Dienstleistungen so zu regeln und bezüglich der von ihm beizustellenden oder beigestellten Räume und Gerätschaften auf seine Kosten dafür zu sorgen, daß Leben und Gesundheit des Dienstnehmers, soweit es nach der Natur der Dienstleistung möglich ist, geschützt werden.

(2) Ist der Dienstnehmer in die Hausgemeinschaft des Dienstgebers aufgenommen, so hat dieser in Ansehung des Wohn- und Schlafraumes, der Verpflegung sowie der Arbeits- und Erholungszeit die mit Rücksicht auf Gesundheit, Sittlichkeit und Religion des Dienstnehmers erforderlichen Anordnungen zu treffen.

(RGBl 1916/69)

Endigung des Dienstverhältnisses

§ 1158. (1) Das Dienstverhältnis endet mit dem Ablaufe der Zeit, für die es eingegangen wurde.

(2) Ein auf Probe oder nur für die Zeit eines vorübergehenden Bedarfes vereinbartes Dienstverhältnis kann während des ersten Monates von beiden Teilen jederzeit gelöst werden.

(3) Ein für die Lebenszeit einer Person oder für länger als fünf Jahre vereinbartes Dienstverhältnis kann von dem Dienstnehmer nach Ablauf von fünf Jahren unter Einhaltung einer Kündigungsfrist von sechs Monaten gelöst werden.

(4) Ist das Dienstverhältnis ohne Zeitbestimmung eingegangen oder fortgesetzt worden, so kann es durch Kündigung nach folgenden Bestimmungen gelöst werden.

Fassung ab 1. 1. 2021 (BGBl I 2017/153):
(4) *(entfällt, BGBl I 2017/153, ab 1. 1. 2021)*

(RGBl 1916/69)

Kündigungsfristen

§ 1159. [1]Die Kündigung ist zulässig:
wenn bei einem Dienstverhältnisse, das keine Dienste höherer Art zum Gegenstande hat, das Entgelt nach Stunden oder Tagen, nach Stück oder Einzelleistungen bemessen ist, jederzeit für den folgenden Tag; wenn ein solches Dienstverhältnis die Erwerbstätigkeit des Dienstnehmers hauptsächlich in Anspruch nimmt und schon drei Monate gedauert hat oder wenn das Entgelt nach Wochen bemessen ist, spätestens am ersten Werktage für den Schluß der Kalenderwoche. [2]Die Wirkung der Kündigung tritt im Falle der Entlohnung nach Stück oder Einzelleistungen keinesfalls vor Vollendung der zur Zeit der Kündigung in Ausführung begriffenen Leistungen ein.

(RGBl 1916/69)

Fassung ab 1. 1. 2021 (BGBl I 2017/153):

Kündigung

§ 1159. (1) Ist das Dienstverhältnis ohne Zeitbestimmung eingegangen oder fortgesetzt worden, so kann es durch Kündigung nach folgenden Bestimmungen gelöst werden.

(2) Mangels einer für den Dienstnehmer günstigeren Vereinbarung kann der Dienstgeber das Dienstverhältnis mit Ablauf eines jeden Kalendervierteljahres durch vorgängige Kündigung lösen. Die Kündigungsfrist beträgt sechs Wochen und erhöht sich nach dem vollendeten zweiten Dienstjahr auf zwei Monate, nach dem vollendeten fünften Dienstjahr auf drei, nach dem vollendeten fünfzehnten Dienstjahr auf vier und nach dem vollendeten fünfundzwanzigsten Dienstjahr auf fünf Monate. Durch Kollektivvertrag können für Branchen, in denen Saisonbetriebe im Sinne des § 53 Abs. 6 des Arbeitsverfassungsgesetzes, BGBl. Nr. 22/1974 überwiegen, abweichende Regelungen festgelegt werden.

(3) Die Kündigungsfrist kann durch Vereinbarung nicht unter die im Absatz 2 bestimmte Dauer herabgesetzt werden; jedoch kann vereinbart werden, dass die Kündigungsfrist am Fünfzehnten oder am Letzten des Kalendermonats endigt.

(4) Mangels einer für ihn günstigeren Vereinbarung kann der Dienstnehmer das Dienstverhältnis mit dem letzten Tage eines Kalendermonats unter Einhaltung einer einmonatigen Kündigungsfrist lösen. Diese Kündigungsfrist kann durch Vereinbarung bis zu einem halben Jahr ausgedehnt werden; doch darf die vom Dienstgeber einzuhaltende Frist nicht kürzer sein als die mit dem Dienstnehmer vereinbarte Kündigungsfrist. Durch Kollektivvertrag können für Branchen, in denen Saisonbetriebe im Sinne des § 53 Abs. 6 des Arbeitsverfassungsgesetzes, BGBl. Nr. 22/1974 überwiegen, abweichende Regelungen festgelegt werden.

(5) Ist das Dienstverhältnis nur für die Zeit eines vorübergehenden Bedarfes vereinbart, so kann es während des ersten Monats von beiden Teilen jederzeit unter Einhaltung einer einwöchigen Kündigungsfrist gelöst werden.

(BGBl I 2017/153, ab 1. 1. 2021, s § 1503 Abs 10)

§ 1159a. (1) Wenn ein Dienstverhältnis, das Dienste höherer Art zum Gegenstande hat, die Erwerbstätigkeit des Dienstnehmers hauptsächlich in Anspruch nimmt und schon drei Monate gedauert hat, so ist ohne Rücksicht auf die Art der Bemessung des Entgelts eine mindestens vierwöchentliche Kündigungsfrist einzuhalten.

(2) Dasselbe gilt überhaupt, wenn das Entgelt nach Jahren bemessen ist.

(RGBl 1916/69)

§ 1159b. In allen anderen Fällen kann das Dienstverhältnis unter Einhaltung einer mindestens vierzehntägigen Kündigungsfrist gelöst werden.

(RGBl 1916/69)

§ 1159c. [1]Die Kündigungsfrist muß immer für beide Teile gleich sein. [2]Wurden ungleiche Fristen vereinbart, so gilt für beide Teile die längere Frist.

(RGBl 1916/69)

Fassung ab 1. 1. 2021 (BGBl I 2017/153):
§§ 1159a bis 1159c. *(entfallen, BGBl I 2017/153, ab 1. 1. 2021, s § 1503 Abs 10)*

Freizeit während der Kündigungsfrist

§ 1160. (1) Bei Kündigung durch den Dienstgeber ist dem Dienstnehmer während der Kündigungsfrist auf sein Verlangen wöchentlich mindestens ein Fünftel der regelmäßigen wöchentlichen Arbeitszeit ohne Schmälerung des Entgelts freizugeben.

(2) Ansprüche nach Abs. 1 bestehen nicht, wenn der Dienstnehmer einen Anspruch auf eine Pension aus der gesetzlichen Pensionsversicherung hat, sofern eine Bescheinigung über die vorläufige Krankenversicherung vom Pensionsversicherungsträger ausgestellt wurde.

„(3)“ Durch Kollektivvertrag können abweichende Regelungen getroffen werden. *(BGBl I 2018/100, der bisherige Abs 3 ist ab 23. 12. 2018 entfallen)*

(BGBl I 2000/44, ab 8. 7. 2000)

Insolvenzverfahren

§ 1161. Welche Wirkungen die Eröffnung des Insolvenzverfahrens über das Vermögen des Dienstgebers auf das Dienstverhältnis hat, bestimmt die Insolvenzordnung.

(BGBl I 2010/58, ab 1. 8. 2010)

Vorzeitige Auflösung

§ 1162. Das Dienstverhältnis kann, wenn es für bestimmte Zeit eingegangen wurde, vor Ablauf dieser Zeit, sonst aber ohne Einhaltung einer Kündigungsfrist von jedem Teile aus wichtigen Gründen gelöst werden.

(RGBl 1916/69)

§ 1162a. [1]Wenn der Dienstnehmer ohne wichtigen Grund vorzeitig austritt, kann der Dienstgeber entweder dessen Wiedereintritt zur Dienstleistung nebst Schadenersatz oder Schadenersatz wegen Nichterfüllung des Vertrages verlangen. [2]Wird der Dienstnehmer wegen eines Verschuldens vorzeitig entlassen, so hat er Schadenersatz wegen Nichterfüllung des Vertrages zu leisten. [3]Für die schon bewirkten Leistungen, deren Entgelt noch nicht fällig ist, steht dem Dienstnehmer ein Anspruch auf den entsprechenden Teil des Entgelts nur insoweit zu, als sie nicht durch die vorzeitige Auflösung des Dienstverhältnisses für den Dienstgeber ihren Wert ganz oder zum größten Teil eingebüßt haben.

(RGBl 1916/69)

§ 1162b. [1]Wenn der Dienstgeber den Dienstnehmer ohne wichtigen Grund vorzeitig entläßt oder wenn ihn ein Verschulden an dem vorzeitigen Austritte des Dienstnehmers trifft, behält dieser, unbeschadet weitergehenden Schadenersatzes, seine vertragsgemäßen Ansprüche auf das Entgelt für den Zeitraum, der bis zur Beendigung des Dienstverhältnisses durch Ablauf der Vertragszeit oder durch ordnungsmäßige Kündigung hätte verstreichen müssen, unter Anrechnung dessen, was er infolge des Unterbleibens der Dienstleistung erspart oder durch anderweitige Verwendung erworben oder zu erwerben absichtlich versäumt hat. [2]Soweit jedoch der oben genannte Zeitraum drei Monate nicht übersteigt, kann der Dienstnehmer das ganze für diese Zeit gebührende Entgelt ohne Abzug sofort fordern.

(RGBl 1916/69)

§ 1162c. Trifft beide Teile ein Verschulden an der vorzeitigen Lösung des Dienstverhältnisses, so hat der Richter nach freiem Ermessen zu entscheiden, ob und in welcher Höhe ein Ersatz gebührt.

(RGBl 1916/69)

§ 1162d. Ansprüche wegen vorzeitigen Austrittes oder vorzeitiger Entlassung im Sinne der §§ 1162a und 1162b müssen bei sonstigem Ausschlusse binnen sechs Monaten nach Ablauf des Tages, an dem sie erhoben werden konnten, gerichtlich geltend gemacht werden.

(RGBl 1916/69)

Zeugnis

§ 1163. (1) [1]Bei Beendigung des Dienstverhältnisses ist dem Dienstnehmer auf sein Verlangen ein schriftliches Zeugnis über die Dauer und Art der Dienstleistung auszustellen. [2]Verlangt der Dienstnehmer während der Dauer des Dienstverhältnisses ein Zeugnis, so ist ihm ein solches auf seine Kosten auszustellen. [3]Eintragungen und Anmerkungen im Zeugnisse, durch die dem Dienstnehmer die Erlangung einer neuen Stellung erschwert wird, sind unzulässig.

(2) Zeugnisse des Dienstnehmers, die sich in Verwahrung des Dienstgebers befinden, sind dem Dienstnehmer auf Verlangen jederzeit auszufolgen.

(RGBl 1916/69)

Zwingende Vorschriften

§ 1164. (1) Die Berechtigungen des Dienstnehmers, die sich aus den Bestimmungen der §§ 1154 Abs. 3, „1154b“, 1156 bis 1159b, 1160 und 1162a bis 1163 ergeben, können durch den Dienstvertrag oder durch Normen der kollektiven Rechtsgestaltung nicht aufgehoben oder beschränkt werden. *(BGBl I 2019/74, ab 1. 9. 2019)*

(2) Die §§ 1154b, 1156 und 1164 in der Fassung des Bundesgesetzes BGBl. I Nr. 44/2000 sind auf Dienstverhinderungen anzuwenden, die in nach dem 31. Dezember 2000 begonnenen Arbeitsjahren eingetreten sind.

(3) [1]Die verlängerte Anspruchsdauer nach § 1154b Abs. 1 in der Fassung des Bundesgesetzes BGBl. I Nr. 44/2000 bewirkt keine Verlängerung einer in Normen der kollektiven Rechtsgestaltung oder Dienstverträgen vorgesehenen längeren Anspruchsdauer. [2]Sehen Normen der kollektiven Rechtsgestaltung oder Dienstverträge einen zusätzlichen Anspruch im Anschluss an den Anspruch nach § 1154b Abs. 1 vor, wird die Gesamtdauer der Ansprüche nicht verlängert.

(4) Im Zeitpunkt des Inkrafttretens des Bundesgesetzes BGBl. I Nr. 44/2000 für die Dienstnehmer günstigere Regelungen in Dienstverträgen oder in Normen der kollektiven Rechtsgestaltung werden durch die Neuregelung des Bundesgesetzes BGBl. I Nr. 44/2000 nicht berührt.

(BGBl I 2000/44)

Dienstzettel für das freie Dienstverhältnis

§ 1164a. (1) [1]Liegt ein freies Dienstverhältnis (§ 4 Abs. 4 Allgemeines Sozialversicherungsgesetz, BGBl. Nr. 189/1955, in der jeweils geltenden Fassung) vor, so hat der Dienstgeber dem freien Dienstnehmer unverzüglich nach dessen Beginn eine schriftliche Aufzeichnung über die wesentlichen Rechte und Pflichten aus dem freien Dienstvertrag (Dienstzettel) auszuhändigen. [2]Solche Aufzeichnungen sind von Stempel- und unmittelbaren Gebühren befreit. Der Dienstzettel hat folgende Angaben zu enthalten:

1. Name und Anschrift des Dienstgebers,

2. Name und Anschrift des freien Dienstnehmers,

3. Beginn des freien Dienstverhältnisses,

4. bei freien Dienstverhältnissen auf bestimmte Zeit das Ende des freien Dienstverhältnisses,

5. Dauer der Kündigungsfrist, Kündigungstermin,

6. vorgesehene Tätigkeit,

7. Entgelt, Fälligkeit des Entgelts.

(2) Hat der freie Dienstnehmer seine Tätigkeit länger als einen Monat im Ausland zu verrichten, so hat der vor der Aufnahme der Auslandstätigkeit auszuhändigende Dienstzettel oder schriftliche freie Dienstvertrag zusätzlich folgende Angaben zu enthalten:

1. voraussichtliche Dauer der Auslandstätigkeit,

2. Währung, in der das Entgelt auszuzahlen ist, sofern es nicht in Euro auszuzahlen ist,

3. allenfalls Bedingungen für die Rückführung nach Österreich und

4. allfällige zusätzliche Vergütung für die Auslandstätigkeit.

(3) Keine Verpflichtung zur Aushändigung eines Dienstzettels besteht, wenn

1. die Dauer des freien Dienstverhältnisses höchstens einen Monat beträgt oder

2. ein schriftlicher freier Dienstvertrag ausgehändigt wurde, der alle in Abs. 1 und 2 genannten Angaben enthält, oder

3. bei Auslandstätigkeit die in Abs. 2 genannten Angaben in anderen schriftlichen Unterlagen enthalten sind.

(4) Jede Änderung der Angaben gemäß Abs. 1 und 2 ist dem freien Dienstnehmer unverzüglich, spätestens jedoch einen Monat nach ihrer Wirksamkeit schriftlich mitzuteilen, es sei denn, die Änderung erfolgte durch Änderung von Gesetzen.

(5) [1]Hat das freie Dienstverhältnis bereits am 1. Juli 2004 bestanden, so ist dem freien Dienstnehmer auf sein Verlangen binnen zwei Monaten ein Dienstzettel gemäß Abs. 1 auszuhändigen. [2]Eine solche Verpflichtung des Dienstgebers besteht nicht, wenn ein früher ausgestellter Dienstzettel oder ein schriftlicher Vertrag über das freie Dienstverhältnis alle nach diesem Bundesgesetz erforderlichen Angaben enthält.

(6) Die Bestimmungen der Abs. 1 bis 5 können durch den freien Dienstvertrag weder aufgehoben noch beschränkt werden.

(BGBl I 2004/77, ab 1. 8. 2004)

2. Werkvertrag

§ 1165. Der Unternehmer ist verpflichtet, das Werk persönlich auszuführen oder unter seiner persönlichen Verantwortung ausführen zu lassen.

(RGBl 1916/69)

§ 1166. Hat derjenige, der die Verfertigung einer Sache übernommen hat, den Stoff dazu zu liefern, so ist der Vertrag im Zweifel als Kaufvertrag; liefert aber der Besteller den Stoff, im Zweifel als Werkvertrag zu betrachten.

(RGBl 1916/69)

Gewährleistung

§ 1167. Bei Mängeln des Werkes kommen die für entgeltliche Verträge überhaupt geltenden Bestimmungen (§§ 922 bis 933b) zur Anwendung.

(BGBl I 2001/48, ab 1. 1. 2002, auf Verträge anzuwenden, die nach dem 31. 12. 2001 geschlossen werden)

Vereitlung der Ausführung

§ 1168. (1) [1]Unterbleibt die Ausführung des Werkes, so gebührt dem Unternehmer gleichwohl das vereinbarte Entgelt, wenn er zur Leistung bereit war und durch Umstände, die auf Seite des Bestellers liegen, daran verhindert worden ist; er muß sich jedoch anrechnen, was er infolge Unterbleibens der Arbeit erspart oder durch anderweitige Verwendung erworben oder zu erwerben absichtlich versäumt hat. [2]Wurde er infolge solcher Umstände durch Zeitverlust bei der Ausführung des Werkes verkürzt, so gebührt ihm angemessene Entschädigung.

(2) Unterbleibt eine zur Ausführung des Werkes erforderliche Mitwirkung des Bestellers, so ist der Unternehmer auch berechtigt, ihm zur Nachholung eine angemessene Frist zu setzen mit der Erklärung, daß nach fruchtlosem Verstreichen der Frist der Vertrag als aufgehoben gelte.

(RGBl 1916/69)

§ 1168a. [1]Geht das Werk vor seiner Übernahme durch einen bloßen Zufall zugrunde, so kann der Unternehmer kein Entgelt verlangen. [2]Der Verlust des Stoffes trifft denjenigen Teil, der ihn beigestellt hat. [3]Mißlingt aber das Werk infolge offenbarer Untauglichkeit des vom Besteller gegebenen Stoffes oder offenbar unrichtiger Anweisungen des Bestellers, so ist der Unternehmer für den Schaden verantwortlich, wenn er den Besteller nicht gewarnt hat.

(RGBl 1916/69)

Fürsorgepflicht

§ 1169. Die Bestimmungen des § 1157, mit Ausnahme der die Regelung der Dienstleistungen und die Arbeits- und Erholungszeit betreffenden, finden auf den Werkvertrag sinngemäße Anwendung.

(RGBl 1916/69)

Entrichtung des Entgelts

§ 1170. [1]In der Regel ist das Entgelt nach vollendetem Werk zu entrichten. [2]Wird aber das Werk in gewissen Abteilungen verrichtet oder sind Auslagen damit verbunden, die der Unternehmer nicht auf sich genommen hat, so ist dieser befugt, einen verhältnismäßigen Teil des Entgelts und den Ersatz der gemachten Auslagen schon vorher zu fordern.

(RGBl 1916/69)

§ 1170a. (1) Ist dem Vertrage ein Kostenvoranschlag unter ausdrücklicher Gewährleistung für seine Richtigkeit zugrunde gelegt, so kann der Unternehmer auch bei unvorhergesehener Größe oder Kostspieligkeit der veranschlagten Arbeiten keine Erhöhung des Entgelts fordern.

(2) [1]Ist ein Voranschlag ohne Gewährleistung zugrunde gelegt und erweist sich eine beträchtliche Überschreitung als unvermeidlich, so kann der Besteller unter angemessener Vergütung der vom Unternehmer geleisteten Arbeit vom Vertrage zurücktreten. [2]Sobald sich eine solche Überschreitung als unvermeidlich herausstellt, hat der Unternehmer dies dem Besteller unverzüglich anzuzeigen, widrigenfalls er jeden Anspruch wegen der Mehrarbeiten verliert.

(RGBl 1916/69)

Sicherstellung bei Bauverträgen

§ 1170b. (1) [1]Der Unternehmer eines Bauwerks, einer Außenanlage zu einem Bauwerk oder eines Teils hievon kann vom Besteller ab Vertragsabschluss für das noch ausstehende Entgelt eine Sicherstellung bis zur Höhe eines Fünftels des vereinbarten Entgelts, bei Verträgen, die innerhalb von drei Monaten zu erfüllen sind, aber bis zur Höhe von zwei Fünfteln des vereinbarten Entgelts, verlangen. [2]Dieses Recht kann nicht abbedungen werden. [3]Als Sicherstellung können Bargeld, Bareinlagen, Sparbücher, Bankgarantien oder Versicherungen dienen. [4]Die Kosten der Sicherstellung hat der Sicherungsnehmer zu tragen, soweit sie pro Jahr zwei von Hundert der Sicherungssumme nicht übersteigen. [5]Die Kostentragungspflicht entfällt, wenn die Sicherheit nur mehr wegen Einwendungen des Bestellers gegen den Entgeltanspruch aufrechterhalten werden muss und die Einwendungen sich als unbegründet erweisen.

(2) [1]Sicherstellungen nach Abs. 1 sind binnen angemessener, vom Unternehmer festzusetzender Frist zu leisten. [2]Kommt der Besteller dem Verlangen des Unternehmers auf Leistung einer Sicherstellung nicht, nicht ausreichend oder nicht rechtzeitig nach, so kann der Unternehmer seine Leistung verweigern und unter Setzung einer angemessenen Nachfrist die Vertragsaufhebung erklären (§ 1168 Abs. 2).

(3) Abs. 1 und 2 gelten nicht, wenn der Werkbesteller eine juristische Person des öffentlichen Rechts oder ein Verbraucher im Sinne des § 1 Abs. 1 Z 2 und Abs. 3 KSchG ist.

(BGBl I 2005/120, ab 1. 1. 2007, s Anm zu § 367)

Erlöschen durch Tod

§ 1171. [1]Ein Werkvertrag über Arbeiten, bei denen es auf die besonderen persönlichen Eigenschaften des Unternehmers ankommt, erlischt durch dessen Tod und seine Erben können nur den Preis für den zubereiteten brauchbaren Stoff und einen dem Werte der geleisteten Arbeit angemessenen Teil des Entgelts fordern. [2]Stirbt der Besteller, so bleiben die Erben an den Vertrag gebunden.

(RGBl 1916/69)

3. Verlagsvertrag

§ 1172. Durch den Verlagsvertrag verpflichtet sich der Urheber eines Werkes der Literatur, der Tonkunst oder der bildenden Künste oder sein Rechtsnachfolger, das Werk einem anderen zur Vervielfältigung und Verbreitung für eigene Rechnung zu überlassen, dieser (der Verleger) dagegen, das Werk zu vervielfältigen und die Vervielfältigungsstücke zu verbreiten.

(BGBl 1936/111)

§ 1173. [1]Wurde über die Anzahl der Auflagen nichts bestimmt, so ist der Verleger nur zu einer Auflage berechtigt. [2]Vor dem Absatze der Auflage darf der Urheber über das Werk nur dann anderweitig verfügen, wenn er dem Verleger eine angemessene Schadloshaltung leistet.

(RGBl 1916/69)

4. Leistung zu unerlaubtem Zweck

§ 1174. (1) [1]Was jemand wissentlich zur Bewirkung einer unmöglichen oder unerlaubten Handlung gegeben hat, kann er nicht wieder zurückfordern. [2]Inwiefern es der Fiskus einzuziehen berechtigt sei, bestimmen die politischen Verordnungen. [3]Ist aber etwas zur Verhinderung einer unerlaubten Handlung demjenigen, der diese Handlung begehen wollte, gegeben worden, so findet die Zurückforderung statt.

(2) Ein zum Zweck eines verbotenen Spieles gegebenes Darlehen kann nicht zurückgefordert werden.

(RGBl 1916/69)

Siebenundzwanzigstes Hauptstück

Von der Gesellschaft bürgerlichen Rechts

1. Abschnitt

Allgemeine Bestimmungen

Begriff und Rechtsnatur der Gesellschaft bürgerlichen Rechts

§ 1175. (1) [1]Schließen sich zwei oder mehrere Personen durch einen Vertrag zusammen, um durch eine bestimmte Tätigkeit einen gemeinsamen Zweck zu verfolgen, so bilden sie eine Gesellschaft. [2]Sofern sie keine andere Gesellschaftsform wählen, bilden sie eine Gesellschaft bürgerlichen Rechts im Sinn dieses Hauptstücks.

(2) Die Gesellschaft bürgerlichen Rechts ist nicht rechtsfähig.

(3) Sie kann jeden erlaubten Zweck verfolgen und jede erlaubte Tätigkeit zum Gegenstand haben.

(4) Die Bestimmungen dieses Hauptstücks sind auch auf andere Gesellschaften anzuwenden, soweit für diese keine besonderen Vorschriften bestehen und die Anwendung dieser Bestimmungen auch unter Berücksichtigung der für die jeweilige Gesellschaft geltenden Grundsätze angemessen ist.

(BGBl I 2014/83)

Innen- und Außengesellschaft

§ 1176. (1) [1]Die Gesellschafter können die Gesellschaft auf ihr Verhältnis untereinander beschränken (Innengesellschaft) oder gemeinschaftlich im Rechtsverkehr auftreten (Außengesellschaft). [2]Ist der Gegenstand der Gesellschaft der Betrieb eines Unternehmens oder führen die Gesellschafter einen gemeinsamen Gesellschaftsnamen (§ 1177), so wird vermutet, dass die Gesellschafter eine Außengesellschaft vereinbaren wollten.

(2) Haben die Gesellschafter in den Fällen des Abs. 1 zweiter Satz eine Außengesellschaft vertraglich ausgeschlossen, so kann dieser Umstand einem Dritten nur entgegengehalten werden, wenn dieser wusste oder hätte wissen müssen, dass es sich bloß um eine Innengesellschaft handelt.

(BGBl I 2014/83, ab 1. 1. 2015, s § 1503 Abs 5 Z 1)

Gesellschaftsname

§ 1177. (1) [1]Wenn die Gesellschafter unter einem gemeinsamen Namen auftreten, muss dieser auf das Bestehen einer solchen Gesellschaft hindeuten, zur Kennzeichnung der Gesellschaft geeignet sein und Unterscheidungskraft besitzen. [2]Er darf über die Verhältnisse der Gesellschaft nicht in die Irre führen.

(2) Wer in Angelegenheiten der Gesellschaft für alle Gesellschafter gemeinsam auftritt, hat jedem, der ein rechtliches Interesse daran hat, die Identität und die Anschrift der Gesellschafter offenzulegen.

(BGBl I 2014/83, ab 1. 1. 2015, s § 1503 Abs 5 Z 1)

Gesellschaftsvermögen

§ 1178. (1) Zum Gesellschaftsvermögen gehören das der Gesellschaft gewidmete Eigentum, die sonstigen gesellschaftsbezogenen Sachenrechte, die gesellschaftsbezogenen Vertragsverhältnisse, Forderungen und Verbindlichkeiten und die gesellschaftsbezogenen Immaterialgüterrechte sowie der jeweils daraus verschaffte Nutzen, die daraus gewonnenen Früchte und alles, was an Stelle bestehender Vermögenswerte zufließt.

(2) [1]Vom Gesellschaftsvermögen zu unterscheiden ist das sonstige Vermögen der einzelnen Gesellschafter. [2]Gegen eine Forderung, die zum Gesellschaftsvermögen gehört, kann der Schuldner nicht mit einer ihm gegen einen einzelnen Gesellschafter zustehenden Forderung aufrechnen.

(BGBl I 2014/83, ab 1. 1. 2015, s § 1503 Abs 5 Z 1)

Einbringung des Gesellschaftsvermögens

§ 1179. (1) [1]Der Gesellschaftsvertrag ist ein Titel für die Bildung und den Erwerb von Gesellschaftsvermögen. [2]Dessen Einbringung bedarf der jeweils allgemein erforderlichen Übergabe oder Verfügung.

(2) [1]Wenn nach dem Gesellschaftsvertrag das ganze Vermögen einzubringen ist, so ist darunter nur das gegenwärtige zu verstehen. [2]Soll aber auch das künftige Vermögen eingebracht werden, so ist darunter nicht das geerbte oder das geschenkte zu verstehen.

(BGBl I 2014/83, ab 1. 1. 2015, s § 1503 Abs 5 Z 1)

Vermögensordnung

§ 1180. (1) Soweit nichts anderes vereinbart ist, stehen körperliche Sachen, die von Gesellschaftern in das Gesellschaftsvermögen übertragen oder für das Gesellschaftsvermögen (§ 1178 Abs. 1) erworben worden sind, im Miteigentum der Gesellschafter; unkörperliche Sachen, insbesondere schuldrechtliche Forderungen, sind den Gesellschaftern zur gesamten Hand zugeordnet.

(2) Im Gesellschaftsvertrag können der Gesellschaft Sachen auch bloß zum Gebrauch zur Verfügung gestellt oder im Innenverhältnis so behandelt werden, als ob sie allen gemeinsam gehörten.

(BGBl I 2014/83, ab 1. 1. 2015, s § 1503 Abs 5 Z 1)

2. Abschnitt

Rechtsverhältnisse der Gesellschafter untereinander

Gestaltungsfreiheit

§ 1181. Die Rechtsverhältnisse der Gesellschafter untereinander richten sich nach dem Gesellschaftsvertrag; die Vorschriften dieses Abschnitts finden nur insoweit Anwendung, als nicht durch den Gesellschaftsvertrag anderes bestimmt ist.

(BGBl I 2014/83, ab 1. 1. 2015, s § 1503 Abs 5 Z 1)

Gesellschaftsanteil und Beiträge der Gesellschafter

§ 1182. (1) [1]Der Gesellschaftsanteil ist die Summe der gesellschaftsvertraglichen Rechte und Pflichten eines Gesellschafters gegenüber allen übrigen Gesellschaftern. [2]Ein Gesellschafter kann nicht ohne Zustimmung aller Gesellschafter über seinen Gesellschaftsanteil verfügen.

(2) [1]Das Ausmaß der Kapitalbeteiligung der Gesellschafter an der Gesellschaft bestimmt sich nach dem Verhältnis des Wertes der vereinbarten Einlagen (Kapitalanteil). [2]Im Zweifel sind die Gesellschafter zu gleichen Teilen beteiligt. [3]Soweit nichts anderes vereinbart ist, sind die Gesellschafter im gleichen Ausmaß zur Mitwirkung an der Förderung des Gesellschaftszwecks verpflichtet.

(3) [1]Der Beitrag eines Gesellschafters kann sich auch auf die Leistung von Diensten beschränken (Arbeitsgesellschafter). [2]Einem solchen Gesellschafter kann im Gesellschaftsvertrag eine Beteiligungsquote zuerkannt werden, so als ob er einen Kapitalanteil geleistet hätte. [3]Andernfalls steht ihm für seine Mitwirkung bloß ein angemessener Betrag des Jahresgewinns zu (§ 1195 Abs. 4).

(BGBl I 2014/83, ab 1. 1. 2015, s § 1503 Abs 5)

Verzinsungspflicht

§ 1183. (1) Ein Gesellschafter, der seine Geldeinlage nicht zur rechten Zeit einzahlt, eingenommenes Gesellschaftsgeld nicht zur rechten Zeit an das Gesellschaftsvermögen abführt oder unbefugt Geld aus dem Gesellschaftsvermögen entnimmt, hat Zinsen von dem Tag an zu entrichten, an dem die Zahlung oder die Ablieferung hätte geschehen sollen oder die Herausnahme des Geldes erfolgt ist.

(2) Die Geltendmachung eines weiteren Schadens ist nicht ausgeschlossen.

(BGBl I 2014/83, ab 1. 1. 2015, s § 1503 Abs 5)

Nachschuss

§ 1184. (1) Die Gesellschafter sind nicht verpflichtet, Nachschüsse zur vertraglich zugesagten Einlage zu leisten.

(2) [1]Auch ohne Vereinbarung im Gesellschaftsvertrag können die Gesellschafter mit Stimmenmehrheit (§ 1192 Abs. 2) die Leistung von Nachschüssen im Verhältnis ihrer Kapitalanteile beschließen, wenn die Fortführung der Gesell-

schaft sonst nicht möglich wäre. [2]Ein Gesellschafter, der dem Beschluss nicht zugestimmt hat und den Nachschuss nicht leistet, kann innerhalb angemessener Frist aus der Gesellschaft austreten oder aufgrund einer Klage der übrigen Gesellschafter vom Gericht aus der Gesellschaft ausgeschlossen werden. [3]Auf das Austrittsrecht kann im Vorhinein nicht verzichtet werden. [4]Für die Auseinandersetzung mit dem ausgetretenen oder ausgeschlossenen Gesellschafter und für die Ermittlung seiner Beteiligung an schwebenden Geschäften ist der Zeitpunkt der Beschlussfassung über die Nachschusspflicht maßgeblich.

(BGBl I 2014/83, ab 1. 1. 2015, s § 1503 Abs 5)

Ersatz für Aufwendungen und Verluste, Herausgabepflicht

§ 1185. (1) [1]Macht der Gesellschafter in den Gesellschaftsangelegenheiten Aufwendungen, die er den Umständen nach für erforderlich halten darf, oder erleidet er unmittelbar durch seine Geschäftsführung oder aus Gefahren, die mit ihr untrennbar verbunden sind, Verluste in seinem sonstigen Vermögen, so sind ihm, wenn er nicht sogleich Ersatz aus dem Gesellschaftsvermögen erhält, die übrigen Gesellschafter entsprechend ihrem Anteil zum Ersatz verpflichtet. [2]Aufgewendetes Geld ist von der Zeit der Aufwendungen an zu verzinsen.

(2) Für die Aufwendungen, die zur Erledigung der Gesellschaftsangelegenheiten nötig sind und nicht aus dem Gesellschaftsvermögen getragen werden können, kann ein Gesellschafter von den übrigen Gesellschaftern entsprechend ihrem Anteil verhältnismäßig einen Vorschuss verlangen.

(3) Ein Gesellschafter hat alles, was er zur Führung der Geschäfte erhält und was er aus der Geschäftsführung erlangt, an das Gesellschaftsvermögen abzuführen.

(BGBl I 2014/83, ab 1. 1. 2015, s § 1503 Abs 5)

Mitwirkung, Interessenwahrung und Gleichbehandlung

§ 1186. (1) Die Gesellschafter haben an der gesellschaftlichen Willensbildung und den zu treffenden Maßnahmen nach Kräften und mit gebotener Sorgfalt mitzuwirken, den Gesellschaftszweck redlich zu fördern und alles zu unterlassen, was den Gesellschaftsinteressen schadet.

(2) Die Gesellschafter sind unter gleichen Voraussetzungen gleich zu behandeln.

(BGBl I 2014/83, ab 1. 1. 2015, s § 1503 Abs 5)

Verbot schädlicher Nebengeschäfte

§ 1187. [1]Die Gesellschafter dürfen kein der Gesellschaft schädliches Nebengeschäft unternehmen. [2]Für unternehmerisch tätige Gesellschaften gelten überdies die unternehmensrechtlichen Vorschriften über Wettbewerbsverbote und deren Rechtsfolgen.

(BGBl I 2014/83, ab 1. 1. 2015, s § 1503 Abs 5)

Durchsetzung von Gesellschaftsansprüchen

§ 1188. [1]Die Erfüllung gesellschaftsbezogener Verpflichtungen eines Gesellschafters kann von jedem Gesellschafter zugunsten aller Gesellschafter gemeinsam eingefordert werden. [2]Davon abweichende Vereinbarungen sind unwirksam.

(BGBl I 2014/83, ab 1. 1. 2015, s § 1503 Abs 5)

Geschäftsführung

§ 1189. (1) Zur Führung der Geschäfte der Gesellschaft sind alle Gesellschafter berechtigt und verpflichtet.

(2) Überträgt der Gesellschaftsvertrag die Geschäftsführung einem einzelnen Gesellschafter oder mehreren Gesellschaftern, so sind die übrigen Gesellschafter von der Geschäftsführung ausgeschlossen.

(3) [1]Die Geschäfte sind so sorgfältig zu führen, wie es Art und Umfang der Gesellschaft erfordern. [2]Die geschäftsführenden Gesellschafter sind verpflichtet, über das Gesellschaftsvermögen, insbesondere über die Einnahmen und Ausgaben, die notwendigen Aufzeichnungen zu führen und soweit erforderlich ein Rechnungswesen einzurichten.

(4) [1]Ein Gesellschafter darf im Zweifel die Führung der Geschäfte nicht einem Dritten übertragen. [2]Ist die Übertragung gestattet, so hat er nur ein ihm bei der Übertragung zur Last fallendes Verschulden zu vertreten. [3]Das Verschulden eines Gehilfen hat er in gleichem Umfang zu vertreten wie eigenes Verschulden.

(BGBl I 2014/83, ab 1. 1. 2015, s § 1503 Abs 5)

Geschäftsführung durch mehrere Gesellschafter, Weisungsgebundenheit

§ 1190. (1) Steht die Geschäftsführung allen oder mehreren Gesellschaftern zu, so ist im Rahmen der gewöhnlichen Geschäfte jeder von ihnen allein zu handeln berechtigt; widerspricht jedoch ein anderer geschäftsführender Gesellschafter der Vornahme einer Handlung, so muss diese unterbleiben.

(2) Ist im Gesellschaftsvertrag bestimmt, dass die Gesellschafter, denen die Geschäftsführung zusteht, nur zusammen handeln können, so bedarf es für jedes Geschäft der Zustimmung aller geschäftsführenden Gesellschafter, es sei denn, dass Gefahr im Verzug ist.

(3) [1]Ist ein Gesellschafter an die Weisungen der übrigen Gesellschafter gebunden, so kann er von den ihm erteilten Weisungen abweichen, wenn er den Umständen nach annehmen darf, dass die übrigen Gesellschafter bei Kenntnis der Sachlage die Abweichung billigen würden. [2]Er hat die Abweichung den übrigen Gesellschaftern anzuzeigen und ihre Entscheidung abzuwarten, wenn nicht Gefahr im Verzug ist.

(BGBl I 2014/83, ab 1. 1. 2015, s § 1503 Abs 5)

Umfang der Geschäftsführungsbefugnis

§ 1191. (1) Die Befugnis zur Geschäftsführung erstreckt sich auf alle Handlungen, die der gewöhnliche Geschäftsbetrieb der Gesellschaft mit sich bringt.

(2) Zur Vornahme von Handlungen, die darüber hinausgehen (außergewöhnliche Geschäfte), ist ein einstimmiger Beschluss aller Gesellschafter erforderlich.

(3) [1]Zur Einräumung einer Vollmacht gemäß § 1008 bedarf es der Zustimmung aller geschäftsführenden Gesellschafter, es sei denn, dass Gefahr im Verzug ist. [2]Der Widerruf einer solchen Vollmacht kann von jedem der zur Erteilung oder zur Mitwirkung bei der Erteilung befugten Gesellschafter erfolgen.

(BGBl I 2014/83, ab 1. 1. 2015, s § 1503 Abs 5)

Gesellschafterbeschlüsse

§ 1192. (1) Gesellschafterbeschlüsse erfordern die Zustimmung aller zur Mitwirkung bei der Beschlussfassung berufenen Gesellschafter.

(2) [1]Hat nach dem Gesellschaftsvertrag die Mehrheit der Stimmen zu entscheiden, so bestimmt sie sich nach den abgegebenen gültigen Stimmen. [2]Das Stimmgewicht entspricht den Beteiligungsverhältnissen. [3]Sind nicht alle Gesellschafter am Kapital beteiligt, wird die Mehrheit nach Köpfen berechnet. [4]Arbeitsgesellschafter, denen der Gesellschaftsvertrag einen am Wert ihrer Arbeit orientierten Kapitalanteil zubilligt, gelten als am Kapital beteiligt.

(BGBl I 2014/83, ab 1. 1. 2015, s § 1503 Abs 5)

Entziehung und Kündigung der Geschäftsführungsbefugnis

§ 1193. (1) Die Befugnis eines Gesellschafters zur Geschäftsführung kann einem Gesellschafter aufgrund einer Klage aller übrigen Gesellschafter durch gerichtliche Entscheidung entzogen werden, wenn ein wichtiger Grund vorliegt; ein solcher Grund ist insbesondere grobe Pflichtverletzung oder Unfähigkeit zur ordnungsgemäßen Geschäftsführung.

(2) [1]Ein Gesellschafter kann seine Befugnis zur Geschäftsführung kündigen, wenn ein wichtiger Grund vorliegt. [2]Auf dieses Recht kann nicht verzichtet werden. [3]Die Geschäftsführung darf nur in der Art gekündigt werden, dass die Gesellschafter für die Führung der Geschäfte anderweitig Vorsorge treffen können, es sei denn, dass der wichtige Grund auch die unzeitige Kündigung rechtfertigt.

(BGBl I 2014/83, ab 1. 1. 2015, s § 1503 Abs 5)

Kontrollrechte der Gesellschafter

§ 1194. (1) [1]Ein geschäftsführender Gesellschafter ist verpflichtet, jedem anderen Gesellschafter die erforderlichen Nachrichten zu geben, auf Verlangen über den Stand der Geschäfte Auskunft zu erteilen und Rechenschaft abzulegen. [2]Ein Gesellschafter kann sich, auch wenn er von der Geschäftsführung ausgeschlossen ist, von den Angelegenheiten der Gesellschaft persönlich unterrichten, die Aufzeichnungen der Gesellschaft einsehen und sich aus ihnen eine Abrechnung anfertigen oder die Vorlage einer solchen Abrechnung fordern.

(2) Eine Vereinbarung, durch die dieses Recht ausgeschlossen oder beschränkt wird, ist unwirksam.

(BGBl I 2014/83, ab 1. 1. 2015, s § 1503 Abs 5)

Gewinn und Verlust

§ 1195. (1) Am Schluss jedes Geschäftsjahres wird auf Grund einer Jahresabrechnung der Gewinn oder Verlust ermittelt und der Anteil jedes Gesellschafters daran berechnet.

(2) [1]Sofern alle Gesellschafter in gleichem Ausmaß zur Mitwirkung verpflichtet sind, wird der Gewinn und Verlust eines Geschäftsjahres den Gesellschaftern im Verhältnis ihrer Kapitalanteile zugewiesen (§ 1182 Abs. 2). [2]Enthält der Gesellschaftsvertrag eine abweichende Bestimmung nur über den Anteil am Gewinn oder über den Anteil am Verlust, so gilt sie im Zweifel für Gewinn und Verlust.

(3) Sind die Gesellschafter nicht in gleichem Ausmaß zur Mitwirkung verpflichtet, so ist dies bei der Zuweisung des Gewinns angemessen zu berücksichtigen.

(4) [1]Einem Arbeitsgesellschafter, dem für seine Dienste keine Beteiligung an der Gesellschaft gewährt wird, ist ein den Umständen nach angemessener Betrag des Jahresgewinns zuzuweisen. [2]Der diesen Betrag übersteigende Teil des Jahresgewinns wird sodann den Gesellschaftern im Verhältnis ihrer Beteiligung zugewiesen.

(5) Die Gesellschafterstellung steht der Vereinbarung eines Entgelts für der Gesellschaft geleistete Dienste nicht entgegen.

(BGBl I 2014/83, ab 1. 1. 2015, s § 1503 Abs 5)

Gewinnausschüttung und Entnahmen

§ 1196. (1) [1]Jeder Gesellschafter hat Anspruch auf Auszahlung seines Gewinnanteils. [2]Der Anspruch kann nicht geltend gemacht werden, soweit die Auszahlung zum offenbaren Schaden der Gesellschaft gereicht, die Gesellschafter etwas anderes beschließen oder der Gesellschafter vereinbarungswidrig seine Einlage nicht geleistet hat.

(2) Im Übrigen ist ein Gesellschafter nicht befugt, ohne Einwilligung der anderen Gesellschafter Entnahmen zu tätigen.

(BGBl I 2014/83, ab 1. 1. 2015, s § 1503 Abs 5)

3. Abschnitt

Rechtsverhältnisse zu Dritten

Vertretung

§ 1197. (1) Wenn der Gesellschaftsvertrag einer Außengesellschaft nichts anderes vorsieht, deckt sich die Befugnis zur Vertretung aller Gesellschafter in Gesellschaftsangelegenheiten mit der Befugnis zur Geschäftsführung.

(2) [1]Bei einer unternehmerisch tätigen Außengesellschaft werden alle Gesellschafter aus dem Handeln eines Gesellschafters im Namen der Gesellschaft auch dann berechtigt und verpflichtet, wenn dieser Gesellschafter nicht, nicht allein oder nur beschränkt vertretungsbefugt war, der Dritte den Mangel der Vertretungsbefugnis aber weder kannte noch kennen musste. [2]Dasselbe gilt für nicht unternehmerisch tätige Außengesellschaften, wenn sich die Gesellschafter als Unternehmer an der Gesellschaft beteiligen.

(3) Bei Gesamtvertretung genügt die Abgabe einer gesellschaftsbezogenen Willenserklärung gegenüber einem der zur Mitwirkung an der Vertretung befugten Gesellschafter (passive Einzelvertretung).

(4) Wer, ohne Gesellschafter zu sein, mit der Vertretung in Gesellschaftsangelegenheiten betraut wird, vertritt die Gesellschafter nach Maßgabe der erteilten Vollmacht.

(BGBl I 2014/83, ab 1. 1. 2015, s § 1503 Abs 5 Z 1)

Entziehung der Vertretungsmacht

§ 1198. Die Vertretungsmacht kann einem Gesellschafter aufgrund einer Klage aller übrigen Gesellschafter durch gerichtliche Entscheidung entzogen werden, wenn ein wichtiger Grund vorliegt; ein solcher Grund ist insbesondere grobe Pflichtverletzung oder Unfähigkeit zur ordnungsgemäßen Vertretung der Gesellschaft.

(BGBl I 2014/83, ab 1. 1. 2015, s § 1503 Abs 5 Z 1)

Haftung der Gesellschafter

§ 1199. (1) Für gesellschaftsbezogene Verbindlichkeiten gegenüber Dritten haften die Gesellschafter als Gesamtschuldner, wenn mit diesen nichts anderes vereinbart ist.

(2) Aus Rechtsgeschäften, die ein Gesellschafter auf Rechnung der Gesellschaft, aber im eigenen Namen abschließt, wird er allein dem Dritten gegenüber berechtigt und verpflichtet.

(BGBl I 2014/83, ab 1. 1. 2015, s § 1503 Abs 5 Z 1)

Einwendungen des Gesellschafters

§ 1200. (1) Wird ein Gesellschafter wegen einer gesellschaftsbezogenen Verbindlichkeit in Anspruch genommen, so kann er Einwendungen, die nicht in seiner Person begründet sind, nur insoweit geltend machen, als sie von den Gesellschaftern gemeinsam erhoben werden können.

(2) Der Gesellschafter kann die Befriedigung des Gläubigers verweigern, solange den Gesellschaftern gemeinsam das Recht zusteht, das ihrer Verbindlichkeit zugrunde liegende Rechtsgeschäft anzufechten oder ihre Verbindlichkeit durch Aufrechnung mit einer fälligen Forderung zu erfüllen.

(BGBl I 2014/83, ab 1. 1. 2015, s § 1503 Abs 5 Z 1)

4. Abschnitt

Gesellschafternachfolge

Rechtsübergang

§ 1201. (1) [1]Sofern nichts anderes vereinbart wurde, gehen zum Zeitpunkt des Eintritts oder Ausscheidens eines Gesellschafters sowie zum Zeitpunkt des Gesellschafterwechsels durch Rechtsgeschäft unter Lebenden die gesellschaftsbezogenen, nicht höchstpersönlichen Rechtsverhältnisse im Verhältnis der Beteiligungen von den bisherigen Gesellschaftern auf den eintretenden Gesellschafter, vom ausscheidenden auf die verbleibenden Gesellschafter oder beim Gesellschafterwechsel vom ausscheidenden auf den eintretenden Gesellschafter über (Gesellschafternachfolge). [2]Für gesellschaftsbezogene Verbindlichkeiten bestellte Sicherheiten bleiben für diese Verbindlichkeiten aufrecht. [3]Der ausscheidende Gesellschafter haftet nach Maßgabe des § 1202

Abs. 2 für die gesellschaftsbezogenen Verbindlichkeiten weiter.

(2) [1]Bei Sachen des Gesellschaftsvermögens, die im Miteigentum der Gesellschafter stehen, gilt die Übergabe als vollzogen, sobald der Eintritt, Austritt oder Wechsel wirksam geworden ist. [2]Bücherliche Rechte sind nach den dafür geltenden Vorschriften zu übertragen.

(3) [1]Ein Dritter kann der im Zuge einer Gesellschafternachfolge von Gesetzes wegen eintretenden Übernahme seines Vertragsverhältnisses binnen dreier Monate nach Verständigung davon durch einen Gesellschafter gegenüber dem ausscheidenden, dem eintretenden oder einem anderen vom Vertragsverhältnis erfassten Gesellschafter widersprechen; in der Verständigung ist auf das Widerspruchsrecht hinzuweisen. [2]Dies gilt auch für den Besteller einer für gesellschaftsbezogene Verbindlichkeiten gewährten Sicherheit. [3]Im Fall eines wirksamen Widerspruchs besteht das Vertragsverhältnis auch noch mit dem ausgeschiedenen Gesellschafter fort.

(4) [1]Wurde dem Dritten nicht nachweislich mitgeteilt, ob das Vertragsverhältnis vom Erwerber übernommen wurde, oder kann der Dritte dieser Übernahme noch widersprechen, so kann er sowohl gegenüber dem ausscheidenden als auch gegenüber dem nachfolgenden Gesellschafter auf das Vertragsverhältnis bezogene Erklärungen abgeben und seine Verbindlichkeiten erfüllen. [2]Dies gilt auch für den Besteller einer für gesellschaftsbezogene Verbindlichkeiten gewährten Sicherheit.

(BGBl I 2014/83, ab 1. 1. 2015, s § 1503 Abs 5 Z 1)

Haftung des eintretenden und des ausscheidenden Gesellschafters

§ 1202. (1) Der eintretende Gesellschafter haftet nur insofern für vor seinem Eintritt begründete gesellschaftsbezogene Verbindlichkeiten, als er jenen gesellschaftsbezogenen Rechtsverhältnissen beitritt, auf denen die Verbindlichkeiten beruhen.

(2) [1]Der ausscheidende Gesellschafter haftet für gesellschaftsbezogene Verbindlichkeiten gegenüber Dritten, die vor seinem Ausscheiden aus der Gesellschaft begründet wurden, auch dann weiter, wenn er aus dem Rechtsverhältnis ausgeschieden ist (§ 1201 Abs. 3). [2]Soweit der Dritte einer Entlassung des Ausscheidenden aus der Haftung nicht zustimmt, haftet dieser für die Verbindlichkeiten nur, soweit sie innerhalb von fünf Jahren nach seinem Ausscheiden fällig werden. [3]Ansprüche daraus verjähren innerhalb der für die jeweilige Verbindlichkeit geltenden Verjährungsfrist, längstens jedoch innerhalb von drei Jahren.

(BGBl I 2014/83, ab 1. 1. 2015, s § 1503 Abs 5 Z 1)

Auseinandersetzung mit dem ausscheidenden Gesellschafter

§ 1203. (1) [1]Dem ausscheidenden Gesellschafter sind die Sachen, die er den Gesellschaftern zur Benutzung überlassen hat, zurückzugeben. [2]Für eine durch Zufall abhanden gekommene oder verschlechterte Sache kann er keinen Ersatz verlangen.

(2) [1]Dem ausscheidenden Gesellschafter ist in Geld auszuzahlen, was er bei der Auseinandersetzung erhielte, wenn die Gesellschaft zur Zeit seines Ausscheidens aufgelöst worden wäre. [2]Der Wert des Gesellschaftsvermögens ist, soweit erforderlich, durch Schätzung zu ermitteln.

(3) [1]Der ausscheidende Gesellschafter ist von den gesellschaftsbezogenen Verbindlichkeiten zu befreien, für die er den Gläubigern haftet. [2]Ist eine Schuld noch nicht fällig, so können ihm die anderen Gesellschafter Sicherheit leisten, statt ihn zu befreien.

(4) Verbleibt dem ausscheidenden Gesellschafter eine Verbindlichkeit aus dem Gesellschaftsverhältnis, so ist er verpflichtet, einen Ausgleich in entsprechender Höhe an die Gesellschafter zu zahlen.

(BGBl I 2014/83, ab 1. 1. 2015, s § 1503 Abs 5)

Beteiligung des Ausscheidenden an schwebenden Geschäften

§ 1204. (1) [1]Der ausgeschiedene Gesellschafter nimmt am Gewinn und am Verlust teil, der sich aus den zur Zeit seines Ausscheidens schwebenden Geschäften ergibt. [2]Die übrigen Gesellschafter sind berechtigt, diese Geschäfte so zu beenden, wie es ihnen am vorteilhaftesten erscheint.

(2) Der ausgeschiedene Gesellschafter kann am Schluss jedes Geschäftsjahres Rechenschaft über die inzwischen beendeten Geschäfte, Auszahlung des ihm gebührenden Betrags und Auskunft über den Stand der noch schwebenden Geschäfte verlangen.

(BGBl I 2014/83, ab 1. 1. 2015, s § 1503 Abs 5)

Fortsetzung mit den Erben

§ 1205. (1) [1]Ist im Gesellschaftsvertrag bestimmt, dass im Fall des Todes eines Gesellschafters die Gesellschaft mit seinen Erben fortgesetzt werden soll, so besteht sie nach dem Tod dieses Gesellschafters mit seiner Verlassenschaft und nach deren Einantwortung mit den Erben fort. [2]Jeder Erbe kann sein Verbleiben in der Gesellschaft davon abhängig machen, dass ihm unter Belassung des bisherigen Gewinnanteils die Stellung eines Kommanditisten in einer neu zu gründenden Kommanditgesellschaft (§ 1206) eingeräumt und der auf ihn fallende Teil der Einlage des „Verstorbenen" als seine Kommanditeinlage anerkannt wird. *(BGBl I 2015/87, ab 1. 1. 2017)*

(2) Nehmen die übrigen Gesellschafter einen dahingehenden Antrag des Erben nicht an, so ist dieser befugt, ohne Einhaltung einer Kündigungsfrist sein Ausscheiden aus der Gesellschaft zu erklären.

(3) [1]Die in Abs. 1 und 2 bezeichneten Rechte können von den Erben nur innerhalb einer Frist von drei Monaten nach der Einantwortung der Verlassenschaft geltend gemacht werden. [2]Ist ein Erbe geschäftsunfähig und ist für ihn kein gesetzlicher Vertreter bestellt, so läuft diese Frist erst ab der Bestellung eines solchen oder ab dem Eintritt der Geschäftsfähigkeit des Erben.

(4) Scheidet innerhalb der Frist des Abs. 3 der Erbe aus der Gesellschaft aus oder wird innerhalb der Frist die Gesellschaft aufgelöst oder dem Erben die Stellung eines Kommanditisten eingeräumt, so haftet er für die bis dahin entstandenen gesellschaftsbezogenen Verbindlichkeiten nur nach Maßgabe der die Haftung des Erben für „Verbindlichkeiten der Verlassenschaft" betreffenden Vorschriften. *(BGBl I 2015/87, ab 1. 1. 2017)*

(5) Der Gesellschaftsvertrag kann die Anwendung der Vorschriften der Abs. 1 bis 4 nicht ausschließen; es kann jedoch für den Fall, dass der Erbe sein Verbleiben von der Einräumung der Stellung eines Kommanditisten abhängig macht, sein Gewinnanteil anders als der des „Verstorbenen" bestimmt werden. *(BGBl I 2015/87, ab 1. 1. 2017)*

(BGBl I 2014/83, ab 1. 1. 2015, s § 1503 Abs 5)

5. Abschnitt

Umwandlung

Umwandlung in eine offene Gesellschaft oder Kommanditgesellschaft

§ 1206. (1) [1]Die Gesellschafter können die Errichtung einer offenen Gesellschaft oder einer Kommanditgesellschaft und zugleich die Einbringung des der Gesellschaft gewidmeten Vermögens in die offene Gesellschaft oder Kommanditgesellschaft beschließen. [2]In diesem Fall geht das der Gesellschaft gewidmete Vermögen einschließlich aller Rechte und Pflichten mit der Eintragung der offenen Gesellschaft oder Kommanditgesellschaft im Firmenbuch im Weg der Gesamtrechtsnachfolge auf diese Gesellschaft über. [3]Bücherliche Rechte sind nach den dafür geltenden Vorschriften zu übertragen.

(2) [1]Die Umwandlung erfordert einen einstimmigen Gesellschafterbeschluss. [2]Die Gesellschafter legen fest, ob die Gesellschaft in eine offene Gesellschaft oder in eine Kommanditgesellschaft umgewandelt werden soll. [3]Sie bestimmen die für die Eintragung erforderlichen Merkmale der neuen Gesellschaft.

(3) [1]Der Umwandlungsbeschluss enthält das von den geschäftsführenden Gesellschaftern aufgestellte Verzeichnis des Gesellschaftsvermögens (§ 1178 Abs. 1). [2]Was im Vermögensverzeichnis nicht angeführt ist, verbleibt den Gesellschaftern wie bisher.

(BGBl I 2014/83, ab 1. 1. 2015, s § 1503 Abs 5 Z 1)

Wirkung gegenüber Dritten

§ 1207. (1) Die Gesellschafter haften nach der Umwandlung für die vorher begründeten Verbindlichkeiten auch als Gesellschafter bürgerlichen Rechts weiter.

(2) Solange ein Dritter von der Umwandlung nicht verständigt wurde und sie ihm auch sonst nicht bekannt geworden ist, kann er seine Leistung mit schuldbefreiender Wirkung so erbringen, als würde die Gesellschaft bürgerlichen Rechts noch bestehen.

(BGBl I 2014/83, ab 1. 1. 2015, s § 1503 Abs 5 Z 1)

6. Abschnitt

Auflösung

Auflösungsgründe

§ 1208. Die Gesellschaft wird aufgelöst:

1. durch den Ablauf der Zeit, für die sie eingegangen ist;

2. durch Beschluss der Gesellschafter;

3. durch die rechtskräftige Eröffnung des Konkursverfahrens über das Vermögen eines Gesellschafters, durch die Abänderung der Bezeichnung Sanierungsverfahren in Konkursverfahren oder durch die rechtskräftige Nichteröffnung oder Aufhebung des Insolvenzverfahrens mangels kostendeckenden Vermögens;

4. durch Kündigung oder durch gerichtliche Entscheidung;

5. durch den Tod eines Gesellschafters, sofern sich aus dem Gesellschaftsvertrag nichts anderes ergibt.

(BGBl I 2014/83, ab 1. 1. 2015, s § 1503 Abs 5)

Kündigung durch einen Gesellschafter

§ 1209. (1) Die Kündigung der Gesellschaft durch einen Gesellschafter kann, wenn die Gesellschaft für unbestimmte Zeit eingegangen ist, nur für den Schluss eines Geschäftsjahres erfolgen; sie muss mindestens sechs Monate vor diesem Zeitpunkt stattfinden.

(2) [1]Eine Vereinbarung, durch die das Kündigungsrecht ausgeschlossen oder in anderer Weise als durch angemessene Verlängerung der Kündigungsfrist erschwert wird, ist nichtig. [2]„Dies gilt nicht für Innengesellschaften (§ 1176 Abs. 1).“ *(BGBl I 2016/43, ab 1. 7. 2016, s § 1503 Abs 8)*

(BGBl I 2014/83, ab 1. 1. 2015, s § 1503 Abs 5)

Auflösung durch gerichtliche Entscheidung

§ 1210. (1) Aufgrund der Klage eines Gesellschafters kann die Auflösung der Gesellschaft vor dem Ablauf der für ihre Dauer bestimmten Zeit oder bei einer für unbestimmte Zeit eingegangenen Gesellschaft ohne Kündigung durch gerichtliche Entscheidung ausgesprochen werden, wenn ein wichtiger Grund vorliegt.

(2) Ein solcher Grund ist insbesondere vorhanden, wenn ein anderer Gesellschafter eine ihm nach dem Gesellschaftsvertrag obliegende wesentliche Verpflichtung vorsätzlich oder aus grober Fahrlässigkeit verletzt oder wenn die Erfüllung einer solchen Verpflichtung unmöglich wird.

(3) Eine Vereinbarung, durch die das Recht des Gesellschafters, die Auflösung der Gesellschaft zu verlangen, ausgeschlossen oder diesen Vorschriften zuwider beschränkt wird, ist nichtig.

(BGBl I 2014/83, ab 1. 1. 2015, s § 1503 Abs 5)

Gesellschaft auf Lebenszeit, Befristung

§ 1211. Eine Gesellschaft, die für die Lebenszeit eines Gesellschafters eingegangen ist oder nach dem Ablauf der für ihre Dauer bestimmten Zeit stillschweigend fortgesetzt wird, steht im Sinn der §§ 1209 und 1210 einer für unbestimmte Zeit eingegangen Gesellschaft gleich.

(BGBl I 2014/83, ab 1. 1. 2015, s § 1503 Abs 5)

Kündigung durch einen Privatgläubiger

§ 1212. Hat ein Privatgläubiger eines Gesellschafters, nachdem innerhalb der letzten sechs Monate eine Zwangsvollstreckung in das bewegliche Vermögen des Gesellschafters ohne Erfolg versucht worden war, auf Grund eines nicht bloß vorläufig vollstreckbaren Exekutionstitels die Pfändung und Überweisung des Anspruchs auf dasjenige erwirkt, was dem Gesellschafter bei der Auseinandersetzung zukommt, so kann er die Gesellschaft ohne Rücksicht darauf, ob sie für bestimmte oder unbestimmte Zeit eingegangen ist, sechs Monate vor dem Ende des Geschäftsjahres für diesen Zeitpunkt kündigen.

(BGBl I 2014/83, ab 1. 1. 2015, s § 1503 Abs 5 Z 1)

Ausschluss statt Auflösung

§ 1213. (1) [1]Tritt in der Person eines Gesellschafters ein Umstand ein, der nach § 1210 für jeden der übrigen Gesellschafter das Recht begründet, die Auflösung der Gesellschaft zu verlangen, so kann vom Gericht aufgrund einer Klage aller übrigen Gesellschafter anstatt der Auflösung der Ausschluss dieses Gesellschafters aus der Gesellschaft ausgesprochen werden. [2]Der Ausschließungsklage steht nicht entgegen, dass nach dem Ausschluss nur ein Gesellschafter verbleibt.

(2) Für die Auseinandersetzung zwischen den verbleibenden Gesellschaftern und dem ausgeschlossenen Gesellschafter ist die Vermögenslage der Gesellschaft in dem Zeitpunkt maßgeblich, in dem die Klage auf Ausschließung erhoben wird.

(BGBl I 2014/83, ab 1. 1. 2015, s § 1503 Abs 5)

Fortsetzungsbeschluss

§ 1214. (1) [1]Die Gesellschafter können bei Auflösung der Gesellschaft deren Fortsetzung beschließen. [2]In den Fällen des § 1208 Z 3, 4 oder 5, der Kündigung der Gesellschaft durch einen Privatgläubiger (§ 1212) und der Auflösung der Gesellschaft durch das Gericht (§ 1210 Abs. 1) steht dieses Recht den übrigen Gesellschaftern zu. [3]In diesen Fällen scheidet der Gesellschafter, in dessen Person der Auflösungsgrund eingetreten ist, infolge des Fortsetzungsbeschlusses aus der Gesellschaft aus.

(2) Im Fall der Kündigung durch einen Privatgläubiger scheidet der betreffende Gesellschafter mit dem Ende des Geschäftsjahres aus der Gesellschaft aus; in den übrigen Fällen mit dem Wirksamwerden des Beschlusses.

(3) Im Fall der Eröffnung des Konkursverfahrens über das Vermögen eines Gesellschafters ist Abs. 1 mit der Maßgabe anzuwenden, dass eine Erklärung gegenüber dem Masseverwalter zu erfolgen hat und der Schuldner mit dem Zeitpunkt der Konkurseröffnung als aus der Gesellschaft ausgeschieden gilt.

(BGBl I 2014/83, ab 1. 1. 2015, s § 1503 Abs 5)

Übergang des Gesellschaftsvermögens

§ 1215. (1) [1]Verbleibt nur noch ein Gesellschafter, so erlischt die Gesellschaft ohne Liquidation. [2]Das Gesellschaftsvermögen geht im Weg der Gesamtrechtsnachfolge auf diesen über. [3]Bücherliche Rechte sind nach den dafür geltenden Vorschriften zu übertragen.

(2) Der ausscheidende Gesellschafter ist gemäß §§ 1203 und 1204 abzufinden.

(BGBl I 2014/83, ab 1. 1. 2015, s § 1503 Abs 5 Z 1)

Bekanntgabe der Auflösung der Außengesellschaft

§ 1216. Die Auflösung einer Außengesellschaft ist, soweit möglich, den Vertragspartnern, Gläubigern und Schuldnern mitzuteilen sowie auf verkehrsübliche Weise bekannt zu machen.

(BGBl I 2014/83, ab 1. 1. 2015, s § 1503 Abs 5 Z 1)

7. Abschnitt
Liquidation

Nachwirkung des Gesellschaftsvertrages

§ 1216a. (1) [1]Trotz Auflösung der Gesellschaft bestehen die gesellschaftsvertraglichen Rechte und Pflichten der Gesellschafter zueinander soweit fort, als dies für die Liquidation erforderlich ist und sich aus den folgenden Bestimmungen nichts anderes ergibt. [2]Gesellschaftsbezogene Rechtsverhältnisse der Gesellschafter zu Dritten werden in ihrem Fortbestand durch die Auflösung und Liquidation der Gesellschaft nur dann berührt, wenn dies mit dem Dritten vereinbart wurde.

(2) [1]Die Gesellschafter können anstelle der Liquidation eine andere Art der Auseinandersetzung vereinbaren. [2]Ist die Gesellschaft durch Kündigung eines Privatgläubigers eines Gesellschafters oder durch die Eröffnung des Konkursverfahrens über das Vermögen eines Gesellschafters aufgelöst, so kann die Liquidation nur mit Zustimmung des Gläubigers oder des Masseverwalters unterbleiben.

(BGBl I 2014/83, ab 1. 1. 2015, s § 1503 Abs 5 Z 1)

Bestellung der Liquidatoren

§ 1216b. (1) [1]Nach der Auflösung der Gesellschaft haben, sofern der Gesellschaftsvertrag nicht anderes bestimmt, die Gesellschafter als Liquidatoren das Gesellschaftsvermögen abzuwickeln. [2]Mehrere Erben eines Gesellschafters haben einen gemeinsamen Vertreter zu bestellen. [3]Ist über das Vermögen eines Gesellschafters das Konkursverfahren oder das Sanierungsverfahren eröffnet und dem Gesellschafter die Eigenverwaltung entzogen, so tritt der Insolvenzverwalter an die Stelle des Gesellschafters.

(2) [1]Auf Antrag eines Beteiligten kann aus wichtigen Gründen die Ernennung von Liquidatoren durch das Gericht erfolgen, in dessen Sprengel einer der Gesellschafter seinen Wohnsitz oder Sitz hat. [2]Das Gericht kann in einem solchen Fall Personen zu Liquidatoren ernennen, die nicht zu den Gesellschaftern gehören. [3]Als Beteiligter gilt außer den Gesellschaftern auch der Gläubiger, durch den die Kündigung der Gesellschaft erfolgt ist.

(3) Die Abberufung von Liquidatoren geschieht durch einstimmigen Beschluss der Beteiligten; sie kann auf Antrag eines Beteiligten aus wichtigen Gründen auch durch das Gericht erfolgen.

(4) Die Gesellschafter sind verpflichtet, die Liquidation und die Liquidatoren soweit möglich den Vertragspartnern, Gläubigern und Schuldnern mitzuteilen sowie auf ortsübliche Weise bekannt zu machen.

(BGBl I 2014/83, ab 1. 1. 2015, s § 1503 Abs 5 Z 1)

Rechte und Pflichten der Liquidatoren

§ 1216c. (1) [1]Die Liquidatoren haben die laufenden Geschäfte zu beenden, die gesellschaftsbezogenen Forderungen einzuziehen und die Gesellschaftsgläubiger zu befriedigen. [2]Zur Beendigung schwebender Geschäfte können die Liquidatoren auch neue Geschäfte eingehen.

(2) [1]Den Gesellschaftern sind die Gegenstände, die sie der Gesellschaft zur Benutzung überlassen haben, zurückzugeben. [2]Für einen durch Zufall abhanden gekommenen oder verschlechterten Gegenstand gebührt ihnen gegenüber den anderen Gesellschaftern kein Ersatz.

(BGBl I 2014/83, ab 1. 1. 2015, s § 1503 Abs 5 Z 1)

Handeln der Liquidatoren

§ 1216d. [1]Die Liquidatoren vertreten die Gesellschafter gerichtlich und außergerichtlich als Gesamtvertreter, sofern die Gesellschafter nicht einvernehmlich etwas anderes vereinbaren. [2]Die Liquidatoren können einzelne von ihnen zur Vornahme bestimmter Geschäfte oder bestimmter Arten von Geschäften ermächtigen. [3]Jeder Liquidator ist alleine befugt, gesellschaftsbezogene Erklärungen entgegenzunehmen.

(BGBl I 2014/83, ab 1. 1. 2015, s § 1503 Abs 5 Z 1)

Aufteilung und Ausgleich unter den Gesellschaftern

§ 1216e. (1) Das nach Berücksichtigung der Schulden verbleibende Gesellschaftsvermögen ist nach dem Verhältnis der Beteiligung der Gesellschafter unter Berücksichtigung ihrer Guthaben und Verbindlichkeiten aus dem Gesellschaftsverhältnis unter die Gesellschafter zu verteilen.

(2) [1]Das während der Liquidation entbehrliche Geld wird vorläufig verteilt. [2]Zur Deckung noch nicht fälliger oder streitiger Verbindlichkeiten sowie zur Sicherung der den Gesellschaftern bei der Schlussverteilung zukommenden Beträge ist das Erforderliche zurückzubehalten. [3]§ 1196 Abs. 1 ist während der Liquidation nicht anzuwenden.

(3) Entsteht über die Verteilung des Gesellschaftsvermögens Streit unter den Gesellschaftern, so haben die Liquidatoren die Verteilung bis zur Entscheidung des Streites auszusetzen.

(4) [1]Reicht das Gesellschaftsvermögen zur Deckung der Guthaben von Gesellschaftern aus dem Gesellschaftsverhältnis nicht aus, so sind die übrigen Gesellschafter ihnen gegenüber verpflichtet, für den Betrag im Verhältnis ihrer Verbindlichkeiten aus dem Gesellschaftsverhältnis aufzukommen. [2]Kann von einem Gesellschafter der auf ihn entfallende Betrag nicht erlangt werden, so wird der Ausfall auf die übrigen Gesellschafter wie ein Verlust verteilt.

(BGBl I 2014/83, ab 1. 1. 2015, s § 1503 Abs 5 Z 1)

Achtundzwanzigstes Hauptstück

Von den Ehepakten und dem Anspruch auf Ausstattung

Ehepakte

§ 1217. „(1)“ [1]Ehepakte heißen diejenigen Verträge, welche in der Absicht auf die eheliche Verbindung über das Vermögen geschlossen werden. [2]Sie haben vorzüglich die Gütergemeinschaft und den Erbvertrag zum Gegenstand. *(BGBl I 2009/135, ab 1. 1. 2010)*

(2) Die Bestimmungen dieses Hauptstücks sind auf eingetragene Partner sinngemäß anzuwenden. *(BGBl I 2009/135, ab 1. 1. 2010)*

(BGBl I 2009/75, ab 1. 1. 2010)

§§ 1218 und 1219. *(aufgehoben, BGBl I 2009/75, ab 1. 1. 2010)*

Ausstattung

§ 1220. Besitzt ein Kind kein eigenes, zu einer angemessenen Ausstattung hinlängliches Vermögen, so sind Eltern oder Großeltern nach der Reihenfolge und nach den Grundsätzen, nach denen sie für den Unterhalt der Kinder zu sorgen haben, verpflichtet, den Kindern oder Enkelkindern bei ihrer Verehelichung eine Ausstattung zu geben oder dazu verhältnismäßig beizutragen.

(BGBl I 2009/75, ab 1. 1. 2010)

§ 1221. Berufen sich Eltern oder Großeltern auf ihr Unvermögen zur Bestellung einer angemessenen Ausstattung, so hat das Gericht auf Antrag des Ausstattungsberechtigten, jedoch ohne strenge Untersuchung des Vermögensstands, darüber zu entscheiden.

(BGBl I 2009/75, ab 1. 1. 2010)

§ 1222. Wenn ein Kind ohne Wissen oder gegen den Willen seiner Eltern geheiratet hat und das Gericht die Ursache der Missbilligung begründet findet, sind die Eltern selbst in dem Falle, dass sie in der Folge die Ehe genehmigen, nicht schuldig, ihm eine Ausstattung zu geben.

(BGBl I 2009/75, ab 1. 1. 2010)

§ 1223. Hat ein Kind seine Ausstattung schon erhalten und sie, wenn auch ohne sein Verschulden, verloren, so ist es nicht mehr – selbst nicht bei Eingehung einer weiteren Ehe – berechtigt, eine neue zu fordern.

(BGBl I 2009/75, ab 1. 1. 2010)

§§ 1224 bis 1232. *(aufgehoben, BGBl I 2009/75, ab 1. 1. 2010)*

Gütergemeinschaft

§ 1233. [1]Die eheliche Verbindung allein begründet noch keine Gemeinschaft der Güter zwischen den Eheleuten. [2]Dazu wird ein besonderer Vertrag erfordert, dessen Umfang und rechtliche Form nach den §§ 1177 und 1178 des vorigen Hauptstückes beurteilt wird.

§ 1234. [1]Die Gütergemeinschaft unter Ehegatten wird in der Regel nur auf den Todesfall verstanden. [2]Sie gibt dem Ehegatten das Recht auf die Hälfte dessen, was von den der Gemeinschaft wechselseitig unterzogenen Gütern nach Ableben des andern Ehegatten noch vorhanden sein wird.

§ 1235. Bei einer Gemeinschaft, die sich auf das ganze Vermögen bezieht, sind vor der Teilung alle Schulden ohne Ausnahme; bei einer Gemeinschaft aber, die bloß das gegenwärtige, oder bloß das künftige Vermögen zum Gegenstande hat, nur diejenigen Schulden abzuziehen, die zum Nutzen des gemeinschaftlichen Gutes verwendet worden sind.

§ 1236. [1]Besitzt ein Ehegatte ein unbewegliches Gut, und wird das Recht des andern Ehegatten zur Gemeinschaft in die öffentlichen Bücher eingetragen; so erhält dieser durch die Eintragung auf die Hälfte der Substanz des Gutes ein dingliches Recht, vermöge dessen der eine Ehegatte über diese Hälfte keine Anordnung machen kann; auf die Nutzungen aber während der Ehe erhält er durch die Einverleibung keinen Anspruch. [2]Nach dem Tode des Ehegatten gebührt dem überlebenden Teile sogleich das freie Eigentum seines Anteiles. [3]Doch kann eine solche Einverleibung den auf das Gut früher eingetragenen Gläubigern nicht zum Nachteile gereichen.

Gesetzlicher ehelicher Güterstand

§ 1237. Haben Eheleute über die Verwendung ihres Vermögens keine besondere Übereinkunft getroffen; so behält jeder Ehegatte sein voriges Eigentumsrecht, und auf das, was ein jeder Teil während der Ehe erwirbt, und auf was immer für eine Art überkommt, hat der andere „, solange die Ehe besteht,“** keinen Anspruch. „ “* *(*BGBl 1978/280; **BGBl I 2009/75, ab 1. 1. 2010)*

§§ 1238 bis 1241. *(aufgehoben, BGBl 1978/280)*

§ 1242. *(aufgehoben, BGBl I 2009/75, ab 1. 1. 2010)*

§ 1243. *(aufgehoben, BGBl 1975/412)*

§§ 1244 und 1245. *(aufgehoben, BGBl I 2009/75, ab 1. 1. 2010)*

Schenkungen unter Ehegatten und Verlobten

§ 1246. Die Gültigkeit oder Ungültigkeit der Schenkungen zwischen Ehegatten wird nach den für die Schenkungen überhaupt bestehenden Gesetzen beurteilt.

§ 1247. [1]Was ein Mann seiner Ehegattin an Schmuck, Edelsteinen und andern Kostbarkeiten zum Putze gegeben hat, wird im Zweifel nicht für gelehnt; sondern für geschenkt angesehen. [2]Wenn aber ein verlobter Teil dem andern, oder auch ein Dritter dem einen oder andern Teile in Rücksicht auf die künftige Ehe etwas zusichert oder schenkt; so kann, wenn die Ehe ohne Verschulden des Geschenkgebers nicht erfolgt, die Schenkung widerrufen werden.

§ 1248. *(aufgehoben, BGBl I 2015/87, ab 1. 1. 2017)*

Erbverträge

§ 1249. [1]Zwischen Ehegatten kann auch ein Erbvertrag, wodurch die künftige Erbschaft oder ein Teil derselben versprochen und das Versprechen angenommen wird, geschlossen werden (§ 602). [2]Ein solcher Vertrag muss als Notariatsakt und mit allen Erfordernissen eines schriftlichen Testamentes errichtet werden.

(BGBl I 2015/87, ab 1. 1. 2017, s § 1503 Abs 7 Z 2)

§ 1250. *(aufgehoben, BGBl I 2015/87, ab 1. 1. 2017)*

Bedingungen

§ 1251. Die Bestimmungen über Bedingungen bei Verträgen sind auch auf Erbverträge anzuwenden.

(BGBl I 2015/87, ab 1. 1. 2017, s § 1503 Abs 7 Z 2)

Wirkungen des Erbvertrags

§ 1252. [1]Ein Erbvertrag hindert einen Vertragspartner nicht, zu Lebzeiten über sein Vermögen nach Belieben zu verfügen. [2]Aus dem Erbvertrag entstehende Rechte setzen den Tod eines Vertragsteils voraus und können vor Erbanfall nicht auf andere übertragen werden. [3]Aufgrund der künftigen Erbschaft kann keine Sicherstellung gefordert werden.

(BGBl I 2015/87, ab 1. 1. 2017, s § 1503 Abs 7 Z 2)

§ 1253. [1]Durch den Erbvertrag kann ein Vertragspartner auf das Recht zu testieren nicht gänzlich verzichten. [2]Ein reines Viertel, das weder durch Pflichtteile noch durch andere Forderungen belastet sein darf, muss zur freien letztwilligen Verfügung stehen. [3]Hat der Verstorbene darüber nicht verfügt, so fällt dieses Viertel nicht dem Vertragserben, auch wenn ihm im Erbvertrag die ganze Verlassenschaft versprochen wurde, sondern den gesetzlichen Erben zu.

(BGBl I 2015/87, ab 1. 1. 2017, s § 1503 Abs 7 Z 2)

§ 1254. [1]Ein Erbvertrag kann nicht einseitig widerrufen, aber aus vertragsrechtlichen Gründen entkräftet werden. [2]Die Rechte von Pflichtteilsberechtigten bleiben vom Erbvertrag unberührt.

(BGBl I 2015/87, ab 1. 1. 2017, s § 1503 Abs 7 Z 2)

§§ 1255 bis 1261. *(aufgehoben, BGBl I 2009/75, ab 1. 1. 2010)*

§ 1262. Ist zwischen den Ehegatten eine Gemeinschaft der Güter bedungen; so hört dieselbe durch den Konkurs des einen oder des andern Ehegatten auf, und das zwischen ihnen gemeinschaftliche Vermögen wird, wie bei dem Tode, geteilt.

§§ 1263 und 1264. *(aufgehoben, BGBl I 2009/75, ab 1. 1. 2010)*

Nichtigerklärung der Ehe

§ 1265. [1]Wird eine Ehe für ungültig erklärt: so zerfallen auch die Ehepakte; das Vermögen kommt, insofern es vorhanden ist, in den vorigen Stand zurück. [2]Der schuldtragende Teil hat aber dem schuldlosen Teile Entschädigung zu leisten „“. *(BGBl I 2009/75, ab 1. 1. 2010)*

Scheidung oder Aufhebung der Ehe

§ 1266. [1]Im Fall einer Scheidung oder Aufhebung der Ehe mit gleichteiligem oder ohne Verschulden oder einer Scheidung im Einvernehmen sind die Ehepakte für beide Teile erloschen, sofern keine andere Vereinbarung getroffen wurde. [2]Ansonsten gebührt dem schuldlosen oder minderschuldigen Ehegatten nicht nur volle Genugtuung, sondern ab dem Zeitpunkt der Scheidung alles dasjenige, was ihm in den Ehepakten auf den Fall des Überlebens bedungen worden ist. [3]Das Vermögen, worüber eine Gütergemeinschaft bestanden hat, wird wie im Falle des Todes geteilt, und das Recht aus einem Erbvertrag bleibt dem Schuldlosen oder Minderschuldigen auf den Todesfall vorbehalten. „“ *(BGBl I 2015/87, ab 1. 1. 2017, s § 1503 Abs 7 Z 2)*

(BGBl I 2009/75, ab 1. 1. 2010)

Neunundzwanzigstes Hauptstück

Von den Glücksverträgen

Glücksverträge

§ 1267. [1]Ein Vertrag, wodurch die Hoffnung eines noch ungewissen Vorteiles versprochen und angenommen wird, ist ein Glücksvertrag. [2]Er gehört, je nachdem etwas dagegen versprochen wird oder nicht, zu den entgeltlichen oder unentgeltlichen Verträgen.

§ 1268. Bei Glücksverträgen findet das Rechtsmittel wegen Verkürzung über die Hälfte des Wertes nicht statt.

Arten der Glücksverträge:

§ 1269. Glücksverträge sind: die Wette; das Spiel und das Los; alle über gehoffte Rechte, oder über künftige noch unbestimmte Sachen errichtete Kauf- und andere Verträge; ferner, die Leibrenten; die gesellschaftlichen Versorgungsanstalten; endlich die Versicherungs- und Bodmereiverträge.

1. die Wette;

§ 1270. [1]Wenn über ein beiden Teilen noch unbekanntes Ereignis ein bestimmter Preis zwischen ihnen für denjenigen, dessen Behauptung der Erfolg entspricht, verabredet wird; so entsteht eine Wette. [2]Hatte der gewinnende Teil von dem Ausgange Gewißheit, und verheimlichte er sie dem andern Teile; so macht er sich einer Arglist schuldig, und die Wette ist ungültig. [3]Der verlierende Teil aber, dem der Ausgang vorher bekannt war, ist als ein Geschenkgeber anzusehen.

§ 1271. [1]Redliche und sonst erlaubte Wetten sind insoweit verbindlich, als der bedungene Preis nicht bloß versprochen; sondern wirklich entrichtet, oder hinterlegt worden ist. [2]Gerichtlich kann der Preis nicht gefordert werden.

2. das Spiel;

§ 1272. [1]Jedes Spiel ist eine Art von Wette. [2]Die für Wetten festgesetzten Rechte gelten auch für Spiele. [3]Welche Spiele überhaupt, oder für besondere Klassen verboten; wie Personen, die verbotene Spiele treiben, und diejenigen, die ihnen dazu Unterschleif geben, zu bestrafen sind, bestimmen die politischen Gesetze.

3. Los;

§ 1273. [1]Ein zwischen Privatpersonen auf eine Wette oder auf ein Spiel abzielendes Los wird nach den für Wetten und Spiele festgesetzten Vorschriften beurteilt. [2]Soll aber eine Teilung, eine Wahl, oder eine Streitigkeit durch das Los entschieden werden; so treten dabei die Rechte der übrigen Verträge ein.

§ 1274. Staatslotterien sind nicht nach der Eigenschaft der Wette und des Spieles; sondern nach den jedes Mal darüber kundgemachten Planen, zu beurteilen.

4. Hoffnungskauf;

§ 1275. Wer für ein bestimmtes Maß von einem künftigen Erträgnisse einen verhältnismäßigen Preis verspricht, schließt einen ordentlichen Kaufvertrag.

§ 1276. Wer die künftigen Nutzungen einer Sache in Pausch und Bogen; oder wer die Hoffnung derselben in einem bestimmten Preise kauft, errichtet einen Glücksvertrag; er trägt die Gefahr der ganz vereitelten Erwartung; es gebühren ihm aber auch alle ordentliche erzielte Nutzungen.

[insbesondere eines Kuxes;]

§ 1277. [[1]Der Anteil an einem Bergwerke heißt Kux. [2]Der Kauf eines Kuxes gehört zu den gewagten Verträgen. [3]Der Verkäufer haftet nur für die Richtigkeit des Kuxes, und der Käufer hat sich nach den Gesetzen über den Bergbau zu benehmen].

[] *Gegenstandslos wegen Auflösung der bergrechtlichen Gewerkschaften durch das BergG*

Erbschaftskauf

§ 1278. (1) [1]Der Käufer einer vom Verkäufer angetretenen oder ihm wenigstens angefallenen Erbschaft tritt nicht allein in die Rechte, sondern auch in die Verbindlichkeiten des Verkäufers als Erben ein, soweit diese nicht höchstpersönlich sind. [2]Wenn dem Kauf kein Inventar zugrunde gelegt wird, ist auch der Erbschaftskauf ein Glücksvertrag.

(2) Der Erbschaftskauf bedarf zu seiner Gültigkeit eines Notariatsakts oder der Beurkundung durch gerichtliches Protokoll.

(BGBl I 2015/87, ab 1. 1. 2017, s § 1503 Abs 7 Z 2)

§ 1279. [1]Auf Sachen, die dem Verkäufer nicht als Erben, sondern aus einem anderen Grund, etwa als Vorausvermächtnis, als Ersatz- oder Nacherbschaft oder als Schuldforderung aus der Verlassenschaft gebühren und ihm auch ohne Erbrecht gebührt hätten, hat der Erbschaftskäufer keinen Anspruch. [2]Dagegen erhält er alles, was der Erbschaft selbst zuwächst, insbesondere durch den Ausfall eines Vermächtnisnehmers, eines Miterben oder auf was immer für eine andere Art, soweit der Verkäufer darauf Anspruch gehabt hätte.

(BGBl I 2015/87, ab 1. 1. 2017, s § 1503 Abs 7 Z 2)

§ 1280. [1]Alles, was der Erbe aus dem Erbrecht erhält, wie etwa die bezogenen Früchte und Forderungen, zählt zur Verlassenschaft. [2]Alle Aufwendungen, die er selbst für den Antritt der Erbschaft oder für die Verlassenschaft gemacht hat, werden hingegen von der Verlassenschaft abgezogen. [3]Dazu gehören die bezahlten Schulden, die schon abgeführten Vermächtnisse, Steuern, Abgaben und Gerichtsgebühren und, wenn nicht ausdrücklich etwas anderes vereinbart wurde, auch die Begräbniskosten.

(BGBl I 2015/87, ab 1. 1. 2017, s § 1503 Abs 7 Z 2)

§ 1281. Sofern der Verkäufer die Verlassenschaft vor der Übergabe verwaltet hat, haftet er dem Käufer dafür wie ein anderer Verwalter.

(BGBl I 2015/87, ab 1. 1. 2017, s § 1503 Abs 7 Z 2)

§ 1282. [1]Die Erbschaftsgläubiger und Vermächtnisnehmer können sich mit ihren Ansprüchen sowohl an den Käufer der Erbschaft als auch an den Erben selbst halten. [2]Ihre Rechte werden so wie jene der Erbschaftsschuldner durch den Verkauf der Erbschaft nicht geändert. [3]Die Erbantrittserklärung des Verkäufers gilt auch für den Käufer.

(BGBl I 2015/87, ab 1. 1. 2017, s § 1503 Abs 7 Z 2)

§ 1283. [1]Wurde dem Verkauf der Erbschaft ein Inventar zugrunde gelegt, so haftet der Verkäufer für dasselbe. [2]Andernfalls haftet er für die Richtigkeit seines Erbrechts, wie er es angegeben hat, und für jeden dem Käufer durch sein Verschulden zugefügten Schaden.

(BGBl I 2015/87, ab 1. 1. 2017, s § 1503 Abs 7 Z 2)

5. Leibrente;

§ 1284. Wird jemandem[1)] für Geld, oder gegen eine für Geld geschätzte Sache auf die Lebensdauer einer gewissen Person eine bestimmte jährliche Entrichtung versprochen; so ist es ein Leibrentenvertrag.

[1)] In JGS „jemanden"

§ 1285. [1]Die Dauer der Leibrente kann von dem Leben des einen oder andern Teiles, oder auch eines Dritten abhängen. [2]Sie wird im Zweifel vierteljährig vorhinein entrichtet; und nimmt in allen Fällen mit dem Leben desjenigen, auf dessen Kopf sie beruht, ihr Ende.

§ 1286. [1]Weder die Gläubiger, noch die Kinder desjenigen, welcher sich eine Leibrente bedingt, sind berechtigt, den Vertrag umzustoßen. [2]Doch steht den erstern frei, ihre Befriedigung aus den Leibrenten zu suchen; den letztern aber, die Hinterlegung eines entbehrlichen Teiles der Rente zu fordern, um sich den ihnen nach dem Gesetze gebührenden Unterhalt darauf versichern zu lassen.

6. gesellschaftliche Versorgungsanstalten;

§ 1287. Der Vertrag, wodurch vermittelst einer Einlage ein gemeinschaftlicher Versorgungsfonds für die Mitglieder, ihre Gattinnen oder Waisen errichtet wird, ist aus der Natur und dem Zwecke einer solchen Anstalt, und den darüber festgesetzten Bedingungen, zu beurteilen.

7. Versicherungsvertrag;

§ 1288. [1]Wenn jemand die Gefahr des Schadens, welcher einen andern ohne dessen Verschulden treffen könnte, auf sich nimmt, und ihm gegen einen gewissen Preis den bedungenen Ersatz zu leisten verspricht; so entsteht der Versicherungsvertrag. [2]Der Versicherer haftet dabei für den zufälligen Schaden, und der Versicherte für den versprochenen Preis.

§ 1289. [1]Der gewöhnliche Gegenstand dieses Vertrages sind Waren, die zu Wasser oder zu Lande verführt werden. [2]Es können aber auch andere Sachen, z.B. Häuser und Grundstücke gegen Feuer-, Wasser- und andere Gefahren versichert werden.

§ 1290. [1]Ereignet sich der zufällige Schade, wofür die Entschädigung versichert worden ist; so muß der Versicherte, wenn kein unüberwindliches Hindernis dazwischen kommt, oder nichts anderes verabredet worden ist, dem Versicherer, wenn sie sich im nämlichen Orte befinden, binnen drei Tagen, sonst aber in derjenigen Zeitfrist davon Nachricht geben, welche zur Bekanntmachung der Annahme eines von einem Abwesenden gemachten Versprechens bestimmt worden ist (§ 862). [2]Unterläßt er die Anzeige; kann er den Unfall nicht erweisen; oder kann der Versicherer beweisen, daß der Schade aus Verschulden des Versicherten entstanden ist; so hat dieser auch keinen Anspruch auf die versicherte Summe.

§ 1291. Wenn der Untergang der Sache dem Versicherten; oder der gefahrlose Zustand derselben dem Versicherer zur Zeit des geschlossenen Vertrages schon bekannt war; so ist der Vertrag ungültig.

8. Bodmerei- und Seeassekuranzen

§ 1292. Die Bestimmungen in Rücksicht der Versicherungen zur See; sowie die Vorschriften über den Bodmereivertrag sind ein Gegenstand der Seegesetze.

Dreißigstes Hauptstück

Von dem Rechte des Schadensersatzes und der Genugtuung

Schade

§ 1293. [1]Schade heißt jeder Nachteil, welcher jemandem[1)] an Vermögen, Rechten oder seiner Person zugefügt worden ist. [2]Davon unterscheidet sich der Entgang des Gewinnes, den jemand nach dem gewöhnlichen Laufe der Dinge zu erwarten hat.

1) In JGS „jemanden“

Quellen der Beschädigung

§ 1294. [1]Der Schade entspringt entweder aus einer widerrechtlichen Handlung, oder Unterlassung eines andern; oder aus einem Zufalle. [2]Die widerrechtliche Beschädigung wird entweder willkürlich, oder unwillkürlich zugefügt. [3]Die willkürliche Beschädigung aber gründet sich teils in einer bösen Absicht, wenn der Schade mit Wissen und Willen; teils in einem Versehen, wenn er aus schuldbarer Unwissenheit, oder aus Mangel der gehörigen Aufmerksamkeit, oder des gehörigen Fleißes verursacht worden ist. [4]Beides wird ein Verschulden genannt.

Von der Verbindlichkeit zum Schadensersatze:

1. Von dem Schaden aus Verschulden;

§ 1295. (1) Jedermann ist berechtigt, von dem Beschädiger den Ersatz des Schadens, welchen dieser ihm aus Verschulden zugefügt hat, zu fordern; der Schade mag durch Übertretung einer Vertragspflicht oder ohne Beziehung auf einen Vertrag verursacht worden sein.

(2) Auch wer in einer gegen die guten Sitten verstoßenden Weise absichtlich Schaden zufügt, ist dafür verantwortlich, jedoch falls dies in Ausübung eines Rechtes geschah, nur dann, wenn die Ausübung des Rechtes offenbar den Zweck hatte, den anderen zu schädigen.

(RGBl 1916/69)

§ 1296. Im Zweifel gilt die Vermutung, daß ein Schade ohne Verschulden eines andern entstanden sei.

§ 1297. [1]Es wird aber auch vermutet, daß jeder, welcher den Verstandesgebrauch besitzt, eines solchen Grades des Fleißes und der Aufmerksamkeit fähig sei, welcher bei gewöhnlichen Fähigkeiten angewendet werden kann. [2]Wer bei Handlungen, woraus eine Verkürzung der Rechte eines andern entsteht, diesen Grad des Fleißes oder der Aufmerksamkeit unterläßt, macht sich eines Versehens schuldig.

§ 1298. [1]Wer vorgibt, daß er an der Erfüllung seiner vertragsmäßigen oder gesetzlichen Verbindlichkeit ohne sein Verschulden verhindert worden sei, dem liegt der Beweis ob. „[2]Soweit er auf Grund vertraglicher Vereinbarung nur für grobe Fahrlässigkeit haftet, muß er auch beweisen, daß es an dieser Voraussetzung fehlt.“ *(BGBl I*

1997/6, ab 1. 1. 1997; nicht anzuwenden auf Verträge und Schuldverhältnisse, die davor abgeschlossen oder begründet worden sind)

insbesondere a) der Sachverständigen,

§ 1299. [1]Wer sich zu einem Amte, zu einer Kunst, zu einem Gewerbe oder Handwerke öffentlich bekennt; oder wer ohne Not freiwillig ein Geschäft übernimmt, dessen Ausführung eigene Kunstkenntnisse, oder einen nicht gewöhnlichen Fleiß erfordert, gibt dadurch zu erkennen, daß er sich den notwendigen Fleiß und die erforderlichen, nicht gewöhnlichen, Kenntnisse zutraue; er muß daher den Mangel derselben vertreten. [2]Hat aber derjenige, welcher ihm das Geschäft überließ, die Unerfahrenheit desselben gewußt; oder bei gewöhnlicher Aufmerksamkeit wissen können, so fällt zugleich dem letzteren ein Versehen zur Last.

§ 1300. [1]Ein Sachverständiger ist auch dann verantwortlich, wenn er gegen Belohnung in Angelegenheiten seiner Kunst oder Wissenschaft aus Versehen einen nachteiligen Rat erteilt. [2]Außer diesem Falle haftet ein Ratgeber nur für den Schaden, welchen er wissentlich durch Erteilung des Rates dem andern verursacht hat.

oder b) mehrerer Teilnehmer

§ 1301. Für einen widerrechtlich zugefügten Schaden können mehrere Personen verantwortlich werden, indem sie gemeinschaftlich, unmittelbarer oder mittelbarer Weise, durch Verleiten, Drohen, Befehlen, Helfen, Verhehlen u. dgl.; oder, auch nur durch Unterlassung der besonderen Verbindlichkeit das Übel zu verhindern, dazu beigetragen haben.

§ 1302. [1]In einem solchen Falle verantwortet, wenn die Beschädigung in einem Versehen gegründet ist, und die Anteile sich bestimmen lassen, jeder nur den durch sein Versehen verursachten Schaden. [2]Wenn aber der Schade vorsätzlich zugefügt worden ist; oder, wenn die Anteile der Einzelnen an der Beschädigung sich nicht bestimmen lassen; so haften alle für einen, und einer für alle; doch bleibt demjenigen, welcher den Schaden ersetzt hat, der Rückersatz gegen die übrigen vorbehalten.

§ 1303. Inwieweit mehrere Mitschuldner bloß aus der unterlassenen Erfüllung ihrer Verbindlichkeit zu haften haben, ist aus der Beschaffenheit des Vertrages zu beurteilen.

§ 1304. Wenn bei einer Beschädigung zugleich ein Verschulden von Seite des Beschädigten eintritt; so trägt er mit dem Beschädiger den Schaden verhältnismäßig; und wenn sich das Verhältnis nicht bestimmen läßt, zu gleichen Teilen.

2. aus dem Gebrauche des Rechtes;

§ 1305. Wer von seinem Rechte innerhalb der rechtlichen Schranken (§ 1295, Absatz 2) Gebrauch macht, hat den für einen anderen daraus entspringenden Nachteil nicht zu verantworten.

(RGBl 1916/69)

3. aus einer schuldlosen oder unwillkürlichen Handlung;

§ 1306. Den Schaden, welchen jemand ohne Verschulden oder durch eine unwillkürliche Handlung verursacht hat, ist er in der Regel zu ersetzen nicht schuldig.

§ 1306a. Wenn jemand im Notstand einen Schaden verursacht, um eine unmittelbar drohende Gefahr von sich oder anderen abzuwenden, hat der Richter unter Erwägung, ob der Beschädigte die Abwehr aus Rücksicht auf die dem anderen drohende Gefahr unterlassen hat, sowie des Verhältnisses der Größe der Beschädigung zu dieser Gefahr oder endlich des Vermögens des Beschädigers und des Beschädigten zu erkennen, ob und in welchem Umfange der Schaden zu ersetzen ist.

(RGBl 1916/69)

§ 1307. [1]Wenn sich jemand aus eigenem Verschulden in einen Zustand der Sinnesverwirrung oder in einen Notstand versetzt hat, so ist auch der in demselben verursachte Schade seinem Verschulden zuzuschreiben. [2]Eben dieses gilt auch von einem Dritten, der durch sein Verschulden diese Lage bei dem Beschädiger veranlaßt hat.

(RGBl 1916/69)

§ 1308. Wenn Personen, die den Gebrauch der Vernunft nicht haben, oder Unmündige jemanden beschädigen, der durch irgendein Verschulden hierzu selbst Veranlassung gegeben hat, so kann er keinen Ersatz ansprechen.

(BGBl I 1999/164, ab 18. 8. 1999)

§ 1309. Außer diesem Falle gebührt ihm der Ersatz von denjenigen Personen, denen der Schade wegen Vernachlässigung der ihnen über solche Personen anvertrauten Obsorge beigemessen werden kann.

§ 1310. Kann der Beschädigte auf solche Art den Ersatz nicht erhalten; so soll der Richter mit Erwägung des Umstandes, ob dem Beschädiger, ungeachtet er gewöhnlich seines Verstandes nicht mächtig ist, in dem bestimmten Falle nicht dennoch ein Verschulden zur Last liege; oder, ob der Beschädigte aus Schonung des Beschädigers die Verteidigung unterlassen habe; oder endlich, mit Rücksicht auf das Vermögen des Beschädigers und des Beschädigten; auf den ganzen Ersatz, oder doch einen billigen Teil desselben erkennen.

4. durch Zufall;

§ 1311. [1]Der bloße Zufall trifft denjenigen, in dessen Vermögen oder Person er sich ereignet. [2]Hat aber jemand den Zufall durch ein Verschulden veranlaßt; hat er ein Gesetz, das den zufälligen Beschädigungen vorzubeugen sucht, übertreten; oder, sich ohne Not in fremde Geschäfte gemengt; so haftet er für allen Nachteil, welcher außer dem nicht erfolgt wäre.

§ 1312. [1]Wer in einem Notfalle jemandem[1)] einen Dienst geleistet hat, dem wird der Schade, welchen er nicht verhütet hat, nicht zugerechnet; es wäre denn, daß er einen andern, der noch mehr geleistet haben würde, durch seine Schuld daran verhindert hätte. [2]Aber auch in diesem Falle kann er den sicher verschafften Nutzen gegen den verursachten Schaden in Rechnung bringen.

[1)] In JGS „jemanden"

5. durch fremde Handlungen;

§ 1313. [1]Für fremde, widerrechtliche Handlungen, woran jemand keinen Teil genommen hat, ist er in der Regel auch nicht verantwortlich. [2]Selbst in den Fällen, wo die Gesetze das Gegenteil anordnen, bleibt ihm der Rückersatz gegen den Schuldtragenden vorbehalten.

§ 1313a. Wer einem andern zu einer Leistung verpflichtet ist, haftet ihm für das Verschulden seines gesetzlichen Vertreters sowie der Personen, deren er sich zur Erfüllung bedient, wie für sein eigenes.

(RGBl 1916/69)

§ 1314. Wer eine Dienstperson ohne Zeugnis aufnimmt oder wissentlich eine durch ihre Leibes- oder Gemütsbeschaffenheit gefährliche Person im Dienste behält oder ihr Aufenthalt gibt, haftet dem Hausherrn und den Hausgenossen für den Ersatz des durch die gefährliche Beschaffenheit dieser Personen verursachten Schadens.

(RGBl 1916/69)

§ 1315. Überhaupt haftet derjenige, welcher sich einer untüchtigen oder wissentlich einer gefährlichen Person zur Besorgung seiner Angelegenheiten bedient, für den Schaden, den sie in dieser Eigenschaft einem Dritten zufügt.

(RGBl 1916/69)

§ 1316. Gastwirte, die Fremde beherbergen, sowie die anderen in § 970 bezeichneten Personen, ferner „ " Fuhrleute haften für den Schaden, welchen ihre eigenen oder die von ihnen zugewiesenen Dienstpersonen an den eingebrachten oder übernommenen Sachen einem Gast oder Reisenden in ihrem Hause, ihrer Anstalt oder ihrem Fahrzeuge verursachen. *(dRGBl 1939 I 2394)*

(RGBl 1916/69)

§ 1317. Inwiefern bei öffentlichen Versendungsanstalten für den Schaden eine Haftung übernommen werde, bestimmen die besonderen Vorschriften.

§ 1318. Wird jemand durch das Herabfallen einer gefährlich aufgehängten oder gestellten Sache; oder, durch Herauswerfen oder Herausgießen aus einer Wohnung beschädigt; so haftet derjenige, aus dessen Wohnung geworfen oder gegossen worden, oder die Sache herabgefallen ist, für den Schaden.

6. durch ein Bauwerk;

§ 1319. Wird durch Einsturz oder Ablösung von Teilen eines Gebäudes oder eines anderen auf einem Grundstück aufgeführten Werkes jemand verletzt oder sonst ein Schaden verursacht, so ist der Besitzer des Gebäudes oder Werkes zum Ersatze verpflichtet, wenn die Ereignung die Folge der mangelhaften Beschaffenheit des Werkes ist und er nicht beweist, daß er alle zur Abwendung der Gefahr erforderliche Sorgfalt angewendet habe.

(RGBl 1916/69)

6a. durch einen Weg;

§ 1319a. (1) [1]Wird durch den mangelhaften Zustand eines Weges ein Mensch getötet, an seinem Körper oder an seiner Gesundheit verletzt oder eine Sache beschädigt, so haftet derjenige für den Ersatz des Schadens, der für den ordnungsgemäßen Zustand des Weges als Halter verantwortlich ist, sofern er oder einer seiner Leute den Mangel vorsätzlich oder grobfahrlässig verschuldet hat. [2]Ist der Schaden bei einer unerlaubten, besonders auch widmungswidrigen, Benützung des Weges entstanden und ist die Unerlaubtheit dem Benützer entweder nach der Art des Weges oder durch entsprechende Verbotszeichen, eine Abschrankung oder eine sonstige Absperrung des Weges erkennbar gewesen, so kann sich der Geschädigte auf den mangelhaften Zustand des Weges nicht berufen.

(2) [1]Ein Weg im Sinn des Abs. 1 ist eine Landfläche, die von jedermann unter den gleichen Bedingungen für den Verkehr jeder Art oder für bestimmte Arten des Verkehres benützt werden darf, auch wenn sie nur für einen eingeschränkten Benützerkreis bestimmt ist; zu einem Weg gehören auch die in seinem Zug befindlichen und dem Verkehr dienenden Anlagen, wie besonders Brücken, Stützmauern, Futtermauern, Durchlässe, Gräben und Pflanzungen. [2]Ob der Zustand eines Weges mangelhaft ist, richtet sich danach, was nach der Art des Weges, besonders nach seiner Widmung, für seine Anlage und Betreuung angemessen und zumutbar ist.

(3) Ist der mangelhafte Zustand durch Leute des Haftpflichtigen verschuldet worden, so haften auch sie nur bei Vorsatz oder grober Fahrlässigkeit.

(BGBl 1975/416)

7. durch ein Tier

§ 1320. „(1)" [1]Wird jemand durch ein Tier beschädigt, so ist derjenige dafür verantwortlich, der es dazu angetrieben, gereizt oder zu verwahren vernachlässigt hat. [2]Derjenige, der das Tier hält, ist verantwortlich, wenn er nicht beweist, daß er für die erforderliche Verwahrung oder Beaufsichtigung gesorgt hatte. *(BGBl I 2019/69)*

(2) [1]In der Alm- und Weidewirtschaft kann der Halter bei Beurteilung der Frage, welche Verwahrung erforderlich ist, auf anerkannte Standards der Tierhaltung zurückgreifen. [2]Andernfalls hat er die im Hinblick auf die ihm bekannte Gefährlichkeit der Tiere, die ihm zumutbaren Möglichkeiten zur Vermeidung solcher Gefahren und die erwartbare Eigenverantwortung anderer Personen gebotenen Maßnahmen zu ergreifen. [3]Die erwartbare Eigenverantwortung der Besucher von Almen und Weiden richtet sich nach den durch die Alm- und Weidewirtschaft drohenden Gefahren, der Verkehrsübung und anwendbaren Verhaltensregeln. *(BGBl I 2019/69, ab 24. 7. 2019, s § 1503 Abs 12)*

(RGBl 1916/69)

§ 1321. [1]Wer auf seinem Grund und Boden fremdes Vieh antrifft, ist deswegen noch nicht berechtigt, es zu töten. [2]Er kann es durch anpassende Gewalt verjagen; oder, wenn er dadurch Schaden gelitten hat, das Recht der Privatpfändung über so viele Stücke Viehes ausüben, als zu seiner Entschädigung hinreicht. [3]Doch muß er binnen acht Tagen sich mit dem Eigentümer abfinden, oder seine Klage vor den Richter bringen; widrigenfalls aber das gepfändete Vieh zurückstellen.

§ 1322. Das gepfändete Vieh muß auch zurückgestellt werden, wenn der Eigentümer eine andere angemessene Sicherheit leistet.

Arten des Schadenersatzes

§ 1323. [1]Um den Ersatz eines verursachten Schadens zu leisten, muß alles in den vorigen Stand zurückversetzt, oder, wenn dieses nicht tunlich ist, der Schätzungswert vergütet werden. [2]Betrifft der Ersatz nur den erlittenen Schaden, so wird er eigentlich eine Schadloshaltung; wofern er sich aber auch auf den entgangenen Gewinn, und die Tilgung der verursachten Beleidigung erstreckt, volle Genugtuung genannt.

§ 1324. [1]In dem Falle eines aus böser Absicht, oder aus einer auffallenden Sorglosigkeit verursachten Schadens; ist der Beschädigte volle Genugtuung; in den übrigen Fällen aber nur die eigentliche Schadloshaltung zu fordern berechtigt. [2]Hiernach ist in den Fällen, wo im Gesetze der allgemeine Ausdruck: Ersatz, vorkommt, zu beurteilen, welche Art des Ersatzes zu leisten sei.

Insbesondere 1. bei Verletzungen an dem Körper;

§ 1325. Wer jemanden an seinem Körper verletzt, bestreitet die Heilungskosten des Verletzten, ersetzt ihm den entgangenen, oder, wenn der Beschädigte zum Erwerb unfähig wird, auch den künftig entgehenden Verdienst; und bezahlt ihm auf Verlangen überdies ein den erhobenen Umständen angemessenes Schmerzengeld.

§ 1326. Ist die verletzte Person durch die Mißhandlung verunstaltet worden; so muß zumal, wenn sie weiblichen Geschlechtes ist, insofern auf diesen Umstand Rücksicht genommen werden, als ihr besseres Fortkommen dadurch verhindert werden kann.

§ 1327. Erfolgt aus einer körperlichen Verletzung der Tod, so müssen nicht nur alle Kosten, sondern auch den Hinterbliebenen, für deren Unterhalt der Getötete nach dem Gesetze zu sorgen hatte, das, was ihnen dadurch entgangen ist, ersetzt werden.

(RGBl 1916/69)

1a. an der geschlechtlichen Selbstbestimmung

§ 1328. Wer jemanden durch eine strafbare Handlung oder sonst durch Hinterlist, Drohung oder Ausnutzung eines Abhängigkeits- oder Autoritätsverhältnisses zur Beiwohnung oder sonst zu geschlechtlichen Handlungen mißbraucht, hat ihm den erlittenen Schaden und den entgangenen Gewinn zu ersetzen sowie eine angemessene

Entschädigung für die erlittene Beeinträchtigung zu leisten.

(BGBl 1996/759, ab 1. 1. 1997, auf Tathandlungen anzuwenden, die nach dem 31. 12. 1996 gesetzt worden sind)

1b. am Recht auf Wahrung der Privatsphäre

§ 1328a. (1) [1]Wer rechtswidrig und schuldhaft in die Privatsphäre eines Menschen eingreift oder Umstände aus der Privatsphäre eines Menschen offenbart oder verwertet, hat ihm den dadurch entstandenen Schaden zu ersetzen. [2]Bei erheblichen Verletzungen der Privatsphäre, etwa wenn Umstände daraus in einer Weise verwertet werden, die geeignet ist, den Menschen in der Öffentlichkeit bloßzustellen, umfasst der Ersatzanspruch auch eine Entschädigung für die erlittene persönliche Beeinträchtigung.

(2) [1]Abs. 1 ist nicht anzuwenden, sofern eine Verletzung der Privatsphäre nach besonderen Bestimmungen zu beurteilen ist. [2]Die Verantwortung für Verletzungen der Privatsphäre durch Medien richtet sich allein nach den Bestimmungen des Mediengesetzes, BGBl. Nr. 314/1981, in der jeweils geltenden Fassung.

(BGBl I 2003/91, ab 1. 1. 2004, ab 1. 1. 2004, auf Schäden anzuwenden, die danach verursacht wurden)

2. an der persönlichen Freiheit;

§ 1329. [1]Wer jemanden durch gewaltsame Entführung, durch Privatgefangennehmung oder vorsätzlich durch einen widerrechtlichen Arrest seiner Freiheit beraubt, ist verpflichtet, dem Verletzten die vorige Freiheit zu verschaffen und volle Genugtuung zu leisten. [2]Kann er ihm die Freiheit nicht mehr verschaffen, so muß er den Hinterbliebenen, wie bei der Tötung, Ersatz leisten.

(RGBl 1916/69)

3. an der Ehre;

§ 1330. (1) Wenn jemandem durch Ehrenbeleidigung ein wirklicher Schade oder Entgang des Gewinnes verursacht worden ist, so ist er berechtigt, den Ersatz zu fordern.

(2) [1]Dies gilt auch, wenn jemand Tatsachen verbreitet, die den Kredit, den Erwerb oder das Fortkommen eines anderen gefährden und deren Unwahrheit er kannte oder kennen mußte. [2]In diesem Falle kann auch der Widerruf und die Veröffentlichung desselben verlangt werden. [3]Für eine nicht öffentlich vorgebrachte Mitteilung, deren Unwahrheit der Mitteilende nicht kennt, haftet er nicht, wenn er oder der Empfänger der Mitteilung an ihr ein berechtigtes Interesse hatte.

(RGBl 1916/69)

4. an dem Vermögen

§ 1331. Wird jemand an seinem Vermögen vorsätzlich oder durch auffallende Sorglosigkeit eines andern beschädigt; so ist er auch den entgangenen Gewinn, und wenn der Schade vermittelst einer durch ein Strafgesetz verbotenen Handlung, oder aus Mutwillen und Schadenfreude verursacht worden ist, den Wert der besondern Vorliebe zu fordern berechtigt.

§ 1332. Der Schade, welcher aus einem mindern Grade des Versehens oder der Nachlässigkeit verursacht worden ist, wird nach dem gemeinen Werte, den die Sache zur Zeit der Beschädigung hatte, ersetzt.

§ 1332a. Wird ein Tier verletzt, so gebühren die tatsächlich aufgewendeten Kosten der Heilung oder der versuchten Heilung auch dann, wenn sie den Wert des Tieres übersteigen, soweit auch ein verständiger Tierhalter in der Lage des Geschädigten diese Kosten aufgewendet hätte.

(BGBl 1988/179)

Besonders durch die Verzögerung der Zahlung

Gesetzliche Zinsen und weitere Schäden

§ 1333. (1) Der Schaden, den der Schuldner seinem Gläubiger durch die Verzögerung der Zahlung einer Geldforderung zugefügt hat, wird durch die gesetzlichen Zinsen (§ 1000 Abs. 1) vergütet.

„(2)" Der Gläubiger kann außer den gesetzlichen Zinsen auch den Ersatz anderer, vom Schuldner verschuldeter und ihm erwachsener Schäden geltend machen, insbesondere die notwendigen Kosten zweckentsprechender außergerichtlicher Betreibungs- oder Einbringungsmaßnahmen, soweit diese in einem angemessenen Verhältnis zur betriebenen Forderung stehen. *(BGBl I 2005/120, ab 1. 1. 2007)*

(BGBl I 2002/118, ab 1. 8. 2002)

§ 1334. [1]Eine Verzögerung fällt einem Schuldner zur Last, wenn er den durch Gesetz oder Vertrag bestimmten Zahlungstag nicht einhält. [2]Sofern die Parteien nicht anderes vereinbart haben, hat der Schuldner seine Leistung bei vertragsgemäßer Erbringung der Gegenleistung ohne unnötigen Aufschub nach der Erfüllung durch den Gläubiger oder, wenn die Parteien ein solches Verfahren vereinbart haben, nach der Abnahme oder Überprüfung der Leistung des Gläubigers oder, wenn die Forderung der Höhe nach noch nicht feststeht, nach dem Eingang der Rechnung oder einer gleichwertigen Zahlungsaufforderung zu erbringen. [3]Ist die Zahlungszeit sonst nicht bestimmt, so trägt der Schuldner die Folgen der Zahlungsverzögerung, wenn er sich nach dem Tag der gerichtlichen oder außergerichtlichen Einmahnung nicht mit dem Gläubiger abgefunden hat.

(BGBl I 2002/118, ab 1. 8. 2002)

§ 1335. [1]Hat der Gläubiger die Zinsen ohne gerichtliche Einmahnung bis auf den Betrag der Hauptschuld steigen lassen, so erlischt das Recht, vom Kapital weitere Zinsen zu fordern „ ". [2]Vom Tag der Streitanhängigkeit an können jedoch neuerdings Zinsen verlangt werden. *(BGBl I 2005/120, ab 1. 1. 2007, s Anm zu § 367)*

(BGBl I 2002/118, ab 1. 8. 2002)

Bedingung des Vergütungsbetrages[1)]

(Konventionalstrafe)

1) Irrtümlich „Vergütungsvertrag"

§ 1336. (1) [1]Die vertragschließenden Teile können eine besondere Übereinkunft treffen, daß auf den Fall des entweder gar nicht oder nicht auf gehörige Art oder zu spät erfüllten Versprechens „ " ein bestimmter Geld- oder anderer Betrag entrichtet werden solle (§ 912). [2]Der Schuldner erlangt mangels besonderer Vereinbarung nicht das Recht, sich durch Bezahlung des Vergütungsbetrages von der Erfüllung zu befreien. [3]Wurde die Konventionalstrafe für die Nichteinhaltung der Erfüllungszeit oder des Erfüllungsortes versprochen, so kann sie neben der Erfüllung gefordert werden. *(BGBl I 2005/120, ab 1. 1. 2007, s Anm zu § 367)*

(2) In allen Fällen ist der Vergütungsbetrag, wenn er vom Schuldner als übermäßig erwiesen wird, von dem Richter, allenfalls nach Einvernehmung von Sachverständigen, zu mäßigen.

(3) [1]Der Gläubiger kann neben einer Konventionalstrafe den Ersatz eines diese übersteigenden Schadens geltend machen. [2]Ist der Schuldner ein Verbraucher im Sinne des § 1 Abs. 1 Z 2 und Abs. 3 KSchG, so muss dies im Einzelnen ausgehandelt werden. *(BGBl I 2005/120, ab 1. 1. 2007, s Anm zu § 367)*

(RGBl 1916/69)

Verbindlichkeit der Erben des Beschädigers

§ 1337. Die Verbindlichkeit zum Ersatze des Schadens, und des entgangenen Gewinnes, oder zur Entrichtung des bedungenen Vergütungsbetrages haftet auf dem Vermögen, und geht auf die Erben über.

Rechtsmittel der Entschädigung

§ 1338. [1]Das Recht zum Schadenersatze muß in der Regel, wie jedes andere Privatrecht, bei dem ordentlichen Richter angebracht werden. [2]Hat der Beschädiger zugleich ein Strafgesetz übertreten; so trifft ihn auch die verhängte Strafe. [3]Die Verhandlung über den Schadenersatz aber gehört auch in diesem Falle, insofern sie nicht durch die Strafgesetze dem Strafgerichte oder der politischen Behörde aufgetragen ist, zu dem Zivilgerichte.

§ 1339. *(aufgehoben, BGBl 1974/496)*

§ 1340. [1]Diese Behörden haben in dem Falle, daß sich die Entschädigung unmittelbar bestimmen läßt, sogleich darüber nach den in diesem Hauptstücke erteilten Vorschriften zu erkennen. [2]Wenn aber der Ersatz des Schadens nicht unmittelbar bestimmt werden kann, ist in dem Erkenntnisse überhaupt auszudrücken, daß dem Beschädigten die Entschädigung im Wege Rechtens zu suchen vorbehalten bleibe. [3]Dieser Weg ist auch in Kriminalfällen dem Beschädigten [, und in andern Fällen beiden Teilen] dann vorbehalten, wenn sie mit der von der Strafbehörde erfolgten Bestimmung des Ersatzes sich nicht befriedigen wollten.

[] *Gegenstandslos*

§ 1341. [1]Gegen das Verschulden eines Richters beschwert man sich bei der höhern Behörde. [2]Diese untersucht und beurteilt die Beschwerde von Amts wegen.

Dritter Teil

Von den gemeinschaftlichen Bestimmungen der Personen- und Sachenrechte

Erstes Hauptstück

Von Befestigung der Rechte und Verbindlichkeiten

Gemeinschaftliche Bestimmungen der Rechte

§ 1342. Sowohl Personenrechte als Sachenrechte, und daraus entspringende Verbindlichkeiten können gleichförmig befestigt, umgeändert und aufgehoben werden.

Arten der Befestigung eines Rechtes;

§ 1343. Die rechtlichen Arten der Sicherstellung einer Verbindlichkeit und der Befestigung eines Rechtes, durch welche dem Berechtigten ein neues Recht eingeräumt wird, sind: die Verpflichtung eines Dritten für den Schuldner, und die Verpfändung.

I. durch Verpflichtung eines Dritten

§ 1344. Ein Dritter kann sich dem Gläubiger für den Schuldner auf dreierlei Art verpflichten: einmal, wenn er mit Einwilligung des Gläubigers die Schuld als Alleinzahler übernimmt; dann, wenn er der Verbindlichkeit als Mitschuldner beitritt; endlich, wenn er sich für die Befriedigung des Gläubigers auf den Fall verbindet, daß der erste Schuldner die Verbindlichkeit nicht erfülle.

§ 1345. Wenn jemand mit Einwilligung des Gläubigers die ganze Schuld eines andern übernimmt; so geschieht keine Befestigung, sondern eine Umänderung der Verbindlichkeit, wovon in dem folgenden Hauptstücke gehandelt wird.

a) Als Bürge;

§ 1346. (1) [1]Wer sich zur Befriedigung des Gläubigers auf den Fall verpflichtet, daß der erste Schuldner die Verbindlichkeit nicht erfülle, wird ein Bürge, und das zwischen ihm und dem Gläubiger getroffene Übereinkommen ein Bürgschaftsvertrag genannt. [2]Hier bleibt der erste Schuldner noch immer der Hauptschuldner, und der Bürge kommt nur als Nachschuldner hinzu.

(2) Zur Gültigkeit des Bürgschaftsvertrages ist erforderlich, daß die Verpflichtungserklärung des Bürgen schriftlich abgegeben wird.

(RGBl 1916/69)

b) als Mitschuldner;

§ 1347. Wenn jemand, ohne die den Bürgen zustatten kommende Bedingung, einer Verbindlichkeit als Mitschuldner beitritt; so entsteht eine Gemeinschaft mehrerer Mitschuldner, deren rechtliche Folgen nach den in dem Hauptstücke von Verträgen überhaupt gegebenen Vorschriften zu beurteilen sind (§§ 888–896).

Entschädigungsbürge

§ 1348. Wer dem Bürgen auf den Fall, daß derselbe durch seine Bürgschaft zu Schaden kommen sollte, Entschädigung zusagt, heißt Entschädigungsbürge.

Wer sich verbürgen könne

§ 1349. Fremde Verbindlichkeiten kann ohne Unterschied des Geschlechtes jedermann auf sich nehmen, dem die freie Verwaltung seines Vermögens zusteht.

Für welche Verbindlichkeiten

§ 1350. Eine Bürgschaft kann nicht nur über Summen und Sachen, sondern auch über erlaubte Handlungen und Unterlassungen in Beziehung auf den Vorteil oder Nachteil, welcher aus denselben für den Sichergestellten entstehen kann, geleistet werden.

§ 1351. Verbindlichkeiten, welche nie zu Recht bestanden haben, oder schon aufgehoben sind, können weder übernommen, noch bekräftigt werden.

§ 1352. Wer sich für eine Person verbürgt, die sich vermöge ihrer persönlichen Eigenschaft nicht verbinden kann, ist, obschon ihm diese Eigenschaft unbekannt war, gleich einem ungeteilten Mitschuldner verpflichtet (§ 896).

Umfang der Bürgschaft

§ 1353. [1]Die Bürgschaft kann nicht weiter ausgedehnt werden, als sich der Bürge ausdrücklich erklärt hat. [2]Wer sich für ein zinsbares Kapital verbürgt, haftet nur für jene rückständigen Zinsen, welche der Gläubiger noch nicht einzutreiben berechtigt war.

§ 1354. Von der Einwendung, wodurch ein Schuldner nach Vorschrift der Gesetze die Beibehaltung eines Teiles seines Vermögens zu seinem Unterhalte zu fordern berechtigt ist, kann der Bürge nicht Gebrauch machen.

Wirkung

§ 1355. Der Bürge kann in der Regel erst dann belangt werden, wenn der Hauptschuldner auf des Gläubigers gerichtliche oder außergerichtliche Einmahnung seine Verbindlichkeit nicht erfüllt hat.

§ 1356. Der Bürge kann aber, selbst wenn er sich ausdrücklich nur für den Fall verbürgt hat, daß der Hauptschuldner zu zahlen unvermögend sei, zuerst belangt werden, „wenn über das Vermögen des Hauptschuldners das Insolvenzverfahren eröffnet wurde oder wenn der Hauptschuldner zu der Zeit," als die Zahlung geleistet werden sollte, unbekannten Aufenthaltes, und der Gläubiger keiner Nachlässigkeit zu beschuldigen ist. *(BGBl I 2010/58, ab 1. 8. 2010)*

§ 1357. Wer sich als Bürge und Zahler verpflichtet hat, haftet als ungeteilter Mitschuldner für die ganze Schuld; es hängt von der Willkür des Gläubigers ab, ob er zuerst den Hauptschuldner, oder den Bürgen oder beide zugleich belangen wolle (§ 891).

§ 1358. [1]Wer eine fremde Schuld bezahlt, für die er persönlich oder mit bestimmten Vermögensstücken haftet, tritt in die Rechte des Gläubigers und ist befugt, von dem Schuldner den Ersatz der bezahlten Schuld zu fordern. [2]Zu diesem Ende ist der befriedigte Gläubiger verbunden, dem Zahler alle vorhandenen Rechtsbehelfe und Sicherungsmittel auszuliefern.

(RGBl 1916/69)

§ 1359. [1]Haben für den nämlichen ganzen Betrag mehrere Personen Bürgschaft geleistet; so haftet jede für den ganzen Betrag. [2]Hat aber eine von ihnen die ganze Schuld abgetragen; so gebührt ihr gleich dem Mitschuldner (§ 896) das Recht des Rückersatzes gegen die übrigen.

§ 1360. Wenn dem Gläubiger vor, oder bei Leistung der Bürgschaft noch außer derselben von dem Hauptschuldner, oder einem Dritten ein Pfand gegeben wird; so steht ihm zwar noch immer frei, den Bürgen der Ordnung nach (§ 1355) zu belangen; aber er ist nicht befugt, zu dessen Nachteil sich des Pfandes zu begeben.

§ 1361. Hat der Bürge oder Zahler den Gläubiger befriedigt, ohne sich mit dem Hauptschuldner einzuverstehen; so kann dieser alles gegen jene einwenden, was er gegen den Gläubiger hätte einwenden können.

§ 1362. Der Bürge kann von dem Entschädigungsbürgen nur dann Entschädigung verlangen, wenn er sich den Schaden nicht durch sein eigenes Verschulden zugezogen hat.

Arten der Erlöschung der Bürgschaft

§ 1363. [1]Die Verbindlichkeit des Bürgen hört verhältnismäßig mit der Verbindlichkeit des Schuldners auf. [2]Hat sich der Bürge nur auf eine gewisse Zeit verpflichtet; so haftet er nur für diesen Zeitraum. [3]Die Entlassung eines Mitbürgen kommt diesem zwar gegen den Gläubiger; aber nicht gegen die übrigen Mitbürgen zustatten (§ 896).

§ 1364. [1]Durch den Verlauf der Zeit, binnen welcher der Schuldner hätte zahlen sollen, wird der Bürge, wenn auch der Gläubiger auf die Befriedigung nicht gedrungen hat, noch nicht von seiner Bürgschaft befreit; allein er ist befugt, von dem Schuldner, wenn er mit dessen Einwilligung Bürgschaft geleistet hat, zu verlangen, daß er ihm Sicherheit verschaffe. [2]Auch der Gläubiger ist dem Bürgen insoweit verantwortlich, als dieser wegen dessen Saumseligkeit in Eintreibung der Schuld an Erholung des Ersatzes zu Schaden kommt.

§ 1365. Wenn gegen den Schuldner eine gegründete[1)] Besorgnis der Zahlungsunfähigkeit oder der Entfernung aus den [Erb]ländern, für welche dieses Gesetzbuch vorgeschrieben ist, eintritt; so steht dem Bürgen das Recht zu, von dem Schuldner die Sicherstellung der verbürgten Schuld zu verlangen.

[] *Gegenstandslos*

[1)] In JGS „ein gegründetes“

§ 1366. Wenn das verbürgte Geschäft beendigt ist; so kann die Abrechnung und die Aufhebung der Bürgschaft gefordert werden.

§ 1367. Ist der Bürgschaftsvertrag weder durch eine Hypothek, noch durch ein Faustpfand befestigt; so erlischt er binnen drei Jahren nach dem Tode des Bürgen, wenn der Gläubiger in der Zwischenzeit unterlassen hat, von dem Erben die verfallene Schuld gerichtlich oder außergerichtlich einzumahnen.

II. Durch Pfandvertrag

§ 1368. [1]Pfandvertrag heißt derjenige Vertrag, wodurch der Schuldner, oder ein anderer anstatt seiner auf eine Sache dem Gläubiger das Pfandrecht wirklich einräumt, folglich ihm das bewegliche Pfandstück übergibt, oder das unbewegliche durch die Pfandbücher verschreibt. [2]Der Vertrag, ein Pfand übergeben zu wollen, ist noch kein Pfandvertrag.

Wirkung des Pfandvertrages

§ 1369. [1]Was bei Verträgen überhaupt Rechtens ist, gilt auch bei dem Pfandvertrage; er ist zweiseitig verbindlich. [2]Der Pfandnehmer muß das Handpfand wohl verwahren, und es dem Verpfänder, sobald dieser die Befriedigung leistet, zurückgeben. [3]Betrifft es eine Hypothek; so muß der befriedigte Gläubiger den Verpfänder in den Stand setzen, die Löschung der Verbindlichkeit aus den Hypothekenbüchern bewirken zu können. [4]Die mit dem Pfandbesitze verknüpften Rechte und Verbindlichkeiten des Pfandgebers und Pfandnehmers sind im sechsten Hauptstücke des zweiten Teiles bestimmt worden.

§ 1370. [1]Der Handpfandnehmer ist verbunden, dem Pfandgeber einen Pfandschein auszustellen, und darin die unterscheidenden Kennzeichen des Pfandes zu beschreiben. [2]Auch können die wesentlichen Bedingungen des Pfandvertrages in dem Pfandscheine angeführt werden.

Unerlaubte Bedingungen

§ 1371. [1]Alle der Natur des Pfand- und Darlehensvertrages[1)] entgegenstehende Bedingungen und Nebenverträge sind ungültig. [2]Dahin gehören die Verabredungen: daß nach der Verfallzeit der Schuldforderung das Pfandstück dem Gläubiger zufalle; daß er es nach Willkür, oder in einem schon im voraus bestimmten Preise veräußern, oder für sich behalten könne; daß der Schuldner das Pfand niemals einlösen, oder ein liegendes Gut keinem andern verschreiben, oder daß der Gläubiger nach der Verfallzeit die Veräußerung des Pfandes nicht verlangen dürfe.

[1)] *In JGS „Darleihensvertrages"*

§ 1372. [1]Der Nebenvertrag, daß dem Gläubiger die Fruchtnießung der verpfändeten Sache zustehen solle, ist ohne rechtliche Wirkung. [2]Ist dem Gläubiger der bloße Gebrauch eines beweglichen Pfandstückes eingeräumt worden (§ 459), so muß diese Benützung auf eine dem Schuldner unschädliche Art geschehen.

Auf welche Art in der Regel Sicherstellung zu leisten ist

§ 1373. [1]Wer verbunden ist, eine Sicherstellung zu leisten, muß diese Verbindlichkeit durch ein Handpfand, oder durch eine Hypothek erfüllen. [2]Nur in dem Falle, daß er ein Pfand zu geben außer Stande ist, werden taugliche Bürgen angenommen.

§ 1374. [1]Niemand ist verpflichtet, eine Sache, die zur Sicherstellung dienen soll, in einem höheren Wert als der Hälfte ihres Verkehrswertes zum Pfand anzunehmen. [2]Wer ein angemessenes Vermögen besitzt und im Inland geklagt werden kann, ist ein tauglicher Bürge.

(BGBl I 2000/135, ab 1. 7. 2001)

Zweites Hauptstück

Von Umänderung der Rechte und Verbindlichkeiten

Umänderung der Rechte und Verbindlichkeiten:

§ 1375. [1]Es hängt von dem Willen des Gläubigers und des Schuldners ab, ihre gegenseitigen willkürlichen Rechte und Verbindlichkeiten umzuändern. [2]Die Umänderung kann ohne, oder mit Hinzukunft einer dritten Person, und zwar entweder eines neuen Gläubigers, oder eines neuen Schuldners geschehen.

1. durch Novation;

§ 1376. Die Umänderung ohne Hinzukunft einer dritten Person findet statt, wenn der Rechtsgrund, oder wenn der Hauptgegenstand einer Forderung verwechselt wird, folglich die alte Verbindlichkeit in eine neue übergeht.

§ 1377. [1]Eine solche Umänderung heißt Neuerungsvertrag (Novation). [2]Vermöge dieses Vertrages hört die vorige Hauptverbindlichkeit auf, und die neue nimmt zugleich ihren Anfang.

§ 1378. Die mit der vorigen Hauptverbindlichkeit verknüpften Bürgschafts-, Pfand- und anderen Rechte erlöschen durch den Neuerungsvertrag, wenn die Teilnehmer nicht durch ein besonderes Einverständnis hierüber etwas anderes festgesetzt haben.

§ 1379. [1]Die näheren Bestimmungen, wo, wann und wie eine schon vorhandene Verbindlichkeit erfüllt werden soll, und andere Nebenbestimmungen, wodurch in Rücksicht auf den Hauptgegenstand oder Rechtsgrund keine Umänderung geschieht, sind ebensowenig als ein Neuerungsvertrag anzusehen, als die bloße Ausstellung eines neuen Schuldscheines, oder einer anderen dahin gehörigen Urkunde. [2]Auch kann eine solche Abänderung in den Nebenbestimmungen einem Dritten, welcher derselben nicht beigezogen worden ist, keine neue Last auflegen. [3]Im Zweifel wird die alte Verbindlichkeit nicht für aufgelöst gehalten, solange sie mit der neuen noch wohl bestehen kann.

2. Vergleich

§ 1380. [1]Ein Neuerungsvertrag, durch welchen streitige, oder zweifelhafte Rechte dergestalt bestimmt werden, daß jede Partei sich wechselseitig etwas zu geben, zu tun, oder zu unterlassen verbindet, heißt Vergleich. [2]Der Vergleich gehört zu den zweiseitig verbindlichen Verträgen, und wird nach eben denselben Grundsätzen beurteilt.

§ 1381. Wer dem Verpflichteten mit dessen Einwilligung ein unstreitiges oder zweifelhaftes Recht unentgeltlich erläßt, macht eine Schenkung (§ 939).

Ungültigkeit eines Vergleiches in Rücksicht des Gegenstandes;

§ 1382. [1]Es gibt zweifelhafte Fälle, welche durch einen Vergleich nicht beigelegt werden dürfen. [2]Dahin gehört der zwischen Eheleuten über die Gültigkeit ihrer Ehe entstandene Streit. [3]Diesen kann nur der durch das Gesetz bestimmte Gerichtsstand entscheiden.

§ 1383. [1]Über den Inhalt einer letzten Anordnung kann vor deren Bekanntmachung kein Vergleich errichtet werden. [2]Die hierüber entstandene

Wette wird nach den Grundsätzen von Glücksverträgen beurteilt.

§ 1384. Vergleiche über Gesetzübertretungen sind nur in Hinsicht auf die Privatgenugtuung gültig; die gesetzmäßige Untersuchung und Bestrafung kann dadurch bloß dann abgewendet werden, wenn die Übertretungen von der Art sind, daß die Behörde nur auf Verlangen der Parteien ihr Amt zu handeln angewiesen ist.

oder anderer Mängel

§ 1385. Ein Irrtum kann den Vergleich nur insoweit ungültig machen, als er die Wesenheit der Person, oder des Gegenstandes betrifft.

§ 1386. Aus dem Grunde einer Verletzung über die Hälfte kann ein redlich errichteter Vergleich nicht angefochten werden.

§ 1387. Ebensowenig können neu gefundene Urkunden, wenn sie auch den gänzlichen Mangel eines Rechtes auf Seite einer Partei entdeckten, einen redlich eingegangenen Vergleich entkräften.

§ 1388. Ein offenbarer Rechnungsverstoß, oder ein Fehler, welcher bei dem Abschlusse eines Vergleiches in dem Summieren oder Abziehen begangen wird, schadet keinem der vertragmachenden Teile.

Umfang des Vergleiches

§ 1389. [1]Ein Vergleich, welcher über eine besondere Streitigkeit geschlossen worden ist, erstreckt sich nicht auf andere Fälle. [2]Selbst allgemeine, auf alle Streitigkeiten überhaupt lautende Vergleiche sind auf solche Rechte nicht anwendbar, die geflissentlich verheimlicht worden sind, oder auf welche die sich vergleichenden Parteien nicht denken konnten.

Wirkung in Rücksicht der Nebenverbindlichkeiten

§ 1390. [1]Bürgen und Pfänder, welche zur Sicherheit des ganzen noch streitigen Rechtes gegeben worden sind, haften auch für den Teil, der durch den Vergleich bestimmt worden ist. [2]Doch bleiben dem Bürgen und einem dritten Verpfänder, welche dem Vergleiche nicht beigestimmt haben, alle Einwendungen gegen den Gläubiger vorbehalten, welche ohne geschlossenen Vergleich der Forderung hätten entgegengesetzt werden können.

§ 1391. Der Vertrag, wodurch Parteien zur Entscheidung streitiger Rechte einen Schiedsrichter bestellen, erhält seine Bestimmung in der Gerichtsordnung.

3. Zession

§ 1392. [1]Wenn eine Forderung von einer Person an die andere übertragen, und von dieser angenommen wird; so entsteht die Umänderung des Rechtes mit Hinzukunft eines neuen Gläubigers. [2]Eine solche Handlung heißt Abtretung (Zession), und kann mit, oder ohne Entgelt geschlossen werden.

Gegenstände der Zession

§ 1393. [1]Alle veräußerlichen[1)] Rechte sind ein Gegenstand der Abtretung. [2]Rechte, die der Person ankleben, folglich mit ihr erlöschen, können nicht abgetreten werden. [3]Schuldscheine, die auf den Überbringer lauten, werden schon durch die Übergabe abgetreten, und bedürfen nebst dem Besitze keines andern Beweises der Abtretung.

[1)] In JGS „veräußerliche"

Wirkung

§ 1394. Die Rechte des Übernehmers sind mit den Rechten des Überträgers in Rücksicht auf die überlassene Forderung eben dieselben.

§ 1395. [1]Durch den Abtretungsvertrag entsteht nur zwischen dem Überträger (Zedent) und dem Übernehmer der Forderung (Zessionar); nicht aber zwischen dem letzten und dem übernommenen Schuldner (Zessus) eine neue Verbindlichkeit. [2]Daher ist der Schuldner, solange ihm der Übernehmer nicht bekannt wird, berechtigt, den ersten Gläubiger zu bezahlen, oder sich sonst mit ihm abzufinden.

§ 1396. [1]Dieses kann der Schuldner nicht mehr, sobald ihm der Übernehmer bekannt gemacht worden ist; allein es bleibt ihm das Recht, seine Einwendungen gegen die Forderung anzubringen. [2]Hat er die Forderung gegen den redlichen Übernehmer für richtig erkannt; so ist er verbunden, denselben als seinen Gläubiger zu befriedigen.

Zessionsverbot

§ 1396a. (1) [1]Eine Vereinbarung, dass eine Geldforderung zwischen Unternehmern aus unternehmerischen Geschäften nicht abgetreten werden darf (Zessionsverbot), ist nur verbindlich, wenn sie im Einzelnen ausgehandelt worden ist und den Gläubiger unter Berücksichtigung aller Umstände des Falles nicht gröblich benachteiligt. [2]Auch ein solches Zessionsverbot steht der Wirksamkeit einer Abtretung aber nicht entgegen; sobald die Abtretung und der Übernehmer dem Schuldner bekannt gemacht worden sind, kann dieser nicht mehr mit schuldbefreiender Wirkung an den Überträger leisten, es sei denn, dass ihm dabei nur leichte Fahrlässigkeit zur Last fällt.

(2) [1]Rechte des Schuldners gegen den Überträger wegen der Verletzung eines verbindlichen Zessionsverbots bleiben unberührt, sie können aber gegen die Forderung nicht eingewendet werden. [2]Der Übernehmer haftet dem Schuldner nicht allein deshalb, weil er das Zessionsverbot gekannt hat.

„(3)" Die Abs. „1 und 2" gelten nicht für Zessionsverbote, die zwischen einer juristischen Person des öffentlichen Rechts oder einer von dieser gegründeten Einrichtung und einem Förderungswerber vereinbart werden. *(BGBl I 2005/120, ab 1. 1. 2007)*

(BGBl I 2005/51, ab 1. 6. 2005; Für Zessionsverbote, die vor dem 1. 6. 2005 vereinbart worden sind siehe Art 2 BGBl I 2005/51)

Haftung des Zedenten

§ 1397. [1]Wer eine Forderung ohne Entgelt abtritt, also verschenkt, haftet nicht weiter für dieselbe. [2]Kommt aber die Abtretung auf eine entgeltliche Art zustande; so haftet der Überträger dem Übernehmer sowohl für die Richtigkeit, als für die Einbringlichkeit der Forderung, jedoch nie für mehr, als er von dem Übernehmer erhalten hat.

§ 1398. [1]Insofern der Übernehmer über die Einbringlichkeit der Forderung aus den öffentlichen Pfandbüchern sich belehren konnte, gebührt ihm in Rücksicht der Uneinbringlichkeit keine Entschädigung. [2]Auch für eine zur Zeit der Abtretung einbringliche, und durch einen bloßen Zufall oder durch Versehen des Übernehmers uneinbringlich gewordene Forderung haftet der Überträger nicht.

§ 1399. Ein Versehen dieser Art begeht der Übernehmer, wenn er die Forderung zur Zeit, als sie aufgekündigt werden kann, nicht aufkündigt, oder nach verfallener Zahlungsfrist nicht eintreibt; wenn er dem Schuldner nachsieht; wenn er die noch mögliche Sicherheit zu rechter Zeit sich zu verschaffen versäumt, oder die gerichtliche Exekution zu betreiben unterläßt.

4. Anweisung (Assignation)

§ 1400. [1]Durch die Anweisung auf eine Leistung eines Dritten wird der Empfänger der Anweisung (Assignatar) zur Einhebung der Leistung bei dem Angewiesenen (Assignat) und der letztere zur Leistung an ersteren für Rechnung des Anweisenden (Assignant) ermächtigt. [2]Einen unmittelbaren Anspruch erlangt der Anweisungsempfänger gegen den Angewiesenen erst, wenn die Erklärung des Angewiesenen über die Annahme der Anweisung ihm zugekommen ist.

(RGBl 1916/69)

§ 1401. (1) [1]Insoweit der Angewiesene das zu Leistende dem Anweisenden bereits schuldet, ist er diesem gegenüber verpflichtet, der Anweisung Folge zu leisten. [2]Wenn durch die Anweisung eine Schuld des Anweisenden bei dem Empfänger, der die Anweisung angenommen hat, getilgt werden soll, ist der Empfänger verpflichtet, den Angewiesenen zur Leistung aufzufordern.

(2) Will der Empfänger von der Anweisung keinen Gebrauch machen oder verweigert der Angewiesene die Annahme oder die Leistung, so hat der Empfänger dies dem Anweisenden ohne Verzug anzuzeigen.

(3) Die Tilgung der Schuld erfolgt, wenn nichts anderes vereinbart ist, erst durch die Leistung.

(RGBl 1916/69)

§ 1402. Hat der Angewiesene die Anweisung dem Empfänger gegenüber angenommen, so kann er diesem nur solche Einwendungen entgegensetzen, welche die Gültigkeit der Annahme betreffen oder sich aus dem Inhalte der Anweisung oder aus seinen persönlichen Beziehungen zum Empfänger ergeben.

(RGBl 1916/69)

§ 1403. (1) [1]Solange der Angewiesene die Anweisung noch nicht dem Empfänger gegenüber angenommen hat, kann sie der Anweisende widerrufen. [2]Besteht zwischen dem Anweisenden und dem Angewiesenen kein anderer Rechtsgrund, so gelten für das Rechtsverhältnis zwischen beiden die Vorschriften über den Bevollmächtigungsvertrag; die Anweisung erlischt jedoch nicht durch den Tod des Anweisenden oder Angewiesenen. [3]Inwiefern die Aufhebung der Anweisung auch gegenüber dem Empfänger rechtswirksam ist, bestimmt sich nach dem zwischen diesem und dem Anweisenden obwaltenden Rechtsverhältnis.

(2) Der Anspruch des Empfängers gegen den Angewiesenen verjährt in drei Jahren.

(RGBl 1916/69)

5. Schuldübernahme

§ 1404. [1]Wer einem Schuldner verspricht, die Leistung an dessen Gläubiger zu bewirken (Erfüllungsübernahme), haftet dem Schuldner dafür, daß der Gläubiger ihn nicht in Anspruch nehme. [2]Dem Gläubiger erwächst daraus unmittelbar kein Recht.

(RGBl 1916/69)

§ 1405. [1]Wer einem Schuldner erklärt, seine Schuld zu übernehmen (Schuldübernahme), tritt als Schuldner an dessen Stelle, wenn der Gläubiger einwilligt. [2]Bis diese Einwilligung erfolgt oder falls sie verweigert wird, haftet er wie bei Erfüllungsübernahme (§ 1404). [3]Die Einwilligung des Gläubigers kann entweder dem Schuldner oder dem Übernehmer erklärt werden.

(RGBl 1916/69)

§ 1406. (1) Auch ohne Vereinbarung mit dem Schuldner kann ein Dritter durch Vertrag mit dem Gläubiger die Schuld übernehmen.

(2) Im Zweifel ist aber die dem Gläubiger erklärte Übernahme als Haftung neben dem bisherigen Schuldner, nicht an dessen Stelle zu verstehen.

(RGBl 1916/69)

§ 1407. (1) [1]Die Verbindlichkeiten des Übernehmers sind mit den Verbindlichkeiten des bisherigen Schuldners in Rücksicht auf die übernommene Schuld ebendieselben. [2]Der Übernehmer kann dem Gläubiger die aus dem Rechtsverhältnis zwischen diesem und dem bisherigen Schuldner entspringenden Einwendungen entgegensetzen.

(2) [1]Die Nebenrechte der Forderung werden durch den Schuldnerwechsel nicht berührt. [2]Bürgen und von dritten Personen bestellte Pfänder haften jedoch nur dann fort, wenn der Bürge oder Verpfänder dem Schuldnerwechsel zugestimmt hat.

(RGBl 1916/69)

§ 1408. [1]Übernimmt bei Veräußerung einer Liegenschaft der Erwerber ein auf ihr haftendes Pfandrecht, so ist dies im Zweifel als Schuldübernahme zu verstehen. [2]Der Veräußerer kann, nach vollzogener Übertragung des Eigentums, den Gläubiger zur Annahme des neuen Schuldners an seiner Stelle schriftlich mit der Wirkung auffordern, daß die Einwilligung als erteilt gilt, wenn sie nicht binnen sechs Monaten versagt wird. [3]Auf diese Wirkung muß in der Aufforderung ausdrücklich hingewiesen sein.

(RGBl 1916/69)

§ 1409. (1) [1]Übernimmt jemand ein Vermögen oder ein Unternehmen, so ist er unbeschadet der fortdauernden Haftung des Veräußerers den Gläubigern aus den zum Vermögen oder Unternehmen gehörigen Schulden, die er bei der Übergabe kannte oder kennen mußte, unmittelbar verpflichtet. [2]Er wird aber von der Haftung insoweit frei, als er an solchen Schulden schon so viel berichtigt hat, wie der Wert des übernommenen Vermögens oder Unternehmens beträgt.

(2) Ist jedoch ein naher Angehöriger des Veräußerers (§ 32 „IO“) der Übernehmer, so trifft ihn diese Verpflichtung, soweit er nicht beweist, daß ihm die Schulden bei der Übergabe weder bekannt waren noch bekannt sein mußten. *(BGBl 1982/370; BGBl I 2010/29, ab 1. 7. 2010)*

(3) Entgegenstehende Vereinbarungen zwischen Veräußerer und Übernehmer zum Nachteile der Gläubiger sind diesen gegenüber unwirksam.

(RGBl 1916/69)

§ 1409a. Wer ein Vermögen oder ein Unternehmen „im Weg eines Zwangsvollstreckungsverfahrens, eines Insolvenzverfahrens oder einer Überwachung des Schuldners durch einen Treuhänder der Gläubiger“ erwirbt, haftet nicht nach § 1409 Abs. 1 und 2. *(BGBl I 2010/58, ab 1. 8. 2010)*

(BGBl 1982/370)

§ 1410. Wird der Eintritt des neuen Schuldners an Stelle des bisherigen Schuldners in der Weise verabredet, daß an die Stelle des aufgehobenen Schuldverhältnisses eine Verpflichtung des neuen Schuldners aus selbständigem Rechtsgrunde oder unter Änderung des Hauptgegenstandes der Forderung gesetzt wird, so treten nicht die Wirkungen der Schuldübernahme, sondern eines Neuerungsvertrages (§§ 1377, 1378) ein.

(RGBl 1916/69)

Drittes Hauptstück

Von Aufhebung der Rechte und Verbindlichkeiten

Aufhebung der Rechte und Verbindlichkeiten

§ 1411. Rechte und Verbindlichkeiten stehen in einem solchen Zusammenhange, daß mit Erlöschung des Rechtes die Verbindlichkeit, und mit Erlöschung der letzteren das Recht aufgehoben wird.

1. Durch die Zahlung

§ 1412. Die Verbindlichkeit wird vorzüglich durch die Zahlung, das ist: durch die Leistung dessen, was man zu leisten schuldig ist, aufgelöst (§ 469).

Wie die Zahlung zu leisten;

§ 1413. [1]Gegen seinen Willen kann weder der Gläubiger gezwungen werden, etwas anderes anzunehmen, als er zu fordern hat, noch der Schuldner etwas anderes zu leisten, als er zu leisten verbunden ist. [2]Dieses gilt auch von der Zeit, dem Orte und der Art, die Verbindlichkeit zu erfüllen.

§ 1414. Wird, weil der Gläubiger und der Schuldner einverstanden sind, oder weil die Zahlung selbst unmöglich ist, etwas anderes an Zahlungs Statt gegeben; so ist die Handlung als ein entgeltliches Geschäft zu betrachten.

§ 1415. [1]Der Gläubiger ist nicht schuldig, die Zahlung einer Schuldpost teilweise, oder auf Abschlag anzunehmen. [2]Sind aber verschiedene Posten zu zahlen; so wird diejenige für abgetragen gehalten, welche der Schuldner mit Einwilligung des Gläubigers tilgen zu wollen, sich ausdrücklich erklärt hat.

§ 1416. Wird die Willensmeinung des Schuldners bezweifelt, oder von dem Gläubiger widersprochen; so sollen zuerst die Zinsen, dann das Kapital, von mehreren Kapitalien aber dasjenige, welches schon eingefordert, oder wenigstens fällig ist, und nach diesem dasjenige, welches schuldig zu bleiben dem Schuldner am meisten beschwerlich fällt, abgerechnet werden.

wann;

§ 1417. [1]Wenn die Zahlungsfrist auf keine Art bestimmt ist; so tritt die Verbindlichkeit, die Schuld zu zahlen, erst mit dem Tage ein, an welchem die Einmahnung geschehen ist (§ 904). [2]„Für die Zahlungsfrist bei Erfüllung einer Geldschuld durch Banküberweisung gilt § 907a Abs. 2.“ *(BGBl I 2013/50, ab 16. 3. 2013, s § 1503 Abs 2 Z 1)*

§ 1418. [1]In gewissen Fällen wird die Zahlungsfrist durch die Natur der Sache bestimmt. [2]Alimente werden wenigstens auf einen Monat voraus bezahlt. [3]Stirbt der Verpflegte während dieser Zeit; so sind dessen Erben nicht schuldig, etwas von der Vorausbezahlung zurückzugeben.

§ 1419. Hat der Gläubiger gezögert, die Zahlung anzunehmen; so fallen die widrigen Folgen auf ihn.

§ 1420. Wenn der Ort und die Art der Leistung nicht bestimmt sind, so müssen die oben „(§ 905 Abs. 1 und 2, § 906, § 907a Abs. 1, § 907b)“aufgestellten Vorschriften angewendet werden. *(BGBl I 2014/33, ab 13. 6. 2014)*

(RGBl 1916/69)

von wem;

§ 1421. [1]Auch eine Person, die sonst unfähig ist, ihr Vermögen zu verwalten, kann eine richtige und verfallene Schuld rechtmäßig abtragen, und sich ihrer Verbindlichkeit entledigen. [2]Hätte sie aber eine noch ungewisse, oder nicht verfallene Schuld abgetragen, „ so „ist ihr gesetzlicher Vertreter“** berechtigt, das Geleistete zurückzufordern.“* *(*BGBl I 2000/135, ab 1. 7. 2001; **BGBl I 2017/59, ab 1. 7. 2018, s § 1503 Abs 9 Z 4)*

§ 1422. Wer die Schuld eines anderen, für die er nicht haftet (§ 1358), bezahlt, kann vor oder bei der Zahlung vom Gläubiger die Abtretung seiner Rechte verlangen; hat er dies getan, so wirkt die Zahlung als Einlösung der Forderung.

(RGBl 1916/69)

§ 1423. [1]Wird die Einlösung mit Einverständnis des Schuldners angeboten, so muß der Gläubiger die Zahlung annehmen; doch hat er außer dem Falle des Betruges für die Einbringlichkeit und Richtigkeit der Forderung nicht zu haften. [2]Ohne Einwilligung des Schuldners kann dem Gläubiger von einem Dritten in der Regel (§ 462) die Zahlung nicht aufgedrängt werden.

(RGBl 1916/69)

an wen

§ 1424. [1]Der Schuldbetrag muß dem Gläubiger oder dessen zum Empfange geeigneten Machthaber, oder demjenigen geleistet werden, den das Gericht als Eigentümer der Forderung erkannt hat. [2]Was jemand an eine Person bezahlt hat, die ihr Vermögen nicht selbst verwalten darf, ist er insoweit wieder zu zahlen verbunden, als das Bezahlte nicht wirklich vorhanden, oder zum Nutzen des Empfängers verwendet worden ist.

Gerichtliche Hinterlegung der Schuld

§ 1425. [1]Kann eine Schuld aus dem Grunde, weil der Gläubiger unbekannt, abwesend, oder mit dem Angebotenen unzufrieden ist, oder aus andern wichtigen Gründen nicht bezahlt werden; so steht dem Schuldner bevor, die abzutragende Sache bei dem Gerichte zu hinterlegen; oder wenn sie dazu nicht geeignet ist, die gerichtliche Einleitung zu deren Verwahrung anzusuchen. [2]Jede dieser Handlungen, wenn sie rechtmäßig geschehen und dem Gläubiger bekannt gemacht worden ist, befreit den Schuldner von seiner Verbindlichkeit, und wälzt die Gefahr der geleisteten Sache auf den Gläubiger.

Quittungen

§ 1426. [1]Der Zahler ist in allen Fällen berechtigt, von dem Befriedigten eine Quittung, nämlich ein schriftliches Zeugnis der erfüllten Verbindlichkeit, zu verlangen. [2]In der Quittung muß der Name des Schuldners und des Gläubigers, sowie der Ort, die Zeit und der Gegenstand der getilgten Schuld ausgedrückt, und sie muß von dem Gläubiger, oder dessen Machthaber unterschrieben werden. [3]„Die Kosten der Quittung hat, wenn nichts anderes vereinbart ist, der Gläubiger zu tragen.“ *(RGBl 1916/69)*

§ 1427. Eine Quittung über das bezahlte Kapital gründet die Vermutung, daß auch die Zinsen davon bezahlt worden seien.

§ 1428. [1]Besitzt der Gläubiger von dem Schuldner einen Schuldschein; so ist er nebst Ausstellung einer Quittung verbunden, denselben zurückzugeben, oder die allenfalls geleistete Abschlagszahlung auf dem Schuldschein selbst abschreiben zu lassen. [2]Der zurückerhaltene Schuldschein ohne Quittung gründet für den Schuldner die rechtliche Vermutung der geleisteten Zahlung; er schließt aber den Gegenbeweis nicht aus. [3]Ist der Schuldschein, welcher zurückgegeben werden soll, in Verlust geraten; so ist der Zahlende berechtigt, Sicherstellung zu fordern, oder den Betrag gerichtlich zu hinterlegen, und zu verlangen, daß der Gläubiger die Tötung des Schuldscheines der Gerichtsordnung gemäß bewirke.

§ 1429. Eine Quittung, die der Gläubiger dem Schuldner für eine abgetragene neuere Schuldpost ausgestellt hat, beweist zwar nicht, daß auch andere ältere Posten abgetragen worden seien: wenn es aber gewisse Gefälle, Renten, oder solche Zahlungen betrifft, welche, wie Geld-, Grund-, Haus- oder Kapitalszinsen, aus eben demselben Titel und zu einer gewissen Zeit geleistet werden sollen; so wird vermutet, daß derjenige, welcher sich mit der Quittung des letzt verfallenen Termines ausweist, auch die früher verfallenen berichtigt habe.

§ 1430. Ebenso wird von Handels- und Gewerbsleuten, welche mit ihren Abnehmern (Kunden) zu gewissen Fristen die Rechnungen abzuschließen pflegen, vermutet, daß ihnen, wenn sie über die Rechnung aus einer späteren Frist quittiert haben, auch die früheren Rechnungen bezahlt seien.

Zahlung einer Nichtschuld

§ 1431. Wenn jemandem[1)] aus einem Irrtume, wäre es auch ein Rechtsirrtum, eine Sache oder eine Handlung geleistet worden, wozu er gegen den Leistenden kein Recht hat; so kann in der Regel im ersten Falle die Sache zurückgefordert, im zweiten aber ein dem verschafften Nutzen angemessener Lohn verlangt werden.

[1)] In JGS „jemanden“

§ 1432. Doch können Zahlungen einer verjährten, oder einer solchen Schuld, welche nur aus Mangel der Förmlichkeiten ungültig ist, oder zu deren Eintreibung das Gesetz bloß das Klagerecht versagt, ebensowenig zurückgefordert werden, als wenn jemand eine Zahlung leistet, von der er weiß, daß er sie nicht schuldig ist.

§ 1433. Diese Vorschrift (§ 1432) kann aber auf den Fall, in dem eine minderjährige, eine nicht geschäftsfähige volljährige oder eine andere Person bezahlt hat, die nicht frei über ihr Eigentum verfügen kann, nicht angewendet werden.

(BGBl I 2017/59, ab 1. 7. 2018, s § 1503 Abs 9 Z 4)

§ 1434. [1]Die Zurückstellung des Bezahlten kann auch dann begehrt werden, wenn die Schuldforderung auf was immer für eine Art noch ungewiß ist; oder wenn sie noch von der Erfüllung einer beigesetzten Bedingung abhängt. [2]Die Bezahlung einer richtigen und unbedingten Schuld kann aber deswegen nicht zurückgefordert werden, weil die Zahlungsfrist noch nicht verfallen ist.

§ 1435. Auch Sachen, die als eine wahre Schuldigkeit gegeben worden sind, kann der Geber von dem Empfänger zurückfordern, wenn der rechtliche Grund, sie zu behalten, aufgehört hat.

§ 1436. War jemand verbunden, aus zwei Sachen nur eine nach seiner Willkür zu geben, und hat er aus Irrtum beide gegeben; so hängt es von ihm ab, die eine oder die andere zurückzufordern.

§ 1437. „[1]“Der Empfänger einer bezahlten Nichtschuld wird als ein redlicher oder unredlicher Besitzer angesehen, je nachdem er den Irrtum des Gebers gewußt hat, oder aus den Umständen vermuten mußte, oder nicht. „[2]Von einem minderjährigen oder nicht geschäftsfähigen volljährigen Empfänger kann der Geber das irrtümlich Bezahlte (§ 1431) nur insoweit zurückfordern, als es beim Empfänger wirklich vorhanden oder zum Nutzen des Empfängers verwendet worden ist.“ *(BGBl I 2017/59, ab 1. 7. 2018, s § 1503 Abs 9 Z 4)*

2. Kompensation

§ 1438. Wenn Forderungen gegenseitig zusammentreffen, die richtig, gleichartig und so beschaffen sind, daß eine Sache, die dem einen als Gläubiger gebührt, von diesem auch als Schuldner dem andern entrichtet werden kann; so entsteht, insoweit die Forderungen sich gegeneinander ausgleichen, eine gegenseitige Aufhebung der Verbindlichkeiten (Kompensation), welche schon für sich die gegenseitige Zahlung bewirkt.

§ 1439. [1]Zwischen einer richtigen und nicht richtigen, sowie zwischen einer fälligen und noch nicht fälligen Forderung findet die Kompensation nicht statt. [2]Inwiefern gegen eine „Insolvenzmasse" die Kompensation stattfinde, wird in der „Insolvenzordnung" bestimmt. *(BGBl I 2010/58, ab 1. 8. 2010)*

§ 1440. [1]Ebenso lassen sich Forderungen, welche ungleichartige oder bestimmte und unbestimmte Sachen zum Gegenstande haben, gegeneinander nicht aufheben. [2]Eigenmächtig oder listig entzogene, entlehnte, in Verwahrung oder in Bestand genommene Stücke sind überhaupt kein Gegenstand der Zurückbehaltung oder der Kompensation.

(RGBl 1916/69)

§ 1441. [1]Ein Schuldner kann seinem Gläubiger dasjenige nicht in Aufrechnung bringen, was dieser einem Dritten und der Dritte dem Schuldner zu zahlen hat. [2]Selbst eine Summe, die jemand an eine Staatskasse zu fordern hat, kann gegen eine Zahlung, die er an eine andere Staatskasse leisten muß, nicht abgerechnet werden.

§ 1442. Wenn eine Forderung allmählich auf mehrere übertragen wird; so kann der Schuldner zwar die Forderung, welche er zur Zeit der Abtretung an den ersten Inhaber derselben hatte, sowie auch jene, die ihm gegen den letzten Inhaber zusteht, in Abrechnung bringen; nicht aber auch diejenige, welche ihm an einen der Zwischeninhaber zustand.

§ 1443. Gegen eine den öffentlichen Büchern einverleibte Forderung kann die Einwendung der Kompensation einem Zessionar nur dann entgegengesetzt werden, wenn die Gegenforderung ebenfalls, und zwar bei der Forderung selbst eingetragen, oder dem Zessionar bei Übernehmung der letztern bekannt gemacht worden ist.

3. Entsagung

§ 1444. In allen Fällen, in welchen der Gläubiger berechtigt ist, sich seines Rechtes zu begeben, kann er demselben auch zum Vorteile seines Schuldners entsagen, und hierdurch die Verbindlichkeit des Schuldners aufheben.

4. Vereinigung

§ 1445. [1]Sooft auf was immer für eine Art das Recht mit der Verbindlichkeit in einer Person vereinigt wird, erlöschen beide; außer, wenn es dem Gläubiger noch frei steht, eine Absonderung seiner Rechte zu verlangen (§§ 802 und 812), oder wenn Verhältnisse von ganz verschiedener Art eintreten. [2]Daher wird durch die Nachfolge des Schuldners in die Verlassenschaft seines Gläubigers in den Rechten der Erbschaftsgläubiger, der Miterben oder „Vermächtnisnehmer", und durch die Beerbung des Schuldners und Bürgen in den Rechten des Gläubigers nichts geändert. *(BGBl I 2017/59, ab 2. 1. 2017, s § 1503 Abs 9 Z 3)*

§ 1446. [1]Rechte und Verbindlichkeiten, welche den öffentlichen Büchern einverleibt sind, werden durch die Vereinigung nicht aufgehoben, bis die Löschung aus den öffentlichen Büchern erfolgt ist (§ 526). [2]Bis dahin kann das eingetragene Pfandrecht vom Eigentümer oder im Wege der Zwangsvollstreckung auf einen Dritten übertragen werden (§§ 469 bis 470).

(RGBl 1916/69)

5. Untergang der Sache

§ 1447. [1]Der zufällige gänzliche Untergang einer bestimmten Sache hebt alle Verbindlichkeit, selbst die, den Wert derselben zu vergüten, auf. [2]Dieser Grundsatz gilt auch für diejenigen Fälle, in welchen die Erfüllung der Verbindlichkeit, oder die Zahlung einer Schuld durch einen andern Zufall unmöglich wird. [3]In jedem Falle muß aber der Schuldner das, was er um die Verbindlichkeit in Erfüllung zu bringen, erhalten hat, zwar gleich einem redlichen Besitzer, jedoch auf solche Art zurückstellen oder vergüten, daß er aus dem Schaden des andern keinen Gewinn zieht.

6. Tod

§ 1448. Durch den Tod erlöschen nur solche Rechte und Verbindlichkeiten, welche auf die Person eingeschränkt sind, oder die bloß persönliche Handlungen des Verstorbenen betreffen.

7. Verlauf der Zeit

§ 1449. [1]Rechte und Verbindlichkeiten erlöschen auch durch den Verlauf der Zeit, worauf sie durch einen letzten Willen, Vertrag, richterlichen Ausspruch, oder durch das Gesetz beschränkt sind. [2]Auf welche Art sie durch die von dem Gesetze bestimmte Verjährung aufgehoben werden, wird in dem folgenden Hauptstücke festgesetzt.

Von der Einsetzung in den vorigen Stand

§ 1450. [1]Die bürgerlichen Gesetze, nach welchen widerrechtliche Handlungen und Geschäfte, wenn die Verjährung nicht im Wege steht, unmittelbar bestritten werden können, gestatten keine Einsetzung in den vorigen Stand. [2]Die zum gerichtlichen Verfahren gehörigen Fälle der Einsetzung in den vorigen Stand, sind in der Gerichtsordnung bestimmt.

Viertes Hauptstück

Von der Verjährung und Ersitzung

Verjährung

§ 1451. Die Verjährung ist der Verlust eines Rechtes, welches während der von dem Gesetze bestimmten Zeit nicht ausgeübt worden ist.

Ersitzung

§ 1452. Wird das verjährte Recht vermöge des gesetzlichen Besitzes zugleich auf jemand andern übertragen; so heißt es ein ersessenes Recht, und die Erwerbungsart Ersitzung.

Wer verjähren und ersitzen kann

§ 1453. Jeder, der sonst zu erwerben fähig ist, kann auch ein Eigentum oder andere Rechte durch Ersitzung erwerben.

Gegen wen

§ 1454. [1]Die Verjährung und Ersitzung kann gegen alle Privatpersonen, welche ihre Rechte selbst auszuüben fähig sind, stattfinden. [2]Gegen „Minderjährige und volljährige Personen, wenn diese aufgrund einer psychischen Krankheit oder einer vergleichbaren Beeinträchtigung ihrer Entscheidungsfähigkeit an der Durchsetzung ihrer Rechte gehindert sind;“ gegen Kirchen, Gemeinden und andere moralische Körper; gegen Verwalter des öffentlichen Vermögens und gegen diejenigen, welche ohne ihr Verschulden abwesend sind, wird sie nur unter den unten (§§ 1494, 1472 und 1475) folgenden Beschränkungen gestattet. *(BGBl I 2017/59, ab 1. 7. 2018, s § 1503 Abs 9 Z 4)*

Welche Gegenstände

§ 1455. [1]Was sich erwerben läßt, kann auch ersessen werden. [2]Sachen hingegen, welche man vermöge ihrer wesentlichen Beschaffenheit, oder vermöge der Gesetze nicht besitzen kann; ferner Sachen und Rechte, welche schlechterdings unveräußerlich sind, sind kein Gegenstand der Ersitzung.

§ 1456. Aus diesem Grunde können weder die dem Staat[soberhaupte] als solchem allein zukommenden Rechte, z.B. das Recht, Zölle anzulegen, Münzen zu prägen, Steuern auszuschreiben, und andere Hoheitsrechte (Regalien) durch Ersitzung erworben, noch die diesen Rechten entsprechenden Schuldigkeiten verjährt werden.

[] *Gegenstandslos*

§ 1457. Andere dem Staat[soberhaupte] zukommende, doch nicht ausschließend vorbehaltene Rechte, z.B. auf Waldungen, Jagden, Fischereien u. dgl., können zwar überhaupt von andern Staatsbürgern, doch nur binnen einem längeren als dem gewöhnlichen Zeitraume (§ 1472) ersessen werden.

[] *Gegenstandslos*

§ 1458. [1]Die Rechte eines Ehegatten, eines eingetragenen Partners, der Eltern, eines Kindes und andere Personenrechte sind kein Gegenstand der Ersitzung. [2]Doch kommt denjenigen, welche dergleichen Rechte redlicher Weise ausüben, die schuldlose Unwissenheit zur einstweiligen Behauptung und Ausübung ihrer vermeinten Rechte zustatten.

(BGBl I 2009/135, ab 1. 1. 2010)

§ 1459. [1]Die Rechte eines Menschen über seine Handlungen und über sein Eigentum, z.B. eine Ware da oder dort zu kaufen, seine Wiesen oder sein Wasser zu benutzen, unterliegen, außer dem Falle, daß das Gesetz mit der binnen einem Zeitraume unterlassenen Ausübung ausdrücklich den Verlust derselben verknüpft, keiner Verjährung. [2]Hat aber eine Person der andern die Ausübung eines solchen Rechtes untersagt, oder sie daran verhindert; so fängt der Besitz des Untersagungsrechtes von Seite der einen gegen die Freiheit der andern von dem Augenblicke an, als sich diese dem Verbote, oder der Verhinderung gefügt hat, und es wird dadurch, wenn alle übrigen[1)] Erfordernisse eintreffen, die Verjährung oder die Ersitzung bewirkt (§§ 313 und 351).

1) In JGS „übrige“

Erfordernisse zur Ersitzung: 1. Besitz;

§ 1460. Zur Ersitzung wird nebst der Fähigkeit der Person und des Gegenstandes erfordert: daß jemand die Sache oder das Recht, die auf diese Art erworben werden sollen, wirklich besitze; daß sein Besitz rechtmäßig, redlich und echt sei, und durch die ganze von dem Gesetze bestimmte Zeit fortgesetzt werde (§§ 309, 316, 326 und 345).

und zwar a) ein rechtmäßiger;

§ 1461. [1]Jeder Besitz, der sich auf einen solchen Titel gründet, welcher zur Übernahme des Eigentumes, wenn solches dem Übergeber gebührt hätte, hinlänglich gewesen wäre, ist rechtmäßig und zur Ersitzung hinreichend. [2]Dergleichen sind, z.B. das Vermächtnis, die Schenkung, das Darlehen[1)], der Kauf und Verkauf, der Tausch, die Zahlung, usw.

1) In JGS „Darleihen“

§ 1462. [1]Verpfändete, geliehene, in Verwahrung, oder zur Fruchtnießung gegebene Sachen können von Gläubigern, Entlehnern und Verwahrern oder Fruchtnießern, aus Mangel eines rechtmäßigen Titels, niemals ersessen werden. [2]Ihre Erben stellen die „Verstorbenen" vor, und haben nicht mehr Titel als dieselben. [3]Nur dem dritten rechtmäßigen Besitzer kann die Ersitzungszeit zustatten kommen. *(BGBl I 2015/87, ab 1. 1. 2017)*

b) redlicher;

§ 1463. [1]Der Besitz muß redlich sein. [2]Die Unredlichkeit des vorigen Besitzers hindert aber einen redlichen Nachfolger oder Erben nicht, die Ersitzung von dem Tage seines Besitzes anzufangen (§ 1493).

c) echter

§ 1464. [1]Der Besitz muß auch echt sein. [2]Wenn jemand sich einer Sache mit Gewalt oder List bemächtigt, oder in den Besitz heimlich einschleicht, oder eine Sache nur bittweise besitzt; so kann weder er selbst, noch können seine Erben dieselbe verjähren.

2. Verlauf der Zeit

§ 1465. [1]Zur Ersitzung und Verjährung ist auch der in dem Gesetze vorgeschriebene Verlauf der Zeit notwendig. [2]Außer dem, durch die Gesetze für einige besondere Fälle festgesetzten Zeitraume, wird hier das in allen übrigen Fällen zur Ersitzung oder Verjährung nötige Zeitmaß überhaupt bestimmt. [3]Es kommt dabei sowohl auf die Verschiedenheit der Rechte und der Sachen, als der Personen an.

Ersitzungszeit. Ordentliche;

§ 1466. Das Eigentumsrecht, dessen Gegenstand eine bewegliche Sache ist, wird durch einen dreijährigen rechtlichen Besitz ersessen.

§ 1467. *(aufgehoben, RGBl 1916/69)*

§ 1468. Wo noch keine ordentlichen öffentlichen Bücher eingeführt sind, und die Erwerbung unbeweglicher Sachen aus den Gerichtsakten und andern Urkunden zu erweisen ist, oder wenn die Sache auf den Namen desjenigen, der die Besitzrechte darüber ausübt, nicht eingetragen ist; wird die Ersitzung erst nach dreißig Jahren vollendet.

§ 1469. *(aufgehoben, RGBl 1916/69)*

§ 1470. Wo noch keine ordentlichen öffentlichen Bücher bestehen, oder ein solches Recht denselben nicht einverleibt ist, kann es der redliche Inhaber erst nach dreißig Jahren ersitzen.

§ 1471. Bei Rechten, die selten ausgeübt werden können, z.B. bei dem Rechte, eine Pfründe zu vergeben, oder jemanden bei Herstellung einer Brücke zum Beitrage anzuhalten, muß derjenige, welcher die Ersitzung behauptet, nebst einem Verlaufe von dreißig Jahren, zugleich erweisen, daß der Fall zur Ausübung binnen dieser Zeit wenigstens dreimal sich ergeben, und er jedesmal dieses Recht ausgeübt habe.

außerordentliche

§ 1472. [1]Gegen den Fiskus, das ist, gegen die Verwalter der Staatsgüter und des Staatsvermögens, insoweit die Verjährung Platz greift (§§ 287, [289] und 1456 – 1457), ferner gegen die Verwalter der Güter der Kirchen, Gemeinden und anderer erlaubten Körper, reicht die gemeine ordentliche Ersitzungszeit nicht zu. [2]Der Besitz beweglicher Sachen, [sowie auch der Besitz der unbeweglichen, oder der darauf ausgeübten Dienstbarkeiten und anderer Rechte, wenn sie auf den Namen des Besitzers den öffentlichen Büchern einverleibt sind,] muß durch sechs Jahre fortgesetzt werden. [3]Rechte solcher Art, die auf den Namen des Besitzers in die öffentlichen Bücher nicht einverleibt sind, und alle übrige Rechte lassen sich gegen den Fiskus und die hier angeführten begünstigten Personen nur durch den Besitz von vierzig Jahren erwerben.

[] *Gegenstandslos; letzteres wegen der Aufhebung der §§ 1467 und 1469*

§ 1473. [1]Wer mit einer von dem Gesetze in Ansehung der Verjährungszeit begünstigten Person in Gemeinschaft steht, dem kommt die nämliche Begünstigung zustatten. [2]Begünstigungen der längeren Verjährungsfrist haben auch gegen andere, darin ebenfalls begünstigte Personen ihre Wirkung.

§ 1474. *(aufgehoben, BGBl I 2006/113, ab 25. 7. 2006)*

§ 1475. [1]Der Aufenthalt des Eigentümers außer [der Provinz],[1)] in welcher sich die Sache befindet, steht der ordentlichen Ersitzung und Verjährung insoweit entgegen, daß die Zeit einer willkürlichen und schuldlosen Abwesenheit nur zur Hälfte, folglich ein Jahr nur für sechs Monate gerechnet wird. [2]Doch soll auf kurze Zeiträume der Abwesenheit, welche durch kein volles Jahr ununterbrochen gedauert haben, nicht Bedacht genommen, und überhaupt die Zeit nie weiter als bis auf dreißig Jahre zusammen ausgedehnt werden.

[3]Schuldbare Abwesenheit genießt keine Ausnahme von der ordentlichen Verjährungszeit.

1) Jetzt: dem Bundesland

§ 1476. Auch derjenige, welcher eine bewegliche Sache unmittelbar von einem unechten, oder von einem unredlichen Besitzer an sich gebracht hat, oder seinen Vormann anzugeben nicht vermag; muß den Verlauf der sonst ordentlichen Ersitzungszeit doppelt abwarten.

§ 1477. [1]Wer die Ersitzung auf einen Zeitraum von dreißig oder vierzig Jahren stützt, bedarf keiner Angabe des rechtmäßigen Titels. [2]Die gegen ihn erwiesene Unredlichkeit des Besitzes schließt aber auch in diesem längeren Zeitraume die Ersitzung aus.

Verjährungszeit. Allgemeine

§ 1478. [1]Insofern jede Ersitzung eine Verjährung in sich begreift, werden beide mit den vorgeschriebenen Erfordernissen in einem Zeitraume vollendet. [2]Zur eigentlichen Verjährung aber ist der bloße Nichtgebrauch eines Rechtes, das an sich schon hätte ausgeübt werden können, durch dreißig Jahre hinlänglich.

§ 1479. Alle Rechte gegen einen Dritten, sie mögen den öffentlichen Büchern einverleibt sein oder nicht, erlöschen also in der Regel längstens durch den dreißigjährigen Nichtgebrauch, oder durch ein so lange Zeit beobachtetes Stillschweigen.

§ 1480. Forderungen von rückständigen jährlichen Leistungen, insbesondere Zinsen, Renten, Unterhaltsbeiträgen, Ausgedingsleistungen, sowie zur Kapitalstilgung vereinbarten Annuitäten erlöschen in drei Jahren; das Recht selbst wird durch einen Nichtgebrauch von dreißig Jahren verjährt.

(RGBl 1916/69)

Ausnahmen

§ 1481. Die in dem Familien- und überhaupt in dem Personenrechte gegründeten Verbindlichkeiten, z.B. den Kindern den unentbehrlichen Unterhalt zu verschaffen, sowie diejenigen, welche dem oben (§ 1459) angeführten Rechte, mit seinem Eigentume frei zu schalten, zusagen, z.B. die Verbindlichkeit, die Teilung einer gemeinschaftlichen Sache oder die Grenzbestimmung vornehmen zu lassen, können nicht verjährt werden.

§ 1482. [1]Auf gleiche Weise wird derjenige, welcher ein Recht auf einem fremden Grunde in Ansehung des Ganzen oder auf verschiedene beliebige Arten ausüben konnte, bloß dadurch, daß er es durch noch so lange Zeit nur auf einem Teile des Grundes oder nur auf eine bestimmte Weise ausübte, in seinem Rechte nicht eingeschränkt; sondern die Beschränkung muß durch Erwerbung oder Ersitzung des Untersagungs- oder Hinderungsrechtes bewirkt werden (§ 351). [2]Ebendieses ist auch auf den Fall anzuwenden, wenn jemand ein gegen alle Mitglieder einer Gemeinde zustehendes Recht bisher nur gegen gewisse Mitglieder derselben ausgeübt hat.

§ 1483. [1]Solange der Gläubiger das Pfand in Händen hat, kann ihm die unterlassene Ausübung des Pfandrechtes nicht eingewendet und das Pfandrecht nicht verjährt werden. [2]Auch das Recht des Schuldners sein Pfand einzulösen, bleibt unverjährt. [3]Insofern aber die Forderung den Wert des Pfandes übersteigt, kann sie inzwischen durch Verjährung erlöschen.

§ 1484. Zur Verjährung solcher Rechte, die nur selten ausgeübt werden können, wird erfordert, daß während der Verjährungszeit von dreißig Jahren von drei Gelegenheiten, ein solches Recht auszuüben, kein Gebrauch gemacht worden sei (§ 1471).

§ 1485. (1) In Rücksicht der in dem § 1472 begünstigten Personen werden, wie zur Ersitzung, also auch zur Verjährung, vierzig Jahre erfordert.

(2) Die allgemeine Regel, daß ein Recht wegen des Nichtgebrauches erst nach Verlauf von dreißig oder vierzig Jahren verloren gehe, ist nur auf diejenigen Fälle anwendbar, für welche das Gesetz nicht einen kürzeren Zeitraum ausgemessen hat (§ 1465).

(RGBl 1916/69)

Besondere Verjährungszeit

§ 1486. In drei Jahren sind verjährt: die Forderungen

1. für Lieferung von Sachen oder Ausführung von Arbeiten oder sonstige Leistungen in einem gewerblichen, kaufmännischen oder sonstigen geschäftlichen Betriebe;

2. für Lieferung land- und forstwirtschaftlicher Erzeugnisse in einem Betriebe der Land- und Forstwirtschaft;

3. für die Übernahme zur Beköstigung, Pflege, Heilung, zur Erziehung oder zum Unterricht durch Personen, die sich damit befassen, oder in Anstalten, die diesem Zwecke dienen;

4. von Miet- und Pachtzinsen;

5. der Dienstnehmer wegen des Entgelts und des Auslagenersatzes aus den Dienstverträgen von Hilfsarbeitern, Taglöhnern, Dienstboten und allen Privatbediensteten, sowie der Dienstgeber

wegen der auf solche Forderungen gewährten Vorschüsse;

6. der Ärzte, Tierärzte, Hebammen, der Privatlehrer, der Rechtsanwälte, Notare, Patentanwälte und aller anderen zur Besorgung gewisser Angelegenheiten öffentlich bestellten Personen wegen Entlohnung ihrer Leistungen und Ersatzes ihrer Auslagen, sowie der Parteien wegen der Vorschüsse an diese Personen;

7. von Ausstattungen. *(BGBl I 2009/75, ab 1. 1. 2010)*

(RGBl 1916/69)

§ 1486a. Der Anspruch eines Ehegatten auf Abgeltung seiner Mitwirkung im Erwerb des anderen (§ 98) verjährt in „sechs" Jahren vom Ende des Monats, in dem die Leistung erbracht worden ist. *(BGBl I 1999/125, ab 1. 1. 2000)*

(BGBl 1978/280)

§ 1487. [1]Die Rechte, „ " eine Schenkung wegen Undankbarkeit des Beschenkten zu widerrufen „ "; einen entgeltlichen Vertrag wegen Verletzung über die Hälfte aufzuheben, oder die vorgenommene Teilung eines gemeinschaftlichen Gutes zu bestreiten; und die Forderung wegen einer bei dem Vertrage unterlaufenen Furcht oder eines Irrtums, wobei sich der andere vertragmachende Teil keiner List schuldig gemacht hat, müssen binnen drei Jahren geltend gemacht werden. [2]Nach Verlauf dieser Zeit sind sie verjährt. *(BGBl I 2015/87, ab 1. 1. 2017)*

(RGBl 1916/69)

Verjährung erbrechtlicher Ansprüche

§ 1487a. (1) [1]Das Recht, eine Erklärung des letzten Willens umzustoßen, den Geldpflichtteil zu fordern, letztwillige Bedingungen oder Belastungen von Zuwendungen anzufechten, nach erfolgter Einantwortung ein besseres oder gleiches Recht geltend zu machen, den Geschenknehmer wegen Verkürzung des Pflichtteils in Anspruch zu nehmen oder sonstige Rechte aus einem Geschäft von Todes wegen zu fordern, muss binnen drei Jahren ab Kenntnis der für das Bestehen des Anspruchs maßgebenden Tatsachen gerichtlich geltend gemacht werden. [2]Unabhängig von dieser Kenntnis verjähren diese Rechte dreißig Jahre nach dem Tod des Verstorbenen.

(2) Abs. 1 gilt sinngemäß für die Aneignung durch den Bund.

(BGBl I 2015/87, ab 1. 1. 2017, s § 1503 Abs 7 Z 9)

§ 1488. Das Recht der Dienstbarkeit wird durch den Nichtgebrauch verjährt, wenn sich der verpflichtete Teil der Ausübung der Servitut widersetzt, und der Berechtigte durch drei aufeinander folgende Jahre sein Recht nicht geltend gemacht hat.

§ 1489. [1]Jede Entschädigungsklage ist in drei Jahren von der Zeit an verjährt, zu welcher der Schade und die Person des Beschädigers dem Beschädigten bekannt wurde, der Schade mag durch Übertretung einer Vertragspflicht oder ohne Beziehung auf einen Vertrag verursacht worden sein. [2]Ist dem Beschädigten der Schade oder die Person des Beschädigers nicht bekannt geworden oder ist der Schade „aus einer oder mehreren gerichtlich strafbaren Handlungen, die nur vorsätzlich begangen werden können und mit mehr als einjähriger Freiheitsstrafe bedroht sind", entstanden, so erlischt das Klagerecht nur nach dreißig Jahren. *(BGBl 1974/496)*

(RGBl 1916/69)

§ 1490. (1) [1]Klagen über Ehrenbeleidigungen, die lediglich in Beschimpfungen durch Worte, Schriften oder Gebärden bestehen, können nach Verlauf eines Jahres nicht mehr erhoben werden. [2]Besteht aber die Beleidigung in Tätlichkeiten, so dauert das Klagerecht auf Genugtuung durch drei Jahre.

(2) Auf Schadenersatzklagen wegen Gefährdung des Kredits, des Erwerbes oder des Fortkommens eines andern durch Verbreitung unwahrer Tatsachen sind die Vorschriften des § 1489 anzuwenden.

(RGBl 1916/69)

§ 1491. [1]Einige Rechte sind von den Gesetzen auf eine noch kürzere Zeit eingeschränkt. [2]Hierüber kommen die Vorschriften an den Orten, wo diese Rechte abgehandelt werden, vor.

§ 1492. Wie lange das Wechselrecht einem Wechsel[briefe][1)] zustatten komme, ist in der [Wechselordnung][2)] bestimmt.

1) Jetzt: „Wechsel"
2) Jetzt: „Wechselgesetz"

Einrechnung der Verjährungszeit des Vorfahrers

§ 1493. [1]Wer eine Sache von einem rechtmäßigen und redlichen Besitzer redlich übernimmt, der ist als Nachfolger berechtigt, die Ersitzungszeit seines Vorfahrers mit einzurechnen (§ 1463). [2]Ebendieses gilt auch von der Verjährungszeit. [3]Bei einer Ersitzung von dreißig oder vierzig Jahren findet diese Einrechnung auch ohne einen rechtmäßigen Titel, und bei der eigentlichen Verjährung selbst ohne guten Glauben, oder schuldlose Unwissenheit statt.

Hemmung der Verjährung

§ 1494. (1) Ist eine volljährige Person aufgrund einer psychischen Krankheit oder einer vergleichbaren Beeinträchtigung ihrer Entscheidungsfähigkeit an der Durchsetzung ihrer Rechte gehindert, so beginnt die Ersitzungs- oder Verjährungszeit erst zu laufen, wenn sie die Entscheidungsfähigkeit wieder erlangt oder ein gesetzlicher Vertreter die Rechte wahrnehmen kann.

(2) Gegen eine minderjährige Person beginnt die Ersitzungs- und Verjährungszeit so lange nicht zu laufen, als sie keinen gesetzlichen Vertreter hat oder ihr gesetzlicher Vertreter an der Wahrnehmung ihrer Rechte gehindert ist. „Unabhängig davon beginnt die Frist nach § 1489 Satz 2 zweiter Fall vor Vollendung des achtzehnten Lebensjahres des Geschädigten nicht zu laufen.“ *(BGBl I 2019/105, ab 1. 1. 2020, s § 1503 Abs 13)*

(3) Die einmal angefangene Ersitzungs- oder Verjährungszeit läuft zwar fort; sie kann aber nie früher als zwei Jahre nach Wegfall der Hindernisse enden.

(BGBl I 2017/59, ab 1. 7. 2018, s § 1503 Abs 9 Z 20)

§ 1495. [1]„Auch zwischen Ehegatten oder eingetragenen Partnern sowie zwischen gesetzlichen Vertretern (§ 1034) und den von ihnen Vertretenen kann, solange die Ehe, die eingetragene Partnerschaft oder das Vertretungsverhältnis andauert, die Ersitzung oder Verjährung weder anfangen noch fortgesetzt werden“[2]Das gilt nicht für die Ansprüche eines Ehegatten oder eines eingetragenen Partners auf Abgeltung der Mitwirkung im Erwerb des anderen Teils, doch wird die Verjährung so lange gehemmt, als zwischen den Ehegatten oder eingetragenen Partnern ein gerichtliches Verfahren zur Entscheidung über einen Anspruch auf Abgeltung anhängig ist und gehörig fortgesetzt wird. *(BGBl I 2017/59, ab 1. 7. 2018, s § 1503 Abs 9 Z 20)*

(BGBl I 2009/135, ab 1. 1. 2010)

§ 1496. Durch Abwesenheit in Zivil- oder Kriegsdiensten, oder durch gänzlichen Stillstand der Rechtspflege, z.B. in Pest- oder Kriegszeiten, wird nicht nur der Anfang, sondern solange dieses Hindernis dauert, auch die Fortsetzung der Ersitzung oder Verjährung gehemmt.

Unterbrechung der Verjährung

§ 1497. [1]Die Ersitzung sowohl, als die Verjährung wird unterbrochen, wenn derjenige, welcher sich auf dieselbe berufen will, vor dem Verlaufe der Verjährungszeit entweder ausdrücklich oder stillschweigend das Recht des andern anerkannt hat, oder, wenn er von dem Berechtigten belangt, und die Klage gehörig fortgesetzt wird. [2]Wird aber die Klage durch einen rechtskräftigen Spruch für unstatthaft erklärt; so ist die Verjährung für ununterbrochen zu halten.

Wirkung der Ersitzung oder Verjährung

§ 1498. Wer eine Sache oder ein Recht ersessen hat, kann gegen den bisherigen Eigentümer bei dem Gerichte die Zuerkennung des Eigentumes ansuchen, und das zuerkannte Recht, wofern es einen Gegenstand der öffentlichen Bücher ausmacht, den letzteren einverleiben lassen.

§ 1499. Auf gleiche Art kann nach Verlauf der Verjährung der Verpflichtete die Löschung seiner in den öffentlichen Büchern eingetragenen Verbindlichkeit, oder die Nichtigerklärung des dem Berechtigten bisher zugestandenen Rechtes und der darüber ausgestellten Urkunden erwirken.

§ 1500. Das aus der Ersitzung oder Verjährung erworbene Recht kann aber demjenigen, welcher im Vertrauen auf die öffentlichen Bücher noch vor der Einverleibung desselben eine Sache oder ein Recht an sich gebracht hat, zu keinem Nachteile gereichen.

§ 1501. Auf die Verjährung ist, ohne Einwendung der Parteien, von Amts wegen kein Bedacht zu nehmen.

Entsagung oder Verlängerung der Verjährung

§ 1502. Der Verjährung kann weder im voraus entsagt, noch kann eine längere Verjährungsfrist, als durch die Gesetze bestimmt ist, bedungen werden.

Fünftes Hauptstück

Inkrafttreten und Übergangsbestimmungen ab 1. Februar 2013

§ 1503. „(1)“ Für das Inkrafttreten des Kindschafts- und Namensrechts-Änderungsgesetzes 2013, BGBl. I Nr. 15/2013[1)], gilt Folgendes:

1. Das Kindschafts- und Namensrechts-Änderungsgesetz 2013[2)] tritt, soweit im Folgenden nichts anderes bestimmt ist, mit 1. Februar 2013 in Kraft.

2. Die §§ 93 bis 93c in der Fassung dieses Bundesgesetzes sind auf Ehegatten anzuwenden, die die Ehe nach dem 31. März 2013 schließen.

3. Die §§ 148 Abs. 3 und 152 in der Fassung dieses Bundesgesetzes sind auf zu gerichtlichem Protokoll erklärte Zustimmungen entsprechend anzuwenden.

4. [1]Die §§ 155 bis 157 in der Fassung dieses Bundesgesetzes sind auf Kinder anzuwenden, deren Geburt oder Annahme an Kindesstatt nach

dem 31. März 2013 beurkundet wird. [2]§ 139 in der Fassung des NamRÄG 1995, BGBl. Nr. 25/1995, ist auf Kinder anzuwenden, deren Geburt vor dem 1. April 2013 beurkundet wird.

5. [1]Ehegatten, die die Ehe vor dem 1. April 2013 geschlossen haben, können ihre Namen ab dem 1. September 2013 nach den Regeln dieses Bundesgesetzes bestimmen. [2]Gleichermaßen können für Kinder, deren Geburt oder Annahme an Kindesstatt vor diesem Zeitpunkt beurkundet worden ist, die Namen ab dem 1. September 2013 nach den Regeln dieses Bundesgesetzes bestimmt werden.

6. Unbeschadet der Z 6[3)] sind die §§ 93 Abs. 2 und 155 Abs. 2 in der Fassung dieses Bundesgesetzes anzuwenden, wenn die Änderung des Familiennamens des Ehegatten oder der Eltern oder eines Elternteils nach dem 31. März 2013 beurkundet wird.

7. Rechte und Pflichten zum Gebrauch eines Namens, die auf Grund eines vor dem 1. April 2013 erfolgten namensrechtlich bedeutsamen Ereignisses erworben oder entstanden sind, bleiben unberührt.

8. [1]§ 142 samt Überschrift in der Fassung dieses Bundesgesetzes ist, außer in vor dem auf die Kundmachung folgenden Tag anhängig gemachten gerichtlichen Verfahren auch auf Anerkenntnisse anzuwenden, die vor dem Inkrafttreten des § 142 erklärt worden sind. [2]§ 142 tritt mit dem auf die Kundmachung dieses Bundesgesetzes im Bundesgesetzblatt folgenden Tag[4)] in Kraft.

9. Verordnungen zur Durchführung dieses Bundesgesetzes können ab dem auf die Kundmachung im Bundesgesetzblatt folgenden Tag an erlassen werden; sie treten frühestens mit 1. Februar 2013 in Kraft.[5)]
(BGBl I 2013/50)

(2) 1. [1]Die §§ 905, 907a, 1417 und 1420 in der Fassung des Zahlungsverzugsgesetzes, BGBl. I Nr. 50/2013, sowie die Änderung der Paragraphenbezeichnung des bisherigen § 905a in § 907b und des bisherigen § 905b in § 905a durch dieses Bundesgesetz treten mit 16. März 2013 in Kraft. [2]Die genannten Bestimmungen sind in der Fassung des Zahlungsverzugsgesetzes auf Rechtsverhältnisse anzuwenden, die ab dem 16. März 2013 begründet werden. [3]Auf Rechtsverhältnisse, die vor dem 16. März 2013 begründet wurden, sind die bisherigen Bestimmungen weiter anzuwenden; wenn solche früher begründeten Rechtsverhältnisse jedoch wiederholte Geldleistungen vorsehen, gelten die neuen Bestimmungen für diejenigen Zahlungen, die ab dem 16. März 2013 fällig werden.

2. § 1100 in der Fassung des Zahlungsverzugsgesetzes, BGBl. I Nr. 50/2013, tritt mit 16. März 2013 in Kraft und ist in dieser Fassung auch auf Verträge anzuwenden, die vor diesem Zeitpunkt geschlossen wurden.
(BGBl I 2013/50)

(3) [1]§§ 197, 199 und 201 in der Fassung des Adoptionsrechts-Änderungsgesetzes 2013, BGBl. I Nr. 179/2013, treten mit 1. August 2013 in Kraft. [2]Sie sind in dieser Fassung auch auf Annahmen an Kindes statt anzuwenden, bei denen der schriftliche Vertrag vor dem 31. Juli 2013 geschlossen wurde. *(BGBl I 2013/179)*

(4) Die §§ 429, 905 und 1420 in der Fassung des Verbraucherrechte-Richtlinie-Umsetzungsgesetzes, BGBl. I Nr. 33/2014, treten mit 13. Juni 2014 in Kraft. *(BGBl I 2014/33)*

(5) Für das Inkrafttreten des GesbR-Reformgesetzes, BGBl. I Nr. 83/2014, gilt Folgendes:

1. [1]§ 826 und die §§ 1175 bis 1216e in der Fassung des GesbR-Reformgesetzes treten mit 1. Jänner 2015 in Kraft. [2]Soweit im Folgenden nichts anderes bestimmt ist, sind auf Sachverhalte, die sich vor diesem Zeitpunkt ereignet haben, die bisher geltenden Bestimmungen des 27. Hauptstücks des zweiten Teils weiter anzuwenden.

2. Unbeschadet des Vorrangs gesellschaftsvertraglicher Vereinbarungen (§ 1181 in der Fassung des GesbR-Reformgesetzes) gelten die §§ 1182 bis 1196, die §§ 1203 bis 1205, die §§ 1208 bis 1211, § 1213 und § 1214 Abs. 1 in der Fassung des GesbR-Reformgesetzes ab 1. Juli 2016 für Gesellschaften bürgerlichen Rechts, die vor dem 1. Jänner 2015 gebildet wurden, wenn bis zum Ablauf des 30. Juni 2016 keiner der Gesellschafter gegenüber den übrigen Gesellschaftern erklärt, die Anwendung des zuvor geltenden Rechts beibehalten zu wollen.

3. Ab 1. Jänner 2022 gelten die §§ 1182 bis 1196, die §§ 1203 bis 1205, die §§ 1208 bis 1211, § 1213 und § 1214 Abs. 1 in der Fassung des GesbR-Reformgesetzes unbeschadet des Vorrangs gesellschaftsvertraglicher Vereinbarungen (§ 1181 in der Fassung des GesbR-Reformgesetzes) jedenfalls auch für Gesellschaften bürgerlichen Rechts, die vor dem 1. Jänner 2015 gebildet wurden.
(BGBl I 2014/83)

(6) §§ 144 und 145 Abs. 1 in der Fassung des Fortpflanzungsmedizinrechts-Änderungsgesetzes 2015, BGBl. I Nr. 35/2015, treten mit 1. Jänner 2015 in Kraft und sind auf ab dem 1. Jänner 2015 geborene und im Wege medizinisch unterstützter Fortpflanzung gezeugte Kinder anzuwenden. *(BGBl I 2015/35)*

(7) Für das Inkrafttreten des Erbrechts-Änderungsgesetzes 2015, BGBl. I Nr. 87/2015 (ErbRÄG 2015), gilt Folgendes:

1. Die §§ 199, 233, 269, 308, 531 bis 543, 546 bis 560, 563 bis 572, 575 bis 591, 601 bis 617, 647 bis 654, 656 bis 667, 672 bis 678, 681 bis 699, 701 bis 703, 705 bis 719, 721 bis 749, 750 Abs. 1, die §§ 751 bis 792, 797 bis 809, die Überschriften vor § 810, die §§ 811 bis 817, 819 bis 821, 823, 824, 1205, 1249, 1251 bis 1254,

1278 bis 1283, 1462, 1487 und 1487a samt Überschriften in der Fassung des ErbRÄG 2015 und der Entfall der §§ 544, 545, 561, 562, 573, 594 bis 597, 646, 655, 668, 679, 680, 700, 704, 720, 793 bis 796, 818, 822, 951, 952, 956, 1248, 1250 und 1266 letzter Satz samt Überschriften treten mit 1. Jänner 2017 in Kraft.

2. Soweit im Folgenden nichts anderes bestimmt ist, sind die nach Z 1 mit 1. Jänner 2017 in Kraft tretenden Bestimmungen anzuwenden, wenn der Verstorbene nach dem 31. Dezember 2016 verstorben ist.

3. § 551 Abs. 1 in der Fassung des ErbRÄG 2015 ist auf nach dem 31. Dezember 2016 vorgenommene Aufhebungen von Erbverzichten anzuwenden.

4. a) Anordnungen der Gerichte nach § 568 in der bis 31. Dezember 2016 geltenden Fassung, wonach eine Person unter Sachwalterschaft nur mündlich vor Gericht oder Notar testieren kann, verlieren mit 1. Jänner 2017 ihre Gültigkeit.

b) [1]Gleiches gilt insoweit für die vor dem 1. Jänner 2005 erlassenen gerichtlichen Beschlüsse über die Bestellung eines Sachwalters, mit denen die Einschränkung der Testierfreiheit der behinderten Person verbunden war. [2]Art. IV § 8 Familien- und Erbrechts-Änderungsgesetz 2004, BGBl. I Nr. 58/2004, wird mit Ablauf des 31. Dezember 2016 aufgehoben.

c) Die auf Grundlage der in lit. a und b genannten Bestimmungen errichteten letztwilligen Verfügungen bleiben aufrecht.

5. Die §§ 577 bis 591 und 603 in der Fassung des ErbRÄG 2015 sind auf letztwillige Verfügungen und Schenkungen auf den Todesfall anzuwenden, die nach dem 31. Dezember 2016 errichtet wurden.

6. § 750 Abs. 2 in der Fassung des ErbRÄG 2015 tritt mit 17. August 2015 in Kraft und ist anzuwenden, wenn der Verstorbene an oder nach diesem Tag gestorben ist.

7. Die §§ 752 und 753 sowie § 785 in der Fassung des ErbRÄG 2015 sind auf nach dem 31. Dezember 2016 vorgenommene Anrechnungsvereinbarungen und Anrechnungsaufhebungen anzuwenden.

8. Die §§ 797 bis 809, 811 bis 817, 819 bis 821, 823, 824 in der Fassung des ErbRÄG 2015 sind anzuwenden, wenn das Verlassenschaftsverfahren nach dem 31. Dezember 2016 anhängig gemacht worden ist.

9. [1]§ 1487a in der Fassung des ErbRÄG 2015 ist ab dem 1. Jänner 2017 auf das Recht, eine Erklärung des letzten Willens umzustoßen, den Geldpflichtteil zu fordern, letztwillige Bedingungen oder Belastungen von Zuwendungen anzufechten, nach erfolgter Einantwortung ein besseres oder gleichwertiges Recht geltend zu machen, den Geschenknehmer wegen Verkürzung des Pflichtteils in Anspruch zu nehmen oder sonstige Rechte aus einem Geschäft von Todes wegen zu fordern, anzuwenden, wenn dieses Recht am 1. Jänner 2017 nach dem bis dahin geltenden Recht nicht bereits verjährt ist. [2]Der Lauf der in § 1487a vorgesehenen kenntnisabhängigen Frist beginnt in solchen Fällen mit dem 1. Jänner 2017. *(BGBl I 2015/87)*

(8) [1]§ 1209 in der Fassung des Bundesgesetzes BGBl. I Nr. 43/2016 tritt mit 1. Juli 2016 in Kraft. [2]Abs. 5 ist auch auf dessen nunmehrige Fassung anzuwenden. *(BGBl I 2016/43)*

(9) Für das Inkrafttreten des 2. Erwachsenenschutz-Gesetzes, BGBl. I Nr. 59/2017 (2. ErwSchG), gilt Folgendes:

1. Die §§ 21, 24, 141, 146, 147 Abs. 1 bis 3[6)], 153, 154, 156, 158, 164, 172, 173, 176, 191, 192, 194 bis 196 Abs. 1 Z 1 und Abs. 2, 200 bis 202, 205, 207 zweiter Satz, 213 bis 216, 218, 220 bis 224, 228 bis 230, 239 bis 284, 310, 865, 1034, 1421, 1433, 1437, 1454, 1494 und 1495 samt Überschriften und die Überschriften vor §§ 142, 217, 218 und 219 in der Fassung des 2. ErwSchG sowie der Entfall des § 175 und der §§ 284a bis 284h samt Überschriften treten mit 1. Juli 2018 in Kraft.

2. Die §§ 147 Abs. 4, 149, 181, 185, 188, 196 Abs. 1 Z 4, 207 erster Satz bis 212 und 225 in der Fassung des Art. 1 Z 8 treten mit dem auf die Kundmachung dieses Bundesgesetzes folgenden Tag in Kraft.

3. Die §§ 705, 752, 758 und 1445 in der Fassung des 2. ErwSchG treten mit 2. 1. 2017 in Kraft; Abs. 7 in der Fassung des Erbrechts-Änderungsgesetzes 2015, BGBl. I Nr. 87/2015, bleibt ansonsten unberührt.

4. Soweit im Folgenden nichts anderes bestimmt ist, sind die nach Z 1 mit 1. Juli 2018 in Kraft tretenden Bestimmungen auf Sachverhalte anzuwenden, die sich nach dem 30. Juni 2018 ereignen oder über diesen Zeitpunkt hinaus andauern.

5. Die §§ 158 und 207 in der Fassung des 2. ErwSchG sind auf die Ausübung und Betrauung mit der Obsorge nach dem 30. Juni 2018 anzuwenden.

6. Die §§ 164, 214 bis 224 sowie 228 und 229 in der Fassung des 2. ErwSchG sind nach dem 30. Juni 2018 auf die Verwaltung von Vermögen anzuwenden.

7. Die Aufhebung des § 175 in der Fassung des 2. ErwSchG ist auch in gerichtlichen Verfahren anzuwenden, die am 1. Juli 2018 noch anhängig sind; Anordnungen der Gerichte nach § 175 in der bis 30. Juni 2018 geltenden Fassung verlieren mit 1. Juli 2018 ihre Gültigkeit.

8. [1]Die §§ 252 bis 256 in der Fassung des 2. ErwSchG sind auf medizinische Behandlungen, Sterilisationen und Forschungen anzuwenden, die

nach dem 30. Juni 2018 begonnen oder abgebrochen werden. [2]§ 257 in der Fassung des 2. ErwSchG ist anzuwenden, wenn die Wohnortänderung nach dem 30. Juni 2018 erfolgt.

9. Bei der Auswahl des gerichtlichen Erwachsenenvertreters ist auf Sachwalterverfügungen im Sinn des § 279 Abs. 1 in der bis zum 2. ErwSchG geltenden Fassung auch nach dem 30. Juni 2018 Bedacht zu nehmen.

10. [1]Sachwalter, die vor dem 1. Juli 2018 bestellt wurden, sind nach dem 30. Juni 2018 gerichtliche Erwachsenenvertreter. [2]Für sie gelten die Vorschriften des sechsten Hauptstücks des ersten Teils in der Fassung des 2. ErwSchG, soweit in den Z 11 bis 14 nichts anderes bestimmt ist.

11. Die §§ 274 und 275 in der Fassung des 2. ErwSchG sind – außer in einem Erneuerungsverfahren nach Z 14 – auf gerichtliche Erwachsenenvertreter im Sinn der Z 10 nicht anzuwenden.

12. [1]Bis zum 30. Juni 2019 besteht im Fall einer gerichtlichen Erwachsenenvertretung im Sinn der Z 10 auch ohne gerichtliche Anordnung im gesamten Wirkungsbereich des ehemaligen Sachwalters und nunmehrigen gerichtlichen Erwachsenenvertreters ein Genehmigungsvorbehalt im Sinn des § 242 Abs. 2 in der Fassung des 2. ErwSchG. [2]Nach dem 30. Juni 2019 besteht für Personen, für die vor dem 1. Juli 2018 ein Sachwalter bestellt worden ist, nur ein Genehmigungsvorbehalt, wenn und soweit er gerichtlich angeordnet wird.

13. [1]Stellen gerichtliche Erwachsenenvertreter im Sinn der Z 10 nach dem 30. Juni 2018 einen Antrag auf Gewährung von Entgelt, Entschädigung oder Aufwandersatz, so ist dieser Anspruch nach § 276 in der Fassung des 2. ErwSchG zu beurteilen, wenn zumindest die Hälfte des Abrechnungszeitraumes nach dem 30. Juni 2018 liegt. [2]Liegt mehr als die Hälfte des Abrechnungszeitraumes vor dem 30. Juni 2018, so ist § 276 in der Fassung bis zum 30. Juni 2018 anzuwenden.

14. [1]Das Gericht hat nach dem 30. Juni 2018 unter sinngemäßer Anwendung des § 278 Abs. 3 in der bis zum 2. ErwSchG geltenden Fassung für alle gerichtlichen Erwachsenenvertretungen im Sinn der Z 10 von Amts wegen ein Erneuerungsverfahren einzuleiten. [2]Eine gerichtliche Erwachsenenvertretung im Sinn der Z 10 endet jedenfalls mit 1. Jänner 2024, es sei denn, es wurde davor ein Erneuerungsverfahren eingeleitet; diesfalls bleibt die Erwachsenenvertretung bis zur rechtskräftigen Entscheidung über die Erneuerung aufrecht.

15. [1]Vorsorgevollmachten, die vor dem 1. Juli 2018 wirksam errichtet worden sind, behalten ihre Gültigkeit. [2]Der Eintritt des Vorsorgefalls kann für diese nach dem 30. Juni 2018 nur nach Maßgabe des § 263 in der Fassung des 2. ErwSchG im Österreichischen Zentralen Vertretungsverzeichnis eingetragen werden. [3]Auf solche Vorsorgevollmachten sind die Vorschriften des sechsten Hauptstücks des ersten Teils in der Fassung des 2. ErwSchG anzuwenden. [4]Vorsorgevollmachten, deren Wirksamwerden vor dem 1. Juli 2018 im Österreichischen Zentralen Vertretungsverzeichnis registriert wurden, sind so zu behandeln, als wäre die Registrierung nach diesem Zeitpunkt erfolgt.

16. [1]Als gesetzlicher Erwachsenenvertreter kommt eine Person nicht in Betracht, gegen die sich ein vor dem 1. Juli 2018 im Österreichischen Vertretungsverzeichnis eingetragener Widerspruch gegen die Vertretungsbefugnis nächster Angehöriger richtet. [2]Personen, die in vor dem 1. Juli 2018 errichteten Sachwalterverfügungen genannt wurden, gelten nicht als nächste Angehörige im Sinn des § 268 Abs. 2 letzter Fall in der Fassung des 2. ErwSchG.

17. [1]Vertretungsbefugnisse nächster Angehöriger, die vor dem 1. Juli 2018 registriert worden sind, bleiben bestehen und enden spätestens mit Ablauf des 30. Juni 2021. [2]Auf solche Angehörigenvertretungen sind nach dem 30. Juni 2018 weiterhin die §§ 284b bis 284e in der bis zum 2. ErwSchG geltenden Fassung sowie zusätzlich § 246 Abs. 3 in der Fassung des 2. ErwSchG anzuwenden.

18. Die §§ 277 bis 284 in der Fassung des 2. ErwSchG sind anzuwenden, wenn ein Kurator nach dem 30. Juni 2018 bestellt wird.

19. [1]Kuratoren, die vor dem 1. Juli 2018 bestellt worden sind, bleiben wirksam bestellt. [2]Auf ihre Rechte und Pflichten sind nach dem 30. Juni 2018 die §§ 281 bis 284 in der Fassung des 2. ErwSchG anzuwenden. [3]Z 13 gilt sinngemäß.

20. Die §§ 1494 und 1495 in der Fassung des 2. ErwSchG sind anzuwenden, wenn eine Ersitzungs- und Verjährungszeit am 1. Juli 2018 noch nicht geendet hat oder nach dem 30. Juni 2018 zu laufen beginnt.
(BGBl I 2017/59)

(10) § 1164 Abs. 1 in der Fassung des Bundesgesetzes, BGBl. I Nr. 153/2017, tritt mit 1. Juli 2018 in Kraft. Mit Ablauf des 30. Juni 2018 tritt § 1154b Abs. 6 außer Kraft. § 1159 in der Fassung des Bundesgesetzes, BGBl. I Nr. 153/2017, tritt mit 1. Jänner 2021 in Kraft und ist auf Beendigungen anzuwenden, die nach dem 31. Dezember 2020 ausgesprochen werden. Mit diesem Zeitpunkt treten auch § 1158 Abs. 4 und § 1159a bis § 1159c dieses Bundesgesetzes sowie § 77 der Gewerbeordnung 1859, RGBl. Nr. 227/1859, außer Kraft. Sie sind jedoch weiterhin auf Beendigungen anzuwenden, die vor dem 1. Jänner 2021 ausgesprochen wurden. *(BGBl I 2017/153)*

(11) §§ 165, 214, 249, 256 und 588 in der Fassung des Bundesgesetzes BGBl. I Nr. 58/2018, treten mit 1. August 2018 in Kraft. *(BGBl I 2018/58)*

(12) § 1320 in der Fassung des Bundesgesetzes BGBl. I Nr. 69/2019 tritt mit dem der Kundmachung folgenden Tag in Kraft. Die Bestimmung ist in dieser Fassung auf schädigende Ereignisse anzuwenden, die nach diesem Zeitpunkt eintreten. Der Bundesminister für Verfassung, Reformen, Deregulierung und Justiz hat dem Nationalrat drei Jahre nach dem Inkrafttreten dieser Regelung einen Bericht über deren Auswirkungen vorzulegen. *(BGBl I 2019/69)*

(12)[7] Die §§ 1154b Abs. 6 und 1164 in der Fassung des Bundesgesetzes BGBl. I Nr. 74/2019 treten mit 1. September 2019 in Kraft. *(BGBl I 2019/74)*

(13) § 211 Abs. 2 in der Fassung des Gewaltschutzgesetzes 2019, BGBl. I Nr. 105/2019, tritt mit dem der Kundmachung folgenden Tag in Kraft. § 1494 Abs. 2 in der Fassung dieses Bundesgesetzes tritt mit 01.01.2020 in Kraft und ist auf alle Schadenersatzansprüche anzuwenden, die zu diesem Zeitpunkt noch nicht verjährt sind. *(BGBl I 2019/105)*

(BGBl I 2013/15)

[1] *Im BGBl fehlt „Nr.".*
[2] *Im BGBl irrtümlich „-gesetzes".*
[3] *Richtig wohl: Z 7.*
[4] *Am 12. 1. 2013.*
[5] *V wurde nicht erlassen.*
[6] *§ 147 Abs 1 wurde nicht geändert.*
[7] *Richtig wohl: (13)*

3. Bundesgesetz, mit dem bestimmte rechtliche Aspekte des elektronischen Geschäfts- und Rechtsverkehrs geregelt werden (E-Commerce-Gesetz – ECG)

BGBl I 2001/152 idF

1 BGBl I 2015/34 (VAG 2016)

GLIEDERUNG

Bundesgesetz, mit dem bestimmte rechtliche Aspekte des elektronischen Geschäfts- und Rechtsverkehrs geregelt werden (E-Commerce-Gesetz – ECG)

1. Abschnitt

Anwendungsbereich und Begriffsbestimmungen

Anwendungsbereich

§ 1. (1) Dieses Bundesgesetz regelt einen rechtlichen Rahmen für bestimmte Aspekte des elektronischen Geschäfts- und Rechtsverkehrs. Es behandelt die Zulassung von Diensteanbietern, deren Informationspflichten, den Abschluss von Verträgen, die Verantwortlichkeit von Diensteanbietern, das Herkunftslandprinzip und die Zusammenarbeit mit anderen Mitgliedstaaten im elektronischen Geschäfts- und Rechtsverkehr.

(2) Die Bestimmungen dieses Bundesgesetzes über das Herkunftslandprinzip (§ § 20 bis 23) und die Zusammenarbeit mit anderen Mitgliedstaaten (§ 25) sind nur auf den Verkehr von Diensten der Informationsgesellschaft innerhalb des Europäischen Wirtschaftsraums anzuwenden.

§ 2. Dieses Bundesgesetz lässt Belange des Abgabenwesens, des Datenschutzes und des Kartellrechts unberührt.

Begriffsbestimmungen

§ 3. Im Sinne dieses Bundesgesetzes bedeuten:

1. **Dienst der Informationsgesellschaft:** ein in der Regel gegen Entgelt elektronisch im Fernabsatz auf individuellen Abruf des Empfängers bereitgestellter Dienst (§ 1 Abs. 1 Z 2 Notifikationsgesetz 1999), insbesondere der Online-Vertrieb von Waren und Dienstleistungen, Online-Informationsangebote, die Online-Werbung, elektronische Suchmaschinen und Datenabfragemöglichkeiten sowie Dienste, die Informationen über ein elektronisches Netz übermitteln, die den Zugang zu einem solchen vermitteln oder die Informationen eines Nutzers speichern;

2. **Diensteanbieter:** eine natürliche oder juristische Person oder sonstige rechtsfähige Einrichtung, die einen Dienst der Informationsgesellschaft bereitstellt;

3. **niedergelassener Diensteanbieter:** ein Diensteanbieter, der eine Wirtschaftstätigkeit mittels einer festen Einrichtung auf unbestimmte Zeit tatsächlich ausübt, wobei das Vorhandensein und die Nutzung von technischen Mitteln und Technologien, die zur Bereitstellung des Dienstes erforderlich sind, für sich allein noch keine Niederlassung des Diensteanbieters begründen;

4. **Nutzer:** eine natürliche oder juristische Person oder sonstige rechtsfähige Einrichtung, die zu beruflichen oder sonstigen Zwecken einen Dienst der Informationsgesellschaft in Anspruch nimmt, insbesondere um Informationen zu erlangen oder Informationen zugänglich zu machen;

5. **Verbraucher:** eine natürliche Person, die zu Zwecken handelt, die nicht zu ihren gewerblichen, geschäftlichen oder beruflichen Tätigkeiten gehören;

6. **kommerzielle Kommunikation:** Werbung und andere Formen der Kommunikation, die der unmittelbaren oder mittelbaren Förderung des Absatzes von Waren und Dienstleistungen oder des Erscheinungsbildes eines Unternehmens dienen, ausgenommen

a) Angaben, die einen direkten Zugang zur Tätigkeit des Unternehmens ermöglichen, etwa ein Domain-Name oder eine elektronische Postadresse, sowie

b) unabhängig und insbesondere ohne finanzielle Gegenleistung gemachte Angaben über Waren, Dienstleistungen oder das Erscheinungsbild eines Unternehmens;

7. **Mitgliedstaat:** ein Mitgliedstaat der Europäischen Gemeinschaft oder des Abkommens über den Europäischen Wirtschaftsraum;

8. **koordinierter Bereich:** die allgemein oder besonders für Dienste der Informationsgesellschaft und für Diensteanbieter geltenden Rechtsvorschriften über die Aufnahme und die Ausübung einer solchen Tätigkeit, insbesondere Rechtsvorschriften über die Qualifikation und das Verhalten der Diensteanbieter, über die Genehmigung oder Anmeldung sowie die Qualität und den Inhalt der Dienste der Informationsgesellschaft - einschließlich der für die Werbung und für Verträge geltenden Bestimmungen - und über die rechtliche Verantwortlichkeit der Diensteanbieter.

2. Abschnitt

Zulassung von Diensten der Informationsgesellschaft

Zulassungsfreiheit

§ 4. (1) Die Aufnahme und die Ausübung der Tätigkeit eines Diensteanbieters bedürfen keiner gesonderten behördlichen Zulassung, Bewilligung, Genehmigung oder Konzession oder sonstigen Anforderung gleicher Wirkung.

(2) Rechtsvorschriften, die die Zulässigkeit der Aufnahme oder Ausübung einer geschäftlichen, gewerblichen oder beruflichen Tätigkeit regeln und nicht besonders und ausschließlich für Dienste der Informationsgesellschaft oder deren Anbieter gelten, bleiben unberührt. Gleiches gilt für Rechtsvorschriften über die Anzeige- oder

Konzessionspflicht von Telekommunikationsdiensten.

3. Abschnitt
Informationspflichten

Allgemeine Informationen

§ 5. (1) Ein Diensteanbieter hat den Nutzern ständig zumindest folgende Informationen leicht und unmittelbar zugänglich zur Verfügung zu stellen:

1. seinen Namen oder seine Firma;

2. die geografische Anschrift, unter der er niedergelassen ist;

3. Angaben, auf Grund deren die Nutzer mit ihm rasch und unmittelbar in Verbindung treten können, einschließlich seiner elektronischen Postadresse;

4. sofern vorhanden, die Firmenbuchnummer und das Firmenbuchgericht;

5. soweit die Tätigkeit einer behördlichen Aufsicht unterliegt, die für ihn zuständige Aufsichtsbehörde;

6. bei einem Diensteanbieter, der gewerbe- oder berufsrechtlichen Vorschriften unterliegt, die Kammer, den Berufsverband oder eine ähnliche Einrichtung, der er angehört, die Berufsbezeichnung und den Mitgliedstaat, in dem diese verliehen worden ist, sowie einen Hinweis auf die anwendbaren gewerbe- oder berufsrechtlichen Vorschriften und den Zugang zu diesen;

7. sofern vorhanden, die Umsatzsteuer-Identifikationsnummer.

(2) Sofern in Diensten der Informationsgesellschaft Preise angeführt werden, sind diese so auszuzeichnen, dass sie ein durchschnittlich aufmerksamer Betrachter leicht lesen und zuordnen kann. Es muss eindeutig erkennbar sein, ob die Preise einschließlich der Umsatzsteuer sowie aller sonstigen Abgaben und Zuschläge ausgezeichnet sind (Bruttopreise) oder nicht. Darüber hinaus ist auch anzugeben, ob Versandkosten enthalten sind.

(3) Sonstige Informationspflichten bleiben unberührt.

Informationen über kommerzielle Kommunikation

§ 6. (1) Ein Diensteanbieter hat dafür zu sorgen, dass eine kommerzielle Kommunikation, die Bestandteil eines Dienstes der Informationsgesellschaft ist oder einen solchen Dienst darstellt, klar und eindeutig

1. als solche erkennbar ist,

2. die natürliche oder juristische Person, die die kommerzielle Kommunikation in Auftrag gegeben hat, erkennen lässt,

3. Angebote zur Absatzförderung wie etwa Zugaben und Geschenke als solche erkennen lässt und einen einfachen Zugang zu den Bedingungen für ihre Inanspruchnahme enthält sowie

4. Preisausschreiben und Gewinnspiele als solche erkennen lässt und einen einfachen Zugang zu den Teilnahmebedingungen enthält.

(2) Sonstige Informationspflichten für kommerzielle Kommunikation sowie Rechtsvorschriften über die Zulässigkeit von Angeboten zur Absatzförderung und von Preisausschreiben und Gewinnspielen bleiben unberührt.

Nicht angeforderte kommerzielle Kommunikation

§ 7. (1) Ein Diensteanbieter, der eine kommerzielle Kommunikation zulässigerweise ohne vorherige Zustimmung des Empfängers mittels elektronischer Post versendet, hat dafür zu sorgen, dass die kommerzielle Kommunikation bei ihrem Eingang beim Nutzer klar und eindeutig als solche erkennbar ist.

(2) Die Rundfunk und Telekom Regulierungs-GmbH (RTR-GmbH) hat eine Liste zu führen, in die sich diejenigen Personen und Unternehmen kostenlos eintragen können, die für sich die Zusendung kommerzieller Kommunikation im Weg der elektronischen Post ausgeschlossen haben. Die in Abs. 1 genannten Diensteanbieter haben diese Liste zu beachten.

(3) Rechtsvorschriften über die Zulässigkeit und Unzulässigkeit der Übermittlung kommerzieller Kommunikation im Weg der elektronischen Post bleiben unberührt.

Kommerzielle Kommunikation für Angehörige geregelter Berufe

§ 8. (1) Für Diensteanbieter, die berufsrechtlichen Vorschriften unterliegen, ist eine kommerzielle Kommunikation, die Bestandteil eines von ihnen bereitgestellten Dienstes der Informationsgesellschaft ist oder einen solchen darstellt, zulässig.

(2) Berufsrechtliche Vorschriften, die kommerzielle Kommunikation für die Angehörigen dieser Berufe insbesondere zur Wahrung der Unabhängigkeit, Würde und Ehre des Berufs, zur Sicherung des Berufsgeheimnisses und zur Einhaltung eines lauteren Verhaltens gegenüber Kunden und anderen Berufsangehörigen einschränken, bleiben unberührt.

4. Abschnitt
Abschluss von Verträgen

Informationen für Vertragsabschlüsse

§ 9. (1) Ein Diensteanbieter hat einen Nutzer vor Abgabe seiner Vertragserklärung (Vertragsanbot oder -annahme) über folgende Belange klar, verständlich und eindeutig zu informieren:

1. die einzelnen technischen Schritte, die zu seiner Vertragserklärung und zum Vertragsabschluss führen;

2. den Umstand, ob der Vertragstext nach Vertragsabschluss vom Diensteanbieter gespeichert wird sowie gegebenenfalls den Zugang zu einem solchen Vertragstext;

3. die technischen Mittel zur Erkennung und Berichtigung von Eingabefehlern vor Abgabe der Vertragserklärung sowie

4. die Sprachen, in denen der Vertrag abgeschlossen werden kann.

(2) Ein Diensteanbieter hat die freiwilligen Verhaltenskodizes, denen er sich unterwirft, und den elektronischen Zugang zu diesen Kodizes anzugeben.

(3) Die Informationspflichten nach den Abs. 1 und 2 können nicht zum Nachteil von Verbrauchern abbedungen werden. Sie gelten nicht für Verträge, die ausschließlich im Weg der elektronischen Post oder eines damit vergleichbaren individuellen Kommunikationsmittels abgeschlossen werden.

(4) Sonstige Informationspflichten des Diensteanbieters bleiben unberührt.

Abgabe einer Vertragserklärung

§ 10. (1) Ein Diensteanbieter hat dem Nutzer angemessene, wirksame und zugängliche technische Mittel zur Verfügung zu stellen, mit denen dieser Eingabefehler vor der Abgabe seiner Vertragserklärung erkennen und berichtigen kann.

(2) Ein Diensteanbieter hat dem Nutzer den Zugang einer elektronischen Vertragserklärung unverzüglich elektronisch zu bestätigen.

(3) Die Verpflichtungen des Diensteanbieters nach den Abs. 1 und 2 können nicht zum Nachteil von Verbrauchern abbedungen werden. Sie gelten nicht für Verträge, die ausschließlich im Weg der elektronischen Post oder eines damit vergleichbaren individuellen elektronischen Kommunikationsmittels abgeschlossen werden.

Vertragsbestimmungen und Geschäftsbedingungen

§ 11. Ein Diensteanbieter hat die Vertragsbestimmungen und die allgemeinen Geschäftsbedingungen dem Nutzer so zur Verfügung zu stellen, dass er sie speichern und wiedergeben kann. Diese Verpflichtung kann nicht zum Nachteil des Nutzers abbedungen werden.

Zugang elektronischer Erklärungen

§ 12. Elektronische Vertragserklärungen, andere rechtlich erhebliche elektronische Erklärungen und elektronische Empfangsbestätigungen gelten als zugegangen, wenn die Partei, für die sie bestimmt sind, unter gewöhnlichen Umständen abrufen kann. Diese Regelung kann nicht zum Nachteil von Verbrauchern abbedungen werden.

5. Abschnitt
Verantwortlichkeit von Diensteanbietern

Ausschluss der Verantwortlichkeit bei Durchleitung

§ 13. (1) Ein Diensteanbieter, der von einem Nutzer eingegebene Informationen in einem Kommunikationsnetz übermittelt oder den Zugang zu einem Kommunikationsnetz vermittelt, ist für die übermittelten Informationen nicht verantwortlich, sofern er

1. die Übermittlung nicht veranlasst,

2. den Empfänger der übermittelten Informationen nicht auswählt und

3. die übermittelten Informationen weder auswählt noch verändert.

(2) Die Übermittlung von Informationen und die Vermittlung des Zugangs im Sinn des Abs. 1 umfassen auch die automatische kurzzeitige Zwischenspeicherung der übermittelten Informationen, soweit diese Zwischenspeicherung nur der Durchführung der Übermittlung im Kommunikationsnetz dient und die Information nicht länger gespeichert wird, als es für die Übermittlung üblicherweise erforderlich ist.

Ausschluss der Verantwortlichkeit bei Suchmaschinen

§ 14. (1) Ein Diensteanbieter, der Nutzern eine Suchmaschine oder andere elektronische Hilfsmittel zur Suche nach fremden Informationen bereitstellt, ist für die abgefragten Informationen nicht verantwortlich, sofern er

1. die Übermittlung der abgefragten Informationen nicht veranlasst,

2. den Empfänger der abgefragten Informationen nicht auswählt und

3. die abgefragten Informationen weder auswählt noch verändert.

(2) Abs. 1 ist nicht anzuwenden, wenn die Person, von der die abgefragten Informationen

stammen, dem Diensteanbieter untersteht oder von ihm beaufsichtigt wird.

Ausschluss der Verantwortlichkeit bei Zwischenspeicherungen (Caching)

§ 15. Ein Diensteanbieter, der von einem Nutzer eingegebene Informationen in einem Kommunikationsnetz übermittelt, ist für eine automatische, zeitlich begrenzte Zwischenspeicherung, die nur der effizienteren Gestaltung der auf Abruf anderer Nutzer erfolgenden Informationsübermittlung dient, nicht verantwortlich, sofern er

1. die Information nicht verändert,

2. die Bedingungen für den Zugang zur Information beachtet,

3. die Regeln für die Aktualisierung der Information, die in allgemein anerkannten und verwendeten Industriestandards festgelegt sind, beachtet,

4. die zulässige Anwendung von Technologien zur Sammlung von Daten über die Nutzung der Information, die in allgemein anerkannten und verwendeten Industriestandards festgelegt sind, nicht beeinträchtigt und

5. unverzüglich eine von ihm gespeicherte Information entfernt oder den Zugang zu ihr sperrt, sobald er tatsächliche Kenntnis davon erhalten hat, dass die Information am ursprünglichen Ausgangsort der Übertragung aus dem Netz entfernt oder der Zugang zu ihr gesperrt wurde oder dass ein Gericht oder eine Verwaltungsbehörde die Entfernung oder Sperre angeordnet hat.

Ausschluss der Verantwortlichkeit bei Speicherung fremder Inhalte (Hosting)

§ 16. (1) Ein Diensteanbieter, der von einem Nutzer eingegebene Informationen speichert, ist für die im Auftrag eines Nutzers gespeicherten Informationen nicht verantwortlich, sofern er

1. von einer rechtswidrigen Tätigkeit oder Information keine tatsächliche Kenntnis hat und sich in Bezug auf Schadenersatzansprüche auch keiner Tatsachen oder Umstände bewusst ist, aus denen eine rechtswidrige Tätigkeit oder Information offensichtlich wird, oder,

2. sobald er diese Kenntnis oder dieses Bewusstsein erhalten hat, unverzüglich tätig wird, um die Information zu entfernen oder den Zugang zu ihr zu sperren.

(2) Abs. 1 ist nicht anzuwenden, wenn der Nutzer dem Diensteanbieter untersteht oder von ihm beaufsichtigt wird.

Ausschluss der Verantwortlichkeit bei Links

§ 17. (1) Ein Diensteanbieter, der mittels eines elektronischen Verweises einen Zugang zu fremden Informationen eröffnet, ist für diese Informationen nicht verantwortlich,

1. sofern er von einer rechtswidrigen Tätigkeit oder Information keine tatsächliche Kenntnis hat und sich in Bezug auf Schadenersatzansprüche auch keiner Tatsachen oder Umstände bewusst ist, aus denen eine rechtswidrige Tätigkeit oder Information offensichtlich wird, oder,

2. sobald er diese Kenntnis oder dieses Bewusstsein erlangt hat, unverzüglich tätig wird, um den elektronischen Verweis zu entfernen.

(2) Abs. 1 ist nicht anzuwenden, wenn die Person, von der die Informationen stammen, dem Diensteanbieter untersteht oder von ihm beaufsichtigt wird oder der Diensteanbieter die fremden Informationen als seine eigenen darstellt.

Umfang der Pflichten der Diensteanbieter

§ 18. (1) Die in den § § 13 bis 17 genannten Diensteanbieter sind nicht verpflichtet, die von ihnen gespeicherten, übermittelten oder zugänglich gemachten Informationen allgemein zu überwachen oder von sich aus nach Umständen zu forschen, die auf rechtswidrige Tätigkeiten hinweisen.

(2) Die in den § § 13 und 16 genannten Diensteanbieter haben auf Grund der Anordnung eines dazu gesetzlich befugten inländischen Gerichtes diesem alle Informationen zu übermitteln, an Hand deren die Nutzer ihres Dienstes, mit denen sie Vereinbarungen über die Übermittlung oder Speicherung von Informationen abgeschlossen haben, zur Verhütung, Ermittlung, Aufklärung oder Verfolgung gerichtlich strafbarer Handlungen ermittelt werden können.

(3) Die in § 16 genannten Diensteanbieter haben auf Grund der Anordnung einer Verwaltungsbehörde dieser den Namen und die Adressen der Nutzer ihres Dienstes, mit denen sie Vereinbarungen über die Speicherung von Informationen abgeschlossen haben, zu übermitteln, sofern die Kenntnis dieser Informationen eine wesentliche Voraussetzung der Wahrnehmung der der Behörde übertragenen Aufgaben bildet.

(4) Die in § 16 genannten Diensteanbieter haben den Namen und die Adresse eines Nutzers ihres Dienstes, mit dem sie Vereinbarungen über die Speicherung von Informationen abgeschlossen haben, auf Verlangen dritten Personen zu übermitteln, sofern diese ein überwiegendes rechtliches Interesse an der Feststellung der Identität eines Nutzers und eines bestimmten rechtswidrigen Sachverhalts sowie überdies glaubhaft machen, dass die Kenntnis dieser Informationen eine wesentliche Voraussetzung für die Rechtsverfolgung bildet.

(5) Sonstige Auskunfts- und Mitwirkungspflichten der Diensteanbieter gegenüber Behörden oder Gerichten bleiben unberührt.

Weitergehende Vorschriften

§ 19. (1) Die § § 13 bis 18 lassen gesetzliche Vorschriften, nach denen ein Gericht oder eine Behörde dem Diensteanbieter die Unterlassung, Beseitigung oder Verhinderung einer Rechtsverletzung auftragen kann, unberührt.

(2) Abs. 1 sowie die § § 13 bis 18 sind auch auf Anbieter anzuwenden, die unentgeltlich elektronische Dienste bereitstellen.

6. Abschnitt
Herkunftslandprinzip und Ausnahmen

Herkunftslandprinzip

§ 20. (1) Im koordinierten Bereich (§ 3 Z 8) richten sich die rechtlichen Anforderungen an einen in einem Mitgliedstaat niedergelassenen Diensteanbieter nach dem Recht dieses Staats.

(2) Der freie Verkehr der Dienste der Informationsgesellschaft aus einem anderen Mitgliedstaat darf vorbehaltlich der § § 21 bis 23 nicht auf Grund inländischer Rechtsvorschriften eingeschränkt werden, die in den koordinierten Bereich fallen.

Ausnahmen vom Herkunftslandprinzip

§ 21. Das Herkunftslandprinzip ist in folgenden Bereichen nicht anzuwenden:

1. Belange des Urheberrechts und verwandter Schutzrechte, der gewerblichen Schutzrechte sowie des Datenbank- und Halbleiterschutzes;

2. die Ausgabe elektronischen Geldes durch Institute, auf die die Mitgliedstaaten eine der in Art. 8 Abs. 1 der Richtlinie 2000/46/EG, ABl. Nr. L 275 vom 27. Oktober 2000, S 39, vorgesehenen Ausnahmen angewendet haben;

3. Rechtsvorschriften über die Werbung für Investmentfonds und andere Organismen für gemeinsame Anlagen von Wertpapieren im Vertriebsstaat;

4. die in Titel I Kapitel VIII und in Art. 179 und Art. 181 Abs. 2 der Richtlinie 2009/138/EG betreffend die Aufnahme und Ausübung der Versicherungs- und Rückversicherungstätigkeit (Solvabilität II) (Neufassung), ABl. Nr. L 335 vom 17.12.2009 S. 1, zuletzt geändert durch die Richtlinie 2014/51/EU, ABl. Nr. L 153 vom 22.05.2014 S. 1, sowie die in Art. 7 der Verordnung (EG) Nr. 593/2008 über das auf vertragliche Schuldverhältnisse anzuwendende Recht (Rom I), ABl. L Nr. 177 vom 04.07.2008 S. 6, berichtigt durch ABl. Nr. L 309 vom 24.11.2009 S. 87, enthaltenen Rechtsvorschriften über die freie Niederlassung und den freien Dienstleistungsverkehr von Versicherungsunternehmen im Europäischen Wirtschaftsraum, über die Verpflichtungen von Versicherungsunternehmen zur Vorlage der Bedingungen für eine Pflichtversicherung an die zuständige Aufsichtsbehörde sowie über das anwendbare Recht bei Nicht-Lebens- und Lebensversicherungsverträgen, die in einem Mitgliedstaat gelegene Risiken decken; *(BGBl I 2015/34)*

5. die Freiheit der Parteien eines Vertrags zur Rechtswahl;

6. vertragliche Schuldverhältnisse in Bezug auf Verbraucherverträge einschließlich der gesetzlichen Informationspflichten, die einen bestimmenden Einfluss auf die Entscheidung zum Vertragsabschluss haben;

7. die Rechtswirksamkeit von Verträgen zur Begründung oder Übertragung von Rechten an Immobilien, sofern diese Verträge nach dem Recht des Mitgliedstaats, in dem sich die Immobilie befindet, zwingenden Formvorschriften unterliegen;

8. die Zulässigkeit nicht angeforderter Werbung und anderer Maßnahmen zur Absatzförderung im Weg der elektronischen Post;

9. die Tätigkeit von Notaren und die Tätigkeit von Angehörigen gleichwertiger Berufe, soweit diese öffentlich-rechtliche Befugnisse ausüben;

10. die Vertretung einer Partei und die Verteidigung ihrer Interessen vor den Gerichten, vor unabhängigen Verwaltungssenaten oder vor Behörden im Sinne des Art. 133 Z 4 B-VG;

11. Gewinn- und Glücksspiele, bei denen ein Einsatz, der einen Geldwert darstellt, zu leisten ist, einschließlich von Lotterien und Wetten;

12. Rechtsvorschriften über Waren, wie etwa Sicherheitsnormen, Kennzeichnungspflichten, Verbote und Einschränkungen der Innehabung oder des Besitzes, sowie über die Haftung für fehlerhafte Waren;

13. Rechtsvorschriften über die Lieferung von Waren einschließlich der Lieferung von Arzneimitteln und

14. Rechtsvorschriften über Dienstleistungen, die nicht elektronisch erbracht werden.

Abweichungen vom Herkunftslandprinzip

§ 22. (1) Ein Gericht oder eine Verwaltungsbehörde kann im Rahmen seiner bzw. ihrer gesetzlichen Befugnisse abweichend vom Herkunftslandprinzip Maßnahmen ergreifen, die den freien Verkehr der Dienste der Informationsgesellschaft aus einem anderen Mitgliedstaat einschränken. Solche Maßnahmen müssen jedoch zum Schutz eines der in Abs. 2 genannten Rechtgüter erforderlich sein. Sie dürfen sich nur gegen einen Diensteanbieter richten, der eines dieser Rechtsgüter beeinträchtigt oder ernstlich und schwerwiegend zu beeinträchtigen droht. Auch müssen sie in einem angemessenen Verhältnis zu den damit verfolgten Zielen stehen.

(2) Der freie Verkehr der Dienste der Informationsgesellschaft aus einem anderen Mitgliedstaat kann nur aus folgenden Gründen eingeschränkt werden:

1. Schutz der öffentlichen Ordnung, etwa zur Verhütung, Ermittlung, Aufklärung oder Verfolgung strafbarer Handlungen, einschließlich des Jugendschutzes und der Bekämpfung der Hetze aus Gründen der Rasse, des Geschlechts, des Glaubens oder der Nationalität;

2. Schutz der Würde einzelner Menschen;

3. Schutz der öffentlichen Gesundheit;

4. Schutz der öffentlichen Sicherheit einschließlich der Wahrung nationaler Sicherheits- und Verteidigungsinteressen und

5. Schutz der Verbraucher einschließlich des Schutzes der Anleger.

§ 23. (1) Eine Verwaltungsbehörde hat ihre Absicht zur Ergreifung von Maßnahmen, die den freien Verkehr von Diensten der Informationsgesellschaft aus einem anderen Mitgliedstaat einschränken, der Europäischen Kommission und der zuständigen Stelle des anderen Staates mitzuteilen und diese aufzufordern, geeignete Maßnahmen gegen den Diensteanbieter zu veranlassen. Die Behörde kann die von ihr beabsichtigten Maßnahmen erst durchführen, wenn die zuständige Stelle des anderen Mitgliedstaats dieser Aufforderung nicht innerhalb angemessener Frist Folge geleistet hat oder die von ihr ergriffenen Maßnahmen unzulänglich sind.

(2) Bei Gefahr im Verzug kann die Verwaltungsbehörde die von ihr beabsichtigten Maßnahmen auch ohne Verständigung der Kommission und Aufforderung der zuständigen Stelle des anderen Mitgliedstaats erlassen. In diesem Fall hat sie die von ihr ergriffene Maßnahme unverzüglich der Kommission und der zuständigen Stelle unter Angabe der Gründe für die Annahme von Gefahr im Verzug mitzuteilen.

(3) Die Abs. 1 und 2 sind auf gerichtliche Verfahren nicht anzuwenden.

7. Abschnitt

Transparenz und Verbindung mit anderen Mitgliedstaaten

Transparenz

§ 24. (1) Der Bundesminister für Justiz hat die ihm bekannt gewordenen wesentlichen gerichtlichen oder verwaltungsbehördlichen Entscheidungen im Zusammenhang mit Diensten der Informationsgesellschaft der Europäischen Kommission bekannt zu geben.

(2) Der Bundesminister für Justiz hat im Internet Informationen über

1. die vertraglichen Rechte und Pflichten der Nutzer sowie über die bei Streitfällen verfügbaren Beschwerde- und Rechtsschutzverfahren einschließlich der praktischen Aspekte dieser Verfahren und

2. die Anschriften von Behörden, Körperschaften öffentlichen Rechts und anderer Stellen, bei denen die Nutzer oder Dienstanbieter weitere Informationen oder praktische Unterstützung erhalten können, zu veröffentlichen.

Verbindungsstelle

§ 25. (1) Der Bundesminister für Justiz hat als Verbindungsstelle mit den zuständigen Stellen anderer Mitgliedstaaten und der Europäischen Kommission zusammenzuarbeiten. Er hat den an ihn gelangten Auskunftsbegehren anderer Mitgliedstaaten und der Kommission zu entsprechen und die nicht in seinen Wirkungsbereich fallenden Ersuchen um Amts- oder Rechtshilfe oder Auskünfte an die zuständigen Gerichte oder Verwaltungsbehörden weiterzuleiten.

(2) Der Bundesminister für Justiz hat die Anschriften der ihm bekannt gegebenen Verbindungsstellen anderer Mitgliedstaaten im Internet zu veröffentlichen.

8. Abschnitt

Strafbestimmungen

Verwaltungsübertretungen

§ 26. (1) Ein Diensteanbieter begeht eine Verwaltungsübertretung und ist mit Geldstrafe bis zu 3 000 Euro zu bestrafen, wenn er

1. gegen seine allgemeinen Informationspflichten nach § 5 Abs. 1 verstößt,

2. gegen seine Informationspflichten für kommerzielle Kommunikation nach § 6 verstößt,

3. gegen seine Informationspflichten für Vertragsabschlüsse nach § 9 Abs. 1 verstößt oder entgegen § 9 Abs. 2 keinen elektronischen Zugang zu den freiwilligen Verhaltenskodizes, denen er sich unterwirft, angibt,

4. entgegen § 10 Abs. 1 keine technischen Mittel zur Erkennung und Berichtigung von Eingabefehlern zur Verfügung stellt oder

5. entgegen § 11 die Vertragsbestimmungen und die allgemeinen Geschäftsbedingungen nicht so zur Verfügung stellt, dass sie der Nutzer speichern und wiedergeben kann.

(2) Eine Verwaltungsübertretung nach Abs. 1 liegt nicht vor, wenn die Tat den Tatbestand einer gerichtlich strafbaren Handlung bildet oder nach anderen Verwaltungsstrafbestimmungen mit strengerer Strafe bedroht ist.

Tätige Reue

§ 27. (1) Die Behörde kann einen Diensteanbieter, der die Verpflichtungen nach diesem Bundesgesetz verletzt, darauf hinweisen und ihm auftragen, den gesetzmäßigen Zustand innerhalb einer von ihr festgelegten angemessenen Frist herzustellen. Dabei hat sie ihn auf die mit einer solchen Aufforderung verbundenen Rechtsfolgen hinzuweisen.

(2) Ein Diensteanbieter ist wegen einer Verwaltungsübertretung nach § 26 Abs. 1 nicht zu bestrafen, wenn er den gesetzmäßigen Zustand innerhalb der von der Behörde gesetzten Frist herstellt.

9. Abschnitt

Vollzugs- und Schlussbestimmungen

In-Kraft-Treten

§ 28. „(1)" Dieses Bundesgesetz tritt mit 1. Jänner 2002 in Kraft. *(BGBl I 2015/34)*

(2) § 21 Z 4 in der Fassung des Bundesgesetzes BGBl. I Nr. 34/2015 tritt mit 1. Jänner 2016 in Kraft. *(BGBl I 2015/34)*

Verweise auf andere Bundesgesetze

§ 29. Soweit in diesem Bundesgesetz auf Bestimmungen anderer Bundesgesetze verwiesen wird, sind diese in ihrer jeweils geltenden Fassung anzuwenden.

Vollzug

§ 30. Mit der Vollziehung dieses Bundesgesetzes sind hinsichtlich des § 7 der Bundesminister für Verkehr, Innovation und Technologie, hinsichtlich der § § 24 und 25 der Bundesminister für Justiz sowie hinsichtlich der übrigen Bestimmungen der Bundesminister für Justiz und der Bundesminister für Wirtschaft und Arbeit betraut.

Hinweise auf Notifikation und Umsetzung

§ 31. (1) Dieses Bundesgesetz wurde unter Einhaltung der Bestimmungen der Richtlinie 98/34/EG, ABl. Nr. L 204 vom 21. Juli 1998, S 37, in der Fassung der Richtlinie 98/48/EG, ABl. Nr. L 217 vom 5. August 1998, S 18, der Europäischen Kommission notifiziert (Notifikationsnummer 2001/290/A).

(2) Mit diesem Bundesgesetz wird die Richtlinie 2000/31/EG über bestimmte Aspekte des elektronischen Geschäftsverkehrs im Binnenmarkt (Richtlinie über den elektronischen Geschäftsverkehr), ABl. Nr. L 178 vom 17. Juli 2000, S 1, umgesetzt.

4a. Firmenbuchgesetz

BGBl 1991/10 idF

1 BGBl 1993/458
2 BGBl 1993/694
3 BGBl 1995/521
4 BGBl 1996/304
5 BGBl I 1997/10
6 BGBl I 1997/127
7 BGBl I 1998/125
8 BGBl I 1999/74
9 BGBl I 2000/142
10 BGBl I 2001/98
11 BGBl I 2003/112
12 BGBl I 2004/67
13 BGBl I 2004/128
14 BGBl I 2004/161
15 BGBl I 2005/120 (HaRÄG)
16 BGBl I 2006/103 (PuG)
17 BGBl I 2007/72 (GesRÄG 2007)
18 BGBl I 2009/135 (EPG)
19 BGBl I 2010/29 (IRÄG 2010; Begriffsersetzungen)
20 BGBl I 2010/58 (IRÄ-BG)
21 BGBl I 2010/111 (BudgetbegleitG 2011)
22 BGBl I 2011/53 (GesRÄG 2011)
23 BGBl I 2014/13 (AbgÄG 2014)
24 BGBl I 2015/34
25 BGBl I 2015/113 (SBBG)
26 BGBl I 2015/156 (GGN 2015)
27 BGBl I 2017/60 (BRIS-UmsG)
28 BGBl I 2018/58 (ErwSchAG-Justiz)
29 BGBl I 2018/69
30 BGBl I 2019/104 (FORG)

GLIEDERUNG

STICHWORTVERZEICHNIS

Stichwortverzeichnis

Bundesgesetz über das Firmenbuch und Änderungen des Handelsgesetzbuchs, des Aktiengesetzes 1965, des Gesetzes über Gesellschaften mit beschränkter Haftung, des Gesetzes über Erwerbs- und Wirtschaftsgenossenschaften, des Erwerbsgesellschaftengesetzes, der Vierten Verordnung zur Einführung handelsrechtlicher Vorschriften im Lande Österreich, des Amtslöschungsgesetzes, des Umwandlungsgesetzes, des Versicherungsaufsichtsgesetzes, des Außerstreitgesetzes, der Jurisdiktionsnorm, des Gerichtsorganisationsgesetzes, der Exekutionsordnung, der Konkursordnung, der Ausgleichsordnung, des Geldinstitutezentralegesetzes, des Rechtspflegergesetzes, des Gerichtskommissärsgesetzes, des Gerichtsgebührengesetzes und der Gewerbeordnung 1973

Der Nationalrat hat beschlossen:

Artikel I

Firmenbuchgesetz (FBG)

1. ABSCHNITT

Firmenbuch

§ 1. (1) Das Firmenbuch besteht aus dem Hauptbuch und der Urkundensammlung.

(2) Das Firmenbuch dient der Verzeichnung und Offenlegung von Tatsachen, die nach diesem Bundesgesetz oder nach sonstigen gesetzlichen Vorschriften einzutragen sind.

Hauptbuch

§ 2. Das Hauptbuch ist zur Eintragung der folgenden Rechtsträger bestimmt:

1. Einzelunternehmer;

2. offene Gesellschaften;

3. Kommanditgesellschaften;

4. Aktiengesellschaften;

5. Gesellschaften mit beschränkter Haftung;

6. Erwerbs- und Wirtschaftsgenossenschaften;

7. Versicherungsvereine auf Gegenseitigkeit;

8. Sparkassen;

9. Privatstiftungen;

10. Europäische wirtschaftliche Interessensvereinigungen;

11. Europäische Gesellschaften (SE);

12. Europäische Genossenschaften (SCE);

13. sonstige Rechtsträger, deren Eintragung gesetzlich vorgesehen ist.

(BGBl I 2005/120)

Allgemeine Eintragungen

§ 3. „(1)“ Bei allen Rechtsträgern sind einzutragen:

1. die Firmenbuchnummer;

2. die Firma;

3. die Rechtsform;

4. der Sitz und die für Zustellungen maßgebliche Geschäftsanschrift; falls die Bezeichnung des Sitzes nicht mit dem Namen der politischen Gemeinde übereinstimmt, ist außerdem die politische Gemeinde, in der der Sitz liegt, anzugeben; *(BGBl 1993/458)*

4a. der Umstand, dass eine für Zustellungen maßgebliche Geschäftsanschrift unbekannt ist; *(BGBl I 2004/161)*

5. eine kurze Bezeichnung des Geschäftszweigs nach eigener Angabe;

6. Zweigniederlassungen mit ihrem Ort, der für Zustellungen maßgeblichen Geschäftsanschrift und ihrer Firma, wenn sie von der Firma der Hauptniederlassung abweicht;

7. der Tag der Feststellung der Satzung bzw. des Abschlusses des Gesellschaftsvertrags;

8. Name und Geburtsdatum des „Einzelunternehmers“, bei anderen Rechtsträgern ihrer vertretungsbefugten Personen sowie der Beginn und die Art ihrer Vertretungsbefugnis; *(BGBl I 2005/120)*

9. bei Prokuristen deren Name und Geburtsdatum sowie der Beginn und die Art ihrer Vertretungsbefugnis;

10. Vereinbarungen nach § 38 Abs. 4 UGB; *(BGBl I 2005/120)*

11. die Dauer des Unternehmens, wenn sie begrenzt ist;

12. bei Abwicklung (Liquidation) Name und Geburtsdatum der Abwickler (Liquidatoren) sowie der Beginn und die Art ihrer Vertretungsbefugnis;

13. die im Exekutions- und Insolvenzrecht zur Eintragung in das Firmenbuch vorgesehenen Verfügungsbeschränkungen, deren Aufhebung und die Namen der gesetzlichen Vertreter;

14. Eintragungen im Insolvenzverfahren gemäß § 77a Abs. 1 IO; *(BGBl I 2010/58)*

14a. *(aufgehoben, BGBl I 2010/58)*

15. Vorgänge, durch die ein Betrieb oder Teilbetrieb übertragen wird sowie deren Rechtsgrund; die Eintragungen sind sowohl beim Erwerber als auch beim Veräußerer vorzunehmen; *(BGBl 1993/458)*

15a. die Feststellung, dass der Rechtsträger als Scheinunternehmen gilt (§ 8 SBBG); *(BGBl I 2015/113)*

16. sonstige Eintragungen, die gesetzlich vorgesehen sind.
(BGBl I 2006/103)

(2) Bei der Eintragung natürlicher Personen ist auch deren Anschrift ersichtlich zu machen. *(BGBl I 2006/103)*

(3) Wenn ein Rechtsträger dies beantragt, ist auch die Adresse seiner Internetseite einzutragen. *(BGBl I 2011/53)*

Besondere Eintragungen

§ 4. „Bei Einzelunternehmern und eingetragenen Personengesellschaften" sind ferner einzutragen:

„1." Ehepakte; *(BGBl 1993/458)*

„2."* „die Anordnung eines Genehmigungsvorbehalts"***, „ "** und das Verlassenschaftsprovisorium „(§ 32 UGB)"**; *(*BGBl 1993/458; **BGBl I 2005/120; ***BGBl I 2018/58)*

„3." Substitutionen und Anordnungen, die ihnen nach den §§ 707 bis 709 ABGB gleichzuhalten sind; *(BGBl 1993/458)*

„bei eingetragenen Personengesellschaften" außerdem:

„4."* *(aufgehoben, BGBl I 2005/120)*

5. Name und Geburtsdatum der nicht vertretungsbefugten unbeschränkt haftenden Gesellschafter, gegebenenfalls ihre Firmenbuchnummer; *(BGBl I 2007/72)*

„6."* Name und Geburtsdatum der Kommanditisten, „die Höhe ihrer „Haftsummen"***, gegebenenfalls ihre Firmenbuchnummer sowie ein Nachfolgevermerk"**; *(*BGBl 1993/458; **BGBl I 2005/120; ***BGBl I 2006/103)*

7. der Tag der Einreichung des Jahres- und Konzernabschlusses sowie deren Abschlußstichtag, falls die Einreichung des Jahresabschlusses oder des Konzernabschlusses vorgeschrieben ist. *(BGBl 1996/304)*
(BGBl I 2005/120)

Anmerkung zu § 4: Die „für Ehegatten, Ehesachen oder in Eheangelegenheiten maßgebenden Bestimmungen in der jeweils geltenden Fassung sind auf eingetragene Partner, Partnersachen oder Partnerangelegenheiten sinngemäß anzuwenden" (§ 43 Abs 1 EPG, BGBl I 2009/135, ab 1. 1. 2010).

§ 5. Bei Aktiengesellschaften und Gesellschaften mit beschränkter Haftung sind ferner einzutragen:

1. Name und Geburtsdatum des Vorsitzenden, seiner Stellvertreter und der übrigen Mitglieder des Aufsichtsrats;

2. die Höhe des Grund- oder Stammkapitals, dessen Erhöhung oder Herabsetzung und die darauf gerichteten Beschlüsse sowie bei Aktiengesellschaften die Art der Aktien (Nennbetragsaktien oder Stückaktien) und bei Stückaktien deren Zahl; *(BGBl I 2004/67)*

2a. bei Gesellschaften mit beschränkter Haftung gegebenenfalls die Inanspruchnahme der Gründungsprivilegierung (§ 10b GmbHG); *(BGBl I 2014/13)*

3. der Tag der Einreichung des Jahres- und Konzernabschlusses (§§ 277 bis 280 „UGB") sowie deren Abschlußstichtag; *(BGBl 1996/304; BGBl I 2005/120)*

4. die Verschmelzung in den Fällen der §§ 219 ff Aktiengesetz 1965, die Vermögensübertragung in den Fällen der §§ 235 ff Aktiengesetz 1965, die Umwandlung in den Fällen der §§ 239 ff Aktiengesetz 1965 und nach dem UmwG, die Verschmelzung nach §§ 96 ff GmbHG, die Spaltung nach dem SpaltG sowie die grenzüberschreitende Verschmelzung nach dem EU-VerschG; *(BGBl I 2007/72)*

4a. die beabsichtigte Verschmelzung durch Übertragung des Vermögens der Gesellschaft auf eine Kapitalgesellschaft oder eine Europäische Gesellschaft (SE) mit Sitz im Ausland und die Erfüllung der Gründungsbedingungen für die beabsichtigte Gründung einer Holding-SE; *(BGBl I 2007/72)*

4b. bei börsenotierten Aktiengesellschaften (§ 3 AktG) der Umstand der Börsenotierung und die Adresse der Internetseite der Gesellschaft; *(BGBl I 2011/53)*

5. Urteile, durch die eine Aktiengesellschaft, eine Gesellschaft mit beschränkter Haftung oder ein in das Firmenbuch eingetragener Beschluß der Hauptversammlung einer Aktiengesellschaft oder der Generalversammlung einer Gesellschaft mit beschränkter Haftung rechtskräftig für nichtig erklärt werden;

6. bei Gesellschaften mit beschränkter Haftung außerdem Name und Geburtsdatum der Gesellschafter, gegebenenfalls ihre Firmenbuchnummer, ihre Stammeinlagen, gegebenenfalls ihre gründungsprivilegierten Stammeinlagen (§ 10b Abs. 2 GmbHG), und die darauf geleisteten Einzahlungen; gehören alle Anteile an einer Aktiengesellschaft alleine oder neben der Gesellschaft einem Aktionär, dieser Umstand sowie sein Name, gegebenenfalls sein Geburtsdatum bzw. seine Firmenbuchnummer. *(BGBl I 2014/13)*

§ 5a. Bei Europäischen Gesellschaften (SE) sind die für Aktiengesellschaften gemäß § 5 vorgesehenen Angaben, bei Europäischen Genossenschaften (SCE) sind die für Genossenschaften gemäß § 6 vorgesehenen Angaben sowie jeweils folgende weitere Angaben einzutragen:

1. im Fall der Sitzverlegung nach Österreich die bisherige Firma, der bisherige Sitz, das Register, bei dem die Europäische Gesellschaft (SE) bzw. die Europäische Genossenschaft (SCE) geführt wurde, und die bisherige Nummer der Eintragung in dieses Register;

2. die beabsichtigte Verlegung des Sitzes in einen anderen Mitgliedstaat;

3. bei der Eintragung der Mitglieder des Verwaltungsrats (§ 3 Z 8) auch eine allfällige Funktion als Vorsitzender, Stellvertreter des Vorsitzenden oder geschäftsführender Direktor.

(BGBl I 2006/103)

§ 6. (1) Bei Erwerbs- und Wirtschaftsgenossenschaften sind ferner einzutragen:

1. das Datum des Genossenschaftsvertrags;

2. die Höhe des Geschäftsanteils und des Haftungsbetrags sowie die Art der Haftung der Genossenschafter;

3. die Art und Weise der von der Genossenschaft ausgehenden Bekanntmachungen;

4. die Verschmelzung nach dem Genossenschaftsverschmelzungsgesetz „und die Spaltung nach dem Genossenschaftsspaltungsgesetz"** „ "*; *(*BGBl 1993/458; **BGBl I 2018/69)*

4a. die beabsichtigte Verschmelzung durch Übertragung des Vermögens der Genossenschaft auf eine Europäische Genossenschaft (SCE) mit Sitz im Ausland; *(BGBl I 2006/103)*

5. die Zugehörigkeit zu einem bestimmten Revisionsverband oder die Befreiung von der Verbandspflicht; *(BGBl I 1997/127)*

6. die Durchführung der Revision und die Zeit, während welcher sie vorgenommen wurde, sowie der Tag der Einreichung eines Mängelberichts; *(BGBl I 1997/127)*

7. der Abschlußstichtag sowie der Tag der Einreichung des Jahres- und Konzernabschlusses (§§ 277 bis 280 „UGB"), falls die Einreichung des Jahresabschlusses oder des Konzernabschlusses vorgeschrieben ist. *(BGBl I 1997/127; BGBl I 2005/120)*

(2) Eintragungen gemäß Abs. 1 Z 6 und 7 gelten als bekanntgemacht und müssen nicht veröffentlicht werden. *(BGBl I 1997/127)*

§ 7. Bei Versicherungsvereinen auf Gegenseitigkeit sind ferner einzutragen:

1. die Höhe des Gründungsfonds und der Tag, an dem der Geschäftsbetrieb erlaubt worden ist;

2. die Verschmelzung nach § 60 des Versicherungsaufsichtsgesetzes 2016 (VAG 2016), BGBl. I Nr. 34/2015, und die Umwandlung nach § 61 VAG 2016; *(BGBl I 2015/34)*

3. Urteile, durch die ein in das Firmenbuch eingetragener Beschluß des obersten Organs eines Versicherungsvereins auf Gegenseitigkeit rechtskräftig für nichtig erklärt wird.

§ 8. Bei Sparkassen ist ferner die Verschmelzung nach § 25 SpG einzutragen.

§ 9. Bei allen Rechtsträgern mit Ausnahme der „Einzelunternehmer" sind die Auflösung und Fortsetzung, bei „eingetragene Personengesellschaften" die Auflösung auch dann, wenn gleichzeitig ein neuer Rechtsträger eingetragen wird, einzutragen. *(BGBl I 2005/120)*

Änderungen (Löschungen)

§ 10. (1) Änderungen eingetragener Tatsachen sind, unbeschadet sonstiger gesetzlicher Vorschriften, beim Gericht unverzüglich anzumelden; das Gericht hat die Eintragungen entsprechend zu ändern, im Fall ihrer Unzulässigkeit zu löschen.

(2) Ist oder wird eine Eintragung in das Firmenbuch wegen Mangels einer wesentlichen Voraussetzung unzulässig, so kann sie das Gericht von Amts wegen löschen.

(3) [1]Liegen bei einer Aktiengesellschaft die Voraussetzungen des § 216 Abs. 1 AktG vor, so hat das Gericht die Nichtigkeit der Gesellschaft einzutragen. [2]Dies gilt sinngemäß auch für Gesellschaften mit beschränkter Haftung. *(BGBl 1996/304)*

(4) Das Gericht hat die Eintragung nach § 3 Z 14a auf Antrag oder von Amts wegen zu löschen, wenn glaubhaft gemacht wird, dass die Voraussetzungen für die Zurückweisung nach § 63 „IO" nicht gegeben waren oder nicht mehr gegeben sind. *(BGBl I 2004/161; BGBl I 2010/29)*

Vereinfachte Anmeldung

§ 11. [1]Anmeldungen, die die für Zustellungen maßgebliche Geschäftsanschrift, den Geschäftszweig „die Börsenotierung, die Adresse der Internetseite,", den Vorsitzenden, seine Stellvertreter und die übrigen Mitglieder des Aufsichtsrats sowie die Gesellschafter einer Gesellschaft mit beschränkter Haftung, deren Stammeinlagen oder die darauf geleisteten Einzahlungen betreffen, bedürfen nicht der beglaubigten Form. [2]Es genügt die Unterfertigung namens des Rechtsträgers durch vertretungsbefugte Personen in der zur Vertretung notwendigen Anzahl. *(BGBl I 2011/53)*

Urkundensammlung

§ 12. (1) [1]Urkunden, auf Grund deren eine Eintragung im Hauptbuch vorgenommen wird oder für die die Aufbewahrung bei Gericht angeordnet ist, sind in die Urkundensammlung aufzunehmen. [2]Dies gilt auch für die Anmeldung, wenn diese selbst Grundlage der Eintragung ist. [3]Wird eine Urkunde mehrfach vorgelegt, so ist sie nur einmal in die Urkundensammlung aufzunehmen.

(2) [1]Den Urkunden in deutscher Sprache können beglaubigte Übersetzungen der Urkunden in eine Amtssprache der Europäischen Gemeinschaft angeschlossen werden. [2]Auf die Übersetzungen ist in der Datenbank des Firmenbuchs in geeigneter Weise hinzuweisen. [3]Im Fall einer Abweichung zwischen den in deutscher Sprache offen gelegten Urkunden und Angaben und diesen Übersetzungen können letztere Dritten nicht entgegengehalten werden; diese können sich jedoch auf diese Übersetzungen berufen, es sei denn, derjenige, der die Urkunden eingereicht hat, weist nach, dass ihnen die deutsche Fassung bekannt war.

(BGBl I 2006/103, ab 1. 1. 2007)

Mitteilungspflichten

§ 13. (1) Die Gerichte und Verwaltungsbehörden, die Staatsanwaltschaften, die zuständigen gesetzlichen Interessenvertretungen, sowie die Notare als Gerichtskommissäre in Verlassenschaftssachen haben die zu ihrer Kenntnis gelangenden Fälle einer unrichtigen, unvollständigen oder unterlassenen Anmeldung oder Eintragung dem Gericht unverzüglich mitzuteilen.

(2) [1]Die Gewerbebehörde ist verpflichtet, bei den nach § 2 eingetragenen Rechtsträgern das Erlöschen der einzigen oder letzten Gewerbeberechtigung unverzüglich dem Gericht mitzuteilen. [2]Dieser Mitteilungspflicht ist durch Verknüpfung der Daten des Gewerbeinformationssystems Austria (GISA) mit der Datenbank des Firmenbuchs nachzukommen. *(BGBl I 2017/60)*

Befassung der zuständigen gesetzlichen Interessenvertretung

§ 14. (1) Das Gericht kann in Zweifelsfällen zur Vermeidung unrichtiger Eintragungen die zuständige gesetzliche Interessenvertretung befassen.

(2) Hat das Gericht die Interessenvertretung um eine Stellungnahme zu einer Eintragungsvoraussetzung, etwa zur Zulässigkeit des Firmenwortlauts „ “, ersucht, und die Interessenvertretung binnen einer vom Gericht gesetzten, mindestens vierzehntägigen Frist keine Stellungnahme abgegeben, so ist anzunehmen, daß die Interessenvertretung die entsprechende Eintragungsvoraussetzung bejaht. *(BGBl I 2005/120)*

(3) Die zuständigen gesetzlichen Interessenvertretungen, bei Eintragungen von Erwerbs- oder Wirtschaftsgenossenschaften die hiefür gesetzlich zuständigen Revisionsverbände, haben das Gericht bei der Vermeidung unrichtiger Eintragungen, bei der Berichtigung und Vervollständigung des Firmenbuchs sowie beim Einschreiten wegen unzulässigen Firmengebrauchs zu unterstützen; sie können zu diesem Zweck Anträge stellen und Rechtsmittel erheben.

2. ABSCHNITT
Verfahren

Allgemeines

§ 15. (1) Soweit nichts anderes bestimmt ist, sind die allgemeinen Bestimmungen des Außerstreitgesetzes, ausgenommen die §§ 72 bis 77 über das Abänderungsverfahren, anzuwenden. *(BGBl I 2003/112)*

(2) Rechtsträger, die ihre Rechtspersönlichkeit erst durch die Eintragung in das Firmenbuch erlangen, sind im Verfahren über die erste Eintragung parteifähig und von den vorgesehenen Organen zu vertreten.

Eintragungsbegehren

§ 16. (1) [1]Die Anmeldung hat die begehrte Eintragung bestimmt zu bezeichnen. „[2]Eine Anmeldung zum Firmenbuch ist in der Regel schriftlich einzubringen; nur unter berücksichtigungswürdigen Umständen kann eine Anmeldung zu Protokoll erklärt werden.“ *(BGBl I 2004/161)*

(2) Wurde bereits eine Gewerbeberechtigung erteilt, so ist bei der ersten Anmeldung zum Firmenbuch auch das Ordnungsmerkmal der erteilten Gewerbeberechtigung anzuführen.

(BGBl I 1997/10)

Verbesserung

§ 17. (1) Ist eine Anmeldung zur Eintragung in das Firmenbuch unvollständig oder steht der Eintragung ein sonstiges behebbares Hindernis entgegen, so hat das Gericht dem Antragsteller die Behebung des Mangels aufzutragen, erforderlichenfalls die hiefür notwendigen Anleitungen zu geben und eine angemessene Frist zu setzen; war die Anmeldung gesetzlich befristet und wird der Mangel innerhalb der vom Gericht gesetzten Frist behoben, so ist die Anmeldung als am Tag ihres ersten Einlangens überreicht anzusehen.

(2) Ein Beschluß nach Abs. 1 kann durch ein abgesondertes Rechtsmittel nicht angefochten werden.

Verständigung

§ 18. [1]Soll durch eine Verfügung des Gerichts in Rechte eines in das Firmenbuch Eingetragenen eingegriffen werden, so ist dieser hievon zu verständigen; das Gericht hat ihn hiebei unter Setzung einer angemessenen, mindestens vierzehntägigen Frist zur Äußerung aufzufordern und kann im Falle der Nichtäußerung annehmen, daß er der beabsichtigten Verfügung keine Einwendungen entgegensetzt; die Aufforderung hat den Hinweis auf diese Rechtsfolge zu enthalten. [2]Dies gilt jedoch nicht in den Fällen des § 24. „[3]Die §§ 8 Abs. 2 und 15 des Außerstreitgesetzes sind nicht anzuwenden.“ *(BGBl I 2004/161)*

Unterbrechung des Verfahrens

§ 19. (1) Hängt die Entscheidung über eine Eintragung oder Änderung (Löschung) ganz oder zum Teil vom Bestehen oder Nichtbestehen eines Rechtsverhältnisses ab, das Gegenstand eines anderen anhängigen Gerichtsverfahrens ist oder das in einem anhängigen Verwaltungsverfahren festzustellen ist, so kann das Gericht anordnen, daß sein Verfahren so lange unterbrochen wird, bis in Ansehung dieses Rechtsverhältnisses eine rechtskräftige Entscheidung vorliegt.

(2) Das Gericht hat von einer Unterbrechung abzusehen oder sie aufzuheben und auf Grund der Aktenlage zu entscheiden, wenn das rechtliche oder wirtschaftliche Interesse an einer raschen Erledigung erheblich überwiegt.

(3) Die Abweisung oder Zurückweisung eines Antrags auf Unterbrechung kann nicht angefochten werden.

Entscheidung des Gerichts

§ 20. (1) [1]Der Beschluss des Gerichts über die Eintragung hat auch deren Wortlaut zu enthalten. [2]Eine Begründung kann auch dann unterbleiben, wenn keine der nach § 18 zu verständigenden Personen der Eintragung Einwendungen entgegengesetzt hat. [3]Der Beschluss ist sofort zu vollziehen, außer es wird im Beschluss der Vollzug erst nach Rechtskraft ausdrücklich angeordnet. *(BGBl I 2004/161)*

(2) Der Beschluß des Rechtsmittelgerichts, mit dem eine Eintragung rechtskräftig geändert oder aufgehoben wird, ist vom Gericht erster Instanz zu vollziehen.

Zustellungen

§ 21. (1) Der Beschluß über die Eintragung ist dem Antragsteller, der zuständigen gesetzlichen Interessenvertretung, bei Eintragungen von Erwerbs- und Wirtschaftsgenossenschaften dem zuständigen gesetzlichen Revisionsverband und dem Betroffenen zuzustellen.

(2) Für Parteien, denen der Beschluss über die Eintragung nicht nach Abs. 1 zuzustellen ist, treten die Folgen der Zustellung mit der öffentlichen Bekanntmachung ein. *(BGBl I 2004/161)*

(3) [1]Misslingt eine Zustellung an der für Zustellungen maßgeblichen Geschäftsanschrift (§ 3 Z 4), weil dort keine Abgabestelle besteht und eine andere nicht festgestellt werden kann, so ist zunächst die Zustellung an den dem Gericht bekannten Privatanschriften des „Unternehmers“ bzw. der Mitglieder des vertretungsbefugten Organs der sonstigen Rechtsträger und eines Prokuristen zu versuchen. [2]Bleibt dies gleichfalls erfolglos, so kann diese Zustellung wie alle weiteren Zustellungen durch Aufnahme in die Ediktsdatei (im Sinn des § 25 Zustellgesetz) erfolgen; hierauf ist in der öffentlichen Bekanntmachung hinzuweisen. [3]Die Zustellung gilt als bewirkt, wenn zwei Wochen seit Aufnahme in die Ediktsdatei verstrichen sind. [4]Das Gericht hat den Umstand, dass eine für Zustellungen maßgebliche Geschäftsanschrift unbekannt ist, von Amts wegen in das Firmenbuch einzutragen (§ 3 Z 4a). *(BGBl I 2004/161; BGBl I 2005/120)*

(4) Bekanntmachungen nach Abs. 3 sind ein Jahr lang abfragbar zu halten. *(BGBl I 2004/161)*

„(5)“ Sonstige gesetzliche Zustellungsanordnungen bleiben unberührt. *(BGBl I 2004/161)*

Benachrichtigungen

§ 22. (1) [1]Von allen Eintragungen ist das „Finanzamt für Gebühren, Verkehrsteuern und Glücksspiel“** zu benachrichtigen. „[2]Der Bundesminister für Justiz wird ermächtigt, nach Maßgabe der technischen und personellen Möglichkeiten sowie unter Bedachtnahme auf die wirtschaftliche Vertretbarkeit im Einvernehmen mit dem Bundesminister für Finanzen anzuordnen, daß diese Benachrichtigungen auf elektronischem Wege erfolgen; er kann hiebei zur Vereinfachung von Verwaltungsabläufen bestimmen, auf welche Daten die Benachrichtigungspflicht beschränkt wird und an welche Organisationseinheiten diese Daten zu übermitteln sind.“* *(*BGBl I 1997/127; **BGBl I 2010/111)*

Fassung ab 1. 7. 2020 (BGBl I 2019/104):
(1) [1]Von allen Eintragungen ist das „Finanzamt „Österreich“***“** zu benachrichtigen. „[2]Der Bundesminister für Justiz wird ermächtigt, nach Maßgabe der technischen und personellen Möglichkeiten sowie unter Bedachtnahme auf die wirtschaftliche Vertretbarkeit im Einvernehmen mit dem Bundesminister für Finanzen anzuordnen, daß diese Benachrichtigungen auf elektronischem Wege erfolgen; er kann hiebei zur Vereinfachung von Verwaltungsabläufen bestimmen, auf welche Daten die Benachrichtigungspflicht beschränkt wird und an welche Organisationseinheiten diese Daten zu übermitteln sind.“* *(*BGBl I 1997/127; **BGBl I 2010/111; ***BGBl I 2019/104)*

(2) Die Sozialversicherungsanstalt der gewerblichen Wirtschaft ist zu benachrichtigen:

1. Bei einer eingetragenen Personengesellschaft, in der zumindest eine natürliche Person

unbeschränkt haftender Gesellschafter ist bzw. wird,

a) von der Eintragung oder Löschung einer solchen natürlichen Person als unbeschränkt haftender Gesellschafter, unter Anführung des Tages, an dem die Anmeldung bei Gericht eingelangt ist;

b) von Änderungen der Firma, der Rechtsform, des Sitzes oder der Geschäftsanschrift der Gesellschaft.

2. Bei einer Gesellschaft mit beschränkter Haftung, in der zumindest eine natürliche Person zugleich Geschäftsführer und Gesellschafter ist bzw. wird,

a) von der Eintragung oder Löschung einer solchen natürlichen Person als Geschäftsführer oder Gesellschafter, unter Anführung des Tages, an dem die Anmeldung bei Gericht eingelangt ist;

b) von Eintragungen betreffend die Höhe der von einer solchen natürlichen Person übernommenen Stammeinlage;

c) von Änderungen der Firma, der Rechtsform, des Sitzes oder der Geschäftsanschrift der Gesellschaft.
(BGBl I 2017/60)

(2a) [1]Von allen Eintragungen ist die Oesterreichische Nationalbank, soweit sie diese Daten für ihr gesetzlich oder gemeinschaftsrechtlich zugewiesene Aufgaben benötigt, zu benachrichtigen. [2]Der Bundesminister für Justiz wird ermächtigt, nach Maßgabe der technischen und personellen Möglichkeiten anzuordnen, dass diese Benachrichtigungen gegen Kostenersatz auf elektronischem Weg erfolgen. *(BGBl I 2004/67)*

(3) Diese Benachrichtigungen sind nach Maßgabe der technischen Möglichkeiten auf automationsunterstütztem Weg durchzuführen. *(BGBl I 1997/10)*

Einschreiten von Notaren

§ 23. [1]Ist die zu einer Eintragung erforderliche Erklärung von einem Notar beurkundet oder beglaubigt, so gilt dieser als ermächtigt, im Namen des zur Anmeldung Verpflichteten die Eintragung zu beantragen. [2]Der Notar ist auch berechtigt, Zustellungen in Empfang zu nehmen und Rechtsmittel zu erheben.

Zwangsstrafen

§ 24. (1) Wer verpflichtet ist, eine Anmeldung, eine Zeichnung der Namensunterschrift oder eine Einreichung von Schriftstücken zum Firmenbuch vorzunehmen, oder wer eine ihm nicht zustehende Firma gebraucht, ist vom Gericht durch Zwangsstrafen bis zu 3 600 Euro anzuhalten, seine Verpflichtung zu erfüllen bzw. den Gebrauch der Firma zu unterlassen.

(2) [1]Kommt der Betroffene einer gerichtlichen Anordnung nach Abs. 1 innerhalb von zwei Monaten nach Eintritt der Rechtskraft des Beschlusses über die Verhängung der Zwangsstrafe nicht nach, so ist eine weitere Zwangsstrafe bis zu 3 600 Euro zu verhängen und – wurde zuvor bereits einmal nach diesem Absatz vorgegangen – der Beschluss über die verhängte Zwangsstrafe zu veröffentlichen. [2]Eine wiederholte Verhängung von Zwangsstrafen ist zulässig.

(3) [1]Vor Verhängung der ersten Zwangsstrafe ist der Betroffene aufzufordern, die Verpflichtung zu erfüllen bzw. den Gebrauch der Firma zu unterlassen oder darzutun, dass die Verpflichtung nicht besteht bzw. der Gebrauch der Firma rechtmäßig ist, und eine konkrete Zwangsstrafe für den Fall der Nichtbefolgung anzudrohen. [2]Diese Aufforderung ist wie eine Klage zuzustellen.

(4) Das Gericht kann anstelle der Androhung einer Zwangsstrafe (Abs. 3) mit Zwangsstrafverfügung im Bereich des für den Pflichtverstoß vorgesehenen Strafrahmens vorgehen, wenn der Pflichtverstoß anhand der Umstände naheliegt; diesfalls sind die Bestimmungen des § 283 Abs. 2 und 3 UGB sinngemäß anzuwenden.

(5) [1]Kommen die gesetzlichen Vertreter einer mittelgroßen (§ 221 Abs. 2 UGB) Kapitalgesellschaft ihren Verpflichtungen auch nach Verhängung einer weiteren Zwangsstrafe nicht nach, so beträgt der Höchstbetrag nach Abs. 2 das Dreifache, kommen die gesetzlichen Vertreter einer großen (§ 221 Abs. 3 UGB) Kapitalgesellschaft ihren Verpflichtungen auch nach Verhängung einer weiteren Zwangsstrafe nicht nach, beträgt dieser Höchstbetrag das Sechsfache. [2]Als Grundlage für die Größenklasse kann der zuletzt vorgelegte Jahresabschluss herangezogen werden. [3]Eine verhängte Zwangsstrafe ist auch dann zu vollstrecken, wenn der gerichtlichen Anordnung nachgekommen wurde oder deren Erfüllung unmöglich geworden ist.

(BGBl I 2010/111)

Diakritische Zeichen

§ 25. [1]Entspricht eine am 1. Jänner 2016 im Firmenbuch aktuell eingetragene Schreibweise mangels Verwendung diakritischer Zeichen nicht der tatsächlichen Schreibweise, so ist die Schreibweise auf Antrag zu berichtigen. [2]Solche Anträge sowie Anträge auf Änderung der Firma, die ausschließlich die Aufnahme diakritischer Zeichen zur Anpassung an eine tatsächliche Schreibweise betreffen, können als vereinfachte Anmeldungen im Sinn des § 11 erfolgen und sind von Gerichtsgebühren befreit, wenn sie bis zum 31. Dezember 2018 gestellt werden, keine anderen Anträge enthalten und auf die Inanspruchnahme der Gebührenbefreiung nach dieser Bestimmung hingewiesen wird.

(BGBl I 2015/156)

Berichtigungen

§ 26. (1) Schreibfehler und andere offenbare Unrichtigkeiten einer Eintragung sind auf Antrag oder von Amts wegen zu berichtigen.

(2) Eine öffentliche Bekanntmachung kann unterbleiben, wenn die Berichtigung einen offensichtlich unwesentlichen Punkt der Eintragung betrifft.

Anträge

§ 27. Der Bundesminister für Justiz kann für die Einbringung von Anträgen zum Firmenbuch mit Verordnung die Verwendung von amtlichen Formularen anordnen, um eine zweckmäßige Behandlung der Anträge zu ermöglichen.

3. ABSCHNITT

Bestimmungen für das ADV-Firmenbuch

Umstellung des Firmenbuchs auf ADV

§ 28. Der Bundesminister für Justiz wird ermächtigt, die Umstellung des Firmenbuchs auf automationsunterstützte Datenverarbeitung (ADV) nach Maßgabe der technischen und personellen Möglichkeiten sowie unter Bedachtnahme auf die wirtschaftliche Vertretbarkeit anzuordnen; dies auch nur für bestimmte Gerichte, bestimmte Rechtsträger nach § 2 oder bestimmte Teile des Firmenbuchs.

Datenbank des Firmenbuchs

§ 29. Das Hauptbuch und die Urkundensammlung sind durch Speicherung in einer Datenbank zu führen (Datenbank des Firmenbuchs).

(BGBl I 2006/103, ab 1. 1. 2007; siehe § 43)

Firmenbuchnummer

§ 30. In der Datenbank des Firmenbuchs ist jeder Rechtsträger nach § 2 jeweils unter einer fortlaufenden Nummer zu führen.

Löschung von Eintragungen

§ 31. Zu löschende Eintragungen sind in der Datenbank des Firmenbuchs entsprechend zu kennzeichnen und müssen weiter abfragbar bleiben (§ 33 Abs. 4).

Vollzug

§ 32. (1) In die Eintragung ist ein Verweis auf den zugrundeliegenden Gerichtsbeschluß und das Datum des Vollzugs der Eintragung aufzunehmen.

(2) Nach dem Vollzug dürfen Eingabefehler nur noch im Verfahren nach § 26 berichtigt werden.

Auszüge und Einsichtnahme bei Gericht

§ 33. (1) Die Einsicht in das Hauptbuch (§ 9 „UGB") ist durch Ausdrucke (Firmenbuchauszüge) zu gewähren. *(BGBl I 2005/120)*

(2) Die Einsicht in die zur Urkundensammlung eingereichten Schriftstücke ist durch Ausdrucke dieser Urkunden zu gewähren. *(BGBl I 2006/103, ab 1. 1. 2007)*

(2a) Auf Verlangen hat das Gericht kurze Mitteilungen über die in die Urkundensammlung aufgenommenen Urkunden mündlich zu erteilen; statt dessen kann eine dementsprechende Einsicht in die Urkundensammlung mit Hilfe geeigneter technischer Vorrichtungen gewährt werden. *(BGBl I 2006/103, ab 1. 1. 2007)*

(3) Auszüge aus dem Firmenbuch sind von jedem in § 120 JN genannten Gerichtshof, nach Maßgabe der technischen Möglichkeiten auch von den Bezirksgerichten zu gewähren.

(4) Gelöschte Eintragungen werden nur auf besonderen Antrag in den Auszug aufgenommen.

(5) Im Firmenbuchauszug ist auch die OeNB-Identnummer wiederzugeben. *(BGBl I 2017/60)*

Firmenbuchabfrage

§ 34. (1) Nach Maßgabe der technischen und personellen Möglichkeiten ist jedermann zur Einzelabfrage aus dem Firmenbuch mittels automationsunterstützter Datenübermittlung befugt.

(1a) [1]Elektronische Auszüge aus der Datenbank des Firmenbuchs sind zu beglaubigen. [2]Der Beglaubigungsvermerk besteht darin, dass mit der elektronischen Signatur der Justiz (§ 89c Abs. 3 GOG) bestätigt wird, dass die Urkunde mit den in der Firmenbuchdatenbank gespeicherten Daten übereinstimmt. *(BGBl I 2006/103, ab 1. 1. 2007; siehe auch § 43)*

(1b) Für die Einzelabfrage ist auch ein Teilauszug (Kurzinformation) anzubieten, der neben der Firmenbuchnummer die Firma, die Rechtsform, den Sitz, den Registerstaat und die Geschäftsanschrift des Rechtsträgers enthält. *(BGBl I 2017/60)*

(2) Firmenbuchabfragen, die sich auf den gesamten Datenbestand des Firmenbuchs, auf Veränderungen desselben oder auf beides beziehen, können vom Bundesminister für Justiz nach den Bestimmungen des Informationsweiterverwendungsgesetzes, BGBl. I Nr. 135/2005 in der je-

weils geltenden Fassung, lizenziert werden; die Lizenz darf in Ansehung personenbezogener Daten nur eine Verwendung im Zusammenhang mit den Zwecken des Firmenbuchs erlauben. *(BGBl I 2015/156)*

Einsicht bei Notaren

§ 35. Notare haben in ihrer Amtskanzlei die technischen Voraussetzungen für die Firmenbuchabfrage mittels automationsunterstützter Datenübermittlung zu schaffen und jedermann Einsicht in das Firmenbuch zu gewähren (§ 9 „UGB"). *(BGBl I 2005/120)*

Anmeldung bei Rechtsanwälten und Notaren

§ 35a. (1) Rechtsanwälte haben über die technischen Voraussetzungen für die elektronische Anbringung von Anmeldungen zur Eintragung in das Firmenbuch zu verfügen (§ 9 Abs. 1a RAO).

(2) [1]Notare haben in ihrer Amtskanzlei die technischen Voraussetzungen zur elektronischen Weiterleitung von Anmeldungen zur Eintragung in das Firmenbuch zu schaffen und sind gegenüber jedermann zur Entgegennahme schriftlicher Anmeldungen an Stelle des Gerichts und zur Weiterleitung der Anmeldungen verpflichtet. [2]Der Bundesminister für Justiz hat nach Anhörung der Österreichischen Notariatskammer unter Bedachtnahme auf die technischen Möglichkeiten des Firmenbuchs und die technischen Möglichkeiten der notariellen Amtsstellen sowie die Erfordernisse einer geordneten Rechtspflege mit Verordnung den Zeitpunkt festzusetzen, bis zu dem die technischen Voraussetzungen für die Weiterleitung von Anmeldungen zur Eintragung in das Firmenbuch geschaffen werden müssen, sowie die näheren Umstände der Entgegennahme und Weiterleitung zu regeln.

(BGBl 1996/304)

Elektronische Einbringung von Eingaben

§ 35b. (1) Eingaben im Firmenbuchverfahren können im Sinn der §§ 89a ff GOG bei Gericht elektronisch eingebracht werden, sofern sie und allfällige Beilagen nach Umfang und Struktur dafür geeignet sind.

(2) Die nähere Vorgangsweise bei diesen elektronischen Anbringen, insbesondere die Sicherung der Identität der Einbringer und die Art und Weise, wie Beilagen vorzulegen sind, sowie die zulässigen elektronischen Formate sind in der Verordnung des Bundesministers für Justiz über den Elektronischen Rechtsverkehr (§ 89 Abs. 2 GOG) festzulegen.

(BGBl I 2006/103, ab 1. 1. 2007)

Auflagen

§ 36. Für die Abfrage aus dem Firmenbuch können zur Sicherung des ordnungsgemäßen Betriebs Auflagen erteilt werden.

Europäisches System der Registervernetzung

§ 37. (1) [1]Eintragungen im Hauptbuch und in die Urkundensammlung aufgenommene Urkunden werden nach Maßgabe des Abs. 4 erster Satz auch über das Europäische Justizportal zugänglich gemacht. [2]Zu diesem Zweck wird der Inhalt der Datenbank des Firmenbuchs (§ 29) insoweit an die zentrale Europäische Plattform nach Art. 4a Abs. 1 der Richtlinie 2009/101/EG zur Koordinierung der Schutzbestimmungen, die in den Mitgliedstaaten den Gesellschaften im Sinne des Artikels 48 Absatz 2 des Vertrags im Interesse der Gesellschafter sowie Dritter vorgeschrieben sind, um diese Bestimmungen gleichwertig zu gestalten, ABl. Nr. L 258 vom 01.10.2009 S. 11, zuletzt geändert durch die Richtlinie 2013/24/EU, ABl. Nr. L 158 vom 10.06.2013 S. 365, übermittelt, als dies für die Eröffnung eines Zugangs zu den authentischen Firmenbuchdaten über den Suchdienst des Europäischen Justizportals erforderlich ist.

(2) Den im Firmenbuch eingetragenen inländischen Rechtsträgern (§ 2) und den inländischen Zweigniederlassungen ausländischer Rechtsträger (§ 12 UGB) wird automationsunterstützt eine einheitliche Europäische Kennung zugeordnet.

(3) [1]Die Firmenbuchgerichte nehmen in Bezug auf die in Abs. 2 genannten Rechtsträger und Zweigniederlassungen nach Maßgabe des Abs. 4 erster Satz am Informationsaustausch zwischen den Registern über die zentrale Europäische Plattform teil. [2]Zu diesem Zweck übermittelt das für eine Gesellschaft oder einen sonstigen Rechtsträger mit Sitz im Inland zuständige Firmenbuchgericht nach Maßgabe des Abs. 4 an die zentrale Europäische Plattform automationsunterstützt Informationen über

1. die Eintragung der Eröffnung oder Aufhebung eines Insolvenzverfahrens über das Vermögen des Rechtsträgers,

2. die Eintragung der Auflösung der Gesellschaft und die Eintragung über den Schluss der Liquidation oder Abwicklung oder über die Fortsetzung der Gesellschaft,

3. die Löschung des Rechtsträgers sowie

4. das Wirksamwerden einer grenzüberschreitenden Verschmelzung nach § 3 Abs. 2 EU-VerschG in Verbindung mit § 225a Abs. 3 AktG.

(4) [1]Der Bundesminister für Justiz hat durch Verordnung die Rechtsformen der Rechtsträger und in Bezug auf Zweigniederlassungen ausländischer Rechtsträger auch die Staaten deren Satzungssitzes festzulegen, über die Firmenbuchda-

ten gemäß Abs. 1 zugänglich gemacht werden und für die ein Informationsaustausch gemäß Abs. 3 stattfindet. [2]Weiters kann der Bundesminister für Justiz durch Verordnung nähere Bestimmungen treffen über

1. die Struktur, die Zuordnung und die Verwendung der Europäischen Kennung,

2. den Umfang der Mitteilungspflicht im Rahmen des Informationsaustauschs zwischen den Registern und die Liste der dabei zu übermittelnden Daten,

3. die Einzelheiten des elektronischen Datenverkehrs nach den Abs. 1 und 3 einschließlich Vorgaben über Datenformate und Zahlungsmodalitäten sowie

4. den Zeitpunkt der erstmaligen Datenübermittlung.

(BGBl I 2017/60)

Anwendung des Datenschutzgesetzes

§ 38. *(aufgehoben, BGBl I 2004/128)*

4. ABSCHNITT

Bestimmungen über die Löschung vermögensloser Gesellschaften

Auflösung zufolge Nichteröffnung oder Aufhebung des Insolvenzverfahrens mangels kostendeckenden Vermögens

§ 39. (1) Jede in das Firmenbuch einzutragende Gesellschaft ist außer den in anderen Gesetzen genannten Fällen mit der Rechtskraft des Beschlusses aufgelöst, durch den das Insolvenzverfahren mangels kostendeckenden Vermögens nicht eröffnet oder aufgehoben wird. *(BGBl I 2010/58)*

(2) Die Auflösung ist von Amts wegen in das Firmenbuch einzutragen.

(BGBl I 1999/74)

Vermögenslosigkeit

§ 40. (1) [1]Eine Kapitalgesellschaft, die kein Vermögen besitzt, kann auf Antrag der nach dem Sitz der Gesellschaft zuständigen gesetzlichen Interessensvertretung oder der Steuerbehörde oder von Amts wegen gelöscht werden; mit der Löschung gilt die Gesellschaft als aufgelöst. [2]Eine Abwicklung findet nicht statt. [3]Sofern das Vorhandensein von Vermögen nicht offenkundig ist, gilt eine Kapitalgesellschaft bis zum Beweis des Gegenteils auch dann als vermögenslos, „wenn sie die Jahresabschlüsse und gegebenenfalls die Lageberichte (§§ 277 ff UGB) von zwei aufeinanderfolgenden Geschäftsjahren nicht vollzählig zum Firmenbuch eingereicht hat und seit dem Zeitpunkt, zu dem der Jahresabschluss für das zweite Geschäftsjahr einzureichen gewesen wäre, mindestens sechs Monate vergangen sind“. *(BGBl I 2017/60)*

Fassung ab 1. 7. 2020 (BGBl I 2019/104):

(1) [1]Eine Kapitalgesellschaft, die kein Vermögen besitzt, kann auf Antrag der nach dem Sitz der Gesellschaft zuständigen gesetzlichen Interessensvertretung oder „eines Finanzamtes“** oder von Amts wegen gelöscht werden; mit der Löschung gilt die Gesellschaft als aufgelöst. [2]Eine Abwicklung findet nicht statt. [3]Sofern das Vorhandensein von Vermögen nicht offenkundig ist, gilt eine Kapitalgesellschaft bis zum Beweis des Gegenteils auch dann als vermögenslos, „wenn sie die Jahresabschlüsse und gegebenenfalls die Lageberichte (§§ 277 ff UGB) von zwei aufeinanderfolgenden Geschäftsjahren nicht vollzählig zum Firmenbuch eingereicht hat und seit dem Zeitpunkt, zu dem der Jahresabschluss für das zweite Geschäftsjahr einzureichen gewesen wäre, mindestens sechs Monate vergangen sind“*. *(* BGBl I 2017/60; ** BGBl I 2019/104)*

(2) [1]Vor der Löschung sind die nach dem Sitz der Gesellschaft zuständige gesetzliche Interessenvertretung und die Steuerbehörde zu hören, sofern diese nicht ohnehin selbst Antragsteller waren. [2]Äußern sich diese Stellen binnen vier Wochen nicht, so gilt ihre Zustimmung als gegeben.

Fassung ab 1. 7. 2020 (BGBl I 2019/104):

(2) [1]Vor der Löschung sind die nach dem Sitz der Gesellschaft zuständige gesetzliche Interessenvertretung und „das Finanzamt“ zu hören, sofern diese nicht ohnehin selbst Antragsteller waren. [2]Äußern sich diese Stellen binnen vier Wochen nicht, so gilt ihre Zustimmung als gegeben. *(BGBl I 2019/104)*

(3) Gerichte und Steuerbehörden haben einander die erbetenen für die Vollziehung dieses Bundesgesetzes erforderlichen Auskünfte zu erteilen.

Fassung ab 1. 7. 2020 (BGBl I 2019/104):

(3) Gerichte und „Finanzämter“ haben einander die erbetenen für die Vollziehung dieses Bundesgesetzes erforderlichen Auskünfte zu erteilen. *(BGBl I 2019/104)*

(4) [1]Stellt sich nach der Löschung das Vorhandensein von Vermögen heraus, das der Verteilung unterliegt, so findet die Abwicklung statt. [2]Die Abwickler sind auf Antrag eines Beteiligten vom Gericht zu ernennen.

(BGBl I 1999/74)

Zustellungen an Gesellschaften ohne gesetzlichen Vertreter

§ 41. „(1)“** [1]„Hat eine Gesellschaft mit beschränkter Haftung keine gesetzlichen Vertreter, so kann die Verständigung von der beabsichtigten

Löschung gemäß § 40 Abs. 1 an die Gesellschafter durch einmonatige Aufnahme in die Ediktsdatei (im Sinn des § 25 Zustellgesetz) zugestellt werden. [2]Diese Verständigung hat den Hinweis zu enthalten, dass alle weiteren Zustellungen im Löschungsverfahren an die zuletzt dem Gericht bekannte Anschrift der Gesellschafter erfolgen werden.“** [3]Das Gericht hat die Gesellschafter an dieser Anschrift über Form und Inhalt dieser öffentlichen Bekanntmachung zu benachrichtigen. [4]Ein Zustellanstand hinsichtlich dieser Benachrichtigung hindert das weitere Verfahren nicht. [5]Der Löschungsbeschluss ist den Gesellschaftern an dieser Anschrift zuzustellen. [6]Unabhängig von dieser Zustellung an die Gesellschafter gilt die Zustellung des Löschungsbeschlusses an die Gesellschaft und an die Gesellschafter vier Wochen nach Aufnahme in die Ediktsdatei (§ 10 Abs. 1 „UGB“*) als bewirkt. *(BGBl I 2004/67; *BGBl I 2005/120; **BGBl I 2017/60)*

(2) [1]Auf Aktiengesellschaften ist Abs. 1 mit der Maßgabe anzuwenden, dass die Benachrichtigungen und Zustellungen statt an die Gesellschafter an die zuletzt im Firmenbuch eingetragen gewesenen oder noch aktuell eingetragenen Mitglieder des Vorstands und des Aufsichtsrats zu erfolgen haben. [2]Hat die Aktiengesellschaft einen im Firmenbuch eingetragenen Alleinaktionär (§ 35 AktG), so ist dieser ebenfalls zu verständigen. *(BGBl I 2017/60)*

(BGBl I 1999/74)

Auflösung und Löschung von Genossenschaften und Privatstiftungen

§ 42. (1) Die §§ 39 bis 41 finden auf Erwerbs- und Wirtschaftsgenossenschaften und auf Privatstiftungen nach Maßgabe der Abs. 2 und 3 Anwendung.

(2) [1]Bei Genossenschaften, die einem Revisionsverband angeschlossen sind, tritt im Fall des § 40 Abs. 1 und 2 der Revisionsverband an die Stelle der gesetzlichen Interessenvertretung. [2]Die Benachrichtigungen und Zustellungen nach § 41 haben statt an die Gesellschafter an die zuletzt im Firmenbuch eingetragen gewesenen oder noch aktuell eingetragenen Mitglieder des Vorstands und gegebenenfalls des Aufsichtsrats zu erfolgen.

(3) [1]Bei Privatstiftungen haben die Benachrichtigungen und Zustellungen nach § 41 statt an die Gesellschafter an die zuletzt im Firmenbuch eingetragen gewesenen oder noch aktuell eingetragenen Mitglieder des Vorstands und gegebenenfalls des Aufsichtsrats sowie an den derzeitigen oder letzten Stiftungsprüfer zu erfolgen. [2]Soweit Stifter vorhanden sind, sind diese ebenfalls zu verständigen.

(BGBl I 2017/60)

Inkrafttreten

§ 43. (1) §§ 5a, 6 Z 4a in der Fassung des Bundesgesetzes BGBl. I Nr. 103/2006 treten am 18. August 2006 in Kraft.

(2) §§ 4, 12, 29, 33, 34, 35b in der Fassung des Bundesgesetzes BGBl. I. Nr. 103/2006 treten am 1. Jänner 2007, § 24 in der Fassung des Bundesgesetzes BGBl. I. Nr. 103/2006 tritt am 1. Juli 2006 in Kraft.

(3) [1]§ 29 in der Fassung des Bundesgesetzes BGBl. I Nr. 103/2006 ist auf Schriftstücke anzuwenden, die nach dem 31. Dezember 2006 eingereicht wurden. [2]Urkunden, die bereits vor dem 31. Dezember 2006 eingereicht und noch nicht in die Datenbank des Firmenbuchs aufgenommen wurden, sind in diese aufzunehmen, sobald einem Verlangen auf Offenlegung in elektronischer Form stattgegeben wird. [3]Im übrigen ist die Urkundensammlung nach Maßgabe der technischen Möglichkeiten als Teil der Datenbank des Firmenbuchs zu führen.

(4) [1]In die Teile der Urkundensammlung, die in Papierform geführt werden, ist in der Geschäftsstelle des Gerichts Einsicht zu gewähren. [2]Auf Verlangen sind von nur in Papierform vorliegenden Schriftstücken Ablichtungen zu übermitteln. [3]In diese Schriftstücke wird darüber hinaus auf Verlangen Einsicht in elektronischer Form gewährt, wenn sie Kapitalgesellschaften betreffen und nicht mehr als zehn Jahre vor dem Einlangen des Einsichtsverlangens eingereicht wurden. [4]Die Einsicht in elektronischer Form ist dadurch zu gewähren, dass die gewünschte Urkunde in die Datenbank des Firmenbuchs aufgenommen und der Einsichtswerber hievon zum Zweck der Abfrage nach § 34 verständigt wird. [5]Die Gebühren für die Aufnahme von Urkunden in die Datenbank des Firmenbuchs zum Zweck der Abfrage nach § 34 bestimmt der Bundesminister für Justiz hinsichtlich Höhe, Art und Zeitpunkt der Entrichtung ebenso wie die nähere Vorgehensweise bei der Aufnahme von Urkunden in die Datenbank durch Verordnung. [6]Die Urkunden werden erst dann in die Datenbank des Firmenbuchs aufgenommen, wenn die Gebühr hiefür beigebracht wird. [7]Die Verordnung kann bereits von dem der Kundmachung dieses Bundesgesetzes folgenden Tag an erlassen werden.

(5) § 4 in der Fassung des Bundesgesetzes BGBl. I Nr. 72/2007 tritt am der Kundmachung folgenden Tag, § 5 in der Fassung des Bundesgesetzes BGBl. I Nr. 72/2007 tritt am 15. Dezember 2007 in Kraft. *(BGBl I 2007/72)*

(6) § 3 Abs. 1 Z 14, die Überschrift vor § 39 und § 39 Abs. 1 in der Fassung des Bundesgesetzes BGBl. I Nr. 58/2010 treten mit 1. August 2010 in Kraft. § 3 Abs. 1 Z 14a tritt mit Ablauf des 31. Juli 2010 außer Kraft. *(BGBl I 2010/58)*

(7) Die §§ 22 Abs. 1 und 24 in der Fassung des Budgetbegleitgesetzes 2011, BGBl. I Nr. 111/2010, treten mit 1. Jänner 2011 in Kraft; § 24 ist auf Pflichtverstöße anzuwenden, die nach dem 1. Jänner 2011 gesetzt werden. *(BGBl I 2010/111)*

(8) [1]§ 3 Abs. 3, § 5 Z 4b und § 11 in der Fassung des Gesellschaftsrechts-Änderungsgesetzes 2011, BGBl. I Nr. 53/2011, treten mit 1. August 2011 in Kraft. [2]Die Anmeldung gemäß § 5 Z 4b ist bis zum 31. Juli 2012 vorzunehmen. *(BGBl I 2011/53)*

(9) § 5 in der Fassung des Bundesgesetzes BGBl. I Nr. 13/2014 tritt mit 1. März 2014 in Kraft. *(BGBl I 2014/13)*

(10) § 7 Z 2 in der Fassung des Bundesgesetzes BGBl. I Nr. 34/2015 tritt mit 1. Jänner 2016 in Kraft. *(BGBl I 2015/34)*

(11) § 3 Abs. 1 in der Fassung des Bundesgesetzes BGBl. I Nr. 113/2015 tritt mit 1. Jänner 2016 in Kraft. *(BGBl I 2015/113)*

„(12)“ Die §§ 25 und 34 Abs. 2 in der Fassung des Bundesgesetzes BGBl. I Nr. 156/2015 treten mit 1. Jänner 2016 in Kraft. *(BGBl I 2015/156; BGBl I 2017/60)*

(13) [1]§ 13 Abs. 2, § 22 Abs. 2, § 33 Abs. 5, § 34 Abs. 1b, § 37, § 40 Abs. 1, § 41 und § 42 in der Fassung des Bundesgesetzes BGBl. I Nr. 60/2017 treten mit 1. Juni 2017 in Kraft. [2]In Verfahren, die vor diesem Zeitpunkt eingeleitet wurden, sind § 40 Abs. 1, § 41 und § 42 in der bisher geltenden Fassung weiter anzuwenden. [3]Die Verordnung nach § 37 Abs. 4 darf bereits vor dem 1. Juni 2017 erlassen, jedoch frühestens mit diesem Tag in Kraft gesetzt werden. *(BGBl I 2017/60)*

(14) § 4 in der Fassung des Bundesgesetzes BGBl. I Nr. 58/2018, tritt mit 1. August 2018 in Kraft. Eintragungen über die Bestellung eines Sachwalters sind nach Ablauf des 30. Juni 2019 über Auftrag des Bundesministers für Verfassung, Reformen, Deregulierung und Justiz automatisiert zu löschen. *(BGBl I 2018/58)*

(15) § 22 Abs. 1 sowie § 40 Abs. 1 bis 3, jeweils in der Fassung des Bundesgesetzes BGBl. I Nr. 104/2019, treten mit 1. Juli 2020 in Kraft. *(BGBl I 2019/104)*

(BGBl I 2006/103)

Artikel II – XXI

(nicht abgedruckt)

Soweit die in den Artikeln II – XXI geänderten Gesetze im Kodex Handelsrecht abgedruckt sind, wurden die Änderungen eingearbeitet.

Artikel XXII

Verweisungen

(1) Soweit in diesem Bundesgesetz auf Bestimmungen anderer Bundesgesetze verwiesen wird, sind diese in ihrer jeweils geltenden Fassung anzuwenden.

(2) Soweit in anderen Bundesgesetzen und Verordnungen auf Bestimmungen verwiesen ist, die durch dieses Bundesgesetz geändert oder aufgehoben werden, erhält die Verweisung ihren Inhalt aus den entsprechenden Bestimmungen dieses Bundesgesetzes.

(3) [1]Die Worte „Handelsregister“ und „Genossenschaftsregister“ werden in allen bundesgesetzlichen Regelungen durch das Wort „Firmenbuch“ ersetzt. [2]Dasselbe gilt für Wortverbindungen, in denen diese Worte verwendet werden. [3]Soweit in bundesgesetzlichen Regelungen auf die Abteilungen A oder B (des Handelsregisters) verwiesen wird, hat dieser Hinweis zu entfallen.

Artikel XXIII

Übergangsbestimmungen

(1) Das Gericht hat den Beginn der Umstellung des Firmenbuchs auf ADV und den nach § 28 FBG angeordneten Umfang der Umstellung mit Edikt kundzumachen.

(2) Ab diesem Zeitpunkt werden Neueintragungen nach §§ 3ff. FBG ausschließlich in der Datenbank des Firmenbuchs (§ 29 FBG) vorgenommen, Folgeeintragungen nur dann, wenn der Rechtsträger nach § 2 FBG bereits zur Gänze in der Datenbank des Firmenbuchs eingetragen ist.

(3) Das Edikt ist vor Beginn der Umstellung im „Amtsblatt zur Wiener Zeitung“ zu verlautbaren.

(4) [1]Aus dem noch nicht auf ADV umgestellten Firmenbuch, den bisher bei den Gerichten geführten Handels- und Genossenschaftsregistern sowie den hiezu geführten Akten sind die aufrechten samt den nach §§ 3ff. FBG zusätzlich vorzunehmenden Eintragungen – letztere nach Maßgabe der in den Akten vorhandenen Unterlagen – in die Datenbank des Firmenbuchs zu übertragen (Datenersterfassung). [2]Bereits gelöschte Eintragungen dürfen in die Datenbank des Firmenbuchs übertragen werden; der Umfang dieser Übertragung ist nach § 28 FBG zu bestimmen.

(5) [1]Sind die aufrechten Eintragungen eines Rechtsträgers nach § 2 FBG zur Gänze in die Datenbank des Firmenbuchs übertragen, so sind die Blätter im noch nicht auf ADV umgestellten Firmenbuch bzw. in den bisher bei den Gerichten geführten Handels- und Genossenschaftsregistern durch einen entsprechenden Vermerk abzuschließen. [2]Die Einsicht in diese Register ist weiterhin jedermann gestattet.

(6) Ab dem Zeitpunkt der vollständigen Übertragung eines Rechtsträgers (Abs. 5) sind Firmenbuchauszüge nur noch nach § 33 FBG auszufertigen.

(7) [1]Mit diesem Zeitpunkt ist weiters ein solcher Auszug (einschließlich der übertragenen gelöschten Eintragungen) dem Rechtsträger (§ 2 FBG) mit dem Beifügen zuzustellen, daß er binnen vier Wochen die Berichtigung von Erfassungsfehlern begehren kann. [2]Die Berichtigung umfaßt auch die Aufnahme fehlender Eintragungen.

(8) Ein solcher Auszug (Abs. 7) ist auch der zuständigen gesetzlichen Interessenvertretung und der zuständigen Gewerbebehörde zuzustellen, die sodann für den betreffenden Rechtsträger die Mitteilung nach § 13 Abs. 2 FBG zu machen hat.

(9) Die Tatsache, daß die Berichtigungsfrist noch nicht abgelaufen ist, ist in der Datenbank des Firmenbuchs zu vermerken.

(10) Das Bezirksgericht hat die Tatsache, daß die technischen Möglichkeiten nach § 33 Abs. 3 FBG gegeben sind, mit Edikt bekanntzumachen.

(11) Die §§ 3 bis 11, 13 Abs. 2 und 29 bis 37 FBG, die §§ 9, 13, 13a des HGB in der Fassung des Art. II dieses Bundesgesetzes, die §§ 29 Abs. 2 Z 3, 33 Abs. 1 Z 3, 91, 233 Abs. 7, 240 Abs. 1 zweiter Satz, 249 des AktG in der Fassung des Art. III dieses Bundesgesetzes, die §§ 9 Abs. 2 Z 2, 3 und 4, 12 und 30f GmbHG in der Fassung des Art. IV dieses Bundesgesetzes, die §§ 5b, 6, 24b des Gesetzes über Erwerbs- und Wirtschaftsgenossenschaften in der Fassung des Art. V dieses Bundesgesetzes, Art. 6 Nr. 7 Abs. 2 der Vierten Verordnung zur Einführung handelsrechtlicher Vorschriften im Lande Österreich in der Fassung des Art. VII dieses Bundesgesetzes, § 38 des VAG in der Fassung des Art. X dieses Bundesgesetzes, § 120 Abs. 2 und 3 der Jurisdiktionsnorm in der Fassung des Art. XII dieses Bundesgesetzes, § 55 des Gerichtsorganisationsgesetzes in der Fassung des Art. XIII dieses Bundesgesetzes sowie Art. XXII Abs. 3 dritter Satz sind auf einen Rechtsträger ab dem Zeitpunkt seiner vollständigen Übertragung (Abs. 5) anzuwenden.

(12) § 14 HGB in der Fassung des Art. II Z 5 dieses Bundesgesetzes tritt mit 1. Jänner 1993 in Kraft, kann jedoch schon vor diesem Zeitpunkt vom Rechtsträger angewendet werden.

(13) Die Liste nach § 26 Abs. 3 GmbHG ist letztmalig im Jänner 1991 vorzulegen.

(14) Art. XX ist nur auf Amtshandlungen anzuwenden, bezüglich deren der Anspruch auf die Gebühr nach dem 1. Jänner 1991 begründet wird.

(15) Eintragungen über „Einzelunternehmer und eingetragene Personengesellschaften", die in der Datenbank des Firmenbuchs vorgenommen wurden, gelten als bekanntgemacht und müssen nicht veröffentlicht werden. *(BGBl I 2005/120)*

(16) Der Bundesminister für Justiz hat nach Anhörung der Österreichischen Notariatskammer unter Bedachtnahme auf den Fortschritt der Umstellung des Firmenbuchs auf automationsunterstützte Datenverarbeitung und die technischen Möglichkeiten für die einzelnen Amtsstellen von Amts wegen mit Bescheid den Zeitpunkt festzusetzen, bis zu dem die technischen Voraussetzungen für die Firmenbuchabfrage in der Amtsstelle geschaffen werden müssen.

Artikel XXIV

Inkrafttreten, Aufhebung von Rechtsvorschriften, Vollziehungsklausel

(1) Dieses Bundesgesetz tritt, soweit Art. XXIII Abs. 11 bis 14 nichts anderes anordnet, mit 1. Jänner 1991 in Kraft.

(1a) § 24 Abs. 2 in der Fassung des Bundesgesetzes BGBl. I Nr. 142/2000 tritt mit 1. Jänner 2002 in Kraft. *(BGBl I 2000/142)*

(1b) [1]Art. I § 2 Z 12, Art. I § 5 Z 2, 4a und 6, Art. I § 5a, Art. I § 22 Abs. 2a, Art. I § 33 Abs. 5 und Art. I § 41 Abs. 2 in der Fassung des Bundesgesetzes BGBl. I Nr. 67/2004 treten am 8. Oktober 2004 in Kraft. [2]Die nach Art. I § 5 Z 2 geforderten Angaben sind mit der nächsten Anmeldung zum Firmenbuch nachzuholen. *(BGBl I 2004/67)*

(1c) § 3 Z 4a und Z 14a, § 10 Abs. 4, § 16 Abs. 1, § 18, § 20 Abs. 1, § 21 Abs. 2 bis 5 und § 41 in der Fassung des Bundesgesetzes BGBl. I Nr. 161/2004 treten mit 1. Jänner 2005 in Kraft. *(BGBl I 2004/161)*

(1d) [1]§ 2, § 3 Z 8 und 10, § 4, § 5 Z 3, § 6 Abs. 1 Z 7, § 9, § 14 Abs. 2, § 21 Abs. 3, § 22 Abs. 2 lit. a und lit. c, § 33 Abs. 1, § 35, § 40 Abs. 1 und § 41 FBG sowie Art XXIII Abs. 15 BGBl. Nr. 10/1991 in der Fassung des Handelsrechts-Änderungsgesetzes, BGBl. I Nr. 120/2005, treten mit 1. Jänner 2007 in Kraft; jedoch kann eine Europäische Genossenschaft (SCE) schon mit der Geltung der Verordnung Nr. 1435/2003 des Rates vom 22. Juli 2003 über das Statut der Europäischen Genossenschaft eingetragen werden. [2]§ 4 Z 4 und § 25 FBG treten mit Ablauf des 31. Dezember 2006 außer Kraft; jedoch ist § 4 Z 4 auf Personengesellschaften, die vor diesem Zeitpunkt entstanden sind, weiter anzuwenden. *(BGBl I 2005/120)*

(2) Mit Ablauf des 31. Dezember 1990 treten folgende bundesgesetzliche Rechtsvorschriften außer Kraft:

1. die Verordnung, RGBl. Nr. 71/1873, in betreff der Anlegung und Führung des Genossenschaftsregisters, zuletzt geändert durch das Bundesgesetz BGBl. Nr. 91/1976;

2. die §§ 125a bis 130, 132 bis 146 und 148 Abs. 1 des Siebenten Abschnitts „Handelssachen"

des Gesetzes über die Angelegenheiten der freiwilligen Gerichtsbarkeit, dRGBl. 1898 S 189;

3. die Verordnung des Justizministeriums im Einvernehmen mit dem Handelsministerium, betreffend die Bekanntmachung der Eintragungen in das Handelsregister, JMVBl. Nr. 40/1901;

4. die Verordnung des Justizministeriums im Einvernehmen mit dem Handelsministerium, betreffend die Änderung des Gebührentarifs für Einschaltungen amtlicher Kundmachungen in das Zentralblatt für die Eintragungen in das Handelsregister, JMVBl. Nr. 38/1902;

5. die Verordnung des Justizministeriums, womit Bestimmungen zur Durchführung des Gesetzes vom 6. März 1906, RGBl. Nr. 58, über Gesellschaften mit beschränkter Haftung erlassen werden, JMVBl. Nr. 12/1906;

6. die Verordnung des Justizministeriums im Einvernehmen mit dem Handelsministerium, betreffend die Ergänzung des Gebührentarifes für die Einschaltung amtlicher Bekanntmachungen in das Zentralblatt für die Eintragungen in das Handelsregister, JMVBl. Nr. 13/1906;

7. die Verordnung des Justizministeriums im Einvernehmen mit dem Handelsministerium über die Veröffentlichung von Beschlüssen der Konkurs- und Ausgleichsgerichte im „Zentralblatt für die Eintragungen in das Handelsregister“, JMVBl. Nr. 7/1915;

8. die Verordnung des Justizministeriums im Einvernehmen mit dem Handelsminister über die Erhöhung der Gebühren für die Einschaltung amtlicher Bekanntmachungen in das Zentralblatt für die Eintragungen in das Handelsregister, JMBl. Nr. 47/1917;

9. § 17 dritter Satz der Verordnung des Justizministers im Einvernehmen mit den beteiligten Ministern über den Konkurs, die Geltendmachung der Haftung und das Ausgleichsverfahren bei Erwerbs- und Wirtschaftsgenossenschaften, RGBl. Nr. 105/1918, zuletzt geändert durch das Bundesgesetz BGBl. Nr. 371/1982;

10. die Dienstanweisung des Staatsamtes für Justiz im Einvernehmen mit dem Staatsamte für Handel und Gewerbe, Industrie und Bauten, über eine Erhöhung des Gebührentarifes für die Einschaltung amtlicher Bekanntmachungen in das „Zentralblatt für die Eintragungen in das Handelsregister in Deutschösterreich“, JVBl. Nr. 22/1919, zuletzt geändert durch die Dienstanweisung JABl. Nr. 4/1934;

11. die Dienstanweisung des Bundesministers für Justiz über die Vereinfachung der Geschäfte des Handels- und Genossenschaftsregisters, JABl. Nr. 13/1922;

12. § 2 des Gesetzes über die Neubezeichnung von Blättern für öffentliche Bekanntmachungen, dRGBl. I 1933 S 371;

13. das Gesetz über die Einsicht in gerichtliche öffentliche Bücher und Register, dRGBl. I 1936 S 853;

14. die Handelsregisterverfügung, RMin-Blatt 1937 S 515, DJ 1251;

15. Art. 6 Nr. 8 und 9, Art. 9, Art. 10 Nr. 1 bis 6, Art. 11 und 12 der Vierten Verordnung zur Einführung handelsrechtlicher Vorschriften im Lande Österreich, dRGBl. I 1938 S 1999, zuletzt geändert durch das Bundesgesetz BGBl. Nr. 475/1990;

16. die Verordnung des Staatsamtes für Justiz über die Zuständigkeit zur Führung des Handelsregisters, BGBl. Nr. 21/1946.

(3) Die im Abs. 2 angeführten Rechtsvorschriften sind jedoch nach Maßgabe des Art. XXIII Abs. 11, soweit dies zur Führung des noch nicht auf ADV umgestellten Firmenbuchs erforderlich ist, auf Rechtsträger bis zum Zeitpunkt ihrer vollständigen Übertragung in die Datenbank (Art. XXIII Abs. 5) weiter anzuwenden.

(4) Mit der Vollziehung dieses Bundesgesetzes ist der Bundesminister für Justiz betraut, hinsichtlich des Art. XX der Bundesminister für Justiz im Einvernehmen mit dem Bundesminister für Finanzen, hinsichtlich des § 13 Abs. 2 FBG, des Art. XXI und des Art. XXIII Abs. 8, soweit diese Bestimmung sich an die Gewerbebehörden richtet, der [Bundesminister für wirtschaftliche Angelegenheiten][1] im Einvernehmen mit dem Bundesminister für Justiz.

[1] *Jetzt: Bundesminister für Wissenschaft, Forschung und Wirtschaft*

4a/1. Zweite Urkundensammlung-Verordnung

BGBl II 2005/125

Zweite Verordnung über die Umstellung der Urkundensammlung des Firmenbuchs auf ADV

Gemäß § 28 des Firmenbuchgesetzes (FBG), BGBl. Nr. 10/1991, zuletzt geändert durch das Bundesgesetz BGBl. I Nr. 161/2004, wird verordnet:

§ 1. Die Umstellung der Urkundensammlung des Firmenbuchs auf automationsunterstützte Datenverarbeitung wird für die mit Handelssachen betrauten Gerichtshöfe erster Instanz angeordnet.

§ 2. Der Beginn der Umstellung und der Hinweis, dass ab dem Beginn der Umstellung einlangende Urkunden nur mehr elektronisch gespeichert werden, werden vom Gericht über die Internethomepage der Justiz kundgemacht.

§ 3. (1) Die Umstellung hat sich auf die neu einlangenden Urkunden zu beschränken.

(2) Die für die Urkundensammlung bestimmten Urkunden sind

1. zu erfassen

– durch Übernahme aus dem Urkundenarchiv einer Körperschaft öffentlichen Rechts, wenn sich der Antragsteller auf die Speicherung der Urkunde in diesem Archiv beruft und dem Firmenbuchgericht den Zugang zu der Speicherung ermöglicht,

– durch elektronisches Festhalten des Schriftbildes (Scannen) in allen anderen Fällen;

und

2. in einem revisionssicheren Langzeitarchiv der Bundesrechenzentrum GesmbH zu speichern.

(3) Durch die Vornahme der Speicherung bestätigt das Gericht die Übereinstimmung des Abbilds mit dem Original.

§ 4. Die Verordnung BGBl. II Nr. 511/2004 wird aufgehoben.

4a/2. Elektronischer Rechtsverkehr

BGBl II 2005/481 idF

1 BGBl II 2006/482
2 BGBl II 2007/130
3 BGBl II 2007/333
4 BGBl II 2008/222
5 BGBl II 2008/316
6 BGBl II 2009/9
7 BGBl II 2009/82
8 BGBl II 2009/343
9 BGBl II 2011/220
10 BGBl II 2012/141
11 BGBl II 2012/503

GLIEDERUNG

Verordnung der Bundesministerin für Justiz über den elektronischen Rechtsverkehr (ERV 2006)

Auf Grund des § 89b Abs. 2 des Gerichtsorganisationsgesetzes, RGBl. Nr. 217/1896, zuletzt geändert durch das Bundesgesetz BGBl. I Nr. 164/2005, wird verordnet:

Zulässigkeit des elektronischen Rechtsverkehrs

§ 1. (1) „Alle Eingaben und Beilagen von Eingaben an Gerichte und Staatsanwaltschaften können nach Maßgabe der §§ 5, 8a, 9, 10 und 10a elektronisch eingebracht werden."** „Eingaben sind mit dem Dateninhalt eingebracht, der entsprechend der Schnittstellenbeschreibung nach § 5 Abs. 2 an die Bundesrechenzentrum GmbH übergeben wurde."* *(BGBl II 2006/482; *BGBl II 2009/343; **BGBl II 2012/503)*

(1a) Mit Amtssignatur gemäß den §§ 19ff E-Government-Gesetz, BGBl. I Nr. 10/2004, und § 18 Abs. 4, zweiter Satz Allgemeines Verwaltungsverfahrensgesetz 1991, BGBl. Nr. 51/1991, versehene Dokumente von Behörden können als PDF-Anhang entsprechend der Schnittstellenbeschreibung nach § 5 Abs. 2 eingebracht werden. § 8a Abs. 2 und § 10 Abs. 2 mit Ausnahme des letzten Satzes sind insofern nicht anzuwenden. *(BGBl II 2009/343)*

(1b) Sachverständige und Dolmetscher können ihre Gutachten bzw. Übersetzungen über die Website „www.des.justiz.gv.at" elektronisch einbringen. *(BGBl II 2011/220)*

(1c) Zum elektronischen Rechtsverkehr verpflichtete Teilnehmer (§ 89c Abs. 5 GOG) haben in der nicht im elektronischen Rechtsverkehr übermittelten Eingabe zu bescheinigen, dass die konkreten technischen Möglichkeiten im Einzelfall ausnahmsweise nicht vorliegen. *(BGBl II 2012/141)*

(2) Ist ein Verbesserungsauftrag erteilt worden, so ist ein verfahrenseinleitender Schriftsatz unter Anführung des mitgeteilten Aktenzeichens als Ersteingabe im Sinne der Schnittstellenbeschreibung nach § 5 Abs. 2 in elektronischer und verbesserter Form neuerlich einzubringen. Sonstige Schriftsätze können verbessert als Folgeeingabe elektronisch eingebracht werden. „In Grundbuch- und Firmenbuchverfahren ist die Verbesserung mit einem Folgeantrag im Sinn der Schnittstellenbeschreibung nach § 5 Abs. 2 einzubringen." *(BGBl II 2009/9; BGBl II 2012/141)*

(3) Erledigungen und Beilagen können nach Maßgabe des § 5 an Einbringer, die vom elektronischen Rechtsverkehr Gebrauch gemacht haben oder ausdrücklich der elektronischen Zustellung zugestimmt haben, elektronisch zugestellt werden. Unbeschadet der Wirksamkeit der elektronischen Zustellung ist auf Antrag im Einzelfall die Erledi-

gung auch schriftlich auf Papier auszufertigen. *(BGBl II 2006/482)*

(3a) Elektronische Auszüge aus der Datenbank „des Grundbuchs und"** des Firmenbuchs sowie Urkunden, die aus den Urkundensammlungen des Grundbuchs und des Firmenbuchs abgerufen werden, sind zur Gewährleistung der Authentizität und Integrität mit der elektronischen Signatur der Justiz (§ 89c Abs. 3 GOG) zu versehen. „Auf ausdrückliches Verlangen kann dies unterbleiben."* *(BGBl II 2006/482; *BGBl II 2007/130; **BGBl II 2012/141)*

(4) *(entfällt, BGBl II 2012/141)*

(5) Der Beschluss, mit dem eine Anmerkung der Rangordnung bewilligt wird (§ 54 GBG), ist von der elektronischen Zustellung ausgenommen. *(BGBl II 2012/141)*

(6) Die in dieser Verordnung verwendeten personenbezogenen Ausdrücke umfassen Frauen und Männer gleichermaßen.

IT-Verfahren

§ 2. *(entfällt samt Überschrift, BGBl II 2007/333)*

Übermittlungsstellen, Direktverkehr

§ 3. (1) Der Einbringer einer elektronischen Eingabe hat sich einer Übermittlungsstelle zu bedienen. Die Übermittlungsstellen sind von der Bundesministerin für Justiz auf der „Website „www.edikte.justiz.gv.at"" der Justiz bekannt zu machen. *(BGBl II 2007/130)*

(1a) Bedient sich ein Teilnehmer am elektronischen Rechtsverkehr mehrerer Übermittlungsstellen, so sind Erledigungen und Beilagen über jene Übermittlungsstelle elektronisch zuzustellen, die vom Teilnehmer zuletzt beauftragt wurde. Die Übermittlungsstelle hat der Bundesrechenzentrum GmbH den Zeitpunkt der Beauftragung bekannt zu geben. *(BGBl II 2006/482)*

(2) Die Bundesministerin für Justiz kann, soweit dies auf Grund der technischen Möglichkeiten zweckmäßig ist oder einer einfacheren und sparsameren Verwaltung dient, anordnen, dass bestimmte Eingaben und Erledigungen unmittelbar im Wege der Bundesrechenzentrum GmbH zu übermitteln sind (Direktverkehr). Diesfalls treffen die Bundesrechenzentrum GmbH die Pflichten der Übermittlungsstelle.

(3) Für die Anordnung des Direktverkehrs (Abs. 2) ist überdies erforderlich, dass die technischen und organisatorischen Bedingungen für eine sichere und wirtschaftliche Datenübertragung erfüllt sind; hiezu ist die Bundesrechenzentrum GmbH anzuhören.

(4) Vor Aufnahme der Übertragungen hat die Übermittlungsstelle in einem Testbetrieb sicher zu stellen, dass ein einwandfreier Betrieb gewährleistet ist.

(5) Bei schwerwiegenden Verstößen gegen diese Verordnung oder gravierender Unzuverlässigkeit im Betrieb kann der Übermittlungsstelle der weitere Betrieb untersagt werden.

Einbringungsdatum, Zustelldatum

§ 4. (1) Hat die Übermittlungsstelle die Daten der Eingabe zur Weiterleitung an die Bundesrechenzentrum GmbH übernommen, so hat sie dies dem Einbringer sofort mitzuteilen und den Zeitpunkt (Tag und Uhrzeit) dieser Rückmeldung zu protokollieren; dieses Datum ist mit den Daten der Eingabe zu übermitteln.

(2) Die Bundesrechenzentrum GmbH hat zu protokollieren, wann die Daten der Eingabe bei ihr eingelangt sind (Tag und Uhrzeit).

(3) Die Übermittlungsstelle hat das Datum (Tag und Uhrzeit), an dem die Daten der Erledigungen in den elektronischen Verfügungsbereich des Empfängers gelangt sind (elektronische Zustellung), zu protokollieren und der Bundesrechenzentrum GmbH zur Weiterleitung an das absendende Gericht oder die absendende Staatsanwaltschaft zu übermitteln (§ 89d Abs. 2 GOG). Das Datum (Tag und Uhrzeit), an dem die Daten der Erledigungen vom Empfänger tatsächlich übernommen wurden, ist ebenfalls zu protokollieren und auf Anfrage dem Absender bekannt zu geben; dieses Protokoll ist mindestens drei Jahre aufzubewahren.

Form elektronischer Übermittlungen

§ 5. (1) Elektronisch eingebrachte Eingaben und elektronisch zuzustellende Erledigungen sowie Beilagen müssen der Schnittstellenbeschreibung nach Abs. 2 entsprechen. Eingaben und Erledigungen können grundsätzlich auch als PDF-Anhang entsprechend der Schnittstellenbeschreibung nach Abs. 2 übermittelt werden. Schriftsätze nach §§ 1 und 2 AFV 2002, BGBl. II Nr. 510/2002 und nach der Verordnung (EG) Nr. 1896/2006 zur Einführung eines Europäischen Mahnverfahrens, ABl. Nr. L 399 vom 30.12.2006 S. 1, in der jeweils geltenden Fassung sowie Grundbuchgesuche sind in strukturierter Form, die die automationsunterstützte Weiterverarbeitung ermöglicht, zu übermitteln; die Einbringung als PDF-Anhang ist nicht zulässig. „Werden mit einer Eingabe mehrere Urkunden vorgelegt, so sind diese als getrennte Anhänge zu übermitteln; Unbedenklichkeitsbescheinigungen, Selbstberechnungserklärungen und Personenstandsurkunden können in einem Anhang zusammen gefasst werden." *(BGBl II 2011/220; BGBl II 2012/141)*

(1a) Die elektronische Übermittlung von Eingaben und Erledigungen geschieht durch automationsunterstützte und strukturierte Datenübertragung. Fax und E-Mail sind keine zulässigen Formen des elektronischen Rechtsverkehrs im Sinne dieser Verordnung. *(BGBl II 2007/333)*

(2) Das Bundesministerium für Justiz hat eine Beschreibung über die Art der Datenübermittlung, der vollständigen Datenstruktur, der zulässigen Beilagenformate, einschließlich der Regeln über die Feldinhalte und den höchstzulässigen Umfang für alle elektronischen Eingabe- und Erledigungsarten (Schnittstellenbeschreibung) auf der Website „www.edikte.justiz.gv.at" bekannt zu machen. Darüber hinaus haben die Übermittlungsstellen allfällige Spezifikationen der von ihnen angebotenen Zusatzdienste auf ihrer Website zu veröffentlichen. *(BGBl II 2006/482)*

(3) Die Übermittlungsstelle hat sicherzustellen, dass elektronische Eingaben und elektronisch zuzustellende Erledigungen sowie Beilagen nur dann übernommen und weiterverarbeitet werden, wenn sie der Schnittstellenbeschreibung nach Abs. 2 entsprechen.

Datensicherheit

§ 6. (1) Zur Sicherung vor Missbräuchen ist von den am elektronischen Rechtsverkehr Beteiligten durch geeignete technische und organisatorische Maßnahmen zu gewährleisten, dass die Eingabe nur von demjenigen elektronisch eingebracht werden kann, der in der Eingabe als Einbringer bezeichnet wird. „Bei der Registrierung einer natürlichen Person als Einbringer bei einer Übermittlungsstelle ist von dieser die Identität des Einbringers zu prüfen." *(BGBl II 2007/130)*

(2) Ebenso ist sicherzustellen, dass die Daten elektronisch zugestellter Erledigungen nur aus dem Verfügungsbereich des in der Zustellung bestimmten Empfängers abgerufen werden können und dort vor missbräuchlichen Zugriffen gesichert werden.

(3) Zur Sicherstellung der Datenintegrität hat jede Übertragung im elektronischen Rechtsverkehr verschlüsselt zu erfolgen. Zur Sicherstellung der Authentizität sind von allen an der Übertragung Beteiligten Zertifikate, die von einem Zertifizierungsdiensteanbieter (ZDA) gemäß „§ 2 Z 10 Signaturgesetz (SigG)" ausgestellt sind, zu verwenden (§ 89c Abs. 2 Z 2 GOG). Im Direktverkehr und in der Kommunikation zwischen der Übermittlungsstelle und der Bundesrechenzentrum GmbH können auch von der Bundesrechenzentrum GmbH ausgestellte Zertifikate verwendet werden. *(BGBl II 2011/220; BGBl II 2012/141)*

Anschriftcode

§ 7. (1) Zur Teilnahme am elektronischen Rechtsverkehr ist für den Einbringer eine Zeichenfolge zu erstellen, unter der dessen Name und Anschrift sowie eine Kennung, in welcher Art er am elektronischen Rechtsverkehr teilnimmt, in der Bundesrechenzentrum GmbH gespeichert werden. Der Datensatz, der dem Anschriftcode zugeordnet ist, kann auch Bankverbindungen zur Einziehung der Gerichtsgebühren (AEV-Konto), gegebenenfalls ein Konto zur Einzahlung von Geldbeträgen (Einzahlungskonto) sowie zusätzliche Angaben betreffend Einbringer (etwa die nach § 21 Abs. 4 des Datenschutzgesetzes 2000, BGBl. I Nr. 165/1999, zu führende Registernummer) enthalten. *(BGBl II 2006/482)*

(2) Der Anschriftcode ist für Rechtsanwälte und Rechtsanwaltsgemeinschaften von der zuständigen Rechtsanwaltskammer, für Notare und Notarpartnerschaften von der zuständigen Notariatskammer, für Wirtschaftstreuhänder von der Kammer der Wirtschaftstreuhänder, für Ziviltechniker von der zuständigen Architekten- und Ingenieurkonsulentenkammer und für sonstige Antragsteller von der Bundesministerin für Justiz auf Antrag oder von Amts wegen zu erstellen und der Bundesrechenzentrum GmbH zu übermitteln. Schon bestehende Anschriftcodes dürfen weiter verwendet werden, wenn sie die Angaben des Abs. 1 umfassen.

(3) Änderungen von Daten, die zu einem Anschriftcode gespeichert sind, sind vom Teilnehmer entsprechend Abs. 2 unverzüglich bekannt zu geben und weiter zu leiten.

(4) Elektronisch eingebrachte Eingaben haben den jeweiligen Anschriftcode des Einbringers zu enthalten; bei elektronischen Erledigungen dient der Anschriftcode zur Bezeichnung des Empfängers.

Ausdruck der Eingaben

§ 8. (1) Von einer elektronisch eingebrachten Eingabe ist erforderlichenfalls ein Ausdruck herzustellen. Für die weitere Erledigung, insbesondere für gekürzte Urschriften, ist dieser Ausdruck zu verwenden.

(2) Dieser Ausdruck muss die in den Formblättern der ADV-Form Verordnung vorgesehenen feststehenden Textteile nicht enthalten; § 3 Abs. 1 ADV-Form Verordnung ist sinngemäß anzuwenden.

Besondere Bestimmungen für das Firmenbuchverfahren

§ 8a. (1) Eingaben und Beilagen können im Firmenbuchverfahren elektronisch eingebracht werden.

(1a) Vereinfachte Anmeldungen gemäß § 11 Firmenbuchgesetz, BGBl. I Nr. 10/1991, können in elektronischer Form auch mit dem auf der Website der Justiz " „www.eingaben.justiz.gv.at""

zur Verfügung gestellten Online-Formular erfolgen. *(BGBl II 2009/343; BGBl II 2012/503)*

(2) Die elektronische Übermittlung von Urkunden, die auf Grund gesetzlicher Bestimmungen im Original vorzulegen sind, hat so zu erfolgen, dass auf die Einstellung in einem Urkundenarchiv einer Körperschaft öffentlichen Rechts (§ 91c GOG) hingewiesen und unter Bekanntgabe eines eindeutigen Urkundenidentifizierungsbegriffs wirksam die Ermächtigung zum Zugang zu den Daten der gespeicherten Urkunde erteilt wird; in der Urkundensammlung des Grundbuchs oder des Firmenbuchs gespeicherte Urkunden werden durch einen Hinweis auf die Einstellung in der Urkundensammlung vorgelegt. In der Eingabe sind auch die Beilageneigenschaften (Urkundenart, Datum der Errichtung sowie allfällige Anmerkungen zur Beilage) anzugeben. Urkunden, durch die ein mit dem Besitz oder der Innehabung der Urkunde untrennbar verbundenes Recht durch Übergabe oder Vorlage der Urkunde ausgeübt werden soll, können nicht elektronisch vorgelegt werden.

(3) Bedarf eine Anmeldung der beglaubigten Form (§ 11 UGB), so ist sie nach Beglaubigung der Eingabe in ein Urkundenarchiv einer Körperschaft öffentlichen Rechts (§ 91c GOG) einzustellen und dem Gericht elektronisch zu übermitteln (Abs. 2). Bedarf eine Anmeldung oder Einreichung nicht der beglaubigten Form, so ist auch die Übermittlung als PDF-Anhang nach § 5 Abs. 1 zulässig. „Dasselbe gilt für Urkunden gemäß § 7 Abs. 2 Genossenschaftsgesetz (GenG).“ *(BGBl II 2012/141)*

(BGBl II 2009/9)

Besondere Bestimmungen für elektronische Eingaben gemäß §§ 277 bis 281 UGB

§ 9. (1) Der Einbringer hat im Datensatz einer elektronisch übermittelten Unterlage nach den §§ 277 bis 281 UGB den Familiennamen und mindestens einen ausgeschriebenen Vornamen derjenigen Personen anzuführen, die den Jahresabschluss im Original unterfertigt haben. Überdies ist entweder das Geburtsdatum oder die Personenkennung (Buchstabenkennung laut Firmenbuchauszug) der betreffenden Person anzuführen. „Schreitet nicht ein Rechtsanwalt, Notar, Wirtschaftstreuhänder, Bilanzbuchhalter oder Revisionsverband, sondern ein vertretungsbefugter Organwalter für die Gesellschaft ein, so hat dieser – falls erforderlich – eine Erklärung über eine ihm von den anderen gesetzlichen Vertretern dazu erteilte Ermächtigung abzugeben.“ Einbringer von Unterlagen nach den §§ 277 bis 281 UGB im elektronischen Rechtsverkehr gelten, sofern sie nichts anderes beantragt haben, für gerichtliche Erledigungen in diesem Verfahren - mit Ausnahme der Beschlüsse über die Verhängung von Zwangsstrafen - als Abgabestelle der vorlagepflichtigen Gesellschaft. *(BGBl II 2012/503)*

(2) Unterlagen nach den §§ 277 bis 281 UGB sind in strukturierter Form entweder im Weg der automationsunterstützten Datenübertragung der Finanz „FinanzOnline“ im Direktverkehr oder im elektronischen Rechtsverkehr einzubringen; im elektronischen Rechtsverkehr können sie auch als PDF-Anhang nach § 5 Abs. 1 erster Satz oder im Weg eines Urkundenarchives einer Körperschaft öffentlichen Rechts nach § 8a Abs. 2 eingebracht werden. Sie gelten mit der ordnungsgemäßen elektronischen Übermittlung als vorgelegt. Im Zuge der Veröffentlichung ist darauf hinzuweisen, dass sich der Bestätigungsvermerk ausschließlich auf den vom Abschlussprüfer oder Revisionsverband geprüften und von sämtlichen gesetzlichen Vertretern unterzeichneten Jahresabschluss bezieht. Werden Unterlagen nach den §§ 277 bis 281 UGB zur Verbesserung zurückgestellt, so sind sie bei Wiedervorlage in verbesserter Form zur Gänze neu einzureichen. *(BGBl II 2009/9)*

(3) Die Offenlegung gemäß § 278 Abs. 1 UGB (auch in Verbindung mit § 221 Abs. 5 UGB) kann in elektronischer Form auch mit den auf der Website der Justiz „www.justiz.gv.at“ zur Verfügung gestellten Online-Formularen in elektronischer Form erfolgen. *(BGBl II 2008/316)*

(BGBl II 2008/222)

Besondere Bestimmungen für das Grundbuchverfahren

§ 10. (1) Eingaben und Beilagen können im Grundbuchverfahren elektronisch eingebracht werden. „ “ In Grundbuchsachen, die zu anderen Akten gehören (§ 448 Abs. 4 Geo.), ist die elektronische Einbringung von Eingaben und Beilagen nicht zulässig. *(BGBl II 2011/220; BGBl II 2012/141)*

(1a) Die Übermittlung des Gesuchs zur Ausnützung der Rangordnung (§ 53 Allgemeines Grundbuchgesetz 1955, BGBl. Nr. 39/1955) hat im elektronischen Rechtsverkehr derart zu erfolgen, dass der Rangordnungsbeschluss im Papieroriginal längstens binnen einer Woche, jedenfalls aber innerhalb der Frist des § 55 GBG (einlangend bei Gericht) nachgereicht wird. *(BGBl II 2012/141)*

(2) Die elektronische Übermittlung von Beilagen, die auf Grund gesetzlicher Bestimmungen im Original „oder in beglaubigter Abschrift“** vorzulegen sind, hat so zu erfolgen, dass auf die Einstellung in einem Urkundenarchiv einer Körperschaft öffentlichen Rechts (§ 91c GOG) hingewiesen und unter Bekanntgabe eines eindeutigen Urkundenidentifizierungsbegriffs wirksam die Ermächtigung zum Zugang zu den Daten der gespeicherten Urkunde erteilt wird; in der Urkundensammlung des Grundbuchs oder des Firmen-

buchs gespeicherte Urkunden werden durch einen Hinweis auf die Einstellung in der Urkundensammlung vorgelegt. In der Eingabe sind auch die Beilageneigenschaften (Urkundenart, Datum der Errichtung, Name, Bezeichnung der Behörde, Aktenzeichen sowie allfällige weitere Anmerkungen zur Beilage), die eine eindeutige Unterscheidbarkeit der Urkunde ermöglichen, anzugeben. „ “** „ “* *(*BGBl II 2011/220; **BGBl II 2012/141)*

(3) Ist in der Schnittstellenbeschreibung nach § 5 Abs. 2 für das in der Eingabe gestellte Begehren ein entsprechender Begehrenstyp vorgesehen, so ist dieser zu verwenden. *(BGBl II 2012/141)*

(BGBl II 2009/343)

Besondere Bestimmungen für Online-Eingaben

§ 10a. (1) Eingaben und Beilagen können in elektronischer Form unter Verwendung der Bürgerkartenfunktion (Chipkarte oder Handysignatur) mit den auf der Website der Justiz „www.eingaben.justiz.gv.at“ zur Verfügung gestellten Online-Formularen erfolgen. Diese Art der Übermittlung gilt als Direktverkehr im Sinne des § 3 Abs. 2. Ein Anschriftcode nach § 7 ist nicht zu verwenden. § 1 Abs. 1b und § 8a bleiben davon unberührt.

(2) Sofern die im § 5 Abs. 1 dritter Satz genannten Schriftsätze durch Online-Formulare unterstützt werden, sind diese zu verwenden. Zum elektronischen Rechtsverkehr verpflichtete Teilnehmer (§ 89c Abs. 5 GOG) haben die im § 5 Abs. 1 dritter Satz genannten Schriftsätze jedenfalls strukturiert elektronisch zu übermitteln.

(BGBl II 2012/503)

In-Kraft-Treten

§ 11. (1) Diese Verordnung tritt mit dem 1. Jänner 2006 in Kraft. Die Verordnung des Bundesministers für Justiz über den Elektronischen Rechtsverkehr (ERV 1995), BGBl. Nr. 559/1995, wird mit Ablauf des 31. Dezember 2005 aufgehoben.

(1a) § 1 Abs. 1 und 2, § 3 Abs. 1a, § 5 Abs. 2, § 7 Abs. 1, § 8a, § 9 Abs. 1a und 1b und § 10 in der Fassung der Verordnung BGBl. II Nr. 482/2006 treten mit 1. Jänner 2007 in Kraft. Ab 1. Juli 2007 liegen die generellen technischen Möglichkeiten für Rechtsanwälte und Notare vor, die nach dieser Verordnung zugelassenen Eingaben „und im Original vorzulegende Beilagen im Grundbuch- oder Firmenbuchverfahren“ im elektronischen Rechtsverkehr einzubringen (§ 89c Abs. 5 GOG). Liegen die konkreten technischen Möglichkeiten dafür im Einzelfall nicht vor, so ist dies vom einbringenden Rechtsanwalt oder Notar in der nicht im elektronischen Rechtsverkehr übermittelten Eingabe glaubhaft zu machen. *(BGBl II 2007/130; BGBl II 2007/333)*

(1b) § 1 Abs. 3a, § 2 Abs. 1, § 3 Abs. 1, § 6 Abs. 1, die §§ 8a bis 10 und § 11 Abs. 1a in der Fassung der Verordnung BGBl. II Nr. 130/2007 treten mit 1. Juli 2007 in Kraft. *(BGBl II 2007/130)*

(1c) § 1 Abs. 2, § 5 Abs. 1 und 1a, § 8a Abs. 1 bis 3, § 9 Abs. 4 und § 10 Abs. 1 und 2 in der Fassung der Verordnung BGBl. II Nr. 333/2007 sowie die Aufhebung des § 2 treten mit 1. Dezember 2007 in Kraft. § 11 Abs. 1a in der Fassung dieser Verordnung tritt mit 1. Jänner 2008 in Kraft. *(BGBl II 2007/333)*

(1d) § 8a Abs. 3 und § 9 in der Fassung der Verordnung BGBl. II Nr. 222/2008 treten mit 1. Juli 2008 mit der Maßgabe in Kraft, dass § 9 Abs. 3 erster Satz in der Fassung der Verordnung BGBl. II Nr. 130/2007 und § 9 Abs. 4 in der Fassung der Verordnung BGBl. II Nr. 333/2007 noch bis zum Ablauf des 30. September 2008 angewendet werden können. *(BGBl II 2008/222)*

(1e) § 9 Abs. 3 in der Fassung der Verordnung BGBl. II Nr. 316/2008 tritt mit 1. November 2008 in Kraft. *(BGBl II 2008/316)*

(1f) In der Fassung der Verordnung BGBl. II Nr. 9/2009 treten in Kraft:

1. § 1 Abs. 2, § 5 Abs. 1, § 8a und § 10 mit 1. Februar 2009,

2. §§ 9 Abs. 2 mit 1. März 2009.

„ “ *(BGBl II 2009/9; BGBl II 2012/141)*

(1g) § 1 Abs. 1 letzter Satz und Abs. 1a, § 5 Abs. 1 letzter Satz, , § 10 und § 11 Abs. 1f jeweils in der Fassung der Verordnung BGBl. II Nr. 343/2009 treten mit 1. November 2009 in Kraft. *(BGBl II 2009/343)*

(1h) § 1 Abs. 1b, § 5 Abs. 1, § 6 Abs. 3 und § 10, jeweils in der Fassung der Verordnung BGBl. II Nr. 220/2011 treten mit 1. Juli 2011 in Kraft. *(BGBl II 2011/220)*

(1i) § 1, § 5 Abs. 1, § 6 Abs. 3, § 8a Abs. 3, § 10 und § 11 Abs. 1f und 1i, jeweils in der Fassung der Verordnung BGBl. II Nr. 141/2012, treten mit 1. Mai 2012 in Kraft. *(BGBl II 2012/141)*

(1j) § 1 Abs. 1, § 8a Abs. 1a, § 9 Abs. 1, § 10a und § 11 Abs. 1j, jeweils in der Fassung der Verordnung BGBl. II Nr. 503/2012, treten mit 1. Jänner 2013 in Kraft. *(BGBl II 2012/503)*

(2) Der § 5 der Verordnung des Bundesministers für Justiz vom 4. Dezember 1989 über die Abbuchung und Einziehung der Gerichtsgebühren (Abbuchungs- und Einziehungs-Verordnung – AEV), BGBl. Nr. 599/1989, wird dahingehend geändert, dass der Klammerausdruck im ersten Satz „(§ 7 ERV 1995, BGBl. Nr. 559/1995)“ zu lauten hat: „(§ 7 ERV 2005, BGBl. II Nr.

481/2005)". Diese Änderung tritt mit dem 1. Jänner 2006 in Kraft.

(3) Der § 1 der Verordnung des Bundesministers für Justiz vom 23. Dezember 2002 über Formerfordernisse in mit Hilfe von automationsunterstützter Datenverarbeitung durchgeführten gerichtlichen Verfahren sowie Erstellung von Erledigungen in gekürzter Form (ADV-Form Verordnung 2002 – AFV 2002), BGBl. II Nr. 510/2002, wird dahingehend geändert, dass der Klammerausdruck im Abs. 3 „(§ 7 ERV 1995, BGBl. Nr. 559/1995)" zu lauten hat: „(§ 7 ERV 2005, BGBl. II Nr. 481/2005)". Diese Änderung tritt mit dem 1. Jänner 2006 in Kraft.

(4) Der § 5 der Verordnung des Bundesministers für Justiz vom 20. September 1996 über die elektronische Einsicht in Geschäftsbehelfe des Exekutionsverfahrens, BGBl. Nr. 498/1996, wird dahingehend geändert, dass der Klammerausdruck „(§ 7 ERV 1995)" zu lauten hat: „(§ 7 ERV 2005, BGBl. II Nr. 481/2005)". Diese Änderung tritt mit dem 1. Jänner 2006 in Kraft.

4a/3. Firmenbuch-Rückerfassungs-Verordnung

BGBl II 2006/492

Verordnung der Bundesministerin für Justiz über die Aufnahme von Urkunden in die Datenbank des Firmenbuchs zum Zweck der Abfrage (Firmenbuch-Rückerfassungs-Verordnung – FBR-V)

Auf Grund des § 43 Abs. 4 des Firmenbuchgesetzes, BGBl Nr. 10/1991, zuletzt geändert durch das Publizitätsrichtlinie-Gesetz, BGBl I Nr. 103/2006, wird verordnet:

Verlangen auf Einsicht in elektronischer Form

§ 1. Das Verlangen auf Einsicht in elektronischer Form gemäß § 43 Abs. 4 dritter und vierter Satz des Firmenbuchgesetzes ist an das zuständige Firmenbuchgericht zu richten, und zwar entweder im elektronischen Rechtsverkehr oder mit E-Mail an die auf der Website „www.edikte.justiz.gv.at" veröffentlichte E-Mail-Adresse des Gerichts. Die Urkunde, deren Einsicht begehrt wird, ist im Einsichtsverlangen nach Firmenbuchnummer, Rechtsträger und Art bestimmt zu bezeichnen.

Gebühren

§ 2. (1) Der Antragsteller hat für die Aufnahme in die Datenbank des Firmenbuchs (Rückerfassung) eine Justizverwaltungsgebühr von 15 Euro je Urkunde zu entrichten.

(2) Wird das Einsichtsverlangen im elektronischen Rechtsverkehr gestellt, so ist die Gebühr durch Abbuchung und Einziehung zu entrichten.

(3) Wird das Einsichtsverlangen mit E-Mail gestellt, so ist die Gebühr durch Einzahlung oder Überweisung auf das Postscheck(Sonder)konto des zuständigen Firmenbuchgerichts zu entrichten; auf dem Einzahlungsbeleg oder Erlagschein ist der Vermerk „Rückerfassung" anzubringen und die Firmenbuchnummer anzugeben. Der Antragsteller hat in seinem E-Mail das Datum der Einzahlung oder Überweisung bekannt zu geben. Enthält das E-Mail des Antragstellers keinen Hinweis auf eine bereits geschehene Gebührenentrichtung oder stellt sich heraus, dass die Gebühr trotz einer solchen Angabe nicht eingezahlt oder überwiesen wurde, so hat das Gericht dem Antragsteller mit einem an dessen Absendeadresse gerichteten E-Mail die Höhe der Gebühr und die vorgesehene Art der Gebührenentrichtung bekannt zu geben und darauf hinzuweisen, dass die Urkunde erst nach Entrichtung der Gebühr in die Datenbank des Firmenbuchs aufgenommen wird (§ 43 Abs. 4 sechster Satz des Firmenbuchgesetzes).

Aufnahme in die Datenbank und Verständigung

§ 3. Nach Entrichtung der Gebühr hat das Gericht die Urkunde in die Datenbank des Firmenbuchs aufzunehmen und den Antragsteller darüber im elektronischen Rechtsverkehr beziehungsweise mit E-Mail zu verständigen.

Verhältnis zur ERV 2006

§ 4. Soweit Anträge nach dieser Verordnung mit E-Mail gestellt und Erledigungen nach dieser Verordnung mit E-Mail übermittelt werden, ist die Verordnung der Bundesministerin für Justiz über den elektronischen Rechtsverkehr (ERV 2006), BGBl. II Nr. 481/2005, darauf nicht anzuwenden.

In-Kraft-Treten

§ 5. Diese Verordnung tritt mit 1. Jänner 2007 in Kraft.

4a/4. BRIS-Umsetzungsverordnung – BRIS-UmsV 2017

BGBl II 2017/138

Verordnung des Bundesministers für Justiz zur Umsetzung des EU-Business Register Interconnection System (BRIS-Umsetzungsverordnung – BRIS-UmsV)

Aufgrund des § 37 Abs. 4 Firmenbuchgesetz – FBG, BGBl. Nr. 10/1991, in der Fassung des BRIS-Umsetzungsgesetzes, BGBl. I Nr. 60/2017, wird verordnet:

§ 1. Die Rechtsformen der inländischen Rechtsträger, über die Firmenbuchdaten gemäß § 37 Abs. 1 FBG zugänglich gemacht werden und für die ein Informationsaustausch gemäß § 37 Abs. 3 FBG stattfindet, sind:

1. die Aktiengesellschaft;
2. die Gesellschaft mit beschränkter Haftung;
3. die Europäische Gesellschaft (SE).

§ 2. In Bezug auf Zweigniederlassungen ausländischer Rechtsträger werden Firmenbuchdaten gemäß § 37 Abs. 1 FBG zugänglich gemacht und findet ein Informationsaustausch gemäß § 37 Abs. 3 FBG statt, wenn es sich um Zweigniederlassungen von Kapitalgesellschaften handelt, die ihren Satzungssitz in einem EU-Mitgliedstaat oder in einem EWR-Vertragsstaat haben.

§ 3. Die Europäische Kennung der im Firmenbuch eingetragenen Rechtsträger besteht aus 16 Zeichen und setzt sich aus folgenden Bestandteilen zusammen:

1. dem Kürzel „ATBRA“ (für „Business Register Austria“), gefolgt von einem Punkt;
2. der Firmenbuchnummer (sechsstellig, ohne Prüfzeichen), gefolgt von einem Bindestrich;
3. einer dreistelligen Zahl, die wie folgt lautet:

a) bei der Hauptniederlassung eines Rechtsträgers „000“;

b) bei der einzigen oder der ersten Zweigniederlassung eines Rechtsträgers „001“;

c) bei weiteren Zweigniederlassungen desselben Rechtsträgers jeweils die nächste fortlaufende Zahl („002“ etc.).

§ 4. Die erstmalige Datenübermittlung erfolgt am 8. Juni 2017.

§ 5. Diese Verordnung tritt mit 1. Juni 2017 in Kraft.

4b. Wirtschaftliche Eigentümer Registergesetz – WiEReG

BGBl I 2017/136 (Art 2) idF

1 BGBl I 2017/150
2 BGBl I 2018/37
3 BGBl I 2018/62
4 BGBl I 2019/62
5 BGBl I 2019/104 (FORG)

Bundesgesetz über die Einrichtung eines Registers der wirtschaftlichen Eigentümer von Gesellschaften, anderen juristischen Personen und Trusts (Wirtschaftliche Eigentümer Registergesetz – WiEReG)

Inhaltsverzeichnis

Anwendungsbereich

§ 1. (1) Dieses Bundesgesetz ist auf die in Abs. 2 genannten Rechtsträger anzuwenden.

(2) Rechtsträger im Sinne dieses Bundesgesetzes sind die folgenden Gesellschaften und sonstigen juristischen Personen mit Sitz im Inland sowie Trusts und trustähnliche Vereinbarungen nach Maßgabe von Z 17 und 18:

1. offene Gesellschaften;
2. Kommanditgesellschaften;
3. Aktiengesellschaften;
4. Gesellschaften mit beschränkter Haftung;
5. Erwerbs- und Wirtschaftsgenossenschaften;
6. Versicherungsvereine auf Gegenseitigkeit;
7. kleine Versicherungsvereine;
8. Sparkassen;
9. Europäische wirtschaftliche Interessensvereinigungen;
10. Europäische Gesellschaften (SE);
11. Europäische Genossenschaften (SCE);
12. Privatstiftungen gemäß § 1 PSG;
13. sonstige Rechtsträger, deren Eintragung im Firmenbuch gemäß § 2 Z 13 FBG vorgesehen ist;
14. Vereine gemäß § 1 VerG;
15. Stiftungen und Fonds gemäß § 1 BStFG 2015;
16. aufgrund eines Landesgesetzes eingerichtete Stiftungen und Fonds, sofern die Anwendung dieses Bundesgesetzes landesgesetzlich vorgesehen ist;
17. [1]Trusts gemäß Abs. 3, wenn sie vom Inland aus verwaltet werden, oder falls sich die Verwaltung nicht im Inland oder in einem anderen Mitgliedstaat befindet, wenn der Trustee im Namen des Trusts im Inland eine Geschäftsbeziehung aufnimmt oder Liegenschaften erwirbt. [2]Eine Verwaltung im Inland liegt insbesondere dann vor, wenn der Trustee seinen Wohnsitz bzw. Sitz im Inland hat; *(BGBl I 2019/62)*

18. [1]trustähnliche Vereinbarungen; das sind andere Vereinbarungen, wie beispielsweise fiducie, bestimmte Arten von Treuhand oder fideicomisio, sofern diese in Funktion oder Struktur mit einem Trust vergleichbar sind und vom Inland aus verwaltet werden, oder falls sich die Verwaltung nicht im Inland oder in einem anderen Mitgliedstaat befindet, wenn die mit einem Trustee vergleichbare Person im Namen der trustähnlichen Vereinbarung im Inland eine Geschäftsbeziehung aufnimmt oder Liegenschaften erwirbt. [2]Eine Verwaltung im Inland liegt insbesondere dann vor, wenn der mit einem Trustee vergleichbare Gewalthaber (Treuhänder) seinen Wohnsitz bzw. Sitz im Inland hat. *(BGBl I 2019/62)*

(3) Ein Trust im Sinne dieses Bundesgesetzes ist die von einer Person (dem Settlor/Trustor) durch Rechtsgeschäft unter Lebenden oder durch letztwillige Verfügung geschaffene Rechtsbeziehung, bei der Vermögen zugunsten eines Begünstigten oder für einen bestimmten Zweck der Aufsicht eines Trustees unterstellt wird, wobei der Trust selbst auch rechtsfähig sein kann. Ein Trust hat folgende Eigenschaften:

1. Das Vermögen des Trusts stellt ein getrenntes Sondervermögen dar und ist nicht Bestandteil des persönlichen Vermögens des Trustees;

2. die Rechte in Bezug auf das Vermögen des Trusts lauten auf den Namen des Trustees oder auf den einer anderen Person in Vertretung des Trustees;

3. der Trustee hat die Befugnis und die Verpflichtung, über die er Rechenschaft abzulegen hat, das Vermögen in Übereinstimmung mit den Trustbestimmungen und den ihm durch das Recht auferlegten besonderen Verpflichtungen zu verwalten, zu verwenden oder darüber zu verfügen.

Die Tatsache, dass sich der Settlor/Trustor bestimmte Rechte und Befugnisse vorbehält oder dass der Trustee selbst Rechte als Begünstigter hat, steht dem Bestehen eines Trusts nicht notwendigerweise entgegen.

(4) [1]Der Bundesminister für Finanzen hat mit Verordnung die Merkmale von trustähnlichen Vereinbarungen, die nach inländischem Recht eingerichtet werden können, zu beschreiben, damit festgestellt werden kann, welche Rechtsvereinbarungen in ihrer Struktur oder Funktion mit Trusts vergleichbar sind. [2]Der Bundesminister für Finanzen hat die Kategorien, eine Beschreibung der Merkmale, die Namen und allenfalls die Rechtsgrundlage der in § 1 Abs. 2 Z 17 und 18 genannten Trusts und trustähnlichen Vereinbarungen, sofern diese nach inländischem Recht eingerichtet werden können, jährlich an die Europäische Kommission zu übermitteln. *(BGBl I 2019/62)*

Definition des wirtschaftlichen Eigentümers

§ 2. [1]Wirtschaftlicher Eigentümer sind alle natürlichen Personen, in deren Eigentum oder unter deren Kontrolle ein Rechtsträger letztlich steht, hierzu gehört zumindest folgender Personenkreis:

1. bei Gesellschaften, insbesondere bei Rechtsträgern gemäß § 1 Abs. 2 Z 1 bis 11, 13 und 14:

a) alle natürlichen Personen, die direkt oder indirekt einen ausreichenden Anteil von Aktien oder Stimmrechten (einschließlich in Form von Inhaberaktien) halten, ausreichend an der Gesellschaft beteiligt sind (einschließlich in Form eines Geschäfts- oder Kapitalanteils) oder die Kontrolle auf die „ “ Gesellschaft ausüben: *(BGBl I 2018/37)*

aa) Direkter wirtschaftlicher Eigentümer: wenn eine natürliche Person einen Anteil von Aktien oder Stimmrechten von mehr als 25 vH oder eine Beteiligung von mehr als 25 vH an der Gesellschaft hält oder eine natürliche Person oder mehrere natürliche Personen gemeinsam direkt Kontrolle auf die Gesellschaft ausüben, so ist diese natürliche Person oder sind diese natürliche Personen direkte wirtschaftliche Eigentümer. *(BGBl I 2018/37)*

bb) [1]„Indirekter wirtschaftlicher Eigentümer: wenn ein Rechtsträger einen Anteil von Aktien oder Stimmrechten von mehr als 25 vH oder eine Beteiligung von mehr als 25 vH an der Gesellschaft hält und eine natürliche Person oder mehrere natürliche Personen gemeinsam direkt oder indirekt Kontrolle auf diesen Rechtsträger ausübt, so ist diese natürliche Person oder sind diese natürliche Personen indirekte wirtschaftliche Eigentümer der Gesellschaft.“

[2]Wenn mehrere Rechtsträger, die von derselben natürlichen Person oder denselben natürlichen Personen direkt oder indirekt kontrolliert werden, insgesamt einen „Anteil von Aktien oder Stimmrechten von mehr als 25 vH“ oder eine Beteiligung von mehr als 25 vH an der Gesellschaft halten, so ist diese natürliche Person oder sind diese natürlichen Personen wirtschaftliche Eigentümer.

[3]Ein von der oder den vorgenannten natürlichen Personen „direkt gehaltener Anteil an Aktien oder Stimmrechten“ oder eine direkt gehaltene Beteiligung ist jeweils hinzuzurechnen.

[4]Oberste Rechtsträger sind jene Rechtsträger in einer Beteiligungskette, die von indirekten wirtschaftlichen Eigentümern direkt kontrolliert werden sowie jene Rechtsträger an denen indirekte wirtschaftliche Eigentümer „direkt Aktien, Stimmrechte oder eine Beteiligung halten“, wenn diese zusammen mit dem oder den vorgenannten Rechtsträger(n) das wirtschaftliche Eigentum begründen. [5]Wenn der wirtschaftliche Eigentümer eine Funktion gemäß Z 2 oder Z 3 ausübt, dann

ist der betreffende Rechtsträger stets oberster Rechtsträger.

[6]Der Begriff Rechtsträger im Sinne dieser Ziffer umfasst auch vergleichbare Rechtsträger im Sinne des § 1 mit Sitz in einem anderen Mitgliedstaat oder in einem Drittland.
(BGBl I 2018/37)

[7]Kontrolle liegt bei einem Aktienanteil von 50 vH zuzüglich einer Aktie oder einer Beteiligung von mehr als 50 vH, direkt oder indirekt gehalten, vor. [8]Weiters ist Kontrolle auch bei Vorliegen der Kriterien gemäß § 244 Abs. 2 UGB oder bei Ausübung einer Funktion gemäß Z 2 oder Z 3 bei einem obersten Rechtsträger gegeben „oder wenn die Gesellschaft auf andere Weise letztlich kontrolliert wird.“[9]Im Übrigen begründet ein Treugeber oder eine vergleichbare Person Kontrolle durch ein Treuhandschaftsverhältnis oder ein vergleichbares Rechtsverhältnis. *(BGBl I 2018/37)*

b) die natürlichen Personen, die der obersten Führungsebene der Gesellschaft angehören, wenn nach Ausschöpfung aller Möglichkeiten und sofern keine Verdachtsmomente vorliegen, keine Person nach lit. a ermittelt werden kann. Für die nachfolgend genannten Gesellschaften gilt:

aa) bei offenen Gesellschaften und Kommanditgesellschaften mit ausschließlich natürlichen Personen als Gesellschaftern gelten die geschäftsführenden Gesellschafter als wirtschaftliche Eigentümer, sofern keine Anhaltspunkte vorliegen, dass die Gesellschaft direkt oder indirekt unter der Kontrolle einer oder mehrerer anderer natürlichen Personen steht.

bb) bei Erwerbs- und Wirtschaftsgenossenschaften gelten die Mitglieder der obersten Führungsebene (Vorstand) als wirtschaftlicher Eigentümer oder, sofern auch Geschäftsleiter eingetragen sind, nur die Geschäftsleiter als wirtschaftliche Eigentümer. *(BGBl I 2018/37)*

cc) bei eigentümerlosen Gesellschaften gelten die natürlichen Personen, die der obersten Führungsebene angehören als wirtschaftliche Eigentümer, sofern keine Anhaltspunkte vorliegen, dass die Gesellschaft direkt oder indirekt unter der Kontrolle einer oder mehrerer anderer natürlichen Personen steht.

2. bei Trusts, insbesondere bei Rechtsträgern gemäß § 1 Abs. 2 Z 17:

a) der/die Settlor/Trustor(en); *(BGBl I 2019/62)*

b) der/die Trustee(s);

c) der/die Protektor(en), sofern vorhanden; *(BGBl I 2019/62)*

d) die Begünstigten oder sofern die Einzelpersonen, die Begünstigte des Trusts sind, noch bestimmt werden müssen die Gruppe von Personen, in deren Interesse der Trust errichtet oder betrieben wird (Begünstigtenkreis); erhalten Personen aus dieser Gruppe Zuwendungen von dem Trust, deren Wert 2 000 Euro in einem Kalenderjahr übersteigt, dann gelten sie in dem betreffenden Kalenderjahr als Begünstigte;

e) jede sonstige natürliche Person, die den Trust auf andere Weise letztlich kontrolliert.

3. bei Stiftungen, vergleichbaren juristischen Personen und trustähnlichen Rechtsvereinbarungen gemäß § 1 Abs. 2 Z 18, die natürlichen Personen, die gleichwertige oder ähnliche wie die unter Z 2 genannten Funktionen bekleiden; dies betrifft bei

a) Privatstiftungen (§ 1 Abs. 2 Z 12):

aa) die Stifter;

bb) die Begünstigten, die Gruppe von Personen, aus der aufgrund einer gesonderten Feststellung (§ 5 PSG) die Begünstigten ausgewählt werden (Begünstigtenkreis) erhalten Personen aus dieser Gruppe Zuwendungen der Privatstiftung, deren Wert 2 000 Euro in einem Kalenderjahr übersteigt, dann gelten sie in dem betreffenden Kalenderjahr als Begünstigte oder bei Privatstiftungen gemäß § 66 VAG 2016, Sparkassenstiftungen gemäß § 27a SpG, Unternehmenszweckförderungsstiftungen gemäß § 4d Abs. 1 EStG 1988, Arbeitnehmerförderungsstiftungen gemäß § 4d Abs. 2 EStG 1988 und Belegschafts- und Mitarbeiterbeteiligungsstiftungen gemäß § 4d Abs. 3 und 4 EStG 1988 stets den Begünstigtenkreis;

cc) die Mitglieder des Stiftungsvorstands;

dd) sowie jede sonstige natürliche Person, die die Privatstiftung auf andere Weise letztlich kontrolliert.

b) bei Stiftungen und Fonds (§ 1 Abs. 2 Z 15 und 16):

aa) die Gründer;

bb) die Mitglieder des Stiftungs- oder Fondsvorstands;

cc) den Begünstigtenkreis;

dd) sowie jede sonstige natürliche Person, die die Stiftung oder den Fonds auf andere Weise letztlich kontrolliert.

Sorgfaltspflichten der Rechtsträger in Bezug auf ihre wirtschaftlichen Eigentümer

§ 3. (1) [1]Die Rechtsträger haben die Identität ihres wirtschaftlichen Eigentümers festzustellen und angemessene Maßnahmen zur Überprüfung seiner Identität zu ergreifen, so dass sie davon überzeugt sind zu wissen, wer ihr wirtschaftlicher Eigentümer ist; dies schließt die Ergreifung angemessener Maßnahmen mit ein, um die Eigentums- und Kontrollstruktur zu verstehen. [2]Zudem haben sie den Verpflichteten (§ 9 Abs. 1), wenn diese Sorgfaltspflichten gegenüber Kunden anwenden, zusätzlich zu den Informationen über ihren rechtlichen Eigentümer auch beweiskräftige Unterlagen zu ihren wirtschaftlichen Eigentümern vorzulegen.

(2) [1]Die Rechtsträger haben Kopien der Dokumente und Informationen, die für die Erfüllung der Sorgfaltspflichten gemäß Abs. 1 erforderlich sind, bis mindestens fünf Jahre nach dem Ende des wirtschaftlichen Eigentums der natürlichen Person aufzubewahren.

Fassung ab 10. 11. 2020 (BGBl I 2019/62):
(2) [1]Die Rechtsträger haben Kopien der Dokumente und Informationen, die für die Erfüllung der Sorgfaltspflichten gemäß Abs. 1 erforderlich sind, bis mindestens fünf Jahre nach dem Ende des wirtschaftlichen Eigentums der natürlichen Person aufzubewahren. „[2]Durch die Übermittlung eines vollständigen Compliance-Packages für einen Rechtsträger gilt diese Verpflichtung als erfüllt.“ *(BGBl I 2019/62)*

(3) Die Rechtsträger haben die Sorgfaltspflichten gemäß Abs. 1 zumindest jährlich durchzuführen und dabei angemessene, präzise und aktuelle Informationen über die wirtschaftlichen Eigentümer, einschließlich genauer Angaben zum wirtschaftlichen Interesse, einzuholen und zu prüfen, ob die an das Register gemeldeten wirtschaftlichen Eigentümer noch aktuell sind. *(BGBl I 2019/62)*

(4) „[1]Bei Trusts und trustähnlichen Vereinbarungen treffen die Rechte und Pflichten gemäß diesem Bundesgesetz den Trustee (§ 2 Z 2 lit. b) oder eine mit dem Trustee vergleichbare Person. [2]Dieser oder diese haben gegenüber Verpflichteten, wenn diese Sorgfaltspflichten gegenüber ihren Kunden anwenden, ihren Status offenzulegen und die Angaben über die wirtschaftlichen Eigentümer des Trust oder der trustähnlichen Vereinbarung zeitnah bei Aufnahme einer Geschäftsbeziehung oder bei Durchführung einer gelegentlichen Transaktion oberhalb der Schwellenwerte zu übermitteln. [3]Sie haben weiters dafür zu sorgen, dass der Trust oder die trustähnliche Vereinbarung in das Ergänzungsregister für sonstige Betroffene eingetragen ist und gegebenenfalls einen Antrag auf Eintragung in das Ergänzungsregister für sonstige Betroffene zu stellen. [4]Für diesen Antrag gilt folgendes:“

1. [1]Als rechtsgültige Bezeichnung des Trusts bzw. der trustähnlichen Vereinbarung gilt die von den Parteien vertraglich festgelegte Bezeichnung. [2]In Ermangelung einer solchen ist der Vor- und Nachname des Settlors unter Nachstellung der Bezeichnung „Trust” zu verwenden. [3]Bei trustähnlichen Vereinbarungen ist der Vor- und Nachname der mit dem Settlor vergleichbaren Person (Treugeber) unter Nachstellung der Bezeichnung „trustähnliche Vereinbarung” zu verwenden;

2. Die Angabe über die Rechts- oder Organisationsform lautet entweder „Trust” oder „trustähnliche Vereinbarung”;

3. Als Anschrift und Sitz ist der Ort von dem aus der Trust oder die trustähnliche Vereinbarung verwaltet wird anzugeben;

4. Als Angabe über den Bestandszeitraum, ist der Zeitpunkt anzugeben ab dem der Trust oder die trustähnliche Vereinbarung rechtswirksam geworden ist.

(BGBl I 2019/62)

(5) [1]Die Verpflichtung zur Eintragung im Ergänzungsregister und zur Meldung der wirtschaftlichen Eigentümer gemäß § 5 entfällt, wenn ein Trust oder eine trustähnliche Vereinbarung, der auch von einem anderen Mitgliedstaat aus verwaltet wird, in einem Register gemäß Art. 31 der Richtlinie (EU) 2015/849 eines anderen Mitgliedstaates eingetragen ist. [2]Dies gilt ebenso bei Trusts oder trustähnlichen Vereinbarungen, bei denen sich die Verwaltung nicht im Inland oder in einem anderen Mitgliedstaat befindet, wenn dieser oder diese in einem Register gemäß Art. 31 der Richtlinie (EU) 2015/849 eines anderen Mitgliedstaates eingetragen ist und für diesen oder diese im Inland keine Liegenschaften erworben wurden. [3]Nach Nachweis der Registrierung kann die Eintragung des Trusts oder der trustähnlichen Vereinbarung im Ergänzungsregister beendet werden. *(BGBl I 2019/62)*

Pflichten der rechtlichen und wirtschaftlichen Eigentümer

§ 4. Eigentümer und wirtschaftliche Eigentümer von Rechtsträgern „(einschließlich wirtschaftliche Eigentümer aufgrund von Anteilen an Aktien und Inhaberaktien, Stimmrechten, Beteiligungen oder anderen Formen von Kontrolle)“ haben diesen alle für die Erfüllung der Sorgfaltspflichten (§ 3) erforderlichen Dokumente und Informationen zur Verfügung zu stellen. *(BGBl I 2019/62)*

Meldung der Daten durch die Rechtsträger

§ 5. (1) Die Rechtsträger haben die folgenden Daten über ihre wirtschaftlichen Eigentümer an die Bundesanstalt Statistik Österreich als „Auftragsverarbeiterin“* der Registerbehörde zu melden:

1. bei direkten wirtschaftlichen Eigentümern:

a) Vor- und Zuname;

b) sofern diese über keinen Wohnsitz im Inland verfügen, die Nummer und die Art des amtlichen Lichtbildausweises;

c) Geburtsdatum und Geburtsort;

d) Staatsangehörigkeit;

e) Wohnsitz;

Wenn ein wirtschaftlicher Eigentümer verstorben ist, ist dies anzugeben; Diesfalls entfallen die Angaben gemäß lit. b bis e.

2. bei indirekten wirtschaftlichen Eigentümern:

a) die Informationen gemäß Z 1 über den indirekten wirtschaftlichen Eigentümer;

b) sofern es sich bei einem obersten Rechtsträger um einen Rechtsträger gemäß § 1 handelt, die Stammzahl sowie den Anteil an Aktien, Stimmrechten oder die Beteiligung des wirtschaftlichen Eigentümers am obersten Rechtsträger;

c) sofern es sich bei einem obersten Rechtsträger um einen mit § 1 vergleichbaren Rechtsträger mit Sitz in einem anderen Mitgliedstaat oder einem Drittland handelt, den Namen und den Sitz des Rechtsträgers, die Rechtsform, die der Stammzahl und dem Stammregister entsprechenden Identifikatoren sowie den Anteil an Aktien, Stimmrechten oder die Beteiligung des wirtschaftlichen Eigentümers am obersten Rechtsträger.

Indirekte wirtschaftliche Eigentümer sind nicht zu melden, wenn deren wirtschaftliches Eigentum durch einen obersten Rechtsträger gemäß § 2 Z 2 und 3 begründet wird, der selbst als Rechtsträger im Register eingetragen ist.

3. die Art und den Umfang des wirtschaftlichen Interesses für jeden wirtschaftlichen Eigentümer durch die Angabe

a) im Fall des § 2 Z 1 lit. a ob der Rechtsträger im Eigentum des wirtschaftlichen Eigentümers steht (unter Angabe des Anteils an Aktien oder der Beteiligung) oder der wirtschaftliche Eigentümer Stimmrechte hält (unter Angabe des Anteils) oder auf andere Weise unter der Kontrolle des wirtschaftlichen Eigentümers steht „(unter Angabe des Anteils auf den Kontrolle ausgeübt wird, sofern sich dieser ermitteln lässt, und unter Angabe, ob ein relevantes Treuhandschaftsverhältnis vorliegt und ob der wirtschaftliche Eigentümer Treuhänder oder Treugeber ist)“; *(BGBl I 2019/62)*

b) im Fall des § 2 Z 1 lit. b ob der wirtschaftliche Eigentümer der Führungsebene des Rechtsträgers angehört „und ob kein wirtschaftlicher Eigentümer vorhanden ist oder ob nach Ausschöpfung aller Möglichkeiten die wirtschaftlichen Eigentümer nicht festgestellt und überprüft werden konnten;“ *(BGBl I 2019/62)*

c) im Fall des § 2 Z 2 welche der unter § 2 Z 2 lit. a bis d spezifizierte Funktion der wirtschaftliche Eigentümer ausübt oder ob der wirtschaftliche Eigentümer eine andere Form der Kontrolle gemäß § 2 Z 2 lit. e ausübt.

d) im Fall des § 2 Z 3 welche der unter § 2 Z 3 lit. a sublit. aa bis cc oder lit. b sublit. aa bis cc spezifizierte Funktion der wirtschaftliche Eigentümer bei Privatstiftungen oder Stiftungen und Fonds gemäß § 1 Abs. 2 Z 15 und 16 ausübt oder ob der wirtschaftliche Eigentümer eine andere Form der Kontrolle gemäß § 2 Z 3 lit. a sublit. dd oder lit. b sublit. dd ausübt.

e) in allen übrigen Fällen, dass das wirtschaftliche Eigentum auf sonstige Weise hergestellt wird.

Fassung ab 10. 11. 2020 (BGBl I 2019/62):

4. bei Meldungen durch einen berufsmäßigen Parteienvertreter (§ 9 Abs. 1 Z 6 bis 10) die Angabe,

a) ob die wirtschaftlichen Eigentümer durch den berufsmäßigen Parteienvertreter gemäß den Anforderungen dieses Bundesgesetzes festgestellt und überprüft wurden,

b) [1]ob ein Compliance-Package (§ 5a) übermittelt wird und bejahendenfalls, ob dessen Inhalt von allen Verpflichteten oder nur auf Anfrage eingesehen werden kann (eingeschränktes Compliance-Package). [2]Im Falle eines eingeschränkten Compliance-Packages, gegebenenfalls ob bestimmten Verpflichteten Einsicht gewährt werden soll. [3]Bei eingeschränkten Compliance- Packages ist anzugeben, ob der berechtigte Parteienvertreter oder der Rechtsträger oder beide Freigaben erteilen können;

c) die Angabe einer E-Mailadresse des berufsmäßigen Parteienvertreters und allenfalls des Rechtsträgers, sofern ein Compliance-Package übermittelt wird; Die Angabe einer E-Mailadresse des Rechtsträgers ist im Falle eines eingeschränkten Compliance-Packages verpflichtend, wenn der Rechtsträger selbst Freigaben erteilen soll; und

d) die Angabe ob an die angegebene E-Mailadresse des berufsmäßigen Parteienvertreters oder des Rechtsträgers Rückfragen im Zusammenhang mit einer Meldung oder einem Compliance-Package im elektronischen Wege übermittelt werden dürfen.
(BGBl I 2019/62)

„[4]Der Rechtsträger hat die Daten binnen vier Wochen nach der erstmaligen Eintragung in das jeweilige Stammregister oder bei Trusts und trustähnlichen Vereinbarungen nach der Begründung der Verwaltung im Inland zu übermitteln. [5]Änderungen der Angaben sind binnen vier Wochen nach Kenntnis der Änderung zu übermitteln.“** *(BGBl I 2019/62)*
„[6]Bei Daten des Rechtsträgers selbst, die im jeweiligen Stammregister eingetragen sind, ist jedenfalls Kenntnis ab deren Eintragung im jeweiligen Stammregister anzunehmen. [7]Entfalten Umstände bereits vor Eintragung in das Stammregister eine Wirkung auf die wirtschaftlichen Eigentümer eines Rechtsträgers, so ist für den Beginn der Meldefrist auf den Beginn der Wirksamkeit abzustellen. [8]Bei Vorliegen einer Meldebefreiung gemäß § 6 entfällt die Verpflichtung zur Meldung der Änderungen, wenn die Eintragung im jeweiligen Stammregister binnen vier Wochen beantragt wird. [9]Rechtsträger, die nicht gemäß § 6 von der Meldepflicht befreit sind, haben binnen vier Wochen nach der Fälligkeit der jährlichen Überprüfung gemäß § 3 Abs. 3, die bei der Überprüfung festgestellten Änderungen zu melden oder die

gemeldeten Daten zu bestätigen.“** *(*BGBl I 2018/37; **BGBl I 2019/62)*

(2) [1]Die Meldung der in Abs. 1 genannten Daten hat von den Rechtsträgern im elektronischen Wege über das Unternehmensserviceportal (§ 1 USPG) an die Bundesanstalt Statistik Österreich als „Auftragsverarbeiterin“ der Registerbehörde zu erfolgen. [2]Eine Übermittlung der Daten durch berufsmäßige Parteienvertreter gemäß § 5 Abs. 1 Z 2 USPG ist zulässig. [3]Es dürfen nur Geräte zum Einsatz kommen, die über ein nach Maßgabe des jeweiligen Standes der Technik anerkanntes Protokoll kommunizieren. [4]Bei natürlichen Personen ohne Wohnsitz im Inland hat der Rechtsträger eine Kopie des unter Abs. 1 Z 1 lit. b angegebenen amtlichen Lichtbildausweises im elektronischen Wege über das Unternehmensserviceportal an die Registerbehörde zu übermitteln. *(BGBl I 2018/37)*

(3) [1]Zum Zwecke der eindeutigen Identifikation von wirtschaftlichen Eigentümern „, von jenen natürlichen Personen, die für die Zwecke der automatisationsunterstützt erstellten Darstellung gemäß § 9 Abs. 5 Z 1 benötigt werden, und von vertretungsbefugten natürlichen Personen der Rechtsträger“** hat die Bundesanstalt Statistik Österreich über das Stammzahlenregister automatisationsunterstützt das „ “* bereichsspezifische Personenkennzeichen des Bereichs „Steuern und Abgaben – SA” zu ermitteln. [2]„Die Registerbehörde und die Bundesanstalt Statistik Österreich haben die im Zentralen Melderegister verarbeiteten Daten abzufragen, um die Daten über die wirtschaftlichen Eigentümer zu übernehmen, zu ergänzen und aktuell zu halten und können zu diesem Zweck auch das Ergänzungsregister für natürliche Personen abfragen.“** [3]Der Bundesminister für Inneres ist ermächtigt, der Bundesanstalt Statistik Österreich auf deren Verlangen zum Zweck der Ergänzung und der Überprüfung der Daten der wirtschaftlichen Eigentümer eine Abfrage gemäß § 16a Abs. 4 MeldeG auf das Zentrale Melderegister zu eröffnen. [4]Danach ist der Änderungsdienst gemäß § 16c MeldeG zu verwenden. [5]Zum Zwecke der eindeutigen Identifikation von obersten Rechtsträgern mit Sitz im Inland hat die Bundesanstalt Statistik Österreich deren Daten mit dem Stammzahlenregister automationsunterstützt abzugleichen. [6]Wenn kein automationsunterstützter Abgleich im Hinblick auf die vorgenannten Rechtsträger möglich ist, dann dürfen diese nicht gemeldet werden. [7]Insoweit einzelne, der in Abs. 1 genannten Daten durch die Bundesanstalt Statistik Österreich automatisationsunterstützt ergänzt werden, ist keine Meldung der betreffenden Daten durch den Rechtsträger erforderlich. *(*BGBl I 2017/150; **BGBl I 2018/37)*

(4) [1]Jeder Rechtsträger ist berechtigt über das Unternehmensserviceportal Einsicht in die über ihn im Register erfassten Daten zu nehmen. [2]Die Einsicht ist im Wege einer Information über den Registerstand zu gewähren, die alle Elemente des Auszuges gemäß § 9 Abs. 4 enthält.

(5) [1]Wenn bei Rechtsträgern gemäß § 1 Abs. 2 Z 1, 2, 3, 4, 9, 10, 11 und 13 die wirtschaftlichen Eigentümer gemäß § 2 Z 1 lit. b festgestellt wurden, ist nur zu melden, dass die natürlichen Personen, die der obersten Führungsebene des Rechtsträgers angehören, als wirtschaftliche Eigentümer festgestellt wurden. [2]Die Bundesanstalt Statistik Österreich hat diese aus dem Firmenbuch zu übernehmen und laufend aktuell zu halten. „[3]Wenn die natürlichen Personen, die der obersten Führungsebene angehören nicht mehr im Firmenbuch eingetragen sind, so hat die Bundesanstalt Statistik Österreich die Meldung gemäß § 5 Abs. 5 WiEReG zu beenden.“ *(BGBl I 2018/37; BGBl I 2019/62)*

Fassung ab 10. 3. 2021 (BGBl I 2019/62):

(6) [1]Wenn für einen Rechtsträger noch keine Meldung von einem berufsmäßigen Parteienvertreter abgegeben wurde, so kann jeder berufsmäßige Parteienvertreter unter Berufung auf die ihm erteilte Vollmacht eine Meldung gemäß diesem Paragraphen abgeben. [2]Nach Abgabe einer Meldung von einem berufsmäßigen Parteienvertreter für einen Rechtsträger, kann ein anderer berufsmäßiger Parteienvertreter für diesen Rechtsträger nur dann eine Meldung abgeben, wenn dieser im elektronischen Wege der Registerbehörde unter Berufung auf die erteile Vollmacht den Wechsel der Berechtigung zur Abgabe einer Meldung anzeigt. [3]Die Registerbehörde hat den Rechtsträger über den Wechsel der Berechtigung zu informieren und darauf hinzuweisen, dass der Wechsel binnen zwei Wochen ab deren Beantragung im Register eingetragen wird, sofern kein Widerspruch des Rechtsträgers innerhalb dieser Frist bei der Registerbörde eingeht. [4]Nach Ablauf der Frist endet die Möglichkeit zur Meldung für den ursprünglich vertretungsbefugten Parteienvertreter und Meldungen können nur von dem berufsmäßigen Parteienvertreter eingebracht werden, der zuletzt den Wechsel der Berechtigung angezeigt hat. [5]Die Registerbehörde kann auf Antrag des Rechtsträgers den Wechsel der Berechtigung schon vor Ablauf der zweiwöchigen Frist eintragen, wenn dies zur Wahrung der Meldefrist erforderlich ist. *(BGBl I 2019/62)*

Fassung ab 10. 11. 2020 (BGBl I 2019/62):

(7) Gegen berufsmäßige Parteienvertreter oder deren Beschäftigte, die wirtschaftliche Eigentümer gemäß § 9 Abs. 4 Z 7a festgestellt, überprüft und gemeldet oder ein Compliance-Package gemäß § 9 Abs. 5a übermittelt haben, können Dritte daraus Schadenersatzansprüche nur dann erheben, wenn die berufsmäßigen Parteienvertreter oder deren Beschäftigte vorsätzlich oder krass grob fahrlässig gegen ihre Sorgfaltspflichten nach diesem Bundesgesetz verstoßen haben. *(BGBl I 2019/62)*

Übermittlung der Dokumentation über die Anwendung der Sorgfaltspflichten zur Feststellung und Überprüfung der Identität von wirtschaftlichen Eigentümern (Compliance-Package)

Fassung ab 10. 11. 2020 (BGBl I 2019/62):

§ 5a. (1) [1]Ein berufsmäßiger Parteienvertreter kann, wenn er die wirtschaftlichen Eigentümer eines Rechtsträgers gemäß den Anforderungen dieses Bundesgesetzes festgestellt und überprüft hat, alle für die Feststellung und Überprüfung der Identität der wirtschaftlichen Eigentümer erforderlichen Informationen, Daten und Dokumente im elektronischen Wege über das Unternehmensserviceportal an die Registerbehörde übermitteln (Compliance-Package). [2]Hiebei sind jedenfalls die folgenden Informationen, Daten und Dokumente im elektronischen Wege über das Unternehmensserviceportal an die Registerbehörde zu übermitteln:

1. ein Organigramm, aus dem sich die relevante Eigentums- und Kontrollstruktur ergibt, bei Rechtsträgern gemäß § 1 Abs. 2 Z 1 bis 4, 9 und 10;

2. für den meldenden Rechtsträger selbst,

a) bei offenen Gesellschaften, Kommanditgesellschaften und Europäischen wirtschaftlichen Interessensvereinigungen der Gesellschaftsvertrag bzw. das Gründungsdokument oder ein anderer Nachweis über die Beteiligungsverhältnisse;

b) bei Aktiengesellschaften und Europäischen Gesellschaften (SE) ein Nachweis über für das wirtschaftliche Eigentum relevante Anteilsrechte und Aktien sowie die Satzung, soweit sich aus dieser abweichende Stimmrechte oder Kontrollverhältnisse ergeben;

c) bei Gesellschaften mit beschränkter Haftung der Gesellschaftsvertrag, soweit sich aus diesem von den Beteiligungsverhältnissen abweichende Stimmrechte oder Kontrollverhältnisse ergeben;

d) bei Privatstiftungen gemäß § 1 PSG die Stiftungsurkunde sowie die Stiftungszusatzurkunde und alle weiteren Nachweise, die für die Feststellung und Überprüfung aller Begünstigten der Privatstiftung gemäß diesem Bundesgesetz notwendig sind;

e) bei Stiftungen und Fonds gemäß § 1 BStFG 2015 und bei aufgrund eines Landesgesetzes eingerichteten Stiftungen und Fonds die Stiftungsurkunde, Gründungserklärung oder ein vergleichbarer Nachweis;

f) bei Trusts und trustähnlichen Vereinbarungen die Trusturkunde, sonstige Dokumente, aus denen sich Begünstigte des Trusts ergeben, und alle weiteren Nachweise, die für die Feststellung und Überprüfung aller Begünstigten des Trusts oder der trustähnlichen Vereinbarung gemäß diesem Bundesgesetz notwendig sind;

g) Nachweise und Erklärungen, aufgrund derer sich allfällige, für die Stellung als wirtschaftlicher Eigentümer gemäß diesem Bundesgesetz relevante Treuhandschaften ergeben;

h) sonstige Nachweise und Dokumente, die für die Feststellung und Überprüfung der wirtschaftlichen Eigentümer des Rechtsträgers erforderlich sind; solche sind insbesondere dann erforderlich, wenn relevante Stimmrechte vorliegen, die von der jeweiligen Beteiligung oder dem Anteil von Aktien abweichen oder wenn andere Kontrollverhältnisse vorliegen, die für die Feststellung und Überprüfung der wirtschaftlichen Eigentümer relevant sind und diese nicht bereits von lit. a bis g erfasst sind.

3. [1]für relevante inländische übergeordnete Rechtsträger sind die in Z 2 lit. a bis h genannten Dokumente zu übermitteln. [2]Sofern Dokumente zu übermitteln sind, ist die Stammzahl des übergeordneten inländischen Rechtsträgers anzugeben. [3]Wenn für einen obersten Rechtsträger mit Sitz im Inland ein gültiges Compliance-Package im Register im Zeitpunkt der Meldung gespeichert ist, entfällt die Verpflichtung zur Übermittlung der Dokumente für diesen obersten Rechtsträger gemäß dieser Ziffer, wenn die Stammzahl dieses obersten Rechtsträgers und der Umstand gemeldet wird, dass auf dieses Compliance-Package verwiesen wird. [4]In diesem Fall ist nur der Umstand, dass auf dieses Compliance-Package verwiesen wird, Bestandteil der Meldung.

4. für ausländische übergeordnete Rechtsträger, die für das wirtschaftliche Eigentum am Rechtsträger relevant sind, die Angabe des Namens, der Stammzahl, der Rechtsform und des Sitzlandes sowie jene am Sitz des übergeordneten Rechtsträgers gemäß dem landesüblichen Rechtsstandard verfügbaren

a) Nachweise, die für die Überprüfung der Existenz einer juristischen Person im Sitzland vorgesehen sind;

b) Nachweise, die zum Zwecke der Überprüfung der Eigentumsverhältnisse im Sitzland vorgesehen sind;

c) Gesellschaftsverträge, Statuten und dergleichen, soweit sich von lit. b abweichende Stimmrechte oder Kontrollverhältnisse ergeben;

d) Nachweise und Erklärungen, aufgrund derer sich allfällige, für die Stellung als wirtschaftlicher Eigentümer gemäß diesem Bundesgesetz relevante Treuhandschaften ergeben und die für die Feststellung und Überprüfung dieser wirtschaftlichen Eigentümer notwendig sind; dies unabhängig von den aufgrund der landesüblichen Rechtsstandards verfügbaren Nachweisen;

e) sonstige Nachweise und Dokumente, die für die Feststellung und Überprüfung der wirtschaftlichen Eigentümer des Rechtsträgers erforderlich sind; solche Nachweise sind insbesondere dann erforderlich, wenn relevante Stimmrechte vorliegen, die von der jeweiligen Beteiligung oder dem Anteil an Aktien abweichen oder wenn andere Kontrollverhältnisse vorliegen, die für die Feststellung und Überprüfung der wirtschaftlichen Eigentümer relevant sind und nicht bereits gemäß lit. a bis d übermittelt werden.

[1]Wenn für einen Rechtsträger mit Sitz im Inland, der sich auf der letzten inländischen Ebene einer Eigentums- oder Kontrollkette befindet, ein gültiges Compliance-Package gespeichert wurde, entfällt die Verpflichtung zur Übermittlung der Dokumente gemäß dieser Ziffer für jene relevanten Rechtsträger mit Sitz im Ausland, deren Dokumente in diesem Compliance-Package enthalten sind, wenn die Stammzahl dieses Rechtsträgers und der Umstand gemeldet wird, dass auf dieses Compliance-Package verwiesen wird. [2]In diesem Fall ist nur der Umstand, dass auf dieses Compliance-Package verwiesen wird, Bestandteil der Meldung.

(2) [1]Soweit es sich bei den Dokumenten um Urkunden handelt, muss es sich um beweiskräftige Urkunden handeln, die gemäß dem am Sitz der juristischen Personen landesüblichen Rechtsstandard verfügbar sind. [2]Befindet sich der Sitz eines relevanten übergeordneten ausländischen Rechtsträgers im Zeitpunkt der Übermittlung des Compliance-Packages in einem Drittland mit hohem Risiko (§ 2 Z 16 FM-GwG) oder bestehen Zweifel an der Echtheit einer Urkunde, dann müssen die betreffenden Urkunden dem berufsmäßigen Parteienvertreter im Original oder in einer beglaubigten Kopie vorliegen. [3]Nach erfolgter Prüfung sind Kopien der vorgelegten Originaldokumente anzufertigen, mit dem Vermerk „Original vorgelegt am:“ unter Angabe des Datums und einem Hinweis auf einen nachvollziehbar erkennbaren Vermerkersteller zu erstellen und an das Register zu übermitteln. [4]Originaldokumente können an den Rechtsträger retourniert werden. [5]Sofern Dokumente nicht in deutscher oder englischer Sprache abgefasst sind, so sind zusätzlich zum Originaldokument beglaubigte Übersetzungen des Dokuments oder jedenfalls der relevanten Teile in deutscher oder englischer Sprache zu übermitteln.

(3) [1]Bestehen berechtigte Gründe gegen eine Übermittlung einer Urkunde an das Register, so kann anstelle der Übermittlung der Urkunde, ein vollständiger Aktenvermerk an das Register übermittelt werden, wenn der berufsmäßige Parteienvertreter, der die wirtschaftlichen Eigentümer des Rechtsträgers festgestellt und überprüft hat oder ein Dritter gemäß Art. 2 Abs. 1 Z 3 lit. a und b der Richtlinie (EU) 2015/849 mit Sitz im Inland oder einem Mitgliedstaat oder nach Maßgabe des § 13 Abs. 4 FM-GwG mit Sitz in einem Drittland, Einsicht in die Urkunde genommen und diesen Aktenvermerk angefertigt hat. [2]Ein vollständiger Aktenvermerk hat Folgendes zu enthalten:

1. Datum und Ort der Einsichtnahme,

2. Vorname, Nachname, Geburtsdatum und Unterschrift der die Einsicht vornehmenden Person,

3. genaue Bezeichnung des eingesehenen Dokumentes und von wem das Dokument in welcher Funktion errichtet oder ausgestellt und unterzeichnet wurde,

4. eine Beschreibung des Inhalts des Dokumentes und eine Zusammenfassung aller für das wirtschaftliche Eigentum am Rechtsträger relevanten Teile des Dokumentes.

Die Übermittlung von Aktenvermerken anstelle von Dokumenten ist nicht zulässig, wenn sich der Sitz des Ausstellers des Dokumentes, der Sitz einer der Vertragsparteien, die das Dokument errichtet haben, oder der Sitz des Rechtsträges, den das Dokument betrifft, in einem Drittland mit hohem Risiko (§ 2 Z 16 FM-GwG) befindet.

(4) [1]Die Dokumente müssen im Zeitpunkt der Übermittlung an das Register aktuell sein. [2]Auszüge aus ausländischen Handels-, Gesellschafts- oder Trustregistern und die Bestätigung der Geschäftsführung des Rechtsträgers gemäß Abs. 1 Z 2 lit. i dürfen bei Meldungen und Änderungsmeldungen nicht älter als 6 Wochen sein. [3]Ältere Dokumente dürfen nur in begründeten Ausnahmefällen gemeinsam mit den Gründen dafür übermittelt werden.

(5) [1]Vor der Übermittlung, Änderung oder Ergänzung eines Compliance-Packages hat der berufsmäßige Parteienvertreter eine firmenmäßig gezeichnete Bestätigung der Geschäftsführung des Rechtsträgers einzuholen, in der diese bestätigt, dass alle zur Feststellung und Überprüfung der wirtschaftlichen Eigentümer erforderlichen Dokumente dem berufsmäßigen Parteienvertreter vorliegen, aktuell sind und in dem zu übermittelnden Compliance-Package enthalten sind und keine von der Meldung abweichenden Stimmrechte, Kontroll- oder Treuhandschaftsbeziehungen bestehen. [2]Der berufsmäßige Parteienvertreter hat in der Meldung den Erhalt dieser Bestätigung zu bestätigen.

(6) [1]Die übermittelten Informationen, Daten und Dokumente sind für die Zwecke der Verhinderung der Geldwäscherei und der Terrorismusfinanzierung zu speichern und sind fünf Jahre nach dem Zeitpunkt, bei dem diese mit einem Compliance-Package übermittelt wurden, zu löschen. [2]Das Compliance-Package ist für die Dauer von zwölf Monaten nach der letzten Meldung, bei der ein Compliance-Package gemäß Abs. 1 oder Abs. 7 übermittelt wurde, gültig.

(7) [1]Der gemäß § 5 Abs. 6 berechtigte berufsmäßige Parteienvertreter kann eine Änderungsmeldung zu einem bestehenden Compliance-

Package übermitteln, durch die die Gültigkeit des Compliance- Package um weitere zwölf Monate verlängert wird. [2]Bei dieser Meldung hat der berufsmäßige Parteienvertreter die Vollständigkeit des Compliance-Packages gemäß Abs. 1 und die Aktualität aller Dokumente gemäß Abs. 4 zu überprüfen und zu bestätigen.

(8) [1]Der gemäß § 5 Abs. 6 berechtigte berufsmäßige Parteienvertreter kann eine Ergänzung zu einem bestehenden gültigen Compliance-Package übermitteln, bei der zusätzliche Dokumente übermittelt oder bereits übermittelte Dokumente gelöscht werden können, das Compliance-Package eingeschränkt oder die Einschränkung aufgehoben werden kann, die E-Mailadresse des berufsmäßigen Parteienvertreters und des Rechtsträgers geändert werden können, festgelegt werden kann, ob der berufsmäßige Parteienvertreter und/oder der Rechtsträger Freigaben erteilen oder Rückfragen beantworten können und festgelegt werden kann, welchen Verpflichteten in ein eingeschränktes Compliance-Package Einsicht gewährt werden soll, ohne dass jedoch Änderungen bei den gemeldeten wirtschaftlichen Eigentümern vorgenommen werden können. [2]Bei jeder Ergänzung hat der berufsmäßige Parteienvertreter die Aktualität der zusätzlich übermittelten Dokumente zu prüfen und zu bestätigen. [3]Die Dauer der Gültigkeit des Compliance-Package gemäß Abs. 6 ändert sich durch die Übermittlung einer Ergänzung nicht.

(9) Der berufsmäßige Parteienvertreter hat bei der Übermittlung der Dokumente im Rahmen des Compliance-Packages an das Register zu erklären, dass der Rechtsträger gegenüber ihm bestätigt hat, dass die erforderlichen Einwilligungserklärungen, die den Anforderungen des Art. 7 der Verordnung (EU) 2016/679 entsprechen, und die Freigabe zur Übermittlung des Compliance-Packages vorliegen.

(BGBl I 2019/62)

Befreiung von der Meldepflicht

§ 6. (1) [1]Offene Gesellschaften gemäß § 1 Abs. 2 Z 1 und Kommanditgesellschaften gemäß § 1 Abs. 2 Z 2 sind von der Meldung gemäß § 5 befreit, wenn alle Gesellschafter natürliche Personen sind. [2]Sind weniger als vier Gesellschafter im Firmenbuch eingetragen, dann sind diese als wirtschaftliche Eigentümer von der Bundesanstalt Statistik Österreich zu übernehmen. [3]Wenn vier oder mehr Gesellschafter im Firmenbuch eingetragen sind, dann sind die im Firmenbuch eingetragenen geschäftsführenden Gesellschafter von der Bundesanstalt Statistik Österreich als wirtschaftliche Eigentümer zu übernehmen. [4]Wenn eine andere natürliche Person wirtschaftlicher Eigentümer gemäß § 2 der offenen Gesellschaft oder der Kommanditgesellschaft ist, dann hat die offene Gesellschaft oder die Kommanditgesellschaft eine Meldung gemäß § 5 Abs. 1 vorzunehmen. *(BGBl I 2018/37)*

(2) [1]Gesellschaften mit beschränkter Haftung gemäß § 1 Abs. 2 Z 4 sind von der Meldung gemäß § 5 befreit, wenn alle Gesellschafter natürliche Personen sind. [2]Diesfalls sind die im Firmenbuch eingetragenen Gesellschafter von der Bundesanstalt Statistik Österreich als wirtschaftliche Eigentümer zu übernehmen, wenn diese eine Beteiligung von mehr als 25 vH halten. [3]Hält kein Gesellschafter eine Beteiligung von mehr als 25 vH, so sind die im Firmenbuch eingetragenen Geschäftsführer von der Bundesanstalt Statistik Österreich als wirtschaftliche Eigentümer zu übernehmen. [4]Wenn eine andere natürliche Person wirtschaftlicher Eigentümer gemäß § 2 der Gesellschaft mit beschränkter Haftung ist, dann hat die Gesellschaft mit beschränkter Haftung eine Meldung gemäß § 5 Abs. 1 vorzunehmen. *(BGBl I 2018/37)*

(3) [1]Erwerbs- und Wirtschaftsgenossenschaften gemäß § 1 Abs. 2 Z 5 sind von der Meldung gemäß § 5 befreit. [2]Diesfalls sind die im Firmenbuch eingetragenen Mitglieder des Vorstands oder, sofern auch Geschäftsleiter eingetragen sind, nur die Geschäftsleiter von der Bundesanstalt Statistik Österreich als wirtschaftliche Eigentümer zu übernehmen. [3]Wenn eine andere natürliche Person wirtschaftlicher Eigentümer gemäß § 2 der Erwerbs- und Wirtschaftsgenossenschaft ist, dann hat die Erwerbs- und Wirtschaftsgenossenschaft eine Meldung gemäß § 5 Abs. 1 vorzunehmen. *(BGBl I 2018/37)*

(4) [1]Versicherungsvereine auf Gegenseitigkeit gemäß § 1 Abs. 2 Z 6, kleine Versicherungsvereine gemäß § 1 Abs. 2 Z 7 und Sparkassen gemäß § 1 Abs. 2 Z 8 sind von der Meldung gemäß § 5 befreit. [2]Diesfalls sind die im Firmenbuch oder im Ergänzungsregister für sonstige Betroffene eingetragenen Mitglieder des Vorstands von der Bundesanstalt Statistik Österreich als wirtschaftliche Eigentümer zu übernehmen. [3]Wenn eine andere natürliche Person direkt oder indirekt Kontrolle „auf die vorgenannten Gesellschaften" ausübt, dann hat diese Gesellschaft eine Meldung gemäß § 5 Abs. 1 vorzunehmen. *(BGBl I 2018/37)*

(5) [1]Vereine gemäß § 1 Abs. 2 Z 14 sind von der Meldung gemäß § 5 befreit. [2]Diesfalls sind die im Vereinsregister eingetragenen organschaftlichen Vertreter des Vereins von der Bundesanstalt Statistik Österreich als wirtschaftliche Eigentümer zu übernehmen. [3]Wenn eine andere natürliche Person direkt oder indirekt Kontrolle „auf den Verein" ausübt, dann hat der Verein eine Meldung gemäß § 5 Abs. 1 vorzunehmen. *(BGBl I 2018/37)*

(6) [1]Wenn ein Rechtsträger eine Meldung gemäß den vorgenannten Absätzen vornimmt oder auf die Meldebefreiung verzichtet, dann hat keine

Übernahme der Daten durch die Bundesanstalt Statistik Österreich für diesen Rechtsträger zu erfolgen. [2]Wenn die Voraussetzungen für die Befreiung in späterer Folge wieder zutreffen, kann der Rechtsträger dies im elektronischen Weg über das Unternehmensserviceportal an die Bundesanstalt Statistik Österreich als Auftragsverarbeiterin der Registerbehörde melden. *(BGBl I 2018/37)*

(7) Die Bundesanstalt Statistik Österreich hat die gemäß diesem Paragraph übernommenen Daten laufend aktuell zu halten.

Führung des Registers der wirtschaftlichen Eigentümer

§ 7. (1) [1]Die Registerbehörde hat zum Zweck der Verhinderung der Nutzung des Finanzsystems für Zwecke der Geldwäscherei und der Terrorismusfinanzierung ein Register der wirtschaftlichen Eigentümer (Register) als regelmäßig ergänzte, zeitlich geschichtete Datensammlung zu führen und sich hiefür der in „Abs. 5“** genannten „gesetzlichen Auftragsverarbeiterinnen sowie allfälliger Sub-Auftragsverarbeiter“** zu bedienen. [2]Dieses Register hat die in § 5 und dieser Bestimmung genannten Daten unter Verwendung des „ “* bereichsspezifischen Personenkennzeichens des Bereichs „Steuern und Abgaben – SA” sowie die Daten betreffend der Rechtsträger gemäß § 25 Abs. 1 Z 1 bis 5 und 7 des Bundesstatistikgesetzes 2000 zu enthalten. *(*BGBl I 2017/150; **BGBl I 2018/37)*

(2) [1]Der Bundesanstalt Statistik Österreich als „Auftragsverarbeiterin“ der Registerbehörde sind zur Aufnahme in das Register die Daten gemäß § 25 Abs. 1 Z 1 bis 5 des Bundesstatistikgesetzes 2000 sowie die Daten zur Kapitalbeteiligung an Rechtsträgern und deren Änderungen (Berichtigungen, Löschungen) betreffend

1. die im Firmenbuch eingetragenen Rechtsträger gemäß § 1 Abs. 2 Z 1 bis 13,

2. die im Vereinsregister eingetragenen Rechtsträger gemäß § 1 Abs. 2 Z 14,

3. die im Stiftungs- und Fondsregistern eingetragenen Rechtsträger gemäß § 1 Abs. 2 Z 15 und

4. die in aufgrund eines Landesgesetzes eingerichteten Registern eingetragenen Rechtsträger gemäß § 1 Abs. 2 Z 16

von den jeweils zuständigen Behörden in den Fällen gemäß Z 1 bis 3 unverzüglich auf elektronischem Wege nach Kenntnisnahme über eine von der Bundesanstalt definierte Schnittstelle unentgeltlich zu übermitteln. [2]Im Falle der Z 4 gilt dies unter der Maßgabe, dass eine unentgeltliche Übermittlung auf elektronischem Wege über eine von der Bundesanstalt definierte Schnittstelle landesgesetzlich vorgesehen wird. [3]Die organschaftlichen Vertreter der Vereine (§ 16 Abs. 1 Z 7 und 8 VerG) sind mit dem verschlüsselten bereichsspezifischen Personenkennzeichen des Bereichs „Steuern und Abgaben – SA” zu übermitteln. [4]Die zur Führung des jeweiligen Registers zuständigen Behörden haben die Stammzahlenregisterbehörde im elektronischen Wege zu ersuchen, die in das Register gemäß Z 3 und 4 einzutragenden Rechtsträger in das Ergänzungsregister für sonstige Betroffene einzutragen, sofern diese noch nicht eingetragen sind. [5]Die Bundesanstalt Statistik Österreich hat zu jedem Rechtsträger die gemäß § 25 Abs. 1 Z 1, 2, 4 und 5 des Bundesstatistikgesetzes 2000 im Unternehmensregister gespeicherten Daten in das Register zu übernehmen. [6]Darunter fallen auch die mit der Rechtsform „Trust” und „trustähnliche Vereinbarung” im Ergänzungsregister für sonstige Betroffene gespeicherten Rechtsträger. [7]Insoweit eine Übernahme der Daten möglich ist, entfällt die Verpflichtung zur gesonderten Übermittlung der Daten durch die jeweils zuständigen Behörden. [8]§ 25 Abs. 3 bis 5 des Bundesstatistikgesetzes 2000 ist sinngemäß anzuwenden. *(BGBl I 2018/37)*

(3) Die Bundesanstalt Statistik Österreich hat geeignete Maßnahmen zu treffen, dass die Daten über einen wirtschaftlichen Eigentümer einer Gesellschaft nach Ablauf von „zehn“ Jahren ab dem Ende seines wirtschaftlichen Eigentums an dieser Gesellschaft „und die Daten eines Rechtsträgers nach Ablauf von zehn Jahren nach der Beendigung des Rechtsträgers im Register der wirtschaftlichen Eigentümer“ nicht mehr zugänglich sind. *(BGBl I 2019/62)*

(4) Die Daten über die wirtschaftlichen Eigentümer sind an die Bundesanstalt Statistik Österreich zu übermitteln, die diese Daten für statistische Zwecke verarbeiten darf.

(5) [1]Die Registerbehörde ist datenschutzrechtlicher „Verantwortlicher“ für das Register. [2]Die Bundesanstalt Statistik Österreich und die Bundesrechenzentrum Gesellschaft mit beschränkter Haftung (Bundesrechenzentrum GmbH) sind für das Register gesetzliche „Auftragsverarbeiterinnen“, sofern nicht ausdrücklich etwas anderes bestimmt ist. *(BGBl I 2018/37)*

Beauftragung der Bundesrechenzentrum GmbH und der Bundesanstalt Statistik Österreich

§ 8. [1]Der Bundesminister für Finanzen hat die Bundesanstalt Statistik Österreich und die Bundesrechenzentrum GmbH mit der Errichtung, inklusive der Herstellung der erforderlichen Anbindungen, dem Betrieb und der Weiterentwicklung des Registers zu beauftragen. [2]Die Kooperation zwischen Bundesanstalt Statistik Österreich und der Bundesrechenzentrum GmbH hat in Abstimmung mit dem Bundesminister für Finanzen zu erfolgen. [3]Die Leistungen der Bundesanstalt Statistik Österreich sind gemäß § 32 des Bundesstatistikgesetzes 2000 und die Leistungen der Bundesrechenzentrum GmbH sind gemäß § 5 BRZ GmbH zu erbringen.

Einsicht der Verpflichteten in das Register

§ 9. (1) Die nachfolgend Genannten gelten als Verpflichtete im Sinne dieses Bundesgesetzes und sind nach Maßgabe des Abs. 2 zur Einsicht in das Register berechtigt:

1. Kreditinstitute gemäß § 2 Z 1 FM-GwG, Abbaugesellschaften gemäß § 162 BaSAG, Abbaueinheiten die gemäß § 2 GSA gegründet wurden, Abbaueinheiten gemäß § 83 BaSAG und Versicherungsunternehmen gemäß § 2 Z 2 lit. b FM-GwG; *(BGBl I 2018/37)*

2. Kredit- und Finanzinstitute gemäß § 2 Z 1 und Z 2 FM-GwG, die der Aufsicht der FMA gemäß § 25 Abs. 1 FM-GwG unterliegen, soweit diese nicht unter Z 1 erfasst sind;

3. Finanzinstitute gemäß § 2 Z 2 FM-GwG, die nicht der Aufsicht der FMA gemäß § 25 Abs. 1 FM-GwG unterliegen;

4. Bundeskonzessionäre gemäß § 14 und § 21 GSpG;

5. Bewilligte für Glücksspielautomaten und Wettunternehmer, die aufgrund einer landesgesetzlichen Bewilligung eingerichtet sind, nach Maßgabe landesrechtlicher Vorschriften;

6. Rechtsanwälte;

7. Notare;

8. Wirtschaftsprüfer gemäß § 1 Abs. 1 Z 1 WTBG 2017;

9. Steuerberater gemäß § 1 Abs. 1 Z 2 WTBG 2017;

10. Bilanzbuchhalter, Buchhalter und Personalverrechner gemäß § 1 BiBuG 2014;

11. Handelsgewerbetreibende einschließlich Versteigerer, soweit sie Zahlungen in bar von mindestens 10 000 Euro annehmen gemäß § 365m1 Abs. 2 Z 1 GewO 1994;

12. Immobilienmakler gemäß § 365m1 Abs. 2 Z 2 GewO 1994;

13. Unternehmensberater gemäß § 365m1 Abs. 2 Z 3 GewO 1994;

14. Versicherungsvermittler gemäß § 365m1 Abs. 2 Z 4 GewO 1994;

15. die Österreichische Bundesfinanzierungsagentur „;" *(BGBl I 2019/62)*

16. Dienstleister in Bezug auf virtuelle Währungen gemäß § 2 Z 22 FM-GwG. *(BGBl I 2019/62)*

(2) [1]Verpflichtete dürfen nur im Rahmen der Anwendung der Sorgfaltspflichten zur Verhinderung der Geldwäscherei und Terrorismusfinanzierung gegenüber ihren Kunden Einsicht in das Register nehmen. [2]Darüber hinaus dürfen Verpflichtete gemäß Abs. 1 Z 6 bis 10 Einsicht für die Zwecke der Beratung ihrer Mandanten „und genossenschaftliche Revisionsverbände für die Zwecke der Beratung ihrer Mitglieder jeweils"** im Hinblick auf die Feststellung, Überprüfung und Meldung der wirtschaftlichen Eigentümer ihrer Mandanten nehmen „und für die Zwecke der Beratung von wirtschaftlichen Eigentümern im Hinblick auf die Stellung von Anträgen gemäß § 10a und § 14 Abs. 5 WiEReG."* *(*BGBl I 2018/62; **BGBl I 2019/62)*

(3) [1]Die Einsicht in das Register hat über das Unternehmensserviceportal zu erfolgen und ist durch einen mit einer Amtssignatur der Registerbehörde versehenen Auszug gemäß Abs. 4 oder einen erweiterten Auszug gemäß Abs. 5 zu gewährleisten. [2]Suchbegriffe dürfen nur konkrete Rechtsträger oder konkrete natürliche Personen sein. [3]Eine Suche nach einer natürlichen Person ist nur für Verpflichtete gemäß § 9 Abs. 1 Z 1, 4 und 6 bis 10 zulässig. [4]Zudem ist es erforderlich, dass die natürliche Person neben ihrem Namen durch die Eingabe eines oder mehrerer zusätzlicher Identifikatoren eindeutig bestimmt werden kann. [5]Sämtliche Zugangsdaten sind geheim zu halten. [6]Seitens der Verpflichteten ist sicherzustellen, dass unbefugte Dritte keinen Zugriff auf die Zugangsdaten und etwaige erforderliche Hilfsmittel haben. [7]Die Einsicht in die gemäß § 5 Abs. 2 übermittelten Dokumente „und das zu einem Rechtsträger gespeicherte gültige Compliance-Package"** ist über das Unternehmensserviceportal zu gewährleisten. [8]Sofern dies beantragt wird, sind in einen einfachen oder erweiterten Auszug auch historische Daten gemäß „Abs. 4 Z 1 bis 4, 5 lit. a bis d, f und g, 6 lit. a bis d, f bis h, 7 und 8 sowie Abs. 5 Z 2"* aufzunehmen. „[9]Für die Zwecke dieses Absatzes kann auch ein Webservice des Unternehmensserviceportals verwendet werden."** *(*BGBl I 2017/150; **BGBl I 2019/62)*

(4) [1]Die Verpflichteten können über das Unternehmensserviceportal einen mit einer Amtssignatur der Registerbehörde versehenen Auszug aus dem Register anfordern, der ihnen im Wege einer automatisationsunterstützen Datenübertragung über das Unternehmensserviceportal zur Verfügung gestellt wird. [2]Dieser Auszug enthält die folgenden Angaben:

1. Name des Rechtsträgers und Adressmerkmale;

2. Stammzahl und Stammregister des Rechtsträgers;

3. Rechtsform und eine Information über den Bestandszeitraum des Rechtsträgers;

4. ÖNACE-Code für Haupttätigkeiten des Rechtsträgers, soweit dieser gemäß § 21 des Bundesstatistikgesetzes 2000 festgestellt wurde;

5. die folgenden Informationen über direkte wirtschaftliche Eigentümer:

a) Vor- und Zuname;

b) Geburtsdatum;

c) Staatsangehörigkeit;

d) Geburtsort

e) Wohnsitz;

f) Art und Umfang des wirtschaftlichen Interesses;

g) soweit verfügbar, die Angabe, dass ein wirtschaftlicher Eigentümer verstorben ist;

6. die folgenden Informationen über alle indirekten wirtschaftlichen Eigentümer:

a) Vor- und Zuname;

b) Geburtsdatum;

c) Staatsangehörigkeit;

d) Geburtsort;

e) Wohnsitz;

f) die Angaben gemäß Z 1 bis 4 über die jeweiligen obersten Rechtsträger, soweit verfügbar;

g) Art und Umfang des wirtschaftlichen Interesses;

h) soweit verfügbar, die Angabe, dass ein wirtschaftlicher Eigentümer verstorben ist;

7. den Zeitpunkt der letzten Meldung und die Angabe, ob eine Befreiung von der Meldepflicht gemäß § 6 zur Anwendung gelangt;

Fassung ab 10. 11. 2020 (BGBl I 2019/62):
7a. die Angabe, ob die wirtschaftlichen Eigentümer durch einen berufsmäßigen Parteienvertreter festgestellt und überprüft wurden; *(BGBl I 2019/62)*

Fassung ab 10. 11. 2020 (BGBl I 2019/62):
7b. die Angabe, ob ein gültiges Compliance-Package für den Rechtsträger eingesehen werden kann; *(BGBl I 2019/62)*

Fassung ab 10. 11. 2020 (BGBl I 2019/62):
7c. wenn die wirtschaftlichen Eigentümer gemäß § 2 Z 1 lit. b festgestellt wurden, die Angabe, ob nach Ausschöpfung aller Möglichkeiten die wirtschaftlichen Eigentümer nicht festgestellt und überprüft werden konnten; *(BGBl I 2019/62)*

8. den Umstand, dass ein aufrechter Vermerk gemäß § 11 Abs. 4 und § 13 Abs. 3 vorliegt;

9. die Angabe, ob und aus welcher Quelle die Daten von der Bundesanstalt Statistik Österreich übernommen wurden und bei den gemeldeten Daten den Hinweis, dass es sich um Daten handelt, die vom Rechtsträger gemeldet wurden;

10. den Hinweis, dass keine Gewähr für die Richtigkeit und Vollständigkeit der Daten übernommen werden kann.

[3]Bei Vorliegen einer Auskunftssperre gemäß VerG enthält der Auszug anstelle der Angaben gemäß Z 1, 2, 5 und 6 nur den Namen des Vereins, die Stammzahl und die Angabe, dass sich der Sitz des Vereins im Inland befindet, sowie den Hinweis, dass eine Auskunftssperre vorliegt. [4]Dies gilt nicht für Verpflichtete gemäß „gemäß Abs. 1 Z 1, 2 und 7“. „[5]Bei Begünstigten von Rechtsträgern gemäß § 1 Abs. 2 Z 12, 17 und 18 und vergleichbaren Rechtsträgern mit Sitz in einem anderen Mitgliedstaat oder in einem Drittland, die oberste Rechtsträger sind, hat der Auszug, außer bei Verpflichteten gemäß Abs. 1 Z 1, 2 und 7, anstelle der Wohnsitze der direkten und indirekten wirtschaftlichen Eigentümer gemäß Z 5 lit. e und Z 6 lit. e nur das Wohnsitzland zu enthalten.“[6]Bei diesen hat der Auszug anstelle der Wohnsitze der direkten und indirekten wirtschaftlichen Eigentümer gemäß Z 5 lit. e und Z 6 lit. e nur das Wohnsitzland sowie den Hinweis, dass eine Auskunftssperre vorliegt, zu enthalten. [7]Wenn nach natürlichen Personen gesucht wird, die wirtschaftliche Eigentümer eines Vereins sind, für den eine Auskunftssperre besteht, darf dieser Verein nicht in der Trefferliste angezeigt werden. [8]Bei Vorliegen einer Auskunftssperre gemäß MeldeG enthält der Auszug anstelle der Angaben gemäß Z 5 lit. e und Z 6 lit. e nur die Angabe, dass sich der Wohnsitz im Inland befindet, sowie den Hinweis, dass eine Auskunftssperre vorliegt. *(BGBl I 2018/37)*

(5) [1]Die Verpflichteten können über das Unternehmensserviceportal einen mit einer Amtssignatur der Registerbehörde versehenen erweiterten Auszug aus dem Register anfordern, der ihnen im Wege einer automatisationsunterstützen Datenübertragung über das Unternehmensserviceportal zur Verfügung gestellt wird. [2]Dieser Auszug enthält über die in Abs. 4 genannten Angaben hinaus die folgenden Angaben:

1. eine auf Basis der Eintragungen im Register automationsunterstützt generierte Darstellung aller bekannten Beteiligungsebenen, sofern diese für die Ermittlung des wirtschaftlichen Eigentümers relevant sind und über die jeweiligen Rechtsträger Daten im Register verfügbar sind; sofern keine ausreichenden Daten zu einzelnen Ebenen vorhanden sind, ist darauf hinzuweisen, dass keine Daten verfügbar sind; die Darstellung ist auf 20 Ebenen zu beschränken;

2. die Angabe der Daten gemäß Abs. 4 Z 5 lit. a bis d und g zu den vertretungsbefugten Personen des Rechtsträgers, soweit diese im Register gespeichert sind und zu den errechneten wirtschaftlichen Eigentümern und die Angabe der Daten gemäß Abs. 4 Z 6 lit. f zu den errechneten obersten Rechtsträgern; *(BGBl I 2019/62)*

3. die Angabe, ob und aus welcher Quelle die Daten von der Bundesanstalt Statistik Österreich übernommen wurden und den Hinweis, dass es sich um eine automatisationsunterstütze Darstellung handelt;

4. die Angabe, ob es sich um einen vollständigen erweiterten Auszug handelt; dies ist dann der Fall, wenn alle Daten vollständig vorhanden sind, die gemeldeten Daten mit den automationsunter-

stützt generierten Daten übereinstimmen und kein aufrechter Vermerk vorliegt;

5. den Hinweis, dass keine Gewähr für die Richtigkeit der Daten übernommen werden kann.

Fassung ab 10. 11. 2020 (BGBl I 2019/62):

(5a) [1]Wird ein erweiterter Auszug aus dem Register angefordert, kann der Verpflichtete in ein hochgeladenes Compliance-Package Einsicht nehmen und die darin gespeicherten Dokumente herunterladen. [2]Wenn in dem Compliance-Package auf ein anderes Compliance-Package verwiesen wird, dann kann auch für den Rechtsträger auf den verwiesen wird, ein erweiterter Auszug angefordert werden und in dessen Compliance-Package Einsicht genommen werden. [3]Wenn das Compliance-Package oder ein verwiesenes Compliance-Package nur auf Anfrage zur Verfügung gestellt wurde, und dem Verpflichteten dieses nicht bereits bei der Meldung freigegeben wurde, kann der Verpflichtete die Freigabe des betreffenden Compliance-Packages über das Unternehmensserviceportal unter Angabe von Gründen und einer E-Mailadresse anfragen. [4]Diesfalls ist der Rechtsträger und/oder der berechtigte berufsmäßige Parteienvertreter über das Unternehmensserviceportal im elektronischen Weg über die Anfrage unter Angabe des Namens und der Stammzahl des anfragenden Verpflichteten sowie der Gründe für die Anfrage zu informieren. [5]Der Rechtsträger selbst und/oder der berufsmäßige Parteienvertreter können sodann das Compliance-Package binnen zwei Wochen für den anfragenden Verpflichteten für die Dauer von vier Wochen freigeben. [6]Erfolgt keine Freigabe binnen zwei Wochen, wird die Anfrage automatisch abgelehnt. [7]Der anfragende Verpflichtete ist im elektronischen Weg über eine Freigabe oder eine Ablehnung seiner Anfrage zu informieren. [8]Die im Compliance-Package enthaltenen Dokumente darf der Verpflichtete im Rahmen der Anwendung der Sorgfaltspflichten zur Verhinderung der Geldwäscherei und Terrorismusfinanzierung verwenden. [9]Der Rechtsträger selbst und/oder der berufsmäßige Parteienvertreter können die erteilte Freigabe für ein Compliance-Package innerhalb der vierwöchigen Frist widerrufen. [10]Diesfalls ist der anfragende Verpflichtete im elektronischen Weg zu informieren. *(BGBl I 2019/62)*

Fassung ab 10. 11. 2020 (BGBl I 2019/62):

(5b) Wenn in der Meldung von einem berufsmäßigen Parteienvertreter gemäß § 5 Abs. 1 Z 4 angegeben wurde, dass Rückfragen im Zusammenhang mit einer Meldung oder einem Compliance-Package an den berufsmäßigen Parteienvertreter und/oder den Rechtsträger übermittelt werden dürfen, dann ist dem Verpflichteten bei der Einsicht in das Register über das Unternehmensserviceportal die Möglichkeit einer Kontaktaufnahme im elektronischen Weg einzuräumen. *(BGBl I 2019/62)*

(6) [1]Sofern Daten zur genauen Feststellung der Einstufung der Verpflichteten gemäß Abs. 1 Z 1 bis 10 und 12 bis 14 nicht aus dem Unternehmensregister übermittelt werden können oder bereits dem Unternehmensserviceportal zur Verfügung stehen, haben die Aufsichtsbehörden, die für die in Abs. 1 Z 1 bis 4 und 6 bis 14 genannten Verpflichteten zuständig sind, den Namen und die Stammzahl der ihrer Aufsicht unterliegenden Verpflichteten auf elektronischem Wege, soweit möglich über eine Schnittstelle oder über eine Online-Applikation, unentgeltlich an die Registerbehörde zu übermitteln. [2]Änderungen bei den für die Teilnahme erforderlichen Daten sind tunlichst innerhalb einer Woche ab der Änderung zu übermitteln. [3]Ein Verpflichteter gemäß Abs. 1 Z 1 bis 10 und 12 bis 14 kann bei der für ihn zuständigen Aufsichtsbehörde eine Einsichtsberechtigung beantragen, sofern diese nicht bereits automatisationsunterstützt eingeräumt wurde. [4]Die Aufsichtsbehörde hat bei Gewährung der Einsichtsberechtigung den Namen und die Stammzahl des betreffenden Verpflichteten auf elektronischem Wege, soweit möglich über eine Schnittstelle oder über eine Online-Applikation, der Registerbehörde zu übermitteln. [5]Dieser Absatz ist nach Maßgabe landesrechtlicher Vorschriften auch auf die Aufsichtsbehörden anzuwenden, die für die in Abs. 1 Z 5 genannten Verpflichteten zuständig sind.

(7) [1]Handelsgewerbetreibende können gegenüber der zuständigen Gewerbebehörde erklären, dass sie den Vorschriften der GewO zur Verhinderung der Geldwäscherei und Terrorismusfinanzierung unterliegen und eine Einsichtsberechtigung in das Register beantragen. [2]Finanzinstitute gemäß § 2 Z 2 lit. a FM-GwG, die gemäß § 25 Abs. 1 FM-GwG nicht der Aufsicht der FMA unterliegen, können bei der zuständigen Gewerbebehörde eine Einsichtsberechtigung in das Register beantragen. [3]Die Gewerbebehörde hat bei Gewährung der Einsichtsberechtigung den Namen und die Stammzahl der betreffenden Verpflichteten auf elektronischem Wege, soweit möglich über eine Schnittstelle oder über eine Online-Applikation, der Registerbehörde zu übermitteln.

(8) Die Bundesanstalt Statistik Österreich hat in geeigneter Weise Daten über Verwendungsvorgänge, wie insbesondere Abfragen, Vermerke und Änderungen aufzuzeichnen, sodass die Einhaltung der Bestimmungen dieses Bundesgesetzes sowie der datenschutzrechtlichen Vorschriften überprüft werden kann.

(9) Die Bundesanstalt Statistik Österreich hat täglich über eine Schnittstelle die Stammzahlen jener Rechtsträger zum Abruf bereitzustellen, bei denen Folgendes zutrifft (Änderungsdienst):

1. eine Meldung gemäß § 5 Abs. 1, Abs. 5 oder § 6 wurde eingetragen,

2. eine Meldung gemäß § 5 Abs. 1, Abs. 5 oder § 6 wurde eingetragen, die zu einer Veränderung

der in Abs. 4 Z 5 lit. a, f oder g sowie in Z 6 lit. a, f, g oder h gespeicherten Daten führt oder bei der ein neues Dokument gemäß § 5a Abs. 1 oder 6 übermittelt wurde (Compliance-Package),

3. Ergänzung des Compliance-Packages gemäß § 5a Abs. 8 wurde übermittelt oder

4. bei einem Rechtsträger, der eine Meldung gemäß § 5 abgegeben hat, ist diese Meldung in vier Wochen länger als ein Jahr aufrecht (Eintritt der jährlichen Meldepflicht) oder ein Rechtsträger, der von der Meldepflicht gemäß § 6 befreit ist, fällt nicht mehr unter den Anwendungsbereich von § 6.

(BGBl I 2019/62)

Öffentliche Einsicht

§ 10. [1]Im elektronischen Wege kann von jedermann ein mit einer Amtssignatur der Registerbehörde versehener öffentlicher Auszug aus dem Register angefordert werden. [2]Dieser Auszug enthält folgende Angaben:

1. die Angaben gemäß § 9 Abs. 4 Z 1 bis 3 über den Rechtsträger und gemäß § 9 Abs. 4 Z 5 lit. a bis c über direkte wirtschaftliche Eigentümer und die Angaben gemäß § 9 Abs. 4 Z 6 lit. a bis c über indirekte wirtschaftliche Eigentümer sowie jeweils das Wohnsitzland und

2. im Hinblick auf Art und Umfang des wirtschaftlichen Interesses die Angabe, ob dieses durch

a) eine Kapitalbeteiligung begründet wird, wenn ein Fall des § 2 Z 1 lit. a aufgrund des Vorliegens von Eigentum gegeben ist,

b) die Zugehörigkeit zur Führungsebene begründet wird, wenn ein Fall des § 2 Z 1 lit. b vorliegt,

c) die Ausübung einer Funktion vermittelt wird, wenn ein Fall des § 2 Z 2 lit. a bis d, des § 2 Z 3 lit. a sublit. aa bis cc oder des § 2 Z 3 lit. b sublit. aa bis cc vorliegt oder

d) Kontrolle vermittelt wird, wenn ein Fall des § 2 Z 1 lit. a aufgrund des Vorliegens von Kontrolle gegeben ist, ein Fall des § 2 Z 2 lit. e, des § 2 Z 3 lit. a sublit. dd oder des § 2 Z 3 lit. b sublit. dd vorliegt.

(BGBl I 2019/62)

Einschränkung der Einsicht bei Vorliegen von außergewöhnlichen Umständen

§ 10a. (1) [1]Auf schriftlichen Antrag eines wirtschaftlichen Eigentümers hat die Registerbehörde zu entscheiden, dass Daten über diesen wirtschaftlichen Eigentümer in Auszügen aus dem Register für Verpflichtete gemäß § 9 Abs. 1 Z 3 bis 6 und 8 bis 15 nicht angezeigt werden, wenn dieser nachweist, dass der Einsichtnahme unter Berücksichtigung aller Umstände des Einzelfalls überwiegende, schutzwürdige Interessen des wirtschaftlichen Eigentümers entgegenstehen (Einschränkung der Einsicht). Im Antrag sind die Rechtsträger zu bezeichnen, bei denen die Einsicht eingeschränkt werden soll. [2]Die Einschränkung der Einsicht bewirkt, dass in Auszügen aus dem Register für die beantragten Rechtsträger die Daten über den wirtschaftlichen Eigentümer nicht angezeigt werden und stattdessen auf die Einschränkung der Einsicht gemäß diesem Paragrafen hingewiesen wird.

(2) Überwiegende, schutzwürdige Interessen des wirtschaftlichen Eigentümers liegen vor, wenn Tatsachen die Annahme rechtfertigen, dass die Einsichtnahme den wirtschaftlichen Eigentümer dem unverhältnismäßigen Risiko aussetzen würde, Opfer einer der folgenden Straftaten zu werden:

1. eines Betrugs gemäß § 146 bis 148 StGB,

2. einer erpresserischen Entführung gemäß § 102 StGB oder einer Erpressung gemäß § 144 und § 145 StGB,

3. einer strafbaren Handlung gegen Leib oder Leben gemäß § 75, § 76 und § 83 bis § 87 StGB oder

4. einer Nötigung gemäß § 105 und § 106 StGB, einer gefährlichen Drohung gemäß § 107 StGB oder einer beharrliche Verfolgung gemäß § 107a StGB.

[1]Überwiegende schutzwürdige Interessen des wirtschaftlichen Eigentümers liegen jedenfalls dann vor, wenn der wirtschaftliche Eigentümer minderjährig oder geschäftsunfähig ist. [2]Ein Risiko ist als unverhältnismäßig anzusehen, wenn die Eintrittswahrscheinlichkeit einer Straftat gegen den wirtschaftlichen Eigentümer aufgrund von Tatsachen deutlich höher erscheint, als bei durchschnittlichen wirtschaftlichen Eigentümern in vergleichbarer Position, insbesondere weil in der Vergangenheit bereits Straftaten gegen den wirtschaftlichen Eigentümer oder nahe Angehörige verübt oder angedroht wurden, oder weil aus sonstigen Umständen eine besondere Gefährdungslage hervorgeht. [3]Der bloße Umstand, dass das wirtschaftliche Eigentum bekannt wird, stellt im Allgemeinen keine unverhältnismäßige Gefahr dar. [4]Schutzwürdige Interessen des wirtschaftlichen Eigentümers liegen nicht vor, wenn sich die Daten bereits aus anderen öffentlichen Registern ergeben.

(3) [1]Die Registerbehörde hat binnen 14 Tagen ab Einlangen des Antrages zu verfügen, dass Daten über diesen wirtschaftlichen Eigentümer in Auszügen aus dem Register für die genannten Rechtsträger nicht angezeigt werden, es sei denn der Antrag ist offenkundig unbegründet. [2]Binnen zwölf Monaten ab Einlangen des Antrages hat die Registerbehörde diesen bescheidmäßig unter eingehender Berücksichtigung aller Umstände des Einzelfalls zu erledigen. [3]Dem Antrag auf Einschränkung der Einsicht kann ganz oder teil-

weise, insbesondere im Hinblick auf die Rechtsträger, für welche die Einsicht auf die Daten eines wirtschaftlichen Eigentümers eingeschränkt wird, entsprochen werden. [4]Über Beschwerden gegen Entscheidungen der Registerbehörde erkennt das Bundesverwaltungsgericht.

(4) [1]Die Einschränkung der Einsicht wird für die Dauer von fünf Jahren gewährt. Bei minderjährigen wirtschaftlichen Eigentümern wird sie bis zur Erreichung der Volljährigkeit gewährt. [2]Wenn die Voraussetzungen der Einschränkung der Einsicht vor Ablauf dieser Frist wegfallen, so hat der wirtschaftliche Eigentümer dies der Registerbehörde schriftlich anzuzeigen. [3]Eine Verlängerung der Einschränkung der Einsicht ist zulässig, wenn der wirtschaftliche Eigentümer der Registerbehörde nachweist, dass weiterhin außergewöhnliche überwiegend schutzwürdige Interessen des wirtschaftlichen Eigentümers einer Einsicht entgegenstehen.

(5) [1]Wenn ein Verpflichteter nach einem wirtschaftlichen Eigentümer sucht, für den die Einsicht bei einem oder mehreren Rechtsträgern eingeschränkt wurde, so ist anstelle der Daten des Rechtsträgers der Hinweis anzuzeigen, dass die Einsicht gemäß dieser Bestimmung eingeschränkt wurde. [2]Dies gilt nicht für Verpflichtete gemäß § 9 Abs. 1 Z 1, 2 und 7.

(6) Wenn eine neue Meldung zu einer Änderung eines Datensatzes über einen wirtschaftlichen Eigentümer führt, für den die Einsicht eingeschränkt wurde, dann gilt auch für den geänderten Datensatz die Einschränkung der Einsicht, sofern der betreffende wirtschaftliche Eigentümer durch ein bereichsspezifisches Personenkennzeichen des Bereichs „Steuern und Abgaben – SA" eindeutig identifiziert ist.

(7) Die Registerbehörde hat auf der Homepage des Bundesministeriums für Finanzen jährlich statistische Daten über die Anzahl der gewährten Ausnahmen und in genereller Form deren Begründungen zu veröffentlichen und diese der Europäischen Kommission vorzulegen.

(BGBl I 2018/62)

Sorgfaltspflichten der Verpflichteten gegenüber Kunden

§ 11. (1) [1]Verpflichtete dürfen sich bei der Anwendung ihrer Sorgfaltspflichten gegenüber Kunden nicht ausschließlich auf die im Register enthaltenen Angaben über die wirtschaftlichen Eigentümer eines Rechtsträgers verlassen, sondern haben bei der Erfüllung ihrer Sorgfaltspflichten nach einem risikobasierten Ansatz vorzugehen. „[4]Der Auszug aus dem Register gemäß § 9 Abs. 4 und gemäß § 10 kann zur Feststellung der wirtschaftlichen Eigentümer, nicht aber zur Überprüfung der wirtschaftlichen Eigentümer herangezogen werden. [5]Vor Begründung einer Geschäftsbeziehung mit einem Trust oder einer trustähnlichen Vereinbarung und im Zuge der Anwendung der Sorgfaltspflichten gegenüber bestehenden Kunden auf risikoorientierter Grundlage haben sich die Verpflichteten nachweislich zu vergewissern, dass der Trust bzw. die trustähnliche Vereinbarung im Register eingetragen ist." *(BGBl I 2019/62)*

(2) [1]Die Überprüfung der Identität des wirtschaftlichen Eigentümers kann auf Basis eines vollständigen erweiterten Auszuges aus dem Register gemäß § 9 Abs. 5 erfolgen, sofern keine Faktoren für ein erhöhtes Risiko vorliegen und sich der Verpflichtete durch Rückfrage bei seinem Kunden vergewissert hat, dass keine von dem erweiterten Auszug abweichenden Kontrollverhältnisse oder Treuhandbeziehungen bestehen und er daher überzeugt ist zu wissen, wer der wirtschaftliche Eigentümer ist. [2]In allen übrigen Fällen ist auf risikobasierter Grundlage zu beurteilen, welche zusätzlichen Maßnahmen zur Überprüfung der Identität des wirtschaftlichen Eigentümers zu setzen sind.

Fassung ab 10. 11. 2020 (BGBl I 2019/62):
(2a) Ein Verpflichteter kann die wirtschaftlichen Eigentümer eines Kunden auf Basis eines erweiterten Auszuges feststellen und im Rahmen der Überprüfung der Identität des wirtschaftlichen Eigentümers auf die in einem vollständigen und gültigen Compliance-Package enthaltenen Dokumente und Nachweise zurückgreifen, sofern ihm aufgrund der risikoorientierten Anwendung der Sorgfaltspflichten keine Anhaltspunkte vorliegen, die ihn an der Richtigkeit der Meldung oder der Echtheit, Aktualität, Richtigkeit und Vollständigkeit der im Compliance-Package enthaltenen Dokumente und Nachweise zweifeln lassen. *(BGBl I 2019/62)*

(3) [1]Stellt ein Verpflichteter bei Anwendung seiner Sorgfaltspflichten gegenüber Kunden fest, dass für einen Kunden, der ein Rechtsträger im Sinne dieses Bundesgesetzes ist, die im Register eingetragenen wirtschaftlichen Eigentümer nicht jenen entsprechen, die er im Rahmen seiner Sorgfaltspflichten gegenüber Kunden festgestellt hat und ist er überzeugt zu wissen, dass die im Register eingetragenen Daten über die wirtschaftlichen Eigentümer unrichtig oder unvollständig sind, dann hat er im elektronischen Weg über das Unternehmensserviceportal einen Vermerk zu setzen und die Gründe für die Setzung des Vermerkes in standardisierter Form zu übermitteln. [2]Die Verpflichtung zur Setzung eines Vermerkes entfällt, wenn der Verpflichtete seinen Kunden auf die unrichtige oder unvollständige Eintragung hinweist und dieser binnen angemessener Frist eine Berichtigung vornimmt. [3]Wenn ein Sachverhalt vorliegt, der mittels Verdachtsmeldung an die Geldwäschemeldestelle zu melden ist, dann dürfen die Verpflichteten keinen Vermerk setzen

und haben stattdessen die Geldwäschemeldestelle darauf hinzuweisen, dass die Setzung eines Vermerkes aufgrund der Verdachtsmeldung unterblieben ist. *(BGBl I 2019/62)*

(4) [1]Wenn ein Verpflichteter gemäß Abs. 3 gemeldet hat, dass der eingetragene wirtschaftliche Eigentümer nicht verifiziert werden konnte, dann hat die Bundesanstalt Statistik Österreich unter Angabe des Datums im Register zu vermerken, dass die Eintragung nicht verifiziert werden konnte. [2]Verpflichtete haben bei Vorliegen eines Vermerkes bei der Feststellung und Überprüfung der Identität des wirtschaftlichen Eigentümers zusätzliche angemessene Maßnahmen zu setzen, sodass sie überzeugt sind zu wissen, wer der wirtschaftliche Eigentümer ist. [3]Eine Einstufung des Kunden in eine höhere Risikokategorie ist alleine aufgrund dieses Vermerkes nicht erforderlich.

(5) [1]Die Bundesanstalt Statistik Österreich als Auftragsverarbeiterin der Registerbehörde hat das Unternehmensserviceportal im elektronischen Weg von dem Umstand, dass ein Vermerk gesetzt wurde, und den in standardisierter Form gemeldeten Gründen zu verständigen. [2]Der Rechtsträger ist von der Registerbehörde über das Unternehmensserviceportal über den Umstand, dass ein Vermerk gesetzt wurde, unter Angabe der Gründe zu informieren. [3]Wenn der Rechtsträger eine neuerliche Meldung gemäß § 5 vornimmt, ist der Vermerk von der Bundesanstalt Statistik Österreich zu beenden. [4]Der Verpflichtete, der den Vermerk gesetzt hat, ist auf elektronischem Wege über das Unternehmensserviceportal von der Meldung des Rechtsträgers zu verständigen. [5]Wenn die Setzung eines Vermerkes rechtswidrig war, dann ist dieser auf Antrag von der Registerbehörde zu löschen. *(BGBl I 2019/62)*

(6) [1]Die Verpflichteten haben Aufzeichnungen über die getroffenen Maßnahmen zur Ermittlung des wirtschaftlichen Eigentümers zu führen.

(7) Schadenersatzansprüche können aus dem Umstand, dass Verpflichtete bzw. deren Beschäftigte in fahrlässiger Unkenntnis, dass der Verdacht im Hinblick auf die Unrichtigkeit oder Unvollständigkeit einer Eintragung im Register falsch war, einen Vermerk gesetzt haben, nicht erhoben werden.

(8) „Abs. 1 bis 7 sind" nicht auf Bewilligte für Glücksspielautomaten und Wettunternehmer, die aufgrund einer landesgesetzlichen Bewilligung eingerichtet sind, anzuwenden. *(BGBl I 2019/62)*

Behördliche Einsicht in das Register

§ 12. (1) Die folgenden Behörden sind zu einer Einsicht in das Register berechtigt:

1. die Registerbehörde im Rahmen der ihr nach diesem Bundesgesetz zustehenden Befugnisse;

2. die Geldwäschemeldestelle (§ 4 Abs. 2 BKA-G) im Rahmen der ihr nach dem BKA-G zustehenden Befugnisse;

3. die folgenden Aufsichtsbehörden im Rahmen ihrer Aufgaben zur Verhinderung der Nutzung des Finanzsystems zum Zwecke der Geldwäscherei und Terrorismusfinanzierung:

a) die FMA im Rahmen der Aufsicht über Kredit- und Finanzinstitute gemäß § 25 FM-GwG;

b) der Bundesminister für Finanzen im Rahmen der Aufsicht über Bundeskonzessionäre gemäß § 14 und § 21 GSpG;

c) die zuständigen Landesbehörden im Rahmen der Aufsicht über Landesbewilligte für Glücksspielautomaten und Wettunternehmer gemäß § 9 Abs. 1 Z 5 nach Maßgabe landesrechtlicher Vorschriften;

d) die Rechtsanwaltskammer im Rahmen der Aufsicht über Rechtsanwälte;

e) die Notariatskammer im Rahmen der Aufsicht über Notare;

f) die Kammer der Wirtschaftstreuhänder im Rahmen der Aufsicht über Wirtschaftsprüfer und Steuerberater;

g) der Präsident der Wirtschaftskammer Österreich im Rahmen der Aufsicht über Bilanzbuchhalter, Buchhalter und Personalverrechner gemäß § 1 BiBuG 2014;

h) die Bezirksverwaltungsbehörden im Rahmen der Aufsicht über Finanzinstitute gemäß § 9 Abs. 1 Z 3, Handelsgewerbetreibende einschließlich Versteigerer, soweit sie Zahlungen von mindestens 10 000 Euro in bar annehmen gemäß § 365m1 Abs. 2 Z 1 GewO, Immobilienmakler gemäß § 365m1 Abs. 2 Z 2 GewO, Unternehmensberater gemäß § 365m1 Abs. 2 Z 3 GewO, Versicherungsvermittler gemäß § 365m1 Abs. 2 Z 4 GewO;

4. die Bezirksverwaltungsbehörden für die Zwecke der Einleitung und Führung von Verwaltungsstrafverfahren;

5. die Strafverfolgungsbehörden, die Staatsanwaltschaften und Gerichte für strafrechtliche Zwecke;

6. die Finanzstrafbehörden und das Bundesfinanzgericht für finanzstrafrechtliche Zwecke;

7. die Abgabenbehörden des Bundes und das Bundesfinanzgericht für abgabenrechtliche Zwecke, wenn dies im Interesse der Abgabenerhebung zweckmäßig und angemessen ist;

8. die Oesterreichische Nationalbank für die Zwecke der Wahrnehmung ihrer Aufgaben gemäß § 8 SanktG und § 5 des Devisengesetzes 2004;

9. der Bundesminister für Inneres für die Zwecke der Wahrnehmung seiner Aufgaben gemäß § 8 SanktG;

10. die Sicherheitsbehörden für Zwecke der Sicherheitspolizei.

(2) [1]Die Einsicht gemäß Abs. 1 hat im elektronischen Wege zu erfolgen. § 9 Abs. 2, 4, 5 und 8 sind sinngemäß anzuwenden. [2]Eine Einsicht gemäß Abs. 1 ist für jeden Stichtag möglich, zu dem Daten im Register erfasst sind. [3]Sofern dies beantragt wird, sind in einen einfachen oder erweiterten Auszug auch historische Daten gemäß § 9 Abs. 4 Z 1 bis 4, 5 lit. a bis d bis g, 6 lit. a bis d, f bis h, 7 und 8 sowie Abs. 5 Z 2 aufzunehmen. [4]Zudem kann auch beantragt werden, dass auch alle Rechtsträger angezeigt werden, bei dem ein bestimmter Rechtsträger als oberster Rechtsträger gemeldet wurde. [5]§ 9 Abs. 4 Schlussteil ist nur auf Behörden gemäß Abs. 1 Z 3 lit. d bis g sinngemäß anzuwenden.

(3) [1]Die Registerbehörde, die Geldwäschemeldestelle und die Kriminalpolizei, die Staatsanwaltschaften und die Gerichte für strafrechtliche Zwecke können durch Eingabe eines oder mehrere Identifikatoren einer natürlichen Person alle Rechtsträger suchen, bei denen diese Person als wirtschaftlicher Eigentümer gemeldet wurde und einen Auszug anfordern, der sämtliche in dem Register über diese Person gespeicherten Daten enthält. [2]Dieser Auszug wird mit einer Amtssignatur der Registerbehörde versehen. *(BGBl I 2019/62)*

(4) Die Registerbehörde, die Geldwäschemeldestelle und die Kriminalpolizei, die Staatsanwaltschaften und die Gerichte für strafrechtliche Zwecke dürfen zu einem gemeldeten obersten Rechtsträger alle Rechtsträger suchen, bei denen dieser oberste Rechtsträger gemeldet wurde. *(BGBl I 2019/62)*

(5) Die in Abs. 1 genannten Behörden haben im Wege der Amtshilfe Auszüge gemäß § 10 an die zuständigen Behörden und zentralen Meldestellen der anderen Mitgliedstaaten zu übermitteln. *(BGBl I 2019/62)*

Fassung ab 10. 11. 2020 (BGBl I 2019/62):
(6) Die Registerbehörde darf in gemäß § 5a übermittelte Compliance-Packages Einsicht nehmen. Andere Behörden gemäß Abs. 1 dürfen nur dann in Compliance-Packages Einsicht nehmen, wenn diese nicht eingeschränkt sind. *(BGBl I 2019/62)*

(7) [1]Der Geldwäschemeldestelle und dem Bundesamt für Verfassungsschutz und Terrorismusbekämpfung (§ 1 Abs. 3 PStSG) darf von der Registerbehörde für die Zwecke der Verhinderung der Geldwäscherei und Terrorismusfinanzierung Einsicht über ein Anzeigetool auf bestimmte Daten der Risikoanalyse gemäß § 14 Abs. 3 Z 1 gewährt werden und ein Webservice für die Einbindung des Register eingerichtet werden. [2]Der Registerbehörde steht es frei, hinsichtlich der Ausgestaltung der Risikoanalyse und dem Webservice mit der Geldwäschemeldestelle und dem Bundesamt für Verfassungsschutz und Terrorismusbekämpfung zusammenzuarbeiten. Aufwände, die mit der Ausgestaltung und Durchführung der Risikoanalysen, dem Anzeigetool und dem Webservice zusammenhängen, sind nach einem zu vereinbarenden Schlüssel von der Geldwäschemeldestelle und dem Bundesamt für Verfassungsschutz und Terrorismusbekämpfung mitzutragen. *(BGBl I 2019/62)*

Behördliche Meldung des wirtschaftlichen Eigentümers und behördlicher Vermerk

§ 13. (1) [1]„Wenn die Registerbehörde zu der Überzeugung gelangt, dass die Daten über die wirtschaftlichen Eigentümer eines Rechtsträgers unrichtig sind und ist die Registerbehörde überzeugt zu wissen, wer der oder die wirtschaftlichen Eigentümer eines Rechtsträgers sind, oder welche Daten einer Meldung zu berichtigen sind, dann kann sie im elektronischen Wege eine Meldung unter sinngemäßer Anwendung des § 5 Abs. 1 und 4 vornehmen.“[2]Die Bundesanstalt Statistik Österreich hat die behördlich gemeldeten Daten über den wirtschaftlichen Eigentümer mit dem Vermerk zu übernehmen, dass es sich um eine behördliche Meldung des wirtschaftlichen Eigentümers gemäß § 13 Abs. 1 handelt. *(BGBl I 2019/62)*

(2) „ “[1]Der Rechtsträger ist von der Registerbehörde über das Unternehmensserviceportal von der behördlichen Meldung zu verständigen. [2]Diese Verständigung hat den Hinweis zu enthalten, dass es sich um keine rechtswirksame Feststellung handelt und der Rechtsträger jederzeit eine Meldung gemäß § 5 Abs. 1 vornehmen kann. *(BGBl I 2019/62)*

(3) „[2]Wenn eine der in § 12 Abs. 1 genannten Behörden im Zuge ihrer Tätigkeit zu der Überzeugung gelangt, dass die Daten über die wirtschaftlichen Eigentümer eines Rechtsträgers unrichtig sind, dann kann sie im elektronischen Weg einen Vermerk setzen und hat die Gründe für die Setzung des Vermerkes in standardisierter Form zu übermitteln.“ „[3]Die Registerbehörde kann die Gründe für die Setzung eines Vermerkes auch in der Schriftform anführen.“[4]Die Bundesanstalt Statistik Österreich hat unter Angabe des Datums im Register anzumerken, dass die Eintragung nicht verifiziert werden konnte. [5]Verpflichtete haben bei Vorliegen eines Vermerkes bei der Feststellung und Überprüfung der Identität des wirtschaftlichen Eigentümers zusätzliche geeignete Maßnahmen zu setzen, sodass sie überzeugt sind zu wissen, wer der wirtschaftliche Eigentümer ist. [6]Eine Einstufung des Kunden in eine höhere Risikokategorie ist alleine aufgrund dieses Vermerkes nicht erforderlich. *(BGBl I 2019/62)*

(4) [1]Die Bundesanstalt Statistik Österreich als Auftragsverarbeiterin der Registerbehörde hat das Unternehmensserviceportal im elektronischen Wege von dem Umstand, dass ein Vermerk gesetzt wurde und über die standardisierten Gründe

sowie bei Vermerken der Registerbehörde auch über die Gründe in Schriftform zu verständigen. [2]Der Rechtsträger ist von der Registerbehörde über das Unternehmensserviceportal über den Umstand, dass ein Vermerk gesetzt wurde unter Angabe der standardisierten Gründe und der Gründe in Schriftform zu informieren. [3]Wenn der Rechtsträger eine neuerliche Meldung gemäß § 5 vornimmt, dann ist der Vermerk von der Bundesanstalt Statistik Österreich zu beenden. [4]Wenn die Setzung eines Vermerkes rechtswidrig war, dann ist dieser auf Antrag von der Registerbehörde zu löschen. *(BGBl I 2019/62)*

Behördliche Aufsicht

§ 14. (1) Die Registerbehörde ist der Bundesminister für Finanzen.

(2) [1]Die Registerbehörde ist berechtigt im Rahmen der Führung des Registers Daten zu verarbeiten und Analysen zur Gewährleistung der Richtigkeit und Vollständigkeit der Daten sowie zur Einhaltung der Bestimmungen dieses Bundesgesetzes und der Verhinderung der Geldwäscherei und Terrorismusfinanzierung vorzunehmen und darf zu diesen Zwecken auch die im Register gespeicherten Daten mit anderen öffentlich verfügbaren Datenquellen abgleichen. [2]Zu diesen Zwecken hat die Bundesanstalt Statistik Österreich nach Maßgabe der technischen Möglichkeiten der Registerbehörde Analysen und Auswertungen zu allen im Register gespeicherten Merkmalen zur Verfügung zu stellen. *(BGBl I 2019/62)*

(3) Die Registerbehörde hat für die Zwecke der Gewährleistung, dass die im Register gespeicherten Daten angemessen, präzise und aktuell sind, die folgenden Maßnahmen zu treffen:

1. automatisationsunterstützte Analyse der Meldungen mit dem Zweck diese in Risikokategorien einzustufen und potentiell unrichtige Meldungen zu identifizieren,

2. stichprobenartige Überprüfung von eingehenden Meldungen auf Basis der Risikoanalyse gemäß Z 1 und ergänzend nach einer zufälligen Auswahl,

3. laufendes Monitoring der eingehenden Vermerke und stichprobenartige Überprüfung von jenen Rechtsträgern, die einen Vermerk nicht binnen sechs Wochen durch eine neue Meldung ersetzen,

4. anlassfallbezogene und prospektive Durchführung von Analysen gemäß Abs. 2.
(BGBl I 2019/62)

(4) Die Registerbehörde kann von Rechtsträgern, und deren rechtlichen und wirtschaftlichen Eigentümern jederzeit Auskünfte über die für die Beurteilung des wirtschaftlichen Eigentums an dem betreffenden Rechtsträger erforderlichen Sachverhalte und die Vorlage entsprechender Urkunden und anderer schriftlicher Unterlagen verlangen. *(BGBl I 2019/62)*

(5) Für die Vollstreckung eines Bescheides der Registerbehörde tritt an die Stelle des in § 5 Abs. 3 VVG angeführten Betrages bei juristischen Personen der Betrag von 30 000 Euro und bei natürlichen Personen der Betrag von 15 000 Euro. *(BGBl I 2019/62)*

„(6)"** [1]Die Verhängung von Zwangsstrafen gemäß § 16 sowie deren Einhebung, Sicherung und Einbringung obliegt den Abgabenbehörden des Bundes. [2]„Zuständig für die Verhängung von Zwangsstrafen gemäß § 16 ist jenes Finanzamt, das zur Erhebung der Abgaben vom Einkommen des Rechtsträgers örtlich zuständig ist oder gemäß § 1 Abs. Z 3 KStG zuständig wäre."* *(*BGBl I 2018/37; **BGBl I 2019/62)*

Fassung ab 1. 7. 2020 (BGBl I 2019/104):
„(6)"* [1]Die Verhängung von Zwangsstrafen gemäß § 16 sowie deren Einhebung, Sicherung und Einbringung obliegt „dem Finanzamt Österreich"**. „ "** *(*BGBl I 2019/62; **BGBl I 2019/104)*

„(7)" [1]Wenn eine betroffene Person gemäß Art. 16 oder 17 Verordnung (EU) 2016/679 eine Berichtigung oder Löschung von personenbezogenen Daten verlangt, dann hat die Registerbehörde die personenbezogenen Daten bei Vorliegen der Voraussetzungen des Art. 16 zu berichtigen und bei Vorliegen der Voraussetzungen des Art. 17 zu löschen. [2]Es ist ein Hinweis aufzunehmen, wenn Daten gemäß Art. 16 Verordnung (EU) 2016/679 berichtigt oder gemäß Art. 17 Verordnung (EU) 2016/679 gelöscht wurden. [3]Wenn eine betroffene Person zusätzlich eine Einschränkung der Verarbeitung gemäß Art. 18 Verordnung (EU) 2016/679 verlangt, dann hat die Registerbehörde die Einschränkung der Verarbeitung im Register anzumerken, wenn die Voraussetzungen des Art. 18 Abs. 1 Verordnung (EU) 2016/679 vorliegen. [4]Die Einschränkung der Verarbeitung bewirkt, dass in Auszügen aus dem Register die betroffenen personenbezogenen Daten nicht angezeigt werden und auf die Einschränkung der Verarbeitung gemäß Art. 18 Verordnung (EU) 2016/679 hingewiesen wird. [5]Die Registerbehörde hat den betroffenen Rechtsträger über eine Berichtigung, Löschung und Einschränkung der Verarbeitung zu informieren und einen Vermerk gemäß § 13 Abs. 3 zu setzen. *(BGBl I 2018/37; BGBl I 2019/62)*

„(8)" [1]Die Registerbehörde hat Meldungen „," Vermerke „und Logdateien, die Zugriffe auf das Register aufzeichnen" für zehn Jahre in elektronischer Form aufzubewahren. „[2]Logdateien, die aus technischen Gründen geführt werden, sind für die Dauer von einem Jahr aufzubewahren." *(BGBl I 2019/62, ab 10. 1. 2020)*

„(9)" [1]Die Registerbehörde kann mit Bescheid feststellen, dass keine Berechtigung zur Einsicht gemäß § 9 besteht oder sie kann einen Verpflichteten mit Bescheid von der Einsicht gemäß § 9 auf bestimmte oder unbestimmte Dauer ausschließen, wenn dieser das Register unrechtmäßig oder missbräuchlich nützt oder genützt hat. [2]Einem Rechtsmittel gegen solche Bescheide kommt keine aufschiebende Wirkung zu. [3]Zwölf Monate nach Rechtskraft eines Bescheides, mit dem ein Verpflichteter von der Einsicht gemäß § 9 ausgeschlossen wurde, hat die Registerbehörde dem Verpflichteten auf Antrag wieder Einsicht in das Register zu gewähren, wenn zu erwarten ist, dass das unrechtmäßige oder missbräuchliche Verhalten nicht wiederholt werden wird. „[4]Über Beschwerden gegen Entscheidungen der Registerbehörde gemäß dieser Bestimmung erkennt das Bundesverwaltungsgericht.“ *(BGBl I 2018/37; BGBl I 2019/62, ab 10. 1. 2020)*

(10) Die Registerbehörde hat Statistiken über die Nutzung des Registers, die Effektivität des Registers und über die angedrohten und festgesetzten Zwangsstrafen gemäß § 16 und die verhängten Strafen wegen Finanzvergehen gemäß § 15 zu führen. *(BGBl I 2019/62)*

Strafbestimmungen

§ 15. (1) Eines Finanzvergehens macht sich schuldig, wer

1. eine unrichtige oder unvollständige Meldung (§ 5) abgibt und dadurch wirtschaftliche Eigentümer nicht offenlegt,

2. seiner Meldepflicht (§ 5) trotz zweimaliger Aufforderung nicht nachkommt,

3. bei Wegfall einer Meldebefreiung nach § 6 keine, eine unrichtige oder eine unvollständige Meldung abgibt,

4. Änderungen der Angaben über die wirtschaftlichen Eigentümer nicht binnen vier Wochen nach Kenntnis der Änderung übermittelt (§ 5 Abs. 1), oder

5. seinen Status als Trustee nicht gemäß § 3 Abs. 4 offenlegt und die Angaben über die wirtschaftlichen Eigentümer des Trusts oder der trustähnlichen Vereinbarung nicht gemäß § 3 Abs. 4 übermittelt

und ist bei vorsätzlicher Begehung mit einer Geldstrafe bis zu 200 000 Euro zu bestrafen. Wer die Tat grob fahrlässig begeht, ist mit einer Geldstrafe bis zu 100 000 Euro zu bestrafen.

(2) Wer unter Verletzung von § 3 Abs. 2 die für die Erfüllung der Sorgfaltspflichten gemäß § 3 Abs. 1 erforderlichen Kopien der Dokumente und Informationen nicht bis mindestens fünf Jahre nach dem Ende des wirtschaftlichen Eigentums der natürlichen Person aufbewahrt, macht sich eines Finanzvergehens schuldig, und ist bei vorsätzlicher Begehung mit einer Geldstrafe bis zu 75 000 Euro zu bestrafen. Wer die Tat grob fahrlässig begeht, ist mit einer Geldstrafe bis zu 25 000 Euro zu bestrafen.

Fassung ab 10. 11. 2020 (BGBl I 2019/62):

(3) Wer, ohne den Tatbestand des Abs. 1 zu erfüllen, im Zuge der Übermittlung eines Compliance-Packages vorsätzlich falsche oder verfälschte Dokumente an das Register übermittelt, macht sich eines Finanzvergehens schuldig, und ist mit einer Geldstrafe bis zu 75 000 Euro zu bestrafen. *(BGBl I 2019/62)*

(4) Einer Finanzordnungswidrigkeit macht sich schuldig, wer vorsätzlich, ohne den Tatbestand der Abs. 1 oder 3 zu erfüllen, eine unrichtige oder unvollständige Meldung abgibt, und ist mit einer Geldstrafe von bis zu 25 000 Euro zu bestrafen. *(BGBl I 2019/62)*

Fassung ab 10. 11. 2020 (BGBl I 2019/62):

(5) Einer Finanzordnungswidrigkeit macht sich schuldig, wer vorsätzlich, ohne den Tatbestand der Abs. 1 oder 3 zu erfüllen, bei der Übermittlung eines Compliance-Packages erforderliche Dokumente (§ 5a Abs. 1) nicht übermittelt oder sonstige Pflichten nach § 5a nicht erfüllt, und ist mit einer Geldstrafe bis zu 10 000 Euro zu bestrafen. *(BGBl I 2019/62)*

(6) Eines Finanzvergehens macht sich schuldig, wer vorsätzlich Datensätze, die mit einer Auskunftssperre oder einer Einschränkung der Einsicht (§ 10a) gekennzeichnet sind, oder wer vorsätzlich Auszüge, in denen solche Datensätze enthalten sind, an Dritte weitergibt, und ist mit einer Geldstrafe bis zu 50 000 Euro zu bestrafen. *(BGBl I 2019/62)*

(7) Die Finanzvergehen nach Abs. 1 bis 6 hat das Gericht niemals zu ahnden.

(8) Ergibt sich innerhalb des dienstlichen Wirkungsbereiches der Registerbehörde der begründete Verdacht auf das Vorliegen eines Finanzvergehens oder einer Finanzordnungswidrigkeit nach Abs. 1 bis 6, hat die Registerbehörde die gemäß § 58 FinStrG zuständige Finanzstrafbehörde hiervon zu verständigen.

(BGBl I 2019/62)

Zwangsstrafen

§ 16. (1) [1]Wird die Meldung gemäß § 5 nicht „ “** erstattet, kann die Abgabenbehörde deren Vornahme durch Verhängung einer Zwangsstrafe gemäß § 111 BAO erzwingen. „[2]Die Androhung der Zwangsstrafe ist mit Setzung einer Frist von „sechs Wochen“** vorzunehmen.“* *(*BGBl I 2018/37; **BGBl I 2019/62)*

Fassung ab 1. 7. 2020 (BGBl I 2019/104):

(1) [1]Wird die Meldung gemäß § 5 nicht „ “** erstattet, kann „das Finanzamt Österreich“*** deren Vornahme durch Verhängung einer Zwangsstrafe gemäß § 111 BAO erzwingen. „[2]Die

Androhung der Zwangsstrafe ist mit Setzung einer Frist von „sechs Wochen"** vorzunehmen."* *(*BGBl I 2018/37; **BGBl I 2019/62; ***BGBl I 2019/104)*

(2) Zwangsstrafen gemäß Abs. 1 gelten als Abgaben im Sinne des § 213 Abs. 2 BAO.

Nutzungsentgelte

§ 17. (1) Der Bundesminister für Finanzen hat für die Nutzung des Registers mit Verordnung ein Nutzungsentgelt für die folgenden Nutzungsarten des Registers vorzusehen:

1. Einsicht „ " gemäß § 10; *(BGBl I 2019/62)*

2. Einsicht der Verpflichteten mittels einfacher Auszüge gemäß § 9 Abs. 4;

3. Einsicht der Verpflichteten mittels erweiterter Auszüge gemäß § 9 Abs. 5;

Fassung ab 10. 11. 2020 (BGBl I 2019/62):
3a. Einsicht der Verpflichteten mittels erweiterter Auszüge gemäß § 9 Abs. 5 unter gleichzeitiger Einsicht in ein Compliance-Package gemäß § 9 Abs. 5a; *(BGBl I 2019/62)*

4. [1]Einsicht der Verpflichteten unter Verrechnung eines jährlichen pauschalen Nutzungsentgeltes. [2]Das jährliche pauschale Nutzungsentgelt berechtigt zu einfachen Auszügen gemäß § 9 Abs. 4 und erweiterten Auszügen gemäß § 9 Abs. 5 sowie zur Vornahme von Meldungen als Parteienvertreter für Rechtsträger. [3]Ein bereits entrichtetes jährliches Nutzungsentgelt kann nicht rückerstattet werden. [4]Das pauschale Nutzungsentgelt kann entsprechend der erwarteten Nutzung des Registers festgelegt werden.

Fassung ab 10. 11. 2020 (BGBl I 2019/62):
4. [1]Einsicht der Verpflichteten unter Verrechnung eines jährlichen pauschalen Nutzungsentgeltes. [2]Das jährliche pauschale Nutzungsentgelt berechtigt zu einfachen Auszügen gemäß § 9 Abs. 4 „, erweiterten Auszügen gemäß § 9 Abs. 5 und erweiterten Auszügen gemäß § 9 Abs. 5 unter gleichzeitiger Einsicht in ein Compliance-Package gemäß § 9 Abs. 5a" sowie zur Vornahme von Meldungen als Parteienvertreter für Rechtsträger. [3]Ein bereits entrichtetes jährliches Nutzungsentgelt kann nicht rückerstattet werden. [4]Das pauschale Nutzungsentgelt kann entsprechend der erwarteten Nutzung des Registers festgelegt werden. *(BGBl I 2019/62)*

(2) [1]Die Registerbehörde hat das Nutzungsentgelt vor der Nutzung des Registers im Wege eines elektronischen Zahlungsverfahrens zu verrechnen. [2]Wenn Verpflichtete bereits die Einsicht gemäß Abs. 1 Z 4 nutzen, so hat die Registerbehörde im elektronischen Wege über das Unternehmensserviceportal diese vier Wochen vor Beginn des neuen Nutzungszeitraumes zur Zahlung des Nutzungsentgeltes für den folgenden Nutzungszeitraum aufzufordern. [3]Sollte der Verpflichtete bis zum Beginn des neuen Nutzungszeitraums keine Zahlung durchführen, so endet die Nutzung gemäß Abs. 1 Z 4 mit dem Ende des Nutzungszeitraums.

(3) [1]Das Nutzungsentgelt ist von der Bundesrechenzentrum GmbH für die Registerbehörde zu vereinnahmen und laufend auf einem für diesen Zweck eingerichteten Konto gutzuschreiben. [2]Hierbei ist die Bundesrechenzentrum GmbH lediglich eine Zahlstelle. [3]Die vereinnahmten Nutzungsentgelte sind monatlich bis zum 15. des folgenden Kalendermonats in voller Höhe an den Bundesminister für Finanzen abzuführen. [4]Gleichzeitig sind der Bundesrechenzentrum GmbH die Betriebs- und die Weiterentwicklungskosten des Registers gemäß § 8 zu ersetzen.

(4) [1]Die Nutzungsentgelte gemäß Abs. 1 dürfen nicht über die dadurch verursachten Verwaltungskosten hinausgehen. [2]Verwaltungskosten sind:

1. sämtliche Aufwendungen für die Errichtung des Registers,

2. sämtliche Aufwendungen für den Betrieb des Registers,

3. ein Zuschlag von 50 vH von Z 2 für die behördliche Aufsicht und

4. Aufwendungen für zukünftige Weiterentwicklungen des Registers, wenn diese schon hinreichend feststehen und innerhalb der nächsten drei Jahre eintreten.

[3]Der Bundesminister für Finanzen hat jährlich zu prüfen, ob die Summe der vereinnahmten Nutzungsentgelte geringer als die Summe der Verwaltungskosten ist. [4]Maßgeblich hiefür sind jeweils die letzten zehn Kalenderjahre, beginnend mit dem Kalenderjahr 2016. [5]Wenn die Summe der vereinnahmten Nutzungsentgelte die Summe der Verwaltungskosten übersteigt, dann hat der Bundesminister für Finanzen die Nutzungsentgelte im nächsten Kalenderjahr entsprechend herabzusetzen. [6]Der Bundesminister für Finanzen kann die Nutzungsentgelte erhöhen, wenn nicht zu erwarten ist, dass die Summe der vereinnahmten Nutzungsentgelte die Verwaltungskosten im nächsten Kalenderjahr übersteigt.

(5) Der Bundesminister für Finanzen kann mit Verordnung die technischen Vorkehrungen für die gemäß der Richtlinie (EU) 2015/849 vorgesehene Vernetzung der Register auf europäischer Ebene treffen und zusätzliche technische Möglichkeiten für die Einsicht in das Register vorsehen und hiefür ein gesondertes Nutzungsentgelt festlegen.

Übergangsvorschriften

§ 18. (1) Die Rechtsträger haben die Meldungen gemäß § 5 Abs. 1 erstmalig bis zum 1. Juni 2018 zu erstatten.

(2) Die Möglichkeiten zur Einsicht gemäß § 9, § 10 und § 12 sind ab dem 2. Mai 2018 bereitzustellen.

Inkrafttreten

§ 19. „(1)" Dieses Bundesgesetz tritt mit Ausnahme der § 1 und § 2 am 15. Jänner 2018 in Kraft. § 1 und § 2 treten mit dem der Kundmachung folgenden Tag in Kraft. *(BGBl I 2017/150)*

(2) [1]§ 5 Abs. 3 und § 7 in der Fassung des Bundesgesetzes BGBl. I Nr. 150/2017 treten mit dem der Kundmachung folgenden Tag in Kraft. [2]§ 9 Abs. 3 und § 10 Abs. 2 in der Fassung des Bundesgesetzes BGBl. I Nr. 150/2017 treten mit 15. Jänner 2018 in Kraft. *(BGBl I 2017/150)*

(3) [1]§ 2 Z 1, § 5 Abs. 3, § 6 Abs. 1 bis 6, § 9 Abs. 1 Z 1, § 12 Abs. 3, § 14 Abs. 3, § 15 Abs. 3 bis 5, § 16 Abs. 1 und § 20 Abs. 1 in der Fassung des Bundesgesetzes BGBl. I Nr. 37/2018 treten mit 1. August 2018 in Kraft. [2]§ 5 Abs. 5 tritt mit 1. Oktober 2018 in Kraft. Für alle von § 5 Abs. 5 erfassten Rechtsträger, die wirtschaftliche Eigentümer gemäß § 2 Z 1 lit. b vor diesem Stichtag gemeldet haben, sind mit diesem Stichtag die natürlichen Personen, die der obersten Führungsebene des Rechtsträgers angehören, von der Bundesanstalt Statistik Österreich aus dem Firmenbuch zu übernehmen und laufend aktuell zu halten. *(BGBl I 2018/37)*

(4) [1]Die §§ 9 Abs. 2, 10a, 15 Abs. 4 und 20 Abs. 1 sowie die Änderung des Inhaltsverzeichnisses in der Fassung des Bundesgesetzes BGBl. I Nr. 62/2018 treten mit 1. Oktober 2018 in Kraft. *(BGBl I 2018/62)*

(5) [1]§ 1 Abs. 2 Z 17 und 18 und Abs. 4, § 2 Z 2 lit. a und c, § 3 Abs. 3 bis 5, § 4, § 5 Abs. 1 Z 3 lit. a und b sowie Abs. 1 Schlussteil, § 5 Abs. 5, § 7 Abs. 3, § 9 Abs. 1 Z 15 und 16, Abs. 2, 3, 5 Z 2 und Abs. 9, § 10, § 11 Abs. 1, 3, 5 und 8, § 12 Abs. 3 bis 5 und 7, § 13 Abs. 1 bis 4, § 14, § 15 Abs. 1, 2, 4, 6 bis 8, § 16 Abs. 1, § 17 Abs. 1 Z 1 und § 20 Abs. 2 Z 2 sowie die Änderungen des Inhaltsverzeichnis zu § 10 treten in der Fassung des BGBl. Nr. 62/2019 mit 10. Jänner 2020 in Kraft. [2]§ 3 Abs. 2, § 5 Abs. 1 Z 4 und Abs. 7, § 5a samt Überschrift, § 9 Abs. 4 Z 7a bis 7c, § 9 Abs. 5a und 5b, § 11 Abs. 2a, § 12 Abs. 6, § 15 Abs. 3 und 5, § 17 Abs. 1 Z 3a und 4 sowie die Änderung des Inhaltsverzeichnis zu § 5a in der Fassung des BGBl. I Nr. 62/2019 treten mit 10. November 2020 in Kraft. [3]§ 5 Abs. 6 tritt mit 10. März 2021 in Kraft. [4]Die Änderungen in § 5 Abs. 1 Z 3 lit. a und b sind auf Meldungen anzuwenden, die nach dem 10. Jänner 2020 übermittelt werden. *(BGBl I 2019/62)*

(6) § 14 Abs. 6 und § 16 Abs. 1, jeweils in der Fassung des Bundesgesetzes BGBl. I Nr. 104/2019, treten mit 1. Juli 2020 in Kraft. *(BGBl I 2019/104)*

Verweisungen

§ 20. (1) Soweit in diesem Bundesgesetz auf folgende Gesetze verwiesen wird, sind diese, wenn nicht Anderes angeordnet ist, in ihrer jeweils geltenden Fassung anzuwenden:

1. Unternehmensgesetzbuch, dRGBl. S 219/1897;
2. Bundesabgabenordnung (BAO), BGBl. Nr. 194/1961;
3. Sparkassengesetz (SpG), BGBl. Nr. 64/1979;
4. Einkommensteuergesetz 1988 (EStG 1988), BGBl. Nr. 400/1988;
5. Glücksspielgesetz (GSpG), BGBl. Nr. 620/1989;
6. Firmenbuchgesetz (FBG), BGBl. Nr. 10/1991;
7. Meldegesetz 1991 (MeldeG), BGBl. Nr. 9/1992;
8. Gewerbeordnung 1994 (GewO), BGBl. Nr. 194/1994;
9. Bundesgesetz über die Bundesrechenzentrum GmbH (BRZ GmbH), BGBl. Nr. 757/1996;
10. Wirtschaftstreuhandberufsgesetz 2017 (WTBG 2017), BGBl. I Nr. 137/2017;
11. Bundesgesetz über die Bundesstatistik (Bundesstatistikgesetz 2000), BGBl I Nr. 163/1999;
12. Bundeskriminalamt-Gesetz (BKA-G), BGBl. I Nr. 22/2002;
13. Vereinsgesetz 2002 (VerG), BGBl. I Nr. 66/2002;
14. Devisengesetz 2004, BGBl. I Nr. 123/2003;
15. Unternehmensserviceportalgesetz (USPG), BGBl. I Nr. 52/2009;
16. Sanktionengesetz 2010 (SanktG), BGBl. I Nr. 36/2010;
17. Bilanzbuchhaltungsgesetz 2014 (BiBuG 2014), BGBl. I Nr. 191/2013;
18. Versicherungsaufsichtsgesetz 2016 (VAG 2016), BGBl. I Nr. 34/2015;
19. Gemeinsamer Meldestandard-Gesetz (GMSG), BGBl. I Nr. 116/2015;
20. Bundes-Stiftungs- und Fondsgesetz 2015 (BStFG 2015), BGBl. I Nr. 160/2015;
21. Finanzmarkt-Geldwäschegesetz (FM-GwG), BGBl. I Nr. 118/2016 „;" *(BGBl I 2018/37)*
22. Bundesgesetz zur Schaffung einer Abbaueinheit (GSA), BGBl. I Nr. 51/2014; *(BGBl I 2018/37)*
23. Bundesgesetz über die Sanierung und Abwicklung von Banken (Sanierungs- und Abwicklungsgesetz – BaSAG), BGBl. I Nr. 98/2014 „;" *(BGBl I 2018/37; BGBl I 2018/62)*

24. Strafgesetzbuch (StGB), BGBl. Nr. 60/1974. *(BGBl I 2018/62)*

(2) Soweit in diesem Bundesgesetz auf Richtlinien der Europäischen Union verwiesen wird, sind diese, wenn nicht Anderes angeordnet ist, in der nachfolgend genannten Fassung anzuwenden:

1. Richtlinie 2013/34/EU über den Jahresabschluss, den konsolidierten Abschluss und damit verbundene Berichte von Unternehmen bestimmter Rechtsformen und zur Änderung der Richtlinie 2006/43/EG und zur Aufhebung der Richtlinien 78/660/EWG und 83/349/EWG, ABl. Nr. L 182 vom 29.06.2013 S.19, zuletzt geändert durch die Richtlinie 2014/102/EU, ABl. Nr. L 334 vom 21.11.2014 S. 86;

2. Richtlinie (EU) 2015/849 zur Verhinderung der Nutzung des Finanzsystems zum Zwecke der Geldwäsche und der Terrorismusfinanzierung, zur Änderung der Verordnung (EU) Nr. 648/2012 des Europäischen Parlaments und des Rates und zur Aufhebung der Richtlinie 2005/60/EG des Europäischen Parlaments und des Rates und der Richtlinie 2006/70/EG der Kommission, ABl. Nr. L 141 vom 05.06.2015 S. 73, zuletzt geändert durch die Richtlinie (EU) 2018/843 vom 30. Mai 2018. *(BGBl I 2019/62)*

(3) Soweit in diesem Bundesgesetz auf Verordnungen der Europäischen Union Bezug genommen wird, sind diese, wenn nicht Anderes angeordnet ist, in der nachfolgend genannten Fassung maßgeblich:

1. Verordnung (EU) 2016/679 zum Schutz natürlicher Personen bei der Verarbeitung personenbezogener Daten, zum freien Datenverkehr und zur Aufhebung der Richtlinie 95/46/EG (Datenschutz-Grundverordnung), ABl. Nr. L 119 vom 04.05.2016 S. 1.
(BGBl I 2018/37)

Sprachliche Gleichbehandlung

§ 21. [1]Soweit in diesem Bundesgesetz personenbezogene Bezeichnungen nur in männlicher Form angeführt sind, beziehen sie sich auf Frauen und Männer in gleicher Weise. [2]Bei der Anwendung auf bestimmte Personen ist die jeweils geschlechtsspezifische Form zu verwenden.

Vollzugsklausel

§ 22. Mit der Vollziehung dieses Bundesgesetzes ist der Bundesminister für Finanzen betraut.

4b/1. WiEReG-NutzungsentgelteV

BGBl II 2018/77 idF

1 BGBl II 2019/108 **2** BGBl II 2019/437

Verordnung des Bundesministers für Finanzen zur Festlegung der Nutzungsentgelte für die Nutzung des Registers der wirtschaftlichen Eigentümer (WiEReG-NutzungsentgelteV)

Auf Grund des § 17 des Wirtschaftliche Eigentümer Registergesetzes (WiEReG), BGBl. I Nr. 136/2017, zuletzt geändert durch das Bundesgesetz BGBl. I Nr. 150/2017, wird verordnet:

Einzelverrechnung des Nutzungsentgeltes

§ 1. (1) Das Nutzungsentgelt für die Einsicht in das Register der wirtschaftlichen Eigentümer beträgt für jeden Auszug bei der Einsicht

1. der Verpflichteten mittels einfacher Auszüge gemäß § 9 Abs. 4 WiEReG............... 3,00 Euro;

2. der Verpflichteten mittels erweiterter Auszüge gemäß § 9 Abs. 5 WiEReG.......... 3,60 Euro;

3. der Verpflichteten mittels erweiterter Auszüge gemäß § 9 Abs. 5 WiEReG unter gleichzeitiger Einsicht in ein Compliance-Package gemäß § 9 Abs. 5a... 7,20 Euro.

(BGBl II 2019/437)

4. bei öffentlichen Auszügen gemäß § 10 WiEReG... 3,00 Euro.

(BGBl II 2019/437)

(2) Das Nutzungsentgelt ist im Wege des elektronischen Zahlungsverkehrs im Voraus zu entrichten.

Pauschales Nutzungsentgelt

§ 2. (1) Auf Antrag eines Verpflichteten ist die Einsicht in das Register unter Verrechnung eines im Voraus zu entrichtenden, jährlichen pauschalen Nutzungsentgeltes zu gewähren. Das jährliche pauschale Nutzungsentgelt berechtigt zu einfachen Auszügen gemäß § 9 Abs. 4 WiEReG „, zu erweiterten Auszügen gemäß § 9 Abs. 5 WiEReG und zu erweiterten Auszügen unter gleichzeitiger Einsicht in ein Compliance-Package gemäß § 9 Abs. 5a WiEReG“ sowie zur Vornahme von Meldungen als Parteienvertreter für Rechtsträger. *(BGBl II 2019/437)*

(2) Es beträgt für ein Kontingent von

1. 50 „Abfragen“............................ 130 Euro;

(BGBl II 2019/437)

2. 250 „Abfragen“...........................600 Euro;

(BGBl II 2019/437)

3. 750 „Abfragen“....................... 1 650 Euro;

(BGBl II 2019/437)

4. 2 500 „Abfragen“.................... 5 250 Euro;

(BGBl II 2019/437)

5. 7 500 „Abfragen“..................15 000 Euro.

(BGBl II 2019/437)

„Eine Abfrage berechtigt zum Abruf eines einfachen oder erweiterten Auszuges. Für den Abruf eines erweiterten Auszuges unter gleichzeitiger Einsicht in ein Compliance-Package sind zwei Abfragen erforderlich.“ *(BGBl II 2019/437)*

(3) Nach dem Ende des jährlichen Nutzungszeitraums kann ein nicht ausgenütztes Kontingent nicht mehr verwendet werden. Bei Beantragung eines beliebigen neuen Kontingentes gemäß Abs. 2 wird ein nicht ausgenütztes Kontingent auf dieses übertragen und kann weiter verwendet werden. Ein bereits entrichtetes jährliches pauschales Nutzungsentgelt kann nicht rückerstattet werden. *(BGBl II 2019/108)*

(4) Wenn vor dem Ablauf des aktuellen Nutzungszeitraums ein neues Kontingent beantragt wird, dann beginnt der neue Nutzungszeitraum zu dem Zeitpunkt, in dem der aktuelle Nutzungszeitraum durch Zeitablauf endet. Ist das aktuelle Kontingent zu einem früheren Zeitpunkt vollständig verbraucht, beginnt der neue Nutzungszeitraum zu diesem Zeitpunkt.

(5) Auf Antrag eines Verpflichteten kann das jährliche pauschale Nutzungsentgelt auch als Abonnement gewährt werden, wenn dieser einer dauerhaften Zahlungsmethode zugestimmt hat. In diesem Fall kann der Verpflichtete wählen, welches Kontingent gemäß Abs. 2 nach dem Ende des jährlichen Nutzungszeitraumes aktiviert werden soll. Einen Monat vor Ablauf des aktuellen Nutzungszeitraumes oder sobald 75vH eines Kontingents verbraucht wurden, ist der Verpflichtete zu informieren, dass nach Ende des aktuellen Nutzungszeitraumes bzw. nach Verbrauch des Kontingents gemäß dem Abonnements das gewählte Kontingent aktiviert wird und das Nutzungsentgelt zu entrichten ist. Bis zum Beginn eines neuen jährlichen Nutzungszeitraums kann der Verpflichtete das Abonnement jederzeit deaktivieren oder den Umfang des beantragten Kontingents ändern. Kann das Nutzungsentgelt nicht über die vereinbarte dauerhafte Zahlungsmethode entrichtet werden, dann ist Abs. 6 sinngemäß anzuwenden. *(BGBl II 2019/108)*

(6) Sollte eine bereits erfolgte Zahlung eines Nutzungsentgeltes auf welche Art auch immer widerrufen werden, so kann ein zu diesem Zeitpunkt noch nicht ausgenütztes Kontingent nicht mehr weiter verwendet werden. Erst nach vollständiger Entrichtung des Nutzungsentgeltes kann ein noch nicht ausgenütztes Kontingent bis zum Ende des ursprünglichen Nutzungszeitraumes verwendet werden. Sollte eine bereits erfolgte Zahlung eines Nutzungsentgeltes in Missbrauchsabsicht widerrufen werden, so kann der Bundesminister für Finanzen vom Verpflichteten für die bereits erfolgte Ausnutzung des Kontingents eine angemessene Entschädigung verlangen. *(BGBl II 2019/108)*

Inkrafttreten

§ 3. „(1)" Diese Verordnung tritt mit 1. Mai 2018 in Kraft. *(BGBl II 2019/108)*

(2) § 2 Abs. 3 in der Fassung der Verordnung, BGBl. II Nr. 108/2019, tritt mit 1. Mai 2019 in Kraft und § 2 Abs. 5 und 6 in der Fassung der Verordnung, BGBl. II Nr. 108/2019, tritt mit 1. Oktober 2019 in Kraft. *(BGBl II 2019/108)*

(3) § 1 Abs. 1 und § 2 Abs. 1 und 2 in der Fassung der Verordnung, BGBl. II Nr. 437/2019 treten mit 10. Jänner 2020 in Kraft. § 2 Abs. 1 und 2 sind mit der Maßgabe anzuwenden, dass Nutzungsentgelte für Abrufe von erweiterten Auszügen unter gleichzeitiger Einsicht in ein Compliance-Package gemäß § 9 Abs. 5a WiEReG erst ab 10. November 2020 vorgeschrieben werden dürfen. § 2 Abs. 2 ist auf zum 10. Jänner 2020 bestehende Kontingente mit der Maßgabe anzuwenden, dass diese ab dem 10. Jänner 2020 zu Abfragen in der Höhe der noch vorhandenen einfachen oder erweiterten Auszügen berechtigen. *(BGBl II 2019/437)*

4b/2. WiEReG-EinsichtsV*)

*) *Diese VO tritt mit 11. März 2020 in Kraft.*

BGBl II 2019/390

Verordnung des Bundesministers für Finanzen über zusätzliche technische Möglichkeiten für die Einsicht in das Register (WiEReG-EinsichtsV)

Auf Grund des § 9 und des § 17 Abs. 5 des Wirtschaftliche Eigentümer Registergesetzes (WiEReG), BGBl. I Nr. 136/2017, zuletzt geändert durch das Bundesgesetz BGBl. I Nr. 104/2019, wird verordnet:

Inhalt von XML-Dateien

§ 1. (1) Bei Abruf eines erweiterten Auszuges durch einen Verpflichteten aus dem Register der wirtschaftlichen Eigentümer mit dem Webservice des Unternehmensserviceportals gemäß § 9 Abs. 3 WiEReG ist zusätzlich eine Datei im Extensible Markup Language Format (XML-Datei) zur Verfügung zu stellen.

(2) Die XML-Datei hat Folgendes zu enthalten:

1. Allgemeine Daten:

a) die Angabe, ob ein vollständiger erweiterter Auszug vorliegt;

b) die Angabe, ob ein aufrechter Vermerk gemäß § 11 Abs. 4 oder § 13 Abs. 3 WiEReG vorliegt;

c) den Zeitpunkt der letzten Meldung und die Angabe, ob eine Befreiung von der Meldepflicht gemäß § 6 WiEReG zur Anwendung gelangt und ob auf diese verzichtet wurde;

2. Angaben zum Rechtsträger:

a) Name des Rechtsträgers und Adressmerkmale;

b) Rechtsform und eine Information über den Bestandszeitraum des Rechtsträgers;

c) Stammzahl und Stammregister des Rechtsträgers;

d) ÖNACE-Code für Haupttätigkeiten des Rechtsträgers, soweit dieser im Register gespeichert ist;

3. Angaben zu den Wirtschaftlichen Eigentümern:

a) die Daten über alle direkten wirtschaftlichen Eigentümer gemäß § 9 Abs. 4 Z 5 WiEReG;

b) die Daten über alle indirekten wirtschaftlichen Eigentümer gemäß § 9 Abs. 4 Z 6 lit. a bis e, g und h WiEReG und die Daten gemäß § 9 Abs. 4 Z 6 lit. f WiEReG über die jeweiligen obersten Rechtsträger, soweit diese verfügbar sind;

4. die auf Basis der Eintragungen im Register automationsunterstützt generierte Darstellung aller bekannten Beteiligungsebenen gemäß § 9 Abs. 5 Z 1 WiEReG mit den Daten gemäß § 9 Abs. 4 Z 1 bis 4 WiEReG zu den errechneten Rechtsträgern und den Daten gemäß § 9 Abs. 4 Z 5 lit. a bis d und g WiEReG zu den errechneten natürlichen Personen, jeweils soweit diese verfügbar sind;

5. Daten gemäß § 9 Abs. 4 Z 5 lit. a bis d und g WiEReG zu den vertretungsbefugten Personen des Rechtsträgers und

6. sonstige Informationen:

a) die Angabe, ob bei einem wirtschaftlichen Eigentümer oder bei einer vertretungsbefugten Person die Daten mit dem Zentralen Melderegister abgeglichen und laufend aktuell gehalten werden;

b) die Angabe, ob bei einem Rechtsträger oder obersten Rechtsträger die Daten mit dem jeweiligen Stammregister abgeglichen und laufend aktuell gehalten werden;

c) die Angabe, ob Datensätze mit einer Auskunftssperre (§ 9 Abs. 4 WiEReG), einer Einschränkung der Einsicht (§ 10a WiEReG) oder einer Einschränkung der Verarbeitung (§ 14 Abs. 7 WiEReG) gekennzeichnet sind oder gelöscht wurden (§ 14 Abs. 7 WiEReG);

d) eine eindeutige Identifizierung von natürlichen und juristischen Personen innerhalb der XML-Datei, die bei Erstellung der XML-Datei neu vergeben wird;

e) die anteiligen Kosten des Auszuges basierend auf dem aktuellen jährlichen pauschalen Nutzungsentgelt;

f) den Hinweis, dass keine Gewähr für die Richtigkeit und Vollständigkeit der Daten übernommen werden kann.

§ 2. § 1 Abs. 2 ist sinngemäß für die Übermittlung von Auszugsdaten in einer XML-Datei über das Webservice zur Einbindung der Geldwäschemeldestelle und des Bundesamtes für Verfassungsschutz und Terrorismusbekämpfung (§ 1 Abs. 3 Polizeiliches Staatsschutzgesetz (PStSG), BGBl. I Nr. 5/2016 in der Fassung des Bundesgesetzes BGBl. I Nr. 32/2018) anzuwenden.

Inkrafttreten

§ 3. Diese Verordnung tritt mit 11. März 2020 in Kraft.

5a. Handelsvertretergesetz

BGBl 1993/88 idF

1 BGBl I 2005/120
2 BGBl I 2006/103 (PuG)
3 BGBl I 2010/58 (IRÄ-BG)
4 BGBl I 2016/29

GLIEDERUNG

STICHWORTVERZEICHNIS

(Die Zahlenangaben beziehen sich auf die Paragraphen)

Stichwortverzeichnis

Bundesgesetz über die Rechtsverhältnisse der selbständigen Handelsvertreter (Handelsvertretergesetz – HVertrG 1993)

Der Nationalrat hat beschlossen:

Begriff und Tätigkeit des Handelsvertreters

Begriff des selbständigen Handelsvertreters

§ 1. (1) Handelsvertreter ist, wer von einem anderen (im folgenden „Unternehmer" genannt) mit der Vermittlung oder dem Abschluß von Geschäften, ausgenommen über unbewegliche Sachen, in dessen Namen und für dessen Rechnung ständig betraut ist und diese Tätigkeit selbständig und gewerbsmäßig ausübt.

(2) Der Unternehmer kann auch ein Handelsvertreter sein.

(3) Anstelle des Begriffs „selbständiger Handelsvertreter" kann auch der Begriff „Handelsagent" verwendet werden *(BGBl I 2006/103)*

Abschluß von Geschäften durch den Handelsvertreter

§ 2. (1) Der Handelsvertreter kann Geschäfte im Namen und für Rechnung des Unternehmers nur dann schließen, wenn er hiezu ermächtigt ist.

(2) Hat der Handelsvertreter, der nur mit der Vermittlung von Geschäften betraut ist, ein Geschäft im Namen des Unternehmers mit einem Dritten geschlossen, so gilt es als vom Unternehmer genehmigt, wenn dieser nicht unverzüglich, nachdem er vom Abschluß des Geschäftes Kenntnis erlangt hat, dem Dritten erklärt, daß er das Geschäft ablehne.

Befugnisse des Handelsvertreters

§ 3. (1) Zahlungen für den Unternehmer kann der Handelsvertreter nur dann annehmen, wenn er hiezu ermächtigt ist.

(2) Lautet die Vollmacht auf die Berechtigung zur Annahme von Zahlungen, so gilt der Handelsvertreter nur als ermächtigt, Zahlungen, die den vereinbarten Bedingungen entsprechen, in Empfang zu nehmen. Sie erstreckt sich dagegen nicht auf die Befugnis, die beim Abschlusse des Geschäfts vereinbarten Zahlungsbedingungen zu ändern, insbesondere Vergleiche zu schließen oder Nachlässe zu gewähren.

(3) Ist der Handelsvertreter als Reisender tätig, so gilt er als ermächtigt, den Kaufpreis aus den von ihm geschlossenen Verkäufen einzuziehen oder dafür Zahlungsfristen zu bewilligen.

(4) Die Anzeige von Mängeln einer Ware, die Erklärung, daß eine Ware zur Verfügung gestellt wird, und andere Erklärungen, durch die die Kundschaft ihre Rechte wahrt, können auch dem Handelsvertreter gegenüber abgegeben werden.

(5) Der Handelsvertreter ist berechtigt, das dem Unternehmer zustehende Recht auf Feststellung des Zustandes der Waren auszuüben; zu Verfügungen über die Ware ist er, sofern nicht deren Beschaffenheit es dringend erfordert, im Zweifel nicht ermächtigt.

(6) Beschränkungen der Vollmacht des Handelsvertreters braucht ein Dritter gegen sich nur gelten zu lassen, wenn er sie kannte oder kennen mußte.

Rechte und Pflichten des Unternehmers und des Handelsvertreters

Vertragsurkunde

§ 4. Der Unternehmer und der Handelsvertreter sind verpflichtet, dem anderen auf dessen Verlangen eine unterzeichnete Urkunde zu verschaffen, die den zu diesem Zeitpunkt gültigen Inhalt des Vertretungsvertrags wiedergibt.

Pflichten des Handelsvertreters

§ 5. Der Handelsvertreter hat sich um die Vermittlung oder den Abschluß von Geschäften zu bemühen. Er hat bei Ausübung seiner Tätigkeit das Interesse des Unternehmers mit der Sorgfalt eines ordentlichen „Unternehmers" wahrzunehmen und ist insbesondere verpflichtet, ihm die erforderlichen Mitteilungen zu machen und ihn unverzüglich von jedem Geschäft in Kenntnis zu setzen, das er für ihn geschlossen hat. *(BGBl I 2005/120)*

Unterstützungspflichten des Unternehmers

§ 6. (1) Der Unternehmer hat den Handelsvertreter bei der Ausübung seiner Tätigkeit zu unterstützen.

(2) Insbesondere hat der Unternehmer:

1. dem Handelsvertreter die erforderlichen Unterlagen zur Verfügung zu stellen und alle für die Ausübung seiner Tätigkeit erforderlichen Informationen zu geben,

2. den Handelsvertreter unverzüglich zu unterrichten, wenn er absieht, daß der Umfang der Geschäfte erheblich geringer sein wird, als der Handelsvertreter den Umständen nach, insbesondere auf Grund des bisherigen Geschäftsumfangs oder der Angaben des Unternehmers, hätte erwarten können,

3. dem Handelsvertreter unverzüglich die Annahme oder Ablehnung eines vom Handelsvertreter vermittelten oder ohne Vollmacht geschlossenen, oder die Nichtausführung eines von ihm vermittelten oder geschlossenen Geschäftes mitzuteilen.

Verbot der Annahme von Belohnungen

§ 7. (1) Der Handelsvertreter darf mangels eines abweichenden, für den betreffenden Geschäftszweig bestehenden Handelsbrauchs ohne Einwilligung des Unternehmers von dem Dritten, mit dem er für den Unternehmer Geschäfte schließt oder vermittelt, eine Belohnung nicht annehmen.

(2) Der Unternehmer kann vom Handelsvertreter die Herausgabe der unrechtmäßig empfangenen Belohnung und den Ersatz des diesen Betrag übersteigenden Schadens verlangen.

Vergütung, Provision

§ 8. (1) Die Vergütung des Handelsvertreters kann in einer Provision oder einem anderen Entgelt bestehen.

(2) Soweit nichts anderes vereinbart ist, gebührt dem Handelsvertreter für jedes durch seine Tätigkeit zustande gekommene Geschäft als Vergütung eine Provision. Besteht für den betreffenden Geschäftszweig nicht ein abweichender Handelsbrauch, so wird ein Anspruch auf die Provision durch die bloße Namhaftmachung des Dritten nicht erworben.

(3) Dem Handelsvertreter gebührt im Zweifel die Provision auch für solche Geschäfte, die ohne seine unmittelbare Mitwirkung während der Dauer des Vertragsverhältnisses zwischen der ihm zugewiesenen oder von ihm zugeführten Kundschaft und dem Unternehmer geschlossen worden sind.

(4) Ist der Handelsvertreter ausdrücklich für ein bestimmtes Gebiet oder für einen bestimmten Kundenkreis als alleiniger Vertreter bestellt, so gebührt ihm im Zweifel die Provision auch für solche Geschäfte, die ohne seine Mitwirkung während der Dauer des Vertragsverhältnisses durch den Unternehmer oder für diesen mit der zum Gebiet oder zum Kundenkreis des Handelsvertreters gehörigen Kundschaft geschlossen worden sind.

Entstehung des Provisionsanspruchs

§ 9. (1) Der Anspruch auf Provision entsteht mit der Rechtswirksamkeit des vermittelten Geschäfts zwischen dem Unternehmer und dem Dritten, wenn und soweit

1. der Unternehmer das Geschäft ausgeführt hat oder

2. der Unternehmer nach dem Vertrag mit dem Dritten das Geschäft hätte ausführen sollen oder

3. der Dritte das Geschäft durch Erbringen seiner Leistung ausgeführt hat.

(2) Der Anspruch auf Provision entsteht spätestens, wenn der Dritte seinen Teil des Geschäfts ausgeführt hat oder ausgeführt haben müßte, hätte der Unternehmer seinen Teil des Geschäfts ausgeführt.

(3) Der Anspruch auf Provision entfällt, wenn und soweit feststeht, daß der Vertrag zwischen dem Dritten und dem Unternehmer nicht ausgeführt wird, und dies nicht auf Umständen beruht, die vom Unternehmer zu vertreten sind. Bei Zahlungsverzug des Dritten hat aber der Unternehmer nachzuweisen, alle zumutbaren Schritte unternommen zu haben, um den Dritten zur Leistung zu veranlassen.

Höhe der Provision

§ 10. (1) Die Höhe der Provision richtet sich mangels anderer Vereinbarung nach den für den betreffenden Geschäftszweig am Orte der Niederlassung des Handelsvertreters üblichen Sätzen.

(2) Nachlässe, die der Unternehmer dem Dritten gewährt hat, dürfen bei Abrechnung der Provision nicht abgezogen werden, es sei denn, sie wurden beim Abschluß des Geschäfts vereinbart oder es besteht darüber im betreffenden Geschäftszweig ein diesbezüglicher Handelsbrauch. Nachlässe bei Barzahlung sind in keinem Fall abzuziehen; dasselbe gilt für Nebenkosten, namentlich für Fracht, Verpackung, Zoll, Steuern, es sei denn, daß die Nebenkosten dem Dritten besonders in Rechnung gestellt sind. Die Umsatzsteuer, die lediglich auf Grund der steuerrechtlichen Vorschriften in der Rechnung gesondert ausgewiesen ist, gilt nicht als besonders in Rechnung gestellt.

Provision nach Beendigung des Vertragsverhältnisses

§ 11. (1) Für Geschäfte, die nach Beendigung des Vertragsverhältnisses zustande gekommen sind, gebührt dem Handelsvertreter eine Provision, wenn und soweit

1. das Geschäft überwiegend auf seine Tätigkeit während des Vertragsverhältnisses zurückzuführen ist und der Abschluß innerhalb einer angemessenen Frist nach Beendigung des Vertragsverhältnisses zustande gekommen ist oder

2. die verbindliche Erklärung des Dritten, das Geschäft schließen zu wollen, noch vor Beendigung des Vertragsverhältnisses dem Handelsvertreter oder dem Unternehmer zugegangen ist.

(2) Ein nachfolgender Handelsvertreter hat keinen Anspruch auf Provision, wenn diese dem Vorgänger zusteht, es wäre denn, daß die Umstände eine Teilung der Provision zwischen ihm und seinem Vorgänger rechtfertigen.

Verhinderung am Verdienst

§ 12. (1) Wird der Handelsvertreter vom Unternehmer vertragswidrig gehindert, Provisionen in dem vereinbarten oder nach den getroffenen Vereinbarungen zu erwartenden Umfang zu verdienen, so gebührt ihm eine angemessene Entschädigung.

(2) Das gleiche gilt, wenn die Verhinderung dadurch entstanden ist, daß der Unternehmer während der Dauer des Vertragsverhältnisses sein Unternehmen veräußert oder den Vertrieb der

Waren einer gemeinschaftlichen Verkaufsstelle übergeben hat.

Ersatz der Auslagen

§ 13. (1) Für die durch den Geschäftsbetrieb entstandenen allgemeinen Kosten und Auslagen kann der Handelsvertreter keinen Ersatz verlangen.

(2) Dagegen hat ihm der Unternehmer mangels anderer Vereinbarung oder abweichenden Handelsbrauchs die besonderen Auslagen zu ersetzen, die er infolge Auftrags des Unternehmers aufwenden mußte.

Abrechnung und Vorschußleistung

§ 14. (1) Über Provisionsansprüche ist spätestens am letzten Tag des Monats, der auf das Quartal folgt, in dem der Provisionsanspruch entstanden ist, abzurechnen. Endet das Vertragsverhältnis vor Ablauf eines Kalendervierteljahres, so ist spätestens am letzten Tag des Monats, nach dem der Anspruch entstanden ist, abzurechnen. Diese Abrechnung muß alle für die Berechnung der Provision wesentlichen Angaben enthalten.

(2) Der Handelsvertreter kann einen seinen entstandenen Forderungen aus Provision und Auslagen entsprechenden Vorschuß verlangen.

Fälligkeit der Provision

§ 15. Der Anspruch auf Provision wird an dem Tag fällig, an dem nach der getroffenen Vereinbarung oder nach dem Gesetz die Abrechnung stattfinden soll.

Buchauszug und Büchereinsicht

§ 16. (1) Der Handelsvertreter kann vom Unternehmer zur Nachprüfung des Betrages der ihm zustehenden Provision einen Buchauszug sowie alle Auskünfte verlangen.

(2) Wenn der Handelsvertreter glaubhaft macht, daß der Buchauszug unrichtig oder unvollständig ist oder daß ihm die Mitteilung eines Buchauszugs verweigert wurde, kann er, auch vor dem Prozeß, bei dem Bezirksgericht, in dessen Sprengel sich die Handelsbücher befinden, deren Vorlage beantragen; zugleich kann er auch beantragen, dem Unternehmer ergänzende Auskünfte aufzutragen, die eine vollständige Berechnung des dem Handelsvertreter zustehenden Anspruchs ermöglichen.

(3) Von dem Inhalt der Handelsbücher ist, soweit er die Ansprüche des Handelsvertreters betrifft, unter Zuziehung der Parteien Einsicht zu nehmen und erforderlichenfalls ein Auszug anzufertigen. Der übrige Inhalt der Bücher ist dem Richter soweit offenzulegen, als dies zur Prüfung ihrer ordnungsmäßigen Führung notwendig ist.

(4) Erhebt der Unternehmer gegen die persönliche Einsichtnahme durch den Handelsvertreter Widerspruch und kommt eine Einigung der Parteien auf einen Vertrauensmann nicht zustande, so kann der Richter anordnen, daß die Bücher durch einen vom Gericht bestellten Buchsachverständigen eingesehen werden.

(5) Im übrigen sind die Bestimmungen der Zivilprozeßordnung über die Sicherung von Beweisen (§§ 384 bis 389 ZPO) entsprechend anzuwenden.

(6) Während eines Verfahrens nach den Abs. 1 bis 5 läuft zwar die Verjährung der Ansprüche des Handelsvertreters fort, sie endet aber keinesfalls vor Ablauf dreier Monate nach rechtskräftiger Beendigung des Verfahrens und Erfüllung des Anspruchs auf Buchauszug, Büchereinsicht und ergänzende Auskünfte.

Gewinnbeteiligung

§ 17. Ist bedungen, daß die Vergütung des Handelsvertreters ganz oder zum Teil in einem Anteil am Gewinn aus allen oder aus bestimmten Geschäften besteht oder daß der Gewinn in anderer Art für die Höhe der Vergütung maßgebend sein soll, so ist nach Ablauf des Geschäftsjahrs auf Grund des Jahresabschlusses abzurechnen. §§ 15 und 16 sind sinngemäß anzuwenden.

Verjährung

§ 18. (1) Alle Ansprüche aus dem Vertragsverhältnis zwischen dem Unternehmer und dem Handelsvertreter verjähren in drei Jahren.

(2) Die Verjährung beginnt für Ansprüche, die in die Abrechnung einbezogen werden, mit dem Ende des Jahres, in dem die Abrechnung stattgefunden hat, für Ansprüche dagegen, die in die Abrechnung nicht einbezogen wurden, mit dem Ende des Jahres, in dem das Vertragsverhältnis gelöst worden ist. Für Ansprüche, hinsichtlich deren erst nach Lösung des Vertragsverhältnisses Abrechnung zu legen war, beginnt die Verjährung mit dem Ende des Jahres, in dem die Abrechnung hätte stattfinden sollen.

(3) Ist der Anspruch bei dem Unternehmer angemeldet worden, so ist die Verjährung bis zum Einlangen der schriftlichen Antwort des Unternehmers gehemmt.

Zurückbehaltungsrecht

§ 19. Dem Handelsvertreter steht unter den in den §§ 369 und 370 „UGB“ angegebenen Voraussetzungen das „ “ Zurückbehaltungsrecht auch an den ihm vom Unternehmer übergebenen Mustern zu. Der § 369 Abs. 3 „UGB“ steht der Geltendmachung des Zurückbehaltungsrechts an den Mustern nicht entgegen, wenn das Vertragsverhältnis gelöst worden ist. Doch ist der Handelsvertreter verpflichtet, die Muster ohne Verzug zurückzustellen, wenn der Unternehmer einen dem Werte der Muster oder der Höhe der Forderung entsprechenden Betrag bei Gericht erlegt oder anderweitig Sicherheit für diesen Betrag leistet. *(BGBl I 2005/120)*

Beendigung des Vertragsverhältnisses

Fristablauf

§ 20. Ein auf bestimmte Zeit geschlossener Vertrag endet mit dem Ablauf der Zeit, für die er eingegangen wurde. Wird das Vertragsverhältnis nach Ablauf der vereinbarten Zeit von beiden Parteien fortgesetzt, so gilt es als auf unbestimmte Zeit verlängert.

Kündigung

§ 21. (1) Ist der Vertrag auf unbestimmte Zeit geschlossen, so kann er von jedem Teil im ersten Vertragsjahr unter Einhaltung einer einmonatigen Kündigungsfrist gelöst werden; nach dem angefangenen zweiten Vertragsjahr beträgt die Kündigungsfrist jedoch mindestens zwei Monate, nach dem angefangenen dritten Vertragsjahr mindestens drei Monate, nach dem angefangenen vierten Vertragsjahr mindestens vier Monate, nach dem angefangenen fünften Vertragsjahr mindestens fünf Monate und nach dem angefangenen sechsten Vertragsjahr und in den folgenden Vertragsjahren mindestens sechs Monate. Bei der Berechnung der Dauer der Kündigungsfrist ist bei vorher auf bestimmte Zeit eingegangenen Verträgen, die nach § 20 auf unbestimmte Zeit verlängert worden sind, die Laufzeit des auf bestimmte Zeit eingegangenen Vertrages einzurechnen.

(2) Die Vereinbarung kürzerer als der im Abs. 1 genannten Fristen ist unwirksam.

(3) Vereinbaren die Parteien längere Fristen als im Abs. 1 vorgesehen, so darf die vom Unternehmer einzuhaltende Frist nicht kürzer sein als die vom Handelsvertreter einzuhaltende Frist; bei Nichtbeachtung gilt auch für den Unternehmer die vom Handelsvertreter einzuhaltende längere Frist.

(4) Sofern die Parteien nicht etwas anderes vereinbart haben, ist die Kündigung nur zum Ende eines Kalendermonats zulässig.

Vorzeitige Auflösung

§ 22. (1) Der Vertretungsvertrag kann jederzeit ohne Einhaltung einer Kündigungsfrist von jedem Teil aus wichtigem Grund gelöst werden.

(2) Als ein wichtiger Grund, der den Unternehmer zur vorzeitigen Lösung des Vertragsverhältnisses berechtigt, ist insbesondere anzusehen:

1. wenn der Handelsvertreter unfähig wird, seine Tätigkeit auszuüben;

2. wenn sich der Handelsvertreter einer Handlung schuldig macht, die ihn des Vertrauens des Unternehmers unwürdig erscheinen läßt, insbesondere wenn er entgegen der Bestimmung des § 7 eine Belohnung annimmt, wenn er dem Unternehmer Aufträge übermittelt, die nicht erteilt worden sind, oder wenn er ihn sonst in wesentlichen geschäftlichen Angelegenheiten in Irrtum führt;

3. wenn der Handelsvertreter während einer den Umständen nach erheblichen Zeit es unterläßt oder sich weigert, für den Unternehmer tätig zu sein, oder wenn er andere wesentliche Vertragsbestimmungen verletzt;

4. wenn der Handelsvertreter sich Tätlichkeiten oder erhebliche Ehrverletzungen gegen den Unternehmer zuschulden kommen läßt;

5. wenn über das Vermögen des Handelsvertreters „das Konkursverfahren" eröffnet wird. *(BGBl I 2010/58)*

(3) Als ein wichtiger Grund, der den Handelsvertreter zur vorzeitigen Auflösung des Vertragsverhältnisses berechtigt, ist insbesondere anzusehen:

1. wenn er unfähig wird, seine Tätigkeit auszuüben, oder

2. wenn der Unternehmer

a) die dem Handelsvertreter zukommende Provision ungebührlich schmälert oder vorenthält oder andere wesentliche Vertragsbestimmungen verletzt, oder

b) sich Tätlichkeiten oder erhebliche Ehrverletzungen gegen den Handelsvertreter zuschulden kommen läßt, oder

c) den Betrieb des Geschäftszweigs aufgibt, in dem der Handelsvertreter hauptsächlich tätig ist.

Ansprüche bei vorzeitiger Auflösung

§ 23. (1) Trifft einen Teil ein Verschulden an der vorzeitigen Auflösung des Vertragsverhältnisses nach § 22, so kann der andere Teil Ersatz des ihm dadurch verursachten Schadens verlangen. Hat ein Teil das Vertragsverhältnis vorzeitig gelöst, ohne daß hiefür ein wichtiger Grund vorliegt, so kann der andere Teil die Erfüllung des Vertrages oder Ersatz des ihm verursachten Schadens verlangen. Das gleiche gilt, wenn das Vertragsverhältnis entgegen der Vorschrift des § 21 aufgelöst worden ist.

(2) Trifft beide Teile ein Verschulden an der begründeten oder unbegründeten vorzeitigen Auflösung des Vertragsverhältnisses, so hat der Richter nach freiem Ermessen zu entscheiden, ob und in welcher Höhe ein Ersatz gebührt.

Ausgleichsanspruch

§ 24. (1) Nach Beendigung des Vertragsverhältnisses gebührt dem Handelsvertreter ein angemessener Ausgleichsanspruch, wenn und soweit

1. er dem Unternehmer neue Kunden zugeführt oder bereits bestehende Geschäftsverbindungen wesentlich erweitert hat,

2. zu erwarten ist, daß der Unternehmer oder dessen Rechtsnachfolger aus diesen Geschäftsverbindungen auch noch nach Auflösung des Vertragsverhältnisses erhebliche Vorteile ziehen kann, und

3. die Zahlung eines Ausgleichs unter Berücksichtigung aller Umstände, insbesondere der dem Handelsvertreter aus Geschäften mit den betreffenden Kunden entgehenden Provisionen, der Billigkeit entspricht.

(2) Der Ausgleichsanspruch besteht auch dann, wenn das Vertragsverhältnis durch Tod des Handelsvertreters endet und die in Abs. 1 genannten Voraussetzungen vorliegen.

(3) Der Anspruch besteht nicht, wenn

1. der Handelsvertreter das Vertragsverhältnis gekündigt oder vorzeitig aufgelöst hat, es sei denn, daß dem Unternehmer zurechenbare Umstände, auch wenn sie keinen wichtigen Grund nach § 22 darstellen, hiezu begründeten Anlaß gegeben haben oder dem Handelsvertreter eine Fortsetzung seiner Tätigkeit wegen seines Alters oder wegen Krankheit oder Gebrechen nicht zugemutet werden kann, oder

2. der Unternehmer das Vertragsverhältnis wegen eines schuldhaften, einen wichtigen Grund nach § 22 darstellenden Verhaltens des Handelsvertreters gekündigt oder vorzeitig aufgelöst hat oder

3. der Handelsvertreter gemäß einer aus Anlaß der Beendigung des Vertragsverhältnisses getroffenen Vereinbarung mit dem Unternehmer, die Rechte und Pflichten, die er nach dem Vertrag hat, einem Dritten überbindet.

(4) Der Ausgleichsanspruch beträgt mangels einer für den Handelsvertreter günstigeren Vereinbarung höchstens eine Jahresvergütung, die aus dem Durchschnitt der letzten fünf Jahre errechnet wird. Hat das Vertragsverhältnis weniger als fünf Jahre gedauert, so ist der Durchschnitt der gesamten Vertragsdauer maßgeblich.

(5) Der Handelsvertreter verliert den Ausgleichsanspruch, wenn er dem Unternehmer nicht innerhalb eines Jahres nach Beendigung des Vertragsverhältnisses mitgeteilt hat, daß er seine Rechte geltend macht.

Konkurrenzklausel

§ 25. Eine Vereinbarung, durch die der Handelsvertreter für die Zeit nach Beendigung des Vertragsverhältnisses in seiner Erwerbstätigkeit beschränkt wird, ist unwirksam.

Konkurs des Unternehmers

§ 26. (1) Durch die Eröffnung des „Konkursverfahrens" über das Vermögen des Unternehmers wird das Vertragsverhältnis gelöst. Der Handelsvertreter ist jedoch verpflichtet, bei Gefahr im Verzug seine Tätigkeit so lange fortzusetzen, bis anderweitige Vorsorge getroffen werden kann. *(BGBl I 2010/58)*

(2) Wird das Vertragsverhältnis durch die „Eröffnung des Konkursverfahrens" vor Ablauf der bestimmten Zeit gelöst, für die es eingegangen war, oder war im Vertrag eine Kündigungsfrist vereinbart, so kann der Handelsvertreter den Ersatz des ihm verursachten Schadens verlangen. *(BGBl I 2010/58)*

Rechtsverhältnisse der Versicherungsvertreter

Anwendbarkeit auf Versicherungsvertreter

§ 26a. Die Bestimmungen dieses Bundesgesetzes finden auf die Vermittlung und den Abschluss von Versicherungsverträgen durch Versicherungsvertreter (Versicherungsagenten) nach Maßgabe der §§ 26b bis 26d Anwendung.

(BGBl I 2006/103, siehe § 29 Abs. 4 HVertrG)

Sonderbestimmungen für die Versicherungsvermittlung

§ 26b. (1) § 8 Abs. 3 und 4 ist auf Versicherungsvertreter nicht anzuwenden.

(2) Abweichend von § 9 entsteht der Anspruch auf Provision mit der Rechtswirksamkeit des vermittelten Geschäfts, wenn und soweit der Versicherungsnehmer die geschuldete Prämie gezahlt hat oder zahlen hätte müssen, hätte der Versicherer seine Verpflichtung erfüllt. Wenn der Versicherer gerechtfertigte Gründe für eine Beendigung des Versicherungsvertrags oder eine betragsmäßige Herabsetzung der Versicherungsprämie hat, entfällt beziehungsweise vermindert sich der Provisionsanspruch.

(3) Die §§ 6 Abs. 5 und 30 Abs. 3 Maklergesetz sind auf das Rechtsverhältnis der Versicherungsvertreter untereinander sowie zum Versicherungsnehmer anzuwenden.

(4) Abweichend von den §§ 14 und 15 hat die Abrechnung der Provisionsansprüche durch den Versicherer längstens einen Monat nach der Entstehung des Provisionsanspruchs zu erfolgen. Die Fälligkeit tritt an dem Tag ein, an dem die Abrechnung erfolgt oder spätestens zu erfolgen hat.

(BGBl I 2006/103)

Folge- und Betreuungsprovision

§ 26c. (1) Auch nach Beendigung des Vertragsverhältnisses mit dem Unternehmer gebühren dem Versicherungsvertreter die vereinbarten Provisionen aus den von ihm vermittelten oder wesentlich erweiterten Versicherungsverträgen (Folgeprovisionen), wenn und soweit der Versicherungsnehmer die geschuldete Prämie weiter zahlt oder weiter hätte zahlen müssen, hätte der Versicherer seine Verpflichtung erfüllt. Wenn der Versicherer aus gerechtfertigten Gründen den Versicherungsvertrag beendet oder die Versicherungsprämie betragsmäßig herabsetzt, entfällt beziehungsweise vermindert sich der Anspruch auf Folgeprovision entsprechend. „ “ *(BGBl I 2010/58)*

(1a) Der Versicherungsvertreter erhält bei ordentlicher Kündigung des Agenturvertrages zumindest 50 % der Folgeprovision. *(BGBl I 2016/29)*

(2) Ist der Versicherungsvertreter nach einer mit dem Unternehmer getroffenen schriftlichen Vereinbarung zur Betreuung von Versicherungsnehmern verpflichtet und erhält er dafür eine Provision (Betreuungsprovision) oder ein entsprechendes sonstiges Entgelt, besteht kein Anspruch auf Fortzahlung dieser Provision oder dieses Entgelts nach Beendigung des Vertragsverhältnisses zwischen Versicherungsvertreter und Unternehmer.

(3) Die Höhe der Betreuungsprovision oder des sonstigen Entgelts ist ebenfalls schriftlich zu vereinbaren. Besteht keine solche Vereinbarung und ist der Versicherungsvertreter nach Abs. 2 zur Betreuung des Versicherungsnehmers verpflichtet, gilt eine angemessene Betreuungsprovision oder ein angemessenes Entgelt als vereinbart.

(4) Der Unternehmer ist berechtigt, den Anspruch auf Folgeprovision durch eine Abschlagszahlung abzugelten. Bei der Berechnung dieser Abschlagszahlung ist von der durchschnittlichen Restlaufzeit der Verträge auszugehen, wobei das außerordentliche Kündigungsrecht nach § 8 Abs. 3 VersVG und sonstige Auflösungsgründe des Versicherungsvertrags zu berücksichtigen sind.

(BGBl I 2006/103, § 26c ist erst auf Verträge anzuwenden, die nach dem 31. 12. 2006 abgeschlossen werden; siehe § 29 Abs. 4 HVertrG)

Ausgleichsanspruch des Versicherungsvertreters

§ 26d. Dem Versicherungsvertreter gebührt, wenn und soweit keine Ansprüche nach § 26c Abs. 1 bestehen, der Ausgleichsanspruch gemäß § 24 mit der Maßgabe, dass an die Stelle der Zuführung neuer Kunden oder der wesentlichen Erweiterung bestehender Geschäftsverbindungen die Vermittlung neuer Versicherungsverträge oder die wesentliche Erweiterung bestehender Verträge tritt.

(BGBl I 2006/103)

Anwendbarkeit der Rechtsvorschriften

Zwingende Vorschriften

§ 27. (1) Die Bestimmungen der §§ 9 Abs. 2 und 3, 12 Abs. 1, 14, 15, 16 Abs. 1 und 2, 21 Abs. 1 und 3, 23, 24, 26 Abs. 2, 26b Abs. 2 und 4 „, § 26c Abs. 1a“ sowie 26d können im Voraus durch Vertrag zum Nachteil des Handelsvertreters beziehungsweise Versicherungsvertreters weder aufgehoben noch beschränkt werden. *(BGBl I 2006/103; BGBl I 2016/29)*

(2) Die Bestimmungen der §§ 4, 5 und 6 können im voraus durch Vertrag weder zum Nachteil des Handelsvertretres noch zum Nachteil des Unternehmers aufgehoben oder beschränkt werden.

Verhältnis zu anderen Gesetzen

§ 28. (1) Die Bestimmungen dieses Bundesgesetzes finden keine Anwendung auf die nach dem Angestelltengesetz, BGBl. Nr. 292/1921, in der jeweils geltenden Fassung, zu beurteilenden Rechtsverhältnisse zwischen Dienstgebern und Dienstnehmern und auf die Rechtsverhältnisse der Makler im Sinne des Maklergesetzes. *(BGBl I 2006/103)*

(2) Insoweit dieses Bundesgesetz nicht etwas anderes bestimmt, sind die Vorschriften des „UGB“ und des ABGB in der jeweils geltenden Fassung auf die in diesem Bundesgesetz geregelten Vertragsverhältnisse anzuwenden. *(BGBl I 2005/120)*

Schluß- und Übergangsbestimmungen

Beginn der Wirksamkeit und Vollzugsvorschrift

§ 29. (1) Dieses Bundesgesetz tritt mit 1. März 1993 in Kraft.

(2) Das Bundesgesetz vom 24. Juni 1921, BGBl. Nr. 348, über die Rechtsverhältnisse der selbständigen Handelsvertreter (Handelsvertretergesetz) in der Fassung der 4. EVHGB vom 24. Dezember 1938, dRGBl. I S 1999, des Bundesgesetzes vom 13. Juli 1960, BGBl. Nr. 153, und des Bundesgesetzes vom 15. Juni 1978, BGBl. Nr. 305, tritt mit Ausnahme der für andere Geschäftsvermittler geltenden Rechtsvorschriften im Sinn des § 29 mit Ablauf des 28. Februar 1993 außer Kraft; es bleibt auf am 28. Februar 1993 bestehende Vertragsverhältnisse bis 31. Dezember 1993 weiterhin anwendbar.

(2a) § 5, § 19 und § 28 in der Fassung des Handelsrechts-Änderungsgesetzes, BGBl. I Nr. 120/2005, treten mit 1. Jänner 2007 in Kraft. *(BGBl I 2005/120)*

(3) Mit der Vollziehung dieses Bundesgesetzes ist der Bundesminister für Justiz betraut.

(4) Die §§ 26a bis 26d, sowie §§ 27 Abs. 1 und 28 Abs. 1 in der Fassung BGBl. I 103/2006 treten mit 1. Juli 2006 in Kraft. Sie sind mit Ausnahme von § 26c, der erst auf nach dem 31. Dezember 2006 abgeschlossene Verträge zwischen Versicherungsvertretern und Unternehmern anzuwenden ist, auf bestehende Vertragsverhältnisse anzuwenden. *(BGBl I 2006/103)*

(5) Die §§ 22 Abs. 2 Z 5, 26 Abs. 1 und 2 und 26c Abs. 1 in der Fassung des Bundesgesetzes BGBl. I Nr. 58/2010 treten mit 1. August 2010 in Kraft. § 26c Abs. 1 in der Fassung des Bundesgesetzes BGBl. I Nr. 58/2010 ist auf nach dem 31. Juli 2010 zwischen Versicherungsvertretern und Unternehmern abgeschlossene Verträge anzuwenden. *(BGBl I 2010/58)*

5b. Maklergesetz

BGBl 1996/262 idF

1 BGBl I 2001/98 (2. Euro-JuBeG)
2 BGBl I 2004/131
3 BGBl I 2010/28 (DaKRÄG)
4 BGBl I 2010/29 (IRÄG 2010; Begriffsersetzungen)
5 BGBl I 2010/58 (IRÄ-BG)
6 BGBl I 2012/34 (VersRÄG 2012)
7 BGBl I 2017/107
8 BGBl I 2018/112

GLIEDERUNG

STICHWORTVERZEICHNIS

Bundesgesetz über die Rechtsverhältnisse der Makler und über Änderungen des Konsumentenschutzgesetzes (Maklergesetz – MaklerG)

Artikel I

Maklergesetz

1. Teil: ALLGEMEINER TEIL

Begriff und Tätigkeit des Maklers

Begriff

§ 1. Makler ist, wer auf Grund einer privatrechtlichen Vereinbarung (Maklervertrag) für einen Auftraggeber Geschäfte mit einem Dritten vermittelt, ohne ständig damit betraut zu sein.

Befugnisse des Maklers

§ 2. (1) Ohne ausdrückliche Vereinbarung ist der Makler nicht befugt, für den Auftraggeber das vermittelte Geschäft zu schließen oder Zahlungen vom Dritten entgegenzunehmen.

(2) Der Auftraggeber kann, solange ihm der Dritte weder bekannt ist noch bekannt sein muß, Erklärungen zur Wahrung seiner Rechte an den Makler richten, wenn der Makler befugt ist, Erklärungen, die zum Abschluß des Vertrags mit dem Dritten führen können, mit Rechtswirkung für den Dritten entgegenzunehmen.

Rechte und Pflichten aus dem Maklervertrag

Interessenwahrung und Unterstützung

§ 3. (1) Der Makler hat die Interessen des Auftraggebers redlich und sorgfältig zu wahren. Dies gilt auch, wenn er zugleich für den Dritten tätig ist.

(2) Der Auftraggeber hat den Makler bei der Ausübung seiner Vermittlungstätigkeit redlich zu unterstützen und eine Weitergabe von mitgeteilten Geschäftsgelegenheiten zu unterlassen.

(3) Makler und Auftraggeber sind verpflichtet, einander die erforderlichen Nachrichten zu geben.

(4) [1]Bei Verletzung der Pflichten nach den Abs. 1 bis 3 kann Schadenersatz verlangt werden. [2]Soweit dem Makler ein Provisionsanspruch zusteht, kann der Auftraggeber wegen Verletzung wesentlicher Pflichten auch eine Mäßigung nach Maßgabe der durch den Pflichtverstoß bedingten geringeren Verdienstlichkeit des Maklers verlangen.

Vermittlung; Abschluß

§ 4. (1) Mangels anderer Vereinbarung ist der Makler nicht verpflichtet, sich um die Vermittlung zu bemühen.

(2) Der Auftraggeber ist nicht verpflichtet, das angebahnte Geschäft zu schließen.

Doppeltätigkeit

§ 5. (1) Der Makler darf ohne ausdrückliche Einwilligung des Auftraggebers nicht zugleich für den Dritten tätig werden oder von diesem eine Belohnung annehmen, wenn nicht für den betreffenden Geschäftszweig ein abweichender Gebrauch besteht.

(2) [1]Bei Zuwiderhandeln kann der Auftraggeber vom Makler die Herausgabe der unrechtmäßig empfangenen Belohnung und den Ersatz des diesen Betrag übersteigenden Schadens verlangen. [2]§ 3 Abs. 4 zweiter Satz bleibt unberührt.

(3) [1]Sobald der Makler als Doppelmakler tätig wird, hat er dies beiden Auftraggebern mitzuteilen. [2]Diese Mitteilungspflicht entfällt, wenn er den Umständen nach annehmen darf, daß seine Doppeltätigkeit den Auftraggebern bekannt ist.

Provision

§ 6. (1) Der Auftraggeber ist zur Zahlung einer Provision für den Fall verpflichtet, daß das zu vermittelnde Geschäft durch die vertragsgemäße verdienstliche Tätigkeit des Maklers mit einem Dritten zustande kommt.

(2) Die bloße Namhaftmachung des Dritten begründet keinen Provisionsanspruch, sofern nicht für den betreffenden Geschäftszweig ein abweichender Gebrauch besteht.

(3) Der Makler hat auch dann Anspruch auf Provision, wenn auf Grund seiner Tätigkeit zwar nicht das vertragsgemäß zu vermittelnde Geschäft, wohl aber ein diesem nach seinem Zweck wirtschaftlich gleichwertiges Geschäft zustande kommt.

(4) [1]Dem Makler steht keine Provision zu, wenn er selbst Vertragspartner des Geschäfts wird. [2]Dies gilt auch, wenn das mit dem Dritten geschlossene Geschäft wirtschaftlich einem Abschluß durch den Makler selbst gleichkommt. [3]Bei einem sonstigen familiären oder wirtschaftlichen Naheverhältnis zwischen dem Makler und dem vermittelten Dritten, das die Wahrung der Interessen des Auftraggebers beeinträchtigen könnte, hat der Makler nur dann Anspruch auf Provision, wenn er den Auftraggeber unverzüglich auf dieses Naheverhältnis hinweist.

(5) [1]Liegen die Provisionsvoraussetzungen für ein vermitteltes Geschäft bei zwei oder mehreren Maklern vor, so schuldet der Auftraggeber gleichwohl die Provision nur einmal. [2]Provisions-

berechtigt ist der Makler, dessen Verdienstlichkeit an der Vermittlung eindeutig überwogen hat. [3]Läßt sich ein solches Überwiegen nicht feststellen, so ist die Provision nach Maßgabe der Verdienstlichkeit aufzuteilen, im Zweifel zu gleichen Teilen. [4]Hat der Auftraggeber einem von mehreren beteiligten Maklern ohne grobe Fahrlässigkeit zuviel an Provision bezahlt, so ist er von seiner Schuld im Betrag der Überzahlung gegenüber sämtlichen verdienstlichen Maklern befreit. [5]Dadurch verkürzte Makler können von den anderen Maklern den Ausgleich verlangen.

Entstehen des Provisionsanspruchs

§ 7. (1) [1]Der Anspruch auf Provision entsteht mit der Rechtswirksamkeit des vermittelten Geschäfts. [2]Der Makler hat keinen Anspruch auf einen Vorschuß.

(2) [1]Der Anspruch auf Provision entfällt, wenn und soweit feststeht, daß der Vertrag zwischen dem Dritten und dem Auftraggeber aus nicht vom Auftraggeber zu vertretenden Gründen nicht ausgeführt wird. [2]Bei Leistungsverzug des Dritten hat der Auftraggeber nachzuweisen, daß er alle zumutbaren Schritte unternommen hat, um den Dritten zur Leistung zu veranlassen.

Höhe des Provisionsanspruchs

§ 8. (1) [1]Ist über die Provisionshöhe nichts Besonderes vereinbart, so gebührt dem Makler die für die erbrachten Vermittlungsleistungen ortsübliche Provision. [2]Läßt sich eine solche nicht oder nur mit unverhältnismäßigen Schwierigkeiten feststellen, steht eine angemessene Provision zu.

(2) Nachlässe, die der Auftraggeber dem Dritten gewährt, vermindern nur dann die Berechnungsgrundlage der Provision, wenn sie schon beim Abschluß des Geschäfts vereinbart worden sind.

(3) Der Berechnung der Provision dürfen keine unzulässigen Entgelte zugrunde gelegt werden.

Ersatz von Aufwendungen

§ 9. [1]Für die durch den Geschäftsbetrieb entstandenen allgemeinen Kosten und Auslagen kann der Makler keinen Ersatz verlangen. [2]Aufwendungen des Maklers auf Grund von zusätzlichen Aufträgen sind nur dann zu ersetzen, wenn die Ersatzpflicht ausdrücklich vereinbart worden ist. [3]Dies gilt auch dann, wenn das angestrebte Rechtsgeschäft nicht zustande kommt.

Fälligkeit

§ 10. Der Provisionsanspruch und der Anspruch auf den Ersatz zusätzlicher Aufwendungen werden mit ihrer Entstehung fällig.

Verjährung

§ 11. [1]Ansprüche aus dem Maklervertragsverhältnis verjähren in drei Jahren ab Fälligkeit. [2]Die Verjährung ist gehemmt, solange der Makler vom Zustandekommen des vermittelten Geschäfts keine Kenntnis erlangen konnte.

Beendigung des Vertragsverhältnisses

Fristablauf; vorzeitige Auflösung

§ 12. (1) Ein auf bestimmte Zeit geschlossener Maklervertrag endet mit dem Ablauf der Zeit, für die er eingegangen wurde.

(2) Bei Vorliegen wichtiger Gründe kann der Maklervertrag von jedem Vertragspartner ohne Einhaltung einer Frist vorzeitig aufgelöst werden.

Kündigung

§ 13. Ist keine bestimmte Vertragsdauer vereinbart, so kann der Maklervertrag von jedem Vertragspartner jederzeit ohne Einhaltung einer Frist gekündigt werden.

Besondere Vereinbarungen

Alleinvermittlungsauftrag

§ 14. (1) [1]Verpflichtet sich der Auftraggeber, für das zu vermittelnde Geschäft keinen anderen Makler in Anspruch zu nehmen, so liegt ein Alleinvermittlungsauftrag vor. [2]Bei diesem muß sich der Makler nach Kräften um die Vermittlung bemühen.

(2) [1]Der Alleinvermittlungsauftrag kann nur befristet auf angemessene Dauer abgeschlossen werden. [2]Gleiches gilt für jede Verlängerung.

Provisionsvereinbarungen für Fälle fehlenden Vermittlungserfolgs

§ 15. (1) Eine Vereinbarung, wonach der Auftraggeber, etwa als Entschädigung oder Ersatz für Aufwendungen und Mühewaltung, auch ohne einen dem Makler zurechenbaren Vermittlungserfolg einen Betrag zu leisten hat, ist nur bis zur Höhe der vereinbarten oder ortsüblichen Provision und nur für den Fall zulässig, daß

1. das im Maklervertrag bezeichnete Geschäft wider Treu und Glauben nur deshalb nicht zustande kommt, weil der Auftraggeber entgegen dem bisherigen Verhandlungsverlauf einen für das Zustandekommen des Geschäfts erforderlichen Rechtsakt ohne beachtenswerten Grund unterläßt;

2. mit dem vom Makler vermittelten Dritten ein anderes als ein zweckgleichwertiges Geschäft zustande kommt, sofern die Vermittlung des Geschäfts in den Tätigkeitsbereich des Maklers fällt;

3. das im Maklervertrag bezeichnete Geschäft nicht mit dem Auftraggeber, sondern mit einer anderen Person zustande kommt, weil der Auftraggeber dieser die ihm vom Makler bekanntgegebene Möglichkeit zum Abschluß mitgeteilt hat oder das Geschäft nicht mit dem vermittelten Dritten, sondern mit einer anderen Person zustande kommt, weil der vermittelte Dritte dieser die Geschäftsgelegenheit bekanntgegeben hat, oder

4. das Geschäft nicht mit dem vermittelten Dritten zustande kommt, weil ein gesetzliches oder ein vertragliches Vorkaufs-, Wiederkaufs- oder Eintrittsrecht ausgeübt wird.

(2) Eine solche Leistung kann bei einem Alleinvermittlungsauftrag weiters für den Fall vereinbart werden, daß

1. der Alleinvermittlungsauftrag vom Auftraggeber vertragswidrig ohne wichtigen Grund vorzeitig aufgelöst wird;

2. das Geschäft während der Dauer des Alleinvermittlungsauftrags vertragswidrig durch die Vermittlung eines anderen vom Auftraggeber beauftragten Maklers zustande gekommen ist, oder

3. das Geschäft während der Dauer des Alleinvermittlungsauftrags auf andere Art als durch die Vermittlung eines anderen vom Auftraggeber beauftragten Maklers zustande gekommen ist.

(3) Leistungen nach Abs. 1 und Abs. 2 gelten als Vergütungsbetrag im Sinn des § 1336 ABGB.

2. Teil: IMMOBILIENMAKLER

Begriff

§ 16. (1) Immobilienmakler ist, wer als Makler gewerbsmäßig Geschäfte über unbewegliche Sachen vermittelt.

(2) Die für Immobilienmakler geltenden Bestimmungen dieses Bundesgesetzes sind auch auf den anzuwenden, der von einem Auftraggeber ständig betraut ist oder der eine entgeltliche Vermittlungstätigkeit bloß gelegentlich ausübt.

Besondere Aufklärungspflicht

§ 17. Wird der Immobilienmakler auftragsgemäß nur für eine Partei des zu vermittelnden Geschäfts tätig, so hat er dies dem Dritten mitzuteilen.

Zwingende Bestimmungen

§ 18. Von § 4 Abs. 2, § 6, § 7 und § 13 kann nicht zum Nachteil des Auftraggebers abgegangen werden.

3. Teil: HANDELSMAKLER

Allgemeine Bestimmungen

Begriff

§ 19. (1) Handelsmakler ist, wer als Makler gewerbsmäßig Geschäfte über Gegenstände des Handelsverkehrs vermittelt.

(2) *(entfällt, BGBl I 2017/107)*

Doppeltätigkeit

§ 20. (1) Der Handelsmakler kann grundsätzlich für beide Parteien des zu vermittelnden Geschäfts tätig werden und hat in diesem Fall die Interessen beider Auftraggeber redlich und sorgfältig zu wahren.

(2) Wird der Handelsmakler auftragsgemäß nur für eine Partei des zu vermittelnden Geschäfts tätig, so hat er dies dem Dritten mitzuteilen.

Schlußnote

§ 21. (1) Der Handelsmakler hat, sofern nicht die Parteien des Geschäfts ihm dies erlassen oder der Ortsgebrauch mit Rücksicht auf die Gattung der Ware davon entbindet, unverzüglich nach dem Abschluß des Geschäfts jeder Partei eine von ihm unterzeichnete Schlußnote zuzustellen, die die Parteien, den Gegenstand und die Bedingungen des Geschäfts, insbesondere bei Verkäufen von Waren oder Wertpapieren deren Gattung und Menge sowie den Preis und die Zeit der Lieferung enthält.

(2) Bei Geschäften, die nicht sofort erfüllt werden sollen, ist die Schlußnote den Parteien zu ihrer Unterschrift zuzustellen und jeder Partei die von der anderen unterschriebene Schlußnote zu übersenden.

(3) Verweigert eine Partei die Annahme oder Unterschrift der Schlußnote, so hat der Handelsmakler davon der anderen Partei unverzüglich Anzeige zu machen.

Vorbehalt der Bezeichnung des Vertragspartners

§ 22. (1) Nimmt der Auftraggeber eine Schlußnote an, in der sich der Handelsmakler die Bezeichnung der anderen Partei vorbehalten hat, so ist er an das Geschäft mit der Partei, welche ihm nachträglich bezeichnet wird, gebunden, es sei denn, daß gegen diese begründete Einwendungen zu erheben sind.

(2) Die Bezeichnung der anderen Partei ist innerhalb der ortsüblichen Frist, in Ermangelung einer solchen innerhalb einer den Umständen nach angemessenen Frist vorzunehmen.

(3) [1]Unterbleibt die Bezeichnung oder sind gegen die bezeichnete Partei begründete Einwendungen zu erheben, so ist der Auftraggeber befugt, den Handelsmakler auf die Erfüllung des Geschäfts in Anspruch zu nehmen. [2]Der Anspruch ist ausgeschlossen, wenn sich der Auftraggeber über Aufforderung des Handelsmaklers nicht unverzüglich darüber erklärt, ob er die Erfüllung verlange.

Provision

§ 23. Ist der Handelsmakler für beide Parteien tätig und fehlen eine besondere Vereinbarung und ein abweichender Ortsgebrauch, so gebührt ihm nach Maßgabe der §§ 6 bis 8 eine Provision, die von beiden Auftraggebern je zur Hälfte zu entrichten ist.

Tagebuch

§ 24. (1) [1]Der Handelsmakler ist verpflichtet, ein Tagebuch zu führen und in dieses alle geschlossenen Geschäfte täglich einzutragen. [2]Die Eintragungen sind nach der Zeitfolge zu bewirken: sie haben die im § 21 Abs. 1 bezeichneten Angaben zu enthalten. [3]Das Eingetragene ist vom Handelsmakler täglich zu unterzeichnen.

(2) § 190 und die §§ 212 bis 216 HGB über die Aufbewahrung und Vorlage von Unterlagen sind auch auf das Tagebuch des Handelsmaklers anzuwenden.

(3) [1]Der Handelsmakler ist verpflichtet, den Parteien jederzeit auf Verlangen Auszüge aus dem Tagebuch zu geben, die von ihm unterzeichnet sind und alles enthalten, was von ihm in Ansehung des vermittelten Geschäfts eingetragen ist. [2]Dies gilt auch für den Fall der automationsunterstützten Führung des Tagebuchs, bei welcher der Handelsmakler für die inhaltsgleiche, vollständige und geordnete Wiedergabe zu sorgen hat.

Krämermakler

§ 25. Auf Handelsmakler, die die Vermittlung von Warengeschäften im Kleinverkehr besorgen, sind die Bestimmungen über Schlußnoten und Tagebücher nicht anzuwenden.

Besondere Bestimmungen für Versicherungsmakler

Begriff

§ 26. (1) [1]Versicherungsmakler ist, wer als Handelsmakler Versicherungsverträge vermittelt. [2]Eine bloße Rahmenprovisionsvereinbarung mit einem Versicherer ändert nichts an der Eigenschaft als Versicherungsmakler, ebensowenig eine ständige Betrauung durch den Versicherungskunden.

(2) [1]Die für Versicherungsmakler geltenden Bestimmungen dieses Bundesgesetzes sind auch auf den anzuwenden, der eine entgeltliche Vermittlungstätigkeit bloß gelegentlich ausübt. [2]Weiters sind sie anzuwenden, solange ein Versicherungsvermittler den Versicherungskunden nicht darüber informiert hat, dass er nicht als Versicherungsmakler tätig ist. *(BGBl I 2004/131)*

(3) Soweit die §§ 43 ff. des Versicherungsvertragsgesetzes 1958, BGBl. Nr. 2/1959, anzuwenden sind, ist dieses Bundesgesetz auf die dort geregelten Fragen nicht anzuwenden.

(4) Die Bestimmungen über Schlußnoten und Tagebücher sind auf den Versicherungsmakler nicht anzuwenden.

Doppeltätigkeit mit überwiegender Interessenwahrung; Vermittlungspflicht

§ 27. (1) Der Versicherungsmakler hat trotz Tätigkeit für beide Parteien des Versicherungsvertrags überwiegend die Interessen des Versicherungskunden zu wahren.

(2) Der Versicherungsmakler hat gegenüber dem Versicherungskunden die Pflicht, „die in den Standesregeln zu dessen Schutz vorgesehene Information und Beratung samt Dokumentation zu erteilen" und sich nach Kräften um die Geschäftsvermittlung zu bemühen. *(BGBl I 2004/131; BGBl I 2018/112)*

(3) [1]Der Versicherungsmakler ist mangels abweichender Vereinbarung mit dem Versicherer nicht befugt, Erklärungen und Zahlungen des Versicherungskunden für den Versicherer rechtswirksam entgegenzunehmen. [2]§ 2 Abs. 2 bleibt unberührt. [3]Er hat kein Aufrechnungs- oder Zurückbehaltungsrecht an Zahlungen, die er für den Versicherungskunden oder für den Versicherer entgegennimmt.

Wahrung der Interessen des Versicherungskunden

§ 28. Die Interessenwahrung gemäß § 3 Abs. 1 und Abs. 3 und gemäß § 27 Abs. 1 umfaßt die Aufklärung und Beratung des Versicherungskunden über den zu vermittelnden Versicherungsschutz sowie insbesondere auch folgende Pflichten des Versicherungsmaklers:

1. Erstellung einer angemessenen Risikoanalyse und eines angemessenen Deckungskonzeptes „sowie Erfüllung der in den Standesregeln zum Schutz des Versicherungskunden vorgesehenen Dokumentationspflicht"; *(BGBl I 2004/131; BGBl I 2018/112)*

2. Beurteilung der Solvenz des Versicherers im Rahmen der zugänglichen fachlichen Informationen, soweit dies bei der Auswahl des Versiche-

rers zur sorgfältigen Wahrung der Interessen des Versicherungskunden im Einzelfall notwendig ist; *(BGBl I 2012/34)*

3. Vermittlung des nach den Umständen des Einzelfalls bestmöglichen Versicherungsschutzes, wobei sich die Interessenwahrung aus sachlich gerechtfertigten Gründen auf bestimmte örtliche Märkte oder bestimmte Versicherungsprodukte beschränken kann, sofern der Versicherungsmakler dies dem Versicherungskunden ausdrücklich bekanntgibt;

4. Bekanntgabe der für den Versicherungskunden durchgeführten Rechtshandlungen sowie Aushändigung einer Durchschrift der Vertragserklärung des Versicherungskunden, sofern sie schriftlich erfolgte; Aushändigung des Versicherungsscheins (Polizze) sowie der dem Vertrag zugrundeliegenden Versicherungsbedingungen einschließlich der Bestimmungen über die Festsetzung der Prämie;

5. Prüfung des Versicherungsscheins (Polizze);

6. Unterstützung des Versicherungskunden bei der Abwicklung des Versicherungsverhältnisses vor und nach Eintritt des Versicherungsfalls, namentlich auch bei Wahrnehmung aller für den Versicherungskunden wesentlichen Fristen;

7. laufende Überprüfung der bestehenden Versicherungsverträge sowie gegebenenfalls Unterbreitung geeigneter Vorschläge für eine Verbesserung des Versicherungsschutzes.

Wahrung der Interessen des Versicherers

§ 29. [1]Im Verhältnis zum Versicherer hat der Versicherungsmakler vorwiegend jene Interessen zu wahren, die auch der Versicherungskunde selbst vor und nach Abschluß des Versicherungsvertrags dem Versicherer gegenüber zu beachten hat. [2]Im besonderen ist der Versicherungsmakler verpflichtet, den Versicherer bei der Vertragsanbahnung über ihm bekannte oder erkennbare besondere Risken zu informieren.

Provision

§ 30. (1) [1]Wenn nicht ausdrücklich und schriftlich etwas Abweichendes vereinbart ist, steht dem Versicherungsmakler aus dem Maklervertrag mit dem Versicherungskunden keine Provision, sonstige Vergütung oder Aufwandsentschädigung zu. [2]Bei erfolgreicher Vermittlung gebührt ihm Provision aus dem mit dem Versicherer geschlossenen Maklervertrag nach Maßgabe des § 6, § 7 Abs. 2 und § 8 Abs. 1 und Abs. 3.

(2) [1]Der Anspruch auf Provision entsteht mit der Rechtswirksamkeit des vermittelten Geschäfts, wenn und soweit der Versicherungskunde die geschuldete Prämie bezahlt hat oder zahlen hätte müssen, hätte der Versicherer seine Verpflichtungen erfüllt. [2]Wenn der Versicherer gerechtfertigte Gründe für eine Beendigung des Versicherungsvertrags oder eine betragsmäßige Herabsetzung der Versicherungsprämie hat, entfällt bzw. vermindert sich der Provisionsanspruch.

(3) Eine überwiegende Verdienstlichkeit im Sinn des § 6 Abs. 5 liegt bei dem Versicherungsmakler vor, der den vom Versicherungskunden unterfertigten Antrag an den Versicherer weitergeleitet hat.

(4) Ist im Maklervertrag mit dem Versicherer bestimmt, daß dem Versicherungsmakler nach Beendigung des Vertragsverhältnisses für bereits erfolgreich vermittelte Versicherungsverträge weitere Abschlußprovisionen nicht mehr zustehen, so ist diese Vereinbarung insoweit unwirksam, als der Versicherer den Maklervertrag einseitig aufgelöst hat, ohne daß dafür wichtige, vom Versicherungsmakler verschuldete Gründe vorliegen.

Abrechnung und Fälligkeit

§ 31. [1]Die Abrechnung der Provisionsansprüche durch den Versicherer hat längstens einen Monat nach der Entstehung des Provisionsanspruchs zu erfolgen. [2]Die Fälligkeit tritt an dem Tag ein, an dem die Abrechnung erfolgt oder spätestens zu erfolgen hat.

§ 31a. [1]Vom Versicherungskunden für den Versicherer oder vom Versicherer für den Versicherungskunden bestimmte Geldbeträge sind stets über streng getrennte, bei einem Kreditinstitut geführte Kundenkonten (offene Treuhandkonten, Anderkonten) weiterzuleiten. [2]Für diese Konten gelten zugunsten der berechtigten Versicherungskunden das Widerspruchsrecht gemäß § 37 EO sowie das Aussonderungsrecht gemäß „§ 44 IO“. [3]Vom Makler entgegengenommene Barbeträge sind unverzüglich auf diese Kundenkonten einzuzahlen. *(BGBl I 2010/58)*

(BGBl I 2004/131)

Zwingende Bestimmungen

§ 32. Von § 4 Abs. 2, § 13, § 27 und § 28 erster Satz und Z 1 bis Z 3 kann nicht zum Nachteil des Versicherungskunden abgegangen werden.

4. Teil: PERSONALKREDITVERMITTLER

Begriff

§ 33. Personalkreditvermittler ist, wer als Makler gewerbsmäßig für Kreditwerber Kreditgeschäfte (Geldkreditverträge und Gelddarlehen) im Sinn des § 1 Abs. 1 Z 3 des Bankwesengesetzes, BGBl. Nr. 532/1993 (BWG), vermittelt, die nicht durch Hypotheken sichergestellt sind.

Wirksamkeit des Kreditvermittlungsvertrags

§ 34. (1) [1]Der Kreditvermittlungsvertrag ist nur rechtswirksam, wenn er schriftlich in ein und derselben Sprache verfaßt ist und ausdrücklich auf die Vermittlung eines Kredits oder eines Darlehens lautet. [2]Eine durch den Kreditvermittler für den Kreditwerber hergestellte Übersetzung des Kreditvermittlungsvertrags oder sonstiger damit im Zusammenhang stehender Schriftstücke in eine andere Sprache muß den gesamten Text erfassen.

(2) Der Kreditvermittlungsvertrag hat bei sonstiger Unwirksamkeit folgende Angaben zu enthalten:

1. Die genaue Bezifferung der gewünschten Kredithöhe; dies ist jener Betrag, der ohne Abzüge tatsächlich an den Kreditnehmer ausbezahlt wird (Nettokredit); diese Bezifferung darf durch den ausdrücklichen Zusatz ergänzt werden, daß der Kreditwerber mit der Vermittlung des Kredits in einer geringeren als der genau bezifferten Höhe einverstanden ist; in diesem Fall ist jedoch die Kredithöhe, die zumindest vermittelt werden muß, genau zu beziffern;

2. als Höchstbeträge die in „§ 9 Abs. 2 Z 4, 7 und 8 VKrG“ angeführten Angaben sowie die ziffernmäßig ausgedrückte Höchstprovision; die höchstmögliche Gesamtbelastung, aufgegliedert in die höchstmögliche Kreditbelastung und die höchstmögliche Provision; *(BGBl I 2010/28)*

3. den spätesten Zeitpunkt für das Vorliegen der Kreditzusage, die Mindest- und Höchstlaufzeit des Kredits und sämtliche Bedingungen für die Kreditgewährung, die der Kreditwerber zu akzeptieren bereit ist, wie eine Zinsgleitklausel, die an objektive Maßstäbe zu binden ist „(§ 6 Abs. 1 Z 5 KSchG)“, die Gehaltsverpfändung, die Bestellung eines Bürgen, die Ausstellung eines Blankowechsels und die Vereinbarung der Folgen des Zahlungsverzugs unter Angabe des höchstmöglichen Verzugszinssatzes. *(BGBl I 2010/28)*

Befristung

§ 35. [1]Der Kreditvermittlungsvertrag kann nur befristet auf die Dauer von höchstens vier Wochen abgeschlossen werden. [2]Diese Frist beginnt zu dem Zeitpunkt zu laufen, zu dem die vom Kreditwerber für die Einräumung des Kredits nachzuweisenden Voraussetzungen beim Personalkreditvermittler vorliegen.

Inkassotätigkeit des Personalkreditvermittlers

§ 36. Eine Vereinbarung, wonach der Vermittler gegenüber dem Kreditgeber die Einziehung fälliger Forderungen aus von ihm vermittelten Krediten übernimmt, ist unwirksam, es sei denn, daß es sich um eine für den Kreditnehmer kostenlose Einziehung fälliger Forderungen handelt.

Unzulässige Vergütungen

§ 37. [1]Vergütungen wie Einschreib-, Vormerk- und Bearbeitungsgebühren sowie eine Vergütung für eine durch den Kreditvermittler für den Kreditwerber hergestellte Übersetzung des Kreditvermittlungsvertrags oder sonstiger damit im Zusammenhang stehender Schriftstücke können nicht rechtswirksam vereinbart werden. [2]Dasselbe gilt für Ablichtungen oder Gleichschriften des Kreditvermittlungsvertrags.

Vermittlung unzulässiger Kreditverträge

§ 38. Die Vermittlung eines Kreditvertrags oder eines Darlehens ist unzulässig, ein Provisionsanspruch entsteht nicht, wenn

1. vom Darlehenswerber die Unterfertigung eines Blankowechsels verlangt wird, in dem nicht das Kreditinstitut, das das Darlehen gewährt, als Wechselnehmer (Remittent) angeführt ist;

2. bei einem nicht von einem Kreditinstitut zu gewährenden Darlehen vom Darlehenswerber die Unterfertigung eines Blankowechsels verlangt wird und die Begebung dieses Blankowechsels nicht Zug um Zug mit der Zuzählung des gesamten Darlehensbetrags, sondern zu einem früheren Zeitpunkt erfolgen soll;

3. vom Kreditwerber die Unterfertigung eines Blankowechsels verlangt wird und die Begebung dieses Blankowechsels nicht zugleich mit der Einigung über die Einräumung des Kredits erfolgen soll;

4. entgegen § 11 KSchG die Übergabe eines Orderwechsels vereinbart ist.

Informationspflicht

§ 39. (1) Der Personalkreditvermittler ist verpflichtet, spätestens bei der Zuzählung des vermittelten Kredits dem Kreditwerber Namen und Anschrift des Kreditgebers mitzuteilen.

(2) Verletzt der Kreditvermittler diese Pflicht, so hat der Kreditnehmer

1. dem Kreditvermittler keine Provision oder sonstigen Vergütungen und

2. dem Kreditgeber die vereinbarten Zinsen und sonstigen Vergütungen nur soweit zu zahlen, als sie das Zweifache des im Zeitpunkt der Schließung des Kreditvertrages festgesetzten Basiszinssatzes nicht übersteigen. *(BGBl I 2001/98)*

(3) [1]Ist der Kreditvermittler nur auf Veranlassung des Kreditwerbers tätig geworden, so gilt der Abs. 2 Z 2 nicht. [2]Hat infolgedessen der Kreditnehmer mehr zu zahlen, als er bei dessen Geltung zu zahlen hätte, so hat der Kreditvermittler den Kreditwerber von der Pflicht zur Zahlung dieser Mehrbeträge an den Kreditgeber zu befreien beziehungsweise dem Kreditnehmer bereits gezahlte Beträge zu vergüten.

(4) Im Übrigen treffen den Personalkreditvermittler die Informationspflichten gemäß § 136a Abs. 1a Gewerbeordnung 1994. *(BGBl I 2010/28)*

„(5)" Die Rechtsbeziehungen zwischen dem Kreditgeber und dem Kreditvermittler bleiben davon unberührt. *(BGBl I 2010/28)*

Zwingende Bestimmungen

§ 40. Von § 4 Abs. 2, § 6, § 7 und § 13 kann nicht zum Nachteil des Auftraggebers abgegangen werden.

§ 41. „(1)" § 26 Abs. 2, § 27 Abs. 2, § 28 Z 1 und § 31a in der Fassung BGBl. I Nr. 131/2004 treten mit 15. 1. 2005 in Kraft. *(BGBl I 2012/34)*

(2) § 28 Z 2 in der Fassung des Bundesgesetzes BGBl. I Nr. 34/2012 tritt mit 1. Juli 2012 in Kraft. *(BGBl I 2012/34)*

(3) § 19 Abs. 2 tritt mit Ablauf des 2. Jänner 2018 außer Kraft. *(BGBl I 2017/107)*

(4) § 27 Abs. 2 und § 28 Z 1 in der Fassung des Bundesgesetzes BGBl. I Nr. 112/2018 treten mit Ablauf des Tages der Kundmachung im Bundesgesetzblatt in Kraft. *(BGBl I 2018/112)*

(BGBl I 2004/131)

Artikel II

Änderungen des Konsumentenschutzgesetzes

(nicht abgedruckt)

Artikel III

Inkrafttreten, Übergangsbestimmungen, Aufhebung von Rechtsvorschriften, Verweisungen und Vollziehungsklausel

(1) Dieses Bundesgesetz tritt mit 1. Juli 1996 in Kraft.

(2) Die Bestimmungen des Artikels I und des Artikels II, ausgenommen dessen § 30a, sind auf vor seinem Inkrafttreten geschlossene Maklerverträge nicht anzuwenden.

(3) Die in Abs. 5 angeführten Rechtsvorschriften bleiben auf am 1. Juli 1996 bestehende Vertragsverhältnisse betreffend Versicherungsmakler bis 30. Juni 1997 weiterhin anwendbar.

(4) Die Bestimmung des § 30a in Artikel II ist auf Vertragserklärungen anzuwenden, die ein Verbraucher nach Inkrafttreten dieses Bundesgesetzes abgegeben hat.

(5) Mit Inkrafttreten dieses Bundesgesetzes treten folgende Rechtsvorschriften außer Kraft:

1. § 29 des Handelsvertretergesetzes, BGBl. Nr. 348/1921, in der bei Ablauf des 30. Juni 1996 geltenden Fassung, das ist die Fassung der Vierten Verordnung zur Einführung handelsrechtlicher Vorschriften im Lande Österreich, dRGBl. I S 1999/1938, des Bundesgesetzes vom 13. Juli 1960, BGBl. Nr. 153, und des Bundesgesetzes vom 15. Juni 1978, BGBl. Nr. 305 und die in dieser Bestimmung angeführten für andere Geschäftsvermittler geltenden Bestimmungen, soweit sie für andere Geschäftsvermittler in Kraft sind.

2. Die §§ 93 bis 104 des Handelsgesetzbuches, dRGBl. 1897 S 219, sowie Art. 6 Nr. 13 der Vierten Verordnung zur Einführung handelsrechtlicher Vorschriften im Lande Österreich, dRGBl. I S 1999/1938.

(6) Soweit in diesem Bundesgesetz auf Bestimmungen anderer Bundesgesetze verwiesen wird, sind diese in ihrer jeweils geltenden Fassung anzuwenden.

(7) Soweit in anderen Bundesgesetzen und Verordnungen auf Bestimmungen verwiesen ist, die durch dieses Bundesgesetz geändert oder aufgehoben werden, erhält die Verweisung ihren Inhalt aus den entsprechenden Bestimmungen dieses Bundesgesetzes.

(8) Der Begriff „Handelsmäkler" wird in allen bundesgesetzlichen Regelungen durch den Begriff „Handelsmakler" ersetzt. Dasselbe gilt für Wortformen und Wortverbindungen.

(9) Mit der Vollziehung dieses Bundesgesetzes ist der Bundesminister für Justiz betraut.

6. Konsumentenschutzgesetz

BGBl 1979/140 idF

1 BGBl 1983/135
2 BGBl 1984/456
3 BGBl 1985/481
4 BGBl 1993/247
5 BGBl 1996/262 (MaklerG)
6 BGBl I 1997/6
7 BGBl I 1997/140 (WGN 1997)
8 BGBl I 1998/119
9 BGBl I 1999/185
10 BGBl I 2001/48 (GewRÄG)
11 BGBl I 2001/98 (2. Euro-JuBeG)
12 BGBl I 2002/111
13 BGBl I 2003/91 (ZivRÄG 2004)
14 BGBl I 2004/12 (HVerG)
15 BGBl I 2004/62
16 BGBl I 2006/92 (SWRÄG 2006)
17 BGBl I 2007/60 (WAG 2007)
18 BGBl I 2008/21
19 BGBl I 2009/66
20 BGBl I 2009/135 (EPG)
21 BGBl I 2010/28 (DaKRÄG)
22 BGBl I 2010/107
23 BGBl I 2011/22 (KSchRÄG 2011)
24 BGBl I 2011/77
25 BGBl I 2011/100
26 BGBl I 2013/50 (ZVG)
27 BGBl I 2014/33 (VRUG)
28 BGBl I 2015/105 (AStG)
29 BGBl I 2016/35 (VZKG)
30 BGBl I 2017/50 (PRG)
31 BGBl I 2018/51
32 BGBl I 2018/58 (ErwSchAG-Justiz)

GLIEDERUNG

STICHWORTVERZEICHNIS

(Die Zahlenangaben beziehen sich auf die Paragraphen)

Bundesgesetz vom 8. März 1979, mit dem Bestimmungen zum Schutz der Verbraucher getroffen werden (Konsumentenschutzgesetz – KSchG)

I. Hauptstück

Besondere Bestimmungen für Verträge zwischen Unternehmern und Verbrauchern

Abschnitt I

Geltungsbereich

§ 1. (1) Dieses Hauptstück gilt für Rechtsgeschäfte, an denen

1. einerseits jemand, für den das Geschäft zum Betrieb seines Unternehmens gehört, (im folgenden kurz Unternehmer genannt) und

2. andererseits jemand, für den dies nicht zutrifft, (im folgenden kurz Verbraucher genannt) beteiligt sind.

(2) [1]Unternehmen im Sinn des Abs. 1 Z. 1 ist jede auf Dauer angelegte Organisation selbständiger wirtschaftlicher Tätigkeit, mag sie auch nicht auf Gewinn gerichtet sein. [2]Juristische Personen des öffentlichen Rechts gelten immer als Unternehmer.

(3) Geschäfte, die eine natürliche Person vor Aufnahme des Betriebes ihres Unternehmens zur Schaffung der Voraussetzungen dafür tätigt, gehören noch nicht im Sinn des Abs. 1 Z. 1 zu diesem Betrieb.

(4) Dieses Hauptstück gilt nicht für Verträge, die jemand als Arbeitnehmer oder arbeitnehmerähnliche Person „(§ 51 Abs 3 ASGG)“ mit dem Arbeitgeber schließt. *(BGBl I 1997/6)*

(5) Die Bestimmungen des I. und des II. Hauptstücks sind auch auf den Beitritt zu und die Mitgliedschaft bei Vereinen anzuwenden, wenn diese zwar von ihren Mitgliedern Beiträge oder sonstige Geldleistungen verlangen, ihnen aber nur eingeschränkte Mitgliedschaftsrechte einräumen und die Mitgliedschaft nicht geschäftlichen Zwecken dient. *(BGBl I 1999/185)*

§ 2. (1) Dieses Hauptstück läßt Regelungen unberührt, nach denen die hier vorgesehenen Rechtsfolgen in anderen Fällen eintreten.

(2) Soweit in Vereinbarungen von diesem Hauptstück zum Nachteil des Verbrauchers abgewichen wird, sind sie unwirksam.

Abschnitt II

Allgemeine Regeln

Rücktrittsrecht

§ 3. (1) [1]Hat der Verbraucher seine Vertragserklärung weder in den vom Unternehmer für seine geschäftlichen Zwecke dauernd benützten Räumen noch bei einem von diesem dafür auf einer Messe oder einem Markt benützten Stand abgegeben, so kann er von seinem Vertragsantrag oder vom Vertrag zurücktreten. [2]Dieser Rücktritt kann bis zum Zustandekommen des Vertrags oder danach binnen 14 Tagen erklärt werden. [3]Der Lauf dieser Frist beginnt mit der Ausfolgung einer Urkunde, die zumindest den Namen und die Anschrift des Unternehmers, die zur Identifizierung des Vertrags notwendigen Angaben sowie eine Belehrung über das Rücktrittsrecht, die Rücktrittsfrist und die Vorgangsweise für die Ausübung des Rücktrittsrechts enthält, an den Verbraucher, frühestens jedoch mit dem Zustandekommen des Vertrags, bei Kaufverträgen über Waren mit dem Tag, an dem der Verbraucher den Besitz an der Ware erlangt. [4]Ist die Ausfolgung einer solchen Urkunde unterblieben, so steht dem Verbraucher das Rücktrittsrecht für eine Frist von zwölf Monaten und 14 Tagen ab Vertragsabschluss beziehungsweise Warenlieferung zu; wenn der Unternehmer die Urkundenausfolgung innerhalb von zwölf Monaten ab dem Fristbeginn nachholt, so endet die verlängerte Rücktrittsfrist 14 Tage nach dem Zeitpunkt, zu dem der Verbraucher die Urkunde erhält. „ “ *(BGBl I 2014/33; BGBl I 2018/51)*

(2) Das Rücktrittsrecht besteht auch dann, wenn der Unternehmer oder ein mit ihm zusammenwirkender Dritter den Verbraucher im Rahmen einer Werbefahrt, einer Ausflugsfahrt oder einer ähnlichen Veranstaltung „oder durch persönliches, individuelles Ansprechen auf der Straße“ in die vom Unternehmer für seine geschäftlichen Zwecke benützten Räume gebracht hat. *(BGBl 1984/456)*

(3) Das Rücktrittsrecht steht dem Verbraucher nicht zu,

1. wenn er selbst die geschäftliche Verbindung mit dem Unternehmer oder dessen Beauftragten zwecks Schließung dieses Vertrages angebahnt hat,

2. wenn dem Zustandekommen des Vertrages keine Besprechungen zwischen den Beteiligten oder ihren Beauftragten vorangegangen sind „,“ *(BGBl I 2017/50)*

3. bei Verträgen, bei denen die beiderseitigen Leistungen sofort zu erbringen sind, wenn sie üblicherweise von Unternehmern außerhalb ihrer Geschäftsräume geschlossen werden und das vereinbarte Entgelt „25 Euro“*, oder wenn das Unternehmen nach seiner Natur nicht in ständigen

Geschäftsräumen betrieben wird und das Entgelt „50 Euro“* nicht übersteigt „,“** *(*BGBl I 2014/33; **BGBl I 2017/50)*

4. bei Verträgen, die dem Fern- und Auswärtsgeschäfte-Gesetz „oder dem Versicherungsvertragsgesetz“ unterliegen, oder *(BGBl I 2014/33; BGBl I 2018/51)*

5. bei Vertragserklärungen, die der Verbraucher in körperlicher Abwesenheit des Unternehmers abgegeben hat, es sei denn, dass er dazu vom Unternehmer gedrängt worden ist. *(BGBl I 2014/33)*

(4) [1]Die Erklärung des Rücktritts ist an keine bestimmte Form gebunden. [2]Die Rücktrittsfrist ist gewahrt, wenn die Rücktrittserklärung innerhalb der Frist abgesendet wird. *(BGBl I 2014/33)*

(5) [1]Der Verbraucher kann ferner von seinem Vertragsantrag oder vom Vertrag zurücktreten, wenn der Unternehmer gegen die gewerberechtlichen Regelungen über das Sammeln und die Entgegennahme von Bestellungen auf Dienstleistungen (§ 54 GewO 1994), über das Aufsuchen von Privatpersonen und Werbeveranstaltungen (§ 57 GewO 1994) oder über die Entgegennahme von Bestellungen auf Waren von Privatpersonen (§ 59 GewO 1994) verstoßen hat. [2]Die Bestimmungen des Abs. 1, Abs. 3 Z 4 und 5 und Abs. 4 sind auch auf dieses Rücktrittsrecht anzuwenden. [3]Dieses steht dem Verbraucher auch in den Fällen des Abs. 3 Z 1 bis 3 zu. *(BGBl I 2014/33)*

§ 3a. (1) Der Verbraucher kann von seinem Vertragsantrag oder vom Vertrag weiters zurücktreten, wenn ohne seine Veranlassung für seine Einwilligung maßgebliche Umstände, die der Unternehmer im Zuge der Vertragsverhandlungen als wahrscheinlich dargestellt hat, nicht oder nur in erheblich geringerem Ausmaß eintreten.

(2) Maßgebliche Umstände im Sinn des Abs. 1 sind

1. die Erwartung der Mitwirkung oder Zustimmung eines Dritten, die erforderlich ist, damit die Leistung des Unternehmers erbracht oder vom Verbraucher verwendet werden kann,

2. die Aussicht auf steuerrechtliche Vorteile,

3. die Aussicht auf eine öffentliche Förderung und

4. die Aussicht auf einen Kredit.

(3) [1]Der Rücktritt kann binnen einer Woche erklärt werden. [2]Die Frist beginnt zu laufen, sobald für den Verbraucher erkennbar ist, daß die in Abs. 1 genannten Umstände nicht oder nur in erheblich geringerem Ausmaß eintreten und er eine schriftliche Belehrung über dieses Rücktrittsrecht erhalten hat. [3]Das Rücktrittsrecht erlischt jedoch spätestens einen Monat nach der vollständigen Erfüllung des Vertrags durch beide Vertragspartner, bei „Bankverträgen“ mit einer ein Jahr übersteigenden Vertragsdauer spätestens einen Monat nach dem Zustandekommen des Vertrags. *(BGBl I 2018/51)*

(4) Das Rücktrittsrecht steht dem Verbraucher nicht zu, wenn

1. er bereits bei den Vertragsverhandlungen wußte oder wissen mußte, daß die maßgeblichen Umstände nicht oder nur in erheblich geringerem Ausmaß eintreten werden,

2. der Ausschluß des Rücktrittsrechts im einzelnen ausgehandelt worden ist „,“ *(BGBl I 2018/51)*

3. der Unternehmer sich zu einer angemessenen Anpassung des Vertrags bereit erklärt „oder“ *(BGBl I 2018/51)*

4. der Vertrag dem Versicherungsvertragsgesetz unterliegt. *(BGBl I 2018/51)*

(5) Für die Rücktrittserklärung gilt § 3 Abs. 4 sinngemäß.

(BGBl I 1997/6)

§ 4. (1) Tritt der Verbraucher „nach § 3 oder § 3a” vom Vertrag zurück, so hat Zug um Zug

1. der Unternehmer alle empfangenen Leistungen samt gesetzlichen Zinsen vom Empfangstag an zurückzuerstatten und den vom Verbraucher auf die Sache gemachten notwendigen und nützlichen Aufwand zu ersetzen,

2. der Verbraucher die empfangenen Leistungen zurückzustellen und dem Unternehmer ein angemessenes Entgelt für die Benützung, einschließlich einer Entschädigung für eine damit verbundene Minderung des gemeinen Wertes der Leistung, zu zahlen; die Übernahme der Leistungen in die Gewahrsame des Verbrauchers ist für sich allein nicht als Wertminderung anzusehen. *(BGBl I 1997/6)*

(2) Ist die Rückstellung der vom Unternehmer bereits erbrachten Leistungen unmöglich oder untunlich, so hat der Verbraucher dem Unternehmer deren Wert zu vergüten, soweit sie ihm zum klaren und überwiegenden Vorteil gereichen.

(3) Die Abs. 1 und 2 lassen Schadenersatzansprüche unberührt.

Kostenvoranschläge

§ 5. (1) Für die Erstellung eines Kostenvoranschlags im Sinn des § 1170a ABGB durch den Unternehmer hat der Verbraucher ein Entgelt nur dann zu zahlen, wenn er vorher auf diese Zahlungspflicht hingewiesen worden ist.

(2) Wird dem Vertrag ein Kostenvoranschlag des Unternehmers zugrunde gelegt, so gilt dessen Richtigkeit als gewährleistet, wenn nicht das Gegenteil ausdrücklich erklärt ist.

Allgemeine Informationspflichten des Unternehmers

§ 5a. (1) Bevor der Verbraucher durch einen Vertrag oder seine Vertragserklärung gebunden ist, muss ihn der Unternehmer in klarer und verständlicher Weise über Folgendes informieren, soweit sich diese Informationen nicht bereits unmittelbar aus den Umständen ergeben:

1. die wesentlichen Eigenschaften der Ware oder Dienstleistung in dem für das Kommunikationsmittel und die Ware oder Dienstleistung angemessenen Umfang,

2. den Namen oder die Firma und die Telefonnummer des Unternehmers sowie die Anschrift seiner Niederlassung,

3. den Gesamtpreis der Ware oder Dienstleistung einschließlich aller Steuern und Abgaben, wenn aber der Preis aufgrund der Beschaffenheit der Ware oder Dienstleistung vernünftigerweise nicht im Voraus berechnet werden kann, die Art der Preisberechnung und gegebenenfalls alle zusätzlichen Fracht-, Liefer- oder Versandkosten oder, wenn diese Kosten vernünftigerweise nicht im Voraus berechnet werden können, das allfällige Anfallen solcher zusätzlicher Kosten,

4. gegebenenfalls die Zahlungs-, Liefer- und Leistungsbedingungen, den Zeitraum, innerhalb dessen nach der Zusage des Unternehmers die Ware geliefert oder die Dienstleistung erbracht wird, sowie ein allenfalls vorgesehenes Verfahren beim Umgang des Unternehmers mit Beschwerden,

5. zusätzlich zu dem Hinweis auf das Bestehen eines gesetzlichen Gewährleistungsrechts für die Ware gegebenenfalls das Bestehen und die Bedingungen von Kundendienstleistungen nach dem Verkauf und von gewerblichen Garantien,

6. gegebenenfalls die Laufzeit des Vertrags oder die Bedingungen für die Kündigung unbefristeter Verträge oder sich automatisch verlängernder Verträge,

7. gegebenenfalls die Funktionsweise digitaler Inhalte einschließlich anwendbarer technischer Schutzmaßnahmen für solche Inhalte und

8. gegebenenfalls – soweit wesentlich – die Interoperabilität digitaler Inhalte mit Hard- und Software, soweit diese dem Unternehmer bekannt ist oder vernünftigerweise bekannt sein muss.

(2) Die in Abs. 1 festgelegten Informationspflichten gelten nicht für Verträge

1. über Geschäfte des täglichen Lebens, die zum Zeitpunkt des Vertragsabschlusses sofort erfüllt werden,

2. die dem Fern- und Auswärtsgeschäfte-Gesetz unterliegen,

3. über soziale Dienstleistungen einschließlich der Bereitstellung und Vermietung von Sozialwohnungen, der Kinderbetreuung oder der Unterstützung von dauerhaft oder vorübergehend hilfsbedürftigen Familien oder Personen einschließlich Langzeitpflege,

4. über Gesundheitsdienstleistungen gemäß Artikel 3 Buchstabe a der Richtlinie 2011/24/EU über die Ausübung der Patientenrechte in der grenzüberschreitenden Gesundheitsversorgung, ABl. Nr. L 88 vom 4.4.2011 S. 45, unabhängig davon, ob sie von einer Einrichtung des Gesundheitswesens erbracht werden,

5. über Glücksspiele, die einen geldwerten Einsatz verlangen, einschließlich Lotterien, Glücksspiele in Spielkasinos und Wetten,

6. über Finanzdienstleistungen,

7. über die Begründung, den Erwerb oder die Übertragung von Eigentum oder anderen Rechten an unbeweglichen Sachen,

8. über den Bau von neuen Gebäuden, erhebliche Umbaumaßnahmen an bestehenden Gebäuden oder die Vermietung von Wohnraum,

9. über Pauschalreisen im Sinn von Art. 3 Z 2 der Richtlinie (EU) 2015/2302 über Pauschalreisen und verbundene Reiseleistungen, zur Änderung der Verordnung (EG) Nr. 2006/2004 und der Richtlinie 2011/83/EU sowie zur Aufhebung der Richtlinie 90/314/EWG, ABl. Nr. L 326 vom 11.12.2015 S. 1, *(BGBl I 2017/50)*

10. die in den Geltungsbereich der Richtlinie 2008/122/EG über den Schutz der Verbraucher im Hinblick auf bestimmte Aspekte von Teilzeitnutzungsverträgen, Verträgen über langfristige Urlaubsprodukte sowie Wiederverkaufs- und Tauschverträgen, ABl. Nr. L 33 vom 3.2.2009 S. 10, fallen,

11. die vor einem öffentlichen Amtsträger geschlossen werden, der gesetzlich zur Unabhängigkeit und Unparteilichkeit verpflichtet ist und durch umfassende rechtliche Aufklärung sicherzustellen hat, dass der Verbraucher den Vertrag nur aufgrund gründlicher rechtlicher Prüfung und in Kenntnis seiner rechtlichen Tragweite abschließt,

12. über die Lieferung von Lebensmitteln, Getränken oder sonstigen Haushaltsgegenständen des täglichen Bedarfs, die vom Unternehmer im Rahmen häufiger und regelmäßiger Fahrten am Wohnsitz, am Aufenthaltsort oder am Arbeitsplatz des Verbrauchers geliefert werden,

13. über die Beförderung von Personen,

14. die unter Verwendung von Warenautomaten oder automatisierten Geschäftsräumen geschlossen werden,

15. die mit Betreibern von Telekommunikationsmitteln mit Hilfe öffentlicher Fernsprecher zu deren Nutzung geschlossen werden oder die zur Nutzung einer einzelnen von einem Verbraucher

hergestellten Telefon-, Internet- oder Faxverbindung geschlossen werden.

(BGBl I 2014/33)

Telefonische Vertragsabschlüsse im Zusammenhang mit Gewinnzusagen oder Wett- und Lotteriedienstleistungen

§ 5b. [1]Verträge, die während eines vom Unternehmer eingeleiteten Anrufs im Zusammenhang mit Gewinnzusagen oder Wett- und Lotteriedienstleistungen ausgehandelt werden, sind nichtig. [2]Auf die Ungültigkeit des Vertrags kann sich nur der Verbraucher berufen. [3]Für Leistungen, die der Unternehmer trotz der Nichtigkeit derartiger Verträge erbracht hat, kann er weder ein Entgelt noch eine Wertminderung verlangen. [4]Der Verbraucher kann alle Zahlungen und Leistungen, die vom Unternehmer entgegen dieser Bestimmung angenommen wurden, zurückfordern.

(BGBl I 2014/33)

Verbindlichkeit von Gewinnzusagen

„**§ 5c.**" Unternehmer, die Gewinnzusagen oder andere vergleichbare Mitteilungen an bestimmte Verbraucher senden und durch die Gestaltung dieser Zusendungen den Eindruck erwecken, daß der Verbraucher einen bestimmten Preis gewonnen habe, haben dem Verbraucher diesen Preis zu leisten; er kann auch gerichtlich eingefordert werden. *(BGBl I 2014/33)*

(BGBl I 1999/185)

Unzulässige Vertragsbestandteile

§ 6. (1) Für den Verbraucher sind besonders solche Vertragsbestimmungen im Sinn des § 879 ABGB jedenfalls nicht verbindlich, nach denen

1. sich der Unternehmer eine unangemessen lange oder nicht hinreichend bestimmte Frist ausbedingt, während deren er einen Vertragsantrag des Verbrauchers annehmen oder ablehnen kann oder während deren der Verbraucher an den Vertrag gebunden ist;

2. ein bestimmtes Verhalten des Verbrauchers als Abgabe oder Nichtabgabe einer Erklärung gilt, es sei denn, der Verbraucher wird bei Beginn der hiefür vorgesehenen Frist auf die Bedeutung seines Verhaltens besonders hingewiesen und hat zur Abgabe einer ausdrücklichen Erklärung eine angemessene Frist;

3. eine für den Verbraucher rechtlich bedeutsame Erklärung des Unternehmers, die jenem nicht zugegangen ist, als ihm zugegangen gilt, sofern es sich nicht um die Wirksamkeit einer an die zuletzt bekanntgegebene Anschrift des Verbrauchers gesendeten Erklärung für den Fall handelt, daß der Verbraucher dem Unternehmer eine Änderung seiner Anschrift nicht bekanntgegeben hat;

4. eine vom Verbraucher dem Unternehmer oder einem Dritten abzugebende Anzeige oder Erklärung einer strengeren Form als der Schriftform oder besonderen Zugangserfordernissen zu genügen hat;

5. dem Unternehmer auf sein Verlangen für seine Leistung ein höheres als das bei der Vertragsschließung bestimmte Entgelt zusteht, es sei denn, daß der Vertrag bei Vorliegen der vereinbarten Voraussetzungen für eine Entgeltänderung auch eine Entgeltsenkung vorsieht, daß die für die Entgeltänderung maßgebenden Umstände im Vertrag umschrieben und sachlich gerechtfertigt sind sowie daß ihr Eintritt nicht vom Willen des Unternehmers abhängt; *(BGBl I 1997/6)*

6. das Recht des Verbrauchers, seine Leistung nach § 1052 ABGB bis zur Bewirkung oder Sicherstellung der Gegenleistung zu verweigern, für den Fall ausgeschlossen oder eingeschränkt wird, daß der Unternehmer seine Leistung nicht vertragsgemäß erbringt oder ihre Erbringung durch seine schlechten Vermögensverhältnisse, die dem Verbraucher zur Zeit der Vertragsschließung weder bekannt waren noch bekannt sein mußten, gefährdet ist, indem etwa das Leistungsverweigerungsrecht davon abhängig gemacht wird, daß der Unternehmer Mängel seiner Leistung anerkennt;

7. ein dem Verbraucher nach dem Gesetz zustehendes Zurückbehaltungsrecht ausgeschlossen oder eingeschränkt wird;

8. das Recht des Verbrauchers, seine Verbindlichkeiten durch Aufrechnung aufzuheben, für den Fall der Zahlungsunfähigkeit des Unternehmers oder für Gegenforderungen ausgeschlossen oder eingeschränkt wird, die im rechtlichen Zusammenhang mit der Verbindlichkeit des Verbrauchers stehen, die gerichtlich festgestellt oder die vom Unternehmer anerkannt worden sind;

9. eine Pflicht des Unternehmers zum Ersatz eines Schadens an der Person ausgeschlossen oder eingeschränkt wird oder eine Pflicht des Unternehmers zum Ersatz sonstiger Schäden für den Fall ausgeschlossen oder eingeschränkt wird, daß er oder eine Person, für die er einzustehen hat, den Schaden vorsätzlich oder grob fahrlässig verschuldet hat; *(BGBl I 1997/6)*

10. der Unternehmer oder eine seinem Einflußbereich unterliegende Stelle oder Person ermächtigt wird, mit bindender Wirkung für den Verbraucher darüber zu entscheiden, ob die ihm vom Unternehmer erbrachten Leistungen der Vereinbarung entsprechen;

11. dem Verbraucher eine Beweislast auferlegt wird, die ihn von Gesetzes wegen nicht trifft;

12. die Rechte des Verbrauchers auf eine Sache, die der Unternehmer zur Bearbeitung über-

nommen hat, in unangemessen kurzer Frist verfallen;

13. die im Fall des Verzugs des Verbrauchers zu zahlenden Zinsen den für den Fall vertragsgemäßer Zahlung vereinbarten Zinssatz um mehr als fünf Prozentpunkte pro Jahr übersteigen; *(BGBl I 1997/6)*

14. das Recht zur Geltendmachung eines ihm unterlaufenen Irrtums oder des Fehlens oder Wegfalls der Geschäftsgrundlage im vorhinein ausgeschlossen oder eingeschränkt wird, etwa auch durch eine Vereinbarung, wonach Zusagen des Unternehmers nicht die Hauptsache oder eine wesentliche Beschaffenheit derselben (§ 871 Abs. 1 ABGB) betreffen; *(BGBl I 1997/6)*

15. er sich nach Eintritt des Verzugs zur Zahlung von Betreibungs- oder Einbringungskosten verpflichtet, sofern diese Kosten in der Vereinbarung nicht gesondert und aufgeschlüsselt ausgewiesen sind oder soweit diese Kosten zur zweckentsprechenden Betreibung oder Einbringung der Forderung nicht notwendig waren. *(BGBl I 1997/6)*

(2) Sofern der Unternehmer nicht beweist, daß sie im einzelnen ausgehandelt worden sind, gilt das gleiche auch für Vertragsbestimmungen, nach denen

1. der Unternehmer ohne sachliche Rechtfertigung vom Vertrag zurücktreten kann,

2. dem Unternehmer das Recht eingeräumt wird, seine Pflichten oder den gesamten Vertrag mit schuldbefreiender Wirkung einem Dritten zu überbinden, der im Vertrag nicht namentlich genannt ist;

3. der Unternehmer eine von ihm zu erbringende Leistung einseitig ändern oder von ihr abweichen kann, es sei denn, die Änderung beziehungsweise Abweichung ist dem Verbraucher zumutbar, besonders weil sie geringfügig und sachlich gerechtfertigt ist;

4. dem Unternehmer auf sein Verlangen für seine innerhalb von zwei Monaten nach der Vertragsschließung zu erbringende Leistung ein höheres als das ursprünglich bestimmte Entgelt zusteht;

5. eine Pflicht des Unternehmers zum Ersatz eines Schadens an einer Sache, die er zur Bearbeitung übernommen hat, ausgeschlossen oder beschränkt wird;

6. Ansprüche des Verbrauchers aus § 908 ABGB eingeschränkt oder ausgeschlossen werden; *(BGBl I 1997/6)*

7. ein Rechtsstreit zwischen dem Unternehmer und dem Verbraucher durch einen oder mehrere Schiedsrichter entschieden werden soll. *(BGBl I 2003/91)*

(3) Eine in Allgemeinen Geschäftsbedingungen oder Vertragsformblättern enthaltene Vertragsbestimmung ist unwirksam, wenn sie unklar oder unverständlich abgefaßt ist. *(BGBl I 1997/6)*

Erfüllung einer Geldschuld

§ 6a. (1) [1]Sofern nicht nach der Natur des Vertragsverhältnisses – wie etwa bei Zug um Zug zu erfüllenden Verträgen – Barzahlung verkehrsüblich ist, hat der Unternehmer dem Verbraucher für die Erfüllung von dessen Geldschuld ein verkehrsübliches Bankkonto bekanntzugeben. [2]Dies gilt nicht, wenn eine bestimmte andere Art der Erfüllung – etwa im Weg der Einziehung oder mittels Kreditkarte – vereinbart wurde.

(2) Wird die Geldschuld eines Verbrauchers gegenüber einem Unternehmer durch Banküberweisung erfüllt, so reicht es für die Rechtzeitigkeit der Erfüllung – abweichend von § 907a Abs. 2 erster Satz ABGB – auch bei einem im Vorhinein bestimmten Fälligkeitstermin aus, dass der Verbraucher am Tag der Fälligkeit den Überweisungsauftrag erteilt.

(BGBl I 2013/50)

Kosten telefonischer Kontaktaufnahme nach Vertragsabschluss

§ 6b. [1]Hat der Unternehmer einen Telefonanschluss eingerichtet, um im Zusammenhang mit geschlossenen Verbraucherverträgen seinen Vertragspartnern eine telefonische Kontaktnahme mit ihm zu ermöglichen, so darf er einem Verbraucher, der diese Möglichkeit in Anspruch nimmt, dafür kein Entgelt anlasten. [2]Das Recht von Anbietern von Telekommunikationsdiensten, Entgelte für eigentliche Kommunikationsdienstleistungen zu verlangen, bleibt dadurch unberührt.

(BGBl I 2014/33)

Zusätzliche Zahlungen

§ 6c. (1) [1]Eine Vereinbarung, mit der sich ein Verbraucher neben dem für die Hauptleistung vereinbarten Entgelt zu weiteren Zahlungen – etwa als Entgelt für eine Zusatzleistung des Unternehmers – verpflichtet, kommt nur wirksam zustande, wenn ihr der Verbraucher ausdrücklich zustimmt. [2]Eine solche Zustimmung liegt insbesondere dann nicht vor, wenn der Verbraucher zur Vermeidung einer Vertragserklärung eine vom Unternehmer vorgenommene Voreinstellung ablehnen müsste, diese Ablehnung jedoch unterlässt.

(2) Fehlt die nach Abs. 1 erforderliche Zustimmung, so hat der Unternehmer dem Verbraucher geleistete zusätzliche Zahlungen zurückzuerstatten.

(3) Der Verbraucher kann die Wirksamkeit der Vereinbarung nachträglich herbeiführen, indem

er dieser im Sinn des Abs. 1 ausdrücklich zustimmt.

(4) Die Abs. 1 bis 3 gelten nicht für die in § 5a Abs. 2 Z 3 bis 8, 10 bis 12, 14 und 15 angeführten Verträge.

(BGBl I 2014/33)

Angeld und Reugeld

§ 7. Ist der Unternehmer zur Einbehaltung oder Rückforderung eines Angeldes (§ 908 ABGB) berechtigt oder der Verbraucher zur Zahlung eines Reugeldes (§ 909 ABGB) verpflichtet, so kann der Richter das Angeld beziehungsweise das Reugeld in sinngemäßer Anwendung des § 1336 Abs. 2 ABGB mäßigen.

(BGBl I 1997/6)

Leistungsfrist bei Verträgen über Waren

§ 7a. Mangels anderer vertraglicher Vereinbarung hat der Unternehmer die Ware ohne unnötigen Aufschub, jedenfalls aber nicht später als 30 Tage nach Vertragsabschluss bereitzustellen oder – wenn die Übersendung der Ware vereinbart ist – beim Verbraucher abzuliefern.

(BGBl I 2014/33)

Gefahrenübergang bei Übersendung der Ware

§ 7b. [1]Wenn der Unternehmer die Ware übersendet, geht die Gefahr für den Verlust oder die Beschädigung der Ware erst auf den Verbraucher über, sobald die Ware an den Verbraucher oder an einen von diesem bestimmten, vom Beförderer verschiedenen Dritten abgeliefert wird. [2]Hat aber der Verbraucher selbst den Beförderungsvertrag geschlossen, ohne dabei eine vom Unternehmer vorgeschlagene Auswahlmöglichkeit zu nützen, so geht die Gefahr bereits mit der Aushändigung der Ware an den Beförderer über. [3]Mangels anderer Vereinbarung erwirbt der Verbraucher zugleich mit dem Gefahrenübergang das Eigentum an der Ware.

(BGBl I 2014/33)

Gewährleistung

§ 8. (1) „Ist der Unternehmer zur Verbesserung oder zum Austausch verpflichtet (§ 932 ABGB), so hat er diese Pflicht zu erfüllen“

1. an dem Ort, an dem die Sache übergeben worden ist; hat der Unternehmer die Sache vertragsgemäß nach einem im Inland gelegenen Ort befördert oder versendet, so tritt dieser Ort an die Stelle des Übergabsortes; oder wenn es der Verbraucher verlangt

2. an dem Ort, an dem sich die Sache gewöhnlich befindet, sofern dieser Ort im Inland gelegen ist, für den Unternehmer nicht überraschend sein mußte und sofern nach der Art der Sache deren Beförderung zum Unternehmer für den Verbraucher untunlich ist, besonders weil die Sache sperrig, gewichtig oder durch Einbau unbeweglich geworden ist.
(BGBl I 2001/48)

(2) Der Unternehmer kann verlangen, dass ihm der Verbraucher, wenn es für diesen tunlich ist, die Sache übersendet. Der Unternehmer hat jedoch die Gefahr der Übersendung zu tragen. *(BGBl I 2001/48)*

(3) Die notwendigen Kosten der Verbesserung oder des Austauschs, insbesondere Versand-, Arbeits- und Materialkosten, hat der Unternehmer zu tragen. *(BGBl I 2001/48)*

§ 9. (1) [1]Gewährleistungsrechte des Verbrauchers (§§ 922 bis 933 ABGB) können vor Kenntnis des Mangels nicht ausgeschlossen oder eingeschränkt werden. [2]Die Vereinbarung einer kürzeren als der gesetzlichen Gewährleistungsfrist ist unwirksam, doch kann bei der Veräußerung gebrauchter beweglicher Sachen die Gewährleistungsfrist auf ein Jahr verkürzt werden, sofern dies im Einzelnen ausgehandelt wird. [3]Bei Kraftfahrzeugen ist eine solche Verkürzung nur dann wirksam, wenn seit dem Tag der ersten Zulassung mehr als ein Jahr verstrichen ist.

(2) Die §§ 925 bis 927 und 933 Abs. 2 ABGB über Viehmängel sind auf den Erwerb durch Verbraucher nicht anzuwenden.

(BGBl I 2001/48)

§ 9a. [1]War der Unternehmer nach dem Vertrag zur Montage verpflichtet, so haftet er auch für einen dabei durch sein unsachgemäßes Verhalten an der Sache verursachten Mangel. [2]Dasselbe gilt, wenn die Sache zur Montage durch den Verbraucher bestimmt war und die unsachgemäße Montage auf einem Fehler der Montageanleitung beruht.

(BGBl I 2001/48)

Vertragliche Garantie

§ 9b. (1) [1]Verpflichtet sich ein Unternehmer gegenüber einem Verbraucher, für den Fall der Mangelhaftigkeit der Sache diese zu verbessern, auszutauschen, den Kaufpreis zu erstatten oder sonst Abhilfe zu schaffen (Garantie), so hat er auch auf die gesetzliche Gewährleistungspflicht des Übergebers und darauf hinzuweisen, dass sie durch die Garantie nicht eingeschränkt wird. [2]Der Unternehmer ist an die Zusagen in der Garantieerklärung und an den in der Werbung bekannt gemachten Inhalt der Garantie gebunden.

(2) [1]Die Garantieerklärung hat den Namen und die Anschrift des Garanten sowie in einfacher und verständlicher Form den Inhalt der Garantie,

vor allem ihre Dauer und ihre räumliche Geltung, und die sonstigen für ihre Inanspruchnahme nötigen Angaben zu enthalten. [2]Gehen aus der Erklärung die garantierten Eigenschaften nicht hervor, so haftet der Garant dafür, dass die Sache die gewöhnlich vorausgesetzten Eigenschaften hat.

(3) Die Garantie ist dem Verbraucher auf sein Verlangen schriftlich oder auf einem anderen für ihn verfügbaren dauerhaften Datenträger bekannt zu geben.

(4) [1]Verstößt der Garant gegen die Abs. 1 bis 3, so berührt dies die Gültigkeit der Garantie nicht. [2]Der Garant haftet überdies dem Verbraucher für den durch den Verstoß verschuldeten Schaden.

(BGBl I 2001/48)

Umfang der Vertretungsmacht und mündliche Zusagen

§ 10. (1) [1]Eine Vollmacht, die ein Unternehmer erteilt hat, erstreckt sich im Verkehr mit Verbrauchern auf alle Rechtshandlungen, die derartige Geschäfte gewöhnlich mit sich bringen; besondere gesetzliche Regeln über den Umfang der Vollmacht bleiben davon unberührt. [2]Eine Beschränkung dieser Vollmacht ist dem Verbraucher gegenüber nur wirksam, wenn sie ihm bewußt war.

(2) War dem Verbraucher die Beschränkung der Vollmacht nur infolge grober Fahrlässigkeit nicht bewußt, so hat der Unternehmer – unbeschadet der Geltendmachung dieses Umstandes nach anderen Bestimmungen – das Recht, vom Vertrag zurückzutreten; der Rücktritt muß unverzüglich nach Kenntnis des Unternehmers von der Überschreitung durch den Vertreter und den Umständen, aus denen sich die grobe Fahrlässigkeit des Verbrauchers ergibt, erklärt werden.

(3) Die Rechtswirksamkeit formloser Erklärungen des Unternehmers oder seiner Vertreter kann zum Nachteil des Verbrauchers vertraglich nicht ausgeschlossen werden.

Verbot des Orderwechsels

§ 11. (1) [1]Der Unternehmer darf sich für seine Forderungen an den Verbraucher eine Wechselverbindlichkeit eines Verbrauchers nur einräumen lassen, wenn der Unternehmer Wechselnehmer (Art. 1 Z. 6, Art. 75 Z. 5 des Wechselgesetzes 1955) ist und der Wechsel die Worte "nicht an Order" oder einen gleichbedeutenden Vermerk enthält. [2]Eine Verletzung dieser Bestimmung läßt die Rechtswirksamkeit des Wechsels unberührt.

(2) Ist dem Abs. 1 nicht entsprochen worden, so hat jeder Verbraucher, der den Wechsel eingelöst hat, an den Unternehmer einen Anspruch auf Zahlung eines Betrages in der Höhe der Rückgriffssumme, soweit nicht der Unternehmer beweist, daß der Verbraucher durch die Übernahme oder Erfüllung der Wechselverbindlichkeit von einer auch ohne den Wechsel bestehenden Pflicht zur Zahlung dieses Betrages befreit worden ist.

Verbot der Gehaltsabtretung

§ 12. (1) Eine Lohn- oder Gehaltsforderung des Verbrauchers darf dem Unternehmer nicht zur Sicherung oder Befriedigung seiner noch nicht fälligen Forderungen abgetreten werden.

(2) Hat der Dienstgeber dem Unternehmer oder einem Dritten auf Grund einer entgegen dem Abs. 1 abgetretenen Lohn- oder Gehaltsforderung Beträge mit der Wirkung gezahlt, daß er von der Lohn- oder Gehaltsforderung des Verbrauchers befreit worden ist, so hat der Verbraucher an den Unternehmer einen Anspruch auf Ersatz dieses Betrages, soweit nicht der Unternehmer beweist, daß der Verbraucher durch die Abtretung oder die Bezahlung der Lohn- oder Gehaltsforderung von einer Schuld befreit worden ist.

§§ 12a bis 13. *(aufgehoben samt Überschrift, BGBl I 2010/28, ab 11. 6. 2010)*

Verbraucherverträge mit Auslandsbezug

§ 13a. (1) [1]Haben die Parteien eines Verbrauchervertrags mit Auslandsbezug das Recht eines Staates gewählt, der nicht Vertragsstaat des EWR-Abkommens ist, so ist diese Rechtswahl für die Beurteilung

1. der Gültigkeit und der Folgen der Ungültigkeit einer Vertragsbestimmung, die nicht eine der beiderseitigen Hauptleistungen festlegt,

2. der Folgen einer unklar und unverständlich abgefaßten Vertragsbestimmung,

3. des Schutzes bei Vertragsabschlüssen „ "** im Sinn „ "** der Bestimmungen des Fern-Finanzdienstleistungs-Gesetzes, BGBl. I Nr. 62/2004 „ ,"* *(BGBl I 2004/62; *BGBl I 2010/28; **BGBl I 2017/50)*

4. der Gewährleistung und der Garantie beim Kauf oder bei der Herstellung beweglicher Sachen im Sinne der §§ 8 bis 9b sowie der §§ 922 bis 924, 928, 932 und 933 ABGB „und" *(BGBl I 2001/48; BGBl I 2010/28)*

5. des Schutzes bei Verbraucherkreditverträgen und anderen Formen der Kreditierung im Sinn der Richtlinie 2008/48/EG *(BGBl I 2010/28, ab 11. 6. 2010)*

insoweit unbeachtlich, als das gewählte Recht für den Verbraucher nachteiliger ist als das Recht, das ohne die Rechtswahl maßgebend wäre. [2]Dies gilt nur, wenn ohne die Rechtswahl das Recht eines Staates anzuwenden wäre, der Vertragsstaat des EWR-Abkommens ist. *(BGBl I 1999/185)*

(2) „§ 6" und die §§ 864a und 879 Abs. 3 ABGB sind zum Schutz des Verbrauchers ohne

Rücksicht darauf anzuwenden, welchem Recht der Vertrag unterliegt, wenn dieser im Zusammenhang mit einer in Österreich entfalteten, auf die Schließung solcher Verträge gerichteten Tätigkeit des Unternehmers oder der von ihm hiefür verwendeten Personen zustande gekommen ist. *(BGBl I 1998/119; BGBl I 2010/28)*

Gerichtsstand

§ 14. (1) Hat der Verbraucher im Inland seinen Wohnsitz oder seinen gewöhnlichen Aufenthalt oder ist er im Inland beschäftigt, so kann für eine Klage gegen ihn nach den §§ 88, 89, 93 Abs. 2 und 104 Abs. 1 JN nur die Zuständigkeit des Gerichtes begründet werden, in dessen Sprengel der Wohnsitz, der gewöhnliche Aufenthalt oder der Ort der Beschäftigung liegt; dies gilt nicht für Rechtsstreitigkeiten, die bereits entstanden sind. *(BGBl I 1997/140)*

(2) Das Fehlen der inländischen Gerichtsbarkeit sowie der örtlichen Zuständigkeit des Gerichts ist in jeder Lage des Verfahrens von Amts wegen wahrzunehmen; die Bestimmungen über die Heilung des Fehlens der inländischen Gerichtsbarkeit oder der sachlichen oder örtlichen Zuständigkeit (§ 104 Abs. 3 JN) sind jedoch anzuwenden. *(BGBl I 1997/140)*

(3) Eine Vereinbarung, mit der für eine Klage des Verbrauchers gegen den Unternehmer ein nach dem Gesetz gegebener Gerichtsstand ausgeschlossen wird, ist dem Verbraucher gegenüber rechtsunwirksam.

(4) Die Abs. 1 bis 3 sind insoweit zur Gänze oder zum Teil nicht anzuwenden, als nach Völkerrecht oder besonderen gesetzlichen Anordnungen ausdrücklich anderes bestimmt ist. *(BGBl I 1997/140)*

Abschnitt III

Besondere Vertragsarten

Verträge über wiederkehrende Leistungen

§ 15. (1) Verträge, durch die sich der Unternehmer zur wiederholten Lieferung beweglicher körperlicher Sachen einschließlich Energie oder zu wiederholten Werkleistungen und der Verbraucher zu wiederholten Geldzahlungen verpflichten und die für eine unbestimmte oder eine ein Jahr übersteigende Zeit geschlossen worden sind, kann der Verbraucher unter Einhaltung einer zweimonatigen Frist zum Ablauf des ersten Jahres, nachher zum Ablauf jeweils eines halben Jahres kündigen. „ “ *(BGBl 1984/456)*

(2) [1]Ist die Gesamtheit der zu liefernden Sachen eine nach ihrer Art unteilbare Leistung, deren Umfang und Preis schon bei der Vertragsschließung bestimmt sind, so kann der erste Kündigungstermin bis zum Ablauf des zweiten Jahres hinausgeschoben werden. „[2]In solchen Verträgen kann die Kündigungsfrist auf höchstens sechs Monate verlängert werden.“ *(BGBl 1984/456)*

(3) Erfordert die Erfüllung eines bestimmten, im Abs. 1 genannten Vertrages oder von solchen Verträgen mit einer Gruppe von bereits bestimmten einzelnen Verbrauchern erhebliche Aufwendungen des Unternehmers und hat er dies dem Verbraucher spätestens bei der Vertragsschließung bekanntgegeben, so können den Umständen angemessene, von den Abs. 1 und 2 abweichende Kündigungstermine und Kündigungsfristen vereinbart werden.

(4) Eine Kündigung des Verbrauchers, die nicht fristgerecht ausgesprochen worden ist, wird zum nächsten nach Ablauf der Kündigungsfrist liegenden Kündigungstermin wirksam.

§§ 16 bis 25. *(aufgehoben samt Überschrift, BGBl I 2010/28, ab 11. 6. 2010)*

Kreditgeschäfte von Ehegatten

§ 25a. Unternehmer, deren Unternehmensgegenstand die Gewährung oder die Vermittlung von Krediten ist, haben Ehegatten, die als Verbraucher gemeinsam einen Kredit aufnehmen, mag auch einer die Haftung nur als Bürge eingehen, oder einem Ehegatten, der als Verbraucher die Haftung für eine bestehende Kreditverbindlichkeit des anderen übernimmt, durch die Übergabe einer gesonderten Urkunde darüber zu belehren,

1. daß, falls die Ehegatten solidarisch haften, von jedem der Schuldner in beliebiger Reihenfolge der volle Schuldbetrag verlangt werden kann, ohne Rücksicht darauf, wem von ihnen die Kreditsumme zugekommen ist,

2. daß die Haftung auch bei Auflösung der Ehe aufrecht bleibt sowie

3. daß nur das Gericht im Fall der Scheidung die Haftung eines der Ehegatten gemäß § 98 Ehegesetz auf eine Ausfallsbürgschaft beschränken kann, was binnen eines Jahres nach Eintritt der Rechtskraft der Scheidung beantragt werden müßte.

(BGBl I 1997/6)

Anmerkung zu § 25a: Die „für Ehegatten, Ehesachen oder in Eheangelegenheiten maßgebenden Bestimmungen in der jeweils geltenden Fassung sind auf eingetragene Partner, Partnersachen oder Partnerangelegenheiten sinngemäß anzuwenden" (§ 43 Abs 1 EPG, BGBl I 2009/135, ab 1. 1. 2010).

Kreditverbindlichkeiten von Verbrauchern

§ 25b. (1) Ist ein Verbraucher Solidarschuldner eines von einem in § 25a genannten Unternehmer gewährten Kredites, so hat der Gläubiger jede

Mahnung und sonstige Erklärung wegen einer Säumigkeit eines anderen Solidarschuldners auch dem Verbraucher zuzustellen.

(2) [1]Ist ein Verbraucher Bürge oder Garant eines von einem in § 25a genannten Unternehmer gewährten Kredites und wird der Hauptschuldner säumig, so hat der Gläubiger den Verbraucher davon in angemessener Frist zu verständigen. [2]Unterläßt er dies, so haftet ihm der Verbraucher nicht für die Zinsen und Kosten, die ab der Kenntnis des Gläubigers von der Säumigkeit des Hauptschuldners bis zu einem Verzug des Verbrauchers selbst entstehen.

(BGBl I 1997/6)

§ 25c. [1]Tritt ein Verbraucher einer Verbindlichkeit als Mitschuldner, Bürge oder Garant bei (Interzession), so hat ihn der Gläubiger auf die wirtschaftliche Lage des Schuldners hinzuweisen, wenn er erkennt oder erkennen muß, daß der Schuldner seine Verbindlichkeit voraussichtlich nicht oder nicht vollständig erfüllen wird. [2]Unterläßt der Unternehmer diese Information, so haftet der Interzedent nur dann, wenn er seine Verpflichtung trotz einer solchen Information übernommen hätte.

(BGBl I 1997/6)

Mäßigungsrecht

§ 25d. (1) Der Richter kann die Verbindlichkeit eines Interzedenten (§ 25c) insoweit mäßigen oder auch ganz erlassen, als sie in einem unter Berücksichtigung aller Umstände unbilligen Mißverhältnis zur Leistungsfähigkeit des Interzedenten steht, sofern die Tatsache, daß der Verbraucher bloß Interzedent ist, und die Umstände, die dieses Mißverhältnis begründet oder herbeigeführt haben, bei Begründung der Verbindlichkeit für den Gläubiger erkennbar waren.

(2) Bei der Entscheidung nach Abs. 1 ist insbesondere zu berücksichtigen:

1. das Interesse des Gläubigers an der Begründung der Haftung des Interzedenten,

2. das Verschulden des Interzedenten an den Umständen, die das in Abs. 1 genannte Mißverhältnis begründet oder herbeigeführt haben,

3. der Nutzen des Interzedenten aus der Leistung des Gläubigers sowie

4. der Leichtsinn, die Zwangslage, die Unerfahrenheit, die Gemütsaufregung oder die Abhängigkeit des Interzedenten vom Schuldner bei Begründung der Verbindlichkeit.

(BGBl I 1997/6)

§§ 26 bis 26b. *(aufgehoben samt Überschrift, BGBl I 2014/33)*

§ 26c. *(aufgehoben samt Überschrift, BGBl I 2010/28, ab 11. 6. 2010)*

Wohnungsverbesserung

§ 26d. (1) Verträge über Leistungen zur Sanierung von Wohnräumen sind schriftlich zu errichten, wenn der Besteller Verbraucher ist und sie unter solchen Umständen geschlossen werden, die ihn nach § 3 zum Rücktritt berechtigen.

(2) Die Vertragsurkunde hat zu enthalten:

1. den Vor- und den Familiennamen (die Firma), den Beruf (Gegenstand des Unternehmens) und den gewöhnlichen Aufenthalt (Sitz) der Vertragsteile;

2. den Tag und den Ort des Vertragsantrags oder der Vertragsannahme des Verbrauchers;

3. den Gegenstand des Vertrags, und zwar unter Angabe des Herstellers und der Type der Waren, die zur Erfüllung des Vertrags zu liefern sind, sofern deren Umschreibung mit Hersteller und Type üblich ist;

4. die Höhe und die Fälligkeit der zu leistenden Zahlungen;

5. falls der Rücktritt des Verbrauchers nach § 3a Abs. 4 Z 2 ausgeschlossen worden ist, diese Vereinbarung;

6. eine Belehrung über das Rücktrittsrecht nach den §§ 3 und 3a.

(3) Der Unternehmer hat auf seine Kosten unverzüglich nach Unterfertigung der Vertragsurkunde durch den Verbraucher diesem eine Abschrift auszufolgen; darin sind die in Abs. 2 genannten Angaben deutlich lesbar wiederzugeben.

(4) Die Rechtswirksamkeit eines Vertrags nach Abs. 1 ist von der Errichtung der Vertragsurkunde unabhängig.

(5) Die Regelungen der Abs. 1 bis 4 gelten nicht für solche Verträge über Leistungen zur Sanierung von Wohnräumen, die dem Fern- und Auswärtsgeschäfte-Gesetz unterliegen. *(BGBl I 2014/33)*

(BGBl I 1997/6)

Vorauszahlungskäufe

§ 27. [1]Von einem Vertrag über die Lieferung einer beweglichen körperlichen Sache, mit dem sich der Verbraucher verpflichtet, den Kaufpreis in Teilbeträgen vorauszuzahlen, kann er zurücktreten, sofern die Ware bloß durch Erklärung der Vertragspartner bestimmbar oder der Preis nicht nach den Preisverhältnissen zur Zeit der Vertragsschließung festgelegt und solange der Vertrag nicht beiderseits vollständig erfüllt ist. [2]Für die Rückstellung bereits erbrachter Leistungen gilt der § 4 sinngemäß.

Werkvertrag

§ 27a. Ist die Ausführung eines Werkes unterblieben und verlangt der Unternehmer gleichwohl das vereinbarte Entgelt (§ 1168 Abs. 1 ABGB), so hat er dem Verbraucher die Gründe dafür mitzuteilen, daß er infolge Unterbleibens der Arbeit weder etwas erspart noch durch anderweitige Verwendung erworben oder zu erwerben absichtlich versäumt hat.

(BGBl I 1997/6)

Verträge zwischen Heimträgern und -bewohnern

§ 27b. (1) [1]Die §§ 27b bis 27i regeln bestimmte Aspekte zivilrechtlicher Verträge zwischen den Trägern und den Bewohnern von Altenheimen, Pflegeheimen und anderen Einrichtungen, in denen wenigstens drei Menschen aufgenommen werden können. [2]Sie gelten für Verträge über die dauernde oder auch nur vorübergehende Unterkunft, Betreuung und Pflege in solchen Einrichtungen (Heimverträge). [3]Auf Verträge über die Übernahme der Pflege und Erziehung von Minderjährigen in Heimen oder anderen Einrichtungen sowie auf Verträge über die Aufnahme, Pflege und Betreuung von Pfleglingen in Krankenanstalten und stationären Einrichtungen für medizinische Rehabilitationsmaßnahmen sind diese Bestimmungen nicht anzuwenden.

(2) Heimverträge im Sinn des Abs. 1 unterliegen nicht der Gebührenpflicht nach § 33 Tarifpost 5 des Gebührengesetzes, BGBl. Nr. 267/1957, in der jeweils geltenden Fassung.

(BGBl I 2004/12)

Informationspflicht

§ 27c. [1]Der Heimträger hat Interessenten, die er in seine Einrichtung aufnehmen kann, auf deren Verlangen schriftlich über alle für den Vertragsabschluss sowie die Unterkunft, die Betreuung und die Pflege im Heim wesentlichen Belange zu informieren. [2]Er hat in jeder Werbung für seine Einrichtung anzugeben, wo diese Informationen angefordert werden können.

(BGBl I 2004/12)

Inhalt und Form des Heimvertrags

§ 27d. (1) Der Heimvertrag hat zumindest Angaben zu enthalten über

1. den Namen (die Firma) und die Anschrift der Vertragsteile;

2. die Dauer des Vertragsverhältnisses;

3. die Räumlichkeiten (Wohnräume, in denen der Bewohner untergebracht wird, sowie Gemeinschaftsräume und -einrichtungen), deren Ausstattung, die Wäscheversorgung und die Reinigung der Wohnräume;

4. die allgemeine Verpflegung der Heimbewohner;

5. die Leistungen im Rahmen der Grundbetreuung, wie etwa die Pflege bei kurzen Erkrankungen, die Einrichtung eines Bereitschaftsdienstes und die Unterstützung des Bewohners in persönlichen Angelegenheiten;

6. die Fälligkeit und die Höhe des Entgelts, eine Aufschlüsselung des Entgelts jeweils für Unterkunft, Verpflegung, Grundbetreuung, besondere Pflegeleistungen und zusätzliche Leistungen sowie die vom Träger der Sozial- oder Behindertenhilfe gedeckten Leistungen und *(BGBl I 2006/92)*

7. die Vorgangsweise des Heimträgers bei Beendigung des Vertragsverhältnisses.

(2) Sofern und soweit der Heimträger solche Leistungen erbringt, vermittelt oder verlangt, hat der Heimvertrag zudem Angaben zu enthalten über

1. die besonderen Verpflegungsleistungen, wie etwa Diätkostangebote;

2. die Art und das Ausmaß der besonderen Pflegeleistungen;

3. die medizinischen und therapeutischen Leistungen, wie etwa die Anwesenheit und Erreichbarkeit von Ärzten, anderen Therapeuten und Sozialarbeitern, sowie die Ausstattung für die Erbringung solcher Leistungen;

4. die sonstigen Dienstleistungen, die von dritten Personen erbracht werden;

5. die soziale und kulturelle Betreuung der Heimbewohner, wie etwa Bildungs-, Beschäftigungs- und Kulturveranstaltungen, und

6. die vom Heimbewohner zu erlegende Kaution.

Wenn und soweit der Heimträger solche Leistungen nicht erbringt, vermittelt oder verlangt, hat er darauf im Heimvertrag hinzuweisen.

(3) Der Heimvertrag hat ferner insbesondere Feststellungen hinsichtlich folgender Persönlichkeitsrechte des Heimbewohners zu enthalten:

1. Recht auf freie Entfaltung der Persönlichkeit, auf anständige Begegnung, auf Selbstbestimmung sowie auf Achtung der Privat- und Intimsphäre,

2. Recht auf Wahrung des Brief-, Post- und Fernmeldegeheimnisses,

3. Recht auf politische und religiöse Selbstbestimmung, auf freie Meinungsäußerung, auf Versammlung und auf die Bildung von Vereinigungen, insbesondere zur Durchsetzung der Interessen der Heimbewohner,

4. Recht auf Verkehr mit der Außenwelt, auf Besuch durch Angehörige und Bekannte und auf Benützung von Fernsprechern,

5. Recht auf Gleichbehandlung ungeachtet des Geschlechts, der Abstammung und Herkunft, der Rasse, der Sprache, der politischen Überzeugung und des religiösen Bekenntnisses,

6. Recht auf zeitgemäße medizinische Versorgung, auf freie Arzt- und Therapiewahl und auf eine adäquate Schmerzbehandlung sowie

7. Recht auf persönliche Kleidung und auf eigene Einrichtungsgegenstände.

(4) Die einzelnen Inhalte des Vertrags sind einfach und verständlich, aber doch umfassend und genau zu umschreiben.

(5) [1]Der Heimvertrag ist bis zur Aufnahme des Heimbewohners, bei auf unbestimmte Zeit laufenden Vertragsverhältnissen aber spätestens innerhalb von drei Monaten ab der Aufnahme, schriftlich zu errichten. [2]Der Heimträger hat dem Heimbewohner, dessen Vertreter und der Vertrauensperson (§ 27e Abs. 1) eine Abschrift der Vertragsurkunde auszufolgen. [3]Auf den Mangel der Form kann sich nur der Heimbewohner berufen.

(6) „Ein Erwachsenenvertreter" bedarf für den Abschluss eines Heimvertrags nicht der gerichtlichen Genehmigung, wenn der Heimvertrag die inhaltlichen und formellen Voraussetzungen der Abs. 1 bis 5 erfüllt und das Entgelt in den Einkommens- und Vermögensverhältnissen der „vertretenen" Person Deckung findet oder durch die Sozialhilfe getragen wird. *(BGBl I 2006/92; BGBl I 2018/58)*

(BGBl I 2004/12)

Vertrauensperson

§ 27e. (1) [1]Der Heimbewohner hat das Recht, dem Träger jederzeit eine Vertrauensperson namhaft zu machen. [2]Sofern der Bewohner nichts anderes bestimmt, hat sich der Heimträger in wichtigen zivilrechtlichen Angelegenheiten auch an die Vertrauensperson zu wenden.

(2) [1]Wenn ein Heimbewohner seine Pflichten aus dem Vertrag gröblich verletzt oder den Betrieb des Heimes schwerwiegend gestört hat, hat ihn der Träger zu ermahnen und auf die möglichen Folgen der Fortsetzung seines Verhaltens hinzuweisen. [2]Der Vertreter des Heimbewohners und dessen Vertrauensperson sind zu diesem Termin unter Bekanntgabe des Grundes mit eingeschriebenem Brief zu laden. [3]Der Träger hat dem Heimbewohner, dessen Vertreter und der Vertrauensperson unverzüglich eine Abschrift dieser Ermahnung auszufolgen oder mit eingeschriebenem Brief zu übersenden.

(BGBl I 2004/12)

Entgeltminderung

§ 27f. [1]Bei Mängeln der Leistungen des Heimträgers mindert sich das Entgelt entsprechend der Dauer und Schwere des Mangels. [2]Gleiches gilt für Leistungen, die sich der Heimträger während einer Abwesenheit des Heimbewohners von mehr als drei Tagen erspart.

(BGBl I 2004/12)

Kautionen und unzulässige Vereinbarungen

§ 27g. (1) [1]Sofern der Heimträger vom Heimbewohner eine Kaution verlangt, darf deren Höhe das Entgelt für einen Monat, bei einem Heimbewohner, bei dem das Entgelt ganz oder teilweise vom Träger der Sozialhilfe geleistet wird, aber den Betrag von 300 Euro nicht übersteigen. [2]Der Heimträger hat dem Heimbewohner, dessen Vertreter und der Vertrauensperson unverzüglich schriftlich den Erhalt der Kaution zu bestätigen.

(2) [1]Der Heimträger darf eine vom Bewohner erlegte Kaution nur zur Abdeckung von Entgelt-, Schadenersatz- oder Bereicherungsansprüchen gegen den Bewohner verwenden. [2]Er hat die Kaution auf ein von ihm gesondert anzulegendes Treuhandkonto einzuzahlen. [3]Die Kaution geht nicht in das Eigentum des Heimträgers über.

(3) Wenn der Heimträger die Kaution in Anspruch nehmen will, muss er den Heimbewohner, dessen Vertreter und die Vertrauensperson davon schriftlich unter Angabe der Gründe verständigen.

(4) Soweit der Heimträger die Kaution nicht in Anspruch nimmt, muss er sie nach Beendigung des Vertragsverhältnisses, zuzüglich der für Sichteinlagen geltenden Bankzinsen, jedoch abzüglich der von ihm geleisteten Abgaben und Kontoführungskosten, dem Heimbewohner oder dessen Rechtsnachfolger erstatten.

(5) Vertragsbestimmungen, nach denen der Heimbewohner dem Heimträger oder einem anderen etwas ohne gleichwertige Gegenleistung zu leisten hat oder nach denen Sachen des Heimbewohners nach der Beendigung des Vertragsverhältnisses in unangemessen kurzer Frist verfallen, sind nicht verbindlich.

(BGBl I 2004/12)

Kündigung durch Heimbewohner, Todesfall

§ 27h. (1) [1]Der Heimbewohner kann das Vertragsverhältnis – vorbehaltlich der sofortigen Kündigung aus einem wichtigen Grund – jederzeit unter Einhaltung einer einmonatigen Kündigungsfrist zum jeweiligen Monatsende kündigen. [2]Der Heimträger hat dem Bewohner, dessen Vertreter und der Vertrauensperson unverzüglich schriftlich den Erhalt der Kündigung zu bestätigen.

(2) [1]Der Heimvertrag wird durch den Tod des Heimbewohners aufgehoben. [2]Der Heimträger hat dem Rechtsnachfolger des Heimbewohners

ein bereits im Voraus gezahltes Entgelt anteilig zu erstatten.

(BGBl I 2004/12)

Kündigung durch Heimträger

§ 27i. (1) [1]Der Heimträger kann das Vertragsverhältnis nur aus wichtigen Gründen schriftlich unter Angabe der Gründe und unter Einhaltung einer einmonatigen Kündigungsfrist, im Fall der Z 1 aber einer Frist von drei Monaten, zum jeweiligen Monatsende kündigen. [2]Ein wichtiger Grund liegt insbesondere vor, wenn

1. der Betrieb des Heimes eingestellt oder wesentlich eingeschränkt wird;

2. der Gesundheitszustand des Heimbewohners sich so verändert hat, dass die sachgerechte und medizinisch gebotene Betreuung und Pflege im Heim nicht mehr durchgeführt werden können;

3. der Heimbewohner den Heimbetrieb trotz einer Ermahnung des Trägers (§ 27e Abs. 2) und trotz der von diesem dagegen ergriffenen zumutbaren Maßnahmen zur Abhilfe fortgesetzt derart schwer stört, dass dem Träger oder den anderen Bewohnern sein weiterer Aufenthalt im Heim nicht mehr zugemutet werden kann, oder

4. der Heimbewohner trotz einer nach Eintritt der Fälligkeit erfolgten Ermahnung (§ 27e Abs. 2) mit der Zahlung des Entgelts mindestens zwei Monate in Verzug ist.

(2) [1]Ist in einem auf eine Kündigung nach Abs. 1 Z 4 gestützten gerichtlichen Räumungsstreit die Höhe des geschuldeten Betrags strittig, so hat das Gericht darüber vor Schluss der mündlichen Verhandlung mit Beschluss zu entscheiden. [2]Eine auf Abs. 1 Z 4 gestützte Kündigung ist unwirksam, wenn der Rückstand binnen 14 Tagen nach Rechtskraft dieses Beschlusses entrichtet wird. [3]Der Heimbewohner hat jedoch dem Träger die Kosten des Verfahrens zu ersetzen, soweit ihn ohne seine Zahlung eine Kostenersatzpflicht getroffen hätte und sofern er den Verzug verschuldet hat.

(3) [1]Der Heimträger hat im Fall der Kündigung des Vertragsverhältnisses zugleich mit der Kündigung den örtlich zuständigen Träger der Sozial- und Behindertenhilfe davon zu verständigen, sofern der Heimbewohner dem nicht widerspricht. [2]Andere gesetzliche oder vertragliche Verständigungspflichten bleiben unberührt.

(BGBl I 2004/12)

II. Hauptstück
Verbandsklage

Unterlassungsanspruch

§ 28. (1) [1]Wer im geschäftlichen Verkehr in Allgemeinen Geschäftsbedingungen, die er von ihm geschlossenen Verträgen zugrunde legt, oder in hiebei verwendeten Formblättern für Verträge Bedingungen vorsieht, die gegen ein gesetzliches Verbot oder gegen die guten Sitten verstoßen, oder wer solche Bedingungen für den geschäftlichen Verkehr empfiehlt, kann auf Unterlassung geklagt werden. [2]Dieses Verbot schließt auch das Verbot ein, sich auf eine solche Bedingung zu berufen, soweit sie unzulässigerweise vereinbart worden ist.

(2) Die Gefahr einer Verwendung und Empfehlung derartiger Bedingungen besteht nicht mehr, wenn der Unternehmer nach Abmahnung durch eine gemäß § 29 klageberechtigte Einrichtung binnen angemessener Frist eine mit angemessener Konventionalstrafe (§ 1336 ABGB) besicherte Unterlassungserklärung abgibt.

(3) Wer Allgemeine Geschäftsbedingungen oder Formblätter für Verträge verwendet oder empfiehlt, hat diese einer nach § 29 klagebefugten Einrichtung auf deren Verlangen binnen vier Wochen auszufolgen, sofern die Einrichtung glaubhaft macht, dass die Kenntnis der Geschäftsbedingungen oder Formblätter zur Wahrnehmung der Interessen der Verbraucher erforderlich ist. *(BGBl I 2003/91)*

(BGBl I 1997/6)

§ 28a. (1) Wer im geschäftlichen Verkehr mit Verbrauchern im Zusammenhang mit Haustürgeschäften, außerhalb von Geschäftsräumen geschlossenen Verträgen, den allgemeinen Informationspflichten des Unternehmers (§ 5a), Verbraucherkreditverhältnissen, „Pauschalreiseverträgen und Verträgen über die Vermittlung verbundener Reiseleistungen“, Teilzeitnutzungsrechtsverhältnissen, Abschlüssen im Fernabsatz, der Vereinbarung von missbräuchlichen Vertragsklauseln, der Gewährleistung oder Garantie beim Kauf oder bei der Herstellung beweglicher körperlicher Sachen, der Forderung von Telefonkosten (§ 6b) oder zusätzlichen Zahlungen (§ 6c), der Leistungsfrist (§ 7a) oder dem Gefahrenübergang (§ 7b), im Zusammenhang mit Diensten der Informationsgesellschaft im elektronischen Geschäftsverkehr, Wertpapierdienstleistungen, Dienstleistungen der Vermögensverwaltung, Zahlungsdiensten, der Ausgabe von E-Geld oder Verbraucherzahlungskonten gegen ein gesetzliches Gebot oder Verbot verstößt, im Zusammenhang mit der alternativen Streitbeilegung (§ 19 AStG) oder der Online-Streitbeilegung (Artikel 14 Abs. 1 und 2 der Verordnung (EU) Nr. 524/2013) Informationspflichten verletzt oder gegen ein gesetzliches Gebot oder Verbot auf Grund der Richtlinie 2006/123/EG über Dienstleistungen im Binnenmarkt, ABl. Nr. L 376 vom 27. 12. 2006, S. 36, bei der Erbringung von Dienstleistungen im Binnenmarkt verstößt und dadurch jeweils die allgemeinen Interessen der Verbraucher beeinträchtigt, kann unbeschadet des § 28 Abs. 1 auf Unterlassung geklagt werden. *(BGBl I 2016/35; BGBl I 2017/50)*

(1a) Abs. 1 ist auch anzuwenden, wenn ein Unternehmer im geschäftlichen Verkehr mit Verbrauchern im Zusammenhang mit Heimverträgen gegen ein gesetzliches Gebot oder Verbot verstößt und dadurch die allgemeinen Interessen der Verbraucher beeinträchtigt. *(BGBl I 2004/12)*

(2) § 28 Abs. 2 ist anzuwenden.

(BGBl I 1999/185)

Klageberechtigung

§ 29. (1) Der Anspruch kann von der Wirtschaftskammer Österreich, der Bundesarbeitskammer, dem Österreichischen Landarbeiterkammertag, der Präsidentenkonferenz der Landwirtschaftskammern Österreichs, dem Österreichischen Gewerkschaftsbund, dem Verein für Konsumenteninformation und dem Österreichischen Seniorenrat geltend gemacht werden.

(2) Liegt der Ursprung des Verstoßes (§§ 28 Abs. 1 und 28a Abs. 1) in Österreich, so kann der Anspruch auch von jeder der im Amtsblatt der Europäischen Gemeinschaften von der Kommission gemäß Artikel 4 Abs. 3 der Richtlinie 98/27/EG über Unterlassungsklagen zum Schutz der Verbraucherinteressen, ABl. Nr. L 166 vom 11. Juni 1998 S 51, veröffentlichten Stellen und Organisationen eines anderen Mitgliedstaates der Europäischen Union geltend gemacht werden, sofern

1. die von dieser Einrichtung geschützten Interessen in diesem Mitgliedstaat beeinträchtigt werden und

2. der in der Veröffentlichung angegebene Zweck der Einrichtung diese Klagsführung rechtfertigt.

(3) Die Veröffentlichung ist bei Klagseinbringung nachzuweisen.

(BGBl I 1999/185)

Anwendung des UWG

§ 30. (1) Die §§ 24, 25 Abs. 3 bis 7 und 26 des Bundesgesetzes gegen den unlauteren Wettbewerb 1984 gelten sinngemäß. *(BGBl I 1997/6)*

(2) Der § 7 Abs. 2 erster Satz und der § 8 Abs. 2 JN sind nicht anzuwenden.

III. Hauptstück
Ergänzende Bestimmungen

Rücktritt von Immobiliengeschäften

§ 30a. (1) Gibt ein Verbraucher eine Vertragserklärung, die auf den Erwerb eines Bestandrechts, eines sonstigen Gebrauchs- oder Nutzungsrechts oder des Eigentums an einer Wohnung, an einem Einfamilienwohnhaus oder an einer Liegenschaft, die zum Bau eines Einfamilienwohnhauses geeignet ist, am selben Tag ab, an dem er das Vertragsobjekt das erste Mal besichtigt hat, so kann er von seiner Vertragserklärung zurücktreten, sofern der Erwerb der Deckung des dringenden Wohnbedürfnisses des Verbrauchers oder eines nahen Angehörigen dienen soll.

(2) [1]Der Rücktritt kann binnen einer Woche nach der Vertragserklärung des Verbrauchers erklärt werden. [2]Ist ein Makler eingeschritten und wird die Rücktrittserklärung an diesen gerichtet, so gilt der Rücktritt auch für einen im Zug der Vertragserklärung geschlossenen Maklervertrag. [3]Im übrigen gilt für die Rücktrittserklärung § 3 Abs. 4.

(3) [1]Die Frist des Abs. 2 beginnt erst zu laufen, sobald der Verbraucher eine Zweitschrift seiner Vertragserklärung und eine schriftliche Belehrung über das Rücktrittsrecht erhalten hat. [2]Das Rücktrittsrecht erlischt jedoch spätestens einen Monat nach dem Tag der erstmaligen Besichtigung.[3]„Rücktrittsrechte, die dem Verbraucher nach anderen Bestimmungen – insbesondere nach §§ 11 ff. FAGG – zustehen, bleiben unberührt.“ *(BGBl I 2014/33, ab 13. 6. 2014)*

(4) Die Zahlung eines Angelds, Reugelds oder einer Anzahlung vor Ablauf der Rücktrittsfrist kann nicht wirksam vereinbart werden.

(BGBl 1996/262)

Besondere Aufklärungspflichten des Immobilienmaklers

§ 30b. (1) [1]Der Immobilienmakler hat vor Abschluß des Maklervertrags dem Auftraggeber, der Verbraucher ist, mit der Sorgfalt eines ordentlichen Immobilienmaklers eine schriftliche Übersicht zu geben, aus der hervorgeht, daß er als Makler einschreitet, und die sämtliche dem Verbraucher durch den Abschluß des zu vermittelnden Geschäfts voraussichtlich erwachsenden Kosten, einschließlich der Vermittlungsprovision, ausweist. [2]Die Höhe der Vermittlungsprovision ist gesondert anzuführen; auf ein allfälliges wirtschaftliches oder familiäres Naheverhältnis im Sinn des § 6 Abs. 4 dritter Satz MaklerG ist hinzuweisen. [3]Wenn der Immobilienmakler kraft Geschäftsgebrauchs als Doppelmakler tätig sein kann, hat diese Übersicht auch einen Hinweis darauf zu enthalten. [4]Bei erheblicher Änderung der Verhältnisse hat der Immobilienmakler die Übersicht entsprechend richtigzustellen. [5]Erfüllt der Makler diese Pflichten nicht spätestens vor einer Vertragserklärung des Auftraggebers zum vermittelten Geschäft, so gilt § 3 Abs. 4 MaklerG.

(2) [1]Der Immobilienmakler hat dem Auftraggeber die nach § 3 Abs. 3 MaklerG erforderlichen Nachrichten schriftlich mitzuteilen. [2]Zu diesen zählen jedenfalls auch sämtliche Umstände, die für die Beurteilung des zu vermittelnden Geschäfts wesentlich sind. *(BGBl I 2003/91, s § 41a Abs 15)*

(BGBl 1996/262, ab 1. 7. 1996, auf vor dem Inkrafttreten geschlossene Maklerverträge nicht anzuwenden)

Höchstdauer von Alleinvermittlungsaufträgen

§ 30c. (1) Die Dauer von Alleinvermittlungsaufträgen (§ 14 Abs. 2 MaklerG) von Verbrauchern darf höchstens vereinbart werden mit

1. drei Monaten für die Vermittlung von Bestandverträgen über Wohnungen oder sonstigen den Gebrauch oder die Nutzung von Wohnungen betreffenden Verträgen;

2. sechs Monaten für die Vermittlung von Verträgen zur Veräußerung oder zum Erwerb des Eigentums an Wohnungen, Einfamilienwohnhäusern und einzelnen Grundstücken, die zum Bau eines Einfamilienwohnhauses geeignet sind.

(2) Wenn besondere Umstände vorliegen, die die Vermittlung wesentlich erschweren oder verzögern, darf auch eine entsprechend längere als die in Abs. 1 bestimmte Frist vereinbart werden.

(BGBl 1996/262, ab 1. 7. 1996, auf vor dem Inkrafttreten geschlossene Maklerverträge nicht anzuwenden)

Schriftlichkeit und zwingende Bestimmungen beim Maklervertrag

§ 31. (1) Die folgenden Vereinbarungen sind nur rechtswirksam, wenn sie ausdrücklich und schriftlich erfolgen:

1. Vereinbarung des Ersatzes von Aufwendungen auf Grund von zusätzlichen Aufträgen (§ 9 MaklerG);

2. Abschluß und Verlängerung von Alleinvermittlungsaufträgen (§ 14 MaklerG);

3. besondere Vereinbarungen für Fälle fehlenden Vermittlungserfolgs (§ 15 MaklerG).

(2) Von den Bestimmungen der §§ 30a bis 31 Abs. 1 sowie von § 2 Abs. 2, § 3, § 9, § 10, § 28 Z 4 und Z 5 sowie § 39 MaklerG darf nicht zum Nachteil des Verbrauchers abgegangen werden. *(BGBl I 1997/6, s § 41a Abs 4 Z 2)*

(BGBl 1996/262, ab 1. 7. 1996, auf vor dem Inkrafttreten geschlossene Maklerverträge nicht anzuwenden)

Mißbrauch von Zahlungskarten im Fernabsatz

§ 31a. *(aufgehoben, BGBl I 2009/66, mit Ablauf des 31. Oktober 2009; § 31a ist jedoch weiterhin auf Geschäftsfälle anzuwenden, bei denen eine Zahlungskarte oder deren Daten vor dem 1. November 2009 missbräuchlich verwendet worden sind)*

§§ 31b bis 31f. *(aufgehoben, BGBl I 2017/50)*

Strafbestimmungen

§ 32. (1) Sofern die Tat nicht den Tatbestand einer in die Zuständigkeit der Gerichte fallenden strafbaren Handlung bildet, begeht „ein Unternehmer oder der für ihn handelnde Vertreter"** eine Verwaltungsübertretung und ist mit einer Geldstrafe bis „1 450 Euro"* zu bestrafen, der *(* BGBl I 2001/98; ** BGBl I 2010/28)*

1. es unterläßt,

a) die Informationspflicht nach § 5a vollständig und mit zutreffenden Angaben zu erfüllen, *(BGBl I 2014/33)*

b) die Ware im Sinn des § 7a rechtzeitig bereitzustellen oder abzuliefern, *(BGBl I 2014/33)*

c) die in § 26d Abs. 1 vorgesehene Urkunde mit den in § 26d Abs. 2 vorgeschriebenen Angaben zu errichten oder *(BGBl I 2014/33)*

„d)" Kreditnehmer oder Interzedenten den §§ 25a bis 25c entsprechend zu belehren oder zu informieren, *(BGBl I 2014/33, ab 13. 6. 2014)*

2. dem § 26d Abs. 3 zuwiderhandelt, *(BGBl I 2014/33)*

3. dem § 11 Abs. 1 zuwiderhandelt,

4. dem § 12 Abs. 1 zuwiderhandelt,

5. einem Verbraucher ohne dessen Veranlassung Waren übersendet oder Dienstleistungen erbringt und damit eine Zahlungsaufforderung verbindet,

6. in die dem Verbraucher gemäß § 3 Abs. 1 auszufolgende Urkunde unrichtige Angaben aufnimmt „." *(BGBl I 2014/33)*

7. *(entfällt, BGBl I 2014/33)*
(BGBl I 1997/6)

(2) Macht im Fall des Abs. 1 Z 3 ein Dritter gegen den Verbraucher oder dessen Bürgen die Wechselschuld wechselmäßig oder im Fall des Abs. 1 Z 4 der Unternehmer oder ein Dritter die abgetretene Lohn- oder Gehaltsforderung gegen den Dienstgeber geltend, so kann die Obergrenze der Geldstrafe bis zum Betrag der Wechselsumme

beziehungsweise dem Betrag, dessen Zahlung vom Dienstgeber verlangt worden ist, jedenfalls aber bis zum Doppelten überschritten werden.

(3) Die Verjährungsfrist beginnt in den Fällen des Abs. 1 Z 3 und 4 – je nachdem, welcher Zeitpunkt früher liegt – mit der wechselmäßigen Geltendmachung oder mit der Rückstellung oder Vernichtung des Wechsels beziehungsweise mit der Geltendmachung der abgetretenen Lohn- oder Gehaltsforderung gegenüber dem Dienstgeber oder mit dem Zeitpunkt zu laufen, an dem die Abtretung rückgängig gemacht wird.

§ 33. *(betrifft Änderungen des ABGB)*

§ 34. *(betrifft Änderungen des Handelsgesetzbuchs)*

§ 35. *(betrifft Änderungen des Wuchergesetzes)*

§ 36. *(betrifft Änderungen der Zivilprozessordnung)*

§ 37. *(betrifft Änderungen der Exekutionsordnung)*

Übergangs- und Schlußbestimmungen

§ 38. Dieses Bundesgesetz tritt mit dem 1. Oktober 1979 in Kraft.

§ 39. (1) Dieses Bundesgesetz ist auf Verträge, die vor seinem Inkrafttreten geschlossen worden sind, nicht anzuwenden.

(2) *(betrifft §§ 36 und 37)*

§ 40. (1) [1]Mit dem Inkrafttreten dieses Bundesgesetzes tritt das Bundesgesetz vom 15. November 1961, BGBl. Nr. 279, über das Abzahlungsgeschäft (Ratengesetz) außer Kraft. [2]Es ist jedoch – mit Ausnahme der §§ 12 und 15 Abs. 1 Z. 12 – auf Abzahlungsgeschäfte, die vorher geschlossen worden sind, weiterhin anzuwenden.

(2) Das Gesetz vom 30. Juni 1878, RGBl. Nr. 90, enthaltend einige Bestimmungen über die Veräußerung von Staats- und anderen Losen oder deren Gewinsthoffnung, und das Gesetz vom 25. November 1933, deutsches RGBl. I Seite 1011, über Preisnachlässe (Rabattgesetz), in der Fassung der Verordnung vom 16. Feber 1940, deutsches RGBl. I Seite 399, bleiben unberührt.

§ 41. [1]Mit dem Inkrafttreten dieses Bundesgesetzes tritt der Art. 8 Z. 6 der Vierten Verordnung zur Einführung handelsrechtlicher Vorschriften im Lande Österreich vom 24. Dezember 1938, deutsches RGBl. I Seite 1999, zuletzt geändert durch das Bundesgesetz BGBl. Nr. 91/1976, außer Kraft. [2]Diese Bestimmung ist jedoch auf Handelsgeschäfte, die vor diesem Zeitpunkt geschlossen worden sind, weiterhin anzuwenden.

§ 41a. (1) Die §§ 3 Abs. 1, 16 Abs. 1 Z 1, 19 Z 2 und 26b sowie die §§ 12a, 26c und 31b bis 31f in der Fassung des Bundesgesetzes BGBl. Nr. 247/1993 treten mit demselben Zeitpunkt in Kraft wie das Abkommen über den Europäischen Wirtschaftsraum, die §§ 31b bis 31f jedoch frühestens mit 1. Mai 1994. *(BGBl I 1997/6)*

(2) Die neuen Bestimmungen sind auf Verträge, die vor den im Abs. 1 genannten Zeitpunkten geschlossen worden sind, nicht anzuwenden.

(3) [1]Die Änderungen in § 1 Abs. 4, § 3 Abs. 3, § 3a, § 4 Abs. 1, § 6 Abs. 1 Z 9, 14 und 15, Abs. 2 Z 6 sowie Abs. 3, § 7, § 16 Abs. 1 Z 1 und Abs. 3, § 19 Z 2, § 20 Abs. 1, § 24 Abs. 1 Z 5, §§ 25a bis 25d, § 26c Abs. 2, § 26d, § 27a, §§ 28 und 29, § 30 Abs. 1, § 31 Abs. 2, § 31a, § 31f Abs. 1 und 2, § 32 Abs. 1, § 41a Abs. 1 und § 42 durch das Bundesgesetz BGBl. I Nr. 6/1997 treten mit 1. Jänner 1997 in Kraft. [2]§ 6 Abs. 1 Z 5 und 13 in der Fassung des Bundesgesetzes BGBl. I Nr. 6/1997 tritt mit 1. März 1997 in Kraft. *(BGBl I 1997/6)*

(4) Nicht in der in Abs. 3 genannten Fassung anzuwenden sind

1. § 28 auf Empfehlungen, die vor dem 1. Jänner 1997 abgegeben worden sind,

2. § 3 Abs. 3, § 3a, § 4 Abs. 1, § 6 Abs. 1 Z 9, 14 und 15, Abs. 2 Z 6 sowie Abs. 3, § 7, § 16 Abs. 1 Z 1 und Abs. 3, § 19 Z 2, § 20 Abs. 1, § 24 Abs. 1, §§ 25a bis 25d, § 26c Abs. 2, § 26d, § 27a, § 31 Abs. 2, § 31a, § 31f Abs. 1 und 2 sowie § 32 Abs. 1 auf Verträge, die vor dem 1. Jänner 1997 geschlossen worden sind, sowie

3. § 6 Abs. 1 Z 5 und 13 auf Verträge, die vor dem 1. März 1997 geschlossen worden sind. *(BGBl I 1997/6)*

(5) § 13a tritt mit dem Tag in Kraft, an dem das Übereinkommen vom 19. Juni 1980 über das auf vertragliche Schuldverhältnisse anzuwendende Recht für die Republik Österreich in Kraft tritt; er ist auf Verträge anzuwenden, die nach diesem Zeitpunkt geschlossen worden sind. *(BGBl I 1998/119)*

(6) § 1 Abs. 5, § 5j und § 42 in der Fassung des Bundesgesetzes BGBl. I Nr. 185/1999 treten mit 1. Oktober 1999 in Kraft. *(BGBl I 1999/185)*

(7) [1]§ 1 Abs. 5 ist auf den Beitritt und die Mitgliedschaft bei Vereinen nicht anzuwenden, wenn der Beitritt vor dem 1. Oktober 1999 erfolgt ist. [2]§ 5j ist auf Gewinnzusagen und andere vergleichbare Mitteilungen, die einem bestimmten Verbraucher vor dem 1. Oktober 1999 zugegangen sind, nicht anzuwenden. *(BGBl I 1999/185)*

(8) Die §§ 5a bis 5i, 13a Abs. 1, 31a und 32 Abs. 1 Z 7 in der Fassung des Bundesgesetzes

BGBl. I Nr. 185/1999 treten mit 1. Juni 2000 in Kraft. *(BGBl I 1999/185)*

(9) Die in Abs. 8 genannten Bestimmungen sind auf Verträge, die vor dem 1. Juni 2000 geschlossen worden sind, nicht anzuwenden. *(BGBl I 1999/185)*

(10) Die §§ 28a und 29 Abs. 2 und 3 in der Fassung des Bundesgesetzes BGBl. I Nr. 185/1999 treten mit 1. Jänner 2001 in Kraft. *(BGBl I 1999/185)*

(11) [1]Die §§ 8, 9, 9a, 9b, 13a und 28a in der Fassung des Bundesgesetzes BGBl. I Nr. 48/2001 treten mit 1. Jänner 2002 in Kraft. [2]Sie sind in dieser Fassung auf Verträge anzuwenden, die nach dem 31. Dezember 2001 geschlossen werden. *(BGBl I 2001/48)*

(12) Die §§ 3, 12a, 16, 20, 26b, 32 und 41a in der Fassung des Bundesgesetzes BGBl. I Nr. 98/2001 treten mit 1. Jänner 2002 in Kraft. *(BGBl I 2001/98)*

(13) [1]Die §§ 3, 12a, 16, 20 und 26b in der in Abs. 12 genannten Fassung sind auf Verträge anzuwenden, die nach dem 31. Dezember 2001 abgeschlossen worden sind. [2]§ 32 in der in Abs. 12 genannten Fassung ist auf strafbare Handlungen anzuwenden, die nach dem 31. Dezember 2001 begangen worden sind. *(BGBl I 2001/98)*

(14) [1]§ 3 in der Fassung des Bundesgesetzes BGBl. I Nr. 111/2002 tritt mit dem auf die Kundmachung dieses Gesetzes folgenden Monatsersten in Kraft. [2]Die Bestimmung ist in dieser Fassung auf Verträge anzuwenden, die nach diesem Zeitpunkt geschlossen werden. *(BGBl I 2002/111)*

(15) [1]Die §§ 6, 28, 30b, 31f und 42 in der Fassung des Bundesgesetzes BGBl. I Nr. 91/ 2003 treten mit 1. Jänner 2004 in Kraft. [2]Sie sind auf Verträge oder Vertragserklärungen, die vor diesem Zeitpunkt geschlossen bzw. abgegeben worden sind, nicht anzuwenden. *(BGBl I 2003/91)*

(16) Die §§ 3 und 31e in der Fassung des Bundesgesetzes BGBl. I Nr. 91/2003 treten mit 1. Jänner 2004 in Kraft. *(BGBl I 2003/91)*

(17) [1]Die §§ 27b bis 27i, 28a und 42 in der Fassung des Bundesgesetzes BGBl. I Nr. 12/2004 treten mit 1. Juli 2004 in Kraft. [2]Sie sind nur auf Sachverhalte anzuwenden, die nach diesem Zeitpunkt verwirklicht werden. *(BGBl I 2004/12)*

(18) [1]Die §§ 5b, 13a, und 31a in der Fassung des Bundesgesetzes BGBl. I Nr. 62/2004 treten mit 1. Oktober 2004 in Kraft. [2]Auf Verträge, die vor diesem Zeitpunkt abgeschlossen wurden, sind diese Bestimmungen in ihrer bisher geltenden Fassung anzuwenden. *(BGBl I 2004/62)*

(19) [1]§ 27d Abs. 1 Z 6 und Abs. 6 in der Fassung des Bundesgesetzes BGBl. I Nr. 92/2006 tritt mit 1. Juli 2007 in Kraft. [2]Die in § 27d Abs. 1 Z 6 vorgesehene Offenlegung der vom Träger der Sozial- oder Behindertenhilfe gedeckten Leistungen und § 27d Abs. 6 sind auf Verträge, die vor diesem Zeitpunkt geschlossen worden sind, nicht anzuwenden. *(BGBl I 2006/92)*

(20) § 28a Abs. 1 in der Fassung des Bundesgesetzes BGBl. I Nr. 60/2007 tritt mit 1. November 2007 in Kraft. *(BGBl I 2007/60)*

(21) [1]§ 3 Abs. 5 in der Fassung des Bundesgesetzes BGBl. I Nr. 21/2008 tritt am Tag nach der Veröffentlichung im Bundesgesetzblatt in Kraft.[2]Die Bestimmung ist in dieser Fassung auf Verträge anzuwenden, die nach diesem Zeitpunkt geschlossen werden. *(BGBl I 2008/21)*

(22) § 28a Abs. 1 in der Fassung des Bundesgesetzes BGBl. I Nr. 66/2009 tritt mit 1. November 2009 in Kraft; § 31a tritt mit Ablauf des 31. Oktober 2009 außer Kraft, ist jedoch weiterhin auf Geschäftsfälle anzuwenden, bei denen eine Zahlungskarte oder deren Daten vor dem 1. November 2009 missbräuchlich verwendet worden sind. *(BGBl I 2009/66)*

(23) [1]§ 5h Abs. 1 und § 32 Abs. 1 in der Fassung des Bundesgesetzes BGBl. I Nr. 28/2010 treten am 11. Juni 2010 in Kraft. [2]§ 13a in der Fassung des Bundesgesetzes BGBl. I Nr. 28/2010 tritt am 11. Juni 2010 in Kraft und ist auf Verträge anzuwenden, die nach dem 10. Juni 2010 geschlossen werden. [3]Die §§ 12a, 13, 16 bis 25 und 26c treten mit Ablauf des 10. Juni 2010 außer Kraft, sind jedoch weiterhin auf vor dem 11. Juni 2010 geschlossene Verträge anzuwenden. *(BGBl I 2010/28)*

(24) [1]§ 5e Abs. 4 und 5 sowie § 5f Abs. 2 in der Fassung des Bundesgesetzes BGBl. I Nr. 22/2011 treten mit 1. Mai 2011 in Kraft. [2]Diese Bestimmungen sind auf Verträge anzuwenden, die nach dem 30. April 2011 ausgehandelt werden. *(BGBl I 2011/22)*

(25) § 28a Abs. 1 in der Fassung des Bundesgesetzes BGBl. I Nr. 107/2010 tritt mit 30. April 2011 in Kraft. *(BGBl I 2010/107)*

(26) § 28a Abs. 1 in der Fassung des Bundesgesetzes BGBl. I Nr. 77/2011 tritt mit 31. August 2011 in Kraft. *(BGBl I 2011/77)*

(27) § 28a Abs. 1 in der Fassung des Bundesgesetzes BGBl. I Nr. 100/2011 tritt mit 1. Jänner 2012 in Kraft. *(BGBl I 2011/100)*

(28) [1]§ 6a in der Fassung des Zahlungsverzugsgesetzes, BGBl. I Nr. 50/2013, tritt mit 16. März 2013 in Kraft und ist in dieser Fassung auf Verträge anzuwenden, die ab dem 16. März 2013 geschlossen werden. [2]Auf Verträge, die vor dem 16. März 2013 geschlossen wurden, sind die bisherigen Bestimmungen weiter anzuwenden; wenn solche früher geschlossenen Verträge jedoch wiederholte Geldleistungen vorsehen, gelten die neuen Bestimmungen für diejenigen Zahlungen, die ab dem 16. März 2013 fällig werden. *(BGBl I 2013/50)*

(29) [1]§§ 3, 5a, 5b, 6b, 6c, 7a, 7b, 26d Abs. 5, 28a Abs. 1, 30a Abs. 3 und § 32 Abs. 1 in der Fassung des Bundesgesetzes BGBl. I Nr. 33/2014 sowie die mit diesem Bundesgesetz herbeigeführte Änderung der Paragraphenbezeichnung des bisherigen § 5j treten mit 13. Juni 2014 in Kraft. [2]§§ 3, 5a, 5b, 6b, 6c, 7a, 7b, 26d Abs. 5 und 30a Abs. 3 in der Fassung dieses Bundesgesetzes sind auf Verträge anzuwenden, die ab dem 13. Juni 2014 geschlossen werden; für die in § 5a Abs. 2 Z 9 angeführten Verträge ist § 6c aber erst ab dem 1. Juli 2015 anzuwenden. [3]Die bisherigen §§ 5c bis 5i und 26 bis 26b sowie die bisherige Überschrift vor § 5a treten mit Ablauf des 12. Juni 2014 außer Kraft; sie sowie §§ 5a, 5b, 26d und 30a in der bisherigen Fassung sind jedoch weiterhin auf vor dem 13. Juni 2014 geschlossene Verträge anzuwenden. *(BGBl I 2014/33)*

(30) § 28a Abs. 1 in der Fassung des Bundesgesetzes BGBl. I Nr. 105/2015 tritt mit 9. Jänner 2016 in Kraft. *(BGBl I 2015/105)*

(31) § 28a Abs. 1 in der Fassung des Bundesgesetzes BGBl. I Nr. 35/2016 tritt mit 18. September 2016 in Kraft. *(BGBl I 2016/35)*

(32) [1]§ 3 Abs. 3, § 5a Abs. 2 Z 9, § 13a Abs. 1 Z 3 und § 28a Abs. 1 in der Fassung des Bundesgesetzes BGBl. I Nr. 50/2017 sowie die Aufhebung der §§ 31b bis 31f treten mit 1. Juli 2018 in Kraft. [2]Die §§ 31b bis 31f sind jedoch weiterhin auf Verträge über Reiseveranstaltungen anzuwenden, die vor dem 1. Juli 2018 geschlossen wurden. *(BGBl I 2017/50)*

(33) § 3 Abs. 1 und 3, § 3a Abs. 3 und 4 in der Fassung des Bundesgesetzes BGBl. I. Nr. 51/2018 treten mit 1. Jänner 2019 in Kraft und sind auf Verträge anzuwenden, die nach dem 31. Dezember 2018 geschlossen werden. *(BGBl I 2018/51)*

(33) § 27d in der Fassung des Bundesgesetzes BGBl. I Nr. 58/2018, tritt mit 1. August 2018 in Kraft. *(BGBl I 2018/58)*

§ 42. Mit der Vollziehung dieses Bundesgesetzes sind „hinsichtlich des § 27b Abs. 2 der Bundesminister für Finanzen,“** hinsichtlich des § 32 „der Bundesminister für soziale Sicherheit, Generationen und Konsumentenschutz“* im Einvernehmen mit dem Bundesminister für Justiz und im übrigen der Bundesminister für Justiz betraut. *(*BGBl I 2003/91; **BGBl I 2004/12)*

6/1. Fern- und Auswärtsgeschäfte-Gesetz

BGBl I 2014/33 idF

1 BGBl I 2017/50 (PRG)

GLIEDERUNG

Bundesgesetz über Fernabsatz- und außerhalb von Geschäftsräumen geschlossene Verträge (Fern- und Auswärtsgeschäfte-Gesetz – FAGG)

1. Abschnitt
Allgemeines

Geltungsbereich

§ 1. (1) Dieses Bundesgesetz gilt für Fernabsatz- und außerhalb von Geschäftsräumen geschlossene Verträge (Fern- und Auswärtsgeschäfte) zwischen Unternehmern und Verbrauchern (§ 1 KSchG).

(2) Dieses Bundesgesetz gilt – soweit in § 8 Abs. 4 nicht anderes bestimmt ist – nicht für Verträge,

1. die außerhalb von Geschäftsräumen geschlossen werden (§ 3 Z 1) und bei denen das vom Verbraucher zu zahlende Entgelt den Betrag von 50 Euro nicht überschreitet,

2. über soziale Dienstleistungen einschließlich der Bereitstellung und Vermietung von Sozialwohnungen, der Kinderbetreuung oder der Unterstützung von dauerhaft oder vorübergehend hilfsbedürftigen Familien oder Personen einschließlich Langzeitpflege,

3. über Gesundheitsdienstleistungen gemäß Artikel 3 Buchstabe a der Richtlinie 2011/24/EU über die Ausübung der Patientenrechte in der grenzüberschreitenden Gesundheitsversorgung, ABl. Nr. L 88 vom 4.4.2011 S. 45, unabhängig davon, ob sie von einer Einrichtung des Gesundheitswesens erbracht werden, dies mit Ausnahme des Vertriebs von Arzneimitteln und Medizinprodukten im Fernabsatz,

4. über Glücksspiele, die einen geldwerten Einsatz verlangen, einschließlich Lotterien, Glücksspiele in Spielkasinos und Wetten,

5. über Finanzdienstleistungen,

6. über die Begründung, den Erwerb oder die Übertragung von Eigentum oder anderen Rechten an unbeweglichen Sachen,

7. über den Bau von neuen Gebäuden, erhebliche Umbaumaßnahmen an bestehenden Gebäuden oder die Vermietung von Wohnraum,

8. über Pauschalreisen im Sinn von Art. 3 Z 2 der Richtlinie (EU) 2015/2302 über Pauschalreisen und verbundene Reiseleistungen, zur Änderung der Verordnung (EG) Nr. 2006/2004 und

der Richtlinie 2011/83/EU sowie zur Aufhebung der Richtlinie 90/314/EWG, ABl. Nr. L 326 vom 11.12.2015 S. 1, *(BGBl I 2017/50)*

9. die in den Geltungsbereich der Richtlinie 2008/122/EG über den Schutz der Verbraucher im Hinblick auf bestimmte Aspekte von Teilzeitnutzungsverträgen, Verträgen über langfristige Urlaubsprodukte sowie Wiederverkaufs- und Tauschverträgen, ABl. Nr. L 33 vom 3.2.2009 S. 10, fallen,

10. die vor einem öffentlichen Amtsträger geschlossen werden, der gesetzlich zur Unabhängigkeit und Unparteilichkeit verpflichtet ist und durch umfassende rechtliche Aufklärung sicherzustellen hat, dass der Verbraucher den Vertrag nur aufgrund gründlicher rechtlicher Prüfung und in Kenntnis seiner rechtlichen Tragweite abschließt,

11. über die Lieferung von Lebensmitteln, Getränken oder sonstigen Haushaltsgegenständen des täglichen Bedarfs, die vom Unternehmer im Rahmen häufiger und regelmäßiger Fahrten am Wohnsitz, am Aufenthaltsort oder am Arbeitsplatz des Verbrauchers geliefert werden,

12. die unter Verwendung von Warenautomaten oder automatisierten Geschäftsräumen geschlossen werden,

13. die mit Betreibern von Telekommunikationsmitteln mit Hilfe öffentlicher Fernsprecher zu deren Nutzung geschlossen werden oder die zur Nutzung einer einzelnen von einem Verbraucher hergestellten Telefon-, Internet- oder Faxverbindung geschlossen werden.

(3) Für Verträge über die Beförderung von Personen ist nur § 8 anzuwenden.

(4) Soweit eine Bestimmung dieses Bundesgesetzes zu einer anderen Gesetzesbestimmung, die der Umsetzung eines sektorspezifischen Unionsrechtsakts dient, oder zu einem innerstaatlich unmittelbar anwendbaren Unionsrechtsakt in einem unlösbaren inhaltlichen Widerspruch steht, ist sie auf die von der kollidierenden Vorschrift erfassten Verträge nicht anzuwenden.

Zwingendes Recht

§ 2. Soweit Vereinbarungen zum Nachteil des Verbrauchers von den Bestimmungen dieses Bundesgesetzes abweichen, sind sie unwirksam.

Begriffsbestimmungen

§ 3. In diesem Bundesgesetz bezeichnet der Ausdruck

1. „außerhalb von Geschäftsräumen geschlossener Vertrag" jeden Vertrag zwischen einem Unternehmer und einem Verbraucher,

a) der bei gleichzeitiger körperlicher Anwesenheit des Unternehmers und des Verbrauchers an einem Ort geschlossen wird, der kein Geschäftsraum des Unternehmers ist,

b) für den der Verbraucher unter den in lit. a genannten Umständen ein Angebot gemacht hat,

c) der in den Geschäftsräumen des Unternehmers oder durch Fernkommunikationsmittel geschlossen wird, unmittelbar nachdem der Verbraucher an einem anderen Ort als den Geschäftsräumen des Unternehmers bei gleichzeitiger körperlicher Anwesenheit des Unternehmers oder dessen Beauftragten und des Verbrauchers persönlich und individuell angesprochen wurde, oder

d) der auf einem Ausflug geschlossen wird, der von einem Unternehmer oder von dessen Beauftragten in der Absicht oder mit dem Ergebnis organisiert wurde, dass der Unternehmer für den Verkauf von Waren oder die Erbringung von Dienstleistungen beim Verbraucher wirbt oder werben lässt und entsprechende Verträge mit dem Verbraucher abschließt;

2. „Fernabsatzvertrag" jeden Vertrag, der zwischen einem Unternehmer und einem Verbraucher ohne gleichzeitige körperliche Anwesenheit des Unternehmers und des Verbrauchers im Rahmen eines für den Fernabsatz organisierten Vertriebs- oder Dienstleistungssystems geschlossen wird, wobei bis einschließlich des Zustandekommens des Vertrags ausschließlich Fernkommunikationsmittel verwendet werden;

3. „Geschäftsräume" unbewegliche Gewerberäume, in denen der Unternehmer seine Tätigkeit dauerhaft ausübt, oder bewegliche Gewerberäume, in denen der Unternehmer seine Tätigkeit für gewöhnlich ausübt;

4. „öffentliche Versteigerung" eine Verkaufsmethode, bei der der Unternehmer Verbrauchern, die bei der Versteigerung persönlich anwesend sind oder denen diese Möglichkeit gewährt wird, Waren oder Dienstleistungen anbietet, und zwar in einem vom Versteigerer durchgeführten, auf konkurrierenden Geboten basierenden transparenten Verfahren, bei dem der Bieter, der den Zuschlag erhalten hat, zum Erwerb der Waren oder Dienstleistungen verpflichtet ist;

5. „dauerhafter Datenträger" jedes Medium, das es dem Verbraucher oder dem Unternehmer gestattet, an ihn persönlich gerichtete Informationen derart zu speichern, dass er sie in der Folge für eine für die Zwecke der Informationen angemessene Dauer einsehen kann, und das die unveränderte Wiedergabe der gespeicherten Informationen ermöglicht;

6. „digitale Inhalte" Daten, die in digitaler Form hergestellt oder bereitgestellt werden;

7. „akzessorischer Vertrag" einen Vertrag, mit dem der Verbraucher Waren oder Dienstleistungen erwirbt, die im Zusammenhang mit einem Fern- oder Auswärtsgeschäft stehen und bei dem diese Waren oder Dienstleistungen von dem Un-

ternehmer oder einem Dritten auf der Grundlage einer Vereinbarung zwischen diesem Dritten und dem Unternehmer geliefert oder erbracht werden.

2. Abschnitt
Informationspflichten

Inhalt der Informationspflicht; Rechtsfolgen

§ 4. (1) Bevor der Verbraucher durch einen Vertrag oder seine Vertragserklärung gebunden ist, muss ihn der Unternehmer in klarer und verständlicher Weise über Folgendes informieren:

1. die wesentlichen Eigenschaften der Ware oder Dienstleistung in dem für das Kommunikationsmittel und die Ware oder Dienstleistung angemessenen Umfang,

2. den Namen oder die Firma des Unternehmers sowie die Anschrift seiner Niederlassung,

3. gegebenenfalls

a) die Telefonnummer, die Faxnummer und die E-Mail-Adresse, unter denen der Verbraucher den Unternehmer schnell erreichen und ohne besonderen Aufwand mit ihm in Verbindung treten kann,

b) die von der Niederlassung des Unternehmers abweichende Geschäftsanschrift, an die sich der Verbraucher mit jeder Beschwerde wenden kann, und

c) den Namen oder die Firma und die Anschrift der Niederlassung jener Person, in deren Auftrag der Unternehmer handelt, sowie die allenfalls abweichende Geschäftsanschrift dieser Person, an die sich der Verbraucher mit jeder Beschwerde wenden kann,

4. den Gesamtpreis der Ware oder Dienstleistung einschließlich aller Steuern und Abgaben, wenn aber der Preis aufgrund der Beschaffenheit der Ware oder Dienstleistung vernünftigerweise nicht im Voraus berechnet werden kann, die Art der Preisberechnung und gegebenenfalls alle zusätzlichen Fracht-, Liefer-, Versand- oder sonstigen Kosten oder, wenn diese Kosten vernünftigerweise nicht im Voraus berechnet werden können, das allfällige Anfallen solcher zusätzlichen Kosten,

5. bei einem unbefristeten Vertrag oder einem Abonnementvertrag die für jeden Abrechnungszeitraum anfallenden Gesamtkosten, wenn für einen solchen Vertrag Festbeträge in Rechnung gestellt werden, die monatlichen Gesamtkosten, wenn aber die Gesamtkosten vernünftigerweise nicht im Voraus berechnet werden können, die Art der Preisberechnung,

6. die Kosten für den Einsatz der für den Vertragsabschluss genutzten Fernkommunikationsmittel, sofern diese nicht nach dem Grundtarif berechnet werden,

7. die Zahlungs-, Liefer- und Leistungsbedingungen, den Zeitraum, innerhalb dessen nach der Zusage des Unternehmers die Ware geliefert oder die Dienstleistung erbracht wird, sowie ein allenfalls vorgesehenes Verfahren beim Umgang des Unternehmers mit Beschwerden,

8. bei Bestehen eines Rücktrittsrechts die Bedingungen, die Fristen und die Vorgangsweise für die Ausübung dieses Rechts, dies unter Zurverfügungstellung des Muster-Widerrufsformulars gemäß **Anhang I Teil B**,

9. gegebenenfalls die den Verbraucher im Fall seines Rücktritts vom Vertrag gemäß § 15 treffende Pflicht zur Tragung der Kosten für die Rücksendung der Ware sowie bei Fernabsatzverträgen über Waren, die wegen ihrer Beschaffenheit üblicherweise nicht auf dem Postweg versendet werden, die Höhe der Rücksendungskosten,

10. gegebenenfalls die den Verbraucher im Fall seines Rücktritts vom Vertrag gemäß § 16 treffende Pflicht zur Zahlung eines anteiligen Betrags für die bereits erbrachten Leistungen,

11. gegebenenfalls über das Nichtbestehen eines Rücktrittsrechts nach § 18 oder über die Umstände, unter denen der Verbraucher sein Rücktrittsrecht verliert,

12. zusätzlich zu dem Hinweis auf das Bestehen eines gesetzlichen Gewährleistungsrechts für die Ware gegebenenfalls das Bestehen und die Bedingungen von Kundendienstleistungen und von gewerblichen Garantien,

13. gegebenenfalls bestehende einschlägige Verhaltenskodizes gemäß § 1 Abs. 4 Z 4 UWG und darüber, wie der Verbraucher eine Ausfertigung davon erhalten kann,

14. gegebenenfalls die Laufzeit des Vertrags oder die Bedingungen für die Kündigung unbefristeter Verträge oder sich automatisch verlängernder Verträge,

15. gegebenenfalls die Mindestdauer der Verpflichtungen, die der Verbraucher mit dem Vertrag eingeht,

16. gegebenenfalls das Recht des Unternehmers, vom Verbraucher die Stellung einer Kaution oder anderer finanzieller Sicherheiten zu verlangen, sowie deren Bedingungen,

17. gegebenenfalls die Funktionsweise digitaler Inhalte einschließlich anwendbarer technischer Schutzmaßnahmen für solche Inhalte,

18. gegebenenfalls – soweit wesentlich – die Interoperabilität digitaler Inhalte mit Hard- und Software, soweit diese dem Unternehmer bekannt ist oder vernünftigerweise bekannt sein muss, und

19. gegebenenfalls die Möglichkeit des Zugangs zu einem außergerichtlichen Beschwerde- und Rechtsbehelfsverfahren, dem der Unternehmer unterworfen ist, und die Voraussetzungen für diesen Zugang.

(2) Im Fall einer öffentlichen Versteigerung können anstelle der in Abs. 1 Z 2 und 3 genannten Informationen die entsprechenden Angaben des Versteigerers übermittelt werden.

(3) Die Informationen nach Abs. 1 Z 8, 9 und 10 können mittels der Muster-Widerrufsbelehrung gemäß **Anhang I Teil A** erteilt werden. Mit dieser formularmäßigen Informationserteilung gelten die genannten Informationspflichten des Unternehmers als erfüllt, sofern der Unternehmer dem Verbraucher das Formular zutreffend ausgefüllt übermittelt hat.

(4) Die dem Verbraucher nach Abs. 1 erteilten Informationen sind Vertragsbestandteil. Änderungen sind nur dann wirksam, wenn sie von den Vertragsparteien ausdrücklich vereinbart wurden.

(5) Hat der Unternehmer seine Pflicht zur Information über zusätzliche und sonstige Kosten nach Abs. 1 Z 4 oder über die Kosten für die Rücksendung der Ware nach Abs. 1 Z 9 nicht erfüllt, so hat der Verbraucher die zusätzlichen und sonstigen Kosten nicht zu tragen.

(6) Die Informationspflichten nach Abs. 1 gelten unbeschadet anderer Informationspflichten nach gesetzlichen Vorschriften, die auf der Richtlinie 2006/123/EG über Dienstleistungen im Binnenmarkt, ABl. Nr. L 376 vom 27.12.2006 S. 36, oder auf der Richtlinie 2000/31/EG über bestimmte rechtliche Aspekte der Dienste der Informationsgesellschaft, insbesondere des elektronischen Geschäftsverkehrs, im Binnenmarkt, ABl. Nr. L 178 vom 17.7.2000 S. 1, beruhen.

Informationserteilung bei außerhalb von Geschäftsräumen geschlossenen Verträgen

§ 5. (1) Bei außerhalb von Geschäftsräumen geschlossenen Verträgen sind die in § 4 Abs. 1 genannten Informationen dem Verbraucher auf Papier oder, sofern der Verbraucher dem zustimmt, auf einem anderen dauerhaften Datenträger bereitzustellen. Die Informationen müssen lesbar, klar und verständlich sein.

(2) Der Unternehmer hat dem Verbraucher eine Ausfertigung des unterzeichneten Vertragsdokuments oder die Bestätigung des geschlossenen Vertrags auf Papier oder, sofern der Verbraucher dem zustimmt, auf einem anderen dauerhaften Datenträger bereitzustellen. Gegebenenfalls muss die Ausfertigung oder Bestätigung des Vertrags auch eine Bestätigung der Zustimmung und Kenntnisnahme des Verbrauchers nach § 18 Abs. 1 Z 11 enthalten.

Vereinfachte Informationserteilung bei Handwerkerverträgen

§ 6. (1) Bei außerhalb von Geschäftsräumen geschlossenen Verträgen über Reparatur- oder Instandhaltungsarbeiten, bei denen der Verbraucher das Kommen und die Dienste des Unternehmers zur Ausführung dieser Arbeiten ausdrücklich angefordert hat, das vom Verbraucher zu zahlende Entgelt den Betrag von 200 Euro nicht übersteigt und beide Vertragsteile ihre vertraglichen Verpflichtungen sofort erfüllen, gelten für die Informationserteilung abweichend von § 5 Abs. 1 die Bestimmungen des nachfolgenden Absatzes.

(2) Der Unternehmer hat dem Verbraucher die in § 4 Abs. 1 Z 2 und 3 lit. a und c genannten Informationen sowie Informationen über die Höhe des Preises oder die Art der Preisberechnung zusammen mit einem Kostenvoranschlag über die Gesamtkosten auf Papier oder, wenn der Verbraucher dem zustimmt, einem anderen dauerhaften Datenträger bereitzustellen. Überdies hat der Unternehmer dem Verbraucher die in § 4 Abs. 1 Z 1, 8 und 11 genannten Informationen zu erteilen, kann jedoch davon absehen, diese auf Papier oder einem anderen dauerhaften Datenträger bereitzustellen, wenn sich der Verbraucher damit ausdrücklich einverstanden erklärt. Die nach § 5 Abs. 2 zur Verfügung zu stellende Ausfertigung oder Bestätigung muss auch die in § 4 Abs. 1 genannten Informationen enthalten.

Informationserteilung bei Fernabsatzverträgen

§ 7. (1) Bei Fernabsatzverträgen sind die in § 4 Abs. 1 genannten Informationen dem Verbraucher klar und verständlich in einer dem verwendeten Fernkommunikationsmittel angepassten Art und Weise bereitzustellen. Werden diese Informationen auf einem dauerhaften Datenträger bereitgestellt, so müssen sie lesbar sein.

(2) Wird der Vertrag unter Verwendung eines Fernkommunikationsmittels geschlossen, bei dem für die Darstellung der Information nur begrenzter Raum oder begrenzte Zeit zur Verfügung steht, so hat der Unternehmer dem Verbraucher vor dem Vertragsabschluss über dieses Fernkommunikationsmittel zumindest die in § 4 Abs. 1 Z 1, 2, 4, 5, 8 und 14 genannten Informationen über die wesentlichen Merkmale der Waren oder Dienstleistungen, den Namen des Unternehmers, den Gesamtpreis, das Rücktrittsrecht, die Vertragslaufzeit und die Bedingungen der Kündigung unbefristeter Verträge zu erteilen. Die anderen in § 4 Abs. 1 genannten Informationen sind dem Verbraucher auf geeignete Weise unter Beachtung von Abs. 1 zu erteilen.

(3) Der Unternehmer hat dem Verbraucher innerhalb einer angemessenen Frist nach dem Vertragsabschluss, spätestens jedoch mit der Lieferung der Waren oder vor dem Beginn der Dienstleistungserbringung, eine Bestätigung des geschlossenen Vertrags auf einem dauerhaften Datenträger zur Verfügung zu stellen, die die in § 4 Abs. 1 genannten Informationen enthält, sofern er diese Informationen dem Verbraucher nicht schon vor Vertragsabschluss auf einem

dauerhaften Datenträger bereitgestellt hat. Gegebenenfalls muss die Vertragsbestätigung auch eine Bestätigung der Zustimmung und Kenntnisnahme des Verbrauchers nach § 18 Abs. 1 Z 11 enthalten.

Besondere Erfordernisse bei elektronisch geschlossenen Verträgen

§ 8. (1) Wenn ein elektronisch, jedoch nicht ausschließlich im Weg der elektronischen Post oder eines damit vergleichbaren individuellen elektronischen Kommunikationsmittels geschlossener Fernabsatzvertrag den Verbraucher zu einer Zahlung verpflichtet, hat der Unternehmer den Verbraucher, unmittelbar bevor dieser seine Vertragserklärung abgibt, klar und in hervorgehobener Weise auf die in § 4 Abs. 1 Z 1, 4, 5, 14 und 15 genannten Informationen hinzuweisen.

(2) Der Unternehmer hat dafür zu sorgen, dass der Verbraucher bei der Bestellung ausdrücklich bestätigt, dass die Bestellung mit einer Zahlungsverpflichtung verbunden ist. Wenn der Bestellvorgang die Aktivierung einer Schaltfläche oder die Betätigung einer ähnlichen Funktion erfordert, muss diese Schaltfläche oder Funktion gut lesbar ausschließlich mit den Worten „zahlungspflichtig bestellen" oder einer gleichartigen, eindeutigen Formulierung gekennzeichnet sein, die den Verbraucher darauf hinweist, dass die Bestellung mit einer Zahlungsverpflichtung gegenüber dem Unternehmer verbunden ist. Kommt der Unternehmer den Pflichten nach diesem Absatz nicht nach, so ist der Verbraucher an den Vertrag oder seine Vertragserklärung nicht gebunden.

(3) Auf Websites für den elektronischen Geschäftsverkehr ist spätestens bei Beginn des Bestellvorgangs klar und deutlich anzugeben, ob Lieferbeschränkungen bestehen und welche Zahlungsmittel akzeptiert werden.

(4) Die Abs. 1 bis 3 gelten auch für die in § 1 Abs. 2 Z 8 genannten Verträge. Die Regelungen in Abs. 2 zweiter und dritter Satz gelten auch für die in § 1 Abs. 2 Z 2 und 3 genannten Verträge, sofern diese auf die in Abs. 1 angeführte Weise geschlossen werden.

Besondere Erfordernisse bei telefonisch geschlossenen Verträgen

§ 9. (1) Bei Ferngesprächen mit Verbrauchern, die auf den Abschluss eines Fernabsatzvertrags abzielen, hat der Unternehmer dem Verbraucher zu Beginn des Gesprächs seinen Namen oder seine Firma, gegebenenfalls den Namen der Person, in deren Auftrag er handelt, sowie den geschäftlichen Zweck des Gesprächs offenzulegen.

(2) Bei einem Fernabsatzvertrag über eine Dienstleistung, der während eines vom Unternehmer eingeleiteten Anrufs ausgehandelt wurde, ist der Verbraucher erst gebunden, wenn der Unternehmer dem Verbraucher eine Bestätigung seines Vertragsanbots auf einem dauerhaften Datenträger zur Verfügung stellt und der Verbraucher dem Unternehmer hierauf eine schriftliche Erklärung über die Annahme dieses Anbots auf einem dauerhaften Datenträger übermittelt.

(3) Die Abs. 1 und 2 gelten auch für die in § 1 Abs. 2 Z 8 genannten Verträge. *(BGBl I 2017/50)*

Beginn der Vertragserfüllung vor Ablauf der Rücktrittsfrist

§ 10. Hat ein Fernabsatzvertrag oder ein außerhalb von Geschäftsräumen geschlossener Vertrag eine Dienstleistung, die nicht in einem begrenzten Volumen oder in einer bestimmten Menge angebotene Lieferung von Wasser, Gas oder Strom oder die Lieferung von Fernwärme zum Gegenstand und wünscht der Verbraucher, dass der Unternehmer noch vor Ablauf der Rücktrittsfrist nach § 11 mit der Vertragserfüllung beginnt, so muss der Unternehmer den Verbraucher dazu auffordern, ihm ein ausdrücklich auf diese vorzeitige Vertragserfüllung gerichtetes Verlangen – im Fall eines außerhalb von Geschäftsräumen geschlossenen Vertrags auf einem dauerhaften Datenträger – zu erklären.

3. Abschnitt

Rücktritt vom Vertrag

Rücktrittsrecht und Rücktrittsfrist

§ 11. (1) Der Verbraucher kann von einem Fernabsatzvertrag oder einem außerhalb von Geschäftsräumen geschlossenen Vertrag binnen 14 Tagen ohne Angabe von Gründen zurücktreten.

(2) Die Frist zum Rücktritt beginnt

1. bei Dienstleistungsverträgen mit dem Tag des Vertragsabschlusses,

2. bei Kaufverträgen und sonstigen auf den entgeltlichen Erwerb einer Ware gerichteten Verträgen

a) mit dem Tag, an dem der Verbraucher oder ein vom Verbraucher benannter, nicht als Beförderer tätiger Dritter den Besitz an der Ware erlangt,

b) wenn der Verbraucher mehrere Waren im Rahmen einer einheitlichen Bestellung bestellt hat, die getrennt geliefert werden, mit dem Tag, an dem der Verbraucher oder ein vom Verbraucher benannter, nicht als Beförderer tätiger Dritter den Besitz an der zuletzt gelieferten Ware erlangt,

c) bei Lieferung einer Ware in mehreren Teilsendungen mit dem Tag, an dem der Verbraucher oder ein vom Verbraucher benannter, nicht als Beförderer tätiger Dritter den Besitz an der letzten Teilsendung erlangt,

d) bei Verträgen über die regelmäßige Lieferung von Waren über einen festgelegten Zeitraum hinweg mit dem Tag, an dem der Verbraucher oder ein vom Verbraucher benannter, nicht als Beförderer tätiger Dritter den Besitz an der zuerst gelieferten Ware erlangt,

3. bei einem Vertrag, der die nicht in einem begrenzten Volumen oder in einer bestimmten Menge angebotene Lieferung von Wasser, Gas oder Strom, die Lieferung von Fernwärme oder die Lieferung von nicht auf einem körperlichen Datenträger gespeicherten digitalen Inhalten zum Gegenstand hat, mit dem Tag des Vertragsabschlusses.

Unterbliebene Aufklärung über das Rücktrittsrecht

§ 12. (1) Ist der Unternehmer seiner Informationspflicht nach § 4 Abs. 1 Z 8 nicht nachgekommen, so verlängert sich die in § 11 vorgesehene Rücktrittsfrist um zwölf Monate.

(2) Holt der Unternehmer die Informationserteilung innerhalb von zwölf Monaten ab dem gemäß § 11 Abs. 2 für den Fristbeginn maßgeblichen Tag nach, so endet die Rücktrittsfrist 14 Tage nach dem Zeitpunkt, zu dem der Verbraucher diese Information erhält.

Ausübung des Rücktrittsrechts

§ 13. (1) Die Erklärung des Rücktritts ist an keine bestimmte Form gebunden. Der Verbraucher kann dafür das Muster-Widerrufsformular gemäß **Anhang I Teil B** verwenden. Die Rücktrittsfrist ist gewahrt, wenn die Rücktrittserklärung innerhalb der Frist abgesendet wird.

(2) Der Unternehmer kann dem Verbraucher auch die Möglichkeit einräumen, das Muster-Widerrufsformular gemäß **Anhang I Teil B** oder eine anders formulierte Rücktrittserklärung auf der Website des Unternehmers elektronisch auszufüllen und abzuschicken. Gibt der Verbraucher eine Rücktrittserklärung auf diese Weise ab, so hat ihm der Unternehmer unverzüglich eine Bestätigung über den Eingang der Rücktrittserklärung auf einem dauerhaften Datenträger zu übermitteln.

Pflichten des Unternehmers bei Rücktritt des Verbrauchers vom Vertrag

§ 14. (1) Tritt der Verbraucher nach § 11 Abs. 1 vom Vertrag zurück, so hat der Unternehmer alle vom Verbraucher geleisteten Zahlungen, gegebenenfalls einschließlich der Lieferkosten, unverzüglich, spätestens jedoch binnen 14 Tagen ab Zugang der Rücktrittserklärung zu erstatten. Er hat für die Rückzahlung dasselbe Zahlungsmittel zu verwenden, dessen sich der Verbraucher für die Abwicklung seiner Zahlung bedient hat; die Verwendung eines anderen Zahlungsmittels ist aber dann zulässig, wenn dies mit dem Verbraucher ausdrücklich vereinbart wurde und dem Verbraucher dadurch keine Kosten anfallen.

(2) Hat sich der Verbraucher ausdrücklich für eine andere Art der Lieferung als die vom Unternehmer angebotene günstigste Standardlieferung entschieden, so hat er keinen Anspruch auf Erstattung der ihm dadurch entstandenen Mehrkosten.

(3) Bei Kaufverträgen und sonstigen auf den entgeltlichen Erwerb einer Ware gerichteten Verträgen kann der Unternehmer die Rückzahlung verweigern, bis er entweder die Ware wieder zurückerhalten oder ihm der Verbraucher einen Nachweis über die Rücksendung der Ware erbracht hat; dies gilt nicht, wenn der Unternehmer angeboten hat, die Ware selbst abzuholen.

Pflichten des Verbrauchers bei Rücktritt vom Kaufvertrag

§ 15. (1) Tritt der Verbraucher nach § 11 Abs. 1 von einem Kaufvertrag oder einem sonstigen auf den entgeltlichen Erwerb einer Ware gerichteten Vertrag zurück, so hat er die empfangene Ware unverzüglich, spätestens jedoch binnen 14 Tagen ab Abgabe der Rücktrittserklärung, an den Unternehmer zurückzustellen; dies gilt nicht, wenn der Unternehmer angeboten hat, die Ware selbst abzuholen. Die Rückstellungsfrist ist gewahrt, wenn die Ware innerhalb der Frist abgesendet wird.

(2) Die unmittelbaren Kosten der Rücksendung der Ware sind vom Verbraucher zu tragen; dies gilt nicht, wenn der Unternehmer sich bereit erklärt hat, diese Kosten zu tragen, oder wenn er es unterlassen hat, den Verbraucher über dessen Kostentragungspflicht zu unterrichten.

(3) Bei außerhalb von Geschäftsräumen geschlossenen Verträgen, bei denen die Ware zum Zeitpunkt des Vertragsabschlusses zur Wohnung des Verbrauchers geliefert wurde, hat der Unternehmer die Ware auf eigene Kosten abzuholen, wenn solche Waren wegen ihrer Beschaffenheit üblicherweise nicht auf dem Postweg versendet werden.

(4) Der Verbraucher hat dem Unternehmer nur dann eine Entschädigung für eine Minderung des Verkehrswerts der Ware zu zahlen, wenn dieser Wertverlust auf einen zur Prüfung der Beschaffenheit, der Eigenschaften und der Funktionsweise der Ware nicht notwendigen Umgang mit derselben zurückzuführen ist. Der Verbraucher haftet in keinem Fall für einen Wertverlust der Ware, wenn er vom Unternehmer nicht gemäß § 4 Abs. 1 Z 8 über sein Rücktrittsrecht belehrt wurde.

(5) Außer den in dieser Bestimmung angeführten Zahlungen und allfälligen Mehrkosten nach § 14 Abs. 2 dürfen dem Verbraucher wegen seines

Rücktritts keine sonstigen Lasten auferlegt werden.

Pflichten des Verbrauchers bei Rücktritt von einem Vertrag über Dienstleistungen, Energie- und Wasserlieferungen oder digitale Inhalte

§ 16. (1) Tritt der Verbraucher nach § 11 Abs. 1 von einem Vertrag über Dienstleistungen oder über die in § 10 genannten Energie- und Wasserlieferungen zurück, nachdem er ein Verlangen gemäß § 10 erklärt und der Unternehmer hierauf mit der Vertragserfüllung begonnen hat, so hat er dem Unternehmer einen Betrag zu zahlen, der im Vergleich zum vertraglich vereinbarten Gesamtpreis verhältnismäßig den vom Unternehmer bis zum Rücktritt erbrachten Leistungen entspricht. Ist der Gesamtpreis überhöht, so wird der anteilig zu zahlende Betrag auf der Grundlage des Marktwerts der erbrachten Leistungen berechnet.

(2) Die anteilige Zahlungspflicht nach Abs. 1 besteht nicht, wenn der Unternehmer seiner Informationspflicht nach § 4 Abs. 1 Z 8 und 10 nicht nachgekommen ist.

(3) Tritt der Verbraucher nach § 11 Abs. 1 von einem Vertrag über die Lieferung von nicht auf einem körperlichen Datenträger gespeicherten digitalen Inhalten zurück, so trifft ihn für bereits erbrachte Leistungen des Unternehmers keine Zahlungspflicht.

(4) Außer der in Abs. 1 angeführten Zahlung dürfen dem Verbraucher wegen seines Rücktritts keine sonstigen Lasten auferlegt werden.

Auswirkungen des Rücktritts auf akzessorische Verträge

§ 17. Tritt der Verbraucher nach § 11 Abs. 1 vom Vertrag zurück, so gilt der Rücktritt auch für einen akzessorischen Vertrag. Außer den in §§ 15 und 16 angeführten Zahlungen dürfen dem Verbraucher daraus keine sonstigen Lasten auferlegt werden.

Ausnahmen vom Rücktrittsrecht

§ 18. (1) Der Verbraucher hat kein Rücktrittsrecht bei Fernabsatz- oder außerhalb von Geschäftsräumen geschlossenen Verträgen über

1. Dienstleistungen, wenn der Unternehmer – auf Grundlage eines ausdrücklichen Verlangens des Verbrauchers nach § 10 sowie einer Bestätigung des Verbrauchers über dessen Kenntnis vom Verlust des Rücktrittsrechts bei vollständiger Vertragserfüllung – noch vor Ablauf der Rücktrittsfrist nach § 11 mit der Ausführung der Dienstleistung begonnen hatte und die Dienstleistung sodann vollständig erbracht wurde,

2. Waren oder Dienstleistungen, deren Preis von Schwankungen auf dem Finanzmarkt abhängt, auf die der Unternehmer keinen Einfluss hat und die innerhalb der Rücktrittsfrist auftreten können,

3. Waren, die nach Kundenspezifikationen angefertigt werden oder eindeutig auf die persönlichen Bedürfnisse zugeschnitten sind,

4. Waren, die schnell verderben können oder deren Verfallsdatum schnell überschritten würde,

5. Waren, die versiegelt geliefert werden und aus Gründen des Gesundheitsschutzes oder aus Hygienegründen nicht zur Rückgabe geeignet sind, sofern deren Versiegelung nach der Lieferung entfernt wurde,

6. Waren, die nach ihrer Lieferung auf Grund ihrer Beschaffenheit untrennbar mit anderen Gütern vermischt wurden,

7. alkoholische Getränke, deren Preis bei Vertragsabschluss vereinbart wurde, die aber nicht früher als 30 Tage nach Vertragsabschluss geliefert werden können und deren aktueller Wert von Schwankungen auf dem Markt abhängt, auf die der Unternehmer keinen Einfluss hat,

8. Ton- oder Videoaufnahmen oder Computersoftware, die in einer versiegelten Packung geliefert werden, sofern deren Versiegelung nach der Lieferung entfernt wurde,

9. Zeitungen, Zeitschriften oder Illustrierte mit Ausnahme von Abonnement-Verträgen über die Lieferung solcher Publikationen,

10. Dienstleistungen in den Bereichen Beherbergung zu anderen als zu Wohnzwecken, Beförderung von Waren, Vermietung von Kraftfahrzeugen sowie Lieferung von Speisen und Getränken und Dienstleistungen, die im Zusammenhang mit Freizeitbetätigungen erbracht werden, sofern jeweils für die Vertragserfüllung durch den Unternehmer ein bestimmter Zeitpunkt oder Zeitraum vertraglich vorgesehen ist,

11. die Lieferung von nicht auf einem körperlichen Datenträger gespeicherten digitalen Inhalten, wenn der Unternehmer – mit ausdrücklicher Zustimmung des Verbrauchers, verbunden mit dessen Kenntnisnahme vom Verlust des Rücktrittsrechts bei vorzeitigem Beginn mit der Vertragserfüllung, und nach Zurverfügungstellung einer Ausfertigung oder Bestätigung nach § 5 Abs. 2 oder § 7 Abs. 3 – noch vor Ablauf der Rücktrittsfrist nach § 11 mit der Lieferung begonnen hat.

(2) Der Verbraucher hat weiters kein Rücktrittsrecht bei Verträgen über dringende Reparatur- oder Instandhaltungsarbeiten, bei denen der Verbraucher den Unternehmer ausdrücklich zu einem Besuch zur Ausführung dieser Arbeiten aufgefordert hat. Erbringt der Unternehmer bei einem solchen Besuch weitere Dienstleistungen, die der Verbraucher nicht ausdrücklich verlangt hat, oder liefert er Waren, die bei der Instandhaltung oder

Reparatur nicht unbedingt als Ersatzteile benötigt werden, so steht dem Verbraucher hinsichtlich dieser zusätzlichen Dienstleistungen oder Waren das Rücktrittsrecht zu.

(3) Dem Verbraucher steht schließlich kein Rücktrittsrecht bei Verträgen zu, die auf einer öffentlichen Versteigerung geschlossen werden.

4. Abschnitt
Strafbestimmungen

§ 19. Sofern die Tat nicht den Tatbestand einer gerichtlich strafbaren Handlung bildet oder nach anderen Verwaltungsstrafbestimmungen mit strengerer Strafe bedroht ist, begeht ein Unternehmer eine Verwaltungsübertretung und ist mit einer Geldstrafe bis zu 1 450 Euro zu bestrafen, wenn er

1. in die gemäß § 4 Abs. 1 gebotenen vorvertraglichen Informationen falsche Angaben aufnimmt oder die Informationspflichten gemäß § 4 Abs. 1 nicht oder nicht vollständig erfüllt,

2. gegen eine der in § 5 Abs. 1, § 6 Abs. 2 und § 7 Abs. 1 und 2 getroffenen Anordnungen über die Art der „Informationserteilung" verstößt, *(BGBl I 2017/50, ab 25. 4. 2017)*

3. dem Verbraucher entgegen § 5 Abs. 2 oder § 7 Abs. 3 keine Vertragsausfertigung oder -bestätigung zur Verfügung stellt;

4. seine besonderen vorvertraglichen Informationspflichten bei elektronisch geschlossenen Verträgen gemäß § 8 Abs. 1 und 3 nicht oder nicht vollständig erfüllt;

5. ein Ferngespräch beginnt, ohne zu Beginn des Gesprächs den Namen (die Firma) des Unternehmers, gegebenenfalls den Namen der Person, in deren Auftrag er handelt, sowie den geschäftlichen Zweck des Gesprächs gemäß § 9 Abs. 1 offenzulegen;

6. es unterlässt, dem Verbraucher gemäß § 13 Abs. 2 eine Bestätigung über den Eingang der Rücktrittserklärung auf einem dauerhaften Datenträger zu übermitteln;

7. gegen seine Erstattungspflicht nach § 14 Abs. 1 verstößt.

5. Abschnitt
Schlussbestimmungen

Inkrafttreten

§ 20. (1) § 8 Abs. 4 tritt mit 1. Juli 2015 in Kraft und ist auf Fern- und Auswärtsgeschäfte anzuwenden, die ab diesem Zeitpunkt geschlossen werden.

(2) Im Übrigen tritt dieses Bundesgesetz mit 13. Juni 2014 in Kraft und ist auf Fern- und Auswärtsgeschäfte anzuwenden, die ab diesem Zeitpunkt geschlossen werden.

(3) § 1 Abs. 2 Z 8 und § 9 Abs. 3 in der Fassung des Bundesgesetzes BGBl. I Nr. 50/2017 treten mit 1. Juli 2018 in Kraft. *(BGBl I 2017/50)*

Vollziehung

§ 21. Mit der Vollziehung dieses Bundesgesetzes ist der Bundesminister für Justiz betraut.

Umsetzungshinweis

§ 22. Mit diesem Bundesgesetz wird die Richtlinie 2011/83/EU über die Rechte der Verbraucher, zur Abänderung der Richtlinie 93/13/EWG und der Richtlinie 1999/44/EG sowie zur Aufhebung der Richtlinie 85/577/EWG und der Richtlinie 97/7/EG, ABl. Nr. L 304 vom 22.11.2011 S. 64, umgesetzt.

Anhang

ANHANG I

Informationen zur Ausübung des Widerrufsrechts

A. Muster-Widerrufsbelehrung

Widerrufsrecht

Sie haben das Recht, binnen vierzehn Tagen ohne Angabe von Gründen diesen Vertrag zu widerrufen.

Die Widerrufsfrist beträgt vierzehn Tage ab dem Tag [1].

Um Ihr Widerrufsrecht auszuüben, müssen Sie uns ([2]) mittels einer eindeutigen Erklärung (z. B. ein mit der Post versandter Brief, Telefax oder E-Mail) über Ihren Entschluss, diesen Vertrag zu widerrufen, informieren. Sie können dafür das beigefügte Muster-Widerrufsformular verwenden, das jedoch nicht vorgeschrieben ist. [3]

Zur Wahrung der Widerrufsfrist reicht es aus, dass Sie die Mitteilung über die Ausübung des Widerrufsrechts vor Ablauf der Widerrufsfrist absenden.

Folgen des Widerrufs

Wenn Sie diesen Vertrag widerrufen, haben wir Ihnen alle Zahlungen, die wir von Ihnen erhalten haben, einschließlich der Lieferkosten (mit Ausnahme der zusätzlichen Kosten, die sich daraus ergeben, dass Sie eine andere Art der Lieferung als die von uns angebotene, günstigste Standardlieferung gewählt haben), unverzüglich und spätestens binnen vierzehn Tagen ab dem Tag zurückzuzahlen, an dem die Mitteilung über Ihren Widerruf dieses Vertrags bei uns eingegangen ist. Für diese Rückzahlung verwenden wir dasselbe Zahlungsmittel, das Sie bei der ursprünglichen Transaktion eingesetzt haben, es sei denn, mit Ihnen wurde ausdrücklich etwas anderes vereinbart; in keinem Fall werden Ihnen wegen dieser Rückzahlung Entgelte berechnet. [4]

[5]

[6]

Gestaltungshinweise:

[1.]. Fügen Sie einen der folgenden in Anführungszeichen gesetzten Textbausteine ein:

a) im Falle eines Dienstleistungsvertrags oder eines Vertrags über die Lieferung von Wasser, Gas oder Strom, wenn sie nicht in einem begrenzten Volumen oder in einer bestimmten Menge zum Verkauf angeboten werden, von Fernwärme oder von digitalen Inhalten, die nicht auf einem körperlichen Datenträger geliefert werden: „des Vertragsabschlusses.";

b) im Falle eines Kaufvertrags: „, an dem Sie oder ein von Ihnen benannter Dritter, der nicht der Beförderer ist, die Waren in Besitz genommen haben bzw. hat.";

c) im Falle eines Vertrags über mehrere Waren, die der Verbraucher im Rahmen einer einheitlichen Bestellung bestellt hat und die getrennt geliefert werden: „, an dem Sie oder ein von Ihnen benannter Dritter, der nicht der Beförderer ist, die letzte Ware in Besitz genommen haben bzw. hat.";

d) im Falle eines Vertrags über die Lieferung einer Ware in mehreren Teilsendungen oder Stücken: „, an dem Sie oder ein von Ihnen benannter Dritter, der nicht der Beförderer ist, die letzte Teilsendung oder das letzte Stück in Besitz genommen haben bzw. hat.";

e) im Falle eines Vertrags zur regelmäßigen Lieferung von Waren über einen festgelegten Zeitraum hinweg: „, an dem Sie oder ein von Ihnen benannter Dritter, der nicht der Beförderer ist, die erste Ware in Besitz genommen haben bzw. hat."

[2.]. Fügen Sie Ihren Namen, Ihre Anschrift und, soweit verfügbar, Ihre Telefonnummer, Faxnummer und E-Mail-Adresse ein.

[3.]. Wenn Sie dem Verbraucher die Wahl einräumen, die Information über seinen Widerruf des Vertrags auf Ihrer Webseite elektronisch auszufüllen und zu übermitteln, fügen Sie Folgendes ein: „Sie können das Muster-Widerrufsformular oder eine andere eindeutige Erklärung auch auf unserer Webseite [Internet-Adresse einfügen] elektronisch ausfüllen und übermitteln. Machen Sie von dieser Möglichkeit Gebrauch, so werden wir Ihnen unverzüglich (z. B. per E-Mail) eine Bestätigung über den Eingang eines solchen Widerrufs übermitteln."

[4.]. Im Falle von Kaufverträgen, in denen Sie nicht angeboten haben, im Fall des Widerrufs die Waren selbst abzuholen, fügen Sie Folgendes ein: „Wir können die Rückzahlung verweigern, bis wir die Waren wieder zurückerhalten haben oder bis Sie den Nachweis erbracht haben, dass Sie die Waren zurückgesandt haben, je nachdem, welches der frühere Zeitpunkt ist."

[5.]. Wenn der Verbraucher Waren im Zusammenhang mit dem Vertrag erhalten hat:

a) Fügen Sie ein:

– „Wir holen die Waren ab." oder
– „Sie haben die Waren unverzüglich und in jedem Fall spätestens binnen vierzehn Tagen ab dem Tag, an dem Sie uns über den Widerruf dieses Vertrags unterrichten, an … uns oder an [hier sind gegebenenfalls der Name und die Anschrift der von Ihnen zur Entgegennahme der Waren ermächtigten Person einzufügen] zurückzusenden oder zu übergeben. Die Frist ist gewahrt, wenn Sie die Waren vor Ablauf der Frist von vierzehn Tagen absenden."

b) Fügen Sie ein:

- „Wir tragen die Kosten der Rücksendung der Waren.“;
- „Sie tragen die unmittelbaren Kosten der Rücksendung der Waren.“;
- Wenn Sie bei einem Fernabsatzvertrag nicht anbieten, die Kosten der Rücksendung der Waren zu tragen, und die Waren aufgrund ihrer Beschaffenheit nicht normal mit der Post zurückgesandt werden können: „Sie tragen die unmittelbaren Kosten der Rücksendung der Waren in Höhe von … EUR [Betrag einfügen].“, oder wenn die Kosten vernünftigerweise nicht im Voraus berechnet werden können: „Sie tragen die unmittelbaren Kosten der Rücksendung der Waren. Die Kosten werden auf höchstens etwa … EUR [Betrag einfügen] geschätzt.“ oder
- wenn die Waren bei einem außerhalb von Geschäftsräumen geschlossenen Vertrag aufgrund ihrer Beschaffenheit nicht normal mit der Post zurückgesandt werden können und zum Zeitpunkt des Vertragsschlusses zur Wohnung des Verbrauchers geliefert worden sind: „Wir holen die Waren auf unsere Kosten ab.“ und

c) Fügen Sie ein: „Sie müssen für einen etwaigen Wertverlust der Waren nur aufkommen, wenn dieser Wertverlust auf einen zur Prüfung der Beschaffenheit, Eigenschaften und Funktionsweise der Waren nicht notwendigen Umgang mit ihnen zurückzuführen ist.“

[6.]. Im Falle eines Vertrags zur Erbringung von Dienstleistungen oder der Lieferung von Wasser, Gas oder Strom, wenn sie nicht in einem begrenzten Volumen oder in einer bestimmten Menge zum Verkauf angeboten werden, oder von Fernwärme fügen Sie Folgendes ein: „Haben Sie verlangt, dass die Dienstleistungen oder Lieferung von Wasser/Gas/Strom/Fernwärme [Unzutreffendes streichen] während der Widerrufsfrist beginnen soll, so haben Sie uns einen angemessenen Betrag zu zahlen, der dem Anteil der bis zu dem Zeitpunkt, zu dem Sie uns von der Ausübung des Widerrufsrechts hinsichtlich dieses Vertrags unterrichten, bereits erbrachten Dienstleistungen im Vergleich zum Gesamtumfang der im Vertrag vorgesehenen Dienstleistungen entspricht.“

B. Muster-Widerrufsformular

(Wenn Sie den Vertrag widerrufen wollen, dann füllen Sie bitte dieses Formular aus und senden Sie es zurück)

- An [hier ist der Name, die Anschrift und gegebenenfalls die Faxnummer und E-Mail-Adresse des Unternehmers durch den Unternehmer einzufügen]:
- Hiermit widerrufe(n) ich/wir (*) den von mir/uns (*) abgeschlossenen Vertrag über den Kauf der folgenden Waren (*)/die Erbringung der folgenden Dienstleistung (*)
- Bestellt am (*)/erhalten am (*)
- Name des/der Verbraucher(s)
- Anschrift des/der Verbraucher(s)
- Unterschrift des/der Verbraucher(s) (nur bei Mitteilung auf Papier)
- Datum

(*) Unzutreffendes streichen.

7. UN-Kaufrechtsübereinkommen

BGBl 1988/96

GLIEDERUNG

STICHWORTVERZEICHNIS

(Die Zahlenangaben beziehen sich auf die Artikel)

ÜBEREINKOMMEN DER VEREINTEN NATIONEN ÜBER VERTRÄGE ÜBER DEN INTERNATIONALEN WARENKAUF

DIE VERTRAGSTAATEN DIESES ÜBEREINKOMMENS,

IM HINBLICK AUF die allgemeinen Ziele der Entschließungen, die von der Sechsten Außerordentlichen Tagung der Generalversammlung der Vereinten Nationen über die Errichtung einer neuen Weltwirtschaftsordnung angenommen worden sind,

IN DER ERWÄGUNG, daß die Entwicklung des internationalen Handels auf der Grundlage der Gleichberechtigung und des gegenseitigen Nutzens ein wichtiges Element zur Förderung freundschaftlicher Beziehungen zwischen den Staaten ist,

IN DER MEINUNG, daß die Annahme einheitlicher Bestimmungen, die auf Verträge über den internationalen Warenkauf Anwendung finden und die verschiedenen Gesellschafts-, Wirtschafts- und Rechtsordnungen berücksichtigen, dazu beitragen würde, die rechtlichen Hindernisse im internationalen Handel zu beseitigen und seine Entwicklung zu fördern,

HABEN folgendes VEREINBART:

Teil I

ANWENDUNGSBEREICH UND ALLGEMEINE BESTIMMUNGEN

Kapitel I

ANWENDUNGSBEREICH

Artikel 1

(1) Dieses Übereinkommen ist auf Kaufverträge über Waren zwischen Parteien anzuwenden, die ihre Niederlassung in verschiedenen Staaten haben,

a) wenn diese Staaten Vertragsstaaten sind oder

b) wenn die Regeln des internationalen Privatrechts zur Anwendung des Rechts eines Vertragsstaats führen.

(2) Die Tatsache, daß die Parteien ihre Niederlassung in verschiedenen Staaten haben, wird nicht berücksichtigt, wenn sie sich nicht aus dem Vertrag, aus früheren Geschäftsbeziehungen oder aus Verhandlungen oder Auskünften ergibt, die vor oder bei Vertragsabschluß zwischen den Parteien geführt oder von ihnen erteilt worden sind.

(3) Bei Anwendung dieses Übereinkommens wird weder berücksichtigt, welche Staatsangehörigkeit die Parteien haben, noch ob sie Kaufleute oder Nichtkaufleute sind oder ob der Vertrag handelsrechtlicher oder zivilrechtlicher Art ist.

Artikel 2

Dieses Übereinkommen findet keine Anwendung auf den Kauf

a) von Ware für den persönlichen Gebrauch oder den Gebrauch in der Familie oder im Haushalt, es sei denn, daß der Verkäufer vor oder bei Vertragsabschluß weder wußte noch wissen mußte, daß die Ware für einen solchen Gebrauch gekauft wurde,

b) bei Versteigerungen,

c) auf Grund von Zwangsvollstreckungs- oder anderen gerichtlichen Maßnahmen,

d) von Wertpapieren oder Zahlungsmitteln,

e) von Seeschiffen, Binnenschiffen, Luftkissenfahrzeugen oder Luftfahrzeugen,

f) von elektrischer Energie.

Artikel 3

(1) Den Kaufverträgen stehen Verträge über die Lieferung herzustellender oder zu erzeugender Ware gleich, es sei denn, daß der Besteller einen wesentlichen Teil der für die Herstellung oder Erzeugung notwendigen Stoffe selbst zur Verfügung zu stellen hat.

(2) Dieses Übereinkommen ist auf Verträge nicht anzuwenden, bei denen der überwiegende Teil der Pflichten der Partei, welche die Ware liefert, in der Ausführung von Arbeiten oder anderen Dienstleistungen besteht.

Artikel 4

Dieses Übereinkommen regelt ausschließlich den Abschluß des Kaufvertrages und die aus ihm erwachsenden Rechte und Pflichten des Verkäufers und des Käufers. Soweit in diesem Übereinkommen nicht ausdrücklich etwas anderes bestimmt ist, betrifft es insbesondere nicht

a) die Gültigkeit des Vertrages oder einzelner Vertragsbestimmungen oder die Gültigkeit von Bräuchen,

b) die Wirkungen, die der Vertrag auf das Eigentum an der verkauften Ware haben kann.

Artikel 5

Dieses Übereinkommen findet keine Anwendung auf die Haftung des Verkäufers für den durch die Ware verursachten Tod oder die Körperverletzung einer Person.

Artikel 6

Die Parteien können die Anwendung dieses Übereinkommens ausschließen oder, vorbehaltlich des Artikels 12, von seinen Bestimmungen abweichen oder deren Wirkung ändern.

Kapitel II

ALLGMEINE BESTIMMUNGEN

Artikel 7

(1) Bei der Auslegung dieses Übereinkommens sind sein internationaler Charakter und die Notwendigkeit zu berücksichtigen, seine einheitliche Anwendung und die Wahrung des guten Glaubens im internationalen Handel zu fördern.

(2) Fragen, die in diesem Übereinkommen geregelte Gegenstände betreffen, aber in diesem Übereinkommen nicht ausdrücklich entschieden werden, sind nach den allgemeinen Grundsätzen, die diesem Übereinkommen zugrundeliegen, oder mangels solcher Grundsätze nach dem Recht zu entscheiden, das nach den Regeln des internationalen Privatrechts anzuwenden ist.

Artikel 8

(1) Für die Zwecke dieses Übereinkommens sind Erklärungen und das sonstige Verhalten einer Partei nach deren Willen auszulegen, wenn die andere Partei diesen Willen kannte oder darüber nicht in Unkenntnis sein konnte.

(2) Ist Absatz 1 nicht anwendbar, so sind Erklärungen und das sonstige Verhalten einer Partei so auszulegen, wie eine vernünftige Person der gleichen Art wie die andere Partei sie unter den gleichen Umständen aufgefaßt hätte.

(3) Um den Willen einer Partei oder die Auffassung festzustellen, die eine vernünftige Person gehabt hätte, sind alle erheblichen Umstände zu berücksichtigen, insbesondere die Verhandlungen zwischen den Parteien, die zwischen ihnen entstandenen Gepflogenheiten, die Bräuche und das spätere Verhalten der Parteien.

Artikel 9

(1) Die Parteien sind an die Bräuche, mit denen sie sich einverstanden erklärt haben, und an die Gepflogenheiten gebunden, die zwischen ihnen entstanden sind.

(2) Haben die Parteien nichts anderes vereinbart, so wird angenommen, daß sie sich in ihrem Vertrag oder bei seinem Abschluß stillschweigend auf Bräuche bezogen haben, die sie kannten oder kennen mußten und die im internationalen Handel den Parteien von Verträgen dieser Art in dem betreffenden Geschäftszweig weithin bekannt sind und von ihnen regelmäßig beachtet werden.

Artikel 10

Für die Zwecke dieses Übereinkommens ist,

a) falls eine Partei mehr als eine Niederlassung hat, die Niederlassung maßgebend, die unter Berücksichtigung der vor oder bei Vertragsabschluß den Parteien bekannten oder von ihnen in Betracht gezogenen Umstände die engste Beziehung zu dem Vertrag und zu seiner Erfüllung hat;

b) falls eine Partei keine Niederlassung hat, ihr gewöhnlicher Aufenthalt maßgebend.

Artikel 11

[1]Der Kaufvertrag braucht nicht schriftlich geschlossen oder nachgewiesen zu werden und unterliegt auch sonst keinen Formvorschriften. [2]Er kann auf jede Weise bewiesen werden, auch durch Zeugen.

Artikel 12

[1]Die Bestimmungen der Artikel 11 und 29 oder des Teils II dieses Übereinkommens, die für den Abschluß eines Kaufvertrages, seine Änderung oder Aufhebung durch Vereinbarung oder für ein Angebot, eine Annahme oder eine sonstige Willenserklärung eine andere als die schriftliche Form gestatten, gelten nicht, wenn eine Partei ihre Niederlassung in einem Vertragsstaat hat, der eine Erklärung nach Artikel 96 abgegeben hat. [2]Die Parteien dürfen von dem vorliegenden Artikel weder abweichen noch seine Wirkung ändern.

Artikel 13

Für die Zwecke dieses Übereinkommens umfaßt der Ausdruck „schriftlich" auch Mitteilungen durch Telegramm oder Fernschreiben.

Teil II

ABSCHLUSS DES VERTRAGES

Artikel 14

(1) [1]Der an eine oder mehrere bestimmte Personen gerichtete Vorschlag zum Abschluß eines Vertrages stellt ein Angebot dar, wenn er bestimmt genug ist und den Willen des Anbietenden zum Ausdruck bringt, im Falle der Annahme gebunden zu sein. [2]Ein Vorschlag ist bestimmt genug, wenn er die Ware bezeichnet und ausdrücklich oder stillschweigend die Menge und den Preis festsetzt oder deren Festsetzung ermöglicht.

(2) Ein Vorschlag, der nicht an eine oder mehrere bestimmte Personen gerichtet ist, gilt nur als Aufforderung, ein Angebot abzugeben, wenn nicht die Person, die den Vorschlag macht, das Gegenteil deutlich zum Ausdruck bringt.

Artikel 15

(1) Ein Angebot wird wirksam, sobald es dem Empfänger zugeht.

(2) Ein Angebot kann, selbst wenn es unwiderruflich ist, zurückgenommen werden, wenn die Rücknahmeerklärung dem Empfänger vor oder gleichzeitig mit dem Angebot zugeht.

Artikel 16

(1) Bis zum Abschluß des Vertrages kann ein Angebot widerrufen werden, wenn der Widerruf dem Empfänger zugeht, bevor dieser eine Annahmeerklärung abgesandt hat.

(2) Ein Angebot kann jedoch nicht widerrufen werden,

a) wenn es durch Bestimmung einer festen Frist zur Annahme oder auf andere Weise zum Ausdruck bringt, daß es unwiderruflich ist, oder

b) wenn der Empfänger vernünftigerweise darauf vertrauen konnte, daß das Angebot unwiderruflich ist und er im Vertrauen auf das Angebot gehandelt hat.

Artikel 17

Ein Angebot erlischt, selbst wenn es unwiderruflich ist, sobald dem Anbietenden eine Ablehnung zugeht.

Artikel 18

(1) [1]Eine Erklärung oder ein sonstiges Verhalten des Empfängers, das eine Zustimmung zum Angebot ausdrückt, stellt eine Annahme dar. [2]Schweigen oder Untätigkeit allein stellen keine Annahme dar.

(2) [1]Die Annahme eines Angebots wird wirksam, sobald die Äußerung der Zustimmung dem Anbietenden zugeht. [2]Sie wird nicht wirksam, wenn die Äußerung der Zustimmung dem Anbietenden nicht innerhalb der von ihm gesetzten Frist oder, bei Fehlen einer solchen Frist, innerhalb einer angemessenen Frist zugeht; dabei sind die Umstände des Geschäfts einschließlich der Schnelligkeit der vom Anbietenden gewählten Übermittlungsart zu berücksichtigen. [3]Ein mündliches Angebot muß sofort angenommen werden, wenn sich aus den Umständen nichts anderes ergibt.

(3) Äußert jedoch der Empfänger auf Grund des Angebots, der zwischen den Parteien entstandenen Gepflogenheiten oder der Bräuche seine Zustimmung durch eine Handlung, die sich zum Beispiel auf die Absendung der Ware oder die Bezahlung des Preises bezieht, ohne den Anbietenden davon zu unterrichten, so ist die Annahme zum Zeitpunkt der Handlung wirksam, sofern diese innerhalb der in Absatz 2 vorgeschriebenen Frist vorgenommen wird.

Artikel 19

(1) Eine Antwort auf ein Angebot, die eine Annahme darstellen soll, aber Ergänzungen, Einschränkungen oder sonstige Änderungen enthält, ist eine Ablehnung des Angebots und stellt ein Gegenangebot dar.

(2) [1]Eine Antwort auf ein Angebot, die eine Annahme darstellen soll, aber Ergänzungen oder Abweichungen enthält, welche die Bedingungen des Angebots nicht wesentlich ändern, stellt jedoch eine Annahme dar, wenn der Anbietende das Fehlen der Übereinstimmung nicht unverzüglich mündlich beanstandet oder eine entsprechende Mitteilung absendet. [2]Unterläßt er dies, so bilden die Bedingungen des Angebots mit den in der Annahme enthaltenen Änderungen den Vertragsinhalt.

(3) Ergänzungen oder Abweichungen, die sich insbesondere auf Preis, Bezahlung, Qualität und Menge der Ware, auf Ort und Zeit der Lieferung, auf den Umfang der Haftung der einen Partei gegenüber der anderen oder auf die Beilegung von Streitigkeiten beziehen, werden so angesehen, als änderten sie die Bedingungen des Angebots wesentlich.

Artikel 20

(1) [1]Eine vom Anbietenden in einem Telegramm oder einem Brief gesetzte Annahmefrist beginnt mit Aufgabe des Telegramms oder mit dem im Brief angegebenen Datum oder, wenn kein Datum angegeben ist, mit dem auf dem Umschlag angegebenen Datum zu laufen. [2]Eine vom Anbietenden telefonisch, durch Fernschreiben oder eine andere sofortige Übermittlungsart gesetzte Annahmefrist beginnt zu laufen, sobald das Angebot dem Empfänger zugeht.

(2) [1]Gesetzliche Feiertage oder arbeitsfreie Tage, die in die Laufzeit der Annahmefrist fallen, werden bei der Fristberechnung mitgezählt. [2]Kann jedoch die Mitteilung der Annahme am letzten Tag der Frist nicht an die Anschrift des Anbietenden zugestellt werden, weil dieser Tag am Ort der Niederlassung des Anbietenden auf einen gesetzlichen Feiertag oder arbeitsfreien Tag fällt, so verlängert sich die Frist bis zum ersten darauffolgenden Arbeitstag.

Artikel 21

(1) Eine verspätete Annahme ist dennoch als Annahme wirksam, wenn der Anbietende unverzüglich den Annehmenden in diesem Sinne mündlich unterrichtet oder eine entsprechende schriftliche Mitteilung absendet.

(2) Ergibt sich aus dem eine verspätete Annahme enthaltenden Brief oder anderen Schriftstück, daß die Mitteilung nach den Umständen, unter denen sie abgesandt worden ist, bei normaler Beförderung dem Anbietenden rechtzeitig zugegangen wäre, so ist die verspätete Annahme als Annahme wirksam, wenn der Anbietende nicht unverzüglich den Annehmenden mündlich davon unterrichtet, daß er sein Angebot als erloschen betrachtet, oder eine entsprechende schriftliche Mitteilung absendet.

Artikel 22

Eine Annahme kann zurückgenommen werden, wenn die Rücknahmeerklärung dem Anbietenden vor oder in dem Zeitpunkt zugeht, in dem die Annahme wirksam geworden wäre.

Artikel 23

Ein Vertrag ist in dem Zeitpunkt geschlossen, in dem die Annahme eines Angebots nach diesem Übereinkommen wirksam wird.

Artikel 24

Für die Zwecke dieses Teils des Übereinkommens „geht“ ein Angebot, eine Annahmeerklärung oder sonstige Willenserklärung dem Empfänger „zu“, wenn sie ihm mündlich gemacht wird oder wenn sie auf anderem Weg ihm persönlich, an seiner Niederlassung oder Postanschrift oder, wenn diese fehlen, an seinem gewöhnlichen Aufenthaltsort zugestellt wird.

Teil III
WARENKAUF

Kapitel I
ALLGEMEINE BESTIMMUNGEN

Artikel 25

Eine von einer Partei begangene Vertragsverletzung ist wesentlich, wenn sie für die andere Partei solchen Nachteil zur Folge hat, daß ihr im wesentlichen entgeht, was sie nach dem Vertrag hätte erwarten dürfen, es sei denn, daß die vertragsbrüchige Partei diese Folge nicht vorausgesehen hat und eine vernünftige Person der gleichen Art diese Folge unter den gleichen Umständen auch nicht vorausgesehen hätte.

Artikel 26

Eine Erklärung, daß der Vertrag aufgehoben wird, ist nur wirksam, wenn sie der anderen Partei mitgeteilt wird.

Artikel 27

Soweit in diesem Teil des Übereinkommens nicht ausdrücklich etwas anderes bestimmt wird, nimmt bei einer Anzeige, Aufforderung oder sonstigen Mitteilung, die eine Partei gemäß diesem Teil mit den nach den Umständen geeigneten Mitteln macht, eine Verzögerung oder ein Irrtum bei der Übermittlung der Mitteilung oder deren Nichteintreffen dieser Partei nicht das Recht, sich auf die Mitteilung zu berufen.

Artikel 28

Ist eine Partei nach diesem Übereinkommen berechtigt, von der anderen Partei die Erfüllung einer Verpflichtung zu verlangen, so braucht ein Gericht eine Entscheidung auf Erfüllung in Natur nur zu fällen, wenn es dies auch nach seinem eigenen Recht bei gleichartigen Kaufverträgen täte, die nicht unter dieses Übereinkommen fallen.

Artikel 29

(1) Ein Vertrag kann durch bloße Vereinbarung der Parteien geändert oder aufgehoben werden.

(2) [1]Enthält ein schriftlicher Vertrag eine Bestimmung, wonach jede Änderung oder Aufhebung durch Vereinbarung schriftlich zu erfolgen hat, so darf er nicht auf andere Weise geändert oder aufgehoben werden. [2]Eine Partei kann jedoch auf Grund ihres Verhaltens davon ausgeschlossen sein, sich auf eine solche Bestimmung zu berufen, soweit die andere Partei sich auf dieses Verhalten verlassen hat.

Kapitel II
PFLICHTEN DES VERKÄUFERS

Artikel 30

Der Verkäufer ist nach Maßgabe des Vertrages und dieses Übereinkommens verpflichtet, die Ware zu liefern, die sie betreffenden Dokumente zu übergeben und das Eigentum an der Ware zu übertragen.

Abschnitt I
Lieferung der Ware und Übergabe der Dokumente

Artikel 31

Hat der Verkäufer die Ware nicht an einem anderen bestimmten Ort zu liefern, so besteht seine Lieferpflicht in folgendem:

a) Erfordert der Kaufvertrag eine Beförderung der Ware, so hat sie der Verkäufer dem ersten Beförderer zur Übermittlung an den Käufer zu übergeben;

b) bezieht sich der Vertrag in Fällen, die nicht unter Buchstabe a fallen, auf bestimmte Ware oder auf gattungsmäßig bezeichnete Ware, die aus einem bestimmten Bestand zu entnehmen ist, oder auf herzustellende oder zu erzeugende Ware und wußten die Parteien bei Vertragsabschluß, daß die Ware sich an einem bestimmten Ort befand oder dort herzustellen oder zu erzeugen war, so hat der Verkäufer die Ware dem Käufer an diesem Ort zur Verfügung zu stellen;

c) in den anderen Fällen hat der Verkäufer die Ware dem Käufer an dem Ort zur Verfügung zu stellen, an dem der Verkäufer bei Vertragsabschluß seine Niederlassung hatte.

Artikel 32

(1) Übergibt der Verkäufer nach dem Vertrag oder diesem Übereinkommen die Ware einem Beförderer und ist die Ware nicht deutlich durch daran angebrachte Kennzeichen oder durch Beförderungsdokumente oder auf andere Weise dem Vertrag zugeordnet, so hat der Verkäufer dem Käufer die Versendung anzuzeigen und dabei die Ware im einzelnen zu bezeichnen.

(2) Hat der Verkäufer für die Beförderung der Ware zu sorgen, so hat er die Verträge zu schließen, die zur Beförderung an den festgesetzten Ort mit den nach den Umständen angemessenen Beförderungsmitteln und zu den für solche Beförderungen üblichen Bedingungen erforderlich sind.

(3) Ist der Verkäufer nicht zum Abschluß einer Transportversicherung verpflichtet, so hat er dem Käufer auf dessen Verlangen alle ihm verfügbaren, zum Abschluß einer solchen Versicherung erforderlichen Auskünfte zu erteilen.

Artikel 33

Der Verkäufer hat die Ware zu liefern,

a) wenn ein Zeitpunkt im Vertrag bestimmt ist oder auf Grund des Vertrages bestimmt werden kann, zu diesem Zeitpunkt,

b) wenn ein Zeitraum im Vertrag bestimmt ist oder auf Grund des Vertrages bestimmt werden kann, jederzeit innerhalb dieses Zeitraums, sofern sich nicht aus den Umständen ergibt, daß der Käufer den Zeitpunkt zu wählen hat, oder

c) in allen anderen Fällen innerhalb einer angemessenen Frist nach Vertragsabschluß.

Artikel 34

[1]Hat der Verkäufer Dokumente zu übergeben, die sich auf die Ware beziehen, so hat er sie zu dem Zeitpunkt, an dem Ort und in der Form zu übergeben, die im Vertrag vorgesehen sind. [2]Hat der Verkäufer die Dokumente bereits vorher übergeben, so kann er bis zu dem für die Übergabe vorgesehenen Zeitpunkt jede Vertragswidrigkeit der Dokumente beheben, wenn die Ausübung dieses Rechts dem Käufer nicht unzumutbare Unannehmlichkeiten oder unverhältnismäßige Kosten verursacht. [3]Der Käufer behält jedoch das Recht, Schadenersatz nach diesem Übereinkommen zu verlangen.

Abschnitt II

Vertragsmäßigkeit der Ware und Rechte oder Ansprüche Dritter

Artikel 35

(1) Der Verkäufer hat Ware zu liefern, die in Menge, Qualität und Art sowie hinsichtlich Verpackung oder Behältnis den Anforderungen des Vertrages entspricht.

(2) Haben die Parteien nichts anderes vereinbart, so entspricht die Ware dem Vertrag nur,

a) wenn sie sich für die Zwecke eignet, für die Ware der gleichen Art gewöhnlich gebraucht wird;

b) wenn sie sich für einen bestimmten Zweck eignet, der dem Verkäufer bei Vertragsabschluß ausdrücklich oder auf andere Weise zur Kenntnis gebracht wurde, sofern sich nicht aus den Umständen ergibt, daß der Käufer auf die Sachkenntnis und das Urteilsvermögen des Verkäufers nicht vertraute oder vernünftigerweise nicht vertrauen konnte;

c) wenn sie die Eigenschaften einer Ware besitzt, die der Verkäufer dem Käufer als Probe oder Muster vorgelegt hat;

d) wenn sie in der für Ware dieser Art üblichen Weise oder, falls es eine solche Weise nicht gibt, in einer für die Erhaltung und den Schutz der Ware angemessenen Weise verpackt ist.

(3) Der Verkäufer haftet nach Absatz 2 Buchstaben a bis d nicht für eine Vertragswidrigkeit der Ware, wenn der Käufer bei Vertragsabschluß diese Vertragswidrigkeit kannte oder darüber nicht in Unkenntnis sein konnte.

Artikel 36

(1) Der Verkäufer haftet nach dem Vertrag und diesem Übereinkommen für eine Vertragswidrigkeit, die im Zeitpunkt des Übergangs der Gefahr auf den Käufer besteht, auch wenn die Vertragswidrigkeit erst nach diesem Zeitpunkt offenbar wird.

(2) Der Verkäufer haftet auch für eine Vertragswidrigkeit, die nach dem in Absatz 1 angegebenen Zeitpunkt eintritt und auf die Verletzung einer seiner Pflichten zurückzuführen ist, einschließlich der Verletzung einer Garantie dafür, daß die Ware für eine bestimmte Zeit für den üblichen Zweck oder für einen bestimmten Zweck geeignet blei-

ben oder besondere Eigenschaften oder Merkmale behalten wird.

Artikel 37

[1]Bei vorzeitiger Lieferung der Ware behält der Verkäufer bis zu dem für die Lieferung festgesetzten Zeitpunkt das Recht, fehlende Teile nachzuliefern, eine fehlende Menge auszugleichen, für nicht vertragsgemäße Ware Ersatz zu liefern oder die Vertragswidrigkeit der gelieferten Ware zu beheben, wenn die Ausübung dieses Rechts dem Käufer nicht unzumutbare Unannehmlichkeiten oder unverhältnismäßige Kosten verursacht. [2]Der Käufer behält jedoch das Recht, Schadenersatz nach diesem Übereinkommen zu verlangen.

Artikel 38

(1) Der Käufer hat die Ware innerhalb einer so kurzen Frist zu untersuchen oder untersuchen zu lassen, wie es die Umstände erlauben.

(2) Erfordert der Vertrag eine Beförderung der Ware, so kann die Untersuchung bis nach dem Eintreffen der Ware am Bestimmungsort aufgeschoben werden.

(3) Wird die Ware vom Käufer umgeleitet oder von ihm weiterversandt, ohne daß er ausreichend Gelegenheit hatte, sie zu untersuchen, und kannte der Verkäufer bei Vertragsabschluß die Möglichkeit einer solchen Umleitung oder Weiterversendung oder mußte er sie kennen, so kann die Untersuchung bis nach dem Eintreffen der Ware an ihrem neuen Bestimmungsort aufgeschoben werden.

Artikel 39

(1) Der Käufer verliert das Recht, sich auf eine Vertragswidrigkeit der Ware zu berufen, wenn er sie dem Verkäufer nicht innerhalb einer angemessenen Frist nach dem Zeitpunkt, in dem er sie festgestellt hat oder hätte feststellen müssen, anzeigt und dabei die Art der Vertragswidrigkeit genau bezeichnet.

(2) Der Käufer verliert in jedem Fall das Recht, sich auf die Vertragswidrigkeit der Ware zu berufen, wenn er sie nicht spätestens innerhalb von zwei Jahren, nachdem ihm die Ware tatsächlich übergeben worden ist, dem Verkäufer anzeigt, es sei denn, daß diese Frist mit einer vertraglichen Garantiefrist unvereinbar ist.

Artikel 40

Der Verkäufer kann sich auf die Artikel 38 und 39 nicht berufen, wenn die Vertragswidrigkeit auf Tatsachen beruht, die er kannte oder über die er nicht in Unkenntnis sein konnte und die er dem Käufer nicht offenbart hat.

Artikel 41

[1]Der Verkäufer hat Ware zu liefern, die frei von Rechten oder Ansprüchen Dritter ist, es sei denn, daß der Käufer eingewilligt hat, die mit einem solchen Recht oder Anspruch belastete Ware anzunehmen. [2]Beruhen jedoch solche Rechte oder Ansprüche auf gewerblichem oder anderem geistigen Eigentum, so regelt Artikel 42 die Verpflichtung des Verkäufers.

Artikel 42

(1) Der Verkäufer hat Ware zu liefern, die frei von Rechten oder Ansprüchen Dritter ist, die auf gewerblichem oder anderem geistigen Eigentum beruhen und die der Verkäufer bei Vertragsabschluß kannte oder über die er nicht in Unkenntnis sein konnte, vorausgesetzt, das Recht oder der Anspruch beruht auf gewerblichem oder anderem geistigen Eigentum

a) nach dem Recht des Staates, in dem die Ware weiterverkauft oder in dem sie in anderer Weise verwendet wird, wenn die Parteien bei Vertragsabschluß in Betracht gezogen haben, daß die Ware dort weiterverkauft oder verwendet wird, oder

b) in jedem anderen Falle nach dem Recht des Staates, in dem der Käufer seine Niederlassung hat.

(2) Die Verpflichtung des Verkäufers nach Absatz 1 erstreckt sich nicht auf Fälle,

a) in denen der Käufer im Zeitpunkt des Vertragsabschlusses das Recht oder den Anspruch kannte oder darüber nicht in Unkenntnis sein konnte, oder

b) in denen das Recht oder der Anspruch sich daraus ergibt, daß der Verkäufer sich nach technischen Zeichnungen, Entwürfen, Formeln oder sonstigen Angaben gerichtet hat, die der Käufer zur Verfügung gestellt hat.

Artikel 43

(1) Der Käufer kann sich auf Artikel 41 oder 42 nicht berufen, wenn er dem Verkäufer das Recht oder den Anspruch des Dritten nicht innerhalb einer angemessenen Frist nach dem Zeitpunkt, in dem er davon Kenntnis erlangt hat oder hätte erlangen müssen, anzeigt und dabei genau bezeichnet, welcher Art das Recht oder der Anspruch des Dritten ist.

(2) Der Verkäufer kann sich nicht auf Absatz 1 berufen, wenn er das Recht oder den Anspruch des Dritten und seine Art kannte.

Artikel 44

Ungeachtet des Artikels 39 Absatz 1 und des Artikels 43 Absatz 1 kann der Käufer den Preis nach Artikel 50 herabsetzen oder Schadenersatz, außer für entgangenen Gewinn, verlangen, wenn er eine vernünftige Entschuldigung dafür hat, daß er die erforderliche Anzeige unterlassen hat.

Abschnitt III

Rechtsbehelfe des Käufers wegen Vertragsverletzung durch den Verkäufer

Artikel 45

(1) Erfüllt der Verkäufer eine seiner Pflichten nach dem Vertrag oder diesem Übereinkommen nicht, so kann der Käufer

a) die in Artikel 46 bis 52 vorgesehenen Rechte ausüben;

b) Schadenersatz nach Artikel 74 bis 77 verlangen.

(2) Der Käufer verliert das Recht, Schadenersatz zu verlangen, nicht dadurch, daß er andere Rechtsbehelfe ausübt.

(3) Übt der Käufer einen Rechtsbehelf wegen Vertragsverletzung aus, so darf ein Gericht oder Schiedsgericht dem Verkäufer keine zusätzliche Frist gewähren.

Artikel 46

(1) Der Käufer kann vom Verkäufer Erfüllung seiner Pflichten verlangen, es sei denn, daß der Käufer einen Rechtsbehelf ausgeübt hat, der mit diesem Verlangen unvereinbar ist.

(2) Ist die Ware nicht vertragsgemäß, so kann der Käufer Ersatzlieferung nur verlangen, wenn die Vertragswidrigkeit eine wesentliche Vertragsverletzung darstellt und die Ersatzlieferung entweder zusammen mit einer Anzeige nach Artikel 39 oder innerhalb einer angemessenen Frist danach verlangt wird.

(3) [1]Ist die Ware nicht vertragsgemäß, so kann der Käufer den Verkäufer auffordern, die Vertragswidrigkeit durch Verbesserung zu beheben, es sei denn, daß dies unter Berücksichtigung aller Umstände unzumutbar ist. [2]Verbesserung muß entweder zusammen mit einer Anzeige nach Artikel 39 oder innerhalb einer angemessenen Frist danach verlangt werden.

Artikel 47

(1) Der Käufer kann dem Verkäufer eine angemessene Nachfrist zur Erfüllung seiner Pflichten setzen.

(2) [1]Der Käufer kann vor Ablauf dieser Frist keinen Rechtsbehelf wegen Vertragsverletzung ausüben, außer wenn er vom Verkäufer die Anzeige erhalten hat, daß dieser seine Pflichten nicht innerhalb der so gesetzten Frist erfüllen wird. [2]Der Käufer behält jedoch das Recht, Schadenersatz wegen verspäteter Erfüllung zu verlangen.

Artikel 48

(1) [1]Vorbehaltlich des Artikels 49 kann der Verkäufer einen Mangel in der Erfüllung seiner Pflichten auch nach dem Liefertermin auf eigene Kosten beheben, wenn dies keine unzumutbare Verzögerung nach sich zieht und dem Käufer weder unzumutbare Unannehmlichkeiten noch Ungewißheit über die Erstattung seiner Auslagen durch den Verkäufer verursacht. [2]Der Käufer behält jedoch das Recht, Schadenersatz nach diesem Übereinkommen zu verlangen.

(2) [1]Fordert der Verkäufer den Käufer auf, ihm mitzuteilen, ob er die Erfüllung annehmen will, und entspricht der Käufer der Aufforderung nicht innerhalb einer angemessenen Frist, so kann der Verkäufer innerhalb der in seiner Aufforderung angegebenen Frist erfüllen. [2]Der Käufer kann vor Ablauf dieser Frist keinen Rechtsbehelf ausüben, der mit der Erfüllung durch den Verkäufer unvereinbar ist.

(3) Zeigt der Verkäufer dem Käufer an, daß er innerhalb einer bestimmten Frist erfüllen wird, so wird vermutet, daß die Anzeige eine Aufforderung an den Käufer nach Absatz 2 enthält, seine Entscheidung mitzuteilen.

(4) Eine Aufforderung oder Anzeige des Verkäufers nach Absatz 2 oder 3 ist nur wirksam, wenn der Käufer sie erhalten hat.

Artikel 49

(1) Der Käufer kann die Aufhebung des Vertrages erklären,

a) wenn die Nichterfüllung einer dem Verkäufer nach dem Vertrag oder diesem Übereinkommen obliegenden Pflicht eine wesentliche Vertragsverletzung darstellt oder

b) wenn im Falle der Nichtlieferung der Verkäufer die Ware nicht innerhalb der vom Käufer nach Artikel 47 Absatz 1 gesetzten Nachfrist liefert oder wenn er erklärt, daß er nicht innerhalb der so gesetzten Frist liefern wird.

(2) Hat der Verkäufer die Ware geliefert, so verliert jedoch der Käufer sein Recht, die Aufhebung des Vertrages zu erklären, wenn er

a) im Falle der verspäteten Lieferung die Aufhebung nicht innerhalb einer angemessenen Frist erklärt, nachdem er erfahren hat, daß die Lieferung erfolgt ist, oder

b) im Falle einer anderen Vertragsverletzung als verspäteter Lieferung die Aufhebung nicht innerhalb einer angemessenen Frist erklärt,

i) nachdem er die Vertragsverletzung kannte oder kennen mußte,

ii) nachdem eine vom Käufer nach Artikel 47 Absatz 1 gesetzte Nachfrist abgelaufen ist oder nachdem der Verkäufer erklärt hat, daß er seine Pflichten nicht innerhalb der Nachfrist erfüllen wird, oder

iii) nachdem eine vom Verkäufer nach Artikel 48 Absatz 2 gesetzte Frist abgelaufen ist oder nachdem der Käufer erklärt hat, daß er die Erfüllung nicht annehmen wird.

Artikel 50

[1]Ist die Ware nicht vertragsgemäß, so kann der Käufer unabhängig davon, ob der Kaufpreis bereits gezahlt worden ist oder nicht, den Preis in dem Verhältnis herabsetzen, in dem der Wert, den die tatsächlich gelieferte Ware im Zeitpunkt der Lieferung hatte, zu dem Wert steht, den vertragsgemäße Ware zu diesem Zeitpunkt gehabt hätte. [2]Behebt jedoch der Verkäufer nach Artikel 37 oder 48 einen Mangel in der Erfüllung seiner Pflichten oder weigert sich der Käufer, Erfüllung durch den Verkäufer nach den genannten Artikeln anzunehmen, so kann der Käufer den Preis nicht herabsetzen.

Artikel 51

(1) Liefert der Verkäufer nur einen Teil der Ware oder ist nur ein Teil der gelieferten Ware vertragsgemäß, so gelten für den Teil, der fehlt oder der nicht vertragsgemäß ist, die Artikel 46 bis 50.

(2) Der Käufer kann nur dann die Aufhebung des gesamten Vertrages erklären, wenn die unvollständige oder nicht vertragsgemäße Lieferung eine wesentliche Vertragsverletzung darstellt.

Artikel 52

(1) Liefert der Verkäufer die Ware vor dem festgesetzten Zeitpunkt, so steht es dem Käufer frei, sie anzunehmen oder die Annahme zu verweigern.

(2) [1]Liefert der Verkäufer eine größere als die vereinbarte Menge, so kann der Käufer die zuviel gelieferte Menge annehmen oder ihre Annahme verweigern. [2]Nimmt der Käufer die zuviel gelieferte Menge ganz oder teilweise an, so hat er sie entsprechend dem vertraglichen Preis zu bezahlen.

Kapitel III

PFLICHTEN DES KÄUFERS

Artikel 53

Der Käufer ist nach Maßgabe des Vertrages und dieses Übereinkommens verpflichtet, den Kaufpreis zu zahlen und die Ware anzunehmen.

Abschnitt I

Zahlung des Kaufpreises

Artikel 54

Zur Pflicht des Käufers, den Kaufpreis zu zahlen, gehört es auch, die Maßnahmen zu treffen und die Förmlichkeiten zu erfüllen, die der Vertrag oder Rechtsvorschriften erfordern, damit Zahlung geleistet werden kann.

Artikel 55

Ist ein Vertrag gültig geschlossen worden, ohne daß er den Kaufpreis ausdrücklich oder stillschweigend festsetzt oder dessen Festsetzung ermöglicht, so wird mangels gegenteiliger Anhaltspunkte vermutet, daß die Parteien sich stillschweigend auf den Kaufpreis bezogen haben, der bei Vertragsabschluß allgemein für derartige Ware berechnet wurde, die in dem betreffenden Geschäftszweig unter vergleichbaren Umständen verkauft wurde.

Artikel 56

Ist der Kaufpreis nach dem Gewicht der Ware festgesetzt, so bestimmt er sich im Zweifel nach dem Nettogewicht.

Artikel 57

(1) Ist der Käufer nicht verpflichtet, den Kaufpreis an einem anderen bestimmten Ort zu zahlen, so hat er ihn dem Verkäufer wie folgt zu zahlen:

a) am Ort der Niederlassung des Verkäufers oder,

b) wenn die Zahlung gegen Übergabe der Ware oder von Dokumenten zu leisten ist, an dem Ort, an dem die Übergabe stattfindet.

(2) Der Verkäufer hat alle mit der Zahlung zusammenhängenden Mehrkosten zu tragen, die durch einen Wechsel seiner Niederlassung nach Vertragsabschluß entstehen.

Artikel 58

(1) [1]Ist der Käufer nicht verpflichtet, den Kaufpreis zu einer bestimmten Zeit zu zahlen, so hat er den Preis zu zahlen, sobald ihm der Verkäufer entweder die Ware oder die Dokumente, die zur Verfügung darüber berechtigen, nach dem Vertrag und diesem Übereinkommen zur Verfügung gestellt hat. [2]Der Verkäufer kann die Übergabe der Ware oder der Dokumente von der Zahlung abhängig machen.

(2) Erfordert der Vertrag eine Beförderung der Ware, so kann der Verkäufer sie mit der Maßgabe versenden, daß die Ware oder die Dokumente, die zur Verfügung darüber berechtigen, dem

Käufer nur gegen Zahlung des Kaufpreises zu übergeben sind.

(3) Der Käufer ist nicht verpflichtet, den Kaufpreis zu zahlen, bevor er Gelegenheit gehabt hat, die Ware zu untersuchen, es sei denn, die von den Parteien vereinbarten Lieferungs- oder Zahlungsmodalitäten bieten hierzu keine Gelegenheit.

Artikel 59

Der Käufer hat den Kaufpreis zu dem Zeitpunkt, der in dem Vertrag festgesetzt oder nach dem Vertrag und diesem Übereinkommen bestimmbar ist, zu zahlen, ohne daß es einer Aufforderung oder der Einhaltung von Förmlichkeiten seitens des Verkäufers bedarf.

Abschnitt II

Annahme

Artikel 60

Die Pflicht des Käufers zur Annahme besteht darin,

a) alle Handlungen vorzunehmen, die vernünftigerweise von ihm erwartet werden können, damit dem Verkäufer die Lieferung ermöglicht wird, und

b) die Ware zu übernehmen.

Abschnitt III

Rechtsbehelfe des Verkäufers wegen Vertragsverletzung durch den Käufer

Artikel 61

(1) Erfüllt der Käufer eine seiner Pflichten nach dem Vertrag oder diesem Übereinkommen nicht, so kann der Verkäufer

a) die in Artikel 62 bis 65 vorgesehenen Rechte ausüben;

b) Schadenersatz nach Artikel 74 bis 77 verlangen.

(2) Der Verkäufer verliert das Recht, Schadenersatz zu verlangen, nicht dadurch, daß er andere Rechtsbehelfe ausübt.

(3) Übt der Verkäufer einen Rechtsbehelf wegen Vertragsverletzung aus, so darf ein Gericht oder Schiedsgericht dem Käufer keine zusätzliche Frist gewähren.

Artikel 62

Der Verkäufer kann vom Käufer verlangen, daß er den Kaufpreis zahlt, die Ware annimmt sowie seine sonstigen Pflichten erfüllt, es sei denn, daß der Verkäufer einen Rechtsbehelf ausgeübt hat, der mit diesem Verlangen unvereinbar ist.

Artikel 63

(1) Der Verkäufer kann dem Käufer eine angemessene Nachfrist zur Erfüllung seiner Pflichten setzen.

(2) [1]Der Verkäufer kann vor Ablauf dieser Frist keinen Rechtsbehelf wegen Vertragsverletzung ausüben, außer wenn er vom Käufer die Anzeige erhalten hat, daß dieser seine Pflichten nicht innerhalb der so gesetzten Frist erfüllen wird. [2]Der Verkäufer verliert dadurch jedoch nicht das Recht, Schadenersatz wegen verspäteter Erfüllung zu verlangen.

Artikel 64

(1) Der Verkäufer kann die Aufhebung des Vertrages erklären,

a) wenn die Nichterfüllung einer dem Käufer nach dem Vertrag oder diesem Übereinkommen obliegenden Pflicht eine wesentliche Vertragsverletzung darstellt, oder

b) wenn der Käufer nicht innerhalb der vom Verkäufer nach Artikel 63 Absatz 1 gesetzten Nachfrist seine Pflicht zur Zahlung des Kaufpreises oder zur Annahme der Ware erfüllt oder wenn er erklärt, daß er dies nicht innerhalb der so gesetzten Frist tun wird.

(2) Hat der Käufer den Kaufpreis gezahlt, so verliert jedoch der Verkäufer sein Recht, die Aufhebung des Vertrages zu erklären, wenn er

a) im Falle verspäteter Erfüllung durch den Käufer die Aufhebung nicht erklärt, bevor er erfahren hat, daß erfüllt worden ist, oder

b) im Falle einer anderen Vertragsverletzung als verspäteter Erfüllung durch den Käufer die Aufhebung nicht innerhalb einer angemessenen Zeit erklärt,

i) nachdem der Verkäufer die Vertragsverletzung kannte oder kennen mußte, oder

ii) nachdem eine vom Verkäufer nach Artikel 63 Absatz 1 gesetzte Nachfrist abgelaufen ist, oder nachdem der Käufer erklärt hat, daß er seine Pflichten nicht innerhalb der Nachfrist erfüllen wird.

Artikel 65

(1) Hat der Käufer nach dem Vertrag die Form, die Maße oder andere Merkmale der Ware näher zu bestimmen und nimmt er diese Spezifizierung nicht zu dem vereinbarten Zeitpunkt oder innerhalb einer angemessenen Frist nach Eingang einer Aufforderung durch den Verkäufer vor, so kann der Verkäufer unbeschadet aller ihm zustehenden sonstigen Rechte die Spezifizierung nach den Bedürfnissen des Käufers, soweit ihm diese bekannt sind, selbst vornehmen.

(2) [1]Nimmt der Verkäufer die Spezifizierung selbst vor, so hat er dem Käufer deren Einzelhei-

ten mitzuteilen und ihm eine angemessene Frist zu setzen, innerhalb deren der Käufer eine abweichende Spezifizierung vornehmen kann. [2]Macht der Käufer nach Eingang einer solchen Mitteilung von dieser Möglichkeit innerhalb der so gesetzten Frist keinen Gebrauch, so ist die vom Verkäufer vorgenommene Spezifizierung verbindlich.

Kapitel IV

ÜBERGANG DER GEFAHR

Artikel 66

Untergang oder Beschädigung der Ware nach Übergang der Gefahr auf den Käufer befreit diesen nicht von der Pflicht, den Kaufpreis zu zahlen, es sei denn, daß der Untergang oder die Beschädigung auf eine Handlung oder Unterlassung des Verkäufers zurückzuführen ist.

Artikel 67

(1) [1]Erfordert der Kaufvertrag eine Beförderung der Ware und ist der Verkäufer nicht verpflichtet, sie an einem bestimmten Ort zu übergeben, so geht die Gefahr auf den Käufer über, sobald die Ware gemäß dem Kaufvertrag dem ersten Beförderer zur Übermittlung an den Käufer übergeben wird. [2]Hat der Verkäufer dem Beförderer die Ware an einem bestimmten Ort zu übergeben, so geht die Gefahr erst auf den Käufer über, wenn die Ware dem Beförderer an diesem Ort übergeben wird. [3]Ist der Verkäufer befugt, die Dokumente, die zur Verfügung über die Ware berechtigen, zurückzubehalten, so hat dies keinen Einfluß auf den Übergang der Gefahr.

(2) Die Gefahr geht jedoch erst auf den Käufer über, wenn die Ware eindeutig dem Vertrag zugeordnet ist, sei es durch an der Ware angebrachte Kennzeichen, durch Beförderungsdokumente, durch eine Anzeige an den Käufer oder auf andere Weise.

Artikel 68

[1]Wird Ware, die sich auf dem Transport befindet, verkauft, so geht die Gefahr im Zeitpunkt des Vertragsabschlusses auf den Käufer über. [2]Die Gefahr wird jedoch bereits im Zeitpunkt der Übergabe der Ware an den Beförderer, der die Dokumente über den Beförderungsvertrag ausgestellt hat, von dem Käufer übernommen, falls die Umstände diesen Schluß nahelegen. [3]Wenn dagegen der Verkäufer bei Abschluß des Kaufvertrages wußte oder wissen mußte, daß die Ware untergegangen oder beschädigt war und er dies dem Käufer nicht offenbart hat, geht der Untergang oder die Beschädigung zu Lasten des Verkäufers.

Artikel 69

(1) In den durch Artikel 67 und 68 nicht geregelten Fällen geht die Gefahr auf den Käufer über, sobald er die Ware übernimmt oder, wenn er sie nicht rechtzeitig übernimmt, in dem Zeitpunkt, in dem ihm die Ware zur Verfügung gestellt wird und er durch Nichtannahme eine Vertragsverletzung begeht.

(2) Hat jedoch der Käufer die Ware an einem anderen Ort als einer Niederlassung des Verkäufers zu übernehmen, so geht die Gefahr über, sobald die Lieferung fällig ist und der Käufer Kenntnis davon hat, daß ihm die Ware an diesem Ort zur Verfügung steht.

(3) Betrifft der Vertrag Ware, die ihm noch nicht zugeordnet ist, so gilt sie erst dann als dem Käufer zur Verfügung gestellt, wenn sie eindeutig dem Vertrag zugeordnet worden ist.

Artikel 70

Hat der Verkäufer eine wesentliche Vertragsverletzung begangen, so berühren die Artikel 67, 68 und 69 nicht die dem Käufer wegen einer solchen Verletzung zustehenden Rechtsbehelfe.

Kapitel V

GEMEINSAME BESTIMMUNGEN ÜBER DIE PFLICHTEN DES VERKÄUFERS UND DES KÄUFERS

Abschnitt I

Vorweggenommene Vertragsverletzung und Verträge über aufeinanderfolgende Lieferungen

Artikel 71

(1) Eine Partei kann die Erfüllung ihrer Pflichten aussetzen, wenn sich nach Vertragsabschluß herausstellt, daß die andere Partei einen wesentlichen Teil ihrer Pflichten nicht erfüllen wird

a) wegen eines schwerwiegenden Mangels ihrer Fähigkeit, den Vertrag zu erfüllen, oder ihrer Kreditwürdigkeit oder

b) wegen ihres Verhaltens bei der Vorbereitung der Erfüllung oder bei der Erfüllung des Vertrages.

(2) [1]Hat der Verkäufer die Ware bereits abgesandt, bevor sich die in Absatz 1 bezeichneten Gründe herausstellen, so kann er sich der Übergabe der Ware an den Käufer widersetzen, selbst wenn der Käufer ein Dokument hat, das ihn berechtigt, die Ware zu erlangen. [2]Der vorliegende Absatz betrifft nur die Rechte auf die Ware im Verhältnis zwischen Käufer und Verkäufer.

(3) Setzt eine Partei vor oder nach der Absendung der Ware die Erfüllung aus, so hat sie dies der anderen Partei sofort anzuzeigen; sie hat die Erfüllung fortzusetzen, wenn die andere Partei für die Erfüllung ihrer Pflichten ausreichende Gewähr gibt.

Artikel 72

(1) Ist schon vor dem für die Vertragserfüllung festgesetzten Zeitpunkt offensichtlich, daß eine Partei eine wesentliche Vertragsverletzung begehen wird, so kann die andere Partei die Aufhebung des Vertrages erklären.

(2) Wenn es die Zeit erlaubt und es nach den Umständen vernünftig ist, hat die Partei, welche die Aufhebung des Vertrages erklären will, dies der anderen Partei anzuzeigen, um ihr zu ermöglichen, für die Erfüllung ihrer Pflichten ausreichende Gewähr zu geben.

(3) Absatz 2 ist nicht anzuwenden, wenn die andere Partei erklärt hat, daß sie ihre Pflichten nicht erfüllen wird.

Artikel 73

(1) Sieht ein Vertrag aufeinanderfolgende Lieferungen von Ware vor und begeht eine Partei durch Nichterfüllung einer eine Teillieferung betreffenden Pflicht eine wesentliche Vertragsverletzung in bezug auf diese Teillieferung, so kann die andere Partei die Aufhebung des Vertrages in bezug auf diese Teillieferung erklären.

(2) Gibt die Nichterfüllung einer eine Teillieferung betreffenden Pflicht durch eine der Parteien der anderen Partei triftigen Grund zu der Annahme, daß eine wesentliche Vertragsverletzung in bezug auf künftige Teillieferungen zu erwarten ist, so kann die andere Partei innerhalb angemessener Frist die Aufhebung des Vertrages für die Zukunft erklären.

(3) Ein Käufer, der den Vertrag in bezug auf eine Lieferung als aufgehoben erklärt, kann gleichzeitig die Aufhebung des Vertrages in bezug auf bereits erhaltene Lieferungen oder in bezug auf künftige Lieferungen erklären, wenn diese Lieferungen wegen des zwischen ihnen bestehenden Zusammenhangs nicht mehr für den Zweck verwendet werden können, den die Parteien im Zeitpunkt des Vertragsabschlusses in Betracht gezogen haben.

Abschnitt II

Schadenersatz

Artikel 74

[1]Als Schadenersatz für die durch eine Partei begangene Vertragsverletzung ist der der anderen Partei infolge der Vertragsverletzung entstandene Verlust, einschließlich des entgangenen Gewinns, zu ersetzen. [2]Dieser Schadenersatz darf jedoch den Verlust nicht übersteigen, den die vertragsbrüchige Partei bei Vertragsabschluß als mögliche Folge der Vertragsverletzung vorausgesehen hat oder unter Berücksichtigung der Umstände, die sie kannte oder kennen mußte, hätte voraussehen müssen.

Artikel 75

Ist der Vertrag aufgehoben und hat der Käufer einen Deckungskauf oder der Verkäufer einen Deckungsverkauf in angemessener Weise und innerhalb eines angemessenen Zeitraums nach der Aufhebung vorgenommen, so kann die Partei, die Schadenersatz verlangt, den Unterschied zwischen dem im Vertrag vereinbarten Preis und dem Preis des Deckungskaufs oder des Deckungsverkaufs sowie jeden weiteren Schadenersatz nach Artikel 74 verlangen.

Artikel 76

(1) [1]Ist der Vertrag aufgehoben und hat die Ware einen Marktpreis, so kann die Schadenersatz verlangende Partei, wenn sie keinen Deckungskauf oder Deckungsverkauf nach Artikel 75 vorgenommen hat, den Unterschied zwischen dem im Vertrag vereinbarten Preis und dem Marktpreis zur Zeit der Aufhebung sowie jeden weiteren Schadenersatz nach Artikel 74 verlangen. [2]Hat jedoch die Partei, die Schadenersatz verlangt, den Vertrag aufgehoben, nachdem sie die Ware übernommen hat, so gilt der Marktpreis zur Zeit der Übernahme und nicht der Marktpreis zur Zeit der Aufhebung.

(2) Als Marktpreis im Sinne von Absatz 1 ist maßgebend der Marktpreis, der an dem Ort gilt, an dem die Lieferung der Ware hätte erfolgen sollen, oder, wenn dort ein Marktpreis nicht besteht, der an einem angemessenen Ersatzort geltende Marktpreis; dabei sind Unterschiede in den Kosten der Beförderung der Ware zu berücksichtigen.

Artikel 77

[1]Die Partei, die sich auf eine Vertragsverletzung beruft, hat alle den Umständen nach angemessenen Maßnahmen zur Verringerung des aus der Vertragsverletzung folgenden Verlusts, einschließlich des entgangenen Gewinns, zu treffen. [2]Versäumt sie dies, so kann die vertragsbrüchige Partei Herabsetzung des Schadenersatzes in Höhe des Betrags verlangen, um den der Verlust hätte verringert werden sollen.

Abschnitt III

Zinsen

Artikel 78

Versäumt eine Partei, den Kaufpreis oder einen anderen fälligen Betrag zu zahlen, so hat die andere Partei für diese Beträge Anspruch auf Zinsen, unbeschadet eines Schadenersatzanspruchs nach Artikel 74.

Abschnitt IV

Befreiungen

Artikel 79

(1) Eine Partei hat für die Nichterfüllung einer ihrer Pflichten nicht einzustehen, wenn sie beweist, daß die Nichterfüllung auf einem außerhalb ihres Einflußbereichs liegenden Hinderungsgrund beruht und daß von ihr vernünftigerweise nicht erwartet werden konnte, den Hinderungsgrund bei Vertragsabschluß in Betracht zu ziehen oder den Hinderungsgrund oder seine Folgen zu vermeiden oder zu überwinden.

(2) Beruht die Nichterfüllung einer Partei auf der Nichterfüllung durch einen Dritten, dessen sie sich zur völligen oder teilweisen Vertragserfüllung bedient, so ist diese Partei von der Haftung nur befreit,

a) wenn sie nach Absatz 1 befreit ist und

b) wenn der Dritte selbst ebenfalls nach Absatz 1 befreit wäre, sofern Absatz 1 auf ihn Anwendung fände.

(3) Die in diesem Artikel vorgesehene Befreiung gilt für die Zeit, während der der Hinderungsgrund besteht.

(4) [1]Die Partei, die nicht erfüllt, hat den Hinderungsgrund und seine Auswirkung auf ihre Fähigkeit zu erfüllen der anderen Partei mitzuteilen. [2]Erhält die andere Partei die Mitteilung nicht innerhalb einer angemessenen Frist, nachdem die nicht erfüllende Partei den Hinderungsgrund kannte oder kennen mußte, so haftet sie für den aus diesem Nichterhalt entstehenden Schaden.

(5) Dieser Artikel hindert die Parteien nicht, ein anderes als das Recht auszuüben, Schadenersatz nach diesem Übereinkommen zu verlangen.

Artikel 80

Eine Partei kann sich auf die Nichterfüllung von Pflichten durch die andere Partei nicht berufen, soweit diese Nichterfüllung durch ihre Handlung oder Unterlassung verursacht wurde.

Abschnitt V

Wirkungen der Aufhebung

Artikel 81

(1) [1]Die Aufhebung des Vertrages befreit beide Parteien von ihren Vertragspflichten, mit Ausnahme etwaiger Schadenersatzpflichten. [2]Die Aufhebung berührt nicht Bestimmungen des Vertrages über die Beilegung von Streitigkeiten oder sonstige Bestimmungen des Vertrages, welche die Rechte und Pflichten der Parteien nach Vertragsaufhebung regeln.

(2) [1]Hat eine Partei den Vertrag ganz oder teilweise erfüllt, so kann sie ihre Leistung von der anderen Partei zurückfordern. [2]Sind beide Parteien zur Rückgabe verpflichtet, so sind die Leistungen Zug um Zug zurückzugeben.

Artikel 82

(1) Der Käufer verliert das Recht, die Aufhebung des Vertrages zu erklären oder vom Verkäufer Ersatzlieferung zu verlangen, wenn es ihm unmöglich ist, die Ware im wesentlichen in dem Zustand zurückzugeben, in dem er sie erhalten hat.

(2) Absatz 1 findet keine Anwendung,

a) wenn die Unmöglichkeit, die Ware zurückzugeben oder sie im wesentlichen in dem Zustand zurückzugeben, in dem der Käufer sie erhalten hat, nicht auf einer Handlung oder Unterlassung des Käufers beruht,

b) wenn die Ware ganz oder teilweise infolge der in Artikel 38 vorgesehenen Untersuchung untergegangen oder verschlechtert worden ist, oder

c) wenn der Käufer die Ware ganz oder teilweise im normalen Geschäftsverkehr verkauft oder der normalen Verwendung entsprechend verbraucht oder verändert hat, bevor er die Vertragswidrigkeit entdeckt hat oder hätte entdecken müssen.

Artikel 83

Der Käufer, der nach Artikel 82 das Recht verloren hat, die Aufhebung des Vertrages zu erklären oder vom Verkäufer Ersatzlieferung zu verlangen, behält alle anderen Rechtsbehelfe, die ihm nach dem Vertrag und diesem Übereinkommen zustehen.

Artikel 84

(1) Hat der Verkäufer den Kaufpreis zurückzuzahlen, so hat er außerdem vom Tag der Zahlung an auf den Betrag Zinsen zu zahlen.

(2) Der Käufer schuldet dem Verkäufer den Gegenwert aller Vorteile, die er aus der Ware oder einem Teil der Ware gezogen hat,

a) wenn er die Ware ganz oder teilweise zurückgeben muß oder

b) wenn es ihm unmöglich ist, die Ware ganz oder teilweise zurückzugeben oder sie ganz oder teilweise im wesentlichen in dem Zustand zurückzugeben, in dem er sie erhalten hat, er aber dennoch die Aufhebung des Vertrages erklärt oder vom Verkäufer Ersatzlieferung verlangt hat.

Abschnitt VI

Erhaltung der Ware

Artikel 85

[1]Nimmt der Käufer die Ware nicht rechtzeitig an oder versäumt er, falls Zahlung des Kaufpreises und Lieferung der Ware Zug um Zug erfolgen sollen, den Kaufpreis zu zahlen, und hat der Verkäufer die Ware noch in Besitz oder ist er sonst in der Lage, über sie zu verfügen, so hat der Verkäufer die den Umständen angemessenen Maßnahmen zu ihrer Erhaltung zu treffen. [2]Er ist berechtigt, die Ware zurückzubehalten, bis ihm der Käufer seine angemessenen Aufwendungen erstattet hat.

Artikel 86

(1) [1]Hat der Käufer die Ware empfangen und beabsichtigt er, ein nach dem Vertrag oder diesem Übereinkommen bestehendes Zurückweisungsrecht auszuüben, so hat er die den Umständen angemessenen Maßnahmen zu ihrer Erhaltung zu treffen. [2]Er ist berechtigt, die Ware zurückzubehalten, bis ihm der Verkäufer seine angemessenen Aufwendungen erstattet hat.

(2) [1]Ist die dem Käufer zugesandte Ware ihm am Bestimmungsort zur Verfügung gestellt worden und übt er das Recht aus, sie zurückzuweisen, so hat er sie für Rechnung des Verkäufers in Besitz zu nehmen, sofern dies ohne Zahlung des Kaufpreises und ohne unzumutbare Unannehmlichkeiten oder unverhältnismäßige Kosten möglich ist. [2]Dies gilt nicht, wenn der Verkäufer oder eine Person, die befugt ist, die Ware für Rechnung des Verkäufers in Obhut zu nehmen, am Bestimmungsort anwesend ist. [3]Nimmt der Käufer die Ware nach diesem Absatz in Besitz, so werden seine Rechte und Pflichten durch Absatz 1 geregelt.

Artikel 87

Eine Partei, die Maßnahmen zur Erhaltung der Ware zu treffen hat, kann die Ware auf Kosten der anderen Partei in den Lagerräumen eines Dritten einlagern, sofern daraus keine unverhältnismäßigen Kosten entstehen.

Artikel 88

(1) Eine Partei, die nach Artikel 85 oder 86 zur Erhaltung der Ware verpflichtet ist, kann sie auf jede geeignete Weise verkaufen, wenn die andere Partei die Inbesitznahme oder die Rücknahme der Ware oder die Zahlung des Kaufpreises oder der Erhaltungskosten ungebührlich hinauszögert, vorausgesetzt, daß sie der anderen Partei ihre Verkaufsabsicht in vernünftiger Weise angezeigt hat.

(2) [1]Ist die Ware einer raschen Verschlechterung ausgesetzt oder würde ihre Erhaltung unverhältnismäßige Kosten verursachen, so hat die Partei, der nach Artikel 85 oder 86 die Erhaltung der Ware obliegt, sich in angemessener Weise um ihren Verkauf zu bemühen. [2]Soweit möglich, hat sie der anderen Partei ihre Verkaufsabsicht anzuzeigen.

(3) [1]Hat eine Partei die Ware verkauft, so kann sie aus dem Erlös des Verkaufs den Betrag behalten, der den angemessenen Kosten der Erhaltung und des Verkaufs der Ware entspricht. [2]Den Überschuß schuldet sie der anderen Partei.

Teil IV

SCHLUSSBESTIMMUNGEN

Artikel 89

Der Generalsekretär der Vereinten Nationen wird hiermit zum Depositar dieses Übereinkommens bestimmt.

Artikel 90

Dieses Übereinkommen geht bereits geschlossenen oder in Zukunft zu schließenden internationalen Vereinbarungen, die Bestimmungen über in diesem Übereinkommen geregelte Gegenstände enthalten, nicht vor, sofern die Parteien ihre Niederlassung in Vertragsstaaten einer solchen Vereinbarung haben.

Artikel 91

(1) Dieses Übereinkommen liegt in der Schlußsitzung der Konferenz der Vereinten Nationen über Verträge über den internationalen Warenkauf zur Unterzeichnung auf und liegt dann bis 30. September 1981 am Sitz der Vereinten Nationen in New York für alle Staaten zur Unterzeichnung auf.

(2) Dieses Übereinkommen bedarf der Ratifikation, Annahme oder Genehmigung durch die Unterzeichnerstaaten.

(3) Dieses Übereinkommen steht allen Staaten, die nicht Unterzeichnerstaaten sind, von dem Tag an zum Beitritt offen, an dem es zur Unterzeichnung aufgelegt wird.

(4) Die Ratifikations-, Annahme-, Genehmigungs- und Beitrittsurkunden werden beim Generalsekretär der Vereinten Nationen hinterlegt.

Artikel 92

(1) Ein Vertragsstaat kann bei der Unterzeichnung, der Ratifikation, der Annahme, der Genehmigung oder dem Beitritt erklären, daß Teil II dieses Übereinkommens für ihn nicht verbindlich ist oder daß Teil III dieses Übereinkommens für ihn nicht verbindlich ist.

(2) Ein Vertragsstaat, der eine Erklärung nach Absatz 1 zu Teil II oder Teil III dieses Übereinkommens abgegeben hat, ist hinsichtlich solcher Gegenstände, die durch den Teil geregelt werden, auf den sich die Erklärung bezieht, nicht als Vertragsstaat im Sinne des Artikels 1 Absatz 1 zu betrachten.

Artikel 93

(1) Ein Vertragsstaat, der zwei oder mehr Gebietseinheiten umfaßt, in denen nach seiner Verfassung auf die in diesem Übereinkommen geregelten Gegenstände unterschiedliche Rechtsordnungen angewendet werden, kann bei der Unterzeichnung, der Ratifikation, der Annahme, der Genehmigung oder dem Beitritt erklären, daß dieses Übereinkommen sich auf alle seine Gebietseinheiten oder nur auf eine oder mehrere derselben erstreckt; er kann seine Erklärung jederzeit durch eine neue Erklärung ändern.

(2) Die Erklärungen sind dem Depositar zu notifizieren und haben ausdrücklich anzugeben, auf welche Gebietseinheiten das Übereinkommen sich erstreckt.

(3) Erstreckt sich das Übereinkommen auf Grund einer Erklärung nach diesem Artikel auf eine oder mehrere, jedoch nicht auf alle Gebietseinheiten eines Vertragsstaates und liegt die Niederlassung einer Partei in diesem Staat, so wird diese Niederlassung im Sinne dieses Übereinkommens nur dann als in einem Vertragsstaat gelegen betrachtet, wenn sie in einer Gebietseinheit liegt, auf die sich das Übereinkommen erstreckt.

(4) Gibt ein Vertragsstaat keine Erklärung nach Absatz 1 ab, so erstreckt sich das Übereinkommen auf alle Gebietseinheiten dieses Staates.

Artikel 94

(1) [1]Zwei oder mehr Vertragsstaaten, welche gleiche oder einander sehr nahekommende Rechtsvorschriften für Gegenstände haben, die in diesem Übereinkommen geregelt werden, können jederzeit erklären, daß das Übereinkommen auf Kaufverträge und ihren Abschluß keine Anwendung findet, wenn die Parteien ihre Niederlassung in diesen Staaten haben. [2]Solche Erklärungen können als gemeinsame oder als aufeinander bezogene einseitige Erklärungen abgegeben werden.

(2) Hat ein Vertragsstaat für Gegenstände, die in diesem Übereinkommen geregelt werden, Rechtsvorschriften, die denen eines oder mehrerer Nichtvertragsstaaten gleich sind oder sehr nahekommen, so kann er jederzeit erklären, daß das Übereinkommen auf Kaufverträge oder ihren Abschluß keine Anwendung findet, wenn die Parteien ihre Niederlassung in diesen Staaten haben.

(3) Wird ein Staat, auf den sich eine Erklärung nach Absatz 2 bezieht, Vertragsstaat, so hat die Erklärung von dem Tag an, an dem das Übereinkommen für den neuen Vertragsstaat in Kraft tritt, die Wirkung einer nach Absatz 1 abgegebenen Erklärung, vorausgesetzt, daß der neue Vertragsstaat sich einer solchen Erklärung anschließt oder eine darauf bezogene einseitige Erklärung abgibt.

Artikel 95

Jeder Staat kann bei der Hinterlegung seiner Ratifikations-, Annahme-, Genehmigungs- oder Beitrittsurkunde erklären, daß Artikel 1 Absatz 1 Buchstabe b für ihn nicht verbindlich ist.

Artikel 96

Ein Vertragsstaat, nach dessen Rechtsvorschriften Kaufverträge schriftlich zu schließen oder nachzuweisen sind, kann jederzeit eine Erklärung nach Artikel 12 abgeben, daß die Bestimmungen der Artikel 11 und 29 oder des Teils II dieses Übereinkommens, die für den Abschluß eines Kaufvertrages, seine Änderung oder Aufhebung durch Vereinbarung oder für ein Angebot, eine Annahme oder eine sonstige Willenserklärung eine andere als die schriftliche Form gestatten, nicht gelten, wenn eine Partei ihre Niederlassung in diesem Staat hat.

Artikel 97

(1) Erklärungen, die nach diesem Übereinkommen bei der Unterzeichnung abgegeben werden, bedürfen der Bestätigung bei der Ratifikation, Annahme oder Genehmigung.

(2) Erklärungen und Bestätigungen von Erklärungen bedürfen der Schriftform und sind dem Depositar zu notifizieren.

(3) [1]Eine Erklärung wird gleichzeitig mit dem Inkrafttreten dieses Übereinkommens für den betreffenden Staat wirksam. [2]Eine Erklärung, die dem Depositar nach diesem Inkrafttreten notifi-

ziert wird, tritt jedoch am ersten Tag des Monats in Kraft, der auf einen Zeitabschnitt von sechs Monaten nach ihrem Eingang beim Depositar folgt. [3]Aufeinander bezogene einseitige Erklärungen nach Artikel 94 werden am ersten Tag des Monats wirksam, der auf einen Zeitabschnitt von sechs Monaten nach Eingang der letzten Erklärung beim Depositar folgt.

(4) [1]Ein Staat, der eine Erklärung nach diesem Übereinkommen abgibt, kann sie jederzeit durch eine an den Depositar gerichtete schriftliche Notifikation zurücknehmen. [2]Eine solche Rücknahme wird am ersten Tag des Monats wirksam, der auf einen Zeitabschnitt von sechs Monaten nach Eingang der Notifikation beim Depositar folgt.

(5) Die Rücknahme einer nach Artikel 94 abgegebenen Erklärung macht eine von einem anderen Staat nach Artikel 94 abgegebene, darauf bezogene Erklärung von dem Tag an unwirksam, an dem die Rücknahme wirksam wird.

Artikel 98

Vorbehalte sind nur zulässig, soweit sie in diesem Übereinkommen ausdrücklich für zulässig erklärt werden.

Artikel 99

(1) Vorbehaltlich des Absatzes 6 tritt dieses Übereinkommen am ersten Tag des Monats in Kraft, der auf einen Zeitabschnitt von zwölf Monaten nach Hinterlegung der zehnten Ratifikations-, Annahme-, Genehmigungs- oder Beitrittsurkunde einschließlich einer Urkunde, die eine nach Artikel 92 abgegebene Erklärung enthält, folgt.

(2) Wenn ein Staat dieses Übereinkommen nach Hinterlegung der zehnten Ratifikations-, Annahme-, Genehmigungs- oder Beitrittsurkunde ratifiziert, annimmt, genehmigt oder ihm beitritt, tritt dieses Übereinkommen mit Ausnahme des ausgeschlossenen Teils für diesen Staat vorbehaltlich des Absatzes 6 am ersten Tag des Monats in Kraft, der auf einen Zeitabschnitt von zwölf Monaten nach Hinterlegung seiner Ratifikations-, Annahme-, Genehmigungs- oder Beitrittsurkunde folgt.

(3) Ein Staat, der dieses Übereinkommen ratifiziert, annimmt, genehmigt oder ihm beitritt und Vertragsstaat des Haager Übereinkommens vom 1. Juli 1964 zur Einführung eines Einheitlichen Gesetzes über den Abschluß von internationalen Kaufverträgen über bewegliche Sachen (Haager Abschlußübereinkommen von 1964) oder des Haager Übereinkommens vom 1. Juli 1964 zur Einführung eines Einheitlichen Gesetzes über den internationalen Kauf beweglicher Sachen (Haager Kaufrechtsübereinkommen von 1964) ist, kündigt gleichzeitig das Haager Kaufrechtsübereinkommen von 1964 oder das Haager Abschlußübereinkommen von 1964 oder gegebenenfalls beide Übereinkommen, indem er der Regierung der Niederlande die Kündigung notifiziert.

(4) Ein Vertragsstaat des Haager Kaufrechtsübereinkommens von 1964, der das vorliegende Übereinkommen ratifiziert, annimmt, genehmigt oder ihm beitritt und nach Artikel 92 erklärt oder erklärt hat, daß Teil II dieses Übereinkommens für ihn nicht verbindlich ist, kündigt bei der Ratifikation, der Annahme, der Genehmigung oder dem Beitritt das Haager Kaufrechtsübereinkommen von 1964, indem er der Regierung der Niederlande die Kündigung notifiziert.

(5) Ein Vertragsstaat des Haager Abschlußübereinkommens von 1964, der das vorliegende Übereinkommen ratifiziert, annimmt, genehmigt oder ihm beitritt und nach Artikel 92 erklärt oder erklärt hat, daß Teil III dieses Übereinkommens für ihn nicht verbindlich ist, kündigt bei der Ratifikation, der Annahme, der Genehmigung oder dem Beitritt das Haager Abschlußübereinkommen von 1964, indem er der Regierung der Niederlande die Kündigung notifiziert.

(6) [1]Für die Zwecke dieses Artikels werden Ratifikationen, Annahmen, Genehmigungen und Beitritte bezüglich dieses Übereinkommens, die von Vertragsstaaten des Haager Abschlußübereinkommens von 1964 oder des Haager Kaufrechtsübereinkommens von 1964 vorgenommen werden, erst wirksam, nachdem die erforderlichen Kündigungen durch diese Staaten bezüglich der genannten Übereinkommen selbst wirksam geworden sind. [2]Der Depositar dieses Übereinkommens setzt sich mit der Regierung der Niederlande als Depositar der Übereinkommen von 1964 in Verbindung, um die hierfür notwendige Koordinierung sicherzustellen.

Artikel 100

(1) Dieses Übereinkommen findet auf den Abschluß eines Vertrages nur Anwendung, wenn das Angebot zum Vertragsabschluß an oder nach dem Tag gemacht wird, an dem das Übereinkommen für die in Artikel 1 Absatz 1 Buchstabe a genannten Vertragsstaaten oder den in Artikel 1 Absatz 1 Buchstabe b genannten Vertragsstaat in Kraft tritt.

(2) Dieses Übereinkommen findet nur auf Verträge Anwendung, die an oder nach dem Tag geschlossen werden, an dem das Übereinkommen für die in Artikel 1 Absatz 1 Buchstabe a genannten Vertragsstaaten oder den in Artikel 1 Absatz 1 Buchstabe b genannten Vertragsstaat in Kraft tritt.

Artikel 101

(1) Ein Vertragsstaat kann dieses Übereinkommen oder dessen Teil II oder Teil III durch eine

an den Depositar gerichtete schriftliche Notifikation kündigen.

(2) [1]Eine Kündigung wird am ersten Tag des Monats wirksam, der auf einen Zeitabschnitt von zwölf Monaten nach Eingang der Notifikation beim Depositar folgt. [2]Ist in der Notifikation eine längere Kündigungsfrist angegeben, so wird die Kündigung nach Ablauf dieser längeren Frist nach Eingang der Notifikation beim Depositar wirksam.

[3]GESCHEHEN zu Wien am 11. April 1980 in einer Urschrift in arabischer, chinesischer, englischer, französischer, russischer und spanischer Sprache, wobei jeder Wortlaut gleichermaßen verbindlich ist.

[4]ZU URKUND DESSEN haben die unterzeichneten, hierzu von ihren Regierungen gehörig befugten Bevollmächtigten dieses Übereinkommen unterschrieben.

[5]Die vom Bundespräsidenten unterzeichnete und vom Bundeskanzler gegengezeichnete Ratifikationsurkunde wurde am 29. Dezember 1987 beim Generalsekretär der Vereinten Nationen hinterlegt; das Übereinkommen tritt gemäß seinem Art. 99 Abs. 2 mit 1. Jänner 1989 in Kraft.

[6]Nach Mitteilungen des Generalsekretärs der Vereinten Nationen haben folgende weitere Staaten das Übereinkommen ratifiziert bzw. sind ihm beigetreten:[1)]

Ägypten, Argentinien, China, Frankreich, Italien, Jugoslawien, Lesotho, Sambia, Syrien, Ungarn und die Vereinigten Staaten.

[7]Anläßlich der Hinterlegung ihrer Ratifikations- bzw. Beitrittsurkunden haben folgende Staaten Erklärungen abgegeben:

gemäß Art. 95: China, Vereinigte Staaten;
gemäß Art. 96: Argentinien, China.

[1)] siehe nachfolgende Auflistung.

VERTRAGSPARTEIEN

DES ÜBEREINKOMMENS DER VEREINTEN NATIONEN ÜBER VERTRÄGE ÜBER DEN INTERNATIONALEN WARENKAUF

Hinweis: Zu beachten ist, dass sich Änderungen sowohl im Zuge von Staatsauflösungen bzw Staatsspaltungen und Staatenvereinigungen oder Staatsneugründungen als auch hinsichtlich erklärter ***Vorbehalte*** *ergeben können. Staaten in eckigen Klammern existieren in dieser Form jedenfalls nicht mehr.*

Es ist daher anzuraten, die maßgeblichen BGBl zu beachten!

*Ägypten 96/1988; *Albanien III 1/2010; *Argentinien 96/1988; *Aserbaidschan III 88/2016; *Australien 550/1988; *Bahrain III 270/2013; *Belgien III 20/1997; *Benin III 123/2011, III 194/2017; *Bosnien-Herzegowina 542/1994; *Brasilien III 78/2013; *Bulgarien 108/1991; *Burundi III 6/1999; *Chile 303/1990; *China/VR 96/1988, III 23/2013; *Costa Rica III 118/2017; *Dänemark 261/1989, III 110/2012, III 89/2014; *Deutschland/BRD 303/1990 [**Deutschland/DDR 261/1989*]; *Dominikanische R III 62/2010; *Ecuador 264/1992; *El Salvador III 71/2007; *Estland 843/1993, III 178/2005, III 217/2017; *Fidschi III 82/2017; *Finnland 175/1988, III 99/2012; III 89/2014; *Frankreich 96/1988; *Gabun III 178/2005; *Georgien 12/1995; *Griechenland III 63/1998; *Guatemala (BGBl III 2019/230); *Guinea 302/1991; *Guyana III 181/2014; *Honduras III 245/2002; *Irak 505/1990; *Island III 147/2001, III 178/2005; *Israel III 55/2002; *Italien 96/1988; *Japan III 95/2008; *Jugoslawien III 96/29188, III 108/2001; *Kamerun III 170/2017; *Kanada 456/1991, 783/1992, III 178/2005; *Kirgisistan III 178/2005; *Kolumbien III 221/2001; *Kongo III 111/2014;*Korea/R III 178/2005; *Kroatien III 132/1998; *Kuba 136/1995; *Laos (BGBl III 2019/150); *Lesotho 96/1988; *Lettland III 1/1998, III 177/2012; *Libanon III 163/2008; *Liberia III 178/2005; *Liechtenstein III 2019/70; *Litauen 420/1995, III 2013/303; *Luxemburg III 84/1998; *Madagaskar III 181/2014; *Mauretanien III 208/1999; *Mazedonien III 71/2007; *Mexiko 175/1988; *Moldau 136/1995; *Mongolei III 49/1998; *Montenegro III 71/2007; *Neuseeland 136/1995; *Niederlande 302/1991; *Nordkorea III 2019/52; *Norwegen 235/1989, III 88/2014, III 89/2014; *Palästina III 194/2017, III 3/2018; *Paraguay III 75/2006; *Peru III 164/1999; *Polen 608/1995; *Rumänien 456/1991; *Russische F 124/1994 [**UdSSR 108/1991 idF 517/1991 (DFB)*]; *Sambia 96/1988; *San Marino III 55/2012; *Schweden 175/1988, 99/2012, III 89/2014; *Schweiz 303/1990; *Serbien [*vgl *Jugoslawien*] 96/1988, III 108/2001; *Singapur 420/1995; *Slowakei 124/1994; *Slowenien 358/1994; *Spanien 108/1991; *St. Vincent/Grenadinen III 193/2000; *Syrien 96/1988; *Tschechien 168/1994 [**Tschechoslowakei 505/1990*], III 217/2017; *Türkei III 63/2010; *Uganda 264/1992; *Ukraine 303/1990; *Ungarn 96/1988, 175/1988, III 99/2015; *Uruguay III 178/2005; *USA 96/1988; *Usbekistan III 79/1997; *Vietnam III 4/2016; *Weißrußland 303/1990; *Zypern III 178/2005.

8. GmbH-Gesetz

RGBl 1906/58 idF

1 RGBl 1906 S 699 (DFB)
2 StGBl 1920/299
3 BGBl 1921/401
4 BGBl 1921/577
5 BGBl 1923/281
6 BGBl 1924/246
7 DRGBl 1938 I S 982 (GBlÖ 1938/390)
8 DRGBl 1938 I S 988 (GBlÖ 1938/389)
9 DRGBl 1938 I S 1999 (GBlÖ 1939/86)
10 StGBl 1945/231
11 BGBl 1954/190
12 BGBl 1964/196
13 BGBl 1974/82
14 BGBl 1974/422
15 BGBl 1980/320
16 BGBl 1980/545
17 BGBl 1982/371
18 BGBl 1990/475
19 BGBl 1991/10
20 BGBl 1994/153
21 BGBl 1996/304
22 BGBl I 1997/106
23 BGBl I 1997/114
24 BGBl I 1998/125
25 BGBl I 2000/142
26 BGBl I 2001/97
27 BGBl I 2001/98
28 BGBl I 2004/161 (ReLÄG 2004)
29 BGBl I 2005/59 (GesRÄG 2005)
30 BGBl I 2005/120 (HaRÄG)
31 BGBl I 2006/103 (PuG)
32 BGBl I 2007/72 (GesRÄG 2007)
33 BGBl I 2008/70 (URÄG 2008)
34 BGBl I 2009/135 (EPG)
35 BGBl I 2010/58 (IRÄ-BG)
36 BGBl I 2010/111 (BudgetbegleitG 2011)
37 BGBl I 2011/53 (GesRÄG 2011)
38 BGBl I 2013/109 (GesRÄG 2013)
39 BGBl I 2014/13 (AbgÄG 2014)
40 BGBl I 2015/22 (RÄG 2014)
41 BGBl I 2015/112 (Strafrechtsänderungsgesetz 2015)
42 BGBl I 2016/43 (APRÄG 2016)
43 BGBl I 2017/20 (NaDiVeG)
44 BGBl I 2017/40 (Deregulierungsgesetz 2017)
45 BGBl I 2017/104 (GFMA-G)
46 BGBl I 2018/71 (Elektronische Notariatsform-Gründungsgesetz – ENG)

GLIEDERUNG

STICHWORTVERZEICHNIS

(Das Stichwortverzeichnis bezieht sich nur auf Paragraphen des GmbHG; Verweisungen auf andere Gesetze – inbesondere das AktG und das UGB – sind in eckiger Klammer beigefügt)

Stichwortverzeichnis

Gesetz vom 6. März 1906 über Gesellschaften mit beschränkter Haftung

I. Hauptstück
Organisatorische Bestimmungen

Erster Abschnitt
Errichtung der Gesellschaft

§ 1. (1) Gesellschaften mit beschränkter Haftung können nach Maßgabe der Bestimmungen dieses Gesetzes zu jedem gesetzlich zulässigen Zweck durch eine oder mehrere Personen errichtet werden. *(BGBl 1996/304)*

(2) Von dem Betriebe von Versicherungsgeschäften sowie von der Tätigkeit als politische Vereine sind solche Gesellschaften jedoch ausgeschlossen.

§ 2. (1) [1]Vor der Eintragung in das Firmenbuch besteht die Gesellschaft als solche nicht. [2]Wird vorher im Namen der Gesellschaft gehandelt, so haften die Handelnden persönlich zur ungeteilten Hand (Gesamtschuldner).

(2) Übernimmt die Gesellschaft eine vor ihrer Eintragung in ihrem Namen eingegangene Verpflichtung durch Vertrag mit dem Schuldner in der Weise, daß sie an die Stelle des bisherigen Schuldners tritt, so bedarf es zur Wirksamkeit der Schuldübernahme der Zustimmung des Gläubigers nicht, wenn die Schuldübernahme binnen drei Monaten nach der Eintragung der Gesellschaft vereinbart und dem Gläubiger von der Gesellschaft oder dem Schuldner mitgeteilt wird.

(3) Verpflichtungen aus Vereinbarungen über Sacheinlagen können nicht übernommen werden.

(BGBl 1980/320)

§ 3. (1) Die Eintragung einer Gesellschaft mit beschränkter Haftung in das Firmenbuch hat zur Voraussetzung:

1. den Abschluß des Gesellschaftsvertrages;

2. die Bestellung der Geschäftsführer (des Vorstandes).

(2) [1]Wird die Gesellschaft nur durch eine Person errichtet, so wird der Gesellschaftsvertrag durch die Erklärung über die Errichtung der Gesellschaft ersetzt. [2]Auf diese Erklärung sind die Vorschriften über den Gesellschaftsvertrag sinngemäß anzuwenden. *(BGBl 1996/304)*

§ 4. (1) Der Gesellschaftsvertrag muß bestimmen:

1. die Firma und den Sitz der Gesellschaft,

2. den Gegenstand des Unternehmens,

3. die Höhe des Stammkapitals,

4. den Betrag der von jedem Gesellschafter auf das Stammkapital zu leistenden Einlage (Stammeinlage).

(2) Bestimmungen, die den Vorschriften dieses Gesetzes widersprechen, dürfen im Gesellschaftsvertrage nicht getroffen werden und haben keine rechtliche Wirkung.

(3) [1]„Der Gesellschaftsvertrag bedarf der Form eines Notariatsakts, wobei dieser auch elektronisch unter Nutzung einer elektronischen Kommunikationsmöglichkeit (§ 69b NO) errichtet werden kann.“[2]Die Unterzeichnung durch Bevollmächtigte setzt eine besondere, auf dieses einzelne Geschäft ausgestellte beglaubigte Vollmacht voraus, die dem Vertrage anzuschließen ist. *(BGBl I 2018/71)*

§ 5. (1) Die Firma der Gesellschaft muss, auch wenn sie nach § 22 UGB oder nach anderen gesetzlichen Vorschriften fortgeführt wird, die Bezeichnung „Gesellschaft mit beschränkter Haftung“ enthalten; die Bezeichnung kann abgekürzt werden.

(2) [1]Als Sitz der Gesellschaft ist der Ort zu bestimmen, an dem die Gesellschaft einen Betrieb hat, an dem sich die Geschäftsleitung befindet oder an dem die Verwaltung geführt wird. [2]Von dieser Vorschrift darf aus wichtigem Grund abgewichen werden.

(3) und (4) *(aufgehoben, BGBl I 2005/120)*

(BGBl I 2005/120)

§ 6. (1) [1]Stammkapital und Stammeinlage müssen auf einen in Euro bestimmten Nennbetrag lauten. [2]Das Stammkapital muß mindestens „35 000“ Euro erreichen und besteht aus den Stammeinlagen der einzelnen Gesellschafter, deren jede mindestens 70 Euro betragen muß. *(BGBl I 1998/125; BGBl I 2014/13)*

(2) Der Betrag der Stammeinlage kann für die einzelnen Gesellschafter verschieden bestimmt werden.

(3) Kein Gesellschafter darf bei Errichtung der Gesellschaft mehrere Stammeinlagen übernehmen.

(4) Soll einem Gesellschafter die Vergütung für Vermögensgegenstände, die von der Gesellschaft übernommen werden, auf die Stammeinlage angerechnet oder sollen einem Gesellschafter besondere Begünstigungen eingeräumt werden, so sind die Person des Gesellschafters, der Gegenstand der Übernahme, der Geldwert, wofür die Vermögensgegenstände übernommen werden, und die besonders eingeräumten Begünstigungen im Gesellschaftsvertrage im einzelnen genau und vollständig festzusetzen.

§ 6a. (1) Mindestens die Hälfte des Stammkapitals muß durch bar zu leistende Stammeinlagen voll aufgebracht werden, sofern diese nicht gemäß Abs. 2 bis 4 niedriger sind. *(BGBl 1980/320)*

(2) [1]Wird eine Gesellschaft zum ausschließlichen Zwecke der Fortführung eines seit mindestens fünf Jahren bestehenden Unternehmens errichtet und sollen ihr nur der letzte Inhaber (Mitinhaber) des Unternehmens, dessen Ehegatte und Kinder (Stief-, Wahl- und Schwiegerkinder) als Gesellschafter angehören, so findet die Bestimmung des Absatzes 1 nur für denjenigen Teil des Stammkapitals Anwendung, der in anderer Weise als durch die Anrechnung des Unternehmens auf die Stammeinlagen der bezeichneten Gesellschafter aufgebracht wird. [2]Wird die Gesellschaft zu dem angeführten Zwecke erst nach dem Tode des Inhabers (Mitinhabers) errichtet, so stehen den bezeichneten nahen Angehörigen sonstige zum Nachlaß des bisherigen Inhabers (Mitinhabers) berufene Personen gleich.

(3) Die Bestimmungen des Absatzes 2 finden unter den dort angegebenen Voraussetzungen sinngemäß Anwendung, wenn eine Gesellschaft zum ausschließlichen Zwecke der Fortführung zweier oder mehrerer Unternehmen errichtet wird.

(4) Soweit nach dem Gesellschaftsvertrag Stammeinlagen nicht bar zu leisten sind und den aktienrechtlichen Vorschriften über die Gründung mit Sacheinlagen entsprochen wird, ist Abs. 1 nicht anzuwenden; in diesem Fall sind die §§ 20, 24 bis 27, 29 Abs. 2 und 4, §§ 39 bis 44 sowie § 25 Abs. 4 „und 5 Aktiengesetz 1965" sinngemäß anzuwenden. *(BGBl 1990/475; BGBl I 2008/70, zum Inkrafttreten siehe § 127 Abs 8)*

(BGBl 1924/246)

Anmerkung zu § 6a: Die „für Ehegatten, Ehesachen oder in Eheangelegenheiten maßgebenden Bestimmungen in der jeweils geltenden Fassung sind auf eingetragene Partner, Partnersachen oder Partnerangelegenheiten sinngemäß anzuwenden" (§ 43 Abs 1 EPG, BGBl I 2009/135, ab 1. 1. 2010).

§ 7. (1) Eine Belohnung für die Gründung der Gesellschaft oder deren Vorbereitung darf einem Gesellschafter aus dem Stammkapitale nicht gewährt werden; insbesondere ist deren Anrechnung auf die Stammeinlage unzulässig.

(2) Ersatz der Kosten der Errichtung der Gesellschaft kann nur innerhalb des für die Gründungskosten im Gesellschaftsvertrage festgesetzten Höchstbetrages begehrt werden.

(3) *(aufgehoben, BGBl 1980/320)*

§ 8. (1) Wenn ein oder mehrere Gesellschafter sich neben den Stammeinlagen zu wiederkehrenden, nicht in Geld bestehenden, aber einen Vermögenswert darstellenden Leistungen verpflichten, so sind Umfang und Voraussetzung dieser Leistung sowie für den Fall des Verzuges allenfalls festgesetzte Konventionalstrafen, dann die Grundlagen für die Bemessung einer von der Gesellschaft für die Leistungen zu gewährenden Vergütung im Gesellschaftsvertrage genau zu bestimmen.

(2) Daselbst ist auch festzusetzen, daß die Übertragung von Geschäftsanteilen der Zustimmung der Gesellschaft bedarf.

§ 9. (1) Die Eintragung der Gesellschaft in das Firmenbuch kann nur auf Grund einer Anmeldung erfolgen, die von sämtlichen Geschäftsführern unterzeichnet ist.

(2) Der Anmeldung sind beizuschließen:

1. der Gesellschaftsvertrag in notarieller Ausfertigung;

2. die Urkunden über die Bestellung der Geschäftsführer und gegebenenfalls des Aufsichtsrats in beglaubigter Form.

(BGBl I 2006/103)

(3) Zugleich mit der Anmeldung haben die Geschäftsführer ihre Unterschrift vor dem Firmenbuchgerichte zu zeichnen oder die Zeichnung in beglaubigter Form vorzulegen.

Vereinfachte Gründung

§ 9a. (1) Eine Gesellschaft kann nach Maßgabe der Abs. 2 bis 8 vereinfacht gegründet werden, wenn es sich um eine Gesellschaft gemäß § 3 Abs. 2 handelt, deren einziger Gesellschafter eine natürliche Person und zugleich einziger Geschäftsführer ist, und wenn ein Kreditinstitut die in Abs. 6 und 7 genannten Leistungen erbringt.

(2) Das Stammkapital beträgt 35 000 Euro; darauf sind, sofern nicht die Gründungsprivilegierung gemäß § 10b in Anspruch genommen wird, 17 500 Euro bar einzuzahlen. Wird die Gründungsprivilegierung in Anspruch genommen, so beträgt die gründungsprivilegierte Stammeinlage 10 000 Euro; darauf sind 5 000 Euro bar einzuzahlen.

(3) Die Erklärung über die Errichtung der Gesellschaft beschränkt sich auf den Mindestinhalt des § 4 Abs. 1 und die Bestellung des Geschäftsführers sowie gegebenenfalls auf Regelungen über den Ersatz der Gründungskosten (§ 7 Abs. 2) bis zu einem Höchstbetrag von 500 Euro, über die Gründungsprivilegierung (§ 10b) und über die Verteilung des Bilanzgewinns, wenn sie einer besonderen Beschlussfassung von Jahr zu Jahr vorbehalten wird (§ 35 Abs. 1 Z 1).

(4) Die Erklärung über die Errichtung der Gesellschaft bedarf abweichend von § 4 Abs. 3 nicht der Form eines Notariatsakts, sondern hat in elektronischer Form auf eine Weise zu erfolgen, bei der die Identität des Gesellschafters zweifelsfrei festgestellt werden kann. Der Bundesminister für Justiz hat den Inhalt der Errichtungserklärung sowie die technischen Details der bei der Abgabe

der Erklärung einzuhaltenden Vorgangsweise durch Verordnung näher zu regeln.

(5) Die Anmeldung der Gesellschaft zur Eintragung im Firmenbuch bedarf abweichend von § 11 Abs. 1 UGB nicht der beglaubigten Form, sondern hat in elektronischer Form auf eine Weise zu erfolgen, bei der die Identität des Gesellschafters zweifelsfrei festgestellt werden kann. Der Bundesminister für Justiz hat den Inhalt der Anmeldung zum Firmenbuch sowie die technischen Details der bei der Anmeldung einzuhaltenden Vorgangsweise durch Verordnung näher zu regeln.

(6) Das Kreditinstitut gemäß § 10 Abs. 2 hat anlässlich der Einzahlung der bar zu leistenden Stammeinlage auf ein neu eröffnetes Konto des zukünftigen Gesellschafters und Geschäftsführers dessen Identität durch persönliche Vorlage seines amtlichen Lichtbildausweises festzustellen und zu überprüfen (§ 6 FM-GwG). Dies gilt auch dann, wenn der Gesellschafter und Geschäftsführer bereits Kunde des Kreditinstituts ist. Der Gesellschafter und Geschäftsführer hat überdies abweichend von § 9 Abs. 3 seine Unterschrift vor dem Kreditinstitut zu zeichnen (Musterzeichnung).

(7) Das Kreditinstitut hat nach Einholung einer entsprechenden Entbindung vom Bankgeheimnis (§ 38 Abs. 2 Z 5 BWG) die Bankbestätigung, eine Kopie des Lichtbildausweises des zukünftigen Gesellschafters und Geschäftsführers sowie die Musterzeichnung auf elektronischem Weg direkt an das Firmenbuch zu übermitteln. Der Bundesminister für Justiz hat die technischen Details der bei dieser Übermittlung einzuhaltenden Vorgangsweise durch Verordnung näher zu regeln.

(8) Die gemäß Abs. 4, 5 und 7 übermittelten Dokumente gelten als Originalurkunden.

(BGBl I 2017/40, § 9a tritt mit 31. 12. 2020 außer Kraft (§ 127 Abs 23))

§ 10. (1) [1]Auf jede bar zu leistende Stammeinlage muß mindestens ein Viertel, jedenfalls aber ein Betrag von „70 Euro"* eingezahlt sein; soweit auf eine Stammeinlage weniger als „70 Euro"* bar zu leisten sind, muß die Bareinlage voll eingezahlt sein. [2]Auf die bar zu leistenden Einlagen müssen mindestens insgesamt „17 500"** Euro eingezahlt sein; sind sie gemäß § 6a Abs. 2 bis 4 niedriger, müssen sie bar voll eingezahlt sein. [3]Insofern auf eine Stammeinlage nach dem Gesellschaftsvertrag die Vergütung für übernommene Vermögensgegenstände angerechnet werden soll, muß die Leistung sofort im vollen Umfang bewirkt werden. *(BGBl 1980/320; *BGBl I 1998/125; **BGBl I 2014/13)*

(2) [1]Der vor der Anmeldung der Gesellschaft eingeforderte Betrag kann nur in gesetzlichen Zahlungsmitteln oder durch Gutschrift bei einem Kreditinstitut im Inland oder der Österreichischen Postsparkasse auf ein Konto der Gesellschaft oder der Geschäftsführer zur deren freien Verfügung „oder auf ein Anderkonto des beurkundenden Notars als Treuhänder zur Verfügung des Treuhänders und Weiterleitung an die Gesellschaft nach Eintragung derselben" eingezahlt werden. [2]Forderungen der Geschäftsführer aus diesen Einzahlungen gegen Kreditinstitute und die Österreichische Postsparkasse gelten als Forderungen der Gesellschaft. *(BGBl 1980/320; BGBl I 2017/40)*

(3) [1]In der Anmeldung ist die Erklärung abzugeben, daß die bar zu leistenden Stammeinlagen in dem „eingeforderten"** Betrag bar eingezahlt sind und daß die eingezahlten Beträge sowie die Vermögensgegenstände, die nach dem Gesellschaftsvertrag nicht bar auf die Stammeinlagen zu leisten sind, sich in der freien Verfügung der Geschäftsführer „oder des Treuhänders gemäß Abs. 2"*** befinden. [2]Es ist nachzuweisen, daß die Geschäftsführer in der Verfügung über den eingezahlten Betrag nicht, namentlich nicht durch Gegenforderungen, beschränkt sind. [3]„Der Nachweis der Einzahlung der in bar zu leistenden Einlagen ist jedenfalls durch Vorlage einer schriftlichen Bestätigung eines Kreditinstituts „oder des Notars als Treuhänder"*** zu führen; für die Richtigkeit der Bestätigung ist das Kreditinstitut „oder der Notar als Treuhänder"*** der Gesellschaft verantwortlich."* [4]Sind von dem eingezahlten Betrag Abgaben, Gebühren und Kosten bezahlt worden, so ist dies nach Art und Höhe der Beträge nachzuweisen. *(BGBl 1980/320; *BGBl 1994/153; **BGBl I 2006/103; ***BGBl I 2017/40)*

(4) Für einen durch falsche Angaben verursachten Schaden haften die Geschäftsführer der Gesellschaft persönlich zur ungeteilten Hand.

(5) Diese Ersatzansprüche verjähren in fünf Jahren von der Eintragung der Gesellschaft an.

(6) Vergleiche und Verzichtleistungen hinsichtlich solcher Ansprüche haben keine rechtliche Wirkung, soweit der Ersatz zur Befriedigung der Gläubiger erforderlich ist.

§ 10a. (1) Erreicht der Wert einer Sacheinlage im Zeitpunkt der Anmeldung der Gesellschaft zur Eintragung in das Firmenbuch nicht den Betrag der dafür übernommenen Stammeinlage, so hat der Gesellschafter in Höhe des Fehlbetrags eine Einlage in Geld zu leisten.

(2) Der Anspruch der Gesellschaft verjährt in fünf Jahren seit der Eintragung der Gesellschaft in das Firmenbuch.

(BGBl 1994/153)

Gründungsprivilegierung

§ 10b. (1) Im Gesellschaftsvertrag, nicht jedoch durch eine Abänderung des Gesellschaftsvertrags (§ 49), kann vorgesehen werden, dass die Gesellschaft die Gründungsprivilegierung nach Maßgabe der folgenden Absätze in Anspruch nimmt.

(2) [1]Im Gesellschaftsvertrag ist für jeden Gesellschafter auch die Höhe seiner gründungsprivilegierten Stammeinlage festzusetzen, die nicht höher als die jeweils übernommene Stammeinlage sein darf. [2]Die Summe der gründungsprivilegierten Stammeinlagen muss mindestens 10 000 Euro betragen.

(3) [1]Auf die gründungsprivilegierten Stammeinlagen müssen abweichend von § 10 Abs. 1 insgesamt mindestens 5 000 Euro bar eingezahlt werden. [2]Sacheinlagen sind ausgeschlossen.

(4) [1]Während aufrechter Gründungsprivilegierung sind die Gesellschafter abweichend von § 63 Abs. 1 nur insoweit zu weiteren Einzahlungen auf die von ihnen übernommenen Stammeinlagen verpflichtet, als die bereits geleisteten Einzahlungen hinter den gründungsprivilegierten Stammeinlagen zurückbleiben. [2]Dies gilt auch für den Fall, dass während aufrechter Gründungsprivilegierung ein Insolvenzverfahren über das Vermögen der Gesellschaft eröffnet wird.

(5) [1]Die Gründungsprivilegierung gemäß Abs. 2 bis 4 kann durch eine Änderung des Gesellschaftsvertrags beendet werden, wobei vor Anmeldung der Änderung zum Firmenbuch (§ 51) die Mindesteinzahlungserfordernisse nach § 10 Abs. 1 zu erfüllen sind. [2]Ansonsten endet die Gründungsprivilegierung spätestens zehn Jahre nach der Eintragung der Gesellschaft im Firmenbuch. [3]Die Eintragungen betreffend die Gründungsprivilegierung im Firmenbuch (§ 5 Z 2a und 6 FBG) können erst entfallen, wenn zuvor die Mindesteinzahlungserfordernisse nach § 10 Abs. 1 erfüllt wurden.

(BGBl I 2014/13)

Anm: § 127 Abs. 13 bis 18 beachten!

§ 11. [1]Die Eintragung der Gesellschaft wird durch Eintragung des Gesellschaftsvertrags in das Firmenbuch vorgenommen. [2]Bei der Eintragung sind die Firma, der Sitz sowie die für Zustellungen maßgebliche Geschäftsanschrift der Gesellschaft, der Tag des Abschlusses des Gesellschaftsvertrags, die Höhe des Stammkapitals, Name und Geburtsdatum der Gesellschafter, gegebenenfalls die Firmenbuchnummer, die Höhe ihrer Stammeinlagen und der darauf geleisteten Einzahlungen, Name und Geburtsdatum des Vorsitzenden, seines Stellvertreters und der übrigen Mitglieder des Aufsichtsrats, allfällige Bestimmungen des Gesellschaftsvertrags über die Zeitdauer der Gesellschaft sowie Name und Geburtsdatum der Geschäftsführer anzugeben. [3]Ferner ist einzutragen, welche Vertretungsbefugnis die Geschäftsführer haben. „[4]Gegebenenfalls sind auch die Inanspruchnahme der Gründungsprivilegierung nach § 10b und die Höhe der für die einzelnen Gesellschafter festgesetzten gründungsprivilegierten Stammeinlagen einzutragen.“ *(BGBl I 2014/13)*

(BGBl 1991/10)

§ 12. [1]Für die Veröffentlichung der Eintragung gilt § 10 UGB mit der Maßgabe, dass die Bekanntmachung im Amtsblatt zur Wiener Zeitung unterbleibt. [2]In die Veröffentlichung sind gegebenenfalls auch folgende Bestimmungen des Gesellschaftsvertrags aufzunehmen:

1. Bestimmungen über die Art, in der die von der Gesellschaft ausgehenden Bekanntmachungen zu veröffentlichen sind;

2. die in § 6 Abs. 4 bezeichneten Bestimmungen.

(BGBl I 2013/109)

§§ 13 und 14. *(aufgehoben, BGBl 1980/320)*

GmbHG + VOs

Zweiter Abschnitt
Die gesellschaftlichen Organe

1. Titel
Die Geschäftsführer (Der Vorstand)

§ 15. (1) [1]Die Gesellschaft muß einen oder mehrere Geschäftsführer haben. [2]Zu Geschäftsführern können nur physische, handlungsfähige Personen bestellt werden. [3]Die Bestellung erfolgt durch Beschluß der Gesellschafter. [4]Werden Gesellschafter zu Geschäftsführern bestellt, so kann dies auch im Gesellschaftsvertrage geschehen, jedoch nur für die Dauer ihres Gesellschaftsverhältnisses.

(2) Wenn im Gesellschaftsvertrage sämtliche Gesellschafter zu Geschäftsführern bestellt sind, so gelten nur die der Gesellschaft bei Festsetzung dieser Bestimmung angehörenden Personen als die bestellten Geschäftsführer.

(3) Im Gesellschaftsvertrag kann die Bestellung von Geschäftsführern durch den Bund, ein Land oder durch eine andere öffentlichrechtliche Körperschaft vorbehalten werden. *(BGBl 1980/320)*

§ 15a. (1) Soweit die zur Vertretung der Gesellschaft erforderlichen Geschäftsführer fehlen, hat sie in dringenden Fällen das Gericht auf Antrag eines Beteiligten für die Zeit bis zur Behebung des Mangels zu bestellen.

(2) Dies gilt auch, wenn kein Geschäftsführer seinen gewöhnlichen Aufenthalt im Inland hat.

(3) Der Beschluss über die Bestellung des Geschäftsführers ist mit dessen Zustimmung sowie, sofern im Beschluss nichts anderes angeordnet ist, mit Zustellung an den Geschäftsführer wirksam. *(BGBl I 2004/161)*

(BGBl 1980/320)

§ 16. (1) Die Bestellung zum Geschäftsführer kann unbeschadet der Entschädigungsansprüche aus bestehenden Verträgen durch Beschluß der Gesellschafter jederzeit widerrufen werden.

(2) [1]Ein Geschäftsführer kann aus einem wichtigen Grund durch gerichtliche Entscheidung abberufen werden. [2]Ist er zugleich Gesellschafter, so sind die „§§ 117 Abs. 1 und 127 UGB" sinngemäß anzuwenden. [3]Sonst können jene Gesellschafter, die nicht für die Abberufung des Geschäftsführers gestimmt haben, auf Zustimmung geklagt werden. [4]Dem Geschäftsführer ist gerichtlich der Streit zu verkünden. [5]Das Gericht kann zur Sicherung des Anspruchs auf Abberufung aus wichtigem Grund dem Geschäftsführer die weitere Geschäftsführung und Vertretung der Gesellschaft durch einstweilige Verfügung untersagen, wenn ein der Gesellschaft drohender unwiederbringlicher Nachteil glaubhaft gemacht wird. *(BGBl I 1997/114; BGBl I 2005/120)*

(3) [1]Wenn die Bestellung der Geschäftsführer im Gesellschaftsvertrag erfolgt ist, kann die Zulässigkeit des Widerrufes auf wichtige Gründe beschränkt werden. [2]In diesem Fall ist der Widerruf der Bestellung wirksam, solange nicht über seine Unwirksamkeit, insbesondere auch über das Vorliegen eines wichtigen Grundes rechtskräftig entschieden ist (§§ 41, 42 und 44).

(4) Die Bestimmungen der vorhergehenden Absätze finden keine Anwendung auf Geschäftsführer, die gemäß einer Festsetzung des Gesellschaftsvertrages vom Bund, einem Land oder einer anderen öffentlichrechtlichen Körperschaft bestellt worden sind.

(BGBl 1980/320)

Rücktritt der Geschäftsführer

§ 16a. (1) Geschäftsführer können unbeschadet der Entschädigungsansprüche der Gesellschaft ihnen gegenüber aus bestehenden Verträgen ihren Rücktritt erklären; liegt ein wichtiger Grund hiefür vor, kann der Rücktritt mit sofortiger Wirkung erklärt werden, sonst wird der Rücktritt erst nach Ablauf von 14 Tagen wirksam.

(2) [1]Der Rücktritt ist gegenüber der Generalversammlung, wenn dies in der Tagesordnung angekündigt wurde, oder gegenüber allen Gesellschaftern zu erklären. [2]Hievon sind allfällige Mitgeschäftsführer und, wenn ein Aufsichtsrat besteht, dessen Vorsitzender zu verständigen.

(BGBl I 1997/114)

§ 17. (1) [1]Die jeweiligen Geschäftsführer und das Erlöschen oder eine Änderung ihrer Vertretungsbefugnis sind ohne Verzug zum Firmenbuch anzumelden. [2]Der Anmeldung ist der Nachweis der Bestellung oder der Änderung in beglaubigter Form beizufügen. [3]Zugleich haben neue Geschäftsführer ihre Unterschrift vor dem Gerichte zu zeichnen oder die Zeichnung in beglaubigter Form vorzulegen.

(2) Das Erlöschen der Vertretungsbefugnis kann auch vom abberufenen oder zurückgetretenen Geschäftsführer unter Bescheinigung der Abberufung oder des Zugangs der Rücktrittserklärung zur Eintragung in das Firmenbuch angemeldet werden. *(BGBl I 1997/114)*

(3) Ist eine Person als Geschäftsführer eingetragen oder bekanntgemacht, so kann ein Mangel ihrer Bestellung einem Dritten nur entgegengehalten werden, wenn der Mangel diesem bekannt war. *(BGBl 1991/10)*

§ 18. (1) Die Gesellschaft wird durch die Geschäftsführer gerichtlich und außergerichtlich vertreten.

(2) [1]Zu Willenserklärungen, insbesondere zur Zeichnung der Geschäftsführer für die Gesellschaft bedarf es der Mitwirkung sämtlicher Geschäftsführer, wenn im Gesellschaftsvertrage nicht etwas anderes bestimmt ist. [2]Die Zeichnung geschieht in der Weise, daß die Zeichnenden zu der Firma der Gesellschaft ihre Unterschrift hinzufügen.

(3) Der Gesellschaftsvertrag kann, wenn mehrere Geschäftsführer vorhanden sind, zur Vertretung der Gesellschaft auch einen Geschäftsführer in Gemeinschaft mit einem Prokuristen, der zur Mitzeichnung der Firma berechtigt ist „(§ 48 Abs. 2 UGB)", berufen. *(BGBl I 2005/120)*

(4) Die Abgabe einer Erklärung und die Behändigung von Vorladungen und anderen Zustellungen an die Gesellschaft geschieht mit rechtlicher Wirkung an jede Person, die zu zeichnen oder mitzuzeichnen befugt ist.

(5) [1]Über Rechtsgeschäfte, die der einzige Gesellschafter sowohl im eigenen Namen als auch im Namen der Gesellschaft abschließt, ist unverzüglich eine Urkunde zu errichten. [2]Dabei ist vorzusorgen, daß nachträgliche Änderungen des Inhaltes und Zweifel über den Zeitpunkt des Abschlusses ausgeschlossen sind; die Bestellung eines Kurators ist nicht erforderlich. *(BGBl 1996/304)*

(6) Eine Urkunde muß nicht errichtet werden, wenn das Geschäft zum gewöhnlichen Geschäftsbetrieb gehört und zu geschäftsüblichen Bedingungen abgeschlossen wird. *(BGBl 1996/304)*

§ 19. Die Gesellschaft wird durch die von den Geschäftsführern in ihrem Namen geschlossenen Rechtsgeschäfte berechtigt und verpflichtet; es ist gleichgültig, ob das Geschäft ausdrücklich im Namen der Gesellschaft geschlossen worden ist oder ob die Umstände ergeben, daß es nach dem Willen der Beteiligten für die Gesellschaft geschlossen werden sollte.

§ 20. (1) Die Geschäftsführer sind der Gesellschaft gegenüber verpflichtet, alle Beschränkungen einzuhalten, die in dem Gesellschaftsvertrage, durch Beschluß der Gesellschafter oder in einer für die Geschäftsführer verbindlichen Anordnung des Aufsichtsrates für den Umfang ihrer Befugnis, die Gesellschaft zu vertreten, festgesetzt sind.

(2) [1]Gegen dritte Personen hat eine Beschränkung der Vertretungsbefugnis jedoch keine rechtliche Wirkung. [2]Dies gilt insbesondere für den Fall, daß die Vertretung sich nur auf gewisse Geschäfte oder Arten von Geschäften erstrecken oder nur unter gewissen Umständen oder für eine gewisse Zeit oder an einzelnen Orten stattfinden soll, oder daß die Zustimmung der Gesellschafter, des Aufsichtsrates oder eines anderen Organes der Gesellschaft für einzelne Geschäfte gefordert wird.

§ 21. (1) Sind mehrere Geschäftsführer vorhanden, so darf, wenn im Gesellschaftsvertrage nicht etwas anderes bestimmt ist, keiner allein die zur Geschäftsführung gehörenden Handlungen vornehmen, es sei denn, daß Gefahr im Verzug ist.

(2) Ist nach dem Gesellschaftsvertrage jeder Geschäftsführer für sich allein zur Geschäftsführung berufen, so muß, wenn einer unter ihnen gegen die Vornahme einer zur Geschäftsführung gehörenden Handlung Widerspruch erhebt, dieselbe unterbleiben, es sei denn, daß der Gesellschaftsvertrag etwas anderes bestimmt.

§ 22. (1) Die Geschäftsführer haben dafür zu sorgen, daß ein Rechnungswesen und ein internes Kontrollsystem geführt werden, die den Anforderungen des Unternehmens entsprechen. *(BGBl I 1997/114)*

(2) [1]Jedem Gesellschafter sind ohne Verzug nach Aufstellung des Jahresabschlusses samt Lagebericht und des Konzernabschlusses samt Konzernlagebericht Abschriften zuzusenden. [2]Er kann innerhalb von vierzehn Tagen vor der zur Prüfung des Jahresabschlusses berufenen Versammlung der Gesellschafter oder vor Ablauf der für die schriftliche Abstimmung festgesetzten Frist in die Bücher und Schriften der Gesellschaft Einsicht nehmen. [3]Eine Bestimmung, daß den Gesellschaftern das Einsichtsrecht nicht zustehe, oder daß es innerhalb einer kürzeren Frist auszuüben oder sonstigen Beschränkungen unterworfen sei, darf in den Gesellschaftsvertrag nur aufgenommen werden, wenn ein Aufsichtsrat zu bestellen ist.

(3) Ist das Einsichtsrecht der Gesellschafter „gemäß Abs. 2" ausgeschlossen, die hiefür bestehende gesetzliche Frist verkürzt oder sonstigen Beschränkungen unterworfen worden, so sind der Lagebericht, der Vorschlag der Geschäftsführer für die Gewinnverteilung, der Prüfungsbericht und der Konzernprüfungsbericht jedem Gesellschafter unverzüglich zuzusenden. *(BGBl 1996/304)*

(BGBl 1990/475)

§ 23. Auf große Gesellschaften (§ 221 „UGB"*) sind „§ 229 Abs. 4 bis 7 UGB und § 260 AktG"** sinngemäß anzuwenden. *(*BGBl I 2005/120; **BGBl I 2013/109)*

(BGBl 1990/475)

§ 24. (1) Die Geschäftsführer dürfen ohne Einwilligung der Gesellschaft weder Geschäfte in deren Geschäftszweige für eigene oder fremde Rechnung machen, noch bei einer Gesellschaft des gleichen Geschäftszweiges als persönlich haftende Gesellschafter sich beteiligen oder eine Stelle im Vorstande oder Aufsichtsrate oder als Geschäftsführer bekleiden.

(2) [1]Die Einwilligung kann hinsichtlich der zu Geschäftsführern bestellten Gesellschafter im Gesellschaftsvertrage allgemein ausgesprochen sein. [2]Sie ist außerdem schon dann anzunehmen, wenn bei Bestellung eines Gesellschafters zum Geschäftsführer den übrigen Gesellschaftern eine solche Tätigkeit oder Teilnahme desselben bekannt war und gleichwohl deren Aufgebung nicht ausdrücklich bedungen wurde. [3]Die Einwilligung ist jederzeit widerruflich.

(3) [1]Die Bestellung von Geschäftsführern, die das im ersten Absatze ausgesprochene Verbot übertreten, kann ohne Verpflichtung zur Leistung einer Entschädigung widerrufen werden. [2]Die Gesellschaft kann überdies Schadenersatz fordern oder statt dessen verlangen, daß die für Rechnung des Geschäftsführers gemachten Geschäfte als für ihre Rechnung geschlossen angesehen werden. [3]Bezüglich der für fremde Rechnung geschlossenen Geschäfte kann sie die Herausgabe der hiefür bezogenen Vergütung oder Abtretung des Anspruches auf die Vergütung begehren.

(4) Die vorstehend bezeichneten Rechte der Gesellschaft erlöschen in drei Monaten von dem Tage, an dem sämtliche Mitglieder des Aufsichtsrates oder, wenn kein Aufsichtsrat besteht, die übrigen Geschäftsführer von der sie begründenden Tatsache Kenntnis erlangt haben, jedenfalls aber in fünf Jahren von ihrem Entstehen an.

Auskunftspflicht der Geschäftsführer

§ 24a. Geschäftsführer sind der Gesellschaft gegenüber für die Dauer von fünf Jahren nach Beendigung ihrer Organstellung verpflichtet, im Rahmen des Zumutbaren Auskunft über die Geschäfte und Vermögenswerte der Gesellschaft aller Art zu geben.

(BGBl I 1997/114)

§ 25. (1) Die Geschäftsführer sind der Gesellschaft gegenüber verpflichtet, bei ihrer Geschäftsführung die Sorgfalt eines ordentlichen Geschäftsmannes anzuwenden.

(1a) Ein Geschäftsführer handelt jedenfalls im Einklang mit der Sorgfalt eines ordentlichen Geschäftsmannes, wenn er sich bei einer unternehmerischen Entscheidung nicht von sachfremden Interessen leiten lässt und auf der Grundlage angemessener Information annehmen darf, zum Wohle der Gesellschaft zu handeln. *(BGBl I 2015/112)*

(2) Geschäftsführer, die ihre Obliegenheiten verletzen, haften der Gesellschaft zur ungeteilten Hand für den daraus entstandenen Schaden.

(3) Insbesondere sind sie zum Ersatze verpflichtet, wenn

1. gegen die Vorschriften dieses Gesetzes oder des Gesellschaftsvertrages Gesellschaftsvermögen verteilt wird, namentlich Stammeinlagen oder Nachschüsse an Gesellschafter gänzlich oder teilweise zurückgegeben, Zinsen oder Gewinnanteile ausgezahlt, für die Gesellschaft eigene Geschäftsanteile erworben, zum Pfande genommen oder eingezogen werden;

2. nach dem Zeitpunkte, in dem sie die Eröffnung des „Insolvenzverfahrens" zu begehren verpflichtet waren, Zahlungen geleistet werden. *(BGBl I 2010/58)*

(4) Ein Geschäftsführer haftet der Gesellschaft auch für den ihr aus einem Rechtsgeschäfte erwachsenen Schaden, das er mit ihr im eigenen oder fremden Namen abgeschlossen hat, ohne vorher die Zustimmung des Aufsichtsrates oder, wenn kein Aufsichtsrat besteht, sämtlicher übriger Geschäftsführer erwirkt zu haben.

(5) Soweit der Ersatz zur Befriedigung der Gläubiger erforderlich ist, wird die Verpflichtung der Geschäftsführer dadurch nicht aufgehoben, daß sie in Befolgung eines Beschlusses der Gesellschafter gehandelt haben.

(6) Die Ersatzansprüche verjähren in fünf Jahren.

(7) Auf diese Ersatzansprüche finden die Bestimmungen des § 10, Absatz 6, Anwendung.

§ 26. (1) [1]Sobald der Gesellschaft der Übergang eines Geschäftsanteils, die Änderung des Namens, der für Zustellungen maßgeblichen Anschrift, einer Stammeinlage oder der geleisteten Einzahlungen eines Gesellschafters nachgewiesen wird, haben die Geschäftsführer in der zur Vertretung notwendigen Anzahl diese Tatsachen unverzüglich zum Firmenbuch anzumelden. [2]Weiters haben sie jede Änderung der für Zustellungen an die Gesellschaft maßgeblichen Anschrift unverzüglich anzumelden.

(2) [1]Die Geschäftsführer haften für einen Schaden zur ungeteilten Hand, der durch schuldhaft falsche Angaben nach Abs. 1 oder eine schuldhaft verzögerte Einreichung dieser Angaben verursacht wurde; für die falsche oder verzögerte Angabe der für Zustellungen maßgeblichen Anschrift eines Gesellschafters jedoch nur bei grobem Verschulden. [2]Ersatzansprüche der Gesellschaft verjähren in fünf Jahren ab Anmeldung der Angaben nach Abs. 1 zum Firmenbuch, Ersatzansprüche Dritter nach den allgemeinen Verjährungsregeln.

(BGBl 1991/10)

§ 27. Die für die Geschäftsführer gegebenen Vorschriften gelten auch für die Stellvertreter der Geschäftsführer.

§ 28. (1) [1]Der Betrieb von Geschäften der Gesellschaft sowie die Vertretung der Gesellschaft in diesem Geschäftsbetriebe kann auch einzelnen Geschäftsführern und sonstigen Bevollmächtigten oder Beamten der Gesellschaft zugewiesen werden. [2]In diesem Falle bestimmt sich ihre Befugnis nach der ihnen erteilten Vollmacht; sie erstreckt sich im Zweifel auf alle Rechtshandlungen, welche die Ausführung derartiger Geschäfte gewöhnlich mit sich bringt.

(2) Wenn der Gesellschaftsvertrag nichts anderes bestimmt, kann die Bestellung eines Prokuristen nur durch sämtliche Geschäftsführer, der Widerruf der Prokura durch jeden Geschäftsführer erfolgen.

Bericht an den Aufsichtsrat

§ 28a. (1) [1]Die Geschäftsführer haben dem Aufsichtsrat mindestens einmal jährlich über grundsätzliche Fragen der künftigen Geschäftspolitik des Unternehmens zu berichten sowie die künftige Entwicklung der Vermögens-, Finanz- und Ertragslage anhand einer Vorschaurechnung darzustellen (Jahresbericht). [2]Die Geschäftsführer haben weiters dem Aufsichtsrat regelmäßig, mindestens vierteljährlich, über den Gang der Geschäfte und die Lage des Unternehmens im Vergleich zur Vorschaurechnung unter Berücksichtigung der künftigen Entwicklung zu berichten (Quartalsbericht). [3]Bei wichtigem Anlaß ist dem Vorsitzenden des Aufsichtsrats unverzüglich zu berichten; ferner ist über Umstände, die für die Rentabilität oder Liquidität der Gesellschaft von erheblicher Bedeutung sind, dem Aufsichtsrat unverzüglich zu berichten (Sonderbericht).

(2) [1]Der Jahresbericht und die Quartalsberichte sind schriftlich zu erstatten und auf Verlangen des Aufsichtsrats mündlich zu erläutern; sie sind jedem Aufsichtsratsmitglied auszuhändigen. [2]Die Sonderberichte sind schriftlich oder mündlich zu erstatten.

(BGBl I 1997/114)

2. Titel

Der Aufsichtsrat

§ 29. (1) Ein Aufsichtsrat muß bestellt werden, wenn

1. das Stammkapital „70 000 Euro“ und die Anzahl der Gesellschafter fünfzig übersteigen, oder *(BGBl 1980/320; BGBl I 1998/125)*

2. die Anzahl der Arbeitnehmer im Durchschnitt dreihundert übersteigt, oder

3. die Gesellschaft Aktiengesellschaften, aufsichtsratspflichtige Gesellschaften mit beschränkter Haftung oder Gesellschaften mit beschränkter Haftung im Sinn des Abs. 2 Z. 1 einheitlich leitet (§ 15 Abs. 1 Aktiengesetz 1965) oder auf Grund einer unmittelbaren Beteiligung von mehr als 50 Prozent beherrscht und in beiden Fällen die Anzahl der Arbeitnehmer jener Gesellschaft und dieser Gesellschaften zusammen im Durchschnitt dreihundert übersteigt, oder

4. die Gesellschaft persönlich haftender Gesellschafter einer Kommanditgesellschaft ist und die Anzahl der Arbeitnehmer in ihrem Unternehmen und im Unternehmen der Kommanditgesellschaft im Durchschnitt zusammen dreihundert übersteigt „ , oder“ *(BGBl I 2007/72)*

5. aufgrund des VIII. Teils des Arbeitsverfassungsgesetzes die Organe zur Vertretung der Arbeitnehmer einer aus einer grenzüberschreitenden Verschmelzung hervorgehenden Gesellschaft das Recht haben, einen Teil der Mitglieder des Aufsichtsrates zu wählen oder zu bestellen oder deren Bestellung zu empfehlen oder abzulehnen „, oder“ *(BGBl I 2007/72; BGBl I 2016/43)*

6. die Gesellschaft die Merkmale des § 189a Z 1 lit. a oder lit. d UGB hat. *(BGBl I 2016/43)*

(2) Keine Pflicht zur Bestellung eines Aufsichtsrats besteht

1. im Fall des Abs. 1 Z. 2, wenn die Gesellschaft unter einheitlicher Leitung einer aufsichtsratspflichtigen Kapitalgesellschaft steht oder von einer solchen auf Grund einer unmittelbaren Beteiligung von mehr als 50 Prozent beherrscht wird und in beiden Fällen die Anzahl der Arbeitnehmer der Gesellschaft im Durchschnitt fünfhundert nicht übersteigt, oder

2. im Fall des Abs. 1 Z. 4, wenn neben der Gesellschaft eine natürliche Person, die von der Vertretung der Kommanditgesellschaft nicht ausgeschlossen ist, persönlich haftender Gesellschafter der Kommanditgesellschaft ist.

(3) Der jeweilige Durchschnitt der Arbeitnehmeranzahl (Abs. 1 und 2) bestimmt sich nach den Arbeitnehmeranzahlen an den jeweiligen Monatsletzten innerhalb des vorangegangenen Kalenderjahrs.

(4) [1]Die Geschäftsführer haben in den Fällen des Abs. 1 Z. 2 bis 4 nach Maßgabe der folgenden Bestimmungen jeweils zum 1. Jänner den Durchschnitt der Arbeitnehmeranzahl der im vorangegangenen Jahr beschäftigten Arbeitnehmer festzustellen. [2]„Übersteigt die Durchschnittszahl dreihundert bzw. fünfhundert, so haben sie dies dem Gericht unverzüglich mitzuteilen;“ die nächste Feststellung der Arbeitnehmeranzahl ist jeweils drei Jahre nach dem im ersten Satz genannten Stichtag zum 1. Jänner durchzuführen. [3]Eine Änderung der Arbeitnehmeranzahl innerhalb der jeweiligen drei Jahre ist auf die Notwendigkeit des Vorhandenseins eines Aufsichtsrats ohne Einfluß. [4]Wird bei einer der Feststellungen ermittelt, daß die Durchschnittszahl dreihundert bzw. fünfhundert nicht übersteigt, so ist die nächste Feststellung jeweils zum 1. Jänner der folgenden Jahre bis zur Feststellung der Überschreitung der Zahlen dreihundert bzw. fünfhundert zu wiederholen. *(BGBl 1991/10)*

GmbHG + VOs

(5) Im Fall des Abs. 1 Z. 3 haben die vertretungsbefugten Organe der dort genannten Gesellschaften den Geschäftsführern der Gesellschaft auf deren Verlangen die für die Feststellung (Abs. 4) erforderlichen Auskünfte rechtzeitig zu erteilen.

(6) In anderen als in den im Abs. 1 genannten Fällen kann die Bestellung eines Aufsichtsrats im Gesellschaftsvertrag festgesetzt werden.

(BGBl 1974/82)

§ 30. [1]Der Aufsichtsrat besteht aus drei Mitgliedern. [2]Es können auch mehr Mitglieder bestellt werden, soweit dies nicht einer Regelung der Mitgliederzahl im Gesellschaftsvertrag widerspricht. [3]„§ 86 Abs. 7 bis 9 AktG ist sinngemäß anzuwenden.“ *(BGBl I 2017/104)*

(BGBl 1980/320)

§ 30a. (1) Die Mitglieder des Aufsichtsrats müssen natürliche Personen sein.

(2) Mitglied des Aufsichtsrats kann nicht sein, wer

1. bereits in zehn Kapitalgesellschaften Aufsichtsratsmitglied ist, wobei die Tätigkeit als Vorsitzender doppelt auf diese Höchstzahl anzurechnen ist,

2. gesetzlicher Vertreter eines Tochterunternehmens („§ 189a Z 7 UGB“) der Gesellschaft ist oder *(BGBl I 2015/22)*

3. gesetzlicher Vertreter einer anderen Kapitalgesellschaft ist, deren Aufsichtsrat ein Geschäftsführer der Gesellschaft angehört, es sei denn, eine der Gesellschaften ist mit der anderen konzernmäßig verbunden oder an ihr unternehmerisch beteiligt („§ 189a Z 2 UGB“). *(BGBl I 2015/22)*

(3) Auf die Höchstzahlen nach Abs. 2 Z 1 sind bis zu zehn Sitze in Aufsichtsräten, in die das Mitglied gewählt oder entsandt ist, um die wirtschaftlichen Interessen des Bundes, eines Landes, eines Gemeindeverbandes, einer Gemeinde oder

eines mit der Gesellschaft konzernmäßig verbundenen oder an ihr unternehmerisch beteiligten Unternehmens („§ 189a Z 2 UGB“) zu wahren, nicht anzurechnen. *(BGBl I 2015/22)*

(4) Der Tätigkeit als Aufsichtsratsmitglied ist die Tätigkeit als Verwaltungsratsmitglied (§§ 38 ff SEG) gleichzuhalten.

(5) Hat eine Person bereits so viele oder mehr Sitze in Aufsichtsräten inne, als gesetzlich zulässig ist, so kann sie in den Aufsichtsrat einer Gesellschaft erst berufen werden, sobald hiedurch die gesetzliche Höchstzahl nicht mehr überschritten wird.

(BGBl I 2005/59, ab 1. 1. 2006. § 30a ist nur auf nach dem 1. 1. 2006 gewählte oder entsandte Aufsichtsräte anzuwenden.)

§ 30b. (1) [1]Die Aufsichtsratsmitglieder werden durch Gesellschafterbeschluß gewählt. [2]Falls wenigstens drei Aufsichtsratsmitglieder von derselben Generalversammlung zu wählen sind, kann von einem Drittel des in der Generalversammlung vertretenen Stammkapitals verlangt werden, daß die Wahl für jedes zu bestellende Mitglied des Aufsichtsrats abgesondert erfolge. [3]Ergibt sich vor der Wahl des letzten zu bestellenden Mitglieds, daß wenigstens der dritte Teil aller abgegebenen Stimmen bei allen vorangegangenen Wahlen zugunsten derselben Person, aber ohne Erfolg abgegeben worden ist, so muß diese Person ohne weitere Abstimmung als für die letzte Stelle gewählt erklärt werden. [4]Diese Vorschrift findet auf Wahlen von Mitgliedern des Aufsichtsrats solange keine Anwendung, als sich im Aufsichtsrat ein Mitglied befindet, welches auf die vorbezeichnete Art durch die Minderheit gewählt wurde.

(1a) Vor der Wahl haben die vorgeschlagenen Personen den Gesellschaftern ihre fachliche Qualifikation, ihre beruflichen oder vergleichbare Funktionen sowie alle Umstände darzulegen, die die Besorgnis einer Befangenheit begründen könnten. *(BGBl I 2005/59, ab 1. 1. 2006)*

(2) Kein Aufsichtsratsmitglied kann für längere Zeit als bis zum Gesellschafterbeschluß gewählt werden, der über die Entlastung für das vierte Geschäftsjahr nach der Wahl beschließt; hiebei wird das Geschäftsjahr, in dem das Aufsichtsratsmitglied gewählt wurde, nicht mitgerechnet.

(3) [1]Die Bestellung zum Aufsichtsratsmitglied kann vor Ablauf der Funktionsperiode durch Gesellschafterbeschluß widerrufen werden. [2]Der Beschluß bedarf einer Mehrheit, die mindestens drei Viertel der abgegebenen Stimmen umfaßt. [3]Der Gesellschaftsvertrag kann diese Mehrheit durch eine andere ersetzen und noch andere Erfordernisse aufstellen.

(4) [1]Die Bestellung des ersten Aufsichtsrats bei Errichtung der Gesellschaft gilt bis zum Gesellschafterbeschluß, der nach Ablauf eines Jahres seit der Eintragung der Gesellschaft in das Firmenbuch zur Beschlußfassung über die Entlastung stattfindet. [2]Sie kann vorher durch Gesellschafterbeschluß mit einfacher Stimmenmehrheit widerrufen werden.

(5) Das Gericht hat auf Antrag einer Minderheit, deren Anteile zusammen den zehnten Teil des Stammkapitals erreichen, ein Aufsichtsratsmitglied abzuberufen, wenn hiefür ein wichtiger Grund vorliegt. *(BGBl I 1997/114)*

(BGBl 1980/320)

§ 30c. (1) Der Gesellschaftsvertrag kann bestimmten Gesellschaftern oder den jeweiligen Inhabern bestimmter Geschäftsanteile das Recht einräumen, Mitglieder in den Aufsichtsrat zu entsenden.

(2) Das Entsendungsrecht kann nur den Inhabern solcher Geschäftsanteile eingeräumt werden, deren Übertragung an die Zustimmung der Gesellschaft gebunden ist.

(3) Die entsandten Aufsichtsratsmitglieder können von den Entsendungsberechtigten jederzeit abberufen und durch andere ersetzt werden.

„(4)“ Sind die im Gesellschaftsvertrag bestimmten Voraussetzungen des Entsendungsrechts weggefallen, so kann durch Gesellschafterbeschluß das entsandte Mitglied mit einfacher Stimmenmehrheit abberufen werden. *(BGBl I 1997/114)*

(BGBl 1980/320)

§ 30d. (1) [1]Gehört dem Aufsichtsrat länger als drei Monate weniger als die zur Beschlußfähigkeit nötige Zahl von Mitgliedern an, so hat ihn das Gericht auf Antrag der Geschäftsführer, eines Aufsichtsratsmitglieds oder eines Gesellschafters auf diese Zahl zu ergänzen. [2]Die Geschäftsführer sind verpflichtet, den Antrag zu stellen.

(2) Wenn ein Aufsichtsrat nach Gesetz oder Gesellschaftsvertrag bestellt werden muß, hat das Gericht die Bestellung gemäß Abs. 1 von Amts wegen vorzunehmen.

(3) Das Gericht hat die von ihm bestellten Mitglieder abzuberufen, wenn die Voraussetzungen weggefallen sind.

(BGBl 1980/320)

§ 30e. (1) [1]Die Aufsichtsratsmitglieder können nicht zugleich Geschäftsführer oder dauernd Vertreter von Geschäftsführern der Gesellschaft oder ihrer Tochterunternehmen („§ 189a Z 7 UGB“) sein. [2]Sie können auch nicht als Angestellte die Geschäfte der Gesellschaft führen. *(BGBl I 2005/59, ab 1. 1. 2006; BGBl I 2015/22)*

(2) [1]Nur für einen im voraus begrenzten Zeitraum können durch Gesellschafterbeschluß ein-

zelne Aufsichtsratsmitglieder zu Vertretern von behinderten Geschäftsführern bestellt werden. [2]In dieser Zeit dürfen sie keine Tätigkeit als Aufsichtsratsmitglied ausüben. [3]Das Wettbewerbsverbot für Geschäftsführer gilt für sie nicht.

(BGBl 1980/320)

§ 30f. (1) Die Geschäftsführer haben jede Neubestellung und Abberufung von Aufsichtsratsmitgliedern unverzüglich „mit Angabe deren Namen und Geburtsdatum" zur Eintragung in das Firmenbuch anzumelden. *(BGBl I 2006/103)*

(2) § 26 Abs. 2 gilt sinngemäß.

(BGBl 1991/10)

§ 30g. (1) [1]Aus der Mitte des Aufsichtsrats sind ein Vorsitzender und mindestens ein Stellvertreter zu bestellen. [2]Die Geschäftsführer haben zum Firmenbuch anzumelden, wer gewählt ist.

(2) Über die Verhandlungen und Beschlüsse des Aufsichtsrats ist eine Niederschrift anzufertigen, die der Vorsitzende oder sein Stellvertreter zu unterzeichnen hat.

(3) [1]Beschlußfassungen durch schriftliche Stimmabgabe sind nur zulässig, wenn kein Mitglied diesem Verfahren widerspricht. [2]„Dasselbe gilt für fernmündliche oder andere vergleichbare Formen der Beschlussfassung des Aufsichtsrats und seiner Ausschüsse." *(BGBl I 2005/59, ab 1. 1. 2006)*

(4) [1]Der Aufsichtsrat kann aus seiner Mitte einen oder mehrere Ausschüsse bestellen, namentlich zu dem Zweck, seine Verhandlungen und Beschlüsse vorzubereiten oder die Ausführung seiner Beschlüsse zu überwachen. „ " [2]Die gemäß § 110 Abs. 4 des Arbeitsverfassungsgesetzes, BGBl. Nr. 22/1974, in den Aufsichtsrat entsandten Mitglieder des Betriebsrats haben Anspruch darauf, daß in jedem Ausschuß des Aufsichtsrats mindestens ein von ihnen namhaft gemachtes Mitglied Sitz und Stimme hat; dies gilt nicht für Sitzungen und Abstimmungen, die die Beziehungen zwischen der Gesellschaft und den Geschäftsführern betreffen. *(BGBl I 2005/59, ab 1. 1. 2006)*

(4a) [1]In Gesellschaften im Sinn des § 189a Z 1 lit. a und lit. d UGB sowie in aufsichtsratspflichtigen (§ 29) großen Gesellschaften, bei denen das Fünffache eines der in Euro ausgedrückten Größenmerkmale einer großen Gesellschaft (§ 221 Abs. 3 erster Satz in Verbindung mit Abs. 4 bis 6 UGB) überschritten wird (fünffach große Gesellschaften), ist ein Prüfungsausschuss nach folgenden Bestimmungen zu bestellen:

1. [1]Dem Prüfungsausschuss muss eine Person angehören, die über den Anforderungen des Unternehmens entsprechende Kenntnisse und praktische Erfahrung im Finanz- und Rechnungswesen und in der Berichterstattung verfügt (Finanzexperte). [2]Vorsitzender des Prüfungsausschusses oder Finanzexperte darf nicht sein, wer in den letzten drei Jahren Vorstandsmitglied, leitender Angestellter (§ 80 AktG) oder Abschlussprüfer der Gesellschaft war, den Bestätigungsvermerk unterfertigt hat oder aus anderen Gründen nicht unabhängig oder unbefangen ist. [3]Die Ausschussmitglieder müssen in ihrer Gesamtheit mit dem Sektor, in dem das geprüfte Unternehmen tätig ist, vertraut sein. [4]Der Prüfungsausschuss hat zumindest zwei Sitzungen im Geschäftsjahr abzuhalten.

2. [1]Der Abschlussprüfer hat spätestens mit dem Bestätigungsvermerk einen zusätzlichen Bericht an den Prüfungsausschuss nach Art. 11 der Verordnung (EU) Nr. 537/2014 über spezifische Anforderungen an die Abschlussprüfung bei Unternehmen von öffentlichem Interesse und zur Aufhebung des Beschlusses 2005/909/EG, ABl. Nr. L 158 vom 27.5.2014, S. 77, in der Fassung der Berichtigung ABl. Nr. L 170 vom 11.6.2014, S. 66 zu erstatten. [2]Der Abschlussprüfer ist den Sitzungen des Prüfungsausschusses, die sich mit der Vorbereitung der Feststellung des Jahresabschlusses (Konzernabschlusses) und dessen Prüfung beschäftigen, beizuziehen und hat über die Abschlussprüfung zu berichten.

3. [1]In Gesellschaften, an denen ein Mutterunternehmen unmittelbar oder mittelbar mehr als 75 Prozent der Anteile hält, muss kein Prüfungsausschuss bestellt werden, sofern im Mutterunternehmen ein solcher oder ein gleichwertiges Gremium dessen Aufgaben und sonstige Pflichten auf Konzernebene erfüllt. [2]In diesem Fall ist der zusätzliche Bericht (Z 2 erster Satz) dem Prüfungsausschuss oder dem sonstigen Gremium des Mutterunternehmens sowie zugleich dem Aufsichtsrat des Tochterunternehmens zu erstatten. [3]Die Bestellung eines Prüfungsausschusses kann bei fünffach großen Gesellschaften auch unterbleiben, wenn der Aufsichtsrat aus nicht mehr als vier Mitgliedern besteht, wie ein Prüfungsausschuss zusammengesetzt ist und dessen Aufgaben und sonstige Pflichten wahrnimmt; der zusätzliche Bericht ist diesfalls dem Aufsichtsrat zu erstatten.

4. Zu den Aufgaben des Prüfungsausschusses gehören:

a) die Überwachung des Rechnungslegungsprozesses sowie die Erteilung von Empfehlungen oder Vorschlägen zur Gewährleistung seiner Zuverlässigkeit;

b) die Überwachung der Wirksamkeit des internen Kontrollsystems, gegebenenfalls des internen Revisionssystems, und des Risikomanagementsystems der Gesellschaft;

c) die Überwachung der Abschlussprüfung und der Konzernabschlussprüfung unter Einbeziehung von Erkenntnissen und Schlussfolgerungen in Berichten, die von der Abschlussprüferaufsichtsbehörde nach § 4 Abs. 2 Z 12 APAG veröffentlicht werden;

d) die Prüfung und Überwachung der Unabhängigkeit des Abschlussprüfers (Konzernabschlussprüfers), insbesondere im Hinblick auf die für die geprüfte Gesellschaft erbrachten zusätzlichen Leistungen; bei Gesellschaften im Sinn des § 189a Z 1 lit. a und lit. d UGB gelten Art. 5 der Verordnung (EU) Nr. 537/2014 und § 271a Abs. 6 UGB;

e) die Erstattung des Berichts über das Ergebnis der Abschlussprüfung an den Aufsichtsrat und die Darlegung, wie die Abschlussprüfung zur Zuverlässigkeit der Finanzberichterstattung beigetragen hat, sowie die Rolle des Prüfungsausschusses dabei;

f) die Prüfung des Jahresabschlusses und die Vorbereitung seiner Feststellung, die Prüfung des Vorschlags für die Gewinnverteilung und des Lageberichts sowie die Erstattung des Berichts über die Prüfungsergebnisse an den Aufsichtsrat;

g) gegebenenfalls die Prüfung des Konzernabschlusses und des Konzernlageberichts sowie die Erstattung des Berichts über die Prüfungsergebnisse an den Aufsichtsrat;

h) die Durchführung des Verfahrens zur Auswahl des Abschlussprüfers (Konzernabschlussprüfers) unter Bedachtnahme auf die Angemessenheit des Honorars sowie die Empfehlung für seine Bestellung an den Aufsichtsrat. Bei Gesellschaften im Sinn des § 189a Z 1 lit. a und lit. d UGB gilt Art. 16 der Verordnung (EU) Nr. 537/2014. *(BGBl I 2016/43)*

(5) [1]Der Aufsichtsrat oder sein Ausschuß ist nur dann beschlußfähig, wenn an der Sitzung mindestens drei Mitglieder teilnehmen. [2]Der Gesellschaftsvertrag kann eine höhere Zahl festsetzen. [3]Die Beschlußfähigkeit eines Ausschusses, dem weniger als drei Aufsichtsratsmitglieder angehören, ist bei Anwesenheit seiner sämtlichen Mitglieder gegeben. [4]„Die schriftliche, fernmündliche oder eine andere vergleichbare Form der Stimmabgabe einzelner Aufsichtsratsmitglieder ist zulässig, wenn der Gesellschaftsvertrag oder der Aufsichtsrat dies vorsieht.“ *(BGBl I 2005/59, ab 1. 1. 2006)*

(BGBl 1980/320)

§ 30h. (1) [1]An den Sitzungen des Aufsichtsrats und seiner Ausschüsse dürfen Personen, die weder dem Aufsichtsrat angehören noch Geschäftsführer sind, nicht teilnehmen. [2]Sachverständige und Auskunftspersonen können zur Beratung über einzelne Gegenstände zugezogen werden. [3]„Den Sitzungen, die sich mit der Prüfung des Jahresabschlusses (Konzernabschlusses), des Vorschlags für die Gewinnverteilung und des Lageberichts beschäftigen, ist jedenfalls der Abschlussprüfer (Konzernabschlussprüfer) zuzuziehen.“ *(BGBl I 2005/59, ab 1. 1. 2006)*

(2) Aufsichtsratsmitglieder, die dem Ausschuß nicht angehören, können an den Ausschußsitzungen teilnehmen, wenn der Gesellschaftsvertrag oder der Vorsitzende des Aufsichtsrats nichts anderes bestimmt.

(3) [1]Der Gesellschaftsvertrag kann zulassen, daß an den Sitzungen des Aufsichtsrats und seiner Ausschüsse Personen, die dem Aufsichtsrat nicht angehören, an Stelle von Aufsichtsratsmitgliedern teilnehmen können, wenn sie von diesen hiezu schriftlich ermächtigt sind. [2]Sie können auch schriftliche Stimmabgaben der Aufsichtsratsmitglieder überreichen.

(BGBl 1980/320)

§ 30i. (1) [1]Jedes Aufsichtsratsmitglied oder die Geschäftsführer können unter Angabe des Zwecks und der Gründe verlangen, daß der Vorsitzende des Aufsichtsrats unverzüglich den Aufsichtsrat einberuft. [2]Die Sitzung muß binnen zwei Wochen nach der Einberufung stattfinden.

(2) Wird einem von mindestens zwei Aufsichtsratsmitgliedern oder von den Geschäftsführern geäußerten Verlangen nicht entsprochen, so können die Antragsteller unter Mitteilung des Sachverhalts selbst den Aufsichtsrat einberufen.

(3) [1]„Der Aufsichtsrat muß mindestens „viermal“** im Geschäftsjahr eine Sitzung abhalten.“* [2]„Die Sitzungen haben vierteljährlich stattzufinden.“** *(*BGBl 1982/371; **BGBl I 1997/114)*

(BGBl 1980/320)

§ 30j. (1) Der Aufsichtsrat hat die Geschäftsführung zu überwachen.

(2) [1]Der Aufsichtsrat kann von den Geschäftsführern jederzeit einen Bericht über die Angelegenheiten der Gesellschaft einschließlich ihrer Beziehungen zu einem Konzernunternehmen verlangen. [2]„Auch ein einzelnes Mitglied kann einen Bericht, jedoch nur an den Aufsichtsrat als solchen, verlangen; lehnen die Geschäftsführer die Berichterstattung ab, so kann der Bericht nur dann verlangt werden, wenn ein anderes Aufsichtsratsmitglied das Verlangen unterstützt. [3]Der Vorsitzende des Aufsichtsrats kann einen Bericht auch ohne Unterstützung eines anderen Aufsichtsratsmitglieds verlangen.“ *(BGBl I 1997/114)*

(3) Der Aufsichtsrat kann die Bücher und Schriften der Gesellschaft sowie die Vermögensgegenstände, namentlich die Gesellschaftskasse und die Bestände an Wertpapieren und Waren, einsehen und prüfen, er kann damit auch einzelne Mitglieder oder für bestimmte Aufgaben besondere Sachverständige beauftragen.

(4) Der Aufsichtsrat hat eine Generalversammlung einzuberufen, wenn das Wohl der Gesellschaft es erfordert.

(5) [1]Folgende Geschäfte sollen jedoch nur mit Zustimmung des Aufsichtsrats vorgenommen werden:

1. der Erwerb und die Veräußerung von Beteiligungen („§ 189a Z 2 UGB“) sowie der Erwerb, die Veräußerung und die Stillegung von Unternehmen und Betrieben; *(BGBl 1990/475; BGBl I 2015/22)*

2. der Erwerb, die Veräußerung und die Belastung von Liegenschaften, soweit dies nicht zum gewöhnlichen Geschäftsbetrieb gehört; *(BGBl I 2008/70)*

3. die Errichtung und die Schließung von Zweigniederlassungen;

4. Investitionen, die bestimmte Anschaffungskosten im einzelnen und insgesamt in einem Geschäftsjahr übersteigen;

5. die Aufnahme von Anleihen, Darlehen und Krediten, die einen bestimmten Betrag im einzelnen und insgesamt in einem Geschäftsjahr übersteigen;

6. die Gewährung von Darlehen und Krediten, soweit sie nicht zum gewöhnlichen Geschäftsbetrieb gehört;

7. die Aufnahme und Aufgabe von Geschäftszweigen und Produktionsarten;

8. die Festlegung allgemeiner Grundsätze der Geschäftspolitik;

9. die Festlegung von Grundsätzen über die Gewährung von Gewinn- oder Umsatzbeteiligungen und Pensionszusagen an Geschäftsführer und leitende Angestellte im Sinne des § 80 Abs. 1 des Aktiengesetzes 1965 „ ;“ *(BGBl I 2005/59)*

10. der Abschluss von Verträgen mit Mitgliedern des Aufsichtsrats, durch die sich diese außerhalb ihrer Tätigkeit im Aufsichtsrat gegenüber der Gesellschaft oder einem Tochterunternehmen („§ 189a Z 7 UGB“**) zu einer Leistung gegen ein nicht bloß geringfügiges Entgelt verpflichten. [2]Dies gilt auch für Verträge mit Unternehmen, an denen ein Aufsichtsratsmitglied ein erhebliches wirtschaftliches Interesse hat „ ;“* *(BGBl I 2005/59, ab 1. 1. 2006; *BGBl I 2008/70; **BGBl I 2015/22)*

11. die Übernahme einer leitenden Stellung (§ 80 Aktiengesetz 1965) in der Gesellschaft innerhalb von zwei Jahren nach Zeichnung des Bestätigungsvermerks durch den Abschlussprüfer, durch den Konzernabschlussprüfer, durch den Abschlussprüfer eines bedeutenden verbundenen Unternehmens oder durch den den jeweiligen Bestätigungsvermerk unterzeichnenden Wirtschaftsprüfer sowie eine für ihn tätige Person, die eine maßgeblich leitende Funktion bei der Prüfung ausgeübt hat, soweit dies nicht gemäß § 271c UGB untersagt ist. *(BGBl I 2008/70, zum Inkrafttreten siehe § 127 Abs 8)*

[3]Zu den in den Z 1 und 2 genannten Geschäften kann der Gesellschaftsvertrag Betragsgrenzen festsetzen, zu den in den Z 4, 5 und 6 genannten Geschäften hat er Betragsgrenzen festzusetzen. [4]Der Gesellschaftsvertrag oder der Aufsichtsrat kann auch anordnen, daß bestimmte Arten von Geschäften nur mit Zustimmung des Aufsichtsrats vorgenommen werden sollen. *(BGBl 1982/371)*

(6) [1]Die Aufsichtsratsmitglieder können ihre Obliegenheiten nicht durch andere ausüben lassen. [2]Der Gesellschaftsvertrag kann aber zulassen, daß ein Aufsichtsratsmitglied ein anderes schriftlich mit seiner Vertretung bei einer einzelnen Sitzung betraut; ein so vertretenes Mitglied ist bei der Feststellung der Beschlußfähigkeit einer Sitzung nicht mitzuzählen. [3]Das Recht, den Vorsitz zu führen, kann nicht übertragen werden.

(BGBl 1980/320)

§ 30k. (1) Der Aufsichtsrat hat die Unterlagen gemäß § 222 Abs. 1 UGB, gegebenenfalls einen Vorschlag für die Gewinnverwendung sowie einen allfälligen gesonderten nichtfinanziellen Bericht, zu prüfen und der Generalversammlung darüber zu berichten. *(BGBl I 2017/20)*

(2) In dem Bericht hat der Aufsichtsrat mitzuteilen, in welcher Art und in welchem Umfang er die Geschäftsführung der Gesellschaft während des Geschäftsjahrs geprüft hat, welche Stelle den Jahresabschluß „und den Lagebericht sowie gegebenenfalls den gesonderten nichtfinanziellen Bericht, den Corporate Governance-Bericht und den Bericht über Zahlungen an staatliche Stellen“ geprüft hat und ob diese Prüfungen nach ihrem abschließenden Ergebnis zu wesentlichen Beanstandungen Anlaß gegeben haben. *(BGBl I 2017/20)*

(3) Abs. 1 und 2 gelten sinngemäß auch für die Vorlage und Prüfung des Konzernabschlusses und des Konzernlageberichts sowie gegebenenfalls des gesonderten konsolidierten nichtfinanziellen Berichts, des konsolidierten Corporate Governance-Berichts und des konsolidierten Berichts über Zahlungen an staatliche Stellen. *(BGBl I 2017/20)*

(BGBl 1980/320)

§ 30l. (1) Der Aufsichtsrat ist befugt, die Gesellschaft bei der Vornahme von Rechtsgeschäften mit den Geschäftsführern zu vertreten und gegen diese durch Gesellschafterbeschluß beschlossenen Rechtsstreitigkeiten zu führen.

(2) Der Aufsichtsrat hat gegen die Geschäftsführer die von den Gesellschaftern beschlossenen Rechtsstreitigkeiten zu führen, wenn die Gesellschafter nicht besondere Vertreter gewählt haben.

(3) Der Aufsichtsrat kann, wenn die Verantwortlichkeit eines seiner Mitglieder in Frage kommt, ohne Gesellschafterbeschluß und selbst gegen den Beschluß der Gesellschafter die Geschäftsführer klagen.

(4) Weitere Obliegenheiten können dem Aufsichtsrat durch den Gesellschaftsvertrag oder durch Gesellschafterbeschluß übertragen werden.

(BGBl 1980/320)

§ 31. (1) [1]Den Aufsichtsratsmitgliedern kann für ihre Tätigkeit eine mit ihren Aufgaben und mit der Lage der Gesellschaft in Einklang stehende Vergütung gewährt werden. [2]Ist die Vergütung im Gesellschaftsvertrag festgesetzt, so kann eine Änderung, durch die die Vergütung herabgesetzt wird, durch Gesellschafterbeschluß mit einfacher Stimmenmehrheit beschlossen werden. *(BGBl 1980/320)*

(2) [1]Den Mitgliedern des ersten Aufsichtsrats kann nur durch Gesellschafterbeschluß eine Vergütung für ihre Tätigkeit bewilligt werden. [2]Der Beschluß kann erst gefaßt werden, sobald über die Entlastung des ersten Aufsichtsrats ein Gesellschafterbeschluß gefaßt wird. *(BGBl 1980/320)*

(3) *(aufgehoben, BGBl 1990/475)*

§ 31 gilt nicht für Arbeitnehmervertreter: § 110 Abs. 3 und 4 ArbVG.

§ 32. Über die gemäß § 25 Abs. 4 zwischen der Gesellschaft und Geschäftsführern geschlossenen Geschäfte hat der Aufsichtsrat jeweils der nächsten Generalversammlung zu berichten.

(BGBl 1980/320)

§ 33. (1) Die in den § 25 und 27 hinsichtlich der Geschäftsführer getroffenen Anordnungen finden auch auf den Aufsichtsrat Anwendung.

(2) Sind die Mitglieder des Aufsichtsrates zugleich mit Geschäftsführern zum Ersatze eines Schadens verpflichtet, „so haften sie mit diesem zur ungeteilten Hand“. *(RGBl 1906 S 699 (DFB))*

3. Titel

Die Generalversammlung

§ 34. (1) Die durch das Gesetz oder den Gesellschaftsvertrag den Gesellschaftern vorbehaltenen Beschlüsse werden in der Generalversammlung gefaßt, es sei denn, daß sämtliche Gesellschafter sich im einzelnen Falle schriftlich mit der zu treffenden Bestimmung oder doch mit der Abstimmung im schriftlichen Wege einverstanden erklären.

(2) Bei der Abstimmung im schriftlichen Wege wird die nach dem Gesetze oder dem Gesellschaftsvertrage zu einer Beschlußfassung der Generalversammlung erforderliche Mehrheit nicht nach der Zahl der abgegebenen, sondern nach der Gesamtzahl der allen Gesellschaftern zustehenden Stimmen berechnet.

§ 35. (1) [1]Der Beschlußfassung der Gesellschafter unterliegen nebst den in diesem Gesetze an anderen Stellen bezeichneten Gegenständen:

1. die Prüfung und Feststellung des Jahresabschlusses, die Verteilung des Bilanzgewinns, falls letzterer im Gesellschaftsvertrag einer besonderen Beschlußfassung von Jahr zu Jahr vorbehalten ist, und die Entlastung der Geschäftsführer sowie des etwa bestehenden Aufsichtsrats; diese Beschlüsse sind in den ersten acht Monaten jedes Geschäftsjahrs für das abgelaufene Geschäftsjahr zu fassen; „ “ *(BGBl 1990/475; BGBl 1994/153)*

2. die Einforderung von Einzahlungen auf die Stammeinlagen;

3. die Rückzahlung von Nachschüssen;

4. die Entscheidung, ob Prokura oder Handelsvollmacht zum gesamten Geschäftsbetriebe erteilt werden darf;

5. die Maßregeln zur Prüfung und Überwachung der Geschäftsführung;

6. die Geltendmachung der Ersatzansprüche, die der Gesellschaft aus der Errichtung oder Geschäftsführung gegen die Geschäftsführer, deren Stellvertreter oder den Aufsichtsrat zustehen, sowie die Bestellung eines Vertreters zur Prozeßführung, wenn die Gesellschaft weder durch die Geschäftsführer noch durch den Aufsichtsrat vertreten werden kann;

7. der Abschluß von Verträgen, durch welche die Gesellschaft vorhandene oder herzustellende, dauernd zu ihrem Geschäftsbetriebe bestimmte Anlagen oder unbewegliche Gegenstände für eine den Betrag des fünften Teiles des Stammkapitals übersteigende Vergütung erwerben soll, sowie die Abänderung solcher Verträge zu Lasten der Gesellschaft, sofern es sich nicht um den Erwerb von Liegenschaften im Wege der Zwangsversteigerung handelt. [2]Dieser Beschluß kann nur mit einer Mehrheit von drei Vierteilen der abgegebenen Stimmen gefaßt werden.

(2) [1]Die Gegenstände, die der Beschlußfassung durch die Gesellschafter unterliegen sollen, können im Gesellschaftsvertrag vermehrt oder verringert werden. [2]Jedoch muß über die in Abs. 1 Z 1, 3 und 6 bezeichneten Gegenstände immer, über den in Abs. 1 Z 7 bezeichneten Gegenstand jedenfalls in den ersten zwei Jahren nach der Eintragung der Gesellschaft ein Beschluß der Gesellschafter eingeholt werden. „ “ *(BGBl 1980/320; BGBl 1996/304)*

§ 36. (1) [1]Die Versammlung hat am Sitz der Gesellschaft stattzufinden, wenn im Gesellschaftsvertrag nichts anderes bestimmt ist. [2]Sie wird durch die Geschäftsführer einberufen, soweit nicht nach dem Gesetz oder dem Gesellschaftsvertrag auch andere Personen dazu befugt sind.

(2) [1]Die Versammlung ist, soweit nicht eine Beschlussfassung außerhalb derselben zulässig

ist, mindestens jährlich einmal und außer den im Gesetz oder im Gesellschaftsvertrag ausdrücklich bestimmten Fällen immer dann einzuberufen, wenn es das Interesse der Gesellschaft erfordert. [2]Dies hat insbesondere ohne Verzug dann zu geschehen wenn sich ergibt, dass die Hälfte des Stammkapitals verloren gegangen ist oder die Eigenmittelquote (§ 23 URG) weniger als acht vom Hundert und die fiktive Schuldentilgungsdauer (§ 24 URG) mehr als 15 Jahre beträgt. [3]In diesen Fällen haben die Geschäftsführer die von der Versammlung gefassten Beschlüsse dem Firmenbuchgericht mitzuteilen.

(BGBl I 2013/109)

§ 37. (1) Die Versammlung muß auch dann ohne Verzug berufen werden, wenn Gesellschafter, deren Stammeinlagen den zehnten Teil oder den im Gesellschaftsvertrage hiefür bestimmten geringeren Teil des Stammkapitals erreichen, die Berufung schriftlich unter Angabe des Zweckes verlangen.

(2) [1]Wird dem Verlangen von den zur Berufung der Versammlung befugten Organen nicht innerhalb vierzehn Tagen nach der Aufforderung entsprochen oder sind solche Organe nicht vorhanden, so können die Berechtigten unter Mitteilung des Sachverhaltes die Berufung selbst bewirken. [2]Die Versammlung beschließt in diesem Falle darüber, ob die mit der Einberufung verbundenen Kosten von der Gesellschaft zu tragen sind.

§ 38. (1) [1]Die Berufung der Versammlung ist in der durch den Gesellschaftsvertrag bestimmten Form zu veröffentlichen, in Ermanglung einer solchen Festsetzung den einzelnen Gesellschaftern mittels rekommandierten Schreibens bekanntzugeben. [2]Zwischen dem Tage der letzten Verlautbarung oder der Aufgabe der Sendung zur Post und dem Tage der Versammlung muß mindestens der Zeitraum von sieben Tagen liegen.

(2) [1]Der Zweck der Versammlung (Tagesordnung) ist bei der Berufung möglichst bestimmt zu bezeichnen. [2]Bei beabsichtigten Änderungen des Gesellschaftsvertrages ist deren wesentlicher Inhalt anzugeben.

(3) Gesellschafter, deren Stammeinlagen den zehnten Teil oder den im Gesellschaftsvertrage hiefür bestimmten geringeren Teil des Stammkapitals erreichen, haben das Recht, in einer von ihnen unterzeichneten Eingabe unter Anführung der Gründe zu verlangen, daß Gegenstände in die kundzumachende Tagesordnung der nächsten Generalversammlung aufgenommen werden, wenn sie dieses Begehren spätestens am dritten Tage nach dem im Absatze 1 bezeichneten Zeitpunkte geltend machen.

(4) [1]Ist die Versammlung nicht ordnungsgemäß berufen oder ein Gegenstand zur Beschlußfassung gestellt, dessen Verhandlung nicht wenigstens drei Tage vor der Versammlung in der für die Berufung vorgeschriebenen Weise angekündigt wurde, so können Beschlüsse nur gefaßt werden, wenn sämtliche Gesellschafter anwesend oder vertreten sind. [2]Diese Voraussetzungen sind jedoch nicht erforderlich für den in einer Versammlung beantragten Beschluß auf Berufung einer neuerlichen Versammlung.

(5) Zur Stellung von Anträgen und zu Verhandlungen ohne Beschlußfassung bedarf es der Ankündigung nicht.

(6) Zur Beschlußfähigkeit der Versammlung ist, insofern das Gesetz oder der Gesellschaftsvertrag nichts anderes bestimmt, erforderlich, daß wenigstens der zehnte Teil des Stammkapitals vertreten ist.

(7) Im Falle der Beschlußunfähigkeit einer Versammlung ist unter Hinweis auf deren Beschlußunfähigkeit eine zweite Versammlung zu berufen, die auf die Verhandlung der Gegenstände der früheren Versammlung beschränkt und, wenn der Gesellschaftsvertrag nichts anderes bestimmt, ohne Rücksicht auf die Höhe des vertretenen Stammkapitals beschlußfähig ist.

§ 39. (1) Die Beschlußfassung der Gesellschafter erfolgt, soweit das Gesetz oder der Gesellschaftsvertrag nichts anderes bestimmt, durch einfache Mehrheit der abgegebenen Stimmen.

(2) [1]„Je „zehn Euro"** einer übernommenen Stammeinlage gewähren eine Stimme, wobei Bruchteile unter „zehn Euro"** nicht gezählt werden."* [2]Im Gesellschaftsvertrage können andere Bestimmungen getroffen werden; jedem Gesellschafter muß aber mindestens eine Stimme zustehen. *(*DRGBl 1938 I S 982; **BGBl I 1998/125)*

(3) [1]Die Ausübung des Stimmrechtes durch einen Bevollmächtigten ist zulässig. [2]Doch bedarf es hiezu einer schriftlichen, auf die Ausübung dieses Rechtes lautenden Vollmacht. [3]Die gesetzlichen und statutarischen Vertreter nicht handlungsfähiger und juristischer Personen müssen zur Ausübung des Stimmrechtes zugelassen werden und bedürfen hiezu keiner Vollmacht.

(4) [1]Wer durch die Beschlußfassung von einer Verpflichtung befreit, oder wem ein Vorteil zugewendet werden soll, hat hiebei weder im eigenen noch im fremden Namen das Stimmrecht. [2]Das Gleiche gilt von der Beschlußfassung, welche die Vornahme eines Rechtsgeschäftes mit einem Gesellschafter oder die Einleitung oder Erledigung eines Rechtsstreites zwischen ihm und der Gesellschaft betrifft.

(5) Wenn ein Gesellschafter selbst zum Geschäftsführer oder Aufsichtsrat oder Liquidator bestellt oder als solcher abberufen werden soll, so ist er bei der Beschlußfassung in der Ausübung seines Stimmrechtes nicht beschränkt.

§ 40. (1) [1]Die Beschlüsse der Generalversammlung sind unverzüglich nach der Beschlußfassung in eine Niederschrift aufzunehmen. [2]Diese Niederschriften sowie die auf schriftlichem Weg gefaßten Beschlüsse der Gesellschafter sind geordnet aufzubewahren. [3]Jeder Gesellschafter kann darin während der Geschäftsstunden Einsicht nehmen.

(2) Jedem Gesellschafter ist ohne Verzug nach Abhaltung der Generalversammlung oder nach einer auf schriftlichem Wege erfolgten Abstimmung eine Kopie der gefaßten Beschlüsse unter Angabe des Tages der Aufnahme derselben in die Niederschrift mittels eingeschriebenen Briefes zuzusenden.

(BGBl 1996/304)

§ 41. (1) Die Nichtigerklärung eines Beschlusses der Gesellschafter kann mittels Klage verlangt werden:

1. wenn der Beschluß nach diesem Gesetze oder dem Gesellschaftsvertrage als nicht zu Stande gekommen anzusehen ist;

2. wenn der Beschluß durch seinen Inhalt zwingende Vorschriften des Gesetzes verletzt oder, ohne daß bei der Beschlußfassung die Vorschriften über die Abänderung des Gesellschaftsvertrages eingehalten worden wären, mit letzterem in Widerspruch steht.

(2) [1]Klageberechtigt ist jeder Gesellschafter, der in der Versammlung der Gesellschafter erschienen ist und gegen den Beschluß Widerspruch zu Protokoll gegeben hat, sowie jeder nicht erschienene Gesellschafter, der zu der Versammlung unberechtigterweise nicht zugelassen oder durch Mängel in der Berufung der Versammlung am Erscheinen gehindert worden ist. [2]Wurde ein Beschluß durch Abstimmung im schriftlichen Wege gefaßt, so ist jeder Gesellschafter klageberechtigt, der seine Stimme gegen den Beschluß abgegeben hat oder bei dieser Abstimmung übergangen worden ist.

(3) Außerdem sind die Geschäftsführer, der Aufsichtsrat und, wenn der Beschluß eine Maßregel zum Gegenstande hat, durch deren Ausführung die Geschäftsführer oder die Mitglieder des Aufsichtsrates ersatzpflichtig oder strafbar würden, auch jeder einzelne Geschäftsführer und jedes Mitglied des Aufsichtsrates klageberechtigt.

(4) Die Klage muß binnen einem Monat vom Tag der Absendung der Kopie gemäß § 40 Abs. 2 erhoben werden. *(BGBl 1996/304)*

§ 42. (1) [1]Die Klage auf Nichtigerklärung eines Beschlusses der Gesellschafter ist gegen die Gesellschaft zu richten. [2]Die Gesellschaft wird durch die Geschäftsführer, wenn jedoch Geschäftsführer selbst klagen, durch den Aufsichtsrat vertreten. [3]Wenn sowohl Geschäftsführer als auch Mitglieder des Aufsichtsrates klagen oder wenn kein Aufsichtsrat besteht und ein anderer Vertreter der Gesellschaft nicht vorhanden ist, hat das Gericht einen Kurator zu ernennen.

(2) Zuständig für die Klage ist ausschließlich der zur Ausübung der Handelsgerichtsbarkeit zuständige Gerichtshof des Sitzes der Gesellschaft.

(3) [1]Das Gericht kann auf Antrag anordnen, daß der Kläger wegen des der Gesellschaft drohenden Nachteiles eine von dem Gerichte nach freiem Ermessen zu bestimmende Sicherheit zu leisten habe. [2]Hiebei finden hinsichtlich der Festsetzung einer Frist zum Erlage, der eidlichen Bekräftigung der Unfähigkeit zum Erlage und der Folgen des Nichterlages die Vorschriften der Zivilprozeßordnung über die Sicherheitsleistung für Prozeßkosten Anwendung.

(4) Das Gericht kann die Ausführung des angefochtenen Beschlusses durch einstweilige Verfügung (§ 384 u. f. der Exekutionsordnung) aufschieben, wenn ein der Gesellschaft drohender unwiderbringlicher Nachteil glaubhaft gemacht wird.

(5) Jeder Gesellschafter kann dem Rechtsstreite auf seine Kosten als Nebenintervenient beitreten.

(6) Das die Nichtigkeit erklärende Urteil wirkt für und gegen sämtliche Gesellschafter.

(7) Für einen durch ungegründete Anfechtung des Beschlusses der Gesellschaft entstehenden Schaden haften ihr die Kläger, denen böse Absicht oder grobe Fahrlässigkeit zur Last fallen, persönlich zur ungeteilten Hand.

§ 43. *(aufgehoben, DRGBl 1938 I S 1999)*

§ 44. (1) Ist die Nichtigkeit eines in das Firmenbuch eingetragenen Beschlusses der Gesellschaft durch Urteil oder Beschluß rechtskräftig ausgesprochen, so hat das Gericht die für nichtig erklärte Eintragung von Amts wegen zu löschen und seinen Ausspruch „ “ zu veröffentlichen. *(BGBl I 2000/142)*

(2) Hatte der Beschluß eine Abänderung des Gesellschaftsvertrags zum Inhalt, so ist mit dem Urteil der vollständige Wortlaut des Gesellschaftsvertrags, wie er sich unter Berücksichtigung des Urteils und aller bisherigen Gesellschaftsvertragsänderungen ergibt, mit der Beurkundung eines Notars über diese Tatsache zum Firmenbuch einzureichen. *(BGBl 1991/10)*

4. Titel

Minderheitsrechte

§ 45. (1) [1]„Ist durch Beschluß der Gesellschafter ein Antrag auf Bestellung von sachverständigen Revisoren zur Prüfung des letzten Jahresabschlusses abgelehnt worden, so kann auf Antrag von Gesellschaftern, deren Stammeinlagen den zehnten Teil des Stammkapitals oder den Nennbetrag von „700 000 Euro"** erreichen, das Handelsgericht des Sitzes der Gesellschaft einen oder mehrere Revisoren bestellen."* [2]Dem Antrage ist nur stattzugeben, wenn glaubhaft gemacht wird, daß Unredlichkeiten oder grobe Verletzungen des Gesetzes oder des Gesellschaftsvertrages stattgefunden haben. *(*BGBl 1990/475; **BGBl I 1998/125)*

(2) Die betreffenden Gesellschafter können während der Dauer der Revision ihre Geschäftsanteile ohne Zustimmung der Gesellschaft nicht veräußern.

(3) [1]Das in Absatz 1 erwähnte Gericht hat je nach Lage des Falles einen oder mehrere Revisoren zu bestellen. [2]Sie sind aus Listen zu wählen, deren Feststellung dem Verordnungswege vorbehalten bleibt.

(4) Die Geschäftsführer und der Aufsichtsrat sind vor der Bestellung der Revisoren zu hören.

(5) Die Bestellung der Revisoren kann auf Verlangen von einer nach freiem Ermessen des Gerichtes zu bestimmenden Sicherheitsleistung abhängig gemacht werden (§ 42, Absatz 3).

(6) Die Revisoren haben vor Antritt ihres Amtes den Eid zu leisten, daß sie die ihnen obliegenden Pflichten getreu erfüllen und insbesondere die bei der Revision etwa zu ihrer Kenntnis gelangten Geschäfts- und Betriebsverhältnisse gegenüber jedermann geheimhalten wollen.

§ 46. (1) [1]„Die Revisoren haben das Recht, in die Bücher, Schriften, Rechnungsbelege und Inventare einzusehen, von den Geschäftsführern, den Mitgliedern des Aufsichtsrates und jedem mit der Rechnungsführung betrauten Angestellten der Gesellschaft Auskünfte und Erläuterungen zur Feststellung der Richtigkeit des letzten Jahresabschlusses abzuverlangen und den Bestand der Gesellschaftskassa sowie die Bestände an Effekten, Schulddokumenten und Waren zu untersuchen." [2]Die verlangten Aufklärungen und Auskünfte müssen von den dazu Aufgeforderten ohne Verzug genau und wahrheitsgemäß gegeben werden. [3]Der Aufsichtsrat ist der Revision beizuziehen. [4]Das Gericht kann nach seinem Ermessen die Zuziehung eines oder mehrerer der Gesuchsteller zur Vornahme der Revision gestatten. *(BGBl 1990/475)*

(2) Die Entlohnung der Revisoren wird von dem Handelsgerichte bestimmt; sie dürfen keine andere wie immer geartete Vergütung annehmen.

§ 47. (1) Der Bericht über das Ergebnis der Prüfung, in dem angegeben ist, ob alle Wünsche der Revisoren in Beziehung auf die Vornahme der Revision erfüllt worden sind, und ob der letzte Jahresabschluß ein möglichst getreues Bild der Vermögens-, Finanz- und Ertragslage des Unternehmens vermittelt, ist von den Revisoren unverzüglich den Geschäftsführern und dem Aufsichtsrat vorzulegen. *(BGBl 1990/475)*

(2) Die Antragsteller haben das Recht, im Geschäftslokale in den Bericht der Revisoren Einsicht zu nehmen.

(3) [1]Die Geschäftsführer und der Aufsichtsrat sind verpflichtet, bei der Berufung der nächsten Generalversammlung den Bericht der Revisoren zur Beschlußfassung anzumelden. [2]In der Versammlung muß der Revisionsbericht vollinhaltlich verlesen werden. [3]Die Geschäftsführer und der Aufsichtsrat müssen sich über das Resultat der Revision und über die zur Abstellung der etwa entdeckten Gesetzwidrigkeiten oder Übelstände eingeleiteten Schritte erklären. [4]Außerdem liegt es dem Aufsichtsrate ob, der Generalversammlung über die der Gesellschaft etwa zustehenden Ersatzansprüche Bericht zu erstatten. [5]Ergibt sich aus dem Berichte der Revisoren, daß eine grobe Verletzung des Gesetzes oder des Gesellschaftsvertrages stattgefunden habe, so muß die Generalversammlung unverzüglich einberufen werden.

(4) Das Gericht entscheidet, wenn eine andere Einigung unter den Beteiligten nicht erfolgt, je nach den Ergebnissen der Revision, ob die Kosten der Untersuchung von dem Gesuchsteller oder von der Gesellschaft zu tragen oder verhältnismäßig zu verteilen sind.

(5) Erweist sich der Antrag auf Revision nach dem Ergebnisse der Revision als unbegründet, so sind die Antragsteller, denen eine böse Absicht oder grobe Fahrlässigkeit zur Last fällt, für den der Gesellschaft durch den Antrag entstandenen Schaden persönlich zur ungeteilten Hand verhaftet.

§ 48. (1) Die der Gesellschaft gegen die Gesellschafter, Geschäftsführer und Mitglieder des Aufsichtsrats zustehenden Ansprüche können auch von Gesellschaftern, deren Stammeinlagen den zehnten Teil des Stammkapitals oder den Nennbetrag von „700 000 Euro" oder den im Gesellschaftsvertrag festgesetzten geringeren Betrag erreichen, geltend gemacht werden, wenn die Verfolgung dieser Ansprüche für die Gesellschaft durch Beschluß der Gesellschafter abgelehnt oder wenn ein darauf abzielender Antrag, obwohl er rechtzeitig (§ 38 Abs. 3) bei den Geschäftsführern angemeldet war, nicht zur Beschlußfassung gebracht worden ist. *(BGBl I 1997/114; BGBl I 1998/125)*

(2) Die Klage muß binnen eines Jahres von dem Tag der erfolgten oder vereitelten Beschlußfassung erhoben werden. *(BGBl I 1997/114)*

(3) Während der Dauer des Rechtsstreites ist eine Veräußerung der den Klägern gehörigen Geschäftsanteile ohne Zustimmung der Gesellschaft unstatthaft.

(4) Dem Beklagten ist auf Antrag wegen der ihm drohenden Nachteile von den Klägern eine nach freiem Ermessen des Gerichtes zu bestimmende Sicherheit zu leisten (§ 42, Absatz 3).

(5) [1]Erweist sich die Klage als unbegründet und fällt dem Kläger bei Anstellung der Klage eine böse Absicht oder grobe Fahrlässigkeit zur Last, so hat er dem Beklagten den Schaden zu ersetzen. [2]Mehrere Kläger haften zur ungeteilten Hand.

Dritter Abschnitt

Abänderungen des Gesellschaftsvertrages

1. Titel

Allgemeine Bestimmungen

§ 49. (1) [1]Eine Abänderung des Gesellschaftsvertrages kann nur durch Beschluß der Gesellschafter erfolgen. [2]Der Beschluß muß notariell beurkundet werden.

(2) Die Abänderung hat keine rechtliche Wirkung, bevor sie in das Firmenbuch eingetragen ist.

(3) und (4) *(aufgehoben, BGBl 1980/320)*

§ 50. (1) [1]Abänderungen des Gesellschaftsvertrages können nur mit einer Mehrheit von drei Vierteilen der abgegebenen Stimmen beschlossen werden. [2]Die Abänderung kann im Gesellschaftsvertrage an weitere Erfordernisse geknüpft sein.

(2) Die Bestimmung, daß ein Aufsichtsrat zu bestellen sei, und die Herabsetzung der den Geschäftsführern oder den Mitgliedern des Aufsichtsrates nach dem Gesellschaftsvertrage zukommenden Entlohnung kann mit einfacher Stimmenmehrheit beschlossen werden.

(3) Eine Abänderung des im Gesellschaftsvertrage bezeichneten Gegenstandes des Unternehmens bedarf eines einstimmigen Beschlusses, wenn im Gesellschaftsvertrage nichts anderes festgesetzt ist.

(4) Eine Vermehrung der den Gesellschaftern nach dem Vertrage obliegenden Leistungen oder eine Verkürzung der einzelnen Gesellschaftern durch den Vertrag eingeräumten Rechte kann nur unter Zustimmung sämtlicher von der Vermehrung oder Verkürzung betroffenen Gesellschafter beschlossen werden.

(5) Dies gilt insbesondere von Beschlüssen, durch welche Bestimmungen über das Maß, in dem Einzahlungen auf die Stammeinlagen zu leisten sind, in den Gesellschaftsvertrag aufgenommen oder die darüber in dem Gesellschaftsvertrage enthaltenen Bestimmungen abgeändert werden sollen.

§ 51. (1) [1]„Jede Abänderung des Gesellschaftsvertrages ist von sämtlichen Geschäftsführern zum Firmenbuch anzumelden. [2]Der Anmeldung ist der notariell beurkundete Abänderungsbeschluß mit dem Nachweis des gültigen Zustandekommens anzuschließen.“* [3]„Der Anmeldung ist weiters der vollständige Wortlaut des Gesellschaftsvertrags beizufügen; er muß mit der Beurkundung eines Notars versehen sein, daß die geänderten Bestimmungen des Gesellschaftsvertrags mit dem Beschluß über die Änderung des Gesellschaftsvertrags und die unveränderten Bestimmungen mit dem zuletzt zum Firmenbuch eingereichten vollständigen Wortlaut des Gesellschaftsvertrags übereinstimmen.“** *(*BGBl 1980/320; **BGBl 1991/10)*

(2) Auf die Anmeldung finden die § 11 und 12 mit der Maßgabe sinngemäß Anwendung, dass auch die Bekanntmachung im Amtsblatt zur Wiener Zeitung erforderlich ist. *(BGBl I 2013/109)*

(3) Die Veröffentlichung von Beschlüssen, die eine Änderung der in früheren Bekanntmachungen verlautbarten Bestimmungen nicht enthalten, hat zu entfallen.

2. Titel

Erhöhung des Stammkapitals

§ 52. (1) Die Erhöhung des Stammkapitals setzt einen Beschluß auf Abänderung des Gesellschaftsvertrages voraus.

(2) Zur Übernahme der neuen Stammeinlagen können von der Gesellschaft die bisherigen Gesellschafter oder andere Personen zugelassen werden.

(3) Mangels einer anderweitigen Festsetzung im Gesellschaftsvertrage oder Erhöhungsbeschlusse steht den bisherigen Gesellschaftern binnen vier Wochen vom Tage der Beschlußfassung an ein Vorrecht zur Übernahme der neuen Stammeinlagen nach Verhältnis der bisherigen zu.

(4) Die Übernahmserklärung bedarf der „Form eines Notariatsakts“. *(BGBl I 2013/109)*

(5) [1]In der Übernahmserklärung dritter Personen muß der Beitritt zur Gesellschaft nach Maßgabe des Gesellschaftsvertrages beurkundet werden. [2]Ferner sind in der Erklärung außer dem Betrage der Stammeinlage auch die sonstigen Leistungen, zu denen der Übernehmer nach dem Gesellschaftsvertrage verpflichtet sein soll, anzugeben.

(6) Die §§ 6, 6a, 10 und 10a sind auf die Erhöhung des Stammkapitals sinngemäß anzuwenden; bei Kapitalerhöhungen mit Sacheinlagen kann der Beschluß nur gefaßt werden, wenn die Einbringung von Sacheinlagen ausdrücklich und fristgemäß angekündigt worden ist. *(BGBl I 1997/114)*

§ 53. (1) Der Beschluß auf Erhöhung des Stammkapitals ist zum Firmenbuch anzumelden, sobald das erhöhte Stammkapital durch Übernahme der Stammeinlagen gedeckt und deren Einzahlung erfolgt ist.

(2) Der Anmeldung sind die Übernahmserklärungen in notarieller Ausfertigung oder in beglaubigter Abschrift beizuschließen. *(BGBl I 2006/103)*

3. Titel

Herabsetzung des Stammkapitals

§ 54. (1) [1]Die Herabsetzung des Stammkapitals kann nur auf Grund eines Beschlusses auf Abänderung des Gesellschaftsvertrages und nach Durchführung des in diesem Gesetze bestimmten Aufgebotsverfahrens erfolgen. [2]Der Beschluß muß den Umfang und den Zweck der Herabsetzung des Stammkapitals bestimmt bezeichnen und die Art der Durchführung festsetzen.

(2) Als Herabsetzung des Stammkapitals gilt jede Verminderung der im Gesellschaftsvertrage bestimmten Höhe des Stammkapitals, mag diese durch eine Rückzahlung von Stammeinlagen an die Gesellschafter, durch eine Herabsetzung des Nennbetrages der Stammeinlagen oder durch die gänzliche oder teilweise Befreiung der Gesellschafter und ihrer haftungspflichtigen Vormänner von der Verpflichtung zur Volleinzahlung der Stammeinlagen erfolgen.

(3) [1]Eine Herabsetzung des Stammkapitals unter „35 000"**Euro ist unzulässig. [2]Erfolgt die Herabsetzung durch Zurückzahlung von Stammeinlagen oder durch Befreiung von der Volleinzahlung, so darf der verbleibende Betrag jeder Stammeinlage nicht unter „70 Euro"* herabgesetzt werden. *(BGBl 1980/320; *BGBl I 1998/125; **BGBl I 2014/13)*

(4) [1]Das Stammkapital kann jedoch unter den nach § 6 Abs. 1 zulässigen Mindestnennbetrag herabgesetzt werden, wenn dieser durch eine zugleich mit der Herabsetzung des Stammkapitals beschlossene Erhöhung des Stammkapitals, bei der Sacheinlagen nicht bedungen sind, wieder erreicht wird. [2]§ 181 Abs. 2 AktG gilt sinngemäß. *(BGBl I 1997/114)*

§ 55. (1) [1]Die beabsichtigte Herabsetzung des Stammkapitals ist von sämtlichen Geschäftsführern zum Firmenbuch anzumelden. [2]Das Handelsgericht hat unter sinngemäßer Anwendung des § 11, Abs. 1, über die Eintragung zu beschließen.

(2) [1]„Die Geschäftsführer haben unverzüglich, nachdem sie von der Eintragung benachrichtigt worden sind, die beabsichtigte Herabsetzung des Stammkapitals in den Bekanntmachungsblättern zu veröffentlichen." [2]Hiebei ist bekanntzugeben, daß die Gesellschaft allen Gläubigern, deren Forderungen am Tage der letzten Veröffentlichung dieser Mitteilung bestehen, auf Verlangen Befriedigung oder Sicherstellung zu leisten bereit sei, und daß Gläubiger, die sich nicht binnen drei Monaten von dem bezeichneten Tage an bei der Gesellschaft melden, als der beabsichtigten Herabsetzung des Stammkapitals zustimmend erachtet würden. [3]Bekannten Gläubigern ist diese Mitteilung unmittelbar zu machen. *(BGBl 1980/320)*

§ 56. (1) Die durch Herabsetzung des Stammkapitals bewirkte Abänderung des Gesellschaftsvertrages kann erst nach Ablauf der für die Anmeldung der Gläubiger bestimmten Frist zum Firmenbuch angemeldet werden.

(2) Der Anmeldung sind beizuschließen:

1. der Nachweis, daß die in § 55, Absatz 2, vorgeschriebene Veröffentlichung erfolgt ist;

2. der Nachweis, daß die Gläubiger, die sich gemeldet haben, befriedigt oder sichergestellt sind;

3. die Erklärung, daß sämtlichen bekannten Gläubigern die Mitteilung im Sinne des § 55, Absatz 2, gemacht worden ist und daß sich andere als die befriedigten oder sichergestellten Gläubiger innerhalb der Frist nicht gemeldet haben „." *(BGBl I 2006/103)*

4. *(aufgehoben, BGBl I 2006/103)*

(3) Ist der Nachweis der Befriedigung oder Sicherstellung von Gläubigern oder die Erklärung über das Ergebnis des Aufgebotsverfahrens falsch, so haften sämtliche Geschäftsführer den Gläubigern, betreffs deren eine falsche Angabe gemacht wurde, für den ihnen dadurch verursachten Schaden zur ungeteilten Hand bis zu dem Betrage, für den aus dem Gesellschaftsvermögen Befriedigung nicht erlangt werden konnte.

(4) Den Geschäftsführer, der beweist, daß er die Unrichtigkeit des Nachweises oder der Erklärung ungeachtet der Anwendung der Sorgfalt eines ordentlichen Geschäftsmannes nicht gekannt habe, trifft diese Haftung nicht.

§ 57. (1) Zahlungen an die Gesellschafter auf Grund der Herabsetzung des Stammkapitals sind erst nach Eintragung der betreffenden Abänderung des Gesellschaftsvertrages in das Firmenbuch zulässig.

(2) In dem gleichen Zeitpunkte erlangt auch eine durch die Herabsetzung bezweckte Befreiung von der Verpflichtung zur Leistung der Einzahlungen auf nicht voll eingezahlte Stammeinlagen Wirksamkeit.

§ 58. [1]Bei Gesellschaften, bei denen die Vermögenssubstanz durch den Geschäftsbetrieb naturgemäß ganz oder größtenteils aufgezehrt werden muß, oder bei denen das Vermögen aus zeitlich beschränkten Rechten besteht, kann die Zurückzahlung von Stammeinlagen im ganzen oder in Teilbeträgen ohne Durchführung des Aufgebotsverfahrens und ohne Rücksicht auf die Höhe des übrig bleibenden Stammkapitals im Gesellschaftsvertrage vorbehalten werden, wenn diese Zurückzahlung nach vollständiger Einzahlung der Stammeinlage und nur aus dem im jeweiligen Bilanzjahr erzielten oder den in den Vorjahren reservierten Reinerträgnissen erfolgt. [2]Ein den zurückgezahlten Stammeinlagen gleichkommender Betrag muß in der Bilanz als Passivpost aufgeführt werden. [3]Art und Voraussetzungen der Zurückzahlung müssen im Gesellschaftsvertrage genau bestimmt werden. [4]„Im Fall einer teilweisen Zurückzahlung darf eine Stammeinlage nicht unter „70 Euro"** herabgesetzt werden."* *(*BGBl 1980/320; **BGBl I 1998/125)*

§ 59. (1) [1]Eine Herabsetzung des Stammkapitals, die dazu dienen soll, einen sonst auszuweisenden Bilanzverlust zu decken und allenfalls Beträge in die gebundene Kapitalrücklage einzustellen, kann in vereinfachter Form vorgenommen werden. [2]Im Beschluß ist festzusetzen, daß die Herabsetzung zu diesen Zwecken stattfindet. [3]Dieser Beschluß kann nur auf Grund eines Beschlusses auf Abänderung des Gesellschaftsvertrags erfolgen. [4]Die Herabsetzung des Stammkapitals ist von sämtlichen Geschäftsführern zum Firmenbuch anzumelden. [5]Das Gericht hat unter sinngemäßer Anwendung des § 11 über die Eintragung zu beschließen. [6]Die §§ 183 und 185 bis 188 AktG gelten sinngemäß. [7]Bei Anwendung des § 187 Abs. 2 AktG ist jedoch den bekannten Gläubigern eine unmittelbare Mitteilung zu machen.

(2) [1]Die Beträge, die aus der Auflösung der Rücklagen und aus der Kapitalherabsetzung gewonnen werden, dürfen nicht zu Zahlungen an die Gesellschafter und nicht dazu verwendet werden, die Gesellschafter von der Verpflichtung zur Leistung von Einlagen zu befreien. [2]Diese Beträge dürfen nur zur Abdeckung eines sonst auszuweisenden Bilanzverlustes und allenfalls zur Einstellung von Beträgen in die gebundene Kapitalrücklage verwendet werden; dies ist nur zulässig, soweit die Einstellung im Beschluß als Zweck der Herabsetzung angegeben ist.

(BGBl I 1997/114)

§ 60. (1) [1]Wird die vereinfachte Kapitalherabsetzung gemäß § 59 in sinngemäßer Anwendung des § 188 AktG und zugleich mit der Herabsetzung des Stammkapitals eine Erhöhung des Stammkapitals beschlossen, so kann auch die Kapitalerhöhung in dem Jahresabschluß als vollzogen berücksichtigt werden. [2]Die Beschlußfassung ist nur zulässig, wenn die neuen Stammeinlagen übernommen, keine Sacheinlagen bedungen sind und wenn auf jede erhöhte Stammeinlage die Mindestzahlung gemäß § 10 Abs. 1 geleistet ist. [3]Die Zahlung kann auch auf ein Bankkonto des Übernehmers geleistet werden, wenn sich die Bank für die Dauer der Verbindlichkeit der Übernahmserklärung unwiderruflich verpflichtet, den eingezahlten Betrag (samt Zinsen) bei Nachweis der Eintragung der Kapitalerhöhung zur freien Verfügung der Gesellschaft zu stellen; über dieses Guthaben kann der Übernehmer vor Ablauf der Frist des Abs. 2 nicht verfügen. [4]Davon ausgenommen sind Verfügungen des Übernehmers zur Deckung von Abgaben, Gebühren und Kosten der Kapitalerhöhung. [5]Das Guthaben ist nicht pfändbar. [6]Der Nachweis der Übernahme der erhöhten Stammeinlagen und der Einzahlung ist dem Notar zu erbringen, der den Beschluß über die Erhöhung des Stammkapitals beurkundet. [7]Hat der Übernehmer erklärt, daß die Übernahmserklärung unverbindlich wird, wenn die Erhöhung des Stammkapitals nicht bis zu einem bestimmten Zeitpunkt eingetragen worden ist, so kann dieser Zeitpunkt frühestens für den sechzigsten Tag nach der Übernahmserklärung festgesetzt werden.

(2) [1]Sämtliche Beschlüsse sind unwirksam, wenn die Beschlüsse über die Herabsetzung des Stammkapitals und über die Erhöhung des Stammkapitals nicht binnen drei Monaten nach der Beschlußfassung in das Firmenbuch eingetragen worden sind; der Lauf der Frist ist gehemmt, solange eine Klage gemäß § 41 anhängig ist oder eine zur Herabsetzung des Stammkapitals oder dessen Erhöhung beantragte behördliche oder gerichtliche Genehmigung noch nicht erteilt ist. [2]Die Beschlüsse über die Herabsetzung und Erhöhung des Stammkapitals sind gemeinsam in das Firmenbuch einzutragen.

(3) Die §§ 190 und 191 AktG sind sinngemäß anzuwenden.

(BGBl I 1997/114)

II. Hauptstück

Rechtsverhältnisse der Gesellschaft und der Gesellschafter

Erster Abschnitt

Rechtsverhältnisse der Gesellschaft

§ 61. (1) Die Gesellschaft mit beschränkter Haftung als solche hat selbständig ihre Rechte und Pflichten; sie kann Eigentum und andere dingliche Rechte an Grundstücken erwerben, vor Gericht klagen und geklagt werden.

(2) Für die Verbindlichkeiten der Gesellschaft haftet ihren Gläubigern nur das Gesellschaftsvermögen.

(3) *(aufgehoben, BGBl I 2005/120)*

§ 62. *(aufgehoben, BGBl 1980/320)*

GmbHG + VOs

Zweiter Abschnitt
Die Stammeinlagen

§ 63. (1) Jeder Gesellschafter ist verpflichtet, die von ihm übernommene Stammeinlage in voller Höhe nach Maßgabe des Gesellschaftsvertrages und der von den Gesellschaftern gültig gefaßten Beschlüsse einzuzahlen.

(2) Soweit durch den Gesellschaftsvertrag oder durch einen gültig gefaßten Abänderungsbeschluß nichts anderes bestimmt ist, sind die Einzahlungen auf die Stammeinlagen von sämtlichen Gesellschaftern nach Verhältnis ihrer in Barem zu leistenden Stammeinlagen zu machen.

(3) [1]Die Erfüllung dieser Zahlungspflicht kann einzelnen Gesellschaftern weder erlassen noch gestundet werden. [2]Durch Kompensation mit einer Forderung an die Gesellschaft kann ihr nicht genügt werden.

(4) Ebensowenig findet an dem Gegenstande einer nicht in Geld zu leistenden Einlage wegen Forderungen, die sich nicht auf den Gegenstand beziehen, ein Zurückbehaltungsrecht statt.

(5) Eine Leistung auf die Stammeinlage, die nicht in barem Gelde besteht, oder die durch Aufrechnung einer für die Überlassung von Vermögensgegenständen zu gewährenden Vergütung bewirkt wird, befreit den Gesellschafter von seiner Verpflichtung zur Zahlung der Stammeinlage nur insoweit, als sie in Ausführung einer im Gesellschaftsvertrage getroffenen Vereinbarung geschieht.

(6) Vorbehalte und Einschränkungen bei der Übernahme oder Zahlung von Stammeinlagen sind wirkungslos.

§ 64. (1) Jede Einforderung weiterer Einzahlungen nicht voll eingezahlter Stammeinlagen ist unter Angabe des eingeforderten Betrages von sämtlichen Geschäftsführern zum Firmenbuch anzumelden und vom Handelsgerichte zu veröffentlichen.

(2) [1]Für einen durch Unterlassung der Anmeldung oder durch falsche Angaben verursachten Schaden haften die Geschäftsführer dem dadurch Beschädigten persönlich zur ungeteilten Hand. [2]Diese Ersatzansprüche verjähren in fünf Jahren von dem Tage, an dem die beschädigte Partei von der Einforderung Kenntnis erhalten hat.

§ 65. (1) [1]Ein Gesellschafter, der die auf die Stammeinlage geforderten Einzahlungen nicht rechtzeitig leistet, ist unbeschadet einer weiteren Ersatzpflicht zur Zahlung von Verzugszinsen verpflichtet. [2]Im Gesellschaftsvertrage können für den Fall des Verzuges Konventionalstrafen festgesetzt werden.

(2) Enthält der Gesellschaftsvertrag keine besonderen Vorschriften darüber, wie die Aufforderung zur Einzahlung zu geschehen hat, so genügt es, wenn die Aufforderung durch ein mit der Geschäftsführung betrautes Organ mittels rekommandierten Schreibens erfolgt ist.

§ 66. (1) [1]Erfolgt die Einzahlung nicht rechtzeitig, so kann die Gesellschaft den säumigen Gesellschaftern unter Bestimmung einer Nachfrist für die Einzahlung den Ausschluß aus der Gesellschaft mittels rekommandierten Schreibens androhen. [2]Die Nachfrist ist mindestens mit einem Monate vom Empfange der Aufforderung an zu bemessen. [3]Einzelne säumige Gesellschafter von der Androhung des Ausschlusses auszunehmen ist unzulässig.

(2) [1]Nach fruchtlosem Ablaufe der Nachfrist sind die säumigen Gesellschafter durch die Geschäftsführer als ausgeschlossen zu erklären und hievon abermals mittels rekommandierten Schreibens zu benachrichtigen. [2]Mit der Erklärung der Ausschließung ist der Verlust sämtlicher Rechte aus dem Geschäftsanteile, namentlich aller hierauf geleisteten Einzahlungen, verbunden.

§ 67. (1) Für den von dem ausgeschlossenen Gesellschafter nicht bezahlten Betrag der Stammeinlagen samt Verzugszinsen haften der Gesellschaft alle seine Vormänner, die innerhalb der letzten fünf Jahre vor Erlassung der Einzahlungsaufforderung (§ 64) als Gesellschafter im Firmenbuch (§§ 9, 26) verzeichnet waren. *(BGBl 1991/10)*

(2) [1]Ein früherer Rechtsvorgänger haftet nur, soweit die Zahlung von dessen Rechtsnachfolger nicht zu erlangen ist. [2]Dies ist bis zum Beweise des Gegenteiles anzunehmen, wenn letzterer innerhalb eines Monates, nachdem er zur Zahlung aufgefordert und der Rechtsvorgänger hievon benachrichtigt worden war, keine Zahlung geleistet hat. [3]Aufforderung und Benachrichtigung haben mittels rekommandierten Schreibens zu erfolgen.

(3) Der Rechtsvorgänger erwirbt gegen Zahlung des geschuldeten Betrages den Geschäftsanteil des ausgeschlossenen Gesellschafters.

§ 68. (1) Ist die Zahlung des rückständigen Betrages von Rechtsvorgängern nicht zu erlangen oder sind keine Rechtsvorgänger vorhanden, so kann die Gesellschaft den Geschäftsanteil verkaufen.

(2) [1]Innerhalb eines Monates kann der Verkauf aus freier Hand zu einem Preise vorgenommen werden, der den Bilanzwert des Geschäftsanteiles mindestens erreicht. [2]Nach Ablauf der einmonatlichen Frist kann die Gesellschaft den Geschäftsanteil nur im Wege öffentlicher Versteigerung verkaufen lassen.

(3) Die Versteigerung ist durch ein hiezu befugtes Organ, durch einen Handelsmäkler oder durch das Gericht zu bewirken. *(BGBl 1990/475)*

(4) [1]Der Zuschlag erlangt erst Wirksamkeit, wenn die Gesellschaft der Übertragung des Geschäftsanteils an den Ersteher zustimmt. [2]Diese Zustimmung gilt als erteilt, wenn der Ersteher nicht binnen acht Tagen nach der Versteigerung von der Verweigerung der Zustimmung benachrichtigt worden ist.

(5) [1]Übersteigt der Erlös den geschuldeten Betrag, so ist der Überschuß zunächst auf den noch unberichtigten Teil der Stammeinlage in Anrechnung zu bringen. [2]Um diesen Betrag vermindert sich die Haftung des ausgeschlossenen Gesellschafters. [3]Ein weiter gehender Überschuß fließt dem ausgeschlossenen Gesellschafter zu.

§ 69. (1) Der säumige Gesellschafter bleibt ungeachtet seines Ausschlusses für den rückständigen Betrag vor allen übrigen verhaftet.

(2) Ebenso wird durch den Ausschluß die Haftung des säumigen Gesellschafters für weitere Einzahlungen nicht berührt.

§ 70. (1) Soweit eine Stammeinlage weder von den Zahlungspflichtigen eingebracht werden kann, noch durch Verkauf des Geschäftsanteiles gedeckt wird, haben die übrigen Gesellschafter den Fehlbetrag nach Verhältnis ihrer Stammeinlagen aufzubringen.

(2) Beiträge, die von einzelnen Gesellschaftern nicht zu erlangen sind, werden nach dem bezeichneten Verhältnisse auf die übrigen verteilt.

(3) [1]Falls der Geschäftsanteil nicht verkauft worden ist, erwerben die Gesellschafter im Verhältnisse ihrer Beitragsleistung einen Anspruch auf den diesem Geschäftsanteile zufallenden Gewinn und Liquidationserlös. [2]Wenn nachträglich der Verkauf stattfindet, sind aus dem Erlöse den Gesellschaftern die von ihnen geleisteten Beiträge zurückzuerstatten, ein allfälliger Überschuß ist nach Vorschrift des § 68, Absatz 5, zu verwenden.

§ 71. Die in den § 67 bis 70 bezeichneten Verpflichtungen können weder ganz noch teilweise erlassen werden.

Dritter Abschnitt

Nachschüsse

§ 72. (1) Im Gesellschaftsvertrage kann bestimmt werden, daß die Gesellschafter über den Betrag der Stammeinlagen hinaus die Einforderung von weiteren Einzahlungen (Nachschüssen) beschließen können.

(2) Die Nachschußpflicht muß auf einen nach Verhältnis der Stammeinlagen bestimmten Betrag beschränkt werden; ohne diese Beschränkung ist eine die Nachschußpflicht festsetzende Bestimmung des Gesellschaftsvertrages wirkungslos.

(3) Die Einzahlung der Nachschüsse ist von sämtlichen Gesellschaftern nach Verhältnis ihrer Stammeinlagen zu leisten.

§ 73. (1) Ist ein Gesellschafter mit der Einzahlung eines eingeforderten Nachschusses säumig, so finden, wenn nicht gleichzeitig mit der Festsetzung der Nachschußpflicht im Gesellschaftsvertrage eine andere Bestimmung getroffen worden ist, die für die Einzahlung von Stammeinlagen geltenden Vorschriften (§§ 66 bis 69) Anwendung.

(2) Ein Rechtsvorgänger haftet nur bis zu dem Betrage, auf den die Nachschußpflicht zur Zeit der Anmeldung seines Austrittes im Gesellschaftsvertrage beschränkt war.

§ 74. (1) Eingezahlte Nachschüsse können, soweit sie nicht zur Deckung eines bilanzmäßigen Verlustes am Stammkapital erforderlich sind, an die Gesellschafter zurückgezahlt werden.

(2) Die Rückzahlung kann nur an sämtliche Gesellschafter nach Verhältnis ihrer Stammeinlagen und nicht vor Ablauf von drei Monaten erfolgen, nachdem der Rückzahlungsbeschluß in der im § 55 bestimmten Art veröffentlicht worden ist.

(3) Ist im Gesellschaftsvertrage bestimmt, daß die Einforderung von Nachschüssen schon vor vollständiger Einzahlung der Stammeinlagen zulässig ist, so kann die Zurückzahlung solcher Nachschüsse vor der Volleinzahlung des Stammkapitals nicht erfolgen.

(4) Rückzahlungen, die ohne Beobachtung dieser Vorschriften erfolgt sind, machen den Empfänger, die mit der Geschäftsführung betrauten Organe und die übrigen Gesellschafter nach Maßgabe der Bestimmungen der § 25 und 83 haftbar.

(5) Zurückgezahlte Nachschüsse kommen bei der Bestimmung der im Gesellschaftsvertrage festgesetzten Grenze der Nachschußpflicht nicht in Anrechnung.

(6) In der Bilanz muß den in die Aktiven aufgenommenen Nachschußansprüchen ein gleicher Kapitalsbetrag in den Passiven gegenübergestellt werden.

Vierter Abschnitt

Die Geschäftsanteile

§ 75. (1) Der Geschäftsanteil jedes Gesellschafters bestimmt sich mangels anderweitiger Festsetzung im Gesellschaftsvertrage nach der Höhe der von ihm übernommenen Stammeinlage.

(2) [1]Jedem Gesellschafter steht nur ein Geschäftsanteil zu. [2]Übernimmt ein Gesellschafter

nach Errichtung der Gesellschaft eine weitere Stammeinlage, so wird sein bisheriger Geschäftsanteil in dem der erhöhten Stammeinlage entsprechenden Verhältnisse erhöht.

(3) [1]Wenn den Gesellschaftern über ihre Beteiligung Urkunden ausgestellt werden, so ist die Übertragung einer solchen Urkunde durch Indossament wirkungslos. [2]Auch dürfen solche Urkunden nicht auf Inhaber lauten.

(4) Die Ausstellung von Dividendenscheinen, von deren Einlieferung die Auszahlung des jährlichen Gewinnes abhängig gemacht wird, ist verboten und wirkungslos.

§ 76. (1) Die Geschäftsanteile sind übertragbar und vererblich.

(2) [1]Zur Übertragung von Geschäftsanteilen mittels Rechtsgeschäftes unter Lebenden bedarf es eines Notariatsaktes. [2]Der gleichen Form bedürfen Vereinbarungen über die Verpflichtung eines Gesellschafters zur künftigen Abtretung eines Geschäftsanteiles. [3]Im Gesellschaftsvertrage kann die Übertragung von weiteren Voraussetzungen, insbesondere von der Zustimmung der Gesellschaft abhängig gemacht werden. *(BGBl 1980/320)*

(3) [1]Die Übertragungsbefugnis schließt auch die Befugnis zur vertragsmäßigen Verpfändung in sich. [2]Zu letzterer ist ein Notariatsakt nicht erforderlich.

(4) [1]Wenn ein Geschäftsanteil, der nur mit Zustimmung der Gesellschaft übertragbar ist, im Exekutionsverfahren verkauft werden soll, hat das Exekutionsgericht den Schätzungswert des Geschäftsanteiles festzustellen und von der Bewilligung des Verkaufes auch die Gesellschaft sowie alle Gläubiger, die bis dahin die gerichtliche Pfändung des Geschäftsanteiles erwirkt haben, unter Bekanntgabe des festgestellten Schätzungswertes zu benachrichtigen. [2]Die Schätzung kann unterbleiben, wenn zwischen dem betreibenden Gläubiger, dem Verpflichteten und der Gesellschaft eine Einigung über den Übernahmspreis zu Stande kommt. [3]Wird der Geschäftsanteil nicht innerhalb vierzehn Tagen nach Benachrichtigung der Gesellschaft durch einen von der Gesellschaft zugelassenen Käufer gegen Bezahlung eines den Schätzungswert (Übernahmspreis) erreichenden „Kaufpreises" übernommen, so geschieht der Verkauf nach den Bestimmungen der Exekutionsordnung, ohne daß zu dieser Übertragung des Geschäftsanteiles die Zustimmung der Gesellschaft erforderlich ist. *(BGBl I 1998/125)*

§ 77. [1]Wenn der Gesellschaftsvertrag bestimmt, daß die Zustimmung der Gesellschaft zur Übertragung des Geschäftsanteiles notwendig ist, so kann, falls diese Zustimmung versagt wird, dem betreffenden Gesellschafter, wenn er die Stammeinlage vollständig eingezahlt hat, von dem Handelsgerichte des Sitzes der Gesellschaft die Übertragung des Geschäftsanteiles gestattet werden, wenn ausreichende Gründe für die Verweigerung der Zustimmung nicht vorliegen und wenn die Übertragung ohne Schädigung der Gesellschaft, der übrigen Gesellschafter und der Gläubiger erfolgen kann. [2]Das Gericht hat vor der Entscheidung die Geschäftsführer zu hören. [3]Auch wenn das Gericht die Zustimmung zur Übertragung erteilt hat, kann diese Übertragung dennoch nicht wirksam stattfinden, wenn die Gesellschaft innerhalb eines Monats nach Rechtskraft der Entscheidung dem betreffenden Gesellschafter mittels rekommandierten Schreibens mitteilt, daß sie die Übertragung des betreffenden Geschäftsanteiles zu den gleichen Bedingungen an einen anderen von ihr bezeichneten Erwerber gestatte.

§ 78. (1) Im Verhältnis zur Gesellschaft gilt nur derjenige als Gesellschafter, der im Firmenbuch als solcher aufscheint. *(BGBl 1991/10)*

(2) Für die zur Zeit der Anmeldung des Überganges eines Geschäftsanteiles auf diesen rückständigen Leistungen ist der Erwerber zur ungeteilten Hand mit dem Rechtsvorgänger verhaftet.

(3) Die Ansprüche der Gesellschaft wider den Rechtsvorgänger erlöschen binnen fünf Jahren vom Tage der Anmeldung des Erwerbers.

§ 79. (1) [1]Die Teilung eines Geschäftsanteiles ist, den Fall der Vererbung ausgenommen, nur zulässig, wenn im Gesellschaftsvertrage den Gesellschaftern die Abtretung von Teilen eines Geschäftsanteiles gestattet ist. [2]Dabei kann die Zustimmung der Gesellschaft zur Abtretung von Teilen überhaupt oder doch zur Abtretung an Personen, die der Gesellschaft nicht schon als Gesellschafter angehören, vorbehalten werden.

(2) Im Gesellschaftsvertrage kann auch die Zustimmung der Gesellschaft zur Teilung von Geschäftsanteilen verstorbener Gesellschafter unter deren Erben vorbehalten werden.

(3) Die Zustimmung der Gesellschaft bedarf der schriftlichen Form; sie muß die Person des Erwerbers und den Betrag der Stammeinlage bezeichnen, der von dem Erwerber übernommen wird.

(4) Die Vorschriften des § 78, ferner jene über den Mindestbetrag einer Stammeinlage und über die Mindesteinzahlung darauf finden auch bei der Teilung von Geschäftsanteilen Anwendung.

(5) *(aufgehoben, BGBl 1980/320)*

§ 80. (1) [1]Gehört ein Geschäftsanteil mehreren Mitberechtigten, so können sie ihre Rechte daraus nur gemeinschaftlich ausüben. [2]Für Leistungen, die auf den Geschäftsanteil zu bewirken sind, haften sie zur ungeteilten Hand.

(2) Rechtshandlungen, die von der Gesellschaft gegenüber dem Inhaber des Geschäftsanteiles vorzunehmen sind, geschehen, wenn nicht der Gesellschaft ein gemeinsamer Vertreter bekanntgegeben worden ist, mit rechtlicher Wirkung gegenüber jedem der Mitberechtigten.

§ 81. [1]Der Erwerb und die Pfandnahme eigener Geschäftsanteile durch die Gesellschaft ist verboten und wirkungslos. [2]Zulässig ist der Erwerb im Exekutionswege zur Hereinbringung eigener Forderungen der Gesellschaft. [3]„Auf den unentgeltlichen Erwerb eigener Anteile, auf den Erwerb eigener Anteile im Weg der Gesamtrechtsnachfolge und auf den Erwerb eigener Anteile zur Entschädigung von Minderheitsgesellschaftern sind die entsprechenden, für den Erwerb eigener Aktien geltenden Vorschriften sinngemäß anzuwenden." *(BGBl I 2007/72)*

§ 82. (1) Die Gesellschafter können ihre Stammeinlage nicht zurückfordern; sie haben, so lange die Gesellschaft besteht, nur Anspruch auf den nach dem Jahresabschluß als Überschuß der Aktiven über die Passiven sich ergebenden Bilanzgewinn, soweit dieser nicht aus dem Gesellschaftsvertrag oder durch einen Beschluß der Gesellschafter von der Verteilung ausgeschlossen ist. *(BGBl 1990/475)*

(2) Die Verteilung des Bilanzgewinns erfolgt in Ermangelung besonderer Bestimmungen des Gesellschaftsvertrages nach Verhältnis der eingezahlten Stammeinlagen. *(BGBl 1990/475)*

(3) Zinsen von bestimmter Höhe dürfen für die Gesellschafter weder bedungen noch ausbezahlt werden.

(4) Für wiederkehrende Leistungen, zu denen die Gesellschafter nach dem Gesellschaftsvertrage neben den Stammeinlagen verpflichtet sind (§ 8), darf nach Maßgabe der im Gesellschaftsvertrage festgesetzten Bemessungsgrundsätze eine den Wert dieser Leistungen nicht übersteigende Vergütung ohne Rücksicht darauf bezahlt werden, ob der „Jahresabschluß" einen Reingewinn ergibt. *(BGBl 1980/320)*

(5) Wird den Geschäftsführern oder dem Aufsichtsrate in der Zeit zwischen dem Schlusse des Geschäftsjahres und der Beschlußfassung der Gesellschafter über den „Jahresabschluß" bekannt, daß der Vermögensstand der Gesellschaft durch eingetretene Verluste oder Wertverminderungen erheblich und voraussichtlich nicht bloß vorübergehend geschmälert worden ist, so ist der nach der Bilanz sich ergebende Gewinn in einem der erlittenen Schmälerung des Vermögens entsprechenden Betrage von der Verteilung ausgeschlossen und auf Rechnung des laufenden Geschäftsjahres zu übertragen. *(BGBl 1980/320)*

§ 83. (1) [1]Gesellschafter, zu deren Gunsten gegen die Vorschriften dieses Gesetzes, gegen die Bestimmungen des Gesellschaftsvertrages oder entgegen einem Gesellschaftsbeschlusse Zahlungen von der Gesellschaft geleistet worden sind, sind der Gesellschaft zum Rückersatze verpflichtet. [2]Was ein Gesellschafter in gutem Glauben als Gewinnanteil bezogen hat, kann er jedoch in keinem Falle zurückzuzahlen verhalten werden.

(2) Ist die Erstattung weder von dem Empfänger noch von den Geschäftsführern zu erlangen, so haften, insoweit durch die Zahlung das Stammkapital vermindert ist, für den Abgang am Stammkapitale die Gesellschafter nach Verhältnis ihrer Stammeinlagen.

(3) Beiträge, die von einzelnen Gesellschaftern nicht zu erlangen sind, werden nach dem bezeichneten Verhältnisse auf die übrigen verteilt.

(4) Zahlungen, die auf Grund der vorstehenden Bestimmungen zu leisten sind, können den Verpflichteten weder ganz noch teilweise erlassen werden.

(5) Die Ansprüche der Gesellschaft verjähren in fünf Jahren, sofern sie nicht beweist, daß der Ersatzpflichtige die Widerrechtlichkeit der Zahlung kannte.

III. Hauptstück
Auflösung

Erster Abschnitt
Auflösung

§ 84. (1) Die Gesellschaft mit beschränkter Haftung wird aufgelöst:

1. durch Ablauf der im Gesellschaftsvertrage bestimmten Zeit;

2. durch Beschluß der Gesellschafter, welcher der notariellen Beurkundung bedarf;

3. durch Beschluß auf Fusion mit einer Aktiengesellschaft oder einer anderen Gesellschaft mit beschränkter Haftung (§ 96);

4. durch die Eröffnung des Konkursverfahrens oder mit der Rechtskraft eines Beschlusses, durch den das Insolvenzverfahren mangels kostendeckenden Vermögens nicht eröffnet oder aufgehoben wird; *(BGBl I 2010/58)*

5. durch Verfügung der Verwaltungsbehörde;

6. durch Beschluß des Handelsgerichtes.

(2) Im Gesellschaftsvertrage können weitere Auflösungsgründe festgesetzt sein.

(3) *(aufgehoben, BGBl 1980/320)*

§ 85. *(aufgehoben, BGBl 1982/371)*

§ 86. (1) Die Auflösung einer Gesellschaft mit beschränkter Haftung kann von der Verwaltungsbehörde verfügt werden:

1. wenn die Gesellschaft die durch die Bestimmungen dieses Gesetzes (§ 1 Abs. 2) gezogenen Grenzen ihres Wirkungskreises überschreitet;

2. wenn die Geschäftsführer im Betrieb des gesellschaftlichen Unternehmens sich einer gerichtlich strafbaren Handlung schuldig machen und nach der Art der begangenen strafbaren Handlung im Zusammenhalt mit dem Charakter des gesellschaftlichen Unternehmens von dem weiteren Betrieb desselben Mißbrauch zu besorgen wäre.

(2) Die Auflösung zu verfügen ist berufen:

1. wenn es sich um den Betrieb von Versicherungsgeschäften handelt, der Bundesminister für Finanzen;

2. bei anderen Gesellschaften der für den Sitz der Gesellschaft zuständige Landeshauptmann.

(3) Gegen die Entscheidung des Landeshauptmannes kann binnen zwei Wochen die Berufung an den Bundesminister für Inneres ergriffen werden.

(4) § 6 Abs. 4 des Bankwesengesetzes, BGBl. Nr. 532/1993[1)], bleibt unberührt.

(BGBl 1980/320)

[1)] *Früher § 6 Abs 3 KWG; vgl § 105 (2) BWG, BGBl 1993/532.*

§ 87. *(aufgehoben, DRGBl 1938 I S 1999)*

§ 88. (1) [1]Die Auflösung der Gesellschaft durch Zeitablauf oder Beschluß der Gesellschafter muß durch die Geschäftsführer sofort zum Firmenbuch angemeldet werden. [2]Die von der Verwaltungsbehörde rechtskräftig verfügte Auflösung ist dem Handelsgerichte von Amts wegen mitzuteilen.

(2) Das Gericht hat die Auflösung in allen Fällen, und zwar wenn sie durch gerichtliches Erkenntnis rechtskräftig ausgesprochen, oder wenn sie durch Konkurseröffnung erfolgt ist, von Amts wegen ungesäumt unter Ersichtlichmachung der Art der Auflösung in das Firmenbuch einzutragen.

(3) [1]Kommen die Geschäftsführer einer an sie ergangenen Aufforderung des Gerichtes zur Erstattung der ihnen obliegenden Anmeldung der Auflösung nicht nach, so ist die Aufforderung unter Bestimmung einer Frist mit dem Beisatze zu wiederholen, daß nach Ablauf der Frist die Auflösung unter gleichzeitiger Ernennung der Liquidatoren durch das Gericht von Amts wegen eingetragen würde. [2]Vor Eintragung der Auflösung und Ernennung der Liquidatoren hat das Gericht die Geschäftsführer und nach Ermessen auch einen oder mehrere der mit der Geschäftsführung nicht betrauten Gesellschafter zu vernehmen.

Zweiter Abschnitt

Liquidation

§ 89. (1) Der Auflösung der Gesellschaft hat, wenn das Gesetz nichts anderes bestimmt, die Liquidation zu folgen.

(2) [1]Als Liquidatoren treten die Geschäftsführer ein, wenn nicht durch den Gesellschaftsvertrag oder einen Beschluß der Gesellschafter eine oder mehrere andere Personen dazu bestellt werden. [2]„Doch kann das Handelsgericht auch außer dem Falle des § 88 Abs. 3 auf Antrag des Aufsichtsrates oder auf Antrag von Gesellschaftern, deren Stammeinlagen den zehnten Teil des Stammkapitals oder den Nennbetrag von „700 000 Euro“** oder eine im Gesellschaftsvertrag festgelegte geringere Höhe erreichen, aus wichtigen Gründen neben diesen oder an deren Stelle andere Liquidatoren ernennen.“* *(*BGBl 1990/475; **BGBl I 1998/125)*

(3) Gerichtlich ernannte Liquidatoren können aus wichtigen Gründen durch das Gericht, Liquidatoren, die nicht von dem Gerichte ernannt sind, durch Beschluß der Gesellschafter, und unter den Voraussetzungen des Absatzes 2 auch durch das Gericht jederzeit abberufen werden.

(4) [1]Die ersten Liquidatoren sowie ihre Vertretungsbefugnis „ “, jeder Wechsel der Liquidatoren und jede Änderung ihrer Vertretungsbefugnis sind durch die Liquidatoren zur Eintragung in das Firmenbuch anzumelden. [2]Der Anmeldung sind die Urkunden über die Bestellung oder Abberufung sowie über die Vertretungsbefugnis in Urschrift oder öffentlich beglaubigter Abschrift für das Gericht des Sitzes der Gesellschaft beizufügen. [3]Die Eintragung der gerichtlichen Ernennung oder Abberufung von Liquidatoren in das Firmenbuch erfolgt von Amts wegen. *(BGBl 1991/10; BGBl I 2006/103)*

(5) Das in § 24 für die Geschäftsführer ausgesprochene Verbot findet auf die Liquidatoren keine Anwendung.

§ 90. (1) Bei der Liquidation kommen die Vorschriften der §§ 149, 150 Abs. 1 und 153 UGB zur Anwendung. *(BGBl I 2005/120)*

(2) Die Liquidatoren haben, selbst wenn sie von dem Gerichte ernannt sind, bei der Geschäftsführung den von den Gesellschaftern gefaßten Beschlüssen Folge zu leisten.

(3) [1]Die Ausschreibung weiterer Einzahlungen auf nicht voll eingezahlte Stammeinlagen ist nach Auflösung der Gesellschaft nur insoweit zulässig, als es zur Befriedigung der Gläubiger erforderlich erscheint. [2]Die Einzahlungen sind stets nach

Verhältnis der bis zur Auflösung geleisteten Einzahlungen zu fordern.

(4) Die Verwertung des Gesellschaftsvermögens durch Veräußerung des Vermögens als Ganzes kann nur auf Grund eines mit einer Mehrheit von drei Vierteilen der abgegebenen Stimmen gefaßten Beschlusses der Gesellschafter erfolgen.

§ 91. (1) [1]„Die Liquidatoren haben für den Beginn der Liquidation eine Bilanz (Eröffnungsbilanz) und weiterhin für den Schluß jedes Geschäftsjahres einen Jahresabschluß und einen Lagebericht aufzustellen. [2]§ 211 Abs. 1 letzter Halbsatz und Abs. 2 bis 5 des Aktiengesetzes 1965 sind sinngemäß anzuwenden.“ [3]Die Liquidatoren haben ferner die Auflösung der Gesellschaft in den Bekanntmachungsblättern zu veröffentlichen und dabei die Gläubiger der Gesellschaft aufzufordern, sich bei ihnen zu melden. [4]Bekannte Gläubiger sind hiezu unmittelbar aufzufordern. *(BGBl 1980/320; BGBl 1990/475)*

(2) [1]Die bei Auflösung der Gesellschaft vorhandenen und die während der Liquidation eingehenden Gelder sind zur Befriedigung der Gläubiger zu verwenden. [2]Nicht erhobene Schuldbeträge sowie die Beträge für noch nicht fällige oder streitige Forderungen sind zurückzubehalten. [3]Gleiches gilt von schwebenden Verbindlichkeiten.

(3) [1]Das nach Berichtigung und Sicherstellung der Schulden verbleibende Vermögen dürfen die Liquidatoren nicht vor Ablauf von drei Monaten seit dem Tage der Veröffentlichung der durch Abs. 1 vorgeschriebenen Aufforderung an die Gläubiger unter die Gesellschafter verteilen. [2]Die Verteilung hat in Ermangelung besonderer Bestimmungen des Gesellschaftsvertrages nach dem Verhältnisse der eingezahlten Stammeinlagen zu erfolgen.

(4) Die von Gläubigern oder Gesellschaftern nicht behobenen Beträge sind vor Beendigung der Liquidation zu Gericht zu erlegen.

§ 92. (1) Insoweit die vorstehenden Paragraphen nicht abweichende Anordnungen enthalten, haben alle in diesem Gesetze hinsichtlich der Geschäftsführer getroffenen Bestimmungen sinngemäß auch in Bezug auf die Liquidatoren Anwendung zu finden.

(2) Auch hinsichtlich der Rechtsverhältnisse der Gesellschafter untereinander und gegenüber der Gesellschaft, sowie der Gesellschaft zu dritten Personen, dann der Rechte und Pflichten und der Verantwortlichkeit des Aufsichtsrates kommen die hierüber in diesem Gesetze getroffenen Anordnungen ungeachtet der Auflösung der Gesellschaft bis zur Beendigung der Liquidation zur Anwendung, soweit sich aus den Bestimmungen dieses Abschnittes und dem Zwecke der Liquidation nicht etwas anderes ergibt.

§ 93. (1) Nach Beendigung der Liquidation haben die Liquidatoren unter Nachweisung der durch Beschluß der Gesellschafter erwirkten Entlastung bei dem Handelsgerichte um die Löschung der Liquidationsfirma anzusuchen.

(2) *(aufgehoben, BGBl I 2000/142)*

(3) [1]„Die Bücher und Schriften der aufgelösten Gesellschaft sind einem der Gesellschafter oder einem Dritten auf die Dauer von sieben Jahren nach dem Schluß des Kalenderjahres, in dem die Liquidation beendet wurde, zur Aufbewahrung zu übergeben.“ [2]Die Person des Verwahrers wird in Ermanglung einer Bestimmung des Gesellschaftsvertrages oder eines Beschlusses der Gesellschafter durch das Handelsgericht bestimmt. *(BGBl 1990/475)*

(4) [1]„Die Gesellschafter und deren Rechtsnachfolger behalten das Recht auf Einsicht und Benützung der Bücher und Schriften.“ [2]Gläubiger der Gesellschaft können von dem Gerichte zur Einsicht ermächtigt werden. *(BGBl 1990/475)*

(5) Stellt sich nachträglich noch weiteres, der Verteilung unterliegendes Vermögen heraus, so hat das Handelsgericht der Hauptniederlassung auf Antrag eines Beteiligten die bisherigen Liquidatoren wieder zu berufen oder andere Liquidatoren zu ernennen.

§ 94. (1) Die Bestimmungen über die Liquidation gelangen auch dann zur Anwendung, wenn die Auflösung durch Verfügung der Verwaltungsbehörde oder Beschluß des Handelsgerichtes erfolgt.

(2) [1]Wurde jedoch in der Verfügung der Verwaltungsbehörde angeordnet, daß die Gesellschaftsorgane sofort ihre Tätigkeit einzustellen haben, so sind die Liquidatoren ausschließlich von dem Handelsgerichte zu ernennen. [2]Zugleich hat das Gericht, und zwar selbst dann, wenn die Bestellung eines Aufsichtsrates im Gesellschaftsvertrage nicht vorgesehen ist, einen Aufsichtsrat zu ernennen, dem die durch das Gesetz dem Aufsichtsrate und der Beschlußfassung der Gesellschafter zugewiesenen Aufgaben zufallen.

(3) Die Einstellung der Tätigkeit der gesellschaftlichen Organe mit der im zweiten Absatze bezeichneten Wirkung kann von der zur Auflösung zuständigen Verwaltungsbehörde auch gegenüber einer aus anderen Gründen aufgelösten Gesellschaft verfügt werden, wenn einer der in § 86 angeführten Fälle eintritt.

§ 95. (1) Die Liquidation unterbleibt, wenn der Bund, ein Land oder eine Gemeinde alle Geschäftsanteile einer Gesellschaft mit beschränkter Haftung zwecks Auflösung der Gesellschaft erworben hat oder das Vermögen einer aufgelösten Gesellschaft als Ganzes einschließlich der Schulden durch Vertrag übernimmt und erklärt, in sämtliche Verpflichtungen der Gesellschaft einzutreten, auf die Durchführung der Liquidation zu verzichten und im Fall der Übernahme durch Vertrag auch die Befriedigung der Gesellschafter zu bewirken. *(BGBl 1980/320)*

(2) Der Anmeldung der Auflösung ist eine mit allen gesetzmäßigen Erfordernissen ihrer Gültigkeit versehene Erklärung über die im Sinne des ersten Absatzes übernommenen Verpflichtungen, der Anmeldung der vertragsmäßigen Übernahme überdies der Vertrag und der ihn genehmigende Beschluß der Gesellschafter anzuschließen.

(3) [1]Zugleich mit der Eintragung ist die Firma zu löschen. [2]Der Übergang des Vermögens der Gesellschaft und der Schulden ist als im Zeitpunkte der Eintragung bewirkt anzusehen.

Dritter Abschnitt

Verschmelzung

Begriff der Verschmelzung

§ 96. (1) [1]Gesellschaften mit beschränkter Haftung können unter Ausschluß der Abwicklung verschmolzen werden. [2]Die Verschmelzung kann erfolgen

1. durch Übertragung des Vermögens einer Gesellschaft oder mehrerer Gesellschaften (übertragende Gesellschaften) im Wege der Gesamtrechtsnachfolge auf eine andere bestehende Gesellschaft (übernehmende Gesellschaft) gegen Gewährung von Geschäftsanteilen dieser Gesellschaft (Verschmelzung durch Aufnahme) oder

2. durch Übertragung der Vermögen zweier oder mehrerer Gesellschaften (übertragende Gesellschaften) jeweils im Wege der Gesamtrechtsnachfolge auf eine von ihnen dadurch gegründete neue Gesellschaft gegen Gewährung von Geschäftsanteilen dieser Gesellschaft (Verschmelzung durch Neugründung).

(2) Soweit im folgenden nichts Abweichendes bestimmt wird, sind die §§ 220 bis 233 AktG sinngemäß anzuwenden.

(BGBl 1996/304)

Vorbereitung der Verschmelzung

§ 97. (1) [1]Unbeschadet von § 100 sind die gemäß § 221a Abs. 2 AktG erforderlichen Unterlagen den Gesellschaftern zu übersenden. [2]Zwischen dem Tag der Aufgabe der Sendung zur Post und der Beschlußfassung muß mindestens ein Zeitraum von 14 Tagen liegen. [3]Die Einreichung der Unterlagen bei dem Gericht und die Veröffentlichung eines Hinweises darauf sowie die Auflegung zur Einsicht sind nicht erforderlich.

(2) [1]Die Geschäftsführer haben jedem Gesellschafter auf Verlangen ab dem Zeitpunkt der Einberufung jederzeit Auskunft auch über alle für die Verschmelzung wesentlichen Angelegenheiten der anderen Gesellschaft zu geben. [2]In der Einberufung ist auf dieses Recht ausdrücklich hinzuweisen.

(BGBl 1996/304)

Beschluß der Gesellschafter

§ 98. [1]Der Beschluß der Gesellschafter über die Verschmelzung bedarf einer Mehrheit von drei Vierteln der abgegebenen Stimmen. [2]Er kann im Gesellschaftsvertrag an weitere Erfordernisse geknüpft sein. [3]Der Beschluß bedarf der notariellen Beurkundung.

(BGBl 1996/304)

Besondere Zustimmungserfordernisse

§ 99. (1) Werden bei der übertragenden Gesellschaft durch die Verschmelzung die einzelnen Gesellschaftern durch den Gesellschaftsvertrag eingeräumten Rechte, insbesondere Rechte in der Geschäftsführung der Gesellschaft oder bei der Bestellung der Geschäftsführer oder des Aufsichtsrats beeinträchtigt, so bedarf der Verschmelzungsbeschluß der übertragenden Gesellschaft der Zustimmung dieses Gesellschafters, es sei denn, daß die übernehmende oder neu gegründete Gesellschaft gleichwertige Rechte gewährt.

(2) Sieht der Gesellschaftsvertrag einer beteiligten Gesellschaft ein Zustimmungsrecht bei der Übertragung von Geschäftsanteilen vor, so bedarf der Verschmelzungsbeschluß der Zustimmung dieses Gesellschafters; § 77 erster und zweiter Satz ist sinngemäß anwendbar.

(3) Sieht der Gesellschaftsvertrag einer beteiligten Gesellschaft für einzelne Beschlußgegenstände, die nach dem Gesetz nur einer Mehrheit von drei Viertel der abgegebenen Stimmen oder einer geringeren Mehrheit bedürfen, eine darüber hinausgehende Beschlußmehrheit vor, so bedarf auch der Verschmelzungsbeschluß dieser Gesellschaft derselben Mehrheit, es sei denn, daß im Gesellschaftsvertrag der übernehmenden oder der neu gegründeten Gesellschaft durch entsprechende Anhebung der Mehrheitserfordernisse für dieselben Beschlußgegenstände die Rechte der Minderheit gewahrt werden.

(4) Sind die Geschäftsanteile der übertragenden Gesellschaft frei übertragbar und macht der Gesellschaftsvertrag der übernehmenden oder neu gegründeten Gesellschaft die Übertragung von bestimmten Voraussetzungen, insbesondere von der Zustimmung der Gesellschaft, abhängig, so bedarf der Verschmelzungsbeschluß der Zustimmung aller Gesellschafter der übertragenden Gesellschaft.

(5) Sind bei einer beteiligten Gesellschaft die Einzahlungen auf die bar zu leistenden Stammeinlagen noch nicht vollständig geleistet, so bedarf der Verschmelzungsbeschluß der Zustimmung aller Gesellschafter der übrigen Gesellschaften.

(6) [1]Ist nach den vorhergehenden Vorschriften die Zustimmung eines Gesellschafters erforderlich, so kann diese auch außerhalb der Generalversammlung erteilt werden. [2]In diesem Fall muß sie gerichtlich oder notariell beglaubigt unterfertigt sein und der übernehmenden Gesellschaft spätestens innerhalb einer Frist von drei Monaten nach der Beschlußfassung zugehen; der Verschmelzungsvertrag ist in die Zustimmungserklärung aufzunehmen oder dieser als Anlage beizufügen.

(BGBl 1996/304)

Bericht der Geschäftsführer, Prüfung der Verschmelzung

§ 100. (1) Der Bericht der Geschäftsführer gemäß § 220a AktG und gegebenenfalls die Prüfung durch den Aufsichtsrat gemäß § 220c AktG sind nicht erforderlich, wenn alle Gesellschafter schriftlich oder in der Niederschrift zur Generalversammlung darauf verzichten. *(BGBl I 2011/53)*

(2) [1]Der Verschmelzungsvertrag oder sein Entwurf ist auf Verlangen eines ihrer Gesellschafter gemäß § 220b AktG zu prüfen. [2]Ist kein Aufsichtsrat bestellt, so bestellt das Gericht den Prüfer auf Antrag der Geschäftsführer. [3]Die Kosten trägt die Gesellschaft. [4]Wurde dem Verlangen eines Gesellschafters auf Prüfung der Verschmelzung nicht entsprochen, so hat er dies anläßlich der Beschlußfassung zur Niederschrift zu erklären. [5]Dies gilt auch als Widerspruch gegen den Verschmelzungsbeschluß.

(BGBl 1996/304)

Erhöhung des Stammkapitals

§ 101. Erhöht die übernehmende Gesellschaft zur Durchführung der Verschmelzung das Stammkapital, so entfällt die Übernahmserklärung; § 52 Abs. 2 bis 5 und § 53 Abs. 2 Z 1 sind nicht anwendbar.

(BGBl 1996/304)

V. Hauptstück

Behörden und Verfahren

§ 102. Über Angelegenheiten, die in diesem Gesetz dem Gericht zugewiesen sind, verhandelt und entscheidet, sofern es sich nicht um bürgerliche Rechtsstreitigkeiten handelt, die dem Prozeßgericht zugewiesen sind, der für den Sitz der Gesellschaft zuständige, zur Ausübung der Gerichtsbarkeit in Handelssachen berufene Gerichtshof erster Instanz im Verfahren außer Streitsachen.

(BGBl 1980/320)

§ 103. *(aufgehoben, BGBl 1980/320)*

§ 104. Der Bundesminister für Finanzen kann auch bei Gesellschaften mit beschränkter Haftung in den Fällen, in denen sonst kein Staatskommissär und Stellvertreter gemäß § 76 Abs. 1 bis 3 Bankwesengesetz[1)] zu bestellen ist, diese Aufsichtsorgane bestellen, wenn dies zur Ausübung des Aufsichtsrechtes des Bundesministers für Finanzen nach dem Bankwesengesetz erforderlich ist.

(BGBl 1980/320)

[1)] Früher § 26 Abs 1 KWG; vgl § 105 (2) BWG, BGBl 1980/320

§§ 105 und 106. *(aufgehoben, BGBl 1980/320)*

VI. Hauptstück

Ausländische Gesellschaften

Zweigniederlassungen von Gesellschaften mit beschränkter Haftung mit Sitz im Ausland

§ 107. (1) Liegt der Sitz einer Gesellschaft mit beschränkter Haftung im Ausland, so ist die Gesellschaft durch die Geschäftsführer zur Eintragung in das Firmenbuch anzumelden, wenn sie eine inländische Zweigniederlassung hat.

(2) [1]Gesellschaften, deren Personalstatut nicht das Recht eines Mitgliedstaats der Europäischen Union oder eines Vertragsstaats des Abkommens über die Schaffung eines Europäischen Wirtschaftsraumes, BGBl. Nr. 909/1993, ist, haben für den gesamten Geschäftsbetrieb der Zweigniederlassung mindestens eine Person zu bestellen, die zur ständigen gerichtlichen und außergerichtlichen Vertretung der Gesellschaft befugt ist und ihren gewöhnlichen Aufenthalt im Inland hat; eine Beschränkung des Umfangs ihrer Vertretungsmacht ist Dritten gegenüber unwirksam. [2]Die Vertretungsbefugnis kann jedoch an mehrere Personen gemeinschaftlich erteilt werden (Gesamtvertretung). [3]Gesellschaften, deren Personalstatut das Recht eines Mitgliedstaats der Europäischen Union oder des Europäischen Wirtschaftsraums ist, können einen solchen ständigen Vertreter bestellen.

(3) Die Geschäftsführer der Gesellschaft haben ihre Namensunterschrift zur Aufbewahrung beim Gericht zu zeichnen; wird ein ständiger Vertreter gemäß Abs. 2 bestellt, so hat auch dieser seine Namensunterschrift zur Aufbewahrung beim Gericht zu zeichnen.

(4) [1]Für die Anmeldung gilt „§ 12 Abs. 2 UGB“. [2]Der Anmeldung sind „ “ der Gesellschaftsvertrag in der geltenden Fassung in öffentlich beglaubigter Abschrift und, sofern der Gesellschaftsvertrag nicht in deutscher Sprache erstellt ist, eine beglaubigte Übersetzung in deutscher Sprache beizufügen. *(BGBl I 2005/120)*

(5) [1]In das Firmenbuch einzutragen sind neben den in „§ 12 Abs. 3 UGB“ geforderten auch die Angaben gemäß § 11 und gemäß § 3 und § 5 FBG mit Ausnahme der Angaben über die Gesellschafter, die von ihnen übernommenen Stammeinlagen und die hierauf geleisteten Einzahlungen sowie der Angaben über die Aufsichtsratsmitglieder. [2]Ist gemäß Abs. 2 ein ständiger Vertreter bestellt, so sind der Name, das Geburtsdatum und die für Zustellungen maßgebliche inländische Geschäftsanschrift dieses Vertreters sowie der Beginn und die Art (Einzel- oder Gesamtvertretung) seiner Vertretungsbefugnis einzutragen. *(BGBl I 2005/120)*

(6) [1]Die Eröffnung oder die Abweisung eines Insolvenz- oder ähnlichen Verfahrens über das Vermögen der Gesellschaft sowie Änderungen des Gesellschaftsvertrags sind zur Eintragung in das Firmenbuch anzumelden. [2]Für die Anmeldung der Änderung des Gesellschaftsvertrags gilt § 51 Abs. 1 und 2 sinngemäß, soweit nicht das ausländische Recht Abweichungen notwendig macht.

(7) [1]Für Anmeldungen zur Eintragung in das Firmenbuch, ausgenommen die Anmeldung gemäß Abs. 1, ist neben den Geschäftsführern auch der Vertreter gemäß Abs. 2 befugt. [2]Im übrigen gilt „§ 12 Abs. 4 UGB“. *(BGBl I 2005/120)*

(BGBl 1996/304)

§§ 108 bis 111. *(aufgehoben, BGBl 1996/304)*

§ 112. Die für das Inland bestellte Vertretung hat über die inländischen Geschäfte gesondert Bücher zu führen.

(BGBl 1990/475)

Auflösung der Niederlassung

§ 113. (1) Die Auflösung der inländischen Zweigniederlassung einer ausländischen Gesellschaft kann in sinngemäßer Anwendung des § 86 erfolgen.

(2) Die Abwicklung der Geschäfte der inländischen Zweigniederlassung hat unter sinngemäßer Anwendung der Bestimmungen über die Abwicklung von Gesellschaften mit beschränkter Haftung zu erfolgen.

(BGBl 1996/304)

§ 114. Der § 102 ist auf ausländische Gesellschaften sinngemäß anzuwenden. „ “ *(BGBl 1996/304)*

(BGBl 1980/320)

VII. Hauptstück

Konzerne

§ 115. (1) Sind rechtlich selbständige Unternehmen zu wirtschaftlichen Zwecken unter einheitlicher Leitung zusammengefaßt, so bilden sie einen Konzern; die einzelnen Unternehmen sind Konzernunternehmen.

(2) Steht ein rechtlich selbständiges Unternehmen auf Grund von Beteiligungen oder sonst unmittelbar oder mittelbar unter dem beherrschenden Einfluß eines anderen Unternehmens, so gelten das herrschende und das abhängige Unternehmen zusammen als Konzern und einzeln als Konzernunternehmen.

(BGBl 1980/320)

§§ 116 bis 120. *(aufgehoben, BGBl 1980/320)*

VIII. Hauptstück

Strafbestimmungen, Schlußbestimmung

§ 121. *(aufgehoben, BGBl 1990/475)*

§ 122. *(aufgehoben, BGBl I 2015/112)*

§§ 123 und 124. *(aufgehoben, BGBl 1990/475)*

§ 125. [1]Die Geschäftsführer oder die Liquidatoren, im Falle einer inländischen Zweigniederlassung die für diese im Inland vertretungsbefugten Personen, sind, unbeschadet der allgemeinen „unternehmensrechtlichen“*** Vorschriften, zur Befolgung der §§ 30d, 30j Abs. 2 und 3, 91 Abs. 1 erster Satz und 93 Abs. 3 dieses Bundesgesetzes „ “***** vom Gericht durch Zwangsstrafen bis zu „3 600 Euro“** anzuhalten. [2]„ „§ 24 Abs. 2 bis 5 FBG“**** ist anzuwenden.“*** *(*BGBl I 2001/98; **BGBl I 2005/120; ***BGBl I 2006/103; ****BGBl I 2010/111; *****BGBl I 2015/22)*

(BGBl 1991/10)

§ 125 GmbHG wurde durch BGBl I 2005/120 zum 1. 1. 2007 geändert. Durch das PuG, BGBl I 2006/103, wurde der letzte Satz abermals novelliert, diesmal zum 1. 7. 2006. Offensichtlich wollte der Gesetzgeber die 2005 beschlossene - aber noch nicht geltende - Fassung abermals ändern, weshalb die Fassung gem. BGBl I 2006/103 als materiell letztgültige angenommen werden darf.

GmbHG + VOs

§ 126. *(aufgehoben, BGBl 1974/422)*

§ 127. (1) Mit dem Vollzuge dieses Gesetzes, das drei Monate nach seiner Kundmachung in Wirksamkeit tritt, und mit der Erlassung der zu dessen Durchführung erforderlichen Vorschriften sind Mein Justizminister und Meine Minister des Inneren, der Finanzen, des Handels, der Eisenbahnen und des Ackerbaues beauftragt.

(2) § 44 Abs. 1 in der Fassung des Bundesgesetzes BGBl. I Nr. 142/2000 und der durch dieses Bundesgesetz angeordnete Entfall des § 93 Abs. 2 treten mit 1. Jänner 2002 in Kraft. *(BGBl I 2000/142)*

(3) § 122 in der Fassung des Bundesgesetzes BGBl. I Nr. 97/2001 tritt mit 1. Jänner 2002 in Kraft. *(BGBl I 2001/97)*

(4) [1]§ 30a, § 30b Abs. 1a, § 30e Abs. 1, § 30g Abs. 3, 4, 4a und 5, § 30h Abs. 1, § 30j Abs. 5 Z 10 und § 30k Abs. 1 in der Fassung des Bundesgesetzes BGBl. I Nr. 59/2005 treten mit 1. Jänner 2006 in Kraft. [2]§ 30a ist nur auf nach diesem Zeitpunkt gewählte oder entsandte Aufsichtsräte anzuwenden. [3]§ 30k Abs. 1 gilt für den Konzernabschluss und den Konzernlagebericht von Geschäftsjahren, die nach dem 31. Dezember 2005 beginnen. *(BGBl I 2005/59)*

(5) [1]§ 5, § 6a Abs. 4, § 16 Abs. 2, § 18 Abs. 3, § 23, § 30a Abs. 2 und 3, § 30e Abs. 1, § 30j Abs. 5 Z 1 und 10, § 90 Abs. 1, § 107 Abs. 4, 5 und 7, § 122 Abs. 1 Z 4 und § 125 in der Fassung des Handelsrechts-Änderungsgesetzes, BGBl. I Nr. 120/2005, treten mit 1. Jänner 2007 in Kraft. [2]§ 61 Abs. 3 tritt mit Ablauf des 31. Dezember 2006 außer Kraft. *(BGBl I 2005/120)*

(6) §§ 9, 10, 30f, 53, 56, 89, 122 und 125 in der Fassung des Bundesgesetzes, BGBl. I Nr. 103/2006, treten mit 1. Juli 2006 in Kraft. *(BGBl I 2006/103)*

(7) §§ 29 und 81 in der Fassung des Bundesgesetzes BGBl. I Nr. 72/2007 treten mit 15. Dezember 2007 in Kraft. *(BGBl I 2007/72)*

(8) [1]Die §§ 6a, 30g und 30j in der Fassung des Bundesgesetzes BGBl. I Nr. 70/2008 treten mit 1. Juni 2008 in Kraft. [2]§ 6a Abs. 4 ist anzuwenden, wenn die Bestellung zum Prüfer nach dem 31. Mai 2008 erfolgt. [3]§ 30g Abs. 4a ist auf Geschäftsjahre anzuwenden, die nach dem 31. Dezember 2008 beginnen; bis dorthin ist § 30g Abs. 4a in der bisher geltenden Fassung anzuwenden. [4]§ 30j Abs. 5 Z 11 ist auf Verträge anzuwenden, die nach dem 31. Mai 2008 geschlossen werden. *(BGBl I 2008/70)*

(9) Die §§ 25 Abs. 3 Z 2 und 84 Abs. 1 Z 4 in der Fassung des Bundesgesetzes BGBl. I Nr. 58/2010 treten mit 1. August 2010 in Kraft. *(BGBl I 2010/58)*

(10) § 125 in der Fassung des Budgetbegleitgesetzes 2011, BGBl. I Nr. 111/2010, ist auf Verstöße gegen die in § 125 genannten Pflichten anzuwenden, die nach dem 1. Jänner 2011 gesetzt werden. *(BGBl I 2010/111)*

(11) § 100 Abs. 1 in der Fassung des Gesellschaftsrechts-Änderungsgesetzes 2011, BGBl. I Nr. 53/2011, tritt mit 1. August 2011 in Kraft. Auf Verschmelzungen, bei denen vor diesem Zeitpunkt die Übersendung der Unterlagen (§ 97 Abs. 1) erfolgte oder ein Verzicht darauf wirksam wurde, sind die bis dahin geltenden Bestimmungen weiter anzuwenden. *(BGBl I 2011/53)*

(12) § 4 Abs. 3, § 6 Abs. 1, § 10 Abs. 1, § 12, § 36, § 51 Abs. 2, § 52 Abs. 4 und § 54 Abs. 3 in der Fassung des Gesellschaftsrechts-Änderungsgesetzes 2013, BGBl. I Nr. 109/2013, treten mit 1. Juli 2013 in Kraft. *(BGBl I 2013/109)*

(13) § 6 Abs. 1, § 10 Abs. 1, § 10b, § 11 und § 54 Abs. 3 in der Fassung des Bundesgesetzes BGBl. I Nr. 13/2014 treten mit 1. März 2014 in Kraft. *(BGBl I 2014/13)*

(14) Auf Gesellschaften, die vor dem 1. März 2014 zur Eintragung in das Firmenbuch angemeldet wurden (§ 9 Abs. 1), sind § 6 Abs. 1 und § 10 Abs. 1 in der Fassung des GesRÄG 2013, BGBl. I Nr. 109/2013, weiter anzuwenden. *(BGBl I 2014/13)*

(15) Auf Gesellschaften, die vor dem 1. März 2014 eine beabsichtigte Herabsetzung des Stammkapitals zum Firmenbuch angemeldet haben (§ 55 Abs. 1), ist § 54 Abs. 3 in der Fassung des GesRÄG 2013, BGBl. I Nr. 109/2013, weiter anzuwenden. *(BGBl I 2014/13)*

(16) Gesellschaften, deren Stammkapital 35 000 Euro nicht erreicht, haben bis längstens 1. März 2024 eine Kapitalerhöhung auf diesen oder einen höheren Betrag durchzuführen. *(BGBl I 2014/13)*

(17) Bei Gesellschaften, deren Stammkapital 35 000 Euro nicht erreicht, ist eine Kapitalerhöhung auf diesen oder einen höheren Betrag von der Eintragungsgebühr gemäß TP 10 Z I lit. b Z 4 GGG befreit. *(BGBl I 2014/13)*

(18) [1]§ 30a Abs. 2 und 3, § 30e Abs. 1, § 30j Abs. 5 und § 125 in der Fassung des Bundesgesetzes BGBl. I Nr. 22/2015 treten mit 20. Juli 2015 in Kraft und sind erstmalig auf Geschäftsjahre anzuwenden, die nach dem 31. Dezember 2015 beginnen. Auf Geschäftsjahre, die vor dem 1. Jänner 2016 begonnen haben, sind die Bestimmungen in der Fassung vor dem Bundesgesetzes BGBl. I Nr. 22/2015 weiterhin anzuwenden. § 125 in der Fassung des Bundesgesetzes BGBl. I Nr. 22/2015 ist auf Verstöße gegen die in § 125 genannten Pflichten anzuwenden, die nach dem 19. Juli 2015 gesetzt werden oder fortdauern.“ *(BGBl I 2015/22)*

(19) § 25 in der Fassung des Bundesgesetzes BGB. I Nr. 112/2015 tritt mit 1. Jänner 2016 in

Kraft; § 122 tritt mit Ablauf des 31. Dezember 2015 außer Kraft. *(BGBl I 2015/112)*

(20) § 29 Abs. 1 und § 30g Abs. 4a in der Fassung des Bundesgesetzes BGBl. I Nr. 43/2016 treten mit 17. Juni 2016 in Kraft; der zusätzliche Bericht (Z 2 erster Satz) ist erstmals über die Prüfung von Geschäftsjahren zu erstellen, die nach dem 16. Juni 2016 beginnen. *(BGBl I 2016/43)*

(21) § 30k in der Fassung des Bundesgesetzes BGBl. I Nr. 20/2017 tritt mit 6. Dezember 2016 in Kraft und ist erstmalig auf Unterlagen für Geschäftsjahre anzuwenden, die nach dem 31. Dezember 2016 beginnen. *(BGBl I 2017/20)*

(22) § 9a sowie § 10 Abs. 2 und 3 in der Fassung des Deregulierungsgesetzes 2017, BGBl. I Nr. 40/2017, treten mit 1. Jänner 2018 in Kraft und sind auf Gesellschaften anzuwenden, die nach dem 31. Dezember 2017 zur Eintragung in das Firmenbuch angemeldet werden. Die Verordnungen nach § 9a Abs. 4, 5 und 7 dürfen bereits vor dem 1. Jänner 2018 erlassen, jedoch frühestens mit diesem Tag in Kraft gesetzt werden. *(BGBl I 2017/40)*

(23) § 9a tritt mit Ablauf des 31. Dezember 2020 außer Kraft. *(BGBl I 2017/40)*

(24) § 30 dritter Satz in der Fassung des Bundesgesetzes BGBl. I Nr. 104/2017 tritt mit 1. Jänner 2018 in Kraft und ist auf Wahlen und Entsendungen in den Aufsichtsrat anzuwenden, die nach dem 31. Dezember 2017 erfolgen. Bestehende Aufsichtsratsmandate bleiben davon unberührt; das Mindestanteilsgebot ist bei einem Nachrücken von vor dem 1. Jänner 2018 gewählten oder entsandten Ersatzmitgliedern zu beachten. *(BGBl I 2017/104)*

(25) § 4 Abs. 3 in der Fassung des Elektronische Notariatsform-Gründungsgesetzes, BGBl. I Nr. 71/2018, tritt mit 1. Jänner 2019 in Kraft. *(BGBl I 2018/71)*

8/1. Vereinfachte GmbH-Gründungsverordnung – VGGV

BGBl II 2017/363

Verordnung des Bundesministers für Justiz zur näheren Regelung der Vorgangsweise bei der vereinfachten GmbH-Gründung nach § 9a GmbHG (Vereinfachte GmbH-Gründungsverordnung – VGGV)

Aufgrund des § 9a Abs. 4, 5 und 7 GmbH-Gesetz – GmbHG, RGBl. Nr. 58/1906, in der Fassung des Deregulierungsgesetzes 2017, BGBl. I Nr. 40/2017, wird verordnet:

Elektronisches Medium für die Errichtungserklärung und die Anmeldung zum Firmenbuch

§ 1. (1) Das für die Erstellung der Erklärung über die Errichtung der Gesellschaft (§ 9a Abs. 4 GmbHG) sowie der Anmeldung der Gesellschaft zum Firmenbuch (§ 9a Abs. 5 GmbHG) zu verwendende elektronische Medium ist das Unternehmensserviceportal (USP) gemäß § 1 Abs. 1 Unternehmensserviceportalgesetz – USPG, BGBl. I Nr. 52/2009, in der Fassung BGBl. I Nr. 40/2017. Die Identifizierung und die Authentifizierung des einzigen Gesellschafters und Geschäftsführers erfolgen über die Funktion „Bürgerkarte“ gemäß § 4 E-Government-Gesetz – E-GovG, BGBl. I Nr. 10/2004, in der Fassung BGBl. I Nr. 50/2016.

(2) Im USP wird ein Formular zur Verfügung gestellt, in dem die für eine vereinfachte GmbH-Gründung nach § 9a GmbHG erforderlichen Daten einschließlich der internationalen Bankkontonummer (IBAN) des Kontos gemäß § 9a Abs. 6 GmbHG eingegeben werden können. Name und Geburtsdatum des einzigen Gesellschafters und Geschäftsführers werden aus der Funktion „Bürgerkarte“ übernommen.

(3) Anhand der gemäß Abs. 2 eingegebenen und übernommenen Daten werden automationsunterstützt die Errichtungserklärung und die Anmeldung zum Firmenbuch erstellt. Vor der Signatur und Absendung dieser Unterlagen hat der Antragsteller die Möglichkeit zur Durchsicht und Korrektur.

(4) Die Übermittlung der Errichtungserklärung, der Anmeldung zum Firmenbuch und gegebenenfalls der elektronischen Erklärung über die Neugründung (§ 4 Abs. 4 Neugründungs-Förderungsgesetz – NeuFöG, BGBl. I Nr. 106/1999, in der Fassung BGBl. I Nr. 40/2017) an die Justiz erfolgt im elektronischen Rechtsverkehr der Justiz (ERV) gemäß § 89a Gerichtsorganisationsgesetz – GOG, RGBl. Nr. 217/1896, in der Fassung BGBl. I Nr. 52/2017.

Elektronisches Medium für die Übermittlung von Unterlagen durch Kreditinstitute

§ 2. (1) Das von den Kreditinstituten für die Übermittlung der Bankbestätigung, der Ausweiskopie und der Musterzeichnung zu verwendende elektronische Medium (§ 9a Abs. 7 GmbHG) ist der ERV.

(2) Die in Abs. 1 genannten Unterlagen sind vom Kreditinstitut gemäß § 10 Abs. 2 GmbHG als drei getrennte PDF-Anhänge (§ 5 Abs. 1 der Verordnung der Bundesministerin für Justiz über den elektronischen Rechtsverkehr – ERV 2006, BGBl. II Nr. 481/2005, in der Fassung BGBl. II Nr. 503/2012) zu übermitteln. Dabei ist die IBAN des Kontos gemäß § 9a Abs. 6 GmbHG in strukturierter Form als Ordnungsbegriff anzuführen.

(3) Von der erfolgten Eintragung der GmbH im Firmenbuch ist das Kreditinstitut unter Anführung der IBAN automationsunterstützt im ERV-Rückverkehr zu verständigen.

Gerichtsgebühren

§ 3. (1) Bei der Anmeldung zum Firmenbuch ist ein vom Konto gemäß § 9a Abs. 6 GmbHG verschiedenes Konto anzugeben, von dem die zu entrichtende Eingabengebühr eingezogen wird (§ 4 Abs. 4 Gerichtsgebührengesetz – GGG, BGBl. Nr. 501/1984, in der Fassung BGBl. I Nr. 130/2017). Mit Einverständnis des Antragstellers (§ 4 Abs. 3 GGG) können von diesem Konto auch die Eintragungsgebühren eingezogen werden.

(2) Wird eine Befreiung von den Gerichtsgebühren gemäß § 1 Z 3 NeuFöG in Anspruch genommen, so ist dies bei der Anmeldung zu erklären. Wird die Erklärung über die Neugründung elektronisch vorgenommen (§ 4 Abs. 4 NeuFöG), so ist sie der Anmeldung im USP anzuschließen; andernfalls ist der amtliche Vordruck (§ 4 Abs. 1 NeuFöG) binnen 14 Tagen nachzureichen (Anmerkung 15b zu TP 10 GGG).

Verbesserungsverfahren

§ 4. (1) Hat das Gericht einen Auftrag zur Verbesserung eines Mangels (§ 17 Firmenbuchgesetz – FBG, BGBl. Nr. 10/1991, in der Fassung BGBl. I Nr. 60/2017) erteilt und betrifft der Mangel die Errichtungserklärung, die Anmeldung zum Firmenbuch oder die elektronische Neugründungserklärung, so hat die Verbesserung dadurch zu erfolgen, dass der Antragsteller die verbesserte(n) Unterlage(n) beim zuständigen Gericht unter Anführung der Fr-Zahl neuerlich über das USP einbringt.

(2) Betrifft der Mangel die Bankbestätigung, die Ausweiskopie oder die Musterzeichnung, so hat der Antragsteller darauf hinzuwirken, dass das Kreditinstitut die verbesserte(n) Unterlage(n) dem zuständigen Gericht fristgerecht und unter Anführung der Fr-Zahl neuerlich im ERV übermittelt.

(3) Wenn das Gericht dies im Verbesserungsauftrag ausdrücklich anordnet, kann die Verbesserung auch auf andere Weise erfolgen.

Inkrafttreten

§ 5. Diese Verordnung tritt mit 1. Jänner 2018 in Kraft.

9. Aktiengesetz

BGBl 1965/98 idF

1 BGBl 1966/70
2 BGBl 1974/422
3 BGBl 1976/91
4 BGBl 1979/139
5 BGBl 1980/545
6 BGBl 1982/371
7 BGBl 1989/654
8 BGBl 1990/475
9 BGBl 1990/608 (VfGH)
10 BGBl 1991/10
11 BGBl 1991/68
12 BGBl 1991/625
13 BGBl 1993/458
14 BGBl 1994/153
15 BGBl 1996/304
16 BGBl I 1997/106
17 BGBl I 1997/114
18 BGBl I 1998/11
19 BGBl I 1998/125
20 BGBl I 1999/187
21 BGBl I 2001/42
22 BGBl I 2001/97
23 BGBl I 2001/98
24 BGBl I 2002/118
25 BGBl I 2003/112
26 BGBl I 2004/67
27 BGBl I 2004/161 (ReLÄG 2004)
28 BGBl I 2005/59 (GesRÄG 2005)
29 BGBl I 2005/120 (HaRÄG)
30 BGBl I 2006/103 (PuG)
31 BGBl I 2007/72 (GesRÄG 2007)
32 BGBl I 2008/70 (URÄG 2008)
33 BGBl I 2009/71 (AktRÄG 2009)
34 BGBl I 2010/29 (IRÄG 2010; Begriffsersetzungen)
35 BGBl I 2010/58 (IRÄ-BG)
36 BGBl I 2010/111 (BudgetbegleitG 2011)
37 BGBl I 2011/53 (GesRÄG 2011)
38 BGBl I 2011/98 (VfGH)
39 BGBl I 2012/35 (2. StabG 2012)
40 BGBl I 2014/40 (BudgetbegleitG 2014)
41 BGBl I 2015/22 (RÄG 2014)
42 BGBl I 2015/69
43 BGBl I 2015/112
44 BGBl I 2016/43 (APRÄG 2016)
45 BGBl I 2017/20 (NaDiVeG)
46 BGBl I 2017/104 (GFMA-G)
47 BGBl I 2017/105 (MitarbeiterBetStG 2017)
48 BGBl I 2017/107
49 BGBl I 2018/76
50 BGBl I 2019/63 (AktRÄG 2019)

GLIEDERUNG

STICHWORTVERZEICHNIS

(Das Stichwortverzeichnis bezieht sich nur auf Paragraphen des AktG)

Inhalt

A

Stichwortverzeichnis

H

„Bundesgesetz über Aktiengesellschaften (Aktiengesetz – AktG)“

(BGBl I 2009/71)

Erster Teil

Allgemeine Vorschriften

Begriff der Aktiengesellschaft

§ 1. Die Aktiengesellschaft ist eine Gesellschaft mit eigener Rechtspersönlichkeit, deren Gesellschafter mit Einlagen auf das in Aktien zerlegte Grundkapital beteiligt sind, ohne persönlich für die Verbindlichkeiten der Gesellschaft zu haften.

Gründer

§ 2. (1) Die Aktionäre, die den Gesellschaftsvertrag (die Satzung) festgestellt haben, sind die Gründer der Gesellschaft. „ “ *(BGBl I 2009/71)*

(2) An der Feststellung der Satzung müssen sich eine oder mehrere Personen beteiligen, die Aktien übernehmen. *(BGBl I 2004/67)*

Börsenotierung

§ 3. [1]Eine Aktiengesellschaft ist börsenotiert, wenn Aktien der Gesellschaft zum Handel an einer anerkannten Börse „gemäß Art. 4 Abs. 1 Nummer 72 der Verordnung (EU) Nr. 575/2013 über Aufsichtsanforderungen an Kreditinstitute und Wertpapierfirmen und zur Änderung der Verordnung (EU) Nr. 646/2012, ABl. Nr. L 176 vom 27.06.2013 S. 1, zuletzt geändert durch die Delegierte Verordnung (EU) 2015/62, ABl. Nr. L 11 vom 17.01.2015 S. 37, oder einem gleichwertigen Markt mit Sitz in einem Drittland“* zugelassen sind. [2]„Die Satzung kann vorsehen, dass eine solche Börsenotierung besteht oder beabsichtigt ist.“** *(*BGBl I 2015/69; **BGBl I 2017/107)*

(BGBl I 2009/71)

Firma

§ 4. Die Firma der Aktiengesellschaft muss, auch wenn sie nach § 22 UGB oder nach anderen gesetzlichen Vorschriften fortgeführt wird, die Bezeichnung „Aktiengesellschaft“ enthalten; die Bezeichnung kann abgekürzt werden.

(BGBl I 2005/120)

Sitz

§ 5. [1]Als Sitz der Aktiengesellschaft ist der Ort, wo die Gesellschaft einen Betrieb hat, oder der Ort zu bestimmen, wo sich die Geschäftsleitung befindet oder die Verwaltung geführt wird. [2]Von dieser Vorschrift darf aus wichtigem Grund abgewichen werden.

Grundkapital

§ 6. [1]Das Grundkapital wird in Aktien zerlegt. [2]Es hat auf einen in Euro bestimmten Nennbetrag zu lauten.

(BGBl I 1998/125)

Mindestnennbetrag des Grundkapitals

§ 7. Der Mindestnennbetrag des Grundkapitals ist 70 000 Euro.

(BGBl I 1998/125)

Art und Mindestbeträge der Aktien

§ 8. (1) [1]Aktien können entweder als Nennbetragsaktien oder als Stückaktien begründet werden. [2]Beide Aktienarten dürfen in der Gesellschaft nicht nebeneinander bestehen.

(2) [1]Nennbetragsaktien müssen auf mindestens einen Euro oder auf ein Vielfaches davon lauten. [2]Der Anteil am Grundkapital bestimmt sich nach dem Verhältnis des Nennbetrags zum Grundkapital.

(3) [1]Stückaktien haben keinen Nennbetrag. [2]Jede Stückaktie ist am Grundkapital in gleichem Umfang beteiligt. [3]Der Anteil bestimmt sich nach der Zahl der ausgegebenen Aktien. [4]Der auf eine einzelne Aktie entfallende anteilige Betrag des Grundkapitals muß mindestens einen Euro betragen.

(4) [1]Nennbetragsaktien über einen anderen Nennbetrag (Abs. 2) und Stückaktien über einen geringeren anteiligen Betrag (Abs. 3) sind nichtig. [2]Für den Schaden aus der Ausgabe sind die Ausgeber den Besitzern als Gesamtschuldner verantwortlich.

(5) Die Aktien sind unteilbar.

(6) *(aufgehoben, BGBl I 2011/53)*

(BGBl I 1998/125)

Ausgabebetrag der Aktien

„**§ 8a.**“ (1) Für einen geringeren Betrag als den Nennbetrag oder den auf die einzelne Stückaktie entfallenden anteiligen Betrag des Grundkapitals dürfen Aktien nicht ausgegeben werden. *(BGBl I 1998/125)*

(2) Für einen höheren Betrag ist die Ausgabe zulässig.

(BGBl I 2011/53)

Namensaktien

§ 9. (1) Aktien müssen außer in den Fällen des § 10 Abs. 1 auf Namen lauten.

(2) Wenn Namensaktien vor der vollen Leistung des Ausgabebetrags ausgegeben werden, ist der Betrag der Teilleistungen in der Aktie anzugeben.

(3) [1]In der Satzung kann der Anspruch des Aktionärs auf Verbriefung seines Anteils ausgeschlossen oder eingeschränkt werden. [2]Eine diesbezügliche Satzungsänderung bedarf außer den Mehrheitserfordernissen gemäß § 146 auch der Zustimmung jedes Aktionärs, dem nicht zumindest ein Anspruch auf Verbriefung seines Anteils in einer Sammelurkunde verbleibt, es sei denn, die betreffenden Aktien sind börsenotiert im Sinn des § 3.

(BGBl I 2011/53)

Inhaberaktien

§ 10. (1) Aktien können auf Inhaber lauten, wenn

1. die Gesellschaft börsenotiert im Sinn des § 3 ist,

2. Aktien der Gesellschaft mit deren Wissen über ein multilaterales Handelssystem (MTF) im Sinn des § 1 Z 24 WAG 2018 gehandelt werden, oder

3. die Satzung der Gesellschaft vorsieht, dass eine Börsenotierung (Z 1) oder ein Handel über ein multilaterales Handelssystem (Z 2) beabsichtigt ist.

(2) Inhaberaktien dürfen erst nach der vollen Leistung des Ausgabebetrags ausgegeben werden. Sie sind in einer, gegebenenfalls in mehreren Sammelurkunden zu verbriefen und bei einer Wertpapiersammelbank nach § 1 Abs. 3 Depotgesetz zu hinterlegen.

(3) Vor der Zulassung zum Börsehandel beziehungsweise vor der Einbeziehung in ein multilaterales Handelssystem sowie nach Ablauf eines Jahres nach deren Beendigung sind auf Inhaberaktien die Vorschriften über Namensaktien sinngemäß anzuwenden.

(4) Die Satzung kann bestimmen, dass auf Verlangen eines Aktionärs seine Inhaberaktien in Namensaktien und in den Fällen des Abs. 1 seine Namensaktien in Inhaberaktien umzuwandeln sind.

(BGBl I 2018/76)

Nachweis der Aktionärseigenschaft bei Inhaberaktien

§ 10a. (1) [1]„Bei Inhaberaktien ist der Anteilsbesitz durch eine Bestätigung des depotführenden Kreditinstituts mit Sitz in einem Mitgliedstaat des Europäischen Wirtschaftsraums oder in einem Vollmitgliedstaat der OECD nachzuweisen (Depotbestätigung).“ [2]In der Satzung oder in der Einberufung können weitere geeignete Personen oder Stellen festgelegt werden, deren Depotbestätigungen von der Gesellschaft entgegengenommen werden. *(BGBl I 2011/53)*

(2) [1]Die Depotbestätigung hat folgende Angaben zu enthalten:

1. den Aussteller durch Angabe von Name (Firma) und Anschrift oder eines im Verkehr zwischen Kreditinstituten gebräuchlichen Codes;

2. den Aktionär durch Angabe von Name (Firma) und Anschrift, bei natürlichen Personen zusätzlich das Geburtsdatum, bei juristischen Personen gegebenenfalls das Register und die Nummer, unter der die juristische Person in ihrem Herkunftsstaat geführt wird;

3. die Nummer des Depots, andernfalls eine sonstige Bezeichnung;

4. die Anzahl und gegebenenfalls den Nennbetrag der Aktien des Aktionärs sowie bei mehreren Aktiengattungen die Bezeichnung der Gattung oder die international gebräuchliche Wertpapierkennnummer;

5. den Zeitpunkt oder den Zeitraum, auf den sich die Depotbestätigung bezieht.

[2]Soll durch die Depotbestätigung der Nachweis der gegenwärtigen Eigenschaft als Aktionär geführt werden, so darf sie zum Zeitpunkt der Vorlage bei der Gesellschaft nicht älter als sieben Tage sein. [3]Die Satzung kann diesen Zeitraum verkürzen, wenn sie vorsieht, dass die Gesellschaft oder eine von ihr benannte Stelle Depotbestätigungen über ein international verbreitetes, besonders gesichertes Kommunikationsnetz der Kreditinstitute entgegennimmt, dessen Teilnehmer eindeutig identifiziert werden können.

(3) [1]Die Depotbestätigung bedarf der Schriftform, sofern die Satzung nicht die Textform genügen lässt. [2]Eine börsenotierte Gesellschaft muss Depotbestätigungen jedenfalls über ein international verbreitetes, besonders gesichertes Kommunikationsnetz der Kreditinstitute entgegennehmen, dessen Teilnehmer eindeutig identifiziert werden können.

(4) [1]Die Gesellschaft muss Depotbestätigungen in deutscher Sprache und, wenn sie börsenotiert ist, auch in englischer Sprache entgegennehmen. [2]In der Satzung oder in der Einberufung können weitere Sprachen vorgesehen werden.

(BGBl I 2009/71)

Aktien besonderer Gattung

§ 11. Einzelne Gattungen von Aktien können verschiedene Rechte haben, namentlich bei der Verteilung des Gewinns und des Gesellschaftsvermögens.

Stimmrecht

§ 12. (1) [1]Jede Aktie gewährt das Stimmrecht. [2]Das Stimmrecht wird nach dem Verhältnis der Aktiennennbeträge, bei Stückaktien nach deren Zahl ausgeübt. [3]Ein Aktionär kann für verschiedene Aktien unterschiedlich abstimmen.

(2) Für den Fall, dass ein Aktionär mehrere Aktien besitzt, kann die Satzung das Stimmrecht

durch Festsetzung eines Höchstbetrags oder von Abstufungen beschränken.

(3) Mehrstimmrechtsaktien sind unzulässig.

(BGBl I 2009/71)

Vorzugsaktien ohne Stimmrecht

§ 12a. (1) [1]Für Aktien, die mit einem nachzuzahlenden Vorzug bei der Verteilung des Gewinns ausgestattet sind, kann das Stimmrecht ausgeschlossen werden (Vorzugsaktien ohne Stimmrecht). [2]Mit Ausnahme des Stimmrechts gewähren solche Vorzugsaktien die jedem Aktionär aus der Aktie zustehenden Rechte.

(2) [1]Vorzugsaktien ohne Stimmrecht dürfen nur bis zu einem Drittel des Grundkapitals ausgegeben werden. [2]Wird der Vorzugsbetrag bei der Verteilung des Gewinns in einem Jahr nicht oder nicht vollständig gezahlt und der Rückstand im darauffolgenden Jahr nicht neben dem vollen Vorzug dieses Jahres nachgezahlt, so haben die Vorzugsaktionäre das Stimmrecht so lange, bis die Rückstände nachgezahlt sind.

(BGBl I 2009/71)

Formvorschriften, Begriffsbestimmungen

§ 13. (1) [1]Zur Unterzeichnung von Aktienurkunden „ “ genügt eine vervielfältigte Unterschrift. [2]Die Gültigkeit der Unterzeichnung kann von der Beachtung einer besonderen Form abhängig gemacht werden. [3]Die Formvorschrift muss in der Urkunde enthalten sein. *(BGBl I 2011/53)*

(2) Ist durch dieses Bundesgesetz für Erklärungen die Textform vorgeschrieben, so muss die Erklärung in einer Urkunde oder auf eine andere zur dauerhaften Wiedergabe in Schriftzeichen geeignete Weise abgegeben, die Person des Erklärenden genannt und der Abschluss der Erklärung durch Nachbildung der Namensunterschrift oder anders erkennbar gemacht werden.

(3) Ist durch dieses Bundesgesetz für Erklärungen die Schriftform vorgeschrieben, so genügt eine Erklärung in Textform (Abs. 2), die über ein international verbreitetes, besonders gesichertes Kommunikationsnetz der Kreditinstitute übermittelt wird, dessen Teilnehmer eindeutig identifiziert werden können.

(4) Steht nach diesem Bundesgesetz für Erklärungen an die Gesellschaft ein elektronischer Kommunikationsweg offen, so ist die Erklärung der Gesellschaft zugegangen, sobald sie im Machtbereich der Gesellschaft eingelangt ist.

(5) [1]„Ist durch dieses Bundesgesetz vorgeschrieben, dass Informationen auf der Internetseite der Gesellschaft zugänglich gemacht werden, so müssen diese Informationen einfach auffindbar sein und gelesen sowie als Dokument gespeichert und ausgedruckt werden können.“ [2]Bei einer nicht börsenotierten Gesellschaft genügt es, wenn die Unterlagen nur für ihre Aktionäre zugänglich sind. *(BGBl I 2011/53)*

(6) Der Samstag ist kein Werktag im Sinn dieses Bundesgesetzes.

(BGBl I 2009/71)

Gericht

§ 14. Über Angelegenheiten, die in diesem Bundesgesetz dem Gericht zugewiesen sind, verhandelt und entscheidet, sofern es sich nicht um bürgerliche Rechtsstreitigkeiten handelt, die dem Prozeßgericht zugewiesen sind, der für den Sitz der Gesellschaft zuständige, zur Ausübung der Gerichtsbarkeit in Handelssachen berufene Gerichtshof erster Instanz im Verfahren außer Streitsachen.

Wesen des Konzerns und des Konzernunternehmens

§ 15. (1) Sind rechtlich selbständige Unternehmen zu wirtschaftlichen Zwecken unter einheitlicher Leitung zusammengefaßt, so bilden sie einen Konzern; die einzelnen Unternehmen sind Konzernunternehmen.

(2) Steht ein rechtlich selbständiges Unternehmen auf Grund von Beteiligungen oder sonst unmittelbar oder mittelbar unter dem beherrschenden Einfluß eines anderen Unternehmens, so gelten das herrschende und das abhängige Unternehmen zusammen als Konzern und einzeln als Konzernunternehmen.

Zweiter Teil
Gründung der Gesellschaft

Feststellung der Satzung

§ 16. (1) [1]Die Satzung muß „in Form eines Notariatsakts“ festgestellt werden. [2]Bevollmächtigte bedürfen einer öffentlich beglaubigten Vollmacht. *(BGBl I 2009/71)*

(2) In der Urkunde sind die Namen der Gründer, „bei Nennbetragsaktien der Nennbetrag, bei Stückaktien die Zahl“, der Ausgabebetrag und, wenn mehrere Gattungen bestehen, die Gattung der Aktien anzugeben, die jeder Beteiligte übernimmt. *(BGBl 1996/304; BGBl I 1998/125)*

Inhalt der Satzung

§ 17. Die Satzung muß bestimmen:

1. die Firma und den Sitz der Gesellschaft;

2. den Gegenstand des Unternehmens;

3. die Höhe des Grundkapitals, weiters ob Inhaber- oder Namensaktien „ausgegeben“ werden; *(BGBl 1996/304; BGBl I 2009/71)*

4. ob das Grundkapital in Nennbetragsaktien oder Stückaktien zerlegt ist, bei Nennbetragsakti-

en die Nennbeträge der einzelnen Aktien, bei Stückaktien deren Zahl und, wenn mehrere Gattungen bestehen, die Gattung der einzelnen Aktien; *(BGBl I 1998/125)*

5. die Art der Zusammensetzung des Vorstands (Zahl der Vorstandsmitglieder);

6. die Form der Veröffentlichungen der Gesellschaft.

Veröffentlichungen der Gesellschaft

§ 18. [1]Bestimmt das Gesetz oder die Satzung, daß eine Veröffentlichung der Gesellschaft zu erfolgen hat, so ist sie in der „Wiener Zeitung" einzurücken. [2]„Daneben kann die Satzung auch andere Blätter oder elektronische Informationsmedien als Bekanntmachungsblätter bezeichnen." *(BGBl I 2004/67)*

Sondervorteile. Gründungsaufwand

§ 19. (1) Jeder einem einzelnen Aktionär oder einem Dritten eingeräumte besondere Vorteil muß in der Satzung unter Bezeichnung des Berechtigten festgesetzt werden. *(BGBl 1996/304)*

(2) Von dieser Festsetzung gesondert ist in der Satzung der Gesamtaufwand festzusetzen, der zu Lasten der Gesellschaft an Aktionäre oder an andere Personen als Entschädigung oder als Belohnung für die Gründung oder ihre Vorbereitung gewährt wird.

(3) [1]Ohne diese Festsetzung sind solche Abkommen und die Rechtshandlungen zu ihrer Ausführung der Gesellschaft gegenüber unwirksam. [2]Nach Eintragung der Gesellschaft in das Firmenbuch kann die Unwirksamkeit nicht durch Satzungsänderung geheilt werden.

Sacheinlagen. Sachübernahmen

§ 20. (1) Sollen Aktionäre Einlagen machen, die nicht durch Einzahlung des „ " Ausgabebetrags der Aktien zu leisten sind (Sacheinlagen), oder soll die Gesellschaft vorhandene oder herzustellende Anlagen oder sonstige Vermögensgegenstände übernehmen (Sachübernahmen), so müssen in der Satzung festgesetzt werden der Gegenstand der Sacheinlage oder der Sachübernahme, die Person, von der die Gesellschaft den Gegenstand erwirbt, und „bei Nennbetragsaktien der Nennbetrag, bei Stückaktien die Zahl" der bei der Sacheinlage zu gewährenden Aktien oder die bei der Sachübernahme zu gewährende Vergütung. *(BGBl I 1998/125)*

(2) [1]Sacheinlagen oder Sachübernahmen können nur Vermögensgegenstände sein, deren wirtschaftlicher Wert feststellbar ist. [2]Verpflichtungen zu Dienstleistungen können nicht Sacheinlagen oder Sachübernahmen sein. *(BGBl 1996/304)*

(3) [1]„Ohne eine Festsetzung gemäß Abs. 1"* sind Vereinbarungen über Sacheinlagen und Sachübernahmen und die Rechtshandlungen zu ihrer Ausführung der Gesellschaft gegenüber unwirksam. [2]Ist die Gesellschaft eingetragen, so wird die Gültigkeit der Satzung durch diese Unwirksamkeit nicht berührt. [3]Bei unwirksamer Vereinbarung einer Sacheinlage bleibt der Aktionär verpflichtet, den „ "** Ausgabebetrag der Aktie einzuzahlen. [4]Nach Eintragung der Gesellschaft in das Firmenbuch kann die Unwirksamkeit nicht durch Satzungsänderung geheilt werden. *(*BGBl 1996/304; **BGBl I 1998/125)*

Errichtung der Gesellschaft

§ 21. Mit der Übernahme aller Aktien durch die Gründer ist die Gesellschaft errichtet.

Nachträgliche Aktienübernahme durch die Gründer

§ 22. [1]Übernehmen die Gründer Aktien, die sie bei der Feststellung der Satzung noch nicht übernommen haben, so bedarf es notarieller Beurkundung. [2]In der Urkunde sind „bei Nennbetragsaktien der Nennbetrag, bei Stückaktien die Zahl", der Ausgabebetrag und, wenn mehrere Gattungen bestehen, die Gattung der von jedem Beteiligten übernommenen Aktien anzugeben. *(BGBl I 1998/125)*

Erster Aufsichtsrat und Vorstand

§ 23. (1) [1]Die Gründer haben den ersten Aufsichtsrat der Gesellschaft und die Abschlußprüfer für den ersten Jahresabschluß zu bestellen. [2]Die Bestellung bedarf notarieller Beurkundung.

(2) Der Aufsichtsrat bestellt den ersten Vorstand.

Gründungsbericht

§ 24. (1) Die Gründer haben einen schriftlichen Bericht über den Hergang der Gründung zu erstatten (Gründungsbericht).

(2) [1]Im Gründungsbericht sind die wesentlichen Umstände darzulegen, von denen die Angemessenheit der für eingelegte oder übernommene Gegenstände gewährten Leistungen abhängt. [2]Dabei sind anzugeben die vorausgegangenen Rechtsgeschäfte, die auf den Erwerb durch die Gesellschaft hingezielt haben, ferner die Anschaffungs- und Herstellungskosten aus den letzten beiden Jahren und im Fall des Übergangs eines Unternehmens auf die Gesellschaft der Betriebsertrag aus den letzten beiden Geschäftsjahren.

(3) Im Gründungsbericht ist ferner anzugeben, ob und in welchem Umfang bei der Gründung für Rechnung eines Mitglieds des Vorstands oder des Aufsichtsrats Aktien übernommen sind und ob und in welcher Weise ein Mitglied des Vorstands oder des Aufsichtsrats sich einen besonderen Vorteil oder für die Gründung oder ihre Vorberei-

tung eine Entschädigung oder Belohnung ausbedungen hat.

Gründungsprüfung. Allgemeines

§ 25. (1) Die Mitglieder des Vorstands und des Aufsichtsrats haben den Hergang der Gründung zu prüfen.

(2) Außerdem hat eine Prüfung des Hergangs der Gründung durch einen oder mehrere Prüfer (Gründungsprüfer) stattzufinden, wenn

„1." ein Mitglied des Vorstands oder des Aufsichtsrats sich einen besonderen Vorteil oder für die Gründung oder ihre Vorbereitung eine Entschädigung oder Belohnung ausbedungen hat oder *(BGBl I 2004/67)*

„2." eine Gründung mit Sacheinlagen oder Sachübernahmen (§ 20) vorliegt. *(BGBl I 2004/67)*

(3) Die Gründungsprüfer bestellt das Gericht.

(4) Als Gründungsprüfer dürfen nur Wirtschaftsprüfer oder Wirtschaftsprüfungsgesellschaften bestellt werden. *(BGBl I 2008/70)*

(5) [1]Mitglieder des Vorstands und des Aufsichtsrats sowie Angestellte der Gesellschaft dürfen nicht als Gründungsprüfer bestellt werden; gleiches gilt für Personen und Prüfungsgesellschaften, auf deren Geschäftsführung die Gründer oder Personen, für deren Rechnung die Gründer Aktien übernommen haben, oder die Gesellschaft maßgebenden Einfluß haben. [2]„Im übrigen „gelten die §§ 271 und 271a UGB"** sinngemäß."* *(*BGBl 1990/475; **BGBl I 2008/70, die Änderung ist anzuwenden, wenn die Bestellung nach dem 31. 5. 2008 erfolgt; vgl § 262 Abs 14!)*

Umfang der Gründungsprüfung

§ 26. (1) Die Prüfung durch die Mitglieder des Vorstands und des Aufsichtsrats sowie die Prüfung durch die Gründungsprüfer haben sich namentlich darauf zu erstrecken:

1. ob die Angaben der Gründer über die Übernahme der Aktien, über die Einlagen auf das Grundkapital und über die in den §§ 19 und 20 vorgesehenen Festsetzungen richtig und vollständig sind;

2. ob der Wert der Sacheinlagen oder Sachübernahmen den Ausgabebetrag der dafür zu gewährenden Aktien oder den Wert der dafür zu gewährenden Leistungen erreicht. *(BGBl 1996/304)*

(2) [1]Über jede Prüfung ist unter Darlegung dieser Umstände schriftlich zu berichten. [2]„In dem Bericht sind der Gegenstand jeder Sacheinlage oder Sachübernahme zu beschreiben und die Bewertungsmethoden für die Ermittlung gemäß Abs. 1 Z 2 zu nennen." *(BGBl 1996/304)*

(3) [1]Je ein Stück des Berichts der Gründungsprüfer ist dem Gericht und dem Vorstand einzureichen. [2]Jedermann kann den Bericht beim Gericht einsehen.

Meinungsverschiedenheiten zwischen Gründern und Gründungsprüfern. Auslagen und Entlohnung der Gründungsprüfer

§ 27. (1) [1]Die Gründer sind verpflichtet, den Prüfern alle für die sorgfältige Erfüllung ihrer Prüfungspflicht erforderlichen Aufklärungen und Nachweise zu geben. [2]Bei Meinungsverschiedenheiten zwischen den Gründern und den Gründungsprüfern über den Umfang der von den Gründern zu gewährenden Aufklärungen und Nachweise entscheidet das Gericht; die Entscheidung ist unanfechtbar. [3]Solange sich die Gründer weigern, der Entscheidung nachzukommen, wird der Prüfungsbericht nicht erstattet.

(2) [1]Die Gründungsprüfer haben Anspruch auf Ersatz der notwendigen baren Auslagen und auf angemessene Entlohnung für ihre Mühewaltung. [2]Diese Beträge bestimmt das Gericht „ "; gegen die Bestimmung kann Rekurs ergriffen werden, gegen die Entscheidung des Gerichts zweiter Instanz ist der Rekurs ausgeschlossen. *(BGBl I 2011/53)*

Anmeldung der Gesellschaft

§ 28. (1) Die Gesellschaft ist beim Gericht von sämtlichen Gründern und Mitgliedern des Vorstands und des Aufsichtsrats zur Eintragung in das Firmenbuch anzumelden.

(2) Die Anmeldung darf erst erfolgen, wenn

1. auf jede Aktie, soweit nicht Sacheinlagen vereinbart sind, der eingeforderte Betrag ordnungsgemäß eingezahlt worden ist (§ 49 Abs. 3) und, soweit er nicht bereits zur Bezahlung der bei der Gründung angefallenen Abgaben, Gebühren und Kosten verwendet wurde, endgültig zur freien Verfügung des Vorstands steht; und

2. Vermögensgegenstände, die nach der Satzung als Sacheinlagen zu leisten sind, zur freien Verfügung des Vorstands stehen.
(BGBl 1996/304)

Leistung der Einlagen

§ 28a. (1) Der eingeforderte Betrag muß mindestens ein Viertel des geringsten Ausgabebetrags und bei Ausgabe der Aktien für einen höheren als diesen auch den Mehrbetrag umfassen. *(BGBl I 1998/125)*

(2) [1]Sacheinlagen müssen sofort in vollem Umfang bewirkt werden. [2]Der Wert muß den Ausgabebetrag der Aktien erreichen.

(BGBl 1996/304)

Inhalt der Anmeldung

§ 29. (1) [1]In der Anmeldung ist die Erklärung abzugeben, daß die Voraussetzungen des „§ 28 Abs. 2 und des § 28a“** erfüllt sind; dabei sind der Betrag, zu dem die Aktien ausgegeben werden, und der darauf eingezahlte Betrag anzugeben. [2]Es ist nachzuweisen, daß der Vorstand in der Verfügung über den eingezahlten Betrag nicht, namentlich nicht durch Gegenforderungen, beschränkt ist. [3]„Dieser Nachweis ist stets durch Vorlage einer schriftlichen Bestätigung eines Kreditinstituts zu führen; für die Richtigkeit der Bestätigung ist das Kreditinstitut der Gesellschaft verantwortlich.“*** [4]Sind von dem eingezahlten Betrag Abgaben, Gebühren und Kosten bezahlt worden, so ist dies nach Art und Höhe der Beträge nachzuweisen. [5]„In der Anmeldung sind ferner das Geburtsdatum und die Vertretungsbefugnis der Vorstandsmitglieder anzugeben.“* *(*BGBl 1991/10; **BGBl 1996/304; ***BGBl I 2004/67)*

(2) Der Anmeldung sind beizufügen:

1. die Satzung und die Urkunden gemäß § 16 Abs. 2 und § 22;

2. im Fall der §§ 19 und 20 die Verträge, die den Festsetzungen zugrunde liegen oder zu ihrer Ausführung geschlossen sind, und eine Berechnung des der Gesellschaft zur Last fallenden Gründungsaufwands; in der Berechnung sind die Vergütungen nach Art und Höhe und die Empfänger einzeln anzuführen;

3. die Urkunden über die Bestellung des Vorstands und des Aufsichtsrats; *(BGBl I 2006/103)*

4. der Gründungsbericht und die Prüfungsberichte der Mitglieder des Vorstands und des Aufsichtsrats sowie der Gründungsprüfer nebst ihren urkundlichen Unterlagen;

5. wenn es für den Gegenstand des Unternehmens der behördlichen Genehmigung bedarf, die Genehmigungsurkunde. *(BGBl 1990/475)*

(3) Die Vorstandsmitglieder haben ihre Namensunterschrift zur Aufbewahrung beim Gericht zu zeichnen.

(4) Die Dokumente sind in Urschrift, Ausfertigung oder öffentlich beglaubigter Abschrift einzureichen und in die Urkundensammlung (§ 12 FBG) aufzunehmen. *(BGBl I 2009/71)*

§ 30. *(aufgehoben, BGBl I 2009/71)*

Prüfung durch das Gericht

§ 31. (1) Das Gericht hat zu prüfen, ob die Gesellschaft ordnungsgemäß errichtet und angemeldet ist. Ist dies nicht der Fall, so hat es die Eintragung abzulehnen.

(2) [1]Das Gericht hat die Eintragung auch abzulehnen, wenn die Gründungsprüfer erklären oder wenn es offensichtlich ist, daß der Gründungsbericht oder der Prüfungsbericht der Mitglieder des Vorstands und des Aufsichtsrats unrichtig oder unvollständig ist oder den gesetzlichen Vorschriften nicht entspricht; gleiches gilt, wenn die Gründungsprüfer erklären oder wenn es offensichtlich ist, daß der Wert der Sacheinlagen oder Sachübernahmen nicht unwesentlich hinter dem Ausgabebetrag der dafür zu gewährenden Aktien oder dem Wert der dafür zu gewährenden Leistungen zurückbleibt. [2]Das Gericht hat den Beteiligten vorher Gelegenheit zu geben, den Beanstandungen abzuhelfen. *(BGBl 1996/304)*

Inhalt der Eintragung

§ 32. (1) [1]Bei der Eintragung der Gesellschaft sind die Firma, der Sitz sowie die für Zustellungen maßgebliche Geschäftsanschrift der Gesellschaft, der Tag der Feststellung der Satzung, Name und Geburtsdatum des Vorsitzenden, seiner Stellvertreter und der übrigen Mitglieder des Aufsichtsrats, die Höhe des Grundkapitals sowie Name und Geburtsdatum der Vorstandsmitglieder anzugeben. [2]Ferner ist einzutragen, welche Vertretungsbefugnis die Vorstandsmitglieder haben. *(BGBl 1991/10)*

(2) Enthält die Satzung Bestimmungen über die Zeitdauer der Gesellschaft „ “ oder über das genehmigte Kapital, so sind auch diese Bestimmungen einzutragen. *(BGBl 1991/10)*

Veröffentlichung der Eintragung. Veröffentlichung der Eröffnungsbilanz

§ 33. (1) In die Veröffentlichung der Eintragung, für die im übrigen die allgemeinen „unternehmensrechtlichen“ Vorschriften gelten, sind auch aufzunehmen: *(BGBl I 2009/71)*

1. die sonstigen in „§ 10 Abs. 4“ , § 17 Z 1 und Z 3 bis 6, § 18 zweiter Satz, §§ 19 und 20 vorgesehenen Festsetzungen; *(BGBl 1991/10; BGBl I 2011/53)*

2. der Ausgabebetrag der Aktien;

3. der Name und das Geburtsdatum der Gründer und die Angabe, ob sie die sämtlichen Aktien übernommen haben; *(BGBl 1991/10)*

4. *(aufgehoben, BGBl 1991/10)*

(2) Zugleich ist zu veröffentlichen, daß die mit der Anmeldung eingereichten Schriftstücke, namentlich die Prüfungsberichte der Mitglieder des Vorstands und des Aufsichtsrats sowie der Gründungsprüfer, beim Gericht eingesehen werden können.

(3) [1]Liegt eine Gründung mit Sacheinlagen oder Sachübernahmen (§ 20) vor, so hat der Vorstand unverzüglich nach der Eintragung der Gesellschaft die Eröffnungsbilanz, für die im übrigen die allgemeinen „unternehmensrechtlichen“** Vorschriften gelten, auf den Tag der Errichtung der Gesellschaft „(§ 21)“** aufzustellen, nach ihrer Bestätigung durch die Prüfer (§ 25

Abs. 2 bis 5) dem Aufsichtsrat vorzulegen und innerhalb von drei Monaten nach der Eintragung der Gesellschaft „gemäß § 18“** zu veröffentlichen. [2]Die Veröffentlichung ist zum Firmenbuch einzureichen. Wird ein Unternehmen (Betrieb) auf Grund einer auf einen höchstens „neun“* Monate vor der Errichtung der Gesellschaft liegenden Stichtag aufgestellten Bilanz als Sacheinlage eingebracht, so kann die Eröffnungsbilanz auf diesen Stichtag aufgestellt werden. [3]Für die zu veröffentlichende Eröffnungsbilanz gelten im übrigen die Vorschriften für den Jahresabschluß sinngemäß. *(*BGBl 1993/458; **BGBl I 2009/71)*

Handeln im Namen der Gesellschaft vor der Eintragung. Verbotene Aktienausgabe

§ 34. (1) [1]Vor der Eintragung in das Firmenbuch besteht die Aktiengesellschaft als solche nicht. [2]Wird vorher im Namen der Gesellschaft gehandelt, so haften die Handelnden persönlich zur ungeteilten Hand (Gesamtschuldner).

(2) Übernimmt die Gesellschaft eine vor ihrer Eintragung in ihrem Namen eingegangene Verpflichtung durch Vertrag mit dem Schuldner in der Weise, daß sie an die Stelle des bisherigen Schuldners tritt, so bedarf es zur Wirksamkeit der Schuldübernahme der Zustimmung des Gläubigers nicht, wenn die Schuldübernahme binnen drei Monaten nach der Eintragung der Gesellschaft vereinbart und dem Gläubiger von der Gesellschaft oder dem Schuldner mitgeteilt wird.

(3) Verpflichtungen aus Vereinbarungen über Sacheinlagen und Sachübernahmen können nicht übernommen werden.

(4) [1]Anteilsrechte dürfen vor der Eintragung der Gesellschaft nicht übertragen, Aktien „ “ dürfen vorher nicht ausgegeben werden. [2]Die vorher ausgegebenen Aktien „ “ sind nichtig; für den Schaden aus der Ausgabe sind die Ausgeber den Besitzern als Gesamtschuldner verantwortlich. *(BGBl I 2011/53)*

Einpersonen-Gesellschaft

§ 35. (1) Ist an der Feststellung der Satzung nur eine Person beteiligt, so sind mit der Anmeldung der Gesellschaft zur Eintragung in das Firmenbuch auch der Umstand, dass alle Aktien an der Aktiengesellschaft einem Aktionär gehören, sein Name sowie gegebenenfalls sein Geburtsdatum bzw. seine Firmenbuchnummer anzumelden.

(2) [1]Erwirbt nach Eintragung der Gesellschaft ein Aktionär alle Aktien, die nicht der Gesellschaft selbst gehören, so hat er diesen Umstand sowie die weiteren Angaben nach Abs. 1 dem Vorstand der Gesellschaft mitzuteilen. [2]Der Vorstand hat diese Angaben unverzüglich zur Eintragung im Firmenbuch anzumelden.

(3) [1]Erwirbt eine weitere Person Aktien an einer Gesellschaft, die als Einpersonen-Gesellschaft im Firmenbuch eingetragen ist, so haben der bisherige Alleinaktionär oder seine Rechtsnachfolger hievon den Vorstand zu unterrichten. [2]Der Vorstand hat die Löschung der Eintragung der Eigenschaft als Einpersonen-Gesellschaft unverzüglich beim Gericht anzumelden.

(BGBl I 2004/67)

§ 36. *(aufgehoben, BGBl 1991/10)*

§ 37. *(aufgehoben, BGBl 1996/304)*

§ 38. *(aufgehoben, BGBl 1991/10)*

Verantwortlichkeit der Gründer

§ 39. (1) [1]Die Gründer sind der Gesellschaft als Gesamtschuldner verantwortlich für die Richtigkeit und Vollständigkeit der Angaben, die zum Zwecke der Gründung der Gesellschaft über Übernahme der Aktien, Einzahlung auf die Aktien, Verwendung eingezahlter Beträge, Sondervorteile, Gründungsaufwand, Sacheinlagen und Sachübernahmen gemacht worden sind; sie sind ferner dafür verantwortlich, daß eine zur Annahme von Einzahlungen auf das Grundkapital bestimmte Stelle (§ 49 Abs. 3) hiezu geeignet ist, namentlich die eingezahlten Beträge zur freien Verfügung des Vorstands stehen. [2]Sie haben, unbeschadet der Verpflichtung zum Ersatz des sonst entstehenden Schadens, fehlende Einzahlungen zu leisten und eine Vergütung, die nicht unter dem Gründungsaufwand aufgenommen ist, zu ersetzen.

(2) Wird die Gesellschaft von Gründern durch Einlagen, Sachübernahmen oder Gründungsaufwand vorsätzlich oder aus grober Fahrlässigkeit geschädigt, so sind ihr alle Gründer als Gesamtschuldner zum Ersatz verpflichtet.

(3) Von diesen Verpflichtungen ist ein Gründer befreit, wenn er die die Ersatzpflicht begründenden Tatsachen weder kannte noch bei Anwendung der Sorgfalt eines ordentlichen Geschäftsmanns kennen mußte.

(4) Entsteht durch Zahlungsunfähigkeit eines Aktionärs der Gesellschaft ein Ausfall, so sind ihr zum Ersatz als Gesamtschuldner die Gründer verpflichtet, die die Beteiligung des Aktionärs in Kenntnis seiner Zahlungsunfähigkeit angenommen haben.

(5) [1]Neben den Gründern sind in gleicher Weise Personen verantwortlich, für deren Rechnung die Gründer Aktien übernommen haben. [2]Sie können sich auf ihre eigene Unkenntnis nicht wegen solcher Umstände berufen, die ein für ihre Rechnung handelnder Gründer kannte oder kennen mußte.

Verantwortlichkeit anderer Personen neben den Gründern

§ 40. Als Gesamtschuldner mit den Gründern und den Personen, für deren Rechnung die Gründer Aktien übernommen haben, ist der Gesellschaft zum Schadenersatz verpflichtet:

1. wer bei Empfang einer vorschriftswidrig in den Gründungsaufwand nicht aufgenommenen Vergütung wußte oder den Umständen nach annehmen mußte, daß die Verheimlichung beabsichtigt oder erfolgt war, oder wer zur Verheimlichung wissentlich mitgewirkt hat,

2. wer im Fall einer vorsätzlichen oder grobfahrlässigen Schädigung der Gesellschaft durch Einlagen oder Sachübernahmen an der Schädigung wissentlich mitgewirkt hat,

3. wer vor Eintragung der Gesellschaft in das Firmenbuch oder in den ersten zwei Jahren nach der Eintragung die Aktien öffentlich ankündigt, um sie in den Verkehr einzuführen, wenn er die Unrichtigkeit oder Unvollständigkeit der Angaben, die zum Zwecke der Gründung der Gesellschaft gemacht worden sind (§ 39 Abs. 1), oder die Schädigung der Gesellschaft durch Einlagen oder Sachübernahmen kannte oder bei Anwendung der Sorgfalt eines ordentlichen Geschäftsmanns kennen mußte.

Verantwortlichkeit des Vorstands und des Aufsichtsrats

§ 41. Mitglieder des Vorstands und des Aufsichtsrats, die bei der Gründung ihre Sorgfaltspflicht außer acht lassen, sind der Gesellschaft für den ihr daraus entstehenden Schaden als Gesamtschuldner verantwortlich; sie sind dafür verantwortlich, daß eine zur Annahme von Einzahlungen auf die Aktien bestimmte Stelle (§ 49 Abs. 3) hiezu geeignet ist, namentlich die eingezahlten Beträge zur freien Verfügung des Vorstands stehen.

Verantwortlichkeit der Gründungsprüfer

§ 42. Für die Ersatzpflicht des Grüdungsprüfers gilt § 275 Abs. 1 bis 4 „UGB" sinngemäß. *(BGBl I 2005/120)*

(BGBl I 2001/97)

Verzicht und Vergleich

§ 43. [1]Die Gesellschaft kann auf Ersatzansprüche gegen die Gründer, die neben diesen haftenden Personen und gegen die Mitglieder des Vorstands und des Aufsichtsrats (§§ 39 bis 41) erst nach fünf Jahren seit der Eintragung der Gesellschaft in das Firmenbuch und nur dann verzichten oder sich darüber vergleichen, wenn die Hauptversammlung zustimmt und nicht eine Minderheit, deren Anteile „zwanzig vom Hundert"* des Grundkapitals erreichen, widerspricht. [2]„Die zeitliche Beschränkung gilt nicht, wenn der Ersatzpflichtige zahlungsunfähig oder überschuldet ist und sich zur Überwindung der Zahlungsunfähigkeit oder Überschuldung mit seinen Gläubigern vergleicht."** *(*BGBl I 2009/71; **BGBl I 2010/58)*

Verjährung der Ersatzansprüche

§ 44. Ersatzansprüche der Gesellschaft nach den §§ 39 bis 42 verjähren in fünf Jahren seit der Eintragung der Gesellschaft in das Firmenbuch.

Nachgründung

§ 45. (1) [1]Verträge der Gesellschaft, nach denen sie von einem Gründer vorhandene oder herzustellende Anlagen oder sonstige Vermögensgegenstände für eine Vergütung von mindestens „zehn vom Hundert"* des Grundkapitals erwerben soll, bedürfen zu ihrer Wirksamkeit der Zustimmung der Hauptversammlung und der Eintragung in das Firmenbuch, wenn sie in den ersten zwei Jahren seit der Eintragung der Gesellschaft in das Firmenbuch geschlossen werden; ohne die Zustimmung der Hauptversammlung oder die Eintragung im Firmenbuch sind auch die Rechtshandlungen zu ihrer Ausführung rechtsunwirksam. [2]Den Gründern sind Personen, für deren Rechnung die Gründer Aktien übernommen haben, Personen, zu denen ein Gründer ein Naheverhältnis hat, das der Beziehung zwischen Mutterunternehmen und Tochterunternehmen („§ 189a Z 7 UGB"**) entspricht, sowie nahe Angehörige eines Gründers (§ 4 Anfechtungsordnung) gleichgestellt. *(BGBl 1996/304; *BGBl I 2009/71; **BGBl I 2015/22)*

(2) [1]Vor der Beschlußfassung der Hauptversammlung hat der Aufsichtsrat den Vertrag zu prüfen und einen schriftlichen Bericht zu erstatten (Nachgründungsbericht). [2]Für den Nachgründungsbericht gilt sinngemäß § 24 Abs. 2 und 3 über den Gründungsbericht.

(3) [1]Außerdem hat vor der Beschlußfassung eine Prüfung durch einen oder mehrere Gründungsprüfer stattzufinden. [2]§ 25 Abs. 3 bis 5, §§ 26, 27 über die Gründungsprüfung gelten sinngemäß.

(4) [1]Der Beschluß der Hauptversammlung bedarf einer Mehrheit, die mindestens drei Viertel des bei der Beschlußfassung vertretenen Grundkapitals umfaßt; wird der Vertrag im ersten Jahr nach der Eintragung der Gesellschaft in das Firmenbuch geschlossen, so müssen außerdem die Anteile der zustimmenden Mehrheit mindestens ein Viertel des gesamten Grundkapitals erreichen. [2]Die Satzung kann diese Mehrheit durch eine größere Kapitalmehrheit ersetzen und noch andere Erfordernisse aufstellen.

Eintragung der Nachgründung

§ 46. (1) Nach Zustimmung der Hauptversammlung hat der Vorstand den Vertrag in Urschrift, Ausfertigung oder öffentlich beglaubigter Abschrift mit dem Nachgründungsbericht und dem Bericht der Gründungsprüfer nebst den urkundlichen Grundlagen zur Eintragung in das Firmenbuch einzureichen.

(2) [1]Bestehen gegen die Eintragung Bedenken, weil die Gründungsprüfer erklären oder weil es offensichtlich ist, daß der Nachgründungsbericht unrichtig oder unvollständig ist oder den gesetzlichen Vorschriften nicht entspricht, so hat das Gericht die Eintragung abzulehnen; gleiches gilt, wenn die Gründungsprüfer erklären oder wenn es offensichtlich ist, daß der Wert der zu erwerbenden Vermögensgegenstände nicht unwesentlich hinter dem Wert der dafür zu gewährenden Leistungen zurückbleibt. [2]Das Gericht hat der Gesellschaft vorher Gelegenheit zu geben, den Beanstandungen abzuhelfen. *(BGBl 1996/304)*

(3) [1]Bei der Eintragung genügt die Bezugnahme auf die eingereichten Urkunden. [2]In die Bekanntmachung der Eintragung sind aufzunehmen der Tag des Vertragsabschlusses und der Zustimmung der Hauptversammlung sowie der zu erwerbende Vermögensgegenstand, die Person, von der die Gesellschaft ihn erwirbt, und die zu gewährende Vergütung.

(4) Vorstehende Bestimmungen (§ 45, § 46 Abs. 1 bis 3) gelten nicht, wenn der Erwerb der Vermögensgegenstände den Gegenstand des Unternehmens bildet oder wenn sie in der Zwangsvollstreckung erworben werden.

(5) Die Wirksamkeit eines Vertrags nach § 45 Abs. 1 wird, gleichviel ob er vor oder nach Ablauf von zwei Jahren seit der Eintragung der Gesellschaft in das Firmenbuch geschlossen ist, nicht dadurch ausgeschlossen, daß eine Vereinbarung der Gründer über denselben Gegenstand nach „§ 20 Abs. 3“ der Gesellschaft gegenüber unwirksam ist. *(BGBl 1996/304)*

Ersatzansprüche bei der Nachgründung

§ 47. [1]Für die Nachgründung gelten die §§ 39, 40, 42 bis 44 über die Ersatzansprüche der Gesellschaft. [2]An die Stelle der Gründer treten die Mitglieder des Vorstands und des Aufsichtsrats; sie haben die Sorgfalt eines ordentlichen und gewissenhaften Geschäftsleiters anzuwenden.

Dritter Teil

Rechtsverhältnisse der Gesellschaft und der Gesellschafter

Gleichbehandlung der Aktionäre

§ 47a. Aktionäre sind unter gleichen Voraussetzungen gleich zu behandeln.

(BGBl 1996/304)

Haftung für die Verbindlichkeiten der Aktiengesellschaft

§ 48. Für die Verbindlichkeiten der Aktiengesellschaft haftet den Gläubigern nur das Gesellschaftsvermögen.

Hauptverpflichtung der Aktionäre

§ 49. (1) Die Verpflichtung der Aktionäre zur Leistung der Einlagen wird durch den „ “ Ausgabebetrag der Aktien begrenzt. *(BGBl I 1998/125)*

(2) Soweit nicht in der Satzung Sacheinlagen bedungen sind, haben die Aktionäre den „ “ Ausgabebetrag der Aktien einzuzahlen. *(BGBl I 1998/125)*

(3) [1]Der vor der Anmeldung der Gesellschaft eingeforderte Betrag „(§ 28 Abs. 2 Z 1 und § 28a. Abs. 1)“* kann nur in gesetzlichen Zahlungsmitteln oder durch Gutschrift auf ein Bankkonto im Inland „ “** der Gesellschaft oder des Vorstands zu seiner freien Verfügung eingezahlt werden. [2]Forderungen des Vorstands aus diesen Einzahlungen gegen Kreditinstitute „ “** gelten als Forderungen der Gesellschaft. *(*BGBl 1996/304; **BGBl I 2009/71)*

Nebenverpflichtungen der Aktionäre

§ 50. (1) [1]Ist die Übertragung der Aktien an die Zustimmung der Gesellschaft gebunden, so kann die Satzung Aktionären die Verpflichtung auferlegen, neben den Einlagen auf das Grundkapital wiederkehrende, nicht in Geld bestehende Leistungen zu erbringen. [2]Die Verpflichtung und der Umfang der Leistungen sind in den Aktien „ “ anzugeben. *(BGBl I 2011/53)*

(2) Die Satzung kann Vertragsstrafen festsetzen für den Fall, daß die Verpflichtung nicht oder nicht gehörig erfüllt wird.

Keine Zeichnung eigener Aktien; Aktienübernahme für Rechnung der Gesellschaft oder durch ein Tochterunternehmen

§ 51. (1) Die Gesellschaft darf keine eigenen Aktien zeichnen.

(2) [1]Ein Tochterunternehmen („§ 189a Z 7 UGB“) darf als Gründer oder Zeichner oder in Ausübung eines Bezugsrechts gemäß § 165 eine

Aktie der Gesellschaft nicht übernehmen. [2]Die Wirksamkeit einer solchen Übernahme wird durch einen Verstoß gegen diese Vorschrift nicht berührt. *(BGBl I 2015/22)*

(3) [1]Wer als Gründer oder Zeichner oder in Ausübung eines Bezugsrechts gemäß § 165 eine Aktie für Rechnung der Gesellschaft oder eines Tochterunternehmens („§ 189a Z 7 UGB") übernommen hat, kann sich nicht darauf berufen, daß er die Aktie nicht für eigene Rechnung übernommen hat. [2]Er haftet ohne Rücksicht auf Vereinbarungen mit der Gesellschaft oder dem Tochterunternehmen („§ 189a Z 7 UGB") auf die volle Einlage. [3]Bevor er die Aktie für eigene Rechnung übernommen hat, stehen ihm keine Rechte aus der Aktie zu. *(BGBl I 2015/22)*

(BGBl 1996/304)

Keine Rückgewähr der Einlagen

§ 52. [1]Den Aktionären dürfen die Einlagen nicht zurückgewährt werden; sie haben, solange die Gesellschaft besteht, nur Anspruch auf den „Bilanzgewinn", der sich aus der Jahresbilanz ergibt, soweit er nicht nach Gesetz oder Satzung von der Verteilung ausgeschlossen ist. [2]Als Rückgewähr von Einlagen gilt nicht die Zahlung des Erwerbspreises beim zulässigen Erwerb eigener Aktien (§§ 65, 66). *(BGBl 1996/304)*

Gewinnbeteiligung der Aktionäre

§ 53. (1) Die Anteile der Aktionäre am Gewinn bestimmen sich nach ihren Anteilen am Grundkapital. *(BGBl I 1998/125)*

(2) [1]Sind die Einlagen auf das Grundkapital nicht auf alle Aktien in demselben Verhältnis geleistet, so erhalten die Aktionäre aus dem verteilbaren Gewinn vorweg einen Betrag von vier vom Hundert der geleisteten Einlagen; reicht der Gewinn dazu nicht aus, so bestimmt sich der Betrag nach einem entsprechend niedrigeren Satz. [2]Einlagen, die im Lauf des Geschäftsjahres geleistet wurden, werden nach dem Verhältnis der Zeit berücksichtigt, die seit der Leistung verstrichen ist.

(3) Die Satzung kann eine andere Art der Gewinnverteilung bestimmen.

Keine Verzinsung der Einlagen

§ 54. Unter die Aktionäre darf nur der aus der Jahresbilanz sich ergebende „Bilanzgewinn" verteilt werden; Zinsen dürfen ihnen weder zugesagt noch ausgezahlt werden.

(2) *(aufgehoben, BGBl 1996/304)*

(BGBl 1996/304)

Abschlagszahlung auf den Bilanzgewinn

§ 54a. Der Vorstand kann mit Zustimmung des Aufsichtsrates nach Ablauf der Hälfte des Geschäftsjahres an die Aktionäre einen Abschlag auf den voraussichtlichen Bilanzgewinn bis zur Hälfte der durchschnittlichen Jahresdividende der letzten drei Jahre zahlen, soweit diese Abschlagszahlungen in dem auf Grund einer Zwischenbilanz festgestellten Ergebnis des abgelaufenen Geschäftshalbjahres zuzüglich eines allfälligen Gewinnvortrags und abzüglich eines allfälligen Verlustvortrags Deckung finden und ausschüttungsfähige Rücklagen in der Höhe der ausgezahlten Beträge bestehen bleiben.

(BGBl 1996/304)

Vergütung von Nebenleistungen

§ 55. Für wiederkehrende Leistungen, zu denen die Aktionäre nach der Satzung neben den Einlagen auf das Grundkapital verpflichtet sind, darf eine den Wert der Leistungen nicht übersteigende Vergütung ohne Rücksicht darauf gezahlt werden, ob die Jahresbilanz einen „Bilanzgewinn" ergibt. *(BGBl 1996/304)*

Haftung der Aktionäre beim Empfang verbotener Zahlungen

§ 56. (1) [1]Die Aktionäre haften den Gläubigern für die Verbindlichkeiten der Gesellschaft, soweit sie entgegen den Vorschriften dieses Bundesgesetzes Zahlungen von der Gesellschaft empfangen haben. [2]Dies gilt nicht, soweit sie Beträge in gutem Glauben als Gewinnanteile „ " bezogen haben. *(BGBl I 2004/67)*

(2) Ist über das Vermögen der Gesellschaft das Insolvenzverfahren eröffnet, so übt während dessen Dauer der Masse- oder Sanierungsverwalter das Recht der Gesellschaftsgläubiger gegen die Aktionäre (Abs. 1) aus. *(BGBl I 2010/58)*

(3) Die Gesellschaft kann Beträge nicht zurückfordern, die Aktionäre in gutem Glauben als Gewinnanteile „ " bezogen haben. *(BGBl I 2004/67)*

(4) Die Ansprüche nach diesen Vorschriften verjähren in fünf Jahren seit dem Empfang der Zahlung.

Folgen nicht rechtzeitiger Einzahlung

§ 57. (1) [1]Die Aktionäre haben die Einlagen nach Aufforderung durch den Vorstand einzuzahlen. [2]Die Aufforderung ist, wenn die Satzung nichts anderes bestimmt, gemäß § 18 zu veröffentlichen. *(BGBl I 2009/71)*

(2) [1]Aktionäre, die den eingeforderten Betrag nicht rechtzeitig einzahlen, haben ihn vom Eintritt der Fälligkeit an „ " zu verzinsen. [2]Weitere Schadenersatzansprüche sind nicht ausgeschlossen. *(BGBl I 2002/118)*

(3) Für den Fall nicht rechtzeitiger Einzahlung kann die Satzung Vertragsstrafen festsetzen.

Ausschluß säumiger Aktionäre

§ 58. (1) Aktionären, die den eingeforderten Betrag nicht rechtzeitig einzahlen, kann eine Nachfrist mit der Androhung gesetzt werden, daß sie nach Fristablauf ihrer Aktien und der geleisteten Einzahlungen für verlustig erklärt werden.

(2) [1]Die Nachfrist muß dreimal „gemäß § 18" veröffentlicht werden; die erste Veröffentlichung muß mindestens drei Monate, die letzte mindestens einen Monat vor Fristablauf ergehen. [2]Ist die Übertragung der Aktien an die Zustimmung der Gesellschaft gebunden, so genügt an Stelle der Veröffentlichungen die einmalige Einzelaufforderung an die säumigen Aktionäre; dabei muß eine Nachfrist gewährt werden, die mindestens einen Monat seit dem Empfang der Aufforderung beträgt. *(BGBl I 2009/71)*

(3) Aktionäre, die den eingeforderten Betrag trotzdem nicht zahlen, werden durch Veröffentlichung „gemäß § 18" ihrer Aktien und der geleisteten Einzahlungen zugunsten der Gesellschaft für verlustig erklärt. *(BGBl I 2009/71)*

(4) [1]An Stelle der alten Urkunden werden neue ausgegeben; diese haben außer den geleisteten Teilzahlungen den rückständigen Betrag anzugeben. [2]Für den Ausfall der Gesellschaft an diesem Betrag oder an den später eingeforderten Beträgen haftet ihr der ausgeschlossene Aktionär.

Zahlungspflicht der Vormänner

§ 59. (1) [1]Jeder im Aktienbuch verzeichnete Vormann des ausgeschlossenen Aktionärs ist der Gesellschaft zur Zahlung des rückständigen Betrags verpflichtet, soweit dieser von seinen Nachmännern nicht zu erlangen ist. [2]Von der Zahlungsaufforderung an einen früheren Aktionär hat die Gesellschaft seinen unmittelbaren Vormann zu benachrichtigen. [3]Es wird vermutet, daß die Zahlung nicht zu erlangen ist, wenn sie nicht innerhalb eines Monats seit der Zahlungsaufforderung und der Benachrichtigung des Vormanns eingegangen ist. [4]Gegen Zahlung des rückständigen Betrags wird die neue Urkunde ausgehändigt.

(2) Jeder Vormann ist nur zur Zahlung der Beträge verpflichtet, die binnen zwei Jahren eingefordert werden; die Frist beginnt mit dem Tag, an dem die Übertragung der Aktie zum Aktienbuch der Gesellschaft angemeldet wird.

(3) [1]Ist die Zahlung des rückständigen Betrags von Vormännern nicht zu erlangen, so hat die Gesellschaft die Aktie zum Börsenpreis durch Vermittlung eines Börsesensals und beim Fehlen eines Börsenpreises durch öffentliche Versteigerung zu verkaufen. [2]Im übrigen gilt § 179 Abs. 3 sinngemäß.

Keine Befreiung der Aktionäre von ihren Leistungspflichten

§ 60. Die Aktionäre und ihre Vormänner können von ihren Leistungspflichten nach den §§ 49 und 59 nicht befreit werden, sie können gegen diese Pflichten eine Forderung an die Gesellschaft nicht aufrechnen.

Eintragung von Namensaktien im Aktienbuch

§ 61. (1) Alle Aktien, die nach Gesetz oder Satzung Namensaktien sind, sind mit folgenden Angaben in das Aktienbuch der Gesellschaft einzutragen:

1. Name (Firma) und für die Zustellung maßgebliche Anschrift des Aktionärs, bei natürlichen Personen das Geburtsdatum, bei juristischen Personen gegebenenfalls das Register und die Nummer, unter der die juristische Person in ihrem Herkunftsstaat geführt wird;

2. Stückzahl oder Aktiennummer, bei Nennbetragsaktien der Betrag;

3. bei einer nicht börsenotierten Gesellschaft eine vom Aktionär bekanntzugebende, auf diesen lautende Kontoverbindung bei einem Kreditinstitut im Sinn des § 10a Abs. 1, auf das sämtliche Zahlungen zu leisten sind;

4. wenn die Aktien einer anderen als der im Aktienbuch eingetragenen Person gehören, die Angaben nach Z 1 und Z 2 auch über diese andere Person, sofern der Aktionär kein Kreditinstitut im Sinn des § 10a Abs. 1 ist.

(BGBl I 2011/53)

(2) [1]Im Verhältnis zur Gesellschaft gilt als Aktionär nur, wer als solcher im Aktienbuch eingetragen ist. [2]„Ein im Aktienbuch eingetragenes Kreditinstitut, dem die Aktien nicht gehören (Abs. 1 Z 4), benötigt zur Ausübung des Stimmrechts eine in Textform erteilte Ermächtigung der Person, der die Aktien gehören." [3]Das Fehlen einer Ermächtigung lässt die Gültigkeit der Stimmabgabe unberührt. *(BGBl I 2011/53)*

(3) Geht die Namensaktie auf einen anderen über, so erfolgen Löschung und Neueintragung im Aktienbuch auf Mitteilung und Nachweis.

(4) [1]Wurde jemand nach Ansicht der Gesellschaft zu Unrecht als Aktionär in das Aktienbuch eingetragen, so kann die Gesellschaft die Eintragung nur löschen, wenn sie vorher die Beteiligten von der beabsichtigten Löschung nachweislich benachrichtigt und ihnen eine angemessene Frist zur Erhebung eines Widerspruchs gesetzt hat. [2]Widerspricht ein Beteiligter innerhalb der Frist, so hat die Löschung zu unterbleiben.

(5) Dividendenansprüche aus Namensaktien, für die niemand als Aktionär im Aktienbuch eingetragen ist, verfallen mit Ablauf des Geschäftsjahres, in dem der betreffende Gewinnverwen-

dungsbeschluss gefasst wurde. *(BGBl I 2014/40, ab 1. 10. 2014)*

(BGBl I 2009/71)

Übertragung von Namensaktien, Vinkulierung

§ 62. (1) [1]Namensaktien können durch Indossament übertragen werden. [2]Für die Form des Indossaments, den Rechtsausweis des Inhabers und seine Verpflichtung zur Herausgabe gelten die Art. 12, 13 und 16 des Wechselgesetzes 1955, BGBl. Nr. 49, sinngemäß. [3]Bei der Anmeldung zur Eintragung des Erwerbers in das Aktienbuch ist der Gesellschaft die Aktienurkunde vorzulegen. [4]Die Gesellschaft hat die Ordnungsmäßigkeit der Reihe der Indossamente und der Abtretungserklärungen, nicht aber die Unterschriften zu prüfen. *(BGBl I 2009/71)*

„(2)" [1]Die Satzung kann die Übertragung von Namensaktien an die Zustimmung der Gesellschaft binden. [2]Die Zustimmung gibt der Vorstand, wenn die Satzung nichts anderes bestimmt. [3]Die Zustimmung darf nur aus wichtigem Grund verweigert werden. *(BGBl I 2009/71)*

„(3)" [1]Ist nach der Satzung die Zustimmung der Gesellschaft zur Übertragung der Aktien notwendig, so ist, falls die Zustimmung versagt wird, dem Aktionär bei Nachweis der Einzahlung des auf die Einlage eingeforderten Betrags vom Gericht die Übertragung der Aktie zu gestatten, wenn kein wichtiger Grund für die Verweigerung der Zustimmung vorliegt und die Übertragung ohne Schädigung der Gesellschaft, der übrigen Aktionäre und der Gläubiger erfolgen kann. [2]Das Gericht hat vor der Entscheidung den Vorstand zu hören. [3]Ungeachtet der erteilten Zustimmung des Gerichts zur Übertragung kann diese dennoch nicht wirksam stattfinden, wenn die Gesellschaft innerhalb eines Monats nach Rechtskraft der Entscheidung dem Aktionär durch eingeschriebenen Brief mitteilt, daß sie die Übertragung der Aktie zu den gleichen Bedingungen an einen anderen von ihr bezeichneten Erwerber gestatte. *(BGBl I 2009/71)*

„(4)" [1]Beim Verkauf einer nur mit Zustimmung der Gesellschaft übertragbaren Aktie im Exekutionsverfahren hat das Exekutionsgericht den Börsenpreis, beim Fehlen eines solchen den Verkaufswert der Aktie festzustellen und von der Bewilligung des Verkaufs auch die Gesellschaft sowie alle Gläubiger, die bis dahin die gerichtliche Pfändung der Aktie erwirkt haben, unter Bekanntgabe des festgestellten Wertes zu benachrichtigen. [2]Die Feststellung des Wertes der Aktie hat zu unterbleiben, wenn zwischen dem betreibenden Gläubiger, dem Verpflichteten und der Gesellschaft eine Einigung über den Übernahmspreis zustandekommt. [3]Wird die Aktie nicht innerhalb vierzehn Tagen nach Benachrichtigung der Gesellschaft durch einen von der Gesellschaft zugelassenen Käufer gegen Bezahlung eines den Wert (Übernahmspreis) erreichenden Preises übernommen, so erfolgt der Verkauf nach den Bestimmungen der Exekutionsordnung; zu dieser Übertragung der Aktie ist die Zustimmung der Gesellschaft nicht erforderlich. *(BGBl I 2009/71)*

(5) *(aufgehoben, BGBl I 2011/53)*

Rechtsgemeinschaft an einer Aktie

§ 63. (1) Steht eine Aktie mehreren Berechtigten zu, so können sie die Rechte aus der Aktie nur durch einen gemeinschaftlichen Vertreter ausüben.

(2) Für die Leistungen auf die Aktie haften sie als Gesamtschuldner.

(3) [1]Hat die Gesellschaft eine Willenserklärung dem Aktionär gegenüber abzugeben, so genügt, wenn die Berechtigten keinen gemeinschaftlichen Vertreter haben, die Abgabe der Erklärung gegenüber einem Berechtigten. [2]Dies gilt gegenüber mehreren erbserklärten Erben nur dann, wenn ihnen die Besorgung und Verwaltung der Verlassenschaft überlassen wurde.

Berechnung der Aktienbesitzzeit

§ 64. [1]Ist die Ausübung von Rechten aus der Aktie davon abhängig, daß der Aktionär während eines bestimmten Zeitraums Inhaber der Aktie gewesen ist, so steht dem Eigentum ein Anspruch auf Übereignung gegen ein Kreditinstitut gleich. [2]Die Eigentumszeit eines Rechtsvorgängers wird dem Aktionär zugerechnet, wenn er die Aktie unentgeltlich von seinem Treuhänder, als Gesamtrechtsnachfolger, bei Auseinandersetzung einer Gemeinschaft oder im Zug einer durch die Versicherungsaufsichtsbehörde genehmigten Vermögensübertragung erworben hat.

Erwerb eigener Aktien

§ 65. (1) [1]Die Gesellschaft darf eigene Aktien nur erwerben,

1. wenn es zur Abwendung eines schweren, unmittelbar bevorstehenden Schadens notwendig ist;

2. wenn der Erwerb unentgeltlich oder in Ausführung einer Einkaufskommission durch ein Kreditinstitut erfolgt;

3. durch Gesamtrechtsnachfolge;

4. auf Grund einer höchstens „30" Monate geltenden Ermächtigung der Hauptversammlung, wenn die Aktien Arbeitnehmern, leitenden Angestellten und Mitgliedern des Vorstands oder Aufsichtsrats der Gesellschaft oder eines mit ihr verbundenen Unternehmens zum Erwerb angeboten werden sollen; *(BGBl I 2001/42; BGBl I 2007/72)*

5. zur Entschädigung von Minderheitsaktionären, soweit dies gesetzlich vorgesehen ist;

6. auf Grund eines Beschlusses der Hauptversammlung zur Einziehung nach den Vorschriften über die Herabsetzung des Grundkapitals;

7. wenn sie ein Kreditinstitut ist, auf Grund einer Genehmigung der Hauptversammlung zum Zweck des Wertpapierhandels; der Beschluß über die Genehmigung muß bestimmen, daß der Handelsbestand der zu diesem Zweck zu erwerbenden Aktien fünf von Hundert des Grundkapitals am Ende jeden Tages nicht übersteigen darf und muß den niedrigsten und den höchsten Gegenwert festlegen; die Ermächtigung darf höchstens „30" Monate gelten; *(BGBl I 2007/72)*

8. auf Grund einer höchstens 30 Monate geltenden Ermächtigung der Hauptversammlung, wenn die betreffenden Aktien börsenotiert im Sinn des § 3 sind. [1]Der Handel in eigenen Aktien ist als Zweck des Erwerbs ausgeschlossen. [2]Die Hauptversammlung kann den Vorstand auch ermächtigen, die eigenen Aktien ohne weiteren Hauptversammlungsbeschluss einzuziehen. *(BGBl I 2009/71)*

9. *(aufgehoben, BGBl I 2001/42)*

(1a) [1]Der Beschluss der Hauptversammlung nach Abs. 1 Z 4 und Z 8 hat den Anteil der zu erwerbenden Aktien am Grundkapital, die Geltungsdauer der Ermächtigung sowie den niedrigsten und den höchsten Gegenwert festzulegen. [2]Börsenotierte Gesellschaften „ " haben einen Beschluss gemäß Abs. 1 Z 4, 6 und 8 sowie unmittelbar vor der Durchführung das darauf beruhende Rückkaufprogramm, insbesondere dessen Dauer, „gemäß § 18" zu veröffentlichen; dasselbe gilt sinngemäß für die Veräußerung eigener Aktien mit Ausnahme von Veräußerungen nach Abs. 1 Z 7. *(BGBl I 2001/42; BGBl I 2009/71)*

(1b) [1]Auf Erwerb und Veräußerung eigener Aktien ist § 47a anzuwenden; Erwerb und Veräußerung über die Börse oder durch ein öffentliches Angebot genügen diesem Erfordernis. [2]Die Hauptversammlung kann eine andere Art der Veräußerung beschließen; § 153 Abs. 3 und 4 ist in diesem Fall sinngemäß anzuwenden. [3]Die Hauptversammlung kann den Vorstand zu einer anderen Art der Veräußerung auch ermächtigen; diesfalls sind die §§ 169 bis 171 sinngemäß anzuwenden. [4]Keiner Beschlussfassung der Hauptversammlung bedarf die Veräußerung eigener Aktien zur Bedienung von Aktienoptionen des in Abs. 1 Z 4 genannten Personenkreises. *(BGBl I 2001/42)*

(2) [1]„Der mit den von der Gesellschaft gemäß „Abs. 1 Z 1, 4, 7 und 8"*** erworbenen Aktien verbundene Anteil am Grundkapital darf zusammen mit den anderen eigenen Aktien, welche die Gesellschaft bereits erworben hat und noch besitzt, zehn von Hundert des Grundkapitals nicht übersteigen."* [2]In den Fällen des „Abs. 1 Z 1, 4, 5, 7 und 8"*** ist der Erwerb ferner nur zulässig, wenn die Gesellschaft „den Abzug vom Nennkapital und die Bildung der Rücklage gemäß § 229 Abs. 1a UGB vornehmen"*** kann, ohne daß das Nettoaktivvermögen das Grundkapital und eine nach Gesetz oder Satzung gebundene Rücklage unterschreitet. [3]In den Fällen des „Abs. 1 Z 1, 2, 4, 5, 7 und 8"** ist der Erwerb überdies nur zulässig, wenn auf die Aktien der „ "* Ausgabebetrag voll geleistet ist. *(*BGBl I 1998/125; **BGBl I 2001/42; ***BGBl I 2015/22)*

(3) Der Vorstand hat die Hauptversammlung über den Bestand an eigenen Aktien, über die Gründe, den Zweck und die Art des Erwerbs und der Veräußerung eigener Aktien, über deren Zahl, bei Nennbetragsaktien über deren Nennbetrag, bei Stückaktien über deren anteiligen Betrag des Grundkapitals sowie jeweils über den auf die Aktien entfallenden Anteil am Grundkapital und über den Gegenwert der Aktien oder des Veräußerungspreises sowie über die Verwendung des Erlöses zu unterrichten. *(BGBl I 2001/42)*

(4) [1]Die Wirksamkeit des Erwerbs eigener Aktien wird durch einen Verstoß gegen „Abs. 1, 1a, 1b oder 2" nicht berührt. [2]Ein schuldrechtliches Geschäft über den Erwerb eigener Aktien ist rechtsunwirksam, soweit der Erwerb gegen „Abs. 1, 1a, 1b oder 2" verstößt. *(BGBl I 2001/42)*

(5) [1]Aus eigenen Aktien stehen der Gesellschaft keine Rechte zu. [2]Ein Tochterunternehmen („§ 189a Z 7 UGB") oder ein anderer, dem Aktien für Rechnung der Gesellschaft oder eines Tochterunternehmens („§ 189a Z 7 UGB") gehören, kann aus diesen Aktien das Stimmrecht und das Bezugsrecht nicht ausüben. *(BGBl I 2015/22)*

(BGBl 1996/304)

Veräußerung und Einziehung eigener Aktien

§ 65a. (1) Hat die Gesellschaft eigene Aktien entgegen § 65 Abs. 1, 1a, 1b oder 2 erworben, so müssen sie innerhalb eines Jahres nach ihrem Erwerb veräußert werden. *(BGBl I 2001/42)*

(2) Entfallen auf die zulässigerweise erworbenen Aktien mehr als zehn von Hundert des Grundkapitals, so ist der übersteigende Anteil innerhalb von drei Jahren nach dem Erwerb zu veräußern. *(BGBl I 1998/125)*

(3) Sind eigene Aktien innerhalb der in Abs. 1 und 2 vorgesehenen Fristen nicht veräußert worden, so sind sie gemäß § 192 einzuziehen.

(BGBl 1996/304)

Inpfandnahme eigener Aktien

§ 65b. (1) [1]Dem Erwerb eigener Aktien steht es gleich, wenn eigene Aktien als Pfand genommen werden. [2]Jedoch darf ein Kreditinstitut im Rahmen des gewöhnlichen Betriebs eigene Aktien bis zu dem in § 65 Abs. 2 erster Satz bestimmten „Anteil am Grundkapital" als Pfand nehmen. *(BGBl I 1998/125)*

(2) [1]Ein Verstoß gegen Abs. 1 macht die Verpfändung eigener Aktien nicht rechtsunwirksam. [2]Das schuldrechtliche Geschäft über die Verpfändung ist rechtsunwirksam, soweit die Verpfändung gegen Abs. 1 verstößt.

(BGBl 1996/304)

Erwerb eigener Aktien durch Dritte

§ 66. (1) [1]Ein Tochterunternehmen („§ 189a Z 7 UGB"**) darf an Aktien der Gesellschaft nur nach den vorstehenden Vorschriften Eigentum oder Pfandrecht erwerben. [2]Gleiches gilt für den Erwerb und die Inpfandnahme durch einen anderen, der im eigenen Namen, jedoch für Rechnung der Gesellschaft oder eines Tochterunternehmens handelt. [3]Bei der Berechnung des „Anteils am Grundkapital"* gemäß § 65 Abs. 2 erster Satz und § 65a Abs. 2 gelten diese Aktien als Aktien der Gesellschaft. [4]Im übrigen gelten § 65 Abs. 3 und 4 sowie §§ 65a, 65b und 66a sinngemäß. *(*BGBl I 1998/125; **BGBl I 2015/22)*

(2) [1]Ein Rechtsgeschäft zwischen der Gesellschaft oder einem Tochterunternehmen („§ 189a Z 7 UGB"**) und einem anderen, das auf den Erwerb eigener Aktien auf Rechnung der Gesellschaft oder des Tochterunternehmens („§ 189a Z 7 UGB"**) gerichtet ist, ist rechtsunwirksam, soweit dadurch gegen Abs. 1 sowie „§ 65 Abs. 1, 1a, 1b oder 2"* verstoßen wird. [2]Dies gilt auch für Rechtsgeschäfte mit einem Dritten, die auf Rechnung der Gesellschaft oder des Tochterunternehmens gehen und durch Inpfandnahme eigener Aktien besichert werden sollen. [3]§ 65b gilt sinngemäß. *(*BGBl I 2001/42; **BGBl I 2015/22)*

(BGBl 1996/304)

Finanzierung des Erwerbs von Aktien der Gesellschaft

§ 66a. [1]Ein Rechtsgeschäft, das die Gewährung eines Vorschusses oder eines Darlehens oder die Leistung einer Sicherheit durch die Gesellschaft an einen anderen zum Zweck des Erwerbs von Aktien dieser Gesellschaft oder eines Mutterunternehmens („§ 189a Z 6 UGB"*) zum Gegenstand hat, ist unzulässig. [2]„Dies gilt nicht für Rechtsgeschäfte im Rahmen des gewöhnlichen Betriebs von Kreditinstituten sowie für die Gewährung eines Vorschusses oder eines Darlehens oder für die Leistung einer Sicherheit zum Zweck des Erwerbs von Aktien durch oder für Arbeitnehmer der Gesellschaft oder eines mit ihr verbundenen Unternehmens."** [3]Diese Rechtsgeschäfte sind jedoch unzulässig, wenn bei einem Erwerb der Aktien durch die Gesellschaft diese „den Abzug vom Nennkapital und die Bildung der Rücklage gemäß § 229 Abs. 1a UGB nicht vornehmen"* könnte, ohne daß das Nettoaktivvermögen das Grundkapital und eine nach Gesetz oder Satzung gebundene Rücklage unterschreiten würde. [4]Die Rechtswirksamkeit des Geschäfts wird davon nicht berührt. *(*BGBl I 2015/22; **BGBl I 2017/105)*

(BGBl 1996/304)

Kraftloserklärung von Aktien durch die Gesellschaft

§ 67. (1) [1]Ist der Inhalt von Aktienurkunden durch eine Veränderung der rechtlichen Verhältnisse unrichtig geworden, so kann die Gesellschaft die Aktien, die trotz Aufforderung nicht zur Berichtigung oder zum Umtausch bei ihr eingereicht sind, mit Genehmigung des Gerichts für kraftlos erklären. [2]Beruht die Unrichtigkeit auf einer Änderung des Nennbetrags der Aktien, so können sie nur dann für kraftlos erklärt werden, wenn der Nennbetrag zur Herabsetzung des Grundkapitals herabgesetzt ist. [3]Namensaktien können nicht deshalb für kraftlos erklärt werden, weil die Bezeichnung des Aktionärs unrichtig geworden ist. [4]Das Gericht hat die Genehmigung zu erteilen, wenn die Kraftloserklärung den gesetzlichen Vorschriften entspricht.

(2) [1]Die Aufforderung zur Einreichung der Aktien hat die Kraftloserklärung anzudrohen und auf die Genehmigung des Gerichts hinzuweisen. [2]Die Kraftloserklärung kann nur erfolgen, wenn die Aufforderung nach § 58 Abs. 2 veröffentlicht worden ist. [3]Sie geschieht durch Veröffentlichung „gemäß § 18". *(BGBl I 2009/71)*

(3) [1]„Soweit der Anspruch des Aktionärs auf Verbriefung seines Anteils nicht durch Gesetz oder Satzung ausgeschlossen ist, sind anstelle der für kraftlos erklärten Aktien neue Aktien auszugeben und dem Berechtigten auszuhändigen oder, wenn ein Recht zur Hinterlegung besteht, zu hinterlegen." [2]Die Aushändigung oder Hinterlegung ist dem Gericht anzuzeigen. *(BGBl I 2011/53)*

(4) Soweit zur Herabsetzung des Grundkapitals Aktien zusammengelegt werden, gilt § 179.

Neue Urkunden an Stelle beschädigter oder verunstalteter Aktien

§ 68. [1]Ist eine Aktie „ " infolge einer Beschädigung oder einer Verunstaltung zum Umlauf nicht mehr geeignet, so kann der Berechtigte, wenn der wesentliche Inhalt und die Unterscheidungsmerkmale der Urkunde noch mit Sicherheit erkennbar sind, von der Gesellschaft die Erteilung einer neuen Urkunde gegen Aushändigung der alten verlangen. [2]Die Kosten hat er zu tragen und vorzuschießen. *(BGBl I 2011/53)*

Neue Gewinnanteilscheine

§ 69. [1]Neue Gewinnanteilscheine dürfen an den Inhaber des Erneuerungsscheins nicht ausgegeben werden, wenn der Besitzer der Aktie „ " der Ausgabe widerspricht. [2]In diesem Fall sind die Scheine dem Besitzer der Aktie „ “ auszuhändigen, wenn er die Hauptturkunde vorlegt. *(BGBl I 2011/53)*

Vierter Teil

Verfassung der Aktiengesellschaft

Erster Abschnitt

Vorstand

Leitung der Aktiengesellschaft

§ 70. (1) Der Vorstand hat unter eigener Verantwortung die Gesellschaft so zu leiten, wie das Wohl des Unternehmens unter Berücksichtigung der Interessen der Aktionäre und der Arbeitnehmer sowie des öffentlichen Interesses es erfordert.

(2) [1]Der Vorstand kann aus einer oder mehreren Personen bestehen. [2]Ist ein Vorstandsmitglied zum Vorsitzenden des Vorstands ernannt, so gibt, wenn die Satzung nichts anderes bestimmt, seine Stimme bei Stimmengleichheit den Ausschlag.

Vertretung der Aktiengesellschaft

§ 71. (1) Die Aktiengesellschaft wird durch den Vorstand gerichtlich und außergerichtlich vertreten.

(2) [1]Besteht der Vorstand aus mehreren Personen, so sind, wenn die Satzung nichts anderes bestimmt, sämtliche Vorstandsmitglieder nur gemeinschaftlich zur Abgabe von Willenserklärungen und zur Zeichnung für die Gesellschaft befugt. [2]Der Vorstand kann einzelne Vorstandsmitglieder zur Vornahme bestimmter Geschäfte oder bestimmter Arten von Geschäften ermächtigen. [3]Ist eine Willenserklärung der Gesellschaft gegenüber abzugeben, so genügt die Abgabe gegenüber einem Vorstandsmitglied.

(3) [1]Die Satzung kann, wenn der Vorstand aus mehreren Personen besteht, auch bestimmen, daß einzelne von diesen allein oder in Gemeinschaft mit einem Prokuristen zur Vertretung der Gesellschaft befugt sind; es muß aber in jedem Fall die Möglichkeit bestehen, daß die Gesellschaft vom Vorstand auch ohne die Mitwirkung eines Prokuristen vertreten werden kann. [2]Gleiches kann der Aufsichtsrat bestimmen, wenn die Satzung ihn hiezu ermächtigt hat. [3]Abs. 2 Satz 2 und 3 gilt in diesen Fällen sinngemäß.

Zeichnung des Vorstands

§ 72. Der Vorstand hat in der Weise zu zeichnen, daß die Zeichnenden zu der Firma der Gesellschaft oder zu der Benennung des Vorstands ihre Namensunterschrift hinzufügen.

Änderung des Vorstands und der Vertretungsbefugnis seiner Mitglieder

§ 73. (1) Jede Änderung des Vorstands oder der Vertretungsbefugnis eines Vorstandsmitglieds „ “ hat der Vorstand zur Eintragung in das Firmenbuch anzumelden. *(BGBl 1991/10)*

(2) Der Anmeldung sind die Urkunden über die Änderung oder Anordnung in Urschrift oder öffentlich beglaubigter Abschrift für das Gericht des Sitzes der Gesellschaft beizufügen.

(3) Die neuen Vorstandsmitglieder haben ihre Unterschrift zur Aufbewahrung beim Gericht zu zeichnen.

(4) Ist eine Person als Vorstandsmitglied eingetragen oder bekanntgemacht, so kann ein Mangel ihrer Bestellung einem Dritten nur entgegengehalten werden, wenn der Mangel diesem bekannt war. *(BGBl 1991/10)*

Beschränkung der Vertretungsbefugnis

§ 74. (1) Der Vorstand ist der Gesellschaft gegenüber verpflichtet, die Beschränkungen einzuhalten, die die Satzung oder der Aufsichtsrat für den Umfang seiner Vertretungsbefugnis festgesetzt hat oder die sich aus einem Beschluß der Hauptversammlung nach § 103 ergeben.

(2) Dritten gegenüber ist eine Beschränkung der Vertretungsbefugnis des Vorstands unwirksam.

Bestellung und Abberufung des Vorstands

§ 75. (1) [1]Vorstandsmitglieder bestellt der Aufsichtsrat auf höchstens fünf Jahre. [2]Wenn die Bestellung eines Vorstandsmitglieds auf eine bestimmte längere Zeit, auf unbestimmte Zeit oder ohne Zeitangabe erfolgt, ist sie fünf Jahre wirksam. [3]Eine wiederholte Bestellung ist zulässig; sie bedarf jedoch zu ihrer Wirksamkeit der schriftlichen Bestätigung durch den Vorsitzenden des Aufsichtsrats. [4]Diese Vorschriften gelten sinngemäß für den Anstellungsvertrag.

(2) Eine juristische Person oder eine Personengesellschaft („offene Gesellschaft“, Kommanditgesellschaft) kann nicht zum Vorstandsmitglied bestellt werden. *(BGBl I 2005/120)*

(3) Werden mehrere Personen zu Vorstandsmitgliedern bestellt, so kann der Aufsichtsrat ein Mitglied zum Vorsitzenden des Vorstands ernennen.

(4) [1]Der Aufsichtsrat kann die Bestellung zum Vorstandsmitglied und die Ernennung zum Vorsitzenden des Vorstands widerrufen, wenn ein wichtiger Grund vorliegt. [2]Ein solcher Grund ist namentlich grobe Pflichtverletzung, Unfähigkeit zur ordnungsgemäßen Geschäftsführung oder Entziehung des Vertrauens durch die Hauptversammlung, es sei denn, daß das Vertrauen aus offenbar unsachlichen Gründen entzogen worden

ist. [3]Dies gilt auch für den vom ersten Aufsichtsrat bestellten Vorstand. [4]Der Widerruf ist wirksam, solange nicht über seine Unwirksamkeit rechtskräftig entschieden ist. [5]Ansprüche aus dem Anstellungsvertrag werden hiedurch nicht berührt.

Bestellung durch das Gericht

§ 76. „(1)" Soweit die zur Vertretung der Gesellschaft erforderlichen Vorstandsmitglieder fehlen, hat sie in dringenden Fällen das Gericht auf Antrag eines Beteiligten für die Zeit bis zur Behebung des Mangels zu bestellen. *(BGBl I 2004/161)*

(2) Der Beschluss über die Bestellung des Vorstandsmitglieds ist mit dessen Zustimmung sowie, sofern im Beschluss nichts anderes angeordnet ist, mit Zustellung an das Vorstandsmitglied wirksam. *(BGBl I 2004/161)*

§ 77. *(entfällt samt Überschrift, BGBl I 2019/63)*

Grundsätze für die Bezüge der Vorstandsmitglieder

§ 78. (1) [1]Der Aufsichtsrat hat dafür zu sorgen, dass die Gesamtbezüge der Vorstandsmitglieder (Gehälter, Gewinnbeteiligungen, Aufwandsentschädigungen, Versicherungsentgelte, Provisionen, anreizorientierte Vergütungszusagen und Nebenleistungen jeder Art) in einem angemessenen Verhältnis zu den Aufgaben und Leistungen des einzelnen Vorstandsmitglieds, zur Lage der Gesellschaft und zu der üblichen Vergütung stehen und langfristige Verhaltensanreize zur nachhaltigen Unternehmensentwicklung setzen. [2]Dies gilt sinngemäß für Ruhegehälter, Hinterbliebenenbezüge und Leistungen verwandter Art. *(BGBl I 2012/35)*

(2) Wird über das Vermögen der Gesellschaft das Insolvenzverfahren eröffnet und der Anstellungsvertrag eines Vorstandsmitglieds gemäß § 25 IO aufgelöst, so kann dieses Ersatz für den ihm durch die Aufhebung des Dienstverhältnisses entstehenden Schaden nur für zwei Jahre seit dem Ablauf des Dienstverhältnisses verlangen. *(BGBl I 2010/58)*

Grundsätze für die Bezüge der Vorstandsmitglieder in börsenotierten Gesellschaften

§ 78a. (1) In einer börsenotierten Gesellschaft hat der Aufsichtsrat Grundsätze für die Vergütung der Mitglieder des Vorstands aufzustellen (Vergütungspolitik).

(2) [1]Die Vergütungspolitik hat die Geschäftsstrategie und die langfristige Entwicklung der Gesellschaft zu fördern und zu erläutern, wie sie das tut. [2]Sie muss klar und verständlich sein und die verschiedenen festen und variablen Vergütungsbestandteile, die Mitgliedern des Vorstands gewährt werden können, einschließlich sämtlicher Boni und anderer Vorteile in jeglicher Form, unter Angabe ihres jeweiligen relativen Anteils, beschreiben.

(3) In der Vergütungspolitik ist zu erläutern, wie die Vergütungs- und Beschäftigungsbedingungen der Arbeitnehmer der Gesellschaft bei der Festlegung der Vergütungspolitik berücksichtigt worden sind.

(4) [1]Gewährt die Gesellschaft variable Vergütungsbestandteile, so sind in der Vergütungspolitik die dafür maßgeblichen Kriterien klar und umfassend festzulegen. [2]Dabei sind die finanziellen und die nichtfinanziellen Leistungskriterien anzugeben, einschließlich etwaiger Kriterien im Zusammenhang mit der sozialen Verantwortung der Gesellschaft. [3]Die Vergütungspolitik hat weiters zu erläutern, inwiefern diese Kriterien die Ziele gemäß Abs. 2 fördern und mit welchen Methoden die Erfüllung der Kriterien festgestellt werden soll. [4]Sie hat Informationen zu etwaigen Wartefristen sowie zur Möglichkeit der Gesellschaft zu enthalten, variable Vergütungsbestandteile zurückzufordern.

(5) Gewährt die Gesellschaft eine aktienbezogene Vergütung, so hat die Vergütungspolitik Warte- und Behaltefristen zu präzisieren und zu erläutern, inwiefern die aktienbezogene Vergütung die Ziele gemäß Abs. 2 fördert.

(6) In der Vergütungspolitik sind die Laufzeit der Verträge der Mitglieder des Vorstands, die maßgeblichen Kündigungsfristen, die Hauptmerkmale von Zusatzpensionssystemen und Vorruhestandsprogrammen sowie die Bedingungen für die Beendigung und die dabei zu leistenden Zahlungen anzugeben.

(7) [1]In der Vergütungspolitik ist das Verfahren zu erläutern, wie diese Politik festgelegt, überprüft und umgesetzt wird, weiters wie sie Interessenkonflikte vermeidet oder mit ihnen umgeht. [2]Gegebenenfalls ist die Rolle des Vergütungsausschusses oder anderer betroffener Ausschüsse zu beschreiben.

(8) [1]Unter außergewöhnlichen Umständen kann die Gesellschaft vorübergehend von ihrer Vergütungspolitik abweichen, sofern diese die Vorgehensweise für eine solche Abweichung beschreibt und diejenigen Teile festlegt, von denen abgewichen werden darf. [2]Als außergewöhnliche Umstände gelten nur Situationen, in denen die Abweichung von der Vergütungspolitik für die langfristige Entwicklung der Gesellschaft oder die Sicherstellung ihrer Rentabilität notwendig ist.

(9) In jeder überprüften Vergütungspolitik sind sämtliche wesentlichen Änderungen zu beschreiben und zu erläutern; dabei ist darauf einzugehen, wie die Abstimmungen und Ansichten der Aktionäre zur Vergütungspolitik und den Vergütungs-

berichten seit der letzten Abstimmung über die Vergütungspolitik in der Hauptversammlung berücksichtigt wurden.

(BGBl I 2019/63)

Abstimmung über die Vergütungspolitik und Veröffentlichung

§ 78b. (1) [1]Die Vergütungspolitik ist der Hauptversammlung mindestens in jedem vierten Geschäftsjahr sowie bei jeder wesentlichen Änderung zur Abstimmung vorzulegen. [2]Die Abstimmung hat empfehlenden Charakter. [3]Der Beschluss ist nicht anfechtbar.

(2) [1]Die Gesellschaft darf die Mitglieder des Vorstands nur entsprechend einer Vergütungspolitik entlohnen, die der Hauptversammlung zur Abstimmung vorgelegt wurde. [2]Lehnt die Hauptversammlung die vorgeschlagene Vergütungspolitik ab, so hat die Gesellschaft in der darauffolgenden Hauptversammlung eine überprüfte Vergütungspolitik vorzulegen.

(3) Die Vergütungspolitik ist nach der Abstimmung in der Hauptversammlung zusammen mit dem Datum und dem Ergebnis der Abstimmung spätestens am zweiten Werktag nach der Hauptversammlung auf der im Firmenbuch eingetragenen Internetseite der Gesellschaft zu veröffentlichen und hat dort mindestens für die Dauer ihrer Gültigkeit kostenfrei zugänglich zu bleiben.

(BGBl I 2019/63)

Erstellung eines Vergütungsberichts für die Bezüge der Vorstandsmitglieder in börsenotierten Gesellschaften

§ 78c. (1) [1]In einer börsenotierten Gesellschaft haben der Vorstand und der Aufsichtsrat einen klaren und verständlichen Vergütungsbericht zu erstellen. [2]Dieser hat einen umfassenden Überblick über die im Lauf des letzten Geschäftsjahrs den aktuellen und ehemaligen Mitgliedern des Vorstands im Rahmen der Vergütungspolitik (§ 78a) gewährten oder geschuldeten Vergütung einschließlich sämtlicher Vorteile in jeglicher Form zu bieten.

(2) Der Vergütungsbericht hat gegebenenfalls die folgenden Informationen über die Vergütung der einzelnen Mitglieder des Vorstands zu enthalten:

1. Die Gesamtvergütung, aufgeschlüsselt nach Bestandteilen, den relativen Anteil von festen und variablen Vergütungsbestandteilen sowie eine Erläuterung, wie die Gesamtvergütung der Vergütungspolitik entspricht, einschließlich von Angaben dazu, wie die Gesamtvergütung die langfristige Leistung der Gesellschaft fördert und wie die Leistungskriterien angewendet wurden;

2. die jährliche Veränderung der Gesamtvergütung, des wirtschaftlichen Erfolgs der Gesellschaft und der durchschnittlichen Entlohnung der sonstigen Beschäftigten der Gesellschaft auf Vollzeitäquivalenzbasis, zumindest für die letzten fünf Geschäftsjahre und in einer Weise, die einen Vergleich ermöglicht;

3. jegliche Vergütung von verbundenen Unternehmen (§ 189a Z 8 UGB);

4. die Anzahl der gewährten oder angebotenen Aktien und Aktienoptionen und die wichtigsten Bedingungen für die Ausübung der Rechte, einschließlich des Ausübungspreises, des Ausübungsdatums und etwaiger Änderungen dieser Bedingungen;

5. Informationen dazu, ob und wie von der Möglichkeit Gebrauch gemacht wurde, variable Vergütungsbestandteile zurückzufordern;

6. Informationen zu etwaigen Abweichungen von dem Verfahren zur Umsetzung der Vergütungspolitik nach § 78a Abs. 2 bis 7 und zu etwaigen Abweichungen, die gemäß § 78a Abs. 8 praktiziert wurden, einschließlich einer Erläuterung der Art der außergewöhnlichen Umstände, und die Angabe der konkreten Teile, von denen abgewichen wurde.

(3) In den Vergütungsbericht dürfen keine besonderen Kategorien von personenbezogenen Daten einzelner Mitglieder des Vorstands im Sinn des Art. 9 Abs. 1 der Verordnung (EU) 2016/679 zum Schutz natürlicher Personen bei der Verarbeitung personenbezogener Daten, zum freien Datenverkehr und zur Aufhebung der Richtlinie 95/46/EG (Datenschutz-Grundverordnung), ABl. Nr. L 119 vom 27.4.2016 S. 1, oder personenbezogene Daten aufgenommen werden, die sich auf die Familiensituation einzelner Mitglieder des Vorstands beziehen.

(4) [1]Die Gesellschaft hat die personenbezogenen Daten von Mitgliedern des Vorstands, die in den Vergütungsbericht aufgenommen wurden, zu dem Zweck, die Transparenz in Bezug auf die Vergütung zu erhöhen, zu verarbeiten. [2]Unbeschadet längerer, in einem sektorspezifischen Rechtsakt der Europäischen Union festgelegter Fristen darf die Gesellschaft die personenbezogenen Daten von Mitgliedern des Vorstands, die in den Vergütungsbericht aufgenommen wurden, nach zehn Jahren ab der Veröffentlichung des Vergütungsberichts nicht mehr öffentlich zugänglich machen.

(BGBl I 2019/63)

Recht auf Abstimmung über den Vergütungsbericht

§ 78d. (1) [1]Der Vergütungsbericht für das letzte Geschäftsjahr ist der Hauptversammlung zur Abstimmung vorzulegen. [2]Die Abstimmung hat empfehlenden Charakter. [3]Der Beschluss ist nicht anfechtbar. [4]Die Gesellschaft hat im darauffolgenden Vergütungsbericht darzulegen, wie dem Abstimmungsergebnis in der letzten Hauptversammlung Rechnung getragen wurde.

(2) [1]In kleinen und mittleren Unternehmen im Sinne des § 221 Abs. 1 und 2 UGB kann der Vergütungsbericht des letzten Geschäftsjahrs auch nur als eigener Tagesordnungspunkt zur Erörterung in der Hauptversammlung vorgelegt werden. [2]Die Gesellschaft hat im darauffolgenden Vergütungsbericht darzulegen, wie der Erörterung in der letzten Hauptversammlung Rechnung getragen wurde.

(BGBl I 2019/63)

Veröffentlichung des Vergütungsberichts

§ 78e. (1) [1]Der Vorstand hat den Vergütungsbericht nach der Hauptversammlung auf der im Firmenbuch eingetragenen Internetseite der Gesellschaft kostenfrei zehn Jahre lang öffentlich zugänglich zu machen. [2]Der Vorstand kann entscheiden, dass der Bericht noch länger zugänglich bleibt, sofern er nicht mehr die personenbezogenen Daten von Mitgliedern des Vorstands und des Aufsichtsrats enthält.

(2) Der Abschlussprüfer hat zu überprüfen, ob der Vorstand die geforderten Informationen zur Verfügung gestellt hat.

(3) Der Vergütungsbericht ist nicht zum Firmenbuch einzureichen.

(BGBl I 2019/63)

Wettbewerbsverbot

§ 79. (1) [1]Die Vorstandsmitglieder dürfen ohne Einwilligung des Aufsichtsrats weder ein Unternehmen betreiben, noch Aufsichtsratsmandate in Unternehmen annehmen, die mit der Gesellschaft nicht konzernmäßig verbunden sind oder an denen die Gesellschaft nicht unternehmerisch beteiligt („§ 189a Z 2 UGB") ist, noch im Geschäftszweig der Gesellschaft für eigene oder fremde Rechnung Geschäfte machen. [2]Sie dürfen sich auch nicht an einer anderen unternehmerisch tätigen Gesellschaft als persönlich haftende Gesellschafter beteiligen. *(BGBl I 2005/59; BGBl I 2015/22)*

(2) Verstößt ein Vorstandsmitglied gegen dieses Verbot, so kann die Gesellschaft Schadenersatz fordern, sie kann statt dessen von dem Mitglied verlangen, daß es die für eigene Rechnung gemachten Geschäfte als für Rechnung der Gesellschaft eingegangen gelten lasse und die aus Geschäften für fremde Rechnung bezogene Vergütung herausgebe oder seinen Anspruch auf die Vergütung abtrete.

(3) Die Ansprüche der Gesellschaft verjähren in drei Monaten seit dem Zeitpunkt, in dem die übrigen Mitglieder des Vorstands und des Aufsichtsrats von der zum Schadenersatz verpflichtenden Handlung Kenntnis erlangen; sie verjähren ohne Rücksicht auf diese Kenntnis in fünf Jahren seit ihrer Entstehung.

Kreditgewährung an Vorstandsmitglieder

§ 80. (1) [1]Vorstandsmitgliedern und leitenden Angestellten der Gesellschaft darf Kredit nur mit ausdrücklicher Zustimmung des Aufsichtsrats gewährt werden. [2]Leitende Angestellte sind die Geschäftsführer und Betriebsleiter, die zur selbständigen Einstellung oder Entlassung der übrigen im Betrieb oder in der Betriebsabteilung Beschäftigten berechtigt sind oder denen Prokura oder Generalvollmacht erteilt ist. [3]Ebenso dürfen Kredite an gesetzliche Vertreter oder leitende Angestellte eines abhängigen oder herrschenden Unternehmens nur mit ausdrücklicher Zustimmung des Aufsichtsrats des herrschenden Unternehmens gewährt werden. [4]Die Zustimmung kann für gewisse Kreditgeschäfte oder Arten von Kreditgeschäften im voraus, jedoch nicht für länger als drei Monate erteilt werden. [5]Der Zustimmungsbeschluß hat auch die Verzinsung und Rückzahlung des Kredits zu regeln. [6]Der Gewährung eines Kredits steht die Gestattung einer Entnahme gleich, die über die dem Entnehmer zustehende Vergütung hinausgeht, namentlich auch die Gestattung der Entnahme von Vorschüssen auf Vergütungen.

(2) Kredite, die ein Monatsgehalt nicht übersteigen, fallen nicht unter Abs. 1.

(3) Diese Vorschriften gelten auch für Kredite an den Ehegatten oder an ein minderjähriges Kind eines Vorstandsmitglieds oder anderen gesetzlichen Vertreters oder eines leitenden Angestellten; sie gelten ferner für Kredite an einen Dritten, der für Rechnung einer Person handelt, an die nur mit Zustimmung des Aufsichtsrats Kredit gewährt werden darf.

(4) Wird entgegen Abs. 1 bis 3 Kredit gewährt, so ist der Kredit ohne Rücksicht auf entgegenstehende Vereinbarungen sofort zurückzuzahlen, wenn nicht der Aufsichtsrat nachträglich zustimmt.

Bericht an den Aufsichtsrat

§ 81. (1) [1]Der Vorstand hat dem Aufsichtsrat mindestens einmal jährlich über grundsätzliche Fragen der künftigen Geschäftspolitik des Unternehmens zu berichten sowie die künftige Entwicklung der Vermögens-, Finanz- und Ertragslage anhand einer Vorschaurechnung darzustellen (Jahresbericht). [2]Der Vorstand hat weiters dem Aufsichtsrat regelmäßig, mindestens vierteljährlich, über den Gang der Geschäfte und die Lage des Unternehmens im Vergleich zur Vorschaurechnung unter Berücksichtigung der künftigen Entwicklung zu berichten (Quartalsbericht). [3]Bei wichtigem Anlaß ist dem Vorsitzenden des Aufsichtsrats unverzüglich zu berichten; ferner ist über Umstände, die für die Rentabilität oder Liquidität der Gesellschaft von erheblicher Bedeutung sind, dem Aufsichtsrat unverzüglich zu berichten (Sonderbericht).

(2) [1]Der Jahresbericht und die Quartalsberichte sind schriftlich zu erstatten und auf Verlangen des Aufsichtsrats mündlich zu erläutern; sie sind jedem Aufsichtsratsmitglied auszuhändigen. [2]Die Sonderberichte sind schriftlich oder mündlich zu erstatten.

(BGBl I 1997/114)

Rechnungswesen

§ 82. Der Vorstand hat dafür zu sorgen, daß ein Rechnungswesen und ein internes Kontrollsystem geführt werden, die den Anforderungen des Unternehmens entsprechen.

(BGBl I 1997/114)

Vorstandspflichten bei Verlust

§ 83. Ergibt sich bei Aufstellung der Jahresbilanz oder einer Zwischenbilanz oder ist anzunehmen, daß ein Verlust in der Höhe des halben Grundkapitals besteht, so hat der Vorstand unverzüglich die Hauptversammlung einzuberufen und dieser davon Anzeige zu machen.

(2) *(aufgehoben, BGBl 1982/371)*

Sorgfaltspflicht und Verantwortlichkeit der Vorstandsmitglieder

§ 84. (1) [1]Die Vorstandsmitglieder haben bei ihrer Geschäftsführung die Sorgfalt eines ordentlichen und gewissenhaften Geschäftsleiters anzuwenden. [2]Über vertrauliche Angaben haben sie Stillschweigen zu bewahren.

(1a) Ein Vorstandsmitglied handelt jedenfalls im Einklang mit der Sorgfalt eines ordentlichen und gewissenhaften Geschäftsleiters, wenn er sich bei einer unternehmerischen Entscheidung nicht von sachfremden Interessen leiten lässt und auf der Grundlage angemessener Information annehmen darf, zum Wohle der Gesellschaft zu handeln. *(BGBl I 2015/112)*

(2) [1]Vorstandsmitglieder, die ihre Obliegenheiten verletzen, sind der Gesellschaft zum Ersatz des daraus entstehenden Schadens als Gesamtschuldner verpflichtet. [2]Sie können sich von der Schadenersatzpflicht durch den Gegenbeweis befreien, daß sie die Sorgfalt eines ordentlichen und gewissenhaften Geschäftsleiters angewendet haben.

(3) Die Vorstandsmitglieder sind namentlich zum Ersatz verpflichtet, wenn entgegen diesem Bundesgesetz

1. Einlagen an die Aktionäre zurückgewährt,

2. den Aktionären Zinsen oder Gewinnanteile gezahlt,

3. eigene Aktien der Gesellschaft oder einer anderen Gesellschaft gezeichnet, erworben, als Pfand genommen oder eingezogen werden,

4. Aktien vor der vollen Leistung des „ “ Ausgabebetrags ausgegeben werden, *(BGBl I 1998/125)*

5. Gesellschaftsvermögen verteilt wird,

6. Zahlungen geleistet werden, nachdem die Zahlungsunfähigkeit der Gesellschaft eingetreten ist oder sich ihre Überschuldung ergeben hat; dies gilt nicht von Zahlungen, die auch nach diesem Zeitpunkt mit der Sorgfalt eines ordentlichen und gewissenhaften Geschäftsleiters vereinbar sind,

7. Kredit gewährt wird,

8. bei der bedingten Kapitalerhöhung außerhalb des festgesetzten Zwecks oder vor der vollen Leistung des Gegenwerts Bezugsaktien ausgegeben werden.

(4) [1]Der Gesellschaft gegenüber tritt die Ersatzpflicht nicht ein, wenn die Handlung auf einem gesetzmäßigen Beschluß der Hauptversammlung beruht. [2]Dadurch, daß der Aufsichtsrat die Handlung gebilligt hat, wird die Ersatzpflicht nicht ausgeschlossen. [3]Die Gesellschaft kann erst nach fünf Jahren seit der Entstehung des Anspruchs und nur dann auf Ersatzansprüche verzichten oder sich darüber vergleichen, wenn die Hauptversammlung zustimmt und nicht eine Minderheit, deren Anteile „zwanzig vom Hundert“* des Grundkapitals erreichen, widerspricht. [4]„Die zeitliche Beschränkung gilt nicht, wenn der Ersatzpflichtige zahlungsunfähig oder überschuldet ist und sich zur Überwindung der Zahlungsunfähigkeit oder Überschuldung mit seinen Gläubigern vergleicht.“** *(*BGBl I 2009/71; **BGBl I 2010/58)*

(5) [1]Der Ersatzanspruch der Gesellschaft kann auch von den Gläubigern der Gesellschaft geltend gemacht werden, soweit sie von dieser keine Befriedigung erlangen können. [2]Dies gilt jedoch in anderen Fällen als denen des Abs. 3 nur dann, wenn die Vorstandsmitglieder die Sorgfalt eines ordentlichen und gewissenhaften Geschäftsleiters gröblich verletzt haben; Abs. 2 Satz 2 gilt sinngemäß. [3]Den Gläubigern gegenüber wird die Ersatzpflicht weder durch einen Verzicht oder Vergleich der Gesellschaft noch dadurch aufgehoben, daß die Handlung auf einem Beschluß der Hauptversammlung beruht oder der Aufsichtsrat die Handlung gebilligt hat. [4]„Ist über das Vermögen der Gesellschaft das Insolvenzverfahren eröffnet, so übt während dessen Dauer der Masse- oder Sanierungsverwalter das Recht der Gläubiger gegen die Vorstandsmitglieder aus.“ *(BGBl I 2010/58)*

(6) Die Ansprüche aus diesen Vorschriften verjähren in fünf Jahren.

Stellvertreter von Vorstandsmitgliedern

§ 85. Die Vorschriften für die Vorstandsmitglieder gelten auch für ihre Stellvertreter.

Zweiter Abschnitt

Aufsichtsrat

Zusammensetzung des Aufsichtsrats

§ 86. (1) [1]Der Aufsichtsrat besteht aus drei natürlichen Personen. [2]Die Satzung kann eine höhere Zahl, höchstens jedoch 20, festsetzen.

(2) Mitglied des Aufsichtsrats kann nicht sein, wer

1. bereits in zehn Kapitalgesellschaften Aufsichtsratsmitglied ist, wobei die Tätigkeit als Vorsitzender doppelt auf diese Höchstzahl anzurechnen ist,

2. gesetzlicher Vertreter eines Tochterunternehmens („§ 189a Z 7 UGB") der Gesellschaft ist oder *(BGBl I 2015/22)*

3. gesetzlicher Vertreter einer anderen Kapitalgesellschaft ist, deren Aufsichtsrat ein Vorstandsmitglied der Gesellschaft angehört, es sei denn, eine der Gesellschaften ist mit der anderen konzernmäßig verbunden oder an ihr unternehmerisch beteiligt („§ 189a Z 2 UGB"). *(BGBl I 2015/22)*

(3) Auf die Höchstzahlen nach Abs. 2 Z 1 sind bis zu zehn Sitze in Aufsichtsräten, in die das Mitglied gewählt oder entsandt ist, um die wirtschaftlichen Interessen des Bundes, eines Landes, eines Gemeindeverbandes, einer Gemeinde oder eines mit der Gesellschaft konzernmäßig verbundenen oder an ihr unternehmerisch beteiligten Unternehmens („§ 189a Z 2 UGB") zu wahren, nicht anzurechnen. *(BGBl I 2015/22)*

(4) [1]Mitglied des Aufsichtsrats einer börsenotierten Gesellschaft kann nicht sein, wer

1. bereits in acht börsenotierten Gesellschaften Aufsichtsratsmitglied ist, wobei die Tätigkeit als Vorsitzender doppelt auf diese Höchstzahl anzurechnen ist, oder

2. in den letzten zwei Jahren Vorstandsmitglied dieser Gesellschaft war, es sei denn, seine Wahl erfolgt auf Vorschlag von Aktionären, die mehr als 25 vom Hundert der Stimmrechte an der Gesellschaft halten. [2]Dem Aufsichtsrat darf jedoch nicht mehr als ein ehemaliges Vorstandsmitglied angehören, für das die zweijährige Frist noch nicht abgelaufen ist.
(BGBl I 2012/35)

(5) Der Tätigkeit als Aufsichtsratsmitglied ist die Tätigkeit als Verwaltungsratsmitglied (§§ 38 ff SEG) gleichzuhalten.

(6) Hat eine Person bereits so viele oder mehr Sitze in Aufsichtsräten inne, als gesetzlich zulässig ist, so kann sie in den Aufsichtsrat einer Gesellschaft erst berufen werden, sobald hiedurch die gesetzliche Höchstzahl nicht mehr überschritten wird.

(7) In börsenotierten Gesellschaften sowie in Gesellschaften, in denen dauernd mehr als 1 000 Arbeitnehmer beschäftigt sind, besteht der Aufsichtsrat zu mindestens 30 Prozent aus Frauen und zu mindestens 30 Prozent aus Männern, sofern der Aufsichtsrat aus mindestens sechs Mitgliedern (Kapitalvertretern) und die Belegschaft zu mindestens 20 Prozent aus Arbeitnehmerinnen beziehungsweise Arbeitnehmern besteht. Es ist auf volle Personenzahlen zu runden; aufzurunden ist, wenn der errechnete Mindestanteil eine Dezimalstelle von zumindest fünf aufweist. *(BGBl I 2017/104)*

(8) Eine Wahl der Mitglieder des Aufsichtsrates durch die Hauptversammlung und eine Entsendung in den Aufsichtsrat unter Verstoß gegen das Mindestanteilsgebot des Abs. 7 ist nichtig. Wird eine Wahl aus anderen Gründen für nichtig erklärt, so verstoßen zwischenzeitlich erfolgte Wahlen insoweit nicht gegen das Mindestanteilsgebot. *(BGBl I 2017/104)*

(9) Der Mindestanteil ist vom Aufsichtsrat insgesamt zu erfüllen. Widerspricht die Mehrheit der gemäß diesem Bundesgesetz oder der Satzung bestellten Aufsichtsratsmitglieder (Kapitalvertreter) oder die Mehrheit der gemäß § 110 ArbVG entsandten Aufsichtsratsmitglieder (Arbeitnehmervertreter) spätestens sechs Wochen vor einer Wahl oder Entsendung der Gesamterfüllung gegenüber dem Aufsichtsratsvorsitzenden, so ist der Mindestanteil für diese Wahl oder Entsendung von den Kapitalvertretern und den Arbeitnehmervertretern getrennt zu erfüllen. Die Kapitalvertreter und die Arbeitnehmervertreter können für einen bestimmten Zeitraum einen Verzicht auf das Widerspruchsrecht vereinbaren oder jeweils erklären, einen Widerspruch aufrecht zu erhalten; dies ist jeweils dem Aufsichtsratsvorsitzenden mitzuteilen. *(BGBl I 2017/104)*

(BGBl I 2005/59)

Wahl und Abberufung

§ 87. (1) [1]Die Aufsichtsratsmitglieder werden von der Hauptversammlung gewählt. [2]Wenn ein Aktionär oder der Aufsichtsrat beantragt, die Mitgliederzahl im Rahmen der durch die Satzung gezogenen Grenzen zu erhöhen oder zu verringern, ist darüber vor der Wahl abzustimmen; im Übrigen bleibt § 119 Abs. 3 unberührt. *(BGBl I 2009/71)*

(2) Vor der Wahl haben die vorgeschlagenen Personen der Hauptversammlung ihre fachliche Qualifikation, ihre beruflichen oder vergleichbare Funktionen sowie alle Umstände darzulegen, die die Besorgnis einer Befangenheit begründen könnten. *(BGBl I 2009/71)*

(2a) [1]Bei der Wahl von Aufsichtsratsmitgliedern hat die Hauptversammlung auf die fachliche und persönliche Qualifikation der Mitglieder sowie auf eine im Hinblick auf die Struktur und das Geschäftsfeld der Gesellschaft fachlich ausgewogene Zusammensetzung des Aufsichtsrats zu achten. [2]Weiters sind Aspekte der Diversität des Aufsichtsrats im Hinblick auf die Vertretung beider Geschlechter und die Altersstruktur sowie bei börsenotierten Gesellschaften auch im Hinblick auf die Internationalität der Mitglieder angemessen zu berücksichtigen. [3]Es ist auch darauf zu achten, dass niemand zum Aufsichtsratsmitglied gewählt wird, der rechtskräftig wegen einer gerichtlich strafbaren Handlung verurteilt worden ist, die seine berufliche Zuverlässigkeit in Frage stellt. *(BGBl I 2012/35)*

(3) [1]Wenn dieselbe Hauptversammlung zwei oder mehr Aufsichtsratsmitglieder zu wählen hat, muss über jede zu besetzende Stelle gesondert abgestimmt werden. [2]Eine Reihung oder Zuordnung der zur Wahl vorgeschlagenen Personen zu den einzelnen Stellen durch denjenigen, der sie vorschlägt, ist zu beachten. [3]Bei einer nicht börsenotierten Gesellschaft ist eine Verbindung zu einem einheitlichen Abstimmungsvorgang zulässig, wenn sich kein Aktionär dagegen ausspricht. *(BGBl I 2009/71)*

(4) [1]Wenn dieselbe Hauptversammlung wenigstens drei Aufsichtsratsmitglieder zu wählen hat und sich vor der Abstimmung über die letzte zu besetzende Stelle ergibt, dass wenigstens ein Drittel aller abgegebenen Stimmen bei allen vorangegangenen Wahlen zugunsten derselben Person, aber ohne Erfolg abgegeben wurde, muss diese Person ohne weitere Abstimmung als für die letzte Stelle gewählt erklärt werden, sofern sie auch für diese Stelle kandidiert. [2]Diese Bestimmung ist so lange nicht anzuwenden, als sich im Aufsichtsrat ein Mitglied befindet, das auf diese Art durch die Minderheit gewählt wurde. *(BGBl I 2009/71)*

(5) Von den Bestimmungen der Abs. 3 und 4 kann die Satzung nur abweichen, indem sie für die Wahl von Mitgliedern des Aufsichtsrats durch die Hauptversammlung eine Verhältniswahl vorsieht. *(BGBl I 2009/71)*

(6) Bei einer börsenotierten Gesellschaft müssen Vorschläge zur Wahl von Aufsichtsratsmitgliedern samt den Erklärungen gemäß Abs. 2 für jede vorgeschlagene Person spätestens am fünften Werktag vor der Hauptversammlung auf der „im Firmenbuch eingetragenen" Internetseite der Gesellschaft zugänglich gemacht werden, widrigenfalls die betreffende Person nicht in die Abstimmung einbezogen werden darf. *(BGBl I 2009/71; BGBl I 2011/53)*

„(7)" Kein Aufsichtsratsmitglied kann für längere Zeit als bis zur Beendigung der Hauptversammlung gewählt werden, die über die Entlastung für das vierte Geschäftsjahr nach der Wahl beschließt; hiebei wird das Geschäftsjahr, in dem das Aufsichtsratsmitglied gewählt wurde, nicht mitgerechnet. *(BGBl I 2009/71)*

„(8)" [1]Die Bestellung zum Aufsichtsratsmitglied kann vor Ablauf der Funktionsperiode von der Hauptversammlung widerrufen werden. [2]Der Beschluß bedarf einer Mehrheit, die mindestens drei Viertel der abgegebenen Stimmen umfaßt. [3]Die Satzung kann diese Mehrheit durch eine andere ersetzen und noch andere Erfordernisse aufstellen. *(BGBl I 2009/71)*

„(9)" [1]Die Bestellung des ersten Aufsichtsrats gilt bis zur Beendigung der ersten Hauptversammlung, die nach Ablauf eines Jahres seit der Eintragung der Gesellschaft in das Firmenbuch zur Beschlußfassung über die Entlastung stattfindet. [2]Sie kann vorher von der Hauptversammlung mit einfacher Stimmenmehrheit widerrufen werden. *(BGBl I 2009/71)*

„(10)" Das Gericht hat auf Antrag einer Minderheit, deren Anteile zusammen „zehn vom Hundert" des Grundkapitals erreichen, ein Aufsichtsratsmitglied abzuberufen, wenn hiefür ein wichtiger Grund vorliegt. *(BGBl I 2005/59; BGBl I 2009/71)*

Entsendung von Mitgliedern in den Aufsichtsrat

§ 88. (1) [1]Die Satzung kann bestimmten Aktionären oder den jeweiligen Inhabern bestimmter Aktien das Recht einräumen, Mitglieder in den Aufsichtsrat zu entsenden. [2]Die Gesamtzahl der entsandten Mitglieder darf ein Drittel aller Aufsichtsratsmitglieder nicht übersteigen. [3]„In „nicht börsenotierten Gesellschaften"** darf die Gesamtzahl der entsandten Mitglieder die Hälfte aller Aufsichtsratsmitglieder nicht übersteigen."* *(* BGBl I 2004/67; ** BGBl I 2009/71)*

(2) Das Entsendungsrecht kann nur den Inhabern solcher Aktien eingeräumt werden, die auf Namen lauten und deren Übertragung an die Zustimmung der Gesellschaft gebunden ist.

(3) Die Aktien, deren Inhabern das Entsendungsrecht zusteht, gelten nicht als eine besondere Gattung.

(4) [1]Die entsandten Aufsichtsratsmitglieder können von den Entsendungsberechtigten jederzeit abberufen und durch andere ersetzt werden. [2]Liegt in der Person eines entsandten Mitglieds ein wichtiger Grund vor, so hat das Gericht auf Antrag einer Minderheit, deren Anteile zusammen „zehn vom Hundert" des Grundkapitals erreichen, das Mitglied abzuberufen. *(BGBl I 2009/71)*

(5) Sind die in der Satzung bestimmten Voraussetzungen des Entsendungsrechts weggefallen, so kann die Hauptversammlung das entsandte Mitglied mit einfacher Stimmenmehrheit abberufen.

Bestellung durch das Gericht

§ 89. (1) [1]Gehört dem Aufsichtsrat länger als drei Monate weniger als die zur Beschlußfähigkeit nötige Zahl von Mitgliedern an, so hat ihn das Gericht auf Antrag des Vorstands, eines Aufsichtsratsmitglieds oder eines Aktionärs auf diese Zahl zu ergänzen. [2]Der Vorstand ist verpflichtet, den Antrag zu stellen.

(2) Das Gericht hat die von ihm bestellten Mitglieder abzuberufen, wenn die Voraussetzungen weggefallen sind.

Unvereinbarkeit der Zugehörigkeit zum Vorstand und zum Aufsichtsrat

§ 90. (1) [1]Die Aufsichtsratsmitglieder können nicht zugleich Vorstandsmitglieder oder dauernd Vertreter von Vorstandsmitgliedern der Gesellschaft oder ihrer Tochterunternehmen („§ 189a Z 7 UGB“) sein. [2]Sie können auch nicht als Angestellte die Geschäfte der Gesellschaft führen. *(BGBl I 2005/59; BGBl I 2015/22)*

(2) [1]Nur für einen im voraus begrenzten Zeitraum kann der Aufsichtsrat einzelne seiner Mitglieder zu Vertretern von behinderten Vorstandsmitgliedern bestellen. [2]In dieser Zeit dürfen sie keine Tätigkeit als Aufsichtsratsmitglied ausüben. [3]Das Wettbewerbsverbot des § 79 gilt für sie nicht.

Veröffentlichung der Änderungen im Aufsichtsrat

§ 91. Der Vorstand hat jeden Wechsel der Aufsichtsratsmitglieder unverzüglich zur Eintragung in das Firmenbuch anzumelden.

(BGBl 1991/10)

Innere Ordnung des Aufsichtsrats

§ 92. (1) [1]Der Aufsichtsrat hat nach näherer Bestimmung der Satzung aus seiner Mitte einen Vorsitzenden und mindestens einen Stellvertreter zu wählen. [2]Der Vorstand hat zum Firmenbuch anzumelden, wer gewählt ist.

(1a) Ein Mitglied des Aufsichtsrats einer börsenotierten Gesellschaft, das in den letzten zwei Jahren Vorstandsmitglied dieser Gesellschaft war, kann nicht zum Vorsitzenden des Aufsichtsrats gewählt werden. *(BGBl I 2012/35)*

(2) Über die Verhandlungen und Beschlüsse des Aufsichtsrats ist eine Niederschrift anzufertigen, die der Vorsitzende oder sein Stellvertreter zu unterzeichnen hat.

(3) [1]Beschlußfassungen durch schriftliche Stimmabgabe sind nur zulässig, wenn kein Mitglied diesem Verfahren widerspricht. [2]„Dasselbe gilt für fernmündliche oder andere vergleichbare Formen der Beschlussfassung des Aufsichtsrats und seiner Ausschüsse.“ *(BGBl I 2004/67)*

(4) [1]Der Aufsichtsrat kann aus seiner Mitte einen oder mehrere Ausschüsse bestellen, namentlich zu dem Zweck, seine Verhandlungen und Beschlüsse vorzubereiten oder die Ausführung seiner Beschlüsse zu überwachen. „ “*** [2]Die gemäß „§ 110 ArbVG, BGBl. Nr. 22/1974, in der jeweils geltenden Fassung, in den Aufsichtsrat entsandten“* Mitglieder des Betriebsrats haben Anspruch darauf, daß in jedem Ausschuß des Aufsichtsrats mindestens ein von ihnen namhaft gemachtes Mitglied Sitz und Stimme hat; „dies gilt nicht für Sitzungen und Abstimmungen, die die Beziehungen zwischen der Gesellschaft und Mitgliedern des Vorstands betreffen, ausgenommen Beschlüsse auf Bestellung oder Widerruf der Bestellung eines Vorstandsmitglieds sowie auf Einräumung von Optionen auf Aktien der Gesellschaft.“** *(*BGBl I 1997/114; **BGBl I 2001/42; ***BGBl I 2005/59)*

(4a) In Gesellschaften im Sinn des § 189a Z 1 lit. a und lit. d UGB sowie in großen Gesellschaften, bei denen das Fünffache eines der in Euro ausgedrückten Größenmerkmale einer großen Gesellschaft (§ 221 Abs. 3 erster Satz in Verbindung mit Abs. 4 bis 6 UGB) überschritten wird (fünffach große Gesellschaften), ist ein Prüfungsausschuss nach folgenden Bestimmungen zu bestellen:

1. [1]Dem Prüfungsausschuss muss eine Person angehören, die über den Anforderungen des Unternehmens entsprechende Kenntnisse und praktische Erfahrung im Finanz- und Rechnungswesen und in der Berichterstattung verfügt (Finanzexperte). [2]Vorsitzender des Prüfungsausschusses oder Finanzexperte darf nicht sein, wer in den letzten drei Jahren Vorstandsmitglied, leitender Angestellter (§ 80) oder Abschlussprüfer der Gesellschaft war, den Bestätigungsvermerk unterfertigt hat oder aus anderen Gründen nicht unabhängig oder unbefangen ist. [3]Die Ausschussmitglieder müssen in ihrer Gesamtheit mit dem Sektor, in dem das geprüfte Unternehmen tätig ist, vertraut sein. [4]Der Prüfungsausschuss hat zumindest zwei Sitzungen im Geschäftsjahr abzuhalten.

2. [1]Der Abschlussprüfer hat spätestens mit dem Bestätigungsvermerk einen zusätzlichen Bericht an den Prüfungsausschuss nach Art. 11 der Verordnung (EU) Nr. 537/2014 über spezifische Anforderungen an die Abschlussprüfung bei Unternehmen von öffentlichem Interesse und zur Aufhebung des Beschlusses 2005/909/EG, ABl. Nr. L 158 vom 27.5.2014, S. 77, in der Fassung der Berichtigung ABl. Nr. L 170 vom 11.6.2014, S. 66, zu erstatten. [2]Der Abschlussprüfer ist den Sitzungen des Prüfungsausschusses, die sich mit der Vorbereitung der Feststellung des Jahresabschlusses (Konzernabschlusses) und dessen Prüfung beschäftigen, beizuziehen und hat über die Abschlussprüfung zu berichten.

3. [1]In Gesellschaften, an denen ein Mutterunternehmen unmittelbar oder mittelbar mehr als 75 Prozent der Anteile hält, muss kein Prüfungsausschuss bestellt werden, sofern im Mutterunternehmen ein solcher oder ein gleichwertiges Gremium dessen Aufgaben und sonstige Pflichten auf Konzernebene erfüllt. [2]In diesem Fall ist der zusätzliche Bericht (Z 2 erster Satz) dem Prüfungsausschuss oder dem sonstigen Gremium des Mutterunternehmens sowie zugleich dem Aufsichtsrat des Tochterunternehmens zu erstatten. [3]Die Bestellung eines Prüfungsausschusses kann bei fünffach großen Gesellschaften auch unterbleiben, wenn der Aufsichtsrat aus nicht mehr als vier Mitgliedern besteht, wie ein Prüfungsausschuss zusammengesetzt ist und dessen Aufgaben und sonstige Pflichten wahrnimmt; der zusätzliche Bericht ist diesfalls dem Aufsichtsrat zu erstatten.

4. [1]Zu den Aufgaben des Prüfungsausschusses gehören:

a) die Überwachung des Rechnungslegungsprozesses sowie die Erteilung von Empfehlungen oder Vorschlägen zur Gewährleistung seiner Zuverlässigkeit;

b) die Überwachung der Wirksamkeit des internen Kontrollsystems, gegebenenfalls des internen Revisionssystems, und des Risikomanagementsystems der Gesellschaft;

c) die Überwachung der Abschlussprüfung und der Konzernabschlussprüfung unter Einbeziehung von Erkenntnissen und Schlussfolgerungen in Berichten, die von der Abschlussprüferaufsichtsbehörde nach § 4 Abs. 2 Z 12 APAG veröffentlicht werden;

d) die Prüfung und Überwachung der Unabhängigkeit des Abschlussprüfers (Konzernabschlussprüfers), insbesondere im Hinblick auf die für die geprüfte Gesellschaft erbrachten zusätzlichen Leistungen; bei Gesellschaften im Sinn des § 189a Z 1 lit. a und lit. d UGB gelten Art. 5 der Verordnung (EU) Nr. 537/2014 und § 271a Abs. 6 UGB;

e) die Erstattung des Berichts über das Ergebnis der Abschlussprüfung an den Aufsichtsrat und die Darlegung, wie die Abschlussprüfung zur Zuverlässigkeit der Finanzberichterstattung beigetragen hat, sowie die Rolle des Prüfungsausschusses dabei;

f) die Prüfung des Jahresabschlusses und die Vorbereitung seiner Feststellung, die Prüfung des Vorschlags für die Gewinnverteilung, des Lageberichts und gegebenenfalls des Corporate Governance-Berichts sowie die Erstattung des Berichts über die Prüfungsergebnisse an den Aufsichtsrat;

g) gegebenenfalls die Prüfung des Konzernabschlusses und des Konzernlageberichts, des konsolidierten Corporate Governance-Berichts sowie die Erstattung des Berichts über die Prüfungsergebnisse an den Aufsichtsrat;

h) die Durchführung des Verfahrens zur Auswahl des Abschlussprüfers (Konzernabschlussprüfers) unter Bedachtnahme auf die Angemessenheit des Honorars sowie die Empfehlung für seine Bestellung an den Aufsichtsrat. [2]Bei Gesellschaften im Sinn des § 189a Z 1 lit. a und lit. d UGB gilt Art. 16 der Verordnung (EU) Nr. 537/2014. *(BGBl I 2016/43)*

(5) [1]Der Aufsichtsrat oder sein Ausschuß ist nur dann beschlußfähig, wenn an der Sitzung mindestens drei Mitglieder teilnehmen „(§ 95 Abs. 7 Satz 2 zweiter Halbsatz)"*. [2]Die Satzung kann eine höhere Zahl festsetzen. [3]Die Beschlußfähigkeit eines Ausschusses, dem weniger als drei Aufsichtsratsmitglieder angehören, ist bei Anwesenheit seiner sämtlichen Mitglieder gegeben. [4]„Die schriftliche, fernmündliche oder eine andere vergleichbare Form der Stimmabgabe einzelner Aufsichtsratsmitglieder ist zulässig, wenn die Satzung oder der Aufsichtsrat dies vorsieht."** *(*BGBl I 2001/42; **BGBl I 2004/67)*

Teilnahme an Sitzungen des Aufsichtsrats und seiner Ausschüsse

§ 93. (1) [1]An den Sitzungen des Aufsichtsrats und seiner Ausschüsse dürfen Personen, die weder dem Aufsichtsrat noch dem Vorstand angehören, nicht teilnehmen. [2]Sachverständige und Auskunftspersonen können zur Beratung über einzelne Gegenstände zugezogen werden.[3]„Den Sitzungen, die sich mit der Feststellung des Jahresabschlusses und deren Vorbereitung sowie mit der Prüfung des Jahresabschlusses (Konzernabschlusses) beschäftigen, ist jedenfalls der Abschlussprüfer (Konzernabschlussprüfer) zuzuziehen." *(BGBl I 2005/59)*

(2) Aufsichtsratsmitglieder, die dem Ausschuß nicht angehören, können an den Ausschußsitzungen teilnehmen, wenn die Satzung oder der Vorsitzende des Aufsichtsrats nichts anderes bestimmt.

(3) [1]Die Satzung kann zulassen, daß an den Sitzungen des Aufsichtsrats und seiner Ausschüsse Personen, die dem Aufsichtsrat nicht angehören, an Stelle von Aufsichtsratsmitgliedern teilnehmen können, wenn sie von diesen hiezu schriftlich ermächtigt sind. [2]Sie können auch schriftliche Stimmabgaben der Aufsichtsratsmitglieder überreichen.

(4) Abweichende gesetzliche Vorschriften bleiben unberührt.

Einberufung des Aufsichtsrats

§ 94. (1) [1]Jedes Aufsichtsratsmitglied oder der Vorstand kann unter Angabe des Zwecks und der Gründe verlangen, daß der Vorsitzende des Aufsichtsrats unverzüglich den Aufsichtsrat einberuft. [2]Die Sitzung muß binnen zwei Wochen nach der Einberufung stattfinden.

(2) Wird einem von mindestens zwei Aufsichtsratsmitgliedern oder vom Vorstand geäußerten Verlangen nicht entsprochen, so können die Antragsteller unter Mitteilung des Sachverhalts selbst den Aufsichtsrat einberufen.

(3) [1]Der Aufsichtsrat muß mindestens „viermal“ im Geschäftsjahr eine Sitzung abhalten. [2]„Die Sitzungen haben vierteljährlich stattzufinden.“ *(BGBl 1982/371; BGBl I 1997/114)*

Aufgaben und Rechte des Aufsichtsrats

§ 95. (1) Der Aufsichtsrat hat die Geschäftsführung zu überwachen.

(2) [1]Der Aufsichtsrat kann vom Vorstand jederzeit einen Bericht über die Angelegenheiten der Gesellschaft einschließlich ihrer Beziehungen zu einem Konzernunternehmen verlangen. [2]„Auch ein einzelnes Mitglied kann einen Bericht, jedoch nur an den Aufsichtsrat als solchen, verlangen; lehnt der Vorstand die Berichterstattung ab, so kann der Bericht nur dann verlangt werden, wenn ein anderes Aufsichtsratsmitglied das Verlangen unterstützt. [3]Der Vorsitzende des Aufsichtsrats kann einen Bericht auch ohne Unterstützung eines anderen Aufsichtsratsmitglieds verlangen.“ *(BGBl I 1997/114)*

(3) Der Aufsichtsrat kann die Bücher und Schriften der Gesellschaft sowie die Vermögensgegenstände, namentlich die Gesellschaftskasse und die Bestände an Wertpapieren und Waren, einsehen und prüfen, er kann damit auch einzelne Mitglieder oder für bestimmte Aufgaben besondere Sachverständige beauftragen.

(4) Der Aufsichtsrat hat eine Hauptversammlung einzuberufen, wenn das Wohl der Gesellschaft es erfordert.

(5) [1]Maßnahmen der Geschäftsführung können dem Aufsichtsrat nicht übertragen werden. [2]Folgende Geschäfte sollen jedoch nur mit Zustimmung des Aufsichtsrats vorgenommen werden:

1. der Erwerb und die Veräußerung von Beteiligungen („§ 189a Z 2 UGB“) sowie der Erwerb, die Veräußerung und die Stillegung von Unternehmen und Betrieben; *(BGBl 1990/475; BGBl I 2015/22)*

2. der Erwerb, die Veräußerung und die Belastung von Liegenschaften, soweit dies nicht zum gewöhnlichen Geschäftsbetrieb gehört; *(BGBl I 2008/70)*

3. die Errichtung und die Schließung von Zweigniederlassungen;

4. Investitionen, die bestimmte Anschaffungskosten im einzelnen und insgesamt in einem Geschäftsjahr übersteigen;

5. die Aufnahme von Anleihen, Darlehen und Krediten, die einen bestimmten Betrag im einzelnen und insgesamt in einem Geschäftsjahr übersteigen;

6. die Gewährung von Darlehen und Krediten, soweit sie nicht zum gewöhnlichen Geschäftsbetrieb gehört;

7. die Aufnahme und Aufgabe von Geschäftszweigen und Produktionsarten;

8. die Festlegung allgemeiner Grundsätze der Geschäftspolitik;

9. die Festlegung von Grundsätzen über die Gewährung von Gewinn- oder Umsatzbeteiligungen und Pensionszusagen an leitende Angestellte im Sinne des § 80 Abs. 1;

10. die Einräumung von Optionen auf Aktien der Gesellschaft an Arbeitnehmer und leitende Angestellte der Gesellschaft oder eines mit ihr verbundenen Unternehmens sowie an Mitglieder des Vorstands und des Aufsichtsrats von verbundenen Unternehmen; *(BGBl I 2001/42)*

11. die Erteilung der Prokura „ ;“ *(BGBl I 2005/59)*

12. der Abschluss von Verträgen mit Mitgliedern des Aufsichtsrats, durch die sich diese außerhalb ihrer Tätigkeit im Aufsichtsrat gegenüber der Gesellschaft oder einem Tochterunternehmen („§ 189a Z 7 UGB“**) zu einer Leistung gegen ein nicht bloß geringfügiges Entgelt verpflichten. [2]Dies gilt auch für Verträge mit Unternehmen, an denen ein Aufsichtsratsmitglied ein erhebliches wirtschaftliches Interesse hat „ ;“* *(BGBl I 2005/59; *BGBl I 2008/70; **BGBl I 2015/22)*

13. die Übernahme einer leitenden Stellung (§ 80) in der Gesellschaft innerhalb von zwei Jahren nach Zeichnung des Bestätigungsvermerks durch den Abschlussprüfer, durch den Konzernabschlussprüfer, durch den Abschlussprüfer eines bedeutenden verbundenen Unternehmens oder durch den den jeweiligen Bestätigungsvermerk unterzeichnenden Wirtschaftsprüfer sowie eine für ihn tätige Person, die eine maßgeblich leitende Funktion bei der Prüfung ausgeübt hat, soweit dies nicht gemäß § 271c UGB untersagt ist „ ;“ *(BGBl I 2008/70, vgl § 262 Abs 14; BGBl I 2009/71)*

14. Maßnahmen, mit denen der Vorstand von einer ihm gemäß § 102 Abs. 3 oder 4 erteilten Ermächtigung Gebrauch macht „;“ *(BGBl I 2009/71; BGBl I 2017/107)*

15. der Antrag auf Zulassung von Aktien der Gesellschaft zum Handel an einer anerkannten Börse im Sinn des § 3 sowie der Antrag auf Widerruf einer solchen Zulassung *(BGBl I 2017/107)*

[1]Zu den in den Z 1 und 2 genannten Geschäften kann die Satzung oder der Aufsichtsrat Betragsgrenzen festsetzen, zu den in den Z 4, 5 und 6 genannten Geschäften haben die Satzung oder der Aufsichtsrat eine Betragsgrenze festzusetzen. [2]Die Satzung oder der Aufsichtsrat kann auch anordnen, daß bestimmte Arten von Geschäften nur mit Zustimmung des Aufsichtsrats vorgenommen werden sollen. *(BGBl 1982/371)*

(6) Sollen Optionen, die mit eigenen Aktien oder mit Aktien von dritten nicht unter § 66 fallenden Personen bedient werden, Arbeitnehmern oder leitenden Angestellten der Gesellschaft oder eines mit ihr verbundenen Unternehmens eingeräumt werden, so hat der Vorstand, sollen sie Vorstandsmitgliedern der Gesellschaft oder eines verbundenen Unternehmens eingeräumt werden, so hat der Aufsichtsrat spätestens zwei Wochen vor Zustandekommen des Aufsichtsratsbeschlusses einen Bericht gemäß § 159 Abs. 2 Z 3 zu veröffentlichen. *(BGBl I 2001/42)*

(7) [1]Die Aufsichtsratsmitglieder können ihre Obliegenheiten nicht durch andere ausüben lassen. [2]Die Satzung kann aber zulassen, daß ein Aufsichtsratsmitglied ein anderes schriftlich mit seiner Vertretung bei einer einzelnen Sitzung betraut; ein so vertretenes Mitglied ist bei der Feststellung der Beschlußfähigkeit einer Sitzung (§ 92 Abs. 5) nicht mitzuzählen. [3]Das Recht, den Vorsitz zu führen, kann nicht übertragen werden.

Geschäfte mit nahestehenden Unternehmen und Personen

§ 95a. (1) In einer börsenotierten Gesellschaft bedarf ein wesentliches Geschäft mit nahestehenden Unternehmen oder Personen (nahestehenden Rechtsträgern) der Zustimmung des Aufsichtsrats (Abs. 4) sowie gegebenenfalls der öffentlichen Bekanntmachung (Abs. 5), sofern es sich nicht um einen der nach Abs. 6 oder 7 ausgenommenen Fälle handelt.

(2) Der Begriff „nahestehende Unternehmen und Personen (nahestehende Rechtsträger)" hat dieselbe Bedeutung wie nach den internationalen Rechnungslegungsstandards, die gemäß der Verordnung (EG) Nr. 1606/2002 betreffend die Anwendung internationaler Rechnungslegungsstandards, ABl. Nr. L 243 vom 11.9.2002 S. 1, übernommen wurden.

(3) [1]Ein Geschäft ist wesentlich, wenn sein Wert fünf Prozent der Bilanzsumme der Gesellschaft übersteigt. [2]Dabei ist für das jeweilige Geschäftsjahr die Bilanzsumme aus jenem Jahresabschluss maßgeblich, welcher der ordentlichen Hauptversammlung des vorangegangenen Geschäftsjahres vorzulegen war (§ 104 Abs. 1). [3]Bei einem Mutterunternehmen, das einen Konzernabschluss zu erstellen hat, tritt an die Stelle der Bilanzsumme die Summe der entsprechenden Vermögenswerte im Konzernabschluss. [4]Werden innerhalb eines Geschäftsjahres mit demselben nahestehenden Rechtsträger mehrere Geschäfte geschlossen, die bei isolierter Betrachtung nicht wesentlich wären, so sind ihre Werte zusammenzurechnen.

(4) [1]An der Abstimmung über die Erteilung der Zustimmung des Aufsichtsrats dürfen jene Mitglieder, die in Bezug auf das Geschäft als nahestehende Personen anzusehen sind, nicht teilnehmen. [2]Die Vorbereitung der Entscheidung des Aufsichtsrats und die Überwachung ihrer Ausführung können einem Ausschuss übertragen werden.

(5) [1]Übersteigt der Wert eines Geschäfts im Sinn des Abs. 1 zehn Prozent der Bilanzsumme gemäß Abs. 3, so hat es der Vorstand spätestens zum Zeitpunkt seines Abschlusses auf die in § 107 Abs. 3 vorgesehene Weise öffentlich bekannt zu machen. [2]Die Bekanntmachung muss jedenfalls die Namen der nahestehenden Rechtsträger, das Datum des Geschäfts sowie den Hinweis enthalten, dass nähere Informationen über das Geschäft auf der im Firmenbuch eingetragenen Internetseite der Gesellschaft verfügbar sind. [3]Diese Informationen umfassen zumindest die Art des Verhältnisses zu den nahestehenden Rechtsträgern, deren Namen, das Datum und den Wert des Geschäfts sowie alle weiteren für die Beurteilung notwendigen Angaben, ob das Geschäft aus Sicht der Gesellschaft und aller Aktionäre, die keine nahestehenden Rechtsträger sind, angemessen und vernünftig ist. [4]Die Informationen müssen bis zum Ende des Geschäftsjahres, das nach dem Abschluss des betreffenden Geschäfts zu laufen beginnt, auf der Internetseite der Gesellschaft zugänglich sein.

(6) [1]Ein im gewöhnlichen Geschäftsbetrieb und zu marktüblichen Bedingungen geschlossenes Geschäft im Sinn des Abs. 1 bedarf weder der Zustimmung des Aufsichtsrats nach Abs. 4 noch der öffentlichen Bekanntmachung nach Abs. 5. [2]Der Aufsichtsrat hat ein internes Verfahren festzulegen, in dem regelmäßig zu bewerten ist, ob diese Voraussetzungen erfüllt sind. [3]An dieser Bewertung dürfen die nahestehenden Rechtsträger nicht teilnehmen.

(7) Soweit die Satzung nichts Anderes bestimmt, bedürfen auch die folgenden Geschäfte im Sinn des Abs. 1 keiner Zustimmung des Aufsichtsrats nach Abs. 4 und keiner öffentlichen Bekanntmachung nach Abs. 5:

1. Geschäfte zwischen der Gesellschaft

a) und einem inländischen Tochterunternehmen;

b) und einem ausländischen Tochterunternehmen, sofern es sich um ein hundertprozentiges Tochterunternehmen oder um ein Tochterunternehmen handelt, an dem kein anderer der Gesellschaft nahestehender Rechtsträger beteiligt ist;

c) und einem ausländischen Tochterunternehmen, an dem ein anderer der Gesellschaft nahestehender Rechtsträger beteiligt ist, sofern im ausländischen Recht Vorschriften zum angemessenen Schutz der Interessen der Gesellschaft, des Tochterunternehmens und ihrer Aktionäre, die keine nahestehenden Rechtsträger sind, bei derartigen Geschäften vorgesehen sind;

2. Geschäfte, die einer Zustimmung oder Ermächtigung der Hauptversammlung bedürfen, insbesondere nach diesem Bundesgesetz, nach

dem EU-Verschmelzungsgesetz, nach dem Gesellschafterausschlussgesetz, nach dem SE-Gesetz, nach dem Spaltungsgesetz, nach dem Übernahmegesetz oder nach dem Umwandlungsgesetz;

3. Geschäfte betreffend die Vergütung der Mitglieder des Vorstands oder des Aufsichtsrats, die entsprechend der Vergütungspolitik der Gesellschaft (§§ 78a, 78b und 98a) gewährt oder geschuldet werden;

4. Geschäfte von CRR-Kreditinstituten gemäß § 1a Abs. 1 Z 1 BWG auf der Grundlage von Maßnahmen der zuständigen Aufsichts- oder Abwicklungsbehörde, welche dem Schutz der Stabilität des CRR-Kreditinstituts dienen;

5. Geschäfte, die allen Aktionären unter den gleichen Bedingungen angeboten werden und bei denen die Gleichbehandlung aller Aktionäre und der Schutz der Interessen der Gesellschaft gewährleistet sind.

(8) Die Gesellschaft muss auch wesentliche Geschäfte (Abs. 3) zwischen ihr nahestehenden Rechtsträgern und ihren Tochterunternehmen öffentlich bekannt machen (Abs. 5), sofern es sich nicht um einen der nach Abs. 6 oder 7 ausgenommenen Fälle handelt.

(9) Sonstige gesetzliche Zustimmungspflichten des Aufsichtsrats bleiben unberührt.

(BGBl I 2019/63)

Bericht an die Hauptversammlung

§ 96. (1) [1]Der Vorstand hat dem Aufsichtsrat die Unterlagen gemäß § 222 Abs. 1 UGB „, gegebenenfalls einen Vorschlag für die Gewinnverwendung sowie einen allfälligen gesonderten nichtfinanziellen Bericht" vorzulegen. [2]Der Aufsichtsrat hat diese Unterlagen innerhalb von zwei Monaten nach Vorlage zu prüfen, sich gegenüber dem Vorstand darüber zu erklären und einen Bericht an die Hauptversammlung zu erstatten. *(BGBl I 2009/71; BGBl I 2017/20)*

(2) In dem Bericht hat der Aufsichtsrat mitzuteilen, in welcher Art und in welchem Umfang er die Geschäftsführung der Gesellschaft während des Geschäftsjahrs geprüft hat, welche Stelle den Jahresabschluß und den „Lagebericht"* „sowie gegebenenfalls „den gesonderten nichtfinanziellen Bericht,"**** den Corporate Governance-Bericht"** „und den Bericht über Zahlungen an staatliche Stellen"*** geprüft hat und ob diese Prüfungen nach ihrem abschließenden Ergebnis zu wesentlichen Beanstandungen Anlaß gegeben haben. *(*BGBl 1996/304; **BGBl I 2008/70, die Änderung gilt für Geschäftsjahre, die nach dem 31. 12. 2008 beginnen (!), siehe § 262 Abs 14; ***BGBl I 2015/22; ****BGBl I 2017/20)*

(3) Abs. 1 und 2 gelten sinngemäß auch für die „Vorlage und"* Prüfung des Konzernabschlusses und des Konzernlageberichts „sowie gegebenenfalls „des gesonderten konsolidierten nichtfinanziellen Berichts,"*** des konsolidierten Corporate Governance-Berichts und des konsolidierten Berichts über Zahlungen an staatliche Stellen"**. *(BGBl I 2005/59; *BGBl I 2009/71; **BGBl I 2015/22; ***BGBl I 2017/20)*

(4) Billigt der Aufsichtsrat den Jahresabschluss, so ist dieser festgestellt, wenn sich nicht Vorstand und Aufsichtsrat für eine Feststellung durch die Hauptversammlung entscheiden. *(BGBl I 2009/71)*

Vertretung der Gesellschaft

§ 97. (1) Der Aufsichtsrat ist befugt, die Gesellschaft bei der Vornahme von Rechtsgeschäften mit den Vorstandsmitgliedern zu vertreten und gegen diese die von der Hauptversammlung beschlossenen Rechtsstreitigkeiten zu führen.

(2) Der Aufsichtsrat kann, wenn die Verantwortlichkeit eines seiner Mitglieder in Frage kommt, ohne und selbst gegen den Beschluß der Hauptversammlung gegen die Vorstandsmitglieder klagen.

Vergütung der Aufsichtsratsmitglieder

§ 98. (1) [1]Den Aufsichtsratsmitgliedern kann für ihre Tätigkeit eine mit ihren Aufgaben und mit der Lage der Gesellschaft in Einklang stehende Vergütung gewährt werden. [2]Ist die Vergütung in der Satzung festgesetzt, so kann eine Satzungsänderung, durch die die Vergütung herabgesetzt wird, von der Hauptversammlung mit einfacher Stimmenmehrheit beschlossen werden.

(2) [1]Den Mitgliedern des ersten Aufsichtsrats kann nur die Hauptversammlung eine Vergütung für ihre Tätigkeit bewilligen. [2]Der Beschluß kann erst in der Hauptversammlung gefaßt werden, die über die Entlastung des ersten Aufsichtsrats beschließt.

(3) Sollen mit eigenen Aktien oder mit Aktien von dritten nicht unter § 66 fallenden Personen zu bedienende Optionen Aufsichtsratsmitgliedern der Gesellschaft oder eines verbundenen Unternehmens eingeräumt werden, so hat der Vorstand der Hauptversammlung einen Bericht gemäß § 159 Abs. 2 Z 3 zu erstatten und offenzulegen. *(BGBl I 2001/42)*

Grundsätze für die Bezüge der Aufsichtsratsmitglieder in börsenotierten Gesellschaften

§ 98a. In einer börsenotierten Gesellschaft sind die Vergütungspolitik und der Vergütungsbericht auch hinsichtlich der Vergütung der Mitglieder des Aufsichtsrats zu erstellen; dabei sind die §§ 78a bis 78e sinngemäß anzuwenden.

(BGBl I 2019/63)

Sorgfaltspflicht und Verantwortlichkeit der Aufsichtsratsmitglieder

§ 99. Für die Sorgfaltspflicht und Verantwortlichkeit der Aufsichtsratsmitglieder gilt § 84 über die Sorgfaltspflicht und Verantwortlichkeit der Vorstandsmitglieder sinngemäß.

Dritter Abschnitt

Gemeinsame Vorschriften für die Mitglieder des Vorstands und des Aufsichtsrats

Handeln zum Schaden der Gesellschaft zwecks Erlangung gesellschaftsfremder Vorteile

§ 100. (1) Wer zu dem Zwecke, für sich oder einen anderen gesellschaftsfremde Sondervorteile zu erlangen, vorsätzlich unter Ausnutzung seines Einflusses auf die Gesellschaft ein Mitglied des Vorstands oder des Aufsichtsrats dazu bestimmt, zum Schaden der Gesellschaft oder ihrer Aktionäre zu handeln, ist zum Ersatz des daraus entstehenden Schadens verpflichtet.

(2) [1]Neben ihm haften als Gesamtschuldner die Mitglieder des Vorstands und des Aufsichtsrats, wenn sie unter Verletzung ihrer Pflichten (§§ 84, 99) gehandelt haben. [2]Sollte der gesellschaftsfremde Sondervorteil für einen anderen erreicht werden, so haftet auch dieser als Gesamtschuldner, wenn er die Beeinflussung vorsätzlich veranlaßt hat.

(3) Die Ersatzpflicht tritt nicht ein, wenn der Einfluß benutzt wird, um einen Vorteil zu erlangen, der schutzwürdigen Interessen dient.

(4) Für die Aufhebung der Ersatzpflicht gegenüber der Gesellschaft gilt sinngemäß § 84 Abs. 4 Satz 3 und 4.

Ersatzansprüche der Gläubiger

§ 101. (1) [1]Die Ersatzpflicht besteht auch gegenüber den Gläubigern der Gesellschaft, soweit sie von dieser keine Befriedigung erlangen können. [2]Den Gläubigern gegenüber wird die Ersatzpflicht durch einen Verzicht oder Vergleich der Gesellschaft nicht aufgehoben. [3]„Ist über das Vermögen der Gesellschaft das Insolvenzverfahren eröffnet, so übt während dessen Dauer der Masse- oder Sanierungsverwalter das Recht der Gläubiger aus.“ *(BGBl I 2010/58)*

(2) Die Ansprüche aus den Vorschriften dieses Abschnittes verjähren in fünf Jahren.

(3) Die Vorschriften dieses Abschnittes gelten nicht, wenn gesellschaftsfremde Sondervorteile durch Stimmrechtsausübung verfolgt werden.

VIERTER ABSCHNITT

Hauptversammlung

Erster Unterabschnitt

Allgemeines

Funktion der Hauptversammlung, Formen der Teilnahme

§ 102. (1) Die Hauptversammlung dient der gemeinschaftlichen Willensbildung der Aktionäre in den Angelegenheiten der Gesellschaft.

(2) [1]Die Hauptversammlung muss an einem Ort im Inland stattfinden, den die Satzung bestimmt. [2]Wenn die Satzung nichts anderes bestimmt, findet die Hauptversammlung am Sitz der Gesellschaft statt oder am Sitz einer inländischen Börse, an der die Aktien der Gesellschaft notiert sind.

(3) [1]Die Satzung kann vorsehen oder den Vorstand ermächtigen vorzusehen, dass die Aktionäre an der Hauptversammlung im Weg elektronischer Kommunikation teilnehmen und auf diese Weise einzelne oder alle Rechte ausüben können. [2]Den Aktionären können insbesondere eine oder mehrere der nachstehend angeführten Formen der Teilnahme angeboten werden:

1. Teilnahme an einer zeitgleich mit der Hauptversammlung an einem anderen Ort im Inland oder Ausland stattfindenden Versammlung, die entsprechend den Vorschriften für die Hauptversammlung einberufen und durchgeführt wird und für die gesamte Dauer der Hauptversammlung mit dieser durch eine optische und akustische Zweiweg-Verbindung in Echtzeit verbunden ist (Satellitenversammlung);

2. Teilnahme an der Hauptversammlung während ihrer gesamten Dauer von jedem Ort aus mittels einer akustischen und allenfalls auch optischen Zweiweg-Verbindung in Echtzeit, die es den Aktionären ermöglicht, dem Verlauf der Verhandlungen zu folgen und sich, sofern ihnen der Vorsitzende das Wort erteilt, selbst an die Hauptversammlung zu wenden (Fernteilnahme);

3. Abgabe der Stimme auf elektronischem Weg von jedem Ort aus (Fernabstimmung; § 126).

(4) [1]Die Satzung kann auch vorsehen oder den Vorstand ermächtigen vorzusehen, dass die Hauptversammlung für die nicht anwesenden Aktionäre akustisch und allenfalls auch optisch in Echtzeit übertragen wird (Übertragung der Hauptversammlung). [2]Bei einer börsenotierten Gesellschaft kann auch die öffentliche Übertragung vorgesehen werden.

(5) [1]Ist bei einer Satellitenversammlung (Abs. 3 Z 1) die Kommunikation zwischen den Versammlungsorten gestört, so hat der Vorsitzende die Hauptversammlung für die Dauer der Störung zu unterbrechen. [2]In allen anderen Fällen der elektro-

nischen Teilnahme gemäß Abs. 3 sowie bei einer Übertragung gemäß Abs. 4 kann ein Aktionär aus einer Störung der Kommunikation nur dann einen Anspruch gegen die Gesellschaft ableiten, wenn diese ein Verschulden trifft.

(6) Die Satzung kann vorsehen, dass die Aktionäre durch die Abstimmung per Brief gemäß § 127 an der Hauptversammlung teilnehmen können.

(BGBl I 2009/71)

Zuständigkeit der Hauptversammlung

§ 103. (1) Die Hauptversammlung beschließt in den im Gesetz oder in der Satzung ausdrücklich bestimmten Fällen.

(2) Über Fragen der Geschäftsführung kann die Hauptversammlung nur entscheiden, wenn dies der Vorstand oder, sofern es sich um ein gemäß § 95 Abs. 5 seiner Zustimmung vorbehaltenes Geschäft handelt, der Aufsichtsrat verlangt.

(BGBl I 2009/71)

Ordentliche Hauptversammlung

§ 104. (1) Der Vorstand hat jährlich eine Hauptversammlung einzuberufen, die in den ersten acht Monaten des Geschäftsjahrs stattzufinden hat (ordentliche Hauptversammlung), und ihr den Jahresabschluss samt Lagebericht und allfälligem Corporate Governance-Bericht, den allfälligen Konzernabschluss samt Konzernlagebericht, „gegebenenfalls“ den Vorschlag für die Gewinnverwendung und den vom Aufsichtsrat erstatteten Bericht (§ 96) vorzulegen. *(BGBl I 2017/20)*

(2) [1]Die Tagesordnung der ordentlichen Hauptversammlung hat zu enthalten:

1. die Vorlage der Unterlagen gemäß Abs. 1 und allenfalls die Feststellung des Jahresabschlusses (Abs. 3);

2. die Beschlussfassung über die Verwendung des Bilanzgewinns, wenn im Jahresabschluss ein solcher ausgewiesen ist (Gewinnverwendung, Abs. 4);

3. die Beschlussfassung über die Entlastung der Mitglieder des Vorstands und der Mitglieder des Aufsichtsrats.

[2]Die Verhandlung über diese Gegenstände ist unter einem durchzuführen. [3]Der Abschlussprüfer ist den Verhandlungen zuzuziehen. [4]Die Verhandlung ist zu vertagen, wenn dies die Hauptversammlung mit einfacher Stimmenmehrheit beschließt oder eine Minderheit verlangt, deren Anteile zusammen zehn vom Hundert des Grundkapitals erreichen. [5]Das Verlangen der Minderheit ist nur beachtlich, wenn sie bestimmte Posten des Jahresabschlusses bemängelt. [6]Wurde die Verhandlung bereits vertagt, so kann keine neuerliche Vertagung verlangt werden.

(2a) Die Tagesordnung der ordentlichen Hauptversammlung einer börsenotierten Gesellschaft hat zusätzlich zu enthalten:

1. die Beschlussfassung über die Vergütungspolitik, wenn eine solche der Hauptversammlung vorzulegen ist;

2. die Beschlussfassung über den Vergütungsbericht.

(BGBl I 2019/63)

(3) Die Hauptversammlung stellt den Jahresabschluss fest, wenn der Aufsichtsrat den Jahresabschluss nicht gebilligt hat oder sich Vorstand und Aufsichtsrat für eine Feststellung durch die Hauptversammlung entschieden haben.

(4) [1]Bei der Beschlussfassung über die Verwendung des Bilanzgewinns ist die Hauptversammlung an den vom Vorstand mit Billigung des Aufsichtsrats festgestellten Jahresabschluss gebunden. [2]Sie kann jedoch den Bilanzgewinn ganz oder teilweise von der Verteilung ausschließen, soweit sie auf Grund der Satzung hiezu ermächtigt ist. [3]Die Änderungen des Jahresabschlusses, die hierdurch nötig werden, hat der Vorstand vorzunehmen.

(BGBl I 2009/71)

Zweiter Unterabschnitt

Vorbereitung der Hauptversammlung

Einberufung

§ 105. (1) [1]Die Hauptversammlung wird durch den Vorstand einberufen. [2]Personen, die in das Firmenbuch als Vorstand eingetragen sind, gelten als befugt. [3]Das auf Gesetz oder Satzung beruhende Recht anderer Personen, die Hauptversammlung einzuberufen, bleibt unberührt.

(2) [1]Wenn die Einberufung nicht vom Vorstand ausgeht, ist dieser zur notwendigen Mitwirkung an der ordnungsgemäßen Einberufung und Vorbereitung der Hauptversammlung verpflichtet. [2]Im Gesetz oder in der Satzung nicht vorgesehene „Personen, Stellen, Kommunikationswege oder“ Sprachen für die Entgegennahme von Anmeldungen, Depotbestätigungen oder Hinterlegungsbestätigungen dürfen in die Einberufung nur mit Zustimmung des Vorstands aufgenommen werden. *(BGBl I 2011/53)*

(3) [1]Die Hauptversammlung ist einzuberufen, wenn Aktionäre, deren Anteile zusammen fünf vom Hundert des Grundkapitals erreichen, die Einberufung schriftlich unter Vorlage der Tagesordnung und eines Beschlussvorschlags zu jedem Tagesordnungspunkt verlangen; das Verlangen ist zu begründen. [2]Die Satzung kann das Recht, die Einberufung der Hauptversammlung zu verlangen, an eine weniger strenge Form oder an den Besitz eines geringeren Anteils am Grundkapital knüpfen. [3]Die Antragsteller müssen seit mindes-

tens drei Monaten vor Antragstellung Inhaber der Aktien sein und die Aktien bis zur Entscheidung über den Antrag halten.

(4) [1]Wird dem Verlangen nicht entsprochen, so hat das Gericht die Antragsteller zu ermächtigen, die Hauptversammlung einzuberufen. [2]Zugleich kann das Gericht den Vorsitzenden der Versammlung bestimmen und Festlegungen gemäß Abs. 2 zweiter Satz treffen. [3]Auf die Ermächtigung muss in der Einberufung hingewiesen werden.

(5) Nehmen alle Aktionäre „einer nicht börsenotierten Gesellschaft" selbst oder durch Vertreter an der Hauptversammlung teil, so kann die Versammlung Beschlüsse ohne Einhaltung der Bestimmungen dieses Unterabschnitts fassen, wenn kein Aktionär der Beschlussfassung widerspricht. *(BGBl I 2011/53)*

(6) Die Kosten der Hauptversammlung und ihrer Vorbereitung trägt die Gesellschaft.

(BGBl I 2009/71)

Inhalt der Einberufung

§ 106. Die Einberufung hat zu enthalten:

1. die Firma der Gesellschaft sowie die Angabe von Tag, Beginnzeit und Ort der Hauptversammlung;

2. gegebenenfalls

a) die Angabe von Tag, Beginnzeit und Ort der Satellitenversammlung (§ 102 Abs. 3 Z 1);

b) Angaben zur Übertragung der Hauptversammlung (§ 102 Abs. 4);

3. die vorgeschlagene Tagesordnung; falls ein Gegenstand der Tagesordnung nach Gesetz oder Satzung eine gesonderte Abstimmung der Aktionäre einer oder mehrerer Gattungen von Aktien erfordert, auch die ausdrückliche Ankündigung der gesonderten Abstimmung;

4. Angaben über die Möglichkeiten der Aktionäre, gemäß § 108 Abs. 3 bis 5 in die Unterlagen Einsicht zu nehmen und sich diese zu verschaffen, gegebenenfalls die Adresse der Internetseite, auf der diese Unterlagen zugänglich sind;

5. bei einer börsenotierten Gesellschaft einen Hinweis auf die Rechte der Aktionäre nach den §§ 109, 110 und 118 sowie die Angabe der Zeitpunkte, bis zu denen diese Rechte ausgeübt werden können; weitergehende Information über diese Rechte sind in der Einberufung nur erforderlich, wenn diese Informationen nicht auf der Internetseite der Gesellschaft zugänglich sind und die Einberufung keinen entsprechenden Hinweis enthält; ein allenfalls erforderlicher Nachweis der Aktionärseigenschaft (§ 10a) ist zu erläutern;

6. gegebenenfalls den Nachweisstichtag (§ 111 Abs. 1) und den Hinweis, dass zur Teilnahme an der Hauptversammlung nur berechtigt ist, wer an diesem Stichtag Aktionär ist;

7. die Voraussetzungen für die Teilnahme an der Hauptversammlung,

a) jedenfalls die Angabe, an welcher Adresse, in welcher Form und bis zu welchem Zeitpunkt der Gesellschaft Depotbestätigungen, andere Nachweise oder Anmeldungen nach den §§ 111 oder 112 zugehen müssen;

b) gegebenenfalls eine Darstellung der Verfahren zur Fernteilnahme (§ 102 Abs. 3 Z 2), zur Fernabstimmung (§ 126) oder zur Abstimmung per Brief (§ 127); die Einberufung kann sich auf die Angabe eines allfälligen gesonderten Anmeldeerfordernisses gemäß § 111 Abs. 4 und des Zeitpunkts, bis zu dem die Stimmen elektronisch registriert sein oder bei der Gesellschaft einlangen müssen, beschränken, sofern sie einen Hinweis enthält, dass ausführliche Informationen darüber auf der Internetseite der Gesellschaft zugänglich sind;

8. Angaben über die Möglichkeit zur Bestellung eines Vertreters (§ 113) und das dabei einzuhaltende Verfahren (§ 114), gegebenenfalls die zu verwendenden Formulare und bei einer börsenotierten Gesellschaft die elektronischen Kommunikationswege für die Übermittlung von Vollmachten;

9. bei einer börsenotierten Gesellschaft die Gesamtzahl der Aktien und der Stimmrechte zum Zeitpunkt der Einberufung; falls das Kapital der Gesellschaft in mehrere Aktiengattungen eingeteilt ist, auch die gesonderte Angabe für jede Aktiengattung.

(BGBl I 2009/71)

Bekanntmachung, Frist

§ 107. (1) Die Einberufung ist spätestens am 28. Tag vor einer ordentlichen Hauptversammlung (§ 104), ansonsten spätestens am 21. Tag vor der Hauptversammlung bekannt zu machen, sofern die Satzung keine längeren Fristen vorsieht.

(2) [1]Die Bekanntmachung der Einberufung hat durch Veröffentlichung gemäß § 18 zu erfolgen. [2]Sind die Aktionäre der Gesellschaft namentlich bekannt, so kann die Hauptversammlung stattdessen mit eingeschriebenem Brief an die der Gesellschaft bekannt gegebene Adresse jedes Aktionärs einberufen werden, wenn dies in der Satzung nicht ausgeschlossen ist; der Tag der Absendung gilt als Tag der Bekanntmachung. [3]Ein Aktionär kann der Gesellschaft stattdessen eine elektronische Postadresse bekannt geben und in die Mitteilung der Einberufung auf diesem Weg einwilligen.

(3) [1]Eine börsenotierte Gesellschaft hat die Einberufung auch in einer Form bekannt zu machen, die in nicht diskriminierender Weise einen schnellen Zugang zu ihr gewährleistet. [2]Die Gesellschaft muss sich dafür zumindest eines Mediums bedienen, bei dem davon auszugehen ist, dass es die Informationen in der gesamten Euro-

päischen Union öffentlich verbreitet. [3]Diese Erfordernisse gelten jedenfalls als erfüllt, wenn die Gesellschaft die Einberufung in derselben Weise bekannt macht, wie sie für eine vorgeschriebene Information gemäß „§ 123 Abs. 4 BörseG 2018"** vorgesehen ist. [4]Diese Verpflichtung gilt nicht für eine börsenotierte Gesellschaft, die ausschließlich „Namensaktien"* ausgegeben hat und die Einberufung gemäß Abs. 2 zweiter oder dritter Satz vornimmt. *(*BGBl I 2011/53; **BGBl I 2017/107)*

(4) Wenn die Einberufung nicht vom Vorstand oder vom Aufsichtsrat ausgeht, ist sie auch der Gesellschaft zur Kenntnis zu bringen.

(BGBl I 2009/71)

Bereitstellung von Informationen

§ 108. (1) [1]„Der Vorstand und der Aufsichtsrat haben zu jedem Punkt der Tagesordnung, über den die Hauptversammlung beschließen soll, Vorschläge zur Beschlussfassung zu machen; zu Wahlen in den Aufsichtsrat, zur Beschlussfassung über die Vergütungspolitik sowie zur Bestellung von Abschluss- und Sonderprüfern hat nur der Aufsichtsrat Vorschläge zu machen."**[2]„Dabei ist auf § 86 Abs. 7 und Abs. 9 sowie auf § 87 Abs. 2a Bedacht zu nehmen."*[3]Diese Verpflichtung entfällt, wenn die Hauptversammlung gemäß § 105 Abs. 3 oder Abs. 4 einberufen oder ein Punkt gemäß § 109 auf die Tagesordnung gesetzt wird. *(*BGBl I 2017/104; **BGBl I 2019/63)*

(2) [1]In jedem Wahlvorschlag für den Aufsichtsrat ist auch anzugeben, aus wie vielen Mitgliedern sich der Aufsichtsrat bisher zusammengesetzt hat und wie viele Mitglieder nunmehr zu wählen wären, um diese Zahl wieder zu erreichen. [2]„In Gesellschaften, auf die § 86 Abs. 7 anzuwenden ist, ist zusätzlich anzugeben, wie viele der Sitze im Aufsichtsrat mindestens jeweils von Frauen und Männern besetzt sein müssen, um das Mindestanteilsgebot gemäß § 86 Abs. 7 zu erfüllen und ob ein Widerspruch gemäß § 86 Abs. 9 erhoben wurde."[3]Jedem Vorschlag zur Wahl eines Aufsichtsratsmitglieds ist die Erklärung der vorgeschlagenen Person gemäß § 87 Abs. 2 anzuschließen. *(BGBl I 2017/104)*

(3) Die Gesellschaft hat an ihrem Sitz ab dem 21. Tag vor der Hauptversammlung folgende Unterlagen zur Einsicht der Aktionäre aufzulegen „oder auf ihrer im Firmenbuch eingetragenen Internetseite zugänglich zu machen": *(BGBl I 2011/53)*

1. die Beschlussvorschläge gemäß Abs. 1, gegebenenfalls mit den Erklärungen gemäß § 87 Abs. 2, sowie jede sonstige für die Aktionäre bestimmte Erläuterung oder Begründung zu einem Punkt der Tagesordnung;

2. im Fall der ordentlichen Hauptversammlung (§ 104) den Jahresabschluss mit dem Lagebericht und gegebenenfalls dem Corporate Governance-Bericht, den Konzernabschluss mit dem Konzernlagebericht, den Vorschlag für die Gewinnverwendung sowie den Bericht des Aufsichtsrats (§ 96);

3. wenn die Hauptversammlung über die Zustimmung zu einem Vertrag beschließen soll, den Entwurf des Vertrags oder dessen wesentlichen Inhalt;

4. alle sonstigen Berichte und Unterlagen, die der Hauptversammlung vorzulegen sind.

(4) [1]Eine börsenotierte Gesellschaft hat ab dem 21. Tag vor der Hauptversammlung folgende Informationen auf ihrer „im Firmenbuch eingetragenen" Internetseite zugänglich zu machen: *(BGBl I 2011/53)*

1. die Einberufung gemäß § 106;

2. die Unterlagen gemäß Abs. 3;

3. die Formulare für die Erteilung und den Widerruf einer Vollmacht (§ 114) sowie gegebenenfalls für die Fernabstimmung (§ 126) und die Abstimmung per Brief (§ 127) „;" *(BGBl I 2019/63)*

4. die Vergütungspolitik sowie den Vergütungsbericht. *(BGBl I 2019/63)*

[2]Diese Informationen müssen bis zum Ablauf eines Monats nach der Hauptversammlung durchgehend auf der Internetseite zugänglich sein.

(5) [1]Eine nicht börsenotierte Gesellschaft hat jedem Aktionär auf Verlangen unverzüglich und kostenlos eine Abschrift der in Abs. 3 genannten Unterlagen zu erteilen; jeder Aktionär kann auch verlangen, dass ihm die Einberufung und eine Abschrift der Unterlagen gemäß Abs. 3 spätestens am 21. Tag vor der Hauptversammlung durch eingeschriebenen Brief oder im Weg der elektronischen Post an die der Gesellschaft bekannt gegebene Adresse übersendet werden. [2]Diese Verpflichtungen entfallen, wenn die Gesellschaft diese Unterlagen auf ihrer im Firmenbuch eingetragenen Internetseite zugänglich macht. [3]Für die Dauer des Zugänglichmachens gilt Abs. 4 sinngemäß. *(BGBl I 2011/53)*

(BGBl I 2009/71)

Beantragung von Tagesordnungspunkten

§ 109. (1) [1]Aktionäre, deren Anteile zusammen fünf vom Hundert des Grundkapitals erreichen, können schriftlich verlangen, dass Punkte auf die Tagesordnung der nächsten Hauptversammlung gesetzt und bekannt gemacht werden. [2]Jedem Tagesordnungspunkt muss ein Beschlussvorschlag samt Begründung beiliegen. [3]Die Satzung kann dieses Recht an eine weniger strenge Form oder an den Besitz eines geringeren Anteils am Grundkapital knüpfen. [4]Die Antragsteller müssen seit mindestens drei Monaten vor Antragstellung Inhaber der Aktien sein.

(2) [1]Ein Verlangen gemäß Abs. 1 ist beachtlich, wenn es der Gesellschaft spätestens am 21. Tag vor einer ordentlichen Hauptversammlung (§ 104), ansonsten spätestens am 19. Tag vor der Hauptversammlung zugeht. [2]Wenn ein solches Verlangen nicht so rechtzeitig bei der Gesellschaft einlangt, dass es in die ursprüngliche Tagesordnung aufgenommen werden kann, genügt es, wenn die ergänzte Tagesordnung spätestens am 14. Tag vor der Hauptversammlung in derselben Weise bekannt gemacht wird wie die ursprüngliche Tagesordnung. [3]Eine börsenotierte Gesellschaft hat die Bekanntmachung gemäß § 107 Abs. 3 jedoch spätestens am zweiten Werktag nach dem im ersten Satz bezeichneten Fristende vorzunehmen und die ergänzte Tagesordnung samt Begründung ab diesem Tag auf ihrer „im Firmenbuch eingetragenen" Internetseite zugänglich zu machen. [4]Im Übrigen gilt § 108 Abs. 3 bis 5 sinngemäß. *(BGBl I 2011/53)*

(BGBl I 2009/71)

Beschlussvorschläge von Aktionären

§ 110. (1) [1]In einer börsenotierten Gesellschaft können Aktionäre, deren Anteile zusammen eins vom Hundert des Grundkapitals erreichen, der Gesellschaft zu jedem Punkt der Tagesordnung in Textform Vorschläge zur Beschlussfassung übermitteln und verlangen, dass diese Vorschläge zusammen mit den Namen der betreffenden Aktionäre, der anzuschließenden Begründung und einer allfälligen Stellungnahme des Vorstands oder des Aufsichtsrats auf der „im Firmenbuch eingetragenen" Internetseite der Gesellschaft zugänglich gemacht werden. [2]Die Satzung kann dieses Recht an den Besitz eines geringeren Anteils am Grundkapital knüpfen. [3]Das Verlangen ist beachtlich, wenn es der Gesellschaft spätestens am siebenten Werktag vor der Hauptversammlung zugeht. [4]Die Gesellschaft muss dem Verlangen spätestens am zweiten Werktag nach Zugang entsprechen, sofern nicht ein Fall des Abs. 4 vorliegt. [5]§ 108 Abs. 4 letzter Satz gilt sinngemäß. *(BGBl I 2011/53)*

(2) [1]Bei einem Vorschlag zur Wahl eines Aufsichtsratsmitglieds tritt an die Stelle der Begründung die Erklärung der vorgeschlagenen Person gemäß § 87 Abs. 2. „[2]In Gesellschaften, auf die § 86 Abs. 7 anzuwenden ist, hat die Gesellschaft zusätzlich anzugeben, wie viele der Sitze im Aufsichtsrat mindestens jeweils von Frauen und Männern besetzt sein müssen, um das Mindestanteilsgebot gemäß § 86 Abs. 7 zu erfüllen und ob ein Widerspruch gemäß § 86 Abs. 9 erhoben wurde." *(BGBl I 2017/104)*

(3) [1]Die Gesellschaft muss für die Übermittlung von Beschlussvorschlägen von Aktionären zumindest einen elektronischen Kommunikationsweg eröffnen, für den nur solche formalen Anforderungen vorgesehen werden dürfen, die für die Identifizierbarkeit der Aktionäre und die Feststellung des Inhalts des Beschlussvorschlags notwendig und angemessen sind. [2]Sofern die Satzung keinen anderen solchen Kommunikationsweg vorsieht, ist jedenfalls die Übermittlung von Beschlussvorschlägen per Telefax zulässig.

(4) [1]Ein Beschlussvorschlag muss nicht auf der Internetseite zugänglich gemacht werden, wenn

1. er keine Begründung enthält oder die Erklärung nach § 87 Abs. 2 fehlt,

2. er zu einem gesetz- oder satzungswidrigen Beschluss der Hauptversammlung führen würde,

3. ein auf denselben Sachverhalt gestützter gleichsinniger Vorschlag bereits gemäß Abs. 1 zugänglich gemacht wurde,

4. er den objektiven Tatbestand der üblen Nachrede (§ 111 StGB) oder der Beleidigung (§ 115 StGB) erfüllt oder sich der Vorstand durch das Zugänglichmachen strafbar machen würde, oder

5. die Aktionäre zu erkennen geben, dass sie an der Hauptversammlung nicht teilnehmen und sich nicht vertreten lassen werden.

[2]Die Begründung muss nicht zugänglich gemacht werden, wenn sie insgesamt mehr als 5 000 Schriftzeichen umfasst oder soweit sie einen Tatbestand im Sinn der Z 4 erfüllt. [3]Übermitteln mehrere Aktionäre Beschlussvorschläge zu demselben Punkt der Tagesordnung, so kann der Vorstand die Vorschläge und ihre Begründungen zusammenfassen.

(5) [1]Die Satzung einer nicht börsenotierten Gesellschaft kann bestimmen, dass Beschlussvorschläge von Aktionären vor der Hauptversammlung bekannt gemacht werden. [2]Soweit keine abweichenden Bestimmungen getroffen werden, gelten dafür die Abs. 1 bis 4 sinngemäß.

(6) Die Gesellschaft haftet nicht für Schäden, die allein aus der Tatsache der Bekanntmachung von Beschlussvorschlägen von Aktionären entstehen.

(BGBl I 2009/71)

Dritter Unterabschnitt

Teilnahmeberechtigung und Vertretung

Teilnahmeberechtigung bei einer börsenotierten Gesellschaft

§ 111. (1) [1]Die Berechtigung zur Teilnahme an der Hauptversammlung einer börsenotierten Gesellschaft und zur Ausübung der Aktionärsrechte, die im Rahmen der Hauptversammlung geltend zu machen sind, richtet sich bei Inhaberaktien nach dem Anteilsbesitz, bei Namensaktien nach der Eintragung im Aktienbuch jeweils am Ende des zehnten Tages vor dem Tag der Hauptversammlung (Nachweisstichtag). [2]Abweichend davon kann eine Gesellschaft, die nach ihrer Satzung ausschließlich Namensaktien ausgibt, in der Satzung vorsehen, dass der Stand des Aktienbuchs am Beginn des Tages der Hauptversammlung maßgeblich ist.

(2) Bei depotverwahrten Inhaberaktien genügt für den Nachweis des Anteilsbesitzes am Nachweisstichtag eine Depotbestätigung gemäß § 10a, die der Gesellschaft spätestens am dritten Werktag vor der Hauptversammlung unter der in der Einberufung hierfür mitgeteilten Adresse zugehen muss, wenn nicht in der Einberufung ein späterer Zeitpunkt festgelegt wird. „ “ *(BGBl I 2011/53)*

(3) [1]Bei Namensaktien kann in der Einberufung festgelegt werden, dass nur solche Aktionäre zur Teilnahme an der Hauptversammlung berechtigt sind, deren Anmeldung in Textform der Gesellschaft spätestens am dritten Werktag vor der Versammlung unter der in der Einberufung hierfür mitgeteilten Adresse zugeht, wenn nicht in der Einberufung ein späterer Zeitpunkt festgelegt wird. [2]§ 10a Abs. 4 und § 114 Abs. 2 gelten sinngemäß.

(4) Für die elektronische Teilnahme (§ 102 Abs. 3) oder die Abstimmung per Brief (§ 127) kann in der Satzung oder, soweit die Satzung dazu ermächtigt, in der Einberufung eine gesonderte Anmeldung verlangt werden, wobei für das Ende der Anmeldefrist auch ein früherer Zeitpunkt festgelegt werden kann; im Übrigen gilt Abs. 3 sinngemäß.

(5) Die vorstehenden Absätze gelten sinngemäß für Gesellschaften im Sinn des § 10 Abs. 1 Z 2, soweit deren Satzung nichts anderes bestimmt. *(BGBl I 2018/76)*

(BGBl I 2009/71)

Teilnahmeberechtigung bei einer nicht börsenotierten Gesellschaft

§ 112. (1) Die Berechtigung zur Teilnahme an der Hauptversammlung einer nicht börsenotierten Gesellschaft und zur Ausübung der Aktionärsrechte, die im Rahmen der Hauptversammlung geltend zu machen sind, richtet sich „ “ nach der Eintragung im Aktienbuch „ “ zu Beginn der Versammlung, sofern nicht die Satzung den Nachweisstichtag gemäß § 111 Abs. 1 erster Satz für maßgeblich erklärt. *(BGBl I 2011/53)*

(2) *(aufgehoben, BGBl I 2011/53)*

(3) Mangels abweichender Regelung in der Satzung müssen Aktionäre zur Hauptversammlung zugelassen werden, deren Anmeldung der Gesellschaft spätestens am dritten Werktag vor der Versammlung zugeht.

(4) § 111 Abs. 4 gilt sinngemäß.

(BGBl I 2009/71)

Vertretung durch Bevollmächtigte

§ 113. (1) [1]Jeder Aktionär, der zur Teilnahme an der Hauptversammlung berechtigt ist, hat das Recht, eine natürliche oder juristische Person zum Vertreter zu bestellen. [2]Der Vertreter nimmt im Namen des Aktionärs an der Hauptversammlung teil und hat dieselben Rechte wie der Aktionär, den er vertritt. [3]Er kann diese Rechte mittels jeder von der Gesellschaft angebotenen Form der Teilnahme ausüben.

(2) Eine börsenotierte Gesellschaft darf für Personen, die zu Vertretern bestellt werden können, weder besondere Anforderungen vorsehen noch ihre Anzahl beschränken.

(3) In einer börsenotierten Gesellschaft darf die Gesellschaft selbst oder ein Mitglied des Vorstands oder des Aufsichtsrats das Stimmrecht als Bevollmächtigter nur ausüben, soweit der Aktionär eine ausdrückliche Weisung zu den einzelnen Tagesordnungspunkten erteilt hat.

(BGBl I 2009/71)

Erteilung und Widerruf der Vollmacht

§ 114. (1) [1]Die Vollmacht muss einer bestimmten Person schriftlich erteilt werden, sofern die Satzung nicht die Textform genügen lässt. [2]Bei einer börsenotierten Gesellschaft ist die Textform jedenfalls ausreichend. [3]Die Vollmacht muss der Gesellschaft übermittelt und von dieser aufbewahrt oder nachprüfbar festgehalten werden. [4]Hat der Aktionär seinem depotführenden Kreditinstitut (§ 10a) Vollmacht erteilt, so genügt es, wenn dieses zusätzlich zur Depotbestätigung die Erklärung abgibt, dass ihm Vollmacht erteilt wurde; § 10a Abs. 3 gilt sinngemäß.

(2) [1]Eine börsenotierte Gesellschaft muss für die Übermittlung von Vollmachten zumindest einen elektronischen Kommunikationsweg eröffnen, für den nur solche formalen Anforderungen vorgesehen werden dürfen, die für die Identifizierbarkeit des Aktionärs und die Feststellung des Inhalts der Vollmacht notwendig und angemessen sind. [2]Sofern die Satzung keinen anderen solchen Kommunikationsweg vorsieht, ist jedenfalls die Übermittlung von Vollmachten per Telefax zulässig.

(3) Die zwingende Verwendung eines bestimmten Formulars für die Erteilung einer Vollmacht kann in der Einberufung nur verfügt werden, wenn dieses Formular auf der „im Firmenbuch eingetragenen“ Internetseite der Gesellschaft zugänglich gemacht wird und auch die Erteilung einer beschränkten Vollmacht ermöglicht. *(BGBl I 2011/53)*

(4) Abs. 1 bis 3 gelten sinngemäß für den Widerruf der Vollmacht.

(BGBl I 2009/71)

Ausschluss anderer Formen der Stimmrechtsübertragung

§ 115. Niemand kann das Stimmrecht aus Aktien ausüben, die ihm nicht gehören, wenn er nicht vom Aktionär bevollmächtigt ist; § 61 Abs. 2 bleibt unberührt.

(BGBl I 2009/71)

Vierter Unterabschnitt

Innere Ordnung der Versammlung

Vorsitz, Teilnahme von Vorstand und Aufsichtsrat

§ 116. (1) Den Vorsitz in der Hauptversammlung führt der Vorsitzende des Aufsichtsrats oder sein Stellvertreter; fehlen diese, so hat zunächst der Notar (§ 120 Abs. 1) die Versammlung bis zur Wahl eines Vorsitzenden zu leiten.

(2) [1]Die Mitglieder des Vorstands und des Aufsichtsrats haben in der Hauptversammlung tunlichst anwesend zu sein. [2]Die Satzung kann auch eine Zuschaltung von Mitgliedern des Vorstands oder des Aufsichtsrats über eine optische und akustische Zweiweg-Verbindung gestatten.

(BGBl I 2009/71)

Verzeichnis der anwesenden Teilnehmer

§ 117. [1]In der Hauptversammlung einschließlich einer allfälligen Satellitenversammlung ist ein Verzeichnis der anwesenden oder vertretenen Aktionäre und der Vertreter der Aktionäre, jeweils unter Angabe von Name (Firma) und Wohnort (Sitz), sowie bei Nennbetragsaktien des Betrags, bei Stückaktien der Zahl der von jedem vertretenen Aktien unter Angabe ihrer Gattung aufzustellen. [2]Das Verzeichnis ist vor der ersten Abstimmung in der Hauptversammlung und einer allfälligen Satellitenversammlung aufzulegen.

(BGBl I 2009/71)

Auskunftsrecht

§ 118. (1) [1]Jedem Aktionär ist auf Verlangen in der Hauptversammlung Auskunft über Angelegenheiten der Gesellschaft zu geben, soweit sie zur sachgemäßen Beurteilung eines Tagesordnungspunkts erforderlich ist. [2]Die Auskunftspflicht erstreckt sich auch auf die rechtlichen und geschäftlichen Beziehungen der Gesellschaft zu einem verbundenen Unternehmen. [3]Werden in der Hauptversammlung eines Mutterunternehmens („§ 189a Z 6 UGB“) der Konzernabschluss und der Konzernlagebericht vorgelegt, so erstreckt sich die Auskunftspflicht auch auf die Lage des Konzerns sowie der in den Konzernabschluss einbezogenen Unternehmen. *(BGBl I 2015/22)*

(2) Die Auskunft hat den Grundsätzen einer gewissenhaften und getreuen Rechenschaft zu entsprechen.

(3) Die Auskunft darf verweigert werden, soweit

1. sie nach vernünftiger unternehmerischer Beurteilung geeignet ist, dem Unternehmen oder einem verbundenen Unternehmen einen erheblichen Nachteil zuzufügen, oder

2. ihre Erteilung strafbar wäre.

(4) [1]Die Auskunft darf auch verweigert werden, soweit sie auf der „im Firmenbuch eingetragenen“ Internetseite der Gesellschaft in Form von Frage und Antwort über mindestens sieben Tage vor Beginn der Hauptversammlung durchgehend zugänglich war; § 108 Abs. 4 letzter Satz gilt sinngemäß. [2]Auf den Grund der Auskunftsverweigerung ist hinzuweisen. *(BGBl I 2011/53)*

(BGBl I 2009/71)

Anträge in der Hauptversammlung

§ 119. (1) [1]Jeder Aktionär, der Vorstand und der Aufsichtsrat sind berechtigt, in der Hauptversammlung zu jedem Punkt der Tagesordnung Anträge zu stellen. [2]Über einen Gegenstand der Verhandlung, der nicht ordnungsgemäß als Tagesordnungspunkt bekannt gemacht wurde, darf kein Beschluss gefasst werden. [3]Zur Beschlussfassung über den in der Versammlung gestellten Antrag auf Einberufung einer Hauptversammlung und zu Verhandlungen ohne Beschlussfassung bedarf es keiner Bekanntmachung.

(2) Soweit die Satzung nicht anderes bestimmt, ist über einen Beschlussvorschlag, der gemäß § 110 Abs. 1 bekannt gemacht wurde, nur dann abzustimmen, wenn er in der Versammlung als Antrag wiederholt wird.

(3) [1]„Liegen zu einem Punkt der Tagesordnung mehrere Anträge vor, so ist zunächst über Anträge abzustimmen, zu denen bereits vor Beginn der Hauptversammlung Stimmen im Weg der Fernabstimmung oder per Brief abgegeben wurden.“ [2]Im Übrigen bestimmt mangels einer Regelung in der Satzung der Vorsitzende die Reihenfolge der Abstimmung. *(BGBl I 2011/53)*

(BGBl I 2009/71)

Niederschrift

§ 120. (1) Jeder Beschluss der Hauptversammlung bedarf zu seiner Gültigkeit der Beurkundung durch eine über die Verhandlung von einem Notar aufgenommene Niederschrift (§ 87 NO).

(2) Die Niederschrift ist gemäß der Notariatsordnung abzufassen; es sind insbesondere der Ort und der Tag der Verhandlung, der Name des Notars sowie die Art und das Ergebnis der Abstimmung und die Feststellung des Vorsitzenden über die Beschlussfassung anzugeben.

(3) Der Niederschrift sind anzuschließen:

1. das Verzeichnis der Teilnehmer (§ 117);

2. ein Verzeichnis derjenigen Personen, die im Weg der Fernabstimmung (§ 126) oder der Abstimmung per Brief (§ 127) an der Willensbildung mitgewirkt haben;

3. die Belege über die ordnungsgemäße Einberufung; diese können auch unter Angabe ihres Inhalts in der Niederschrift angeführt werden.

(4) Unverzüglich nach der Versammlung hat der Vorstand eine öffentlich beglaubigte Abschrift der Niederschrift zum Firmenbuch einzureichen.

(BGBl I 2009/71)

Fünfter Unterabschnitt
Abstimmung

Beschlussfähigkeit, Beschlussmehrheit

§ 121. (1) Die Hauptversammlung ist, sofern Gesetz oder Satzung nichts anderes bestimmen, beschlussfähig, wenn zumindest ein Aktionär oder sein Vertreter an ihr stimmberechtigt teilnimmt oder im Weg der Fernabstimmung oder per Brief abgestimmt hat.

(2) [1]Die Beschlüsse der Hauptversammlung bedürfen der Mehrheit der abgegebenen Stimmen (einfache Stimmenmehrheit), soweit nicht Gesetz oder Satzung eine größere Mehrheit oder noch andere Erfordernisse vorschreiben. [2]Für Wahlen kann die Satzung andere Bestimmungen treffen.

(BGBl I 2009/71)

Verfahren

§ 122. [1]Die Form der Ausübung des Stimmrechts und das Verfahren zur Stimmenauszählung richten sich nach der Satzung. [2]Mangels einer solchen Regelung bestimmt sie der Vorsitzende.

(BGBl I 2009/71)

Stimmrecht bei teileingezahlten Aktien

§ 123. (1) Das Stimmrecht beginnt mit der vollständigen Leistung der Einlage.

(2) [1]Die Satzung kann bestimmen, dass das Stimmrecht beginnt, wenn auf die Aktie die gesetzliche oder höhere satzungsmäßige Mindesteinlage geleistet ist. [2]In diesem Fall gewährt die Leistung der Mindesteinlage eine Stimme, bei höheren Einlagen richtet sich das Stimmenverhältnis nach der Höhe der geleisteten Einlagen.

(3) Bestimmt die Satzung nicht, dass das Stimmrecht vor der vollständigen Leistung der Einlage beginnt, und ist noch auf keine Aktie die volle Einlage geleistet, so richtet sich das Stimmenverhältnis nach der Höhe der geleisteten Einlagen; wenn die Satzung nichts anderes bestimmt, gewährt die Leistung der gesetzlichen Mindesteinlage eine Stimme.

(4) Bruchteile von Stimmen werden in den Fällen der Abs. 2 und 3 nur berücksichtigt, soweit ihre Zusammenzählung für den stimmberechtigten Aktionär volle Stimmen ergibt.

(5) Die Satzung kann Bestimmungen gemäß Abs. 2 und 3 nicht für einzelne Aktiengattungen treffen.

(BGBl I 2009/71)

Ruhen des Stimmrechts bei Verstoß gegen Meldepflichten

§ 124. Die Satzung kann vorsehen, dass das Stimmrecht eines Aktionärs ganz oder teilweise ruht, wenn er gegen gesetzliche oder in Börseregeln vorgesehene Meldepflichten über das Ausmaß seines Anteilsbesitzes verstoßen hat.

(BGBl I 2009/71)

Ausschluss des Stimmrechts bei Interessenkonflikten

§ 125. [1]Niemand kann für sich oder für einen anderen das Stimmrecht ausüben, wenn darüber Beschluss gefasst wird, ob er zu entlasten oder von einer Verbindlichkeit zu befreien ist oder ob die Gesellschaft gegen ihn einen Anspruch geltend machen soll. [2]Für Aktien, aus denen ein Aktionär gemäß dem ersten Satz das Stimmrecht nicht ausüben kann, kann das Stimmrecht auch nicht durch einen anderen ausgeübt werden.

(BGBl I 2009/71)

Fernabstimmung

§ 126. (1) [1]Bei der Fernabstimmung übermitteln die Aktionäre ihre Stimmen von jedem beliebigen Ort aus auf elektronischem Weg an die Gesellschaft. [2]Je nach dem von der Gesellschaft angebotenen Verfahren können die Aktionäre ihre Stimmen vor der Hauptversammlung bis zu einem festgesetzten Zeitpunkt, vor und während der Hauptversammlung oder auch nur während der Hauptversammlung bis zu jenem Zeitpunkt abgeben, an dem die persönlich anwesenden Teilnehmer abstimmen. [3]Falls das Verfahren dies zulässt, können Aktionäre unter denselben Voraussetzungen ihre Stimmabgabe widerrufen und allenfalls erneut abstimmen. [4]Die Satzung oder der dazu ermächtigte Vorstand hat auch zu regeln, auf welche Weise Aktionäre Widerspruch erheben können.

(2) [1]Für jeden Aktionär sind der Zeitpunkt, zu dem seine Stimmabgabe oder deren Widerruf bei der Gesellschaft einlangt, und die in § 117 erster Satz angeführten Angaben zu registrieren. [2]Dem Aktionär ist eine Empfangsbestätigung zu erteilen.

(3) Vor der Abstimmung in der Hauptversammlung ist sicherzustellen, dass das Stimmverhalten bei der Fernabstimmung dem Vorstand und dem Aufsichtsrat sowie den übrigen Aktionären nicht bekannt wird.

(4) [1]„Wenn der Aktionär nach dem Verfahren zur Stimmabgabe ein Formular oder eine Eingabemaske zu verwenden hat, ist vorzusorgen, dass die Aktionäre zu jedem angekündigten Beschlussvorschlag abstimmen können.“ [2]Abgegebene Stimmen sind nichtig, wenn der Beschluss in der Hauptversammlung mit einem anderen Inhalt gefasst wird als im Formular oder in der Eingabemaske vorgesehen. *(BGBl I 2011/53)*

(BGBl I 2009/71)

Abstimmung per Brief

§ 127. (1) [1]Bei der Abstimmung per Brief übermitteln die Aktionäre ihre Stimmen schriftlich (§ 886 ABGB) an die Gesellschaft. [2]Die Aktionäre haben sich dafür eines von der Gesellschaft zur Verfügung zu stellenden Formulars (Stimmzettel) zu bedienen. [3]Die Satzung hat die Einzelheiten des Verfahrens zu regeln. [4]Sie muss in jedem Fall eine Bestimmung darüber treffen, bis zu welchem Zeitpunkt vor der Hauptversammlung die Stimmen bei der Gesellschaft einlangen müssen, ob eine bereits abgegebene Stimme bis zu einem angegebenen Zeitpunkt widerrufen oder geändert werden kann und auf welche Weise Aktionäre Widerspruch erheben können.

(2) [1]Zusammen mit dem Stimmzettel haben die Aktionäre der Gesellschaft die Angaben nach § 117 erster Satz zu übersenden. [2]Der Zeitpunkt des Einlangens ist auf dem Stimmzettel oder dem Umschlag zu vermerken.

(3) Vor der Abstimmung in der Hauptversammlung ist sicherzustellen, dass das Stimmverhalten bei der Abstimmung per Brief dem Vorstand und dem Aufsichtsrat sowie den übrigen Aktionären nicht bekannt wird.

(4) [1]„Das Formular muss so gestaltet sein, dass die Aktionäre zu jedem angekündigten Beschlussvorschlag abstimmen können.“ [2]Abgegebene Stimmen sind nichtig, wenn der Beschluss in der Hauptversammlung mit einem anderen Inhalt gefasst wird als im Formular vorgesehen. *(BGBl I 2011/53)*

(BGBl I 2009/71)

Abstimmungsergebnis, Beschluss

§ 128. (1) Nach jeder Abstimmung verkündet der Vorsitzende

1. die Zahl der Aktien, für die gültige Stimmen abgegeben wurden,

2. den Anteil des durch diese Stimmen vertretenen Grundkapitals,

3. die Gesamtzahl der abgegebenen gültigen Stimmen,

4. die Zahl der für einen Beschlussantrag oder für jeden Wahlkandidaten abgegebenen Stimmen sowie der Gegenstimmen

und stellt den Inhalt des gefassten Beschlusses fest.

(2) [1]Eine börsenotierte Gesellschaft muss die in der Hauptversammlung gefassten Beschlüsse und die Angaben gemäß Abs. 1 Z 1 bis 4 spätestens am zweiten Werktag nach der Versammlung auf ihrer „im Firmenbuch eingetragenen“ Internetseite zugänglich machen. [2]§ 108 Abs. 4 letzter Satz gilt sinngemäß. *(BGBl I 2011/53)*

(3) [1]Bei einer nicht börsenotierten Gesellschaft kann jeder Aktionär verlangen, dass ihm die gefassten Beschlüsse und die Angaben gemäß Abs. 1 Z 1 bis 4 innerhalb von 15 Tagen nach der Hauptversammlung durch eingeschriebenen Brief oder im Weg der elektronischen Post an die der Gesellschaft bekannt gegebene Adresse übersendet werden. [2]Diese Verpflichtung entfällt, wenn die Gesellschaft diese Angaben auf ihrer im Firmenbuch eingetragenen Internetseite zugänglich macht. [3]Die Dauer des Zugänglichmachens richtet sich nach Abs. 2. *(BGBl I 2011/53)*

(4) [1]Die Satzung einer börsenotierten Gesellschaft kann vorsehen, dass das individuelle Stimmverhalten der Aktionäre veröffentlicht wird. [2]„Ist dies nicht der Fall, so kann jeder Aktionär innerhalb von 14 Tagen nach der Abstimmung von der Gesellschaft eine Bestätigung über die korrekte Erfassung und Zählung der von ihm abgegebenen Stimmen verlangen.“ *(BGBl I 2019/63)*

(5) [1]Wird den Aktionären ein in der Hauptversammlung zu fassender Beschluss in einer anderen als der deutschen Sprache vorgelegt, so ist jedenfalls auch eine deutsche Sprachfassung vorzulegen; für die Beurteilung von Inhalt und Gültigkeit des Beschlusses ist stets die deutsche Sprachfassung maßgeblich. [2]Gleiches gilt für Bekanntmachungen, Berichte oder sonstige Unterlagen der Gesellschaft, soweit die Gültigkeit eines Beschlusses von deren Inhalt abhängt.

(BGBl I 2009/71)

Sonderbeschluss über die Aufhebung oder Beschränkung des Vorzugs

§ 129. (1) Ein Beschluss, durch den bei Vorzugsaktien ohne Stimmrecht (§ 12a) der Vorzug aufgehoben oder beschränkt wird, bedarf zu seiner Wirksamkeit der Zustimmung der Vorzugsaktionäre.

(2) [1]Ein Beschluss über die Ausgabe neuer Aktien mit vorhergehenden oder gleichstehenden Rechten bedarf gleichfalls der Zustimmung der Vorzugsaktionäre. [2]Der Zustimmung bei Ausgabe neuer Aktien mit gleichstehenden Rechten bedarf es nicht, wenn die Ausgabe bei Einräumung des

Vorzugs oder, falls das Stimmrecht später ausgeschlossen ist, bei der Ausschließung ausdrücklich vorbehalten worden ist. [3]Das Recht der Vorzugsaktionäre auf den Bezug solcher Aktien ist unentziehbar.

(3) [1]Über die Zustimmung haben die Vorzugsaktionäre in einer gesonderten Versammlung Beschluss zu fassen. [2]Für die Vorbereitung der Versammlung, die Teilnahme an ihr, die innere Ordnung und die Abstimmung der Aktionäre sowie die Anfechtbarkeit und Nichtigkeit der Beschlüsse gelten die Vorschriften über die Hauptversammlung (§§ 102, 105 bis 128) und die Anfechtbarkeit und Nichtigkeit von Hauptversammlungsbeschlüssen (§§ 195 bis 201) sinngemäß. [3]Die Veröffentlichung über die Einberufung der Versammlung darf nicht mit einer Veröffentlichung über die Einberufung einer Hauptversammlung verbunden werden. [4]Der Beschluss der Vorzugsaktionäre bedarf einer Mehrheit, die mindestens drei Viertel der abgegebenen Stimmen umfasst.

(4) Ist der Vorzug aufgehoben, so gewähren die Aktien das Stimmrecht.

(BGBl I 2009/71)

Sechster Unterabschnitt

Sonderprüfung

Bestellung der Sonderprüfer

§ 130. (1) [1]Zur Prüfung von Vorgängen bei der Gründung oder der Geschäftsführung, namentlich auch bei Maßnahmen der Kapitalbeschaffung und Kapitalherabsetzung, kann die Hauptversammlung mit einfacher Stimmenmehrheit Prüfer (Sonderprüfung) bestellen. [2]Bei der Beschlussfassung kann ein Mitglied des Vorstands oder des Aufsichtsrats weder für sich noch für einen anderen mitstimmen, wenn die Prüfung sich auf Vorgänge erstrecken soll, die mit der Entlastung eines Mitglieds des Vorstands oder des Aufsichtsrats oder der Einleitung eines Rechtsstreits zwischen der Gesellschaft und einem Mitglied des Vorstands oder des Aufsichtsrats zusammenhängen. [3]Für ein Mitglied des Vorstands oder des Aufsichtsrats, das gemäß dem zweiten Satz nicht mitstimmen kann, kann das Stimmrecht auch nicht durch einen anderen ausgeübt werden.

(2) [1]Lehnt die Hauptversammlung einen Antrag auf Bestellung von Sonderprüfern zur Prüfung eines Vorgangs bei der Gründung oder eines nicht über zwei Jahre zurückliegenden Vorgangs bei der Geschäftsführung ab, so hat das Gericht auf Antrag von Aktionären, deren Anteile zusammen zehn vom Hundert des Grundkapitals erreichen, Sonderprüfer zu bestellen. [2]Dem Antrag ist jedoch nur dann stattzugeben, wenn Verdachtsgründe beigebracht werden, dass bei dem Vorgang Unredlichkeiten oder grobe Verletzungen des Gesetzes oder der Satzung vorgekommen sind. [3]Die Antragsteller müssen seit mindestens drei Monaten vor dem Tag der Hauptversammlung Inhaber der Aktien sein und die Aktien bis zur Entscheidung über den Antrag halten.

(3) [1]Hat die Hauptversammlung Sonderprüfer bestellt, so hat das Gericht auf Antrag von Aktionären, deren Anteile zusammen zehn vom Hundert des Grundkapitals erreichen, einen anderen Sonderprüfer zu bestellen, wenn dies aus einem in der Person des bestellten Sonderprüfers liegenden Grund geboten erscheint, insbesondere, wenn der bestellte Sonderprüfer nicht die für den Gegenstand der Sonderprüfung erforderlichen Kenntnisse hat, seine Befangenheit zu besorgen ist oder Bedenken gegen seine Zuverlässigkeit bestehen. [2]Der Antrag ist binnen zwei Wochen seit dem Tag der Hauptversammlung zu stellen.

(4) [1]Das Gericht hat auch den Aufsichtsrat und im Fall des Abs. 3 den von der Hauptversammlung bestellten Sonderprüfer zu hören. [2]Die Bestellung kann im Fall des Abs. 2 auf Verlangen von einer angemessenen Sicherheitsleistung abhängig gemacht werden, wenn glaubhaft gemacht wird, dass der Gesellschaft auf Grund des § 133 Abs. 4 zweiter Satz oder von anderen Vorschriften des bürgerlichen Rechts gegen die Antragsteller oder einzelne von ihnen ein Ersatzanspruch zusteht oder erwachsen kann.

(BGBl I 2009/71)

Auswahl der Sonderprüfer

§ 131. (1) Das Gericht darf als Sonderprüfer nur Wirtschaftsprüfer oder Wirtschaftsprüfungsgesellschaften bestellen.

(2) [1]Mitglieder des Vorstands und des Aufsichtsrats sowie Angestellte der Gesellschaft dürfen als Sonderprüfer weder gewählt noch bestellt werden; gleiches gilt für Mitglieder des Vorstands oder des Aufsichtsrats sowie Angestellte einer anderen Gesellschaft, die von der zu prüfenden Gesellschaft abhängig ist oder sie beherrscht, sowie für Personen, auf deren Geschäftsführung eine dieser Gesellschaften maßgebenden Einfluss hat. [2]Im Übrigen gelten die §§ 271 und 271a UGB sinngemäß.

(BGBl I 2009/71)

Verantwortlichkeit der Sonderprüfer

§ 132. § 275 UGB über die Verantwortlichkeit des Abschlussprüfers gilt sinngemäß.

(BGBl I 2009/71)

Rechte der Sonderprüfer, Prüfungsbericht

§ 133. (1) Der Vorstand hat den Sonderprüfern zu gestatten, die Bücher und Schriften der Gesellschaft sowie die Vermögensgegenstände, namentlich die Gesellschaftskasse und die Bestände an Wertpapieren und Waren, zu prüfen.

(2) Die Sonderprüfer können von den Mitgliedern des Vorstands und des Aufsichtsrats alle für die sorgfältige Prüfung der Vorgänge erforderlichen Aufklärungen und Nachweise verlangen.

(3) [1]Die Sonderprüfer haben über das Ergebnis der Prüfung schriftlich zu berichten. [2]Im Bericht hat die Aufnahme von Tatsachen zu unterbleiben, deren Angabe nach vernünftiger unternehmerischer Beurteilung geeignet ist, dem Unternehmen oder einem verbundenen Unternehmen einen erheblichen Nachteil zuzufügen. [3]Der Bericht ist unverzüglich dem Vorstand und dem Aufsichtsrat vorzulegen und zum Firmenbuch einzureichen. [4]Der Vorstand hat den Bericht bei der Einberufung der nächsten Hauptversammlung als Gegenstand der Beschlussfassung anzukündigen.

(4) [1]Bestellt das Gericht Sonderprüfer, so trägt die Gesellschaft die Kosten der Prüfung. [2]Gibt das Gericht dem Antrag auf Bestellung von Prüfern nicht statt oder war der Antrag nach dem Ergebnis der Prüfung unbegründet, so haften die Aktionäre, denen Vorsatz oder grobe Fahrlässigkeit zur Last fällt, für den der Gesellschaft durch den Antrag entstehenden Schaden zur ungeteilten Hand.

(BGBl I 2009/71)

Siebenter Unterabschnitt

Geltendmachung von Ersatzansprüchen

Verpflichtung zur Geltendmachung

§ 134. (1) [1]Die Ansprüche der Gesellschaft gegen Aktionäre, gegen die nach den §§ 39 bis 41 und § 47 verpflichteten Personen aus der Gründung oder gegen die Mitglieder des Vorstands oder des Aufsichtsrats aus der Geschäftsführung müssen geltend gemacht werden, wenn es die Hauptversammlung mit einfacher Stimmenmehrheit beschließt. [2]Das gleiche gilt, wenn es eine Minderheit verlangt, deren Anteile zusammen zehn vom Hundert des Grundkapitals erreichen, und wenn die von ihr behaupteten Ansprüche nicht offenkundig unbegründet sind. [3]Wurden im Prüfungsbericht (§ 26 Abs. 2, § 45 Abs. 2, § 133 Abs. 3; § 273 UGB) Tatsachen festgestellt, aus denen sich Ersatzansprüche gegen Aktionäre, gegen die nach den §§ 39, 40 Abs. 1 Z 1 und 2 sowie § 47 verpflichteten Personen oder gegen Mitglieder des Vorstands oder des Aufsichtsrats ergeben, so genügt eine Minderheit, deren Anteile zusammen fünf vom Hundert des Grundkapitals erreichen.

(2) [1]Zur Führung des Rechtsstreits kann die Hauptversammlung besondere Vertreter bestellen. [2]Verlangt die Minderheit die Geltendmachung des Anspruchs und ist der von ihr behauptete Anspruch nicht offenkundig unbegründet, so hat das Gericht die von ihr bezeichneten Personen, wenn deren Bestellung kein wichtiger Grund entgegensteht, als Vertreter der Gesellschaft zur Führung des Rechtsstreits zu bestellen. [3]Im Übrigen richtet sich die Vertretung der Gesellschaft nach § 97, und zwar auch dann, wenn die Minderheit die Geltendmachung des Anspruchs verlangt hat.

(BGBl I 2009/71)

Geltendmachung

§ 135. (1) [1]Der Anspruch kann nur binnen sechs Monaten seit dem Tag der Hauptversammlung geltend gemacht werden. [2]Der Klage ist die in der Hauptversammlung aufgenommene Niederschrift, soweit sie die Geltendmachung des Anspruchs betrifft, in öffentlich beglaubigter Abschrift beizufügen.

(2) Die Minderheit muss seit mindestens drei Monaten vor dem Tag der Hauptversammlung über Anteile im Ausmaß von zehn vom Hundert, im Fall des § 134 Abs. 1 dritter Satz im Ausmaß von fünf vom Hundert, des Grundkapitals verfügen und die Aktien bis zur Erledigung des Rechtsstreits halten.

(3) [1]Macht der Beklagte glaubhaft, dass ihm auf Grund des Abs. 5 oder anderer Vorschriften des bürgerlichen Rechts gegen die die Minderheit bildenden Aktionäre oder einzelne von ihnen ein Ersatzanspruch zusteht oder erwachsen kann, so hat das Prozessgericht anzuordnen, dass die Minderheit ihm angemessene Sicherheit leiste. [2]Die Vorschriften der Zivilprozessordnung über die Festsetzung einer Frist zur Sicherheitsleistung und über die Folgen der Versäumung der Frist sind sinngemäß anzuwenden.

(4) Die Minderheit ist der Gesellschaft gegenüber verpflichtet, die Kosten des Rechtsstreits zu tragen, die der Gesellschaft zur Last fallen.

(5) Für den Schaden, der dem Beklagten durch eine unbegründete Klage entsteht, haften die Aktionäre, denen Vorsatz oder grobe Fahrlässigkeit zur Last fällt, zur ungeteilten Hand.

(BGBl I 2009/71)

Verzicht und Vergleich

§ 136. Die Gesellschaft kann auf einen Anspruch, dessen Geltendmachung die Minderheit gemäß § 134 Abs. 1 verlangt hat, nur verzichten oder sich darüber vergleichen, wenn von den die Minderheit bildenden Aktionären so viele zustimmen, dass die Aktien der übrigen nicht mehr zehn vom Hundert des Grundkapitals, im Fall des § 134 Abs. 1 dritter Satz fünf vom Hundert des Grundkapitals, erreichen.

(BGBl I 2009/71)

§§ 137 bis 144. *(aufgehoben, BGBl 1990/475)*

Fünfter Teil

(aufgehoben, BGBl I 2009/71)

Sechster Teil

Satzungsänderung. Maßnahmen der Kapitalbeschaffung und Kapitalherabsetzung

Erster Abschnitt

Satzungsänderung

Allgemeines

§ 145. (1) [1]Jede Satzungsänderung bedarf eines Beschlusses der Hauptversammlung. [2]„Die Befugnis zu Änderungen, die nur die Fassung betreffen, kann durch die Satzung oder durch einen Beschluss der Hauptversammlung dem Aufsichtsrat übertragen werden.“ *(BGBl I 2009/71)*

(2) *(aufgehoben, BGBl I 2009/71)*

(3) Die rechtswirksam getroffenen Festsetzungen über Sondervorteile, Gründungsaufwand, Sacheinlagen und Sachübernahmen (§§ 19, 20) können erst nach Ablauf der Verjährungsfrist des § 44 geändert werden.

Beschluß der Hauptversammlung

§ 146. (1) [1]Der Beschluß der Hauptversammlung bedarf einer Mehrheit, die mindestens drei Viertel des bei der Beschlußfassung vertretenen Grundkapitals umfaßt. [2]Die Satzung kann diese Mehrheit durch eine andere Kapitalmehrheit, für eine Änderung des Gegenstandes des Unternehmens jedoch nur durch eine größere Kapitalmehrheit ersetzen. [3]Sie kann noch andere Erfordernisse aufstellen.

(2) Soll das bisherige Verhältnis mehrerer Gattungen von Aktien (§ 11) zum Nachteil einer Gattung geändert werden, so bedarf der Beschluß der Hauptversammlung zu seiner Wirksamkeit eines in gesonderter Abstimmung gefaßten Beschlusses der benachteiligten Aktionäre; für diesen gilt Abs. 1. „ “ *(BGBl I 2009/71)*

Begründung von Nebenverpflichtungen

§ 147. Ein Beschluß, der Aktionären Nebenverpflichtungen (§ 50) auferlegt, bedarf zu seiner Wirksamkeit der Zustimmung aller betroffenen Aktionäre.

Eintragung der Satzungsänderung

§ 148. (1) [1]Der Vorstand hat die Satzungsänderung zur Eintragung in das Firmenbuch anzumelden. [2]Der Anmeldung ist der vollständige Wortlaut der Satzung beizufügen; er muß mit der Beurkundung eines Notars versehen sein, daß die geänderten Bestimmungen der Satzung mit dem Beschluß über die Satzungsänderung und die unveränderten Bestimmungen mit dem zuletzt zum Firmenbuch eingereichten vollständigen Wortlaut der Satzung übereinstimmen. [3]Bedarf die Satzungsänderung behördlicher Genehmigung, so ist der Anmeldung die Genehmigungsurkunde beizufügen. *(BGBl 1991/10)*

(2) [1]Soweit nicht die Änderung Angaben nach § 32 betrifft, genügt bei der Eintragung die Bezugnahme auf die beim Gericht eingereichten Urkunden. [2]Betrifft eine Änderung Bestimmungen, die ihrem Inhalt nach zu veröffentlichen sind, so ist auch die Änderung ihrem Inhalt nach zu veröffentlichen.

(2a) [1]Eine Satzungsänderung, die zur Beendigung einer Börsenotierung der Gesellschaft im Inland führt, darf erst zur Eintragung angemeldet werden, nachdem unter Hinweis auf die geplante Satzungsänderung innerhalb der letzten sechs Monate vor der Anmeldung oder unter Hinweis auf den gefassten Beschluss der Hauptversammlung (§ 146) eine Angebotsunterlage nach dem 5. Teil des ÜbG veröffentlicht wurde. [2]Ein solches Angebot ist jedoch dann nicht erforderlich, wenn die Zulassung und der Handel der Beteiligungspapiere an zumindest einem geregelten Markt in einem EWR-Vertragsstaat weiterhin gewährleistet sind, an dem für einen Widerruf der Zulassung zum Handel an diesem Markt mit § 38 Abs. 6 bis 8 BörseG 2018 gleichwertige Voraussetzungen gelten. *(BGBl I 2017/107)*

(3) Die Änderung hat keine Wirkung, bevor sie in das Firmenbuch des Sitzes der Gesellschaft eingetragen worden ist.

Zweiter Abschnitt

Maßnahmen der Kapitalbeschaffung

Erster Unterabschnitt

Kapitalerhöhung

Voraussetzungen

§ 149. (1) [1]Eine Erhöhung des Grundkapitals durch Ausgabe neuer Aktien kann nur mit einer Mehrheit beschlossen werden, die mindestens drei Viertel des bei der Beschlußfassung vertretenen Grundkapitals umfaßt. [2]Die Satzung kann diese Mehrheit durch eine andere Kapitalmehrheit ersetzen und noch andere Erfordernisse aufstellen. [3]„Bei Gesellschaften mit Stückaktien muß sich die Gesamtzahl der Aktien im Verhältnis des Erhöhungsbetrags zum bisherigen Grundkapital vergrößern.“ *(BGBl I 1998/125)*

(2) Sind mehrere Gattungen von „stimmberechtigten“ Aktien „ “ vorhanden, so bedarf der Beschluß der Hauptversammlung zu seiner Wirksamkeit eines in gesonderter Abstimmung gefaßten Beschlusses der Aktionäre jeder Gattung; für diesen gilt Abs. 1. „ “ *(BGBl I 2009/71)*

(3) Sollen die neuen Aktien für einen höheren Betrag als den „geringsten Ausgabebetrag“ ausgegeben werden, so ist der Mindestbetrag, unter dem sie nicht ausgegeben werden sollen, im Beschluß über die Erhöhung des Grundkapitals festzusetzen. *(BGBl I 1998/125)*

(4) [1]Das Grundkapital darf nicht erhöht werden, solange noch ausstehende Einlagen auf das bisherige Grundkapital geleistet werden können. [2]Für Versicherungsgesellschaften kann die Satzung etwas anderes bestimmen. [3]Stehen Einlagen in verhältnismäßig unerheblichem Umfang aus, so hindert dies die Erhöhung des Grundkapitals nicht.

Kapitalerhöhung mit Sacheinlagen

§ 150. (1) [1]Wird eine Sacheinlage (§ 20 Abs. 2) gemacht, so müssen ihr Gegenstand, die Person, von der die Gesellschaft den Gegenstand erwirbt, sowie der „bei Nennbetragsaktien der Nennbetrag, bei Stückaktien die Zahl“* und der Ausgabebetrag der bei der Sacheinlage zu gewährenden Aktien im Beschluß über die Erhöhung des Grundkapitals festgesetzt werden. [2]Der Beschluß kann nur gefaßt werden, wenn die Einbringung von Sacheinlagen „in der Tagesordnung ausdrücklich“** angekündigt worden ist. *(BGBl 1996/304; *BGBl I 1998/125; **BGBl I 2009/71)*

(2) [1]Ohne diese Festsetzung sind Vereinbarungen über Sacheinlagen und die Rechtshandlungen zu ihrer Ausführung der Gesellschaft gegenüber unwirksam. [2]Ist die Durchführung der Erhöhung des Grundkapitals eingetragen, so wird ihre Gültigkeit durch diese Unwirksamkeit nicht berührt. [3]Der Aktionär bleibt verpflichtet, den „ “ Ausgabebetrag der Aktien einzuzahlen. [4]Die Unwirksamkeit kann durch Satzungsänderung nicht geheilt werden, nachdem die Durchführung der Erhöhung des Grundkapitals in das Firmenbuch eingetragen worden ist. *(BGBl I 1998/125)*

(3) [1]Bei Kapitalerhöhungen mit Sacheinlagen hat eine Prüfung durch einen oder mehrere Prüfer stattzufinden. [2]§ 25 Abs. 3 bis 5, §§ 26, 27, 42 und 44 gelten sinngemäß. *(BGBl 1996/304)*

Anmeldung und Prüfung des Beschlusses

§ 151. (1) [1]Der Vorstand und der Vorsitzende des Aufsichtsrats oder dessen Stellvertreter haben den Beschluß über die Erhöhung des Grundkapitals zur Eintragung in das Firmenbuch anzumelden. [2]„Der Bericht über die Prüfung der Sacheinlagen (§ 150 Abs. 3) ist der Anmeldung beizufügen.“ *(BGBl 1996/304)*

(2) In der Anmeldung ist anzugeben, welche Einlagen auf das bisherige Grundkapital rückständig sind und warum sie nicht geleistet werden können.

(3) [1]Das Gericht hat die Eintragung abzulehnen, wenn die Prüfer erklären oder wenn es offensichtlich ist, daß der Wert der Sacheinlagen nicht unwesentlich hinter dem Ausgabebetrag der dafür zu gewährenden Aktien zurückbleibt. [2]Das Gericht hat den Beteiligten vorher Gelegenheit zu geben, den Beanstandungen abzuhelfen. *(BGBl 1996/304)*

Zeichnung der neuen Aktien

§ 152. (1) [1]Die Zeichnung der neuen Aktien geschieht durch schriftliche Erklärung (Zeichnungsschein), aus der die Beteiligung nach der „Zahl und bei Nennbetragsaktien dem Nennbetrag sowie“, wenn mehrere Gattungen ausgegeben werden, der Gattung der Aktien hervorgehen muß. [2]Der Zeichnungsschein ist doppelt auszustellen; er hat zu enthalten:

1. den Tag, an dem die Erhöhung des Grundkapitals beschlossen ist;

2. den Ausgabebetrag der Aktien, den Betrag der festgesetzten Einzahlungen sowie den Umfang von Nebenverpflichtungen;

3. die im Fall der Kapitalerhöhung mit Sacheinlagen vorgesehenen Festsetzungen und, wenn mehrere Gattungen ausgegeben werden, den „auf jede Aktiengattung entfallenden Betrag des Grundkapitals“; *(BGBl I 1998/125)*

4. den Zeitpunkt, an dem die Zeichnung unverbindlich wird, wenn nicht bis dahin die Durchführung der Erhöhung des Grundkapitals eingetragen worden ist.
(BGBl I 1998/125)

(2) Zeichnungsscheine, die diese Angaben nicht vollständig oder die außer dem Vorbehalt im Abs. 1 Z. 4 Beschränkungen der Verpflichtung des Zeichners enthalten, sind nichtig.

(3) Ist die Durchführung der Erhöhung des Grundkapitals eingetragen, so kann sich der Zeichner auf die Nichtigkeit oder Unverbindlichkeit des Zeichnungsscheins nicht berufen, wenn er auf Grund des Zeichnungsscheins als Aktionär Rechte ausgeübt oder Verpflichtungen erfüllt hat.

(4) Jede nicht im Zeichnungsschein enthaltene Beschränkung ist der Gesellschaft gegenüber unwirksam.

Bezugsrecht

§ 153. (1) [1]Jedem Aktionär muß auf sein Verlangen ein seinem Anteil an dem bisherigen Grundkapital entsprechender Teil der neuen Aktien zugeteilt werden. [2]„Für die Ausübung des Bezugsrechts ist eine Frist von mindestens zwei Wochen zu bestimmen.“ *(BGBl 1996/304)*

(2) Der Vorstand hat den Ausgabebetrag und zugleich eine nach Abs. 1 bestimmte Frist „gemäß § 18“ zu veröffentlichen. *(BGBl I 2009/71)*

(3) [1]Das Bezugsrecht kann ganz oder teilweise nur im Beschluß über die Erhöhung des Grundkapitals ausgeschlossen werden. [2]In diesem Fall

bedarf der Beschluß neben den in Gesetz oder Satzung für die Kapitalerhöhung aufgestellten Erfordernissen einer Mehrheit, die mindestens drei Viertel des bei der Beschlußfassung vertretenen Grundkapitals umfaßt. [3]Die Satzung kann diese Mehrheit durch eine größere Kapitalmehrheit ersetzen und noch andere Erfordernisse aufstellen.

(4) [1]Ein Beschluß, durch den das Bezugsrecht ganz oder teilweise ausgeschlossen wird, kann nur gefaßt werden, wenn diese Ausschließung „in der Tagesordnung ausdrücklich"*** angekündigt worden ist. [2]„Der Vorstand hat der Hauptversammlung einen schriftlichen Bericht über den Grund für den teilweisen oder vollständigen Ausschluß des Bezugsrechts vorzulegen; in dem Bericht ist der vorgeschlagene Ausgabebetrag zu begründen."* [3]„Sollen die neuen Aktien zur Bedienung von Aktienoptionen an Arbeitnehmer, leitende Angestellte und Mitglieder des Vorstands oder des Aufsichtsrats der Gesellschaft oder eines mit ihr verbundenen Unternehmens verwendet werden, so hat der Bericht § 159 Abs. 2 Z 3 zu entsprechen."** *(*BGBl 1996/304; **BGBl I 2001/42; ***BGBl I 2009/71)*

(5) Die vorrangige Ausgabe von Aktien an Arbeitnehmer, leitende Angestellte und Mitglieder des Vorstands oder des Aufsichtsrats der Gesellschaft oder eines mit ihr verbundenen Unternehmens stellt einen ausreichenden Grund für den Ausschluss des Bezugsrechts dar. *(BGBl I 2001/42)*

(6) [1]Als Ausschluß des Bezugsrechts ist es nicht anzusehen, wenn nach dem Beschluß über die Kapitalerhöhung die neuen Aktien von einem Kreditinstitut mit der Verpflichtung übernommen werden sollen, sie den Aktionären zum Bezug anzubieten. [2]Der Vorstand hat das mittelbare Bezugsangebot unter Angabe des für die Aktien zu leistenden Entgelts und einer für die Annahme gesetzten Frist „gemäß § 18" bekanntzumachen. *(BGBl 1996/304; BGBl I 2009/71)*

Zusicherungen von Rechten auf den Bezug neuer Aktien

§ 154. (1) Rechte auf den Bezug neuer Aktien können nur unter Vorbehalt des Bezugsrechts der Aktionäre (§ 153) zugesichert werden.

(2) Zusicherungen vor dem Beschluß über die Erhöhung des Grundkapitals sind der Gesellschaft gegenüber unwirksam.

Anmeldung und Eintragung der Durchführung

§ 155. (1) Der Vorstand und der Vorsitzende des Aufsichtsrats oder dessen Stellvertreter haben die Durchführung der Erhöhung des Grundkapitals zur Eintragung in das Firmenbuch anzumelden.

(2) Für die Anmeldung gelten sinngemäß „§ 28 Abs. 2, § 28a" und § 29 Abs. 1. Durch Gutschrift auf ein Konto des Vorstands (§ 49 Abs. 3) kann die Einzahlung nicht geleistet werden. *(BGBl 1996/304)*

(3) Der Anmeldung sind beizufügen:

1. die Doppelstücke der Zeichnungsscheine und ein vom Vorstand unterschriebenes Verzeichnis der Zeichner, das die auf jeden entfallenden Aktien und die auf sie geleisteten Einzahlungen angibt;

2. im Fall der Kapitalerhöhung mit Sacheinlagen die Verträge, die den Festsetzungen nach § 150 zugrunde liegen oder zu ihrer Ausführung geschlossen worden sind;

3. eine Berechnung der Kosten, die für die Gesellschaft durch die Ausgabe der neuen Aktien entstehen werden;

4. wenn die Erhöhung des Grundkapitals der behördlichen Genehmigung bedarf, die Genehmigungsurkunde.

(4) Anmeldung und Eintragung der Durchführung der Erhöhung des Grundkapitals können mit Anmeldung und Eintragung des Beschlusses über die Erhöhung verbunden werden.

(5) Die Dokumente sind in Urschrift, Ausfertigung oder öffentlich beglaubigter Abschrift einzureichen und in die Urkundensammlung (§ 12 FBG) aufzunehmen. *(BGBl I 2009/71)*

Wirksamwerden der Kapitalerhöhung

§ 156. Mit der Eintragung der Durchführung der Erhöhung des Grundkapitals ist das Grundkapital erhöht.

Veröffentlichung der Eintragung

§ 157. [1]In die Veröffentlichung der Eintragung der Durchführung der Erhöhung des Grundkapitals sind außer deren Inhalt der Ausgabebetrag der Aktien, die bei einer Kapitalerhöhung mit Sacheinlagen vorgesehenen Festsetzungen und ein Hinweis auf den Bericht über die Prüfung von Sacheinlagen (§ 150 Abs. 3) aufzunehmen. [2]Bei der Veröffentlichung dieser Festsetzungen genügt die Bezugnahme auf die beim Gericht eingereichten Urkunden.

(BGBl 1996/304)

Verbotene Ausgabe von Aktien

§ 158. [1]Die neuen Anteilsrechte können vor Eintragung der Durchführung der Erhöhung des Grundkapitals nicht übertragen, neue Aktien „ " können vorher nicht ausgegeben werden. [2]Die vorher ausgegebenen neuen Aktien „ " sind nichtig; für den Schaden aus der Ausgabe sind die Ausgeber den Besitzern als Gesamtschuldner verantwortlich. *(BGBl I 2011/53)*

Zweiter Unterabschnitt

Bedingte Kapitalerhöhung

Voraussetzungen

§ 159. (1) [1]Die Hauptversammlung kann eine Erhöhung des Grundkapitals beschließen, die nur so weit durchgeführt werden soll, als von einem unentziehbaren Umtausch- oder Bezugsrecht Gebrauch gemacht wird, das die Gesellschaft auf die neuen Aktien (Bezugsaktien) einräumt (bedingte Kapitalerhöhung).

(2) [1]Die bedingte Kapitalerhöhung darf nur zu folgenden Zwecken beschlossen werden:

1. zur Gewährung von Umtausch- oder Bezugsrechten an Gläubiger von Wandelschuldverschreibungen;

2. zur Vorbereitung des Zusammenschlusses mehrerer Unternehmungen;

3. zur Einräumung von Aktienoptionen an Arbeitnehmer, leitende Angestellte und Mitglieder des Vorstands und Aufsichtsrats der Gesellschaft oder eines mit ihr verbundenen Unternehmens. [2]Der Vorstand hat der Hauptversammlung einen schriftlichen Bericht zu erstatten, der zumindest folgende Punkte enthalten muss: die der Gestaltung der Aktienoptionen zugrunde liegenden Grundsätze und Leistungsanreize; Anzahl und Aufteilung der einzuräumenden und bereits eingeräumten Optionen auf Arbeitnehmer, leitende Angestellte und auf die einzelnen Organmitglieder unter Angabe der jeweils beziehbaren Anzahl an Aktien; die wesentlichen Bedingungen der Aktienoptionsverträge, insbesondere Ausübungspreis oder die Grundlagen oder die Formel seiner Berechnung; Laufzeit sowie zeitliche Ausübungsfenster, Übertragbarkeit der Optionen und allfällige Behaltefrist für bezogene Aktien. [3]Im Fall der Gewährung von Aktienoptionen an Vorstandsmitglieder erstattet der Aufsichtsrat den Bericht. „ “ *(BGBl I 2009/71)*
(BGBl I 2001/42)

(3) [1]Zu einer bedingten Kapitalerhöhung für die Einräumung von Aktienoptionen an Arbeitnehmer, leitende Angestellte und Mitglieder des Vorstands kann die Hauptversammlung den Vorstand bis zu einem bestimmten Nennbetrag auch ermächtigen; die Entscheidung des Vorstands bedarf der Zustimmung des Aufsichtsrats. [2]Der Vorstand hat einen Bericht gemäß Abs. 2 Z 3 spätestens zwei Wochen vor Zustandekommen des Aufsichtratsbeschlusses zu veröffentlichen. [3]Die Ermächtigung kann höchstens für fünf Jahre erteilt werden. *(BGBl I 2001/42)*

(4) [1]Der Nennbetrag des bedingten Kapitals darf insgesamt die Hälfte, der Nennbetrag eines nach Abs. 2 Z 3 beschlossenen Kapitals dabei „zehn vom Hundert“ des zur Zeit des Beschlusses über die bedingte Kapitalerhöhung vorhandenen Grundkapitals nicht übersteigen. [2]Bei Gesellschaften mit Stückaktien muss sich die Gesamtzahl der Aktien im Verhältnis des Erhöhungsbetrages zum bisherigen Grundkapital vergrößern. *(BGBl I 2001/42; BGBl I 2009/71)*

(5) Das Gesamtausmaß der auf Grund von Optionen der Arbeitnehmer, der leitenden Angestellten und der Vorstands- und Aufsichtsratsmitglieder der Gesellschaft oder eines verbundenen Unternehmens beziehbaren Aktien der Gesellschaft darf „zwanzig vom Hundert“ des vorhandenen Grundkapitals nicht übersteigen. *(BGBl I 2001/42; BGBl I 2009/71)*

(6) Ein dem Beschluß über die bedingte Kapitalerhöhung entgegenstehender Beschluß der Hauptversammlung ist nichtig.

(7) Die folgenden Vorschriften über das Bezugsrecht gelten sinngemäß für das Umtauschrecht.

Erfordernisse des Beschlusses

§ 160. (1) [1]Der Beschluß über die bedingte Kapitalerhöhung bedarf einer Mehrheit, die mindestens drei Viertel des bei der Beschlußfassung vertretenen Grundkapitals umfaßt; die Satzung kann diese Mehrheit durch eine größere Kapitalmehrheit ersetzen und noch andere Erfordernisse aufstellen. [2]§ 149 Abs. 2 und § 154 Abs. 2 gelten sinngemäß.

(2) Im Beschluß müssen auch festgestellt werden:

1. der Zweck der bedingten Kapitalerhöhung,

2. der Kreis der Bezugsberechtigten,

3. der Ausgabebetrag oder die Grundlagen, wonach dieser Betrag errechnet wird.

Bedingte Kapitalerhöhung mit Sacheinlagen

§ 161. (1) [1]Wird eine Sacheinlage (§ 20 Abs. 2) gemacht, so müssen ihr Gegenstand, die Person, von der die Gesellschaft den Gegenstand erwirbt sowie „bei Nennbetragsaktien der Nennbetrag, bei Stückaktien die Zahl und jeweils“* und der Ausgabebetrag der bei der Sacheinlage zu gewährenden Aktien im Beschluß über die Erhöhung des Grundkapitals festgesetzt werden. [2]Als Sacheinlage gilt nicht die Hingabe von Schuldverschreibungen im Umtausch gegen Bezugsaktien. [3]Der Beschluß kann nur gefaßt werden, wenn die Einbringung von Sacheinlagen „in der Tagesordnung ausdrücklich“** angekündigt worden ist. *(BGBl 1996/304; *BGBl I 1998/125; **BGBl I 2009/71)*

(2) [1]Ohne diese Festsetzung sind Vereinbarungen über Sacheinlagen und die Rechtshandlungen zu ihrer Ausführung der Gesellschaft gegenüber unwirksam. [2]Sind die Bezugsaktien ausgegeben, so wird die Gültigkeit der bedingten Kapitalerhöhung durch diese Unwirksamkeit nicht berührt. [3]Der Aktionär bleibt verpflichtet, den „ “ Ausga-

bebetrag der Bezugsaktien einzuzahlen. [4]Die Unwirksamkeit kann durch Satzungsänderung nicht geheilt werden, nachdem die Bezugsaktien ausgegeben worden sind. *(BGBl I 1998/125)*

(3) [1]Bei Kapitalerhöhungen mit Sacheinlagen hat eine Prüfung durch einen oder mehrere Prüfer stattzufinden. [2]§ 25 Abs. 3 bis 5 sowie §§ 26, 27, 42 und 44 gelten sinngemäß. *(BGBl 1996/304)*

Anmeldung und Prüfung des Beschlusses

§ 162. (1) Der Vorstand und der Vorsitzende des Aufsichtsrats oder dessen Stellvertreter haben den Beschluß über die bedingte Kapitalerhöhung zur Eintragung in das Firmenbuch anzumelden.

(2) Der Anmeldung sind beizufügen:

1. im Fall der bedingten Kapitalerhöhung mit Sacheinlagen die Verträge, die den Festsetzungen gemäß § 161 zugrunde liegen oder zu ihrer Ausführung geschlossen worden sind, und der Bericht über die Prüfung von Sacheinlagen (§ 161 Abs. 3); *(BGBl 1996/304)*

2. eine Berechnung der Kosten, die für die Gesellschaft durch die Ausgabe der Bezugsaktien entstehen werden;

3. wenn die Kapitalerhöhung der behördlichen Genehmigung bedarf, die Genehmigungsurkunde.

(3) [1]Das Gericht hat die Eintragung abzulehnen, wenn die Prüfer erklären oder wenn es offensichtlich ist, daß der Wert der Sacheinlagen nicht unwesentlich hinter dem Ausgabebetrag der dafür zu gewährenden Aktien zurückbleibt. [2]Das Gericht hat den Beteiligten vorher Gelegenheit zu geben, den Beanstandungen abzuhelfen. *(BGBl 1996/304)*

(4) Die Dokumente sind in Urschrift, Ausfertigung oder öffentlich beglaubigter Abschrift einzureichen und in die Urkundensammlung (§ 12 FBG) aufzunehmen. *(BGBl I 2009/71)*

Veröffentlichung der Eintragung

§ 163. [1]In die Veröffentlichung der Eintragung des Beschlusses über die bedingte Kapitalerhöhung sind außer deren Inhalt die Angaben im § 160 Abs. 2, die im § 161 für den Fall der Einbringung von Sacheinlagen vorgesehenen Festsetzungen und ein Hinweis auf den Bericht über die Prüfung von Sacheinlagen (§ 161 Abs. 3) aufzunehmen. [2]Für die Festsetzungen gemäß § 161 genügt die Bezugnahme auf die beim Gericht eingereichten Urkunden.

(BGBl 1996/304)

Verbotene Aktienausgabe

§ 164. [1]Die Bezugsaktien dürfen nicht vor Eintragung des Beschlusses über die bedingte Kapitalerhöhung ausgegeben werden. [2]Ein Anspruch des Bezugsberechtigten entsteht vor diesem Zeitpunkt nicht. [3]Die vorher ausgegebenen Bezugsaktien sind nichtig; für den Schaden aus der Ausgabe sind die Ausgeber den Besitzern als Gesamtschuldner verantwortlich.

Bezugserklärung

§ 165. (1) [1]Das Bezugsrecht wird durch schriftliche Erklärung ausgeübt. [2]Die Erklärung (Bezugserklärung) ist doppelt auszustellen; sie hat die Beteiligung nach der „Zahl und bei Nennbetragsaktien auch dem Nennbetrag“ und, wenn mehrere Gattungen ausgegeben werden, der Gattung der Aktien sowie die Feststellungen nach § 160 Abs. 2, § 161 und den Tag anzugeben, an dem der Beschluß über die bedingte Kapitalerhöhung gefaßt ist. *(BGBl I 1998/125)*

(2) [1]Die Bezugserklärung hat die gleiche Wirkung wie die Abgabe einer Zeichnungserklärung. [2]Bezugserklärungen, deren Inhalt nicht dem Abs. 1 entspricht oder die Beschränkungen der Verpflichtung des Erklärenden enthalten, sind nichtig.

(3) Werden Bezugsaktien ungeachtet der Nichtigkeit einer Bezugserklärung ausgegeben, so kann sich der Erklärende auf die Nichtigkeit nicht berufen, wenn er auf Grund der Bezugserklärung als Aktionär Rechte ausgeübt oder Verpflichtungen erfüllt hat.

(4) Jede nicht in der Bezugserklärung enthaltene Beschränkung ist der Gesellschaft gegenüber unwirksam.

Ausgabe der Bezugsaktien

§ 166. (1) Der Vorstand darf die Bezugsaktien nur in Erfüllung des im Beschluß über die bedingte Kapitalerhöhung festgesetzten Zwecks und nicht vor der vollen Leistung des Gegenwerts ausgeben, der sich aus dem Beschluß ergibt.

(2) [1]Die Ausgabe gegen Wandelschuldverschreibungen darf nur geschehen, wenn der Unterschied zwischen dem Ausgabebetrag der zum Umtausch eingereichten Schuldverschreibungen und dem höheren „geringsten Ausgabebetrag“** der für sie zu gewährenden Bezugsaktien gedeckt ist aus dem „Bilanzgewinn“*, einer freien Rücklage oder durch Zuzahlung des Umtauschberechtigten. [2]Dies gilt nicht, wenn der Gesamtbetrag, zu dem die Schuldverschreibungen ausgegeben sind, „den geringsten Ausgabebetrag der Bezugsaktien insgesamt erreicht oder übersteigt“**. *(*BGBl 1996/304; **BGBl I 1998/125)*

Wirksamwerden der bedingten Kapitalerhöhung

§ 167. Mit der Ausgabe der Bezugsaktien ist das Grundkapital erhöht.

Anmeldung der Ausgabe von Bezugsaktien

§ 168. (1) Der Vorstand hat spätestens innerhalb eines Monats nach Ablauf des Geschäftsjahrs zur Eintragung in das Firmenbuch anzumelden, in welchem Umfang im abgelaufenen Geschäftsjahr Bezugsaktien ausgegeben worden sind.

(2) Der Anmeldung sind die Doppelstücke der Bezugserklärungen und ein vom Vorstand unterschriebenes Verzeichnis der Personen, die das Bezugsrecht ausgeübt haben, beizufügen; das Verzeichnis hat die auf jeden Aktionär entfallenden Aktien und die auf sie gemachten Einlagen anzugeben.

(3) In der Anmeldung hat der Vorstand die Erklärung abzugeben, daß die Bezugsaktien nur in Erfüllung des im Beschluß über die bedingte Kapitalerhöhung festgestellten Zwecks und nicht vor der vollen Leistung des Gegenwerts ausgegeben worden sind, der sich aus dem Beschluß ergibt.

(4) Die eingereichten Schriftstücke werden beim Gericht in Urschrift, Ausfertigung oder öffentlich beglaubigter Abschrift aufbewahrt.

Dritter Unterabschnitt
Genehmigtes Kapital

Voraussetzungen

§ 169. (1) Die Satzung kann den Vorstand für höchstens fünf Jahre nach Eintragung der Gesellschaft ermächtigen, das Grundkapital bis zu einem bestimmten Nennbetrag durch Ausgabe neuer Aktien gegen Einlagen zu erhöhen (genehmigtes Kapital).

(2) [1]Die Ermächtigung kann auch durch Satzungsänderung für höchstens fünf Jahre nach Eintragung der Satzungsänderung erteilt werden. [2]Der Beschluß der Hauptversammlung bedarf einer Mehrheit, die mindestens drei Viertel des bei der Beschlußfassung vertretenen Grundkapitals umfaßt; die Satzung kann diese Mehrheit durch eine größere Kapitalmehrheit ersetzen und noch andere Erfordernisse aufstellen. [3]§ 149 Abs. 2 gilt sinngemäß.

(3) [1]Der Nennbetrag des genehmigten Kapitals darf nicht höher sein als die Hälfte des zur Zeit der Ermächtigung vorhandenen Grundkapitals. [2]Die neuen Aktien dürfen nur mit Zustimmung des Aufsichtsrats ausgegeben werden. [3]„Bei Gesellschaften mit Stückaktien muß sich die Gesamtzahl der Aktien im Verhältnis des Erhöhungsbetrags zum bisherigen Grundkapital vergrößern." *(BGBl I 1998/125)*

Ausgabe der neuen Aktien

§ 170. (1) Für die Ausgabe der neuen Aktien gelten sinngemäß, soweit sich aus den folgenden Bestimmungen nichts anderes ergibt, die §§ 152 bis 158 über die Kapitalerhöhung; an die Stelle des Beschlusses über die Erhöhung des Grundkapitals tritt die Ermächtigung der Satzung zur Ausgabe neuer Aktien. *(BGBl 1996/304)*

(2) [1]Die Ermächtigung kann vorsehen, daß der Vorstand über den Ausschluß des Bezugsrechts entscheidet. [2]Wird eine Ermächtigung, die dies vorsieht, durch Satzungsänderung erteilt, so gilt § 153 Abs. 4 sinngemäß. *(BGBl 1996/304)*

(3) [1]Die neuen Aktien dürfen nicht ausgegeben werden, solange noch ausstehende Einlagen auf das bisherige Grundkapital geleistet werden können. [2]Für Versicherungsgesellschaften kann die Satzung etwas anderes bestimmen. [3]Stehen Einlagen in verhältnismäßig unerheblichem Umfang aus, so hindert dies die Ausgabe der neuen Aktien nicht. [4]In der ersten Anmeldung der Durchführung der Erhöhung des Grundkapitals ist anzugeben, welche Einlagen auf das bisherige Grundkapital rückständig sind und warum sie nicht geleistet werden können.

Bedingungen der Aktienausgabe

§ 171. (1) [1]Über den Inhalt der Aktienrechte und die Bedingungen der Aktienausgabe entscheidet der Vorstand, soweit die Ermächtigung keine Bestimmungen enthält. [2]Der Vorstand darf die Entscheidung nur mit Zustimmung des Aufsichtsrats treffen; gleiches gilt für die Entscheidung des Vorstands gemäß § 170 Abs. 2 über den Ausschluß des Bezugsrechts; „der Vorstand hat hierüber in sinngemäßer Anwendung von § 153 Abs. 4 zweiter Satz spätestens zwei Wochen vor Zustandekommen des Aufsichtratsbeschlusses einen Bericht zu veröffentlichen; wird das genehmigte Kapital zur Bedienung von Aktienoptionen verwendet, so hat der Bericht auch die Angaben gemäß § 159 Abs. 2 Z 3 zu enthalten." *(BGBl 1996/304; BGBl I 2001/42)*

(2) Sind Vorzugsaktien ohne Stimmrecht vorhanden, so können Aktien mit vorhergehenden oder gleichstehenden Rechten nur ausgegeben werden, wenn die Ermächtigung dies vorsieht.

Ausgabe gegen Sacheinlagen

§ 172. (1) Gegen Sacheinlagen (§ 20 Abs. 2) dürfen Aktien nur ausgegeben werden, wenn die Ermächtigung dies vorsieht. *(BGBl 1996/304)*

(2) [1]Der Gegenstand der Sacheinlage, die Person, von der die Gesellschaft den Gegenstand erwirbt, sowie „bei Nennbetragsaktien der Nennbetrag, bei Stückaktien die Zahl und jeweils" der Ausgabebetrag der bei der Sacheinlage zu gewährenden Aktien sind, wenn sie nicht in der Ermächtigung festgesetzt sind, vom Vorstand festzusetzen und in den Zeichnungsschein aufzunehmen. [2]Der Vorstand darf die Entscheidung nur mit Zustimmung des Aufsichtsrats treffen. *(BGBl 1996/304; BGBl I 1998/125)*

(3) [1]Bei Kapitalerhöhungen mit Sacheinlagen hat eine Prüfung durch einen oder mehrere Prüfer stattzufinden. [2]§ 25 Abs. 3 bis 5, §§ 26, 27, 42 und 44 gelten sinngemäß. [3]Das Gericht hat die Eintragung abzulehnen, wenn die Prüfer erklären oder wenn es offensichtlich ist, daß der Wert der Sacheinlagen nicht unwesentlich hinter dem Ausgabebetrag der dafür zu gewährenden Aktien zurückbleibt. [4]Das Gericht hat den Beteiligten vorher Gelegenheit zu geben, den Beanstandungen abzuhelfen. *(BGBl 1996/304)*

(4) [1]Ohne die vorgeschriebene Festsetzung sind Vereinbarungen über Sacheinlagen und die Rechtshandlungen zu ihrer Ausführung der Gesellschaft gegenüber unwirksam. [2]Gleiches gilt, wenn die Festsetzung des Vorstands nicht in den Zeichnungsschein aufgenommen ist. [3]Ist die Durchführung der Erhöhung des Grundkapitals eingetragen, so wird ihre Gültigkeit durch diese Unwirksamkeit nicht berührt. [4]Der Aktionär bleibt verpflichtet, den „ “ Ausgabebetrag der Aktien einzuzahlen. [5]Die Unwirksamkeit kann durch Satzungsänderung nicht geheilt werden, nachdem die Durchführung der Erhöhung des Grundkapitals in das Firmenbuch eingetragen worden ist. *(BGBl I 1998/125)*

Vereinbarungen über Sacheinlagen vor Eintragung der Gesellschaft

§ 173. [1]Sind vor Eintragung der Gesellschaft Vereinbarungen getroffen worden, wonach auf das genehmigte Kapital eine Sacheinlage zu leisten ist, so muß die Satzung die im Fall der Ausgabe gegen Sacheinlagen bezeichneten Festsetzungen enthalten. [2]Dabei gelten sinngemäß „§ 20 Abs. 3“ , §§ 24 bis 27, § 29 Abs. 2 Z. 2, 4 und 5, § 42 über die Gründung der Gesellschaft; an die Stelle der Gründer tritt der Vorstand und an die Stelle der Anmeldung und Eintragung der Gesellschaft die Anmeldung und Eintragung der Durchführung der Erhöhung des Grundkapitals. *(BGBl 1996/304)*

Vierter Unterabschnitt

§ 174. Wandelschuldverschreibungen. Gewinnschuldverschreibungen

(1) [1]Die Ausgabe von Schuldverschreibungen, bei denen den Gläubigern ein Umtausch- oder Bezugsrecht auf Aktien eingeräumt wird (Wandelschuldverschreibungen), oder von Schuldverschreibungen, bei denen die Rechte der Gläubiger mit Gewinnanteilen von Aktionären in Verbindung gebracht werden (Gewinnschuldverschreibungen), ist nur auf Grund eines Beschlusses der Hauptversammlung zulässig. [2]Der Beschluß bedarf einer Mehrheit, die mindestens drei Viertel des bei der Beschlußfassung vertretenen Grundkapitals umfaßt. [3]Die Satzung kann diese Mehrheit durch eine andere Kapitalmehrheit ersetzen und noch andere Erfordernisse aufstellen. [4]§ 149 Abs. 2 gilt sinngemäß.

(2) [1]Eine Ermächtigung des Vorstands zur Ausgabe von Wandelschuldverschreibungen kann höchstens für fünf Jahre erteilt werden. [2]Der Vorstand und der Vorsitzende des Aufsichtsrats oder dessen Stellvertreter haben den Beschluß über die Ausgabe der Wandelschuldverschreibungen, der Vorstand überdies spätestens innerhalb eines Monats nach Ablauf des Geschäftsjahres eine Erklärung darüber bei dem zuständigen Gericht zu hinterlegen, in welchem Umfang im abgelaufenen Geschäftsjahr Wandelschuldverschreibungen ausgegeben worden sind. [3]Ein Hinweis auf den Beschluß und die Erklärung sind zu veröffentlichen. *(BGBl 1996/304)*

(3) Abs. 1 gilt sinngemäß für die Gewährung von Genußrechten.

(4) Auf Wandelschuldverschreibungen, Gewinnschuldverschreibungen und Genußrechte haben die Aktionäre ein Bezugsrecht; § 153 gilt sinngemäß.

Dritter Abschnitt

Maßnahmen der Kapitalherabsetzung

Erster Unterabschnitt

Ordentliche Kapitalherabsetzung

Voraussetzungen

§ 175. (1) [1]Eine Herabsetzung des Grundkapitals kann nur mit einer Mehrheit beschlossen werden, die mindestens drei Viertel des bei der Beschlußfassung vertretenen Grundkapitals umfaßt. [2]Die Satzung kann diese Mehrheit durch eine größere Kapitalmehrheit ersetzen und noch andere Erfordernisse aufstellen.

(2) Sind mehrere Gattungen von „stimmberechtigten“ Aktien „ “ vorhanden, so bedarf der Beschluß der Hauptversammlung zu seiner Wirksamkeit eines in gesonderter Abstimmung gefaßten Beschlusses der Aktionäre jeder Gattung; für diesen gilt Abs. 1. „ “ *(BGBl I 2009/71)*

(3) In dem Beschluß ist festzusetzen, zu welchem Zweck die Herabsetzung stattfindet, namentlich ob Teile des Grundkapitals zurückgezahlt werden sollen.

(4) [1]Die Herabsetzung des Grundkapitals erfordert bei Gesellschaften mit Nennbetragsaktien die Herabsetzung des Nennbetrags der Aktien. [2]Soweit der auf die einzelne Aktie entfallende anteilige Betrag des herabgesetzen Grundkapitals den Mindestbetrag nach § 8 Abs. 2 oder Abs. 3 unterschreiten würde, erfolgt die Herabsetzung durch Zusammenlegung der Aktien. [3]Der Beschluß muß die Art der Herabsetzung angeben. *(BGBl I 1998/125)*

Anmeldung des Beschlusses

§ 176. Der Vorstand und der Vorsitzende des Aufsichtsrats oder dessen Stellvertreter haben den Beschluß über die Herabsetzung des Grundkapitals zur Eintragung in das Firmenbuch anzumelden.

Wirksamwerden der Kapitalherabsetzung

§ 177. Mit der Eintragung des Beschlusses über die Herabsetzung des Grundkapitals ist das Grundkapital herabgesetzt.

Gläubigerschutz

§ 178. (1) [1]Den Gläubigern, deren Forderungen begründet worden sind, bevor die Eintragung des Beschlusses bekanntgemacht worden ist, muß, wenn sie sich binnen sechs Monaten nach der Bekanntmachung zu diesem Zweck melden, Sicherheit geleistet werden, soweit sie nicht Befriedigung verlangen können. [2]Die Gläubiger sind in der Bekanntmachung der Eintragung auf dieses Recht hinzuweisen. [3]Das Recht, Sicherheitsleistung zu verlangen, steht solchen Gläubigern nicht zu, die „im Insolvenzverfahren" ein Recht auf vorzugsweise Befriedigung aus einer nach gesetzlicher Vorschrift zu ihrem Schutz errichteten und staatlich überwachten Deckungsmasse haben. *(BGBl I 2010/58)*

(2) [1]Zahlungen an die Aktionäre dürfen auf Grund der Herabsetzung des Grundkapitals erst geleistet werden, nachdem seit der Bekanntmachung der Eintragung sechs Monate verstrichen sind und nachdem den Gläubigern, die sich rechtzeitig gemeldet haben, Befriedigung oder Sicherheit gewährt worden ist. [2]Auch eine Befreiung der Aktionäre von der Verpflichtung zur Leistung von Einlagen wird nicht vor dem bezeichneten Zeitpunkt und nicht vor Befriedigung oder Sicherstellung der Gläubiger wirksam, die sich rechtzeitig gemeldet haben.

(3) Das Recht der Gläubiger, Sicherheitsleistung zu verlangen, ist unabhängig davon, ob Zahlungen an die Aktionäre auf Grund der Herabsetzung des Grundkapitals geleistet werden.

Kraftloserklärung von Aktien

§ 179. (1) [1]Sollen zur Ausführung der Herabsetzung des Grundkapitals Aktien durch Umtausch, Abstempelung oder durch ein ähnliches Verfahren zusammengelegt werden, so kann die Gesellschaft die Aktien für kraftlos erklären, die trotz Aufforderung nicht bei ihr eingereicht worden sind. [2]Gleiches gilt für eingereichte Aktien, welche die zum Ersatz durch neue Aktien nötige Zahl nicht erreichen und der Gesellschaft nicht zur Verwertung für Rechnung der Beteiligten zur Verfügung gestellt sind.

(2) [1]Die Aufforderung zur Einreichung der Aktien hat die Kraftloserklärung anzudrohen. [2]Die Kraftloserklärung kann nur erfolgen, wenn die Aufforderung nach § 58 Abs. 2 veröffentlicht worden ist. [3]Sie geschieht durch Veröffentlichung „gemäß § 18". *(BGBl I 2009/71)*

(3) [1]Die an Stelle der für kraftlos erklärten Aktien auszugebenden neuen Aktien hat die Gesellschaft unverzüglich für Rechnung der Beteiligten zum Börsenpreis durch Vermittlung eines Börsesensals und beim Fehlen eines Börsenpreises durch öffentliche Versteigerung zu verkaufen. [2]Ist von der Versteigerung am Sitz der Gesellschaft kein angemessener Erfolg zu erwarten, so sind die Aktien zwecks Erzielung eines höheren Erlöses an einen anderen Ort zur Versteigerung zu übersenden. [3]Zeit, Ort und Gegenstand der Versteigerung sind zu veröffentlichen. [4]Die Beteiligten sind besonders zu benachrichtigen; die Benachrichtigung kann unterbleiben, wenn sie untunlich ist. [5]Veröffentlichung und Benachrichtigung müssen mindestens vierzehn Tage vor der Versteigerung ergehen. [6]Der Erlös ist den Beteiligten auszuzahlen oder, wenn ein Recht zur Hinterlegung besteht, zu hinterlegen.

Anmeldung der Durchführung

§ 180. (1) Der Vorstand und der Vorsitzende des Aufsichtsrats oder dessen Stellvertreter haben die Durchführung der Herabsetzung des Grundkapitals zur Eintragung in das Firmenbuch anzumelden.

(2) Anmeldung und Eintragung der Durchführung der Herabsetzung des Grundkapitals können mit Anmeldung und Eintragung des Beschlusses über die Herabsetzung verbunden werden.

Herabsetzung unter den Mindestnennbetrag

§ 181. (1) Das Grundkapital kann unter den nach § 7 zulässigen Mindestnennbetrag herabgesetzt werden, wenn dieser durch eine zugleich mit der Kapitalherabsetzung beschlossene Kapitalerhöhung, bei der Sacheinlagen nicht bedungen sind, wieder erreicht wird.

(2) [1]Die Beschlüsse sind nichtig, wenn sie und die Durchführung der Erhöhung nicht binnen sechs Monaten nach der Beschlußfassung in das Firmenbuch eingetragen worden sind; der Lauf der Frist ist gehemmt, solange eine Anfechtungs- oder Nichtigkeitsklage anhängig ist oder eine zur Kapitalherabsetzung oder Kapitalerhöhung beantragte behördliche Genehmigung noch nicht erteilt ist. [2]Die Beschlüsse und die Durchführung der Erhöhung des Grundkapitals sind gemeinsam in das Firmenbuch einzutragen.

Zweiter Unterabschnitt
Vereinfachte Kapitalherabsetzung

Voraussetzungen

§ 182. (1) [1]Eine Herabsetzung des Grundkapitals, die dazu dienen soll, einen sonst auszuweisenden Bilanzverlust zu decken und allenfalls Beträge in die gebundene Kapitalrücklage einzustellen, kann in vereinfachter Form vorgenommen werden. [2]Im Beschluß ist festzusetzen, daß die Herabsetzung zu diesen Zwecken stattfindet. *(BGBl I 1997/114)*

(2) [1]§ 175 Abs. 1, 2 und 4, §§ 176, 177, 179 bis 181 über die ordentliche Kapitalherabsetzung gelten sinngemäß. [2]Daneben gelten die Vorschriften dieses Unterabschnitts.

Auflösung von Rücklagen

§ 183. Die vereinfachte Kapitalherabsetzung ist nur zulässig, nachdem der zehn vom Hundert des nach der Herabsetzung verbleibenden Grundkapitals übersteigende Teil der gebundenen Rücklagen „(§ 229 UGB)" und alle nicht gebundenen Kapitalrücklagen sowie alle satzungsmäßigen und andere Gewinnrücklagen vorweg aufgelöst sind. *(BGBl I 2009/71)*

(BGBl I 1997/114)

Verbot von Zahlungen an die Aktionäre

§ 184. [1]Die Beträge, die aus der Auflösung der Rücklagen und aus der Kapitalherabsetzung gewonnen werden, dürfen nicht zu Zahlungen an die Aktionäre und nicht dazu verwendet werden, die Aktionäre von der Verpflichtung zur Leistung von Einlagen zu befreien. [2]„Diese Beträge dürfen nur zur Abdeckung eines sonst auszuweisenden Bilanzverlustes und allenfalls zur Einstellung von Beträgen in die gebundene Kapitalrücklage verwendet werden; dies ist nur zulässig, soweit die Einstellung im Beschluß als Zweck der Herabsetzung angegeben ist." *(BGBl I 1997/114)*

Einstellung von Beträgen in die gebundene Kapitalrücklage bei zu hoch angenommenen Verlusten

§ 185. Ergibt sich bei Aufstellung des Jahresabschlusses für das Geschäftsjahr, in dem der Beschluß über die Kapitalherabsetzung gefaßt wurde, oder für eines der beiden folgenden Geschäftsjahre, daß die Verluste in der bei der Beschlußfassung angenommenen Höhe tatsächlich nicht eingetreten oder ausgeglichen waren, so ist der Unterschiedsbetrag in die gebundene Kapitalrücklage einzustellen.

(BGBl I 1997/114)

Beschränkung der Einstellung von Beträgen in die gebundenen Rücklagen

§ 186. [1]Die Beträge, die aus der Auflösung der Rücklagen und aus der Kapitalherabsetzung gewonnen werden, dürfen in die gebundenen Rücklagen nur eingestellt werden, soweit diese zehn vom Hundert des Grundkapitals nicht übersteigen; als Grundkapital gilt dabei der Nennbetrag, der sich durch die Herabsetzung ergibt, mindestens aber der nach § 7 zulässige Mindestnennbetrag. [2]Bei der Bemessung der zulässigen Höhe bleiben Beträge, die nach der Beschlußfassung über die Kapitalherabsetzung nach § 229 Abs. 2 Z 2 bis 4 „UGB" in die gebundenen Rücklagen einzustellen sind, auch dann außer Betracht, wenn ihre Zahlung auf einem Beschluß beruht, der zugleich mit dem Beschluß über die Kapitalherabsetzung gefaßt wird. *(BGBl I 2005/120)*

(BGBl 1990/475)

Gewinnausschüttung. Gläubigerschutz

§ 187. (1) Gewinn darf nicht ausgeschüttet werden, bevor die gebundenen Rücklagen zehn vom Hundert des Grundkapitals erreicht haben; als Grundkapital gilt dabei der Nennbetrag, der sich durch die Herabsetzung ergibt, mindestens aber der nach § 7 zulässige Mindestnennbetrag. *(BGBl 1990/475)*

(2) [1]Die Zahlung eines Gewinnanteils von mehr als vier vom Hundert des Grundkapitals ist erst für ein Geschäftsjahr zulässig, das später als zwei Jahre nach der Beschlußfassung über die Kapitalherabsetzung beginnt. [2]Dies gilt nicht, wenn die Gläubiger, deren Forderungen vor der Veröffentlichung der Eintragung des Beschlusses begründet worden waren, befriedigt oder sichergestellt sind, soweit sie sich binnen sechs Monaten nach der Veröffentlichung des Jahresabschlusses, auf Grund dessen die Gewinnverteilung beschlossen ist, zu diesem Zweck gemeldet haben; einer Sicherstellung von Gläubigern bedarf es nicht, denen „im Insolvenzverfahren"*** ein Recht auf vorzugsweise Befriedigung aus einer nach gesetzlicher Vorschrift zu ihrem Schutz errichteten und staatlich überwachten Deckungsmasse zusteht. [3]„Die Gläubiger sind in der Veröffentlichung des Jahresabschlusses oder in einer gesonderten Bekanntmachung „gemäß § 18"** auf das Recht, Befriedigung oder Sicherstellung zu verlangen, hinzuweisen."* *(*BGBl I 1997/114; **BGBl I 2009/71; ***BGBl I 2010/58)*

(3) Die Beträge, die aus der Auflösung von Rücklagen und aus der Kapitalherabsetzung gewonnen sind, dürfen auch nach diesen Vorschriften nicht als Gewinn ausgeschüttet werden.

Rückwirkung der Kapitalherabsetzung

§ 188. (1) Im Jahresabschluß für das letzte vor der Beschlußfassung über die Kapitalherabsetzung abgelaufene Geschäftsjahr können Grundkapital und Rücklagen in der Höhe ausgewiesen werden, wie sie nach der Kapitalherabsetzung bestehen sollen.

(2) [1]In diesem Fall stellt die Hauptversammlung den Jahresabschluss fest. [2]Der Beschluss über die Feststellung des Jahresabschlusses ist zugleich mit dem Beschluss über die Kapitalherabsetzung zu fassen. *(BGBl I 2009/71)*

(3) Die Beschlüsse sind nichtig, wenn der Beschluß über die Kapitalherabsetzung nicht binnen drei Monaten nach der Beschlußfassung in das Firmenbuch eingetragen worden ist; der Lauf der Frist ist gehemmt, solange eine Anfechtungs- oder Nichtigkeitsklage anhängig ist oder eine zur Kapitalherabsetzung beantragte behördliche Genehmigung noch nicht erteilt ist.

Rückwirkung der Kapitalherabsetzung bei gleichzeitiger Kapitalerhöhung

§ 189. (1) [1]Wird im Fall des § 188 zugleich mit der Kapitalherabsetzung eine Erhöhung des Grundkapitals beschlossen, so kann auch die Kapitalerhöhung in dem Jahresabschluß als vollzogen berücksichtigt werden. [2]Die Beschlußfassung ist nur zulässig, wenn die neuen Aktien gezeichnet, keine Sacheinlagen bedungen sind und wenn auf jede Aktie die Einzahlung geleistet ist, die nach § 155 Abs. 2 zur Zeit der Anmeldung der Durchführung der Kapitalerhöhung bewirkt sein muß. [3]„Die Zahlung kann auch auf ein Bankkonto des Zeichners geleistet werden, wenn sich die Bank für die Dauer der Verbindlichkeit der Zeichnung (§ 152 Abs. 1 Z 4) unwiderruflich verpflichtet, den eingezahlten Betrag (samt Zinsen) bei Nachweis der Eintragung der Kapitalerhöhung zur freien Verfügung der Gesellschaft zu stellen; über dieses Guthaben kann der Zeichner vor Ablauf der Frist des Abs. 2 nicht verfügen. [4]Davon ausgenommen sind Verfügungen des Zeichners zur Deckung von Abgaben, Gebühren und Kosten der Kapitalerhöhung. [5]Das Guthaben ist nicht pfändbar.“ [6]Der Nachweis der Zeichnung und der Einzahlung ist dem Notar zu erbringen, der den Beschluß über die Erhöhung des Grundkapitals beurkundet. [7]„Der Zeitpunkt, mit dem der Zeichnungsschein unverbindlich wird (§ 152 Abs. 1 Z 4), darf frühestens für den sechzigsten Tag nach der Zeichnung festgesetzt werden.“ *(BGBl I 1997/114)*

(2) [1]Sämtliche Beschlüsse sind nichtig, wenn die Beschlüsse über die Kapitalherabsetzung und die Kapitalerhöhung und die Durchführung der Erhöhung nicht binnen drei Monaten nach der Beschlußfassung in das Firmenbuch eingetragen worden sind; der Lauf der Frist ist gehemmt, solange eine Anfechtungs- oder Nichtigkeitsklage anhängig ist oder eine zur Kapitalherabsetzung oder Kapitalerhöhung beantragte behördliche Genehmigung noch nicht erteilt ist. [2]Die Beschlüsse und die Durchführung der Erhöhung des Grundkapitals sind gemeinsam in das Firmenbuch einzutragen.

Gewinn- und Verlustrechnung

§ 190. In den Fällen der §§ 188, 189 sind in der Gewinn- und Verlustrechnung die aus der Kapitalherabsetzung gewonnenen Beträge und allfällige Zuweisungen zu gebundenen Kapitalrücklagen gesondert auszuweisen.

(BGBl I 1997/114)

Veröffentlichung

§ 191. Die Veröffentlichung des Jahresabschlusses nach „§ 277,„UGB“**“* darf im Fall des § 188 erst nach Eintragung des Beschlusses über die Kapitalherabsetzung, im Fall des § 189 erst ergehen, nachdem die Beschlüsse über die Kapitalherabsetzung und Kapitalerhöhung und die Durchführung der Kapitalerhöhung eingetragen worden sind. *(*BGBl 1996/304; **BGBl I 2005/120)*

Dritter Unterabschnitt

Kapitalherabsetzung durch Einziehung von Aktien

Voraussetzungen

§ 192. (1) [1]Aktien können zwangsweise oder nach Erwerb durch die Gesellschaft eingezogen werden. [2]Eine Zwangseinziehung ist nur zulässig, wenn sie in der ursprünglichen Satzung oder durch eine Satzungsänderung vor Übernahme oder Zeichnung der Aktien angeordnet oder gestattet war.

(2) [1]Bei der Einziehung sind die Vorschriften über die ordentliche Kapitalherabsetzung zu befolgen. [2]In der Satzung oder in dem Beschluß der Hauptversammlung sind die Voraussetzungen für eine Zwangseinziehung und die Einzelheiten ihrer Durchführung festzulegen. [3]Für die Zahlung des Entgelts, das Aktionären bei einer Zwangseinziehung oder bei einem Erwerb von Aktien zum Zweck der Einziehung gewährt wird, und für die Befreiung dieser Aktionäre von der Verpflichtung zur Leistung von Einlagen gilt § 178 Abs. 2 sinngemäß. *(BGBl 1996/304)*

(3) Die Vorschriften über die ordentliche Kapitalherabsetzung brauchen nicht befolgt werden, wenn Aktien, auf die der „ “ Ausgabebetrag voll geleistet ist,

1. der Gesellschaft unentgeltlich zur Verfügung gestellt oder

2. zu Lasten des aus der Jahresbilanz sich ergebenden Bilanzgewinns, einer freien Rücklage oder einer Rücklage gemäß § 225 Abs. 5 zweiter Satz „oder § 229 Abs. 1a vierter Satz“** „UGB“* eingezogen werden. *(BGBl I 1999/187; *BGBl I 2005/120; **BGBl I 2015/22)*
(BGBl I 1998/125)

(4) [1]Auch in den Fällen des Abs. 3 Z 1 und 2 kann die Kapitalherabsetzung durch Einziehung nur von der Hauptversammlung beschlossen werden. [2]Für den Beschluß genügt die einfache Stimmenmehrheit; die Satzung kann diese Mehrheit durch eine größere ersetzen und noch andere Erfordernisse aufstellen. [3]Im Beschluß ist der Zweck der Kapitalherabsetzung festzusetzen. [4]Der Vorstand und der Vorsitzende des Aufsichtsrats oder dessen Stellvertreter haben den Beschluß zur Eintragung in das Firmenbuch anzumelden.

(5) In den Fällen des Abs. 3 Z 1 und 2 ist in die gebundenen Rücklagen ein Betrag einzustellen, der dem „auf die eingezogenen Aktien entfallenden Betrag entspricht“. *(BGBl 1990/475; BGBl I 1998/125)*

(6) [1]Soweit es sich um eine durch die Satzung angeordnete Zwangseinziehung handelt, bedarf es eines Beschlusses der Hauptversammlung nicht. [2]In diesem Fall tritt für die Anwendung der Vorschriften über die ordentliche Kapitalherabsetzung an die Stelle des Hauptversammlungsbeschlusses die Entscheidung des Vorstands über die Einziehung.

Wirksamwerden der Einziehung

§ 193. [1]Mit der Eintragung des Beschlusses oder, wenn die Einziehung nachfolgt, mit der Einziehung ist das Grundkapital um den „auf die eingezogenen Aktien entfallenden Betrag“ herabgesetzt. [2]Handelt es sich um eine durch die Satzung angeordnete Zwangseinziehung, so ist, wenn die Hauptversammlung nicht über die Kapitalherabsetzung beschließt, das Grundkapital mit der Zwangseinziehung herabgesetzt. [3]Zur Einziehung bedarf es einer auf Vernichtung der Rechte aus bestimmten Aktien gerichteten Handlung der Gesellschaft. *(BGBl I 1998/125)*

Anmeldung der Durchführung

§ 194. (1) [1]Der Vorstand und der Vorsitzende des Aufsichtsrats oder dessen Stellvertreter haben die Durchführung der Herabsetzung des Grundkapitals zur Eintragung in das Firmenbuch anzumelden. [2]Dies gilt auch dann, wenn es sich um eine durch die Satzung angeordnete Zwangseinziehung handelt.

(2) Anmeldung und Eintragung der Durchführung der Herabsetzung können mit Anmeldung und Eintragung des Beschlusses über die Herabsetzung verbunden werden.

Siebenter Teil

Anfechtbarkeit und Nichtigkeit der Hauptversammlungsbeschlüsse und der vom Vorstand festgestellten Jahresabschlüsse

Erster Abschnitt

Anfechtbarkeit

Anfechtungsgründe

§ 195. (1) Ein Beschluß der Hauptversammlung kann wegen Verletzung des Gesetzes oder der Satzung durch Klage angefochten werden (Anfechtungsklage).

(1a) Bei einer Verletzung der Bestimmungen des § 87 Abs. 1 zweiter Satz, Abs. 3, 4 und 6 können alle in derselben Hauptversammlung gefassten Beschlüsse über die Wahl von Aufsichtsratsmitgliedern angefochten werden. *(BGBl I 2009/71)*

(2) Die Anfechtung kann auch darauf gestützt werden, daß ein Aktionär mit der Stimmrechtsausübung vorsätzlich für sich oder einen Dritten gesellschaftsfremde Sondervorteile zum Schaden der Gesellschaft oder ihrer Aktionäre zu erlangen suchte und der Beschluß geeignet ist, diesem Zweck zu dienen. § 100 Abs. 3 gilt sinngemäß.

(3) Stellt die Hauptversammlung den Jahresabschluß fest, so kann eine Anfechtung auf eine Verletzung der Vorschriften über die Gliederung des Jahresabschlusses nicht gestützt werden, wenn Klarheit und Übersichtlichkeit des Jahresabschlusses nur unwesentlich beeinträchtigt sind.

(4) [1]Wegen unrichtiger, unvollständiger oder verweigerter Erteilung von Informationen kann nur angefochten werden, wenn ein objektiv urteilender Aktionär die Erteilung der Information als wesentliche Voraussetzung für die sachgerechte Wahrnehmung seiner Teilnahme- und Mitgliedschaftsrechte angesehen hätte. [2]Auf unrichtige, unvollständige oder unzureichende Informationen in der Hauptversammlung über die Ermittlung, Höhe oder Angemessenheit des Umtauschverhältnisses (einschließlich barer Zuzahlungen), der Barabfindung oder einer sonstigen Kompensation kann eine Anfechtungsklage nicht gestützt werden, wenn für deren Überprüfung ein besonderes gerichtliches Verfahren vorgesehen ist. *(BGBl I 2009/71)*

Anfechtungsbefugnis

§ 196. (1) Zur Anfechtung ist befugt:

1. jeder an der Hauptversammlung teilnehmende Aktionär, der gegen den Beschluss Widerspruch zur Niederschrift erklärt hat; *(BGBl I 2009/71)*

1a. jeder Aktionär, dem die Möglichkeit zur Erklärung eines Widerspruchs rechtswidrig vorenthalten wurde; *(BGBl I 2009/71)*

2. jeder andere gemäß § 111 Abs. 1 oder § 112 Abs. 1 teilnahmeberechtigte Aktionär, wenn

a) er zur Teilnahme an der Hauptversammlung zu Unrecht nicht zugelassen wurde,

b) die Versammlung nicht gehörig einberufen wurde oder

c) der Gegenstand der Beschlussfassung nicht gehörig angekündigt wurde;
(BGBl I 2009/71)

3. im Fall des § 195 Abs. 2 jeder Aktionär;

4. der Vorstand;

5. jedes Mitglied des Vorstands und des Aufsichtsrats, wenn sich die Mitglieder des Vorstands und des Aufsichtsrats durch die Ausführung des Beschlusses strafbar oder ersatzpflichtig machen würden.

(2) Aktionäre sind zu einer Anfechtung, die darauf gestützt wird, daß durch den Beschluß Abschreibungen, Wertberichtigungen, Rücklagen oder Rückstellungen über das nach Gesetz oder Satzung statthafte Maß hinaus vorgenommen seien, nur befugt, wenn ihre Anteile zusammen „fünf vom Hundert" des Grundkapitals erreichen. *(BGBl I 2009/71)*

Anfechtungsklage

§ 197. (1) Zur Entscheidung über die Anfechtungsklage ist der für den Sitz der Gesellschaft zuständige, zur Ausübung der Gerichtsbarkeit in Handelssachen berufene Gerichtshof erster Instanz ausschließlich zuständig.

(2) [1]Die Klage kann nur innerhalb eines Monats nach der Beschlußfassung erhoben werden. [2]Sie ist gegen die Gesellschaft zu richten. [3]Die Gesellschaft wird durch Vorstand und Aufsichtsrat und, wenn der Vorstand klagt, durch den Aufsichtsrat vertreten.

(3) [1]„Die Klagebeantwortung soll nicht vor Ablauf der Monatsfrist des Abs. 2 aufgetragen werden." [2]Mehrere Anfechtungsprozesse sind zur gemeinsamen Verhandlung und Entscheidung zu verbinden. *(BGBl I 2007/72)*

(4) [1]Macht die Gesellschaft glaubhaft, daß ihr auf Grund des § 198 Abs. 2 oder anderer Vorschriften gegen den klagenden Aktionär ein Ersatzanspruch zusteht oder erwachsen kann, so hat das Prozeßgericht auf ihren Antrag anzuordnen, daß der klagende Aktionär der Gesellschaft angemessene Sicherheit leiste. [2]Die Vorschriften der Zivilprozeßordnung über die Festsetzung einer Frist zur Sicherheitsleistung und über die Folgen der Versäumung der Frist sind sinngemäß anzuwenden.

(5) Der Vorstand hat die Erhebung der Klage „"* unverzüglich „gemäß § 18"** zu veröffentlichen. *(*BGBl I 2007/72; **BGBl I 2009/71)*

(6) [1]Das Prozeßgericht hat auf Antrag einer Partei den Wert des Streitgegenstandes nach den gesamten im einzelnen Fall gegebenen Verhältnissen unter Berücksichtigung des Interesses der Gesellschaft an der Aufrechterhaltung des angefochtenen Beschlusses festzusetzen; das Prozeßgericht ist an den vom Kläger in der Klage angegebenen Wert hiebei nicht gebunden. [2]Der Antrag kann bis zum Schluß der Verhandlung (§ 193 Zivilprozeßordnung) gestellt werden; gegen den den Wert des Streitgegenstandes festsetzenden Beschluß ist in jedem Fall der Rekurs zulässig.

Urteilswirkung

§ 198. (1) [1]Soweit der Beschluß durch Urteil für nichtig erklärt ist, wirkt das Urteil für und gegen alle Aktionäre sowie die Mitglieder des Vorstands und des Aufsichtsrats, auch wenn sie nicht Partei sind. [2]Der Vorstand hat das Urteil unverzüglich zum Firmenbuch einzureichen. [3]War der Beschluß in das Firmenbuch eingetragen, so ist auch das Urteil einzutragen; die Eintragung des Urteils ist in gleicher Weise wie die des Beschlusses zu veröffentlichen. [4]„Hatte der Beschluß eine Satzungsänderung zum Inhalt, so ist mit dem Urteil der vollständige Wortlaut der Satzung, wie er sich unter Berücksichtigung des Urteils und aller bisherigen Satzungsänderungen ergibt, mit der Beurkundung eines Notars über diese Tatsache zum Firmenbuch einzureichen." *(BGBl 1991/10)*

(2) Für einen Schaden aus unbegründeter Anfechtung sind der Gesellschaft die Kläger, denen Vorsatz oder grobe Fahrlässigkeit zur Last fällt, als Gesamtschuldner verantwortlich.

Zweiter Abschnitt

Nichtigkeit

Nichtigkeitsgründe

§ 199. (1) „Ein Beschluß der Hauptversammlung ist außer in den Fällen des „§ 159 Abs. 6"**, § 181 Abs. 2, § 188 Abs. 3 und § 189 Abs. 2 dieses Bundesgesetzes sowie des § 268 Abs. 1 „UGB"*** nur dann nichtig,"* wenn

1. die Hauptversammlung entgegen § 105 Abs. 1, § 106 Z 1 oder § 107 Abs. 2 einberufen wurde, sofern nicht ein Fall des § 105 Abs. 5 vorliegt, *(BGBl I 2009/71)*

2. er nicht gemäß § 120 Abs. 1 und 2 beurkundet wurde, *(BGBl I 2009/71)*

3. er mit dem Wesen der Aktiengesellschaft unvereinbar ist oder durch seinen Inhalt Vorschriften verletzt, die ausschließlich oder überwiegend

zum Schutz der Gläubiger der Gesellschaft oder sonst im öffentlichen Interesse gegeben sind,

4. er durch seinen Inhalt gegen die guten Sitten verstößt.
*(*BGBl 1990/475; **BGBl I 2001/42; ***BGBl I 2005/120)*

(2) Die Nichtigkeit eines Hauptversammlungsbeschlusses auf Grund eines über eine Anfechtungsklage (§ 197) ergangenen Urteils oder eines gerichtlichen Beschlusses auf Löschung im öffentlichen Interesse wegen Verletzung zwingender gesetzlicher Vorschriften wird durch Abs. 1 nicht berührt.

Heilung der Nichtigkeit

§ 200. (1) Die Nichtigkeit eines Hauptversammlungsbeschlusses, der entgegen „§ 120 Abs. 1 und 2" nicht oder nicht gehörig beurkundet worden ist, kann nicht mehr geltend gemacht werden, wenn der Beschluß in das Firmenbuch eingetragen ist. *(BGBl I 2009/71)*

(2) [1]Ist ein Hauptversammlungsbeschluß nach § 199 Abs. 1 Z 1, 3 oder 4 nichtig, so kann die Nichtigkeit nicht mehr geltend gemacht werden, wenn der Beschluß in das Firmenbuch eingetragen worden ist und seitdem drei Jahre verstrichen sind. [2]Eine Löschung des Beschlusses von Amts wegen im öffentlichen Interesse wegen Verletzung zwingender gesetzlicher Vorschriften (§ 199 Abs. 2) wird durch den Zeitablauf nicht ausgeschlossen.

(3) Ist ein Hauptversammlungsbeschluss wegen Verstoßes gegen § 107 Abs. 2 zweiter oder dritter Satz gemäß § 199 Abs. 1 Z 1 nichtig, so kann die Nichtigkeit nicht mehr geltend gemacht werden, wenn der nicht geladene Aktionär den Beschluss genehmigt. *(BGBl I 2009/71)*

Nichtigkeitsklage

§ 201. (1) [1]Erhebt ein Aktionär, der Vorstand oder ein Mitglied des Vorstands oder des Aufsichtsrats Klage auf Feststellung der Nichtigkeit eines Hauptversammlungsbeschlusses gegen die Gesellschaft, so gelten § 197 Abs. 1, Abs. 2 Sätze 2 und 3, Abs. 4 bis 6, § 198 sinngemäß. [2]Die Nichtigkeit kann auch durch Einrede geltend gemacht werden.

(2) [1]Mehrere Nichtigkeitsprozesse sind zur gemeinsamen Verhandlung und Entscheidung zu verbinden. [2]Nichtigkeits- und Anfechtungsprozesse können verbunden werden.

Nichtigkeit des vom Vorstand festgestellten Jahresabschlusses

§ 202. (1) Ein vom Vorstand mit Billigung des Aufsichtsrats festgestellter Jahresabschluß ist nur dann nichtig, wenn

1. der Vorstand oder der Aufsichtsrat bei seiner Feststellung nicht ordnungsgemäß mitgewirkt haben,

2. er mit dem Wesen der Aktiengesellschaft unvereinbar ist oder durch seinen Inhalt Vorschriften verletzt, die ausschließlich oder überwiegend zum Schutz der Gläubiger der Gesellschaft oder sonst im öffentlichen Interesse gegeben sind,

3. er durch seinen Inhalt gegen die guten Sitten verstößt,

4. keine Prüfung gemäß § 268 „UGB" stattgefunden hat. *(BGBl I 2005/120)*
(BGBl 1990/475)

(2) Ist ein Jahresabschluß nach Abs. 1 Z 1 nichtig, so kann die Nichtigkeit nicht mehr geltend gemacht werden, wenn die Veröffentlichung des Jahresabschlusses zum Firmenbuch des Sitzes der Gesellschaft eingereicht ist und seitdem sechs Monate verstrichen sind.

(3) Für die Klage auf Feststellung der Nichtigkeit eines Jahresabschlusses gegen die Gesellschaft gilt § 201 sinngemäß.

Achter Teil

Auflösung und Nichtigkeit der Gesellschaft

Erster Abschnitt

Auflösung

Erster Unterabschnitt

Auflösungsgründe und Anmeldung

Auflösungsgründe

§ 203. (1) [1]Die Aktiengesellschaft wird aufgelöst:

1. durch Ablauf der in der Satzung bestimmten Zeit;

2. durch Beschluß der Hauptversammlung; dieser bedarf einer Mehrheit, die mindestens drei Viertel des bei der Beschlußfassung vertretenen Grundkapitals umfaßt. [2]Die Satzung kann diese Mehrheit durch eine größere Kapitalmehrheit ersetzen und noch andere Erfordernisse aufstellen;

3. durch die Eröffnung „des Konkursverfahrens" über das Vermögen der Gesellschaft; *(BGBl I 2010/58)*

4. mit der Rechtskraft des Beschlusses, durch den das Insolvenzverfahren mangels kostendeckenden Vermögens nicht eröffnet oder aufgehoben wird. *(BGBl I 2010/58)*

(2) Dieser Abschnitt gilt auch, wenn die Aktiengesellschaft aus anderen Gründen aufgelöst wird.

Anmeldung und Eintragung der Auflösung

§ 204. [1]Der Vorstand hat die Auflösung der Gesellschaft zur Eintragung in das Firmenbuch anzumelden. [2]„Die Eröffnung des Konkursverfahrens und die Nichteröffnung oder Aufhebung des Insolvenzverfahrens mangels kostendeckenden Vermögens (§ 203 Abs. 1 Z 3 und 4) hat das Gericht von Amts wegen einzutragen.“ *(BGBl I 2010/58)*

Zweiter Unterabschnitt

Abwicklung

Notwendigkeit der Abwicklung

§ 205. (1) Nach der Auflösung der Gesellschaft findet die Abwicklung statt, wenn nicht über das Vermögen der Gesellschaft „das Insolvenzverfahren“ eröffnet worden ist. *(BGBl I 2010/58)*

(2) Bis zum Schluß der Abwicklung sind die Vorschriften der vorausgehenden Teile anzuwenden, soweit sich aus diesem Unterabschnitt oder aus dem Zweck der Abwicklung nichts anderes ergibt.

Abwickler

§ 206. (1) [1]Die Abwicklung besorgen die Vorstandsmitglieder als Abwickler, wenn nicht die Satzung oder ein Beschluß der Hauptversammlung andere Personen bestellt. [2]Auch eine juristische Person kann zum Abwickler bestellt werden.

(2) [1]Auf Antrag des Aufsichtsrats oder einer Minderheit von Aktionären, deren Anteile zusammen „fünf vom Hundert“ des Grundkapitals erreichen, hat das Gericht aus wichtigem Grund die Abwickler zu bestellen und abzuberufen. [2]Die Aktionäre haben glaubhaft zu machen, daß sie seit mindestens drei Monaten Inhaber der Aktien sind; zur Glaubhaftmachung genügt eine eidesstättige Versicherung vor einem Notar. [3]Abwickler, die nicht vom Gericht bestellt sind, kann die Hauptversammlung jederzeit abberufen. [4]Ansprüche aus dem Anstellungsvertrag werden hiedurch nicht berührt. *(BGBl I 2009/71)*

Anmeldung der Abwickler

§ 207. (1) [1]Die ersten Abwickler hat der Vorstand, jeden Wechsel der Abwickler haben diese zur Eintragung in das Firmenbuch anzumelden. [2]Ist bei der Bestellung der Abwickler eine Bestimmung über ihre Vertretungsbefugnis getroffen, so ist auch diese Bestimmung anzumelden.

(2) Der Anmeldung sind die Urkunden über die Bestellung oder Abberufung sowie über die Vertretungsbefugnis in Urschrift oder öffentlich beglaubigter Abschrift für das Gericht des Sitzes der Gesellschaft beizufügen.

(3) Die Bestellung oder Abberufung von Abwicklern durch das Gericht wird von Amts wegen eingetragen.

(4) Die Abwickler haben ihre Unterschrift zur Aufbewahrung beim Gericht zu zeichnen.

(5) Ist eine Person als Abwickler eingetragen oder bekanntgemacht, so kann ein Mangel ihrer Bestellung einem Dritten nur entgegengehalten werden, wenn der Mangel diesem bekannt war. *(BGBl 1991/10)*

Aufruf der Gläubiger

§ 208. [1]Die Abwickler haben unter Hinweis auf die Auflösung der Gesellschaft die Gläubiger der Gesellschaft aufzufordern, ihre Ansprüche anzumelden. [2]Die Aufforderung ist dreimal „gemäß § 18“ zu veröffentlichen. *(BGBl I 2009/71)*

Pflichten der Abwickler

§ 209. (1) Die Abwickler haben die laufenden Geschäfte zu beenden, die Forderungen einzuziehen, das übrige Vermögen in Geld umzusetzen und die Gläubiger zu befriedigen; um schwebende Geschäfte zu beenden, können sie auch neue eingehen.

(2) Im übrigen haben die Abwickler innerhalb ihres Geschäftskreises die Rechte und Pflichten des Vorstands; sie unterliegen wie dieser der Überwachung durch den Aufsichtsrat.

(3) Das Wettbewerbsverbot des § 79 gilt für sie nicht.

Vertretung der aufgelösten Gesellschaft durch die Abwickler

§ 210. (1) Die Abwickler vertreten „ “ die Gesellschaft gerichtlich und außergerichtlich. *(BGBl I 2006/103)*

(2) [1]Sind mehrere Abwickler bestellt, so sind, wenn in der Satzung oder bei ihrer Bestellung nichts anderes bestimmt ist, sämtliche Abwickler nur gemeinschaftlich zur Abgabe von Willenserklärungen und zur Zeichnung für die Gesellschaft befugt. [2]In der Satzung oder bei der Bestellung kann auch bestimmt werden, daß einzelne Abwickler allein zur Vertretung der Gesellschaft befugt sein sollen; gleiches kann der Aufsichtsrat bestimmen, wenn die Satzung oder ein Beschluß der Hauptversammlung ihn hiezu ermächtigt hat. [3]Die Abwickler können durch Beschluß einzelne von ihnen zur Vornahme bestimmter Geschäfte oder bestimmter Arten von Geschäften ermächtigen. [4]Ist eine Willenserklärung der Gesellschaft gegenüber abzugeben, so genügt die Abgabe gegenüber einem Abwickler.

(3) Die Abwickler haben in der Weise zu zeichnen, daß sie der Firma einen die Abwicklung andeutenden Zusatz und ihre Namensunterschrift hinzufügen.

(4) Dritten gegenüber ist eine Beschränkung der Vertretungsbefugnis der Abwickler unwirksam.

(5) [1]Prokuristen können nicht bestellt werden. Bestehende Prokuren erlöschen und gelten als Handlungsvollmachten. [2]Das Erlöschen der Prokuren ist zum Firmenbuch anzumelden.

Eröffnungsbilanz, Jahresabschluss, Lagebericht und Corporate Governance-Bericht

§ 211. (1) Die Abwickler haben für den Beginn der Abwicklung eine Bilanz (Eröffnungsbilanz) und weiterhin für den Schluß jedes Jahres einen Jahresabschluß und einen „Lagebericht"* „sowie gegebenenfalls einen Corporate Governance-Bericht"** aufzustellen; das bisherige Geschäftsjahr der Gesellschaft kann beibehalten werden. *(*BGBl 1996/304; **BGBl I 2008/70, die Änderung gilt für Geschäftsjahre, die nach dem 31. 12. 2008 beginnen (!), siehe § 262 Abs 14)*

(2) [1]Die Hauptversammlung beschließt über die Eröffnungsbilanz, den Jahresabschluß und über die Entlastung der Abwickler und des Aufsichtsrats. [2]„Für den Jahresabschluß und den Lagebericht gelten sinngemäß die „§§ 96 Abs. 1 und 104 Abs. 1 bis 3 dieses Bundesgesetzes sowie"** die „§§ 222, 236 bis 243b, 277 bis 279 und 281 UGB"***."* *(BGBl 1982/371; *BGBl 1990/475; **BGBl I 2009/71; ***BGBl I 2015/22)*

(3) [1]Die §§ 201 bis 211 über die Wertansätze in der Jahresbilanz sowie die §§ 224 bis 230 über die Gliederung und die §§ 269 bis 276 über die Prüfung des Jahresabschlusses des „UGB"** gelten nicht. [2]Das Gericht hat jedoch auf Antrag von Aktionären, deren Anteile zusammen „fünf vom Hundert"*** des Grundkapitals oder den „anteiligen Betrag von 350 000 Euro"* erreichen, aus wichtigem Grund eine Prüfung des Jahresabschlusses anzuordnen; in diesem Fall gelten die §§ 269 bis 276 „UGB"** sinngemäß. *(BGBl 1990/475; *BGBl I 1998/125; **BGBl I 2005/120; ***BGBl I 2009/71)*

(4) „ "* Die Vorschriften des „Unternehmensgesetzbuches"** über die „Bücher"** sind anzuwenden. *(*BGBl 1990/475; **BGBl I 2005/120)*

(5) Die Vorschriften für den Jahresabschluß gelten sinngemäß für die Eröffnungsbilanz.

Verteilung des Vermögens

§ 212. (1) Das nach der Berichtigung der Schulden verbleibende Vermögen der Gesellschaft wird unter die Aktionäre verteilt.

(2) Die Verteilung geschieht nach „den Anteilen am Grundkapital", wenn nicht mehrere Gattungen von Aktien mit verschiedenen Rechten bei der Verteilung des Gesellschaftsvermögens vorhanden sind. *(BGBl I 1998/125)*

(3) [1]Sind die Einlagen nicht auf alle Aktien in demselben Verhältnis geleistet, so werden die auf das Grundkapital geleisteten Einlagen erstattet und ein Überschuß nach „den Anteilen am Grundkapital" verteilt. [2]Reicht das Vermögen zur Erstattung der Einlagen nicht aus, so haben die Aktionäre den Verlust nach „ihren Anteilen am Grundkapital" zu tragen; die noch ausstehenden Einlagen sind, soweit nötig, einzuziehen. *(BGBl I 1998/125)*

Gläubigerschutz

§ 213. (1) Das Vermögen darf nur verteilt werden, wenn ein Jahr seit dem Tag verstrichen ist, an dem der Aufruf der Gläubiger (§ 208) zum drittenmal veröffentlicht worden ist.

(2) Meldet sich ein bekannter Gläubiger nicht, so ist der geschuldete Betrag für ihn zu hinterlegen, wenn ein Recht zur Hinterlegung besteht.

(3) Kann eine Verbindlichkeit zurzeit nicht berichtigt werden oder ist sie streitig, so darf das Vermögen nur verteilt werden, wenn dem Gläubiger Sicherheit geleistet ist.

Schluß der Abwicklung

§ 214. (1) [1]Ist die Abwicklung beendet und die Schlußrechnung gelegt, so haben die Abwickler den Schluß der Abwicklung zum Firmenbuch anzumelden. [2]Der Schluß der Abwicklung ist einzutragen, die Gesellschaft ist zu löschen.

(2) Die Bücher und Schriften der Gesellschaft sind an einem vom Gericht bestimmten sicheren Ort zur Aufbewahrung auf sieben Jahre zu hinterlegen.

(3) Das Gericht hat auf Antrag eines Aktionärs oder eines Gläubigers diesem aus wichtigem Grund die Einsicht der Bücher und Schriften zu gestatten.

(4) Stellt sich nachträglich heraus, daß weitere Abwicklungsmaßnahmen nötig sind, so hat auf Antrag eines Beteiligten das Gericht die bisherigen Abwickler neu zu bestellen oder andere Abwickler zu berufen.

Fortsetzung einer aufgelösten Gesellschaft

§ 215. (1) [1]Ist eine Aktiengesellschaft durch Zeitablauf oder durch Beschluß der Hauptversammlung aufgelöst worden, so kann die Hauptversammlung, solange noch nicht mit der Verteilung des Vermögens unter die Aktionäre begonnen ist, die Fortsetzung der Gesellschaft beschließen. [2]Der Beschluß bedarf einer Mehrheit, die mindestens drei Viertel des bei der Beschlußfassung vertretenen Grundkapitals umfaßt; die Satzung kann diese Mehrheit durch eine größere Kapitalmehrheit ersetzen und noch andere Erfordernisse aufstellen.

(2) Gleiches gilt, wenn die Gesellschaft durch die Eröffnung des Konkursverfahrens aufgelöst, das Konkursverfahren aber durch Bestätigung eines Sanierungsplans (§ 152 IO) oder mit Einverständnis der Gläubiger (§ 123b IO) aufgehoben worden ist. *(BGBl I 2010/58)*

(3) Die Abwickler haben die Fortsetzung der Gesellschaft zur Eintragung in das Firmenbuch anzumelden; sie haben bei der Anmeldung nachzuweisen, daß noch nicht mit der Verteilung des Vermögens der Gesellschaft unter die Aktionäre begonnen worden ist.

(4) Der Fortsetzungsbeschluß hat keine Wirkung, bevor er in das Firmenbuch des Sitzes der Gesellschaft eingetragen worden ist.

Zweiter Abschnitt

Nichtigkeit der Gesellschaft

Klage auf Nichtigerklärung

§ 216. (1) [1]Jeder Aktionär und jedes Mitglied des Vorstands und des Aufsichtsrats kann darauf klagen, daß die Gesellschaft für nichtig erklärt werde, wenn

1. die Satzung keine Bestimmungen über die Firma der Gesellschaft, die Höhe des Grundkapitals oder den Gegenstand des Unternehmens enthält,

2. der in der Satzung umschriebene oder tatsächlich verfolgte Gegenstand des Unternehmens rechtswidrig oder sittenwidrig ist.

[2]Auf andere Gründe kann die Klage nicht gestützt werden. *(BGBl 1996/304)*

(2) Ist der Mangel nach § 217 heilbar, so kann die Klage erst erhoben werden, nachdem ein Klageberechtigter die Gesellschaft aufgefordert hat, den Mangel zu beseitigen, und sie binnen drei Monaten dieser Aufforderung nicht nachgekommen ist.

(3) [1]Die Klage kann nur binnen einem Jahr nach Eintragung der Gesellschaft erhoben werden. [2]Eine Löschung der Gesellschaft von Amts wegen aus einem Grund, aus dem nach Abs. 1 und 2 die Klage auf Nichtigkeit erhoben werden könnte, oder aus dem Grund des Mangels eines Vermögens wird durch den Zeitablauf nicht ausgeschlossen.

(4) [1]Für die Klage gelten § 197 Abs. 1, Abs. 2 Satz 2 und 3, Abs. 3 bis 6, § 198 Abs. 1 Satz 1, Abs. 2, § 201 Abs. 2 sinngemäß; der Vorstand hat eine Abschrift der Klage und des rechtskräftigen Urteils zum Firmenbuch einzureichen. [2]„Die Nichtigkeit der Gesellschaft auf Grund rechtskräftigen Urteils ist einzutragen." *(BGBl 1991/10)*

Heilung der Nichtigkeit

§ 217. Ein Mangel, der die Bestimmungen über die Firma der Gesellschaft oder den Gegenstand des Unternehmens betrifft, kann unter Beachtung der Vorschriften über Satzungsänderungen geheilt werden.

(BGBl 1996/304)

Wirkung der Eintragung der Nichtigkeit

§ 218. (1) Ist die Nichtigkeit einer Gesellschaft auf Grund rechtskräftigen Urteils oder einer Entscheidung des Registergerichts in das Firmenbuch eingetragen, so findet die Abwicklung nach den Vorschriften über die Abwicklung bei Auflösung statt.

(2) Die Wirksamkeit der im Namen der Gesellschaft vorgenommenen Rechtsgeschäfte wird durch die Nichtigkeit nicht berührt.

(3) Die Gesellschafter haben die bedungenen Einlagen zu leisten, soweit es zur Erfüllung der eingegangenen Verbindlichkeiten nötig ist.

Neunter Teil

Verschmelzung

Erster Abschnitt

Verschmelzung von Aktiengesellschaften

Begriff der Verschmelzung

§ 219. [1]Aktiengesellschaften können unter Ausschluß der Abwicklung verschmolzen werden. [2]Die Verschmelzung kann erfolgen

1. durch Übertragung des Vermögens einer Gesellschaft oder mehrerer Gesellschaften (übertragende Gesellschaften) im Weg der Gesamtrechtsnachfolge auf eine andere bestehende Gesellschaft (übernehmende Gesellschaft) gegen Gewährung von Aktien dieser Gesellschaft (Verschmelzung durch Aufnahme), oder

2. durch Übertragung der Vermögen zweier oder mehrerer Gesellschaften (übertragende Gesellschaften) im Weg der Gesamtrechtsnachfolge auf eine von ihnen dadurch gegründete neue Gesellschaft gegen Gewährung von Aktien dieser Gesellschaft (Verschmelzung durch Neugründung).

(BGBl 1996/304)

Erster Unterabschnitt

Verschmelzung durch Aufnahme

Vorbereitung der Verschmelzung

§ 220. (1) Die Vorstände der an der Verschmelzung beteiligten Gesellschaften haben einen Verschmelzungsvertrag abzuschließen oder einen schriftlichen Entwurf aufzustellen.

(2) Der Vertrag oder dessen Entwurf muß mindestens folgenden Inhalt haben:

1. die Firma und den Sitz der an der Verschmelzung beteiligten Gesellschaften;

2. die Vereinbarung über die Übertragung des Vermögens jeder übertragenden Gesellschaft im Weg der Gesamtrechtsnachfolge;

3. das Umtauschverhältnis der Aktien, gegebenenfalls die Höhe der baren Zuzahlungen und weiters die Einzelheiten für die Gewährung von Aktien der übernehmenden Gesellschaft; werden keine Aktien gewährt (§ 224), sind die Gründe hiefür anzugeben;

4. den Zeitpunkt, von dem an diese Aktien einen Anspruch auf einen Anteil am Bilanzgewinn gewähren, sowie alle Besonderheiten in bezug auf diesen Anspruch;

5. den Stichtag, von dem an die Handlungen der übertragenden Gesellschaften als für Rechnung der übernehmenden Gesellschaft vorgenommen gelten (Verschmelzungsstichtag);

6. die Rechte, welche die übernehmende Gesellschaft einzelnen Aktionären sowie den Inhabern von Vorzugsaktien, Schuldverschreibungen und Genußrechten gewährt, oder die für diese Personen vorgesehenen Maßnahmen;

7. jeden besonderen Vorteil, der einem Mitglied des Vorstands oder des Aufsichtsrats, einem Abschlußprüfer der an der Verschmelzung beteiligten Gesellschaften oder einem Verschmelzungsprüfer gewährt wird.

(3) [1]Jede übertragende Gesellschaft hat auf den Verschmelzungsstichtag eine Schlußbilanz aufzustellen. [2]Für sie gelten die Vorschriften des „UGB" über den Jahresabschluß und dessen Prüfung sinngemäß; sie braucht nicht veröffentlicht zu werden. [3]Die Schlußbilanzen müssen auf einen höchstens neun Monate vor der Anmeldung der Verschmelzung liegenden Stichtag aufgestellt werden. *(BGBl I 2005/120)*

(BGBl 1996/304)

Verschmelzungsbericht

§ 220a. [1]Die Vorstände jeder der an der Verschmelzung beteiligten Gesellschaften haben einen ausführlichen schriftlichen Bericht zu erstatten, in dem die voraussichtlichen Folgen der Verschmelzung, der Verschmelzungsvertrag oder dessen Entwurf und insbesondere das Umtauschverhältnis der Aktien, gegebenenfalls die Höhe der baren Zuzahlungen sowie die Maßnahmen gemäß § 226 Abs. 3 rechtlich und wirtschaftlich erläutert und begründet werden. [2]Auf besondere Schwierigkeiten bei der Bewertung der Unternehmen ist hinzuweisen. [3]„§ 118 Abs. 3" ist sinngemäß anzuwenden. *(BGBl I 2009/71)*

(BGBl 1996/304)

Prüfung der Verschmelzung

§ 220b. (1) Der Verschmelzungsvertrag oder dessen Entwurf ist für jede der an der Verschmelzung beteiligten Gesellschaften durch einen Verschmelzungsprüfer zu prüfen.

(2) [1]Der Verschmelzungsprüfer wird für jede der beteiligten Gesellschaften vom Aufsichtsrat bestellt. [2]Die Prüfung durch einen gemeinsamen Prüfer für alle beteiligten Gesellschaften ist zulässig, wenn dieser Prüfer auf gemeinsamen Antrag der Aufsichtsräte durch das Gericht, in dessen Sprengel die übernehmende Gesellschaft ihren Sitz hat, bestellt wird. [3]In diesem Fall gilt § 270 Abs. 5 „UGB" sinngemäß. *(BGBl I 2005/120)*

(3) [1]Für die Auswahl, das Auskunftsrecht und die Verantwortlichkeit des Verschmelzungsprüfers gelten die „§§ 268 Abs. 4, 271, 271a, 272 und 275 UGB" sinngemäß. [2]Das Auskunftsrecht besteht gegenüber allen an der Verschmelzung beteiligten Gesellschaften. [3]Die Haftung besteht gegenüber den an der Verschmelzung beteiligten Gesellschaften und deren Aktionären. *(BGBl I 2008/70, die Änderung ist anzuwenden, wenn die Bestellung nach dem 31. 5. 2008 erfolgt; vgl § 262 Abs 14!)*

(4) [1]Der Verschmelzungsprüfer hat über das Ergebnis der Prüfung schriftlich zu berichten. [2]Der Prüfungsbericht kann auch gemeinsam für die beteiligten Gesellschaften erstattet werden. [3]Er ist mit einer Erklärung darüber abzuschließen, ob das vorgeschlagene Umtauschverhältnis der Aktien und gegebenenfalls die Höhe der baren Zuzahlungen angemessen ist. [4]Dabei ist insbesondere anzugeben,

1. nach welchen Methoden das vorgeschlagene Umtauschverhältnis ermittelt worden ist;

2. aus welchen Gründen die Anwendung dieser Methoden angemessen ist;

3. welches Umtauschverhältnis sich bei der Anwendung verschiedener Methoden, sofern mehrere angewendet worden sind, jeweils ergeben würde; zugleich ist dazu Stellung zu nehmen, welche Gewichtung diesen Methoden bei der Bestimmung des Umtauschverhältnisses beigemessen wurde, und darauf hinzuweisen, ob und welche besonderen Schwierigkeiten bei der Bewertung aufgetreten sind.

[5]Die Verschmelzungsprüfer haben ihren Prüfungsbericht den Vorständen und den Mitgliedern der Aufsichtsräte der beteiligten Gesellschaften vorzulegen.

(5) Besteht in sinngemäßer Anwendung von „§ 133 Abs. 3" ein Geheimhaltungsinteresse, so hat der Verschmelzungsprüfer auch eine darauf Bedacht nehmende Fassung vorzulegen, die zur Einsicht der Aktionäre bestimmt ist (§ 221a Abs. 2 Z 5). *(BGBl I 2009/71)*

(BGBl 1996/304)

Prüfung durch den Aufsichtsrat

§ 220c. [1]Die Aufsichtsräte der an der Verschmelzung beteiligten Gesellschaften haben die beabsichtigte Verschmelzung auf der Grundlage des Verschmelzungsberichts und des Prüfungsberichts zu prüfen und darüber einen schriftlichen Bericht zu erstatten; § 118 Abs. 3 ist sinngemäß anzuwenden. [2]Die Prüfung durch den Aufsichtsrat der übernehmenden Gesellschaft kann entfallen, wenn für den Erwerb von Unternehmen gemäß § 95 Abs. 5 Z 1 eine Betragsgrenze festgesetzt wurde und der Buchwert der übertragenden Gesellschaft diese Betragsgrenze nicht überschreitet.

(BGBl I 2011/53)

Beschlüsse der Hauptversammlung

§ 221. (1) Der Verschmelzungsvertrag wird nur wirksam, wenn die Hauptversammlung jeder Gesellschaft ihm zustimmt.

(2) [1]Der Beschluß der Hauptversammlung bedarf einer Mehrheit, die mindestens drei Viertel des bei der Beschlußfassung vertretenen Grundkapitals umfaßt. [2]Die Satzung kann eine größere Kapitalmehrheit und weitere Erfordernisse bestimmen.

(3) Sind mehrere Gattungen von stimmberechtigten Aktien vorhanden, so bedarf der Beschluss der Hauptversammlung zu seiner Wirksamkeit eines in gesonderter Abstimmung gefassten Beschlusses der Aktionäre jeder Gattung; für diesen gilt Abs. 2. *(BGBl I 2009/71)*

(4) Der Verschmelzungsvertrag (dessen Entwurf) ist in die Niederschrift über den Beschluß aufzunehmen oder dieser als Anlage beizufügen.

(BGBl 1996/304)

Vorbereitung und Durchführung der Hauptversammlung

§ 221a. (1) [1]Die Vorstände der beteiligten Gesellschaften haben mindestens einen Monat vor dem Tag der Hauptversammlung, die über die Zustimmung zur Verschmelzung beschließen soll, den Verschmelzungsvertrag oder dessen Entwurf nach Prüfung durch den jeweiligen Aufsichtsrat bei den Gerichten, in deren Sprengel die beteiligten Gesellschaften ihren Sitz haben, einzureichen und einen Hinweis auf diese Einreichung „gemäß § 18"* zu veröffentlichen. [2]In dieser Veröffentlichung sind die Aktionäre auf ihre Rechte gemäß Abs. 2 „ "** hinzuweisen. *(*BGBl I 2009/71; **BGBl I 2011/53)*

(1a) [1]Die Einreichung des Verschmelzungsvertrags oder dessen Entwurfs bei Gericht und die Veröffentlichung des Hinweises auf die Einreichung gemäß Abs. 1 sind nicht erforderlich, wenn die Gesellschaft den Verschmelzungsvertrag oder dessen Entwurf sowie den Hinweis gemäß Abs. 1 zweiter Satz spätestens einen Monat vor der Hauptversammlung, die über die Zustimmung zur Verschmelzung beschließen soll, in elektronischer Form in der Ediktsdatei (§ 89j GOG) veröffentlicht. [2]Die Bundesministerin für Justiz kann die technischen Details der Vorgangsweise bei der Veröffentlichung durch Verordnung regeln. *(BGBl I 2011/53)*

(2) Bei jeder der beteiligten Gesellschaften sind mindestens während eines Monats vor dem Tag der Hauptversammlung, die über die Zustimmung zur Verschmelzung beschließen soll, „gemäß § 108 Abs. 3 bis 5 bereit zu stellen": *(BGBl I 2009/71)*

1. der Verschmelzungsvertrag oder dessen Entwurf (§ 220 Abs. 1 und 2);

2. die Jahresabschlüsse und die Lageberichte „sowie gegebenenfalls die Corporate Governance-Berichte" der an der Verschmelzung beteiligten Gesellschaften für die letzten drei Geschäftsjahre, weiters die Schlußbilanz (§ 220 Abs. 3), wenn der Verschmelzungsstichtag vom Stichtag des letzten Jahresabschlusses abweicht und die Schlußbilanz bereits in geprüfter Form vorliegt; *(BGBl I 2008/70, die Änderung gilt für Geschäftsjahre, die nach dem 31. 12. 2008 beginnen (!), siehe § 262 Abs 14)*

3. falls sich der letzte Jahresabschluß auf ein Geschäftsjahr bezieht, das mehr als sechs Monate vor dem Abschluß des Verschmelzungsvertrages oder der Aufstellung des Entwurfs abgelaufen ist, eine Bilanz auf einen Stichtag, der nicht vor dem ersten Tag des dritten Monats liegt, welcher dem Monat des Abschlusses oder der Aufstellung vorausgeht (Zwischenbilanz);

4. die Verschmelzungsberichte (§ 220a);

5. die Prüfungsberichte (§ 220b);

6. die Berichte der Aufsichtsräte (§ 220c).

(3) [1]Die Zwischenbilanz (Abs. 2 Z 3) ist nach den Vorschriften aufzustellen, die auf die letzte Jahresbilanz der Gesellschaft angewendet worden sind. [2]Eine körperliche Bestandsaufnahme ist nicht erforderlich. [3]Die Wertansätze der letzten Jahresbilanz dürfen übernommen werden. [4]Abschreibungen, Wertberichtigungen und Rückstellungen sowie wesentliche, aus den Büchern nicht ersichtliche Veränderungen der wirklichen Werte von Vermögensgegenständen bis zum Stichtag der Zwischenbilanz sind jedoch zu berücksichtigen.

(4) [1]Die Zwischenbilanz (Abs. 2 Z 3) muss nicht aufgestellt werden, wenn die Gesellschaft seit dem letzten Jahresabschluss einen Halbjahresfinanzbericht nach „§§ 125 und 126 BörseG 2018" oder nach den vom Aufnahmemitgliedstaat gemäß Art. 5 der Transparenz-Richtlinie 2004/109/EG erlassenen Vorschriften veröffentlicht hat. [2]In diesem Fall tritt der Halbjahresfinanzbericht bei der Vorbereitung der Hauptversamm-

lung an die Stelle der Zwischenbilanz. *(BGBl I 2011/53; BGBl I 2017/107)*

(5) [1]In der Hauptversammlung sind die in Abs. 2 bezeichneten Unterlagen aufzulegen. [2]Der Vorstand hat den Verschmelzungsvertrag oder dessen Entwurf zu Beginn der Verhandlung mündlich zu erläutern. [3]Der Vorstand hat die Aktionäre vor der Beschlussfassung über jede wesentliche Veränderung der Vermögens- oder Ertragslage einer der an der Verschmelzung beteiligten Gesellschaften, die zwischen der Aufstellung des Verschmelzungsvertrags oder dessen Entwurf und dem Zeitpunkt der Beschlussfassung eingetreten ist, zu unterrichten; dies gilt insbesondere, wenn die Veränderung ein anderes Umtauschverhältnis rechtfertigen würde. [4]Zu diesem Zweck hat der Vorstand der Gesellschaft, bei der es zu einer solchen Veränderung der Vermögens- oder Ertragslage gekommen ist, den Vorstand der anderen beteiligten Gesellschaft(en) darüber unverzüglich zu unterrichten. *(BGBl I 2011/53)*

(6) [1]Jedem Aktionär ist auf Verlangen in der Hauptversammlung Auskunft auch über alle für die Verschmelzung wesentlichen Angelegenheiten der anderen beteiligten Gesellschaften zu geben. [2]„§ 118 Abs. 3“ ist sinngemäß anzuwenden. *(BGBl I 2009/71)*

(BGBl 1996/304)

Notarielle Beurkundung des Verschmelzungsvertrags

§ 222. Der Verschmelzungsvertrag bedarf der notariellen Beurkundung.

(BGBl 1996/304)

Erhöhung des Grundkapitals zur Durchführung der Verschmelzung

§ 223. (1) [1]Erhöht die übernehmende Gesellschaft zur Durchführung der Verschmelzung das Grundkapital, so sind § 149 Abs. 4, § 151 Abs. 2, §§ 152, 153, § 154 Abs. 1 sowie § 155 Abs. 2 und Abs. 3 Z 1 nicht anzuwenden; dies gilt auch dann, wenn das Grundkapital durch Ausgabe neuer Aktien auf Grund der Ermächtigung gemäß § 169 erhöht wird. [2]In diesem Fall ist außerdem § 170 Abs. 3 nicht anzuwenden.

(2) [1]„Im Fall einer Kapitalerhöhung nach Abs. 1 hat bei der übernehmenden Gesellschaft eine Prüfung durch einen oder mehrere Prüfer stattzufinden;“ § 25 Abs. 3 bis 5, §§ 26, 27, 42 und 44 gelten sinngemäß. [2]Der Prüfer kann gleichzeitig Verschmelzungsprüfer sein. *(BGBl I 2011/53)*

(BGBl 1996/304)

Unterbleiben der Gewährung von Aktien

§ 224. (1) Die übernehmende Gesellschaft darf keine Aktien gewähren, soweit

1. sie Aktien der übertragenden Gesellschaft besitzt;

2. eine übertragende Gesellschaft eigene Aktien besitzt.

(2) Die übernehmende Gesellschaft darf von der Gewährung von Aktien absehen, soweit

1. die Gesellschafter sowohl an der übernehmenden als auch an der übertragenden Gesellschaft im gleichen Verhältnis unmittelbar oder mittelbar beteiligt sind, es sei denn, daß dies dem Verbot der Rückgewähr der Einlagen oder der Befreiung von Einlageverpflichtungen widerspricht;

2. Gesellschafter der übertragenden Gesellschaft auf die Gewährung von Aktien verzichten.

(3) Sofern die übertragende Gesellschaft Aktien an der übernehmenden Gesellschaft besitzt, sind diese, soweit erforderlich, zur Abfindung der Gesellschafter der übertragenden Gesellschaft zu verwenden.

(4) Dem Besitz durch eine Gesellschaft stellt der Besitz durch einen im eigenen Namen, jedoch für Rechnung dieser Gesellschaft handelnden Dritten gleich.

(5) Leistet die übernehmende Gesellschaft bare Zuzahlungen, so dürfen diese „zehn vom Hundert“** des „auf die gewährten Aktien der übernehmenden Gesellschaft entfallenden anteiligen Betrages ihres Grundkapitals“* nicht übersteigen. *(*BGBl I 1998/125; **BGBl I 2009/71)*

(BGBl 1996/304)

Anmeldung der Verschmelzung

§ 225. (1) [1]Der Vorstand jeder Gesellschaft hat die Verschmelzung zur Eintragung beim Gericht, in dessen Sprengel seine Gesellschaft ihren Sitz hat, anzumelden. [2]Der Anmeldung der übernehmenden Gesellschaft sind in Urschrift, Ausfertigung oder beglaubigter Abschrift beizufügen:

1. der Verschmelzungsvertrag;

2. die Niederschriften der Verschmelzungsbeschlüsse;

3. wenn die Verschmelzung einer behördlichen Genehmigung bedarf, die Genehmigungsurkunde;

4. die Verschmelzungsberichte (§ 220a);

5. die Prüfungsberichte (§ 220b);

6. die Schlußbilanz der übertragenden Gesellschaft (§ 220 Abs. 3);

7. den Nachweis der Veröffentlichung gemäß § 221a Abs. 1 „oder 1a“, es sei denn, daß bei den Hauptversammlungen alle Aktionäre erschienen oder vertreten waren und der Beschlußfassung nicht widersprochen haben. *(BGBl I 2011/53)*

(2) [1]Weiters sind dem Gericht, in dessen Sprengel die übernehmende Gesellschaft ihren Sitz hat, eine Erklärung des Vorstands jeder beteiligten Gesellschaft vorzulegen, daß eine Klage auf Anfechtung oder Feststellung der Nichtigkeit des Verschmelzungsbeschlusses innerhalb eines Monats nach der Beschlußfassung nicht erhoben oder zurückgezogen worden ist oder daß alle Aktionäre durch notariell beurkundete Erklärung auf eine solche Klage verzichtet haben. [2]Können diese Erklärungen nicht vorgelegt werden, so hat das Gericht gemäß § 19 FBG vorzugehen. [3]Verzichtet der Vorstand der übernehmenden Gesellschaft gemäß § 231 Abs. 1 auf die Einholung der Zustimmung der Hauptversammlung, so hat er überdies eine Erklärung abzugeben, daß die Aktionäre der übernehmenden Gesellschaft von ihrem Recht gemäß § 231 Abs. 3, die Einberufung einer Hauptversammlung zu verlangen, nicht Gebrauch gemacht oder auf dieses Recht schriftlich verzichtet haben.

(2a) [1]Ist die übertragende Gesellschaft im Inland börsenotiert, so darf die Verschmelzung erst zur Eintragung angemeldet werden, nachdem unter Hinweis auf die geplante Verschmelzung innerhalb der letzten sechs Monate vor der Anmeldung oder unter Hinweis auf die gefassten Verschmelzungsbeschlüsse eine Angebotsunterlage nach dem 5. Teil des ÜbG veröffentlicht wurde. [2]Ein solches Angebot ist jedoch dann nicht erforderlich, wenn für die zu gewährenden Beteiligungspapiere der übernehmenden Gesellschaft die Zulassung und der Handel an zumindest einem geregelten Markt in einem EWR-Vertragsstaat gewährleistet sind, an dem für einen Widerruf der Zulassung zum Handel an diesem Markt mit § 38 Abs. 6 bis 8 BörseG 2018 gleichwertige Voraussetzungen gelten. *(BGBl I 2017/107)*

(3) [1]Wenn die übertragende und die übernehmende Gesellschaft ihren Sitz nicht im selben Sprengel haben, hat das Gericht, in dessen Sprengel die übertragende Gesellschaft ihren Sitz hat, die Beendigung seiner Zuständigkeit auszusprechen und dies dem Gericht, in dessen Sprengel die übernehmende Gesellschaft ihren Sitz hat, mitzuteilen. [2]Weiters hat es diesem Gericht von Amts wegen die bei ihm aufbewahrten Urkunden und sonstigen Schriftstücke zu übersenden.

(BGBl 1996/304)

Eintragung der Verschmelzung

§ 225a. (1) [1]Das Gericht, in dessen Sprengel die übernehmende Gesellschaft ihren Sitz hat, hat die Verschmelzung bei allen beteiligten Gesellschaften gleichzeitig einzutragen; wird zur Durchführung der Verschmelzung das Grundkapital erhöht, so ist gleichzeitig mit der Verschmelzung der Beschluß über die Erhöhung des Grundkapitals sowie die Durchführung der Erhöhung des Grundkapitals einzutragen. [2]In den Eintragungen sind die Firmen aller übrigen beteiligten Gesellschaften unter Hinweis auf ihre Firmenbuchnummern anzugeben.

(2) [1]Die übertragende Gesellschaft hat einen Treuhänder für den Empfang der zu gewährenden Aktienurkunden und der allfälligen baren Zuzahlungen zu bestellen. [2]Die Verschmelzung darf erst eingetragen werden, wenn der Treuhänder dem Gericht, in dessen Sprengel die übernehmende Gesellschaft ihren Sitz hat, angezeigt hat, daß er im Besitz der Aktienurkunden und der allfälligen baren Zuzahlungen ist. [3]Die §§ 158 und 164 stehen der Ausgabe der Aktienurkunden an den Treuhändern nicht entgegen.

(3) Mit der Eintragung der Verschmelzung bei der übernehmenden Gesellschaft treten folgende Rechtswirkungen ein:

1. [1]Das Vermögen der übertragenden Gesellschaft geht einschließlich der Schulden auf die übernehmende Gesellschaft über. [2]Treffen bei einer Verschmelzung aus gegenseitigen Verträgen, die zur Zeit der Verschmelzung von keiner Seite vollständig erfüllt sind, Abnahme-, Lieferungs- oder ähnliche Verpflichtungen zusammen, die miteinander unvereinbar sind oder die beide zu erfüllen eine schwere Unbilligkeit für die übernehmende Gesellschaft bedeuten würde, so bestimmt sich der Umfang der Verpflichtungen nach Billigkeit unter Würdigung der vertraglichen Rechte aller Beteiligten.

2. [1]Die übertragende Gesellschaft erlischt. [2]Einer besonderen Löschung der übertragenden Gesellschaft bedarf es nicht.

3. Die Aktionäre der übertragenden Gesellschaft werden Aktionäre der übernehmenden Gesellschaft, soweit sich aus § 224 nichts anderes ergibt.

4. Der Mangel der notariellen Beurkundung des Verschmelzungsvertrags wird geheilt.

(4) Für den Umtausch der Aktien der übertragenden Gesellschaft gilt § 67, bei Zusammenlegung von Aktien § 179 über die Kraftloserklärung von Aktien sinngemäß; einer Genehmigung des Gerichts bedarf es nicht.

(BGBl 1996/304)

Ausschluß von Anfechtungsklagen

§ 225b. Die Anfechtung des Beschlusses, durch den die Hauptversammlung einer beteiligten Gesellschaft dem Verschmelzungsvertrag zugestimmt hat, kann nicht darauf gestützt werden, daß das Umtauschverhältnis oder die allfälligen baren Zuzahlungen nicht angemessen festgelegt sind oder daß die in den Verschmelzungsberichten (§ 220a), den Prüfungsberichten (§ 220b) oder den Berichten der Aufsichtsräte (§ 220c) enthaltenen Erläuterungen des Umtauschverhältnisses oder der baren Zuzahlungen den gesetzlichen Bestimmungen nicht entsprechen.

(BGBl 1996/304)

Gerichtliche Überprüfung des Umtauschverhältnisses, Antragsberechtigte

§ 225c. (1) Ist das Umtauschverhältnis oder sind die allfälligen baren Zuzahlungen nicht angemessen festgelegt, so hat jeder Aktionär einer der beteiligten Gesellschaften einen Anspruch gegen die übernehmende Gesellschaft auf Ausgleich durch bare Zuzahlungen.

(2) Im Fall des Abs. 1 kann ein Antrag bei Gericht gestellt werden, daß das Umtauschverhältnis überprüft wird und die übernehmende Gesellschaft einen Ausgleich durch bare Zuzahlungen zu leisten hat.

(3) Antragsberechtigt sind nur Aktionäre, die

1. a) vom Zeitpunkt der Beschlußfassung der Hauptversammlung der übertragenden Gesellschaft bis zur Antragstellung Aktionäre waren und

b) nicht auf Zuzahlungen und zusätzliche Aktien gemäß § 225d verzichtet haben „ “. *(BGBl I 2011/98)*

(4) Die Voraussetzung gemäß Abs. 3 Z 1 lit. a ist glaubhaft zu machen.

(BGBl 1996/304)

Verzicht

§ 225d. [1]Die Aktionäre können auf ihren Ausgleichsanspruch verzichten. [2]Ein solcher Verzicht ist nur wirksam, wenn er schriftlich oder zur Niederschrift in der Hauptversammlung erklärt worden ist; er wirkt auch gegen Erwerber dieser Aktien.

(BGBl 1996/304)

Verfahren

§ 225e. (1) Soweit nichts anderes bestimmt ist, entscheidet das Gericht nach den allgemeinen Bestimmungen des Außerstreitgesetzes, ausgenommen dessen §§ 72 bis 77 über das Abänderungsverfahren. *(BGBl I 2003/112)*

(2) [1]Ein Antrag gemäß § 225c Abs. 2 kann binnen eines Monats gestellt werden; die Frist beginnt mit dem Tag zu laufen, an dem die Eintragung der Verschmelzung gemäß § 10 „UGB“* als bekanntgemacht gilt. [2]Das Gericht hat den Antrag in den Bekanntmachungsblättern „(§ 18)“** der beteiligten Gesellschaften bekanntzumachen. [3]Aktionäre, die die Voraussetzungen gemäß § 225c Abs. 3 Z 1 erfüllen, können binnen eines weiteren Monats nach dieser Bekanntmachung eigene Anträge gemäß § 225c Abs. 2 stellen; nach Ablauf dieser Frist sind Anträge weiterer Aktionäre unzulässig; darauf ist in der Bekanntmachung hinzuweisen. *(*BGBl I 2005/120; **BGBl I 2009/71)*

(3) [1]Anträge gemäß § 225c Abs. 2 sind gegen die übernehmende Gesellschaft zu richten. [2]Diese kann ihrerseits im gerichtlichen Verfahren erster Instanz den Antrag stellen, sie zu ermächtigen, an Stelle von baren Zuzahlungen zusätzliche Aktien zu leisten.

(4) [1]Gegen eine Entscheidung über einen Antrag gemäß § 225c Abs. 2 steht nur der übernehmenden Gesellschaft, jedem Antragsteller und jedem gemeinsamen Vertreter (§ 225f) der Rekurs zu. [2]Das Rechtsmittel der Vorstellung ist ausgeschlossen. [3]Die Rekursfrist beträgt vier Wochen. [4]Erhobene Rekurse sind den anderen Parteien zuzustellen; sie können binnen vier Wochen nach der Zustellung des Rekurses eine Rekursbeantwortung einbringen.

(BGBl 1996/304)

Gemeinsamer Vertreter

§ 225f. (1) Zur Wahrung der Rechte der Aktionäre jeder an der Verschmelzung beteiligten Gesellschaft, die keinen Antrag gestellt und auf ihre Ansprüche nicht verzichtet haben, ist von Amts wegen je ein gemeinsamer Vertreter zu bestellen.

(2) [1]Ein gemeinsamer Vertreter hat die Stellung eines gesetzlichen Vertreters; bei Wahrnehmung der Interessen der Aktionäre hat er nach eigenem pflichtgemäßen Ermessen vorzugehen; dies gilt insbesondere auch für seine Entscheidung, ob er einem Vergleich zustimmt, das Verfahren nach Rücknahme sämtlicher Anträge antragstellender Aktionäre weiterführt (Abs. 6) oder ein Rechtsmittel einbringt. [2]Für Fehler bei diesen Entscheidungen haftet der gemeinsame Vertreter nur bei Vorsatz oder grober Fahrlässigkeit.

(3) [1]Als gemeinsame Vertreter dürfen nur Rechtsanwälte, Notare sowie Wirtschaftsprüfer „ “ bestellt werden. [2]§ 270 Abs. 6 erster Satz sowie „§§ 271 und 271a UGB“ sind sinngemäß anzuwenden. *(BGBl I 2008/70, die Änderung ist anzuwenden, wenn die Bestellung nach dem 31. 5. 2008 erfolgt; vgl § 262 Abs 14!)*

(4) Die Bestellung eines gemeinsamen Vertreters für die Aktionäre einer beteiligten Gesellschaft hat zu unterbleiben, wenn alle antragsberechtigten Aktionäre dieser Gesellschaft (§ 225c Abs. 3 Z 1), die keinen Antrag gestellt haben, auf die Bestellung eines gemeinsamen Vertreters schriftlich oder durch Erklärung zur Niederschrift in der Hauptversammlung verzichtet haben.

(5) [1]Der gemeinsame Vertreter hat bei Beendigung seiner Tätigkeit Anspruch auf Ersatz der notwendigen Barauslagen sowie auf Belohnung für seine Mühewaltung. [2]Diese Beträge hat das Gericht unter Bedachtnahme auf die jeweils in Betracht kommende Honorarordnung zu bestimmen; sie sind Teil der Verfahrenskosten (§ 225l

Abs. 1). [3]Das Gericht kann der übernehmenden Gesellschaft auf Verlangen des gemeinsamen Vertreters die Zahlung von Vorschüssen auftragen. [4]„Diese Ansprüche bestehen auch für die Tätigkeit im Schlichtungsverfahren“ *(BGBl I 2019/63)*

(6) Der gemeinsame Vertreter hat das Verfahren nach Rücknahme sämtlicher Anträge von Aktionären weiterzuführen, soweit nach seiner pflichtgemäßen Beurteilung ein Erfolg seines Antrags zu erwarten ist.

(BGBl 1996/304)

Gremium zur Überprüfung des Umtauschverhältnisses

§ 225g. (1) [1]Das Gericht kann mit dem Verfahren auf unbestimmte Zeit innehalten und das Gremium damit beauftragen, auf eine gütliche Beilegung des Streits durch Herbeiführung eines Vergleichs hinzuwirken. [2]Nach Ablauf eines Jahres ab Zustellung des Beschlusses auf Innehalten kann jede Partei die Fortsetzung des Verfahrens verlangen. [3]In diese Frist ist die Zeit von der Bestellung eines Sachverständigen durch das Gremium (Abs. 6 erster Satz) bis zur Vorlage des Gutachtens nicht einzurechnen. *(BGBl I 2019/63)*

(2) Das Gremium hat sich aus einem Vorsitzenden und zwei Beisitzern gemäß § 225m Abs. 2 Z 2 zusammenzusetzen; wenn an der Verschmelzung „eine börsenotierte Gesellschaft“ beteiligt ist, so haben dem Gremium je ein weiterer Beisitzer gemäß § 225m Abs. 2 Z 3 lit. a und b anzugehören. *(BGBl I 2009/71)*

(3) Die Geschäftsführung für das Gremium und dessen Kanzleigeschäfte obliegen der FMA. *(BGBl I 2004/67)*

(4) Der Vorsitzende leitet die Sitzungen des Gremiums und hat dieses unverzüglich einzuberufen, wenn das Gericht einen Beschluss gemäß Abs. 1 erster Satz übermittelt hat. *(BGBl I 2019/63)*

(5) [1]Das Gremium ist beschlußfähig, wenn alle gemäß Abs. 2 erforderlichen Mitglieder anwesend sind; bei vorhersehbarer Verhinderung eines Mitglieds hat der Vorsitzende oder dessen Stellvertreter für die Ladung eines Ersatzmitglieds zu sorgen. [2]Die Beschlußfassung des Gremiums erfordert mehr als die Hälfte sämtlicher Stimmen; eine Stimmenthaltung ist unzulässig.

(6) [1]Das Gremium kann ihm nicht angehörige Sachverständige beauftragen, Befunde aufzunehmen bzw. Gutachten zu erstatten; die Kosten dieser Sachverständigen sind Kosten des Verfahrens (§ 225l Abs. 1). [2]Sobald das Gremium zur Ansicht gelangt, dass eine gütliche Einigung nicht erzielt werden kann, insbesondere weil die Parteien nicht ausreichend mitwirken, hat es dies dem Gericht und den Parteien mitzuteilen. [3]In diesem Fall oder wenn eine Partei nach Fristablauf die Fortsetzung des gerichtlichen Verfahrens verlangt hat das Gremium dem Gericht innerhalb von drei Monaten einen Bericht zu erstatten, in dem die wesentlichen strittigen Fragen dargestellt werden, und ein von ihm eingeholtes Gutachten zu übermitteln. [4]Gelangt das Gericht im fortgesetzten Verfahren zur Ansicht, dass sich die Vergleichsaussichten wesentlich erhöht haben oder sind alle Parteien damit einverstanden, so kann eine neuerliche Beauftragung des Gremiums im Sinn des Abs. 1 erfolgen. *(BGBl I 2019/63)*

(7) [1]Das Gremium ist befugt, von allen an der Verschmelzung beteiligten Gesellschaften Auskünfte zu verlangen; § 272 „UGB“ gilt sinngemäß. [2]Die Auskunftspflicht gilt auch gegenüber einem vom Gremium beauftragten Sachverständigen. *(BGBl I 2005/120)*

(BGBl 1996/304)

Streitschlichtung durch das Gremium

§ 225h. (1) [1]Kommt vor dem Gremium ein Vergleich zustande, so ist er in Vollschrift aufzunehmen und von den Mitgliedern des Gremiums sowie den Parteien oder deren Vertretern zu unterfertigen. [2]Ein Vergleich beendet das Schlichtungsverfahren. *(BGBl I 2019/63)*

(2) [1]Die Urschrift eines Vergleichs gemäß Abs. 1 ist unverzüglich dem Gericht zur Genehmigung zu übermitteln. [2]Die Genehmigung ist zu erteilen, wenn die Voraussetzungen gemäß Abs. 1 zweiter Satz eingehalten worden sind. [3]Ein genehmigter Vergleich ist einem vor Gericht abgeschlossenen Vergleich gleichzuhalten. [4]Das Gericht hat die erforderlichen Vergleichsausfertigungen herzustellen und diese an die Parteien zuzustellen.

(BGBl 1996/304)

Wirksamkeit von Entscheidungen und Vergleichen

§ 225i. (1) [1]Eine Entscheidung über einen Antrag gemäß § 225c Abs. 2 oder ein in einem solchen Verfahren vor Gericht abgeschlossener oder gemäß § 225h Abs. 2 gerichtlich genehmigter Vergleich wirken für und gegen die übernehmende Gesellschaft und alle Aktionäre der beteiligten Gesellschaften. [2]Die Entscheidung wird erst mit dem Eintritt ihrer Rechtskraft wirksam. [3]„Für jede Aktie ist den Aktionären die gleiche Zuzahlung oder die gleiche Zahl zusätzlicher Aktien zu gewähren, auch wenn sie oder der gemeinsame Vertreter nur eine geringere Zuzahlung begehrt haben.“ *(BGBl I 2019/63)*

(2) Der Abs. 1 gilt nicht für Aktionäre, die auf diese Ansprüche verzichtet haben.

(3) [1]Das Gericht hat in der Entscheidung oder im Beschluss, mit dem der Vergleich genehmigt wird, den Gesamtwert der Zuzahlungen oder der Aktien, die an Stelle der Zuzahlungen an die Ak-

tionäre zu leisten sind, festzuhalten. [2]Dieser Gesamtwert ist Maßstab für den Ersatz der Kosten rechtsfreundlicher Vertretung. *(BGBl I 2019/63)*

(BGBl 1996/304)

Verzinsung barer Zuzahlungen, Ausgabe zusätzlicher Aktien

§ 225j. (1) Zugesprochene oder auf Grund eines Vergleichs zustehende bare Zuzahlungen sind ab dem der Eintragung der Verschmelzung folgenden Tag mit jährlich zwei von Hundert über dem zu diesem Zeitpunkt geltenden „Basiszinssatz" zu verzinsen. *(BGBl I 2001/98)*

(2) [1]Ist die übernehmende Gesellschaft gemäß § 225e Abs. 3 ermächtigt worden, an Stelle von baren Zuzahlungen zusätzliche Aktien zu leisten, so sind hiefür vorhandene eigene Aktien zu verwenden. [2]Reichen diese nicht aus, so kann die Gesellschaft neue Aktien ausgeben; diese Aktien stehen ausschließlich den nach der gerichtlichen Entscheidung anspruchsberechtigten Aktionären zu; die Leistung von Einlagen entfällt. [3]Die Ausgabe der neuen Aktien ist nur zulässig, soweit deren „geringster Ausgabebetrag" in freien Rücklagen oder einem Gewinnvortrag Deckung findet oder das erhöhte Grundkapital und die gebundenen Rücklagen durch den Wert des Nettoaktivvermögens gedeckt sind. [4]Im letzteren Fall hat eine Prüfung in sinngemäßer Anwendung von § 25 Abs. 3 bis 5, §§ 26, 27, 42 und 44 stattzufinden. [5]Im übrigen ist § 223 Abs. 1 sinngemäß anzuwenden. *(BGBl I 1998/125)*

(BGBl 1996/304)

Bekanntmachungen

§ 225k. „"** Der Vorstand der übernehmenden Gesellschaft hat die rechtskräftige Entscheidung über einen Antrag gemäß § 225c Abs. 2 ohne Gründe oder einen in einem solchen Verfahren vor Gericht abgeschlossenen oder gemäß § 225h Abs. 2 gerichtlich genehmigten Vergleich unverzüglich in den Bekanntmachungsblättern „(§ 18)"* aller an der Verschmelzung beteiligten Gesellschaften bekanntzumachen. *(*BGBl I 2009/71; **BGBl I 2019/63)*

(BGBl 1996/304)

Kosten

§ 225l. (1) [1]„Die Kosten des gerichtlichen Verfahrens und der Streitschlichtung vor dem Gremium, einschließlich der Kosten der gemeinsamen Vertreter, trägt zunächst die übernehmende Gesellschaft."[2]Sie sind jedoch insoweit den antragstellenden Aktionären ganz oder zum Teil nach Billigkeit aufzuerlegen, als diese überhaupt oder ab einem bestimmten Zeitpunkt voraussehen konnten, daß sie einen nicht zweckentsprechenden Verfahrensaufwand verursachen. *(BGBl I 2019/63)*

(2) [1]Die Kosten rechtsfreundlicher Vertretung vor Gericht und vor dem Gremium hat jede Seite zunächst selbst zu tragen. [2]Sie sind jedoch insoweit der übernehmenden Gesellschaft ganz oder zum Teil nach Billigkeit aufzuerlegen, als beträchtliche Abweichungen vom angemessenen Umtauschverhältnis festgestellt wurden, wobei für den Ersatz der Kosten einer anwaltlichen Vertretung vor dem Gremium die Bestimmungen des RATG sinngemäß anzuwenden sind. [3]Der jeweils auf die einzelnen Parteien entfallende Teil des Gesamtwerts gemäß § 225i Abs. 3, jedenfalls aber der Betrag nach § 14 lit. a RATG, ist Grundlage für den Kostenersatz. *(BGBl I 2019/63)*

(3) Entsprechen die in den Verschmelzungsberichten (§ 220a), den Prüfungsberichten (§ 220b) oder den Berichten der Aufsichtsräte (§ 220c) enthaltenen Erläuterungen des Umtauschverhältnisses oder der baren Zuzahlungen nicht den gesetzlichen Bestimmungen, so ist ein Antrag gemäß § 225c Abs. 2 jedenfalls als zur zweckentsprechenden Rechtsverfolgung gestellt anzusehen (Abs. 1) und hat die übernehmende Gesellschaft überdies die Kosten der rechtsfreundlichen Vertretung der antragstellenden Aktionäre bis zu jenem Zeitpunkt zur Gänze zu tragen, ab dem diese voraussehen konnten, daß sie einen nicht zweckentsprechenden Verfahrensaufwand verursachen.

(BGBl 1996/304)

Bestellung, Verschwiegenheitspflicht und Vergütungsansprüche der Mitglieder des Gremiums

§ 225m. (1) Zu Mitgliedern des Gremiums dürfen nur Personen bestellt werden, die das 75. Lebensjahr noch nicht vollendet haben und die Voraussetzungen für das Wahlrecht zum Nationalrat erfüllen.

(2) Der Bundesminister für Justiz hat zu bestellen:

1. den Vorsitzenden und zumindest einen Stellvertreter, die Richter des Ruhestands sein müssen;

2. nach Einholung eines Vorschlags des Präsidiums der Kammer der Wirtschaftstreuhänder zwei Beisitzer und eine ausreichende Anzahl von Ersatzmitgliedern, die die Befugnisse eines Wirtschaftsprüfers und Steuerberaters haben oder diese Befugnisse höchstens zehn Jahre vor ihrer Ernennung durch Verzicht gemäß „§ 110 WTBG 2017" verloren haben müssen; *(BGBl I 2019/63)*

3. für den Fall der Beteiligung von „börsenotierten Gesellschaften" an der Verschmelzung: *(BGBl I 2009/71)*

a) nach Einholung eines Vorschlags der Bundesarbeitskammer einen weiteren Beisitzer und zumindest ein Ersatzmitglied,

b) nach Einholung eines Vorschlags der Wirtschaftskammer Österreich einen weiteren Beisitzer und zumindest ein Ersatzmitglied.

(3) [1]Die Mitglieder des Gremiums werden für eine einheitliche Funktionsperiode von fünf Jahren bestellt; ihre Wiederbestellung ist zulässig. [2]Die Funktionsperiode von Mitgliedern, die innerhalb der einheitlichen Funktionsperiode bestellt worden sind, endet mit deren Ablauf.

(4) Der Bundesminister für Justiz hat ein Gremiumsmitglied seiner Funktion zu entheben, wenn die Voraussetzungen für seine Bestellung gemäß Abs. 1 nicht mehr gegeben sind; statt des enthobenen Gremiumsmitglieds ist ein anderes Mitglied zu bestellen.

(5) Die Mitglieder des Gremiums sind zur Verschwiegenheit verpflichtet und bei Ausübung ihrer Tätigkeit an keine Weisungen gebunden; alle ihnen aus ihrer Tätigkeit im Rahmen des Gremiums bekanntgewordenen Tatsachen dürfen sie nur zur Erfüllung ihrer Aufgaben verwerten.

(6) [1]Für jede angefangene halbe Stunde einer Sitzung des Gremiums haben der Vorsitzende und der Berichterstatter einen Anspruch auf eine Vergütung im Betrag von 160 Euro, die übrigen Mitglieder des Gremiums einen solchen im Betrag von 80 Euro. [2]„Für die Erstattung eines Berichts gemäß § 225g Abs. 6 steht den Mitgliedern des Gremiums überdies ein Betrag von insgesamt 2500 Euro, im Fall der Beteiligung einer börsenotierten Gesellschaft von insgesamt 4000 Euro zu; der Vorsitzende hat einen Vorschlag für die Verteilung dieses Betrags auf einzelne oder alle Mitglieder entsprechend ihrem individuellen Zeitaufwand für die Vorbereitung des Berichts zu erstatten.“[3]Die Vergütungen für das Gremium bilden Verfahrenskosten im Sinn des § 225l Abs. 1. *(BGBl I 2010/58; BGBl I 2019/63)*

(BGBl 1996/304)

Gläubigerschutz

§ 226. (1) [1]Den Gläubigern der beteiligten Gesellschaften ist, wenn sie sich binnen sechs Monaten nach der Veröffentlichung der Eintragung der Verschmelzung zu diesem Zwecke melden, Sicherheit zu leisten, soweit sie nicht Befriedigung verlangen können; dieses Recht steht den Gläubigern jedoch nur zu, wenn sie glaubhaft machen, daß durch die Verschmelzung die Erfüllung ihrer Forderung gefährdet wird. [2]Die Gläubiger sind in der Veröffentlichung der Eintragung auf dieses Recht hinzuweisen.

(2) Das Recht, Sicherheitsleistung zu verlangen, steht solchen Gläubigern nicht zu, die „im Insolvenzverfahren“ ein Recht auf vorzugsweise Befriedigung aus einer nach gesetzlicher Vorschrift zu ihrem Schutz errichteten und behördlich überwachten Deckungsmasse haben. *(BGBl I 2010/58)*

(3) Den Inhabern von Schuldverschreibungen und Genußrechten sind gleichwertige Rechte zu gewähren oder die Änderung der Rechte oder das Recht selbst angemessen abzugelten.

(BGBl 1996/304)

Schadenersatzpflicht der Verwaltungsträger der übertragenden Gesellschaft

§ 227. (1) [1]Die Mitglieder des Vorstands und des Aufsichtsrats der übertragenden Gesellschaft sind als Gesamtschuldner zum Ersatz des Schadens verpflichtet, den diese Gesellschaft, ihre Aktionäre und ihre Gläubiger durch die Verschmelzung erleiden. [2]Sie können sich von der Schadenersatzpflicht durch den Gegenbeweis befreien, daß sie ihre Sorgfaltspflicht beobachtet haben; § 84 Abs. 4 erster Satz gilt nicht.

(2) [1]Für diese Ansprüche sowie weitere Ansprüche, die sich für und gegen die übertragende Gesellschaft nach den allgemeinen Vorschriften auf Grund der Verschmelzung ergeben, gilt die übertragende Gesellschaft als fortbestehend. [2]Forderungen und Schulden vereinigen sich insoweit durch die Verschmelzung nicht.

(3) Die Ansprüche aus Abs. 1 verjähren in fünf Jahren seit dem Tage, an dem die Eintragung der Verschmelzung in das Firmenbuch gemäß § 10 „UGB“ als bekanntgemacht gilt. *(BGBl I 2005/120)*

(BGBl 1996/304)

Durchführung des Schadenersatzanspruchs

§ 228. (1) [1]Die Ansprüche gemäß § 227 Abs. 1 und 2 können nur durch einen besonderen Vertreter geltend gemacht werden. [2]Das Gericht des Sitzes der übertragenden Gesellschaft hat einen Vertreter auf Antrag eines Aktionärs oder eines Gläubigers dieser Gesellschaft zu bestellen. [3]Antragsberechtigt sind nur Aktionäre, die auch gemäß § 225c Abs. 3 Z 2 antragsberechtigt wären. [4]Gläubiger sind nur antragsberechtigt, wenn sie von der übernehmenden Gesellschaft keine Befriedigung oder Sicherstellung erlangen können.

(2) [1]Der Vertreter hat unter Hinweis auf den Zweck seiner Bestellung die Aktionäre und die Gläubiger der übertragenden Gesellschaft aufzufordern, die Ansprüche gemäß § 227 Abs. 1 und 2 innerhalb einer angemessenen Frist, die mindestens einen Monat zu betragen hat, anzumelden. [2]Die Aufforderung ist „gemäß § 18“ zu veröffentlichen. *(BGBl I 2009/71)*

(3) [1]Den Betrag, der aus der Geltendmachung der Ansprüche der übertragenden Gesellschaft erzielt wird, hat der Vertreter zur Befriedigung der Gläubiger der übertragenden Gesellschaft zu

AktG
ÜbG + VO
VeröffentlichungsV
Corporate Governance

verwenden, soweit diese nicht durch die übernehmende Gesellschaft befriedigt oder sichergestellt sind. [2]Der Rest wird unter die Aktionäre verteilt; für die Verteilung gilt § 212 Abs. 2 und 3 sinngemäß. [3]Gläubiger und Aktionäre, die sich nicht fristgemäß gemeldet haben, werden bei der Verteilung nicht berücksichtigt.

(4) [1]Der besondere Vertreter hat Anspruch auf Ersatz der notwendigen baren Auslagen sowie auf Belohnung für seine Mühewaltung. [2]Diese Beträge bestimmt das Gericht. [3]Es bestimmt nach den gesamten Verhältnissen des einzelnen Falls, in welchem Umfang die Auslagen und die Entlohnung von beteiligten Aktionären und Gläubigern zu tragen sind.

(BGBl 1996/304)

Schadenersatzpflicht für Verwaltungsträger der übernehmenden Gesellschaft

§ 229. Ansprüche auf Schadenersatz, die sich auf Grund der Verschmelzung gegen ein Mitglied des Vorstands oder des Aufsichtsrats der übernehmenden Gesellschaft ergeben, verjähren in fünf Jahren seit dem Tag, an dem die Eintragung der Verschmelzung in das Firmenbuch gemäß § 10 „UGB“ als bekanntgemacht gilt. *(BGBl I 2005/120)*

(BGBl 1996/304)

Anfechtung des Verschmelzungsbeschlusses der übertragenden Gesellschaft

§ 230. (1) Nach der Eintragung der Verschmelzung in das Firmenbuch ist eine Anfechtung des Verschmelzungsbeschlusses der übertragenden Gesellschaft gegen die übernehmende Gesellschaft zu richten.

(2) [1]Mängel der Verschmelzung lassen die Wirkungen der Eintragung gemäß § 225a Abs. 3 unberührt. [2]Das auf Anfechtung oder Feststellung der Nichtigkeit eines Verschmelzungsbeschlusses gerichtete Begehren kann ohne Vorliegen der Voraussetzungen des § 235 ZPO auf den Ersatz des Schadens, der dem Kläger aus der auf dem Beschluß beruhenden Eintragung der Verschmelzung im Firmenbuch entstanden ist, abgeändert oder auf Ersatz der Prozeßkosten eingeschränkt werden.

(BGBl 1996/304)

Vereinfachte Verschmelzung

§ 231. (1) Die Zustimmung der Hauptversammlung der übernehmenden Gesellschaft (§ 221) zur Aufnahme der übertragenden Gesellschaft ist nicht erforderlich,

1. wenn sich wenigstens neun Zehntel des Grundkapitals der übertragenden Gesellschaft in der Hand der übernehmenden Gesellschaft befinden, wobei eigene Aktien der übertragenden Gesellschaft oder andere Aktien, die einem anderen für Rechnung der Gesellschaft gehören, vom Grundkapital abzusetzen sind oder

2. wenn „die“* zu gewährenden Aktien „zehn vom Hundert“** des Grundkapitals der übernehmenden Gesellschaft nicht „übersteigen“*; wird zur Durchführung der Verschmelzung das Grundkapitel der übernehmenden Gesellschaft erhöht, so ist der Berechnung das erhöhte Grundkapital zugrunde zu legen. *(*BGBl I 1998/125; **BGBl I 2009/71)*

(2) Verzichtet der Vorstand der übernehmenden Gesellschaft gemäß Abs. 1 auf die Einholung der Zustimmung der Hauptversammlung, so ist für die gemäß § 221a Abs. 1 und 2 bei der übernehmenden Gesellschaft erforderlichen Offenlegungen der Tag maßgebend, für den die Hauptversammlung der übertragenden Gesellschaft einberufen wird.

(3) [1]Aktionäre der übernehmenden Gesellschaft, deren Anteile zusammen „fünf vom Hundert“ des Grundkapitals dieser Gesellschaft erreichen, können bis zum Ablauf eines Monats nach der Beschlußfassung der Hauptversammlung der übertragenden Gesellschaft die Einberufung einer Hauptversammlung verlangen, in der über die Zustimmung zu der Verschmelzung beschlossen wird. [2]Die Satzung kann das Recht, die Einberufung der Hauptversammlung zu verlangen, an den Besitz eines geringeren Anteils am Grundkapital knüpfen. [3]In der Veröffentlichung gemäß § 221a Abs. 1 sind die Aktionäre auf dieses Recht hinzuweisen. *(BGBl I 2009/71)*

(BGBl 1996/304)

Vereinfachte Verschmelzung bei Aufnahme durch den Alleingesellschafter oder bei Verzicht aller Aktionäre

§ 232. (1) [1]Befinden sich alle Aktien einer übertragenden Gesellschaft direkt oder indirekt in der Hand der übernehmenden Gesellschaft, so sind die Angaben über den Umtausch der Aktien (§ 220 Abs. 2 Z 3 und 4), die Verschmelzungsberichte der Vorstände (§§ 220a und 221a Abs. 2 Z 4), die Prüfung der Verschmelzung durch die Verschmelzungsprüfer (§§ 220b und 221a Abs. 2 Z 5) und die Prüfung sowie Berichterstattung durch die Aufsichtsräte (§§ 220c und 221a Abs. 2 Z 6) nicht erforderlich, soweit sie nur die Aufnahme dieser Gesellschaft betreffen. [2]In Bezug auf eine solche Verschmelzung besteht keine Haftung der Mitglieder des Vorstands und des Aufsichtsrats der übertragenden Gesellschaft sowie des Verschmelzungsprüfers gegenüber dieser Gesellschaft und ihrem Aktionär. *(BGBl I 2011/53)*

(1a) [1]Bei einer Verschmelzung im Sinn des Abs. 1 ist die Zustimmung der Hauptversammlung der übertragenden Gesellschaft (§ 221) nicht erforderlich. [2]Findet weder in der übertragenden noch in der übernehmenden Gesellschaft eine Hauptversammlung zur Beschlussfassung über den Verschmelzungsvertrag statt, so darf die Eintragung der Verschmelzung gemäß § 225a erst erfolgen, wenn seit der Veröffentlichung oder Bereitstellung nach § 221a Abs. 1, 1a und 2 ein Monat vergangen ist; für den Beginn der Frist nach § 231 Abs. 3 ist der Tag maßgebend, an dem die Unterlagen gemäß § 221a Abs. 2 bereit gestellt werden, im Fall eines Verzichts gemäß Abs. 2 der Tag, an dem der Verzicht wirksam wurde. *(BGBl I 2011/53)*

(2) Die „§§ 220a bis 220c" und § 221a Abs. 1 bis 3 sind nicht anzuwenden, wenn sämtliche Aktionäre aller beteiligten Gesellschaften schriftlich oder in der Niederschrift zur Hauptversammlung auf die Einhaltung dieser Bestimmungen verzichten. *(BGBl I 2011/53)*

(3) [1]Sofern keine Prüfung durch den Aufsichtsrat (§ 220c) erfolgen soll, hat der Vorstand den Aufsichtsrat unverzüglich über die geplante Verschmelzung zu informieren. [2]Gehören dem Aufsichtsrat gemäß § 110 ArbVG entsandte Mitglieder an, so hat der Vorstand gegebenenfalls auch darüber zu informieren, welche Auswirkungen für die Arbeitnehmer (betreffend Arbeitsplätze, Beschäftigungsbedingungen und Standorte) die Verschmelzung voraussichtlich haben wird. *(BGBl I 2011/53)*

(BGBl 1996/304)

Zweiter Unterabschnitt

Verschmelzung durch Neugründung

§ 233. (1) [1]Bei der Verschmelzung von Aktiengesellschaften durch Gründung einer neuen Aktiengesellschaft gelten sinngemäß §§ 220 bis 222, 224 Abs. 1 Z 2, Abs. 2, 4 und 5 sowie „§§ 225 bis 228, 230 und 232 Abs. 2". [2]Jede der sich vereinigenden Gesellschaften gilt als übertragende und die neue Gesellschaft als übernehmende. *(BGBl I 2011/53)*

(2) [1]Die Satzung der neuen Gesellschaft ist Bestandteil des Verschmelzungsvertrags. [2]Die Bestellung des ersten Aufsichtsrats und des Abschlußprüfers für den ersten Jahresabschluß der neuen Gesellschaft bedarf der Zustimmung der Hauptversammlungen der sich vereinigenden Gesellschaften.

(3) [1]Für die Gründung der neuen Gesellschaft gelten die Gründungsvorschriften der §§ 17, 21 bis 23, 32 und § 34 Abs. 1 sinngemäß. [2]Den Gründern stehen die übertragenden Gesellschaften gleich. [3]Festsetzungen über Sondervorteile, Gründungsaufwand, Sacheinlagen und Sachübernahmen, die in den Satzungen der sich vereinigenden Gesellschaften enthalten waren, sind in die Satzung der neuen Gesellschaft zu übernehmen; § 145 Abs. 3 über die Änderung dieser Festsetzungen bleibt unberührt. „[4]Bei der neuen Gesellschaft hat eine Prüfung durch einen oder mehrere Prüfer stattzufinden; § 25 Abs. 3 bis 5 sowie die §§ 26, 27, 42 und 44 gelten sinngemäß. [5]Der Prüfer kann gleichzeitig Verschmelzungsprüfer sein." *(BGBl I 2011/53)*

(4) [1]Der Vorstand jeder Gesellschaft hat die Verschmelzung zur Eintragung beim Gericht, in dessen Sprengel seine Gesellschaft ihren Sitz hat, anzumelden. [2]Die neue Gesellschaft ist vom neuen Vorstand bei dem Gericht, in dessen Sprengel diese ihren Sitz hat, zur Eintragung in das Firmenbuch anzumelden. [3]Der Anmeldung sind neben den in § 225 Abs. 1 bezeichneten die für die Anmeldung bei der Gründung erforderlichen Unterlagen, soweit sich aus diesem Abschnitt nichts anderes ergibt, beizuschließen.

(5) Zugleich mit der Verschmelzung ist die neue Gesellschaft einzutragen.

(6) In die Veröffentlichung der Eintragung der neuen Gesellschaft sind außer deren Inhalt (§ 33 Abs. 1) die Bestimmungen des Verschmelzungsvertrags über die Zahl und, wenn mehrere Gattungen bestehen, die Gattung der Aktien, die die neue Gesellschaft den Aktionären der übertragenden Gesellschaft gewährt, und über die Art und den Zeitraum der Zuteilung dieser Aktien aufzunehmen.

(BGBl 1996/304)

Zweiter Abschnitt

Rechtsformübergreifende Verschmelzung[1)]

Verschmelzung einer Gesellschaft mit beschränkter Haftung mit einer Aktiengesellschaft[1)]

[1)] *Überschriften idF BGBl I 2007/72*

§ 234. (1) Eine Gesellschaft mit beschränkter Haftung kann mit einer Aktiengesellschaft durch Übertragung des Vermögens der Gesellschaft im Weg der Gesamtrechtsnachfolge an die Aktiengesellschaft gegen Gewährung von Aktien dieser Gesellschaft verschmolzen werden.

(2) [1]Soweit sich aus den nachfolgenden Bestimmungen nichts anderes ergibt, gelten die §§ 220 bis 233 sinngemäß. [2]An die Stelle des Vorstands und der Hauptversammlung der übertragenden Aktiengesellschaft treten die Geschäftsführer und die Generalversammlung der Gesellschaft mit beschränkter Haftung.

(3) Die §§ 97 bis 100 GmbHG sind auf die übertragende Gesellschaft mit beschränkter Haftung anzuwenden.

(4) Wird bei der übernehmenden Aktiengesellschaft auf Grund der Verschmelzung das Grundkapital erhöht oder eine Verschmelzung durch Neugründung vorgenommen, so ist eine Prüfung gemäß § 223 Abs. 2 jedenfalls dann vorzuneh-

men, wenn für die übertragende Gesellschaft nach den Vorschriften des „UGB" eine Abschlußprüfung nicht vorgeschrieben war. *(BGBl I 2005/120)*

(BGBl 1996/304)

Verschmelzung einer Aktiengesellschaft mit einer Gesellschaft mit beschränkter Haftung

§ 234a. (1) Eine Aktiengesellschaft kann mit einer Gesellschaft mit beschränkter Haftung durch Übertragung des Vermögens der Aktiengesellschaft im Weg der Gesamtrechtsnachfolge auf die Gesellschaft mit beschränkter Haftung gegen Gewährung von Geschäftsanteilen verschmolzen werden.

(2) [1]Soweit sich aus den nachfolgenden Bestimmungen nichts anderes ergibt, gelten die §§ 220 bis 233 nach Maßgabe des § 96 Abs. 2 GmbHG und § 240 sinngemäß. [2]An die Stelle der Geschäftsführer und der Generalversammlung der übertragenden Gesellschaft mit beschränkter Haftung treten der Vorstand und die Hauptversammlung der Aktiengesellschaft.

(3) Die §§ 220 ff sind auf die übertragende Aktiengesellschaft anzuwenden.

(BGBl I 2007/72)

Barabfindung bei rechtsformübergreifender Verschmelzung

§ 234b. (1) [1]Wenn eine übertragende Gesellschaft eine andere Rechtsform als die übernehmende oder neue Gesellschaft hat, hat der Verschmelzungsvertrag oder dessen Entwurf auch die Bedingungen der Barabfindung zu enthalten, die einem Anteilsinhaber dieser übertragenden Gesellschaft von der übernehmenden bzw. neuen Gesellschaft oder einem Dritten angeboten wird. [2]Diese Angaben sind nicht erforderlich, wenn alle Gesellschafter der übertragenden Gesellschaft schriftlich in einer gesonderten Erklärung darauf verzichten. [3]Die Erklärung eines Dritten, eine Barabfindung anzubieten, muss gerichtlich oder notariell beglaubigt unterfertigt sein.

(2) [1]Im Rahmen der Prüfung der Verschmelzung ist auch die Angemessenheit der Bedingungen der Barabfindung zu prüfen. [2]Der Prüfungsbericht hat auch dazu eine Erklärung abzugeben, ob die Bedingungen des Barabfindungsangebots angemessen sind, und dabei insbesondere anzugeben,

1. nach welchen Methoden das vorgeschlagene Barabfindungsangebot ermittelt worden ist;

2. aus welchen Gründen die Anwendung dieser Methoden angemessen ist;

3. welches Ergebnis sich bei der Anwendung verschiedener Methoden, sofern mehrere angewendet worden sind, jeweils ergeben würde;

4. zugleich ist dazu Stellung zu nehmen, welche Gewichtung diesen Methoden beigemessen wurde, und darauf hinzuweisen, ob und welche besonderen Schwierigkeiten bei der Bewertung aufgetreten sind.

[3]Die Prüfung der Angemessenheit der Barabfindung ist nicht erforderlich, wenn sich alle Anteile der Gesellschaft in der Hand eines Gesellschafters befinden oder sämtliche Gesellschafter schriftlich oder in der Niederschrift zur Gesellschafterversammlung auf ihr Recht auf Barabfindung verzichten.

(3) [1]Jedem Anteilsinhaber einer übertragenden Gesellschaft, der gegen den Verschmelzungsbeschluss Widerspruch zur Niederschrift erklärt hat, steht gegenüber der übernehmenden oder neuen Gesellschaft oder dem Dritten, der die Barabfindung angeboten hat, das Recht auf angemessene Barabfindung gegen Hingabe seiner Anteile zu, wenn er vom Zeitpunkt der Beschlussfassung der Gesellschafterversammlung bis zur Geltendmachung des Rechts Gesellschafter war. [2]Das Angebot kann nur binnen zwei Monaten nach dem Tag angenommen werden, an dem die Eintragung der Verschmelzung gemäß § 10 UGB als bekanntgemacht gilt. [3]Die Zahlung ist binnen zwei Monaten ab Zugang der Annahmeerklärung fällig und verjährt in drei Jahren. [4]Der Erwerber hat die Kosten der Übertragung zu tragen. [5]Für die Erfüllung der angebotenen Barabfindung einschließlich der Übertragungskosten ist den Abfindungsberechtigten Sicherheit zu leisten.

(4) [1]Im Gesellschaftsvertrag einer Gesellschaft mit beschränkter Haftung kann das Recht auf angemessene Barabfindung ausgeschlossen oder eingeschränkt werden. [2]Durch eine Änderung des Gesellschaftsvertrags kann das Recht ausgeschlossen oder eingeschränkt werden, wenn alle Gesellschafter der Änderung zustimmen.

(5) [1]Eine Klage auf Anfechtung des Verschmelzungsbeschlusses der übertragenden Gesellschaft kann nicht darauf gestützt werden, dass die angebotene Barabfindung nicht angemessen festgelegt ist oder dass die in den Verschmelzungsberichten, den Prüfungsberichten oder in den Berichten der Aufsichtsräte enthaltenen Erläuterungen des Barabfindungsangebots den gesetzlichen Bestimmungen nicht entsprechen. [2]Anteilsinhaber, die das Barabfindungsangebot angenommen haben, können bei Gericht den Antrag stellen, dass die angebotene Barabfindung überprüft und eine höhere Barabfindung festgelegt wird; sie haben glaubhaft zu machen, dass sie vom Zeitpunkt der Beschlussfassung der Gesellschafterversammlung der übertragenden Gesellschaft bis zur Antragstellung Anteilsinhaber waren. [3]Für das Verfahren auf gerichtliche Überprüfung gelten die §§ 225d bis 225m, ausgenommen § 225e Abs. 3 zweiter Satz und § 225j Abs. 2, sinngemäß. [4]Wird die gerichtliche Überprüfung der angebotenen Barabfindung

begehrt, so endet die Frist für die Annahme des Barabfindungsangebots einen Monat nach dem Tag der letzten Bekanntmachung gemäß § 225k Abs. 1.

(BGBl I 2007/72)

Zehnter Teil

Vermögensübertragung. Gewinngemeinschaft

Vermögensübertragung auf eine Gebietskörperschaft

§ 235. (1) Eine Aktiengesellschaft kann ihr Vermögen im Weg der Gesamtrechtsnachfolge unter Ausschluß der Abwicklung auf den Bund, ein Bundesland oder eine Gemeinde übertragen.

(2) [1]Der Vorstand der übertragenden Gesellschaft hat mit der beteiligten Gebietskörperschaft einen Übertragungsvertrag abzuschließen oder einen schriftlichen Entwurf aufzustellen. [2]Für dessen Inhalt gilt § 220 Abs. 2 sinngemäß mit der Maßgabe, daß an die Stelle der Gewährung von Aktien der übernehmenden Gesellschaft und allfälliger barer Zuzahlungen das Entgelt für die Aktionäre der übertragenden Gesellschaft tritt.

(3) [1]Für die übertragende Gesellschaft gelten § 220 Abs. 3, §§ 220a bis 221a, § 225 Abs. 1 zweiter Satz und Abs. 2 erster und zweiter Satz, § 225a Abs. 1 zweiter Satz und §§ 227, 228 sinngemäß. [2]Die Vermögensübertragung ist vom Vorstand der übertragenden Gesellschaft zur Eintragung bei dem Gericht, in dessen Sprengel die übertragende Gesellschaft ihren Sitz hat, anzumelden.

(4) [1]Mit der Eintragung der Vermögensübertragung bei der übertragenden Gesellschaft treten die Rechtswirkungen gemäß § 225a Abs. 3 Z 1, 2 und 4 ein. [2]Im übrigen gelten § 222, §§ 225b bis 226, ausgenommen § 225e Abs. 3 zweiter Satz, § 230 sowie § 232 sinngemäß. [3]An die Stelle der übernehmenden Gesellschaft tritt die beteiligte Gebietskörperschaft.

(BGBl 1996/304)

Vermögensübertragung auf einen Versicherungsverein auf Gegenseitigkeit

§ 236. (1) Eine Aktiengesellschaft, die den Betrieb von Versicherungsgeschäften zum Gegenstand hat, kann ihr Vermögen als Ganzes unter Ausschluß der Abwicklung auf einen Versicherungsverein auf Gegenseitigkeit übertragen.

(2) [1]Für die Vermögensübertragung gelten, soweit sich aus den folgenden Vorschriften nichts anderes ergibt §§ 220 bis 222, § 225 Abs. 1, Abs. 2 erster und zweiter Satz und Abs. 3, § 225a Abs. 1 und Abs. 3 Z 1, 2 und 4, §§ 225b bis 230, ausgenommen § 225e Abs. 3 zweiter Satz, sowie § 232 sinngemäß. [2]An die Stelle der übernehmenden Gesellschaft tritt der übernehmende Versicherungsverein auf Gegenseitigkeit, der kein kleiner Versicherungsverein sein darf. [3]An die Stelle der Hauptversammlung tritt das oberste Organ des Versicherungsvereins. [4]An die Stelle des Umtauschverhältnisses und allfälliger barer Zuzahlungen tritt das Entgelt für die Aktionäre der übertragenden Gesellschaft. *(BGBl 1996/304)*

(3) [1]Der Beschluß der obersten Vertretung des Versicherungsvereins auf Gegenseitigkeit bedarf einer Mehrheit, die mindestens drei Viertel der abgegebenen Stimmen umfaßt. [2]Die Satzung kann diese Mehrheit durch eine größere ersetzen und noch andere Erfordernisse aufstellen.

(4) [1]Die übertragende Gesellschaft hat einen Treuhänder für den Empfang des Entgelts zu bestellen. [2]Die Vermögensübertragung darf erst eingetragen werden, wenn der Treuhänder dem Gericht anzeigt, daß er im Besitz des Entgelts ist.

(5) Der die Vermögensübertragung genehmigende Bescheid der Versicherungsaufsichtsbehörde ist zum Firmenbuch einzureichen.

Vermögensübertragung in anderer Weise

§ 237. (1) [1]„Eine Übertragung des ganzen Gesellschaftsvermögens einer Aktiengesellschaft, die nicht unter den neunten Teil dieses Gesetzes und die §§ 235 und 236 fällt, ist nur auf Grund eines Beschlusses der Hauptversammlung zulässig.“ [2]Der Beschluß bedarf einer Mehrheit, die mindestens drei Viertel des bei der Beschlußfassung vertretenen Grundkapitals umfaßt; die Satzung kann diese Mehrheit durch eine größere Kapitalmehrheit ersetzen und noch andere Erfordernisse aufstellen. *(BGBl 1993/458)*

(2) Der Vertrag, durch den sich die Gesellschaft zur Vermögensübertragung verpflichtet, bedarf der notariellen Beurkundung.

(3) [1]Wird aus Anlaß der Übertragung des Gesellschaftsvermögens die Auflösung der Gesellschaft beschlossen, so gelten die §§ 205 bis 214; die Abwickler sind zu den Geschäften und Rechtshandlungen befugt, die die Ausführung der beschlossenen Maßregel mit sich bringt. [2]Der Anmeldung der Auflösung der Gesellschaft ist der Vertrag in Ausfertigung oder öffentlich beglaubigter Abschrift beizufügen.

Gewinngemeinschaft

§ 238. (1) Ein Vertrag, durch den sich eine Aktiengesellschaft verpflichtet, an eine andere Person ihren Gewinn ganz oder teilweise abzuführen, bedarf zu seiner Wirksamkeit der Zustimmung der Hauptversammlung, wenn die Gesellschaft nach diesem Vertrag allein oder in Zusammenhang mit anderen Verträgen mehr als drei Viertel ihres gesamten Gewinns abzuführen hat.

(2) Der Zustimmung der Hauptversammlung bedarf auch ein Vertrag, durch den eine Aktiengesellschaft einem anderen den Betrieb ihres Unter-

nehmens verpachtet oder sonst überläßt oder in dem sie ihr Unternehmen für Rechnung eines anderen zu führen übernimmt.

(3) [1]Die Beschlüsse bedürfen einer Mehrheit, die mindestens drei Viertel des bei der Beschlußfassung vertretenen Grundkapitals umfaßt. [2]Die Satzung kann diese Mehrheit durch eine größere Kapitalmehrheit ersetzen und noch andere Erfordernisse aufstellen.

Elfter Teil
Umwandlung

Erster Abschnitt
Umwandlung einer Aktiengesellschaft in eine Gesellschaft mit beschränkter Haftung

Voraussetzungen

§ 239. (1) Eine Aktiengesellschaft kann durch Beschluß der Hauptversammlung in eine Gesellschaft mit beschränkter Haftung umgewandelt werden.

(2) [1]Der Beschluß bedarf einer Mehrheit, die mindestens drei Viertel des bei der Beschlußfassung vertretenen Grundkapitals umfaßt. [2]Die Satzung kann diese Mehrheit durch eine größere Kapitalmehrheit ersetzen und noch andere Erfordernisse aufstellen.

(3) Im Beschluß sind die Firma und die weiteren zur Durchführung der Umwandlung nötigen Satzungsänderungen festzusetzen.

(4) [1]Der Nennbetrag der Geschäftsanteile kann abweichend von dem Betrag festgesetzt werden, der auf die Aktien als anteiliger Betrag des Grundkapitals entfällt. [2]Der abweichenden Festsetzung muß jeder Aktionär zustimmen, der durch sie gehindert wird, sich mit seinem gesamten Anteil zu beteiligen. *(BGBl I 1998/125)*

Anmeldung des Umwandlungsbeschlusses

§ 240. (1) [1]Zugleich mit dem Umwandlungsbeschluss sind die Geschäftsführer und die Gesellschafter zur Eintragung in das Firmenbuch anzumelden. [2]Soweit Aktionäre unbekannt sind, ist dies unter Bezeichnung der Aktienurkunde und des auf die Aktie entfallenden Geschäftsanteils anzugeben. *(BGBl I 2006/103)*

(2) [1]Der Anmeldung ist die Bilanz beizufügen, die der Umwandlung zugrunde gelegt ist. [2]„„§ 220 Abs. 3“** gilt sinngemäß.“* *(*BGBl 1993/458; **BGBl 1996/304)*

(3) Ist die übertragende Aktiengesellschaft im Inland börsenotiert, so darf die Umwandlung erst zur Eintragung angemeldet werden, nachdem unter Hinweis auf die geplante Umwandlung innerhalb der letzten sechs Monate vor der Anmeldung oder unter Hinweis auf den gefassten Umwandlungsbeschluss eine Angebotsunterlage nach dem 5. Teil des ÜbG veröffentlicht wurde. *(BGBl I 2017/107)*

Wirkung der Eintragung

§ 241. [1]Von der Eintragung der Umwandlung an besteht die Gesellschaft als Gesellschaft mit beschränkter Haftung weiter. [2]Das Grundkapital ist zum Stammkapital, die Aktien sind zu Geschäftsanteilen geworden, die an einer Aktie bestehenden Rechte Dritter bestehen an dem Geschäftsanteil weiter, der an ihre Stelle tritt. [3]Sieht der Gesellschaftsvertrag einen Aufsichtsrat vor, so bleiben die Mitglieder des bisherigen Aufsichtsrats als Mitglieder des neuen Aufsichtsrats im Amt, wenn die Hauptversammlung nichts anderes beschließt.

Umtausch der Aktien

§ 242. Für den Umtausch der Aktien gegen Geschäftsanteile gilt § 67, bei Zusammenlegung von Aktien § 179 über die Kraftloserklärung von Aktien sinngemäß; einer Genehmigung des Gerichts bedarf es nicht.

Gläubigerschutz

§ 243. [1]Den Gläubigern der Gesellschaft, deren Forderungen vor der Veröffentlichung der Eintragung der Umwandlung in das Firmenbuch begründet sind, ist, wenn sie sich binnen sechs Monaten nach der Veröffentlichung der Eintragung zu diesem Zwecke melden, Sicherheit zu leisten, soweit sie nicht Befriedigung verlangen können. [2]Die Gläubiger sind in der Veröffentlichung auf dieses Recht hinzuweisen.

Barabfindung widersprechender Aktionäre

§ 244. (1) Jedem Aktionär, der gegen die Umwandlung Widerspruch zur Niederschrift erklärt hat, steht gegenüber der Gesellschaft oder einem Dritten, der die Barabfindung angeboten hat, das Recht auf angemessene Barabfindung gegen Hingabe seiner Geschäftsanteile zu.

(2) Der Vorstand hat der Hauptversammlung einen schriftlichen Bericht vorzulegen, in dem die Höhe der den Aktionären angebotenen Barabfindung begründet wird. *(BGBl I 2009/71)*

(3) [1]Die Angemessenheit der Bedingungen der Barabfindung ist durch einen sachverständigen Prüfer zu prüfen. [2]„Der Vorstand hat den Prüfungsbericht der Hauptversammlung vorzulegen.“ *(BGBl I 2009/71)*

(4) Im übrigen gilt § 234b sinngemäß.

(BGBl I 2007/72)

Zweiter Abschnitt
Umwandlung einer Gesellschaft mit beschränkter Haftung in eine Aktiengesellschaft

Voraussetzungen

§ 245. (1) Eine Gesellschaft mit beschränkter Haftung kann durch Beschluß der Generalversammlung in eine Aktiengesellschaft umgewandelt werden.

(2) [1]„Die Vorschriften des Gesetzes über Gesellschaften mit beschränkter Haftung über Abänderungen des Gesellschaftsvertrages sind anzuwenden. [2]Weiters ist dessen § 99 über besondere Zustimmungserfordernisse bei Verschmelzungen sinngemäß anzuwenden.“ [3]Sind Gesellschaftern außer der Leistung von Kapitaleinlagen noch andere Verpflichtungen gegenüber der Gesellschaft auferlegt und können diese Verpflichtungen wegen der einschränkenden Bestimmung des § 50 bei der Umwandlung nicht aufrechterhalten werden, so bedarf der Umwandlungsbeschluß zu seiner Wirksamkeit der Zustimmung dieser Gesellschafter. *(BGBl 1996/304)*

(3) Im Beschluß sind die Firma, die Art der Zusammensetzung des Vorstands und des Aufsichtsrats und die weiteren zur Durchführung der Umwandlung nötigen Abänderungen des Gesellschaftsvertrags festzusetzen.

Durchführung der Umwandlung

§ 246. (1) Die Gesellschafter, die für die Umwandlung gestimmt haben, sind in der Niederschrift namentlich anzuführen.

(2) [1]Die Gesellschafter haben den ersten Aufsichtsrat zu bestellen; die Bestellung bedarf notarieller Beurkundung. [2]Wenn ein Aufsichtsrat schon für die Gesellschaft mit beschränkter Haftung bestand, können sie seine Mitglieder im Amt bestätigen.

(3) Die Geschäftsführer haben eine Bilanz aufzustellen, § 220 Abs. 3 gilt sinngemäß. *(BGBl 1996/304)*

Gründungsprüfung und Verantwortlichkeit der Gesellschafter

§ 247. (1) Für die Umwandlung gelten, soweit sich aus den folgenden Vorschriften nichts anderes ergibt, die §§ 19, 20, 24 bis 27, §§ 31, 39 bis 47 sinngemäß; den Gründern stehen gleich die Gesellschafter, die für die Umwandlung gestimmt haben.

(2) Im Bericht nach § 24 sind der Geschäftsverlauf und die Lage der Gesellschaft mit beschränkter Haftung darzulegen und die Bilanz des § 246 Abs. 3 zu erläutern.

(3) [1]Die Prüfung durch einen oder mehrere besondere Prüfer nach § 25 Abs. 2 hat in jedem Fall stattzufinden. [2]Sie hat sich namentlich darauf zu erstrecken, ob die Bilanz den gesetzlichen Vorschriften entsprechend aufgestellt ist.

(4) Die Frist von zwei Jahren nach § 45 Abs. 1 wird von der Eintragung der Umwandlung in das Firmenbuch gerechnet.

Anmeldung des Umwandlungsbeschlusses

§ 248. (1) [1]Zugleich mit dem Umwandlungsbeschluß sind die Vorstandsmitglieder zur Eintragung in das Firmenbuch anzumelden. [2]Eine Ausfertigung oder öffentlich beglaubigte Abschrift der Urkunden über die Bestellung des Vorstands und des Aufsichtsrats ist beizufügen. [3]Der Anmeldung sind ferner die Prüfungsberichte der Mitglieder des Vorstands und des Aufsichtsrats sowie der Prüfer nebst ihren urkundlichen Grundlagen beizufügen.

(2) Der Anmeldung ist die Bilanz des § 246 Abs. 3 beizufügen.

Inhalt der Veröffentlichung der Eintragung

§ 249. In die Veröffentlichung der Eintragung der Umwandlung sind ihr Inhalt und die Mitteilung nach dem sinngemäß anzuwendenden § 33 Abs. 2 aufzunehmen.

(BGBl 1991/10)

Wirkung der Eintragung

§ 250. [1]Von der Eintragung der Umwandlung an besteht die Gesellschaft als Aktiengesellschaft weiter. [2]Das Stammkapital ist zum Grundkapital, die Geschäftsanteile sind zu Aktien geworden; die an einem Geschäftsanteil bestehenden Rechte Dritter bestehen an der Aktie weiter, die an seine Stelle tritt.

Veröffentlichung der Bilanz

§ 251. Unverzüglich nach der Eintragung hat der Vorstand die gemäß § 246 Abs. 3 aufzustellende Bilanz gemäß § 18 zu veröffentlichen.

(BGBl I 2009/71)

Umtausch der Geschäftsanteile

§ 252. Für den Umtausch der Geschäftsanteile gegen Aktien gilt § 67, bei Zusammenlegung von Geschäftsanteilen § 179 über die Kraftloserklärung von Aktien sinngemäß; einer Genehmigung des Gerichts bedarf es nicht.

Barabfindung widersprechender Gesellschafter

§ 253. [1]Jedem Gesellschafter, der gegen die Umwandlung Widerspruch zur Niederschrift erklärt hat, steht gegenüber der Gesellschaft oder einem Dritten, der die Barabfindung angeboten hat, das Recht auf angemessene Barabfindung gegen Hingabe seiner Aktien zu. [2]§ 244 Abs. 2 und 3 und § 234b gelten mit der Maßgabe sinngemäß, dass der Prüfungsbericht den Gesellschaftern zu übersenden ist. [3]Zwischen dem Tag der Aufgabe der Sendung zur Post und der Beschlussfassung muss mindestens ein Zeitraum von 14 Tagen liegen.

(BGBl I 2007/72)

Zwölfter Teil

Inländische Zweigniederlassungen ausländischer Aktiengesellschaften

§ 254. (1) Liegt der Sitz einer Aktiengesellschaft im Ausland, so ist die Gesellschaft durch den Vorstand zur Eintragung in das Firmenbuch anzumelden, wenn sie eine inländische Zweigniederlassung hat.

(2) [1]Gesellschaften, deren Personalstatut (§ 10 des IPR-Gesetzes, BGBl. Nr. 304/1978) nicht das Recht eines Mitgliedstaats der Europäischen Union oder eines Vertragsstaats des Abkommens über die Schaffung eines Europäischen Wirtschaftsraumes, BGBl. Nr. 909/1993, ist, haben für den gesamten Geschäftsbetrieb der Zweigniederlassung mindestens eine Person zu bestellen, die zur ständigen gerichtlichen und außergerichtlichen Vertretung der Gesellschaft befugt ist und ihren gewöhnlichen Aufenthalt im Inland hat; eine Beschränkung des Umfangs ihrer Vertretungsmacht ist Dritten gegenüber unwirksam. [2]Die Vertretungsbefugnis kann jedoch an mehrere Personen gemeinschaftlich erteilt werden (Gesamtvertretung). [3]Gesellschaften, deren Personalstatut das Recht eines Mitgliedstaats der Europäischen Union oder des Europäischen Wirtschaftsraums ist, können einen solchen ständigen Vertreter bestellen.

(3) Die Vorstandsmitglieder der Gesellschaft haben ihre Namensunterschrift zur Aufbewahrung beim Gericht zu zeichnen; wird ein ständiger Vertreter gemäß Abs. 2 bestellt, so hat auch dieser seine Namensunterschrift zur Aufbewahrung beim Gericht zu zeichnen.

(4) [1]Für die Anmeldung gilt „§ 12 Abs. 2 UGB"*. [2]In die Anmeldung sind überdies die in „§ 10 Abs. 4"** , §§ 17, 18 zweiter Satz vorgesehenen Festsetzungen aufzunehmen. [3]Der Anmeldung sind „ "* die Satzung in der geltenden Fassung in öffentlich beglaubigter Abschrift und, sofern die Satzung nicht in deutscher Sprache erstellt ist, eine beglaubigte Übersetzung in deutscher Sprache beizufügen. *(* BGBl I 2005/120; ** BGBl I 2011/53)*

(5) [1]In das Firmenbuch einzutragen sind neben den in „§ 12 Abs. 3 UGB" geforderten auch die Angaben gemäß § 32 und gemäß §§ 3 und 5 FBG mit Ausnahme der Angaben über die Aufsichtsratsmitglieder. [2]Ist gemäß Abs. 2 ein ständiger Vertreter bestellt, so sind der Name, das Geburtsdatum und die für Zustellungen maßgebliche inländische Geschäftsanschrift dieses Vertreters sowie der Beginn und die Art (Einzel- oder Gesamtvertretung) seiner Vertretungsbefugnis einzutragen. *(BGBl I 2005/120)*

(6) [1]Die Eröffnung oder die Abweisung eines Insolvenz- oder ähnlichen Verfahrens über das Vermögen der Gesellschaft sowie Änderungen der Satzung sind zur Eintragung in das Firmenbuch anzumelden. [2]Für die Anmeldung der Satzungsänderung gilt § 148 Abs. 1 und 2 sinngemäß, soweit nicht das ausländische Recht Abweichungen notwendig macht.

(7) [1]Für Anmeldungen zur Eintragung in das Firmenbuch, ausgenommen die Anmeldung gemäß Abs. 1, ist neben dem Vorstand auch der ständige Vertreter gemäß Abs. 2 befugt. [2]Im übrigen gilt „§ 12 Abs. 4 UGB". *(BGBl I 2005/120)*

(8) Die Abwicklung der Geschäfte der inländischen Zweigniederlassung hat unter sinngemäßer Anwendung der Bestimmungen über die Abwicklung von Aktiengesellschaften zu erfolgen.

(BGBl 1996/304)

Dreizehnter Teil

Strafvorschriften

Strafbestimmung

§ 255. *(aufgehoben, BGBl I 2015/112)*

§ 256. *(aufgehoben, BGBl 1990/475)*

§ 257. *(aufgehoben, BGBl 1974/422)*

Zwangsstrafen

§ 258.[*)] (1) Die Vorstandsmitglieder oder die Abwickler, im Falle einer inländischen Zweigniederlassung die für diese im Inland vertretungsbefugten Personen, sind, unbeschadet der allgemeinen unternehmensrechtlichen Vorschriften, zur Befolgung der §§ 33 Abs. 3, 61 Abs. 1, 65a Abs. 3, 78e Abs. 1, 81, 89 Abs. 1, 95 Abs. 2 und 3, 95a Abs. 5, 96 Abs. 1 und 3, 104 Abs. 1, 2, 2a und 4, 105 Abs. 2, 108 Abs. 3 bis 5, 110 Abs. 1, 118 Abs. 1, 128 Abs. 2, 133 Abs. 1 bis 3, 174 Abs. 2, 197 Abs. 5, 207 Abs. 1, 211 Abs. 1 und 2, 214 Abs. 2, 225k Abs. 1 dieses Bundesgesetzes vom Gericht durch Zwangsstrafen bis zu 3 600 Euro anzuhalten. § 24 Abs. 2 bis 5 FBG ist anzuwenden. *(BGBl I 2019/63)*

(2) Die Anmeldungen zum Firmenbuch nach den §§ 28, 45, 46, 148 Abs. 1, §§ 151, 155, 162, 176, 192 Abs. 4, §§ 215, 225 Abs. 1 erster Satz,

§ 233 Abs. 5, §§ 240, 248 werden nicht erzwungen. *(BGBl I 2006/103)*

*) *Anm: Aufgrund der Unübersichtlichkeit infolge der zahlreichen Novellen wird bei § 258 AktG auf einen BGBl-Ausweis verzichtet und lediglich jenes BGBl angeführt, durch das die letzte Änderung angewiesen wurde.*

Vierzehnter Teil

Sonderbestimmungen für öffentliche Verkehrsunternehmungen, Unternehmungen des Post- und Fernmeldewesens und gemeinnützige Bauvereinigungen

Öffentliche Verkehrsunternehmungen, Unternehmungen des Post- und Fernmeldewesens

§ 259. (1) Für Jahresabschlüsse von Aktiengesellschaften, bei denen die Erwerbung oder Ausübung einer eisenbahnrechtlichen Konzession zum Gegenstand des Unternehmens gehört oder die Unternehmungen auf dem Gebiet der Schiffahrt betreiben, gelten, wenn diese Geschäftszweige den Hauptbetrieb darstellen, unbeschadet einer weiteren Gliederung die §§ 222 bis 243 „UGB" insoweit, als nicht der Bundesminister für Justiz im Einvernehmen mit dem in seinem Wirkungsbereich berührten Bundesminister verbindliche Formblätter festlegt; die §§ 201 bis 211 „UGB" gelten sinngemäß. *(BGBl I 2005/120)*

(2) [1]Bei Aktiengesellschaften, bei denen die Erwerbung oder Ausübung einer eisenbahnrechtlichen Konzession zum Gegenstand des Unternehmens gehört, kann, wenn dieser Geschäftszweig den Hauptbetrieb darstellt, die Hauptversammlung beschließen, daß die aktienrechtliche Abschlußprüfung durch die aufsichtsbehördliche Prüfung des Jahresabschlusses ersetzt wird. [2]Ein solcher Beschluß setzt voraus, daß die eisenbahnrechtliche Aufsichtsbehörde einer solchen Übernahme der aktienrechtlichen Abschlußprüfung jeweils zugestimmt hat. [3]Die Prüfung durch die Aufsichtsbehörde hat sinngemäß nach Maßgabe der §§ 269, 272, 273 und 274 „UGB" zu erfolgen. [4]Diese Bestimmungen sind auch auf Aktiengesellschaften, für die das Bundesministerium für öffentliche Wirtschaft und Verkehr hinsichtlich des Post- und Fernmeldewesens Aufsichtsbehörde ist, anzuwenden. *(BGBl I 2005/120)*

(3) [1]An den Versammlungen und Sitzungen der Organe von im Abs. 1 genannten Aktiengesellschaften können Vertreter der Aufsichtsbehörde teilnehmen. [2]Sie überwachen die Einhaltung der Rechtsvorschriften und der sich aus den Genehmigungen und der Satzung ergebenden Verpflichtungen. [3]Für die im Abs. 2 genannten Aktiengesellschaften gilt § 13 des Eisenbahngesetzes 1957.

(4) *(aufgehoben, BGBl I 2001/98)*

(BGBl 1990/475)

Gemeinnützige Bauvereinigungen

§ 260. Für Aktiengesellschaften, die auf Grund der hiefür geltenden gesetzlichen Bestimmungen als gemeinnützige Bauvereinigungen anerkannt sind, gelten die §§ 201 bis 211, 260, 274 und 275 „UGB" sinngemäß, die §§ 268 bis 273 und 276 „UGB" gelten nicht. *(BGBl I 2005/120)*

(BGBl 1991/68)

§ 261. *(aufgehoben, BGBl 1990/475)*

Fünfzehnter Teil

Übergangs- und Schlußbestimmungen

ERSTER ABSCHNITT

Inkrafttreten

§ 262. (1) Dieses Bundesgesetz tritt am 1. Jänner 1966 nach Maßgabe der folgenden Bestimmungen in Kraft.

(2) [1]Soweit die Satzung einer Aktiengesellschaft den Bestimmungen dieses Bundesgesetzes nicht entspricht, ist die Anpassung der Satzung zu beschließen und bis zum 31. Dezember 1966 zum Firmenbuch einzureichen. [2]Für den Beschluß genügt die einfache Mehrheit des bei der Beschlußfassung vertretenen Grundkapitals; § 145 Abs. 1 Satz 2 bleibt unberührt. „ " *(BGBl I 2001/98)*

(3) und (4) *(aufgehoben, BGBl I 2001/98)*

(5) § 65 Abs. 1 Z 4 bis 8, Abs. 1a, 1b, Abs. 2 bis 4, § 65a Abs. 1, § 66 Abs. 2, § 92 Abs. 4 und 5, § 95 Abs. 5 Z 10 und Z 11, Abs. 6 und 7, § 98 Abs. 3, § 153 Abs. 4 und 5, § 159 Abs. 2 bis 7, § 171 Abs. 1 und § 199 Abs. 1 in der Fassung des Bundesgesetzes BGBl. I Nr. 42/2001 treten mit 1. Mai 2001 in Kraft. *(BGBl I 2001/42)*

(6) Sollen auf Grund bereits erteilter Ermächtigungen zum Rückkauf eigener Aktien nach dem 31. Dezember 2001 Optionen an Arbeitnehmer, leitende Angestellte und Organmitglieder eingeräumt werden, so sind die §§ 95 und 98 in der Fassung dieses Bundesgesetzes zu beachten. *(BGBl I 2001/42)*

(7) § 42 und § 255 in der Fassung des Bundesgesetzes BGBl. I Nr. 97/2001 treten am 1. Jänner 2002 in Kraft; § 42 ist auf Gründungsprüfungen anzuwenden, über die der Bericht nach dem 31. Dezember 2002 erstattet wird. *(BGBl I 2001/97)*

(8) § 57 Abs. 2 in der Fassung des Bundesgesetzes BGBl. I Nr. 118/2002 tritt mit 1. August 2002 in Kraft. *(BGBl I 2002/118)*

(9) § 2 Abs. 2, § 18, § 25 Abs. 2, § 29 Abs. 1, § 35, § 56 Abs. 1 und 3, § 88 Abs. 1, § 92 Abs. 3 und 5, § 102 Abs. 3, § 105 Abs. 2, § 108 Abs. 1, § 225g Abs. 3 und § 225m Abs. 6 in der Fassung des Bundesgesetzes BGBl. I Nr. 67/2004 treten am 8. Oktober 2004 in Kraft. *(BGBl I 2004/67)*

(10) [1]§ 79 Abs. 1, § 86, § 87 Abs. 1a und 5, § 90 Abs. 1, § 92 Abs. 4 und 4a, § 93 Abs. 1, § 95 Abs. 5 Z 12, § 96 Abs. 3, § 125 Abs. 1 und § 127 Abs. 3 in der Fassung des Bundesgesetzes BGBl. I Nr. 59/2005 treten mit 1. Jänner 2006 in Kraft. [2]§ 86 ist nur auf nach diesem Zeitpunkt gewählte oder entsandte Aufsichtsratsmitglieder anzuwenden. [3]§ 92 Abs. 4a ist anzuwenden, sobald nach dem 1. Jänner 2006 ein Aufsichtsratsmitglied gewählt wird. [4]Für die Zeit bis zu dieser Wahl ist § 92 Abs. 4 in der bis zum 31. Dezember 2005 geltenden Fassung anzuwenden. [5]§ 93 Abs. 1, § 96 Abs. 3, § 125 Abs. 1 und § 127 Abs. 3 gelten für den Konzernabschluss und den Konzernlagebericht von Geschäftsjahren, die nach dem 31. Dezember 2005 beginnen. *(BGBl I 2005/59)*

(11) [1]§ 4, § 25 Abs. 5, § 42, § 45 Abs. 1, § 51 Abs. 2 und 3, § 65 Abs. 2 und 5, § 66 Abs. 1 und 2, § 66a, § 75 Abs. 2, § 79 Abs. 1, § 86 Abs. 2 Z 2 und 3 und Abs. 3, § 90 Abs. 1, § 95 Abs. 5 Z 1 und 12, § 112 Abs. 3, § 114 Abs. 6, § 119 Abs. 2, § 120, § 121 Abs. 3, § 122 Abs. 1, § 127 Abs. 1, § 130 Abs. 2, § 186, § 191, § 192 Abs. 3 Z 2, § 199 Abs. 1, § 202 Abs. 1 Z 4, § 211 Abs. 2, 3 und 4, § 220 Abs. 3, § 220b Abs. 2 und 3, § 225e Abs. 2, § 225f Abs. 3, § 225g Abs. 7, § 227 Abs. 3, § 229, § 233 Abs. 3, § 234 Abs. 4, § 254 Abs. 4, 5 und 7, § 255 Abs. 1 Z 4, § 258 Abs. 1, § 259 Abs. 1 und 2 sowie § 260 in der Fassung des Handelsrechts-Änderungsgesetzes, BGBl. I Nr. 120/2005, treten mit 1. Jänner 2007 in Kraft. [2]§ 3 tritt mit Ablauf des 31. Dezember 2006 außer Kraft. *(BGBl I 2005/120)*

(12) §§ 29, 210, 258 und 240 in der Fassung des Bundesgesetzes, BGBl. I Nr. 103/2006, treten mit 1. Juli 2006 in Kraft. *(BGBl I 2006/103)*

(13) [1]§§ 65, 102, 197, 225g, 225m, 234, 234a, 234b, 244, 253 in der Fassung des Bundesgesetzes BGBl. I Nr. 72/2007 treten mit 15. Dezember 2007 in Kraft. [2]§§ 234a und 234b in der Fassung des Bundesgesetzes BGBl. I Nr. 72/2007 sind auf Verschmelzungen anzuwenden, bei denen der Verschmelzungsbeschluss in der übertragenden Gesellschaft nach dem 15. Dezember 2007 gefasst wurde. [3]Für Änderungen des Gesellschaftsvertrags, mit denen das Recht auf angemessene Barabfindung ausgeschlossen oder eingeschränkt wird (§ 234b Abs. 4, § 253), gelten bis 31. Dezember 2008 die Beschlusserfordernisse für die Verschmelzung beziehungsweise die Umwandlung. [4]§§ 244, 253 in der Fassung des Bundesgesetzes BGBl. I Nr. 72/2007 sind auf Umwandlungen anzuwenden, bei denen der Umwandlungsbeschluss nach dem 15. Dezember 2007 gefasst wurde. *(BGBl I 2007/72)*

(14) [1]Die §§ 25, 92, 95, 96, 119, 125, 127, 211, 220b, 221a und 225f in der Fassung des Bundesgesetzes BGBl. I Nr. 70/2008 treten mit 1. Juni 2008 in Kraft. [2]§ 92 Abs. 4a ist auf Geschäftsjahre anzuwenden, die nach dem 31. Dezember 2008 beginnen; bis dorthin ist § 92 Abs. 4a in der bisher geltenden Fassung anzuwenden. [3]§ 95 Abs. 5 Z 13 ist auf Verträge anzuwenden, die nach dem 31. Mai 2008 geschlossen werden. [4]Die §§ 96 Abs. 1 und 2, 127 Abs. 1 und 2, 211 Abs. 1, 221a Abs. 2 Z 2 gelten für Geschäftsjahre, die nach dem 31. Dezember 2008 beginnen. [5]Die §§ 25 Abs. 5, 220b Abs. 3 und 225f Abs. 3 sind anzuwenden, wenn die Bestellung nach dem 31. Mai 2008 erfolgt. *(BGBl I 2008/70)*

(15) [1]§ 2 Abs. 1, § 3, § 10 Abs. 6, § 10a, § 12, § 12a, § 13, § 16 Abs. 1, § 17, § 29 Abs. 4, § 33 Abs. 1 und 3, § 43, § 45 Abs. 1, § 49 Abs. 3, § 57 Abs. 1, § 58 Abs. 2 und 3, § 61, § 62, § 65 Abs. 1, § 67 Abs. 2 und 3, § 84 Abs. 4, § 86 Abs. 4, § 87, § 88 Abs. 1 und 4, § 92 Abs. 4, § 95 Abs. 5, § 96 Abs. 1, 3 und 4, §§ 102 bis 136, § 145 Abs. 1 und 2, § 146 Abs. 2, § 149 Abs. 2, § 150 Abs. 1, § 153 Abs. 2, 4 und 6, § 155 Abs. 5, § 159 Abs. 2, 4 und 5, § 161 Abs. 1, § 162 Abs. 4, § 175 Abs. 2, § 179 Abs. 2, § 183, § 187 Abs. 2, § 188 Abs. 2, § 195 Abs. 1a und 4, § 196 Abs. 1 und 2, § 197 Abs. 5, § 199 Abs. 1, § 200 Abs. 1 und 3, § 206 Abs. 2, § 208, § 211 Abs. 2 und 3, § 220a, § 220b Abs. 5, § 220c, § 221 Abs. 3, § 221a Abs. 1, 2 und 6, § 224 Abs. 5, § 225c Abs. 3, § 225e Abs. 2, § 225g Abs. 2, § 225k Abs. 1, § 225m Abs. 2, § 228 Abs. 2, § 231 Abs. 1 und 3, § 244 Abs. 2 und 3, § 251 und § 258 Abs. 1 in der Fassung des Aktienrechts-Änderungsgesetzes 2009, BGBl. I Nr. 71/2009, treten mit 1. August 2009 in Kraft. [2]§ 30, § 221a Abs. 4, § 265, § 267, § 269, § 270 und § 272 treten mit Ablauf des 31. Juli 2009 außer Kraft. [3]Verweise in anderen Bundesgesetzen auf § 130 in der Fassung vor dem Inkrafttreten des Bundesgesetzes BGBl. I Nr. 71/2009 gelten als Verweise auf § 229 Abs. 4 bis 7 UGB. *(BGBl I 2009/71)*

(16) Abweichend von Abs. 15 sind auf Hauptversammlungen, die vor dem 1. August 2009 einberufen werden, nicht § 3, § 10a, § 87, § 96 Abs. 1, 3 und 4, §§ 102 bis 136, § 150 Abs. 1, § 153 Abs. 4, § 159 Abs. 2 und 5, § 161 Abs. 1, § 183, § 188 Abs. 2, § 195 Abs. 1a und 4, § 196 Abs. 1 und 2, § 199 Abs. 1, § 200 Abs. 1 und 3, § 211 Abs. 2, § 220a, § 220b Abs. 5, § 220c, § 221a Abs. 2 und 6, § 225g Abs. 2, § 225m Abs. 2, und § 244 Abs. 2 und 3 in der Fassung des Aktienrechts-Änderungsgesetzes 2009, BGBl. I Nr. 71/2009, sondern die bisher für Hauptversammlungen geltenden Bestimmungen weiter anzuwenden. *(BGBl I 2009/71)*

(17) Bis 31. Juli 2010 kann der Aufsichtsrat Änderungen der Satzung, die nur die Fassung betreffen, auch ohne Ermächtigung durch die Satzung oder die Hauptversammlung (§ 145 Abs. 1 zweiter Satz) vornehmen, soweit dies zur Anpassung der Satzung an das Aktienrechts-Änderungsgesetz 2009, BGBl. I Nr. 71/2009, erforderlich ist. *(BGBl I 2009/71)*

(18) Beschlüsse, mit denen die Satzung an das Aktienrechts-Änderungsgesetz 2009, BGBl. I Nr. 71/2009, angepasst wird, dürfen bereits vor dessen Inkrafttreten zur Eintragung in das Firmenbuch angemeldet werden; sie dürfen jedoch nicht vor diesem Zeitpunkt wirksam werden. *(BGBl I 2009/71)*

(19) [1]Bis 31. Dezember 2016 kann in der Einberufung der Hauptversammlung festgelegt werden, dass die Gesellschaft Depotbestätigungen und Erklärungen gemäß § 114 Abs. 1 vierter Satz auch per Telefax entgegennimmt. [2]Eine solche Festlegung, die auch unabhängig von der Einberufung einer Hauptversammlung getroffen werden kann, gilt für den Zeitraum bis zur Einberufung der nächsten Hauptversammlung, sofern sie durchgehend auf der „im Firmenbuch eingetragenen" Internetseite der Gesellschaft zugänglich ist. *(BGBl I 2009/71; BGBl I 2011/53)*

(20) [1]Bis 31. Dezember „2013" kann in der Einberufung der Hauptversammlung einer börsenotierten Gesellschaft festgelegt werden, dass die Gesellschaft Depotbestätigungen und Erklärungen gemäß § 114 Abs. 1 vierter Satz entgegen § 10a Abs. 3 zweiter Satz nicht über ein international verbreitetes, besonders gesichertes Kommunikationsnetz der Kreditinstitute entgegennimmt, dessen Teilnehmer eindeutig identifiziert werden können, sofern sie dafür einen anderen elektronischen Kommunikationsweg eröffnet. [2]Eine solche Festlegung, die auch unabhängig von der Einberufung einer Hauptversammlung getroffen werden kann, gilt für den Zeitraum bis zur Einberufung der nächsten Hauptversammlung, sofern sie durchgehend auf der „im Firmenbuch eingetragenen" Internetseite der Gesellschaft zugänglich ist. *(BGBl I 2009/71; BGBl I 2011/53)*

(21) [1]Die §§ 43, 56 Abs. 2, 78 Abs. 2, 84 Abs. 4 und 5, 101 Abs. 1, 178 Abs. 1, 187 Abs. 2, 203 Abs. 1 Z 3 und 4, 204, 205 Abs. 1, 215 Abs. 2, 225m Abs. 6 und 226 Abs. 2 in der Fassung des Bundesgesetzes BGBl. I Nr. 58/2010 treten mit 1. August 2010 in Kraft. [2]§ 215 Abs. 2 in der Fassung des Bundesgesetzes BGBl. I Nr. 58/2010 ist anzuwenden, wenn das Insolvenzverfahren nach dem 30. Juni 2010 eröffnet oder wieder aufgenommen (§ 158 Abs. 2 IO) wurde. [3]§ 225m Abs. 6 in der Fassung des Bundesgesetzes BGBl. I Nr. 58/2010 ist, mit Ausnahme des vorletzten Satzes, auf Verfahren anzuwenden, in denen der Antrag auf Überprüfung des Umtauschverhältnisses nach dem 31. Juli 2010 bei Gericht eingelangt ist. [4]§ 225m Abs. 6 vorletzter Satz in der Fassung des Bundesgesetzes BGBl. I Nr. 58/2010 ist anzuwenden, wenn das Gutachten gemäß § 225g Abs. 1 nach dem 31. Juli 2010 erstattet wurde. *(BGBl I 2010/58)*

(22) § 258 in der Fassung des Budgetbegleitgesetzes 2011, BGBl. I Nr. 111/2010, ist auf Verstöße gegen die in § 258 Abs. 1 genannten Pflichten anzuwenden, die nach dem 1. Jänner 2011 gesetzt werden. *(BGBl I 2010/111)*

(23) [1]§ 8a, § 9, § 10, § 13 Abs. 1 und 5, § 27 Abs. 2, § 33 Abs. 1, § 34 Abs. 4, § 50 Abs. 1, § 61 Abs. 1 und 2, § 67 Abs. 3, § 68, § 69, § 87 Abs. 6, § 105 Abs. 2 und 5, § 107 Abs. 3, § 108 Abs. 3 und 4, § 109 Abs. 2, § 110 Abs. 1, § 114 Abs. 3, § 118 Abs. 4, § 119 Abs. 3, § 126 Abs. 4, § 127 Abs. 4, § 128 Abs. 2, § 158, § 220c, § 221a Abs. 1, 1a, 4 und 5, § 223 Abs. 2, § 225 Abs. 1, § 232 Abs. 1, 1a, 2 und 3, § 233 Abs. 1 und 3, § 254 Abs. 4 sowie § 262 Abs. 19 und 20 in der Fassung des Gesellschaftsrechts-Änderungsgesetzes 2011, BGBl. I Nr. 53/2011, treten mit 1. August 2011 in Kraft. [2]§ 10a Abs. 1, § 108 Abs. 5, § 111 Abs. 2, § 112 Abs. 1 und § 128 Abs. 3 in der Fassung des Gesellschaftsrechts-Änderungsgesetzes 2011 treten mit 1. Jänner 2014 in Kraft. [3]§ 8 Abs. 6, § 61 Abs. 5 und § 62 Abs. 5 treten mit Ablauf des 31. Juli 2011 außer Kraft. [4]§ 112 Abs. 2 tritt mit Ablauf des 31. Dezember 2013 außer Kraft. *(BGBl I 2011/53)*

(24) [1]Auf Hauptversammlungen, deren Einberufung vor dem 1. August 2011 bekannt gemacht wurde, sowie auf Verschmelzungen, bei denen vor diesem Zeitpunkt die Bereitstellung der Unterlagen (§ 221a Abs. 2) erfolgte oder ein Verzicht darauf wirksam wurde, sind die bis dahin geltenden Bestimmungen weiter anzuwenden. [2]Soweit börsenotierte Gesellschaften zur Bekanntmachung von Informationen auf ihrer Internetseite verpflichtet sind, können sie dieser Verpflichtung bis 31. Juli 2012 auch ohne Eintragung ihrer Internetseite im Firmenbuch gemäß § 5 Z 4b FBG entsprechen. *(BGBl I 2011/53)*

(25) Regelungen in der Satzung über die Ausgabe von Inhaberaktien, die vor dem 1. August 2011 beschlossen und vor dem 31. Dezember 2011 zur Eintragung in das Firmenbuch angemeldet wurden, berechtigen bis zum 31. Dezember 2013 auch dann zur Ausgabe von Inhaberaktien, wenn die Voraussetzungen des § 10 Abs. 1 in der Fassung des Gesellschaftsrechts-Änderungsgesetzes 2011 nicht erfüllt sind. *(BGBl I 2011/53)*

(26) Die nach § 61 Abs. 1 Z 3 und 4 in der Fassung des Gesellschaftsrechts-Änderungsgesetzes 2011 erforderlichen zusätzlichen Angaben sind bis 1. Jänner 2013 im Aktienbuch einzutragen. *(BGBl I 2011/53)*

(27) [1]Am 1. August 2011 bestehende Aktiengesellschaften haben ihre Satzung bis zum 31. Dezember 2013 an die §§ 9 und 10 in der Fassung

des Gesellschaftsrechts-Änderungsgesetzes 2011 anzupassen. [2]Dazu haben der Vorstand und der Aufsichtsrat für eine vor diesem Zeitpunkt stattfindende Hauptversammlung eine entsprechende Satzungsänderung vorzuschlagen; dies gilt sinngemäß für eine innerhalb eines Jahres stattfindende Hauptversammlung im Fall des Verlustes der Börsenotierung (§ 10 Abs. 3). *(BGBl I 2011/53)*

(28) [1]Ab 1. Jänner 2014 sind Gesellschaften mit Inhaberaktien zur Befolgung des § 10 Abs. 2 zweiter und dritter Satz verpflichtet. [2]Ab diesem Zeitpunkt gelten auf Inhaber lautende Aktien, die die Voraussetzungen des § 10 Abs. 1 und 2 nicht erfüllen, sowie Zwischenscheine als Namensaktien; auf Verlangen eines Aktionärs hat ihm die Gesellschaft im Austausch gegen seine Inhaberaktie oder seinen Zwischenschein eine Namensaktie auszustellen. *(BGBl I 2011/53)*

(29) Soweit ausgegebene Inhaberaktien sowie Zwischenscheine aufgrund des Gesellschaftsrechts-Änderungsgesetzes 2011 oder wegen dieses Gesetzes beschlossener Änderungen der Satzung unzulässig geworden sind, können diese gemäß § 67 für kraftlos erklärt werden. *(BGBl I 2011/53)*

(30) *(entfällt, BGBl I 2018/76)*

(31) [1]§ 78 Abs. 1, § 86 Abs. 4, § 87 Abs. 2a und § 92 Abs. 1a in der Fassung des 2. Stabilitätsgesetzes 2012, BGBl. I Nr. 35/2012, treten mit 1. Juli 2012 in Kraft. [2]Sie sind auf den Abschluss von Vergütungsvereinbarungen mit Vorstandsmitgliedern sowie auf die Wahl von Aufsichtsratsmitgliedern nach dem 31. August 2012 anzuwenden. *(BGBl I 2012/35)*

(32) [1]§ 61 Abs. 5 und § 258 Abs. 1 in der Fassung des Budgetbegleitgesetzes 2014, BGBl. I Nr. 40/2014, treten mit 1. Oktober 2014 in Kraft. [2]§ 61 Abs. 5 ist auf Dividendenansprüche aus Gewinnverwendungsbeschlüssen anzuwenden, die nach dem 30. September 2014 gefasst werden. [3]§ 258 Abs. 1 in der nunmehrigen Fassung ist auf Sachverhalte anzuwenden, die sich nach dem 30. September 2014 ereignen. *(BGBl I 2014/40)*

(33) Ausgegebene Urkunden über Inhaberaktien oder Zwischenscheine, die aufgrund des Gesellschaftsrechts-Änderungsgesetzes 2011, BGBl. I Nr. 53/2011, oder wegen des genannten Bundesgesetzes beschlossener Änderungen der Satzung unzulässig geworden sind, gelten mit Ablauf des 30. September 2014 als gemäß § 67 für kraftlos erklärt. *(BGBl I 2014/40)*

(34) [1]§ 45 Abs. 1, § 51 Abs. 2 und 3, § 65 Abs. 2 und 5, § 66 Abs. 1 und 2, § 66a, § 79, § 86 Abs. 2 und 3, § 90 Abs. 1, § 95 Abs. 5, § 96 Abs. 2 und 3, § 118 Abs. 1, § 192 Abs. 3, § 211 Abs. 2 und § 258 Abs. 1 in der Fassung des Bundesgesetzes BGBl. I Nr. 22/2015 treten mit 20. Juli 2015 in Kraft und sind erstmalig auf Geschäftsjahre anzuwenden, die nach dem 31. Dezember 2015 beginnen. [2]Auf Geschäftsjahre, die vor dem 1. Jänner 2016 begonnen haben, sind die Bestimmungen in der Fassung vor dem Bundesgesetzes BGBl. I Nr. 22/2015 weiterhin anzuwenden. § 258 Abs. 1 ist auf Verstöße gegen die in § 258 Abs. 1 genannten Pflichten anzuwenden, die nach dem 19. Juli 2015 gesetzt werden oder fortdauern. *(BGBl I 2015/22)*

(35) § 84 in der Fassung des Bundesgesetzes BGBl. I Nr. 112/2015 tritt mit 1. Jänner 2016 in Kraft; § 255 tritt mit Ablauf des 31. Dezember 2015 außer Kraft. *(BGBl I 2015/112)*

(36) § 92 Abs. 4a in der Fassung des Bundesgesetzes BGBl. I Nr. 43/2016 tritt mit 17. Juni 2016 in Kraft; der zusätzliche Bericht (Z 2 erster Satz) ist erstmals über die Prüfung von Geschäftsjahren zu erstellen, die nach dem 16. Juni 2016 beginnen. *(BGBl I 2016/43)*

(37) § 6 Abs. 1 bis 3 und § 104 Abs. 1 in der Fassung des Bundesgesetzes BGBl. I Nr. 20/2017 treten mit 6. Dezember 2016 in Kraft und sind erstmalig auf Unterlagen für Geschäftsjahre anzuwenden, die nach dem 31. Dezember 2016 beginnen. *(BGBl I 2017/20)*

(38) § 86 Abs. 7 bis 9, § 108 Abs. 1 und 2 sowie § 110 Abs. 2 in der Fassung des Bundesgesetzes BGBl. I Nr. 104/2017 treten mit 1. Jänner 2018 in Kraft. § 86 Abs. 7 bis 9 ist auf Wahlen und Entsendungen in den Aufsichtsrat anzuwenden, die nach dem 31. Dezember 2017 erfolgen. Bestehende Aufsichtsratsmandate bleiben davon unberührt; das Mindestanteilsgebot ist bei einem Nachrücken von vor dem 1. Jänner 2018 gewählten oder entsandten Ersatzmitgliedern zu beachten. *(BGBl I 2017/104)*

(38) § 66a in der Fassung des Bundesgesetzes BGBl. I Nr. 105/2017 tritt mit 1. Jänner 2018 in Kraft.[1)] *(BGBl I 2017/105)*

[1)] *Anm: Abs 38 wurde irrtümlich doppelt vergeben.*

(39) § 3, § 95 Abs. 5, § 107 Abs. 3, § 148 Abs. 2a, § 221a Abs. 4, § 225 Abs. 2a und § 240 Abs. 3 in der Fassung des Bundesgesetzes BGBl. I Nr. 107/2017 treten mit 3. Jänner 2018 in Kraft. *(BGBl I 2017/107)*

(40) § 10 und § 111 Abs. 5 in der Fassung des Bundesgesetzes BGBl. I Nr. 76/2018 treten mit 1. Jänner 2019 in Kraft. § 262 Abs. 30 tritt mit Ablauf des 31. Dezember 2018 außer Kraft. *(BGBl I 2018/76)*

(41) [1]§ 77 tritt mit Ablauf des 9. Juni 2019 außer Kraft. [2]Die §§ 78a bis 78e, § 95a, § 98a, § 104 Abs. 2a, § 108 Abs. 1 und 4 sowie § 128 Abs. 4 in der Fassung des Aktienrechts-Änderungsgesetzes 2019, BGBl. I Nr. 63/2019, treten mit 10. Juni 2019 in Kraft. [3]Die Vergütungspolitik gemäß §§ 78a und 78b ist erstmals der ordentlichen Hauptversammlung in dem Geschäftsjahr vorzulegen, das nach diesem Zeitpunkt zu laufen beginnt. [4]Der Vergütungsbericht gemäß §§ 78c bis 78e ist erstmals der ordentlichen Hauptversammlung im darauf folgenden Geschäftsjahr vorzulegen. [5]§ 95a ist auf Geschäfte mit nahestehenden Rechtsträgern anzuwenden, die nach dem 31. Juli

2019 abgeschlossen werden. [6]§ 128 Abs. 4 in der Fassung dieses Bundesgesetzes ist auf Hauptversammlungen anzuwenden, deren Einberufung nach dem 9. Juni 2019 bekannt gemacht wurde. [7]§ 258 Abs. 1 in der Fassung des Aktienrechts-Änderungsgesetzes 2019, BGBl. I Nr. 63/2019, tritt mit dem auf die Kundmachung dieses Bundesgesetzes folgenden Tag in Kraft. *(BGBl I 2019/63)*

(42) [1]§ 225f Abs. 5, § 225g Abs. 1, 4 und 6, § 225h Abs. 1, § 225i Abs. 1 und 3, § 225k, § 225l Abs. 1 und 2 und § 225m Abs. 2 Z 2 und Abs. 6 in der Fassung des Aktienrechts-Änderungsgesetzes 2019, BGBl. I Nr. 63/2019, treten mit 1. August 2019 in Kraft und sind auf Verfahren anzuwenden, in denen das Gericht den Beschluss gemäß § 225g Abs. 1 in der Fassung dieses Bundesgesetzes nach dem 31. Juli 2019 fasst. [2]Auf Verfahren, in denen das Gremium zur Überprüfung des Umtauschverhältnisses vor dem 1. August 2019 mit der Erstattung eines Gutachtens beauftragt wurde, sind die bisher geltenden Bestimmungen weiter anzuwenden. *(BGBl I 2019/63)*

§§ 263 und 264. *(aufgehoben, BGBl I 2001/98)*

§ 265. *(aufgehoben, BGBl I 2009/71)*

Zweiter Abschnitt
Frühere Berechtigungen

Sitz

§ 266. „“ Ein bei Inkrafttreten dieses Bundesgesetzes im Firmenbuch eingetragener Sitz einer Aktiengesellschaft kann beibehalten werden, auch wenn er den Vorschriften des § 5 nicht entspricht. *(BGBl 1996/304)*

§ 267. *(aufgehoben, BGBl I 2009/71)*

Höchstzahl der Aufsichtsratsmitglieder

§ 268. Von der Vorschrift des § 86 Abs. 1 ausgenommen sind Aktiengesellschaften, insoweit sie nach den bisherigen Bestimmungen berechtigt waren, in ihrer Satzung eine höhere Zahl der Aufsichtsratsmitglieder festzusetzen.

§ 269. *(aufgehoben, BGBl I 2009/71)*

Dritter Abschnitt
Andere Rechtsvorschriften

§ 270. *(aufgehoben, BGBl I 2009/71)*

Verweisung in anderen bundesgesetzlichen Vorschriften

§ 271. [1]Soweit in anderen bundesgesetzlichen Vorschriften auf Bestimmungen verwiesen ist, die durch dieses Bundesgesetz abgeändert oder aufgehoben werden, erhält die Verweisung ihren Inhalt aus den entsprechenden Bestimmungen dieses Bundesgesetzes. [2]Für Ordnungsstrafen nach dem Aktiengesetz festgesetzte Bestimmungen gelten sinngemäß für die Zwangsstrafen (§ 258).

§ 272. *(aufgehoben, BGBl I 2009/71)*

Vierter Abschnitt
Vollziehung

§ 273. Mit der Vollziehung dieses Bundesgesetzes ist, soweit in ihm nichts anderes bestimmt ist, das Bundesministerium für Justiz betraut.

Anlage 1:

(aufgehoben, BGBl 1990/475)

Anlage 2:

(aufgehoben, BGBl 1991/68)

9a. Aktienrechts-Änderungsgesetz 2009

(Auszug)

BGBl I 2009/71

Bundesgesetz, mit dem das Aktiengesetz 1965, das SE-Gesetz, das Unternehmensgesetzbuch, das Umwandlungsgesetz, das Spaltungsgesetz, das Kapitalberichtigungsgesetz, das Gesellschafter-Ausschlussgesetz, das Übernahmegesetz, das Genossenschaftsrevisionsgesetz und das Grundbuchsgesetz geändert werden (Aktienrechts-Änderungsgesetz 2009 – AktRÄG 2009)

Inhaltsverzeichnis

Art 1 bis 9 *(eingearbeitet)*

Art 10 *(nicht abgedruckt)*

Artikel 11
Schlussbestimmungen

§ 1. Soweit in bundesgesetzlichen Vorschriften auf Bestimmungen verwiesen wird, die durch dieses Bundesgesetz abgeändert oder aufgehoben werden, erhält die Verweisung ihren Inhalt aus den entsprechenden Bestimmungen dieses Bundesgesetzes.

§ 2. Mit diesem Bundesgesetz wird die Richtlinie 2007/36/EG des Europäischen Parlaments und des Rates vom 11. Juli 2007 über die Ausübung bestimmter Rechte von Aktionären in börsenotierten Gesellschaften, ABl. Nr. L 184 vom 14.7.2007, S. 17, umgesetzt.

9/1. Übernahmegesetz

BGBl I 1998/127 idF

1 BGBl I 1999/189
2 BGBl I 2001/98
3 BGBl I 2003/92
4 BGBl I 2006/75 (ÜbRÄG 2006)
5 BGBl I 2007/72 (GesRÄG 2007)
6 BGBl I 2009/71 (AktRÄG 2009)
7 BGBl I 2009/135 (EPG)
8 BGBl I 2010/1
9 BGBl I 2010/29 (IRÄG 2010; Begriffsersetzungen)
10 BGBl I 2013/190 (VAJu)
11 BGBl I 2014/98
12 BGBl I 2015/68
13 BGBl I 2016/76
14 BGBl I 2017/107
15 BGBl I 2019/63 (AktRÄG 2019)

Das ÜbG befindet sich in Art I BGBl I 1998/127; die In-Kraft-Tretens-, Schluss- und Übergangsbestimmungen sowie die Vollziehungsklausel in Art IV.

GLIEDERUNG

STICHWORTVERZEICHNIS

Bundesgesetz betreffend Übernahmeangebote (Übernahmegesetz – ÜbG) sowie über Änderungen des Börsegesetzes und des Einführungsgesetzes zu den Verwaltungsverfahrensgesetzen 1991

Der Nationalrat hat beschlossen:

5. Teil Fassung ab 3. 1. 2018 (BGBl I 2017/107):

6. Teil Fassung ab 3. 1. 2018 (BGBl I 2017/107):

Artikel I

Übernahmegesetz – ÜbG

1. Teil

Allgemeines

Begriffe

§ 1. Im Sinn dieses Bundesgesetzes bedeuten:

1. Übernahmeangebot (Angebot): ein öffentliches Angebot an die Inhaber von Beteiligungspapieren einer Aktiengesellschaft zum Erwerb eines Teils oder aller Beteiligungspapiere gegen Barzahlung oder im Austausch gegen andere Wertpapiere.

2. Zielgesellschaft: die Aktiengesellschaft, deren Beteiligungspapiere Gegenstand eines Angebots sind.

3. Bieter: jede natürliche oder juristische Person und jede Personengesellschaft, die ein Angebot stellt, beabsichtigt, ein solches zu stellen, oder hiezu verpflichtet ist.

4. Beteiligungspapiere: börsenotierte Aktien und sonstige übertragbare börsenotierte Wertpapiere, die mit einer Gewinnbeteiligung oder einer Abwicklungsbeteiligung verbunden sind; weiters übertragbare Wertpapiere, die zum Erwerb solcher Wertpapiere berechtigen, wenn diese von der Zielgesellschaft oder einem mit ihr verbundenen Unternehmen im Sinn des „§ 189a Z 8 UGB" ausgegeben wurden. *(BGBl I 2015/68)*

5. Börsetag: ein Tag, an dem das Handelssystem der Wiener Börse zum Geschäftsabschluß zur Verfügung steht.

6. Gemeinsam vorgehende Rechtsträger: natürliche oder juristische Personen, die mit dem Bieter auf der Grundlage einer Absprache zusammenarbeiten, um die Kontrolle über die Zielgesellschaft zu erlangen oder auszuüben, insbesondere durch Koordination der Stimmrechte, oder die aufgrund einer Absprache mit der Zielgesellschaft zusammenarbeiten, um den Erfolg des Übernahmeangebots zu verhindern. Hält ein Rechtsträger eine unmittelbare oder mittelbare kontrollierende Beteiligung (§ 22 Abs. 2 und 3) an einem oder mehreren anderen Rechtsträgern, so wird vermutet, dass alle diese Rechtsträger gemeinsam vorgehen; dasselbe gilt, wenn mehrere Rechtsträger eine Absprache über die Ausübung ihrer Stimmrechte bei der Wahl der Mitglieder des Aufsichtsrats getroffen haben. *(BGBl I 2006/75)*

7. Betriebsrat: ein Betriebsrat im Sinn des § 50 Abs. 1 ArbVG oder eine vergleichbare Arbeitnehmervertretung. Falls der Bieter oder die Zielgesellschaft über keine Arbeitnehmervertreter verfügt, bestehen die Pflichten gegenüber den Arbeitnehmern selbst. *(BGBl I 2006/75)*

8. Geregelter Markt: ein Markt gemäß „§ 1 Z 2 Börsegesetz 2018 – BörseG 2018, BGBl. I Nr. 107/2017[,]*)". *(BGBl I 2007/72; BGBl I 2017/107)*

*) *Der Beistrich ist überflüssig.*

Geltungsbereich

§ 2. Dieses Bundesgesetz gilt vorbehaltlich des 4. Teils für öffentliche Angebote zum Erwerb von Beteiligungspapieren, die von einer Aktiengesellschaft mit Sitz im Inland ausgegeben wurden und an einer österreichischen Börse zum Handel auf einem geregelten Markt zugelassen sind.

(BGBl I 2006/75)

Allgemeine Grundsätze für öffentliche Übernahmeangebote

§ 3. Die Bestimmungen dieses Bundesgesetzes sind Ausdruck folgender allgemeiner Grundsätze:

1. Alle Inhaber von Beteiligungspapieren der Zielgesellschaft, die sich in gleichen Verhältnissen befinden, müssen gleich behandelt werden, soweit in diesem Bundesgesetz nichts anderes bestimmt ist. „Die Pflicht zur Gleichbehandlung gilt insbesondere für Inhaber von Aktien, die der gleichen Gattung angehören." *(BGBl I 2006/75)*

1a. Die Inhaber von Beteiligungspapieren müssen geschützt werden, wenn die Kontrolle über eine Gesellschaft erlangt wird. *(BGBl I 2006/75)*

2. Die Empfänger des Angebots müssen über genügend Zeit und hinreichende Informationen verfügen, um in voller Kenntnis der Sachlage entscheiden zu können.

3. Vorstand und Aufsichtsrat der Zielgesellschaft müssen im Interesse aller Aktionäre und sonstigen Inhaber von Beteiligungspapieren wie auch im Interesse der Arbeitnehmer, der Gläubiger und im öffentlichen Interesse handeln.

4. Beim Handel mit Beteiligungspapieren der Zielgesellschaft, der Bietergesellschaft oder anderer durch das Angebot betroffener Gesellschaften dürfen keine Marktverzerrungen „durch künstliche Beeinflussung der Wertpapierkurse und durch Verfälschung des normalen Funktionierens der Märkte" geschaffen werden. *(BGBl I 2006/75)*

5. Das Übernahmeverfahren ist rasch durchzuführen; insbesondere darf die Zielgesellschaft in ihrer Geschäftstätigkeit durch ein Übernahmeangebot nicht über einen angemessenen Zeitraum hinaus behindert werden.

2. Teil

Freiwillige öffentliche Übernahmeangebote

Allgemeine Pflichten des Bieters

§ 4. Der Bieter hat im gesamten Übernahmeverfahren, insbesondere bei der Vorbereitung, inhaltlichen Gestaltung und Veröffentlichung des Angebots sowie bei seinen sonstigen Verlautbarungen, folgendes zu beachten:

1. Er darf die Absicht, ein Angebot zu stellen, nur dann bekannt machen, wenn er zuvor sichergestellt hat, dass er die baren Gegenleistungen in vollem Umfang erbringen kann, und wenn er alle gebotenen Maßnahmen getroffen hat, um alle sonstigen Arten von Gegenleistungen erbringen zu können. *(BGBl I 2006/75)*

2. Insiderhandel und Marktverzerrungen „(§ 3 Z 4)“ sind hintanzuhalten. *(BGBl I 2006/75)*

3. Informationen und Erklärungen sind sorgfältig, genau und vollständig auszuarbeiten; unrichtige oder irreführende Informationen und Erklärungen sind unzulässig.

Geheimhaltungs- und Bekanntmachungspflichten zur Vermeidung von Marktverzerrungen und des Mißbrauchs von Insiderinformationen

§ 5. (1) Der Bieter hat für Geheimhaltung zu sorgen, um ein vorzeitiges und ungleichmäßiges Bekanntwerden seiner Überlegungen und seiner Absicht, ein Angebot zu stellen, zu verhindern; dasselbe gilt sinngemäß für Überlegungen und die Absicht, Tatsachen herbeizuführen, die den Bieter zur Stellung eines Angebots verpflichten. Der Bieter hat insbesondere alle für ihn im Zusammenhang mit dem Übernahmeverfahren tätigen Personen über ihre Geheimhaltungspflichten und das Verbot des Missbrauchs von Insiderinformationen gemäß Art. 14 in Verbindung mit Art. 8 bis 10 der Verordnung (EU) Nr. 596/2014 über Marktmissbrauch (Marktmissbrauchsverordnung) und zur Aufhebung der Richtlinie 2003/6/EG und der Richtlinien 2003/124/EG, 2003/125/EG und 2004/72/EG, ABl. Nr. L 173 vom 12.06.2014 S. 1) zu unterrichten, interne Richtlinien für die Informationsweitergabe zu erlassen und deren Einhaltung zu überwachen sowie geeignete organisatorische Maßnahmen zur Verhinderung der Weitergabe von Insiderinformationen und ihrer missbräuchlichen Verwendung zu treffen. *(BGBl I 2016/76)*

(2) Der Bieter hat Überlegungen oder die Absicht, ein Angebot zu stellen oder Tatsachen herbeizuführen, die ihn zur Stellung eines Angebots verpflichten, unverzüglich bekanntzumachen und den Verwaltungsorganen der Zielgesellschaft mitzuteilen, wenn erhebliche Kursbewegungen oder Gerüchte und Spekulationen betreffend ein bevorstehendes Angebot auftreten und anzunehmen ist, daß diese auf die Vorbereitung des Angebots oder diesbezügliche Überlegungen oder auf Aktienkäufe durch den Bieter zurückzuführen sind „ “. *(BGBl I 2006/75)*

(3) Der Bieter hat jedenfalls unverzüglich bekanntzumachen und den Verwaltungsorganen der Zielgesellschaft mitzuteilen,

1. daß sein Vorstand und Aufsichtsrat die Entscheidung, ein Angebot zu stellen, getroffen haben oder

2. daß Tatsachen eingetreten sind, die ihn zur Stellung eines Angebots verpflichten „ “. *(BGBl I 2006/75)*

(4) Die Bekanntmachung nach Abs. 2 und Abs. 3 hat so zu erfolgen, daß dadurch Insidergeschäfte und Marktverzerrungen tunlichst hintangehalten werden. Die Übernahmekommission kann auf Antrag des Bieters unter Berücksichtigung der Interessen der Beteiligungspapierinhaber von der Verpflichtung zur Bekanntmachung gemäß Abs. 3 für eine kurze Frist befreien, wenn dadurch die Schädigung berechtigter Interessen des Bieters oder mit ihm gemeinsam vorgehender Rechtsträger „(§ 1 Z 6)“ verhindert werden kann und der Bieter bescheinigt, daß die Geheimhaltung gewährleistet ist. *(BGBl I 2006/75)*

Verhandlungen mit der Zielgesellschaft

§ 6. (1) Der Bieter kann seine Überlegungen und seine Absicht, ein Angebot zu stellen, auch vor deren Bekanntmachung oder Veröffentlichung den Verwaltungsorganen der Zielgesellschaft bekanntgeben und hierüber mit diesen verhandeln.

(2) Die Verwaltungsorgane der Zielgesellschaft haben für Geheimhaltung zu sorgen; die Bestimmungen des § 5 Abs. 1 über die Pflichten des Bieters gelten auch für die Verwaltungsorgane der Zielgesellschaft. Der Vorstand der Zielgesellschaft ist jedoch unter Bedachtnahme auf § 5 Abs. 4 erster Satz zur Bekanntmachung verpflichtet, wenn bei Beteiligungspapieren der Zielgesellschaft erhebliche Kursbewegungen oder Gerüchte und Spekulationen betreffend ein bevorstehendes Angebot auftreten und anzunehmen ist, daß diese auf die Vorbereitung des Angebots oder diesbezügliche Überlegungen zurückzuführen sind.

(3) Zur Geheimhaltung sind auch Aktionäre der Zielgesellschaft verpflichtet, mit denen der Bieter unter Hinweis auf die Vertraulichkeit über den Erwerb von Anteilsrechten verhandelt oder die sonst vom Bieter oder von der Zielgesellschaft

Kenntnis von geheimzuhaltenden Tatsachen erlangen.

Angebotsunterlage

§ 7. Der Bieter hat eine Angebotsunterlage zu erstellen, die mindestens folgende Angaben enthalten muß:

1. den Inhalt des Angebots;

2. Angaben zum Bieter, insbesondere, wenn es sich um eine Gesellschaft handelt, Rechtsform, Firma und Sitz der Gesellschaft; weiters Angaben über mittelbare und unmittelbare Beteiligungen am Bieter im Sinn der „§§ 130f BörseG 2018" und seine Zugehörigkeit zu einem Konzern; *(BGBl I 2017/107)*

3. die Beteiligungspapiere, die Gegenstand des Angebots sind;

4. die für jedes Beteiligungspapier gebotene Gegenleistung sowie die bei der Bestimmung der Gegenleistung angewandte Bewertungsmethode, in den Fällen des § 26 die Grundlagen der Berechnung; weiters Angaben über die Durchführung des Angebots, insbesondere über die zur Entgegennahme von Annahmeerklärungen und zur Erbringung der Gegenleistung beauftragten Stellen;

5. gegebenenfalls den prozentuellen Mindest- und Höchstanteil oder die Mindest- und Höchstzahl der Beteiligungspapiere, zu deren Erwerb sich der Bieter verpflichtet, sowie eine Darstellung der Zuteilungsregelung im Sinn des § 20;

6. die Beteiligungspapiere der Zielgesellschaft, über die der Bieter und mit ihm gemeinsam vorgehende Rechtsträger bereits verfügen oder zu deren zukünftigem Erwerb sie berechtigt oder verpflichtet sind; *(BGBl I 2006/75)*

7. die Bedingungen und Rücktrittsvorbehalte, an die das Angebot gebunden ist;

8. die Absichten des Bieters in Bezug auf die künftige Geschäftstätigkeit der Zielgesellschaft und, soweit vom Angebot betroffen, des Bieters, sowie in Bezug auf die Weiterbeschäftigung ihrer Arbeitnehmer und ihrer Geschäftsleitung einschließlich etwaiger wesentlicher Änderungen der Beschäftigungsbedingungen; dies betrifft insbesondere die strategische Planung des Bieters für diese Gesellschaften und deren voraussichtliche Auswirkungen auf Arbeitsplätze und Standorte; *(BGBl I 2006/75)*

9. die Frist für die Annahme des Angebots und für die Erbringung der Gegenleistung;

10. im Fall einer Gegenleistung in Form von Wertpapieren Angaben zu diesen Wertpapieren gemäß § 7 KMG und „§§ 46 ff BörseG 2018"; *(BGBl I 2017/107)*

11. die Bedingungen der Finanzierung des Angebots durch den Bieter „ ;" *(BGBl I 2006/75)*

12. Angaben zu den Rechtsträgern, die gemeinsam mit dem Bieter oder, soweit diesem bekannt, gemeinsam mit der Zielgesellschaft vorgehen, im Fall von Gesellschaften auch deren Rechtsform, Firma und Sitz sowie deren Verhältnis zum Bieter beziehungsweise zur Zielgesellschaft; Angaben über vom Bieter kontrollierte Rechtsträger (§ 1 Z 6 zweiter Satz) können entfallen, wenn die kontrollierten Rechtsträger für die Entscheidung der Angebotsadressaten nicht von Bedeutung sind; *(BGBl I 2006/75)*

13. Angaben über die gebotene Entschädigung, wenn Rechte aufgrund der Durchbrechung von Beschränkungen gemäß § 27a entzogen werden, sowie Einzelheiten über die Art, in der die Entschädigung zu zahlen ist, und die Methode, nach der sie bestimmt wird; *(BGBl I 2006/75)*

14. die Angabe des nationalen Rechts, dem die Verträge unterliegen, die zwischen dem Bieter und den Inhabern der Beteiligungspapiere der Zielgesellschaft durch die Annahme des Angebots zustande kommen, sowie die Angabe des Gerichtsstands. *(BGBl I 2006/75)*

Bedingungen, Rücktrittsvorbehalte

§ 8. Eine Bedingung des Angebots und ein Vorbehalt des Rücktritts sind nur zulässig, wenn sie sachlich gerechtfertigt sind, insbesondere wenn sie auf Rechtspflichten des Bieters beruhen, oder der Eintritt der Bedingung oder die Geltendmachung des Rücktrittsrechts nicht ausschließlich vom Ermessen des Bieters abhängt.

Prüfung des Angebots, Beiziehung eines Sachverständigen durch den Bieter

§ 9. (1) Der Bieter hat zu seiner Beratung während des gesamten Verfahrens und zur Prüfung der Angebotsunterlage einen hiefür geeigneten, von ihm unabhängigen Sachverständigen zu bestellen. Dieser hat die Vollständigkeit und Gesetzmäßigkeit der Angebotsunterlage insbesondere hinsichtlich der angebotenen Gegenleistung zu prüfen. Er hat darüber einen schriftlichen Bericht zu erstellen und das Ergebnis seiner Prüfung in einer abschließenden Bestätigung zusammenzufassen; in dieser hat er auch eine Erklärung darüber abzugeben, daß dem Bieter die zur vollständigen Erfüllung des Angebots notwendigen Mittel zur Verfügung stehen (§ 4 Z 1).

(2) Als Sachverständige geeignet sind:

a) Beeidete Wirtschaftsprüfer und Wirtschaftsprüfungsgesellschaften, die bei einem im Inland zur Geschäftsausübung berechtigten Versicherungsunternehmen eine Haftpflichtversicherung abgeschlossen haben, welche das Risiko aus der Berater- und Prüfertätigkeit für Übernahmeangebote mit mindestens „7,3 Millionen Euro" für eine einjährige Versicherungsperiode abdeckt, vorausgesetzt, daß die Versicherungsprämie vor Ausfolgung des Prüfungsberichts bezahlt ist; der Versicherer hat das Bestehen der Versicherung und den Erhalt der Prämie der Übernahmekommission schriftlich zu bestätigen; *(BGBl I 2001/98)*

b) Kreditinstitute im Sinn des § 1 Abs. 1 und 3 BWG mit der Berechtigung zum Betrieb von Geschäften gemäß § 1 Abs. 2 Z 3 BWG mit anrechenbaren Eigenmitteln von mindestens „18,2 Millionen Euro" sowie Finanzinstitute gemäß § 1 Abs. 2 Z 3 BWG mit Eigenmitteln von mindestens „18,2 Millionen Euro"; und *(BGBl I 2001/98)*

c) Kredit- oder Finanzinstitute, die ihre Tätigkeit in Österreich auf Grund der §§ 9, 11 oder 13 BWG über eine Zweigstelle oder im Weg des freien Dienstleistungsverkehrs erbringen, sofern sie im Herkunftsmitgliedstaat (§ 2 Z 6 BWG) zur Erbringung vergleichbarer Geschäfte, wie sie in § 1 Abs. 1 Z 11 BWG genannt sind, berechtigt sind und über anrechenbare Eigenmittel beziehungsweise Eigenmittel von mindestens „18,2 Millionen Euro" verfügen. *(BGBl I 2001/98)*

Anzeige des Angebots

§ 10. (1) Der Bieter hat der Übernahmekommission das Angebot unter Vorlage der Angebotsunterlage und des Berichts samt der Bestätigung des Sachverständigen gemäß § 9 anzuzeigen. Nach Bekanntgabe der Absicht, ein Angebot zu stellen (§ 5 Abs. 2 und Abs. 3 Z 1), hat der Bieter das Angebot innerhalb von zehn Börsetagen anzuzeigen; die Übernahmekommission kann auf Antrag des Bieters diese Frist mit höchstens 40 Börsetagen festsetzen. Die Übernahmekommission hat das Einlangen der Anzeige unter Angabe des Datums zu bestätigen.

(2) Ein Bieter mit Sitz, Wohnsitz oder gewöhnlichem Aufenthalt im Ausland hat gleichzeitig mit der Anzeige einen Zustellungsbevollmächtigten mit Sitz, Wohnsitz oder Zweigstelle im Inland namhaft zu machen. Dieser muß die Voraussetzungen gemäß § 9 Abs. 2 erfüllen oder Rechtsanwalt oder Notar sein.

(3) Die Übernahmekommission kann zum Angebot und zur Angebotsunterlage schriftlich Stellung nehmen und diese Stellungnahme ergänzen oder abändern; sie kann durch Bescheid die Gesetzwidrigkeit des Angebots oder der Angebotsunterlage feststellen sowie die Veröffentlichung der Angebotsunterlage und die Durchführung des Angebots untersagen.

Veröffentlichung und Information der Zielgesellschaft

§ 11. (1) Der Bieter hat die Angebotsunterlage gemeinsam mit der Bestätigung des Sachverständigen (§ 9 Abs. 1) frühestens am zwölften und spätestens am fünfzehnten Börsetag nach Einlangen bei der Übernahmekommission zu veröffentlichen, es sei denn, daß die Übernahmekommission die Veröffentlichung des Angebots untersagt. Die Übernahmekommission kann in begründeten Fällen, insbesondere zum Zweck der näheren Prüfung der Angebotsunterlage, anordnen, daß die Veröffentlichung vorläufig zu unterbleiben hat; sie kann die Frist zur Veröffentlichung im Einvernehmen mit dem Bieter auch verkürzen. „ " *(BGBl I 2006/75)*

(1a) Die Veröffentlichung hat in einer Zeitung mit einer Verbreitung im gesamten Bundesgebiet oder in Form einer Broschüre zu erfolgen, die dem Publikum von der Zielgesellschaft an ihrem Sitz und von den zur Erbringung der Gegenleistung beauftragten Stellen (§ 7 Z 4) kostenlos zur Verfügung zu stellen ist. Wenn die Unterlagen nicht zur Gänze im Amtsblatt zur Wiener Zeitung veröffentlicht wurden, so ist im Amtsblatt zur Wiener Zeitung zu veröffentlichen, wo die Unterlagen erhältlich sind oder veröffentlicht wurden. Wurde die Angebotsunterlage in einer oder mehreren Zeitungen mit Verbreitung im gesamten Bundesgebiet veröffentlicht, so sind spätere Veröffentlichungen des Bieters betreffend das Übernahmeangebot in derselben Weise vorzunehmen; wurde die Angebotsunterlage nur in Form einer Broschüre vollständig veröffentlicht, so genügt für spätere Veröffentlichungen die Bekanntmachung im Amtsblatt zur Wiener Zeitung. Haben der Bieter oder die Zielgesellschaft eine Website, so sind die Unterlagen außerdem unverzüglich und deutlich kenntlich in diese aufzunehmen. *(BGBl I 2006/75)*

(2) Der Bieter ist verpflichtet, die Unterlagen gemäß Abs. 1 erster Satz dem Vorstand sowie dem Vorsitzenden des Aufsichtsrats der Zielgesellschaft und dessen Stellvertreter vor der Veröffentlichung zur Kenntnis zu bringen.

(3) Der Bieter und der Vorstand der Zielgesellschaft haben ihre jeweiligen Betriebsräte von Bekanntmachungen gemäß §§ 5 und 6 unverzüglich zu unterrichten und ihnen die Unterlagen gemäß Abs. 1 erster Satz unverzüglich nach Erhalt zu übermitteln. Der Vorstand der Zielgesellschaft hat deren Betriebsrat bei der ersten Unterrichtung über die Möglichkeit zur Stellungnahme und bei der Übermittlung der Angebotsunterlage über den geplanten Zeitpunkt der Veröffentlichung nach § 14 Abs. 3 zu informieren. *(BGBl I 2006/75)*

Verhinderungsverbot und Objektivitätsgebot

§ 12. (1) Vorstand und Aufsichtsrat der Zielgesellschaft dürfen keine Maßnahmen setzen, die geeignet sind, den Aktionären die Gelegenheit zur freien und informierten Entscheidung über das Angebot zu nehmen; § 4 Z 2 und 3 gilt sinngemäß.

(2) Ab dem Zeitpunkt, zu dem der Zielgesellschaft die Absicht des Bieters, ein Angebot abzugeben, bekannt wird, bis zur Veröffentlichung des Ergebnisses, bei Zustandekommen der Übernahme bis zur Durchführung des Angebots, benötigen Vorstand und Aufsichtsrat der Zielgesell-

schaft außer für die Suche nach konkurrierenden Angeboten für alle Maßnahmen, durch die das Angebot verhindert werden könnte, einer Zustimmung der Hauptversammlung zu der konkreten Maßnahme. Dies gilt insbesondere für die Ausgabe von Wertpapieren, durch die der Bieter an der Erlangung der Kontrolle über die Zielgesellschaft gehindert werden könnte.

(3) Entscheidungen, die vom Vorstand und allenfalls vom Aufsichtsrat der Zielgesellschaft vor dem in Abs. 2 genannten Zeitpunkt gefasst und bis zu diesem Zeitpunkt nicht einmal teilweise umgesetzt wurden, bedürfen vor ihrer Umsetzung der Zustimmung der Hauptversammlung, wenn die Maßnahmen außerhalb des normalen Geschäftsverlaufs liegen und die Umsetzung dazu führen könnte, dass das Angebot vereitelt wird. Maßnahmen, zu deren Vornahme die Verwaltungsorgane der Zielgesellschaft zu dem in Abs. 2 genannten Zeitpunkt bereits verpflichtet sind, bedürfen keiner Zustimmung der Hauptversammlung.

(BGBl I 2006/75)

Beiziehung eines Sachverständigen durch die Zielgesellschaft

§ 13. Die Zielgesellschaft hat zu ihrer Beratung während des gesamten Verfahrens und zur Prüfung der Äußerung ihrer Verwaltungsorgane (§ 14) einen hiefür geeigneten (§ 9 Abs. 2), von der Zielgesellschaft unabhängigen Sachverständigen zu bestellen. Die Bestellung des Sachverständigen bedarf der Zustimmung des Aufsichtsrats.

Äußerung der Zielgesellschaft, Prüfung und Veröffentlichung

§ 14. (1) Vorstand und Aufsichtsrat der Zielgesellschaft haben unverzüglich nach der Veröffentlichung der Angebotsunterlage begründete Äußerungen zum Angebot zu verfassen. Diese haben insbesondere eine Beurteilung darüber zu enthalten, ob die angebotene Gegenleistung und der sonstige Inhalt des Angebots dem Interesse aller Aktionäre und sonstigen Inhaber von Beteiligungspapieren angemessen Rechnung tragen und welche Auswirkungen das Angebot auf die Zielgesellschaft, insbesondere die Arbeitnehmer (betreffend die Arbeitsplätze, die Beschäftigungsbedingungen und das Schicksal von Standorten), die Gläubiger und das öffentliche Interesse aufgrund der strategischen Planung des Bieters für die Zielgesellschaft voraussichtlich haben wird. Falls sich Vorstand oder Aufsichtsrat nicht in der Lage sehen, abschließende Empfehlungen abzugeben, haben sie jedenfalls die Argumente für die Annahme und für die Ablehnung des Angebots unter Betonung der wesentlichen Gesichtspunkte darzustellen. *(BGBl I 2006/75)*

(2) Der Sachverständige (§ 13) hat seine Beurteilung des Angebots, der Äußerung des Vorstands der Zielgesellschaft „sowie der“ Äußerung des Aufsichtsrats schriftlich zu erstatten. *(BGBl I 2006/75)*

(3) Der Vorstand hat seine Äußerung sowie die des Aufsichtsrats, eine allfällige Äußerung des Betriebsrats und die Beurteilung des Sachverständigen innerhalb von zehn Börsetagen ab Veröffentlichung der Angebotsunterlage, spätestens aber fünf Börsetage vor Ablauf der Annahmefrist unter Beachtung von § 11 Abs. 1a sowie von § 18 AktG zu veröffentlichen. Sie sind vor der Veröffentlichung der Übernahmekommission anzuzeigen und gleichzeitig dem Betriebsrat zu übermitteln. *(BGBl I 2006/75)*

Verbesserungen und sonstige Änderungen des Angebots

§ 15. (1) Der Bieter kann die in seinem Angebot vorgesehene Gegenleistung während dessen Laufzeit verbessern und das Angebot zugunsten der Beteiligungspapierinhaber auch sonst ändern. Eine Verbesserung ist unzulässig, wenn der Bieter erklärt hat, das Angebot keinesfalls zu verbessern; dies gilt nicht, wenn ein konkurrierendes Angebot vorliegt oder wenn die Übernahmekommission eine Verbesserung gestattet.

(2) Die §§ 9 bis 11 gelten sinngemäß; der Bieter hat das verbesserte oder sonst geänderte Angebot frühestens am vierten und spätestens am siebten Börsetag nach Einlangen der Anzeige bei der Übernahmekommission zu veröffentlichen. Nach der Veröffentlichung der Verbesserung müssen mindestens acht Börsetage für die Annahme zur Verfügung stehen.

(3) Verbesserungen der Gegenleistung gelten auch für zu diesem Zeitpunkt bereits erklärte Annahmen, ebenso sonstige Änderungen zugunsten des Beteiligungspapierinhabers, es sei denn, dass dieser widerspricht.

(BGBl I 2006/75)

Transaktionen in Beteiligungspapieren der Zielgesellschaft

§ 16. (1) Sobald eine Bekanntmachung betreffend ein Angebot (§ 5 Abs. 2 und 3, § 6 Abs. 2) oder eine Anzeige (§ 10 Abs. 1) erfolgt ist, dürfen der Bieter und die mit ihm gemeinsam vorgehenden Rechtsträger „(§ 1 Z 6)“ keine rechtsgeschäftlichen Erklärungen, die auf den Erwerb von Beteiligungspapieren der Zielgesellschaft zu besseren Bedingungen als im Angebot gerichtet sind, abgeben, es sei denn, der Bieter verbessert das öffentliche Angebot (§ 15) oder die Übernahmekommission gestattet aus wichtigem Grund eine Ausnahme; solche Erklärungen sind jedenfalls unverzüglich zu veröffentlichen „(§ 11 Abs. 1a)“. *(BGBl I 2006/75)*

(2) Gibt der Bieter oder ein mit ihm gemeinsam vorgehender Rechtsträger „(§ 1 Z 6)“ entgegen

Abs. 1 eine Erklärung auf Erwerb zu besseren Bedingungen ab, so gilt dies als Verbesserung des öffentlichen Angebots zugunsten aller Empfänger (§ 15). *(BGBl I 2006/75)*

(3) Sobald eine Bekanntmachung betreffend ein Angebot (§ 5 Abs. 2 und 3, § 6 Abs. 2) oder eine Anzeige (§ 10 Abs. 1) erfolgt ist, dürfen der Bieter und die mit ihm gemeinsam vorgehenden Rechtsträger „(§ 1 Z 6)" keine Beteiligungspapiere der Zielgesellschaft verkaufen. *(BGBl I 2006/75)*

(4) Ist der Bieter oder ein mit ihm gemeinsam vorgehender Rechtsträger (§ 1 Z 6) ein Kreditinstitut, so ist dieses vom Verbot betreffend Transaktionen in Beteiligungspapieren der Zielgesellschaft gemäß Abs. 1 bis 3 ausgenommen, soweit die folgenden Bedingungen erfüllt werden:

1. Es muss sich um Transaktionen handeln, die folgende Bestände beziehungsweise Bankgeschäfte zum Gegenstand haben:

a) Positionen des Handelsbuchs (§ 2 Z 35 BWG) einschließlich aus Verpflichtungen als Market Maker oder Specialist an einer österreichischen Wertpapierbörse oder einer vergleichbaren Funktion an einer ausländischen Wertpapierbörse;

b) Vermögensverwaltung für Einzelkunden „(§ 3 Abs. 2 Z 2 Wertpapieraufsichtsgesetz 2018 – WAG 2018, BGBl. I Nr. 107/2017)"; *(BGBl I 2007/72; BGBl I 2017/107)*

c) das Investmentfonds- und Beteiligungsfondsgeschäft (§ 1 Abs. 1 Z 13 und 14 BWG);

d) das Effektenkommissionsgeschäft und Depotgeschäft (§ 1 Abs. 1 Z 5 und 7 BWG).

2. Die Transaktionen entsprechen nach Art und Umfang dem Geschäftsbetrieb vergleichbarer Kreditinstitute, es sei denn, dass es sich in den Fällen der Z 1 lit. b und d um ein Geschäft handelt, das über eine auf Initiative des Kunden von diesem abgegebene Weisung abgeschlossen wird.

3. Es bestehen keine Hinweise dafür, dass durch die Transaktionen Vermögensinteressen der Beteiligungspapierinhaber gefährdet werden, es sei denn, dass es sich in den Fällen der Z 1 lit. b und d um ein Geschäft handelt, das über eine auf Initiative des Kunden von diesem abgegebene Weisung abgeschlossen wird.

4. Alle Transaktionen werden nach Ablauf jeder Kalenderwoche unverzüglich an die Übernahmekommission gemeldet. In dieser Meldung sind die insgesamt gekaufte und verkaufte Stückzahl, gegliedert nach den einzelnen Typen von Beteiligungspapieren und nach den in Z 1 genannten Transaktionsarten, der gewichtete Durchschnittskurs der Käufe und Verkäufe sowie der jeweilige Höchstpreis und der Tiefstpreis anzugeben. Für eine Kreditinstitutsgruppe (§ 30 BWG) sind Meldungen vom übergeordneten Kreditinstitut gemeinsam vorzunehmen. Zusammen mit der ersten Meldung ist eine Erklärung abzugeben, dass das Kreditinstitut zeitgemäße und wirksame Compliance-Regeln, insbesondere eine strenge Trennung der Bankgeschäfte nach Z 1 von der Beteiligungsverwaltung der Bank und ihrer Beratungstätigkeit im Investmentbankgeschäft, umgesetzt hat; die Richtigkeit dieser Erklärung ist vom Compliance-Beauftragten zu bestätigen.

5. Ein Sachverständiger, der die Voraussetzungen des § 9 Abs. 2 erfüllt, bestätigt wöchentlich auf Grund einer mindestens stichprobenweisen Prüfung gegenüber der Übernahmekommission, dass keine Verletzung der in Z 1 bis 4 festgelegten Bedingungen vorliegt. Der Sachverständige hat unter anderem zu prüfen, ob die bei dem jeweiligen Kreditinstitut mit dem gegenständlichen Handel betrauten Personen mit den Voraussetzungen gemäß Z 1 bis 4 vertraut sind und ob die Mechanismen in der Abwicklung und in der Erfassung geeignet sind, die Einhaltung dieser Regeln und die Richtigkeit der Sammelmeldungen sicherzustellen.

(BGBl I 2006/75)

(5) Sobald eine Bekanntmachung betreffend ein Angebot (§ 5 Abs. 2 und 3, § 6 Abs. 2) oder eine Anzeige (§ 10 Abs. 1) erfolgt ist, haben alle am Ausgang des Übernahmeangebots besonders interessierten Rechtsträger den Erwerb und die Veräußerung von Beteiligungspapieren der Zielgesellschaft und von Optionen, die Beteiligungspapiere der Zielgesellschaft zum Gegenstand haben, der Übernahmekommission unverzüglich bekanntzugeben. Dasselbe gilt für Beteiligungspapiere und Optionen auf Beteiligungspapiere einer anderen Gesellschaft, wenn der Bieter Beteiligungspapiere dieser anderen Gesellschaft zum Tausch angeboten hat. Besonders interessierte Rechtsträger sind insbesondere der Bieter, alle mit ihm gemeinsam vorgehenden Rechtsträger „(§ 1 Z 6)"*, die Zielgesellschaft und die mit ihr gemäß „§ 189a Z 8 UGB"** konzernmäßig verbundenen Unternehmen, Mitglieder der Verwaltungsorgane dieser Unternehmen, Berater der genannten Unternehmen und Aktionäre, die über stimmberechtigte Aktien im Umfang von mindestens zwei von Hundert des Grundkapitals verfügen. „ "* *(*BGBl I 2006/75; **BGBl I 2015/68)*

(6) Die Bestimmungen in Abs. 1 bis 5 gelten bis zum Ablauf der Frist für die Annahme des Angebots (§ 19 Abs. 1), bei Verlängerung der Angebotsfrist nach § 19 Abs. 3 bis zum Ablauf dieser Frist. *(BGBl I 2006/75)*

(7) Erwerben der Bieter oder mit ihm gemeinsam vorgehende Rechtsträger (§ 1 Z 6) innerhalb von neun Monaten nach Ablauf der Frist für die Annahme des Angebots (§ 19 Abs. 1), bei Verlängerung der Angebotsfrist nach § 19 Abs. 3 innerhalb von neun Monaten nach Ablauf dieser Frist, Beteiligungspapiere der Zielgesellschaft und wird hiefür eine höhere Gegenleistung als die im Angebot für diese Beteiligungspapiere angebotene

Gegenleistung gewährt oder vereinbart, so ist der Bieter gegenüber den Beteiligungspapierinhabern, die das Angebot angenommen haben, zur Zahlung einer Geldleistung in Höhe des Unterschiedsbetrags verpflichtet; § 26 Abs. 2 und 3 gilt sinngemäß. Nicht als Erwerb gilt die Ausübung eines gesetzlichen Bezugsrechts auf Grund einer Erhöhung des Grundkapitals der Zielgesellschaft sowie die Erbringung einer höheren Gegenleistung im Zuge eines Verfahrens nach dem GesAusG. Wird eine kontrollierende Beteiligung an der Zielgesellschaft innerhalb der im ersten Satz genannten Frist vom Bieter weiterveräußert, so ist sinngemäß eine Geldleistung in Höhe des anteiligen Veräußerungsgewinns zu erbringen. *(BGBl I 2006/75)*

(8) Ist der Bieter oder ein mit ihm gemeinsam vorgehender Rechtsträger (§ 1 Z 6) ein Kreditinstitut, so führen Transaktionen gemäß Abs. 7 dann zu keiner Nachzahlungsverpflichtung, wenn die in Abs. 4 Z 1 bis 5 vorgesehenen Bedingungen eingehalten werden. An Stelle der wöchentlichen Melde- und Berichtspflicht gemäß Abs. 4 Z 4 und 5 tritt eine monatliche Melde- und Berichtspflicht. *(BGBl I 2006/75)*

Rechtsfolgen von konkurrierenden Angeboten

§ 17. Wird ein konkurrierendes Angebot veröffentlicht, so sind die Inhaber von Beteiligungspapieren berechtigt, vorangegangene Erklärungen der Annahme des ursprünglichen Angebots bis spätestens vier Börsetage vor Ablauf von dessen ursprünglicher Annahmefrist (§ 19 Abs. 1) zu widerrufen. Wurden mehrere Angebote gestellt und wird eines von ihnen verbessert, so können die Beteiligungspapierinhaber vorangegangene Erklärungen über die Annahme der anderen Angebote ebenfalls widerrufen.

(BGBl I 2006/75)

Weitere Äußerungen des Bieters und der Zielgesellschaft, Anordnungen der Übernahmekommisson betreffend die Information der Öffentlichkeit

§ 18. Die Übernahmekommission kann in einer Stellungnahme empfehlen oder durch Bescheid anordnen, daß der Bieter oder die Zielgesellschaft ergänzende Äußerungen oder Berichtigungen „gemäß § 11 Abs. 1a" zu veröffentlichen oder in anderer geeigneter Weise bekanntzumachen oder bestimmte Maßnahmen zur Beeinflussung der öffentlichen Meinung zu unterlassen hat. Sie kann die Anzeige von Äußerungen vor ihrer Veröffentlichung verlangen. *(BGBl I 2006/75)*

Frist für die Annahme des Angebots, Veröffentlichung des Ergebnisses

§ 19. (1) Die Frist zur Annahme des Angebots darf nicht weniger als „vier" Wochen und nicht mehr als zehn Wochen ab der Veröffentlichung der Angebotsunterlage betragen. *(BGBl I 2006/75; BGBl I 2017/107)*

(1a) Macht die Zielgesellschaft glaubhaft, dass sie durch die vom Bieter vorgesehene Annahmefrist in ihrer Geschäftstätigkeit ungebührlich behindert würde, so kann die Übernahmekommission für das Angebot eine kürzere Annahmefrist festlegen; eine Verkürzung auf unter sechs Wochen ist nur mit Zustimmung des Bieters zulässig. Macht der Vorstand oder der Aufsichtsrat der Zielgesellschaft glaubhaft, dass ihm bei einer Annahmefrist von weniger als drei Wochen eine angemessene Beurteilung des Angebots nicht zeitgerecht möglich ist, so kann die Übernahmekommission eine Annahmefrist von drei Wochen festlegen. *(BGBl I 2006/75)*

(1b) Der Bieter darf sein ursprüngliches Angebot verlängern. Eine Verlängerung ist unzulässig, wenn der Bieter erklärt hat, das Angebot keinesfalls zu verlängern; dies gilt nicht, wenn ein konkurrierendes Angebot vorliegt. Der Bieter hat die Verlängerung frühestens am zweiten Börsetag nach Einlangen der Anzeige bei der Übernahmekommission und spätestens drei Börsetage vor Ablauf der ursprünglichen Annahmefrist zu veröffentlichen; die §§ 9 bis 11 gelten sinngemäß. Macht die Zielgesellschaft glaubhaft, dass sie durch die verlängerte Annahmefrist in ihrer Geschäftstätigkeit ungebührlich behindert würde, kann die Übernahmekommission eine kürzere Frist festlegen oder die Verlängerung untersagen. *(BGBl I 2006/75)*

(1c) Wird ein konkurrierendes Angebot gemacht, so hat dessen Annahmefrist mindestens zwei Wochen zu umfassen und darf nicht vor Ablauf der Annahmefrist des ursprünglichen Angebots enden. Durch die Abgabe eines konkurrierenden Angebots verlängern sich die Annahmefristen für alle bereits gestellten Angebote bis zum Ende der Annahmefrist für das konkurrierende Angebot, sofern der ursprüngliche Bieter nicht den Rücktritt auf Grund eines Vorbehalts für den Fall der Abgabe eines günstigeren konkurrierenden Angebots erklärt. *(BGBl I 2006/75)*

(1d) Die Annahmefristen aller Angebote für eine Zielgesellschaft müssen spätestens zehn Wochen nach Beginn der Frist zur Annahme des ersten Angebots enden. Bei Vorliegen konkurrierender Angebote kann die Übernahmekommission eine angemessene Verlängerung der Annahmefristen auf mehr als zehn Wochen gewähren, soweit die Geschäftstätigkeit der Zielgesellschaft dadurch nicht ungebührlich behindert wird. *(BGBl I 2006/75)*

(2) Der Bieter hat das Ergebnis des Übernahmeangebots nach Ablauf der Angebotsfrist unverzüglich zu veröffentlichen „(§ 11 Abs. 1a)"; er hat dabei auf die Rechtsfolgen gemäß Abs. 3 hinzuweisen. *(BGBl I 2006/75)*

(3) Für diejenigen Inhaber von Beteiligungspapieren, die bisher das Angebot nicht angenommen haben, verlängert sich die Annahmefrist um drei Monate ab Bekanntgabe des Ergebnisses, wenn

1. ein Pflichtangebot gemäß dem 3. Teil dieses Bundesgesetzes abgegeben wurde,

2. der Bieter nach einem freiwilligen Angebot gemäß dem 2. Teil dieses Bundesgesetzes mehr als 90 vom Hundert des stimmberechtigten Grundkapitals hält, oder

3. ein freiwilliges Angebot gemäß dem 2. oder 3. Teil dieses Bundesgesetzes von der Erreichung einer bestimmten Mindestzahl von Beteiligungspapieren abhängig ist und diese Bedingung erfüllt wurde.
(BGBl I 2006/75)

(4) *(aufgehoben, BGBl I 2006/75)*

Zuteilungsregelung beim Teilangebot

§ 20. Ist bei einem Teilangebot, das auf den Erwerb eines bestimmten Anteils oder einer bestimmten Zahl von Beteiligungspapieren der Zielgesellschaft gerichtet ist, die Menge der Beteiligungspapiere, hinsichtlich derer Annahmeerklärungen abgegeben werden, größer als die Menge der Beteiligungspapiere, die der Bieter erwerben wollte (§ 7 Z 5), so sind die Annahmerklärungen verhältnismäßig zu berücksichtigen. Die Annahmeerklärung jedes Beteiligungspapierinhabers ist in dem Verhältnis zu berücksichtigen, in dem das Teilangebot zur Gesamtheit der zugegangenen Annahmeerklärungen steht. Der Bieter kann in der Angebotsunterlage Ausnahmen zur Vermeidung unrunder Aktienbestände festlegen.

Sperrfrist

§ 21. (1) Wenn ein Angebot zum Erwerb von Beteiligungspapieren gescheitert ist, dürfen der Bieter sowie alle mit ihm gemeinsam vorgehenden Rechtsträger „(§ 1 Z 6)" innerhalb eines Jahres ab Veröffentlichung des Ergebnisses des Angebots kein weiteres Angebot für Beteiligungspapiere der Zielgesellschaft abgeben. Während derselben Frist ist ihnen auch jeder Erwerb von Aktien untersagt, der eine Angebotspflicht „ " auslösen würde. *(BGBl I 2006/75)*

(2) Dasselbe gilt, wenn der Bieter kein Angebot stellt, obwohl er

1. Überlegungen oder die Absicht, ein Angebot zu stellen oder Tatsachen herbeizuführen, die zur Stellung eines Angebots verpflichten (§ 5 Abs. 2), bekanntgemacht hat;

2. die Entscheidung seines Vorstands und Aufsichtsrats, ein Angebot zu stellen (§ 5 Abs. 3 Z 1), bekanntgemacht hat;

3. öffentlich erklärt hat, daß ein Angebot nicht ausgeschlossen werde.

Die Sperrfrist beginnt in diesen Fällen 40 Börsetage nach der Bekanntgabe oder der öffentlichen Erklärung.

(3) Weiters ist die Stellung eines Angebots für die Dauer eines Jahres untersagt, wenn der Bieter öffentlich erklärt hat, daß ein Angebot nicht abgegeben werde oder die Herbeiführung von Tatsachen, die zur Stellung eines Angebots verpflichten, nicht erwogen werde.

(4) Die Übernahmekommission hat auf Antrag des Bieters und nach Anhörung der Zielgesellschaft die Sperrfrist zu verkürzen, wenn dies die Interessen der Zielgesellschaft und der Inhaber von Beteiligungspapieren der Zielgesellschaft nicht verletzt.

3. Teil

Pflichtangebote und freiwillige Angebote zur Kontrollerlangung

Angebotspflicht

§ 22. (1) Wer eine unmittelbare oder mittelbare kontrollierende Beteiligung an einer Zielgesellschaft erlangt, muss dies der Übernahmekommission unverzüglich mitteilen und innerhalb von 20 Börsetagen ab Kontrollerlangung ein den Bestimmungen dieses Bundesgesetzes entsprechendes Angebot für alle Beteiligungspapiere der Zielgesellschaft anzeigen.

(2) Eine unmittelbare kontrollierende Beteiligung ist eine unmittelbare Beteiligung an einer Zielgesellschaft, die mehr als 30 vom Hundert der auf die ständig stimmberechtigten Aktien entfallenden Stimmrechte vermittelt.

(3) Eine mittelbare kontrollierende Beteiligung liegt vor, wenn eine Beteiligung an einer Zielgesellschaft gemäß Abs. 2

1. durch eine börsenotierte Aktiengesellschaft im Sinn des § 2 gehalten wird, an der ebenfalls eine Beteiligung im Sinn von Abs. 2 besteht;

2. durch eine nicht im Sinn des § 2 börsenotierte Aktiengesellschaft oder durch einen Rechtsträger anderer Rechtsform gehalten wird und es Anteilsrechte oder sonstige Rechte ermöglichen, einen beherrschenden Einfluss auf diesen Rechtsträger auszuüben.

(4) Wer zu einer kontrollierenden Beteiligung, ohne dass ihm die Mehrheit der auf die ständig stimmberechtigten Aktien entfallenden Stimmrechte zusteht, innerhalb eines Zeitraums von zwölf Monaten Aktien hinzuerwirbt, die ihm zusätzlich mindestens zwei vom Hundert der Stimmrechte der Gesellschaft verschaffen, muss dies der Übernahmekommission unverzüglich mitteilen und innerhalb von 20 Börsetagen ein den Bestimmungen dieses Bundesgesetzes entsprechendes Angebot für alle Beteiligungspapiere der Zielgesellschaft anzeigen.

(5) Das Erlangen einer kontrollierenden Beteiligung ist – abgesehen von § 22b – nur zulässig, wenn der Beteiligte zuvor sichergestellt hat, dass er die baren Gegenleistungen erbringen kann, und wenn er alle gebotenen Maßnahmen getroffen hat, um die Erbringung aller sonstigen Arten von Gegenleistungen zu garantieren.

(6) Bei der Berechnung der in diesem Teil vorgesehenen Hundertsätze bleiben Stimmrechte, welche nach den Grundsätzen des Erwerbs eigener Aktien ruhen, außer Betracht.

(BGBl I 2006/75)

Bildung, Auflösung oder Änderung einer Gruppe gemeinsam vorgehender Rechtsträger

§ 22a. Die Angebotspflicht nach § 22 Abs. 1 besteht auch, wenn

1. eine Gruppe gemeinsam vorgehender Rechtsträger begründet wird, die zusammen eine kontrollierende Beteiligung erlangen;

2. eine Gruppe gemeinsam vorgehender Rechtsträger aufgelöst wird und dadurch ein Rechtsträger allein oder eine andere Gruppe von Rechtsträgern eine kontrollierende Beteiligung erlangt;

3. durch die Änderung der Zusammensetzung einer Gruppe gemeinsam vorgehender Rechtsträger oder der Absprache zwischen diesen Rechtsträgern die Willensbildung in der Gruppe von einem anderen Rechtsträger oder einer anderen Gruppe von Rechtsträgern beherrscht werden kann, wenn die Gruppe insgesamt eine kontrollierende Beteiligung hält.

(BGBl I 2006/75)

Passive Kontrollerlangung

§ 22b. (1) Wer eine kontrollierende Beteiligung erlangt, ohne dies durch zeitnahe Handlungen, wie insbesondere durch Anteilserwerb bewirkt zu haben, muss kein Angebot legen, wenn er beim Erwerb der Anteile nicht mit der Kontrollerlangung rechnen musste. Die Kontrollerlangung ist der Übernahmekommission unverzüglich, spätestens aber innerhalb von 20 Börsetagen ab Erlangen der kontrollierenden Beteiligung mitzuteilen.

(2) Im Fall des Abs. 1 können mehr als 26 vom Hundert der Stimmrechte nicht ausgeübt werden. Ein Ausbau der Beteiligung löst die Angebotspflicht nach § 22 Abs. 1 aus. Nach Abwicklung eines Angebots gemäß diesem Teil entfällt die Stimmrechtsbeschränkung.

(3) Die Übernahmekommission kann auf Antrag des Beteiligten das Ruhen der Stimmrechte ganz oder teilweise aufheben und statt dessen Bedingungen und Auflagen (§ 25 Abs. 2 zweiter Satz) festlegen, sofern dadurch ein gleichwertiger Schutz der anderen Inhaber von Beteiligungspapieren gewährleistet ist. Das Ruhen der 30 vom Hundert übersteigenden Stimmrechte kann nicht aufgehoben werden.

(BGBl I 2006/75)

Hinzurechnung von Beteiligungen und Erstreckung der Bieterpflichten

§ 23. (1) Gemeinsam vorgehenden Rechtsträgern (§ 1 Z 6) sind bei der Anwendung von §§ 22 bis 22b die von ihnen gehaltenen Beteiligungen wechselseitig zuzurechnen.

(2) Eine Beteiligung ist einem Rechtsträger bei der Anwendung von §§ 22 bis 22b einseitig zuzurechnen, wenn der Rechtsträger oder ein mit ihm gemeinsam vorgehender Rechtsträger (§ 1 Z 6) auf die Ausübung von Stimmrechten Dritter direkt oder indirekt Einfluss ausüben kann. Die Hinzurechnung erfolgt insbesondere für Beteiligungen,

1. die von einem Dritten für Rechnung des Rechtsträgers gehalten werden;

2. aus denen der Rechtsträger Stimmrechte ausüben kann, ohne Eigentümer zu sein;

3. die der Rechtsträger einem Dritten als Sicherheit übertragen hat, wenn der Rechtsträger die Stimmrechte ohne ausdrückliche Weisung des Sicherungsnehmers ausüben oder die Ausübung der Stimmrechte durch den Sicherungsnehmer beeinflussen kann;

4. an denen dem Rechtsträger ein Fruchtgenussrecht eingeräumt wird, wenn er die Stimmrechte ohne ausdrückliche Weisung des Aktionärs ausüben oder die Ausübung der Stimmrechte durch den Aktionär beeinflussen kann;

5. die der Rechtsträger durch einseitige Willenserklärung erwerben kann, wenn er die Stimmrechte ohne ausdrückliche Weisung des Aktionärs ausüben oder die Ausübung der Stimmrechte durch den Aktionär beeinflussen kann.

Bei den Tatbeständen gemäß Z 1 bis 5 sind dem Rechtsträger die mit ihm gemeinsam vorgehenden Rechtsträger gleichzuhalten.

(3) Die Pflicht zur Stellung eines Angebots sowie alle sonstigen Pflichten eines Bieters gelten für alle gemeinsam vorgehenden Rechtsträger (§ 1 Z 6). Für Parteien einer Absprache über die Ausübung von Stimmrechten (§ 1 Z 6 zweiter Satz) gilt dies nur insofern, als sie an der Kontrollerlangung mitwirken und das Stimmrecht nicht bloß nach Weisung des Beteiligten ausüben.

(BGBl I 2006/75)

Ausnahmen von der Angebotspflicht

§ 24. (1) Die Angebotspflicht besteht nicht, wenn die Beteiligung an der Zielgesellschaft im Sinn von §§ 22 bis 22b keinen beherrschenden Einfluss auf diese vermitteln kann oder wenn der Rechtsträger, der diesen Einfluss bei wirtschaftlicher Betrachtungsweise letztlich ausüben kann, nicht wechselt. In diesen Fällen kommt auch § 22b Abs. 2 und 3 nicht zur Anwendung. Der Sachverhalt ist der Übernahmekommission unverzüglich, spätestens aber innerhalb von 20 Börsetagen ab Erlangen der Beteiligung mitzuteilen.

(2) Die Beteiligung an der Zielgesellschaft vermittelt insbesondere dann keinen beherrschenden Einfluss auf diese, wenn

1. ein anderer Aktionär zusammen mit den mit ihm gemeinsam vorgehenden Rechtsträgern (§ 1 Z 6) über zumindest gleich viele Stimmrechte an der Zielgesellschaft wie der Bieter verfügt;

2. die Aktien aufgrund der üblichen Anwesenheit der anderen Aktionäre in der Hauptversammlung der Zielgesellschaft nicht die Mehrheit der Stimmrechte vermitteln;

3. die Ausübung der Stimmrechte aufgrund eines satzungsmäßigen Höchststimmrechts „(§ 12 Abs. 2 AktG)“ auf höchstens 30 vom Hundert beschränkt ist. *(BGBl I 2009/71)*

(3) Der Rechtsträger, der den beherrschenden Einfluss bei wirtschaftlicher Betrachtungsweise letztlich ausüben kann, wechselt insbesondere dann nicht, wenn

1. Aktien auf einen Rechtsträger übertragen werden, an dem der Übertragende eine unmittelbare oder mittelbare kontrollierende Beteiligung hält; wurden die Aktien bisher von einer Gruppe gemeinsam vorgehender Rechtsträger gehalten, so gilt dies sinngemäß, wenn die Willensbildung des Rechtsträgers, auf den die Aktien übertragen werden, nicht von einem anderen Rechtsträger oder einer anderen Gruppe von Rechtsträgern beherrscht werden kann;

2. Aktien auf einen Rechtsträger übertragen werden, der eine unmittelbare oder mittelbare kontrollierende Beteiligung am Übertragenden hält; werden die Aktien auf mehrere Rechtsträger übertragen, so gilt dies sinngemäß, wenn die Willensbildung in der Zielgesellschaft nicht von einem anderen Rechtsträger oder einer anderen Gruppe gemeinsam vorgehender Rechtsträger beherrscht werden kann;

3. Aktien auf eine Privatstiftung übertragen werden, auf deren Geschäftsführung ausschließlich bisher kontrollierend Beteiligte einen beherrschenden Einfluss ausüben können;

4. bei Abschluss oder Auflösung eines Stimmbindungsvertrags die Willensbildung in der Zielgesellschaft nicht von einem anderen Rechtsträger oder einer anderen Gruppe von Rechtsträgern beherrscht werden kann.

(BGBl I 2006/75)

Anzeigepflicht bei kontrollierender Beteiligung

§ 25. (1) Keine Angebotspflicht, aber eine Pflicht zur Anzeige des Sachverhalts an die Übernahmekommission besteht, wenn

1. bei Erlangen einer mittelbaren kontrollierenden Beteiligung (§ 22 Abs. 3) der Buchwert der unmittelbaren Beteiligung an der Zielgesellschaft weniger als 25 vom Hundert des buchmäßigen Nettoaktivvermögens des die unmittelbare Beteiligung haltenden Rechtsträgers beträgt;

2. Aktien zu bloßen Sanierungszwecken oder zur Sicherung von Forderungen erworben werden;

3. die für das Entstehen einer kontrollierenden Beteiligung erforderliche Zahl an Stimmrechten nur vorübergehend oder unbeabsichtigt überschritten wird, sofern die Überschreitung unverzüglich rückgängig gemacht wird;

4. Aktien durch Schenkung zwischen Angehörigen (§ 32 Abs. 1 „IO“), Erbgang oder Teilung von Vermögen aus Anlass einer Scheidung, Aufhebung oder Nichtigerklärung einer Ehe erworben werden; *(BGBl I 2010/29)*

5. Aktien auf einen anderen Rechtsträger übertragen werden, an dem mittelbar oder unmittelbar neben den bisherigen Gesellschaftern ausschließlich deren Angehörige (§ 32 Abs. 1 „IO“) beteiligt sind; dasselbe gilt für die Übertragung auf eine Privatstiftung, auf deren Geschäftsführung die Angehörigen einen beherrschenden Einfluss ausüben können; *(BGBl I 2010/29)*

6. der Beteiligte innerhalb von fünf Monaten ab Erlangen der kontrollierenden Beteiligung die übrigen Aktionäre nach dem GesAusG aus der Gesellschaft ausschließt, wenn die Abfindung nicht niedriger als der nach § 26 zu bietende Angebotspreis ist und auch dem höchsten Preis entspricht, der bis zur Eintragung dieses Beschlusses in das Firmenbuch vom Beteiligten für die entsprechenden Aktien bezahlt oder vereinbart wurde.

Die Anzeige hat unverzüglich, spätestens aber innerhalb von 20 Börsetagen ab Erlangen der kontrollierenden Beteiligung zu erfolgen.

(2) Die Übernahmekommission kann in den in Abs. 1 Z 1 und 2 genannten Fällen innerhalb eines Monats ab Anzeige auch die Stellung eines Pflichtangebots an die Inhaber von Beteiligungspapieren der Zielgesellschaft anordnen, wenn dies erforderlich ist, um nach den tatsächlichen Verhältnissen des Einzelfalls eine Gefährdung der Vermögensinteressen der Inhaber von Beteiligungspapieren der Zielgesellschaft zu vermeiden. Sieht die Übernahmekommission von der Anordnung eines Pflichtangebots ab, so kann sie ihre Entscheidung von Bedingungen oder Auflagen abhängig machen; dafür kommen insbesondere das Verbot des Hinzuerwerbs von Anteilen, der Verkauf von Anteilen, das Ruhen von Stimmrechten, die Wahl einer Mehrheit unabhängiger Aufsichtsratsmitglieder oder Berichtspflichten gegenüber der Hauptversammlung beziehungsweise der Übernahmekommission in Betracht. „Im Fall eines Aktienerwerbs durch die Anwendung von Abwicklungsinstrumenten, -befugnissen oder -mechanismen gemäß den §§ 48 ff des Bundesge-

setzes über die Sanierung und Abwicklung von Banken kann die Übernahmekommission kein Pflichtangebot anordnen; sie kann aber Auflagen aussprechen.“ *(BGBl I 2014/98)*

(3) Die Übernahmekommission kann in den in Abs. 1 Z 3 bis 6 genannten Fällen diejenigen Auflagen aussprechen, die erforderlich sind, um nach den tatsächlichen Verhältnissen des Einzelfalls eine Gefährdung der Vermögensinteressen der Inhaber von Beteiligungspapieren der Zielgesellschaft zu vermeiden. Als Auflagen kommen insbesondere die in Abs. 2 genannten Maßnahmen in Betracht.

(4) Bei Entscheidungen nach Abs. 2 und 3 hat die Übernahmekommission insbesondere darauf Bedacht zu nehmen, ob die Möglichkeit, einen beherrschenden Einfluss auf die Zielgesellschaft auszuüben, in zuverlässiger und dauerhafter Weise abgesichert ist, ob der Erwerbsvorgang vorrangig auf die Erlangung eines beherrschenden Einflusses über die Zielgesellschaft gerichtet war, ob der Erwerber oder ein konzernmäßig mit ihm verbundener Rechtsträger eine unmittelbare oder mittelbare Beteiligung an einem Unternehmen mit gleichem oder verwandtem Unternehmensgegenstand hält, ob eine einheitliche Leitung besteht oder angestrebt wird, ob für die Kontrollerlangung eine Prämie im Vergleich zum durchschnittlichen Börsenkurs (§ 26 Abs. 1) bezahlt wurde und ob im Fall des Abs. 1 Z 1 die Beteiligung an der Zielgesellschaft einen wesentlichen Teil des Betriebsvermögens des unmittelbar beherrschenden Rechtsträgers darstellt.

(BGBl I 2006/75)

Anmerkung zu § 25: Die „für Ehegatten, Ehesachen oder in Eheangelegenheiten maßgebenden Bestimmungen in der jeweils geltenden Fassung sind auf eingetragene Partner, Partnersachen oder Partnerangelegenheiten sinngemäß anzuwenden" (§ 43 Abs 1 EPG, BGBl I 2009/135, ab 1. 1. 2010).

Freiwillige Angebote zur Kontrollerlangung

§ 25a. (1) Wird die kontrollierende Beteiligung durch ein Übernahmeangebot erworben, das den Bestimmungen dieses Bundesgesetzes entspricht und für alle Beteiligungspapiere der Zielgesellschaft abgegeben wird, so besteht keine Pflicht, ein weiteres Angebot nach diesem Teil abzugeben.

(2) Angebote, durch die der Bieter eine kontrollierende Beteiligung erlangen könnte, sind kraft Gesetzes dadurch bedingt, dass dem Bieter im Rahmen des Angebots Annahmeerklärungen zugehen, die mehr als 50 vom Hundert der ständig stimmberechtigten Aktien umfassen, die Gegenstand des Angebots sind. Erwerben der Bieter oder mit ihm gemeinsam vorgehende Rechtsträger (§ 1 Z 6) parallel zum Angebot ständig stimmberechtigte Aktien, so sind diese Erwerbe den Annahmeerklärungen hinzuzurechnen.

(BGBl I 2006/75)

Inhalt des Angebots

§ 25b. (1) Auf Pflichtangebote und freiwillige Angebote zur Kontrollerlangung sind die Bestimmungen des zweiten Teils anzuwenden, soweit in diesem Teil nichts anderes bestimmt wird.

(2) Solche Angebote müssen auf Erwerb durch Kauf gegen Barzahlung einer bestimmten, spätestens zehn Börsetage nach der unbedingten Verbindlichkeit des Angebots zu entrichtenden Geldsumme lauten. Der Bieter kann daneben auch den Tausch in andere Wertpapiere anbieten. Beteiligungspapierinhaber, die von der Nachfrist gemäß § 19 Abs. 3 Gebrauch gemacht haben, haben Anspruch auf Barzahlung beziehungsweise Tausch in andere Wertpapiere spätestens zehn Börsetage nach Ablauf der Nachfrist.

(3) Ein Pflichtangebot darf nicht bedingt sein, es sei denn, dass die Bedingung gesetzlich geboten ist.

(BGBl I 2006/75)

Preis des Angebots

§ 26. (1) Der Preis eines Pflichtangebots oder eines freiwilligen Angebots zur Kontrollerlangung darf die höchste vom Bieter oder von einem gemeinsam mit ihm vorgehenden Rechtsträger (§ 1 Z 6) innerhalb der letzten zwölf Monate vor Anzeige des Angebots in Geld gewährte oder vereinbarte Gegenleistung für dieses Beteiligungspapier der Zielgesellschaft nicht unterschreiten. Dasselbe gilt in Bezug auf Gegenleistungen für Beteiligungspapiere, zu deren zukünftigem Erwerb der Bieter oder ein gemeinsam mit ihm vorgehender Rechtsträger (§ 1 Z 6) berechtigt oder verpflichtet ist. Der Preis muss weiters mindestens dem durchschnittlichen nach den jeweiligen Handelsvolumina gewichteten Börsenkurs des jeweiligen Beteiligungspapiers während der letzten sechs Monate vor demjenigen Tag entsprechen, an dem die Absicht, ein Angebot abzugeben, bekannt gemacht wurde.

(2) Betrifft das Angebot andere Beteiligungspapiere als Stammaktien und hat der Bieter oder ein mit ihm gemeinsam vorgehender Rechtsträger innerhalb der letzten zwölf Monate Stammaktien erworben, so muss der für diese anderen Beteiligungspapiere gebotene Preis überdies in einem angemessenen Verhältnis zu der für die Stammaktien gewährten Gegenleistung stehen; für die Bestimmung der Angemessenheit ist insbesondere der jeweilige Inhalt der verbrieften Rechte zu berücksichtigen. Dasselbe gilt in Bezug auf Gegenleistungen für Stammaktien, zu deren zukünftigem Erwerb der Bieter oder ein mit ihm gemein-

sam vorgehender Rechtsträger berechtigt oder verpflichtet ist.

(3) Bestand die Gegenleistung nicht oder nicht nur in Bargeld, so ist ihr Gesamtwert der Berechnung des Preises zugrunde zu legen; bei der Ermittlung des Gesamtwerts sind auch weitere zugewendete oder zugesagte Zahlungen oder sonstige vermögenswerte Vorteile einzubeziehen, wenn diese in wirtschaftlichem Zusammenhang mit der erlangten kontrollierenden Beteiligung stehen. Im Übrigen ist der Preis des Angebots unter Wahrung des Gleichbehandlungsgrundsatzes (§ 3 Z 1) und unter Berücksichtigung des Abs. 1 und 2 angemessen festzulegen, wenn

1. die Angebotspflicht durch Erwerb von Anteilen oder sonstigen Rechten an einem Rechtsträger, der an der Zielgesellschaft unmittelbar oder mittelbar eine kontrollierende Beteiligung hält, ausgelöst worden ist (§ 22 Abs. 3) und dieser Rechtsträger auch andere Vermögenswerte außer der Beteiligung an der Zielgesellschaft hält oder Schulden hat;

2. die vom Bieter innerhalb der letzten zwölf Monate gewährte oder vereinbarte Gegenleistung unter Berücksichtigung besonderer Umstände festgelegt wurde;

3. sich die Verhältnisse innerhalb der letzten zwölf Monate wesentlich geändert haben.

(4) Der Bieter sowie die mit ihm gemeinsam vorgehenden Rechtsträger haben alle für die Angemessenheit des Preises erheblichen Umstände dem Sachverständigen (§ 9) unverzüglich nach seiner Bestellung sowie der Übernahmekommission gleichzeitig mit der Anzeige gemäß § 10 Abs. 1 offenzulegen.

(4a) Ist der Bieter oder ein mit dem Bieter gemeinsam vorgehender Rechtsträger ein Kreditinstitut, so sind von diesem Kreditinstitut für Beteiligungspapiere der Zielgesellschaft gewährte oder vereinbarte Gegenleistungen der Preisbildung nicht zu Grunde zu legen, wenn die Voraussetzungen gemäß § 16 Abs. 4 Z 1 bis 3 vorliegen. Der Sachverständige gemäß § 9 hat in seinem Bericht über die Prüfung der Angebotsunterlage darzulegen, ob und in welchem Ausmaß Transaktionen im Sinn von § 16 Abs. 4 getätigt wurden und zu bestätigen, dass die Bedingungen gemäß § 16 Abs. 4 Z 1 bis 3 eingehalten wurden.

(5) Inhaber von Beteiligungspapieren im Sinn des § 33 Abs. 2 Z 4 können einen Antrag auf Überprüfung der Gesetzmäßigkeit des angebotenen Preises innerhalb von drei Monaten ab Veröffentlichung des Ergebnisses eines Übernahmeangebots stellen.

(BGBl I 2006/75)

Überschreiten der gesicherten Sperrminorität

§ 26a. (1) Wer eine unmittelbare oder mittelbare Beteiligung an einer Zielgesellschaft erlangt, die mehr als 26, aber nicht mehr als 30 vom Hundert der auf die ständig stimmberechtigten Aktien entfallenden Stimmrechte vermittelt, muss dies der Übernahmekommission unverzüglich, spätestens aber innerhalb von 20 Börsetagen ab Erlangen der Beteiligung mitteilen. Für die Ermittlung, ob eine solche Beteiligung vorliegt, sind § 22 Abs. 3, § 22a und § 23 sinngemäß anzuwenden.

(2) In diesem Fall können mehr als 26 vom Hundert der auf die ständig stimmberechtigten Aktien entfallenden Stimmrechte nicht ausgeübt werden. Nach Abwicklung eines Angebots nach diesem Teil entfällt die Stimmrechtsbeschränkung.

(3) Die Rechtsfolgen des Abs. 2 treten nicht ein, wenn ein anderer Aktionär zusammen mit den mit ihm gemeinsam vorgehenden Rechtsträgern (§ 1 Z 6) über zumindest gleich viele Stimmrechte an der Zielgesellschaft wie der Beteiligte verfügt, wenn die Ausübung der Stimmrechte aufgrund eines satzungsmäßigen Höchststimmrechts „(§ 12 Abs. 2 AktG)" auf höchstens 26 vom Hundert beschränkt ist oder wenn der Rechtsträger, der die Stimmrechte aus der gesicherten Sperrminorität letztlich ausüben kann, nicht wechselt (§ 24 Abs. 3). *(BGBl I 2009/71)*

(4) Die Übernahmekommission kann auf Antrag des Beteiligten das Ruhen der Stimmrechte ganz oder teilweise aufheben und stattdessen Bedingungen und Auflagen (§ 25 Abs. 2 zweiter Satz) festlegen, sofern dadurch ein gleichwertiger Schutz der anderen Inhaber von Beteiligungspapieren gewährleistet ist.

(BGBl I 2006/75)

Feststellungsverfahren

§ 26b. (1) Wer unmittelbar oder mittelbar Beteiligungspapiere an einer Zielgesellschaft hält, kann einen Feststellungsbescheid darüber beantragen, ob für ihn die Angebotspflicht besteht.

(2) Stellt die Übernahmekommission die Angebotspflicht fest, so hat der Bieter entweder abweichend von § 22 Abs. 1 innerhalb von 20 Börsetagen ab Zustellung des Feststellungsbescheids das Pflichtangebot anzuzeigen oder nach Abs. 3 vorzugehen. Die Frist für die Berücksichtigung von Vorerwerben nach § 26 verlängert sich um die Dauer des Verfahrens.

(3) Der Bieter kann anstelle der Anzeige eines Pflichtangebots seine Beteiligung innerhalb von 20 Börsetagen auf maximal 30 vom Hundert der ständig stimmberechtigten Aktien reduzieren oder das Erlangen der kontrollierenden Beteiligung auf sonstige Weise rückgängig machen; § 26a gilt sinngemäß. Die Rechtsfolgen einer Verletzung der Angebotspflicht treten nicht ein, wenn

1. der Antrag gemäß Abs. 1 unverzüglich nach Eintreten des zugrunde liegenden Sachverhalts gestellt wird und

2. der Bieter und mit ihm gemeinsam vorgehende Rechtsträger während des Bestehens der kontrollierenden Beteiligung ihre Stimmrechte nicht ausüben.

(BGBl I 2006/75)

Abweichende Satzungsbestimmungen

§ 27. (1) Die Zielgesellschaft kann in ihrer Satzung vorsehen, dass

1. der Schwellenwert in § 22 Abs. 2 für sie als Zielgesellschaft herabgesetzt wird;

2. auf sie als Zielgesellschaft § 27a (Durchbrechung von Beschränkungen) anzuwenden ist;

3. die Verpflichtung zur Stellung eines Angebots hinsichtlich erst zu begebender Vorzugsaktien, Wandelschuldverschreibungen, Genussscheine und Optionen nicht besteht.
(BGBl I 2006/75)

(2) Beschlüsse der Hauptversammlung im Sinn des Abs. 1 sowie Beschlüsse zu deren Änderung bedürfen einer Mehrheit, die mindestens drei Viertel des bei der Beschlußfassung vertretenen Grundkapitals umfaßt. Die Satzung kann diese Mehrheit durch eine andere Kapitalmehrheit ersetzen.

(3) Beschlüsse zur Änderung von Satzungsbestimmungen im Sinn des Abs. 1 Z 1 bedürfen überdies der Zustimmung aller Inhaber von Beteiligungspapieren, wenn damit der Schwellenwert nach Abs. 1 Z 1 angehoben wird. *(BGBl I 2006/75)*

Durchbrechung von Übernahmehindernissen

§ 27a. (1) Die Satzung einer Aktiengesellschaft kann vorsehen, dass die in Abs. 3 bis 6 genannten Bestimmungen bei Angeboten anwendbar sind, die dem 3. Teil dieses Bundesgesetzes unterliegen. Soll eine solche Satzungsbestimmung durch Satzungsänderung eingeführt werden, so bedarf diese der Zustimmung derjenigen Aktionäre, denen ein Recht auf Entsendung von Aufsichtsratsmitgliedern gemäß § 88 AktG zukommt.

(2) Die Zielgesellschaft hat die Satzungsänderung der Übernahmekommission und den Aufsichtsstellen derjenigen Mitgliedstaaten mitzuteilen, in denen ihre Aktien zum Handel auf einem geregelten Markt zugelassen sind; bei Zulassung zum Handel auf einem geregelten Markt im Sinn von § 2 oder § 27b ist der Übernahmekommission mitzuteilen, ob eine entsprechende Satzungsbestimmung besteht. Die Übernahmekommission hat ein regelmäßig aktualisiertes Verzeichnis der auf die verschiedenen Gesellschaften anzuwendenden Bestimmungen zu führen und in geeigneter Weise zu veröffentlichen.

(3) In der Satzung der Zielgesellschaft vorgesehene Beschränkungen der Übertragbarkeit von Aktien haben keine Wirkung, sofern die Aktien zwischen der Veröffentlichung der Angebotsunterlage (§ 11 Abs. 1) und dem in der Angebotsunterlage vorgesehenen Zeitpunkt für die Abwicklung des Angebots an den Bieter oder an mit ihm gemeinsam vorgehende Rechtsträger (§ 1 Z 6) übertragen werden sollen. Dasselbe gilt für Beschränkungen der Übertragbarkeit, die in einer vertraglichen Vereinbarung zwischen Aktionären der Zielgesellschaft oder zwischen der Zielgesellschaft und ihren Aktionären enthalten sind, wenn die Vereinbarung nach dem 30. März 2004 geschlossen worden ist.

(4) In der Satzung der Zielgesellschaft vorgesehene Stimmrechtsbeschränkungen finden keine Anwendung, wenn die Hauptversammlung während der Annahmefrist über Maßnahmen beschließt, durch die das Angebot verhindert werden könnte (§ 12). Dasselbe gilt für Stimmrechtsbeschränkungen, die in einer vertraglichen Vereinbarung zwischen Aktionären der Zielgesellschaft oder zwischen der Zielgesellschaft und ihren Aktionären enthalten sind, wenn diese Vereinbarung nach dem 30. März 2004 geschlossen worden ist.

(5) Wenn der Bieter nach einem Angebot über mindestens 75 vom Hundert des stimmberechtigten Grundkapitals verfügt, so kann er „eine Hauptversammlung der Zielgesellschaft“ einberufen. „Die Veröffentlichung der Einberufung hat spätestens am 14. Tag vor der Hauptversammlung zu erfolgen.“ In allen Hauptversammlungen innerhalb der ersten sechs Monate nach dem in der Angebotsunterlage vorgesehenen Zeitpunkt für die Abwicklung des Angebots gelten Stimmrechtsbeschränkungen im Sinn von Abs. 4 nicht, wenn die Satzung geändert werden soll oder wenn Mitglieder des Aufsichtsrats abberufen oder gewählt werden sollen. Diese Hauptversammlungen können von einzelnen Aktionären entsandte Mitglieder des Aufsichtsrats abberufen und neue Aufsichtsratsmitglieder wählen, ohne dass Entsendungsrechte einzelner Aktionäre bestehen; solche Entsendungsrechte können durch Satzungsänderung ohne Zustimmung des betroffenen Aktionärs abgeschafft werden. Zwischen der Einberufung der Hauptversammlung und ihrem Ende gelten Beschränkungen der Übertragbarkeit der Anteile im Sinn von Abs. 3 nicht, sofern die Aktien an den Bieter oder an mit ihm gemeinsam vorgehende Rechtsträger (§ 1 Z 6) übertragen werden sollen. *(BGBl I 2009/71)*

(6) Erwirbt der Bieter Aktien, bei denen vertragliche Übertragungsbeschränkungen durchbrochen sind, so hat der Vertragspartner des veräußernden Aktionärs gegen den Bieter einen vor den ordentlichen Gerichten geltend zu machenden Anspruch auf angemessene Entschädigung in Geld. Die Entschädigungspflicht gilt in Fällen

der Durchbrechung vertraglicher Stimmrechtsbeschränkungen sinngemäß. Konventionalstrafen für die Verletzung von Übertragungs- und Stimmrechtsbeschränkungen finden in solchen Fällen keine Anwendung.

(BGBl I 2006/75)

4. Teil
Internationaler Anwendungsbereich

Aktiengesellschaften mit Sitz im Inland und Notierung im Ausland

§ 27b. (1) Die in Abs. 2 genannten Bestimmungen finden auf öffentliche Angebote zum Erwerb von stimmberechtigten Aktien Anwendung, die von einer Aktiengesellschaft mit Sitz im Inland ausgegeben wurden, wenn die folgenden Bedingungen erfüllt sind:

1. Die Aktien sind nicht zum Handel auf einem geregelten Markt in Österreich, aber auf einem geregelten Markt eines anderen Mitgliedstaats der Europäischen Gemeinschaft oder eines Vertragsstaats des EWR zugelassen.

2. Das Angebot würde dem 3. Teil dieses Bundesgesetzes unterliegen, sofern die Aktien zum Handel auf einem geregelten Markt in Österreich zugelassen wären.

(2) Für solche Angebote gelten neben dem „1. und 6. Teil" dieses Bundesgesetzes die Bestimmungen über die Unterrichtung der Arbeitnehmer der Zielgesellschaft (§ 11 Abs. 3 und § 14 Abs. 3, soweit sich diese Normen auf die Unterrichtung der Arbeitnehmer der Zielgesellschaft beziehen), über das Verhinderungsverbot und Objektivitätsgebot (§ 12), über die Verpflichtung zur Stellung eines Angebots (§§ 22 bis 23), über die Ausnahmen von der Angebotspflicht (§ 24), über die Anzeigepflicht bei kontrollierender Beteiligung (§ 25), über das Überschreiten der gesicherten Sperrminorität (§ 26a), über das Feststellungsverfahren (§ 26b), über die Änderung der Satzung (§ 27 mit Ausnahme von Abs. 1 Z 3) sowie über die Durchbrechung von Beschränkungen (§ 27a). *(BGBl I 2017/107)*

(BGBl I 2006/75)

Aktiengesellschaften mit Sitz im Ausland und Notierung im Inland

§ 27c. (1) Die in Abs. 2 genannten Bestimmungen finden auf öffentliche Angebote zum Erwerb von Wertpapieren mit Stimmrecht Anwendung, die von einer Aktiengesellschaft mit Sitz in einem anderen Mitgliedstaat der Europäischen Gemeinschaft oder in einem Vertragsstaat des EWR ausgegeben wurden, wenn die folgenden Bedingungen erfüllt sind:

1. Die Wertpapiere sind zum Handel auf einem geregelten Markt in Österreich, aber nicht auf einem geregelten Markt des Sitzstaates der Aktiengesellschaft zugelassen.

2. Die Wertpapiere wurden nicht bereits vor ihrer Zulassung in Österreich zum Handel auf einem geregelten Markt in einem dritten Mitgliedstaat der Europäischen Gemeinschaft oder in einem Vertragsstaat des EWR zugelassen und sind dort immer noch zugelassen.

3. Die Aktiengesellschaft hat gemäß „§ 119 Abs. 11 BörseG 2018" mitgeteilt, dass Österreich für die Beaufsichtigung von öffentlichen Angeboten zuständig sein soll, wenn die Wertpapiere gleichzeitig erstmals zum Handel auf geregelten Märkten in Österreich und in einem dritten Mitgliedstaat der Europäischen Gemeinschaft oder in einem Vertragsstaat des EWR zugelassen wurden. *(BGBl I 2017/107)*

4. Das Angebot würde dem 3. Teil dieses Bundesgesetzes unterliegen, sofern die Aktiengesellschaft ihren Sitz im Inland hätte.

(2) Für solche Angebote gelten neben dem „1. und 6. Teil" dieses Bundesgesetzes die Bestimmungen über den Inhalt des Angebots und das Angebotsverfahren; das sind insbesondere §§ 4 bis 11, §§ 13 bis 21 (mit Ausnahme von § 11 Abs. 3 und § 14 Abs. 3, soweit sich diese Normen auf die Unterrichtung der Arbeitnehmer der Zielgesellschaft beziehen) sowie §§ 25a bis 26. *(BGBl I 2017/107)*

(3) Sind die Wertpapiere einer Aktiengesellschaft mit Sitz in einem anderen Mitgliedstaat der Europäischen Gemeinschaft oder in einem Vertragsstaat des EWR zwar zum Handel auf einem geregelten Markt in Österreich zugelassen, findet Abs. 2 aber keine Anwendung, so kann die Übernahmekommission die Veröffentlichung der Angebotsunterlage nur untersagen, wenn die Veröffentlichung im Staat der zuständigen Aufsichtsstelle unzulässig ist. Die Übernahmekommission kann die Aufnahme zusätzlicher Angaben in die Angebotsunterlage verlangen, wenn diese Angaben für den inländischen Wertpapiermarkt spezifisch sind und wenn sie sich auf Förmlichkeiten, die bei der Annahme des Angebots und für den Erhalt der bei Schließung des Angebots fälligen Gegenleistung zu beachten sind, oder auf die steuerliche Behandlung der den Inhabern von Beteiligungspapieren angebotenen Gegenleistung beziehen; ebenso kann die Übernahmekommission die Übersetzung der Angebotsunterlage in die deutsche oder englische Sprache verlangen.

(BGBl I 2006/75)

Internationale Zusammenarbeit der Aufsichtsstellen

§ 27d. Die Übernahmekommission und die Finanzmarktaufsichtsbehörde haben mit den Aufsichtsstellen und anderen Stellen zur Beaufsichtigung der Kapitalmärkte der anderen Mitgliedstaaten der Europäischen Gemeinschaft und Vertragsstaaten des EWR, insbesondere mit den zuständigen Stellen gemäß den Richtlinien „2001/34/EG, 2003/6/EG, 2003/71/EG und 2004/39/EG", zusammenzuarbeiten und ihnen Auskünfte zu erteilen, wenn dies zur Anwendung dieses Bundesgesetzes oder anderer auf Grund der Richtlinie 2004/25/EG erlassener Vorschriften, insbesondere in den in § 27b und § 27c genannten Fällen, erforderlich ist. Die Zusammenarbeit umfasst die Zustellung der von den zuständigen Stellen verfassten Schriftstücke sowie angemessene Unterstützung in anderer Form. *(BGBl I 2007/72)*

(BGBl I 2006/75)

5. Teil

Angebote zur Beendigung der Handelszulassung und bei bestimmten gesellschaftsrechtlichen Maßnahmen

Angebote zur Beendigung der Handelszulassung

§ 27e. (1) Für Angebote im Sinn des § 38 Abs. 6 bis 8 BörseG 2018 gelten die Bestimmungen für Pflichtangebote nach Maßgabe der folgenden Absätze.

(2) Der Emittent der Beteiligungspapiere, deren Handelszulassung an der Wiener Börse beendet werden soll, gilt als Zielgesellschaft.

(3) Als gemeinsam vorgehende Rechtsträger gelten natürliche oder juristische Personen, die mit dem Bieter auf der Grundlage einer Absprache zusammenarbeiten, um die Beendigung der Handelszulassung der Zielgesellschaft zu bewirken. § 1 Z 6 zweiter Satz erster Halbsatz gilt sinngemäß.

(4) Die Angebotsunterlage hat auch die Angabe zu enthalten, dass eine Beendigung der Handelszulassung der Zielgesellschaft beabsichtigt wird.

(5) Das Angebot muss auf den Erwerb aller Beteiligungspapiere gerichtet sein, deren Handelszulassung widerrufen werden soll und die nicht vom Bieter oder von mit ihm gemeinsam vorgehenden Rechtsträgern (Abs. 3) gehalten werden.

(6) Abweichend von § 25b Abs. 3 genügt es, wenn das Angebot im Zeitpunkt der Antragstellung gemäß § 38 Abs. 6 BörseG 2018 von keinen Bedingungen mehr abhängig ist.

(7) Für den Preis des Angebots gilt § 26 mit der Maßgabe, dass der Preis weiters mindestens dem durchschnittlichen nach den jeweiligen Handelsvolumina gewichteten Börsenkurs des jeweiligen Beteiligungspapiers während der letzten fünf Börsetage vor demjenigen Tag entsprechen muss, an dem die Absicht, die Beendigung der Handelszulassung zu bewirken, bekannt gemacht wurde. Liegt der so ermittelte Preis jedoch offensichtlich unter dem tatsächlichen Wert des Unternehmens, so ist der Preis des Angebots angemessen festzulegen.

(8) Sind dem Bieter im Rahmen des Angebots Annahmeerklärungen zugegangen, die mehr als 50 vom Hundert der Beteiligungspapiere umfassen, die Gegenstand des Angebots waren (Abs. 5), so kann ein Antrag auf Überprüfung der Gesetzmäßigkeit des angebotenen Preises (§ 26 Abs. 5) nicht auf eine angebliche Unangemessenheit des Preises gestützt werden.

(BGBl I 2017/107)

Angebote bei bestimmten gesellschaftsrechtlichen Maßnahmen

§ 27f. (1) Auf Angebote im Sinn der §§ 148 Abs. 2a, 225 Abs. 2a und 240 Abs. 3 AktG, des § 14 Abs. 2a EU-VerschG sowie des § 12 Abs. 3 SpaltG ist § 27e nach Maßgabe der folgenden Absätze anzuwenden.

(2) Die ihre Satzung ändernde, übertragende oder sich umwandelnde Gesellschaft gilt als Zielgesellschaft.

(3) Als gemeinsam vorgehende Rechtsträger gelten natürliche oder juristische Personen, die mit dem Bieter auf der Grundlage einer Absprache zusammenarbeiten, um die betreffende gesellschaftsrechtliche Maßnahme (Satzungsänderung, Verschmelzung, Umwandlung oder Spaltung) zu bewirken. § 1 Z 6 zweiter Satz erster Halbsatz gilt sinngemäß.

(4) Die Angebotsunterlage hat auch die Angabe zu enthalten, dass das Angebot aufgrund der betreffenden gesellschaftsrechtlichen Maßnahme gestellt wird und welche Auswirkungen diese Maßnahme auf die Handelszulassung der Zielgesellschaft haben wird.

(5) Das Angebot muss auf den Erwerb aller Beteiligungspapiere gerichtet sein, die nicht vom Bieter oder von mit ihm gemeinsam vorgehenden Rechtsträgern (Abs. 3) gehalten werden.

(6) Abweichend von § 25b Abs. 3 genügt es, wenn das Angebot im Zeitpunkt der Anmeldung der betreffenden gesellschaftsrechtlichen Maßnahme zum Firmenbuch von keinen Bedingungen mehr abhängig ist.

(BGBl I 2017/107)

Anwendung auf ausländische Aktiengesellschaften

§ 27g. § 27e ist auch auf Emittenten von Beteiligungspapieren mit Sitz im Ausland anzuwenden, deren Handelszulassung an der Wiener Börse beendet werden soll.

(BGBl I 2017/107)

6. Teil
Verfahren und Sanktionen

Übernahmekommission

§ 28. (1) Bei dem die Wiener Börse leitenden und verwaltenden Börseunternehmen wird eine Übernahmekommission eingerichtet.

(2) Die Übernahmekommission besteht aus

1. dem Vorsitzenden und zwei Stellvertretern des Vorsitzenden,

2. drei Mitgliedern, die Richter sein müssen,

3. drei Mitgliedern, die auf Vorschlag der Wirtschaftskammer Österreich bestellt werden,

4. drei Mitgliedern, die auf Vorschlag der Österreichischen Bundesarbeitskammer bestellt werden.

Die Mitglieder müssen über die erforderlichen Kenntnisse auf dem Gebiet des Kapitalmarkt- und Wertpapierwesens, des Gesellschaftsrechts oder der Unternehmensbewertung verfügen. Die vorschlagsberechtigten Stellen haben ihre Vorschläge an den Bundesminister für Justiz zu richten. Sie haben in ihrem Vorschlag für jedes Mitglied wenigstens drei Personen aufzunehmen. Das Vorschlagsrecht erlischt, wenn es nicht binnen einer angemessenen, vom Bundesminister für Justiz zu bestimmenden Frist ausgeübt wird. Die vorschlagsberechtigte Stelle hat die Voraussetzungen für die Bestellung und die Bereitschaft der vorgeschlagenen Personen zur Übernahme der Funktion glaubhaft zu machen.

(3) Die Mitglieder der Übernahmekommission sind in Ausübung dieses Amtes unabsetzbar und an keine Weisungen gebunden. „Der Bundesminister für Justiz hat das Recht, sich über alle Gegenstände der Geschäftsführung der Übernahmekommission zu unterrichten.“ Wenn in diesem Bundesgesetz nichts anderes vorgesehen ist, entscheidet die Übernahmekommission in Senaten von vier Mitgliedern, wobei jedem Senat mindestens je ein Mitglied aus den in Abs. 2 Z 1 und 2 aufgezählten Gruppen angehören muss. Im Übrigen wird die Zusammensetzung der Senate und die Verteilung der Geschäfte durch eine Geschäftsordnung geregelt, welche die Übernahmekommission zu erlassen hat; dabei ist auf das Erfordernis rascher Entscheidungen Bedacht zu nehmen. Die Übernahmekommission hat bis zum Tätigwerden eines Senats durch ihren Vorsitzenden unter Mitwirkung der Geschäftsstelle den Markt von Amts wegen zu beobachten; der Vorsitzende der Übernahmekommission kann im Rahmen der amtswegigen Überwachung vor Tätigwerden des zuständigen Senats um Auskünfte ersuchen. Dem Senatsvorsitzenden sind im Rahmen von Senatsverfahren verfahrensleitende Verfügungen vorbehalten, es sei denn der Senat entscheidet im Einzelfall anders. Der Senat entscheidet mit einfacher Mehrheit, bei Stimmengleichheit gibt die Stimme des Senatsvorsitzenden den Ausschlag. *(BGBl I 2001/98; BGBl I 2010/1)*

(4) Der Bundesminister für Justiz hat im Einvernehmen mit dem Bundesminister für Finanzen den Vorsitzenden, dessen Stellvertreter und die übrigen Mitglieder für jeweils fünf Jahre zu bestellen. Eine Wiederbestellung ist zulässig. Ist ein Mitglied dauernd verhindert oder scheidet es vorzeitig aus, so ist für seine restliche Amtsperiode ein Ersatzmitglied zu bestellen.

(5) Der Übernahmekommission dürfen nicht angehören

1. Mitglieder der Bundesregierung oder einer Landesregierung sowie Staatssekretäre;

2. Personen, die das für die Wählbarkeit zum Nationalrat erforderliche Alter noch nicht erreicht haben oder von der Wählbarkeit wegen einer Vorstrafe ausgeschlossen sind.

(6) Die Mitgliedschaft in der Übernahmekommission erlischt

1. bei Tod,

2. bei Verzicht,

3. bei Ende der Funktionsperiode,

4. wenn das Mitglied zur ordentlichen Funktionsausübung unfähig wird,

5. wenn das Mitglied eine grobe Pflichtverletzung begangen hat oder sonst ein Verhalten gesetzt hat, das mit dem Ansehen des Amtes unvereinbar ist,

6. wenn das Mitglied Einladungen zu drei aufeinanderfolgenden Sitzungen ohne genügende Entschuldigung keine Folge geleistet hat.

In den Fällen der Z 4 bis 6 erlischt die Mitgliedschaft erst mit der Feststellung durch die Übernahmekommission, die darüber nach Anhörung der betreffenden Person zu entscheiden hat.

(7) „Über die Erlassung der Geschäftsordnung (Abs. 3), die Feststellung des Erlöschens der Mitgliedschaft (Abs. 6 Z 4 bis 6) und die Stellungnahme zur Gebührenordnung (§ 31 Abs. 3) entscheidet die Vollversammlung aller Mitglieder mit einfacher Mehrheit; die Anwesenheit der Hälfte aller Mitglieder ist zur Beschlussfähigkeit ausreichend.“ Die Stimme des Vorsitzenden gibt bei Stimmengleichheit den Ausschlag. In gleicher Weise entscheidet die Vollversammlung, wenn sie zu Rechtsfragen von grundsätzlicher Bedeutung oder zu Rechtsfragen, die unterschiedlich entschieden wurden, ohne Anlaßfall allgemein Stellung nimmt. *(BGBl I 2006/75)*

(8) Die Geschäftsordnung der Übernahmekommission ist nach Anhörung des Bundesministers für Justiz, des Bundesministers für Finanzen und des die Wiener Börse leitenden und verwaltenden Börseunternehmens zu erlassen. *(BGBl I 2006/75)*

(9) Über die allfällige Befangenheit von Mitgliedern entscheidet in Abwesenheit des Betroffenen der für die Rechtssache zuständige Senat,

sofern sich das Mitglied nicht selbst für befangen erklärt. Der Vorsitzende der Übernahmekommission hat zur Senatssitzung, in der über die Befangenheit entschieden werden soll, das nach der Geschäftsordnung vorgesehene Ersatzmitglied des Betroffenen einzuberufen. *(BGBl I 2001/98)*

(10) Bescheide nach § 57 AVG können im Umlaufweg beschlossen werden, wenn kein Senatsmitglied diesem Vorgehen widerspricht. *(BGBl I 2001/98)*

(11) Alle Organe des Bundes, der Länder und der Gemeinden sowie alle sonstigen mit Aufgaben der Bundes-, Landes- und Gemeindeverwaltung betrauten Organe sind im Rahmen ihres gesetzlichen Wirkungsbereichs zur Hilfestellung und Auskunftserteilung an die Übernahmekommission verpflichtet, um sie in ihrer Wirksamkeit zu unterstützen. *(BGBl I 2001/98)*

Aufgaben der Übernahmekommission, Vorfragenentscheidung

§ 29. (1) Die Zuständigkeit für alle in diesem Bundesgesetz geregelten Angelegenheiten liegt ausschließlich bei der Übernahmekommission. Sie überwacht die Anwendung dieses Bundesgesetzes und entscheidet über alle nach diesem Bundesgesetz zu beurteilenden Angelegenheiten. Die Übernahmekommission kann die Einleitung eines Verfahrens jederzeit von Amts wegen beschließen. Sie ist auch zur Erstattung von Stellungnahmen, zur Beratung und zur gütlichen Beilegung von Meinungsverschiedenheiten bei der Anwendung dieses Bundesgesetzes zuständig.

(2) Hängt die Entscheidung in einem zivilgerichtlichen Verfahren von der noch nicht vorliegenden Entscheidung einer Vorfrage ab, die nach diesem Bundesgesetz zu treffen ist, so hat das Gericht das Verfahren zu unterbrechen und einen Feststellungsbescheid der Übernahmekommission betreffend die Vorfrage herbeizuführen. Parteien des Feststellungsverfahrens sind die Parteien des zivilgerichtlichen Verfahrens, der Bieter und die Zielgesellschaft. An den Bescheid, der über die Vorfrage abspricht, ist das Gericht gebunden.

Verfahren

§ 30. (1) Die Entscheidung ist möglichst rasch, längstens innerhalb eines Monats, in Verfahren gemäß § 33 binnen angemessener Frist zu treffen; dies gilt nicht für Entscheidungen gemäß § 35. „“ *(BGBl I 2013/190)*

(2) „Das Verfahren vor der Übernahmekommission ist nach dem AVG zu führen; in Bezug auf die mündliche Verhandlung sind die §§ 24 und 25 VwGVG sinngemäß anzuwenden.“ Strafverfahren gemäß § 35 sind nach dem VStG zu führen. *(BGBl I 2013/190)*

(3) Die Übernahmekommission kann auf eine mündliche Verhandlung verzichten, wenn anzunehmen ist, daß sie auf Grund der Verhandlung zu keinem anderen Ergebnis kommen kann, insbesondere wenn es sich um einen klaren Sachverhalt sowie eine klare Rechtsfrage handelt und die Notwendigkeit einer raschen Entscheidung die Anberaumung einer mündlichen Verhandlung untunlich erscheinen läßt. Eine mündliche Verhandlung ist jedenfalls im Verwaltungsstrafverfahren (§ 35) durchzuführen, weiters wenn die Parteien nicht auf die mündliche Verhandlung verzichtet haben und die Entscheidung einen der folgenden Gegenstände betrifft:

1. die Feststellung der Gesetzwidrigkeit des Angebots oder der Angebotsunterlage, die Untersagung der Veröffentlichung der Angebotsunterlage oder der Durchführung des Angebots (§ 10 Abs. 3);

2. die Verpflichtung zur Stellung eines Angebots oder zur Erstattung einer Mitteilung „ “; *(BGBl I 2006/75)*

3. die Überprüfung der Angemessenheit des Preises des Pflichtangebots (§ 26 Abs. 5);

4. zivilrechtliche Sanktionen (§ 34).

(4) „Börsenotierte Gesellschaften (§ 2, § 27b, § 27c), der Bieter, gemeinsam mit der Zielgesellschaft oder dem Bieter vorgehende Rechtsträger (§ 1 Z 6), die Leitungs- beziehungsweise Verwaltungsorgane der genannten Rechtsträger“ sowie deren unmittelbare oder mittelbare Gesellschafter samt deren verbundenen Unternehmen, die Sachverständigen (§§ 9 und 13) sowie alle sonstigen Berater haben dem zuständigen Senat der Übernahmekommission die zur Beurteilung des Angebots zweckdienlichen Angaben zu machen und jederzeit auf ihr Verlangen alle verfügbaren Informationen über das Angebot mitzuteilen sowie die Auskünfte zu geben und Unterlagen auszufolgen, welche für die Übernahmekommission zur Erfüllung ihrer Aufgaben notwendig sind; die Auskunftspflicht gilt insbesondere auch für die Ermittlung von Sachverhalten nach §§ 5 f und §§ 22 ff. Bei Erfüllung dieser Pflicht besteht die Verpflichtung zur Wahrung des Bankgeheimnisses nicht, soweit ein Kreditinstitut Sachverständiger im Sinn der §§ 9 und 13 ist. *(BGBl I 2001/98; BGBl I 2006/75)*

(5) Alle Veröffentlichungen, Bekanntmachungen, in die Öffentlichkeit gelangten Stellungnahmen und sonstigen Äußerungen des Bieters, der Verwaltungsorgane der Zielgesellschaft, der Sachverständigen und aller sonstigen Berater sind der Übernahmekommission unverzüglich zur Kenntnis zu bringen, soweit sie ihr nicht vor der Veröffentlichung anzuzeigen sind.

(6) Die Übernahmekommission kann ihre Stellungnahmen und Bescheide veröffentlichen, wenn dies zur Information der Inhaber von Beteiligungspapieren der Zielgesellschaft zweckmäßig ist.

(7) Das die Wiener Börse leitende und verwaltende Börseunternehmen hat den Sach- und Personalaufwand der Übernahmekommission zu tragen; es hat ihr ein Sekretariat „(Geschäftsstelle)“ und entsprechend qualifizierte Fachkräfte im erforderlichen Umfang zur Verfügung zu stellen. *(BGBl I 2001/98)*

(8) Die mit den Angelegenheiten der Übernahmekommission befaßten Mitarbeiter des die Wiener Börse leitenden und verwaltenden Börseunternehmens sind zur Verschwiegenheit verpflichtet; alle ihnen aus ihrer Tätigkeit nach diesem Bundesgesetz bekanntgewordenen Tatsachen dürfen sie nur zur Erfüllung ihrer Aufgaben verwenden.

Rechtsmittelverfahren

§ 30a. (1) Bescheide der Übernahmekommission können mit Rekurs an den Obersten Gerichtshof angefochten werden; die Erhebung einer Beschwerde beim Bundesverwaltungsgericht ist unzulässig. Verfahrensleitende Bescheide sind nur mit dem Rekurs gegen die Entscheidung über die Sache anfechtbar.

(2) Auf den Rekurs und für das Rechtsmittelverfahren vor dem Obersten Gerichtshof sind die Bestimmungen des Außerstreitgesetzes über den Revisionsrekurs mit der Maßgabe sinngemäß anwendbar, dass der Rekurs jedenfalls zulässig ist.

(3) Soweit der Rekurs nicht als verspätet zurückzuweisen ist, hat die Übernahmekommission diesen mitsamt den Akten dem Obersten Gerichtshof vorzulegen. Dabei kann sich die Übernahmekommission zum Rekurs äußern.

(BGBl I 2013/190)

Auslagenersatz, Kosten und Gebühren

§ 31. (1) Die Mitglieder der Übernahmekommission haben Anspruch auf Ersatz der angemessenen Reisekosten und Barauslagen sowie auf eine Vergütung für ihren Zeit- und Arbeitsaufwand. Die Vergütung ist in einer Verordnung des Bundesministers für Justiz im Einvernehmen mit dem Bundesminister für Finanzen unter Bedachtnahme auf Bedeutung und Umfang der Aufgaben der Übernahmekommission zu regeln.

(2) Das die Wiener Börse leitende und verwaltende Börseunternehmen ist verpflichtet, die Ansprüche der Mitglieder der Übernahmekommission auf Auslagenersatz und Vergütungen gemäß Abs. 1 zu erfüllen.

(3) Das die Wiener Börse leitende und verwaltende Börseunternehmen kann eine Gebührenordnung für das Verfahren vor der Übernahmekommission erlassen; die darin vorzusehenden vom Bieter und von der Zielgesellschaft zu entrichtenden Gebühren sollen den Aufwand gemäß Abs. 1 und gemäß § 30 Abs. 7 decken. Die Gebührenordnung hat den Erlag von angemessenen Kosten- und Gebührenvorschüssen vorzusehen. Die Übernahmekommission ist vor Erlassung der Gebührenordnung zu hören. „Die Gebührenordnung ist jedenfalls im Veröffentlichungsblatt des die Wiener Börse leitenden und verwaltenden Börsenunternehmens zu veröffentlichen.“ *(BGBl I 2006/75)*

(4) Der Bieter gilt hinsichtlich allfälliger Barauslagen als Antragsteller im Sinn des § 76 AVG.

Veröffentlichung von Stellungnahmen und Entscheidungen

§ 32. Der Vorsitzende der Übernahmekommission hat allgemeine Stellungnahmen (§ 28 Abs. 7 letzter Satz), die einer im Einzelfall ergangenen Stellungnahme zugrundeliegende Rechtsauffassung sowie Entscheidungen (§ 29 Abs. 1) in geeigneter Weise zu veröffentlichen, soweit diese über den Einzelfall hinausgehende Bedeutung haben; hiebei sind berechtigte Interessen des Bieters, der Zielgesellschaft und sonstiger Beteiligter an der Wahrung von Geschäftsgeheimnissen tunlichst zu berücksichtigen.

Besondere Vorschriften über das Pflichtangebot, die Preisbildung und zivilrechtliche Sanktionen

§ 33. (1) Die Übernahmekommission kann von Amts wegen oder auf Antrag einer Partei mit Wirkung für und gegen den Bieter, die gemeinsam mit ihm vorgehenden Rechtsträger „(§ 1 Z 6)“, die Zielgesellschaft und die Inhaber von Beteiligungspapieren der Zielgesellschaft feststellen, ob

1. ein Angebot unter Verletzung der Bestimmungen des „2., 3. oder 5. Teils“ dieses Bundesgesetzes durchgeführt wurde, „insbesondere“ ob bei einem Pflichtangebot der angebotene Preis den gesetzlichen Vorschriften (§ 26) nicht entsprochen hat; *(BGBl I 2017/107)*

2. ein Pflichtangebot zu Unrecht nicht gestellt oder nicht angeordnet wurde oder eine gebotene Mitteilung unterlassen wurde (§§ 22 bis 25);

3. zivilrechtliche Sanktionen nach § 34 eingetreten sind.

Für diese Verfahren gelten die Bestimmungen der Abs. 2 bis 7. *(BGBl I 2006/75)*

(2) Parteien des Verfahrens sind:

1. der Bieter;

2. mit dem Bieter gemeinsam vorgehende Rechtsträger „(§ 1 Z 6)“, wenn diese Eigenschaft vom Rechtsträger selbst bejaht wird, bereits festgestellt wurde oder Gegenstand des anhängigen Verfahrens ist; *(BGBl I 2006/75)*

3. die Zielgesellschaft (ausgenommen in einem Verfahren nach § 26 Abs. 5);

4. Beteiligungspapierinhaber der Zielgesellschaft, die allein oder gemeinsam mit anderen Beteiligungspapierinhabern über Aktien mit einem Nennbetrag oder anteiligen Betrag von einem Hundertstel des Grundkapitals verfügen, oder über Beteiligungspapiere im anteiligen Betrag von mindestens einer Million Schilling, wenn sie diese Voraussetzung glaubhaft machen und – falls es sich um mehrere Beteiligungspapierinhaber handelt – einen gemeinsamen Vertreter bestellt haben. Ab Anpassung der Aktiennennbeträge an Euro-Nennbeträge tritt an die Stelle des Betrags von einer Million Schilling der Betrag von 70 000 Euro.

(3) Die Übernahmekommission hat die Einleitung des Verfahrens unverzüglich zu veröffentlichen „(§ 11 Abs. 1a)“. Sie hat in dieser Veröffentlichung den Bieter und mit ihm gemeinsam vorgehende Rechtsträger „(§ 1 Z 6)“ mit Sitz, Wohnsitz oder gewöhnlichem Aufenthalt im Ausland aufzufordern, Zustellungsbevollmächtigte gemäß § 10 Abs. 2 zu bestellen. Weiters hat sie in der Veröffentlichung Inhaber von Beteiligungspapieren unter Setzung einer Frist von einem Monat darauf hinzuweisen, daß sie sich dem Verfahren unter den Voraussetzungen des Abs. 2 Z 4 anschließen können. Nach Ablauf dieser Frist sind Anträge weiterer Beteiligungspapierinhaber unzulässig; darauf ist in der Veröffentlichung hinzuweisen. *(BGBl I 2006/75)*

(4) Die Übernahmekommission hat zur Wahrung der Rechte der Inhaber von Beteiligungspapieren der Zielgesellschaft die beantragte Entscheidung auch dann zu treffen, wenn alle Parteien gemäß Abs. 2 ihre allfälligen Anträge zurückziehen.

(5) Die Kosten des Verfahrens, einschließlich der Gebühren der Sachverständigen, trägt der Bieter. Sie sind jedoch insoweit der Zielgesellschaft ganz oder zum Teil nach Billigkeit aufzuerlegen, als diese einen Antrag oder Gegenantrag gestellt hat und überhaupt oder ab einem bestimmten Zeitpunkt voraussehen konnte, daß ihr Antrag einen nicht zweckentsprechenden Verfahrensaufwand verursacht; unter den gleichen Voraussetzungen können den Beteiligungspapierinhabern Verfahrenskosten auferlegt werden. Die Kosten rechtsfreundlicher Vertretung der Zielgesellschaft und der Beteiligungspapierinhaber sind nach Billigkeit ganz oder zum Teil dem Bieter aufzuerlegen, insbesondere wenn ihren Anträgen stattgegeben wird.

(6) *(entfällt, BGBl I 2019/63)*

(7) Hat ein Bieter (ein mit ihm gemeinsam vorgehender Rechtsträger gemäß „§ 1 Z 6“) mit Sitz, Wohnsitz oder gewöhnlichem Aufenthalt im Ausland nach der Veröffentlichung gemäß Abs. 3 keinen Zustellungsbevollmächtigten namhaft gemacht, kann die Übernahmekommission auf Kosten des Bieters einen Zustellungsbevollmächtigten bestellen. *(BGBl I 2006/75)*

Ruhen des Stimmrechts

§ 34. (1) Hat ein Bieter ein erforderliches Pflichtangebot nicht veröffentlicht oder bei einem Angebot gegen die Preisbildungsvorschriften (§§ 16 oder 26) verstoßen, so ruht sein Stimmrecht.

(2) Die Übernahmekommission hat das Ruhen des Stimmrechts aufzuheben, sobald ein den gesetzlichen Vorschriften entsprechendes Pflichtangebot gestellt wurde oder zur Wiedergutmachung der Verletzung von Preisbildungsvorschriften eine Zahlung geleistet wurde beziehungsweise ihre alsbaldige Leistung gesichert ist. Die Übernahmekommission kann das Ruhen des Stimmrechts auch aufheben, wenn die Rechtsverletzung nach den tatsächlichen Verhältnissen des Einzelfalls die Vermögensinteressen der Inhaber von Beteiligungspapieren der Zielgesellschaft nicht gefährdet hat oder wenn eine Gefährdung durch Bedingungen oder Auflagen beseitigt werden kann.

(3) Hat ein Bieter ein Angebot unter Verletzung anderer Bestimmungen dieses Bundesgesetzes abgegeben, so kann die Übernahmekommission sein Stimmrecht ruhend stellen, wenn dies erforderlich ist, um nach den tatsächlichen Verhältnissen des Einzelfalls die Vermögensinteressen der Inhaber von Beteiligungspapieren der Zielgesellschaft zu schützen. Die Übernahmekommission hat auszusprechen, unter welchen Bedingungen oder Auflagen das Ruhen des Stimmrechts aufgehoben wird.

(4) Unterlässt ein Beteiligter trotz Aufforderung durch die Übernahmekommission eine gesetzlich vorgesehene Mitteilung oder Anzeige, so kann die Übernahmekommission sein Stimmrecht bis zur Erstattung der Mitteilung oder Anzeige ruhend stellen, wenn dies zur Ermittlung des Sachverhalts erforderlich ist.

(5) Als Bedingung und Auflage gemäß Abs. 2 und 3 kann neben den in § 25 Abs. 2 genannten Maßnahmen insbesondere den Angebotsadressaten ein Rücktrittsrecht eingeräumt, die Angebotsfrist verlängert oder das Angebot neuerlich für Annahmeerklärungen geöffnet werden.

(BGBl I 2006/75)

Strafbestimmungen

§ 35. (1) Sofern die Tat nicht den Tatbestand einer gerichtlich strafbaren Handlung erfüllt, begeht eine Verwaltungsübertretung, wer

1. als Bieter, als Mitglied eines Verwaltungsorgans des Bieters sowie als Rechtsträger, der mit dem Bieter gemeinsam vorgeht (§ 1 Z 6), ebenso als Mitglied eines Verwaltungsorgans eines Rechtsträgers, der gemeinsam mit dem Bieter vorgeht (§ 1 Z 6), einer der folgenden Bestimmun-

gen zuwiderhandelt: § 4 Z 3 zweiter Halbsatz, § 5 Abs. 1, Abs. 2 sowie Abs. 3, die letztgenannten beiden Absätze in Verbindung mit Abs. 4 erster Satz, § 7, § 11, § 16 Abs. 1, Abs. 3, Abs. 5 und Abs. 7, § 19 Abs. 2, § 21 Abs. 1 und Abs. 2, § 22 Abs. 1 und Abs. 4, § 22a, § 23 Abs. 3 sowie § 30 Abs. 5;

2. als Mitglied eines Verwaltungsorgans der Zielgesellschaft einer der folgenden Bestimmungen zuwiderhandelt: § 4 Z 3 zweiter Halbsatz in Verbindung mit § 12, § 6 Abs. 2, § 11 Abs. 3, § 12, § 14 Abs. 1 und Abs. 3, § 27a Abs. 2 sowie § 30 Abs. 5;

3. als Mitglied eines Verwaltungsorgans eines in § 30 Abs. 4 genannten Rechtsträgers beziehungsweise als Bieter, gemeinsam mit ihm vorgehender Rechtsträger, mittelbare und unmittelbare Gesellschafter von Bieter oder börsenotierten Gesellschaften, Sachverständiger oder sonstiger Berater entgegen § 30 Abs. 4 eine Auskunft unrichtig, unvollständig, verspätet oder gar nicht erteilt oder eine Unterlage unvollständig, verspätet oder gar nicht vorlegt;

4. eine Auskunft nach § 28 Abs. 3 vorsätzlich unrichtig erteilt;

5. als Beteiligter, als Mitglied eines Verwaltungsorgans des Beteiligten, als mit diesem gemeinsam vorgehender Rechtsträger (§ 1 Z 6) oder als Mitglied eines Verwaltungsorgans eines solchen Rechtsträgers die Verpflichtung zur Anzeige an die Übernahmekommission nach § 22b Abs. 1, § 24 Abs. 1, § 25 Abs. 1 oder § 26a Abs. 1 verletzt;

6. als Beteiligter, als Mitglied eines Verwaltungsorgans des Beteiligten, als mit diesem gemeinsam vorgehender Rechtsträger (§ 1 Z 6) oder als Mitglied eines Verwaltungsorgans eines solchen Rechtsträgers Stimmrechte entgegen den Vorschriften des § 22b Abs. 2 oder § 26a Abs. 2 ausübt oder einen anderen dazu veranlasst. *(BGBl I 2006/75)*

(2) Die Tat ist mit einer Geldstrafe von 5 000 Euro bis 50 000 Euro zu bestrafen. *(BGBl I 2006/75)*

(3) Für das Strafverfahren ist in erster Instanz die Übernahmekommission zuständig, über Beschwerden entscheidet abweichend von § 30a das Bundesverwaltungsgericht. *(BGBl I 2013/190)*

(4) Bei Verwaltungsübertretungen gemäß Abs. 1 gilt anstelle der Verjährungsfrist des § 31 Abs. 1 VStG eine Verjährungsfrist von 18 Monaten. *(BGBl I 2015/68)*

Verweisungen

§ 36. Soweit in diesem Bundesgesetz auf Bestimmungen anderer Bundesgesetze verwiesen wird, sind diese in ihrer jeweils geltenden Fassung anzuwenden.

7. Teil

In-Kraft-Treten, Schluss- und Übergangsbestimmungen

In-Kraft-Treten

§ 37. „(1)“ § 1 Z 6 bis 8, § 2, § 3 Z 1, 1a und 4, § 4 Z 1 und 2, § 5 Abs. 1 bis 4, § 7 Z 6, 8 und 12 bis 14, § 11 Abs. 1, 1a und 3, § 12, § 14 bis § 19, § 21 Abs. 1, § 22 bis § 27d, § 28 Abs. 7 und 8, § 30 Abs. 3 und 4, § 31 Abs. 3, § 33 Abs. 1 bis 3 und 7, § 34, § 35 Abs. 1 und 2 und § 37 bis § 39 in der Fassung des Übernahmerechts-Änderungsgesetzes 2006, BGBl. I Nr. 75/2006, treten mit 20. Mai 2006 in Kraft. *(BGBl I 2007/72)*

(2) §§ 1, 16 und 27d in der Fassung des Bundesgesetzes BGBl. I Nr. 72/2007 treten am 15. Dezember 2007 in Kraft. *(BGBl I 2007/72)*

(3) § 24 Abs. 2, § 26a Abs. 3 und § 27a Abs. 5 in der Fassung des Aktienrechts-Änderungsgesetzes 2009, BGBl. I Nr. 71/2009, treten mit 1. August 2009 in Kraft. § 27a Abs. 5 ist auf Hauptversammlungen anzuwenden, die nach dem 31. Juli 2009 einberufen werden. *(BGBl I 2009/71)*

(4) § 30 Abs. 1 und 2, § 30a und § 35 Abs. 3 in der Fassung des Bundesgesetzes BGBl. I Nr. 190/2013, treten mit 1. Jänner 2014 in Kraft. § 30a in der Fassung dieses Bundesgesetzes ist auf Bescheide der Übernahmekommission anzuwenden, die nach dem 31. Dezember 2013 erlassen wurden. Auf bis zu diesem Zeitpunkt erlassene Bescheide sind die bis dahin in Geltung stehenden Vorschriften weiter anzuwenden. *(BGBl I 2013/190)*

(5) § 1 Z 4 und § 16 Abs. 5 in der Fassung des Bundesgesetzes BGBl. I Nr. 68/2015 treten mit 20. Juli 2015 in Kraft. *(BGBl I 2015/68)*

(6) § 1 Z 8, § 7 Z 2 und 10, § 16 Abs. 4 Z 1 lit. b, § 19 Abs. 1, § 27b Abs. 2, § 27c Abs. 1 Z 3 und Abs. 2, §§ 27e bis 27g, die Umnummerierung des 5. zum 6. Teil und des 6. zum 7. Teil sowie § 33 Abs. 1 in der Fassung des Bundesgesetzes BGBl. I Nr. 107/2017 treten mit 3. Jänner 2018 in Kraft. *(BGBl I 2017/107)*

(7) § 33 Abs. 6 tritt mit Ablauf des 31. Juli 2019 außer Kraft. *(BGBl I 2019/63)*

(BGBl I 2006/75)

Umsetzung der Übernahme-Richtlinie

§ 38. Dieses Bundesgesetz dient der Umsetzung der Richtlinie 2004/25/EG des Europäischen Parlaments und des Rates vom 21. April 2004 betreffend Übernahmeangebote, Amtsblatt Nr. L 142 vom 30. April 2004, S 12.

(BGBl I 2006/75)

Übergangsbestimmungen

§ 39. Ist am 20. Mai 2006 eine Aktiengesellschaft an einer österreichischen Börse zum amtlichen Handel oder zum geregelten Freiverkehr sowie in einem oder mehreren anderen Mitgliedstaaten der Europäischen Gemeinschaft oder in einem Vertragsstaat des EWR zum Handel auf einem geregelten Markt zugelassen, erfolgten diese Zulassungen gleichzeitig und ist keiner dieser Staaten der Sitzstaat der Gesellschaft, so hat die Übernahmekommission gemeinsam mit den Aufsichtsstellen der anderen betroffenen Mitgliedstaaten binnen vier Wochen festzulegen, welche Aufsichtsstelle für die Beaufsichtigung von öffentlichen Angeboten für diese Zielgesellschaft zuständig ist. Wird innerhalb dieser Frist keine Aufsichtsstelle benannt, so hat die Aktiengesellschaft am ersten Handelstag nach Ablauf dieser Frist mitzuteilen, welche der Aufsichtsstellen zuständig sein soll. Die Festlegung oder Mitteilung ist durch Bekanntmachung im Amtsblatt zur Wiener Zeitung zu veröffentlichen.

(BGBl I 2006/75)

Artikel II

Änderungen des Börsegesetzes

(nicht abgedruckt)

Artikel III

Änderung des Einführungsgesetzes zu den Verwaltungsverfahrensgesetzen 1991

(nicht abgedruckt)

Artikel IV

Inkrafttreten, Schluß- und Übergangsbestimmungen, Vollziehungsklausel

Inkrafttreten

§ 1. (1) Dieses Bundesgesetz tritt mit 1. Jänner 1999 in Kraft.

(2) § 9 Abs. 2, § 28 Abs. 3 und Abs. 9 bis 11, § 30 Abs. 4 und Abs. 7 sowie § 35 Abs. 1, Abs. 2 und Abs. 4 in der Fassung des Bundesgesetzes BGBl. I Nr. 98/2001 treten mit 1. August 2001 in Kraft. § 35 Abs. 1, Abs. 2 und Abs. 4 ist auf strafbare Handlungen anzuwenden, die nach dem 1. August 2001 begangen worden sind. *(BGBl I 2001/98)*

Anwendbarkeit

§ 2. (1) Die Vorschriften dieses Bundesgesetzes sind auf freiwillige Übernahmeangebote anzuwenden, die nach seinem Inkrafttreten gestellt werden.

(2) Die Bestimmungen über das Pflichtangebot sind anzuwenden, wenn der das Pflichtangebot auslösende Tatbestand (Art. I § 22) nach dem Inkrafttreten dieses Bundesgesetzes verwirklicht wird.

Ausnahme von der Angebotspflicht kraft Satzung (Optingout)

§ 3. (1) Die Hauptversammlung kann bis zum Ablauf eines Jahres nach Inkrafttreten dieses Bundesgesetzes durch Satzungsänderung beschließen, daß die Vorschriften des Art. I 3. Teil (Pflichtangebote) auf den Erwerber einer kontrollierenden Beteiligung und die gemeinsam mit ihm vorgehenden Rechtsträger (Art. I § 23 Abs. 1) keine Anwendung finden.

(2) Der Beschluß der Hauptversammlung bedarf einer Mehrheit, die mindestens drei Viertel des bei der Beschlußfassung vertretenen Grundkapitals umfaßt; die Satzung kann diese Mehrheit durch eine größere Kapitalmehrheit ersetzen. Die Anfechtung des Beschlusses kann nicht auf § 195 Abs. 2 AktG gestützt werden. Für den Beschluß der Hauptversammlung zur Aufhebung einer Satzungsbestimmung nach Abs. 1 genügt die einfache Mehrheit des bei der Beschlußfassung vertretenen Grundkapitals.

(3) Beteiligungspapiere solcher Gesellschaften dürfen nicht im amtlichen Handel (§ 66 BörseG) notieren. Der Vorstand einer Gesellschaft, deren Beteiligungspapiere bisher im amtlichen Handel an der Wiener Börse notieren, hat eine notariell beglaubigte Abschrift des Hauptversammlungsbeschlusses über die Satzungsänderung im Sinn des Abs. 1 dem die Wiener Börse leitenden und verwaltenden Börseunternehmen zu übermitteln. Dieses hat mit Bescheid die Umreihung vom amtlichen Handel (§ 66 BörseG) in den geregelten Freiverkehr (§ 68 BörseG) auszusprechen. Die Satzungsänderung gemäß Abs. 1 darf im Firmenbuch erst nach Vorlage dieses Bescheides eingetragen werden. Gegen diesen Bescheid ist kein ordentliches Rechtsmittel zulässig.

Verordnungen

§ 4. (1) Die in diesem Bundesgesetz vorgesehenen Verordnungen können bereits ab dem auf die Kundmachung dieses Bundesgesetzes folgenden Tag erlassen werden, sie dürfen jedoch frühestens mit dem 1. Jänner 1999 in Kraft gesetzt werden.

(2) Die Übernahmekommission hat die Verordnungen gemäß Art. I § 16 Abs. 4, § 19 Abs. 4, § 22 Abs. 5, § 23 Abs. 2 und § 24 Abs. 2 bis 1. März 1999 zu erlassen.

Errichtung der Übernahmekommission

§ 5. Schon vor dem Inkrafttreten dieses Bundesgesetzes können die Mitglieder der Übernahmekommission bestellt sowie andere personelle und organisatorische Maßnahmen im Zusammenhang mit der Errichtung der Übernahmekommission getroffen werden.

Vollziehungsklausel

§ 6. Mit der Vollziehung des Art. I § 9 Abs. 2 lit. a ist der Bundesminister für Justiz im Einvernehmen mit dem Bundesminister für Finanzen und dem [Bundesminister für wirtschaftliche Angelegenheiten][1), mit der Vollziehung des Art. I § 35 ist der Bundesminister für Finanzen, im übrigen ist mit der Vollziehung des Art. I der Bundesminister für Justiz im Einvernehmen mit dem Bundesminister für Finanzen betraut; mit der Vollziehung des Art. II ist der Bundesminister für Finanzen, mit der Vollziehung des Art. III ist der Bundeskanzler betraut.

1) Jetzt: Bundesminister für Wissenschaft, Forschung und Wirtschaft

9/1a. Gebührenordnung der Wiener Börse AG für das Verfahren vor der Übernahmekommission

BGBl II 2010/363

Die Wiener Börse AG als das die Wiener Börse leitende und verwaltende Börseunternehmen ist gemäß § 31 Abs. 3 Übernahmegesetz (ÜbG) ermächtigt, eine Gebührenordnung für das Verfahren vor der Übernahmekommission zu erlassen.

Die Geschäftsleitung des Börseunternehmens Wiener Börse AG hat mit Beschluss vom 25. November 2010 nach Anhörung der Übernahmekommission nachstehende Gebührenordnung für das Verfahren vor der Übernahmekommission erlassen:

Gebührenordnung der Wiener Börse AG für das Verfahren vor der Übernahmekommission

1. Gebühr für das Verfahren zur Kontrolle und Überwachung der Durchführung eines öffentlichen Angebots durch die Übernahmekommission

1.1. Für das Verfahren zur Kontrolle und Überwachung der Durchführung eines öffentlichen Angebots durch die Übernahmekommission ist von jedem Bieter eine Gebühr zu entrichten. Diese Gebühr richtet sich nach der Höhe der (allenfalls nach § 15 ÜbG verbesserten) insgesamt gebotenen Gegenleistung des Angebotes und beträgt von dieser:

- für die ersten EUR 100 Millionen 0,2%, mindestens aber EUR 60.000,--,
- für die nächsten EUR 100 Millionen 0,11%,
- für die folgenden EUR 100 Millionen 0,09%,
- für die folgenden EUR 100 Millionen 0,045%; sowie

ab EUR 400 Millionen 0,04%, höchstens aber EUR 550.000,--.

1.2. Der Gebührenanspruch gemäß 1.1. entsteht zum Zeitpunkt, zu dem ein Bieter gemäß den Vorschriften des Übernahmegesetzes zur Anzeige des Angebots verpflichtet ist.

1.3. Die Gebühr gemäß 1.1. reduziert sich um 25 Prozent, wenn das Verfahren vor der Übernahmekommission vor Veröffentlichung der Angebotsunterlage oder vor Beginn der Durchführung des Verfahrens endet, wenn der Übernahmekommission dadurch ein verringerter Verfahrensaufwand entstanden ist.

1.4. Spätestens im Zeitpunkt der Anzeige des Angebots bei der Übernahmekommission ist ein Gebührenvorschuss in Höhe von EUR 20.000,-- zu erlegen. Den Angebotsunterlagen ist ein Nachweis über den Erlag dieses Gebührenvorschusses beizulegen.

1.5. Kommt es im Zuge eines Verfahrens gemäß 1.1. zu einer bescheidmäßigen Erledigung gegenüber der Zielgesellschaft (insbesondere Anordnung der Veröffentlichung oder Bekanntmachung von ergänzenden Äußerungen oder Berichtigungen, Anordnung der Unterlassung bestimmter Maßnahmen zur Beeinflussung der öffentlichen Meinung), so ist von der Zielgesellschaft eine Gebühr in Höhe von EUR 10.700,-- für jede bescheidmäßige Erledigung zu entrichten.

2. Gebühren für Verfahren gemäß § 22b oder § 26a ÜbG

2.1. Für eine Mitteilung nach § 22b Abs. 1 oder § 26a Abs. 1 ÜbG ist vom Bieter keine Gebühr zu entrichten.

2.2. Entscheidet die Übernahmekommission über einen Antrag nach § 22b Abs. 3 oder § 26a Abs. 4 ÜbG bescheidmäßig, so ist vom Bieter eine Gebühr in Höhe von EUR 21.400,-- zu entrichten.

2.3. Der Gebührenanspruch gemäß 2.2. entsteht mit Einbringung des betreffenden Antrags.

2.4. Spätestens im Zeitpunkt der Einbringung eines Antrages gemäß § 22b Abs. 3 oder § 26a Abs. 4 ÜbG bei der Übernahmekommission ist ein Gebührenvorschuss in Höhe von EUR 10.700,-- zu erlegen. Dem Antrag ist ein Nachweis über den Erlag dieses Gebührenvorschusses beizulegen.

3. Gebühren für Verfahren gemäß § 25 ÜbG

3.1. Für das Verfahren zur Prüfung einer Anzeige nach § 25 ÜbG ist vom Bieter eine Gebühr in der Höhe von EUR 10.700,-- zu entrichten.

3.2. Der Gebührenanspruch gemäß 3.1. entsteht zum Zeitpunkt, zu dem ein Bieter gemäß den Vorschriften des Übernahmegesetzes zur Anzeige des Sachverhaltes an die Übernahmekommission gemäß § 25 ÜbG verpflichtet ist.

3.3. Entscheidet die Übernahmekommission nach § 25 Abs. 2 oder Abs. 3 ÜbG bescheidmäßig, so ist vom Bieter zusätzlich eine Gebühr in Höhe von EUR 10.700,-- zu entrichten.

3.4. Spätestens im Zeitpunkt der Anzeige über den Sachverhalt an die Übernahmekommission ist ein Gebührenvorschuss in Höhe von EUR 5.350.-- zu erlegen. Der Anzeige ist ein Nachweis über den Erlag dieses Gebührenvorschusses beizulegen.

3.5. Ordnet die Übernahmekommission im Zuge eines Verfahrens gemäß § 25 Abs. 2 ÜbG die Stellung eines Pflichtangebots an, so werden die Gebühren gemäß Punkt 3 auf die gemäß Punkt 1 zu leistenden Gebühren angerechnet.

4. Gebühren für Verfahren gemäß § 26b ÜbG

4.1. Für ein Verfahren vor der Übernahmekommission, das zu einem Feststellungsbescheid gemäß § 26b ÜbG führt, ist vom Bieter eine Gebühr in der Höhe von EUR 21.400,-- zu entrichten.

4.2. Der Gebührenanspruch gemäß 4.1. entsteht zu dem Zeitpunkt der Einbringung des betreffenden Antrags bei der Übernahmekommission.

4.3. Spätestens im Zeitpunkt der Einbringung des Antrags bei der Übernahmekommission ist ein Gebührenvorschuss in Höhe von EUR 10.700,-- zu erlegen. Dem Antrag ist ein Nachweis über den Erlag dieses Gebührenvorschusses beizulegen.

4.4. Stellt die Übernahmekommission gemäß § 26b Abs. 2 ÜbG bescheidmäßig die Angebotspflicht fest, so werden die Gebühren gemäß Punkt 4 auf die gemäß Punkt 1 zu leistenden Gebühren angerechnet.

5. Verfahren gemäß § 33 ÜbG

5.1. Für ein Verfahren gemäß § 33 ÜbG ist eine Gebühr in Höhe von EUR 21.400,-- zu entrichten.

5.2. Der Gebührenanspruch gemäß 5.1.entsteht zum Zeitpunkt der Vorschreibung der Gebühr durch die Übernahmekommission.

5.3. Zur Tragung der Gebühr gemäß 5.1. sowie der Barauslagen gemäß 8.4. ist grundsätzlich der Bieter verpflichtet. Gebühr und Barauslagen werden jedoch insoweit der Zielgesellschaft ganz oder zum Teil nach Billigkeit auferlegt, als diese einen Antrag oder Gegenantrag gestellt hat und überhaupt oder ab einem bestimmten Zeitpunkt voraussehen konnte, dass ihr Antrag einen nicht zweckentsprechenden Verfahrensaufwand verursacht; unter den gleichen Voraussetzungen werden den Beteiligungspapierinhabern gemäß § 33 Abs. 2 Z 4 ÜbG Gebühr und Barauslagen ganz oder zum Teil auferlegt.

5.4. Gebühren gemäß Punkt 5 sind nicht auf etwaige Gebühren gemäß Punkt 1. und Punkt 3 anzurechnen.

6. Verfahren gemäß § 34 ÜbG

6.1. Für ein Verfahren vor der Übernahmekommission gemäß § 34 Abs. 2, 3 und 4 ÜbG ist vom betroffenen Beteiligungspapierinhaber eine Gebühr in Höhe von EUR 21.400,-- zu entrichten.

6.2. Der Gebührenanspruch gemäß 6.1. entsteht zum Zeitpunkt der Vorschreibung der Gebühr durch die Übernahmekommission.

7. Sonstige Handlungen der Übernahmekommission

7.1. Für ein Feststellungsverfahren zur Entscheidung einer Vorfrage gemäß § 29 Abs. 2 ÜbG sind die in Punkt 5 (Verfahren gemäß § 33 ÜbG) enthaltenen Bestimmungen sinngemäß anzuwenden.

7.2. Für alle schriftlichen Erledigungen der Übernahmekommission, die über Antrag erfolgen (insbesondere die Erteilung von schriftlichen Auskünften, die Beratung sowie die gütliche Beilegung von Meinungsverschiedenheiten bei der Anwendung des Übernahmegesetzes), ist vom Antragsteller eine Gebühr von EUR 864,-- zu entrichten.

7.3. Für alle schriftlichen Erledigungen der Übernahmekommission im Sinne von 7.2., die unter Einbeziehung eines Senats der Übernahmekommission erfolgen, ist vom Antragsteller eine Gebühr von EUR 10.700,-- zu entrichten.

7.4. Ist der Antragsteller in der Folge Bieter in einem Verfahren vor der Übernahmekommission und steht der Antrag in einem inhaltlichen Zusammenhang mit einem solchen Verfahren, so wird die Gebühr gemäß Punkt 7 auf die für das entsprechende Verfahren vor der Übernahmekommission zu leistende Gebühr angerechnet.

7.5. Für die Prüfung eines Antrages auf Verkürzung der Sperrfrist gemäß § 21 ÜbG ist vom Bieter eine Gebühr von EUR 21.400,-- zu entrichten. Diese Gebühr wird nicht auf eine für ein Verfahren vor der Übernahmekommission zu leistende Gebühr angerechnet.

7.6. Der Gebührenanspruch gemäß 7.2., 7.3. und 7.5. entsteht mit Einbringung des betreffenden Antrags.

8. Allgemeine Bestimmungen

8.1. Gehen Rechtsträger im Hinblick auf ein Angebot oder auf die Ausübung der Stimmrechte gemeinsam vor (§ 1 Z 6 ÜbG), so haften diese für die Entrichtung der Gebühren und Barauslagen gemäß dieser Gebührenordnung solidarisch. Unbeschadet anderer Möglichkeiten der Zustellung ist jedenfalls in Angelegenheiten dieser Gebührenordnung derjenige Rechtsträger, der in der Angebotsunterlage als Bieter an erster Stelle genannt ist, gemeinsamer Zustellungsbevollmächtigter.

8.2. Werden in einem Angebot alternative, wertmäßig unterschiedliche Gegenleistungen (etwa Barpreis, Gegenleistung in Form von Wertpapieren oder sonstigen vermögenswerten Rechten) geboten, so ist für die Bemessung von Gebühren, die sich auf die Summe der Gegenleistungen beziehen, auf die wertmäßig höchste Gegenleistung gemäß § 26 ÜbG abzustellen.

8.3. Sämtliche Gebühren und Zahlungen, die von der Übernahmekommission aufgrund dieser Gebührenordnung vorgeschrieben werden sind zehn Bankarbeitstage nach Vorschreibung zur Zahlung fällig.

8.4. Barauslagen, die der Übernahmekommission im Zusammenhang mit einem Verfahren gemäß den Vorschriften des Übernahmegesetzes erwachsen (insbesondere für Veröffentlichungen sowie für Sachverständigengebühren), sind unabhängig von den aufgrund der obigen Bestimmungen der gegenständlichen Gebührenordnung vorgesehenen Gebühren zu ersetzen und werden von der Übernahmekommission vorgeschrieben. Barauslagen sind grundsätzlich vom Bieter zu tragen. Werden Barauslagen durch das Verschulden der Zielgesellschaft verursacht, so sind sie von dieser zu tragen. Verschulden ist insbesondere dann anzunehmen, wenn die Zielgesellschaft bei Antragstellung voraussehen konnte, dass ihr Antrag einen nicht zweckentsprechenden Verfahrensaufwand verursacht.
Ist abzusehen, dass der Übernahmekommission im Zuge eines Verfahrens Barauslagen erwachsen, so kann sie dem Bieter und der Zielgesellschaft einen Barauslagenvorschuss in Höhe der voraussichtlich anfallenden Barauslagen vorschreiben.

8.5. Wird ein bei der Übernahmekommission schriftlich eingebrachter Antrag binnen 5 Börsetagen nach dessen Einlagen bei der Übernahmekommission schriftlich zurückgezogen, so reduziert sich die gemäß Punkt 2 bis 7 für das betreffende Verfahren zu entrichtende Gebühr um 25%, sofern der Übernahmekommission dadurch ein verringerter Verfahrensaufwand entstanden ist. Bereits entstandene Barauslagen sind zur Gänze zu entrichten. Eine spätere Zurückziehung des Antrages führt zu keiner Gebührenreduktion.

8.6. Die von der Übernahmekommission vorgeschriebenen Gebühren, die Barauslagen sowie die zu erlegenden Vorschüsse sind auf das Konto der Wiener Börse AG bei der Erste Bank der Oesterreichischen Sparkassen AG mit der Nr. 012-20993, BLZ 20111, IBAN AT602011100001220993, Swift Code: GIBAATWW, zu entrichten.

8.7. Diese Gebührenordnung tritt am 1. Jänner 2011 in Kraft und ist auf alle Fälle anzuwenden, die nach ihrem Inkrafttreten bei der Übernahmekommission anhängig werden.

Die aufgrund eines Beschlusses der Geschäftsleitung der Wiener Börse AG vom 9. Juni 2006 erlassene Gebührenordnung der Wiener Börse AG für das Verfahren vor der Übernahmekommission, kundgemacht mit Veröffentlichung der Wiener Börse AG Nr. 824 vom 12. Juni 2006, und verlautbart im Bundesgesetzblatt für die Republik Österreich Teil II Nr. 369 vom 2. Oktober 2006 tritt zu diesem Zeitpunkt mit der Maßgabe außer Kraft, dass sie auf zu diesem Zeitpunkt bei der Übernahmekommission anhängige Fälle anwendbar bleibt.

Kundgemacht mit Veröffentlichung des Börseunternehmens Wiener Börse AG Nr. 1756 vom 25. November 2010.

9/2. Veröffentlichungsverordnung 2018

BGBl II 2018/13

Verordnung der Finanzmarktaufsichtsbehörde (FMA) über den Inhalt und die Form der Veröffentlichungen im Zusammenhang mit dem Rückerwerb und/oder der Veräußerung eigener Aktien sowie der Einräumung von Aktienoptionen (Veröffentlichungsverordnung 2018 – VeröffentlichungsV 2018)

Auf Grund des § 119 Abs. 9 des Börsegesetzes 2018 – BörseG 2018, BGBl. I Nr. 107/2017, zuletzt geändert durch das Bundesgesetz BGBl. I Nr. 149/2017, wird im Einvernehmen mit dem Bundesminister für Verfassung, Reformen, Deregulierung und Justiz verordnet:

Veröffentlichung der Berichte über die Einräumung von Aktienoptionen

§ 1. (1) Jeder Emittent von Aktien, die zum amtlichen Handel zugelassen sind, hat den Bericht über die Einräumung von Aktienoptionen gemäß § 95 Abs. 6, § 98 Abs. 3, § 153 Abs. 4, § 159 Abs. 2 Z 3 und Abs. 3 und § 171 Abs. 1 letzter Satz AktG innerhalb der dort genannten Fristen gemäß § 119 Abs. 7 BörseG 2018 zu veröffentlichen. In den Berichten gemäß § 159 Abs. 3 und § 171 Abs. 1 letzter Satz AktG sind Tag und Inhalt des Ermächtigungsbeschlusses der Hauptversammlung anzugeben.

(2) Die zu veröffentlichenden Angaben sind der Finanzmarktaufsichtsbehörde (FMA) und dem zuständigen Börseunternehmen unverzüglich mitzuteilen.

Veröffentlichung des Hauptversammlungsbeschlusses zum Rückerwerb eigener Aktien nach § 65 Abs. 1 Z 4, 6 oder 8 AktG sowie eines allfälligen Ermächtigungsbeschlusses zu ihrer Veräußerung

§ 2. (1) Jeder Emittent im Sinne des § 1 hat Tag und Inhalt des (Ermächtigungs-)Beschlusses der Hauptversammlung zum Rückerwerb eigener Aktien nach § 65 Abs. 1 Z 4, 6 oder 8 AktG unverzüglich gemäß § 119 Abs. 7 BörseG 2018 zu veröffentlichen. Dasselbe gilt für einen allfälligen Ermächtigungsbeschluss der Hauptversammlung zur Veräußerung danach erworbener eigener Aktien.

(2) Die zu veröffentlichenden Angaben sind der FMA und dem zuständigen Börseunternehmen unverzüglich mitzuteilen.

Veröffentlichung des Beschlusses über eine andere Art der Veräußerung eigener Aktien als über die Börse oder durch ein öffentliches Angebot

§ 3. (1) Jeder Emittent im Sinne des § 1 hat den Beschluss der Hauptversammlung nach § 65 Abs. 1b AktG über eine andere Art der Veräußerung eigener Aktien als über die Börse oder durch ein öffentliches Angebot unverzüglich gemäß § 119 Abs. 7 BörseG 2018 zu veröffentlichen. Dasselbe gilt für den Beschluss der Hauptversammlung, mit dem der Vorstand zu einer solchen anderen Art der Veräußerung eigener Aktien ermächtigt wird, sowie für den diese Ermächtigung ausnützenden Vorstandsbeschluss.

(2) Die zu veröffentlichenden Angaben sind der FMA und dem zuständigen Börseunternehmen unverzüglich mitzuteilen.

Veröffentlichung der geplanten Durchführung eines auf § 65 Abs. 1 Z 4, 6 oder 8 AktG gestützten Rückerwerbsprogramms sowie einer geplanten Wiederveräußerung danach erworbener eigener Aktien

§ 4. (1) Jeder Emittent im Sinne des § 1 hat die geplante Durchführung eines auf § 65 Abs. 1 Z 4, 6 oder 8 AktG gestützten Rückerwerbsprogramms sowie eine geplante Wiederveräußerung danach erworbener eigener Aktien unverzüglich gemäß § 119 Abs. 7 BörseG 2018 zu veröffentlichen, wenn erhebliche Kursbewegungen oder Gerüchte und Spekulationen auftreten und anzunehmen ist, dass diese auf den bevorstehenden Rückerwerb und/oder die bevorstehende Veräußerung zurückzuführen sind (Marktverzerrungen).

(2) Der Beschluss des Vorstands, eigene Aktien auf Grund der Ermächtigung der Hauptversammlung nach § 65 Abs. 1 Z 4 oder 8 AktG rückzuerwerben sowie danach erworbene Aktien zu veräußern, ist unverzüglich gemäß § 119 Abs. 7 BörseG 2018 zu veröffentlichen.

(3) Falls der Rückerwerb und/oder die Veräußerung eigener Aktien nur mit Zustimmung des Aufsichtsrats durchgeführt werden darf, entsteht die Veröffentlichungspflicht erst dann, wenn entsprechende Beschlüsse des Vorstands und des Aufsichtsrats vorliegen, es sei denn, dass bereits zu einem früheren Zeitpunkt die überwiegende Wahrscheinlichkeit für die Ausnützung der Hauptversammlungsermächtigung besteht.

(4) Eine allfällige Rücknahme des Vorstands- oder Aufsichtsratsbeschlusses gemäß Abs. 2 oder

3 ist unverzüglich gemäß § 119 Abs. 7 BörseG 2018 zu veröffentlichen.

(5) Die zu veröffentlichenden Angaben sind der FMA und dem zuständigen Börseunternehmen unverzüglich mitzuteilen.

Veröffentlichung des Rückerwerbsprogramms und/oder der beabsichtigten Veräußerung eigener Aktien

§ 5. (1) Jeder Emittent im Sinne des § 1 hat ein allfälliges Rückerwerbsprogramm für nach § 65 Abs. 1 Z 4, 6 oder 8 AktG erworbene Aktien sowie dessen Dauer mindestens drei Börsetage vor der Durchführung gemäß § 119 Abs. 7 BörseG 2018 zu veröffentlichen. Dasselbe gilt für eine beabsichtigte Veräußerung danach erworbener eigener Aktien.

(2) Die Veröffentlichung gemäß Abs. 1 hat jedenfalls folgende Angaben zu enthalten:

1. Tag des (Ermächtigungs-)Beschlusses der Hauptversammlung nach § 65 Abs. 1 Z 4, 6 oder 8 AktG;

2. Tag und Art der Veröffentlichung dieses Hauptversammlungsbeschlusses;

3. Beginn und voraussichtliche Dauer des Rückerwerbsprogramms und/oder der Veräußerung eigener Aktien;

4. Aktiengattung, auf die sich das Rückerwerbprogramm und/oder die Veräußerung eigener Aktien bezieht;

5. beabsichtigtes Volumen (Stücke) des Rückerwerbs und/oder der Veräußerung eigener Aktien, insbesondere auch den Anteil der rückzuerwerbenden und/oder zu veräußernden eigenen Aktien am Grundkapital, gegebenenfalls getrennt nach der jeweiligen Aktiengattung;

6. höchster und niedrigster zu leistender und/oder zu erzielender Gegenwert je Aktie;

7. Art und Zweck des Rückerwerbs und/oder der Veräußerung eigener Aktien, insbesondere, ob der Rückerwerb und/oder die Veräußerung über die Börse und/oder außerhalb der Börse erfolgen soll, ob die Aktien eingezogen (Kapitalstrukturverbesserungsmaßnahmen) oder allenfalls veräußert werden sollen oder ob sie für Zwecke eines Aktienoptionsprogramms für Arbeitnehmer, leitende Angestellte und Vorstands- oder Aufsichtsratsmitglieder der Gesellschaft oder eines mit ihr verbundenen Unternehmens verwendet werden sollen;

8. allfällige Auswirkungen des Rückerwerbsprogramms auf die Börsezulassung der Aktien des Emittenten und

9. Anzahl und Aufteilung der einzuräumenden oder bereits eingeräumten Aktienoptionen auf Arbeitnehmer, leitende Angestellte und auf die einzelnen Organmitglieder der Gesellschaft oder eines mit ihr verbundenen Unternehmens unter Angabe der jeweils beziehbaren Anzahl an Aktien, falls der Emittent Aktienoptionen in der Frist des § 65 Abs. 1 Z 8 AktG einzuräumen beabsichtigt oder sie bereits eingeräumt hat.

(3) Die zu veröffentlichenden Angaben sind der FMA und dem zuständigen Börseunternehmen unverzüglich nach deren Festlegung mitzuteilen.

(4) Beabsichtigt der Emittent, die Veröffentlichungspflichten gemäß §§ 6 und 7 durch die Veröffentlichung von Angaben über eine öffentlich zugängliche Seite im Internet zu erfüllen, so hat er in der Veröffentlichung nach Abs. 1 sowie in der Mitteilung nach Abs. 3 auf diesen Umstand hinzuweisen und die Bezug habende Internet-Adresse in der Veröffentlichung sowie in der Mitteilung anzugeben.

Veröffentlichung von Änderungen

§ 6. (1) Ändert der Emittent seine Entscheidungen betreffend die Angaben in § 5 Abs. 2 Z 3 bis 9, sind die Änderungen unverzüglich zu veröffentlichen. Betrifft die Änderung Aktienoptionen, so ist sowohl das Ausmaß der bisher eingeräumten oder geplanten Aktienoptionen als auch das Ausmaß der weiteren oder neu eingeräumten oder geplanten Aktienoptionen bekannt zu geben. Die Verpflichtung zur Veröffentlichung besteht unabhängig davon, ob die Änderung gesellschaftsrechtlich oder kapitalmarktrechtlich zulässig ist.

(2) Die zu veröffentlichenden Angaben sind der FMA und dem zuständigen Börseunternehmen unverzüglich mitzuteilen. Der Veröffentlichungspflicht gegenüber dem anlagesuchenden Publikum kann auf einer öffentlich zugänglichen Seite im Internet entsprochen werden; diesfalls ist § 5 Abs. 4 zu beachten.

Veröffentlichung der im Rahmen eines Rückerwerbsprogramms und/oder der Veräußerung eigener Aktien durchgeführten Transaktionen

§ 7. (1) Der Emittent hat die beim Rückerwerb nach § 65 Abs. 1 Z 4, 6 oder 8 AktG und/oder bei der Veräußerung danach erworbener eigener Aktien durchgeführten Transaktionen an der Börse und außerhalb der Börse zu veröffentlichen.

(2) Während des Rückerwerbsprogramms und/oder der Veräußerung eigener Aktien sind am zweiten Börsetag der auf die durchgeführte Transaktion folgenden Kalenderwoche, jeweils gegliedert nach börslich oder außerbörslich rückerworbenen und/oder veräußerten Aktien, auf Tagesbasis, gegebenenfalls getrennt nach der jeweiligen Aktiengattung, jedenfalls folgende Angaben gegenüber dem anlagesuchenden Publikum zu veröffentlichen:

1. rückerworbenes und/oder veräußertes Volumen (Stücke) unter Angabe des Anteils der im Rahmen des Hauptversammlungsbeschlusses ge-

mäß § 65 Abs. 1a und Abs. 1b AktG bereits rückerworbenen und/oder veräußerten Aktien am Grundkapital;

2. höchster und niedrigster geleisteter und/oder erzielter Gegenwert je Aktie;

3. gewichteter Durchschnittsgegenwert der rückerworbenen und/oder veräußerten Aktien und

4. Wert der rückerworbenen und/oder veräußerten Aktien.

Der Emittent hat die zu veröffentlichenden Angaben spätestens einen Börsetag vor der Veröffentlichung der FMA und dem zuständigen Börseunternehmen in standardisierter, elektronisch lesbarer Form mitzuteilen. Die Datenträger oder sonstigen Übermittlungsarten müssen bestimmten, von der FMA im Einvernehmen mit dem zuständigen Börseunternehmen bekannt gegebenen Mindestanforderungen entsprechen. Die Mitteilung an die FMA und das zuständige Börseunternehmen kann auf Kosten und unter der Verantwortung des Emittenten auch durch geeignete Dritte erfolgen. Der Veröffentlichungspflicht gegenüber dem anlagesuchenden Publikum kann auf einer öffentlich zugänglichen Seite im Internet entsprochen werden; diesfalls ist § 5 Abs. 4 zu beachten.

(3) Zusätzlich hat eine dem Abs. 2 entsprechende Mitteilung und Veröffentlichung zu erfolgen, wenn seit der letzten Veröffentlichung mehr als 0,1% vom Grundkapital, gegliedert nach den vom Rückerwerb und/oder von der Veräußerung betroffenen Aktiengattungen, börslich oder außerbörslich rückerworben und/oder veräußert werden. Diese Mitteilung und Veröffentlichung hat an dem der Überschreitung dieser Grenze folgenden Börsetag zu erfolgen.

(4) Eine weitere, dem Abs. 2 Z 1 bis 4 entsprechende Mitteilung und Veröffentlichung hat nach Beendigung des Rückerwerbsprogramms und/oder der Veräußerung eigener Aktien zu erfolgen.

Einschaltung von Tochterunternehmen oder Dritten

§ 8. Die Mitteilungs- und Veröffentlichungspflichten nach dieser Verordnung treffen den Emittenten auch für den Fall, dass der Rückerwerb und/oder die Veräußerung durch ein Tochterunternehmen des Emittenten oder durch einen Dritten auf Rechnung des Emittenten oder eines seiner Tochterunternehmen erfolgt (§ 66 Abs. 1 AktG).

Verhältnis zur Ad-hoc-Publizität

§ 9. Werden Tatsachen, die eine Veröffentlichungspflicht nach § 4 oder § 6 dieser Verordnung auslösen, unter Bezugnahme auf Art. 17 der Verordnung (EU) Nr. 596/2014 über Marktmissbrauch (Marktmissbrauchsverordnung) und zur Aufhebung der Richtlinie 2003/6/EG und der Richtlinien 2003/124/EG, 2003/125/EG und 2004/72/EG, ABl. Nr. L 173 vom 12.06.2014 S. 1, zuletzt geändert durch die Verordnung (EU) 2016/1033, ABl. Nr. L 175 vom 30.06.2016 S. 1, in der Fassung der Berichtigung ABl. Nr. L 348 vom 21.12.2016 S. 83, gemäß § 119 Abs. 7 BörseG 2018 veröffentlicht, so ersetzt die Ad-hoc-Veröffentlichung eine Veröffentlichung nach § 4 oder § 6 dieser Verordnung.

Rückerwerb im Wege eines Übernahmeangebots

§ 10. Wird der Rückerwerb eigener Aktien im Wege eines Übernahmeangebots nach den Bestimmungen des Übernahmegesetzes durchgeführt, so ersetzen die Veröffentlichungsvorschriften des Übernahmegesetzes die Veröffentlichungsbestimmungen nach den §§ 4 bis 8 dieser Verordnung.

Sonstige gesetzliche Mitteilungs- und/oder Veröffentlichungspflichten

§ 11. Alle sonstigen gesetzlichen Mitteilungs- und/oder Veröffentlichungspflichten bleiben von den in dieser Verordnung geregelten Veröffentlichungspflichten unberührt.

Verweise

§ 12. Soweit in dieser Verordnung auf Bundesgesetze verwiesen wird, sind diese in der nachfolgend genannten Fassung anzuwenden:

1. Börsegesetz 2018 (BörseG 2018), BGBl. I Nr. 107/2017, in der Fassung des Bundesgesetzes BGBl. I Nr. 149/2017,

2. Aktiengesetz (AktG), BGBl. Nr. 98/1965, in der Fassung des Bundesgesetzes BGBl. I Nr. 107/2017,

3. Übernahmegesetz (ÜbG), BGBl. I Nr. 127/1998, in der Fassung des Bundesgesetzes BGBl. I Nr. 107/2017.

Inkrafttreten

§ 13. Diese Verordnung tritt mit Ablauf des Tages ihrer Kundmachung in Kraft.

Außerkrafttreten

§ 14. Die Verordnung des Bundesministers für Finanzen über den Inhalt und die Form der Veröffentlichungen im Zusammenhang mit dem Rückerwerb und/oder der Veräußerung eigener Aktien sowie der Einräumung von Aktienoptionen (Veröffentlichungsverordnung 2002 – VeröffentlichungsV 2002), BGBl. II Nr. 112/2002, tritt mit Ablauf des Tages der Kundmachung dieser Verordnung außer Kraft.

9/3. Österreichischer Corporate Governance Kodex

(Fassung Jänner 2020)

Inhalt

I.

Präambel

Mit dem Österreichischen Corporate Governance Kodex wird österreichischen Aktiengesellschaften ein Ordnungsrahmen für die Leitung und Überwachung des Unternehmens zur Verfügung gestellt. Dieser enthält die international üblichen Standards für gute Unternehmensführung, aber auch die in diesem Zusammenhang bedeutsamen Regelungen des österreichischen Aktienrechts. Grundsätzliches zum österreichischen Aktienrecht wird im Anhang 4 im Überblick dargestellt.

Der Kodex verfolgt das Ziel einer verantwortlichen, auf nachhaltige und langfristige Wertschaffung ausgerichteten Leitung und Kontrolle von Gesellschaften und Konzernen. Mit dieser Zielsetzung ist den Interessen aller, deren Wohlergehen mit dem Erfolg des Unternehmens verbunden ist, am besten gedient.

Mit dem Kodex wird ein hohes Maß an Transparenz für alle Stakeholder des Unternehmens erreicht.

Dieser Kodex richtet sich vorrangig an österreichische börsennotierte Aktiengesellschaften einschließlich in Österreich eingetragener börsenotierter Europäischer Aktiengesellschaften. Falls in Österreich eingetragene Europäische Aktiengesellschaften ein monistisches System (Verwaltungsrat) eingeführt haben, sind die C- und R-Regeln des Kodex betreffend Vorstand sinngemäß auf die geschäftsführenden Direktoren und die C- und R-Regeln betreffend Aufsichtsrat sinngemäß auf den Verwaltungsrat anzuwenden.

Es wird empfohlen, dass sich auch nicht börsenotierte Aktiengesellschaften an den Regeln des Kodex orientieren, soweit die Regeln auf diese anwendbar sind.

Grundlage des Kodex sind die Vorschriften des österreichischen Aktien-, Börse- und Kapitalmarktrechts, die EU-Empfehlungen zu den Aufgaben der Aufsichtsratsmitglieder und zu der Vergütung von Direktoren sowie in ihren Grundsätzen die OECD-Richtlinien für Corporate Governance.

Geltung erlangt der Österreichische Corporate Governance Kodex durch freiwillige Selbstverpflichtung der Unternehmen.

Alle österreichischen börsennotierten Gesellschaften sind daher aufgerufen, sich durch eine öffentliche Erklärung zur Beachtung des Kodex zu verpflichten. Eine Verpflichtungserklärung zum Österreichischen Corporate Governance Kodex ist für österreichische Gesellschaften eine Aufnahmevoraussetzung für den Prime Market der Wiener Börse.

Gesellschaften, die dem Gesellschaftsrecht eines anderen EU-Mitgliedstaates oder EWR-Mitgliedstaates unterliegen und an der Wiener Börse notieren, sind aufgerufen, sich zur Beachtung eines in diesem Wirtschaftsraum anerkannten Corporate Governance Kodex zu verpflichten und die Verpflichtung samt Verweis auf den eingehaltenen Kodex (link) auf der Website der Gesellschaft zu veröffentlichen. Gesellschaften, die dem Gesellschaftsrecht eines Nicht-EU-Mitgliedstaates oder Nicht-EWR-Mitgliedstaates unterliegen und an der Wiener Börse notieren, sind aufgerufen, sich zur Beachtung des Österreichischen Corporate Governance Kodex zu verpflichten. Nicht zwingend anwendbare L-Regeln des Kodex sind dabei als C-Regeln zu interpretieren.

Im Interesse größtmöglicher Transparenz sind alle an der Wiener Börse notierten ausländischen Gesellschaften aufgerufen, die Bestimmungen des für sie geltenden Gesellschaftsrechts zumindest hinsichtlich der im Anhang 3 angeführten Regelungen auf ihrer Website zu veröffentlichen und laufend zu aktualisieren.

Unternehmen tragen Verantwortung gegenüber der Gesellschaft. Es wird daher auch empfohlen, entsprechende geeignete freiwillige Maßnahmen und Initiativen etwa zur Vereinbarkeit von Beruf und Familie umzusetzen.

Der Kodex wird in der Regel einmal jährlich vor dem Hintergrund nationaler und internationaler Entwicklungen überprüft und bei Bedarf angepasst.

Der Kodex wird in die englische Sprache übersetzt, in Zweifelsfragen ist jedoch die Fassung in deutscher Sprache maßgeblich.

Erläuterungen zum Kodex

Der Kodex enthält außer wichtigen gesetzlichen Vorgaben international übliche Vorschriften, deren Nichteinhaltung erklärt und begründet werden muss. Darüber hinaus enthält er Regeln, die über diese Anforderungen hinausgehen und freiwillig angewendet werden sollten.

Der Kodex umfasst folgende Regelkategorien:

1.	Legal Requirement (L):	Regel beruht auf zwingenden Rechtsvorschriften[1)]
2.	Comply or Explain (C):	Regel soll eingehalten werden; eine Abweichung muss erklärt und begründet werden, um ein kodexkonformes Verhalten zu erreichen. Leitlinien für die Erklärung und Begründung einer Abweichung sind im Anhang 2b enthalten.
3.	Recommendation (R):	Regel mit Empfehlungscharakter; Nichteinhaltung ist weder offenzulegen noch zu begründen

In Regeln, die nicht nur die börsennotierte Gesellschaft selbst, sondern auch ihre Konzernunternehmen betreffen, wird der Begriff „Unternehmen" statt „Gesellschaft" verwendet. Sonderregelungen für Banken und Versicherungen bleiben vom Kodex unberührt. Die Regeln des Kodex erfordern nicht die Offenlegung von Betriebs- und Geschäftsgeheimnissen.

Sämtliche Personenbezeichnungen sind geschlechtsneutral zu verstehen.

II.

Aktionäre und Hauptversammlung

1. **Alle Aktionäre sind unter gleichen Voraussetzungen gleich zu behandeln. Das Gebot zur Gleichbehandlung gilt in besonderer Weise gegenüber institutionellen Anlegern einerseits und Privatanlegern andererseits.** L
2. Für die Ausgestaltung der Aktie gilt das Prinzip „one share – one vote". C
3. **Die Annahme oder Ablehnung von Übernahmeangeboten ist die alleinige Entscheidung jedes einzelnen Aktionärs. Vorstand und Aufsichtsrat sind angehalten, die Chancen und Risiken der Angebote für die Adressaten des Angebots ausgewogen darzulegen.** L

   Der Preis eines Pflichtangebots oder eines freiwilligen Angebots zur Kontrollerlangung gemäß Übernahmegesetz darf die höchste vom Bieter oder von einem gemeinsam mit ihm vorgehenden Rechtsträger innerhalb der letzten zwölf Monate vor Anzeige des Angebots in Geld gewährte oder vereinbarte Gegenleistung für dieses Beteiligungspapier der Zielgesellschaft nicht unterschreiten.

   Der Preis muss weiters mindestens dem durchschnittlichen nach den jeweiligen Handelsvolumina gewichteten Börsenkurs des jeweiligen Beteiligungspapiers während der letzten sechs Monate vor demjenigen Tag entsprechen, an dem die Ab-

[1)] *Bestimmte gesetzliche Regelungen gelten nur für Unternehmen, die an der österreichischen Börse notieren. Für nichtbörsennotierte Aktiengesellschaften sind diese als C-Regeln zu interpretieren. Die Textierung der L-Regeln folgt nicht unbedingt vollständig der jeweiligen gesetzlichen Vorschrift, sondern passt diese an die Terminologie des Kodex an. Eine Änderung der Interpretation der gesetzlichen Vorschriften ist dadurch nicht beabsichtigt.*

sicht, ein Angebot abzugeben, bekannt gemacht wurde.

4. **Die Einberufung der Hauptversammlung ist spätestens am 28. Tag vor der ordentlichen Hauptversammlung, ansonsten spätestens am 21. Tag vor der Hauptversammlung durch Veröffentlichung bekannt zu machen, sofern die Satzung keine längeren Fristen vorsieht. Die Einberufung und die vom Aktiengesetz vorgeschriebenen Informationen sind ab dem 21. Tag vor der Hauptversammlung auf der Website der Gesellschaft zugänglich zu machen.** L

5. **Vorschläge zur Wahl von Aufsichtsratsmitgliedern samt den Erklärungen gemäß Aktiengesetz sind spätestens am 5. Werktag vor der Hauptversammlung auf der Website der Gesellschaft zu veröffentlichen, widrigenfalls die betreffende Person nicht in die Abstimmung einbezogen werden darf.** L

6. **Die in der Hauptversammlung gefassten Beschlüsse und die gemäß Aktiengesetz geforderten Angaben sind spätestens am 2. Werktag nach der Hauptversammlung auf der Website der Gesellschaft zu veröffentlichen.** L

7. Die Gesellschaft unterstützt die Aktionäre bei der Teilnahme an der Hauptversammlung und der Ausübung ihrer Rechte bestmöglich. Dazu zählen vor allem die örtliche und zeitliche Planung der Hauptversammlung, die Gestaltung der Voraussetzungen für die Teilnahme und die Ausübung des Stimmrechts sowie des Rede- und Auskunftsrechts. R

8. **Die Hauptversammlung kann den Vorstand für eine Periode von höchstens dreißig Monaten zum Rückkauf eigener Aktien bis höchstens 10 % des Grundkapitals in den gesetzlich vorgesehenen Fällen ermächtigen. Der Beschluss und unmittelbar vor der Durchführung die Ausübung dieser Rückkaufsermächtigung sind zu veröffentlichen.** L

III.

Zusammenwirken von Aufsichtsrat und Vorstand

9. **Der Vorstand informiert den Aufsichtsrat regelmäßig, zeitnah und umfassend über alle relevanten Fragen der Geschäftsentwicklung, einschließlich der Risikolage und des Risikomanagements der Gesellschaft und wesentlicher Konzernunternehmen. Bei wichtigem Anlass hat der Vorstand dem Vorsitzenden des Aufsichtsrats unverzüglich zu berichten; ferner ist über Umstände, die für die Rentabilität oder Liquidität der Gesellschaft von erheblicher Bedeutung sind, dem Aufsichtsrat unverzüglich zu berichten (Sonderbericht). Die ausreichende Informationsversorgung des Aufsichtsrats ist gemeinsame Aufgabe von Vorstand und Aufsichtsrat. Dabei unterliegen alle Organmitglieder und deren involvierte Mitarbeiter einer strengen Vertraulichkeitspflicht.** L

10. Eine den Grundsätzen guter Corporate Governance folgende Unternehmensführung findet im Rahmen offener Diskussionen zwischen Vorstand und Aufsichtsrat und innerhalb dieser Organe statt. C

11. **Der Vorstand stimmt die strategische Ausrichtung des Unternehmens mit dem Aufsichtsrat ab und erörtert mit ihm in regelmäßigen Abständen den Stand der Strategieumsetzung.** L

12. Unterlagen für Aufsichtsratssitzungen sind im Regelfall mindestens eine Woche vor der jeweiligen Sitzung zur Verfügung zu stellen. C

IV.

Vorstand

Kompetenzen und Verantwortung des Vorstands

13. **Der Vorstand hat unter eigener Verantwortung die Gesellschaft so zu leiten, wie das Wohl des Unternehmens unter Berücksichtigung der Interessen der Aktionäre und der Arbeitnehmer sowie des öffentlichen Interesses es erfordert.** L

14. **Grundlegende Entscheidungen obliegen dem Gesamtvorstand.Dazu zählen insbesondere die Konkretisierung der Ziele des Unternehmens und die Festlegung der Unternehmensstrategie.** L

Bei signifikanten Abweichungen von Planwerten informiert der Vorstand unverzüglich den Aufsichtsrat.

15. **Der Vorstand ist für die Umsetzung seiner Beschlüsse verantwortlich.** L

Der Vorstand trifft geeignete Vorkehrungen zur Sicherstellung der Einhaltung der für das Unternehmen relevanten Gesetze.

16. Der Vorstand besteht aus mehreren Personen, wobei der Vorstand einen Vorsitzenden hat. In der Geschäftsordnung sind die Geschäftsverteilung und die Zusammenarbeit des Vorstands geregelt. Namen, Geburtsjahr, Datum der Erstbestellung und Ende der laufenden Funktionsperiode der Mitglieder des Vorstands sowie die Kompetenzverteilung im Vorstand sind im Corporate Governance Bericht zu veröffentlichen. Darüber hinaus sindAufsichtsratsmandate oder vergleichbare Funktionen von Mitgliedern des Vorstands in anderen in- und ausländischen Gesellschaften, außer diese sind in den Konzernabschluss einbezogen, im Corporate Governance Bericht anzuführen. C

17. Der Vorstand hat Kommunikationsaufgaben, die das Erscheinungsbild des Unternehmens für die Stakeholder wesentlich prägen, umfassend wahrzunehmen. Dabei kann der Vorstand von den entsprechenden Abteilungen unterstützt werden. C

18. In Abhängigkeit von der Größe des Unternehmens ist eine interne Revision als eigene Stabstelle des Vorstands einzurichten oder an eine geeignete Institution auszulagern. Über Revisionsplan und wesentliche Ergebnisse ist dem Prüfungsausschuss zumindest einmal jährlich zu berichten. C

18a. Der Vorstand berichtet dem Aufsichtsrat mindestens einmal jährlich über die Vorkehrungen zur Bekämpfung von Korruption im Unternehmen. C

Regeln für Interessenkonflikte und Eigengeschäfte

19. Personen, die Führungsaufgaben innerhalb einer Gesellschaft wahrnehmen, sowie in enger Beziehung zu ihnen stehende Personen melden der Gesellschaft undder Finanzmarktaufsicht ihre Eigengeschäfte[2)] unverzüglich und spätestens drei Geschäftstage nach dem Datum des Geschäfts. L

20. Die Gesellschaft oder alle in ihrem Auftrag oder für ihre Rechnung handelnden Personen sind verpflichtet, eine Liste aller Personen aufzustellen, die Zugang zu Insiderinformationen haben. L

21. (entfallen)

22. Der Vorstand fasst seine Beschlüsse frei von Eigeninteressen und Interessen bestimmender Aktionäre, sachkundig und unter Beachtung aller relevanten Rechtsvorschriften. L

23. Vorstandsmitglieder müssen wesentliche persönliche Interessen an Transaktionen der Gesellschaft und deren Konzernunternehmen sowie sonstige Interessenkonflikte dem Aufsichtsrat gegenüber offen legen. Sie haben außerdem die anderen Vorstandsmitglieder unverzüglich darüber zu informieren. L

24. Alle Geschäfte zwischen der Gesellschaft bzw. Konzernunternehmen und Vorstandsmitgliedern sowie ihnen nahestehenden Personen oder Unternehmen müssen den branchenüblichen Standards entsprechen. Derartige Geschäfte und deren Konditionen müssen im Voraus durch den Aufsichtsrat genehmigt werden, ausgenommen Geschäfte des täglichen Lebens. L

2) Eigengeschäfte mit Anteilen oder Schuldtiteln dieser Gesellschaft oder damit verbundenen Derivaten oder anderen damit verbundenen Finanzinstrumenten. Dies gilt für Geschäfte, die getätigt werden, nachdem innerhalb eines Kalenderjahrs ein Gesamtvolumen von 5.000 EUR erreicht worden ist. Der Schwellenwert errechnet sich aus der Addition aller genannten Geschäfte ohne Netting.

25. Vorstandsmitglieder dürfen ohne Einwilligung des Aufsichtsrats weder ein Unternehmen betreiben noch Aufsichtsratsmandate in anderen Unternehmen annehmen, außer die Unternehmen sind mit der Gesellschaft konzernmäßig verbunden oder die Gesellschaft ist an diesen unternehmerisch beteiligt[3]. Ebenso dürfen Vorstandsmitglieder ohne Einwilligung des Aufsichtsrats weder im Geschäftszweig der Gesellschaft für eigene oder fremde Rechnung Geschäfte tätigen noch dürfen sie an anderen unternehmerisch tätigen Gesellschaften als persönlich haftende Gesellschafter beteiligt sein. L

26. Vorstandsmitglieder dürfen insgesamt nicht mehr als 4 Aufsichtsratsmandate (Vorsitz zählt doppelt) in konzernexternen Aktiengesellschaften ausüben. Unternehmen, die in den Konzernabschluss einbezogen werden oder an denen eine unternehmerische Beteiligung besteht, gelten nicht als konzernexterne Aktiengesellschaften. C

Nebentätigkeiten von leitenden Angestellten, insbesondere die Übernahme von Organfunktionen in anderen Unternehmen bedürfen der Genehmigung des Vorstands, außer die Unternehmen sind mit der Gesellschaft konzernmäßig verbunden oder die Gesellschaft hält eine unternehmerische Beteiligung an ihnen. Das für Vorstandsmitglieder und leitende Angestellte gesetzlich geltende Wettbewerbsverbot wird nicht aufgehoben.

Vergütung des Vorstands

26a. Der Aufsichtsrat hat dafür zu sorgen, dass die Gesamtbezüge der Vorstandsmitglieder (Gehälter, Gewinnbeteiligungen, Aufwandsentschädigungen, Versicherungsentgelte, Provisionen, anreizorientierte Vergütungszusagen und Nebenleistungen jeder Art) in einem angemessenen Verhältnis zu den Aufgaben und Leistungen des einzelnen Vorstandsmitglieds, zur Lage der Gesellschaft und zu der üblichen Vergütung stehen und langfristige Verhaltensanreize zur nachhaltigen Unternehmensentwicklung setzen. Dies gilt sinngemäß für Ruhegehälter, Hinterbliebenenbezüge und Leistungen verwandter Art. L

26b. Der Aufsichtsrat hat Grundsätze für die Vergütung der Mitglieder des Vorstands aufzustellen (Vergütungspolitik). L

Die Vergütungspolitik hat die Geschäftsstrategie und die langfristige Entwicklung der Gesellschaft zu fördern und zu erläutern, wie sie das tut. Sie muss klar und verständlich sein und die verschiedenen festen und variablen Vergütungsbestandteile, einschließlich sämtlicher Boni und anderer Vorteile in jeglicher Form, unter Angabe ihres jeweiligen relativen Anteils, beschreiben.

In der Vergütungspolitik ist zu erläutern, wie die Vergütungs- und Beschäftigungsbedingungen der Arbeitnehmer der Gesellschaft bei der Festlegung der Vergütungspolitik berücksichtigt worden sind.

Die maßgeblichen Kriterien für variable Vergütungsbestandteile sind in der Vergütungspolitik klar und umfassend festzulegen und die finanziellen und nichtfinanziellen Leistungskriterien anzugeben. Es ist weiters zu erläutern, inwiefern diese Kriterien die langfristige Entwicklung der Gesellschaft fördern und mit welchen Methoden die Erfüllung der Kriterien festgestellt werden soll. Sie hat Informationen zu etwaigen Wartefristen sowie zur Möglichkeit der Gesellschaft zu enthalten, variable Vergütungsbestandteile zurückzufordern.

Gewährt die Gesellschaft eine aktienbezogene Vergütung, so hat die Vergütungspolitik Warte- und Behaltefristen zu präzisieren und zu erläutern, inwiefern die aktienbezogene Vergütung die langfristige Entwicklung der Gesellschaft fördert.

In der Vergütungspolitik sind die Laufzeit der Verträge der Mitglieder des Vorstands, die maßgeblichen Kündigungsfristen, die Hauptmerkmale von Zusatzpensionssystemen und Vorruhestandsprogrammen sowie die Bedingungen für die Beendigung und die dabei zu leistenden Zahlungen anzugeben.

Es ist das Verfahren zu erläutern, wie diese Politik festgelegt, überprüft und umgesetzt wird.

[3] *§ 189a Z 2 UGB*

Unter außergewöhnlichen Umständen kann die Gesellschaft vorübergehend von ihrer Vergütungspolitik abweichen. In jeder überprüften Vergütungspolitik sind sämtliche wesentlichen Änderungen zu beschreiben und zu erläutern.

Die Vergütungspolitik ist der Hauptversammlung mindestens in jedem vierten Geschäftsjahr sowie bei jeder wesentlichen Änderung zur Abstimmung vorzulegen. Die Abstimmung hat empfehlenden Charakter. Der Beschluss ist nicht anfechtbar.

Die Vergütungspolitik ist nach der Abstimmung in der Hauptversammlung zusammen mit dem Ergebnis der Abstimmung spätestens am zweiten Werktag nach der Hauptversammlung auf der Internetseite der Gesellschaft zu veröffentlichen und hat dort mindestens für die Dauer ihrer Gültigkeit kostenfrei zugänglich zu bleiben.[4)]

27. Bei Abschluss von Vorstandsverträgen wird zusätzlich auf die Einhaltung folgender Grundsätze geachtet: C

Die Vergütung enthält fixe und variable Bestandteile. Die variablen Vergütungsteile knüpfen insbesondere an nachhaltige, langfristige und mehrjährige Leistungskriterien an, beziehen auch nicht-finanzielle Kriterien mit ein und dürfen nicht zum Eingehen unangemessener Risiken verleiten. Für variable Vergütungskomponenten sind messbare Leistungskriterien sowie betragliche oder als Prozentsätze der fixen Vergütungsteile bestimmte Höchstgrenzen im Voraus festzulegen. Es ist vorzusehen, dass die Gesellschaft variable Vergütungskomponenten zurückfordern kann, wenn sich herausstellt, dass diese auf der Grundlage von offenkundig falschen Daten ausgezahlt wurden.

27a. Bei Abschluss von Vorstandsverträgen ist darauf zu achten, dass Abfindungszahlungen bei vorzeitiger Beendigung der Vorstandstätigkeit ohne wichtigen Grund mehr als zwei Jahresgesamtvergütungen nicht überschreiten und nicht mehr als die Restlaufzeit des Anstellungsvertrages abgelten. Bei vorzeitiger Beendigung des Vorstandsvertrages aus einem vom Vorstandsmitglied zu vertretenden wichtigen Grund ist keine Abfindung zu zahlen. C

Aus Anlass der vorzeitigen Beendigung der Vorstandstätigkeit getroffene Vereinbarungen über Abfindungszahlungen berücksichtigen die Umstände des Ausscheidens des betreffenden Vorstandsmitglieds und die wirtschaftliche Lage des Unternehmens.

28. Wird für Vorstandsmitglieder ein Stock Option Programm oder ein Programm für die begünstigte Übertragung von Aktien vorgeschlagen, haben diese an vorher festgelegte, messbare, langfristige und nachhaltige Kriterien anzuknüpfen. Eine nachträgliche Änderung der Kriterien ist ausgeschlossen. Auf die Dauer eines solchen Programmes, längstens aber bis zur Beendigung der Vorstandstätigkeit ist ein angemessener Eigenanteil an Aktien des Unternehmens zu halten. C

Bei Stock Option Programmen ist eine Wartefrist von mindestens 3 Jahren vorzusehen.

Für Aktienübertragungsprogramme ist eine Warte- und/oder eine Behaltefrist von insgesamt mindestens 3 Jahren festzulegen. Über Stock Option Programme und Aktienübertragungsprogramme für Vorstandsmitglieder und deren Änderung beschließt die Hauptversammlung.

28a. Die Grundsätze der C-Regeln 27 und 28 sind auch bei der Einführung neuer Vergütungssysteme für leitende Angestellte entsprechend anzuwenden. R

29. Die Anzahl und Aufteilung der eingeräumten Optionen, deren Ausübungspreis sowie der jeweilige Schätzwert zum Zeitpunkt der Einräumung und Ausübung sind im Geschäftsbericht darzustellen[5)]**.** L

Die im Geschäftsjahr gewährten Gesamtbezüge des Vorstands sind im Anhang zum Jahresabschluss auszuweisen.

[4)] Gekürzte Wiedergabe von §§ 78a und 78b AktG. Die Vergütungspolitik ist erstmalig der ordentlichen Hauptversammlung in dem Geschäftsjahr vorzulegen, das nach dem 10. Juni 2019 beginnt.

[5)] Hierbei handelt es sich um eine kurz gefasste Wiedergabe von § 239 Abs 1 Z 5 UGB. Für die genaue Umsetzung wird auf diese Bestimmung verwiesen.

Im Corporate Governance Bericht sind die Gesamtbezüge der einzelnen Vorstandsmitglieder (§ 239 Abs. 1 Z 4 lit. a UGB) und die Grundsätze der Vergütungspolitik anzugeben.[6)]

29a. **Vorstand und Aufsichtsrat haben einen klaren und verständlichen Vergütungsbericht zu erstellen. Dieser hat einen umfassenden Überblick über die im Lauf des letzten Geschäftsjahrs den aktuellen und ehemaligen Mitgliedern des Vorstands im Rahmen der Vergütungspolitik gewährten oder geschuldeten Vergütung einschließlich sämtlicher Vorteile in jeglicher Form zu bieten.** L

Der Vergütungsbericht hat gegebenenfalls die folgenden Informationen zu enthalten:

- **Die Gesamtvergütung, aufgeschlüsselt nach Bestandteilen, den relativen Anteil von festen und variablen Vergütungsbestandteilen sowie eine Erläuterung, wie die Gesamtvergütung der Vergütungspolitik entspricht, einschließlich von Angaben dazu, wie die Gesamtvergütung die langfristige Leistung der Gesellschaft fördert und wie die Leistungskriterien angewendet wurden;**
- **die jährliche Veränderung der Gesamtvergütung, des wirtschaftlichen Erfolgs der Gesellschaft und der durchschnittlichen Entlohnung der sonstigen Beschäftigten der Gesellschaft auf Vollzeitäquivalenzbasis, zumindest für die letzten fünf Geschäftsjahre und in einer Weise, die einen Vergleich ermöglicht;**
- **jegliche Vergütung von verbundenen Unternehmen;**
- **die Anzahl der gewährten oder angebotenen Aktien und Aktienoptionen und die wichtigsten Bedingungen für die Ausübung der Rechte, einschließlich des Ausübungspreises, des Ausübungsdatums und etwaiger Änderungen dieser Bedingungen;**
- **Informationen dazu, ob und wie von der Möglichkeit Gebrauch gemacht wurde, variable Vergütungsbestandteile zurückzufordern;**
- **Informationen zu etwaigen Abweichungen von dem Verfahren zur Umsetzung der Vergütungspolitik.**

Der Vergütungsbericht für das letzte Geschäftsjahr ist der Hauptversammlung zur Abstimmung vorzulegen. Die Abstimmung hat empfehlenden Charakter. Der Beschluss ist nicht anfechtbar.

Die Gesellschaft hat im darauffolgenden Vergütungsbericht darzulegen, wie dem Abstimmungsergebnis in der letzten Hauptversammlung Rechnung getragen wurde.

Der Vergütungsbericht ist auf der Internetseite der Gesellschaft kostenfrei zehn Jahre lang öffentlich zugänglich zu machen.[7)]

30. Zusätzlich zu den vom Gesetz bereits geforderten Angaben (L-Regel 29) sind in den Corporate Governance Bericht folgende Informationen aufzunehmen: C

- die im Unternehmen für die variable Vergütung des Vorstands angewandten Grundsätze, insbesondere an welche Leistungskriterien die variable Vergütung gemäß C-Regel 27 anknüpft; die Methoden, anhand derer die Erfüllung der Leistungskriterien festgestellt wird; die für die variable Vergütung bestimmten Höchstgrenzen; vorgesehene Eigenanteile und Fristen gemäß C-Regel 28; ebenso ist über wesentliche Änderungen gegenüber dem Vorjahr zu berichten.
- das Verhältnis der fixen zu den variablen Bestandteilen der Gesamtbezüge des Vorstands.
- die Grundsätze der vom Unternehmen für den Vorstand gewährten betrieblichen Altersversorgung und deren Voraussetzungen.

AktG
ÜbG + VO
VeröffentlichungsV
Corporate Governance

[6)] *Die Angaben zu den Gesamtbezügen der einzelnen Vorstandsmitglieder und zu den Grundsätzen der Vergütungspolitik können erstmals im Corporate Governance Bericht über jenes Geschäftsjahr unterbleiben, das nach dem 10. Juni 2019 beginnt.*

[7)] *Gekürzte Wiedergabe von §§ 78c, 78d und 78e AktG. Die Vergütungspolitik ist erstmalig der ordentlichen Hauptversammlung in dem Geschäftsjahr vorzulegen, das nach dem 10. Juni 2019 beginnt. Der Vergütungsbericht ist erstmalig der ordentlichen Hauptversammlung im darauf folgenden Geschäftsjahr vorzulegen.*

- die Grundsätze für Anwartschaften und Ansprüche des Vorstands des Unternehmens im Falle der Beendigung der Vorstandstätigkeit.
- das Bestehen einer allfälligen D & O – Versicherung, wenn die Kosten von der Gesellschaft getragen werden.

31. Für jedes Vorstandsmitglied werden die im Geschäftsjahr gewährten fixen und variablen Vergütungen im Corporate Governance Bericht einzeln veröffentlicht. C

Dies gilt auch dann, wenn die Vergütungen über eine Managementgesellschaft geleistet werden.

V.

Aufsichtsrat

Kompetenzen und Verantwortung des Aufsichtsrats

32. Der Aufsichtsrat überwacht den Vorstand und unterstützt diesen bei der Leitung des Unternehmens, insbesondere bei Entscheidungen von grundlegender Bedeutung. L

33. Der Aufsichtsrat bestellt die Mitglieder des Vorstands und beruft sie ab. L

34. Der Aufsichtsrat gibt sich eine Geschäftsordnung und legt darin die Informations- und Berichtspflichten des Vorstands, auch für Tochtergesellschaften, fest, sofern diese Pflichten nicht bereits in der Satzung oder der Geschäftsordnung für den Vorstand geregelt sind. C

Die Geschäftsordnung legt weiters die Einrichtung von Ausschüssen und deren Entscheidungsbefugnisse fest. Die Anzahl und die Art der eingerichteten Ausschüsse sowie deren Entscheidungsbefugnisse werden im Corporate Governance Bericht veröffentlicht.

35. Der Aufsichtsrat hat unter Wahrung des Aktiengesetzes den Katalog zustimmungspflichtiger Geschäfte zu konkretisieren und nach der Größe des Unternehmens passende Betragsgrenzen festzulegen; dies gilt auch für wesentliche konzernrelevante Geschäfte von Tochtergesellschaften. L

36. Die gesetzliche Regelung, wonach der Aufsichtsrat mindestens einmal in jedem Vierteljahr zusammenzutreten hat, stellt ein Mindesterfordernis dar. Zusätzlich sind im erforderlichen Ausmaß weitere Sitzungen abzuhalten. Bei Bedarf können Tagesordnungspunkte im Aufsichtsrat und seinen Ausschüssen ohne Teilnahme der Vorstandsmitglieder abgehandelt werden. C

Die Anzahl der Sitzungen des Aufsichtsrats ist im Corporate Governance Bericht offen zu legen.

Der Aufsichtsrat befasst sich jährlich mit der Effizienz seiner Tätigkeit, insbesondere mit seiner Organisation und Arbeitsweise (Selbstevaluierung).

37. Der Aufsichtsratsvorsitzende bereitet die Aufsichtsratssitzungen vor. Er hält insbesondere mit dem Vorstandsvorsitzenden regelmäßig Kontakt und diskutiert mit ihm die Strategie, die Geschäftsentwicklung und das Risikomanagement des Unternehmens. C

Die Bestellung des Vorstands

38. Der Aufsichtsrat hat abhängig von der Unternehmensausrichtung und der Unternehmenslage ein Anforderungsprofil zu definieren und darauf bezogen, auf der Grundlage eines definierten Besetzungsverfahrens, die Vorstandsmitglieder zu bestellen. C

Der Aufsichtsrat hat zu berücksichtigen, dass kein Vorstandsmitglied rechtskräftig wegen eines Delikts gerichtlich verurteilt ist, das seine berufliche Zuverlässigkeit als Vorstand in Frage stellt. Darüber hinaus hat der Aufsichtsrat auf eine Nachfolgeplanung Bedacht zu nehmen.

Ausschüsse

39. Der Aufsichtsrat bildet abhängig von den spezifischen Gegebenheiten des Unternehmens und der Anzahl seiner Mitglieder fachlich qualifizierte Ausschüsse. Diese dienen der Steigerung der Effizienz der Aufsichtsratsarbeit und der Behandlung komplexer Sachverhalte. Es bleibt dem Aufsichtsrat jedoch unbenommen, Angelegenheiten der Ausschüsse im gesamten Aufsichtsrat zu behandeln. Jeder Ausschussvorsitzende berichtet regelmäßig an den Aufsichtsrat über die Arbeit des Ausschusses. Der Aufsichtsrat hat Vorsorge zu treffen, dass ein Ausschuss zur Entscheidung in dringenden Fällen befugt ist. C

Die Mehrheit der Ausschussmitglieder erfüllt die Kriterien für die Unabhängigkeit gemäß C-Regel 53.

Im Corporate Governance Bericht sind Namen der Ausschussmitglieder und die Vorsitzenden anzuführen. Im Corporate Governance Bericht ist die Anzahl der Sitzungen der Ausschüsse offen zu legen und auf die Tätigkeit der Ausschüsse einzugehen.

40. **Es ist ein Prüfungsausschuss einzurichten. Diesem muss eine Person angehören, die über den Anforderungen des Unternehmens entsprechende Kenntnisse und praktische Erfahrung im Finanz- und Rechnungswesen und in der Berichterstattung verfügt (Finanzexperte). Vorsitzender des Prüfungsausschusses oder Finanzexperte darf nicht sein, wer in den letzten drei Jahren Vorstandsmitglied oder leitender Angestellter oder Abschlussprüfer der Gesellschaft war oder den Bestätigungsvermerk unterfertigt hat oder aus anderen Gründen nicht unabhängig und unbefangen ist.** L

Der Prüfungsausschuss ist insbesondere für die Überwachung des Rechnungslegungsprozesses, der Wirksamkeit des internen Kontroll- und Risikomanagementsystems, der Unabhängigkeit und der Tätigkeit des Abschlussprüfers sowie für die Genehmigung von Nicht-Prüfungsleistungen zuständig.

41. Der Aufsichtsrat richtet einen Nominierungsausschuss ein. Bei einem Aufsichtsrat mit nicht mehr als 6 Mitgliedern (einschließlich Arbeitnehmervertretern) kann diese Funktion vom gesamten Aufsichtsrat wahrgenommen werden. C

Der Nominierungsausschuss unterbreitet dem Aufsichtsrat Vorschläge zur Besetzung frei werdender Mandate im Vorstand und befasst sich mit Fragen der Nachfolgeplanung.

42. Der Nominierungsausschuss oder der gesamte Aufsichtsrat unterbreitet der Hauptversammlung Vorschläge zur Besetzung frei werdender Mandate im Aufsichtsrat. Dabei ist die L-Regel 52 zu beachten. C

43. Der Aufsichtsrat richtet einen Vergütungsausschuss ein, dessen Vorsitzender der Aufsichtsratsvorsitzende ist. C

Der Vergütungsausschuss[8)] befasst sich mit dem Inhalt von Anstellungsverträgen mit Vorstandsmitgliedern, sorgt für die Umsetzung der C-Regeln 27, 27a und 28 und überprüft die Vergütungspolitik für Vorstandsmitglieder in regelmäßigen Abständen. Mindestens ein Mitglied des Vergütungsausschusses verfügt über Kenntnisse und Erfahrung im Bereich der Vergütungspolitik. Wenn der Vergütungsausschuss einen Berater in Anspruch nimmt, ist sicherzustellen, dass dieser nicht gleichzeitig den Vorstand in Vergütungsfragen berät.

Bei einem Aufsichtsrat mit nicht mehr als 6 Mitgliedern (einschließlich Arbeitnehmervertretern) kann die Funktion des Vergütungsausschusses vom gesamten Aufsichtsrat wahrgenommen werden. Der Vergütungsausschuss kann mit dem Nominierungsausschuss ident sein.

Der Aufsichtsratsvorsitzende informiert die Hauptversammlung einmal jährlich über die Grundsätze des Vergütungssystems.

8) Die Mitbestimmung der Arbeitnehmervertreter gilt für alle Ausschüsse des Aufsichtsrats, außer für Ausschüsse, die die Beziehungen zwischen der Gesellschaft und Vorstandsmitgliedern behandeln (siehe L-Regel 59).

Regeln für Interessenkonflikte und Eigengeschäfte

44. **Aufsichtsratsmitglieder können nicht zugleich Vorstandsmitglieder oder dauernd Vertreter von Vorstandsmitgliedern der Gesellschaft oder ihrer Tochterunternehmen[9] sein. Sie können auch nicht als Angestellte die Geschäfte der Gesellschaft führen. Mitglied des Aufsichtsrats kann nicht sein, wer gesetzlicher Vertreter einer anderen Kapitalgesellschaft ist, deren Aufsichtsrat ein Vorstandsmitglied der Gesellschaft angehört, es sei denn, eine der Gesellschaften ist mit der anderen konzernmäßig verbunden oder an ihr unternehmerisch beteiligt. Aufsichtsratsmitglieder dürfen bei ihren Entscheidungen keine eigenen Interessen oder die ihnen nahe stehender Personen oder nahe stehender Unternehmen verfolgen, die im Widerspruch zu den Interessen des Unternehmens stehen, oder Geschäftschancen, die dem Unternehmen zustehen, an sich ziehen.** L

Vor der Wahl haben die für den Aufsichtsrat vorgeschlagenen Personen der Hauptversammlung ihre fachliche Qualifikation, ihre beruflichen oder vergleichbaren Funktionen sowie alle Umstände darzulegen, welche die Besorgnis einer Befangenheit begründen könnten.

45. Aufsichtsratsmitglieder dürfen keine Organfunktionen in anderen Gesellschaften wahrnehmen, die zum Unternehmen in Wettbewerb stehen. C

46. Geraten Aufsichtsratsmitglieder in Interessenkonflikte, haben sie dies unverzüglich dem Vorsitzenden des Aufsichtsrats offen zu legen. Gerät der Vorsitzende in Interessenkonflikte, hat er dies unverzüglich seinem Stellvertreter offen zu legen. C

47. Die Gewährung von Krediten des Unternehmens an Aufsichtsratsmitglieder ist außerhalb der gewöhnlichen Geschäftstätigkeit des Unternehmens untersagt. C

48. **Der Abschluss von Verträgen mit Mitgliedern des Aufsichtsrats, durch die sich diese außerhalb ihrer Tätigkeit im Aufsichtsrat gegenüber der Gesellschaft oder einem Tochterunternehmen zu einer Leistung gegen ein nicht bloß geringfügiges Entgelt verpflichten, bedarf der Zustimmung des Aufsichtsrats. Dies gilt auch für Verträge mit Unternehmen, an denen ein Aufsichtsratsmitglied ein erhebliches wirtschaftliches Interesse hat.** L

49. Die Gesellschaft veröffentlicht im Corporate Governance Bericht Gegenstand und Entgelt von gemäß L-Regel 48 zustimmungspflichtigen Verträgen. Eine Zusammenfassung gleichartiger Verträge ist zulässig. C

Vergütung des Aufsichtsrats

50. **Die Vergütung der Aufsichtsratsmitglieder wird von der Hauptversammlung oder in der Satzung festgelegt und trägt der Verantwortung und dem Tätigkeitsumfang sowie der wirtschaftlichen Lage des Unternehmens Rechnung.** L

Hinsichtlich der Vergütung der Aufsichtsratsmitglieder sind eine Vergütungspolitik und ein Vergütungsbericht unter sinngemäßer Anwendung der Regeln für den Vorstand aufzustellen.

51. Die im Berichtszeitraum gewährten Vergütungen für Aufsichtsratsmitglieder werden im Corporate Governance Bericht für jedes Aufsichtsratsmitglied einzeln veröffentlicht. Es werden grundsätzlich keine Stock Option Pläne für Aufsichtsratsmitglieder vorgesehen.

Werden ausnahmsweise Stock Option Pläne gewährt, sind diese in allen Einzelheiten von der Hauptversammlung zu beschließen. C

Qualifikation, Zusammensetzung und Unabhängigkeit des Aufsichtsrats

52. **Bei der Wahl von Aufsichtsratsmitgliedern hat die Hauptversammlung auf die fachliche und persönliche Qualifikation der Mitglieder sowie auf eine im Hinblick auf die Struktur und das Geschäftsfeld der Gesellschaft fachlich ausgewogene Zusammensetzung des Aufsichtsrats zu achten. Weiters sind Aspekte der Diversität des Aufsichtsrats im Hinblick auf die Vertretung beider Geschlechter und die Altersstruktur sowie bei börsenotierten Gesellschaften auch im Hinblick auf die Inter-** L

[9] *§ 189a Z 8 UGB*

nationalität der Mitglieder angemessen zu berücksichtigen.

Der Aufsichtsrat besteht zu mindestens 30 Prozent aus Frauen und zu mindestens 30 Prozent aus Männern, sofern der Aufsichtsrat aus mindestens sechs Mitgliedern (Kapitalvertretern) und die Belegschaft zu mindestens 20 Prozent aus Arbeitnehmerinnen beziehungsweise Arbeitnehmern besteht.

Es ist auch darauf zu achten, dass niemand zum Aufsichtsratsmitglied gewählt wird, der rechtskräftig wegen einer gerichtlich strafbaren Handlung verurteilt worden ist, die seine berufliche Zuverlässigkeit in Frage stellt.

52a. Die Anzahl der Mitglieder des Aufsichtsrats (ohne Arbeitnehmervertreter) beträgt höchstens zehn. Jedes neue Mitglied des Aufsichtsrats hat sich angemessen über Aufbau und Aktivitäten des Unternehmens sowie über die Aufgaben und Verantwortlichkeiten von Aufsichtsräten zu informieren. C

53. Die Mehrheit der von der Hauptversammlung gewählten oder von Aktionären aufgrund der Satzung entsandten Mitglieder des Aufsichtsrats ist von der Gesellschaft und deren Vorstand unabhängig. C

Ein Aufsichtsratsmitglied ist als unabhängig anzusehen, wenn es in keiner geschäftlichen oder persönlichen Beziehung zu der Gesellschaft oder deren Vorstand steht, die einen materiellen Interessenkonflikt begründet und daher geeignet ist, das Verhalten des Mitglieds zu beeinflussen.

Der Aufsichtsrat legt auf der Grundlage dieser Generalklausel die Kriterien der Unabhängigkeit fest und veröffentlicht diese im Corporate Governance Bericht. Als weitere Orientierung dienen die in Anhang 1 angeführten Leitlinien für die Unabhängigkeit. Gemäß den festgelegten Kriterien hat jedes Mitglied des Aufsichtsrats in eigener Verantwortung dem Aufsichtsrat zu erklären, ob es unabhängig ist. Im Corporate Governance Bericht ist darzustellen, welche Mitglieder nach dieser Beurteilung als unabhängig anzusehen sind.

54. Bei Gesellschaften mit einem Streubesitz von mehr als 20% gehört den von der Hauptversammlung gewählten oder von Aktionären aufgrund der Satzung entsandten Mitgliedern des Aufsichtsrats mindestens ein gemäß C-Regel 53 unabhängiges Mitglied an, das nicht Anteilseigner mit einer Beteiligung von mehr als 10 % ist oder dessen Interessen vertritt. C

Bei Gesellschaften mit einem Streubesitz von mehr als 50% gehören mindestens zwei Mitglieder dem Aufsichtsrat an, die diese Kriterien erfüllen.

Im Corporate Governance Bericht ist darzustellen, welche Mitglieder des Aufsichtsrats diese Kriterien erfüllen.

55. Mitglied des Aufsichtsrats einer börsenotierten Gesellschaf kann nicht sein, wer in den letzten zwei Jahren Vorstandsmitglied dieser Gesellschaft war, es sei denn, seine Wahl erfolgt auf Vorschlag von Aktionären, die mehr als 25 vom Hundert der Stimmrechte an der Gesellschaft halten. Dem Aufsichtsrat darf jedoch nicht mehr als ein ehemaliges Vorstandsmitglied angehören, für das die zweijährige Frist noch nicht abgelaufen ist. Ein Mitglied des Aufsichtsrats einer börsenotierten Gesellschaft, das in den letzten zwei Jahren Vorstandsmitglied dieser Gesellschaft war, kann nicht zum Vorsitzenden des Aufsichtsrats gewählt werden. L

56. Aufsichtsratsmitglieder haben insgesamt nicht mehr als 8 Aufsichtsratsmandate (Vorsitz zählt doppelt) in börsennotierten Gesellschaften. L

57. Aufsichtsratsmitglieder, die dem Vorstand einer börsenotierten Gesellschaft angehören, dürfen insgesamt nicht mehr als 4 Aufsichtsratsmandate (Vorsitz zählt doppelt) in konzernexternen Aktiengesellschaften wahrnehmen. C

Unternehmen, die in den Konzernabschluss einbezogen werden oder an denen eine unternehmerische Beteiligung besteht, gelten nicht als konzernexterne Aktiengesellschaften.

58. Im Corporate Governance Bericht sind der Vorsitzende und stellvertretende Vorsitzende sowie Name, Geburtsjahr, das Jahr der Erstbestellung jedes Aufsichtsratsmitglieds und das Ende der laufenden Funktionsperiode anzugeben. C

Darüber hinaus sind für jedes Aufsichtsratsmitglied auch andere Aufsichtsratsmandate oder vergleichbare Funktionen in in- und ausländischen börsenotierten Gesellschaften im Corporate Governance Bericht anzuführen.

Falls ein Mitglied des Aufsichtsrats in einem Geschäftsjahr an mehr als der Hälfte der Sitzungen des Aufsichtsrats nicht persönlich teilnimmt, ist dies in den Corporate Governance Bericht aufzunehmen.

Mitbestimmung

59. Die Mitbestimmung der Arbeitnehmer im Aufsichtsrat ist neben der betrieblichen Mitbestimmung durch Einrichtung eines Betriebsrats ein gesetzlich geregelter Teil des österreichischen Corporate Governance Systems. Die Arbeitnehmervertretung ist berechtigt, in den Aufsichtsrat einer Aktiengesellschaft für je zwei von der Hauptversammlung gewählte Aufsichtsratsmitglieder ein Mitglied aus ihren Reihen (nicht aber von außen aus der Gewerkschaft) zu entsenden (Drittelparität). L

Bei ungerader Zahl der Aktionärsvertreter wird zugunsten der Arbeitnehmervertreter aufgestockt. Die Drittelparität gilt auch für alle Ausschüsse des Aufsichtsrats, außer für Sitzungen und Abstimmungen, welche die Beziehungen zwischen der Gesellschaft und Vorstandsmitgliedern betreffen, ausgenommen Beschlüsse auf Bestellung oder Widerruf der Bestellung eines Vorstandsmitglieds sowie auf Einräumung von Optionen auf Aktien der Gesellschaft.

Die Arbeitnehmervertreter üben ihre Funktion ehrenamtlich aus und können nur vom Betriebsrat (Zentralbetriebsrat), das aber jederzeit, abberufen werden.

Die Rechte und Pflichten der Arbeitnehmervertreter sind dieselben wie die der Kapitalvertreter; dies gilt insbesondere für die Informations- und Überwachungsrechte, die Sorgfaltspflicht, die Pflicht zur Verschwiegenheit und eine allfällige Haftung bei Pflichtverletzung. Bei persönlichen Interessenkollisionen haben sich die Arbeitnehmervertreter, wie auch Kapitalvertreter, der Stimme zu enthalten.

VI.
Transparenz und Prüfung

Transparenz der Corporate Governance

60. Die Gesellschaft hat einen Corporate Governance Bericht aufzustellen, der zumindest folgende Angaben enthält[10]: L

- **die Nennung eines in Österreich oder am jeweiligen Börseplatz allgemein anerkannten Corporate Governance Kodex;**
- **die Angabe, wo dieser öffentlich zugänglich ist;**
- **soweit sie von den Comply or Explain-Regeln des Kodex abweicht, eine Erklärung, in welchen Punkten und aus welchen Gründen diese Abweichung erfolgt[11];**
- **wenn sie beschließt, keinem Kodex zu entsprechen, eine Begründung hiefür;**
- **die Zusammensetzung und die Arbeitsweise des Vorstands und des Aufsichtsrats sowie seiner Ausschüsse;**
- **die Gesamtbezüge der einzelnen Vorstandsmitglieder und die Grundsätze der Vergütungspolitik[12];**
- **die Maßnahmen, die zur Förderung von Frauen im Vorstand, im Aufsichtsrat und in leitenden Stellen gesetzt wurden.**
- **das Diversitätskonzept**

Der Aufsichtsrat hat den Corporate Governance Bericht innerhalb von zwei Monaten nach Vorlage zu prüfen, sich gegenüber dem Vorstand darüber zu erklären und einen Bericht an die Hauptversammlung zu erstatten.

61. Die Verpflichtung zur Beachtung des Österreichischen Corporate Gover- C

10) Ein Mutterunternehmen hat einen konsolidierten Corporate Governance Bericht aufzustellen. Im Anhang 2a des Kodex wird eine Grundstruktur für den Aufbau des Corporate Governance Berichts empfohlen.

11) Im Anhang 2b sind Leitlinien für die Erklärung und Begründung von Abweichungen von C-Regeln des Kodex enthalten.

12) Die Angaben zu den Gesamtbezügen der einzelnen Vorstandsmitglieder und zu den Grundsätzen der Vergütungspolitik können erstmals im Corporate Governance Bericht über jenes Geschäftsjahr unterbleiben, das nach dem 10. Juni 2019 beginnt.

nance Kodex (Bekenntnis zum Kodex) ist in den Corporate Governance Bericht aufzunehmen. Der Corporate Governance Bericht ist auf der Website der Gesellschaft zu veröffentlichen.

Diese Website ist im Lagebericht anzugeben. Jeder Aktionär ist berechtigt, in der Hauptversammlung Auskünfte zum Corporate Governance Bericht zu verlangen.

Für die Berichterstattung über die Umsetzung und Einhaltung der Corporate Governance-Grundsätze im Unternehmen ist der Vorstand verantwortlich.

Für die Einhaltung der Corporate Governance-Grundsätze und die Begründung von Abweichungen ist jenes Organ verantwortlich, welches Adressat der jeweiligen Regelung ist.

62. Die Einhaltung der C-Regeln des Kodex hat die Gesellschaft regelmäßig, mindestens alle drei Jahre durch eine externe Institution evaluieren zu lassen[13] und über das Ergebnis im Corporate Governance Bericht zu berichten. C

Rechnungslegung und Publizität

63. Die Gesellschaft veröffentlicht spätestens 2 Handelstage nach dem Erhalt entsprechender Informationen Veränderungen in der Aktionärsstruktur, wenn als Folge des Erwerbes oder der Veräußerung von Aktien der Anteil einzelner Aktionäre an den Stimmrechten 4 vH, 5 vH, 10 vH, 15 vH, 20 vH, 25 vH, 30 vH, 35 vH, 40 vH, 45 vH, 50 vH, 75 vH oder 90 vH erreicht, übersteigt oder unterschreitet. L

64. Die Gesellschaft legt, soweit ihr das bekannt ist, die aktuelle Aktionärsstruktur, differenziert nach geographischer Herkunft und Investortyp, Kreuzbeteiligungen, das Bestehen von Syndikatsverträgen, Stimmrechtsbeschränkungen, Namensaktien und damit verbundene Rechte und Beschränkungen auf der Website der Gesellschaft offen. Aktuelle Stimmrechtsänderungen (gemäß L-Regel 63) werden umgehend auch auf der Website der Gesellschaft bekannt gegeben. Die Satzung der Gesellschaft wird auf der Website der Gesellschaft veröffentlicht. C

65. Die Gesellschaft erstellt den Konzernabschluss und den im Halbjahresfinanzbericht enthaltenen verkürzten Konzernzwischenbericht nach den International Financial Reporting Standards (IFRS), wie sie von der EU übernommen wurden. L

Jahresfinanzberichte sind spätestens vier Monate, Halbjahresfinanzberichte spätestens drei Monate nach Ende der Berichtsperiode zu veröffentlichen und müssen mindestens zehn Jahre lang öffentlich zugänglich bleiben.

66. Erstellt die Gesellschaft Quartalsberichte, sind diese nach den International Financial Reporting Standards, wie sie von der EU übernommen wurden (IAS 34), aufzustellen. C

Im Rahmen der Jahres- und Zwischenberichterstattung erläutert der Vorstand wesentliche Änderungen oder Abweichungen sowie deren Ursachen und Auswirkungen für das laufende bzw. folgende Geschäftsjahr sowie wesentliche Abweichungen von bisher veröffentlichten Umsatz-, Gewinn- und Strategiezielen.

67. Das Unternehmen etabliert über die gesetzlichen Mindesterfordernisse hinaus eine externe Kommunikation, die insbesondere durch die Nutzung der Website der Gesellschaft die Informationsbedürfnisse zeitnah und ausreichend deckt. Dabei stellt die Gesellschaft sämtliche neuen Tatsachen, die sie Finanzanalysten und vergleichbaren Adressaten mitteilt, zeitgleich allen Aktionären zur Verfügung. C

68. Die Gesellschaft veröffentlicht Jahresfinanzberichte, Halbjahresfinanzberichte und alle anderen Zwischenberichte in deutscher und englischer Sprache und macht diese auf der Website der Gesellschaft verfügbar[14]. Falls der Jahresfinanzbericht einen Konzernabschluss enthält, braucht der im Jahresfinanzbericht enthaltene unternehmensrechtliche Jahresabschluss lediglich in deutscher Sprache veröffentlicht und verfügbar gemacht werden[15]. C

[13] *Als Hilfestellung für die freiwillige externe Evaluierung hat der Österreichische Arbeitskreis für Corporate Governance einen Fragebogen entwickelt. Veröffentlicht auf www.corporate-governance.at*

[14] *Die Sprach- und Drittlandsregelung gemäß § 85 BörseG bleibt davon unberührt.*

[15] *Die Sprach- und Drittlandsregelung gemäß § 85 BörseG bleibt davon unberührt.*

69. Die Gesellschaft legt im Konzernlagebericht eine angemessene Analyse des Geschäftsverlaufes vor und beschreibt darin ihre wesentlichen Risiken und Ungewissheiten sowie die wichtigsten Merkmale des internen Kontrollsystems und des Risikomanagementsystems im Hinblick auf den Rechnungslegungsprozess. Beschäftigt die Gesellschaft auf konzernaler Basis mehr als 500 Arbeitnehmer, ist eine nicht-finanzielle Erklärung in den Konzernlagebericht aufzunehmen.[16] L

70. Die Gesellschaft beschreibt im Konzernlagebericht die wesentlichen eingesetzten Risikomanagement-Instrumente in Bezug auf nicht-finanzielle Risiken. C

Investor Relations/Internet

71. Die Gesellschaft hat Insider-Informationen, die sie unmittelbar betreffen, sowie erhebliche Veränderungen dieser Informationen unverzüglich der Öffentlichkeit bekannt zu geben (Ad-Hoc Publizität). Die Gesellschaft hat alle Insider-Informationen, die sie der Öffentlichkeit bekannt geben muss, während eines Zeitraums von mindestens fünf Jahren auf ihrer Website anzuzeigen. Die Gesellschaft kann auf eigene Verantwortung die Bekanntgabe von Insider-Informationen aufschieben, wenn die unverzügliche Offenlegung geeignet wäre, ihre berechtigten Interessen zu beeinträchtigen. Der Aufschub ist nur insofern zulässig, als dieser nicht geeignet ist, die Öffentlichkeit irrezuführen, und der Emittent in der Lage ist, die Geheimhaltung dieser Informationen sicherzustellen. L

Der Aufschub der Veröffentlichung einer Insider-Information ist der Finanzmarktaufsicht nach Wegfall der Gründe offenzulegen.

72. Die Gesellschaft bestimmt eine Ansprechperson für Investor Relations und veröffentlicht deren Namen und Kontaktmöglichkeit auf der Website der Gesellschaft. C

73. Der Vorstand hat erfolgte Meldungen über Director's Dealings[17] unverzüglich auf der Website der Gesellschaft bekannt zu geben und diese Informationen haben dort für mindestens drei Monate zu verbleiben. Die Bekanntgabe kann auch durch Verweis auf die entsprechende Website der Finanzmarktaufsicht erfolgen. C

74. Ein Unternehmenskalender wird mindestens zwei Monate vor Beginn des neuen Geschäftsjahres mit allen für Investoren und andere Stakeholder relevanten Terminen, wie z. B. Veröffentlichung von Geschäfts- und Quartalsberichten, Hauptversammlungen, Ex-Dividenden-Tag, Dividenden-Zahltag und Investor Relations Aktivitäten auf der Website der Gesellschaft veröffentlicht. C

75. Die Gesellschaft hält regelmäßig, bei entsprechendem Bedarf auch quartalsweise, Conference Calls oder ähnliche Informationsveranstaltungen für Analysten und Investoren ab. Dabei sind zumindest die verwendeten Informationsunterlagen (Präsentationen) über die Website der Gesellschaft dem Publikum zugänglich zu machen. Andere kapitalmarktrelevante Veranstaltungen, wie Hauptversammlungen, sind, soweit wirtschaftlich vertretbar, als Audio- und/oder Videoübertragung auf der Website der Gesellschaft zugänglich zu machen. R

76. Die Gesellschaft macht alle Finanzinformationen zum Unternehmen, die auch auf anderem Wege veröffentlicht wurden (z. B. gedruckte Berichte, Presseaussendungen, Ad-hoc-Meldungen), auf ihrer Website zeitgleich verfügbar. Falls zusätzliche Informationen nur über Internet verfügbar gemacht werden, muss dies gesondert vermerkt werden. Werden nur Auszüge veröffentlichter Dokumente auf die Website gestellt, muss dies ebenfalls vermerkt werden und auf die Bezugsquelle des vollständigen Dokuments verwiesen werden. Die Dokumente weisen das Datum auf, an dem sie ins Internet gestellt wurden. R

[16] *Alternativ kann die Gesellschaft einen nicht-finanziellen Bericht aufstellen. Beschäftigt die Gesellschaft selbst mehr als 500 Arbeitnehmer, muss sie in ihren Lagebericht eine nicht-finanzielle Erklärung aufnehmen, falls sie nicht eine konsolidierte nicht-finanzielle Erklärung oder einen nicht-finanziellen Bericht aufstellt.*

[17] *Siehe L-Regel 19.*

Abschlussprüfung

77. Im Vertrag über die Durchführung der (Konzern-)Abschlussprüfung hat der Aufsichtsrat festzulegen, dass diese nach internationalen Prüfungsgrundsätzen (ISAs)[18] zu erfolgen hat. C

78. **Die Unabhängigkeit des (Konzern-)Abschlussprüfers ist essentiell für eine gewissenhafte und unparteiische Prüfung, insbesondere dürfen keine Ausschluss- oder Befangenheitsgründe vorliegen.** L

Die im Konzern wesentlich verantwortlichen Abschlussprüfer dürfen innerhalb von zwei Jahren nach Zeichnung des Bestätigungsvermerks weder eine Organfunktion noch eine leitende Stellung in der Gesellschaft einnehmen.

79. **Der (Konzern-)Abschlussprüfer hat den Vorsitzenden des Aufsichtsrats und den Vorsitzenden des Prüfungsausschusses unverzüglich über alle Umstände zu informieren, die seine Ausgeschlossenheit oder Befangenheit begründen könnten. Über Schutzmaßnahmen, die getroffen worden sind, um eine unabhängige und unbefangene Prüfung sicherzustellen, ist dem Prüfungsausschuss zu berichten.** L

80. **Ein Wirtschaftsprüfer oder eine Wirtschaftsprüfungsgesellschaft, der oder die in einen Wahlvorschlag aufgenommen werden soll, hat vor Erstattung dieses Wahlvorschlags durch den Aufsichtsrat beziehungsweise vor der Wahl durch die Gesellschafter einen schriftlichen Bericht über folgende Punkte vorzulegen:** L

- **aufrechte Eintragung in das öffentliche Register gemäß Abschlussprüfer-Aufsichtsgesetz als Nachweis über die Einbeziehung in ein gesetzliches Qualitätssicherungssystem;**
- **Nichtvorliegen von Ausschlussgründen;**
- **Darlegung aller Umstände, die die Besorgnis einer Befangenheit begründen könnten sowie jene Schutzmaßnahmen, die getroffen worden sind, um eine unabhängige Prüfung sicherzustellen;**
- **eine nach Leistungskategorien gegliederte Aufstellung über das für das vorangegangene Geschäftsjahr von der Gesellschaft erhaltene Entgelt.**

81. **Der Aufsichtsrat hat unverzüglich nach der Wahl mit dem gewählten (Konzern-) Abschlussprüfer den Vertrag über die Durchführung der Abschlussprüfung abzuschließen und das Entgelt zu vereinbaren. Das Entgelt hat in einem angemessenen Verhältnis zu den Aufgaben des (Konzern-)Abschlussprüfers und dem voraussichtlichen Umfang der Prüfung zu stehen.** L

Der Prüfungsvertrag und die Höhe des vereinbarten Entgelts dürfen an keinerlei Voraussetzungen oder Bedingungen geknüpft werden und nicht davon abhängen, ob der (Konzern-) Abschlussprüfer neben der Prüfungstätigkeit zusätzliche Leistungen für die geprüfte Gesellschaft erbringt.

81a. Der Vorsitzende des Prüfungsausschusses hat den (Konzern-) Abschlussprüfer zusätzlich zu den im Gesetz vorgesehenen Fällen zu einer weiteren Sitzung einzuladen. In dieser Sitzung ist auch festzulegen, wie die wechselseitige Kommunikation zwischen (Konzern-)Abschlussprüfer und dem Prüfungsausschuss zu erfolgen hat. Im Rahmen dieser Sitzungen hat esauch die Gelegenheit zu geben, dass ein Austausch zwischen dem Prüfungsausschuss und dem (Konzern-) Abschlussprüfer ohne Beisein des Vorstandes stattfinden kann. Bei Bedarf lädt der Vorsitzende des Prüfungsausschusses den (Konzern-)Abschlussprüfer zu weiteren Sitzungen des Prüfungsausschusses ein. C

82. **Der Aufsichtsrat und der Prüfungsausschuss werden über das Ergebnis der (Konzern-)Abschlussprüfung in Form der vorgeschriebenen Prüfungsberichte und der Ausübung der Redepflicht des (Konzern-)Abschlussprüfers informiert.** L

82a. Der Vorstand hat dem Aufsichtsrat nach Abschluss der Konzernabschluss- C

[18] *Gem. Fachgutachten KFS/PG 1 sind bei Abschlussprüfungen für Geschäftsjahre, die am oder nach dem 15. Dezember 2016 enden und die nach österreichischen Grundsätzen zu erfolgen haben, die International Standards on Auditing (ISA) des International Auditing and Assurance Standards Board (IAASB) der International Federation of Accountants (IFAC), einschließlich der jeweiligen Anwendungshinweise und sonstigen Erläuterungen, anzuwenden.*

prüfung eine Aufstellung vorzulegen, aus der die gesamten Aufwendungen für die Prüfungen in sämtlichen Konzerngesellschaften ersichtlich sind, und zwar gesondert nach Aufwendungen für den Konzernabschlussprüfer, für Mitglieder des Netzwerks, dem der Konzernabschlussprüfer angehört, und für andere im Konzern tätige Abschlussprüfer.

83. Darüber hinaus hat der Abschlussprüfer auf Grundlage der vorgelegten Dokumente und der zur Verfügung gestellten Unterlagen die Funktionsfähigkeit des Risikomanagements zu beurteilen und dem Vorstand zu berichten. Dieser Bericht ist ebenfalls dem Vorsitzenden des Aufsichtsrats zur Kenntnis zu bringen. Dieser hat Sorge zu tragen, dass der Bericht im Prüfungsausschuss behandelt wird und im Aufsichtsrat darüber berichtet wird. C

Anhang 1

Leitlinien für die Unabhängigkeit

Ein Aufsichtsratsmitglied ist als unabhängig anzusehen, wenn es in keiner geschäftlichen oder persönlichen Beziehung zu der Gesellschaft oder deren Vorstand steht, die einen materiellen Interessenkonflikt begründet und daher geeignet ist, das Verhalten des Mitglieds zu beeinflussen.

Der Aufsichtsrat soll sich bei der Festlegung der Kriterien für die Beurteilung der Unabhängigkeit einesAufsichtsratsmitglieds auch an folgenden Leitlinien orientieren:

- Das Aufsichtsratsmitglied soll in den vergangenen fünf Jahren nicht Mitglied des Vorstands oder leitender Angestellter der Gesellschaft oder eines Tochterunternehmens der Gesellschaft gewesen sein.
- Das Aufsichtsratsmitglied soll zu der Gesellschaft oder einem Tochterunternehmen der Gesellschaft kein Geschäftsverhältnis in einem für das Aufsichtsratsmitglied bedeutenden Umfang unterhalten oder im letzten Jahr unterhalten haben. Dies gilt auch für Geschäftsverhältnisse mit Unternehmen, an denen das Aufsichtsratsmitglied ein erhebliches wirtschaftliches Interesse hat, jedoch nicht für die Wahrnehmung von Organfunktionen im Konzern. Die Genehmigung einzelner Geschäfte durch den Aufsichtsrat gemäß L-Regel 48 führt nicht automatisch zur Qualifikation als nicht unabhängig.
- Das Aufsichtsratsmitglied soll in den letzten drei Jahren nicht Abschlussprüfer der Gesellschaft oder Beteiligter oder Angestellter der prüfenden Prüfungsgesellschaft gewesen sein.
- Das Aufsichtsratsmitglied soll nicht Vorstandsmitglied in einer anderen Gesellschaft sein, in der ein Vorstandsmitglied der Gesellschaft Aufsichtsratsmitglied ist.
- Das Aufsichtsratsmitglied soll nicht länger als 15 Jahre dem Aufsichtsrat angehören. Dies gilt nicht für Aufsichtsratsmitglieder, die Anteilseigner mit einer unternehmerischen Beteiligung sind oder die Interessen eines solchen Anteilseigners vertreten.
- Das Aufsichtsratsmitglied soll kein enger Familienangehöriger (direkte Nachkommen, Ehegatten, Lebensgefährten, Eltern, Onkeln, Tanten, Geschwister, Nichten, Neffen) eines Vorstandsmitglieds oder von Personen sein, die sich in einer in den vorstehenden Punkten beschriebenen Position befinden.

Anhang 2a

Aufstellung des Corporate Governance-Berichts

Für den Aufbau des Corporate Governance-Berichts wird folgende Grundstruktur empfohlen (entspricht der Empfehlung des AFRAC-Austrian Financial Reporting und Auditing Committee)[19]:

1. Bekenntnis zum Corporate Governance Kodex
2. Zusammensetzung der Organe und Organbezüge
3. Angaben zur Arbeitsweise von Vorstand und Aufsichtsrat
4. Maßnahmen zur Förderung von Frauen
5. Beschreibung des Diversitätskonzepts
6. Allfälliger Bericht über eine externe Evaluierung
7. Veränderungen nach dem Abschlussstichtag

In den nachfolgenden Abschnitten wird dargestellt, welche konkreten Angaben zu den einzelnen hier angeführten Gliederungspunkten erforderlich sind, wobei die Inhalte sich einerseits aus dem Gesetz (§ 243c UGB) und andererseits aus den C-Regeln (Comply or Explain) des ÖCGK ergeben.

[19] *Siehe AFRAC-Stellungnahme 22 Corporate Governance Bericht, www.afrac.at.*

1.

Bekenntnis zum Kodex

Dieser Abschnitt des Corporate Governance-Berichts hat folgende Angaben zu enthalten (§ 243c Abs. 1 UGB):

- Bekenntnis zum ÖCGK und Angabe, wo dieser öffentlich zugänglich ist.
- Angabe, von welchen C-Regeln des ÖCGK die Gesellschaft abweicht. Jede Abweichung muss erklärt und begründet werden, um ein kodexkonformes Verhalten zu erreichen (Siehe Anhang 2b).

2.

Zusammensetzung der Organe und Organbezüge

Hinsichtlich der Mitglieder des Vorstands hat der Corporate Governance-Bericht folgende Angaben zu enthalten (vgl. auch § 243c Abs. 2 Z 1 UGB):

- Name, Geburtsjahr sowie Datum der Erstbestellung und des Endes der laufenden Funktionsperiode jedes Vorstandsmitglieds sowie Angabe des Vorsitzenden des Vorstands und gegebenenfalls seines Stellvertreters (C-Regel 16);
- Aufsichtsratsmandate oder vergleichbare Funktionen in anderen in- und ausländischen, nicht in den Konzernabschluss einbezogenen Gesellschaften für jedes Vorstandsmitglied (C-Regel 16);
- die im Geschäftsjahr gewährten fixen und variablen Vergütungen für jedes einzelne Vorstandsmitglied; dies gilt auch dann, wenn die Vergütungen über eine Managementgesellschaft geleistet werden (§ 243c Abs. 2 Z 3 UGB und C-Regel 31).

Hinsichtlich der Mitglieder des Aufsichtsrats sind folgende Angaben in den Corporate Governance-Bericht aufzunehmen:

- Name, Geburtsjahr sowie Datum der Erstbestellung und des Endes der laufenden Funktionsperiode jedes Aufsichtsratsmitglieds (C-Regel 58);
- Vorsitzender und stellvertretende Vorsitzende (C-Regel 58);
- die im Geschäftsjahr gewährten Vergütungen für jedes Aufsichtsratsmitglied einzeln (C-Regel 51);
- Mitgliedschaft in den Ausschüssen des Aufsichtsrats unter Angabe des Vorsitzes (§ 243c Abs. 2 Z 1 UGB);
- Aufsichtsratsmandate oder vergleichbare Funktionen in anderen in- und ausländischen börsennotierten Gesellschaften für jedes Aufsichtsratsmitglied (C-Regel 58);
- gegebenenfalls Gegenstand und Entgelt von gemäß § 95 Abs. 5 Z 12 AktG zustimmungspflichtigen Verträgen (C-Regel 49).

In Bezug auf die Unabhängigkeit der Mitglieder des Aufsichtsrats sind zumindest nachfolgende Angaben im Corporate Governance-Bericht anzuführen:

- Darstellung der vom Aufsichtsrat festgelegten Kriterien für die Unabhängigkeit (C-Regel 53);
- Darstellung, welche Mitglieder als unabhängig anzusehen sind; eine Darstellung, welche Mitglieder als nicht unabhängig anzusehen sind, ist ebenfalls ausreichend (C-Regel 53);
- Darstellung, welche der unabhängigen Mitglieder des Aufsichtsrats nicht Anteilseigner mit einer Beteiligung von mehr als 10 % sind oder die Interessen eines solchen Anteilseigners vertreten (C-Regel 54).

Weiters sind gemäß § 243c Abs. 2 Z 3 UGB die Grundsätze der Vergütungspolitik anzugeben; diese haben zumindest zu enthalten (C-Regel 30):

- Grundsätze, nach denen Aktienoptionsprogramme im Unternehmen aufgelegt werden;
- die im Unternehmen für die variable Vergütung des Vorstands angewandten Grundsätze, insbesondere an welche Leistungskriterien eine variable Vergütung anknüpft; die Methoden, anhand derer die Erfüllung der Leistungskriterien festgestellt wird; die für die variable Vergütung bestimmten Höchstgrenzen; vorgesehene Eigenanteile und Fristen bei Aktienoptions- und -übertragungsprogrammen; ebenso ist über wesentliche Änderungen gegenüber dem Vorjahr zu berichten;
- das Verhältnis der fixen zu den variablen Bestandteilen der Gesamtbezüge des Vorstands;

- die Grundsätze der vom Unternehmen für den Vorstand gewährten betrieblichen Altersversorgung und deren Voraussetzungen;
- die Grundsätze für Anwartschaften und Ansprüche des Vorstands im Falle der Beendigung der Funktion;
- das Bestehen einer allfälligen D&O-Versicherung, wenn die Kosten von der Gesellschaft getragen werden.

Handelt es sich bei der Gesellschaft um eine Europäische Aktiengesellschaft, die dem Verwaltungsratssystem folgt, so sind die für die Mitglieder des Vorstands vorgesehenen Angaben für die geschäftsführenden Direktoren zu machen und die für die Mitglieder des Aufsichtsrats vorgesehenen Angaben für die Mitglieder des Verwaltungsrats.

3.

Angaben zur Arbeitsweise von Vorstand und Aufsichtsrat

Gemäß § 243c Abs. 2 Z 1 UGB ist im Corporate Governance-Bericht die Arbeitsweise des Vorstands anzugeben. Gemäß C-Regel 16 hat diese Angabe zumindest die Kompetenzverteilung im Vorstand zu enthalten. Darüber hinaus können beispielsweise Geschäfte und Maßnahmen, die über § 95 Abs. 5 AktG hinausgehen und zu welchen der Vorstand nach der Satzung oder der Geschäftsordnung die Zustimmung des Aufsichtsrats einzuholen hat, angegeben werden.

Weiters erfordert § 243c Abs. 2 Z 1 UGB die Angabe der Arbeitsweise des Aufsichtsrats sowie seiner Ausschüsse und somit zumindest folgende Angaben:

- Anzahl und Art der Ausschüsse des Aufsichtsrats und deren Entscheidungsbefugnisse (C-Regel 34);
- Anzahl der Sitzungen des Aufsichtsrats im Geschäftsjahr und Bericht über die Schwerpunkte seiner Tätigkeit (C-Regel 36);
- Anzahl der Sitzungen der Ausschüsse im Geschäftsjahr und Bericht über ihre Tätigkeit (C-Regel 39);
- Vermerk, falls Mitglieder des Aufsichtsrats im Geschäftsjahr an mehr als der Hälfte der Sitzungen des Aufsichtsrats nicht persönlich teilgenommen haben (C-Regel 58).

4.

Maßnahmen zur Förderung von Frauen

Hinsichtlich der Förderung von Frauen hat der Corporate Governance-Bericht gemäß § 243c Abs. 2 Z 2 UGB zumindest folgende Angaben zu enthalten:

- Angabe des Frauenanteils im Vorstand, im Aufsichtsrat und in leitenden Stellungen (§ 80 AktG) im Unternehmen;
- Beschreibung der im Unternehmen bestehenden und im Berichtsjahr getroffenen Maßnahmen zur Förderung von Frauen im Vorstand, im Aufsichtsrat und in leitenden Stellungen der Gesellschaft.

5.

Beschreibung des Diversitätskonzepts

- Die Verpflichtung zur Beschreibung des Diversitätskonzepts betrifft nur Aktiengesellschaften, die zur Erstellung eines Corporate-Governance-Berichts verpflichtet sind und als große Aktiengesellschaften qualifiziert werden. Unternehmen von öffentlichem Interesse gem. § 189a Z 1 UGB, sind – sofern sie nicht gleichzeitig auch große Aktiengesellschaften sind – von dieser Verpflichtung nicht betroffen.
- Die betroffenen Unternehmen haben im Corporate Governance-Bericht das im Unternehmen bestehende Diversitätskonzept zu beschreiben, das bei der Besetzung von Vorstand und Aufsichtsrat in Bezug auf Kriterien wie Alter, Geschlecht und Bildungs- und Berufshintergrund verfolgt wird. Weiters müssen die Ziele und die Art und Weise der Umsetzung dieses Diversitätskonzepts und die Ergebnisse im Berichtszeitraum dargestellt werden. Gibt es in einem berichtspflichtigen Unternehmen ein solches Diversitätskonzept nicht, so ist dies zu begründen.

6.

Allfälliger Bericht über eine externe Evaluierung

- Falls im Sinne der C-Regel 62 die Einhaltung der C-Regeln des Kodex durch eine externe Institution evaluiert wurde, ist über das Ergebnis zu berichten.

7.

Veränderungen nach dem Abschlussstichtag

- Es wird empfohlen, Veränderungen von berichtspflichtigen Sachverhalten, die sich zwischen dem Abschlussstichtag und dem Zeitpunkt der Aufstellung des Corporate Governance-Berichts ergeben, im Corporate Governance-Bericht darzustellen, falls sie wesentlich sind.

Anhang 2b

Anhang 2b

Leitlinien für die Erklärung und Begründung einer Abweichung vom Kodex

Die Gesellschaft soll angeben, von welchen C-Regeln des Kodex sie abgewichen ist und für jede Abweichung

(a) erläutern, in welcher Weise sie abgewichen ist;

(b) die Gründe für die Abweichung darlegen;

(c) beschreiben, auf welchem Wege die Entscheidung für eine Abweichung innerhalb des Unternehmens getroffen wurde;

(d) falls die Abweichung zeitlich befristet ist, erläutern, wann das Unternehmen die betreffende Regel einzuhalten beabsichtigt;

(e) falls anwendbar, die anstelle der regelkonformen Vorgehensweise gewählte Maßnahme beschreiben und erläutern, wie diese Maßnahme zur Erreichung des eigentlichen Ziels der betreffenden Regel oder des Kodex insgesamt beiträgt, oder präzisieren, wie diese Maßnahme zu einer guten Unternehmensführung beiträgt.

Die oben genannten Angaben sollen hinreichend klar, präzise und umfassend sein, damit die Aktionäre, Anleger und sonstigen Beteiligten beurteilen können, welche Konsequenzen sich aus der Abweichung von einer bestimmten Regel ergeben.

Dabei sollte auch auf die spezifischen Merkmale und Gegebenheiten der Gesellschaft eingegangen werden, wie Größe, Unternehmens- oder Beteiligungsstruktur oder sonstige relevante Charakteristika.

Die Begründungen für Abweichungen sollten im Corporate Governance-Bericht gut erkennbar präsentiert werden, damit sie für Aktionäre, Anleger und sonstige Beteiligte leicht zu finden sind.

Anhang 3

Anhang 3

Im Interesse größtmöglicher Transparenz sind alle an der Wiener Börse notierten ausländischen Gesellschaften aufgerufen, die Bestimmungen des für sie geltenden Gesellschaftsrechts zumindest hinsichtlich der nachstehend angeführten Regelungen auf ihrer Website zu veröffentlichen und laufend zu aktualisieren.

Keine Zeichnung eigener Aktien

Die Gesellschaft darf keine eigenen Aktien zeichnen.

Ein Tochterunternehmen darf als Gründer oder Zeichner oder in Ausübung eines Bezugsrechts eine Aktie der Gesellschaft nicht übernehmen. Die Wirksamkeit einer solchen Übernahme wird durch einen Verstoß gegen diese Vorschrift nicht berührt.

Wer als Gründer oder Zeichner oder in Ausübung eines Bezugsrechts eine Aktie für Rechnung der Gesellschaft oder eines Tochterunternehmens übernommen hat, kann sich nicht darauf berufen, dass er die Aktie nicht für eigene Rechnung übernommen hat. Er haftet ohne Rücksicht auf Vereinbarungen mit der Gesellschaft oder dem Tochterunternehmen auf die volle Einlage. Bevor er die Aktie für eigene Rechnung übernommen hat, stehen ihm keine Rechte aus der Aktie zu.

Keine Rückgewähr der Einlagen

Den Aktionären dürfen die Einlagen nicht zurückgewährt werden; sie haben, solange die Gesellschaft besteht, nur Anspruch auf den Bilanzgewinn, der sich aus der Jahresbilanz ergibt, soweit er nicht nach Gesetz oder Satzung von der Verteilung ausgeschlossen ist. Als Rückgewähr von Einlagen gilt nicht die Zahlung des Erwerbspreises beim zulässigen Erwerb eigener Aktien.

Gewinnbeteiligung der Aktionäre

Die Anteile der Aktionäre am Gewinn bestimmen sich nach ihren Anteilen am Grundkapital.

Sind die Einlagen auf das Grundkapital nicht auf alle Aktien in demselben Verhältnis geleistet, so erhalten die Aktionäre aus dem verteilbaren Gewinn vorweg einen Betrag von vier vom Hundert der geleisteten Einlagen; reicht der Gewinn dazu nicht aus, so bestimmt sich der Betrag nach einem entsprechend niedrigeren Satz. Einlagen, die im Lauf des Geschäftsjahres geleistet wurden, werden nach dem Verhältnis der Zeit berücksichtigt, die seit der Leistung verstrichen ist.

Die Satzung kann eine andere Art der Gewinnverteilung bestimmen.

Satzungsänderung

Jede Satzungsänderung bedarf eines Beschlusses der Hauptversammlung. Die Befugnis zu Änderungen, die nur die Fassung betreffen, kann die Hauptversammlung dem Aufsichtsrat übertragen.

Der Beschluss kann nur gefasst werden, wenn die beabsichtigte Satzungsänderung nach ihrem wesentlichen Inhalt ausdrücklich und fristgemäß angekündigt worden ist.

Die rechtswirksam getroffenen Festsetzungen über Sondervorteile, Gründungsaufwand, Sacheinlagen und Sachübernahmen können erst nach Ablauf der Verjährungsfrist geändert werden.

Der Beschluss der Hauptversammlung bedarf einer Mehrheit, die mindestens drei Viertel des bei der Beschlussfassung vertretenen Grundkapitals umfasst. Die Satzung kann diese Mehrheit durch eine andere Kapitalmehrheit, für eine Änderung des Gegenstandes des Unternehmens jedoch nur durch eine größere Kapitalmehrheit ersetzen. Sie kann noch andere Erfordernisse aufstellen.

Soll das bisherige Verhältnis mehrerer Gattungen von Aktien zum Nachteil einer Gattung geändert werden, so bedarf der Beschluss der Hauptversammlung zu seiner Wirksamkeit eines in gesonderter Abstimmung gefassten Beschlusses der benachteiligten Aktionäre; für diesen gelten Satz 1 und 2 des vorigen Absatzes. Die benachteiligten Aktionäre können den Beschluss nur fassen, wenn die gesonderte Abstimmung ausdrücklich und fristgemäß angekündigt worden ist.

Ausschluss des Bezugsrechts

Im Falle einer Kapitalerhöhung muss jedem Aktionär auf sein Verlangen ein seinem Anteil an dem bisherigen Grundkapital entsprechender Teil der neuen Aktien zugeteilt werden.

Das Bezugsrecht kann ganz oder teilweise nur im Beschluss über die Erhöhung des Grundkapitals ausgeschlossen werden. In diesem Fall bedarf der Beschluss neben den in Gesetz oder Satzung für die Kapitalerhöhung aufgestellten Erfordernissen einer Mehrheit, die mindestens drei Viertel des bei der Beschlussfassung vertretenen Grundkapitals umfasst. Die Satzung kann diese Mehrheit durch eine größere Kapitalmehrheit ersetzen und noch andere Erfordernisse aufstellen.

Erwerb eigener Aktien

Der Emittent hat die nach nationalem Recht geltende Regelung betreffend Erwerb eigener Aktien offen zu legen. Insbesondere ist Folgendes anzugeben:

- zu welchen Zwecken dürfen eigene Aktien erworben werden,
- die maximale Höhe des nach nationalem Recht zulässigen Anteils am Grundkapital beim Erwerb eigener Aktien,

- Regelungen betreffend die Dauer des Rückkaufprogramms,
- die erforderlichen Beschlüsse, einschließlich der nach nationalem Recht zuständigen Organe und der Höhe der notwendigen Mehrheitserfordernisse der erforderlichen Beschlüsse,
- die mit dem Erwerb eigener Aktien einhergehenden Pflichtveröffentlichungen.

Dasselbe gilt sinngemäß für die Veräußerung eigener Aktien.

Anhang 4

Kurzübersicht zum österreichischen Aktienrecht

In der Folge wird eine kurze und auf die für die Governance wesentlichen Punkte ausgerichtete Übersicht zu den Bestimmungen des österreichischen Aktiengesetzes geboten.[20] Damit soll das Verständnis des Kodex erleichtert werden. Diese Darstellung ist für die Beantwortung von Rechtsfragen nicht geeignet. Seit Oktober 2004 gilt in Österreich die Verordnung über die Europäische Aktiengesellschaft. Seither besteht die Möglichkeit, mit gewissen Einschränkungen auch das one-tier System (Verwaltungsrat) über entsprechende Satzungsregelungen einzuführen. Da der Kodex auf diese Besonderheit nicht eingeht, wird diese Option nicht weiter dargestellt. Im Wesentlichen sind bei der börsennotierten Europäischen Aktiengesellschaft die für den Vorstand geltenden Regeln auf die geschäftsführenden Direktoren und die für den Aufsichtsrat geltenden Regeln auf den Verwaltungsrat anzuwenden.

Das AktRÄG 2009 und das GesRÄG 2011 haben die Unterschiede zwischen börsenotierter und „privater" Aktiengesellschaft erweitert. Dies betrifft insbesondere die Einberufung und Teilnahme an der Hauptversammlung sowie die Verpflichtung, dass die nur mehr bei einer börsenotierten Gesellschaft zugelassen Inhaberaktien über Wertpapierdepots gehalten werden dürfen. Inhaberaktien, die noch in Urkundenform direkt vom Aktionär gehalten werden, müssten spätestens bis Ende 2013 in ein Wertpapiergirokonto eingereiht werden. Damit wird eine Forderung der Financial Action Task Force umgesetzt, anonyme Wertpapiertransaktionen wegen der Gefahr der Geldwäsche zu unterbinden. Namensaktien sind bei börsenotierten Gesellschaften weiterhin zulässig, es sind aber die Angaben im Aktienbuch zu erweitern (wie insbesondere Treuhandverhältnisse). Die Tatsache der Börsenotierung ist nunmehr im Firmenbuch ebenso wie die Internetseite der Gesellschaft einzutragen. In der Folge werden die für die börsenotierte Gesellschaft wesentlichen Regelungen dargestellt. Das mit Beginn 2018 in Kraft tretende BörseG 2018 hat den bisherigen amtlichen Handel und geregelten Freiverkehr in dem Segment des geregelten Marktes zusammengefasst. Die Vorgaben der Marktmissbrauchsverordnung (EU) Nr. 596/2014 sind aber auch von Gesellschaften zu beachten, deren Aktien über ein multilaterales Handelssystem gehandelt werden.

Organisation der AG

Die Organisation der Aktiengesellschaft beruht auf drei Organen, nämlich Hauptversammlung, Aufsichtsrat und Vorstand, die nach dem Prinzip der Gewaltentrennung eingerichtet sind. Die Hauptversammlung wählt den Aufsichtsrat auf höchstens fünf Jahre, kann ihn aber mit qualifizierter Mehrheit (die durch die Satzung auf die einfache Mehrheit herabgesetzt werden kann) vorzeitig abberufen. Über Antrag einer Minderheit von 10 % kann das Gericht aus wichtigem Grund von der Hauptversammlung gewählte sowie von Aktionären entsandte Mitglieder vorzeitig abberufen. Der Aufsichtsrat wählt auf höchstens fünf Jahre den Vorstand; eine vorzeitige Abberufung des Vorstands ist nur aus wichtigem Grund (Pflichtverletzung, Misstrauensvotum der Hauptversammlung) durch den Aufsichtsrat möglich. Der Vorstand leitet die Gesellschaft unter eigener Verantwortung, unterliegt also weder Weisungen der Hauptversammlung noch des Aufsichtsrats. Gewisse, im Gesetz aufgezählte wichtige Geschäfte unterliegen der vorangehenden Zustimmung des Aufsichtsrats; dafür können entweder in der Satzung oder in der Geschäftsordnung Betragsgrenzen festgelegt werden. Ebenso kann der Vorstand von sich aus oder im Falle genehmigungspflichtiger Geschäfte der Aufsichtsrat eine Entscheidung der Hauptversammlung zur Genehmigung vorlegen, was üblicherweise nur bei ganz grundlegenden Umstrukturierungen (etwa Veräußerung wesentlicher Teilbereiche oder

[20] *Stand November 2017: Wichtige Änderungen sind insbesondere durch die bis Juni 2019 in das nationale Recht umzusetzende geänderte Aktionärsrechterichtlinie zu erwarten.*

Beteiligungen) geschieht. Nach der Lehre besteht bei sogenannten Strukturentscheidungen, wie etwa Verkauf oder Ausgliederung prägender Teile des Unternehmens eine

„ungeschriebene" Zuständigkeit der Hauptversammlung.

Aktionäre, Hauptversammlung

Für die Aktionäre gilt das Gebot der Gleichbehandlung, soweit nicht sachlich gerechtfertigte Unterschiede bestehen, wie etwa in gewissen Fällen bei Konzernbeziehungen. Die Aktionärsrechte werden in der Hauptversammlung ausgeübt; zumindest einmal im Jahr (spätestens im achten Monat nach Ende des vorangegangenen Geschäftsjahres) hat eine ordentliche Hauptversammlung stattzufinden. Das Börserecht verlangt die Offenlegung des Jahresfinanzberichts spätestens vier Monate nach Ablauf des Geschäftsjahres. Die ordentliche Hauptversammlung der meisten Gesellschaften findet im vierten bis sechsten Monat nach Ablauf des Geschäftsjahres statt.

Es kann aber jederzeit eine außerordentliche Hauptversammlung von Vorstand, Aufsichtsrat oder einer Minderheit von 5 % der Aktien einberufen werden.

Die Einberufung der ordentlichen Hauptversammlung ist spätestens am 28. Tag vor dem Hauptversammlungstermin zu veröffentlichen, die für eine außerordentliche Hauptversammlung spätestens am 21. Tag vorher. Die Einberufung ist nicht nur in der Wiener Zeitung zu veröffentlichen, sondern auch über ein für Kapitalmarktmeldungen geeignetes Medium (wie Reuters, Bloomberg) zu verbreiten. Die FMA kann durch eine Verordnung vorgeben, welches Informationssystem geeignet ist. Weiters sind Informationen über die Hauptversammlung auf der im Firmenbuch eingetragenen Internetseite der Gesellschaft zu veröffentlichen. Spätestens am 21. Tag vor der Hauptversammlung sind auch die Beschlussvorschläge von Vorstand und/oder Aufsichtsrat bei der Gesellschaft aufzulegen. Eine Minderheit von 5% hat das Recht auf die Ergänzung der Tagesordnung einer bereits einberufenen Hauptversammlung. Das Verlangen muss der Gesellschaft bei einer ordentlichen Hauptversammlung spätestens am 21. Tag, bei einer außerordentlichen Hauptversammlung spätestens am 19. Tag vor der Versammlung zugehen. Die Beschlussvorschläge und die wesentlichen Informationen und Unterlagen für die Hauptversammlung sind außerdem am 21. Tag vor der Hauptversammlung auf der Internetseite der Gesellschaft den Aktionären zugänglich zu machen. Die Teilnahmeberechtigung an der Hauptversammlung ergibt sich bei Inhaberaktien aus der Aktionärseigenschaft am Ende des 10. Tages vor dem Tag der Hauptversammlung (Nachweisstichtag), welche durch eine Bestätigung der Depotbank nachzuweisen ist. Die Anmeldung zur Teilnahme und die Depotbestätigung müssen der Gesellschaft spätestens am dritten Werktag vor der Hauptversammlung zugehen. Für die Gestaltung der Depotbestätigung genügt ein Dokument im Textformat; es ist ein Dokument auszustellen, welches die im AktG vorgegebenen Mindestangaben enthält, wobei auch eine Bestätigung in englischer Sprache ausreichend ist. Für die Übermittlung der Depotbestätigung ist die Versendung über SWIFT vorgesehen. Die Satzung kann die Übersendung eines eingescannten Dokuments per E-Mail zulassen. Jeder Aktionär kann sich auf Grund einer schriftlichen Vollmacht vertreten lassen. Für die Erteilung der Vollmacht genügt bei Fehlen einer Satzungsregelung die Übersendung durch Telefax oder E-Mail. Im Falle der Bevollmächtigung der Depotbank ist eine Bestätigung der Bank, dass dieser Vollmacht erteilt worden ist, ausreichend. Die anonyme Teilnahme über einen Legitimationsaktionär („Fremdbesitz") ist nicht zulässig.

Mit Umsetzung der Aktionärsrechte-Richtlinie sind die Teilnahmemöglichkeiten der Aktionäre wesentlich gestärkt worden. Anstelle der „klassischen" Präsenzhauptversammlung kann die Satzung vorsehen, dass die Hauptversammlung zeitgleich an mehreren Orten im Inland oder Ausland abgehalten wird (Satellitenversammlung) oder dass Aktionäre über eine akustische, gegebenenfalls auch optische Zweiweg-Verbindung teilnehmen und auch die Stimme elektronisch abgeben können. Neben der elektronischen Fernabstimmung kann die Satzung auch die Abstimmung per Brief zulassen. Wenn die Satzung eine Form der Fernteilnahme nicht vorschreibt, sondern diese Möglichkeiten bloß eröffnet, so entscheidet über die Form der Teilnahme der Vorstand mit der Zustimmung des Aufsichtsrates. Über die Durchführung der unterschiedlichen Teilnahmeformen ist in der Einladung zur Hauptversammlung detailliert zu informieren.

Eine Minderheit von 1 % hat das Recht, dass von ihr erstattete Beschlussvorschläge auf der Internetseite der Gesellschaft zugänglich gemacht werden. Dies schließt es aber nicht aus, dass in der Hauptversammlung selbst zu den vorgesehenen Tagesordnungspunkten Gegenanträge gestellt werden. Nur bei Wahlen in den Aufsichtsrat müssen die Wahlvorschläge spätestens am fünften Tag vor der Hauptversammlung auf der Internetseite der Gesellschaft zugänglich sein.

In der Hauptversammlung haben die Aktionäre das Recht, zu allen Tagesordnungspunkten Fragen und Anträge zu stellen. Anträge können nur bei Deckung durch einen Punkt der Tagesordnung gestellt werden. Zum Tagesordnungspunkt der Entlastung von Vorstand und Aufsichtsrat kann die Abstimmung über eine Sonderprüfung beantragt werden.

Die unberechtigte Verweigerung der Beantwortung oder eine unzureichende Antwort kann zur Anfechtbarkeit des Beschlusses führen.

Die Hauptversammlung beschließt grundsätzlich mit einfacher Mehrheit der gültig abgegebenen Stimmen. Mehrstimmrechtsaktien sind gesetzlich verboten. Es besteht die Möglichkeit sogenannter stimmrechtsloser Vorzugsaktien, bei denen das Stimmrecht ruht, solange die Vorzugsdividende vollständig (inklusive allfälliger Nachzahlungen) geleistet wird. Bei Eingriffen in das Vorzugsrecht ist eine Sonderabstimmung der Vorzugsaktionäre vorgeschrieben. Weiters kann die Satzung Höchststimmrechte vorsehen, wonach ein Aktionär unabhängig von der Höhe seines Aktienbesitzes mit seinem Stimmrecht auf einen bestimmten in der Satzung festgelegten Prozentsatz begrenzt ist. In den letzten Jahren ist aber deutlich die Tendenz festzustellen, zum Prinzip „one share – one vote" überzugehen.

In der ordentlichen Hauptversammlung berichtet der Vorstand über die Lage des Unternehmens und beantragt die vom Aufsichtsrat genehmigte Gewinnverteilung. Die Aktionäre sind bei dem Gewinnausschüttungsbeschluss an den Bilanzgewinn gebunden, sodass letztlich über die Dividendenpolitik Vorstand und Aufsichtsrat die Entscheidung haben. Die Satzung kann lediglich vorsehen, dass die Hauptversammlung einen Teil des Bilanzgewinns auf neue Rechnung vorträgt. Weiters ist die Entlastung von Vorstand und Aufsichtsrat Gegenstand der ordentlichen Hauptversammlung, wobei der Entlastungsbeschluss nur eine Vertrauenskundgebung ist und nicht von einer allfälligen Haftung befreit. Die Hauptversammlung wählt die Mitglieder des Aufsichtsrats und den Abschlussprüfer. Als Aufsichtsrat können nur solche Personen gewählt werden, bei denen der Wahlvorschlag sowie die dazugehörenden Informationen und Erklärungen spätestens am fünften Werktag vor der Hauptversammlung auf der Internetseite der Gesellschaft zugänglich gemacht worden sind. Die Hauptversammlung beschließt über Satzungsänderungen (grundsätzlich Dreiviertelmehrheit) und Umgründungsmaßnahmen (wie Verschmelzung, Spaltung, auch hier grundsätzlich Dreiviertelmehrheit).

Aufsichtsrat

Die Zahl der Aufsichtsratsmitglieder wird durch die Satzung festgelegt; der Aufsichtsrat muss aus zumindest drei Mitgliedern (ohne Arbeitnehmervertreter) bestehen; die Satzung kann eine Höchstzahl, aber auch einen Rahmen festlegen. Zusätzlich ist die Arbeitnehmervertretung (Konzernvertretung) berechtigt (aber nicht verpflichtet), für je zwei Aktionärsvertreter einen Arbeitnehmervertreter in den Aufsichtsrat zu entsenden. Im Übrigen besteht für den Aufsichtsrat (außerhalb der Mitbestimmungsrechte der Arbeitnehmervertretung) ein Verbot, dass Mitglieder des Vorstands oder Arbeitnehmer dem Aufsichtsrat als Aktionärsvertreter angehören. Vorstandsmitglieder können erst nach einer cooling off Periode von zwei Jahren in den Aufsichtsrat wechseln, außer die Wahl wird von 25 % der Aktionäre unterstützt. Seit 2018 sieht das Gleichstellungsgesetz von Frauen und Männern im Aufsichtsrat vor, dass der Aufsichtsrat zumindest zu 30 % aus Frauen bestehen muss, außer der Aufsichtsrat besteht aus weniger als sechs Kapitalvertretern oder der Frauenanteil an der Belegschaft der Gesellschaft beträgt weniger als 20 %. Die Quote von 30 % bezieht sich auf den gesamten Aufsichtsrat (einschließlich Arbeitnehmervertreter) außer die Bank der Kapitalvertreter oder der Arbeitnehmervertreter bewirkt durch einen Widerspruch, dass auf die beiden Gruppen gesondert abzustellen ist. Wird die Regelung verletzt, so ist die Bestellung nichtig.

Sofern die Satzung nicht eine Verhältniswahl vorsieht, ist über jedes Aufsichtsratsmitglied einzeln abzustimmen. Wenn zumindest drei Mitglieder zu wählen sind, kann eine Minderheit von 1 % die Wahl von Gegenkandidaten beantragen. Wenn ein Gegenkandidat bei jeder Abstimmung (bis auf die letzte) zumindest ein Drittel aller abgegebenen Stimmen erhält, so ist er auf die letzte Stelle gewählt.

Zur Sicherung der Transparenz der Eignung und Unabhängigkeit von Aufsichtsratsmitgliedern ist vor der Wahl darzulegen, welche fachlichen Qualifikationen bestehen und welche beruflichen Tätigkeiten ausgeübt worden sind, ferner sind alle Umstände darzulegen, die eine Besorgnis von Befangenheit begründen könnten.

Die Entscheidungen im Aufsichtsrat erfolgen mit einfacher Mehrheit, wobei den Arbeitnehmervertretern keine Sonderstellung zukommt.

Eine wichtige Rolle spielt der Aufsichtsratsvorsitzende, der für die Organisation des Aufsichtsrats, die Sitzungsvorbereitung und das Zusammenspiel mit dem Vorstand verantwortlich ist. Weiters leitet er grundsätzlich die Hauptversammlung.

Der Aufsichtsrat hat regelmäßig (zumindest viermal im Jahr) zu tagen. Es sind ihm eine Jahresvorschaurechnung und Quartalsberichte sowie insbesondere in sich abzeichnenden Krisen Sonderberichte vorzulegen. Der Aufsichtsrat kann jederzeit selbst umfassende Prüfungshandlungen vornehmen oder durch Sachverständige durchführen lassen. Der Aufsichtsrat entscheidet über die Genehmigung des Jahresabschlusses und damit auch mittelbar über die Höhe der Dividendenausschüttung. Ebenso hat der Aufsichtsrat den Konzernabschluss zu prüfen und zu genehmigen. Der Aufsichtsrat kann seinen Sitzungen Sachverständige beiziehen.

Der Abschluss von Verträgen der Gesellschaft oder auch von Tochterunternehmen mit Mitgliedern des Aufsichtsrats, durch die diese außerhalb der Aufsichtsratstätigkeit für die Gesellschaft bzw. den Konzern tätig werden und an denen sie eine erhebliches wirtschaftliches Interesse haben, ist vom Aufsichtsrat zu genehmigen. Die Genehmigungspflicht gilt auch für Verträge mit Unternehmen, an denen das Aufsichtsratsmitglied ein erhebliches wirtschaftliches Interesse hat.

Börsenotierte Kapitalgesellschaften müssen einen Prüfungsausschuss des Aufsichtsrates einsetzen, dem ein Finanzexperte angehört.

Dieser Ausschuss ist insbesondere mit der Prüfung und Vorbereitung der Feststellung des Jahresabschlusses im Gesamtaufsichtsrat sowie mit der Erstellung des Vorschlages für die Bestellung des Abschlussprüfers zu befassen. Der Abschlussprüfer hat dem Prüfungsausschuss einen gesonderten Bericht über seine Tätigkeit und deren wesentliche Ergebnisse zu übermitteln. Der Vorsitzende des Prüfungsausschusses sowie der Finanzexperte sollen unabhängig sein und dürfen in den letzten drei Jahren nicht Mitglied des Vorstands oder leitender Angestellter oder Abschlussprüfer der Gesellschaft gewesen sein oder den Bestätigungsvermerk unterfertigt haben.

Der Prüfungsausschuss muss zumindest zwei Sitzungen im Geschäftsjahr abhalten. Der Abschlussprüfer ist den Sitzungen zuzuziehen, die sich mit der Vorbereitung der Feststellung des Jahresabschlusses und dessen Prüfung beschäftigen. Zu den Aufgaben des Prüfungsausschusses gehören unter anderem die Überwachung des Rechnungslegungsprozesses, die Überwachung der Wirksamkeit des internen Kontrollsystems, gegebenenfalls des internen Revisions- und Risikomanagementsystems sowie des Prozesses der Abschluss- und Konzernprüfung. Der Ausschuss hat die Unabhängigkeit des Abschlussprüfers zu überwachen; die Übernahme von Nichtprüfungsleistungen durch den Abschlussprüfer ist von ihm zu genehmigen, soweit diese erlaubt sind. Er hat das Verfahren zu Auswahl des Abschlussprüfers durchzuführen. Im Falle eines Prüferwechsels hat er dafür Sorge zu tragen, dass die Hauptversammlung zwischen zwei Prüfern auswählen kann. Die Aufgabe des Ausschusses besteht darin, darauf zu achten, dass die entsprechenden Prozesse in der Gesellschaft und deren Tochtergesellschaften aus konzernaler Sicht ordnungsgemäß eingerichtet sind. Weiters gehört die Prüfung des nicht finanziellen Berichts sowie des Corporate Governance-Berichts zu den Aufgaben dieses Ausschusses.

Vorstand

Der Aufsichtsrat entscheidet autonom über die Wahl und damit auch Auswahl des Vorstands sowie die Etablierung eines Vorstandsvorsitzenden. Ist ein solcher eingesetzt, so gibt bei Fehlen einer abweichenden Satzungsregelung bei Vorstandsentscheidungen seine Stimme bei Gleichheit der Stimmen den Ausschlag. Ein Arbeitsdirektor (wie im deutschen Recht) ist nicht vorgesehen.

Der Vorstand ist ein Kollegialorgan, sodass eine Gesamtverantwortung für die Führung der Geschäfte gilt. Es ist eine Abstufung der Verantwortung möglich und üblich, indem eine Ressortverteilung (zumeist vom Aufsichtsrat festgelegt) in der Geschäftsordnung vorgesehen wird. Bei einer Ressortverteilung trägt das ressortzuständige Mitglied die primäre Verantwortung für seinen Aufgabenbereich, die anderen Vorstandsmitglieder bleiben aber zur laufenden Beobachtung und zum Aufgreifen von allfälligen Mängeln im Fremdressort verpflichtet. Für wesentliche Maßnahmen, wie typischerweise für alle Geschäftsvorfälle, die dem Aufsichtsrat zur Genehmigung vorzulegen sind, wird eine zwingende und unteilbare Gesamtverantwortung angenommen.

Kapitalerhöhung, Bezugsrecht

Bei Kapitalerhöhungen und Ausgabe von Rechten auf junge Aktien (Optionsanleihen, Wandelanleihen) sowie Gewinnschuldverschreibungen besteht ein Bezugsrecht, das die Hauptversammlung nur mit Dreiviertelmehrheit ausschließen kann, wenn dies sachlich gerechtfertigt ist (wie z. B. bei Sacheinlagen).

Dieser Beschluss ist gesondert anzukündigen und bedarf einer schriftlichen Begründung des Vorstands, die auch dem Firmenbuchgericht vorzulegen ist.

Der Vorstand kann ermächtigt werden, in einem gewissen Rahmen das Aktienkapital mit Genehmigung des Aufsichtsrats ohne vorangehende Beschlussfassung in der Hauptversammlung zu erhöhen („genehmigtes Kapital"). Dies gilt auch für die Ausgabe von Wandelschuldverschreibungen. Die Ermächtigung hat eine Dauer von höchstens fünf Jahren, kann aber immer wieder von der Hauptversammlung erneuert werden. Auch hier sind für den Ausschluss des Bezugsrechtes besondere Berichterstattungspflichten vorgesehen. Eine sachliche Rechtfertigung für einen Bezugsrechtsausschluss wird vermutet, wenn die jungen Aktien für Arbeitnehmer, leitende Angestellte oder Organmitglieder der Gesellschaft im Rahmen von Stock Option-Programmen bestimmt sind. Ebenso besteht die Möglichkeit, dass ausschließlich für die Ausgabe an diesen Personenkreis Optionsrechte auf junge Aktien auf Grundlage einer vorangehenden Ermächtigung der Hauptversammlung eingeräumt werden. Dafür bestehen umfassende Berichtspflichten des Vorstands.

Aktienrückkauf

Der Erwerb eigener Aktien unterliegt wesentlichen Restriktionen. Bei börsennotierten Gesellschaften ist es zulässig, dass die Hauptversammlung den Vorstand generell für eine Periode von 30 Monaten zum Rückkauf eigener Aktien bis höchstens 10 % ermächtigt. Bei der Ausübung dieser Rückkaufsermächtigung bestehen umfassende Publizitätspflichten, insbesondere nach den Bestimmungen des Börsegesetzes.

Kapitalmarkt

Das österreichische Kapitalmarktrecht hat die EU-rechtlichen Vorgaben zum Verbot des Insiderhandels, zur Verhinderung der Marktmanipulation sowie zur Ad-hoc-Meldepflicht und der Meldung von Transaktionen, die Führungskräfte oder ihnen nahe stehende Personen oder Einrichtungen in Aktien der Gesellschaft tätigen, umgesetzt. Die Vorschriften der EU-Marktmissbrauchsverordnung gelten unmittelbar. Dazu gehört auch die Erstellung und Veröffentlichung des Corporate Governance-Berichts. Weiters gilt für öffentliche Angebote von Aktienemissionen und Derivaten das Prospektregime der EU, gemäß der EU-Prospektverordnung 2017/1129. Zuständig für die Billigung des Prospektes ist die Finanzmarktaufsicht (FMA).

Das BörseG2018 regelt nunmehr für Aktien und Gewinnsowie Wandelschuldverschreibungen, die im geregelten Markt der Wiener Börse notieren, ein Verfahren zum Delisting. Dieser Vorgang erfordert ein Verlangen das von 75 % der Aktionäre unterstützt wird, sowie ein Übernahmeangebot, das zusätzlich zu den für das Pflichtangebot maßgeblichen Mindestpreisvorschriften als Untergrenze den gewichteten Durchschnittskurs der letzten fünf Handelstage vor Bekanntmachung des beabsichtigten Delistings zu enthalten hat. Die Kontrolle der Preisbildung obliegt der Übernahmekommission.

Für Gesellschaften mit Sitz in der EU/EWR, die an der Wiener Börse notieren, besteht weiters in Umsetzung der Übernahmerichtlinie die Verpflichtung zu einem Übernahmeangebot, wenn ein Kontrollwechsel eintritt. Dieser wird ab einem direkten oder indirekten (aktiven) Erwerb einer Beteiligung von 30 % (alleine oder mit einem gemeinsam vorgehenden Rechtsträger) vermutet. Bei einer Beteiligung von mehr als 26%, die noch kein Pflichtangebot auslöst, besteht eine Meldepflicht bei der Übernahmekommission und es kommt zum Ruhen der über die gesicherte Sperrminorität von 26% hinausgehenden Stimmrechte. Das mit einem Kontrollwechsel verbundene Pflichtangebot ist zwingend ein Barangebot und hat zumindest dem gewichteten durchschnittlichen Börsekurs der letzten sechs Monate oder dem vom Kontrollerwerber innerhalb der letzten zwölf Monate bezahlten Höchstpreis, falls dieser Betrag höher sein sollte, zu entsprechen.

Für den Übernahmefall gilt ein strenges Verhinderungsverbot und Objektivitätsgebot für Vorstand und Aufsichtsrat. Das Übernahmeverfahren wird von der Übernahmekommission, einer weisungsfreien Behörde, begleitet und überwacht. Ein Pflichtangebot ist auch vorgesehen, wenn ein Aktionär mit einer Beteiligung im Bereich zwischen 30 und 50 % in einem Jahr 2 % oder mehr zukauft („creeping in"). Nähere Informationen finden sich auf der Website der Übernahmekommission (www.takeover.at). Teile des Übernahmerechtes sind auch für freiwillige öffentliche Kaufangebote anzuwenden, auch wenn damit kein Kontrollwechsel verbunden ist. Erreicht der Bieter 90%, so kann er die verbleibenden Aktionäre zum Angebotspreis ausschließen und deren Aktien übernehmen.

Konzern, Umgründungen

Das österreichische Aktienrecht kennt zwar den Begriff des Konzerns, aber anders als das deutsche Aktienrecht enthält es keine geschlossene Regelung des Konzerns. Insbesondere führt eine Konzernbildung zu keiner automatischen Haftung der Muttergesellschaft für den Konzern. Ebenso ist mit der Konzernbildung nicht automatisch die Verpflichtung zu einem Abfindungsangebot an die außen stehenden Aktionäre verbunden, außer es greift das Übernahmegesetz ein. Die bloße Präsenzmehrheit eines mit zB 25% beteiligten „Kernaktionärs" löst noch keine Angebotspflicht nach dem Übernahmegesetz aus. Bei Verschmelzungen oder Unternehmensspaltungen bestehen besondere Aktionärsrechte, insbesondere besteht die Möglichkeit für jeden Aktionär, eine gerichtliche Überprüfung der Angemessenheit des Umtauschverhältnisses oder einer Barabfindung zu veranlassen. Bei nicht verhältniswahrenden Spaltungen hat jeder Gesellschafter, der nicht zugestimmt hat, das Recht zum Austritt. Auf Antrag des austretenden Aktionärs ist der Abfindungspreis in einem besonders geregelten gerichtlichen Verfahren zu überprüfen. Eine Nachbesserung kommt allen betroffenen Aktionären zugute.

Das Gesellschafterausschlussgesetz 2006 ermöglicht einem 90%igen Aktionär („Hauptgesellschafter") die verbleibende Minderheit gegen eine angemessene Barabfindung auszuschließen. Auch hier unterliegt aber die Barabfindung der gerichtlichen Kontrolle, wobei jeder Betroffene das Überprüfungsverfahren einleiten kann (unabhängig von einem Widerspruch in der Hauptversammlung). Andere früher mögliche Ausschlusstechniken sind nicht mehr einsetzbar.

9/3a. Interpretationen zum Österreichischen Corporate Governance Kodex

(Fassung Februar 2018)

Zu Regel 26 und 57:
Die beiden Kodexregeln definieren als konzernexterne Unternehmen, Unternehmen, die nicht in den Konzernabschluss einbezogen werden oder an denen keine unternehmerische Beteiligung besteht. Eine Beteiligung, die in ein Syndikat eingebunden ist, fällt daher in der Regel unter die Ausnahme und ist nicht mitzuzählen.

Zu Regel 27:
Die Vergütungsregeln (Regeln 27, 27a, 28) gelten für nach dem 31.12.2009 neu abgeschlossene Verträge. Als Neuabschluss eines Vertrages gilt auch die Verlängerung oder die wesentliche Änderung von bestehenden Verträgen.
Die sorgfältige und angemessene Umsetzung dieser Regel und insbesondere die Festsetzung geeigneter nachhaltiger und langfristiger Leistungskriterien ist Aufgabe des Aufsichtsrats/des Vergütungsausschusses. Ein angemessener Anteil der variablen Vergütung soll auf mehrjährigen Leistungskriterien beruhen. Mehrjährige Leistungskriterien umfassen einen Zeitraum von mindestens zwei Jahren, für langfristige Verhaltensanreize wird ein Zeitraum von drei bis fünf Jahren empfohlen. Für derartige Kriterien kann etwa auf das Erreichen nach Ablauf dieses Zeitraums oder auf das mehrmalige Erreichen während dieses Zeitraums abgestellt werden. Variable Vergütungen auf Basis von einjährigen Leistungskriterien sind zulässig. Nicht-finanzielle Kriterien können entweder in der jährlichen variablen Vergütung oder in die Vergütungsbestandteile mit mittel-/langfristiger Anreizwirkung einbezogen werden.

Zu Regel 27a:
Ein wichtiger Grund im Sinne dieser Regel sind die Entlassungsgründe des Angestelltengesetzes (§ 27 AngG) und der Abberufungsgrund der groben Pflichtverletzung gemäß § 75 Abs. 4 AktG.

Zu Regel 28.
In den zu haltenden Eigenanteil können auch vor der Einführung des Programms erworbene Aktien des Unternehmens eingerechnet werden.

Zu Regel 31:
Die Ausdehnung der Regel auf Fälle, in denen die Vergütungen über eine Managementgesellschaft geleistet werden, dient lediglich der Herstellung von Transparenz und trifft keine Aussage zur aktien- oder steuerrechtlichen Zulässigkeit derartiger Gestaltungen.

Zu Regel 43:
Über Kenntnisse und Erfahrung im Bereich der Vergütungspolitik verfügt z.B eine Person, die in einer großen oder börsennotierten Gesellschaft für den Bereich Personal mehrere Jahre verantwortlich war.
Wenn der Vergütungsausschuss einen Berater beauftragt, ist von diesem eine Erklärung einzuholen, dass er unabhängig ist und nicht gleichzeitig den Vorstand und die Gesellschaft in Vergütungsfragen berät.

Zu Regel 46:
Die Umsetzung dieser Regel bedarf nicht zwingend einer Aufnahme in die Geschäftsordnung, obgleich die Nachvollziehbarkeit der Einhaltung dadurch aber erleichtert wird. In der Praxis kann auch so vorgegangen werden, dass die Mitglieder des Aufsichtsrates beispielsweise einmal in jedem Wirtschaftsjahr vom Vorsitzenden befragt werden, ob allfällige Probleme in der Person des jeweiligen Mitgliedes im Zusammenhang mit dieser Regel auftreten. Dies sollte, um die Nachvollziehbarkeit für eine allfällige Evaluierung der Einhaltung des Kodex zu gewährleisten, in einem Aufsichtsratsprotokoll festgehalten werden. Anzumerken ist, dass bereits derzeit jedes Mitglied verpflichtet ist, im Zweifel bei Interessenkonflikten dies offenzulegen und sich gegebenenfalls der Stimme zu enthalten.

Zu Regel 51:
Falls Aufsichtsratsmitgliedern ausnahmsweise doch Stock Option Pläne gewährt werden, sind jedenfalls die Ausübungsbedingungen, die Zahl der Optionen, der Optionspreis und die Behaltedauer von der Hauptversammlung zu beschließen.

Zu Regel 53:
Veröffentlichung der Unabhängigkeitskriterien: Soweit der Aufsichtsrat die Unabhängigkeitskriterien des Anhang 1 übernimmt ist ein bloßer Verweis auf Anhang 1 des Kodex im Corporate Governance Bericht zulässig.

Zu Regel 59:
Sofern ein Unternehmen keinen Betriebsrat hat, kommt Regel 59 nicht zur Anwendung. In diesem Fall ist die Regel 59 auch nicht als C-Regel zu interpretieren.

Zu Regel 62:
Die regelmäßige Evaluierung muss nur die Einhaltung des Kodex im vorangegangen Jahr umfassen.

Zu Regel 66:
Regel 66 verlangt für den Fall der Erstellung von Quartalsabschlüssen die Anwendung des IAS 34. Mit der Umsetzung der EU-Transparenzrichtlinie ist die Verpflichtung zur Erstellung und Veröffentlichung von Quartalsberichten weggefallen. Da C-Regel 66 des Kodex grundsätzlich keine Quartalsberichterstattung verlangt, ist für die Unternehmen auch eine Erstellung nur von Zwischenberichten gemäß Punkt 2. Prime Market Regelwerk der Wiener Börse AG möglich und in diesem Fall daher ein Explain nicht erforderlich.

Zu Regel 68:
Die Verfügbarmachung des unternehmensrechtlichen Jahresabschlusses kann auch durch die Möglichkeit der Anforderung eines Exemplars erfolgen, welches ohne zeitlichen Verzug zugestellt wird.

Zu Regel 70:
Eine allgemeine Beschreibung der eingesetzten Risikomanagementsysteme ist dabei ausreichend. Eine Darstellung der Funktionsfähigkeit des Risikomanagementsystems ist nicht verlangt, jedoch gemäß Regel 83 gesondert zu prüfen.

Zu Regel 81a:
Regel 81a bestimmt, dass der (Konzern-)Abschlussprüfer zusätzlich zu den im Gesetz vorgesehenen Fällen zu einer weiteren Sitzung einzuladen ist. Falls nicht mehr als zwei Sitzungen des Prüfungsausschusses stattfinden wird die Regel eingehalten, wenn der (Konzern-)Abschlussprüfer zu beiden Sitzungen eingeladen wird. In den Sitzungen mit dem Abschlussprüfer ist auch festzulegen, wie die wechselseitige Kommunikation zwischen (Konzern-)Abschlussprüfer und dem Prüfungsausschuss zu erfolgen hat. Weiters soll der (Konzern-)Abschlussprüfer den Mitgliedern des Prüfungsausschusses einen Überblick über den geplanten Umfang, die zeitliche Einteilung und die wesentlichen Elemente seiner Prüfung geben.
Diese Sitzung sollte auch dazu genutzt werden, dass der Prüfungsausschuss mit dem (Konzern-) Abschlussprüfer Themen bespricht, die nach Ansicht des Prüfungsaus-schusses für die Durchführung der (Konzern-)Abschlussprüfung zweckdienlich sind. Während des Zeitraums der Durchführung der Prüfung soll eine wechselseitige Kommunikation zwischen dem (Konzern-)Abschlussprüfer und Prüfungsausschuss dazu dienen, dass sich die beiden Prüfinstanzen gegenseitig über wesentliche Erkenntnisse austauschen, die im Rahmen der jeweiligen Tätigkeit gewonnen worden und die für die ordnungsmäßige und effiziente Erfüllung der Aufgaben des Anderen relevant sind.
Durch diese Erweiterung und Konkretisierung der wechselseitigen Kommunikation ist die in den bisherigen Versionen des Kodex vorgesehene Erstellung und anschließende Behandlung eines „Management Letter“ im Prüfungsausschuss als C-Regel nicht mehr notwendig und wurde daher aufgehoben.

Zu Regel 83:
Regel 83 verlangt, dass der Abschlussprüfer auf Basis der ihm vorgelegten Dokumente und Unterlagen eine Beurteilung der Funktionsfähigkeit des Risikomanagements vornimmt und hierüber dem Vorstand berichtet. Dieser Bericht ist dem Vorsitzenden des Aufsichtsrates zur Kenntnis zu bringen und im Prüfungsausschuss zu behandeln. Dem Gesamtaufsichtsrat ist darüber zu berichten (Vorgehensweise analog zur Behandlung des Management Letter, siehe dazu Ausführungen zu Regel 82).
Bei der Umsetzung dieser Regel sind folgende Aspekte zu beachten:

- Die Comply-or-Explain Regel zur Überprüfung der Funktionsfähigkeit des Risikomanagements ergibt sich aus dem Kodex unabhängig davon, ob das berichtende Unternehmen der Regel 70 (Darstellung der wesentlichen eingesetzten Risikomanagement-Instrumente in Bezug auf nicht-finanziellen Risken) entsprochen hat.
- Diese Beurteilung geht über die bloße Stellungnahme zu Risiken und Empfehlungen im internen Kontrollsystem, wie sie üblicherweise in einem Management Letter (vgl. Ausführungen zu Regel 82) enthalten sind, hinaus.
- Die Prüfung der Funktionsfähigkeit mit vertretbarem Aufwand setzt voraus, dass auf Basis von zur Verfügung gestellten Unterlagen sowohl Risikoidentifikation und -beschreibung nachvollzogen werden können als auch das Risikomanagement-System selbst ausreichend dokumentiert ist.
- Form und Inhalt der Berichterstattung unterliegen einer gesonderten Vereinbarung.

Um die Funktionsfähigkeit eines Risikomanagements zu beurteilen sind zunächst die im Unternehmen eingesetzten Systeme und Einrichtungen (Risikomanagement-methoden, Sicherungsstrategien etc, Methoden und Systeme zur Identifikation, Erfassung, Analyse, Bewertung, Kontrollen und Kommunikation der Risiken im Unternehmen etc.) zu erheben. Zur Definition der Begriffe „Risiko“ und „Risikomanagement“ kann dabei auf internationale Vorbilder und Modelle zurückgegriffen werden. Im Anschluss hat sich der Abschlussprüfer über die Wirksamkeit der Maßnahmen und organisatorischen Vorkehrungen sowie Kontrollen durch entsprechende Stichproben zu vergewissern.

Zu Anhang 2b lit.(c)
Hier ist anzugeben, welches Organ der Gesellschaft die Entscheidung getroffen hat (siehe C-Regel 61).

9/4. Verschmelzungsvertrags- und Spaltungsplan-Veröffentlichungsverordnung

BGBl II 2011/256

Verordnung der Bundesministerin für Justiz über die Veröffentlichung von Verschmelzungsverträgen und Spaltungsplänen in der Ediktsdatei (Verschmelzungsvertrags- und Spaltungsplan-Veröffentlichungsverordnung – VSVV)

Aufgrund des § 221a Abs. 1a AktG sowie des § 7 Abs. 1a SpaltG jeweils in der Fassung des Gesellschaftsrechts-Änderungsgesetzes 2011, BGBl. I Nr. 53/2011, wird verordnet:

§ 1. Die Veröffentlichung von Verschmelzungsverträgen (deren Entwürfen) und Spaltungsplänen in der Ediktsdatei hat durch einen Rechtsanwalt oder Notar über die auf der Internetseite www.edikte.justiz.gv.at im Bereich „Kundmachungen der Justiz" bekannt gegebenen Zugangspunkte zu erfolgen.

§ 2. Der Rechtsanwalt oder Notar hat sich für die Veröffentlichung auf die ihm von der Gesellschaft erteilte Vollmacht zu berufen (§ 8 Abs. 1 RAO, § 5 Abs. 4a NO). Die Authentifizierung des Rechtsanwalts oder Notars erfolgt durch Verwendung der elektronischen Anwaltssignatur (§ 21 Abs. 2 RAO), der elektronischen Notarsignatur (§ 13 Abs. 1 NO) oder eines anderen geeigneten Zertifikats (§ 2 Z 8 SigG), das von einem Rechtsanwalt oder Notar autorisiert wurde.

§ 3. Die Veröffentlichung hat zu enthalten:

(1) den Verschmelzungsvertrag (dessen Entwurf) oder den Spaltungsplan als pdf-Datei;

(2) den Hinweis auf Rechte sowie allfällige zusätzliche Angaben (§ 221a Abs. 1 zweiter Satz AktG, § 7 Abs. 1 zweiter Satz SpaltG, § 8 Abs. 2 EU-VerschG, § 19 Abs. 1 SEG);

(3) Metadaten zur Veröffentlichung entsprechend den vorgegebenen Eingabefeldern in der Anwendung.

§ 4. Die Veröffentlichung gilt mit Freischaltung in der Anwendung als bewirkt. Der Nachweis der Veröffentlichung (§ 225 Abs. 1 Z 7 AktG, § 13 Z 6 SpaltG, § 14 Abs. 1 Z 7 EU-VerschG, § 24 Abs. 1 Z 7 SEG) hat durch einen Ausdruck aus der Ediktsdatei zu erfolgen, auf dem das Veröffentlichungsdatum sowie das Datum der Erstellung des Ausdrucks ersichtlich sind.

10. Verordnung (EG) Nr. 2157/2001 des Rates vom 8. Oktober 2001 über das Statut der Europäischen Gesellschaft (Societas Europaea - SE)

ABl L 294/1 ff idF

1 ABl L 168 vom 1. 5. 2004, S 1 ff
2 ABl L 363 vom 20. 12. 2006, S 1 ff, 27
3 ABl L 158 vom 10. 6. 2013, S 1 ff, 26

GLIEDERUNG

DER RAT DER EUROPÄISCHEN UNION –

gestützt auf den Vertrag zur Gründung der Europäischen Gemeinschaft, insbesondere auf Artikel 308,

auf Vorschlag der Kommission[1],

nach Stellungnahme des Europäischen Parlaments[2],

nach Stellungnahme des Europäischen Wirtschafts- und Sozialausschusses[3],

in Erwägung nachstehender Gründe:

(1) Voraussetzung für die Verwirklichung des Binnenmarkts und für die damit angestrebte Verbesserung der wirtschaftlichen und sozialen Lage in der gesamten Gemeinschaft ist außer der Beseitigung der Handelshemmnisse eine gemeinschaftsweite Reorganisation der Produktionsfaktoren. Dazu ist es unerlässlich, dass die Unternehmen, deren Tätigkeit sich nicht auf die Befriedigung rein örtlicher Bedürfnisse beschränkt, die Neuordnung ihrer Tätigkeiten auf Gemeinschaftsebene planen und betreiben können.

(2) Eine solche Umgestaltung setzt die Möglichkeit voraus, das Wirtschaftspotential bereits bestehender Unternehmen mehrerer Mitgliedstaaten durch Konzentrations- und Fusionsmaßnahmen zusammenzufassen. Dies darf jedoch nur unter Beachtung der Wettbewerbsregeln des Vertrags geschehen.

(3) Die Verwirklichung der Umstrukturierungs- und Kooperationsmaßnahmen, an denen Unternehmen verschiedener Mitgliedstaaten beteiligt sind, stößt auf rechtliche, steuerliche und psychologische Schwierigkeiten. Einige davon konnten mit der Angleichung des Gesellschaftsrechts der Mitgliedstaaten durch aufgrund von Artikel 44 des Vertrags erlassene Richtlinien ausgeraeumt werden. Dies erspart Unternehmen, die verschiedenen Rechtsordnungen unterliegen, jedoch nicht die Wahl einer Gesellschaftsform, für die ein bestimmtes nationales Recht gilt.

(4) Somit entspricht der rechtliche Rahmen, in dem sich die Unternehmen in der Gemeinschaft noch immer bewegen müssen und der hauptsächlich von innerstaatlichem Recht bestimmt wird, nicht mehr dem wirtschaftlichen Rahmen, in dem sie sich entfalten sollen, um die Erreichung der in Artikel 18 des Vertrags genannten Ziele zu ermöglichen. Dieser Zustand ist geeignet, Zusammenschlüsse zwischen Gesellschaften verschiedener Mitgliedstaaten erheblich zu behindern.

(5) Die Mitgliedstaaten sind verpflichtet, dafür zu sorgen, dass die Bestimmungen, die auf Europäische Gesellschaften aufgrund dieser Verordnung anwendbar sind, weder zu einer Diskriminierung dadurch führen, dass die Europäischen Gesellschaften ungerechtfertigterweise anders behandelt werden als die Aktiengesellschaften, noch unverhältnismäßig strenge Auflagen für die Errichtung einer Europäischen Gesellschaft oder die Verlegung ihres Sitzes mit sich bringen.

(6) Die juristische Einheitlichkeit der europäischen Unternehmen muss ihrer wirtschaftlichen weitestgehend entsprechen. Neben den bisherigen Gesellschaftsformen nationalen Rechts ist daher die Schaffung von Gesellschaften vorzusehen, deren Struktur und Funktionsweise durch eine in allen Mitgliedstaaten unmittelbar geltende gemeinschaftsrechtliche Verordnung geregelt werden.

(7) Dadurch werden sowohl die Gründung als auch die Leitung von Gesellschaften europäischen Zuschnitts ermöglicht, ohne dass die bestehenden Unterschiede zwischen den für die Handelsgesellschaften geltenden einzelstaatlichen Rechtsvorschriften und ihr räumlich begrenzter Geltungsbereich dafür ein Hindernis darstellten.

(8) Das Statut der Europäischen Aktiengesellschaft (nachfolgend "SE" genannt) zählt zu jenen Rechtsakten, die der Rat gemäß dem Weißbuch der Kommission über die Vollendung des Binnenmarkts, das der Europäische Rat von Mailand im Juni 1985 angenommen hat, vor dem Jahre 1992 erlassen musste. 1987 äußerte der Europäische Rat auf seiner Tagung in Brüssel den Wunsch, dass ein solches Statut rasch geschaffen wird.

(9) Seit der Vorlage des Kommissionsvorschlags für eine Verordnung über das Statut der Europäischen Aktiengesellschaften im Jahre 1970 und der Vorlage des 1975 geänderten Vorschlags sind bei der Angleichung des nationalen Gesellschaftsrechts beachtliche Fortschritte erzielt worden, so dass in Bereichen, in denen es für das Funktionieren der SE keiner einheitlichen Gemeinschaftsregelung bedarf, auf das Aktienrecht des Sitzmitgliedstaats verwiesen werden kann.

(10) Das wichtigste mit der Rechtsform einer SE verfolgte Ziel erfordert jedenfalls - unbeschadet wirtschaftlicher Erfordernisse, die sich in der Zukunft ergeben können -, dass eine SE gegründet werden kann, um es Gesellschaften verschiedener Mitgliedstaaten zu

[1] ABl. C 263 vom 16.10.1989, S. 41, und ABl. C 176 vom 8.7.1991, S. 1.

[2] Stellungnahme vom 4.September 2001 (noch nicht im Amtsblatt veröffentlicht)

[3] ABl. C 124 vom 21.5.1990, S. 34.

ermöglichen, zu fusionieren oder eine Holdinggesellschaft zu errichten, und damit Gesellschaften und andere juristische Personen aus verschiedenen Mitgliedstaaten, die eine Wirtschaftstätigkeit betreiben, gemeinsame Tochtergesellschaften gründen können.

(11) Im gleichen Sinne sollte es Aktiengesellschaften, die ihren satzungsmäßigen Sitz und ihre Hauptverwaltung in der Gemeinschaft haben, ermöglicht werden, eine SE durch Umwandlung ohne vorherige Auflösung zu gründen, wenn sie eine Tochtergesellschaft in einem anderen Mitgliedstaat als dem ihres Sitzes haben.

(12) Die für öffentlich zur Zeichnung auffordernde Aktiengesellschaften und für Wertpapiergeschäfte geltenden einzelstaatlichen Bestimmungen müssen auch dann, wenn die Gründung der SE durch eine öffentliche Aufforderung zur Zeichnung erfolgt, gelten sowie für SE, die diese Finanzierungsinstrumente in Anspruch nehmen möchten.

(13) Die SE selbst muss eine Kapitalgesellschaft in Form einer Aktiengesellschaft sein, die sowohl von der Finanzierung als auch von der Geschäftsführung her am besten den Bedürfnissen der gemeinschaftsweit tätigen Unternehmen entspricht. Um eine sinnvolle Unternehmensgröße dieser Gesellschaften zu gewährleisten, empfiehlt es sich, ein Mindestkapital festzusetzen, das die Gewähr dafür bietet, dass diese Gesellschaften über eine ausreichende Vermögensgrundlage verfügen, ohne dass dadurch kleinen und mittleren Unternehmen die Gründung von SE erschwert wird.

(14) Es ist erforderlich, der SE alle Möglichkeiten einer leistungsfähigen Geschäftsführung an die Hand zu geben und gleichzeitig deren wirksame Überwachung sicherzustellen. Dabei ist dem Umstand Rechnung zu tragen, dass in der Gemeinschaft hinsichtlich der Verwaltung der Aktiengesellschaften derzeit zwei verschiedene Systeme bestehen. Die Wahl des Systems bleibt der SE überlassen, jedoch ist eine klare Abgrenzung der Verantwortungsbereiche jener Personen, denen die Geschäftsführung obliegt, und der Personen, die mit der Aufsicht betraut sind, wünschenswert.

(15) Die Rechte und Pflichten hinsichtlich des Schutzes von Minderheitsaktionären und von Dritten, die sich für ein Unternehmen aus der Kontrolle durch ein anderes Unternehmen, das einer anderen Rechtsordnung unterliegt, ergeben, bestimmen sich gemäß den Vorschriften und allgemeinen Grundsätzen des internationalen Privatrechts nach dem für das kontrollierte Unternehmen geltenden Recht, unbeschadet der sich für das herrschende Unternehmen aus den geltenden Rechtsvorschriften ergebenden Pflichten, beispielsweise bei der Aufstellung der konsolidierten Abschlüsse.

(16) Unbeschadet des sich möglicherweise aus einer späteren Koordinierung des Rechts der Mitgliedstaaten ergebenden Handlungsbedarfs ist eine Sonderregelung für die SE hier gegenwärtig nicht erforderlich. Es empfiehlt sich daher, sowohl für den Fall, dass die SE die Kontrolle ausübt, als auch für den Fall, dass die SE das kontrollierte Unternehmen ist, auf die allgemeinen Vorschriften und Grundsätze zurückzugreifen.

(17) Wird die SE von einem anderen Unternehmen beherrscht, so ist anzugeben, welches Recht anwendbar ist; hierzu ist auf die Rechtsvorschriften zu verweisen, die für Aktiengesellschaften gelten, die dem Recht des Sitzstaates der SE unterliegen.

(18) Es muss sichergestellt werden, dass jeder Mitgliedstaat bei Verstößen gegen Bestimmungen dieser Verordnung die für die seiner Rechtsordnung unterliegenden Aktiengesellschaften geltenden Sanktionen anwendet.

(19) Die Stellung der Arbeitnehmer in der SE wird durch die Richtlinie 2001/86/EG des Rates vom 8. Oktober 2001 zur Ergänzung des Statuts der Europäischen Gesellschaft hinsichtlich der Beteiligung der Arbeitnehmer[4)] auf der Grundlage von Artikel 308 des Vertrags geregelt. Diese Bestimmungen stellen somit eine untrennbare Ergänzung der vorliegenden Verordnung dar und müssen zum gleichen Zeitpunkt anwendbar sein.

(20) Andere Rechtsbereiche wie das Steuerrecht, das Wettbewerbsrecht, der gewerbliche Rechtsschutz und das Konkursrecht werden nicht von dieser Verordnung erfasst. Die Rechtsvorschriften der Mitgliedstaaten und das Gemeinschaftsrecht gelten in den oben genannten sowie in anderen nicht von dieser Verordnung erfassten Bereichen.

(21) Mit der Richtlinie 2001/86/EG soll ein Recht der Arbeitnehmer auf Beteiligung bei den den Geschäftsverlauf der SE betreffenden Fragen und Entscheidungen gewährleistet werden. Die übrigen arbeits- und sozialrechtlichen Fragen, insbesondere das in den Mitgliedstaaten geltende Recht auf Information und Anhörung der Arbeitnehmer, unterliegen hingegen den einzelstaatlichen Vorschriften, die unter denselben Bedingungen für die Aktiengesellschaften gelten.

(22) Das Inkrafttreten dieser Verordnung muss zeitlich aufgeschoben erfolgen, um alle

[4)] *Siehe S. 22 dieses Amtsblatts*

Mitgliedstaaten in die Lage zu versetzen, die Richtlinie 2001/86/EG in innerstaatliches Recht umzusetzen und die für die Gründung und den Geschäftsbetrieb von SE mit Sitz in ihrem Hoheitsgebiet notwendigen Verfahren rechtzeitig einzuführen, dergestalt, dass die Verordnung und die Richtlinie gleichzeitig zur Anwendung gebracht werden können.

(23) Eine Gesellschaft, deren Hauptverwaltung sich außerhalb der Gemeinschaft befindet, kann sich an der Gründung einer SE beteiligen, sofern die betreffende Gesellschaft nach dem Recht eines Mitgliedstaats gegründet wurde, ihren Sitz in diesem Mitgliedstaat hat und in tatsächlicher und dauerhafter Verbindung mit der Wirtschaft eines Mitgliedstaats im Sinne der Grundsätze des allgemeinen Programms zur Aufhebung der Beschränkungen der Niederlassungsfreiheit von 1962 steht. Eine solche Verbindung besteht, wenn die Gesellschaft in dem Mitgliedstaat eine Niederlassung hat, von dem aus sie ihre Geschäfte betreibt.

(24) Die SE sollte ihren Sitz in einen anderen Mitgliedstaat verlegen können. Ein angemessener Schutz der Interessen der Minderheitsaktionäre, die sich gegen die Verlegung ausgesprochen haben, sowie der Interessen der Gläubiger und der sonstigen Forderungsberechtigten sollte in einem ausgewogenen Verhältnis stehen. Vor der Verlegung entstandene Anspruech dürfen durch eine solche Verlegung nicht berührt werden.

(25) Bestimmungen, die die zuständige Gerichtsbarkeit im Falle der Sitzverlegung einer Aktiengesellschaft von einem Mitgliedstaat in einen anderen betreffen und die in das Brüsseler Übereinkommen von 1968 oder in einen Rechtsakt der Mitgliedstaaten oder des Rates zur Ersetzung dieses Übereinkommens aufgenommen werden, werden von dieser Verordnung nicht berührt.

(26) Für die Tätigkeiten von Finanzinstituten gelten Einzelrichtlinien, und das einzelstaatliche Recht zur Umsetzung dieser Richtlinien sowie ergänzende einzelstaatliche Vorschriften zur Regelung der betreffenden Tätigkeiten finden auf eine SE uneingeschränkt Anwendung.

(27) In Anbetracht des spezifischen und gemeinschaftlichen Charakters der SE lässt die in dieser Verordnung für die SE gewählte Regelung des tatsächlichen Sitzes die Rechtsvorschriften der Mitgliedstaaten unberührt und greift der Entscheidung bei anderen Gemeinschaftstexten im Bereich des Gesellschaftsrechts nicht vor.

(28) Der Vertrag enthält Befugnisse für die Annahme dieser Verordnung nur in Artikel 308.

(29) Da die Ziele der beabsichtigten Maßnahme - wie oben ausgeführt - nicht hinreichend von den Mitgliedstaaten erreicht werden können, weil es darum geht, die SE auf europäischer Ebene zu errichten, und da die Ziele daher wegen des Umfangs und der Wirkungen der Maßnahme besser auf Gemeinschaftsebene erreicht werden können, kann die Gemeinschaft im Einklang mit dem Subsidiaritätsprinzip nach Artikel 5 des Vertrags Maßnahmen ergreifen. Im Einklang mit dem Verhältnismäßigkeitsprinzip nach jenem Artikel geht diese Verordnung nicht über das für die Erreichung dieser Ziele erforderliche Maß hinaus -

HAT FOLGENDE VERORDNUNG ERLASSEN:

TITEL I

ALLGEMEINE VORSCHRIFTEN

Artikel 1

(1) Handelsgesellschaften können im Gebiet der Gemeinschaft in der Form europäischer Aktiengesellschaften (Societas Europaea, nachfolgend "SE" genannt) unter den Voraussetzungen und in der Weise gegründet werden, die in dieser Verordnung vorgesehen sind.

(2) Die SE ist eine Gesellschaft, deren Kapital in Aktien zerlegt ist. Jeder Aktionär haftet nur bis zur Höhe des von ihm gezeichneten Kapitals.

(3) Die SE besitzt Rechtspersönlichkeit.

(4) Die Beteiligung der Arbeitnehmer in der SE wird durch die Richtlinie 2001/86/EG geregelt.

Artikel 2

(1) Aktiengesellschaften im Sinne des Anhangs I, die nach dem Recht eines Mitgliedstaats gegründet worden sind und ihren Sitz sowie ihre Hauptverwaltung in der Gemeinschaft haben, können eine SE durch Verschmelzung gründen, sofern mindestens zwei von ihnen dem Recht verschiedener Mitgliedstaaten unterliegen.

(2) Aktiengesellschaften und Gesellschaften mit beschränkter Haftung im Sinne des Anhangs II, die nach dem Recht eines Mitgliedstaats gegründet worden sind und ihren Sitz sowie ihre Hauptverwaltung in der Gemeinschaft haben, können die Gründung einer Holding-SE anstreben, sofern mindestens zwei von ihnen

a) dem Recht verschiedener Mitgliedstaaten unterliegen oder

b) seit mindestens zwei Jahren eine dem Recht eines anderen Mitgliedstaats unterliegende Tochtergesellschaft oder eine Zweigniederlassung in einem anderen Mitgliedstaat haben.

(3) Gesellschaften im Sinne des Artikels 48 Absatz 2 des Vertrags sowie juristische Personen des öffentlichen oder privaten Rechts, die nach dem Recht eines Mitgliedstaats gegründet worden sind und ihren Sitz sowie ihre Hauptverwaltung in der Gemeinschaft haben, können eine Tochter-SE durch Zeichnung ihrer Aktien gründen, sofern mindestens zwei von ihnen

a) dem Recht verschiedener Mitgliedstaaten unterliegen oder

b) seit mindestens zwei Jahren eine dem Recht eines anderen Mitgliedstaats unterliegende Tochtergesellschaft oder eine Zweigniederlassung in einem anderen Mitgliedstaat haben.

(4) Eine Aktiengesellschaft, die nach dem Recht eines Mitgliedstaats gegründet worden ist und ihren Sitz sowie ihre Hauptverwaltung in der Gemeinschaft hat, kann in eine SE umgewandelt werden, wenn sie seit mindestens zwei Jahren eine dem Recht eines anderen Mitgliedstaats unterliegende Tochtergesellschaft hat.

(5) Ein Mitgliedstaat kann vorsehen, dass sich eine Gesellschaft, die ihre Hauptverwaltung nicht in der Gemeinschaft hat, an der Gründung einer SE beteiligen kann, sofern sie nach dem Recht eines Mitgliedstaats gegründet wurde, ihren Sitz in diesem Mitgliedstaat hat und mit der Wirtschaft eines Mitgliedstaats in tatsächlicher und dauerhafter Verbindung steht.

Artikel 3

(1) Die SE gilt als Aktiengesellschaft, die zum Zwecke der Anwendung des Artikels 2 Absätze 1, 2 und 3 dem Recht des Sitzmitgliedstaats unterliegt.

(2) Eine SE kann selbst eine oder mehrere Tochtergesellschaften in Form einer SE gründen. Bestimmungen des Sitzmitgliedstaats der Tochter-SE, gemäß denen eine Aktiengesellschaft mehr als einen Aktionär haben muss, gelten nicht für die Tochter-SE. Die einzelstaatlichen Bestimmungen, die aufgrund der Zwölften Richtlinie 89/667/EWG des Rates vom 21. Dezember 1989 auf dem Gebiet des Gesellschaftsrechts betreffend Gesellschaften mit beschränkter Haftung mit einem einzigen Gesellschafter[1)] angenommen wurden, gelten sinngemäß für die SE.

Artikel 4

(1) Das Kapital der SE lautet aur Euro.

(2) Das gezeichnete Kapital muss mindestens 120 000 EUR betragen.

(3) Die Rechtsvorschriften eines Mitgliedstaats, die ein höheres gezeichnetes Kapital für Gesellschaften vorsehen , die bestimmte Arten von Tätigkeiten ausüben, gelten auch für SE mit Sitz in dem betreffenden Mitgliedstaat.

Artikel 5

Vorbehaltlich des Artikels 4 Absätze 1 und 2 gelten für das Kapital der SE, dessen Erhaltung und dessen Änderungen sowie die Aktien, die Schuldverschreibungen und sonstige vergleichbare Wertpapiere der SE die Vorschriften, die für eine Aktiengesellschaft mit Sitz in dem Mitgliedstaat, in dem die SE eingetragen ist, gelten würden.

Artikel 6

Für die Zwecke dieser Verordnung bezeichnet der Ausdruck "Satzung der SE" zugleich die Gründungsurkunde und, falls sie Gegenstand einer getrennten Urkunde ist, die Satzung der SE im eigentlichen Sinne.

Artikel 7

Der Sitz der SE muss in der Gemeinschaft liegen, und zwar in dem Mitgliedstaat, in dem sich die Hauptverwaltung der SE befindet. Jeder Mitgliedstaat kann darüber hinaus den in seinem Hoheitsgebiet eingetragenen SE vorschreiben, dass sie ihren Sitz und ihre Hauptverwaltung am selben Ort haben müssen.

Artikel 8

(1) Der Sitz der SE kann gemäß den Absätzen 2 bis 13 in einen anderen Mitgliedstaat verlegt werden. Diese Verlegung führt weder zur Auflösung der SE noch zur Gründung einer neuen juristischen Person.

(2) Ein Verlegungsplan ist von dem Leitungs- oder dem Verwaltungsorgan zu erstellen und unbeschadet etwaiger vom Sitzmitgliedstaat vorgesehener zusätzlicher Offenlegungsformen gemäß Artikel 13 offen zu legen. Dieser Plan enthält die bisherige Firma, den bisherigen Sitz und die bisherige Registriernummer der SE sowie folgende Angaben:

a) den vorgesehenen neuen Sitz der SE,

b) die für die SE vorgesehene Satzung sowie gegebenenfalls die neue Firma,

c) die etwaigen Folgen der Verlegung für die Beteiligung der Arbeitnehmer,

d) den vorgesehenen Zeitplan für die Verlegung,

e) etwaige zum Schutz der Aktionäre und/oder Gläubiger vorgesehene Rechte.

SE (EU-Ges)
SE-Gesetz

Zu Artikel 3:

1) ABl. L 295 vom 30.12.1989, S. 40. Zuletzt geändert durch die Beitrittsakte von 1994.

(3) Das Leitungs- oder das Verwaltungsorgan erstellt einen Bericht, in dem die rechtlichen und wirtschaftlichen Aspekte der Verlegung erläutert und begründet und die Auswirkungen der Verlegung für die Aktionäre, die Gläubiger sowie die Arbeitnehmer im Einzelnen dargelegt werden.

(4) Die Aktionäre und die Gläubiger der SE haben vor der Hauptversammlung, die über die Verlegung befinden soll, mindestens einen Monat lang das Recht, am Sitz der SE den Verlegungsplan und den Bericht nach Absatz 3 einzusehen und die unentgeltliche Aushändigung von Abschriften dieser Unterlagen zu verlangen.

(5) Die Mitgliedstaaten können in Bezug auf die in ihrem Hoheitsgebiet eingetragenen SE Vorschriften erlassen, um einen angemessenen Schutz der Minderheitsaktionäre, die sich gegen die Verlegung ausgesprochen haben, zu gewährleisten.

(6) Der Verlegungsbeschluss kann erst zwei Monate nach der Offenlegung des Verlegungsplans gefasst werden. Er muss unter den in Artikel 59 vorgesehenen Bedingungen gefasst werden.

(7) Bevor die zuständige Behörde die Bescheinigung gemäß Absatz 8 ausstellt, hat die SE gegenüber der Behörde den Nachweis zu erbringen, dass die Interessen ihrer Gläubiger und sonstigen Forderungsberechtigten (einschließlich der öffentlich-rechtlichen Körperschaften) in Bezug auf alle vor der Offenlegung des Verlegungsplans entstandenen Verbindlichkeiten im Einklang mit den Anforderungen des Mitgliedstaats, in dem die SE vor der Verlegung ihren Sitz hat, angemessen geschützt sind.

Die einzelnen Mitgliedstaaten können die Anwendung von Unterabsatz 1 auf Verbindlichkeiten ausdehnen, die bis zum Zeitpunkt der Verlegung entstehen (oder entstehen können).

Die Anwendung der einzelstaatlichen Rechtsvorschriften über das Leisten oder Absichern von Zahlungen an öffentlich-rechtliche Körperschaften auf die SE wird von den Unterabsätzen 1 und 2 nicht berührt.

(8) Im Sitzstaat der SE stellt das zuständige Gericht, der Notar oder eine andere zuständige Behörde eine Bescheinigung aus, aus der zweifelsfrei hervorgeht, dass die der Verlegung vorangehenden Rechtshandlungen und Formalitäten durchgeführt wurden.

(9) Die neue Eintragung kann erst vorgenommen werden, wenn die Bescheinigung nach Absatz 8 vorgelegt und die Erfüllung der für die Eintragung in dem neuen Sitzstaat erforderlichen Formalitäten nachgewiesen wurde.

(10) Die Sitzverlegung der SE sowie die sich daraus ergebenden Satzungsänderungen werden zu dem Zeitpunkt wirksam, zu dem die SE gemäß Artikel 12 im Register des neuen Sitzes eingetragen wird.

(11) Das Register des neuen Sitzes meldet dem Register des früheren Sitzes die neue Eintragung der SE, sobald diese vorgenommen worden ist. Die Löschung der früheren Eintragung der SE erfolgt erst nach Eingang dieser Meldung.

(12) Die neue Eintragung und die Löschung der früheren Eintragung werden gemäß Artikel 13 in den betreffenden Mitgliedstaaten offen gelegt.

(13) Mit der Offenlegung der neuen Eintragung der SE ist der neue Sitz Dritten gegenüber wirksam. Jedoch können sich Dritte, solange die Löschung der Eintragung im Register des früheren Sitzes nicht offen gelegt worden ist, weiterhin auf den alten Sitz berufen, es sei denn, die SE beweist, dass den Dritten der neue Sitz bekannt war.

(14) Die Rechtsvorschriften eines Mitgliedstaats können bestimmen, dass eine Sitzverlegung, die einen Wechsel des maßgeblichen Rechts zur Folge hätte, im Falle der in dem betreffenden Mitgliedstaat eingetragenen SE nicht wirksam wird, wenn eine zuständige Behörde dieses Staates innerhalb der in Absatz 6 genannten Frist von zwei Monaten dagegen Einspruch erhebt. Dieser Einspruch ist nur aus Gründen des öffentlichen Interesses zulässig.

Untersteht eine SE nach Maßgabe von Gemeinschaftsrichtlinien der Aufsicht einer einzelstaatlichen Finanzaufsichtsbehörde, so gilt das Recht auf Erhebung von Einspruch gegen die Sitzverlegung auch für die genannte Behörde.

Gegen den Einspruch muss ein Rechtsmittel vor einem Gericht eingelegt werden können.

(15) Eine SE kann ihren Sitz nicht verlegen, wenn gegen sie ein Verfahren wegen Auflösung, Liquidation, Zahlungsunfähigkeit oder vorläufiger Zahlungseinstellung oder ein ähnliches Verfahren eröffnet worden ist.

(16) Eine SE, die ihren Sitz in einen anderen Mitgliedstaat verlegt hat, gilt in Bezug auf alle Forderungen, die vor dem Zeitpunkt der Verlegung gemäß Absatz 10 entstanden sind, als SE mit Sitz in dem Mitgliedstaat, in dem sie vor der Verlegung eingetragen war, auch wenn sie erst nach der Verlegung verklagt wird.

Artikel 9

(1) Die SE unterliegt

a) den Bestimmungen dieser Verordnung,

b) sofern die vorliegende Verordnung dies ausdrücklich zulässt, den Bestimmungen der Satzung der SE,

c) in Bezug auf die nicht durch diese Verordnung geregelten Bereiche oder, sofern ein Bereich nur teilweise geregelt ist, in Bezug auf die nicht von dieser Verordnung erfassten Aspekte

i) den Rechtsvorschriften, die die Mitgliedstaaten in Anwendung der speziell die SE betreffenden Gemeinschaftsmaßnahmen erlassen,

ii) den Rechtsvorschriften der Mitgliedstaaten, die auf eine nach dem Recht des Sitzstaats der SE gegründete Aktiengesellschaft Anwendung finden würden,

iii) den Bestimmungen ihrer Satzung unter den gleichen Voraussetzungen wie im Falle einer nach dem Recht des Sitzstaats der SE gegründeten Aktiengesellschaft.

(2) Von den Mitgliedstaaten eigens für die SE erlassene Rechtsvorschriften müssen mit den für Aktiengesellschaften im Sinne des Anhangs I maßgeblichen Richtlinien im Einklang stehen.

(3) Gelten für die von der SE ausgeübte Geschäftstätigkeit besondere Vorschriften des einzelstaatlichen Rechts, so finden diese Vorschriften auf die SE uneingeschränkt Anwendung.

Artikel 10

Vorbehaltlich der Bestimmungen dieser Verordnung wird eine SE in jedem Mitgliedstaat wie eine Aktiengesellschaft behandelt, die nach dem Recht des Sitzstaats der SE gegründet wurde.

Artikel 11

(1) Die SE muss ihrer Firma den Zusatz "SE" voran- oder nachstellen.

(2) Nur eine SE darf ihrer Firma den Zusatz "SE" hinzufügen.

(3) Die in einem Mitgliedstaat vor dem Zeitpunkt des Inkrafttretens dieser Verordnung eingetragenen Gesellschaften oder sonstigen juristischen Personen, deren Firma den Zusatz "SE" enthält, brauchen ihre Namen jedoch nicht zu ändern.

Artikel 12

(1) Jede SE wird gemäß Artikel 3 der Ersten Richtlinie 68/151/EWG des Rates vom 9. März 1968 zur Koordinierung der Schutzbestimmungen, die in den Mitgliedstaaten den Gesellschaften im Sinne des Artikels 58 Absatz 2 des Vertrages im Interesse der Gesellschafter sowie Dritter vorgeschrieben sind, um diese Bestimmungen gleichwertig zu gestalten[1)], im Sitzstaat in ein nach dem Recht dieses Staates bestimmtes Register eingetragen.

(2) Eine SE kann erst eingetragen werden, wenn eine Vereinbarung über die Beteiligung der Arbeitnehmer gemäß Artikel 4 der Richtlinie 2001/86/EG geschlossen worden ist, ein Beschluss nach Artikel 3 Absatz 6 der genannten Richtlinie gefasst worden ist oder die Verhandlungsfrist nach Artikel 5 der genannten Richtlinie abgelaufen ist, ohne dass eine Vereinbarung zustande gekommen ist.

(3) Voraussetzung dafür, dass eine SE in einem Mitgliedstaat, der von der in Artikel 7 Absatz 3 der Richtlinie 2001/86/EG vorgesehenen Möglichkeit Gebrauch gemacht hat, registriert werden kann, ist, dass eine Vereinbarung im Sinne von Artikel 4 der genannten Richtlinie über die Modalitäten der Beteiligung der Arbeitnehmer - einschließlich der Mitbestimmung - geschlossen wurde oder dass für keine der teilnehmenden Gesellschaften vor der Registrierung der SE Mitbestimmungsvorschriften galten.

(4) Die Satzung der SE darf zu keinem Zeitpunkt im Widerspruch zu der ausgehandelten Vereinbarung stehen. Steht eine neue gemäß der Richtlinie 2001/86/EG geschlossene Vereinbarung im Widerspruch zur geltenden Satzung, ist diese - soweit erforderlich - zu ändern.

In diesem Fall kann ein Mitgliedstaat vorsehen, dass das Leitungs- oder das Verwaltungsorgan der SE befugt ist, die Satzungsänderung ohne weiteren Beschluss der Hauptversammlung vorzunehmen.

Artikel 13

Die die SE betreffenden Urkunden und Angaben, die nach dieser Verordnung der Offenlegungspflicht unterliegen, werden gemäß der Richtlinie 68/151/EWG nach Massgabe der Rechtsvorschriften des Sitzstaats der SE offen gelegt.

Artikel 14

(1) Die Eintragung und die Löschung der Eintragung einer SE werden mittels einer Bekanntmachung zu Informationszwecken im Amtsblatt der Europäischen Gemeinschaften veröffentlicht, nachdem die Offenlegung gemäß Artikel 13 erfolgt ist. Diese Bekanntmachung enthält die Firma der SE, Nummer, Datum und Ort der Eintragung der SE, Datum, Ort und Titel der Veröffentlichung sowie den Sitz und den Geschäftszweig der SE.

(2) Bei der Verlegung des Sitzes der SE gemäß Artikel 8 erfolgt eine Bekanntmachung mit den Angaben gemäß Absatz 1 sowie mit denjenigen im Falle einer Neueintragung.

(3) Die Angaben gemäß Absatz 1 werden dem Amt für amtliche Veröffentlichungen der Europäischen Gemeinschaften innerhalb eines Monats nach der Offenlegung gemäß Artikel 13 übermittelt.

Zu Artikel 12:

1) ABl. L 65 vom 14.3.1968, S. 8. Zuletzt geändert durch die Beitrittsakte von 1994.

TITEL II
GRÜNDUNG

Abschnitt 1
Allgemeines

Artikel 15

(1) Vorbehaltlich der Bestimmungen dieser Verordnung findet auf die Gründung einer SE das für Aktiengesellschaften geltende Recht des Staates Anwendung, in dem die SE ihren Sitz begründet.

(2) Die Eintragung einer SE wird gemäß Artikel 13 offen gelegt.

Artikel 16

(1) Die SE erwirbt die Rechtspersönlichkeit am Tag ihrer Eintragung in das in Artikel 12 genannte Register.

(2) Wurden im Namen der SE vor ihrer Eintragung gemäß Artikel 12 Rechtshandlungen vorgenommen und übernimmt die SE nach der Eintragung die sich aus diesen Rechtshandlungen ergebenden Verpflichtungen nicht, so haften die natürlichen Personen, die Gesellschaften oder anderen juristischen Personen, die diese Rechtshandlungen vorgenommen haben, vorbehaltlich anders lautender Vereinbarungen unbegrenzt und gesamtschuldnerisch.

Abschnitt 2
Gründung einer SE durch Verschmelzung

Artikel 17

(1) Eine SE kann gemäß Artikel 2 Absatz 1 durch Verschmelzung gegründet werden.

(2) Die Verschmelzung erfolgt

a) entweder nach dem Verfahren der Verschmelzung durch Aufnahme gemäß Artikel 3 Absatz 1 der Richtlinie 78/855/EWG[1])

b) oder nach dem Verfahren der Verschmelzung durch Gründung einer neuen Gesellschaft gemäß Artikel 4 Absatz 1 der genannten Richtlinie.

Im Falle einer Verschmelzung durch Aufnahme nimmt die aufnehmende Gesellschaft bei der Verschmelzung die Form einer SE an. Im Falle einer Verschmelzung durch Gründung einer neuen Gesellschaft ist die neue Gesellschaft eine SE.

Zu Artikel 17:

[1]) Dritte Richtlinie 78/855/EWG des Rates vom 9. Oktober 1978 gemäß Artikel 54 Absatz 3 Buchstabe g des Vertrages betreffend die Veschmelzung von Aktiengesellschaften (ABl. L 295 vom 20.10.1978, S. 36). Zuletzt geändert durch die Beitrittsakte von 1994.

Artikel 18

In den von diesem Abschnitt nicht erfassten Bereichen sowie in den nicht erfassten Teilbereichen eines von diesem Abschnitt nur teilweise abgedeckten Bereichs sind bei der Gründung einer SE durch Verschmelzung auf jede Gründungsgesellschaft die mit der Richtlinie 78/855/EWG in Einklang stehenden, für die Verschmelzung von Aktiengesellschaften geltenden Rechtsvorschriften des Mitgliedstaats anzuwenden, dessen Recht sie unterliegt.

Artikel 19

Die Rechtsvorschriften eines Mitgliedstaates können vorsehen, dass die Beteiligung einer Gesellschaft, die dem Recht dieses Mitgliedstaates unterliegt, an der Gründung einer SE durch Verschmelzung nur möglich ist, wenn keine zuständige Behörde dieses Mitgliedstaats vor der Erteilung der Bescheinigung gemäß Artikel 25 Absatz 2 dagegen Einspruch erhebt.

Dieser Einspruch ist nur aus Gründen des öffentlichen Interesses zulässig. Gegen ihn muss ein Rechtsmittel eingelegt werden können.

Artikel 20

(1) Die Leitungs- oder die Verwaltungsorgane der sich verschmelzenden Gesellschaften stellen einen Verschmelzungsplan auf. Dieser Verschmelzungsplan enthält

a) die Firma und den Sitz der sich verschmelzenden Gesellschaften sowie die für die SE vorgesehene Firma und ihren geplanten Sitz,

b) das Umtauschverhältnis der Aktien und gegebenenfalls die Höhe der Ausgleichsleistung,

c) die Einzelheiten hinsichtlich der Übertragung der Aktien der SE,

d) den Zeitpunkt, von dem an diese Aktien das Recht auf Beteiligung am Gewinn gewähren, sowie alle Besonderheiten in Bezug auf dieses Recht,

e) den Zeitpunkt, von dem an die Handlungen der sich verschmelzenden Gesellschaften unter dem Gesichtspunkt der Rechnungslegung als für Rechnung der SE vorgenommen gelten,

f) die Rechte, welche die SE den mit Sonderrechten ausgestatteten Aktionären der Gründungsgesellschaften und den Inhabern anderer Wertpapiere als Aktien gewährt, oder die für diese Personen vorgeschlagenen Maßnahmen,

g) jeder besondere Vorteil, der den Sachverständigen, die den Verschmelzungsplan prüfen, oder den Mitgliedern der Verwaltungs-, Leitungs-, Aufsichts- oder Kontrollorgane der sich verschmelzenden Gesellschaften gewährt wird,

h) die Satzung der SE,

i) Angaben zu dem Verfahren, nach dem die Vereinbarung über die Beteiligung der Arbeitnehmer gemäß der Richtlinie 2001/86/EG geschlossen wird.

(2) Die sich verschmelzenden Gesellschaften können dem Verschmelzungsplan weitere Punkte hinzufügen.

Artikel 21

Für jede der sich verschmelzenden Gesellschaften und vorbehaltlich weiterer Auflagen seitens des Mitgliedstaates, dessen Recht die betreffende Gesellschaft unterliegt, sind im Amtsblatt dieses Mitgliedstaats nachstehende Angaben bekannt zu machen:

a) Rechtsform, Firma und Sitz der sich verschmelzenden Gesellschaften,

b) das Register, bei dem die in Artikel 3 Absatz 2 der Richtlinie 68/151/EWG genannten Urkunden für jede der sich verschmelzenden Gesellschaften hinterlegt worden sind, sowie die Nummer der Eintragung in das Register,

c) einen Hinweis auf die Modalitäten für die Ausübung der Rechte der Gläubiger der betreffenden Gesellschaft gemäß Artikel 24 sowie die Anschrift, unter der erschöpfende Auskünfte über diese Modalitäten kostenlos eingeholt werden können,

d) einen Hinweis auf die Modalitäten für die Ausübung der Rechte der Minderheitsaktionäre der betreffenden Gesellschaft gemäß Artikel 24 sowie die Anschrift, unter der erschöpfende Auskünfte über diese Modalitäten kostenlos eingeholt werden können,

e) die für die SE vorgesehene Firma und ihr künftiger Sitz.

Artikel 22

Als Alternative zur Heranziehung von Sachverständigen, die für Rechnung jeder der sich verschmelzenden Gesellschaften tätig sind, können ein oder mehrere unabhängige Sachverständige im Sinne des Artikels 10 der Richtlinie 78/855/EWG, die auf gemeinsamen Antrag dieser Gesellschaften von einem Gericht oder einer Verwaltungsbehörde des Mitgliedstaats, dessen Recht eine der sich verschmelzenden Gesellschaften oder die künftige SE unterliegt, dazu bestellt wurden, den Verschmelzungsplan prüfen und einen für alle Aktionäre bestimmten einheitlichen Bericht erstellen.

Die Sachverständigen haben das Recht, von jeder der sich verschmelzenden Gesellschaften alle Auskünfte zu verlangen, die sie zur Erfüllung ihrer Aufgabe für erforderlich halten.

Artikel 23

(1) Die Hauptversammlung jeder der sich verschmelzenden Gesellschaften stimmt dem Verschmelzungsplan zu.

(2) Die Beteiligung der Arbeitnehmer in der SE wird gemäß der Richtlinie 2001/86/EG festgelegt. Die Hauptversammlung jeder der sich verschmelzenden Gesellschaften kann sich das Recht vorbehalten, die Eintragung der SE davon abhängig zu machen, dass die geschlossene Vereinbarung von ihr ausdrücklich genehmigt wird.

Artikel 24

(1) Das Recht des Mitgliedstaats, das jeweils für die sich verschmelzenden Gesellschaften gilt, findet wie bei einer Verschmelzung von Aktiengesellschaften unter Berücksichtigung des grenzüberschreitenden Charakters der Verschmelzung Anwendung zum Schutz der Interessen

a) der Gläubiger der sich verschmelzenden Gesellschaften,

b) der Anleihegläubiger der sich verschmelzenden Gesellschaften,

c) der Inhaber von mit Sonderrechten gegenüber den sich verschmelzenden Gesellschaften ausgestatteten Wertpapieren mit Ausnahme von Aktien.

(2) Jeder Mitgliedstaat kann in Bezug auf die sich verschmelzenden Gesellschaften, die seinem Recht unterliegen, Vorschriften erlassen, um einen angemessenen Schutz der Minderheitsaktionäre, die sich gegen die Verschmelzung ausgesprochen haben, zu gewährleisten.

Artikel 25

(1) Die Rechtmäßigkeit der Verschmelzung wird, was die die einzelnen sich verschmelzenden Gesellschaften betreffenden Verfahrensabschnitte anbelangt, nach den für die Verschmelzung von Aktiengesellschaften geltenden Rechtsvorschriften des Mitgliedstaats kontrolliert, dessen Recht die jeweilige verschmelzende Gesellschaft unterliegt.

(2) In jedem der betreffenden Mitgliedstaaten stellt das zuständige Gericht, der Notar oder eine andere zuständige Behörde eine Bescheinigung aus, aus der zweifelsfrei hervorgeht, dass die der Verschmelzung vorangehenden Rechtshandlungen und Formalitäten durchgeführt wurden.

(3) Ist nach dem Recht eines Mitgliedstaats, dem eine sich verschmelzende Gesellschaft unterliegt, ein Verfahren zur Kontrolle und Änderung des Umtauschverhältnisses der Aktien oder zur Abfindung von Minderheitsaktionären vorgesehen, das jedoch der Eintragung der Verschmelzung nicht entgegensteht, so findet ein solches Verfahren nur dann Anwendung, wenn die ande-

ren sich verschmelzenden Gesellschaften in Mitgliedstaaten, in denen ein derartiges Verfahren nicht besteht, bei der Zustimmung zu dem Verschmelzungsplan gemäß Artikel 23 Absatz 1 ausdrücklich akzeptieren, dass die Aktionäre der betreffenden sich verschmelzenden Gesellschaft auf ein solches Verfahren zurückgreifen können. In diesem Fall kann das zuständige Gericht, der Notar oder eine andere zuständige Behörde die Bescheinigung gemäß Absatz 2 ausstellen, auch wenn ein derartiges Verfahren eingeleitet wurde. Die Bescheinigung muss allerdings einen Hinweis auf das anhängige Verfahren enthalten. Die Entscheidung in dem Verfahren ist für die übernehmende Gesellschaft und ihre Aktionäre bindend.

Artikel 26

(1) Die Rechtmäßigkeit der Verschmelzung wird, was den Verfahrensabschnitt der Durchführung der Verschmelzung und der Gründung der SE anbelangt, von dem/der im künftigen Sitzstaat der SE für die Kontrolle dieses Aspekts der Rechtmäßigkeit der Verschmelzung von Aktiengesellschaften zuständigen Gericht, Notar oder sonstigen Behörde kontrolliert.

(2) Hierzu legt jede der sich verschmelzenden Gesellschaften dieser zuständigen Behörde die in Artikel 25 Absatz 2 genannte Bescheinigung binnen sechs Monaten nach ihrer Ausstellung sowie eine Ausfertigung des Verschmelzungsplans, dem sie zugestimmt hat, vor.

(3) Die gemäß Absatz 1 zuständige Behörde kontrolliert insbesondere, ob die sich verschmelzenden Gesellschaften einem gleich lautenden Verschmelzungsplan zugestimmt haben und ob eine Vereinbarung über die Beteiligung der Arbeitnehmer gemäß der Richtlinie 2001/86/EG geschlossen wurde.

(4) Diese Behörde kontrolliert ferner, ob gemäß Artikel 15 die Gründung der SE den gesetzlichen Anforderungen des Sitzstaates genügt.

Artikel 27

(1) Die Verschmelzung und die gleichzeitige Gründung der SE werden mit der Eintragung der SE gemäß Artikel 12 wirksam.

(2) Die SE kann erst nach Erfüllung sämtlicher in den Artikeln 25 und 26 vorgesehener Formalitäten eingetragen werden.

Artikel 28

Für jede sich verschmelzende Gesellschaft wird die Durchführung der Verschmelzung nach den in den Rechtsvorschriften des jeweiligen Mitgliedstaats vorgesehenen Verfahren in Übereinstimmung mit Artikel 3 der Richtlinie 68/151/EWG offen gelegt.

Artikel 29

(1) Die nach Artikel 17 Absatz 2 Buchstabe a vollzogene Verschmelzung bewirt ipso jure gleichzeitig Folgendes:

a) Das gesamte Aktiv- und Passivvermögen jeder übertragenden Gesellschaft geht auf die übernehmende Gesellschaft über;

b) die Aktionäre der übertragenden Gesellschaft werden Aktionäre der übernehmenden Gesellschaft;

c) die übertragende Gesellschaft erlischt;

d) die übernehmende Gesellschaft nimmt die Rechtsform einer SE an.

(2) Die nach Artikel 17 Absatz 2 Buchstabe b vollzogene Verschmelzung bewirkt ipso jure gleichzeitig Folgendes:

a) Das gesamte Aktiv- und Passivvermögen der sich verschmelzenden Gesellschaften geht auf die SE über;

b) die Aktionäre der sich verschmelzenden Gesellschaften werden Aktionäre der SE;

c) die sich verschmelzenden Gesellschaften erlöschen.

(3) Schreibt ein Mitgliedstaat im Falle einer Verschmelzung von Aktiengesellschaften besondere Formalitäten für die Rechtswirksamkeit der Übertragung bestimmter von den sich verschmelzenden Gesellschaften eingebrachter Vermögensgegenstände, Rechte und Verbindlichkeiten gegenüber Dritten vor, so gelten diese fort und sind entweder von den sich verschmelzenden Gesellschaften oder von der SE nach deren Eintragung zu erfüllen.

(4) Die zum Zeitpunkt der Eintragung aufgrund der einzelstaatlichen Rechtsvorschriften und Gepflogenheiten sowie aufgrund individueller Arbeitsverträge oder Arbeitsverhältnisse bestehenden Rechte und Pflichten der beteiligten Gesellschaften hinsichtlich der Beschäftigungsbedingungen gehen mit der Eintragung der SE auf diese über.

Artikel 30

Eine Verschmelzung im Sinne des Artikels 2 Absatz 1 kann nach der Eintragung der SE nicht mehr für nichtig erklärt werden.

Das Fehlen einer Kontrolle der Rechtmäßigkeit der Verschmelzung gemäß Artikel 25 und 26 kann einen Grund für die Auflösung der SE darstellen.

Artikel 31

(1) Wird eine Verschmelzung nach Artikel 17 Absatz 2 Buchstabe a durch eine Gesellschaft vollzogen, die Inhaberin sämtlicher Aktien und sonstiger Wertpapiere ist, die Stimmrechte in der Hauptversammlung einer anderen Gesellschaft

gewähren, so finden Artikel 20 Absatz 1 Buchstaben b, c und d, Artikel 22 und Artikel 29 Absatz 1 Buchstabe b keine Anwendung. Die jeweiligen einzelstaatlichen Vorschriften, denen die einzelnen sich verschmelzenden Gesellschaften unterliegen und die für die Verschmelzungen von Aktiengesellschaften nach Artikel 24 der Richtlinie 78/855/EWG maßgeblich sind, sind jedoch anzuwenden.

(2) Vollzieht eine Gesellschaft, die Inhaberin von mindestens 90 %, nicht aber aller der in der Hauptversammlung einer anderen Gesellschaft Stimmrecht verleihenden Aktien und sonstigen Wertpapiere ist, eine Verschmelzung durch Aufnahme, so sind die Berichte des Leitungs- oder des Verwaltungsorgans, die Berichte eines oder mehrerer unabhängiger Sachverständiger sowie die zur Kontrolle notwendigen Unterlagen nur insoweit erforderlich, als dies entweder in den einzelstaatlichen Rechtsvorschriften, denen die übernehmende Gesellschaft unterliegt, oder in den für die übertragende Gesellschaft maßgeblichen einzelstaatlichen Rechtsvorschriften vorgesehen ist.

Die Mitgliedstaaten können jedoch vorsehen, dass dieser Absatz Anwendung auf eine Gesellschaft findet, die Inhaberin von Aktien ist, welche mindestens 90 % der Stimmrechte, nicht aber alle verleihen.

Abschnitt 3

Gründung einer Holding-SE

Artikel 32

(1) Eine SE kann gemäß Artikel 2 Absatz 2 gegründet werden.

Die die Gründung einer SE im Sinne des Artikels 2 Absatz 2 anstrebenden Gesellschaften bestehen fort.

(2) Die Leitungs- oder die Verwaltungsorgane der die Gründung anstrebenden Gesellschaften erstellen einen gleich lautenden Gründungsplan für die SE. Dieser Plan enthält einen Bericht, der die Gründung aus rechtlicher und wirtschaftlicher Sicht erläutert und begründet sowie darlegt, welche Auswirkungen der Übergang zur Rechtsform einer SE für die Aktionäre und für die Arbeitnehmer hat. Er enthält ferner die in Artikel 20 Absatz 1 Buchstaben a, b, c, f, g, h und i vorgesehenen Angaben und setzt von jeder die Gründung anstrebenden Gesellschaft den Mindestprozentsatz der Aktien oder sonstigen Anteile fest, der von den Aktionären eingebracht werden muss, damit die SE gegründet werden kann. Dieser Prozentsatz muss mehr als 50 % der durch Aktien verliehenen ständigen Stimmrechte betragen.

(3) Der Gründungsplan ist mindestens einen Monat vor der Hauptversammlung, die über die Gründung zu beschließen hat, für jede der die Gründung anstrebenden Gesellschaften nach den in den Rechtsvorschriften der einzelnen Mitgliedstaaten gemäß Artikel 3 der Richtlinie 68/151/EWG vorgesehenen Verfahren offen zu legen.

(4) Ein oder mehrere von den die Gründung anstrebenden Gesellschaften unabhängige Sachverständige, die von einem Gericht oder einer Verwaltungsbehörde des Mitgliedstaats, dessen Recht die einzelnen Gesellschaften gemäß den nach Maßgabe der Richtlinie 78/855/EWG erlassenen einzelstaatlichen Vorschriften unterliegen, bestellt oder zugelassen sind, prüfen den gemäß Absatz 2 erstellten Gründungsplan und erstellen einen schriftlichen Bericht für die Aktionäre der einzelnen Gesellschaften. Im Einvernehmen zwischen den die Gründung anstrebenden Gesellschaften kann durch einen oder mehrere unabhängige Sachverständige, der/die von einem Gericht oder einer Verwaltungsbehörde des Mitgliedstaats, dessen Recht eine der die Gründung anstrebenden Gesellschaften oder die künftige SE gemäß den nach Maßgabe der Richtlinie 78/855/EWG erlassenen einzelstaatlichen Rechtsvorschriften unterliegt, bestellt oder zugelassen ist/sind, ein schriftlicher Bericht für die Aktionäre aller Gesellschaften erstellt werden.

(5) Der Bericht muss auf besondere Bewertungsschwierigkeiten hinweisen und erklären, ob das Umtauschverhältnis der Aktien oder Anteile angemessen ist, sowie angeben, nach welchen Methoden es bestimmt worden ist und ob diese Methoden im vorliegenden Fall angemessen sind.

(6) Die Hauptversammlung jeder der die Gründung anstrebenden Gesellschaften stimmt dem Gründungsplan für die SE zu.

Die Beteiligung der Arbeitnehmer in der SE wird gemäß der Richtlinie 2001/86/EG festgelegt. Die Hauptversammlung jeder der die Gründung anstrebenden Gesellschaften kann sich das Recht vorbehalten, die Eintragung der SE davon abhängig zu machen, dass die geschlossene Vereinbarung von ihr ausdrücklich genehmigt wird.

(7) Dieser Artikel gilt sinngemäß auch für Gesellschaften mit beschränkter Haftung.

Artikel 33

(1) Die Gesellschafter der die Gründung anstrebenden Gesellschaften verfügen über eine Frist von drei Monaten, um diesen Gesellschaften mitzuteilen, ob sie beabsichtigen, ihre Gesellschaftsanteile bei der Gründung der SE einzubringen. Diese Frist beginnt mit dem Zeitpunkt, zu dem der Gründungsplan für die SE gemäß Artikel 32 endgültig festgelegt worden ist.

(2) Die SE ist nur dann gegründet, wenn die Gesellschafter der die Gründung anstrebenden Gesellschaften innerhalb der in Absatz 1 genannten Frist den nach dem Gründungsplan für jede Gesellschaft festgelegten Mindestprozentsatz der

Gesellschaftsanteile eingebracht haben und alle übrigen Bedingungen erfüllt sind.

(3) Sind alle Bedingungen für die Gründung der SE gemäß Absatz 2 erfüllt, so hat jede der die Gründung anstrebenden Gesellschaften diese Tatsache gemäß den nach Artikel 3 der Richtlinie 68/151/EWG erlassenen Vorschriften des einzelstaatlichen Rechts, dem sie unterliegt, offen zu legen.

Die Gesellschafter der die Gründung anstrebenden Gesellschaften, die nicht innerhalb der Frist nach Absatz 1 mitgeteilt haben, ob sie die Absicht haben, ihre Gesellschaftsanteile diesen Gesellschaften im Hinblick auf die Gründung der künftigen SE zur Verfügung zu stellen, verfügen über eine weitere Frist von einem Monat, um dies zu tun.

(4) Die Gesellschafter, die ihre Wertpapiere im Hinblick auf die Gründung der SE einbringen, erhalten Aktien der SE.

(5) Die SE kann erst dann eingetragen werden, wenn die Formalitäten gemäß Artikel 32 und die in Absatz 2 genannten Voraussetzungen nachweislich erfüllt sind.

Artikel 34

Ein Mitgliedstaat kann für die eine Gründung anstrebenden Gesellschaften Vorschriften zum Schutz der die Gründung ablehnenden Minderheitsgesellschafter, der Gläubiger und der Arbeitnehmer erlassen.

Abschnitt 4

Gründung einer Tochter-SE

Artikel 35

Eine SE kann gemäß Artikel 2 Absatz 3 gegründet werden.

Artikel 36

Auf die an der Gründung beteiligten Gesellschaften oder sonstigen juristischen Personen finden die Vorschriften über deren Beteiligung an der Gründung einer Tochtergesellschaft in Form einer Aktiengesellschaft nationalen Rechts Anwendung.

Abschnitt 5

Umwandlung einer bestehenden Aktiengesellschaft in eine SE

Artikel 37

(1) Eine SE kann gemäß Artikel 2 Absatz 4 gegründet werden.

(2) Unbeschadet des Artikels 12 hat die Umwandlung einer Aktiengesellschaft in eine SE weder die Auflösung der Gesellschaft noch die Gründung einer neuen juristischen Person zur Folge.

(3) Der Sitz der Gesellschaft darf anläßlich der Umwandlung nicht gemäß Artikel 8 in einen anderen Mitgliedstaat verlegt werden.

(4) Das Leitungs- oder das Verwaltungsorgan der betreffenden Gesellschaft erstellt einen Umwandlungsplan und einen Bericht, in dem die rechtlichen und wirtschaftlichen Aspekte der Umwandlung erläutert und begründet sowie die Auswirkungen, die der Übergang zur Rechtsform einer SE für die Aktionäre und für die Arbeitnehmer hat, dargelegt werden.

(5) Der Umwandlungsplan ist mindestens einen Monat vor dem Tag der Hauptversammlung, die über die Umwandlung zu beschließen hat, nach den in den Rechtsvorschriften der einzelnen Mitgliedstaaten gemäß Artikel 3 der Richtlinie 68/151/EWG vorgesehenen Verfahren offen zu legen.

(6) Vor der Hauptversammlung nach Absatz 7 ist von einem oder mehreren unabhängigen Sachverständigen, die nach den einzelstaatlichen Durchführungsbestimmungen zu Artikel 10 der Richtlinie 78/855/EWG durch ein Gericht oder eine Verwaltungsbehörde des Mitgliedstaates, dessen Recht die sich in eine SE umwandelnde Aktiengesellschaft unterliegt, bestellt oder zugelassen sind, gemäß der Richtlinie 77/91/EWG[1] sinngemäß zu bescheinigen, dass die Gesellschaft über Nettovermögenswerte mindestens in Höhe ihres Kapitals zuzüglich der kraft Gesetzes oder Statut nicht ausschüttungsfähigen Rücklagen verfügt.

(7) Die Hauptversammlung der betreffenden Gesellschaft stimmt dem Umwandlungsplan zu und genehmigt die Satzung der SE. Die Beschlussfassung der Hauptversammlung erfolgt nach Maßgabe der einzelstaatlichen Durchführungsbestimmungen zu Artikel 7 der Richtlinie 78/855/EWG.

(8) Ein Mitgliedstaat kann die Umwandlung davon abhängig machen, dass das Organ der umzuwandelnden Gesellschaft, in dem die Mitbestimmung der Arbeitnehmer vorgesehen ist, der Umwandlung mit qualifizierter Mehrheit oder einstimmig zustimmt.

Zu Artikel 37:

[1] Zweite Richtlinie 77/91/EWG des Rates vom 13. Dezember 1976 zur Koordinierung der Schutzbestimmungen, die in den Mitgliedstaaten den Gesellschaften im Sinne des Artikels 58 Absatz 2 des Vertrages im Interesse der Gesellschafter sowie Dritter für die Gründung der Aktiengesellschaft sowie für die Erhaltung und Änderung ihres Kapitals vorgeschrieben sind, um diese Bestimmungen gleichwertig zu gestalten (ABl. L 26 vom 31.1.1977, S. 1). Zuletzt geändert durch die Beitrittsakte von 1994.

(9) Die zum Zeitpunkt der Eintragung aufgrund der einzelstaatlichen Rechtsvorschriften und Gepflogenheiten sowie aufgrund individueller Arbeitsverträge oder Arbeitsverhältnisse bestehenden Rechte und Pflichten der umzuwandelnden Gesellschaft hinsichtlich der Beschäftigungsbedingungen gehen mit der Eintragung der SE auf diese über.

TITEL III
AUFBAU DER SE

Artikel 38

Die SE verfügt nach Maßgabe dieser Verordnung über

a) eine Hauptversammlung der Aktionäre und

b) entweder ein Aufsichtsorgan und ein Leitungsorgan (dualistisches System) oder ein Verwaltungsorgan (monistisches System), entsprechend der in der Satzung gewählten Form.

Abschnitt 1
Dualistisches System

Artikel 39

(1) Das Leitungsorgan führt die Geschäfte der SE in eigener Verantwortung. Ein Mitgliedstaat kann vorsehen, dass ein oder mehrere Geschäftsführer die laufenden Geschäfte in eigener Verantwortung unter denselben Voraussetzungen, wie sie für Aktiengesellschaften mit Sitz im Hoheitsgebiet des betreffenden Mitgliedstaates gelten, führt bzw. führen.

(2) Das Mitglied/die Mitglieder des Leitungsorgans wird/werden vom Aufsichtsorgan bestellt und abberufen. Die Mitgliedstaaten können jedoch vorschreiben oder vorsehen, dass in der Satzung festgelegt werden kann, dass das Mitglied/die Mitglieder des Leitungsorgans von der Hauptversammlung unter den Bedingungen, die für Aktiengesellschaften mit Sitz in ihrem Hoheitsgebiet gelten, bestellt und abberufen wird/werden.

(3) Niemand darf zugleich Mitglied des Leitungsorgans und Mitglied des Aufsichtsorgans der SE sein. Das Aufsichtsorgan kann jedoch eines seiner Mitglieder zur Wahrnehmung der Aufgaben eines Mitglieds des Leitungsorgans abstellen, wenn der betreffende Posten nicht besetzt ist. Während dieser Zeit ruht das Amt der betreffenden Person als Mitglied des Aufsichtsorgans. Die Mitgliedstaaten können eine zeitliche Begrenzung hierfür vorsehen.

(4) Die Zahl der Mitglieder des Leitungsorgans oder die Regeln für ihre Festlegung werden durch die Satzung der SE bestimmt. Die Mitgliedstaaten können jedoch eine Mindest- und/oder Höchstzahl festsetzen.

(5) Enthält das Recht eines Mitgliedstaats in Bezug auf Aktiengesellschaften mit Sitz in seinem Hoheitsgebiet keine Vorschriften über ein dualistisches System, kann dieser Mitgliedstaat entsprechende Vorschriften in Bezug auf SE erlassen.

Artikel 40

(1) Das Aufsichtsorgan überwacht die Führung der Geschäfte durch das Leitungsorgan. Es ist nicht berechtigt, die Geschäfte der SE selbst zu führen.

(2) Die Mitglieder des Aufsichtsorgans werden von der Hauptversammlung bestellt. Die Mitglieder des ersten Aufsichtsorgans können jedoch durch die Satzung bestellt werden. Artikel 47 Absatz 4 oder eine etwaige nach Maßgabe der Richtlinie 2001/86/EG geschlossene Vereinbarung über die Mitbestimmung der Arbeitnehmer bleibt hiervon unberührt.

(3) Die Zahl der Mitglieder des Aufsichtsorgans oder die Regeln für ihre Festlegung werden durch die Satzung bestimmt. Die Mitgliedstaaten können jedoch für die in ihrem Hoheitsgebiet eingetragenen SE die Zahl der Mitglieder des Aufsichtsorgans oder deren Höchst- und/oder Mindestzahl festlegen.

Artikel 41

(1) Das Leitungsorgan unterrichtet das Aufsichtsorgan mindestens alle drei Monate über den Gang der Geschäfte der SE und deren voraussichtliche Entwicklung.

(2) Neben der regelmäßigen Unterrichtung gemäß Absatz 1 teilt das Leitungsorgan dem Aufsichtsorgan rechtzeitig alle Informationen über Ereignisse mit, die sich auf die Lage der SE spürbar auswirken können.

(3) Das Aufsichtsorgan kann vom Leitungsorgan jegliche Information verlangen, die für die Ausübung der Kontrolle gemäß Artikel 40 Absatz 1 erforderlich ist. Die Mitgliedstaaten können vorsehen, dass jedes Mitglied des Aufsichtsorgans von dieser Möglichkeit Gebrauch machen kann.

(4) Das Aufsichtsorgan kann alle zur Erfüllung seiner Aufgaben erforderlichen Überprüfungen vornehmen oder vornehmen lassen.

(5) Jedes Mitglied des Aufsichtsorgans kann von allen Informationen, die diesem Organ übermittelt werden, Kenntnis nehmen.

Artikel 42

Das Aufsichtsorgan wählt aus seiner Mitte einen Vorsitzenden. Wird die Hälfte der Mitglieder des Aufsichtsorgans von den Arbeitnehmern bestellt, so darf nur ein von der Hauptversammlung der Aktionäre bestelltes Mitglied zum Vorsitzenden gewählt werden.

Abschnitt 2
Monistisches System

Artikel 43

(1) Das Verwaltungsorgan führt die Geschäfte der SE. Ein Mitgliedstaat kann vorsehen, dass ein oder mehrere Geschäftsführer die laufenden Geschäfte in eigener Verantwortung unter denselben Voraussetzungen, wie sie für Aktiengesellschaften mit Sitz im Hoheitsgebiet des betreffenden Mitgliedstaates gelten, führt bzw. führen.

(2) Die Zahl der Mitglieder des Verwaltungsorgans oder die Regeln für ihre Festlegung sind in der Satzung der SE festgelegt. Die Mitgliedstaaten können jedoch eine Mindestzahl und erforderlichenfalls eine Höchstzahl festsetzen.

Ist jedoch die Mitbestimmung der Arbeitnehmer in der SE gemäß der Richtlinie geregelt, so muss das Verwaltungsorgan aus mindestens drei Mitgliedern bestehen.

(3) Das Mitglied/die Mitglieder des Verwaltungsorgans wird/werden von der Hauptversammlung bestellt. Die Mitglieder des ersten Verwaltungsorgans können jedoch durch die Satzung bestellt werden. Artikel 47 Absatz 4 oder eine etwaige nach Maßgabe der Richtlinie 2001/86/EG geschlossene Vereinbarung über die Mitbestimmung der Arbeitnehmer bleibt hiervon unberührt.

(4) Enthält das Recht eines Mitgliedstaats in Bezug auf Aktiengesellschaften mit Sitz in seinem Hoheitsgebiet keine Vorschriften über ein monistisches System, kann dieser Mitgliedstaat entsprechende Vorschriften in Bezug auf SE erlassen.

Artikel 44

(1) Das Verwaltungsorgan tritt in den durch die Satzung bestimmten Abständen, mindestens jedoch alle drei Monate, zusammen, um über den Gang der Geschäfte der SE und deren voraussichtliche Entwicklung zu beraten.

(2) Jedes Mitglied des Verwaltungsorgans kann von allen Informationen, die diesem Organ übermittelt werden, Kenntnis nehmen.

Artikel 45

Das Verwaltungsorgan wählt aus seiner Mitte einen Vorsitzenden. Wird die Hälfte der Mitglieder des Verwaltungsorgans von den Arbeitnehmern bestellt, so darf nur ein von der Hauptversammlung der Aktionäre bestelltes Mitglied zum Vorsitzenden gewählt werden.

Abschnitt 3
Gemeinsame Vorschriften für das monistische und das dualistische System

Artikel 46

(1) Die Mitglieder der Organe der Gesellschaft werden für einen in der Satzung festgelegten Zeitraum, der sechs Jahre nicht überschreiten darf, bestellt.

(2) Vorbehaltlich in der Satzung festgelegter Einschränkungen können die Mitglieder einmal oder mehrmals für den gemäß Absatz 1 festgelegten Zeitraum wiederbestellt werden.

Artikel 47

(1) Die Satzung der SE kann vorsehen, dass eine Gesellschaft oder eine andere juristische Person Mitglied eines Organs sein kann, sofern das für Aktiengesellschaften maßgebliche Recht des Sitzstaats der SE nichts anderes bestimmt.

Die betreffende Gesellschaft oder sonstige juristische Person hat zur Wahrnehmung ihrer Befugnisse in dem betreffenden Organ eine natürliche Person als Vertreter zu bestellen.

(2) Personen, die

a) nach dem Recht des Sitzstaats der SE dem Leitungs-, Aufsichts- oder Verwaltungsorgan einer dem Recht dieses Mitgliedstaats unterliegenden Aktiengesellschaft nicht angehören dürfen oder

b) infolge einer Gerichts- oder Verwaltungsentscheidung, die in einem Mitgliedstaat ergangen ist, dem Leitungs-, Aufsichts- oder Verwaltungsorgan einer dem Recht eines Mitgliedstaats unterliegenden Aktiengesellschaft nicht angehören dürfen,

können weder Mitglied eines Organs der SE noch Vertreter eines Mitglieds im sinne von Absatz 1 sein.

(3) Die Satzung der SE kann für Mitglieder, die die Aktionäre vertreten, in Anlehnung an die für Aktiengesellschaften geltenden Rechtsvorschriften des Sitzstaats der SE besondere Voraussetzungen für die Mitgliedschaft festlegen.

(4) Einzelstaatliche Rechtsvorschriften, die auch einer Minderheit von Aktionären oder anderen Personen oder Stellen die Bestellung eines Teils der Organmitglieder erlauben, bleiben von dieser Verordnung unberührt.

Artikel 48

(1) In der Satzung der SE werden die Arten von Geschäften aufgeführt, für die im dualistischen System das Aufsichtsorgan dem Leitungsorgan seine Zustimmung erteilen muss und im monistischen System ein ausdrücklicher Beschluss des Verwaltungsorgans erforderlich ist.

Die Mitgliedstaaten können jedoch vorsehen, dass im dualistischen System das Aufsichtsorgan selbst bestimmte Arten von Geschäften von seiner Zustimmung abhängig machen kann.

(2) Die Mitgliedstaaten können für die in ihrem Hoheitsgebiet eingetragenen SE festlegen, welche Arten von Geschäften auf jeden Fall in die Satzung aufzunehmen sind.

Artikel 49

Die Mitglieder der Organe der SE dürfen Informationen über die SE, die im Falle ihrer Verbreitung den Interessen der Gesellschaft schaden könnten, auch nach Ausscheiden aus ihrem Amt nicht weitergeben; dies gilt nicht in Fällen, in denen eine solche Informationsweitergabe nach den Bestimmungen des für Aktiengesellschaften geltenden einzelstaatlichen Rechts vorgeschrieben oder zulässig ist oder im öffentlichen Interesse liegt.

Artikel 50

(1) Sofern in dieser Verordnung oder der Satzung nichts anderes bestimmt ist, gelten für die Beschlussfähigkeit und die Beschlussfassung der Organe der SE die folgenden internen Regeln:

a) Beschlussfähigkeit: mindestens die Hälfte der Mitglieder muss anwesend oder vertreten sein;

b) Beschlussfassung: mit der Mehrheit der anwesenden oder vertretenen Mitglieder.

(2) Sofern die Satzung keine einschlägige Bestimmung enthält, gibt die Stimme des Vorsitzenden des jeweiligen Organs bei Stimmengleichheit den Ausschlag. Eine anders lautende Satzungsbestimmung ist jedoch nicht möglich, wenn sich das Aufsichtsorgan zur Hälfte aus Arbeitnehmervertretern zusammensetzt.

(3) Ist die Mitbestimmung der Arbeitnehmer gemäß der Richtlinie 2001/86/EG vorgesehen, so kann ein Mitgliedstaat vorsehen, dass sich abweichend von den Absätzen 1 und 2 Beschlussfähigkeit und Beschlussfassung des Aufsichtsorgans nach den Vorschriften richten, die unter denselben Bedingungen für die Aktiengesellschaften gelten, die dem Recht des betreffenden Mitgliedstaats unterliegen.

Artikel 51

Die Mitglieder des Leitungs-, Aufsichts- oder Verwaltungsorgans haften gemäß den im Sitzstaat der SE für Aktiengesellschaften maßgeblichen Rechtsvorschriften für den Schaden, welcher der SE durch eine Verletzung der ihnen bei der Ausübung ihres Amtes obliegenden gesetzlichen, satzungsmäßigen oder sonstigen Pflichten entsteht.

Abschnitt 4

Hauptversammlung

Artikel 52

Die Hauptversammlung beschließt über die Angelegenheiten, für die ihr

a) durch diese Verordnung oder

b) durch in Anwendung der Richtlinie 2001/86/EG erlassene Rechtsvorschriften des Sitzstaates der SE

die alleinige Zuständigkeit übertragen wird.

Außerdem beschließt die Hauptversammlung in Angelegenheiten, für die der Hauptversammlung einer dem Recht des Sitzstaats der SE unterliegenden Aktiengesellschaft die Zuständigkeit entweder aufgrund der Rechtsvorschriften dieses Mitgliedstaats oder aufgrund der mit diesen Rechtsvorschriften in Einklang stehenden Satzung übertragen worden ist.

Artikel 53

Für die Organisation und den Ablauf der Hauptversammlung sowie für die Abstimmungsverfahren gelten unbeschadet der Bestimmungen dieses Abschnitts die im Sitzstaat der SE für Aktiengesellschaften maßgeblichen Rechtsvorschriften.

Artikel 54

(1) Die Hauptversammlung tritt mindestens einmal im Kalenderjahr binnen sechs Monaten nach Abschluss des Geschäftsjahres zusammen, sofern die im Sitzstaat der SE für Aktiengesellschaften, die dieselbe Art von Aktivitäten wie die SE betreiben, maßgeblichen Rechtsvorschriften nicht häufigere Versammlungen vorsehen. Die Mitgliedstaaten können jedoch vorsehen, dass die erste Hauptversammlung bis zu 18 Monate nach Gründung der SE abgehalten werden kann.

(2) Die Hauptversammlung kann jederzeit vom Leitungs-, Aufsichts- oder Verwaltungsorgan oder von jedem anderen Organ oder jeder zuständigen Behörde nach den für Aktiengesellschaften im Sitzstaat der SE maßgeblichen einzelstaatlichen Rechtsvorschriften einberufen werden.

Artikel 55

(1) Die Einberufung der Hauptversammlung und die Aufstellung ihrer Tagesordnung können von einem oder mehreren Aktionären beantragt werden, sofern sein/ihr Anteil am gezeichneten Kapital mindestens 10 % beträgt; die Satzung oder einzelstaatliche Rechtsvorschriften können unter denselben Voraussetzungen, wie sie für Aktiengesellschaften gelten, einen niedrigeren Prozentsatz vorsehen.

(2) Der Antrag auf Einberufung muss die Punkte für die Tagesordnung enthalten.

(3) Wird die Hauptversammlung nicht rechtzeitig bzw. nicht spätestens zwei Monate nach dem Zeitpunkt, zu dem der in Absatz 1 genannte Antrag gestellt worden ist, abgehalten, so kann das am Sitz der SE zuständige Gericht oder die am Sitz der SE zuständige Verwaltungsbehörde anordnen, dass sie innerhalb einer bestimmten Frist einzuberufen ist, oder die Aktionäre, die den Antrag gestellt haben, oder deren Vertreter dazu ermächtigen. Hiervon unberührt bleiben einzelstaatliche Bestimmungen, aufgrund deren die Aktionäre gegebenenfalls die Möglichkeit haben, selbst die Hauptversammlung einzuberufen.

Artikel 56

Die Ergänzung der Tagesordnung für eine Hauptversammlung durch einen oder mehrere Punkte kann von einem oder mehreren Aktionären beantragt werden, sofern sein/ihr Anteil am gezeichneten Kapital mindestens 10 % beträgt. Die Verfahren und Fristen für diesen Antrag werden nach dem einzelstaatlichen Recht des Sitzstaats der SE oder, sofern solche Vorschriften nicht vorhanden sind, nach der Satzung der SE festgelegt. Die Satzung oder das Recht des Sitzstaats können unter denselben Voraussetzungen, wie sie für Aktiengesellschaften gelten, einen niedrigeren Prozentsatz vorsehen.

Artikel 57

Die Beschlüsse der Hauptversammlung werden mit der Mehrheit der abgegebenen gültigen Stimmen gefasst, sofern diese Verordnung oder gegebenenfalls das im Sitzstaat der SE für Aktiengesellschaften maßgebliche Recht nicht eine größere Mehrheit vorschreibt.

Artikel 58

Zu den abgegebenen Stimmen zählen nicht die Stimmen, die mit Aktien verbunden sind, deren Inhaber nicht an der Abstimmung teilgenommen oder sich der Stimme enthalten oder einen leeren oder ungültigen Stimmzettel abgegeben haben.

Artikel 59

(1) Die Änderung der Satzung bedarf eines Beschlusses der Hauptversammlung, der mit der Mehrheit von nicht weniger als zwei Dritteln der abgegebenen Stimmen gefasst worden ist, sofern die Rechtsvorschriften für Aktiengesellschaften im Sitzstaat der SE keine größere Mehrheit vorsehen oder zulassen.

(2) Jeder Mitgliedstaat kann jedoch bestimmen, dass die einfache Mehrheit der Stimmen im Sinne von Absatz 1 ausreicht, sofern mindestens die Hälfte des gezeichneten Kapitals vertreten ist.

(3) Jede Änderung der Satzung wird gemäß Artikel 13 offen gelegt

Artikel 60

(1) Sind mehrere Gattungen von Aktien vorhanden, so erfordert jeder Beschluss der Hauptversammlung noch eine gesonderte Abstimmung durch jede Gruppe von Aktionären, deren spezifische Rechte durch den Beschluss berührt werden.

(2) Bedarf der Beschluss der Hauptversammlung der Mehrheit der Stimmen gemäß Artikel 59 Absätze 1 oder 2, so ist diese Mehrheit auch für die gesonderte Abstimmung jeder Gruppe von Aktionären erforderlich, deren spezifische Rechte durch den Beschluss berührt werden.

TITEL IV

JAHRESABSCHLUSS UND KONSOLIDIERTER ABSCHLUSS

Artikel 61

Vorbehaltlich des Artikels 62 unterliegt die SE hinsichtlich der Aufstellung ihres Jahresabschlusses und gegebenenfalls ihres konsolidierten Abschlusses einschließlich des dazugehörigen Lageberichts sowie der Prüfung und der Offenlegung dieser Abschlüsse den Vorschriften, die für dem Recht des Sitzstaates der SE unterliegende Aktiengesellschaften gelten.

Artikel 62

(1) Handelt es sich bei der SE um ein Kreditinstitut oder ein Finanzinstitut, so unterliegt sie hinsichtlich der Aufstellung ihres Jahresabschlusses und gegebenenfalls ihres konsolidierten Abschlusses einschließlich des dazugehörigen Lageberichts sowie der Prüfung und der Offenlegung dieser Abschlüsse den gemäß der Richtlinie 2000/12/EG des Europäischen Parlaments und des Rates vom 20. März 2000 über die Aufnahme und Ausübung der Tätigkeit der Kreditinstitute[1)] erlassenen einzelstaatlichen Rechtsvorschriften des Sitzstaats.

(2) Handelt es sich bei der SE um ein Versicherungsunternehmen, so unterliegt sie hinsichtlich der Aufstellung ihres Jahresabschlusses und gegebenenfalls ihres konsolidierten Abschlusses einschließlich des dazugehörigen Lageberichts sowie der Prüfung und der Offenlegung dieser Abschlüsse den gemäß der Richtlinie 91/674/EWG des Rates vom 19. Dezember 1991 über den Jahresabschluss und den konsolidierten Abschluss von

Zu Artikel 62:

1) ABl. L 126 vom 26.5.2000, S. 1.

Versicherungsunternehmen[2)] erlassenen einzelstaatlichen Rechtsvorschriften des Sitzstaats.

TITEL V

AUFLÖSUNG, LIQUIDATION, ZAHLUNGSUNFÄHIGKEIT UND ZAHLUNGSEINSTELLUNG

Artikel 63

Hinsichtlich der Auflösung, Liquidation, Zahlungsunfähigkeit, Zahlungseinstellung und ähnlicher Verfahren unterliegt die SE den Rechtsvorschriften, die für eine Aktiengesellschaft maßgeblich wären, die nach dem Recht des Sitzstaats der SE gegründet worden ist; dies gilt auch für die Vorschriften hinsichtlich der Beschlussfassung durch die Hauptversammlung.

Artikel 64

(1) Erfüllt eine SE nicht mehr die Verpflichtung nach Artikel 7, so trifft der Mitgliedstaat, in dem die SE ihren Sitz hat, geeignete Maßnahmen, um die SE zu verpflichten, innerhalb einer bestimmten Frist den vorschriftswidrigen Zustand zu beenden, indem sie

a) entweder ihre Hauptverwaltung wieder im Sitzstaat errichtet

b) oder ihren Sitz nach dem Verfahren des Artikels 8 verlegt.

(2) Der Sitzstaat trifft die erforderlichen Maßnahmen, um zu gewährleisten, dass eine SE, die den vorschriftswidrigen Zustand nicht gemäß Absatz 1 beendet, liquidiert wird.

(3) Der Sitzstaat sieht vor, dass ein Rechtsmittel gegen die Feststellung des Verstoßes gegen Artikel 7 eingelegt werden kann. Durch dieses Rechtsmittel werden die in den Absätzen 1 und 2 vorgesehenen Verfahren ausgesetzt.

(4) Wird auf Veranlassung der Behörden oder einer betroffenen Partei festgestellt, dass sich die Hauptverwaltung einer SE unter Verstoß gegen Artikel 7 im Hoheitsgebiet eines Mitgliedstaats befindet, so teilen die Behörden dieses Mitgliedstaats dies unverzüglich dem Mitgliedstaat mit, in dem die SE ihren Sitz hat.

Artikel 65

Die Eröffnung eines Auflösungs-, Liquidations-, Zahlungsunfähigkeits- und Zahlungseinstellungsverfahrens und sein Abschluss sowie die Entscheidung über die Weiterführung der Geschäftstätigkeit werden unbeschadet einzelstaatlicher Bestimmungen, die zusätzliche Anforderungen in Bezug auf die Offenlegung enthalten, gemäß Artikel 13 offen gelegt.

Artikel 66

(1) Eine SE kann in eine dem Recht ihres Sitzstaats unterliegende Aktiengesellschaft umgewandelt werden. Ein Umwandlungsbeschluss darf erst zwei Jahre nach Eintragung der SE oder nach Genehmigung der ersten beiden Jahresabschlüsse gefasst werden.

(2) Die Umwandlung einer SE in eine Aktiengesellschaft führt weder zur Auflösung der Gesellschaft noch zur Gründung einer neuen juristischen Person.

(3) Das Leitungs- oder das Verwaltungsorgan der SE erstellt einen Umwandlungsplan sowie einen Bericht, in dem die rechtlichen und wirtschaftlichen Aspekte der Umwandlung erläutert und begründet sowie die Auswirkungen, die der Übergang zur Rechtsform der Aktiengesellschaft für die Aktionäre und die Arbeitnehmer hat, dargelegt werden.

(4) Der Umwandlungsplan ist mindestens einen Monat vor dem Tag der Hauptversammlung, die über die Umwandlung zu beschließen hat, nach den in den Rechtsvorschriften der einzelnen Mitgliedstaaten gemäß Artikel 3 der Richtlinie 68/151/EWG vorgesehenen Verfahren offen zu legen.

(5) Vor der Hauptversammlung nach Absatz 6 ist von einem oder mehreren unabhängigen Sachverständigen, der/die nach den einzelstaatlichen Durchführungsbestimmungen zu Artikel 10 der Richtlinie 78/855/EWG durch ein Gericht oder eine Verwaltungsbehörde des Mitgliedstaates, dem die sich in eine Aktiengesellschaft umwandelnde SE unterliegt, bestellt oder zugelassen ist/sind, zu bescheinigen, dass die Gesellschaft über Vermögenswerte mindestens in Höhe ihres Kapitals verfügt.

(6) Die Hauptversammlung der SE stimmt dem Umwandlungsplan zu und genehmigt die Satzung der Aktiengesellschaft. Die Beschlussfassung der Hauptversammlung erfolgt nach Maßgabe der einzelstaatlichen Bestimmungen im Einklang mit Artikel 7 der Richtlinie 78/855/EWG.

TITEL VI

ERGÄNZUNGS- UND ÜBERGANGSBESTIMMUNGEN

Artikel 67

(1) Jeder Mitgliedstaat kann, sofern und solange für ihn die dritte Stufe der Wirtschafts- und Währungsunion (WWU) nicht gilt, auf die SE mit Sitz in seinem Hoheitsgebiet in der Frage, auf welche Währung ihr Kapital zu lauten hat, dieselben Bestimmungen anwenden wie auf die Aktien-

[2)] *ABl. L. 374 vom 31.12.1991, S. 7.*

gesellschaften, für die seine Rechtsvorschriften gelten. Die SE kann ihr Kapital auf jeden Fall auch in Euro ausdrücken. In diesem Fall wird für die Umrechnung zwischen Landeswährung und Euro der Satz zugrunde gelegt, der am letzten Tag des Monats vor der Gründung der SE galt.

(2) Sofern und solange für den Sitzstaat der SE die dritte Stufe der WWU nicht gilt, kann die SE jedoch die Jahresabschlüsse und gegebenenfalls die konsolidierten Abschlüsse in Euro erstellen und offen legen. Der Mitgliedstaat kann verlangen, dass die Jahresabschlüsse und gegebenenfalls die konsolidierten Abschlüsse nach denselben Bedingungen, wie sie für die dem Recht dieses Mitgliedstaats unterliegenden Aktiengesellschaften vorgesehen sind, in der Landeswährung erstellt und offen gelegt werden. Dies gilt unbeschadet der der SE zusätzlich eingeräumten Möglichkeit, ihre Jahresabschlüsse und gegebenenfalls ihre konsolidierten Abschlüsse entsprechend der Richtlinie 90/604/EWG[1)] in Euro offen zu legen.

TITEL VII

SCHLUSSBESTIMMUNGEN

Artikel 68

(1) Die Mitgliedstaaten treffen alle geeigneten Vorkehrungen, um das Wirksamwerden dieser Verordnung zu gewährleisten.

(2) Jeder Mitgliedstaat benennt die zuständigen Behörden im Sinne der Artikel 8, 25, 26, 54, 55 und 64. Er setzt die Kommission und die anderen Mitgliedstaaten davon in Kenntnis.

Zu Artikel 67:

[1)] Richtlinie 90/604/EWG des Rates vom 8. November 1990 zur Änderung der Richtlinie 78/660/EWG über den konsolidierten Abschluss hinsichtlich der Ausnahme für kleine und mittlere Gesellschaften sowie der Offenlegung von Abschlüssen in Exu (ABl. L 317 vom 16.11.1990, S. 57).

Artikel 69

Spätestens fünf Jahre nach Inkrafttreten dieser Verordnung legt die Kommission dem Rat und dem Europäischen Parlament einen Bericht über die Anwendung der Verordnung sowie gegebenenfalls Vorschläge für Änderungen vor. In dem Bericht wird insbesondere geprüft, ob es zweckmäßig ist,

a) zuzulassen, dass sich die Hauptverwaltung und der Sitz der SE in verschiedenen Mitgliedstaaten befinden,

b) den Begriff der Verschmelzung in Artikel 17 Absatz 2 auszuweiten, um auch andere als die in Artikel 3 Absatz 1 und Artikel 4 Absatz 1 der Richtlinie 78/855/EWG definierten Formen der Verschmelzung zuzulassen,

c) die Gerichtsstandsklausel des Artikels 8 Absatz 16 im Lichte von Bestimmungen, die in das Brüsseler Übereinkommen von 1968 oder in einen Rechtsakt der Mitgliedstaaten oder des Rates zur Ersetzung dieses Übereinkommens aufgenommen wurden, zu überprüfen,

d) vorzusehen, dass ein Mitgliedstaat in den Rechtsvorschriften, die er in Ausübung der durch diese Verordnung übertragenen Befugnisse oder zur Sicherstellung der tatsächlichen Anwendung dieser Verordnung auf eine SE erlässt, Bestimmungen in der Satzung der SE zulassen kann, die von diesen Rechtsvorschriften abweichen oder diese ergänzen, auch wenn derartige Bestimmungen in der Satzung einer Aktiengesellschaft mit Sitz in dem betreffenden Mitgliedstaat nicht zulässig wären.

Artikel 70

Diese Verordnung tritt am 8. Oktober 2004 in Kraft.

Diese Verordnung ist in allen ihren Teilen verbindlich und gilt unmittelbar in jedem Mitgliedstaat.

Geschehen zu Luxemburg am 8. Oktober 2001

Im Namen des Rates

Der Präsident

L. ONKELINX

ANHANG I

AKTIENGESELLSCHAFTEN GEMÄSS ARTIKEL 2 ABSATZ 1

- BELGIEN:
- la société anonyme/de naamloze vennootschap
- BULGARIEN:
- акционерно дружество

  (ABl L 363 vom 20. 12. 2006, S 1 ff, 27)
- TSCHECHISCHE REPUBLIK:
- akciová společnost'

  (ABl L 168 vom 1. 5. 2004, S 1 ff)
- DÄNEMARK:
- aktieselskaber
- DEUTSCHLAND:
- die Aktiengesellschaft
- ESTLAND:
- aktsiaselts

  (ABl L 168 vom 1. 5. 2004, S 1 ff)
- GRIECHENLAND:
- *ανώνυμη εταιρια*
- SPANIEN:
- la sociedad anónima
- FRANKREICH:
- la société anonyme
- KROATIEN:
- dioničko društvo

  (ABl L 158 vom 10. 6. 2013, S 26)
- IRLAND:
- public companies limited by shares
- public companies limited by guarantee having a share capital
- ITALIEN:
- società per azioni
- ZYPERN:
- *Δημόσια* Εταιρεία *περιορισμένης ευθύνης* με *μετοχές*, *Δημόσια* Εταιρεία *περιορισμένης ευθύνης* με *εγγύηση*

  (ABl L 168 vom 1. 5. 2004, S 1 ff)
- LETTLAND:
- akciju sabiedrība

  (ABl L 168 vom 1. 5. 2004, S 1 ff)
- LITAUEN:
- akcinės bendrovės

  (ABl L 168 vom 1. 5. 2004, S 1 ff)
- LUXEMBURG:
- la société anonyme
- UNGARN:
- részvénytársaság

  (ABl L 168 vom 1. 5. 2004, S 1 ff)

SE (EU-Ges)
SE-Gesetz

- MALTA:
- kumpaniji pubbliċi / public limited liability companies
  (ABl L 168 vom 1. 5. 2004, S 1 ff)
- NIEDERLANDE:
- de naamloze vennootschap
- ÖSTERREICH:
- die Aktiengesellschaft
- POLEN:
- spółka akcyjna
  (ABl L 168 vom 1. 5. 2004, S 1 ff)
- PORTUGAL:
- a sociedade anónima de responsabilidade limitada
- RUMÄNIEN:
- societate pe acţiuni
  (ABl L 363 vom 20. 12. 2006, S 1 ff, 27)
- SLOWENIEN:
- delniška družba
  (ABl L 168 vom 1. 5. 2004, S 1 ff)
- SLOWAKEI:
- akciová spoločnos
  (ABl L 168 vom 1. 5. 2004, S 1 ff)
- FINNLAND:
- julkinen osakeyhtiö/publikt aktiebolag
- SCHWEDEN:
- publikt aktiebolag
- VEREINIGTES KÖNIGREICH:
- public companies limited by shares
- public companies limited by guarantee having a share capital

ANHANG II

AKTIENGESELLSCHAFTEN UND GESELLSCHAFTEN MIT BESCHRÄNKTER HAFTUNG GEMÄSS ARTIKEL 2 ABSATZ 2

- BELGIEN:
- la société anonyme/de naamloze vennootschap,:
- la société privée à responsabilité limitée/besloten vennootschap met beperkte aansprakelijkheid
- BULGARIEN:
- акционерно дружество, дружество с ограничена отговорност
  (ABl L 363 vom 20. 12. 2006, S 1 ff, 27)
- TSCHECHISCHE REPUBLIK:
- akciová společnost,
- společnost s ručením omezeným
  (ABl L 168 vom 1. 5. 2004, S 1 ff)
- DÄNEMARK:
- aktieselskaber,
- anpartselskaber
- DEUTSCHLAND:
- die Aktiengesellschaft,
- die Gesellschaft mit beschränkter Haftung
- ESTLAND:
- aktsiaselts ja osaühing
  (ABl L 168 vom 1. 5. 2004, S 1 ff)
- GRIECHENLAND:
- *ανώνυμη εταιρια*
- *εταιρια περιορισμένης ενδύνης*
- SPANIEN:
- la sociedad anónima,
- la sociedad de responsabilidad limitada
- FRANKREICH:
- la société anonyme
- la société à responsabilité limitée
- KROATIEN:
- dioničko društvo,
- društvo s ograničenom odgovornošću
  (ABl L 158 vom 10. 6. 2013, S 26)
- IRLAND:
- public companies limited by shares
- public companies limited by guarantee having a share capital
- private companies limited by shares
- private companies limited by guarantee having a share capital
- ITALIEN:
- società per azioni,
- società a responsabilità limitata
- ZYPERN:
- *Δημόσια εταιρεία περιορισμένης ευθύνης με μετοχές,*
- *δημόσια* Εταιρεία *περιορισμένης ευθύνης με εγγύηση,*

SE (EU-Ges)
SE-Gesetz

- ιδιωτική εταιρεία
  (ABl L 168 vom 1. 5. 2004, S 1 ff)
- LETTLAND:
- akciju sabiedrība,
- un sabiedrība ar ierobežotu atbildību
  (ABl L 168 vom 1. 5. 2004, S 1 ff)
- LITAUEN:
- akcinės bendrovės,
- uždarosios akcinės bendrovės
  (ABl L 168 vom 1. 5. 2004, S 1 ff)
- LUXEMBURG:
- la société anonyme,
- la société à responsabilité limitée
- UNGARN:
- részvénytársaság,
- korlátolt felelősségű társaság
  (ABl L 168 vom 1. 5. 2004, S 1 ff)
- MALTA:
- kumpaniji pubbliċi / public limited liability companies
- kumpaniji privati/private limited liability companies
  (ABl L 168 vom 1. 5. 2004, S 1 ff)
- NIEDERLANDE:
- de naamloze vennootschap,
- de besloten vennootschap met beperkte aansprakelijkheid
- ÖSTERREICH:
- die Aktiengesellschaft,
- die Gesellschaft mit beschränkter Haftung
- POLEN:
- spółka akcyjna,
- spółka z ograniczoną odpowiedzialnością
  (ABl L 168 vom 1. 5. 2004, S 1 ff)
- PORTUGAL:
- a sociedade anónima de responsabilidade limitada,
- a sociedade por quotas de responsabilidade limitada
- RUMÄNIEN:
- societate pe acţiuni, societate cu răspundere limitată
  (ABl L 363 vom 20. 12. 2006, S 1 ff, 27)
- SLOWENIEN:
- delniška družba,
- družba z omejeno odgovornostjo
  (ABl L 168 vom 1. 5. 2004, S 1 ff)
- SLOWAKEI:
- akciová spoločnos',
- spoločnosť s ručením obmedzeným
  (ABl L 168 vom 1. 5. 2004, S 1 ff)
- FINNLAND:
- osakeyhtiö/aktiebolag

– SCHWEDEN:
– aktiebolag
– VEREINIGTES KÖNIGREICH:
– public companies limited by shares
– public companies limited by guarantee having a share capital
– private companies limited by shares
– private companies limited by guarantee having a share capital

10/1. Societas Europaea-Gesetz – SEG

BGBl I 2004/67 (Art. I) idF

1 BGBl I 2005/59 (GesRÄG 2005)
2 BGBl I 2005/120 (HaRÄG)
3 BGBl I 2008/70 (URÄG 2008)
4 BGBl I 2009/71 (AktRÄG 2009)
5 BGBl I 2010/111 (BudgetbegleitG 2011)
6 BGBl I 2011/53 (GesRÄG 2011)
7 BGBl I 2014/22 (RÄG 2014)
8 BGBl I 2015/112 (Strafrechtsänderungsgesetz 2015)
9 BGBl I 2016/43 (APRÄG 2016)
10 BGBl I 2017/104 (GFMA-G)
11 BGBl I 2017/107
12 BGBl I 2019/63 (AktRÄG 2019)

GLIEDERUNG

Gesetz über das Statut der Europäischen Gesellschaft (Societas Europaea – SE) – (SE-Gesetz – SEG)

1. Hauptstück
Allgemeine Vorschriften

Zweck dieses Gesetzes

§ 1. (1) Dieses Bundesgesetz dient dem Wirksamwerden der Verordnung (EG) Nr. 2157/2001 des Rates vom 8. Oktober 2001 über das Statut der Europäischen Gesellschaft (SE), Amtsblatt Nr. L 294 vom 10. November 2001, S 1 bis 21.

(2) Soweit in diesem Bundesgesetz auf die „Verordnung" verwiesen wird, ist darunter die Verordnung (EG) Nr. 2157/2001 des Rates vom 8. Oktober 2001 über das Statut der Europäischen Gesellschaft (SE) zu verstehen.

(3) Soweit in diesem Bundesgesetz auf einen „Mitgliedstaat" verwiesen wird, sind darunter die Mitgliedstaaten der Europäischen Union und die Vertragsstaaten des Abkommens über den Europäischen Wirtschaftsraum zu verstehen.

Eintragung

§ 2. (1) Die Europäische Gesellschaft (SE) sowie die die Europäische Gesellschaft (SE) betreffenden Urkunden und Angaben werden gemäß den für Aktiengesellschaften geltenden Vorschriften in das Firmenbuch eingetragen oder zum Firmenbuch eingereicht.

(2) Der Anmeldung der Europäischen Gesellschaft (SE) zur Eintragung in das Firmenbuch ist auch

1. die Vereinbarung über die Beteiligung der Arbeitnehmer gemäß Art. 4 der Richtlinie 2001/86/EG zur Ergänzung des Statuts der Europäischen Gesellschaft hinsichtlich der Beteiligung der Arbeitnehmer, Amtsblatt Nr. L 294 vom 10. November 2001, S 22 bis 32, (§§ 230 und 231 ArbVG) oder

2. der Beschluss gemäß Art. 3 Abs. 6 der Richtlinie 2001/86/EG (§ 227 Abs. 1 ArbVG) oder

3. eine Erklärung sämtlicher Mitglieder des Vorstands, dass die Frist des Art. 5 der Richtlinie 2001/86/EG (§ 226 ArbVG) abgelaufen ist, ohne dass eine Vereinbarung zustande gekommen ist,

beizufügen.

Veranlassung der Bekanntmachung der Europäischen Gesellschaft (SE) im Amtsblatt der EG

§ 3. Das Gericht hat die nach Art. 14 der Verordnung zu veröffentlichenden Angaben binnen eines Monats nach der Bekanntmachung in der Ediktsdatei (§ 10 Abs. 1 „UGB") dem Amt für amtliche Veröffentlichungen der Europäischen Gemeinschaften mitzuteilen. *(BGBl I 2005/120)*

Gericht

§ 4. Über die Eintragung der Europäischen Gesellschaft (SE) und die in den Art. 8, 25, 26, 55 und 64 der Verordnung bezeichneten Aufgaben sowie die sonst in diesem Bundesgesetz dem Gericht zugewiesenen Angelegenheiten verhandelt und entscheidet der für den Sitz der Gesellschaft zuständige, zur Ausübung der Gerichtsbarkeit in Handelssachen berufene Gerichtshof erster Instanz im Verfahren außer Streitsachen.

Sitz der Europäischen Gesellschaft (SE)

§ 5. (1) Die Satzung der Europäischen Gesellschaft (SE) hat als Sitz den Ort im Inland zu bestimmen, wo die Gesellschaft einen Betrieb hat oder wo sich die Geschäftsleitung befindet oder die Verwaltung geführt wird. Von dieser Vorschrift darf aus wichtigem Grund abgewichen werden.

(2) Verlegt eine Europäische Gesellschaft (SE) mit Sitz in Österreich ihre Hauptverwaltung in einen anderen Staat, so ist sie vom Gericht aufzufordern, innerhalb einer zu bestimmenden angemessenen Frist entweder ihre Hauptverwaltung wieder in Österreich zu errichten oder ihren Sitz nach dem Verfahren des Art. 8 der Verordnung zu verlegen. Kommt die Europäische Gesellschaft (SE) innerhalb dieser Frist der Aufforderung nicht nach, so hat das Gericht die Europäische Gesellschaft (SE) aufzulösen. In der Aufforderung ist auf diese Rechtsfolge hinzuweisen. Rekurse gegen die Aufforderung oder die Auflösung haben aufschiebende Wirkung.

2. Hauptstück
Verlegung des Sitzes einer Europäischen Gesellschaft (SE) nach Maßgabe des Art. 8 der Verordnung

Abfindungsangebot im Verlegungsplan

§ 6. Der Verlegungsplan hat neben den in Art. 8 Abs. 2 der Verordnung bezeichneten Angaben die Bedingungen der Barabfindung zu enthalten, die einem der Verlegung widersprechenden Aktionär von der Gesellschaft oder einem Dritten gegen Hingabe seiner Aktien angeboten wird.

Prüfung der Angemessenheit der Barabfindung

§ 7. (1) Die Angemessenheit der Bedingungen der Barabfindung, die einem der Verlegung widersprechenden Aktionär von der Gesellschaft oder einem Dritten gegen Hingabe seiner Aktien angeboten wird, ist zu prüfen.

(2) Der Prüfer wird vom Aufsichtsrat bestellt. Für die Auswahl, das Auskunftsrecht und die Verantwortlichkeit des Prüfers gelten die „§§ 268 Abs. 4, 271, 271a, 272 und 275 UGB" sinngemäß. Die Haftung besteht gegenüber der Gesellschaft und ihren Aktionären. *(BGBl I 2008/70, zum Inkrafttreten siehe § 67 Abs 4!)*

(3) Der Prüfer hat über das Ergebnis der Prüfung schriftlich zu berichten. Der Bericht ist mit einer Erklärung darüber abzuschließen, ob die Bedingungen des Barabfindungsangebots angemessen sind. Dabei ist insbesondere anzugeben:

1. nach welchen Methoden das vorgeschlagene Barabfindungsangebot ermittelt worden ist;

2. aus welchen Gründen die Anwendung dieser Methoden angemessen ist;

3. welches Ergebnis sich bei der Anwendung verschiedener Methoden, sofern mehrere angewendet worden sind, jeweils ergeben würde;

4. zugleich ist dazu Stellung zu nehmen, welche Gewichtung diesen Methoden beigemessen wurde, und darauf hinzuweisen, ob und welche besonderen Schwierigkeiten bei der Bewertung aufgetreten sind.

Der Prüfer hat den Prüfungsbericht dem Vorstand und den Mitgliedern des Aufsichtsrats vorzulegen.

(4) Besteht in sinngemäßer Anwendung von „§ 133 Abs. 3 zweiter Satz AktG" ein Geheimhaltungsinteresse, so hat der Prüfer auch eine darauf Bedacht nehmende Fassung vorzulegen, die zur Einsicht der Aktionäre bestimmt ist. *(BGBl I 2009/71)*

Prüfung der Sitzverlegung durch den Aufsichtsrat

§ 8. Der Aufsichtsrat der Europäischen Gesellschaft (SE) hat die beabsichtigte Verlegung ihres Sitzes in einen anderen Mitgliedstaat auf der Grundlage des Berichts des Vorstands (Art. 8 Abs. 3 der Verordnung) zu prüfen und darüber einen schriftlichen Bericht zu erstatten; „§ 118 Abs. 3 AktG" ist sinngemäß anzuwenden. *(BGBl I 2009/71)*

Offenlegung des Verlegungsplans

§ 9. (1) Der Vorstand hat mindestens zwei Monate vor dem Tag der Hauptversammlung, die über die Verlegung des Sitzes der Europäischen Gesellschaft (SE) in einen anderen Mitgliedstaat beschließen soll, den Verlegungsplan bei dem Gericht einzureichen und einen Hinweis auf diese Einreichung „gemäß § 18 AktG" zu veröffentlichen. In dieser Veröffentlichung sind die Aktionäre auf ihre Rechte gemäß Abs. 2 und 3 sowie gemäß § 12 und die Gläubiger auf ihre Rechte gemäß Abs. 2 und 3 sowie gemäß § 14 hinzuweisen. *(BGBl I 2009/71)*

(2) Mindestens einen Monat vor dem Tag der Hauptversammlung, die über die Verlegung beschließen soll, sind der Verlegungsplan, der Bericht des Vorstands, der Prüfungsbericht gemäß § 7 und der Prüfungsbericht des Aufsichtsrats sowie der Jahresabschluss und der Lagebericht, die zuletzt erstellt wurden oder nach den gesetzlichen Vorschriften zuletzt zu erstellen waren, gemäß § 108 Abs. 3 bis 5 AktG für Aktionäre und Gläubiger bereit zu stellen. *(BGBl I 2009/71)*

(3) Werden die in Abs. 2 bezeichneten Unterlagen nicht auf der Internetseite der Gesellschaft für Aktionäre oder Gläubiger zugänglich gemacht, so ist jedem Aktionär oder jedem Gläubiger auf Verlangen unverzüglich und kostenlos eine Abschrift zu erteilen. *(BGBl I 2009/71)*

SE (EU-Ges)
SE-Gesetz

(4) In der Hauptversammlung sind die in Abs. 2 bezeichneten Unterlagen aufzulegen. Der Vorstand hat den Verlegungsplan zu Beginn der Verhandlung mündlich zu erläutern. Der Vorstand hat die Aktionäre vor der Beschlussfassung über jede wesentliche Veränderung der Vermögens- oder Ertragslage der Gesellschaft, die zwischen der Aufstellung des Verlegungsplans und dem Zeitpunkt der Beschlussfassung eingetreten ist, zu unterrichten.

Besondere Zustimmungserfordernisse

§ 10. Werden durch die Sitzverlegung Rechte beeinträchtigt, die in der Satzung einem einzelnen Aktionär oder einzelnen Aktionären eingeräumt sind, so bedarf der Verlegungsbeschluss der Zustimmung dieses Aktionärs oder dieser Aktionäre.

Vereinfachte Sitzverlegung

§ 11. Befinden sich alle Aktien der Gesellschaft in der Hand eines Aktionärs oder verzichten sämtliche Aktionäre schriftlich oder in der Niederschrift zur Hauptversammlung auf ihr Recht auf Barabfindung, so sind die Angaben über die Bedingungen der Barabfindung im Verlegungsplan (§ 6) und die Prüfung der Angemessenheit der Barabfindung (§ 7) nicht erforderlich.

Barabfindung widersprechender Gesellschafter

§ 12. (1) Jedem Aktionär, der gegen den Verlegungsbeschluss Widerspruch zur Niederschrift erklärt hat, steht gegenüber der Gesellschaft oder dem Dritten, der eine Barabfindung angeboten hat (§ 6), das Recht auf angemessene Barabfindung gegen Hingabe seiner Aktien zu. Dieses Recht kann gleichzeitig mit dem Widerspruch zur Niederschrift in der Hauptversammlung erklärt werden, andernfalls muss die Erklärung der Gesellschaft oder dem Dritten schriftlich binnen eines Monats nach dem Verlegungsbeschluss zugehen. Der Anspruch auf Barabfindung ist mit Eintragung der Sitzverlegung im Register des neuen Sitzes bedingt, wird mit dieser Eintragung fällig und verjährt in drei Jahren. Die Gesellschaft oder der Dritte hat die Kosten der Übertragung zu tragen. Für die Erfüllung der Barabfindung einschließlich der Übertragungskosten ist den Abfindungsberechtigten Sicherheit zu leisten.

(2) Die Bescheinigung nach Art. 8 Abs. 8 der Verordnung darf erst ausgestellt werden, wenn die Barabfindungsansprüche der Aktionäre ausreichend sichergestellt sind oder nachgewiesen wird, dass alle Aktionäre auf die Barabfindung verzichtet haben.

(3) Einer anderweitigen Veräußerung des Anteils durch den Aktionär stehen nach Fassung des Verlegungsbeschlusses bis zum Ablauf der Frist für die Geltendmachung der Barabfindung satzungsgemäße Verfügungsbeschränkungen nicht entgegen.

Gerichtliche Überprüfung der Barabfindung

§ 13. (1) Die Anfechtung des Verlegungsbeschlusses kann nicht darauf gestützt werden, dass das Angebot auf Barabfindung nicht angemessen bemessen, oder dass die im Verlegungsplan, im Verlegungsbericht (Art. 8 Abs. 3 der Verordnung), im Prüfungsbericht gemäß § 7 oder im Prüfungsbericht des Aufsichtsrats gemäß § 8 enthaltenen Erläuterungen des Barabfindungsangebots den gesetzlichen Bestimmungen nicht entsprechen.

(2) Aktionäre, die gegen den Verlegungsbeschluss Widerspruch zur Niederschrift erklärt haben, können binnen eines Monats nach dem Verlegungsbeschluss bei Gericht den Antrag stellen, dass die Barabfindung überprüft und eine höhere Barabfindung festgelegt wird. Das Gericht hat den Antrag in den Bekanntmachungsblättern der Gesellschaft „(§ 18 AktG)“ bekannt zu machen. Aktionäre, die die Voraussetzungen gemäß § 225c Abs. 3 Z 1 AktG erfüllen, können binnen eines weiteren Monats nach dieser Bekanntmachung eigene Anträge stellen. Nach Ablauf dieser Frist sind Anträge weiterer Aktionäre unzulässig; darauf ist in der Bekanntmachung hinzuweisen. Im Übrigen gelten für das Verfahren auf gerichtliche Überprüfung § 225c Abs. 3 und 4, §§ 225d bis 225m, ausgenommen § 225e Abs. 2 erster Satz und Abs. 3 und § 225j Abs. 2 AktG, sinngemäß. *(BGBl I 2009/71)*

Gläubigerschutz

§ 14. (1) Verlegt eine Europäische Gesellschaft (SE) ihren Sitz in einen anderen Mitgliedstaat, ist den Gläubigern der Gesellschaft, wenn sie sich spätestens binnen eines Monats nach dem Verlegungsbeschluss schriftlich zu diesem Zweck melden, für bis dahin entstehende Forderungen Sicherheit zu leisten, soweit sie nicht Befriedigung verlangen können. Dieses Recht steht den Gläubigern jedoch nur zu, wenn sie glaubhaft machen, dass durch die Sitzverlegung die Erfüllung ihrer Forderungen gefährdet wird.

(2) Die Bescheinigung nach Art. 8 Abs. 8 der Verordnung darf erst ausgestellt werden, wenn allen Gläubigern, die nach Abs. 1 einen Anspruch auf Sicherheitsleistung haben, eine angemessene Sicherheit geleistet wurde.

Anmeldung der Verlegung des Sitzes in einen anderen Mitgliedstaat, Bescheinigung gemäß Art. 8 Abs. 8 der Verordnung

§ 15. (1) Sämtliche Mitglieder des Vorstands haben die beabsichtigte Verlegung des Sitzes der Gesellschaft in einen anderen Mitgliedstaat zur Eintragung in das Firmenbuch anzumelden. Der Anmeldung sind in Urschrift, Ausfertigung oder beglaubigter Abschrift beizufügen:

1. der Verlegungsplan (Art. 8 Abs. 2 der Verordnung);

2. die Niederschrift des Verlegungsbeschlusses;

3. der Bericht des Vorstands (Art. 8 Abs. 3 der Verordnung);

4. der Nachweis der Veröffentlichung des Hinweises auf die Einreichung des Verlegungsplans (§ 9 Abs. 1);

5. der Jahresabschluss und der Lagebericht, die zuletzt erstellt wurden oder nach den gesetzlichen Bestimmungen zuletzt zu erstellen waren;

6. der Nachweis der Sicherstellung der Barabfindung widersprechender Gesellschafter (§ 12);

7. der Nachweis der Sicherstellung der Gläubiger (§ 14) und die Erklärung, dass sich andere als die befriedigten oder sichergestellten Gläubiger innerhalb der Frist gemäß § 14 nicht gemeldet haben.

(2) Weiters haben sämtliche Mitglieder des Vorstands dem Gericht gegenüber zu erklären,

1. dass eine Klage auf Anfechtung oder Feststellung der Nichtigkeit des Verlegungsbeschlusses innerhalb eines Monats nach der Beschlussfassung nicht erhoben oder zurückgezogen worden ist oder dass alle Aktionäre durch notariell beurkundete Erklärung auf eine solche Klage verzichtet haben;

2. ob und wie viele Aktionäre von ihrem Recht auf Barabfindung gemäß § 12 Gebrauch gemacht haben und dass die Aktien der austrittswilligen Aktionäre entsprechend den gesetzlichen Bestimmungen übernommen werden können.

Kann die Erklärung nach Z 1 nicht vorgelegt werden, so hat das Gericht gemäß § 19 FBG vorzugehen.

(3) Das Gericht hat zu prüfen, ob die der Sitzverlegung vorangehenden Rechtshandlungen und Formalitäten ordnungsgemäß durchgeführt wurden und die Forderungen der Gläubiger (§ 14) sowie die Abfindung der austrittswilligen Gesellschafter sichergestellt sind. Ist dies der Fall, so

hat es die Eintragung durchzuführen und die Bescheinigung gemäß Art. 8 Abs. 8 der Verordnung auszustellen.

(4) Bei der Eintragung der beabsichtigten Sitzverlegung sind der geplante neue Sitz, das Register, bei dem die Gesellschaft geführt werden soll, und die Tatsache anzugeben, dass die Bescheinigung gemäß Art. 8 Abs. 8 der Verordnung ausgestellt wurde.

(5) Sobald die Verlegung des Sitzes in das neue Register eingetragen ist, hat der Vorstand unter Anschluss der Mitteilung des Registers des neuen Sitzes die Eintragung der Durchführung der Sitzverlegung und der Löschung der Gesellschaft zum Firmenbuch anzumelden. Ist diese Mitteilung nicht in deutscher Sprache verfasst, so ist eine beglaubigte Übersetzung in die deutsche Sprache beizufügen.

Anmeldung der Verlegung des Sitzes aus einem anderen Mitgliedstaat nach Österreich

§ 16. (1) Sämtliche Mitglieder des Vorstands haben die Verlegung des Sitzes der Gesellschaft nach Österreich zur Eintragung in das Firmenbuch anzumelden.

(2) Die Mitglieder des Vorstands haben ihre Namensunterschrift zur Aufbewahrung beim Gericht zu zeichnen.

(3) Bei der Anmeldung ist das Bestehen der Europäischen Gesellschaft (SE) als solche nachzuweisen. In die Anmeldung sind die in das Firmenbuch gemäß §§ 3, 5 und 5a FBG einzutragenden Tatsachen aufzunehmen.

(4) Der Anmeldung sind in Urschrift, Ausfertigung oder beglaubigter Abschrift und, sofern die Dokumente nicht in deutscher Sprache erstellt sind, unter Anschluss von beglaubigten Übersetzungen in die deutsche Sprache beizufügen:

1. die Satzung in der geltenden und in der zur Eintragung vorgesehenen Fassung; die zur Eintragung vorgesehene Fassung der Satzung muss mit der Beurkundung eines Notars versehen sein, dass die geänderten Bestimmungen der Satzung mit dem Beschluss über die Satzungsänderung und die unveränderten Bestimmungen mit dem Wortlaut der Satzung in der geltenden Fassung übereinstimmen;

2. der Verlegungsplan (Art. 8 Abs. 2 der Verordnung);

3. die Niederschrift des Verlegungsbeschlusses;

4. die Urkunden über die Bestellung des Vorstands und des Aufsichtsrats;

5. der Bericht des Vorstands (Art. 8 Abs. 3 der Verordnung);

6. der Jahresabschluss und der Lagebericht, die zuletzt erstellt wurden oder nach den gesetzlichen Bestimmungen zuletzt zu erstellen waren;

7. die Bescheinigung der zuständigen Behörde des bisherigen Sitzstaates nach Art. 8 Abs. 8 der Verordnung;

8. ein Auszug aus dem Register des früheren Sitzes, der nicht älter als die Bescheinigung sein darf.

(5) Weiters haben sämtliche Mitglieder des Vorstands dem Gericht gegenüber zu erklären, dass gegen die Europäische Gesellschaft (SE) weder ein Verfahren wegen Auflösung, Liquidation, Zahlungsunfähigkeit oder vorläufiger Zahlungseinstellung, noch ein ähnliches Verfahren anhängig ist.

3. Hauptstück

Gründung einer Europäischen Gesellschaft (SE)

1. Abschnitt

Gründung einer Europäischen Gesellschaft (SE) durch Verschmelzung

Abfindungsangebot im Verschmelzungsvertrag

§ 17. Der Verschmelzungsvertrag oder dessen Entwurf hat neben den in Art. 20 Abs. 1 der Verordnung bezeichneten Angaben die Bedingungen der Barabfindung zu enthalten, die einem Aktionär, der der Übertragung des Vermögens seiner Gesellschaft auf eine Europäische Gesellschaft (SE) mit Sitz in einem anderen Mitgliedstaat widerspricht, von der Gesellschaft oder einem Dritten gegen Hingabe seiner Aktien angeboten wird.

Prüfung der Verschmelzung

§ 18. (1) Ein gemeinsamer Verschmelzungsprüfer kann neben dem Gericht, in dessen Sprengel die übernehmende Gesellschaft ihren Sitz hat (§ 220b Abs. 2 AktG), auch von dem Gericht bestellt werden, in dem eine übertragende Gesellschaft ihren Sitz hat.

(2) Im Rahmen der Prüfung der Verschmelzung ist auch die Angemessenheit der Bedingungen der Barabfindung zu prüfen, die einem Aktionär, der der Übertragung des Vermögens seiner Gesellschaft auf eine Europäische Gesellschaft (SE) mit Sitz in einem anderen Mitgliedstaat widerspricht, von der Gesellschaft oder einem Dritten gegen Hingabe seiner Aktien angeboten wird. § 7 Abs. 3 und 4 gilt sinngemäß.

Offenlegung des Verschmelzungsvertrags

§ 19. (1) In die Veröffentlichung des Hinweises auf die Einreichung des Verschmelzungsvertrags oder dessen Entwurfs bei Gericht (§ 221a Abs. 1 AktG) „oder in die Veröffentlichung gemäß § 221a Abs. 1a AktG" sind die Angaben nach Art. 21 der Verordnung aufzunehmen. Ferner sind in dieser Veröffentlichung die Aktionäre auch auf ihre Rechte gemäß § 21 und die Gläubiger auf ihre Rechte gemäß Abs. 2 sowie gemäß § 23 hinzuweisen. *(BGBl I 2011/53)*

(2) Auf Verlangen ist jedem Gläubiger einer Gesellschaft, die ihr Vermögen auf eine Europäische Gesellschaft (SE) mit Sitz in einem anderen Mitgliedstaat überträgt, unverzüglich und kostenlos eine Abschrift der in § 221a Abs. 2 AktG bezeichneten Unterlagen zu erteilen.

Vereinfachte Verschmelzung

§ 20. Befinden sich alle Aktien der Gesellschaft in der Hand eines Gesellschafters oder verzichten sämtliche Aktionäre schriftlich oder in der Niederschrift zur Hauptversammlung auf ihr Recht auf Barabfindung, so sind die Angaben über die Bedingungen der Barabfindung im Verschmelzungsvertrag (§ 17) und die Prüfung der Angemessenheit der Barabfindung (§ 18 Abs. 2) nicht erforderlich.

Barabfindung widersprechender Gesellschafter

§ 21. Jedem Aktionär einer Gesellschaft, die ihr Vermögen auf eine Europäische Gesellschaft (SE) mit Sitz in einem anderen Mitgliedstaat überträgt, steht gegenüber der Gesellschaft oder dem Dritten, der eine Barabfindung angeboten hat (§ 17), das Recht auf angemessene Barabfindung gegen Hingabe seiner Aktien zu, wenn er gegen den Verschmelzungsbeschluss Widerspruch zur Niederschrift erklärt hat. §§ 12 und 13 gelten sinngemäß.

Ausschluss von Anfechtungsklagen, gerichtliche Überprüfung des Umtauschverhältnisses

§ 22. (1) Die Anfechtung des Beschlusses der Hauptversammlung ist gemäß § 225b AktG wegen Mängel der Festlegung des Umtauschverhältnisses ausgeschlossen, wenn alle beteiligten Gesellschaften mit Sitz in anderen Mitgliedstaaten, in denen ein der Eintragung der Verschmelzung nicht entgegenstehendes Verfahren zur Überprüfung des Umtauschverhältnisses nicht vorgesehen ist, bei der Zustimmung der Hauptversammlung zum Verschmelzungsplan ausdrücklich akzeptieren, dass

1. die Aktionäre einer Gesellschaft mit Sitz in Österreich auf ein solches Verfahren gegen eine Europäische Gesellschaft (SE) mit Sitz in Österreich zurückgreifen können oder

2. die Aktionäre einer übertragenden Gesellschaft mit Sitz in Österreich ein Verfahren gegen eine Europäische Gesellschaft (SE) mit Sitz in einem anderen Mitgliedstaat nach den für Aktiengesellschaften geltenden Bestimmungen über die Überprüfung des Umtauschverhältnisses gemäß §§ 225c ff AktG bei dem für den Sitz der übertragenden Gesellschaft zuständigen, zur Ausübung der Gerichtsbarkeit in Handelssachen berufenen Gerichtshof einleiten können.

(2) Im Fall des Abs. 1 Z 2 sind nur solche Aktionäre zum Antrag auf Überprüfung des Umtauschverhältnisses berechtigt, die entweder zur Niederschrift in der Hauptversammlung oder binnen eines Monats nach dem Verschmelzungsbeschluss gegenüber der Gesellschaft erklärt haben, dass sie den Antrag auf Überprüfung des Umtauschverhältnisses zu stellen beabsichtigen. In der Bescheinigung nach Art. 25 Abs. 2 der Verordnung ist darauf hinzuweisen, ob und von welchem Aktionär eine solche Erklärung abgegeben wurde.

(3) Ein Aktionär einer übertragenden Gesellschaft mit Sitz in einem anderen Mitgliedstaat ist zum Antrag auf Überprüfung des Umtauschverhältnisses berechtigt, wenn aus der diese Gesellschaft betreffenden Bescheinigung hervorgeht, dass die Gesellschafter auf die Anfechtung des Hauptversammlungsbeschlusses wegen Mängel der Festlegung des Umtauschverhältnisses verzichtet haben und sämtliche übertragenden Gesellschaften mit Sitz in anderen Mitgliedstaaten das Verfahren zur Überprüfung des Umtauschverhältnisses im Sinn des Abs. 1 Z 1 akzeptieren.

Gläubigerschutz und Schutz sonstiger schuldrechtlich Beteiligter

§ 23. Überträgt eine Gesellschaft ihr Vermögen auf eine Europäische Gesellschaft (SE) mit Sitz in einem anderen Mitgliedstaat, gilt § 14 sinngemäß. Die Bescheinigung nach Art. 25 Abs. 2 der Verordnung darf überdies erst ausgestellt werden, wenn sichergestellt ist, dass den Inhabern von Schuldverschreibungen und Genussrechten gleichwertige Rechte gewährt werden.

Anmeldung der beabsichtigten Verschmelzung durch Übertragung des Vermögens einer Gesellschaft mit Sitz in Österreich auf eine Europäische Gesellschaft (SE) mit Sitz in einem anderen Mitgliedstaat, Bescheinigung gemäß Art. 25 Abs. 2 der Verordnung

§ 24. (1) Sämtliche Mitglieder des Vorstands einer Gesellschaft, die ihr Vermögen auf eine Europäische Gesellschaft (SE) mit Sitz in einem anderen Mitgliedstaat überträgt, haben die beabsichtigte Verschmelzung zur Eintragung in das Firmenbuch anzumelden. Der Anmeldung sind in Urschrift, Ausfertigung oder beglaubigter Abschrift beizufügen:

1. der Verschmelzungsvertrag oder dessen Entwurf (Art. 20 der Verordnung);

2. die Niederschrift des Verschmelzungsbeschlusses der übertragenden Gesellschaft;

3. wenn die Verschmelzung einer behördlichen Genehmigung bedarf, die Genehmigungsurkunde;

4. der Verschmelzungsbericht (§ 220a AktG) für die übertragende Gesellschaft;

5. der Prüfungsbericht (§ 18 und § 220b AktG) für die übertragende Gesellschaft;

6. die Schlussbilanz der übertragenden Gesellschaft (§ 220 Abs. 3 AktG);

7. der Nachweis der Veröffentlichung „ “ des Verschmelzungsvertrags oder dessen Entwurfs (§ 19) für die übertragende Gesellschaft; *(BGBl I 2011/53)*

8. der Nachweis der Sicherstellung der Barabfindung widersprechender Gesellschafter (§ 21 in Verbindung mit § 12) und die allenfalls erforderliche Zustimmung der Gesellschaften mit Sitz in anderen Mitgliedstaaten zur Einleitung eines Verfahrens auf Überprüfung des Umtauschverhältnisses (§ 22);

9. der Nachweis der Sicherstellung der Gläubiger (§ 23) und die Erklärung, dass sich andere als die befriedigten oder sichergestellten Gläubiger innerhalb der gemäß § 23 sinngemäß anzuwendenden Frist des § 14 nicht gemeldet haben.

(2) Weiters haben sämtliche Mitglieder des Vorstands dem Gericht gegenüber zu erklären,

1. dass eine Klage auf Anfechtung oder Feststellung der Nichtigkeit des Verschmelzungsbeschlusses innerhalb eines Monats nach der Beschlussfassung nicht erhoben oder zurückgezogen worden ist oder dass alle Aktionäre durch notariell beurkundete Erklärung auf eine solche Klage verzichtet haben;

2. ob und wie viele Aktionäre von ihrem Recht auf Barabfindung gemäß § 21 Gebrauch gemacht haben und dass die Aktien der austrittswilligen Aktionäre entsprechend den gesetzlichen Bestimmungen übernommen werden können.

Kann die Erklärung nicht vorgelegt werden, so hat das Gericht gemäß § 19 FBG vorzugehen.

(3) Das Gericht hat zu prüfen, ob die der Verschmelzung vorangehenden Rechtshandlungen und Formalitäten ordnungsgemäß durchgeführt wurden und die Forderungen der Gläubiger und sonstigen schuldrechtlich Beteiligten (§ 23) sowie die Abfindung der austrittswilligen Gesellschafter sichergestellt sind. Ist dies der Fall, so hat es die Eintragung durchzuführen und die Bescheinigung gemäß Art. 25 Abs. 2 der Verordnung auszustellen.

(4) Bei der Eintragung der beabsichtigten Verschmelzung sind der geplante Sitz der Europäischen Gesellschaft (SE), das Register, bei dem die Europäische Gesellschaft (SE) geführt werden soll, und die Tatsache anzugeben, dass die Bescheinigung gemäß Art. 25 Abs. 2 der Verordnung ausgestellt wurde.

(5) Sobald die Verschmelzung in das neue Register eingetragen ist, hat der Vorstand unter Anschluss der Mitteilung des Registers des neuen Sitzes die Eintragung der Durchführung der Verschmelzung und der Löschung der Gesellschaft zum Firmenbuch anzumelden. Ist diese Mitteilung nicht in deutscher Sprache verfasst, so ist überdies eine beglaubigte Übersetzung in die deutsche Sprache beizufügen.

2. Abschnitt
Gründung einer Holding-SE

Gründung einer Holding-SE

§ 25. (1) Die Satzung einer Holding-SE (Art. 2 Abs. 2 der Verordnung) kann erst festgestellt werden (§ 16 AktG), wenn nach Verstreichen der weiteren Frist gemäß Art. 33 Abs. 3 zweiter Satz der Verordnung die Personen feststehen, die die Europäische Gesellschaft (SE) gründen wollen.

(2) Die weitere Frist gemäß Art. 33 Abs. 3 zweiter Satz der Verordnung beginnt mit dem Tag zu laufen, an dem die Eintragung der Erfüllung der Gründungsbedingungen gemäß § 10 „UGB“ als bekannt gemacht gilt. *(BGBl I 2005/120)*

(3) Der Text der durch notarielle Beurkundung festzustellenden Satzung hat mit dem Text der in den Gründungsplan aufzunehmenden Fassung der Satzung (Art. 32 Abs. 2 in Verbindung mit Art. 20 Abs. 1 lit. h der Verordnung) überein zu stimmen. Im Gründungsplan ist es jedoch für die Bestimmung der Höhe des Grundkapitals ausreichend, dass der für die Gründung erforderliche Mindestbetrag und der Höchstbetrag angegeben werden, der bei Einbringung sämtlicher Anteile in die Europäische Gesellschaft (SE) erreicht würde.

Anwendung verschmelzungsrechtlicher Bestimmungen

§ 26. (1) Für den Gründungsbericht, die Prüfung des Gründungsplans, die Offenlegung des Gründungsplans, die Beurkundung des Gründungsplans, den Ausschluss der Anfechtungsklage und die Überprüfung des Umtauschverhältnisses gelten in Ergänzung zu Art. 32 der Verordnung §§ 220a bis 220c, 221a, 222, 225b bis 225m AktG sowie § 18 Abs. 1 und § 22 sinngemäß.

(2) Auf die Gründung anstrebende Aktiengesellschaften ist für die Zustimmung der Hauptversammlung § 221 AktG, auf die Gründung anstrebende Gesellschaften mit beschränkter Haftung für die Zustimmung der Gesellschafter § 98 GmbHG sinngemäß anzuwenden.

Eintragung der Erfüllung der Bedingungen für die beabsichtigte Gründung einer Holding-SE, Bescheinigung über die Durchführung der der Holdinggründung vorausgehenden Maßnahmen

§ 27. (1) Die Vorstände bzw. die Geschäftsführer der die Gründung anstrebenden Gesellschaften haben die Erfüllung der Bedingungen für die beabsichtigte Gründung einer Holding-SE (Art. 33 Abs. 2 der Verordnung) bei den Gerichten, in deren Sprengel die die Gründung anstrebenden Gesellschaften ihren Sitz haben, zur Eintragung in das Firmenbuch anzumelden. Der Anmeldung sind in Urschrift, Ausfertigung oder beglaubigter Abschrift beizufügen:

1. der Gründungsplan (Art. 32 Abs. 2 der Verordnung);

2. die Niederschrift des Gründungsbeschlusses der anmeldenden Gesellschaft (Art. 32 Abs. 6 der Verordnung);

3. der Gründungsbericht für die anmeldende Gesellschaft (§ 26 in Verbindung mit § 220a AktG);

4. der Prüfungsbericht für die anmeldende Gesellschaft (§ 26 in Verbindung mit § 220b AktG);

5. der Nachweis der Veröffentlichung des Hinweises auf die Einreichung des Gründungsplans für die anmeldende Gesellschaft (§ 26 in Verbindung mit § 221a Abs. 1 AktG), es sei denn, dass bei der Gesellschafterversammlung alle Gesellschafter erschienen sind oder vertreten waren und der Beschlussfassung nicht widersprochen haben.

(2) Weiters haben sämtliche Mitglieder des Vorstands bzw. sämtliche Geschäftsführer dem Gericht gegenüber zu erklären, dass eine Klage auf Anfechtung oder Feststellung der Nichtigkeit des Gründungsbeschlusses innerhalb eines Monats nach der Beschlussfassung nicht erhoben oder zurückgezogen worden ist oder dass alle Gesellschafter durch notariell beurkundete Erklärung auf eine solche Klage verzichtet haben; kann die Erklärung nicht vorgelegt werden, so hat das Gericht gemäß § 19 FBG vorzugehen.

(3) Das Gericht hat zu prüfen, ob die Gesellschafter der die Gründung anstrebenden Gesellschaften fristgerecht den nach dem Gründungsplan für jede Gesellschaft festgelegten Mindestprozentsatz der Gesellschaftsanteile eingebracht haben, alle übrigen Bedingungen erfüllt sind und die der Holding- Gründung vorangehenden Rechtshandlungen und Formalitäten ordnungsgemäß durchgeführt wurden. Ist dies der Fall, so hat es die Eintragung durchzuführen und die Bescheinigung auszustellen, dass in Hinblick auf die betroffene die Gründung anstrebende Gesellschaft die der Holdinggründung vorangehenden Rechtshandlungen und Formalitäten ordnungsgemäß durchgeführt wurden.

(4) Bei der Eintragung der Erfüllung der Gründungsbedingungen für die beabsichtigte Gründung einer Holding-SE sind die geplante Firma und der geplante Sitz der Europäischen Gesellschaft (SE), das Register, bei dem die Europäische Gesellschaft (SE) geführt werden soll, Firma, Sitz und Register der weiteren die Gründung anstrebenden Gesellschaften und die Tatsache anzugeben, dass die Gründungsbedingungen im Sinn des Art. 32 Abs. 2 der Verordnung erfüllt sind.

(5) Sobald die Holding-SE in das Register eingetragen ist, haben der Vorstand beziehungsweise die Geschäftsführer der die Gründung anstrebenden Gesellschaften unter Anschluss eines Auszugs aus dem Register der Europäischen Gesellschaft (SE) die Eintragung der Durchführung der Holdinggründung zum Firmenbuch anzumelden. Ist der Auszug nicht in deutscher Sprache verfasst, so ist überdies eine beglaubigte Übersetzung in die deutsche Sprache beizufügen.

Anmeldung der Holding-SE

§ 28. Der Anmeldung der Holding-SE zur Eintragung in das Firmenbuch sind neben den sonst erforderlichen Urkunden (§ 29 Abs. 2 AktG) beizufügen:

1. der Gründungsplan (Art. 32 Abs. 2 der Verordnung);

2. die Niederschriften der Gründungsbeschlüsse (Art. 32 Abs. 6 der Verordnung);

3. die Prüfungsberichte (Art. 32 Abs. 4 und 5 der Verordnung);

4. die Offenlegung der Erfüllung der Gründungsbedingungen (Art. 33 Abs. 3 und 5 der Verordnung);

5. die Bescheinigung, dass in Hinblick auf die betroffene die Gründung anstrebende Gesellschaft die der Holdinggründung vorangehenden Rechtshandlungen und Formalitäten ordnungsgemäß durchgeführt wurden; sieht das für eine die Gründung anstrebende Gesellschaft maßgebliche Recht eines anderen Mitgliedstaates eine solche Bescheinigung durch ein zuständiges Gericht, einen Notar oder eine andere zuständige Behörde dieses Mitgliedstaates nicht vor, so ist der Anmeldung ein anderer geeigneter Nachweis über die ordnungsgemäße Durchführung der der Holdinggründung vorangehenden Rechtshandlungen und Formalitäten anzuschließen;

6. Registerauszüge für die die Gründung anstrebenden Gesellschaften mit Sitz in einem anderen Mitgliedstaat.

3. Abschnitt

Gründung einer Europäischen Gesellschaft (SE) durch Umwandlung einer Aktiengesellschaft und Umwandlung einer Europäischen Gesellschaft (SE) in eine Aktiengesellschaft Umwandlungsplan

§ 29. Der Umwandlungsplan muss mindestens folgenden Inhalt haben:

1. die bisherige Firma, den Sitz und die Firmenbuchnummer der Gesellschaft;

2. die für die Europäische Gesellschaft (SE) vorgeschlagene Satzung sowie gegebenenfalls die neue Firma;

3. die etwaigen Folgen der Umwandlung für die Beteiligung der Arbeitnehmer;

4. den vorgesehenen Zeitplan für die Umwandlung;

5. etwaige zum Schutz der Aktionäre und/oder der Gläubiger vorgesehene Rechte.

Umwandlungsprüfung

§ 30. Für die Prüfung, ob die Gesellschaft über Nettovermögenswerte in Höhe ihres Kapitals und der gebundenen Rücklagen verfügt (Art. 37 Abs. 6 der Verordnung), gelten die Bestimmungen über die Sacheinlagenprüfung (§ 25 Abs. 3 bis 5 sowie §§ 26, 27, 42 und 44 AktG) sinngemäß.

Offenlegung des Umwandlungsplans

§ 31. (1) Der Vorstand hat mindestens einen Monat vor dem Tag der Hauptversammlung, die über die Zustimmung zur Umwandlung beschließen soll, den Umwandlungsplan bei dem Gericht einzureichen und einen Hinweis auf diese Einreichung „gemäß § 18 AktG" zu veröffentlichen. In dieser Veröffentlichung sind die Aktionäre auf ihre Rechte gemäß Abs. 2 und 3 hinzuweisen. *(BGBl I 2009/71)*

(2) Mindestens einen Monat vor dem Tag der Hauptversammlung, die über die Zustimmung zur Umwandlung beschließen soll, sind der Umwandlungsplan, der Umwandlungsbericht des Vorstands, der Bericht über die Umwandlungsprüfung sowie der Jahresabschluss und der Lagebericht, die zuletzt erstellt wurden oder nach den gesetzlichen Vorschriften zuletzt zu erstellen waren, gemäß § 108 Abs. 3 bis 5 AktG bereit zu stellen. *(BGBl I 2009/71)*

(3) *(aufgehoben, BGBl I 2009/71)*

(4) In der Hauptversammlung sind die in Abs. 2 bezeichneten Unterlagen aufzulegen. Der Vorstand hat den Umwandlungsplan zu Beginn der Verhandlung mündlich zu erläutern. Der Vorstand hat die Aktionäre vor der Beschlussfassung über jede wesentliche Veränderung der Vermögens- oder Ertragslage der Gesellschaft, die zwischen der Aufstellung des Umwandlungsplans und dem Zeitpunkt der Beschlussfassung eingetreten ist, zu unterrichten.

Anmeldung der Umwandlung

§ 32. Der Vorstand hat die Umwandlung zur Eintragung in das Firmenbuch anzumelden. Der Anmeldung sind in Urschrift, Ausfertigung oder beglaubigter Abschrift beizufügen:

1. der Umwandlungsplan;

2. die Niederschrift des Umwandlungsbeschlusses;

3. wenn die Umwandlung einer behördlichen Genehmigung bedarf, die Genehmigungsurkunde;

4. der Umwandlungsbericht des Vorstands;

5. der Nachweis der Veröffentlichung des Hinweises auf die Einreichung des Umwandlungsplans (§ 31 Abs. 1), es sei denn, dass bei der Hauptversammlung alle Aktionäre erschienen sind oder vertreten waren und der Beschlussfassung nicht widersprochen haben;

6. der Bericht über die Umwandlungsprüfung;

7. der Jahresabschluss und der Lagebericht, die zuletzt erstellt wurden oder nach den gesetzlichen Bestimmungen zuletzt zu erstellen waren.

Umwandlung einer Europäischen Gesellschaft (SE) in eine Aktiengesellschaft

§ 33. Für die Umwandlung einer Europäischen Gesellschaft (SE) in eine Aktiengesellschaft (Art. 66 der Verordnung) gelten die §§ 29 bis 32 sinngemäß.

4. Hauptstück

Aufbau der Europäischen Gesellschaft (SE)

1. Abschnitt

Begriffsbestimmungen

Begriffsbestimmungen

§ 34. Bei einer Europäischen Gesellschaft (SE) mit Sitz in Österreich werden im dualistischen System das Leitungsorgan als Vorstand und das Aufsichtsorgan als Aufsichtsrat bezeichnet. Im monistischen System wird das Verwaltungsorgan als Verwaltungsrat bezeichnet.

2. Abschnitt

Dualistisches System

Zahl der Mitglieder des Aufsichtsrats

§ 35. (1) Die Zahl der Mitglieder des Aufsichtsrats richtet sich nach § 86 Abs. 1 AktG.

(2) Eine Vereinbarung gemäß Art. 4 der Richtlinie 2001/86/EG oder gesetzliche Vorschriften über die Beteiligung der Arbeitnehmervertreter bleiben unberührt.

Informationsverlangen einzelner Mitglieder des Aufsichtsrats

§ 36. Jedes Mitglied des Aufsichtsrats kann vom Vorstand jegliche Information nach Art. 41 Abs. 3 erster Satz der Verordnung, jedoch nur an den Aufsichtsrat, verlangen. Lehnt der Vorstand die Berichterstattung ab, so kann der Bericht nur dann verlangt werden, wenn ein anderes Aufsichtsratsmitglied das Verlangen unterstützt. Der Vorsitzende des Aufsichtsrats kann einen Bericht auch ohne die Unterstützung eines anderen Aufsichtsratsmitglieds verlangen.

Festlegung zustimmungspflichtiger Geschäfte durch den Aufsichtsrat

§ 37. Die Satzung der Gesellschaft hat die in „§ 95 Abs. 5 Z 1 bis 15 AktG" angeführten Geschäfte als zustimmungspflichtige Geschäfte gemäß Art. 48 Abs. 2 der Verordnung festzulegen. Ergänzend dazu kann der Aufsichtsrat bestimmte Arten von Geschäften von seiner Zustimmung abhängig machen. *(BGBl I 2017/107)*

3. Abschnitt
Monistisches System

Monistisches System

§ 38. (1) Wählt die Satzung gemäß Art. 38 lit. b der Verordnung das monistische System, so gelten die folgenden Bestimmungen (§§ 38 bis 60).

(2) Soweit Bestimmungen außerhalb dieses Abschnitts (§§ 38 bis 60) dem Vorstand oder dem Aufsichtsrat einer Aktiengesellschaft Rechte und Pflichten zuweisen, tritt an die Stelle dieser Organe der Verwaltungsrat, sofern nicht Rechte und Pflichten den geschäftsführenden Direktoren zugewiesen werden.

(3) Soweit solche Bestimmungen den gesetzlichen Vertretern der Gesellschaft oder vertretungsbefugten Organen bestimmte Rechte und Pflichten zuweisen, treffen diese den Verwaltungsrat.

Aufgaben und Rechte des Verwaltungsrats

§ 39. (1) Der Verwaltungsrat leitet die Gesellschaft und führt deren Geschäfte, wie es das Wohl des Unternehmens unter Berücksichtigung der Interessen der Aktionäre und der Arbeitnehmer sowie des öffentlichen Interesses erfordert.

(2) Er hat eine Hauptversammlung einzuberufen, wenn das Wohl der Gesellschaft es erfordert. Ergibt sich bei der Aufstellung der Jahresbilanz oder einer Zwischenbilanz oder ist anzunehmen, dass ein Verlust in der Höhe des halben Grundkapitals besteht, so hat der Verwaltungsrat unverzüglich die Hauptversammlung einzuberufen und dieser davon Anzeige zu machen.

(3) Der Verwaltungsrat hat dafür zu sorgen, dass ein Rechnungswesen und ein internes Kontrollsystem geführt werden, die den Anforderungen des Unternehmens entsprechen.

(4) Der Verwaltungsrat kann die Bücher und Schriften der Gesellschaft sowie die Vermögensgegenstände, namentlich die Gesellschaftskasse und die Bestände an Wertpapieren und Waren, einsehen und prüfen, er kann damit auch einzelne Mitglieder oder für bestimmte Aufgaben besondere Sachverständige beauftragen. Mitglieder des Verwaltungsrats, die zugleich geschäftsführende Direktoren sind, sind von dieser Prüfungstätigkeit ausgeschlossen.

(5) Sollen Optionen, die mit eigenen Aktien oder mit Aktien von dritten nicht unter § 66 AktG fallenden Personen bedient werden, Arbeitnehmern oder leitenden Angestellten der Gesellschaft oder eines mit ihr verbundenen Unternehmens eingeräumt werden, so haben die geschäftsführenden Direktoren spätestens zwei Wochen vor Zustandekommen des Verwaltungsratsbeschlusses einen Bericht gemäß § 159 Abs. 2 Z 3 AktG zu veröffentlichen. Sollen solche Optionen den geschäftsführenden Direktoren der Gesellschaft oder eines verbundenen Unternehmens, dem Verwaltungsrat oder Vorstand eines verbundenen Unternehmens eingeräumt werden, so trifft diese Verpflichtung den Verwaltungsrat.

Geschäftsführung

§ 40. (1) Die Mitglieder des Verwaltungsrats sind gemeinschaftlich zur Geschäftsführung befugt, soweit diese nicht den geschäftsführenden Direktoren übertragen ist.

(2) Die Satzung der Gesellschaft hat die Arten von Geschäften festzulegen, für die ein Beschluss des Verwaltungsrats erforderlich ist. Jedenfalls sind die in „§ 95 Abs. 5 Z 1 bis 15 AktG" genannten Geschäfte in die Satzung aufzunehmen. § 95 Abs. 5 vorletzter und letzter Satz AktG gilt sinngemäß. *(BGBl I 2017/107)*

Geschäfte mit nahestehenden Unternehmen und Personen

§ 40a. In einer börsenotierten Gesellschaft ist § 95a AktG mit der Maßgabe anzuwenden, dass Abs. 4 für den Verwaltungsrat und seine Mitglieder gilt. Die öffentliche Bekanntmachung gemäß Abs. 5 ist von den geschäftsführenden Direktoren vorzunehmen.

(BGBl I 2019/63)

Jahresabschluss

§ 41. (1) Die geschäftsführenden Direktoren haben in den ersten fünf Monaten des Geschäftsjahres für das vergangene Geschäftsjahr die Unterlagen gemäß §§ 222 Abs. 1 und gegebenenfalls 244 Abs. 1 UGB aufzustellen und sie den Mitgliedern des Verwaltungsrats vorzulegen. Wenn der Jahresabschluss einen Bilanzgewinn ausweist, haben die geschäftsführenden Direktoren auch einen Vorschlag für die Gewinnverwendung vorzulegen. *(BGBl I 2009/71)*

(2) Der Verwaltungsrat hat „die Unterlagen gemäß Abs. 1“ zu prüfen und sich innerhalb von zwei Monaten nach Vorlegung durch die geschäftsführenden Direktoren darüber zu erklären. Der Verwaltungsrat hat der Hauptversammlung darüber zu berichten. *(BGBl I 2005/59; BGBl I 2009/71)*

(3) In dem Bericht hat der Verwaltungsrat mitzuteilen, in welcher Art und in welchem Umfang er die Geschäftsführung der Gesellschaft während des Geschäftsjahrs geprüft hat, welche Stelle den Jahresabschluss (Konzernabschluss) und den Lagebericht (Konzernlagebericht) geprüft hat und ob diese Prüfungen nach ihrem abschließenden Ergebnis zu wesentlichen Beanstandungen Anlass gegeben haben. *(BGBl I 2005/59)*

(4) Billigt der Verwaltungsrat den von den geschäftsführenden Direktoren vorgelegten Jahresabschluss, so ist dieser festgestellt.

(5) Entscheidet sich der Verwaltungsrat für die Feststellung durch die Hauptversammlung oder billigt er den Jahresabschluss nicht, so hat er unverzüglich die Hauptversammlung zur Feststellung des Jahresabschlusses einzuberufen. „ “ *(BGBl I 2009/71)*

§ 42. *(aufgehoben, BGBl I 2009/71)*

Vertretung der Gesellschaft

§ 43. (1) Die Gesellschaft wird durch den Verwaltungsrat und die geschäftsführenden Direktoren gerichtlich und außergerichtlich vertreten.

(2) Wenn die Satzung nichts anderes bestimmt, sind sämtliche Mitglieder des Verwaltungsrats und die geschäftsführenden Direktoren nur gemeinsam zur Vertretung der Gesellschaft befugt. Der Verwaltungsrat kann einzelne Mitglieder oder geschäftsführende Direktoren zur Vornahme bestimmter Geschäfte oder bestimmter Arten von Geschäften ermächtigen. Ist eine Willenserklärung der Gesellschaft gegenüber abzugeben, so genügt die Abgabe gegenüber einem Mitglied des Verwaltungsrats oder gegenüber einem geschäftsführenden Direktor.

(3) Die Satzung kann auch bestimmen, dass einzelne Verwaltungsratsmitglieder oder von mehreren geschäftsführenden Direktoren einer allein oder aber jeweils in Gemeinschaft mit einem Prokuristen zur Vertretung der Gesellschaft befugt sind; es muss aber in jedem Fall die Möglichkeit bestehen, dass die Gesellschaft auch ohne die Mitwirkung eines Prokuristen vertreten werden kann. Gleiches kann der Verwaltungsrat bestimmen, wenn die Satzung ihn hiezu ermächtigt. Abs. 2 zweiter und dritter Satz gilt in diesen Fällen sinngemäß.

(4) Die Geltendmachung der Ersatzansprüche, die der Gesellschaft aus der Errichtung oder Geschäftsführung gegen die Verwaltungsratsmitglieder oder geschäftsführenden Direktoren zustehen, sowie die Bestellung eines Vertreters zur Prozessführung, wenn die Gesellschaft weder durch die geschäftsführenden Direktoren noch durch den Verwaltungsrat vertreten werden kann, unterliegen der Beschlussfassung der Hauptversammlung.

Zeichnung

§ 44. Die Mitglieder des Verwaltungsrats und die geschäftsführenden Direktoren haben in der Weise zu zeichnen, dass sie zu der Firma der Gesellschaft oder zur Benennung des Verwaltungsrats oder der geschäftsführenden Direktoren ihre Namensunterschrift hinzufügen.

Zusammensetzung des Verwaltungsrats

§ 45. (1) Der Verwaltungsrat besteht aus drei natürlichen Personen. Die Satzung kann eine höhere Zahl, höchstens jedoch zehn, festsetzen. *(BGBl I 2005/59)*

(2) Eine Vereinbarung gemäß Art. 4 der Richtlinie 2001/86/EG oder gesetzliche Vorschriften über die Beteiligung der Arbeitnehmervertreter bleiben unberührt.

(3) § 86 Abs. 2 Z 1 und 2 sowie „Abs. 3 bis 9 AktG“ sind sinngemäß anzuwenden. *(BGBl I 2005/59; BGBl I 2017/104)*

(4) und (5) *(aufgehoben, BGBl I 2005/59)*

Bestellung von Verwaltungsratsmitgliedern

§ 46. (1) Die Mitglieder des Verwaltungsrats werden für einen in der Satzung festgelegten Zeitraum „ “ von der Hauptversammlung bestellt. Eine wiederholte Bestellung ist zulässig. *(BGBl I 2005/59)*

(2) Für jedes Mitglied kann ein Ersatzmitglied bestellt werden, das Mitglied des Verwaltungsrats wird, wenn das Mitglied vor Ablauf seiner Amtszeit sein Amt verliert.

(3) § 87 Abs. 1 zweiter Satz, Abs. 2 bis 4 und Abs. 10 AktG sowie §§ 88 und 108 Abs. 2 AktG gelten sinngemäß. *(BGBl I 2009/71)*

Bestellung durch das Gericht

§ 47. (1) Gehört dem Verwaltungsrat länger als drei Monate weniger als die zur Beschlussfähigkeit nötige Zahl von Mitgliedern an, so hat ihn das Gericht auf Antrag der verbliebenen Verwaltungsratsmitglieder und im Fall deren vollständigen Fehlens oder Untätigkeit auf Antrag der geschäftsführenden Direktoren oder eines Aktionärs auf diese Zahl zu ergänzen. Die verbliebenen Mitglieder des Verwaltungsrats und die geschäftsführenden Direktoren sind verpflichtet, den Antrag zu stellen.

(2) Soweit überdies die zur Vertretung der Gesellschaft erforderlichen Verwaltungsratsmitglieder fehlen, hat das Gericht sie in dringenden Fällen auf Antrag eines Beteiligten zu bestellen.

(3) Das Gericht hat die von ihm bestellten Mitglieder abzuberufen, wenn die Voraussetzungen weggefallen sind.

(4) Abs. 2 und Abs. 3 gelten sinngemäß für geschäftsführende Direktoren.

Abberufung

§ 48. (1) Die Bestellung zum Verwaltungsratsmitglied kann vor Ablauf der Funktionsperiode von der Hauptversammlung widerrufen werden. Der Beschluss bedarf einer Mehrheit, die mindestens drei Viertel der abgegebenen Stimmen umfasst. Die Satzung kann diese Mehrheit durch eine andere ersetzen und noch andere Erfordernisse aufstellen.

(2) Die Bestellung des ersten Verwaltungsrats gilt bis zur Beendigung der ersten Hauptversammlung, die nach Ablauf eines Jahres seit der Eintragung der Gesellschaft in das Firmenbuch zur Beschlussfassung über die Entlastung stattfindet. Sie kann vorher von der Hauptversammlung mit einfacher Stimmenmehrheit widerrufen werden.

(3) Ist ein Verwaltungsratsmitglied auch zum geschäftsführenden Direktor bestellt, so verliert es mit der Abberufung auch sein Amt als geschäftsführender Direktor.

Änderung des Verwaltungsrats, der geschäftsführenden Direktoren und der Vertretungsbefugnis der Mitglieder

§ 49. (1) Jede Änderung des Verwaltungsrats, der geschäftsführenden Direktoren oder der Vertretungsbefugnis der Verwaltungsratsmitglieder und der geschäftsführenden Direktoren ist zur Eintragung in das Firmenbuch anzumelden.

(2) Der Anmeldung sind die Urkunden über die Änderung oder Anordnung in Urschrift oder öffentlich beglaubigter Abschrift für das Gericht des Sitzes der Gesellschaft beizufügen.

(3) Die neuen Mitglieder des Verwaltungsrats und die neuen geschäftsführenden Direktoren haben ihre Unterschrift zur Aufbewahrung beim Gericht zu zeichnen.

(4) Ist eine Person als Mitglied des Verwaltungsrats oder als geschäftsführender Direktor eingetragen oder bekannt gemacht, so kann ein Mangel ihrer Bestellung einem Dritten nur entgegengehalten werden, wenn der Mangel diesem bekannt war.

Vorsitzender des Verwaltungsrats

§ 50. (1) Der Verwaltungsrat hat nach näherer Bestimmung der Satzung aus seiner Mitte einen Vorsitzenden und mindestens einen Stellvertreter zu wählen.

(2) Der Vorsitzende und sein erster Stellvertreter dürfen nicht zugleich geschäftsführende Direktoren (§ 56) sein. Wenn die Satzung nichts anderes bestimmt, gibt bei Stimmengleichheit die Stimme des Vorsitzenden den Ausschlag.

Innere Ordnung des Verwaltungsrats

§ 51. (1) Über die Verhandlungen und Beschlüsse des Verwaltungsrats ist eine Niederschrift anzufertigen, die der Vorsitzende oder sein Stellvertreter zu unterzeichnen hat.

(2) Beschlussfassungen durch schriftliche Stimmabgabe sind nur zulässig, wenn kein Mitglied diesem Verfahren widerspricht. Dasselbe gilt für fernmündliche oder andere vergleichbare Formen der Beschlussfassung des Verwaltungsrats und seiner Ausschüsse.

(3) Der Verwaltungsrat kann aus seiner Mitte einen oder mehrere Ausschüsse bestellen, namentlich zu dem Zweck, seine Verhandlungen und Beschlüsse vorzubereiten oder die Ausführung seiner Beschlüsse zu überwachen. „ “ Ein Ausschuss zur Führung der laufenden Geschäfte darf nicht eingerichtet werden. *(BGBl I 2005/59)*

(3a) In Gesellschaften im Sinn des § 189a Z 1 lit. a und lit. d UGB sowie in großen Gesellschaften, bei denen das Fünffache eines der in Euro ausgedrückten Größenmerkmale einer großen Gesellschaft (§ 221 Abs. 3 erster Satz in Verbindung mit Abs. 4 bis 6 UGB) überschritten wird (fünffach große Gesellschaften), ist ein Prüfungsausschuss nach folgenden Bestimmungen zu bestellen:

1. Dem Prüfungsausschuss muss eine Person angehören, die über den Anforderungen des Unternehmens entsprechende Kenntnisse und praktische Erfahrung im Finanz- und Rechnungswesen und in der Berichterstattung verfügt (Finanzexperte). Die Mitglieder des Prüfungsausschusses, insbesondere der Vorsitzende und der Finanzexperte, müssen mehrheitlich unabhängig und unbefangen sein. Sie dürfen in den letzten drei Jahren weder geschäftsführender Direktor, leitender Angestellter (§ 80 AktG) oder Abschlussprüfer der Gesellschaft gewesen sein, oder den Bestätigungsvermerk unterfertigt haben noch aus anderen Gründen nicht unabhängig oder unbefangen sein. Die Ausschussmitglieder müssen in ihrer Gesamtheit mit dem Sektor, in dem das geprüfte Unternehmen tätig ist, vertraut sein. Der Prüfungsausschuss hat zumindest zwei Sitzungen im Geschäftsjahr abzuhalten.

2. Der Abschlussprüfer hat spätestens mit dem Bestätigungsvermerk einen zusätzlichen Bericht an den Prüfungsausschuss nach Art. 11 der Verordnung (EU) Nr. 537/2014 über spezifische Anforderungen an die Abschlussprüfung bei Un-

ternehmen von öffentlichem Interesse und zur Aufhebung des Beschlusses 2005/909/EG, ABl. Nr. L 158 vom 27.5.2014, S. 77, in der Fassung der Berichtigung ABl. Nr. L 170 vom 11.6.2014, S. 66, zu erstatten. Der Abschlussprüfer ist den Sitzungen des Prüfungsausschusses, die sich mit der Vorbereitung der Feststellung des Jahresabschlusses (Konzernabschlusses) und dessen Prüfung beschäftigen, beizuziehen und hat über die Abschlussprüfung zu berichten.

3. In Gesellschaften, an denen ein Mutterunternehmen unmittelbar oder mittelbar mehr als 75 Prozent der Anteile hält, muss kein Prüfungsausschuss bestellt werden, sofern im Mutterunternehmen ein solcher oder ein gleichwertiges Gremium dessen Aufgaben und sonstige Pflichten auf Konzernebene erfüllt. In diesem Fall ist der zusätzliche Bericht (Z 2 erster Satz) dem Prüfungsausschuss oder dem sonstigen Gremium des Mutterunternehmens sowie zugleich dem Verwaltungsrat des Tochterunternehmens zu erstatten. Die Bestellung eines Prüfungsausschusses kann bei fünffach großen Gesellschaften auch unterbleiben, wenn der Aufsichtsrat aus nicht mehr als vier Mitgliedern besteht, wie ein Prüfungsausschuss zusammengesetzt ist und dessen Aufgaben und sonstige Pflichten wahrnimmt; der zusätzliche Bericht ist diesfalls dem Verwaltungsrat zu erstatten.

4. Zu den Aufgaben des Prüfungsausschusses gehören:

a) die Überwachung des Rechnungslegungsprozesses sowie die Erteilung von Empfehlungen oder Vorschlägen zur Gewährleistung seiner Zuverlässigkeit;

b) die Überwachung der Wirksamkeit des internen Kontrollsystems, gegebenenfalls des internen Revisionssystems, und des Risikomanagementsystems der Gesellschaft;

c) die Überwachung der Abschlussprüfung und der Konzernabschlussprüfung unter Einbeziehung von Erkenntnissen und Schlussfolgerungen in Berichten, die von der Abschlussprüferaufsichtsbehörde nach § 4 Abs. 2 Z 12 APAG veröffentlicht werden;

d) die Prüfung und Überwachung der Unabhängigkeit des Abschlussprüfers (Konzernabschlussprüfers), insbesondere im Hinblick auf die für die geprüfte Gesellschaft erbrachten zusätzlichen Leistungen; bei Gesellschaften im Sinn des § 189a Z 1 lit. a und lit. d UGB gelten Art. 5 der Verordnung (EU) Nr. 537/2014 und § 271a Abs. 6 UGB;

e) die Erstattung des Berichts über das Ergebnis der Abschlussprüfung an den Verwaltungsrat und die Darlegung, wie die Abschlussprüfung zur Zuverlässigkeit der Finanzberichterstattung beigetragen hat, sowie die Rolle des Prüfungsausschusses dabei;

f) die Prüfung des Jahresabschlusses und die Vorbereitung seiner Feststellung, die Prüfung des Vorschlags für die Gewinnverteilung, des Lageberichts und gegebenenfalls des Corporate Governance-Berichts sowie die Erstattung des Berichts über die Prüfungsergebnisse an den Verwaltungsrat;

g) gegebenenfalls die Prüfung des Konzernabschlusses und des Konzernlageberichts, des konsolidierten Corporate Governance-Berichts sowie die Erstattung des Berichts über die Prüfungsergebnisse an den Verwaltungsrat;

h) die Durchführung des Verfahrens zur Auswahl des Abschlussprüfers (Konzernabschlussprüfers) unter Bedachtnahme auf die Angemessenheit des Honorars sowie die Empfehlung für seine Bestellung an den Verwaltungsrat. Bei Gesellschaften im Sinn des § 189a Z 1 lit. a und lit. d UGB gilt Art. 16 der Verordnung (EU) Nr. 537/2014.
(BGBl I 2016/43)

(4) „ “ Die schriftliche, fernmündliche oder eine andere vergleichbare Form der Stimmabgabe einzelner Verwaltungsratsmitglieder ist zulässig, wenn die Satzung oder der Verwaltungsrat dies vorsieht. *(BGBl I 2005/59)*

(5) Die Verwaltungsratsmitglieder können ihre Obliegenheiten nicht durch andere ausüben lassen. Die Satzung kann aber zulassen, dass ein Verwaltungsratsmitglied ein anderes schriftlich mit seiner Vertretung bei einer einzelnen Sitzung betraut; ein so vertretenes Mitglied ist bei der Feststellung der Beschlussfähigkeit nicht mitzuzählen. Das Recht, den Vorsitz zu führen, kann nicht übertragen werden.

Teilnahme an Sitzungen des Verwaltungsrats und seiner Ausschüsse

§ 52. (1) An den Sitzungen des Verwaltungsrats und seiner Ausschüsse dürfen Personen, die dem Verwaltungsrat nicht angehören, nicht teilnehmen. Der Vorsitzende des Verwaltungsrats ist berechtigt, Verwaltungsratsmitglieder, die geschäftsführende Direktoren sind, von der Teilnahme an Sitzungen auszuschließen. Sachverständige und Auskunftspersonen können zur Beratung über einzelne Gegenstände zugezogen werden. „Den Sitzungen, die sich mit der Feststellung des Jahresabschlusses und deren Vorbereitung sowie mit der Prüfung des Jahresabschlusses (Konzernabschlusses) beschäftigen, ist jedenfalls der Abschlussprüfer (Konzernabschlussprüfer) zuzuziehen.“ *(BGBl I 2005/59)*

(2) Verwaltungsratsmitglieder, die dem Ausschuss nicht angehören, können an den Ausschusssitzungen teilnehmen, wenn die Satzung oder der Vorsitzende des Verwaltungsrats nichts anderes bestimmt.

(3) Die Satzung kann zulassen, dass an den Sitzungen des Verwaltungsrats und seiner Ausschüsse Personen, die dem Verwaltungsrat nicht

angehören, anstelle von Verwaltungsratsmitgliedern teilnehmen können, wenn sie von diesen hiezu schriftlich ermächtigt sind. Sie können auch schriftliche Stimmabgaben der Verwaltungsratsmitglieder überreichen.

(4) Abweichende gesetzliche Vorschriften bleiben unberührt.

Einberufung des Verwaltungsrats

§ 53. (1) Jedes Verwaltungsratsmitglied oder die geschäftsführenden Direktoren können unter Angabe des Zwecks und der Gründe verlangen, dass der Vorsitzende des Verwaltungsrats unverzüglich den Verwaltungsrat einberuft. Die Sitzung muss binnen zwei Wochen nach der Einberufung stattfinden.

(2) Wird einem von mindestens zwei Verwaltungsratsmitgliedern oder den geschäftsführenden Direktoren geäußerten Verlangen nicht entsprochen, so können die Antragsteller unter Mitteilung des Sachverhalts selbst den Verwaltungsrat einberufen.

(3) Der Verwaltungsrat muss mindestens sechsmal im Geschäftsjahr eine Sitzung abhalten. Die Sitzungen haben zweimonatlich stattzufinden.

Vergütung, Wettbewerbsverbot und Kreditgewährung

§ 54. „Für die Vergütung der Mitglieder des Verwaltungsrats gilt § 98 AktG, in einer börsenotierten Gesellschaft auch § 98a AktG, sinngemäß.“ Für Mitglieder des Verwaltungsrats, die geschäftsführende Direktoren sind, ist auch auf die Grundsätze des § 78 AktG Bedacht zu nehmen. Ebenso sinngemäß gelten §§ 79 und 80 AktG, soweit die Satzung nichts anderes vorsieht. *(BGBl I 2019/63)*

Sorgfaltspflicht und Verantwortlichkeit der Verwaltungsratsmitglieder

§ 55. Für die Sorgfaltspflicht und Verantwortlichkeit der Mitglieder des Verwaltungsrats gelten §§ 84 und 99 AktG sinngemäß.

Geschäftsführende Direktoren; Aufgaben

§ 56. Die geschäftsführenden Direktoren führen die laufenden Geschäfte der Gesellschaft. Gesetzlich dem Verwaltungsrat zugewiesene Aufgaben können nicht auf die geschäftsführenden Direktoren übertragen werden.

Innere Ordnung – Geschäftsführung

§ 57. (1) Sind mehrere geschäftsführende Direktoren bestellt, so sind sie nur gemeinschaftlich zur Geschäftsführung befugt. Die Satzung oder der Verwaltungsrat können Abweichendes bestimmen.

(2) Werden mehrere Personen zu geschäftsführenden Direktoren bestellt, so kann der Verwaltungsrat ein Mitglied zum Vorsitzenden (Generaldirektor) ernennen. Wenn die Satzung nichts anderes bestimmt, gibt bei Stimmengleichheit die Stimme des Vorsitzenden den Ausschlag.

(3) Für Sorgfaltspflicht und Verantwortlichkeit der geschäftsführenden Direktoren gilt § 84 AktG sinngemäß.

Berichtspflichten des Verwaltungsrats und der geschäftsführenden Direktoren

§ 58. (1) Der Verwaltungsrat hat der Hauptversammlung mindestens einmal jährlich über die laufenden Geschäfte der Gesellschaft zu berichten sowie die künftige Entwicklung der Vermögens-, Finanz- und Ertragslage anhand einer Vorschaurechnung darzustellen (Jahresbericht). Die geschäftsführenden Direktoren haben weiters dem Verwaltungsrat regelmäßig, mindestens vierteljährlich, über den Gang der Geschäfte und die Lage des Unternehmens im Vergleich zur Vorschaurechnung unter Berücksichtigung der künftigen Entwicklung zu berichten (Quartalsbericht). Bei wichtigem Anlass ist dem Vorsitzenden des Verwaltungsrats unverzüglich zu berichten; ferner ist über Umstände, die für die Rentabilität oder Liquidität der Gesellschaft von erheblicher Bedeutung sind, dem Verwaltungsrat unverzüglich zu berichten (Sonderbericht). § 81 Abs. 2 AktG gilt sinngemäß.

(2) Der Verwaltungsrat kann von den geschäftsführenden Direktoren jederzeit einen Bericht über die Angelegenheiten der Gesellschaft einschließlich ihrer Beziehungen zu einem Konzernunternehmen verlangen. Auch ein einzelnes Mitglied kann einen Bericht, jedoch nur an den Verwaltungsrat als solchen, verlangen; lehnen die geschäftsführenden Direktoren die Berichterstattung ab, so kann der Bericht nur dann verlangt werden, wenn ein anderes Mitglied des Verwaltungsrats das Verlangen unterstützt. Der Vorsitzende des Verwaltungsrats kann einen Bericht auch ohne Unterstützung eines anderen Verwaltungsratsmitglieds verlangen.

Bestellung und Abberufung

§ 59. (1) Der Verwaltungsrat hat einen oder mehrere geschäftsführende Direktoren auf höchstens fünf Jahre zu bestellen. Mitglieder des Verwaltungsrats können zu geschäftsführenden Direktoren bestellt werden, wenn die Mehrheit des Verwaltungsrats weiterhin aus nicht geschäftsführenden Mitgliedern besteht.

(2) In börsenotierten Gesellschaften (§ 3 AktG) dürfen die geschäftsführenden Direktoren dem Verwaltungsrat nicht angehören. *(BGBl I 2011/53)*

(3) Wird ein geschäftsführender Direktor auf eine bestimmte längere Zeit, auf unbestimmte Zeit oder ohne Zeitangabe bestellt, ist die Bestellung fünf Jahre wirksam. Eine wiederholte Bestellung ist zulässig; sie bedarf jedoch zu ihrer Wirksamkeit der schriftlichen Bestätigung durch den Vorsitzenden des Verwaltungsrats. Diese Vorschriften gelten sinngemäß für den Anstellungsvertrag.

(4) Werden Dritte zu geschäftsführenden Direktoren bestellt, gilt für sie § 75 Abs. 2 AktG entsprechend.

(5) Geschäftsführende Direktoren können jederzeit durch Beschluss des Verwaltungsrats abberufen werden. Für die Ansprüche aus dem Anstellungsvertrag gelten die allgemeinen Bestimmungen.

Vergütung, Wettbewerbsverbot und Kreditgewährung

§ 60. §§ 77 bis 80 AktG gelten sinngemäß für die geschäftsführenden Direktoren.

4. Abschnitt

Gemeinsame Vorschriften für die Mitglieder des Verwaltungsrats und die geschäftsführenden Direktoren

Handeln zum Schaden der Gesellschaft zwecks Erlangung gesellschaftsfremder Vorteile

§ 61. Die §§ 100 und 101 AktG sind sinngemäß auf die Mitglieder des Verwaltungsrats und die geschäftsführenden Direktoren anzuwenden.

5. Abschnitt

Hauptversammlung

§ 62. (1) Für die Einberufung der Hauptversammlung und die Ergänzung der Tagesordnung durch einen oder mehrere Aktionäre genügt ein Anteil von fünf vom Hundert des gezeichneten Kapitals.

(2) § 104 AktG gilt nach Maßgabe folgender Bestimmungen:

1. An die Stelle der Frist von acht Monaten tritt eine Frist von sechs Monaten.

2. Die Hauptversammlung stellt den Jahresabschluss fest, wenn der Verwaltungsrat den von den geschäftsführenden Direktoren vorgelegten Jahresabschluss nicht gebilligt hat oder eine Feststellung durch die Hauptversammlung beschlossen hat.

3. Bei der Beschlussfassung über die Verwendung des Bilanzgewinns ist die Hauptversammlung an den vom Verwaltungsrat festgestellten Jahresabschluss gebunden. Sie kann jedoch den Bilanzgewinn ganz oder teilweise von der Verteilung ausschließen, soweit sie auf Grund der Satzung hiezu ermächtigt ist. Die Änderungen des Jahresabschlusses, die hierdurch nötig werden, haben die geschäftsführenden Direktoren vorzunehmen.

(BGBl I 2009/71)

6. Abschnitt

Kapitalerhaltung

Genehmigtes Kapital

§ 63. (1) Wird der Verwaltungsrat von der Hauptversammlung ermächtigt, über den Ausschluss des Bezugsrechts gemäß § 170 Abs. 2 AktG zu entscheiden, so hat der Verwaltungsrat hierüber in sinngemäßer Anwendung des § 153 Abs. 4 zweiter Satz AktG spätestens zwei Wochen vor Zustandekommen des Beschlusses des Verwaltungsrats einen Bericht zu veröffentlichen.

(2) Wird der Verwaltungsrat von der Hauptversammlung ermächtigt, über die bedingte Kapitalerhöhung für die Einräumung von Aktienoptionen an leitende Angestellte und „geschäftsführende Direktoren" gemäß § 159 Abs. 3 AktG zu entscheiden, so hat der Verwaltungsrat hierüber einen Bericht gemäß § 159 Abs. 2 Z 3 AktG vor Zustandekommen des Beschlusses des Verwaltungsrats zu veröffentlichen. *(BGBl I 2005/59)*

5. Hauptstück

Strafbestimmungen und Zwangsstrafen

Strafbestimmungen

§ 64. *(aufgehoben, BGBl I 2015/112)*

Zwangsstrafen

§ 65. (1) Die Vorstandsmitglieder, die Verwaltungsratsmitglieder oder die geschäftsführenden Direktoren oder die Abwickler einer Europäischen Gesellschaft (SE), im Fall einer inländischen Zweigniederlassung die für diese im Inland vertretungsbefugten Personen, sind, unbeschadet der allgemeinen „unternehmensrechtlichen"** Vorschriften, zur Befolgung der §§ 33 Abs. 3, 65a Abs. 3, 81, 89 Abs. 1, 95 Abs. 2 und 3, „96 Abs. 1 und 3, 104 Abs. 1, 2 und 4, 105 Abs. 2, 108 Abs. 3 bis 5, 110 Abs. 1, 118 Abs. 1, 128 Abs. 2, 133 Abs. 1 bis 3"***, 174 Abs. 2, 197 Abs. 5, 207 Abs. 1, 211 Abs. 1 und 2, 214 Abs. 2, 225k Abs. 1 AktG und der §§ 15 Abs. 5, 24 Abs. 5, 27 Abs. 5, 36, 39 Abs. 4, „41 Abs. 5"*, 42, 47 Abs. 1 und 58 dieses Bundesgesetzes „ "***** vom Gericht durch Zwangsstrafen bis zu 3 600 Euro anzuhalten. „§ 24 Abs. 2 bis 5 FBG"**** ist sinngemäß anzuwenden. *(*BGBl I 2005/59; **BGBl I 2005/120; ***BGBl I 2009/71; ****BGBl I 2010/111; *****BGBl I 2014/22)*

(2) Die Anmeldungen zum Firmenbuch nach den §§ 28, 45, 46, 148 Abs. 1, §§ 151, 155, 162,

176, 192 Abs. 4, §§ 215, 225 Abs. 1 erster Satz, § 233 Abs. 5, §§ 240, 248 AktG sowie den §§ 15 Abs. 1, 16 Abs. 1, 24 Abs. 1, 27 Abs. 1, 28 Abs. 1 und 32 dieses Bundesgesetzes werden nicht erzwungen.

6. Hauptstück

Schluss- und Übergangsbestimmungen

Verweisungen

§ 66. Soweit in diesem Bundesgesetz auf Bestimmungen anderer Bundesgesetze verwiesen wird, sind diese in ihrer jeweils geltenden Fassung anzuwenden.

In-Kraft-Treten

§ 67. „(1)" Dieses Bundesgesetz tritt am 8. Oktober 2004 in Kraft. *(BGBl I 2005/59)*

(2) § 37, § 40 Abs. 2, § 41 Abs. 1 bis 3, § 42, § 45, § 46 Abs. 1 und 3, § 51 Abs. 3, 3a und 4, § 52 Abs. 1, § 63 Abs. 2 und § 65 Abs. 1 in der Fassung des Bundesgesetzes BGBl. I Nr. 59/2005 treten mit 1. Jänner 2006 in Kraft. *(BGBl I 2005/59)*

(3) § 3, § 7 Abs. 2, § 25 Abs. 2, § 64 Abs. 1 Z 4 und § 65 Abs. 1 in der Fassung des Handelsrechts-Änderungsgesetzes, BGBl. I Nr. 120/2005, treten mit 1. Jänner 2007 in Kraft. *(BGBl I 2005/120)*

(4) Die §§ 7, 37, 40 und 51 in der Fassung des Bundesgesetzes BGBl. I Nr. 70/2008 treten mit 1. Juni 2008 in Kraft. § 7 Abs. 2 ist anzuwenden, wenn die Bestellung zum Prüfer nach dem 31. Mai 2008 erfolgt. Die §§ 37 und 40 sind auf Verträge anzuwenden, die nach dem 31. Mai 2008 geschlossen werden. § 51 Abs. 3a ist auf Geschäftsjahre anzuwenden, die nach dem 31. Dezember 2008 beginnen; bis dorthin ist § 51 Abs. 3a in der bisher geltenden Fassung anzuwenden. *(BGBl I 2008/70)*

(5) § 7 Abs. 4, § 8, § 9 Abs. 1 bis 3, § 13 Abs. 2, § 31 Abs. 1 und 2, § 41 Abs. 1, 2 und 5, § 46 Abs. 3, § 62 und § 65 Abs. 1 in der Fassung des Aktienrechts-Änderungsgesetzes 2009, BGBl. I Nr. 71/2009, treten mit 1. August 2009 in Kraft. § 31 Abs. 3 und § 42 treten mit Ablauf des 31. Juli 2009 außer Kraft. Abweichend davon sind auf Hauptversammlungen, die vor dem 1. August 2009 einberufen werden, nicht § 7 Abs. 4, § 8, § 9 Abs. 1 bis 3, § 31 Abs. 1 und 2, § 41 Abs. 1, 2 und 5, § 46 Abs. 3, § 62 und § 65 Abs. 1, sondern die bisher für Hauptversammlungen geltenden Bestimmungen weiter anzuwenden. § 37 und § 40 Abs. 2 in der Fassung des Aktienrechts-Änderungsgesetzes 2009, BGBl. I Nr. 71/2009, treten mit 1. August 2009 in Kraft, wobei die Anpassung der Satzung mit der ersten Satzungsänderung nach Inkrafttreten, längstens jedoch bis 31. Dezember 2012 zu erfolgen hat. *(BGBl I 2009/71)*

(6) § 65 Abs. 1 in der Fassung des Budgetbegleitgesetzes 2011, BGBl. I Nr. 111/2010, ist auf Verstöße gegen die in § 65 Abs. 1 genannten Pflichten anzuwenden, die nach dem 1. Jänner 2011 gesetzt werden. *(BGBl I 2010/111)*

(7) § 19 Abs. 1, § 24 Abs. 1 und § 59 Abs. 2 in der Fassung des Gesellschaftsrechts-Änderungsgesetzes 2011, BGBl. I Nr. 53/2011, treten mit 1. August 2011 in Kraft. Auf Gründungen durch Verschmelzung, bei denen vor diesem Zeitpunkt die Bereitstellung der Unterlagen (§ 221a Abs. 2 AktG) erfolgte, sind die bis dahin geltenden Bestimmungen weiter anzuwenden. *(BGBl I 2011/53)*

(8) § 65 in der Fassung des Bundesgesetzes BGBl. I Nr. 22/2015 tritt mit 20. Juli 2015 in Kraft und ist auf Verstöße gegen die in § 65 genannten Pflichten anzuwenden, die nach dem 19. Juli 2015 gesetzt werden oder fortdauern. *(BGBl I 2014/22)*

(9) § 64 tritt mit Ablauf des 31. Dezember 2015 außer Kraft. *(BGBl I 2015/112)*

(10) § 51 Abs. 3a in der Fassung des Bundesgesetzes BGBl. I Nr. 43/2016 tritt mit 17. Juni 2016 in Kraft; der zusätzliche Bericht (Z 2 erster Satz) ist erstmals über die Prüfung von Geschäftsjahren zu erstellen, die nach dem 16. Juni 2016 beginnen. *(BGBl I 2016/43)*

(11) § 45 Abs. 3 in der Fassung des Bundesgesetzes BGBl. I Nr. 104/2017 tritt mit 1. Jänner 2018 in Kraft und ist auf Wahlen und Entsendungen in den Verwaltungsrat anzuwenden, die nach dem 31. Dezember 2017 erfolgen. Bestehende Verwaltungsratsmandate bleiben davon unberührt; das Mindestanteilsgebot ist bei einem Nachrücken von vor dem 1. Jänner 2018 gewählten oder entsandten Ersatzmitgliedern zu beachten. *(BGBl I 2019/63)*

(12) § 37 und § 40 Abs. 2 in der Fassung des Bundesgesetzes BGBl. I Nr. 107/2017 treten mit 3. Jänner 2018 in Kraft, wobei die Anpassung der Satzung mit der ersten Satzungsänderung nach Inkrafttreten, längstens jedoch bis 3. Jänner 2021 zu erfolgen hat. *(BGBl I 2019/63)*

(13) Die §§ 40a und 54 in der Fassung des Aktienrechts-Änderungsgesetzes 2019, BGBl. I Nr. 63/2019, treten mit 10. Juni 2019 in Kraft. *(BGBl I 2019/63)*

Vollziehung

§ 68. Mit der Vollziehung dieses Bundesgesetzes ist der Bundesminister für Justiz betraut.

11. Gesetz über Erwerbs- und Wirtschaftsgenossenschaften (Genossenschaftsgesetz – GenG)

RGBl 1873/70 idF

1 StGBl 1920/328
2 BGBl 1925/277
3 BGBl 1928/63
4 BGBl II 1934/195
5 DRGBl 1938 I S 982
6 DRGBl 1942 I S 729
7 DRGBl 1943 I S 251
8 BGBl 1954/190
9 BGBl 1974/81
10 BGBl 1974/422
11 BGBl 1976/91
12 BGBl 1982/371
13 BGBl 1989/343
14 BGBl 1991/10
15 BGBl 1991/625
16 BGBl I 1997/127
17 BGBl I 2000/136
18 BGBl I 2005/120 (HaRÄG)
19 BGBl I 2006/104 (GenRÄG 2006)
20 BGBl I 2008/70 (URÄG 2008)
21 BGBl I 2010/29 (IRÄG 2010; Begriffsersetzungen)
22 BGBl I 2015/22 (RÄG 2014)
23 BGBl I 2015/112 (Strafrechtsänderungsgesetz 2015)
24 BGBl I 2016/43 (APRÄG 2016)
25 BGBl I 2017/104 (GFMA-G)
26 BGBl I 2018/69

GLIEDERUNG

STICHWORTVERZEICHNIS

Stichwortverzeichnis

Gesetz vom 9. April 1873 über Erwerbs- und Wirtschaftsgenossenschaften

I. Hauptstück
Allgemeine Bestimmungen

Erster Abschnitt
Von der Errichtung der Genossenschaften und dem Rechtsverhältnisse ihrer Mitglieder

§ 1. (1) Dieses Gesetz gilt für „Personenvereinigungen mit Rechtspersönlichkeit" von nicht geschlossener Mitgliederzahl, die im wesentlichen der Förderung des Erwerbes oder der Wirtschaft ihrer Mitglieder dienen (Genossenschaften), wie für Kredit-, Einkaufs-, Verkaufs-, Konsum-, Verwertungs-, Nutzungs-, Bau-, Wohnungs- und Siedlungsgenossenschaften. *(BGBl I 2008/70)*

(2) Mittel zur Förderung kann auch die Beteiligung der Genossenschaft an juristischen Personen des „Unternehmens-, des Genossenschafts- und des Vereinsrechts sowie an unternehmerisch tätigen eingetragenen Personengesellschaften" sein, wenn diese Beteiligung der Erfüllung des satzungsmäßigen Zweckes der Genossenschaft und nicht überwiegend der Erzielung von Erträgnissen der Einlage dient. *(BGBl I 2005/120)*

(3) Genossenschaften können auch die in Art. 1 Abs. 3 der Verordnung 2003/1435/EG über das Statut der Europäischen Genossenschaft (SCE), ABl. Nr. L 207 S. 1, genannten Zwecke verfolgen. *(BGBl I 2008/70)*

(BGBl 1974/81)

§ 2. (1) Erwerbs- und Wirtschaftsgenossenschaften können entweder mit unbeschränkter oder mit beschränkter Haftung ihrer Mitglieder errichtet werden.

(2) Im ersten Falle haftet jeder Genossenschafter für die Verbindlichkeiten der Genossenschaft solidarisch mit seinem ganzen Vermögen, im zweiten Falle nur bis zu einem bestimmten, im voraus festgesetzten Betrage.

(3) Bei Erwerbs- und Wirtschaftsgenossenschaften, welche die gemeinschaftliche Beschaffung von Lebensmitteln und anderen Waren für den Haushalt im großen und deren Absatz im kleinen zum Zwecke haben (Konsumvereine), kann die Haftung auf den Geschäftsanteil beschränkt werden, wenn dieser mindestens „einen Euro" beträgt und wenn die Abgabe von Waren sowie, falls der Konsumverein Spareinlagen übernimmt, auch die Übernahme solcher statutenmäßig auf die Mitglieder beschränkt ist. *(BGBl 1954/190; BGBl I 2000/136)*

§ 3. (1) Zur Gründung der Genossenschaft ist erforderlich:

1. die Annahme einer Genossenschaftsfirma;

2. die schriftliche Abfassung des Genossenschaftsvertrages (Statuts);

3. die Eintragung dieses Vertrages in das Firmenbuch.

(2) Der Beitritt der einzelnen Genossenschafter geschieht durch schriftliche Erklärung.

§ 4. Die Firma der Genossenschaft muss, auch wenn sie nach § 22 UGB oder nach anderen gesetzlichen Vorschriften fortgeführt wird, die Bezeichnung „eingetragene Genossenschaft" enthalten; die Bezeichnung kann abgekürzt werden, insbesondere mit „e. Gen.".

(BGBl I 2005/120)

§ 5. Der Genossenschaftsvertrag muß enthalten:

1. die Firma und den Sitz der Genossenschaft;

2. den Gegenstand des Unternehmens;

3. die Zeitdauer der Genossenschaft, im Falle dieselbe auf eine bestimmte Zeit beschränkt sein soll;

4. die Bedingungen des Eintrittes der Genossenschafter sowie die allfälligen besonderen Bestimmungen über das Ausscheiden (Austritt, Tod oder Ausschließung) derselben;

5. den Betrag der Geschäftsanteile der einzelnen Genossenschafter und die Art der Bildung dieser Anteile;

6. die Grundsätze, nach welchen die Bilanz aufzunehmen und der Gewinn zu berechnen ist, die Art und Weise, wie die Prüfung der Bilanz erfolgt, sowie die Bestimmung über die Verteilung des Gewinnes und Verlustes unter die einzelnen Genossenschafter;

7. die Art der Wahl und Zusammensetzung des Vorstandes und die Formen für die Legitimation der Mitglieder des Vorstandes sowie der Stellvertreter derselben und der Beamten der Genossenschaft;

8. die Form, in welcher die Zusammenberufung der Genossenschafter geschieht;

9. die Bedingungen des Stimmrechtes der Genossenschafter und die Form, in welcher dasselbe ausgeübt wird;

10. die Gegenstände, über welche nicht schon durch einfache Stimmenmehrheit der auf Zusammenberufung erschienenen Genossenschafter, sondern nur durch eine größere Stimmenmehrheit oder nach anderen Erfordernissen Beschluß gefaßt werden kann;

11. die Art und Weise, in welcher die von der Genossenschaft ausgehenden Bekanntmachungen erfolgen;

12. die Angabe, ob die Haftung der Genossenschafter für die Verbindlichkeiten der Genossen-

schaft unbeschränkt, beschränkt oder auf den Geschäftsanteil eingeschränkt (§ 2, Abs. 3) ist, und im Falle der beschränkten Haftung, wenn die Haftung über das im § 76 bestimmte Maß ausgedehnt wird, die Angabe des Umfanges dieser Haftung; *(StGBl 1920/328)*

13. die Benennung der Mitglieder des ersten Vorstandes oder derjenigen Personen, welche die Registrierung der Genossenschaft zu erwirken haben.

§ 5a. „(1)" Der Aufnahme in den Genossenschaftsvertrag bedarf es, wenn die Genossenschaft zulassen will

1. die Ausdehnung des Zweckgeschäfts auf Nichtmitglieder, wobei die sich aus dem § 1 Abs. 1 ergebende Beschränkung ausdrücklich aufzunehmen ist, oder

2. die Beteiligung an juristischen Personen des „Unternehmens-, des Genossenschafts- oder des Vereinsrechts oder an unternehmerisch tätigen eingetragenen Personengesellschaften". *(BGBl I 2005/120)*
(BGBl I 2006/104)

(2) [1]Der Genossenschaftsvertrag kann

1. vorsehen, dass Personen, die für die Nutzung oder Produktion der Güter und die Nutzung oder Erbringung der Dienste der Genossenschaft nicht in Frage kommen, als investierende (nicht nutzende) Mitglieder zugelassen werden können;

2. unmittelbar oder mittelbar einen Sockelbetrag bestimmen, den der Gesamtnennbetrag der Geschäftsanteile trotz gänzlichen oder teilweisen Ausscheidens von Mitgliedern nicht unterschreiten darf, wenn der Genossenschaftsvertrag die Übertragung der Geschäftsanteile und sonstigen aufgrund des Genossenschaftsverhältnisses zugeschriebenen Guthaben der Genossenschafter nicht ausschließt. [2]Der Anspruch der ganz oder teilweise ausgeschiedenen Mitglieder auf Rückzahlung ihrer Geschäftsguthaben wird ausgesetzt, solange und soweit das Ausscheiden ein Absinken des Gesamtnennbetrags der Geschäftsanteile unter diesen Sockelbetrag zur Folge hätte. [2]Eine danach mögliche Teilauszahlung ist innerhalb einer Gruppe von Personen, die zu einem bestimmten Zeitpunkt ganz oder teilweise ausgeschieden sind, aliquot nach der Höhe der rückzuzahlenden Geschäftsguthaben zu verteilen.
(BGBl I 2006/104)

(BGBl 1974/81)

§ 5b. Sofern bei Anmeldung der Genossenschaft ein Aufsichtsrat bestellt ist, ist der Anmeldung ein Verzeichnis seiner Mitglieder mit Angabe ihres Namens und Geburtsdatums beizuschließen.

(BGBl 1991/10)

§ 6. (1) Der in das Firmenbuch eingetragene (registrierte) Genossenschaftsvertrag muß im Auszuge veröffentlicht werden.

(2) Der Auszug muß enthalten:

1. das Datum des Genossenschaftsvertrages;

2. die Firma, den Sitz und die für Zustellungen maßgebliche Geschäftsanschrift der Genossenschaft; *(BGBl 1991/10)*

3. die Zeitdauer der Genossenschaft, im Falle dieselbe auf eine bestimmte Zeit beschränkt sein soll;

4. Namen und Geburtsdaten der Mitglieder des Vorstandes, falls ein solcher schon in dem Genossenschaftsvertrag bestellt ist; *(BGBl 1991/10)*

5. die Art und Weise, in welcher die von der Genossenschaft ausgehenden Bekanntmachungen erfolgen;

6. die Angabe, ob die Haftung der Genossenschafter für die Verbindlichkeiten der Genossenschaft unbeschränkt, beschränkt oder auf den Geschäftsanteil eingeschränkt (§ 2, Abs. 3) ist, und im Falle der beschränkten Haftung, wenn die Haftung über das im § 76 bestimmte Maß ausgedehnt wird, die Angabe des Umfanges dieser Haftung. *(StGBl 1920/328)*

(3) Ist in dem Genossenschaftsvertrage eine Form bestimmt, in welcher der Vorstand seine Willenserklärungen kundgibt und für die Genossenschaft zeichnet, so ist auch diese Bestimmung zu veröffentlichen.

§ 7. (1) Bei allen Anmeldungen zur Eintragung in das Firmenbuch kann die gerichtliche oder notarielle Beglaubigung entfallen, wenn die Anmeldung oder die Vollmacht mit der firmenmäßigen Zeichnung der Genossenschaft versehen ist und die Unterschriften der Zeichnenden bei den Akten des Gerichtes (§ 120 JN) bereits in beglaubigter Form erliegen.

(2) Zum Nachweis eines Beschlusses der Generalversammlung, des Vorstandes, des Aufsichtsrats oder eines anderen Organs der Genossenschaft genügt – sofern der Genossenschaftsvertrag nichts anderes bestimmt – die Vorlage einer von der Genossenschaft unter ihrer firmenmäßigen Zeichnung als richtig bestätigten Protokollabschrift, wenn die Unterschriften der Zeichnenden bei den Akten des Gerichtes (§ 120 JN) bereits in beglaubigter Form erliegen.

(3) Von der Echtheit der Zeichnung hat sich das Gericht, wenn eine gerichtliche oder notarielle Beglaubigung der Unterschriften nicht vorliegt, durch Vergleich der Zeichnung mit den in den Akten erliegenden beglaubigten Unterschriften zu überzeugen.

(BGBl 1991/10)

§ 8. Vor erfolgter Eintragung in das Firmenbuch besteht die Genossenschaft als solche nicht. Wenn vor erfolgter Eintragung im Namen der Genossenschaft gehandelt wird, so haften die Handelnden persönlich und solidarisch.

§ 9. (1) Jede Abänderung des Genossenschaftsvertrages muß schriftlich erfolgen und dem Handelsgerichte unter Beilegung einer Abschrift des Genossenschaftsbeschlusses angemeldet werden.

(2) [1]Mit dem Abänderungsbeschlusse wird in gleicher Weise wie mit dem ursprünglichen Vertrage verfahren. [2]Eine Veröffentlichung desselben findet nur insoweit statt, als sich dadurch die in den früheren Bekanntmachungen enthaltenen Bestimmungen ändern.

(3) Der Beschluß hat keine rechtliche Wirkung, bevor derselbe bei dem Handelsgerichte, in dessen Bezirk die Genossenschaft ihren Sitz hat, in das Firmenbuch eingetragen ist.

§ 10. *(aufgehoben, BGBl 1991/10)*

§ 11. [1]Das Rechtsverhältnis der Genossenschafter untereinander richtet sich zunächst nach dem Genossenschaftsvertrage. [2]Letzterer darf von den Bestimmungen dieses Gesetzes nur in denjenigen Punkten abweichen, bei welchen dies ausdrücklich für zulässig erklärt ist.

§ 12. (1) Die Genossenschaft kann unter ihrer Firma Rechte erwerben und Verbindlichkeiten eingehen, Eigentum und andere dingliche Rechte auch an Grundstücken erwerben, vor Gericht klagen und geklagt werden.

(2) Ihr ordentlicher Gerichtsstand ist bei dem Gerichte, in dessen Bezirk sie ihren Sitz hat.

§ 13. *(aufgehoben, BGBl I 2005/120)*

§ 14. (1) Am Sitze der Genossenschaft ist ein Register zu führen, in welches der Vor- und Zuname und Stand eines jeden Genossenschafters, der Tag seines Eintrittes in die Genossenschaft und seines Ausscheidens aus derselben, die Anzahl der einem jeden gehörigen Geschäftsanteile, sowie die Kündigung eines oder mehrerer Geschäftsanteile einzutragen ist.

(2) Die Einsicht dieses Registers sowie des Genossenschaftsvertrages und seiner allfälligen Abänderungen muß jedermann gestattet werden.

Zweiter Abschnitt

Von dem Vorstande, dem Aufsichtsrate und der Generalversammlung.

§ 15. (1) [1]Jede Genossenschaft muss einen von der Generalversammlung aus der Zahl der Genossenschafter oder deren vertretungsbefugter Organmitglieder zu wählenden Vorstand haben. [2]Der Genossenschaftsvertrag kann statt dessen die Bestellung durch den Aufsichtsrat vorsehen.

(2) [1]Der Vorstand kann aus einem Mitglied oder mehreren Mitgliedern bestehen, diese können besoldet oder unbesoldet sein. [2]Das Bestellungsorgan kann ihre Bestellung jederzeit widerrufen, unbeschadet der Entschädigungsansprüche aus bestehenden Verträgen.

(3) [1]Sieht der Genossenschaftsvertrag die Bestellung des Vorstands durch den Aufsichtsrat vor und legt er für Vorstandsmitglieder jeweils eine Funktionsperiode fest, so kann er auch vorsehen, dass deren Bestellung vom Aufsichtsrat nur aus wichtigem Grund widerrufen werden kann. [2]Ein in diesem Fall ohne Vorliegen eines wichtigen Grundes ausgesprochener Widerruf ist dennoch wirksam, solange nicht über seine Unwirksamkeit rechtskräftig entschieden ist. [3]Die Generalversammlung kann die Entscheidung über den Widerruf der Bestellung auch bei einer solchen Satzungsregelung an sich ziehen und Vorstandsmitglieder ohne Vorliegen eines wichtigen Grundes abberufen.

(BGBl I 2008/70, zum Inkrafttreten beachte § 94e!)

§ 16. (1) [1]Name und Geburtsdatum der Mitglieder des Vorstandes, ihre Stellvertreter und deren Vertretungsbefugnis sind unverzüglich zur Eintragung in das Firmenbuch anzumelden. [2]Der Anmeldung ist ihre Legitimation beizufügen. [3]Sie haben ihre Namensunterschrift zur Aufbewahrung bei Gericht (§ 120 JN) zu zeichnen oder die Zeichnung in beglaubigter Form einzureichen.

(2) Eine vorläufige Entbindung durch den Aufsichtsrat „(§ 24e Abs. 2)" gilt als Änderung der Vertretungsbefugnis. *(BGBl I 2018/69)*

(BGBl 1991/10)

§ 17. (1) Die Genossenschaft wird durch den Vorstand gerichtlich und außergerichtlich vertreten.

(2) [1]Besteht der Vorstand aus mehreren Personen, so sind, wenn der Genossenschaftsvertrag nicht anderes bestimmt, sämtliche Vorstandsmitglieder nur gemeinschaftlich zur Abgabe von Willenserklärungen und zur Zeichnung für die Genossenschaft befugt. [2]Der Vorstand kann einzelne Vorstandsmitglieder zur Vornahme bestimmter Geschäfte oder bestimmter Arten von Geschäften ermächtigen. [3]Ist eine Willenserklärung der Genossenschaft gegenüber abzugeben, so genügt die Abgabe gegenüber einem Vorstandsmitglied.

(3) Der Genossenschaftsvertrag kann, wenn der Vorstand aus mehreren Personen besteht, auch bestimmen, daß einzelne von diesen allein oder in Gemeinschaft mit einem Prokuristen zur Ver-

tretung der Genossenschaft befugt sind; es muß aber in jedem Fall die Möglichkeit bestehen, daß die Genossenschaft vom Vorstand auch ohne die Mitwirkung eines Prokuristen vertreten werden kann.

(4) Der Vorstand hat in der Weise zu zeichnen, daß die Zeichnenden zu der Firma der Genossenschaft oder zu der Benennung des Vorstandes ihre Namensunterschrift hinzufügen.

(BGBl 1974/81)

§ 18. (1) [1]Die Genossenschaft wird durch die vom Vorstande in ihrem Namen geschlossenen Rechtsgeschäfte berechtigt und verpflichtet. [2]Es ist gleichgültig, ob das Geschäft ausdrücklich im Namen der Genossenschaft geschlossen worden ist, oder ob die Umstände ergeben, daß es nach dem Willen der Kontrahenten für die Genossenschaft geschlossen werden sollte.

(2) Die Befugnis des Vorstandes zur Vertretung der Genossenschaft erstreckt sich auch auf alle Geschäfte, zu welchen nach dem allgemeinen bürgerlichen Rechte eine besondere, auf die Gattung des Geschäftes lautende Vollmacht erforderlich ist.

§ 19. [1]Der Vorstand ist der Genossenschaft gegenüber verpflichtet, die Beschränkungen einzuhalten, welche in dem Genossenschaftsvertrage oder durch Beschlüsse der Generalversammlung für den Umfang seiner Befugnis, die Genossenschaft zu vertreten, festgesetzt sind. [2]Gegen dritte Personen hat jedoch eine Beschränkung des Vorstandes, die Genossenschaft zu vertreten, keine rechtliche Wirkung. [3]Dies gilt insbesondere für den Fall, daß die Vertretung sich nur auf gewisse Geschäfte oder Arten von Geschäften erstrecken, oder nur unter gewissen Umständen, oder für eine gewisse Zeit, oder an einzelnen Orten stattfinden soll, oder daß die Zustimmung der Generalversammlung, eines Aufsichtsrates oder eines anderen Organes der Genossenschaft für einzelne Geschäfte erfordert wird.

§ 20. Eide namens der Genossenschaft werden durch den Vorstand geleistet.

§ 21. Zur Behändigung von Vorladungen und anderen Zustellungen an die Genossenschaft genügt es, wenn dieselbe an ein Mitglied des Vorstandes, welches zu zeichnen oder mitzuzeichnen befugt ist, oder an einen Beamten der Genossenschaft, welcher dieselbe vor Gericht zu vertreten berechtigt ist, geschieht.

§ 22. (1) [1]Der Vorstand hat dafür zu sorgen, dass ein Rechnungswesen geführt wird, das den Anforderungen des Unternehmens entspricht. [2]Eine aufsichtsratspflichtige Genossenschaft (§ 24 Abs. 1) hat ein den Anforderungen des Unternehmens entsprechendes internes Kontrollsystem einzurichten. *(BGBl I 2008/70)*

(2) [1]Er hat ferner in den ersten fünf Monaten eines jeden Geschäftsjahres für das vorangegangene Geschäftsjahr einen Abschluß (Jahresabschluß oder sonstiger Rechnungsabschluß) sowie einen Bericht zu erstellen, der Angaben über den Geschäftsverlauf und die Lage des Unternehmens, über die Entwicklung des Mitgliederstandes, der Geschäftsanteile und der darauf entfallenden Haftsummen und geleisteten Beträge enthält, und dem Aufsichtsrat der Genossenschaft, falls ein solcher besteht, zur Prüfung und Weiterleitung an die Generalversammlung vorzulegen. [2]Im Bericht ist auch auf die Erfüllung des Genossenschaftszwecks einzugehen.

(3) [1]Der Vorstand einer aufsichtsratspflichtigen Genossenschaft (§ 24 Abs. 1) hat dem Aufsichtsrat mindestens einmal jährlich über grundsätzliche Fragen der künftigen Geschäftspolitik des Unternehmens zu berichten sowie die künftige Entwicklung der Vermögens-, Ertrags- und – sofern vom Jahresabschluss umfasst – Finanzlage anhand einer Vorschaurechnung darzustellen (Jahresbericht). [2]Der Vorstand hat weiters dem Aufsichtsrat regelmäßig, mindestens vierteljährlich, über den Gang der Geschäfte und die Lage des Unternehmens im Vergleich zur Vorschaurechnung unter Berücksichtigung der künftigen Entwicklung zu berichten (Quartalsbericht). [3]Bei wichtigem Anlass ist dem Vorsitzenden des Aufsichtsrats unverzüglich zu berichten; ferner ist über Umstände, die für die Rentabilität oder Liquidität der Genossenschaft von erheblicher Bedeutung sind, dem Aufsichtsrat unverzüglich zu berichten (Sonderbericht). [4]Der Jahresbericht ist schriftlich zu erstatten und auf Verlangen des Aufsichtsrats mündlich zu erläutern. *(BGBl I 2008/70)*

(4) [1]Für Genossenschaften, die mindestens zwei der in § 221 Abs. 1 „UGB“* bezeichneten Merkmale überschreiten, gelten die ergänzenden Vorschriften des Zweiten Abschnitts des Dritten Buches des „UGB“* mit der Maßgabe, daß das „„eingeforderte Nennkapital“**“ im Sinn des § 224 Abs. 3 „UGB“* als „Gesamtnennbetrag der Geschäftsanteile“ zu bezeichnen ist. [2]Von den in Abs. 2 vorgesehenen Berichtsangaben sind jene über den Geschäftsverlauf und die Lage des Unternehmens in den Lagebericht, die übrigen in den Anhang aufzunehmen. *(*BGBl I 2005/120; **BGBl I 2016/43)*

(5) [1]Stehen Unternehmen unter der einheitlichen Leitung einer Genossenschaft (Mutterunternehmen) mit Sitz im Inland „ “**, oder stehen ihr bei diesen Unternehmen die Rechte nach § 244 Abs. 2 „UGB“* zu, so gelten die Bestimmungen des Dritten Abschnitts des Dritten Buches des „UGB“* und die Bestimmungen über die Offenlegung und Prüfung des Konzernabschlusses nach

dem Vierten Abschnitt des Dritten Buches einschließlich des § 283 „UGB“* mit der Maßgabe, daß Abschlußprüfer des Konzerns der für das Mutterunternehmen bestellte Revisor ist, sofern nicht von dem für die Bestellung des Revisors des Mutterunternehmens zuständigen Revisionsverband oder dem für die Bestellung des Revisors des Mutterunternehmens zuständigen Gericht ein anderer Revisor als Abschlußprüfer des Konzerns gemäß den §§ 2 und 3 GenRevG 1997 bestellt wird. [2]Für Betriebe, die unter die Bestimmungen des II. Teils des ArbVG, BGBl. Nr. 22/1974, fallen, gilt überdies § 108 Abs. 4 ArbVG. *(*BGBl I 2005/120; **BGBl I 2015/22)*

(6) Für Genossenschaften, die mindestens zwei der in § 221 Abs. 1 UGB bezeichneten Merkmale überschreiten, gelten die Vorschriften des Vierten Abschnitts des Dritten Buches des UGB über die Prüfung, Offenlegung, Veröffentlichung und Zwangsstrafen mit der Maßgabe, dass Abschlussprüfer und Gutachter im Sinn des § 26 Abs. 1 URG die gemäß den §§ 2 und 3 GenRevG 1997 bestellten Revisoren sind. *(BGBl I 2008/70, zum Inkrafttreten beachte § 94e!)*

(7) [1]Auf die Abschlussprüfung von Genossenschaften von öffentlichem Interesse im Sinn des § 189a Z 1 lit. a und lit. d UGB sind die Bestimmungen der Verordnung (EU) Nr. 537/2014 über spezifische Anforderungen an die Abschlussprüfung bei Unternehmen von öffentlichem Interesse und zur Aufhebung des Beschlusses 2005/909/EG, ABl. Nr. L 158 vom 27.05.2014 S. 77, in der Fassung der Berichtigung ABl. Nr. L 170 vom 11.06.2014 S. 66, mit Ausnahme der Art. 10 und Art. 11 Abs. 1, Abs. 2 lit. f bis lit. p und Abs. 3 bis Abs. 5 nicht anzuwenden. [2]Die Bestimmungen des Ersten Titels des Vierten Abschnitts des UGB sind anzuwenden, soweit nicht Art. 10 und 11 Abs. 1, Abs. 2 lit. f bis lit. p und Abs. 3 bis Abs. 5 dieser Verordnung maßgeblich sind. [3]§ 271a Abs. 1 bis 4 UGB ist unabhängig von der Größe einer solchen Genossenschaft anzuwenden. *(BGBl I 2016/43)*

(BGBl I 1997/127)

§ 23. Mitglieder des Vorstandes, welche in dieser ihrer Eigenschaft außer den Grenzen ihres Auftrages oder den Vorschriften dieses Gesetzes oder des Genossenschaftsvertrages entgegen handeln, haften persönlich und solidarisch für den dadurch entstandenen Schaden.

Bestellung und Abberufung des Aufsichtsrats

§ 24. (1) [1]Die Genossenschaft hat einen Aufsichtsrat zu bestellen, wenn sie dauernd mindestens vierzig Arbeitnehmer beschäftigt. [2]Dieser hat aus drei Mitgliedern zu bestehen, sofern nicht der Genossenschaftsvertrag eine höhere Anzahl festsetzt. [3]„§ 86 Abs. 7 bis 9 AktG ist sinngemäß anzuwenden.“ [4]Die Aufsichtsratsmitglieder sind von der Generalversammlung aus dem Kreis der Genossenschafter und deren Organmitglieder, mit Ausschluss der Vorstandsmitglieder der Genossenschaft, zu wählen. [5]Die Bestellung zum Aufsichtsratsmitglied kann von der Generalversammlung jederzeit widerrufen werden. *(BGBl I 2017/104)*

(2) [1]Der Vorstand hat nach Maßgabe der folgenden Bestimmungen jeweils zum 1. Jänner festzustellen, ob die Genossenschaft dauernd mindestens vierzig Arbeitnehmer beschäftigt. [2]Stellt er dies fest, so hat er es dem Firmenbuchgericht im Monat Jänner, in dem der vorgenannte Stichtag liegt, mitzuteilen; die nächste Feststellung der Arbeitnehmeranzahl ist jeweils drei Jahre nach dem im ersten Satz genannten Stichtag zum 1. Jänner durchzuführen. [3]Eine Änderung der Arbeitnehmeranzahl innerhalb der jeweiligen drei Jahre ist auf die Notwendigkeit des Vorhandenseins eines Aufsichtsrats ohne Einfluss. [4]Wird bei einer der Feststellungen ermittelt, dass die Arbeitnehmerzahl vierzig nicht erreicht, so ist die nächste Feststellung jeweils zum 1. Jänner der folgenden Jahre bis zur Feststellung des Erreichens der Zahl vierzig zu wiederholen.

(3) [1]In anderen Fällen als in dem im Abs. 1 erster Satz genannten Fall kann die Bestellung eines Aufsichtsrats im Genossenschaftsvertrag festgesetzt werden. [2]Für diesen Aufsichtsrat gilt Abs. 1 dritter und vierter Satz entsprechend.

(BGBl I 2008/70)

§ 24a. (1) Ist im Fall des § 24 Abs. 1 erster Satz ein Aufsichtsrat nicht bestellt oder umfaßt er nicht wenigstens drei Mitglieder, so hat das Firmenbuchgericht von Amts wegen zur Bestellung oder Ergänzung des Aufsichtsrats eine dreimonatige Frist zu bestimmen und, wenn die Frist fruchtlos verstrichen ist, für die Zeit bis zur Vornahme der Wahl die erforderlichen Mitglieder des Aufsichtsrats aus der Mitte der Genossenschafter selbst zu ernennen.

(2) Ist im Fall des § 24 Abs. 1 erster Satz im Genossenschaftsvertrag eine höhere Anzahl als drei Aufsichtsratsmitglieder festgesetzt, so hat das Firmenbuchgericht die im Abs. 1 vorgesehenen Verfügungen zur Ergänzung bezüglich der die Zahl 3 übersteigenden Aufsichtsratsmitglieder nur auf Antrag eines Genossenschafters zu treffen.

(BGBl 1974/81)

§ 24b. [1]Der Vorstand hat jede Neubestellung und Abberufung von Aufsichtsratsmitgliedern unverzüglich nach § 5 Z 11 zu veröffentlichen und die Veröffentlichung zum Firmenbuch einzureichen. [2]Die Veröffentlichung muß die Angaben nach § 5b enthalten.

(BGBl I 1997/127)

Innere Ordnung des Aufsichtsrats

§ 24c. (1) Der Aufsichtsrat hat aus seiner Mitte einen Vorsitzenden und mindestens einen Stellvertreter zu wählen, sofern der Genossenschaftsvertrag nicht die Wahl durch die Generalversammlung vorsieht.

(2) Über die Verhandlungen und Beschlüsse des Aufsichtsrats ist eine Niederschrift anzufertigen, die der Vorsitzende oder sein Stellvertreter zu unterzeichnen hat.

(3) [1]Der Aufsichtsrat fasst seine Beschlüsse, falls der Genossenschaftsvertrag keine andere Art der Abstimmung zulässt, in Sitzungen. [2]Beschlussfassungen außerhalb von Sitzungen sind nur zulässig, wenn kein Mitglied diesem Verfahren widerspricht.

(4) [1]Beschlüsse bedürfen der einfachen Mehrheit der abgegebenen Stimmen. [2]Jedes Aufsichtsratsmitglied hat eine Stimme. [3]Der Aufsichtsrat ist nur beschlussfähig, wenn an der Sitzung wenigstens die Hälfte der Mitglieder teilnehmen. [4]Der Genossenschaftsvertrag, die Generalversammlung oder der Aufsichtsrat können eine höhere Zahl festsetzen.

(5) Der Aufsichtsrat kann aus seiner Mitte einen oder mehrere Ausschüsse bilden, namentlich zu dem Zweck, seine Verhandlungen und Beschlüsse vorzubereiten, die Ausführung seiner Beschlüsse zu überwachen oder selbst Beschlüsse zu fassen.

(6) [1]In Genossenschaften im Sinn des § 189a Z 1 lit. a und lit. d UGB sowie in großen Genossenschaften, bei denen das Fünffache eines der in Euro ausgedrückten Größenmerkmale einer großen Gesellschaft (§ 221 Abs. 3 erster Satz in Verbindung mit Abs. 4 bis 6 UGB) überschritten wird (fünffach große Genossenschaften), ist ein Prüfungsausschuss nach folgenden Bestimmungen zu bestellen:

1. [1]Dem Prüfungsausschuss muss eine Person angehören, die über den Anforderungen des Unternehmens entsprechende Kenntnisse und praktische Erfahrung im Finanz- und Rechnungswesen und in der Berichterstattung verfügt (Finanzexperte). [2]Der Finanzexperte kann abweichend von § 24 Abs. 1 in den Aufsichtsrat gewählt werden, ohne Mitglied der Genossenschaft zu sein. [3]Vorsitzender des Prüfungsausschusses oder Finanzexperte darf nicht sein, wer in den letzten drei Jahren Vorstandsmitglied, leitender Angestellter (§ 80 AktG) oder Abschlussprüfer (Revisor) der Gesellschaft war, den Bestätigungsvermerk unterfertigt hat oder aus anderen Gründen nicht unabhängig oder unbefangen ist. [4]Eine bloße Mitgliedschaft bei der Genossenschaft berührt die Unabhängigkeit nicht. [5]Die Ausschussmitglieder müssen in ihrer Gesamtheit mit dem Sektor, in dem das geprüfte Unternehmen tätig ist, vertraut sein. [6]Der Prüfungsausschuss hat zumindest zwei Sitzungen im Geschäftsjahr abzuhalten.

2. [1]Der Abschlussprüfer (Revisor) hat spätestens mit dem Bestätigungsvermerk einen zusätzlichen Bericht an den Prüfungsausschuss nach Art. 11 Abs. 1, Abs. 2 lit. f bis lit. p und Abs. 3 bis 5 der Verordnung (EU) Nr. 537/2014 über spezifische Anforderungen an die Abschlussprüfung bei Unternehmen von öffentlichem Interesse und zur Aufhebung des Beschlusses 2005/909/EG, ABl. Nr. L 158 vom 27.5.2014, S. 77, in der Fassung der Berichtigung ABl. Nr. L 170 vom 11.6.2014, S. 66, zu erstatten. [2]Der Abschlussprüfer ist den Sitzungen des Prüfungsausschusses, die sich mit der Vorbereitung der Feststellung des Jahresabschlusses (Konzernabschlusses) und dessen Prüfung beschäftigen, beizuziehen und hat über die Abschlussprüfung zu berichten.

3. Die Bestellung eines Prüfungsausschusses kann bei fünffach großen Gesellschaften auch unterbleiben, wenn der Aufsichtsrat aus nicht mehr als vier Mitgliedern besteht, wie ein Prüfungsausschuss zusammengesetzt ist und dessen Aufgaben und sonstige Pflichten wahrnimmt; der zusätzliche Bericht ist diesfalls dem Aufsichtsrat zu erstatten.

4. [1]Zu den Aufgaben des Prüfungsausschusses gehören:

a) die Überwachung des Rechnungslegungsprozesses sowie die Erteilung von Empfehlungen oder Vorschlägen zur Gewährleistung seiner Zuverlässigkeit;

b) die Überwachung der Wirksamkeit des internen Kontrollsystems, gegebenenfalls des internen Revisionssystems, und des Risikomanagementsystems der Gesellschaft;

c) die Überwachung der Abschlussprüfung und der Konzernabschlussprüfung unter Einbeziehung von Erkenntnissen und Schlussfolgerungen in Berichten, die von der Abschlussprüferaufsichtsbehörde nach § 4 Abs. 2 Z 12 APAG veröffentlicht werden;

d) die Erstattung des Berichts über das Ergebnis der Abschlussprüfung an den Aufsichtsrat und die Darlegung, wie die Abschlussprüfung zur Zuverlässigkeit der Finanzberichterstattung beigetragen hat, sowie die Rolle des Prüfungsausschusses dabei;

e) die Prüfung des Jahresabschlusses und die Vorbereitung seiner Feststellung, die Prüfung des Vorschlags für die Gewinnverteilung und des Lageberichts sowie die Erstattung des Berichts über die Prüfungsergebnisse an den Aufsichtsrat;

f) gegebenenfalls die Prüfung des Konzernabschlusses und des Konzernlageberichts sowie die Erstattung des Berichts über die Prüfungsergebnisse an den Aufsichtsrat.

(BGBl I 2016/43)

(7) [1]Die Aufsichtsratsmitglieder können ihre Obliegenheiten nicht durch andere ausüben lassen. [2]Die Satzung kann aber zulassen, dass ein Aufsichtsratsmitglied ein anderes schriftlich mit seiner Vertretung bei einer einzelnen Sitzung betraut; ein so vertretenes Mitglied ist bei der Feststellung der Beschlussfähigkeit nach Abs. 4 nicht mitzuzählen. [3]Das Recht, den Vorsitz zu führen, kann nicht übertragen werden.

(BGBl I 2008/70, zum Inkrafttreten beachte § 94e!)

Einberufung des Aufsichtsrats

§ 24d. (1) [1]Jedes Aufsichtsratsmitglied oder der Vorstand kann unter Angabe des Zwecks und der Gründe verlangen, dass der Vorsitzende des Aufsichtsrats unverzüglich den Aufsichtsrat einberuft. [2]Die Sitzung muss binnen zwei Wochen nach der Einberufung stattfinden.

(2) Wird einem von mindestens zwei Aufsichtsratsmitgliedern oder vom Vorstand geäußerten Verlangen nicht entsprochen, so können die Antragsteller unter Mitteilung des Sachverhalts selbst den Aufsichtsrat einberufen.

(3) In einer aufsichtsratspflichtigen Genossenschaft (§ 24 Abs. 1) muss der Aufsichtsrat mindestens vierteljährlich eine Sitzung abhalten.

(BGBl I 2008/70)

Aufgaben, Rechte und Verantwortlichkeit des Aufsichtsrats

§ 24e. (1) [1]Der Aufsichtsrat hat die Geschäftsführung zu überwachen. [2]Er kann vom Vorstand jederzeit einen Bericht über die Angelegenheiten der Genossenschaft einschließlich ihrer Beziehungen zu einem Konzernunternehmen verlangen. [3]Auch ein einzelnes Aufsichtsratsmitglied kann einen Bericht, jedoch nur an den Aufsichtsrat als solchen, verlangen; lehnt der Vorstand die von einem einzelnen Mitglied verlangte Berichterstattung ab, so kann das Mitglied auf dem Verlangen nur dann beharren, wenn ein anderes Aufsichtsratsmitglied dies unterstützt. [4]Der Vorsitzende des Aufsichtsrats kann einen Bericht auch ohne Unterstützung eines anderen Aufsichtsratsmitglieds verlangen. [5]Der Aufsichtsrat kann die Bücher und Schriften der Genossenschaft sowie ihren Vermögensstand, namentlich die Bestände an Geld, Wertpapieren und Waren, einsehen und prüfen; er kann damit auch zwei oder mehrere Mitglieder oder mit bestimmten Aufgaben besondere Sachverständige betrauen.

(2) [1]Der Aufsichtsrat kann, sobald es ihm notwendig erscheint, Vorstandsmitglieder und Beamte vorläufig, und zwar bis zur Entscheidung der demnächst zu berufenden Generalversammlung, von ihren Befugnissen entbinden und wegen einstweiliger Fortführung der Geschäfte die nötigen Anstalten treffen. [2]Ist für die endgültige Abberufung von Vorstandsmitgliedern die Generalversammlung zuständig, so hat der Aufsichtsrat diese – nötigenfalls nach Klärung des Sachverhalts – unverzüglich einzuberufen.

(3) [1]Der Genossenschaftsvertrag, die Generalversammlung oder der Aufsichtsrat können anordnen, dass bestimmte Arten von Geschäften nur mit Zustimmung des Aufsichtsrats vorgenommen werden dürfen. [2]Mindestens folgende Geschäfte sollen in aufsichtsratspflichtigen Genossenschaften (§ 24 Abs. 1) nur mit Zustimmung des Aufsichtsrats vorgenommen werden:

1. der Erwerb und die Veräußerung von Beteiligungen („§ 189a Z 2 UGB") sowie der Erwerb, die Veräußerung und die Stilllegung von Unternehmen und Betrieben; *(BGBl I 2015/22)*

2. der Erwerb, die Veräußerung und die Belastung von Liegenschaften, soweit dies nicht zum gewöhnlichen Geschäftsbetrieb gehört;

3. die Errichtung und die Schließung von Zweigniederlassungen;

4. Investitionen, die bestimmte Anschaffungskosten im Einzelnen und insgesamt in einem Geschäftsjahr übersteigen;

5. die Aufnahme von Anleihen, Darlehen und Krediten, die einen bestimmten Betrag im Einzelnen und insgesamt in einem Geschäftsjahr übersteigen;

6. die Gewährung von Darlehen und Krediten, soweit sie nicht zum gewöhnlichen Geschäftsbetrieb gehört;

7. die Aufnahme und Aufgabe von Geschäftszweigen und Produktionsarten;

8. die Festlegung allgemeiner Grundsätze der Geschäftspolitik;

9. die Festlegung von Grundsätzen über die Gewährung von Gewinn- oder Umsatzbeteiligungen und Pensionszusagen an leitende Angestellte (§ 80 Aktiengesetz 1965);

10. die Erteilung der Prokura;

11. sofern der Genossenschaftsvertrag die Bestellung der Geschäftsleiter gemäß § 2 Z 1 lit. b BWG durch den Vorstand vorsieht, deren Bestellung;

12. der Abschluss von Verträgen mit Mitgliedern des Aufsichtsrats, durch die sich diese außerhalb ihrer Tätigkeit im Aufsichtsrat und außerhalb des Bereichs der Zweckgeschäfte gegenüber der Genossenschaft oder einem Tochterunternehmen („§ 189a Z 7 UGB") zu einer Leistung gegen ein nicht bloß geringfügiges Entgelt verpflichten. [2]Dies gilt auch für derartige Verträge mit Unternehmen, an denen ein Aufsichtsratsmitglied ein erhebliches wirtschaftliches Interesse hat; *(BGBl I 2015/22)*

13. die Übernahme einer leitenden Stellung (§ 80 Aktiengesetz 1965) in der Genossenschaft

innerhalb von zwei Jahren nach Zeichnung des Bestätigungsvermerks durch den Abschlussprüfer (Revisor), durch den Konzernabschlussprüfer (Revisor), durch den Abschlussprüfer (Revisor) eines bedeutenden verbundenen Unternehmens oder durch den den jeweiligen Bestätigungsvermerk unterzeichnenden Wirtschaftsprüfer sowie eine für ihn tätige Person, die eine maßgeblich leitende Funktion bei der Prüfung ausgeübt hat, soweit dies nicht gemäß § 271c UGB untersagt ist.

[4]Zu den in Z 1 und 2 genannten Geschäften können die Satzung oder der Aufsichtsrat Betragsgrenzen festsetzen; zu den in Z 4, 5 und 6 genannten Geschäften haben die Satzung oder der Aufsichtsrat eine Betragsgrenze festzusetzen.

(4) Der Aufsichtsrat hat die Rechnungen über die einzelnen Geschäftsperioden, insbesondere die Jahresrechnungen, die Bilanzen und allfällige Vorschläge zur Gewinnverteilung zu prüfen und darüber alljährlich der Generalversammlung Bericht zu erstatten.

(5) Er hat eine Generalversammlung einzuberufen, wenn dies im Interesse der Genossenschaft erforderlich ist.

(6) Die Mitglieder des Aufsichtsrats haften für den Schaden, welchen sie durch die Nichterfüllung ihrer Obliegenheiten verursachen.

(BGBl I 2008/70)

§ 25. (1) Der Aufsichtsrat ist ermächtigt, gegen die Vorstandsmitglieder die Prozesse zu führen, welche die Generalversammlung beschließt.

(2) Wenn die Genossenschaft gegen die Mitglieder des Aufsichtsrates einen Prozeß zu führen hat, so wird sie durch Bevollmächtigte vertreten, welche in der Generalversammlung gewählt werden.

(3) Jeder Genossenschafter ist befugt, als Intervenient in die vorerwähnten Prozesse auf seine Kosten einzutreten.

§ 26. [1]Der Betrieb von Geschäften der Genossenschaft sowie die Vertretung der Genossenschaft in Beziehung auf diesen Geschäftsbetrieb kann auch Beamten der Genossenschaft oder anderen Personen als Bevollmächtigten der Genossenschaft zugewiesen werden. [2]In diesem Falle bestimmt sich die Befugnis derselben nach der ihnen erteilten Vollmacht, sie erstreckt sich im Zweifel auf alle Rechtshandlungen, welche die Ausführung derartiger Geschäfte gewöhnlich mit sich bringt.

§ 27. (1) Die Rechte, welche den Genossenschaftern in Angelegenheiten der Genossenschaft, insbesondere in Beziehung auf die Führung der Geschäfte, die Einsicht und Prüfung der Bilanz und die Bestimmung der Gewinnverteilung zustehen, werden von der Gesamtheit der Genossenschafter in der Generalversammlung ausgeübt.

(2) Jeder Genossenschafter hat hiebei eine Stimme, wenn nicht der Genossenschaftsvertrag etwas anderes festsetzt.

(3) [1]Im Genossenschaftsvertrag kann bestimmt werden, daß die Generalversammlung, solange die Mitgliederzahl mindestens „fünfhundert" beträgt, aus Abgeordneten besteht, die von bestimmten im Genossenschaftsvertrag zu bezeichnenden Gruppen von Mitgliedern für längstens fünf Jahre aus den Mitgliedern gewählt oder bevollmächtigt werden. [2]Die Art des Wahlvorganges ist im Genossenschaftsvertrag zu regeln. *(BGBl 1974/81; BGBl I 2006/104)*

§ 27a. Die Generalversammlung hat in den ersten acht Monaten jedes Geschäftsjahrs für das abgeschlossene Geschäftsjahr über den Abschluß und den Bericht des Vorstands (§ 22 Abs. 2), über die Ergebnisverwendung und über die Entlastung des Vorstands und des Aufsichtsrats zu beschließen.

(BGBl I 1997/127)

§ 28. Die Generalversammlung der Genossenschafter wird durch den Vorstand berufen, soweit nicht nach dem Genossenschaftsvertrag oder nach diesem Gesetze auch andere Personen dazu befugt sind.

§ 29. (1) Eine Generalversammlung der Genossenschafter ist außer den im Genossenschaftsvertrage ausdrücklich bestimmten Fällen zu berufen, wenn dies im Interesse der Genossenschaft erforderlich erscheint.

(2) [1]Die Generalversammlung muß sofort berufen werden, wenn mindestens der zehnte Teil der Mitglieder der Genossenschaft in einer von ihnen unterzeichneten Eingabe unter Anführung des Zweckes und der Gründe darauf anträgt. [2]Ist in dem Genossenschaftsvertrage das Recht, die Berufung einer Generalversammlung zu verlangen, einer größeren oder geringeren Zahl von Genossenschaftern beigelegt, so hat es dabei sein Bewenden.

(3) Die zur Einberufung der Generalversammlung Verpflichteten sind hiezu erforderlichenfalls auf Begehren der Antragsteller von dem Handelsgerichte durch Geldstrafen bis zu „3 500 Euro" zu verhalten. *(BGBl I 2000/136)*

§ 30. (1) Die Berufung der Generalversammlung hat in der durch den Genossenschaftsvertrag bestimmten Weise zu erfolgen.

(2) [1]Der Zweck der Generalversammlung (Tagesordnung) muß jederzeit bei der Berufung, und zwar möglichst bestimmt, bekanntgemacht werden; bei beabsichtigten Abänderungen des Genos-

senschaftsvertrages ist deren wesentlicher Inhalt anzugeben. [2]Über Gegenstände, deren Verhandlung nicht in dieser Weise angekündigt ist, können Beschlüsse nicht gefaßt werden; hievon ist jedoch der Beschluß über den in einer Generalversammlung gestellten Antrag auf Berufung einer außerordentlichen Generalversammlung ausgenommen. *(StGBl 1920/328)*

(3) Zur Stellung von Anträgen und zu Verhandlungen ohne Beschlußfassung bedarf es der Ankündigung nicht.

§ 31. Zur Beschlußfähigkeit der Generalversammlung ist, insofern der Genossenschaftsvertrag nichts anderes bestimmt, erforderlich, daß in derselben wenigstens der zehnte Teil der Mitglieder anwesend oder vertreten ist.

§ 32. [1]Im Fall der Beschlußunfähigkeit der Generalversammlung kann, wenn der Genossenschaftsvertrag dies nicht ausschließt, über die in der Tagesordnung angekündigten Gegenstände nach Abwarten „einer halben Stunde" ohne Rücksicht auf die Anzahl der anwesenden oder vertretenen Mitglieder (§§ 31, 33 Abs. 3 zweiter Halbsatz) beschlossen werden. [2]Hierauf muß in der Einladung hingewiesen worden sein. [3]Die zur Beurteilung der Beschlußfähigkeit erforderlichen Tatsachen sind im Protokollbuch (§ 34 Abs. 2) festzuhalten. *(BGBl I 2006/104)*

(BGBl 1974/81)

§ 33. (1) Wenn der Genossenschaftsvertrag über die Art der Beschlußfassung nichts anderes bestimmt, werden die Beschlüsse der Generalversammlung mit absoluter Stimmenmehrheit gefaßt; der Vorsitzende nimmt an der Abstimmung teil und bei Stimmengleichheit gilt jene Meinung als Beschluß, welcher der Vorsitzende beigetreten ist.

(2) Eine Abänderung des Genossenschaftsvertrages sowie die Auflösung der Genossenschaft kann, vorbehaltlich einer abweichenden Bestimmung des Genossenschaftsvertrages, nur mit einer Mehrheit von wenigstens zwei Dritteln der abgegebenen Stimmen beschlossen werden.

(3) [1]Generalversammlungsbeschlüsse auf Umwandlung der Haftungsart (§ 2) oder Herabsetzung der Haftung oder der Geschäftsanteile können nur mit einer Mehrheit von wenigstens zwei Dritteln der abgegebenen Stimmen gefaßt werden; zur Beschlußfassung ist bei dem erstmaligen Zusammentritte der Generalversammlung (§ 31) erforderlich, daß wenigstens ein Drittel der Mitglieder anwesend oder vertreten ist. [2]Der Genossenschaftsvertrag kann weitergehende Erfordernisse aufstellen. *(StGBl 1920/328)*

(4) Beschlüsse auf eine Erhöhung der Haftung oder der Geschäftsanteile haben gegen Mitglieder, die bei der Generalversammlung weder anwesend noch vertreten waren, oder die gegen den Beschluß gestimmt und noch vor Schluß der Generalversammlung dagegen Widerspruch zu Protokoll erklärt haben, keine rechtliche Wirkung, wenn sie spätestens am 14. Tage nach der Eintragung des Beschlusses in das Protokollbuch die Mitgliedschaft kündigen und gemäß dieser Kündigung ausscheiden. *(StGBl 1920/328)*

§ 33a. (1) [1]Die Herabsetzung der Haftung oder der Geschäftsanteile ist nur innerhalb der gesetzlichen Grenzen (§ 2, Abs. 3, und § 76) und nur nach Durchführung eines Aufgebotsverfahrens zulässig. [2]Der Generalversammlungsbeschluß ist vom Vorstande zur Anmerkung im Firmenbuch beim Handelsgericht anzumelden und von diesem mit dem Beifügen bekanntzumachen, daß die Genossenschaft allen Gläubigern für Forderungen, die am Tage der Veröffentlichung dieser Bekanntmachung bestehen, auf Verlangen Befriedigung oder Sicherstellung zu leisten bereit ist, und daß Gläubiger, die sich nicht binnen drei Monaten nach dem bezeichneten Tage bei der Genossenschaft melden, als zustimmend erachtet würden. [3]Bekannten Gläubigern hat die Genossenschaft diese Mitteilung unmittelbar zu machen.

(2) [1]Die Statutenänderung ist nach Ablauf der Anmeldungsfrist von sämtlichen Vorstandsmitgliedern zur Eintragung im Firmenbuch anzumelden. [2]Mit der Anmeldung ist der Nachweis, daß die Gläubiger, die sich gemeldet haben, befriedigt oder sichergestellt sind, und die Erklärung beizubringen, daß sämtlichen bekannten Gläubigern die Mitteilung nach Abs. 1 gemacht worden ist und daß andere Gläubiger sich innerhalb der Frist nicht gemeldet haben. [3]Ist der Nachweis oder die Erklärung falsch, so haften die Vorstandsmitglieder, denen dabei eine Außerachtlassung ihrer Obliegenheiten zur Last fällt, den Gläubigern, bezüglich deren eine falsche Angabe gemacht wurde, für den verursachten Schaden zur ungeteilten Hand.

(StGBl 1920/328)

§ 34. (1) Der Vorstand ist zur Beobachtung und Ausführung aller Bestimmungen des Genossenschaftsvertrages und der in Gemäßheit desselben von der Generalversammlung gültig gefaßten Beschlüsse verpflichtet und dafür der Genossenschaft verantwortlich.

(2) Die Beschlüsse der Generalversammlung sind in ein Protokollbuch einzutragen, dessen Einsicht jedem Genossenschafter und der Verwaltungsbehörde freisteht.

§ 35. Der Vorstand ist verpflichtet, jedem Genossenschafter auf Verlangen eine Abschrift (Abdruck) des Genossenschaftsvertrages mit den allfälligen Änderungen und Ergänzungen desselben, dann eine Abschrift der genehmigten Rechnungsabschlüsse und Bilanzen gegen Ersatz der Kosten zu erfolgen und diese Schriftstücke auf Begehren mit seiner Unterschrift zu versehen.

(2) *(aufgehoben, BGBl 1925/277)*

Dritter Abschnitt

Von der Auflösung der Genossenschaft

§ 36. Die Genossenschaft wird aufgelöst:

1. durch Ablauf der im Genossenschaftsvertrage bestimmten Zeit;

2. durch einen Beschluß der Genossenschaft;

3. durch Eröffnung des Konkurses „." *(BGBl I 2006/104)*

4. *(aufgehoben, BGBl I 2006/104)*

§§ 37 bis 39. *(aufgehoben, BGBl I 2006/104)*

§ 40. (1) Die Auflösung der Genossenschaft muß, wenn sie nicht eine Folge des eröffneten Konkurses oder nicht von der Verwaltungsbehörde verfügt ist, durch den Vorstand zur Eintragung in das Firmenbuch angemeldet und „ " durch die für die Bekanntmachung solcher Eintragungen bestimmten Blätter verlautbart werden. *(DRGBl 1943 I S 251, 254)*

(2) Durch diese Bekanntmachung müssen die Gläubiger zugleich aufgefordert werden, sich bei der Genossenschaft zu melden.

Vierter Abschnitt

Von der Liquidation der Genossenschaft

§ 41. [1]Nach Auflösung der Genossenschaft außer dem Falle des Konkurses erfolgt die Liquidation durch den Vorstand, wenn nicht dieselbe durch den Genossenschaftsvertrag oder einen Beschluß der Genossenschaft an andere Personen übertragen wird. [2]Die Bestellung der Liquidatoren ist jederzeit widerruflich.

§ 42. [1]Die Bestellung und Änderung in den Personen der Liquidatoren und deren Vertretungsbefugnis sind vom Vorstand unverzüglich zur Eintragung in das Firmenbuch anzumelden. [2]Die Liquidatoren haben ihre Namensunterschrift zur Aufbewahrung bei Gericht (§ 120 JN) zu zeichnen oder die Zeichnung in beglaubigter Form einzureichen.

(BGBl 1991/10)

§ 43. (1) *(aufgehoben, BGBl 1991/10)*

(2) Sind mehrere Liquidatoren vorhanden, so können sie die zur Liquidation gehörenden Handlungen mit rechtlicher Wirkung nur in Gemeinschaft vornehmen, sofern nicht ausdrücklich bestimmt ist, daß sie einzeln handeln können.

§ 44. (1) [1]Die Liquidatoren haben die laufenden Geschäfte zu beendigen, die Verpflichtungen der aufgelösten Genossenschaft zu erfüllen, die Forderungen derselben einzuziehen und das Vermögen der Genossenschaft in Geld umzusetzen; sie haben die Genossenschaft gerichtlich und außergerichtlich zu vertreten, sie können für dieselbe Vergleiche schließen und Kompromisse eingehen. [2]Neue Geschäfte können die Liquidatoren nur zur Beendigung schwebender Geschäfte eingehen.

(2) Die Veräußerung von unbeweglichen Sachen kann durch die Liquidatoren, sofern nicht der Genossenschaftsvertrag oder ein Beschluß der Genossenschaft anders bestimmt, nur durch öffentliche Versteigerung bewirkt werden.

§ 45. Eine Beschränkung des Umfanges der Geschäftsbefugnisse der Liquidatoren (§ 44) hat gegen dritte Personen keine rechtliche Wirkung.

§ 46. Die Liquidatoren haben ihre Unterschrift in der Weise abzugeben, daß sie der bisherigen, nunmehr als Liquidationsfirma zu bezeichnenden Firma ihre Namen beifügen.

§ 47. Die Liquidatoren haben der Genossenschaft gegenüber bei der Geschäftsführung den von der Generalversammlung gefaßten Beschlüssen Folge zu geben, widrigenfalls sie der Genossenschaft für den durch ihr Entgegenhandeln erwachsenen Schaden persönlich und solidarisch haften.

§ 48. [1]Die bei der Auflösung der Genossenschaft vorhandenen und die während der Liquidation eingehenden Gelder werden, wie folgt, verwendet:

1. Es werden zunächst die Gläubiger der Genossenschaft je nach der Fälligkeit ihrer Forderungen befriedigt und die zur Deckung noch nicht fälliger Forderungen nötigen Summen zurückbehalten;

2. aus den verbleibenden Überschüssen werden die auf die Geschäftsanteile eingezahlten Beträge an die Genossenschafter zurückgezahlt. [1]Reicht der Bestand zur vollständigen Deckung nicht aus, so erfolgt die Verteilung desselben nach Verhältnis der Höhe der einzelnen Guthaben, wenn in dem Genossenschaftsvertrage nichts anderes bestimmt ist;

3. der nach Deckung der Schulden der Genossenschaft sowie der Geschäftsanteile der Genossenschafter noch vorhandene Überschuß wird, nach den Bestimmungen des Genossenschaftsvertrages über die Gewinnverteilung (§ 5, Abs. 6), unter die Genossenschafter verteilt.

§ 49. [1]Die Liquidatoren haben sofort beim Beginn der Liquidation eine Bilanz aufzustellen. [2]Ergibt diese oder eine später aufgestellte Bilanz, daß die Aktiven der Genossenschaft einschließlich des Reservefonds und der Geschäftsanteile der Genossenschafter zur Deckung der Schulden der Genossenschaft nicht hinreichen, so haben die Liquidatoren bei eigener Verantwortlichkeit sofort der Generalversammlung zu berichten.

(BGBl 1982/371)

§ 50. (1) Ungeachtet der Auflösung der Genossenschaft kommen bis zur Beendigung der Liquidation im übrigen in bezug auf die Rechtsverhältnisse der bisherigen Genossenschafter untereinander, sowie zu dritten Personen die Anordnungen des ersten und zweiten Abschnittes zur Anwendung, soweit sich aus den Bestimmungen des gegenwärtigen Abschnittes und aus dem Wesen der Liquidation nicht ein anderes ergibt.

(2) [1]Der Gerichtsstand, welchen die Genossenschaft zur Zeit ihrer Auflösung hatte, bleibt bis zur Beendigung der Liquidation für die aufgelöste Genossenschaft bestehen. [2]Zustellungen an die Genossenschaft geschehen mit rechtlicher Wirkung an einen der Liquidatoren.

§ 51. (1) [1]Nach Beendigung der Liquidation werden die Bücher und Schriften der aufgelösten Genossenschaft einem der gewesenen Genossenschafter oder einem Dritten in Verwahrung gegeben. [2]Der Genossenschafter oder der Dritte wird in Ermanglung einer gütlichen Übereinkunft durch das Handelsgericht bestimmt.

(2) Die Genossenschafter und deren Rechtsnachfolger behalten das Recht auf Einsicht und Benützung der Bücher und Papiere.

§ 52. *(aufgehoben, BGBl 1982/371)*

II. Hauptstück

Besondere Bestimmungen für Genossenschaften mit unbeschränkter Haftung

§ 53. (1) Die Mitglieder einer mit unbeschränkter Haftung errichteten Genossenschaft haften für alle Verbindlichkeiten der Genossenschaft, insofern zur Deckung derselben im Falle der Liquidation oder des Konkurses die Aktiven der Genossenschaft nicht ausreichen, solidarisch mit ihrem ganzen Vermögen.

(2) Wer in eine bestehende Genossenschaft eintritt, haftet gleich den anderen Genossenschaftern für alle von der Genossenschaft vor seinem Eintritt eingegangenen Verbindlichkeiten.

(3) Ein entgegenstehender Vertrag ist gegen Dritte ohne rechtliche Wirkung.

§ 54. (1) Jeder Genossenschafter hat das Recht, aus der Genossenschaft auszutreten, auch wenn der Genossenschaftsvertrag auf bestimmte Zeit geschlossen ist.

(2) [1]Ist über die Kündigungsfrist und den Zeitpunkt des Austrittes im Genossenschaftsvertrage nichts festgesetzt, so findet der Austritt nur mit dem Schlusse des Geschäftsjahres nach vorheriger mindestens vierwöchentlicher Kündigung statt. [2]Ferner erlischt die Mitgliedschaft durch den Tod, sofern der Genossenschaftsvertrag keine entgegengesetzten Bestimmungen enthält.

§ 55. (1) [1]Die Forderung an einen Genossenschafter aus seiner Deckungspflicht verjähren in drei Jahren. [2]Diese Frist beginnt im Fall der Auflösung der Genossenschaft mit der Eintragung der Auflösung in das Firmenbuch, im Fall des vorherigen Ausscheidens des Genossenschafters mit der Eintragung seines Ausscheidens in das bei der Genossenschaft zu führende Register der Mitglieder (§ 14). [3]Wird die Forderung eines Gläubigers, zu deren Befriedigung die Deckungspflicht eines Genossenschafters in Anspruch genommen wird, erst nach diesen Zeitpunkten fällig, so beginnt die Verjährung mit dem Eintritt der Fälligkeit oder dem frühesten Zeitpunkt, zu dem der Gläubiger seine Forderung fälligstellen kann. *(BGBl 1974/81)*

(2) Die Deckungspflicht vor der Auflösung der Genossenschaft ausgeschiedener Genossenschafter erstreckt sich auf alle Verbindlichkeiten der Genossenschaft, die vor dem Zeitpunkt entstanden sind, in dem ihr Ausscheiden in das Register der Mitglieder eingetragen worden ist. *(BGBl 1974/81)*

(3) Wenn der Genossenschaftsvertrag nichts anderes bestimmt, haben sie an den Reservefonds und an das sonst vorhandene Vermögen der Genossenschaft keinen Anspruch, sie sind nur berechtigt, zu verlangen, daß ihnen ihr Geschäftsanteil, wie er sich nach dem Rechnungsabschlusse für das Jahr, in welchem der Genossenschafter ausgeschieden ist, darstellt, einen Monat nach Feststellung dieses Rechnungsabschlusses ausgezahlt werde, insofern nicht bis dahin die Auflösung der Genossenschaft beschlossen oder verfügt ist.

§ 56. [1]Die Privatgläubiger eines Genossenschafters sind nicht befugt, die zum Genossenschaftsvermögen gehörigen Sachen, Forderungen oder Rechte oder einen Anteil an denselben zum Behufe ihrer Befriedigung oder Sicherstellung in Anspruch zu nehmen. [2]Gegenstand der Exekution oder des Verbotes kann für sie nur dasjenige sein, was der Genossenschafter selbst an Zinsen und an Gewinnanteilen zu fordern berechtigt ist, und was ihm im Falle der Auflösung der Genossenschaft oder des Ausscheidens aus derselben bei der Auseinandersetzung zukommt.

§ 57. (1) [1]Die Bestimmung des vorigen Paragraphen gilt auch in betreff der Privatgläubiger, zu deren Gunsten ein Pfandrecht an dem Vermögen eines Genossenschafters besteht. [2]Ihr Pfandrecht erstreckt sich nicht auf die zum Genossenschaftsvermögen gehörigen Sachen, Forderungen und Rechte oder auf einen Anteil an denselben, sondern nur auf dasjenige, was in dem letzten Satze des vorigen Paragraphen bezeichnet ist.

(2) Jedoch werden die Rechte, welche an dem von einem Genossenschafter in das Vermögen der Genossenschaft eingebrachten Gegenstande bereits zur Zeit des Einbringens bestanden, durch die vorstehenden Bestimmungen nicht berührt.

§ 58. [1]Eine Kompensation zwischen Forderungen der Genossenschaft und Privatforderungen des Genossenschaftsschuldners gegen einen Genossenschafter findet während der Dauer der Genossenschaft weder ganz noch teilweise statt. [2]Nach Auflösung der Genossenschaft ist sie zulässig, wenn und soweit die Genossenschaftsforderung dem Genossenschafter bei der Auseinandersetzung überwiesen ist.

§ 59. (1) Hat ein Privatgläubiger eines Genossenschafters nach fruchtlos vollstreckter Exekution in dessen Privatvermögen die Exekution in das demselben für den Fall seines Ausscheidens aus der Genossenschaft zukommende Guthaben erwirkt, so ist er berechtigt, die Genossenschaft mag auf bestimmte oder unbestimmte Zeit eingegangen sein, behufs seiner Befriedigung nach vorher von ihm geschehener Kündigung das Ausscheiden jenes Genossenschafters zu verlangen.

(2) Die Kündigung muß mindestens sechs Monate vor Ablauf des Geschäftsjahres der Genossenschaft geschehen.

§ 60. (1) Die Eröffnung des Konkurses über das Genossenschaftsvermögen zieht den Konkurs über das Privatvermögen der einzelnen Genossenschafter nicht nach sich.

(2) Der Beschluß über die Eröffnung des Konkurses hat die Namen der solidarisch haftenden Genossenschafter nicht zu enthalten.

(3) Dem Vorstande, rücksichtlich den Liquidatoren kommt im Konkursverfahren die rechtliche Stellung zu, welche die „Insolvenzordnung" dem Gemeinschuldner einräumt. *(BGBl I 2010/29)*

(4) und (5) *(aufgehoben, BGBl 1982/371)*

§§ 61 bis 75. *(aufgehoben, BGBl 1982/371)*

III. Hauptstück

Besondere Bestimmungen für Genossenschaften mit beschränkter Haftung

§ 76. Jedes Mitglied einer mit beschränkter Haftung errichteten Genossenschaft haftet im Falle des Konkurses oder der Liquidation für deren Verbindlichkeiten, insofern der Gesellschaftsvertrag nicht einen höheren Haftungsbetrag festsetzt, nicht nur mit seinen Geschäftsanteilen, sondern auch noch mit einem weiteren Betrage in der Höhe derselben.

§ 77. (1) Der Austritt eines Genossenschafters darf nicht vor Ablauf des Geschäftsjahres und nur nach vorausgegangener, mindestens vierwöchentlicher Kündigung geschehen.

(2) Ebenso wird die Kündigung eines oder mehrerer Geschäftsanteile, ohne gleichzeitigen Austritt eines Genossenschafters, welcher mit anderen Geschäftsanteilen in der Genossenschaft verbleibt, nicht vor Ablauf des Geschäftsjahres wirksam und muß mindestens vier Wochen vorher erfolgen.

(3) Jede Kündigung ist sogleich in das nach § 14 zu führende Register der Mitglieder einzutragen.

§ 78. (1) [1]Die Forderungen an einen Genossenschafter aus seiner Deckungspflicht verjähren in drei Jahren. [2]Diese Frist beginnt im Fall der Auflösung der Genossenschaft mit deren Löschung im Firmenbuch, im Fall des vorherigen Ausscheidens des Genossenschafters mit der Eintragung seines Ausscheidens in das bei der Genossenschaft zu führende Register der Mitglieder (§ 14).

(2) Die Deckungspflicht von Genossenschaftern, die vor der Auflösung der Genossenschaft ausgeschieden sind, ist durch die Gesamthöhe der Verbindlichkeiten nach Maßgabe der Bilanz des Jahres des Ausscheidens begrenzt.

(BGBl I 2006/104)

§ 79. (1) Der Geschäftsanteil des ausgeschiedenen Genossenschafters und das ihm sonst auf Grund des Genossenschaftsverhältnisses gebührende Guthaben dürfen erst ein Jahr nach Ablauf des Geschäftsjahrs ausgezahlt werden, in dem der Genossenschafter ausgeschieden ist. *(BGBl 1974/81)*

(2) An den Reservefonds und an das sonst vorhandene Vermögen der Genossenschaft hat der ausgeschiedene Genossenschafter keinen Anspruch, wenn nicht in dem Genossenschaftsvertrage etwas anderes bestimmt ist.

§ 80. Die Bestimmungen der §§ 78 und 79 haben auch in Beziehung auf die Fortdauer der Haftung des Genossenschafters aus gekündigten

Geschäftsanteilen (§ 77, Abs. 2) und in Beziehung auf deren Rückzahlung zur Anwendung zu kommen.

§ 81. (1) Im Falle der Auflösung der Genossenschaft darf die Zurückzahlung der eingezahlten Geschäftsanteile, sowie die Verteilung des Überschusses an die Genossenschafter (§ 48, Z. 2 und 3) nicht eher stattfinden, als nach Ablauf eines Jahres von dem Tage an gerechnet, an welchem die Bekanntmachung in den hiezu bestimmten öffentlichen Blättern (§ 40) „ “ erfolgt ist. *(DRGBl 1943 I S 252, 254)*

(2) Diese Bestimmung hat auch für jene Geschäftsanteile zu gelten, welche zur Zeit des Auflösungsbeschlusses bereits gekündigt waren.

§ 82. Mitglieder des Vorstandes und Liquidatoren, welche den Vorschriften der §§ 79 bis 81 entgegenhandeln, sind persönlich und solidarisch zur Erstattung der geleisteten Zahlungen verpflichtet.

§ 83. (1) Die Geschäftsanteile und sonstigen auf Grund des Genossenschaftsverhältnisses zugeschriebenen Guthaben der Genossenschafter können mit Bewilligung des Vorstandes an andere übertragen werden, wenn nicht der Genossenschaftsvertrag etwas anderes bestimmt.

(2) Auch in diesem Falle bleibt jedoch der übertragende Genossenschafter subsidiarisch nach den Bestimmungen der §§ 78 und 80 in Haftung.

§ 84. Ergibt sich aus der Bilanz, daß die Hälfte des auf die Geschäftsanteile eingezahlten Betrages verlorengegangen ist, so hat der Vorstand unverzüglich eine Generalversammlung zu berufen und ihr von der Lage der Genossenschaft die Anzeige zu machen.

(2) *(aufgehoben, BGBl 1982/371)*

§§ 85 und 86. *(aufgehoben, BGBl 1982/371)*

Besondere Bestimmungen für Genossenschaften mit Geschäftsanteilshaftung

§ 86a. Auf die Genossenschaften mit Geschäftsanteilshaftung finden die Bestimmungen über Genossenschaften mit beschränkter Haftung mit den Änderungen sinngemäß Anwendung, die sich aus der Beschränkung der Haftung auf den Geschäftsanteil ergeben.

(StGBl 1920/328)

IV. Hauptstück

Strafbestimmungen

§ 87. „ “*[1]Die Nichtbefolgung der in den §§ 14, 22 (3. Abs.), 34 (2. Abs.), 35 (1. Abs.), 49 und 77 (3. Abs.) dieses Gesetzes enthaltenen Vorschriften, sowie Unrichtigkeiten in den durch dieses Gesetz angeordneten Nachweisungen und Mitteilungen sind von dem Handelsgerichte an den Mitgliedern des Vorstandes und Aufsichtsrates bzw. den Liquidatoren mit Ordnungsstrafen bis zu „3 500 Euro“** zu ahnden. [2]Auch diese Ordnungsstrafen gleichwie die im § 29 erwähnten Geldstrafen fließen in die Gemeinde, in der die Genossenschaft ihren Sitz hat und können nicht in Freiheitsstrafen umgeändert werden. *(* BGBl 1991/10; ** BGBl I 2000/136)*

§ 88. *(aufgehoben, BGBl I 2006/104)*

§ 89. *(aufgehoben, BGBl I 2015/112)*

V. Hauptstück

Schlußbestimmungen

§ 90. Auf die in Gemäßheit dieses Gesetzes errichteten Erwerbs- und Wirtschaftsgenossenschaften findet das Vereinsgesetz vom 26. November 1852, RGBl. Nr. 253, keine Anwendung.

§ 91. (1) Auch die vor Beginn der Wirksamkeit dieses Gesetzes errichteten Vereine, welche die im § 1 bezeichneten Zwecke verfolgen, sind, wenn ihre Statuten dem gegenwärtigen Gesetze entsprechen oder mit demselben auf statutenmäßigem Wege in Übereinstimmung gesetzt worden sind, auf ihr Ansuchen in das Firmenbuch einzutragen und sohin als Genossenschaften nach diesem Gesetze zu behandeln.

(2) Änderungen der Statuten von solchen Vereinen sind nur zu dem Zwecke zulässig, um dieselben mit dem gegenwärtigen Gesetz in Übereinstimmung zu setzen, und bedürfen keiner staatlichen Genehmigung.

§ 92. Wenn eine Genossenschaft Unternehmungen betreiben will, zu welchen eine staatliche Bewilligung (Konzession) gesetzlich erforderlich ist, bleibt sie zur Erwirkung dieser Bewilligung nach den bestehenden Vorschriften verpflichtet.

§ 93. *(aufgehoben, BGBl 1991/625)*

§ 94. Früher errichtete Vereine, welche eine Konzession zu den im § 93 bezeichneten Geschäften besitzen, haben im Falle der Änderung ihrer gegenwärtigen Statuten (§ 91, Abs. 2) die Ausstellung einer abgesonderten Urkunde über die Bedingungen für den Betrieb der konzessionierten Unternehmung (Konzessionsurkunde) bei sonstigem Erlöschen der Konzession zu erwirken.

§ 94a. § 93 tritt am 31. Dezember 1991 außer Kraft.

(BGBl 1991/625)

§ 94b. § 2 Abs. 3, § 29 Abs. 3 und § 87 in der Fassung des Bundesgesetzes BGBl. I Nr. 136/2000 treten mit 1. Jänner 2002 in Kraft.

(BGBl I 2000/136)

§ 94c. [1]§ 1, § 4, § 5a und § 22 in der Fassung des Handelsrechts-Änderungsgesetz, BGBl. I Nr. 120/2005, treten mit 1. Jänner 2007 in Kraft. [2]§ 13 tritt mit Ablauf des 31. Dezember 2006 außer Kraft. [3]Bestehende Genossenschaften können in ihrer Firma die Bezeichnung „registrierte Genossenschaft“ beibehalten.

(BGBl I 2005/120)

§ 94d. (1) §§ 5a, 24, 27, 32, 78 und 89 in der Fassung des Bundesgesetzes BGBl. I Nr. 104/2006 treten am 18. August 2006 in Kraft, § 36 Z 4, §§ 37 bis 39 und 88 treten am 18. August 2006 außer Kraft.

(2) Vor dem 18. August 2006 erlassene Satzungsbestimmungen, die die Beschlussfähigkeit der Generalversammlung ohne Rücksicht auf die Anzahl der anwesenden oder vertretenen Mitglieder nach Abwarten einer Stunde vorsehen, gelten nicht als Ausschluss der Beschlussfähigkeit der Generalversammlung nach Abwarten von nur einer halben Stunde.

(BGBl I 2006/104)

§ 94e. [1]Die §§ 15 Abs. 2 und 3, 22, 24, 24c, 24d und 24e in der Fassung des Bundesgesetzes BGBl. I Nr. 70/2008 treten mit 1. Oktober 2008 in Kraft. [2]§ 15 Abs. 1 ist auch auf Vorstandsbestellungen anzuwenden, die vor seinem Inkrafttreten erfolgt sind. [3]§ 22 Abs. 6 ist auf Geschäftsjahre anzuwenden, die nach dem 31. Dezember 2007 begonnen haben. [4]§ 24c Abs. 6 ist auf Geschäftsjahre anzuwenden, die nach dem 31. Dezember 2008 beginnen; bis dorthin ist § 24c Abs. 6 in der bisher geltenden Fassung anzuwenden.

(BGBl I 2008/70)

§ 94f. [1]§ 22 Abs. 5 und § 24e Abs. 3 in der Fassung des Bundesgesetzes BGBl. I Nr. 22/2015 treten mit 20. Juli 2015 in Kraft und sind erstmalig auf Geschäftsjahre anzuwenden, die nach dem 31. Dezember 2015 beginnen. [2]Auf Geschäftsjahre, die vor dem 1. Jänner 2016 begonnen haben, sind die Bestimmungen in der Fassung vor dem Bundesgesetzes BGBl. I Nr. 22/2015 weiterhin anzuwenden.

(BGBl I 2015/22)

§ 94g. § 89 tritt mit Ablauf des 31. Dezember 2015 außer Kraft.

(BGBl I 2015/112)

§ 94h. [1]§ 22 Abs. 7 und § 24c Abs. 6 in der Fassung des Bundesgesetzes BGBl. I Nr. 43/2016 treten mit 17. Juni 2016 in Kraft. [2]§ 22 Abs. 4 in der Fassung des Bundesgesetzes BGBl. I Nr. 43/2016 tritt mit 20. Juli 2015 in Kraft; die Anwendbarkeit richtet sich nach § 94f. [3]§ 24c Abs. 6 Z 2 erster Satz in der Fassung des Bundesgesetzes BGBl. I Nr. 43/2016 ist erstmals auf die Abschlussprüfung von Geschäftsjahren anzuwenden, die nach dem 16. Juni 2016 beginnen.

(BGBl I 2016/43)

§ 94i. [1]§ 24 Abs. 1 dritter Satz in der Fassung des Bundesgesetzes BGBl. I Nr. 104/2017 tritt mit 1. Jänner 2018 in Kraft und ist auf Wahlen und Entsendungen in den Aufsichtsrat anzuwenden, die nach dem 31. Dezember 2017 erfolgen. [2]Bestehende Aufsichtsratsmandate bleiben davon unberührt; das Mindestanteilsgebot ist bei einem Nachrücken von vor dem 1. Jänner 2018 gewählten oder entsandten Ersatzmitgliedern zu beachten.

(BGBl I 2017/104)

§ 95. (1) In Ansehung des Betriebes von konzessionspflichtigen Unternehmungen unterstehen die Genossenschaften der Staatsaufsicht nach den Bestimmungen, welche für die der staatlichen Genehmigung unterliegenden Vereine gelten.

(2) Soweit dieses Gesetz nicht anderes anordnet, ist mit seiner Vollziehung der Bundesminister für Justiz betraut. *(BGBl 1974/81)*

11/1. Genossenschaftsrevisionsgesetz 1997

BGBl I 1997/127 (= Art I Genossenschaftsrevisionsrechtsänderungsgesetz 1997) idF

1 BGBl I 2000/136
2 BGBl I 2002/108
3 BGBl I 2004/67
4 BGBl I 2005/59 (GesRÄG 2005)
5 BGBl I 2005/120 (HaRÄG)
6 BGBl I 2008/70 (URÄG 2008)
7 BGBl I 2009/71 (AktRÄG 2009)
8 BGBl I 2015/22 (RÄG 2014)
9 BGBl I 2016/43 (APRÄG 2016)
10 BGBl I 2017/80
11 BGBl I 2018/69

GLIEDERUNG

STICHWORTVERZEICHNIS

Bundesgesetz über die Revision von Erwerbs- und Wirtschaftsgenossenschaften (Genossenschaftsrevisionsgesetz 1997 – GenRevG 1997)

Erster Abschnitt

Revision

Pflicht zur Revision

§ 1. (1) Genossenschaften sind durch einen unabhängigen und weisungsfreien Revisor mindestens in jedem zweiten Geschäftsjahr auf die Rechtmäßigkeit, Ordnungsmäßigkeit und Zweckmäßigkeit ihrer Einrichtungen, ihrer Rechnungslegung und ihrer Geschäftsführung, insbesondere auf die Erfüllung des Förderungsauftrags und die Wirtschaftlichkeit, sowie auf Zweckmäßigkeit, Stand und Entwicklung ihrer Vermögens-, Finanz- und Ertragslage zu prüfen. Bei Genossenschaften, die mindestens zwei der in § 221 Abs. 1 „UGB" bezeichneten Merkmale überschreiten, und bei Genossenschaften, die nach § 24 des Gesetzes über Erwerbs- und Wirtschaftsgenossenschaften, RGBl. Nr. 70/1873, einen Aufsichtsrat zu bestellen haben, ist die Revision in jedem Geschäftsjahr durchzuführen. *(BGBl I 2005/120)*

(2) Stehen Unternehmen unter der einheitlichen Leitung einer Genossenschaft (Mutterunternehmen) mit Sitz im Inland „ "** , so hat sich die Revision auch auf diese Unternehmen zu erstrecken. Dasselbe gilt, wenn der Genossenschaft bei einem Unternehmen die Rechte nach § 244 Abs. 2 „UGB"* zustehen. Ist das Tochterunternehmen durch einen Abschlußprüfer zu prüfen, so hat sich die Revision auf die Gebarung der Tochter einschließlich ihrer Förderungsleistung für die Mitglieder des Mutterunternehmens zu beschränken. *(*BGBl I 2005/120; **BGBl I 2015/22)*

Bestellung und Enthebung des Revisors

§ 2. (1) Der Revisor einer Genossenschaft, die einem anerkannten Revisionsverband angehört, wird durch den Revisionsverband bestellt. Wird die Durchführung der Revision nicht spätestens 27 Monate oder, wenn die Genossenschaft zur jährlichen Revision verpflichtet ist (§ 1 Abs. 1 letzter Satz), 15 Monate nach Abschluß der letzten Revision zum Firmenbuch angemeldet, so hat das Gericht den Revisionsverband zur Bekanntgabe der Gründe der Verzögerung aufzufordern und ihm eine angemessene Nachfrist zur Durchführung der Revision zu setzen. Wird die Durchführung der Revision auch nach Ablauf dieser Nachfrist nicht zum Firmenbuch angemeldet, so hat das Gericht den Revisor von Amts wegen zu bestellen und dies der für die Anerkennung zuständigen Behörde mitzuteilen.

(2) Gehört die Genossenschaft keinem Revisionsverband an, so hat das Gericht auf Antrag der Genossenschaft den Revisor zu bestellen. Beantragt die Genossenschaft nicht spätestens 18 Monate oder, wenn die Genossenschaft zur jährlichen Revision verpflichtet ist (§ 1 Abs. 1 letzter Satz), sechs Monate nach Abschluß der letzten Revision die Bestellung eines Revisors, so hat das Gericht den Revisor von Amts wegen zu bestellen.

(3) Auf Antrag der Genossenschaft oder von Amts wegen hat das Gericht nach Anhörung der Beteiligten und des bestellten Revisors einen anderen Revisor zu bestellen, wenn dies aus einem in der Person des bestellten Revisors liegenden wichtigen Grund geboten erscheint, insbesondere wenn Besorgnis der Befangenheit besteht. Bei Genossenschaften, die gemäß § 22 Abs. 7 des Gesetzes über Erwerbs- und Wirtschaftsgenossenschaften abschlussprüfungspflichtig sind, kann der Antrag auch von Mitgliedern der Genossenschaft, die den zwanzigsten Teil der Stimmrechte oder des Gesamtnennbetrags der Geschäftsanteile auf sich vereinigen, sowie von der Abschlussprüferaufsichtsbehörde gestellt werden. Der Antrag ist binnen zwei Wochen ab der Bekanntgabe der Person des Revisors zu stellen. Wird ein wichtiger Grund erst nach der Bestellung bekannt oder tritt er erst danach ein, ist der Antrag binnen zwei Wochen nach dem Tag zu stellen, an dem die Antragsberechtigten Kenntnis davon erlangt haben oder ohne grobe Fahrlässigkeit hätten erlangen können. *(BGBl I 2016/43)*

(4) Der Revisor kann seine Enthebung bei Gericht aus wichtigem Grund beantragen. Meinungsverschiedenheiten zwischen Genossenschaft und Revisor (§ 11) sind nicht als wichtiger Grund anzusehen. Der Revisor hat über das Ergebnis seiner bisherigen Prüfung zu berichten.

(5) Der Antrag, einen vom einem Revisionsverband bestellten Revisor gemäß den Abs. 3 oder 4 zu entheben, kann erst gestellt werden, wenn die Genossenschaft beziehungsweise der Revisor den Revisionsverband um die Bestellung eines anderen Revisors ersucht hat und der Revisionsverband dieses Ersuchen abgelehnt oder nicht binnen drei Wochen hierüber entschieden hat. Im Fall des Abs. 3 ist dieses Ersuchen binnen zwei Wochen ab der Bekanntgabe des Revisors zu stellen. Der Antrag bei Gericht ist binnen zwei Wochen ab Kenntnis der Entscheidung des Revisionsverbands oder ab dem Ablauf der für diese Entscheidung offenen Frist zu stellen. Im Verfahren ist dem Revisionsverband Gelegenheit zu geben, einen anderen Revisor zu bestellen oder dem Gericht für den Fall, daß dem Antrag auf Enthebung stattgegeben wird, andere Revisoren namhaft zu machen. Soweit gegen die namhaft gemachten Revisoren keine Bedenken im Sinn des Abs. 3 bestehen, ist der Revisor aus deren Kreis zu bestellen.

Auswahl des Revisors

§ 3. (1) Als Revisor darf nur ein eingetragener Revisor, ein Beeideter Wirtschaftsprüfer und Steuerberater, eine Wirtschaftsprüfungs- und Steuerberatungsgesellschaft, ein Beeideter Buchprüfer und Steuerberater oder eine Buchprüfungs- und Steuerberatungsgesellschaft bestellt werden.

(2) Gesetzliche Vertreter, Mitglieder des Aufsichtsrats, Arbeitnehmer oder Mitglieder der zu prüfenden Genossenschaft sowie sonstige Personen, bei denen „die Besorgnis der Befangenheit besteht oder ein Ausschlussgrund vorliegt", dürfen nicht als Revisoren bestellt werden. Ein Revisor hat derartige Umstände dem Vorstand des Revisionsverbands, der ihn bestellt hat, oder dem Gericht, das ihn bestellt hat, unverzüglich bekanntzugeben. *(BGBl I 2008/70)*

(3) Die bloße Mitgliedschaft in einem Revisionsverband bewirkt keine Befangenheit oder Ausgeschlossenheit des von diesem Revisionsverband bestellten Revisors bei der Durchführung einer Revision, einer Abschlussprüfung oder einer Bankprüfung. Die Befangenheit oder Ausgeschlossenheit eines Organmitglieds oder Mitarbeiters eines Revisionsverbands kann nicht den Schluss begründen, dass auch eine andere Person, die bei diesem Revisionsverband oder einem anderen unter derselben Bezeichnung agierenden Revisionsverband angestellt oder von diesem Revisionsverband bestellt worden ist, befangen oder ausgeschlossen wäre, es sei denn, dass der Mitarbeiter oder das Organmitglied auf das Ergebnis der Prüfung Einfluss nehmen kann. „Die Revisionsverbände haben Vorkehrungen zu treffen, um sicherzustellen, dass die Revisoren und Personen, die möglicherweise in der Lage wären, Einfluss auf Abschlussprüfungen zu nehmen, die Grundsätze der Unabhängigkeit einhalten." *(BGBl I 2008/70; BGBl I 2016/43)*

Durchführung der Revision

§ 4. (1) Der Revisor hat das Recht, die Bücher und Schriften der Genossenschaft sowie die Vermögensgegenstände und Schulden zu prüfen; zu diesem Zweck sind ihm alle Aufklärungen und Nachweise zu geben, die er für eine sorgfältige Revision benötigt. Er kann insbesondere alle Geschäfts- und Betriebsräume der Genossenschaft betreten und sämtliche Bestände prüfen, alle Unterlagen einschließlich Datenträger einsehen und Ablichtungen herstellen, von Mitgliedern des Vorstands und Aufsichtsrats, Beschäftigten sowie sonstigen Beauftragten der Genossenschaft Aufklärungen, in Einzelfällen von Mitgliedern, Gläubigern oder Schuldnern Auskünfte mündlich oder schriftlich einholen und zur Feststellung wichtiger Umstände jederzeit ein Protokoll aufnehmen. Soweit es für eine sorgfältige Revision erforderlich ist, hat der Revisor diese Rechte auch gegenüber Unternehmen im Sinn des § 1 Abs. 2.

(2) Der Revisor hat dem Vorstand der Genossenschaft den Beginn der Revision spätestens mit deren Beginn anzuzeigen. Der Vorstand hat den Vorsitzenden des Aufsichtsrats, wenn ein solcher besteht, vom Beginn der Revision unverzüglich zu unterrichten und auf dessen Verlangen oder auf Verlangen des Revisors den Aufsichtsrat der Revision zuzuziehen.

(3) Stellt der Revisor bei Wahrnehmung seiner Aufgaben Tatsachen fest, die den Bestand der geprüften Genossenschaft oder eines Unternehmens im Sinn des § 1 Abs. 2 gefährden oder ihre Entwicklung wesentlich beeinträchtigen können oder die schwerwiegende Verstöße des Vorstands oder des Aufsichtsrats gegen Gesetz oder Genossenschaftsvertrag erkennen lassen, so hat er darüber unverzüglich dem Vorstand und dem Aufsichtsrat, wenn ein solcher besteht, zu berichten. Er hat auch unverzüglich zu berichten, wenn er die Voraussetzungen für die Vermutung eines Reorganisationsbedarfs (§ 22 Abs. 1 Z 1 URG) feststellt; im Bericht sind die Eigenmittelquote (§ 23 URG) und die fiktive Schuldentilgungsdauer (§ 24 URG) anzugeben. Der Revisor hat den gesetzlichen Vertretern eines Tochterunternehmens im Sinn des § 1 Abs. 2 mitzuteilen, daß er den Organen der geprüften Genossenschaft von der Bestandsgefährdung oder Entwicklungsbeeinträchtigung des Unternehmens berichtet hat. „Der Vorstand der geprüften Genossenschaft hat bei Vorliegen einer Bestandsgefährdung unverzüglich eine Generalversammlung einzuberufen und dieser davon Anzeige zu machen, es sei denn, dass die Bestandsgefährdung ein Unternehmen im Sinn des § 1 Abs. 2 betrifft und eine Gefahr für die Genossenschaft nicht besteht." Wenn der Revisionsbericht nicht rechtzeitig vor der Generalversammlung fertiggestellt werden kann, hat der Revisor einen schriftlichen Zwischenbericht über die festgestellten Tatsachen zu erstellen; für den Zwischenbericht gelten § 5 Abs. 2, § 6 Abs. 3 und 4 sinngemäß. *(BGBl I 2009/71)*

(4) Vor Abschluß der Revision hat der Revisor dem Vorstand der Genossenschaft über das voraussichtliche Ergebnis der Revision mündlich zu berichten (Prüfungsabschlußsitzung). Der Vorstand hat den Vorsitzenden des Aufsichtsrats, wenn ein solcher besteht, von der Prüfungsabschlußsitzung unverzüglich zu unterrichten und auf dessen Verlangen oder auf Verlangen des Revisors den Aufsichtsrat der Sitzung zuzuziehen. Von der Prüfungsabschlußsitzung kann abgesehen werden, wenn keine Mängel von Belang festgestellt wurden.

Revisionsbericht

§ 5. (1) Der Revisor hat über das Ergebnis der Revision schriftlich zu berichten. Im Bericht sind insbesondere das Ergebnis der Prüfung der Einrichtungen, der Rechnungslegung und der Geschäftsführung der Genossenschaft auf ihre Rechtmäßigkeit, Ordnungsmäßigkeit und Zweckmäßigkeit, insbesondere auf die Erfüllung des Förderungsauftrags und die Wirtschaftlichkeit, darzulegen, die für die Beurteilung der Geschäftsführung der Genossenschaft wesentlichen Umstände festzuhalten und Veränderungen der Vermögens-, Finanz- und Ertragslage der Genossenschaft gegenüber dem letzten Prüfungszeitraum sowie deren Zweckmäßigkeit anzuführen und zu erläutern. Werden Mängel von Belang oder Tatsachen nach § 4 Abs. 3 festgestellt, so sind diese einschließlich allfälliger zwischenzeitlicher Abhilfemaßnahmen und den Stellungnahmen in der Prüfungsabschlußsitzung (§ 4 Abs. 4) im Bericht ausdrücklich festzuhalten. Im Bericht ist ferner die Zeit des Beginns und der Beendigung der Revision anzugeben.

(2) Der Revisor hat eine zur Information der Mitglieder geeignete Kurzfassung des Revisionsberichts für die Generalversammlung zu erstellen, in die jedenfalls alle Mängel von Belang und Feststellungen gemäß § 4 Abs. 3 aufzunehmen sind. Feststellungen, deren Bekanntgabe nach vernünftiger „unternehmerischer“ Beurteilung geeignet ist, der Genossenschaft einen erheblichen Nachteil zuzufügen, müssen in die Kurzfassung nicht aufgenommen werden, wenn dadurch das getreue Bild von der Gesamtlage der Genossenschaft nicht beeinträchtigt wird. *(BGBl I 2005/120)*

(3) Der Revisor hat den Bericht und dessen Kurzfassung zu unterzeichnen und dem Vorstand und den Mitgliedern des Aufsichtsrats der Genossenschaft, wenn ein solcher besteht, vorzulegen.

(4) Wurde der Revisor von einem Revisionsverband bestellt, so hat der Revisor den von ihm unterfertigten Bericht und dessen Kurzfassung dem Vorstand des Revisionsverbands vorzulegen. Dieser hat den Bericht zu prüfen, das Ergebnis seiner Prüfung dem Bericht beizufügen, den Revisionsbericht, dessen Kurzfassung und das Ergebnis seiner Prüfung dem Vorstand und dem Aufsichtsrat der Genossenschaft vorzulegen.

(5) Die Genossenschaft hat die Durchführung der Revision und die Zeit, während welcher sie vorgenommen wurde, zur Eintragung in das Firmenbuch anzumelden.

Behandlung des Revisionsberichts

§ 6. (1) Der Vorstand der Genossenschaft hat nach Empfang des Revisionsberichts, wenn ein Aufsichtsrat besteht, in gemeinsamer Sitzung mit diesem unverzüglich über den Bericht zu beraten, die erforderlichen Beschlüsse zu fassen und bei der Einberufung der nächsten Generalversammlung die Behandlung des Revisionsberichts als Gegenstand der Beschlußfassung anzukündigen.

(2) Von der Einberufung der Generalversammlung sind der Revisor und der Revisionsverband unter Anschluß der Tagesordnung unverzüglich zu verständigen. Der Revisor und der Revisionsverband sind berechtigt, an der Generalversammlung beratend teilzunehmen.

(3) Mit der Einberufung der Generalversammlung ist den Genossenschaftern bekanntzugeben, daß die Kurzfassung des Revisionsberichts zur Einsicht während der gewöhnlichen Geschäftsstunden bei der Genossenschaft aufliegt. Jedem Genossenschafter ist auf Verlangen eine Abschrift der Kurzfassung des Revisionsberichts zu erteilen.

(4) In der Generalversammlung sind die Kurzfassung des Revisionsberichts und die Stellungnahme des Revisionsverbands zu verlesen. Im Anschluß daran hat sich der Aufsichtsrat oder, wenn ein solcher nicht besteht, der Vorstand über das Ergebnis der Revision zu erklären.

Einberufung einer außerordentlichen Generalversammlung durch den Revisor

§ 7. „“ Wenn die Beschlußfassung über den Revisionsbericht verzögert wird, die Generalversammlung bei der Beschlußfassung unzulänglich über wesentliche Feststellungen oder Beanstandungen im Revisionsbericht unterrichtet war oder der Vorstand nicht unverzüglich eine Generalversammlung „zur Anzeige einer festgestellten Bestandsgefährdung (§ 4 Abs. 3 vierter Satz)“ einberuft, so hat das Gericht auf Antrag des Revisors oder des Revisionsverbands den Revisor zu ermächtigen, eine außerordentliche Generalversammlung der Genossenschaft auf deren Kosten einzuberufen, und zu bestimmen, über welche Gegenstände zwecks Beseitigung festgestellter Mängel verhandelt und beschlossen werden soll. Zugleich hat das Gericht den Vorsitzenden der Versammlung zu bestimmen. Auf die Ermächtigung muß bei der Einberufung hingewiesen werden. *(BGBl I 2009/71)*

Mängelbehebung

§ 8. (1) Die Genossenschaft hat geeignete Maßnahmen zur Behebung der im Revisionsbericht angeführten Mängel einzuleiten und dem Revisor hierüber sowie auf sein Verlangen über die Behebung von im einzelnen bezeichneten Mängeln innerhalb einer von ihm angemessen zu bestimmenden Frist Bericht zu erstatten.

(2) Wird dem Revisor nicht unverzüglich die Einleitung geeigneter Maßnahmen beziehungsweise nicht fristgerecht die Behebung von Mängeln nachgewiesen, die den Bestand der geprüften Genossenschaft gefährden oder ihre Entwicklung wesentlich beeinträchtigen können oder die

schwerwiegende Verstöße der gesetzlichen Vertreter gegen Gesetz oder Genossenschaftsvertrag bedeuten, so hat der Revisor selbst oder, wenn er durch einen Revisionsverband bestellt wurde, im Weg des Revisionsverbands der Genossenschaft eine angemessene Nachfrist zur Behebung oder zur Einleitung geeigneter Maßnahmen zur Behebung zu setzen und nach deren fruchtlosem Ablauf einen Bericht über die Mängel zum Firmenbuch einzureichen.

(3) Der Revisor oder, wenn der Revisor durch einen Revisionsverband bestellt wurde, der Revisionsverband hat überdies dem Gericht binnen der Nachfrist nicht abgestellte Mängel anzuzeigen, die ein Einschreiten des Gerichts gemäß den §§ 87 bis 89 des Gesetzes über Erwerbs- und Wirtschaftsgenossenschaften begründen könnten.

Revisionskosten

§ 9. (1) Ist die geprüfte Genossenschaft Mitglied eines Revisionsverbands, so hat sie die auf Grundlage des Verbandsstatuts festgesetzten Revisionskosten zu bezahlen. Die Revisionskosten müssen angemessen sein.

(2) Der vom Gericht bestellte Revisor hat Anspruch auf Ersatz der notwendigen baren Auslagen und auf angemessene Entlohnung für seine Tätigkeit. Diese von der geprüften Genossenschaft zu entrichtenden Beträge bestimmt das Gericht „ “. *(BGBl I 2009/71)*

(3) Die Kosten der Revision dürfen nicht von der Erbringung zusätzlicher Leistungen für das geprüfte Unternehmen beeinflusst oder bestimmt sein und an keinerlei Bedingungen geknüpft werden. *(BGBl I 2016/43)*

Verantwortlichkeit des Revisors und des Revisionsverbands

§ 10. (1) Der Revisor, der Revisionsverband und ihre Gehilfen sowie die bei der Revision mitwirkenden gesetzlichen Vertreter des Revisionsverbands oder einer Prüfungsgesellschaft sind zur Verschwiegenheit verpflichtet. Sie dürfen nicht unbefugt Geschäfts- und Betriebsgeheimnisse verwerten, die sie bei ihrer Tätigkeit erfahren haben. Ist eine Prüfungsgesellschaft Revisor, so besteht die Verpflichtung zur Verschwiegenheit auch gegenüber dem Aufsichtsrat der Prüfungsgesellschaft und dessen Mitgliedern. Wer vorsätzlich oder fahrlässig seine Pflichten verletzt, ist der Genossenschaft und, wenn ein Unternehmen im Sinne des § 1 Abs. 2 geschädigt worden ist, auch diesem zum Ersatz des daraus entstehenden Schadens verpflichtet. Mehrere Personen haften als Gesamtschuldner.

(2) Der Revisor ist zur gewissenhaften und unparteiischen Revision verpflichtet. Verletzt er vorsätzlich oder fahrlässig diese Pflicht, so ist er der Genossenschaft und, wenn ein Unternehmen im Sinne des § 1 Abs. 2 geschädigt worden ist, auch diesem zum Ersatz des daraus entstandenen Schadens verpflichtet. Mehrere Revisoren haften als Gesamtschuldner. Die Ersatzpflicht aus der Revision abschlussprüfungspflichtiger Genossenschaften (§ 22 Abs. 6 GenG) richtet sich nach § 275 Abs. 2 „UGB“**, bei der Revision anderer Genossenschaften ist sie mit 350 000 Euro „bei Fahrlässigkeit“* beschränkt. Diese Beschränkungen gelten auch, wenn an der Revision mehrere Revisoren beteiligt waren, mehrere zum Ersatz verpflichtende Handlungen begangen wurden oder durch diese Handlungen auch Pflichten gemäß § 275 Abs. 2 „UGB“** verletzt wurden, und ohne Rücksicht darauf „ , ob andere Beteiligte vorsätzlich gehandelt haben.“* Ergibt sich die Haftung des Revisors auch aus seiner Tätigkeit als Bankprüfer, so bestimmt sich die Beschränkung der Ersatzpflicht nach § 62a BWG. *(*BGBl I 2005/59; **BGBl I 2005/120)*

(3) Für Ersatzansprüche gegen einen Revisor aus der Revision (Abs. 2), der Abschlussprüfung (§ 275 Abs. 2 „UGB“) und der Bankprüfung haftet der Revisionsverband als Ausfallsbürge. Auch soweit der Revisionsverband aus der Verletzung ihn selbst treffender Pflichten haftet, gilt für ihn die jeweilige Beschränkung dieser Ersatzansprüche. *(BGBl I 2005/120)*

(4) Wenn Ersatzansprüche gegen einen Revisor (Abs. 3) nicht durch einen Revisionsverband ausreichend sichergestellt sind, gilt für den Revisor § 88 Abs. 1 zweiter Satz WTBG sinngemäß.

(5) Die Ersatzpflicht kann durch Vertrag weder ausgeschlossen noch beschränkt werden. Sie verjährt in fünf Jahren ab Schadenseintritt.

(BGBl I 2002/108)

Meinungsverschiedenheiten zwischen Genossenschaft und Revisor oder Revisionsverband

§ 11. Bei Meinungsverschiedenheiten zwischen dem Revisor oder dem Revisionsverband und der Genossenschaft oder einem Unternehmen im Sinn des § 1 Abs. 2 über die Auslegung und Anwendung von gesetzlichen Vorschriften sowie von Bestimmungen des Verbandsstatuts oder des Genossenschaftsvertrags über die Revision entscheidet auf Antrag des Revisors, des Revisionsverbands, der gesetzlichen Vertreter der Genossenschaft oder der gesetzlichen Vertreter des Unternehmens im Sinn des § 1 Abs. 2 das Gericht.

Zwangsstrafen

§ 12. (1) Die Vorstandsmitglieder, die Aufsichtsratsmitglieder oder die Abwickler sind zur Befolgung der §§ 4 und 6 vom Gericht durch

Zwangsstrafen bis zu „3 500 Euro“ anzuhalten. *(BGBl I 2000/136)*

(2) Kommen die Vorstandsmitglieder, die Aufsichtsratsmitglieder oder die Abwickler ihrer im Abs. 1 erwähnten Pflicht nicht innerhalb von zwei Monaten nach Rechtskraft des Beschlusses über die Verhängung der Zwangsstrafe nach, so ist eine weitere Zwangsstrafe bis zu „3 500 Euro“ zu verhängen. Eine wiederholte Verhängung von Zwangsstrafen ist zulässig. *(BGBl I 2000/136)*

Zweiter Abschnitt

Zulassung als Revisor

Voraussetzungen

§ 13. (1) Allgemeine Voraussetzungen für die Zulassung als Revisor sind

1. die volle Handlungsfähigkeit,

2. die Hochschulreife,

3. die besondere Vertrauenswürdigkeit und

4. geordnete wirtschaftliche Verhältnisse.

(2) Weitere Voraussetzung für die Zulassung als Revisor ist die erfolgreich abgelegte Fachprüfung und eine zumindest dreijährige Tätigkeit bei einem Revisionsverband oder bei einem Wirtschaftsprüfer und Steuerberater oder einer Wirtschaftsprüfungs- und Steuerberatungsgesellschaft oder bei einem Buchprüfer und Steuerberater oder einer Buchprüfungs- und Steuerberatungsgesellschaft, wenn sich die Tätigkeit insbesondere auf die Prüfung von Jahresabschlüssen und der Gebarung von Genossenschaften oder Kapitalgesellschaften erstreckt.

(3) Für Personen, welche die Fachprüfung für Steuerberater erfolgreich abgelegt haben, verkürzt sich die Mindestdauer der Tätigkeit gemäß Abs. 2 auf zwei Jahre.

(4) Auf die Dauer der Tätigkeit gemäß Abs. 2 sind anzurechnen:

1. andere zulässige praktische Tätigkeiten, welche die für den Beruf des Revisors erforderlichen qualifizierten Kenntnisse vermitteln, im Höchstausmaß von einem Jahr,

2. Tätigkeiten als Revisionsassistent in der Prüfungsstelle des Sparkassen-Prüfungsverbandes im Höchstausmaß von einem Jahr,

3. die Tätigkeit als zeichnungsberechtigter Prüfer der Prüfungsstelle des Sparkassen-Prüfungsverbandes im Höchstausmaß von einem Jahr und

4. eine mit den in Z 1 angeführten Tätigkeiten vergleichbare Tätigkeit im Ausland im Höchstausmaß von einem Jahr.

(BGBl I 2008/70)

Besondere Vertrauenswürdigkeit

§ 13a. Die besondere Vertrauenswürdigkeit liegt dann nicht vor, wenn der Revisionsanwärter rechtskräftig verurteilt oder bestraft worden ist

1. a) von einem Gericht wegen einer mit Vorsatz begangenen strafbaren Handlung zu einer mehr als einjährigen Freiheitsstrafe oder

b) von einem Gericht wegen einer mit Bereicherungsvorsatz begangenen strafbaren Handlung oder

c) von einem Gericht wegen eines Finanzvergehens oder

d) von einer Finanzstrafbehörde wegen eines vorsätzlichen Finanzvergehens mit Ausnahme einer Finanzordnungswidrigkeit und

2. diese Verurteilung oder Bestrafung noch nicht getilgt ist oder solange die Beschränkung der Auskunft gemäß § 6 Abs. 2 oder Abs. 3 des Tilgungsgesetzes 1972, BGBl. Nr. 68, noch nicht eingetreten ist.

(BGBl I 2008/70)

Geordnete wirtschaftliche Verhältnisse

§ 13b. Geordnete wirtschaftliche Verhältnisse liegen dann nicht vor, wenn

1. über das Vermögen des Revisionsanwärters der Konkurs innerhalb der letzten zehn Jahre rechtskräftig eröffnet worden ist, sofern nicht der Konkurs nach einem Zwangsausgleich aufgehoben worden ist, oder

2. über das Vermögen des Revisionsanwärters innerhalb der letzten zehn Jahre zweimal rechtskräftig ein Ausgleichsverfahren eröffnet worden ist und mittlerweile nicht sämtliche diesem Verfahren zugrunde liegenden Verbindlichkeiten nachgelassen oder beglichen worden sind oder

3. gegen den Revisionsanwärter innerhalb der letzten zehn Jahre ein Antrag auf Konkurseröffnung gestellt, der Antrag aber mangels eines voraussichtlich hinreichenden Vermögens abgewiesen und die Zahlungsunfähigkeit nicht beseitigt worden ist.

(BGBl I 2008/70)

Zulassung zur Fachprüfung

§ 14. Die Vereinigung österreichischer Revisionsverbände hat einen Revisionsanwärter, der die Voraussetzungen nach § 13 Abs. 1 erfüllt und eine ausreichende praktische Erfahrung (§ 13 Abs. 2) nachweist, auf dessen Antrag zur Fachprüfung zum Genossenschaftsrevisor zuzulassen und davon sowie vom Prüfungstermin den Revisionsanwärter und gegebenenfalls den Revisionsverband, bei dem dieser angestellt ist, schriftlich zu informieren.

(BGBl I 2008/70)

Prüfungskommission

§ 15. (1) Für die Abhaltung der Prüfung hat die Vereinigung Österreichischer Revisionsverbände eine Prüfungskommission zu bestellen.

(2) Die Funktionsdauer dieser Kommission beträgt fünf Jahre. Als Kommissionsmitglieder können Revisoren, Wirtschaftsprüfer und Hochschullehrer derjenigen Fächer bestellt werden, die als Sachgebiete in § 16 aufgezählt sind. Für ihre Prüfungstätigkeit erhalten die Mitglieder eine Entschädigung.

(3) Die Prüfungskommission besteht aus einem Vorsitzenden und mindestens zwei Prüfungskommissären. Für jedes Kommissionsmitglied ist mindestens ein Stellvertreter mit denselben fachlichen Voraussetzungen und auf dieselbe Art und Weise wie die ordentlichen Mitglieder zu bestellen.

(4) Zur Beschlussfähigkeit der Kommission ist die Anwesenheit aller Mitglieder erforderlich. Die Mitglieder können sich von ihren Stellvertretern vertreten lassen.

(BGBl I 2008/70)

Inhalt und Ablauf der Prüfung

§ 16. (1) Die Fachprüfung zum Genossenschaftsrevisor umfaßt alle im folgenden genannten Sachgebiete, besteht aus einem schriftlichen und mündlichen Teil und dient der Feststellung, ob der Prüfungskandidat eine theoretische Ausbildung auf dem Niveau eines Universitätsabschlusses erhalten hat. Die Prüfung hat überdies die Fähigkeit des Prüfungskandidaten zur praktischen Anwendung der erforderlichen theoretischen Kenntnisse bei der Revision und der Abschlußprüfung zu gewährleisten.

(2) Die Prüfung der theoretischen Kenntnisse muss unter besonderer Beachtung des Genossenschafts- und Revisionsrechts folgende Sachgebiete umfassen:

1. Theorie und Grundsätze des allgemeinen Rechnungswesens,

- Vorschriften und Grundsätze für die Aufstellung des Jahresabschlusses und des konsolidierten Abschlusses sowie Bewertung und Erfolgsermittlung,
- betriebliches Rechnungswesen und Kostenrechnung,
- internationale Rechnungslegungsstandards,
- wirtschaftliches Prüfungswesen,
- Analyse des Jahresabschlusses,
- internationale Prüfungsgrundsätze,
- Gebarungsprüfung,
- Risikomanagement und interne Kontrolle,
- gesetzliche und standesrechtliche Vorschriften für Abschlussprüfung und Abschlussprüfer, Berufsgrundsätze und Unabhängigkeit und,

2. soweit die Rechnungsprüfung und die Revision davon berührt werden,

- Gesellschaftsrecht und Corporate Governance,
- Insolvenzrecht,
- Steuerrecht,
- Bürgerliches Recht und Unternehmensrecht,
- Arbeitsrecht und Sozialversicherungsrecht,
- Informationssysteme und Informatik,
- Betriebswirtschaft,
- Volkswirtschaft und Finanzwissenschaft,
- Mathematik und Statistik und
- wesentliche Grundzüge der betrieblichen Finanzverwaltung.

(BGBl I 2008/70)

(3) Die schriftliche Prüfung besteht aus drei Klausurarbeiten, von denen sich eine schwerpunktmäßig mit der Rechnungslegung und Pflichtprüfung von Jahresabschlüssen und Konzernabschlüssen von Genossenschaften und/oder Kapitalgesellschaften zu befassen hat, eine mit Betriebswirtschaftslehre und eine mit Rechtslehre einschließlich Steuerrecht. Die Prüfungsfragen für jede Klausurarbeit sind so zu stellen, dass diese vom Prüfungskandidaten in sechs Stunden ausgearbeitet werden können. Die jeweilige Klausurarbeit ist nach sieben Stunden zu beenden. *(BGBl I 2008/70)*

(4) Über die bestandene Prüfung ist dem Prüfungskandidaten ein Zeugnis auszustellen, das von allen „Kommissionsmitgliedern" zu unterfertigen ist. *(BGBl I 2008/70)*

Prüfungsverordnung

§ 17. (1) Die Vereinigung Österreichischer Revisionsverbände hat die Einzelheiten des Prüfungsverfahrens mit Verordnung zu regeln.

(2) Diese Verordnung hat insbesondere Bestimmungen über die Pflicht der Mitglieder der Prüfungskommissionen zur Gewährleistung eines unparteiischen und sachgerechten Prüfungsverfahrens, über die Durchführung und die Dauer der schriftlichen und mündlichen Prüfung, über die den Prüfungsverlauf darlegende Niederschrift sowie über die Höhe der Entschädigung für die Mitglieder der Prüfungskommissionen und der von den Prüfungskandidaten der Vereinigung Österreichischer Revisionsverbände zu entrichtenden Prüfungsgebühren zu enthalten. Die Verordnung kann auch vorsehen, dass die Prüfungskandidaten für die Zulassung zur Prüfung die Teilnahme an theoretischen Ausbildungsveranstaltungen

zur Gebarungsprüfung (einschließlich Prüfung des genossenschaftlichen Förderungsauftrags und unter besonderer Berücksichtigung des Genossenschaftsrechts und des Genossenschaftsrevisionsrechts) im Ausmaß von höchstens 40 Lehreinheiten zu jeweils 50 Minuten nachweisen müssen, sofern solche Ausbildungsveranstaltungen im Bedarfsfall, mindestens aber alle zwei Jahre, angeboten werden.

(3) Die Prüfungsverordnung ist nach Zustimmung des [Bundesministers für Wirtschaft und Arbeit][1] in einer bei der Vereinigung Österreichischer Revisionsverbände und bei sämtlichen Revisionsverbänden während der Bürozeiten zur Einsicht aufliegenden Druckschrift und im Internet auf der Website der Vereinigung österreichischer Revisionsverbände kundzumachen. Die im Internet kundgemachten Inhalte müssen jederzeit ohne Identitätsnachweis und gebührenfrei zugänglich sein und in ihrer kundgemachten Form vollständig und auf Dauer ermittelt werden können.

(BGBl I 2008/70)

[1] Jetzt: Bundesminister für Wissenschaft, Forschung und Wirtschaft

Zulassung als Revisor

§ 17a. (1) Die Vereinigung österreichischer Revisionsverbände hat einen Revisionsanwärter, der die Fachprüfung zum Genossenschaftsrevisor erfolgreich abgelegt hat und die Voraussetzungen gemäß § 13 Abs. 1 erfüllt, auf dessen Antrag als Revisor zuzulassen und in die Liste gemäß Abs. 2 einzutragen.

(2) Die Vereinigung österreichischer Revisionsverbände hat unter Aufsicht des [Bundesministers für Wirtschaft und Arbeit][1] eine öffentlich zugängliche Liste der zugelassenen Revisoren zu führen.

(3) In die Liste sind der Name und das Geburtsdatum des Revisors, die Anschrift seines Arbeitsplatzes, das Datum der Zulassung und, wenn er bei einem Revisionsverband angestellt ist, Name und Anschrift dieses Revisionsverbands einzutragen. Änderungen dieser Daten sind der Vereinigung österreichischer Revisionsverbände zur amtswegigen Richtigstellung der Liste unverzüglich bekannt zu geben.

(BGBl I 2008/70)

[1] Jetzt: Bundesminister für Wissenschaft, Forschung und Wirtschaft

Berufsgrundsätze

§ 17b. (1) Die Vereinigung Österreichischer Revisionsverbände hat mit Verordnung Berufsgrundsätze aufzustellen, die zumindest die Funktion der Revisoren für das öffentliche Interesse, ihre Integrität und Unparteilichkeit, ihre Weiterbildungsverpflichtung sowie ihre Fachkompetenz und Sorgfalt zum Gegenstand haben.

(2) Diese Verordnung ist nach Zustimmung des [Bundesministers für Wirtschaft und Arbeit][1] in einer bei der Vereinigung Österreichischer Revisionsverbände und bei sämtlichen Revisionsverbänden während der Bürozeiten zur Einsicht aufliegenden Druckschrift und im Internet auf der Website der Vereinigung österreichischer Revisionsverbände kundzumachen. Die im Internet kundgemachten Inhalte müssen jederzeit ohne Identitätsnachweis und gebührenfrei zugänglich sein und in ihrer kundgemachten Form vollständig und auf Dauer ermittelt werden können.

(BGBl I 2008/70)

[1] Jetzt: Bundesminister für Wissenschaft, Forschung und Wirtschaft

§ 17c. Die Vereinigung Österreichischer Revisionsverbände hat mit Verordnung Regeln zur internen Organisation des Prüfbetriebs von Revisionsverbänden gemäß internationalen Standards und europarechtlichen Vorgaben zu erlassen. Für diese Verordnung gilt § 17b Abs. 2 entsprechend.

(BGBl I 2017/80)

Widerruf der Zulassung

§ 18. (1) Die Vereinigung österreichischer Revisionsverbände „ “ hat die Zulassung zum Revisor auf Antrag des Revisors oder, wenn Umstände eintreten, derentwegen die ordnungsgemäße Erfüllung seiner Aufgaben nicht mehr gewährleistet ist, von Amts wegen zu widerrufen und den Revisor aus der Liste der zugelassenen Revisoren zu streichen; die Revisionsverbände haben die Vereinigung österreichischer Revisionsverbände von derartigen Umständen unverzüglich in Kenntnis zu setzen. *(BGBl I 2008/70)*

(2) Eingetragene Revisoren, die keinem Revisionsverband angehören, haben der Vereinigung österreichischer Revisionsverbände in jedem dritten Kalenderjahr nach ihrem Ausscheiden aus einem Revisionsverband unaufgefordert zu bescheinigen, dass sie in den letzten drei Jahren einer facheinschlägigen Tätigkeit in einem Umfang nachgegangen sind, der das Fortbestehen ihrer fachlichen Befähigung sichert. Unterbleibt diese Bescheinigung, so erlischt die Zulassung zum Revisor und die Person ist aus der Liste der zugelassenen Revisoren zu streichen. Bei einem Antrag auf Wiedereintragung ist zu bescheinigen, dass die ordnungsgemäße Erfüllung der Aufgaben eines Revisors durch den Antragsteller nach wie vor gewährleistet ist.

(BGBl I 2005/59)

Niederlassung

§ 18a. (1) Staatsangehörige eines anderen Mitgliedstaates der EU oder eines anderen Vertragsstaates des Abkommens über den Europäischen Wirtschaftsraum oder der Schweizerischen Eidgenossenschaft sind nach Maßgabe des Abs. 2 berechtigt, sich auf dem Gebiet der Republik Österreich zur Ausübung des Berufes Revisor niederzulassen.

(2) Voraussetzungen für die Niederlassung gemäß Abs. 1 sind:

1. die Staatsangehörigkeit eines anderen Mitgliedstaates der EU oder eines anderen Vertragsstaates des Abkommens über den Europäischen Wirtschaftsraum oder der Schweizerischen Eidgenossenschaft,

2. die aufrechte Berechtigung, in ihrem Herkunftsmitgliedstaat den Beruf Revisor befugt auszuüben,

3. das Vorliegen der allgemeinen Voraussetzungen gemäß § 13 Abs. 1,

4. das Vorliegen einer gleichwertigen Berufsqualifikation und

5. die Zulassung durch die Vereinigung Österreichischer Revisionsverbände.

(3) Dem Antrag auf Zulassung sind anzuschließen:

1. ein Identitätsnachweis,

2. der Nachweis der Staatsangehörigkeit,

3. der Berufsqualifikationsnachweis, der zur Aufnahme des Berufes Revisor im Herkunftsmitgliedsstaat berechtigt, und

4. Bescheinigungen der zuständigen Behörden des Herkunftsmitgliedstaates über das Vorliegen der besonderen Vertrauenswürdigkeit und der geordneten wirtschaftlichen Verhältnisse sowie das Nichtvorliegen von schwerwiegendem standeswidrigem Verhalten. Diese Bescheinigungen dürfen bei ihrer Vorlage nicht älter als drei Monate sein.

(4) Die Zulassung hat zu erfolgen, wenn die allgemeinen Voraussetzungen für die Zulassung vorliegen und die geltend gemachte Berufsqualifikation dem des angestrebten Berufes Revisor gleichwertig ist. Die fachliche Befähigung ist durch die Vorlage entsprechender Nachweise zu bescheinigen. Diesen Ausbildungsnachweisen ist jeder Ausbildungsnachweis oder jede Gesamtheit von Berufsqualifikationsnachweisen, die von einer zuständigen Behörde in einem Mitgliedstaat ausgestellt wurden, gleichgestellt, sofern sie eine in der Gemeinschaft erworbene Ausbildung abschließen und von diesem Mitgliedstaat als gleichwertig anerkannt werden und in Bezug auf die Aufnahme oder Ausübung des Berufes Revisor dieselben Rechte verleihen oder auf die Ausübung dieses Berufes vorbereiten.

(5) Eine mangelnde Gleichwertigkeit der geltend gemachten Berufsqualifikation ist durch die Absolvierung einer Eignungsprüfung auszugleichen. Unter einer Eignungsprüfung sind Prüfungen im Sinn der Art. 14 und 44 der Richtlinie 2006/43/EG über Abschlussprüfungen von Jahresabschlüssen und konsolidierten Abschlüssen vom 17. Mai 2006, ABl. Nr. L 157 S. 87, zu verstehen.

(6) Die Gegenstände der Eignungsprüfung für Revisoren sind:

– Berufsgrundsätze und Unabhängigkeit und,
– soweit die Rechnungsprüfung und die Revision davon berührt werden, - Gesellschaftsrecht,
– Insolvenzrecht,
– Steuerrecht,
– Bürgerliches Recht und Unternehmensrecht sowie
– Arbeitsrecht und Sozialversicherungsrecht.

(7) Die Eignungsprüfung ist mündlich abzulegen. Für das Prüfungsverfahren gelten die Bestimmungen der §§ 15 bis 17 über mündliche Prüfungen.

(BGBl I 2008/70)

Dritter Abschnitt
Revisionsverbände

Anerkennung als Revisionsverband

§ 19. (1) Ein Verein oder eine Genossenschaft, deren Zweck nach ihrem Statut die Revision der ihr angehörigen Genossenschaften ist (Revisionsverband), ist als berechtigt anzuerkennen, für die diesem Verband angehörigen Genossenschaften Revisoren zu bestellen, wenn

1. der Verband nach dem Inhalt des Verbandsstatuts und in Hinblick auf seine Mitglieder Gewähr für die Erfüllung der von ihm zu übernehmenden Aufgaben bietet,

2. er glaubhaft macht, daß er unter Berücksichtigung der Anzahl, der wirtschaftlichen Tätigkeit und der Unternehmensgröße seiner Mitglieder wirtschaftlich und organisatorisch zur Erfüllung seiner Aufgaben in der Lage ist „." *(BGBl I 2002/108)*

3. *(aufgehoben, BGBl I 2002/108)*

(2) Das Verbandsstatut hat

1. den örtlichen und sachlichen Wirkungsbereich sowie Bestimmungen über die Bestellung der Revisoren sowie die Durchführung der Revisionen zu enthalten;

2. die Voraussetzungen für die Aufnahme in den Revisionsverband und den Ausschluß aus diesem festzulegen und dabei Genossenschaften, die nach ihrem Sitz und dem Gegenstand ihres

Unternehmens in seinen örtlichen und sachlichen Wirkungsbereich fallen, Anspruch auf Aufnahme und Verbleib zur Durchführung der Pflichtrevision einzuräumen, wenn deren Aufnahme und Verbleib keine wichtigen Gründe entgegenstehen; und

3. sicherzustellen, daß die durch den Verband bestellten Revisoren in Fragen der Revision unabhängig und weisungsfrei sind.

(3) Der Revisionsverband kann neben der Revision die gemeinsame Wahrnehmung der Interessen seiner Mitglieder sowie deren Beratung und Betreuung bezwecken; er ist dabei auch zur Übernahme der geschäftsmäßigen Vertretung seiner Mitglieder vor Abgabenbehörden befugt. Andere Zwecke darf er nicht verfolgen. *(BGBl I 2004/67)*

(4) Die für die Anerkennung zuständige Behörde kann die Anerkennung von der Erfüllung von Auflagen abhängig machen.

(5) Das Dienstverhältnis eines Revisors, der Angestellter eines anerkannten Revisionsverbands im Sinn des Angestelltengesetzes, BGBl. Nr. 292/1921 in der jeweils gültigen Fassung ist, kann vom Verband nur aus wichtigem Grund gekündigt werden. Unbeschadet des Rechts zur vorzeitigen Entlassung gemäß § 27 Angestelltengesetz sind als wichtige Gründe, die den Verband zur Auflösung des Dienstverhältnisses berechtigen, insbesondere anzusehen:

1. mangelnde Aktivität zur beruflichen Weiterbildung,

2. grobe und nachhaltige Vernachlässigung der dienstrechtlichen Pflichten als Revisor,

3. Nichteinhaltung von Berufsgrundsätzen,

4. Wegfall der Zulassungsvoraussetzungen,

5. nachhaltige Nichteinhaltung von Qualitätssicherungsmaßnahmen nach § 2 Abs. 2 A-QSG,

6. Verwirklichung von in seiner Person begründeten Umständen, durch die der Revisor von der Vornahme von Revisionen, Abschlussprüfungen und/oder Bankprüfungen nicht nur im Verhältnis zu einem einzelnen Mitglied des Revisionsverbands, sondern zu sämtlichen Mitgliedern oder einer ganzen Gruppe von Mitgliedern gesetzlich ausgeschlossen ist.

7. der Eintritt einer Änderung des Arbeitsumfangs oder der Organisation der Revisionstätigkeit und

8. der Anspruch auf eine gesetzliche Alterspension.
(BGBl I 2008/70)

Umwandlung von Revisionsverbänden

§ 19a. (1) Ein Revisionsverband in der Rechtsform eines Vereins kann in eine Genossenschaft umgewandelt werden.

(2) Eine der Voraussetzungen einer Umwandlung ist ein Umwandlungsbeschluss der Mitgliederversammlung. Der Umwandlungsbeschluss bedarf, sofern die Statuten keine höheren Anforderungen stellen, einer für eine freiwillige Auflösung des bisherigen Vereins erforderlichen Mehrheit. Im Umwandlungsbeschluss sind die Firma und die weiteren zur Durchführung der Umwandlung erforderlichen Änderungen der Statuten festzusetzen.

(3) Die von der Mitgliederversammlung beschlossene Umwandlung bedarf der Zustimmung der für die Anerkennung zuständigen Behörde. Die Behörde kann die Zustimmung zur Umwandlung von der Erfüllung von Auflagen abhängig machen.

(4) Der Betrag der den bisherigen Vereinsmitgliedern pro Kopf zuzuschreibenden Geschäftsanteile darf weder das auf diese entfallende anteilige Eigenkapital des bisherigen Vereins, noch die Summe der von diesen geleisteten Einlagen überschreiten.

(5) Die Umwandlung wird mit der Eintragung des Revisionsverbandes als Genossenschaft in das Firmenbuch wirksam. Bei der Anmeldung der Genossenschaft zur Eintragung in das Firmenbuch sind vorzulegen:

1. eine Bestätigung des Abschlussprüfers oder der Rechnungsprüfer des Vereins, wonach die Voraussetzungen gemäß Abs. 4 nach Maßgabe des letzten Rechnungsabschlusses erfüllt sind, und

2. die Zustimmung der für die Anerkennung zuständigen Behörde gemäß Abs. 3.

(6) Der Eintragungsbeschluss ist auch der zuständigen Vereinsbehörde zuzustellen. Mit der Eintragung des Revisionsverbandes als Genossenschaft gilt der Verein als freiwillig aufgelöst. Einer entsprechenden Eintragung im Vereinsregister kommt deklarative Wirkung zu.

(7) Der Vorstand des Revisionsverbandes hat die Mitglieder von der erfolgten Eintragung unverzüglich zu unterrichten. Vereinsmitglieder, die dem Umwandlungsbeschluss nicht zugestimmt haben, sind berechtigt, innerhalb von sechs Monaten ab Eintragung des Revisionsverbandes in das Firmenbuch ihren Austritt aus dem Revisionsverband zu erklären. Ihre Mitgliedschaft zu dem Revisionsverband gilt mit dem Zeitpunkt der Eintragung des Revisionsverbandes als Genossenschaft in das Firmenbuch als beendet; dies ist bei der Eintragung des Ausscheidens in das Register der Mitglieder der Genossenschaft zu vermerken.

(8) Wenn ein Revisionsverband, der als Spitzenverband seinerseits keinem Revisionsverband angehört, dies spätestens bei der Anmeldung der Umwandlung zur Eintragung in das Firmenbuch beantragt, gilt er als gemäß § 26 Abs. 1 lit. c von der Verbandspflicht befreit, ohne dass es auf die

Voraussetzungen einer Befreiung ankäme. § 26 Abs. 2 gilt entsprechend.

(BGBl I 2018/69)

Revisionsverband und zuständige Behörde

§ 20. (1) Änderungen des Verbandsstatuts, welche die in § 19 Abs. 2 und 3 angeführten Gegenstände betreffen, bedürfen der Zustimmung der für die Anerkennung zuständigen Behörde.

(2) Die Revisionsverbände haben Änderungen der Anzahl, der wirtschaftlichen Tätigkeit und der Unternehmensgröße ihrer Mitglieder, die ihre wirtschaftliche und organisatorische Fähigkeit zur Erfüllung ihrer Aufgaben beeinträchtigen können, unverzüglich der für die Anerkennung zuständigen Behörde mitzuteilen.

(3) Die für die Anerkennung zuständige Behörde ist berechtigt, die Revisionsverbände darauf zu prüfen, ob sie ihre Aufgaben erfüllen; sie kann sie durch Auflagen zur Erfüllung ihrer Aufgaben anhalten. Werden der Behörde Umstände bekannt, die erhebliche Bedenken an der ordnungsgemäßen Erfüllung der Aufgaben eines Revisionsverbands begründen, so ist die Behörde zu einer Prüfung des Revisionsverbands verpflichtet.

Anmeldung der Zugehörigkeit zu einem Revisionsverband zum Firmenbuch

§ 21. Der Revisionsverband hat die Aufnahme und das Ausscheiden einer Genossenschaft unverzüglich zur Eintragung in das Firmenbuch anzumelden.

Entzug der Anerkennung

§ 22. Die für die Anerkennung zuständige Behörde kann dem Verband das Recht, für die ihm angehörigen Genossenschaften Revisoren zu bestellen, entziehen,

1. wenn der Verband seinen Pflichten bezüglich der Revision nicht genügt;

2. wenn es infolge einer Veränderung der Anzahl, der wirtschaftlichen Tätigkeit und der Unternehmensgröße der dem Verband angehörigen Genossenschaften ausgeschlossen erscheint, daß der Verband wirtschaftlich und organisatorisch zur Erfüllung seiner Aufgaben in der Lage ist;

3. wenn der Verband seine Tätigkeit auf andere als die im Statut bezeichneten Gegenstände ausdehnt;

4. wenn der Verband Auflagen der für die Anerkennung zuständigen Behörde nicht erfüllt.

Zuständige Behörden

§ 23. (1) Für die Anerkennung der Berechtigung von Revisionsverbänden, für die ihnen angehörigen Genossenschaften Revisoren zu bestellen, ist der [Bundesminister für Wirtschaft und Arbeit][1)] zuständig. Bezweckt der Revisionsverband nach seinem Statut die Bestellung von Revisoren für Kredit- oder Finanzinstitute, so ist im Einvernehmen mit dem Bundesminister für Finanzen vorzugehen.

(2) Soweit der Vereinigung österreichischer Revisionsverbände in diesem Gesetz behördliche Aufgaben übertragen werden (§§ 14, 15, 17, 17a, 17b, 18 und 18a), unterliegt sie der Aufsicht und Weisungsbefugnis des [Bundesministers für Wirtschaft und Arbeit][1)]. „ “ *(BGBl I 2008/70; BGBl I 2015/22)*

(3) Anerkannte Revisionsverbände haben Anspruch auf Aufnahme in den Verein „Vereinigung österreichischer Revisionsverbände“.

(4) Die Tätigkeit der jeweils zuständigen Behörde betreffend die Zulassung zum Revisor und deren Widerruf sowie die Anerkennung als Revisionsverband und deren Entzug erfolgt nur im öffentlichen Interesse.

(BGBl I 2005/59)

[1)] *Jetzt: Bundesminister für Wissenschaft, Forsschung und Wirtschaft*

Vierter Abschnitt

Verbandszugehörigkeit

Verbandszugehörigkeit als Voraussetzung der Eintragung einer Genossenschaft

§ 24. (1) Die Eintragung einer Erwerbs- und Wirtschaftsgenossenschaft in das Firmenbuch darf vom Gericht nur bewilligt werden, wenn ihr für den Fall der Eintragung die Aufnahme in einen anerkannten Revisionsverband, in dessen örtlichen und sachlichen Wirkungsbereich die Genossenschaft nach ihrem Sitz und dem Gegenstand ihres Unternehmens fällt, zugesichert worden ist.

(2) Der Nachweis der Zusicherung der Aufnahme in einen Revisionsverband ist durch eine schriftliche Erklärung des Revisionsverbands zu erbringen.

Aufnahmeansuchen an den Revisionsverband

§ 25. (1) Die zu gründende Genossenschaft hat dem Aufnahmeansuchen an den Revisionsverband den Genossenschaftsvertrag anzuschließen und darzulegen, daß nach einer begründeten Wirtschaftlichkeitsprognose sowie auf Grund der persönlichen Verhältnisse der Mitglieder des ersten Vorstands oder, wenn ein solcher noch nicht gewählt worden ist, der Gründer zu erwarten ist, daß die Genossenschaft ihren im Genossenschaftsvertrag vorgesehenen Förderungsauftrag dauerhaft erfüllt.

(2) Der Revisionsverband hat über das Aufnahmeansuchen binnen acht Wochen schriftlich zu entscheiden; eine Ablehnung des Ansuchens ist zu begründen. Das Ansuchen darf nicht deshalb abgelehnt werden, weil sich die zu gründende Genossenschaft weigert, einem anderen, die Vertretung ihrer Interessen oder die Förderung ihrer Mitglieder bezweckenden Verband oder einer sonstigen derartigen Einrichtung beizutreten, sofern es sich nicht um eine gesetzlich gebotene Einrichtung handelt.

Befreiung von der Verbandspflicht

§ 26. (1) Das Gericht hat eine zu gründende Genossenschaft oder eine aus einem Revisionsverband ausgeschiedene Genossenschaft auf deren Antrag von der Verbandspflicht zu befreien, wenn

1. a) ein zuständiger Revisionsverband (§ 24 Abs. 1) das ausreichend begründete (§ 25 Abs. 1) Aufnahmeansuchen der Genossenschaft abgelehnt hat,

b) über dieses nicht binnen acht Wochen nach dessen Einlangen entschieden hat,

c) ein für die Genossenschaft zuständiger Revisionsverband (§ 24 Abs. 1) nicht besteht oder

d) die Genossenschaft aus einem Revisionsverband ausgeschlossen wurde oder sie aus einem Revisionsverband aus wichtigen Gründen ausgetreten ist und neben dem Revisionsverband, aus dem sie ausgeschieden ist, kein für sie zuständiger Revisionsverband (§ 24 Abs. 1) besteht und

2. nach einer begründeten Wirtschaftlichkeitsprognose sowie auf Grund der persönlichen Verhältnisse der Mitglieder des Vorstands oder, wenn ein solcher noch nicht gewählt worden ist, der Gründer zu erwarten ist, daß die Genossenschaft ihren im Genossenschaftsvertrag vorgesehenen Förderungsauftrag dauerhaft erfüllt.

(2) Das Gericht hat die Befreiung von der Verbandspflicht von Amts wegen in das Firmenbuch einzutragen. Die Eintragung der Befreiung einer zu gründenden Genossenschaft ist gleichzeitig mit der Eintragung der Genossenschaft in das Firmenbuch vorzunehmen.

(3) Die Eintragung einer den Gegenstand des Unternehmens betreffenden Änderung des Genossenschaftsvertrags einer Genossenschaft, die von der Verbandspflicht befreit ist, in das Firmenbuch darf vom Gericht nur bewilligt werden, wenn ihr für den Fall der Eintragung der Änderung des Genossenschaftsvertrags die Aufnahme in einen für den geänderten Genossenschaftsvertrag zuständigen Revisionsverband zugesichert worden ist (§ 24) oder wenn die Genossenschaft in sinngemäßer Anwendung des Abs. 1 die Befreiung von der Verbandspflicht auch für den geänderten Genossenschaftsvertrag erwirkt hat.

(4) Scheidet ein Kreditinstitut aus seinem bisherigen Revisionsverband aus, so bleibt der zuletzt bestellte Revisor so lange weiter Bankprüfer gemäß § 60 BWG, bis es zur Bestellung eines neuen Bankprüfers kommt. *(BGBl I 2018/69)*

Änderungen des Genossenschaftsvertrags

§ 27. (1) Die Eintragung einer den Gegenstand des Unternehmens betreffenden Änderung des Genossenschaftsvertrags einer Genossenschaft, die einem Revisionsverband angehört, in das Firmenbuch darf vom Gericht nur bewilligt werden, wenn der Revisionsverband schriftlich seine Zustimmung zur Änderung des Genossenschaftsvertrags erklärt hat.

(2) Für das Ansuchen um diese Zustimmung und die Befreiung von der Zustimmung gelten §§ 25 und 26 sinngemäß.

Auflösung einer Genossenschaft nach Ausscheiden aus einem Revisionsverband

§ 28. (1) Scheidet eine Genossenschaft aus einem Revisionsverband aus, so hat sie dem Gericht ehestens nachzuweisen, daß sie in einen zuständigen Revisionsverband aufgenommen ist, oder den Antrag auf Befreiung von der Verbandspflicht (§ 26) zu stellen.

(2) Erfüllt die Genossenschaft die Voraussetzungen gemäß Abs. 1 nicht binnen sechs Monaten nach Einlangen der Anmeldung des Ausscheidens aus dem Revisionsverband zum Firmenbuch (§ 21) oder wird der Antrag der Genossenschaft, sie von der Verbandspflicht zu befreien, abgewiesen, so bewirkt dies die Auflösung der Genossenschaft. Der Eintritt dieser Rechtsfolge ist vom Gericht mit Beschluß festzustellen; im Beschluß ist der Tag anzugeben, an dem die Rechtsfolge eingetreten ist.

Wirkungen der Anerkennung als Revisionsverband und des Entzugs der Anerkennung auf Mitgliedsgenossenschaften

§ 29. Die Genossenschaften, die einem Revisionsverband vor dessen Anerkennung angehören, gelten mit der Zustellung der Entscheidung über die Anerkennung des Revisionsverbands an diesen als in diesen im Sinn des § 24 aufgenommen; wird einem Revisionsverband die Anerkennung entzogen, gelten die dem Verband angehörigen Genossenschaften mit dem Tag der Zustellung dieser Entscheidung an den Revisionsverband als aus diesem im Sinn des § 28 ausgeschieden; die Genossenschaften sind durch die Behörde (§ 23) vom Entzug der Anerkennung zu verständigen.

Fünfter Abschnitt
Gemeinsame Bestimmungen

Gericht und Verfahren

§ 30. Über Angelegenheiten, die in diesem Gesetz dem Gericht zugewiesen sind, verhandelt und entscheidet, sofern es sich nicht um bürgerliche Rechtsstreitigkeiten handelt, die dem Prozeßgericht zugewiesen sind, der für den Sitz der Genossenschaft zuständige, zur Ausübung der Gerichtsbarkeit in Handelssachen berufene Gerichtshof erster Instanz im Verfahren außer Streitsachen.

Verweisungen

§ 31. (1) Soweit in diesem Bundesgesetz auf Bestimmungen anderer Bundesgesetze verwiesen wird, sind diese in ihrer jeweils geltenden Fassung anzuwenden.

(2) Soweit in anderen Bundesgesetzen und Verordnungen auf Bestimmungen verwiesen ist, die mit dem Inkrafttreten dieses Bundesgesetzes aufgehoben oder geändert werden, erhält die Verweisung ihren Inhalt aus den entsprechenden Bestimmungen dieses Bundesgesetzes.

In-Kraft-Treten und Übergangsbestimmungen

§ 32. „(1)" § 10 Abs. 2 und § 12 in der Fassung des Bundesgesetzes BGBl. I Nr. 136/2000 treten mit 1. Jänner 2002 in Kraft. *(BGBl I 2000/136; BGBl I 2002/108)*

(2) § 10 Abs. 1 und 2 in der Fassung des BGBl. I Nr. 108/2002 ist auf die Revision von Geschäftsjahren anzuwenden, die nach dem 31. Dezember 2001 beginnen. *(BGBl I 2002/108)*

(3) § 10 Abs. 2, § 13, § 17 Abs. 1, § 18 und § 23 in der Fassung des Bundesgesetzes BGBl. I Nr. 59/2005 treten mit 1. Jänner 2006 in Kraft. Auf vor diesem Tag gestellte Anträge auf Zulassung als Revisor oder auf Anerkennung der Berechtigung von Revisionsverbänden, für die ihnen angehörigen Genossenschaften Revisoren zu bestellen, ist § 13 bzw. § 23 in der am 31. Dezember 2005 geltenden Fassung weiter anzuwenden. § 10 Abs. 2 in der Fassung des BGBl. I Nr. 59/2005 ist auf die Revision von Geschäftsjahren anzuwenden, die nach dem 31. Dezember 2005 beginnen. *(BGBl I 2005/59)*

(4) Der Bundesminister für Jusitz hat der Vereinigung österreichischer Revisionsverbände (§ 23 Abs. 2) alle zur Weiterführung der Revisorenliste (§ 13 Abs. 2 und 3) notwendigen Informationen zur Verfügung zu stellen. *(BGBl I 2005/59)*

(5) Die §§ 3, 13, 13a, 13b, 14, 15, 17, 17a, 17b, 18a, 19 und 23 in der Fassung des Bundesgesetzes BGBl. I Nr. 70/2008 treten mit 1. Juni 2008 in Kraft. § 3 Abs. 2 und 3 ist auf die Bestellung von Revisoren und auf die Prüfung von Geschäftsjahren anzuwenden, die nach dem 31. Dezember 2008 beginnen. *(BGBl I 2008/70)*

(6) Die im Zeitpunkt des Inkrafttretens des Bundesgesetzes BGBl. I Nr. 70/2008 in Geltung stehende Verordnung des Bundesministers für Justiz über die Prüfungsordnung von Genossenschaftsrevisoren (GenRevPO), BGBl. II Nr. 122/1998, gilt nach Inkrafttreten dieses Bundesgesetzes als bundesgesetzliche Regelung. Sie tritt mit der Neuerlassung durch die Vereinigung österreichischer Revisionsverbände, spätestens jedoch mit Ablauf des 31. Dezember 2008, außer Kraft. *(BGBl I 2008/70)*

(7) Die im Zeitpunkt des Inkrafttretens des Bundesgesetzes BGBl. I Nr. 70/2008 anhängigen Verfahren auf Zulassung als Revisor sind nach der bis zum 31. Mai 2008 geltenden Rechtslage zu Ende zu führen. *(BGBl I 2008/70)*

(8) Zum Zeitpunkt des Inkrafttretens des Bundesgesetzes BGBl. I Nr. 70/2008 eingetragene Revisoren bleiben weiterhin zugelassen. Die Zulassung ist nur bei Wegfall einer allgemeinen Voraussetzung gemäß § 13 zu widerrufen. *(BGBl I 2008/70)*

(9) Die im Zeitpunkt des Inkrafttretens des Bundesgesetzes BGBl. I Nr. 70/2008 bestehenden Prüfungsausschüsse, die nach der bis zum 31. Mai 2008 geltenden Rechtslage bestellt worden sind, bleiben für die vorgesehene Funktionsdauer bestehen. *(BGBl I 2008/70)*

(10) § 4 Abs. 3 und § 7 Abs. 1 in der Fassung des Aktienrechts-Änderungsgesetzes 2009, BGBl. I Nr. 71/2009, treten mit 1. August 2009 in Kraft. *(BGBl I 2009/71)*

(11) § 1 Abs. 2 in der Fassung des Bundesgesetzes BGBl. I Nr. 22/2015 tritt mit 20. Juli 2015 in Kraft und ist erstmalig auf Geschäftsjahre anzuwenden, die nach dem 31. Dezember 2015 beginnen. Auf Geschäftsjahre, die vor dem 1. Jänner 2016 begonnen haben, ist § 1 Abs. 2 in der Fassung vor dem Bundesgesetzes BGBl. I Nr. 22/2015 weiterhin anzuwenden. *(BGBl I 2015/22)*

(12) § 2 Abs. 3, § 3 Abs. 3 und § 9 Abs. 3 in der Fassung des Bundesgesetzes BGBl. I Nr. 43/2016 treten mit 17. Juni 2016 in Kraft. *(BGBl I 2016/43)*

(13) § 19a und § 26 Abs. 4 in der Fassung des Bundesgesetzes BGBl. I Nr. 69/2018 treten mit 1. Jänner 2019 in Kraft. *(BGBl I 2018/69)*

11/1a. Genossenschaftsrevisionsrechtsänderungsgesetz 1997

BGBl I 1997/127 idF

1 BGBl I 2005/59 (GesRÄG 2005) **2** BGBl I 2018/69

Bundesgesetz über die Revision von Erwerbs- und Wirtschaftsgenossenschaften sowie über Änderungen des Gesetzes über Erwerbs- und Wirtschaftsgenossenschaften, des Firmenbuchgesetzes und des Gerichtsgebührengesetzes (Genossenschaftsrevisionsrechtsänderungsgesetz 1997 – GenRevRÄG 1997)

Der Nationalrat hat beschlossen:

Artikel I

Bundesgesetz über die Revision von Erwerbs- und Wirtschaftsgenossenschaften (Genossenschaftsrevisionsgesetz 1997 – GenRevG 1997)

(eingearbeitet)

Artikel II

Änderungen des Gesetzes über Erwerbs- und Wirtschaftsgenossenschaften

(eingearbeitet)

Artikel III

Änderungen des Firmenbuchgesetzes

(eingearbeitet)

Artikel IV

Änderungen des Gerichtsgebührengesetzes

(nicht abgedruckt)

Artikel V

Schluß- und Übergangsbestimmungen Inkrafttreten

§ 1. „(1)" Dieses Bundesgesetz tritt mit 1. Jänner 1998 in Kraft. *(BGBl I 2005/59)*

(2) Artikel V § 13 in der Fassung des Bundesgesetzes BGBl. I Nr. 59/2005 tritt mit 1. Jänner 2006 in Kraft. *(BGBl I 2005/59)*

Anpassung der Verbandsstatuten der Revisionsverbände

§ 2. (1) Die Revisionsverbände, denen gemäß § 2 des Gesetzes betreffend die Revision der Erwerbs- und Wirtschaftsgenossenschaften und anderer Vereine, RGBl. Nr. 133/1903, im Zeitpunkt des Inkrafttretens dieses Bundesgesetzes die Berechtigung zuerkannt ist, für die ihnen angehörigen Genossenschaften und Vereine den Revisor zu bestellen, haben spätestens zwei Jahre nach Inkrafttreten dieses Bundesgesetzes ihre Verbandsstatuten an Art. I § 19 dieses Bundesgesetzes anzupassen und der zuständigen Behörde (Art. I § 23) vorzulegen.

(2) Ein Revisionsverband, der im Zeitpunkt des Inkrafttretens dieses Bundesgesetzes zumindest ein Jahr lang die Unterhaltung von Geschäftsbeziehungen im Interesse seiner Mitglieder zum Zweck gehabt hat, kann diesen Zweck beibehalten, sofern dadurch nicht die Wahrnehmung der Aufgaben der Revision (Art. I Abs. 1) beeinträchtigt wird.

(3) Revisionsverbänden, die ein den Bestimmungen dieses Bundesgesetzes entsprechendes Verbandsstatut nicht rechtzeitig vorlegen, ist eine Nachfrist von sechs Monaten mit der Androhung zu setzen, daß ihnen nach fruchtlosem Ablauf der Nachfrist die Anerkennung entzogen wird. Die Anerkennung darf nur wegen solcher Mängel entzogen werden, die im Beschluß, mit dem die Nachfrist gesetzt wurde, bezeichnet worden sind. Revisionsverbänden, deren innerhalb der Nachfrist vorgelegtes Verbandsstatut nicht den Bestimmungen dieses Bundesgesetzes entspricht oder deren, wenn auch an dieses Bundesgesetz angepaßtes Verbandsstatut nicht innerhalb der Nachfrist vorgelegt wird, ist durch die Behörde die Anerkennung zu entziehen.

Revision durch die Landesregierung und andere Einrichtungen

§ 3. Den gemäß § 14 des Gesetzes betreffend die Revision der Erwerbs- und Wirtschaftsgenossenschaften und anderer Vereine, RGBl. Nr. 133/1903, und den gemäß § 1 Abs. 3 und 4 des Bundesgesetzes, womit Vorschriften für Erwerbs- und Wirtschaftsgenossenschaften erlassen werden, BGBl. 1934 II 195 idF BGBl. Nr. 386/1936, zuständigen Einrichtungen kommen die Rechte und Pflichten eines Revisionsverbands gemäß den Bestimmungen dieses Gesetzes zu, wenn sie im Zeitpunkt des Inkrafttretens dieses Gesetzes ihre Revisionsbefugnis zumindest ein Jahr lang tatsächlich in Anspruch genommen haben. Auf die Revision durch diese Einrichtungen ist Art. I dieses Bundesgesetzes unter Bedachtnahme auf die organisationsrechtlichen Besonderheiten dieser Einrichtungen sinngemäß anzuwenden.

Zulassung nach bisherigen Bestimmungen bestellter Revisoren, Eintragung in die Liste der zugelassenen Revisoren

§ 4. (1) Personen, die gemäß den bis zum Inkrafttreten dieses Bundesgesetzes geltenden Bestimmungen als Revisoren bestellt wurden, gelten als zugelassene Revisoren im Sinn des Art. I § 13 dieses Bundesgesetzes.

(2) Die Revisionsverbände, die Landesregierungen, die Landwirtschaftskammern und der Bürgermeister von Wien haben die von ihnen im Sinn des Abs. 1 als Revisoren bestellten Personen dem Bundesministerium für Justiz zur amtswegigen Eintragung in die Liste nach Art. I § 13 Abs. 2 dieses Bundesgesetzes binnen sechs Wochen nach Inkrafttreten dieses Bundesgesetzes bekanntzugeben.

(3) Art. I § 13 Abs. 2 und 3 sind ab 1. Juli 1998 anzuwenden.

(4) Bis 30. Juni 1998 darf auch ein im Sinn des Abs. 1 oder des Art. I § 13 Abs. 1 zugelassener Revisor als Revisor bestellt werden.

Von der Verbandspflicht befreite Genossenschaften

§ 5. Auf Genossenschaften, die durch Entscheidung der Behörde gemäß § 2 Abs. 2 des Bundesgesetzes, womit Vorschriften für Erwerbs- und Wirtschaftsgenossenschaften erlassen werden, BGBl. 1934 II 195, oder unmittelbar auf Grund des Gesetzes von der Verbandspflicht befreit sind, ist Art. I § 26 Abs. 3 anzuwenden.

Anhängige Verfahren und in Gang befindliche Revisionen

§ 6. (1) Verfahren, die die Erteilung der Beechtigung, den Revisor zu bestellen, oder den Entzug dieses Rechts, die Befreiung von der Verbandspflicht, die Nachsicht von der Vorlage der Zustimmungserklärung des Revisionsverbands zu einer Änderung des Genossenschaftsvertrags, die Auflösung einer Genossenschaft nach Ausscheiden aus einem Revisionsverband oder die Bestellung eines Revisors betreffen und vor dem Zeitpunkt des Inkrafttretens dieses Gesetzes anhängig geworden sind, sind von den bisher zuständigen Behörden und Gerichten nach den bisher in Geltung gestandenen Vorschriften durchzuführen.

(2) Dasselbe gilt für im Zeitpunkt des Inkrafttretens dieses Bundesgesetzes in Gang befindliche Revisionen einschließlich der Verfahren nach §§ 9, 10 Abs. 2, § 11 des Gesetzes betreffend die Revision der Erwerbs- und Wirtschaftsgenossenschaften und anderer Vereine, RGBl. Nr. 133/1903, und nach § 22 bis 26 der Verordnung des Justizministeriums und des Ministeriums des Inneren im Einvernehmen mit dem Handelsministerium, womit Durchführungsvorschriften zum Gesetz, betreffend die Revision der Erwerbs- und Wirtschaftsgenossenschaften und anderer Vereine, erlassen werden, RGBl. Nr. 134/1903. Auch in diesen Fällen sind aber die Durchführung der Revision und die Zeit, während welcher sie vorgenommen wurde, zur Eintragung in das Firmenbuch anzumelden.

Anwendung der Rechnungslegungsvorschriften

§ 7. § 22 Abs. 2 bis 5 und § 27a des Gesetzes über Erwerbs- und Wirtschaftsgenossenschaften in der Fassung dieses Bundesgesetzes sind erstmalig auf das nach dem 31. Dezember 1997 beginnende Geschäftsjahr anzuwenden. Die neuen Vorschriften können auch schon auf ein früheres Geschäftsjahr angewendet werden, jedoch nur insgesamt.

Eintritt der Rechtsfolgen der Größenmerkmale gemäß § 221 und § 246 HGB

§ 8. Die Rechtsfolgen der Größenmerkmale gemäß § 221 und § 246 HGB treten ein, wenn diese Merkmale an den beiden dem 31. Dezember 1997 vorangehenden Abschlußstichtagen zutreffen.

Umstellung auf jährliche Revision

§ 9. Genossenschaften, die gemäß Art. I § 1 Abs. 1 letzter Satz in Verbindung mit Art. V § 8 dieses Bundesgesetzes zur jährlichen Revision verpflichtet sind, sind beginnend mit dem dem Inkrafttreten dieses Bundesgesetzes folgenden Geschäftsjahr jährlich zu prüfen.

Übergangsbestimmung zu Art. IV dieses Bundesgesetzes

§ 10. § 31a GGG ist für die in Artikel IV Z 4 dieses Bundesgesetzes zahlenmäßig angeführten Beträge mit der Maßgabe anzuwenden, daß Ausgangsgrundlage für die Neufestsetzung der in dieser Gesetzesstelle angeführten Gebühren die für August 1994 verlautbarte Indexzahl des vom Österreichischen Statistischen Zentralamt veröffentlichten Verbraucherpreisindex 1986 ist.

Andere Rechtsvorschriften

§ 11. (1) Die in anderen Rechtsvorschriften, wie insbesondere im BWG, BGBl. Nr. 532/1993 Art. I, und im WGG, BGBl. Nr. 139/1979, enthaltenen Bestimmungen betreffend die Revision und

Rechnungslegung von Genossenschaften und anderen Unternehmen bleiben unberührt.

(2) Artikel XII Abs. 12 des Insolvenzrechtsänderungsgesetzes 1997, BGBl. I Nr. 114/1997, hat zu lauten:

„Art. VIII Z 1 bis 6 (§ 2 Z 1 lit. f, § 6b Abs. 1 und 4, § 22, Tarifpost 5 und Tarifpost 6 lit. a bis c GGG) und Z 8 (Anmerkung 6a zu Tarifpost 15 GGG) ist auf alle Schriften und Amtshandlungen anzuwenden, bei denen der Anspruch auf die Gebühr nach dem 30. September 1997 begründet wird. Art. VIII Z 7 (Tarifpost 10 GGG) ist anzuwenden, wenn der Antrag auf Vornahme der Amtshandlung nach dem 30. September 1997 beim Firmenbuchgericht eingelangt ist. Rechtsmittel in Firmenbuchsachen unterliegen nicht der Eingabengebühr nach Tarifpost 10 I lit. a GGG in der Fassung des Art. VIII Z 7, wenn die angefochtene Entscheidung auf Grund eines vor dem 1. Oktober 1997 beim Firmenbuchgericht eingebrachten Antrags ergangen ist."

Aufgehobene Vorschriften

§ 12. Mit dem Inkrafttreten dieses Bundesgesetzes treten folgende Vorschriften außer Kraft:

1. das Gesetz betreffend die Revision der Erwerbs- und Wirtschaftsgenossenschaften und anderer Vereine, RGBl. Nr. 133/1903;

2. die Verordnung des Justizministeriums und des Ministeriums des Inneren im Einvernehmen mit dem Handelsministerium, womit Durchführungsvorschriften zum Gesetz, betreffend die Revision der Erwerbs- und Wirtschaftsgenossenschaften und anderer Vereine, erlassen werden, RGBl. Nr. 134/1903;

3. das Bundesgesetz, womit Vorschriften für Erwerbs- und Wirtschaftsgenossenschaften erlassen werden, BGBl. 1934 II 195;

4. das Bundesgesetz, womit die Genossenschaftsnovelle 1934 ergänzt wird, BGBl. Nr. 386/1936.

Vollziehung

§ 13. Mit der Vollziehung dieses Bundesgesetzes ist hinsichtlich des Artikels I §§ 1 bis 12 sowie 21 und §§ 24 bis 30 und der Artikel II und III der Bundesminister für Justiz, hinsichtlich des Artikels I „§§ 13 bis 18a" der Bundesminister für Wirtschaft und Arbeit, hinsichtlich des Artikels I §§ 19, „19a," 20, 22 und 23 der Bundesminister für Wirtschaft und Arbeit im Einvernehmen mit dem Bundesminister für Finanzen und hinsichtlich der Artikel IV sowie V § 11 Abs. 2 der Bundesminister für Justiz im Einvernehmen mit dem Bundesminister für Finanzen betraut. *(BGBl I 2018/69)*

(BGBl I 2005/59, ab 1. 1. 2006)

11/2. Genossenschaftsverschmelzungsgesetz

BGBl 1980/223 idF

1 BGBl 1981/131 (DFB)
2 BGBl 1993/458
3 BGBl 1996/304

GLIEDERUNG

STICHWORTVERZEICHNIS

Bundesgesetz vom 7. Mai 1980 über die Verschmelzung von Genossenschaften und über die Änderung der Gewerbeordnung 1973 (Genossenschaftsverschmelzungsgesetz – GenVG)

Der Nationalrat hat beschlossen:

I. Abschnitt

Verschmelzung von Genossenschaften

Wesen der Verschmelzung

§ 1. (1) Genossenschaften gleicher Haftungsart können unter Ausschluß der Abwicklung vereinigt (verschmolzen) werden. Die Verschmelzung kann erfolgen:

1. durch Übertragung des Vermögens der Genossenschaft (übertragende Genossenschaft) als Ganzes an eine andere (übernehmende) Genossenschaft (Verschmelzung durch Aufnahme);

2. durch Bildung einer neuen Genossenschaft, auf die das Vermögen jeder der sich vereinigenden Genossenschaften als Ganzes übergeht (Verschmelzung durch Neubildung).

(2) Die Verschmelzung ist auch zulässig, wenn eine übertragende Genossenschaft aufgelöst ist, die Verteilung des Vermögens unter die Genossenschafter aber noch nicht begonnen hat.

Verschmelzung durch Aufnahme

§ 2. (1) Die Verschmelzung durch Aufnahme ist nur zulässig, wenn die Generalversammlung jeder Genossenschaft sie beschließt. Der Beschluß bedarf einer Mehrheit, die mindestens zwei Drittel der abgegebenen Stimmen umfaßt.

(2) Vor der Beschlußfassung der Generalversammlung ist ein hiefür nach den Rechtsvorschriften für die Revision von Genossenschaften zu bestellender Revisor darüber zu hören, ob die Verschmelzung mit den Belangen der Genossenschafter und den Belangen der Gläubiger beider Genossenschaften vereinbar ist. Das Gutachten des Revisors ist in jeder Generalversammlung zu verlesen, in der über die Verschmelzung verhandelt wird. Der Revisor ist berechtigt, an der Generalversammlung beratend teilzunehmen. Spricht sich der Revisor gegen die Verschmelzung aus, so bedarf der Beschluß einer Mehrheit, die mindestens zwei Drittel der abgegebenen Stimmen in zwei mit einem Abstand von mindestens einem Monat aufeinanderfolgenden Generalversammlungen umfaßt.

§ 3. Der Verschmelzungsvertrag bedarf der Schriftform.

§ 4. (1) Der Vorstand jeder Genossenschaft hat die Verschmelzung zur Eintragung in das Firmenbuch des Sitzes seiner Genossenschaft anzumelden.

(2) Der Anmeldung sind der Verschmelzungsvertrag, das Gutachten des Revisors und die Niederschriften der Verschmelzungsbeschlüsse in Ausfertigung oder öffentlich beglaubigter Abschrift sowie, wenn die Verschmelzung der behördlichen Genehmigung bedarf, die Genehmigungsurkunde beizufügen.

(3) Der Anmeldung zum Firmenbuch des Sitzes der übertragenden Genossenschaft ist ferner eine Bilanz der übertragenden Genossenschaft beizufügen, die für einen höchstens „neun“ Monate vor der Anmeldung liegenden Zeitpunkt aufgestellt worden ist (Schlußbilanz). Die Schlußbilanz braucht nicht bekanntgemacht zu werden. *(BGBl 1993/458)*

GenG
GenRevG
GenRevRÄG
GenVerschmG
GenlG
GenSpaltG

§ 5. (1) Mit der Eintragung der Verschmelzung in das Firmenbuch des Sitzes der übertragenden Genossenschaft geht das Vermögen dieser Genossenschaft einschließlich der Schulden auf die übernehmende Genossenschaft über und erlischt die übertragende Genossenschaft. Einer besonderen „Löschung“ bedarf es nicht. *(BGBl 1981/131 (DFB))*

(2) Das Gericht des Sitzes der übertragenden Genossenschaft hat von Amts wegen die bei ihm aufbewahrten Urkunden und sonstige Schriftstücke nach der Eintragung der Verschmelzung dem Gericht des Sitzes der übernehmenden Genossenschaft zur Aufbewahrung zu übersenden.

§ 6. Für den Gläubigerschutz gilt „§ 226“ des Aktiengesetzes 1965 in der jeweils geltenden Fassung sinngemäß. *(BGBl 1996/304)*

(BGBl 1993/458)

§ 7. (1) Mit der Eintragung der Verschmelzung in das Firmenbuch des Sitzes der übertragenden Genossenschaft erwerben die Genossenschafter dieser Genossenschaft die Mitgliedschaft bei der übernehmenden Genossenschaft mit allen sich aus dieser Mitgliedschaft ergebenden Rechten und Pflichten.

(2) Die Genossenschafter der übertragenden Genossenschaft sind bei der übernehmenden Genossenschaft mit mindestens einem Geschäftsanteil beteiligt. Läßt der Genossenschaftsvertrag der übernehmenden Genossenschaft die Beteiligung mit mehreren Geschäftsanteilen zu, so ist jeder Genossenschafter der übertragenden Genossenschaft mit so vielen Geschäftsanteilen bei der übernehmenden Genossenschaft beteiligt, wie den von ihm bei der übertragenden Genossenschaft auf Geschäftsanteile geleisteten Einzahlungen, vermehrt um gutgeschriebenen Gewinn und

vermindert um die zur Deckung von Verlusten gemachten Abschreibungen, entspricht.

(3) Übersteigt der Gesamtbetrag der Geschäftsanteile, die der Genossenschafter bei der übertragenden Genossenschaft hatte, den Gesamtbetrag der Geschäftsanteile, mit denen er bei der übernehmenden Genossenschaft beteiligt ist, so ist der übersteigende Betrag nach Ablauf von sechs Monaten seit der Veröffentlichung (§ 6) auszuzahlen; die Auszahlung darf jedoch nicht geschehen, bevor die Gläubiger, die sich nach § 6 gemeldet haben, befriedigt oder sichergestellt sind.

(4) Für die Feststellung der Geschäftsanteile, die der Genossenschafter bei der übertragenden Genossenschaft gehabt hat, ist die nach den Grundsätzen ordnungsgemäßer Buchführung aufgestellte Schlußbilanz maßgebend.

§ 8. (1) Der Vorstand der übernehmenden Genossenschaft hat die Genossenschafter der übertragenden Genossenschaft nach der Eintragung der Verschmelzung in das Firmenbuch des Sitzes der übertragenden Genossenschaft unverzüglich in das Register der Mitglieder der übernehmenden Genossenschaft einzutragen.

(2) Der Vorstand der übernehmenden Genossenschaft hat jeden Genossenschafter der übertragenden Genossenschaft unverzüglich, spätestens binnen drei Monaten seit der Eintragung der Verschmelzung in das Firmenbuch des Sitzes der übertragenden Genossenschaft von der Eintragung in das Register der Mitglieder schriftlich zu benachrichtigen und ihm mitzuteilen:

1. den Betrag des Geschäftsanteiles bei der übernehmenden Genossenschaft;

2. bei Genossenschaften mit beschränkter Haftung den Haftungsbetrag der übernehmenden Genossenschaft;

3. den Betrag, mit dem der Geschäftsanteil, den der Genossenschafter bei der übertragenden Genossenschaft hatte, bei der übernehmenden Genossenschaft angerechnet wird;

4. die Zahl der Geschäftsanteile, mit denen der Genossenschafter nach § 7 Abs. 2 an der übernehmenden Genossenschaft beteiligt ist;

5. den Betrag der von dem Genossenschafter nach Anrechnung seines Geschäftsanteiles noch zu leistenden Einzahlung oder den Betrag, der nach § 7 Abs. 3 an den Genossenschafter auszuzahlen ist.

§ 9. (1) Die durch die Verschmelzung erworbene Mitgliedschaft kann durch schriftliche Erklärung gegenüber der übernehmenden Genossenschaft kündigen

1. jeder in der Generalversammlung erschienene Genossenschafter, wenn er gegen den Verschmelzungsbeschluß Widerspruch zu Protokoll erklärt hat;

2. jeder in der Generalversammlung nicht erschienene Genossenschafter, wenn er zu der Generalversammlung zu Unrecht nicht zugelassen worden ist oder die Versammlung nicht gehörig berufen oder der Gegenstand der Beschlußfassung nicht gehörig angekündigt worden ist.

(2) Hat eine Generalversammlung, die aus abgeordneten Genossenschaftern besteht, die Verschmelzung beschlossen, so kann jeder Genossenschafter kündigen. Für die abgeordneten Genossenschafter gilt Abs. 1.

(3) Die Kündigung kann nur innerhalb eines Monats seit Zugang der Mitteilung des Vorstandes (§ 8 Abs. 2), längstens aber innerhalb sechs Monaten seit Eintragung der Verschmelzung in das Firmenbuch des Sitzes der übertragenden Genossenschaft erklärt werden.

§ 10. (1) Kündigt ein Genossenschafter der übertragenden Genossenschaft gemäß § 9 seine Mitgliedschaft, so gilt die Mitgliedschaft bei der übernehmenden Genossenschaft als nicht erworben. Dies ist bei der Eintragung des Ausscheidens in das Register der Mitglieder der übernehmenden Genossenschaft zu vermerken.

(2) Mit dem kündigenden Genossenschafter hat sich die übernehmende Genossenschaft auseinanderzusetzen. Maßgebend ist die nach den Grundsätzen ordnungsgemäßer Buchführung aufgestellte Schlußbilanz der übertragenden Genossenschaft. Der kündigende Genossenschafter ist nur berechtigt seinen Geschäftsanteil zu verlangen; an den Reservefonds und an das sonst vorhandene Vermögen der übertragenden Genossenschaft hat er, wenn der Genossenschaftsvertrag nichts anderes bestimmt, keinen Anspruch. Die Ansprüche des kündigenden Genossenschafters sind binnen sechs Monaten seit der Kündigung zu befriedigen; die Auszahlung darf jedoch nicht geschehen, bevor die Gläubiger, die sich nach § 6 gemeldet haben, befriedigt oder sichergestellt sind, und nicht vor Ablauf von sechs Monaten seit der Veröffentlichung nach § 6.

(3) Reichen die Geschäftsanteile und die in der Schlußbilanz ausgewiesenen Rücklagen zur Deckung eines in dieser Bilanz ausgewiesenen Verlustes nicht aus, so hat der kündigende Genossenschafter den anteiligen Fehlbetrag an die übernehmende Genossenschaft zu zahlen, bei der Genossenschaft mit beschränkter Haftung jedoch höchstens bis zur Höhe des Haftungsbetrages; der anteilige Fehlbetrag wird, falls der Genossenschaftsvertrag der übertragenden Genossenschaft nichts anderes bestimmt, nach der Kopfzahl der Genossenschafter der übertragenden Genossenschaft, bei der Genossenschaft mit beschränkter Haftung, falls der Genossenschaftsvertrag die Beteiligung mit mehreren Geschäftsanteilen zuläßt, nach der Zahl der Geschäftsanteile errechnet.

§ 11. Die Ansprüche nach § 10 verjähren binnen drei Jahren. Die Verjährung beginnt mit dem Schluß des Kalenderjahres, in dem die Ansprüche fällig geworden sind.

§ 12. (1) Die Mitglieder des Vorstands und des Aufsichtsrats der übertragenden Genossenschaft sind den Genossenschaftern und den Gläubigern dieser Genossenschaft als Gesamtschuldner zum Ersatz des Schadens verpflichtet, den sie durch die Verschmelzung erleiden. Mitglieder, die bei der Prüfung der Vermögenslage der Genossenschaften und beim Abschluß des Verschmelzungsvertrages ihre Sorgfaltspflicht beobachtet haben, sind von der Ersatzpflicht befreit.

(2) Zuständig für die Geltendmachung der Ersatzansprüche ist das Gericht, in dessen Sprengel die übertragende Genossenschaft ihren Sitz hatte.

(3) Die Ersatzansprüche verjähren in fünf Jahren seit Eintragung der Verschmelzung in das Firmenbuch des Sitzes der übertragenden Genossenschaft.

Verschmelzung durch Neubildung

§ 13. (1) Bei Verschmelzung von Genossenschaften durch Bildung einer neuen Genossenschaft gelten sinngemäß die §§ 2, 3 und 4, § 5 Abs. 2, §§ 6 bis 12; jede der sich vereinigenden Genossenschaften gilt als übertragende und die neue Genossenschaft als übernehmende; außerdem gelten die folgenden Vorschriften.

(2) Der Genossenschaftsvertrag der neuen Genossenschaft und die Bestellung ihrer Vorstandsmitglieder und ihrer Aufsichtsratsmitglieder bedürfen der Zustimmung der Generalversammlungen der sich vereinigenden Genossenschaften.

(3) Für die Bildung der neuen Genossenschaft gelten die Vorschriften des Gesetzes über Erwerbs- und Wirtschaftsgenossenschaften vom 9. April 1873, RGBl. Nr. 70, zuletzt geändert durch das Bundesgesetz BGBl. Nr. 91/1976, sinngemäß.

(4) Die Vorstände der sich vereinigenden Genossenschaften haben die neue Genossenschaft bei dem Gericht, in dessen Sprengel sie ihren Sitz hat, zur Eintragung in das Firmenbuch anzumelden. Die Verschmelzung darf nicht eingetragen werden, bevor die neue Genossenschaft eingetragen worden ist. Mit der Eintragung der neuen Genossenschaft geht das Vermögen der übertragenden Genossenschaften einschließlich der Schulden auf die neue Genossenschaft über und erlöschen die übertragenden Genossenschaften. Einer besonderen Löschung bedarf es nicht.

II. Abschnitt

Änderung der Gewerbeordnung 1973

§ 14. *(nicht abgedruckt)*

III. Abschnitt

Übergangs- und Schlußbestimmungen

§ 15. Die im Zeitpunkt des Inkrafttretens dieses Bundesgesetzes bei Gericht anhängigen Verfahren zur Verschmelzung durch Aufnahme sind nach den bisher geltenden Vorschriften durchzuführen.

§ 16. Für die Dauer der Geltung des Strukturverbesserungsgesetzes, BGBl. Nr. 69/1969, zuletzt geändert durch das Bundesgesetz BGBl. Nr. 314/1979, genügt für die Anmeldung zum Firmenbuch (§ 4 Abs. 3) eine Schlußbilanz, die für einen höchstens neun Monate vor der Anmeldung liegenden Zeitpunkt aufgestellt worden ist.

§ 17. Soweit in anderen bundesgesetzlichen Rechtsvorschriften auf Bestimmungen verwiesen ist, die durch dieses Bundesgesetz abgeändert oder aufgehoben werden, erhält die Verweisung ihren Inhalt aus den entsprechenden Bestimmungen dieses Bundesgesetzes.

§ 18. Mit dem Inkrafttreten dieses Bundesgesetzes tritt die Verordnung über die Verschmelzung von Genossenschaften vom 30. Juni 1939, dRGBl. I S 1066, in der Fassung der Dritten Verordnung über Maßnahmen auf dem Gebiet des Genossenschaftsrechts vom 13. April 1943, dRGBl. I S 251, außer Kraft.

§ 19. Mit der Vollziehung dieses Bundesgesetzes ist der Bundesminister für Justiz, hinsichtlich des II. Abschnittes jedoch der [Bundesminister für Handel, Gewerbe und Industrie] [1]) betraut.

[1]) Jetzt: Bundesminister für Wissenschaft, Forschung und Wirtschaft

11/3. Genossenschaftsinsolvenzgesetz

RGBl 1918/105 idF

1 BGBl 1925/87
2 BGBl 1982/371
3 BGBl 1991/10
4 BGBl I 2010/29 (IRÄG 2010; Begriffsersetzungen)
5 BGBl I 2010/58 (IRÄ-BG)

STICHWORTVERZEICHNIS

Stichwortverzeichnis

„Bundesgesetz über insolvenzrechtliche Sonderbestimmungen bei Erwerbs- und Wirtschaftsgenossenschaften (Genossenschaftsinsolvenzgesetz – GenIG)“

(BGBl I 2010/58)

§ 1. (1) Ist über das Vermögen einer Genossenschaft „das Konkursverfahren“ eröffnet worden und reicht das Vermögen zur Deckung der Forderungen der Konkursgläubiger nicht hin, so ist der Abgang von den Genossenschaftern nach den folgenden Bestimmungen zu decken. Ein unmittelbarer Anspruch gegen die Genossenschafter auf Deckung des Abganges steht den Genossenschaftsgläubigern auch bei Genossenschaften mit unbeschränkter Haftung nicht zu. *(BGBl I 2010/58)*

(2) Die Forderungen ausgeschiedener Genossenschafter auf Auszahlung ihres Guthabens „(§ 55 Abs. 3 und § 79 GenG)“ können als „Insolvenzforderungen“ nicht geltend gemacht werden. *(BGBl I 2010/58)*

§ 2. Der Masseverwalter hat nach Durchführung der Prüfungsverhandlung „(§ 105 IO)“ die Genossenschafter zur Leistung der Nachschüsse aufzufordern, die zur Deckung des Abganges erforderlich sind. Der Abgang ist durch die Aufstellung einer Beitragsberechnung zu ermitteln, in der die Verbindlichkeiten der Genossenschaft und die voraussichtlichen Kosten des Konkursverfahrens „(§ 46 Z 1 IO)“ dem Genossenschaftsvermögen mit Ausnahme der zur Zeit der Auflösung der Genossenschaft noch nicht fälligen Forderungen gegen die Genossenschafter auf Volleinzahlung ihrer Geschäftsanteile gegenüberzustellen sind. *(BGBl I 2010/58)*

§ 3. (1) Zur Deckung des Abganges sind zunächst die zur Volleinzahlung der Geschäftsanteile erforderlichen, zur Zeit der Auflösung der Genossenschaft noch nicht fälligen Beträge, und zwar nach dem Verhältnis, in dem die Genossenschafter nach dem Statut an dem Verluste der Genossenschaft teilzunehmen haben, nötigenfalls bis zu ihrer vollen Höhe einzufordern.

(2) Reichen die in Absatz 1 bezeichneten Beträge zur Deckung des Abganges nicht aus, so sind die Genossenschafter zur Leistung von Nachschüssen, nötigenfalls bis zur vollen Höhe ihrer Haftung „(§§ 2, 53 und 79 GenG)“, und zwar nach dem Verhältnisse der Geschäftsanteile heranzuziehen, wenn das Statut keine andere Verteilung des Verlustes anordnet. *(BGBl I 2010/58)*

(3) Nachschußpflichtig sind die Genossenschafter, deren Haftung zur Zeit der Auflösung der Genossenschaft noch nicht erloschen war. Genossenschafter, die durch Übertragung ihrer Geschäftsanteile ganz oder teilweise ausschieden, sind überdies nur insoweit nachschußpflichtig, als der auf sie entfallende Nachschußbetrag vom Erwerber des Geschäftsanteiles nicht hereingebracht werden kann.

(4) Hat ein vor der Auflösung der Genossenschaft ausgeschiedener Genossenschafter auf Grund der mit ihm nach dem Ausscheiden gepflogenen Auseinandersetzung „(§ 55 Abs. 3 und § 79 GenG)“ einen Beitrag zur Deckung eines Verlustes der Genossenschaft geleistet, so ist dieser Betrag auf den von ihm zu zahlenden Nachschuß anzurechnen. *(BGBl I 2010/58)*

§ 4. (1) Der Masseverwalter hat nach Anhörung des Gläubigerausschusses zu prüfen, ob und inwieweit Genossenschafter, die offenbar ganz oder zum Teil außerstande sind, die auf sie entfallenden Beträge zu leisten, in der Beitragsberechnung zu berücksichtigen sind. Uneinbringliche Beiträge sind auf die übrigen Genossenschafter zu verteilen.

(2) Die Beitragsrechnung ist so aufzustellen, daß durch das Unvermögen einzelner Genossenschafter voraussichtlich kein Ausfall entsteht.

§ 5. (1) In der Beitragsberechnung sind sämtliche Genossenschafter mit Namen anzuführen und die Beträge, die sie zu zahlen haben, ziffernmäßig zu bestimmen. Werden einzelne Genossenschafter gemäß § 4 überhaupt nicht oder mit einem geringeren Betrage berücksichtigt, so ist dies kurz zu begründen.

(2) Die Beitragsberechnung ist dem Konkursgerichte zur Genehmigung vorzulegen.

§ 6. (1) „Das Konkursgericht hat nach Prüfung und allfälliger Berichtigung der Beitragsberechnung in der Insolvenzdatei öffentlich bekanntzumachen, dass die in die Beitragsberechnung aufgenommenen Genossenschafter und die Konkursgläubiger die Beitragsberechnung bei ihm oder beim Masseverwalter einsehen, von ihr Abschrift nehmen und dagegen binnen 14 Tagen ihre Erinnerung anbringen können.“ Zugleich ist die Tagsatzung bekanntzugeben, bei der über allfällige Erinnerungen verhandelt werden wird. *(BGBl I 2010/58)*

(2) „ “ Der Vorstand und der Aufsichtsrat der Genossenschaft, der Masseverwalter, die Mitglieder des Gläubigerausschusses und alle in Anspruch genommenen Genossenschafter sind überdies unmittelbar zu benachrichtigen. *(BGBl I 2010/58)*

(3) *(entfällt, BGBl I 2010/58)*

§ 7. (1) Die Beitragsberechnung ist vom Konkursgericht zu genehmigen, wenn nach dem Ergebnisse der Prüfung kein Bedenken dagegen obwaltet und wenn Erinnerungen nicht vorgebracht oder bei der Tagsatzung zurückgezogen worden sind.

(2) Andernfalls entscheidet das Konkursgericht, unter Ausschluß des Rechtsweges, erforderlichenfalls nach Vornahme von Erhebungen „(§ 254 Abs. 5 IO)" und nach entsprechender Berichtigung der Beitragsberechnung. Diese Berichtigung kann das Konkursgericht entweder selbst vornehmen oder dem Masseverwalter auftragen. *(BGBl I 2010/58)*

(3) Erinnerungen, womit ein Genossenschafter beantragt, ihn in der Beitragsberechnung überhaupt nicht oder mit einem geringeren Betrage zu berücksichtigen, weil er ganz oder zum Teil außerstande sei, den auf ihn entfallenden Betrag zu leisten, sind unzulässig.

§ 8. (1) Ausfertigungen der mit der gerichtlichen Genehmigung versehenen Beitragsberechnung sind dem Masseverwalter und dem Vorstande zuzustellen. Eine weitere Ausfertigung ist bei Gericht zur Einsicht der Beteiligten bereitzuhalten.

(2) In dem Beschluß über die Genehmigung, „der in der Insolvenzdatei öffentlich bekanntzumachen ist", sind die Genossenschafter und die Konkursgläubiger aufmerksam zu machen, daß die genehmigte Beitragsberechnung bei Gericht, beim Masseverwalter und beim Vorstand eingesehen werden kann. *(BGBl I 2010/58)*

(3) Die gerichtlich genehmigte Beitragsberechnung ist nach Ablauf des 14. Tages, von der öffentlichen Bekanntmachung an, vollstreckbar. *(BGBl I 2010/58)*

§ 9. (1) Die Genossenschafter können die genehmigte Beitragsberechnung durch Rekurs anfechten. *(BGBl I 2010/58)*

„(2)" Infolge der Erhebung des Rekurses kann die Aufschiebung der Exekution angeordnet werden. *(BGBl I 2010/58)*

§ 10. (1) Sobald die Beitragsberechnung vollstreckbar geworden ist, hat der Masseverwalter die Beiträge einzubringen.

(2) Beiträge, deren Vorschreibung angefochten wurde, sind vom Masseverwalter bis zur endgültigen Entscheidung über die Anfechtung zurückzubehalten.

§ 11. Zeigt sich, daß der Abgang auf Grund einer Beitragsberechnung nicht gedeckt wird, so hat der Masseverwalter eine Zusatzberechnung aufzustellen, auf welche die Bestimmungen der §§ 3 bis 10 Anwendung finden. Nötigenfalls ist die Aufstellung einer Zusatzberechnung zu wiederholen.

§ 12. Wird nach dem Schlußergebnisse nicht der ganze eingehobene Betrag zur Deckung des Abganges benötigt, so sind zunächst Beträge, um welche einzelne Genossenschafter verhältnismäßig mehr als andere geleistet haben, zurückzuzahlen.

§ 13. Der Pflicht zur Zahlung von Beträgen, die zur Deckung des Abganges eingefordert werden, kann durch Aufrechnung mit einer Forderung gegen die Genossenschaft nur in dem Betrage genügt werden, der auf die Forderung nach einem rechtskräftig genehmigten Verteilungsentwurf entfällt.

§ 14. Auf Grund der Zahlung von Beiträgen, die gemäß der Beitragsberechnung geleistet wurden, können Rückgriffsrechte gegen andere Genossenschafter nicht geltend gemacht werden.

§ 15. (1) „Die Bestimmungen dieses Bundesgesetzes sind sinngemäß anzuwenden, wenn die Eröffnung des Insolvenzverfahrens mangels eines kostendeckenden Vermögens unterbleibt oder das Insolvenzverfahren aus diesem Grund aufgehoben wird." In diesem Falle haben die Liquidatoren oder der Vorstand die sonst dem Masseverwalter obliegenden Aufgaben zu erfüllen. Das Firmenbuchgericht kann an ihrer Stelle von Amts wegen oder auf Antrag andere Personen mit diesen Obliegenheiten betrauen. *(BGBl I 2010/58)*

(2) Wegen nicht ausreichender Deckung der Kosten des Konkursverfahrens „(§§ 71 und 123a IO)" darf „das Konkursverfahren" nur dann unterbleiben oder aufgehoben werden, wenn die Kosten voraussichtlich auch in den Nachschüssen der Genossenschafter (§ 2) keine Deckung finden. *(BGBl 1982/371; BGBl I 2010/58)*

§ 16. Während des Konkursverfahrens kann auch der Masseverwalter eine Generalversammlung der Genossenschaft einberufen.

§ 17. Ein „Sanierungsverfahren"** ist auch bei Erwerbs- und Wirtschaftsgenossenschaften zulässig. Die Bestimmung des § 16 findet sinngemäß Anwendung. „ "* Im Vermögensverzeichnisse „(§ 169 IO)"** sind auch die Beträge, mit denen die einzelnen Genossenschafter für die Deckung eines Abganges haften, und die voraussichtlich aus der Haftung einbringlichen Beträge anzugeben. *(*BGBl 1991/10; **BGBl I 2010/58)*

§ 18. (1) Diese Verordnung tritt am ersten Tage des auf ihre Kundmachung folgenden Monates in Wirksamkeit.

(2) Sie findet auch auf bereits eröffnete, am Tage der Kundmachung der Verordnung aber noch nicht beendete Konkurse von Genossenschaften Anwendung; doch gelten die Bestimmungen des § 3, Absatz 3, für Genossenschafter nicht, deren Haftung an diesem Tage bereits erloschen war.

(3) Die §§ 1, 2, 3 Abs. 2 und 4, §§ 6, 7 Abs. 2, § 8 Abs. 2 und 3, §§ 9, 15 und 17 in der durch das Bundesgesetz BGBl. I Nr. 58/2010 geänderten Fassung treten mit 1. August 2010 in Kraft. *(BGBl I 2010/58)*

11/4. Genossenschaftsspaltungsgesetz

BGBl 2018/69

Bundesgesetz über die Spaltung von Genossenschaften – Genossenschaftsspaltungsgesetz (GenSpaltG)

Inhaltsverzeichnis

1. Teil

Begriff der Spaltung

§ 1. (1) Eine Genossenschaft kann ihr Vermögen nach diesem Bundesgesetz spalten.

(2) Die Spaltung ist möglich

1. unter Beendigung ohne Abwicklung der übertragenden Genossenschaft durch gleichzeitige Übertragung aller ihrer Vermögensteile (Vermögensgegenstände, Schulden und Rechtsverhältnisse) im Weg der Gesamtrechtsnachfolge auf andere dadurch gegründete neue Genossenschaften (Aufspaltung zur Neugründung) oder auf übernehmende Genossenschaften (Aufspaltung zur Aufnahme) oder

2. unter Fortbestand der übertragenden Genossenschaft durch Übertragung eines oder mehrerer Vermögensteile dieser Genossenschaft im Weg der Gesamtrechtsnachfolge auf eine oder mehrere dadurch gegründete neue Genossenschaften (Abspaltung zur Neugründung) oder auf übernehmende Genossenschaften (Abspaltung zur Aufnahme)

gegen Gewährung von Geschäftsanteilen der neuen oder übernehmenden Genossenschaften an die Mitglieder der übertragenden Genossenschaft.

(3) [1]Die neue bzw. übernehmende Genossenschaft muss eine Genossenschaft gleicher Haftungsart wie die übertragende Genossenschaft sein. [2]Liegen die Voraussetzungen des § 21 Abs. 1 vor, so kann die übertragende Genossenschaft Teile ihres Vermögens alternativ auch auf eine Kapitalgesellschaft abspalten.

(4) Die gleichzeitige Übertragung auf neue und übernehmende Genossenschaften ist zulässig.

2. Teil

Spaltung zur Neugründung

Spaltungsplan

§ 2. (1) Der Vorstand der übertragenden Genossenschaft hat einen Spaltungsplan aufzustellen. Dieser muss jedenfalls enthalten:

1. die Firma, den Sitz und die vorgesehenen Genossenschaftsverträge der an der Spaltung beteiligten Genossenschaften;

2. die Erklärung über die Übertragung der Vermögensteile der übertragenden Genossenschaft jeweils im Wege der Gesamtrechtsnachfolge gegen Gewährung von Anteilen an den neuen Genossenschaften;

3. das Umtauschverhältnis der Anteile (Abs. 2) und deren Aufteilung auf die Mitglieder;

4. den Hinweis, dass bei einer Herabsetzung der Nennbeträge der Geschäftsanteile der übertragenden Genossenschaft das Aufgebotsverfahren gemäß § 33a Abs. 1 GenG unterbleiben kann;

5. die Einzelheiten für die Gewährung von Geschäftsanteilen an den neuen Genossenschaften;

6. den Zeitpunkt, von dem an die Anteile gegebenenfalls einen Anspruch auf Gewinnausschüttung gewähren, sowie alle Besonderheiten in Bezug auf diesen Anspruch;

7. den Stichtag, von dem an die Handlungen der übertragenden Genossenschaft als für Rechnung der neuen Genossenschaft vorgenommen gelten (Spaltungsstichtag);

8. die Rechte, die die neuen Genossenschaften einzelnen Mitgliedern oder Gruppen von Mitgliedern gewähren, und gegebenenfalls die für diese Personen vorgesehenen Maßnahmen;

9. jeden besonderen Vorteil, der einem Mitglied des Vorstands oder eines Aufsichtsorgans der an der Spaltung beteiligten Genossenschaften gewährt wird;

10. die genaue Beschreibung und Zuordnung der Vermögensteile, die an jede der neuen Genossenschaften übertragen werden; dabei kann auf Urkunden, wie Bilanzen, insbesondere gemäß Z 12, und Inventare, Bezug genommen werden, soweit deren Inhalt eine Zuordnung des einzelnen Vermögensteiles ermöglicht;

11. eine Regelung über die Zuordnung von Vermögensteilen, die sonst auf Grund des Spaltungsplans keiner der an der Spaltung beteiligten Genossenschaften zugeordnet werden können;

12. die Schlussbilanz der übertragenden Genossenschaft, weiters Eröffnungsbilanzen der neuen Genossenschaften und bei der Abspaltung eine Spaltungsbilanz, die das der übertragenden Genossenschaft verbleibende Vermögen ausweist;

13. bei einer nicht verhältniswahrenden Spaltung die Angabe, bei welcher Genossenschaft (oder welchen Genossenschaften) welche Mitglieder der übertragenden Genossenschaft die Mitgliedschaft erhalten oder behalten sollen;

14. bei einer nicht verhältniswahrenden Spaltung Angaben zur Höhe der der übertragenden und den neuen Genossenschaften über das Geschäftsanteilskapital hinaus zugewiesenen Gesellschaftsmittel (offenen Rücklagen einschließlich eines Gewinnvortrages und abzüglich eines Bilanzverlustes oder eines Verlustvortrages), durch welche die Ausübung des Wahlrechts gemäß § 9 Abs. 1 Z 2 ermöglicht wird.

(2) [1]Das Umtauschverhältnis kann in jenen Fällen, in denen die Mitglieder satzungsgemäß bei Ausscheiden aus der übertragenden Genossenschaft und bei deren Liquidation nach Befriedigung der Gläubiger lediglich ihre auf den Geschäftsanteil geleisteten Einlagen („Geschäftsguthaben") zurückerhalten, vereinfacht in der Weise festgelegt werden, dass die Höhe ihres Geschäftsguthabens insgesamt möglichst gleich bleibt (Nominalwertspaltung). [2]Ein allenfalls erforderlicher Spitzenausgleich erfolgt entweder durch ergänzende Einzahlung der Mitglieder auf die gewährten Geschäftsanteile oder durch bare Zuzahlung der an der Spaltung beteiligten Genossenschaften. [3]Allfällige bare Zuzahlungen dürfen frühestens sechs Monate nach Veröffentlichung des Gläubigeraufrufs gemäß § 18 Abs. 2 und überdies nicht eher geschehen, als die Gläubiger, die sich gemäß § 18 gemeldet haben, befriedigt oder sichergestellt sind. [4]Dasselbe gilt bei einer verhältniswahrenden Spaltung. [5]Bei einer nicht verhältniswahrenden Spaltung einer Genossenschaft mit einer satzungsmäßig für das Ausscheiden oder die Liquidation vorgesehenen Substanzbeteiligung hat die Festsetzung des Umtauschverhältnisses auf Basis einer Unternehmensbewertung zu erfolgen; die Regeln über ergänzende Einzahlungen oder bare Zuzahlungen gelten in diesem Fall entsprechend.

(3) [1]Die übertragende Genossenschaft hat, auch wenn sie nicht mindestens zwei der in § 221 Abs. 1 UGB bezeichneten Merkmale überschreitet, auf den Spaltungsstichtag eine Schlussbilanz aufzustellen und gegebenenfalls prüfen zu lassen. [2]Für sie gelten die Vorschriften des UGB nach Maßgabe des § 22 Abs. 4 und 6 GenG sinngemäß. [3]Die Schlussbilanz muss auf einen höchstens neun Monate vor der Anmeldung der Spaltung liegenden Stichtag aufgestellt werden.

Kapitalerhaltung, Anwendung des Gründungsrechts, Haftung der Organe

§ 3. (1) [1]Sofern die übertragende Genossenschaft ein Mindestgeschäftsanteilskapital nach § 5a Abs. 2 Z 2 GenG festgesetzt hat, muss die Summe der Geschäftsanteilskapitalien der an der Spaltung beteiligten Genossenschaften mindestens die Höhe dieses Mindestgeschäftsanteilskapitals der übertragenden Genossenschaft vor der Spaltung erreichen. [2]Allen beteiligten Genossenschaften ist ein – insbesondere aus Gläubigersicht – angemessener Anteil an diesem Mindestgeschäftsanteilskapital zuzuweisen. [3]Die Ausstattung aller beteiligten Genossenschaften mit einem angemessenen Anteil am Mindestgeschäftsanteilskapital kann unterbleiben, wenn der Revisor in seinem Gutachten gemäß § 5 ausspricht, dass die Lebensfähigkeit aller beteiligten Genossenschaften unzweifelhaft gegeben ist.

(2) Bei der Abspaltung dürfen die Geschäftsanteile der übertragenden Genossenschaft ohne Einhaltung der Vorschriften des § 33a Abs. 1 GenG herabgesetzt werden.

(3) [1]Auf die Gründung der neuen Genossenschaft sind die Gründungsvorschriften des GenG anzuwenden, soweit sich aus diesem Bundesgesetz nichts anderes ergibt. [2]Als Gründer ist die übertragende Genossenschaft anzusehen.

(4) [1]Die Mitglieder des Vorstands und des Aufsichtsrats der übertragenden Genossenschaft sind den Mitgliedern und den Gläubigern dieser Genossenschaft als Gesamtschuldner zum Ersatz jenes Schadens verpflichtet, den diese durch die Spaltung erleiden; sie können sich von der Schadenersatzpflicht durch den Gegenbeweis befreien, dass sie ihre Sorgfaltspflicht beobachtet haben. [2]Die Ersatzansprüche sind beim zuständigen Gericht (§ 23) geltend zu machen und verjähren in fünf Jahren seit dem Tage, an dem die Eintragung der Spaltung in das Firmenbuch gemäß § 10 UGB als bekanntgemacht gilt.

Spaltungsbericht

§ 4. (1) [1]Der Vorstand der übertragenden Genossenschaft hat einen schriftlichen Bericht zu erstatten, in dem die Spaltung, der Spaltungsplan im Einzelnen und insbesondere das Umtauschverhältnis der Geschäftsanteile (einschließlich allfälliger barer Zuzahlungen), deren Aufteilung auf die Mitglieder sowie die künftige Mitgliederzusammensetzung (§ 2 Abs. 1 Z 13) und die Maßnahmen gemäß § 18 Abs. 5 rechtlich und wirtschaftlich ausführlich erläutert und begründet werden. [2]Auf besondere Schwierigkeiten bei der Bewertung der Unternehmen ist hinzuweisen. [3]§ 118 Abs. 3 AktG ist sinngemäß anzuwenden.

(2) Der Bericht des Vorstands ist nicht erforderlich, wenn alle Mitglieder schriftlich oder in der Niederschrift zur Generalversammlung darauf verzichten.

Gutachten des Revisors

§ 5. (1) Vor der Beschlussfassung der Generalversammlung hat ein hierfür nach den Rechtsvorschriften für die Revision von Genossenschaften zu bestellender Revisor ein schriftliches Gutachten darüber zu erstatten, ob die Spaltung mit den Belangen der Mitglieder und den Belangen der Gläubiger der an der Spaltung beteiligten Genossenschaften vereinbar ist.

(2) [1]Die Spaltung ist nur zulässig, wenn der Revisor in seinem Gutachten bestätigt, dass das allen beteiligten Genossenschaften zugewiesene Vermögen jeweils einen positiven Verkehrswert hat, der bei den neuen Genossenschaften mindestens der Höhe der dafür gewährten Geschäftsanteile entspricht. [2]Weiters hat das Gutachten einzugehen auf:

1. die Lebensfähigkeit der neuen Genossenschaften sowie (bei Fortbestand) der übertragenden Genossenschaft;

2. die Gewährleistung der Erfüllung des Förderungsauftrages durch alle an der Spaltung beteiligten (und fortbestehenden) Genossenschaften;

3. im Falle einer nicht verhältniswahrenden Spaltung das Vorliegen einer angemessenen Eigenkapitalausstattung.

Prüfung durch den Aufsichtsrat

§ 6. (1) Hat die übertragende Genossenschaft einen Aufsichtsrat, so hat dieser die beabsichtigte Spaltung auf Grundlage des Spaltungsberichts und des Gutachtens des Revisors zu prüfen und darüber einen schriftlichen Bericht zu erstatten; § 118 Abs. 3 AktG ist sinngemäß anzuwenden.

(2) [1]Die Prüfung durch den Aufsichtsrat der übertragenden Genossenschaft ist nicht erforderlich, wenn alle Mitglieder der Genossenschaft schriftlich in einer gesonderten Erklärung darauf verzichten. [2]In diesem Fall hat der Vorstand den Aufsichtsrat unverzüglich über die geplante Spaltung zu informieren. [3]Gehören dem Aufsichtsrat gemäß § 110 ArbVG entsandte Mitglieder an, so hat der Vorstand gegebenenfalls auch darüber zu informieren, welche Auswirkungen für die Arbeitnehmer (betreffend Arbeitsplätze, Beschäftigungsbedingungen und Standorte) die Spaltung voraussichtlich haben wird.

Vorbereitung der Beschlussfassung

§ 7. (1) [1]Der Vorstand der übertragenden Genossenschaften hat mindestens einen Monat vor dem Tag der Beschlussfassung durch die Mitglieder den Spaltungsplan nach Prüfung durch den Aufsichtsrat beim zuständigen Gericht (§ 23) einzureichen und einen Hinweis auf diese Einreichung in sinngemäßer Anwendung des § 18 AktG zu veröffentlichen. [2]In dieser Veröffentlichung sind die Mitglieder, die Gläubiger und der Betriebsrat auf ihre Rechte gemäß Abs. 2, 4 und 5 hinzuweisen. [3]§ 7 Abs. 1a SpaltG ist sinngemäß anzuwenden.

(2) Mindestens während eines Monats vor dem Tag der Generalversammlung, die über die Zustimmung zur Spaltung beschließen soll, sind in sinngemäßer Anwendung von § 108 Abs. 3 und 5 AktG bereit zu stellen:

1. der Spaltungsplan;

2. die Jahresabschlüsse oder sonstigen Rechnungsabschlüsse (§ 22 Abs. 2 GenG) und bei großen und mittelgroßen Genossenschaften (§ 22 Abs. 4 GenG) die Lageberichte der übertragenden Genossenschaft für die letzten drei Geschäftsjahre, weiters die Schlussbilanz, wenn der Spaltungsstichtag vom Stichtag des letzten Jahresabschlusses oder sonstigen Rechnungsabschlusses abweicht und die Schlussbilanz – gegebenenfalls in geprüfter Form – bereits vorliegt;

3. falls sich der letzte Jahresabschluss oder sonstige Rechnungsabschluss auf ein Geschäftsjahr bezieht, das mehr als sechs Monate vor der Aufstellung des Spaltungsplans abgelaufen ist, eine Bilanz auf einen Stichtag, der nicht vor dem ersten Tag des dritten Monats liegt, welcher dem Monat der Aufstellung vorausgeht (Zwischenbilanz);

4. der Spaltungsbericht;

5. das Gutachten des Revisors;

6. der Bericht des Aufsichtsrats.

(3) [1]Die Zwischenbilanz (Abs. 2 Z 3) ist nach denselben Vorschriften aufzustellen wie die Schlussbilanz (§ 2 Abs. 3), wobei weder eine körperliche Bestandsaufnahme, noch eine Prüfung erforderlich ist. [2]Die Wertansätze der letzten Jahresbilanz dürfen übernommen werden. [3]Abschreibungen, Wertberichtigungen und Rückstellungen sowie wesentliche, aus den Büchern nicht ersichtliche Veränderungen der wirklichen Werte von Vermögensgegenständen bis zum Stichtag der Zwischenbilanz sind jedoch zu berücksichtigen.

(4) Werden die in Abs. 2 bezeichneten Unterlagen nicht auf der Internetseite der Genossenschaft allgemein zugänglich gemacht, so ist den Gläubigern und dem Betriebsrat auf Verlangen unverzüglich und kostenlos eine Abschrift der in Abs. 2 Z 1 bis 3 bezeichneten Unterlagen zu erteilen.

(5) [1]In der Generalversammlung sind die in Abs. 2 bezeichneten Unterlagen aufzulegen. Der Vorstand hat den Spaltungsplan zu Beginn der Verhandlung mündlich zu erläutern. [2]Der Vorstand hat die Mitglieder vor der Beschlussfassung über jede wesentliche Veränderung der Vermögens- oder Ertragslage der Genossenschaft, die zwischen der Aufstellung des Spaltungsplans und dem Zeitpunkt der Beschlussfassung eingetreten ist, zu unterrichten; dies gilt insbesondere, wenn die Veränderung ein anderes Umtauschverhältnis der Geschäftsanteile oder eine andere Aufteilung der Geschäftsanteile auf die Mitglieder rechtfertigen würde.

Spaltungsbeschluss

§ 8. (1) [1]Die Spaltung zur Neugründung ist nur zulässig, wenn die Generalversammlung der übertragenden Genossenschaft sie beschließt. [2]Der Beschluss bedarf einer Mehrheit, die mindestens zwei Drittel der abgegebenen Stimmen umfasst. [3]Der Genossenschaftsvertrag kann eine größere Mehrheit und weitere Erfordernisse bestimmen.

(2) [1]Vor der Beschlussfassung ist das Gutachten des Revisors (§ 5) zu verlesen. [2]Der Revisor und der Revisionsverband sind berechtigt, an der Generalversammlung beratend teilzunehmen. [3]Spricht sich der Revisor aus einem der Gründe des § 5 Abs. 1 oder Abs. 2 Z 1 bis 3 gegen die Spaltung aus, so bedarf der Beschluss einer Mehrheit, die mindestens zwei Drittel der abgegebenen Stimmen in zwei mit einem Abstand von mindestens einem Monat aufeinanderfolgenden Generalversammlungen umfasst.

(3) Werden die Anteile der neuen Genossenschaften den Mitgliedern der übertragenden Genossenschaft nicht in dem Verhältnis zugeteilt, das ihrer Beteiligung an der übertragenden Genossenschaft entspricht (nicht verhältniswahrende Spaltung), so bedarf der Beschluss folgender Mehrheiten:

1. einer Mehrheit von neun Zehnteln der insgesamt abgegebenen Stimmen;

2. einer Mehrheit von zwei Dritteln der abgegebenen Stimmen jener Mitglieder, die laut Spaltungsplan der übertragenden Genossenschaft zugeordnet sind, sofern diese fortbesteht;

3. in Bezug auf jede der neuen Genossenschaften einer Mehrheit von zwei Dritteln der abgegebenen Stimmen jener Mitglieder, die laut Spaltungsplan dieser Genossenschaft zugeordnet sind.

(4) [1]Der Spaltungsbeschluss ist zu protokollieren (§ 34 Abs. 2 GenG), die Zustimmungserklärungen müssen unterfertigt sein. [2]Der beschlossene Spaltungsplan ist in die Niederschrift über den Beschluss und in die Zustimmungserklärungen aufzunehmen oder diesen als Anlage beizufügen.

Kündigungsrecht, Wahlrecht bei nicht verhältniswahrender Spaltung; Ausschluss von Anfechtungsklagen

§ 9. (1) Jedes Mitglied, das einer nicht verhältniswahrenden Spaltung nicht zugestimmt hat, kann durch schriftliche Erklärung

1. seine Mitgliedschaft oder einzelne Geschäftsanteile bei der übertragenden Genossenschaft bzw. bei der neuen Genossenschaft kündigen (Kündigungsrecht), oder

2. verlangen, unter Berücksichtigung des vorgesehenen Umtauschverhältnisses entgegen dem Spaltungsplan (§ 2 Abs. 1 Z 13) mit einem, mehreren oder allen Geschäftsanteilen Mitglied einer oder mehrerer anderer an der Spaltung beteiligter Genossenschaften zu werden, sofern es die Voraussetzungen für die Mitgliedschaft in den gewählten Genossenschaften erfüllt (Wahlrecht).

Das Kündigungsrecht nach Z 1 steht jedem Mitglied auch bei einer verhältniswahrenden Spaltung sowie im Fall des Abs. 4 zu, wenn sich der Revisor gegen die Spaltung ausgesprochen (§ 8 Abs. 2 dritter Satz) und das betreffende Mitglied der Spaltung nicht zugestimmt hat.

(2) [1]Die Kündigung muss der Genossenschaft gegenüber erklärt werden, aus der das Mitglied austreten möchte; dies können je nach Spaltungsplan die übertragende Genossenschaft, die neue Genossenschaft oder beide Genossenschaften sein. [2]Die Ausübung seines Wahlrechts hat das

Mitglied sowohl gegenüber jener Genossenschaft zu erklären, bei der es laut Spaltungsplan (§ 2 Abs. 1 Z 13) Mitglied ist, als auch gegenüber jener Genossenschaft, deren Mitgliedschaft es verlangt.

(3) Kündigung und Wahlrecht müssen innerhalb von sechs Monaten seit Eintragung der Spaltung in das Firmenbuch des Sitzes der übertragenden Genossenschaft erklärt werden.

(4) Kündigungsrecht und Wahlrecht stehen einem einzelnen Mitglied außer im Fall des Abs. 1 letzter Satz nicht zu, wenn es individuell an allen beteiligten Genossenschaften im gleichen Verhältnis wie an der übertragenden Genossenschaft beteiligt ist.

(5) Die Durchführung einer nicht verhältniswahrenden Spaltung ist nur zulässig, wenn sichergestellt ist, dass jede der beteiligten Genossenschaften in der Lage ist, allen Mitgliedern, die der Spaltung nicht zugestimmt und auf ihr Wahlrecht nach Abs. 1 Z 2 nicht verzichtet haben und die im Spaltungsplan jeweils einer anderen Genossenschaft zugewiesen wurden, bei Ausübung des Wahlrechts Geschäftsanteile aus über das Geschäftsanteilskapital hinausgehenden Gesellschaftsmitteln (offene Rücklagen einschließlich eines Gewinnvortrages und abzüglich eines allfälligen Bilanzverlusts oder eines Verlustvortrages) zu gewähren.

(6) Eine Klage auf Anfechtung des Spaltungsbeschlusses kann, auch wenn das Umtauschverhältnis nicht gemäß § 2 Abs. 1 Z 3 vereinfacht festgesetzt wurde, nicht darauf gestützt werden, dass das Umtauschverhältnis der Geschäftsanteile (einschließlich allfälliger Zuzahlungen) oder deren Aufteilung auf die Mitglieder nicht angemessen festgelegt ist.

Rechtsfolgen der Kündigung oder der Ausübung des Wahlrechts

§ 10. (1) Kündigt ein Mitglied seine Mitgliedschaft oder einzelne Geschäftsanteile bei der neuen Genossenschaft (§ 9 Abs. 1 Z 1) oder macht es von seinem Wahlrecht Gebrauch, mit einzelnen, mehreren oder allen Geschäftsanteilen Mitglied der übertragenden Genossenschaft zu bleiben (§ 9 Abs. 1 Z 2), so gelten die Mitgliedschaft oder die Geschäftsanteile bei der neuen Genossenschaft als nicht erworben; dies ist bei der Eintragung des Ausscheidens in das Register der Mitglieder der neuen Genossenschaft zu vermerken.

(2) [1]Mit einem kündigenden Mitglied hat sich jene Genossenschaft auseinanderzusetzen, aus der das Mitglied austreten möchte. [2]Maßgebend ist die nach den Grundsätzen ordnungsgemäßer Buchführung aufgestellte Schlussbilanz der übertragenden Genossenschaft. [3]Das kündigende Mitglied ist nur berechtigt, seinen Geschäftsanteil zu verlangen; auf den Reservefonds und auf das sonst vorhandene Vermögen der übertragenden Genossenschaft hat es, wenn der Genossenschaftsvertrag nichts anderes bestimmt, keinen Anspruch. [4]Die Ansprüche des kündigenden Mitglieds sind innerhalb von sechs Monaten ab der Kündigung zu befriedigen; die Auszahlung darf jedoch nicht geschehen, bevor die Gläubiger, die sich nach § 18 gemeldet haben, befriedigt oder sichergestellt sind, und überdies nicht vor Ablauf von sechs Monaten seit der Veröffentlichung nach § 18 Abs. 2.

(3) Reichen die Geschäftsanteile und die in der Schlussbilanz ausgewiesenen Rücklagen zur Deckung eines in dieser Bilanz ausgewiesenen Verlustes nicht aus, so hat das kündigende Mitglied den anteiligen Fehlbetrag an die Genossenschaft, aus der es austreten möchte, zu zahlen, bei der Genossenschaft mit beschränkter Haftung jedoch höchstens bis zur Höhe des Haftungsbetrages; der anteilige Fehlbetrag wird, falls der Genossenschaftsvertrag der übertragenden Genossenschaft nichts anderes bestimmt, nach der Kopfzahl der Mitglieder der übertragenden Genossenschaft, bei der Genossenschaft mit beschränkter Haftung, falls der Genossenschaftsvertrag die Beteiligung mit mehreren Geschäftsanteilen zulässt, nach der Zahl der Geschäftsanteile errechnet.

Verhältniswahrende Spaltung und Nominalwertspaltung

§ 11. (1) [1]Wenn die Mitglieder an der übertragenden Genossenschaft und an den neuen Genossenschaften im selben Verhältnis beteiligt sein sollen (verhältniswahrende Spaltung), sind der Spaltungsbericht des Vorstands (§§ 4 und 7 Abs. 2 Z 4), die Prüfung sowie die Berichterstattung durch den Aufsichtsrat (§§ 6 und 7 Abs. 2 Z 6) und die Erstellung einer Zwischenbilanz (§ 7 Abs. 2 Z 3 und Abs. 3) nicht erforderlich. [2]Für Nominalwertspaltungen (§ 2 Abs. 2) gelten dieselben Erleichterungen.

(2) Sofern keine Berichterstattung durch den Aufsichtsrat (§ 6) erfolgen soll, ist § 6 Abs. 2 zweiter und dritter Satz sinngemäß anzuwenden.

Besondere Zustimmungserfordernisse

§ 12. Sieht der Genossenschaftsvertrag für einzelne Beschlussgegenstände eine Beschlussmehrheit über die Mehrheit von zwei Dritteln der abgegebenen Stimmen oder ein doppeltes Mehrheitserfordernis vor, so bedarf auch der Spaltungsbeschluss dieser Mehrheiten, es sei denn, dass in den Genossenschaftsverträgen der beteiligten Genossenschaften durch entsprechende Gestaltung der Beschlussmehrheiten die Rechte der Minderheit gewahrt werden.

Anmeldung

§ 13. (1) [1]Der Vorstand der übertragenden Genossenschaft und die Vorstände aller neuen Genossenschaften haben die Spaltung und die Errichtung der neuen Genossenschaften zur Eintragung beim zuständigen Gericht (§ 23) anzumelden. [2]Der Anmeldung sind so viele Ausfertigungen (einschließlich der Beilagen) anzuschließen, wie neue Genossenschaften entstehen.

(2) [1]Weiters ist dem Gericht eine Erklärung des Vorstands der übertragenden Genossenschaft vorzulegen, dass eine Klage auf Anfechtung oder Feststellung der Nichtigkeit des Spaltungsbeschlusses innerhalb eines Monats nach der Beschlussfassung nicht erhoben oder zurückgezogen worden ist oder dass alle Mitglieder durch schriftliche Erklärung auf eine solche Klage verzichtet haben. [2]Können diese Erklärungen nicht vorgelegt werden, so hat das Gericht gemäß § 19 FBG vorzugehen.

Beilagen zur Anmeldung

§ 14. Der Anmeldung sind in Urschrift, Ausfertigung oder beglaubigter Abschrift beizufügen:

1. die Niederschrift des Spaltungsbeschlusses samt Spaltungsplan;

2. den Spaltungsbericht des Vorstands (§ 4) und das Gutachten des Revisors (§ 5);

3. die nach den Gründungsvorschriften für die Eintragung der neuen Genossenschaft erforderlichen weiteren Urkunden;

4. die Genehmigung, falls die Spaltung einer behördlichen Genehmigung bedarf;

5. der Nachweis der Veröffentlichung der beabsichtigten Spaltung gemäß § 7 Abs. 1.

Eintragung und ihre Rechtswirkungen

§ 15. (1) [1]Die Spaltung und die neuen Genossenschaften sind im Firmenbuch gleichzeitig einzutragen. [2]Das Gericht (§ 23) hat zu prüfen, ob im Hinblick auf den satzungsmäßigen Sitz der neuen Genossenschaften § 30 UGB beachtet ist. [3]Unter Hinweis auf die Firmenbuchnummer der übertragenden Genossenschaft ist einzutragen, dass die neuen Genossenschaften aus einer Spaltung hervorgegangen sind. [4]Die Eintragung der neuen Genossenschaft ist dem Gericht, in dessen Sprengel die neue Genossenschaft ihren Sitz hat, mitzuteilen. [5]Der Mitteilung sind auch der Akt und die Urkunden der neuen Genossenschaft beizufügen. [6]Die Beendigung der Zuständigkeit für die Ersteintragung (§ 23 Abs. 2 zweiter Satz) ist vom Gericht, in dessen Sprengel die neue Genossenschaft ihren Sitz hat, einzutragen.

(2) Mit der Eintragung der Spaltung in das Firmenbuch treten folgende Rechtswirkungen ein:

1. Die Vermögensteile der übertragenden Genossenschaft gehen entsprechend der im Spaltungsplan vorgesehenen Zuordnung jeweils im Wege der Gesamtrechtsnachfolge auf die neue Genossenschaft oder die neuen Genossenschaften über.

2. [1]Bei der Aufspaltung erlischt die übertragende Genossenschaft; bei der Abspaltung werden die im Spaltungsplan vorgesehenen Änderungen des Genossenschaftsvertrags der übertragenden Genossenschaft wirksam. [2]Darauf ist in der Eintragung hinzuweisen.

3. [1]Die Geschäftsanteile an den beteiligten Genossenschaften werden entsprechend dem Spaltungsplan von den Mitgliedern der übertragenden Genossenschaft erworben. [2]Rechte Dritter an den Anteilen der übertragenden Genossenschaft bestehen an den an ihre Stelle tretenden Anteilen und an allfälligen baren Zuzahlungen weiter.

(3) [1]Mängel der Spaltung lassen die Wirkungen der Eintragung gemäß Abs. 2 unberührt. [2]Nach der Eintragung der Spaltung in das Firmenbuch ist eine Anfechtung des Spaltungsbeschlusses der übertragenden Genossenschaft gegen die neuen Genossenschaften zu richten, bei einer Abspaltung gegen alle beteiligten Genossenschaften. [3]Das auf Anfechtung oder Feststellung der Nichtigkeit eines Spaltungsbeschlusses gerichtete Begehren kann ohne Vorliegen der Voraussetzungen des § 235 ZPO auf den Ersatz des Schadens, der dem Kläger aus der auf dem Beschluss beruhenden Eintragung der Spaltung ins Firmenbuch entstanden ist, abgeändert oder auf Ersatz der Prozesskosten eingeschränkt werden.

(4) Solange einem Schuldner nicht bekannt wird, welcher der an der Spaltung beteiligten Genossenschaften die Forderung zugeordnet ist, kann er mit schuldbefreiender Wirkung an jede von ihnen bezahlen oder sich sonst mit jeder von ihnen abfinden.

(5) Solange einem Gläubiger nicht bekannt wird, welcher der an der Spaltung beteiligten Genossenschaften die Verbindlichkeit zugeordnet ist, kann er Erklärungen, die diese Verbindlichkeit betreffen, gegenüber jeder von ihnen abgeben.

Mitgliederregister

§ 16. (1) Der Vorstand der neuen Genossenschaft hat die Mitglieder der übertragenden Genossenschaft nach der Eintragung der Spaltung in das Firmenbuch des Sitzes der übertragenden Genossenschaft unverzüglich in das Register der Mitglieder der neuen Genossenschaft einzutragen.

(2) [1]Im Falle einer nicht verhältniswahrenden Abspaltung erfolgt die Eintragung nach Abs. 1 nur hinsichtlich jener Mitglieder, die gemäß dem Spaltungsplan (§ 2 Abs. 1 Z 13) oder aufgrund der Ausübung des Wahlrechts gemäß § 9 Abs. 1

Z 2 Mitglied bei der neuen Genossenschaft sind. [2]Abgesehen vom Falle einer Doppelmitgliedschaft (§ 2 Abs. 1 Z 13) sind diese Mitglieder aus dem Mitgliederregister der übertragenden Genossenschaft zu löschen.

Besondere Mitteilungspflichten

§ 17. (1) Der Vorstand der neuen Genossenschaft hat jedes Mitglied der neuen Genossenschaft spätestens binnen drei Monaten seit der Eintragung der Spaltung in das Firmenbuch des Sitzes der übertragenden Genossenschaft von der Eintragung in das Mitgliederregister (§ 16) schriftlich zu benachrichtigen und ihm mitzuteilen:

1. den Betrag des Geschäftsanteiles bei der neuen Genossenschaft;

2. bei Genossenschaften mit beschränkter Haftung den Haftungsbetrag der neuen Genossenschaft;

3. die Zahl der Geschäftsanteile, mit denen das Mitglied an der neuen Genossenschaft beteiligt ist;

4. den Betrag der ergänzenden Einzahlungen oder der baren Zuzahlungen, die für einen allfälligen Spitzenausgleich erforderlichen sind (§ 2 Abs. 1 Z 3).

(2) Im Falle einer nicht verhältniswahrenden Abspaltung sind die Mitglieder unverzüglich nach der Eintragung der Spaltung in das Firmenbuch des Sitzes der übertragenden Genossenschaft darüber zu informieren, bei welcher Genossenschaft sie laut Spaltungsplan Mitglied sind, und von ihrem Wahlrecht gemäß § 9 Abs. 1 Z 2 in Kenntnis zu setzen.

Schutz der Gläubiger

§ 18. (1) [1]Für die bis zur Eintragung der Spaltung begründeten Verbindlichkeiten der übertragenden Genossenschaft, einschließlich Verbindlichkeiten aus späterer nicht gehöriger Erfüllung und aus späterer Rückabwicklung, haften neben der Genossenschaft, der die Verbindlichkeit nach dem Spaltungsplan zugeordnet wird, die übrigen an der Spaltung beteiligten Genossenschaften bis zur Höhe des ihnen jeweils zugeordneten Nettoaktivvermögens (Wert der der haftenden Genossenschaft zugeordneten aktiven Vermögensteile abzüglich Wert der ihr zugeordneten Verbindlichkeiten) als Gesamtschuldner. [2]Jede haftende Genossenschaft wird insoweit frei, als sie Schulden für andere Genossenschaften berichtigt hat. [3]Keine Haftung besteht für solche Verbindlichkeiten, für die nach den folgenden Absätzen Sicherheit geleistet wurde.

(2) [1]Den Gläubigern der übertragenden Genossenschaften ist von den beteiligten Genossenschaften Sicherheit zu leisten, soweit sie nicht Befriedigung verlangen können, wenn sie sich binnen sechs Monaten nach der Veröffentlichung der Eintragung der Spaltung zu diesem Zweck melden; dieses Recht steht den Gläubigern jedoch nur zu, wenn sie glaubhaft machen, dass durch die Spaltung die Erfüllung ihrer Forderung gefährdet wird. [2]Die Gläubiger sind in der Veröffentlichung der Eintragung auf dieses Recht hinzuweisen.

(3) Wird innerhalb der in Abs. 2 genannten Frist eine Sicherheitsleistung gerichtlich verlangt, so haften ab diesem Zeitpunkt alle beteiligten Genossenschaften für die Forderung betraglich unbeschränkt als Gesamtschuldner, bis entweder die Sicherheit geleistet oder die Klage rechtskräftig abgewiesen wird.

(4) Das Recht, Sicherheitsleistung zu verlangen, steht solchen Gläubigern nicht zu, die im Insolvenzverfahren ein Recht auf vorzugsweise Befriedigung aus einer nach gesetzlicher Vorschrift zu ihrem Schutz errichteten und behördlich überwachten Deckungsmasse haben.

(5) Den Inhabern von Schuldverschreibungen und Genussrechten sind gleichwertige Rechte zu gewähren oder die Änderung der Rechte oder das Recht selbst angemessen abzugelten.

Auskunftserteilung

§ 19. (1) Wer durch die Spaltung in seinen rechtlichen Interessen betroffen wird, kann von jeder an der Spaltung beteiligten Genossenschaften die Erteilung von Auskünften über die Zuordnung von Vermögensteilen verlangen.

(2) [1]Über diesen Anspruch entscheidet das Gericht (§ 23) im außerstreitigen Verfahren; die Glaubhaftmachung des rechtlichen Interesses genügt. [2]Das Gericht kann die Vorlage der Handelsbücher sowie die Einsichtnahme durch die Partei oder durch einen zur beruflichen Verschwiegenheit verpflichteten Sachverständigen anordnen. [3]Das Gericht kann auch anordnen, dass der zur Auskunft Verpflichtete einen Eid dahin zu leisten hat, dass die Auskunft richtig und vollständig ist.

3. Teil

Spaltung zur Aufnahme

Allgemeines

§ 20. Auf die Spaltung zur Aufnahme sind die Vorschriften der §§ 2 bis 19 sinngemäß anzuwenden, soweit im Folgenden nichts anderes bestimmt wird:

1. An die Stelle des Spaltungsplans (§ 2) tritt der Spaltungs- und Übernahmsvertrag, der von den Vorständen der übertragenden Genossenschaft und des übernehmenden Rechtsträgers (§

1 Abs. 3) bis zur Anmeldung zum Firmenbuch in schriftlicher Form abzuschließen ist.

2. An die Stelle der neuen Genossenschaft tritt der übernehmende Rechtsträger.

3. Jene Gläubiger der übertragenden Genossenschaft, deren Forderungen einem übernehmenden Rechtsträger zugewiesen werden, haben zusätzlich zu den Rechten gemäß § 18 Anspruch auf Sicherheitsleistung in sinngemäßer Anwendung von § 226 AktG.

4. [1]Im Übrigen gelten für den übernehmenden Rechtsträger die seiner Rechtsform entsprechenden Vorschriften über die Verschmelzung durch Aufnahme sinngemäß. [2]Handelt es sich beim übernehmenden Rechtsträger um eine Kapitalgesellschaft, so tritt an die Stelle des Verschmelzungsberichts der Spaltungsbericht (§ 4 SpaltG) und an die Stelle der Verschmelzungsprüfung die Spaltungsprüfung (§ 5 SpaltG).

5. [1]Der Vorstand der übertragenden Genossenschaft und der Vorstand des übernehmenden Rechtsträgers haben die Spaltung zur Aufnahme zur Eintragung beim Gericht, in dessen Sprengel ihr Rechtsträger den Sitz hat, anzumelden. [2]Die erforderlichen Unterlagen sind der Anmeldung der übertragenden Genossenschaft beizufügen. [3]Wird zur Durchführung der Spaltung zur Aufnahme das Nennkapital der übernehmenden Kapitalgesellschaft erhöht, so sind die hierfür erforderlichen Anmeldungen zur Eintragung in das Firmenbuch mit der Anmeldung der Spaltung gemäß § 13 zu verbinden.

Abspaltung zur Aufnahme durch eine Kapitalgesellschaft

§ 21. (1) Der übernehmende Rechtsträger kann eine Kapitalgesellschaft sein, wenn es sich um eine Abspaltung handelt und eine Anteilsgewährung gemäß § 22 unterbleibt.

(2) [1]Handelt es sich bei der übertragenden Genossenschaft um eine Kreditgenossenschaft und wird ein bankgeschäftlicher Betrieb oder Teilbetrieb abgespalten, so ist die Abspaltung auf eine Kapitalgesellschaft nur zulässig, sofern diese demselben Fachverband angehört wie die übertragende Genossenschaft. [2]§ 92 Abs. 7 BWG und § 60 Abs. 2 zweiter Satz BWG gelten entsprechend.

(3) [1]Der Spaltungsbeschluss bedarf einer Mehrheit von zwei Dritteln der abgegebenen Stimmen (§ 8 Abs. 1). [2]Den Mitgliedern der übertragenden Genossenschaft kommt kein Kündigungs- oder Wahlrecht gemäß § 9 zu. [3]Die Erleichterungen gemäß § 11 Abs. 1 sind anwendbar.

Unterbleiben der Anteilsgewährung

§ 22. Eine Anteilsgewährung kann unterbleiben, wenn die Mitglieder am übernehmenden Rechtsträger unmittelbar oder mittelbar im selben Verhältnis wie an der übertragenden Genossenschaft beteiligt sind.

4. Teil

Gerichtszuständigkeit und Schlussbestimmungen

Gerichtszuständigkeit

§ 23. (1) Für die nach diesem Bundesgesetz vom Gericht zu erledigenden Angelegenheiten sind die mit Handelssachen betrauten Gerichtshöfe erster Instanz sachlich zuständig.

(2) [1]Örtlich zuständig ist jenes Gericht, in dessen Sprengel die übertragende Genossenschaft ihren Sitz hat oder hatte. [2]Dieses Gericht ist bei einer Spaltung zur Neugründung auch für die erste Eintragung der neuen Genossenschaft und bei einer Spaltung zur Aufnahme auch für die Eintragung beim übernehmenden Rechtsträger zuständig.

Verweisungen

§ 24. Soweit in diesem Bundesgesetz auf Bestimmungen anderer Bundesgesetze verwiesen wird, sind diese in ihrer jeweils geltenden Fassung anzuwenden.

Inkrafttreten

§ 25. Dieses Bundesgesetz tritt mit 1. Jänner 2019 in Kraft.

Vollziehung

§ 26. Mit der Vollziehung dieses Bundesgesetzes ist der Bundesminister für Verfassung, Reformen, Deregulierung und Justiz betraut.

12. Verordnung (EG) Nr. 1435/2003 des Rates vom 22. Juli 2003 über das Statut der Europäischen Genossenschaft (SCE)

ABl L 207, 1 idF

1 ABl L 49 vom 17. 2. 2007, S 35 (Berichtigung)

GLIEDERUNG

DER RAT DER EUROPÄISCHEN UNION –

gestützt auf den Vertrag zur Gründung der Europäischen Gemeinschaft, insbesondere auf Artikel 308,

auf Vorschlag der Kommission[1],

nach Stellungnahme des Europäischen Parlaments[2],

nach Stellungnahme des Europäischen Wirtschafts- und Sozialausschusses[3],

in Erwägung nachstehender Gründe:

(1) Das Europäische Parlament hat am 13. April 1983 eine Entschließung zu den Genossenschaften in der Europäischen Gemeinschaft[4], am 9. Juli 1987 eine Entschließung zum Beitrag der Genossenschaften zur Regionalentwicklung[5], am 26. Mai 1989 ein Entschließung zur Rolle der Frau in Genossenschaften und lokalen Beschäftigungsinitiativen[6], am 11. Februar 1994 eine Entschließung zum Beitrag der Genossenschaften zur Regionalentwicklung[7] und am 18. September 1998 eine Entschließung zur Rolle der Genossenschaften bei der Förderung der Erwerbstätigkeit von Frauen[8] angenommen.

(2) Die Vollendung des Binnenmarktes und die damit verbundene Verbesserung der wirtschaftlichen und sozialen Lage in der gesamten Gemeinschaft macht nicht nur die Beseitigung von Handelsschranken erforderlich, sondern bedeutet auch, dass die Produktionsstrukturen an die Gemeinschaftsdimension angepasst werden müssen. Dazu ist es wesentlich, dass Gesellschaften jedweder Form, deren Geschäftstätigkeit über die Befriedigung des rein lokalen Bedarfs hinausgeht, in der Lage sein sollte, die Umstrukturierung ihres Geschäftsbetriebs zwecks Ausdehnung auf die Gemeinschaftsebene zu planen und durchzuführen.

(3) Der Rechtsrahmen für eine Geschäftstätigkeit innerhalb der Gemeinschaft beruht immer noch weitgehend auf einzelstaatlichem Recht und entspricht damit nicht dem wirtschaftlichen Rahmen, innerhalb dessen sich diese entwickeln muss, wenn die Ziele des Artikels 18 des Vertrags erreicht werden sollen. Diese Situation stellt ein erhebliches Hindernis für die Schaffung von Unternehmensgruppen mit Unternehmen aus verschiedenen Mitgliedstaaten dar.

(4) Der Rat hat die Verordnung (EG) Nr. 2157/2001[9] erlassen, mit der die Rechtsform der Europäischen Gesellschaft (SE) gemäß den für Aktiengesellschaften geltenden allgemeinen Grundsätzen eingeführt wird. Dies ist kein Instrument, das den Besonderheiten der Genossenschaften gerecht wird.

(5) Die Europäische Wirtschaftliche Interessenvereinigung (EWIV) im Sinne der Verordnung (EWG) Nr. 2137/85[10] erlaubt es Unternehmen zwar, gewisse Tätigkeiten gemeinsam zu betreiben und gleichzeitig ihre Eigenständigkeit zu behalten, genügt jedoch den Besonderheiten der genossenschaftlichen Tätigkeit nicht.

(6) Die Gemeinschaft muss zur Wahrung gleicher Wettbewerbsbedingungen und im Interesse ihrer wirtschaftlichen Entwicklung für die in allen Mitgliedstaaten gemeinhin anerkannten Genossenschaften angemessene rechtliche Instrumente zur Verfügung stellen, die eine Entwicklung ihrer länderübergreifenden Tätigkeiten fördern können. Die Vereinten Nationen haben alle Regierungen aufgefordert, ein für Genossenschaften günstiges Umfeld zu schaffen, in dem diese auf gleicher Basis mit anderen Unternehmensformen teilnehmen können[11].

(7) Bei Genossenschaften handelt es sich vor allem um Vereinigungen von natürlichen oder juristischen Personen, für die besondere und andere Funktionsprinzipien als für andere Wirtschaftssubjekte gelten. Dazu gehören beispielsweise das Prinzip der demokratischen Struktur und Kontrolle oder das der Verteilung des Netto-Jahresüberschusses nach dem Billigkeitsgrundsatz.

(8) Diese besonderen Prinzipien betreffen vor allem den Grundsatz des Vorrangs der Person gegenüber dem Kapital, der seinen Ausdruck in spezifischen Regeln für den Eintritt, den Austritt und den Ausschluss der Mitglieder sowie in der Regel „ein Mitglied, eine Stimme" findet, wobei das Stimmrecht an die Person gebunden ist und beinhaltet, dass es den Mitgliedern verwehrt ist, auf das Vermögen der Genossenschaft zurückzugreifen.

[1] *ABl. C 99 vom 21.4.1992, S. 17 und ABl. C 236 vom 31.8.1993, S. 17.*

[2] *ABl. C 42 vom 15.2.1993, S. 75 und Stellungnahme vom 14. Mai 2003 (noch nicht im Amtsblatt veröffentlicht).*

[3] *ABl. C 223 vom 31.8.1992, S. 42.*

[4] *ABl. C 128 vom 16.5.1983, S. 51.*

[5] *ABl. C 246 vom 14.9.1987, S. 94.*

[6] *ABl. C 158 vom 26.6.1989, S. 380.*

[7] *ABl. C 61 vom 28.2.1994, S. 231.*

[8] *ABl. C 213 vom 12.10.1998, S. 234.*

[9] *ABl. L 294 vom 10.11.2001, S. 1.*

[10] *ABl. L 199 vom 31.7.1985, S. 1.*

[11] *Entschließung der Generalversammlung, angenommen auf der 88. Plenarsitzung der Vereinten Nationen am 19. Dezember 2001 (A/RES/56/114).*

(9) Genossenschaften sind mit einem Grundkapital in Form von Geschäftsanteilen ausgestattet und ihre Mitglieder können sowohl Einzelpersonen als auch Unternehmen sein. Diese Mitglieder können ganz oder teilweise Kunden, Angestellte oder Lieferanten sein. Sind die Mitglieder einer Genossenschaft ihrerseits genossenschaftlich organisierte Unternehmen, so wird sie als „sekundäre“ Genossenschaft oder als Genossenschaft zweiten Grades bezeichnet. Unter gewissen Umständen können einer Genossenschaft auch eine bestimmte Zahl investierender, aber nicht nutzender Mitglieder und Dritte angehören, die Nutzen aus der Tätigkeit der Genossenschaft ziehen oder für deren Rechnung Arbeiten ausführen.

(10) Eine Europäische Genossenschaft (nachstehend „SCE“ genannt) sollte zum Hauptzweck haben, im Einklang mit den nachstehenden Grundsätzen den Bedarf ihrer Mitglieder zu decken und/oder deren wirtschaftliche und/oder soziale Tätigkeiten zu fördern:

- Zweck der Geschäftstätigkeit sollte der gegenseitige Nutzen ihrer Mitglieder in der Form sein, dass jedes Mitglied einen seiner Beteiligung entsprechenden Nutzen aus der Tätigkeit der SCE zieht.
- Ihre Mitglieder sollten gleichzeitig Kunden, Angestellte oder Lieferanten oder auf eine sonstige Art und Weise in die Geschäftstätigkeit der SCE eingebunden sein.
- Die Kontrolle sollte von allen Mitgliedern gleichermaßen ausgeübt werden, wobei jedoch eine gewichtete Stimmabgabe zulässig sein kann, um den Beitrag des einzelnen Mitglieds zu der SCE korrekt wiederzugeben.
- Die Verzinsung des Fremdkapitals und der Geschäftsguthaben sollte begrenzt sein.
- Gewinne sollten im Verhältnis zu den mit der SCE getätigten Geschäften ausgeschüttet oder zur Deckung des Bedarfs der Mitglieder einbehalten werden.
- Es sollte keine künstlichen Beitrittsschranken geben.
- Im Fall der Auflösung sollten ein Vermögen und Rücklagen nach dem Grundsatz der nicht gewinnorientierten Übertragung auf eine andere genossenschaftlich konstituierte Stelle, die vergleichbare Ziele verfolgt oder dem Allgemeininteresse dient, übertragen werden.

(11) Die grenzüberschreitende Zusammenarbeit von Genossenschaften stößt in der Gemeinschaft gegenwärtig auf rechtliche und administrative Schwierigkeiten; diese sollten in einem Markt ohne Grenzen beseitigt werden.

(12) Mit der Einführung einer europäischen Rechtsform für Genossenschaften, die sich auf gemeinsame Grundsätze stützt, aber ihren Besonderheiten Rechnung trägt, sollen die Voraussetzungen für ein grenzüberschreitendes Tätigwerden im gesamten Gebiet der Gemeinschaft oder in einem Teil derselben geschaffen werden.

(13) Hauptziel dieser Verordnung ist es, natürlichen Personen mit Wohnsitz in verschiedenen Mitgliedstaaten oder nach dem Recht verschiedener Mitgliedstaaten gegründeten juristischen Personen die Gründung einer SCE zu ermöglichen. Sie ermöglicht ferner die Gründung einer SCE durch Verschmelzung zweier bereits bestehender Genossenschaften oder durch Umwandlung einer bestehenden nationalen Genossenschaft in die neue Rechtsform ohne vorherige Auflösung; Voraussetzung hierfür ist, dass diese Genossenschaft ihren Sitz und ihre Hauptverwaltung in einem Mitgliedstaat und eine Tochtergesellschaft oder Niederlassung in einem anderen Mitgliedstaat hat.

(14) Angesichts des besonderen Gemeinschaftscharakters einer SCE gilt die in dieser Verordnung vorgesehene Regelung über den „tatsächlichen Sitz von SCE“ unbeschadet der Rechtsvorschriften der Mitgliedstaaten und greift Entscheidungen, die für andere Gemeinschaftstexte im Bereich des Gesellschaftsrechts zu treffen sind, nicht vor.

(15) Bezugnahmen auf das Kapital/Grundkapital in dieser Verordnung sollten ausschließlich die gezeichneten Geschäftsanteile betreffen. Nicht ausgeschüttetes Vermögen bzw. Eigenkapital der SCE sollten hiervon nicht berührt werden.

(16) Von dieser Verordnung nicht erfasst sind Bereiche wie Steuerrecht, Wettbewerbsrecht, geistiges Eigentum oder Insolvenzrecht. In diesen sowie in anderen, von der Verordnung nicht erfassten Bereichen gelten daher die Rechtsvorschriften der Mitgliedstaaten und das Gemeinschaftsrecht.

(17) Die Richtlinie 2003/72/EG[12)] enthält die Vorschriften über die Beteiligung der Arbeitnehmer in der Europäischen Genossenschaft; diese Bestimmungen bilden eine untrennbare Ergänzung dieser Verordnung und sind gleichzeitig anzuwenden.

(18) Bei den Arbeiten zur Annäherung der einzelstaatlichen Vorschriften des Gesellschafts-

[12)] *Siehe Seite 25 dieses Amtsblatts.*

rechts sind beträchtliche Fortschritte erzielt worden, so dass in den Bereichen, in denen für das Funktionieren der SCE keine einheitlichen Gemeinschaftsvorschriften notwendig sind, sinngemäß auf bestimmte Vorschriften verwiesen werden kann, die der Sitzmitgliedstaat der SCE in Durchführung der nachstehend aufgeführten Richtlinien über Handelsgesellschaften erlassen hat, da diese als Regelung für die SCE geeignet sind. Dies sind insbesondere

- Erste Richtlinie 68/151/EWG des Rates vom 9. März 1968 zur Koordinierung der Schutzbestimmungen, die in den Mitgliedstaaten den Gesellschaften im Sinne des Artikels 48 Absatz 2 des Vertrags im Interesse der Gesellschafter sowie Dritter vorgeschrieben sind, um diese Bestimmungen gleichwertig zu gestalten[13)],
- Vierte Richtlinie 78/660/EWG des Rates vom 25. Juli 1978 über den Jahresabschluss von Gesellschaften bestimmter Rechtsformen[14)],
- Siebente Richtlinie 83/349/EWG des Rates vom 13. Juni 1983 über den konsolidierten Abschluss[15)],
- Achte Richtlinie 84/253/EWG des Rates vom 10. April 1984 über die Zulassung der mit der Pflichtprüfung der Rechnungslegungsunterlagen beauftragten Personen[16)],
- Elfte Richtlinie 89/666/EWG des Rates vom 21. Dezember 1989 über die Offenlegung von Zweigniederlassungen, die in einem Mitgliedstaat von Gesellschaften bestimmter Rechtsformen gegründet werden, die dem Recht eines anderen Staates unterliegen[17)].

(19) Aktivitäten im Bereich der Finanzdienstleistungen, speziell solche von Kreditinstituten und Versicherungsgesellschaften, wurden durch folgende Richtlinien geregelt:

- Richtlinie 86/635/EWG des Rates vom 8. Dezember 1986 über den Jahresabschluss und den konsolidierten Abschluss von Banken und anderen Finanzinstituten[18)],
- Richtlinie 92/49/EWG des Rates vom 18. Juni 1992 zur Koordinierung der Rechts- und Verwaltungsvorschriften für die Direktversicherung (mit Ausnahme der Lebensversicherung)[19)],

(20) Die Inanspruchnahme dieses Statuts ist wahlfrei –

HAT FOLGENDE VERORDNUNG ERLASSEN:

KAPITEL I
ALLGEMEINE VORSCHRIFTEN

Artikel 1
Wesen der SCE

(1) Eine Genossenschaft kann im Gebiet der Gemeinschaft in der Form der Europäischen Genossenschaft (SCE) unter den Voraussetzungen und in der Weise gegründet werden, die in dieser Verordnung vorgesehen sind.

(2) Die SCE ist eine Gesellschaft, deren Grundkapital in Geschäftsanteile zerlegt ist.

Die Mitgliederzahl und das Grundkapital der SCE sind veränderlich.

Sofern in der Satzung der SCE bei der Gründung dieser SCE nichts anderes vorgesehen ist, haftet ein Mitglied der Genossenschaft nur bis zur Höhe seines eingezahlten Geschäftsanteils. Gilt für die Mitglieder der SCE eine beschränkte Haftung, so wird der Firma der SCE der Zusatz „mit beschränkter Haftung" angefügt.

(3) Hauptzweck einer SCE ist es, den Bedarf ihrer Mitglieder zu decken und/oder deren wirtschaftliche und/oder soziale Tätigkeiten zu fördern; sie tut dies insbesondere durch den Abschluss von Vereinbarungen mit ihren Mitgliedern über die Lieferung von Waren oder die Erbringung von Dienstleistungen oder die Durchführung von Arbeiten im Rahmen der Tätigkeiten, die die SCE ausübt oder ausüben lässt. Zweck einer SCE kann auch sein, den Bedarf ihrer Mitglieder durch ihre Beteiligung an wirtschaftlichen Tätigkeiten in der vorstehend beschriebenen Weise an einer oder mehreren SCE und/oder nationalen Genossenschaften zu decken. Eine SCE kann ihre Tätigkeiten über eine Tochtergesellschaft ausüben.

(4) Sofern die Satzung nichts anderes bestimmt, können Dritte, die nicht Mitglied sind, die Tätigkeiten der SCE nicht in Anspruch nehmen und an Tätigkeiten der SCE nicht beteiligt werden.

(5) Die SCE besitzt Rechtspersönlichkeit.

13) ABl. L 65 vom 14.3.1968, S. 8. Zuletzt geändert durch die Beitrittsakte von 1994.

14) ABl. L 222 vom 14.8.1978, S. 11. Zuletzt geändert durch die Richtlinie 2001/65/EG (ABl. L 283 vom 27.10.2001, S. 28).

15) ABl. L 193 vom 18.7.1983, S. 1. Zuletzt geändert durch die Richtlinie 2001/65/EG.

16) ABl. L 126 vom 12.5.1984, S. 20.

17) ABl. L 395 vom 30.12.1989, S. 36.

18) ABl. L 372 vom 31.12.1986, S. 1. Zuletzt geändert durch die Richtlinie 2001/65/EG.

19) ABl. L 228 vom 11.8.1992, S. 1. Zuletzt geändert durch die Richtlinie 2002/13/EG (ABl. L 77 vom 20.3.2002, S. 17).

(6) Die Beteiligung der Arbeitnehmer in der SCE wird durch die Richtlinie 2003/72/EG geregelt.

Artikel 2
Gründung

(1) Eine SCE kann gegründet werden:

- von mindestens fünf natürlichen Personen, deren Wohnsitze in mindestens zwei Mitgliedstaaten liegen,
- von insgesamt mindestens fünf natürlichen Personen und nach dem Recht eines Mitgliedstaats gegründeten Gesellschaften im Sinne des Artikels 48 Absatz 2 des Vertrags bzw. juristischen Personen des öffentlichen oder privaten Rechts, deren Wohnsitze in mindestens zwei verschiedenen Mitgliedstaaten liegen bzw. die dem Recht mindestens zweier verschiedener Mitgliedstaaten unterliegen,
- von nach dem Recht eines Mitgliedstaats gegründeten Gesellschaften im Sinne des Artikels 48 Absatz 2 des Vertrags bzw. juristischen Personen des öffentlichen oder privaten Rechts, die dem Recht mindestens zweier verschiedener Mitgliedstaaten unterliegen,
- durch Verschmelzung von Genossenschaften, die nach dem Recht eines Mitgliedstaats gegründet worden sind und ihren Sitz sowie ihre Hauptverwaltung in der Gemeinschaft haben, sofern mindestens zwei von ihnen dem Recht verschiedener Mitgliedstaaten unterliegen,
- durch Umwandlung einer Genossenschaft die nach dem Recht eines Mitgliedstaats gegründet worden ist und ihren Sitz sowie ihre Hauptverwaltung in der Gemeinschaft hat, wenn sie seit mindestens zwei Jahren eine dem Recht eines anderen Mitgliedstaats unterliegende Niederlassung oder Tochter hat.

(2) Ein Mitgliedstaat kann vorsehen, dass sich eine juristische Person, die ihre Hauptverwaltung nicht in der Gemeinschaft hat, an der Gründung einer SCE beteiligen kann, sofern sie nach dem Recht eines Mitgliedstaats gegründet wurde, ihren Sitz in diesem Mitgliedstaat hat und mit der Wirtschaft eines Mitgliedstaats in tatsächlicher und dauerhafter Verbindung steht.

Artikel 3
Mindestkapital

(1) Das Kapital der SCE lautet auf die Landeswährung. Auch das Kapital einer SCE mit Sitz außerhalb des Euro-Währungsgebiets kann auf Euro lauten.

(2) Die Einzahlungen auf die Geschäftsanteile einer SCE müssen mindestens 30 000 EUR betragen.

(3) Die Rechtsvorschriften eines Mitgliedstaats, die höhere Einzahlungen auf die Geschäftsanteile für juristische Personen vorsehen, die bestimmte Arten von Tätigkeiten ausüben, gelten auch für SCE mit Sitz in dem betreffenden Mitgliedstaat.

(4) In der Satzung wird ein Betrag festgelegt, den das Grundkapital bei Rückzahlung der Geschäftsguthaben aus der SCE ausscheidender Mitglieder nicht unterschreiten darf. Dieser Betrag darf den in Absatz 2 festgesetzten Betrag nicht unterschreiten. Der Anspruch aus der SCE ausscheidender Mitglieder auf Rückzahlung ihrer Geschäftsguthaben innerhalb der Fristen nach Artikel 16 wird ausgesetzt, solange diese Rückzahlung ein Absinken des Grundkapitals unter den vorgeschriebenen Mindestbetrag zur Folge hätte.

(5) Das Grundkapital kann durch sukzessive Einzahlungen der Mitglieder oder durch den Beitritt neuer Mitglieder erhöht und durch die vollständige oder teilweise Rückzahlung des Geschäftsguthabens vorbehaltlich der Anwendung von Absatz 4 herabgesetzt werden.

Änderungen des Grundkapitals erfordern weder eine Satzungsänderung noch eine Bekanntmachung.

Artikel 4
Grundkapital der SCE

(1) Das Grundkapital der SCE besteht aus den auf die Landeswährung lautenden Geschäftsanteilen der Mitglieder. Auch die Geschäftsanteile einer SCE mit Sitz außerhalb des Euro-Währungsgebiets können auf Euro lauten. Es können mehrere Kategorien von Geschäftsanteilen ausgegeben werden.

Die Satzung kann festlegen, dass unterschiedliche Kategorien von Geschäftsanteilen mit unterschiedlichen Rechten bei der Verteilung des Ergebnisses verbunden sind. Anteile, die die gleichen Rechte gewähren, bilden eine Kategorie.

(2) Das Kapital darf nur aus Vermögensgegenständen bestehen, deren wirtschaftlicher Wert feststellbar ist. Die Geschäftsanteile der Mitglieder dürfen nicht gegen Verpflichtungen zu Arbeits- oder Dienstleistungen ausgegeben werden.

(3) Die Geschäftsanteile lauten auf den Namen des Inhabers. Ihr Nennwert ist innerhalb jeder Anteilskategorie gleich. Er wird in der Satzung festgelegt. Die Anteile können nicht unter ihrem Nennwert ausgegeben werden.

(4) Geschäftsanteile, die gegen Bareinlagen ausgegeben werden, müssen am Tag der Beteiligung zu mindestens 25 % ihres Nennwerts eingezahlt werden. Der Restbetrag ist innerhalb von

höchstens fünf Jahren einzuzahlen, es sei denn, dass die Satzung eine kürzere Frist vorsieht.

(5) Gegen Sacheinlagen ausgegebene Geschäftsanteile erfordern die vollständige Einbringung zum Zeitpunkt der Beteiligung.

(6) Auf die Bestellung von Sachverständigen und die Bewertung von Einlagen, die keine Bareinlagen sind, findet das für Aktiengesellschaften maßgebende Recht des Sitzmitgliedstaats der SCE entsprechend Anwendung.

(7) Die Satzung legt die Mindestanzahl von Geschäftsanteilen fest, die zum Erwerb der Mitgliedschaft erforderlich sind. Sieht die Satzung vor, dass die Mehrheit in der Generalversammlung den natürlichen Personen vorbehalten ist, und enthält sie eine mit der Beteiligung der Mitglieder an der Tätigkeit der SCE verbundene Beteiligungspflicht, so darf sie für den Erwerb der Mitgliedschaft nur eine Pflichtbeteiligung mit höchstens einem Geschäftsanteil vorschreiben.

(8) In einer Entschließung der jährlichen Generalversammlung, die über den Jahresabschluss des betreffenden Geschäftsjahres befindet, wird das Grundkapital am Ende des Geschäftsjahres nebst der Veränderung gegenüber dem vorhergehenden Geschäftsjahr vermerkt.

Auf Vorschlag des Leitungs- oder des Verwaltungsorgans kann die Generalversammlung, wenn die für Satzungsänderungen erforderliche Mehrheit und Beschlussfähigkeit gegeben ist, die Erhöhung des Grundkapitals durch vollständige oder teilweise Umwandlung der teilbaren Rücklagen beschließen. Die neuen Geschäftsanteile stehen den Mitgliedern nach Maßgabe ihrer bisherigen Beteiligung mit Geschäftsanteilen zu.

(9) Der Nennwert der Geschäftsanteile kann durch Zusammenlegung bestehender Geschäftsanteile erhöht werden. Sind hierfür nach Maßgabe der Satzung zusätzliche Einzahlungen der Mitglieder notwendig, so hat die Generalversammlung darüber zu beschließen, wobei die für Satzungsänderungen geltenden Beschlussfähigkeits- und Mehrheitsvorschriften zu beachten sind.

(10) Der Nennwert der Geschäftsanteile kann durch Zerlegung der bestehenden Geschäftsanteile herabgesetzt werden.

(11) Die Geschäftsanteile können mit Zustimmung der Generalversammlung oder des Leitungs- oder Verwaltungsorgans unter den in der Satzung festgelegten Bedingungen an ein Mitglied oder jede andere Person, die die Mitgliedschaft erwirbt, abgetreten oder veräußert werden.

(12) Die Einzahlung auf eigene Geschäftsanteile, deren Erwerb oder Annahme als Sicherheit durch die SCE ist unzulässig, unabhängig davon, ob dies direkt oder über eine Person, die in eigenem Namen, aber für Rechnung der SCE auftritt, geschieht.

Die Annahme von Geschäftsanteilen einer SCE als Sicherheit im laufenden Geschäft genossenschaftlicher Kreditinstitute ist jedoch zulässig.

Artikel 5
Satzung

(1) Für die Zwecke dieser Verordnung bezeichnet der Ausdruck „Satzung der SCE“ zugleich die Gründungsurkunde und, wenn sie Gegenstand einer getrennten Urkunde ist, die Satzung der SCE im eigentlichen Sinne.

(2) Die Gründungsmitglieder erstellen die Satzung gemäß den Rechtsvorschriften für die Gründung von Genossenschaften, die unter das Recht des Sitzstaats der SCE fallen. Die Satzung muss schriftlich erstellt und von den Gründungsmitgliedern unterzeichnet werden.

(3) Das für die vorbeugende Prüfung von Aktiengesellschaften maßgebende Recht des Sitzmitgliedstaats der SCE findet entsprechend Anwendung auf die Kontrolle der Gründung einer SCE.

(4) Die Satzung der SCE muss mindestens folgende Angaben enthalten:

- die Firma der Genossenschaft mit dem voran- oder nachgestellten Zusatz „SCE“ sowie gegebenenfalls dem Zusatz „mit beschränkter Haftung“,
- den Gegenstand der Genossenschaft,
- die Namen der natürlichen Personen und die Firma der Gesellschaften, die Gründungsmitglieder der SCE sind, sowie bei letzteren Gesellschaftszweck und Sitz,
- den Sitz der SCE,
- die Bedingungen und Modalitäten für die Aufnahme, den Ausschluss und den Austritt der Mitglieder,
- die Rechte und Pflichten der Mitglieder und gegebenenfalls die verschiedenen Gattungen von Mitgliedern sowie die Rechte und Pflichten jeder Gattung von Mitgliedern,
- den Nennwert der Geschäftsanteile sowie das Grundkapital und die Angabe, dass dieses veränderlich ist,
- die besonderen Vorschriften für den gegebenenfalls in die gesetzliche Rücklage einzustellenden Betrag der Entnahme aus den Überschüssen,
- die Befugnisse und Zuständigkeiten der Mitglieder jedes Organs,
- die Einzelheiten der Bestellung und der Abberufung der Mitglieder dieser Organe,
- die Mehrheit- und Beschlussfähigkeitsregeln,
- die Dauer des Bestehens der SCE, wenn diese begrenzt ist.

Artikel 6
Sitz

Der Sitz der SCE muss in der Gemeinschaft liegen, und zwar in dem Mitgliedstaat, in dem sich die Hauptverwaltung der SCE befindet. Jeder Mitgliedstaat kann darüber hinaus den in seinem Hoheitsgebiet eingetragenen SCE vorschreiben, dass sie ihren Sitz und ihre Hauptverwaltung am selben Ort haben müssen.

Artikel 7
Verlegung des Sitzes

(1) Der Sitz der SCE kann gemäß den Absätzen 2 bis 16 in einen anderen Mitgliedstaat verlegt werden. Diese Verlegung führt weder zur Auflösung der SCE noch zur Gründung einer neuen juristischen Person.

(2) Ein Verlegungsplan ist von dem Leitungs- oder dem Verwaltungsorgan zu erstellen und unbeschadet etwaiger vom Sitzmitgliedstaat vorgesehener zusätzlicher Publizitätsformen gemäß Artikel 12 bekannt zu machen. Dieser Plan enthält die bisherige Firma, den bisherigen Sitz und die bisherige Registriernummer der SCE sowie folgende Angaben:

a) den vorgesehenen neuen Sitz der SCE,

b) die für die SCE vorgesehene Satzung sowie gegebenenfalls die neue Firma,

c) den vorgesehenen Zeitplan für die Verlegung,

d) die etwaigen Folgen der Verlegung für die Beteiligung der Arbeitnehmer,

e) etwaige Rechte zum Schutz der Mitglieder, der Gläubiger und der Inhaber anderer Rechte.

(3) Das Leitungs- oder das Verwaltungsorgan erstellt einen Bericht, in dem die rechtlichen und wirtschaftlichen Aspekte der Verlegung sowie ihre Auswirkungen auf die Beschäftigung erläutert und begründet und die Auswirkungen der Verlegung für die Mitglieder, die Gläubiger, die Arbeitnehmer sowie die Inhaber anderer Rechte im Einzelnen dargelegt werden.

(4) Die Mitglieder und die Gläubiger der SCE, die Inhaber anderer Rechte sowie die Stellen, denen nach einzelstaatlichem Recht dieses Recht zusteht, haben vor der Generalversammlung, die über die Verlegung befinden soll, mindestens einen Monat lang das Recht, am Sitz der SCE den Verlegungsplan und den Bericht nach Absatz 3 einzusehen und die unentgeltliche Aushändigung von Abschriften dieser Unterlagen zu verlangen.

(5) Mitglieder, die in der Generalversammlung oder in einer Sektor- oder Sektionsversammlung gegen den Verlegungsbeschluss gestimmt haben, können innerhalb von zwei Monaten ab dem Beschluss der Generalversammlung ihren Austritt erklären. Die Mitgliedschaft endet mit dem Ende des Geschäftsjahres, in dem der Austritt erklärt wurde; die Verlegung wird gegenüber den betreffenden Mitgliedern nicht wirksam. „Der Austritt begründet den Anspruch auf die Rückzahlung des Geschäftsguthabens nach Maßgabe des Artikels 3 Absatz 4 und des Artikels 16.“ *(ABl L 49 vom 17. 2. 2007, S 35)*

(6) Der Verlegungsbeschluss kann erst zwei Monate nach der Bekanntmachung des Verlegungsplans gefasst werden. „Er muss unter den in Artikel 61 Absatz 4 vorgesehenen Bedingungen gefasst werden.“ *(ABl L 49 vom 17. 2. 2007, S 35)*

(7) Bevor die zuständige Behörde die Bescheinigung gemäß Absatz 8 ausstellt, hat die SCE gegenüber der Behörde den Nachweis zu erbringen, dass die Interessen ihrer Gläubiger und sonstigen Forderungsberechtigten (einschließlich der öffentlich-rechtlichen Körperschaften) in Bezug auf alle vor der Offenlegung des Verlegungsplans entstandenen Verbindlichkeiten im Einklang mit den Anforderungen des Mitgliedstaats, in dem die SCE vor der Verlegung ihren Sitz hat, angemessen geschützt sind.

Die einzelnen Mitgliedstaaten können die Anwendung von Unterabsatz 1 auf Verbindlichkeiten ausdehnen, die bis zum Zeitpunkt der Verlegung entstehen (oder entstehen können).

Die Anwendung der einzelstaatlichen Rechtsvorschriften über das Leisten oder Absichern von Zahlungen an öffentlich-rechtliche Körperschaften auf die SCE wird von den Unterabsätzen 1 und 2 nicht berührt.

(8) Im Sitzstaat der SCE stellt das zuständige Gericht, der Notar oder eine andere zuständige Behörde eine Bescheinigung aus, aus der zweifelsfrei hervorgeht, dass die der Verlegung vorangehenden Rechtshandlungen und Formalitäten durchgeführt wurden.

(9) Die neue Eintragung kann erst vorgenommen werden, wenn die Bescheinigung nach Absatz 8 vorgelegt und die Erfüllung der für die Eintragung in dem neuen Sitzstaat erforderlichen Formalitäten nachgewiesen wurde.

(10) Die Sitzverlegung der SCE sowie die sich daraus ergebenden Satzungsänderungen werden zu dem Zeitpunkt wirksam, zu dem die SCE gemäß Artikel 11 Absatz 1 im Register des neuen Sitzes eingetragen wird.

(11) Das Register des neuen Sitzes meldet dem Register des früheren Sitzes die neue Eintragung der SCE, sobald diese vorgenommen worden ist. Die Löschung der früheren Eintragung der SCE erfolgt erst nach Eingang dieser Meldung.

(12) Die neue Eintragung und die Löschung der früheren Eintragung werden gemäß Artikel 12 in den betreffenden Mitgliedstaaten bekannt gemacht.

(13) Mit der Bekanntmachung der neuen Eintragung der SCE ist der neue Sitz Dritten gegen-

über wirksam. Jedoch können sich Dritte, solange die Löschung der Eintragung im Register des früheren Sitzes nicht bekannt gemacht worden ist, weiterhin auf den alten Sitz berufen, es sei denn, die SCE beweist, dass den Dritten der neue Sitz bekannt war.

(14) Die Rechtsvorschriften eines Mitgliedstaats können vorsehen, dass eine Sitzverlegung, die einen Wechsel des maßgeblichen Rechts zur Folge hätte, im Fall der in dem betreffenden Mitgliedstaat eingetragenen SCE nicht wirksam wird, wenn eine zuständige Behörde dieses Staates innerhalb der in Absatz 6 genannten Frist von zwei Monaten dagegen Einspruch erhebt. Dieser Einspruch ist nur aus Gründen des öffentlichen Interesses zulässig.

Untersteht eine SCE nach Maßgabe von Gemeinschaftsrichtlinien der Aufsicht einer einzelstaatlichen Finanzaufsichtsbehörde, so gilt das Recht auf Erhebung von Einspruch gegen die Sitzverlegung auch für die genannte Behörde.

Gegen den Einspruch muss ein Rechtsmittel vor einem Gericht eingelegt werden können.

(15) Eine SCE kann ihren Sitz nicht verlegen, wenn gegen sie ein Verfahren wegen Auflösung – auch freiwillige Auflösung –, Liquidation, Zahlungsunfähigkeit oder vorläufiger Zahlungseinstellung oder ein ähnliches Verfahren eröffnet worden ist.

(16) Eine SCE, die ihren Sitz in einen anderen Mitgliedstaat verlegt hat, gilt in Bezug auf alle Forderungen, die vor dem Zeitpunkt der Verlegung gemäß Absatz 10 entstanden sind, als SCE mit Sitz in dem Mitgliedstaat, in dem sie vor der Verlegung eingetragen war, auch wenn sie erst nach der Verlegung verklagt wird.

Artikel 8
Maßgebendes Recht

(1) Die SCE unterliegt

a) dieser Verordnung,

b) sofern die vorliegende Verordnung dies ausdrücklich zulässt, den Bestimmungen der Satzung der SCE,

c) in Bezug auf die nicht durch diese Verordnung geregelten Bereiche oder, sofern ein Bereich nur teilweise geregelt ist, in Bezug auf die nicht von dieser Verordnung erfassten Aspekte

i) den Rechtsvorschriften, die die Mitgliedstaaten in Anwendung der speziell die SCE betreffenden Gemeinschaftsmaßnahmen erlassen,

ii) den Rechtsvorschriften der Mitgliedstaaten, die auf eine nach dem Recht des Sitzstaats der SCE gegründete Genossenschaft Anwendung finden würden,

iii) den Bestimmungen ihrer Satzung unter den gleichen Voraussetzungen wie im Fall einer nach dem Recht des Sitzstaats der SCE gegründeten Genossenschaft.

(2) Sind nach einzelstaatlichem Recht besondere Vorschriften und/oder Beschränkungen für die von der SCE ausgeübte Geschäftstätigkeit oder bestimmte Kontrollen durch eine Aufsichtsbehörde vorgesehen, so finden diese Vorschriften auf die SCE uneingeschränkt Anwendung.

Artikel 9
Grundsatz der Nichtdiskriminierung

Vorbehaltlich der Bestimmungen dieser Verordnung wird eine SCE in jedem Mitgliedstaat wie eine Genossenschaft behandelt, die nach dem Recht des Sitzstaats der SCE gegründet wurde.

Artikel 10
Vorgeschriebene Angaben in Geschäftsdokumenten der SCE

(1) Das für Aktiengesellschaften maßgebende Recht des Sitzmitgliedstaats der SCE hinsichtlich der vorgeschriebenen Angaben auf Briefen und für Dritte bestimmten Schriftstücken findet auf die SCE entsprechend Anwendung. Der Firma der Europäischen Genossenschaft ist der Zusatz „SCE“ voran- oder nachzustellen und gegebenenfalls der Zusatz „mit beschränkter Haftung“ anzufügen.

(2) Nur eine SCE darf ihrer Firma den Zusatz „SCE“ voran- oder nachstellen, um ihre Rechtsform zu bestimmen.

(3) Die in einem Mitgliedstaat vor dem Zeitpunkt des Inkrafttretens dieser Verordnung eingetragenen Gesellschaften oder sonstigen juristischen Personen, deren Firma den Bestandteil „SCE“ enthält, brauchen ihre Firma jedoch nicht zu ändern.

Artikel 11
Eintragung und Inhalt der Bekanntmachung

(1) Jede SCE wird im Sitzstaat gemäß dem für Aktiengesellschaften maßgebenden Recht in ein nach dem Recht dieses Staates bestimmtes Register eingetragen.

(2) Eine SCE kann erst eingetragen werden, wenn eine Vereinbarung über die Beteiligung der Arbeitnehmer gemäß Artikel 4 der Richtlinie 2003/72/EG geschlossen worden ist, ein Beschluss nach Artikel 3 Absatz 6 der genannten Richtlinie gefasst worden ist oder die Verhandlungsfrist nach Artikel 5 der genannten Richtlinie abgelaufen ist, ohne dass eine Vereinbarung zustande gekommen ist.

(3) Voraussetzung dafür, dass eine durch Verschmelzung gegründete SCE in einem Mitgliedstaat, der von der in Artikel 7 Absatz 3 der Richtlinie 2003/72/EG vorgesehenen Möglichkeit

Gebrauch gemacht hat, registriert werden kann, ist, dass eine Vereinbarung im Sinne von Artikel 4 der genannten Richtlinie über die Modalitäten der Beteiligung der Arbeitnehmer – einschließlich der Mitbestimmung – geschlossen wurde oder dass für keine der teilnehmenden Genossenschaften vor der Registrierung der SCE Mitbestimmungsvorschriften galten.

(4) Die Satzung der SCE darf zu keinem Zeitpunkt im Widerspruch zu der ausgehandelten Vereinbarung stehen. Steht eine neue gemäß der Richtlinie 2003/72/EG geschlossene Vereinbarung im Widerspruch zur geltenden Satzung, ist diese – soweit erforderlich – zu ändern.

In diesem Fall kann ein Mitgliedstaat vorsehen, dass das Leitungs- oder das Verwaltungsorgan der SCE befugt ist, die Satzungsänderung ohne weiteren Beschluss der Generalversammlung vorzunehmen.

(5) Das für die Bekanntmachung von Urkunden und Angaben von Aktiengesellschaften maßgebende Recht des Sitzmitgliedstaats der SCE findet auf die SCE entsprechend Anwendung.

Artikel 12
Publizität der Urkunden in den Mitgliedstaaten

(1) Die die SCE betreffenden Urkunden und Angaben, die nach dieser Verordnung der Publizitätspflicht unterliegen, werden nach Maßgabe der Rechtsvorschriften bekannt gemacht, die im Sitzstaat der SCE für Aktiengesellschaften gelten.

(2) Die einzelstaatlichen Durchführungsbestimmungen zur Richtlinie 89/666/EWG finden Anwendung auf die in einem anderen Mitgliedstaat als dem Sitzstaat errichteten Zweigniederlassungen einer SCE. Die Mitgliedstaaten können jedoch Ausnahmen von den innerstaatlichen Bestimmungen zur Durchführung jener Richtlinie vorsehen, um den Besonderheiten der Genossenschaften Rechnung zu tragen.

Artikel 13
Veröffentlichung im Amtsblatt der Europäischen Union

(1) Die Eintragung und die Löschung der Eintragung einer SCE werden zu Informationszwecken im *Amtsblatt der Europäischen Union* veröffentlicht, nachdem die Bekanntmachung gemäß Artikel 12 erfolgt ist. Diese Veröffentlichung enthält die Firma der SCE, Nummer, Datum und Ort der Eintragung der SCE, Datum, Ort und Titel der Bekanntmachung sowie den Sitz und den Geschäftszweck der SCE.

(2) Bei der Verlegung des Sitzes der SCE gemäß Artikel 7 erfolgt eine Veröffentlichung mit den Angaben gemäß Absatz 1 wie im Fall einer Neueintragung.

(3) Die Angaben gemäß Absatz 1 werden dem Amt für amtliche Veröffentlichungen der Europäischen Gemeinschaften innerhalb eines Monats nach der Bekanntmachung gemäß Artikel 12 Absatz 1 übermittelt.

Artikel 14
Erwerb der Mitgliedschaft

(1) Unbeschadet des Artikels 33 Absatz 1 Buchstabe b) bedarf der Erwerb der Mitgliedschaft in der SCE der Zustimmung des Leitungs- oder des Verwaltungsorgans. Gegen Ablehnungen kann in der Generalversammlung Einspruch eingelegt werden, die auf die Stellung des Antrags auf Mitgliedschaft folgt.

Sofern das Recht des Sitzstaats der SCE dies zulässt, kann die Satzung vorsehen, dass Personen, die für die Nutzung oder Produktion der Güter und die Nutzung oder Erbringung der Dienste der SCE nicht in Frage kommen, als investierende (nicht nutzende) Mitglieder zugelassen werden können. In diesem Fall bedarf der Erwerb der Mitgliedschaft der Zustimmung der Generalversammlung oder der Zustimmung des Organs, dem von der Generalversammlung oder durch die Satzung die entsprechende Entscheidungsbefugnis übertragen wurde.

Mitglieder, die juristische Personen sind, gelten durch die Vertretung ihrer eigenen Mitglieder als nutzende Mitglieder, sofern ihre Mitglieder, die natürliche Personen sind, nutzende Mitglieder sind.

Sofern in der Satzung nicht etwas anderes vorgesehen ist, kann die Mitgliedschaft von natürlichen Personen oder juristischen Personen erworben werden.

(2) Die Satzung kann den Beitritt von weiteren Bedingungen abhängig machen, und zwar insbesondere von:

- der Einzahlung eines Mindestbetrags auf den Geschäftsanteil,
- Bedingungen im Zusammenhang mit dem Gegenstand der SCE.

(3) Sofern die Satzung dies vorsieht, können Anträge auf zusätzliche Beteiligung am Kapital an die Mitglieder gerichtet werden.

(4) Ein alphabetisches Verzeichnis aller Mitglieder wird am Sitz der Genossenschaft geführt; in dem Verzeichnis sind deren Anschrift sowie die Anzahl und gegebenenfalls die Kategorie ihrer Geschäftsanteile aufzuführen. Auf Antrag kann jede Person in Wahrnehmung eines unmittelbaren berechtigten Interesses Einsicht in dieses Verzeichnis nehmen und von diesem oder von Teilen desselben eine Kopie erhalten, deren Preis die damit verbundenen Verwaltungskosten nicht überschreiten darf.

(5) Alle Vorgänge, die die Mitgliedschaft verändern und zu einer veränderten Kapitalverteilung oder zu einer Erhöhung oder Verringerung des Kapitals führen, sind in dem in Absatz 4 genannten Mitgliederverzeichnis einzutragen; die Eintragung hat spätestens im Monat nach der Änderung zu erfolgen.

(6) Vorgänge nach Absatz 5 werden gegenüber der SCE wie auch gegenüber Dritten mit einem unmittelbaren und berechtigten Interesse erst ab ihren Eintragungen in das in Absatz 4 vorgesehene Verzeichnis wirksam.

(7) Den Mitgliedern wird auf Antrag eine Eintragungsbescheinigung ausgehändigt.

Artikel 15
Verlust der Mitgliedschaft

(1) Die Mitgliedschaft endet

- durch Austritt,
- durch Ausschluss eines Mitglieds, das sich eines schwerwiegenden Verstoßes gegen seine Pflichten schuldig gemacht hat oder gegen die Interessen der SCE handelt,
- sofern dies nach der Satzung gestattet ist, durch Übertragung aller Geschäftsanteile auf ein Mitglied oder eine natürliche oder juristische Person, die die Mitgliedschaft erwirbt,
- durch Auflösung im Fall eines Mitglieds, das keine natürliche Person ist,
- durch Konkurs,
- durch Tod,
- und in den übrigen Fällen, die in der Satzung oder in den Rechtsvorschriften überdie Genossenschaften des Sitzmitgliedstaats der SCE vorgesehen sind.

(2) Mitglieder, die in der Generalversammlung als Minderheit gegen eine Satzungsänderung gestimmt haben, mit der

i) neue Verpflichtungen in Bezug auf Einzahlungen oder andere Leistungen eingeführt oder

ii) die bestehenden Verpflichtungen der Mitglieder erheblich ausgeweitet worden sind oder

iii) die Kündigungsfrist für den Austritt aus der SCE auf über fünf Jahre verlängert wurde,

können innerhalb von zwei Monaten ab dem Beschluss der Generalversammlung ihren Austritt erklären.

Die Mitgliedschaft endet in den Fällen des Unterabsatzes 1 Ziffern i) und ii) mit dem Ende des laufenden Geschäftsjahres und im Fall der Ziffer iii) nach Ablauf der vor der Satzungsänderung geltenden Kündigungsfrist. Die Satzungsänderung wird gegenüber den betreffenden Mitgliedern nicht wirksam. Der Austritt begründet den Anspruch auf die Rückzahlung des Geschäftsguthabens nach Maßgabe des Artikels 3 Absatz 4 und des Artikels 16.

(3) Der Ausschluss wird von dem Verwaltungs- oder Leitungsorgan nach Anhörung des Mitglieds beschlossen. Das Mitglied kann diesen Beschluss vor der Generalversammlung anfechten.

Artikel 16
Finanzielle Ansprüche der Mitglieder im Fall des Austritts oder des Ausschlusses

(1) Vom Fall der Anteilsübertragung abgesehen und vorbehaltlich von Artikel 3 begründet die Beendigung der Mitgliedschaft einen Anspruch auf Rückzahlung des Geschäftsguthabens des betreffenden Mitglieds, die gegebenenfalls im Verhältnis zu den auf das Grundkapital der SCE anzurechnenden Verlusten herabgesetzt werden.

(2) Die nach Absatz 1 vorzunehmenden Abzüge werden anhand der Bilanz für das Geschäftsjahr errechnet, in dem der Anspruch auf Rückzahlung entstanden ist.

(3) Die Satzung sieht die Modalitäten und die Voraussetzungen für den Austritt vor und legt eine Frist von höchstens drei Jahren fest, innerhalb deren die Rückzahlung zu erfolgen hat. Die SCE ist in keinem Fall gehalten, die Rückzahlung vor Ablauf von sechs Monaten nach Genehmigung der Bilanz vorzunehmen, die im Anschluss an den Verlust der Mitgliedseigenschaft aufgestellt wird.

(4) Die Absätze 1, 2 und 3 finden auch Anwendung, wenn lediglich ein Teil der Geschäftsanteile, die im Besitz eines Mitglieds sind, zurückzuzahlen sind.

KAPITEL II

GRÜNDUNG

Abschnitt 1

Allgemeines

Artikel 17
Bei der Gründung geltendes Recht

(1) Vorbehaltlich der Bestimmungen dieser Verordnung findet auf die Gründung einer SCE das für Genossenschaften geltende Recht des Mitgliedstaats Anwendung, in dem die SCE ihren Sitz nimmt.

(2) Die Eintragung einer SCE wird gemäß Artikel 12 bekannt gemacht.

Artikel 18
Erwerb der Rechtspersönlichkeit

(1) Die SCE erwirbt die Rechtspersönlichkeit an dem Tag, an dem sie im Sitzstaat in das von

diesem Staat nach Artikel 11 Absatz 1 bezeichnete Register eingetragen wird.

(2) Wurden im Namen der SCE vor ihrer Eintragung gemäß Artikel 11 Rechtshandlungen vorgenommen und übernimmt die SCE nach der Eintragung die sich aus diesen Rechtshandlungen ergebenden Verpflichtungen nicht, so haften die natürlichen Personen, die Gesellschaften oder anderen juristischen Personen, die diese Rechtshandlungen vorgenommen haben, vorbehaltlich anders lautender Vereinbarungen unbegrenzt und gesamtschuldnerisch.

Abschnitt 2

Gründung durch Verschmelzung

Artikel 19
Verfahren der Gründung durch Verschmelzung

Eine SCE kann durch Verschmelzung gegründet werden:
– entweder nach dem Verfahren der Verschmelzung durch Aufnahme
– oder nach dem Verfahren der Verschmelzung durch Gründung einer neuen juristischen Person.

Im Fall einer Verschmelzung durch Aufnahme nimmt die aufnehmende Genossenschaft bei der Verschmelzung die Form einer SCE an. Im Fall einer Verschmelzung durch Gründung einer neuen juristischen Person ist die neue juristische Person eine SCE.

Artikel 20
Für Verschmelzungen maßgebendes Recht

In den von diesem Abschnitt nicht erfassten Bereichen sowie in den nicht erfassten Teilbereichen eines von diesem Kapitel nur teilweise abgedeckten Bereichs sind bei der Gründung einer SCE durch Verschmelzung auf jede Gründungsgenossenschaft die für die Verschmelzung von Genossenschaften geltenden Rechtsvorschriften des Mitgliedstaats, dessen Recht sie unterliegt, und in Ermangelung solcher Vorschriften die Bestimmungen des betreffenden Staates über die innerstaatlichen Verschmelzungen von Aktiengesellschaften anzuwenden.

Artikel 21
Gründe für einen Einspruch gegen die Verschmelzung

Die Rechtsvorschriften eines Mitgliedstaats können vorsehen, dass die Beteiligung einer Genossenschaft, die dem Recht dieses Mitgliedstaats unterliegt, an der Gründung einer SCE durch Verschmelzung nur möglich ist, wenn keine zuständige Behörde dieses Mitgliedstaats vor der Erteilung der Bescheinigung gemäß Artikel 29 Absatz 2 dagegen Einspruch erhebt.

Dieser Einspruch ist nur aus Gründen des öffentlichen Interesses zulässig. Gegen ihn müssen Rechtsmittel eingelegt werden können.

Artikel 22
Verschmelzungsbedingungen

(1) Die Leitungs- oder die Verwaltungsorgane der sich verschmelzenden Genossenschaften stellen einen Verschmelzungsplan auf. Dieser Verschmelzungsplan enthält

a) die Firma und den Sitz der sich verschmelzenden Genossenschaften sowie die für die SCE vorgesehene Firma und ihren geplanten Sitz,

b) das Umtauschverhältnis der Geschäftsanteile und gegebenenfalls die Höhe der baren Zuzahlungen. In Ermangelung von Geschäftsanteilen enthält er eine genaue Aufteilung des Vermögens und seines Gegenwerts in Geschäftsanteilen,

c) die Einzelheiten hinsichtlich der Übertragung der Anteile der SCE,

d) den Zeitpunkt, ab dem diese Anteile das Recht auf Beteiligung an Überschüssen gewähren, sowie alle Besonderheiten in Bezug auf dieses Recht,

SCE (EU-Gen)
SCEG

e) den Zeitpunkt, ab dem die Handlungen der sich verschmelzenden Genossenschaften unter dem Gesichtspunkt der Rechnungslegung als für Rechnung der SCE vorgenommen gelten,

f) die Besonderheiten oder Vorteile von Schuldverschreibungen und von Wertpapieren, die keine Geschäftsanteile sind, und die gemäß Artikel 64 nicht die Mitgliedschaft verleihen; *(ABl L 49 vom 17. 2. 2007, S 35)*

g) die Rechte, welche die SCE den Eignern von mit Sonderrechten ausgestatteten Geschäftsanteilen und den Inhabern anderer Wertpapiere als Geschäftsanteile gewährt, oder die für diese Personen vorgeschlagenen Maßnahmen,

h) die Vorkehrungen für den Schutz der Rechte der Gläubiger der sich verschmelzenden Genossenschaften,

i) jede Vergünstigung, die den Sachverständigen, die den Verschmelzungsplan prüfen, oder den Mitgliedern der Verwaltungs-, Leitungs-, Aufsichts- oder Kontrollorgane der sich verschmelzenden Genossenschaften gewährt wird,

j) die Satzung der SCE,

k) Angaben zu dem Verfahren, nach dem die Vereinbarung über die Beteiligung der Arbeitnehmer gemäß der Richtlinie 2003/72/EG geschlossen wird.

(2) Die sich verschmelzenden Genossenschaften können dem Verschmelzungsplan weitere Punkte hinzufügen.

(3) Das für einen Verschmelzungsplan von Aktiengesellschaften maßgebende Recht findet auf die grenzüberschreitende Verschmelzung von Genossenschaften zur Gründung einer SCE entsprechend Anwendung.

Artikel 23
Erläuterung und Begründung des Verschmelzungsplans

Das Verwaltungs- oder Leitungsorgan einer jeden der zu verschmelzenden Genossenschaften erstellt einen ausführlichen schriftlichen Bericht, in dem der Verschmelzungsplan sowie insbesondere das Verhältnis für den Austausch der Anteile rechtlich und wirtschaftlich zu erläutern und zu begründen sind. In dem Bericht sind ferner etwaige besondere Bewertungsschwierigkeiten anzugeben.

Artikel 24
Bekanntmachung

(1) Das für die Bekanntmachung eines Verschmelzungsplans von Aktiengesellschaften maßgebende Recht findet vorbehaltlich weiterer Auflagen seitens des Mitgliedstaats, dessen Recht die betreffende Genossenschaft unterliegt, auf die sich verschmelzenden Genossenschaften entsprechend Anwendung.

(2) Bei der Bekanntmachung des Verschmelzungsplans im Amtsblatt des Mitgliedstaats müssen jedoch zu jeder der sich verschmelzenden Genossenschaften folgende Angaben gemacht werden:

a) Rechtsform, Firma und Sitz der an der Verschmelzung teilnehmenden Genossenschaften,

b) die Anschrift des Ortes, an dem die Satzung und alle Urkunden und Angaben in Bezug auf die sich verschmelzenden Genossenschaften hinterlegt sind oder die Anschrift des Registers, bei dem diese eingetragen sind, sowie die Nummer des Eintrags in diesem Register,

c) einen Hinweis auf die Modalitäten für die Ausübung der Rechte der Gläubiger der betreffenden Genossenschaft gemäß Artikel 28 sowie die Anschrift, unter der erschöpfende Auskünfte über diese Modalitäten kostenlos eingeholt werden können,

d) einen Hinweis auf die Modalitäten für die Ausübung der Rechte der Mitglieder der betreffenden Genossenschaft gemäß Artikel 28 sowie die Anschrift, unter der erschöpfende Auskünfte über diese Modalitäten kostenlos eingeholt werden können,

e) die für die SCE vorgesehene Firma und ihr künftiger Sitz,

f) die Bedingungen, unter denen gemäß Artikel 31 der Zeitpunkt zu bestimmen ist, zu dem die Verschmelzung wirksam wird.

Artikel 25
Informationsrechte

(1) Jeder Gesellschafter hat das Recht, mindestens einen Monat vor der Abhaltung der Generalversammlung, die über die Verschmelzung zu befinden hat, am Geschäftssitz Einsicht zu nehmen in folgende Dokumente:

a) den Verschmelzungsplan gemäß Artikel 22,

b) die Jahresabschlüsse und Geschäftsberichte der zu verschmelzenden Genossenschaften für die letzten drei Geschäftsjahre,

c) eine Zwischenbilanz, die gemäß den Bestimmungen erstellt wurde, die für innerstaatliche Verschmelzungen von Aktiengesellschaften gelten, sofern diese Bestimmungen die Erstellung einer solchen Bilanz vorsehen,

d) den Bericht der Sachverständigen über den Wert der im Tausch gegen das Vermögen der sich verschmelzenden Genossenschaften auszugebenden Geschäftsanteile oder das Verhältnis für den Austausch der Geschäftsanteile gemäß Artikel 26,

e) den Bericht des Verwaltungs- bzw. Leitungsorgans der Genossenschaft gemäß Artikel 23.

(2) Jedes Mitglied kann auf Antrag kostenlos eine vollständige oder, sofern gewünscht, eine teilweise Ausfertigung der Dokumente gemäß Absatz 1 erhalten.

Artikel 26
Bericht der unabhängigen Sachverständigen

(1) Für jede der sich verschmelzenden Genossenschaften hat ein von der betreffenden Genossenschaft gemäß Artikel 4 Absatz 6 bestellter Sachverständiger den Verschmelzungsplan zu prüfen und einen schriftlichen Bericht an die Mitglieder zu erstellen.

(2) Für alle sich verschmelzenden Genossenschaften kann ein einheitlicher Bericht erstellt werden, sofern die einzelstaatlichen Rechtsvorschriften, denen die Genossenschaften unterliegen, dies zulassen.

(3) Das für die Verschmelzung von Aktiengesellschaften maßgebende Recht findet hinsichtlich der Rechte und Pflichten der Sachverständigen auf die Verschmelzung von Genossenschaften entsprechend Anwendung.

Artikel 27
Billigung des Verschmelzungsplans

(1) Die Generalversammlung jeder der sich verschmelzenden Genossenschaften stimmt dem Verschmelzungsplan zu.

(2) Die Beteiligung der Arbeitnehmer in der SCE wird gemäß der Richtlinie 2003/72/EG festgelegt. Die Generalversammlung jeder der sich verschmelzenden Genossenschaften kann sich das Recht vorbehalten, die Eintragung der SCE davon abhängig zu machen, dass die geschlossene Vereinbarung von ihr ausdrücklich genehmigt wird.

Artikel 28
Für die Gründung durch Verschmelzung maßgebendes Recht

(1) Das Recht des Mitgliedstaats, das jeweils für die sich verschmelzenden Genossenschaften gilt, findet wie bei einer Verschmelzung von Aktiengesellschaften unter Berücksichtigung des grenzüberschreitenden Charakters der Verschmelzung Anwendung zum Schutz der Interessen

– der Gläubiger der zu verschmelzenden Genossenschaften,
– der Anleihegläubiger der zu verschmelzenden Genossenschaften.

(2) Ein Mitgliedstaat kann in Bezug auf die sich verschmelzenden Genossenschaften, die seinem Recht unterliegen, Vorschriften erlassen, um einen angemessenen Schutz der Mitglieder, die sich gegen die Verschmelzung ausgesprochen haben, zu gewährleisten.

Artikel 29
Kontrolle der Verschmelzung

(1) Die Rechtmäßigkeit der Verschmelzung wird in Bezug auf die Verfahrensabschnitte, die einzelne sich verschmelzende Genossenschaften betreffen, nach den für die Verschmelzung von Genossenschaften geltenden Rechtsvorschriften des Mitgliedstaats, dessen Recht die jeweilige sich verschmelzende Genossenschaft unterliegt – und in Ermangelung solcher Vorschriften nach den Bestimmungen des betreffenden Staates über die innerstaatlichen Verschmelzungen von Aktiengesellschaften – kontrolliert.

(2) In jedem der betreffenden Mitgliedstaaten stellt das zuständige Gericht, der Notar oder eine andere zuständige Behörde eine Bescheinigung aus, aus der hervorgeht, dass die der Verschmelzung vorangehenden Rechtshandlungen und Formalitäten durchgeführt wurden.

(3) Ist nach dem Recht eines Mitgliedstaats, dem eine sich verschmelzende Genossenschaft unterliegt, ein Verfahren zur Kontrolle und Änderung des Umtauschverhältnisses der Geschäftsanteile oder zur Abfindung von Minderheitsmitgliedern vorgesehen, das jedoch der Eintragung der Verschmelzung nicht entgegensteht, so findet ein solches Verfahren nur dann Anwendung, wenn die anderen sich verschmelzenden Genossenschaften in Mitgliedstaaten, in denen ein derartiges Verfahren nicht besteht, bei der Zustimmung zu dem Verschmelzungsplan gemäß Artikel 27 Absatz 1 ausdrücklich akzeptieren, dass die Mitglieder der betreffenden sich verschmelzenden Genossenschaft auf ein solches Verfahren zurückgreifen können. In diesem Fall kann das zuständige Gericht, der Notar oder eine andere zuständige Behörde die Bescheinigung gemäß Absatz 2 ausstellen, auch wenn ein derartiges Verfahren eingeleitet wurde. Die Bescheinigung muss allerdings einen Hinweis auf das anhängige Verfahren enthalten. Die Entscheidung in dem Verfahren ist für die übernehmende Genossenschaft und ihre Mitglieder bindend.

Artikel 30
Kontrolle der Rechtmäßigkeit der Verschmelzung

(1) Die Rechtmäßigkeit der Verschmelzung wird, was den Verfahrensabschnitt der Durchführung der Verschmelzung und der Gründung der SCE anbelangt, von dem Gericht, dem Notar oder der sonstigen zuständigen Behörde kontrolliert, die im künftigen Sitzstaat der SCE die Kontrolle dieses Aspekts der Rechtmäßigkeit der Verschmelzung von Genossenschaften oder in Ermangelung solcher Vorschriften für die Kontrolle dieses Aspekts der Rechtmäßigkeit der Verschmelzung von Aktiengesellschaften vornehmen kann.

(2) Hierzu legt jede der sich verschmelzenden Genossenschaften dieser zuständigen Behörde die in Artikel 29 Absatz 2 genannte Bescheinigung binnen sechs Monaten nach ihrer Ausstellung sowie eine Ausfertigung des Verschmelzungsplans, dem sie zugestimmt hat, vor.

(3) Die gemäß Absatz 1 zuständige Behörde kontrolliert insbesondere, ob die sich verschmelzenden Genossenschaften einem gleich lautenden Verschmelzungsplan zugestimmt haben und ob eine Vereinbarung über die Beteiligung der Arbeitnehmer gemäß der Richtlinie 2003/72/EG geschlossen wurde.

(4) Die genannte Behörde kontrolliert ferner, ob die Gründung der SCE den gesetzlichen Anforderungen des Sitzstaats genügt.

Artikel 31
Eintragung der Verschmelzung

(1) Die Verschmelzung und die gleichzeitige Gründung der SCE werden mit der Eintragung der SCE gemäß Artikel 11 Absatz 1 wirksam.

(2) Die SCE kann erst nach Erfüllung sämtlicher Formalitäten gemäß den Artikeln 29 und 30 eingetragen werden.

Artikel 32
Bekanntmachung

Für jede sich verschmelzende Genossenschaft wird die Durchführung der Verschmelzung nach den in den Rechtsvorschriften des jeweiligen Mitgliedstaats vorgesehenen Verfahren gemäß den für Aktiengesellschaften geltenden Rechtsvorschriften bekannt gemacht.

Artikel 33
Auswirkungen der Verschmelzung

(1) Die nach Artikel 19 Unterabsatz 1 erster Gedankenstrich vollzogene Verschmelzung bewirkt ipso jure gleichzeitig Folgendes:

a) Das gesamte Aktiv- und Passivvermögen jeder übertragenden Genossenschaft geht auf die übernehmende juristische Person über;

b) die Mitglieder jeder übertragenden Genossenschaft werden Mitglieder der übernehmenden juristischen Person;

c) die übertragenden Genossenschaften erlöschen;

d) die übernehmende Genossenschaft nimmt die Rechtsform einer SCE an.

(2) Die nach Artikel 19 Unterabsatz 1 zweiter Gedankenstrich vollzogene Verschmelzung bewirkt ipso jure gleichzeitig Folgendes:

a) Das gesamte Aktiv- und Passivvermögen der zu verschmelzenden Genossenschaften geht auf die SCE über;

b) die Mitglieder der zu verschmelzenden Genossenschaften werden Mitglieder der SCE;

c) die zu verschmelzenden Genossenschaften erlöschen.

(3) Schreibt ein Mitgliedstaat im Fall einer Verschmelzung von Genossenschaften besondere Formalitäten für die Rechtswirksamkeit der Übertragung bestimmter von den sich verschmelzenden Genossenschaften eingebrachter Vermögensgegenstände, Rechte und Verbindlichkeiten gegenüber Dritten vor, so gelten diese fort und sind entweder von den sich verschmelzenden Genossenschaften oder von der SCE nach deren Eintragung zu erfüllen.

(4) Die zum Zeitpunkt der Eintragung aufgrund der einzelstaatlichen Rechtsvorschriften und Gepflogenheiten sowie aufgrund individueller Arbeitsverträge oder Arbeitsverhältnisse bestehenden Rechte und Pflichten der beteiligten Genossenschaften hinsichtlich der individuellen und kollektiven Beschäftigungsbedingungen gehen mit der Eintragung der SCE auf diese über.

Unterabsatz 1 gilt nicht für das Recht der Arbeitnehmervertreter, gemäß Artikel 59 Absatz 4 an der Generalversammlung bzw. an den Sektor- oder Sektionsversammlungen teilzunehmen.

(5) Nach der Eintragung der Verschmelzung im Register setzt die SCE die Mitglieder der übertragenden Genossenschaften unverzüglich von ihrer Eintragung in das Mitgliederverzeichnis sowie von der Anzahl ihrer Geschäftsanteile in Kenntnis.

Artikel 34
Rechtmäßigkeit der Verschmelzung

(1) Eine Verschmelzung im Sinne des Artikels 2 Absatz 1 vierter Gedankenstrich kann nach der Eintragung der SCE nicht mehr für nichtig erklärt werden.

(2) Das Fehlen einer Kontrolle der Rechtmäßigkeit der Verschmelzung gemäß den Artikeln 29 und 30 ist ein Grund für die Auflösung der SCE gemäß Artikel 73. *(ABl L 49 vom 17. 2. 2007, S 35)*

Abschnitt 3

Umwandlung einer bestehenden Genossenschaft in eine SCE

Artikel 35
Verfahren der Gründung durch Umwandlung

(1) Unbeschadet des Artikels 11 hat die Umwandlung einer Genossenschaft in eine SCE weder die Auflösung der Genossenschaft noch die Gründung einer neuen juristischen Person zur Folge.

(2) Der Sitz der Genossenschaft darf anlässlich der Umwandlung nicht gemäß Artikel 7 in einen anderen Mitgliedstaat verlegt werden.

(3) Das Leitungs- oder das Verwaltungsorgan der betreffenden Genossenschaft erstellt einen Umwandlungsplan und einen Bericht, in dem die rechtlichen und wirtschaftlichen Aspekte der Umwandlung sowie die Auswirkungen auf die Beschäftigung erläutert und begründet sowie die Auswirkungen, die der Übergang zur Rechtsform einer SCE für die Mitglieder und die Arbeitnehmer hat, dargelegt werden.

(4) Der Umwandlungsplan ist mindestens einen Monat vor dem Tag der Generalversammlung, die über die Umwandlung zu beschließen hat, nach den in den Rechtsvorschriften der einzelnen Mitgliedstaaten vorgesehenen Verfahren bekannt zu machen.

(5) Vor der Generalversammlung nach Absatz 6 ist von einem oder mehreren unabhängigen Sachverständigen, die nach den einzelstaatlichen Vorschriften durch ein Gericht oder eine Verwaltungsbehörde des Mitgliedstaats, dessen Recht die sich in eine SCE umwandelnde Genossenschaft unterliegt, bestellt oder zugelassen sind, sinngemäß zu bescheinigen, dass die Bestimmungen des Artikels 22 Absatz 1 Buchstabe b) eingehalten wurden.

(6) Die Generalversammlung der betreffenden Genossenschaft stimmt dem Umwandlungsplan zu und genehmigt die Satzung der SCE.

(7) Ein Mitgliedstaat kann die Umwandlung davon abhängig machen, dass das Kontrollorgan der umzuwandelnden Genossenschaft, in dem die Mitbestimmung der Arbeitnehmer vorgesehen ist, der Umwandlung mit qualifizierter Mehrheit oder einstimmig zustimmt.

(8) Die zum Zeitpunkt der Eintragung aufgrund der einzelstaatlichen Rechtsvorschriften und Gepflogenheiten sowie aufgrund individueller Arbeitsverträge oder Arbeitsverhältnisse bestehenden Rechte und Pflichten der umzuwandelnden Genossenschaft hinsichtlich der individuellen und kollektiven Beschäftigungsbedingungen gehen mit der Eintragung der SCE auf diese über.

KAPITEL III

AUFBAU DER SCE

Artikel 36
Struktur der Organe

Die SCE verfügt nach Maßgabe dieser Verordnung über

a) eine Generalversammlung und

b) entweder ein Aufsichtsorgan und ein Leitungsorgan (dualistisches System) oder ein Verwaltungsorgan (monistisches System), entsprechend der in der Satzung gewählten Form.

Abschnitt 1

Dualistisches System

Artikel 37
Aufgaben des Leitungsorgans und Bestellung seiner Mitglieder

(1) Das Leitungsorgan führt die Geschäfte der SCE in eigener Verantwortung und vertritt sie gegenüber Dritten und vor Gericht. Ein Mitgliedstaat kann vorsehen, dass ein Geschäftsführer die laufenden Geschäfte in eigener Verantwortung unter denselben Voraussetzungen, wie sie für Genossenschaften mit Sitz in seinem Hoheitsgebiet gelten, führt.

(2) Das Mitglied/die Mitglieder des Leitungsorgans wird/werden vom Aufsichtsorgan bestellt und abberufen.

Ein Mitgliedstaat kann jedoch vorschreiben oder vorsehen, dass in der Satzung festgelegt werden kann, dass das Mitglied/ die Mitglieder des Leitungsorgans von der Generalversammlung unter den Bedingungen, die für Genossenschaften mit Sitz in ihrem Hoheitsgebiet gelten, bestellt und abberufen wird/werden.

(3) Niemand darf zugleich Mitglied des Leitungsorgans und Mitglied des Aufsichtsorgans der SCE sein. Das Aufsichtsorgan kann jedoch eines seiner Mitglieder zur Wahrnehmung der Aufgaben eines Mitglieds des Leitungsorgans abstellen, wenn der betreffende Posten nicht besetzt ist. Während dieser Zeit ruht das Amt der betreffenden Person als Mitglied des Aufsichtsorgans. Die Mitgliedstaaten können eine zeitliche Begrenzung hierfür vorsehen.

(4) Die Satzung der SCE bestimmt die Zahl der Mitglieder des Leitungsorgans oder die Regeln für ihre Festlegung. Die Mitgliedstaaten können jedoch für diese eine Mindest- und/oder Höchstzahl vorsehen.

(5) Enthält das Recht eines Mitgliedstaats in Bezug auf Genossenschaften mit Sitz in seinem Hoheitsgebiet keine Vorschriften über ein dualistisches System, kann dieser Mitgliedstaat entsprechende Vorschriften in Bezug auf SCE erlassen.

Artikel 38
Vorsitz und Einberufung des Leitungsorgans

(1) Das Leitungsorgan wählt gemäß den Satzungsbestimmungen aus seiner Mitte einen Vorsitzenden.

(2) Der Vorsitzende beruft das Leitungsorgan nach Maßgabe der Satzung von sich aus oder auf Antrag eines Mitglieds ein. Ein solcher Antrag muss die Gründe für die Einberufung enthalten. Wird dem Antrag nicht binnen 15 Tagen entsprochen, so kann das Leitungsorgan von dem/den antragstellenden Mitglied/Mitgliedern einberufen werden.

Artikel 39
Aufgaben und Bestellung des Aufsichtsorgans

(1) Das Aufsichtsorgan überwacht die Geschäftsführung des Leitungsorgans. Es ist nicht berechtigt, die Geschäfte der SCE selbst zu führen. Das Aufsichtsorgan kann die SCE Dritten gegenüber nicht vertreten. Es vertritt sie jedoch gegenüber dem Mitglied des Leitungsorgans oder seinen Mitgliedern bei Rechtsstreitigkeiten oder beim Abschluss von Verträgen.

(2) Die Mitglieder des Aufsichtsorgans werden von der Generalversammlung bestellt und abberufen. Die Mitglieder des ersten Aufsichtsorgans können jedoch durch die Satzung bestellt werden. Eine etwaige nach Maßgabe der Richtlinie 2003/72/EG geschlossene Vereinbarung über die Mitbestimmung der Arbeitnehmer bleibt hiervon unberührt.

(3) Die nicht nutzenden Mitglieder dürfen höchstens ein Viertel der Mitglieder des Aufsichtsorgans stellen.

(4) Die Satzung bestimmt die Zahl der Mitglieder des Aufsichtsorgans oder die Regeln für ihre Festlegung. Die Mitgliedstaaten können jedoch für SCE mit Sitz in ihrem Hoheitsgebiet die Zahl

der Mitglieder des Aufsichtsorgans oder dessen Zusammensetzung oder die Höchst- und/oder Mindestzahl seiner Mitglieder festlegen.

Artikel 40
Informationsrechte

(1) Das Leitungsorgan unterrichtet das Aufsichtsorgan mindestens alle drei Monate über den Gang der Geschäfte der SCE und deren voraussichtliche Entwicklung; dabei berücksichtigt es die Informationen über die von der SCE kontrollierten Unternehmen, die sich auf den Geschäftsverlauf der SCE spürbar auswirken können.

(2) Neben der regelmäßigen Unterrichtung gemäß Absatz 1 teilt das Leitungsorgan dem Aufsichtsorgan unverzüglich alle Informationen über Ereignisse mit, die sich auf die Lage der SCE spürbar auswirken können.

(3) Das Aufsichtsorgan kann vom Leitungsorgan jegliche Information verlangen, die für die Kontrolle gemäß Artikel 39 Absatz 1 erforderlich ist. Die Mitgliedstaaten können vorsehen, dass jedes Mitglied des Aufsichtsorgans von dieser Möglichkeit Gebrauch machen kann.

(4) Das Aufsichtsorgan kann alle zur Erfüllung seiner Aufgaben erforderlichen Überprüfungen vornehmen oder vornehmen lassen.

(5) Jedes Mitglied des Aufsichtsorgans kann von allen Informationen, die ihm übermittelt werden, Kenntnis nehmen.

Artikel 41
Vorsitz und Einberufung des Aufsichtsorgans

(1) Das Aufsichtsorgan wählt aus seiner Mitte einen Vorsitzenden. Wird die Hälfte der Mitglieder des Aufsichtsorgans von den Arbeitnehmern bestellt, so darf nur ein von der Generalversammlung bestelltes Mitglied zum Vorsitzenden gewählt werden.

(2) Der Vorsitzende beruft das Aufsichtsorgan nach Maßgabe der Satzung von sich aus oder auf Antrag mindestens eines Drittels seiner Mitglieder oder auf Antrag des Leitungsorgans ein. Der Antrag muss die Gründe für die Einberufung enthalten. Wird dem Antrag nicht binnen 15 Tagen entsprochen, so kann das Aufsichtsorgan von den Antragstellern einberufen werden.

Abschnitt 2

Monistisches System

Artikel 42
Aufgaben und Bestellung des Verwaltungsorgans

(1) Das Verwaltungsorgan führt die Geschäfte der SCE und vertritt sie gegenüber Dritten und vor Gericht. Ein Mitgliedstaat kann vorsehen, dass ein Geschäftsführer die laufenden Geschäfte in eigener Verantwortung unter denselben Voraussetzungen, wie sie für Genossenschaften mit Sitz in seinem Hoheitsgebiet gelten, führt.

(2) Die Satzung der SCE bestimmt die Zahl der Mitglieder des Verwaltungsorgans und dessen Zusammensetzung sowie die Regeln für deren Festlegung. Die Mitgliedstaaten können jedoch die Zusammensetzung und die Mindestzahl der Mitglieder sowie gegebenenfalls deren Höchstzahl festlegen. Die nicht nutzenden Mitglieder dürfen höchstens ein Viertel der Mitglieder des Verwaltungsorgans stellen.

Ist jedoch die Mitbestimmung der Arbeitnehmer in der SCE gemäß der Richtlinie 2003/72/EG geregelt, so muss das Verwaltungsorgan aus mindestens drei Mitgliedern bestehen.

(3) Die Mitglieder des Verwaltungsorgans und, sofern in der Satzung vorgesehen, ihre Stellvertreter werden von der Generalversammlung bestellt. Die Mitglieder des ersten Verwaltungsorgans können jedoch durch die Satzung bestellt werden. Eine etwaige nach Maßgabe der Richtlinie 2003/72/EG geschlossene Vereinbarung über die Mitbestimmung der Arbeitnehmer bleibt hiervon unberührt.

(4) Enthält das Recht eines Mitgliedstaats in Bezug auf Genossenschaften mit Sitz in seinem Hoheitsgebiet keine Vorschriften über ein monistisches System, kann dieser Mitgliedstaat entsprechende Vorschriften in Bezug auf SCE erlassen.

Artikel 43
Sitzungen; Informationsrechte

(1) Das Verwaltungsorgan tritt in den durch die Satzung bestimmten Abständen, mindestens jedoch alle drei Monate zusammen, um über den Gang der Geschäfte der SCE und deren voraussichtliche Entwicklung zu beraten; dabei berücksichtigt es gegebenenfalls die Informationen über die von der SCE kontrollierten Unternehmen, die sich auf den Geschäftsverlauf der SCE spürbar auswirken können.

(2) Jedes Mitglied des Verwaltungsorgans kann von allen Berichten, Unterlagen und Auskünften, die diesem Organ übermittelt werden, Kenntnis nehmen.

Artikel 44
Vorsitz und Einberufung des Verwaltungsorgans

(1) Das Verwaltungsorgan wählt aus seiner Mitte einen Vorsitzenden. Wird die Hälfte der Mitglieder des Verwaltungsorgans von den Arbeitnehmern bestellt, so darf nur ein von der Generalversammlung bestelltes Mitglied zum Vorsitzenden gewählt werden.

(2) Der Vorsitzende beruft das Verwaltungsorgan nach Maßgabe der Satzung von sich aus oder auf Antrag mindestens eines Drittels seiner Mitglieder ein. Der Antrag muss die Gründe für die Einberufung enthalten. Wird dem Antrag nicht binnen 15 Tagen entsprochen, so kann das Verwaltungsorgan von den Antragstellern einberufen werden.

Abschnitt 3

Gemeinsame Vorschriften für das monistische und das dualistische System

Artikel 45
Amtsdauer

(1) Die Mitglieder der Organe werden für einen in der Satzung festgelegten Zeitraum bestellt, der sechs Jahre nicht überschreiten darf.

(2) Vorbehaltlich etwaiger satzungsmäßiger Einschränkungen können die Mitglieder einmal oder mehrmals für den gemäß Absatz 1 festgelegten Zeitraum wiederbestellt werden.

Artikel 46
Voraussetzungen für die Mitgliedschaft

(1) Die Satzung der SCE kann vorsehen, dass eine Gesellschaft im Sinne des Artikels 48 des Vertrags Mitglied eines Organs sein kann, sofern das für Genossenschaften maßgebende Recht des Sitzstaats der SCE nichts anderes bestimmt.

Die betreffende Gesellschaft hat zur Wahrnehmung der Befugnisse in dem betreffenden Organ eine natürliche Person als Vertreter zu bestellen. Für diesen Vertreter gelten dieselben Bedingungen und Pflichten, wie wenn er persönlich Mitglied dieses Organs wäre.

(2) Folgende Personen können weder Mitglied des entsprechenden Organs einer SCE noch Vertreter eines Mitglieds im Sinne von Absatz 1 sein:

- Personen, die nach dem Recht des Sitzstaats der SCE dem Leitungs-, Aufsichts- oder Verwaltungsorgan einer dem Recht dieses Staates unterliegenden Genossenschaft nicht angehören dürfen oder
- Personen, die infolge einer Gerichts- oder Verwaltungsentscheidung, die in einem Mitgliedstaat ergangen ist, dem Leitungs-, Aufsichts- oder Verwaltungsorgan einer dem Recht eines Mitgliedstaats der Gemeinschaft unterliegenden Genossenschaft nicht angehören dürfen.

(3) Die Satzung der SCE kann für Mitglieder, die das Verwaltungsorgan vertreten, im Einklang mit dem für Genossenschaften maßgebenden Recht des Mitgliedstaats besondere Voraussetzungen für die Mitgliedschaft festlegen.

Artikel 47
Vertretungsbefugnis und Haftung der SCE

(1) Wird die Ausübung der Befugnis zur Vertretung der SCE gegenüber Dritten nach Artikel 37 Absatz 1 und Artikel 42 Absatz 1 mehr als einem Mitglied übertragen, so üben diese Mitglieder diese Befugnis gemeinschaftlich aus, es sei denn, dass die Satzung nach dem Recht des Sitzstaats der SCE anders lautende Bestimmungen vorsehen kann. In diesem Fall ist diese Bestimmung Dritten gegenüber wirksam, wenn sie gemäß Artikel 11 Absatz 5 und Artikel 12 bekannt gemacht wurde.

(2) Die SCE verpflichtet sich gegenüber Dritten selbst dann durch Rechtshandlungen ihrer Organe, wenn diese Rechtshandlungen nicht dem Gegenstand der SCE entsprechen, es sei denn, sie überschreiten die Befugnisse, die diesen Organen nach dem Recht des Sitzstaats der SCE zustehen oder zugestanden werden können.

Die Mitgliedstaaten können jedoch vorsehen, dass die SCE in den Fällen, in denen diese Rechtshandlungen die Grenzen des Gegenstands der SCE überschreiten, nicht verpflichtet wird, wenn sie nachweist, dass dem Dritten die Tatsache, dass die Rechtshandlung diesen Gegenstand überschritt, bekannt war oder unter den gegebenen Umständen nicht unbekannt sein konnte, wobei die bloße Bekanntmachung der Satzung als Nachweis nicht ausreicht.

(3) Satzungsmäßige oder auf einem Beschluss der zuständigen Organe beruhende Beschränkungen oder Befugnisse der Organe der SCE können Dritten nie entgegengesetzt werden, auch dann nicht, wenn sie bekannt gemacht worden sind.

(4) Ein Mitgliedstaat kann vorsehen, dass die Befugnis zur Vertretung der SCE durch die Satzung einer einzelnen Person oder mehreren gemeinsam handelnden Personen übertragen werden kann. Das einzelstaatliche Recht kann die Wirksamkeit einer solchen Satzungsbestimmung Dritten gegenüber für den Fall der allgemeinen Vertretungsbefugnis vorsehen. Die Wirksamkeit einer solchen Bestimmung Dritten gegenüber regelt Artikel 12.

Artikel 48
Ermächtigungsbedürftige Geschäfte

(1) In der Satzung der SCE werden die Arten von Geschäften aufgeführt, für die Folgendes erforderlich ist:

- im dualistischen System eine Ermächtigung des Leitungsorgans durch das Aufsichtsorgan oder die Generalversammlung,
- im monistischen System ein ausdrücklicher Beschluss des Verwaltungsorgans oder eine Ermächtigung durch die Generalversammlung.

(2) Artikel 47 wird von Absatz 1 nicht berührt.

(3) Die Mitgliedstaaten können jedoch die Arten von Geschäften sowie das zur Ermächtigung befugte Organ festlegen, die in der Satzung der in ihrem Hoheitsgebiet eingetragenen SCE mindestens aufgeführt werden müssen, und/oder vorsehen, dass im dualistischen System das Aufsichtsorgan selbst die Arten von Geschäften festlegen kann, für die eine Ermächtigung erforderlich ist.

Artikel 49
Vertraulichkeit

Die Mitglieder der Organe der SCE dürfen Informationen über die SCE, die im Fall ihrer Verbreitung den Interessen der Genossenschaft oder denen ihrer Mitglieder schaden könnten, auch nach Ausscheiden aus ihrem Amt nicht weitergeben; dies gilt nicht in Fällen, in denen eine solche Informationsweitergabe nach den Bestimmungen des für Genossenschaften geltenden einzelstaatlichen Rechts vorgeschrieben oder zulässig ist oder im öffentlichen Interesse liegt.

Artikel 50
Beschlussfassung der Organe

(1) Sofern diese Verordnung oder die Satzung nichts anderes bestimmt, gelten für die Beschlussfähigkeit und die Beschlussfassung der Organe der SCE die folgenden internen Regeln:

a) Beschlussfähigkeit: mindestens die Hälfte der stimmberechtigten Mitglieder muss anwesend oder vertreten sein;

b) Beschlussfassung: mit der Mehrheit der anwesenden oder vertretenen stimmberechtigten Mitglieder.

Abwesende Mitglieder können an der Beschlussfassung dadurch teilnehmen, dass sie einem anderen Mitglied des Organs oder den gleichzeitig mit dem Mitglied ernannten Stellvertretern eine Vertretungsvollmacht erteilen.

(2) Sofern die Satzung keine einschlägige Bestimmung enthält, gibt die Stimme des Vorsitzenden des jeweiligen Organs bei Stimmengleichheit den Ausschlag. Eine anders lautende Satzungsbestimmung ist jedoch nicht möglich, wenn sich das Aufsichtsorgan zur Hälfte aus Arbeitnehmervertretern zusammensetzt.

(3) Ist die Mitbestimmung der Arbeitnehmer gemäß der Richtlinie 2003/72/EG vorgesehen, so kann ein Mitgliedstaat vorsehen, dass sich abweichend von den Absätzen 1 und 2 Beschlussfähigkeit und Beschlussfassung des Aufsichtsorgans nach den Vorschriften richten, die unter denselben Bedingungen für die Genossenschaften gelten, die dem Recht des betreffenden Mitgliedstaats unterliegen.

Artikel 51
Haftung

Die Mitglieder des Leitungs-, Aufsichts- oder Verwaltungsorgans haften gemäß den im Sitzstaat der SCE für Genossenschaften maßgebenden Rechtsvorschriften für den Schaden,welcher der SCE durch eine Verletzung der ihnen bei der Ausübung ihres Amtes obliegenden gesetzlichen, satzungsmäßigen oder sonstigen Pflichten entsteht.

Abschnitt 4

Generalversammlung

Artikel 52
Zuständigkeit

Die Generalversammlung beschließt über die Angelegenheiten, für die ihr

a) durch diese Verordnung oder

b) durch gemäß der Richtlinie 2003/72/EG erlassene Rechtsvorschriften des Sitzstaats der SCE die alleinige Zuständigkeit übertragen wird.

Außerdem beschließt die Generalversammlung in Angelegenheiten, für die der Generalversammlung einer dem Recht des Sitzstaats der SCE unterliegenden Genossenschaft die Zuständigkeit entweder aufgrund der Rechtsvorschriften dieses Mitgliedstaats oder aufgrund der mit diesen Rechtsvorschriften in Einklang stehenden Satzung übertragen worden ist.

Artikel 53
Ablauf der Generalversammlung

Auf die Organisation und den Ablauf der Generalversammlung sowie die Abstimmungsverfahren findet unbeschadet der Bestimmungen dieses Abschnitts das im Sitzmitgliedstaat der SCE für Genossenschaften maßgebende Recht Anwendung.

Artikel 54
Einberufung der Generalversammlung

(1) Die Generalversammlung tritt mindestens einmal im Kalenderjahr binnen sechs Monaten nach Abschluss des Geschäftsjahres zusammen, sofern das im Sitzstaat der SCE für Genossenschaften, die dieselbe Art von Aktivitäten wie die SCE betreiben, maßgebende Recht nicht häufigere Versammlungen vorsieht. Die Mitgliedstaaten können jedoch vorsehen, dass die erste Hauptversammlung bis zu achtzehn Monate nach Gründung der SCE abgehalten werden kann.

(2) Die Generalversammlung kann jederzeit vom Leitungs-, Aufsichts- oder Verwaltungsorgan oder von jedem anderen Organ oder jeder zuständigen Behörde nach dem für Genossenschaften

im Sitzstaat der SCE maßgebenden einzelstaatlichen Recht einberufen werden. Auf Antrag des Aufsichtsorgans ist das Leitungsorgan verpflichtet, die Generalversammlung einzuberufen.

(3) Auf der Tagesordnung der Generalversammlung, die nach Abschluss des Geschäftsjahrs zusammentritt, sind zumindest die Genehmigung des Jahresabschlusses und der Beschluss über die Verwendung des Ergebnisses als Punkte aufzuführen.

(4) Die Generalversammlung kann auf einer Tagung die Einberufung einer neuen Tagung zu einem Zeitpunkt und mit einer Tagesordnung, die sie selbst festlegt, beschließen.

Artikel 55
Einberufung durch eine Minderheit der Mitglieder

Die Einberufung der Generalversammlung und die Aufstellung ihrer Tagesordnung können von mindestens 5 000 Mitgliedern der SCE oder von Mitgliedern, die mindestens zehn Prozent der Stimmrechte halten, verlangt werden. Die Satzung kann niedrigere Prozentsätze vorsehen.

Artikel 56
Form und Frist der Einberufung

(1) Die Einberufung der Generalversammlung der SCE erfolgt durch schriftliche Mitteilung in jeglicher Form an alle teilnahmeberechtigten Personen im Einklang mit Artikel 58 Absätze 1 und 2 und den Bestimmungen der Satzung. Der Abdruck der Einberufung im offiziellen Mitteilungsorgan der SCE gilt als Mitteilung in diesem Sinne.

(2) Die Einberufung enthält mindestens folgende Angaben:

- Firma und Sitz der SCE,
- Ort, Tag und Zeitpunkt der Versammlung,
- gegebenenfalls Art der Generalversammlung,
- die Tagesordnung mit Angabe der zu behandelnden Punkte sowie der Beschlussanträge.

(3) Zwischen dem Tag der Absendung der Einberufung gemäß Absatz 1 und dem Tag der ersten Tagung der Generalversammlung müssen mindestens 30 Tage liegen. Diese Frist kann jedoch in dringenden Fällen auf fünfzehn Tage verkürzt werden. In den Fällen, in denen Artikel 61 Absatz 4 über die Beschlussfähigkeit zur Anwendung kommt, kann die Frist zwischen der ersten und der zweiten Tagung der Generalversammlung mit derselben Tagesordnung im Einklang mit den Rechtsvorschriften des Sitzstaats der SCE verkürzt werden.

Artikel 57
Aufnahme neuer Punkte in die Tagesordnung

Die Aufnahme eines oder mehrerer neuer Punkte in die Tagesordnung der Generalversammlung kann von mindestens 5 000 Mitgliedern der SCE oder Mitgliedern, die mindestens zehn Prozent der Stimmrechte halten, verlangt werden. Die Satzung kann niedrigere Prozentsätze vorsehen.

Artikel 58
Teilnahme und Vertretung

(1) Jedes Mitglied der SCE hat das Recht, in der Generalversammlung zu den Punkten der Tagesordnung zu sprechen und darüber abzustimmen.

(2) Die Mitglieder der Organe der SCE und die Inhaber im Sinne des Artikels 64 von Wertpapieren, die keine Geschäftsanteile sind, und von Schuldverschreibungen sowie – sofern in der Satzung vorgesehen – jede andere nach dem Recht des Sitzstaats der SCE dazu berechtigte Person können an der Generalversammlung ohne Stimmrecht teilnehmen.

(3) Stimmberechtigte Mitglieder können sich in der Generalversammlung nach Maßgabe der Satzung von einem Bevollmächtigten vertreten lassen.

Die Satzung legt fest, wie viele Stimmrechtsvollmachten ein Bevollmächtigter höchstens ausüben darf.

(4) In der Satzung kann die Möglichkeit einer Abstimmung auf schriftlichem Wege oder in elektronischer Form vorgesehen werden; die Einzelheiten werden in der Satzung festgelegt.

Artikel 59
Stimmrecht

(1) Jedes Mitglied der SCE hat unabhängig von der Anzahl seiner Anteile eine Stimme.

(2) Sofern das Recht des Sitzstaates der SCE dies zulässt, kann die Satzung einem Mitglied eine bestimmte Anzahl von Stimmen zuteilen, die sich nach seiner Beteiligung an der genossenschaftlichen Tätigkeit in anderer Form als einer Kapitalbeteiligung richtet. Es dürfen höchstens fünf Stimmen je Mitglied oder 30 % der gesamten Stimmrechte – je nachdem, welche Zahl niedriger ist – auf diese Weise zugeteilt werden.

Sofern das Recht des Sitzstaates der SCE dies zulässt, kann die Satzung von in der Finanz- oder der Versicherungsbranche tätigen SCE vorsehen, dass die Zahl der jedem Mitglied zugeteilten Stimmen sich nach seiner Beteiligung an der genossenschaftlichen Tätigkeit, auch in Form einer Beteiligung am Kapital der SCE, richtet. Es dürfen höchstens fünf Stimmen je Mitglied oder 20

% der gesamten Stimmrechte – je nachdem, welche Zahl niedriger ist – auf diese Weise zugeteilt werden.

Sofern das Recht des Sitzstaates der SCE dies zulässt, kann die Satzung einer SCE, deren Mitglieder mehrheitlich Genossenschaften sind, vorsehen, dass die Zahl der jedem Mitglied zugeteilten Stimmen sich nach seiner Beteiligung an der genossenschaftlichen Tätigkeit, auch in Form einer Beteiligung am Kapital der SCE, und/oder der Mitgliederzahl jeder der beteiligten Genossenschaften richtet.

(3) Bezüglich der Stimmen, die einem nicht nutzenden (investierenden) Mitglied nach der Satzung zugeteilt werden können, unterliegt die SCE dem Recht ihres Sitzstaats. Allerdings dürfen nicht nutzenden (investierenden) Mitgliedern nicht mehr als 25 % der gesamten Stimmrechte zustehen.

(4) Sofern das Recht des Sitzstaats der SCE dies bei Inkrafttreten dieser Verordnung zulässt, kann die Satzung der SCE die stimmberechtigte Teilnahme der Arbeitnehmervertreter an der Generalversammlung bzw. an den Sektor- oder Sektionsversammlungen vorsehen, vorausgesetzt, dass diese in jeder Versammlung zusammen nicht mehr als 15 % der gesamten Stimmrechte auf sich vereinigen. Dieses Recht erlischt bei Verlegung des Sitzes der SCE in einen Mitgliedstaat, dessen Recht eine derartige Teilnahme nicht vorsieht.

Artikel 60
Informationsrecht

(1) Das Leitungsorgan oder das Verwaltungsorgan hat jedem Mitglied in der Generalversammlung auf Verlangen Auskunft über Angelegenheiten der SCE zu erteilen, die einen Punkt betreffen, zu dem die Generalversammlung gemäß Artikel 61 Absatz 1 einen Beschluss fassen kann. Im Rahmen des Möglichen wird auf der betreffenden Generalversammlung Auskunft erteilt.

(2) Das Leitungsorgan oder das Verwaltungsorgan darf die Auskunft nur verweigern, wenn sie

– geeignet ist, der SCE einen ernsten Schaden zuzufügen
– eine gesetzliche Verpflichtung zur Geheimhaltung verletzen würde.

(3) Wird einem Mitglied eine Auskunft verweigert, so kann es verlangen, dass seine Frage und der Grund, aus dem die Auskunft verweigert worden ist, in die Niederschrift der Generalversammlung aufgenommen werden.

(4) Die Mitglieder können während zehn Tagen unmittelbar vor der Generalversammlung, die über den Abschluss des Geschäftsjahres befinden soll, die Bilanz, die Gewinn- und Verlustrechnung mit Anlagen, den Lagebericht, die Ergebnisse der Rechnungsprüfung durch die damit beauftragte Person sowie – falls es sich um ein Mutterunternehmen im Sinne der Richtlinie 83/349/EWG handelt – den konsolidierten Abschluss einsehen.

Artikel 61
Beschlussfassung

(1) Die Generalversammlung kann Beschlüsse zu Punkten der Tagesordnung fassen. Die Generalversammlung kann auch über Punkte beraten, die von einer Minderheit der Mitglieder gemäß Artikel 57 auf die Tagesordnung gesetzt wurden, und Beschlüsse zu diesen fassen.

(2) Die Generalversammlung beschließt mit der Mehrheit der abgegebenen gültigen Stimmen der anwesenden bzw. vertretenen Mitglieder.

(3) Die Beschlussfähigkeits- und Mehrheitsvorschriften für ordentliche Generalversammlungen sind in der Satzung festzulegen.

Sieht die Satzung einer SCE vor, dass auch investierende (nicht nutzende) Mitglieder aufgenommen werden können oder dass die Stimmen nach der Kapitalbeteiligung an in der Finanz- oder Versicherungsbranche tätigen SCE zugeteilt werden, so muss sie auch besondere Beschlussfähigkeitsvorschriften in Bezug auf Mitglieder, die keine investierenden (nicht nutzenden) Mitglieder sind, oder Mitglieder, denen Stimmrechte nicht nach ihrer Kapitalbeteiligung an in der Finanz- oder Versicherungsbranche tätigen SCE zugeteilt sind, enthalten. Den Mitgliedstaaten steht es frei, für SCE mit Sitz in ihrem Hoheitsgebiet das Mindestmaß dieser besonderen Vorschriften vorzugeben.

(4) Eine Generalversammlung, die über eine Satzungsänderung beschließen soll, ist nur dann beschlussfähig, wenn die anwesenden bzw. vertretenen Mitglieder bei der ersten Einberufung mindestens die Hälfte der Gesamtzahl der zum Zeitpunkt der Einberufung eingetragenen Mitglieder ausmachen; bei der zweiten Einberufung mit derselben Tagesordnung ist keine Beschlussfähigkeitsvorschrift zu beachten.

In den Fällen nach Unterabsatz 1 beschließt die Generalversammlung mit der Mehrheit von zwei Dritteln der gültigen Stimmen, es sei denn, das für Genossenschaften geltende Recht des Sitzstaats der SCE schreibt eine größere Mehrheit vor.

Artikel 62
Niederschrift

(1) Über jede Tagung der Generalversammlung ist eine Niederschrift anzufertigen. Die Niederschrift muss mindestens folgende Angaben enthalten:

– Ort und Zeitpunkt der Versammlung,
– Gegenstand der Beschlüsse,

– Ergebnis der Abstimmungen.

(2) Der Niederschrift sind das Teilnehmerverzeichnis, die Unterlagen über die Einberufung der Generalversammlung sowie die den Mitgliedern unterbreiteten Berichte zu den Punkten der Tagesordnung beizufügen.

(3) Die Niederschrift sowie die beigefügten Unterlagen sind mindestens fünf Jahre lang aufzubewahren. Jedes Mitglied kann eine Kopie der Niederschrift sowie der beigefügten Unterlagen auf einfache Anfrage gegen Bezahlung der Verwaltungskosten beziehen.

(4) Die Niederschrift ist vom Vorsitzenden der Versammlung zu unterzeichnen.

Artikel 63
Sektor- und Sektionsversammlungen

(1) Betreibt die SCE unterschiedliche Tätigkeiten oder ihre Tätigkeiten in mehr als einer Gebietseinheit oder hat sie mehrere Niederlassungen oder mehr als 500 Mitglieder, so kann die Satzung Sektor- oder Sektionsversammlungen vorsehen, sofern das einschlägige einzelstaatliche Recht dies zulässt. Die Aufteilung nach Sektoren oder Sektionen und die Zahl der Vertreter für jeden Sektor bzw. jede Sektion werden in der Satzung festgelegt.

(2) Die Sektor- oder Sektionsversammlungen wählen ihre Vertreter für eine Dauer von höchstens vier Jahren, sofern keine vorzeitige Abberufung stattfindet. Die so benannten Vertreter bilden die Generalversammlung der SCE; sie vertreten in dieser ihren Sektor bzw. ihre Sektion und erstatten ihm bzw. ihr Bericht über die Ergebnisse der Generalversammlung. Kapitel III Abschnitt 4 findet auf Sektor- und Sektionsversammlungen entsprechend Anwendung.

KAPITEL IV
AUSGABE VON WERTPAPIEREN MIT BESONDEREN VORTEILEN

Artikel 64
Wertpapiere, die keine Geschäftsanteile sind, und Schuldverschreibungen mit besonderen Vorteilen

(1) Die Satzung einer SCE kann die Ausgabe von Wertpapieren, die keine Geschäftsanteile sind, und von Schuldverschreibungen vorsehen, deren Inhaber kein Stimmrecht haben. Diese können von Mitgliedern oder von außenstehenden Personen gezeichnet werden. Ihr Erwerb verleiht jedoch nicht die Mitgliedschaft. Die Satzung regelt ferner die Rückzahlung.

(2) Den Inhabern der in Absatz 1 genannten Wertpapiere und Schuldverschreibungen können nach Maßgabe der Satzung oder den bei der Gebung festgelegten Bedingungen besondere Vorteile gewährt werden.

(3) Der Gesamtnennbetrag der in Absatz 1 genannten Wertpapiere und Schuldverschreibungen darf den in der Satzung festgelegten Betrag nicht überschreiten.

(4) Unbeschadet des Rechts auf Teilnahme an der Generalversammlung gemäß Artikel 58 Absatz 2 kann die Satzung vorsehen, dass die Inhaber der in Absatz 1 genannten Wertpapiere und Schuldverschreibungen im Rahmen einer Sonderversammlung zusammentreten. Diese Sonderversammlung kann vor jedem Beschluss der Generalversammlung, der die Rechte oder Interessen dieser Inhaber berührt, eine Stellungnahme abgeben, die Letzterer von den Bevollmächtigten der Sonderversammlung zugeleitet wird.

Die in Unterabsatz 1 genannte Stellungnahme wird in der Niederschrift der Generalversammlung vermerkt.

KAPITEL V
VERWENDUNG DES BETRIEBSERGEBNISSES

Artikel 65
Gesetzliche Rücklage

(1) Unbeschadet zwingender Vorschriften des einzelstaatlichen Rechts enthält die Satzung Regeln für die Verwendung des Jahresüberschusses.

(2) Im Fall eines solchen Überschusses muss die Satzung noch vor jeder anderen Verwendung die Bildung einer gesetzlichen Rücklage durch Entnahme aus dem Überschuss vorsehen.

Solange diese Rücklage den Betrag des eingezahlten Kapitals gemäß Artikel 3 Absatz 2 nicht erreicht, müssen mindestens 15 % des Überschusses für das Geschäftsjahr abzüglich etwaiger Verlustvorträge entnommen werden.

(3) Aus der SCE ausscheidende Mitglieder können auf diese in die gesetzliche Rücklage eingestellten Gelder keinerlei Anspruch geltend machen.

Artikel 66
Rückvergütung

Die Satzung kann vorsehen, dass die Mitglieder eine Rückvergütung entsprechend dem Umfang der von der SCE mit ihnen getätigten Geschäfte oder der von ihnen geleisteten Arbeit erhalten.

Artikel 67
Verwendung des verfügbaren Ergebnisses

(1) Der Restbetrag des Überschusses nach Einstellung in die gesetzliche Rücklage und nach etwaiger Anrechnung rückvergüteter Beträge, der gegebenenfalls um Gewinnvorträge und Entnah-

men aus Rücklagen erhöht oder um Verlustvorträge vermindert wird, stellt das verfügbare Ergebnis dar.

(2) Die zur Beratung über den Abschluss des Geschäftsjahres zusammengetretene Generalversammlung kann das Ergebnis in der Reihenfolge und in dem Umfang verwenden, wie dies in der Satzung bestimmt ist, und zwar insbesondere

- für einen weiteren Gewinnvortrag,
- für die Einstellung in alle gesetzlichen oder satzungsmäßigen Rücklagen,
- für die Verzinsung des Geschäftsguthabens und gleichgestellter Mittel, wobei dieZahlung bar oder durch Zuteilung von Geschäftsanteilen erfolgen kann.

(3) Die Satzung kann die Verteilung auch ganz ausschließen.

KAPITEL VI

JAHRESABSCHLUSS UND KONSOLIDIERTER ABSCHLUSS

Artikel 68
Erstellung des Jahresabschlusses und des konsolidierten Abschlusses

(1) Hinsichtlich der Erstellung ihres Jahresabschlusses und gegebenenfalls ihres konsolidierten Abschlusses einschließlich des Lageberichts und hinsichtlich der Kontrolle und Offenlegung dieser Abschlüsse unterliegt die SCE den innerstaatlichen Rechtsvorschriften, die der Sitzstaat zur Durchführung der Richtlinien 78/660/EWG und 83/349/EWG erlassen hat. Die Mitgliedstaaten können jedoch Änderungen der innerstaatlichen Bestimmungen zur Durchführung jener Richtlinien vorsehen, um den Besonderheiten der Genossenschaften Rechnung zu tragen.

(2) Ist eine SCE nach dem Recht ihres Sitzstaats nicht zu einer dem Artikel 3 der Richtlinie 68/151/EWG entsprechenden Offenlegung verpflichtet, muss sie zumindest die Abschlussunterlagen an ihrem Sitz zur öffentlichen Einsichtnahme bereithalten. Eine Kopie dieser Unterlagen ist auf Antrag auszuhändigen. Der dafür verlangte Preis darf die Verwaltungskosten nicht übersteigen.

(3) Die SCE muss ihren Jahresabschluss und gegebenenfalls ihren konsolidierten Abschluss in der Landeswährung erstellen. Eine SCE mit Sitz außerhalb des Euro-Währungsgebiets kann ihren Jahresabschluss und gegebenenfalls ihren konsolidierten Abschluss auch in Euro erstellen. In diesem Fall ist im Anhang anzugeben, auf welcher Grundlage die im Abschluss aufgeführten Posten, die auf eine andere Währung lauten oder ursprünglich lauteten, in Euro umgerechnet worden sind.

Artikel 69
Abschluss von SCE der Kredit- oder Finanzbranche

(1) Handelt es sich bei der SCE um ein Kreditinstitut oder ein Finanzinstitut, so unterliegt es hinsichtlich der Aufstellung ihres Jahresabschlusses und gegebenenfalls ihres konsolidierten Abschlusses einschließlich des dazugehörigen Lageberichts sowie der Prüfung und der Offenlegung dieser Abschlüsse den gemäß den Richtlinien über die Aufnahme und Ausübung der Tätigkeit der Kreditinstitute erlassenen einzelstaatlichen Rechtsvorschriften des Sitzstaats.

(2) Handelt es sich bei der SCE um ein Versicherungsunternehmen, so unterliegt es hinsichtlich der Aufstellung ihres Jahresabschlusses und gegebenenfalls ihres konsolidierten Abschlusses einschließlich des dazugehörigen Lageberichts sowie der Prüfung und der Offenlegung dieser Abschlüsse den gemäß den Richtlinien erlassenen einzelstaatlichen Rechtsvorschriften des Sitzstaats.

Artikel 70
Pflichtprüfung

Die Pflichtprüfung des Jahresabschlusses und gegebenenfalls des konsolidierten Abschlusses der SCE wird durch eine oder mehrere Personen vorgenommen, die im Sitzstaat der SCE gemäß den von diesem Staat in Anwendung der Richtlinien 84/253/EWG und 89/48/EWG erlassenen Bestimmungen zugelassen sind.

Artikel 71
Prüfungs- und Kontrollsystem

Schreibt das Recht eines Mitgliedstaats allen oder einem bestimmten Typ von dem Recht dieses Staates unterliegenden Genossenschaften den Beitritt zu einer externen, gesetzlich dazu befugten Einrichtung vor, die eine besondere Prüfung und Kontrolle durchführt, so gelten die Bestimmungen automatisch für die SCE, deren Sitz sich in diesem Mitgliedstaat befindet, vorausgesetzt, die betreffende Einrichtung erfüllt die Bedingungen der Richtlinie 84/253/EWG.

KAPITEL VII

AUFLÖSUNG, LIQUIDATION, ZAHLUNGSUNFÄHIGKEIT UND ZAHLUNGSEINSTELLUNG

Artikel 72
Auflösung, Zahlungsunfähigkeit und ähnliche Verfahren

Hinsichtlich der Auflösung, Liquidation, Zahlungsunfähigkeit, Zahlungseinstellung und ähnlicher Verfahren unterliegt die SCE den Rechtsvorschriften, die für eine nach dem Recht des Sitzstaats der SCE gegründete Genossenschaft maßgebend wären; dies gilt auch für die Vorschriften hinsichtlich der Beschlussfassung durch die Generalversammlung.

Artikel 73
Auflösung durch ein Gericht oder eine zuständige Verwaltungsbehörde des Sitzstaates der SCE

(1) Auf Antrag jeder Person mit berechtigtem Interesse oder einer zuständigen Behörde muss ein Gericht oder eine zuständige Verwaltungsbehörde des Sitzstaates der SCE deren Auflösung aussprechen, wenn festgestellt wird, dass gegen die Bestimmungen des Artikels 2 Absatz 1 und/oder des Artikels 3 Absatz 2 verstoßen worden ist, sowie in den Fällen nach Artikel 34.

Das Gericht oder die Verwaltungsbehörde kann der SCE eine Frist einräumen, damit sie den Vorschriften Genüge leisten kann. Geschieht dies nicht innerhalb dieser Frist, so wird die Auflösung ausgesprochen.

(2) Erfüllt eine SCE nicht mehr die Verpflichtung nach Artikel 6, so trifft ihr Sitzstaat geeignete Maßnahmen, um sie zu verpflichten, innerhalb einer bestimmten Frist den vorschriftswidrigen Zustand zu beenden, indem sie

– entweder ihre Hauptverwaltung wieder im Sitzmitgliedstaat errichtet oder
– ihren Sitz nach dem Verfahren des Artikels 7 verlegt.

(3) Der Sitzmitgliedstaat der SCE trifft die erforderlichen Maßnahmen, um zu gewährleisten, dass eine SCE, die den vorschriftswidrigen Zustand nicht gemäß Absatz 2 beendet, liquidiert wird.

(4) Der Sitzmitgliedstaat sieht vor, dass gegen die Feststellung des Verstoßes gegen Artikel 6 ein Rechtsmittel oder sonstiger geeigneter Rechtsbehelf eingelegt werden kann. Durch diesen Rechtsbehelf werden die in den Absätzen 2 und 3 vorgesehenen Verfahren ausgesetzt.

(5) Wird auf Veranlassung der Behörden oder einer betroffenen Partei festgestellt, dass sich die Hauptverwaltung einer SCE unter Verstoß gegen Artikel 6 im Hoheitsgebiet eines Mitgliedstaats befindet, so teilen die Behörden dieses Mitgliedstaats dies unverzüglich dem Sitzstaat der SCE mit.

Artikel 74
Bekanntmachung der Auflösung

Die Eröffnung eines Verfahrens wegen Auflösung – auch der freiwilligen Auflösung –, Liquidation, Zahlungsunfähigkeit oder Zahlungseinstellung und sein Abschluss sowie die Entscheidung über die Weiterführung der Geschäftstätigkeit werden unbeschadet einzelstaatlicher Bestimmungen, die zusätzliche Publizitätsanforderungen enthalten, gemäß Artikel 12 bekannt gemacht.

Artikel 75
Übertragung des Reinvermögens

Das Reinvermögen wird nach dem Grundsatz einer nicht gewinnorientierten Übertragung oder – sofern nach dem Recht des Sitzstaates der SCE zulässig – nach einer anderen, in der Satzung vorgesehenen Regelung übertragen. Für die Zwecke dieses Artikels umfasst das Reinvermögen das nach Befriedigung aller Gläubiger und Rückzahlung der Kapitalbeteiligungen der Mitglieder verbleibende Vermögen.

Artikel 76
Umwandlung in eine Genossenschaft

(1) Eine SCE kann in eine dem Recht ihres Sitzmitgliedstaats unterliegende Genossenschaft umgewandelt werden. Ein Umwandlungsbeschluss darf erst zwei Jahre nach Eintragung der SCE und nach Genehmigung der ersten beiden Jahresabschlüsse gefasst werden.

(2) Die Umwandlung einer SCE in eine Genossenschaft führt weder zur Auflösung noch zur Gründung einer neuen juristischen Person.

(3) Das Leitungs- oder das Verwaltungsorgan der SCE erstellt einen Umwandlungsplan sowie einen Bericht, in dem die rechtlichen und wirtschaftlichen Aspekte der Umwandlung sowie ihre Auswirkungen auf die Beschäftigung erläutert und begründet und die Auswirkungen der Wahl der Rechtsform der Genossenschaft für die Mitglieder und die Inhaber von Geschäftsanteilen nach Artikel 14 sowie für die Arbeitnehmer aufgezeigt werden.

(4) Der Umwandlungsplan ist in der von dem Recht der einzelnen Mitgliedstaaten vorgeschriebenen Form mindestens einen Monat vor der Tagung der Generalversammlung, die über die Umwandlung beschließen soll, bekannt zu machen.

(5) Vor der Tagung der Generalversammlung nach Absatz 6 ist von einem oder mehreren unabhängigen Sachverständigen, die nach den einzelstaatlichen Bestimmungen durch ein Gericht oder eine Verwaltungsbehörde des Mitgliedstaats, dessen Recht die sich in eine Genossenschaft umwandelnde SCE unterliegt, bestellt oder zugelassen sind, zu bescheinigen, dass letztere über Vermögenswerte mindestens in Höhe des Grundkapitals verfügt.

(6) Die Generalversammlung der SCE genehmigt den Umwandlungsplan sowie die Satzung der Genossenschaft. Die Beschlussfassung der

Generalversammlung erfolgt nach Maßgabe der einzelstaatlichen Bestimmungen.

KAPITEL VIII
ERGÄNZUNGS- UND ÜBERGANGSBESTIMMUNGEN

Artikel 77
Wirtschafts- und Währungsunion

(1) Jeder Mitgliedstaat kann, sofern und solange für ihn die dritte Stufe der Wirtschafts- und Währungsunion (WWU) nicht gilt, auf SCE mit Sitz in seinem Hoheitsgebiet in der Frage, auf welche Währung ihr Kapital zu lauten hat, dieselben Bestimmungen anwenden wie auf die Genossenschaften, für die seine Rechtsvorschriften gelten. Die SCE kann ihr Kapital auf jeden Fall auch in Euro ausdrücken. In diesem Fall wird für die Umrechnung zwischen Landeswährung und Euro der Satz zugrunde gelegt, der am letzten Tag des Monats vor der Gründung der SCE galt.

(2) Sofern und solange für den Sitzstaat der SCE die dritte Stufe der WWU nicht gilt, kann die SCE jedoch die Jahresabschlüsse und gegebenenfalls die konsolidierten Abschlüsse in Euro erstellen und offen legen. Der Mitgliedstaat kann verlangen, dass die Jahresabschlüsse und gegebenenfalls die konsolidierten Abschlüsse nach denselben Bedingungen, wie sie für die dem Recht dieses Mitgliedstaats unterliegenden Genossenschaften vorgesehen sind, in der Landeswährung erstellt und offen gelegt werden. Dies gilt unbeschadet der der SCE zusätzlich eingeräumten Möglichkeit, ihre Jahresabschlüsse und gegebenenfalls ihre konsolidierten Abschlüsse entsprechend der Richtlinie 90/604/EWG des Rates vom 8. November 1990 zur Änderung der Richtlinie 78/660/EWG über den Jahresabschluss und der Richtlinie 83/349/EWG über den konsolidierten Abschluss hinsichtlich der Ausnahme für kleine und mittlere Gesellschaften sowie der Offenlegung von Abschlüssen in Ecu[1)] in Euro offen zu legen.

Zu Artikel 77:
1) ABl. L 317 vom 16.11.1990, S. 57.

KAPITEL IX
SCHLUSSBESTIMMUNGEN

Artikel 78
Nationale Umsetzungsmaßnahmen

(1) Die Mitgliedstaaten treffen alle geeigneten Vorkehrungen, um das Wirksamwerden dieser Verordnung zu gewährleisten.

(2) Jeder Mitgliedstaat benennt die zuständigen Behörden im Sinne der Artikel 7, 21, 29, 30, 54 und 73. Er setzt die Kommission und die anderen Mitgliedstaaten davon in Kenntnis.

Artikel 79
Überprüfung der Verordnung

Spätestens fünf Jahre nach Inkrafttreten dieser Verordnung legt die Kommission dem Europäischen Parlament und dem Rat einen Bericht über die Anwendung dieser Verordnung sowie gegebenenfalls Vorschläge für Änderungen vor. In dem Bericht wird insbesondere geprüft, ob es zweckmäßig ist,

a) zuzulassen, dass sich die Hauptverwaltung und der Sitz der SCE in verschiedenen Mitgliedstaaten befinden,

b) vorzusehen, dass ein Mitgliedstaat in den Rechtsvorschriften, die er in Ausübung der durch diese Verordnung übertragenen Befugnisse oder zur Sicherstellung der tatsächlichen Anwendung dieser Verordnung auf eine SCE erlässt, Bestimmungen in der Satzung der SCE zulassen kann, die von diesen Rechtsvorschriften abweichen oder diese ergänzen, auch wenn derartige Bestimmungen in der Satzung einer Genossenschaft mit Sitz in dem betreffenden Mitgliedstaat nicht zulässig wären,

c) Bestimmungen zuzulassen, die einer SCE die Möglichkeit geben, sich in zwei oder mehr nationale Genossenschaften aufzuspalten,

d) besondere Rechtsbehelfe für den Fall des Betrugs oder Irrtums bei der Eintragung einer durch Verschmelzung gegründeten SCE zuzulassen.

Artikel 80
Inkrafttreten

Diese Verordnung tritt am dritten Tag nach ihrer Veröffentlichung im *Amtsblatt der Europäischen Union* in Kraft.

Sie gilt ab dem 18. August 2006.

Diese Verordnung ist in allen ihren Teilen verbindlich und gilt unmittelbar in jedem Mitgliedstaat.

Geschehen zu Brüssel am 22. Juli 2003.

12/1. Societas Cooperativa Europaea-Gesetz - SCE

BGBl 2006/104 (GenRÄG 2006) idF

1 BGBl I 2016/43 (APRÄG 2016) **2** BGBl I 2018/69

GLIEDERUNG

Gesetz über das Statut der Europäischen Genossenschaft (Societas Cooperativa Europaea-SCE)-(SCE-Gesetz-SCEG)

1. Hauptstück

Allgemeine Vorschriften

Zweck des Gesetzes, Verweisungen

§ 1. (1) Dieses Bundesgesetz dient dem Wirksamwerden der Verordnung (EG) Nr. 1435/2003 des Rates vom 22. Juli 2003 über das Statut der Europäischen Genossenschaft (SCE), Amtsblatt Nr. L 207 vom 18. August 2003, S1 bis 24.

(2) Soweit in diesem Bundesgesetz auf die „Verordnung" verwiesen wird, ist darunter die Verordnung (EG) Nr. 1435/2003 des Rates vom 22. Juli 2003 über das Statut der Europäischen Genossenschaft (SCE) zu verstehen.

(3) Soweit in diesem Bundesgesetz auf einen „Mitgliedstaat" verwiesen wird, sind darunter die Mitgliedstaaten der Europäischen Union und die Vertragsstaaten des Abkommens über den Europäischen Wirtschaftsraum zu verstehen.

Veranlassung der Bekanntmachung der Europäischen Genossenschaft (SCE) im Amtsblatt der EG

§ 2. Das Gericht hat die nach Art. 13 der Verordnung zu veröffentlichenden Angaben binnen eines Monats nach der Bekanntmachung in der Ediktsdatei (§ 10 Abs. 1 des „Unternehmensgesetzbuchs", dRGBl. S. 219/1897) dem Amt für amtliche Veröffentlichungen der Europäischen Gemeinschaften mitzuteilen. *(BGBl I 2018/69)*

Erwerb der Mitgliedschaft

§ 3. Die Satzung kann vorsehen, dass Personen, die für die Nutzung oder Produktion der Güter und die Nutzung oder Erbringung der Dienste der Europäischen Genossenschaft (SCE) nicht in Frage kommen, als investierende (nicht nutzende) Mitglieder zugelassen werden können.

Gericht

§ 4. Über die Eintragung der Europäischen Genossenschaft (SCE) und die in den Art. 7, 29, 30, 54 Abs. 2 und 73 der Verordnung bezeichneten Aufgaben sowie die sonst in diesem Bundesgesetz dem Gericht zugewiesenen Angelegenheiten verhandelt und entscheidet der für den Sitz der Genossenschaft zuständige, zur Ausübung der Gerichtsbarkeit in Handelssachen berufene Gerichtshof erster Instanz im Verfahren außer Streitsachen.

Sitz der Euopäischen Genossenschaft (SCE)

§ 5. (1) Die Satzung der Europäischen Genossenschaft (SCE) hat als Sitz den Ort im Inland zu bestimmen, wo die Genossenschaft einen Betrieb hat oder wo sich die Geschäftsleitung befindet oder die Verwaltung geführt wird. Von dieser Vorschrift darf aus wichtigem Grund abgewichen werden.

(2) [1]Verlegt eine Europäische Genossenschaft (SCE) mit Sitz in Österreich ihre Hauptverwaltung in einen anderen Staat, so ist sie vom Gericht aufzufordern, innerhalb einer zu bestimmenden angemessenen Frist entweder ihre Hauptverwaltung wieder in Österreich zu errichten oder ihren Sitz nach dem Verfahren des Art. 7 der Verordnung zu verlegen. [2]Kommt die Europäische Genossenschaft (SCE) innerhalb dieser Frist der Aufforderung nicht nach, so hat das Gericht die Europäische Genossenschaft (SCE) aufzulösen. [3]In der Aufforderung ist auf diese Rechtsfolge hinzuweisen. Rekurse gegen die Aufforderung oder die Auflösung haben aufschiebende Wirkung.

2. Hauptstück

Verlegung des Sitzes einer Europäischen Genossenschaft (SCE) nach Maßgabe des Art. 7 der Verordnung

Prüfung der Sitzverlegung durch den Aufsichtsrat und den Revisor

§ 6. (1) Der Aufsichtsrat der Europäischen Genossenschaft (SCE) hat die beabsichtigte Verlegung ihres Sitzes in einen anderen Mitgliedstaat auf der Grundlage des Berichts des Vorstands (Art. 7 Abs. 3 der Verordnung) zu prüfen und darüber einen schriftlichen Bericht zu erstatten.

(2) Die beabsichtigte Sitzverlegung ist durch einen gemäß §§ 2 und 3 des Genossenschaftsrevisionsgesetzes 1997, BGBl. I Nr. 127/1999, zu bestellenden Revisor daraufhin zu prüfen, ob sie mit den Belangen der Mitglieder und den Belangen der Gläubiger der Europäischen Genossenschaft (SCE) vereinbar ist. Der Revisor hat über das Ergebnis seiner Prüfung schriftlich zu berichten. Der Bericht ist in der Generalversammlung zu verlesen. Der Revisor ist berechtigt, an der Generalversammlung beratend teilzunehmen.

Offenlegung des Verlegungsplans

§ 7. (1) Der Vorstand hat mindestens zwei Monate vor dem Tag der Generalversammlung, die über die Verlegung des Sitzes der Europäischen Genossenschaft (SCE) in einen anderen Mitgliedstaat beschließen soll, den Verlegungsplan bei dem Gericht einzureichen und einen Hinweis auf diese Einreichung in den Bekanntmachungsblättern der Gesellschaft (Art. 12 der Verordnung iVm § 18 des Aktiengesetzes 1965, BGBl. Nr. 98/1965) zu veröffentlichen. In dieser Veröffentlichung sind die Mitglieder auf ihre Rechte gemäß Abs. 2 und 3 und die Gläubiger auf ihre Rechte gemäß Abs. 2 und 3 sowie gemäß § 8 hinzuweisen.

(2) Am Sitz der Genossenschaft sind mindestens während eines Monats vor dem Tag der Generalversammlung, die über die Verlegung beschließen soll, der Verlegungsplan, der Bericht des Vorstands, die Prüfungsberichte des Aufsichtsrats und des Revisors sowie der Jahresabschluss und der Lagebericht, die zuletzt erstellt wurden oder nach den gesetzlichen Vorschriften zuletzt zu erstellen waren, zur Einsicht der Mitglieder und der Gläubiger aufzulegen.

(3) Auf Verlangen ist jedem Mitglied und jedem Gläubiger unverzüglich und kostenlos eine Abschrift der in Abs. 2 bezeichneten Unterlagen zu erteilen.

(4) In der Generalversammlung sind die in Abs. 2 bezeichneten Unterlagen aufzulegen. Der Vorstand hat den Verlegungsplan zu Beginn der Verhandlung mündlich zu erläutern. Der Vorstand hat die Mitglieder vor der Beschlussfassung über jede wesentliche Veränderung der Vermögens- oder Ertragslage der Genossenschaft, die zwischen der Aufstellung des Verlegungsplans und dem Zeitpunkt der Beschlussfassung eingetreten ist, zu unterrichten.

Gläubigerschutz

§ 8. (1) Verlegt eine Europäische Genossenschaft (SCE) ihren Sitz in einen anderen Mitgliedstaat, ist den Gläubigern der Genossenschaft, wenn sie sich spätestens binnen eines Monats nach dem Verlegungsbeschluss schriftlich zu diesem Zweck melden, für bis dahin entstandene Forderungen Sicherheit zu leisten, soweit sie nicht Befriedigung verlangen können. Dieses Recht steht den Gläubigern jedoch nur zu, wenn sie glaubhaft machen, dass durch die Sitzverlegung die Erfüllung ihrer Forderungen gefährdet wird.

(2) Die Bescheinigung nach Art. 7 Abs. 8 der Verordnung darf erst ausgestellt werden, wenn allen Gläubigern, die nach Abs. 1 einen Anspruch auf Sicherheitsleistung haben, eine angemessene Sicherheit geleistet wurde.

Anmeldung der Verlegung des Sitzes in einen anderen Mitgliedstaat, Bescheinigung gemäß Art. 7 Abs. 8 der Verordnung

§ 9. (1) Sämtliche Mitglieder des Vorstands haben die beabsichtigte Verlegung des Sitzes der Europäischen Genossenschaft (SCE) in einen anderen Mitgliedstaat zur Eintragung in das Firmenbuch anzumelden. Der Anmeldung sind in Urschrift, Ausfertigung oder beglaubigter Abschrift beizufügen:

1. der Verlegungsplan (Art. 7 Abs. 2 der Verordnung);

2. die Niederschrift des Verlegungsbeschlusses;

3. der Bericht des Vorstands (Art. 7 Abs. 3 der Verordnung);

4. der Prüfungsbericht des Revisors (§ 6 Abs. 2);

5. der Nachweis der Veröffentlichung des Hinweises auf die Einreichung des Verlegungsplans (§ 7 Abs. 1);

6. der Jahresabschluss und der Lagebericht, die nach den gesetzlichen Bestimmungen zuletzt zu erstellen waren;

7. der Nachweis der Sicherstellung der Gläubiger (§ 8) und die Erklärung, dass sich andere als die befriedigten oder sichergestellten Gläubiger innerhalb der Frist gemäß § 8 nicht gemeldet haben.

(2) Sämtliche Mitglieder des Vorstands haben dem Gericht gegenüber zu erklären, dass eine Klage auf Anfechtung oder Feststellung der Nichtigkeit des Verlegungsbeschlusses innerhalb eines Monats nach der Beschlussfassung nicht erhoben oder zurückgezogen worden ist oder dass alle Mitglieder durch notariell beurkundete Erklärung auf eine solche Klage verzichtet haben. Nach Ablauf dieser Frist kann eine solche Klage nicht mehr erhoben werden. Kann die Erklärung nicht vorgelegt werden, so hat das Gericht gemäß § 19 FBG vorzugehen.

(3) Das Gericht hat zu prüfen, ob die der Sitzverlegung vorangehenden Rechtshandlungen und Formalitäten ordnungsgemäß durchgeführt wurden und die Forderungen der Gläubiger (§ 8) sichergestellt sind. Ist dies der Fall, so hat es die Eintragung durchzuführen und die Bescheinigung gemäß Art. 7 Abs. 8 der Verordnung auszustellen.

(4) Bei der Eintragung der beabsichtigten Sitzverlegung sind der geplante neue Sitz, das Register, in das die Europäische Genossenschaft (SCE) eingetragen werden soll, und die Tatsache anzugeben, dass die Bescheinigung gemäß Art. 7 Abs. 8 der Verordnung ausgestellt wurde.

(5) Sobald die Verlegung des Sitzes in das neue Register eingetragen ist, hat der Vorstand unter Anschluss der Mitteilung des Registers des neuen Sitzes die Eintragung der Durchführung der Sitzverlegung und der Löschung der Europäischen Genossenschaft (SCE) zum Firmenbuch anzumelden. Ist diese Mitteilung nicht in deutscher Sprache verfasst, so ist eine beglaubigte Übersetzung in die deutsche Sprache beizufügen. Die Durchführung der Sitzverlegung und Löschung der Europäischen Genossenschaft (SCE) im Firmenbuch kann erst nach Eingang der Meldung des Registers des neuen Sitzes über die neue Eintragung der SCE (Art. 7 Abs. 11 der Verordnung) eingetragen werden.

Anmeldung der Verlegung des Sitzes aus einem anderen Mitgliedstaat nach Österreich

§ 10. (1) Sämtliche Mitglieder des Vorstands haben die Verlegung des Sitzes der Europäischen Genossenschaft (SCE) nach Österreich zur Eintragung in das Firmenbuch anzumelden.

(2) Die Mitglieder des Vorstands haben ihre Namensunterschrift zur Aufbewahrung beim Gericht zu zeichnen.

(3) Bei der Anmeldung ist das Bestehen der Europäischen Genossenschaft (SCE) als solche nachzuweisen. In die Anmeldung sind die in das Firmenbuch gemäß „§§ 3, 5a und 6 FBG" einzutragenden Tatsachen aufzunehmen. *(BGBl I 2018/69)*

(4) Der Anmeldung sind in Urschrift, Ausfertigung oder beglaubigter Abschrift und, sofern die Dokumente nicht in deutscher Sprache erstellt sind, unter Anschluss von beglaubigten Übersetzungen in die deutsche Sprache beizufügen:

1. die Satzung in der geltenden und in der zur Eintragung vorgesehenen Fassung; die zur Eintragung vorgesehene Fassung der Satzung muss mit der Beurkundung eines Notars versehen sein, dass die geänderten Bestimmungen der Satzung mit dem Beschluss über die Satzungsänderung und die unveränderten Bestimmungen mit dem Wortlaut der Satzung in der geltenden Fassung übereinstimmen;

2. der Verlegungsplan (Art. 7 Abs. 2 der Verordnung);

3. die Niederschrift des Verlegungsbeschlusses;

4. die Urkunden über die Bestellung des Vorstands und des Aufsichtsrats;

5. der Bericht des Vorstands (Art. 7 Abs. 3 der Verordnung);

6. der Jahresabschluss und der Lagebericht, die zuletzt erstellt wurden oder nach den gesetzlichen Bestimmungen zuletzt zu erstellen waren;

7. die Bescheinigung der zuständigen Behörde des bisherigen Sitzstaates nach Art. 7 Abs. 8 der Verordnung;

8. ein Auszug aus dem Register des früheren Sitzes, der nicht älter als die Bescheinigung sein darf;

9. den Nachweis der Zusicherung der Aufnahme in einen Revisionsverband (§ 24 Abs. 2 GenRevG 1997).

(5) Weiters haben sämtliche Mitglieder des Vorstands dem Gericht gegenüber zu erklären, dass gegen die Europäische Genossenschaft (SCE) weder ein Verfahren wegen Auflösung, Liquidation, Zahlungsunfähigkeit oder vorläufiger Zahlungseinstellung, noch ein ähnliches Verfahren anhängig ist.

3. Hauptstück

Gründung einer Europäischen Genossenschaft (SCE)

1. Abschnitt

Gründung einer Europäischen Genossenschaft (SCE) durch Verschmelzung

Prüfung der Verschmelzung

§ 11. (1) Der Verschmelzungsprüfer (Art. 26 Abs. 1 der Verordnung) wird für jede der beteiligten Genossenschaften vom Aufsichtsrat oder, wenn kein Aufsichtsrat besteht, von der Generalversammlung bestellt.

(2) Die Prüfung durch einen gemeinsamen Prüfer für alle beteiligten Genossenschaften (Art. 26 Abs. 2 der Verordnung) ist zulässig, wenn dieser Prüfer auf gemeinsamen Antrag der Leitungs- oder Verwaltungsorgane durch das Gericht, in dessen Sprengel eine der beteiligten Genossenschaften ihren Sitz hat, bestellt wird. In diesem Fall gilt § 270 Abs. 5 „UGB" sinngemäß. *(BGBl I 2018/69)*

(3) Die beabsichtigte Verschmelzung ist für jede beteiligte Genossenschaft mit Sitz im Inland durch einen gemäß §§ 2 und 3 des Genossenschaftsrevisionsgesetzes 1997, BGBl. I Nr. 127/1999, zu bestellenden Revisor daraufhin zu prüfen, ob sie mit den Belangen der Mitglieder und den Belangen der Gläubiger der Genossenschaft vereinbar ist. Der Revisor hat über das Ergebnis seiner Prüfung schriftlich zu berichten. Der Bericht ist in der Generalversammlung zu verlesen. Der Revisor ist berechtigt, an der Generalversammlung beratend teilzunehmen.

Offenlegung des Verschmelzungsplans

§ 12. (1) § 221a Abs. 1 AktG gilt mit der Maßgabe, dass in die Veröffentlichung des Hinweises auf die Einreichung des Verschmelzungsplans die Angaben nach Art. 24 Abs. 2 der Verordnung aufzunehmen und die Mitglieder auf ihre Rechte nach Art. 25 der Verordnung hinzuweisen sind.

(2) In der Generalversammlung sind die in Art. 25 der Verordnung bezeichneten Unterlagen und der Prüfungsbericht des Revisors aufzulegen. Der Vorstand hat den Verschmelzungsplan zu Beginn der Verhandlung mündlich zu erläutern.

Kündigungsrecht überstimmter Mitglieder

§ 13. Für Mitglieder, die sich gegen die Verschmelzung ausgesprochen haben, gelten die §§ 9 bis 11 des Genossenschaftsverschmelzungsgesetzes, BGBl. Nr. 223/1980.

Gläubigerschutz und Schutz sonstiger schuldrechtlich Beteiligter

§ 14. Überträgt eine Genossenschaft ihr Vermögen auf eine Europäische Genossenschaft (SCE) mit Sitz in einem anderen Mitgliedstaat, gilt § 8 sinngemäß. Die Bescheinigung nach Art. 29 Abs. 2 der Verordnung darf überdies erst ausgestellt werden, wenn sichergestellt ist, dass den Inhabern von Schuldverschreibungen und Genussrechten gleichwertige Rechte gewährt werden.

Anmeldung der beabsichtigten Verschmelzung durch Übertragung des Vermögens einer Genossenschaft mit Sitz in Österreich auf eine Europäische Genossenschaft (SCE) mit Sitz in einem anderen Mitgliedstaat, Bescheinigung gemäß Art. 29 Abs. 2 der Verordnung

§ 15. (1) Sämtliche Mitglieder des Vorstands einer Genossenschaft, die ihr Vermögen auf eine Europäische Genossenschaft (SCE) mit Sitz in einem anderen Mitgliedstaat überträgt, haben die beabsichtigte Verschmelzung zur Eintragung in das Firmenbuch anzumelden. Der Anmeldung sind in Urschrift, Ausfertigung oder beglaubigter Abschrift beizufügen:

1. der Verschmelzungsvertrag oder dessen Entwurf (Art. 22 der Verordnung);

2. die Niederschrift des Verschmelzungsbeschlusses der übertragenden Genossenschaft;

3. wenn die Verschmelzung einer behördlichen Genehmigung bedarf, die Genehmigungsurkunde;

4. der Verschmelzungsbericht (Art. 23 der Verordnung) für die übertragende Genossenschaft;

5. der Sachverständigenbericht (Art. 26 der Verordnung) für die übertragende Genossenschaft;

6. der Prüfungsbericht des Revisors (§ 11 Abs. 3);

7. die Schlussbilanz der übertragenden Genossenschaft (Artikel 25 Abs. 1 lit c der Verordnung in Verbindung mit § 220 Abs. 3 AktG);

8. der Nachweis der Veröffentlichung des Hinweises auf die Einreichung des Verschmelzungsvertrags oder dessen Entwurfs (Art. 24 der Verordnung in Verbindung mit § 13 und § 221a Abs. 1 AktG) für die übertragende Genossenschaft;

9. der Nachweis der Sicherstellung der Gläubiger (§ 15) und die Erklärung, dass sich andere als die befriedigten oder sichergestellten Gläubiger innerhalb der gemäß § 14 sinngemäß anzuwendenden Frist des § 8 nicht gemeldet haben.

(2) Sämtliche Mitglieder des Vorstands haben dem Gericht gegenüber zu erklären, dass eine Klage auf Anfechtung oder Feststellung der Nichtigkeit des Verschmelzungsbeschlusses innerhalb eines Monats nach der Beschlussfassung nicht erhoben oder zurückgezogen worden ist oder dass alle Mitglieder durch notariell beurkundete Erklärung auf eine solche Klage verzichtet haben. Nach Ablauf dieser Frist kann eine solche Klage nicht mehr erhoben werden. Kann die Erklärung nicht vorgelegt werden, so hat das Gericht gemäß § 19 FBG vorzugehen.

(3) Das Gericht hat zu prüfen, ob die der Verschmelzung vorangehenden Rechtshandlungen und Formalitäten ordnungsgemäß durchgeführt wurden und die Forderungen der Gläubiger und sonstigen schuldrechtlich Beteiligten (§ 14) sichergestellt sind. Ist dies der Fall, so hat es die Eintragung durchzuführen und die Bescheinigung gemäß Art. 29 Abs. 2 der Verordnung auszustellen.

(4) Bei der Eintragung der beabsichtigten Verschmelzung sind der geplante Sitz der Europäischen Genossenschaft (SCE), das Register, bei dem die Europäische Genossenschaft (SCE) geführt werden soll, und die Tatsache anzugeben, dass die Bescheinigung gemäß Art. 29 Abs. 2 der Verordnung ausgestellt wurde.

(5) Sobald die Verschmelzung in das neue Register eingetragen ist, hat der Vorstand der Europäischen Genossenschaft (SCE) unter Anschluss der Mitteilung des Registers des Sitzes der Europäischen Genossenschaft (SCE) hierüber die Eintragung der Durchführung der Verschmelzung und der Löschung der Genossenschaft zum Firmenbuch anzumelden. Ist diese Mitteilung nicht in deutscher Sprache verfasst, so ist überdies eine beglaubigte Übersetzung in die deutsche Sprache beizufügen.

Anmeldung der Gründung einer Europäischen Genossenschaft (SCE) mit Sitz in Österreich durch Verschmelzung

§ 16. (1) Der Vorstand jeder Genossenschaft hat die Gründung einer Europäischen Genossenschaft (SCE) durch Verschmelzung zur Eintragung in das Firmenbuch anzumelden.

(2) Der Anmeldung sind in Urschrift, Ausfertigung oder beglaubigter Abschrift und, sofern die Dokumente nicht in deutscher Sprache erstellt sind, unter Anschluss von beglaubigten Übersetzungen in die deutsche Sprache beizufügen:

1. die Bescheinigung über die Durchführung der der Verschmelzung vorangehenden Rechtshandlungen und Formalitäten (Art. 29 Abs. 2 der Verordnung), die nicht älter als sechs Monate sein darf;

2. a) die Vereinbarung über die Beteiligung der Arbeitnehmer gemäß Art. 4 der Richtlinie 2003/72/EG zur Ergänzung des Statuts der Europäischen Genossenschaft hinsichtlich der Beteiligung der Arbeitnehmer, Amtsblatt Nr. L 207 vom 18. August 2003 S 25 bis 36, oder

b) der Beschluss gemäß Art. 3 Abs. 6 der Richtlinie 2003/72/EG oder

c) eine Erklärung sämtlicher Mitglieder des Vorstands, dass die Frist des Art. 5 der Richtlinie 2003/72/EG abgelaufen ist, ohne dass eine Vereinbarung zustande gekommen ist;

3. der Verschmelzungsvertrag oder dessen Entwurf (Art. 22 der Verordnung);

4. die Niederschriften der Verschmelzungsbeschlüsse;

5. wenn die Verschmelzung einer behördlichen Genehmigung bedarf, die Genehmigungsurkunde;

6. die Verschmelzungsberichte (Art. 23 der Verordnung);

7. die Sachverständigenberichte (Art. 26 der Verordnung);

8. die Schlussbilanzen (Artikel 25 Abs. 1 lit. c der Verordnung in Verbindung mit § 220 Abs. 3 AktG);

9. den Nachweis der Veröffentlichung des Hinweises auf die Einreichung des Verschmelzungsvertrags oder dessen Entwurfs durch die an der Verschmelzung beteiligte Gesellschaft mit Sitz in Österreich

10. den Nachweis der Zusicherung der Aufnahme in einen Revisionsverband (§ 24 Abs. 2 GenRevG 1997).

(3) Sämtliche Mitglieder des Vorstands haben dem Gericht gegenüber zu erklären, dass eine Klage auf Anfechtung oder Feststellung der Nichtigkeit des Verschmelzungsbeschlusses der an der Verschmelzung beteiligten Genossenschaft mit Sitz in Österreich innerhalb eines Monats nach der Beschlussfassung nicht erhoben oder zurückgezogen worden ist oder dass alle Mitglieder durch notariell beurkundete Erklärung auf eine solche Klage verzichtet haben. Nach Ablauf dieser Frist kann eine solche Klage nicht mehr erhoben werden. Kann die Erklärung nicht vorgelegt werden, so hat das Gericht gemäß § 19 FBG vorzugehen.

2. Abschnitt

Gründung einer Europäischen Genossenschaft (SCE) durch Umwandlung einer Genossenschaft und Umwandlung einer Europäischen Genossenschaft (SCE) in eine Genossenschaft

Umwandlungsplan

§ 17. Der Umwandlungsplan muss mindestens folgenden Inhalt haben:

1. die bisherige Firma, den Sitz und die Firmenbuchnummer der Genossenschaft;

2. die für die Europäische Genossenschaft (SCE) vorgeschlagene Satzung sowie gegebenenfalls die neue Firma;

3. die etwaigen Folgen der Umwandlung für die Beteiligung der Arbeitnehmer;

4. den vorgesehenen Zeitplan für die Umwandlung;

5. etwaige zum Schutz der Mitglieder und/oder der Gläubiger vorgesehene Rechte.

Umwandlungsprüfung

§ 18. Für die Prüfung, ob die Genossenschaft über Vermögenswerte mindestens in Höhe des Kapitals verfügt (Art. 35 Abs. 5 und Art. 76 Abs. 5 der Verordnung), gelten die Bestimmungen über die Sacheinlagenprüfung (§ 25 Abs. 3 bis 5 sowie §§ 26, 27, 42 und 44 AktG) sinngemäß.

Offenlegung des Umwandlungsplans

§ 19. (1) Der Vorstand hat mindestens einen Monat vor dem Tag der Generalversammlung, die über die Zustimmung zur Umwandlung beschließen soll, den Umwandlungsplan bei dem Gericht einzureichen und einen Hinweis auf diese Einreichung in den Bekanntmachungsblättern zu veröffentlichen. In dieser Veröffentlichung sind die Mitglieder auf ihre Rechte gemäß Abs. 2 und 3 hinzuweisen.

(2) Am Sitz der Genossenschaft sind mindestens während eines Monats vor dem Tag der Generalversammlung, die über die Zustimmung zur Umwandlung beschließen soll, der Umwandlungsplan, der Umwandlungsbericht des Vorstands, der Bericht über die Umwandlungsprüfung sowie der Jahresabschluss und der Lagebericht, die zuletzt erstellt wurden oder nach den gesetzlichen Vorschriften zuletzt zu erstellen waren, zur Einsicht der Mitglieder aufzulegen.

(3) Auf Verlangen ist jedem Mitglied unverzüglich und kostenlos eine Abschrift der in Abs. 2 bezeichneten Unterlagen zu erteilen.

(4) In der Generalversammlung sind die in Abs. 2 bezeichneten Unterlagen aufzulegen. Der Vorstand hat den Umwandlungsplan zu Beginn der Verhandlung mündlich zu erläutern. Der Vorstand hat die Mitglieder vor der Beschlussfassung über jede wesentliche Veränderung der Vermögens- oder Ertragslage der Genossenschaft, die zwischen der Aufstellung des Umwandlungsplans und dem Zeitpunkt der Beschlussfassung eingetreten ist, zu unterrichten.

Anmeldung der umwandlung

§ 20. Der Vorstand hat die Umwandlung zur Eintragung in das Firmenbuch anzumelden. Der Anmeldung sind in Urschrift, Ausfertigung oder beglaubigter Abschrift beizufügen:

1. a) die Vereinbarung über die Beteiligung der Arbeitnehmer gemäß Art. 4 der Richtlinie 2003/72/EG zur Ergänzung des Statuts der Europäischen Genossenschaft hinsichtlich der Beteili-

gung der Arbeitnehmer, Amtsblatt Nr. L 207 vom 18. August 2003 S 25 bis 36, oder

b) der Beschluss gemäß Art. 3 Abs. 6 der Richtlinie 2003/72/EG oder

c) eine Erklärung sämtlicher Mitglieder des Vorstands, dass die Frist des Art. 5 der Richtlinie 2003/72/EG abgelaufen ist, ohne dass eine Vereinbarung zustande gekommen ist;

2. der Umwandlungsplan;

3. die Niederschrift des Umwandlungsbeschlusses;

4. wenn die Umwandlung einer behördlichen Genehmigung bedarf, die Genehmigungsurkunde;

5. der Umwandlungsbericht des Vorstands;

6. der Nachweis der Veröffentlichung des Hinweises auf die Einreichung des Umwandlungsplans (§ 19 Abs. 1), es sei denn, dass bei der Generalversammlung alle Mitglieder erschienen sind oder vertreten waren und der Beschlussfassung nicht widersprochen haben;

7. der Bericht über die Umwandlungsprüfung;

8. der Jahresabschluss und der Lagebericht, die zuletzt erstellt wurden oder nach den gesetzlichen Bestimmungen zuletzt zu erstellen waren.

Umwandlung einer Europäischen Genossenschaft (SCE) in eine Genossenschaft

§ 21. Für die Umwandlung einer Europäischen Genossenschaft (SCE) in eine Genossenschaft (Art. 76 der Verordnung) gelten die §§ 17 bis 20 sinngemäß.

4. Hauptstück

Aufbau der Europäischen Genossenschaft (SCE)

1. Abschnitt

Besondere Bestimmungen für das dualistische System

Bestellung und Abberufung des Vorstands

§ 22. In der Satzung kann festgelegt werden, dass die Mitglieder des Vorstands durch die Generalversammlung gewählt und abberufen werden.

Informationsverlangen einzelner Mitglieder des Aufsichtsrats

§ 23. Jedes Mitglied des Aufsichtsrats kann vom Vorstand jegliche Information nach Art. 40 Abs. 3 erster Satz der Verordnung, jedoch nur an den Aufsichtsrat als solchen, verlangen. Lehnt der Vorstand die Berichterstattung ab, so kann der Bericht nur dann verlangt werden, wenn ein anderes Aufsichtsratmitglied das Verlangen unterstützt. Der Vorsitzende des Aufsichtsrats kann einen Bericht auch ohne die Unterstützung eines anderen Aufsichtsratsmitglieds verlangen.

2. Abschnitt

Besondere Bestimmungen für das monistische System

Für den Verwaltungsrat geltende Bestimmungen

§ 24. (1) Wählt die Satzung das monistische System, so gelten die Bestimmungen für den Vorstand und den Aufsichtsrat sinngemäß für den Verwaltungsrat.

(2) Die Rechte und Pflichten des Vorstands oder Aufsichtsrats einer Genossenschaft kommen im monistischen System dem Verwaltungsrat zu, sofern sie nicht den geschäftsführenden Direktoren zugewiesen werden.

(3) Soweit Bestimmungen den gesetzlichen Vertretern der Genossenschaft oder vertretungsbefugten Organen bestimmte Rechte und Pflichten zuweisen, treffen diese den Verwaltungsrat.

(4) In einer SCE im Sinn des § 189a Z 1 lit. a und lit. d UGB sowie in einer großen SCE, bei der das Fünffache eines der in Euro ausgedrückten Größenmerkmale einer großen Gesellschaft (§ 221 Abs. 3 erster Satz in Verbindung mit Abs. 4 bis 6 UGB) überschritten wird, ist ein Prüfungsausschuss zu bestellen, auf den § 51 Abs. 3a SEG mit Ausnahme des ersten und zweiten Satzes der Z 3 sinngemäß anzuwenden ist. *(BGBl I 2016/43)*

Geschäftsführende Direktoren

§ 25. (1) Der Verwaltungsrat kann einen oder mehrere geschäftsführende Direktoren bestellen, diese mit der Führung der laufenden Geschäfte der Genossenschaft betrauen und ihnen für diesen Bereich die Befugnis zur Vertretung der Genossenschaft einräumen. Mitglieder des Verwaltungsrats können zu geschäftsführenden Direktoren bestellt werden, wenn die Mehrheit des Verwaltungsrats weiterhin aus nicht geschäftsführenden Mitgliedern besteht. Der Vorsitzende des Verwaltungsrats kann nicht zugleich geschäftsführender Direktor sein.

(2) Sind geschäftsführende Direktoren bestellt, wird die Genossenschaft durch den Verwaltungsrat und die geschäftsführenden Direktoren gerichtlich und außergerichtlich vertreten. Wenn die Satzung nichts anderes bestimmt, sind sämtliche Mitglieder des Verwaltungsrats und die geschäftsführenden Direktoren nur gemeinsam zur Vertretung der Genossenschaft befugt. Im übrigen gilt § 27 sinngemäß.

(3) Der Verwaltungsrat kann die geschäftsführenden Direktoren mit der Erstellung des Abschlusses (§ 22 Abs. 2 GenG) betrauen.

3. Abschnitt
Gemeinsame Bestimmungen für das monistische und das dualistische System

Vorstand, Ausichtsrat, Verwaltungsrat

§ 26. Bei einer Europäischen Genossenschaft (SCE) mit Sitz in Österreich werden im dualistischen System das Leitungsorgan als Vorstand und das Aufsichtsorgan als Aufsichtsrat bezeichnet. Im monistischen System wird das Verwaltungsorgan als Verwaltungsrat bezeichnet.

Vertretungsbefugnis von Vorstand und Verwaltungsrat

§ 27. (1) Die Satzung kann bestimmen, dass der Vorstand oder der Verwaltungsrat einzelne Mitglieder zur Vertretung in bestimmten Geschäften oder bestimmten Arten von Geschäften ermächtigen kann. Ist eine Willenserklärung der Genossenschaft gegenüber abzugeben, so genügt die Abgabe gegenüber einem Mitglied des Verwaltungsrats oder gegenüber einem geschäftsführenden Direktor.

(2) Die Satzung kann auch bestimmen, dass einzelne Mitglieder des Vorstands oder des Verwaltungsrats allein oder aber jeweils in Gemeinschaft mit einem Prokuristen zur Vertretung der Genossenschaft befugt sind; es muss aber in jedem Fall die Möglichkeit bestehen, dass die Genossenschaft auch ohne die Mitwirkung eines Prokuristen vertreten werden kann.

4. Abschnitt
Generalversammlung

Stimmrecht

§ 28. (1) Die Satzung der Europäischen Genossenschaft (SCE) kann vorsehen,

1. dass einem Mitglied eine bestimmte Anzahl von Stimmen zugeteilt wird, die sich nach seiner Beteiligung an der genossenschaftlichen Tätigkeit in anderer Form als einer Kapitalbeteiligung richtet; es dürfen höchstens fünf Stimmen je Mitglied oder 30 % der gesamten Stimmrechte - je nachdem, welche Zahl niedriger ist - auf diese Weise zugeteilt werden;

2. dass die Zahl der jedem Mitglied zugeteilten Stimmen sich nach seiner Beteiligung an der genossenschaftlichen Tätigkeit, auch in Form einer Beteiligung am Kapital der Europäischen Genossenschaft (SCE), richtet, wenn die Europäische Genossenschaft (SCE) in der Finanz- oder der Versicherungsbranche tätig ist; es dürfen höchstens fünf Stimmen je Mitglied oder 20 % der gesamten Stimmrechte - je nachdem, welche Zahl niedriger ist - auf diese Weise zugeteilt werden;

3. dass die Zahl der jedem Mitglied zugeteilten Stimmen sich nach seiner Beteiligung an der genossenschaftlichen Tätigkeit, auch in Form einer Beteiligung am Kapital der Europäischen Genossenschaft (SCE), bzw. der Mitgliederzahl jeder der beteiligten Genossenschaften richtet, wenn die Mitglieder der Europäischen Genossenschaft (SCE) mehrheitlich Genossenschaften sind.

(2) Die Satzung der Europäischen Genossenschaft (SCE) kann einem nicht nutzenden (investierenden) Mitglied (§ 3) Stimmen zuteilen. Den nicht nutzenden (investierenden) Mitgliedern dürfen aber nicht mehr als 25 % der gesamten Stimmrechte zustehen.

Sektor- und Sektionsversammlungen

§ 29. Die Satzung einer Europäischen Genossenschaft (SCE) kann die Wahl von Vertretern in eine aus diesen bestehende Generalversammlung im Sinn des Artikel 63 der Verordnung durch Sektor- oder Sektionsversammlungen vorsehen, wenn die Europäische Genossenschaft (SCE) unterschiedliche Tätigkeiten betreibt, ihre Tätigkeiten in mehr als einer Gebietseinheit betreibt oder sie mehrere Niederlassungen oder mehr als 500 Mitglieder hat.

5. Hauptstück
Jahresabschluss und konsolidierter Abschluss

§ 30. Für die Erstellung des Jahresabschlusses und des konsolidierten Abschlusses einer Europäischen Genossenschaft (SCE) gilt § 22 Abs. 4 bis 6 des Gesetzes über Erwerbs- und Wirtschaftsgenossenschaften, RGBl. Nr. 70/1873.

6. Hauptstück
Schluss- und Übergangsbestimmungen

Verweisungen

§ 31. Soweit in diesem Bundesgesetz auf Bestimmungen anderer Bundesgesetze verwiesen wird, sind diese in ihrer jeweils geltenden Fassung anzuwenden.

Inkrafttreten

§ 32. „(1)“ Dieses Bundesgesetz tritt am 18. August 2006 in Kraft. *(BGBl I 2016/43)*

(2) § 24 Abs. 4 in der Fassung des Bundesgesetzes BGBl. I Nr. 43/2016 tritt mit 17. Juni 2016 in Kraft. *(BGBl I 2016/43)*

Vollziehung

§ 33. Mit der Vollziehung dieses Bundesgesetzes ist der Bundesminister für Justiz betraut.

13. Vereinsgesetz 2002

BGBl I 2002/66 idF

1 BGBl I 2004/10
2 BGBl I 2005/124
3 BGBl I 2008/45
4 BGBl I 2010/58 (IRÄ-BG)
5 BGBl I 2010/111 (BudgetbegleitG 2011)
6 BGBl I 2011/137 (VerGNov 2011)
7 BGBl I 2012/50 (SNG)
8 BGBl I 2013/161 (VwGAnpG-Inneres)
9 BGBl I 2015/22 (RÄG 2014)
10 BGBl I 2018/32 (Materien-Datenschutz-Anpassungsgesetz 2018)

STICHWORTVERZEICHNIS

VerG
VereinsDS-VO

Stichwortverzeichnis

Bundesgesetz über Vereine (Vereinsgesetz 2002 – VerG)

Der Nationalrat hat beschlossen:

Inhaltsverzeichnis

1. Abschnitt

Allgemeine Bestimmungen

Verein

§ 1. (1) [1]Ein Verein im Sinne dieses Bundesgesetzes ist ein freiwilliger, auf Dauer angelegter, auf Grund von Statuten organisierter Zusammenschluss mindestens zweier Personen zur Verfolgung eines bestimmten, gemeinsamen, ideellen Zwecks. [2]Der Verein genießt Rechtspersönlichkeit (§ 2 Abs. 1).

(2) [1]Ein Verein darf nicht auf Gewinn berechnet sein. [2]Das Vereinsvermögen darf nur im Sinne des Vereinszwecks verwendet werden.

(3) Dieses Bundesgesetz gilt nicht für solche Zusammenschlüsse, die nach anderen gesetzlichen Vorschriften in anderer Rechtsform gebildet werden müssen oder auf Grund freier Rechtsformwahl nach anderen gesetzlichen Vorschriften gebildet werden.

(4) [1]Ein Zweigverein ist ein seinem Hauptverein statutarisch untergeordneter Verein, der die

Ziele des übergeordneten Hauptvereins mitträgt. [2]Eine Zweigstelle (Sektion) ist eine rechtlich unselbständige, aber weitgehend selbständig geführte, organisatorische Teileinheit eines Vereins.

(5) [1]Ein Verband ist ein Verein, in dem sich in der Regel Vereine zur Verfolgung gemeinsamer Interessen zusammenschließen. [2]Ein Dachverband ist ein Verein zur Verfolgung gemeinsamer Interessen von Verbänden.

Gründung des Vereins

§ 2. (1) [1]Die Gründung eines Vereins umfasst seine Errichtung und seine Entstehung. [2]Der Verein wird durch die Vereinbarung von Statuten (Gründungsvereinbarung) errichtet. [3]Er entsteht als Rechtsperson mit Ablauf der Frist gemäß § 13 Abs. 1 oder mit früherer Erlassung eines Bescheids gemäß § 13 Abs. 2.

(2) [1]Die ersten organschaftlichen Vertreter des errichteten Vereins können vor oder nach der Entstehung des Vereins bestellt werden. [2]Erfolgt die Bestellung erst nach der Entstehung des Vereins, so vertreten die Gründer bis zur Bestellung der organschaftlichen Vertreter gemeinsam den entstandenen Verein.

(3) [1]Hat ein Verein nicht innerhalb eines Jahres ab seiner Entstehung organschaftliche Vertreter bestellt, so ist er von der Vereinsbehörde aufzulösen. [2]Die Frist ist von der Vereinsbehörde auf Antrag der Gründer zu verlängern, wenn diese glaubhaft machen, dass sie durch ein unvorhergesehenes oder unabwendbares Ereignis ohne ihr Verschulden verhindert waren, die Frist einzuhalten.

(4) Für Handlungen im Namen des Vereins vor seiner Entstehung haften die Handelnden persönlich zur ungeteilten Hand (Gesamtschuldner). Rechte und Pflichten, die im Namen des Vereins vor seiner Entstehung von den Gründern oder von bereits bestellten organschaftlichen Vertretern begründet wurden, werden mit der Entstehung des Vereins für diesen wirksam, ohne dass es einer Genehmigung durch Vereinsorgane oder Gläubiger bedarf.

Statuten

§ 3. (1) Die Gestaltung der Vereinsorganisation steht den Gründern und den zur späteren Beschlussfassung über Statutenänderungen berufenen Vereinsorganen im Rahmen der Gesetze frei.

(2) Die Statuten müssen jedenfalls enthalten:

1. den Vereinsnamen,

2. den Vereinssitz,

3. eine klare und umfassende Umschreibung des Vereinszwecks,

4. die für die Verwirklichung des Zwecks vorgesehenen Tätigkeiten und die Art der Aufbringung finanzieller Mittel,

5. Bestimmungen über den Erwerb und die Beendigung der Mitgliedschaft,

6. die Rechte und Pflichten der Vereinsmitglieder,

7. die Organe des Vereins und ihre Aufgaben, insbesondere eine klare und umfassende Angabe, wer die Geschäfte des Vereins führt und wer den Verein nach außen vertritt,

8. die Art der Bestellung der Vereinsorgane und die Dauer ihrer Funktionsperiode,

9. die Erfordernisse für gültige Beschlussfassungen durch die Vereinsorgane,

10. die Art der Schlichtung von Streitigkeiten aus dem Vereinsverhältnis,

11. Bestimmungen über die freiwillige Auflösung des Vereins und die Verwertung des Vereinsvermögens im Fall einer solchen Auflösung.

(3) Das Leitungsorgan eines Vereins ist verpflichtet, jedem Vereinsmitglied auf Verlangen die Statuten auszufolgen.

Name, Sitz

§ 4. (1) Der Name des Vereins muss einen Schluss auf den Vereinszweck zulassen und darf nicht irreführend sein. Verwechslungen mit anderen bestehenden Vereinen, Einrichtungen oder Rechtsformen müssen ausgeschlossen sein.

(2) [1]Der Sitz des Vereins muss im Inland liegen. [2]Als Sitz ist der Ort zu bestimmen, an dem der Verein seine tatsächliche Hauptverwaltung hat.

Organe, Prüfer

§ 5. (1) Die Statuten haben jedenfalls Organe zur gemeinsamen Willensbildung der Vereinsmitglieder (Mitgliederversammlung) sowie zur Führung der Vereinsgeschäfte und zur Vertretung des Vereins nach außen (Leitungsorgan) vorzusehen.

(2) [1]„Die Mitgliederversammlung ist zumindest alle fünf Jahre einzuberufen.“[2]Der gemeinsame Wille der Mitglieder kann auch im Rahmen eines Repräsentationsorgans (Delegiertenversammlung) gebildet werden. [3]Mindestens ein Zehntel der Mitglieder kann vom Leitungsorgan die Einberufung einer Mitgliederversammlung verlangen. *(BGBl I 2011/137)*

(3) [1]Das Leitungsorgan muss aus mindestens zwei Personen bestehen. [2]Zu seinen Mitgliedern dürfen nur natürliche Personen bestellt werden. [3]Mit der Geschäftsführung und der Vertretung können auch mehrere beziehungsweise verschiedene Vereinsorgane betraut sein. [4]Innerhalb eines Vereinsorgans können die Geschäfte und Vertretungsaufgaben auch aufgeteilt werden.

(4) [1]Sehen die Statuten ein Aufsichtsorgan vor, so muss dieses aus mindestens drei natürlichen Personen bestehen. [2]Seine Bestellung obliegt der Mitgliederversammlung. [3]Die Mitglieder eines Aufsichtsorgans müssen unabhängig und unbefangen sein. [4]Sie dürfen keinem Organ mit Ausnahme der Mitgliederversammlung angehören, dessen Tätigkeit Gegenstand der Aufsicht ist. [5]Sehen die Statuten eines Vereins, der zwei Jahre lang im Durchschnitt mehr als dreihundert Arbeitnehmer hat, ein Aufsichtsorgan vor, so müssen ihm zu einem Drittel Arbeitnehmer angehören. [6]Der jeweilige Durchschnitt bestimmt sich nach den Arbeitnehmerzahlen an den jeweiligen Monatsletzten innerhalb des vorangegangenen Rechnungsjahrs. [7]Das Leitungsorgan hat jeweils zum Jahresletzten die Durchschnittsanzahl festzustellen und dem Aufsichtsorgan mitzuteilen. [8]Im Übrigen sind die §§ 110 und 132 ArbVG sinngemäß anzuwenden.

(5) [1]Jeder Verein hat mindestens zwei Rechnungsprüfer zu bestellen, ein großer Verein im Sinne des § 22 Abs. 2 einen Abschlussprüfer. [2]Rechnungsprüfer wie Abschlussprüfer müssen unabhängig und unbefangen sein, Abs. 4 vierter Satz gilt sinngemäß. [3]Sofern die Statuten nicht anderes vorsehen, wird der Abschlussprüfer für ein Rechnungsjahr bestellt. [4]Die Auswahl der Rechnungsprüfer und des Abschlussprüfers obliegt der Mitgliederversammlung. [5]Ist eine Bestellung noch vor der nächsten Mitgliederversammlung notwendig, so hat das Aufsichtsorgan, fehlt ein solches, das Leitungsorgan den oder die Prüfer auszuwählen.

Geschäftsführung, Vertretung

§ 6. (1) Sehen die Statuten nicht anderes vor, so ist Gesamtgeschäftsführung anzunehmen. Hiefür genügt im Zweifel einfache Stimmenmehrheit.

(2) Sehen die Statuten nicht anderes vor, so ist auch Gesamtvertretung anzunehmen. Zur passiven Vertretung des Vereins sind die Organwalter allein befugt.

(3) Die organschaftliche Vertretungsbefugnis ist, von der Frage der Gesamt- oder Einzelvertretung abgesehen, Dritten gegenüber unbeschränkbar. In den Statuten vorgesehene Beschränkungen wirken nur im Innenverhältnis.

(4) Im eigenen Namen oder für einen anderen geschlossene Geschäfte eines organschaftlichen Vertreters mit dem Verein (Insichgeschäfte) bedürfen der Zustimmung eines anderen, zur Vertretung oder Geschäftsführung befugten Organwalters.

Nichtigkeit und Anfechtbarkeit von Vereinsbeschlüssen

§ 7. [1]Beschlüsse von Vereinsorganen sind nichtig, wenn dies Inhalt und Zweck eines verletzten Gesetzes oder die guten Sitten gebieten. [2]Andere gesetz- oder statutenwidrige Beschlüsse bleiben gültig, sofern sie nicht binnen eines Jahres ab Beschlussfassung gerichtlich angefochten werden. [3]Jedes von einem Vereinsbeschluss betroffene Vereinsmitglied ist zur Anfechtung berechtigt.

Streitschlichtung

§ 8. (1) [1]Die Statuten haben vorzusehen, dass Streitigkeiten aus dem Vereinsverhältnis vor einer Schlichtungseinrichtung auszutragen sind. [2]Sofern das Verfahren vor der Schlichtungseinrichtung nicht früher beendet ist, steht für Rechtsstreitigkeiten nach Ablauf von sechs Monaten ab Anrufung der Schlichtungseinrichtung der ordentliche Rechtsweg offen. [3]Die Anrufung des ordentlichen Gerichts kann nur insofern ausgeschlossen werden, als ein Schiedsgericht nach den §§ 577 ff ZPO eingerichtet wird.

(2) [1]Die Statuten haben die Zusammensetzung und die Art der Bestellung der Mitglieder der Schlichtungseinrichtung unter Bedachtnahme auf deren Unbefangenheit zu regeln. [2]Den Streitparteien ist beiderseitiges Gehör zu gewähren.

Vereinsbehörden, Verfahren

§ 9. (1) Vereinsbehörde im Sinne dieses Bundesgesetzes ist „ "** die Bezirksverwaltungsbehörde, im „Gebiet einer Gemeinde, für das die Landespolizeidirektion zugleich Sicherheitsbehörde erster Instanz ist, die Landespolizeidirektion"*. *(*BGBl I 2012/50; **BGBl I 2013/161)*

(2) Über „Beschwerden" gegen Bescheide nach diesem Bundesgesetz entscheidet „das Landesverwaltungsgericht". *(BGBl I 2013/161)*

(3) Die örtliche Zuständigkeit richtet sich, sofern nicht anderes bestimmt ist (§ 19 Abs. 2), nach dem in den Statuten angegebenen Vereinssitz.

Vereinsversammlungen

§ 10. Für Versammlungen, die von einem Verein abgehalten werden, gilt das Versammlungsgesetz 1953, BGBl. Nr. 98/1953, mit der Maßgabe, dass die Mitglieder des Vereins als geladene Gäste gemäß § 2 Abs. 1 dieses Gesetzes anzusehen sind.

2. Abschnitt
Entstehung des Vereins

Anzeige der Vereinserrichtung

§ 11. [1]Die Errichtung eines Vereins (§ 2 Abs. 1) ist der Vereinsbehörde von den Gründern oder den bereits bestellten organschaftlichen Vertretern unter Angabe ihres Namens, ihres Geburtsdatums, ihres Geburtsorts und ihrer für Zustellungen maßgeblichen Anschrift („§ 2 Z 4“ Zustellgesetz, BGBl. Nr. 200/1982) mit einem Exemplar der vereinbarten Statuten schriftlich anzuzeigen. [2]Bereits bestellte organschaftliche Vertreter haben zudem ihre Funktion und den Zeitpunkt ihrer Bestellung anzugeben. [3]Sofern bereits vorhanden, ist auch die für Zustellungen maßgebliche Anschrift des Vereins bekannt zu geben. *(BGBl I 2013/161)*

Erklärung, dass die Vereinsgründung nicht gestattet ist

§ 12. (1) Die Vereinsbehörde hat bei Vorliegen der Voraussetzungen des Art. 11 Abs. 2 der Europäischen Konvention zum Schutze der Menschenrechte und Grundfreiheiten, BGBl. Nr. 210/1958, mit Bescheid zu erklären, dass die Gründung eines Vereins nicht gestattet wird, wenn der Verein nach seinem Zweck, seinem Namen oder seiner Organisation gesetzwidrig wäre.

(2) Eine Erklärung gemäß Abs. 1 muss ohne unnötigen Aufschub, spätestens aber binnen vier Wochen nach Einlangen der Errichtungsanzeige bei der zuständigen Vereinsbehörde schriftlich und unter Angabe der Gründe erfolgen.

(3) Ergibt eine erste Prüfung der vorgelegten Statuten Anhaltspunkte dafür, dass der Verein nach seinem Zweck, seinem Namen oder seiner Organisation gesetzwidrig sein könnte, so kann die Vereinsbehörde, wenn dies zur Prüfung dieser Fragen im Interesse eines ordnungsgemäßen Ermittlungsverfahrens notwendig ist, die in Abs. 2 angeführte Frist mit Bescheid auf längstens sechs Wochen verlängern.

(4) [1]Ein Bescheid gemäß Abs. 3 muss ohne unnötigen Aufschub schriftlich und unter Angabe der Gründe erlassen werden. [2]„Einer gegen einen solchen Bescheid erhobenen Beschwerde kommt keine aufschiebende Wirkung zu.“ *(BGBl I 2013/161)*

(5) Ein Bescheid gemäß Abs. 1 gilt hinsichtlich der in Abs. 2 angeführten und allenfalls gemäß Abs. 3 verlängerten Frist auch dann als rechtzeitig erlassen, wenn seine Zustellung innerhalb dieser Frist an der in der Errichtungsanzeige angegebenen Abgabestelle versucht worden ist.

Einladung zur Aufnahme der Vereinstätigkeit

§ 13. (1) [1]Ergeht binnen vier, im Fall einer Verlängerung gemäß § 12 Abs. 3 binnen längstens sechs Wochen nach Einlangen der Errichtungsanzeige keine Erklärung gemäß § 12 Abs. 1, so gilt das Schweigen der Vereinsbehörde als Einladung zur Aufnahme der Vereinstätigkeit. [2]Der mit Fristablauf entstandene Verein (§ 2 Abs. 1) kann seine Tätigkeit beginnen. [3]Die Vereinsbehörde hat den Anzeigern eine unbeglaubigte Abschrift der Statuten und einen Auszug aus dem Vereinsregister zu übermitteln.

(2) [1]Schon vor Fristablauf kann an die Anzeiger mit Bescheid eine ausdrückliche Einladung zur Aufnahme der Vereinstätigkeit ergehen, sobald die Vereinsbehörde zu einer Erklärung gemäß § 12 Abs. 1 keinen Anlass sieht. [2]Der Einladung ist eine unbeglaubigte Abschrift der Statuten und ein Auszug aus dem Vereinsregister anzuschließen.[3] „ “ *(BGBl I 2013/161)*

Änderung der Statuten, der organschaftlichen Vertreter und der Vereinsanschrift

§ 14. (1) [1]Die §§ 1 bis 13 gelten sinngemäß auch für Statutenänderungen. [2]Ein Vereinsregisterauszug ist nur dann zu übermitteln, wenn sich durch die Statutenänderung der Registerstand geändert hat.

(2) Der Verein hat alle seine organschaftlichen Vertreter unter Angabe ihrer statutengemäßen Funktion, ihres Namens, ihres Geburtsdatums, ihres Geburtsorts und ihrer für Zustellungen maßgeblichen Anschrift sowie des Beginns ihrer Vertretungsbefugnis jeweils binnen vier Wochen nach ihrer Bestellung der Vereinsbehörde bekannt zu geben.

(3) Der Verein hat der Vereinsbehörde auch jede Änderung seiner für Zustellungen maßgeblichen Anschrift binnen vier Wochen mitzuteilen.

3. Abschnitt
Vereinsregister und Datenverarbeitung

Verarbeitung besonderer Kategorien personenbezogener Daten

§ 15. Personenbezogene Daten gemäß § 16 Abs. 1 dürfen die Vereinsbehörden im Interesse der Offenlegung der für den Rechtsverkehr bedeutsamen Tatsachen sowie im Interesse der Ausschließlichkeit der Vereinsnamen (§ 4 Abs. 1) auch dann verarbeiten, wenn es sich im Hinblick auf den aus seinem Namen erschließbaren Zweck eines Vereins (§ 4 Abs. 1) um besondere Kategorien personenbezogener Daten im Sinne des Art. 9 der Verordnung (EU) 2016/679 zum Schutz natürlicher Personen bei der Verarbeitung personenbezogener Daten, zum freien Datenverkehr und zur Aufhebung der Richtlinie 95/46/EG (Datenschutz-Grundverordnung), ABl. Nr. L 119 vom 4.5.2016 S. 1, (im Folgenden: DSGVO) handelt.

(BGBl I 2018/32)

Lokales Vereinsregister

§ 16. (1) „Die Vereinsbehörden haben für die in ihrem örtlichen Wirkungsbereich ansässigen Vereine zur Erfüllung ihrer gesetzlich übertragenen Aufgaben folgende Vereinsdaten in einem Register zu verarbeiten:“ *(BGBl I 2013/161; BGBl I 2018/32)*

1. den Namen der örtlich zuständigen Vereinsbehörde „ “; *(BGBl I 2013/161)*

2. den Namen des Vereins;

3. die ZVR-Zahl des Vereins gemäß „§ 18 Abs. 2“; *(BGBl I 2018/32)*

4. das Datum des Entstehens des Vereins;

5. den Sitz und die für Zustellungen maßgebliche Anschrift des Vereins;

6. die statutenmäßige Regelung der Vertretung des Vereins;

7. die Funktion und den Namen der organschaftlichen Vertreter des Vereins, bis zu ihrer ersten Bekanntgabe den Namen der die Errichtung des Vereins anzeigenden Gründer;

8. das Geburtsdatum, den Geburtsort und die für Zustellungen maßgebliche Anschrift der organschaftlichen Vertreter des Vereins, bis zu ihrer ersten Bekanntgabe das Geburtsdatum, den Geburtsort und die für Zustellungen maßgebliche Anschrift der die Errichtung des Vereins anzeigenden Gründer;

9. die für den Bereich des Vereinswesens erstellte verwaltungsbereichsspezifische Personenkennzeichnung der organschaftlichen Vertreter des Vereins, bis zu ihrer ersten Bekanntgabe die Personenkennzeichnung der die Errichtung des Vereins anzeigenden Gründer;

10. den Beginn der Vertretungsbefugnis der organschaftlichen Vertreter des Vereins und die statutenmäßige Dauer ihrer Funktionsperiode;

11. die Mitteilung des Abschlussprüfers im Sinne des § 22 Abs. 5 erster Satz;

12. die freiwillige Auflösung und die rechtskräftige behördliche Auflösung des Vereins;

13. die Abwicklung oder Nachabwicklung sowie den Namen des Abwicklers und den Beginn seiner Vertretungsbefugnis;

14. das Geburtsdatum, den Geburtsort und die für Zustellungen maßgebliche Anschrift des Abwicklers;

15. die für den Bereich des Vereinswesens erstellte verwaltungsbereichsspezifische Personenkennzeichnung des Abwicklers;

16. die Beendigung der Abwicklung oder Nachabwicklung;

17. das Bestehen einer Auskunftssperre.

(2) [1]Die Vereinsbehörde hat ihr bekannt gewordene Änderungen eingetragener Tatsachen gemäß Abs. 1 im Register entsprechend ersichtlich zu machen, im Fall der Unzulässigkeit hat sie die betreffende Eintragung zu löschen. [2]Ersetzte oder gelöschte Eintragungen werden dadurch zu historischen Eintragungen. [3]Mit der Eintragung einer Vereinsauflösung gemäß Abs. 1 Z 12, im Fall einer Abwicklung mit der Eintragung ihrer Beendigung gemäß Abs. 1 Z 16, endet die Rechtspersönlichkeit des Vereins (§ 27) und werden alle eingetragenen Tatsachen zu historischen Eintragungen. [4]Historische Eintragungen sind zu kennzeichnen, sie müssen lesbar und abfragbar bleiben.

(3) Nach Ablauf von zehn Jahren ab dem Ende der Rechtsfähigkeit eines Vereins hat die Vereinsbehörde alle im Vereinsregister verarbeiteten Daten endgültig zu löschen.

(4) Schreibfehler oder diesen gleichzuhaltende, offenbar auf einem Versehen oder offenbar ausschließlich auf technisch mangelhaftem Betrieb einer automationsunterstützten Datenverarbeitungsanlage beruhende Unrichtigkeiten einer Eintragung sind „ “ von Amts wegen zu berichtigen. *(BGBl I 2018/32)*

(5) [1]Bei den „Landespolizeidirektionen“* geführte „Datenverarbeitungen“** dürfen solange weitergeführt werden, bis das Zentrale Vereinsregister seinen Betrieb aufnimmt. [2]Die „Landespolizeidirektionen“* sind ermächtigt, bei „Inkrafttreten“** dieses Bundesgesetzes verarbeitete Registerdaten im Sinne des Abs. 1 an die Vereinsbehörden erster Instanz – soweit technisch möglich und sinnvoll – zu übermitteln. [3]Die Vereinsbehörden erster Instanz sind ermächtigt, ihnen übermittelte Daten für Zwecke ihres Lokalen Vereinsregisters zu „verarbeiten“**. *(*BGBl I 2012/50; **BGBl I 2018/32)*

(6) Protokolldaten über tatsächlich durchgeführte Verarbeitungsvorgänge, wie insbesondere Änderungen, Abfragen und Übermittlungen, sind drei Jahre lang aufzubewahren. *(BGBl I 2018/32)*

Erteilung von Auskünften aus dem Lokalen Vereinsregister

§ 17. (1) Die Vereinsbehörden haben auf Verlangen aus dem Lokalen Vereinsregister jedermann über die in § 16 Abs. 1 Z 1 bis 7, 10 bis 13 und 16 angeführten Daten eines nach

1. seiner ZVR-Zahl (§ 18 Abs. 2) oder

2. seinem Namen oder

3. Namensbestandteilen, allenfalls ergänzt mit dem Vereinssitz,

eindeutig bestimmbaren Vereins (Einzelabfrage) Auskunft zu erteilen, soweit nicht auf Grund einer

Auskunftssperre gegenüber Dritten gemäß Abs. 6 vorzugehen ist. *(BGBl I 2018/32)*

(2) [1]Auskunft über die in § 16 Abs. 1 Z 8 und 14 angeführten Daten sowie über historische Daten (§ 16 Abs. 2) eines Vereins ist jedermann, soweit nicht auf Grund einer Auskunftssperre gegenüber Dritten gemäß Abs. 6 vorzugehen ist, nur auf ausdrückliches Verlangen und nur bei Glaubhaftmachung eines berechtigten Interesses, an Private überdies nur bei Nachweis ihrer Identität zu erteilen. [2]Dem Verein selbst ist auf sein Verlangen jedenfalls Auskunft zu erteilen; „ “ die Bestimmungen der §§ 17 und 17a AVG über die Akteneinsicht bleiben unberührt. *(BGBl I 2018/32)*

(3) [1]Die Auskunft ergeht mündlich oder in Form eines Vereinsregisterauszugs. [2]Scheint der gesuchte Verein im Vereinsregister nicht auf, so hat die Antwort zu lauten: „Es liegen über den gesuchten Verein keine Daten für eine Vereinsregisterauskunft vor“.

(4) [1]Jeder im Vereinsregister eingetragene Verein kann im Fall einer außergewöhnlichen Gefährdung, insbesondere bei Vorliegen „besonderer Kategorien personenbezogener Daten“ (§ 15) bei der Vereinsbehörde beantragen, dass Auskünfte über ihn nicht erteilt werden (Auskunftssperre). [2]Dem Antrag ist stattzugeben, soweit ein schutzwürdiges Interesse glaubhaft gemacht wird. [3]Die Auskunftssperre kann für die Dauer von höchstens zwei Jahren verfügt oder verlängert werden. *(BGBl I 2018/32)*

(5) Die Auskunftssperre ist zu widerrufen, sobald sich herausstellt, dass

1. sich der Antragsteller durch die Auskunftssperre rechtlichen Verpflichtungen entziehen will oder

2. der Grund für die Verfügung der Auskunftssperre weggefallen ist.

(6) [1]Soweit eine Auskunftssperre besteht, hat die Antwort zu lauten: „Es liegen über den gesuchten Verein keine Daten für eine Vereinsregisterauskunft vor.“ [2]Eine Auskunft gemäß Abs. 1 oder 2 ist dennoch zu erteilen, wenn der Auskunftswerber eine rechtliche Verpflichtung des Betroffenen geltend machen kann. [3]In einem solchen Fall hat die Vereinsbehörde vor Erteilung der Auskunft den Betroffenen zu verständigen und ihm Gelegenheit zu einer Äußerung zu geben.

(7) Auskünfte aus Statuten sind durch Einsichtgewährung oder nach Maßgabe der technisch-organisatorischen Möglichkeiten und gegen Kostenersatz durch Herstellung von Ablichtungen oder Ausdrucken zu erteilen.

(8) [1]Wer eine Auskunft einholt „,“ darf darauf vertrauen, dass sie richtig ist, es sei denn, er kennt die Unrichtigkeit oder muss sie kennen. [2]Liegt die Ursache einer unrichtigen Auskunft auf Seite des Vereins, so haftet bei Vorliegen der sonstigen Voraussetzungen ausschließlich der Verein für den entstandenen Vertrauensschaden. *(BGBl I 2018/32)*

(9) [1]Auskünfte, die sich auf die Registerdaten aller oder mehrerer gemeinsamer Kriterien beziehen (Sammelabfrage), sind unzulässig. [2]Sofern die Behörden das Register automationsunterstützt führen, darf nicht vorgesehen werden, dass die Gesamtmenge der gespeicherten Daten nach anderen als den in § 17 Abs. 1 genannten Auswahlkriterien geordnet werden kann. [3]Insbesondere darf die Auswählbarkeit der Vereinsdaten aus der Gesamtmenge nach dem Namen einer physischen Person nicht vorgesehen werden. *(BGBl I 2008/45)*

Zentrales Vereinsregister

§ 18. (1) Die Vereinsbehörden sind als gemeinsam Verantwortliche gemäß Art. 4 Z 7 in Verbindung mit Art. 26 Abs. 1 DSGVO ermächtigt, die für die Wahrnehmung der ihnen nach diesem Bundesgesetz übertragenen Aufgaben erforderlichen personenbezogenen Daten gemeinsam in der Art zu verarbeiten, dass jeder Verantwortliche auch auf jene Daten in der Datenverarbeitung Zugriff hat, die dieser von den anderen Verantwortlichen zur Verfügung gestellt wurden (Zentrales Vereinsregister – ZVR). Die Vereinsbehörden haben dem Bundesminister für Inneres für die Zwecke der Führung des Zentralen Vereinsregisters unverzüglich ihre Vereinsdaten gemäß § 16 Abs. 1 im Wege der Datenfernübertragung zu übermitteln.

(1a) Die Erfüllung von Informations-, Auskunfts-, Berichtigungs-, Löschungs- und sonstigen Pflichten nach den Bestimmungen der DSGVO gegenüber dem Betroffenen obliegt jedem Verantwortlichen hinsichtlich jener Daten, die im Zusammenhang mit den von ihm geführten Verfahren oder den von ihm gesetzten Maßnahmen verarbeitet werden. Nimmt ein Betroffener unter Nachweis seiner Identität ein Recht nach der DSGVO gegenüber einem gemäß dem ersten Satz unzuständigen Verantwortlichen wahr, ist er an den zuständigen Verantwortlichen zu verweisen.

(1b) Der Bundesminister für Inneres übt die Funktion des Auftragsverarbeiters gemäß Art. 4 Z 8 in Verbindung mit Art. 28 Abs. 1 DSGVO aus. Er ist in dieser Funktion verpflichtet, die Datenschutzpflichten gemäß Art. 28 Abs. 3 lit. a bis h DSGVO wahrzunehmen. Zudem ist er berechtigt, weitere Auftragsverarbeiter in Anspruch zu nehmen.

(2) Der Bundesminister für Inneres hat zur Sicherung der Unverwechselbarkeit der erfassten Vereine bei Führung des ZVR für die Vereinsbehörden jedem Verein eine fortlaufende Vereinsregisterzahl (ZVR-Zahl) beizugeben, die keine Informationen über den betroffenen Verein enthält.

Die ZVR-Zahl ist der zuständigen Vereinsbehörde zu melden. Die ZVR-Zahl ist von den Vereinen im Rechtsverkehr nach außen zu führen.

(3) Die Protokollierungsregelungen des § 16 Abs. 6 finden auch auf das Zentrale Vereinsregister Anwendung.

(4) Hinsichtlich der Verarbeitung personenbezogener Daten nach diesem Bundesgesetz besteht kein Widerspruchsrecht gemäß Art. 21 DSGVO sowie kein Recht auf Einschränkung der Verarbeitung gemäß Art. 18 DSGVO. Darüber sind die Betroffenen in geeigneter Weise zu informieren.

(BGBl I 2018/32)

Erteilung von Auskünften aus dem Zentralen Vereinsregister

§ 19. (1) Für die Erteilung von Auskünften aus dem Zentralen Vereinsregister gilt § 17 sinngemäß, wobei diese – abweichend von § 9 Abs. 3 – unabhängig vom Sitz eines Vereins von jeder Vereinsbehörde zu erteilen sind. *(BGBl I 2018/32)*

(2) Der Bundesminister für Inneres ist ermächtigt, Organen von Gebietskörperschaften auf Verlangen sowie Körperschaften öffentlichen Rechts auf deren Antrag eine Abfrage im Zentralen Vereinsregister in der Weise zu eröffnen, dass sie, soweit dies zur Besorgung einer gesetzlich übertragenen Aufgabe erforderlich ist, die dort verarbeiteten Daten – ausgenommen jene nach § 16 Abs. 1 Z 9 und 15 – eines eindeutig nach seiner ZVR-Zahl (§ 18 Abs. 2) oder seinem Namen oder Namensbestandteilen, allenfalls ergänzt mit dem Vereinssitz, bestimmbaren Vereins im Datenfernverkehr ermitteln können. *(BGBl I 2018/32)*

(3) Unbeschadet der Bestimmungen des Abs. 2 ist der Bundesminister für Inneres ermächtigt, jedermann die gebührenfreie Abfrage der im ZVR verarbeiteten Daten gemäß § 16 Abs. 1 Z 1 bis 7, 10 bis 13 und 16 eines nach § 17 Abs. 1 Z 1 bis 3 eindeutig bestimmbaren Vereins, für den keine Auskunftssperre gemäß § 17 Abs. 4 besteht, im Weg des Datenfernverkehrs zu eröffnen (Online-Einzelabfrage). *(BGBl I 2018/32)*

(4) Der Zeitpunkt der Aufnahme des Echtbetriebs des Zentralen Vereinsregisters sowie Näheres über die Vorgangsweise bei dem in Abs. 1 bis 3 vorgesehenen „Verarbeiten“ von Daten im Hinblick auf die für die jeweilige „Datenverarbeitung“ notwendigen Datensicherheitsmaßnahmen, sind vom Bundesminister für Inneres durch Verordnung festzulegen, wobei für das „Verarbeiten“ von Daten gemäß Abs. 1a und 2 insbesondere vorzusehen ist, dass seitens des Empfängers sichergestellt wird, dass

1. in seinem Bereich ausdrücklich festgelegt wird, wer unter welchen Voraussetzungen eine Abfrage durchführen darf,

2. abfrageberechtigte Mitarbeiter über ihre nach Datenschutzvorschriften bestehenden Pflichten belehrt werden,

3. entsprechende Regelungen über die Abfrageberechtigungen und den Schutz vor Einsicht und „Verarbeiten“ der Vereinsdaten durch Unbefugte getroffen werden, *(BGBl I 2018/32)*

4. durch technische oder programmgesteuerte Vorkehrungen Maßnahmen gegen unbefugte Abfragen ergriffen werden,

5. Aufzeichnungen geführt werden, damit tatsächlich durchgeführte „Verarbeitungsvorgänge“ im Hinblick auf ihre Zulässigkeit im notwendigen Ausmaß nachvollzogen werden können, *(BGBl I 2018/32)*

6. Maßnahmen zum Schutz vor unberechtigtem Zutritt zu Räumlichkeiten, von denen aus Abfragen durchgeführt werden können, ergriffen werden und

7. eine Dokumentation über die gemäß Z 1 bis 6 getroffenen Maßnahmen geführt wird. *(BGBl I 2018/32)*

(5) Eine auf Antrag eröffnete Abfrageberechtigung im Zentralen Vereinsregister ist vom Bundesminister für Inneres zu unterbinden, wenn

1. die Voraussetzungen, unter denen die Abfrageberechtigung erteilt wurde, nicht mehr vorliegen,

1a. die damit ermittelten Daten zu anderen Zwecken als zur Erfüllung eines gesetzlichen Auftrages „verarbeitet“ werden, *(BGBl I 2018/32)*

2. schutzwürdige Geheimhaltungsinteressen Betroffener von Auskünften verletzt wurden,

3. gegen Datensicherheitsmaßnahmen gemäß Abs. 4 Z 1 bis 7 verstoßen wurde oder

4. ausdrücklich auf sie verzichtet wird.

„Einer gegen einen solchen Bescheid erhobenen Beschwerde kommt keine aufschiebende Wirkung zu.“ *(BGBl I 2013/161)*

„(6)“* [1]Nach Maßgabe der technischen Möglichkeiten können Änderungen im ZVR, die sonst auf Grund von Mitteilungen gemäß § 14 Abs. 2 und 3 vorgenommen werden, durch einen vom Verein der Behörde namhaft gemachten organschaftlichen Vertreter unter Verwendung der Bürgerkarte (E-GovG, BGBl. I Nr. 10/2004) für die Behörde vorgenommen werden. [2]Auf diese Weise durchgeführte Änderungen sind unverzüglich den lokalen Vereinsregistern „zu übermitteln“**. *(BGBl I 2010/111; *BGBl I 2011/137; **BGBl I 2018/32)*

(7) Der Österreichischen Nationalbank sind gegen Ersatz der dafür anfallenden Kosten die Daten aus dem Zentralen Vereinsregister zur Erfüllung ihrer gesetzlich oder unionsrechtlich übertragenen Aufgaben nach Maßgabe der tech-

nischen Möglichkeiten im Datenfernverkehr zu übermitteln. *(BGBl I 2018/32)*

(BGBl I 2004/10)

4. Abschnitt

Vereinsgebarung

Informationspflicht

§ 20. [1]Das Leitungsorgan ist verpflichtet, in der Mitgliederversammlung die Mitglieder über die Tätigkeit und die finanzielle Gebarung des Vereins zu informieren. [2]Wenn mindestens ein Zehntel der Mitglieder dies unter Angabe von Gründen verlangt, hat das Leitungsorgan eine solche Information den betreffenden Mitgliedern auch sonst binnen vier Wochen zu geben.

Rechnungslegung

§ 21. (1) [1]Das Leitungsorgan hat dafür zu sorgen, dass die Finanzlage des Vereins rechtzeitig und hinreichend erkennbar ist. [2]Es hat ein den Anforderungen des Vereins entsprechendes Rechnungswesen einzurichten, insbesondere für die laufende Aufzeichnung der Einnahmen und Ausgaben zu sorgen. [3]Zum Ende des Rechnungsjahrs hat das Leitungsorgan innerhalb von fünf Monaten eine Einnahmen- und Ausgabenrechnung samt Vermögensübersicht zu erstellen. [4]Das Rechnungsjahr muss nicht mit dem Kalenderjahr übereinstimmen, es darf zwölf Monate nicht überschreiten.

(2) [1]Die Rechnungsprüfer haben die Finanzgebarung des Vereins im Hinblick auf die Ordnungsmäßigkeit der Rechnungslegung und die statutengemäße Verwendung der Mittel innerhalb von vier Monaten ab Erstellung der Einnahmen- und Ausgabenrechnung zu prüfen. [2]Das Leitungsorgan hat den Rechnungsprüfern die erforderlichen Unterlagen vorzulegen und die erforderlichen Auskünfte zu erteilen.

(3) [1]Der Prüfungsbericht hat die Ordnungsmäßigkeit der Rechnungslegung und die statutengemäße Verwendung der Mittel zu bestätigen oder festgestellte Gebarungsmängel oder Gefahren für den Bestand des Vereins aufzuzeigen. [2]Auf ungewöhnliche Einnahmen oder Ausgaben, vor allem auf Insichgeschäfte (§ 6 Abs. 4), ist besonders einzugehen.

(4) [1]Die Rechnungsprüfer haben dem Leitungsorgan und einem allenfalls bestehenden Aufsichtsorgan zu berichten. [2]Die zuständigen Vereinsorgane haben die von den Rechnungsprüfern aufgezeigten Gebarungsmängel zu beseitigen und Maßnahmen gegen aufgezeigte Gefahren zu treffen. [3]Das Leitungsorgan hat die Mitglieder über die geprüfte Einnahmen- und Ausgabenrechnung zu informieren. [4]Geschieht dies in der Mitgliederversammlung, sind die Rechnungsprüfer einzubinden.

(5) [1]Stellen die Rechnungsprüfer fest, dass das Leitungsorgan beharrlich und auf schwerwiegende Weise gegen die ihm obliegenden Rechnungslegungspflichten verstößt, ohne dass zu erwarten ist, dass im Verein in absehbarer Zeit für wirksame Abhilfe gesorgt wird, so haben sie vom Leitungsorgan die Einberufung einer Mitgliederversammlung zu verlangen. [2]Sie können auch selbst eine Mitgliederversammlung einberufen.

Qualifizierte Rechnungslegung für große Vereine

§ 22. (1) [1]Das Leitungsorgan eines Vereins, dessen gewöhnliche Einnahmen oder gewöhnliche Ausgaben in zwei aufeinander folgenden Rechnungsjahren jeweils höher als eine Million Euro waren, hat ab dem folgenden Rechnungsjahr an Stelle der Einnahmen- und Ausgabenrechnung einen Jahresabschluss (Bilanz, Gewinn- und Verlustrechnung) aufzustellen. [2]§ 21 und die §§ „190" bis 193 Abs. 1 und 193 Abs. 3 bis 216 „UGB" sind sinngemäß anzuwenden. [3]Die Verpflichtung zur Aufstellung eines Jahresabschlusses entfällt, sobald der Schwellenwert in zwei aufeinander folgenden Rechnungsjahren nicht mehr überschritten wird. *(BGBl I 2005/124)*

(2) [1]Das Leitungsorgan eines Vereins, dessen gewöhnliche Einnahmen oder gewöhnliche Ausgaben in zwei aufeinander folgenden Rechnungsjahren jeweils höher als 3 Millionen Euro waren oder dessen jährliches Aufkommen an im Publikum gesammelten Spenden in diesem Zeitraum jeweils den Betrag von einer Million Euro überstieg, hat einen erweiterten Jahresabschluss (Bilanz, Gewinn- und Verlustrechnung, Anhang) aufzustellen und überdies für die Abschlussprüfung durch einen Abschlussprüfer gemäß Abs. 4 zu sorgen. [2]Dabei sind zusätzlich die „§§ 222 bis 234, 236 bis 240, 242 Abs. 2 bis 4, 269 Abs. 1 und 272 bis 276 UGB" sinngemäß anzuwenden. [3]Im Anhang sind jedenfalls Mitgliedsbeiträge, öffentliche Subventionen, Spenden und sonstige Zuwendungen sowie Einkünfte aus wirtschaftlichen Tätigkeiten und die ihnen jeweils zugeordneten Aufwendungen auszuweisen. [4]Der Abschlussprüfer übernimmt die Aufgaben der Rechnungsprüfer. [5]Diese Verpflichtungen entfallen, sobald die im ersten Satz genannten Schwellenwerte in zwei aufeinander folgenden Rechnungsjahren nicht mehr überschritten werden. *(BGBl I 2015/22)*

(3) [1]Wenn und soweit ein öffentlicher Subventionsgeber zu einer gleichwertigen Prüfung verpflichtet ist, bleibt ein hievon erfasster Rechnungskreis von der Berechnung der Schwellenwerte gemäß Abs. 1 und 2 und von der Prüfung durch den Abschlussprüfer oder durch die Rechnungsprüfer ausgenommen. [2]Auf einen solchen Rech-

nungskreis sind die Rechnungslegungsbestimmungen entsprechend dem darin erreichten Schwellenwert anzuwenden. [3]Das Ergebnis der Prüfung durch den öffentlichen Subventionsgeber ist im Fall des Abs. 2 dem Abschlussprüfer, sonst den Rechnungsprüfern innerhalb von drei Monaten ab Aufstellung des Jahresabschlusses beziehungsweise ab Erstellung der Einnahmen- und Ausgabenrechnung mitzuteilen.

(4) Als Abschlussprüfer können Wirtschaftsprüfer oder Wirtschaftsprüfungsgesellschaften sowie Revisoren im Sinne des § 13 Genossenschaftsrevisionsgesetz 1997, BGBl. I Nr. 127/1997, herangezogen werden. *(BGBl I 2011/137)*

(5) [1]Stellt der Abschlussprüfer bei seiner Prüfung Tatsachen fest, die erkennen lassen, dass der Verein seine bestehenden Verpflichtungen nicht erfüllen kann, oder die erwarten lassen, dass der Verein in Zukunft zur Erfüllung seiner Verpflichtungen nicht in der Lage sein wird, so hat er dies der Vereinsbehörde mitzuteilen. Die Vereinsbehörde hat diesen Umstand im Vereinsregister ersichtlich zu machen. [2]Die Eintragung ist wieder zu löschen, wenn der Abschlussprüfer mitteilt, dass die ihr zu Grunde liegenden Tatsachen nicht mehr bestehen. [3]Die Eintragung ist in einer Weise zu löschen, dass sie – abweichend von § 16 Abs. 2 – nicht weiter abfragbar ist.

5. Abschnitt
Haftung

Haftung für Verbindlichkeiten des Vereins

§ 23. [1]Für Verbindlichkeiten des Vereins haftet der Verein mit seinem Vermögen. [2]Organwalter und Vereinsmitglieder haften persönlich nur dann, wenn sich dies aus anderen gesetzlichen Vorschriften oder auf Grund persönlicher rechtsgeschäftlicher Verpflichtung ergibt.

Haftung von Organwaltern und Rechnungsprüfern

§ 24. (1) [1]Verletzt ein Mitglied eines Vereinsorgans unter Missachtung der Sorgfalt eines ordentlichen und gewissenhaften Organwalters seine gesetzlichen oder statutarischen Pflichten oder rechtmäßige Beschlüsse eines zuständigen Vereinsorgans, so haftet es dem Verein für den daraus entstandenen Schaden nach den §§ 1293 ff ABGB; dies gilt sinngemäß auch für Rechnungsprüfer.[2]„Ist der Organwalter oder der Rechnungsprüfer unentgeltlich tätig, so haftet er nur bei Vorsatz oder grober Fahrlässigkeit, wenn nicht anderes vereinbart oder in den Statuten festgelegt ist.“[3]Vereinsmitglieder sind in ihrer Eigenschaft als Teilnehmer der Mitgliederversammlung keine Organwalter. *(BGBl I 2011/137)*

(2) Organwalter können insbesondere schadenersatzpflichtig werden, wenn sie schuldhaft

1. Vereinsvermögen zweckwidrig verwendet,

2. Vereinsvorhaben ohne ausreichende finanzielle Sicherung in Angriff genommen,

3. ihre Verpflichtungen betreffend das Finanz- und Rechnungswesen des Vereins missachtet,

4. die Eröffnung des Insolvenzverfahrens über das Vereinsvermögen nicht rechtzeitig beantragt, *(BGBl I 2010/58)*

5. im Fall der Auflösung des Vereins dessen Abwicklung behindert oder vereitelt oder

6. ein Verhalten, das Schadenersatzpflichten des Vereins gegenüber Vereinsmitgliedern oder Dritten ausgelöst hat, gesetzt

haben.

(3) [1]Die Ersatzpflicht tritt nicht ein, wenn die Handlung auf einem seinem Inhalt nach gesetzmäßigen und ordnungsgemäß zustande gekommenen Beschluss eines zur Entscheidung statutengemäß zuständigen Vereinsorgans beruht. [2]Die Ersatzpflicht entfällt jedoch nicht, wenn der Organwalter dieses Vereinsorgan irregeführt hat.

(4) Für Rechnungsprüfer gelten die Haftungshöchstgrenzen des § 275 Abs. 2 „UGB“ sinngemäß. *(BGBl I 2005/124)*

(5) [1]Ist ein unentgeltlich tätiger Organwalter oder Rechnungsprüfer einem Dritten zum Ersatz eines in Wahrnehmung seiner Pflichten verursachten Schadens verpflichtet, so kann er vom Verein die Befreiung von der Verbindlichkeit verlangen. [2]Das gilt nicht, wenn er den Schaden vorsätzlich oder grob fahrlässig verursacht hat oder wenn anderes vereinbart oder in den Statuten festgelegt ist. *(BGBl I 2011/137)*

(6) Unterlässt es der Organwalter oder Rechnungsprüfer, dem Verein den Streit zu verkünden, so verliert er zwar nicht das Recht auf die Befreiung von der Verbindlichkeit gegen den Verein, doch kann ihm der Verein alle gegen den Dritten unausgeführt gebliebenen Einwendungen entgegensetzen und sich dadurch insoweit von seiner Verpflichtung befreien, als erkannt wird, dass diese Einwendungen eine andere Entscheidung gegen den Dritten veranlasst hätten, wenn von ihnen gehörig Gebrauch gemacht worden wäre. *(BGBl I 2011/137)*

(7) Eine von einem Verein abgeschlossene Haftpflichtversicherung hat auch den in Abs. 5 genannten Anspruch eines Organwalters oder Rechnungsprüfers gegen den Verein zu decken. *(BGBl I 2011/137)*

Geltendmachung von Ersatzansprüchen des Vereins

§ 25. (1) [1]Zur Geltendmachung von Ersatzansprüchen des Vereins gegen einen Organwalter kann die Mitgliederversammlung einen Sondervertreter bestellen. [2]Dazu kann die Mitgliederversammlung jedenfalls auch von einem allfälligen Aufsichtsorgan einberufen werden.

(2) [1]Für den Fall, dass die Mitgliederversammlung die Bestellung eines Sondervertreters ablehnt oder mit dieser Frage nicht befasst wird, können Ersatzansprüche von mindestens einem Zehntel aller Mitglieder geltend gemacht werden. [2]Diese bestellen für den Verein einen Sondervertreter, der mit der Geltendmachung der Ersatzansprüche betraut wird.

(3) Dringt im Fall des Abs. 2 der Verein mit den erhobenen Ansprüchen nicht oder nicht zur Gänze durch, so tragen die betreffenden Mitglieder die aus der Rechtsverfolgung erwachsenden Kosten nach außen zur ungeteilten Hand (Gesamtschuldner) und im Innenverhältnis, sofern nicht anderes vereinbart ist, zu gleichen Teilen.

Verzicht auf Ersatzansprüche durch den Verein

§ 26. [1]Ein Verzicht auf oder ein Vergleich über Ersatzansprüche des Vereins gegen Organwalter oder Prüfer ist Gläubigern des Vereins gegenüber unwirksam.[2]„Anderes gilt nur, wenn der Ersatzpflichtige zahlungsunfähig oder überschuldet ist und sich zur Überwindung der Zahlungsunfähigkeit oder Überschuldung mit seinen Gläubigern vergleicht.“ *(BGBl I 2010/58)*

6. Abschnitt
Beendigung des Vereins

Ende der Rechtspersönlichkeit

§ 27. Die Rechtspersönlichkeit eines Vereins endet mit der Eintragung seiner Auflösung im Vereinsregister; ist eine Abwicklung erforderlich, verliert er seine Rechtsfähigkeit jedoch erst mit Eintragung ihrer Beendigung.

Freiwillige Auflösung

§ 28. (1) Die Statuten bestimmen, unter welchen Voraussetzungen sich ein Verein selbst auflösen kann und was in diesem Fall mit dem Vereinsvermögen zu geschehen hat.

(2) Der Verein hat der Vereinsbehörde das Datum der freiwilligen Auflösung und, falls Vermögen vorhanden ist, das Erfordernis der Abwicklung sowie den Namen, das Geburtsdatum, den Geburtsort und die für Zustellungen maßgebliche Anschrift sowie den Beginn der Vertretungsbefugnis eines allenfalls bestellten Abwicklers binnen vier Wochen nach der Auflösung mitzuteilen.

(3) [1]Ist eine Abwicklung nicht erforderlich, so müssen die Eintragung der freiwilligen Auflösung im Vereinsregister und die anderen, zu diesem Zeitpunkt aktuell gewesenen Registerdaten – abweichend von § 17 Abs. 2 – noch ein Jahr nach Eintragung der Auflösung allgemein abfragbar bleiben (§ 17 Abs. 1). [2]Bis zur Betriebsaufnahme des Zentralen Vereinsregisters ist die freiwillige Auflösung überdies vom Verein binnen vier Wochen nach der Auflösung in einer für amtliche Verlautbarungen bestimmten Zeitung zu veröffentlichen.

Behördliche Auflösung

§ 29. (1) Jeder Verein kann unbeschadet des Falls nach § 2 Abs. 3 bei Vorliegen der Voraussetzungen des Art. 11 Abs. 2 der Europäischen Konvention zum Schutze der Menschenrechte und Grundfreiheiten, BGBl. Nr. 210/1958, mit Bescheid aufgelöst werden, wenn er gegen Strafgesetze verstößt, seinen statutenmäßigen Wirkungskreis überschreitet oder überhaupt den Bedingungen seines rechtlichen Bestands nicht mehr entspricht.

(2) [1]Ist eine Abwicklung nicht erforderlich, so müssen die Eintragung der rechtskräftigen behördlichen Auflösung im Vereinsregister und die anderen, zu diesem Zeitpunkt aktuell gewesenen Registerdaten – abweichend von § 17 Abs. 2 – noch ein Jahr nach Eintragung der Auflösung allgemein abfragbar bleiben (§ 17 Abs. 1). [2]Bis zur Betriebsaufnahme des Zentralen Vereinsregisters ist die behördliche Auflösung überdies von der Vereinsbehörde unverzüglich in einer für amtliche Verlautbarungen bestimmten Zeitung zu veröffentlichen.

(3) Bei Vorhandensein eines Vereinsvermögens hat die Vereinsbehörde die angemessenen gesetzmäßigen Vorkehrungen zu dessen Sicherung zu treffen.

(4) [1]Schließlich hat die Vereinsbehörde bei Vorhandensein eines Vereinsvermögens dieses abzuwickeln. [2]Wenn dies aus Gründen möglichster Sparsamkeit, Raschheit, Einfachheit oder Zweckmäßigkeit, insbesondere im berechtigten Interesse Dritter, erforderlich ist, hat sie einen von ihr verschiedenen Abwickler zu bestellen.

Abwicklung, Nachabwicklung

§ 30. (1) [1]Der aufgelöste Verein wird durch den Abwickler vertreten. In Erfüllung seiner Aufgabe stehen ihm alle nach den Statuten des aufgelösten Vereins den Vereinsorganen zukommenden Rechte zu. [2]Ein von der Vereinsbehörde bestellter Abwickler ist dabei an ihm erteilte Weisungen gebunden.

(2) [1]Der Abwickler hat das Vereinsvermögen zu verwalten und zu verwerten. [2]Er hat die noch laufenden Geschäfte zu beenden, Forderungen des Vereins einzuziehen und Gläubiger des Ve-

reins zu befriedigen. [3]Das verbleibende Vermögen ist, soweit dies möglich und erlaubt ist, dem in den Statuten bestimmten Zweck oder verwandten Zwecken, sonst Zwecken der Sozialhilfe zuzuführen. [4]An die Vereinsmitglieder darf im Fall der freiwilligen Auflösung eines Vereins verbleibendes Vermögen auf Grund einer entsprechenden Bestimmung in den Statuten soweit verteilt werden, als es den Wert der von den Mitgliedern geleisteten Einlagen nicht übersteigt.

(3) Ein von der Vereinsbehörde bestellter Abwickler hat auf sein Verlangen einen nach Maßgabe des vorhandenen Vereinsvermögens vorrangig zu befriedigenden Anspruch auf Ersatz seiner notwendigen Barauslagen und auf angemessene Vergütung seiner Tätigkeit.

(4) Die im Zug einer Abwicklung nach behördlicher Vereinsauflösung von der Vereinsbehörde oder von einem von ihr bestellten Abwickler vorgenommenen unentgeltlichen Vermögensübertragungen sind von den bundesrechtlich geregelten Abgaben befreit.

(5) [1]Der Abwickler hat die Beendigung der Abwicklung der Vereinsbehörde unverzüglich mitzuteilen. [2]Die Funktion eines behördlich bestellten Abwicklers endet mit seiner Enthebung durch die Vereinsbehörde. [3]Die Eintragung der Beendigung der Abwicklung im Vereinsregister und die anderen, zu diesem Zeitpunkt aktuell gewesenen Registerdaten müssen – abweichend von § 17 Abs. 2 – noch ein Jahr nach Eintragung der Auflösung allgemein abfragbar bleiben (§ 17 Abs. 1).

(6) [1]Stellt sich nach Beendigung des Vereins (§ 27) heraus, dass (noch weitere) Abwicklungsmaßnahmen erforderlich sind, so ist gemäß §§ 29 Abs. 3 und 4 sowie 30 Abs. 1 bis 5 vorzugehen. [2]Für die Zeit der Nachabwicklung lebt der Verein vorübergehend wieder auf. [3]Die entsprechenden Eintragungen im Vereinsregister sind vorzunehmen; für die Eintragung der Beendigung der Nachabwicklung gilt Abs. 5 letzter Satz sinngemäß.

7. Abschnitt

Straf-, Übergangs- und Schlussbestimmungen

Strafbestimmung

§ 31. Wer

1. die Errichtung eines Vereins vor Aufnahme einer über die Vereinbarung von Statuten und die allfällige Bestellung der ersten organschaftlichen Vertreter hinausgehenden Vereinstätigkeit nicht gemäß § 11 Abs. 1 anzeigt oder

2. trotz Erklärung der Vereinsbehörde gemäß § 12 Abs. 1 eine Vereinstätigkeit ausübt oder auf der Grundlage geänderter Statuten fortsetzt (§ 14 Abs. 1) oder

3. nach rechtskräftiger Auflösung des Vereins die Vereinstätigkeit fortsetzt oder

4. als zur Vertretung des Vereins berufener Organwalter

a) die Anzeige einer Statutenänderung unterlässt (§ 14 Abs. 1) oder

b) die organschaftlichen Vertreter des Vereins oder die Vereinsanschrift nicht gemäß § 14 Abs. 2 und 3 bekannt gibt oder

c) die freiwillige Auflösung des Vereins nicht gemäß § 28 Abs. 2 anzeigt oder die Veröffentlichung unterlässt (§ 28 Abs. 3) oder

d) die Mitteilung der Beendigung der Abwicklung nach freiwilliger Auflösung des Vereins unterlässt (§ 30 Abs. 5 in Verbindung mit § 28 Abs. 2) oder

e) die ZVR-Zahl nicht gemäß § 18 Abs. 2 letzter Satz führt oder *(BGBl I 2018/32)*

5. als Abwickler die Mitteilung der Beendigung der Abwicklung nach freiwilliger Auflösung des Vereins unterlässt (§ 30 Abs. 5)

begeht – wenn die Tat nicht von den Strafgerichten zu verfolgen ist – eine Verwaltungsübertretung und ist von der Bezirksverwaltungsbehörde, im „Gebiet einer Gemeinde, für das die Landespolizeidirektion zugleich Sicherheitsbehörde erster Instanz ist, von der Landespolizeidirektion“, mit Geldstrafe bis zu 218 Euro, im Wiederholungsfall mit Geldstrafe bis zu 726 Euro zu bestrafen. *(BGBl I 2012/50)*

Verweisungen

§ 32. (1) Soweit in diesem Bundesgesetz auf Bestimmungen anderer Bundesgesetze verwiesen wird, sind diese in ihrer jeweils geltenden Fassung anzuwenden.

(2) Soweit in anderen Bundesgesetzen und Verordnungen auf Bestimmungen verwiesen ist, die durch dieses Bundesgesetz geändert oder aufgehoben werden, erhält die Verweisung ihren Inhalt aus den entsprechenden Bestimmungen dieses Bundesgesetzes.

In-Kraft-Treten, Außer-Kraft-Treten und Übergangsbestimmungen

§ 33. (1) Dieses Bundesgesetz tritt mit 1. Juli 2002 in Kraft, gleichzeitig tritt das Vereinsgesetz 1951, BGBl. Nr. 233/1951, außer Kraft.

(2) Zum Zeitpunkt des In-Kraft-Tretens dieses Bundesgesetzes anhängige Verfahren sind nach den Bestimmungen des Vereinsgesetzes 1951 zu Ende zu führen.

(3) Vereinsstatuten der zu diesem Zeitpunkt bestehenden Vereine sind – soweit erforderlich – bis spätestens 30. Juni 2006 an die Bestimmungen dieses Bundesgesetzes anzupassen.

(4) [1]Die Bestimmungen über die Rechnungslegung (§ 21) und über die qualifizierte Rechnungslegung für große Vereine (§ 22) sind erstmalig auf Rechnungsjahre anzuwenden, die nach dem 31. Dezember 2002 beginnen. [2]Die Rechtsfolgen der Größenmerkmale gemäß § 22 Abs. 1 und 2 treten ein, wenn diese Merkmale an den beiden dem 1. Jänner 2005 vorangehenden Abschlussstichtagen zutreffen; hat ein Verein ein vom Kalenderjahr abweichendes Rechnungsjahr (§ 21 Abs. 1 letzter Satz), entsprechend später.

(5) § 19 in der Fassung des Artikels 6 des Bundesgesetzes BGBl. I Nr. 10/2004 tritt mit 1. März 2004 in Kraft. Die §§ 18 Abs. 3 und 31 Z 4 lit. e in der Fassung des Artikels 6 des Bundesgesetzes BGBl. I Nr. 10/2004 treten drei Monate nach dem durch Verordnung des Bundesministers für Inneres gemäß § 19 Abs. 4 festzulegenden Zeitpunkt der Aufnahme des Echtbetriebes des Zentralen Vereinsregisters in Kraft. *(BGBl I 2004/10)*

(6) § 22 Abs. 1 und 2 und § 24 Abs. 4 in der Fassung des „Bundesgesetzes BGBl. I Nr. 124/2005" treten mit 1. Jänner 2007 in Kraft. *(BGBl I 2005/124; BGBl I 2011/137)*

(7) [1]Die §§ 17 Abs. 1 und 9, 18 Abs. 4 und 19 Abs. 1 und 3 in der Fassung des Bundesgesetzes BGBl. I Nr. 45/2008 treten mit 1. Juli 2008 in Kraft. [2]§ 19 Abs. 1 in der Fassung des Bundesgesetzes BGBl. I Nr. 124/2005 tritt mit Ablauf des 30. Juni 2008 außer Kraft. *(BGBl I 2008/45)*

(8) Die §§ 24 Abs. 2 und 26 in der Fassung des Bundesgesetzes BGBl. I Nr. 58/2010 treten mit 1. August 2010 in Kraft. *(BGBl I 2010/58)*

(9) § 19 Abs. 5 in der Fassung des Budgetbegleitgesetzes 2011, BGBl. I Nr. 111/2010, tritt mit 1. Jänner 2011 in Kraft. *(BGBl I 2010/111)*

(10) [1]§ 5 Abs. 2, § 19 Abs. 2, § 22 Abs. 4 und § 24 samt Überschrift in der Fassung der Vereinsgesetz-Novelle 2011, BGBl. I Nr. 137/2011, treten mit 1. Jänner 2012 in Kraft. [2]Die Bestimmungen des § 24 Abs. 1, 5 und 6 in der Fassung dieses Bundesgesetzes sind auf Handlungen und Unterlassungen anzuwenden, die nach dem 31. Dezember 2011 gesetzt werden. [3]§ 24 Abs. 7 in dieser Fassung ist anzuwenden, wenn die Haftpflichtversicherung nach dem 31. Dezember 2011 abgeschlossen wird. *(BGBl I 2011/137)*

(11) § 9 Abs. 1 und 2, § 16 Abs. 5 und § 31 in der Fassung des Bundesgesetzes BGBl. I Nr. 50/2012 treten mit 1. September 2012 in Kraft. *(BGBl I 2012/50)*

(12) § 11 in der Fassung des Bundesgesetzes BGBl. I Nr. 161/2013 tritt mit Ablauf des Monats der Kundmachung dieses Bundesgesetzes in Kraft. § 9 Abs. 1 und 2, § 12 Abs. 4, § 16 Abs. 1, § 17 Abs. 1, § 18 Abs. 2 und 3 sowie § 19 Abs. 1 und 5 in der Fassung des Bundesgesetzes BGBl. I Nr. 161/2013 treten mit 1. Jänner 2014 in Kraft; gleichzeitig tritt § 13 Abs. 2 letzter Satz außer Kraft. *(BGBl I 2013/161)*

(13) [1]§ 22 Abs. 2 in der Fassung des Bundesgesetzes BGBl. I Nr. 22/2015 tritt mit 20. Juli 2015 in Kraft und ist erstmalig auf Geschäftsjahre anzuwenden, die nach dem 31. Dezember 2015 beginnen. [2]Auf Geschäftsjahre, die vor dem 1. Jänner 2016 begonnen haben, ist § 22 in der Fassung vor dem Bundesgesetzes BGBl. I Nr. 22/2015 weiterhin anzuwenden. *(BGBl I 2015/22)*

(14) [1]Die Überschrift zum 3. Abschnitt samt Eintrag im Inhaltsverzeichnis, § 15 samt Überschrift und Eintrag im Inhaltsverzeichnis, § 16 Abs. 1 sowie 4 bis 6, die Überschrift zu § 17 samt Eintrag im Inhaltsverzeichnis, § 17 Abs. 1, 2, 4 und 8, § 18 samt Überschrift, § 19 samt Überschrift und Eintrag im Inhaltsverzeichnis sowie § 31 Z 4 lit. e in der Fassung des Materien-Datenschutz- Anpassungsgesetzes 2018, BGBl. I Nr. 32/2018, treten mit 25. Mai 2018 in Kraft. *(BGBl I 2018/32)*

Vollziehung

§ 34. Mit der Vollziehung dieses Bundesgesetzes sind hinsichtlich §§ 9 und 10, § 14 Abs. 2 und 3, §§ 15 bis 17 Abs. 7, § 17 Abs. 9, §§ 18 und 19, § 29, § 30 Abs. 5, § 31 der Bundesminister für Inneres, hinsichtlich § 2 Abs. 4, §§ 6 und 7, §§ 23 bis 26 der Bundesminister für Justiz, hinsichtlich § 30 Abs. 4 der Bundesminister für Inneres und der Bundesminister für Finanzen, hinsichtlich aller übrigen Bestimmungen der Bundesminister für Inneres und der Bundesminister für Justiz betraut.

13/1. Vereinsgesetz-Durchführungsverordnung

BGBl II 2005/60 idF

1 BGBl II 2008/218 **2** BGBl II 2018/104

Verordnung der Bundesministerin für Inneres über die Durchführung des Vereinsgesetzes (Vereinsgesetz-Durchführungsverordnung – VerGV)

„Auf Grund des Vereinsgesetzes 2002 (VerG), BGBl. I Nr. 66/2002, zuletzt geändert durch das Bundesgesetz BGBl. I Nr. 32/2018, wird verordnet:" *(BGBl II 2018/104)*

Anwendungsbereich

§ 1. (1) Die Verordnung regelt die „Verarbeitung" von Daten im Zentralen Vereinsregister (ZVR), die notwendigen Datensicherheitsmaßnahmen, die Einrichtung und Führung des Registers sowie Näheres über die Vorgangsweise bei Einsichtnahme in das Register. *(BGBl II 2018/104)*

(2) Mit Verantwortlichen des öffentlichen Bereichs können zur Erleichterung der zur Wahrnehmung ihrer gesetzlich übertragenen Aufgaben erforderlichen regelmäßigen Abfragen besondere Sicherheits- und Zugriffsvoraussetzungen vereinbart werden, die den durch die Verordnung (EU) 2016/679 zum Schutz natürlicher Personen bei der Verarbeitung personenbezogener Daten, zum freien Datenverkehr und zur Aufhebung der Richtlinie 95/46/EG (Datenschutz-Grundverordnung), ABl. Nr. L 119 vom 4.5.2016 S. 1, (im Folgenden: DSGVO) und die folgenden Bestimmungen festgelegten Sicherheitsstandard nicht unterschreiten dürfen. *(BGBl II 2018/104)*

Begriffsbestimmungen

§ 2. Im Sinne dieser Verordnung sind:

1. Abfrageberechtigte: unter Z 2 und 3 Genannte, denen gemäß § 19 Abs. 2 VerG eine Abfrageberechtigung im Zentralen Vereinsregister eingeräumt wurde;

2. abfrageberechtigte Organe: Organe von Gebietskörperschaften, denen gemäß § 19 Abs. 2 VerG auf Verlangen eine Abfrageberechtigung im Zentralen Vereinsregister im Datenfernverkehr eingeräumt wurde;

3. abfrageberechtigte Körperschaften: Körperschaften des öffentlichen Rechts, denen gemäß § 19 Abs. 2 VerG auf Antrag eine Abfrageberechtigung im Zentralen Vereinsregister im Datenfernverkehr eingeräumt wurde;

4. Zugriffsberechtigte: Mitarbeiter von Abfrageberechtigten, denen der physische Zugriff auf die im ZVR verarbeiteten Daten eingeräumt wurde.

§ 3. *(entfällt samt Überschrift, BGBl II 2018/104)*

Abfrageberechtigung

§ 4. Ein Antrag oder Verlangen gemäß § 19 Abs. 2 VerG ist im Wege des namhaft gemachten Zuständigen für Datensicherheitsmaßnahmen (§ 5) schriftlich an den Bundesminister für Inneres zu richten und hat überdies den Hinweis zu enthalten, dass die beantragende oder verlangende Stelle in die notwendigen technischen und organisatorischen Vorgaben des Bundesministers für Inneres für die Einräumung einer Abfrageberechtigung eingewilligt hat, die dieser allgemein zugänglich bereitstellt.

(BGBl II 2018/104)

VerG
VereinsDS-VO

Zuständiger für Datensicherheitsmaßnahmen

§ 5. (1) Vereinsbehörden und Abfrageberechtigte haben dem „Bundesminister für Inneres" bei Antragstellung zumindest einen „Zuständigen" für die Datensicherheitsmaßnahmen im Rahmen der „Datenverarbeitung" für das ZVR zu benennen. *(BGBl II 2018/104)*

(2) Als „Zuständige" können auch „Auftragsverarbeiter" in Anspruch genommen und benannt werden. *(BGBl II 2018/104)*

Zugriffsberechtigung

§ 6. Der gemäß § 5 benannte „Zuständige" hat in seinem Zuständigkeitsbereich die Zugriffsberechtigungen für das ZVR für die einzelnen Zugriffsberechtigten individuell zuzuweisen und dem „Bundesminister für Inneres" auf Verlangen Zugriff auf Verzeichnisse der Zugriffsberechtigten im Wege des Datenfernverkehrs zu gewähren. *(BGBl II 2018/104)*

Abfragemodalität

§ 7. Abfrageberechtigte haben, sofern es sich nicht um eine Online-Einzelabfrage handelt (§ 19 Abs. 3 VerG), vor Auskunftserteilung einen Bezug zu einem bestimmten Aktenvorgang anzugeben.

(BGBl II 2008/218)

Mitteilungen an den Bundesminister für Inneres

§ 8. Vereinsbehörden und Abfrageberechtigte haben dem „Bundesminister für Inneres" unverzüglich mitzuteilen: *(BGBl II 2018/104)*

1. die Inanspruchnahme, den Wechsel oder das Ausscheiden eines „Auftragsverarbeiters" oder *(BGBl II 2018/104)*

2. das Auftreten von Programmstörungen, die den Datenbestand gefährden können.

Entzug der Zugriffsberechtigung oder der Abfrageberechtigung

§ 9. (1) Zugriffsberechtigte sind vom jeweils benannten „Zuständigen gemäß § 5" von der weiteren Benutzung auf Dauer oder für eine bestimmte Zeit von der Ausübung ihrer Zugriffsberechtigung auszuschließen, wenn *(BGBl II 2018/104)*

1. sie diese zur weiteren Erfüllung der ihnen übertragenen Aufgaben nicht mehr benötigen oder

2. sie die Daten nicht entsprechend den für den Betrieb des ZVR maßgeblichen Bestimmungen „verarbeiten". *(BGBl II 2018/104)*

(2) Der Entzug der Abfrageberechtigung richtet sich nach § 19 Abs. 5 VerG.

Belehrungspflicht

§ 10. Vereinsbehörden und Abfrageberechtigte haben sicherzustellen, dass Zugriffe auf das ZVR nur erfolgen, wenn die Zugriffsberechtigten über die Bestimmungen gemäß „§ 6 Datenschutzgesetz (DSG)", BGBl. I Nr. 165/1999, und den Inhalt dieser Verordnung belehrt wurden. *(BGBl II 2018/104)*

Datensicherheitsmaßnahmen

§ 11. (1) Der gemäß § 5 benannte „Zuständige" hat nach Maßgabe des jeweiligen Standes der Technik und der organisatorischen Möglichkeiten den Zugriffsschutz zu personenbezogenen Daten und die erforderlichen Datensicherheitsmaßnahmen zu organisieren und umzusetzen. Er hat insbesondere die Zuständigkeiten und Regeln für die Programmverwaltung für das ZVR oder für die Abfrage aus dem ZVR in seinem Bereich festzulegen, sowie die Voraussetzungen für den physischen Zugriff auf die Daten des ZVR in seinem Zuständigkeitsbereich zu schaffen. *(BGBl II 2018/104)*

„(2)" Über die getroffenen Datensicherheitsmaßnahmen sind Aufzeichnungen zu führen, die – sofern gesetzlich nicht ausdrücklich anderes angeordnet ist „– mindestens drei Jahre" nach Ablauf von deren Gültigkeit aufzubewahren sind. *(BGBl II 2018/104)*

Zutritt zu Räumen

§ 12. (1) Vereinsbehörden und Abfrageberechtigte haben durch organisatorische und technische Vorkehrungen sicherzustellen, dass der Zutritt zu Räumen, in denen sich eine Zugriffsmöglichkeit auf das ZVR befindet, grundsätzlich nur von in ihrem Auftrag Tätigen möglich ist.

(2) Ist es erforderlich, dass in Räumen mit einer Zugriffsmöglichkeit auf das ZVR Parteienverkehr stattfindet, ist jedenfalls sicherzustellen, dass eine Einsichtnahme in die Daten des ZVR durch Außenstehende nicht möglich ist.

(3) Mitgliedern der „Datenschutzbehörde", des Datenschutzrates sowie dem „Bundesminister für Inneres" ist nach erfolgter Ausweisleistung der Zutritt zu gewähren, sofern sie im dienstlichen Auftrag tätig werden. Auf Verlangen sind die für deren Aufgabenerfüllung erforderlichen Auskünfte zu erteilen. *(BGBl II 2018/104)*

(4) *(entfällt, BGBl II 2018/104)*

Technische Vorkehrungen bei Vereinsbehörden und Abfrageberechtigten

§ 13. (1) Für den Verbindungsaufbau zum ZVR dürfen nur Geräte zum Einsatz kommen, die dafür über ein vom „Bundesminister für Inneres" anerkanntes Protokoll kommunizieren. Vereinsbehörden haben überdies vom „Bundesminister für Inneres" zur Verfügung gestellte Software-Zertifikate zu verwenden. Diese Software-Zertifikate sind Schlüssel, die den Zugang zum ZVR über dezentrale Systeme eröffnen und jedes zugriffsberechtigte System eindeutig identifizieren. Anstelle von Arbeitsplatz-Systemen kann mit einem vom „Bundesminister für Inneres" anerkannten Zertifikat auch ein Gateway-System authentifiziert werden, das sich in der Verfügung des Anwenders oder eines von ihm beauftragten „Auftragsverarbeiters" befindet; eine solche Authentifizierung ohne Arbeitsplatzzertifikat ist nur zulässig, wenn im Bereich des Gatewaybetreibers zwischen diesem und den über ihn zugreifenden Datenendgeräten vom „Bundesminister für Inneres" als sicher anerkannte Verbindungen bestehen, wie dies etwa bei einem geschlossenen Netzwerk der Fall ist. *(BGBl II 2018/104)*

(2) Es ist sicherzustellen, dass der Zugriff auf das ZVR nur nach geeigneter Identifikation des Zugriffsberechtigten möglich ist. Kennwörter sind jedenfalls geheim zu halten und müssen nach Maßgabe der technischen Möglichkeiten in periodischen Zeitabständen geändert werden.

(3) Wird ein Gerät, das den Zugang zum ZVR ermöglicht, aus dem bisherigen Arbeitsbereich entfernt, ist sicherzustellen, dass eine unberechtigte Verwendung des Programms für den Zugriff auf das ZVR oder von Daten des ZVR ausgeschlossen ist; insbesondere ist das auf dem jewei-

ligen Gerät allenfalls installierte Zertifikat zu entfernen.

(4) Es ist sicherzustellen, dass nach den Vorgaben des „Bundesministers für Inneres“ geeignete, dem jeweiligen Stand der Technik entsprechende Vorkehrungen getroffen werden, um eine Vernichtung oder Veränderung der Daten sowie eine Abfrage aus dem ZVR durch Zugriffe unberechtigter Menschen oder Systeme zu verhindern. *(BGBl II 2018/104)*

Kontrolle durch den Bundesminister für Inneres

§ 14. Der „Bundesminister für Inneres“ kann im Zusammenwirken mit der Vereinsbehörde durch Stichproben überprüfen, ob die „Verarbeitung“ der Daten des ZVR im dortigen Bereich den einschlägigen Bestimmungen entsprechend erfolgt und die erforderlichen Datensicherheitsmaßnahmen ergriffen worden sind. *(BGBl II 2018/104)*

Auftragsverarbeiter

§ 15. Bedienen sich Vereinsbehörden oder Abfrageberechtigte für den Datenverkehr mit dem Zentralen Vereinsregister eines „Auftragsverarbeiters“, haben sie diesen zur Einhaltung aller datenschutzrechtlichen Bestimmungen und zur Ergreifung der in dieser Verordnung vorgesehenen Datensicherheitsmaßnahmen zu verpflichten. *(BGBl II 2018/104)*

Dokumentation

§ 16. Soweit sich aus der „Datenverarbeitung“ selbst oder einem allenfalls beim Datenverkehr mit dem ZVR bekannt zu gebenden Bezug nicht die Nachvollziehbarkeit der „Verarbeitungsvorgänge“ ergibt, sind von den Vereinsbehörden und Abfrageberechtigten Aufzeichnungen zu führen, die die Zulässigkeit der tatsächlich im Bereich des ZVR durchgeführten „Verarbeitungsvorgänge“ im notwendigen Ausmaß überprüfbar machen. *(BGBl II 2018/104)*

§ 17. *(entfällt samt Überschrift, BGBl II 2018/104)*

Sprachliche Gleichbehandlung

§ 18. Soweit in dieser Verordnung auf natürliche Personen bezogene Bezeichnungen nur in männlicher Form angeführt sind, beziehen sie sich auf Frauen und Männer in gleicher Weise. Bei der Anwendung der Bezeichnung auf bestimmte natürliche Personen ist die jeweils geschlechtsspezifische Form zu verwenden.

In- und Außer-Kraft-Treten

§ 19. (1) Diese Verordnung tritt mit 1. Jänner 2006 in Kraft, gleichzeitig tritt die Vereinsdatensicherheitsmaßnahmen-Verordnung, BGBl. II Nr. 443/2003, außer Kraft.

(2) Bereits auf Grund der Vereinsdatensicherheitsmaßnahmen-Verordnung benannte Verantwortliche gelten als nach dieser Verordnung benannt und erteilte Zertifikate als nach dieser Verordnung erteilt. Ebenso bleiben Datensicherheitsmaßnahmen, die bereits für den Aufbau des ZVR ergriffen wurden, in Geltung.

(3) Die §§ 4 und 7 in der Fassung der Verordnung BGBl. II Nr. 218/2008 treten mit 1. Juli 2008 in Kraft. *(BGBl II 2008/218)*

(4) Die Promulgationsklausel, § 1, § 4, § 5 samt Überschrift, § 6, § 8 samt Überschrift, § 9 Abs. 1, § 10, § 11, § 12 Abs. 3, § 13 Abs. 1 und 4, § 14 samt Überschrift, § 15 samt Überschrift sowie § 16 in der Fassung der Verordnung BGBl. II Nr. 104/2018 treten mit 25. Mai 2018 in Kraft; gleichzeitig treten § 3 samt Überschrift, § 12 Abs. 4 sowie § 17 samt Überschrift außer Kraft. *(BGBl II 2018/104)*

14. EWIV-Ausführungsgesetz

BGBl 1995/521 idF

1 BGBl 1996/304
2 BGBl I 2004/67
3 BGBl I 2005/120 (HaRÄG)
4 BGBl I 2010/58 (IRÄ-BG)

GLIEDERUNG

STICHWORTVERZEICHNIS

Die Fundstellenangaben, denen ein „VO:“ vorangestellt ist, führen zu den Artikeln der als Anlage zum EWIVG abgedruckten EU-VO

Stichwortverzeichnis

EWIVG

Bundesgesetz zur Ausführung der Verordnung des Rates über die Schaffung einer Europäischen wirtschaftlichen Interessenvereinigung und Änderungen des Firmenbuchgesetzes, des Rechtspflegergesetzes und des Gerichtsgebührengesetzes (EWIV-Ausführungsgesetz – EWIVG)

Artikel I

EWIV-Ausführungsgesetz

Anzuwendende Bestimmungen

§ 1. „“ Für eine Europäische wirtschaftliche Interessenvereinigung (EWIV) mit Sitz im Inland gilt die – in der Anlage wiedergegebene – Verordnung (EWG) Nr. 2137/85 des Rates vom 25. Juli 1985 über die Schaffung einer Europäischen wirtschaftlichen Interessenvereinigung ABl. Nr. L 199, im folgenden EWIV-Verordnung genannt. Soweit die EWIV-Verordnung keine Regelung enthält, sind auf eine solche Vereinigung die folgenden Bestimmungen, ergänzend die für eine offene „Gesellschaft“ geltenden Bestimmungen anzuwenden. *(BGBl I 2005/120)*

(2) *(aufgehoben, BGBl I 2005/120)*

Anmeldung zum Firmenbuch

§ 2. (1) Die Vereinigung ist bei dem mit Handelssachen betrauten Gerichtshof erster Instanz, in dessen Sprengel sie ihren im Gründungsvertrag genannten Sitz hat, zur Eintragung in das Firmenbuch anzumelden. Auf Niederlassungen nach Art. 10 der Verordnung ist § 120 Abs. 1 und 3 JN sinngemäß anzuwenden.

(2) Zur Eintragung in das Firmenbuch sind anzumelden

1. von sämtlichen Mitgliedern der Vereinigung

a) die Vereinigung,

b) Änderungen des Gründungsvertrags einschließlich jeder Änderung der Zusammensetzung der Vereinigung mit Ausnahme des Ausscheidens eines Mitglieds aus der Vereinigung nach Art. 29 der EWIV-Verordnung,

c) die Bestellung der jeweiligen Geschäftsführer oder Abwickler und das Erlöschen oder eine Änderung der Vertretungsbefugnis;

2. von den Geschäftsführern oder Abwicklern die sonst gesetzlich vorgeschriebenen Eintragungen.

(3) Ferner kann zur Eintragung in das Firmenbuch angemeldet werden

1. von einem neuen Mitglied der Vereinigung die Vereinbarung nach § 3 Abs. 1 Z 4 (Haftungsbeschränkung) der EWIV-Verordnung;

2. von jedem Beteiligten

a) das Ausscheiden eines Mitglieds aus der Vereinigung,

b) die Auflösung der Vereinigung durch Beschluß ihrer Mitglieder.

(4) Zugleich mit der Anmeldung der Vereinigung haben die Geschäftsführer ihre öffentlich beglaubigte Musterzeichnung vorzulegen; gleiches gilt für neu bestellte Geschäftsführer und für Abwickler. Sie haben in der Weise zu zeichnen, daß sie dem Namen der Vereinigung ihre Unterschrift beifügen.

(5) Den Anmeldungen zur Eintragung in das Firmenbuch ist die Urkunde über den den Eintragungstatbestand bildenden Sachverhalt beizuschließen.

Eintragung in das Firmenbuch

§ 3. (1) Zusätzlich zu den in anderen Gesetzen vorgesehenen Angaben sind einzutragen:

1. Der Name, die Firma, die Rechtsform, der Wohnsitz oder Sitz sowie gegebenenfalls die Nummer und der Ort der Registereintragung eines jeden Mitglieds der Vereinigung;

2. jede rechtskräftige gerichtliche Entscheidung, die die Nichtigkeit der Vereinigung nach Art. 15 der EWIV-Verordnung feststellt oder ausspricht;

3. der Verlegungsplan nach Art. 14 Abs. 1 der EWIV-Verordnung;

4. die Vereinbarung, die ein neues Mitglied nach Art. 26 Abs. 2 der EWIV-Verordnung von der Haftung für Verbindlichkeiten befreit, die vor seinem Beitritt entstanden sind.

(2) Bei der Eintragung nach Abs. 1 Z 2 und 3 genügt die Bezugnahme auf die beim Firmenbuchgericht eingereichten Urkunden. Im Fall der Z 3 ist zusätzlich auch der geplante neue Sitz der Vereinigung einzutragen.

Bekanntmachungen

§ 4. (1) In die Veröffentlichung der Eintragungen ist auch der im Gründungsvertrag angeführte Unternehmensgegenstand aufzunehmen.

(2) Das Gericht hat die nach Art. 11 der EWIV-Verordnung zu veröffentlichenden Angaben binnen eines Monats nach der Bekanntmachung in der Ediktsdatei (§ 10 Abs. 1 „UGB“) dem Amt für amtliche Veröffentlichungen der Europäischen Gemeinschaften mitzuteilen. *(BGBl I 2004/67; BGBl I 2005/120)*

Firma

§ 5. (1) *(aufgehoben, BGBl I 2005/120)*

„“ Die Firma der Vereinigung muß in allen Fällen die Bezeichnung „Europäische wirtschaftliche Interessenvereinigung" oder die Abkürzung „EWIV" enthalten. *(BGBl I 2005/120)*

Sorgfaltspflicht und Verantwortlichkeit der Geschäftsführer

§ 6. (1) Die Geschäftsführer haben bei ihrer Geschäftsführung die Sorgfalt eines ordentlichen und gewissenhaften Geschäftsleiters anzuwenden. Über vertrauliche Angaben haben sie Stillschweigen zu bewahren.

(2) Geschäftsführer, die ihre Obliegenheiten verletzen, sind der Vereinigung zum Ersatz des daraus entstehenden Schadens als Gesamtschuldner verpflichtet. Sie können sich von der Schadenersatzpflicht durch den Gegenbeweis befreien, daß sie die Sorgfalt eines ordentlichen und gewissenhaften Geschäftsleiters angewendet haben.

(3) Die Ansprüche nach Abs. 2 verjähren in fünf Jahren.

Pflicht zur Aufstellung des Jahresabschlusses

§ 7. Die Geschäftsführer haben für die ordnungsmäßige Buchführung der Vereinigung zu sorgen und den Jahresabschluß aufzustellen. „§ 221 Abs. 5"* „UGB"** ist nicht anzuwenden. *(* BGBl 1996/304; ** BGBl I 2005/120)*

Abberufung der Geschäftsführer

§ 8. (1) Die Bestellung zum Geschäftsführer kann unbeschadet allfälliger Entschädigungsansprüche aus bestehenden Verträgen durch einstimmigen Beschluß der Mitglieder jederzeit widerrufen werden. Ein Geschäftsführer kann auch auf Grund einer Klage eines Mitglieds durch gerichtliche Entscheidung abberufen werden, wenn ein wichtiger Grund vorliegt. Ein solcher Grund ist insbesondere grobe Pflichtverletzung oder Unfähigkeit zur ordnungsmäßigen Geschäftsführung.

(2) Die Abberufung der Geschäftsführer kann im Gründungsvertrag oder durch einstimmigen Beschluß der Mitglieder abweichend von Abs. 1 geregelt werden.

Konkurseröffnung über das Vermögen eines Mitglieds

§ 9. Wird über das Vermögen eines Mitglieds „das Konkursverfahren" eröffnet, so scheidet dieses mit dem Zeitpunkt der Eröffnung des „Konkursverfahrens" aus der Vereinigung aus. Der Gründungsvertrag oder ein einstimmiger Beschluß der Mitglieder kann etwas anderes vorsehen. *(BGBl I 2010/58)*

Kündigung durch den Privatgläubiger

§ 10. Kündigt ein Privatgläubiger eines Mitglieds die Vereinigung nach § 135 „UGB", so scheidet das Mitglied mit dem Ende des Geschäftsjahrs aus der Vereinigung aus. *(BGBl I 2005/120)*

Abwicklung der Gesellschaft

§ 11. (1) Die Abwicklung besorgen die Geschäftsführer. Der Gründungsvertrag oder ein einstimmiger Beschluß der Mitglieder kann etwas anderes vorsehen.

(2) Auf die Auswahl der Abwickler ist Art. 19 Abs. 1 zweiter Satz der EWIV-Verordnung sinngemäß anzuwenden.

Eröffnung des Insolvenzverfahrens

§ 12. Jeder Geschäftsführer und jeder Abwickler ist verpflichtet, bei Vorliegen der Voraussetzungen die Eröffnung des Insolvenzverfahrens zu beantragen, jedes Mitglied ist hiezu berechtigt.

(BGBl I 2010/58)

Gericht, Verfahren

§ 13. Über Angelegenheiten, die nach der EWIV-Verordnung oder nach diesem Bundesgesetz dem Gericht zugewiesen sind, verhandelt und entscheidet, sofern es sich nicht um bürgerliche Rechtsstreitigkeiten handelt, die dem Prozeßgericht zugewiesen sind, der für den Sitz der Vereinigung zuständige, zur Ausübung der Gerichtsbarkeit in Handelssachen berufene Gerichtshof erster Instanz im Verfahren außer Streitsachen.

Zwangsstrafen

§ 14. Die Geschäftsführer oder die Abwickler sind zur Befolgung des Art. 25 der EWIV-Verordnung vom Gericht durch Zwangsstrafen bis zu „3.600 Euro" anzuhalten. § 283 Abs. 2 „UGB" ist anzuwenden. *(BGBl I 2005/120)*

Gewerberecht

§ 15. Die Bestimmungen des Gewerberechts und des Handelskammerrechts über Personengesellschaften des Handelsrechts und andere Bestimmungen, die den Erwerb und die Ausübung von Befugnissen durch Personengesellschaften des Handelsrechts regeln, gelten auch für Europäische wirtschaftliche Interessenvereinigungen.

Artikel II

Änderungen des Firmenbuchgesetzes

(eingearbeitet)

Artikel III
Änderungen des Rechtspflegergesetzes

(nicht abgedruckt)

Artikel IV
Änderungen des Gerichtsgebührengesetzes

(nicht abgedruckt)

Artikel V. Inkrafttreten, Übergangsbestimmungen, Verweisungen, Vollziehungsklausel

(1) Dieses Bundesgesetz tritt mit 1. Oktober 1995 in Kraft.

(1a) § 1, § 4 Abs. 2, § 5, § 7, § 10 und § 14 des Art. I in der Fassung des Handelsrechts-Änderungsgesetzes, BGBl. I Nr. 120/2005, treten mit 1. Jänner 2007 in Kraft. *(BGBl I 2005/120)*

(1b) § 9 und § 12 des Artikel I in der Fassung des Bundesgesetzes BGBl. I Nr. 58/2010, treten mit 1. August 2010 in Kraft. *(BGBl I 2010/58)*

(2) Die Regelung des § 31a Abs. 2 GGG gilt auch für die mit Wirkung vom 1. Dezember 1994 festgesetzten Gebührenbeträge der Gebührenstufe über 5 Millionen Schilling, jedoch nicht für Eingaben und Amtshandlungen, bezüglich deren der Anspruch auf die Gebühr vor dem Inkrafttreten der ersten in Durchführung des § 31a Abs. 2 GGG ergehenden Verordnung begründet worden ist. Diese Durchführungsverordnung kann bereits vor dem Inkrafttreten dieses Bundesgesetzes erlassen werden; sie darf jedoch frühestens mit 1. Oktober 1995 in Kraft treten.

(3) § 31a GGG ist für den in Artikel IV Z 2 lit. c dieses Bundesgesetzes zahlenmäßig angeführten Betrag mit der Maßgabe anzuwenden, daß Ausgangsgrundlage für die Neufestsetzung der in dieser Gesetzesstelle angeführten Gebühr die für August 1994 verlautbarte Indexzahl des vom Österreichischen Statistischen Zentralamt veröffentlichten Verbraucherpreisindex 1986 ist.

(4) Soweit in diesem Bundesgesetz auf Bestimmungen anderer Bundesgesetze verwiesen wird, sind diese in ihrer jeweils geltenden Fassung anzuwenden.

(5) Mit der Vollziehung dieses Bundesgesetzes ist der Bundesminister für Justiz, hinsichtlich des Artikels IV im Einvernehmen mit dem Bundesminister für Finanzen betraut.

Anlage

Verordnung (EWG) Nr. 2137/85 des Rates vom 25. Juli 1985 über die Schaffung einer Europäischen wirtschaftlichen Interessenvereinigung (EWIV)

DER RAT DER EUROPÄISCHEN GEMEINSCHAFTEN – gestützt auf den Vertrag zur Gründung der Europäischen Wirtschaftsgemeinschaft, insbesondere auf Artikel 235, auf Vorschlag der Kommission[1)],

[1)] ABl. Nr. C 14 vom 15. Februar 1974, S 30, und Abl. Nr. C 103 vom 28. April 1978, S 4.

nach Stellungnahme des Europäischen Parlaments[2)],

[2)] ABl. Nr. C 163 vom 11. Juli 1977, S 17.

nach Stellungnahme des Wirtschafts- und Sozialausschusses[3)],

[3)] ABl. Nr. C 108 vom 15. Mai 1975, S 46.

in Erwägung nachstehender Gründe:

Eine harmonische Entwicklung des Wirtschaftslebens sowie ein beständiges und ausgewogenes Wirtschaftswachstum in der gesamten Gemeinschaft hängen von der Errichtung und dem Funktionieren eines Gemeinsamen Marktes ab, der ähnliche Bedingungen wie ein nationaler Binnenmarkt bietet. Für die Verwirklichung eines solchen einheitlichen Marktes und die Stärkung seiner Einheit empfiehlt es sich insbesondere, daß für natürliche Personen, Gesellschaften und andere juristische Einheiten ein rechtlicher Rahmen geschaffen wird, welcher die Anpassung ihrer Tätigkeit an die wirtschaftlichen Gegebenheiten der Gemeinschaft erleichtert. Hierzu ist es erforderlich, daß diese Personen, Gesellschaften und anderen juristischen Einheiten über die Grenzen hinweg zusammenarbeiten können.

Eine solche Zusammenarbeit kann auf rechtliche, steuerliche und psychologische Schwierigkeiten stoßen. Die Schaffung eines geeigneten Rechtsinstruments auf Gemeinschaftsebene in Form einer Europäischen wirtschaftlichen Interessenvereinigung trägt zur Erreichung der genannten Ziele bei und erscheint daher notwendig.

Besondere Befugnisse für die Einführung dieses Rechtsinstruments sind im Vertrag nicht vorgesehen.

Die Fähigkeit der Vereinigung zur Anpassung an die wirtschaftlichen Bedingungen ist dadurch zu gewährleisten, daß ihren Mitgliedern weitgehende Freiheit bei der Gestaltung ihrer vertraglichen Beziehungen sowie der inneren Verfassung der Vereinigung gelassen wird.

Die Vereinigung unterscheidet sich von einer Gesellschaft hauptsächlich durch ihren Zweck, der allein darin besteht, die wirtschaftliche Tätigkeit ihrer Mitglieder zu erleichtern oder zu entwickeln, um es ihnen zu ermöglichen, ihre eigenen Ergebnisse zu steigern. Wegen dieses Hilfscharakters muß die Tätigkeit der Vereinigung mit der wirtschaftlichen Tätigkeit ihrer Mitglieder verknüpft sein und darf nicht an deren Stelle treten, und die Vereinigung selbst kann insoweit zum Beispiel keinen freien Beruf gegenüber Dritten ausüben; der Begriff der wirtschaftlichen Tätigkeit ist im weitesten Sinne auszulegen.

Der Zugang zur Vereinigung ist so weit wie möglich natürlichen Personen, Gesellschaften und anderen juristischen Einheiten unter Wahrung der Ziele dieser Verordnung zu eröffnen. Dies präjudiziert jedoch nicht die Anwendung – auf einzelstaatlicher Ebene – der Rechts- und/oder Standesvorschriften über die Bedingungen für die Ausübung einer Tätigkeit oder eines Berufs.

Mit dieser Verordnung allein wird nicht das Recht verliehen, sich an einer Vereinigung zu beteiligen, selbst wenn die Bedingungen der Verordnung erfüllt sind.

Die in dieser Verordnung vorgesehene Möglichkeit, die Beteiligung an Vereinigungen aus Gründen des öffentlichen Interesses zu untersagen oder einzuschränken, läßt die Rechtsvorschriften der Mitgliedstaaten unberührt, in denen die Ausübung von Tätigkeiten geregelt ist und gegebenenfalls weitere Verbote oder Beschränkungen vorgesehen sind oder aufgrund derer in anderer Weise die Beteiligung einer natürlichen Person, Gesellschaft oder anderen juristischen Einheit oder einer Gruppe hiervon an einer Vereinigung kontrolliert oder überwacht wird.

Damit die Vereinigung ihr Ziel erreichen kann, ist sie mit eigener Geschäftsfähigkeit auszustatten, und es ist vorzusehen, daß ein rechtlich von den Mitgliedern der Vereinigung getrenntes Organ sie gegenüber Dritten vertritt.

Der Schutz Dritter erfordert, daß eine weitgehende Offenlegung sichergestellt wird und die Mitglieder der Vereinigung unbeschränkt und gesamtschuldnerisch für deren Verbindlichkeiten, einschließlich der Verbindlichkeiten im Bereich der Steuern und der sozialen Sicherheit, haften, ohne daß jedoch dieser Grundsatz die Freiheit berührt, durch besonderen Vertrag zwischen der Vereinigung und einem Dritten die Haftung eines oder mehrerer ihrer Mitglieder für eine bestimmte Verbindlichkeit auszuschließen oder zu beschränken.

Die Fragen, die den Personenstand und die Rechts-, Geschäfts- und Handlungsfähigkeit natürlicher Personen sowie die Rechts- und Handlungsfähigkeit juristischer Personen betreffen, werden durch das einzelstaatliche Recht geregelt.

Die besonderen Gründe für die Auflösung der Vereinigung sind festzulegen; für die Abwicklung und deren Schluß ist jedoch auf das einzelstaatliche Recht zu verweisen.

Die Vereinigung unterliegt in bezug auf Zahlungsunfähigkeit und Zahlungseinstellung dem einzelstaatlichen Recht; dieses kann andere Gründe für die Auflösung der Vereinigung vorsehen.

Diese Verordnung sieht vor, daß das Ergebnis der Tätigkeit der Vereinigung nur bei den Mitgliedern zu besteuern ist. Im übrigen ist das einzelstaatliche Steuerrecht anzuwenden, und zwar insbesondere in bezug auf Gewinnverteilung, Steuerverfahren und alle Verpflichtungen, die durch die einzelstaatliche Steuervorschriften auferlegt werden.

In den nicht durch diese Verordnung erfaßten Bereichen gelten die Rechtsvorschriften der Mitgliedstaaten und der Gemeinschaft, zum Beispiel

– im Sozial- und Arbeitsrecht,
– im Wettbewerbsrecht,
– im Recht des geistigen Eigentums.

Die Tätigkeit der Vereinigung unterliegt den Rechtsvorschriften der Mitgliedstaaten über die Ausübung einer Tätigkeit und deren Überwachung. Für den Fall von Mißbrauch oder Umgehung von Rechtsvorschriften eines Mitgliedstaats durch die Vereinigung oder eines ihrer Mitglieder kann dieser Mitgliedstaat geeignete Maßregeln ergreifen.

Den Mitgliedstaaten steht es frei, Rechts- und Verwaltungsvorschriften anzuwenden oder zu erlassen, die der Tragweite und den Zielen dieser Verordnung nicht zuwiderlaufen.

Diese Verordnung soll in allen ihren Teilen unverzüglich in Kraft treten. Die Anwendung einiger Bestimmungen muß jedoch aufgeschoben werden, damit die Mitgliedstaaten zunächst die Mechanismen einführen können, welche für die Eintragung der Vereinigung in ihrem Hoheitsgebiet und die Offenlegung der sie betreffenden Urkunden erforderlich sind. Ab dem Beginn der Anwendung dieser Verordnung können die gegründeten Vereinigungen ohne territoriale Einschränkung tätig werden –

HAT FOLGENDE VERORDNUNG ERLASSEN:

Artikel 1.

(1) Europäische wirtschaftliche Interessenvereinigungen werden unter den Voraussetzungen, in der Weise und mit den Wirkungen gegründet, die in dieser Verordnung vorgesehen sind.

Zu diesem Zweck müssen diejenigen, die eine Vereinigung gründen wollen, einen Vertrag schließen und die Eintragung nach Artikel 6 vornehmen lassen.

(2) Die so gegründete Vereinigung hat von der Eintragung nach Artikel 6 an die Fähigkeit, im eigenen Namen Träger von Rechten und Pflichten jeder Art zu sein, Verträge zu schließen oder andere Rechtshandlungen vorzunehmen und vor Gericht zu stehen.

(3) Die Mitgliedstaaten bestimmen, ob die in ihren Registern gemäß Artikel 6 eingetragenen Vereinigungen Rechtspersönlichkeit haben.

Artikel 2.

(1) Vorbehaltlich dieser Verordnung ist das innerstaatliche Recht des Staates anzuwenden, in dem die Vereinigung nach dem Gründungsvertrag ihren Sitz hat, und zwar einerseits auf den Gründungsvertrag mit Ausnahme der Fragen, die den Personenstand und die Rechts-, Geschäfts- und Handlungsfähigkeit natürlicher Personen sowie die Rechts- und Handlungsfähigkeit juristischer Personen betreffen, und andererseits auf die innere Verfassung der Vereinigung.

(2) Umfaßt ein Staat mehrere Gebietseinheiten, von denen jede ihre eigenen Rechtsnormen hat, die auf die in Absatz 1 bezeichneten Gegenstände anzuwenden sind, so gilt für die Bestimmung des nach diesem Artikel anzuwendenden Rechts jede Gebietseinheit als Staat.

Artikel 3.

(1) Die Vereinigung hat den Zweck, die wirtschaftliche Tätigkeit ihrer Mitglieder zu erleichtern oder zu entwickeln sowie die Ergebnisse dieser Tätigkeit zu verbessern oder zu steigern; sie hat nicht den Zweck, Gewinn für sich selbst zu erzielen.

Ihre Tätigkeit muß im Zusammenhang mit der wirtschaftlichen Tätigkeit ihrer Mitglieder stehen und darf nur eine Hilfstätigkeit hierzu bilden.

(2) Die Vereinigung darf daher

a) weder unmittelbar noch mittelbar die Leitungs- oder Kontrollmacht über die eigenen Tätigkeiten ihrer Mitglieder oder die Tätigkeiten eines anderen Unternehmens, insbesondere auf den Gebieten des Personal-, Finanz- und Investitionswesens, ausüben;

b) weder unmittelbar noch mittelbar, aus welchem Grunde auch immer, Anteile oder Aktien – gleich welcher Form – an einem Mitgliedsunternehmen halten; das Halten von Anteilen oder Aktien an einem anderen Unternehmen ist nur insoweit zulässig, als es notwendig ist, um das Ziel der Vereinigung zu erreichen, und für Rechnung ihrer Mitglieder geschieht;

c) nicht mehr als 500 Arbeitnehmer beschäftigen;

d) von einer Gesellschaft nicht dazu benutzt werden, einem Leiter einer Gesellschaft oder einer mit ihm verbundenen Person ein Darlehen zu gewähren, wenn solche Darlehen nach den für die Gesellschaften geltenden Gesetzen der Mitgliedstaaten einer Einschränkung oder Kontrolle unterliegen. Auch darf eine Vereinigung nicht für die Übertragung eines Vermögensgegenstandes zwischen einer Gesellschaft und einem Leiter oder einer mit ihm verbundenen Person benutzt werden, außer soweit es nach den für die Gesellschaften geltenden Gesetzen der Mitgliedstaaten zulässig ist. Im Sinne dieser Bestimmung umfaßt das Darlehen jedes Geschäft ähnlicher Wirkung und kann es sich bei dem Vermögensgegenstand um ein bewegliches oder unbewegliches Gut handeln;

e) nicht Mitglied einer anderen Europäischen wirtschaftlichen Interessenvereinigung sein.

Artikel 4.

(1) Mitglieder einer Vereinigung können nur sein:

a) Gesellschaften im Sinne des Artikels 58 Absatz 2 des Vertrages sowie andere juristische Einheiten des öffentlichen oder des Privatrechts, die nach dem Recht eines Mitgliedstaats gegründet worden sind und ihren satzungsmäßigen oder gesetzlichen Sitz und ihre Hauptverwaltung in der Gemeinschaft haben; wenn nach dem Recht eines Mitgliedstaats eine Gesellschaft oder andere juristische Einheit keinen satzungsmäßigen oder gesetzlichen Sitz zu haben braucht, genügt es, daß sie ihre Hauptverwaltung in der Gemeinschaft hat;

b) natürliche Personen, die eine gewerbliche, kaufmännische, handwerkliche, landwirtschaftliche oder freiberufliche Tätigkeit in der Gemeinschaft ausüben oder dort andere Dienstleistungen erbringen.

(2) Eine Vereinigung muß mindestens bestehen aus:

a) zwei Gesellschaften oder anderen juristischen Einheiten im Sinne des Absatzes 1, die ihre Hauptverwaltung in verschiedenen Mitgliedstaaten haben;

b) zwei natürlichen Personen im Sinne des Absatzes 1, die ihre Haupttätigkeit in verschiedenen Mitgliedstaaten ausüben;

c) einer Gesellschaft oder anderen juristischen Einheit und einer natürlichen Person im Sinne des Absatzes 1, von denen erstere ihre Hauptverwaltung in einem Mitgliedstaat hat und letztere ihre Haupttätigkeit in einem anderen Mitgliedstaat ausübt.

(3) Ein Mitgliedstaat kann vorsehen, daß die in seinen Registern gemäß Artikel 6 eingetragenen

Vereinigungen nicht mehr als 20 Mitglieder haben dürfen. Zu diesem Zweck kann der Mitgliedstaat vorsehen, daß in Übereinstimmung mit seinen Rechtsvorschriften jedes Mitglied einer nach seinen Rechtsvorschriften gebildeten rechtlichen Einheit, die keine eingetragene Gesellschaft ist, als Einzelmitglied der Vereinigung behandelt wird.

(4) Jeder Mitgliedstaat ist ermächtigt, bestimmte Gruppen von natürlichen Personen, Gesellschaften und anderen juristischen Einheiten aus Gründen seines öffentlichen Interesses von der Beteiligung an einer Vereinigung auszuschließen oder diese Beteiligung Einschränkungen zu unterwerfen.

Artikel 5.

Der Gründungsvertrag muß mindestens folgende Angaben enthalten:

a) den Namen der Vereinigung mit den voran- oder nachgestellten Worten „Europäische wirtschaftliche Interessenvereinigung“ oder der Abkürzung „EWIV“, es sei denn, daß diese Worte oder diese Abkürzung bereits im Namen enthalten sind;

b) den Sitz der Vereinigung;

c) den Unternehmensgegenstand, für den die Vereinigung gegründet worden ist;

d) den Namen, die Firma, die Rechtsform, den Wohnsitz oder den Sitz sowie gegebenenfalls die Nummer und den Ort der Registereintragung eines jeden Mitglieds der Vereinigung;

e) die Dauer der Vereinigung, sofern sie nicht unbestimmt ist.

Artikel 6.

Die Vereinigung wird im Staat des Sitzes in das nach Artikel 39 Absatz 1 bestimmte Register eingetragen.

Artikel 7.

Der Gründungsvertrag ist bei dem in Artikel 6 genannten Register zu hinterlegen.

Ebenso sind dort alle Urkunden und Angaben zu hinterlegen, die folgendes betreffen:

a) jede Änderung des Gründungsvertrags, einschließlich jeder Änderung der Zusammensetzung der Vereinigung;

b) die Errichtung und die Aufhebung jeder Niederlassung der Vereinigung;

c) die gerichtliche Entscheidung, welche die Nichtigkeit der Vereinigung gemäß Artikel 15 feststellt oder ausspricht;

d) die Bestellung des Geschäftsführers oder der Geschäftsführer der Vereinigung, ihre Namen und alle anderen Angaben zur Person, die von dem Recht des Mitgliedstaats, in dem das Register geführt wird, verlangt werden, die Angabe, ob sie allein oder nur gemeinschaftlich handeln können, sowie die Beendigung der Stellung als Geschäftsführer;

e) jede Abtretung der gesamten oder eines Teils der Beteiligung an der Vereinigung durch ein Mitglied gemäß Artikel 22 Absatz 1;

f) den Beschluß der Mitglieder, der die Auflösung der Vereinigung gemäß Artikel 31 ausspricht oder feststellt, oder die gerichtliche Entscheidung, die diese Auflösung gemäß Artikel 31 oder 32 ausspricht;

g) die Bestellung des oder der in Artikel 35 genannten Abwickler der Vereinigung, ihre Namen und alle anderen Angaben zur Person, die von dem Recht des Mitgliedstaats, in dem das Register geführt wird, verlangt werden, sowie die Beendigung der Stellung als Abwickler;

h) den Schluß der in Artikel 35 Absatz 2 genannten Abwicklung der Vereinigung;

i) den in Artikel 14 Absatz 1 genannten Verlegungsplan;

j) die Klausel, die ein neues Mitglied gemäß Artikel 26 Absatz 2 von der Haftung für Verbindlichkeiten befreit, die vor seinem Beitritt entstanden sind.

Artikel 8.

In dem in Artikel 39 Absatz 1 genannten Mitteilungsblatt ist gemäß Artikel 39 folgendes bekanntzumachen:

a) die nach Artikel 5 zwingend vorgeschriebenen Angaben im Gründungsvertrag und ihre Änderungen;

b) Nummer, Tag und Ort der Eintragung der Vereinigung sowie die Löschung der Eintragung;

c) die in Artikel 7 Buchstaben b) bis j) bezeichneten Urkunden und Angaben.

Die unter den Buchstaben a) und b) genannten Angaben sind in Form einer vollständigen Wiedergabe bekanntzumachen. Die unter Buchstabe c) genannten Urkunden und Angaben können entsprechend dem anwendbaren einzelstaatlichen Recht entweder in Form einer vollständigen oder auszugsweisen Wiedergabe oder in Form eines Hinweises auf ihre Hinterlegung beim Register bekanntgemacht werden.

Artikel 9.

(1) Die nach dieser Verordnung bekanntmachungspflichtigen Urkunden und Angaben können von der Vereinigung Dritten entsprechend den Bedingungen entgegengesetzt werden, die in den anwendbaren einzelstaatlichen Rechtsvorschriften gemäß Artikel 3 Absätze 5 und 7 der Richtlinie 68/151/EWG des Rates vom 9. März 1968 zur

Koordinierung der Schutzbestimmungen, die in den Mitgliedstaaten den Gesellschaften im Sinne des Artikels 58 Absatz 2 des Vertrags im Interesse der Gesellschafter sowie Dritter vorgeschrieben sind, um diese Bestimmungen gleichwertig zu gestalten[4)], vorgesehen sind.

(2) Ist im Namen einer Vereinigung vor ihrer Eintragung gemäß Artikel 6 gehandelt worden und übernimmt die Vereinigung nach der Eintragung die sich aus diesen Handlungen ergebenden Verpflichtungen nicht, so haften die natürlichen Personen, Gesellschaften oder anderen juristischen Einheiten, die diese Handlungen vorgenommen haben, aus ihnen unbeschränkt und gesamtschuldnerisch.

[4)] *ABl. Nr. L 65 vom 14. März 1968, S 8.*

Artikel 10.

Jede Niederlassung der Vereinigung in einem anderen Mitgliedstaat als dem des Sitzes ist in diesem Mitgliedstaat einzutragen. Zum Zwecke dieser Eintragung hinterlegt die Vereinigung bei dem zuständigen Register dieses Mitgliedstaats eine Abschrift der Unterlagen, deren Hinterlegung bei dem Register des Mitgliedstaats des Sitzes vorgeschrieben ist, erforderlichenfalls zusammen mit einer Übersetzung entsprechend den Gepflogenheiten bei dem Register der Eintragung der Niederlassung.

Artikel 11.

Nach der Bekanntmachung in dem in Artikel 39 Absatz 1 genannten Mitteilungsblatt werden die Gründung einer Vereinigung und der Schluß ihrer Abwicklung unter Angabe von Nummer, Tag und Ort der Eintragung sowie von Tag und Ort der Bekanntmachung und Titel des Mitteilungsblatts im Amtsblatt der Europäischen Gemeinschaften angezeigt.

Artikel 12.

Der im Gründungsvertrag genannte Sitz muß in der Gemeinschaft gelegen sein.

Als Sitz ist zu bestimmen

a) entweder der Ort, an dem die Vereinigung ihre Hauptverwaltung hat,

b) oder der Ort, an dem eines der Mitglieder der Vereinigung seine Hauptverwaltung hat oder, wenn es sich um eine natürliche Person handelt, seine Haupttätigkeit ausübt, sofern die Vereinigung dort tatsächlich eine Tätigkeit ausübt.

Artikel 13.

Der Sitz der Vereinigung kann innerhalb der Gemeinschaft verlegt werden.

Hat diese Verlegung keinen Wechsel des nach Artikel 2 anwendbaren Rechts zur Folge, so wird der Beschluß über die Verlegung unter den im Gründungsvertrag vorgesehenen Bedingungen gefaßt.

Artikel 14.

(1) Hat die Sitzverlegung einen Wechsel des nach Artikel 2 anwendbaren Rechts zur Folge, so muß ein Verlegungsplan erstellt und gemäß den Artikeln 7 und 8 hinterlegt und bekanntgemacht werden.

Der Beschluß über die Verlegung kann erst zwei Monate nach der Bekanntmachung des Verlegungsplanes gefaßt werden. Er bedarf der Einstimmigkeit der Mitglieder der Vereinigung. Die Verlegung wird zu dem Zeitpunkt wirksam, an dem die Vereinigung entsprechend Artikel 6 im Register des neuen Sitzes eingetragen wird. Diese Eintragung kann erst aufgrund des Nachweises über die Bekanntmachung des Verlegungsplanes erfolgen.

(2) Die Löschung der Eintragung der Vereinigung im Register des früheren Sitzes kann erst aufgrund des Nachweises über die Eintragung der Vereinigung im Register des neuen Sitzes erfolgen.

(3) Mit Bekanntgabe der neuen Eintragung der Vereinigung kann der neue Sitz Dritten nach den in Artikel 9 Absatz 1 genannten Bedingungn entgegengesetzt werden; jedoch können sich Dritte, solange die Löschung der Eintragung im Register des früheren Sitzes nicht bekanntgemacht worden ist, weiterhin auf den alten Sitz berufen, es sei denn, daß die Vereinigung beweist, daß den Dritten der neue Sitz bekannt war.

(4) Die Rechtsvorschriften eines Mitgliedstaats können bestimmen, daß eine Sitzverlegung, die einen Wechsel des anwendbaren Rechts zur Folge hätte, im Falle von gemäß Artikel 6 in dem betreffenden Mitgliedstaat eingetragenen Vereinigungen nicht wirksam wird, wenn innerhalb der in Absatz 1 genannten Frist von zwei Monaten eine zuständige Behörde dieses Staates dagegen Einspruch erhebt. Dieser Einspruch ist nur aus Gründen des öffentlichen Interesses zulässig. Gegen ihn muß ein Rechtsbehelf bei einem Gericht eingelegt werden können.

Artikel 15.

(1) Sieht das nach Artikel 2 auf die Vereinigung anwendbare Recht die Nichtigkeit der Vereinigung vor, so muß sie durch gerichtliche Entscheidung festgestellt oder ausgesprochen werden. Das angerufene Gericht muß jedoch, sofern eine Behebung der Mängel der Vereinigung möglich ist, dafür eine Frist setzen.

(2) Die Nichtigkeit der Vereinigung bewirkt deren Abwicklung gemäß Artikel 35.

(3) Die Entscheidung, mit der die Nichtigkeit der Vereinigung festgestellt oder ausgesprochen wird, kann Dritten nach den in Artikel 9 Absatz 1 genannten Bedingungen entgegengesetzt werden.

Diese Entscheidung berührt für sich allein nicht die Wirksamkeit der Verpflichtungen, die zu Lasten oder zugunsten der Vereinigung vor dem Zeitpunkt entstanden sind, von dem an sie Dritten gemäß Unterabsatz 1 entgegengesetzt werden kann.

Artikel 16.

(1) Die Organe der Vereinigung sind die gemeinschaftlich handelnden Mitglieder und der oder die Geschäftsführer.

Der Gründungsvertrag kann andere Organe vorsehen; er bestimmt in diesem Fall deren Befugnisse.

(2) Die als Organ handelnden Mitglieder der Vereinigung können jeden Beschluß zur Verwirklichung des Unternehmensgegenstandes der Vereinigung fassen.

Artikel 17.

(1) Jedes Mitglied hat eine Stimme. Der Gründungsvertrag kann jedoch bestimmten Mitgliedern mehrere Stimmen unter der Bedingung gewähren, daß ein einziges Mitglied nicht die Stimmenmehrheit besitzt.

(2) Die Mitglieder können folgende Beschlüsse nur einstimmig fassen:

a) Änderungen des Unternehmensgegenstandes der Vereinigung;

b) Änderungen der Stimmenzahl eines jeden Mitglieds;

c) Änderungen der Bedingungen für die Beschlußfassung;

d) eine Verlängerung der Dauer der Vereinigung über den im Gründungsvertrag festgelegten Zeitpunkt hinaus;

e) Änderungen des Beitrags jedes Mitglieds oder bestimmter Mitglieder zur Finanzierung der Vereinigung;

f) Änderungen jeder anderen Verpflichtung eines Mitglieds, es sei denn, daß der Gründungsvertrag etwas anderes bestimmt;

g) jede nicht in diesem Absatz bezeichnete Änderung des Gründungsvertrags, es sei denn, daß dieser etwas anderes bestimmt.

(3) In allen Fällen, in denen diese Verordnung nicht vorsieht, daß die Beschlüsse einstimmig gefaßt werden müssen, kann der Gründungsvertrag die Bedingungen für die Beschlußfähigkeit und die Mehrheit, die für die Beschlüsse oder bestimmte Beschlüsse gelten sollen, festlegen. Enthält der Vertrag keine Bestimmungen, so sind die Beschlüsse einstimmig zu fassen.

(4) Auf Veranlassung eines Geschäftsführers oder auf Verlangen eines Mitglieds haben der oder die Geschäftsführer eine Anhörung der Mitglieder durchzuführen, damit diese einen Beschluß fassen.

Artikel 18.

Jedes Mitglied hat das Recht, von den Geschäftsführern Auskünfte über die Geschäfte der Vereinigung zu erhalten und in die Bücher und Geschäftsunterlagen Einsicht zu nehmen.

Artikel 19.

(1) Die Geschäfte der Vereinigung werden von einer oder mehreren natürlichen Personen geführt, die durch den Gründungsvertrag oder durch Beschluß der Mitglieder bestellt werden.

Geschäftsführer einer Vereinigung können nicht Personen sein, die

- nach dem auf sie anwendbaren Recht oder
- nach dem innerstaatlichen Recht des Staates des Sitzes der Vereinigung oder
- aufgrund einer in einem Mitgliedstaat ergangenen oder anerkannten gerichtlichen Entscheidung oder Verwaltungsentscheidung

dem Verwaltungs- oder Leitungsorgan von Gesellschaften nicht angehören dürfen, Unternehmen nicht leiten dürfen oder nicht als Geschäftsführer einer Europäischen wirtschaftlichen Interessenvereinigung handeln dürfen.

(2) Ein Mitgliedstaat kann bei Vereinigungen, die nach Artikel 6 in seine Register eingetragen sind, vorsehen, daß eine juristische Person unter der Bedingung Geschäftsführer sein kann, daß sie eine oder mehrere natürliche Personen als Vertreter bestimmt, die Gegenstand der in Artikel 7 Buchstabe d) vorgesehenen Angabe sein müssen.

Macht ein Mitgliedstaat von dieser Möglichkeit Gebrauch, so hat er vorzusehen, daß dieser oder diese Vertreter so haften, als ob sie selbst Geschäftsführer der Vereinigung wären.

Die Verbote nach Absatz 1 gelten auch für diese Vertreter.

(3) Der Gründungsvertrag oder, falls dieser keine dahingehenden Bestimmungen enthält, ein einstimmiger Beschluß der Mitglieder legt die Bedingungen für die Bestellung und die Entlassung des Geschäftsführers oder der Geschäftsführer sowie deren Befugnisse fest.

Artikel 20.

(1) Gegenüber Dritten wird die Vereinigung ausschließlich durch den Geschäftsführer oder,

wenn es mehrere sind, durch einen jeden Geschäftsführer vertreten.

Jeder der Geschäftsführer verpflichtet die Vereinigung, wenn er in ihrem Namen handelt, gegenüber Dritten, selbst wenn seine Handlungen nicht zum Unternehmensgegenstand der Vereinigung gehören, es sei denn, die Vereinigung beweist, daß dem Dritten bekannt war oder daß er darüber nach den Umständen nicht in Unkenntnis sein konnte, daß die Handlung die Grenzen des Unternehmensgegenstandes der Vereinigung überschritt; allein die Bekanntmachung der in Artikel 5 Buchstabe c) genannten Angabe reicht nicht aus, um diesen Beweis zu erbringen.

Eine Beschränkung der Befugnisse des Geschäftsführers oder der Geschäftsführer durch den Gründungsvertrag oder durch einen Beschluß der Mitglieder kann Dritten nicht entgegengesetzt werden, selbst wenn sie bekanntgemacht worden ist.

(2) Der Gründungsvertrag kann vorsehen, daß die Vereinigung nur durch zwei oder mehr gemeinschaftlich handelnde Geschäftsführer wirksam verpflichtet werden kann. Diese Bestimmung kann Dritten nur dann nach den in Artikel 9 Absatz 1 genannten Bedingungen entgegengesetzt werden, wenn sie nach Artikel 8 bekanntgemacht worden ist.

Artikel 21.

(1) Gewinne aus den Tätigkeiten der Vereinigung gelten als Gewinne der Mitglieder und sind auf diese in dem im Gründungsvertrag vorgesehenen Verhältnis oder, falls dieser hierüber nichts bestimmt, zu gleichen Teilen aufzuteilen.

(2) Die Mitglieder der Vereinigung tragen entsprechend dem im Gründungsvertrag vorgesehenen Verhältnis oder, falls dieser hierüber nichts bestimmt, zu gleichen Teilen zum Ausgleich des Betrages bei, um den die Ausgaben die Einnahmen übersteigen.

Artikel 22.

(1) Jedes Mitglied der Vereinigung kann seine Beteiligung an der Vereinigung ganz oder teilweise an ein anderes Mitglied oder an einen Dritten abtreten; die Abtretung wird erst wirksam, wenn die übrigen Mitglieder ihr einstimmig zugestimmt haben.

(2) Ein Mitglied der Vereinigung kann eine Sicherheit an seiner Beteiligung an der Vereinigung erst dann bestellen, wenn die übrigen Mitglieder dem einstimmig zugestimmt haben, es sei denn, daß der Gründungsvertrag etwas anderes bestimmt. Der Sicherungsnehmer kann zu keinem Zeitpunkt aufgrund dieser Sicherheit Mitglied der Vereinigung werden.

Artikel 23.

Die Vereinigung darf sich nicht öffentlich an den Kapitalmarkt wenden.

Artikel 24.

(1) Die Mitglieder der Vereinigung haften unbeschränkt und gesamtschuldnerisch für deren Verbindlichkeiten jeder Art. Das einzelstaatliche Recht bestimmt die Folgen dieser Haftung.

(2) Bis zum Schluß der Abwicklung der Vereinigung können deren Gläubiger ihre Forderungen gegenüber einem Mitglied gemäß Absatz 1 erst dann geltend machen, wenn sie die Vereinigung zur Zahlung aufgefordert haben und die Zahlung nicht innerhalb einer angemessenen Frist erfolgt ist.

Artikel 25.

Briefe, Bestellscheine und ähnliche Schriftstücke müssen lesbar folgende Angaben enthalten:

a) den Namen der Vereinigung mit den voran- oder nachgestellten Worten „Europäische wirtschaftliche Interessenvereinigung“ oder der Abkürzung „EWIV“, es sei denn, daß diese Worte oder diese Abkürzung bereits im Namen enthalten sind;

b) den Ort des Registers nach Artikel 6, in das die Vereinigung eingetragen ist, und die Nummer der Eintragung der Vereinigung in dieses Register;

c) die Anschrift der Vereinigung an ihrem Sitz;

d) gegebenenfalls die Angabe, daß die Geschäftsführer gemeinschaftlich handeln müssen;

e) gegebenenfalls die Angabe, daß sich die Vereinigung nach Artikel 15, 31, 32 oder 36 in Abwicklung befindet.

Jede Niederlassung der Vereinigung hat, wenn sie nach Artikel 10 eingetragen ist, auf den in Absatz 1 bezeichneten Schriftstücken, die von dieser Niederlassung ausgehen, die obigen Angaben zusammen mit denen über ihre eigene Eintragung zu machen.

Artikel 26.

(1) Die Mitglieder der Vereinigung entscheiden einstimmig über die Aufnahme neuer Mitglieder.

(2) Jedes neue Mitglied haftet gemäß Artikel 24 für die Verbindlichkeiten der Vereinigung einschließlich derjenigen, die sich aus der Tätigkeit der Vereinigung vor seinem Beitritt ergeben.

Er kann jedoch durch eine Klausel im Gründungsvertrag oder in dem Rechtsakt über seine Aufnahme von der Zahlung der vor seinem Beitritt entstandenen Verbindlichkeiten befreit werden. Diese Klausel kann gemäß den in Artikel 9 Absatz 1 genannten Bedingungen Dritten nur dann entgegengesetzt werden, wenn sie gemäß Artikel 8 bekanntgemacht worden ist.

Artikel 27.

(1) Die Kündigung eines Mitglieds der Vereinigung ist nach Maßgabe des Gründungsvertrags oder, falls dieser hierüber nichts bestimmt, mit einstimmiger Zustimmung der übrigen Mitglieder möglich.

Jedes Mitglied der Vereinigung kann ferner aus wichtigem Grund kündigen.

(2) Jedes Mitglied der Vereinigung kann aus den im Gründungsvertrag angeführten Gründen, in jedem Fall aber dann ausgeschlossen werden, wenn es grob gegen seine Pflichten verstößt oder wenn es schwere Störungen der Arbeit der Vereinigung verursacht oder zu verursachen droht.

Dieser Ausschluß kann nur durch gerichtliche Entscheidung auf gemeinsamen Antrag der Mehrheit der übrigen Mitglieder erfolgen, es sei denn, daß der Gründungsvertrag etwas anderes bestimmt.

Artikel 28.

(1) Ein Mitglied der Vereinigung scheidet aus der Vereinigung aus, wenn es verstirbt oder wenn es nicht mehr den in Artikel 4 Absatz 1 festgelegten Bedingungen entspricht.

Außerdem kann ein Mitgliedstaat für die Zwecke seiner Rechtsvorschriften über Auflösung, Abwicklung, Zahlungsfähigkeit oder Zahlungseinstellung vorsehen, daß ein Mitglied einer Vereinigung ab dem in diesen Rechtsvorschriften bestimmten Zeitpunkt aus dieser ausscheidet.

(2) Im Falle des Todes einer natürlichen Person, die Mitglied der Vereinigung ist, kann niemand ihre Nachfolge in der Vereinigung antreten, es sei denn nach Maßgabe des Gründungsvertrags oder, wenn dieser hierüber nichts enthält, mit einstimmiger Zustimmung verbleibenden Mitglieder.

Artikel 29.

Sobald ein Mitglied aus der Vereinigung ausgeschieden ist, unterrichten der oder die Geschäftsführer hierüber die übrigen Mitglieder; der oder die Geschäftsführer erfüllen außerdem die jeweiligen Verpflichtungen nach den Artikeln 7 und 8. Ferner kann jeder Beteiligte diese Verpflichtungen erfüllen.

Artikel 30.

Bei Ausscheiden eines Mitglieds besteht die Vereinigung unbeschadet der von einer Person gemäß Artikel 22 Absatz 1 oder Artikel 28 Absatz 2 erworbenen Rechte unter den im Gründungsvertrag vorgesehenen oder in einem einstimmigen Beschluß der betreffenden Mitglieder festgelegten Bedingungen zwischen den verbleibenden Mitgliedern fort, es sei denn, daß der Gründungsvertrag etwas anderes bestimmt.

Artikel 31.

(1) Die Vereinigung kann durch Beschluß ihrer Mitglieder aufgelöst werden, der diese Auflösung ausspricht. Dieser Beschluß muß einstimmig gefaßt werden, es sei denn, daß der Gründungsvertrag etwas anderes bestimmt.

(2) Die Vereinigung muß durch Beschluß ihrer Mitglieder aufgelöst werden, der feststellt, daß

a) die im Gründungsvertrag bestimmte Dauer abgelaufen oder ein anderer in diesem Vertrag vorgesehener Auflösungsgrund eingetreten ist oder

b) der Unternehmensgegenstand der Vereinigung verwirklicht worden ist oder nicht weiter verfolgt werden kann.

Ist binnen drei Monaten nach Eintritt eines der in Unterabsatz 1 genannten Fälle kein Beschluß der Mitglieder über die Auflösung der Vereinigung ergangen, so kann jedes Mitglied bei Gericht beantragen, diese Auflösung auszusprechen.

(3) Die Vereinigung muß ferner durch Beschluß ihrer Mitglieder oder des verbleibenden Mitglieds aufgelöst werden, wenn die Bedingungen des Artikels 4 Absatz 2 nicht mehr erfüllt sind.

(4) Nach Auflösung der Vereinigung durch Beschluß ihrer Mitglieder müssen der oder die Geschäftsführer die jeweiligen Verpflichtungen nach den Artikeln 7 und 8 erfüllen. Ferner kann jeder Beteiligte diese Verpflichtungen erfüllen.

Artikel 32.

(1) Auf Antrag jedes Beteiligten oder einer zuständigen Behörde muß das Gericht im Falle der Verletzung des Artikels 3, des Artikels 12 oder des Artikels 31 Absatz 3 die Auflösung der Vereinigung aussprechen, es sei denn, daß die Mängel der Vereinigung behoben werden können und vor der Entscheidung in der Sache behoben werden.

(2) Auf Antrag eines Mitglieds kann das Gericht die Auflösung der Vereinigung aus wichtigem Grund aussprechen.

(3) Ein Mitgliedstaat kann vorsehen, daß das Gericht auf Antrag einer zuständigen Behörde die Auflösung einer Vereinigung, die ihren Sitz in dem Staat dieser Behörde hat, in den Fällen aussprechen kann, in denen die Vereinigung durch ihre Tätigkeit gegen das öffentliche Interesse dieses Staates verstößt, sofern diese Möglichkeit in den Rechtsvorschriften dieses Staates für eingetragene Gesellschaften oder andere juristische

Einheiten, die diesen Rechtsvorschriften unterliegen, vorgesehen ist.

Artikel 33.

Scheidet ein Mitglied aus einem anderen Grund als dem der Abtretung seiner Rechte gemäß Artikel 22 Absatz 1 aus der Vereinigung aus, so wird das Auseinandersetzungsguthaben dieses Mitglieds oder die Höhe der Forderungen der Vereinigung gegen dieses Mitglied auf der Grundlage des Vermögens der Vereinigung ermittelt, wie es im Zeitpunkt des Ausscheidens des Mitglieds vorhanden ist.

Der Wert der Ansprüche und Verbindlichkeiten des ausscheidenden Mitglieds darf nicht im voraus pauschal bestimmt werden.

Artikel 34.

Unbeschadet des Artikels 37 Absatz 1 haftet jedes aus der Vereinigung ausscheidende Mitglied gemäß Artikel 24 für die Verbindlichkeiten, die sich aus der Tätigkeit der Vereinigung vor seinem Ausscheiden ergeben.

Artikel 35.

(1) Die Auflösung der Vereinigung führt zu deren Abwicklung.

(2) Die Abwicklung der Vereinigung und der Schluß dieser Abwicklung unterliegen dem einzelstaatlichen Recht.

(3) Die Geschäftsfähigkeit der Vereinigung im Sinne von Artikel 1 Absatz 2 besteht bis zum Schluß der Abwicklung fort.

(4) Der oder die Abwickler erfüllen die ihnen nach den Artikeln 7 und 8 obliegenden Pflichten.

Artikel 36.

Europäische wirtschaftliche Interessenvereinigungen unterliegen dem einzelstaatlichen Recht über Zahlungsunfähigkeit und Zahlungseinstellung. Die Eröffnung eines Verfahrens gegen eine Vereinigung wegen Zahlungsunfähigkeit oder Zahlungseinstellung hat nicht von Rechts wegen zur Folge, daß ein solches Verfahren auch gegen die Mitglieder dieser Vereinigung eröffnet wird.

Artikel 37.

(1) Jede durch das anwendbare einzelstaatliche Recht vorgesehene längere Verjährungsfrist wird durch eine Verjährungsfrist von fünf Jahren nach der in Artikel 8 vorgeschriebenen Bekanntmachung des Ausscheidens eines Mitglieds der Vereinigung für Ansprüche gegen dieses Mitglied wegen Verbindlichkeiten, die sich aus der Tätigkeit der Vereinigung vor seinem Ausscheiden ergeben haben, ersetzt.

(2) Jede durch das anwendbare einzelstaatliche Recht vorgesehene längere Verjährungsfrist wird durch eine Verjährungsfrist von fünf Jahren nach der in Artikel 8 vorgeschriebenen Bekanntmachung des Schlusses der Abwicklung der Vereinigung für Ansprüche gegen ein Mitglied der Vereinigung wegen Verbindlichkeiten, die sich aus der Tätigkeit der Vereinigung ergeben haben, ersetzt.

Artikel 38.

Übt eine Vereinigung in einem Mitgliedstaat eine Tätigkeit aus, die gegen dessen öffentliches Interesse verstößt, so kann eine zuständige Behörde dieses Staates diese Tätigkeit untersagen. Gegen die Entscheidung der zuständigen Behörde muß ein Rechtsbehelf bei einem Gericht eingelegt werden können.

Artikel 39.

(1) Die Mitgliedstaaten bestimmen das oder die Register, die für die in Artikel 6 und 10 genannte Eintragung zuständig sind, sowie die für die Eintragung geltenden Vorschriften. Sie legen die Bedingungen für die Hinterlegung der in Artikel 7 und 10 genannten Urkunden fest. Sie stellen sicher, daß die Urkunden und Angaben nach Artikel 8 in dem geeigneten amtlichen Mitteilungsblatt des Mitgliedstaats, in dem die Vereinigung ihren Sitz hat, bekanntgemacht werden, und sehen gegebenenfalls die Einzelheiten der Bekanntmachung für die in Artikel 8 Buchstabe c) genannten Urkunden und Angaben vor.

Ferner stellen die Mitgliedstaaten sicher, daß jeder bei dem aufgrund des Artikels 6 oder gegebenenfalls des Artikels 10 zuständigen Register die in Artikel 7 genannten Urkunden einsehen und hiervon eine Abschrift oder einen Auszug erhalten kann, welche ihm auf Verlangen zuzusenden sind.

Die Mitgliedstaaten können die Erhebung von Gebühren zur Deckung der Kosten für die in den vorstehenden Unterabsätzen genannten Maßnahmen vorsehen; diese Gebühren dürfen die Verwaltungskosten nicht übersteigen.

(2) Die Mitgliedstaaten stellen sicher, daß die nach Artikel 11 im Amtsblatt der Europäischen Gemeinschaften zu veröffentlichenden Angaben binnen eines Monats nach Bekanntmachung in dem in Absatz 1 genannten amtlichen Mitteilungsblatt dem Amt für amtliche Veröffentlichungen der Europäischen Gemeinschaften mitgeteilt werden.

(3) Die Mitgliedstaaten sehen geeignete Maßregeln für den Fall vor, daß die Bestimmungen der Artikel 7, 8 und 10 über die Offenlegung nicht

eingehalten werden oder daß gegen Artikel 25 verstoßen wird.

Artikel 40.

Das Ergebnis der Tätigkeit der Vereinigung wird nur bei ihren Mitgliedern besteuert.

Artikel 41.

(1) Die Mitgliedstaaten treffen die nach Artikel 39 erforderlichen Maßnahmen vor dem 1. Juli 1989. Sie teilen sie unverzüglich der Kommission mit.

(2) Die Mitgliedstaaten teilen der Kommission zur Unterrichtung mit, welche Gruppen von natürlichen Personen, Gesellschaften oder anderen juristischen Einheiten sie gemäß Artikel 4 Absatz 4 von der Beteiligung an einer Vereinigung ausgeschlossen haben. Die Kommission unterrichtet hierüber die anderen Mitgliedstaaten.

Artikel 42.

(1) Bei der Kommission wird, sobald diese Verordnung genehmigt ist, ein Kontaktausschuß eingesetzt, der zur Aufgabe hat,

a) unbeschadet der Artikel 169 und 170 des Vertrages die Durchführung dieser Verordnung durch eine regelmäßige Abstimmung, insbesondere in konkreten Durchführungsfragen, zu erleichtern;

b) die Kommission, falls dies erforderlich sein sollte, bezüglich Ergänzungen oder Änderungen dieser Verordnung zu beraten.

(2) Der Kontaktausschuß setzt sich aus Vertretern der Mitgliedstaaten sowie Vertretern der Kommission zusammen. Der Vorsitz wird von einem Vertreter der Kommission wahrgenommen. Die Sekretariatsgeschäfte werden von den Dienststellen der Kommission geführt.

(3) Der Vorsitzende beruft den Kontaktausschuß von sich aus oder auf Antrag eines der Mitglieder des Ausschusses ein.

Artikel 43.

Diese Verordnung tritt am dritten Tag nach ihrer Veröffentlichung im Amtsblatt der Europäischen Gemeinschaften in Kraft.

Diese Verordnung gilt ab 1. Juli 1989; hiervon ausgenommen sind die Artikel 39, 41 und 42, die vom Inkrafttreten dieser Verordnung an gelten.

Diese Verordnung ist in allen ihren Teilen verbindlich und gilt unmittelbar in jedem Mitgliedstaat.

Geschehen zu Brüssel am 25. Juli 1985.

Im Namen des Rates

Der Präsident

15a. Privatstiftungsgesetz

BGBl 1993/694 idF

1 BGBl I 2001/98
2 BGBl I 2005/120 (HaRÄG)
3 BGBl I 2009/75 (FamRÄG 2009)
4 BGBl I 2009/135 (EPG)
5 BGBl I 2010/58 (IRÄ-BG)
6 BGBl I 2010/111 (BudgetbegleitG 2011)
7 BGBl I 2015/112 (Strafrechtsänderungsgesetz 2015)
8 BGBl I 2019/104 (Finanz-Organisationsreformgesetz)

GLIEDERUNG

STICHWORTVERZEICHNIS

Stichwortverzeichnis

Bundesgesetz über Privatstiftungen und Änderungen des Firmenbuchgesetzes, des Rechtspflegergesetzes, des Gerichtsgebührengesetzes, des Einkommensteuergesetzes, des Körperschaftsteuergesetzes, des Erbschafts- und Schenkungssteuergesetzes und der Bundesabgabenordnung (Privatstiftungsgesetz – PSG)

Der Nationalrat hat beschlossen:

Artikel I

Privatstiftungsgesetz

Begriff

§ 1. (1) Die Privatstiftung im Sinn dieses Bundesgesetzes ist ein Rechtsträger, dem vom Stifter ein Vermögen gewidmet ist, um durch dessen Nutzung, Verwaltung und Verwertung der Erfüllung eines erlaubten, vom Stifter bestimmten Zwecks zu dienen; sie genießt Rechtspersönlichkeit und muß ihren Sitz im Inland haben.

(2) Eine Privatstiftung darf nicht

1. eine gewerbsmäßige Tätigkeit, die über eine bloße Nebentätigkeit hinausgeht, ausüben;

2. die Geschäftsführung einer Handelsgesellschaft übernehmen;

3. „unbeschränkt haftender Gesellschafter einer eingetragenen Personengesellschaft" sein. *(BGBl I 2005/120)*

Name

§ 2. Der Name einer Privatstiftung hat sich von allen im Firmenbuch eingetragenen Privatstiftungen deutlich zu unterscheiden; er darf nicht irreführend sein und muß das Wort „Privatstiftung" ohne Abkürzung enthalten.

Stifter, Zustiftung

§ 3. (1) [1]Stifter einer Privatstiftung können eine oder mehrere natürliche oder juristische Personen sein. [2]Eine Privatstiftung von Todes wegen kann nur einen Stifter haben.

(2) Hat eine Privatstiftung mehrere Stifter, so können die dem Stifter zustehenden oder vorbehaltenen Rechte nur von allen Stiftern gemeinsam ausgeübt werden, es sei denn, die Stiftungsurkunde sieht etwas anderes vor.

(3) Rechte des Stifters, die Privatstiftung zu gestalten, gehen nicht auf die Rechtsnachfolger über.

(4) Wer einer Privatstiftung nach ihrer Entstehung Vermögen widmet (Zustiftung), erlangt dadurch nicht die Stellung eines Stifters.

Stiftungsvermögen

§ 4. Der Privatstiftung muß ein Vermögen im Wert von mindestens „70 000 Euro" gewidmet werden. *(BGBl I 2001/98)*

Begünstigter

§ 5. [1]Begünstigter ist der in der Stiftungserklärung als solcher Bezeichnete. [2]Ist der Begünstigte in der Stiftungserklärung nicht bezeichnet, so ist Begünstigter, wer von der vom Stifter dazu berufenen Stelle (§ 9 Abs. 1 Z 3), sonst vom Stiftungsvorstand als solcher festgestellt worden ist.[3]„Der Stiftungsvorstand hat den in diesem Sinne festgestellten Begünstigten dem für die Erhebung der Körperschaftsteuer der Privatstiftung zuständigen Finanzamt unverzüglich elektronisch mitzuteilen." *(BGBl I 2010/111)*

Fassung ab 1. 7. 2020 (BGBl I 2019/104):
§ 5. [1]Begünstigter ist der in der Stiftungserklärung als solcher Bezeichnete. [2]Ist der Begünstigte in der Stiftungserklärung nicht bezeichnet, so ist Begünstigter, wer von der vom Stifter dazu berufenen Stelle (§ 9 Abs. 1 Z 3), sonst vom Stiftungsvorstand als solcher festgestellt worden ist.[3]„Der Stiftungsvorstand hat den in diesem Sinne festgestellten Begünstigten „dem Finanzamt für Großbetriebe"** unverzüglich elektronisch mitzuteilen."* *(*BGBl I 2010/111; **BGBl I 2019/104)*

Letztbegünstigter

§ 6. Letztbegünstigter ist derjenige, dem ein nach Abwicklung der Privatstiftung verbleibendes Vermögen zukommen soll.

Errichtung und Entstehung einer Privatstiftung

§ 7. (1) Die Privatstiftung wird durch eine Stiftungserklärung errichtet; sie entsteht mit der Eintragung in das Firmenbuch.

(2) Für Handlungen im Namen der Privatstiftung vor der Eintragung in das Firmenbuch haften die Handelnden zur ungeteilten Hand.

Privatstiftung von Todes wegen

§ 8. (1) Die Privatstiftung von Todes wegen wird durch letztwillige Stiftungserklärung errichtet.

(2) Liegt eine solche Stiftungserklärung vor, so ist der gegebenenfalls bestellte erste Stiftungsvorstand im Verlassenschaftsverfahren zu verständigen.

(3) Ist die Eintragung der Privatstiftung in das Firmenbuch nicht in angemessener Frist zu erwarten, so ist auf Antrag oder von Amts wegen vom

Gericht ein Stiftungskurator zu bestellen; dieser hat

1. für das Entstehen der Privatstiftung Sorge zu tragen und erforderlichenfalls den ersten Stiftungsvorstand sowie den ersten Aufsichtsrat zu bestellen;

2. bis zur Bestellung des Stiftungsvorstands den Anspruch aus der Stiftungserklärung geltend zu machen und das gewidmete Vermögen zu verwalten.

(4) Der Stiftungskurator ist vom Gericht zu entheben, sobald die Privatstiftung entstanden oder wenn ihre Entstehung unmöglich ist.

(5) [1]Der Stiftungskurator hat Anspruch auf Ersatz seiner Barauslagen und auf angemessene Entlohnung seiner Mühewaltung. [2]Diese Beträge bestimmt das Gericht. [3]Gegen die Bestimmung kann Rekurs ergriffen werden, gegen die Entscheidung des Gerichts zweiter Instanz ist der Rekurs ausgeschlossen. [4]Der Anspruch besteht gegen die Privatstiftung und, wenn diese nicht entstanden ist, gegen den Rechtsnachfolger des Stifters.

Stiftungserklärung

§ 9. (1) Die Stiftungserklärung hat jedenfalls zu enthalten:

1. die Widmung des Vermögens;

2. den Stiftungszweck;

3. die Bezeichnung des Begünstigten oder die Angabe einer Stelle, die den Begünstigten festzustellen hat; dies gilt nicht, soweit der Stiftungszweck auf Begünstigung der Allgemeinheit gerichtet ist;

4. den Namen und den Sitz der Privatstiftung;

5. den Namen sowie die für Zustellungen maßgebliche Anschrift des Stifters, bei natürlichen Personen das Geburtsdatum, bei Rechtsträgern, die im Firmenbuch eingetragen sind, die Firmenbuchnummer;

6. die Angabe, ob die Privatstiftung auf bestimmte oder unbestimmte Zeit errichtet wird.

(2) Die Stiftungserklärung kann darüber hinaus insbesondere enthalten:

1. Regelungen über die Bestellung, Abberufung, Funktionsdauer und Vertretungsbefugnis des Stiftungsvorstands;

2. Regelungen über die Bestellung, Abberufung und Funktionsdauer des Stiftungsprüfers;

3. Regelungen über die Bestimmung des Gründungsprüfers;

4. die Einrichtung eines Aufsichtsrats oder weiterer Organe zur Wahrung des Stiftungszwecks (§ 14 Abs. 2) und die Benennung von Personen, denen besondere Aufgaben zukommen;

5. im Fall der notwendigen oder sonst vorgesehenen Bestellung eines Aufsichtsrats Regelungen über dessen Bestellung, Abberufung und Funktionsdauer;

6. Regelungen über die Änderung der Stiftungserklärung;

7. die Angabe, daß eine Stiftungszusatzurkunde errichtet ist oder werden kann;

8. den Vorbehalt des Widerrufs der Privatstiftung (§ 34);

9. Regelungen über Vergütungen der Stiftungsorgane;

10. die nähere Bestimmung des Begünstigten oder weiterer Begünstigter;

11. die Festlegung eines Mindestvermögensstandes, der durch Zuwendungen an Begünstigte nicht geschmälert werden darf;

12. die Bestimmung eines Letztbegünstigten;

13. Regelungen über die innere Ordnung von kollegialen Stiftungsorganen;

14. die Widmung und Angabe eines weiteren, das Mindestvermögen (§ 4) übersteigenden Stiftungsvermögens.

Stiftungsurkunde, Stiftungszusatzurkunde

§ 10. (1) Die Stiftungserklärung ist zu beurkunden (Stiftungsurkunde, Stiftungszusatzurkunde).

(2) [1]Enthält die Stiftungsurkunde die Angabe, daß eine Stiftungszusatzurkunde errichtet ist oder werden kann (§ 9 Abs. 2 Z 6), so können über § 9 Abs. 1 hinausgehende Regelungen, ausgenommen eine Regelung gemäß § 9 Abs. 2 Z 1 bis 8, in einer Zusatzurkunde beurkundet werden. [2]Die Stiftungszusatzurkunde ist dem Firmenbuchgericht nicht vorzulegen.

Gründungsprüfung

§ 11. (1) Wird das Mindestvermögen nicht in Geld inländischer Währung aufgebracht, so ist zu prüfen, ob das gewidmete Vermögen den Wert des Mindestvermögens erreicht.

(2) [1]Der Gründungsprüfer ist vom Gericht zu bestellen. [2]§ 20 Abs. 2 und 3 gilt sinngemäß.

(3) [1]Der Prüfungsbericht ist dem Stifter und dem Stiftungsvorstand vorzulegen. [2]Über Meinungsverschiedenheiten zwischen dem Gründungsprüfer und dem Stiftungsvorstand entscheidet auf Antrag des Stiftungsvorstands oder des Gründungsprüfers das Gericht.

(4) [1]Der Gründungsprüfer hat Anspruch auf Ersatz seiner Barauslagen und auf angemessene Entlohnung seiner Mühewaltung. [2]Im übrigen ist § 27 Abs. 2 Aktiengesetz 1965 anzuwenden. [3]Der Anspruch besteht gegen die Privatstiftung und, wenn diese nicht entstanden ist, gegen den Stifter.

Anmeldung zum Firmenbuch

§ 12. (1) Die Privatstiftung ist vom ersten Stiftungsvorstand zur Eintragung in das Firmenbuch anzumelden.

(2) Mit der Anmeldung zur Eintragung sind vorzulegen:

1. die Stiftungsurkunde in öffentlich beglaubigter Abschrift;

2. die öffentlich beglaubigte Erklärung sämtlicher Mitglieder des Stiftungsvorstands, daß sich das Stiftungsvermögen in ihrer freien Verfügung befindet;

3. hinsichtlich des gewidmeten Geldbetrages die Bestätigung eines Kreditinstituts mit Sitz im Inland oder der Österreichischen Postsparkasse, daß der Geldbetrag auf ein Konto der Privatstiftung oder des Stiftungsvorstands eingezahlt ist und zu dessen freien Verfügung steht;

4. der Prüfungsbericht des Gründungsprüfers, wenn das Mindestvermögen nicht in Geld inländischer Währung aufgebracht ist.

Eintragung in das Firmenbuch

§ 13. (1) Privatstiftungen sind in das Firmenbuch einzutragen.

(2) Örtlich zuständig ist jenes Gericht (§ 120 Abs. 1 Z 1 JN), in dessen Sprengel die Privatstiftung ihren Sitz hat.

(3) [1]§ 3 FBG ist sinngemäß anzuwenden. [2]Darüber hinaus sind einzutragen:

1. kurze Angabe des Stiftungszwecks;

2. das Datum der Stiftungsurkunde und jede Änderung dieser Urkunde;

3. gegebenenfalls das Datum einer Stiftungszusatzurkunde sowie das Datum einer Änderung;

4. gegebenenfalls Name und Geburtsdatum des Vorsitzenden, seiner Stellvertreter und der übrigen Mitglieder des Aufsichtsrats.

(4) [1]Der Tod eines Stifters nach Abgabe der Stiftungserklärung hindert die Eintragung nicht. [2]In diesem Fall ist § 8 Abs. 3 bis 5 entsprechend anzuwenden.

Organe der Privatstiftung

§ 14. (1) Organe der Privatstiftung sind der Stiftungsvorstand, der Stiftungsprüfer und gegebenenfalls der Aufsichtsrat.

(2) Die Stifter können weitere Organe zur Wahrung des Stiftungszwecks vorsehen.

(3) Kommt einem Organ gemäß Abs. 2 das Recht zu, den Stiftungsvorstand oder eines seiner Mitglieder abzuberufen, so ist für derartige Entscheidungen eine Mehrheit von mindestens drei Viertel der abgegebenen Stimmen erforderlich; hat das Organ weniger als vier Mitglieder, so ist Stimmeneinhelligkeit erforderlich. *(BGBl I 2010/111)*

(4) Soll in einem solchen Fall der Stiftungsvorstand oder eines seiner Mitglieder aus anderen als den in § 27 Abs. 2 Z 1 bis 3 angeführten Gründen abberufen werden, so darf Begünstigten, deren Angehörigen (§ 15 Abs. 2) und Personen, die von Begünstigten oder deren Angehörigen mit der Wahrnehmung ihrer Interessen im Organ nach Abs. 2 beauftragt wurden, bei dieser Entscheidung insgesamt nicht die Mehrheit der Stimmen zustehen. *(BGBl I 2010/111)*

Stiftungsvorstand

§ 15. (1) Der Stiftungsvorstand muss aus wenigstens drei Mitgliedern bestehen; zwei Mitglieder müssen ihren gewöhnlichen Aufenthalt in einem Mitgliedstaat der Europäischen Union oder in einem Vertragsstaat des Abkommens über die Schaffung eines Europäischen Wirtschaftsraumes, BGBl. Nr. 909/1993, haben. *(BGBl I 2001/98)*

(2) Ein Begünstigter, dessen „Ehegatte, dessen Lebensgefährte“ sowie Personen, die mit dem Begünstigten in gerader Linie oder bis zum dritten Grad der Seitenlinie verwandt sind, sowie juristische Personen können nicht Mitglieder des Stiftungsvorstands sein. *(BGBl I 2010/111)*

(3) Ist ein Begünstigter eine juristische Person, an der eine natürliche Person im Sinn des § 244 Abs. 2 UGB beteiligt ist, so können diese natürliche Person, deren Ehegatte, deren Lebensgefährte sowie Personen, die mit der natürlichen Person in gerader Linie oder bis zum dritten Grad der Seitenlinie verwandt sind, nicht Mitglieder des Stiftungsvorstandes sein. *(BGBl I 2009/75, ab 1. 1. 2010)*

(3a) Abs. 2 und Abs. 3 sind auch auf Personen anzuwenden, die von Begünstigten, deren Angehörigen (Abs. 2) oder in Abs. 3 genannten ausgeschlossenen Personen mit der Wahrnehmung ihrer Interessen im Stiftungsvorstand beauftragt wurden. *(BGBl I 2010/111)*

(4) Der erste Stiftungsvorstand wird vom Stifter oder vom Stiftungskurator (§ 8 Abs. 3 Z 1) bestellt.

(5) [1]Die jeweiligen Mitglieder des Stiftungsvorstands und ihre Vertretungsbefugnis sowie das Erlöschen oder eine Änderung ihrer Vertretungsbefugnis sind ohne Verzug zur Eintragung in das Firmenbuch anzumelden. [2]Der Anmeldung ist der Nachweis der Bestellung oder der Änderung in öffentlich beglaubigter Form beizufügen. [3]Zugleich haben die Mitglieder des Stiftungsvorstands ihre öffentlich beglaubigte Musterzeichnung vorzulegen.

Anmerkung zu § 15: Die „für Ehegatten, Ehesachen oder in Eheangelegenheiten maßgebenden Bestimmungen in der jeweils geltenden Fassung sind auf eingetragene Partner, Partnersachen oder Partnerangelegenheiten sinngemäß anzuwenden" (§ 43 Abs 1 EPG, BGBl I 2009/135, ab 1. 1. 2010).

Zeichnung

§ 16. Die Mitglieder des Stiftungsvorstands haben in der Weise zu zeichnen, daß sie dem Namen der Privatstiftung ihre Unterschrift beifügen.

Aufgaben des Stiftungsvorstands, Vertretung der Privatstiftung

§ 17. (1) [1]Der Stiftungsvorstand verwaltet und vertritt die Privatstiftung und sorgt für die Erfüllung des Stiftungszwecks. [2]Er ist verpflichtet, dabei die Bestimmungen der Stiftungserklärung einzuhalten.

(2) [1]Jedes Mitglied des Stiftungsvorstands hat seine Aufgaben sparsam und mit der Sorgfalt eines gewissenhaften Geschäftsleiters zu erfüllen. [2]Der Stiftungsvorstand darf Leistungen an Begünstigte zur Erfüllung des Stiftungszwecks nur dann und soweit vornehmen, wenn dadurch Ansprüche von Gläubigern der Privatstiftung nicht geschmälert werden.

(3) [1]Wenn die Stiftungserklärung nichts anderes bestimmt, so sind sämtliche Mitglieder des Stiftungsvorstands nur gemeinschaftlich zur Abgabe von Willenserklärungen und zur Zeichnung für die Privatstiftung befugt. [2]Der Stiftungsvorstand kann einzelne Mitglieder des Stiftungsvorstands zur Vornahme bestimmter Geschäfte oder bestimmter Arten von Geschäften ermächtigen. [3]Ist eine Willenserklärung der Privatstiftung gegenüber abzugeben, so genügt die Abgabe gegenüber einem Mitglied des Stiftungsvorstands.

(4) Sitzungen des Stiftungsvorstands können in angemessener Frist vom Vorsitzenden, seinem Stellvertreter oder von zwei Dritteln der Mitglieder des Stiftungsvorstands einberufen werden.

(5) Wenn die Privatstiftung keinen Aufsichtsrat hat, bedürfen Rechtsgeschäfte der Privatstiftung mit einem Mitglied des Stiftungsvorstands der Genehmigung aller übrigen Mitglieder des Stiftungsvorstands und des Gerichts.

Rechnungslegung

§ 18. [1]Der Stiftungsvorstand hat die Bücher der Privatstiftung zu führen; hiebei sind die §§ 189 bis 216, 222 bis 226 Abs. 1, 226 Abs. 3 bis 234 und 236 bis 239 UGB, der § 243 UGB über den Lagebericht sowie die §§ 244 bis 267 UGB über den Konzernabschluß und den Konzernlagebericht sinngemäß anzuwenden. [2]Im Lagebericht ist auch auf die Erfüllung des Stiftungszwecks einzugehen.

Vergütung der Mitglieder des Stiftungsvorstands

§ 19. (1) Soweit in der Stiftungserklärung nichts anderes vorgesehen ist, ist den Mitgliedern des Stiftungsvorstands für ihre Tätigkeit eine mit ihren Aufgaben und mit der Lage der Privatstiftung in Einklang stehende Vergütung zu gewähren.

(2) Die Höhe der Vergütung ist, soweit in der Stiftungserklärung nichts anderes vorgesehen ist, auf Antrag eines Stiftungsorgans oder eines Organmitglieds vom Gericht zu bestimmen.

Stiftungsprüfer

§ 20. (1) Der Stiftungsprüfer ist vom Gericht, gegebenenfalls vom Aufsichtsrat zu bestellen.

(2) Zum Stiftungsprüfer dürfen nur Beeidete Wirtschaftsprüfer und Steuerberater oder Wirtschaftsprüfungs- und Steuerberatungsgesellschaften oder Beeidete Buchprüfer und Steuerberater oder Buchprüfungs- und Steuerberatungsgesellschaften bestellt werden.

(3) Der Stiftungsprüfer darf weder Begünstigter noch Mitglied eines anderen Stiftungsorgans, noch Arbeitnehmer der Privatstiftung, noch in einem Unternehmen beschäftigt sein, auf das die Privatstiftung maßgeblichen Einfluß nehmen kann, noch eine dieser Stellungen in den letzten drei Jahren innegehabt haben, noch zusammen mit einer ausgeschlossenen Person seinen Beruf ausüben, noch ein naher Angehöriger (§ 15 Abs. 2) einer ausgeschlossenen Person sein.

(4) Für die Vergütung des Stiftungsprüfers gilt § 270 Abs. 5 UGB sinngemäß.

Prüfung

§ 21. (1) [1]Der Stiftungsprüfer hat den Jahresabschluß einschließlich der Buchführung und den Lagebericht innerhalb von drei Monaten ab Vorlage zu prüfen. [2]Hinsichtlich Gegenstand und Umfang der Prüfung gilt § 269 Abs. 1 UGB, hinsichtlich des Auskunftsrechts § 272 UGB sinngemäß.

(2) [1]Den Stiftungsprüfer trifft keine Verschwiegenheitspflicht gegenüber anderen Stiftungsorganen und gegenüber den in der Stiftungserklärung mit Prüfungsaufgaben betrauten Personen. [2]Für die Verantwortlichkeit des Stiftungsprüfers gilt § 275 UGB sinngemäß.

(3) [1]Die §§ 273 und 274 UGB über den Prüfungsbericht und den Bestätigungsvermerk sind sinngemäß anzuwenden. [2]Der Prüfungsbericht ist den übrigen Organen der Privatstiftung vorzulegen.

(4) Bei Meinungsverschiedenheiten zwischen dem Stiftungsprüfer und anderen Stiftungsorganen über die Auslegung und Anwendung von gesetz-

lichen Vorschriften sowie der Stiftungserklärung entscheidet auf Antrag eines Stiftungsorgans das Gericht.

Aufsichtsrat

§ 22. (1) Ein Aufsichtsrat ist zu bestellen, wenn

1. die Anzahl der Arbeitnehmer der Privatstiftung dreihundert übersteigt oder

2. die Privatstiftung inländische Kapitalgesellschaften oder inländische Genossenschaften einheitlich leitet (§ 15 Abs. 1 Aktiengesetz 1965) oder auf Grund einer unmittelbaren Beteiligung von mehr als 50 Prozent beherrscht und in beiden Fällen die Anzahl der Arbeitnehmer dieser Gesellschaften beziehungsweise Genossenschaften im Durchschnitt dreihundert übersteigt und sich die Tätigkeit der Privatstiftung nicht nur auf die Verwaltung von Unternehmensanteilen der beherrschten Unternehmen beschränkt.

(2) Der jeweilige Durchschnitt der Arbeitnehmeranzahl bestimmt sich nach den Arbeitnehmeranzahlen an den jeweiligen Monatsletzten innerhalb des vorangegangenen Kalenderjahres.

(3) [1]Der Stiftungsvorstand hat im Fall des Abs. 1 nach Maßgabe der folgenden Bestimmungen jeweils zum 1. Jänner den Durchschnitt der Arbeitnehmeranzahl der im vorangegangenen Jahr beschäftigten Arbeitnehmer festzustellen. Übersteigt die Durchschnittszahl dreihundert, so hat er dies dem Gericht mitzuteilen; die nächste Feststellung der Arbeitnehmeranzahl ist jeweils drei Jahre nach dem im ersten Satz genannten Stichtag zum 1. Jänner durchzuführen. [2]Eine Änderung der Arbeitnehmeranzahl innerhalb der jeweiligen drei Jahre ist auf die Notwendigkeit des Vorhandenseins eines Aufsichtsrats ohne Einfluß. [3]Wird bei einer der Feststellungen ermittelt, daß die Durchschnittszahl dreihundert nicht übersteigt, so ist die nächste Feststellung jeweils zum 1. Jänner der folgenden Jahre bis zur Feststellung der Überschreitung der Zahl dreihundert zu wiederholen. [4]Die vertretungsbefugten Organe der in Abs. 1 Z 2 genannten Gesellschaften bzw. Genossenschaften haben dem Stiftungsvorstand auf dessen Verlangen die für die Feststellung erforderlichen Auskünfte rechtzeitig zu erteilen.

(4) § 110 ArbVG gilt für Privatstiftungen sinngemäß wie für Gesellschaften mit beschränkter Haftung.

Zusammensetzung des Aufsichtsrats

§ 23. (1) Der Aufsichtsrat muß aus mindestens drei natürlichen Personen bestehen.

(2) [1]Die Mitglieder des Aufsichtsrats und deren Angehörige (§ 15 Abs. 2) dürfen nicht zugleich dem Stiftungsvorstand angehören oder Stiftungsprüfer sein. Begünstigte oder deren Angehörige (§ 15 Abs. 2) dürfen nicht die Mehrheit der Aufsichtsratmitglieder stellen. [2]„Dasselbe gilt auch für Personen, die von Begünstigten oder deren Angehörigen (§ 15 Abs. 2) mit der Wahrnehmung ihrer Interessen im Aufsichtsrat beauftragt wurden.“ *(BGBl I 2010/111)*

(3) Mitglied des Aufsichtsrats kann nicht sein, wer in zehn Privatstiftungen Mitglied des Aufsichtsrats oder eines vergleichbaren Organs ist.

Bestellung und Abberufung des Aufsichtsrats

§ 24. (1) Der Aufsichtsrat wird vom Gericht bestellt, der erste Aufsichtsrat bei Errichtung der Privatstiftung vom Stifter oder vom Stiftungskurator (§ 8 Abs. 3 Z 1).

(2) Das Gericht hat den Aufsichtsrat abzuberufen, wenn die Privatstiftung nicht mehr aufsichtsratspflichtig ist.

(3) Jedes Mitglied des Aufsichtsrats kann sein Amt unter Einhaltung einer mindestens vierwöchigen Frist auch ohne wichtigen Grund mit schriftlicher Anzeige an die Privatstiftung und das Gericht zurücklegen.

Aufgaben des Aufsichtsrats Vertretung der Privatstiftung

§ 25. (1) [1]Der Aufsichtsrat hat die Geschäftsführung und die Gebarung der Privatstiftung zu überwachen. [2]Für das Auskunfts- und Einsichtsrecht des Aufsichtsrats gilt § 95 Abs. 2 und 3, für die Zustimmung zu bestimmten Geschäften der Privatstiftung § 95 Abs. 5 Z 1, 2, 4 bis 6 Aktiengesetz 1965 sinngemäß.

(2) Der Aufgabenbereich des nach § 22 Abs. 1 Z 2 bestellten Aufsichtsrats ist auf Angelegenheiten der einheitlichen Leitung oder unmittelbaren Beherrschung inländischer Kapitalgesellschaften beziehungsweise inländischer Genossenschaften beschränkt.

(3) Der Aufsichtsrat vertritt die Privatstiftung bei der Vornahme von Rechtsgeschäften mit den Vorstandsmitgliedern.

(4) Die Stiftungserklärung kann den Zuständigkeitsbereich des Aufsichtsrats nach Abs. 1 bis 3 erweitern.

(5) Für die Einberufung des nach § 22 Abs. 1 bestellten Aufsichtsrats gilt § 94 Aktiengesetz 1965.

Vergütung der Mitglieder des Aufsichtsrats

§ 26. (1) Soweit in der Stiftungserklärung nichts anderes vorgesehen ist, ist den Mitgliedern des Aufsichtsrats für ihre Tätigkeit eine mit ihren Aufgaben und mit der Lage der Privatstiftung in Einklang stehende Vergütung zu gewähren.

(2) Die Höhe der Vergütung ist vom Gericht auf Antrag eines Stiftungsorgans oder eines Organmitglieds zu bestimmen.

Gerichtliche Bestellung und Abberufung von Stiftungsorganen und deren Mitgliedern

§ 27. (1) Soweit die nach Gesetz oder Stiftungserklärung vorgeschriebenen Mitglieder von Stiftungsorganen fehlen, hat sie das Gericht auf Antrag oder von Amts wegen zu bestellen.

(2) [1]Das Gericht hat ein Mitglied eines Stiftungsorgans auf Antrag oder von Amts wegen abzuberufen, wenn dies die Stiftungserklärung vorsieht oder sonst ein wichtiger Grund vorliegt. [2]Als wichtiger Grund gilt insbesondere

1. eine grobe Pflichtverletzung,

2. die Unfähigkeit zur ordnungsgemäßen Erfüllung der Aufgaben,

3. die Eröffnung eines Insolvenzverfahrens über das Vermögen des Mitglieds, die Abweisung eines solchen Insolvenzverfahrens mangels kostendeckenden Vermögens sowie die mehrfache erfolglose Exekution in dessen Vermögen.

Innere Ordnung von Stiftungsorganen

§ 28. Ein Stiftungsorgan, das aus mindestens drei Mitgliedern besteht,

1. wählt aus seiner Mitte einen Vorsitzenden und wenigstens einen Stellvertreter;

2. faßt, wenn die Stiftungserklärung nichts anderes vorsieht, unbeschadet „des § 14 Abs. 3 und“ des § 35 Abs. 2 die Beschlüsse mit einfacher Mehrheit der Stimmen aller Mitglieder, wobei bei Stimmengleichheit die Stimme des Vorsitzenden den Ausschlag gibt; *(BGBl I 2010/111)*

3. kann Beschlüsse schriftlich fassen, wenn kein Mitglied widerspricht.

Haftung der Mitglieder von Stiftungsorganen

§ 29. Unbeschadet des § 21 Abs. 2 letzter Satz über die Haftung des Stiftungsprüfers haftet der Privatstiftung jedes Mitglied eines Stiftungsorgans für den aus seiner schuldhaften Pflichtverletzung entstandenen Schaden.

Auskunftsanspruch des Begünstigten

§ 30. (1) Ein Begünstigter kann von der Privatstiftung die Erteilung von Auskünften über die Erfüllung des Stiftungszwecks sowie die Einsichtnahme in den Jahresabschluß, den Lagebericht, den Prüfungsbericht, die Bücher, in die Stiftungsurkunde und in die Stiftungszusatzurkunde verlangen.

(2) [1]Kommt die Privatstiftung diesem Verlangen in angemessener Frist nicht nach, so kann das Gericht auf Antrag des Begünstigten die Einsicht, gegebenenfalls durch einen Buchsachverständigen, anordnen. [2]Für das Verfahren gelten die §§ 385 bis 389 ZPO sinngemäß.

Sonderprüfung

§ 31. (1) Jedes Stiftungsorgan und jedes seiner Mitglieder kann zur Wahrung des Stiftungszwecks bei Gericht die Anordnung einer Sonderprüfung beantragen.

(2) Das Gericht hat die Sonderprüfung anzuordnen, wenn glaubhaft gemacht wird, daß Unredlichkeiten oder grobe Verletzungen des Gesetzes oder der Stiftungserklärung vorgekommen sind.

(3) [1]Die Bestellung eines Sonderprüfers kann auf Antrag von einer angemessenen Sicherheitsleistung abhängig gemacht werden. [2]Auf Antrag entscheidet das Gericht je nach den Ergebnissen der Sonderprüfung, ob die Kosten vom Antragsteller oder von der Privatstiftung zu tragen oder verhältnismäßig aufzuteilen sind. [3]Erweist sich der Antrag nach dem Ergebnis der Sonderprüfung als unbegründet und trifft die Antragsteller Vorsatz oder grobe Fahrlässigkeit, so haften sie der Privatstiftung für den aus der Sonderprüfung entstehenden Schaden als Gesamtschuldner.

(4) Im übrigen gelten für die Sonderprüfung und die Bestellung des Sonderprüfers § 20 Abs. 2 und 3 und § 21 Abs. 2. Hinsichtlich des Auskunftsrechts gilt § 272 UGB sinngemäß.

(5) Das Gericht hat auf Grund der Ergebnisse der Sonderprüfung festzustellen, ob die behaupteten Unredlichkeiten oder groben Verletzungen des Gesetzes oder der Stiftungserklärung vorgekommen sind, und für die erforderlichen Maßnahmen zur Wahrung des Stiftungszwecks Sorge zu tragen.

Angaben in Geschäftsbriefen und Bestellscheinen

§ 32. Für die Privatstiftung gilt § 14 UGB mit der Maßgabe, daß auch die für Zustellungen maßgebliche Anschrift der Privatstiftung und der Stiftungsvorstand anzugeben sind.

Änderung der Stiftungserklärung

§ 33. (1) [1]Vor dem Entstehen einer Privatstiftung kann die Stiftungserklärung vom Stifter widerrufen oder abgeändert werden; wenn einer von mehreren Stiftern weggefallen ist, kann die Stiftungserklärung nicht widerrufen und nur unter Wahrung des Stiftungszwecks geändert werden. [2]Ist der einzige oder letzte Stifter weggefallen, so kann der Stiftungsvorstand unter Wahrung des Stiftungszwecks Änderungen zur Berücksichtigung mittlerweile hervorgekommener Eintragungshindernisse und geänderter Verhältnisse vornehmen.

(2) [1]Nach dem Entstehen einer Privatstiftung kann die Stiftungserklärung vom Stifter nur geändert werden, wenn er sich Änderungen vorbehalten hat. [2]Ist eine Änderung wegen Wegfalls eines Stifters, mangels Einigkeit bei mehreren Stiftern oder deswegen nicht möglich, weil Änderungen nicht vorbehalten sind, so kann der Stiftungsvorstand unter Wahrung des Stiftungszwecks Änderungen der Stiftungserklärung zur Anpassung an geänderte Verhältnisse vornehmen. [3]Die Änderung bedarf der Genehmigung des Gerichts.

(3) [1]Der Stiftungsvorstand hat die Änderung der Stiftungsurkunde unter Anschluß einer öffentlich beglaubigten Abschrift des Änderungsbeschlusses und die Tatsache der Änderung der Stiftungszusatzurkunde zur Eintragung in das Firmenbuch anzumelden. [2]Die Änderung wird mit der Eintragung in das Firmenbuch wirksam.

Widerruf der Privatstiftung

§ 34. [1]Eine Privatstiftung kann vom Stifter nur dann widerrufen werden, wenn er sich den Widerruf in der Stiftungserklärung vorbehalten hat. [2]Einem Stifter, der eine juristische Person ist, kann ein Widerruf nicht vorbehalten werden.

Auflösung

§ 35. (1) Die Privatstiftung wird aufgelöst, sobald

1. die in der Stiftungserklärung vorgesehene Dauer abgelaufen ist;

2. über das Vermögen der Privatstiftung das Konkursverfahren eröffnet worden ist; *(BGBl I 2010/58)*

3. der Beschluss über die Nichteröffnung eines Insolvenzverfahrens mangels kostendeckenden Vermögens Rechtskraft erlangt hat; *(BGBl I 2010/58)*

4. der Stiftungsvorstand einen einstimmigen Auflösungsbeschluß gefaßt hat;

5. das Gericht die Auflösung beschlossen hat.

(2) Der Stiftungsvorstand hat einen einstimmigen Auflösungsbeschluß zu fassen, sobald

1. ihm ein zulässiger Widerruf des Stifters zugegangen ist;

2. der Stiftungszweck erreicht oder nicht mehr erreichbar ist;

3. eine nicht gemeinnützige Privatstiftung, deren überwiegender Zweck die Versorgung von natürlichen Personen ist, 100 Jahre gedauert hat, es sei denn, daß alle Letztbegünstigten einstimmig beschließen, die Privatstiftung für einen weiteren Zeitraum, längstens jedoch jeweils für 100 Jahre, fortzusetzen;

4. andere in der Stiftungserklärung dafür genannte Gründe gegeben sind.

(3) [1]Kommt ein Beschluß nach Abs. 2 trotz Vorliegens eines Auflösungsgrundes nicht zustande, so kann jedes Mitglied eines Stiftungsorgans, jeder Begünstigte oder Letztbegünstigte, jeder Stifter und jede in der Stiftungserklärung dazu ermächtigte Person die Auflösung durch das Gericht beantragen. [2]Das Gericht hat die Privatstiftung überdies aufzulösen, wenn sie gegen § 1 Abs. 2 verstößt und innerhalb angemessener Frist einer rechtskräftigen Unterlassungsanordnung nicht nachgekommen ist.

(4) Hat der Stiftungsvorstand einen einstimmigen Auflösungsbeschluß gefaßt, obwohl ein Auflösungsgrund nicht vorliegt, so kann jede der in Abs. 3 genannten Personen beim Gericht die Aufhebung des Beschlusses beantragen.

(5) [1]In den Fällen des Abs. 1 Z 1 und 4 hat der Stiftungsvorstand die Auflösung der Privatstiftung zur Eintragung in das Firmenbuch anzumelden. [2]Die Auflösung ist mit der Eintragung wirksam.

(6) [1]Ist die Privatstiftung auf Grund eines Gerichtsbeschlusses aufgelöst, so hat das Gericht das Firmenbuchgericht zu benachrichtigen. [2]Die Auflösung ist von Amts wegen in das Firmenbuch einzutragen.

Abwicklung

§ 36. (1) [1]Der Stiftungsvorstand hat die Gläubiger der Privatstiftung unter Hinweis auf die Auflösung aufzufordern, ihre Ansprüche spätestens innerhalb eines Monats nach Veröffentlichung der Aufforderung anzumelden. [2]Diese Aufforderung an die Gläubiger ist ohne Verzug im „Amtsblatt zur Wiener Zeitung" zu veröffentlichen.

(2) [1]§ 213 Aktiengesetz 1965 über den Gläubigerschutz ist anzuwenden. [2]Das verbleibende Vermögen der aufgelösten Privatstiftung ist dem Letztbegünstigten zu übertragen.

(3) Ist kein Letztbegünstigter vorhanden oder will der Letztbegünstigte das verbleibende Vermögen nicht übernehmen und ergibt sich aus der Stiftungserklärung sonst keine Regelung, so fällt das verbleibende Vermögen der Republik Österreich anheim.

(4) Wird die Privatstiftung zufolge Widerrufs aufgelöst und ist in der Stiftungserklärung nichts anderes vorgesehen, so ist der Stifter Letztbegünstigter.

(5) Soweit in der Stiftungserklärung nichts anderes vorgesehen ist, teilen mehrere Letztbegünstigte zu gleichen Teilen.

Löschung

§ 37. (1) [1]Ist die Abwicklung beendet und darüber Schlußrechnung gelegt, so hat der Stiftungsvorstand den Schluß der Abwicklung zur Eintragung in das Firmenbuch anzumelden. [2]Der Schluß der Abwicklung ist einzutragen und die Privatstiftung zu löschen.

(2) Die Bücher und Schriften der Privatstiftung sind an einem vom Gericht bestimmten sicheren Ort zur Aufbewahrung auf sieben Jahre zu hinterlegen.

(3) Stellt sich nachträglich heraus, daß weitere Abwicklungsmaßnahmen nötig sind, so hat das Gericht hiefür den bisherigen Stiftungsvorstand oder einen Abwickler zu bestellen.

Umwandlung

§ 38. (1) Stiftungen, die nach dem Bundes-Stiftungs- und Fondsgesetz errichtet sind, können in Privatstiftungen umgewandelt werden. Auf Grund eines Umwandlungsbeschlusses, der jedenfalls die Angaben gemäß § 9 Abs. 1 zu enthalten hat, haben die Stiftungsorgane eine Stiftungserklärung abzugeben und den ersten Stiftungsvorstand, gegebenenfalls den ersten Aufsichtsrat zu bestellen.

(2) [1]Mit dem Antrag auf Genehmigung der Umwandlung sind der Stiftungsbehörde die Stiftungserklärung und der Stiftungsvorstand bekanntzugeben. [2]Die Stiftungsbehörde hat den Umwandlungsbeschluß zu genehmigen, wenn nicht wichtige Gründe gegen eine Umwandlung sprechen. [3]Bei der Entscheidung ist darauf Bedacht zu nehmen, daß nach dem Inhalt der Stiftungserklärung dem Willen des Stifters und dem Zweck der Stiftung Rechnung getragen wird.

(3) Mit der Anmeldung zur Eintragung der Privatstiftung in das Firmenbuch (§ 12) hat der Stiftungsvorstand den rechtskräftigen Bescheid über die Genehmigung der Umwandlung und einen Prüfungsbericht im Sinn des § 11 vorzulegen.

(4) [1]Mit der Eintragung im Firmenbuch besteht die Stiftung als Privatstiftung weiter. [2]Der Beschluß über die Eintragung im Firmenbuch ist der Stiftungsbehörde zur Eintragung in das Register über Stiftungen und Fonds zuzustellen.

Formerfordernis

§ 39. (1) Stiftungserklärungen, deren Änderung durch den Stifter und Erklärungen des Stifters, die auf das Bestehen der Stiftung Einfluß haben, bedürfen der Beurkundung durch Notariatsakt, letztwillige Stiftungserklärungen (§ 8 Abs. 1) außerdem der Form einer letztwilligen Anordnung.

(2) Beschlüsse von Stiftungsorganen, die zu Eintragungen im Firmenbuch führen, sind von einem Notar in einer Niederschrift zu beurkunden.

(3) Der Anmeldung einer Änderung der Stiftungsurkunde zur Eintragung in das Firmenbuch ist der vollständige Wortlaut der geänderten Stiftungsurkunde beizufügen; er muß mit der Beurkundung eines Notars versehen sein, daß die geänderten Bestimmungen der Stiftungsurkunde mit dem Beschluß über ihre Änderung und die unveränderten Bestimmungen mit dem zuletzt zum Firmenbuch eingereichten vollständigen Wortlaut der Stiftungsurkunde übereinstimmen.

Gericht, Verfahren

§ 40. Über Angelegenheiten, die in diesem Bundesgesetz dem Gericht zugewiesen sind, verhandelt und entscheidet, sofern es sich nicht um Angelegenheiten handelt, die dem Prozeßgericht zugewiesen sind, der für den Sitz der Privatstiftung zuständige, zur Ausübung der Gerichtsbarkeit in Handelssachen berufene Gerichtshof erster Instanz im Verfahren außer Streitsachen.

Strafbestimmung

§ 41. *(aufgehoben, BGBl I 2015/112)*

§ 42. [1]Wer die Mitteilungspflicht nach § 5 oder nach Art. XI Abs. 1b nicht oder nicht vollständig erfüllt, begeht eine Verwaltungsübertretung und ist mit Geldstrafe bis zu 20 000 Euro je verschwiegenem oder nicht vollständig mitgeteiltem Begünstigten zu bestrafen. [2]Eine Verwaltungsübertretung liegt nicht vor, wenn die Tat den Tatbestand einer gerichtlich strafbaren Handlung bildet oder nach anderen Verwaltungsstrafbestimmungen mit strengerer Strafe bedroht ist.

(BGBl I 2010/111)

Artikel II

Änderungen des Firmenbuchgesetzes

Das Firmenbuchgesetz, BGBl. Nr. 10/1991, zuletzt geändert durch das Bundesgesetz BGBl. Nr. 458/1993, wird wie folgt geändert:

(eingearbeitet)

Artikel III – VII

(Änderungen von weiteren Gesetzen; in diesem Band nicht abgedruckt)

Artikel VIII. Steuerliche Sondervorschriften für Privatstiftungen

(1) Zuwendungen von inländischem Vermögen an eine Privatstiftung sind von der Erbschafts-

und Schenkungssteuer und der Grunderwerbsteuer befreit, wenn

1. das zugewendete Vermögen am 1. Mai 1993 nachweislich einer Stiftung, einer Anstalt, einem Trust oder einer vergleichbaren Vermögensmasse des ausländischen Rechts zuzurechnen war und

2. die Privatstiftung bis zum 31. Dezember 1995 nach § 13 des Privatstiftungsgesetzes zum Firmenbuch angemeldet wird.

(2) Zum inländischen Vermögen im Sinne des Abs. 1 gehören:

1. das inländische land- und forstwirtschaftliche Vermögen;

2. das inländische Betriebsvermögen;

3. das inländische Grundvermögen;

4. Nutzungsrechte an unter Z 1 bis 3 fallendem Vermögen;

5. Rechte, deren Übertragung an eine Eintragung in inländische Bücher geknüpft ist;

6. Forderungen, deren Schuldner Wohnsitz, gewöhnlichen Aufenthalt, Sitz oder Geschäftsleitung im Inland hat;

7. Beteiligungen an Körperschaften (§ 1 des Körperschaftsteuergesetzes 1988), die im Inland Sitz oder Geschäftsleitung haben;

8. Beteiligungen an Körperschaften (§ 1 des Körperschaftsteuergesetzes 1988), die im Inland weder Sitz noch Geschäftsleitung haben und

a) deren Vermögen nachweislich zu mindestens 75% aus Vermögen im Sinne der Z 1 bis 7 besteht, oder

b) die unmittelbar oder mittelbar an einer Körperschaft beteiligt sind, deren Vermögen nachweislich zu mindestens 75% aus Vermögen im Sinne der Z 1 bis 7 besteht.

Artikel IX. Änderung der Bundesabgabenordnung

Die Bundesabgabenordnung, BGBl. Nr. 194/1961, zuletzt geändert durch das Bundesgesetz BGBl. Nr. 257/1993, wird wie folgt geändert:

(nicht abgedruckt)

Artikel X. Verweisungen

Soweit in diesem Bundesgesetz auf Bestimmungen anderer Bundesgesetze verwiesen wird, sind diese in der jeweils geltenden Fassung anzuwenden.

Artikel XI. Inkrafttreten, Vollziehungsklausel

(1) Dieses Bundesgesetz tritt mit 1. September 1993 in Kraft, Art. V Z 10 jedoch bereits mit 1. Juli.

(1a) § 1 Abs. 2 Z 3 und § 15 Abs. 3 in der Fassung des Handelsrechts-Änderungsgesetzes, BGBl. I Nr. 120/2005, treten mit 1. Jänner 2007 in Kraft. *(BGBl I 2005/120)*

(1b) [1]§ 5 und § 42 in der Fassung des Budgetbegleitgesetzes 2011, BGBl. I Nr. 111/2010, treten mit 1. April 2011 in Kraft. [2]Die Namen aller zum 31. März 2011 bestehenden oder nach § 5 festgestellten Begünstigten sind dem für die Erhebung der Körperschaftsteuer der Privatstiftung zuständigen Finanzamt bis zum 30. Juni 2011 elektronisch mitzuteilen. *(BGBl I 2010/111)*

(1c) § 41 tritt mit Ablauf des 31. Dezember 2015 außer Kraft. *(BGBl I 2015/112)*

(1d) § 5 in der Fassung des Bundesgesetzes BGBl. I Nr. 104/2019 tritt mit 1. Juli 2020 in Kraft. *(BGBl I 2019/104)*

(2) Mit der Vollziehung der Art. V bis VIII dieses Bundesgesetzes ist der Bundesminister für Finanzen, hinsichtlich des Art. IX der Bundesminister für Finanzen im Einvernehmen mit dem Bundesminister für Justiz, hinsichtlich des Art. IV der Bundesminister für Justiz im Einvernehmen mit dem Bundesminister für Finanzen, hinsichtlich des Art. I § 38 der Bundesminister für Inneres im Einvernehmen mit dem Bundesminister für Justiz, hinsichtlich des Art. I § 22 Abs. 4 der [Bundesminister für Arbeit und Soziales][1)] im Einvernehmen mit dem Bundesminister für Justiz, hinsichtlich des Art. X die jeweils betroffenen Bundesminister und im übrigen der Bundesminister für Justiz betraut.

[1)] *Jetzt: Bundesminister für Wissenschaft, Forschung und Wirtschaft*

15b. Bundes-Stiftungs- und Fondsgesetz 2015

BGBl I 2015/160 idF

1 BGBl I 2016/120
2 BGBl I 2018/32
3 BGBl I 2019/104 (FORG)

Bundesgesetz über die Regelung des Bundes-Stiftungs- und Fondswesens (Bundes-Stiftungs- und Fondsgesetz 2015 – BStFG 2015)

Inhaltsverzeichnis

1. Abschnitt
Allgemeine Bestimmungen

Anwendungsbereich

§ 1. (1) Dieses Bundesgesetz findet auf Stiftungen und Fonds Anwendung, deren Vermögen durch privatrechtlichen Widmungsakt zur Erfüllung gemeinnütziger oder mildtätiger Aufgaben bestimmt ist, sofern sie nach ihren Zwecken über den Interessenbereich eines Bundeslandes hinausgehen und nicht schon vor dem 1. Oktober 1925 von den Ländern autonom verwaltet wurden.

(2) Auf Stiftungen und Fonds für Zwecke einer gesetzlich anerkannten Kirche oder Religionsgesellschaft finden die Bestimmungen dieses Bundesgesetzes nur dann Anwendung, wenn diese Stiftungen oder Fonds zu ihrer Errichtung, Abänderung, Auflösung oder Verwaltung nach den für diese gesetzlich anerkannte Kirche oder Religionsgesellschaft geltenden Bestimmungen der staatlichen Genehmigung bedürfen oder der staatlichen Aufsicht unterliegen.

Begriff der Stiftung und des Fonds

§ 2. (1) [1]Stiftungen im Sinne dieses Bundesgesetzes sind durch eine Anordnung des Gründers dauernd gewidmete Vermögen mit Rechtspersönlichkeit, deren Erträgnisse der Erfüllung gemeinnütziger oder mildtätiger Zwecke (Abs. 3 und 4) dienen. [2]Vorbehaltlich eines Ausschlusses in der Gründungserklärung (§ 7 Abs. 2 Z 7) schadet die Verwendung des Vermögens im Sinne des Stiftungszweckes der Eigenschaft als Stiftung nicht, wenn sichergestellt ist, dass das verbleibende Vermögen 50.000 Euro zu keiner Zeit unterschreitet.

(2) Fonds im Sinne dieses Bundesgesetzes sind durch eine Anordnung des Gründers nicht auf Dauer gewidmete Vermögen mit Rechtspersönlichkeit, die der Erfüllung gemeinnütziger oder mildtätiger Zwecke (Abs. 3 und 4) dienen.

(3) Gemeinnützig im Sinne dieses Bundesgesetzes sind solche Zwecke, durch deren Erfüllung die Allgemeinheit im Sinne des § 35 Abs. 2 der Bundesabgabenordnung (BAO), BGBl. Nr. 194/1961, gefördert wird.

(4) Mildtätig (humanitär, wohltätig) im Sinne dieses Bundesgesetzes sind solche Zwecke, die darauf gerichtet sind, hilfsbedürftige Personen zu unterstützen (§ 37 BAO).

Name

§ 3. Der Name der Stiftung oder des Fonds hat sich von allen im Stiftungs- und Fondsregister eingetragenen Stiftungen und Fonds deutlich zu unterscheiden; er darf nicht irreführend sein und muss das Wort „Stiftung" oder „Fonds" ohne Abkürzung enthalten.

Gründer

§ 4. (1) [1]Gründer können eine oder mehrere natürliche oder juristische Personen sein. [2]Eine Stiftung von Todes wegen oder ein Fonds von Todes wegen kann nur eine natürliche Person als Gründer haben.

(2) Hat eine Stiftung oder ein Fonds mehrere Gründer, so können die dem Gründer zustehenden oder vorbehaltenen Rechte nur von allen Gründern gemeinsam oder deren Rechtsnachfolgern ausgeübt werden, es sei denn, die Gründungserklärung sieht etwas anderes vor.

Geschäftsführung und Vertretung

§ 5. (1) [1]Mit der Führung der Geschäfte darf nur eine natürliche Person betraut werden, die der Bestellung zugestimmt hat. [2]Ausgeschlossen sind Personen, die nicht vertrauenswürdig sind. [3]Die mit der Geschäftsführung betrauten Personen haben ihre Aufgaben sparsam und mit der Sorgfalt gewissenhafter Geschäftsleiter zu erfüllen.

(2) [1]Sieht die Gründungserklärung nicht anderes vor, so ist Gesamtgeschäftsführung anzunehmen. [2]Hiefür genügt im Zweifel einfache Stimmenmehrheit.

(3) [1]Sieht die Gründungserklärung nicht anderes vor, so ist auch Gesamtvertretung anzunehmen. [2]Zur passiven Vertretung der Stiftung oder des Fonds sind die Organwalter allein befugt.

(4) [1]Die organschaftliche Vertretungsbefugnis ist, von der Frage der Gesamt- oder Einzelvertretung abgesehen, Dritten gegenüber unbeschränkbar. [2]In der Gründungserklärung vorgesehene Beschränkungen wirken nur im Innenverhältnis.

(5) [1]Im eigenen Namen oder für einen anderen geschlossene Geschäfte eines organschaftlichen Vertreters mit der Stiftung oder dem Fonds (Insichgeschäfte) können, sofern es sich um Geschäfte untergeordneter Bedeutung handelt, mit Zustimmung eines anderen zur Vertretung oder Geschäftsführung befugten Organwalters geschlossen werden. [2]Für andere Insichgeschäfte ist

1. die Zustimmung des Aufsichtsorgans,

2. wenn kein Aufsichtsorgan bestellt ist, die Zustimmung des Stiftungs- oder Fondsprüfers, und

3. wenn kein Stiftungs- oder „Fondsprüfer" bestellt ist, die Zustimmung aller Rechnungsprüfer notwendig. *(BGBl I 2016/120)*

2. Abschnitt

Errichtung und Entstehung

Voraussetzungen für die Errichtung und Entstehung

§ 6. (1) Zur Errichtung einer Stiftung oder eines Fonds ist die Erklärung des Gründers, durch Zweckwidmung eines bestimmten Vermögens eine Stiftung oder einen Fonds errichten zu wollen (Gründungserklärung), erforderlich.

(2) [1]Eine Stiftung oder ein Fonds entsteht als Rechtsperson mit der Eintragung in das Stiftungs- und Fondsregister. [2]Für Handlungen im Namen der Stiftung oder des Fonds vor Eintragung in das Stiftungs- und Fondsregister haften die Handelnden zu ungeteilter Hand.

Gründungserklärung

§ 7. (1) Die Gründungserklärung stellt die Satzung der Stiftung oder des Fonds dar und hat jedenfalls zu enthalten:

1. den Namen und den Sitz der Stiftung oder des Fonds,

2. die Adresse sowie die für die Zustellung maßgebliche Anschrift,

3. den ausschließlich und unmittelbar zu verfolgenden Zweck,

4. den Ausschluss der Gewinnerzielungsabsicht,

5. die Widmung des Vermögens sowie den Ausschluss von Vermögenszuwendungen an den Gründer oder ihm oder der Stiftung oder dem Fonds nahestehende Personen oder ebensolche Einrichtungen, sofern diese nicht gemäß § 4a oder § 4b EStG 1988 begünstigt sind,

6. den Namen sowie die für Zustellungen maßgebliche Anschrift des Gründers, bei natürlichen Personen das Geburtsdatum, bei juristischen Personen, wenn vorhanden, die Firmenbuchnummer oder die ZVR-Zahl,

7. eine Liste der Vorstandsmitglieder unter Angabe

a) der Funktion,

b) des Namens,

c) des Geburtsdatums,

d) des Geburtsortes sowie

e) der für Zustellungen maßgeblichen Anschrift

für jedes Mitglied des Stiftungs- und Fondsvorstandes (§ 17),

8. Regelungen über die Neubestellung, Abberufung, Funktionsdauer und Vertretungsbefugnis des Vorstands (§ 17),

9. sofern Rechnungsprüfer bestellt werden, eine Liste der Rechnungsprüfer unter Angabe

a) der Funktion,

b) des Namens,

c) bei natürlichen Personen des Geburtsdatums, bei juristischen Personen, wenn vorhanden, der Firmenbuchnummer oder der ZVR-Zahl,

d) bei natürlichen Personen des Geburtsortes, bei juristischen Personen, wenn vorhanden, des Sitzes sowie

e) der für Zustellungen maßgeblichen Anschrift

für jeden Rechnungsprüfer (§ 18),

10. Regelungen über die Bestimmung, Neubestellung, Abberufung und Funktionsdauer der Rechnungsprüfer (§ 18),

11. sofern Stiftungs- oder Fondsprüfer bestellt werden, eine Liste der Stiftungs- oder Fondsprüfer unter Angabe

a) der Funktion,

b) des Namens,

c) bei natürlichen Personen des Geburtsdatums, bei juristischen Personen, wenn vorhanden, der Firmenbuchnummer oder der ZVR-Zahl,

d) bei natürlichen Personen des Geburtsortes, bei juristischen Personen, wenn vorhanden, des Sitzes sowie

e) der für Zustellungen maßgeblichen Anschrift

für jeden Stiftungs- oder Fondsprüfer (§ 19),

12. Regelungen über die Bestellung, Abberufung und Funktionsdauer der Stiftungs- oder Fondsprüfer (§ 19),

13. sofern ein Aufsichtsorgan eingerichtet wird, eine Liste der Mitglieder des Aufsichtsorgans unter Angabe

a) der Funktion,

b) des Namens,

c) des Geburtsdatums,

d) des Geburtsortes sowie

e) der für Zustellungen maßgeblichen Anschrift

für jedes Mitglied des Aufsichtsorgans (§ 21),

14. Regelungen über die Bestellung, Abberufung und Funktionsdauer des Aufsichtsorgans (§ 21),

15. Bestimmungen über die Abwicklung und Verfügungen über das verbleibende Vermögen im Falle der Auflösung oder des Wegfalles des gemeinnützigen oder mildtätigen Zweckes,

16. Bestimmungen über die Entschädigung des Stiftungs- oder Fondsvorstands sowie

17. den Kreis der Begünstigten.

(2) Die Gründungserklärung kann darüber hinaus insbesondere enthalten:

1. die Einrichtung weiterer zur Verwaltung und Vertretung befugter Organe zur Wahrung des Zwecks und die Benennung von Personen, denen besondere Aufgaben zukommen,

2. Bestimmungen über die Dauer des Fonds,

3. Regelungen über die Änderung der Gründungserklärung,

4. Regelungen über die innere Ordnung von kollegialen Stiftungs- und Fondsorganen,

5. über Abs. 1 Z 16 hinaus Bestimmungen über die Befugnisse sowie über die allfällige Zuerkennung von Entschädigungen an die Verwaltungs- und Vertretungsorgane der Stiftung oder des Fonds,

6. Bestimmungen über die rechtmäßige Möglichkeit einer Umwandlung von Stiftungen in Fonds,

7. den Ausschluss der Verwendung des Vermögens gemäß § 2 Abs. 1 zweiter Satz sowie

8. Regelungen über den Rechtsnachfolger „des Gründers". *(BGBl I 2016/120)*

Zulässigkeit der Errichtung

§ 8. (1) Die Errichtung einer Stiftung oder eines Fonds ist zulässig, wenn

1. die Gründungserklärung dem § 7 entspricht,

2. der Zweck gemeinnützig oder mildtätig ist,

3. das Vermögen mindestens 50.000 Euro beträgt, in vollem Umfang, sofort und unbelastet zur Verfügung steht und bei Stiftungen zur dauernden Erfüllung des Zweckes dient,

4. das Vermögen bei Auflösung oder Wegfall des gemeinnützigen oder mildtätigen Zweckes, ausschließlich für gemeinnützige oder mildtätige

Zwecke im Sinne der Bundesabgabenordnung verwendet werden darf und

5. das der Stiftung gewidmete Vermögen in einer dem § 446 des Allgemeinen Sozialversicherungsgesetzes, BGBl. Nr. 189/1955, entsprechenden Art und Weise angelegt wird, sofern der Gründer nichts anderes bestimmt hat.

(2) Bei Sacheinlagen ist durch Vorlage einer Bestätigung eines Wirtschaftsprüfers, einer Wirtschaftsprüfungsgesellschaft oder eines Revisors im Sinne des § 13 des Genossenschaftsrevisionsgesetzes 1997, BGBl. I Nr. 127/1997, nachzuweisen, dass den Anforderungen des Abs. 1 Z 3 entsprochen wird.

Anzeige der Errichtung

§ 9. (1) Die Errichtung einer Stiftung oder eines Fonds ist vom Gründer dem Finanzamt Wien 1/23 durch Vorlage einer dem § 7 entsprechenden Gründungserklärung sowie der Bestätigung gemäß § 8 Abs. 2 anzuzeigen.

Fassung ab 1. 7. 2020 (BGBl I 2019/104):
(1) Die Errichtung einer Stiftung oder eines Fonds ist vom Gründer dem Finanzamt „für Großbetriebe" durch Vorlage einer dem § 7 entsprechenden Gründungserklärung sowie der Bestätigung gemäß § 8 Abs. 2 anzuzeigen. *(BGBl I 2019/104)*

(2) [1]Das Finanzamt Wien 1/23 hat die Gründungserklärung dahingehend zu prüfen, ob diese den Anforderungen des § 41 BAO entspricht. [2]Dies ist vom Finanzamt Wien 1/23 innerhalb von sechs Wochen nach Erfüllung aller durch das Finanzamt aufgetragenen Verbesserungsaufträge durch den Gründer bescheidmäßig festzustellen. [3]Der Stiftungs- und Fondsbehörde ist eine Abschrift des stattgebenden Feststellungsbescheides samt Gründungserklärung und Bestätigung gemäß § 8 Abs. 2 zu übermitteln.

Fassung ab 1. 7. 2020 (BGBl I 2019/104):
(2) [1]Das Finanzamt „für Großbetriebe" hat die Gründungserklärung dahingehend zu prüfen, ob diese den Anforderungen des § 41 BAO entspricht. [2]Dies ist vom Finanzamt „für Großbetriebe" innerhalb von sechs Wochen nach Erfüllung aller durch das Finanzamt aufgetragenen Verbesserungsaufträge durch den Gründer bescheidmäßig festzustellen. [3]Der Stiftungs- und Fondsbehörde ist eine Abschrift des stattgebenden Feststellungsbescheides samt Gründungserklärung und Bestätigung gemäß § 8 Abs. 2 zu übermitteln. *(BGBl I 2019/104)*

(3) [1]Entspricht die Gründungserklärung nicht den Anforderungen des § 41 BAO, hat das Finanzamt Wien 1/23 dies mit Bescheid festzustellen. [2]Der Bescheid ist der Stiftungs- und Fondsbehörde zur Kenntnis zu bringen.

Fassung ab 1. 7. 2020 (BGBl I 2019/104):
(3) [1]Entspricht die Gründungserklärung nicht den Anforderungen des § 41 BAO, hat das Finanzamt „für Großbetriebe" dies mit Bescheid festzustellen. [2]Der Bescheid ist der Stiftungs- und Fondsbehörde zur Kenntnis zu bringen. *(BGBl I 2019/104)*

(4) Für das Feststellungsverfahren gemäß Abs. 2 und 3 sind die Bestimmungen der BAO anzuwenden.

Erklärung, dass die Errichtung nicht gestattet ist

§ 10. (1) Die Stiftungs- und Fondsbehörde hat innerhalb von sechs Wochen nach Nichterfüllung allfälliger durch die Stiftungs- und Fondsbehörde aufgetragener Verbesserungsaufträge durch Bescheid zu erklären, dass die Errichtung nicht gestattet ist, wenn

1. Zweck, Name oder Organisation der Stiftung oder des Fonds gesetzwidrig wären oder

2. der Nachweis gemäß § 8 Abs. 2, dass allfällige Sacheinlagen den Anforderungen an das Vermögen gemäß § 8 Abs. 1 Z 3 entsprechen, nicht erbracht wird.

(2) [1]Die Stiftungs- und Fondsbehörde hat in jenen Fällen, in welchen die Errichtung nach Abs. 1 gestattet ist, dem Stiftungs- und Fondsregister eine Erklärung über die Entstehung der Stiftung oder des Fonds einschließlich der gemäß § 22 Abs. 2 notwendigen Angaben zu übermitteln. [2]Die Daten sind in das Stiftungs- und Fondsregister einzutragen.

(3) Im Verfahren über die Zulässigkeit der Errichtung kommt der Finanzprokuratur Parteistellung zu.

Änderung der Gründungserklärung

§ 11. (1) [1]Die §§ 1 bis 10 gelten sinngemäß auch für Änderungen der Gründungserklärung. [2]Ein Registerauszug ist nur dann zu übermitteln, wenn sich durch die Gründungserklärung der Registerstand geändert hat.

(2) Eine Änderung des Zwecks ist nur dann zulässig, wenn

1. dies in der Gründungserklärung vorgesehen ist oder

2. der ursprüngliche Gründungszweck nicht mehr erfüllt werden kann, wobei der Gründerwille nicht außer Acht gelassen werden darf.

(3) Die Stiftung oder der Fonds hat bei einer Änderung der Gründungserklärung alle seine organschaftlichen Vertreter unter Angabe der Funktion, des Namens, des Geburtsdatums, des Geburtsorts und der für Zustellungen maßgeblichen Anschrift sowie des Beginns und des Endes der Vertretungsbefugnis jeweils binnen vier Wo-

chen nach der Bestellung der Stiftungs- und Fondsbehörde bekannt zu geben.

(4) [1]Besteht die Änderung der Gründungserklärung lediglich in der Änderung der Person, des Namens oder der Adresse eines Vorstandsmitgliedes, eines Rechnungsprüfers, eines Stiftungs- und Fondsprüfers oder eines Mitgliedes des Aufsichtsorganes oder in der Änderung der für die Zustellung maßgeblichen Anschrift, hat die Stiftung oder der Fonds diesen Umstand binnen vier Wochen nach der Änderung der Stiftungs- und Fondsbehörde abweichend von Abs. 1 bekannt zu geben. [2]Die Mitteilung gilt als Anhang der Gründungserklärung. *(BGBl I 2016/120)*

(5) [1]Die Stiftungs- und Fondsbehörde hat Änderungen der Gründungserklärungen dem Stiftungs- und Fondsregister mitzuteilen. [2]Diese sind in das Stiftungs- und Fondsregister einzutragen.

Errichtung von Todes wegen

§ 12. (1) [1]Eine Stiftung oder ein Fonds von Todes wegen wird durch letztwillige Gründungserklärung errichtet, die den Formvorschriften einer letztwilligen Verfügung zu entsprechen hat. [2]Abweichend von § 7 reicht es für eine letztwillige Gründungserklärung aus, wenn ein bestimmtes oder bestimmbares Vermögen für einen gemeinnützigen oder mildtätigen Zweck im Sinne des § 2 Abs. 3 oder 4 gewidmet wurde.

(2) [1]Bei Stiftungen oder Fonds von Todes wegen hat das Verlassenschaftsgericht die Finanzprokuratur von der letztwilligen Verfügung zu verständigen. [2]Dieser obliegen die Abgabe der Erbantrittserklärung oder die Erklärung über die Annahme des Vermächtnisses zugunsten der letztwillig bedachten Stiftung oder des letztwillig bedachten Fonds sowie die Vertretung der Stiftung oder des Fonds bis zur Bestellung des Stiftungs- oder Fondskurators. [3]Der Finanzprokuratur kommt überdies im Verfahren über die Zulässigkeit der Errichtung Parteistellung zu. *(BGBl I 2016/120)*

(3) Unter Berücksichtigung der letztwilligen Gründungserklärung ist ein Stiftungs- oder Fondskurator von der Stiftungsbehörde zu bestellen, der

1. für die allenfalls erforderliche Erstellung einer Satzung zur Erfüllung der Voraussetzungen des § 7 und die Registrierung der Stiftung oder des Fonds Sorge zu tragen,

2. erforderlichenfalls den ersten Vorstand und das erste Prüfungsorgan zu bestellen sowie

3. bis zur Bestellung des Stiftungs- oder Fondsvorstands die Stiftung oder den Fonds nach außen zu vertreten und das gewidmete Vermögen zu verwalten hat.
(BGBl I 2016/120)

(4) *(entfällt, BGBl I 2016/120)*

Behördliche Bestellung eines Stiftungs- oder Fondskurators

§ 13. (1) Ein Stiftungs- oder Fondskurator ist umgehend auf Antrag oder von Amts wegen zu bestellen, wenn

1. die zur Vertretung der Stiftung oder des Fonds erforderlichen Vorstandsmitglieder fehlen und nach den in der Gründungserklärung vorgesehenen Regelungen nicht nachbestellt werden können oder

2. die Voraussetzungen des § 5 Abs. 1 erster und zweiter Satz nicht mehr erfüllt sind oder

3. die Bestellung von Rechnungsprüfern gemäß § 18 Abs. 2 Z 2 oder Stiftungs- oder Fondsprüfern gemäß § 19 Abs. 3 Z 2 erforderlich und kein Aufsichtsorgan eingerichtet ist, ausschließlich für die Bestellung der jeweiligen Prüfer oder

4. die Bestellung eines Aufsichtsorgans gemäß § 21 Abs. 2 erforderlich ist und nach den in der Gründungserklärung vorgesehenen Regelungen nicht bestellt oder nachbestellt werden kann.

(2) § 12 Abs. 3 letzter Satz gilt sinngemäß.

Behörden und Verfahren

§ 14. (1) Stiftungs- und Fondsbehörde im Sinne dieses Bundesgesetzes ist der Landeshauptmann.

(2) Der Landeshauptmann kann, wenn dies im Interesse der Einfachheit, Zweckmäßigkeit oder Sparsamkeit der Verwaltung gelegen ist, die Bezirksverwaltungsbehörden mit Verordnung ermächtigen, alle oder bestimmte Fälle zu entscheiden.

(3) [1]Für Stiftungen und Fonds, die nach ihren Satzungen von einem Bundesministerium zu verwalten sind, obliegen die Aufgaben der Stiftungs- und Fondsbehörde dem nach dem Stiftungs- und Fondszweck zuständigen Bundesminister. [2]Das gleiche gilt für Stiftungen und Fonds, die nach ihren Satzungen von Personen (Personengemeinschaften) zu verwalten sind, die hierzu vom Bundespräsidenten, von der Bundesregierung oder von einem Bundesminister bestellt werden.

(4) [1]Über Beschwerden gegen Bescheide der Stiftungs- und Fondsbehörde entscheidet das Landesverwaltungsgericht. [2]Über Beschwerden gegen Bescheide gemäß § 9 Abs. 2 und 3 entscheidet das Bundesfinanzgericht.

(5) Die örtliche Zuständigkeit richtet sich, sofern nichts anderes bestimmt ist, nach dem in der Gründungserklärung angegebenen Sitz.

Staatliche Aufsicht über Stiftungen und Fonds

§ 15. (1) Die Stiftungen und Fonds unterliegen nach Maßgabe dieses Bundesgesetzes der Aufsicht der Stiftungs- und Fondsbehörde.

(2) Organwalter der Stiftungs- und Fondsbehörde, die mit der staatlichen Aufsicht über eine Stiftung oder eines Fonds betraut sind, dürfen nicht zum Stiftungs- oder Fondsvorstand oder als Prüfer der Stiftung oder des Fonds bestellt werden.

3. Abschnitt
Organe

Allgemeines

§ 16. Organe der Stiftung oder des Fonds sind insbesondere:

1. der Stiftungs- oder Fondsvorstand (§ 17),
2. die Rechnungsprüfer (§ 18),
3. der Stiftungs- oder Fondsprüfer (§ 19) und
4. das Aufsichtsorgan (§ 21).

Stiftungs- oder Fondsvorstand

§ 17. (1) [1]Der Stiftungs- oder Fondsvorstand muss aus mindestens zwei Personen bestehen. [2]Zu seinen Mitgliedern dürfen nur natürliche Personen bestellt werden.

(2) [1]Der Stiftungs- oder Fondsvorstand verwaltet und vertritt die Stiftung oder den Fonds und sorgt für die Erfüllung des Stiftungs- oder Fondszwecks. [2]Er ist verpflichtet, dabei die Bestimmungen der Stiftungs- oder Fondserklärung einzuhalten.

(3) Dem Stiftungs- oder Fondsvorstand obliegt die Beschlussfassung in allen Angelegenheiten, die nicht ausdrücklich einem anderen Organ der Stiftung oder des Fonds vorbehalten sind.

Rechnungsprüfer

§ 18. (1) Wenn

1. weder ein Stiftungs- oder Fondsprüfer gemäß § 19 Abs. 2 zu bestellen ist noch
2. Stiftungs- oder Fondsprüfer gemäß § 19 Abs. 1 bestellt wird,

sind mindestens zwei „fachlich geeignete“ Rechnungsprüfer zu bestellen. *(BGBl I 2016/120)*

(2) [1]Ist ein Aufsichtsorgan eingerichtet, bestellt dieses die Rechnungsprüfer. [2]Ist kein Aufsichtsorgan eingerichtet, sind die Rechnungsprüfer

1. zu Lebzeiten der Gründer von diesen und
2. danach vom Stiftungs- oder Fondskurator (§ 13)

zu bestellen.

(3) [1]Die Rechnungsprüfer unterliegen einer Berichtspflicht im Sinne des § 273 Abs. 2 des Unternehmensgesetzbuches (UGB), dRGBl. S 219/1897. [2]Sie müssen unabhängig sein und dürfen keinem anderen Organ angehören, dessen Tätigkeit Gegenstand der Aufsicht ist.

Stiftungs- oder Fondsprüfer

§ 19. (1) Die Gründer können einen Stiftungs- oder Fondsprüfer bestellen.

(2) Stiftungen und Fonds, deren gewöhnliche Einnahmen oder gewöhnliche Ausgaben oder Ausschüttungen jährlich 1 Million Euro in zwei aufeinanderfolgenden Jahren übersteigen, haben mindestens einen Stiftungs- oder Fondsprüfer zu bestellen.

(3) Ist ein Aufsichtsorgan eingerichtet, bestellt dieses den Stiftungs- oder Fondsprüfer. Ist kein Aufsichtsorgan eingerichtet, ist der Stiftungs- oder Fondsprüfer

1. zu Lebzeiten der Gründer von diesen und
2. danach vom Stiftungs- oder Fondskurator (§ 13)

zu bestellen.

(4) Im Falle des Abs. 3 Z 2 darf der Stiftungs- oder Fondsvorstand einen Dreiervorschlag erstatten, aus dem der Stiftungs- oder Fondsprüfer zu bestellen ist.

(5) [1]Zum Stiftungs- oder Fondsprüfer dürfen nur

1. Wirtschaftsprüfer oder
2. Wirtschaftsprüfungsgesellschaften oder
3. Revisoren im Sinne des § 13 des Genossenschaftsrevisionsgesetzes 1997, BGBl. I Nr. 127/1997,

bestellt werden, bei denen keine Befangenheit oder Ausgeschlossenheit im Sinne des § 271 UGB vorliegt. [2]Die Stiftungs- oder Fondsprüfer unterliegen einer Berichtspflicht im Sinne des § 273 Abs. 2 UGB.

(6) [1]Als Stiftungs- oder Fondsprüfer ausgeschlossen ist, wer einen Bestätigungsvermerk gemäß § 20 über die Prüfung des Jahresabschlusses der Stiftung oder des Fonds bereits in fünf Fällen gezeichnet hat. [2]Dies gilt nicht nach einer Unterbrechung der Prüfungstätigkeit für zumindest zwei aufeinander folgende Geschäftsjahre.

Rechnungslegung und Kontrolltätigkeit

§ 20. (1) [1]Der Stiftungs- oder Fondsvorstand hat dafür zu sorgen, dass die Finanzlage der Stiftung oder des Fonds rechtzeitig und hinreichend erkennbar ist. [2]Er hat ein den Anforderungen der Stiftung oder des Fonds entsprechendes Rechnungswesen einzurichten und insbesondere für die laufende Aufzeichnung der Einnahmen und Ausgaben zu sorgen. [3]Zum Ende des Rechnungsjahres hat der Stiftungs- oder Fondsvorstand innerhalb von fünf Monaten eine Einnahmen- und Ausgabenrechnung „samt Vermögensübersicht“

oder einen Jahresabschluss „ “ zu erstellen. *(BGBl I 2016/120)*

(2) [1]Die Rechnungsprüfer oder der Stiftungs- oder Fondsprüfer haben die Finanzgebarung der Stiftung oder des Fonds im Hinblick auf die Ordnungsmäßigkeit der Rechnungslegung und die der Gründungserklärung entsprechende Verwendung der Mittel innerhalb von vier Monaten ab Erstellung der Einnahmen- und Ausgabenrechnung oder des Jahresabschlusses zu prüfen. [2]Der Stiftungs- oder Fondsvorstand hat den Rechnungsprüfern oder dem Stiftungs- oder Fondsprüfer die erforderlichen Unterlagen vorzulegen und die erforderlichen Auskünfte zu erteilen.

(3) [1]Der Prüfungsbericht hat die Ordnungsmäßigkeit der Rechnungslegung und die der Gründungserklärung entsprechende Verwendung der Mittel zu bestätigen oder festgestellte Gebarungsmängel oder Gefahren für den Bestand der Stiftung oder des Fonds aufzuzeigen. [2]Auf ungewöhnliche Einnahmen oder Ausgaben, vor allem auf Insichgeschäfte (§ 5 Abs. 5), ist besonders einzugehen.[3]„Für den Bestätigungsvermerk ist § 274 UGB sinngemäß anzuwenden.“ *(BGBl I 2016/120)*

(4) [1]Die Rechnungsprüfer oder der Stiftungs- oder Fondsprüfer haben den Prüfbericht nach Erstellung unverzüglich an den Stiftungs- oder Fondsvorstand sowie an das Aufsichtsorgan zu übermitteln. [2]Der Stiftungs- oder Fondsvorstand hat die von den Rechnungsprüfern oder vom Stiftungs- oder Fondsprüfer aufgezeigten Gebarungsmängel zu beseitigen und Maßnahmen gegen aufgezeigte Gefahren zu treffen. [3]Das Aufsichtsorgan hat die Umsetzung zu überwachen.

(5) [1]Bei groben Pflichtverletzungen haben die Rechnungsprüfer oder der Stiftungs- oder Fondsprüfer das Aufsichtsorgan zu informieren und dem Stiftungs- oder Fondsvorstand aufzutragen, binnen sechs Monaten ab Benachrichtigung die aufgezeigten Mängel zu beseitigen. [2]Wird dem nicht entsprochen, haben die Rechnungsprüfer oder der Stiftungs- oder Fondsprüfer dies der Stiftungs- und Fondsbehörde mitzuteilen.[3]„Diese hat den Stiftungs- oder Fondsvorstand abzuberufen und das allenfalls bestellte Aufsichtsorgan, oder, wenn ein solches nicht besteht, den Gründer, oder in Ermangelung eines solchen, den gemäß § 13 zu bestellenden Kurator mit der Neubestellung zu beauftragen.“[4]Einem Rechtsmittel gegen die Abberufung kommt keine aufschiebende Wirkung zu. *(BGBl I 2016/120)*

(6) [1]Der Stiftungs- oder Fondsvorstand von Stiftungen oder Fonds, bei denen die gewöhnlichen Ausgaben oder die Ausschüttungen jährlich in zwei aufeinander folgenden Rechnungsjahren jeweils höher als 1 Million Euro sind, hat ab dem folgenden Rechnungsjahr an Stelle der Einnahmen- und Ausgabenrechnung einen Jahresabschluss (Bilanz, Gewinn- und Verlustrechnung) aufzustellen. [2]Die §§ 190 bis 216, 222 bis 226 Abs. 1, 226 Abs. 3 bis 234, 236 bis 239 Abs. 1 und 2 sowie § 243 UGB sind sinngemäß anzuwenden. [3]Die Verpflichtung zur Aufstellung eines Jahresabschlusses entfällt, sobald der Schwellenwert in zwei aufeinander folgenden Rechnungsjahren nicht mehr überschritten wird.

(7) Der Stiftungs- oder Fondsvorstand hat die Einnahmen- und Ausgabenrechnung „samt Vermögensübersicht“ oder den Jahresabschluss „ “, den Prüfbericht sowie einen Tätigkeitsbericht bis spätestens neun Monate nach Abschluss des Rechnungsjahres der Stiftungs- und Fondsbehörde zu übermitteln. *(BGBl I 2016/120)*

(8) Die Einnahmen- und Ausgabenrechnung oder der Jahresabschluss sind zudem dem Stiftungs- und Fondsregister zu übermitteln.

Aufsichtsorgan

§ 21. (1) Die Gründer können in der Gründungserklärung (§ 7 Abs. 2 Z 1) vorsehen, dass ein Aufsichtsorgan zu bestellen ist.

(2) Die Gründer haben jedenfalls ein Aufsichtsorgan zu bestellen, wenn

1. die Ausschüttungen der Stiftung oder des Fonds bei Tätigkeiten, die nicht unmittelbar im Sinne des § 40 BAO sind („nicht operative Tätigkeiten“), in zwei aufeinanderfolgenden Jahren jährlich 10 Millionen Euro übersteigen oder

2. die gewöhnlichen Einnahmen oder gewöhnlichen Ausgaben der Stiftung oder des Fonds bei Tätigkeiten, die unmittelbar im Sinne des § 40 BAO sind („operative Tätigkeiten“), in zwei aufeinanderfolgenden Jahren jährlich 10 Millionen Euro übersteigen und mehr als 40 Arbeitnehmer beschäftigt werden oder

3. die Stiftung oder der Fonds

a) Aktiengesellschaften oder Gesellschaften mit beschränkter Haftung im Sinne des § 244 Abs. 1 UGB einheitlich leitet (Abs. 3) und

b) die Zahl der Arbeitnehmer (Abs. 4) der Stiftung oder des Fonds sowie der jeweiligen Tochtergesellschaften zusammen in Summe 300 übersteigt.

(3) Einheitliche Leitung im Sinne des Abs. 2 Z 3 lit. a ist jedenfalls dann gegeben, wenn der Stiftung oder dem Fonds das Recht zusteht,

1. die Mehrheit der Stimmrechte bei einem Unternehmen (Tochterunternehmen) auszuüben oder

2. die Mehrheit der Mitglieder des Verwaltungs-, Leitungs-, oder Aufsichtsorgans zu bestellen bzw. abzuberufen oder

3. einen beherrschenden Einfluss auszuüben.

(4) [1]Die Arbeitnehmerzahlen gemäß Abs. 2 Z 3 lit. b bestimmen sich nach den Arbeitnehmerzahlen der Stiftung oder des Fonds sowie der jewei-

ligen Tochtergesellschaften an den jeweiligen Monatsletzten innerhalb des vorangegangenen Rechnungsjahres. [2]Der Stiftungs- oder Fondsvorstand hat jeweils zum Jahresletzten die Durchschnittsanzahl festzustellen und dem Stiftungs- oder Fondsprüfer mitzuteilen.

(5) Wenn die Gründer ihrer Verpflichtung gemäß Abs. 2 nicht innerhalb von sechs Monaten nachkommen, ist das Aufsichtsorgan vom gemäß § 13 zu bestellenden Stiftungs- oder Fondskurator zu bestellen.

(6) [1]Das Aufsichtsorgan muss aus mindestens drei natürlichen Personen bestehen, die nicht dem Stiftungs- oder Fondsvorstand (§ 17) angehören dürfen. [2]Das Aufsichtsorgan kann mit Mehrheitsbeschluss über die Aufnahme oder Abwahl neuer Mitglieder entscheiden, wenn seitens des Gründers keine andere Regelung getroffen wurde.

(7) Der Stiftungs- oder Fondsvorstand kann das Aufsichtsorgan abberufen, wenn

1. die Voraussetzungen des Abs. 2 nicht mehr erfüllt sind und

2. das Aufsichtsorgan nicht verpflichtend in der Gründungserklärung gemäß § 7 Abs. 2 Z 1 vorgesehen ist.

(8) Dem Stiftungs- und Fondsregister sind zur Eintragung in das Stiftungs- und Fondsregister mitzuteilen:

1. die Einrichtung des Aufsichtsorgans,

2. die Mitglieder des Aufsichtsorgans samt Vertretungsbefugnis,

3. das Erlöschen oder die Änderung von Vertretungsbefugnissen gemäß Z 2 sowie

4. die Abberufung des Aufsichtsorgans.

(9) Die Aufgaben des Aufsichtsorgans sind insbesondere:

1. die Kontrolle der Geschäftsführung und der Gebarung,

2. die Überwachung der Einhaltung der Satzung der Stiftung oder des Fonds,

3. die Überwachung der Umsetzung des Prüfberichtes gemäß § 20 Abs. 4,

4. die Bestellung der Rechnungsprüfer gemäß § 18 Abs. 2,

5. die Bestellung des Stiftungs- oder Fondsprüfers gemäß § 19 Abs. 3,

6. die Unterstützung des Stiftungs- oder Fondsprüfers bei der Überwachung der Beseitigung von Mängeln gemäß § 20 Abs. 5, insbesondere durch Überwachung des Stiftungs- oder Fondsvorstandes,

7. die Entscheidung über die Aufnahme oder Abwahl von Mitgliedern, wenn seitens des Gründers keine andere Regelung getroffen wurde,

8. die Bestellung des Stiftungs- oder Fondsvorstands, sofern die Gründungserklärung nicht anderes vorsieht,

9. die Vertretung der Stiftung oder des Fonds gegenüber dem Stiftungs- oder Fondsvorstand,

10. die Zustimmung zu anderen Insichgeschäften im Sinne des § 5 Abs. 5,

11. die Zustimmung zu weiteren, zustimmungspflichtigen Geschäften (Abs. 10),

12. Mitteilung an das Stiftungs- oder Fondsregister gemäß Abs. 8,

13. die Beschlussfassung über die Geschäftsordnung gemäß Abs. 11 sowie

14. sonstige durch die Gründungserklärung übertragene Aufgaben, die nicht der Geschäftsführung zuzurechnen sind.

(10) [1]Für das Auskunfts- und Einsichtsrecht des Aufsichtsorgans gilt § 95 Abs. 2 und 3 des Aktiengesetzes 1965 sinngemäß. [2]Die Gründungserklärung kann den Zuständigkeitsbereich des Aufsichtsorgans um Aufgaben, die nicht der Geschäftsführung zuzurechnen sind, erweitern.

(11) [1]Das Aufsichtsorgan hat mindestens halbjährlich eine Sitzung abzuhalten. [2]Nähere Regelungen über Einberufung, Beschlussfassung, Vertretung und Sitzungsablauf sind in einer Geschäftsordnung zu treffen, sofern die Gründer keine abweichende Regelung gemäß § 7 Abs. 2 Z 4 getroffen haben.

(12) § 110 des Arbeitsverfassungsgesetzes (ArbVG), BGBl. Nr. 22/1974, sowie § 25 Abs. 2 des Privatstiftungsgesetzes, wenn ein Aufsichtsorgan ausschließlich gemäß Abs. 2 Z 3 einzurichten ist, gelten für Stiftungen und Fonds sinngemäß, wobei die Arbeitnehmervertreter bei Beschlüssen, die die besondere Zweckbestimmung im Sinne des § 132 Abs. 1 ArbVG betreffen, nicht stimmberechtigt sind.

4. Abschnitt

Stiftungs- und Fondsregister

Führung und Inhalt

§ 22. (1) [1]Der Bundesminister für Inneres hat für alle Stiftungen und Fonds, die den Bestimmungen dieses Bundesgesetzes unterliegen, ein Stiftungs- und Fondsregister zu führen und Auskünfte über die im Stiftungs- und Fondsregister enthaltenen Angaben zu erteilen. [2]Gegen Nachweis der Identität kann jedermann in das Stiftungs- und Fondsregister Einsicht nehmen sowie Abschriften und Auszüge von den Eintragungen und Urkunden verlangen. [3]Der Bundesminister für Inneres hat den aktuellen Stand des Namens, des Sitzes und der Adresse der Stiftung oder des Fonds sowie die Namen der Vertretungsorgane in einem elektronischen, öffentlichen Verzeichnis einsehbar zu machen.

(2) Das Stiftungs- und Fondsregister hat zu enthalten:

1. den Namen, den Sitz und die Adresse der Stiftung oder des Fonds,

2. Angaben über den Zweck der Stiftung oder des Fonds,

3. den Kreis der Begünstigten,

4. die Namen und Adressen der Vertretungsorgane der Stiftung oder des Fonds,

5. die Gründungserklärung sowie allfällige Änderungen der Gründungserklärung,

6. Angaben zur Umwandlung oder Auflösung der Stiftung oder des Fonds sowie

7. die Einnahmen- und Ausgabenrechnung oder den Jahresabschluss.

(2a) Von einer Auskunft gemäß Abs. 1 sind personenbezogene Daten „dritter Personen", die nach Abs. 2 Z 7 verarbeitet werden, auszunehmen. *(BGBl I 2016/120; BGBl I 2018/32)*

(3) Der Bundesminister für Inneres ist ermächtigt, zur Erfüllung seiner Aufgaben nach diesem Bundesgesetz die von ihm im Register gespeicherten Daten zu „verarbeiten". *(BGBl I 2018/32)*

Eintragung, Aufbewahrung und Verständigungspflichten

§ 23. (1) [1]In das Stiftungs- und Fondsregister sind die Entstehung einer Stiftung oder eines Fonds sowie unter einer laufenden Nummer jeweils das Datum und die Geschäftszahl der Bescheide oder der Erklärungen einzutragen, mit dem die im Abs. 3 angeführten Verfügungen der Stiftungs- und Fondsbehörde erfolgten. [2]Bei einer Eintragung, die durch eine spätere Eintragung ihre Bedeutung verloren hat, ist dies deutlich erkennbar zu machen. [3]In Auszüge (Abschriften) aus dem Stiftungs- und Fondsregister sind solche Eintragungen nur aufzunehmen, soweit dies beantragt oder nach den Umständen erforderlich ist.

(2) Das Stiftungs- und Fondsregister ist dauernd aufzubewahren.

(3) [1]Die für Stiftungen und Fonds gemäß § 14 zuständigen Stiftungs- und Fondsbehörden haben alle Angaben, die in das Stiftungs- und Fondsregister aufzunehmen sind, dem Bundesminister für Inneres zu übermitteln „, der diese Informationen in das Stiftungs- und Fondsregister einzutragen hat". [2]Von der erfolgten Eintragung in das Stiftungs- und Fondsregister sind die Stiftungs- und Fondsbehörden sowie die Stiftungen und Fonds zu verständigen. *(BGBl I 2016/120)*

5. Abschnitt
Beendigung

Ende der Rechtspersönlichkeit

§ 24. [1]Die Rechtspersönlichkeit einer Stiftung oder eines Fonds endet mit der Eintragung der Auflösung oder Umwandlung im Stiftungs- und Fondsregister. [2]Ist eine Abwicklung erforderlich, verliert die Stiftung oder der Fonds die Rechtsfähigkeit jedoch erst mit Eintragung der Beendigung der Abwicklung.

Umwandlung von Stiftungen in Fonds

§ 25. (1) Stiftungen sind in Fonds umzuwandeln, wenn ihre Erträgnisse zur dauernden Erfüllung des Stiftungszweckes nicht mehr ausreichen, aber durch die Verwendung des Vermögens der Stiftung die Erfüllung des Stiftungszweckes durch mindestens fünf Jahre gewährleistet ist, sofern dem Gründerwillen nichts anderes entspricht.

(2) [1]Die Umwandlung einer Stiftung in einen Fonds hat durch Änderung der Gründungserklärung zu erfolgen. [2]Auf diese Änderung der Gründungserklärung ist § 11 sinngemäß anzuwenden.

(3) Über die in Abs. 1 genannten Fälle hinaus kann eine Umwandlung nach den in der Gründungserklärung vorgesehenen Voraussetzungen (§ 7 Abs. 2 Z 6) erfolgen.

(4) [1]Umwandlungen nach Abs. 1 sind dem Stiftungs- und Fondsregister zur Kenntnis zu bringen und in dieses einzutragen. [2]Mit der Eintragung in das Stiftungs- und Fondsregister besteht die Stiftung als Fonds nach diesem Bundesgesetz weiter.

PSG
BStFG

Umwandlung in Stiftungen nach diesem Bundesgesetz

§ 26. (1) [1]Stiftungen, die nach dem Privatstiftungsgesetz, BGBl. Nr. 694/1993, errichtet sind, können in Stiftungen nach diesem Bundesgesetz umgewandelt werden, wenn diesen, aufgrund des Vorliegens der Voraussetzungen nach den §§ 34 ff BAO, abgabenrechtliche Begünstigungen zukommen. [2]Auf Grund eines Umwandlungsbeschlusses, der jedenfalls die Angaben gemäß § 7 Abs. 1 zu enthalten hat, haben die Stiftungsorgane eine Gründungserklärung abzugeben und den ersten Stiftungsvorstand zu bestellen.

(2) § 9 ist sinngemäß mit der Maßgabe anzuwenden, dass

1. auch zu überprüfen ist, ob die Voraussetzung des Abs. 1 erster Satz gegeben ist und

2. die Frist des § 9 Abs. 2 nicht gilt.

(3) [1]Der Stiftungsbehörde sind die Gründungserklärung und der Stiftungsvorstand bekanntzugeben. [2]Die Stiftungsbehörde kann erklären, dass die Umwandlung nicht gestattet ist. [3]Bei der Entscheidung ist darauf Bedacht zu nehmen, dass nach dem Inhalt der Gründungserklärung dem Zweck der Stiftung Rechnung getragen wird. § 10 gilt sinngemäß.

(4) [1]Umwandlungen nach Abs. 1 sind dem Stiftungs- und Fondsregister zur Kenntnis zu bringen und in dieses einzutragen. [2]Mit der Eintragung in das Stiftungs- und Fondsregister besteht die Stiftung als Stiftung nach diesem Bundesgesetz weiter.

Auflösung

§ 27. (1) Stiftungen und Fonds sind auf Antrag aufzulösen, wenn

1. die in der Gründungserklärung vorgesehene Dauer bei Fonds abgelaufen ist oder

2. der Stiftungs- oder Fondszweck nicht mehr erreicht werden kann oder

3. der Gründer die Gründung widerruft oder

4. das Vermögen bei Stiftungen 50.000 Euro unterschritten hat und kostendeckend im Sinne des § 71 Abs. 2 der Insolvenzordnung, RGBl. Nr. 337/1914, ist.

(2) Der Stiftungs- oder Fondsvorstand hat das Vorliegen einer Voraussetzung nach Abs. 1 sowie die Beendigung der Abwicklung der Stiftungs- und Fondsbehörde mitzuteilen.

(3) Darüber hinaus hat die Stiftungs- und Fondsbehörde die Stiftung oder den Fonds aufzulösen, wenn

1. die Tätigkeit der Stiftung oder des Fonds Strafgesetzen zuwiderläuft oder

2. der Stiftungs- oder Fondszweck nicht mehr gemeinnützig oder mildtätig ist oder seine Erfüllung unmöglich geworden ist oder

3. den Vorgaben des § 28 nicht entsprochen wird.

(4) Im Verfahren zur Auflösung der Stiftung oder des Fonds kommt der Finanzprokuratur Parteistellung zu.

(5) Abgesehen von jenen Fällen, in denen bereits ein Insolvenzverfahren über das Stiftungsvermögen eröffnet wurde, hat die Abwicklung nach den in der Gründungserklärung für den Fall der Auflösung oder des Wegfalles des gemeinnützigen oder mildtätigen Zweckes vorgesehenen Verfügungen über das verbleibende Vermögen zu erfolgen.

(6) Die Auflösung ist dem Stiftungs- und Fondsregister mitzuteilen und in dieses einzutragen.

(7) [1]Der Stiftungs- oder Fondsvorstand hat die Gläubiger der Stiftung oder des Fonds unter Hinweis auf die Auflösung aufzufordern, ihre Ansprüche spätestens innerhalb eines Monats nach Veröffentlichung der Aufforderung anzumelden. [2]Diese Aufforderung an die Gläubiger ist ohne Verzug im „Amtsblatt zur Wiener Zeitung" zu veröffentlichen. § 213 des Aktiengesetzes 1965 über den Gläubigerschutz ist anzuwenden. [3]Das verbleibende Vermögen der aufgelösten Stiftung oder des aufgelösten Fonds ist dem Letztbegünstigten zu übertragen und in Ermangelung eines solchen für vergleichbare Zwecke heranzuziehen. [4]Soweit in der Gründungserklärung nichts anderes vorgesehen ist, teilen mehrere Letztbegünstigte zu gleichen Teilen.

6. Abschnitt

Übergangs- und Schlussbestimmungen

Übergangsbestimmung

§ 28. (1) [1]Stiftungen oder Fonds mit eigener Rechtspersönlichkeit, die

1. den Voraussetzungen des § 1 Abs. 1 entsprechen,

2. in den Anwendungsbereich dieses Bundesgesetzes fallen und

3. vor Inkrafttreten dieses Bundesgesetzes errichtet wurden,

gelten als Stiftungen oder Fonds im Sinne dieses Bundesgesetzes. [2]Auf solche Stiftungen und Fonds ist § 9 nicht anzuwenden.

(2) [1]Sofern Satzungen von Stiftungen und Fonds den Erfordernissen einer Gründungserklärung (§ 7) widersprechen, sind diese binnen 24 Monaten ab Inkrafttreten dieses Bundesgesetzes abzuändern und danach der Stiftungs- und Fondsbehörde „zu übermitteln"**. [2]§ 10 gilt sinngemäß. [3]Für zum Zeitpunkt des Inkrafttretens dieses Bundesgesetzes anhängige Verfahren sowie für „anhängige Verfahren über die Errichtung von"* Stiftungen oder Fonds von Todes wegen, die bereits vor Inkrafttreten dieses Bundesgesetzes letztwillig angeordnet wurden, gelten die Bestimmungen des Bundes-Stiftungs- und Fondsgesetzes, BGBl. Nr. 11/1975, in der Fassung des Verwaltungsgerichtsbarkeits-Anpassungsgesetzes-Inneres, BGBl. I Nr. 161/2013. *(*BGBl I 2016/120; **BGBl I 2018/32)*

(3) A[1]uf bestehende Stiftungen oder Fonds, die Zwecken einer gesetzlich anerkannten Kirche oder Religionsgemeinschaft dienen und von Organen einer gesetzlich anerkannten Kirche oder Religionsgemeinschaft verwaltet werden, sind die Bestimmungen dieses Bundesgesetzes nicht anzuwenden. [2]Ob es sich um solche Stiftungen oder Fonds handelt, ist auf Antrag der zuständigen kirchlichen Oberbehörde oder des Verwaltungsorgans dieser Stiftung oder dieses Fonds vom Bundeskanzler mit Bescheid festzustellen.

Vollziehung

§ 29. Mit der Vollziehung dieses Bundesgesetzes sind betraut:

1. hinsichtlich Stiftungen und Fonds nach § 14 Abs. 3 der nach dem Stiftungs- und Fondszweck zuständige Bundesminister,

2. hinsichtlich der §§ 5, 16 bis 19, 20 Abs. 1 bis 4 und 6, 21 Abs. 1 bis 7 und 9 bis 12 sowie 27 Abs. 7 der Bundesminister für Justiz,

3. hinsichtlich der §§ 20 Abs. 5 sowie 21 Abs. 8 der Bundesminister für Inneres im Einvernehmen mit dem Bundesminister für Justiz,

4. hinsichtlich der §§ 2 Abs. 3 und 4, 8 Abs. 1 Z 5, § 9 Abs. 1, Abs. 2 erster und zweiter Satz, Abs. 3 und 4 der Bundesminister für Finanzen,

5. hinsichtlich des § 9 Abs. 2 dritter Satz der Bundesminister für Finanzen im Einvernehmen mit dem Bundesminister für Inneres,

6. hinsichtlich des § 28 Abs. 3 der Bundeskanzler sowie

7. darüber hinaus der Bundesminister für Inneres.

Verweisungen

§ 30. (1) Verweisungen in diesem Bundesgesetz auf andere Bundesgesetze sind als Verweisungen auf die jeweils geltende Fassung zu verstehen, insoweit nicht ausdrücklich anderes bestimmt ist.

(2) Sofern in anderen Bundesgesetzen auf Bestimmungen des Bundes-Stiftungs- und Fondsgesetzes, BGBl. Nr. 11/1975, verwiesen wird, treten an deren Stelle die entsprechenden Bestimmungen dieses Bundesgesetzes.

Sprachliche Gleichbehandlung

§ 31. [1]Soweit in diesem Bundesgesetz auf natürliche Personen bezogene Bezeichnungen nur in männlicher Form angeführt sind, beziehen sie sich auf Frauen und Männer in gleicher Weise. [2]Bei der Anwendung der Bezeichnung auf bestimmte natürliche Personen ist die jeweils geschlechtsspezifische Form zu verwenden.

Inkrafttreten

§ 32. (1) [1]Dieses Bundesgesetz tritt mit 1. Jänner 2016 in Kraft; zeitgleich tritt das Bundes-Stiftungs- und Fondsgesetz, BGBl. Nr. 11/1975, außer Kraft. [2]Auf die Fälle des § 28 Abs. 2 „dritter Satz" ist das Bundes-Stiftungs- und Fondsgesetz, BGBl. Nr. 11/1975, in der Fassung des Verwaltungsgerichtsbarkeits-Anpassungsgesetzes-Inneres, BGBl. I Nr. 161/2013, weiterhin anzuwenden. *(BGBl I 2016/120)*

(2) Verordnungen aufgrund dieses Bundesgesetzes in seiner jeweiligen Fassung können bereits von dem Tag an erlassen werden, der der Kundmachung des jeweiligen Bundesgesetzes folgt; sie treten jedoch frühestens gleichzeitig mit diesem Bundesgesetz in Kraft.

(3) § 5 Abs. 5 Z 3, § 7 Abs. 2 Z 8, § 11 Abs. 4, § 12 Abs. 2 und 3, § 18 Abs. 1, § 20 Abs. 1, 3, 5 und 7, § 22 Abs. 2a, § 23 Abs. 3, § 28 Abs. 2 sowie § 32 Abs. 1 in der Fassung des Bundesgesetzes BGBl. I Nr. 120/2016 treten mit 1. Jänner 2017 in Kraft, gleichzeitig tritt § 12 Abs. 4 außer Kraft. *(BGBl I 2016/120)*

(4) § 22 Abs. 2a und 3 sowie § 28 Abs. 2 in der Fassung des Materien-Datenschutz-Anpassungsgesetzes 2018, BGBl. I Nr. 32/2018, treten mit 25. Mai 2018 in Kraft. *(BGBl I 2018/32)*

(5) § 9 Abs. 1 bis 3 in der Fassung des Bundesgesetzes BGBl. I Nr. 104/2019 tritt mit 1. Juli 2020 in Kraft. *(BGBl I 2019/104)*

16. Arbeitsverfassungsgesetz

(Auszug)

§§ 89 – 114, 208 – 262 Arbeitsverfassungsgesetz 1973, BGBl 1974/22, idF

1 BGBl 1975/360
2 BGBl 1976/387
3 BGBl 1981/354
4 BGBl 1986/204
5 BGBl 1986/394
6 BGBl 1986/563
7 BGBl 1987/321
8 BGBl 1988/196
9 BGBl 1990/282
10 BGBl 1990/411
11 BGBl 1990/475
12 BGBl 1993/460
13 BGBl 1993/502
14 BGBl 1994/450
15 BGBl 1994/624
16 BGBl 1996/601
17 BGBl 1996/754
18 BGBl I 1997/63
19 BGBl I 1998/30
20 BGBl I 1998/69
21 BGBl I 2001/83
22 BGBl I 2002/100
23 BGBl I 2003/71
24 BGBl I 2004/82
25 BGBl I 2005/8
26 BGBl I 2006/104 (GenRÄG 2006)
27 BGBl I 2006/147
28 BGBl I 2007/77
29 BGBl I 2010/101
30 BGBl I 2012/98
31 BGBl I 2013/67
32 BGBl I 2017/12
33 BGBl I 2017/37
34 BGBl I 2017/104 (GFMA-G)

§§ 89 – 114, 208 – 262 Arbeitsverfassungsgesetz 1973, BGBl 1974/22, idF
Anmerkung: Es wurden nur jene Novellen zum ArbVG aufgelistet, die hier abgedruckte Paragraphen betreffen.

GLIEDERUNG

VI. Teil
Beteiligung der Arbeitnehmer in der Europäischen Gesellschaft

1. Hauptstück
Allgemeine Bestimmungen
Geltungsbereich §§ 208 - 209
Begriffsbestimmungen § 210
Organe der Arbeitnehmerschaft § 211
Beteiligung der Arbeitnehmer § 212
Pflichten der Leitungs- und Verwaltungsorgane § 213
Grundsätze der Zusammenarbeit § 214

2. Hauptstück
Besonderes Verhandlungsgremium
Aufforderung zur Errichtung § 215
Zusammensetzung § 216
Entsendung der Mitglieder §§ 217 - 218
Konstituierung § 219
Sitzungen § 220
Beschlussfassung § 221
Tätigkeitsdauer § 222
Beginn und Erlöschen der Mitglidschaft § 223
Kostentragung § 224
Aufgaben des besonderen Verhandlungsgremiums § 225
Dauer der Verhandlungen § 226
Beschluss über die Beendigung der Verhandlungen § 227
Strukturänderungen § 228
Verfahrensmissbrauch § 229
Vereinbarung über die Beteiligung der Arbeitnehmer in der Europäischen Gesellschaft § 230
Arbeitnehmer § 231

3. Hauptstück
Beteiligung der Arbeitnehmer in der Europäischen Gesellschaft kraft Gesetzes

1. Abschnitt
SE-Betriebsrat kraft Gesetzes
Errichtung § 232
Zusammensetzung § 233
Entsendung § 234
Konstituierung, Geschäftsführung, Geschäftsordnung, Sitzungen, Beschlussfassung § 235
Engerer Ausschuss § 236
Tätigkeitsdauer, Dauer der Mitgliedschaft § 237
Beistellung von Sacherfordernissen, Kostentragung § 238

2. Abschnitt
Befugnisse des SE-Betriebsrates und des engeren Ausschusses

Unterrichtung und Anhörung §§ 239 - 241
Unterrichtung der örtlichen Arbeitnehmervertreter § 242
Beschluss über die Aufnahme von Verhandlungen § 243

3. Abschnitt
Mitbestimmung kraft Gesetzes
Anwendbarkeit § 244
Recht auf Mitbestimmung § 245
Verteilung der Sitze im Aufsichts- oder Verwaltungsrat § 246
Entsendung der Mitglieder § 247
Rechte der Arbeitnehmervertreter im Aufsichts- oder Verwaltungsrat § 248

4. Abschnitt
Europäische Gesellschaften mit besonderer Zweckbestimmung
§ 249

4. Hauptstück
Rechtsstellung der Arbeitnehmervertreter
Verschwiegenheitspflicht § 250
Rechte der Arbeitnehmervertreter § 251

5. Hauptstück
Schluss- und Übergangsbestimmungen
Verhältnis zu anderen Bestimmungen § 252
Strafbestimmungen § 253

VII. Teil.
Beteiligung der Arbeitnehmer in der Europäischen Genossenschaft §§ 253 - 257
Geltungsbereich § 254
Begriffsbestimmungen § 255
Organe der Arbeitnehmerschaft § 256
Anwendbarkeit der Bestimungen des VI. Teiles § 257

VIII. Teil
Mitbestimmung der Arbeitnehmer bei einer grenzüberschreitenden Verschmelzung von Kapitalgesellschaften
Geltungsbereich § 258
Begriffsbestimmungen § 259
Anwendbarkeit der Bestimmungen über die Beteiligung der Arbeitnehmer in der Europäischen Gesellschaft § 260
Anwendung der Bestimmungen über die Mitbestimmung kraft Gesetzes ohne Verhandlungen § 261
Weitere Anwendbarkeit bestehender Systeme der Mitbestimmung im Fall nachfolgender innerstaatlicher Verschmelzungen § 262

STICHWORTVERZEICHNIS

ArbVG + VO RL

Stichwortverzeichnis

Bundesgesetz vom 14. Dezember 1973 betreffend die Arbeitsverfassung (Arbeitsverfassungsgesetz – ArbVG)

(Auszug)

3. HAUPTSTÜCK
BEFUGNISSE DER ARBEITNEHMERSCHAFT

Abschnitt 1
Allgemeine Befugnisse

Überwachung

§ 89. [1]Der Betriebsrat hat das Recht, die Einhaltung der die Arbeitnehmer des Betriebes betreffenden Rechtsvorschriften zu überwachen. [2]Insbesondere stehen ihm folgende Befugnisse zu:

1. [1]Der Betriebsrat ist berechtigt, in die vom Betrieb geführten Aufzeichnungen über die Bezüge der Arbeitnehmer und die zur Berechnung dieser Bezüge erforderlichen Unterlagen Einsicht zu nehmen, sie zu überprüfen und die Auszahlung zu kontrollieren. [2]Dies gilt auch für andere die Arbeitnehmer betreffenden Aufzeichnungen, deren Führung durch Rechtsvorschriften vorgesehen ist;

2. [1]der Betriebsrat hat die Einhaltung der für den Betrieb geltenden Kollektivverträge, der Betriebsvereinbarungen und sonstiger arbeitsrechtlicher Vereinbarungen zu überwachen. [2]Er hat darauf zu achten, daß die für den Betrieb geltenden Kollektivverträge im Betrieb aufgelegt (§ 15) und die Betriebsvereinbarungen angeschlagen oder aufgelegt (§ 30 Abs. 1) werden. [3]Das gleiche gilt für Rechtsvorschriften, deren Auflage oder Aushang im Betrieb in anderen Gesetzen vorgeschrieben ist;

3. [1]„der Betriebsrat hat die Durchführung und Einhaltung der Vorschriften über den Arbeitnehmerschutz, über die Sozialversicherung, über eine allfällige betriebliche Altersversorgung einschließlich der Wertpapierdeckung für Pensionszusagen (§ 11 Betriebspensionsgesetz, BGBl. Nr. 282/1990, in der jeweils geltenden Fassung) sowie über die Berufsausbildung zu überwachen.“[2]Zu diesem Zweck kann der Betriebsrat die betrieblichen Räumlichkeiten, Anlagen und Arbeitsplätze besichtigen. [3]Der Betriebsinhaber hat den Betriebsrat von jedem Arbeitsunfall unverzüglich in Kenntnis zu setzen. [4]Betriebsbesichtigungen im Zuge behördlicher Verfahren, durch die Interessen der Arbeitnehmerschaft (§ 38) des Betriebes (Unternehmens) berührt werden sowie Betriebsbesichtigungen, die von den zur Überwachung der Arbeitnehmerschutzvorschriften berufenen Organen oder die mit deren Beteiligung durchgeführt werden, ist der Betriebsrat beizuziehen. [5]Der Betriebsinhaber hat den Betriebsrat von einer anberaumten Verhandlung sowie von der Ankunft eines behördlichen Organs in diesen Fällen unverzüglich zu verständigen; *(BGBl 1986/394; BGBl 1996/754)*

4. werden im Betrieb Personalakten geführt, so ist dem Betriebsrat bei Einverständnis des Arbeitnehmers Einsicht in dessen Personalakten zu gewähren.

Intervention

§ 90. (1) [1]Der Betriebsrat hat das Recht in allen Angelegenheiten, die die Interessen der Arbeitnehmer berühren, beim Betriebsinhaber und erforderlichenfalls bei den zuständigen Stellen außerhalb des Betriebes entsprechende Maßnahmen zu beantragen und die Beseitigung von Mängeln zu verlangen. [2]Insbesondere ist der Betriebsrat berechtigt

1. Maßnahmen zur Einhaltung und Durchführung der die Arbeitnehmer des Betriebes betreffenden Rechtsvorschriften (§ 89) zu beantragen;

2. Vorschläge zur Verbesserung der Arbeitsbedingungen, der betrieblichen Ausbildung, zur Verhütung von Unfällen und Berufskrankheiten sowie zur menschengerechten Arbeitsgestaltung zu erstatten;

3. sonstige Maßnahmen zugunsten der Arbeitnehmer des Betriebes zu beantragen.

(2) Der Betriebsinhaber ist verpflichtet, den Betriebsrat auf dessen Verlangen in allen Angelegenheiten, die die Interessen der Arbeitnehmer des Betriebes berühren, anzuhören.

Allgemeine Information

§ 91. (1) Der Betriebsinhaber ist verpflichtet, dem Betriebsrat über alle Angelegenheiten, welche die wirtschaftlichen, sozialen, gesundheitlichen oder kulturellen Interessen der Arbeitnehmer des Betriebes berühren, Auskunft zu erteilen.

(2) [1]Der Betriebsinhaber hat dem Betriebsrat Mitteilung zu machen, welche Arten von personenbezogenen Arbeitnehmerdaten er automationsunterstützt aufzeichnet und welche Verarbeitungen und Übermittlungen er vorsieht. [2]Dem Betriebsrat ist auf Verlangen die Überprüfung der Grundlagen für die Verarbeitung und Übermittlung zu ermöglichen. [3]Sofern sich nicht aus § 89 oder anderen Rechtsvorschriften ein unbeschränktes Einsichtsrecht des Betriebsrates ergibt, ist zur Einsicht in die Daten einzelner Arbeitnehmer deren Zustimmung erforderlich. *(BGBl 1986/394)*

(3) Wurde eine Betriebsvereinbarung gemäß § 97 Abs. 1 Z 18a abgeschlossen, so hat der Betriebsinhaber dem Betriebsrat den Prüfbericht oder dessen Kurzfassung (§ 21 Abs. 6 Pensionskassengesetz) und den Rechenschaftsbericht (§ 30 Abs. 5 Pensionskassengesetz) unverzüglich nach Einlangen von der Pensionskasse zu übermitteln. *(BGBl 1990/282)*

Beratung

§ 92. (1) [1]Der Betriebsinhaber ist verpflichtet, mit dem Betriebsrat mindestens vierteljährlich und auf Verlangen des Betriebsrates monatlich gemeinsame Beratungen über laufende Angelegenheiten, allgemeine Grundsätze der Betriebsführung in sozialer, personeller, wirtschaftlicher und technischer Hinsicht sowie über die Gestaltung der Arbeitsbeziehungen abzuhalten und ihn dabei über wichtige Angelegenheiten zu informieren.[2]„Dem Betriebsrat sind auf Verlangen die zur Beratung erforderlichen Unterlagen auszuhändigen.“ *(BGBl 1986/394)*

(2) [1]Betriebsrat und Betriebsinhaber sind berechtigt, an ihre zuständigen kollektivvertragsfähigen Körperschaften das Ersuchen zu richten, einen Vertreter zur Teilnahme an diesen Beratungen zu entsenden, sofern über Betriebsänderungen oder ähnlich wichtige Angelegenheiten, die erhebliche Auswirkung auf die Areitnehmer des Betriebes haben, beraten werden soll. [2]Betriebsinhaber und Betriebsrat haben einander gegenseitig rechtzeitig Mitteilung zu machen, um dem anderen Teil die Beiziehung seiner Interessenvertretung zu ermöglichen.

Arbeitsschutz

§ 92a. (1) [1]Der Betriebsinhaber hat den Betriebsrat in allen Angelegenheiten der Sicherheit und des Gesundheitsschutzes rechtzeitig anzuhören und mit ihm darüber zu beraten. [2]Der Betriebsinhaber ist insbesondere verpflichtet,

1. den Betriebsrat bei der Planung und Einführung neuer Technologien zu den Auswirkungen zu hören, die die Auswahl der Arbeitsmittel oder Arbeitsstoffe, die Gestaltung der Arbeitsbedingungen und die Einwirkung der Umwelt auf den Arbeitsplatz für die Sicherheit und Gesundheit der Arbeitnehmer haben,

2. den Betriebsrat bei der Auswahl der persönlichen Schutzausrüstung zu beteiligen,

3. den Betriebsrat bei der Ermittlung und Beurteilung der Gefahren und der Festlegung der Maßnahmen sowie bei der Planung und Organisation der Unterweisung zu beteiligen.

(2) Der Betriebsinhaber ist verpflichtet,

1. dem Betriebsrat Zugang zu den Sicherheits- und Gesundheitsschutzdokumenten sowie zu den Aufzeichnungen und Berichten über Arbeitsunfälle zu gewähren,

2. dem Betriebsrat die Unterlagen betreffend die Erkenntnisse auf dem Gebiet der Arbeitsgestaltung zur Verfügung zu stellen,

3. dem Betriebsrat die Ergebnisse von Messungen und Untersuchungen betreffend gefährliche Arbeitsstoffe und Lärm sowie die Ergebnisse sonstiger Messungen und Untersuchungen, die mit dem Arbeitnehmerschutz in Zusammenhang stehen, zur Verfügung zu stellen,

4. dem Betriebsrat die Aufzeichnungen betreffend Arbeitsstoffe und Lärm zur Verfügung zu stellen,

5. den Betriebsrat über Grenzwertüberschreitungen sowie deren Ursachen und über die getroffenen Maßnahmen unverzüglich zu informieren, „ “ *(BGBl I 2006/147)*

6. den Betriebsrat über Auflagen, Vorschreibungen, Bewilligungen und behördliche Informationen auf dem Gebiet des Arbeitnehmerschutzes zu informieren und zu den Informationen, die sich aus den Schutzmaßnahmen und Maßnahmen zur Gefahrenverhütung ergeben, im Voraus anzuhören, *(BGBl I 2006/147)*

7. den Betriebsrat zu den Informationen über die Gefahren für Sicherheit und Gesundheit sowie über Schutzmaßnahmen und Maßnahmen zur Gefahrenverhütung im Allgemeinen und für die einzelnen Arten von Arbeitsplätzen bzw. Aufgabenbereichen im Voraus anzuhören, *(BGBl I 2006/147)*

8. den Betriebsrat zur Information der Arbeitgeber von betriebsfremden Arbeitnehmern über die in Z 7 genannten Punkte sowie über die für Erste Hilfe, Brandbekämpfung und Evakuierung gesetzten Maßnahmen, im Voraus anzuhören. *(BGBl I 2006/147)*

(3) [1]Der Betriebsinhaber hat mit dem Betriebsrat über die beabsichtigte Bestellung oder Abberufung von Sicherheitsfachkräften, Arbeitsmedizinern sowie von Personen zu beraten, die für die Erste Hilfe, die Brandbekämpfung und Evakuierung zuständig sind, außer wenn die beabsichtigte Maßnahme im Arbeitsschutzausschuß behandelt wird. [2]Der Betriebsrat hat das Recht, das Arbeitsinspektorat zu den Beratungen beizuziehen. [3]Eine ohne Beratung mit dem Betriebsrat oder Behandlung im Arbeitsschutzausschuß vorgenommene Bestellung von Sicherheitsfachkräften und Arbeitsmedizinern ist rechtsunwirksam.

(4) [1]Der Betriebsrat kann seine Befugnisse nach Abs. 1 Z 1 bis 3 an die im Betrieb bestellten Sicherheitsvertrauenspersonen delegieren. [2]Für die Beschlußfassung gilt § 68. [3]Der Beschluß ist den Sicherheitsvertrauenspersonen sowie dem Betriebsinhaber unverzüglich mitzuteilen und wird erst mit deren Verständigung rechtswirksam.

(5) Für die Beschlußfassung über die Entsendung von Arbeitnehmervertretern in den Arbeitsschutzausschuß und in den zentralen Arbeitsschutzausschuß gilt § 68.

(BGBl 1994/450)

Betriebliche Frauenförderung sowie Maßnahmen zur besseren Vereinbarkeit von Betreuungspflichten und Beruf

§ 92b. (1) [1]Der Betriebsinhaber hat mit dem Betriebsrat im Rahmen der Beratung nach § 92 Maßnahmen der betrieblichen Frauenförderung bzw. der Vereinbarkeit von Betreuungspflichten und Beruf zu beraten. [2]Solche Maßnahmen betreffen insbesondere die Einstellungspraxis, Maßnahmen der Aus- und Weiterbildung und den beruflichen Aufstieg, die auf den Abbau einer bestehenden Unterrepräsentation der Frauen an der Gesamtzahl der Beschäftigten bzw. an bestimmten Funktionen oder auf den Abbau einer sonst bestehenden Benachteiligung abzielen, sowie Maßnahmen, die auf eine bessere Vereinbarkeit der beruflichen Tätigkeit mit Familien- und sonstigen Betreuungspflichten der Arbeitnehmerinnen und Arbeitnehmer abzielen.

(2) [1]Der Betriebsrat hat das Recht, Vorschläge in diesen Angelegenheiten zu erstatten und Maßnahmen zu beantragen. [2]Der Betriebsinhaber ist verpflichtet, mit dem Betriebsrat über dessen Vorschläge und Anträge zu beraten.

(3) Maßnahmen der betrieblichen Frauenförderung sowie Maßnahmen zur besseren Vereinbarkeit von Betreuungspflichten und Beruf können in einer Betriebsvereinbarung geregelt werden.

(BGBl I 1998/69)

Errichtung und Verwaltung von Wohlfahrtseinrichtungen der Arbeitnehmer

§ 93. Der Betriebsrat ist berechtigt, zugunsten der Arbeitnehmer und ihrer Familienangehörigen Unterstützungseinrichtungen sowie sonstige Wohlfahrtseinrichtungen zu errichten und ausschließlich zu verwalten.

Abschnitt 2

Mitwirkung in sozialen Angelegenheiten

Mitwirkung in Angelegenheiten der betrieblichen Berufsausbildung und Schulung

§ 94. (1) Der Betriebsinhaber hat den Betriebsrat über geplante Maßnahmen der betrieblichen Berufsausbildung sowie der betrieblichen Schulung und Umschulung zum ehestmöglichen Zeitpunkt in Kenntnis zu setzen.

(2) [1]Der Betriebsrat hat das Recht, Vorschläge in Angelegenheiten der betrieblichen Berufsausbildung, Schulung und Umschulung zu erstatten und Maßnahmen zu beantragen. [2]Der Betriebsinhaber ist verpflichtet, mit dem Betriebsrat über dessen Vorschläge und Anträge zu beraten.

(3) [1]Der Betriebsrat hat das Recht, an der Planung und Durchführung der betrieblichen Berufsausbildung sowie betrieblicher Schulungs- und Umschulungsmaßnahmen mitzuwirken. [2]Art und Umfang der Mitwirkung können durch Betriebsvereinbarung geregelt werden.

(4) [1]Der Betriebsrat hat das Recht, an den Verhandlungen zwischen dem Betriebsinhaber und den Dienststellen der Arbeitsmarktverwaltung über Maßnahmen der betrieblichen Schulung, Umschulung und Berufsausbildung teilzunehmen. Zeitpunkt und Gegenstand der Beratungen sind ihm rechtzeitig mitzuteilen.[2]„Gleiches gilt, wenn investive Förderungen nach dem Arbeitsmarktförderungsgesetz, BGBl. Nr. 31/1969, gewährt oder betriebliche Schulungsmaßnahmen in solche umgewandelt werden sollen.“ *(BGBl 1986/394)*

(5) Der Betriebsrat ist berechtigt, sich an allen behördlichen Besichtigungen zu beteiligen, welche die Planung und Durchführung der betrieblichen Berufsausbildung berühren.

(6) [1]Der Betriebsrat hat das Recht, an der Verwaltung von betriebs- und unternehmenseigenen Schulungs- und Bildungseinrichtungen teilzunehmen. [2]Art und Umfang der Teilnahme sind durch Betriebsvereinbarung zu regeln. [3]Kommt zwischen Betriebsinhaber und Betriebsrat über den Abschluß, die Abänderung oder Aufhebung einer solchen Betriebsvereinbarung eine Einigung nicht zustande, entscheidet auf Antrag eines der Streitteile die Schlichtungsstelle.

(7) Die Errichtung, Ausgestaltung und Auflösung von betriebs- und unternehmenseigenen Schulungs- und Bildungseinrichtungen können durch Betriebsvereinbarung geregelt werden.

(8) Der Betriebsrat kann die Auflösung einer betriebs- oder unternehmenseigenen Schulungs- oder Bildungseinrichtung binnen vier Wochen beim „Gericht“ anfechten, wenn sie den in einer Betriebsvereinbarung vorgesehenen Auflösungsgründen widerspricht oder, wenn solche Regelungen nicht bestehen, unter Abwägung der Interessen der Arbeitnehmer und des Betriebes nicht gerechtfertigt ist. *(BGBl 1986/563)*

Mitwirkung an betrieblichen Wohlfahrtseinrichtungen

§ 95. (1) [1]Der Betriebsrat hat das Recht, an der Verwaltung von betriebs- und unternehmenseigenen Wohlfahrtseinrichtungen teilzunehmen. [2]Art und Umfang der Teilnahme sind durch Betriebsvereinbarung zu regeln. [3]Kommt zwischen Betriebsinhaber und Betriebsrat über den Abschluß, die Abänderung oder Aufhebung einer solchen Betriebsvereinbarung eine Einigung nicht zustande, entscheidet auf Antrag eines der Streitteile die Schlichtungsstelle.

(2) Die Errichtung, Ausgestaltung und Auflösung betriebs- und unternehmenseigener Wohlfahrtseinrichtungen können durch Betriebsvereinbarung geregelt werden.

(3) Der Betriebsrat kann die Auflösung einer betriebs- oder unternehmenseigenen Wohlfahrt-

seinrichtung binnen vier Wochen beim „Gericht“ anfechten, wenn

1. die Auflösung der Wohlfahrtseinrichtung den in einer Betriebsvereinbarung vorgesehenen Auflösungsgründen widerspricht, oder

2. eine Betriebsvereinbarung über Gründe, die den Betriebsinhaber zur Auflösung einer Wohlfahrtseinrichtung berechtigen, nicht besteht, der Betriebsratsfonds (Zentralbetriebsratsfonds) oder die Arbeitnehmer zum Errichtungs- und Erhaltungsaufwand der Wohlfahrtseinrichtung erheblich beigetragen haben und die Auflösung unter Abwägung der Interessen der Arbeitnehmer und des Betriebes nicht gerechtfertigt ist.
(BGBl 1986/563)

Zustimmungspflichtige Maßnahmen

§ 96. (1) Folgende Maßnahmen des Betriebsinhabers bedürfen zu ihrer Rechtswirksamkeit der Zustimmung des Betriebsrates:

1. Die Einführung einer betrieblichen Disziplinarordnung;

2. die Einführung von Personalfragebögen, sofern in diesen nicht bloß die allgemeinen Angaben zur Person und Angaben über die fachlichen Voraussetzungen für die beabsichtigte Verwendung des Arbeitnehmers enthalten sind;

3. die Einführung von Kontrollmaßnahmen und technischen Systemen zur Kontrolle der Arbeitnehmer, sofern diese Maßnahmen (Systeme) die Menschenwürde berühren;

4. insoweit eine Regelung durch Kollektivvertrag oder Satzung nicht besteht, die Einführung und die Regelung von Akkord-, Stück- und Gedinglöhnen sowie akkordähnlichen Prämien und Entgelten – mit Ausnahme der Heimarbeitsentgelte –, die auf statistischen Verfahren, Datenerfassungsverfahren, Kleinstzeitverfahren oder ähnlichen Entgeltfindungsmethoden beruhen, sowie der maßgeblichen Grundsätze (Systeme und Methoden) für die Ermittlung und Berechnung dieser Löhne bzw. Entgelte. *(BGBl I 2010/101)*

(2) Betriebsvereinbarungen in den Angelegenheiten des Abs. 1 können, soweit sie keine Vorschriften über ihre Geltundsdauer enthalten, von jedem der Vertragspartner jederzeit ohne Einhaltung einer Frist schriftlich gekündigt werden. [1]§ 32 Abs. 3 zweiter Satz ist nicht anzuwenden.

Ersetzbare Zustimmung

§ 96a. (1) [1]Folgende Maßnahmen des Betriebsinhabers bedürfen zu ihrer Rechtswirksamkeit der Zustimmung des Betriebsrates:

1. [1]Die Einführung von Systemen zur automationsunterstützten Ermittlung, Verarbeitung und Übermittlung von personenbezogenen Daten des Arbeitnehmers, die über die Ermittlung von allgemeinen Angaben zur Person und fachlichen Voraussetzungen hinausgehen. [2]Eine Zustimmung ist nicht erforderlich, soweit die tatsächliche oder vorgesehene Verwendung dieser Daten über die Erfüllung von Verpflichtungen nicht hinausgeht, die sich aus Gesetz, Normen der kollektiven Rechtsgestaltung oder Arbeitsvertrag ergeben;

2. die Einführung von Systemen zur Beurteilung von Arbeitnehmern des Betriebes, sofern mit diesen Daten erhoben werden, die nicht durch die betriebliche Verwendung gerechtfertigt sind.

(2) [1]Die Zustimmung des Betriebsrates gemäß Abs. 1 kann durch Entscheidung der Schlichtungsstelle ersetzt werden. [2]Im übrigen gelten §§ 32 Abs. 2 und 97 Abs. 2 sinngemäß.

(3) Durch die Abs. 1 und 2 werden die sich aus § 96 ergebenden Zustimmungsrechte des Betriebsrates nicht berührt.

(BGBl 1986/394)

Betriebsvereinbarungen

§ 97. (1) Betriebsvereinbarungen im Sinne des § 29 können in folgenden Angelegenheiten abgeschlossen werden:

1. Allgemeine Ordnungsvorschriften, die das Verhalten der Arbeitnehmer im Betrieb regeln;

1a. Grundsätze der betrieblichen Beschäftigung von Arbeitnehmern, die im Rahmen einer Arbeitskräfteüberlassung tätig sind; *(BGBl 1988/196)*

1b. Auswahl der Mitarbeitervorsorgekasse (MV-Kasse) nach dem Betrieblichen Mitarbeitervorsorgegesetz – BMVG, BGBl. I Nr. 100/ 2002; *(BGBl I 2002/100)*

2. generelle Festsetzung des Beginns und Endes der täglichen Arbeitszeit, der Dauer und Lage der Arbeitspausen und der Verteilung der Arbeitszeit auf die einzelnen Wochentage;

3. Art und Weise der Abrechnung und insbesondere Zeit und Ort der Auszahlung der Bezüge;

4. Maßnahmen zur Verhinderung, Beseitigung oder Milderung der Folgen einer Betriebsänderung im Sinne des § 109 Abs. 1 Z. 1 bis 6, sofern diese wesentliche Nachteile für alle oder erhebliche Teile der Arbeitnehmerschaft mit sich bringt;

5. Art und Umfang der Teilnahme des Betriebsrates an der Verwaltung von betriebs- und unternehmenseigenen Schulungs-, Bildungs- und Wohlfahrtseinrichtungen;

6. Maßnahmen zur zweckentsprechenden Benützung von Betriebseinrichtungen und Betriebsmitteln;

6a. Maßnahmen zur Verhinderung, Beseitigung, Milderung oder zum Ausgleich von Belastungen der Arbeitnehmer durch Nachtschichtarbeit oder Nachtschicht-Schwerarbeit, einschließlich der Verhütung von Unfällen und Berufskrankheiten. *(BGBl 1981/354)*

7. Richtlinien für die Vergabe von Werkwohnungen;

8. Maßnahmen und Einrichtungen zur Verhütung von Unfällen und Berufskrankheiten sowie Maßnahmen zum Schutz der Gesundheit der Arbeitnehmer;

9. Maßnahmen zur menschengerechten Arbeitsgestaltung;

10. Grundsätze betreffen den Verbrauch des Erholungsurlaubes;

11. Entgeltfortzahlungsansprüche für den zur Teilnahme an Betriebs(Gruppen-, Betriebshaupt)versammlungen erforderlichen Zeitraum und damit im Zusammenhang stehende Fahrtkostenvergütungen;

12. Erstattung von Auslagen und Aufwendungen sowie Regelung von Aufwandsentschädigungen;

13. Anordnung der vorübergehenden Verkürzung oder Verlängerung der Arbeitszeit;

14. betriebliches Vorschlagswesen;

15. Gewährung von Zuwendungen aus besonderen betrieblichen Anlässen;

16. Systeme der Gewinnbeteiligung sowie die Einführung von leistungs- und erfolgsbezogenen Prämien und Entgelten nicht nur für einzelne Arbeitnehmer, soweit diese Prämien und Entgelte nicht unter § 96 Abs. 1 Z 4 fallen; *(BGBl I 2010/101)*

17. Maßnahmen zur Sicherung der von den Arbeitnehmern eingebrachten Gegenstände;

18. betriebliche Pensions- und Ruhegeldleistungen, ausgenommen jene nach Z 18a;. *(BGBl 1990/282)*

18a. Errichtung von und Beitritt zu Pensionskassen, Verpflichtungen des Arbeitgebers und Rechte der Anwartschafts- und Leistungsberechtigten, die sich daraus ergeben, Art und Weise der Zahlung und Grundsätze über die Höhe jener Beiträge, zu deren Entrichtung sich der Arbeitnehmer verpflichtet, Mitwirkung der Anwartschafts- und Leistungsberechtigten an der Verwaltung von Pensionskassen, Auflösung von und Austritt aus Pensionskassen und die sich daraus ergebenden Rechtsfolgen; *(BGBl 1990/282)*

18b. Abschluss einer betrieblichen Kollektivversicherung, Verpflichtungen des Arbeitgebers und Rechte der Versicherten, die sich daraus ergeben, Art und Weise der Zahlung und Grundsätze über die Höhe jener Prämien, zu deren Entrichtung sich der Arbeitnehmer verpflichtet, Mitwirkung der Versicherten, Beendigung des Versicherungsvertrages und die sich daraus ergebenden Rechtsfolgen; *(BGBl I 2005/8, ab 23. 09. 2005)*

19. Art und Umfang der Mitwirkung des Betriebsrates an der Planung und Durchführung von Maßnahmen der betrieblichen Berufsausbildung und betrieblicher Schulungs- und Bildungseinrichtungen sowie die Errichtung, Ausgestaltung und Auflösung von betriebs- und unternehmenseigenen Schulungs-, Bildungs- und Wohlfahrtseinrichtungen;

20. betriebliches Beschwerdewesen;

21. Rechtsstellung der Arbeitnehmer bei Krankheit und Unfall;

22. Kündigungsfristen und Gründe zur vorzeitigen Beendigung des Arbeitsverhältnisses;

23. Feststellung der maßgeblichen wirtschaftlichen Bedeutung eines fachlichen Wirtschaftsbereiches für den Betrieb im Sinne des § 9 Abs. 3;

23a. Festlegung des Beginns und Verlängerung der Frist für die vorübergehende Beibehaltung des Zuständigkeitsbereiches (§ 62b); *(BGBl 1990/411)*

24. Maßnahmen im Sinne der §§ 96 Abs. 1 und 96a Abs. 1. *(BGBl 1986/394)*

25. Maßnahmen der betrieblichen Frauenförderung (Frauenförderpläne) sowie Maßnahmen zur besseren Vereinbarkeit von Betreuungspflichten und Beruf „;" *(BGBl I 1998/69; BGBl I 2002/100)*

26. Festlegung von Rahmenbedingungen für die in § 47 Abs. 3 BMVG vorgesehene Übertrittsmöglichkeit in das Abfertigungsrecht nach dem BMVG. *(BGBl I 2002/100)*

(2) Kommt in den in Abs. 1 Z 1 bis 6 und 6a bezeichneten Angelegenheiten zwischen Betriebsinhaber und Betriebsrat über den Abschluß, die Abänderung oder Aufhebung einer solchen Betriebsvereinbarung eine Einigung nicht zustande, so entscheidet – insoweit eine Regelung durch Kollektivvertrag oder Satzung nicht vorliegt – auf Antrag eines der Streitteile die Schlichtungsstelle. *(BGBl 1981/354)*

(3) In Betrieben, in denen dauernd nicht mehr als 50 Arbeitnehmer beschäftigt werden, ist die Bestimmung des Abs. 1 Z. 7, in Betrieben, in denen dauernd weniger als 20 Arbeitnehmer beschäftigt werden, auch die Bestimmung des Abs. 1 Z. 4 nicht anzuwenden.

(4) Die Kündigung von Betriebsvereinbarungen gemäß Abs. 1 Z 18a oder 18b ist nur hinsichtlich jener Arbeitsverhältnisse wirksam, die nach dem Kündigungstermin begründet werden. *(BGBl I 2005/8, ab 23. 09. 2005)*

Abschnitt 3

Mitwirkung in personellen Angelegenheiten

Personelles Informationsrecht

§ 98. Der Betriebsinhaber hat den Betriebsrat über den künftigen Bedarf an Arbeitnehmern und die im Zusammenhang damit in Aussicht genommenen personellen Maßnahmen rechtzeitig zu unterrichten.

Mitwirkung bei der Einstellung von Arbeitnehmern

§ 99. (1) Der Betriebsrat kann dem Betriebsinhaber jederzeit die Ausschreibung eines zu besetzenden Arbeitsplatzes vorschlagen.

(2) Sobald dem Betriebsinhaber die Zahl der aufzunehmenden Arbeitnehmer, deren geplante Verwendung und die in Aussicht genommenen Arbeitsplätze bekannt sind, hat er den Betriebsrat jener Gruppe, welcher die Einzustellenden angehören würden, darüber zu informieren.

(3) [1]Hat der Betriebsrat im Zusammenhang mit der Information nach Abs. 2 eine besondere Information (Beratung) über einzelne Einstellungen verlangt, hat der Betriebsinhaber eine besondere Information (Beratung) vor der Einstellung durchzuführen. [2]Das gleiche gilt, wenn eine Information nach Abs. 2 nicht stattgefunden hat. [3]Wenn bei Durchführung einer Beratung die Entscheidung über die Einstellung nicht rechtzeitig erfolgen könnte, ist die Beratung nach erfolgter Einstellung durchzuführen.

(4) [1]Jede erfolgte Einstellung eines Arbeitnehmers ist dem Betriebsrat unverzüglich mitzuteilen. [2]Diese Mitteilung hat Angaben über die vorgesehene Verwendung und Einstufung des Arbeitnehmers, den Lohn oder Gehalt sowie eine allfällige vereinbarte Probezeit oder Befristung des Arbeitsverhältnisses zu enthalten. *(BGBl 1986/394)*

(5) [1]Der Betriebsrat ist vor der beabsichtigten Aufnahme der Beschäftigung von überlassenen Arbeitskräften zu informieren; auf Verlangen ist eine Beratung durchzuführen. [2]Von der Aufnahme einer solchen Beschäftigung ist der Betriebsrat unverzüglich in Kenntnis zu setzen. [3]Auf Verlangen ist ihm mitzuteilen, welche Vereinbarungen hinsichtlich des zeitlichen Arbeitseinsatzes der überlassenen Arbeitskräfte und hinsichtlich der Vergütung für die Überlassung mit dem Überlasser getroffen wurden. [4]Die „§§ 89 bis 92b“ sind sinngemäß anzuwenden. *(BGBl 1988/196; BGBl I 2012/98)*

§ 99a. *(aufgehoben, BGBl 1994/450)*

Mitwirkung bei der Festsetzung von Leistungsentgelten im Einzelfall

§ 100. Entgelte der in § 96 Abs. 1 Z. 4 bezeichneten Art für einzelne Arbeitnehmer oder einzelne Arbeiten, die generell nicht vereinbart werden können, bedürfen, wenn zwischen Betriebsinhaber und Arbeitnehmer eine Einigung nicht zustande kommt, zu ihrer rechtswirksamen Festsetzung der Zustimmung des Betriebsrates.

Mitwirkung bei Versetzungen

§ 101. [1]Die dauernde Einreihung eines Arbeitnehmers auf einen anderen Arbeitsplatz ist dem Betriebsrat unverzüglich mitzuteilen; auf Verlangen ist darüber zu beraten. [2]Eine dauernde Einreihung liegt nicht vor, wenn sie für einen Zeitraum von voraussichtlich weniger als 13 Wochen erfolgt. [3]Ist mit der Einreihung auf einen anderen Arbeitsplatz eine Verschlechterung der Entgelt- oder sonstigen Arbeitsbedingungen verbunden, so bedarf sie zu ihrer Rechtswirksamkeit der Zustimmung des Betriebsrates. [4]Erteilt der Betriebsrat die Zustimmung nicht, so kann sie durch Urteil des Gerichts ersetzt werden. [5]Das Gericht hat die Zustimmung zu erteilen, wenn die Versetzung sachlich gerechtfertigt ist.

(BGBl 1986/394)

Mitwirkung bei Verhängung von Disziplinarmaßnahmen

§ 102. [1]Der Betriebsrat hat an der Aufrechterhaltung der Disziplin im Betrieb mitzuwirken. [2]Die Verhängung von Disziplinarmaßnahmen im Einzelfall ist nur zulässig, wenn sie in einem Kollektivvertrag oder in einer Betriebsvereinbarung (§ 96 Abs. 1 Z. 1) vorgesehen ist; sie bedarf, sofern darüber nicht eine mit Zustimmung des Betriebsrates eingerichtete Stelle entscheidet, der Zustimmung des Betriebsrates.

Mitwirkung bei der Vergabe von Werkwohnungen

§ 103. Der Betriebsinhaber hat die beabsichtigte Vergabe einer Werkwohnung an einen Arbeitnehmer dem Betriebsrat ehestmöglich mitzuteilen und über Verlangen des Betriebsrates mit diesem zu beraten.

Mitwirkung bei Beförderungen

§ 104. (1) [1]Der Betriebsinhaber hat die beabsichtigte Beförderung eines Arbeitnehmers dem Betriebsrat ehestmöglich mitzuteilen und über Verlangen des Betriebsrates mit diesem zu beraten. [2]Während dieser Beratungen ist eine ihrem Zweck angemessene Vertraulicheit zu wahren.

(2) Unter Beförderung im Sinne des Abs. 1 ist jede Anhebung der Verwendung im Betrieb zu verstehen, die mit einer Höherreihung im Entlohnungsschema oder ansonsten mit einer Erhöhung des Entgeltes verbunden ist.

Mitwirkung bei einvernehmlichen Lösungen

§ 104a. (1) Verlangt der Arbeitnehmer vor der Vereinbarung einer einvernehmlichen Auflösung des Arbeitsverhältnisses gegenüber dem Betriebsinhaber nachweislich, sich mit dem Betriebsrat zu beraten, so kann innerhalb von zwei Arbeitstagen nach diesem Verlangen eine einvernehmliche Lösung rechtswirksam nicht vereinbart werden.

(2) [1]Die Rechtsunwirksamkeit einer entgegen Abs. 1 getroffenen Vereinbarung ist innerhalb einer Woche nach Ablauf der Frist gemäß Abs. 1 schriftlich geltend zu machen. [2]Eine gerichtliche

Geltendmachung hat innerhalb von drei Monaten nach Ablauf der Frist gemäß Abs. 1 zu erfolgen.

(BGBl 1986/394)

Anfechtung von Kündigungen

§ 105. (1) Der Betriebsinhaber hat vor jeder Kündigung eines Arbeitnehmers den Betriebsrat zu verständigen, der innerhalb einer Woche hierzu Stellung nehmen kann.

(2) [1]Der Betriebsinhaber hat auf Verlangen des Betriebsrates mit diesem innerhalb der Frist zur Stellungnahme über die Kündigung zu beraten. [2]Eine vor Ablauf dieser Frist ausgesprochene Kündigung ist rechtsunwirksam, es sei denn, dass der Betriebsrat eine Stellungnahme bereits abgegeben hat.

(3) [1]Die Kündigung kann beim Gericht angefochten werden, wenn

1. die Kündigung

a) wegen des Beitrittes oder der Mitgliedschaft des Arbeitnehmers zu Gewerkschaften;

b) wegen seiner Tätigkeit in Gewerkschaften;

c) wegen Einberufung der Betriebsversammlung durch den Arbeitnehmer;

d) wegen seiner Tätigkeit als Mitglied des Wahlvorstandes, einer Wahlkommission oder als Wahlzeuge;

e) wegen seiner Bewerbung um eine Mitgliedschaft zum Betriebsrat oder wegen einer früheren Tätigkeit im Betriebsrat;

f) wegen seiner Tätigkeit als Mitglied der Schlichtungsstelle;

g) wegen seiner Tätigkeit als Sicherheitsvertrauensperson, Sicherheitsfachkraft oder Arbeitsmediziner oder als Fach- oder Hilfspersonal von Sicherheitsfachkräften oder Arbeitsmedizinern;

h) wegen der bevorstehenden Einberufung des Arbeitnehmers zum Präsenz- oder Ausbildungsdienst oder Zuweisung zum Zivildienst (§ 12 Arbeitsplatzsicherungsgesetz 1991, BGBl. Nr. 683);

i) wegen der offenbar nicht unberechtigten Geltendmachung vom Arbeitgeber in Frage gestellter Ansprüche aus dem Arbeitsverhältnis durch den Arbeitnehmer;

j) wegen seiner Tätigkeit als Sprecher gemäß § 177 Abs. 1

erfolgt ist oder

2. die Kündigung sozial ungerechtfertigt und der gekündigte Arbeitnehmer bereits sechs Monate im Betrieb oder Unternehmen, dem der Betrieb angehört, beschäftigt ist. [2]Sozial ungerechtfertigt ist eine Kündigung, die wesentliche Interessen des Arbeitnehmers beeinträchtigt, es sei denn, der Betriebsinhaber erbringt den Nachweis, dass die Kündigung

a) durch Umstände, die in der Person des Arbeitnehmers gelegen sind und die betrieblichen Interessen nachteilig berühren oder

b) durch betriebliche Erfordernisse, die einer Weiterbeschäftigung des Arbeitnehmers entgegenstehen,

begründet ist.

(3a) Umstände gemäß Abs. 3 Z 2 lit. a, die ihre Ursache in einer langjährigen Beschäftigung als Nachtschwerarbeiter (Art. VII NSchG) haben, dürfen zur Rechtfertigung der Kündigung nicht herangezogen werden, wenn der Arbeitnehmer ohne erheblichen Schaden für den Betrieb weiter beschäftigt werden kann.

(3b) [1]Umstände gemäß Abs. 3 Z 2 lit. a, die ihre Ursache in einem höheren Lebensalter eines Arbeitnehmers haben, der im Betrieb oder Unternehmen, dem der Betrieb angehört, langjährig beschäftigt ist, dürfen zur Rechtfertigung der Kündigung des älteren Arbeitnehmers nur dann herangezogen werden, wenn durch die Weiterbeschäftigung betriebliche Interessen erheblich nachteilig berührt werden. [2]Bei älteren Arbeitnehmern sind sowohl bei der Prüfung, ob eine Kündigung sozial ungerechtfertigt ist, als auch beim Vergleich sozialer Gesichtspunkte der Umstand einer vieljährigen ununterbrochenen Beschäftigungszeit im Betrieb oder Unternehmen, dem der Betrieb angehört, sowie die wegen des höheren Lebensalters zu erwartenden Schwierigkeiten bei der Wiedereingliederung in den Arbeitsprozess besonders zu berücksichtigen. [3]„Dies gilt nicht für Arbeitnehmer, die zum Zeitpunkt ihrer Einstellung das 50. Lebensjahr vollendet haben.“ *(BGBl I 2017/37)*

(3c) Hat der Betriebsrat gegen eine Kündigung gemäß Abs. 3 Z 2 lit. b ausdrücklich Widerspruch erhoben, so ist die Kündigung des Arbeitnehmers sozial ungerechtfertigt, wenn ein Vergleich sozialer Gesichtspunkte für den Gekündigten eine größere soziale Härte als für andere Arbeitnehmer des gleichen Betriebes und derselben Tätigkeitssparte, deren Arbeit der Gekündigte zu leisten fähig und willens ist, ergibt.

(4) [1]Der Betriebsinhaber hat den Betriebsrat vom Ausspruch der Kündigung zu verständigen. [2]Der Betriebsrat kann auf Verlangen des gekündigten Arbeitnehmers binnen einer Woche nach Verständigung vom Ausspruch der Kündigung diese beim Gericht anfechten, wenn er der Kündigungsabsicht ausdrücklich widersprochen hat. [3]Kommt der Betriebsrat dem Verlangen des Arbeitnehmers nicht nach, so kann dieser innerhalb von zwei Wochen nach Ablauf der für den Betriebsrat geltenden Frist die Kündigung selbst beim Gericht anfechten. [4]Hat der Betriebsrat innerhalb der Frist des Abs. 1 keine Stellungnahme abgegeben, so kann der Arbeitnehmer innerhalb von zwei Wochen nach Zugang der Kündigung diese beim Gericht selbst anfechten; in diesem

Fall ist ein Vergleich sozialer Gesichtspunkte im Sinne des Abs. 3c nicht vorzunehmen. [5]Nimmt der Betriebsrat die Anfechtungsklage ohne Zustimmung des gekündigten Arbeitnehmers zurück, so tritt die Wirkung der Klagsrücknahme erst ein, wenn der vom Gericht hiervon verständigte Arbeitnehmer nicht innerhalb von 14 Tagen ab Verständigung in den Rechtsstreit eintritt. [6]Hat der Betriebsrat der beabsichtigten Kündigung innerhalb der in Abs. 1 genannten Frist ausdrücklich zugestimmt, so kann der Arbeitnehmer innerhalb von zwei Wochen nach Zugang der Kündigung diese beim Gericht anfechten, soweit Abs. 6 nicht anderes bestimmt.

Anm: Die Verlängerung der Frist für die Anfechtung von Kündigungen gemäß § 105 Abs 4 und § 107 in der Fassung BGBl I 2010/101 gilt für Kündigungen, die nach dem 31. Dezember 2010 zugehen (§ 264 Abs 24 BGBl I 2010/101).

(4a) Bringt der Arbeitnehmer die Anfechtungsklage innerhalb offener Frist bei einem örtlich unzuständigen Gericht ein, so gilt die Klage damit als rechtzeitig eingebracht.

(5) [1]Insoweit sich der Kläger im Zuge des Verfahrens auf einen Anfechtungsgrund im Sinne des Abs. 3 Z 1 beruft, hat er diesen glaubhaft zu machen. [2]Die Anfechtungsklage ist abzuweisen, wenn bei Abwägung aller Umstände eine höhere Wahrscheinlichkeit dafür spricht, dass ein anderes vom Arbeitgeber glaubhaft gemachtes Motiv für die Kündigung ausschlaggebend war.

(6) Hat der Betriebsrat der beabsichtigten Kündigung innerhalb der in Abs. 1 genannten Frist ausdrücklich zugestimmt, so kann die Kündigung gemäß Abs. 3 Z 2 nicht angefochten werden.

(7) Gibt das Gericht der Anfechtungsklage statt, so ist die Kündigung rechtsunwirksam.

(BGBl I 2010/101)

Anfechtung von Entlassungen

§ 106. (1) Der Betriebsinhaber hat den Betriebsrat von jeder Entlassung eines Arbeitnehmers unverzüglich zu verständigen und innerhalb von drei Arbeitstagen nach erfolgter Verständigung auf Verlangen des Betriebsrates mit diesem die Entlassung zu beraten.

(2) [1]Die Entlassung kann beim Gericht angefochten werden, wenn ein Anfechtungsgrund im Sinne des § 105 Abs. 3 vorliegt und der betreffende Arbeitnehmer keinen Entlassungsgrund gesetzt hat. [2]Die Entlassung kann nicht angefochten werden, wenn ein Anfechtungsgrund im Sinne des § 105 Abs. 3 Z 2 vorliegt und der Betriebsrat der Entlassung innerhalb der in Abs. 1 genannten Frist ausdrücklich zugestimmt hat. [3]§ 105 Abs. 4 bis 7 ist sinngemäß anzuwenden. *(BGBl 1990/411)*

Anfechtung durch den Arbeitnehmer

§ 107. In Betrieben, in denen Betriebsräte zu errichten sind, solche aber nicht bestehen, kann der betroffene Arbeitnehmer binnen zwei Wochen nach Zugang der Kündigung oder der Entlassung diese beim Gericht anfechten. § 105 Abs. 4a ist anzuwenden.

(BGBl I 2010/101)

Anm: Die Verlängerung der Frist für die Anfechtung von Kündigungen gemäß § 105 Abs 4 und § 107 in der Fassung BGBl I 2010/101 gilt für Kündigungen, die nach dem 31. Dezember 2010 zugehen (§ 264 Abs 24 BGBl I 2010/101).

Abschnitt 4

Mitwirkung in wirtschaftlichen Angelegenheiten

Wirtschaftliche Informations-, Interventions- und Beratungsrechte

§ 108. (1) [1]Der Betriebsinhaber hat den Betriebsrat über die wirtschaftliche Lage einschließlich der finanziellen Lage des Betriebes sowie über deren voraussichtliche Entwicklung, über die Art und den Umfang der Erzeugung, den Auftragsstand, den mengen- und wertmäßigen Absatz, die Investitionsvorhaben sowie über sonstige geplante Maßnahmen zur Hebung der Wirtschaftlichkeit des Betriebes zu informieren; auf Verlangen des Betriebsrates ist mit ihm über diese Information zu beraten. [2]Der Betriebsrat ist berufen, insbesondere im Zusammenhang mit der Erstellung von Wirtschaftsplänen (Erzeugungs-, Investitions-, Absatz-, Personal- und anderen Plänen) dem Betriebsinhaber Anregungen und Vorschläge zu erstatten, mit dem Ziele, zum allgemeinen wirtschaftlichen Nutzen und im Interesse des Betriebes und der Arbeitnehmer die Wirtschaftlichkeit und Leistungsfähigkeit des Betriebes zu fördern. [3]Dem Betriebsrat sind auf Verlangen die erforderlichen Unterlagen zur Verfügung zu stellen.[4]„Der Betriebsinhaber hat den Betriebsrat von der schriftlichen Anzeige gemäß § 45a Arbeitsmarktförderungsgesetz, BGBl. Nr. 31/1969, in der jeweils geltenden Fassung, an das zuständige Arbeitsamt unverzüglich in Kenntnis zu setzen." *(BGBl 1993/460)*

(2) In Konzernen im Sinne des § 15 des Aktiengesetzes 1965 bzw. des § 115 des Gesetzes über Gesellschaften mit beschränkter Haftung hat der Betriebsinhaber dem Betriebsrat auch über alle geplanten und in Durchführung begriffenen Maßnahmen seitens des herrschenden Unternehmens bzw. gegenüber den abhängigen Unternehmen, sofern es sich um Betriebsänderungen oder ähnlich wichtige Angelegenheiten, die erhebliche Auswirkungen auf die Arbeitnehmer des Betriebes haben, handelt, auf Verlangen des Betriebsra-

tes Aufschluß zu geben und mit ihm darüber zu beraten.

(2a) [1]Die Informations- und Beratungspflicht des Betriebsinhabers gemäß Abs. 1 und 2 gilt insbesondere auch für die Fälle des Überganges, der rechtlichen Verselbständigung, des Zusammenschlusses oder der Aufnahme von Betrieben oder Betriebsteilen.[2]„Die Information hat zu einem Zeitpunkt, in einer Weise und in einer inhaltlichen Ausgestaltung zu erfolgen, die dem Zweck angemessen sind und es dem Betriebsrat ermöglichen, die möglichen Auswirkungen der geplanten Maßnahme eingehend zu bewerten und eine Stellungnahme zu der geplanten Maßnahme abzugeben; auf Verlangen des Betriebsrates hat der Betriebsinhaber mit ihm eine Beratung über die geplante Maßnahme durchzuführen. [3]Insbesondere hat die Information

1. den Grund für diese Maßnahme;

2. die sich daraus ergebenden rechtlichen, wirtschaftlichen und sozialen Folgen für die Arbeitnehmer;

3. die hinsichtlich der Arbeitnehmer in Aussicht genommenen Maßnahmen

zu umfassen.“ *(BGBl 1993/460; BGBl I 2010/101)*

(3) [1]In Handelsbetrieben, Banken und Versicherungsunternehmen, in denen dauernd mindestens 30 Arbeitnehmer beschäftigt sind, in sonstigen Betrieben, in denen dauernd mindestens 70 Arbeitnehmer beschäftigt sind, sowie in Industrie- und Bergbaubetrieben hat der Betriebsinhaber dem Betriebsrat jährlich, spätestens einen Monat nach der Erstellung eine Abschrift des Jahresabschlusses und des Anhangs mit Ausnahme der Angaben des „§ 239 Abs. 1 Z 2 bis 4 Unternehmensgesetzbuch (UGB)“ für das vergangene Geschäftsjahr zu übermitteln. [2]Geschieht dies nicht innerhalb von sechs Monaten nach dem Ende des Geschäftsjahres, so ist dem Betriebsrat durch Vorlage eines Zwischenabschlusses oder anderer geeigneter Unterlagen vorläufig Aufschluß über die wirtschaftliche und finanzielle Lage des Betriebes zu geben. [3]Dem Betriebsrat sind die erforderlichen Erläuterungen und Aufklärungen zu geben. *(BGBl 1990/475; BGBl I 2006/104, ab 1. 1. 2007)*

(4) Ist im Konzern nach den „§§ 244 ff UGB“, ein Konzernabschluß zu erstellen, so ist der Konzernabschluß samt Konzernanhang einschließlich der erforderlichen Erläuterungen und Aufklärungen spätestens einen Monat nach der Erstellung dem Betriebsrat zu übermitteln. *(BGBl 1993/460; BGBl I 2006/104, ab 1. 1. 2007)*

(BGBl 1986/394)

Mitwirkung bei Betriebsänderungen

§ 109. (1) [1]„Der Betriebsinhaber ist verpflichtet, den Betriebsrat von geplanten Betriebsänderungen zu einem Zeitpunkt, in einer Weise und in einer inhaltlichen Ausgestaltung zu informieren, die es dem Betriebsrat ermöglichen, die möglichen Auswirkungen der geplanten Maßnahme eingehend zu bewerten und eine Stellungnahme zu der geplanten Maßnahme abzugeben; auf Verlangen des Betriebsrates hat der Betriebsinhaber mit ihm eine Beratung über deren Gestaltung durchzuführen.“[2]Als Betriebsänderungen gelten insbesondere

1. die Einschränkung oder Stillegung des ganzen Betriebes oder von Betriebsteilen;

1a. die Auflösung von Arbeitsverhältnissen, die eine Meldepflicht nach § 45a Abs. 1 Z 1 bis 3 Arbeitsmarktförderungsgesetz, BGBl. Nr. 31/1969, in der jeweils geltenden Fassung, auslöst; *(BGBl 1993/460)*

2. die Verlegung des ganzen Betriebes oder von Betriebsteilen;

3. der Zusammenschluß mit anderen Betrieben;

4. Änderungen des Betriebszwecks, der Betriebsanlagen, der Arbeits- und Betriebsorganisation sowie der Filialorganisation; *(BGBl 1986/394)*

5. die Einführung neuer Arbeitsmethoden;

6. die Einführung von Rationalisierungs- und Automatisierungsmaßnahmen von erheblicher Bedeutung;

7. Änderungen der Rechtsform oder der Eigentumsverhältnisse an dem Betrieb.
(BGBl I 2010/101)

(1a) [1]Im Falle einer geplanten Betriebsänderung nach Abs. 1 Z 1a hat die Information nach Abs. 1 erster Satz jedenfalls zu umfassen

1. die Gründe für die Maßnahme,

2. die Zahl und die Verwendung der voraussichtlich betroffenen Arbeitnehmer, deren Qualifikation und Beschäftigungsdauer sowie die Kriterien für die Auswahl dieser Arbeitnehmer,

3. die Zahl und die Verwendung der regelmäßig beschäftigten Arbeitnehmer,

4. den Zeitraum, in dem die geplante Maßnahme verwirklicht werden soll,

5. allfällige zur Vermeidung nachteiliger Folgen für die betroffenen Arbeitnehmer geplante Begleitmaßnahmen.

[2]Die Information nach Z 1 bis 4 hat schriftlich zu erfolgen. [3]Die Informations- und Beratungspflicht trifft den Betriebsinhaber auch dann, wenn die geplante Maßnahme von einem herrschenden Unternehmen veranlaßt wird. [4]Unbeschadet des § 92 Abs. 2 kann der Betriebsrat der Beratung Sachverständige beiziehen. *(BGBl 1993/460)*

(2) Der Betriebsrat kann Vorschläge zur Verhinderung, Beseitigung oder Milderung von für die Arbeitnehmer nachteiligen Folgen von Maßnahmen gemäß Abs. 1 erstatten; hiebei hat der Betriebsrat auch auf die wirtschaftlichen Notwendigkeiten des Betriebes Bedacht zu nehmen.

(3) [1]Bringt eine Betriebsänderung im Sinne des Abs. 1 Z. 1 bis 6 wesentliche Nachteile für alle oder erhebliche Teile der Arbeitnehmerschaft mit sich, so können in Betrieben, in denen dauernd mindestens 20 Arbeitnehmer beschäftigt sind, Maßnahmen zur Verhinderung, Beseitigung oder Milderung dieser Folgen durch Betriebsvereinbarung geregelt werden.[2]„Sind mit einer solchen Betriebsänderung Kündigungen von Arbeitnehmern verbunden, so soll die Betriebsvereinbarung auf die Interessen von älteren Arbeitnehmern besonders Bedacht nehmen.“**[3]Kommt zwischen Betriebsinhaber und Betriebsrat über den Abschluß, die Abänderung oder Aufhebung einer solchen Betriebsvereinbarung eine Einigung nicht zustande, so entscheidet – insoweit eine Regelung durch Kollektivvertrag oder Satzung nicht vorliegt – auf Antrag eines der Streitteile die Schlichtungsstelle.[4]„Bei der Entscheidung der Schlichtungsstelle ist eine allfällige verspätete oder mangelhafte Information des Betriebsrates (Abs. 1) bei der Festsetzung der Maßnahmen zugunsten der Arbeitnehmer in der Weise zu berücksichtigen, daß Nachteile, die die Arbeitnehmer durch die verspätete oder mangelhafte Information erleiden, zusätzlich abzugelten sind.“* *(*BGBl 1993/460; **BGBl 1993/502)*

Mitwirkung im Aufsichtsrat[1)]

[1)] Gem § 5 BGBl 1986/204 ist § 110 Abs 1-5 (nunmehr wohl Abs 1-6) auf die ÖIAG nicht anzuwenden.

§ 110. (1) [1]In Unternehmen, die in der Rechtsform einer Aktiengesellschaft geführt werden, entsendet der Zentralbetriebsrat oder, sofern nur ein Betrieb besteht, der Betriebsrat aus dem Kreise der Betriebsratsmitglieder, denen das aktive Wahlrecht zum Betriebsrat zusteht, für je zwei nach dem Aktiengesetz 1965, BGBl. Nr. 98/1965, oder der Satzung zu bestellende Aufsichtsratsmitglieder einen Arbeitnehmervertreter in den Aufsichtsrat. [2]Ist die Zahl der nach dem Aktiengesetz 1965 oder der Satzung zu bestellenden Aufsichtsratsmitglieder eine ungerade, ist ein weiterer Arbeitnehmervertreter zu entsenden. *(BGBl I 2017/104)*

(2) [1]Die Mitglieder des Zentralbetriebsrates (Betriebsrates), die auf den Vorschlag einer wahlwerbenden Gruppe gewählt wurden, haben das Recht, durch Mehrheitsbeschluß Arbeitnehmervertreter für die Entsendung in den Aufsichtsrat zu nominieren, sowie ihre Abberufung zu verlangen. [2]Dieses Recht steht für so viele Arbeitnehmervertreter, wie es dem Verhältnis der Zahl der vorschlagsberechtigten Personen zur Gesamtzahl der Mitglieder des Zentralbetriebsrates (Betriebsrates) entspricht. [3]Listenkoppelung ist zulässig. [4]Bei Erstellung der Nominierungsvorschläge soll auf eine angemessene Vertretung der Gruppe der Arbeiter und Angestellten und der einzelnen Betriebe des Unternehmens Bedacht genommen werden. [5]Der Zentralbetriebsrat (Betriebsrat) ist bei Entsendung und Abberufung der Arbeitnehmervertreter an die Vorschläge der zur Nominierung berechtigten Mitglieder gebunden. [6]Soweit vom Vorschlagsrecht nicht innerhalb von drei Monaten Gebrauch gemacht wird, entsendet der Zentralbetriebsrat (Betriebsrat) die restlichen Arbeitnehmervertreter durch Mehrheitsbeschluß in den Aufsichtsrat.

(2a) In börsenotierten Unternehmen sowie in Unternehmen, in denen dauernd mehr als 1 000 Arbeitnehmer beschäftigt sind, gilt Abs. 1 mit der Maßgabe, dass unter den in den Aufsichtsrat entsandten Arbeitnehmervertretern jedes der beiden Geschlechter im Ausmaß von mindestens 30 Prozent vertreten sein muss, sofern mindestens drei Arbeitnehmervertreter in den Aufsichtsrat zu entsenden sind und die Belegschaft zu mindestens 20 Prozent aus Arbeitnehmerinnen bzw. Arbeitnehmern besteht. *(BGBl I 2017/104)*

(2b) [1]In Unternehmen gemäß Abs. 2a ist das Nominierungsrecht gemäß Abs. 2 in der Weise auszuüben, dass dadurch die Entsendung beider Geschlechter im Ausmaß von jeweils mindestens 30 Prozent gewährleistet ist. [2]Wenn die wahlwerbenden Gruppen von ihrem Vorschlagsrecht nicht in dieser Weise Gebrauch machen, bleiben jene Sitze, die zunächst zu besetzen sind und aus denen die Nichterreichung des Mindestanteils von 30 Prozent Arbeitnehmerinnen bzw. Arbeitnehmern im Aufsichtsrat folgt, bis zur Erstattung eines gesetzmäßigen Vorschlages unbesetzt; es sei denn, der Mindestanteil ist gemäß § 86 Abs. 9 AktG erfüllt (Gesamtbetrachtung). [3]Eine Nachnominierung auf die frei bleibenden Sitze zur Erfüllung des Mindestanteils ist jederzeit möglich. *(BGBl I 2017/104)*

(2c) Bei der Berechnung des Mindestanteilsgebots ist auf volle Personenzahlen zu runden; aufzurunden ist, wenn der errechnete Mindestanteil eine Dezimalstelle von zumindest fünf aufweist. *(BGBl I 2017/104)*

(2d) In Unternehmen gemäß Abs. 2a kann die Nominierung von Arbeitnehmervertretern für die Entsendung in den Aufsichtsrat abweichend von dem Verfahren gemäß Abs. 2 erfolgen, sofern der Zentralbetriebsrat (Betriebsrat) einen entsprechenden einvernehmlichen Beschluss fasst und dabei der Mindestanteil der zu entsendenden Arbeitnehmerinnen bzw. Arbeitnehmer gemäß Abs. 2a gewahrt bleibt. *(BGBl I 2017/104)*

(3) [1]Die Arbeitnehmervertreter im Aufsichtsrat üben ihre Funktion ehrenamtlich aus; sie haben Anspruch auf Ersatz der angemessenen Barauslagen. [2]Auf sie finden die Bestimmungen der §§ 86 Abs. 1, 87, 90 Abs. 1 zweiter Satz und Abs. 2 und 98 des Aktiengesetzes 1965, BGBl. Nr. 98/1965, keine Anwendung. [3]§ 95 Abs. 2 erster Satz Aktiengesetz 1965 findet mit der Maßgabe Anwendung, daß auch zwei Arbeitnehmervertreter im Aufsichtsrat jederzeit vom Vorstand einen Bericht

über die Angelegenheiten der Gesellschaft einschließlich ihrer Beziehungen zu Konzernunternehmen verlangen können. [4]Ein Beschluß des Aufsichtsrates über die Bestellung und Abberufung von Mitgliedern des Vorstandes bedarf, abgesehen von den allgemeinen Beschlußerfordernissen des Aktiengesetzes, zu seiner Wirksamkeit der Zustimmung der Mehrheit der nach dem Aktiengesetz 1965 oder der Satzung bestellten Mitglieder. [5]Das gleiche gilt für die Wahl des Aufsichtsratsvorsitzenden und seines ersten Stellvertreters. [6]Im übrigen haben die Arbeitnehmervertreter im Aufsichtsrat gleiche Rechte und Pflichten wie nach dem Aktiengesetz 1965 oder der Satzung bestellte Aufsichtsratsmitglieder. [7]Ihre Mitgliedschaft endet mit der Mitgliedschaft zum Betriebsrat oder mit der Abberufung durch die entsendende Stelle. [8]Die Arbeitnehmervertreter im Aufsichtsrat sind vom Zentralbetriebsrat abzuberufen und neu zu entsenden, wenn sich die Zahl der von der Hauptversammlung gewählten Aufsichtsratsmitglieder ändert.

(4) [1]Die Arbeitnehmervertreter im Aufsichtsrat haben das Recht, für Ausschüsse des Aufsichtsrates Mitglieder mit Sitz und Stimme nach dem in Abs. 1 festgelegten Verhältnis namhaft zu machen. [2]Dies gilt nicht für Ausschüsse, die die Beziehungen zwischen der Gesellschaft und Mitgliedern des Vorstandes behandeln. *(BGBl 1986/394)*

(5) Die Abs. 1 bis 4 über die Vertretung der Arbeitnehmer im Aufsichtsrat von Aktiengesellschaften sind sinngemäß anzuwenden auf

1. Gesellschaften mit beschränkter Haftung,
2. Versicherungsvereine auf Gegenseitigkeit,
3. die Österreichische Postsparkasse,
4. Genossenschaften, die dauernd mindestens 40 Arbeitnehmer beschäftigen, sowie
5. Sparkassen im Sinne des Sparkassengesetzes, BGBl. Nr. 64/1979, in der jeweils geltenden Fassung.

(BGBl 1990/411)

(6) [1]An der Entsendung von Arbeitnehmervertretern in den Aufsichtsrat einer Aktiengesellschaft (Gesellschaft mit beschränkter Haftung, Genossenschaft), die

1. Aktiengesellschaften,
2. aufsichtsratspflichtige Gesellschaften mit beschränkter Haftung,
3. Gesellschaften mit beschränkter Haftung im Sinne des § 29 Abs. 2 Z 1 GmbHG,
4. aufsichtsratspflichtige Genossenschaften,
5. Europäische Gesellschaften,
6. Europäische Genossenschaften

einheitlich leitet (§ 15 Abs. 1 Aktiengesetz 1965) oder auf Grund einer unmittelbaren Beteiligung von mehr als 50 Prozent beherrscht, nehmen der Zentralbetriebsrat (Betriebsrat) des herrschenden Unternehmens und die Gesamtheit der Mitglieder aller in den beherrschten Unternehmen (Z 1 bis 4) bestellten Betriebsräte teil, sofern das herrschende Unternehmen höchstens halb so viele Arbeitnehmer beschäftigt als alle beherrschten Unternehmen zusammen.[2]„Der Zentralbetriebsrat (Betriebsrat) des herrschenden Unternehmens entsendet unter sinngemäßer Anwendung der Abs. 2a bis 2d so viele Arbeitnehmervertreter, als dem Verhältnis der Zahl der im herrschenden Unternehmen beschäftigten Arbeitnehmer zur Zahl der in den beherrschten Unternehmen beschäftigten Arbeitnehmer entspricht, mindestens jedoch einen Arbeitnehmervertreter.“[3]Dieses Recht des Zentralbetriebsrates (Betriebsrates) des herrschenden Unternehmens, unabhängig vom Verhältnis der Zahl der im herrschenden Unternehmen beschäftigten Arbeitnehmer zur Zahl der in den beherrschten Unternehmen beschäftigten Arbeitnehmer einen Arbeitnehmervertreter zu entsenden, entfällt, wenn sich die Tätigkeit des herrschenden Unternehmens auf die Verwaltung von Unternehmensanteilen der beherrschten Unternehmen beschränkt. [4]Die übrigen Arbeitnehmervertreter im Aufsichtsrat sind von der Gesamtheit der in den beherrschten Unternehmen (Z 1 bis 4) bestellten Betriebsräte aus dem Kreis der Betriebsratsmitglieder, denen das aktive Wahlrecht zum Betriebsrat zusteht, nach den Grundsätzen des Verhältniswahlrechtes geheim zu wählen; auf diese Wahl sind die Bestimmungen der §§ 51 Abs. 3, 54 Abs. 2, 56 Abs. 1, 57, 59, 60, 62 Z 2 bis 5, 64 Abs. 1 Z 1 bis 3 und Abs. 4, 65 Abs. 1 erster Satz und Abs. 2, 78 Abs. 4, 81 Abs. 1 zweiter Satz, Abs. 2 und Abs. 4 sowie 82 Abs. 1 erster Satz sinngemäß anzuwenden. [5]Dieser Absatz gilt nicht für Banken (§ 1 Bankwesengesetz, BGBl. Nr. 532/1993) und Versicherungsunternehmungen. *(BGBl I 2006/104; BGBl I 2017/104)*

(6a) [1]Abs. 6 gilt auch für herrschende Unternehmen, in denen kein Betriebsrat zu errichten ist, wenn deren Tätigkeit sich nicht nur auf die Verwaltung von Unternehmensanteilen der beherrschten Unternehmen beschränkt. [2]Die Arbeitnehmervertreter im Aufsichtsrat sind von der Gesamtheit der in den beherrschten Unternehmen bestellten Betriebsräte nach Maßgabe der Bestimmungen des Abs. 6 vorletzter Satz zu wählen. *(BGBl 1993/460)*

(6b) [1]Ist in einem Konzern im Sinne der Abs. 6 und 6a eine Konzernvertretung (§ 88a) errichtet, so hat diese die Arbeitnehmervertreter in den Aufsichtsrat des herrschenden Unternehmens zu entsenden. [2]Die aus dem Zentralbetriebsrat (Betriebsrat) des herrschenden Unternehmens stammenden Konzernvertretungsmitglieder haben das Recht, so viele Arbeitnehmervertreter vorzuschlagen, wie dem Verhältnis der Zahl der im herrschenden Unternehmen beschäftigten Arbeitnehmer zur Zahl der in den beherrschten Unternehmen beschäftigten Arbeitnehmer entspricht, mindestens jedoch einen Arbeitnehmervertreter.

[3]Abs. 6 dritter Satz ist sinngemäß anzuwenden. [4]Die übrigen Arbeitnehmervertreter werden von den aus den Zentralbetriebsräten (Betriebsräten) der beherrschten Unternehmen stammenden Konzernvertretungsmitgliedern vorgeschlagen.[5]„Für die Ausübung des Vorschlagsrechts innerhalb der jeweiligen Gruppe der Konzernvertretungsmitglieder gilt Abs. 2 bis 2d sinngemäß." *(BGBl 1996/601; BGBl I 2017/104)*

(7) [1]Ist in einer Gesellschaft mit beschränkter Haftung, die persönlich haftender Gesellschafter in einer Kommanditgesellschaft ist, nach Gesetz oder Gesellschaftsvertrag ein Aufsichtsrat zu bestellen, so sind die Arbeitnehmervertreter im Aufsichtsrat der Gesellschaft mit beschränkter Haftung von der Gesamtheit der Mitglieder aller in den Unternehmen der Gesellschaft mit beschränkter Haftung und der Kommanditgesellschaft errichteten Betriebsräte aus dem Kreise der Betriebsratsmitglieder, denen das aktive Wahlrecht zum Betriebsrat zusteht, nach den Grundsätzen des Verhältniswahlrechtes geheim zu wählen. [2]Die Bestimmungen der §§ 51 Abs. 3, 54 Abs. 2, 56 Abs. 1, 57, 59, 60, 62 Z. 2 bis 5, 64 Abs. 1 Z. 1 bis 3 und Abs. 4, 65 Abs. 1 erster Satz und Abs. 2, 78 Abs. 4, 81 Abs. 1 zweiter Satz, Abs. 2 und Abs. 4 sowie 82 Abs. 1 erster Satz sind sinngemäß anzuwenden.

(8) Die Mitwirkung von Arbeitnehmern im Stiftungsrat des Österreichischen Rundfunks richtet sich nach den Bestimmungen des ORF-Gesetzes. *(BGBl I 2001/83)*

(9) *(aufgehoben, BGBl 1987/321)*

Einspruch gegen die Wirtschaftsführung

§ 111. (1) [1]In Betrieben, in denen dauernd mehr als 200 Arbeitnehmer beschäftigt sind, kann der Betriebsrat

1. gegen Betriebsänderungen (§ 109 Abs. 1) oder

2. gegen andere wirtschaftliche Maßnahmen, sofern sie wesentliche Nachteile für die Arbeitnehmer mit sich bringen,

binnen drei Tagen ab Kenntnisnahme beim Betriebsinhaber Einspruch erheben. [2]Diese Bestimmung gilt sinngemäß für Unternehmen der in § 40 Abs. 4 bezeichneten Art, wenn die Zahl der im Unternehmen beschäftigen Arbeitnehmer dauernd mehr als 400 beträgt, und von der wirtschaftlichen Maßnahme mehr als 200 Arbeitnehmer betroffen sind.

(2) Richtet sich der Einspruch des Betriebsrates gegen eine geplante Betriebsstillegung, so hat er für einen Zeitraum von längstens vier Wochen, vom Tage der Mitteilung des Betriebsinhabers an den Betriebsrat gerechnet, aufschiebende Wirkung.

(3) Kommt zwischen Betriebsinhaber und Betriebsrat binnen einer Woche ab Erhebung des Einspruches eine Einigung nicht zustande, so kann über einen binnen weiterer drei Tage von einem der Streitteile zu stellenden Antrag eine von den zuständigen kollektivvertragsfähigen Körperschaften der Arbeitgeber und der Arbeitnehmer paritätisch besetzte Schlichtungskommission Schlichtungsverhandlungen einleiten.

(4) [1]Die Schlichtungskommission hat zwischen den Streitteilen zu vermitteln und auf eine Vereinbarung der Streitteile zwecks Beilegung der Streitigkeit hinzuwirken. [2]Die Schlichtungskommission kann zur Beilegung der Streitigkeit einen Schiedsspruch nur fällen, wenn die beiden Streitteile vorher die schriftliche Erklärung abgeben, daß sie sich dem Schiedsspruch unterwerfen.

(5) Schiedssprüche sowie vor der Schlichtungskommission abgeschlossene schriftliche Vereinbarungen gelten als Betriebsvereinbarungen im Sinne des § 29.

Staatliche Wirtschaftskommission

§ 112. (1) [1]In Betrieben, in denen dauernd mehr als 400 Arbeitnehmer beschäftigt sind, kann der Betriebsrat gegen Maßnahmen im Sinne des § 111 Abs. 1

1. binnen einer weiteren Woche einen Einspruch bei der Staatlichen Wirtschaftskommission erheben, wenn innerhalb von zwei Wochen ab Antragstellung bei der Schlichtungskommission eine Einigung oder ein Schiedsspruch nicht zustande kommt, oder

2. wenn eine Schlichtungskommission im Sinne des § 111 Abs. 3 nicht errichtet ist und zwischen Betriebsrat und Betriebsinhaber binnen einer Woche ab Erhebung des Einspruches gemäß § 111 Abs. 1 eine Einigung nicht zustande kommt, binnen einer weiteren Woche über den Österreichischen Gewerkschaftsbund einen Einspruch bei der Staatlichen Wirtschaftskommission erheben,

wenn es sich um eine Angelegenheit von gesamtwirtschaftlicher Bedeutung handelt. [2]Diese Bestimmungen gelten sinngemäß für Unternehmen der in § 40 Abs. 4 bezeichneten Art, wenn die Zahl der im Unternehmen beschäftigten Arbeitnehmer dauernd mehr als 400 beträgt und von der wirtschaftlichen Maßnahme mehr als 200 Arbeitnehmer betroffen sind.

(2) Die Staatliche Wirtschaftskommission hat zwischen Betriebsrat und Betriebsinhaber zu vermitteln und zum Zwecke des Interessenausgleichs Vorschläge zur Beilegung der Streitfragen zu erstatten.

(3) [1]Kommt eine Einigung nicht zustande, hat der Betriebsinhaber der Staatlichen Wirtschaftskommission alle zur Behandlung des Einspruchs notwendigen und die ihm bezeichneten Unterlagen zu übermitteln. [2]Die Staatliche Wirtschaftskommission hat in Form eines Gutachtens festzustellen, ob der Einspruch berechtigt ist.

(4) [1]Für die in der Anlage [zu § 2 des Bundesministeriengesetzes 1973, BGBl. Nr. 389, Teil 2A Z. 11 genannten Betriebe und Unternehmungen ist beim Bundeskanzleramt unter dem Vorsitz des Bundeskanzlers oder eines von ihm bestellten Vertreters, für die nach der Anlage][1)] zu [§ 2 des Bundesministeriengesetzes 1973, Teil 2M][2)] in die Kompetenz des Bundesministeriums für Verkehr (*jetzt: BM für Verkehr, Innovation und Technologie*) fallenden Betriebe und Unternehmungen ist beim Bundesministerium für Verkehr (*jetzt: BM für Verkehr, Innovation und Technologie*), für die übrigen Betriebe und Unternehmungen ist beim Bundesministerium für Handel, Gewerbe und Industrie (*jetzt: BM für Wissenschaft, Forschung und Wirtschaft*) unter dem Vorsitz des zuständigen Bundesministers oder eines von ihm bestellten Vertreters eine Staatliche Wirtschaftskommission zu errichten. [2]Die übrigen Mitglieder der beim Bundeskanzleramt[1)], beim Bundesministerium für Verkehr (*jetzt: BM für Verkehr, Innovation und Technologie*) und beim Bundesministerium für Handel, Gewerbe und Industrie (*jetzt: BM für Wissenschaft, Forschung und Wirtschaft*) errichteten Wirtschaftskommissionen werden in gleicher Anzahl von der „Wirtschaftskammer Österreich" und von der „Bundeskammer für Arbeiter und Angestellte" entsendet. *(BGBl 1996/601)*

[1)] Gegenstandslos gem BMGNov BGBl 1984/439 Art I Z 8 u 17.
[2)] vgl § 2 Bundesministeriengesetz BGBl 1986/76 (WV) idF BGBl I 2014/11, Teil 2 lit L.

Abschnitt 5

Organzuständigkeit

Kompetenzabgrenzung

§ 113. (1) Die der Arbeitnehmerschaft zustehenden Befugnisse werden, soweit nicht anderes bestimmt ist, durch Betriebsräte ausgeübt.

(2) [1]In Betrieben, in denen ein Betriebsausschuß errichtet ist, werden vom Betriebsausschuß folgende Befugnisse ausgeübt:

1. Beratungsrecht (§ 92);

2. wirtschaftliche Informations- und Interventionsrechte (§ 108);

3. Mitwirkung in wirtschaftlichen Angelegenheiten gemäß §§ 109 bis 112;

4. Abschluß, Änderung und Aufhebung von Betriebsvereinbarungen, deren Geltungsbereich alle im Betriebsausschuß vertretenen Arbeitnehmergruppen erfaßt;

5. soweit die Interessen aller im Betriebsausschuß vertretenen Arbeitnehmergruppen betroffen sind

a) Überwachung der Einhaltung der die Arbeitnehmer betreffenden Vorschriften (§ 89);

b) Recht auf Intervention (§ 90);

c) allgemeines Informationsrecht (§ 91);

d) Mitwirkung in Arbeitsschutzangelegenheiten (§ 92a);

e) Mitwirkung an betriebs- und unternehmenseigenen Schulungs-, Bildungs- und Wohlfahrtseinrichtungen (§§ 94 und 95);
(BGBl 1994/450)

6. Entsendung von Arbeitnehmervertretern in das besondere Verhandlungsgremium (§§ 179, 180) und in den Europäischen Betriebsrat (§ 193);
(BGBl 1996/601)

7. Mitwirkung an den Unterrichtungs- und Anhörungsverfahren gemäß den nach den §§ 189, 190 oder 206 abgeschlossenen Vereinbarungen „ ;" *(BGBl 1996/601; BGBl I 2004/82)*

8. Entsendung von Arbeitnehmervertretern in das besondere Verhandlungsgremium (§§ 217, 218), in den SE-Betriebsrat (§ 234) und in den Aufsichts- oder Verwaltungsrat der Europäischen Gesellschaft (§ 247); *(BGBl I 2004/82)*

9. Mitwirkung an den Unterrichtungs- und Anhörungsverfahren gemäß den nach den §§ 230 oder 231 abgeschlossenen Vereinbarungen „ ;" *(BGBl I 2004/82; BGBl I 2006/104)*

10. Entsendung von Arbeitnehmervertretern in das besondere Verhandlungsgremium (§ 257 iVm §§ 217, 218), in den SCE-Betriebsrat (§ 257 iVm § 234) und in den Aufsichts- oder Verwaltungsrat der Europäischen Genossenschaft (§ 257 iVm § 247); *(BGBl I 2006/104)*

11. Mitwirkung an den Unterrichtungs- und Anhörungsverfahren gemäß den nach § 257 iVm den §§ 230 oder 231 abgeschlossenen Vereinbarungen „ ;" *(BGBl I 2006/104; BGBl I 2007/77)*

12. Entsendung von Arbeitnehmervertretern in das besondere Verhandlungsgremium (§ 260 iVm §§ 217, 218) oder in das besondere Entsendungsgremium (§ 261 iVm §§ 217, 218) und in den Aufsichts- oder Verwaltungsrat der aus der grenzüberschreitenden Verschmelzung hervorgegangenen Gesellschaft (§ 260 bzw. § 261 iVm § 247). *(BGBl I 2007/77)*

[2]Befugnisse in Angelegenheiten, die ausschließlich die Interessen einer im Betriebsausschuß nicht vertretenen Arbeitnehmergruppe betreffen, können vom Betriebsausschuß nicht ausgeübt werden.

(3) In Betrieben, in denen ein gemeinsamer Betriebsrat (§ 40 Abs. 3) errichtet ist, werden von diesem sowohl die Befugnisse gemäß Abs. 1 als auch jene gemäß Abs. 2 ausgeübt.

(4) In Unternehmen, in denen ein Zentralbetriebsrat zu errichten ist, werden folgende Befugnisse von diesem ausgeübt:

1. Mitwirkung in wirtschaftlichen Angelegenheiten gemäß §§ 110 bis 112;

2. soweit sie nicht nur die Interessen der Arbeitnehmerschaft eines Betriebes berühren

a) Recht auf Intervention (§ 90);

b) allgemeines Informationsrecht (§ 91);

c) Beratungsrecht (§ 92);

d) Mitwirkung in Arbeitsschutzangelegenheiten (§ 92a);

e) Mitwirkung an betriebs- und unternehmenseigenen Schulungs-, Bildungs- und Wohlfahrtseinrichtungen (§§ 94 und 95);

f) wirtschaftliche Informations- und Interventionsrechte (§ 108);

g) Mitwirkung bei Betriebsänderungen gemäß § 109.
(BGBl 1994/450)

3. Wahrnehmung der Rechte gemäß § 89 Z 3 hinsichtlich geplanter und in Bau befindlicher Betriebsstätten des Unternehmens, für die noch kein Betriebsrat zuständig ist; *(BGBl 1986/394)*

4. Entsendung von Arbeitnehmervertretern in das besondere Verhandlungsgremium (§§ 179, 180) und in den Europäischen Betriebsrat (§ 193); *(BGBl 1996/601)*

5. Mitwirkung an den Unterrichtungs- und Anhörungsverfahren gemäß den nach den §§ 189, 190 oder 206 abgeschlossenen Vereinbarungen „ ;" *(BGBl 1996/601; BGBl I 2002/100)*

6. Abschluss von Betriebsvereinbarungen nach § 97 Abs. 1 Z 1b „ ;" *(BGBl I 2002/100; BGBl I 2004/82)*

7. Entsendung von Arbeitnehmervertretern in das besondere Verhandlungsgremium (§§ 217, 218), in den SE-Betriebsrat (§ 234) und in den Aufsichts- oder Verwaltungsrat der Europäischen Gesellschaft (§ 247); *(BGBl I 2004/82)*

8. Mitwirkung an den Unterrichtungs- und Anhörungsverfahren gemäß den nach den §§ 230 oder 231 abgeschlossenen Vereinbarungen „ ;" *(BGBl I 2004/82; BGBl I 2006/104)*

9. Entsendung von Arbeitnehmervertretern in das besondere Verhandlungsgremium (§ 257 iVm §§ 217, 218), in den SCE-Betriebsrat (§ 257 iVm § 234) und in den Aufsichts- oder Verwaltungsrat der Europäischen Genossenschaft (§ 257 iVm § 247); *(BGBl I 2006/104)*

10. Mitwirkung an den Unterrichtungs- und Anhörungsverfahren gemäß den nach § 257 iVm den §§ 230 oder 231 abgeschlossenen Vereinbarungen „ ;" *(BGBl I 2006/104; BGBl I 2007/77)*

11. Entsendung von Arbeitnehmervertretern in das besondere Verhandlungsgremium (§ 260 iVm §§ 217, 218) oder in das besondere Entsendungsgremium (§ 261 iVm §§ 217, 218) und in den Aufsichts- oder Verwaltungsrat der aus der grenzüberschreitenden Verschmelzung hervorgegangenen Gesellschaft (§ 260 bzw. § 261 iVm § 247). *(BGBl I 2007/77)*

(5) [1]In Konzernen, in denen eine Konzernvertretung errichtet ist, werden folgende Befugnisse von dieser ausgeübt:

1. Entsendung von Arbeitnehmervertretern in den Aufsichtsrat gemäß § 110 Abs. 6 b;

2. soweit die Interessen der Arbeitnehmerschaft von mehr als einem Unternehmen im Konzern betroffen sind:

a) Recht auf Intervention (§ 90);

b) allgemeines Informationsrecht (§ 91);

c) Beratungsrecht (§ 92);

d) Mitwirkung an konzerneigenen Maßnahmen in Zusammenhang mit Schulungs-, Bildungs- und Wohlfahrtseinrichtungen (§§ 94 und 95);

3. soweit die Interessen der Arbeitnehmer mehr als eines Unternehmens im Konzern betroffen sind und eine einheitliche Vorgangsweise, insbesondere durch Konzernrichtlinien, erfolgt:

a) wirtschaftliche Informations- und Interventionsrechte (§ 108);

b) Mitwirkung an Betriebsänderungen gemäß § 109, mit der Maßgabe, daß § 109 Abs. 3 nur bei Betriebsänderungen im Sinne des § 109 Abs. 1 Z 1 bis 4 anzuwenden ist;

4. Wahrnehmung der Rechte gemäß § 89 Z 3 hinsichtlich geplanter und im Bau befindlicher Betriebsstätten eines Unternehmens im Konzern, für das noch kein anderes Organ der Arbeitnehmerschaft zuständig ist;

5. Entsendung von Arbeitnehmervertretern in das besondere Verhandlungsgremium (§§ 179, 180) und in den Europäischen Betriebsrat (§ 193); *(BGBl 1996/601)*

6. Mitwirkung an den Unterrichtungs- und Anhörungsverfahren gemäß den nach den §§ 189, 190 oder 206 abgeschlossenen Vereinbarungen „ ;" *(BGBl 1996/601; BGBl I 2004/82)*

7. Entsendung von Arbeitnehmervertretern in das besondere Verhandlungsgremium (§§ 217, 218), in den SE-Betriebsrat (§ 234) und in den Aufsichts- oder Verwaltungsrat der Europäischen Gesellschaft (§ 247); *(BGBl I 2004/82)*

8. Mitwirkung an den Unterrichtungs- und Anhörungsverfahren gemäß den nach den §§ 230 oder 231 abgeschlossenen Vereinbarungen „ ;" *(BGBl I 2004/82; BGBl I 2006/104)*

9. Entsendung von Arbeitnehmervertretern in das besondere Verhandlungsgremium (§ 257 iVm §§ 217, 218), in den SCE-Betriebsrat (§ 257 iVm § 234) und in den Aufsichts- oder Verwaltungsrat der Europäischen Genossenschaft (§ 257 iVm § 247); *(BGBl I 2006/104)*

10. Mitwirkung an den Unterrichtungs- und Anhörungsverfahren gemäß den nach § 257 iVm den §§ 230 oder 231 abgeschlossenen Vereinbarungen „ ;" *(BGBl I 2006/104; BGBl I 2007/77)*

11. Entsendung von Arbeitnehmervertretern in das besondere Verhandlungsgremium (§ 260 iVm §§ 217, 218) oder in das besondere Entsendungsgremium (§ 261 iVm §§ 217, 218) und in den Aufsichts- oder Verwaltungsrat der aus der

grenzüberschreitenden Verschmelzung hervorgegangenen Gesellschaft (§ 260 bzw. § 261 iVm § 247). *(BGBl I 2007/77)*

[2]Beratungs- und Informationsrechte der Konzernvertretung richten sich an die Konzernleitung bzw. an die Unternehmensleitung des in Österreich herrschenden Unternehmens. [3]Von der Konzernvertretung abgeschlossene Betriebsvereinbarungen sind für jene Unternehmen verbindlich, deren Leitungen der Vereinbarung beigetreten sind. *(BGBl 1993/460)*

Kompetenzübertragung

§ 114. (1) [1]Der Betriebsrat und der Betriebsausschuß können dem Zentralbetriebsrat mit dessen Zustimmung die Ausübung ihrer Befugnisse für einzelne Fälle oder für bestimmte Angelegenheiten übertragen.[2]„Die Übertragung kann jederzeit, hinsichtlich in Behandlung stehender Angelegenheiten jedoch nur aus wichtigem Grund, widerrufen werden.“ *(BGBl I 2013/67)*

(2) [1]In Angelegenheiten nach §§ 96, 96a und 97, die die Interessen der Arbeitnehmer mehr als eines Unternehmens betreffen und in denen eine einheitliche Vorgangsweise des Konzerns, insbesondere durch Konzernrichtlinien, erfolgt, kann der Zentralbetriebsrat der Konzernvertretung mit deren Zustimmung die Ausübung seiner eigenen und ihm übertragener Befugnisse übertragen, soweit derartige Angelegenheiten nicht ohnedies gemäß § 113 Abs. 5 in die Zuständigkeit der Konzernvertretung fallen. [2]Besteht kein Zentralbetriebsrat, so kann der Betriebsrat (Betriebsausschuß) eine derartige Kompetenzübertragung vornehmen.[3]„Die Übertragung kann gemäß Abs. 1 widerrufen werden.“ *(BGBl 1993/460; BGBl I 2013/67)*

(3) Die „Konzernvertretung“ kann übertragene Befugnisse nur ausüben, wenn eine Kompetenzübertragung durch zumindest zwei Zentralbetriebsräte (Betriebsausschüsse, Betriebsräte) erfolgt ist. *(BGBl 1990/282; BGBl 1993/460)*

(4) Beschlüsse im Sinne der Abs. 1 und 2 sind dem Betriebsinhaber umgehend mitzuteilen und erlangen erst mit der Verständigung Rechtswirksamkeit. *(BGBl 1990/282)*

…

VI. Teil

Beteiligung der Arbeitnehmer in der Europäischen Gesellschaft

1. Hauptstück

Allgemeine Bestimmungen

Geltungsbereich

§ 208. Die Bestimmungen des VI. Teiles gelten für Unternehmen, die unter den II. Teil fallen und nach der in der Verordnung (EG) Nr. 2157/2001 vom 8. Oktober 2001 über das Statut der Europäischen Gesellschaft (SE) vorgesehenen Rechtsform gegründet oder geführt werden und ihren Sitz im Inland haben oder haben werden.

(BGBl I 2004/82)

§ 209. Für die Pflicht der beteiligten Gesellschaften im Inland zur Zusammenarbeit mit den Organen der Arbeitnehmerschaft gemäß § 214 Z 1, die Pflicht zur Bekanntgabe der Informationen gemäß § 215 Abs. 3, die Ermittlung der Zahl der im Inland beschäftigten Arbeitnehmer (§ 215 Abs. 4), die Entsendung der österreichischen Mitglieder in das besondere Verhandlungsgremium (§§ 217, 218), in den SE- Betriebsrat (§ 234) und in den Aufsichts- oder Verwaltungsrat der Europäischen Gesellschaft (§ 247), die Beendigung ihrer Mitgliedschaft zum besonderen Verhandlungsgremium (§ 223 Abs. 2), zum SE- Betriebsrat (§ 237 Abs. 5) und im Aufsichts- oder Verwaltungsrat der Europäischen Gesellschaft (§ 247 Abs. 4) sowie die für sie geltende Verschwiegenheitspflicht (§ 250) und die für sie geltenden Schutzbestimmungen (§ 251) gelten die Bestimmungen des VI. Teiles auch dann, wenn der Sitz der Europäischen Gesellschaft nicht im Inland liegt oder liegen wird.

(BGBl I 2004/82)

Begriffsbestimmungen

§ 210. (1) [1]Unter beteiligten Gesellschaften im Sinne des VI. Teiles sind die unmittelbar an der Gründung einer Europäischen Gesellschaft beteiligten Unternehmen zu verstehen. [2]Dies sind im Falle der

1. Verschmelzung die zu verschmelzenden Unternehmen;

2. Gründung einer Holdinggesellschaft die diese gründenden Unternehmen;

3. Gründung einer Tochtergesellschaft die diese gründenden Unternehmen;

4. Umwandlung das umzuwandelnde Unternehmen.

(2) Unter Tochtergesellschaft im Sinne des VI. Teiles ist ein Unternehmen zu verstehen, auf das ein anderes Unternehmen einen beherrschenden Einfluss im Sinne des § 176 ausübt.

(3) Unter betroffener Tochtergesellschaft ist eine Tochtergesellschaft einer beteiligten Gesellschaft zu verstehen, die bei der Gründung einer Europäischen Gesellschaft zu deren Tochtergesellschaft werden soll.

(4) Unter betroffenem Betrieb ist ein Betrieb einer beteiligten Gesellschaft zu verstehen, der bei der Gründung einer Europäischen Gesellschaft zu deren Betrieb werden soll.

(BGBl I 2004/82)

Organe der Arbeitnehmerschaft

§ 211. In den Unternehmen, die die Voraussetzungen des § 208 erfüllen, ist nach Maßgabe der Bestimmungen des VI. Teiles ein besonderes Verhandlungsgremium einzusetzen sowie ein SE-Betriebsrat zu errichten oder ein anderes Verfahren zur Beteiligung der Arbeitnehmer zu schaffen.

(BGBl I 2004/82)

Beteiligung der Arbeitnehmer

§ 212. (1) [1]Das Recht der Arbeitnehmer auf Beteiligung in der Europäischen Gesellschaft umfasst alle Verfahren, durch die die Arbeitnehmervertreter auf die Beschlussfassung in der Europäischen Gesellschaft Einfluss nehmen können. [2]Insbesondere beinhaltet das Recht der Arbeitnehmer auf Beteiligung das Recht auf Unterrichtung, das Recht auf Anhörung und, nach Maßgabe der Bestimmungen des VI. Teiles, das Recht auf Mitbestimmung.

(2) [1]Unter Unterrichtung im Sinne des VI. Teiles ist die Unterrichtung des Organs zur Vertretung der Arbeitnehmer oder der Arbeitnehmervertreter durch das zuständige Organ der Europäischen Gesellschaft über alle Angelegenheiten zu verstehen, die diese selbst oder eine ihrer Tochtergesellschaften oder einen ihrer Betriebe in einem anderen Mitgliedstaat betreffen oder die über die Befugnisse der Entscheidungsorgane auf der Ebene des einzelnen Mitgliedstaates hinausgehen. [2]Zeitpunkt, Form und Inhalt der Unterrichtung müssen den Arbeitnehmervertretern eine eingehende Prüfung der möglichen Auswirkungen und gegebenenfalls die Vorbereitung von Anhörungen mit dem zuständigen Organ der Europäischen Gesellschaft ermöglichen.

(3) [1]Unter Anhörung im Sinn des VI. Teiles ist der Meinungsaustausch und die Einrichtung eines Dialogs zwischen dem Organ zur Vertretung der Arbeitnehmer oder den Arbeitnehmervertretern und dem zuständigen Organ der Europäischen Gesellschaft zu verstehen. [2]Zeitpunkt, Form und Inhalt der Anhörung müssen den Arbeitnehmervertretern auf der Grundlage der erfolgten Unterrichtung eine Stellungnahme zu den geplanten Maßnahmen des zuständigen Organs ermöglichen, die im Rahmen des Entscheidungsprozesses innerhalb der Europäischen Gesellschaft berücksichtigt werden kann.

(4) Unter Mitbestimmung im Sinn des VI. Teiles ist die Einflussnahme des Organs zur Vertretung der Arbeitnehmer oder der Arbeitnehmervertreter auf alle Angelegenheiten der Europäischen Gesellschaft durch die Wahrnehmung des Rechts zu verstehen, einen Teil der Mitglieder des Aufsichts- oder des Verwaltungsrates der Europäischen Gesellschaft zu wählen oder zu bestellen oder einen Teil oder alle Mitglieder des Aufsichts- oder Verwaltungsrates der Europäischen Gesellschaft zu empfehlen oder abzulehnen.

(BGBl I 2004/82)

Pflichten der Leitungs- und Verwaltungsorgane

§ 213. Die jeweils zuständigen Leitungs- oder Verwaltungsorgane der beteiligten Gesellschaften haben

1. die für die Einsetzung eines besonderen Verhandlungsgremiums sowie

2. die für die Errichtung eines SE-Betriebsrates oder die Schaffung eines Verfahrens zur Unterrichtung und Anhörung der Arbeitnehmer

notwendigen Voraussetzungen zu schaffen und die erforderlichen Mittel bereit zu stellen.

(BGBl I 2004/82)

Grundsätze der Zusammenarbeit

§ 214. Die Organe der Arbeitnehmerschaft (§ 211) und die jeweils zuständigen Leitungs- und Verwaltungsorgane

1. der beteiligten Gesellschaften bzw.

2. der Europäischen Gesellschaft

haben mit dem Willen zur Verständigung unter Beachtung ihrer jeweiligen Rechte und gegenseitigen Verpflichtungen zusammenzuarbeiten.

(BGBl I 2004/82)

2. Hauptstück

Besonderes Verhandlungsgremium

Aufforderung zur Errichtung

§ 215. (1) Das besondere Verhandlungsgremium ist auf Grund einer schriftlichen Aufforderung der zuständigen Leitungs- oder Verwaltungsorgane der beteiligten Gesellschaften an die Vertreter der Arbeitnehmer oder an die Arbeitnehmer – nach Maßgabe des jeweils anzuwendenden Rechts – in diesen Gesellschaften sowie in den betroffenen Tochtergesellschaften und betroffenen Betrieben zu errichten.

(2) Die Aufforderung gemäß Abs. 1 hat unmittelbar nach der Offenlegung des Verschmelzungsplanes oder des Gründungsplanes für eine Holdinggesellschaft oder nach der Vereinbarung eines Planes zur Gründung einer Tochtergesellschaft oder zur Umwandlung in eine Europäische Gesellschaft zu erfolgen.

(3) Der Aufforderung gemäß Abs. 1 sind Informationen anzuschließen über

1. die geplante Gründung der Europäischen Gesellschaft und den Verfahrensverlauf bis zu deren Eintragung,

2. die Identität und Struktur der beteiligten Gesellschaften einschließlich deren Tochtergesellschaften und Betriebe, der betroffenen Tochterge-

sellschaften und der betroffenen Betriebe, jeweils einschließlich deren Verteilung auf die Mitgliedstaaten,

3. die Zahl der in diesen Gesellschaften und Betrieben jeweils beschäftigten Arbeitnehmer und die Gesamtzahl der in den beteiligten Gesellschaften, betroffenen Tochtergesellschaften und betroffenen Betriebe beschäftigten Arbeitnehmer,

4. die Identität der zur Vertretung der Arbeitnehmer in diesen Gesellschaften und Betrieben errichteten Organe sowie die Zahl der von diesen Organen jeweils vertretenen Arbeitnehmer,

5. die Identität jener beteiligten Gesellschaften, in denen ein System der Mitbestimmung existiert, und jeweils die Zahl der von einem System der Mitbestimmung erfassten Arbeitnehmer; wenn nicht alle Arbeitnehmer einer beteiligten Gesellschaft von einem System der Mitbestimmung erfasst sind, auch das Verhältnis der von einem System der Mitbestimmung erfassten Arbeitnehmer zur jeweiligen Gesamtzahl der Arbeitnehmer,

6. den Termin der konstituierenden Sitzung des besonderen Verhandlungsgremiums.

(4) Für die Ermittlung der Zahl der beschäftigten Arbeitnehmer ist der Zeitpunkt der Aufforderung gemäß Abs. 1 maßgebend.

(5) Die zuständige freiwillige Berufsvereinigung der Arbeitnehmer ist von der Aufforderung gemäß Abs. 1 durch das für die Entsendung zuständige Organ der Arbeitnehmerschaft zu verständigen.

(BGBl I 2004/82)

Zusammensetzung

§ 216. (1) Für jeden Anteil an in einem Mitgliedstaat beschäftigten Arbeitnehmern, der 10% der Gesamtzahl der in allen Mitgliedstaaten beschäftigten Arbeitnehmer der beteiligten Gesellschaften, betroffenen Tochtergesellschaften und betroffenen Betriebe oder einen Bruchteil davon beträgt, ist ein Mitglied aus diesem Mitgliedstaat in das besondere Verhandlungsgremium zu entsenden.

(2) Im Fall einer im Wege der Verschmelzung gegründeten Europäischen Gesellschaft sind aus jedem Mitgliedstaat so viele weitere zusätzliche Mitglieder in das besondere Verhandlungsgremium zu entsenden, wie erforderlich sind, um zu gewährleisten, dass jede beteiligte Gesellschaft, die Arbeitnehmer in dem betreffenden Mitgliedstaat beschäftigt und die als Folge der Eintragung der Europäischen Gesellschaft als eigene Rechtsperson erlöschen wird, in dem besonderen Verhandlungsgremium durch mindestens ein Mitglied vertreten ist.

(3) Soweit bereits durch die Anwendung des Abs. 1 in Verbindung mit dem jeweils anzuwendenden Recht die Vertretung dieser beteiligten Gesellschaften im besonderen Verhandlungsgremium durch Mitglieder gewährleistet ist, die Arbeitnehmer dieser beteiligten Gesellschaften sind oder ausschließlich von den Arbeitnehmern dieser beteiligten Gesellschaften gewählt oder sonst bestimmt worden sind, sind keine weiteren zusätzlichen Mitglieder gemäß Abs. 2 zu entsenden.

(4) [1]Die Zahl dieser zusätzlichen Mitglieder darf 20% der sich aus Abs. 1 ergebenden Mitgliederzahl nicht überschreiten. [2]Übersteigt die Zahl dieser beteiligten Gesellschaften die Zahl der zu entsendenden zusätzlichen Mitglieder, so werden diese zusätzlichen Mitglieder den beteiligten Gesellschaften in verschiedenen Mitgliedstaaten nach der Zahl der bei ihnen beschäftigten Arbeitnehmer in absteigender Reihenfolge zugeteilt.

(5) [1]Treten während der Tätigkeitsdauer des besonderen Verhandlungsgremiums solche Änderungen in der Struktur oder Arbeitnehmerzahl der beteiligten Gesellschaften, der betroffenen Tochtergesellschaften und der betroffenen Betriebe ein, dass sich die Zusammensetzung des besonderen Verhandlungsgremiums gemäß Abs. 1 bis 4 ändern würde, so ist das besondere Verhandlungsgremium entsprechend neu zusammenzusetzen. [2]Informationen über solche Änderungen haben die zuständigen Leitungs- und Verwaltungsorgane der beteiligten Gesellschaften unverzüglich an das besondere Verhandlungsgremium und an die Vertreter der Arbeitnehmer oder an die Arbeitnehmer – nach Maßgabe des jeweils anzuwendenden Rechts – in den beteiligten Gesellschaften sowie in den betroffenen Tochtergesellschaften und betroffenen Betrieben, die bisher nicht im besonderen Verhandlungsgremium vertreten waren, zu richten.

(BGBl I 2004/82)

Entsendung der Mitglieder

§ 217. (1) [1]Die in das besondere Verhandlungsgremium zu entsendenden österreichischen Mitglieder werden durch Beschluss des gemäß § 218 zur Entsendung berechtigten Organs der Arbeitnehmerschaft aus dem Kreis der Betriebsratsmitglieder ernannt. [2]Anstelle eines Betriebsratsmitgliedes kann auch ein Funktionär oder Arbeitnehmer der zuständigen freiwilligen Berufsvereinigung der Arbeitnehmer ernannt werden.

(2) [1]Im Fall, dass mehrere österreichische Mitglieder in das besondere Verhandlungsgremium zu entsenden sind, hat das gemäß § 218 zur Entsendung berechtigte Organ zugleich mit dem Entsendungsbeschluss auch Beschluss darüber zu fassen, wie viele Arbeitnehmer von einem entsendeten Mitglied jeweils vertreten werden. [2]Dabei ist darauf Bedacht zu nehmen, dass alle in Österreich beschäftigten Arbeitnehmer von einem solchen Mitglied vertreten werden.

(3) Bei der Entsendung soll nach Maßgabe der Anzahl der den österreichischen Arbeitnehmervertretern zustehenden Sitze darauf Bedacht genom-

men werden, dass jede beteiligte Gesellschaft durch mindestens ein Mitglied im besonderen Verhandlungsgremium vertreten ist.

(4) [1]Zur Beschlussfassung ist die Anwesenheit von mindestens der Hälfte der Mitglieder erforderlich. [2]Die Beschlüsse werden mit den Stimmen jener Mitglieder gefasst, die zusammen mehr als die Hälfte der in der Unternehmensgruppe, in den Unternehmen und in den Betrieben beschäftigten Arbeitnehmer vertreten. [3]Bei der Ermittlung der Zahl der in der Unternehmensgruppe, in den Unternehmen und in den Betrieben beschäftigten Arbeitnehmer sind die der Aufforderung zur Errichtung des besonderen Verhandlungsgremiums gemäß den §§ 215 Abs. 3 Z 3 und 4 und 216 Abs. 5 anzuschließenden Informationen zugrunde zu legen.

(5) Auf eine angemessene Vertretung der Gruppen der Arbeiter und der Angestellten sowie der Arbeitnehmerinnen und Arbeitnehmer soll Bedacht genommen werden.

(BGBl I 2004/82)

§ 218. (1) [1]In Betrieben erfolgt die Entsendung durch Beschluss des Betriebsausschusses. Besteht kein Betriebsausschuss, so nimmt diese Aufgabe der Betriebsrat wahr. [2]Bestehen mehrere Betriebsausschüsse (Betriebsräte), die nicht zum selben Unternehmen gehören, so ist vom Vorsitzenden des Betriebsausschusses (Betriebsrates) des nach der Zahl der wahlberechtigten Arbeitnehmer größten inländischen Betriebes eine Versammlung der in den Betrieben bestellten Betriebsausschüsse (Betriebsräte) einzuberufen, der die Beschlussfassung über die Entsendung obliegt.

(2) [1]In Unternehmen sind die in das besondere Verhandlungsgremium zu entsendenden Mitglieder durch Beschluss des Zentralbetriebsrates zu benennen. [2]Ist in einem Unternehmen ein Zentralbetriebsrat nicht errichtet, so ist Abs. 1 sinngemäß anzuwenden. [3]Bestehen mehrere Zentralbetriebsräte, so ist vom Vorsitzenden des Zentralbetriebsrates des nach der Zahl der wahlberechtigten Arbeitnehmer größten inländischen Unternehmens eine Versammlung der Mitglieder der in den Unternehmen bestellten Zentralbetriebsräte einzuberufen, der die Beschlussfassung über die Entsendung obliegt. [4]Besteht neben einem oder mehreren Zentralbetriebsräten noch mindestens ein in keinem Zentralbetriebsrat vertretener Betriebsausschuss (Betriebsrat), sind die Betriebsratsvorsitzenden und ihre Stellvertreter zu dieser Sitzung einzuladen; sie gelten insoweit als Zentralbetriebsratsmitglieder.

(3) [1]In Unternehmensgruppen sind die in das besondere Verhandlungsgremium zu entsendenden Mitglieder durch Beschluss der Konzernvertretung zu ernennen. [2]Ist eine Konzernvertretung nicht errichtet, so ist Abs. 2 anzuwenden. [3]Ist auch kein Zentralbetriebsrat errichtet, so ist Abs. 1 anzuwenden. [4]Besteht neben der Konzernvertretung noch ein von ihr nicht vertretener Zentralbetriebsrat (Betriebsausschuss, Betriebsrat), sind die Zentralbetriebsrats(Betriebsrats)vorsitzenden und ihre Stellvertreter zu dieser Sitzung einzuladen; diese gelten insoweit als Mitglieder der Konzernvertretung.

(4) Die Bekanntgabe der benannten Mitglieder des besonderen Verhandlungsgremiums an das zuständige Leitungs- oder Verwaltungsorgan der beteiligten Gesellschaften hat unverzüglich zu erfolgen.

(BGBl I 2004/82)

Konstituierung

§ 219. (1) Das zuständige Leitungs- oder Verwaltungsorgan der beteiligten Gesellschaften hat unverzüglich nach der Bekanntgabe der benannten Mitglieder des besonderen Verhandlungsgremiums zu dessen konstituierender Sitzung einzuladen.

(2) [1]Die Mitglieder des besonderen Verhandlungsgremiums haben aus ihrer Mitte einen Vorsitzenden und einen oder mehrere Stellvertreter zu wählen. [2]Das besondere Verhandlungsgremium gibt sich eine Geschäftsordnung.

(3) Das besondere Verhandlungsgremium hat das zuständige Leitungs- oder Verwaltungsorgan der beteiligten Gesellschaften unverzüglich über das Ende der konstituierenden Sitzung sowie das Ergebnis der Wahl zu unterrichten.

(4) Unverzüglich nach dieser Mitteilung hat das zuständige Leitungs- oder Verwaltungsorgan der beteiligten Gesellschaften eine Sitzung mit dem besonderen Verhandlungsgremium einzuberufen, um eine Vereinbarung nach § 225 abzuschließen.

(BGBl I 2004/82)

Sitzungen

§ 220. (1) Das besondere Verhandlungsgremium hat das Recht vor jeder Sitzung mit dem zuständigen Leitungs- oder Verwaltungsorgan der beteiligten Gesellschaften zu einer vorbereitenden Sitzung zusammenzutreten.

(2) [1]Das besondere Verhandlungsgremium kann sich bei den Verhandlungen mit dem zuständigen Leitungs- oder Verwaltungsorgan der beteiligten Gesellschaften durch Sachverständige seiner Wahl unterstützen lassen. [2]Diese Sachverständigen können auf Wunsch des besonderen Verhandlungsgremiums den Verhandlungen in beratender Funktion beigezogen werden.

(BGBl I 2004/82)

Beschlussfassung

§ 221. (1) Die Beschlüsse werden, soweit in diesem Bundesgesetz keine strengeren Erfordernisse festgesetzt sind, mit einfacher Mehrheit der Stimmen gefasst, sofern diese Mehrheit auch die einfache Mehrheit der Arbeitnehmer vertritt.

(2) [1]Das besondere Verhandlungsgremium kann mit mindestens zwei Drittel seiner Stimmen, die mindestens zwei Drittel der Arbeitnehmer in mindestens zwei Mitgliedstaaten vertreten, den Abschluss einer Vereinbarung beschließen, die eine Minderung der Mitbestimmungsrechte der Arbeitnehmer zur Folge hat. [2]Eine solche Mehrheit ist jedoch nur dann erforderlich, wenn sich die Mitbestimmung im Fall einer Europäischen Gesellschaft, die

1. durch Verschmelzung gegründet werden soll, auf mindestens 25% der Gesamtzahl der Arbeitnehmer der beteiligten Gesellschaften erstreckt;

2. als Holdinggesellschaft oder als Tochtergesellschaft gegründet werden soll, auf mindestens 50% der Gesamtzahl der Arbeitnehmer der beteiligten Gesellschaften erstreckt.

(3) Im Fall einer Europäischen Gesellschaft, die durch Umwandlung gegründet werden soll, kann ein Beschluss gemäß Abs. 2 nicht gefasst werden.

(4) Unter einer Minderung der Mitbestimmungsrechte im Sinne des Abs. 2 ist jedenfalls die Verringerung des Anteils der nach einem der Verfahren gemäß § 212 Abs. 4 bestimmten Mitglieder des Aufsichts- oder Verwaltungsrats der Europäischen Gesellschaft gegenüber dem höchsten in den beteiligten Gesellschaften geltenden Anteil an Arbeitnehmervertretern in einem Aufsichts- oder Verwaltungsorgan zu verstehen.

(BGBl I 2004/82)

Tätigkeitsdauer

§ 222. (1) Die Tätigkeitsdauer des besonderen Verhandlungsgremiums beginnt mit dem Tag der Konstituierung.

(2) Die Tätigkeitsdauer des besonderen Verhandlungsgremiums endet,

1. wenn das besondere Verhandlungsgremium einen Beschluss gemäß § 227 Abs. 1 fasst;

2. wenn das Gericht die Errichtung (§ 215 Abs. 1) für ungültig erklärt; die Klage ist spätestens einen Monat nach Konstituierung des besonderen Verhandlungsgremiums einzubringen;

3. mit dem Abschluss einer Vereinbarung gemäß den §§ 230 oder 231, sofern in der Vereinbarung nichts anderes bestimmt ist;

4. im Fall des § 232 Abs. 1 Z 1;

5. wenn innerhalb des gemäß § 226 maßgeblichen Zeitraumes keine Vereinbarung gemäß den §§ 230 oder 231 zustande gekommen ist.

(BGBl I 2004/82)

Beginn und Erlöschen der Mitgliedschaft

§ 223. (1) Die Mitgliedschaft zum besonderen Verhandlungsgremium beginnt mit der Bekanntgabe des Entsendungsbeschlusses (§ 218 Abs. 4).

(2) Die Mitgliedschaft zum besonderen Verhandlungsgremium endet, wenn

1. die Tätigkeitsdauer des besonderen Verhandlungsgremiums endet;

2. das Mitglied zurücktritt;

3. das Organ der Arbeitnehmerschaft, das das Mitglied in das besondere Verhandlungsgremium entsendet hat, dieses abberuft, wobei dieses jedenfalls dann abzuberufen ist, wenn seine Mitgliedschaft zum Betriebsrat bzw. seine Tätigkeit bei der zuständigen freiwilligen Berufsvereinigung der Arbeitnehmer endet;

4. der Betrieb bzw. das Unternehmen, dem das Mitglied angehört, aus der an der Gründung der Europäischen Gesellschaft beteiligten Gesellschaft bzw. Unternehmensgruppe oder aus der betroffenen Tochtergesellschaft ausscheidet;

5. das Gericht den Entsendungsbeschluss (§ 217 Abs. 1) für ungültig erklärt; die Klage ist spätestens einen Monat nach Konstituierung des besonderen Verhandlungsgremiums einzubringen.

(3) In den Fällen des Abs. 2 Z 2 bis 5 sind nach Maßgabe der §§ 217 und 218 neue Mitglieder in das besondere Verhandlungsgremium zu entsenden.

(BGBl I 2004/82)

Kostentragung

§ 224. (1) Dem besonderen Verhandlungsgremium sind zur ordnungsgemäßen Erfüllung seiner Aufgaben Sacherfordernisse in einem der Größe der Europäischen Gesellschaft und den Bedürfnissen des besonderen Verhandlungsgremiums angemessenen Ausmaß vom zuständigen Leitungs- oder Verwaltungsorgan der beteiligten Gesellschaften unentgeltlich zur Verfügung zu stellen.

(2) Die für die ordnungsgemäße Erfüllung der Aufgaben erforderlichen Verwaltungsausgaben des besonderen Verhandlungsgremiums, insbesondere die für die Veranstaltung der Sitzungen und jeweils vorbereitenden Sitzungen anfallenden Kosten einschließlich der Dolmetschkosten und der Kosten für jedenfalls einen Sachverständigen sowie die Aufenthalts- und Reisekosten für die Mitglieder des besonderen Verhandlungsgremiums sind von den beteiligten Gesellschaften zu tragen.

(BGBl I 2004/82)

Aufgaben des besonderen Verhandlungsgremiums

§ 225. (1) Das besondere Verhandlungsgremium hat die Aufgabe, mit dem zuständigen Organ der beteiligten Gesellschaften in einer schriftlichen Vereinbarung die Beteiligung der Arbeitnehmer in der Europäischen Gesellschaft festzulegen.

(2) Zu diesem Zweck hat das zuständige Organ der beteiligten Gesellschaften das besondere Verhandlungsgremium unmittelbar nach dessen Konstituierung über das Vorhaben der Gründung einer Europäischen Gesellschaft und das geplante Verfahren bis zu deren Eintragung zu unterrichten.

(BGBl I 2004/82)

Dauer der Verhandlungen

§ 226. (1) Die Verhandlungen zum Abschluss einer Vereinbarung gemäß den §§ 230 oder 231 sind binnen sechs Monaten ab der Konstituierung des besonderen Verhandlungsgremiums abzuschließen.

(2) Das besondere Verhandlungsgremium und das zuständige Organ der beteiligten Gesellschaften können einvernehmlich beschließen, die Verhandlungen zum Abschluss einer Vereinbarung gemäß den §§ 230 oder 231 bis zur Dauer eines Jahres ab dem in Abs. 1 genannten Zeitpunkt fortzusetzen.

(BGBl I 2004/82)

Beschluss über die Beendigung der Verhandlungen

§ 227. (1) Das besondere Verhandlungsgremium kann mit mindestens zwei Dritteln seiner Stimmen, die mindestens zwei Drittel der Arbeitnehmer in mindestens zwei Mitgliedstaaten vertreten, beschließen, keine Verhandlungen zum Abschluss einer Vereinbarung im Sinne des § 226 Abs. 1 zu eröffnen oder die bereits eröffneten Verhandlungen abzubrechen.

(2) Im Fall einer Europäischen Gesellschaft, die durch Umwandlung gegründet werden soll, kann das besondere Verhandlungsgremium einen Beschluss im Sinne des Abs. 1 nicht fassen, wenn in der umzuwandelnden Gesellschaft Vorschriften über die Mitbestimmung bestehen.

(3) [1]Das besondere Verhandlungsgremium ist auf schriftlichen Antrag von mindestens 10% der Arbeitnehmer der Europäischen Gesellschaft, ihrer Tochtergesellschaften und Betriebe oder von deren Vertretern frühestens zwei Jahre nach dem Beschluss gemäß Abs. 1 wieder einzuberufen, es sei denn, das besondere Verhandlungsgremium und das zuständige Organ der Europäischen Gesellschaft setzen eine kürzere Frist fest. [2]Für die Verhandlungen treffen die Europäische Gesellschaft bzw. deren zuständiges Organ alle Pflichten, die bei Verhandlungen im Zusammenhang mit der Gründung einer Europäischen Gesellschaft den beteiligten Gesellschaften bzw. deren zuständigen Organen obliegen.

(4) Im Fall eines Beschlusses gemäß Abs. 1 oder wenn innerhalb des für die gemäß Abs. 3 eingeleiteten Verhandlungen vorgesehenen Zeitraumes (§ 226) keine Vereinbarung zustande gekommen ist, finden die Bestimmungen des 3. Hauptstückes keine Anwendung.

(BGBl I 2004/82)

Strukturänderungen

§ 228. (1) Das besondere Verhandlungsgremium ist

1. auf Grund einer schriftlichen Aufforderung des zuständigen Organs der Europäischen Gesellschaft oder

2. auf schriftlichen Antrag von mindestens 10% der Arbeitnehmer der Europäischen Gesellschaft, ihrer Tochtergesellschaften und Betriebe oder von deren Vertretern oder

3. auf schriftlichen Antrag des SE-Betriebsrates (§ 243 Abs. 1 Z 2) einzuberufen, sofern wesentliche Änderungen der Struktur der Europäischen Gesellschaft stattfinden, die die Interessen der Arbeitnehmer in Bezug auf ihre Beteiligungsrechte betreffen.

(2) Als wesentliche Änderungen der Struktur der Europäischen Gesellschaft gelten insbesondere die Verlegung des Sitzes der Europäischen Gesellschaft, der Wechsel des Verwaltungssystems der Europäischen Gesellschaft, die Stilllegung, Einschränkung oder Verlegung von Unternehmen oder Betrieben der Europäischen Gesellschaft, der Zusammenschluss von Betrieben oder Unternehmen der Europäischen Gesellschaft sowie der Erwerb wesentlicher Beteiligungen an anderen Unternehmen durch die Europäische Gesellschaft, sofern diese erheblichen Einfluss auf die Gesamtstruktur der Europäischen Gesellschaft haben, sowie erhebliche Änderungen der Zahl der in der Europäischen Gesellschaft und ihren Tochtergesellschaften Beschäftigten.

(3) [1]Für die Verhandlungen zum Abschluss einer Vereinbarung gemäß den §§ 230 oder 231 ist das besondere Verhandlungsgremium bzw. der SE-Betriebsrat entsprechend den Änderungen der Struktur oder der Arbeitnehmerzahl der Europäischen Gesellschaft, ihrer Tochtergesellschaften und Betriebe neu zusammenzusetzen (§§ 216 Abs. 5, 233 Abs. 2). [2]Für die Verhandlungen treffen die Europäische Gesellschaft bzw. deren zuständiges Organ alle Pflichten, die bei Verhandlungen im Zusammenhang mit der Gründung einer Europäischen Gesellschaft den beteiligten Gesellschaften bzw. deren zuständigen Organen obliegen.

(4) Sofern eine geltende Vereinbarung gemäß den §§ 230 oder 231 eine Regelung über die Voraussetzungen und das Verfahren zu ihrer Neuaushandlung enthält, ist nach dieser vorzuge-

hen, soweit sie den Anforderungen der Abs. 1 bis 3 entspricht.

(5) Wenn innerhalb des für die Verhandlungen vorgesehenen Zeitraumes (§ 226) keine Vereinbarung zustande gekommen ist, finden die Bestimmungen des 3. Hauptstückes mit der Maßgabe Anwendung, dass sich der Umfang der Beteiligungsrechte der Arbeitnehmer nach der Struktur der Europäischen Gesellschaft, ihrer Tochtergesellschaften und Betriebe im Zeitpunkt des Scheiterns der Verhandlungen bestimmt.

(BGBl I 2004/82)

Verfahrensmissbrauch

§ 229. (1) [1]Eine Europäische Gesellschaft darf nicht dazu missbraucht werden, Arbeitnehmern Beteiligungsrechte zu entziehen oder vorzuenthalten. [2]Missbrauch ist insbesondere dann anzunehmen, wenn Änderungen der Struktur der Europäischen Gesellschaft stattfinden, die geeignet sind, Arbeitnehmern Beteiligungsrechte zu entziehen oder vorzuenthalten. [3]Im Fall des Vorliegens einer solchen Änderung sind Neuverhandlungen nach den Bestimmungen des § 228 durchzuführen.

(2) Als Änderungen im Sinn des Abs. 1 gelten bis zum Beweis des Gegenteils alle Änderungen der Struktur der Europäischen Gesellschaft im Sinne des § 228, sofern diese innerhalb eines Jahres nach deren Eintragung erfolgen.

(BGBl I 2004/82)

Vereinbarung über die Beteiligung der Arbeitnehmer in der Europäischen Gesellschaft

§ 230. (1) Wenn das besondere Verhandlungsgremium und das zuständige Organ der beteiligten Gesellschaften eine Vereinbarung über die Beteiligung der Arbeitnehmer in der Europäischen Gesellschaft abschließen, haben sie in dieser Vereinbarung jedenfalls

1. die von der Vereinbarung erfasste Europäische Gesellschaft, ihre Tochtergesellschaften und Betriebe;

2. die Zusammensetzung des SE-Betriebsrates, die Anzahl der Mitglieder, die Sitzverteilung und die Mandatsdauer einschließlich der Auswirkungen von wesentlichen Änderungen der Struktur der Europäischen Gesellschaft sowie von erheblichen Änderungen der Zahl der in der Europäischen Gesellschaft und ihren Tochtergesellschaften Beschäftigten (§ 228 Abs. 2);

3. die Befugnisse und das Verfahren zur Unterrichtung und Anhörung des SE-Betriebsrates;

4. die Häufigkeit der Sitzungen des SE-Betriebsrates;

5. die für den SE-Betriebsrat bereit zu stellenden finanziellen und materiellen Mittel;

6. den Zeitpunkt des In-Kraft-Tretens der Vereinbarung und ihre Laufzeit, die Fälle, in denen diese Vereinbarung neu ausgehandelt werden sollte, und das bei ihrer Neuaushandlung anzuwendende Verfahren

festzulegen.

(2) Falls die Parteien beschließen, ein Verfahren der Mitbestimmung einzuführen, haben sie in dieser Vereinbarung jedenfalls

1. die Zahl der Mitglieder des Aufsichts- oder Verwaltungsrates, die die Arbeitnehmer wählen oder bestellen können oder deren Bestellung sie empfehlen oder ablehnen können;

2. „die Verfahren, nach denen" die Arbeitnehmer diese Mitglieder wählen oder bestellen oder deren Bestellung empfehlen oder ablehnen können sowie *(BGBl I 2007/77)*

3. die Rechte dieser Mitglieder

festzulegen.

(3) Im Fall einer Europäischen Gesellschaft, die durch Umwandlung gegründet werden soll, müssen in der Vereinbarung die Rechte der Arbeitnehmer auf Unterrichtung, Anhörung und Mitbestimmung zumindest in dem Ausmaß gewährleistet werden, wie sie in der umzuwandelnden Gesellschaft bestehen.

(BGBl I 2004/82)

Vereinbarung über ein Verfahren zur Unterrichtung und Anhörung der Arbeitnehmer

§ 231. (1) Wenn das besondere Verhandlungsgremium und das zuständige Organ der beteiligten Gesellschaften die Schaffung eines oder mehrerer Verfahren zur Unterrichtung und Anhörung der Arbeitnehmer vereinbaren, haben sie in dieser Vereinbarung jedenfalls

1. die von der Vereinbarung erfasste Europäische Gesellschaft, ihre Tochtergesellschaften und Betriebe;

2. die Auswirkungen von wesentlichen Änderungen der Struktur der Europäischen Gesellschaft sowie von erheblichen Änderungen der Zahl der in der Europäischen Gesellschaft und ihren Tochtergesellschaften Beschäftigten (§ 228 Abs. 2);

3. die Befugnisse und das Verfahren zur Unterrichtung und Anhörung der Arbeitnehmervertreter;

4. die Voraussetzungen, unter denen die Arbeitnehmervertreter das Recht haben, zu einem Meinungsaustausch über die ihnen übermittelten Informationen zusammenzutreten;

5. die für die Arbeitnehmervertreter bereit zu stellenden finanziellen und materiellen Mittel;

6. den Zeitpunkt des In-Kraft-Tretens der Vereinbarung und ihre Laufzeit, die Fälle, in denen

diese Vereinbarung neu ausgehandelt werden sollte, und das bei ihrer Neuaushandlung anzuwendende Verfahren

festzulegen.

(2) Die Vereinbarung hat außerdem die Verpflichtung des zuständigen Organs der Europäischen Gesellschaft näher zu regeln, die Arbeitnehmervertreter insbesondere über alle Angelegenheiten zu informieren, die die Europäische Gesellschaft selbst oder ihre Tochtergesellschaften und Betriebe in einem anderen Mitgliedstaat betreffen oder die über die Befugnisse der Entscheidungsorgane auf der Ebene des einzelnen Mitgliedstaates hinausgehen.

(3) § 230 Abs. 3 ist anzuwenden.

(BGBl I 2004/82)

3. Hauptstück

Beteiligung der Arbeitnehmer in der Europäischen Gesellschaft kraft Gesetzes

1. Abschnitt

SE-Betriebsrat kraft Gesetzes

Errichtung

§ 232. (1) Wenn

1. die zuständigen Organe der beteiligten Gesellschaften und das besondere Verhandlungsgremium dies vereinbaren oder

2. innerhalb des gemäß § 226 für die Verhandlungen bestimmten Zeitraumes keine Vereinbarung gemäß den §§ 230 oder 231 zustande gekommen ist und das besondere Verhandlungsgremium keinen Beschluss gemäß § 227 Abs. 1 gefasst hat,

ist ein SE-Betriebsrat nach den Bestimmungen dieses Hauptstückes zu errichten.

(2) Sofern in den Vereinbarungen gemäß den §§ 230 oder 231 nichts anderes bestimmt ist, gelten die Bestimmungen dieses Hauptstückes nicht für diese Vereinbarungen.

(BGBl I 2004/82)

Zusammensetzung

§ 233. (1) Für jeden Anteil an in einem Mitgliedstaat beschäftigten Arbeitnehmern, der 10% der Gesamtzahl der in allen Mitgliedstaaten beschäftigten Arbeitnehmer der Europäischen Gesellschaft, ihrer Tochtergesellschaften und Betriebe oder einen Bruchteil davon beträgt, ist ein Mitglied aus diesem Mitgliedstaat in den SE-Betriebsrat zu entsenden. § 215 Abs. 3 bis 5 sind anzuwenden.

(2) Treten während der Tätigkeitsdauer des SE-Betriebsrates solche Änderungen in der Struktur oder Arbeitnehmerzahl der Europäischen Gesellschaft, ihrer Tochtergesellschaften und Betriebe ein, dass sich die Zusammensetzung des SE-Betriebsrates gemäß Abs. 1 ändern würde, so ist der SE-Betriebsrat entsprechend neu zusammenzusetzen. § 216 Abs. 5 ist anzuwenden.

(BGBl I 2004/82)

Entsendung

§ 234. (1) Die Entsendung der österreichischen Mitglieder des SE-Betriebsrates erfolgt gemäß den §§ 217 und 218; dies jedoch mit der Maßgabe, dass die Entsendung von Vertretern der zuständigen freiwilligen Berufsvereinigung nur zulässig ist, sofern diese Betriebsratsmitglieder gemäß § 53 Abs. 4 sind.

(2) § 218 Abs. 4 ist mit der Maßgabe anzuwenden, dass die Bekanntgabe der benannten Mitglieder des SE-Betriebsrates an das zuständige Organ der Europäischen Gesellschaft zu erfolgen hat.

(BGBl I 2004/82)

Konstituierung, Geschäftsführung, Geschäftsordnung, Sitzungen, Beschlussfassung

§ 235. (1) [1]Der Vorstand oder Verwaltungsrat der Europäischen Gesellschaft hat unverzüglich nach der Bekanntgabe der benannten Mitglieder des SE-Betriebsrates zu dessen konstituierender Sitzung einzuladen. [2]Kommt der Vorstand oder Verwaltungsrat der Europäischen Gesellschaft dieser Pflicht nicht nach, so kann jedes Mitglied des SE-Betriebsrates die Einladung vornehmen. [3]Die Mitglieder des SE-Betriebsrates haben aus ihrer Mitte einen Vorsitzenden und einen oder mehrere Stellvertreter zu wählen. [4]Der Vorsitzende hat den Vorstand oder Verwaltungsrat der Europäischen Gesellschaft unverzüglich über das Ende der konstituierenden Sitzung sowie das Ergebnis dieser Wahl zu unterrichten.

(2) [1]Vertreter des SE-Betriebsrates gegenüber der Europäischen Gesellschaft und nach außen ist, sofern in der Geschäftsordnung (Abs. 3) nichts anderes bestimmt ist, der Vorsitzende, bei dessen Verhinderung der Stellvertreter. [2]Der SE-Betriebsrat kann in Einzelfällen auch andere seiner Mitglieder mit der Vertretung nach außen beauftragen.

(3) [1]Der SE-Betriebsrat beschließt mit der Mehrheit der Stimmen seiner Mitglieder eine Geschäftsordnung. [2]Diese kann insbesondere regeln:

1. die Errichtung, Zusammensetzung und Geschäftsführung des engeren Ausschusses gemäß § 236;

2. die Bezeichnung der Angelegenheiten, in denen dem engeren Ausschuss das Recht auf selbständige Beschlussfassung zukommt;

3. die Festlegung von Art und Umfang der Vertretungsmacht des Vorsitzenden des engeren Ausschusses.

(4) [1]Der SE-Betriebsrat hat das Recht, vor jeder Sitzung mit dem Vorstand oder Verwaltungsrat der Europäischen Gesellschaft (§ 240) zu einer vorbereitenden Sitzung zusammenzutreten. [2]Der SE-Betriebsrat kann sich durch Sachverständige seiner Wahl unterstützen lassen. [3]Der SE-Betriebsrat ist beschlussfähig, wenn mindestens die Hälfte seiner Mitglieder anwesend ist. [4]Die Beschlüsse werden mit einfacher Mehrheit der abgegebenen Stimmen gefasst.

(BGBl I 2004/82)

Engerer Ausschuss

§ 236. [1]Sofern es die Zahl seiner Mitglieder rechtfertigt, hat der SE-Betriebsrat aus seiner Mitte einen engeren Ausschuss zu wählen, der aus einem Vorsitzenden und höchstens zwei weiteren Mitgliedern bestehen darf. [2]Der engere Ausschuss führt die laufenden Geschäfte des SE-Betriebsrates; für ihn gilt § 235 Abs. 4 mit der Maßgabe, dass der engere Ausschuss in den Fällen des § 241 Abs. 2 das Recht hat, auch in der dort festgelegten Zusammensetzung zu der vorbereitenden Sitzung zusammenzutreten.

(BGBl I 2004/82)

Tätigkeitsdauer, Dauer der Mitgliedschaft

§ 237. (1) [1]„Die Tätigkeitsdauer des SE-Betriebsrates beträgt fünf Jahre.“[2]Sie beginnt mit dem Tag der Konstituierung oder mit Ablauf der Tätigkeitsdauer des früheren SE-Betriebsrates, wenn die Konstituierung vor diesem Zeitpunkt erfolgte. *(BGBl I 2017/12)*

(2) Vor Ablauf des im Abs. 1 bezeichneten Zeitraumes endet die Tätigkeitsdauer des SE-Betriebsrates, wenn

1. die Löschung der Europäischen Gesellschaft ins Firmenbuch eingetragen wird;

2. der SE-Betriebsrat durch Mehrheitsbeschluss seinen Rücktritt beschließt;

3. das Gericht die Errichtung des SE-Betriebsrates (§ 232 Abs. 1) für ungültig erklärt; die Klage ist spätestens einen Monat nach Konstituierung des Europäischen Betriebsrates einzubringen;

4. der SE-Betriebsrat und das zuständige Organ der Europäischen Gesellschaft eine Vereinbarung nach den §§ 230 oder 231 abschließen.

(3) In den Fällen des Abs. 2 Z 2 und 3 ist unter Anwendung der §§ 233 und 234 ein neuer SE-Betriebsrat zu bilden.

(4) Die Mitgliedschaft zum SE-Betriebsrat beginnt mit der Bekanntgabe des Entsendungsbeschlusses (§ 234).

(5) Die Mitgliedschaft zum SE-Betriebsrat endet, wenn

1. die Tätigkeitsdauer des SE-Betriebsrates endet;

2. das Mitglied zurücktritt;

3. das Organ der Arbeitnehmerschaft, das das Mitglied in den SE-Betriebsrat entsendet hat, dieses abberuft, wobei dieses jedenfalls dann abzuberufen ist, wenn seine Mitgliedschaft zum Betriebsrat endet;

4. der Betrieb bzw. das Unternehmen, dem das Mitglied angehört aus der Europäischen Gesellschaft ausscheidet;

5. das Gericht den Entsendungsbeschluss (§ 234) für ungültig erklärt; die Klage ist spätestens einen Monat nach Konstituierung des SE-Betriebsrates einzubringen.

(6) In den Fällen des Abs. 4 Z 2 bis 5 ist § 223 Abs. 3 anzuwenden.

(BGBl I 2004/82)

Beistellung von Sacherfordernissen, Kostentragung

§ 238. Die im Zusammenhang mit der Tätigkeit des SE-Betriebsrates und des engeren Ausschusses anfallenden Kosten sind gemäß § 224 von der Europäischen Gesellschaft zu tragen.

(BGBl I 2004/82)

2. Abschnitt

Befugnisse des SE-Betriebsrates und des engeren Ausschusses

Unterrichtung und Anhörung

§ 239. Der SE-Betriebsrat hat das Recht, über Angelegenheiten, die die wirtschaftlichen, sozialen, gesundheitlichen und kulturellen Interessen der Arbeitnehmer der Europäischen Gesellschaft selbst oder einer ihrer Tochtergesellschaften oder einen ihrer Betriebe in einem anderen Mitgliedstaat betreffen, oder über die Befugnisse der Entscheidungsorgane auf der Ebene des einzelnen Mitgliedstaates hinausgehen, unterrichtet und angehört zu werden.

(BGBl I 2004/82)

§ 240. (1) [1]Der SE-Betriebsrat hat, unbeschadet der gemäß § 241 bestehenden Befugnisse sowie unbeschadet abweichender Vereinbarungen mit dem Vorstand oder Verwaltungsrat der Europäischen Gesellschaft, das Recht, einmal jährlich mit dem zuständigen Organ der Europäischen Gesellschaft, zum Zweck der Unterrichtung und Anhörung, auf der Grundlage regelmäßig vom zuständigen Organ der Europäischen Gesellschaft vorgelegter Berichte über die Entwicklung der Geschäftslage und die Perspektiven der Europäischen Gesellschaft zusammenzutreten. [2]Die örtlichen Geschäftsleitungen werden hiervon in Kenntnis gesetzt.

(2) Die Unterrichtung und Anhörung bezieht sich insbesondere auf die Struktur der Europäischen Gesellschaft, ihre wirtschaftliche und finanzielle Situation, die voraussichtliche Entwicklung

der Geschäfts-, Produktions- und Absatzlage, auf die Beschäftigungslage und ihre voraussichtliche Entwicklung, auf die Investitionen, auf grundlegende Änderungen der Organisation, auf die Einführung neuer Arbeits- und Fertigungsverfahren, auf Verlagerungen der Produktion, auf Fusionen, Verkleinerungen oder Schließungen von Unternehmen, Betrieben oder wichtigen Teilen dieser Einheiten und auf Massenentlassungen.

(3) Das zuständige Organ der Europäischen Gesellschaft übermittelt dem SE-Betriebsrat die Tagesordnung aller Sitzungen des Vorstandes und des Aufsichtsrates oder des Verwaltungsrates sowie Kopien aller Unterlagen, die der Hauptversammlung der Aktionäre unterbreitet werden.

(BGBl I 2004/82)

§ 241. (1) [1]Treten außergewöhnliche Umstände ein, die erhebliche Auswirkungen auf die Interessen der Arbeitnehmer haben, insbesondere bei Verlegungen, Verlagerungen, Schließung von Unternehmen oder Betrieben oder bei Massenentlassungen, hat der SE-Betriebsrat das Recht, ehest möglich darüber unterrichtet zu werden. [2]Der SE-Betriebsrat oder – wenn der SE-Betriebsrat dies, insbesondere im Hinblick auf die Dringlichkeit der Angelegenheit, beschließt – der engere Ausschuss hat das Recht, auf Antrag mit dem zuständigen Organ der Europäischen Gesellschaft oder den Vertretern einer geeigneteren mit eigenen Entscheidungsbefugnissen ausgestatteten Leitungsebene innerhalb der Europäischen Gesellschaft zusammenzutreten, um hinsichtlich der Maßnahmen mit erheblichen Auswirkungen auf die Interessen der Arbeitnehmer unterrichtet und angehört zu werden. [3]Diese Sitzung lässt die Vorrechte des zuständigen Organs der Europäischen Gesellschaft unberührt.

(2) An einer Sitzung mit dem engeren Ausschuss dürfen auch die Mitglieder des SE-Betriebsrates teilnehmen, die von diesen Maßnahmen unmittelbar betroffene Arbeitnehmer vertreten.

(3) Wenn das zuständige Organ der Europäischen Gesellschaft beschließt, nicht im Einklang mit der vom SE-Betriebsrat abgegebenen Stellungnahme zu handeln, hat der SE-Betriebsrat das Recht, ein weiteres Mal mit dem zuständigen Organ der Europäischen Gesellschaft zusammenzutreffen, um eine Einigung herbeizuführen.

(BGBl I 2004/82)

Unterrichtung der örtlichen Arbeitnehmervertreter

§ 242. Unbeschadet des § 250 haben die Mitglieder des SE-Betriebsrates die Arbeitnehmervertreter der Europäischen Gesellschaft, ihrer Tochtergesellschaften und Betriebe über Inhalt und Ergebnisse der gemäß den Bestimmungen dieses Abschnittes durchgeführten Unterrichtung und Anhörung zu informieren.

(BGBl I 2004/82)

Beschluss über die Aufnahme von Verhandlungen

§ 243. (1) Der SE-Betriebsrat hat

1. „fünf Jahre“ nach seiner konstituierenden Sitzung oder *(BGBl I 2017/12)*

2. im Fall wesentlicher Änderungen der Struktur der Europäischen Gesellschaft (§ 228 Abs. 2) unverzüglich

einen Beschluss darüber zu fassen, ob eine Vereinbarung nach den §§ 230 oder 231 ausgehandelt werden soll oder ob die Bestimmungen dieses Hauptstückes weiterhin anzuwenden sind.

(2) [1]Wenn der SE-Betriebsrat den Beschluss fasst, eine solche Vereinbarung auszuhandeln, so finden die §§ 225, 230 und 231 mit der Maßgabe Anwendung, dass anstelle des besonderen Verhandlungsgremiums der SE-Betriebsrat diese Vereinbarung aushandelt. [2]Wenn innerhalb des für die Verhandlungen vorgesehenen Zeitraumes (§ 226) keine Vereinbarung zustande gekommen ist, finden die Bestimmungen dieses Hauptstückes weiterhin Anwendung.

(BGBl I 2004/82)

3. Abschnitt

Mitbestimmung kraft Gesetzes

Anwendbarkeit

§ 244. (1) Die Bestimmungen dieses Hauptstückes über die Mitbestimmung der Arbeitnehmer kommen zur Anwendung, wenn

1. die zuständigen Organe der beteiligten Gesellschaften und das besondere Verhandlungsgremium dies vereinbaren oder

2. innerhalb des gemäß § 226 für die Verhandlungen bestimmten Zeitraumes keine Vereinbarung gemäß den §§ 230 oder 231 zustande gekommen ist und das besondere Verhandlungsgremium keinen Beschluss gemäß § 227 Abs. 1 gefasst hat.

(2) Die Bestimmungen dieses Hauptstückes über die Mitbestimmung der Arbeitnehmer kommen im Fall einer Europäischen Gesellschaft, die

1. durch Umwandlung gegründet werden soll, nur dann zur Anwendung, wenn in der umzuwandelnden Gesellschaft Vorschriften über die Mitbestimmung bestanden haben;

2. durch Verschmelzung gegründet werden soll, nur dann zur Anwendung, wenn

a) in mindestens einer der beteiligten Gesellschaften Mitbestimmung besteht und sich auf mindestens 25% der Gesamtzahl der Arbeitnehmer aller beteiligten Gesellschaften erstreckt oder

b) in mindestens einer der beteiligten Gesellschaften Mitbestimmung besteht und sich auf weniger als 25% der Gesamtzahl der Arbeitnehmer aller beteiligten Gesellschaften erstreckt, sofern das besondere Verhandlungsgremium einen entsprechenden Beschluss fasst;

3. durch Errichtung einer Holdinggesellschaft oder einer Tochtergesellschaft gegründet werden soll, nur dann zur Anwendung, wenn

a) in mindestens einer der beteiligten Gesellschaften Mitbestimmung besteht und sich auf mindestens 50% der Gesamtzahl der Arbeitnehmer aller beteiligten Gesellschaften erstreckt oder

b) in mindestens einer der beteiligten Gesellschaften Mitbestimmung besteht und sich auf weniger als 50% der Gesamtzahl der Arbeitnehmer aller beteiligten Gesellschaften erstreckt, sofern das besondere Verhandlungsgremium einen entsprechenden Beschluss fasst.

(3) Wenn in den beteiligten Gesellschaften mehr als eine Form der Mitbestimmung besteht, so hat das besondere Verhandlungsgremium zu beschließen, welche von ihnen in der Europäischen Gesellschaft eingeführt wird.

(4) Das besondere Verhandlungsgremium hat das jeweils zuständige Organ der beteiligten Gesellschaften über die von ihm gemäß den Abs. 2 und 3 gefassten Beschlüssen zu unterrichten.

(5) Wenn das besondere Verhandlungsgremium keinen Beschluss gemäß Abs. 3 fasst, findet die Form der Mitbestimmung Anwendung, die sich auf die höchste Zahl der in den beteiligten Gesellschaften beschäftigten Arbeitnehmer erstreckt.

(BGBl I 2004/82)

Recht auf Mitbestimmung

§ 245. (1) [1]Die in der Europäischen Gesellschaft, ihren Tochtergesellschaften und Betrieben bestehenden Organe zur Vertretung der Arbeitnehmer oder die Arbeitnehmervertreter haben das Recht, einen Teil der Mitglieder des Aufsichts- oder Verwaltungsrates der Europäischen Gesellschaft zu wählen oder zu bestellen oder deren Bestellung zu empfehlen oder abzulehnen. [2]Die Anzahl dieser Mitglieder bestimmt sich nach dem höchsten maßgeblichen Anteil der Arbeitnehmervertreter im Aufsichts- oder Verwaltungsorgan in den beteiligten Gesellschaften vor der Eintragung der Europäischen Gesellschaft.

(2) Im Fall einer Europäischen Gesellschaft, die durch Umwandlung gegründet werden soll, finden die für die umzuwandelnde Gesellschaft geltenden Bestimmungen über die Mitbestimmung der Arbeitnehmer nach Maßgabe der §§ 246 bis 248 Anwendung.

(BGBl I 2004/82)

Verteilung der Sitze im Aufsichts- oder Verwaltungsrat

§ 246. (1) Der SE-Betriebsrat entscheidet über die Verteilung der Sitze im Aufsichts- oder Verwaltungsrat der Europäischen Gesellschaft auf die Arbeitnehmervertreter aus verschiedenen Mitgliedstaaten entsprechend den jeweiligen Anteilen der in den einzelnen Mitgliedstaaten beschäftigten Arbeitnehmer der Europäischen Gesellschaft, ihrer Tochtergesellschaften und Betriebe.

(2) [1]Wenn auf diese Weise mehrere Sitze Arbeitnehmervertretern aus demselben Mitgliedstaat zufallen und zugleich Arbeitnehmer aus einem oder mehreren Mitgliedstaaten unberücksichtigt bleiben würden, hat der SE-Betriebsrat eine neuerliche Verteilung der Sitze gemäß Abs. 1 vorzunehmen, wobei ein Sitz nicht in die Verteilung einzubeziehen ist. [2]Dieser Sitz ist einem Arbeitnehmervertreter aus einem der nicht repräsentierten Mitgliedstaaten zuzuweisen. [3]Dabei ist so vorzugehen, dass dieser Sitz den Arbeitnehmervertretern aus dem Mitgliedstaat, in dem die Europäische Gesellschaft ihren Sitz haben wird, zuzuweisen ist. [4]Kommt diesem Mitgliedstaat ein Sitz im Aufsichts- oder Verwaltungsrat bereits gemäß Abs. 1 zu, so ist dieser Sitz den Arbeitnehmervertretern aus dem bisher unberücksichtigten Mitgliedstaat zuzuweisen, in dem der höchste Anteil an Arbeitnehmern beschäftigt ist.

(3) Wenn sich die Zahl der vom zuständigen Organ der Europäischen Gesellschaft bestellten Mitglieder des Aufsichts- oder Verwaltungsrates ändert, hat der SE-Betriebsrat über die Verteilung der Sitze der Arbeitnehmervertreter unter Beachtung der in den Abs. 1 und 2 normierten Grundsätze neu zu entscheiden, indem er überzählige Arbeitnehmervertreter abberuft bzw. zusätzliche Sitze auf die Arbeitnehmervertreter aus den jeweiligen Mitgliedstaaten verteilt.

(BGBl I 2004/82)

Entsendung der Mitglieder

§ 247. (1) Die Entsendung der österreichischen Mitglieder in den Aufsichts- oder Verwaltungsrat der Europäischen Gesellschaft erfolgt nach Maßgabe des Beschlusses des SE-Betriebsrates über die Verteilung der Sitze gemäß § 234.

(1a) Bei der Entsendung der österreichischen Mitglieder in den Aufsichts- oder Verwaltungsrat der Europäischen Gesellschaft ist § 110 Abs. 2a bis 2d sinngemäß anzuwenden. *(BGBl I 2017/104)*

(2) Die Entsendung von Mitgliedern aus Mitgliedstaaten, die eine Entsendung durch das zuständige nationale Organ der Arbeitnehmerschaft nicht vorsehen, in den Aufsichts- oder Verwaltungsrat Europäischer Gesellschaften mit Sitz im Inland hat durch den SE-Betriebsrat zu erfolgen.

(3) Die Bekanntgabe der in den Aufsichts- oder Verwaltungsrat der Europäischen Gesellschaft entsendeten Mitglieder hat an den SE-Betriebsrat sowie an das zuständige Organ der Europäischen Gesellschaft zu erfolgen.

(4) Die Mitgliedschaft der österreichischen Vertreter im Aufsichts- oder Verwaltungsrat der Europäischen Gesellschaft beginnt mit der Bekanntgabe des Entsendungsbeschlusses (Abs. 2) und endet in den Fällen des § 237 Abs. 5 Z 2 bis 5 sowie im Fall des § 246 Abs. 3.

(BGBl I 2004/82)

Rechte der Arbeitnehmervertreter im Aufsichts- oder Verwaltungsrat

§ 248. (1) [1]Für die Beschlussfassung über die Bestellung und Abberufung von Mitgliedern des Vorstandes, die Wahl des Aufsichtsratsvorsitzenden und seines ersten Stellvertreters, über die Wahl und Abberufung des Verwaltungsratsvorsitzenden und seines ersten Stellvertreters sowie über die Bestellung und Abberufung geschäftsführender Direktoren gilt „§ 110 Abs. 3 vierter und fünfter Satz". [2]Im Übrigen haben die Arbeitnehmervertreter im Aufsichts- oder Verwaltungsrat die gleichen Rechte, einschließlich des Stimmrechts, und Pflichten wie die vom zuständigen Organ oder durch die Satzung der Europäischen Gesellschaft bestellten Mitglieder. *(BGBl I 2006/104)*

(2) Für das Recht der Arbeitnehmervertreter auf Sitz und Stimme in Ausschüssen des Aufsichts- oder des Verwaltungsrates gilt § 110 Abs. 4 mit der Maßgabe, dass das Recht der Arbeitnehmervertreter auf Sitz und Stimme nicht für Ausschüsse des Verwaltungsrates gilt, die die Beziehungen zwischen der Gesellschaft und den geschäftsführenden Direktoren regeln, ausgenommen Beschlüsse über die Bestellung und Abberufung von geschäftsführenden Direktoren sowie über die Einräumung von Optionen auf Aktien der Gesellschaft.

(BGBl I 2004/82)

4. Abschnitt

Europäische Gesellschaften mit besonderer Zweckbestimmung

§ 249. (1) Auf Europäische Gesellschaften, die unmittelbar den in § 132 Abs. 2 genannten Zwecken dienen, sind die §§ 240 und 241 sowie die Bestimmungen des 3. Abschnittes dieses Hauptstückes insoweit nicht anzuwenden, als es sich um Angelegenheiten handelt, die die politische Richtung dieser Unternehmen beeinflussen.

(2) [1]Die §§ 240 und 241 sind auf Unternehmen im Sinne des Abs. 1 aber jedenfalls anzuwenden, soweit sich die Unterrichtung auf grundlegende Änderungen der Organisation, auf die Einführung neuer Arbeits- und Fertigungsverfahren oder auf Massenentlassungen bezieht. [2]§ 240 Abs. 2 ist auf Unternehmen im Sinne der Abs. 1 jedenfalls anzuwenden, soweit sich die Unterrichtung auf die Struktur des Unternehmens sowie seine wirtschaftliche und finanzielle Situation bezieht.

(BGBl I 2004/82)

4. Hauptstück

Rechtsstellung der Arbeitnehmervertreter

Verschwiegenheitspflicht

§ 250. (1) Auf die Mitglieder des besonderen Verhandlungsgremiums und des SE-Betriebsrates und auf die sie unterstützenden Sachverständigen sowie auf die Arbeitnehmervertreter, die bei einem Unterrichtungs- und Anhörungsverfahren gemäß § 231 mitwirken, ist § 115 Abs. 4 mit der Maßgabe anzuwenden, dass die sich aus dieser Bestimmung ergebende Verpflichtung auch nach dem Ablauf des Mandates weiter besteht.

(2) Die Verpflichtung gemäß Abs. 1 gilt nicht gegenüber den örtlichen Arbeitnehmervertretern, wenn diese auf Grund einer Vereinbarung (§§ 230, 231) oder nach § 242 über den Inhalt der Unterrichtungen und Ergebnisse der Anhörungen zu unterrichten sind.

(BGBl I 2004/82)

Rechte der Arbeitnehmervertreter

§ 251. (1) Hinsichtlich der persönlichen Rechte und Pflichten der österreichischen Mitglieder des besonderen Verhandlungsgremiums und des SE-Betriebsrates, der Arbeitnehmervertreter, die an einem Unterrichtungs- und Anhörungsverfahren gemäß § 231 mitwirken, sowie der Arbeitnehmervertreter im Aufsichts- oder Verwaltungsrat der Europäischen Gesellschaft, sind, soweit diese Beschäftigte der Europäischen Gesellschaft, ihrer Tochtergesellschaften oder Betriebe oder einer der beteiligten Gesellschaften oder der betroffenen Tochtergesellschaften sind, die Bestimmungen der §§ 115 Abs. 2 erster Satz und Abs. 3, 116 sowie 120 bis 122 anzuwenden.

(2) Unbeschadet des § 118 Abs. 1 hat jedes österreichische Mitglied des SE-Betriebsrates Anspruch auf Freistellung von der Arbeitsleistung zur Teilnahme an Schulungs- und Bildungsveranstaltungen bis zum Höchstausmaß von einer Woche innerhalb einer Funktionsperiode unter Fortzahlung des Entgeltes.

(BGBl I 2004/82)

5. Hauptstück

Schluss- und Übergangsbestimmungen

Verhältnis zu anderen Bestimmungen

§ 252. (1) Europäische Gesellschaften und deren Tochtergesellschaften, die Unternehmen oder

Unternehmensgruppen im Sinne von § 171 sind, unterliegen nicht den Bestimmungen des V. Teils dieses Bundesgesetzes, es sei denn,

1. die Europäischen Gesellschaften und deren Tochtergesellschaften sind nur Teil eines Unternehmens oder einer Unternehmensgruppe im Sinne von § 171 oder

2. das besondere Verhandlungsgremium fasst einen Beschluss im Sinne des § 227 Abs. 1.

(2) [1]§ 110 findet auf Europäische Gesellschaften keine Anwendung, soweit in diesem Teil nichts anderes bestimmt ist. [2]§ 110 findet jedoch auf im Inland gelegene Tochtergesellschaften der Europäischen Gesellschaft Anwendung.

(3) Im Übrigen bleiben die Bestimmungen des II. Teiles von den Bestimmungen dieses Teiles unberührt.

(4) [1]Die Organe der Arbeitnehmerschaft in den beteiligten Gesellschaften im Inland, deren Rechtspersönlichkeit mit der Eintragung der Europäischen Gesellschaft erlischt, bestehen auch nach deren Eintragung fort. [2]Der Vorstand oder Verwaltungsrat der Europäischen Gesellschaft hat sicherzustellen, dass diese Organe die Befugnisse der Arbeitnehmerschaft gemäß den Bestimmungen des 3. und 5. Hauptstückes des II. Teiles weiterhin wahrnehmen können.

(5) Auf die nach den Bestimmungen dieses Teiles in den Verwaltungsrat einer Europäischen Gesellschaft entsendeten Arbeitnehmervertreter finden jene Bestimmungen in Aufsichtsgesetzen keine Anwendung, die für Mitglieder des Verwaltungsrates eine besondere fachliche Eignung, besondere Qualifikationserfordernisse oder ähnliche Voraussetzungen vorschreiben, es sei denn, die Arbeitnehmervertreter werden gemäß § 59 Abs. 1 des SE-Gesetzes, BGBl. I Nr. 67/2004, zu geschäftsführenden Direktoren des Verwaltungsrates bestellt.

(BGBl I 2004/82)

Strafbestimmungen

§ 253. (1) Wer den Bestimmungen der §§ 213 Z 1 und 2, 215 Abs. 3, 216 Abs. 5, 219 Abs. 1 und 4, 225 Abs. 2, 227 Abs. 3, 228 Abs. 3, 231 Abs. 2, 235 Abs. 1, 250 Abs. 1 und 252 Abs. 4 zuwiderhandelt, begeht, sofern die Tat nicht den Tatbestand einer in die Zuständigkeit der Gerichte fallenden strafbaren Handlung bildet oder nach anderen Verwaltungsstrafbestimmungen mit strengerer Strafe bedroht ist, eine Verwaltungsübertretung und ist von der Bezirksverwaltungsbehörde mit einer Geldstrafe bis zu 2 180 Euro zu bestrafen.

(2) Verwaltungsübertretungen nach Abs. 1 sind nur zu verfolgen und zu bestrafen, wenn im Falle

1. der §§ 213 Z 1 und 2, 215 Abs. 3, 216 Abs. 5, 219 Abs. 1, 227 Abs. 3, 228 Abs. 3, 235 Abs. 1 und 252 Abs. 4 die in den beteiligten Gesellschaften, betroffenen Tochtergesellschaften, betroffenen Betrieben oder der Europäischen Gesellschaft bestehenden Arbeitnehmervertretungen;

2. der §§ 219 Abs. 4 und 225 Abs. 2 das besondere Verhandlungsgremium;

3. des § 231 Abs. 2 die nach der Vereinbarung gemäß § 231 Abs. 1 zuständige Arbeitnehmervertretung;

4. des § 250 Abs. 1 das zuständige Leitungs- oder Verwaltungsorgan der beteiligten Gesellschaften, betroffenen Tochtergesellschaften, betroffenen Betrieben oder der Vorstand oder Verwaltungsrat der Europäischen Gesellschaft

binnen sechs Wochen ab Kenntnis von der Übertretung und der Person des Täters bei der zuständigen Bezirksverwaltungsbehörde einen Strafantrag stellt (Privatankläger).

(3) Auf das Strafverfahren ist § 56 Abs. 2 bis 4 des Verwaltungsstrafgesetzes 1991, BGBl. Nr. 52, anzuwenden.

(BGBl I 2004/82)

VII. Teil

Beteiligung der Arbeitnehmer in der Europäischen Genossenschaft

Geltungsbereich

§ 254. (1) Die Bestimmungen des VII. Teiles gelten für Unternehmen, die unter den II. Teil fallen und nach der in der Verordnung (EG) Nr. 1435/2003 vom 22. Juli 2003 über das Statut der Europäischen Genossenschaft (SCE) vorgesehenen Rechtsform

1. durch Neugründung, an der mindestens zwei nach dem Recht eines Mitgliedstaates gegründete juristische Personen, die dem Recht mindestens zweier verschiedener Mitgliedstaaten unterliegen sowie allenfalls eine oder mehrere natürliche Personen beteiligt sind, oder

2. durch Verschmelzung von Genossenschaften, die nach dem Recht eines Mitgliedstaates gegründet worden sind und ihren Sitz sowie ihre Hauptverwaltung in einem Mitgliedstaat haben, sofern mindestens zwei von ihnen dem Recht verschiedener Mitgliedstaaten unterliegen, oder

3. durch Umwandlung einer Genossenschaft, die nach dem Recht eines Mitgliedstaates gegründet worden ist und ihren Sitz sowie ihre Hauptverwaltung in einem Mitgliedstaat hat, sofern sie seit mindestens zwei Jahren eine dem Recht eines anderen Mitgliedstaates unterliegende Tochtergesellschaft oder Niederlassung hat,

gegründet oder geführt werden und ihren Sitz im Inland haben oder haben werden.

(2) Die Bestimmungen des VII. Teiles gelten weiters für Unternehmen, die unter den II. Teil fallen und nach der in der Verordnung (EG) Nr.

1435/2003 vom 22. Juli 2003 über das Statut der Europäischen Genossenschaft (SCE) vorgesehenen Rechtsform

1. ausschließlich von natürlichen Personen oder

2. von einer einzigen nach dem Recht eines Mitgliedstaates gegründeten juristischen Person und von natürlichen Personen

gegründet oder geführt werden und ihren Sitz im Inland haben oder haben werden, sofern diese in mindestens zwei Mitgliedstaaten insgesamt mindestens 50 Arbeitnehmer beschäftigen.

(3) [1]Die Bestimmungen des VII. Teiles gelten weiters für Unternehmen, die unter den II. Teil fallen und nach der in der Verordnung (EG) Nr. 1435/2003 vom 22. Juli 2003 über das Statut der Europäischen Genossenschaft (SCE) vorgesehenen Rechtsform

1. ausschließlich von natürlichen Personen oder

2. von einer einzigen nach dem Recht eines Mitgliedstaates gegründeten juristischen Person und von natürlichen Personen

gegründet worden sind, ihren Sitz im Inland haben und insgesamt weniger als 50 Arbeitnehmer oder in nur einem Mitgliedstaat 50 oder mehr Arbeitnehmer beschäftigen, sofern nach deren Eintragung mindestens ein Drittel der Gesamtzahl der Arbeitnehmer der Europäischen Genossenschaft und ihrer Tochtergesellschaften und Betriebe in mindestens zwei verschiedenen Mitgliedstaaten einen entsprechenden Antrag stellt oder die Gesamtzahl von 50 Arbeitnehmern in mindestens zwei Mitgliedstaaten erreicht oder überschritten wird. [2]In diesem Fall sind die Bestimmungen des VII. Teiles mit der Maßgabe anzuwenden, dass die Europäische Genossenschaft an Stelle der beteiligten juristischen Personen und die Tochtergesellschaften und Betriebe der Europäischen Genossenschaft an Stelle der betroffenen Tochtergesellschaften und Betriebe treten.

(4) Wenn an der Gründung einer Europäischen Genossenschaft natürliche Personen beteiligt sind, so sind die Bestimmungen des VII. Teiles mit der Maßgabe anzuwenden, dass alle für die beteiligten juristischen Personen geltenden Regelungen in gleicher Weise auch für die beteiligten natürlichen Personen gelten.

(BGBl I 2006/104)

Begriffsbestimmungen

§ 255. (1) [1]Unter beteiligten juristischen Personen im Sinne des VII. Teiles sind die unmittelbar an der Gründung einer Europäischen Genossenschaft beteiligten Unternehmen zu verstehen. [2]Dies sind im Falle der

1. Neugründung die daran beteiligten Unternehmen;

2. Verschmelzung die zu verschmelzenden Genossenschaften;

3. Umwandlung die umzuwandelnde Genossenschaft.

(2) Unter Tochtergesellschaft einer beteiligten juristischen Person oder einer Europäischen Genossenschaft im Sinne des VII. Teiles ist ein Unternehmen zu verstehen, auf das die betreffende juristische Person oder die betreffende Europäische Genossenschaft einen beherrschenden Einfluss im Sinne des § 176 ausübt.

(3) Unter betroffener Tochtergesellschaft ist eine Tochtergesellschaft einer beteiligten juristischen Person zu verstehen, die bei der Gründung einer Europäischen Genossenschaft zu deren Tochtergesellschaft werden soll.

(4) Unter betroffenem Betrieb ist ein Betrieb einer beteiligten juristischen Person zu verstehen, der bei der Gründung einer Europäischen Genossenschaft zu deren Betrieb werden soll.

(BGBl I 2006/104)

Organe der Arbeitnehmerschaft

§ 256. In den Unternehmen, die die Voraussetzungen des § 254 erfüllen, ist nach Maßgabe der Bestimmungen des VII. Teiles ein besonderes Verhandlungsgremium einzusetzen sowie ein SCE-Betriebsrat zu errichten oder ein anderes Verfahren zur Beteiligung der Arbeitnehmer zu schaffen.

(BGBl I 2006/104)

Anwendbarkeit der Bestimmungen des VI. Teiles

§ 257. (1) Im Übrigen gelten die Bestimmungen des VI. Teiles mit der Maßgabe, dass an die Stelle der beteiligten Gesellschaften die beteiligten juristischen Personen, an die Stelle der Europäischen Gesellschaft die Europäische Genossenschaft und an die Stelle des SE-Betriebsrates der SCE-Betriebsrat tritt.

(2) § 215 Abs. 2 gilt mit der Maßgabe, dass die Aufforderung zur Errichtung des besonderen Verhandlungsgremiums

1. im Fall der Neugründung einer Europäischen Genossenschaft gemäß § 254 Abs. 1 Z 1 oder Abs. 2 mindestens vier Wochen vor Unterzeichnung der Satzung,

2. im Fall einer gemäß § 254 Abs. 3 gegründeten Europäischen Genossenschaft unmittelbar nachdem mindestens ein Drittel der Gesamtzahl der Arbeitnehmer der Europäischen Genossenschaft und ihrer Tochtergesellschaften und Betriebe in mindestens zwei verschiedenen Mitgliedstaaten einen entsprechenden Antrag gestellt hat oder die Gesamtzahl von 50 Arbeitnehmern in mindestens zwei Mitgliedstaaten erreicht oder überschritten wird,

zu erfolgen hat.

(3) § 221 Abs. 2 Z 2 gilt mit der Maßgabe, dass der Abschluss einer Vereinbarung, die eine Minderung der Mitbestimmungsrechte der Arbeitnehmer zur Folge hat, nur dann der Mehrheit von zwei Drittel der Stimmen des besonderen Verhandlungsgremiums, die mindestens zwei Drittel der Arbeitnehmer in mindestens zwei Mitgliedstaaten vertreten, bedarf, wenn sich die Mitbestimmung im Fall einer Europäischen Genossenschaft, die gemäß § 254 Abs. 1 Z 1, Abs. 2 oder Abs. 3 gegründet werden soll, auf mindestens 50% der Gesamtzahl der Arbeitnehmer der beteiligten juristischen Personen erstreckt.

(4) Die Bestimmungen des 3. Abschnittes des 3. Hauptstückes des VI. Teiles über die Mitbestimmung der Arbeitnehmer kommen im Fall einer Europäischen Genossenschaft, die gemäß § 254 Abs. 1 Z 1, Abs. 2 oder Abs. 3 gegründet werden soll, nur dann zur Anwendung, wenn

1. in mindestens einer der beteiligten juristischen Personen Mitbestimmung besteht und sich auf mindestens 50% der Gesamtzahl der Arbeitnehmer aller beteiligten juristischen Personen erstreckt oder

2. in mindestens einer der beteiligten juristischen Personen Mitbestimmung besteht und sich auf weniger als 50% der Gesamtzahl der Arbeitnehmer aller beteiligten juristischen Personen erstreckt, sofern das besondere Verhandlungsgremium einen entsprechenden Beschluss fasst.

(5) § 252 Abs. 2 zweiter Satz ist mit der Maßgabe anzuwenden, dass § 110 auch auf jene Europäischen Genossenschaften Anwendung findet, die gemäß § 254 den Bestimmungen des VII. Teiles nicht unterliegen.

(6) Wird der Sitz einer Europäischen Genossenschaft, in der Vorschriften über die Mitbestimmung bestehen, die aber den Bestimmungen des VII. Teiles nicht unterliegt, ins Inland verlegt, so ist den Arbeitnehmern weiterhin zumindest dasselbe Niveau an Mitbestimmungsrechten zu gewährleisten.

(7) Auf die nach den Bestimmungen dieses Teiles in den Verwaltungsrat einer Europäischen Genossenschaft entsendeten Arbeitnehmervertreter finden jene Bestimmungen in Aufsichtsgesetzen keine Anwendung, die für Mitglieder des Verwaltungsrates eine besondere fachliche Eignung, besondere Qualifikationserfordernisse oder ähnliche Voraussetzungen vorschreiben, es sei denn die Arbeitnehmervertreter werden gemäß § 25 Abs. 1 des SCE-Gesetzes, BGBl. I Nr. 104/2006, zu geschäftsführenden Direktoren des Verwaltungsrates bestimmt.

(BGBl I 2006/104)

VIII. Teil

Mitbestimmung der Arbeitnehmer bei einer grenzüberschreitenden Verschmelzung von Kapitalgesellschaften

Geltungsbereich

§ 258. (1) Die Bestimmungen dieses Teiles gelten für Unternehmen, die unter den II. Teil fallen, aus einer grenzüberschreitenden Verschmelzung von Kapitalgesellschaften hervorgehen oder hervorgehen sollen und ihren Sitz im Inland haben oder haben werden, wenn

1. in den sechs Monaten vor der Veröffentlichung des Verschmelzungsplanes mindestens eine der an der Verschmelzung beteiligten Gesellschaften durchschnittlich mehr als 500 Arbeitnehmer beschäftigt und in dieser Gesellschaft ein System der Mitbestimmung im Sinne des § 212 Abs. 4 besteht, oder

2. das österreichische Recht für die aus der grenzüberschreitenden Verschmelzung hervorgehende Gesellschaft nicht mindestens den gleichen Umfang an Mitbestimmungsrechten der Arbeitnehmer vorsieht, wie er in den jeweiligen an der Verschmelzung beteiligten Gesellschaften bestanden hat, oder

3. das österreichische Recht für die aus der grenzüberschreitenden Verschmelzung hervorgehende Gesellschaft für Arbeitnehmer in Betrieben dieser Gesellschaft, die sich in anderen Mitgliedstaaten befinden, nicht den gleichen Anspruch auf Mitbestimmung der Arbeitnehmer vorsieht, wie er den Arbeitnehmern in Österreich gewährt wird.

(2) Der Umfang der Mitbestimmungsrechte der Arbeitnehmer im Sinne des Abs. 1 Z 2 bemisst sich nach dem Anteil der Arbeitnehmervertreter im Verwaltungs- oder Aufsichtsorgan oder in dessen Ausschüssen oder im Leitungsgremium, das für die Ergebniseinheiten einer Gesellschaft zuständig ist.

(3) [1]Im Fall einer grenzüberschreitenden Verschmelzung durch Aufnahme gelten die Bestimmungen des VI. Teiles, sofern an der Verschmelzung eine Europäische Gesellschaft als aufnehmende Gesellschaft beteiligt ist. [2]In allen übrigen von Abs. 1 Z 1 bis 3 nicht erfassten Fällen einer grenzüberschreitenden Verschmelzung bleibt § 110 von den Bestimmungen dieses Teiles unberührt.

(BGBl I 2007/77)

Begriffsbestimmungen

§ 259. (1) Unter beteiligten Gesellschaften im Sinne dieses Teiles sind die an einer grenzüberschreitenden Verschmelzung beteiligten Kapitalgesellschaften zu verstehen.

(2) Unter Tochtergesellschaft einer beteiligten Gesellschaft im Sinne dieses Teiles ist ein Unternehmen zu verstehen, auf das die betreffende Gesellschaft einen beherrschenden Einfluss im Sinne des § 176 ausübt.

(3) Unter betroffener Tochtergesellschaft ist eine Tochtergesellschaft einer beteiligten Gesellschaft zu verstehen, die zur Tochtergesellschaft der aus der grenzüberschreitenden Verschmelzung hervorgehenden Gesellschaft werden soll.

(4) Unter betroffenem Betrieb ist ein Betrieb einer beteiligten Gesellschaft zu verstehen, der zum Betrieb der aus der grenzüberschreitenden Verschmelzung hervorgehenden Gesellschaft werden soll.

(BGBl I 2007/77)

Anwendbarkeit der Bestimmungen über die Beteiligung der Arbeitnehmer in der Europäischen Gesellschaft

§ 260. (1) Im Übrigen gelten für Unternehmen im Sinne des § 258 die Bestimmungen des VI. Teiles über die Beteiligung der Arbeitnehmer in der Europäischen Gesellschaft, soweit sich diese auf das Recht auf Mitbestimmung beziehen, mit der Maßgabe, dass in jenen Fällen, in denen in diesen Bestimmungen nach der Art der Gründung der Europäischen Gesellschaft unterschieden wird, die für den Fall der Gründung durch Verschmelzung geltende Rechtsvorschrift anzuwenden ist.

(2) Wenn innerhalb des gemäß § 226 für die Verhandlungen bestimmten Zeitraumes keine Vereinbarung über die Mitbestimmung der Arbeitnehmer zustande gekommen ist, sind die §§ 246 und 247 mit der Maßgabe anzuwenden, dass das besondere Verhandlungsgremium an die Stelle des SE-Betriebsrates tritt.

(3) [1]Wenn das besondere Verhandlungsgremium einen Beschluss gemäß § 227 Abs. 1 fasst, so sind auf die aus der grenzüberschreitenden Verschmelzung hervorgehende Gesellschaft die Bestimmungen des VI. Teiles anzuwenden, sofern es sich um eine Verschmelzung durch Aufnahme handelt und an der Verschmelzung eine Europäische Gesellschaft als aufnehmende Gesellschaft beteiligt ist. [2]In allen übrigen Fällen ist auf die aus der grenzüberschreitenden Verschmelzung hervorgehende Gesellschaft § 110 anzuwenden. [3]§ 227 Abs. 3 und 4 ist nicht anzuwenden.

(4) § 244 Abs. 2 Z 2 gilt mit der Maßgabe, dass an die Stelle des in dieser Bestimmung festgelegten Anteiles von mindestens 25% der Gesamtzahl der Arbeitnehmer aller beteiligten Gesellschaften der Anteil von mindestens einem Drittel der Gesamtzahl der Arbeitnehmer aller beteiligten Gesellschaften tritt.

(5) § 251 Abs. 2 kommt für österreichische Arbeitnehmervertreter im Aufsichts- oder Verwaltungsrat der aus der grenzüberschreitenden Verschmelzung hervorgehenden Gesellschaft zur Anwendung, sofern diese Gesellschaft Betriebe in mindestens zwei Mitgliedstaaten hat und soweit die österreichischen Arbeitnehmervertreter keinen Anspruch gemäß dieser Bestimmung als Mitglieder des SE-Betriebsrates haben.

(BGBl I 2007/77)

Anwendung der Bestimmungen über die Mitbestimmung kraft Gesetzes ohne Verhandlungen

§ 261. (1) [1]Die zuständigen Leitungs- und Verwaltungsorgane der beteiligten Gesellschaften können beschließen, keine Verhandlungen gemäß § 260 in Verbindung mit den Bestimmungen des 2. Hauptstückes des VI. Teiles zu führen. [2]Wird ein solcher Beschluss gefasst, so gelten in der aus der grenzüberschreitenden Verschmelzung hervorgehenden Gesellschaft die Bestimmungen über die Mitbestimmung kraft Gesetzes gemäß dem 3. Abschnitt des 3. Hauptstückes des VI. Teiles mit Ausnahme des § 244.

(2) [1]Die zuständigen Leitungs- und Verwaltungsorgane haben die Arbeitnehmervertreter oder die Arbeitnehmer - nach Maßgabe des anzuwendenden Rechtes - der beteiligten Gesellschaften von einem Beschluss nach Abs. 1 erster Satz unverzüglich zu informieren und auf das Erfordernis der Errichtung eines besonderen Entsendungsgremiums hinzuweisen. [2]Im Übrigen gilt § 215 Abs. 3 Z 2 bis 5 sowie Abs. 4 und 5 sinngemäß mit der Maßgabe, dass an die Stelle des besonderen Verhandlungsgremiums das besondere Entsendungsgremium tritt.

(3) [1]Das besondere Entsendungsgremium ist unter sinngemäßer Anwendung der Bestimmungen über das besondere Verhandlungsgremium (§ 216 Abs. 1) zu errichten. [2]Die Entsendung der österreichischen Mitglieder in das besondere Entsendungsgremium erfolgt gemäß § 217.

(4) [1]Die Einladung zur konstituierenden Sitzung des besonderen Entsendungsgremiums kann durch jedes seiner Mitglieder erfolgen. [2]Im Fall mehrerer Einberufungen ist die Einberufung jenes Mitgliedes maßgeblich, das die größere Zahl an Arbeitnehmern vertritt.

(5) [1]Das besondere Entsendungsgremium hat die Aufgabe, über die Verteilung der Sitze im Aufsichts- oder Verwaltungsrat der aus der grenzüberschreitenden Verschmelzung hervorgehenden Gesellschaft auf die Arbeitnehmervertreter aus verschiedenen Mitgliedstaaten der in den einzelnen Mitgliedstaaten beschäftigten Arbeitnehmer dieser Gesellschaft, ihrer Tochtergesellschaften und Betriebe gemäß § 246 zu entscheiden. [2]Die Entsendung der österreichischen Arbeitnehmervertreter erfolgt gemäß § 247. [3]Soweit über die Besetzung der anderen Mitgliedstaaten gemäß dem ersten Satz zugewiesenen Sitze in

diesen Mitgliedstaaten keine Regelung getroffen ist, bestimmt das besondere Entsendungsgremium die Entsendung der Arbeitnehmervertreter.

(6) Tritt in der Struktur oder der Arbeitnehmerzahl der aus der grenzüberschreitenden Verschmelzung hervorgehenden Gesellschaft eine solche Änderung ein, dass diese gegenüber der ersten Beschlussfassung gemäß Abs. 4 eine andere Verteilung der Sitze im Aufsichts- oder Verwaltungsrat oder gegebenenfalls eine andere Entsendung der österreichischen Arbeitnehmervertreter bedingt hätte, so hat das besondere Entsendungsgremium über die Verteilung der Sitze im Aufsichts- oder Verwaltungsrat gemäß § 246 und gegebenenfalls über die Entsendung der österreichischen Arbeitnehmervertreter gemäß § 247 unter Berücksichtigung der eingetretenen Änderung neu zu entscheiden.

(7) Für das besondere Entsendungsgremium gelten im Übrigen die Bestimmungen der §§ 219 Abs. 2, 220 Abs. 2, 221 Abs. 1, 224, 250 und 251 Abs. 1.

(BGBl I 2007/77)

Weitere Anwendbarkeit bestehender Systeme der Mitbestimmung im Fall nachfolgender innerstaatlicher Verschmelzungen

§ 262. [1]Wenn die aus der grenzüberschreitenden Verschmelzung hervorgehende Gesellschaft in der Folge mit einer Gesellschaft mit Sitz in Österreich verschmolzen wird, gilt, sofern es sich nicht um einen Fall des § 258 Abs. 3 erster Satz handelt, für die aus dieser Verschmelzung hervorgehende Gesellschaft § 110, es sei denn, dass dessen Anwendung zu einer Minderung der Mitbestimmungsrechte gemäß § 221 Abs. 4 führen würde. [2]In diesem Fall gelten für diese Gesellschaft für eine Dauer von fünf Jahren nach Wirksamwerden der grenzüberschreitenden Verschmelzung jene Mitbestimmungsregelungen weiter, die bisher für die aus der grenzüberschreitenden Verschmelzung hervorgegangene Gesellschaft maßgeblich waren.

(BGBl I 2007/77)

16/1. Verordnung über die Entsendung von Arbeitnehmervertretern in den Aufsichtsrat

BGBl 1974/343 idF

1 BGBl 1987/367
2 BGBl 1990/690
3 BGBl 1993/814
4 BGBl II 2012/142
5 BGBl II 2017/312

GLIEDERUNG

Verordnung des Bundesministers für soziale Verwaltung vom 17. Juni 1974 über die Entsendung von Arbeitnehmervertretern in den Aufsichtsrat

Auf Grund des Arbeitsverfassungsgesetzes (ArbVG), BGBl. Nr. 22/1974, wird verordnet:

1. ABSCHNITT

Arbeitnehmervertreter im Aufsichtsrat von Aktiengesellschaften

Zuständigkeit zur Entsendung und Abberufung der Arbeitnehmervertreter

§ 1. (1) In Unternehmen, die in der Rechtsform einer Aktiengesellschaft geführt werden, entsendet, sofern der 3. Abschnitt nicht anderes bestimmt,

1. der Zentralbetriebsrat, wenn das Unternehmen mindestens zwei Betriebe im Sinne der §§ 34 und 35 ArbVG umfaßt, die eine wirtschaftliche Einheit bilden und vom Unternehmen zentral verwaltet werden;

2. der Betriebsausschuß, wenn das Unternehmen nur aus einem Betrieb im Sinne des § 34 ArbVG besteht und in diesem Betrieb getrennte Betriebsräte bestellt sind;

3. der Betriebsrat in allen anderen Fällen

die Arbeitnehmervertreter in den Aufsichtsrat. Das gleiche gilt auch für die Abberufung der Arbeitnehmervertreter.

(2) Ist in einem Betrieb trotz Vorliegens der Voraussetzungen für die Bildung eines Betriebsausschusses ein solcher nicht errichtet, so kommen dessen Befugnisse gem. Abs. 1 den Betriebsräten gemeinsam zu. *(BGBl 1987/367)*

Vorschlagsrecht

§ 2. (1) Die Mitglieder des Zentralbetriebsrates (Betriebsrates, Betriebsausschusses), die auf dem Vorschlag einer wahlwerbenden Gruppe gewählt wurden, oder bei Listenkoppelung (§ 5) die Mitglieder der gekoppelten Listen haben das Recht, durch Mehrheitsbeschluß entsprechend der Berechnung gemäß § 3 Abs. 3 Arbeitnehmervertreter für die Entsendung in den Aufsichtsrat zu nominieren sowie deren Abberufung zu verlangen. Der Zentralbetriebsrat (Betriebsrat, Betriebsausschuß) ist bei Entsendung und Abberufung der Arbeitnehmervertreter an diese Vorschläge gebunden.

(2) Soweit vom Vorschlagsrecht nicht innerhalb von drei Monaten nach der gemäß § 3 Abs. 1 durchgeführten Feststellung Gebrauch gemacht wird, hat der Zentralbetriebsrat (Betriebsrat, Betriebsausschuß) über die Entsendung der restlichen Arbeitnehmervertreter zu beschließen.

Vorbereitung der Entsendung

§ 3. (1) Nach der Konstituierung des Zentralbetriebsrates (Betriebsrates, Betriebsausschusses) hat der „Vorsitzende“ unverzüglich eine Sitzung zur Beschlußfassung über die Entsendung einzuberufen, in der die Zahlen der von den jeweils auf dem Vorschlag einer wahlwerbenden Gruppe gewählten Mitgliedern des Zentralbetriebsrates (Betriebsrates, Betriebsausschusses) für die Entsendung in den Aufsichtsrat zu nominierenden Arbeitnehmervertreter festzustellen sind. *(BGBl 1987/367)*

(2) In dieser Sitzung hat der Zentralbetriebsrat (Betriebsrat, Betriebsausschuß) zunächst an Hand der Wahlakten die Zahl der jeweils auf dem Vorschlag einer wahlwerbenden Gruppe gewählten Mitglieder des Zentralbetriebsrates (Betriebsrates, Betriebsausschusses) festzustellen.

(3) Die Berechnung der Zahlen der von den jeweils auf einem Vorschlag gewählten Mitgliedern des Zentralbetriebsrates (Betriebsrates, Betriebsausschusses) zu nominierenden Arbeitnehmervertreter hat mittels einer Wahlzahl zu erfolgen. Diese Wahlzahl ist wie folgt zu berechnen: Die Zahlen der jeweils auf einem Wahlvorschlag gewählten Mitglieder des Zentralbetriebsrates (Betriebsrates, Betriebsausschusses) sind, nach ihrer Größe geordnet, nebeneinander zu schreiben. Unter jede dieser Zahlen ist ihre Hälfte, unter diese ihr Drittel, Viertel und nach Bedarf auch ihr Fünftel, Sechstel usw. zu schreiben, wobei diese Zahlen in Dezimalzahlen zu errechnen sind. Sind zwei Arbeitnehmervertreter in den Aufsichtsrat zu entsenden, so gilt als Wahlzahl die zweitgrößte, sind drei Arbeitnehmervertreter in den Aufsichtsrat zu entsenden, so gilt als Wahlzahl die drittgrößte usw. der angeschriebenen Zahlen. Den jeweils auf dem Vorschlag einer wahlwerbenden Gruppe gewählten Mitgliedern des Zentralbetriebsrates (Betriebsrates, Betriebsausschusses) steht das Recht zur Nominierung so vieler Arbeitnehmervertreter zu, als die Wahlzahl in der Zahl der auf diesem Vorschlag gewählten enthalten ist. Haben nach dieser Berechnung mehrere Mitgliedergruppen des Zentralbetriebsrates (Betriebsrates, Betriebsausschusses) den gleichen Anspruch auf Nominierung eines Arbeitnehmervertreters, so entscheidet die Zahl der bei der Wahl des Zentralbetriebsrates (Betriebsrates) bei Zuteilung der Mandate an die betreffenden Wahlvorschläge verbliebenen Reststimmen. Bei gleicher Reststimmenzahl entscheidet das Los.

§ 4. (1) Die zur Nominierung berechtigten Mitgliedergruppen des Zentralbetriebsrates (Betriebsrates, Betriebsausschusses) haben ihre Vorschläge durch Mehrheitsbeschlüsse zu erstellen.

(2) Bei Erstellung der Nominierungsvorschläge soll auf eine angemessene Vertretung der Gruppen der Arbeiter und der Angestellten und der einzelnen Betriebe des Unternehmens Bedacht genommen werden.

(3) Die Nominierungsvorschläge sind binnen drei Monaten nach der gemäß § 3 Abs. 1 durchgeführten Feststellung dem „Vorsitzenden" des Zentralbetriebsrates (Betriebsrates, Betriebsausschusses) zu übergeben. Die Bekanntgabe des Nominierungsvorschlages hat durch das auf dem Wahlvorschlag der wahlwerbenden Gruppe an erster Stelle gereihte Mitglied oder im Falle seines Ausscheidens durch das nächstgereihte Mitglied (Listenführer) zu erfolgen. Der Zentralbetriebsrat (Betriebsrat, Betriebsausschuß) ist nur an diesen Vorschlag gebunden. *(BGBl 1987/367)*

Listenkoppelung

§ 5. (1) Durch übereinstimmende Mehrheitsbeschlüsse von jeweils auf dem Vorschlag einer wahlwerbenden Gruppe gewählten Mitgliedern des Zentralbetriebsrates (Betriebsrates, Betriebsausschusses) kann vereinbart werden, gemeinsame Nominierungsvorschläge zu erstellen (Listenkoppelung).

(2) Eine gemäß Abs. 1 geschlossene Vereinbarung ist von den Listenführern der beteiligten Mitgliedergruppen des Zentralbetriebsrates (Betriebsrates, Betriebsausschusses) spätestens am Beginn der Sitzung, in der die Berechnung der Zahlen der von den vorschlagsberechtigten Mitgliedergruppen zu nominierenden Arbeitnehmervertreter erfolgen soll (§ 3), dem „Vorsitzenden" des Zentralbetriebsrates (Betriebsrates, Betriebsausschusses) schriftlich zur Kenntnis zu bringen. Gleichzeitig haben die Listenführer mitzuteilen, welches Mitglied als Listenführer der gekoppelten Listen allein berechtigt ist, verbindliche Erklärungen gegenüber dem Zentralbetriebsrat (Betriebsrat, Betriebsausschuß) abzugeben. *(BGBl 1987/367)*

(3) Bei Vorliegen einer Vereinbarung im Sinne des Abs. 1 sind die Mitgliederzahlen und erforderlichenfalls die Zahlen der Reststimmen der beteiligten Gruppen des Zentralbetriebsrates (Betriebsrates, Betriebsausschusses) vor Durchführung der Berechnung nach § 3 Abs. 3 zusammenzuzählen.

(4) Hat der Zentralbetriebsrat (Betriebsrat, Betriebsausschuß) auf Grund einer ihm rechtzeitig bekanntgegebenen Listenkoppelung die Zahl der Arbeitnehmervertreter festgestellt, zu deren Nominierung die auf den gekoppelten Vorschlägen gewählten Mitglieder berechtigt sind, so kann die Nominierung der entsprechenden Anzahl von Arbeitnehmervertretern nur mehr durch Mehrheitsbeschluß der Mitglieder der gekoppelten Listen erfolgen. Das gleiche gilt für die Abberufung (§ 11).

(5) Die Listenkoppelung gilt für die Tätigkeitsdauer des entsendenden Zentralbetriebsrates (Betriebsrates, Betriebsausschusses). Außer in den Fällen des § 9 kann eine Trennung nur durch übereinstimmende Mehrheitsbeschlüsse der Mitglieder der gekoppelten Listen und mit Zustimmung sämtlicher im Zentralbetriebsrat (Betriebsrat, Betriebsausschuß) vertretenen Mitgliedergruppen erfolgen.

§ 6. (1) Der Zentralbetriebsrat (Betriebsrat, Betriebsausschuß) hat die innerhalb der Vorschlagsfrist (§ 4 Abs. 3) überreichten Nominierungsvorschläge zu prüfen und vorhandene Mängel dem Listenführer der betreffenden vorschlagsberechtigten Mitgliedergruppen unverzüglich schriftlich bekanntzugeben.

(2) Ein Nominierungsvorschlag ist insbesondere mangelhaft, wenn er mehr Kandidaten enthält als die betreffende vorschlagsberechtigte Mitgliedergruppe zu nominieren berechtigt ist, oder vorgeschlagene Personen nicht die Voraussetzungen für die Entsendung erfüllen.

(3) Eine vorschlagsberechtigte Mitgliedergruppe, deren Nominierungsvorschlag mangelhaft ist, kann bis zum Ablauf der Vorschlagsfrist diesen richtig stellen beziehungsweise einen neuen Vorschlag erstellen. Nach Ablauf der Vorschlagsfrist ist ein nicht richtiggestellter oder ein mangelhafter neuer Vorschlag nur hinsichtlich der entsendbaren Personen verbindlich. Enthält der Vorschlag eine größere Zahl von Personen als nach der Berechnung (§ 3 Abs. 3) vorzuschlagen sind, so ist die Entsendung nach der Reihung vom Vorschlag vorzunehmen.

§ 7. Der „Vorsitzende" des Zentralbetriebsrates (Betriebsrates, Betriebsausschusses) hat die auf den geprüften Nominierungsvorschlägen aufscheinenden Kandidaten unverzüglich schriftlich von ihrer bevorstehenden Entsendung zu verständigen. „Lehnt ein Kandidat nicht binnen drei Tagen seine Entsendung in den Aufsichtsrat ab, so gilt dies als Zustimmung." *(BGBl 1987/367)*

Durchführung der Entsendung

§ 8. (1) Liegen Nominierungsvorschläge vor, die sowohl hinsichtlich der Zahl als auch der Entsendbarkeit der vorgeschlagenen Personen entsprechen, so hat der Zentralbetriebsrat (Betriebsrat, Betriebsausschuß) die vorgeschlagenen

Personen als Arbeitnehmervertreter in den Aufsichtsrat zu entsenden. Der Vorsitzende des Zentralbetriebsrates (Betriebsrates, Betriebsausschusses) hat die Entsendung unverzüglich bekanntzugeben (§ 13). *(BGBl 1987/367)*

(2) Soweit innerhalb der Vorschlagsfrist (§ 4 Abs. 3) vom Vorschlagsrecht nicht oder nicht zur Gänze Gebrauch gemacht wurde oder allfällige Mängel eines Nominierungsvorschlages nicht behoben wurden (§ 6 Abs. 3), hat der Zentralbetriebsrat (Betriebsrat, Betriebsausschuß) über die Entsendung der restlichen Arbeitnehmervertreter zu beschließen.

Beginn der Mitgliedschaft im Aufsichtsrat

§ 8a. Die Mitgliedschaft der Arbeitnehmervertreter im Aufsichtsrat beginnt mit der Mitteilung der Entsendung an den Vorsitzenden des Aufsichtsrates durch den Vorsitzenden des Zentralbetriebsrates (Betriebsrates, Betriebsausschusses).

(BGBl 1987/367)

Beendigung der Mitgliedschaft im Aufsichtsrat

§ 9. (1) Die Mitgliedschaft aller entsendeten Arbeitnehmervertreter endet, wenn

1. der Zentralbetriebsrat (Betriebsrat, Betriebsausschuß) auf Vorschlag aller zur Nominierung berechtigten Mitgliedergruppen die Abberufung gemäß § 11 Abs. 1 vornimmt;

2. der Zentralbetriebsrat (Betriebsrat, Betriebsausschuß) die Abberufung gemäß § 12 vornimmt;

3. der neu konstituierte Zentralbetriebsrat (Betriebsrat, Betriebsausschuß) Arbeitnehmervertreter in den Aufsichtsrat entsendet.

(2) Sind die Voraussetzungen zur Bestellung eines Zentralbetriebsrates (Betriebsausschusses) nicht mehr gegeben, so endet die Funktionsdauer der von diesem entsendeten Arbeitnehmervertreter – soweit deren Mitgliedschaft im Aufsichtsrat nicht bereits gemäß § 10 beendet ist – mit der Entsendung der Arbeitnehmervertreter durch den Betriebsrat (Betriebsausschuß).

§ 10. (1) Erfüllt ein Arbeitnehmervertreter die Voraussetzungen für die Entsendung nicht mehr, so ist seine Mitgliedschaft im Aufsichtsrat erloschen. Der „Vorsitzende" des Zentralbetriebsrates (Betriebsrates, Betriebsausschusses) hat dies dem Vorsitzenden des Aufsichtsrates unverzüglich schriftlich zur Kenntnis zu bringen. Gleichzeitig hat er die Mitgliedergruppe, die den betreffenden Arbeitnehmervertreter nominiert hat, schriftlich zur Vorlage eines neuen Nominierungsvorschlages aufzufordern. § 11 Abs. 2 gilt sinngemäß. *(BGBl 1987/367)*

(2) Tritt ein Arbeitnehmervertreter von seiner Funktion zurück, so hat er seinen Rücktritt unverzüglich dem „Vorsitzenden" des Zentralbetriebsrates (Betriebsrates, Betriebsausschusses) schriftlich bekanntzugeben. Abs. 1 zweiter und dritter Satz gilt sinngemäß. *(BGBl 1987/367)*

Abberufung

§ 11. (1) Jede zur Nominierung berechtigte Mitgliedergruppe (§§ 2 Abs. 1 und 5 Abs. 4) des Zentralbetriebsrates (Betriebsrates, Betriebsausschusses) kann durch Mehrheitsbeschluß jederzeit die Abberufung eines auf ihren Vorschlag entsendeten Arbeitnehmervertreters verlangen. Ein solcher Beschluß ist vom Listenführer dem „Vorsitzenden" des Zentralbetriebsrates (Betriebsrates, Betriebsausschusses) schriftlich zur Kenntnis zu bringen, der unverzüglich die Abberufung vorzunehmen hat. *(BGBl 1987/367)*

(2) Verlangt eine Mitgliedergruppe des Zentralbetriebsrates (Betriebsrates, Betriebsausschusses) die Abberufung eines von ihr nominierten Arbeitnehmervertreters, so ist tunlichst gleichzeitig ein neuer Nominierungsvorschlag vorzulegen. Wird innerhalb von drei Monaten nach erfolgter Abberufung ein solcher Nominierungsvorschlag nicht eingebracht, so hat der Zentralbetriebsrat (Betriebsrat, Betriebsausschuß) über die Entsendung eines Arbeitnehmervertreters zu beschließen. Das gleiche gilt für dessen Abberufung.

§ 12. Wird die Zahl der von der Hauptversammlung zu bestellenden Mitglieder des Aufsichtsrates durch Beschluß der Hauptversammlung in einem die Zahl der zu entsendenden Arbeitnehmervertreter beeinflussenden Ausmaß geändert, so hat der Zentralbetriebsrat (Betriebsrat, Betriebsausschuß) die entsendeten Arbeitnehmervertreter abzuberufen. Auf die Neuentsendung sind die §§ 3 bis 8 sinngemäß anzuwenden.

Mitteilungspflicht des Zentralbetriebsrates

§ 13. Der „Vorsitzende" des Zentralbetriebsrates (Betriebsrates, Betriebsausschusses) hat jede Entsendung oder Abberufung von Arbeitnehmervertretern, jeden Rücktritt sowie jedes Erlöschen einer Mitgliedschaft im Aufsichtsrat unverzüglich dem Vorsitzenden des Aufsichtsrates, dem Vorstand der Gesellschaft, jedem im Unternehmen bestehenden Betriebsrat, „ " den zuständigen freiwilligen Berufsvereinigungen und der zuständigen gesetzlichen Interessenvertretung der Arbeitnehmer schriftlich mitzuteilen. Von der Abberufung ist außerdem der abberufene Arbeitnehmervertreter unverzüglich schriftlich in Kenntnis zu setzen. *(BGBl 1987/367)*

Auskunftspflicht der Gesellschaft

§ 14. Der Vorstand der Gesellschaft sowie der Vorsitzende des Aufsichtsrates sind verpflichtet, dem Zentralbetriebsrat (Betriebsrat, Betriebsausschuß) alle zur Durchführung der Entsendung oder Abberufung der Arbeitnehmervertreter erforderlichen Auskünfte zu geben. Der Vorstand hat insbesondere jede auf Beschluß der Hauptversammlung beruhende Änderung der Zahl der von der Hauptversammlung zu bestellenden Aufsichtsratsmitglieder unverzüglich dem Zentralbetriebsrat (Betriebsrat, Betriebsausschuß) schriftlich mitzuteilen.

2. ABSCHNITT

§ 15. Die §§ 1 bis 14 sind gemäß anzuwenden auf

1. Gesellschaften mit beschränkter Haftung,
2. Versicherungsvereine auf Gegenseitigkeit,
3. die Österreichische Postsparkasse,
4. Genossenschaften, die dauernd mindestens 40 Arbeitnehmer beschäftigen, sowie
5. Sparkassen im Sinne des Sparkassengesetzes, BGBl. Nr. 64/1979, in der jeweils geltenden Fassung.

(BGBl 1990/690)

2a. ABSCHNITT

Arbeitnehmervertreter im Aufsichtsrat von Unternehmen gemäß § 110 Abs. 2a ArbVG

Geltungsbereich; Zuständigkeit zur Entsendung und Abberufung der Arbeitnehmervertreter

§ 15a. (1) Die Bestimmungen dieses Abschnittes gelten für börsenorientierte Unternehmen sowie Unternehmen, in denen dauernd mehr als 1 000 Arbeitnehmer beschäftigt sind, sofern mindestens drei Arbeitnehmervertreter in den Aufsichtsrat zu entsenden sind und die Belegschaft zu mindestens 20 Prozent aus Arbeitnehmerinnen bzw. Arbeitnehmern besteht.

(2) In Unternehmen gemäß Abs. 1 muss unter den in den Aufsichtsrat entsandten Arbeitnehmervertretern jedes der beiden Geschlechter mit einem Anteil von mindestens 30 Prozent vertreten sein, sofern dieser Mindestanteil nicht bereits gemäß § 86 Abs. 9 erster Satz Aktiengesetz, BGBl. Nr. 98/1965, in der jeweils geltenden Fassung erfüllt ist (Gesamtbetrachtung).

(3) Die Entsendung der Arbeitnehmervertreter in den Aufsichtsrat sowie Abberufung hat gemäß § 1 durch den Zentralbetriebsrat (Betriebsrat, Betriebsausschuss) zu erfolgen.

(BGBl II 2017/312)

Auskunftspflicht der Gesellschaft

§ 15b. Der Vorstand der Gesellschaft sowie der Vorsitzende des Aufsichtsrates sind verpflichtet, dem Zentralbetriebsrat (Betriebsrat, Betriebsausschuss) alle zur Durchführung der Entsendung oder Abberufung der Arbeitnehmervertreter erforderlichen Auskünfte zu geben. Der Vorstand sowie der Vorsitzende des Aufsichtsrates haben neben den gemäß § 14 bestehenden Auskunftspflichten insbesondere auch schriftlich mitzuteilen, wie viele Sitze im Aufsichtsrat mindestens von Arbeitnehmervertretern eines Geschlechts zu besetzen sind, um das Mindestanteilsgebot gemäß § 86 Abs. 7 Aktiengesetz zu erfüllen, sowie ob ein Widerspruch gemäß § 86 Abs. 9 Aktiengesetz erhoben wurde.

(BGBl II 2017/312)

Vorschlagsrecht; Vorbereitung der Entsendung

§ 15c. (1) Das Vorschlagsrecht für die Entsendung von Arbeitnehmervertretern in den Aufsichtsrat sowie das Verlangen auf deren Abberufung ist gemäß § 2 auszuüben.

(2) Die Vorbereitung der Entsendung in den Aufsichtsrat sowie die Berechnung der Zahl der von den auf einem Vorschlag gewählten Mitgliedern des Zentralbetriebsrates (Betriebsrates, Betriebsausschusses) jeweils zu nominierenden Arbeitnehmervertreter hat gemäß § 3 zu erfolgen.

(3) Nach Berechnung der Wahlzahl gemäß § 3 Abs. 3 sind die zu besetzenden Sitze im Aufsichtsrat den zur Nominierung berechtigten einzelnen Mitgliedergruppen des Zentralbetriebsrates (Betriebsrates, Betriebsausschusses) zuzuordnen. Dazu sind die bei der Berechnung der Wahlzahl ermittelten Zahlen der jeweils auf einen Wahlvorschlag gewählten Mitglieder des Zentralbetriebsrates (Betriebsrates, Betriebsausschusses) sowie deren Hälfte, deren Drittel, deren Viertel usw. heranzuziehen. Aus diesen Zahlen, nach ihrer Größe geordnet, ergibt sich die Reihenfolge, in der die einzelnen Mitgliedergruppen des Zentralbetriebsrates (Betriebsrates, Betriebsausschusses) zur Erstattung ihrer Nominierungsvorschläge zur Entsendung von Arbeitnehmervertretern in den Aufsichtsrat berechtigt sind.

(4) Die zur Nominierung berechtigten Mitgliedergruppen des Zentralbetriebsrates (Betriebsrates, Betriebsausschusses) haben ihre Vorschläge in der gemäß Abs. 3 bestimmten Reihenfolge durch Mehrheitsbeschlüsse zu erstatten, wobei über jeden einzelnen Nominierungsvorschlag ein gesonderter Beschluss zu fassen ist.

(5) Die Bekanntgabe der Nominierungsvorschläge hat gemäß § 4 Abs. 3 zu erfolgen.

(6) Listenkoppelung gemäß § 5 ist zulässig.

(BGBl II 2017/312)

Prüfung der Nominierungsvorschläge

§ 15d. (1) Die Prüfung der Nominierungsvorschläge hat, unbeschadet der Abs. 2 und 3, gemäß § 6 zu erfolgen.

(2) Wenn die zur Nominierung der Arbeitnehmervertreter vorschlagsberechtigten Mitgliedergruppen ihr Vorschlagsrecht nicht in der Weise ausüben, dass dadurch die Entsendung von Vertretern beider Geschlechter im Ausmaß von mindestens 30 Prozent gewährleistet ist, so sind die nach der gemäß § 15c Abs. 3 bestimmten Reihenfolge zunächst zu fassenden Nominierungsbeschlüsse nichtig, sofern diese zu einer Verletzung des Mindestanteils an zu entsendenden Arbeitnehmerinnen und Arbeitnehmern gemäß § 15a Abs. 2 führen würden.

(3) Der Vorsitzende des Zentralbetriebsrates (Betriebsrates, Betriebsausschusses) hat jede gemäß Abs. 2 festgestellte Nichtigkeit eines Nominierungsbeschlusses dem Listenführer der betreffenden vorschlagsberechtigten Mitgliedergruppe unverzüglich schriftlich mitzuteilen. In diesem Fall kann die betreffende vorschlagsberechtigte Mitgliedergruppe binnen einer Woche nach Zugang dieser Mitteilung einen neuen Nominierungsbeschluss fassen.

(4) Die Sitze im Aufsichtsrat, für die kein wirksamer Nominierungsbeschluss gefasst wurde, bleiben unbesetzt. Nach Ablauf der Frist des Abs. 3 kann der Zentralbetriebsrat (Betriebsrat, Betriebsausschuss) unter Wahrung des Mindestanteils gemäß § 15a Abs. 2 jederzeit über die Entsendung von Arbeitnehmervertretern auf die unbesetzt gebliebenen Sitze im Aufsichtsrat beschließen.

(5) Die Verständigung der auf den geprüften Nominierungsvorschlägen aufscheinenden Kandidaten hat gemäß § 7 zu erfolgen.

(BGBl II 2017/312)

Durchführung der Entsendung

§ 15e. Die Durchführung der Entsendung hat gemäß § 8 Abs. 1 zu erfolgen. Die Mitteilungspflicht des Zentralbetriebsrates (Betriebsrates, Betriebsausschusses) gemäß § 13 erstreckt sich dabei auch auf gemäß § 15d Abs. 2 allenfalls unbesetzt bleibende Sitze im Aufsichtsrat.

(BGBl II 2017/312)

Abweichendes Verfahren

§ 15f. Die Entsendung kann abweichend von dem Verfahren gemäß § 15c Abs. 1 bis 4 erfolgen, sofern der Zentralbetriebsrat (Betriebsrat, Betriebsausschuss) einen entsprechenden einhelligen Beschluss fasst und dabei der Mindestanteil der entsendeten Arbeitnehmerinnen und Arbeitnehmer gemäß § 15a Abs. 2 gewahrt wird. Dies gilt auch für die Abberufung und Neuentsendung von Arbeitnehmervertretern, sofern der Zentralbetriebsrat (Betriebsrat, Betriebssausschuss) nicht einhellig einen anders lautenden Beschluss fasst oder im Beschluss anderes festgelegt ist.

(BGBl II 2017/312)

Beginn und Beendigung der Mitgliedschaft im Aufsichtsrat

§ 15g. Auf Beginn und Beendigung der Mitgliedschaft im Aufsichtsrat sind die §§ 8a bis 12 mit der Maßgabe anzuwenden, dass neu vorzulegende Nominierungsvorschläge nur dann als gesetzmäßig anzusehen sind, wenn ihre Erstattung gemäß § 15c Abs. 1 bis 4 oder § 15f erfolgt ist und dadurch der Mindestanteil der entsendeten Arbeitnehmerinnen und Arbeitnehmer gemäß § 15a Abs. 2 gewahrt bleibt. Andernfalls sind die entsprechenden Nominierungsbeschlüsse nichtig (§ 15d Abs. 2).

(BGBl II 2017/312)

Mitteilungspflicht des Zentralbetriebsrates

§ 15h. Der Vorsitzende des Zentralbetriebsrates (Betriebsrates, Betriebsausschusses) hat seine Mitteilungspflicht gemäß § 13 wahrzunehmen; diese erstreckt sich über die in dieser Bestimmung angeführten Gegenstände hinaus auch auf gemäß § 15d Abs. 2 allenfalls unbesetzt bleibende Sitze im Aufsichtsrat.

(BGBl II 2017/312)

3. ABSCHNITT
Arbeitnehmervertreter im Aufsichtsrat eines herrschenden Unternehmens gemäß § 110 Abs. 6 ArbVG

Vorbereitung der Entsendung

§ 16. (1) Unmittelbar nach seiner Konstituierung hat der gemäß § 1 zur Entsendung der Arbeitnehmervertreter in den Aufsichtsrat berufene Zentralbetriebsrat (Betriebsrat, Betriebsausschuß) eines in der Rechtsform einer Aktiengesellschaft, Gesellschaft mit beschränkter Haftung oder Genossenschaft geführten herrschenden Unternehmens die Unternehmensleitung aufzufordern, ihm die im Sinne des § 110 Abs. 6 ArbVG, BGBl. Nr. 22/1974, idF BGBl. Nr. 502/1993 beherrschten Unternehmen sowie die Zahl der im Zeitpunkt der Konstituierung in jedem dieser Unternehmen beschäftigten Arbeitnehmer schriftlich bekanntzugeben. *(BGBl 1993/814)*

(2) Die Unternehmensleitung hat der Aufforderung des Zentralbetriebsrates (Betriebsrates, Betriebsausschusses) binnen einer Woche nachzukommen.

§ 17. (1) Ergibt sich aus der Mitteilung der Unternehmensleitung (§ 16), daß das herrschende Unternehmen höchstens halb so viele Arbeitnehmer beschäftigt als alle beherrschten Unternehmen zusammen, so hat der „Vorsitzende" des Zentralbetriebsrates (Betriebsrates, Betriebsausschusses) des herrschenden Unternehmens unverzüglich eine Sitzung einzuberufen, in der die Zahlen der vom Zentralbetriebsrat (Betriebsrat, Betriebsausschuß) einerseits und von der Gesamtheit der Mitglieder aller in den beherrschten Unternehmen bestellten Betriebsräte andererseits in den Aufsichtsrat des herrschenden Unternehmens zu entsendenden Arbeitnehmervertreter zu berechnen sind. *(BGBl 1987/367)*

(2) Diese Berechnung hat mittels einer Wahlzahl zu erfolgen. Diese Wahlzahl ist wie folgt zu berechnen: Die Zahl der im herrschenden Unternehmen beschäftigten Arbeitnehmer und die Zahl aller in den beherrschten Unternehmen zusammen beschäftigten Arbeitnehmer sind, nach ihrer Größe geordnet, nebeneinander zu schreiben. Unter jede dieser beiden Zahlen ist ihre Hälfte, unter diese ihr Drittel, Viertel und nach Bedarf auch ihr Fünftel, Sechstel usw. zu schreiben, wobei diese Zahlen in Dezimalzahlen zu errechnen sind. Sind zwei Arbeitnehmervertreter in den Aufsichtsrat zu entsenden, so gilt als Wahlzahl die zweitgrößte, sind drei Arbeitnehmervertreter in den Aufsichtsrat zu entsenden, so gilt als Wahlzahl die drittgrößte usw. der angeschriebenen Zahlen. Dem Zentralbetriebsrat (Betriebsrat, Betriebsausschuß) des herrschenden Unternehmens beziehungsweise der Gesamtheit aller in den beherrschten Unternehmen bestellten Betriebsräte steht das Recht zur Entsendung so vieler Arbeitnehmervertreter zu, als die Wahlzahl in der Zahl der im herrschenden Unternehmen beschäftigten Arbeitnehmer beziehungsweise in der Zahl aller in den beherrschten Unternehmen beschäftigten Arbeitnehmer enthalten ist. Haben nach dieser Berechnung der Zentralbetriebsrat (Betriebsrat, Betriebsausschuß) des herrschenden Unternehmens und die Gesamtheit der Mitglieder aller in den beherrschten Unternehmen bestellten Betriebsräte den gleichen Anspruch auf Entsendung eines Arbeitnehmervertreters, so entscheidet das Los.

(3) Ergibt sich aus der Mitteilung der Unternehmensleitung (§ 16), daß die Voraussetzungen des § 17 Abs. 1 nicht gegeben sind, so hat der „Vorsitzende" des Zentralbetriebsrates (Betriebsrates, Betriebsausschusses) des herrschenden Unternehmens unverzüglich die „Vorsitzenden" aller in den beherrschten Unternehmen bestellten Betriebsräte schriftlich davon in Kenntnis zu setzen. *(BGBl 1987/367)*

§ 18. (1) Der Vorsitzende des Zentralbetriebsrates (Betriebsrates, Betriebsausschusses) des herrschenden Unternehmens hat das Ergebnis der Berechnung gemäß § 17 Abs. 2 sowie die Unterlagen hiezu unverzüglich den Vorsitzenden aller in den beherrschten Unternehmen bestellten Betriebsräte schriftlich bekanntzugeben, die die Mitglieder des Betriebsrates davon in Kenntnis zu setzen haben.

(2) Kommt der Zentralbetriebsrat (Betriebsrat, Betriebsausschuß) des herrschenden Unternehmens oder dessen Vorsitzender seinen Aufgaben gemäß §§ 16, 17 und 18 Abs. 1 nicht nach, so ist der Zentralbetriebsrat (Betriebsrat, Betriebsausschuß), der nach der Zahl der Arbeitnehmer bei der jeweils letzten (Zentral)Betriebsratswahl die meisten Arbeitnehmer vertritt, oder dessen Vorsitzender zur Wahrnehmung dieser Aufgaben berufen.

(BGBl 1990/690)

Entsendung und Abberufung der Arbeitnehmervertreter durch den Zentralbetriebsrat des herrschenden Unternehmens

§ 19. (1) Auf die Entsendung und Abberufung von Arbeitnehmervertretern durch den Zentralbetriebsrat (Betriebsrat, Betriebsausschuß) des herrschenden Unternehmens sind die §§ 1 bis 15 sinngemäß anzuwenden.

(2) Der Zentralbetriebsrat (Betriebsrat, Betriebsausschuß) des herrschenden Unternehmens hat das Recht, auch dann einen Arbeitnehmervertreter in den Aufsichtsrat zu entsenden, wenn nach der Berechnung gemäß § 17 Abs. 2 kein Arbeitnehmervertreter auf die Arbeitnehmerschaft des herrschenden Unternehmens entfiele. In diesen Fällen verringert sich die Zahl der durch die Mitglieder der beherrschten Unternehmen zu wählenden Arbeitnehmervertreter (§ 20) um eins.

(3) Das Recht des Zentralbetriebsrates (Betriebsrates, Betriebsausschusses) des herrschenden Unternehmens, gemäß Abs. 2 einen Arbeitnehmervertreter zu entsenden, entfällt, wenn sich die Tätigkeit des herrschenden Unternehmens auf die Verwaltung von Unternehmensanteilen der beherrschten Unternehmen beschränkt. *(BGBl 1993/814)*

Wahl der Arbeitnehmervertreter durch die Mitglieder der Betriebsräte der beherrschten Unternehmen

§ 20. (1) Die Entsendung der Arbeitnehmervertreter, die nach der Berechnung gemäß § 17 Abs. 2 auf die Gesamtheit der Mitglieder aller in den beherrschten Unternehmen bestellten Betriebsräte entfallen, ist von diesen durch Wahl aus dem Kreis der Betriebsratsmitglieder, denen das aktive Wahlrecht zum Betriebsrat zusteht, vorzunehmen. Die Wahl der Arbeitnehmervertreter ist, sofern die Abs. 2 bis 4 nicht anderes vorsehen, nach den Bestimmungen über die Wahl des Zentralbetriebsrates (2. Abschnitt der Betriebsrats-Wahlordnung 1974, BGBl. Nr. 319) durchzuführen.

(2) Die Entsendung der Mitglieder des Wahlvorstandes ist dem „Vorsitzenden" des größten Betriebsrates des nach der Zahl der Arbeitnehmer größten Betriebes anzuzeigen; dieser „Betriebsratsvorsitzende" hat auch den Wahlvorstand zur konstituierenden Sitzung einzuladen, in der der Vorsitzende „des Wahlvorstandes" zu wählen ist. *(BGBl 1987/367)*

(3) Das Ergebnis der Wahl hat der Wahlvorstand den „Vorsitzenden" aller Betriebsräte, dem Vorstand (Geschäftsführer) und dem Vorsitzenden des Aufsichtsrates des herrschenden Unternehmens, den zuständigen freiwilligen Berufsvereinigungen und der zuständigen gesetzlichen Interessenvertretung der Arbeitnehmer schriftlich mitzuteilen. *(BGBl 1987/367)*

(4) Die Wahlakten sind vom Betriebsrat, dem der Vorsitzende des Wahlvorstandes angehört, bis zur Beendigung der Tätigkeitsdauer der Arbeitnehmervertreter zu verwahren.

§ 20a. Besteht in einem herrschenden Unternehmen kein Zentralbetriebsrat (Betriebsrat, Betriebsausschuß), obwohl ein solcher zu errichten wäre, so kann die Gesamtheit der Mitglieder aller in den beherrschten Unternehmen bestellten Betriebsräte Arbeitnehmervertreter gemäß § 20 entsenden. Die Aufgaben des Zentralbetriebsrates (Betriebsausschusses, Betriebsrats) des herrschenden Unternehmens oder dessen Vorsitzenden nach §§ 16 bis 18 nimmt der Zentralbetriebsrat (Betriebsrat, Betriebsausschuß), der nach der Zahl der Arbeitnehmer bei der jeweils letzten (Zentral)Betriebsratswahl die meisten Arbeitnehmer vertritt, oder dessen Vorsitzender wahr.

(BGBl 1990/690)

Tätigkeitsdauer der gewählten Arbeitnehmervertreter

§ 21. (1) „Die Arbeitnehmervertreter und die Ersatzmitglieder sind für die Dauer von fünf Jahren zu wählen." Die Wiederwahl ist zulässig. *(BGBl II 2017/312)*

(2) Die Tätigkeitsdauer beginnt mit der Feststellung des Wahlergebnisses durch den Wahlvorstand oder mit Ablauf der Tätigkeitsdauer der früheren Arbeitnehmervertreter, wenn die Wahl vor diesem Zeitpunkt erfolgte.

Beginn und Erlöschen der Mitgliedschaft der gewählten Arbeitnehmervertreter

§ 22. (1) Die Funktion eines Arbeitnehmervertreters beginnt mit der Annahme der Wahl und erlischt, wenn

1. die Tätigkeitsdauer der Arbeitnehmervertreter endet;

2. der Arbeitnehmervertreter zurücktritt;

3. der Arbeitnehmervertreter in keinem der beherrschten Unternehmen mehr beschäftigt ist.

(2) Das Gericht hat einem Arbeitnehmervertreter auf Grund einer Klage die Funktion abzuerkennen, wenn er die Wählbarkeit nicht oder nicht mehr besitzt. Zur Klage sind jeder Arbeitnehmervertreter, jeder in den beherrschten Unternehmen bestellte Betriebsrat, die Leitung des herrschenden Unternehmens sowie die Leitung jedes beherrschten Unternehmens berechtigt. *(BGBl 1987/367)*

Vorzeitige Beendigung der Tätigkeitsdauer der gewählten Arbeitnehmervertreter

§ 23. (1) Vor Ablauf des im § 1 Abs. 1 bezeichneten Zeitraumes endet die Tätigkeitsdauer der Arbeitnehmervertreter, wenn

1. die Arbeitnehmervertreter dauernd funktionsunfähig werden; dauernde Funktionsunfähigkeit liegt insbesondere dann vor, wenn ein ausgeschie-

dener Arbeitnehmervertreter nicht mehr durch ein Ersatzmitglied ersetzt werden kann;

2. die Gesamtheit der Mitglieder aller in den beherrschten Unternehmen bestellten Betriebsräte die Enthebung der Arbeitnehmervertreter (§ 24) beschließt;

3. die Gesamtheit der gewählten Arbeitnehmervertreter durch Mehrheitsbeschluß den Rücktritt beschließt;

4. das Gericht die Wahl für ungültig erklärt. *(BGBl 1987/367)*

5. die Zahl der von der Hauptversammlung (den Gesellschaftern) des herrschenden Unternehmens zu bestellenden Aufsichtsratsmitglieder durch Beschluß der Hauptversammlung in einem die Zahl der zu entsendenden Arbeitnehmervertreter beeinflussenden Ausmaß geändert wird.

(2) Wird die Tätigkeitsdauer der Arbeitnehmervertreter vorzeitig beendet, so hat die Gesamtheit aller in den beherrschten Unternehmen bestellten Betriebsräte binnen einer Woche einen Wahlvorstand zur Durchführung der Neuwahl zu bestellen.

Enthebung der gewählten Arbeitnehmervertreter

§ 24. (1) Die Gesamtheit der Mitglieder aller in den beherrschten Unternehmen bestellten Betriebsräte kann die Enthebung der von ihr gewählten Arbeitnehmervertreter beschließen.

(2) Das Verfahren zur Enthebung der Arbeitnehmervertreter kann von jedem in den beherrschten Unternehmen bestellten Betriebsrat durch Aufforderung an alle anderen in den beherrschten Unternehmen bestellten Betriebsräte, einen Wahlvorstand zur Durchführung der Abstimmung zu bilden, eingeleitet werden. Jeder Betriebsrat hat ein Mitglied in den Wahlvorstand zu entsenden. Die Entsendung ist dem „Vorsitzenden des Betriebsrates“, der das Verfahren eingeleitet hat, binnen einer Woche anzuzeigen. Dieser „Betriebsratsvorsitzende“ hat auch den Wahlvorstand zur konstituierenden Sitzung einzuberufen, in der der Vorsitzende „des Wahlvorstandes“ zu wählen ist. *(BGBl 1987/367)*

(3) Der Wahlvorstand hat nach der konstituierenden Sitzung die Abstimmung vorzubereiten und innerhalb von vier Wochen durchzuführen. Jeder „Betriebsratsvorsitzende“ hat dem Wahlvorstand eine Liste der Mitglieder des Betriebsrates zu übermitteln sowie die Zahl der bei der letzten Betriebsratswahl wahlberechtigten Arbeitnehmer bekanntzugeben. Die dem Wahlvorstand übermittelten Listen gelten als Liste der Stimmberechtigten. *(BGBl 1987/367)*

§ 25. (1) Die Abstimmung ist mittels Stimmzettels durch briefliche Stimmabgabe im Postwege und geheim vorzunehmen. Stimmberechtigt ist jedes zur Wahl der Arbeitnehmervertreter berechtigte Betriebsratsmitglied.

(2) Zur Ermittlung der den einzelnen Stimmberechtigten zustehenden Stimmenzahl hat der Wahlvorstand die Zahl der bei der letzten Betriebsratswahl wahlberechtigten Arbeitnehmer jedes Betriebes (Arbeitnehmergruppe) durch die Zahl der von diesen gewählten Betriebsratsmitglieder zu teilen. Jedes Betriebsratsmitglied hat so viele Stimmen, wie die Zahl der gewählten Betriebsmitglieder in der Zahl der wahlberechtigten Arbeitnehmer enthalten ist. Bruchteile von Stimmen sind nicht zu berücksichtigen. Der Wahlvorstand hat die Zahlen der den einzelnen stimmberechtigten Betriebsratsmitgliedern zustehenden Stimmen auf der Liste der Stimmberechtigten (§ 24 Abs. 3) zu vermerken.

(3) Die Abgabe der jedem Betriebsratsmitglied zustehenden Stimmen hat in gleichgewichtigen Stimmzetteln und, soweit sich Reststimmen ergeben, in Einzelstimmen zu erfolgen. Das Stimmgewicht eines gleichgewichtigen Stimmzettels ist die um eine ganze Stimme verminderte kleinste Stimmenzahl, die ein stimmberechtigtes Betriebsratsmitglied aufweist. Die anderen stimmberechtigten Betriebsratsmitglieder haben so viele gleichgewichtige Stimmzettel abzugeben, wie dieses Stimmgewicht in ihrer Stimmenzahl enthalten ist. Die verbleibenden ganzen Reststimmen sind als Einzelstimmen abzugeben.

(4) Der Wahlvorstand hat zur Stimmabgabe einen Termin festzusetzen, bis zu dem ihm die Briefumschläge mit den Stimmkuverts (§ 26 Abs. 2) zu übermitteln sind; später eingelangte Stimmkuverts sind nicht zu berücksichtigen. Dieser Termin ist mindestens 14 Tage vorher den „Vorsitzenden“ aller Betriebsräte nachweislich mitzuteilen, die die Betriebsratsmitglieder davon in Kenntnis zu setzen haben. *(BGBl 1987/367)*

§ 26. (1) Der Wahlvorstand hat jedem Stimmberechtigten spätestens eine Woche vor dem gemäß § 25 Abs. 4 festgesetzten Termin mittels eingeschriebenen Briefes eine auf seinen Namen lautende Stimmkarte und die seiner Stimmenzahl entsprechende Anzahl von Stimmkuverts sowie einen bereits freigemachten (frankierten) und mit der Adresse des Wahlvorstandes versehenen zweiten Umschlag (Briefumschlag) zu übermitteln. Die Stimmkuverts für gleichgewichtige Stimmzettel haben sich von den Stimmkuverts zur Abgabe der Einzelstimmen durch Größe oder Farbe zu unterscheiden.

(2) Jeder Stimmberechtigte hat die ausgefüllten Stimmzettel in die vom Wahlvorstand übermittelten Stimmkuverts zu legen, die keinerlei Auf-

schrift oder Zeichen tragen dürfen, die auf die Person des Stimmberechtigten schließen lassen. Die Stimmkuverts sind gemeinsam mit der vom Wahlvorstand ausgestellten Stimmkarte in den vom Wahlvorstand übermittelten Briefumschlag zu legen und im Postweg dem Wahlvorstand so rechtzeitig einzusenden, daß die Briefumschläge spätestens bis zum Ablauf des gemäß § 25 Abs. 4 festgesetzten Termines beim Wahlvorstand einlangen.

Ermittlung der Beteiligung an der Abstimmung

§ 27. Am Tag nach dem gemäß § 25 Abs. 4 festgesetzten Termin hat der Wahlvorstand die ihm übermittelten Briefumschläge zu öffnen und zu prüfen, ob ihnen eine gültige Stimmkarte beiliegt. Die Stimmkarte ist vom Wahlvorstand zu den Akten zu nehmen. Weiters hat der Wahlvorstand die Übereinstimmung der Zahl der abgegebenen mit der Zahl der im Abstimmungsverzeichnis vermerkten Stimmzettel zu prüfen und die Stimmabgabe im Abstimmungsverzeichnis zu vermerken. Zu spät eingelangte Briefumschläge und Stimmkuverts, denen keine für den betreffenden Stimmberechtigten ausgestellte Stimmkarte beiliegt, sind ungeöffnet mit dem Vermerk „zu spät eingelangt" beziehungsweise „ohne Stimmkarte eingelangt" zu den Akten zu legen. Der Vorgang ist im Protokoll zu vermerken.

§ 28. (1) Im Anschluß daran hat der Wahlvorstand an Hand des Abstimmungsverzeichnisses und der Liste der Stimmberechtigten zu prüfen, ob die erforderliche Beteiligung von drei Viertel aller stimmberechtigten Mitglieder der in den beherrschten Unternehmen bestellten Betriebsräte gegeben ist.

(2) Wurde diese Beteiligung nicht erreicht, so gilt der Antrag auf Enthebung der Arbeitnehmervertreter als abgelehnt. Der Wahlvorstand hat alle Stimmkuverts ungeöffnet zu den Akten zu nehmen und den Vorgang im Protokoll zu vermerken. § 20 Abs. 4 gilt sinngemäß.

(3) Der Wahlvorstand hat die Arbeitnehmervertreter sowie die „Vorsitzenden" aller in den beherrschten Unternehmen bestellten Betriebsräte unverzüglich von der Ablehnung des Antrages auf Enthebung der Arbeitnehmervertreter in Kenntnis zu setzen. Die „Betriebsratsvorsitzenden" haben dies den Mitgliedern des Betriebsrates mitzuteilen. *(BGBl 1987/367)*

Ermittlung des Abstimmungsergebnisses

§ 29. Ist die erforderliche Beteiligung von drei Viertel aller stimmberechtigten Mitglieder der in den beherrschten Unternehmen bestellten Betriebsräte gegeben, so hat der Wahlvorstand die Stimmkuverts für gleichgewichtige Stimmen von denen für Einzelstimmen zu trennen und die Stimmkuverts für Einzelstimmen erst nach Abschluß der Ermittlung der gleichgewichtigen Stimmen zu öffnen. Nach Öffnung jedes Stimmkuverts ist die dem Stimmkuvert entsprechende Stimmenzahl auf den in diesem befindlichen Stimmzettel zu übertragen. Der Wahlvorstand hat weiters die Gültigkeit der Stimmzettel zu prüfen. Ein Stimmzettel ist insbesondere ungültig, wenn er unterschrieben ist oder eine andere Aufschrift als „ja" oder „nein" trägt oder ein Stimmkuvert mehrere Stimmzettel mit unterschiedlichen Aufschriften enthält. Enthält ein Stimmkuvert mehrere gleichlautende Stimmzettel, so kommt ihnen nur die Stimmenzahl eines Stimmzettels zu. Der Wahlvorstand hat ferner die Zahl der ungültigen Stimmzettel festzustellen, diese mit fortlaufenden Zahlen zu versehen, die gültigen Stimmzettel zu ordnen und die Zahl der für beziehungsweise gegen den Antrag auf Enthebung der Arbeitnehmervertreter gültig abgegebenen Stimmen festzustellen.

§ 30. Erreicht der Antrag auf Enthebung der Arbeitnehmervertreter die erforderliche Mehrheit von zwei Drittel der abgegebenen Stimmen nicht, so gilt § 28 Abs. 2 und 3 sinngemäß.

§ 31. (1) Erreicht der Antrag auf Enthebung der Arbeitnehmervertreter die Mehrheit von zwei Drittel der abgegebenen Stimmen, so ist ab dem Zeitpunkt der Feststellung des Abstimmungsergebnisses durch den Wahlvorstand die Tätigkeitsdauer der Arbeitnehmervertreter beendet.

(2) Der Wahlvorstand hat die Arbeitnehmervertreter unverzüglich von ihrer Enthebung in Kenntnis zu setzen; § 20 Abs. 3 und 4 gilt sinngemäß.

Arbeitnehmerlose Holding

§ 31a. (1) Die Arbeitnehmervertretung im Aufsichtsrat eines herrschenden Unternehmens im Sinne des § 110 Abs. 6 erster Satz ArbVG, BGBl. Nr. 22/1974, idF BGBl. Nr. 502/1993,

1. dessen Tätigkeit sich nicht auf die Verwaltung von Unternehmensanteilen der beherrschten Unternehmen beschränkt und

2. in dem kein Betriebsrat zu errichten ist, sind von der Gesamtheit der in den beherrschten Unternehmen bestellten Betriebsräte zu wählen.

(2) Für die Wahl gelten die §§ 20 bis 31 mit der Maßgabe, daß alle Arbeitnehmervertreter zu wählen sind.

(3) Abs. 1 und 2 gelten nicht für Banken und Versicherungsunternehmungen.

(BGBl 1993/814)

Arbeitnehmervertreter im Aufsichtsrat von Unternehmen gemäß § 110 Abs. 6 ArbVG

§ 31b. (1) Die Bestimmungen des 2a. Abschnittes gelten für jene Unternehmen gemäß § 110 Abs. 6 ArbVG, BGBl. Nr. 22/1974, idF BGBl. I Nr. 104/2017, die börsenorientiert sind oder in denen dauernd mehr als 1 000 Arbeitnehmer beschäftigt sind, sofern mindestens drei Arbeitnehmervertreter in den Aufsichtsrat zu entsenden sind und die Gesamtheit der Belegschaft im herrschenden sowie in allen beherrschten Unternehmen insgesamt zu mindestens 20 Prozent aus Arbeitnehmerinnen bzw. Arbeitnehmern besteht.

(2) In Unternehmen gemäß Abs. 1 haben der Zentralbetriebsrat (Betriebsrat, Betriebsausschuss) des herrschenden Unternehmens sowie die Gesamtheit der Mitglieder aller in den beherrschten Unternehmen bestellten Betriebsräte ihr Recht zur Entsendung von Arbeitnehmervertretern unter Wahrung des Mindestanteils gemäß § 15a Abs. 2 auszuüben, sofern dieser nicht bereits gemäß § 86 Abs. 9 erster Satz Aktiengesetz, BGBl. Nr. 98/1965, in der jeweils geltenden Fassung erfüllt ist (Gesamtbetrachtung).

(3) Die Vorbereitung der Entsendung in den Aufsichtsrat sowie die Berechnung der Zahlen der vom Zentralbetriebsrat (Betriebsrat, Betriebsausschuss) des herrschenden Unternehmens einerseits und von der Gesamtheit der Mitglieder aller in den beherrschten Unternehmen bestellten Betriebsräte andererseits in den Aufsichtsrat des herrschenden Unternehmens zu entsendenden Arbeitnehmervertreter hat gemäß den §§ 16 bis 18 zu erfolgen. Aus den bei der Berechnung gemäß § 17 ermittelten Zahlen, nach ihrer Größe geordnet, ergibt sich unter Anwendung des § 15c Abs. 3 die Reihenfolge, in der der Zentralbetriebsrat (Betriebsrat, Betriebsausschuss) des herrschenden Unternehmens einerseits und die Gesamtheit der Mitglieder aller in den beherrschten Unternehmen bestellten Betriebsräte andererseits zur Entsendung von Arbeitnehmervertretern in den Aufsichtsrat berechtigt sind.

(4) Unter Berücksichtigung der nach Abs. 3 ermittelten Reihenfolge und der sich daraus ergebenden Erfordernisse in Bezug auf die Wahrung des Mindestanteils gemäß § 15a Abs. 2 ist die Reihenfolge, in der die einzelnen Mitgliedergruppen des Zentralbetriebsrates (Betriebsrates, Betriebsausschusses) des herrschenden Unternehmens zur Erstattung ihrer Nominierungsvorschläge zur Entsendung von Arbeitnehmervertretern in den Aufsichtsrat berechtigt sind, sinngemäß nach § 15c Abs. 3 zu bestimmen. Die Entsendung durch den Zentralbetriebsrat (Betriebsrat, Betriebsausschuss) des herrschenden Unternehmens hat gemäß § 19 in Verbindung mit § 15d Abs. 2 bis 5 zu erfolgen.

(5) Auf die Wahl der Arbeitnehmervertreter der Betriebsräte der beherrschten Unternehmen ist § 20 mit der Maßgabe anzuwenden, dass im Fall eines Wahlergebnisses, das zur Verletzung des Mindestanteils an zu entsendenden Arbeitnehmerinnen und Arbeitnehmern gemäß § 15a Abs. 2 führen würde, anstelle jener Arbeitnehmervertreter, die nach der gemäß Abs. 3 bestimmten Reihenfolge auf die zuletzt zu besetzenden Sitze im Aufsichtsrat gewählt wurden, Ersatzmitglieder des jeweils unterrepräsentierten Geschlechts zu entsenden sind, sofern diese auf demselben Wahlvorschlag wie die ursprünglich gewählten Arbeitnehmervertreter aufscheinen.

(6) Die Entsendung kann abweichend von dem Verfahren gemäß Abs. 3 bis 5 erfolgen, sofern der Zentralbetriebsrat (Betriebsrat) des herrschenden Unternehmens sowie die Gesamtheit der Mitglieder aller in den beherrschten Unternehmen bestellten Betriebsräte einen entsprechenden einhelligen Beschluss fassen und der Mindestanteil der entsendeten Arbeitnehmerinnen und Arbeitnehmer gemäß Abs. 2 gewahrt bleibt. Dieser Beschluss kann auch die Nominierung von Ersatzmitgliedern unter Wahrung des Mindestanteils gemäß § 15a Abs. 2 oder ein Verfahren zu deren Nominierung im Bedarfsfall umfassen.

(BGBl II 2017/312)

Entsendung der Arbeitnehmervertreter durch die Konzernvertretung

„§ 31c.“ (1) Ist in einem Konzern, in dem nach den Bestimmungen der §§ 16 ff. oder des § 31a Arbeitnehmervertreter in den Aufsichtsrat des herrschenden Unternehmens zu entsenden sind, eine Konzernvertretung errichtet, so hat diese die Arbeitnehmervertretung in den Aufsichtsrat zu entsenden.

(2) Der Vorsitzende der Konzernvertretung hat die Zahl der im herrschenden Unternehmen beschäftigten Arbeitnehmer und die Zahl der in den beherrschten Unternehmen beschäftigten Arbeitnehmer zu ermitteln. Die Leitungen der Konzernunternehmen sind zu entsprechenden Auskünften verpflichtet.

(3) Der Vorsitzende hat eine Sitzung der Konzernvertretung zur Beschlußfassung über die

Entsendung der Arbeitnehmervertreter einzuberufen.

(4) Die aus dem Zentralbetriebsrat (Betriebsausschuss, Betriebsrat) des herrschenden Unternehmens stammenden Konzernvertretungsmitglieder haben das Recht, so viele Arbeitnehmervertreter vorzuschlagen, wie dem Verhältnis der Zahl der im herrschenden Unternehmen beschäftigten Arbeitnehmer zur Zahl der in den beherrschten Unternehmen beschäftigten Arbeitnehmer entspricht, mindestens jedoch einen Arbeitnehmervertreter. § 19 Abs. 3 ist sinngemäß anzuwenden. Die übrigen Arbeitnehmervertreter werden von der Kurie der aus den Zentralbetriebsräten (Betriebsausschüssen, Betriebsräten) der beherrschten Unternehmen stammenden Konzernvertretungsmitglieder vorgeschlagen. Die Konzernvertretung ist an die Vorschläge der Kurie gebunden. Kommt die Kurie ihrem Vorschlagsrecht nicht nach, so entscheidet die Konzernvertretung mit einfacher Mehrheit. Die Konzernvertretung kann eine Frist für die Ausübung des Vorschlagsrechtes beschließen. *(BGBl II 2012/142)*

(5) Die Beschlußfassung innerhalb der Kurien hat unter sinngemäßer Anwendung der Bestimmungen der §§ 2 bis 7 zu erfolgen, wobei die Sitzungen der Kurien zur Vorbereitung und Beschlußfassung über die Entsendung jeweils von dem an Lebensjahren ältesten Kurienmitglied zu leiten sind. Kommen die innerhalb der Kurie vorschlagsberechtigten wahlwerbenden Gruppen ihrem Vorschlagsrecht innerhalb einer unter Bedachtnahme auf Abs. 4 letzter Satz angemessenen Frist nicht nach, so entscheidet die Kurie.

(6) Für die Durchführung der Entsendung durch die Konzernvertretung, für die Aufsichtsratsmitgliedschaft und die Abberufung von Arbeitnehmervertretern gelten die §§ 8 bis 12 sinngemäß mit der Maßgabe, daß die Abberufung über Vorschlag der jeweils entsendungsberechtigten Kurie, die ihrerseits wiederum an ein entsprechendes Verlangen der jeweiligen vorschlagsberechtigten wahlwerbenden Gruppen gebunden ist, zu erfolgen hat.

(7) Im übrigen gelten die §§ 13 und 14.

(BGBl 1993/814; BGBl II 2017/312)

§ 31d. (1) Die Bestimmungen des 2a. Abschnittes gelten für jene Konzerne gemäß § 31c, die börsenorientiert sind oder in denen dauernd mehr als 1 000 Arbeitnehmer beschäftigt sind, sofern mindestens drei Arbeitnehmervertreter in den Aufsichtsrat zu entsenden sind und die Gesamtheit der Belegschaft im herrschenden sowie in allen beherrschten Unternehmen insgesamt zu mindestens 20 Prozent aus Arbeitnehmerinnen bzw. Arbeitnehmern besteht.

(2) In Konzernen gemäß Abs. 1 haben die aus dem Zentralbetriebsrat (Betriebsausschuss, Betriebsrat) des herrschenden Unternehmes stammenden Konzernvertretungsmitglieder sowie die Kurie der aus den Zentralbetriebsräten (Betriebsausschüssen, Betriebsräten) der beherrschten Unternehmen stammenden Konzernvertretungsmitglieder ihr Recht zur Entsendung von Arbeitnehmervertretern unter Wahrung des Mindestanteils gemäß § 15a Abs. 2 auszuüben, sofern dieser nicht bereits gemäß § 86 Abs. 9 erster Satz Aktiengesetz, BGBl. Nr. 98/1965, in der jeweils geltenden Fassung erfüllt ist (Gesamtbetrachtung).

(3) Die Vorbereitung der Entsendung in den Aufsichtsrat sowie die Berechnung der Zahlen der von den aus dem Zentralbetriebsrat (Betriebsrat, Betriebsausschuss) des herrschenden Unternehmens stammenden Konzernvertretungsmitglieder einerseits und von der Kurie der aus den Zentralbetriebsräten (Betriebsausschüssen, Betriebsräten) der beherrschten Unternehmen stammenden Konzernvertretungsmitglieder andererseits in den Aufsichtsrat des herrschenden Unternehmens zu entsendenden Arbeitnehmervertreter hat gemäß § 31c Abs. 4 zu erfolgen, wobei die Reihenfolge, in der die Arbeitnehmervertreter von den aus dem Zentralbetriebsrat (Betriebsrat, Betriebsausschuss) des herrschenden Unternehmens stammenden Konzernvertretungsmitgliedern einerseits und von der Kurie der aus den Zentralbetriebsräten (Betriebsausschüssen, Betriebsräten) der beherrschten Unternehmen stammenden Konzernvertretungsmitgliedern andererseits in den Aufsichtsrat zu entsenden sind, gemäß § 15c Abs. 3 zu bestimmen ist.

(4) Die Entsendung durch die aus dem Zentralbetriebsrat (Betriebsrat, Betriebsausschuss) des herrschenden Unternehmens stammenden Konzernvertretungsmitglieder einerseits und der Kurie der aus den Zentralbetriebsräten (Betriebsausschüssen, Betriebsräten) stammenden Konzernvertretungsmitglieder andererseits hat gemäß § 31c in Verbindung mit § 15d Abs. 2 bis 5 zu erfolgen.

(5) Die Entsendung kann abweichend von dem Verfahren gemäß Abs. 4 erfolgen, sofern die aus dem Zentralbetriebsrat (Betriebsrat, Betriebsausschuss) des herrschenden Unternehmens stammenden Konzernvertretungsmitglieder sowie die Kurie der aus den Zentralbetriebsräten (Betriebsausschüssen, Betriebsräten) stammenden Konzernvertretungsmitglieder einen entsprechenden einhelligen Beschluss fassen und dabei der Mindestanteil der entsendeten Arbeitnehmerinnen und Arbeitnehmer gemäß Abs. 2 gewahrt bleibt. § 15d Abs. 2 bis 5 ist anzuwenden.

(BGBl II 2017/312)

4. ABSCHNITT

Wahl der Arbeitnehmervertreter in den Aufsichtsrat einer Gesellschaft mit beschränkter Haftung gemäß § 110 Abs. 7 ArbVG

§ 32. Auf die Wahl der Arbeitnehmervertreter durch die Mitglieder aller in den Unternehmen der Gesellschaft mit beschränkter Haftung und der Kommanditgesellschaft errichteten Betriebsräte finden die §§ 20 bis 31 sinngemäß mit der Maßgabe Anwendung, daß das Verfahren zur Bestellung des Wahlvorstandes vom „Vorsitzenden" des größten Betriebsrates des nach der Zahl der Arbeitnehmer größten Betriebes einzuleiten ist. *(BGBl 1987/367)*

5. ABSCHNITT

Arbeitnehmervertreter in Ausschüssen des Aufsichtsrates

§ 32a. (1) Die Bestimmungen des 2a. Abschnittes gelten für jene Unternehmen gemäß § 110 Abs. 7 ArbVG, BGBl. Nr. 22/1974, idF BGBl. I Nr. 104/2017, die börsenorientiert sind oder in denen dauernd mehr als 1 000 Arbeitnehmer beschäftigt sind, sofern mindestens drei Arbeitnehmervertreter in den Aufsichtsrat zu entsenden sind und die Gesamtheit der Belegschaft aller Unternehmen der Gesellschaft mit beschränkter Haftung und der Kommanditgesellschaft insgesamt zu mindestens 20 Prozent aus Arbeitnehmerinnen bzw. Arbeitnehmern besteht.

(2) In Unternehmen gemäß Abs. 1 muss unter den in den Aufsichtsrat entsandten Arbeitnehmervertretern jedes der beiden Geschlechter mit einem Anteil von mindestens 30 Prozent vertreten sein, sofern dieser Mindestanteil nicht bereits gemäß § 86 Abs. 9 erster Satz Aktiengesetz, BGBl. Nr. 98/1965, in der jeweils geltenden Fassung erfüllt ist (Gesamtbetrachtung).

(3) Die Betriebsräte in den Unternehmen der Gesellschaft mit beschränkter Haftung und der Kommanditgesellschaft haben ihr Recht zur Entsendung von Arbeitnehmervertretern in der Weise auszuüben, dass aus jenen Unternehmen mit dem höchsten Anteil an Arbeitnehmern des jeweils unterepräsentierten Geschlechts Arbeitnehmer dieses Geschlechts zu entsenden sind, soweit dies zur Wahrung des Mindestanteils gemäß Abs. 2 erforderlich ist. Auf das Wahlverfahren ist § 31b Abs. 3 bis 5 anzuwenden, soweit sich diese Bestimmung auf das Wahlverfahren in den beherrschten Unternehmen bezieht.

(4) Die Entsendung kann abweichend von dem Verfahren gemäß Abs. 3 erfolgen, sofern die Betriebsräte in den Unternehmen der Gesellschaft mit beschränkter Haftung und der Kommanditgesellschaft einen entsprechenden einhelligen Beschluss fassen und dabei der Mindestanteil der entsendeten Arbeitnehmerinnen und Arbeitnehmer gemäß Abs. 2 gewahrt bleibt. Im Übrigen gilt auch § 31b Abs. 6 letzter Satz.

(BGBl II 2017/312)

„**§ 32b.**" (1) Die gemäß § 110 Abs. 4 „ArbVG, BGBl. Nr. 22/1974, idF BGBl. Nr. 502/1993" zu bestellenden Ausschußmitglieder werden von der Gesamtheit der Arbeitnehmervertreter im Aufsichtsrat aus ihrer Mitte mit einfacher Mehrheit namhaft gemacht. Bei mehreren Ausschüssen ist zugleich festzulegen, für welchen Ausschuß die Bestellung erfolgt. Die Bestellung desselben Arbeitnehmervertreters für mehrere Ausschüsse ist zulässig. *(BGBl 1993/814)*

(2) Die Bestellung der Ausschußmitglieder ist dem Vorsitzenden des Aufsichtsrats unter Angabe, für welchen Ausschuß die Bestellung erfolgt, unverzüglich bekanntzugeben.

(3) Die Abs. 1 und 2 gelten sinngemäß auch für die Abberufung eines von den Arbeitnehmervertretern namhaft gemachten Ausschußmitgliedes.

(BGBl II 2017/312)

6. ABSCHNITT

Bezeichnung weiblicher Funktionäre von Organen der Arbeitnehmerschaft

„**§ 32c.**" Wird eine Frau in die Funktion des Vorsitzenden eines in dieser Verordnung genannten Organes der Arbeitnehmerschaft gewählt, so trägt sie die Bezeichnung „Vorsitzende". *(BGBl II 2017/312)*

(BGBl 1987/367, BGBl I 2017/132)

7. ABSCHNITT

Gemeinsame Bestimmungen

§ 33. Die Tätigkeitsdauer der im Zeitpunkt des Inkrafttretens dieser Verordnung gemäß § 14 Abs. 3 Z 6 des Betriebsrätegesetzes, BGBl. Nr. 97/1947, in den Aufsichtsrat gewählten Betriebsratsmitglieder endet mit der Entsendung der Arbeitnehmervertreter nach den Bestimmungen dieser Verordnung.

§ 34. „(1)"** Diese Verordnung tritt mit 1. Juli 1974 in Kraft. „§§ 15, 18, 19 Abs. 3 und 20a dieser Verordnung in der Fassung der Verordnung BGBl. Nr. 690/1990 treten mit 1. Dezember 1990 in Kraft."* *(*BGBl 1990/690; **BGBl II 2012/142)*

(2) § 31b Abs. 4 dieser Verordnung in der Fassung der Verordnung BGBl. II Nr. 142/2012 tritt mit 1. Mai 2012 in Kraft. *(BGBl II 2012/142)*

(3) Der 2a. Abschnitt sowie die §§ 21, 31b bis 31d, 32a bis 32c samt Überschriften dieser Verordnung in der Fassung der Verordnung BGBl. II Nr. 312/2017 treten mit 1. Jänner 2018 in Kraft und gelten für Entsendungen (Neuentsendungen) von Arbeitnehmervertretern durch Organe der Arbeitnehmerschaft, deren Wahl nach dem 31. Dezember 2017 erfolgt. *(BGBl II 2017/312)*

§ 35. Die Tätigkeitsdauer der zum Zeitpunkt der Errichtung einer Konzernvertretung bestellten Arbeitnehmervertreter im Aufsichtsrat des herrschenden Unternehmens eines Konzerns gemäß § 31b endet mit der Entsendung der Arbeitnehmervertreter durch die Konzernvertretung.

(BGBl 1993/814)

16/2. Richtlinie 2001/86/EG zur Ergänzung des Statuts der Europäischen Gesellschaft hinsichtlich der Beteiligung der Arbeitnehmer

ABl L 294 vom 10. 11. 2001, S 22 ff

Richtlinie 2001/86/EG des Rates vom 8. Oktober 2001 zur Ergänzung des Statuts der Europäischen Gesellschaft hinsichtlich der Beteiligung der Arbeitnehmer

DER RAT DER EUROPÄISCHEN UNION —

gestützt auf den Vertrag zur Gründung der Europäischen Verhältnismäßigkeitsprinzip nach jenem Artikel geht Gemeinschaft, insbesondere auf Artikel 308,

auf der Grundlage des geänderten Vorschlags der Kommission[1],

nach Stellungnahme des Europäischen Parlaments[2],

nach Stellungnahme des Wirtschafts- und Sozialausschusses[3],

in Erwägung nachstehender Gründe:

(1) Zur Erreichung der Ziele des Vertrags wird mit der Verordnung (EG) Nr. 2157/2001 des Rates[4] das Statut der Europäischen Gesellschaft (SE) festgelegt.

(2) Mit jener Verordnung soll ein einheitlicher rechtlicher Rahmen geschaffen werden, innerhalb dessen Gesellschaften aus verschiedenen Mitgliedstaaten in der Lage sein sollten, die Neuorganisation ihres Geschäftsbetriebs gemeinschaftsweit zu planen und durchzuführen.

(3) Um die Ziele der Gemeinschaft im sozialen Bereich zu fördern, müssen besondere Bestimmungen – insbesondere auf dem Gebiet der Beteiligung der Arbeitnehmer – festgelegt werden, mit denen gewährleistet werden soll, dass die Gründung einer SE nicht zur Beseitigung oder zur Einschränkung der Gepflogenheiten der Arbeitnehmerbeteiligung führt, die in den an der Gründung einer SE beteiligten Gesellschaften herrschen. Dieses Ziel sollte durch die Einführung von Regeln in diesen Bereich verfolgt werden, mit denen die Bestimmungen der Verordnung ergänzt werden.

(4) Da die Ziele der vorgeschlagenen Maßnahme – wie oben ausgeführt – nicht hinreichend von den Mitgliedstaaten erreicht werden können, weil es darum geht, eine Reihe von für die SE geltenden Regeln für die Beteiligung der Arbeitnehmer zu erlassen, und da die Ziele daher wegen des Umfangs und der Wirkungen der vorgeschlagenen Maßnahme besser auf Gemeinschaftsebene erreicht werden können, kann die Gemeinschaft im Einklang mit dem Subsidiaritätsprinzip nach Artikel 5 des Vertrags Maßnahmen ergreifen. Im Einklang mit dem Verhältnismäßigkeitsprinzip nach jenem Artikel geht diese Richtlinie nicht über das für die Erreichung dieser Ziele erforderliche Maß hinaus.

(5) Angesichts der in den Mitgliedstaaten bestehenden Vielfalt an Regelungen und Gepflogenheiten für die Beteiligung der Arbeitnehmervertreter an der Beschlussfassung in Gesellschaften ist es nicht ratsam, ein auf die SE anwendbares einheitliches europäisches Modell der Arbeitnehmerbeteiligung vorzusehen.

(6) In allen Fällen der Gründung einer SE sollten jedoch Unterrichtungs- und Anhörungsverfahren auf grenzüberschreitender Ebene gewährleistet sein.

(7) Sofern und soweit es in einer oder in mehreren der an der Gründung einer SE beteiligten Gesellschaften Mitbestimmungsrechte gibt, sollten sie durch Übertragung an die SE nach deren Gründung erhalten bleiben, es sei denn, dass die Parteien etwas anderes beschließen.

(8) Die konkreten Verfahren der grenzüberschreitenden Unterrichtung und Anhörung der Arbeitnehmer sowie gegebenenfalls der Mitbestimmung, die für die einzelnen SE gelten, sollten vorrangig durch eine Vereinbarung zwischen den betroffenen Parteien oder – in Ermangelung einer derartigen Vereinbarung – durch die Anwendung einer Reihe von subsidiären Regeln festgelegt werden.

(9) Angesicht der unterschiedlichen Gegebenheiten bei den nationalen Systemen der Mitbestim-

[1] *ABl. C 138 vom 29.5.1991, S. 8.*
[2] *ABl. C 342 vom 20.12.1993, S. 15.*
[3] *ABl. C 124 vom 21.5.1990, S. 34.*
Zu Abs. 1:
[4] *Siehe Seite 1 dieses Amtsblatts.*

mung sollte den Mitgliedstaaten die Anwendung der Auffangregelungen für die Mitbestimmung im Falle einer Fusion freigestellt werden. In diesem Fall ist die Beibehaltung der bestehenden Mitbestimmungssysteme und -praktiken, die gegebenenfalls auf der Ebene der teilnehmenden Gesellschaften bestehen, durch eine Anpassung der Vorschriften für die Registrierung zu gewährleisten.

(10) Die Abstimmungsregeln in dem besonderen Gremium, das die Arbeitnehmer zu Verhandlungszwecken vertritt, sollten – insbesondere wenn Vereinbarungen getroffen werden, die ein geringeres Maß an Mitbestimmung vorsehen, als es in einer oder mehreren der sich beteiligenden Gesellschaften gegeben ist – in einem angemessenen Verhältnis zur Gefahr der Beseitigung oder der Einschränkung der bestehenden Mitbestimmungssysteme und -praktiken stehen. Wenn eine SE im Wege der Umwandlung oder Verschmelzung gegründet wird, ist diese Gefahr größer, als wenn die Gründung im Wege der Errichtung einer Holdinggesellschaft oder einer gemeinsamen Tochtergesellschaft erfolgt.

(11) Führen die Verhandlungen zwischen den Vertretern der Arbeitnehmer und dem jeweils zuständigen Organ der beteiligten Gesellschaften nicht zu einer Vereinbarung, so sollten für die SE von ihrer Gründung an bestimmte Standardanforderungen gelten. Diese Standardanforderungen sollten eine effiziente Praxis der grenzüberschreitenden Unterrichtung und Anhörung der Arbeitnehmer sowie deren Mitbestimmung in dem einschlägigen Organ der SE gewährleisten, sofern und soweit es eine derartige Mitbestimmung vor der Errichtung der SE in einer der beteiligten Gesellschaften gegeben hat.

(12) Es sollte vorgesehen werden, dass die Vertreter der Arbeitnehmer, die im Rahmen der Richtlinie handeln, bei der Wahrnehmung ihrer Aufgaben einen ähnlichen Schutz und ähnliche Garantien genießen, wie sie die Vertreter der Arbeitnehmer nach den Rechtsvorschriften und/oder den Gepflogenheiten des Landes ihrer Beschäftigung haben. Sie sollten keiner Diskriminierung infolge der rechtmäßigen Ausübung ihrer Tätigkeit unterliegen und einen angemessenen Schutz vor Kündigung und anderen Sanktionen genießen.

(13) Die Vertraulichkeit sensibler Informationen sollte auch nach Ablauf der Amtszeit der Arbeitnehmervertreter gewährleistet sein; dem zuständigen Organ der SE sollte es gestattet werden, Informationen zurückzuhalten, die im Falle einer Bekanntgabe an die Öffentlichkeit den Betrieb der SE ernsthaft stören würden.

(14) Unterliegen eine SE sowie ihre Tochtergesellschaften und Niederlassungen der Richtlinie 94/45/EG des Rates vom 22. September 1994 über die Einsetzung eines Europäischen Betriebsrats oder die Schaffung eines Verfahrens zur Unterrichtung und Anhörung der Arbeitnehmer in gemeinschaftsweit operierenden Unternehmen und Unternehmensgruppen[5], so sollten die Bestimmungen jener Richtlinie und die Bestimmungen zu ihrer Umsetzung in einzelstaatliches Recht weder auf die SE noch auf ihre Tochtergesellschaften und Niederlassungen anwendbar sein, es sei denn, das besondere Verhandlungsgremium beschließt, keine Verhandlungen aufzunehmen oder bereits eröffnete Verhandlungen zu beenden.

(15) Die Regeln dieser Richtlinie sollten andere bestehende Beteiligungsrechte nicht berühren und haben nicht notwendigerweise Auswirkungen auf andere bestehende Vertretungsstrukturen aufgrund gemeinschaftlicher oder einzelstaatlicher Rechtsvorschriften oder Gepflogenheiten.

(16) Die Mitgliedstaaten sollten geeignete Maßnahmen für den Fall vorsehen, dass die in dieser Richtlinie festgelegten Pflichten nicht eingehalten werden.

(17) Der Vertrag enthält Befugnisse für die Annahme dieser Richtlinie nur in Artikel 308.

(18) Die Sicherung erworbener Rechte der Arbeitnehmer über ihre Beteiligung an Unternehmensentscheidungen ist fundamentaler Grundsatz und erklärtes Ziel dieser Richtlinie. Die vor der Gründung von SE bestehenden Rechte der Arbeitnehmer sollten deshalb Ausgangspunkt auch für die Gestaltung ihrer Beteiligungsrechte in der SE (Vorher-Nachher-Prinzip) sein. Dieser Ansatz sollte folgerichtig nicht nur für die Neugründung einer SE, sondern auch für strukturelle Veränderungen einer bereits gegründeten SE und für die von den strukturellen Änderungsprozessen betroffenen Gesellschaften gelten.

(19) Die Mitgliedstaaten sollten vorsehen können, dass Vertreter von Gewerkschaften Mitglied eines besonderen Verhandlungsgremiums sein können, unabhängig davon, ob sie Arbeitnehmer einer an der Gründung einer SE beteiligten Gesellschaft sind oder nicht. In diesem Zusammenhang sollten die Mitgliedstaaten dieses Recht insbesondere in den Fällen vorsehen können, in denen Gewerkschaftsvertreter nach ihrem einzel-

Zu Abs. 14:

[5] *ABl. L 254 vom 30.9.1994, S. 64. Zuletzt geändert durch die Richtlinie 97/74/EG (ABl. L 10 vom 16.1.1998, S. 22).*

staatlichen Recht stimmberechtigte Mitglieder des Aufsichts- oder des Leitungsorgans sein dürfen.

(20) In mehreren Mitgliedstaaten werden die Beteiligung der Arbeitnehmer sowie andere Bereiche der Arbeitgeber/Arbeitnehmer-Beziehungen sowohl durch einzelstaatliche Rechtsvorschriften als auch durch Gepflogenheiten geregelt, wobei die Gepflogenheiten im vorliegenden Zusammenhang in der Weise zu verstehen sind, dass sie auch Tarifverträge auf verschiedenen Ebenen – national, sektoral oder unternehmensbezogen – umfassen –

HAT FOLGENDE RICHTLINIE ERLASSEN:

TEIL I

ALLGEMEINE BESTIMMUNGEN

Artikel 1
Gegenstand

(1) Diese Richtlinie regelt die Beteiligung der Arbeitnehmer in der Europäischen Aktiengesellschaft (Societas Europaea, nachfolgend "SE" genannt), die Gegenstand der Verordnung (EG) Nr. 2157/2001 ist.

(2) Zu diesem Zweck wird in jeder SE gemäß dem Verhandlungsverfahren nach den Artikeln 3 bis 6 oder unter den in Artikel 7 genannten Umständen gemäß dem Anhang eine Vereinbarung über die Beteiligung der Arbeitnehmer getroffen.

Artikel 2
Begriffsbestimmungen

Für die Zwecke dieser Richtlinie bezeichnet der Ausdruck

a) "SE" eine nach der Verordnung (EG) Nr. 2157/2001 gegründete Gesellschaft,

b) "beteiligte Gesellschaften" die Gesellschaften, die unmittelbar an der Gründung einer SE beteiligt sind,

c) "Tochtergesellschaft" einer Gesellschaft ein Unternehmen, auf das die betreffende Gesellschaft einen beherrschenden Einfluss im Sinne des Artikels 3 Absätze 2 bis 7 der Richtlinie 94/45/EG ausübt,

d) "betroffene Tochtergesellschaft oder betroffener Betrieb" eine Tochtergesellschaft oder einen Betrieb einer beteiligten Gesellschaft, die/der bei der Gründung der SE zu einer Tochtergesellschaft oder einem Betrieb der SE werden soll,

e) "Arbeitnehmervertreter" die nach den Rechtsvorschriften und/oder den Gepflogenheiten der einzelnen Mitgliedstaaten vorgesehenen Vertreter der Arbeitnehmer,

f) "Vertretungsorgan" das Organ zur Vertretung der Arbeitnehmer, das durch die Vereinbarung nach Artikel 4 oder entsprechend dem Anhang eingesetzt wird, um die Unterrichtung und Anhörung der Arbeitnehmer der SE und ihrer Tochtergesellschaften und Betriebe in der Gemeinschaft vorzunehmen und gegebenenfalls Mitbestimmungsrechte in Bezug auf die SE wahrzunehmen,

g) "besonderes Verhandlungsgremium" das gemäß Artikel 3 eingesetzte Gremium, das die Aufgabe hat, mit dem jeweils zuständigen Organ der beteiligten Gesellschaften die Vereinbarung über die Beteiligung der Arbeitnehmer in der SE auszuhandeln,

h) "Beteiligung der Arbeitnehmer" jedes Verfahren – einschließlich der Unterrichtung, der Anhörung und der Mitbestimmung –, durch das die Vertreter der Arbeitnehmer auf die Beschlussfassung innerhalb der Gesellschaft Einfluss nehmen können,

i) "Unterrichtung" die Unterrichtung des Organs zur Vertretung der Arbeitnehmer und/oder der Arbeitnehmervertreter durch das zuständige Organ der SE über Angelegenheiten, die die SE selbst oder eine ihrer Tochtergesellschaften oder einen ihrer Betriebe in einem anderen Mitgliedstaat betreffen oder die über die Befugnisse der Entscheidungsorgane auf der Ebene des einzelnen Mitgliedstaats hinausgehen, wobei Zeitpunkt, Form und Inhalt der Unterrichtung den Arbeitnehmervertretern eine eingehende Prüfung der möglichen Auswirkungen und gegebenenfalls die Vorbereitung von Anhörungen mit dem zuständigen Organ der SE ermöglichen müssen,

j) "Anhörung" die Einrichtung eines Dialogs und eines Meinungsaustauschs zwischen dem Organ zur Vertretung der Arbeitnehmer und/oder den Arbeitnehmervertretern und dem zuständigen Organ der SE, wobei Zeitpunkt, Form und Inhalt der Anhörung den Arbeitnehmervertretern auf der Grundlage der erfolgten Unterrichtung eine Stellungnahme zu den geplanten Maßnahmen des zuständigen Organs ermöglichen müssen, die im Rahmen des Entscheidungsprozesses innerhalb der SE berücksichtigt werden kann,

k) "Mitbestimmung" die Einflussnahme des Organs zur Vertretung der Arbeitnehmer und/oder der Arbeitnehmervertreter auf die Angelegenheiten einer Gesellschaft durch

- die Wahrnehmung des Rechts, einen Teil der Mitglieder des Aufsichts- oder des Verwaltungsorgans der Gesellschaft zu wählen oder zu bestellen, oder

- die Wahrnehmung des Rechts, die Bestellung eines Teils der oder aller Mitglieder des Aufsichts- oder des Verwaltungsorgans der Gesellschaft zu empfehlen und/oder abzulehnen.

TEIL II
VERHANDLUNGSVERFAHREN

Artikel 3
Einsetzung eines besonderen Verhandlungsgremiums

(1) Wenn die Leitungs- oder die Verwaltungsorgane der beteiligten Gesellschaften die Gründung einer SE planen, leiten sie nach der Offenlegung des Verschmelzungsplans oder des Gründungsplans für eine Holdinggesellschaft oder nach der Vereinbarung eines Plans zur Gründung einer Tochtergesellschaft oder zur Umwandlung in eine SE so rasch wie möglich die erforderlichen Schritte – zu denen auch die Unterrichtung über die Identität der beteiligten Gesellschaften und der betroffenenTochtergesellschaften oder betroffenen Betriebe sowie die Zahl ihrer Beschäftigten gehört – für die Aufnahme von Verhandlungen mit den Arbeitnehmervertretern der Gesellschaften über die Vereinbarung über die Beteiligung der Arbeitnehmer in der SE ein.

(2) Zu diesem Zweck wird ein besonderes Verhandlungsgremium als Vertretung der Arbeitnehmer der beteiligten Gesellschaften sowie der betroffenen Tochtergesellschaften oder betroffenen Betriebe gemäß folgenden Vorschriften eingesetzt:

a) Bei der Wahl oder der Bestellung der Mitglieder des besonderen Verhandlungsgremiums ist Folgendes sicherzustellen:

i) die Vertretung durch gewählte oder bestellte Mitglieder entsprechend der Zahl der in jedem Mitgliedstaat beschäftigten Arbeitnehmer der beteiligten Gesellschaften und der betroffenen Tochtergesellschaften oder betroffenen Betriebe in der Form, dass pro Mitgliedstaat für jeden Anteil der in diesem Mitgliedstaat beschäftigten Arbeitnehmer, der 10 % der Gesamtzahl der in allen Mitgliedstaaten beschäftigten Arbeitnehmer der beteiligten Gesellschaften und der betroffenen Tochtergesellschaften oder betroffenen Betriebe entspricht, oder für einen Bruchteil dieser Tranche Anspruch auf einen Sitz besteht;

ii) im Falle einer durch Verschmelzung gegründeten SE die Vertretung jedes Mitgliedstaats durch so viele weitere Mitglieder, wie erforderlich sind, um zu gewährleisten, dass jede beteiligte Gesellschaft, die eingetragen ist und Arbeitnehmer in dem betreffenden Mitgliedstaat beschäftigt und die als Folge der geplanten Eintragung der SE als eigene Rechtspersönlichkeit erlöschen wird, in dem besonderen Verhandlungsgremium durch mindestens ein Mitglied vertreten ist, sofern

– die Zahl dieser zusätzlichen Mitglieder 20 % der sich aus der Anwendung von Ziffer i ergebenden Mitgliederzahl nicht überschreitet und
– die Zusammensetzung des besonderen Verhandlungsgremiums nicht zu einer Doppelvertretung der betroffenen Arbeitnehmer führt.

Übersteigt die Zahl dieser Gesellschaften die Zahl der gemäß Unterabsatz 1 verfügbaren zusätzlichen Mitglieder, so werden diese zusätzlichen Mitglieder Gesellschaften in verschiedenen Mitgliedstaaten in absteigender Reihenfolge der Zahl der bei ihnen beschäftigten Arbeitnehmer zugeteilt.

b) Die Mitgliedstaaten legen das Verfahren für die Wahl oder die Bestellung der Mitglieder des besonderen Verhandlungsgremiums fest, die in ihrem Hoheitsgebiet zu wählen oder zu bestellen sind. Sie ergreifen die erforderlichen Maßnahmen, um sicherzustellen, dass nach Möglichkeit jede beteiligte Gesellschaft, die in dem jeweiligen Mitgliedstaat Arbeitnehmer beschäftigt, durch mindestens ein Mitglied in dem Gremium vertreten ist. Die Gesamtzahl der Mitglieder darf durch diese Maßnahmen nicht erhöht werden.
Die Mitgliedstaaten können vorsehen, dass diesem Gremium Gewerkschaftsvertreter auch dann angehören können, wenn sie nicht Arbeitnehmer einer beteiligten Gesellschaft oder einer betroffenen Tochtergesellschaft oder eines betroffenen Betriebs sind.
Unbeschadet der einzelstaatlichen Rechtsvorschriften und/oder Gepflogenheiten betreffend Schwellen für die Einrichtung eines Vertretungsorgans sehen die Mitgliedstaaten vor, dass die Arbeitnehmer der Unternehmen oder Betriebe, in denen unabhängig vom Willen der Arbeitnehmer keine Arbeitnehmervertreter vorhanden sind, selbst Mitglieder für das besondere Verhandlungsgremium wählen oder bestellen dürfen.

(3) Das besondere Verhandlungsgremium und das jeweils zuständige Organ der beteiligten Gesellschaften legen in einer schriftlichen Vereinbarung die Beteiligung der Arbeitnehmer in der SE fest.
Zu diesem Zweck unterrichtet das jeweils zuständige Organ der beteiligten Gesellschaften das besondere Verhandlungsgremium über das Vorhaben der Gründung einer SE und den Verlauf des Verfahrens bis zu deren Eintragung.

(4) Das besondere Verhandlungsgremium beschließt vorbehaltlich des Absatzes 6 mit der absoluten Mehrheit seiner Mitglieder, sofern diese Mehrheit auch die absolute Mehrheit der Arbeitnehmer vertritt. Jedes Mitglied hat eine Stimme. Hätten jedoch die Verhandlungen eine Minderung der Mitbestimmungsrechte zur Folge, so ist für einen Beschluss zur Billigung einer solchen Vereinbarung eine Mehrheit von zwei Dritteln der Stimmen der Mitglieder des besonderen Verhandlungsgremiums, die mindestens zwei Drittel der Arbeitnehmer vertreten, erforderlich, mit der Maßgabe, dass diese Mitglieder Arbeitnehmer in

mindestens zwei Mitgliedstaaten vertreten müssen, und zwar

- im Falle einer SE, die durch Verschmelzung gegründet werden soll, sofern sich die Mitbestimmung auf mindestens 25 % der Gesamtzahl der Arbeitnehmer der beteiligten Gesellschaften erstreckt, oder
- im Falle einer SE, die als Holdinggesellschaft oder als Tochtergesellschaft gegründet werden soll, sofern sich die Mitbestimmung auf mindestens 50 % der Gesamtzahl der Arbeitnehmer der beteiligten Gesellschaften erstreckt.

Minderung der Mitbestimmungsrechte bedeutet, dass der Anteil der Mitglieder der Organe der SE im Sinne des Artikels 2 Buchstabe k geringer ist als der höchste in den beteiligten Gesellschaften geltende Anteil.

(5) Das besondere Verhandlungsgremium kann bei den Verhandlungen Sachverständige seiner Wahl, zu denen auch Vertreter der einschlägigen Gewerkschaftsorganisationen auf Gemeinschaftsebene zählen können, hinzuziehen, um sich von ihnen bei seiner Arbeit unterstützen zu lassen. Diese Sachverständigen können, wenn das besondere Verhandlungsgremium dies wünscht, den Verhandlungen in beratender Funktion beiwohnen, um gegebenenfalls die Kohärenz und Stimmigkeit auf Gemeinschaftsebene zu fördern. Das besondere Verhandlungsgremium kann beschließen, die Vertreter geeigneter außenstehender Organisationen, zu denen auch Gewerkschaftsvertreter zählen können, vom Beginn der Verhandlungen zu unterrichten.

(6) Das besondere Verhandlungsgremium kann mit der nachstehend festgelegten Mehrheit beschließen, keine Verhandlungen aufzunehmen oder bereits aufgenommene Verhandlungen abzubrechen und die Vorschriften für die Unterrichtung und Anhörung der Arbeitnehmer zur Anwendung gelangen zu lassen, die in den Mitgliedstaaten gelten, in denen die SE Arbeitnehmer beschäftigt. Ein solcher Beschluss beendet das Verfahren zum Abschluss der Vereinbarung gemäß Artikel 4. Ist ein solcher Beschluss gefasst worden, findet keine der Bestimmungen des Anhangs Anwendung.
Für den Beschluss, die Verhandlungen nicht aufzunehmen oder sie abzubrechen, ist eine Mehrheit von zwei Dritteln der Stimmen der Mitglieder, die mindestens zwei Drittel der Arbeitnehmer vertreten, erforderlich, mit der Maßgabe, dass diese Mitglieder Arbeitnehmer in mindestens zwei Mitgliedstaaten vertreten müssen.
Im Fall einer durch Umwandlung gegründeten SE findet dieser Absatz keine Anwendung, wenn in der umzuwandelnden Gesellschaft Mitbestimmung besteht.
Das besondere Verhandlungsgremium wird auf schriftlichen Antrag von mindestens 10 % der Arbeitnehmer der SE, ihrer Tochtergesellschaften und ihrer Betriebe oder von deren Vertretern frühestens zwei Jahre nach dem vorgenannten Beschluss wieder einberufen, sofern die Parteien nicht eine frühere Wiederaufnahme der Verhandlungen vereinbaren. Wenn das besondere Verhandlungsgremium die Wiederaufnahme der Verhandlungen mit der Geschäftsleitung beschließt, in diesen Verhandlungen jedoch keine Einigung erzielt wird, findet keine der Bestimmungen des Anhangs Anwendung.

(7) Die Kosten, die im Zusammenhang mit der Tätigkeit des besonderen Verhandlungsgremiums und generell mit den Verhandlungen entstehen, werden von den beteiligten Gesellschaften getragen, damit das besondere Verhandlungsgremium seine Aufgaben in angemessener Weise erfuellen kann.
Im Einklang mit diesem Grundsatz können die Mitgliedstaaten Regeln für die Finanzierung der Arbeit des besonderen Verhandlungsgremiums festlegen. Sie können insbesondere die Übernahme der Kosten auf die Kosten für einen Sachverständigen begrenzen.

Artikel 4
Inhalt der Vereinbarung

(1) Das jeweils zuständige Organ der beteiligten Gesellschaften und das besondere Verhandlungsgremium verhandeln mit dem Willen zur Verständigung, um zu einer Vereinbarung über die Beteiligung der Arbeitnehmer innerhalb der SE zu gelangen.

(2) Unbeschadet der Autonomie der Parteien und vorbehaltlich des Absatzes 4 wird in der schriftlichen Vereinbarung nach Absatz 1 zwischen dem jeweils zuständigen Organ der beteiligten Gesellschaften und dem besonderen Verhandlungsgremium Folgendes festgelegt:

a) der Geltungsbereich der Vereinbarung,

b) die Zusammensetzung des Vertretungsorgans als Verhandlungspartner des zuständigen Organs der SE im Rahmen der Vereinbarung über die Unterrichtung und Anhörung der Arbeitnehmer der SE und ihrer Tochtergesellschaften und Betriebe sowie die Anzahl seiner Mitglieder und die Sitzverteilung,

c) die Befugnisse und das Verfahren zur Unterrichtung und Anhörung des Vertretungsorgans,

d) die Häufigkeit der Sitzungen des Vertretungsorgans,

e) die für das Vertretungsorgan bereitzustellenden finanziellen und materiellen Mittel,

f) die Durchführungsmodalitäten des Verfahrens oder der Verfahren zur Unterrichtung und Anhörung für den Fall, dass die Parteien im Laufe der Verhandlungen beschließen, eines oder mehrere solcher Verfahren zu schaffen, anstatt ein Vertretungsorgan einzusetzen,

g) der Inhalt einer Vereinbarung über die Mitbestimmung für den Fall, dass die Parteien im Laufe der Verhandlungen beschließen, eine solche Vereinbarung einzuführen, einschließlich (gegebenenfalls) der Zahl der Mitglieder des Verwaltungs- oder des Aufsichtsorgans der SE, welche die Arbeitnehmer wählen oder bestellen können oder deren Bestellung sie empfehlen oder ablehnen können, der Verfahren, nach denen die Arbeitnehmer diese Mitglieder wählen oder bestellen oder deren Bestellung empfehlen oder ablehnen können, und der Rechte dieser Mitglieder,

h) der Zeitpunkt des Inkrafttretens der Vereinbarung und ihre Laufzeit, die Fälle, in denen die Vereinbarung neu ausgehandelt werden sollte, und das bei ihrer Neuaushandlung anzuwendende Verfahren.

(3) Sofern in der Vereinbarung nichts anderes bestimmt ist, gilt die Auffangregelung des Anhangs nicht für diese Vereinbarung.

(4) Unbeschadet des Artikels 13 Absatz 3 Buchstabe a muss in der Vereinbarung im Falle einer durch Umwandlung gegründeten SE in Bezug auf alle Komponenten der Arbeitnehmerbeteiligung zumindest das gleiche Ausmaß gewährleistet werden, das in der Gesellschaft besteht, die in eine SE umgewandelt werden soll.

Artikel 5
Dauer der Verhandlungen

(1) Die Verhandlungen beginnen mit der Einsetzung des besonderen Verhandlungsgremiums und können bis zu sechs Monate andauern.

(2) Die Parteien können einvernehmlich beschließen, die Verhandlungen über den in Absatz 1 genannten Zeitraum hinaus bis zu insgesamt einem Jahr ab der Einsetzung des besonderen Verhandlungsgremiums fortzusetzen.

Artikel 6
Für das Verhandlungsverfahren maßgebliches Recht

Sofern in dieser Richtlinie nichts anderes vorgesehen ist, ist für das Verhandlungsverfahren gemäß den Artikeln 3 bis 5 das Recht des Mitgliedstaates maßgeblich, in dem die SE ihren Sitz haben wird.

Artikel 7
Auffangregelung

(1) Zur Verwirklichung des in Artikel 1 festgelegten Ziels führen die Mitgliedstaaten unbeschadet des nachstehenden Absatzes 3 eine Auffangregelung zur Beteiligung der Arbeitnehmer ein, die den im Anhang niedergelegten Bestimmungen genügen muss.
Die Auffangregelung, die in den Rechtsvorschriften des Mitgliedstaats festgelegt ist, in dem die SE ihren Sitz haben soll, findet ab dem Zeitpunkt der Eintragung der SE Anwendung, wenn

a) die Parteien dies vereinbaren oder

b) bis zum Ende des in Artikel 5 genannten Zeitraums keine Vereinbarung zustande gekommen ist und

- das zuständige Organ jeder der beteiligten Gesellschaften der Anwendung der Auffangregelung auf die SE und damit der Fortsetzung des Verfahrens zur Eintragung der SE zugestimmt hat und
- das besondere Verhandlungsgremium keinen Beschluss gemäß Artikel 3 Absatz 6 gefasst hat.

(2) Ferner findet die Auffangregelung, die in den Rechtsvorschriften des Mitgliedstaats festgelegt ist, in dem die SE eingetragen wird, gemäß Teil 3 des Anhangs nur Anwendung, wenn

a) im Falle einer durch Umwandlung gegründeten SE die Bestimmungen eines Mitgliedstaats über die Mitbestimmung der Arbeitnehmer im Verwaltungs- oder Aufsichtsorgan für eine in eine SE umgewandelte Aktiengesellschaft galten;

b) im Falle einer durch Verschmelzung gegründeten SE

- vor der Eintragung der SE in einer oder mehreren der beteiligten Gesellschaften eine oder mehrere Formen der Mitbestimmung bestanden und sich auf mindestens 25 % der Gesamtzahl der Arbeitnehmer aller beteiligten Gesellschaften erstreckten oder
- vor der Eintragung der SE in einer oder mehreren der beteiligten Gesellschaften eine oder mehrere Formen der Mitbestimmung bestanden und sich auf weniger als 25 % der Gesamtzahl der Arbeitnehmer aller beteiligten Gesellschaften erstreckten und das besondere Verhandlungsgremium einen entsprechenden Beschluss fasst;

c) im Falle einer durch Errichtung einer Holdinggesellschaft oder einer Tochtergesellschaft gegründeten SE

- vor der Eintragung der SE in einer oder mehreren der beteiligten Gesellschaften eine oder mehrere Formen der Mitbestimmung bestanden und sich auf mindestens 50 % der Gesamtzahl der Arbeitnehmer aller beteiligten Gesellschaften erstreckten oder
- vor der Eintragung der SE in einer oder mehreren der beteiligten Gesellschaften eine oder mehrere Formen der Mitbestimmung bestanden und sich auf weniger als 50 % der Gesamtzahl der Arbeitnehmer aller beteiligten Gesellschaften erstreckten und das beson-

dere Verhandlungsgremium einen entsprechenden Beschluss fasst.

Bestanden mehr als eine Mitbestimmungsform in den verschiedenen beteiligten Gesellschaften, so entscheidet das besondere Verhandlungsgremium, welche von ihnen in der SE eingeführt wird. Die Mitgliedstaaten können Regeln festlegen, die anzuwenden sind, wenn kein einschlägiger Beschluss für eine in ihrem Hoheitsgebiet eingetragene SE gefasst worden ist. Das besondere Verhandlungsgremium unterrichtet das jeweils zuständige Organ der beteiligten Gesellschaften über die Beschlüsse, die es gemäß diesem Absatz gefasst hat.

(3) Die Mitgliedstaaten können vorsehen, dass die Auffangregelung in Teil 3 des Anhangs in dem in Absatz 2 Buchstabe b vorgesehenen Fall nicht Anwendung findet.

TEIL III

SONSTIGE BESTIMMUNGEN

Artikel 8
Verschwiegenheit und Geheimhaltung

(1) Die Mitgliedstaaten sehen vor, dass den Mitgliedern des besonderen Verhandlungsgremiums und des Vertretungsorgans sowie den sie unterstützenden Sachverständigen nicht gestattet wird, ihnen als vertraulich mitgeteilte Informationen an Dritte weiterzugeben.
Das Gleiche gilt für die Arbeitnehmervertreter im Rahmen eines Verfahrens zur Unterrichtung und Anhörung.
Diese Verpflichtung besteht unabhängig von dem Aufenthaltsort der betreffenden Personen und auch nach Ablauf ihres Mandats weiter.

(2) Jeder Mitgliedstaat sieht vor, dass das Aufsichts- oder das Verwaltungsorgan einer SE oder einer beteiligten Gesellschaft mit Sitz in seinem Hoheitsgebiet in besonderen Fällen und unter den Bedingungen und Beschränkungen des einzelstaatlichen Rechts Informationen nicht weiterleiten muss, wenn deren Bekanntwerden bei Zugrundelegung objektiver Kriterien den Geschäftsbetrieb der SE (oder gegebenenfalls der beteiligten Gesellschaft) oder ihrer Tochtergesellschaften und Betriebe erheblich beeinträchtigen oder ihnen schaden würde.
Jeder Mitgliedstaat kann eine solche Freistellung von einer vorherigen behördlichen oder gerichtlichen Genehmigung abhängig machen.

(3) Jeder Mitgliedstaat kann für eine SE mit Sitz in seinem Hoheitsgebiet, die in Bezug auf Berichterstattung und Meinungsäußerung unmittelbar und überwiegend eine bestimmte weltanschauliche Tendenz verfolgt, besondere Bestimmungen vorsehen, falls das innerstaatliche Recht solche Bestimmungen zum Zeitpunkt der Annahme dieser Richtlinie bereits enthält.

(4) Bei der Anwendung der Absätze 1, 2 und 3 sehen die Mitgliedstaaten Verfahren vor, nach denen die Arbeitnehmervertreter auf dem Verwaltungsweg oder vor Gericht Rechtsbehelfe einlegen können, wenn das Aufsichts- oder das Verwaltungsorgan der SE oder der beteiligten Gesellschaft Vertraulichkeit verlangt oder die Informationen verweigert.
Diese Verfahren können Regelungen zur Wahrung der Vertraulichkeit der betreffenden Informationen einschließen.

Artikel 9

Arbeitsweise des Vertretungsorgans und Funktionsweise des Verfahrens zur Unterrichtung und Anhörung der Arbeitnehmer

Das zuständige Organ der SE und das Vertretungsorgan arbeiten mit dem Willen zur Verständigung unter Beachtung ihrer jeweiligen Rechte und Pflichten zusammen.
Das Gleiche gilt für die Zusammenarbeit zwischen dem Aufsichts- oder dem Verwaltungsorgan der SE und den Arbeitnehmervertretern im Rahmen eines Verfahrens zur Unterrichtung und Anhörung der Arbeitnehmer.

Artikel 10

Schutz der Arbeitnehmervertreter

Die Mitglieder des besonderen Verhandlungsgremiums, die Mitglieder des Vertretungsorgans, Arbeitnehmervertreter, die bei einem Verfahren zur Unterrichtung und Anhörung mitwirken, und Arbeitnehmervertreter im Aufsichts- oder im Verwaltungsorgan der SE, die Beschäftigte der SE, ihrer Tochtergesellschaften oder Betriebe oder einer der beteiligten Gesellschaften sind, genießen bei der Wahrnehmung ihrer Aufgaben den gleichen Schutz und gleichartige Sicherheiten wie die Arbeitnehmervertreter nach den innerstaatlichen Rechtsvorschriften und/oder Gepflogenheiten des Landes, in dem sie beschäftigt sind.
Dies gilt insbesondere für die Teilnahme an den Sitzungen des besonderen Verhandlungsgremiums oder des Vertretungsorgans an allen sonstigen Sitzungen, die im Rahmen der Vereinbarung nach Artikel 4 Absatz 2 Buchstabe f stattfinden, und an den Sitzungen des Verwaltungs- oder des Aufsichtsorgans sowie für die Lohn- und Gehaltsfortzahlung an die Mitglieder, die Beschäftigte einer der beteiligten Gesellschaften oder der SE oder ihrer Tochtergesellschaften oder Betriebe sind, für die Dauer ihrer zur Wahrnehmung ihrer Aufgaben erforderlichen Abwesenheit.

Artikel 11
Verfahrensmissbrauch

Die Mitgliedstaaten treffen im Einklang mit den gemeinschaftlichen Rechtsvorschriften geeignete Maßnahmen, um zu verhindern, dass eine SE dazu missbraucht wird, Arbeitnehmern Beteiligungsrechte zu entziehen oder vorzuenthalten.

Artikel 12
Einhaltung der Richtlinie

(1) Jeder Mitgliedstaat trägt dafür Sorge, dass die Leitung der Betriebe einer SE und die Aufsichts- oder die Verwaltungsorgane der Tochtergesellschaften und der beteiligten Gesellschaften, die sich in seinem Hoheitsgebiet befinden, und ihre Arbeitnehmervertreter oder gegebenenfalls ihre Arbeitnehmer den Verpflichtungen dieser Richtlinie nachkommen, unabhängig davon, ob die SE ihren Sitz in seinem Hoheitsgebiet hat oder nicht.

(2) Die Mitgliedstaaten sehen geeignete Maßnahmen für den Fall der Nichteinhaltung dieser Richtlinie vor; sie sorgen insbesondere dafür, dass Verwaltungs- oder Gerichtsverfahren bestehen, mit denen die Erfuellung der sich aus dieser Richtlinie ergebenden Verpflichtungen durchgesetzt werden kann.

Artikel 13
Verhältnis dieser Richtlinie zu anderen Bestimmungen

(1) SE und Tochtergesellschaften einer SE, die gemeinschaftsweit operierende Unternehmen oder herrschende Unternehmen in einer gemeinschaftsweit operierenden Unternehmensgruppe im Sinne der Richtlinie 94/45/EG oder im Sinne der Richtlinie 97/74/EG[1] zur Ausdehnung der genannten Richtlinie auf das Vereinigte Königreich sind, unterliegen nicht den genannten Richtlinien und den Bestimmungen zu deren Umsetzung in einzelstaatliches Recht.
Beschließt das besondere Verhandlungsgremium jedoch gemäß Artikel 3 Absatz 6, keine Verhandlungen aufzunehmen oder bereits aufgenommene Verhandlungen abzubrechen, so gelangen die Richtlinie 94/45/EG oder die Richtlinie 97/74/EG und die Bestimmungen zu ihrer Umsetzung in einzelstaatliches Recht zur Anwendung.

(2) Einzelstaatliche Rechtsvorschriften und/oder Gepflogenheiten in Bezug auf die Mitbestimmung der Arbeitnehmer in den Gesellschaftsorganen, die nicht zur Umsetzung dieser Richtlinie dienen, finden keine Anwendung auf gemäß der Verordnung (EG) Nr. 2157/2001 gegründete und von dieser Richtlinie erfasste Gesellschaften.

(3) Diese Richtlinie berührt nicht

a) die den Arbeitnehmern nach einzelstaatlichen Rechtsvorschriften und/oder Gepflogenheiten zustehenden Beteiligungsrechte, die für die Arbeitnehmer der SE und ihrer Tochtergesellschaften und Betriebe gelten, mit Ausnahme der Mitbestimmung in den Organen der SE,

b) die nach einzelstaatlichen Rechtsvorschriften und/oder Gepflogenheiten geltenden Bestimmungen über die Mitbestimmung in den Gesellschaftsorganen, die auf die Tochtergesellschaften der SE Anwendung finden.

(4) Zur Wahrung der in Absatz 3 genannten Rechte können die Mitgliedstaaten durch geeignete Maßnahmen sicherstellen, dass die Strukturen der Arbeitnehmervertretung in den beteiligten Gesellschaften, die als eigenständige juristische Personen erlöschen, nach der Eintragung der SE fortbestehen.

Artikel 14
Schlussbestimmungen

(1) Die Mitgliedstaaten erlassen die erforderlichen Rechts- und Verwaltungsvorschriften, um dieser Richtlinie spätestens am 8. Oktober 2004 nachzukommen, oder stellen spätestens zu diesem Zeitpunkt sicher, dass die Sozialpartner die erforderlichen Bestimmungen durch Vereinbarungen einführen; die Mitgliedstaaten treffen alle erforderlichen Vorkehrungen, um jederzeit gewährleisten zu können, dass die durch diese Richtlinie vorgeschriebenen Ergebnisse erzielt werden. Sie setzen die Kommission unverzüglich davon in Kenntnis.

(2) Wenn die Mitgliedstaaten diese Vorschriften erlassen, nehmen sie in den Vorschriften selbst oder durch einen Hinweis bei der amtlichen Veröffentlichung auf diese Richtlinie Bezug. Die Mitgliedstaaten regeln die Einzelheiten der Bezugnahme.

Artikel 15
Überprüfung durch die Kommission

Die Kommission überprüft spätestens zum 8. Oktober 2007 im Benehmen mit den Mitgliedstaaten und den Sozialpartnern auf Gemeinschaftsebene die Anwendung dieser Richtlinie, um dem Rat gegebenenfalls erforderliche Änderungen vorzuschlagen.

Artikel 16
Inkrafttreten

Diese Richtlinie tritt am Tag ihrer Veröffentlichung im *Amtsblatt der Europäischen Gemeinschaften* in Kraft.

Zu Artikel 13:
[1] *ABl. L 10 vom 16.1.1998, S. 22.*

Artikel 17
Adressaten

Diese Richtlinie ist an die Mitgliedstaaten gerichtet.

Geschehen zu Luxemburg am 8. Oktober 2001.

Im Namen des Rates

Der Präsident

L. Onkelinx

ANHANG

AUFFANGREGELUNG

(nach Artikel 7)

Teil 1: Zusammensetzung des Organs zur Vertretung der Arbeitnehmer

Zur Verwirklichung des Ziels nach Artikel 1 wird in den in Artikel 7 genannten Fällen ein Vertretungsorgan gemäß folgenden Regeln eingesetzt:

a) Das Vertretungsorgan setzt sich aus Arbeitnehmern der SE und ihrer Tochtergesellschaften und Betriebe zusammen, die von den Arbeitnehmervertretern aus ihrer Mitte oder, in Ermangelung solcher Vertreter, von der Gesamtheit der Arbeitnehmer gewählt oder bestellt werden.

b) Die Mitglieder des Vertretungsorgans werden gemäß den einzelstaatlichen Rechtsvorschriften und/oder Gepflogenheiten gewählt oder bestellt.
Die Mitgliedstaaten sorgen durch entsprechende Vorschriften dafür, dass Änderungen innerhalb der SE und ihrer Tochtergesellschaften und Betriebe durch Anpassung der Zahl der Mitglieder des Vertretungsorgans und der Zuteilung der Sitze in diesem Organ Rechnung getragen wird.

c) Sofern die Zahl der Mitglieder des Vertretungsorgans es rechtfertigt, wählt das Vertretungsorgan aus seiner Mitte einen engeren Ausschuss mit höchstens drei Mitgliedern.

d) Das Vertretungsorgan gibt sich eine Geschäftsordnung.

e) Die Mitglieder des Vertretungsorgans werden entsprechend der Zahl der in jedem Mitgliedstaat beschäftigten Arbeitnehmer der beteiligten Gesellschaften und der betroffenen Tochtergesellschaften oder betroffenen Betriebe gewählt oder bestellt, so dass pro Mitgliedstaat für jeden Anteil der in diesem Mitgliedstaat beschäftigten Arbeitnehmer, der 10 % der Gesamtzahl der in allen Mitgliedstaaten beschäftigten Arbeitnehmer der beteiligten Gesellschaften und der betroffenen Tochtergesellschaften oder betroffenen Betriebe entspricht, oder für einen Bruchteil dieser Tranche Anspruch auf einen Sitz besteht.

f) Die Zusammensetzung des Vertretungsorgans wird dem zuständigen Organ der SE mitgeteilt.

g) Vier Jahre nach seiner Einsetzung prüft das Vertretungsorgan, ob die Vereinbarung nach den Artikeln 4 und 7 ausgehandelt werden oder die in Übereinstimmung mit diesem Anhang angenommene Auffangregelung weiterhin gelten soll. Wird der Beschluss gefasst, eine Vereinbarung gemäß Artikel 4 auszuhandeln, so gelten Artikel 3 Absätze 4 bis 7 und Artikel 4 bis 6 sinngemäß, wobei der Ausdruck "besonderes Verhandlungsgremium" durch das Wort "Vertretungsorgan" ersetzt wird. Wenn am Ende des für die Verhandlungen vorgesehenen Zeitraums keine Vereinbarung zustande gekommen ist, findet die Regelung, die ursprünglich gemäß der Auffangregelung angenommen worden war, weiterhin Anwendung.

Teil 2: Auffangregelung für die Unterrichtung und Anhörung

Für die Zuständigkeiten und Befugnisse des Vertretungsorgans in einer SE gelten folgende Regeln:

a) Die Zuständigkeiten des Vertretungsorgans beschränken sich auf die Angelegenheiten, die die SE selbst oder eine ihrer Tochtergesellschaften oder einen ihrer Betriebe in einem anderen Mitgliedstaat betreffen oder über die Befugnisse der Entscheidungsorgane auf der Ebene des einzelnen Mitgliedstaats hinausgehen.

b) Unbeschadet etwaiger Zusammenkünfte gemäß Buchstabe c hat das Vertretungsorgan das Recht, auf der Grundlage regelmäßig von dem zuständigen Organ erstellter Berichte über die Entwicklung der Geschäftslage und die Perspektiven der SE unterrichtet und dazu gehört zu werden und zu diesem Zweck mindestens einmal jährlich mit dem zuständigen Organ der SE zusammenzutreten. Die örtlichen Geschäftsleitungen werden hiervon in Kenntnis gesetzt.
Das zuständige Organ der SE übermittelt dem Vertretungsorgan die Tagesordnung aller Sitzungen des Verwaltungsorgans oder gegebenenfalls des Leitungs- und des Aufsichtsorgans sowie Kopien aller Unterlagen, die der Hauptversammlung der Aktionäre unterbreitet werden.
Diese Unterrichtung und Anhörung bezieht sich insbesondere auf die Struktur der SE, ihre wirtschaftliche und finanzielle Situation, die voraussichtliche Entwicklung der Geschäfts-, Produktions- und Absatzlage, auf die Beschäftigungslage

und deren voraussichtliche Entwicklung, auf die Investitionen, auf grundlegende Änderungen der Organisation, auf die Einführung neuer Arbeits- oder Fertigungsverfahren, auf Verlagerungen der Produktion, auf Fusionen, Verkleinerungen oder Schließungen von Unternehmen, Betrieben oder wichtigen Teilen derselben und auf Massenentlassungen.

c) Treten außergewöhnliche Umstände ein, die erhebliche Auswirkungen auf die Interessen der Arbeitnehmer haben, insbesondere bei Verlegungen, Verlagerungen, Betriebs- oder Unternehmensschließungen oder Massenentlassungen, so hat das Vertretungsorgan das Recht, darüber unterrichtet zu werden. Das Vertretungsorgan oder – wenn das Vertretungsorgan dies, insbesondere bei Dringlichkeit, beschließt – der engere Ausschuss hat das Recht, auf Antrag mit dem zuständigen Organ der SE oder den Vertretern einer geeigneteren mit eigenen Entscheidungsbefugnissen ausgestatteten Leitungsebene innerhalb der SE zusammenzutreffen, um über Maßnahmen, die erhebliche Auswirkungen auf die Interessen der Arbeitnehmer haben, unterrichtet und dazu gehört werden.
Wenn das zuständige Organ beschließt, nicht im Einklang mit der von dem Vertretungsorgan abgegebenen Stellungnahme zu handeln, hat das Vertretungsorgan das Recht, ein weiteres Mal mit dem zuständigen Organ der SE zusammenzutreffen, um eine Einigung herbeizuführen.
Findet eine Sitzung mit dem engeren Ausschuss statt, so haben auch die Mitglieder des Vertretungsorgans, die von diesen Maßnahmen unmittelbar betroffene Arbeitnehmer vertreten, das Recht, daran teilzunehmen.
Die Sitzungen nach Absatz 1 lassen die Vorrechte des zuständigen Organs unberührt.

d) Die Mitgliedstaaten können Regeln für den Vorsitz in den Sitzungen zur Unterrichtung und Anhörung festlegen.
Vor Sitzungen mit dem zuständigen Organ der SE ist das Vertretungsorgan oder der engere Ausschuss – gegebenenfalls in der gemäß Buchstabe c Absatz 3 erweiterten Zusammensetzung – berechtigt, in Abwesenheit der Vertreter des zuständigen Organs zu tagen.

e) Unbeschadet des Artikels 8 unterrichten die Mitglieder des Vertretungsorgans die Arbeitnehmervertreter der SE und ihrer Tochtergesellschaften und Betriebe über den Inhalt und die Ergebnisse der Unterrichtungs- und Anhörungsverfahren.

f) Das Vertretungsorgan oder der engere Ausschuss können sich durch Sachverständige ihrer Wahl unterstützen lassen.

g) Sofern dies zur Erfuellung ihrer Aufgaben erforderlich ist, haben die Mitglieder des Vertretungsorgans Anspruch auf bezahlte Freistellung für Fortbildungsmaßnahmen.

h) Die Ausgaben des Vertretungsorgans gehen zulasten der SE, die die Mitglieder dieses Organs mit den erforderlichen finanziellen und materiellen Mitteln ausstattet, damit diese ihre Aufgaben in angemessener Weise wahrnehmen können.
Insbesondere trägt die SE die Kosten der Veranstaltung der Sitzungen einschließlich der Dolmetschkosten sowie die Aufenthalts- und Reisekosten für die Mitglieder des Vertretungsorgans und des engeren Ausschusses, soweit nichts anderes vereinbart wurde.
Die Mitgliedstaaten können im Einklang mit diesen Grundsätzen Regeln für die Finanzierung der Arbeit des Vertretungsorgans festlegen. Sie können insbesondere die Übernahme der Kosten auf die Kosten für einen Sachverständigen begrenzen.

Teil 3: Auffangregelung für die Mitbestimmung

Für die Mitbestimmung der Arbeitnehmer in der SE gelten folgende Bestimmungen:

a) Fanden im Falle einer durch Umwandlung gegründeten SE Vorschriften eines Mitgliedstaats über die Mitbestimmung der Arbeitnehmer im Verwaltungs- oder im Aufsichtsorgan vor der Eintragung Anwendung, so finden alle Komponenten der Mitbestimmung der Arbeitnehmer weiterhin Anwendung. Buchstabe b gilt diesbezüglich sinngemäß.

b) In den Fällen der Gründung einer SE haben die Arbeitnehmer der SE, ihrer Tochtergesellschaften und Betriebe und/oder ihr Vertretungsorgan das Recht, einen Teil der Mitglieder des Verwaltungs- oder des Aufsichtsorgans der SE zu wählen oder zu bestellen oder deren Bestellung zu empfehlen oder abzulehnen, wobei die Zahl dieser Mitglieder sich nach dem höchsten maßgeblichen Anteil in den beteiligten Gesellschaften vor der Eintragung der SE bemisst.
Bestanden in keiner der beteiligten Gesellschaften vor der Eintragung der SE Vorschriften über die Mitbestimmung, so ist die SE nicht verpflichtet, eine Vereinbarung über die Mitbestimmung der Arbeitnehmer einzuführen.
Das Vertretungsorgan entscheidet über die Verteilung der Sitze im Verwaltungs- oder im Aufsichtsorgan auf die Mitglieder, die Arbeitnehmer aus verschiedenen Mitgliedstaaten vertreten, oder über die Art und Weise, in der die Arbeitnehmer der SE Mitglieder dieser Organe empfehlen oder

ablehnen können, entsprechend den jeweiligen Anteilen der in den einzelnen Mitgliedstaaten beschäftigten Arbeitnehmer der SE. Bleiben Arbeitnehmer aus einem oder mehreren Mitgliedstaaten bei der anteilmäßigen Verteilung unberücksichtigt, so bestellt das Vertretungsorgan eines der Mitglieder aus einem dieser Mitgliedstaaten, und zwar vorzugsweise – sofern angemessen – aus dem Mitgliedstaat, in dem die SE ihren Sitz haben wird. Jeder Mitgliedstaat hat das Recht, die Verteilung der ihm im Verwaltungs- oder im Aufsichtsorgan zugewiesenen Sitze festzulegen. Alle von dem Vertretungsorgan oder gegebenenfalls den Arbeitnehmern gewählten, bestellten oder empfohlenen Mitglieder des Verwaltungsorgans oder gegebenenfalls des Aufsichtsorgans der SE sind vollberechtigte Mitglieder des jeweiligen Organs mit denselben Rechten (einschließlich des Stimmrechts) und denselben Pflichten wie die Mitglieder, die die Anteilseigner vertreten.

16/3. Richtlinie 2009/38/EG über die Einsetzung eines Europäischen Betriebsrats oder die Schaffung eines Verfahrens zur Unterrichtung und Anhörung der Arbeitnehmer in gemeinschaftsweit operierenden Unternehmen und Unternehmensgruppen

ABl L 122 vom 16. 5. 2009, S 28 idF

1 ABl L 263 vom 8. 10. 2015, S 1 (RL 2015/1794/EG)

(Neufassung)

Richtlinie 2009/38/EG des Europäischen Parlaments und des Rates vom 6. Mai 2009 über die Einsetzung eines Europäischen Betriebsrats oder die Schaffung eines Verfahrens zur Unterrichtung und Anhörung der Arbeitnehmer in gemeinschaftsweit operierenden Unternehmen und Unternehmensgruppen

DAS EUROPÄISCHE PARLAMENT UND DER RAT DER EUROPÄISCHEN UNION –

gestützt auf den Vertrag zur Gründung der Europäischen Gemeinschaft, insbesondere auf Artikel 137,

auf Vorschlag der Kommission,

nach Stellungnahme des Europäischen Wirtschafts- und Sozialausschusses[1],

nach Anhörung des Ausschusses der Regionen,

gemäß dem Verfahren des Artikels 251 des Vertrags[2],

in Erwägung nachstehender Gründe:

(1) Die Richtlinie 94/45/EG des Rates vom 22. September 1994 über die Einsetzung eines Europäischen Betriebsrats oder die Schaffung eines Verfahrens zur Unterrichtung und Anhörung der Arbeitnehmer in gemeinschaftsweit operierenden Unternehmen und Unternehmensgruppen[3] muss inhaltlich geändert werden. Aus Gründen der Klarheit empfiehlt es sich, eine Neufassung dieser Richtlinie vorzunehmen.

Zur Präambel:

[1] Stellungnahme vom 4. Dezember 2008 (noch nicht im Amtsblatt veröffentlicht).

[2] Stellungnahme des Europäischen Parlaments vom 16. Dezember 2008 (noch nicht im Amtsblatt veröffentlicht) und Beschluss des Rates vom 17. Dezember 2008.

Zu Abs. 1:

[3] ABl. L 254 vom 30.9.1994, S. 64.

(2) Gemäß Artikel 15 der Richtlinie 94/45/EG hat die Kommission im Benehmen mit den Mitgliedstaaten und den Sozialpartnern auf europäischer Ebene die Anwendung der genannten Richtlinie und insbesondere die Zweckmäßigkeit der Schwellenwerte für die Beschäftigtenzahl überprüft, um erforderlichenfalls entsprechende Änderungen vorzuschlagen.

(3) Nach Anhörungen der Mitgliedstaaten und der Sozialpartner auf europäischer Ebene hat die Kommission dem Europäischen Parlament und dem Rat am 4. April 2000 einen Bericht über den Stand der Anwendung der Richtlinie 94/45/EG vorgelegt.

(4) Gemäß Artikel 138 Absatz 2 des Vertrags hat die Kommission die Sozialpartner auf Gemeinschaftsebene zu der Frage angehört, wie eine Gemeinschaftsaktion in diesem Bereich gegebenenfalls ausgerichtet werden sollte.

(5) Die Kommission war nach dieser Anhörung der Auffassung, dass eine Gemeinschaftsaktion wünschenswert ist, und hat gemäß Artikel 138 Absatz 3 des Vertrags die Sozialpartner auf Gemeinschaftsebene erneut zum Inhalt des in Aussicht genommenen Vorschlags angehört.

(6) Nach dieser zweiten Anhörung haben die Sozialpartner die Kommission nicht von ihrer gemeinsamen Absicht in Kenntnis gesetzt, das in Artikel 138 Absatz 4 des Vertrags vorgesehene Verfahren einzuleiten, das zum Abschluss einer Vereinbarung führen könnte.

(7) Es bedarf einer Modernisierung der gemeinschaftlichen Rechtsvorschriften im Bereich der länderübergreifenden Unterrichtung und Anhörung der Arbeitnehmer mit dem Ziel, die Wirksamkeit der Rechte auf eine länderübergreifende Unterrichtung und Anhörung der Arbeitnehmer sicherzustellen, die Zahl der Europäischen Be-

triebsräte zu erhöhen und gleichzeitig die Fortdauer geltender Vereinbarungen zu ermöglichen, die bei der praktischen Anwendung der Richtlinie 94/45/EG festgestellten Probleme zu lösen und die sich aus bestimmten Bestimmungen oder dem Fehlen von Bestimmungen ergebende Rechtsunsicherheit zu beseitigen sowie eine bessere Abstimmung der gemeinschaftlichen Rechtsinstrumente im Bereich der Unterrichtung und Anhörung der Arbeitnehmer zu gewährleisten.

(8) Gemäß Artikel 136 des Vertrags haben die Gemeinschaft und die Mitgliedstaaten das Ziel, den sozialen Dialog zu fördern.

(9) Diese Richtlinie ist Teil des gemeinschaftlichen Rahmens, der darauf abzielt, die Maßnahmen der Mitgliedstaaten im Bereich der Unterrichtung und Anhörung der Arbeitnehmer zu unterstützen und zu ergänzen. Dieser Rahmen sollte die Belastung der Unternehmen oder Betriebe auf ein Mindestmaß begrenzen, zugleich aber auch die wirksame Ausübung der eingeräumten Rechte gewährleisten.

(10) Im Rahmen des Funktionierens des Binnenmarkts findet ein Prozess der Unternehmenszusammenschlüsse, grenzübergreifenden Fusionen, Übernahmen und Joint Ventures und damit einhergehend eine länderübergreifende Strukturierung von Unternehmen und Unternehmensgruppen statt. Wenn die wirtschaftlichen Aktivitäten sich in harmonischer Weise entwickeln sollen, so müssen Unternehmen und Unternehmensgruppen, die in mehreren Mitgliedstaaten tätig sind, die Vertreter ihrer von den Unternehmensentscheidungen betroffenen Arbeitnehmer unterrichten und anhören.

(11) Die Verfahren zur Unterrichtung und Anhörung der Arbeitnehmer nach den Rechtsvorschriften und Gepflogenheiten der Mitgliedstaaten werden häufig nicht an die länderübergreifende Struktur der Unternehmen angepasst, welche die Arbeitnehmer berührende Entscheidungen treffen. Dies kann zu einer Ungleichbehandlung der Arbeitnehmer führen, die von Entscheidungen ein und desselben Unternehmens bzw. ein und derselben Unternehmensgruppe betroffen sind.

(12) Es sind geeignete Vorkehrungen zu treffen, damit die Arbeitnehmer gemeinschaftsweit operierender Unternehmen oder Unternehmensgruppen angemessen informiert und angehört werden, wenn Entscheidungen, die sich auf sie auswirken, außerhalb des Mitgliedstaats getroffen werden, in dem sie beschäftigt sind.

(13) Um zu gewährleisten, dass die Arbeitnehmer von Unternehmen und Unternehmensgruppen, die in mehreren Mitgliedstaaten tätig sind, in angemessener Weise unterrichtet und angehört werden, muss ein Europäischer Betriebsrat eingerichtet oder müssen andere geeignete Verfahren zur länderübergreifenden Unterrichtung und Anhörung der Arbeitnehmer geschaffen werden.

(14) Die Modalitäten der Unterrichtung und Anhörung der Arbeitnehmer müssen so festgelegt und angewendet werden, dass die Wirksamkeit der Bestimmungen dieser Richtlinie gewährleistet wird. Hierzu sollte der Europäische Betriebsrat durch seine Unterrichtung und Anhörung die Möglichkeit haben, dem Unternehmen rechtzeitig eine Stellungnahme vorzulegen, wobei dessen Anpassungsfähigkeit nicht beeinträchtigt werden darf. Nur ein Dialog auf der Ebene der Festlegung der Leitlinien und eine wirksame Beteiligung der Arbeitnehmervertreter können es ermöglichen, den Wandel zu antizipieren und zu bewältigen.

(15) Für die Arbeitnehmer und ihre Vertreter muss die Unterrichtung und Anhörung auf der je nach behandeltem Thema relevanten Leitungs- und Vertretungsebene gewährleistet sein. Hierzu müssen Zuständigkeiten und Aktionsbereiche des Europäischen Betriebsrats von denen einzelstaatlicher Vertretungsgremien abgegrenzt werden und sich auf länderübergreifende Angelegenheiten beschränken.

(16) Zur Feststellung des länderübergreifenden Charakters einer Angelegenheit sollten sowohl der Umfang ihrer möglichen Auswirkungen als auch die betroffene Leitungsund Vertretungsebene berücksichtigt werden. Als länderübergreifend werden Angelegenheiten erachtet, die das Unternehmen oder die Unternehmensgruppe insgesamt oder aber mindestens zwei Mitgliedstaaten betreffen. Dazu gehören Angelegenheiten, die ungeachtet der Zahl der betroffenen Mitgliedstaaten für die europäischen Arbeitnehmer hinsichtlich der Reichweite ihrer möglichen Auswirkungen von Belang sind oder die die Verlagerung von Tätigkeiten zwischen Mitgliedstaaten betreffen.

(17) Es ist eine Definition des Begriffs „herrschendes Unternehmen" erforderlich, die sich, unbeschadet der Definitionen der Begriffe „Unternehmensgruppe" und „beherrschender Einfluss" in anderen Rechtsakten, ausschließlich auf diese Richtlinie bezieht.

(18) Die Verfahren zur Unterrichtung und Anhörung der Arbeitnehmer in Unternehmen oder Unternehmensgruppen, die in mindestens zwei verschiedenen Mitgliedstaaten tätig sind, müssen unabhängig davon, ob sich die zentrale Leitung des Unternehmens oder, im Fall einer Unternehmensgruppe, des herrschenden Unternehmens

außerhalb der Gemeinschaft befindet, für alle in der Gemeinschaft angesiedelten Betriebe oder gegebenenfalls Unternehmen von Unternehmensgruppen gelten.

(19) Getreu dem Grundsatz der Autonomie der Sozialpartner legen die Arbeitnehmervertreter und die Leitung des Unternehmens oder des herrschenden Unternehmens einer Unternehmensgruppe die Art, Zusammensetzung, Befugnisse, Arbeitsweise, Verfahren und finanzielle Ressourcen des Europäischen Betriebsrats oder anderer Verfahren zur Unterrichtung und Anhörung der Arbeitnehmer einvernehmlich dergestalt fest, dass diese den jeweiligen besonderen Umständen entsprechen.

(20) Nach dem Grundsatz der Subsidiarität obliegt es den Mitgliedstaaten, die Arbeitnehmervertreter zu bestimmen und insbesondere – falls sie dies für angemessen halten – eine ausgewogene Vertretung der verschiedenen Arbeitnehmerkategorien vorzusehen.

(21) Es bedarf einer Klärung der Begriffe „Unterrichtung" und „Anhörung" der Arbeitnehmer im Einklang mit den Definitionen in den jüngsten einschlägigen Richtlinien und den im einzelstaatlichen Rahmen geltenden Definitionen mit der Zielsetzung, die Wirksamkeit des Dialogs auf länderübergreifender Ebene zu verbessern, eine geeignete Abstimmung zwischen der einzelstaatlichen und der länderübergreifenden Ebene des Dialogs zu ermöglichen und die erforderliche Rechtssicherheit bei der Anwendung dieser Richtlinie zu gewährleisten.

(22) Bei der Definition des Begriffs „Unterrichtung" ist dem Ziel Rechnung zu tragen, dass eine angemessene Prüfung durch die Arbeitnehmervertreter möglich sein muss, was voraussetzt, dass die Unterrichtung zu einem Zeitpunkt, in einer Weise und in einer inhaltlichen Ausgestaltung erfolgt, die dem Zweck angemessen sind, ohne den Entscheidungsprozess in den Unternehmen zu verlangsamen.

(23) Bei der Definition des Begriffs „Anhörung" muss dem Ziel Rechnung getragen werden, dass die Abgabe einer der Entscheidungsfindung dienlichen Stellungnahme möglich sein muss, was voraussetzt, dass die Anhörung zu einem Zeitpunkt, in einer Weise und in einer inhaltlichen Ausgestaltung erfolgt, die dem Zweck angemessen sind.

(24) In Unternehmen oder herrschenden Unternehmen im Fall einer Unternehmensgruppe, deren zentrale Leitung sich außerhalb der Gemeinschaft befindet, sind die in dieser Richtlinie festgelegten Bestimmungen über die Unterrichtung und Anhörung der Arbeitnehmer von dem gegebenenfalls benannten Vertreter des Unternehmens in der Gemeinschaft oder, in Ermangelung eines solchen Vertreters, von dem Betrieb oder dem kontrollierten Unternehmen mit der größten Anzahl von Arbeitnehmern in der Gemeinschaft durchzuführen.

(25) Die Verantwortung eines Unternehmens oder einer Unternehmensgruppe bei der Übermittlung der zur Aufnahme von Verhandlungen erforderlichen Informationen ist derart festzulegen, dass die Arbeitnehmer in die Lage versetzt werden, festzustellen, ob das Unternehmen oder die Unternehmensgruppe, in dem bzw. in der sie beschäftigt sind, gemeinschaftsweit operiert, und die zur Abfassung eines Antrags auf Aufnahme von Verhandlungen nötigen Kontakte zu knüpfen.

(26) Das besondere Verhandlungsgremium muss die Arbeitnehmer der verschiedenen Mitgliedstaaten in ausgewogener Weise repräsentieren. Die Arbeitnehmervertreter müssen die Möglichkeit haben, sich abzustimmen, um ihre Positionen im Hinblick auf die Verhandlung mit der zentralen Leitung festzulegen.

(27) Die Rolle, die anerkannte Gewerkschaftsorganisationen bei der Aus- oder Neuverhandlung der konstitutiven Vereinbarungen Europäischer Betriebsräte wahrnehmen können, ist anzuerkennen, damit Arbeitnehmervertreter, die einen entsprechenden Wunsch äußern, Unterstützung erhalten. Um es ihnen zu ermöglichen, die Einrichtung neuer Europäischer Betriebsräte zu verfolgen, und um bewährte Verfahren zu fördern, sind kompetente Gewerkschaftsorganisationen und Arbeitgeberverbände, die als europäische Sozialpartner anerkannt sind, über die Aufnahme von Verhandlungen zu unterrichten. Anerkannte kompetente europäische Gewerkschaftsorganisationen und Arbeitgeberverbände sind die Organisationen der Sozialpartner, die von der Kommission gemäß Artikel 138 des Vertrags konsultiert werden. Die Liste dieser Organisationen wird von der Kommission aktualisiert und veröffentlicht.

(28) Die Vereinbarungen über die Einrichtung und Arbeitsweise der Europäischen Betriebsräte müssen die Modalitäten für ihre Änderung, Kündigung oder gegebenenfalls Neuverhandlung enthalten, insbesondere für den Fall einer Änderung des Umfangs oder der Struktur des Unternehmens oder der Unternehmensgruppe.

(29) In diesen Vereinbarungen müssen die Modalitäten für die Abstimmung der einzelstaatlichen und der länderübergreifenden Ebene der Unterrichtung und Anhörung der Arbeitnehmer

festgelegt werden, angepasst an die besonderen Gegebenheiten des Unternehmens oder der Unternehmensgruppe. Bei der Festlegung dieser Modalitäten müssen die jeweiligen Zuständigkeiten und Aktionsbereiche der Vertretungsgremien der Arbeitnehmer beachtet werden, vor allem was die Antizipierung und Bewältigung des Wandels anbelangt.

(30) Diese Vereinbarungen müssen gegebenenfalls die Einsetzung und die Arbeit eines engeren Ausschusses vorsehen, damit eine Koordinierung und eine höhere Effizienz der regelmäßigen Arbeit des Europäischen Betriebsrats sowie eine schnellstmögliche Unterrichtung und Anhörung im Falle außergewöhnlicher Umstände ermöglicht wird.

(31) Die Arbeitnehmervertreter können entweder vereinbaren, auf die Einrichtung eines Europäischen Betriebsrats zu verzichten, oder die Sozialpartner können andere Verfahren zur länderübergreifenden Unterrichtung und Anhörung der Arbeitnehmer beschließen.

(32) Es sollten subsidiäre Vorschriften vorgesehen werden, die auf Beschluss der Parteien oder in dem Fall, dass die zentrale Leitung die Aufnahme von Verhandlungen ablehnt oder bei den Verhandlungen kein Einvernehmen erzielt wird, Anwendung finden.

(33) Um ihrer Rolle in vollem Umfang gerecht zu werden und den Nutzen des Europäischen Betriebsrats sicherzustellen, müssen die Arbeitnehmervertreter den Arbeitnehmern, die sie vertreten, Rechenschaft ablegen und die Möglichkeit haben, die von ihnen benötigten Schulungen zu erhalten.

(34) Es sollte vorgesehen werden, dass die Arbeitnehmervertreter, die im Rahmen dieser Richtlinie handeln, bei der Wahrnehmung ihrer Aufgaben den gleichen Schutz und gleichartige Sicherheiten genießen wie die Arbeitnehmervertreter nach den Rechtsvorschriften und/oder Gepflogenheiten des Landes, in dem sie beschäftigt sind. Sie dürfen nicht aufgrund der gesetzlichen Ausübung ihrer Tätigkeit diskriminiert werden und müssen angemessen gegen Entlassungen und andere Sanktionen geschützt werden.

(35) Werden die sich aus dieser Richtlinie ergebenden Verpflichtungen nicht eingehalten, so müssen die Mitgliedstaaten geeignete Maßnahmen treffen.

(36) Gemäß den allgemeinen Grundsätzen des Gemeinschaftsrechts sollten im Falle eines Verstoßes gegen die sich aus dieser Richtlinie ergebenden Verpflichtungen administrative oder rechtliche Verfahren sowie Sanktionen, die wirksam, abschreckend und im Verhältnis zur Schwere der Zuwiderhandlung angemessen sind, angewandt werden.

(37) Aus Gründen der Effizienz, der Kohärenz und der Rechtssicherheit bedarf es einer Abstimmung zwischen den Richtlinien und den im Gemeinschaftsrecht und im einzelstaatlichen Recht und/oder den einzelstaatlichen Gepflogenheiten festgelegten Ebenen der Unterrichtung und Anhörung der Arbeitnehmer. Hierbei muss der Aushandlung dieser Abstimmungsmodalitäten innerhalb jedes Unternehmens oder jeder Unternehmensgruppe Priorität eingeräumt werden. Fehlt eine entsprechende Vereinbarung und sind Entscheidungen geplant, die wesentliche Veränderungen der Arbeitsorganisation oder der Arbeitsverträge mit sich bringen können, so muss der Prozess gleichzeitig auf einzelstaatlicher und europäischer Ebene so durchgeführt werden, dass die jeweiligen Zuständigkeiten und Aktionsbereiche der Vertretungsgremien der Arbeitnehmer beachtet werden. Die Abgabe einer Stellungnahme des Europäischen Betriebsrats sollte die Befugnis der zentralen Leitung, die erforderlichen Anhörungen innerhalb der im einzelstaatlichen Recht und/oder den einzelstaatlichen Gepflogenheiten vorgesehenen Fristen vorzunehmen, unberührt lassen. Die einzelstaatlichen Rechtsvorschriften und/oder einzelstaatlichen Gepflogenheiten müssen gegebenenfalls angepasst werden, um sicherzustellen, dass der Europäische Betriebsrat gegebenenfalls vor oder gleichzeitig mit den einzelstaatlichen Vertretungsgremien der Arbeitnehmer unterrichtet wird; dies darf jedoch keine Absenkung des allgemeinen Niveaus des Arbeitnehmerschutzes bewirken.

(38) Unberührt lassen sollte diese Richtlinie die Unterrichtungs- und Anhörungsverfahren gemäß der Richtlinie 2002/14/EG des Europäischen Parlaments und des Rates vom 11. März 2002 zur Festlegung eines allgemeinen Rahmens für die Unterrichtung und Anhörung der Arbeitnehmer in der Europäischen Gemeinschaft[4], die spezifischen Verfahren nach Artikel 2 der Richtlinie 98/59/EG des Rates vom 20. Juli 1998 zur Angleichung der Rechtsvorschriften der Mitgliedstaaten über Massenentlassungen[5] sowie Artikel 7 der Richtlinie 2001/23/EG des Rates vom 12. März 2001 zur Angleichung der Rechtsvorschriften der Mitgliedstaaten über die Wahrung von Ansprüchen der Arbeitnehmer beim Übergang von Un-

Zu Abs. 38:

4) ABl. L 80 vom 23.3.2002, S. 29.

5) ABl. L 225 vom 12.8.1998, S. 16.

ternehmen, Betrieben oder Unternehmens- oder Betriebsteilen[6)].

(39) Es sollten besondere Bestimmungen für die gemeinschaftsweit operierenden Unternehmen und Unternehmensgruppen vorgesehen werden, in denen am 22. September 1996 eine für alle Arbeitnehmer geltende Vereinbarung über eine länderübergreifende Unterrichtung und Anhörung der Arbeitnehmer bestand.

(40) Ändert sich die Struktur des Unternehmens oder der Unternehmensgruppe wesentlich, beispielsweise durch eine Fusion, eine Übernahme oder eine Spaltung, so bedarf es einer Anpassung des bestehenden Europäischen Betriebsrats bzw. der bestehenden Europäischen Betriebsräte. Diese Anpassung muss vorrangig nach den Bestimmungen der geltenden Vereinbarung erfolgen, falls diese Bestimmungen die erforderliche Anpassung gestatten. Ist dies nicht der Fall und wird ein entsprechender Antrag gestellt, so werden Verhandlungen über eine neue Vereinbarung aufgenommen, an denen die Mitglieder des bestehenden Europäischen Betriebsrats bzw. der bestehenden Europäischen Betriebsräte zu beteiligen sind. Um die Unterrichtung und Anhörung der Arbeitnehmer in der häufig entscheidenden Phase der Strukturänderung zu ermöglichen, müssen der bestehende Europäische Betriebsrat bzw. die bestehenden Europäischen Betriebsräte in die Lage versetzt werden, ihre Tätigkeit, unter Umständen in entsprechend angepasster Art und Weise, bis zum Abschluss einer neuen Vereinbarung fortzusetzen. Mit Unterzeichnung einer neuen Vereinbarung müssen die zuvor eingerichteten Betriebsräte aufgelöst und die Vereinbarungen über ihre Einrichtung, unabhängig von den darin enthaltenen Bestimmungen über ihre Geltungsdauer oder Kündigung, beendet werden.

(41) Findet diese Anpassungsklausel keine Anwendung, so sollten die geltenden Vereinbarungen weiter in Kraft bleiben können, um deren obligatorische Neuverhandlung zu vermeiden, wenn sie unnötig wäre. Es sollte vorgesehen werden, dass auf vor dem 22. September 1996 gemäß Artikel 13 Absatz 1 der Richtlinie 94/45/EG oder gemäß Artikel 3 Absatz 1 der Richtlinie 97/74/EG[7)] geschlossene Vereinbarungen während ihrer Geltungsdauer Verpflichtungen, die sich aus der vorliegenden Richtlinie ergeben, weiterhin keine Anwendung finden. Ferner begründet die vorliegende Richtlinie keine allgemeine Verpflichtung zur Neuverhandlung von Vereinbarungen, die gemäß Artikel 6 der Richtlinie 94/45/EG zwischen dem 22. September 1996 und dem 5. Juni 2011 geschlossen wurden.

(42) Unbeschadet des Rechts der Parteien, anders lautende Vereinbarungen zu treffen, ist ein Europäischer Betriebsrat, der in Ermangelung einer Vereinbarung zwischen den Parteien zur Erreichung des Ziels dieser Richtlinie eingesetzt wird, in Bezug auf die Tätigkeiten des Unternehmens oder der Unternehmensgruppe zu unterrichten und anzuhören, damit er mögliche Auswirkungen auf die Interessen der Arbeitnehmer in mindestens zwei Mitgliedstaaten abschätzen kann. Hierzu sollte das Unternehmen oder das herrschende Unternehmen verpflichtet sein, den Arbeitnehmervertretern allgemeine Informationen, die die Interessen der Arbeitnehmer berühren, sowie Informationen, die sich konkret auf diejenigen Aspekte der Tätigkeiten des Unternehmens oder der Unternehmensgruppe beziehen, welche die Interessen der Arbeitnehmer berühren, mitzuteilen. Der Europäische Betriebsrat muss am Ende der Sitzung eine Stellungnahme abgeben können.

(43) Bevor bestimmte Beschlüsse mit erheblichen Auswirkungen auf die Interessen der Arbeitnehmer ausgeführt werden, sind die Arbeitnehmervertreter unverzüglich zu unterrichten und anzuhören.

(44) Der Inhalt der subsidiären Rechtsvorschriften, die in Ermangelung einer Vereinbarung anzuwenden sind und in den Verhandlungen als Auffangregelungen dienen, muss geklärt und an die Entwicklung der Anforderungen und Verfahren im Bereich der länderübergreifenden Unterrichtung und Anhörung angepasst werden. Eine Unterscheidung sollte vorgenommen werden zwischen den Bereichen, in denen eine Unterrichtung obligatorisch ist, und den Bereichen, in denen der Europäische Betriebsrat auch angehört werden muss, was das Recht einschließt, eine Antwort mit Begründung auf eine abgegebene Stellungnahme zu erhalten. Damit der engere Ausschuss die erforderliche Koordinierungsrolle wahrnehmen und im Falle außergewöhnlicher Umstände effizient handeln kann, muss dieser Ausschuss bis zu fünf Mitglieder umfassen und regelmäßig beraten können.

(45) Da das Ziel dieser Richtlinie, nämlich die Verbesserung der Rechte auf Unterrichtung und Anhörung der Arbeitnehmer in gemeinschaftsweit operierenden Unternehmen und Unternehmensgruppen, auf Ebene der Mitgliedstaaten nicht

[6)] *ABl. L 82 vom 22.3.2001, S. 16.*

Zu Abs. 41:

[7)] *Richtlinie 97/74/EG des Rates vom 15. Dezember 1997 zur Ausdehnung der Richtlinie 94/45/EG über die Einsetzung eines Europäischen Betriebsrats oder die Schaffung eines Verfahrens zur Unterrichtung und Anhörung der Arbeitnehmer in gemeinschaftsweit operierenden Unternehmen und Unternehmensgruppen auf das Vereinigte Königreich (ABl. L 10 vom 16.1.1998, S. 22).*

ausreichend verwirklicht werden kann und daher besser auf Gemeinschaftsebene zu verwirklichen ist, kann die Gemeinschaft im Einklang mit dem in Artikel 5 des Vertrags niedergelegten Subsidiaritätsprinzip tätig werden. Entsprechend dem in demselben Artikel genannten Grundsatz der Verhältnismäßigkeit geht diese Richtlinie nicht über das zur Erreichung dieses Ziels erforderliche Maß hinaus.

(46) Diese Richtlinie achtet die Grundrechte und wahrt insbesondere die Grundsätze, die mit der Charta der Grundrechte der Europäischen Union anerkannt wurden. Vor allem soll diese Richtlinie gewährleisten, dass das Recht der Arbeitnehmer oder ihrer Vertreter auf rechtzeitige Unterrichtung und Anhörung auf den angemessenen Ebenen in vollem Umfang Beachtung findet, und zwar in den Fällen und unter den Gegebenheiten, die im Gemeinschaftsrecht sowie in den einzelstaatlichen Rechtsvorschriften und Verfahren vorgesehen sind (Artikel 27 der Charta der Grundrechte der Europäischen Union).

(47) Die Verpflichtung zur Umsetzung dieser Richtlinie in innerstaatliches Recht sollte nur jene Bestimmungen betreffen, die im Vergleich zu den bisherigen Richtlinien inhaltlich geändert wurden. Die Verpflichtung zur Umsetzung der inhaltlich unveränderten Bestimmungen ergibt sich aus den bisherigen Richtlinien.

(48) Gemäß Nummer 34 der Interinstitutionellen Vereinbarung über bessere Rechtsetzung[8] sind die Mitgliedstaaten aufgefordert, für ihre eigenen Zwecke und im Interesse der Gemeinschaft eigene Tabellen aufzustellen, aus denen im Rahmen des Möglichen die Entsprechungen zwischen dieser Richtlinie und den Umsetzungsmaßnahmen zu entnehmen sind, und diese zu veröffentlichen.

(49) Diese Richtlinie sollte die Verpflichtungen der Mitgliedstaaten hinsichtlich der in Anhang II Teil B genannten Fristen für die Umsetzung der dort genannten Richtlinien in innerstaatliches Recht und für die Anwendung dieser Richtlinien unberührt lassen –

HABEN FOLGENDE RICHTLINIE ERLASSEN:

Zu Abs. 48:
[8] *ABl. C 321 vom 31.12.2003, S. 1.*

TEIL I
ALLGEMEINE BESTIMMUNGEN

Artikel 1
Zielsetzung

(1) Das Ziel dieser Richtlinie ist die Stärkung des Rechts auf Unterrichtung und Anhörung der Arbeitnehmer in gemeinschaftsweit operierenden Unternehmen und Unternehmensgruppen.

(2) Hierzu wird in allen gemeinschaftsweit operierenden Unternehmen und Unternehmensgruppen auf Antrag gemäß dem Verfahren nach Artikel 5 Absatz 1 zum Zweck der Unterrichtung und Anhörung der Arbeitnehmer ein Europäischer Betriebsrat eingesetzt oder ein Verfahren zur Unterrichtung und Anhörung der Arbeitnehmer geschaffen. Die Modalitäten der Unterrichtung und Anhörung der Arbeitnehmer werden so festgelegt und angewandt, dass ihre Wirksamkeit gewährleistet ist und eine effiziente Beschlussfassung des Unternehmens oder der Unternehmensgruppe ermöglicht wird.

(3) Die Unterrichtung und Anhörung der Arbeitnehmer erfolgt auf der je nach behandeltem Thema relevanten Leitungsund Vertretungsebene. Zu diesem Zweck beschränken sich die Zuständigkeiten des Europäischen Betriebsrats und der Geltungsbereich des Verfahrens zur Unterrichtung und Anhörung der Arbeitnehmer gemäß dieser Richtlinie auf länderübergreifende Angelegenheiten.

(4) Als länderübergreifend werden Angelegenheiten erachtet, die das gemeinschaftsweit operierende Unternehmen oder die gemeinschaftsweit operierende Unternehmensgruppe insgesamt oder mindestens zwei der Betriebe oder der zur Unternehmensgruppe gehörenden Unternehmen in zwei verschiedenen Mitgliedstaaten betreffen.

(5) Ungeachtet des Absatzes 2 wird der Europäische Betriebsrat in den Fällen, in denen eine gemeinschaftsweit operierende Unternehmensgruppe im Sinne von Artikel 2 Absatz 1 Buchstabe c ein oder mehrere Unternehmen oder Unternehmensgruppen umfasst, die gemeinschaftsweit operierende Unternehmen oder Unternehmensgruppen im Sinne von Artikel 2 Absatz 1 Buchstabe a oder c sind, auf der Ebene der Unternehmensgruppe eingesetzt, es sei denn, dass in der Vereinbarung gemäß Artikel 6 etwas anderes vorgesehen wird.

(6) Ist in der Vereinbarung gemäß Artikel 6 kein größerer Geltungsbereich vorgesehen, so erstrecken sich die Befugnisse und Zuständigkeiten der Europäischen Betriebsräte und die Verfahren zur Unterrichtung und Anhörung der Arbeitnehmer, die zur Erreichung des in Absatz 1 festgelegten Ziels vorgesehen sind, im Fall eines gemeinschaftsweit operierenden Unternehmens auf alle in den Mitgliedstaaten ansässigen Betriebe

und im Fall einer gemeinschaftsweit operierenden Unternehmensgruppe auf alle in den Mitgliedstaaten ansässigen Unternehmen dieser Gruppe.

(7) *(entfällt, ABl L 263 vom 8. 10. 2015, S 1)*

Artikel 2
Definitionen

(1) Im Sinne dieser Richtlinie bezeichnet der Ausdruck

a) „gemeinschaftsweit operierendes Unternehmen" ein Unternehmen mit mindestens 1 000 Arbeitnehmern in den Mitgliedstaaten und mit jeweils mindestens 150 Arbeitnehmern in mindestens zwei Mitgliedstaaten;

b) „Unternehmensgruppe" eine Gruppe, die aus einem herrschenden Unternehmen und den von diesem abhängigen Unternehmen besteht;

c) „gemeinschaftsweit operierende Unternehmensgruppe" eine Unternehmensgruppe, die folgende Voraussetzungen erfüllt:

- sie hat mindestens 1 000 Arbeitnehmer in den Mitgliedstaaten,
- sie umfasst mindestens zwei der Unternehmensgruppe angehörende Unternehmen in verschiedenen Mitgliedstaaten,

  und
- mindestens ein der Unternehmensgruppe angehörendes Unternehmen hat mindestens 150 Arbeitnehmer in einem Mitgliedstaat, und ein weiteres der Unternehmensgruppe angehörendes Unternehmen hat mindestens 150 Arbeitnehmer in einem anderen Mitgliedstaat;

d) „Arbeitnehmervertreter" die nach den Rechtsvorschriften und/oder den Gepflogenheiten der Mitgliedstaaten vorgesehenen Vertreter der Arbeitnehmer;

e) „zentrale Leitung" die zentrale Unternehmensleitung eines gemeinschaftsweit operierenden Unternehmens oder bei gemeinschaftsweit operierenden Unternehmensgruppen die zentrale Unternehmensleitung des herrschenden Unternehmens;

f) „Unterrichtung" die Übermittlung von Informationen durch den Arbeitgeber an die Arbeitnehmervertreter, um ihnen Gelegenheit zur Kenntnisnahme und Prüfung der behandelten Frage zu geben; die Unterrichtung erfolgt zu einem Zeitpunkt, in einer Weise und in einer inhaltlichen Ausgestaltung, die dem Zweck angemessen sind und es den Arbeitnehmervertretern ermöglichen, die möglichen Auswirkungen eingehend zu bewerten und gegebenenfalls Anhörungen mit dem zuständigen Organ des gemeinschaftsweit operierenden Unternehmens oder der gemeinschaftsweit operierenden Unternehmensgruppe vorzubereiten;

g) „Anhörung" die Einrichtung eines Dialogs und den Meinungsaustausch zwischen den Arbeitnehmervertretern und der zentralen Leitung oder einer anderen, angemesseneren Leitungsebene zu einem Zeitpunkt, in einer Weise und in einer inhaltlichen Ausgestaltung, die es den Arbeitnehmervertretern auf der Grundlage der erhaltenen Informationen ermöglichen, unbeschadet der Zuständigkeiten der Unternehmensleitung innerhalb einer angemessenen Frist zu den vorgeschlagenen Maßnahmen, die Gegenstand der Anhörung sind, eine Stellungnahme abzugeben, die innerhalb des gemeinschaftsweit operierenden Unternehmens oder der gemeinschaftsweit operierenden Unternehmensgruppe berücksichtigt werden kann;

h) „Europäischer Betriebsrat" einen Betriebsrat, der gemäß Artikel 1 Absatz 2 oder den Bestimmungen des Anhangs I zur Unterrichtung und Anhörung der Arbeitnehmer eingesetzt werden kann;

i) „besonderes Verhandlungsgremium" das gemäß Artikel 5 Absatz 2 eingesetzte Gremium, das die Aufgabe hat, mit der zentralen Leitung die Einsetzung eines Europäischen Betriebsrats oder die Schaffung eines Verfahrens zur Unterrichtung und Anhörung der Arbeitnehmer nach Artikel 1 Absatz 2 auszuhandeln.

(2) Für die Zwecke dieser Richtlinie werden die Beschäftigtenschwellen nach der entsprechend den einzelstaatlichen Rechtsvorschriften und/oder Gepflogenheiten berechneten Zahl der im Durchschnitt während der letzten zwei Jahre beschäftigten Arbeitnehmer, einschließlich der Teilzeitbeschäftigten, festgelegt.

Artikel 3
Definition des Begriffs „herrschendes Unternehmen"

(1) Im Sinne dieser Richtlinie gilt als „herrschendes Unternehmen" ein Unternehmen, das zum Beispiel aufgrund von Eigentum, finanzieller Beteiligung oder sonstiger Bestimmungen, die die Tätigkeit des Unternehmens regeln, einen beherrschenden Einfluss auf ein anderes Unternehmen („abhängiges Unternehmen") ausüben kann.

(2) Die Fähigkeit, einen beherrschenden Einfluss auszuüben, gilt bis zum Beweis des Gegenteils als gegeben, wenn ein Unternehmen in Bezug auf ein anderes Unternehmen direkt oder indirekt

a) die Mehrheit des gezeichneten Kapitals dieses Unternehmens besitzt
oder

b) über die Mehrheit der mit den Anteilen am anderen Unternehmen verbundenen Stimmrechte verfügt
oder

c) mehr als die Hälfte der Mitglieder des Verwaltungs-, Leitungs- oder Aufsichtsorgans des anderen Unternehmens bestellen kann.

(3) Für die Anwendung von Absatz 2 müssen den Stimmund Ernennungsrechten des herrschenden Unternehmens die Rechte aller abhängigen Unternehmen sowie aller natürlichen oder juristischen Personen, die zwar im eigenen Namen, aber für Rechnung des herrschenden Unternehmens oder eines anderen abhängigen Unternehmens handeln, hinzugerechnet werden.

(4) Ungeachtet der Absätze 1 und 2 ist ein Unternehmen kein „herrschendes Unternehmen" in Bezug auf ein anderes Unternehmen, an dem es Anteile hält, wenn es sich um eine Gesellschaft im Sinne von Artikel 3 Absatz 5 Buchstabe a oder c der Verordnung (EG) Nr. 139/2004 des Rates vom 20. Januar 2004 über die Kontrolle von Unternehmenszusammenschlüssen[1] handelt.

(5) Ein beherrschender Einfluss gilt nicht allein schon aufgrund der Tatsache als gegeben, dass eine beauftragte Person ihre Funktionen gemäß den in einem Mitgliedstaat für die Liquidation, den Konkurs, die Zahlungsunfähigkeit, die Zahlungseinstellung, den Vergleich oder ein ähnliches Verfahren geltenden Rechtsvorschriften ausübt.

(6) Maßgebend für die Feststellung, ob ein Unternehmen ein herrschendes Unternehmen ist, ist das Recht des Mitgliedstaats, dem das Unternehmen unterliegt.
Unterliegt das Unternehmen nicht dem Recht eines Mitgliedstaats, so ist das Recht des Mitgliedstaats maßgebend, in dem der Vertreter des Unternehmens oder, in Ermangelung eines solchen, die zentrale Leitung desjenigen Unternehmens innerhalb einer Unternehmensgruppe ansässig ist, das die höchste Anzahl von Arbeitnehmern aufweist.

(7) Ergibt sich im Fall einer Normenkollision bei der Anwendung von Absatz 2, dass zwei oder mehr Unternehmen ein und derselben Unternehmensgruppe eines oder mehrere der in Absatz 2 festgelegten Kriterien erfüllen, so gilt das Unternehmen, welches das unter Absatz 2 Buchstabe c genannte Kriterium erfüllt, als herrschendes Unternehmen, solange nicht der Beweis erbracht ist, dass ein anderes Unternehmen einen beherrschenden Einfluss ausüben kann.

Zu Artikel 3:
[1] *ABl. L 24 vom 29.1.2004, S. 1.*

TEIL II

EINRICHTUNG DES EUROPÄISCHEN BETRIEBSRATS ODER SCHAFFUNG EINES VERFAHRENS ZUR UNTERRICHTUNG UND ANHÖRUNG DER ARBEITNEHMER

Artikel 4
Verantwortung für die Einrichtung eines Europäischen Betriebsrats oder die Schaffung eines Verfahrens zur Unterrichtung und Anhörung der Arbeitnehmer

(1) Die zentrale Leitung ist dafür verantwortlich, dass die Voraussetzungen geschaffen und die Mittel bereitgestellt werden, damit jeweils nach Maßgabe des Artikels 1 Absatz 2 für gemeinschaftsweit operierende Unternehmen und gemeinschaftsweit operierende Unternehmensgruppen der Europäische Betriebsrat eingesetzt oder ein Verfahren zur Unterrichtung und Anhörung geschaffen werden kann.

(2) Ist die zentrale Leitung nicht in einem Mitgliedstaat ansässig, so ist ihr gegebenenfalls zu benennender Vertreter in der Gemeinschaft für die Maßnahmen nach Absatz 1 verantwortlich. In Ermangelung eines solchen Vertreters ist die Leitung des Betriebs oder des zur Unternehmensgruppe gehörenden Unternehmens mit der höchsten Anzahl von Beschäftigten in einem Mitgliedstaat für die Maßnahmen nach Absatz 1 verantwortlich.

(3) Für die Zwecke dieser Richtlinie gelten der oder die Vertreter oder, in Ermangelung dieser Vertreter, die Leitung nach Absatz 2 Unterabsatz 2 als zentrale Leitung.

(4) Jede Leitung eines zu einer gemeinschaftsweit operierenden Unternehmensgruppe gehörenden Unternehmens sowie die zentrale Leitung oder die fingierte zentrale Leitung im Sinne des Absatzes 2 Unterabsatz 2 des gemeinschaftsweit operierenden Unternehmens oder der gemeinschaftsweit operierenden Unternehmensgruppe ist dafür verantwortlich, die für die Aufnahme von Verhandlungen gemäß Artikel 5 erforderlichen Informationen zu erheben und an die Parteien, auf die die Richtlinie Anwendung findet, weiterzuleiten, insbesondere die Informationen in Bezug auf die Struktur des Unternehmens oder der Gruppe und die Belegschaft. Diese Verpflichtung betrifft insbesondere die Angaben zu der in Artikel 2 Absatz 1 Buchstaben a und c erwähnten Beschäftigtenzahl.

Artikel 5
Besonderes Verhandlungsgremium

(1) Um das in Artikel 1 Absatz 1 festgelegte Ziel zu erreichen, nimmt die zentrale Leitung von sich aus oder auf schriftlichen Antrag von mindes-

tens 100 Arbeitnehmern oder ihrer Vertreter aus mindestens zwei Betrieben oder Unternehmen in mindestens zwei verschiedenen Mitgliedstaaten Verhandlungen zur Einrichtung eines Europäischen Betriebsrats oder zur Schaffung eines Unterrichtungs- und Anhörungsverfahrens auf.

(2) Zu diesem Zwecke wird ein besonderes Verhandlungsgremium nach folgenden Leitlinien eingesetzt:

a) Die Mitgliedstaaten legen das Verfahren für die Wahl oder die Benennung der Mitglieder des besonderen Verhandlungsgremiums fest, die in ihrem Hoheitsgebiet zu wählen oder zu benennen sind.
Die Mitgliedstaaten sehen vor, dass die Arbeitnehmer der Unternehmen und/oder Betriebe, in denen unabhängig vom Willen der Arbeitnehmer keine Arbeitnehmervertreter vorhanden sind, selbst Mitglieder für das besondere Verhandlungsgremium wählen oder benennen dürfen.
Durch Unterabsatz 2 werden die einzelstaatlichen Rechtsvorschriften und/oder Gepflogenheiten, die Schwellen für die Einrichtung eines Gremiums zur Vertretung der Arbeitnehmer vorsehen, nicht berührt.

b) Die Mitglieder des besonderen Verhandlungsgremiums werden entsprechend der Zahl der in jedem Mitgliedstaat beschäftigten Arbeitnehmer des gemeinschaftsweit operierenden Unternehmens oder der gemeinschaftsweit operierenden Unternehmensgruppe gewählt oder bestellt, so dass pro Mitgliedstaat für jeden Anteil der in diesem Mitgliedstaat beschäftigten Arbeitnehmer, der 10 % der Gesamtzahl der in allen Mitgliedstaaten beschäftigten Arbeitnehmer entspricht, oder für einen Bruchteil dieser Tranche Anspruch auf einen Sitz besteht.

c) Die Zusammensetzung des besonderen Verhandlungsgremiums und der Beginn der Verhandlungen werden der zentralen Leitung und den örtlichen Unternehmensleitungen sowie den zuständigen europäischen Arbeitnehmer- und Arbeitgeberverbänden mitgeteilt.

(3) Aufgabe des besonderen Verhandlungsgremiums ist es, mit der zentralen Leitung in einer schriftlichen Vereinbarung den Tätigkeitsbereich, die Zusammensetzung, die Befugnisse und die Mandatsdauer des Europäischen Betriebsrats oder der Europäischen Betriebsräte oder die Durchführungsmodalitäten eines Verfahrens zur Unterrichtung und Anhörung der Arbeitnehmer festzulegen.

(4) Die zentrale Leitung beruft eine Sitzung mit dem besonderen Verhandlungsgremium ein, um eine Vereinbarung gemäß Artikel 6 zu schließen. Sie setzt die örtlichen Unternehmensleitungen hiervon in Kenntnis.
Vor und nach jeder Sitzung mit der zentralen Leitung ist das besondere Verhandlungsgremium berechtigt, zu tagen, ohne dass Vertreter der zentralen Leitung dabei zugegen sind, und dabei die erforderlichen Kommunikationsmittel zu nutzen.
Das besondere Verhandlungsgremium kann bei den Verhandlungen Sachverständige seiner Wahl hinzuziehen, zu denen Vertreter der kompetenten anerkannten Gewerkschaftsorganisationen auf Gemeinschaftsebene gehören können, um sich von ihnen bei seiner Arbeit unterstützen zu lassen. Diese Sachverständigen und Gewerkschaftsvertreter können auf Wunsch des besonderen Verhandlungsgremiums den Verhandlungen in beratender Funktion beiwohnen.

(5) Das besondere Verhandlungsgremium kann mit mindestens zwei Dritteln der Stimmen beschließen, keine Verhandlungen gemäß Absatz 4 zu eröffnen oder die bereits eröffneten Verhandlungen zu beenden.
Durch einen solchen Beschluss wird das Verfahren zum Abschluss der in Artikel 6 genannten Vereinbarung beendet. Ist ein solcher Beschluss gefasst worden, finden die Bestimmungen des Anhangs I keine Anwendung.
Ein neuer Antrag auf Einberufung des besonderen Verhandlungsgremiums kann frühestens zwei Jahre nach dem vorgenannten Beschluss gestellt werden, es sei denn, die betroffenen Parteien setzen eine kürzere Frist fest.

(6) Die Kosten im Zusammenhang mit den Verhandlungen nach den Absätzen 3 und 4 werden von der zentralen Leitung getragen, damit das besondere Verhandlungsgremium seine Aufgaben in angemessener Weise erfüllen kann.
Die Mitgliedstaaten können unter Wahrung dieses Grundsatzes Regeln für die Finanzierung der Arbeit des besonderen Verhandlungsgremiums festlegen. Sie können insbesondere die Übernahme der Kosten auf die Kosten für einen Sachverständigen begrenzen.

Artikel 6
Inhalt der Vereinbarung

(1) Die zentrale Leitung und das besondere Verhandlungsgremium müssen im Geiste der Zusammenarbeit verhandeln, um zu einer Vereinbarung über die Modalitäten der Durchführung der in Artikel 1 Absatz 1 vorgesehenen Unterrichtung und Anhörung der Arbeitnehmer zu gelangen.

(2) Unbeschadet der Autonomie der Parteien wird in der schriftlichen Vereinbarung nach Absatz 1 zwischen der zentralen Leitung und dem besonderen Verhandlungsgremium Folgendes festgelegt:

a) die von der Vereinbarung betroffenen Unternehmen der gemeinschaftsweit operierenden Unternehmensgruppe oder Betriebe des gemeinschaftsweit operierenden Unternehmens;

b) die Zusammensetzung des Europäischen Betriebsrats, die Anzahl der Mitglieder, die Sitzverteilung, wobei so weit als möglich eine ausgewogene Vertretung der Arbeitnehmer nach Tätigkeit, Arbeitnehmerkategorien und Geschlecht zu berücksichtigen ist, und die Mandatsdauer;

c) die Befugnisse und das Unterrichtungs- und Anhörungsverfahren des Europäischen Betriebsrats sowie die Modalitäten für die Abstimmung zwischen der Unterrichtung und Anhörung des Europäischen Betriebsrats und der einzelstaatlichen Arbeitnehmervertretungen gemäß den Grundsätzen des Artikels 1 Absatz 3;

d) der Ort, die Häufigkeit und die Dauer der Sitzungen des Europäischen Betriebsrats;

e) gegebenenfalls die Zusammensetzung, die Modalitäten für die Bestellung, die Befugnisse und die Sitzungsmodalitäten des innerhalb des Europäischen Betriebsrates eingesetzten engeren Ausschusses;

f) die für den Europäischen Betriebsrat bereitzustellenden finanziellen und materiellen Mittel;

g) das Datum des Inkrafttretens der Vereinbarung und ihre Laufzeit, die Modalitäten für die Änderung oder Kündigung der Vereinbarung und gegebenenfalls die Fälle, in denen eine Neuaushandlung erfolgt, und das bei ihrer Neuaushandlung anzuwendende Verfahren, gegebenenfalls auch bei Änderungen der Struktur des gemeinschaftsweit operierenden Unternehmens oder der gemeinschaftsweit operierenden Unternehmensgruppe.

(3) Die zentrale Leitung und das besondere Verhandlungsgremium können in schriftlicher Form den Beschluss fassen, dass anstelle eines Europäischen Betriebsrats ein oder mehrere Unterrichtungs- und Anhörungsverfahren geschaffen werden.
In der Vereinbarung ist festzulegen, unter welchen Voraussetzungen die Arbeitnehmervertreter das Recht haben, zu einem Meinungsaustausch über die ihnen übermittelten Informationen zusammenzutreten.
Diese Informationen erstrecken sich insbesondere auf länderübergreifende Angelegenheiten, welche erhebliche Auswirkungen auf die Interessen der Arbeitnehmer haben.

(4) Sofern in den Vereinbarungen im Sinne der Absätze 2 und 3 nichts anderes bestimmt ist, gelten die subsidiären Vorschriften des Anhangs I nicht für diese Vereinbarungen.

(5) Für den Abschluss der Vereinbarungen im Sinne der Absätze 2 und 3 ist die Mehrheit der Stimmen der Mitglieder des besonderen Verhandlungsgremiums erforderlich.

Artikel 7
Subsidiäre Vorschriften

(1) Um das in Artikel 1 Absatz 1 festgelegte Ziel zu erreichen, werden die subsidiären Rechtsvorschriften des Mitgliedstaats, in dem die zentrale Leitung ihren Sitz hat, angewandt,

- wenn die zentrale Leitung und das besondere Verhandlungsgremium einen entsprechenden Beschluss fassen

  oder

- wenn die zentrale Leitung die Aufnahme von Verhandlungen binnen sechs Monaten nach dem ersten Antrag nach Artikel 5 Absatz 1 verweigert

  oder

- wenn binnen drei Jahren nach dem entsprechenden Antrag keine Vereinbarung gemäß Artikel 6 zustande kommt und das besondere Verhandlungsgremium keinen Beschluss nach Artikel 5 Absatz 5 gefasst hat.

(2) Die subsidiären Vorschriften nach Absatz 1 in der durch die Rechtsvorschriften der Mitgliedstaaten festgelegten Fassung müssen den in Anhang I niedergelegten Bestimmungen genügen.

TEIL III
SONSTIGE BESTIMMUNGEN

Artikel 8
Vertrauliche Informationen

(1) Die Mitgliedstaaten sehen vor, dass den Mitgliedern des besonderen Verhandlungsgremiums und des Europäischen Betriebsrats sowie den sie gegebenenfalls unterstützenden Sachverständigen nicht gestattet wird, ihnen ausdrücklich als vertraulich mitgeteilte Informationen an Dritte weiterzugeben.
Das Gleiche gilt für die Arbeitnehmervertreter im Rahmen eines Unterrichtungs- und Anhörungsverfahrens.
Diese Verpflichtung besteht unabhängig vom Aufenthaltsort der in den Unterabsätzen 1 und 2 genannten Personen und selbst nach Ablauf ihres Mandats weiter.

(2) Jeder Mitgliedstaat sieht vor, dass die in seinem Hoheitsgebiet ansässige zentrale Leitung in besonderen Fällen und unter den in den einzelstaatlichen Rechtsvorschriften festgelegten Bedingungen und Beschränkungen Informationen nicht weiterleiten muss, wenn diese die Arbeitsweise der betroffenen Unternehmen nach objektiven Kriterien erheblich beeinträchtigen oder ihnen schaden könnten.
Der betreffende Mitgliedstaat kann diese Befreiung von einer vorherigen behördlichen oder gerichtlichen Genehmigung abhängig machen.

(3) Jeder Mitgliedstaat kann besondere Bestimmungen für die zentrale Leitung der in seinem Hoheitsgebiet ansässigen Unternehmen vorsehen, die in Bezug auf Berichterstattung und Meinungsäußerung unmittelbar und überwiegend eine bestimmte weltanschauliche Tendenz verfolgen,

falls die innerstaatlichen Rechtsvorschriften solche besonderen Bestimmungen zum Zeitpunkt der Annahme dieser Richtlinie bereits enthalten.

Artikel 9
Arbeitsweise des Europäischen Betriebsrats und Funktionsweise des Verfahrens zur Unterrichtung und Anhörung der Arbeitnehmer

Die zentrale Leitung und der Europäische Betriebsrat arbeiten mit dem Willen zur Verständigung unter Beachtung ihrer jeweiligen Rechte und gegenseitigen Verpflichtungen zusammen.
Gleiches gilt für die Zusammenarbeit zwischen der zentralen Leitung und den Arbeitnehmervertretern im Rahmen eines Verfahrens zur Unterrichtung und Anhörung der Arbeitnehmer.

Artikel 10
Rolle und Schutz der Arbeitnehmervertreter

(1) Unbeschadet der Zuständigkeiten der anderen Gremien oder Organisationen in diesem Bereich verfügen die Mitglieder des Europäischen Betriebsrats über die Mittel, die erforderlich sind, um die Rechte auszuüben, die sich aus dieser Richtlinie ergeben, um kollektiv die Interessen der Arbeitnehmer des gemeinschaftsweit operierenden Unternehmens oder der gemeinschaftsweit operierenden Unternehmensgruppe zu vertreten.

(2) Unbeschadet des Artikels 8 informieren die Mitglieder des Europäischen Betriebsrats die Arbeitnehmervertreter der Betriebe oder der zur gemeinschaftsweit operierenden Unternehmensgruppe gehörenden Unternehmen oder, in Ermangelung solcher Vertreter, die Belegschaft insgesamt über Inhalt und Ergebnisse der gemäß dieser Richtlinie durchgeführten Unterrichtung und Anhörung.

(3) Die Mitglieder des besonderen Verhandlungsgremiums, die Mitglieder des Europäischen Betriebsrats und die Arbeitnehmervertreter, die bei dem Unterrichtungs- und Anhörungsverfahren nach Artikel 6 Absatz 3 mitwirken, genießen bei der Wahrnehmung ihrer Aufgaben den gleichen Schutz und gleichartige Sicherheiten wie die Arbeitnehmervertreter nach den innerstaatlichen Rechtsvorschriften und/oder Gepflogenheiten des Landes, in dem sie beschäftigt sind.
Dies gilt insbesondere für die Teilnahme an den Sitzungen des besonderen Verhandlungsgremiums, des Europäischen Betriebsrats und an allen anderen Sitzungen im Rahmen der Vereinbarungen nach Artikel 6 Absatz 3 sowie für die Lohn- und Gehaltsfortzahlung an die Mitglieder, die Beschäftigte des gemeinschaftsweit operierenden Unternehmens oder der gemeinschaftsweit operierenden Unternehmensgruppe sind, für die Dauer ihrer durch die Wahrnehmung ihrer Aufgaben notwendigen Abwesenheit.

„Ein Mitglied eines besonderen Verhandlungsgremiums oder eines Europäischen Betriebsrats oder dessen Stellvertreter, das Besatzungsmitglied eines Seeschiffs ist, ist berechtigt, an einer Sitzung des besonderen Verhandlungsgremiums oder des Europäischen Betriebsrats oder an jeder anderen Sitzung gemäß den Verfahren des Artikels 6 Absatz 3 teilzunehmen, sofern es sich zum Sitzungszeitpunkt nicht auf See oder in einem Hafen in einem anderen Land als dem befindet, in dem die Reederei ihren Geschäftssitz hat.

Die Sitzungen sind nach Möglichkeit so anzusetzen, dass sie die Teilnahme von Mitgliedern oder Stellvertretern, die Besatzungsmitglied eines Seeschiffs sind, erleichtern.

Kann ein Mitglied eines besonderen Verhandlungsgremiums oder eines Europäischen Betriebsrats oder dessen Stellvertreter, das Besatzungsmitglied eines Seeschiffs ist, nicht an einer Sitzung teilnehmen, so ist nach Möglichkeit die Nutzung neuer Informations- und Kommunikationstechnologien in Erwägung zu ziehen.“
(ABl L 263 vom 8. 10. 2015, S 1)

(4) In dem Maße, wie dies zur Wahrnehmung ihrer Vertretungsaufgaben in einem internationalen Umfeld erforderlich ist, müssen die Mitglieder des besonderen Verhandlungsgremiums und des Europäischen Betriebsrats Schulungen erhalten, ohne dabei Lohn- bzw. Gehaltseinbußen zu erleiden.

Artikel 11
Einhaltung der Richtlinie

(1) Jeder Mitgliedstaat gewährleistet, dass die Leitung der in seinem Hoheitsgebiet befindlichen Betriebe eines gemeinschaftsweit operierenden Unternehmens und die Leitung eines Unternehmens, das Mitglied einer gemeinschaftsweit operierenden Unternehmensgruppe ist, und ihre Arbeitnehmervertreter oder, je nach dem betreffenden Einzelfall, deren Arbeitnehmer den in dieser Richtlinie festgelegten Verpflichtungen nachkommen, unabhängig davon, ob die zentrale Leitung sich in seinem Hoheitsgebiet befindet.

(2) Für den Fall der Nichteinhaltung dieser Richtlinie sehen die Mitgliedstaaten geeignete Maßnahmen vor; sie gewährleisten insbesondere, dass Verwaltungs- oder Gerichtsverfahren vorhanden sind, mit deren Hilfe die Erfüllung der sich aus dieser Richtlinie ergebenden Verpflichtungen durchgesetzt werden kann.

(3) Bei der Anwendung des Artikels 8 sehen die Mitgliedstaaten Verfahren vor, nach denen die Arbeitnehmervertreter auf dem Verwaltungs- oder Gerichtsweg Rechtsbehelfe einlegen können, wenn die zentrale Leitung sich auf die Vertraulichkeit der Informationen beruft oder diese – ebenfalls nach Artikel 8 – nicht weiterleitet.

Zu diesen Verfahren können auch Verfahren gehören, die dazu bestimmt sind, die Vertraulichkeit der betreffenden Informationen zu wahren.

Artikel 12
Zusammenhang mit anderen gemeinschaftlichen und einzelstaatlichen Bestimmungen

(1) Die Unterrichtung und Anhörung des Europäischen Betriebsrats wird mit der Unterrichtung und Anhörung der einzelstaatlichen Vertretungsgremien der Arbeitnehmer abgestimmt, wobei die jeweiligen Zuständigkeiten und Aktionsbereiche sowie die Grundsätze des Artikels 1 Absatz 3 beachtet werden.

(2) Die Modalitäten für die Abstimmung zwischen der Unterrichtung und Anhörung des Europäischen Betriebsrats und der einzelstaatlichen Arbeitnehmervertretungen werden in der Vereinbarung gemäß Artikel 6 festgelegt. Diese Vereinbarung steht den einzelstaatlichen Rechtsvorschriften und/oder den einzelstaatlichen Gepflogenheiten zur Unterrichtung und Anhörung der Arbeitnehmer nicht entgegen.

(3) Sind solche Modalitäten nicht durch Vereinbarung festgelegt, sehen die Mitgliedstaaten vor, dass der Prozess der Unterrichtung und Anhörung sowohl im Europäischen Betriebsrat als auch in den einzelstaatlichen Vertretungsgremien der Arbeitnehmer stattfindet, wenn Entscheidungen geplant sind, die wesentliche Veränderungen der Arbeitsorganisation oder der Arbeitsverträge mit sich bringen können.

(4) Diese Richtlinie lässt die in der Richtlinie 2002/14/EG vorgesehenen Unterrichtungs- und Anhörungsverfahren sowie die in Artikel 2 der Richtlinie 98/59/EG und in Artikel 7 der Richtlinie 2001/23/EG vorgesehenen spezifischen Verfahren unberührt.

(5) Die Durchführung dieser Richtlinie darf nicht als Rechtfertigung für Rückschritte hinter den bereits in den einzelnen Mitgliedstaaten erreichten Stand des allgemeinen Niveaus des Arbeitnehmerschutzes in den von ihr abgedeckten Bereichen benutzt werden.

Artikel 13
Anpassung

Ändert sich die Struktur des gemeinschaftsweit operierenden Unternehmens oder der gemeinschaftsweit operierenden Unternehmensgruppe wesentlich und fehlen entsprechende Bestimmungen in den geltenden Vereinbarungen oder bestehen Konflikte zwischen den Bestimmungen von zwei oder mehr geltenden Vereinbarungen, so nimmt die zentrale Leitung von sich aus oder auf schriftlichen Antrag von mindestens 100 Arbeitnehmern oder ihrer Vertreter in mindestens zwei Unternehmen oder Betrieben in mindestens zwei verschiedenen Mitgliedstaaten die Verhandlungen gemäß Artikel 5 auf.

Mindestens drei Mitglieder des bestehenden Europäischen Betriebsrats oder jedes bestehenden Europäischen Betriebsrats gehören – neben den gemäß Artikel 5 Absatz 2 gewählten oder bestellten Mitgliedern – dem besonderen Verhandlungsgremium an.

Während der Verhandlungen erfolgt die Aufgabenwahrnehmung durch den bestehenden Europäischen Betriebsrat oder die bestehenden Europäischen Betriebsräte entsprechend den in einer Vereinbarung zwischen diesem/diesen und der zentralen Leitung festgelegten etwaigen Absprachen.

Artikel 14
Geltende Vereinbarungen

(1) Unbeschadet des Artikels 13 gelten die sich aus dieser Richtlinie ergebenden Verpflichtungen nicht für gemeinschaftsweit operierende Unternehmen und gemeinschaftsweit operierende Unternehmensgruppen, in denen entweder

a) eine für alle Arbeitnehmer geltende Vereinbarung oder Vereinbarungen, in der bzw. in denen eine länderübergreifende Unterrichtung und Anhörung der Arbeitnehmer vorgesehen ist, gemäß Artikel 13 Absatz 1 der Richtlinie 94/45/EG oder Artikel 3 Absatz 1 der Richtlinie 97/74/EG abgeschlossen wurde bzw. wurden oder solche Vereinbarungen wegen Veränderungen in der Struktur der Unternehmen oder Unternehmensgruppen angepasst wurden;
oder

b) eine gemäß Artikel 6 der Richtlinie 94/45/EG abgeschlossene Vereinbarung zwischen dem 5. Juni 2009 und dem 5. Juni 2011 unterzeichnet oder überarbeitet wird.

Das einzelstaatliche Recht, das zum Zeitpunkt der Unterzeichnung oder der Überarbeitung der Vereinbarung gilt, gilt weiterhin für die in Unterabsatz 1 Buchstabe b genannten Unternehmen oder Unternehmensgruppen.

(2) Laufen die in Absatz 1 genannten Vereinbarungen aus, so können die betreffenden Parteien gemeinsam beschließen, sie weiter anzuwenden oder zu überarbeiten. Ist dies nicht der Fall, so findet diese Richtlinie Anwendung.

Artikel 15
Bericht

Bis spätestens 5. Juni 2016 erstattet die Kommission dem Europäischen Parlament, dem Rat und dem Europäischen Wirtschafts- und Sozialausschuss Bericht über die Umsetzung der Bestimmungen dieser Richtlinie und legt gegebenenfalls geeignete Vorschläge vor.

Artikel 16
Umsetzung

(1) Die Mitgliedstaaten erlassen die erforderlichen Rechtsund Verwaltungsvorschriften, um den Bestimmungen von Artikel 1 Absätze 2, 3 und 4, Artikel 2 Absatz 1 Buchstaben f und g, Artikel 3 Absatz 4, Artikel 4 Absatz 4, Artikel 5 Absatz 2 Buchstaben b und c, Artikel 5 Absatz 4, Artikel 6 Absatz 2 Buchstaben b, c, e und g und der Artikel 10, 12, 13 und 14 sowie des Anhangs I Nummer 1 Buchstaben a, c und d und Nummern 2 und 3 spätestens am 5. Juni 2011 nachzukommen, bzw. vergewissern sich, dass die Sozialpartner zu diesem Datum die notwendigen Vorschriften durch Vereinbarungen einführen, wobei die Mitgliedstaaten die notwendigen Vorkehrungen zu treffen haben, um jederzeit in der Lage zu sein, die dieser Richtlinie entsprechenden Ergebnisse zu gewährleisten.
Wenn die Mitgliedstaaten diese Vorschriften erlassen, nehmen sie in den Vorschriften selbst oder durch einen Hinweis bei der amtlichen Veröffentlichung auf diese Richtlinie Bezug. In diese Vorschriften fügen sie die Erklärung ein, dass Bezugnahmen in den geltenden Rechts- und Verwaltungsvorschriften auf die durch die vorliegende Richtlinie geänderte Richtlinie als Bezugnahmen auf die vorliegende Richtlinie gelten. Die Mitgliedstaaten regeln die Einzelheiten dieser Bezugnahme und legen die Formulierung der Erklärung fest.

(2) Die Mitgliedstaaten teilen der Kommission den Wortlaut der wichtigsten innerstaatlichen Rechtsvorschriften mit, die sie auf dem unter diese Richtlinie fallenden Gebiet erlassen.

Artikel 17
Aufhebung

Die Richtlinie 94/45/EG, in der Fassung der in Anhang II Teil A aufgeführten Richtlinien, wird unbeschadet der Verpflichtungen der Mitgliedstaaten hinsichtlich der in Anhang II Teil B genannten Fristen für die Umsetzung der dort genannten Richtlinien in innerstaatliches Recht mit Wirkung vom 6. Juni 2011 aufgehoben.
Verweisungen auf die aufgehobene Richtlinie gelten als Verweisungen auf die vorliegende Richtlinie und sind nach Maßgabe der Entsprechungstabelle in Anhang III zu lesen.

Artikel 18
Inkrafttreten

Diese Richtlinie tritt am zwanzigsten Tag nach ihrer Veröffentlichung im Amtsblatt der Europäischen Union in Kraft.
Artikel 1 Absätze 1, 5, 6 und 7, Artikel 2 Absatz 1 Buchstaben a bis e, h und i, Artikel 2 Absatz 2, Artikel 3 Absätze 1, 2, 3, 5, 6 und 7, Artikel 4 Absätze 1, 2 und 3, Artikel 5 Absätze 1, 3, 5 und 6, Artikel 5 Absatz 2 Buchstabe a, Artikel 6 Absatz 1, Artikel 6 Absatz 2 Buchstaben a, d und f, Artikel 6 Absätze 3, 4 und 5 und die Artikel 7, 8, 9 und 11 sowie Anhang I Nummer 1 Buchstaben b, e und f und Nummern 4, 5 und 6 sind ab dem 6. Juni 2011 anwendbar.

Artikel 19
Adressaten

Diese Richtlinie ist an die Mitgliedstaaten gerichtet.

Geschehen zu Straßburg am 6. Mai 2009.

Im Namen des Europäischen Parlaments	*Im Namen des Rates*
Der Präsident	*Der Präsident*
H.-G. PÖTTERING	J. KOHOUT

ANHANG I

SUBSIDIÄRE VORSCHRIFTEN

(nach Artikel 7)

(1) Um das in Artikel 1 Absatz 1 festgelegte Ziel zu erreichen, wird in den in Artikel 7 Absatz 1 vorgesehenen Fällen ein Europäischer Betriebsrat eingesetzt, für dessen Zuständigkeiten und Zusammensetzung folgende Regeln gelten:

a) Die Zuständigkeiten des Europäischen Betriebsrats werden gemäß Artikel 1 Absatz 3 festgelegt.
Die Unterrichtung des Europäischen Betriebsrats bezieht sich insbesondere auf die Struktur, die wirtschaftliche und finanzielle Situation sowie die voraussichtliche Entwicklung der Geschäfts-, Produktions- und Absatzlage des gemeinschaftsweit operierenden Unternehmens oder der gemeinschaftsweit operierenden Unternehmensgruppe. Die Unterrichtung und Anhörung des Europäischen Betriebsrats bezieht sich insbesondere auf die Beschäftigungslage und ihre voraussichtliche Entwicklung, auf die Investitionen, auf grundlegende Änderungen der Organisation, auf die Einführung neuer Arbeits- und Fertigungsverfahren, auf Verlagerungen der Produktion, auf Fusionen, Verkleinerungen oder Schließungen von Unternehmen, Betrieben oder wichtigen Teilen dieser Einheiten und auf Massenentlassungen.
Die Anhörung erfolgt in einer Weise, die es den Arbeitnehmervertretern gestattet, mit der zentralen Leitung zusammenzukommen und eine mit Gründen versehene Antwort auf ihre etwaige Stellungnahme zu erhalten.

b) Der Europäische Betriebsrat setzt sich aus Arbeitnehmern des gemeinschaftsweit operierenden Unternehmens oder der gemeinschaftsweit operierenden Unternehmensgruppe zusammen, die von den Arbeitnehmervertretern aus ihrer Mitte oder, in Ermangelung solcher Vertreter, von der Gesamtheit der Arbeitnehmer gewählt oder benannt werden.
Die Mitglieder des Europäischen Betriebsrats werden entsprechend den einzelstaatlichen Rechtsvorschriften und/oder Gepflogenheiten gewählt oder benannt.

c) Die Mitglieder des Europäischen Betriebsrats werden entsprechend der Zahl der in jedem Mitgliedstaat beschäftigten Arbeitnehmer des gemeinschaftsweit operierenden Unternehmens oder der gemeinschaftsweit operierenden Unternehmensgruppe gewählt oder bestellt, so dass pro Mitgliedstaat für jeden Anteil der in diesem Mitgliedstaat beschäftigten Arbeitnehmer, der 10 % der Gesamtzahl der in allen Mitgliedstaaten beschäftigten Arbeitnehmer entspricht, oder für einen Bruchteil dieser Tranche Anspruch auf einen Sitz besteht.

d) Um die Koordination seiner Aktivitäten sicherzustellen, wählt der Europäische Betriebsrat aus seiner Mitte einen engeren Ausschuss mit höchstens fünf Mitgliedern, für den Bedingungen gelten müssen, die ihm die regelmäßige Wahrnehmung seiner Aufgaben ermöglichen.
Er gibt sich eine Geschäftsordnung.

e) Die Zusammensetzung des Europäischen Betriebsrats wird der zentralen Leitung oder einer anderen geeigneteren Leitungsebene mitgeteilt.

f) Vier Jahre nach der Einrichtung des Europäischen Betriebsrats prüft dieser, ob die in Artikel 6 genannte Vereinbarung ausgehandelt werden soll oder ob die entsprechend diesem Anhang erlassenen subsidiären Vorschriften weiterhin angewendet werden sollen.
Wird der Beschluss gefasst, eine Vereinbarung gemäß Artikel 6 auszuhandeln, so gelten die Artikel 6 und 7 entsprechend, wobei der Begriff „besonderes Verhandlungsgremium" durch den Begriff „Europäischer Betriebsrat" ersetzt wird.

(2) Der Europäische Betriebsrat ist befugt, einmal jährlich mit der zentralen Leitung zum Zwecke der Unterrichtung und Anhörung, auf der Grundlage eines von der zentralen Leitung vorgelegten Berichts, über die Entwicklung der Geschäftslage und die Perspektiven des gemeinschaftsweit operierenden Unternehmens oder der gemeinschaftsweit operierenden Unternehmensgruppe zusammenzutreten. Die örtlichen Unternehmensleitungen werden hiervon in Kenntnis gesetzt.

(3) Treten außergewöhnliche Umstände ein oder werden Entscheidungen getroffen, die erhebliche Auswirkungen auf die Interessen der Arbeitnehmer haben, insbesondere bei Verlegung oder Schließung von Unternehmen oder Betrieben oder bei Massenentlassungen, so hat der engere Ausschuss oder, falls nicht vorhanden, der Europäische Betriebsrat das Recht, darüber unterrichtet zu werden. Er hat das Recht, auf Antrag mit der zentralen Leitung oder anderen, geeigneteren, mit Entscheidungsbefugnissen ausgestatteten Leitungsebenen innerhalb des gemeinschaftsweit operierenden Unternehmens oder der gemeinschaftsweit operierenden Unternehmensgruppe zusammenzutreten, um unterrichtet und angehört zu werden.
Im Falle einer Sitzung mit dem engeren Ausschuss dürfen auch die Mitglieder des Europäischen Betriebsrats teilnehmen, die von den Betrieben und/oder Unternehmen gewählt worden sind, welche unmittelbar von den in Frage stehenden Umständen oder Entscheidungen betroffen sind.
Diese Sitzung zur Unterrichtung und Anhörung erfolgt unverzüglich auf der Grundlage eines Berichts der zentralen Leitung oder einer anderen geeigneten Leitungsebene innerhalb der gemeinschaftsweit operierenden Unternehmensgruppe,

zu dem der Europäische Betriebsrat binnen einer angemessenen Frist seine Stellungnahme abgeben kann.
Diese Sitzung lässt die Rechte der zentralen Leitung unberührt.
Die unter den genannten Umständen vorgesehene Unterrichtung und Anhörung erfolgt unbeschadet der Bestimmungen des Artikels 1 Absatz 2 und des Artikels 8.

(4) Die Mitgliedstaaten können Regeln bezüglich des Vorsitzes der Sitzungen zur Unterrichtung und Anhörung festlegen.
Vor Sitzungen mit der zentralen Leitung ist der Europäische Betriebsrat oder der engere Ausschuss, der gegebenenfalls gemäß Nummer 3 Absatz 2 erweitert ist, berechtigt, in Abwesenheit der betreffenden Unternehmensleitung zu tagen.

(5) Der Europäische Betriebsrat und der engere Ausschuss können sich durch Sachverständige ihrer Wahl unterstützen lassen, sofern dies zur Erfüllung ihrer Aufgaben erforderlich ist.

(6) Die Verwaltungsausgaben des Europäischen Betriebsrats gehen zu Lasten der zentralen Leitung.

Die betreffende zentrale Leitung stattet die Mitglieder des Europäischen Betriebsrats mit den erforderlichen finanziellen und materiellen Mitteln aus, damit diese ihre Aufgaben in angemessener Weise wahrnehmen können.

Insbesondere trägt die zentrale Leitung die für die Veranstaltung der Sitzungen anfallenden Kosten einschließlich der Dolmetschkosten sowie die Aufenthalts- und Reisekosten für die Mitglieder des Europäischen Betriebsrats und des engeren Ausschusses, soweit nichts anderes vereinbart wurde.

Die Mitgliedstaaten können unter Wahrung dieses Grundsatzes Regeln für die Finanzierung der Arbeit des Europäischen Betriebsrats festlegen. Sie können insbesondere die Übernahme der Kosten auf die Kosten für einen Sachverständigen begrenzen.

ANHANG II

TEIL A

Aufgehobene Richtlinie mit ihren nachfolgenden Änderungen

(gemäß Artikel 17)

Richtlinie 94/45/EG des Rates	(ABl. L 254 vom 30.9.1994, S. 64).
Richtlinie 97/74/EG des Rates	(ABl. L 10 vom 16.1.1998, S. 22).
Richtlinie 2006/109/EG des Rates	(ABl. L 363 vom 20.12.2006, S. 416).

TEIL B

Fristen für die Umsetzung in innerstaatliches Recht

(gemäß Artikel 17)

Richtlinie	Frist für die Umsetzung
94/45/EG	22.9.1996
97/74/EG	15.12.1999
2006/109/EG	1.1.2007

ANHANG III

Entsprechungstabelle

Richtlinie 94/45/EG	Vorliegende Richtlinie
Artikel 1 Absatz 1	Artikel 1 Absatz 1
Artikel 1 Absatz 2	Artikel 1 Absatz 2 Satz 1
–	Artikel 1 Absatz 2 Satz 2
–	Artikel 1 Absätze 3 und 4
Artikel 1 Absatz 3	Artikel 1 Absatz 5
Artikel 1 Absatz 4	Artikel 1 Absatz 6
Artikel 1 Absatz 5	Artikel 1 Absatz 7
Artikel 2 Absatz 1 Buchstaben a bis e	Artikel 2 Absatz 1 Buchstaben a bis e
–	Artikel 2 Absatz 1 Buchstabe f
Artikel 2 Absatz 1 Buchstabe f	Artikel 2 Absatz 1 Buchstabe g
Artikel 2 Absatz 1 Buchstaben g und h	Artikel 2 Absatz 1 Buchstaben h und i
Artikel 2 Absatz 2	Artikel 2 Absatz 2
Artikel 3	Artikel 3
Artikel 4 Absätze 1, 2 und 3	Artikel 4 Absätze 1, 2 und 3
Artikel 11 Absatz 2	Artikel 4 Absatz 4
Artikel 5 Absatz 1 und Absatz 2 Buchstabe a	Artikel 5 Absatz 1 und Absatz 2 Buchstabe a
Artikel 5 Absatz 2 Buchstaben b und c	Artikel 5 Absatz 2 Buchstabe b
Artikel 5 Absatz 2 Buchstabe d	Artikel 5 Absatz 2 Buchstabe c
Artikel 5 Absatz 3	Artikel 5 Absatz 3
Artikel 5 Absatz 4 Unterabsatz 1	Artikel 5 Absatz 4 Unterabsatz 1
–	Artikel 5 Absatz 4 Unterabsatz 2
Artikel 5 Absatz 4 Unterabsatz 2	Artikel 5 Absatz 4 Unterabsatz 3
Artikel 5 Absätze 5 und 6	Artikel 5 Absätze 5 und 6
Artikel 6 Absatz 1 und Absatz 2 Buchstabe a	Artikel 6 Absatz 1 und Absatz 2 Buchstabe a
Artikel 6 Absatz 2 Buchstabe b	Artikel 6 Absatz 2 Buchstabe b
Artikel 6 Absatz 2 Buchstabe c	Artikel 6 Absatz 2 Buchstabe c
Artikel 6 Absatz 2 Buchstabe d	Artikel 6 Absatz 2 Buchstabe d
–	Artikel 6 Absatz 2 Buchstabe e
Artikel 6 Absatz 2 Buchstabe e	Artikel 6 Absatz 2 Buchstabe f
Artikel 6 Absatz 2 Buchstabe f	Artikel 6 Absatz 2 Buchstabe g
Artikel 6 Absätze 3, 4 und 5	Artikel 6 Absätze 3, 4 and 5
Artikel 7	Artikel 7
Artikel 8	Artikel 8
Artikel 9	Artikel 9
–	Artikel 10 Absätze 1 und 2
Artikel 10	Artikel 10 Absatz 3
–	Artikel 10 Absatz 4
Artikel 11 Absatz 1	Artikel 11 Absatz 1
Artikel 11 Absatz 2	Artikel 4 Absatz 4
Artikel 11 Absatz 3	Artikel 11 Absatz 2
Artikel 11 Absatz 4	Artikel 11 Absatz 3
Artikel 12 Absätze 1 und 2	–
–	Artikel 12 Absätze 1 bis 5
–	Artikel 13

Richtlinie 94/45/EG	Vorliegende Richtlinie
Artikel 13 Absatz 1	Artikel 14 Absatz 1
Artikel 13 Absatz 2	Artikel 14 Absatz 2
–	Artikel 15
Artikel 14	Artikel 16
–	Artikel 17
–	Artikel 18
Artikel 16	Artikel 19
ANHANG	ANHANG I
Nummer 1 Eingangsteil	Nummer 1 Eingangsteil
Nummer 1 Buchstabe a (teilweise) und Nummer 2 Absatz 2 (teilweise)	Nummer 1 Buchstabe a (teilweise)
Nummer 1 Buchstabe b	Nummer 1 Buchstabe b
Nummer 1 Buchstabe c (teilweise) und Nummer 1 Buchstabe d	Nummer 1 Buchstabe c
Nummer 1 Buchstabe c (teilweise)	Nummer 1 Buchstabe d
Nummer 1 Buchstabe e	Nummer 1 Buchstabe e
Nummer 1 Buchstabe f	Nummer 1 Buchstabe f
Nummer 2 Absatz 1	Nummer 2
Nummer 3	Nummer 3
Nummer 4	Nummer 4
Nummer 5	–
Nummer 6	Nummer 5
Nummer 7	Nummer 6
–	Anhänge II und III

17. Stellenbesetzungsgesetz

BGBl I 1998/26 idF

1 BGBl I 2012/35 (2. StabG 2012)

GLIEDERUNG

STICHWORTVERZEICHNIS

Bundesgesetz über Transparenz bei der Stellenbesetzung im staatsnahen Unternehmensbereich (Stellenbesetzungsgesetz)

Der Nationalrat hat beschlossen:

Geltungsbereich

§ 1. Die Bestellung von Mitgliedern des Leitungsorgans (Vorstandsmitglieder, Geschäftsführer) von Unternehmungen mit eigener Rechtspersönlichkeit, die der Kontrolle des Rechnungshofes unterliegen, hat nach den Vorschriften dieses Bundesgesetzes zu erfolgen.

Ausschreibung

§ 2. (1) Der Besetzung von in § 1 genannten Stellen hat eine öffentliche Ausschreibung vorangehen. Die Ausschreibung hat jenes Organ vorzunehmen, das die Stelle zu besetzen hat.

(2) Die Ausschreibung hat möglichst sechs Monate vor, spätestens jedoch innerhalb eines Monats nach Freiwerden der Stelle zu erfolgen. Ist eine neue Stelle zu besetzen, so hat die Ausschreibung innerhalb eines Monats nach dem Zeitpunkt der betreffenden organisatorischen Maßnahmen zu erfolgen.

(3) Die Ausschreibung hat jene besonderen Kenntnisse und Fähigkeiten zu enthalten, die im Hinblick auf die Erfüllung der mit der ausgeschriebenen Stelle verbundenen Aufgaben von den Bewerbern erwartet werden. Sie hat darüber hinaus über die Aufgaben des Inhabers der ausgeschriebenen Stelle Aufschluß zu geben.

(4) Die Ausschreibung ist im „Amtsblatt zur Wiener Zeitung“ und zumindest einer weiteren bundesweit verbreiteten Tageszeitung zu veröffentlichen.

(5) Für die Überreichung der Bewerbungen ist eine Frist zu setzen, die nicht weniger als einen Monat betragen darf.

Bewerbung

§ 3. (1) Bewerber um eine nach diesem Bundesgesetz ausgeschriebene Stelle haben in ihrer Bewerbung die Gründe dafür anzuführen, die sie für die Besetzung dieser Stelle als geeignet erscheinen lassen.

(2) Die Bewerbungen sind unmittelbar an das zur Bestellung zuständige Organ zu richten.

Besetzung

§ 4. (1) Das für die Besetzung zuständige Organ hat die Stelle ausschließlich auf Grund der Eignung der Bewerber zu besetzen.

(2) Die Eignung ist insbesondere auf Grund fachlicher Vorbildung und bisheriger Berufserfahrung der Bewerber, ihrer Fähigkeit zur Menschenführung, ihrer organisatorischen Fähigkeiten und ihrer persönlichen Zuverlässigkeit festzustellen. Wenn internationale Erfahrungen für die betreffende Stelle erforderlich sind, ist darauf besonders Bedacht zu nehmen.

(3) Das für die Besetzung zuständige Organ kann für die Suche nach geeigneten Personen und die Feststellung der Eignung der Bewerber auch Einrichtungen oder Unternehmungen heranziehen, deren Aufgabe oder Unternehmensziel die Abgabe derartiger Beurteilungen ist.

Veröffentlichung

§ 5. (1) Das für die Besetzung zuständige Organ hat den Namen der Person, mit der die Stelle besetzt worden ist, und die Namen aller Personen, die an der Entscheidung über die Besetzung mitgewirkt haben, zu veröffentlichen.

(2) Die Veröffentlichung hat im „Amtsblatt zur Wiener Zeitung“ und zumindest einer weiteren bundesweit verbreiteten Tageszeitung zu erfolgen.

Vertragsschablonen

§ 6. (1) Die Bundesregierung hat Vertragsschablonen zu beschließen, die von Unternehmungen im Sinne des § 1, bei denen die finanzielle Beteiligung des Bundes gleich oder größer ist als die Summe der Beteiligung anderer Gebietskörperschaften, beim Abschluß von Verträgen zur Bestellung von Mitgliedern des Leitungsorgans anzuwenden sind. Im Falle von Unternehmungen weiterer Stufen im Sinne des Art. 126b Abs. 2 letzter Satz Bundes-Verfassungsgesetz ist das Vorliegen der Voraussetzungen des ersten Satzes für jede Stufe gesondert zu beurteilen.

(2) Die Vertragsschablonen haben alle Elemente vorzusehen, die in Verträge zur Besetzung von Mitgliedern des Leitungsorgans aufgenommen werden dürfen. Sie haben einen Gesamtjahresbezug vorzusehen, neben dem nur erfolgsabhängige sonstige Leistungen zulässig sind. „ “ *(BGBl I 2012/35)*

(3) Eine allfällige Pensionsregelung in den Vertragsschablonen hat sich an § 15 Bundesbezügegesetz, BGBl. I Nr. 64/1997, zu orientieren.

Vertrag

§ 7. (1) Die Verträge zur Bestellung von Mitgliedern des Leitungsorgans haben den Vertragsschablonen gemäß § 6 zu entsprechen. Weiters haben sich derartige Verträge an den in der jeweiligen Branche üblichen Verträgen in folgender Weise zu orientieren:

1. Bei Unternehmen, die

a) überwiegend Leistungen im Rahmen eines „inhouse-Verhältnisses“ an den Bund zur Deckung dessen eigenen Bedarfs an Sach- und Dienstleistungen erbringen oder

b) überwiegend aus Budgetmitteln des Bundes finanziert werden, es sei denn, sie oder mit ihnen verbundene Unternehmen bieten ihre Leistungen überwiegend im Wettbewerb an oder dienen der Förderungsabwicklung des Bundes,

ist der Gesamtjahresbezug der Mitglieder des Leitungsorgans in Anlehnung an die im Bund für die Bediensteten in vergleichbarer Verantwortung und in vom Gesetz zeitlich begrenzten Funktionen vorgesehenen zu bemessen.

2. Bei Unternehmen, die nicht unter Z 1 fallen, gelten für den Gesamtjahresbezug der Mitglieder des Leitungsorgans folgende Bemessungskriterien:

a) Aufgaben des Mitglieds der Geschäftsleitung,

b) durchschnittlicher Gesamtjahresbezug der Mitglieder von Leitungsorganen mit, soweit vorhanden, vergleichbaren Aufgaben in der Branche oder allenfalls in vergleichbaren Branchen, wobei auf vergleichbare Unternehmen der öffentlichen Hand im Inland und allenfalls in anderen Mitgliedstaaten der Europäischen Union Bedacht zu nehmen ist, sowie

c) die wirtschaftliche Lage, der nachhaltige Erfolg und die Zukunftsaussichten des Unternehmens.

(2) Leistungs- und erfolgsorientierte Komponenten zum Gesamtjahresbezug haben sich an der wirtschaftlichen Entwicklung des Unternehmens und den notwendigen Ressourcen der öffentlichen Hand zu orientieren.

(3) Näheres zu Abs. 1 und 2 ist in der Vertragsschablonenverordnung zu regeln.

(BGBl I 2012/35)

Ermächtigung für die Landesgesetzgebung

§ 8. (Verfassungsbestimmung) Die Landesgesetzgebung ist befugt, gleichartige Regelungen auf dem Gebiet des Zivilrechtes, wie sie in § 6 enthalten sind, für Unternehmungen gemäß § 1, soweit sie nicht unter § 6 fallen, zu erlassen.

Inkrafttreten

§ 9. „(1)“ Dieses Bundesgesetz tritt mit 1. März 1998 in Kraft. *(BGBl I 2012/35)*

(2) §§ 6 und 7 in der Fassung des 2. Stabilitätsgesetzes 2012, BGBl. I Nr. 35/2012, sind auf alle bei Unternehmen gemäß § 6 Abs. 1 nach dem Inkrafttreten des genannten Bundesgesetzes vorgenommenen Betrauungen (Wiederbetrauungen) mit einer Geschäftsführungsfunktion anzuwenden. *(BGBl I 2012/35)*

Aufhebung eines Bundesgesetzes

§ 10. Das Bundesgesetz vom 8. Oktober 1982, BGBl. Nr. 521, über die öffentliche Ausschreibung von Funktionen in Kapitalgesellschaften, an denen Bund, Länder oder Gemeinden beteiligt sind, wird mit Inkrafttreten dieses Bundesgesetzes aufgehoben.

17/1. Verordnung betreffend die Vertragsschablonen gemäß dem Stellenbesetzungsgesetz (Bundes-Vertragsschablonenverordnung – B-VV)

BGBl II 1998/254 idF

1 BGBl II 2011/66

GLIEDERUNG

STICHWORTVERZEICHNIS

Verordnung der Bundesregierung betreffend die Vertragsschablonen gemäß dem Stellenbesetzungsgesetz „(Bundes-Vertragsschablonenverordnung – B-VV)“

(BGBl II 2011/66)

Gemäß § 6 des Stellenbesetzungsgesetzes, BGBl. I Nr. 26/1998, wird verordnet:

Geltungsbereich

§ 1. (1) Unternehmungen mit eigener Rechtspersönlichkeit, die der Kontrolle des Rechnungshofes unterliegen und bei denen die finanzielle Beteiligung des Bundes gleich oder größer als die Summe der Beteiligungen anderer Gebietskörperschaften ist, haben beim Abschluß von Anstellungsverträgen im Zusammenhang mit der Bestellung oder Wiederbestellung von Mitgliedern eines Leitungsorganes entsprechend dieser Verordnung vorzugehen. Dies gilt auch für Tochterunternehmungen dieser Unternehmungen, bei denen diese Voraussetzungen vorliegen.

(2) Auf Unternehmungen mit eigener Rechtspersönlichkeit, die der Kontrolle des Rechnungshofes unterliegen, jedoch nicht vom § 6 des Stellenbesetzungsgesetzes erfaßt sind, findet diese Verordnung keine Anwendung.

Vertragsschablonen

§ 2. (1) Beim Abschluß von Anstellungsverträgen gemäß § 1 durch die Organe der Unternehmungen (zB gemäß § 75 AktG durch den Aufsichtsrat) dürfen Regelungen nur über Vertragselemente vereinbart werden, die im Abs. 3 sowie im § 3 vorgesehen sind. Bei der Vereinbarung der einzelnen Vertragselemente und bei deren inhaltlicher Ausgestaltung ist entsprechend § 7 des Stellenbesetzungsgesetzes vorzugehen. Außerdem ist auf die wirtschaftliche Lage und die Art des Unternehmens Bedacht zu nehmen. Insbesondere ist auch zu berücksichtigen,

1. ob das Unternehmen hauptsächlich gemeinwirtschaftliche Aufgaben wahrnimmt,

2. im nationalen oder internationalen Wettbewerb am Markt tätig ist,

3. welchen wirtschaftlichen Risken das Unternehmen ausgesetzt ist und

4. welches Maß an Verantwortung für das Unternehmen dem Leitungsorgan obliegt.

Bei Ausgestaltung der Anstellungsvertäge sind außerdem die jeweils branchenüblichen Vertragsusancen der Privatwirtschaft „und vergleichbarer öffentlicher Unternehmungen“ zu berücksichtigen. *(BGBl II 2011/66)*

(2) Über den abgeschlossenen Anstellungsvertrag ist eine schriftliche Ausfertigung zu erstellen. Weiters ist zu vereinbaren, daß zu der schriftlichen Ausfertigung weder mündliche noch schriftliche Nebenabreden bestehen und jede Änderung des Anstellungsvertrages der Schriftform bedarf.

(3) In Anstellungsverträgen gemäß § 1 sind ausschließlich Vertragselemente nach Maßgabe folgender Bestimmungen zu vereinbaren:

1. **Laufzeit des Anstellungsverhältnisses:**
Das Anstellungsverhältnis ist zu befristen. Dabei ist entweder die in Gesetzen für die Betrauung mit der Leitungsfunktion vorgesehene Frist oder eine Frist von längstens fünf Jahren zu vereinbaren. Weiters ist zu vereinbaren, daß im Fall der Abberufung von der Leitungsfunktion

a) aus einem verschuldeten wichtigen Grund im Sinne des § 27 Angestelltengesetz 1921, BGBl. Nr. 292, eine sofortige Auflösung des Vertrages möglich ist, ohne daß aus der vorzeitigen Auflösung Verpflichtungen für das Unternehmen erwachsen,

b) aus anderen wichtigen Gründen eine Kündigung unter Einhaltung einer halbjährigen Frist zum Ende eines Kalendervierteljahres durch das Unternehmen möglich ist.

2. **Aufgabe, Grundlagen der Tätigkeit:**
Im Anstellungsvertrag ist der Inhalt der Tätigkeit (zB Vorstandsmitglied/Geschäftsführer, zuständig für die Bereiche ...) unter Anführung der rechtlichen Grundlagen (Gesetz, Satzung, Geschäftsordnung, Anstellungsvertrag) möglichst genau zu umschreiben.

3. **Arbeitszeit:**
Es ist zu vereinbaren, daß das Leitungsorgan zu verpflichten ist, Mehrarbeit und Überstunden im erforderlichen Ausmaß zu leisten.

4. **Entgelt:**
Es ist ein Gesamtjahresbezug zu vereinbaren; mit dem vereinbarten Entgelt sind sämtliche Tätigkeiten einschließlich Mehrarbeit und Überstunden abgegolten. Die Auszahlung des Gesamtjahresbezuges erfolgt in 14 gleichen Teilbeträgen, wobei jeweils ein Teilbetrag am Monatsersten im voraus und zusätzlich je ein Teilbetrag für das erste Kalenderhalbjahr des Anstellungsverhältnisses am 1. Juni und ein Teilbetrag am 1. Dezember für das zweite Kalenderhalbjahr ausbezahlt wird. Bestand das Anstellungsverhältnis nicht über das gesamte Kalenderhalbjahr, ist der betreffende 13. oder 14. Teilbetrag entsprechend zu aliquotieren. Variable Bezugsbestandteile dürfen nur leistungs- und erfolgsorientiert festgelegt werden und sind mit einem Prozentsatz des Gesamtjahresbezuges zu begrenzen; die entsprechenden Kriterien sind durch die Organe gemäß Abs. 1 festzulegen und zu begründen. Sonstige geldwerte Sachzuwendungen sind taxativ anzuführen.

5. **Dienstkraftwagen:**
Dienstkraftwagen dürfen nur nach Betriebsnotwendigkeiten beigestellt werden.

6. **Unfallversicherung:**

Es darf eine Unfallversicherung für das Leitungsorgan für den Versicherungsfall des Todes in der Höhe maximal eines Jahresbruttogehaltes (ohne allfällige erfolgsabhängige Prämien und geldwerte Sachzuwendungen) und für den Versicherungsfall der dauernden Invalidität in der Höhe maximal zweier Jahresbruttogehälter (ohne allfällige erfolgsabhängige Prämien und geldwerte Sachzuwendungen) vereinbart werden.

7. **Aufwandersatz bei Dienstreisen und sonstige Spesenvergütungen:**
Derartige Regelungen haben sich an den branchenüblichen zu orientieren.

8. **Dienstort:**
Es ist die Zulässigkeit der Änderung des Dienstortes auf Grund unternehmerischer Erfordernisse zu vereinbaren.

9. **Organfunktionen in Konzern- oder Beteiligungsgesellschaften:**
Es ist zu vereinbaren, daß das Leitungsorgan verpflichtet ist, Organfunktionen in Konzern- und Beteiligungsgesellschaften auszuüben; mit derartigen Tätigkeiten verbundene geldwerte Vorteile (Jahresvergütungen, Sitzungsgelder ua.) sind an das Unternehmen abzuführen.

10. **Nebenbeschäftigung, Beteiligungen:**
Es ist zu vereinbaren, daß Beteiligungen an anderen Unternehmungen und Nebenbeschäftigungen der Zustimmung des Unternehmens bedürfen.

11. **Diensterfindungen:**
Es ist vorzusehen, daß Diensterfindungen des Leitungsorgans ohne Anspruch auf ein gesondertes Entgelt dem Unternehmen gehören.

12. **Urlaub:**
Es darf ein Urlaub bis zu 36 Werktagen im Jahr und eine Abgeltung des Urlaubsanspruches bei Ende des Anstellungsvertrages vereinbart werden. Weiters ist eine Verjährung des Urlaubsanspruches nach Ablauf von zwei Jahren ab dem Ende des Jahres, in dem er entstanden ist, zu vereinbaren.

13. **Entgeltfortzahlung:**
Für den Fall der Arbeitsverhinderung durch Krankheit, Arbeitsunfall oder Berufskrankheit kann eine Fortzahlung der laufenden Bezüge bis zum maximalen Ausmaß von sechs Monaten vorgesehen werden.

14. **Abfertigung:**

a) Ein Abfertigungsanspruch darf maximal wie im Angestelltengesetz vereinbart werden. Eine Vereinbarung über die Einrechnung von Vordienstzeiten für die Abfertigung ist zulässig, es darf aber dadurch das Höchstausmaß des Abfertigungsanspruches nach dem Angestelltengesetz nicht überschritten werden.

b) Im Fall einer Weiterbestellung kann vereinbart werden, daß Abfertigungsregelungen in vor dem Inkrafttreten dieser Verordnung abgeschlossenen Anstellungsverträgen, die über das in lit. a genannte Ausmaß hinausgehen, im neuen Anstellungsvertrag übernommen werden.

c) Findet auf den Anstellungsvertrag das Betriebliche Mitarbeiter- und Selbständigenvorsorgegesetz – BMSVG, BGBl. I Nr. 100/2002, in der Fassung BGBl. I Nr. 92/2010, Anwendung, ist die Vereinbarung einer Abfertigungsregelung unzulässig. *(BGBl II 2011/66)*

15. **Meldepflichten betreffend die persönlichen Verhältnisse:**
Es ist zu vereinbaren, daß das Leitungsorgan verpflichtet ist, dem Unternehmen alle Umstände bekanntzugeben, die für das Entstehen, die Änderung oder das Erlöschen von Ansprüchen gegenüber dem Unternehmen von Bedeutung sind.

16. **Verschwiegenheitsverpflichtung:**
Es ist eine zeitlich unbegrenzte und über die Dauer des Anstellungsverhältnisses bestehende Verschwiegenheitsverpflichtung vorzusehen.

17. **Konkurrenzklausel:**
Es ist eine Konkurrenzklausel zu vereinbaren, die sich an den branchenüblichen Konkurrenzklauseln oder, wenn derartige nicht bestehen, an den Bestimmungen des Angestelltengesetzes orientiert.

18. **Subsidiäre Geltung von Rechtsvorschriften:**
Soweit es branchenüblich ist, kann vereinbart werden, daß subsidiär die Bestimmungen des ABGB und des Angestelltengesetzes gelten.

19. **Sonstige Regelungen:**
Neben den Vertragselementen gemäß Z 1 bis 18 dürfen im Anstellungsvertrag nur Regelungen getroffen werden, soweit dies auf Grund der Besonderheit des betreffenden Unternehmens und in dessen ausschließlichem Interesse erforderlich ist. „Ein allenfalls für die Unternehmung geltender Corporate Governance Kodex ist zu überbinden.“ *(BGBl II 2011/66)*

Pensionsregelung

§ 3. (1) In Anstellungsverträgen gemäß § 1 sind in bezug auf Pensionsregelungen ausschließlich Vertragselemente nach Maßgabe folgender Bestimmungen zu vereinbaren:

1. **Risken:**
Regelungen über die freiwillige Pensionsvorsorge (Pensionsregelungen) dürfen nur die Alters-, Invaliditäts- und Hinterbliebendenversorgung in Ergänzung zur gesetzlichen Pensionsversicherung enthalten. Ein Leistungsanfall ist an den Anfall der jeweiligen gesetzlichen Pension zu knüpfen.

2. **Vorsorgeformen:**
Die freiwillige Pensionsvorsorge darf als Pensionskassenzusage oder als Zusage, Prämien zugunsten des Leitungsorgans oder seiner Hinterbliebenen in eine Versicherung ohne Rückkaufsrecht zu zahlen, erfolgen. Dem Leitungsorgan

kann die Wahl der Pensionskasse oder des Versicherungsunternehmens freigestellt werden.

3. **Wartefrist – Unverfallbarkeit:**
Bei erstmaliger Bestellung ist zu vereinbaren, daß die Unverfallbarkeit der Anwartschaft erst nach Ablauf von fünf Jahren eintritt.

4. **Beitragsleistung:**
Der zur freiwilligen Pensionsvorsorge zu leistende Beitrag des Unternehmens in die Pensionskasse und eine zur freiwilligen Pensionsvorsorge zu leistende Versicherungsprämie dürfen zusammen 10% des Jahresbruttogehaltes ohne allfällige erfolgsabhängige Prämien und geldwerte Sachzuwendungen nicht überschreiten.

5. **Anrechnung von Einkünften:**
Auf Leistungen aus anderen Pensionszusagen gemäß § 2 des Betriebspensionsgesetzes (BPG), BGBl. Nr. 282/1990, sind Leistungen aus Pensionsregelungen im Sinne dieses Absatzes und bis zum Erreichen des jeweiligen gesetzlichen Regelpensionsalters sind Erwerbseinkünfte, auch wenn sie erst nach Erreichen des jeweiligen gesetzlichen Regelpensionsalters ausgezahlt werden, anzurechnen.

(2) Besteht bei der Bestellung eines Mitgliedes eines Leitungsorganes mit dem Unternehmen bereits eine Vereinbarung, aus der es gegenüber dem Unternehmen einen Anspruch auf Abschluß oder Weiterführung einer bestimmten Pensionsregelung hat, haben die für den Vertragsabschluß zuständigen Organe des Unternehmens unter Berücksichtigung des Wohls des Unternehmens darauf hinzuwirken, eine Änderung dieser Vereinbarung dahingehend zu erreichen, daß

1. sie unter Wahrung der bis zur Wiederbestellung gegenüber dem Unternehmen erworbenen Anwartschaften auf Pensionsleistungen für die Zeit ab der Wiederbestellung den in Abs. 1 angeführten Elementen entspricht und

2. die Summe der Leistungen auf Grund der bis zur Wiederbestellung erworbenen Anwartschaften und der Leistungen auf Grund der Pensionsneuregelung gemäß Z 1 mit dem vor der Wiederbestellung vereinbarten Höchstmaß an Pensionsleistungen begrenzt ist und die übersteigenden Beträge dem Unternehmen gutzubringen sind.

Inkrafttreten

§ 4. „(1)“ Diese Verordnung tritt mit dem der Kundmachung folgenden Tag in Kraft. *(BGBl II 2011/66)*

(2) Der Titel, § 2 Abs. 1, § 2 Abs. 3 Z 14 lit. c und Z 19 in der Fassung BGBl. II Nr. 66/2011 treten nach Ablauf des Tages der Kundmachung dieser Verordnung im Bundesgesetzblatt in Kraft. *(BGBl II 2011/66)*

18. Bundesgesetz über den Ausschluss von Minderheitsgesellschaftern

BGBl I 2006/75 (ÜbRÄG 2006) idF

1 BGBl I 2009/71 (AktRÄG 2009)

GLIEDERUNG

Bundesgesetz über den Ausschluss von Minderheitsgesellschaftern – GesAusG

Voraussetzungen

§ 1. (1) Die Hauptversammlung einer Aktiengesellschaft oder Generalversammlung einer Gesellschaft mit beschränkter Haftung kann nach Maßgabe der folgenden Bestimmungen auf Verlangen des Hauptgesellschafters die Übertragung der Anteile der übrigen Gesellschafter auf den Hauptgesellschafter gegen Gewährung einer angemessenen Barabfindung beschließen.

(2) Hauptgesellschafter ist, wem zum Zeitpunkt der Beschlussfassung Anteile in Höhe von mindestens neun Zehnteln des Nennkapitals gehören. Welcher Teil der Anteile dem Hauptgesellschafter gehört, bestimmt sich nach dem Verhältnis der ihm gehörenden Anteile zum Nennkapital, bei Aktiengesellschaften mit Stückaktien nach der Zahl der Aktien. Eigene Anteile der Gesellschaft oder Anteile, die einem anderen für Rechnung der Gesellschaft gehören, sind vom Gesamtnennkapital beziehungsweise von der Gesamtzahl der Stückaktien abzuziehen.

(3) Als Anteile, die dem Hauptgesellschafter gehören, gelten auch Anteile anderer mit dem Hauptgesellschafter verbundener Unternehmen (§ 228 Abs. 3 „UGB"); die Verbindung muss im letzten Jahr vor der Beschlussfassung durchgehend bestanden haben. *(BGBl I 2009/71)*

(4) Die Satzung (der Gesellschaftsvertrag) kann vorsehen, dass der Ausschluss von Gesellschaftern nach den Bestimmungen dieses Bundesgesetzes nicht zulässig ist oder dass dem Hauptgesellschafter eine höhere als die in Abs. 2 genannte Anteilsquote gehören muss. Eine entsprechende Bestimmung der Satzung oder des Gesellschaftsvertrags kann nur mit Zustimmung aller Gesellschafter aufgehoben oder geändert werden, es sei denn, die Bestimmung sieht ausdrücklich eine andere Mehrheit vor, die jedoch nicht weniger als drei Viertel der abgegebenen Stimmen umfassen darf.

Barabfindung

§ 2. (1) Der Hauptgesellschafter hat eine angemessene Barabfindung zu gewähren. Der Tag der Beschlussfassung durch die Gesellschafterversammlung gilt als Stichtag für die Feststellung der Angemessenheit. Werden Sonderrechte entzogen, so ist dies bei der Festlegung der Abfindung zu berücksichtigen.

(2) Die Barabfindung ist zwei Monate nach dem Tag fällig, an dem die Eintragung des Ausschlusses gemäß § 10 „UGB" als bekannt gemacht gilt; der Anspruch auf Barabfindung verjährt innerhalb von drei Jahren. Die Barabfindung ist ab dem der Beschlussfassung durch die Gesellschafterversammlung folgenden Tag bis zur Fälligkeit mit jährlich zwei Prozentpunkten über dem jeweils geltenden Basiszinssatz zu verzinsen. Die Kosten der Durchführung des Ausschlusses, insbesondere der Auszahlung der Barabfindung, trägt der Hauptgesellschafter. *(BGBl I 2009/71)*

(3) Der Hauptgesellschafter hat einen Treuhänder mit Sitz, Wohnsitz oder gewöhnlichem Aufenthalt in einem Mitgliedstaat des EWR zu bestellen. Bei diesem ist die Barabfindung vor Einberu-

fung der Gesellschafterversammlung zu hinterlegen. Stattdessen kann dem Treuhänder eine Bankgarantie in Höhe des Abfindungsbetrags mit einer Laufzeit bis zum voraussichtlichen Zeitpunkt der Auszahlung übergeben werden; tritt die Fälligkeit der Barabfindung nicht vor dem Ende der Laufzeit ein, so hat der Treuhänder die Bankgarantie abzurufen, wenn keine neue Bankgarantie übergeben wird. Die Bankgarantie ist von einem Kreditinstitut im Sinn des § 1 Abs. 1 BWG mit anrechenbaren Eigenmitteln von mindestens 18,2 Millionen Euro oder von einem Kreditinstitut, das seine Tätigkeit in Österreich auf Grund des § 9 BWG über eine Zweigstelle oder im Weg des freien Dienstleistungsverkehrs erbringt und über anrechenbare Eigenmittel beziehungsweise Eigenmittel von mindestens 18,2 Millionen Euro verfügt, auszustellen. Hat der Hauptgesellschafter seinen Sitz, Wohnsitz oder gewöhnlichen Aufenthalt nicht in einem Mitgliedstaat des EWR, so muss dem Treuhänder zusätzlich eine Bankgarantie eines solchen Kreditinstituts in Höhe von 50 vom Hundert des Abfindungsbetrags mit einer Laufzeit von zwei Monaten nach dem voraussichtlichen Zeitpunkt der Bekanntmachung der Eintragung des Beschlusses übergeben werden. Wird bis zu diesem Zeitpunkt ein Verfahren auf Überprüfung der Barabfindung eingeleitet, so hat der Treuhänder die Bankgarantie abzurufen, wenn keine neue Bankgarantie übergeben wird.

Vorbereitung der Beschlussfassung durch die Gesellschafter

§ 3. (1) Der Vorstand (die Geschäftsführung) der Kapitalgesellschaft und der Hauptgesellschafter haben gemeinsam einen Bericht über den geplanten Ausschluss aufzustellen. Dieser muss zumindest die Voraussetzungen des Ausschlusses darlegen und die Angemessenheit der Barabfindung erläutern und begründen; auf besondere Schwierigkeiten bei der Bewertung des Unternehmens ist hinzuweisen. „§ 118 Abs. 3 AktG" ist sinngemäß anzuwenden. Im Bericht ist darauf hinzuweisen, dass jedem Minderheitsgesellschafter ein Anspruch auf eine angemessene Abfindung gemäß § 2 zusteht, weiters darauf, dass die Gesellschafter, auch wenn sie dem Beschluss zustimmen, bei dem Gericht, in dessen Sprengel die Kapitalgesellschaft ihren Sitz hat, innerhalb einer Frist von einem Monat nach dem Tag, an dem die Eintragung des Beschlusses gemäß § 10 „UGB" als bekanntgemacht gilt, einen Antrag auf Überprüfung des Barabfindungsangebots stellen können (§ 6). *(BGBl I 2009/71)*

(2) Die Richtigkeit des Berichts nach Abs. 1 und die Angemessenheit der Barabfindung sind von einem sachverständigen Prüfer zu prüfen. Dieser wird auf gemeinsamen Antrag des Aufsichtsrats der Kapitalgesellschaft und des Hauptgesellschafters vom Gericht ausgewählt und bestellt. § 220b Abs. 3 bis 5 AktG ist mit der Maßgabe sinngemäß anzuwenden, dass das Auskunftsrecht auch gegenüber dem Hauptgesellschafter besteht.

(3) Hat die Kapitalgesellschaft einen Aufsichtsrat, so hat dieser den Ausschluss auf der Grundlage des Berichts gemäß Abs. 1 und des Prüfungsberichts gemäß Abs. 2 zu prüfen und darüber einen schriftlichen Bericht zu erstatten. „§ 118 Abs. 3 AktG" ist sinngemäß anzuwenden. *(BGBl I 2009/71)*

(4) Der Vorstand einer Aktiengesellschaft hat einen Hinweis auf die geplante Beschlussfassung mindestens einen Monat vor dem Tag der Hauptversammlung zu veröffentlichen (§ 18 AktG). In dieser Veröffentlichung sind die Aktionäre auf ihre Rechte gemäß Abs. 5 und 6 hinzuweisen.

(5) Bei einer Aktiengesellschaft sind mindestens während eines Monats vor dem Tag der beschlussfassenden Hauptversammlung „gemäß § 108 Abs. 3 bis 5 AktG bereit zu stellen": *(BGBl I 2009/71)*

1. der Entwurf des Beschlussantrags über den Ausschluss;

2. die Berichte gemäß Abs. 1, 2 und 3;

3. allfällige Gutachten, auf denen die Beurteilung der Angemessenheit beruht; „§ 118 Abs. 3 AktG" ist sinngemäß anzuwenden; *(BGBl I 2009/71)*

4. die Jahresabschlüsse und die Lageberichte der Gesellschaft für die letzten drei Geschäftsjahre.

(6) *(aufgehoben, BGBl I 2009/71)*

(7) In der Hauptversammlung sind die in Abs. 5 bezeichneten Unterlagen aufzulegen. Der Vorstand und der Hauptgesellschafter haben den Bericht nach Abs. 1 vor der Beschlussfassung mündlich zu erläutern. Der Vorstand hat die Gesellschafter vor der Beschlussfassung über jede wesentliche Veränderung der Vermögens- oder Ertragslage der Gesellschaft sowie der Pläne des Hauptgesellschafters, die zwischen der Erstattung des Berichts gemäß Abs. 1 und dem Zeitpunkt der Beschlussfassung eingetreten ist, zu unterrichten; dies gilt insbesondere, wenn die Veränderung eine andere Barabfindung rechtfertigen würde.

(8) Jedem Aktionär ist auf Verlangen in der Hauptversammlung auch über alle für den Ausschluss wesentlichen Angelegenheiten des Hauptgesellschafters Auskunft zu geben. „§ 118 Abs. 3 AktG" ist sinngemäß anzuwenden. *(BGBl I 2009/71)*

(9) Die in Abs. 5 genannten Unterlagen sind den Gesellschaftern einer Gesellschaft mit beschränkter Haftung zu übersenden. Zwischen dem Tag der Aufgabe der Sendung zur Post und der

Beschlussfassung muss ein Zeitraum von mindestens 14 Tagen liegen. Die Veröffentlichung gemäß Abs. 4 sowie die Auflegung zur Einsicht gemäß Abs. 5 sind nicht erforderlich. Die Geschäftsführer und der Hauptgesellschafter haben jedem Gesellschafter ab dem Zeitpunkt der Einberufung jederzeit Auskunft zu geben; das betrifft auch Veränderungen im Sinn des Abs. 7 und Angelegenheiten im Sinn des Abs. 8. In der Einberufung ist auf dieses Recht ausdrücklich hinzuweisen.

(10) Abs. 1 bis 9 und § 2 Abs. 3 sind nicht anzuwenden, wenn sämtliche Gesellschafter schriftlich oder in der Niederschrift zur Gesellschafterversammlung auf die Einhaltung dieser Bestimmungen verzichten.

Beschlussfassung durch die Gesellschafter

§ 4. (1) Der Beschluss der Gesellschafterversammlung bedarf der Mehrheit der abgegebenen Stimmen und der Zustimmung durch den Hauptgesellschafter; die Satzung (der Gesellschaftsvertrag) kann eine größere Mehrheit und weitere Erfordernisse vorsehen. Sonderbeschlüsse einzelner Aktiengattungen sind nicht erforderlich.

(2) Der Beschluss ist notariell zu beurkunden. Die Berichte über den Ausschluss gemäß § 3 Abs. 1 bis 3 sind – vorbehaltlich § 3 Abs. 10 – in die Niederschrift über den Beschluss aufzunehmen oder dieser als Anlage beizufügen.

Anmeldung und Eintragung des Beschlusses

§ 5. (1) Der Vorstand (die Geschäftsführung) der Kapitalgesellschaft hat den Beschluss über den Ausschluss der Minderheitsgesellschafter zur Eintragung in das Firmenbuch anzumelden. Der Anmeldung sind in Urschrift, Ausfertigung oder beglaubigter Abschrift beizufügen:

1. die Niederschrift des Beschlusses über den Ausschluss;

2. wenn der Beschluss einer behördlichen Genehmigung bedarf, die Genehmigungsurkunde;

3. bei Aktiengesellschaften der Nachweis der Veröffentlichung nach § 3 Abs. 4.

(2) Weiters hat der Vorstand (die Geschäftsführung) dem Gericht eine Erklärung vorzulegen, dass eine Klage auf Anfechtung, Feststellung der Nichtigkeit oder Nichtigerklärung des Beschlusses innerhalb eines Monats nach der Beschlussfassung nicht erhoben oder zurückgenommen worden ist oder dass alle Anteilsinhaber durch notariell beurkundete Erklärung auf eine solche Klage verzichtet haben. Können diese Erklärungen nicht vorgelegt werden, so hat das Gericht gemäß § 19 FBG vorzugehen.

(3) Der Beschluss darf nur eingetragen werden, wenn der Treuhänder dem Firmenbuchgericht angezeigt hat, dass er im Besitz der Gesamtsumme der Barabfindungen oder einer Bankgarantie ist (§ 2 Abs. 3).

(4) Mit der Eintragung des Beschlusses in das Firmenbuch gehen alle Anteile der Minderheitsgesellschafter auf den Hauptgesellschafter über, der dies verlangt hat. Sind über diese Mitgliedschaftsrechte Wertpapiere ausgegeben, so verbriefen sie ab dem genannten Zeitpunkt nur den Anspruch auf Barabfindung. Die Auszahlung der Barabfindung hat Zug um Zug gegen Übergabe der Wertpapiere zu erfolgen.

(5) Hat die Gesellschaft Rechte zum Bezug von Anteilen (Umtausch-, Bezugs-, Optionsrechte oder ähnliche Rechte) begeben, so haben die Berechtigten ab der Eintragung des Beschlusses einen Anspruch gegenüber dem Hauptgesellschafter auf eine dem Inhalt der Rechte angemessene Barabfindung.

(6) Der Mangel der notariellen Beurkundung des Beschlusses wird durch die Eintragung in das Firmenbuch geheilt.

Überprüfung der Barabfindung

§ 6. (1) Die Anfechtung des Beschlusses kann nicht darauf gestützt werden, dass die Barabfindung nicht angemessen festgelegt ist oder dass die Erläuterungen der Barabfindung in den Berichten gemäß § 3 den gesetzlichen Bestimmungen nicht entsprechen.

(2) Für die Überprüfung der Barabfindung durch die ausgeschlossenen Gesellschafter sind die §§ 225c bis 225m AktG – ausgenommen § 225c Abs. 3 und 4, § 225e Abs. 3 zweiter Satz und § 225j – über die Verschmelzung zur Aufnahme auf die Kapitalgesellschaft sinngemäß anzuwenden. An die Stelle des Verschmelzungsvertrags tritt der Bericht gemäß § 3 Abs. 1, an Stelle der übernehmenden Gesellschaft der Hauptgesellschafter, an Stelle des Umtauschverhältnisses die Höhe der baren Abfindung für die Anteile. Für die Fälligkeit und die Verzinsung zugesprochener oder auf Grund eines Vergleichs zustehender barer Zuzahlungen ist § 2 Abs. 2 sinngemäß anzuwenden.

Ausschluss nach einem Übernahmeangebot

§ 7. (1) Hat der Hauptgesellschafter seine Beteiligung durch ein Übernahmeangebot im Sinn des ÜbG erworben oder erweitert und war das Übernahmeangebot auf Erwerb aller Aktien der Zielgesellschaft gerichtet, so ist der Ausschluss der Minderheitsaktionäre nach Maßgabe der folgenden Bestimmungen zulässig, wenn die Hauptversammlung den Beschluss über den Ausschluss der Minderheitsaktionäre innerhalb von drei Monaten nach Ablauf der Angebotsfrist fasst. Die Satzung kann von diesen Bestimmungen nicht abweichen.

(2) Hauptgesellschafter ist, wem Aktien an der Zielgesellschaft im Ausmaß von mindestens 90 vom Hundert des gesamten stimmberechtigten Grundkapitals der Aktiengesellschaft und 90 vom Hundert ihrer Stimmrechte gehören; für die Berechnung gilt § 1 Abs. 3 sinngemäß. Das Ausschlussrecht erstreckt sich nur auf die übrigen stimmberechtigten Aktien. Hält der Hauptgesellschafter zusätzlich 90 vom Hundert des gesamten Grundkapitals, so kann die Hauptversammlung auch die Übertragung der stimmrechtslosen Vorzugsaktien auf den Hauptgesellschafter beschließen. Haben mehrere Bieter gemeinsam ein Angebot abgegeben, so ist auf ihre gemeinsame Beteiligung abzustellen; enthält die Angebotsunterlage keine abweichende Angaben zur Aufteilung der Aktien, so werden den Bietern die Aktien zu gleichen Teilen übertragen.

(3) Eine Barabfindung unter dem Wert der höchsten Gegenleistung des Übernahmeangebots ist jedenfalls nicht angemessen. Hat der Bieter im Rahmen des Übernahmeangebots oder in Zusammenhang mit dem Übernahmeangebot mehr als 90 vom Hundert der durch das Angebot betroffenen Aktien erworben, so wird vermutet, dass eine Barabfindung in Höhe des Werts der höchsten Gegenleistung angemessen ist. Die Berechnung ist für jede Aktiengattung getrennt vorzunehmen. § 16 Abs. 7 ÜbG gilt sinngemäß.

(4) Für die Einberufung der Hauptversammlung auf Verlangen des Hauptgesellschafters gemäß § 105 Abs. 3 AktG ist es nicht erforderlich, dass der Hauptgesellschafter seit mindestens drei Monaten Inhaber der Aktien ist. *(BGBl I 2009/71)*

Verweisungen

§ 8. Soweit in diesem Bundesgesetz auf die Bestimmungen anderer Bundesgesetze verwiesen wird, sind diese in ihrer jeweils geltenden Fassung anzuwenden.

In-Kraft-Treten

§ 9. „(1)" Dieses Bundesgesetz tritt mit 20. Mai 2006 in Kraft. *(BGBl I 2009/71)*

(2) § 3 Abs. 1, 3, 5 und 8 sowie § 7 Abs. 4 in der Fassung des Aktienrechts-Änderungsgesetzes 2009, BGBl. I Nr. 71/2009, treten mit 1. August 2009 in Kraft. § 3 Abs. 6 tritt mit Ablauf des 31. Juli 2009 außer Kraft. § 3 Abs. 1, 3, 5 und 8 sowie § 7 Abs. 4 in der Fassung des Aktienrechts-Änderungsgesetzes 2009, BGBl. I Nr. 71/2009, sind auf Gesellschafterausschlüsse anzuwenden, wenn die Gesellschafterversammlung nach dem 31. Juli 2009 einberufen wird oder wenn bei einer Gesellschaft mit beschränkter Haftung die zur Beschlussfassung notwendigen Unterlagen nach dem 31. Juli 2009 an die Gesellschafter übersendet werden. Auf Gesellschafterausschlüsse, bei denen vor diesem Zeitpunkt die Gesellschafterversammlung einberufen wurde oder die Unterlagen an die Gesellschafter übersendet wurden, sind die bisher geltenden Bestimmungen weiter anzuwenden. *(BGBl I 2009/71)*

Übergangsbestimmung

§ 10. Sofern die Satzung (der Gesellschaftsvertrag) einer Kapitalgesellschaft bereits vor dem In-Kraft-Treten dieses Bundesgesetzes für den Ausschluss von Minderheitsgesellschaftern erschwerende Regeln vorsah, gelten diese sinngemäß für den Gesellschafterausschluss nach diesem Bundesgesetz.

Vollziehungsklausel

§ 11. Mit der Vollziehung dieses Bundesgesetzes ist der Bundesminister für Justiz betraut.

19. Kapitalberichtigungsgesetz

BGBl 1967/171 idF

1 BGBl 1990/475
2 BGBl I 1998/125
3 BGBl I 2001/98
4 BGBl I 2009/71 (AktRÄG 2009)
5 BGBl I 2011/53 (GesRÄG 2011)

STICHWORTVERZEICHNIS

Bundesgesetz vom 19. Mai 1967, mit dem gesellschaftsrechtliche Bestimmungen über die Kapitalerhöhung aus Gesellschaftsmitteln getroffen werden (Kapitalberichtigungsgesetz)

§ 1. Bei Erhöhung des Grundkapitals von Aktiengesellschaften oder des Stammkapitals von Gesellschaften mit beschränkter Haftung aus Gesellschaftsmitteln sind die Vorschriften des Aktiengesetzes 1965, BGBl. Nr. 98, und des Gesetzes vom 6. März 1906, RGBl. Nr. 58, über Gesellschaften mit beschränkter Haftung nach der Maßgabe der folgenden Bestimmungen anzuwenden.

§ 2. (1) Über die Kapitalerhöhung aus Gesellschaftsmitteln beschließt die Hauptversammlung (Generalversammlung) mit der Mehrheit, die für die Beschlußfassung über eine Kapitalerhöhung (Erhöhung des Stammkapitals) nach Gesetz oder Satzung (Gesellschaftsvertrag) erforderlich ist. Für die einzelnen Aktiengattungen bedarf es des im § 149 Abs. 2 des Aktiengesetzes 1965 vorgesehenen Beschlusses der Aktionäre der einzelnen Gattungen auch dann nicht, wenn dies in der Satzung vorgesehen ist.

(2) „Die Kapitalerhöhung aus Gesellschaftsmitteln kann nur mit Rückwirkung zum Beginn eines Geschäftsjahres in einer solchen Hauptversammlung (Generalversammlung) beschlossen werden, der der vorausgehende festgestellte Jahresabschluß vorliegt oder die über diesen beschlossen hat.“ Bei Aktiengesellschaften muß der Jahresabschluß mit einem uneingeschränkten Bestätigungsvermerk der Abschlußprüfer versehen sein; ein eingeschränkter Bestätigungsvermerk hindert jedoch dann nicht die Kapitalerhöhung aus Gesellschaftsmitteln, wenn dies im Prüfungsbericht (Abs. 5) ausdrücklich erklärt wird. Die Gewinnbeteiligung der neuen Anteilsrechte beginnt, falls nicht anders beschlossen wird, mit dem Beginn des Geschäftsjahres, in dem die Kapitalerhöhung aus Gesellschaftsmitteln beschlossen worden ist. *(BGBl 1990/475)*

(3) Nur in dem im Abs. 2 bezeichneten Jahresabschluß ausgewiesene offene Rücklagen einschließlich eines Gewinnvortrages können umgewandelt werden, soweit ihnen nicht ein Verlust einschließlich eines Verlustvortrages gegenübersteht. Für bestimmte Zwecke gebildete Rücklagen können nur umgewandelt werden, soweit dies mit ihrer Zweckbestimmung vereinbar ist. Die gebundenen Rücklagen können nur umgewandelt werden, soweit sie den zehnten oder den in der Satzung bestimmten höheren Teil des Grundkapitals nach der Umwandlung übersteigen. „ “ *(BGBl 1990/475; BGBl I 2001/98)*

(4) Der der Kapitalerhöhung aus Gesellschaftsmitteln zugrunde gelegte Jahresabschluß muß zu einem Stichtag aufgestellt sein, der nicht mehr als neun Monate vor der Anmeldung des Beschlusses über diese Kapitalerhöhung zur Eintragung in das Firmenbuch liegt. *(BGBl 1990/475)*

(5) Wird eine Kapitalerhöhung aus Gesellschaftsmitteln einer Aktiengesellschaft beantragt, so hat der Vorstand einen Bericht aufzustellen und der Hauptversammlung vorzulegen, in dem die Vorschläge für diese Kapitalerhöhung zu machen und die wesentlichen Umstände darzulegen sind, die für die Vorschläge maßgebend sind. „Auf den Bericht ist im übrigen § 243 „UGB“** sinngemäß anzuwenden.“* Dieser Bericht ist durch den oder die zur Prüfung des Jahresabschlusses (Abs. 2) bestellten Abschlußprüfer gesondert zu prüfen; die Prüfung hat sich darauf zu erstrecken, ob der Vorschlag für die Kapitalerhöhung aus Gesellschaftsmitteln den gesetzlichen Bestimmungen entspricht. Der Prüfungsbericht ist dem Vorstand, dem Aufsichtsrat und der Hauptversammlung vorzulegen. Werden in dieser Gegenvorschläge gemacht, so hat (haben) der (die) Abschlußprüfer über sie vor der Beschlußfassung der Hauptversammlung zu berichten; wird dieser Bericht mündlich erstattet, so ist er in der Niederschrift über die Hauptversammlung „(§ 120 AktG)“*** anzuführen. *(*BGBl 1990/475; **BGBl I 2009/71)*

(6) Der Abschlußprüfung (Abs. 2) und der Prüfung gemäß Abs. 5 steht die aufsichtsbehördliche Prüfung (§ 259 Abs. 2 Aktiengesetz 1965) gleich.

§ 3. (1) Vom Vorstand (von den Geschäftsführern) ist bei der Anmeldung (bei Aktiengesellschaften gemäß § 151 Abs. 1 des Aktiengesetzes 1965, bei Gesellschaften mit beschränkter Haftung gemäß § 51 Abs. 1 und 2 des Gesetzes vom 6. März 1906, RGBl. Nr. 58, über Gesellschaften mit beschränkter Haftung) dem Firmenbuchgericht[1)] gegenüber zu erklären, daß nach seiner (ihrer) Kenntnis seit dem Stichtag des zugrunde gelegten Jahresabschlusses (Rechnungsabschlusses) bis zum Tag der Anmeldung keine Vermögensverminderung eingetreten ist, die der Kapitalerhöhung aus Gesellschaftsmitteln entgegenstünde, wenn sie am Tag der Anmeldung beschlossen worden wäre. Der Anmeldung ist der Prüfungsbericht des Abschlußprüfers (der Abschlußprüfer) und ein allfälliger schriftlicher Bericht zu Gegenvorschlägen (§ 2 Abs. 5) beizufügen.

(2) Bei Gesellschaften mit beschränkter Haftung hat das Firmenbuchgericht, wenn es gegen die Eintragung des Beschlusses über die Kapitalerhöhung aus Gesellschaftsmitteln auf Grund des vorgelegten Rechnungsabschlusses oder aus anderen Gründen Bedenken hat, der Gesellschaft die Prüfung des dieser Kapitalerhöhung zugrunde gelegten Rechnungsabschlusses durch einen Beeideten Wirtschaftsprüfer und Steuerberater, einen Beeideten Buchprüfer und Steuerberater, eine Wirtschaftsprüfungs- und Steuerberatungsgesellschaft oder eine Buchprüfungs- und Steuerberatungsgesellschaft aufzutragen. Diese Prüfung kann durch eine gesetzlich vorgesehene aufsichtsbehördliche Prüfung ersetzt werden.

(3) Mit der Eintragung des Beschlusses über die Kapitalerhöhung aus Gesellschaftsmitteln in das Firmenbuch ist das Nennkapital mit Rückwirkung gemäß § 2 Abs. 2 erhöht und diese Kapitalerhöhung durchgeführt. Bei der Eintragung ist anzugeben, daß es sich um eine Kapitalerhöhung aus Gesellschaftsmitteln handelt.

(4) Die neuen Anteilsrechte stehen den Gesellschaftern im Verhältnis ihrer Anteile am bisherigen Nennkapital kraft Gesetzes zu; ein entgegenstehender Beschluß ist nichtig.

1) Früher „Registergericht“, vgl Art XXII Abs 2 BGBl 1991/10.

§ 4. (1) Aktiengesellschaften „mit Nennbetragsaktien“* können die Kapitalerhöhung aus Gesellschaftsmitteln nur durch Ausgabe zusätzlicher Aktien ausführen, soweit sich aus § 5 Abs. 4 nichts anderes ergibt. Zusätzliche Aktien „ “** dürfen erst nach der Eintragung einer solchen Kapitalerhöhung (§ 3 Abs. 3) ausgegeben werden. „Aktiengesellschaften mit Stückaktien können ihr Grundkapital auch ohne Ausgabe neuer Aktien erhöhen; der Beschluß über die Kapitalerhöhung muß die Art der Erhöhung angeben. § 149 Abs. 1 dritter Satz AktG gilt sinngemäß.“* *(*BGBl I 1998/125, siehe die Übergangsbestimmungen in Art X leg cit, abgedruckt unter Punkt 1/3!; **BGBl I 2011/53)*

(2) „Bei Nennbetragsaktien ist der Nennbetrag der zusätzlichen Aktien so festzusetzen, daß zusätzliche Aktien auf die niedrigst mögliche Zahl alter Aktien entfallen.“ Soweit Aktionäre einer Zusammenlegung von zusätzlichen Aktien auf solche mit höheren, gesetzlich zulässigen Nennbeträgen schriftlich zustimmen, können solche Aktien ausgegeben werden. *(BGBl I 1998/125, siehe die Übergangsbestimmungen in Art X leg cit, abgedruckt unter Punkt 1/3!)*

(3) Nach Eintragung des Beschlusses (§ 3 Abs. 3) hat der Vorstand „ , wenn die Kapitalerhöhung durch Ausgabe neuer Aktien durchgeführt wird,“ unverzüglich die Aktionäre aufzufordern, die zusätzlichen Aktien abzuholen. Die Aufforderung ist in den Bekanntmachungsblättern zu veröffentlichen und hat anzugeben, um welchen Betrag das Grundkapital erhöht worden ist, in welchem Verhältnis auf die alten Aktien zusätzliche Aktien entfallen und daß die Gesellschaft Aktien, die nicht innerhalb eines Jahres seit der Veröffentlichung der Aufforderung abgeholt werden, nach dreimaliger Androhung für Rechnung der Beteiligten verkaufen kann. Nach Ablauf eines Jahres seit der Veröffentlichung hat die Gesellschaft den Verkauf der nicht abgeholten Aktien dreimal in Abständen von mindestens einem Monat in den Bekanntmachungsblättern anzudrohen. Nach Ablauf eines Jahres seit der letzten Androhung kann im übrigen unter sinngemäßer Anwendung des § 179 Abs. 3 des Aktiengesetzes 1965 die Gesellschaft die nicht abgeholten Aktien für Rechnung der Beteiligten verkaufen. *(BGBl I 1998/125, siehe die Übergangsbestimmungen in Art X leg cit, abgedruckt unter Punkt 1/3!)*

§ 5. (1) Das Verhältnis der mit den Anteilen verbundenen Rechte zueinander wird durch die Kapitalerhöhung aus Gesellschaftsmitteln nicht berührt. Die Bestimmungen der Satzung (des Gesellschaftsvertrages) sind entsprechend anzupassen.

(2) Der wirtschaftliche Inhalt vertraglicher Beziehungen der Gesellschaft zu Dritten, die von der Gewinnausschüttung der Gesellschaft, dem Nennbetrag oder Wert ihrer Anteile oder ihres Nennkapitals oder in sonstiger Weise von den bisherigen Kapital- oder Gewinnverhältnissen abhängen, wird durch die Kapitalerhöhung aus Gesellschaftsmitteln nicht berührt. Das gleiche gilt für Nebenverpflichtungen der Aktionäre (§ 50 Aktiengesetz 1965).

(3) Bedingtes Kapital (§§ 159ff. Aktiengesetz 1965) erhöht sich im gleichen Verhältnis wie das Grundkapital. Ist das bedingte Kapital zum Zweck der Gewährung von Umtauschrechten an Gläubiger von Wandelschuldverschreibungen beschlossen worden, so ist zur Deckung des Unterschieds zwischen dem Ausgabebetrag der Schuldverschreibungen und dem höheren „geringsten Ausgabebetrag“ der für sie zu gewährenden Bezugsaktien „insgesamt“ eine Sonderrücklage zu bilden, soweit nicht Zuzahlungen der Umtauschberechtigten vereinbart sind. *(BGBl I 1998/125, siehe die Übergangsbestimmungen in Art X leg cit, abgedruckt unter Punkt 1/3!)*

(4) Anteile, auf die die Einlagen nicht in voller Höhe geleistet sind, gelten für die Kapitalerhöhung aus Gesellschaftsmitteln im Verhältnis der Anteile zueinander als voll eingezahlt; der Anspruch der Gesellschaft auf die ausstehenden Einlagen bleibt unberührt. Die auf diese Aktien entfallenden Teile der Kapitalerhöhung aus Gesellschaftsmitteln sind mit diesen Aktien bis zu ihrer vollen Einzahlung verbunden; dies ist durch Aufstempelung auf den Aktien auszudrücken. „Bei Nennbetragsaktien hat die auf eine Aktie entfallende Erhöhung mindestens einen Euro oder ein Vielfaches davon, bei Stückaktien mindestens einen Euro zu betragen.“ Die zusätzlichen Aktien sind erst nach Volleinzahlung der alten Aktien auszugeben. *(BGBl I 1998/125, siehe die Übergangsbestimmungen in Art X leg cit, abgedruckt unter Punkt 1/3!)*

(5) Eigene Aktien nehmen an der Kapitalerhöhung aus Gesellschaftsmitteln teil.

§ 6. (1) Sind Aktien einer Gesellschaft an der Wiener Börse zum amtlichen Handel oder zum Handel im Freiverkehr zugelassen, so gilt diese Zulassung auch für die auf sie entfallenden Aktien aus der Kapitalerhöhung aus Gesellschaftsmitteln.

(2) Eine Genehmigung gemäß der Verordnung über den Kapitalverkehr, DRGBl. I 1941, S. 328, ist nicht erforderlich, wenn es sich um eine Kapitalerhöhung aus Gesellschaftsmitteln handelt.

§ 7. Mit der Vollziehung dieses Bundesgesetzes ist hinsichtlich des § 6 der Bundesminister für Finanzen, hinsichtlich der übrigen Bestimmungen der Bundesminister für Justiz betraut.

§ 8. § 2 Abs. 5 in der Fassung des Aktienrechts-Änderungsgesetzes 2009, BGBl. I Nr. 71/2009, tritt mit 1. August 2009 in Kraft und ist auf Kapitalerhöhungen aus Gesellschaftsmitteln anzuwenden, bei denen die Hauptversammlung nach dem 31. Juli 2009 einberufen wird. Auf Kapitalerhöhungen, bei denen die Hauptversammlung vor diesem Zeitpunkt einberufen wurde, ist § 2 Abs. 5 in der bisher geltenden Fassung weiter anzuwenden.

(BGBl I 2009/71)

20. Eigenkapitalersatz-Gesetz

Art I BGBl I 2003/92 (GIRÄG 2003) idF

1 BGBl I 2010/29 (IRÄG 2010; Begriffsersetzungen)

2 BGBl I 2010/58 (IRÄ-BG)

GLIEDERUNG

Bundesgesetz über Eigenkapital ersetzende Gesellschafterleistungen (Eigenkapitalersatz-Gesetz – EKEG)

Grundtatbestand

§ 1. Ein Kredit, den eine Gesellschafterin oder ein Gesellschafter der Gesellschaft in der Krise gewährt, ist Eigenkapital ersetzend.

Krise

§ 2. (1) Die Gesellschaft befindet sich in der Krise, wenn sie

1. zahlungsunfähig (§ 66 „IO“) oder *(BGBl I 2010/29)*

2. überschuldet (§ 67 „IO“) ist oder wenn *(BGBl I 2010/29)*

3. die Eigenmittelquote (§ 23 URG) der Gesellschaft weniger als 8% und die fiktive Schuldentilgungsdauer (§ 24 URG) mehr als 15 Jahre betragen, es sei denn, die Gesellschaft bedarf nicht der Reorganisation.

(2) Im Fall des Abs. 1 Z 3 ist ein Kredit nur dann Eigenkapital ersetzend, wenn im Zeitpunkt der Gewährung

1. aus dem zuletzt aufgestellten Jahresabschluss ersichtlich ist, dass die Eigenmittelquote weniger als 8% und die fiktive Schuldentilgungsdauer mehr als 15 Jahre betragen, oder

2. dies aus einem rechtzeitig aufgestellten Jahresabschluss ersichtlich wäre oder

3. der Kreditgeber weiß oder es für ihn offensichtlich ist, dass ein Jahres- oder Zwischenabschluss dies aufzeigen würde.

(3) Bei Gesellschaften, die besonderen gesetzlichen Eigenmittelerfordernissen unterliegen, tritt an die Stelle der in Abs. 1 Z 3 genannten Kennzahlen die Nichteinhaltung der jeweiligen Eigenmittelerfordernisse. Abs. 2 ist nicht anzuwenden.

Kreditgewährung

§ 3. (1) Ein Kredit im Sinne des § 1 liegt nicht vor, wenn

1. ein Geldkredit für nicht mehr als 60 Tage oder

2. ein Waren- oder sonstiger Kredit für nicht mehr als sechs Monate zur Verfügung gestellt wird oder

3. ein vor der Krise gewährter Kredit verlängert oder dessen Rückzahlung gestundet wird.

(2) Die Frist nach Abs. 1 Z 2 verlängert sich, wenn der Gesellschafter nachweist, dass für seine Leistung die Einräumung längerer Zahlungsziele branchenüblich ist.

(3) Wird der Gesellschaft eine Sache zum Gebrauch überlassen oder ihr eine Dienstleistung erbracht, so kann eine Kreditgewährung nur das Entgelt betreffen, nicht aber in der Nutzungsüber-

lassung oder der Erbringung der Dienstleistung selbst liegen.

Erfasste Gesellschaften

§ 4. Gesellschaften im Sinne des § 1 sind

1. Kapitalgesellschaften,

2. Genossenschaften mit beschränkter Haftung sowie

3. Personengesellschaften, bei denen kein unbeschränkt haftender Gesellschafter eine natürliche Person ist.

Erfasste Gesellschafter

§ 5. (1) Gesellschafter im Sinne des § 1 ist, wer

1. an einer Gesellschaft kontrollierend oder

2. mit einem Anteil von zumindest 25% beteiligt ist, und zwar bei einer Kapitalgesellschaft am Nennkapital, bei einer Genossenschaft mit beschränkter Haftung am Geschäftsanteilskapital und bei einer Personengesellschaft am Gesellschaftsvermögen, oder

3. wie ein Gesellschafter, dem die Mehrheit der Stimmrechte zusteht, einen beherrschenden Einfluss auf eine Gesellschaft ausübt, selbst wenn er an dieser nicht beteiligt ist; kreditvertragstypische Informations- und Einflussrechte und Sicherheiten bleiben hiebei außer Betracht.

(2) Eine Beteiligung ist kontrollierend, wenn

1. dem Gesellschafter die Mehrheit der Stimmrechte zusteht oder

2. dem Gesellschafter das Recht zusteht, die Mehrheit der Mitglieder des Leitungs- oder Aufsichtsorgans zu bestellen oder abzuberufen, oder

3. er das Sonderrecht hat, selbst Mitglied des Leitungsorgans zu sein, oder

4. dem Gesellschafter auf Grund eines Vertrages mit einem oder mehreren Gesellschaftern das Recht zur Entscheidung zusteht, wie Stimmrechte der Gesellschafter, soweit sie mit seinen eigenen Stimmrechten zur Erreichung der Mehrheit aller Stimmen erforderlich sind, bei Bestellung oder Abberufung der Mehrheit der Mitglieder des Leitungs- oder Aufsichtsorgans auszuüben sind, oder

5. sie dem Gesellschafter ermöglicht, einen beherrschenden Einfluss auszuüben; dies wird vermutet, wenn ein Gesellschafter zumindest 25% der Stimmrechte innehat und kein anderer eine zumindest gleichwertige Stimmrechtsmacht hat.

Abgestimmtes Verhalten

§ 6. Werden Kredite auf Grund abgestimmten Verhaltens durch mehrere Gesellschafter oder durch einen Gesellschafter auf Grund Absprache mit anderen gewährt, so werden die Kredit gebenden Gesellschafter erfasst, wenn sie und die an der Absprache beteiligten Gesellschafter zusammen im Ausmaß des § 5 beteiligt sind. Eine Absprache oder ein abgestimmtes Verhalten wird vermutet, wenn die Gesellschafter zueinander nahe Angehörige im Sinne des § 32 „IO" sind oder im Konzernverhältnis im Sinne des § 9 Abs. 1 stehen. *(BGBl I 2010/29)*

Treuhandschaft

§ 7. (1) Hält ein Gesellschafter einen Gesellschaftsanteil als Treuhänder für einen Dritten als Treugeber, so gilt der Treugeber als Gesellschafter im Sinne des § 1. Daneben gilt auch der Treuhänder als Gesellschafter, es sei denn, die Treuhandschaft wurde schriftlich im Kreditvertrag der Gesellschaft gegenüber offen gelegt.

(2) Gewährt ein Dritter als Treuhänder für einen Gesellschafter der Gesellschaft einen Kredit, so werden die Gesellschafterstellung des Treugebers und dessen Kenntnis der Krise dem Treuhänder zugerechnet.

(3) Gewährt ein Gesellschafter als Treuhänder für einen Dritten der Gesellschaft einen Kredit, so ist dieser nicht Eigenkapital ersetzend, soweit die Treuhandschaft im Kreditvertrag schriftlich der Gesellschaft gegenüber offen gelegt wurde.

Verbundene Unternehmen

§ 8. Als Gesellschafter im Sinne des § 1 gilt weiters der Kreditgeber, wenn er

1. Anteilsrechte oder sonstige Rechte an einem anderen Rechtsträger als der Kredit nehmenden Gesellschaft hat, die mittelbar einen beherrschenden Einfluss auf diese ermöglichen (mittelbar kontrollierende Beteiligung), oder

2. mittelbar an der Kredit nehmenden Gesellschaft mit einem Anteil von zumindest 33% beteiligt ist oder

3. unmittelbar oder mittelbar an einer Gesellschaft kontrollierend beteiligt ist, die mit zumindest 25% im Sinne des § 5 Abs. 1 an der Kredit nehmenden Gesellschaft beteiligt ist.

Konzern

§ 9. (1) Ist der Kreditgeber mit anderen rechtlich selbständigen Unternehmen zu wirtschaftlichen Zwecken unter einheitlicher Leitung oder kontrollierender Beteiligung zusammengefasst (Konzern), so gilt der Kreditgeber auch dann als erfasster Gesellschafter, wenn er nicht an der Kredit nehmenden Gesellschaft beteiligt ist, er jedoch den Kredit auf Weisung eines anderen Konzernmitglieds gewährt, das

1. am Kreditgeber unmittelbar oder mittelbar kontrollierend beteiligt ist und

2. erfasster Gesellschafter des Kreditnehmers ist.

Der Kreditgeber hat, wenn der Kredit Eigenkapital ersetzend ist, einen Anspruch auf Erstattung der Kreditsumme gegen dieses Konzernmitglied. Dieses tritt mit der Erstattung in die Rechtsposition des Kreditgebers ein. Der Anspruch auf Erstattung verjährt in fünf Jahren ab Kreditgewährung.

(2) Gleiches gilt, wenn an der Kredit gebenden und der Kredit nehmenden Gesellschaft jeweils die selbe Person oder Personengruppe im Sinne des Abs. 1 beteiligt ist.

Stille Gesellschaft

§ 10. (1) Beteiligt sich ein erfasster Gesellschafter in einem Zeitpunkt, in dem eine Kreditgewährung Eigenkapital ersetzend wäre, zusätzlich als stiller Gesellschafter, so wird seine stille Einlage einem Kredit gleich gehalten.

(2) Ein stiller Gesellschafter ist einem erfassten Gesellschafter gleichgestellt, wenn der Inhaber des Handelsgewerbes eine Gesellschaft im Sinne des § 4 ist und der stille Gesellschafter

1. mit zumindest 25% schuldrechtlich am Unternehmenswert beteiligt ist und ihm zumindest einem Kommanditisten vergleichbare Mitbestimmungsrechte zustehen oder

2. einen beherrschenden Einfluss ausübt. Für die Einlage gilt Abs. 1 entsprechend.

Kommanditgesellschaft

§ 11. Ein Kredit, den ein Kommanditist einer Personengesellschaft, bei der kein unbeschränkt haftender Gesellschafter eine natürliche Person ist, der Komplementärgesellschaft gewährt, steht einem der Personengesellschaft gewährten Kredit gleich.

Nicht zu berücksichtigende Beteiligungen

§ 12. Beteiligungen, die im Rahmen

1. des Beteiligungsfondsgesetzes,

2. des Investmentfondsgesetzes,

3. des Pensionskassengesetzes,

4. des Betrieblichen Mitarbeitervorsorgegesetzes oder

5. des Mittelstandsfinanzierungsgeschäfts nach § 6b KStG gehalten werden, bleiben außer Betracht.

Anteilserwerb zur Sanierung

§ 13. Erwirbt jemand an einer in der Krise befindlichen Gesellschaft eine Beteiligung zum Zweck der Überwindung der Krise, so sind die im Rahmen eines Sanierungskonzepts zu diesem Zweck neu gewährten Kredite nicht Eigenkapital ersetzend.

Rückzahlungssperre

§ 14. (1) „Der Gesellschafter kann einen Eigenkapital ersetzenden Kredit samt den darauf entfallenden Zinsen nicht zurückfordern, solange die Gesellschaft nicht saniert ist und, wenn das Insolvenzverfahren nach einem bestätigten Sanierungsplan aufgehoben ist, soweit der Rückzahlungsanspruch die Sanierungsplanquote übersteigt; die Gesellschaft ist nicht saniert, solange sie zahlungsunfähig oder überschuldet ist oder Reorganisationsbedarf besteht oder einer dieser Umstände durch Rückzahlung des Eigenkapital ersetzenden Kredits eintreten würde." Dennoch geleistete Zahlungen hat der Gesellschafter der Gesellschaft rückzuerstatten. Dasselbe gilt, wenn sich der Gesellschafter durch Aufrechnung, Pfandverwertung oder in anderer Weise Befriedigung verschafft. *(BGBl I 2010/58)*

(2) Im Rahmen eines Kontokorrentverhältnisses besteht der Rückerstattungsanspruch der Gesellschaft nur in Höhe des Differenzbetrags zwischen dem aushaftenden Kreditsaldo und dem höchsten Tagessaldo während der Dauer der Rückzahlungssperre, zuzüglich der geleisteten Zinsen, soweit sie in diesem Saldo nicht aufscheinen.

(3) Der Rückerstattungsanspruch der Gesellschaft verjährt in fünf Jahren ab Zahlung oder sonstiger Befriedigung, wenn sie nicht beweist, dass der Ersatzpflichtige die Widerrechtlichkeit der Zahlung kannte.

Eigenkapital ersetzende Gesellschaftersicherheiten

§ 15. (1) Bürgt ein Gesellschafter in einem Zeitpunkt, in dem eine Kreditgewährung Eigenkapital ersetzend wäre, für die Rückzahlung des Kredits eines Dritten, bestellt er ein Pfand oder leistet er eine vergleichbare Sicherheit, so kann sich der Dritte bis zur Sanierung der Gesellschaft trotz entgegenstehender Vereinbarung wegen der Rückzahlung des Kredits aus der Sicherheit befriedigen, ohne zuerst gegen die Gesellschaft vorgehen zu müssen. „Bezahlt der Gesellschafter die fremde Schuld, so kann er gegen die Gesellschaft nicht Regress nehmen, solange diese nicht saniert ist und, wenn das Insolvenzverfahren nach einem bestätigten Sanierungsplan aufgehoben ist, soweit der Regressanspruch die Sanierungsplanquote übersteigt." Dennoch geleistete Zahlungen oder eine anderweitig erlangte Befriedigung hat der Gesellschafter an die Gesellschaft rückzuerstatten. Der Rückerstattungsanspruch der Gesellschaft verjährt in fünf Jahren ab Zahlung oder sonstiger Befriedigung, wenn sie nicht beweist, dass der Ersatzpflichtige die Widerrechtlichkeit der Zahlung kannte. *(BGBl I 2010/58)*

(2) Fordert der Dritte von der Gesellschaft die Rückzahlung des Kredits, so kann die Gesell-

schaft vor ihrer Sanierung vom Gesellschafter Zahlung an den Dritten verlangen, soweit die von ihm geleistete Sicherheit reicht.

(3) Ist die Sicherheit dadurch frei geworden, dass die Gesellschaft den Kredit zurückgezahlt hat, so kann sie vom sicherungsgebenden Gesellschafter Erstattung verlangen. Der Gesellschafter wird jedoch von seiner Verpflichtung frei, wenn er die Gegenstände, die dem Dritten als Sicherheit gedient haben, der Gesellschaft zu ihrer Befriedigung zur Verfügung stellt. Der Anspruch auf Erstattung verjährt in fünf Jahren ab Kreditrückzahlung.

§ 16. Vor der Sanierung der Gesellschaft kann der Dritte die Rückzahlung des vom Gesellschafter besicherten Kredits von der Gesellschaft nur insoweit verlangen, als er bei der Inanspruchnahme der Sicherheit einen Ausfall erlitten hat oder hätte, wenn

1. er die Krise im Zeitpunkt der Gewährung des Kredits kannte oder

2. nach dem veröffentlichten oder dem ihm sonst bei Kreditgewährung bekannten Jahres- oder Zwischenabschluss die Eigenmittelquote weniger als 8% und die fiktive Schuldentilgungsdauer mehr als 15 Jahre betragen haben.

Verweisungen

§ 17. Soweit in diesem Bundesgesetz auf Bestimmungen anderer Bundesgesetze verwiesen wird, sind diese in ihrer jeweils geltenden Fassung anzuwenden.

In-Kraft-Treten

§ 18. „(1)“ Dieses Bundesgesetz tritt mit 1. Jänner 2004 in Kraft. Es ist auf Sachverhalte anzuwenden, die nach dem 31. Dezember 2003 verwirklicht werden. *(BGBl I 2010/58)*

(2) Die §§ 14 Abs. 1 und 15 Abs. 1 in der Fassung des Bundesgesetzes BGBl. I Nr. 58/2010 treten mit 1. August 2010 in Kraft. *(BGBl I 2010/58)*

Vollziehung

§ 19. Mit der Vollziehung dieses Bundesgesetzes ist der Bundesminister für Justiz betraut.

21. Unternehmensreorganisationsgesetz

BGBl I 1997/114 (Art XI Insolvenzrechtsänderungsgesetz 1997) idF

1 BGBl I 2001/98
2 BGBl I 2003/92
3 BGBl I 2005/120 (HaRÄG)
4 BGBl I 2010/29 (IRÄG 2010; Begriffsersetzungen)
5 BGBl I 2010/58 (IRÄ-BG)
6 BGBl I 2016/43 (APRÄG 2016)

GLIEDERUNG

STICHWORTVERZEICHNIS

Bundesgesetz über die Reorganisation von Unternehmen (Unternehmensreorganisationsgesetz – URG)

1. Abschnitt
Anwendungsbereich

Unternehmensreorganisation

§ 1. (1) Bedarf ein Unternehmen der Reorganisation, so kann der Unternehmer, sofern er nicht insolvent ist, die Einleitung eines Reorganisationsverfahrens beantragen.

(2) Reorganisation ist eine nach betriebswirtschaftlichen Grundsätzen durchgeführte Maßnahme zur Verbesserung der Vermögens-, Finanz- und Ertragslage eines im Bestand gefährdeten Unternehmens, die dessen nachhaltige Weiterführung ermöglicht.

(3) Reorganisationsbedarf ist insbesondere bei einer vorausschauend feststellbaren wesentlichen und nachhaltigen Verschlechterung der Eigenmittelquote anzunehmen.

Ausnahmen

§ 2. Dieses Bundesgesetz ist auf Kreditinstitute, Pensionskassen, Versicherungsunternehmen, Wertpapierunternehmen und Finanzinstitute wie insbesondere Leasinggesellschaften nicht anzuwenden.

(BGBl I 2010/58)

2. Abschnitt
Reorganisationsverfahren

Zuständigkeit

§ 3. Für das Reorganisationsverfahren ist der Gerichtshof erster Instanz zuständig, in dessen Sprengel das Unternehmen betrieben wird, für den Bereich des Landesgerichts für Zivilrechtssachen Wien das Handelsgericht Wien.

Antrag

§ 4. (1) Der Unternehmer hat im Antrag auf Einleitung des Reorganisationsverfahrens zu erklären, daß er nicht insolvent ist und das Unternehmen der Reorganisation bedarf.

(2) Der Unternehmer hat durch Urkunden, etwa die Jahresabschlüsse für die letzten drei Jahre, andere Unterlagen des Rechnungswesens oder das Gutachten eines Wirtschaftsfachmanns, glaubhaft zu machen, daß das Unternehmen der Reorganisation bedarf.

(3) Der Unternehmer kann dem Antrag auch den Reorganisationsplan beilegen.

Einleitung des Verfahren

§ 5. (1) Hat der Unternehmer den Reorganisationsbedarf glaubhaft gemacht und ist er nicht offenkundig insolvent, so hat das Gericht das Reorganisationsverfahren einzuleiten. Zugleich hat das Gericht nach Anhörung des Unternehmers, aber ohne an dessen Vorschläge gebunden zu sein, einen Reorganisationsprüfer zu bestellen und zur Deckung dessen Ansprüche (§ 15) dem Unternehmer den Erlag eines Kostenvorschusses aufzutragen.

(2) Hat der Unternehmer dem Antrag nicht auch einen Reorganisationsplan beigelegt, so hat ihm das Gericht dessen Vorlage binnen 60 Tagen aufzutragen. Das Gericht kann diese Frist auf begründeten Antrag des Unternehmers um längstens 30 Tage verlängern; gegen die Abweisung dieses Antrags ist kein Rechtsmittel zulässig.

(3) Der Beschluß auf Einleitung des Reorganisationsverfahrens ist dem Unternehmer und dem Reorganisationsprüfer zuzustellen. Die Einleitung des Verfahrens ist nicht öffentlich bekanntzumachen.

Inhalt des Reorganisationsplans

§ 6. Im Reorganisationsplan sind die Ursachen des Reorganisationsbedarfs sowie jene Maßnahmen, die zur Verbesserung der Vermögens-, Finanz- und Ertragslage geplant sind, und deren Erfolgsaussichten darzustellen. Insbesondere hat sich der Reorganisationsplan mit einem allenfalls erforderlichen Reorganisationskredit und den Auswirkungen der geplanten Maßnahmen auf die Arbeitnehmer des Unternehmens auseinanderzusetzen sowie die für die Durchführung der Reorganisation vorgesehene Frist (Reorganisationszeitraum), die tunlichst zwei Jahre nicht übersteigen soll, anzugeben.

Vorlage des Reorganisationsplans

§ 7. Der Unternehmer hat den Reorganisationsplan fristgerecht dem Gericht und dem Reorganisationsprüfer vorzulegen. Dabei hat er die Zustimmung der in den Reorganisationsplan einbezogenen Personen zu den sie jeweils betreffenden Maßnahmen nachzuweisen. Im Zweifel ist anzunehmen, daß diese Zustimmung unter der Bedingung der Aufhebung des Verfahrens (§ 12) erteilt worden ist.

Auswahl des Reorganisationsprüfers

§ 8. (1) Zum Reorganisationsprüfer ist eine unbescholtene, verläßliche und geschäftskundige Person zu bestellen. Sie muß ausreichende Fachkenntnisse des Wirtschaftsrechts oder der Betriebswirtschaft haben oder eine erfahrene Persönlichkeit des Wirtschaftslebens sein.

(2) Der Reorganisationsprüfer darf kein naher Angehöriger (§ 32 „IO“) des Unternehmers sein. Er muß von diesem und von den Gläubigern unabhängig und darf kein Konkurrent des Unternehmers sein. *(BGBl I 2010/29)*

(3) Zum Reorganisationsprüfer kann auch eine juristische Person bestellt werden. Sie hat dem Gericht bekanntzugeben, wer sie bei der Besorgung der Aufgaben des Reorganisationsprüfers vertritt.

Enthebung des Reorganisationsprüfers

§ 9. Das Gericht kann den Reorganisationsprüfer von Amts wegen oder auf Antrag aus wichtigen Gründen entheben.

Aufgaben des Reorganisationsprüfers

§ 10. (1) Der Reorganisationsprüfer hat sich unverzüglich über die Vermögens-, Finanz- und Ertragslage des Unternehmens sowie über alle sonstigen für die geplante Reorganisation maßgebenden Umstände zu informieren. Er hat längstens innerhalb von 30 Tagen ab seiner Bestellung dem Gericht zu berichten, ob der Unternehmer insolvent ist.

(2) Der Reorganisationsprüfer hat auch in jedem weiterem Stadium des Verfahrens zu beobachten, ob Insolvenz eintritt. Nimmt er wahr, daß der Unternehmer insolvent ist, so hat er dies unverzüglich dem Gericht, dem Unternehmer, den ihm bekannten Vertragspartnern von Überbrückungsmaßnahmen sowie allen in den Reorganisationsplan einbezogenen Personen mitzuteilen.

(3) Der Reorganisationsprüfer hat innerhalb von 30 Tagen nach Erhalt des Reorganisationsplans dem Gericht ein Gutachten über die Zweckmäßigkeit der geplanten Reorganisationsmaßnahmen und deren Erfolgsaussichten vorzulegen. Je eine Ausfertigung des Gutachtens hat er dem Unternehmer und allen in den Reorganisationsplan einbezogenen Personen zu übersenden.

Auskunftspflicht des Unternehmers

§ 11. Der Unternehmer ist verpflichtet, dem Reorganisationsprüfer alle zur Wahrnehmung seiner Aufgaben erforderlichen Auskünfte zu erteilen und ihm Einsicht in sämtliche hiefür erforderlichen Unterlagen zu gewähren.

Aufhebung des Verfahrens

§ 12. (1) Das Gericht hat das Reorganisationsverfahren aufzuheben, wenn der Reorganisationsprüfer in seinem Gutachten zu dem Ergebnis gelangt, daß der Reorganisationsplan zweckmäßig ist und gute Aussichten auf dessen Verwirklichung bestehen.

(2) Der Beschluß ist dem Unternehmer zuzustellen. Je eine Ausfertigung ist den in den Reorganisationsplan einbezogenen Personen zu übersenden.

Einstellung des Verfahren

§ 13. (1) Das Gericht hat das Reorganisationsverfahren einzustellen, wenn

1. der Unternehmer insolvent ist oder

2. der Unternehmer den Reorganisationsplan nicht rechtzeitig vorlegt oder

3. der Unternehmer den Kostenvorschuß für die Ansprüche des Reorganisationsprüfers nicht rechtzeitig erlegt oder

4. der Unternehmer seine Mitwirkungspflichten verletzt oder

5. der Reorganisationsprüfer in seinem Gutachten nicht zu dem Ergebnis gelangt, daß der Reorganisationsplan zweckmäßig ist und gute Aussichten auf dessen Verwirklichung bestehen.

(2) Der Beschluß ist dem Unternehmer zuzustellen. Je eine Ausfertigung ist den in den Reorganisationsplan einbezogenen Personen zu übersenden.

(3) Vor Fassung des Beschlusses nach Abs. 1 Z 1 ist der Unternehmer anzuhören. Der Beschluss hat eine Belehrung über die Pflicht des Unternehmers nach § 69 Abs. 2 IO sowie über die Eröffnung eines Sanierungsverfahrens bei rechtzeitiger Vorlage eines Sanierungsplans zu enthalten. Je eine Ausfertigung des Beschlusses ist samt dem Bericht des Reorganisationsprüfers auch den bevorrechteten Gläubigerschutzverbänden zu übersenden. *(BGBl I 2010/58)*

Durchführung des Reorganisationsplans

§ 14. (1) Der Unternehmer hat während des Reorganisationszeitraums den in den Reorganisationsplan einbezogenen Personen halbjährlich über die Lage des Unternehmens und den Stand der Reorganisation sowie unverzüglich dann zu berichten, wenn sich die für die Durchführung des Reorganisationsplans maßgeblichen Umstände ändern.

(2) Hat nach dem Reorganisationsplan der Reorganisationsprüfer die Durchführung der Reorganisation zu überwachen, so obliegt diesem die Berichtspflicht. In diesem Fall hat der Reorganisationsprüfer auch zu beobachten, ob der Unternehmer insolvent wird, und gegebenenfalls den Eintritt der Insolvenz dem Unternehmer, den ihm bekannten Vertragspartnern von Überbrückungsmaßnahmen, allen in den Reorganisationsplan einbezogenen Personen sowie den bevorrechteten Gläubigerschutzverbänden mitzuteilen.

Ansprüche des Reorganisationsprüfers

§ 15. (1) Der Reorganisationsprüfer hat an den Unternehmer Anspruch auf Ersatz seiner Auslagen und auf Entlohnung für seine Mühewaltung. Er hat diese Ansprüche mit der Vorlage des Gutachtens (§ 10 Abs. 3) und, wenn er die Durchführung des Reorganisationsplans überwacht, für diese Tätigkeit nach jeweils drei Monaten beim Gericht anzumelden.

(2) Nimmt der Reorganisationsprüfer wahr, daß seine Ansprüche die Höhe des erlegten Kostenvorschusses voraussichtlich erheblich übersteigen werden, so hat er das Gericht hierauf unverzüglich hinzuweisen. Das Gericht hat hierauf dem Unternehmer den ergänzenden Erlag eines Kostenvorschusses aufzutragen.

(3) Das Gericht hat über die Ansprüche des Reorganisationsprüfers nach Anhörung des Unternehmers zu entscheiden. Soweit die Ansprüche nicht durch den Kostenvorschuß gedeckt sind, hat das Gericht durch einen vollstreckbaren Beschluß dem Unternehmer die Zahlung an den Reorganisationsprüfer aufzutragen. Vereinbarungen des Reorganisationsprüfers mit dem Unternehmer oder den in den Reorganisationsplan einbezogenen Personen über die Höhe der Ansprüche sind ungültig.

(4) Hat der Reorganisationsprüfer aus seinem Verschulden das Gutachten nicht fristgerecht vorgelegt oder so mangelhaft abgefaßt, daß eine Ergänzung erforderlich ist, oder ist er nicht seiner Pflicht nach Abs. 2 nachgekommen, so kann das Gericht die Entlohnung unter Bedachtnahme auf das den Reorganisationsprüfer treffende Verschulden und das Ausmaß der Verzögerung mindern.

Anspruch der bevorrechteten Gläubigerschutzverbände

§ 16. Die bevorrechteten Gläubigerschutzverbände haben an den Unternehmer Anspruch auf Ersatz ihrer Auslagen, die sie für die Vorbereitung des Reorganisationsplans zum Vorteil aller Gläubiger aufgewendet haben, wenn sie vom Unternehmer zu diesem Zweck beigezogen worden sind. Sie haben diesen Anspruch innerhalb von vier Monaten nach Einleitung des Reorganisationsverfahrens beim Gericht anzumelden. Dieses hat über den Anspruch der bevorrechteten Gläubigerschutzverbände nach Anhörung des Unternehmers zu entscheiden. Es hat durch einen vollstreckbaren Beschluß dem Unternehmer die Zahlung an die bevorrechteten Gläubigerschutzverbände aufzutragen.

Anwendung der Insolvenzordnung und der Zivilprozeßordnung

§ 17. Soweit in diesem Bundesgesetz nichts anderes angeordnet ist, sind auf das Verfahren die allgemeinen Verfahrensbestimmungen der „Insolvenzordnung“*, ausgenommen „§ 253 Abs. 3 Satz 5“**, sowie die Zivilprozeßordnung sinngemäß anzuwenden. *(*BGBl I 2010/29; **BGBl I 2010/58)*

3. Abschnitt

Wirkungen des Verfahrens

Anfechtungsfristen

§ 18. Die für die Anfechtung nach der „Insolvenzordnung“* vom Tag der „Eröffnung des Insolvenzverfahrens“** zu berechnenden Fristen werden um die Dauer des Reorganisationsverfahrens verlängert, wenn es während der Anfechtungsfrist eingestellt worden ist. *(*BGBl I 2010/29; **BGBl I 2010/58)*

Verträge

§ 19. Die Vereinbarung eines Rücktrittsrechts, der Vertragsauflösung oder der Fälligkeit eines zugezählten Kredits für den Fall der Einleitung eines Reorganisationsverfahrens ist unzulässig.

Anfechtbarkeit von Überbrückungs- und Reorganisationsmaßnahmen

§ 20. (1) Überbrückungsmaßnahmen sind Rechtshandlungen während des Verfahrens zur Aufrechterhaltung des gewöhnlichen Geschäftsbetriebs, Reorganisationsmaßnahmen Rechtshandlungen, die im Reorganisationsplan, auf Grund dessen das Verfahren aufgehoben worden ist, beschrieben sind und während des Verfahrens, binnen 30 Tagen nach dessen Aufhebung oder danach, solange ein Reorganisationsprüfer bestellt ist, vorgenommen werden.

(2) Überbrückungsmaßnahmen, denen der Reorganisationsprüfer zugestimmt hat, und Reorganisationsmaßnahmen können nach §§ 28, 30 und 31 „IO“* nur auf Grund von Umständen angefochten werden, die dem Reorganisationsprüfer nicht bekannt gewesen sind. Die Anfechtung setzt überdies voraus, daß der Anfechtungsgegner die Benachteiligung eines anderen Gläubigers bzw. seine Begünstigung und die entsprechende Absicht des „Schuldners“** bzw. die Zahlungsunfähigkeit gekannt hat. Gleiches gilt für Befriedigungen und Sicherstellungen von Forderungen aus den genannten Maßnahmen, solange ein Reorganisationsprüfer bestellt war. *(*BGBl I 2010/29; **BGBl I 2010/58)*

(3) Überbrückungsmaßnahmen, die für die ersten 30 Tage nach Einleitung des Verfahrens ohne Zustimmung des Reorganisationsprüfers vorgenommen werden, können nicht deshalb nach der „Insolvenzordnung“ angefochten werden, weil der Anfechtungsgegener die Zahlungsunfä-

higkeit kennen mußte. Gleiches gilt für Befriedigungen und Sicherstellungen von Forderungen aus diesen Maßnahmen, solange ein Reorganisationsprüfer bestellt war. *(BGBl I 2010/29)*

Eigenkapitalersetzende Gesellschafterleistungen

§ 21. Reorganisationsmaßnahmen unterliegen nicht den Bestimmungen des Eigenkapitalersatzrechts.

(BGBl I 2003/92, § 21 URG idF des Art IV BGBl I 2003/92 „ist auf Reorganisationsverfahren anzuwenden, die nach dem 31. Dezember 2003 eingeleitet wurden" Art VI Abs 7 BGBl I 2003/92.)

4. Abschnitt

Haftungsbestimmungen

Voraussetzungen der Haftung

§ 22. (1) Wird über das Vermögen einer prüfpflichtigen juristischen Person, die ein Unternehmen betreibt, „ein Insolvenzverfahren"** eröffnet, so haften die Mitglieder des vertretungsbefugten Organs gegenüber der juristischen Person zur ungeteilten Hand, jedoch je Person nur bis zu „100 000 Euro"*, für die durch die „Insolvenzmasse"** nicht gedeckten Verbindlichkeiten, wenn sie innerhalb der letzten zwei Jahre vor dem „Antrag auf Eröffnung eines Insolvenzverfahrens"**

1. einen Bericht des Abschlußprüfers erhalten haben, wonach die Eigenmittelquote (§ 23) weniger als 8% und die fiktive Schuldentilgungsdauer (§ 24) mehr als 15 Jahre beträgt (Vermutung des Reorganisationsbedarfs), und nicht unverzüglich ein Reorganisationsverfahren beantragt oder nicht gehörig fortgesetzt haben oder

2. einen Jahresabschluß nicht oder nicht rechtzeitig aufgestellt oder nicht unverzüglich den Abschlußprüfer mit dessen Prüfung beauftragt haben.
*(*BGBl I 2001/98, § 22 Abs 1 idF BGBl I 2001/98 ist auf Verhalten der Mitglieder des vertretungsbefugten Organs anzuwenden, die nach dem 31. 12. 2001 gesetzt worden sind – vgl Art 96 Z 28 BGBl I 2001/98.; **BGBl I 2010/58)*

(2) Abs 1 gilt auch für „unternehmerisch tätige eingetragene Personengesellschaften", bei denen kein persönlich[1] haftender Gesellschafter mit Vertretungsbefugnis eine natürliche Person ist. Es haften die Mitglieder des vertretungsbefugten Organs des persönlich haftenden Gesellschafters mit Vertretungsbefugnis. *(BGBl I 2005/120)*

(3) Die Haftung besteht bei einem Gesamtvertretungsorgan nur für jene Mitglieder, die die Einleitung eines Reorganisationsverfahrens abgelehnt haben.

(4) Sonstige Schadenersatzansprüche nach anderen Gesetzen bleiben unberührt.

[1] *Gemeint ist wohl auch hier „unbeschränkt" haftender Gesellschafter.*

Eigenmittelquote

§ 23. Eigenmittelquote im Sinne dieses Gesetzes ist der Prozentsatz, der sich aus dem Verhältnis zwischen dem Eigenkapital (§ 224 Abs. 3 A „UGB"*) „ "** einerseits sowie den Posten des Gesamtkapitals (§ 224 Abs. 3 „UGB"*), vermindert um die nach § 225 Abs. 6 „UGB"* von den Vorräten absetzbaren Anzahlungen andererseits, ergibt. *(*BGBl I 2005/120; **BGBl I 2016/43)*

Fiktive Schuldentilgungsdauer

§ 24. (1) Zur Errechnung der fiktiven Schuldentilgungsdauer sind die in der Bilanz ausgewiesenen Rückstellungen (§ 224 Abs. 3 B UGB) und Verbindlichkeiten (§ 224 Abs. 3 C UGB), vermindert um die im Unternehmen verfügbaren Aktiva nach § 224 Abs. 2 B III Z 2 und B IV UGB und die nach § 225 Abs. 6 UGB von den Vorräten absetzbaren Anzahlungen, durch den Mittelüberschuss zu dividieren.

(2) Zur Ermittlung des Mittelüberschusses sind

1. vom Jahresüberschuss/-fehlbetrag die Abschreibungen auf das Anlagevermögen und Verluste aus dem Abgang von Anlagevermögen hinzuzuzählen und die Zuschreibungen zum Anlagevermögen und Gewinne aus dem Abgang von Anlagevermögen abzuziehen und

2. die Veränderung der langfristigen Rückstellungen zu berücksichtigen.

(BGBl I 2016/43)

Haftung des Aufsichtsrats und der Gesellschafterversammlung

§ 25. Hat ein Mitglied des vertretungsbefugten Organs die Einleitung des Reorganisationsverfahrens vorgeschlagen, aber nicht die dafür notwendige Zustimmung des Aufsichtsrats bzw. der Gesellschafterversammlung erhalten oder wurde ihm wirksam die Weisung erteilt, das Verfahren nicht einzuleiten, so haftet es nicht. In diesem Fall haften die Mitglieder des Organs, die gegen die Einleitung gestimmt oder die die Weisung erteilt haben, zur ungeteilten Hand nach § 22 Abs. 1 in dem sich aus dieser Bestimmung ergebenden Gesamtumfang, jedoch je Person nur „bis zu 100 000 Euro". *(BGBl I 2003/92)*

Nichteintritt der Haftung

§ 26. (1) Die Haftung tritt nicht ein, wenn die Mitglieder des vertretungsbefugten Organs unverzüglich nach Erhalt des Berichtes des Abschlußprüfers über das Vorliegen der Voraussetzungen für die Vermutung eines Reorganisationsbedarfs (§ 22 Abs. 1 Z 1) ein Gutachten eines Wirtschaftstreuhänders, der zur Prüfung des Jahresabschlusses der juristischen Person befugt ist, eingeholt haben und dieses einen Reorganisationsbedarf verneint hat.

(2) Das Gutachten des Wirtschaftstreuhänders hat insbesondere darauf einzugehen,

1. ob die Fortbestandsprognose positiv ist,

2. ob der Bestand des Unternehmens gefährdet ist,

3. auf Grund welcher Umstände trotz Vorliegens der Kennzahlen nach § 22 Abs. 1 Z 1 kein Reorganisationsbedarf besteht,

4. ob stille Reserven vorhanden sind und

5. ob gesellschaftsrechtliche Beschlüsse, wie über eine Kapitalerhöhung, gefaßt worden sind oder ein Verlustabdeckungsvertrag abgeschlossen worden ist.

(3) Die Haftung tritt weiters nicht ein, wenn innerhalb der Zweijahresfrist des § 22 Abs. 1 der mit der Prüfung eines weiteren Jahrenabschlusses beauftragte Abschlußprüfer keinen weiteren Bericht über das Vorliegen der Voraussetzungen für die Vermutung eines Reorganisationsbedarfs erstattet.

Entfall der Haftung

§ 27. Die Haftung entfällt, wenn bewiesen wird, daß die Insolvenz aus anderen Gründen als wegen der Unterlassung der Reorganisation eingetreten ist.

Geltendmachung der Haftung

§ 28. (1) Der Anspruch nach § 22 und nach § 25 kann nur vom „Masse- oder Sanierungsverwalter“ für die „Insolvenzmasse“ geltend gemacht werden. *(BGBl I 2010/58)*

(2) Die juristische Person kann auf den Anspruch nicht verzichten. Gegen den Anspruch kann nicht mit Forderungen an die juristische Person aufgerechnet werden.

5. Abschnitt
Schlußbestimmungen

Verweisungen

§ 29. Soweit in diesem Bundesgesetz auf Bestimmungen anderer Bundesgesetze verwiesen wird, sind diese in ihrer jeweils geltenden Fassung anzuwenden.

Inkrafttreten

§ 30. „(1)“ Dieses Bundesgesetz tritt mit 1. Oktober 1997 in Kraft. *(BGBl I 2005/120)*

(2) § 22 Abs. 2, § 23 und § 24 Abs. 1 in der Fassung des Handelsrechts-Änderungsgesetzes, BGBl. I Nr. 120/2005, treten mit 1. Jänner 2007 in Kraft. *(BGBl I 2005/120)*

(3) Die §§ 2, 13 Abs. 3, 17, 18, 20 Abs. 2, 22 Abs. 1 und 28 Abs. 1 in der Fassung des Bundesgesetzes BGBl. I Nr. 58/2010 treten mit 1. August 2010 in Kraft. *(BGBl I 2010/58)*

(4) §§ 23 und 24 in der Fassung des Bundesgesetzes BGBl. I Nr. 43/2016 treten mit 20. Juli 2015 in Kraft und sind auf Jahresabschlüsse für Geschäftsjahre anzuwenden, die nach dem 31. Dezember 2015 beginnen. *(BGBl I 2016/43)*

Vollziehung

§ 31. Mit der Vollziehung dieses Bundesgesetzes ist der Bundesminister für Justiz betraut.

KODEX

DES ÖSTERREICHISCHEN RECHTS
SAMMLUNG DER ÖSTERREICHISCHEN BUNDESGESETZE

SOZIAL-VERSICHERUNG

LINDE VERLAG

1	ASVG
2	AlVG
3	KGG/KBGG
4	SUG
5	NSchG
6	BPGG
7	NeuFÖG
8	IVF-Fonds-G
9	AMPFG
10	GSVG
11	BSVG
12	FSVG
13	K-SVFG
14	NVG
15	B-KUVG
16	EU-BSVG
17	ARÜG
18	SV-EG
19	Int. Abk.

KODEX

DES ÖSTERREICHISCHEN RECHTS
SAMMLUNG DER ÖSTERREICHISCHEN BUNDESGESETZE

VERGABE-GESETZE

LINDE

1	**BVergG** Begl. Best. ABVV ÖNORM ErstreckVO FormVO BeschVO Schw.Werte
2	**Bgld** VergG
3	**Krnt** VergG DurchfVO
4	**NÖ** VergG VergO
5	**OÖ** VergG
6	**Sbg** VergG VergO
7	**Stmk** VergG
8	**Tirol** VergG
9	**Vlbg** VergG Vergform
10	**Wien** VergG

KODEX

DES ÖSTERREICHISCHEN RECHTS
SAMMLUNG DER ÖSTERREICHISCHEN BUNDESGESETZE

WIRTSCHAFTS-GESETZE

TEIL I

LINDE VERLAG

1	**GewO** ÖffnungsZG Sonn-, FBZG NahVG ReisebR MaklerR VerbrKV ProduktSG GelVG KraftFLG GüterbefG
2	**BVergG** BB-GmbHG **EU-Recht** DienstL-RL LieferK-RL BauA-RL RechtsM-RL Sek-RL SekRM-RL StandF-RL
3	ElWOG E-RegBG EigentEG ÖkostromG GWG PreisTrG RohrLG **EU-Recht** ElektrBM-RL ErdgasBM-RL EnergieT-RL
4	**DSG** **EU-Recht** DatenS-RL DatenB-RL
5	**PreisG** PreisAG Preis-BÜG **EU-Recht** PreisA-RL
6	VerssG EnLG Erdöl-BMG LMBG

KODEX

DES ÖSTERREICHISCHEN RECHTS
SAMMLUNG DER ÖSTERREICHISCHEN BUNDESGESETZE

WIRTSCHAFTS-GESETZE

TEIL II

LINDE VERLAG

1	WettbG KartellG EU-Recht EGV VO Nr. 17 Anhör-VO Bagatt-Bek WettbR-VO GruFr-VO FusKon-VO
2	PatentG SchuZG GebrMG HalblSG MarkenSG MusterSG ProdPirG UrhebRG VerwertG EU-Recht MarkenR-RL Gem-Mark-VO GemGM-VO HalbL-RL CompPr-RL Verm-Verl-RL SchutzD-RL UrhebR-RL Sat-RL Biotech-E-RL FolgeR-RL ProdPir-VO
3	UWG EU-Recht IrrWerb-RL

22. Umwandlungsgesetz

BGBl 1996/304 (= Art XIV EU-Gesellschaftsrechtsänderungsgesetz) idF

1 BGBl I 2005/120 (HaRÄG)
2 BGBl I 2006/75 (ÜbRÄG 2006)
3 BGBl I 2007/72 (GesRÄG 2007)
4 BGBl I 2009/71 (AktRÄG 2009)

GLIEDERUNG

STICHWORTVERZEICHNIS

Bundesgesetz über die Umwandlung von Handelsgesellschaften (UmwG)

Begriff der Umwandlung

§ 1. Kapitalgesellschaften können nach Maßgabe der folgenden Bestimmungen unter Ausschluß der Abwicklung durch Übertragung des Unternehmens im Weg der Gesamtrechtsnachfolge auf einen Gesellschafter oder in eine „offene Gesellschaft oder Kommanditgesellschaft (Nachfolgerechtsträger)“ umgewandelt werden. *(BGBl I 2005/120)*

Umwandlung durch Übertragung des Unternehmens auf den Hauptgesellschafter

§ 2. (1) „Die Hauptversammlung (Generalversammlung) der Kapitalgesellschaft kann die Umwandlung durch Übertragung des Unternehmens auf den Hauptgesellschafter beschließen, wenn ihm Anteilsrechte an mindestens neun Zehnteln des Grundkapitals (Stammkapitals) gehören und er für die Umwandlung stimmt, es sei denn, dass der Hauptgesellschafter eine Aktiengesellschaft, eine Gesellschaft mit beschränkter Haftung oder sonst eine Kapitalgesellschaft im Sinn des § 1 Abs. 2 EUVerschmelzungsgesetz mit Sitz in einem Mitgliedstaat im Sinn des § 1 Abs. 3 EU-Verschmelzungsgesetz ist.“ Hiebei werden eigene Aktien der Kapitalgesellschaft den Gesellschaftern nach dem Verhältnis ihrer Anteilsrechte zugerechnet. *(BGBl I 2007/72)*

(2) Mit der Eintragung der Umwandlung bei der übertragenden Gesellschaft treten folgende Rechtswirkungen ein:

1. Das Vermögen der Kapitalgesellschaft geht einschließlich der Schulden auf den Hauptgesellschafter über. Treffen aus gegenseitigen Verträgen, die zur Zeit der Umwandlung von keiner Seite vollständig erfüllt sind, Abnahme-, Lieferungs- oder ähnliche Verpflichtungen zusammen, die miteinander unvereinbar sind oder die beide zu erfüllen eine schwere Unbilligkeit für den Hauptgesellschafter bedeuten würde, so bestimmt sich der Umfang der Verpflichtungen nach Billigkeit unter Würdigung der vertraglichen Rechte aller Beteiligten.

2. Die Kapitalgesellschaft erlischt, einer besonderen Löschung bedarf es nicht.

3. Der Hauptgesellschafter hat den anderen Gesellschaftern und den Berechtigten aus von der Gesellschaft eingeräumten Rechten zum Bezug von Anteilen (Umtausch-, Bezugs-, Optionsrechte oder ähnliche Rechte) eine angemessene Barabfindung zu gewähren. Der Tag der Beschlussfassung durch die Gesellschafterversammlung gilt als Stichtag für die Feststellung der Angemessenheit. Werden Sonderrechte entzogen, so ist dies bei der Festlegung der Abfindung zu berücksichtigen. Die Barabfindung ist zwei Monate nach dem Tag fällig, an dem die Eintragung der Umwandlung gemäß § 10 „UGB“* als bekannt gemacht gilt; der Anspruch verjährt innerhalb von drei Jahren. Die Barabfindung ist ab dem der Beschlussfassung durch die Gesellschafterversammlung folgenden Tag bis zur Fälligkeit mit jährlich zwei Prozentpunkten über dem jeweils geltenden Basiszinssatz zu verzinsen. Die Kosten der Durchführung des Ausschlusses, insbesondere der Auszahlung der Barabfindung trägt der Hauptgesellschafter. *(*BGBl I 2005/120; BGBl I 2006/75)*

4. Der Mangel der notariellen Beurkundung des Umwandlungsbeschlusses wird durch die Eintragung in das Firmenbuch geheilt.

(3) Im Übrigen sind auf die „übertragende Kapitalgesellschaft“, soweit in diesem Bundesgesetz nichts anderes bestimmt wird, die Vorschriften über die Verschmelzung durch Aufnahme (§§ 220 bis 221a, § 225a Abs. 2, §§ 225b bis 225m AktG – ausgenommen § 225c Abs. 3 und 4, § 225e Abs. 3 zweiter Satz und § 225j –, §§ 226 bis 232 AktG, §§ 97, 98 und 100 GmbHG) nach Maßgabe der folgenden Bestimmungen sinngemäß anzuwenden:

1. *(entfällt, BGBl I 2007/72)*

2. An die Stelle des Verschmelzungsvertrags tritt der Umwandlungsvertrag, der zwischen der Kapitalgesellschaft und dem Hauptgesellschafter abzuschließen ist, an die Stelle des Verschmelzungsberichts der Umwandlungsbericht, den der Vorstand (die Geschäftsführung) der umzuwandelnden Kapitalgesellschaft gemeinsam mit dem Hauptgesellschafter aufzustellen hat, an die Stelle des Umtauschverhältnisses die Höhe der baren Abfindung für die Anteilsrechte.

3. Im Umwandlungsbericht ist insbesondere die Angemessenheit der Barabfindung zu erläutern und zu begründen; auf besondere Schwierigkeiten bei der Bewertung des Unternehmens ist hinzuweisen. Es ist weiters darauf hinzuweisen, dass jedem Minderheitsgesellschafter ein Anspruch auf eine angemessene Abfindung gemäß Abs. 2 Z 3 zusteht, weiters darauf, dass die Gesellschafter, auch wenn sie dem Beschluss zustimmen, bei dem Gericht, in dessen Sprengel die Kapitalgesellschaft ihren Sitz hat, innerhalb einer Frist von einem Monat nach dem Tag, an dem die Eintragung des Beschlusses gemäß § 10 „UGB“ als bekannt gemacht gilt, einen Antrag auf Überprüfung der Barabfindung stellen können. *(BGBl I 2005/120)*

4. Der Umwandlungsprüfer (§ 220b AktG) wird auf gemeinsamen Antrag des Aufsichtsrats der Kapitalgesellschaft und des Hauptgesellschafters vom Gericht ausgewählt und bestellt. Er hat insbesondere die Angemessenheit der Barabfindung zu überprüfen. Das Auskunftsrecht des

Prüfers besteht auch gegenüber dem Hauptgesellschafter.

5. Neben den Unterlagen gemäß § 221a Abs. 2 AktG sind auch allfällige Gutachten, auf denen die Beurteilung der Angemessenheit beruht, vorzulegen; „§ 118 Abs. 3 AktG" ist sinngemäß anzuwenden. *(BGBl I 2009/71)*

6. Jedem Gesellschafter ist auf Verlangen in der Gesellschafterversammlung auch über alle für den Ausschluss wesentlichen Angelegenheiten des Hauptgesellschafters Auskunft zu geben. „§ 118 Abs. 3 AktG" ist sinngemäß anzuwenden. Bei der GmbH besteht dieses Recht auch außerhalb der Gesellschafterversammlung; in der Einberufung ist auf dieses Recht ausdrücklich hinzuweisen. *(BGBl I 2009/71)*

7. Der Hauptgesellschafter hat einen Treuhänder zu bestellen; § 2 Abs. 3 und § 3 Abs. 10 GesAusG gelten sinngemäß.
(BGBl I 2006/75; BGBl I 2007/72)

(4) Der Umwandlungsbeschluß ist notariell zu beurkunden. „ " *(BGBl I 2006/75)*

Anmeldung und Eintragung der Umwandlung

§ 3. (1) Der Vorstand (die Geschäftsführung) der Kapitalgesellschaft und der Hauptgesellschafter haben die Umwandlung zur Eintragung in das Firmenbuch beim Gericht, in dessen Sprengel die Kapitalgesellschaft ihren Sitz hat, anzumelden. Der Anmeldung sind in Urschrift, Ausfertigung oder beglaubigter Abschrift beizufügen:

1. der Umwandlungsvertrag;

2. die Niederschrift des Umwandlungsbeschlusses;

3. wenn die Umwandlung einer behördlichen Genehmigung bedarf, die Genehmigungsurkunde;

4. der Umwandlungsbericht;

5. der Prüfungsbericht;

6. die Schlussbilanz der umzuwandelnden Kapitalgesellschaft;

7. die Erklärung des Vorstands der umzuwandelnden Kapitalgesellschaft, dass eine Klage auf Anfechtung oder Feststellung der Nichtigkeit des Umwandlungsbeschlusses innerhalb eines Monats nach der Beschlussfassung nicht erhoben oder zurückgenommen wurde oder dass alle Anteilsinhaber durch notariell beurkundete Erklärung auf eine solche Klage verzichtet haben;

8. eine Erklärung des Treuhänders, dass er im Besitz der Gesamtsumme der Barabfindungen oder einer entsprechenden Bankgarantie für den voraussichtlichen Zeitpunkt der Auszahlung ist (§ 2 Abs. 3 Z 7).

Kann die Erklärung gemäß Z 7 nicht vorgelegt werden, so hat das Gericht gemäß § 19 FBG vorzugehen.
(BGBl I 2009/71)

(2) Ist der Hauptgesellschafter nicht im Firmenbuch eingetragen, aber als Nachfolgerechtsträger hiezu verpflichtet, so sind der Anmeldung der Umwandlung alle hiefür erforderlichen Unterlagen anzuschließen. Wenn die umzuwandelnde Kapitalgesellschaft und der Nachfolgerechtsträger ihren Sitz nicht im selben Gerichtssprengel haben, hat das Gericht, in dessen Sprengel die umzuwandelnde Kapitalgesellschaft ihren Sitz hat, gleichzeitig mit der Umwandlung und der Eintragung des Nachfolgerechtsträgers die Beendigung seiner Zuständigkeit auszusprechen und dies dem Gericht, in dessen Sprengel der Nachfolgerechtsträger seinen Sitz hat, mitzuteilen. Weiters hat es diesem Gericht die bei ihm aufbewahrten Urkunden und sonstigen Schriftstücke zu übersenden.

Firmenfortführung

§ 4. Führt der Hauptgesellschafter das von der umzuwandelnden Kapitalgesellschaft betriebene Unternehmen weiter, kann er die bisherige Firma unter den Voraussetzungen des § 22 UGB fortführen.

(BGBl I 2005/120)

Umwandlung unter gleichzeitiger Errichtung einer eingetragenen Personengesellschaft

§ 5. (1) Die Hauptversammlung (Generalversammlung) einer Kapitalgesellschaft kann die Errichtung einer offenen Handelsgesellschaft, einer Kommanditgesellschaft oder einer eingetragenen Erwerbsgesellschaft und zugleich die Übertragung des Vermögens der Kapitalgesellschaft auf die offene Handelsgesellschaft, Kommanditgesellschaft oder eingetragene Erwerbsgesellschaft beschließen. An dieser Personengesellschaft müssen Personen, deren Anteilsrechte zumindest neun Zehntel des Grundkapitals (Stammkapitals) der Kapitalgesellschaft umfassen, beteiligt sein; die übrigen Gesellschafter haben einen Anspruch auf Abfindung. Neue Gesellschafter dürfen höchstens im Umfang von einem Zehntel der Anteilsrechte am Grundkapital (Stammkapital) hinzutreten. *(BGBl I 2006/75) § 5 Abs 1 UmwG in seiner Stammfassung wurde durch BGBl I 2005/120 zum 1. 1. 2007 geändert. Durch das ÜbRÄG 2006 wurde § 5 Abs 1 neuerlich novelliert und zwar per 20. 5. 2006. Es muss angenommen werden, dass damit die ursprünglich für 1. 1. 2007 geplante Änderung matieriell überlagert werden sollte, weshalb die zeitlich früher beschlossene Änderung hier nicht mehr abgedruckt wird (siehe § 6).*

(2) Der Umwandlungsbeschluss bedarf der Zustimmung von neun Zehnteln des gesamten Grundkapitals (Stammkapitals), wenn ein Gesellschafter diese Anteile hält; § 1 Abs. 3 GesAusG gilt sinngemäß. Ansonsten bedarf der Umwandlungsbeschluss der Zustimmung aller Gesellschaf-

ter. Die Zustimmung kann auch außerhalb der Hauptversammlung (Generalversammlung) durch Erklärung innerhalb dreier Monate ab Beschlussfassung erfolgen; solche Erklärungen müssen gerichtlich oder notariell beglaubigt unterfertigt sein. *(BGBl I 2006/75)*

(3) Im Umwandlungsbeschluß gemäß Abs. 1 sind auch die Namen der Gesellschafter, das Ausmaß ihrer Beteiligung, die Firma, die Rechtsform und der Sitz der Personengesellschaft festzusetzen.

(4) Der Vorstand (die Geschäftsführung) der umzuwandelnden Kapitalgesellschaft und die Gesellschafter der zu errichtenden Personengesellschaft haben die Umwandlung sowie die Errichtung der Personengesellschaft zur Eintragung bei dem Gericht, in dessen Sprengel die umzuwandelnde Kapitalgesellschaft ihren Sitz hat, anzumelden; hiebei sind die Vorschriften über die Anmeldung und Eintragung von Personengesellschaften zu beachten.

(5) Die §§ 2 bis 4 sind sinngemäß anzuwenden. Die Personengesellschaft entsteht mit der Eintragung des Umwandlungsbeschlusses im Firmenbuch.

In-Kraft-Treten

§ 6. „(1)" § 1, § 2, § 4 und § 5 Abs. 1 in der Fassung des Handelsrechts-Änderungsgesetzes, BGBl. I Nr. 120/2005, treten mit 1. Jänner 2007 in Kraft. § 4 ist in dieser Fassung auf Umwandlungen anzuwenden, die nach dem 31. Dezember 2006 zur Eintragung in das Firmenbuch angemeldet werden. *(BGBl I 2006/75)*

(2) § 2 Abs. 2 und 3, § 3 Abs. 1 sowie § 5 Abs. 1, 2 und 5 in der Fassung des Übernahmerechts-Änderungsgesetzes 2006, BGBl. I Nr. 75/2006, treten mit 20. Mai 2006 in Kraft und sind auf Umwandlungen anzuwenden, bei denen der Umwandlungsbeschluss nach diesem Zeitpunkt gefasst wurde. Auf Umwandlungen, bei denen der Umwandlungsbeschluss vor diesem Zeitpunkt gefasst wurde, ist das Umwandlungsgesetz in der vor In-Kraft-Treten des Übernahmerechts-Änderungsgesetzes 2006, BGBl. I Nr. 75/2006, geltenden Fassung weiter anzuwenden. *(BGBl I 2006/75)*

(3) § 2 in der Fassung des Bundesgesetzes BGBl. I Nr. 72/2007 ist auf Umwandlungen anzuwenden, die nach dem 1. Dezember 2007 zum Firmenbuch angemeldet werden. *(BGBl I 2007/72)*

(4) § 2 Abs. 3 und § 3 Abs. 1 in der Fassung des Aktienrechts-Änderungsgesetzes 2009, BGBl. I Nr. 71/2009, treten mit 1. August 2009 in Kraft. § 2 Abs. 3 ist auf Umwandlungen anzuwenden, bei denen die Gesellschafterversammlung nach dem 31. Juli 2009 einberufen wird. Auf Umwandlungen, bei denen die Gesellschafterversammlung vor diesem Zeitpunkt einberufen wurde, ist § 2 Abs. 3 in der bisher geltenden Fassung weiter anzuwenden. § 3 Abs. 1 ist auf Umwandlungen anzuwenden, bei denen der Umwandlungsbeschluss nach dem 31. Juli 2009 gefasst wird. Auf vor diesem Zeitpunkt beschlossene Umwandlungen ist § 3 Abs. 1 in der bisher geltenden Fassung weiter anzuwenden. *(BGBl I 2009/71)*

(BGBl I 2005/120)

KODEX
DES ÖSTERREICHISCHEN RECHTS
SAMMLUNG DER ÖSTERREICHISCHEN BUNDESGESETZE
DOPPEL-
BESTEUERUNGS-
ABKOMMEN
1 Deutschland
2 Liechtenstein
3 Schweiz
4 Italien
5 Slowenien
6 Ungarn
7 Slowakei
8 Tschechien
9 CSSR
10 Belgien
11 Bulgarien
12 Dänemark
13 Finnland
14 Frankreich
15 Griechenland
16 Großbritannien
17 Irland
18 Kroatien
19 Luxemburg
20 Malta
21 Moldova
22 Niederlande
23 Norwegen
24 Polen
25 Portugal
26 Rumänien
27 Russland
28 Schweden
29 Spanien
30 Türkei
31 UdSSR
32 Ukraine
33 Weißrussland
34 Zypern
35 USA
36 Kanada
37 Argentinien
38 Brasilien
39 Australien
40 China
41 Japan
42 Armenien
43 Aserbaidschan
44 Georgien
45 Indien
46 Indonesien
47 Israel
48 Korea, Rep.
49 Malaysia
50 Pakistan
51 Philippinen
52 Tadschikistan
53 Thailand
54 Turkmenistan
55 Usbekistan
56 Ägypten
57 Südafrika
58 Tunesien
Anhang EU-Recht
LINDE VERLAG

KODEX
DES ÖSTERREICHISCHEN RECHTS
SAMMLUNG DER ÖSTERREICHISCHEN BUNDESGESETZE
VERKEHRS-
RECHT
1 StVO VO
2 PARKGEBÜHRENGESETZE Bgld Kärnten NÖ OÖ Salzburg Steiermark Tirol Vorarlberg Wien
3 BStG
4 KFG KDV PBStV Kraftstoff-VO FSG + VO
5 GGBG VO
6 GüterbefG VO
7 GelegenheitsVG VO
8 KraftfahrlinienG
9 KHVG 1994 Kfz StG 1992 Nov AG 1991 BStFG 1996 Mautstrecken-VO StraBAG 1994
10 TGSt VO TGEisb
11 EKHG
12 EisenbahnG E-Kr VO SchLV SchlV
13 EBG
14 Transit
15 Ökopunkte - Vereinbarungen
16 EWG-RECHTSAKTE VO 3820 VO 3821 Einheits-formulare Verfahrens-richtlinie
LexisNexis
ARD Orac

KODEX
DES ÖSTERREICHISCHEN RECHTS
SAMMLUNG DER ÖSTERREICHISCHEN BUNDESGESETZE
WEHR-
RECHT
1 WG
2 B-VG NeutralVG SichVertDok NSR EMRK ZDG
3 AuslEins KSE-BVG AuslEG AZHG
4 HGG
5 APSG
6 HVG
7 MilStG
8 HDG
9 MBG
10 SperrGG
11 MunLG
12 MAG VerwMG
13 EZG
14 MilBFG
15 VFüDgrd
16 TrAufG InfoSiG NATO-SOFA NATO-PFP-SOFA
LexisNexis
ARD Orac

KODEX
DES ÖSTERREICHISCHEN RECHTS
SAMMLUNG DER ÖSTERREICHISCHEN BUNDESGESETZE
ZOLLRECHT UND
VERBRAUCHSTEUERN
1 ZK
2 ZBefrVO
3 ZK-DVO
4 ZollR-DG
5 ZollR-DV
6 KN-VO
7 EGV
8 EUBeitr
9 FristVO
10 AußHR
11 AußHStat
12 AHVO
13 BeitrRL
14 Nachg Waren
15 AusfErst
16 GrekoG
17 StraBAG
18 KfzStG
19 SystemRL
20 BeglDokVO VereinfBeglDokVO FrStellBeschVO
21 VStBefrV VStBeglDokV
22 AlkStG
23 BierStG
24 SchwStG
25 TabStG
26 MinStG
27 €
28 EG-AHG
29 EG-VAHG
30 TabMG
31 ALSaG
32 UStG
33 AVOG
34 FinStrG
35 BetrBek
LexisNexis
ARD Orac

23. Spaltungsgesetz

BGBl 1996/304 idF

1 BGBl I 1998/125
2 BGBl I 2005/75 (VfGH)
3 BGBl I 2005/120 (HaRÄG)
4 BGBl I 2006/75 (ÜbRÄG 2006)
5 BGBl I 2008/70 (URÄG 2008)
6 BGBl I 2009/71 (AktRÄG 2009)
7 BGBl I 2010/58 (IRÄ-BG)
8 BGBl I 2011/53 (GesRÄG 2011)
9 BGBl I 2015/112 (Strafrechtsänderungsgesetz 2015)
10 BGBl I 2017/107

GLIEDERUNG

STICHWORTVERZEICHNIS

(Das Stichwortverzeichnis bezieht sich nur auf Paragraphen des SpaltG)

Bundesgesetz über die Spaltung von Kapitalgesellschaften (SpaltG)

1. Teil:

Begriff der Spaltung

§ 1. (1) Eine Kapitalgesellschaft kann ihr Vermögen nach diesem Bundesgesetz spalten.

(2) Die Spaltung ist möglich

1. unter Beendigung ohne Abwicklung der übertragenden Gesellschaft durch gleichzeitige Übertragung aller ihrer Vermögensteile (Vermögensgegenstände, Schulden und Rechtsverhältnisse) im Weg der Gesamtrechtsnachfolge auf andere dadurch gegründete neue Kapitalgesellschaften (Aufspaltung zur Neugründung) oder auf übernehmende Kapitalgesellschaften (Aufspaltung zur Aufnahme) oder

2. unter Fortbestand der übertragenden Gesellschaft durch Übertragung eines oder mehrerer Vermögensteile dieser Gesellschaft im Weg der Gesamtrechtsnachfolge auf eine oder mehrere dadurch gegründete neue Kapitalgesellschaften (Abspaltung zur Neugründung) oder auf übernehmende Kapitalgesellschaften (Abspaltung zur Aufnahme) gegen Gewährung von Anteilen (Aktien oder Geschäftsanteilen) der neuen oder übernehmenden Kapitalgesellschaften an die Anteilsinhaber der übertragenden Gesellschaft.

(3) Die gleichzeitige Übertragung auf neue und übernehmende Kapitalgesellschaften ist zulässig.

2. Teil:

Spaltung zur Neugründung

Spaltungsplan

§ 2. (1) [1]Der Vorstand (der Vorstand einer Aktiengesellschaft, die Geschäftsführer einer Gesellschaft mit beschränkter Haftung) der übertragenden Gesellschaft hat einen Spaltungsplan aufzustellen. [2]Dieser muß jedenfalls enthalten:

1. die Firma und den Sitz der übertragenden Gesellschaft und die vorgesehenen Satzungen (Gesellschaftsverträge) der an der Spaltung beteiligten Gesellschaften;

2. die Erklärung über die Übertragung der Vermögensteile der übertragenden Gesellschaft jeweils im Wege der Gesamtrechtsnachfolge gegen Gewährung von Anteilen an den neuen Gesellschaften;

3. das Umtauschverhältnis der Anteile und deren Aufteilung auf die Anteilsinhaber sowie gegebenenfalls die Höhe einer baren Zuzahlung der beteiligten Gesellschaften, die zehn von Hundert des „auf die gewährten Anteile entfallenden anteiligen Betrages des Grundkapitals“ nicht übersteigen darf, sowie von Zuzahlungen Dritter, die unbeschränkt zulässig sind; *(BGBl I 1998/125)*

4. die Einzelheiten der Herabsetzung des Nennbetrages „bei Nennbetragsaktien“ oder der Zusammenlegung von Anteilen an der übertragenden Gesellschaft, wenn diese ihr Nennkapital gemäß § 3 herabsetzt; *(BGBl I 1998/125)*

5. die Einzelheiten für die Gewährung von Anteilen an den neuen Gesellschaften;

6. den Zeitpunkt, von dem an die Anteile einen Anspruch auf einen Anteil am Bilanzgewinn gewähren, sowie alle Besonderheiten in bezug auf diesen Anspruch;

7. den Stichtag, von dem an die Handlungen der übertragenden Gesellschaft als für Rechnung der neuen Gesellschaften vorgenommen gelten (Spaltungsstichtag);

8. die Rechte, die die neuen Gesellschaften einzelnen Anteilsinhabern sowie den Inhabern besonderer Rechte, wie Anteilen ohne Stimmrecht, Vorzugsaktien, Mehrstimmrechtsanteilen, Gewinnschuldverschreibungen und Genußrechten, gewähren, und gegebenenfalls die für diese Personen vorgesehenen Maßnahmen;

9. jeden besonderen Vorteil, der einem Mitglied des Vorstands oder eines Aufsichtsorgans der an der Spaltung beteiligten Gesellschaften oder einem Abschluß-, Gründungs- oder Spaltungsprüfer gewährt wird;

10. die genaue Beschreibung und Zuordnung der Vermögensteile, die an jede der übernehmenden Gesellschaften übertragen werden; dabei kann auf Urkunden, wie Bilanzen, insbesondere gemäß Z 12, und Inventare, Bezug genommen werden, soweit deren Inhalt eine Zuordnung des einzelnen Vermögensteiles ermöglicht;

11. eine Regelung über die Zuordnung von Vermögensteilen, die sonst auf Grund des Spaltungsplans keiner der an der Spaltung beteiligten Gesellschaften zugeordnet werden können;

12. die Schlußbilanz der übertragenden Gesellschaft, weiters Eröffnungsbilanzen der neuen Gesellschaften und bei der Abspaltung eine Spaltungsbilanz, die das der übertragenden Gesellschaft verbleibende Vermögen ausweist;

13. bei einer nicht verhältniswahrenden Spaltung (§ 8 Abs. 3) und einer rechtsformübergreifenden Spaltung (§ 11) die Bedingungen der von einer beteiligten Gesellschaft oder einem Dritten angebotenen Barabfindung; diese Regelung kann entfallen, wenn alle Gesellschafter der übertragenden Gesellschaft schriftlich in einer gesonderten Erklärung darauf verzichten.

(2) [1]Die übertragende Gesellschaft hat auf den Spaltungsstichtag eine Schlußbilanz aufzustellen. Für sie gelten die Vorschriften des „UGB“ über den Jahresabschluß und dessen Prüfung sinngemäß; sie braucht nicht veröffentlicht zu werden. [2]Die Schlußbilanz muß auf einen höchstens neun

Monate vor der Anmeldung der Spaltung liegenden Stichtag aufgestellt werden. *(BGBl I 2005/120)*

(3) Die Erklärungen eines Dritten, Zuzahlungen gemäß Abs. 1 Z 3 oder eine Barabfindung gemäß Abs. 1 Z 13 anzubieten, müssen gerichtlich oder notariell beglaubigt unterfertigt sein.

Kapitalerhaltung, Anwendung des Gründungsrechts, Haftung der Organe

§ 3. (1) [1]Die Summe der Nennkapitalien der an der Spaltung beteiligten Gesellschaften muß mindestens die Höhe des Nennkapitals der übertragenden Gesellschaft vor der Spaltung erreichen, die Summe der gebundenen Rücklagen der an der Spaltung beteiligten Gesellschaften mindestens die Höhe der gebundenen Rücklagen der übertragenden Gesellschaft vor der Spaltung. [2]Gebundene Rücklagen dürfen auf die neuen Gesellschaften übertragen werden. [3]Für solche Rücklagen gilt auch bei kleinen Gesellschaften mit beschränkter Haftung „§ 229 Abs. 7 UGB". *(BGBl I 2009/71)*

(2) [1]Bei der Abspaltung darf das Nennkapital der übertragenden Gesellschaft ohne Einhaltung der Vorschriften über die Kapitalherabsetzung herabgesetzt werden. [2]Werden die Vorschriften über die ordentliche Kapitalherabsetzung eingehalten, so darf insoweit von Abs. 1 erster Satz abgewichen werden.

(3) [1]Auf die neuen Gesellschaften sind die für deren Rechtsform geltenden Gründungsvorschriften anzuwenden, soweit sich aus diesem Bundesgesetz nichts anderes ergibt. [2]Als Gründer ist die übertragende Gesellschaft anzusehen.

(4) [1]Der Hergang der Gründung der neuen Gesellschaften ist einer Prüfung zu unterziehen; ebenso ist zu prüfen, ob der tatsächliche Wert des verbliebenen Nettoaktivvermögens der übertragenden Gesellschaft wenigstens der Höhe ihres Nennkapitals zuzüglich gebundener Rücklagen nach Durchführung der Spaltung entspricht. [2]Die aktienrechtlichen Bestimmungen über die Gründungsprüfung sind sinngemäß anzuwenden. [3]„Der Prüfer kann gleichzeitig Spaltungsprüfer sein." Der Gründungsbericht gemäß § 24 AktG entfällt. *(BGBl I 2011/53)*

(5) [1]Die Mitglieder des Vorstands und des Aufsichtsrats der übertragenden Gesellschaft haften den beteiligten Gesellschaften in sinngemäßer Anwendung des § 41 AktG. [2]Weiters haften sie den Anteilsinhabern für den Ersatz des Schadens, den diese durch die Spaltung erleiden; sie können sich von der Schadenersatzpflicht durch den Gegenbeweis befreien, daß sie ihre Sorgfaltspflicht beobachtet haben. [3]Anspruchsberechtigt sind die Anteilsinhaber, die die Voraussetzungen gemäß § 225c Abs. 3 Z 2 erfüllen. [4]Die Ansprüche verjähren in fünf Jahren seit dem Tage, an dem die Eintragung der Spaltung in das Firmenbuch gemäß § 10 „UGB" als bekanntgemacht gilt. *(BGBl I 2005/120)*

Spaltungsbericht

§ 4. (1) [1]Der Vorstand der übertragenden Gesellschaft hat einen schriftlichen Bericht zu erstatten, in dem die Spaltung, der Spaltungsplan im einzelnen und insbesondere das Umtauschverhältnis der Anteile (einschließlich allfälliger barer Zuzahlungen) sowie deren Aufteilung auf die Anteilsinhaber und die Maßnahmen gemäß § 15 Abs. 5 rechtlich und wirtschaftlich ausführlich erläutert und begründet werden. [2]Auf besondere Schwierigkeiten bei der Bewertung der Unternehmen und auf die gemäß § 3 Abs. 4 zu erstellenden Gründungsprüfungsberichte ist hinzuweisen; weiters sind die Gerichte anzuführen, bei welchen die Gründungsprüfungsberichte gemäß § 14 Abs. 1 einzureichen sein werden. [3]„§ 118 Abs. 3 AktG"* ist sinngemäß anzuwenden. „ "** *(*BGBl I 2009/71; **BGBl I 2011/53)*

(2) Der Bericht des Vorstands ist nicht erforderlich, wenn alle Anteilsinhaber schriftlich oder in der Niederschrift zur Hauptversammlung (Generalversammlung) darauf verzichten.

Prüfung der Spaltung

§ 5. (1) Der Spaltungsplan ist durch einen Spaltungsprüfer zu prüfen.

(2) Der Spaltungsprüfer wird vom Aufsichtsrat, wenn kein Aufsichtsrat bestellt ist, vom Vorstand der übertragenden Gesellschaft bestellt.

(3) [1]Für die Auswahl, das Auskunftsrecht und die Verantwortlichkeit des Spaltungsprüfers gelten die „§§ 268 Abs. 4, 271, 271a, 272 und 275 UGB" sinngemäß. [2]Die Haftung besteht gegenüber den an der Spaltung beteiligten Gesellschaften und deren Anteilsinhabern. *(BGBl I 2008/70)*

(4) [1]Der Spaltungsprüfer hat über das Ergebnis der Prüfung schriftlich zu berichten. [2]Bei einer nicht verhältniswahrenden Spaltung ist der Bericht mit einer Erklärung darüber abzuschließen, ob das vorgeschlagene Umtauschverhältnis der Anteile und gegebenenfalls die Höhe der baren Zuzahlungen und deren Aufteilung auf die Anteilsinhaber sowie das Barabfindungsangebot angemessen sind. [3]Dabei ist insbesondere anzugeben:

1. nach welchen Methoden das vorgeschlagene Umtauschverhältnis der Anteile, deren Aufteilung auf die Anteilsinhaber sowie das Barabfindungsangebot ermittelt worden sind;

2. aus welchen Gründen die Anwendung dieser Methoden angemessen ist;

3. welches Umtauschverhältnis und welche Verteilung auf die Anteilsinhaber sich bei der Anwendung verschiedener Methoden, sofern mehrere angewendet worden sind, jeweils ergeben

würde; zugleich ist dazu Stellung zu nehmen, welche Gewichtung diesen Methoden beigemessen wurde und darauf hinzuweisen, ob und welche besonderen Schwierigkeiten bei der Bewertung aufgetreten sind.

[4]Der Spaltungsprüfer hat den Prüfungsbericht dem Vorstand und den Mitgliedern des Aufsichtsrats vorzulegen.

(5) Besteht in sinngemäßer Anwendung von „§ 133 Abs. 3 zweiter Satz AktG" ein Geheimhaltungsinteresse, so hat der Spaltungsprüfer auch eine darauf Bedacht nehmende Fassung vorzulegen, die zur Einsicht der Anteilsinhaber bestimmt ist. *(BGBl I 2009/71)*

(6) Die Spaltungsprüfung ist nicht erforderlich, wenn alle Anteilsinhaber schriftlich oder in der Niederschrift zur Hauptversammlung (Generalversammlung) darauf verzichten.

Prüfung durch den Aufsichtsrat

§ 6. (1) Der Aufsichtsrat der übertragenden Gesellschaft hat die beabsichtigte Spaltung auf der Grundlage des Spaltungsberichts und des Prüfungsberichts des Spaltungsprüfers zu prüfen und darüber einen schriftlichen Bericht zu erstatten; „§ 118 Abs. 3 AktG" ist sinngemäß anzuwenden. *(BGBl I 2009/71)*

(2) [1]Die Prüfung durch den Aufsichtsrat der übertragenden Gesellschaft ist nicht erforderlich, wenn alle Anteilsinhaber schriftlich in einer gesonderten Erklärung darauf verzichten. [2]In diesem Fall hat der Vorstand den Aufsichtsrat unverzüglich über die geplante Spaltung zu informieren. [3]Gehören dem Aufsichtsrat gemäß § 110 ArbVG entsandte Mitglieder an, so hat der Vorstand gegebenenfalls auch darüber zu informieren, welche Auswirkungen für die Arbeitnehmer (betreffend Arbeitsplätze, Beschäftigungsbedingungen und Standorte) die Spaltung voraussichtlich haben wird. *(BGBl I 2011/53)*

Vorbereitung der Beschlußfassung

§ 7. (1) [1]Der Vorstand der übertragenden Gesellschaften hat mindestens einen Monat vor dem Tag der Beschlußfassung durch die Anteilsinhaber den Spaltungsplan nach Prüfung durch den Aufsichtsrat bei dem Gericht, in dessen Sprengel die übertragende Gesellschaft ihren Sitz hat, einzureichen und einen Hinweis auf diese Einreichung „gemäß § 18 AktG" zu veröffentlichen. [2]In dieser Veröffentlichung sind die Anteilsinhaber, die Gläubiger und der Betriebsrat auf ihre Rechte gemäß Abs. 2, 4 und 5 hinzuweisen. *(BGBl I 2009/71)*

(1a) [1]Die Einreichung des Spaltungsplans bei Gericht und die Veröffentlichung des Hinweises auf die Einreichung gemäß Abs. 1 sind nicht erforderlich, wenn die Gesellschaft den Spaltungsplan sowie den Hinweis gemäß Abs. 1 zweiter Satz spätestens einen Monat vor dem Tag der Beschlussfassung durch die Anteilsinhaber in elektronischer Form in der Ediktsdatei (§ 89j GOG) veröffentlicht. [2]Die Bundesministerin für Justiz kann die technischen Details der Vorgangsweise bei der Veröffentlichung durch Verordnung regeln.[1)] *(BGBl I 2011/53)*

(2) Mindestens während eines Monats vor dem Tag der Hauptversammlung, die über die Zustimmung zur Spaltung beschließen soll, sind „gemäß § 108 Abs. 3 bis 5 AktG bereit zu stellen": *(BGBl I 2009/71)*

1. der Spaltungsplan;

2. die Jahresabschlüsse und die Lageberichte der übertragenden Gesellschaft für die letzten drei Geschäftsjahre, weiters die Schlußbilanz, wenn der Spaltungsstichtag vom Stichtag des letzten Jahresabschlusses abweicht und die Schlußbilanz – gegebenenfalls in geprüfter Form – bereits vorliegt;

3. falls sich der letzte Jahresabschluß auf ein Geschäftsjahr bezieht, das mehr als sechs Monate vor der Aufstellung des Spaltungsplans abgelaufen ist, eine Bilanz auf einen Stichtag, der nicht vor dem ersten Tag des dritten Monats liegt, welcher dem Monat der Aufstellung vorausgeht (Zwischenbilanz);

4. der Spaltungsbericht;

5. der Prüfungsbericht;

6. der Bericht des Aufsichtsrats.

(3) [1]Die Zwischenbilanz (Abs. 2 Z 3) ist nach den Vorschriften aufzustellen, die auf die letzte Jahresbilanz der Gesellschaft angewendet worden sind. [2]Eine körperliche Bestandsaufnahme ist nicht erforderlich. [3]Die Wertansätze der letzten Jahresbilanz dürfen übernommen werden. [4]Abschreibungen, Wertberichtigungen und Rückstellungen sowie wesentliche, aus den Büchern nicht ersichtliche Veränderungen der wirklichen Werte von Vermögensgegenständen bis zum Stichtag der Zwischenbilanz sind jedoch zu berücksichtigen.

(3a) [1]Die Zwischenbilanz (Abs. 2 Z 3) muss nicht aufgestellt werden, wenn die Gesellschaft seit dem letzten Jahresabschluss einen Halbjahresfinanzbericht nach „§§ 125 und 126 Börsegesetz 2018 – BörseG 2018, BGBl. I Nr. 107/2017," oder nach den vom Aufnahmemitgliedstaat gemäß Art. 5 der Transparenz-Richtlinie 2004/109/EG erlassenen Vorschriften veröffentlicht hat. [2]In diesem Fall tritt der Halbjahresfinanzbericht bei der Vorbereitung der Hauptversammlung an die Stelle der Zwischenbilanz. *(BGBl I 2011/53; BGBl I 2017/107)*

(4) [1]Den Gesellschaftern einer Gesellschaft mit beschränkter Haftung sind die in Abs. 2 bezeichneten Unterlagen zu übersenden. [2]Zwischen dem Tag der Aufgabe der Sendung zur Post und der

Beschlußfassung muß mindestens ein Zeitraum von 14 Tagen liegen.

(5) Werden die in Abs. 2 bezeichneten Unterlagen nicht auf der Internetseite der Gesellschaft allgemein zugänglich gemacht, so ist den Gläubigern und dem Betriebsrat auf Verlangen unverzüglich und kostenlos eine Abschrift der in Abs. 2 Z 1 bis 3 bezeichneten Unterlagen zu erteilen. *(BGBl I 2009/71)*

(6) [1]In der Hauptversammlung (Generalversammlung) sind die in Abs. 2 bezeichneten Unterlagen aufzulegen. [2]Der Vorstand hat den Spaltungsplan zu Beginn der „Verhandlung" mündlich zu erläutern. [3]Der Vorstand hat die Anteilsinhaber vor der Beschlußfassung über jede wesentliche Veränderung „der Vermögens- oder Ertragslage" der Gesellschaft, die zwischen der Aufstellung des Spaltungsplans und dem Zeitpunkt der Beschlußfassung eingetreten ist, zu unterrichten; dies gilt insbesondere, wenn die Veränderung ein anderes Umtauschverhältnis oder eine andere Aufteilung der Anteile rechtfertigen würde. *(BGBl I 2011/53)*

[1)] Siehe Verschmelzungsvertrags- und Spaltungsplan-Veröffentlichungsverordnung – abgedruckt unter Punkt 9/4.

Spaltungsbeschluß

§ 8. (1) [1]Die Spaltung bedarf eines Beschlusses der Anteilsinhaber, der bei einer Aktiengesellschaft mit einer Mehrheit von drei Vierteln des bei der Beschlußfassung vertretenen Grundkapitals, bei einer Gesellschaft mit beschränkter Haftung von drei Vierteln der abgegebenen Stimmen zu fassen ist. [2]Die Satzung (der Gesellschaftsvertrag) kann eine größere Mehrheit und weitere Erfordernisse bestimmen.

(2) Sind bei einer Aktiengesellschaft mehrere Gattungen von stimmberechtigten Aktien vorhanden, so bedarf der Beschluss der Hauptversammlung zu seiner Wirksamkeit eines in gesonderter Abstimmung gefassten Beschlusses der Aktionäre jeder Gattung; für diesen gilt Abs. 1. *(BGBl I 2009/71)*

(3) [1]Werden die Anteile der neuen Gesellschaften den Anteilsinhabern der übertragenden Gesellschaft nicht in dem Verhältnis zugeteilt, das ihrer Beteiligung an der übertragenden Gesellschaft entspricht (nicht verhältniswahrende Spaltung), so bedarf der Beschluss überdies einer Mehrheit von neun Zehnteln des gesamten Nennkapitals. [2]Abweichend davon bedarf der Beschluss der Zustimmung aller Gesellschafter, wenn

1. die Anteile an einer oder mehreren beteiligten Gesellschaften ausschließlich oder überwiegend Gesellschaftern zugewiesen werden, die insgesamt über Anteile von nicht mehr als einem Zehntel des Nennkapitals der übertragenden Gesellschaft verfügen, oder

2. einer oder mehreren beteiligten Gesellschaften, an denen die in Z 1 genannten Gesellschafter beteiligt sind, überwiegend Wertpapiere, flüssige Mittel (§ 224 Abs. 2 B IV „UGB") oder andere nicht betrieblich genutzte Vermögensgegenstände zugeordnet werden. *(BGBl I 2009/71)*

[3]Werden die dazu erforderlichen Stimmen nicht in der Gesellschafterversammlung abgegeben, so wird der Beschluss nur wirksam, wenn der übertragenden Gesellschaft innerhalb von drei Monaten Zustimmungserklärungen von Anteilsinhabern, die gegen den Beschluss gestimmt haben oder an der Abstimmung nicht beteiligt waren, im jeweils erforderlichen Ausmaß zugehen. *(BGBl I 2006/75)*

(4) [1]Der Spaltungsbeschluß ist notariell zu beurkunden, die Zustimmungserklärungen müssen gerichtlich oder notariell beglaubigt unterfertigt sein. [2]Der beschlossene Spaltungsplan ist in die Niederschrift über den Beschluß und in die Zustimmungserklärungen aufzunehmen oder diesen als Anlage beizufügen.

Barabfindungsangebot bei nicht verhältniswahrender Spaltung; Ausschluß von Anfechtungsklagen

§ 9. (1) „[1]Jeder Anteilsinhaber, der einer nicht verhältniswahrenden Spaltung nicht zugestimmt hat, hat Anspruch auf angemessene Barabfindung seiner Anteile (§ 2 Abs. 1 Z 13), wenn er vom Zeitpunkt der Beschlussfassung der Gesellschafterversammlung bis zur Geltendmachung des Rechts Gesellschafter war. [2]Dieser Anspruch steht einem Anteilsinhaber nicht zu, wenn er an allen beteiligten Gesellschaften im gleichen Verhältnis wie an der übertragenden Gesellschaft beteiligt ist."**[3]Bei Gesellschaften mit beschränkter Haftung sind an Stelle von § 81 GmbHG die für den Erwerb eigener Aktien für die Entschädigung von Minderheitsaktionären geltenden Vorschriften sinngemäß anzuwenden. [4]Das Angebot kann nur binnen zwei Monaten nach dem Tag angenommen werden, an dem die Eintragung der Spaltung gemäß § 10 „UGB"* als bekanntgemacht gilt. [5]Die Zahlung ist binnen zwei Monaten ab Zugang der Annahmeerklärung fällig und verjährt in drei Jahren. [6]Der Erwerber hat die Kosten der Übertragung zu tragen. [7]Die beteiligten Gesellschaften haften als Gesamtschuldner. [8]Für die Erfüllung der angebotenen Barabfindung einschließlich der Übertragungskosten ist den Abfindungsberechtigten Sicherheit zu leisten. *(*BGBl I 2005/120; **BGBl I 2006/75)*

(2) [1]Eine Klage auf Anfechtung des Spaltungsbeschlusses kann nicht darauf gestützt werden, dass das Umtauschverhältnis der Anteile (einschließlich allfälliger Zuzahlungen), deren Aufteilung auf die Anteilsinhaber oder die angebotene Barabfindung nicht angemessen festgelegt ist,

oder dass die im Spaltungsbericht, im Prüfungsbericht des Spaltungsprüfers oder im Bericht des Aufsichtsrats enthaltenen Erläuterungen des Umtauschverhältnisses der Anteile (einschließlich allfälliger Zuzahlungen), deren Aufteilung auf die Anteilsinhaber oder des Barabfindungsangebots den gesetzlichen Bestimmungen nicht entsprechen. [2]Anteilsinhaber, die das Angebot nach Abs. 1 angenommen haben, können bei Gericht den Antrag stellen, dass die angebotene Barabfindung überprüft und eine höhere Barabfindung festgelegt wird; sie haben glaubhaft zu machen, dass sie vom Zeitpunkt der Beschlussfassung der Gesellschafterversammlung der übertragenden Gesellschaft bis zur Antragstellung Anteilsinhaber waren. [3]Für das Verfahren auf gerichtliche Überprüfung gelten die §§ 225d bis 225m, ausgenommen § 225e Abs. 3 zweiter Satzund § 225j Abs. 2 AktG, sinngemäß. Wird die gerichtliche Überprüfung der angebotenen Barabfindung begehrt, so endet die Frist für die Annahme des Barabfindungsangebots einen Monat nach dem Tag der letzten Bekanntmachung gemäß § 225k Abs. 1 AktG. *(BGBl I 2006/75)*

Besondere Zustimmungserfordernisse

§ 10. (1) Werden durch die Spaltung Rechte beeinträchtigt, die in der Satzung (dem Gesellschaftsvertrag) einem einzelnen Anteilsinhaber oder einzelnen Anteilsinhabern insbesondere bei der Geschäftsführung der Gesellschaft, bei der Bestellung von Geschäftsführern oder des Aufsichtsrats oder bei der Übertragung von Geschäftsanteilen eingeräumt sind, so bedarf auch der Spaltungsbeschluß der Zustimmung dieses Anteilsinhabers (dieser Anteilsinhaber), es sei denn, daß die Satzung (der Gesellschaftsvertrag) der beteiligten Gesellschaften im Spaltungsplan gleichwertige Rechte festlegen.

(2) Sieht die Satzung (der Gesellschaftsvertrag) für einzelne Beschlußgegenstände eine Beschlußmehrheit über die Mehrheit von drei Vierteln des bei der Beschlußfassung vertretenen Nennkapitals oder der abgegebenen Stimmen vor, so bedarf auch der Spaltungsbeschluß dieser Mehrheit, es sei denn, daß in der Satzung (im Gesellschaftsvertrag) der beteiligten Gesellschaften durch entsprechende Gestaltung der Beschlußmehrheiten die Rechte der Minderheit gewahrt werden.

(3) Sind die Aktien (Geschäftsanteile) der übertragenden Gesellschaft frei übertragbar und macht die Satzung (der Gesellschaftsvertrag) einer neuen Gesellschaft die Übertragung von bestimmten Voraussetzungen, insbesondere von der Zustimmung der Gesellschaft abhängig, so bedarf der Spaltungsbeschluß der Zustimmung aller Gesellschafter der übertragenden Gesellschaft.

(4) [1]Ist nach den vorhergehenden Vorschriften die Zustimmung eines Gesellschafters erforderlich, so kann diese auch außerhalb der Hauptversammlung (Generalversammlung) erteilt werden. [2]In diesem Fall muß sie gerichtlich oder notariell beglaubigt unterfertigt sein und der übertragenden Gesellschaft spätestens innerhalb einer Frist von drei Monaten nach der Beschlußfassung zugehen; der Spaltungsplan ist in die Zustimmungserklärung aufzunehmen oder dieser als Anlage beizufügen.

Barabfindungsangebot bei rechtsformübergreifender Spaltung

§ 11. „(1)"** Hat die neue Gesellschaft eine andere Rechtsform als die übertragende Gesellschaft (rechtsformübergreifende Spaltung), so steht jedem Anteilsinhaber, der gegen den Spaltungsbeschluß Widerspruch zur Niederschrift erklärt hat, das Recht auf angemessene Barabfindung seiner Anteile zu (§ 2 Abs. 1 Z 13). § 9 ist sinngemäß anwendbar „ ; das Antragsrecht gemäß § 9 Abs. 2 steht nur denjenigen Anteilsinhabern zu, die gegen den Spaltungsbeschluss Widerspruch zur Niederschrift erklärt haben."* *(*BGBl I 2006/75; **BGBl I 2011/53)*

(2) Bei einer Spaltung im Sinn des Abs. 1 ist eine Prüfung durch einen Spaltungsprüfer (§§ 5 und 7 Abs. 2 Z 5) auch dann erforderlich, wenn es sich um eine verhältniswahrende Spaltung (§ 16a) handelt. *(BGBl I 2011/53)*

Anmeldung

§ 12. (1) [1]Sämtliche Mitglieder des Vorstands der übertragenden Gesellschaft und sämtliche Mitglieder der Vorstände aller neuen Gesellschaften haben die Spaltung und die Errichtung der neuen Gesellschaften zur Eintragung bei dem Gericht am Sitz der übertragenden Gesellschaft anzumelden. [2]Der Anmeldung sind so viele Ausfertigungen (einschließlich der Beilagen) anzuschließen, wie neue Gesellschaften entstehen.

(2) [1]Weiters ist dem Gericht eine Erklärung des Vorstands der übertragenden Gesellschaft vorzulegen, daß eine Klage auf Anfechtung oder Feststellung der Nichtigkeit des Spaltungsbeschlusses innerhalb eines Monats nach der Beschlußfassung nicht erhoben oder zurückgezogen worden ist oder daß alle Anteilsinhaber durch notariell beurkundete Erklärung auf eine solche Klage verzichtet haben. [2]Können diese Erklärungen nicht vorgelegt werden, so hat das Gericht gemäß § 19 FBG vorzugehen.

(3) [1]Ist die übertragende Gesellschaft im Inland börsenotiert und führt die Spaltung zu einer Beendigung der Börsenotierung oder hat sie mit einer Beendigung der Börsenotierung vergleichbare Auswirkungen, so darf die Spaltung erst zur Eintragung angemeldet werden, nachdem unter Hinweis auf die geplante Spaltung innerhalb der letzten sechs Monate vor der Anmeldung oder unter Hinweis auf den gefassten Spaltungsbe-

schluss eine Angebotsunterlage nach dem 5. Teil des ÜbG veröffentlicht wurde. [2]Ein solches Angebot ist jedoch dann nicht erforderlich, wenn bei einer Spaltung zur Aufnahme für die zu gewährenden Beteiligungspapiere der übernehmenden Gesellschaft die Zulassung und der Handel an zumindest einem geregelten Markt in einem EWR-Vertragsstaat gewährleistet sind, an dem für einen Widerruf der Zulassung zum Handel an diesem Markt mit § 38 Abs. 6 bis 8 BörseG 2018 gleichwertige Voraussetzungen gelten. *(BGBl I 2017/107)*

Beilagen zur Anmeldung

§ 13. Der Anmeldung sind in Urschrift, Ausfertigung oder beglaubigter Abschrift beizufügen:

1. die Niederschrift des Spaltungsbeschlusses samt Spaltungsplan;

2. die allenfalls erforderlichen Zustimmungserklärungen einzelner Anteilsinhaber;

3. den Spaltungsbericht gemäß § 4 und den Prüfungsbericht gemäß § 5;

4. die nach den Gründungsvorschriften für die Eintragung der neuen Gesellschaften erforderlichen weiteren Urkunden;

5. die Genehmigung, falls die Spaltung einer behördlichen Genehmigung bedarf;

6. der Nachweis der Veröffentlichung der beabsichtigten Spaltung gemäß § 7 Abs. 1 „oder 1a"; *(BGBl I 2011/53)*

7. die Erklärungen gemäß § 2 Abs. 3;

8. der Nachweis der Sicherheit gemäß §§ 9 und 11.

Eintragung und ihre Rechtswirkungen

§ 14. (1) [1]Die Spaltung und die neuen Gesellschaften sind im Firmenbuch gleichzeitig einzutragen. [2]Das Gericht, in dessen Sprengel die übertragende Gesellschaft ihren Sitz hat, hat zu prüfen, ob im Hinblick auf den satzungsmäßigen Sitz der neuen Gesellschaften § 30 „UGB" beachtet ist. [3]Unter Hinweis auf die Firmenbuchnummer der übertragenden Gesellschaft ist einzutragen, daß die neuen Gesellschaften aus einer Spaltung hervorgegangen sind. [4]Die Eintragung der neuen Gesellschaft ist dem Gericht, in dessen Sprengel die neue Gesellschaft ihren Sitz hat, mitzuteilen. [5]Der Mitteilung sind auch der Akt und die Urkunden der neuen Gesellschaft beizufügen. [6]Die Beendigung der Zuständigkeit für die Ersteintragung (§ 120 Abs. 6 JN) ist vom Gericht, in dessen Sprengel die neue Gesellschaft ihren Sitz hat, einzutragen. *(BGBl I 2005/120)*

(2) Mit der Eintragung der Spaltung in das Firmenbuch treten folgende Rechtswirkungen ein:

1. Die Vermögensteile der übertragenden Gesellschaft gehen entsprechend der im Spaltungsplan vorgesehenen Zuordnung jeweils im Wege der Gesamtrechtsnachfolge auf die neue Gesellschaft oder die neuen Gesellschaften über.

2. [1]Bei der Aufspaltung erlischt die übertragende Gesellschaft; bei der Abspaltung werden die im Spaltungsplan vorgesehenen Änderungen der Satzung (des Gesellschaftsvertrags) der übertragenden Gesellschaft wirksam. [2]Darauf ist in der Eintragung hinzuweisen.

3. [1]Die Anteile an den beteiligten Gesellschaften werden entsprechend dem Spaltungsplan erworben. [2]Rechte Dritter an den Anteilen der übertragenden Gesellschaft bestehen an den an ihre Stelle tretenden Anteilen und an allfälligen baren Zuzahlungen weiter.

4. Der Mangel der notariellen Beurkundung des Spaltungsbeschlusses wird geheilt.

(3) [1]Mängel der Spaltung lassen die Wirkungen der Eintragung gemäß Abs. 2 unberührt. [2]Nach der Eintragung der Spaltung in das Firmenbuch ist eine Anfechtung des Spaltungsbeschlusses der übertragenden Gesellschaft gegen die neuen Gesellschaften zu richten, bei der Abspaltung gegen alle beteiligten Gesellschaften. [3]Das auf Anfechtung oder Feststellung der Nichtigkeit eines Spaltungsbeschlusses gerichtete Begehren kann ohne Vorliegen der Voraussetzungen des § 235 ZPO auf den Ersatz des Schadens, der dem Kläger aus der auf dem Beschluß beruhenden Eintragung der Spaltung ins Firmenbuch entstanden ist, abgeändert oder auf Ersatz der Prozeßkosten eingeschränkt werden.

(4) Solange einem Schuldner nicht bekannt wird, welcher der an der Spaltung beteiligten Gesellschaften die Forderung zugeordnet ist, kann er mit schuldbefreiender Wirkung an jede von ihnen bezahlen oder sich sonst mit jeder von ihnen abfinden.

(5) Solange einem Gläubiger nicht bekannt wird, welcher der an der Spaltung beteiligten Gesellschaften die Verbindlichkeit zugeordnet ist, kann er Erklärungen, die diese Verbindlichkeit betreffen, gegenüber jeder von ihnen abgeben.

(6) Für den Umtausch der Aktien der übertragenden Gesellschaft gilt § 67 AktG, bei Zusammenlegung von Aktien § 179 AktG über die Kraftloserklärung von Aktien sinngemäß; einer Genehmigung des Gerichts bedarf es nicht.

Schutz der Gläubiger

§ 15. (1) [1]Für die bis zur Eintragung der Spaltung begründeten Verbindlichkeiten der übertragenden Gesellschaft, einschließlich Verbindlichkeiten aus späterer nicht gehöriger Erfüllung und aus späterer Rückabwicklung, haften neben der Gesellschaft, der die Verbindlichkeit nach dem Spaltungsplan zugeordnet wird, die übrigen an der Spaltung beteiligten Gesellschaften bis zur Höhe des ihnen jeweils zugeordneten Nettoaktivvermögens (Wert der der haftenden Gesellschaft zugeordneten aktiven Vermögensteile abzüglich Wert der ihr zugeordneten Verbindlichkeiten) als Gesamtschuldner. [2]Jede haftende Gesellschaft wird insoweit frei, als sie Schulden für andere Gesellschaften berichtigt hat. [3]Keine Haftung besteht für solche Verbindlichkeiten, für die nach den folgenden Absätzen Sicherheit geleistet wurde.

(2) [1]Den Gläubigern der übertragenden Gesellschaften ist von den beteiligten Gesellschaften Sicherheit zu leisten, soweit sie nicht Befriedigung verlangen können, wenn sie sich binnen sechs Monaten nach der Veröffentlichung der Eintragung der Spaltung zu diesem Zweck melden; dieses Recht steht den Gläubigern jedoch nur zu, wenn sie glaubhaft machen, dass durch die Spaltung die Erfüllung ihrer Forderung gefährdet wird. [2]Die Gläubiger sind in der Veröffentlichung der Eintragung auf dieses Recht hinzuweisen. *(BGBl I 2011/53)*

(3) Wird innerhalb der in Abs. 2 genannten Frist eine Sicherheitsleistung gerichtlich verlangt, so haften ab diesem Zeitpunkt alle beteiligten Gesellschaften für die Forderung betraglich unbeschränkt als Gesamtschuldner, bis entweder die Sicherheit geleistet oder die Klage rechtskräftig abgewiesen wird. *(BGBl I 2011/53)*

(4) Das Recht, Sicherheitsleistung zu verlangen, steht solchen Gläubigern nicht zu, die „im Insolvenzverfahren" ein Recht auf vorzugsweise Befriedigung aus einer nach gesetzlicher Vorschrift zu ihrem Schutz errichteten und behördlich überwachten Deckungsmasse haben. *(BGBl I 2010/58)*

(5) Den Inhabern von Schuldverschreibungen und Genußrechten sind gleichwertige Rechte zu gewähren oder die Änderung der Rechte oder das Recht selbst angemessen abzugelten.

Auskunftserteilung

§ 16. (1) Wer durch die Spaltung in seinen rechtlichen Interessen betroffen wird, kann von jeder an der Spaltung beteiligten Gesellschaft die Erteilung von Auskünften über die Zuordnung von Vermögensteilen verlangen.

(2) [1]Über diesen Anspruch entscheidet das Gericht im außerstreitigen Verfahren; die Glaubhaftmachung des rechtlichen Interesses genügt. [2]Das Gericht kann die Vorlage der Handelsbücher sowie die Einsichtnahme durch die Partei oder durch einen zur beruflichen Verschwiegenheit verpflichteten Sachverständigen anordnen. [3]Das Gericht kann auch anordnen, daß der zur Auskunft Verpflichtete einen Eid dahin zu leisten hat, daß die Auskunft richtig und vollständig ist.

Verhältniswahrende Spaltung

§ 16a. (1) Wenn die Anteilsinhaber an der übertragenden Gesellschaft und an den neuen Gesellschaften im selben Verhältnis beteiligt sein sollen (verhältniswahrende Spaltung), sind der Spaltungsbericht des Vorstands (§§ 4 und 7 Abs. 2 Z 4), die Prüfung der Spaltung durch einen Spaltungsprüfer (§§ 5 und 7 Abs. 2 Z 5), die Prüfung sowie Berichterstattung durch den Aufsichtsrat (§§ 6 und 7 Abs. 2 Z 6) und die Erstellung einer Zwischenbilanz (§ 7 Abs. 2 Z 3 und Abs. 3) nicht erforderlich.

(2) Sofern keine Berichterstattung durch den Aufsichtsrat (§ 6) erfolgen soll, ist § 6 Abs. 2 zweiter und dritter Satz sinngemäß anzuwenden.

(BGBl I 2011/53)

3. Teil:

Spaltung zur Aufnahme

§ 17. Auf die Spaltung zur Aufnahme sind die Vorschriften der §§ 2 bis 16 sinngemäß anzuwenden, soweit im folgenden nichts anderes bestimmt wird:

1. [1]An die Stelle des Spaltungsplans (§ 2) tritt der Spaltungs- und Übernahmsvertrag, der von den Vorständen der übertragenden und der übernehmenden Gesellschaft bis zur Anmeldung zum Firmenbuch in notariell beurkundeter Form abzuschließen ist;

2. an die Stelle der neuen Gesellschaft tritt die übernehmende Gesellschaft;

3. bei einer Aufspaltung zur Aufnahme und bei einer Abspaltung zur Aufnahme, bei der das Nennkapital der übertragenden Gesellschaft herabgesetzt wird, darf die Spaltung erst eingetragen werden, nachdem die Vorschriften über die ordentliche Kapitalherabsetzung eingehalten worden sind „ ;" *(BGBl I 2011/53)*

3a. wird bei der übernehmenden Gesellschaft zur Durchführung der Spaltung zur Aufnahme das Nennkapital erhöht, so hat eine Prüfung durch einen oder mehrere Prüfer stattzufinden; § 25 Abs. 3 bis 5 sowie die §§ 26, 27, 42 und 44 gelten sinngemäß. Der Prüfer kann gleichzeitig Spaltungsprüfer sein; *(BGBl I 2011/53)*

4. jene Gläubiger der übertragenden Gesellschaft, deren Forderungen einer übernehmenden Gesellschaft zugewiesen werden, haben zusätzlich zu den Rechten gemäß § 15 Anspruch auf Sicherheitsleistung in sinngemäßer Anwendung von § 226 AktG;

5. im übrigen gelten für die übernehmende Gesellschaft die Vorschriften über die Verschmelzung durch Aufnahme sinngemäß, an die Stelle des Verschmelzungsberichts tritt der Spaltungsbericht, an die Stelle der Verschmelzungsprüfung die Spaltungsprüfung. [2]Bei Beteiligung einer

Aktiengesellschaft bedarf der Verzicht auf den Spaltungsbericht (§ 4 Abs. 2) und die Spaltungsprüfung (§ 5 Abs. 6) der Zustimmung sämtlicher Anteilsinhaber aller beteiligten Gesellschaften „. [3]§ 221a Abs. 5 AktG dritter Satz gilt auch für den Vorstand (Geschäftsführer) der übertragenden Gesellschaft;“ *(BGBl I 2011/53)*

6. sämtliche Mitglieder des Vorstands der übertragenden Gesellschaft und der Vorstand der übernehmenden Gesellschaft haben die Spaltung zur Aufnahme zur Eintragung beim Gericht, in dessen Sprengel ihre Gesellschaft den Sitz hat, anzumelden. [1]Die erforderlichen Unterlagen sind der Anmeldung der übertragenden Gesellschaft beizufügen. [2]Wird zur Durchführung der Spaltung zur Aufnahme das Nennkapital erhöht, so sind die hiefür erforderlichen Anmeldungen zur Eintragung in das Firmenbuch mit der Anmeldung der Spaltung gemäß § 12 zu verbinden „ ;“ *(BGBl I 2011/53)*

7. befinden sich alle Anteile der übertragenden Gesellschaft direkt oder indirekt in der Hand der übernehmenden Gesellschaft(en), so bedarf die Spaltung nicht der Beschlussfassung durch die Anteilsinhaber der übertragenden Gesellschaft. Findet auch in der übernehmenden Gesellschaft keine Beschlussfassung über die Spaltung zur Aufnahme statt, so darf die Eintragung der Spaltung gemäß § 14 erst erfolgen, wenn bei Aktiengesellschaften seit der Veröffentlichung oder Bereitstellung nach § 7 Abs. 1, 1a und 2 ein Monat, bei Gesellschaften mit beschränkter Haftung seit Übersendung der Unterlagen nach § 7 Abs. 4 14 Tage vergangen sind. *(BGBl I 2011/53)*

4. Teil:

Strafbestimmung

§ 18. *(aufgehoben, BGBl I 2015/112)*

5. Teil

In-Kraft-Treten

§ 19. „(1)“ [1]§ 8 Abs. 3, § 9 Abs. 1 und 2 und § 11 in der Fassung des Übernahmerechts-Änderungsgesetzes 2006, BGBl. I Nr. 75/2006, treten mit 20. Mai 2006 in Kraft und sind auf Spaltungen anzuwenden, bei denen der Spaltungsbeschluss (§ 8) nach diesem Zeitpunkt gefasst wurde. [2]Auf Spaltungen, bei denen der Spaltungsbeschluss vor diesem Zeitpunkt gefasst wurde, ist das Spaltungsgesetz in der vor In-Kraft-Treten des Übernahmerechts-Änderungsgesetzes 2006, BGBl. I Nr. 75/2006, geltenden Fassung weiter anzuwenden. *(BGBl I 2008/70)*

(2) § 5 in der Fassung des Bundesgesetzes BGBl. I Nr. 70/2008 tritt mit 1. Juni 2008 in Kraft und ist auf die Bestellung von Prüfern nach dem 31. Mai 2008 anzuwenden. *(BGBl I 2008/70)*

(3) [1]Die §§ 3 Abs. 1, § 4 Abs. 1, § 5 Abs. 5, § 6 Abs. 1 und § 7 Abs. 1, 2 und 5 und § 8 Abs. 2 in der Fassung des Aktienrechts-Änderungsgesetzes 2009, BGBl. I Nr. 71/2009, treten mit 1. August 2009 in Kraft und sind auf Spaltungen anzuwenden, wenn die Gesellschafterversammlung nach dem 31. Juli 2009 einberufen wird oder wenn bei einer Gesellschaft mit beschränkter Haftung die zur Beschlussfassung notwendigen Unterlagen nach dem 31. Juli 2009 an die Gesellschafter übersendet werden. [2]Auf Spaltungen, bei denen vor diesem Zeitpunkt die Gesellschafterversammlung einberufen wurde oder die Unterlagen an die Gesellschafter übersendet wurden, sind die bisher geltenden Bestimmungen weiter anzuwenden. *(BGBl I 2009/71)*

(4) § 15 Abs. 4 in der Fassung des Bundesgesetzes BGBl. I Nr. 58/2010 tritt mit 1. August 2010 in Kraft. *(BGBl I 2010/58)*

(5) [1]§ 3 Abs. 4, § 4 Abs. 1, § 6 Abs. 2, § 7 Abs. 1a, 3a und 6, § 11, § 13, § 15 Abs. 2 und 3, § 16a und § 17 in der Fassung des Gesellschaftsrechts-Änderungsgesetzes 2011, BGBl. I Nr. 53/2011, treten mit 1. August 2011 in Kraft. [2]Auf Spaltungen, bei denen vor diesem Zeitpunkt die Bereitstellung oder Übersendung der Unterlagen (§ 7 Abs. 2 und 4) erfolgte, sind die bis dahin geltenden Bestimmungen weiter anzuwenden. *(BGBl I 2011/53)*

(6) § 18 tritt mit Ablauf des 31. Dezember 2015 außer Kraft. *(BGBl I 2015/112)*

(7) § 7 Abs. 3a und § 12 Abs. 3 in der Fassung des Bundesgesetzes BGBl. I Nr. 107/2017 treten mit 3. Jänner 2018 in Kraft. *(BGBl I 2017/107)*

(BGBl I 2006/75)

24. EU-Verschmelzungsgesetz

BGBl I 2007/72 (GesRÄG 2007) idF

1 BGBl I 2010/58 (IRÄ-BG)
2 BGBl I 2011/53 (GesRÄG 2011)
3 BGBl I 2017/60 (BRIS-UmsG)
4 BGBl I 2017/107

GLIEDERUNG

Bundesgesetz über die grenzüberschreitende Verschmelzung von Kapitalgesellschaften in der Europäischen Union (EU-Verschmelzungsgesetz – EU-VerschG)

Zweck und Begriffsbestimmungen

§ 1. (1) Dieses Bundesgesetz dient der Umsetzung der Richtlinie 2005/56/EG über die Verschmelzung von Kapitalgesellschaften aus verschiedenen Mitgliedstaaten, ABl. Nr. L 310 vom 25.11.2005 S.1.

(2) Eine „Kapitalgesellschaft" im Sinn dieses Gesetzes ist

1. eine Gesellschaft im Sinn des Artikels 1 der Richtlinie 2009/101/EG zur Koordinierung der Schutzbestimmungen, die in den Mitgliedstaaten den Gesellschaften im Sinne des Artikels 48 Absatz 2 des Vertrags im Interesse der Gesellschafter sowie Dritter vorgeschrieben sind, um diese Bestimmungen gleichwertig zu gestalten, ABl. Nr. L 258 vom 1.10.2009 S. 11, oder *(BGBl I 2011/53)*

2. eine Gesellschaft, die Rechtspersönlichkeit besitzt und über gesondertes Gesellschaftskapital verfügt, das allein für die Verbindlichkeiten der Gesellschaft haftet, und die nach dem für sie maßgebenden innerstaatlichen Recht Schutzbestimmungen im Sinn der „Richtlinie 2009/101/EG" im Interesse der Gesellschafter sowie Dritter einhalten muss. *(BGBl I 2011/53)*

(3) Soweit in diesem Bundesgesetz auf einen „Mitgliedstaat" verwiesen wird, sind darunter die Mitgliedstaaten der Europäischen Union und die Vertragsstaaten des Abkommens über den Europäischen Wirtschaftsraum zu verstehen.

(4) Eine „aus der Verschmelzung hervorgehende Gesellschaft" im Sinn dieses Gesetzes ist sowohl eine übernehmende Gesellschaft (§ 219 Z 1 AktG) als auch eine durch die Verschmelzung gegründete neue Gesellschaft (§ 219 Z 2 AktG).

Gericht

§ 2. [1]Über die Rechtmäßigkeit der einer grenzüberschreitenden Verschmelzung vorangehenden Rechtshandlungen und Formalitäten (§ 14 Abs. 3), über die Rechtmäßigkeit der Durchführung der grenzüberschreitenden Verschmelzung (§ 15 Abs. 3) sowie die sonst in diesem Bundesgesetz dem Gericht zugewiesenen Angelegenheiten verhandelt und entscheidet der für den Sitz der beteiligten inländischen Gesellschaft zuständige, zur Ausübung der Gerichtsbarkeit in Handelssachen berufene Gerichtshof erster Instanz im Verfahren außer Streitsachen. [2]Sind an der grenzüberschreitenden Verschmelzung sowohl eine übertragende als auch eine aus der Verschmelzung hervorgehende Gesellschaft mit Sitz in Österreich beteiligt, ist jenes Gericht örtlich zuständig, in dessen Sprengel die aus der Verschmelzung hervorgehende Gesellschaft ihren Sitz hat; für die übertragende inländische Gesellschaft gilt § 225 Abs. 3 AktG.

Grenzüberschreitende Verschmelzung

§ 3. (1) Aktiengesellschaften und Gesellschaften mit beschränkter Haftung können sich mit Kapitalgesellschaften, die nach dem Recht eines anderen Mitgliedstaats gegründet worden sind und ihren satzungsmäßigen Sitz, ihre Hauptverwaltung oder ihre Hauptniederlassung in der Gemeinschaft haben, nach den Bestimmungen dieses Bundesgesetzes grenzüberschreitend verschmelzen beziehungsweise aus einer Verschmelzung von Kapitalgesellschaften, die nach dem Recht eines anderen Mitgliedstaats gegründet worden sind, hervorgehen.

(2) Soweit dieses Gesetz nichts anderes bestimmt, sind auf an einer grenzüberschreitenden Verschmelzung beteiligte Aktiengesellschaften die §§ 219 bis 233 AktG und auf an einer grenzüberschreitenden Verschmelzung beteiligte Gesellschaften mit beschränkter Haftung die §§ 96 bis 101 GmbHG anzuwenden.

(3) Der Zeitpunkt, an dem die grenzüberschreitende Verschmelzung wirksam wird, ist nach dem Personalstatut der aus der Verschmelzung hervorgehenden Gesellschaft zu beurteilen.

Ausnahme

§ 4. [1]Dieses Bundesgesetz gilt nicht für grenzüberschreitende Verschmelzungen, an denen eine Gesellschaft beteiligt ist, deren Zweck es ist, die vom Publikum bei ihr eingelegten Gelder nach dem Grundsatz der Risikostreuung gemeinsam anzulegen, und deren Anteile auf Verlangen der Anteilsinhaber unmittelbar oder mittelbar zulasten des Vermögens dieser Gesellschaft zurückgenommen oder ausgezahlt werden. [2]Diesen Rücknahmen oder Auszahlungen gleichgestellt sind Handlungen, mit denen eine solche Gesellschaft sicherstellen will, dass der Börsenwert ihrer Anteile nicht erheblich von deren Nettoinventarwert abweicht.

Verschmelzungsplan

§ 5. (1) Die Vorstände (der Vorstand einer Aktiengesellschaft, die Geschäftsführer einer Gesellschaft mit beschränkter Haftung) der sich verschmelzenden Gesellschaften haben einen gemeinsamen Plan für die grenzüberschreitende Verschmelzung aufzustellen.

(2) Der Verschmelzungsplan muss mindestens folgenden Inhalt haben:

1. Rechtsform, Firma und Sitz der übertragenden und der aus der Verschmelzung hervorgehenden Gesellschaft;

2. das Umtauschverhältnis der Gesellschaftsanteile und gegebenenfalls die Höhe der baren Zuzahlungen;

3. die Einzelheiten für die Gewährung von Anteilen der aus der Verschmelzung hervorgehenden Gesellschaft; werden keine Anteile gewährt, sind die Gründe hiefür anzugeben;

4. die voraussichtlichen Auswirkungen der Verschmelzung auf die Beschäftigung, insbesondere auf die in den beteiligten Gesellschaften beschäftigten Arbeitnehmer, die Beschäftigungslage und die Beschäftigungsbedingungen;

5. den Zeitpunkt, von dem an die Gesellschaftsanteile deren Inhabern das Recht auf Beteiligung am Gewinn gewähren, sowie alle Besonderheiten, die eine Auswirkung auf dieses Recht haben;

6. den Stichtag, von dem an die Handlungen der übertragenden Gesellschaften als für Rechnung der aus der Verschmelzung hervorgehenden Gesellschaft vorgenommen gelten (Verschmelzungsstichtag);

7. die Rechte, welche die aus der Verschmelzung hervorgehende Gesellschaft den mit Sonderrechten ausgestatteten Gesellschaftern und den Inhabern von anderen Wertpapieren als Gesellschaftsanteilen gewährt, oder die für diese Personen vorgeschlagenen Maßnahmen;

8. jeden besonderen Vorteil, der einem Mitglied des Verwaltungs-, Leitungs-, Aufsichts- oder Kontrollorgans, einem Abschlussprüfer der an der Verschmelzung beteiligten Gesellschaften oder einem Verschmelzungsprüfer gewährt wird;

9. die Satzung oder der Gesellschaftsvertrag der aus der Verschmelzung hervorgehenden Gesellschaft;

10. gegebenenfalls Angaben zu dem Verfahren, nach dem die Einzelheiten über die Beteiligung von Arbeitnehmern an der Festlegung ihrer Mitbestimmungsrechte in der aus der grenzüberschreitenden Verschmelzung hervorgehenden Gesellschaft geregelt werden;

11. Angaben zur Bewertung des Aktiv- und Passivvermögens, das auf die aus der grenzüberschreitenden Verschmelzung hervorgehende Gesellschaft übertragen wird;

12. den Stichtag der Jahresabschlüsse der an der Verschmelzung beteiligten Gesellschaften, die zur Festlegung der Bedingungen der grenzüberschreitenden Verschmelzung verwendet werden.

(3) Befinden sich alle Anteile einer übertragenden Gesellschaft in der Hand der übernehmenden Gesellschaft, so sind die Angaben über den Umtausch der Anteile (Abs. 2 Z 2, 3 und 5) sowie die Erläuterungen hiezu im Verschmelzungsbericht (§ 220a AktG) nicht erforderlich, soweit sie nur die Aufnahme dieser Gesellschaft betreffen.

(4) [1]Der Verschmelzungsplan hat auch die Bedingungen der Barabfindung zu enthalten, die einem Gesellschafter, der der Übertragung des Vermögens seiner Gesellschaft auf eine ausländische Gesellschaft widerspricht, von der Gesellschaft oder einem Dritten gegen Hingabe seiner Anteile angeboten wird. [2]Diese Angaben sind nicht erforderlich, wenn sich alle Anteile der Gesellschaft in der Hand eines Gesellschafters befinden oder sämtliche Gesellschafter schriftlich oder in der Niederschrift zur Gesellschafterversammlung auf ihr Recht auf Barabfindung verzichten.

(5) Der Verschmelzungsplan bedarf der notariellen Beurkundung.

Verschmelzungsbericht

§ 6. (1) [1]Im Verschmelzungsbericht sind auch die Auswirkungen der grenzüberschreitenden Verschmelzung auf die Gläubiger und die Arbeitnehmer der an der Verschmelzung beteiligten Gesellschaften einschließlich der Auswirkungen der Verschmelzung auf die schuldrechtlichen Ansprüche der Arbeitnehmer zu erläutern. [2]Der Verschmelzungsbericht ist überdies dem zuständigen Organ der Arbeitnehmervertretung oder, falls es ein solches nicht gibt, den Arbeitnehmern der an der Verschmelzung beteiligten Gesellschaften mindestens einen Monat vor dem Tag der Gesellschafterversammlung, die über die Zustimmung zur Verschmelzung beschließen soll, zur Verfügung zu stellen. [3]Auf den Bericht gemäß § 220a AktG kann nicht verzichtet werden. [4]Erhält der Vorstand einer der sich verschmelzenden Gesellschaften vor der Gesellschafterversammlung eine Stellungnahme der Vertreter ihrer Arbeitnehmer, so ist diese Stellungnahme dem Bericht anzufügen.

(2) Überträgt eine Gesellschaft ihr Vermögen auf eine aus der Verschmelzung hervorgehende Gesellschaft mit Sitz in einem anderen Mitgliedstaat, so hat der Verschmelzungsbericht auch eine Erklärung über die Höhe des Nennkapitals und der gebundenen Rücklagen der beteiligten Gesellschaften abzugeben.

Prüfung des Verschmelzungsplans

§ 7. (1) Für eine an einer grenzüberschreitenden Verschmelzung beteiligte Gesellschaft mit beschränkter Haftung gilt § 100 Abs. 2 GmbHG mit der Maßgabe, dass der Verschmelzungsplan nur dann nicht gemäß § 220b AktG zu prüfen ist, wenn alle Gesellschafter schriftlich oder in der Niederschrift zur Generalversammlung darauf verzichten.

(2) Ein gemeinsamer Verschmelzungsprüfer kann neben dem Gericht, in dessen Sprengel die

übernehmende Gesellschaft ihren Sitz hat (§ 220b Abs. 2 AktG), auch von dem Gericht bestellt werden, in dem eine übertragende Gesellschaft ihren Sitz hat.

(3) [1]Im Rahmen der Prüfung der Verschmelzung ist auch die Angemessenheit der Bedingungen der Barabfindung zu prüfen, die einem Gesellschafter, der der Übertragung des Vermögens seiner Gesellschaft auf eine Gesellschaft mit Sitz in einem anderen Mitgliedstaat widerspricht, von der Gesellschaft oder einem Dritten gegen Hingabe seiner Anteile angeboten wird. [2]Der Prüfungsbericht hat auch dazu eine Erklärung abzugeben, ob die Bedingungen des Barabfindungsangebots angemessen sind, und dabei insbesondere anzugeben,

1. nach welchen Methoden das vorgeschlagene Barabfindungsangebot ermittelt worden ist;

2. aus welchen Gründen die Anwendung dieser Methoden angemessen ist;

3. welches Ergebnis sich bei der Anwendung verschiedener Methoden, sofern mehrere angewendet worden sind, jeweils ergeben würde;

4. zugleich ist dazu Stellung zu nehmen, welche Gewichtung diesen Methoden beigemessen wurde, und darauf hinzuweisen, ob und welche besonderen Schwierigkeiten bei der Bewertung aufgetreten sind.

[3]Die Prüfung der Angemessenheit der Barabfindung ist nicht erforderlich, wenn sich alle Anteile der Gesellschaft in der Hand eines Gesellschafters befinden oder sämtliche Gesellschafter schriftlich oder in der Niederschrift zur Gesellschafterversammlung auf ihr Recht auf Barabfindung verzichten.

(4) Überträgt eine Gesellschaft ihr Vermögen auf eine aus der Verschmelzung hervorgehende Gesellschaft mit Sitz in einem anderen Mitgliedstaat, so hat der Prüfungsbericht auch eine Erklärung über die Höhe des Nennkapitals und der gebundenen Rücklagen der beteiligten Gesellschaften abzugeben.

Vorbereitung der Gesellschafterversammlung

§ 8. (1) Für eine an einer grenzüberschreitenden Verschmelzung beteiligte Gesellschaft mit beschränkter Haftung gilt § 97 GmbHG mit der Maßgabe, dass

1. zwischen dem Tag der Aufgabe der gemäß § 221a Abs. 2 AktG erforderlichen Unterlagen zur Post und der Beschlussfassung mindestens ein Zeitraum von einem Monat liegen muss,

2. der Verschmelzungsplan bei dem Gericht einzureichen und ein Hinweis auf die Einreichung in den Bekanntmachungsblättern zu veröffentlichen ist.

(2) [1]In die Veröffentlichung des Hinweises auf die Einreichung des Verschmelzungsplans bei Gericht (§ 221a Abs. 1 AktG und Abs. 1) sind folgende Angaben aufzunehmen:

1. Rechtsform, Firma und Sitz jeder der sich verschmelzenden Gesellschaften,

2. das Register, bei dem die in „Artikel 3 Absatz 3 der Richtlinie 2009/101/EG" genannten Urkunden für jede der sich verschmelzenden Gesellschaften hinterlegt worden sind, sowie die Nummer der Eintragung in das Register, *(BGBl I 2011/53)*

3. für jede der sich verschmelzenden Gesellschaften ein Hinweis auf die Modalitäten für die Ausübung der Rechte der Gläubiger (§ 13) und der Minderheitsgesellschafter der sich verschmelzenden Gesellschaften sowie die Anschrift, unter der vollständige Auskünfte über diese Modalitäten kostenlos eingeholt werden können. Bekannte Gläubiger einer Gesellschaft, die ihr Vermögen auf eine aus der Verschmelzung hervorgehende Gesellschaft mit Sitz in einem anderen Mitgliedstaat überträgt, sind unmittelbar zu verständigen, wenn die Summe des Nennkapitals und der gebundenen Rücklagen der aus der Verschmelzung hervorgehenden Gesellschaft niedriger als die Summe des Nennkapital und der gebundenen Rücklagen der übertragenden Gesellschaft ist.

(2a) Die Einreichung des Verschmelzungsplans bei Gericht und die Veröffentlichung des Hinweises auf die Einreichung (§ 221a Abs. 1 AktG und Abs. 1) sind nicht erforderlich, wenn die Gesellschaft den Verschmelzungsplan sowie den Hinweis gemäß § 221a Abs. 1 zweiter Satz AktG in sinngemäßer Anwendung des § 221a Abs. 1a AktG in der Ediktsdatei (§ 89j GOG) veröffentlicht. *(BGBl I 2011/53)*

(3) Auf Verlangen ist jedem Gläubiger einer Gesellschaft, die ihr Vermögen auf eine aus der Verschmelzung hervorgehende Gesellschaft mit Sitz in einem anderen Mitgliedstaat überträgt, unverzüglich und kostenlos eine Abschrift der in § 221a Abs. 2 AktG bezeichneten Unterlagen zu erteilen.

(4) Auf die Einreichung des Verschmelzungsplans zum Firmenbuch und die Veröffentlichung des Hinweises auf die Einreichung kann nicht verzichtet werden.

Zustimmung der Gesellschafterversammlung

§ 9. (1) Die Gesellschafterversammlung jeder der sich verschmelzenden Gesellschaften kann die Verschmelzung davon abhängig machen, dass die Modalitäten für die Mitbestimmung der Arbeitnehmer in der aus der grenzüberschreitenden Verschmelzung hervorgehenden Gesellschaft ausdrücklich von ihr bestätigt werden.

(2) Befinden sich alle Anteile der übertragenden Gesellschaft in der Hand der übernehmenden Gesellschaft, so ist die Zustimmung der Gesellschafterversammlung der übertragenden Gesell-

schaft zum Verschmelzungsplan nicht erforderlich.

Barabfindung widersprechender Gesellschafter

§ 10. (1) [1]Jedem Gesellschafter einer Gesellschaft, die ihr Vermögen auf eine Gesellschaft mit Sitz in einem anderen Mitgliedstaat überträgt, steht gegenüber der Gesellschaft oder dem Dritten, der eine Barabfindung angeboten hat (§ 5 Abs. 4), das Recht auf angemessene Barabfindung gegen Hingabe seiner Anteile zu, wenn er gegen den Verschmelzungsbeschluss Widerspruch zur Niederschrift erklärt hat und vom Zeitpunkt der Beschlussfassung der Gesellschafterversammlung bis zur Geltendmachung des Rechts Gesellschafter war. [2]Das Angebot kann gleichzeitig mit dem Widerspruch zur Niederschrift in der Gesellschafterversammlung angenommen werden, andernfalls muss die Annahmeerklärung der Gesellschaft oder dem Dritten schriftlich binnen eines Monats nach dem Verschmelzungsbeschluss zugehen. Der Anspruch auf Barabfindung ist mit Eintragung der Verschmelzung bedingt, wird mit dieser Eintragung fällig und verjährt in drei Jahren. [3]Die Gesellschaft oder der Dritte hat die Kosten der Übertragung zu tragen. [4]Für die Erfüllung der Barabfindung einschließlich der Übertragungskosten ist den Abfindungsberechtigten Sicherheit zu leisten.

(2) Die Bescheinigung nach § 14 Abs. 3 darf erst ausgestellt werden, wenn die Barabfindungsansprüche der Gesellschafter ausreichend sichergestellt sind oder nachgewiesen wird, dass alle Gesellschafter auf die Barabfindung verzichtet haben.

(3) Einer anderweitigen Veräußerung des Anteils durch einen dem Verschmelzungsbeschluss widersprechenden Gesellschafter stehen nach Fassung des Verschmelzungsbeschlusses bis zum Ablauf der Frist für die Geltendmachung der Barabfindung satzungsgemäße Verfügungsbeschränkungen nicht entgegen.

Gerichtliche Überprüfung der Barabfindung

§ 11. (1) Die Anfechtung des Verschmelzungsbeschlusses kann nicht darauf gestützt werden, dass das Angebot auf Barabfindung nicht angemessen bemessen oder dass die im Verschmelzungsplan, in den Verschmelzungsberichten, den Prüfungsberichten oder den Berichten der Aufsichtsräte enthaltenen Erläuterungen des Barabfindungsangebots den gesetzlichen Bestimmungen nicht entsprechen.

(2) [1]Gesellschafter, die gegen den Verschmelzungsbeschluss Widerspruch zur Niederschrift erklärt haben, können binnen eines Monats nach dem Verschmelzungsbeschluss bei Gericht den Antrag stellen, dass die Barabfindung überprüft und eine höhere Barabfindung festgelegt wird. [2]Das Gericht hat den Antrag in den Bekanntmachungsblättern der Gesellschaft bekannt zu machen. Gesellschafter, die die Voraussetzungen gemäß § 225c Abs. 3 Z 1 AktG erfüllen, können binnen eines weiteren Monats nach dieser Bekanntmachung eigene Anträge stellen. [3]Nach Ablauf dieser Frist sind Anträge weiterer Gesellschafter unzulässig; darauf ist in der Bekanntmachung hinzuweisen. [4]Im Übrigen gelten für das Verfahren auf gerichtliche Überprüfung §§ 225d bis 225m, ausgenommen § 225e Abs. 2 erster Satz und Abs. 3 und § 225j Abs. 2 AktG, sinngemäß.

Ausschluss von Anfechtungsklagen, gerichtliche Überprüfung des Umtauschverhältnisses

§ 12. (1) Die Anfechtung des Beschlusses der Gesellschafterversammlung ist gemäß § 225b AktG wegen Mängel der Festlegung des Umtauschverhältnisses ausgeschlossen, wenn alle beteiligten Gesellschaften mit Sitz in anderen Mitgliedstaaten, in denen ein der Eintragung der Verschmelzung nicht entgegenstehendes Verfahren zur Überprüfung des Umtauschverhältnisses nicht vorgesehen ist, bei der Zustimmung der Gesellschafterversammlung zum Verschmelzungsplan ausdrücklich akzeptieren, dass

1. die Gesellschafter einer Gesellschaft mit Sitz in Österreich auf ein solches Verfahren gegen eine aus der Verschmelzung hervorgegangene Gesellschaft mit Sitz in Österreich zurückgreifen können oder

2. die Gesellschafter einer übertragenden Gesellschaft mit Sitz in Österreich ein Verfahren gegen eine aus der Verschmelzung hervorgegangene Gesellschaft mit Sitz in einem anderen Mitgliedstaat nach den für Aktiengesellschaften geltenden Bestimmungen über die Überprüfung des Umtauschverhältnisses gemäß §§ 225c ff AktG bei dem für den Sitz der übertragenden Gesellschaft zuständigen, zur Ausübung der Gerichtsbarkeit in Handelssachen berufenen Gerichtshof einleiten können.

(2) [1]Im Fall des Abs. 1 Z 2 sind nur solche Gesellschafter zum Antrag auf Überprüfung des Umtauschverhältnisses berechtigt, die entweder zur Niederschrift in der Gesellschafterversammlung oder binnen eines Monats nach dem Verschmelzungsbeschluss gegenüber der Gesellschaft erklärt haben, dass sie den Antrag auf Überprüfung des Umtauschverhältnisses zu stellen beabsichtigen. [2]In der Bescheinigung nach § 14 Abs. 3 ist darauf hinzuweisen, ob und von welchem Gesellschafter eine solche Erklärung abgegeben wurde.

(3) Ein Gesellschafter einer übertragenden Gesellschaft mit Sitz in einem anderen Mitgliedstaat ist zum Antrag auf Überprüfung des Um-

tauschverhältnisses berechtigt, wenn aus der diese Gesellschaft betreffenden Bescheinigung hervorgeht, dass die Gesellschafter auf die Anfechtung des Gesellschafterbeschlusses wegen Mängel der Festlegung des Umtauschverhältnisses verzichtet haben und sämtliche übertragenden Gesellschaften mit Sitz in anderen Mitgliedstaaten das Verfahren zur Überprüfung des Umtauschverhältnisses im Sinn des Abs. 1 Z 1 akzeptieren.

Gläubigerschutz und Schutz sonstiger schuldrechtlich Beteiligter

§ 13. (1) [1]Überträgt eine Gesellschaft ihr Vermögen auf eine aus der Verschmelzung hervorgehende Gesellschaft mit Sitz in einem anderen Mitgliedstaat, ist den Gläubigern der Gesellschaft, wenn sie sich binnen zwei Monaten nach dem Tag, an dem der Verschmelzungsplan bekannt gemacht worden ist, schriftlich zu diesem Zweck melden, für bis dahin entstehende Forderungen Sicherheit zu leisten, soweit sie nicht Befriedigung verlangen können. [2]Dieses Recht steht den Gläubigern jedoch nur zu, wenn sie glaubhaft machen, dass durch die Verschmelzung die Erfüllung ihrer Forderungen gefährdet wird. [3]Einer solchen Glaubhaftmachung bedarf es nicht, wenn die Summe des Nennkapitals und der gebundenen Rücklagen der aus der Verschmelzung hervorgehenden Gesellschaft, wie sie nach der Eintragung der Verschmelzung besteht, niedriger ist als die Summe des Nennkapitals und der gebundenen Rücklagen der übertragenden Gesellschaft. [4]Das Recht, Sicherheitsleistung zu verlangen, steht solchen Gläubigern nicht zu, die im Fall „des Insolvenzverfahrens“ ein Recht auf vorzugsweise Befriedigung aus einer nach gesetzlicher Vorschrift zu ihrem Schutz errichteten und behördlich überwachten Deckungsmasse haben. *(BGBl I 2010/58)*

(2) Die Bescheinigung nach § 14 Abs. 3 darf erst ausgestellt werden, wenn allen Gläubigern, die nach Abs. 1 einen Anspruch auf Sicherheitsleistung haben, eine angemessene Sicherheit geleistet wurde, und sichergestellt ist, dass den Inhabern von Schuldverschreibungen und Genussrechten gleichwertige Rechte gewährt werden.

Anmeldung der beabsichtigten Verschmelzung durch Übertragung des Vermögens einer Gesellschaft mit Sitz in Österreich auf eine Gesellschaft mit Sitz in einem anderen Mitgliedstaat, Bescheinigung der Ordnungsmäßigkeit der der Verschmelzung vorangehenden Rechtshandlungen und Formalitäten

§ 14. (1) [1]Der Vorstand einer Gesellschaft, die ihr Vermögen auf eine aus der Verschmelzung hervorgehende Gesellschaft mit Sitz in einem anderen Mitgliedstaat überträgt, hat die beabsichtigte Verschmelzung zur Eintragung beim Gericht, in dessen Sprengel seine Gesellschaft ihren Sitz hat, anzumelden. [2]Der Anmeldung sind in Urschrift, Ausfertigung oder beglaubigter Abschrift beizufügen:

1. der Verschmelzungsplan;

2. die Niederschrift des Verschmelzungsbeschlusses der übertragenden Gesellschaft;

3. wenn die Verschmelzung einer behördlichen Genehmigung bedarf, die Genehmigungsurkunde;

4. der Verschmelzungsbericht für die übertragende Gesellschaft;

5. der Prüfungsbericht für die übertragende Gesellschaft;

6. die Schlussbilanz der übertragenden Gesellschaft;

7. der Nachweis der Veröffentlichung „ “ des Verschmelzungsplans für die übertragende Gesellschaft; *(BGBl I 2011/53)*

8. der Nachweis der Sicherstellung der Barabfindung widersprechender Gesellschafter (§ 10) und die allenfalls erforderliche Zustimmung der Gesellschaften mit Sitz in anderen Mitgliedstaaten zur Einleitung eines Verfahrens auf Überprüfung des Umtauschverhältnisses (§ 12);

9. der Nachweis der Sicherstellung der Gläubiger (§ 13) und die Erklärung, dass sich andere als die befriedigten oder sichergestellten Gläubiger innerhalb der Frist des § 13 Abs. 1 nicht gemeldet haben.

(2) [1]Weiters haben sämtliche Mitglieder des Vorstands dem Gericht gegenüber zu erklären,

1. dass eine Klage auf Anfechtung oder Feststellung der Nichtigkeit des Verschmelzungsbeschlusses innerhalb eines Monats nach der Beschlussfassung nicht erhoben oder zurückgezogen worden ist oder dass alle Gesellschafter durch notariell beurkundete Erklärung auf eine solche Klage verzichtet haben;

2. ob und wie viele Gesellschafter von ihrem Recht auf Barabfindung gemäß § 10 Gebrauch gemacht haben und dass die Anteile der austrittswilligen Gesellschafter entsprechend den gesetzlichen Bestimmungen übernommen werden können.

[2]Kann die Erklärung nicht vorgelegt werden, so hat das Gericht gemäß § 19 FBG vorzugehen.

(2a) [1]Ist die übertragende Aktiengesellschaft im Inland börsenotiert, so darf die beabsichtigte Verschmelzung erst zur Eintragung angemeldet werden, nachdem unter Hinweis auf die geplante Verschmelzung innerhalb der letzten sechs Monate vor der Anmeldung oder unter Hinweis auf den gefassten Verschmelzungsbeschluss eine Angebotsunterlage nach dem 5. Teil des ÜbG veröffentlicht wurde. [2]Ein solches Angebot ist jedoch dann nicht erforderlich, wenn für die zu gewährenden

Beteiligungspapiere der übernehmenden Gesellschaft die Zulassung und der Handel an zumindest einem geregelten Markt in einem EWR-Vertragsstaat gewährleistet sind, an dem für einen Widerruf der Zulassung zum Handel an diesem Markt mit § 38 Abs. 6 bis 8 BörseG 2018 gleichwertige Voraussetzungen gelten. *(BGBl I 2017/107)*

(3) [1]Das Gericht hat zu prüfen, ob die der Verschmelzung vorangehenden Rechtshandlungen und Formalitäten ordnungsgemäß durchgeführt wurden und die Forderungen der Gläubiger und sonstigen schuldrechtlich Beteiligten sowie die Abfindung der austrittswilligen Gesellschafter sichergestellt sind. [2]Ist dies der Fall, so hat es die Eintragung durchzuführen und eine Bescheinigung hierüber auszustellen.

(4) Bei der Eintragung der beabsichtigten Verschmelzung sind der geplante Sitz der aus der Verschmelzung hervorgehenden Gesellschaft, das Register, bei dem die aus der Verschmelzung hervorgehende Gesellschaft geführt werden soll, und die Tatsache anzugeben, dass die Bescheinigung über die Ordnungsmäßigkeit der der Verschmelzung vorangehenden Rechtshandlungen und Formalitäten ausgestellt wurde.

(5) [1]Sobald die Verschmelzung nach dem Recht, dem die aus der Verschmelzung hervorgehenden Gesellschaft unterliegt, wirksam geworden ist, hat der Vorstand dieser Gesellschaft unter Anschluss der Mitteilung des Registers des neuen Sitzes die Eintragung der Durchführung der Verschmelzung und der Löschung der Gesellschaft zum Firmenbuch anzumelden. [2]Ist diese Mitteilung nicht in deutscher Sprache verfasst, so ist überdies eine beglaubigte Übersetzung in die deutsche Sprache beizufügen. [3]Übermittelt das Register, in dem die aus der grenzüberschreitenden Verschmelzung hervorgehende Gesellschaft eingetragen wird, eine Meldung über das Wirksamwerden der grenzüberschreitenden Verschmelzung unmittelbar an das Gericht, so ist der Vorstand zur Anmeldung aufzufordern (§ 24 FBG).

Anmeldung, Prüfung und Eintragung der Verschmelzung

§ 15. (1) Die Vorstände der an der Verschmelzung beteiligten Gesellschaften haben die Verschmelzung zur Eintragung bei dem Gericht, in dessen Sprengel die aus der Verschmelzung hervorgehende Gesellschaft ihren Sitz hat, anzumelden.

(2) Der Anmeldung der Verschmelzung zur Eintragung im Firmenbuch sind neben den in § 225 Abs. 1 AktG und § 233 AktG bezeichneten Unterlagen die Nachweise, dass die allenfalls erforderlichen Verhandlungen mit den Arbeitnehmervertretern über die Beteiligung der Arbeitnehmer in der aus der Verschmelzung hervorgehenden Gesellschaft ordnungsgemäß geführt und abgeschlossen wurden, gegebenenfalls die Vereinbarung über die Beteiligung der Arbeitnehmer, oder dass die Vorstände der an der Verschmelzung beteiligten Gesellschaften die Arbeitnehmervertreter oder die Arbeitnehmer darüber informiert haben, dass sie beschlossen haben, ohne Verhandlungen mit den Arbeitnehmervertretern die Auffangregelung zur Mitbestimmung anzuwenden (§ 262 Abs. 2 ArbVG), sowie für übertragende Gesellschaften aus anderen Mitgliedstaaten eine Bescheinigung über die Ordnungsmäßigkeit der der Verschmelzung vorangehenden Formalitäten und Rechtshandlungen beizuschließen, die nicht älter als sechs Monate ist.

(3) Vor der Eintragung der Verschmelzung hat das Gericht insbesondere zu prüfen, dass die verschmelzenden Gesellschaften einem gemeinsamen gleichlautenden Verschmelzungsplan zugestimmt haben und gegebenenfalls dass die allenfalls erforderlichen Verhandlungen mit den Arbeitnehmervertretern über die Beteiligung der Arbeitnehmer in der aus der Verschmelzung hervorgehenden Gesellschaft ordnungsgemäß geführt und abgeschlossen wurden.

(4) „Falls keine automatische Verständigung nach § 37 Abs. 3 Z 4 FBG erfolgt, hat das Gericht“ den Registern, bei denen die Gesellschaften mit Sitz im Ausland ihre Unterlagen zu hinterlegen hatten, unverzüglich zu melden, dass die Verschmelzung in das Firmenbuch eingetragen und damit die Verschmelzung wirksam geworden ist. *(BGBl I 2017/60)*

(5) In Hinblick auf übertragende Gesellschaften mit Sitz in Österreich bleibt § 225 AktG unberührt.

Verweisungen

§ 16. Soweit in diesem Bundesgesetz auf Bestimmungen anderer Bundesgesetze verwiesen wird, sind diese in ihrer jeweils geltenden Fassung anzuwenden.

In-Kraft-Treten

§ 17. „(1)“ Dieses Bundesgesetz tritt mit 15. Dezember 2007 in Kraft. *(BGBl I 2010/58)*

(2) § 13 Abs. 1 in der Fassung des Bundesgesetzes BGBl. I Nr. 58/2010 tritt mit 1. August 2010 in Kraft. *(BGBl I 2011/53)*

(3) [1]§ 1 Abs. 2, § 8 Abs. 2 und 2a sowie § 14 Abs. 1 in der Fassung des Gesellschaftsrechts-Änderungsgesetzes 2011, BGBl. I Nr. 53/2011, treten mit 1. August 2011 in Kraft. [2]Auf grenzüberschreitende Verschmelzungen, bei denen vor diesem Zeitpunkt die Bereitstellung (§ 221a Abs. 2 AktG) oder Übersendung der Unterlagen (§ 8 Abs. 1 und § 97 Abs. 1 GmbHG) erfolgte oder ein Verzicht darauf wirksam wurde, sind die

bis dahin geltenden Bestimmungen weiter anzuwenden. *(BGBl I 2011/53)*

(4) § 15 Abs. 4 in der Fassung des Bundesgesetzes BGBl. I Nr. 60/2017 tritt mit 1. Juni 2017 in Kraft. *(BGBl I 2017/60)*

(5) § 14 Abs. 2a in der Fassung des Bundesgesetzes BGBl. I Nr. 107/2017 tritt mit 3. Jänner 2018 in Kraft. *(BGBl I 2017/107)*

Vollziehung

§ 18. Mit der Vollziehung dieses Bundesgesetzes ist der Bundesminister für Justiz betraut.

25. Umgründungssteuergesetz

BGBl 1991/699 idF

1 BGBl 1993/818 (SteuerreformG 1993)
2 BGBl 1994/680 (AbgÄG 1994)
3 BGBl 1994/681
4 BGBl 1995/21
5 BGBl 1996/201 (StrukturanpassungsG 1996)
6 BGBl 1996/797 (AbgÄG 1996)
7 BGBl I 1998/9 (AbgÄG 1997)
8 BGBl I 1999/28 (AbgÄG 1998)
9 BGBl I 1999/106 (SteuerreformG 2000)
10 BGBl I 2000/22 (VfGH)
11 BGBl I 2000/142 (BudgetbegleitG 2001)
12 BGBl I 2001/47 (BudgetbegleitG 2002)
13 BGBl I 2001/144 (AbgÄG 2001)
14 BGBl I 2003/71 (BudgetbegleitG 2003)
15 BGBl I 2003/124 (AbgÄG 2003)
16 BGBl I 2004/180 (AbgÄG 2004)
17 BGBl I 2005/161 (AbgÄG 2005)
18 BGBl I 2007/24 (BudgetbegleitG 2007)
19 BGBl I 2007/99 (AbgSiG 2007)
20 BGBl I 2008/2 (Art 2, 1. BVRBG)
21 BGBl I 2010/9
22 BGBl I 2010/34 (AbgÄG 2010)
23 BGBl I 2010/111 (BudgetbegleitG 2011)
24 BGBl I 2011/79 (VfGH)
25 BGBl I 2011/112 (BudgetbegleitG 2012)
26 BGBl I 2012/112 (AbgÄG 2012)
27 BGBl I 2014/13 (AbgÄG 2014)
28 BGBl I 2014/105 (2. AbgÄG 2014)
29 BGBl I 2015/34 (VAG 2016)
30 BGBl I 2015/118 (StRefG 2015/2016)
31 BGBl I 2015/163 (AbgÄG 2015)
32 BGBl I 2016/117 (AbgÄG 2016)
33 BGBl I 2018/62 (JStG 2018)
34 BGBl I 2018/69
35 BGBl I 2019/103 (StRefG 2020)
36 BGBl I 2019/104 (FORG)
37 BGBl I 2020/1 (VfGH)

Speziell im Steuerrecht sind die In-Kraft-Tretens- und etwaige Übergangsbestimmungen der jeweiligen Novelle zu beachten!

STICHWORTVERZEICHNIS

Bundesgesetz, mit dem abgabenrechtliche Maßnahmen bei der Umgründung von Unternehmen getroffen und das Einkommensteuergesetz 1988, das Körperschaftsteuergesetz 1988, das Bewertungsgesetz 1955, das Strukturverbesserungsgesetz und das Finanzstrafgesetz geändert werden (Umgründungssteuergesetz – UmgrStG)

GLIEDERUNG[1)]

[1)] Gliederung idF BGBl 1993/818.

1. Teil: Umgründungssteuergesetz

1. Hauptstück: Umgründungen

Artikel I: Verschmelzung

Artikel II: Umwandlung

Artikel III: Einbringung

Artikel IV: Zusammenschluß

Artikel V: Realteilung

[Artikel VI: Spaltung

2. Hauptstück: Ergänzende Vorschriften

2. Teil: Änderung von Bundesgesetzen

3. Hauptstück: Einkommenssteuergesetz 1988

4. Hauptstück: Körperschaftssteuergesetz 1988

5. Hauptstück: Bewertungsgesetz 1955

6. Hauptstück: Finanzstrafgesetz

3. Teil: Übergangs- und Schlußvorschriften

4. Teil: Vollziehung

Anlage zu Art I, II, III, IV

*) Überschriften offensichtlich überlagert.

1. TEIL
UMGRÜNDUNGSSTEUERGESETZ

1. HAUPTSTÜCK
Umgründungen

Artikel I
Verschmelzung

Anwendungsbereich

§ 1. (1) Verschmelzungen im Sinne dieses Bundesgesetzes sind

1. Verschmelzungen auf Grund „gesellschaftsrechtlicher“ Vorschriften, *(BGBl I 2007/24)*

2. Verschmelzungen im Sinne „gesellschaftsrechtlicher“ Vorschriften auf Grund anderer Gesetze, *(BGBl I 2007/24)*

3. Vermögensübertragungen im Sinne des § 236 des Aktiengesetzes „ “ und *(BGBl I 2015/34)*

4. Verschmelzungen ausländischer Körperschaften im Ausland auf Grund vergleichbarer Vorschriften.

(2) [1]Abs. 1 Z 1 bis 4 findet nur insoweit Anwendung, als das Besteuerungsrecht der Republik Österreich hinsichtlich der stillen Reserven einschließlich eines allfälligen Firmenwertes bei der übernehmenden Körperschaft nicht eingeschränkt wird. [2]„Soweit bei der Verschmelzung auf eine übernehmende

- in der Anlage genannte Gesellschaft eines Mitgliedstaates der Europäischen Union oder
- den Kapitalgesellschaften vergleichbare Gesellschaft eines Staates des Europäischen Wirtschaftsraumes, „ “ *(BGBl I 2018/62)*

„die auch den Ort der Geschäftsleitung in einem Mitgliedstaat der Europäischen Union oder in einem Staat des Europäischen Wirtschaftsraumes hat“*, eine Steuerpflicht nach § 20 des Körperschaftsteuergesetzes 1988 entsteht, „ist die Abgabenschuld auf Grund eines in der Steuererklärung gestellten Antrages in Raten zu entrichten; dabei sind § 6 Z 6 lit. d bis e des Einkommensteuergesetzes 1988 sinngemäß anzuwenden.“ ** „“***
*(*BGBl I 2007/99; **BGBl I 2015/163; ***BGBl I 2018/62)*

(3) Auf Verschmelzungen sind die §§ 2 bis 6 anzuwenden.

(BGBl I 2004/180)

Übertragende Körperschaft

§ 2. (1) Bei der Ermittlung des Gewinnes ist für das mit dem Verschmelzungsstichtag endende Wirtschaftsjahr das Betriebsvermögen mit dem Wert anzusetzen, der sich nach den steuerrechtlichen Vorschriften über die Gewinnermittlung ergibt. *(BGBl 1993/818)*

(2) Abweichend von Abs. 1 kann

1. bei Verschmelzungen im Sinne des § 1 Abs. 1 Z 1 bis 3 das ausländische Vermögen und

2. bei Verschmelzungen im Sinne des § 1 Abs. 1 Z 4 „das Betriebsvermögen und sonstige Vermögensteile“ *(BGBl 1994/681)*

mit dem sich aus § 20 des Körperschaftsteuergesetzes 1988 ergebenden Wert angesetzt werden, wenn die Verschmelzung im Ausland zur Gewinnverwirklichung führt und mit dem in Betracht kommenden ausländischen Staat ein Doppelbesteuerungsabkommen besteht, das dafür die Anrechnungsmethode vorsieht, oder eine vergleichbare innerstaatliche Maßnahme zur Vermeidung der Doppelbesteuerung getroffen wurde.

(3) Das Einkommen der übertragenden Körperschaft ist so zu ermitteln, als ob der Vermögensübergang mit Ablauf des Verschmelzungsstichtages erfolgt wäre. *(BGBl 1993/818)*

(4) Abs. 3 gilt nicht für Gewinnausschüttungen der übertragenden Körperschaft auf Grund von Beschlüssen nach dem Verschmelzungsstichtag sowie für

- die Einlagenrückzahlung im Sinne des § 4 Abs. 12 des Einkommensteuergesetzes 1988 durch die übertragende Körperschaft und
- Einlagen im Sinne des § 8 Abs. 1 des Körperschaftsteuergesetzes 1988 in dieübertragende Körperschaft

in der Zeit zwischen dem Verschmelzungsstichtag und dem Tag des Abschlusses des Verschmelzungsvertrages.
(BGBl 1996/201)

(5) [1]Verschmelzungsstichtag ist der Tag, zu dem die Schlußbilanz aufgestellt ist, die der Verschmelzung zugrunde gelegt wird. [2]Zum Verschmelzungsstichtag ist weiters eine Verschmelzungsbilanz aufzustellen, in der die nach Abs. 1 oder 2 steuerlich maßgebenden Buchwerte oder

Werte und das sich daraus ergebende Verschmelzungskapital unter Berücksichtigung nachträglicher Veränderungen im Sinne des Abs. 4 darzustellen sind. *(BGBl 1996/797)*

Übernehmende Körperschaft

§ 3. (1) Für die übernehmende Körperschaft gilt Folgendes:

1. Sie hat die zum Verschmelzungsstichtag steuerlich maßgebenden Buchwerte im Sinne des § 2 fortzuführen.

2. Soweit das Besteuerungsrecht der Republik Österreich hinsichtlich des übernommenen Vermögens entsteht, gilt Folgendes:

– Das übernommene Vermögen ist mit dem gemeinen Wert anzusetzen.

– [1]„ „Wird Vermögen ganz oder teilweise übernommen, für das die Abgabenschuld bei der übernehmenden Körperschaft oder einer konzernzugehörigen Körperschaft der übernehmenden Körperschaft nicht festgesetzt worden ist oder gemäß § 16 Abs. 1a nicht entstanden ist, sind die fortgeschriebenen Buchwerte, höchstens aber die gemeinen Werte anzusetzen.“**[2]Die spätere Veräußerung oder das sonstige Ausscheiden gilt nicht als rückwirkendes Ereignis im Sinn des § 295a der Bundesabgabenordnung. [3]Weist die übernehmende Körperschaft nach, dass Wertsteigerungen im übrigen EU/EWR-Raum eingetreten sind, sind diese vom Veräußerungserlös oder vom gemeinen Wert im Zeitpunkt des Ausscheidens abzuziehen.“* *(BGBl I 2007/24; *BGBl I 2014/105; **BGBl I 2015/163)*

(BGBl I 2005/161)

3. [1]Ist die übernehmende Körperschaft oder ein konzernzugehöriges Unternehmen der übernehmenden Körperschaft am Verschmelzungsstichtag an der übertragenden ausländischen Körperschaft beteiligt und würden die Gewinnanteile der übertragenden Körperschaft bei der übernehmenden Körperschaft oder dem konzernzugehörigen Unternehmen „am Verschmelzungsstichtag § 10 Abs. 4 oder Abs. 5 in der Fassung vor BGBl. I Nr. 62/2018 oder § 10a Abs. 7 des Körperschaftsteuergesetzes 1988 unterliegen“**, gilt der Unterschiedsbetrag zwischen dem Verschmelzungskapital im Sinne des § 2 Abs. 5 „und den vorhandenen Einlagen im Sinne des § 4 Abs. 12 des Einkommensteuergesetzes 1988“* zum Verschmelzungsstichtag mit dem Beginn des auf den Verschmelzungsstichtag folgenden Tages als offen ausgeschüttet. [2]„Dies gilt nur für Gewinne der übertragenden Körperschaft aus Wirtschaftsjahren, die vor dem 1. Jänner 2019 geendet haben. “**[3]Der Steuerpflichtige hat nachzuweisen, dass die Einlagen nicht aus Gesellschaftsmitteln stammen. *(BGBl I 2012/112; *BGBl I 2015/163; **BGBl I 2018/62)*

„4.“ § 2 Abs. 3 gilt mit dem Beginn des auf den Verschmelzungsstichtag folgenden Tages. *(BGBl I 2010/34)*
(BGBl I 2004/180)

(2) Buchgewinne und Buchverluste bleiben bei der Gewinnermittlung außer Ansatz. *(BGBl 1996/201)*

(3) Unabhängig vom Vorliegen eines Buchgewinnes oder -verlustes sind Veränderungen des Betriebsvermögens, die aus der Vereinigung von Aktiven und Passiven (Confusio) stammen, in dem dem Verschmelzungsstichtag folgenden Wirtschaftsjahr zu berücksichtigen. *(BGBl 1996/201)*

(4) Entsteht durch die Verschmelzung bei der übernehmenden Körperschaft eine internationale Schachtelbeteiligung im Sinne des § 10 Abs. 2 des Körperschaftsteuergesetzes 1988 oder wird ihr Ausmaß erweitert, „ist hinsichtlich der bisher nicht steuerbegünstigten Beteiligungsquoten auf den Unterschiedsbetrag zwischen den Buchwerten und den höheren Teilwerten § 10 Abs. 3 erster Satz des Körperschaftsteuergesetzes 1988 nicht anzuwenden.“ *(BGBl 1996/797; BGBl I 2003/71)*

Verlustabzug

§ 4. § 8 Abs. 4 Z 2 des Körperschaftsteuergesetzes 1988 ist nach Maßgabe folgender Bestimmungen anzuwenden:

1. a) [1]„Verluste der übertragenden Körperschaft, die bis zum Verschmelzungsstichtag entstanden und noch nicht verrechnet sind, gelten im Rahmen der Buchwertfortführung ab dem dem Verschmelzungsstichtag folgenden Veranlagungszeitraum der übernehmenden Körperschaft insoweit als abzugsfähige Verluste dieser Körperschaft, als sie den übertragenen Betrieben, Teilbetrieben oder nicht einem Betrieb zurechenbaren Vermögensteilen zugerechnet werden können.“**[2]Voraussetzung ist weiters, daß das übertragene Vermögen am Verschmelzungsstichtag tatsächlich vorhanden ist. „ “* *(*BGBl I 1998/9; **BGBl I 1999/28)*

b) Verluste der übernehmenden Körperschaft, die bis zum Verschmelzungsstichtag entstanden und noch nicht verrechnet sind, bleiben abzugsfähig, soweit die Betriebe, Teilbetriebe oder nicht einem Betrieb zurechenbaren Vermögensteile, die die Verluste verursacht haben, am Verschmelzungsstichtag tatsächlich vorhanden sind. „ “ *(BGBl I 1998/9)*

c) Ist in den Fällen der lit. a und b der Umfang der Betriebe, Teilbetriebe oder nicht einem Betrieb zurechenbaren Vermögensteile am Verschmelzungsstichtag gegenüber jenem im Zeitpunkt des Entstehens der Verluste derart vermindert, daß nach dem Gesamtbild der wirtschaftlichen Verhältnisse eine Vergleichbarkeit nicht mehr gegeben ist, ist der von diesen Betrieben, Teilbetrieben oder Vermögensteilen verursachte Verlust vom Abzug ausgeschlossen.

d) [1]Im Falle der Verschmelzung verbundener Körperschaften sind vortragsfähige Verluste der Körperschaft, an der die Beteiligung besteht, um abzugsfähige Teilwertabschreibungen zu kürzen, die die beteiligte Körperschaft auf die Beteiligung in Wirtschaftsjahren, die nach dem 31. Dezember 1990 geendet haben, vorgenommen hat; die Kürzung vermindert sich insoweit, als in der Folge Zuschreibungen erfolgt sind. [2]Eine Kürzung unterbleibt, soweit eine solche nach dem letzten Satz erfolgt ist. [3]Die Kürzung hat im Falle der Verschmelzung auf die Mutterkörperschaft in dem dem Verschmelzungsstichtag folgenden Veranlagungszeitraum und im Falle der Verschmelzung auf die Tochterkörperschaft in dem Veranlagungszeitraum zu erfolgen, in den der Verschmelzungsstichtag fällt. [4]§ 12 Abs. 3 Z 2 des Körperschaftsteuergesetzes 1988 gilt im Falle der Verschmelzung auf die Tochterkörperschaft ab dem dem Verschmelzungsstichtag folgenden Wirtschaftsjahr und im Übrigen mit der Maßgabe, dass in dem Jahr, in dem die Kürzung zu erfolgen hat, zusätzlich der Unterschiedsbetrag zwischen den insgesamt berücksichtigten Teilen der Teilwertabschreibung und dem Kürzungsbetrag im Sinne des ersten Satzes zu berücksichtigen ist. [5]Die vorstehenden Bestimmungen gelten sinngemäß auch im Falle der Verschmelzung mittelbar verbundender Körperschaften, soweit abzugsfähige Teilwertabschreibungen auf Verluste zurückzuführen sind, die die mittelbar verbundene Körperschaft erlitten hat. *(BGBl I 2003/71)*

2. Ein Mantelkauf, der den Abzug von Verlusten ausschließt, liegt auch dann vor, wenn die wesentlichen Änderungen der Struktur zu einem Teil bei der übertragenden und zum anderen Teil bei der übernehmenden Körperschaft erfolgen. Änderungen zum Zwecke der Verbesserung oder Rationalisierung der betrieblichen Struktur im Unternehmenskonzept der übernehmenden Körperschaft stehen Sanierungen im Sinne des § 8 Abs. 4 Z 2 dritter Satz des Körperschaftsteuergesetzes 1988 gleich.

(BGBl 1993/818)

Behandlung der Anteilsinhaber

§ 5. (1) Für die Anteilsinhaber gilt Folgendes:

1. [1]Der Austausch von Anteilen an der übertragenden Körperschaft auf Grund der Verschmelzung gilt nicht als Tausch. [2]Die Anteile an der übernehmenden Körperschaft gelten mit Beginn des dem Verschmelzungsstichtag folgenden Tages als erworben.

2. Zuzahlungen auf Grund gesellschaftsrechtlicher Vorschriften kürzen die Anschaffungskosten oder Buchwerte.

3. Soweit das Besteuerungsrecht der Republik Österreich hinsichtlich des übertragenen Vermögens auf Grund der Verschmelzung eingeschränkt wird, gilt Z 1 auch für Anteilsinhaber, die in einem Staat des EU/EWR-Raumes „ “ ansässig sind. *(BGBl I 2015/163; BGBl I 2018/62)*

4. Soweit das Besteuerungsrecht der Republik Österreich hinsichtlich der Anteile der übertragenden Körperschaft an der übernehmenden Körperschaft eingeschränkt wird, sind diese bei der übernehmenden Körperschaft mit den nach § 6 Z 6 lit. a des Einkommensteuergesetzes 1988 maßgebenden Werten anzusetzen, wobei § 6 Z 6 lit. c bis e des Einkommensteuergesetzes 1988 sinngemäß anzuwenden sind. *(BGBl I 2015/163)*

5. Werden ausländischen Anteilsinhabern eigene „Anteile“* der übernehmenden Körperschaft gewährt, „sind diese mit den nach § 6 Z 6 lit. a des Einkommensteuergesetzes 1988 maßgebenden Werte anzusetzen, wobei § 6 Z 6 lit. c bis e des Einkommensteuergesetzes 1988 sinngemäß anzuwenden sind.“** *(BGBl I 2007/99; *BGBl I 2014/105; **BGBl I 2015/163)*
(BGBl I 2007/24)

(2) Für neue Anteile sind die Anschaffungszeitpunkte der alten Anteile maßgeblich. *(BGBl I 2012/112)*

(3) *(entfällt, BGBl I 2012/112)*

(4) *(entfällt, BGBl I 2012/112)*

(5) Unterbleibt die Gewährung von Anteilen, weil die Beteiligungsverhältnisse an der übertragenden und der übernehmenden Körperschaft übereinstimmen (§ 224 Abs. 2 Z 1 des Aktiengesetzes), sind die steuerlich maßgebenden Anschaffungskosten oder Buchwerte der Anteile an der übertragenden Körperschaft den Anteilen an der übernehmenden Körperschaft zuzurechnen. *(BGBl 1996/797)*

(6) Unterbleibt die Gewährung von Anteilen, weil Anteilsinhaber der übertragenden Körperschaft auf die Gewährung verzichten (§ 224 Abs. 2 Z 2 des Aktiengesetzes), ist § 3 Abs. 2 anzuwenden. *(BGBl 1996/797)*

(7) Für internationale Schachtelbeteiligungen im Sinne des § 10 Abs. 2 des Körperschaftsteuergesetzes 1988 gilt folgendes:

1. Entsteht durch eine Verschmelzung im Sinne des „§ 1 Abs. 1“** bei einer Körperschaft als Anteilsinhaber eine internationale Schachtelbeteiligung oder wird ihr Ausmaß durch neue Anteile oder durch Zurechnung zur bestehenden Beteiligung verändert, „ist hinsichtlich der bisher nicht steuerbegünstigten Beteiligungsquoten auf den Unterschiedsbetrag zwischen den Buchwerten und den höheren Teilwerten § 10 Abs. 3 erster Satz des Körperschaftsteuergesetzes 1988 nicht

anzuwenden."* *(*BGBl I 2003/71; **BGBl I 2005/161)*

2. Geht durch eine Verschmelzung im Sinne des „§ 1 Abs. 1"* die Eigenschaft einer Beteiligung als internationale Schachtelbeteiligung unter, „gilt, soweit für sie keine Option zugunsten der Steuerwirksamkeit erklärt worden ist, der höhere Teilwert"* zum Verschmelzungsstichtag, „abzüglich auf Grund einer Umgründung nach diesem Bundesgesetz von § 10 Abs. 3 erster Satz des Körperschaftsteuergesetzes 1988 ausgenommener Beträge, als Buchwert"**. *(*BGBl I 2005/161; **BGBl I 2007/24)*
(BGBl 1996/797)

Sonstige Rechtsfolgen der Verschmelzung

§ 6. (1) [1]Die übertragende Körperschaft bleibt bis zu ihrem Erlöschen Arbeitgeber im Sinne des § 47 des Einkommensteuergesetzes 1988. [2]Dies gilt auch für die Beurteilung von Tätigkeitsvergütungen als solche im Sinne des § 22 Z 2 des Einkommensteuergesetzes 1988.

(2) [1]„Entsprechen die Beteiligungsverhältnisse nach der Verschmelzung nicht den Wertverhältnissen, gilt der Unterschiedsbetrag, wenn der Wertausgleich nicht auf andere Weise erfolgt, als unentgeltlich zugewendet."[2]Die Wertverhältnisse sind im Zweifel durch das Gutachten eines Sachverständigen nachzuweisen. *(BGBl 1993/818; BGBl I 2003/71)*

(3) [1]Die Annahme eines Abfindungsangebotes gilt als Anteilsveräußerung. [2]Beim Erwerber gilt der Beginn des dem Verschmelzungsstichtag folgenden Tages als Anschaffungstag der Anteile. *(BGBl I 2007/24)*

„(4)"** Verschmelzungen nach § 1 gelten nicht als steuerbare Umsätze im Sinne des Umsatzsteuergesetzes „1994"*; die übernehmende Körperschaft tritt für den Bereich der Umsatzsteuer unmittelbar in die Rechtsstellung der übertragenden Körperschaft ein. *(*BGBl 1996/797; **BGBl I 2007/24)*

„(5)" Werden auf Grund einer Verschmelzung nach § 1 Erwerbsvorgänge nach § 1 des Grunderwerbsteuergesetzes 1987 verwirklicht, so ist die Grunderwerbsteuer gemäß § 4 in Verbindung mit § 7 des Grunderwerbsteuergesetzes 1987 zu berechnen. *(BGBl I 2015/118; BGBl I 2019/103)*

(6) *(entfällt, BGBl I 2019/103)*

Artikel II

Umwandlung

Anwendungsbereich

§ 7. (1) Umwandlungen im Sinne dieses Bundesgesetzes sind

1. errichtende Umwandlungen nach dem Bundesgesetz über die Umwandlung von Handelsgesellschaften, BGBl. Nr. 304/1996, wenn am Umwandlungsstichtag und am Tag des Umwandlungsbeschlusses ein Betrieb vorhanden ist, *(BGBl I 2003/71)*

2. verschmelzende Umwandlungen nach dem Bundesgesetz über die Umwandlung von Handelsgesellschaften, BGBl. Nr. 304/1996, wenn

– am Umwandlungsstichtag und am Tag des Umwandlungsbeschlusses ein Betrieb vorhanden ist oder

– Hauptgesellschafter eine unter § 7 Abs. 3 des Körperschaftsteuergesetzes 1988 fallende Körperschaft oder eine ausländische Gesellschaft eines Mitgliedstaates der Europäischen Union, die die in der Anlage zu diesem Bundesgesetz vorgesehenen Voraussetzungen des Artikels 3 „der Richtlinie 2009/133/EG über das gemeinsame Steuersystem für Fusionen, Spaltungen, Abspaltungen, die Einbringung von Unternehmensteilen und den Austausch von Anteilen, die Gesellschaften verschiedener Mitgliedstaaten betreffen, sowie für die Verlegung des Sitzes einer Europäischen Gesellschaft oder einer Europäischen Genossenschaft von einem Mitgliedstaat in einen anderen Mitgliedstaat, ABl. Nr. L 310 vom 25.11.2009 S. 34,"** in der jeweils geltenden Fassung erfüllt, ist „ ,"* *(BGBl I 2003/71; *BGBl I 2005/161; **BGBl I 2012/112)*

3. vergleichbare Umwandlungen ausländischer Körperschaften im Ausland. *(BGBl 1996/797)*

„ " *(BGBl 1994/681; BGBl I 2004/180)*

(2) [1]Abs. 1 Z 1 bis 3 findet nur insoweit Anwendung, als das Besteuerungsrecht der Republik Österreich hinsichtlich der stillen Reserven einschließlich eines allfälligen Firmenwertes beim Rechtsnachfolger nicht eingeschränkt wird. [2]„Soweit bei der Umwandlung das Besteuerungsrecht der Republik Österreich gegenüber einem EU/EWR-Staat „ "** eingeschränkt wird, ist die nach § 20 des Körperschaftsteuergesetzes 1988 entstehende Abgabenschuld auf Grund eines in der Steuererklärung gestellten Antrages in Raten zu entrichten; dabei sind § 6 Z 6 lit. d bis e des Einkommensteuergesetzes 1988 sinngemäß anzuwenden."* „ "* *(BGBl I 2004/180; *BGBl I 2015/163; **BGBl I 2018/62)*

(3) Rechtsnachfolger sind der Hauptgesellschafter (§ 2 Abs. 1 UmwG), beziehungsweise dessen Gesellschafter (Mitunternehmer), oder die Gesellschafter (Mitunternehmer) der errichteten Personengesellschaft (§ 5 Abs. 1 UmwG). *(BGBl I 2004/180)*

(4) Auf Umwandlungen sind die §§ 8 bis 11 anzuwenden. *(BGBl I 2004/180)*

Übertragende Körperschaft

§ 8. (1) Bei der Ermittlung des Gewinnes ist für das mit dem Umwandlungsstichtag endende Wirtschaftsjahr das Betriebsvermögen mit dem Wert anzusetzen, der sich nach den steuerrechtlichen Vorschriften über die Gewinnermittlung ergibt. *(BGBl 1993/818)*

(2) Abweichend von Abs. 1 kann

1. bei Umwandlungen im Sinne des „§ 7 Abs. 1 Z 1 und 2" das ausländische Vermögen und *(BGBl I 2000/142)*

2. bei Umwandlungen im Sinne des „§ 7 Abs. 1 Z 3"* „Betriebsvermögen und sonstige Vermögensteile"** *(*BGBl 1995/21; **BGBl I 2000/142)*

mit dem sich aus § 20 des Körperschaftsteuergesetzes 1988 ergebenden Wert angesetzt werden, wenn die Umwandlung im Ausland zur Gewinnverwirklichung führt und mit dem in Betracht kommenden ausländischen Staat ein Doppelbesteuerungsabkommen besteht, das dafür die Anrechnungsmethode vorsieht, oder eine vergleichbare innerstaatliche Maßnahme zur Vermeidung der Doppelbesteuerung getroffen wurde.

(3) Das Einkommen ist so zu ermitteln, als ob der Vermögensübergang mit Ablauf des Umwandlungsstichtages erfolgt wäre. *(BGBl 1993/818)*

(4) Abs. 3 gilt nicht für Gewinnausschüttungen der übertragenden Körperschaft auf Grund von Beschlüssen nach dem Umwandlungsstichtag sowie für

- die Einlagenrückzahlung im Sinne des § 4 Abs. 12 des Einkommensteuergesetzes 1988 durch die übertragende Körperschaft und
- Einlagen im Sinne des § 8 Abs. 1 des Körperschaftsteuergesetzes 1988 in dieübertragende Körperschaft

in der Zeit zwischen dem Umwandlungsstichtag und dem Tag des Umwandlungsbeschlusses. *(BGBl 1996/201)*

(5) [1]Umwandlungsstichtag ist der Tag, zu dem die Schlußbilanz aufgestellt ist, die der Umwandlung zugrunde gelegt wird. [2]Zum Umwandlungsstichtag ist weiters eine Umwandlungsbilanz aufzustellen, in der die nach Abs. 1 oder 2 steuerlich maßgebenden Buchwerte oder Werte und das sich daraus ergebende Umwandlungskapital unter Berücksichtigung nachträglicher Veränderungen im Sinne des Abs. 4 darzustellen sind. *(BGBl 1996/797)*

Rechtsnachfolger

§ 9. (1) Für die Rechtsnachfolger gilt Folgendes:

1. [1]Sie haben die zum Umwandlungsstichtag maßgebenden Buchwerte im Sinne des § 8 fortzuführen. [2]„§ 8 Abs. 3 gilt für die Rechtsnachfolger mit Beginn des dem Umwandlungsstichtag folgenden Tages." *(BGBl I 2012/112)*

2. [1]Soweit das Besteuerungsrecht der Republik Österreich hinsichtlich der Anteile an der übertragenden Körperschaft durch die Umwandlung eingeschränkt wird, gilt dies als Tausch im Sinne des § 6 Z 14 lit. a des Einkommensteuergesetzes 1988 an dem dem Umwandlungsstichtag folgenden Tag. [2]„§ 6 Z 6 lit. c bis e des Einkommensteuergesetzes 1988 sind sinngemäß anzuwenden." *(BGBl I 2007/24; BGBl I 2015/163)*

3. Soweit das Besteuerungsrecht der Republik Österreich entsteht, gilt Folgendes:

- Das übernommene Vermögen ist mit dem gemeinen Wert anzusetzen.
- [1]„Wird Vermögen ganz oder teilweise übernommen, für das die Abgabenschuld bei einem Rechtsnachfolger oder bei einer konzernzugehörigen Körperschaft eines Rechtsnachfolgers nicht festgesetzt worden ist oder gemäß § 16 Abs. 1a nicht entstanden ist, sind die fortgeschriebenen Buchwerte oder die ursprünglichen Anschaffungskosten, höchstens aber die gemeinen Werte anzusetzen." [2]Die spätere Veräußerung oder das sonstige Ausscheiden gilt nicht als rückwirkendes Ereignis im Sinn des § 295a der Bundesabgabenordnung. [3]Weist die übernehmende Körperschaft nach, dass Wertsteigerungen im übrigen EU/EWR-Raum eingetreten sind, sind diese vom Veräußerungserlös abzuziehen. *(**BGBl I 2015/163)*
- „[4] Soweit das Besteuerungsrecht der Republik Österreich hinsichtlich der Anteile an der durch eine errichtende Umwandlung entstandenen Personengesellschaft entsteht, ist der Unterschiedsbetrag zwischen dem Buchwert und dem gemeinen Wert der Anteile am Umwandlungsstichtag bei einer späteren Realisierung der Anteile bei natürlichen Personen als Rechtsnachfolger mit einem besonderen Steuersatz von 25% zu besteuern. [5]Dies gilt sinngemäß für verschmelzende Umwandlungen auf natürliche Personen als Rechtsnachfolger."* *(BGBl I 2011/112)*

(BGBl I 2005/161)

(2) [1]Auf Buchgewinne und Buchverluste ist § 3 Abs. 2 und 3 anzuwenden. [2]Dies gilt sinngemäß auch für Umwandlungsgewinne und Umwandlungsverluste in Bezug auf die Anschaffungskosten von außerbetrieblich gehaltenen Anteilen an der übertragenen Körperschaft. *(BGBl I 2004/180)*

(3) [1]Auf einen durch die Umwandlung bewirkten Wechsel der Gewinnermittlungsart ist § 4

Abs. 10 des Einkommensteuergesetzes 1988 anzuwenden. [2]Diese Bestimmung gilt auch für den Fall des durch die Umwandlung bewirkten Ausscheidens von Wirtschaftsgütern aus dem Betriebsvermögen und für Gewinnerhöhungen, die sich aus der Änderung der Besteuerungsgrundsätze ergeben. [3]„Ein sich daraus insgesamt ergebender Gewinn ist in dem dem Umwandlungsstichtag folgenden Wirtschaftsjahr zu berücksichtigen; „auf Antrag der Rechtsnachfolger ist der Gewinn einschließlich eines steuerwirksamen Buchgewinnes im Sinne des Abs. 2 in den dem Umwandlungsstichtag folgenden drei Wirtschaftsjahren gleichmäßig verteilt zu berücksichtigen."**"* *(BGBl 1993/818; *BGBl 1996/201; **BGBl 1996/797)*

(4) Für internationale Schachtelbeteiligungen im Sinne des § 10 Abs. 2 des Körperschaftsteuergesetzes 1988 gilt folgendes:

1. Entsteht durch die Umwandlung eine internationale Schachtelbeteiligung oder wird ihr Ausmaß erweitert, „ist hinsichtlich der bisher nicht steuerbegünstigten Beteiligungsquoten auf den Unterschiedsbetrag zwischen den Buchwerten und den höheren Teilwerten § 10 Abs. 3 erster Satz des Körperschaftsteuergesetzes 1988 nicht anzuwenden." *(BGBl I 2003/71)*

2. Geht durch die Umwandlung die Eigenschaft einer Beteiligung als internationale Schachtelbeteiligung unter, „gilt, soweit für sie keine Option zugunsten der Steuerwirksamkeit erklärt worden ist, der höhere Teilwert"* zum Umwandlungsstichtag, „abzüglich auf Grund einer Umgründung nach diesem Bundesgesetz von § 10 Abs. 3 erster Satz des Körperschaftsteuergesetzes 1988 ausgenommener Beträge, als Buchwert"**. *(*BGBl I 2005/161; **BGBl I 2007/24)*
(BGBl 1996/797)

(5) Forderungen und Verbindlichkeiten eines Anteilsinhabers der übertragenden Körperschaft aus Leistungsbeziehungen, die nicht unter Abs. 2 fallen, gelten spätestens mit dem Tag der Anmeldung des Umwandlungsbeschlusses zur Eintragung in das Firmenbuch im Rahmen der betreffenden Einkunftsart nach § 19 des Einkommensteuergesetzes 1988 als vereinnahmt oder verausgabt.

(6) [1]Mit dem Tag der Anmeldung des Umwandlungsbeschlusses zur Eintragung in das Firmenbuch gilt das Gewinnkapital der übertragenden Körperschaft als offen an die Rechtsnachfolger ausgeschüttet. [2]Gewinnkapital ist der Unterschiedsbetrag zwischen dem Umwandlungskapital im Sinne des § 8 Abs. 5 „und den vorhandenen Einlagen im Sinne des § 4 Abs. 12 des Einkommensteuergesetzes 1988" zum Umwandlungsstichtag. [3]Wurde im Zuge von Umgründungen innerhalb von zehn Jahren vor dem Umwandlungsstichtag Vermögen mit negativem Buchwert übernommen, erhöht sich das Gewinnkapital um diesen Betrag, soweit er nicht im Rahmen des § 18 Abs. 2 als ausgeschüttet gilt. [4]Der Tag der Anmeldung des Umwandlungsbeschlusses zur Eintragung in das Firmenbuch gilt als Tag des Zufließens im Sinne des § 95 Abs. 3 Z 1 des Einkommensteuergesetzes 1988. *(BGBl I 2012/112; BGBl I 2015/163)*

(7) *(entfällt, BGBl I 2012/112)*

(8) [1]Mindeststeuern der übertragenden Körperschaft im Sinne des § 24 Abs. 4 des Körperschaftsteuergesetzes 1988, die bis zum Umwandlungsstichtag entstanden und noch nicht verrechnet sind, sind den Rechtsnachfolgern ab dem dem Umwandlungsstichtag folgenden Wirtschaftsjahr in jenem Ausmaß zuzurechnen, das sich aus der Höhe der Beteiligung an der umgewandelten Körperschaft im Zeitpunkt der Eintragung des Umwandlungsbeschlusses in das Firmenbuch ergibt. [2]Dabei sind die Anteile abfindungsberechtigter Anteilsinhaber den Rechtsnachfolgern quotenmäßig zuzurechnen. [3]„§ 24 Abs. 4 Z 4 des Körperschaftsteuergesetzes 1988 gilt für natürliche Personen als Rechtsnachfolger, wenn der Betrieb nach § 7 Abs. 1 am Ende des Jahres, für das die Anrechnung erfolgen soll, noch vorhanden ist; unabhängig von diesem Betriebserfordernis ist auf die Einkommensteuer, die auf Veräußerungsgewinne gemäß § 24 des Einkommensteuergesetzes 1988 dieses Betriebes entfällt, eine Anrechnung vorzunehmen."* [4]„§ 46 Abs. 2 des Einkommensteuergesetzes 1988 ist nicht anzuwenden."** *(BGBl 1996/201; *BGBl I 2011/112; **BGBl I 2012/112)*

(9) Entfällt durch die Umwandlung die Befreiung von nach dem Umwandlungsstichtag angefallenen Kapitalerträgen gemäß § 94 Z 2 oder § 94 Z 5 des Einkommensteuergesetzes 1988, gilt Folgendes:

1. Kapitalerträge im Sinne des § 94 Z 2 des Einkommensteuergesetzes 1988 gelten mit dem Tag der Anmeldung des Umwandlungsbeschlusses zur Eintragung in das Firmenbuch als zugeflossen.

2. [1]Bei Kapitalerträgen im Sinne des § 94 Z 5 des Einkommensteuergesetzes 1988 ist eine Widerrufserklärung innerhalb einer Woche nach dem Tag der Anmeldung des Umwandlungsbeschlusses zur Eintragung in das Firmenbuch abzugeben. [2]Die Widerrufserklärung ist auf den dem Umwandlungsstichtag folgenden Tag zu beziehen.
(BGBl I 2003/71)

Verlustabzug

§ 10. § 8 Abs. 4 Z 2 des Körperschaftsteuergesetzes 1988 ist nach Maßgabe folgender Bestimmungen anzuwenden:

1. a) Für Verluste der übertragenden Körperschaft ist § 4 Z 1 lit. a, c und d anzuwenden. *(BGBl 1996/797)*

b) [1]Übergehende Verluste sind den Rechtsnachfolgern als Verluste gem § 18 Abs. 6 des Einkommensteuergesetzes 1988 oder § 8 Abs. 4 Z 2 des Körperschaftsteuergesetzes 1988 in jenem Ausmaß zuzurechnen, das sich aus der Höhe der Beteiligung an der umgewandelten Körperschaft im Zeitpunkt der Eintragung des Umwandlungsbeschlusses in das Firmenbuch ergibt. [2]Dabei sind die Anteile abfindungsberechtigter Anteilsinhaber den Rechtsnachfolgern quotenmäßig zuzurechnen.

c) Das Ausmaß der nach lit. b maßgebenden Beteiligungen verringert sich um jene Anteile, die im Wege der Einzelrechtsnachfolge, ausgenommen

– die Kapitalerhöhung innerhalb des gesetzlichen Bezugsrechtes,

– Erwerbe von Todes wegen,

– Erwerbe eines unter § 7 Abs. 3 des Körperschaftsteuergesetzes 1988 fallenden Hauptgesellschafters

– vor der verschmelzenden Umwandlung oder

– vor der errichtenden Umwandlung, an der neben dem Hauptgesellschafter nur ein Arbeitsgesellschafter teilnimmt, oder

– Erwerbe einer Mitunternehmerschaft als Hauptgesellschafter, an der neben einem Arbeitsgesellschafter nur eine unter § 7 Abs. 3 des Körperschaftsteuergesetzes 1988 fallende Körperschaft beteiligt ist,

erworben worden sind, sofern die Verluste nicht erst in Wirtschaftsjahren entstanden sind, die nach dem Anteilserwerb begonnen haben. *(BGBl I 2003/71)*

2. „§ 4 Z 1 lit. b und c" ist auch für eigene Verluste einer Körperschaft anzuwenden, die am Nennkapital der umgewandelten Körperschaft am Tage der Eintragung der Umwandlung in das Firmenbuch mindestens zu einem Viertel beteiligt ist. *(BGBl I 2012/112)*

3. § 4 Z 2 ist auf Verluste der übertragenden und der übernehmenden Körperschaft anzuwenden. *(BGBl I 2012/112)*

(BGBl 1993/818)

Sonstige Rechtsfolgen der Umwandlung

§ 11. (1) [1]Die übertragende Körperschaft bleibt bis zu ihrem Erlöschen Arbeitgeber im Sinne des § 47 des Einkommensteuergesetzes 1988. [2]Dies gilt auch für die Beurteilung von Tätigkeitsvergütungen als solche im Sinne des § 22 Z 2 des Einkommensteuergesetzes 1988.

(2) Die Anteile abfindungsberechtigter Anteilsinhaber gelten am Tag der Eintragung des Umwandlungsbeschlusses in das Firmenbuch als veräußert.

(3) Umwandlungen nach § 7 gelten nicht als steuerbare Umsätze im Sinne des Umsatzsteuergesetzes „1994"**; die Rechtsnachfolger treten für den Bereich der Umsatzsteuer unmittelbar in die Rechtsstellung der übertragenden Körperschaft ein. „ "* *(*BGBl 1993/818; **BGBl 1996/797)*

„(4)" Werden auf Grund einer Umwandlung nach § 7 Erwerbsvorgänge nach § 1 des Grunderwerbsteuergesetzes 1987 verwirklicht, so ist die Grunderwerbsteuer gemäß § 4 in Verbindung mit § 7 des Grunderwerbsteuergesetzes 1987 zu berechnen. *(BGBl I 2015/118; BGBl I 2019/103)*

(5) *(Abs 5 wurde zu Abs 4 und entfällt daher, BGBl I 2019/103)*

Artikel III

Einbringung

Anwendungsbereich

§ 12. (1) [1]Eine Einbringung im Sinne dieses Bundesgesetzes liegt vor, wenn Vermögen (Abs. 2) auf Grundlage eines schriftlichen Einbringungsvertrages (Sacheinlagevertrages) und einer Einbringungsbilanz (§ 15) nach Maßgabe des § 19 einer übernehmenden Körperschaft (Abs. 3) tatsächlich übertragen wird. [2]Voraussetzung ist, dass das Vermögen am Einbringungsstichtag, jedenfalls aber am Tag des Abschlusses des Einbringungsvertrages, für sich allein einen positiven Verkehrswert besitzt. [3]Der Einbringende hat im Zweifel die Höhe des positiven Verkehrswertes durch ein begründetes Gutachten eines Sachverständigen nachzuweisen. *(BGBl I 2005/161)*

(2) Zum Vermögen zählen nur

1. Betriebe und Teilbetriebe, die der Einkunftserzielung gemäß § 2 Abs. 3 Z 1 bis 3 des Einkommensteuergesetzes 1988 dienen, wenn sie zu einem Stichtag eingebracht werden, zu dem eine Bilanz (§ 4 Abs. 1 des Einkommensteuergesetzes 1988) für den gesamten Betrieb des Einbringenden vorliegt,

2. Mitunternehmeranteile, das sind Anteile an Gesellschaften, bei denen die Gesellschafter als Mitunternehmer anzusehen sind, wenn sie zu einem Stichtag eingebracht werden, zu dem eine Bilanz (§ 4 Abs. 1 des Einkommensteuergesetzes 1988) der Mitunternehmerschaft vorliegt, an der die Beteiligung besteht,

3. [1]Kapitalanteile, das sind Anteile an inländischen und vergleichbaren ausländischen Kapitalgesellschaften sowie Erwerbs- und Wirtschaftsgenossenschaften, weiters an anderen ausländischen Gesellschaften eines Mitgliedstaates der Europäischen Union, die die in der Anlage zu diesem Bundesgesetz vorgesehenen Voraussetzungen des Artikels 3 „der Richtlinie 2009/133/EG"*** „in der jeweils geltenden Fassung"** erfüllen,

– wenn sie mindestens ein Viertel des gesamten Nennkapitals oder des rechnerischen Wertes der Gesamtanteile umfassen oder

– wenn die eingebrachten Anteile der übernehmenden Gesellschaft für sich oder gemeinsam mit ihr bereits vor der Einbringung gehörenden Anteilen unmittelbar die Mehrheit der Stimmrechte an der Gesellschaft, deren Anteile eingebracht werden, vermitteln oder erweitern. [2]„Zum Begriff des Kapitalanteiles zählt bei vertraglicher Einbeziehung auch der am Einbringungsstichtag ausstehende Teil des nachweisbar ausschließlich zur Anschaffung des einzubringenden Anteiles aufgenommenen Fremdkapitals.“* [3]„Verbindlichkeiten in unmittelbarem Zusammenhang mit einer Einlage im Sinne des § 8 Abs. 1 des Körperschaftsteuergesetzes 1988 in die Körperschaft, deren Anteile übertragen werden, zählen jedenfalls zum Begriff des Kapitalanteils, wenn die Einlage innerhalb von zwei Jahren vor dem Einbringungsstichtag erfolgt ist.“***
*(BGBl 1994/681; *BGBl 1996/797; **BGBl I 2010/34; ***BGBl I 2012/112)*

(3) Übernehmende Körperschaften können sein:

1. Unbeschränkt steuerpflichtige Kapitalgesellschaften oder Erwerbs- und Wirtschaftsgenossenschaften (§ 1 Abs. 2 des Körperschaftsteuergesetzes 1988).

2. Ausländische Körperschaften, die mit einer inländischen Kapitalgesellschaft oder Erwerbs- und Wirtschaftsgenossenschaft vergleichbar sind, wenn mit dem in Betracht kommenden ausländischen Staat ein Doppelbesteuerungsabkommen besteht sowie andere ausländische Gesellschaften eines Mitgliedstaates der Europäischen Union, die die in der Anlage zu diesem Bundesgesetz vorgesehenen Voraussetzungen des Artikels 3 „der Richtlinie 2009/133/EG“** „in der jeweils geltenden Fassung“* erfüllen. *(BGBl 1994/681; *BGBl I 2010/34; **BGBl I 2012/112)*

(4) Auf Einbringungen sind die §§ 13 bis 22 anzuwenden.

[Einbringungsstichtag][1)]

[1)] (Überschrift offensichtlich überlagert, BGBl I 2003/71)

§ 13. (1) [1]Einbringungsstichtag ist der Tag, zu dem das Vermögen mit steuerlicher Wirkung auf die übernehmende Körperschaft übergehen soll. [2]Der Stichtag kann auch auf einen Zeitpunkt vor Unterfertigung des Einbringungsvertrages rückbezogen werden. [3]In jedem Fall ist innerhalb einer Frist von neun Monaten nach Ablauf des Einbringungsstichtages (§ 108 der Bundesabgabenordnung)

– die Anmeldung der Einbringung im Wege der Sachgründung bzw. einer Kapitalerhöhung zur Eintragung in das Firmenbuch und

– in den übrigen Fällen die Meldung der Einbringung bei dem „für die Erhebung der Körperschaftsteuer der übernehmenden Körperschaft zuständigen Finanzamt“**

vorzunehmen. [4]Erfolgt die Anmeldung oder Meldung nach Ablauf der genannten Frist, gilt als Einbringungsstichtag der Tag des Abschlusses des Einbringungsvertrages, wenn dies innerhalb einer Frist von neun Monaten nach Ablauf des Ersatzstichtages (§ 108 BAO) dem „für die Erhebung der Körperschaftsteuer der übernehmenden Körperschaft zuständigen Finanzamt“** gemeldet wird und die in § 12 Abs. 1 genannten Voraussetzungen auf den Ersatzstichtag vorliegen. [5]„Erfolgt die Einbringung in eine im Ausland ansässige übernehmende Körperschaft, für die bis zur Einbringung kein inländisches Finanzamt zuständig ist, tritt an die Stelle der vorgenannten Behörden das für den Einbringenden zuständige Wohnsitz-, Sitz- oder Lagefinanzamt.“*
*(*BGBl I 2005/161; **BGBl I 2010/9)*

Fassung ab 1. 7. 2020 (BGBl I 2019/104):

(1) [1]Einbringungsstichtag ist der Tag, zu dem das Vermögen mit steuerlicher Wirkung auf die übernehmende Körperschaft übergehen soll. [2]Der Stichtag kann auch auf einen Zeitpunkt vor Unterfertigung des Einbringungsvertrages rückbezogen werden. [3]In jedem Fall ist innerhalb einer Frist von neun Monaten nach Ablauf des Einbringungsstichtages (§ 108 der Bundesabgabenordnung)

– die Anmeldung der Einbringung im Wege der Sachgründung bzw. einer Kapitalerhöhung zur Eintragung in das Firmenbuch und

– in den übrigen Fällen die Meldung der Einbringung bei dem „für die Erhebung der Körperschaftsteuer der übernehmenden Körperschaft zuständigen Finanzamt“**

vorzunehmen. [4]Erfolgt die Anmeldung oder Meldung nach Ablauf der genannten Frist, gilt als Einbringungsstichtag der Tag des Abschlusses des Einbringungsvertrages, wenn dies innerhalb einer Frist von neun Monaten nach Ablauf des Ersatzstichtages (§ 108 BAO) dem „für die Erhebung der Körperschaftsteuer der übernehmenden Körperschaft zuständigen Finanzamt“** gemeldet wird und die in § 12 Abs. 1 genannten Voraussetzungen auf den Ersatzstichtag vorliegen. [5]„Erfolgt die Einbringung in eine im Ausland ansässige übernehmende Körperschaft, für die bis zur Einbringung kein inländisches Finanzamt zuständig ist, tritt an die Stelle der vorgenannten Behörden „das für die Erhebung der Einkommen- oder Körperschaftsteuer des Einbringenden zuständige Finanzamt“***.“*
*(*BGBl I 2005/161; **BGBl I 2010/9; ***BGBl I 2019/104)*

UmgrStG

(2) [1]Einbringungsstichtag kann nur ein Tag sein, zu dem das einzubringende Vermögen dem Einbringenden zuzurechnen war. [2]Im Falle der Einbringung durch eine Gesellschaft, bei der die Gesellschafter als Mitunternehmer anzusehen sind, gelten für die Frage der Zurechnung auch die Mitunternehmer als Einbringende. [3]Erfolgt eine Einbringung auf einen Stichtag, zu dem das einzubringende Vermögen dem Einbringenden

nicht zuzurechnen war, gilt als Einbringungsstichtag der Tag des Abschlusses des Einbringungsvertrages, wenn dies innerhalb einer Frist von neun Monaten nach Ablauf des Ersatzstichtages (§ 108 BAO) dem „für die Erhebung der Körperschaftsteuer der übernehmenden Körperschaft zuständigen Finanzamt" gemeldet wird und die in § 12 Abs. 1 genannten Voraussetzungen auf den Ersatzstichtag vorliegen. [4]Die vorstehenden Sätze kommen nicht zur Anwendung, wenn das Vermögen im Erbwege erworben wurde und eine Buchwerteinbringung (§§ 16 und 17) erfolgt. *(BGBl I 2010/9)*

(BGBl I 2003/71)

Der Einbringende

§ 14. (1) [1]Bei der Einbringung von Betrieben und Teilbetrieben endet für das eingebrachte Vermögen das Wirtschaftsjahr des Einbringenden mit dem Einbringungsstichtag. [2]Dabei ist das Betriebsvermögen mit dem Wert anzusetzen, der sich nach den steuerrechtlichen Vorschriften über die Gewinnermittlung ergibt. [3]Das gilt auch für einzubringende Kapitalanteile. [4]Bei einzubringenden internationalen Schachtelbeteiligungen kommt die zeitliche Beschränkung des „§ 10 Abs. 2 des Körperschaftsteuergesetzes 1988" nicht zur Anwendung. *(BGBl I 2005/161)*

(2) Die Einkünfte des Einbringenden sind hinsichtlich des einzubringenden Vermögens so zu ermitteln, als ob der Vermögensübergang mit Ablauf des Einbringungsstichtages erfolgt wäre.

(BGBl 1993/818)

Einbringungsbilanz

§ 15. [1]Bei der Einbringung von Betrieben, Teilbetrieben, Mitunternehmeranteilen und zu einem Betriebsvermögen gehörenden Kapitalanteilen ist zum Einbringungsstichtag eine Einbringungsbilanz aufzustellen, in der das einzubringende Vermögen nach Maßgabe des § 16 und das sich daraus ergebende Einbringungskapital darzustellen ist. [2]„Die Einbringungsbilanz ist dem für die übernehmende Körperschaft zuständigen Finanzamt vorzulegen. [3]Die Einbringungsbilanz kann entfallen, wenn die steuerlich maßgebenden Werte und das Einbringungskapital im Einbringungsvertrag beschrieben werden." *(BGBl I 2005/161)*

(BGBl I 1999/28)

Bewertung von Betriebsvermögen

§ 16. (1) [1]Der Einbringende hat das in § 15 genannte Vermögen in der Einbringungsbilanz (oder im Einbringungsvertrag) und einzubringende Kapitalanteile im Einbringungsvertrag mit den in § 14 Abs. 1 genannten Werten anzusetzen (Buchwerteinbringung). [2]„Soweit im Rahmen der Einbringung in eine inländische oder ausländische Körperschaft „das Besteuerungsrecht der Republik Österreich ganz oder teilweise eingeschränkt wird"***, „sind die nach § 6 Z 6 lit. a des Einkommensteuergesetzes 1988 maßgebenden Werte anzusetzen, wobei § 6 Z 6 lit. c bis e des Einkommensteuergesetzes 1988 sinngemäß anzuwenden sind."**"* „ "** „[3]Dabei sind offene Raten auch dann fällig zu stellen, wenn in weiterer Folge die Gegenleistung durch den Einbringenden veräußert wird oder auf sonstige Art ausscheidet. [4]Bei teilweiser Einschränkung des Besteuerungsrechtes der Republik Österreich ist auf den nach dem zweiten Satz ermittelten Gewinn der besondere Steuersatz gemäß § 27a Abs. 1 Z 2 des Einkommensteuergesetzes 1988 anzuwenden. [5]Dabei sind offene Raten nur dann fällig zu stellen, wenn in weiterer Folge die Gegenleistung durch den Einbringenden veräußert wird oder auf sonstige Art ausscheidet."** *(BGBl I 2007/24; *BGBl I 2010/34; **BGBl I 2015/163; ***BGBl I 2019/103)*

(1a) „Abweichend von Abs. 1 gilt bei Einbringung von Kapitalanteilen im Sinne des § 12 Abs. 2 Z 3 in eine in einem EU/EWR-Staat ansässige Gesellschaft, wenn dem Einbringenden eine Gegenleistung gewährt wird (Anteilstausch), Folgendes:" *(BGBl I 2019/103)*

– Abs. 1 erster Satz ist anzuwenden.
– [1]Entsteht durch die Einbringung eine internationale Schachtelbeteiligung im Sinne des § 10 Abs. 2 des Körperschaftsteuergesetzes 1988 oder wird ihr Ausmaß durch neue Anteile oder durch Zurechnung zur bestehenden Beteiligung verändert, entsteht eine Steuerschuld hinsichtlich des Unterschiedsbetrages zwischen dem Buchwert und dem nach § 6 Z 14 des Einkommensteuergesetzes 1988 maßgebenden Wert zum Einbringungsstichtag, wenn die Kapitalanteile von der übernehmenden Gesellschaft in weiterer Folge veräußert werden oder sonst aus dem Betriebsvermögen ausscheiden. [2]Dies gilt nicht, soweit die Anteile an der übernehmenden Körperschaft vor dem Entstehen der Abgabenschuld entgeltlich übertragen werden.
– Zwischen dem Einbringungsstichtag und der Veräußerung (Ausscheiden) eingetretene Wertminderungen sind höchstens im Ausmaß des Unterschiedsbetrages zu berücksichtigen „, soweit diese nicht in einem anderen Staat berücksichtigt werden". *(BGBl I 2019/103)*
– „Bei einer natürlichen Person als Einbringendem sind § 17 Abs. 1 und Abs. 1a sinngemäß anzuwenden." *(BGBl I 2019/103)*

(BGBl I 2015/163)

(2) „Ist beim Einbringenden das Besteuerungsrecht der Republik Österreich hinsichtlich der Gegenleistung (§ 19) eingeschränkt, gilt Folgendes:“*

1. [1]Wird das Besteuerungsrecht im Verhältnis zu anderen Mitgliedstaaten der Europäischen Union oder zu anderen Mitgliedstaaten des Europäischen Wirtschaftsraumes „ “*** eingeschränkt, sind „ “* die „Abs. 1, 1a und 3“** anzuwenden. [2]„Dies gilt auch bei der Einbringung von inländischem Vermögen gemäß § 12 Abs. 2 Z 1 und 2 (Betriebe, Teilbetriebe und Mitunternehmeranteile) durch natürliche Personen, wenn lediglich das Besteuerungsrecht an der Gegenleistung und nicht am Vermögen eingeschränkt wird (teilweise Einschränkung).“**** „ “* *(BGBl I 2004/180; *BGBl I 2010/34; **BGBl I 2015/163; ***BGBl I 2018/62; ****BGBl I 2019/103)*

2. Wird das Besteuerungsrecht im Verhältnis zu anderen als in Z 1 angeführten Staaten eingeschränkt, sind für das inländische und das ausländische Vermögen die nach § 6 Z 14 des Einkommensteuergesetzes 1988 maßgebenden Werte anzusetzen.
*(BGBl 1994/681; *BGBl I 2010/34)*

(3) Abweichend von Abs. 1 gilt bei der Einbringung von inländischem und ausländischem Vermögen folgendes:

1. Alle unter Abs. 2 Z 1 fallende Personen können vorbehaltlich des Abs. 4 das inländische und das ausländische Vermögen mit dem nach § 6 Z 14 des Einkommensteuergesetzes 1988 maßgebenden Wert ansetzen, wenn die Einbringung im Ausland zur Gewinnverwirklichung führt und mit dem in Betracht kommenden ausländischen Staat ein Doppelbesteuerungsabkommen besteht, das dafür die Anrechnungsmethode vorsieht oder eine vergleichbare innerstaatliche Maßnahme zur Vermeidung der Doppelbesteuerung getroffen wurde.

2. Alle nicht unter Abs. 2 fallenden Personen können vorbehaltlich des Abs. 4 das ausländische Vermögen mit dem nach § 6 Z 14 des Einkommensteuergesetzes 1988 maßgebenden Wert ansetzen, wenn die Einbringung im Ausland zur Gewinnverwirklichung führt und mit dem in Betracht kommenden ausländischen Staat ein Doppelbesteuerungsabkommen besteht, das dafür die Anrechnungsmethode vorsieht oder eine vergleichbare innerstaatliche Maßnahme zur Vermeidung der Doppelbesteuerung getroffen wurde.

3. [1]Zum ausländischen Vermögen zählen ausländische Betriebe, Teilbetriebe, Anteile an ausländischen Mitunternehmerschaften „und Kapitalanteile im Sinne des § 12 Abs. 2 Z 3 an ausländischen Körperschaften“, die mit einer inländischen Kapitalgesellschaft oder Erwerbs- und Wirtschaftsgenossenschaft vergleichbar sind. [2]Inländisches Vermögen ist das übrige Vermögen im Sinne des § 12 Abs. 2. *(BGBl 1995/21)*
(BGBl 1994/681)

(4) Bringt eine Gesellschaft, bei der die Gesellschafter als Mitunternehmer anzusehen sind, Vermögen ein, gilt folgendes:

1. Der jeweils nach Abs. 1 bis 3 in Betracht kommende Wertansatz ist für alle Mitunternehmer maßgebend.

2. [1]Fallen nicht sämtliche Mitunternehmer unter Abs. 1 oder unter „Abs. 2 Z 2“, ist abweichend von Z 1 für sämtliche Mitunternehmer Abs. 1 maßgebend. [2]Unabhängig vom Wertansatz in der Einbringungsbilanz ist für die unter „Abs. 2 Z 2“ fallenden Mitunternehmer und für die im Falle der gemeinsamen Ausübung des Wahlrechtes unter Abs. 3 fallenden Mitunternehmer § 6 Z 14 des Einkommensteuergesetzes 1988 anzuwenden. [3]Die übernehmende Körperschaft hat den Betrag, der sich als Unterschied zwischen dem Buchwertanteil und dem nach § 6 Z 14 des Einkommensteuergesetzes 1988 maßgebenden Wert ergibt, wie einen Firmenwert im Sinne des § 8 Abs. 3 des Einkommensteuergesetzes 1988 zu behandeln und ab dem dem Einbringungsstichtag folgenden Wirtschaftsjahr außerbilanzmäßig abzusetzen. *(BGBl 1994/681)*

(5) Abweichend von § 14 Abs. 2 kann bei der Einbringung von Betrieben, Teilbetrieben oder Mitunternehmeranteilen das nach § 14 Abs. 1 anzusetzende Vermögen, sofern die Voraussetzungen des § 12 gewahrt bleiben, in folgender Weise verändert werden:

1. [1]Entnahmen und Einlagen, die in der Zeit zwischen dem Einbringungsstichtag und dem Tag des Abschlusses des Einbringungsvertrages getätigt werden, können an Stelle der Erfassung als Verrechnungsforderung oder -verbindlichkeit gegenüber der übernehmenden Körperschaft zurückbezogen werden. [2]Diese Vorgänge gelten als mit Ablauf des Einbringungsstichtages getätigt, wenn sie in der Einbringungsbilanz durch den Ansatz einer Passivpost für Entnahmen oder einer Aktivpost für Einlagen berücksichtigt werden.

2. Neben der in Z 1 genannten Passivpost kann eine weitere Passivpost für vorbehaltene Entnahmen in folgender Weise gebildet werden:

– Auszugehen ist vom positiven Verkehrswert am Einbringungsstichtag (§ 12 Abs. 1).

– Sämtliche Veränderungen auf Grund der Inanspruchnahme der „Z 1, Z 3 und Z 4“* und der nicht nach Z 1 rückbezogenen Entnahmen sind zu berücksichtigen, sofern diese Veränderungen insgesamt zu einer Verminderung des Verkehrswertes führen.

– Der sich danach ergebende Betrag ist höchstens in Höhe von 50% anzusetzen.

„Der sich ergebende Betrag gilt mit Ablauf des Einbringungsstichtages als entnommen.“** *(BGBl I 2005/161; *BGBl I 2007/24; **BGBl I 2010/34)*

3. „[1]Bis zum Tag des Abschlusses des Einbringungsvertrages können vorhandene Wirtschaftsgüter des Anlagevermögens einschließlich mit ihnen unmittelbar zusammenhängendes Fremdkapital und vorhandene Verbindlichkeiten zurückbehalten werden. [2]Ein unmittelbarer Zusammenhang zwischen Wirtschaftsgütern und Fremdkapital ist jedenfalls nicht mehr gegeben, wenn die Wirtschaftsgüter am Einbringungsstichtag bereits länger als sieben Wirtschaftjahre durchgehend dem Anlagevermögen zuzuordnen waren.“[3]Das Zurückbehalten gilt durch die Nichtaufnahme in die Einbringungsbilanz als eine mit Ablauf des Einbringungsstichtages getätigte Entnahme beziehungsweise Einlage, sofern der Vorgang nicht unter Z 4 fällt. *(BGBl 1996/797; BGBl I 2005/161)*

4. [1]Wirtschaftsgüter und mit diesen unmittelbar zusammenhängendes Fremdkapital können im verbleibenden Betrieb des Einbringenden zurückbehalten oder aus demselben zugeführt werden. [2]Diese Vorgänge gelten durch die Nichtaufnahme bzw. Einbeziehung in die Einbringungsbilanz als mit Ablauf des Einbringungsstichtages getätigt. [3]Einbringende unter § 7 Abs. 3 des Körperschaftsteuergesetzes 1988 fallende Körperschaften können Wirtschaftsgüter und mit ihnen unmittelbar zusammenhängendes Fremdkapital auch dann zurückbehalten, wenn ein Betrieb nicht verbleibt. [4]Ein unmittelbarer Zusammenhang ist jedenfalls nicht mehr gegeben, wenn die Wirtschaftsgüter am Einbringungsstichtag bereits länger als sieben Wirtschaftjahre durchgehend dem Betrieb zuzuordnen waren. *(BGBl I 2005/161)*

5. Gewinnausschüttungen einbringender Körperschaften, Einlagen im Sinne des § 8 Abs. 1 des Körperschaftsteuergesetzes 1988 und die Einlagenrückzahlung im Sinne des § 4 Abs. 12 des Einkommensteuergesetzes 1988 in dem in Z 1 genannten Zeitraum können auf das einzubringende Vermögen bezogen werden. *(BGBl 1996/201)*

„[10]Bei einem bebauten Grundstück kann der Grund und Boden gemäß Z 3 oder 4 zurückbehalten werden, indem nur das Gebäude im Wege eines Baurechtes im Sinne des Baurechtsgesetzes auf die übernehmende Körperschaft übertragen wird. [11]Dabei gilt die Übertragung des Gebäudes als im Zuge der Einbringung verwirklicht, wenn Baurechtsvertrag und Einbringungsvertrag aufeinander Bezug nehmen und das Gesuch auf Einverleibung des Baurechts im Rückwirkungszeitraum gestellt wird; das Baurecht muss in weiterer Folge tatsächlich eingetragen werden.“ *(BGBl 1993/818; BGBl I 2018/62)*

(6) [1]Abweichend von § 14 Abs. 1 kann bei der Einbringung von „Vermögen im Sinne des § 12 Abs. 2 Z 1 und 2“ der zum Betriebsvermögen gehörende Grund und Boden mit den nach § 6 Z 14 des Einkommensteuergesetzes 1988 maßgebenden Werten angesetzt werden, wenn im Falle einer Veräußerung am Einbringungsstichtag § 30 Abs. 4 des Einkommensteuergesetzes 1988 auf den Grund und Boden ganz oder „eingeschränkt“ anwendbar wäre. [2]„Dies ist im Einbringungsvertrag festzuhalten.“ *(BGBl I 2012/112; BGBl I 2014/105)*

Bewertung der nicht zu einem inländischen Betriebsvermögen gehörenden Kapitalanteile

§ 17. (1) [1]Der Einbringende hat Kapitalanteile, die nicht zu einem Betriebsvermögen gehören, „mit den nach § 27a Abs. 3 Z 2 des Einkommensteuergesetzes 1988 maßgebenden Anschaffungskosten“ anzusetzen. [2]Die Bewertungsregeln des § 16 Abs. 1 zweiter Satz, Abs. 2 und 3 sind anzuwenden. *(BGBl I 2012/112)*

(1a) [1]Eine sich im Zuge eines Anteilstausches aus der Anwendung der Bewertungsregelungen des Abs. 1 oder in Verbindung mit § 16 Abs. 1 zweiter Satz ergebende Steuerschuld ist auf Antrag in der Einkommen- oder Körperschaftsteuererklärung des Einbringenden nicht festzusetzen, wobei § 27 Abs. 6 Z 1 lit. a bis c und § 27a Abs. 3 Z 1 lit. b letzter Satz des Einkommensteuergesetzes 1988 sinngemäß anzuwenden sind. [2]Zu einer Festsetzung kommt es im Fall der tatsächlichen Veräußerung, des sonstigen Ausscheidens oder des steuerneutralen Untergangs der Gegenleistung (§ 19). *(BGBl I 2019/103)*

(2) Abweichend von Abs. 1 gilt Folgendes:

1. Kapitalanteile, bei denen am Einbringungsstichtag ein Besteuerungsrecht der Republik Österreich im Verhältnis zu anderen Staaten nicht besteht, sind mit dem gemeinen Wert anzusetzen, es sei denn, dass im Einbringungsvertrag der Ansatz der niedrigeren Anschaffungskosten bzw. Buchwerte festgelegt wird. *(BGBl I 2010/34)*

2. Kapitalanteile, bei denen am Einbringungsstichtag ein Besteuerungsrecht der Republik Österreich auf Grund einer Ausnahme von der unbeschränkten Körperschaftsteuerpflicht nicht besteht, sind mit dem höheren gemeinen Wert anzusetzen.

(BGBl I 2005/161)

Die übernehmende Körperschaft

§ 18. (1) Für die übernehmende Körperschaft gilt Folgendes:

1. [1]Sie hat das eingebrachte Vermögen mit den für den Einbringenden nach § 16 maßgebenden Werten anzusetzen. [2]„Bei einer teilweisen Einschränkung des Besteuerungsrechtes gemäß § 16 Abs. 1 vierter Satz hat die übernehmende Körperschaft das übernommene Vermögen mit den Buchwerten anzusetzen.“ *(BGBl I 2015/163)*

2. Kapitalanteile, die nicht aus einem Betriebsvermögen eingebracht wurden, sind mit den nach

§ 17 maßgebenden Werten, höchstens jedoch mit den gemeinen Werten anzusetzen.

3. Soweit das Besteuerungsrecht der Republik Österreich hinsichtlich übernommener Vermögensteile entsteht, gilt Folgendes:

– Die übernommenen Vermögensteile sind mit dem gemeinen Wert anzusetzen, soweit sich aus § 17 Abs. 2 Z 1 nichts anderes ergibt.

– „[1]„Wird Vermögen ganz oder teilweise übernommen, für das die Abgabenschuld bei der übernehmenden Körperschaft oder einer konzernzugehörigen Körperschaft der übernehmenden Körperschaft nicht festgesetzt worden ist oder gemäß § 16 Abs. 1a nicht entstanden ist sind die fortgeschriebenen Buchwerte, höchstens aber die gemeinen Werte anzusetzen.“* [2]Die spätere Veräußerung oder das sonstige Ausscheiden gilt nicht als rückwirkendes Ereignis im Sinn des § 295a der Bundesabgabenordnung. Weist die übernehmende Körperschaft nach, dass Wertsteigerungen im übrigen EU/EWR-Raum eingetreten sind, sind diese vom Veräußerungserlös oder vom gemeinen Wert im Zeitpunkt des Ausscheidens abzuziehen.“ *(BGBl I 2007/24; *BGBl I 2015/163)*

*(*BGBl I 2007/24; **BGBl I 2015/163)*

4. Sie ist im Rahmen einer Buchwerteinbringung für Zwecke der Gewinnermittlung so zu behandeln, als ob sie Gesamtrechtsnachfolger wäre.

5. § 14 Abs. 2 gilt mit Beginn des dem Einbringungsstichtag folgenden Tages, soweit in Abs. 3 und in § 16 Abs. 5 keine Ausnahmen vorgesehen sind.
(BGBl I 2005/161)

(2) Für nach § 16 Abs. 5 Z 1 und 2 gebildete Passivposten gilt Folgendes:

1. [1]Soweit sich auf Grund sämtlicher Veränderungen im Sinne des § 16 Abs. 5 ein negativer Buchwert des einzubringenden Vermögens ergibt oder sich ein solcher erhöht, gelten die als rückwirkende Entnahmen zu behandelnden Beträge der Passivposten im Ausmaß des negativen Buchwertes mit dem Tag der nach § 13 Abs. 1 maßgebenden Anmeldung oder Meldung der Einbringung als an den Einbringenden ausgeschüttet. [2]Der als ausgeschüttet geltende Betrag ist in der Anmeldung gemäß § 96 Abs. 3 des Einkommensteuergesetzes 1988 anzugeben. [3]Abweichend von § 96 Abs. 1 des Einkommensteuergesetzes 1988 ist die Kapitalertragsteuer

– bei Entnahmen gemäß § 16 Abs. 5 Z 1 binnen einer Woche nach dem Tag der nach § 13 Abs. 1 maßgebenden Anmeldung oder Meldung der Einbringung und

– bei Entnahmen gemäß § 16 Abs. 5 Z 2 binnen einer Woche

  – nach einer Tilgung oder

  – nach dem Beschluss auf Auflösung oder

  – nach dem Beschluss auf Verschmelzung, Umwandlung „oder Aufspaltung oder“** *(BGBl I 2007/99)*

  „– nach Zuwendung der Beteiligung an eine Privatstiftung“ *(BGBl I 2007/99)*

abzuführen. [4]„Die Ausschüttungsfiktion nach dem ersten Satz entfällt, soweit Anteile an der übernehmenden Körperschaft vor den im Vorsatz genannten Maßnahmen entgeltlich übertragen worden sind.“*
*(*BGBl I 2007/24)*

2. Ein nicht als rückwirkende Entnahme geltender Betrag der Passivpost ist als versteuerte Rücklage zu behandeln.
(BGBl I 2005/161)

(3) [1]Abweichend von „Abs. 1 Z 5“**** sind Rechtsbeziehungen des Einbringenden zur übernehmenden Körperschaft im Zusammenhang mit der Beschäftigung, der Kreditgewährung und der Nutzungsüberlassung, soweit sie sich auf das eingebrachte Vermögen beziehen, ab Vertragsabschluß, frühestens jedoch für Zeiträume steuerwirksam, die nach dem Abschluß des Einbringungsvertrages beginnen. [2]Dies gilt im Falle der Einbringung durch eine Gesellschaft, bei der die Gesellschafter als Mitunternehmer anzusehen sind, auch für die Mitunternehmer. [3]„Ausgenommen von den vorangehenden Sätzen sind Entgelte, die sich auf eine „Rechtsbeziehung“*** auf Grund einer Entnahme im Sinne des § 16 Abs. 5 Z 2 und auf die Überlassung von Anlagevermögen im Sinne des § 16 Abs. 5 Z 3 beziehen, wenn die Entgeltvereinbarung am Tage des Abschlusses des Einbringungsvertrages (Sacheinlagevertrages) getroffen wird.“* [4]„Ausgenommen von den vorangehenden Sätzen sind Entgelte, die sich auf eine Verbindlichkeit auf Grund einer Maßnahme nach § 16 Abs. 5 Z 2 bis 4 beziehen, wenn die Entgeltvereinbarung am Tage des Abschlusses des Einbringungsvertrages (Sacheinlagevertrages) getroffen wird.“** *(*BGBl 1996/797; **BGBl I 2004/180; ***BGBl I 2005/161; ****BGBl I 2012/112)*

(4) Für internationale Schachtelbeteiligungen im Sinne des § 10 Abs. 2 des Körperschaftsteuergesetzes 1988 gilt folgendes:

1. Entsteht durch die Einbringung bei der übernehmenden Körperschaft eine internationale Schachtelbeteiligung oder wird ihr Ausmaß erweitert, „ist hinsichtlich der bisher nicht steuerbegünstigten Beteiligungsquoten auf den Unterschiedsbetrag zwischen den Buchwerten und den höheren Teilwerten § 10 Abs. 3 erster Satz des Körper-

schaftsteuergesetzes 1988 nicht anzuwenden.“ *(BGBl I 2003/71)*

2. Geht durch die Einbringung die Eigenschaft einer Beteiligung als internationale Schachtelbeteiligung unter, gilt, soweit für sie keine Option zugunsten der Steuerwirksamkeit erklärt worden ist, der höhere Teilwert zum Einbringungsstichtag, abzüglich von auf Grund einer Umgründung nach diesem Bundesgesetz von § 10 Abs. 3 erster Satz des Körperschaftsteuergesetzes 1988 ausgenommener Beträge, als Buchwert. *(BGBl I 2007/24)*
(BGBl 1996/797)

(5) Für zum Buchwert übernommene Grundstücke im Sinne des § 30 Abs. 1 des Einkommensteuergesetzes 1988 gilt Folgendes:

1. [1]Der Teilwert von Grund und Boden ist in Evidenz zu nehmen, wenn beim Rechtsvorgänger im Falle einer Veräußerung am Einbringungsstichtag § 30 Abs. 4 des Einkommensteuergesetzes 1988 auf den gesamten Grund und Boden anwendbar wäre. [2]„Bei späterer Veräußerung des Grund und Bodens ist wie folgt vorzugehen:“*

– Für Wertveränderungen bis zum Einbringungsstichtag kann § 30 Abs. 4 des Einkommensteuergesetzes 1988 angewendet werden, wobei an Stelle des Veräußerungserlöses der in Evidenz genommene Teilwert tritt.

– Für Wertveränderungen nach dem Einbringungsstichtag tritt der in Evidenz genommene Teilwert an die Stelle des Buchwerts. „“** *(BGBl I 2015/118)*

(BGBl I 2014/105)
(BGBl I 2014/105)*

2. § 30 Abs. 4 des Einkommensteuergesetzes 1988 kann bei der übernehmenden Körperschaft insoweit angewendet werden, als beim Rechtsvorgänger im Falle einer Veräußerung am Einbringungsstichtag § 30 Abs. 4 des Einkommensteuergesetzes 1988 aufgrund eines Wechsels der Gewinnermittlungsart oder einer Einlage (§ 4 Abs. 3a Z 3 lit. c oder Z 4 des Einkommensteuergesetzes 1988) nur eingeschränkt anwendbar wäre. *(BGBl I 2014/105)*
(BGBl I 2012/112)

(6) Auf Buchgewinne und Buchverluste ist § 3 Abs. 2 und 3 anzuwenden. *(BGBl I 2012/112)*

(BGBl 1993/818)

Die Gegenleistung

§ 19. (1) Die Einbringung muß ausschließlich gegen Gewährung von neuen Anteilen an der übernehmenden Körperschaft erfolgen.

(2) Die Gewährung von neuen Anteilen kann unterbleiben,

1. soweit die übernehmende Körperschaft den Einbringenden mit eigenen Anteilen abfindet,

2. soweit die Anteilsinhaber der übernehmenden Körperschaft den Einbringenden mit bestehenden Anteilen an dieser abfinden,

3. soweit die übernehmende Körperschaft zum Zweck der Rundung auf volle Beteiligungsprozentsätze bare Zuzahlungen leistet, sofern diese 10 % des Gesamtnennbetrages der neuen Anteile nicht übersteigen,

4. soweit die übernehmende Körperschaft Anteile an der einbringenden Mitunternehmerschaft aufgibt,

5. wenn der Einbringende unmittelbar oder mittelbar Alleingesellschafter der übernehmenden Körperschaft ist oder wenn die unmittelbaren oder mittelbaren Beteiligungsverhältnisse an der einbringenden und der übernehmenden Körperschaft übereinstimmen; im Falle der Einbringung eines Kapitalanteiles (§ 12 Abs. 2 Z 3) in eine ausländische übernehmende Körperschaft (§ 12 Abs. 3 Z 2) gilt dies nur, wenn die Einbringung ausschließlich bei inländischen Anteilen an der übernehmenden Körperschaft eine Zu- oder Abschreibung auslöst. *(BGBl I 2005/161)*

(3) Die in Abs. 1 und 2 genannten Anteile und Zuzahlungen müssen dem Einbringenden gewährt werden.

Die Anteile an der übernehmenden Körperschaft

§ 20. (1) [1]Neue Anteile gelten mit dem Beginn des dem Einbringungsstichtag folgenden Tages als angeschafft. [2]Soweit eine Kapitalerhöhung nach § 19 nicht erfolgt, gilt die Gegenleistung mit Beginn des dem Einbringungsstichtag folgenden Tages als bewirkt.

(2) Für die Bewertung der Anteile und der sonstigen Gegenleistung im Sinne des Abs. 1 gilt Folgendes:

1. Im Falle der Gewährung von Anteilen im Sinne des § 19 Abs. 1 und Abs. 2 Z 1 und 2 gilt der nach den §§ 16 und 17 maßgebende Wert der Sacheinlage als deren Anschaffungskosten.

2. Kommt die Abfindung im Sinne des § 19 Abs. 2 Z 1 ausländischen Einbringenden zu, ist § 6 Z 6 des Einkommensteuergesetzes 1988 sinngemäß anzuwenden.

3. Zuzahlungen im Sinne des § 19 Abs. 2 Z 3 kürzen beim Empfänger die Anschaffungskosten oder Buchwerte.

4. Ausschüttungen im Sinne des § 18 Abs. 2 Z 1 erhöhen ab Eintritt der Fälligkeit die Anschaffungskosten oder Buchwerte.

5. Kommt es in Fällen des § 16 Abs. 1 oder Abs. 2 Z 1 „in der Fassung des Bundesgesetzes vor BGBl. I Nr. 163/2015“* „oder des § 17 Abs. 1a“** zur Festsetzung der Steuerschuld, erhöhen sich rückwirkend mit Beginn des dem Einbringungsstichtag folgenden Tages die An-

schaffungskosten oder Buchwerte entsprechend. *(* BGBl I 2015/163; ** BGBl I 2019/103)*
(BGBl I 2007/24)

(3) [1]Im Falle des § 19 Abs. 2 Z 2 sind bei den abtretenden Gesellschaftern die Anschaffungskosten oder der Buchwert der bisherigen Anteile weiterhin maßgebend. [2]Bei von den Beteiligungsverhältnissen abweichenden Wertverhältnissen ist § 6 Abs. 2 anzuwenden.

(4) Bei Vorliegen der Voraussetzung des § 19 Abs. 2 Z 5 gilt folgendes:

1. [1]Der nach den §§ 16 und 17 maßgebende Wert der Sacheinlage ist dem steuerlich maßgebenden Wert der bisherigen Anteile des Einbringenden an der übernehmenden Körperschaft zuzuschreiben oder von ihm abzuschreiben. [2]Gehören die Anteile an der übernehmenden Körperschaft nicht zum Betriebsvermögen des Einbringenden, bleibt ein Buchgewinn oder Buchverlust bei der Gewinnermittlung außer Ansatz. [3]„ „Abs. 2 Z 4 und Z 5“** ist anzuwenden.“* *(* BGBl I 2005/161; ** BGBl I 2019/103)*

2. [1]Besitzt die übernehmende Körperschaft alle Anteile an der einbringenden Körperschaft, ist § 3 Abs. 2 mit der Maßgabe anzuwenden, daß bei der Ermittlung des Buchgewinnes oder Buchverlustes der steuerlich maßgebende Buchwert der Anteile an der übertragenden Körperschaft in dem Verhältnis zu vermindern ist, in dem sich der Wert der übertragenden Körperschaft durch die Einbringung vermindert hat. [2]§ 3 Abs. 3 ist anzuwenden. [3]Der bei der einbringenden Körperschaft entstehende Buchverlust oder Buchgewinn bleibt bei der Gewinnermittlung außer Ansatz. *(BGBl 1996/797)*

3. [1]Unterbleibt die Gewährung von Anteilen, weil die Anteile an der einbringenden und der übernehmenden Körperschaft in einer Hand vereinigt sind, sind die steuerlich maßgebenden Anschaffungskosten oder Buchwerte der Anteile an der übertragenden Körperschaft in dem Ausmaß zu vermindern und im gleichen Ausmaß bei den Anteilen an der übernehmenden Körperschaft zuzuschreiben, in dem sich die Werte der Anteile durch die Einbringung verschieben. [2]Der bei der einbringenden Körperschaft entstehende Buchgewinn oder Buchverlust bleibt bei der Gewinnermittlung außer Ansatz. *(BGBl 1993/818)*

(5) *(entfällt, BGBl I 2012/112)*

(6) Wird ein Kapitalanteil eingebracht, bei dem die Möglichkeit der Besteuerung der stillen Reserven nach den Regelungen des Einkommensteuergesetzes 1988 am Tag des Abschlusses des Einbringungsvertrages nicht gegeben ist, sind § 5 Abs. 1 und 2 sinngemäß anzuwenden. *(BGBl I 2012/112)*

(7) Für internationale Schachtelbeteiligungen im Sinne des § 10 Abs. 2 des Körperschaftsteuergesetzes 1988 gilt folgendes:

1. [1]Entsteht durch eine Einbringung eine internationale Schachtelbeteiligung oder wird ihr Ausmaß durch neue Anteile oder durch Zurechnung zur bestehenden Beteiligung verändert, „ist hinsichtlich der bisher nicht steuerbegünstigten Beteiligungsquoten auf den Unterschiedsbetrag zwischen den Buchwerten und den höheren Teilwerten § 10 Abs. 3 erster Satz des Körperschaftsteuergesetzes 1988 nicht anzuwenden.“* [2]„Dies gilt nicht im Falle des Entstehens der Steuerschuld nach „§ 16 Abs. 1a“*** oder § 16 Abs. 2 auf Grund der Einbringung von Kapitalanteilen im Sinne des § 12 Abs. 2 Z 3.“** *(* BGBl I 2003/71; ** BGBl I 2005/161; *** BGBl I 2015/163)*

2. Geht durch eine Einbringung die Eigenschaft einer Beteiligung als internationale Schachtelbeteiligung unter, „gilt, soweit für sie keine Option zugunsten der Steuerwirksamkeit erklärt worden ist, der höhere Teilwert“* zum Einbringungsstichtag, „abzüglich auf Grund einer Umgründung nach diesem Bundesgesetz von § 10 Abs. 3 erster Satz des Körperschaftsteuergesetzes 1988 ausgenommener Beträge, als Buchwert“**. *(* BGBl I 2005/161; ** BGBl I 2007/24)*
(BGBl I 1999/28)

(8) Kommt es auf Grund der Einbringung zum Wechsel der Gewinnermittlungsart, ist das sich nach den vorstehenden Absätzen ergebene Ausmaß der Anschaffungskosten oder des Buchwertes der Anteile um jene Beträge zu erhöhen oder zu vermindern, die sich auf Grund von Änderungen des Betriebsvermögens nach § 4 Abs. 10 des Einkommensteuergesetzes 1988 ergeben. *(BGBl I 1999/28)*

Verlustabzug

§ 21. § 18 Abs. 6 und 7 des Einkommensteuergesetzes 1988 und § 8 Abs. 4 Z 2 des Körperschaftsteuergesetzes 1988 sind nach Maßgabe der folgenden Bestimmungen anzuwenden:

1. [1]„Verluste des Einbringenden, die bis zum Einbringungsstichtag entstanden und bis zum Veranlagungszeitraum, in den der Einbringungsstichtag fällt, nicht verrechnet sind, gelten im Rahmen einer Buchwerteinbringung (§ 16 Abs. 1) ab dem dem Einbringungsstichtag folgenden Veranlagungszeitraum der übernehmenden Körperschaft insoweit als abzugsfähige Verluste dieser Körperschaft, als sie dem übertragenen Vermögen im Sinne des § 12 Abs. 2 zugerechnet werden können.“** [2]Voraussetzung ist weiters, daß das übertragene Vermögen am Einbringungsstichtag tatsächlich vorhanden ist. [3]„§ 4 Z 1 lit. c und d sind anzuwenden.“*[4]Im Falle der Einbringung durch eine Gesellschaft, bei der die Gesellschafter als Mitunternehmer anzusehen sind, gelten auch die Mitunternehmer als Einbringende. *(* BGBl 1996/797; ** BGBl I 1999/28)*

2. Für eigene Verluste der übernehmenden Körperschaft ist § 4 Z 1 lit. b, c und d anzuwenden. *(BGBl I 2007/24)*

3. Die Bestimmung des § 4 Z 2 über den Mantelkauf ist zu beachten.

„Dies gilt auch für Verluste gemäß § 23a des Einkommensteuergesetzes 1988, wobei die übernehmende Körperschaft für diese § 23a des Einkommensteuergesetzes 1988 sinngemäß weiter anzuwenden hat." *(BGBl I 2015/163)*

(BGBl 1993/818)

Sonstige Rechtsfolgen der Einbringung

§ 22. (1) Weichen die Beteiligungsverhältnisse nach der Einbringung von den Wertverhältnissen ab, ist § 6 Abs. 2 mit der Maßgabe anzuwenden, dass der Unterschiedsbetrag mit Beginn des dem Einbringungsstichtag folgenden Tages als unentgeltlich zugewendet gilt. *(BGBl I 2003/71)*

(2) Entsteht auf Grund der Einbringung von Vermögen im Sinne des § 12 Abs. 2 durch einen Arbeitnehmer einer Körperschaft in diese als Gegenleistung eine wesentliche Beteiligung im Sinne des § 22 Z 2 des Einkommensteuergesetzes 1988, bleiben die Bezüge und Vorteile aus dem Dienstverhältnis abweichend von § 14 Abs. 2 bis zur Eintragung der Einbringung in das Firmenbuch, andernfalls bis zum Tag der Meldung im Sinne des § 13 Einkünfte aus nichtselbständiger Arbeit, soweit sie sich auf diese Zeit beziehen. *(BGBl I 2003/71)*

„(3)"** Einbringungen nach § 12 gelten nicht als steuerbare Umsätze im Sinne des Umsatzsteuergesetzes „1994"*; die übernehmende Körperschaft tritt für den Bereich der Umsatzsteuer unmittelbar in die Rechtsstellung des Einbringenden ein. *(* BGBl 1996/797; ** BGBl I 2003/71)*

„(4)"** Einbringungen nach § 12 und dafür gewährte Gegenleistungen nach § 19 sind „ "*** „ „ "*** von den Gebühren nach § 33 TP 21 des Gebührengesetzes 1957"* befreit, wenn das zu übertragende Vermögen am Tag des Abschlusses des Einbringungsvertrages länger als zwei Jahre als Vermögen des Einbringenden besteht. *(* BGBl 1996/797; ** BGBl I 2003/71; *** BGBl I 2019/103)*

(5) *(aufgehoben, VfGH, BGBl I 2020/1)*

Artikel IV

Zusammenschluß

Anwendungsbereich

§ 23. (1) [1]Ein Zusammenschluss im Sinne dieses Bundesgesetzes liegt vor, wenn Vermögen (Abs. 2) ausschließlich gegen Gewährung von Gesellschafterrechten auf Grundlage eines schriftlichen Zusammenschlussvertrages (Gesellschaftsvertrages) und einer Zusammenschlussbilanz einer Personengesellschaft tatsächlich übertragen wird. [2]Voraussetzung ist, dass das übertragene Vermögen am Zusammenschlussstichtag, jedenfalls aber am Tag des Abschlusses des Zusammenschlussvertrages, für sich allein einen positiven Verkehrswert besitzt. [3]Der Übertragende hat im Zweifel die Höhe des positiven Verkehrswertes durch ein begründetes Gutachten eines Sachverständigen nachzuweisen. *(BGBl I 2005/161)*

(2) Zum Vermögen zählen nur Betriebe, Teilbetriebe und Mitunternehmeranteile im Sinne des § 12 Abs. 2.

(3) Personengesellschaften sind Gesellschaften, bei denen die Gesellschafter als Unternehmer (Mitunternehmer) anzusehen sind.

(4) Auf Zusammenschlüsse sind die §§ 24 bis 26 anzuwenden.

Übertragungsvorgang

§ 24. (1) Für den Übertragenden gilt Folgendes:

1. Hinsichtlich des Zusammenschlußstichtages, der Behandlung des Übertragenden und der zum Zwecke der Darstellung des Vermögens erstellten Zusammenschlußbilanz sind die §§ 13 bis 15 sowie § 16 Abs. 1 und 5 anzuwenden.

2. § 13 Abs. 1 ist mit der Maßgabe anzuwenden, daß sich die Firmenbuchzuständigkeit auf die Sachgründung einer einzutragenden Personengesellschaft und auf den Eintritt neuer Gesellschafter in eingetragene Personengesellschaften bezieht und „die Meldung bei dem für die Feststellung der Einkünfte der Personengesellschaft zuständigen Finanzamt zu erfolgen hat". *(BGBl I 2010/9)*

3. Soweit im Rahmen des Zusammenschlusses das Besteuerungsrecht der Republik Österreich hinsichtlich des Vermögens eingeschränkt wird, sind die nach § 6 Z 6 lit. a des Einkommensteuergesetzes 1988 maßgebenden Werte anzusetzen, wobei § 6 Z 6 lit. c bis e des Einkommensteuergesetzes 1988 sinngemäß anzuwenden sind. *(BGBl I 2015/163)*

4. Für den Fall der Übertragung von ausländischen Betrieben, Teilbetrieben und Anteilen an ausländischen Mitunternehmerschaften in Personengesellschaften ist § 16 Abs. 3 mit der Maßgabe anzuwenden, dass an die Stelle des gemeinen Wertes die höheren Teilwerte einschließlich selbstgeschaffener unkörperlicher Wirtschaftsgüter treten.
(BGBl I 2004/180)

(2) [1]Die Buchwertfortführung ist in Anwendung des § 16 Abs. 1 nur zulässig, wenn für die weitere Gewinnermittlung Vorsorge getroffen wird, daß es bei den am Zusammenschluß beteiligten Steuerpflichtigen durch den Vorgang der Übertragung zu keiner endgültigen Verschiebung der Steuerbelastung kommt. [2]Ist nach dem vorste-

henden Satz keine Buchwertfortführung zulässig, ist der Teilwert der Wirtschaftsgüter einschließlich selbstgeschaffener unkörperlicher Wirtschaftsgüter anzusetzen.

(3) [1]Grund und Boden, auf den im Falle einer Veräußerung am Zusammenschlussstichtag § 30 Abs. 4 des Einkommensteuergesetzes 1988 ganz oder eingeschränkt anwendbar wäre, kann zur Gänze mit den nach § 6 Z 14 des Einkommensteuergesetzes 1988 maßgebenden Werten angesetzt werden. [2]Dies ist im Zusammenschlussvertrag festzuhalten. [3]Dies gilt auch für nicht zum Betriebsvermögen gehörenden Grund und Boden. *(BGBl I 2014/105)*

Die übernehmende Personengesellschaft

§ 25. (1) Für die übernehmende Personengesellschaft gilt Folgendes:

1. Sie hat das übernommene Vermögen mit jenen Werten anzusetzen, die sich beim Übertragenden unter Anwendung des § 16 bei Beachtung des § 24 Abs. 2 ergeben.

2. Soweit das Besteuerungsrecht der Republik Österreich hinsichtlich übernommener Vermögensteile entsteht, gilt Folgendes:

– Sie sind mit dem höheren Teilwert anzusetzen.

– [1]„Werden Vermögensteile übernommen, für die die Abgabenschuld nicht festgesetzt worden ist, sind die ursprünglichen Anschaffungskosten oder fortgeschriebenen Buchwerte, höchstens aber die gemeinen Werte anzusetzen.“[2]Die spätere Veräußerung oder das sonstige Ausscheiden gilt nicht als rückwirkendes Ereignis im Sinn des § 295a der Bundesabgabenordnung. [3]Weist die übernehmende Personengesellschaft nach, dass Wertsteigerungen im übrigen EU/EWR-Raum eingetreten sind, sind diese vom Veräußerungserlös abzuziehen. *(BGBl I 2015/163)*

(BGBl I 2005/161; BGBl I 2015/163)

3. Sie ist im Rahmen einer Buchwertübertragung für Zwecke der Gewinnermittlung so zu behandeln, als ob sie Gesamtrechtsnachfolger wäre.

(BGBl I 2004/180)

(2) § 14 Abs. 2 gilt für die übernehmende Personengesellschaft mit Beginn des dem Zusammenschlussstichtag folgenden Tages, soweit in § 16 Abs. 5 und § 26 Abs. 2 keine Ausnahmen vorgesehen sind. *(BGBl I 2003/71)*

(3) Für internationale Schachtelbeteiligungen im Sinne des § 10 Abs. 2 des Körperschaftsteuergesetzes 1988 gilt Folgendes:

1. Entsteht durch den Zusammenschluss eine internationale Schachtelbeteiligung oder wird ihr Ausmaß erweitert, ist hinsichtlich der bisher nicht steuerbegünstigten Beteiligungsquoten auf den Unterschiedsbetrag zwischen den Buchwerten und den höheren Teilwerten § 10 Abs. 3 erster Satz des Körperschaftsteuergesetzes 1988 nicht anzuwenden.

2. Geht durch den Zusammenschluss die Eigenschaft einer Beteiligung als internationale Schachtelbeteiligung unter, „gilt, soweit für sie keine Option zugunsten der Steuerwirksamkeit erklärt worden ist, der höhere Teilwert“* zum Zusammenschlussstichtag, „abzüglich auf Grund einer Umgründung nach diesem Bundesgesetz von § 10 Abs. 3 erster Satz des Körperschaftsteuergesetzes 1988 ausgenommener Beträge, als Buchwert“**. *(*BGBl I 2005/161; **BGBl I 2007/24)*

(BGBl I 2003/124)

(4) § 9 Abs. 9 ist sinngemäß anzuwenden. *(BGBl I 2004/180)*

(5) Für zum Buchwert übernommene Grundstücke im Sinne des § 30 Abs. 1 des Einkommensteuergesetzes 1988 gilt Folgendes:

1. [1]Der Teilwert von Grund und Boden ist in Evidenz zu nehmen, wenn im Falle einer Veräußerung am Zusammenschlussstichtag § 30 Abs. 4 des Einkommensteuergesetzes 1988 beim Übertragenden auf den gesamten Grund und Boden anwendbar wäre. [2]Bei späterer Veräußerung des Grund und Bodens ist wie folgt vorzugehen:

– Für Wertveränderungen bis zum Zusammenschlussstichtag kann § 30 Abs. 4 des Einkommensteuergesetzes 1988 beim Übertragenden angewendet werden, wobei an Stelle des Veräußerungserlöses der in Evidenz genommene Teilwert tritt.

– [3]Für Wertveränderungen nach dem Zusammenschlussstichtag kann § 30 Abs. 4 des Einkommensteuergesetzes 1988 beim Übertragenden insoweit angewendet werden, als diesem der Grund und Boden weiterhin zuzurechnen ist. [4]Darüber hinaus ist § 30 Abs. 4 des Einkommensteuergesetzes 1988 nicht anwendbar. „ “ *(BGBl I 2015/118)*

(BGBl I 2015/118)

2. § 30 Abs. 4 des Einkommensteuergesetzes 1988 kann insoweit beim Übertragenden angewendet werden, als bei diesem im Falle einer Veräußerung am Zusammenschlussstichtag § 30 Abs. 4 des Einkommensteuergesetzes 1988 aufgrund eines Wechsels der Gewinnermittlungsart oder einer Einlage (§ 4 Abs. 3a Z 3 lit. c oder Z 4 des Einkommensteuergesetzes 1988) nur eingeschränkt anwendbar wäre.

Dies gilt sinngemäß für nicht zum Betriebsvermögen gehörende Grundstücke, soweit auf diese § 6 Z 5 des Einkommensteuergesetzes 1988 angewendet wird. *(BGBl I 2014/105)*

Sonstige Rechtsfolgen des Zusammenschlusses

§ 26. (1) Es sind anzuwenden:

1. § 6 Abs. 2 hinsichtlich einer im Zuge der Übertragung auftretenden Verschiebung der Beteiligungsverhältnisse mit der Maßgabe, dass der Unterschiedsbetrag mit Beginn des dem Zusammenschlussstichtag folgenden Tages als unentgeltlich zugewendet gilt. *(BGBl I 2003/71)*

2. „§ 22 Abs. 3" hinsichtlich der Umsatzsteuer. *(BGBl I 2004/180)*
(BGBl 1993/818)

(2) Nimmt ein Arbeitnehmer des zu übertragenden Betriebes „ " am Zusammenschluß teil, bleiben die Bezüge und Vorteile aus diesem Dienstverhältnis abweichend von § 14 Abs. 2 bis zur Eintragung des Zusammenschlusses in das Firmenbuch, andernfalls bis zum Tag der Meldung im Sinne des § 24 Abs. 1 Einkünfte aus nichtselbständiger Arbeit, soweit sie sich auf diese Zeit beziehen. *(BGBl 1993/818; BGBl I 2003/71)*

(3) Zusammenschlüsse nach § 23 sind hinsichtlich des übertragenen Vermögens (§ 23 Abs. 2) „ "** von den Gebühren nach „§ 33 TP 21 des Gebührengesetzes 1957"* befreit, wenn das zu übertragende Vermögen am Tag des Abschlusses des Zusammenschlußvertrages länger als zwei Jahre als Vermögen des Übertragenden besteht. *(*BGBl 1996/797; **BGBl I 2019/103)*

(4) Werden auf Grund eines Zusammenschlusses nach § 23 Erwerbsvorgänge nach § 1 des Grunderwerbsteuergesetzes 1987 verwirklicht, so ist die Grunderwerbsteuer gemäß § 4 in Verbindung mit § 7 des Grunderwerbsteuergesetzes 1987 zu berechnen. *(BGBl I 2015/118)*

Artikel V
Realteilung

Anwendungsbereich

§ 27. (1) [1]Eine Realteilung im Sinne dieses Bundesgesetzes liegt vor, wenn Vermögen (Abs. 2 oder 3) von Personengesellschaften auf Grundlage eines schriftlichen Teilungsvertrages (Gesellschaftsvertrages) und einer Teilungsbilanz zum Ausgleich untergehender Gesellschafterrechte ohne oder ohne wesentliche Ausgleichszahlung (§ 29 Abs. 2) tatsächlich auf Nachfolgeunternehmer übertragen wird, denen das Vermögen zur Gänze oder teilweise zuzurechnen war. Voraussetzung ist, dass das übertragene Vermögen am Teilungsstichtag, jedenfalls aber am Tag des Abschlusses des Teilungsvertrages, für sich allein einen positiven Verkehrswert besitzt. [2]Die Personengesellschaft hat im Zweifel die Höhe des positiven Verkehrswertes durch ein begründetes Gutachten eines Sachverständigen nachzuweisen. [3]Besteht die Personengesellschaft weiter, muss ihr aus der Realteilung Vermögen „(Abs. 2 oder 3)" verbleiben. *(BGBl I 2005/161; BGBl I 2010/34)*

(2) Zum Vermögen zählen nur Betriebe, Teilbetriebe und Mitunternehmeranteile im Sinne des § 12 Abs. 2.

(3) Abweichend von Abs. 2 gilt folgendes:

1. Liegen bei einem Forstbetrieb keine Teilbetriebe im Sinne des § 12 Abs. 2 Z 1 vor, gilt als Teilbetrieb die Übertragung von Flächen, für die ein gesetzlicher Realteilungsanspruch besteht und die vom Nachfolgeunternehmer für sich als Forstbetrieb geführt werden können.

2. Liegen bei einem Betrieb, dessen wesentliche Grundlage der Klienten- oder Kundenstock ist, keine Teilbetriebe im Sinne des § 12 Abs. 2 Z 1 vor, gilt als Teilbetrieb die Übertragung jenes Teiles des Klienten- oder Kundenstocks, der vom Nachfolgeunternehmer bereits vor der Realteilung dauerhaft betreut worden ist und für sich als Betrieb geführt werden kann.
(BGBl 1996/797)

(4) Personengesellschaften sind solche, bei denen die Gesellschafter als Unternehmer (Mitunternehmer) anzusehen sind.

(5) Auf Realteilungen sind die §§ 28 bis 31 anzuwenden.

Teilungsvorgang

§ 28. [1]Hinsichtlich des Teilungsstichtages, der Behandlung der zu teilenden Personengesellschaft und der zum Zweck der Darstellung des Vermögens erstellten Teilungsbilanz sind die §§ 13 bis 15 anzuwenden. [2]„§ 13 Abs. 1 ist mit der Maßgabe anzuwenden, daß sich die Firmenbuchzuständigkeit auf die teilungsbedingte Löschung einer eingetragenen Personengesellschaft und das teilungsbedingte Ausscheiden eines Gesellschafters aus einer solchen bezieht und „die Meldung bei dem für die Feststellung der Einkünfte der zu teilenden Personengesellschaft zuständigen Finanzamt zu erfolgen hat"**."* *(*BGBl 1996/797; **BGBl I 2010/9)*

Bewertung des Betriebsvermögens in der Teilungsbilanz

§ 29. (1) Für der Bewertung des Betriebsvermögens in der Teilungsbilanz gilt Folgendes:

1. Es sind § 14 Abs. 1 und § 16 Abs. 5 anzuwenden.

2. [1]Die Teilung zu Buchwerten (Buchwertteilung) ist nur zulässig, wenn für die weitere Gewinnermittlung Vorsorge getroffen wird, daß es bei den an der Teilung beteiligten Steuerpflichtigen durch den Vorgang der Teilung zu keiner endgültigen Verschiebung der Steuerbelastung kommt. [2]Die dafür bei den Nachfolgeunternehmern eingestellten Ausgleichsposten sind ab dem

dem Teilungsstichtag folgenden Wirtschaftsjahr gleichmäßig verteilt auf fünfzehn Wirtschaftsjahre abzusetzen oder aufzulösen. [3]§ 24 Abs. 2 letzter Satz ist anzuwenden.

2a. [1]„Für Wirtschaftsgüter, auf deren Erträge bzw. Wertsteigerungen ein besonderer Steuersatz gemäß § 27a Abs. 1 oder der besondere Steuersatz gemäß § 30a Abs. 1 des Einkommensteuergesetzes 1988 anwendbar ist, sind gesonderte Ausgleichsposten im Sinne der Z 2 zu bilden. [2]Diese sind zum jeweiligen besonderen Steuersatz gemäß § 27a Abs. 1 oder § 30a Abs. 1 des Einkommensteuergesetzes 1988 aufzulösen oder jeweils unter sinngemäßer Anwendung von § 6 Z 2 lit. c oder d des Einkommensteuergesetzes 1988 abzusetzen.“[3]Abweichend davon kann, wenn am Teilungsstichtag § 30 Abs. 4 des Einkommensteuergesetzes 1988 ganz oder eingeschränkt anwendbar wäre, Grund und Boden zur Gänze mit den nach § 6 Z 14 des Einkommensteuergesetzes 1988 maßgebenden Werten angesetzt werden. [4]Dies ist im Teilungsvertrag festzuhalten. *(BGBl I 2014/105; BGBl I 2015/118)*

3. Soweit im Rahmen der Realteilung auf einen ausländischen Nachfolgeunternehmer das Besteuerungsrecht der Republik Österreich hinsichtlich des Vermögens eingeschränkt wird, sind die nach § 6 Z 6 lit. a des Einkommensteuergesetzes 1988 maßgebenden Werte anzusetzen, wobei § 6 Z 6 lit. c bis e des Einkommensteuergesetzes 1988 sinngemäß anzuwenden sind. *(BGBl I 2015/163)*

4. Für den Fall der Übertragung von ausländischen Betrieben, Teilbetrieben und Anteilen an ausländischen Mitunternehmerschaften in Personengesellschaften ist § 16 Abs. 3 mit der Maßgabe anzuwenden, dass an die Stelle des gemeinen Wertes die höheren Teilwerte einschließlich selbstgeschaffener unkörperlicher Wirtschaftsgüter treten.
(BGBl I 2004/180)

(2) Sind im Hinblick auf die Wertverhältnisse des übertragenen Vermögens Ausgleichszahlungen erforderlich, dürfen sie ein Drittel des Wertes des empfangenen Vermögens des Zahlungsempfängers nicht übersteigen. *(BGBl 1993/818)*

Der Nachfolgeunternehmer

§ 30. (1) Für den Nachfolgeunternehmer gilt Folgendes:

1. Er hat das übertragene Vermögen mit jenen Werten anzusetzen, die sich bei der geteilten Personengesellschaft bei Anwendung des § 16 unter Beachtung des § 29 ergeben haben.

2. Soweit das Besteuerungsrecht der Republik Österreich hinsichtlich übernommener Vermögensteile entsteht, gilt Folgendes:

– Sie sind mit dem höheren Teilwert anzusetzen.

– „[1]„Werden Vermögensteile übernommen, für die bei dem übernehmenden Nachfolgeunternehmer die Abgabenschuld nicht festgesetzt worden ist oder gemäß § 16 Abs. 1a nicht entstanden ist, sind beim übernehmenden Nachfolgeunternehmer die fortgeschriebenen Buchwerte oder die ursprünglichen Anschaffungskosten, höchstens aber die gemeinen Werte anzusetzen.“** [2]Die spätere Veräußerung oder das sonstige Ausscheiden gilt nicht als rückwirkendes Ereignis im Sinn des § 295a der Bundesabgabenordnung. [3]Weist der übernehmende Nachfolgeunternehmer nach, dass Wertsteigerungen im übrigen EU/EWR-Raum eingetreten sind, sind diese vom Veräußerungserlös abzuziehen. *(BGBl I 2012/112; **BGBl I 2015/163)*

*(BGBl I 2005/161; *BGBl I 2015/163)*

3. Er ist im Rahmen einer Buchwertteilung für Zwecke der Gewinnermittlung so zu behandeln, als ob er Gesamtrechtsnachfolger wäre.
(BGBl I 2004/180)

(2) § 14 Abs. 2 gilt für den Nachfolgeunternehmer mit Beginn des dem Teilungsstichtag folgenden Tages, soweit in § 16 Abs. 5 keine Ausnahmen vorgesehen sind. *(BGBl I 2003/71)*

(3) Für internationale Schachtelbeteiligungen im Sinne des § 10 Abs. 2 des Körperschaftsteuergesetzes 1988 gilt Folgendes:

1. Entsteht durch die Realteilung eine internationale Schachtelbeteiligung oder wird ihr Ausmaß erweitert, ist hinsichtlich der bisher nicht steuerbegünstigten Beteiligungsquoten auf den Unterschiedsbetrag zwischen den Buchwerten und den höheren Teilwerten § 10 Abs. 3 erster Satz des Körperschaftsteuergesetzes 1988 nicht anzuwenden.

2. Geht durch die Realteilung die Eigenschaft einer Beteiligung als internationale Schachtelbeteiligung unter, „gilt, soweit für sie keine Option zugunsten der Steuerwirksamkeit erklärt worden ist, der höhere Teilwert“* zum Teilungsstichtag, „abzüglich auf Grund einer Umgründung nach diesem Bundesgesetz von § 10 Abs. 3 erster Satz des Körperschaftsteuergesetzes 1988 ausgenommener Beträge, als Buchwert“**. *(*BGBl I 2005/161; **BGBl I 2007/24)*
(BGBl I 2003/124)

(4) [1]Soweit im Fall der Veräußerung eines Grundstücks im Sinne des § 30 Abs. 1 des Einkommensteuergesetzes 1988 am Teilungsstichtag § 30 Abs. 4 des Einkommensteuergesetzes 1988 anwendbar wäre, kann dies bei der Bildung der Ausgleichposten (§ 29 Abs. 1 Z 2a) einheitlich berücksichtigt werden. [2]Bei späterer Veräußerung des Grundstücks ist wie folgt vorzugehen:

– Für Wertveränderungen bis zum Teilungsstichtag ist § 30 Abs. 4 des Einkommensteuergesetzes 1988 anzuwenden, soweit dies bei der Bildung der Ausgleichposten berücksichtigt wurde.

– [3]Für Wertveränderungen nach dem Teilungsstichtag kann § 30 Abs. 4 des Einkommensteuergesetzes 1988 bei dem das Grundstück übernehmenden Nachfolgeunternehmer insoweit weiter angewendet werden, als ihm das Grundstück schon vor dem Teilungsstichtag zuzurechnen war; bei der Übertragung einer Mehrzahl von Grundstücken ist dabei eine verkehrswertmäßige Betrachtung anzuwenden. [4]Darüber hinaus ist § 30 Abs. 4 des Einkommensteuergesetzes 1988 nicht anwendbar. [5] „ “

(BGBl I 2014/105; BGBl I 2015/118)

Sonstige Rechtsfolgen der Realteilung

§ 31. (1) Es sind anzuwenden:

1. § 6 Abs. 2 hinsichtlich einer im Zuge der Teilung auftretenden Verschiebung im Verhältnis der zuzurechnenden Werte mit der Maßgabe, dass der Unterschiedsbetrag mit Beginn des dem Teilungsstichtag folgenden Tages als unentgeltlich zugewendet gilt. *(BGBl I 2003/71)*

2. „§ 22 Abs. 3“ hinsichtlich der Umsatzsteuer. *(BGBl I 2004/180)*

(2) Realteilungen nach § 27 sind „ “** „ „ “** von den Gebühren nach § 33 TP 21 des Gebührengesetzes 1957“* befreit, wenn das zu teilende Vermögen am Tag des Abschlusses des Teilungsvertrages länger als zwei Jahre als Vermögen der zu teilenden Personengesellschaft besteht. *(*BGBl 1996/797; **BGBl I 2019/103)*

(3) Werden auf Grund einer Realteilung nach § 27 Erwerbsvorgänge nach § 1 des Grunderwerbsteuergesetzes 1987 verwirklicht, so ist die Grunderwerbsteuer gemäß § 4 in Verbindung mit § 7 des Grunderwerbsteuergesetzes 1987 zu berechnen, sofern diese Grundstücke nicht innerhalb der letzten drei Jahre Gegenstand eines nach diesem Bundesgesetz begünstigten Erwerbsvorganges waren. *(BGBl I 2015/118)*

Artikel VI

Spaltung

Anwendungsbereich][1)]

[1)] *(Überschriften offensichtlich überlagert, BGBl 2003/71)*

§ 32. (1) Spaltungen im Sinne dieses Bundesgesetzes sind

1. Auf- und Abspaltungen zur Neugründung oder zur Aufnahme auf Grund des Bundesgesetzes über die Spaltung von Kapitalgesellschaften, BGBl. Nr. 304/1996, „oder auf Grund des Bundesgesetzes über die Spaltung von Genossenschaften (GenSpaltG), BGBl. I Nr. 69/2018,“ und *(BGBl I 2018/69)*

2. Spaltungen ausländischer Körperschaften im Ausland auf Grund vergleichbarer Vorschriften, „Bei Nominalwertspaltungen im Sinne des § 2 Abs. 2 GenSpaltG ist für die Verminderung des Wertes der Anteile an der spaltenden Genossenschaft das gemäß § 2 Abs. 2 GenSpaltG festgelegte Umtauschverhältnis maßgeblich, wenn die übernehmende Körperschaft eine Genossenschaft ist.“ *(BGBl I 2018/69)*

wenn nur Vermögen im Sinne der Abs. 2 und/oder 3 auf die neuen oder übernehmenden Körperschaften tatsächlich übertragen wird und soweit das Besteuerungsrecht der Republik Österreich hinsichtlich der stillen Reserven einschließlich eines allfälligen Firmenwertes beim Rechtsnachfolger nicht eingeschränkt wird.

(2) Zum Vermögen zählen Betriebe, Teilbetriebe, Mitunternehmeranteile und Kapitalanteile im Sinne des § 12 Abs. 2.

(3) Abweichend von Abs. 2 gilt Folgendes:

1. Liegen bei einem Forstbetrieb keine Teilbetriebe im Sinne des § 12 Abs. 2 Z 1 vor, gilt als Teilbetrieb die Übertragung von Flächen, für die ein gesetzlicher Realteilungsanspruch besteht und die von der neuen oder übernehmenden Körperschaft für sich als Forstbetrieb geführt werden können.

2. Liegen bei einem Betrieb, dessen wesentliche Grundlage der Klienten- oder Kundenstock ist, keine Teilbetriebe im Sinne des § 12 Abs. 2 Z 1 vor, gilt bei einer nicht verhältniswahrenden Auf- oder Abspaltung als Teilbetrieb die Übertragung jenes Teiles des Klienten- oder Kundenstocks, der in der spaltenden Körperschaft bereits vor der Spaltung von einem Anteilsinhaber dauerhaft betreut worden ist und in der neuen oder übernehmenden Körperschaft für sich als Betrieb geführt werden kann.

(4) Auf Spaltungen im Sinne des Abs. 1 sind die §§ 33 bis 38 anzuwenden.

(BGBl I 2003/71)

Spaltende Körperschaft

§ 33. (1) Bei der Ermittlung des Gewinnes für das hinsichtlich des zu übertragenden Vermögens mit dem Spaltungsstichtag endende Wirtschaftsjahr ist das Betriebsvermögen mit dem Wert anzusetzen, der sich nach den steuerrechtlichen Vorschriften über die Gewinnermittlung ergibt.

(2) Abweichend von Abs. 1 kann ausländisches Vermögen § 16 Abs. 3 Z 3) mit dem sich aus § 20 des Körperschaftsteuergesetzes 1988 ergebenden Wert angesetzt werden, wenn die Spaltung im Ausland zur Gewinnverwirklichung führt und mit dem in Betracht kommenden ausländischen Staat ein Doppelbesteuerungsabkommen besteht, das

dafür die Anrechnungsmethode vorsieht, oder eine vergleichbare innerstaatliche Maßnahme zur Vermeidung der Doppelbesteuerung getroffen wurde.

(3) Das Einkommen (der Gewinn) der spaltenden Körperschaft ist so zu ermitteln, als ob der Vermögensübergang mit Ablauf des Spaltungsstichtages erfolgt wäre.

(4) [1]Bei Aufspaltungen gilt Abs. 3 nicht für Gewinnausschüttungen der spaltenden Körperschaft auf Grund von Beschlüssen nach dem Spaltungsstichtag, sowie für

– die Einlagenrückzahlung im Sinne des § 4 Abs. 12 des Einkommensteuergesetzes 1988 durch die spaltende Körperschaft und

– Einlagen im Sinne des § 8 Abs. 1 des Körperschaftsteuergesetzes 1988 in die spaltende Körperschaft

in der Zeit zwischen dem Spaltungsstichtag und dem Tag des Spaltungsbeschlusses. [2]„Weiters kann „16 Abs. 5 Z 4 samt Schlussteil“** sinngemäß angewendet werden.“*
*(*BGBl I 1998/9; **BGBl I 2018/62)*

(5) Bei Abspaltungen kann abweichend von Abs. 3 auf das zu übertragende Vermögen „§ 16 Abs. 5 Z 4 und 5 samt Schlussteil“** angewendet werden. „ “* *(*BGBl I 2005/161; **BGBl I 2018/62)*

(6) [1]Spaltungsstichtag ist der Tag, zu dem die Schlußbilanz aufgestellt ist, die der Spaltung zugrunde gelegt ist. [2]Die spaltende Körperschaft hat zum Spaltungsstichtag weiters aufzustellen

– eine Übertragungsbilanz, in der das auf die neuen oder übernehmenden Körperschaften jeweils zu übertragende Vermögen mit den nach Abs. 1 und 2 steuerlich maßgebenden Buchwerten bzw Werten und dem sich jeweils daraus ergebenden Übertragungskapital unter Berücksichtigung nachträglicher Veränderungen im Sinne des Abs. 4 und 5 darzustellen ist und

– im Falle der Abspaltung auch eine Restbilanz zur Darstellung der steuerlich maßgebenden Buchwerte des nach der Spaltung verbleibenden Vermögens.

(7) Bei einer Abspaltung bleiben Buchverluste oder Buchgewinne bei der Gewinnermittlung außer Ansatz. § 20 Abs. 4 Z 1 ist anzuwenden.

(BGBl 1996/797)

Neue oder übernehmende Körperschaften

§ 34. (1) [1]Die neue oder übernehmende Körperschaft hat die zum Spaltungsstichtag steuerlich maßgebenden Buchwerte im Sinne des § 33 fortzuführen. [2]§ 33 Abs. 3 gilt für die neue oder übernehmende Körperschaft mit dem Beginn des auf den Spaltungsstichtag folgenden Tages. [3]„§ 18 Abs. 3 ist anzuwenden.“ *(BGBl I 2005/161)*

(2) Für übernehmende Körperschaften gilt folgendes:

1. Buchgewinne und Buchverluste bleiben bei der Gewinnermittlung außer Ansatz.

2. Besitzt die übernehmende Körperschaft Anteile an der abspaltenden Körperschaft, ist Z 1 mit der Maßgabe anzuwenden, daß bei der Ermittlung des Buchgewinnes oder Buchverlustes der steuerlich maßgebende Buchwert der Anteile an der abspaltenden Körperschaft in dem Verhältnis zu vermindern ist, in dem sich der Wert der abspaltenden Körperschaft durch die Abspaltung vermindert hat. „Bei Nominalwertspaltungen im Sinne des § 2 Abs. 2 GenSpaltG ist für die Verminderung des Wertes der Anteile an der spaltenden Genossenschaft das gemäß § 2 Abs. 2 GenSpaltG festgelegte Umtauschverhältnis maßgeblich, wenn die übernehmende Körperschaft eine Genossenschaft ist.“ *(BGBl I 2018/69)*

3. Unabhängig vom Vorliegen eines Buchgewinnes oder -verlustes sind Veränderungen des Betriebsvermögens, die aus der Vereinigung von Aktiven und Passiven (Confusio) stammen, in dem dem Spaltungsstichtag folgenden Wirtschaftsjahr zu berücksichtigen.

(3) Für internationale Schachtelbeteiligungen im Sinne des § 10 Abs. 2 des Körperschaftsteuergesetzes 1988 gilt folgendes:

1. Entsteht durch die Spaltung bei der übernehmenden Körperschaft eine internationale Schachtelbeteiligung oder wird ihr Ausmaß erweitert, „ist hinsichtlich der bisher nicht steuerbegünstigten Beteiligungsquoten auf den Unterschiedsbetrag zwischen den Buchwerten und den höheren Teilwerten § 10 Abs. 3 erster Satz des Körperschaftsteuergesetzes 1988 nicht anzuwenden.“ *(BGBl I 2003/71)*

2. Geht durch die Spaltung die Eigenschaft einer Beteiligung als internationale Schachtelbeteiligung unter, „gilt, soweit für sie keine Option zugunsten der Steuerwirksamkeit erklärt worden ist, der höhere Teilwert“ zum Spaltungsstichtag, abzüglich vorgenommener oder als nach diesem Bundesgesetz vorgenommen geltender Teilwertabschreibungen im Sinne des § 6 Z 2 lit. a des Einkommensteuergesetzes 1988, als Buchwert. *(BGBl I 2005/161)*

(BGBl 1996/797)

[Verlustabzug][1)]

[1)] *(Überschrift offensichtlich überlagert, BGBl 2003/71)*

§ 35. § 8 Abs. 4 Z 2 des Körperschaftsteuergesetzes 1988 ist nach Maßgabe des § 21 anzuwenden.

(BGBl I 2003/71)

Behandlung der Anteilsinhaber bei einer verhältniswahrenden Spaltung

§ 36. (1) [1]Bei den Anteilsinhabern der spaltenden Körperschaft und im Falle der Spaltung zur Aufnahme auch bei den Anteilsinhabern übernehmender Körperschaften gilt der dem Spaltungsplan oder Spaltungs- und Übernahmevertrag entsprechende Austausch von Anteilen nicht als Tausch. [2]„Die Anteile an den neuen oder übernehmenden Körperschaften gelten mit Beginn des dem Spaltungsstichtag folgenden Tages als erworben. [3]„Für neue Anteile sind die Anschaffungszeitpunkte der alten Anteile maßgeblich."*"** *(*BGBl I 2007/24; **BGBl I 2012/112)*

(2) Für Spaltungen zur Neugründung gilt folgendes:

1. Bei einer Aufspaltung haben die Anteilsinhaber den Buchwert oder die Anschaffungskosten der Anteile an der spaltenden Körperschaft, abzüglich erhaltener „Zuzahlungen der beteiligten Körperschaften"* „(§ 2 Abs. 1 Z 3 SpaltG und § 2 Abs. 2 GenSpaltG)"** fortzuführen und den gewährten Anteilen entsprechend den Wertverhältnissen zuzuordnen. *(*BGBl I 2003/71; **BGBl I 2018/69)*

2. Bei einer Abspaltung ist für die Bewertung der Anteile an der spaltenden und den neuen Körperschaften § 20 Abs. 4 Z 3 anzuwenden.

„Bei Nominalwertspaltungen im Sinne des § 2 Abs. 2 GenSpaltG ist für die Verschiebung des Wertes der Anteile das gemäß § 2 Abs. 2 GenSpaltG festgelegte Umtauschverhältnis maßgeblich, wenn die übernehmende Körperschaft eine Genossenschaft ist." *(BGBl I 2018/69)*

(3) Abweichend von Abs. 1 gilt Folgendes:

1. Soweit das Besteuerungsrecht der Republik Österreich hinsichtlich der Anteile der übertragenden Körperschaft an der übernehmenden Körperschaft eingeschränkt wird, sind diese bei der übernehmenden Körperschaft mit den nach § 6 Z 6 lit. a des Einkommensteuergesetzes 1988 maßgebenden Werte anzusetzen, wobei § 6 Z 6 lit. c bis e des Einkommensteuergesetzes 1988 sinngemäß anzuwenden sind. *(BGBl I 2015/163)*

2. Werden ausländischen Anteilsinhabern eigene „Anteile"* der übernehmenden Körperschaft gewährt, „sind diese mit den nach § 6 Z 6 lit. a des Einkommensteuergesetzes 1988 maßgebenden Werte anzusetzen, wobei § 6 Z 6 lit. c bis e des Einkommensteuergesetzes 1988 sinngemäß anzuwenden sind."** *(*BGBl I 2014/105; **BGBl I 2015/163)*
(BGBl I 2007/99)

„(4)" Bei Auf- und Abspaltungen zur Aufnahme gilt, soweit auf Anteilsinhaber nicht § 33 Abs. 7 und § 34 Abs. 2 anzuwenden ist, die spaltungs- und übernahmsvertragsmäßige Anteilsaufteilung zunächst als Austausch von Anteilen auf Grund einer Auf- oder Abspaltung zur Neugründung, auf den Abs. 2 anzuwenden ist, und nachfolgend als Austausch von Anteilen auf Grund einer Verschmelzung, auf den § 5 anzuwenden ist. *(BGBl I 2007/99)*

„(5)" Für internationale Schachtelbeteiligungen im Sinne des § 10 Abs. 2 des Körperschaftsteuergesetzes 1988 gilt folgendes:

1. Entsteht durch eine Spaltung im Sinne des § 32 Abs. 1 Z 2 bei einer Körperschaft als Anteilsinhaber eine internationale Schachtelbeteiligung oder wird ihr Ausmaß durch neue Anteile oder durch Zurechnung zur bestehenden Beteiligung verändert, „ist hinsichtlich der bisher nicht steuerbegünstigten Beteiligungsquoten auf den Unterschiedsbetrag zwischen den Buchwerten und den höheren Teilwerten § 10 Abs. 3 erster Satz des Körperschaftsteuergesetzes 1988 nicht anzuwenden." *(BGBl I 2003/71)*

2. Geht durch die Spaltung die Eigenschaft einer Beteiligung als internationale Schachtelbeteiligung unter, gilt der höhere Teilwert zum Spaltungsstichtag, „abzüglich auf Grund einer Umgründung nach diesem Bundesgesetz von § 10 Abs. 3 erster Satz des Körperschaftsteuergesetzes 1988 ausgenommener Beträge, als Buchwert". *(BGBl I 2007/24)*
(BGBl I 2007/99)

(BGBl 1996/797)

Behandlung der Anteilsinhaber bei einer nicht verhältniswahrenden Spaltung

§ 37. (1) Bei einer nicht unter § 36 fallenden Auf- oder Abspaltung gilt die spaltungsplanmäßige oder spaltungs- und übernahmsvertragsmäßige Anteilsaufteilung zwischen den Anteilsinhabern der spaltenden Körperschaft als Anteilstausch nach Durchführung einer Spaltung im Sinne des § 36.

(2) [1]Tauschvorgänge im Sinne des Abs. 1, die ohne oder ohne wesentliche Zuzahlung (Abs. 4) erfolgen, gelten nicht als Veräußerung und Anschaffung. [2]Die Anteile an den neuen oder übernehmenden Körperschaften gelten mit Beginn des dem Spaltungsstichtag folgenden Tages als erworben. [3]„Für neue Anteile sind die Anschaffungszeitpunkte der alten Anteile maßgeblich." *(BGBl I 2007/24; BGBl I 2012/112)*

(3) [1]Der Anteilsinhaber hat den Buchwert oder die Anschaffungskosten der im Sinne des Abs. 1 hingegebenen Anteile fortzuführen und den eingetauschten Anteilen entsprechend den Wertverhältnissen zuzuordnen. [2]§ 5 ist anzuwenden.

(4) [1]Zuzahlungen von Anteilsinhabern sind nicht wesentlich, wenn sie ein Drittel des gemeinen Wertes der in Anteilen empfangenen Gegenleistung des Zahlungsempfängers nicht übersteigen. [2]Abweichend von Abs. 2 gilt in diesem Fall

die Zahlung beim Empfänger als Veräußerungsentgelt und beim Leistenden als Anschaffung.

(BGBl 1996/797)

Sonstige Rechtsfolgen der Spaltung

§ 38. (1) [1]Die spaltende Körperschaft bleibt bis zur Eintragung der Spaltung in das Firmenbuch Arbeitgeber im Sinne des § 47 des Einkommensteuergesetzes 1988. [2]Dies gilt auch für die Beurteilung von Tätigkeitsvergütungen als solche im Sinne des § 22 Z 2 des Einkommensteuergesetzes 1988.

(2) [1]„Die Annahme eines Barabfindungsangebotes (§ 9 SpaltG) sowie die Auseinandersetzung anlässlich der Kündigung (§ 9 Abs. 1 Z 1 iVm § 10 Abs. 2 GenSpaltG) gelten als Anteilsveräußerung.“ *(BGBl I 2018/69)*

(3) Spaltungen gelten nicht als steuerbare Umsätze im Sinne des Umsatzsteuergesetzes 1994; neue oder übernehmende Körperschaften treten für den Bereich der Umsatzsteuer unmittelbar in die Rechtsstellung der übertragenden Körperschaft ein.

(4) Erfolgen die spaltungsplanmäßigen Anteilstauschvorgänge außerhalb des § 37 Abs. 2 nicht wertgleich, ist § 6 Abs. 2 anzuwenden.

„(5)“ Werden auf Grund einer Spaltung im Sinne des § 32 Erwerbsvorgänge nach § 1 des Grunderwerbsteuergesetzes 1987 verwirklicht, so ist die Grunderwerbsteuer gemäß § 4 in Verbindung mit § 7 des Grunderwerbsteuergesetzes 1987 zu berechnen. *(BGBl I 2015/118; BGBl I 2019/103)*

(6) *(Abs 6 wurde zu Abs 4 und entfällt daher, BGBl I 2019/103)*

(BGBl 1996/797)

Steuerspaltungen

§ 38a. (1) Steuerspaltungen im Sinne dieses Bundesgesetzes sind Auf- und Abspaltungen auf Grund eines Spaltungsvertrages (§ 38b) nach Maßgabe der Abs. 2 und 3.

(2) Eine Aufspaltung im Sinne des Abs. 1 liegt unter folgender Voraussetzung vor:

[1]Die spaltende Körperschaft bringt Vermögen (§ 12 Abs. 2) in zwei oder mehrere übernehmende Körperschaften, die nicht an der spaltenden Körperschaft beteiligt sind, nach Art. III ein. [2]§ 32 Abs. 3 kann angewendet werden. [3]Der spaltenden Körperschaft verbleiben zu dem in § 20 Abs. 1 genannten Zeitpunkt neben der Gegenleistung im Sinne des § 19 nur liquide Mittel und allfällige restliche Verbindlichkeiten. [4]Die Auflösung der spaltenden Körperschaft wird innerhalb von neun Monaten nach dem Einbringungsstichtag zur Eintragung in das Firmenbuch angemeldet. Im Rahmen der Liquidation der spaltenden Körperschaft kommen die Kapitalanteile und restlichen liquiden Mittel den Anteilsinhabern im Verhältnis ihrer Beteiligungen im Sinne des § 38d oder nach Maßgabe des § 38e zu; dabei dürfen die restlichen liquiden Mittel 10% des gemeinen Wertes des zu verteilenden Gesamtvermögens nicht übersteigen. *(BGBl I 2004/180)*

(3) Eine Abspaltung im Sinne des Abs. 1 liegt in folgenden Fällen vor:

1. [1]Die spaltende Körperschaft bringt Vermögen (§ 12 Abs. 2) in eine oder mehrere übernehmende Körperschaften, die nicht an der spaltenden Körperschaft beteiligt sind, nach Art. III ein. [2]„§ 32 Abs. 3 kann angewendet werden.“[3]Die spaltende Körperschaft überträgt die Anteile an der übernehmenden Körperschaft (§ 20) an ihre Anteilsinhaber im Verhältnis ihrer Beteiligungen im Sinne des § 38d oder nach Maßgabe des § 38e. *(BGBl I 2003/71)*

2. [1]Die spaltende Körperschaft bringt Vermögen (§ 12 Abs. 2) in eine oder mehrere übernehmende Körperschaften nach Art. III ein, wobei die Gewährung von Anteilen nach § 19 Abs. 2 Z 5 unterbleibt, weil die Anteile an der spaltenden und übernehmenden Körperschaft in einer Hand vereinigt sind. [2]„§ 32 Abs. 3 kann angewendet werden.“[3]Die Anteilsinhaber der spaltenden Körperschaft tauschen in der Folge Anteile nach Maßgabe des § 38e. *(BGBl I 2003/71)*

(4) Spaltende und übernehmende Körperschaften können nur unbeschränkt steuerpflichtige Kapitalgesellschaften, Erwerbs- und Wirtschaftsgenossenschaften und Versicherungsvereine auf Gegenseitigkeit (§ 1 Abs. 2 des Körperschaftsteuergesetzes 1988) und ausländische Gesellschaften eines Mitgliedstaates der Europäischen Union, die die in der Anlage zu diesem Bundesgesetz vorgesehenen Voraussetzungen des Artikels 3 „der Richtlinie 2009/133/EG“*** „in der jeweils geltenden Fassung“** erfüllen, sein, „wenn an der spaltenden Körperschaft am Spaltungsstichtag mehr als ein Anteilsinhaber beteiligt ist.“* *(*BGBl I 1998/9; **BGBl I 2010/34; ***BGBl I 2012/112)*

(5) Auf Spaltungen im Sinne des Abs. 1 sind die §§ 38b bis 38f anzuwenden.

(BGBl 1996/797)

Spaltungsvertrag

§ 38b. (1) [1]Der Spaltungsvertrag bedarf eines Beschlusses der Anteilsinhaber nach Maßgabe der Mehrheitsverhältnisse für Spaltungsbeschlüsse im Sinne des Bundesgesetzes über die Spaltung von Kapitalgesellschaften. [2]Er hat die Art und Durchführung der geplanten Spaltung genau zu beschreiben. [3]Dabei sind die wesentlichen Umstände anzugeben, die der Bewertung des einzubringenden Vermögens und der auszutauschenden

Anteile einschließlich allfälliger Ausgleichszahlungen zugrunde gelegt werden.

(2) Der Spaltungsvertrag hat vorzusehen, daß die zur Durchführung der Spaltung erforderlichen Tauschvorgänge innerhalb eines Monats nach dem Zeitpunkt durchgeführt werden, ab dem sie „gesellschaftsrechtlich" zulässig sind. *(BGBl I 2007/24)*

(3) Der Spaltungsvertrag ist dem „für die Erhebung der Körperschaftsteuer der spaltenden Körperschaft zuständigen Finanzamt" innerhalb eines Monats vorzulegen. *(BGBl I 2010/9)*

(BGBl 1996/797)

Spaltende Körperschaft

§ 38c. [1]Bei einer Spaltung im Sinne des § 38a unterbleibt die Besteuerung der stillen Reserven im eingebrachten Vermögen (Art. III) und in den als Gegenleistung (§ 19) gewährten Anteilen sowie die Liquidationsbesteuerung nach § 19 des Körperschaftsteuergesetzes 1988 bezüglich der übertragenen Kapitalanteile im Sinne des § 38a Abs. 2. [2]Der Buchverlust oder Buchgewinn auf Grund der Gewährung von Anteilen bleibt bei der Gewinnermittlung außer Ansatz.

(BGBl 1996/797)

Behandlung der Anteilsinhaber bei einer die Beteiligungsverhältnisse wahrenden Spaltung

§ 38d. (1) [1]Bei den Anteilinhabern der spaltenden Körperschaft unterbleibt die Besteuerung hinsichtlich der übertragenen im Spaltungsvertrag festgelegten Gegenleistung im Sinne des § 38a. [2]Dies gilt auch dann, wenn die spaltende Körperschaft nicht liquidiert wird.

(2) [1]Die Anteilsinhaber haben den Buchwert oder die Anschaffungskosten der Anteile an der liquidierten Körperschaft, abzüglich liquider Mittel im Sinne des § 38a Abs. 2 und 3 fortzuführen und den gewährten Anteilen zuzuordnen. [2]Kommen den Anteilsinhabern Anteile an übernehmenden Körperschaften zu, ohne daß die spaltende Körperschaft beendigt oder liquidiert wird, ist für die Bewertung der Anteile an der spaltenden und den übernehmenden Körperschaften § 20 Abs. 4 Z 3 anzuwenden.

(3) *(entfällt, BGBl I 2012/112)*

(4) Für internationale Schachtelbeteiligungen im Sinne des § 10 Abs. 2 des Körperschaftsteuergesetzes 1988 gilt folgendes:

1. Entsteht durch die Spaltung bei einer Körperschaft als Anteilsinhaber eine internationale Schachtelbeteiligung oder wird ihr Ausmaß durch neue Anteile oder durch Zurechnung zur bestehenden Beteiligung verändert, „ist hinsichtlich der bisher nicht steuerbegünstigten Beteiligungsquoten auf den Unterschiedsbetrag zwischen den Buchwerten und den höheren Teilwerten § 10 Abs. 3 erster Satz des Körperschaftsteuergesetzes 1988 nicht anzuwenden." *(BGBl I 2003/71)*

2. Geht durch die Spaltung die Eigenschaft einer Beteiligung als internationale Schachtelbeteiligung unter, „gilt, soweit für sie keine Option zugunsten der Steuerwirksamkeit erklärt worden ist, der höhere Teilwert"* zum Spaltungsstichtag, „abzüglich auf Grund einer Umgründung nach diesem Bundesgesetz von § 10 Abs. 3 erster Satz des Körperschaftsteuergesetzes 1988 ausgenommener Beträge, als Buchwert"**. *(*BGBl I 2005/161; **BGBl I 2007/24)*

(5) *(entfällt, BGBl I 2014/105)*

(BGBl 1996/797)

Behandlung der Anteilsinhaber bei einer die Beteiligungsverhältnisse nicht wahrenden Spaltung

§ 38e. (1) [1]Bei einer nicht unter § 38d fallenden Spaltung gilt der spaltungsvertragsmäßige Tausch eines Anteils an der spaltenden Körperschaft gegen Anteile an übernehmenden Körperschaften ohne oder ohne wesentliche Ausgleichszahlung (Abs. 3) nicht als Veräußerung und Anschaffung. [2]Dies gilt auch, wenn die Anteilsinhaber der spaltenden Körperschaft spaltungsvertragsmäßig nur Anteile an den übernehmenden Körperschaften tauschen. [3]„Für neue Anteile sind die Anschaffungszeitpunkte der alten Anteile maßgeblich." *(BGBl I 2012/112)*

(2) Der Anteilsinhaber hat den Buchwert oder die Anschaffungskosten der bisherigen Anteile unter Beachtung des § 38d Abs. 2 fortzuführen und den nach der Spaltung bestehenden Anteilen zuzuordnen. § 38d Abs. 3 und 4 ist anzuwenden.

(3) [1]Ausgleichszahlungen von Anteilsinhabern sind nicht wesentlich, wenn sie ein Drittel des gemeinen Wertes der in Anteilen empfangenen Gegenleistung des Zahlungsempfängers nicht übersteigen. [2]Abweichend von Abs. 2 gilt in diesem Fall die Zahlung beim Empfänger als Veräußerungsentgelt und beim Leistenden als Anschaffung.

(4) Die Durchführung der im Spaltungsvertrag festgelegten Tauschvorgänge ist dem „für die Erhebung der Körperschaftsteuer der spaltenden Körperschaft zuständigen Finanzamt" innerhalb eines Monats anzuzeigen. *(BGBl I 2010/9)*

(BGBl 1996/797)

Sonstige Rechtsfolgen der Spaltung

§ 38f. (1) Erfolgen die spaltungsvertragsmäßigen Anteilstauschvorgänge außerhalb des § 38e Abs. 1 nicht wertgleich, ist § 6 Abs. 2 anzuwenden.

(2) Spaltungen gelten nicht als steuerbare Umsätze im Sinne des Umsatzsteuergesetzes 1994; übernehmende Körperschaften treten für den Bereich der Umsatzsteuer unmittelbar in die Rechtsstellung der übertragenden Körperschaft ein.

(3) Ist der Anteilsinhaber am Tage des Abschlusses des Spaltungsvertrages an der spaltenden Körperschaft länger als zwei Jahre beteiligt, so ist eine Vermögensübertragung im Rahmen der Liquidation der spaltenden Körperschaft oder der Abspaltung oder ein Anteilstausch „ “ von den Gebühren nach § 33 TP 21 des Gebührengesetzes befreit. *(BGBl I 2019/103)*

(BGBl 1996/797)

2. HAUPTSTÜCK

Ergänzende Vorschriften

Mehrfache Umgründungen auf einen Stichtag

§ 39. [1]Werden mehrere Umgründungen, die dasselbe Vermögen „ganz oder teilweise“ betreffen, auf einen Stichtag bezogen, gilt für ertragsteuerliche Zwecke erst die letzte Vermögensübertragung für den oder die davon betroffenen Rechtsnachfolger als mit dem Beginn des auf den ersten Umgründungsstichtag folgenden Stichtages bewirkt, wenn dies von sämtlichen an den Umgründungen Beteiligten in einem Umgründungsplan festgelegt wird. [2]Voraussetzung ist, daß der Umgründungsplan spätestens am Tag der Beschlußfassung der ersten Umgründung gefaßt und in allen Umgründungsverträgen auf diesen Plan Bezug genommen wird. *(BGBl 1996/797)*

(BGBl 1993/818)

Rechtsgrundlage der Umgründungen

§ 40. Gerichtliche Entscheidungen sind den jeweiligen Umgründungsbeschlüssen oder -verträgen im Sinne des ersten Hauptstückes gleichzuhalten.

Lohnsteuerliche Verhältnisse

§ 41. Übernehmende Körperschaften, Personengesellschaften und Nachfolgeunternehmer treten hinsichtlich der lohnsteuerlichen Verhältnisse in die Rechtsstellung des bisherigen Arbeitgebers ein, soweit bei den übernommenen Arbeitnehmern auch arbeitsrechtlich die entsprechenden Folgerungen gezogen werden.

Vertragsübernahme

§ 42. Rechtsgeschäfte, mit denen anläßlich eines „gebührenbegünstigten“ Vorganges nach Artikel III bis VI des ersten Hauptstückes eine Vertragsstellung übertragen wird (Vertragsübernahme), sind von den Stempel- und Rechtsgebühren befreit. „ “ *(BGBl I 2019/103)*

Anzeige- und Evidenzpflicht

§ 43. (1) Wer Vermögen durch eine Umgründung überträgt oder übernimmt und nicht schon nach dem ersten Hauptstück zu einer Meldung verpflichtet ist, hat die Umgründung abweichend von der Frist des § 121 der Bundesabgabenordnung innerhalb der im ersten Hauptstück genannten Frist unter Nachweis der Rechtsgrundlage dem Betriebsfinanzamt oder dem für die Erhebung der Abgaben vom Einkommen und Vermögen zuständigen Finanzamt anzuzeigen.

Fassung ab 1. 7. 2020 (BGBl I 2019/104):
(1) Wer Vermögen durch eine Umgründung überträgt oder übernimmt und nicht schon nach dem ersten Hauptstück zu einer Meldung verpflichtet ist, hat die Umgründung abweichend von der Frist des § 121 der Bundesabgabenordnung innerhalb der im ersten Hauptstück genannten Frist unter Nachweis der Rechtsgrundlage „dem für die Erhebung der Einkommen- oder Körperschaftsteuer zuständigen Finanzamt“ anzuzeigen. *(BGBl I 2019/104)*

(2) Die sich auf Grund einer Umgründung ergebenden oder die zu übernehmenden Buchwerte oder Anschaffungskosten von Anteilen sind von den davon Betroffenen und im Falle eines unentgeltlichen Erwerbes von ihren Rechtsnachfolgern aufzuzeichnen und evident zu halten. *(BGBl 1996/797)*

Mißbräuchliche Umgründungen

§ 44. Die Anwendung der Bestimmungen dieses Bundesgesetzes ist zu versagen, wenn die Umgründungsmaßnahmen der Umgehung oder Minderung einer Abgabenpflicht im Sinne des „§ 22 der Bundesabgabenordnung dienen oder wenn die Umgründungsmaßnahmen als hauptsächlichen Beweggrund oder als einen der hauptsächlichen Beweggründe die Steuerhinterziehung oder –umgehung im Sinne „des Artikels 15 der Richtlinie Nr. 2009/133/EG über das gemeinsame Steuersystem für Fusionen, Spaltungen, die Einbringung von Unternehmensteilen und den Austausch von Anteilen, die Gesellschaften verschiedener Mitgliedstaaten betreffen, sowie für die Verlegung des Sitzes einer Europäischen Gesellschaft oder einer Europäischen Genossenschaft von einem Mitgliedstaat in einen anderen Mitgliedstaat, ABl. L 310 vom 25.11.2009 S. 34 ff)“** in der jeweils geltenden Fassung haben“*. *(*BGBl I 2005/161; **BGBl I 2011/112)*

Verweisung auf andere Bundesgesetze

§ 45. Soweit in diesem Bundesgesetz auf andere Bundesgesetze verwiesen wird, sind diese in ihrer jeweils geltenden Fassung anzuwenden.

(BGBl I 1998/9)

2. TEIL

ÄNDERUNG VON BUNDESGESETZEN

(nicht abgedruckt)

3. TEIL

ÜBERGANGS- UND SCHLUSSBESTIMMUNGEN

1. a) Der 1. Teil dieses Bundesgesetzes ist auf Umgründungen anzuwenden, denen ein Stichtag nach dem 31. Dezember 1991 zugrunde gelegt wird. *(BGBl 1993/818)*

b) „§ 9 Abs. 6" dieses Bundesgesetzes gilt nur für Gewinne aus Wirtschaftsjahren, die nach dem 31. Dezember 1988 enden. *(BGBl I 1998/9)*

c) „§ 9 Abs. 7" dieses Bundesgesetzes gilt auch, wenn die in § 4 Abs. 1 des Bundesgesetzes über steuerliche Maßnahmen bei der Kapitalerhöhung aus Gesellschaftsmitteln, BGBl. Nr. 157/1966, vorgesehene Frist noch nicht abgelaufen ist. *(BGBl I 1998/9)*

d) [1]Ist die einer Verschmelzung oder Einbringung nach Art. I und III des Strukturverbesserungsgesetzes zugrunde zu legende Bilanz der übertragenden Gesellschaft oder des Einbringenden auf einen nach dem 30. Juni 1987 liegenden Zeitpunkt aufgestellt, so ist für alle nicht endgültig rechtskräftig veranlagten Fälle die Grunderwerbsteuer für Erwerbsvorgänge nach § 1 Abs. 1 und 2 des Grunderwerbsteuergesetzes 1987 vom Zweifachen des Einheitswertes der Grundstücke zu berechnen. [2]Dies gilt auch bei Zusammenschlüssen nach Art. IV des Strukturverbesserungsgesetzes, wenn die Erwerbsvorgänge nach dem 30. Juni 1987 verwirklicht wurden.

2. Der 2. Teil dieses Bundesgesetzes ist, wenn die Steuern veranlagt werden, erstmalig bei der Veranlagung für das Kalenderjahr 1992 anzuwenden.

3. a) [1]Abweichend von Abschnitt IX Art. II des Bundesgesetzes vom 10. Juni 1986, mit dem das Kreditwesengesetz, das Postsparkassengesetz, das Rekonstruktionsgesetz, das Einkommensteuergesetz, das Körperschaftsteuergesetz, das Bewertungsgesetz, die Bundesabgabenordnung und das Strukturverbesserungsgesetze geändert und kapitalverkehrsteuerliche Bestimmungen geschaffen werden, BGBl. Nr. 325, gilt folgendes:

[2]Die Art. I, III und V bis VII des Strukturverbesserungsgesetzes, BGBl. Nr. 69/1969, in der geltenden Fassung, sowie die Bestimmungen zu Vorgängen im Sinne des Kreditwesengesetzes, BGBl. Nr. 63/1979, in der jeweils geltenden Fassung, sind letztmalig auf Vorgänge anzuwenden, denen ein Stichtag vor dem 1. Jänner 1992 zugrunde gelegt wird.

b) Die Rücklagen nach § 1 Abs. 3 und in § 8 Abs. 1 lit. d des Strukturverbesserungsgesetzes gelten ab dem 1. Jänner 1992 als versteuerte Rücklagen.

c) [1]Abweichend von § 1 Abs. 2 und § 8 Abs. 4 des Strukturverbesserungsgesetzes kann bei Einbringungen jeder Stichtag innerhalb der dort genannten Frist zugrunde gelegt werden. [2]Voraussetzung ist bei der Einbringung von Betrieben oder Teilbetrieben, daß zum gewählten Stichtag eine Bilanz (§ 4 Abs. 1 des Einkommensteuergesetzes) des gesamten Betriebes vorliegt.

4. a) *(aufgehoben, BGBl I 2000/22)*

b) § 3 Abs. 3 Z 1 in der Fassung des Bundesgesetzes BGBl Nr. 699/1991 ist auch auf Umgründungen anzuwenden, denen ein Stichtag nach dem 31. Dezember 1995 zugrunde liegt. *(BGBl 1996/797)*

c) § 9 Abs. 8 in der Fassung des Bundesgesetzes BGBl. Nr. 201/1996 ist erstmalig auf Umwandlungen anzuwenden, denen ein Stichtag nach dem 30. Dezember 1995 zugrunde gelegt wird.

d) § 2 Abs. 4, § 3 Abs. 2 und 3, § 8 Abs. 4 § 9 Abs. 3 und 6, § 16 Abs. 5 Z 5, § 18 Abs. 5 und § 34 Abs. 1, jeweils in der Fassung des Bundesgesetzes BGBl. Nr. 201/1996, sind erstmalig auf Umgründungen anzuwenden, denen ein Stichtag nach dem 31. Dezember 1995 zugrunde gelegt wird.

(BGBl 1996/201)

5. „ " § 4 Z 1 in der Fassung des Bundesgesetzes BGBl. Nr. 201/1996 ist erstmalig auf Umgründungen anzuwenden, denen ein Stichtag nach dem 31. Dezember 1995 zugrunde gelegt wird. *(BGBl I 2008/2)*

(BGBl 1996/201)

6. a) § 2 Abs. 5, § 3 Abs. 4, § 4 Z 1, § 55 Abs. 7 Z 1, § 8 Abs. 5, § 9 Abs. 4 Z 1, § 10 Z 1 lit. a, § 12, § 13 Abs. 1, § 16 Abs. 5 Z 3, § 17 Abs. 2, § 18 Abs. 3, § 18 Abs. 4 Z 1, § 19 Abs. 2 Z 5, § 20 Abs. 7, § 21 Z 1, § 23 Abs. 1, § 24 Abs. 1, § 28 und § 30 Abs. 3, jeweils in der Fassung des Bundesgesetzes BGBl. Nr. 797/1996, sind erstmalig auf Umgründungen anzuwenden, denen ein Stichtag nach dem 31. Dezember 1996 zugrunde gelegt wird.

b) Als Teilwertabschreibung im Sinne des § 4 Z 1 lit. d in der Fassung des Bundesgesetzes BGBl. Nr. 797/1996 gilt auch jener Betrag, um den sich die gewinnerhöhende Auflösung stiller Reserven im Sinne des § 3 Abs. 3 Z 1 zweiter Satz in der Fassung des Bundesgesetzes BGBl. Nr. 699/191 vermindert.

c) § 7 Abs. 1 und Abs. 2 in der Fassung des Bundesgesetzes BGBl. Nr. 797/1996 ist bereits auf Umwandlungen auf Grund des Bundesgesetzes über die Umwandlung von Handelsgesellschaften, BGBl. Nr. 304/1996, anzuwenden, die vor dem Inkrafttreten des Bundesgesetzes BGBl. Nr. 797/1996 im Firmenbuch eingetragen worden sind.

d) § 9 Abs. 3 und § 27 in der Fassung des Bundesgesetzes BGBl. Nr. 797/1996 ist auf Umwandlungen und Realteilungen anzuwenden, denen ein Stichtag nach dem 31. Dezember 1995 zugrunde gelegt wird.

e) In § 10 Z 1 lit. a in der Fassung vor dem Bundesgesetz BGBl. Nr. 797/1996 tritt an die Stelle des Verweises „§ 4 Z 1 lit. a und c" der Verweis „§ 4 Z 1".

f) In § 21 Z 1 in der Fassung vor dem Bundesgesetz BGBl. Nr. 797/1996 tritt an die Stelle des Verweises „§ 4 Z 1 lit. c" der Verweis „§ 4 Z 1".

g) Die §§ 32 bis 38 in der Fassung des Bundesgesetzes BGBl. Nr. 797/1996 sind bereits auf Spaltungen auf Grund des Bundesgesetzes über die Spaltung von Kapitalgesellschaften, BGBl. Nr. 304/1996, anzuwenden, die vor dem Inkrafttreten des Bundesgesetzes BGBl. Nr. 797/1996 im Firmenbuch eingetragen worden sind § 33 Abs. 6, § 34 Abs. 3 Z 1 und § 36 Abs. 4 Z 1, jeweils in der Fassung des Bundesgesetzes BGBl. Nr. 797/1996, ist auf Spaltungen anzuwenden, denen ein Stichtag nach dem 31. Dezember 1996 zugrunde gelegt wird.

h) [1]„Die §§ 32 bis 38 in der Fassung vor dem Bundesgesetz BGBl. Nr. 797/1996 sind, soweit sie sich auf Spaltungen im Sinne des § 32 Abs. 2 und 3 beziehen, letztmalig auf Spaltungen anzuwenden, denen ein Stichtag vor dem 1. Jänner 1997 zugrunde liegt."* [2]„Die §§ 38a bis 38f sind auf Steuerspaltungen anzuwenden, denen ein Stichtag nach dem 31. Dezember 1996 und „vor dem 1. Jänner 2023"*** zu Grunde liegt."** *(*BGBl I 1998/9; **BGBl I 2012/112; ***BGBl I 2018/62)*

i) [1]Bei Spaltungen im Sinne des § 32 Abs. 2 und Abs. 3 Z 1 in der Fassung vor dem Bundesgesetz, BGBl. Nr. 797/1996, und im Sinne des § 38a Abs. 2 und Abs. 3 Z 1 in der Fassung des Bundesgesetzes BGBl. Nr. 797/1996, bei denen der Spaltungsvertrag nach dem 31. Dezember 1996 abgeschlossen wird, unterbleibt abweichend von § 32 Abs. 2 Z 1 in der Fassung vor dem Bundesgesetz, BGBl. Nr. 797/1996, bzw § 38c in der Fassung des Bundesgesetzes BGBl. Nr. 797/1996 die Besteuerung nicht hinsichtlich stiller Reserven, die die spaltende Körperschaft nach § 12 des Einkommensteuergesetzes 1988 in der Fassung vor dem Strukturanpassungsgesetz 1996, BGBl. Nr. 201, innerhalb der letzten fünf Jahre vor dem Spaltungsstichtag beziehungsweise vor dem in § 19 Abs. 5 des Körperschaftsteuergesetzes 1988 genannten Zeitpunkt auf Anteile übertragen hat, die auf Anteilsinhaber der spaltenden Körperschaft übergehen. [2]Der nachzuversteuernde Betrag vermindert sich insoweit, als auf Grund der Anwendung des § 12 des Einkommensteuergesetzes 1988 für die Anteile der Ansatz des niedrigeren Teilwertes zu unterbleiben hatte. [3]Die Nachversteuerung hat in dem mit dem Einbringungsstichtag endenden oder dem der Auflösung vorangegangenen Wirtschaftsjahr zu erfolgen.

j) Die Aufzeichnungs- und Evidenzhaltungspflicht gemäß § 43 gilt ab 1. Jänner 1997 und erstreckt sich auch auf alle Buchwerte und Anschaffungskosten von Anteilen, die sich auf Grund einer Umgründung im Sinne dieses Bundesgesetzes ergeben haben oder zu übernehmen waren.

(BGBl 1996/797)

7. § 9 Abs. 6 in der Fassung des Abgabenänderungsgesetzes 2001, BGBl. I Nr. 144/2001, ist auf Umwandlungen anzuwenden, bei denen der Umwandlungsbeschluss nach dem 31. Dezember 2001 zur Eintragung in das Firmenbuch angemeldet wird.

(BGBl I 2001/144)

8. [1]§ 5 Abs. 1, „ ", § 20 Abs. 2, § 22 Abs. 2, § 32, § 38a Abs. 2 Z 1 und § 38a Abs. 3 Z 1 und Z 2 in der Fassung des Bundesgesetzes BGBl. I Nr. 71/2003 ist auf Umgründungen anzuwenden, denen ein Stichtag nach dem 30. Dezember 2002 zu Grunde liegt. [2]„§ 10 Z 1 lit. c in der Fassung des Bundesgesetzes BGBl. I Nr. 71/2003 ist auf Umwandlungen anzuwenden, denen ein Stichtag nach dem 30. Dezember 1995 zugrunde liegt." *(BGBl I 2004/180)*

(BGBl I 2003/71)

UmgrStG

9. [1]§ 1, § 3 Abs. 1, § 5 Abs. 1, § 7, § 16 Abs. 2 Z 1, § 17 Abs. 2, § 18 Abs. 1, § 29 Abs. 1 und § 30 Abs. 1 in der Fassung des Bundesgesetzes BGBl. I 180/2004, ist auf Umgründungen anzuwenden, denen ein Stichtag nach dem 7. Oktober 2004 zu Grunde liegt. [2]§ 38a Abs. 2 in der Fassung des Bundesgesetzes BGBl. I 180/2004, ist auf Spaltungen anzuwenden, denen ein Stichtag nach dem 31. Dezember 2004 zu Grunde liegt.

(BGBl I 2004/180)

10. [1]Artikel V und Artikel VI sind auch dann anzuwenden, wenn kein Teilbetrieb im Sinne des

§ 12 Abs. 2 Z 2 vorliegt und die Übertragung im Zusammenhang mit gesetzlichen Unvereinbarkeitsvorschriften erfolgt. [2]Dies gilt für Umgründungen, die nach dem 31. Dezember 2004 beschlossen oder vertraglich unterfertigt werden.

(BGBl I 2005/161)

11. Die §§ 3, 5, 7 bis 9, 12 bis 20, 23, 25, 27, 30, 33, 34, 38d und 44, jeweils in der Fassung des Bundesgesetzes BGBl. I Nr. 161/2005, sind auf Umgründungen anzuwenden, bei denen die Beschlüsse oder Verträge nach dem 31. Jänner 2006 bei dem zuständigen Firmenbuchgericht zur Eintragung angemeldet oder bei dem zuständigen Finanzamt gemeldet werden.

(BGBl I 2005/161)

12. Die §§ 5, 18, 20, 36 und 37, jeweils in der Fassung des Bundesgesetzes BGBl. I Nr. 24/2007, sind auf Umgründungen anzuwenden, denen ein Stichtag nach dem 31. Dezember 2006 zu Grunde liegt.

(BGBl I 2007/24)

13. § 1 Abs. 2 zweiter Satz in der Fassung des Bundesgesetzes BGBl. I Nr. 99/2007 ist erstmals auf Verschmelzungen anzuwenden, denen ein Stichtag nach dem 14. Dezember 2007 zugrunde liegt.

(BGBl I 2007/99)

14. § 5 Abs. 1 Z 5 und § 36 Abs. 3 jeweils in der Fassung des Bundesgesetzes BGBl. I Nr. 99/2007 sind erstmals auf Umgründungen anzuwenden, die nach dem 31. Dezember 2007 beschlossen werden.

(BGBl I 2007/99)

15. § 18 Abs. 2 Z 1 in der Fassung des Bundesgesetzes BGBl. I Nr. 99/2007 ist erstmals auf Zuwendungen nach dem 31. Dezember 2007 anzuwenden.

(BGBl I 2007/99)

16. § 3 Abs. 1 in der Fassung des Bundesgesetzes BGBl. I Nr. 34/2010 ist erstmals auf Umgründungen anzuwenden, die nach dem 30. Juni 2010 beschlossen werden.

(BGBl I 2010/34)

17. § 9 Abs. 6 in der Fassung des Budgetbegleitgesetzes 2011, BGBl. I Nr. 111/2010, ist erstmals auf Umwandlungen anzuwenden, die nach dem 31. Dezember 2010 beschlossen werden.

(BGBl I 2010/111)

18. § 9 Abs. 1 Z 3 letzter Teilstrich in der Fassung des Bundesgesetzes BGBl. I Nr. 112/2011 ist erstmals auf Umwandlungen anzuwenden, bei denen der Umwandlungsbeschluss nach dem 31. Oktober 2011 zur Eintragung in das Firmenbuch angemeldet wird.

(BGBl I 2011/112)

19. § 9 Abs. 8 in der Fassung des Bundesgesetzes BGBl. I Nr. 112/2011 ist erstmals bei der Veranlagung 2011 anzuwenden.

(BGBl I 2011/112)

20. § 3 Abs. 1 Z 3 in der Fassung des Bundesgesetzes BGBl. I Nr. 112/2012 ist erstmals auf Verschmelzungen anzuwenden, die nach dem 31. Dezember 2012 zur Eintragung in das Firmenbuch angemeldet werden.

(BGBl I 2012/112)

21. [1]§ 5 Abs. 2, § 36 Abs. 1, § 37 Abs. 2 und § 38e Abs. 1, jeweils in der Fassung des Bundesgesetzes BGBl. I Nr. 112/2012, sind erstmals auf Umgründungen anzuwenden, denen ein Stichtag nach dem 31. März 2012 zu Grunde liegt. [2]Die Anwendbarkeit des § 27 Abs. 3 EStG 1988 auf neue Anteile richtet sich nach § 124b Z 185 lit. a EStG 1988.

(BGBl I 2012/112)

22. [1]§ 9 Abs. 1 Z 3, § 17 Abs. 1, § 30 Abs. 1 Z 2, jeweils in der Fassung des Bundesgesetzes BGBl. I Nr. 112/2012, sind erstmals auf Umgründungen anzuwenden, denen ein Stichtag nach dem 31. März 2012 zu Grunde liegt. [2]§ 9 Abs. 1 Z 3 und § 30 Abs. 1 Z 2 zweiter Teilstrich in der Fassung des Bundesgesetzes BGBl. I Nr. 112/2012 sind sinngemäß anzuwenden, wenn die Steuerschuld auf Grund des § 31 des Einkommensteuergesetzes 1988 in der Fassung vor dem Budgetbegleitgesetz 2011, BGBl. I Nr. 111/2010, nicht festgesetzt wurde.
[3]§ 5 Abs. 3 und 4 und § 38d Abs. 3, jeweils in der Fassung vor dem BGBl. I Nr. 112/2012, sind letztmalig auf Umgründungen anzuwenden, denen ein Stichtag vor dem 1. April 2012 zu Grunde liegt. [4]Die Aufwertung gemäß § 5 Abs. 4 und § 38d Abs. 3 gilt nicht, insoweit Anteile nach dem 31. Dezember 2010 entgeltlich erworben worden sind.

(BGBl I 2012/112)

23. [1]§ 9 Abs. 6 und § 10 Z 2 und 3, jeweils in der Fassung des Bundesgesetzes BGBl. I Nr. 112/2012, sind erstmals für Umwandlungen anzuwenden, bei denen der Umwandlungsbeschluss nach dem 31. Dezember 2012 zur Eintragung in das Firmenbuch angemeldet wird. [2]Bei

der Anwendung von § 9 Abs. 6 dritter Satz sind im Zuge von Vorumgründungen übernommene negative Buchwerte nur zu berücksichtigen, wenn der Vorumgründung ein Stichtag nach dem 31. Dezember 2007 zu Grunde lag. [3]§ 9 Abs. 7 ist letztmalig auf Umwandlungen anzuwenden, bei denen der Umwandlungsbeschluss vor dem 1. Jänner 2013 zur Eintragung in das Firmenbuch angemeldet wird.

(BGBl I 2012/112)

24. § 12 Abs. 2 Z 3 letzter Satz in der Fassung des Bundesgesetzes BGBl. I Nr. 112/2012, ist erstmals auf Umgründungen anzuwenden, bei denen die Beschlüsse oder Verträge nach dem 31. Dezember 2012 bei dem zuständigen Firmenbuchgericht zur Eintragung angemeldet oder bei dem zuständigen Finanzamt gemeldet werden.

(BGBl I 2012/112)

25. § 16 Abs. 6 und § 18 Abs. 5 in der Fassung des Bundesgesetzes BGBl. I Nr. 112/2012 sind erstmals auf Umgründungen anzuwenden, denen ein Stichtag nach dem 31. März 2012 zu Grunde liegt.

(BGBl I 2012/112)

26. § 16 Abs. 6 letzter Satz in der Fassung des Bundesgesetzes BGBl. I Nr. 105/2014 ist auf Einbringungsverträge anzuwenden, die nach dem 31. Dezember 2014 abgeschlossen werden.

(BGBl I 2014/105)

27. a) § 3 Abs. 1 Z 2 zweiter Teilstrich, § 9 Abs. 1 Z 3 zweiter Teilstrich, § 18 Abs. 1 Z 3 zweiter Teilstrich, § 24 Abs. 3, § 25 Abs. 5, § 29 Abs. 1 Z 2a und § 30 Abs. 4, jeweils in der Fassung des Bundesgesetzes BGBl. I Nr. 105/2014, sind erstmals auf Umgründungen anzuwenden, die nach dem Tag der Kundmachung dieses Bundesgesetzes im BGBl. I Nr. 105/2014 beschlossen oder vertraglich unterfertigt werden.

b) [1]§ 3 Abs. 1 Z 2 zweiter Teilstrich, § 9 Abs. 1 Z 3 zweiter Teilstrich und § 18 Abs. 1 Z 3 zweiter Teilstrich sind sinngemäß anzuwenden, wenn eine Beteiligung übernommen wird, an der das Besteuerungsrecht der Republik Österreich aufgrund einer Umgründung mit einem Stichtag vor dem 8. Oktober 2004 oder der Verlegung eines Betriebes vor dem 1. Jänner 2005 eingeschränkt worden ist. [2]Dies gilt für Umgründungen, die nach dem Tag der Kundmachung dieses Bundesgesetzes im BGBl. I Nr. 105/2014 beschlossen oder vertraglich unterfertigt werden.

(BGBl I 2014/105)

28. § 1 Abs. 1 Z 3 in der Fassung des Bundesgesetzes BGBl. I Nr. 34/2015 tritt mit 1. Jänner 2016 in Kraft.

(BGBl I 2015/34)

29. § 6 Abs. 6, § 11 Abs. 5, § 18 Abs. 5 Z 1, § 22 Abs. 5, § 25 Abs. 5 Z 1, § 26 Abs. 4, § 30 Abs. 4, § 31 Abs. 3 und § 38 Abs. 6, jeweils in der Fassung BGBl. I Nr. 118/2015 sind erstmals auf Umgründungen mit einem Stichtag nach dem 31. Dezember 2015 anzuwenden.

(BGBl I 2015/118)

30. [1]§ 1 Abs. 2, § 3 Abs. 1, § 5 Abs. 1 Z 3 bis 5, § 7 Abs. 2, § 9 Abs. 1 Z 2 und 3, § 16 Abs. 1, 1a und 2, § 18 Abs. 1 Z 3, § 20 Abs. 2 Z 5 und Abs. 7 Z 1, § 21, § 24 Abs. 1 Z 3, § 25 Abs. 1 Z 2, § 29 Abs. 1 Z 3, § 30 Abs. 1 Z 2 und § 36 Abs. 3 Z 1 und 2, jeweils in der Fassung des Bundesgesetzes BGBl. I Nr. 163/2015, sind erstmals auf Umgründungen anzuwenden, die nach dem 31. Dezember 2015 beschlossen oder vertraglich unterfertigt werden. [2]„Für Umgründungen, die vor dem 1. Jänner 2016 beschlossen oder vertraglich unterfertigt wurden, gilt auch ein Antrag auf Festsetzung einer nicht festgesetzten Steuerschuld als Veräußerung.“ *(BGBl I 2019/103)*

(BGBl I 2015/163)

31. Für Umgründungen mit einem Stichtag nach dem 31. Dezember 2018 ist § 6 Z 6 des Einkommensteuergesetzes 1988 in der Fassung des Bundesgesetzes BGBl. I Nr. 62/2018 erstmals anzuwenden. Dabei gilt „§ 124b Z 330 des Einkommensteuergesetzes 1988“ sinngemäß für Umgründungen, denen ein Stichtag vor dem 1. Jänner 2019 zu Grunde liegt. *(BGBl I 2019/103)*

(BGBl I 2018/62)

32. § 16 Abs. 5 in der Fassung des Bundesgesetzes BGBl. I Nr. 62/2018 ist auf Umgründungen anzuwenden, die nach dem 31. Juli 2018 beschlossen oder vertraglich unterfertigt werden.

(BGBl I 2018/62)

33. § 32 Abs. 1 Z 1, § 34 Abs. 2 Z 2, § 36 Abs. 2 sowie § 38 Abs. 2, jeweils in der Fassung des Bundesgesetzes BGBl. I Nr. 69/2018, sind erstmals auf Umgründungen anzuwenden, die nach dem 1. Jänner 2019 beschlossen oder vertraglich unterfertigt werden.

(BGBl I 2018/69)

34. § 13 Abs. 1 und § 43 Abs. 1, jeweils in der Fassung des Bundesgesetzes BGBl. I Nr. 104/2019, treten mit 1. Juli 2020 in Kraft.

(BGBl I 2019/104)

35. § 16 Abs. 1a und § 17 Abs. 1a in der Fassung des Bundesgesetzes BGBl. I Nr. 103/2019 sind erstmals auf Einbringungen anzuwenden, die nach dem 31. Dezember 2019 beschlossen oder vertraglich unterfertigt werden.

(BGBl I 2019/103)

4. TEIL

VOLLZIEHUNG

Mit der Vollziehung dieses Bundesgesetzes ist der Bundesminister für Finanzen betraut.

Anlage (zu Art. I, II, III und VI)

(Hinweis: Anlage neu durch BGBl I 2007/24)

„Gesellschaften im Sinne des Artikels 3 der Richtlinie 2009/133/EG über das gemeinsame Steuersystem für Fusionen, Spaltungen, Abspaltungen, die Einbringung von Unternehmensteilen und den Austausch von Anteilen, die Gesellschaften verschiedener Mitgliedstaaten betreffen, sowie für die Verlegung des Sitzes einer Europäischen Gesellschaft oder einer Europäischen Genossenschaft von einem Mitgliedstaat in einen anderen Mitgliedstaat, ABl. Nr. L 310 vom 25.11.2009 S. 34.“ *(BGBl I 2012/112)*

Gesellschaft im Sinne des Artikels 3 der genannten Richtlinie ist jede Gesellschaft, die

1. eine der angeführten Formen aufweist:

   a) Die gemäß der Verordnung (EG) Nr. 2157/2001 des Rates vom 8. Oktober 2001 über das Statut der Europäischen Gesellschaft (SE) und der Richtlinie 2001/86/EG des Rates vom 8. Oktober 2001 zur Ergänzung des Statuts der Europäischen Gesellschaft hinsichtlich der Beteiligung der Arbeitnehmer gegründeten Gesellschaften sowie die gemäß der Verordnung (EG) Nr. 1435/2003 des Rates vom 22. Juli 2003 über das Statut der Europäischen Genossenschaft (SCE) und der Richtlinie 2003/72/EG des Rates vom 22. Juli 2003 zur Ergänzung des Statuts der Europäischen Genossenschaft hinsichtlich der Beteiligung der Arbeitnehmer gegründeten Genossenschaften;

   b) die Gesellschaften belgischen Rechts mit der Bezeichnung „société anonyme“/„naamloze vennootschap“, „société en commandite par actions“/„commanditaire vennootschap op aandelen“, „société privée à responsabilité limitée“/„besloten vennootschap met beperkte aansprakelijkheid“, „société coopérative à responsabilité limitée“/„coöperatieve vennootschap met beperkte aansprakelijkheid“, „société coopérative à responsabilité illimitée“/„coöperatieve vennootschap met onbeperkte aansprakelijkheid“, „société en nom collectif“/„vennootschap onder firma“, „société en commandite simple“/„gewone commanditaire vennootschap“, öffentliche Unternehmen, die eine der genannten Rechtsformen angenommen haben und andere nach belgischem Recht gegründete Gesellschaften, die der belgischen Körperschaftsteuer unterliegen;

   c) die Gesellschaften tschechischen Rechts mit der Bezeichnung „akciová spolecnost“, „spolecnost s rucením omezeným“;

   d) die Gesellschaften dänischen Rechts mit der Bezeichnung „aktieselskab“ und „anpartsselskab“; weitere nach dem Körperschaftsteuergesetz steuerpflichtige Unternehmen, soweit ihr steuerbarer Gewinn nach den allgemeinen steuerrechtlichen Bestimmungen für „aktieselskaber“ ermittelt und besteuert wird;

   e) die Gesellschaften deutschen Rechts mit der Bezeichnung „Aktiengesellschaft“, „Kommanditgesellschaft auf Aktien“, „Gesellschaft mit beschränkter Haftung“, „Versicherungsverein auf Gegenseitigkeit“, „Erwerbs- und Wirtschaftsgenossenschaft“, „Betriebe gewerblicher Art von juristischen Personen des öffentlichen Rechts“ und andere nach deutschem Recht gegründete Gesellschaften, die der deutschen Körperschaftsteuer unterliegen;

   f) die Gesellschaften estnischen Rechts mit der Bezeichnung „täisühing“, „usaldusühing“, „osaühing“, „aktsiaselts“, „tulundusühistu“;

   g) die Gesellschaften griechischen Rechts mit der Bezeichnung ,,*ανώνυμη εταιρεία*“, ,,*εταιρεία περιορισμένης ευθύνης* (Ε.Π.Ε.)“;

h) die Gesellschaften spanischen Rechts mit der Bezeichnung „sociedad anónima", „sociedad comanditaria por acciones" und „sociedad de responsabilidad limitada" sowie die öffentlich-rechtlichen Körperschaften, deren Tätigkeit unter das Privatrecht fällt;

i) die Gesellschaften französischen Rechts mit der Bezeichnung „société anonyme", „société en commandite par actions" und „société à responsabilité limitée", „sociétés par actions simplifiées", „sociétés d"assurances mutuelles", „caisses d"épargne et de prévoyance", „sociétés civiles", die automatisch der Körperschaftsteuer unterliegen, „coopératives", „unions de coopératives", die öffentlichen Industrie- und Handelsbetriebe und unternehmen und andere nach französischem Recht gegründete Gesellschaften, die der französischen Körperschaftsteuer unterliegen;

j) nach irischem Recht gegründete oder eingetragene Gesellschaften, gemäß dem Industrial and Provident Societies Act eingetragene Körperschaften, gemäß den Building Societies Acts gegründete „building societies" und „trustee savings banks" im Sinne des Trustee Savings Banks Act von 1989;

k) die Gesellschaften italienischen Rechts mit der Bezeichnung „società per azioni", „società in accomandita per azioni", „società a responsabilità limitata", „società cooperative", „società di mutua assicurazione" sowie öffentliche und private Körperschaften, deren Tätigkeit ganz oder überwiegend handelsgewerblicher Art ist;

l) die nach zyprischem Recht gegründeten Gesellschaften: „εταιρεἰες" gemäß der Begriffsbestimmung in den Einkommensteuergesetzen;

m) die Gesellschaften lettischen Rechts mit der Bezeichnung „akciju sabiedriba", „sabiedriba ar ierobežotu atbildibu";

n) die nach litauischem Recht gegründeten Gesellschaften;

o) die Gesellschaften luxemburgischen Rechts mit der Bezeichnung „société anonyme", „société en commandite paractions", ,société à responsabilité limitée", ,société coopérative", ,société coopérative organisée comme une société anonyme", „association d"assurances mutuelles", „association d'épargne-pension", , "entreprise de nature commerciale", „industrielle ou minière de l'État", „des communes", „des syndicats de communes", „des établissements publics et des autres personnes morales de droit public" sowie andere nach luxemburgischem Recht gegründete Gesellschaften, die der luxemburgischen Körperschaftsteuer unterliegen;

p) die Gesellschaften ungarischen Rechts mit der Bezeichnung „közkereseti társaság", , "betéti társaság", „közös vállalat", „korlátolt felelosségu társaság", „részvénytársaság", „egyesülés", „közhasznú társaság", „szövetkezet";

q) die Gesellschaften maltesischen Rechts mit der Bezeichnung „Kumpaniji ta Responsabilita" , "Limitata", „Socjetajiet en commandite li l-kapital taghhom maqsum f"azzjonijiet";

r) die Gesellschaften niederländischen Rechts mit der Bezeichnung „naamloze vennnootschap", „besloten vennootschap met beperkte aansprakelijkheid", „open commanditaire vennootschap", „coöperatie", „onderlinge waarborgmaatschappij", „fonds voor gemene rekening", „vereniging op coöperatieve grondslag" und „vereniging welke op onderlinge grondslag als verzekeraar of kredietinstelling optreedt" sowie andere nach niederländischem Recht gegründete Gesellschaften, die der niederländischen Körperschaftsteuer unterliegen;

s) die Gesellschaften österreichischen Rechts mit der Bezeichnung „Aktiengesellschaft", „Gesellschaft mit beschränkter Haftung", „Erwerbs- und Wirtschaftsgenossenschaft"; UmgrStG

t) die Gesellschaften polnischen Rechts mit der Bezeichnung „spólka akcyjna", „spólka z ograniczona odpowiedzialnoscia";

u) die nach portugiesischem Recht gegründeten Handelsgesellschaften und zivilrechtlichen Handelsgesellschaften sowie andere nach portugiesischem Recht gegründete juristische Personen, die Industrie- oder Handelsunternehmen sind;

v) die Gesellschaften slowenischen Rechts mit der Bezeichnung „delniška družba", „komanditna družba", „družba z omejeno odgovornostjo";

w) die Gesellschaften slowakischen Rechts mit der Bezeichnung „akciová spolocnost" , „spolocnost s rucením obmedzeným", „komanditná spolocnost";

x) die Gesellschaften finnischen Rechts mit der Bezeichnung „osakeyhtiö"/„aktiebolag", „osuuskunta"/„andelslag", „säästöpankki"/„sparbank" und „vakuutusyhtiö"/„försäkringsbolag";

y) „die Gesellschaften schwedischen Rechts mit der Bezeichnung „aktiebolag“, „bankaktiebolag“, „försäkringsaktiebolag“, „ekonomiska föreningar“, „sparbanker“ und „ömsesidiga försäkringsbolag“;“ *(BGBl I 2012/112)*

z) die nach dem Recht des Vereinigten Königreichs gegründeten Gesellschaften;

aa) Gesellschaften bulgarischen Rechts mit der Bezeichnung „събирателното дружество“, „командитното дружество“, „дружеството с ограничена отговорност“, „акционерното дружество“, „командитното дружество с акции“,„кооперации“, „кооперативни съюзи“, „държавни предприятия“, die nach bulgarischem Recht gegründet wurden und gewerbliche Tätigkeiten ausüben;

ab) Gesellschaften rumänischen Rechts mit der Bezeichnung „societati pe actiuni“, „societati în comandita pe actiuni“, „societati cu raspundere limitata“;

ac) „Gesellschaften kroatischen Rechts mit der Bezeichnung „dioničko društvo“ oder „društvo s ograničenom odgovornošću“ und andere nach kroatischem Recht gegründete Gesellschaften, die der kroatischen Gewinnsteuer unterliegen;“ *(BGBl I 2014/13)*

2. nach dem Steuerrecht eines Mitgliedstaats der Europäischen Gemeinschaft als in diesem Staat ansässig und nicht auf Grund eines Doppelbesteuerungsabkommens mit einem dritten Staat als außerhalb der Gemeinschaft ansässig anzusehen ist und

3. ohne Wahlmöglichkeit einer der nachstehenden Steuern
   - vennootschapsbelasting/impôt des sociétés in Belgien,
   - selskabsskat in Dänemark,
   - Körperschaftsteuer in Deutschland,
   - *φόρος εισοδήματος νομικών προσώπων κερδοσκοπικού χαρακτήρα* in Griechenland,
   - impuesto sobre sociedades in Spanien,
   - impôt sur les sociétés in Frankreich,
   - corporation tax in Irland,
   - imposta sul reddito delle società in Italien,
   - impôt sur le revenu des collectivités in Luxemburg,
   - vennootschapsbelasting in den Niederlanden,
   - imposto sobre o rendimento das pessoas colectivas in Portugal,
   - corporation tax im Vereinigten Königreich,
   - Körperschaftsteuer in Österreich,
   - yhteisöjen tulovero/inkomstskatten för samfund in Finnland,
   - statlig inkomstskatt in Schweden,
   - „daň z příjmů právnických osob in der Tschechischen Republik,“ *(BGBl I 2012/112)*
   - Tulumaks in Estland,
   - Φόρος *Εισοδήματος* in Zypern,
   - uznemumu ienakuma nodoklis in Lettland,
   - Pelno mokestis in Litauen,
   - Társasági adó in Ungarn,
   - Taxxa fuq l-income in Malta,
   - Podatek dochodowy od osób prawnych in Polen,
   - Davek od dobicka pravnih oseb in Slowenien,
   - dan z príjmov právnických osôb in der Slowakei,
   - корпоративен данък in Bulgarien,
   - impozit pe profit in Rumänien „,“ *(BGBl I 2014/13)*
   - „porez na dobit in Kroatien“ *(BGBl I 2014/13)*

   oder irgendeiner Steuer, die eine dieser Steuern ersetzt, unterliegt, ohne davon befreit zu sein.

Z 1 lit. a ist anzuwenden: soweit es sich um eine SE handelt, auf Umgründungen, wenn die zugrundeliegenden Beschlüsse nach dem 7. Oktober 2004 zustandegekommen sind, soweit es sich um eine

SCE handelt, auf Umgründungen, wenn die zugrundeliegenden Beschlüsse nach dem 17. August 2006 zustandegekommen sind.

Z 1 lit. c, f, l, m, n, p, q, t, v, w sind auf Umgründungen anzuwenden, wenn die zugrundeliegenden Beschlüsse nach dem 30. April 2004 zustandegekommen sind.

Z 1 lit. aa und bb sind auf Umgründungen anzuwenden, wenn die zugrundliegenden Beschlüsse nach dem 31. Dezember 2006 zustandegekommen sind.

„Die Anlage (zu Art. I, II, III und VI) in der Fassung des Bundesgesetzes BGBl. I Nr. 13/2014 ist auf Umgründungen anzuwenden, wenn die zugrundeliegenden Beschlüsse nach dem 30. Juni 2013 zustande gekommen sind.“ *(BGBl I 2014/13)*

(BGBl I 2014/13, ab 1. 3. 2014)

(BGBl I 2007/24)

26. Kapitalmarktgesetz 2019

BGBl I 2019/62 (Art 2)

STICHWORTVERZEICHNIS

Bundesgesetz über das öffentliche Anbieten von Wertpapieren und anderen Kapitalveranlagungen (Kapitalmarktgesetz 2019 KMG 2019)

Inhaltsverzeichnis

1. Hauptstück

Öffentliches Angebot von Veranlagungen

Begriffsbestimmungen

§ 1. (1) Im Sinne dieses Hauptstücks sind

1. öffentliches Angebot: eine Mitteilung an das Publikum in jedweder Form und auf jedwede Art und Weise, die ausreichende Informationen über die Bedingungen eines Angebots (oder einer Einladung zur Zeichnung) von Veranlagungen und über die anzubietenden Veranlagungen enthält, um einen Anleger in die Lage zu versetzen, sich für den Kauf oder die Zeichnung dieser Veranlagungen zu entscheiden. Diese Definition gilt auch für die Platzierung von Veranlagungen durch Finanzintermediäre;

2. Emittent: ein Rechtsträger, der Veranlagungen begibt oder zu begeben beabsichtigt;

3. Veranlagungen: Vermögensrechte, über die keine Wertpapiere ausgegeben werden, aus der direkten oder indirekten Investition von Kapital mehrerer Anleger auf deren gemeinsame Rechnung und gemeinsames Risiko oder auf gemeinsame Rechnung und gemeinsames Risiko mit dem Emittenten, sofern die Verwaltung des investierten Kapitals nicht durch die Anleger selbst erfolgt; unter Veranlagungen im Sinne dieses Bundesgesetzes sind auch alle vertretbaren, verbrieften Rechte zu verstehen, die nicht in Z 4 genannt sind;

4. Wertpapiere: übertragbare Wertpapiere im Sinne von Art. 2 Buchstabe a der Verordnung (EU) 2017/1129;

5. Anleger: derjenige, der eine Veranlagung, die Gegenstand eines prospektpflichtigen Angebots war, erwirbt;

6. qualifizierter Anleger: ein professioneller Kunde gemäß § 66 oder § 67 des Wertpapieraufsichtsgesetzes 2018 – WAG 2018, BGBl. I Nr. 107/2017, oder eine geeignete Gegenpartei gemäß § 68 WAG 2018, sofern sie nicht eine Behandlung als nicht professionelle Kunden beantragt haben; die Wertpapierfirmen und Kreditinstitute teilen ihre Einstufung unbeschadet der einschlägigen Vorschriften über den Datenschutz auf Antrag dem Emittenten mit;

7. Person, die ein öffentliches Angebot unterbreitet („Anbieter"): eine juristische oder natürliche Person, die Veranlagungen öffentlich anbietet.

(2) Die Regelungen dieses Hauptstückes, die sich an den Anbieter richten, gelten auch für den Emittenten, sofern dieser das prospektpflichtige Angebot im Inland selbst vornimmt.

Prospektpflichtiges Angebot

§ 2. (1) Ein öffentliches Angebot darf im Inland nur erfolgen, wenn spätestens einen Bankarbeitstag davor ein nach den Bestimmungen dieses

Bundesgesetzes erstellter und kontrollierter Prospekt veröffentlicht wurde.

(2) Das erste Hauptstück dieses Bundesgesetzes regelt öffentliche Angebote von Veranlagungen.

(3) Geldmarktinstrumente mit einer Laufzeit von weniger als zwölf Monaten unterliegen nicht der Prospektpflicht gemäß § 2.

Ausnahmen von der Prospektpflicht

§ 3. (1) Die Prospektpflicht gemäß § 2 gilt nicht für

1. Anteilscheine von Investmentfonds gemäß § 3 Abs. 2 Z 30 des Investmentfondsgesetzes 2011 – InvFG 2011, BGBl. I Nr. 77/2011, und Anteilscheine gemäß § 1 des Immobilien-Investmentfondsgesetzes – ImmoInvFG, BGBl. I Nr. 80/2003, sowie offene alternative Investmentfonds (AIF), die die Voraussetzungen des Art. 1 Abs. 2 der Delegierten Verordnung (EU) Nr. 694/2014 zur Ergänzung der Richtlinie 2011/61/EU im Hinblick auf technische Regulierungsstandards zur Bestimmung der Arten von Verwaltern alternativer Investmentfonds, ABl. Nr. L 183 vom 24.06.2014 S. 18, erfüllen;

2. ein Angebot von Veranlagungen, das sich an Anleger richtet, die bei jedem gesonderten Angebot Veranlagungen ab einem Mindestbetrag von 100 000 Euro pro Anleger erwerben, sowie ein Angebot von Veranlagungen mit einer Mindeststückelung von 100 000 Euro;

3. ein Angebot von Veranlagungen von einem Gesamtgegenwert im Europäischen Wirtschaftsraum (EWR) von weniger als zwei Millionen Euro; in diese Obergrenze sind jeweils die allfälligen Einnahmen aus nach dieser Ziffer prospektbefreiten Angeboten von Veranlagungen der letzten zwölf Monate einzubeziehen;

4. ein Angebot von Veranlagungen, das sich ausschließlich an qualifizierte Anleger richtet;

5. Angebote von Veranlagungen, die sich an weniger als 150 natürliche oder juristische Personen pro EWR-Vertragsstaat richten, bei denen es sich nicht um qualifizierte Anleger handelt.

(2) Jede spätere Weiterveräußerung von Veranlagungen, die zuvor gemäß Abs. 1 Z 2 bis 5 von der Prospektpflicht ausgenommen waren, ist als ein gesondertes Angebot anzusehen, wobei anhand der Begriffsbestimmung gemäß § 1 Abs. 1 Z 1 zu entscheiden ist, ob es sich bei dieser Weiterveräußerung um ein öffentliches Angebot handelt. Bei der Platzierung von Veranlagungen durch Finanzintermediäre ist ein Prospekt zu veröffentlichen, wenn die endgültige Platzierung keine der gemäß Abs. 1 Z 2 bis 5 genannten Bedingungen erfüllt und ein öffentliches Angebot vorliegt.

(3) Kann eine geplante Emission dazu führen, dass der aushaftende Betrag aller durch die Ausgabe von gemäß Abs. 1 Z 3 prospektfrei emittierten Veranlagungen entgegengenommenen Gelder über einen Betrachtungszeitraum von sieben Jahren insgesamt den Betrag von fünf Millionen Euro übersteigt, so gilt für die entsprechende Emission abweichend von Abs. 1 Z 3 die Prospektpflicht gemäß § 2.

Werbung

§ 4. (1) Jede Art von Werbung, die sich auf ein öffentliches Angebot von Veranlagungen bezieht, muss die Grundsätze der Abs. 2 bis 5 beachten. Die Abs. 2 bis 4 gelten nur für die Fälle, in denen der Emittent oder der Anbieter der Prospektpflicht unterliegt.

(2) In allen Werbeanzeigen ist darauf hinzuweisen, dass ein Prospekt samt allfälligen ändernden oder ergänzenden Angaben veröffentlicht wurde oder zur Veröffentlichung ansteht und wo die Anleger ihn erhalten können.

(3) Werbeanzeigen müssen als solche klar erkennbar sein. Die darin enthaltenen Angaben dürfen nicht unrichtig oder irreführend sein. Diese Angaben dürfen darüber hinaus nicht im Widerspruch zu den Angaben stehen, die der Prospekt und die allfälligen ändernden oder ergänzenden Angaben enthalten, falls diese Angaben bereits veröffentlicht sind, oder zu den Angaben, die im Prospekt enthalten sein müssen, falls dieser erst zu einem späteren Zeitpunkt veröffentlicht wird.

(4) Auf jeden Fall müssen alle mündlich oder schriftlich verbreiteten Informationen über das öffentliche Angebot, selbst wenn sie nicht zu Werbezwecken dienen, mit den im Prospekt und in den allfälligen ändernden oder ergänzenden Angaben enthaltenen Angaben übereinstimmen.

(5) Besteht keine Prospektpflicht gemäß diesem Bundesgesetz, so sind wesentliche Informationen des Emittenten oder des Anbieters, die sich an qualifizierte Anleger oder besondere Anlegergruppen richten, allen qualifizierten Anlegern bzw. allen besonderen Anlegergruppen, an die sich das Angebot ausschließlich richtet, mitzuteilen. Muss ein Prospekt veröffentlicht werden, so sind solche Informationen in den Prospekt oder in einen Nachtrag (ändernde oder ergänzende Angaben) zum Prospekt gemäß § 6 Abs. 1 aufzunehmen.

(6) Die Finanzmarktaufsichtsbehörde (FMA) kann kontrollieren, ob bei der Werbung für ein öffentliches Angebot die Grundsätze der Abs. 2 bis 5 beachtet werden. Sie übt diese Tätigkeit insbesondere bei begründetem Verdacht eines Verstoßes gegen die Bestimmungen gemäß Abs. 1 bis 5 aus.

Inhalt des Prospekts

§ 5. (1) Der Prospekt hat sämtliche Angaben zu enthalten, die entsprechend den Merkmalen des Emittenten und der öffentlich angebotenen Veranlagungen erforderlich sind, damit die Anleger sich ein fundiertes Urteil über die Vermögenswerte und Verbindlichkeiten, die Finanzlage, die Gewinne und Verluste, die Zukunftsaussichten des Emittenten und jedes Garantiegebers sowie über die mit diesen Veranlagungen verbundenen Rechte bilden können. Diese Informationen sind in leicht zu analysierender und verständlicher Form darzulegen.

(2) Der Prospekt für Veranlagungen ist gemäß der **Anlage A** und zwar in deutscher oder englischer Sprache zu erstellen.

(3) Sofern das öffentliche Angebot von Veranlagungen einen Gesamtgegenwert im EWR von weniger als fünf Millionen Euro während eines Zeitraums von zwölf Monaten beträgt, kann statt des Prospekts gemäß der **Anlage A** ein vereinfachter Prospekt gemäß der **Anlage D** erstellt werden. Kann eine geplante Emission dazu führen, dass binnen zwölf Monaten der Gesamtgegenwert im EWR durch die Ausgabe von Wertpapieren oder Veranlagungen den Betrag von fünf Millionen Euro erreicht oder übersteigt, so genügt der vereinfachte Prospekt nicht und der erste Satz gilt daher nicht. Der vereinfachte Prospekt ist in deutscher oder englischer Sprache zu erstellen. Emissionen gemäß dem Alternativfinanzierungsgesetz – AltFG, BGBl. I Nr. 114/2015, sind einzurechnen.

(4) Der Prospekt ist mit der Beifügung „als Emittent" zu unterfertigen. Diese Unterfertigung begründet die unwiderlegliche Vermutung, dass der Prospekt von ihm oder für ihn erstellt wurde.

(5) Ist der Anbieter nicht identisch mit dem Emittenten, hat jener vor Verwendung des Prospekts für Zwecke eines öffentlichen Angebots die schriftliche Zustimmung des Emittenten zur Verwendung des Prospekts einzuholen.

Nachtrag zum Prospekt

§ 6. (1) Jeder wichtige neue Umstand oder jede wesentliche Unrichtigkeit oder Ungenauigkeit in Bezug auf die im Prospekt enthaltenen Angaben, die die Bewertung der Veranlagungen beeinflussen könnten und die zwischen der Kontrolle des Prospekts und dem endgültigen Schluss des öffentlichen Angebots auftreten oder festgestellt werden, müssen in einem Nachtrag (ändernde oder ergänzende Angaben) zum Prospekt genannt werden. Dieser Nachtrag ist vom Anbieter unverzüglich zumindest gemäß denselben Regeln zu veröffentlichen und zu hinterlegen, wie sie für die Veröffentlichung und Hinterlegung des ursprünglichen Prospekts galten. Gleichzeitig mit der Veröffentlichung ist der Nachtrag vom Anbieter beim Prospektkontrollor zur Kontrolle vorzulegen und von diesem innerhalb von sieben Bankarbeitstagen ab Einlangen der Vorlage bei Vorliegen der Voraussetzungen gemäß § 7 Abs. 1 mit dem Kontrollvermerk zu versehen. Wenn der Prospektkontrollor zur Klärung allfälliger Unrichtigkeiten oder Unvollständigkeiten weitere Kontrolltätigkeiten gemäß § 7 Abs. 1 vorzunehmen hat, wird die Frist bis zur Beistellung der jeweils erforderlichen Unterlagen unterbrochen; der Anbieter hat der Meldestelle eine Ausfertigung des mit dem Kontrollvermerk versehenen Nachtrags unverzüglich zu übermitteln. Im Falle, dass das Ergebnis des Kontrollverfahrens zu einem geänderten Nachtragstext führt, ist auch dieser samt einem die bereits erfolgte Veröffentlichung richtigstellenden Hinweis zu veröffentlichen.

(2) Jedenfalls haben Anleger, die sich bereits zu einem Erwerb oder einer Zeichnung der Veranlagungen verpflichtet haben, nachdem der Nachtragsumstand gemäß Abs. 1 eingetreten ist, aber noch nicht veröffentlicht wurde, das Recht, ihre Zusagen innerhalb von zwei Arbeitstagen nach Veröffentlichung des Nachtrags zurückzuziehen. Die Frist für das Widerrufsrecht ist im Nachtrag anzugeben. Handelt es sich bei den Anlegern hingegen um Verbraucher im Sinne von § 1 Abs. 1 Z 2 des Konsumentenschutzgesetzes – KSchG, BGBl. Nr. 140/1979, so steht das Recht auf Zurückziehung sieben Arbeitstage nach Veröffentlichung des Nachtrags zu. § 21 Abs. 3, 5 und 6 gelten sinngemäß.

Prüfung des Prospekts

§ 7. (1) Der Prospekt ist

1. von einem genossenschaftlichen Prüfungsverband für Kreditgenossenschaften nach dem System Schulze-Delitzsch oder nach dem System Raiffeisen oder

2. von der Prüfungsstelle des Sparkassen-Prüfungsverbandes oder

3. von einem beeideten Wirtschaftsprüfer oder einer Wirtschaftsprüfungsgesellschaft oder

4. von

a) einem Kreditinstitut im Sinne des § 1 Abs. 1 des Bankwesengesetzes – BWG, BGBl. Nr. 532/1993, mit der Berechtigung zum Betrieb von Geschäften gemäß § 1 Abs. 1 Z 9, 10 oder 11 BWG und mit anrechenbaren Eigenmitteln von mehr als 18,2 Millionen Euro oder

b) einem Kredit- oder Finanzinstitut, das seine Tätigkeit in Österreich auf Grund der §§ 9, 11 oder 13 BWG über eine Zweigstelle oder im Wege des freien Dienstleistungsverkehrs erbringt, sofern es im Herkunftsmitgliedstaat (Art. 4 Abs. 1 Nummer 43 der Verordnung (EU) Nr. 575/2013) zur Erbringung vergleichbarer Geschäfte, wie sie in § 1 Abs. 1 Z 9, 10 oder 11 BWG genannt sind, berechtigt ist und über anrechenbare Eigenmittel von mehr als 18,2 Millionen Euro-Gegenwert verfügt, auf seine Richtigkeit und Vollständigkeit zu kontrollieren und bei deren Vorliegen vom Kontrollor mit Angabe von Ort und Tag und der Beifügung „ als Prospektkontrollor" zu unterfertigen. Diese Unterfertigung begründet die unwiderlegliche Vermutung, dass der Unterfertigte den Prospekt kontrolliert und für richtig und vollständig befunden hat. Der Emittent hat dem Kontrollor sämtliche Unterlagen beizustellen, die eine zweifelsfreie Kontrolle der Richtigkeit und Vollständigkeit der Prospektangaben ermöglichen. Der Kontrollor hat auf Grund des letzten Berichtes des Abschlussprüfers über den Emittenten gemäß § 273 des Unternehmensgesetzbuchs – UGB, dRGBl. S 219/1897, sofern eine gesetzliche Prüfungspflicht besteht, und auf Grund der vom Emittenten beizustellenden Unterlagen mit berufsmäßiger Sorgfalt zu kontrollieren, ob der Prospekt die von § 5 geforderten Angaben enthält und ob er die rechtlichen und wirtschaftlichen Verhältnisse richtig wiedergibt. Die vom Emittenten beizustellenden Unterlagen sind durch Stichproben auf Richtigkeit und Vollständigkeit zu kontrollieren. Ergibt sich der Verdacht mangelnder Richtigkeit oder Vollständigkeit der Unterlagen oder der Prospektangaben, so hat der Kontrollor zur Klärung dieses Verdachts weitere Kontrolltätigkeiten vorzunehmen; bestätigt sich der Verdacht, so hat er die erforderlichen Berichtigungen und Ergänzungen im Prospekt zu veranlassen. Kontrollore nach Z 3 haben eine Haftpflichtversicherung bei einem oder mehreren im Inland zum Betrieb des Versicherungsgeschäftes befugten Versicherungsunternehmen abzuschließen, die das aus der Prospektkontrolle resultierende Risiko abdeckt, wobei die Deckungssumme des Versicherungsvertrages mindestens 3,65 Millionen Euro pro einjähriger Versicherungsperiode betragen muss und die Versicherungsprämie vor Prospektveröffentlichung zur Gänze zu bezahlen ist; der Versicherer hat das Bestehen dieser Versicherung sowie den Empfang der Prämie der Meldestelle vor Prospektveröffentlichung gemäß **Anlage E** schriftlich bekanntzugeben.

(2) Die FMA hat eine Liste von zur Prospektkontrolle geeigneten beeideten Wirtschaftsprüfern und Wirtschaftsprüfungsgesellschaften zu führen, aus der der Prospektkontrollor, sofern er aus dieser Berufsgruppe stammen soll, ausgewählt zu werden hat. Die Kammer der Wirtschaftstreuhänder kann der FMA Vorschläge für geeignete Kandidaten für diese Liste erstatten.

(3) Wenn der Nominalwert der Gesamtemission oder der Verkaufspreis der Gesamtemission oder das gesamte Veranlagungskapital drei Millionen Euro oder den entsprechenden Euro-Gegenwert in einer ausländischen Währung oder in einer Rechnungseinheit übersteigen, darf die Prospektkontrolle

1. durch einen Kontrollor nach Abs. 1 Z 1 erster Fall nur erfolgen, wenn der Emittent

a) dem Fachverband der Kreditgenossenschaften nach dem System Schulze-Delitzsch als Mitglied angehört oder

b) ein Kredit- oder Finanzinstitut ist, an dem ein oder mehrere Mitglieder des Fachverbandes gemäß lit. a insgesamt mit zumindest 25 vH direkt oder indirekt beteiligt sind;

2. durch einen Kontrollor nach Abs. 1 Z 1 zweiter Fall nur erfolgen, wenn der Emittent

a) dem Fachverband der Kreditgenossenschaften nach dem System Raiffeisen als Mitglied angehört oder

b) ein Kredit- oder Finanzinstitut ist, an dem ein oder mehrere Mitglieder des Fachverbandes gemäß lit. a insgesamt mit zumindest 25 vH direkt oder indirekt beteiligt sind;

3. durch einen Kontrollor nach Abs. 1 Z 2 nur erfolgen, wenn der Emittent

a) dem Fachverband der Sparkassen als Mitglied angehört oder

b) ein Kredit- oder Finanzinstitut ist, an dem ein oder mehrere Mitglieder des Fachverbandes gemäß lit. a insgesamt mit zumindest 25 vH direkt oder indirekt beteiligt sind.

Veranlagungen desselben Emittenten, die innerhalb der letzten zwölf Monate Gegenstand eines öffentlichen Angebots waren, sind bei der Ermittlung des Gesamtbetrages einzubeziehen.

(4) Bei den Prospektkontrolloren dürfen keine Ausschlussgründe vorliegen. Als Ausschlussgründe gelten sinngemäß die in § 271 und § 271a UGB angeführten Tatbestände.

(5) Die Prospektkontrolle durch ein Kredit- oder Finanzinstitut im Sinne des Abs. 1 Z 4, bei dem ein Ausschlussgrund im Sinne des Abs. 4 vorliegt, ist entgegen Abs. 4 zulässig, wenn der Prospekt auch von einem weiteren Kontrollor im Sinne des Abs. 1 Z 1 bis 4, bei dem kein Ausschlussgrund vorliegt, kontrolliert wird. Bei Vorliegen eines Ausschlussgrundes des Prospektkontrollors im Sinne des § 271 und § 271a UGB gelten der Prospekt sowie dessen allfällige Änderungen und Ergänzungen nur dann als kontrolliert, wenn auf diesen neben dem befangenen Prospektkontrollor auch ein unbefangener Kontrollor im Sinne des Abs. 1 Z 1 bis 4 gefertigt hat. Für das kontrollierende Kredit- oder Finanzinstitut, bei dem ein Ausschlussgrund vorliegt, gilt die Beweislastumkehr des § 22 Abs. 1; die in Abs. 3 geregelte Beschränkung für Kontrollore gilt nicht, falls diese als weitere Kontrollore im Sinne dieses Absatzes kontrollieren.

(6) Ist der Prospektkontrollor ein Kreditinstitut, darf unbeschadet der Ausschlussgründe gemäß Abs. 4 der Emittent an ihm weder direkt noch indirekt Anteile, die den zehnten Teil des Nennkapitals des Kreditinstitutes erreichen oder übersteigen, besitzen.

(7) Das Vorliegen eines Ausschlussgrundes kann demjenigen, der sich auf unrichtige oder unvollständige Prospektangaben beruft, nicht entgegengehalten werden.

(8) Der Prospekt von Veranlagungen ist mit den erforderlichen Unterfertigungen, einschließlich der Unterfertigung des Prospektkontrollors, vom Anbieter der Meldestelle so rechtzeitig zu übersenden, dass er ihr spätestens am Bankarbeitstag der Veröffentlichung vorliegt.

Veröffentlichung des Prospekts

§ 8. (1) Ein Prospekt darf vor der Prospektkontrolle gemäß § 7 nicht veröffentlicht werden.

(2) Nach seiner Kontrolle ist der Prospekt durch den Emittenten oder den Anbieter so bald wie praktisch möglich zu veröffentlichen, auf jeden Fall aber spätestens einen Bankarbeitstag vor dem Beginn des öffentlichen Angebots.

(3) Der Prospekt gilt als im Sinne dieses Bundesgesetzes veröffentlicht, wenn er

1. in wenigstens einer Zeitung mit Verbreitung im gesamten Bundesgebiet veröffentlicht wurde oder

2. dem Publikum in gedruckter Form kostenlos beim Sitz des Emittenten und bei den Finanzintermediären einschließlich der Zahlstellen, die die Veranlagungen platzieren oder verkaufen, zur Verfügung gestellt wurde oder

3. auf einer Internetseite des Emittenten oder auf einer Internetseite der die Veranlagungen platzierenden oder verkaufenden Finanzintermediäre einschließlich allfälliger im Inland bestehender Zahlstellen veröffentlicht wurde oder

4. auf einer Internetseite der FMA oder auf der Internetseite einer von dieser dazu gegen angemessene Vergütung beauftragten Einrichtung veröffentlicht wurde, wenn die FMA entschieden hat, diese Dienstleistung anzubieten.

Wird der Prospekt gemäß Z 1 oder 2 veröffentlicht, so hat der Emittent oder der Anbieter diesen zusätzlich auch auf einer Internet-Seite gemäß Z 3 oder 4 zu veröffentlichen. Der FMA ist vorab anzuzeigen, wie veröffentlicht wird und wo der Prospekt erhältlich sein wird; die Kriterien für eine Veröffentlichung gemäß Z 1 kann die FMA durch Verordnung festlegen. Alle gebilligten Prospekte haben nach ihrer Veröffentlichung mindestens zehn Jahre auf den in Z 3 oder 4 genannten Internetseiten öffentlich zugänglich zu bleiben.

Sonderbestimmungen für Veranlagungen in Immobilien

§ 9. Veranlagungsgemeinschaften in Immobilien liegen vor, wenn Veranlagungen von Emittenten ausgegeben werden, die mit dem investierten Kapital direkt oder indirekt nach Zweck oder tatsächlicher Übung überwiegend Erträge aus der Überlassung oder Übertragung von Immobilien an Dritte erwirtschaften. Für solche Veranlagungsgemeinschaften in Immobilien gelten die nachstehenden Bestimmungen zusätzlich:

1. Der Prospekt (§ 5) ist um die in der **Anlage B** enthaltenen Angaben zu ergänzen;

2. die Prospektkontrolle hat durch einen Kontrollor gemäß § 7 Abs. 1 Z 3 oder 4 zu erfolgen; § 7 Abs. 1 letzter Satz ist mit der Maßgabe anzuwenden, dass hinsichtlich des Versicherungsvertrages die Deckungssumme pro einjähriger Versicherungsperiode mindestens 18,2 Millionen Euro zu betragen hat;

3. dem Anleger ist der Erwerb der Veranlagung bei Vertragsabschluss in schriftlicher Form zu bestätigen; die Bestätigung hat die wesentlichen Merkmale der Veranlagung, insbesondere deren Gegenwert und die Rechtsstellung des Anlegers sowie das Publikationsorgan und das Datum der Veröffentlichung des Prospekts sowie allfälliger sonstiger Angaben nach diesem Bundesgesetz zu enthalten; die Bestätigung ist vom Emittenten auszustellen;

4. der Emittent hat für jede Veranlagungsgemeinschaft während der gesamten Laufzeit der Veranlagung jährlich einen Rechenschaftsbericht gemäß **Anlage C** zu erstellen; innerhalb jeder Veranlagungsgemeinschaft in Immobilien hat die Methode der Wertermittlung der Immobilien gleich zu sein; der Rechenschaftsbericht ist von einem Abschlussprüfer unter sinngemäßer Anwendung der §§ 268 bis 276 UGB auf seine Richtigkeit und Vollständigkeit zu prüfen; sind nach dem abschließenden Ergebnis der Prüfung keine Einwendungen zu erheben, so hat der Prüfer dies durch folgenden Vermerk zu bestätigen: „Die Buchführung und der Rechenschaftsbericht entsprechen nach meiner/unserer pflichtgemäßen Prüfung den gesetzlichen Vorschriften. Die Bewertung der Immobilien entspricht den im Prospekt und im Rechenschaftsbericht angegebenen Grundsätzen. Der Rechenschaftsbericht vermittelt unter Beachtung der Grundsätze ordnungsmäßiger Buchführung ein möglichst getreues Bild der Lage der Veranlagungsgemeinschaft.";

5. der Emittent hat den geprüften Rechenschaftsbericht mit dem Bestätigungsvermerk innerhalb von sechs Monaten nach Abschluss des Geschäftsjahres, in Ermangelung eines solchen bis zum 30. Juni eines jeden Jahres, nach den Vorschriften über die Veröffentlichung des Prospekts nach § 8 zu veröffentlichen;

6. der Prüfer des Rechenschaftsberichts haftet den Anlegern im Sinne des § 275 UGB.

Strafbestimmungen

§ 10. (1) Wer im Zusammenhang mit einem öffentlichen Angebot von Veranlagungen, das nach diesem Bundesgesetz prospektpflichtig ist,

1. keinen Prospekt veröffentlicht oder nicht die gemäß § 6 ändernden oder ergänzenden Angaben veröffentlicht oder Veranlagungen anbietet oder gewerbsmäßig vermittelt, wenn der Prospekt oder die nach § 6 ändernden oder ergänzenden Angaben oder deren Veröffentlichung den Vorschriften dieses Bundesgesetzes widersprechen, oder, auch wenn das öffentliche Angebot bereits beendet ist, als Emittent einen Rechenschaftsbericht diesem Bundesgesetz widersprechend erstellt oder veröffentlicht oder überhaupt keinen Rechenschaftsbericht veröffentlicht;

2. als Emittent in einem Prospekt oder in einer nach § 6 ergänzenden oder ändernden Angabe oder als Emittent oder als Abschlussprüfer in einem Rechenschaftsbericht falsche Angaben macht oder als Prospektkontrollor gemäß § 7 Abs. 1 Z 3 oder Abs. 5 oder gemäß § 9 Z 2 einen Prospekt unterfertigt, ohne die jeweils vorgeschriebene Versicherung abzuschließen;

3. entgegen der Vorschrift des § 4 wirbt;

4. als Anbieter oder Emittent nicht gemäß § 23 Abs. 2 oder als Meldepflichtiger nicht gemäß § 24 und zwar auch dann, wenn kein öffentliches Angebot gegeben ist oder sonst, auch wenn eine Prospektausnahme gegeben ist, die Meldestelle in Kenntnis setzt;

5. als Anbieter nicht rechtzeitig den mit dem Kontrollvermerk des Prospektkontrollors versehenen Prospekt oder die nach § 6 ändernden oder ergänzenden Angaben nach diesem Bundesgesetz der Meldestelle übersendet;

6. trotz Vorliegens eines Ausschlussgrundes einen Prospekt oder eine nach § 6 ändernde oder ergänzende Angabe als Prospektkontrollor (außer im Falle der gleichzeitigen Unterfertigung durch einen unbefangenen Kontrollor) unterfertigt oder einen Rechenschaftsbericht als Abschlussprüfer prüft oder eine derartige Prüfung oder Kontrolle durch einen Prüfer oder Kontrollor veranlasst, bei dem ein Ausschlussgrund vorliegt oder Veranlagungen anbietet, ohne dass der Meldestelle zeitgerecht die Versicherungsbestätigung nach Anlage E übersendet wurde;

7. als Anbieter nicht unverzüglich gemäß § 6 Abs. 1 den mit dem Kontrollvermerk des Prospektkontrollors versehenen Prospektnachtrag an die Meldestelle übersendet;

8. als Prospektkontrollor einen Prospekt oder einen Prospektnachtrag, in denen falsche Angaben enthalten sind, mit einem Kontrollvermerk versieht, obwohl ihm die Unrichtigkeit der Angaben bei Anwendung berufsmäßiger Sorgfalt aufgefallen ist oder hätte auffallen müssen und der Prospekt oder der Prospektnachtrag im Rahmen eines öffentlichen Angebots für den Vertrieb Verwendung gefunden hat;

begeht eine Verwaltungsübertretung und ist von der FMA mit einer Geldstrafe von bis zu 100 000 Euro zu bestrafen.

(2) Bei Verletzung einer Meldepflicht gemäß § 24 hat die FMA von der Einleitung und Durchführung eines Verwaltungsstrafverfahrens gemäß Z 4 abzusehen, wenn die nicht ordnungsgemäß erstattete Meldung nachgeholt wurde, bevor die FMA Kenntnis von dieser Übertretung erlangt hat.

Beauskunftungen und Veröffentlichung von Entscheidungen

§ 11. (1) Die FMA darf Maßnahmen oder Sanktionen, die wegen Verstößen gegen Bestimmungen dieses Bundesgesetzes im Zusammenhang mit dem öffentlichen Angebot von Veranlagungen gesetzt wurden, nur nach Maßgabe der Z 1 bis 3 beauskunften oder öffentlich bekannt geben.

1. Im Falle einer Amtshandlung in einem laufenden Verfahren hat die FMA die Nennung der Namen der betroffenen Beteiligten zu unterlassen, es sei denn, diese sind bereits öffentlich bekannt oder es besteht ein überwiegendes Interesse der Öffentlichkeit an der Kenntnis dieser Namen.

2. Im Falle der Verhängung einer Sanktion kann die FMA die Namen der Personen oder Unternehmen, gegen die die Sanktion verhängt wurde, die Namen der Unternehmen, für die Personen verantwortlich sind, gegen die eine Sanktion verhängt wurde, sowie die verhängte Sanktion beauskunften oder veröffentlichen. Als Sanktionen im Sinne dieser Bestimmung gelten alle von der FMA nach Abschluss eines Verfahrens mit Bescheid gesetzten Rechtsakte.

3. Die FMA hat von der Erteilung einer Auskunft über Amtshandlungen oder einer diesbezüglichen Veröffentlichung abzusehen, wenn

a) die Erteilung der Auskunft oder die Veröffentlichung die Stabilität der Finanzmärkte ernsthaft gefährden würde, oder

b) die Erteilung der Auskunft oder die Veröffentlichung zu einem unverhältnismäßigen Schaden bei einem von der Auskunft oder der Veröffentlichung betroffenen Beteiligten führen würde, oder

c) durch die Erteilung der Auskunft die Durchführung eines Verfahrens oder Maßnahmen, die im öffentlichen Interesse liegen, vereitelt, erschwert, verzögert oder gefährdet werden könnten.

(2) Der von der Veröffentlichung oder Beauskunftung Betroffene kann eine Überprüfung der Rechtmäßigkeit der Veröffentlichung oder Beauskunftung gemäß Abs. 1 in einem bescheidmäßig

zu erledigenden Verfahren bei der FMA beantragen. Die FMA hat diesfalls die Einleitung eines solchen Verfahrens in gleicher Weise bekannt zu machen. Wird im Rahmen der Überprüfung die Rechtswidrigkeit der Veröffentlichung oder Beauskunftung festgestellt, so hat die FMA die Veröffentlichung oder Beauskunftung richtig zu stellen oder auf Antrag des Betroffenen entweder zu widerrufen oder aus dem Internetauftritt zu entfernen. Wird einer Beschwerde gegen einen Bescheid, der gemäß Abs. 1 bekannt gemacht worden ist, in einem Verfahren vor den Gerichtshöfen öffentlichen Rechts aufschiebende Wirkung zuerkannt, so hat die FMA dies in gleicher Weise bekannt zu machen. Die Veröffentlichung oder Beauskunftung ist richtig zu stellen oder auf Antrag des Betroffenen entweder zu widerrufen oder aus dem Internetauftritt zu entfernen, wenn der Bescheid aufgehoben wird.

2. Hauptstück

Öffentliches Angebot von Wertpapieren Anwendung der Verordnung (EU) 2017/1129

Zweck dieses Hauptstücks

§ 12. (1) Dieses Hauptstück dient dem Wirksamwerden der Verordnung (EU) 2017/1129.

(2) Die Prospektpflicht gemäß der Verordnung (EU) 2017/1129 gilt nicht für ein Angebot von Wertpapieren von einem Gesamtgegenwert im EWR von weniger als zwei Millionen Euro; in diese Obergrenze sind die allfälligen Einnahmen aus nach dieser Bestimmung prospektbefreiten Angeboten von Wertpapieren der letzten zwölf Monate einzubeziehen. In diesem Fall kann stattdessen freiwillig ein Prospekt gemäß der Verordnung (EU) 2017/1129 erstellt werden, womit aber auch alle Rechtsfolgen des 2. Hauptstücks dieses Bundesgesetzes verbunden sind.

(3) Sofern ein öffentliches Angebot von Wertpapieren einen Gesamtgegenwert im EWR von weniger als fünf Millionen Euro während eines Zeitraums von zwölf Monaten beträgt, ist ein vereinfachter Prospekt gemäß der **Anlage D** zu erstellen. In diesem Fall kann stattdessen freiwillig ein Prospekt gemäß der Verordnung (EU) 2017/1129 erstellt werden, womit aber auch alle Rechtsfolgen des 2. Hauptstücks dieses Bundesgesetzes verbunden sind. Kann eine geplante Emission dazu führen, dass binnen zwölf Monaten der Gesamtgegenwert im EWR durch die Ausgabe von Wertpapieren oder Veranlagungen den Betrag von fünf Millionen Euro erreicht oder übersteigt, so genügt der vereinfachte Prospekt nicht und der erste Satz gilt daher nicht. Emissionen gemäß AltFG sind einzurechnen. Dies gilt unbeschadet der Anwendung des Abs. 2.

(4) Sofern für ein öffentliches Angebot im Sinne des Abs. 3 ein vereinfachter Prospekt erstellt wurde, ist dieser auf die gleiche Art wie sonstige Wertpapierprospekte von der FMA zu billigen; im Übrigen gelten für diese Angebote jedoch die Bestimmungen für Veranlagungen des ersten und des dritten Hauptstücks, nicht jedoch § 3 Abs. 3, § 5 Abs. 4 und § 7. Die Billigung (Amtssignatur) der FMA ersetzt in diesen Fällen den Kontrollvermerk des Prospektkontrollors. § 13 Abs. 4 ist anzuwenden.

Zuständige Behörde

§ 13. (1) Die FMA ist die für Österreich zuständige Behörde gemäß Art. 31 Abs. 1 der Verordnung (EU) 2017/1129. Sie nimmt unbeschadet der ihr in anderen Bundesgesetzen zugewiesenen Aufgaben die den zuständigen Behörden gemäß Art. 31 Abs. 1 der Verordnung (EU) 2017/1129 zukommenden Aufgaben und Befugnisse wahr und hat die Einhaltung der Vorschriften dieses Bundesgesetzes, der Verordnung (EU) 2017/1129 und allfälliger auf Grund dieser Verordnung erlassener delegierter Rechtsakte zu überwachen. Die FMA ist von den Marktteilnehmern unabhängig.

(2) Die FMA hat bei der Vollziehung dieses Bundesgesetzes und der Verordnung (EU) 2017/1129 der europäischen Konvergenz der Aufsichtsinstrumente und Aufsichtsverfahren Rechnung zu tragen. Zu diesem Zweck hat die FMA die Leitlinien, Empfehlungen und anderen von der Europäischen Wertpapier- und Marktaufsichtsbehörde – ESMA (Verordnung (EU) Nr. 1095/2010) beschlossenen Maßnahmen im Anwendungsbereich der Verordnung (EU) 2017/1129 anzuwenden. Die FMA kann von diesen Leitlinien und Empfehlungen abweichen, sofern dafür ein berechtigter Grund, insbesondere Widerspruch zu bundesgesetzlichen Vorschriften, vorliegt.

(3) Die FMA kann Aufgaben im Zusammenhang mit der elektronischen Veröffentlichung der gebilligten Prospekte und der zugehörigen Dokumente an die Meldestelle übertragen. Die Übertragung von Aufgaben erfolgt mittels eines eigenen Beschlusses, in dem Folgendes festgelegt wird:

1. die zu übertragenden Aufgaben und unter welchen Bedingungen diese auszuführen sind;

2. eine Klausel, die die Meldestelle dazu verpflichtet, aufgrund Ihres Handelns und durch ihre Organisationsstruktur zu gewährleisten, dass Interessenkonflikte vermieden werden und Informationen, die sie bei Ausführung der übertragenen Aufgaben erhält, nicht missbräuchlich oder wettbewerbswidrig verwendet werden;

3. alle Vereinbarungen zwischen der FMA und der Meldestelle, soweit ihr Aufgaben übertragen werden.

Die FMA ist unbeschadet § 17 in letzter Instanz für die Überwachung der Einhaltung der Verordnung (EU) 2017/1129 und außerdem für die Billigung der Prospekte von Wertpapieren verantwortlich.

(4) Die der FMA durch Art. 27 der Verordnung (EU) 2017/1129 eingeräumte Ermächtigung zur Anerkennung von Sprachen zur Prospekterstellung hat jene durch Erlassung einer Verordnung wahrzunehmen. Dem Antrag auf Billigung des Prospekts bei der FMA ist der Prospekt beizuschließen. Der Antrag sowie sämtliche Prospektentwurfsversionen einschließlich der finalen Version sind elektronisch bei der FMA vorzulegen. Die FMA kann mittels Verordnung vorgeben, wie eine eindeutige technische Zuordnung des Prospekts zum Emittenten nach dem Stand der Technik sichergestellt werden soll. Wird ein Prospekt ordnungsgemäß nach diesen Vorgaben vorgelegt, begründet dies die unwiderlegliche Vermutung, dass er vom Emittenten oder für ihn erstellt worden ist. Für die sonst von der FMA zu billigenden Dokumente gilt Gleiches. Am Tag der Billigung ist der Billigungsbescheid von der FMA samt dem jeweils zu billigenden Dokument der Meldestelle zu übersenden, sofern dies in einer Übertragungsvereinbarung gemäß Abs. 3 Z 3 vorgesehen ist.

(5) Für die Hinterlegung von Dokumenten nach diesem Hauptstück oder der Verordnung (EU) 2017/1129 kann die FMA durch Verordnung eine Vergütung vorschreiben, die die durchschnittlichen Kosten der Amtshandlung unter Berücksichtigung eines Fixkostenanteils nicht überschreiten darf.

(6) Die FMA kann durch Verordnung Mindestinhalte für die Dokumente gemäß Art. 1 Abs. 4 Buchstaben f bis i sowie Abs. 5 Buchstaben e bis h der Verordnung (EU) 2017/1129 festlegen, soweit kein delegierter Rechtsakt auf Grund von Art. 1 Abs. 7 der Verordnung (EU) 2017/1129 erlassen ist und Mindestinhalte festlegt. Die im ersten Satz genannten Dokumente sind der Öffentlichkeit gemäß Art. 21 Abs. 2 der Verordnung (EU) 2017/1129 zur Verfügung zu stellen.

Befugnisse

§ 14. (1) Die FMA ist im Rahmen der Überwachung der Einhaltung der Vorschriften dieses Bundesgesetzes, der Verordnung (EU) 2017/1129 sowie allfälliger auf Grund dieser Verordnung erlassener delegierter Rechtsakte unbeschadet der ihr in anderen Bundesgesetzen eingeräumten Befugnisse jederzeit berechtigt:

1. von Emittenten, Anbietern oder die Zulassung zum Handel an einem geregelten Markt beantragenden Personen die Aufnahme zusätzlicher Angaben in den Prospekt zu verlangen, wenn der Anlegerschutz dies gebietet;

2. von Emittenten, Anbietern oder die Zulassung zum Handel an einem geregelten Markt beantragenden Personen sowie von Personen, die diese kontrollieren oder von diesen kontrolliert werden, die Vorlage von Informationen und Unterlagen zu verlangen;

3. von den Abschlussprüfern und Verantwortlichen des Emittenten, des Anbieters oder den die Zulassung zum Handel an einem geregelten Markt beantragenden Personen sowie von den Finanzintermediären, die mit der Platzierung des öffentlichen Angebots von Wertpapieren oder der Beantragung der Zulassung zum Handel an einem geregelten Markt beauftragt sind, die Vorlage von Informationen zu verlangen;

4. ein öffentliches Angebot von Wertpapieren oder eine Zulassung zum Handel auf einem geregelten Markt für jeweils höchstens zehn aufeinander folgende Arbeitstage auszusetzen, wenn ein hinreichend begründeter Verdacht besteht, dass gegen die Verordnung (EU) 2017/1129 verstoßen wurde;

5. die Werbung für jeweils höchstens zehn aufeinander folgende Arbeitstage zu untersagen oder auszusetzen oder zu verlangen, dass Emittenten, Anbieter oder die die Zulassung zum Handel an einem geregelten Markt beantragenden Personen oder die einschlägigen Finanzintermediäre die Werbung unterlassen oder für jeweils höchstens zehn aufeinander folgende Arbeitstage aussetzen, wenn ein hinreichend begründeter Verdacht besteht, dass gegen die Verordnung (EU) 2017/1129 verstoßen wurde;

6. ein öffentliches Angebot von Wertpapieren oder eine Zulassung zum Handel an einem geregelten Markt zu untersagen, wenn sie feststellt, dass gegen die Verordnung (EU) 2017/1129 verstoßen wurde, oder ein hinreichend begründeter Verdacht besteht, dass gegen sie verstoßen würde;

7. den Handel an einem geregelten Markt, an einem MTF oder einem OTF für jeweils höchstens zehn aufeinander folgende Arbeitstage auszusetzen oder von den betreffenden geregelten Märkten, MTF oder OTF die Aussetzung des Handels an einem geregelten Markt oder an einem MTF für jeweils höchstens zehn aufeinander folgende Arbeitstage zu verlangen, wenn ein hinreichend begründeter Verdacht besteht, dass gegen die Verordnung (EU) 2017/1129 verstoßen wurde;

8. den Handel an einem geregelten Markt, an einem MTF oder einem OTF zu untersagen, wenn sie feststellt, dass gegen die Verordnung (EU) 2017/1129 verstoßen wurde;

9. den Umstand bekannt zu machen, dass ein Emittent, ein Anbieter oder eine die Zulassung zum Handel an einem geregelten Markt beantragende Person seinen/ihren Verpflichtungen nicht nachkommt;

10. die Prüfung eines zur Billigung vorgelegten Prospekts auszusetzen oder ein öffentliches Angebot von Wertpapieren oder eine Zulassung zum Handel an einem geregelten Markt auszusetzen oder einzuschränken, wenn die FMA ihre Befug-

nis zur Verhängung von Verboten oder Beschränkungen nach Art. 42 der Verordnung (EU) Nr. 600/2014 über Märkte für Finanzinstrumente und zur Änderung der Verordnung (EU) Nr. 648/2012, ABl. Nr. L 173 vom 12.6.2014, S. 84, wahrnimmt, solange dieses Verbot oder diese Beschränkungen gelten;

11. die Billigung eines von einem bestimmten Emittenten, Anbieter oder einer die Zulassung zum Handel an einem geregelten Markt beantragenden Person erstellten Prospekts während höchstens fünf Jahren zu verweigern, wenn dieser Emittent, Anbieter oder diese die Zulassung zum Handel an einem geregelten Markt beantragende Person wiederholt und schwerwiegend gegen die Verordnung (EU) 2017/1129 verstoßen haben;

12. zur Gewährleistung des Anlegerschutzes oder des reibungslosen Funktionierens des Marktes alle wesentlichen Informationen, die die Bewertung der öffentlich angebotenen oder zum Handel an einem geregelten Markt zugelassenen Wertpapiere beeinflussen können, bekannt zu machen oder vom Emittenten die Bekanntgabe dieser Informationen zu verlangen;

13. den Handel der Wertpapiere auszusetzen oder von dem betreffenden geregelten Markt, MTF oder OTF die Aussetzung des Handels zu verlangen, wenn die FMA der Auffassung ist, dass der Handel angesichts der Lage des Emittenten den Anlegerinteressen abträglich wäre;

14. Überprüfungen oder Ermittlungen vor Ort an anderen Standorten als den privaten Wohnräumen natürlicher Personen durchzuführen und zu jenem Zweck Zugang zu Räumlichkeiten zu erhalten, um Unterlagen und Daten gleich welcher Form einzusehen, wenn der begründete Verdacht besteht, dass in Zusammenhang mit dem Gegenstand einer Überprüfung oder Ermittlung Dokumente und andere Daten vorhanden sind, die als Nachweis für einen Verstoß gegen die Verordnung (EU) 2017/1129 dienen können. §§ 119 bis 122 der Strafprozessordnung 1975 – StPO, BGBl. Nr. 631/1975, sind sinngemäß anzuwenden; sofern sich der Betroffene der beabsichtigten Maßnahme der FMA widersetzt, hat erforderlichenfalls das Bundesverwaltungsgericht über einen Antrag der FMA nach Abs. 1 Z 14 mit Beschluss zu entscheiden, wobei der Grundsatz der Gesetz- und Verhältnismäßigkeit nach § 5 StPO anzuwenden ist. Die FMA hat ihren Antrag zu begründen und dem Bundesverwaltungsgericht samt den Akten zu übermitteln.

(2) Wenn nach Abs. 1 Z 11 die Billigung eines Prospekts verweigert wurde, hat die FMA dies der ESMA mitzuteilen.

(3) Die FMA hat ihre in Abs. 1 genannten Aufgaben und Befugnisse auf eine der folgenden Arten wahrzunehmen:

1. unmittelbar;

2. in Zusammenarbeit mit anderen Behörden;

3. unter eigener Zuständigkeit, durch Übertragung von Aufgaben an solche Behörden;

4. durch Antrag bei den zuständigen Gerichten (Abs. 1 Z 14).

(4) Die Verordnung (EU) 2017/1129 lässt Bundesgesetze zu Übernahmeangeboten, Zusammenschlüssen und anderen Transaktionen, die die Eigentumsverhältnisse oder die Kontrolle von Unternehmen betreffen, mit denen die Richtlinie 2004/25/EG umgesetzt wird und die zusätzlich zu den Anforderungen der genannten Verordnung weitere Anforderungen festlegen, unberührt.

(5) Wenn eine Person der FMA im Einklang mit der Verordnung (EU) 2017/1129 Informationen meldet, gilt das nicht als Verstoß gegen eine etwaige vertraglich oder durch Rechts- oder Verwaltungsvorschriften geregelte Einschränkung der Offenlegung von Informationen und hat keine diesbezügliche Haftung zur Folge.

Strafbestimmungen

§ 15. (1) Wer im Zusammenhang mit einem öffentlichen Angebot von Wertpapieren, das nach der Verordnung (EU) 2017/1129 prospektpflichtig ist,

1. nicht die gemäß Art. 3 oder 5 der Verordnung (EU) 2017/1129 enthaltenen Pflichten zur Veröffentlichung einhält oder entgegen Art. 20 Abs. 1 der Verordnung (EU) 2017/1129 einen Prospekt veröffentlicht;

2. nicht in den Prospekt oder die Prospektzusammenfassung oder in den Basisprospekt oder in das einheitliche Registrierungsformular die gemäß Art. 6 oder Art. 7 Abs. 1 bis 11 oder Art. 8 oder Art. 9 oder Art. 10 der Verordnung (EU) 2017/1129 erforderlichen Informationen aufnimmt oder sonst gegen diese Bestimmungen verstößt;

3. gegen die in Art. 14 Abs. 1 und 2 der Verordnung (EU) 2017/1129 enthaltenen vereinfachten Offenlegungsregeln für Sekundäremissionen oder gegen die Prospektregeln für den EU-Wachstumsprospekt in Art. 15 Abs. 1 der Verordnung (EU) 2017/1129 verstößt;

4. gegen die Offenlegungspflichten für Risikofaktoren in Art. 16 Abs. 1, 2 oder 3 der Verordnung (EU) 2017/1129 verstößt;

5. gegen die Pflichten in Art. 17, Art. 18 oder Art. 19 Abs. 1 bis 3 der Verordnung (EU) 2017/1129 verstößt;

6. gegen die Veröffentlichungspflichten gemäß Art. 21 Abs. 1 bis 4 oder 7 bis 11 der Verordnung (EU) 2017/1129 verstößt;

7. entgegen Art. 22 Abs. 2 bis 5 der Verordnung (EU) 2017/1129 wirbt,

8. gegen die Pflichten zu Prospektnachträgen gemäß Art. 23 Abs. 1, 2, 3 oder 5 der Verordnung (EU) 2017/1129 verstößt;

9. gegen das Sprachenregime gemäß Art. 27 der Verordnung (EU) 2017/1129 verstößt;

10. bei einer Ermittlung oder Überprüfung nicht mit den Behörden zusammenarbeitet oder einem unter Art. 32 der Verordnung (EU) 2017/1129 fallenden Ersuchen nicht nachkommt;

11. als Anbieter oder Emittent nicht gemäß § 23 Abs. 2 oder als Meldepflichtiger nicht gemäß § 24 und zwar auch dann, wenn kein öffentliches Angebot gegeben ist oder sonst, auch wenn eine Prospektausnahme gegeben ist, die Meldestelle in Kenntnis setzt;

begeht eine Verwaltungsübertretung und ist von der FMA mit einer Geldstrafe von bis zur zweifachen Höhe der durch die Verstöße erzielten Gewinne oder vermiedenen Verluste, sofern diese sich beziffern lassen, zu bestrafen, falls diese Bezifferung jedoch nicht möglich ist, mit einer Geldstrafe von bis zu 700 000 Euro zu bestrafen.

(2) Die FMA kann Geldstrafen gegen juristische Personen verhängen, wenn Personen, die entweder allein oder als Teil eines Organs der juristischen Person gehandelt haben und eine Führungsposition innerhalb der juristischen Person aufgrund

1. der Befugnis zur Vertretung der juristischen Person,

2. der Befugnis, Entscheidungen im Namen der juristischen Person zu treffen, oder

3. einer Kontrollbefugnis innerhalb der juristischen Person

innehaben, gegen die in Abs. 1 angeführten Verbote oder Verpflichtungen verstoßen haben. Juristische Personen können wegen der in Abs. 1 genannten Verstöße auch verantwortlich gemacht werden, wenn mangelnde Überwachung oder Kontrolle durch eine in Abs. 1 genannte Person die Begehung dieser Verstöße durch eine für die juristische Person tätige Person ermöglicht hat. Im Falle einer Tatbegehung durch eine juristischen Person erhöht sich die von der FMA maximal zu verhängende Geldstrafe nach Abs. 1 auf 5 000 000 EUR oder auf 3 vH des jährlichen Gesamtumsatzes der betreffenden juristischen Person nach dem letzten verfügbaren Abschluss, der vom Leitungsorgan gebilligt wurde.

(3) Handelt es sich bei der juristischen Person um eine Muttergesellschaft oder eine Tochtergesellschaft einer Muttergesellschaft, die nach der Richtlinie 2013/34/EU über den Jahresabschluss, den konsolidierten Abschluss und damit verbundene Berichte von Unternehmen bestimmter Rechtsformen und zur Änderung der Richtlinie 2006/43/EG und zur Aufhebung der Richtlinien 78/660/EWG und 83/349/EWG, ABl. Nr. L 182 vom 29.06.2013 S. 19, zuletzt geändert durch die Richtlinie 2014/102/EU, ABl. Nr. L 334 vom 21.11.2014 S. 86, in der Fassung der Berichtigung, ABl. Nr. L 369 vom 24.12.2014 S. 79, einen konsolidierten Abschluss aufzustellen hat, so ist der relevante jährliche Gesamtumsatz der jährliche Gesamtumsatz oder die entsprechende Einkunftsart nach dem einschlägigen Unionsrecht für die Rechnungslegung, der oder die im letzten verfügbaren konsolidierten Abschluss ausgewiesen ist, der vom Leitungsorgan der Muttergesellschaft an der Spitze gebilligt wurde.

(4) Hat die FMA im Zusammenhang mit Veröffentlichungen die Entgegennahme der endgültigen Bedingungen, des endgültigen Emissionskurses und des endgültigen Emissionsvolumens an die Meldestelle gemäß § 13 Abs. 3 übertragen, ist nach § 15 Abs. 1 Z 2 oder 5 wegen Verletzung von Hinterlegungspflichten nicht zu bestrafen, wer seiner Hinterlegungspflicht im Hinblick auf diese Angaben im Rahmen der Meldung gemäß § 24 Abs. 1 nachgekommen ist.

(5) Bei Verletzung einer Meldepflicht gemäß § 24 hat die FMA von der Einleitung und Durchführung eines Verwaltungsstrafverfahrens gemäß Z 11 abzusehen, wenn die nicht ordnungsgemäß erstattete Meldung nachgeholt wurde, bevor die FMA Kenntnis von dieser Übertretung erlangt hat.

(6) Die FMA hat weiters die Befugnis, bei Verstößen gemäß Abs. 1 Z 1 bis 9 folgende Maßnahmen zu setzen:

1. die öffentliche Bekanntgabe der verantwortlichen natürlichen oder juristischen Person und der Art des Verstoßes gemäß Art. 42 der Verordnung (EU) 2017/1129;

2. die Anordnung an die verantwortliche natürliche oder juristische Person, das den Verstoß darstellende Verhalten einzustellen.

Wahrnehmung der Aufsichts- und Sanktionsbefugnisse

§ 16. (1) Die FMA hat bei der Bestimmung der Art und der Höhe der Strafen und anderer verwaltungsrechtlicher Maßnahmen alle relevanten Umstände zu berücksichtigen, darunter gegebenenfalls

1. die Schwere und Dauer des Verstoßes;

2. den Grad an Verantwortung der für den Verstoß verantwortlichen Person;

3. die Finanzkraft der für den Verstoß verantwortlichen Person, wie sie sich aus dem Gesamtumsatz der verantwortlichen juristischen Person oder den Jahreseinkünften und dem Nettovermögen der verantwortlichen natürlichen Person ablesen lässt;

4. die Auswirkungen des Verstoßes auf die Interessen der Kleinanleger;

5. die Höhe der durch den Verstoß von der für den Verstoß verantwortlichen Person erzielten Gewinne oder vermiedenen Verluste oder der

Dritten entstandenen Verluste, soweit diese sich beziffern lassen;

6. das Ausmaß der Zusammenarbeit der für den Verstoß verantwortlichen Person mit der Behörde, unbeschadet des Erfordernisses, die erzielten Gewinne oder vermiedenen Verluste dieser Person einzuziehen;

7. frühere Verstöße der für den Verstoß verantwortlichen Person;

8. Maßnahmen, die die für den Verstoß verantwortliche Person nach dem Verstoß ergriffen hat, um eine Wiederholung zu verhindern.

(2) Bei der Wahrnehmung ihrer Befugnisse zur Verhängung von verwaltungsrechtlichen Sanktionen oder anderen verwaltungsrechtlichen Maßnahmen nach Art. 38 der Verordnung (EU) 2017/1129 hat die FMA mit den zuständigen Behörden anderer Mitgliedstaaten eng zusammenzuarbeiten, um sicherzustellen, dass die Ausführung ihrer Aufsichts- und Ermittlungsbefugnisse sowie die verwaltungsrechtlichen Sanktionen, die sie verhängen, und die anderen verwaltungsrechtlichen Maßnahmen, die sie treffen, im Rahmen dieser Verordnung wirksam und angemessen sind. Die FMA hat ihre Maßnahmen mit solchen der zuständigen Behörden anderer Mitgliedstaaten zu koordinieren, um Doppelarbeit und Überschneidungen bei der Wahrnehmung ihrer Aufsichts- und Ermittlungsbefugnisse und bei der Verhängung von verwaltungsrechtlichen Sanktionen und anderen verwaltungsrechtlichen Maßnahmen in grenzüberschreitenden Fällen zu vermeiden.

Rechtsmittel

§ 17. Die Entscheidungen der FMA in Vollziehung der Verordnung (EU) 2017/1129 und dieses Bundesgesetzes sind entsprechend den Verwaltungsverfahrensgesetzen zu begründen. Gegen diese Entscheidungen besteht das Rechtsmittel der Beschwerde an das Bundesverwaltungsgericht. Der Rechtsbehelf der Säumnisbeschwerde besteht auch im Falle, dass die FMA innerhalb der in Art. 20 Abs. 2, 3 und 6 der Verordnung (EU) 2017/1129 genannten Fristen in Bezug auf den betreffenden Antrag auf Billigung weder eine Entscheidung getroffen hat, diesen zu billigen oder abzulehnen, noch Änderungen oder zusätzliche Informationen verlangt hat.

Meldung von Verstößen

§ 18. (1) Die FMA hat über wirksame Mechanismen zu verfügen, um Meldungen von tatsächlichen oder möglichen Verstößen gegen dieses Bundesgesetz und gegen die Verordnung (EU) 2017/1129 an sie zu fördern und zu ermöglichen.

(2) Die in Abs. 1 genannten Mechanismen umfassen zumindest Folgendes:

1. Spezielle Verfahren für die Entgegennahme der Meldungen über tatsächliche oder mögliche Verstöße und deren Nachverfolgung, einschließlich der Einrichtung sicherer Kommunikationskanäle für derartige Meldungen;

2. angemessenen Schutz von auf der Grundlage eines Arbeitsvertrags beschäftigten Angestellten, die Verstöße melden, zumindest vor Vergeltungsmaßnahmen, Diskriminierung und anderen Arten ungerechter Behandlung durch ihren Arbeitgeber oder Dritte;

3. Schutz der Identität und der personenbezogenen Daten sowohl der Person, die die Verstöße meldet, als auch der natürlichen Person, die mutmaßlich für einen Verstoß verantwortlich ist, in allen Verfahrensstufen, es sei denn, die Offenlegung der Identität ist nach sonstigen gesetzlichen Vorschriften vor dem Hintergrund weiterer Ermittlungen oder anschließender Gerichtsverfahren vorgeschrieben.

(3) Arbeitgeber, die im Hinblick auf Finanzdienstleistungen regulierte Tätigkeiten ausüben, haben über geeignete Verfahren zu verfügen, die es ihren Mitarbeitern ermöglichen, tatsächliche oder mögliche Verstöße intern über einen spezifischen, unabhängigen und autonomen Kanal zu melden.

Veröffentlichung von Entscheidungen

§ 19. (1) Eine Entscheidung, wegen eines Verstoßes gegen die Verordnung (EU) 2017/1129 eine verwaltungsrechtliche Sanktion oder andere verwaltungsrechtliche Maßnahme zu verhängen, ist von der FMA auf ihrer offiziellen Webseite zu veröffentlichen, unverzüglich nachdem die von der Entscheidung betroffene Person darüber informiert wurde. Dabei sind mindestens Art und Wesen des Verstoßes und die Identität der verantwortlichen Personen zu veröffentlichen. Diese Verpflichtung gilt nicht für Entscheidungen, durch die Maßnahmen mit Ermittlungscharakter verfügt werden.

(2) Ist die FMA nach einer einzelfallbezogenen Bewertung zu der Ansicht gelangt, dass die Veröffentlichung der Identität der Rechtspersönlichkeit oder der Identität oder der personenbezogenen Daten von natürlichen Personen unverhältnismäßig wäre, oder würde eine solche Veröffentlichung die Stabilität der Finanzmärkte oder laufende Ermittlungen gefährden, so hat die FMA

1. die Veröffentlichung der Verhängung einer Sanktion oder einer Maßnahme zu verschieben, bis die Gründe für ihre Nichtveröffentlichung weggefallen sind, oder

2. die Entscheidung zur Verhängung einer Sanktion oder Maßnahme in anonymisierter Form und im Einklang mit den sonstigen gesetzlichen Bestimmungen zu veröffentlichen, wenn eine solche anonymisierte Veröffentlichung einen

wirksamen Schutz der betreffenden personenbezogenen Daten gewährleistet, oder

3. davon abzusehen, die Entscheidung zur Verhängung einer Sanktion oder Maßnahme zu veröffentlichen, wenn die Möglichkeiten nach den Z 1 und 2 ihrer Ansicht nach nicht ausreichen, um zu gewährleisten, dass

a) die Stabilität der Finanzmärkte nicht gefährdet wird;

b) bei einer Bekanntmachung der Entscheidung im Falle von Maßnahmen, deren Bedeutung für gering befunden wird, die Verhältnismäßigkeit gewahrt ist.

Bei der Entscheidung, eine Sanktion oder Maßnahme in anonymisierter Form gemäß Z 2 zu veröffentlichen, kann die Veröffentlichung der relevanten Daten für vertretbare Zeit zurückgestellt werden, wenn vorhersehbar ist, dass die Gründe für die anonymisierte Veröffentlichung bei Ablauf dieser Zeitspanne nicht mehr bestehen.

(3) Wenn gegen eine Entscheidung zur Verhängung einer Sanktion oder Maßnahme Rechtsmittel bei den Gerichten oder sonstigen Behörde eingelegt werden, hat die FMA dies auf ihrer offiziellen Website umgehend zu veröffentlichen und dort auch über den Ausgang dieses Verfahrens zu informieren. Ferner ist jede Entscheidung, mit der eine frühere Entscheidung über die Verhängung einer Sanktion oder Maßnahme für ungültig erklärt wird, zu veröffentlichen.

(4) Die FMA hat sicherzustellen, dass Veröffentlichungen nach dieser Bestimmung ab dem Zeitpunkt ihrer Veröffentlichung mindestens fünf Jahre lang auf ihrer offiziellen Website einsehbar sind. In der Veröffentlichung enthaltene personenbezogene Daten dürfen jedoch nur so lange auf der offiziellen Website der FMA einsehbar bleiben, wie dies nach den geltenden Datenschutzbestimmungen erforderlich ist.

Meldung von Sanktionen an die ESMA

§ 20. (1) Die FMA hat der ESMA jährlich aggregierte Informationen über alle gemäß Art. 38 der Verordnung (EU) 2017/1129 verhängten verwaltungsrechtlichen Sanktionen und andere verwaltungsrechtliche Maßnahmen zu übermitteln.

(2) Hat die FMA verwaltungsrechtliche Sanktionen oder andere verwaltungsrechtliche Maßnahmen oder strafgerichtliche Sanktionen öffentlich gemacht, so hat sie diese gleichzeitig der ESMA zu melden.

(3) Die FMA hat der ESMA alle verwaltungsrechtlichen Sanktionen oder anderen verwaltungsrechtlichen Maßnahmen mitzuteilen, die verhängt, jedoch gemäß Art. 42 Abs. 2 Unterabs. 1 Buchstabe c der Verordnung (EU) 2017/1129 nicht veröffentlicht wurden, einschließlich aller in diesem Zusammenhang eingelegten Rechtsmittel und der Ergebnisse der Rechtsmittelverfahren. Die Gerichte haben der FMA die Informationen und das endgültige Urteil im Zusammenhang mit verhängten strafgerichtlichen Sanktionen mitzuteilen und die FMA hat diese an die ESMA weiterzuleiten.

3. Hauptstück

Gemeinsame Bestimmungen für Veranlagungen und Wertpapiere

Verbrauchergeschäfte

§ 21. (1) Erfolgt ein prospektpflichtiges Angebot von Wertpapieren oder Veranlagungen ohne vorhergehende Veröffentlichung eines Prospekts, so können Anleger, die Verbraucher im Sinne des § 1 Abs. 1 Z 2 KSchG sind, von ihrem Angebot oder vom Vertrag zurücktreten.

(2) Unbeschadet des Rücktrittsrechtes nach Abs. 1 können Anleger, die Verbraucher im Sinne des § 1 Abs. 1 Z 2 KSchG sind, vom Vertrag zurücktreten, wenn ihnen der Erwerb einer Veranlagung in Immobilien nicht gemäß § 9 Z 3 bestätigt wurde.

(3) Der Rücktritt bedarf der Schriftform, wobei es genügt, wenn der Verbraucher ein Schriftstück, das seine Vertragserklärung oder die des Veräußerers enthält, dem Veräußerer oder dessen Beauftragten, der an den Vertragsverhandlungen mitgewirkt hat, mit einem Vermerk zurückstellt, der erkennen lässt, dass der Verbraucher das Zustandekommen oder die Aufrechterhaltung des Vertrages ablehnt. Es reicht aus, wenn die Rücktrittserklärung innerhalb der Zeiträume gemäß Abs. 4 abgesendet wird.

(4) Das Rücktrittsrecht nach Abs. 1 erlischt mit Ablauf einer Woche nach dem Tag, an dem der Prospekt veröffentlicht wurde. Das Rücktrittsrecht nach Abs. 2 erlischt mit Ablauf einer Woche nach dem Tag, an dem dem Verbraucher der Erwerb gemäß § 9 Z 3 bestätigt wurde.

(5) Den Abs. 1 bis 4 entgegenstehende Vereinbarungen zum Nachteil von Verbrauchern sind unwirksam.

(6) Weitergehende Rechte der Anleger nach sonstigen Vorschriften bleiben unberührt.

Prospekthaftung

§ 22. (1) Die für den Prospekt und Nachträge dazu verantwortlichen Personen sind im Prospekt eindeutig unter Angabe ihres Namens und ihrer Funktion – bei juristischen Personen ihres Namens und ihres Sitzes – zu benennen. Der Prospekt sowie die Nachträge dazu haben Erklärungen der betreffenden Personen zu enthalten, dass ihres Wissens die Angaben in dem Prospekt richtig sind und darin keine Angaben fehlen, die die Aussage des Prospekts und der Nachträge dazu verändern können. Jedem Anleger haften für den Schaden, der ihm im Vertrauen auf die Prospektangaben oder die Angaben in einem Nachtrag zum Prospekt (§ 6 oder Art. 23 der Verordnung (EU) 2017/1129), die für die Beurteilung der Wertpapiere oder Veranlagungen erheblich sind, entstanden ist,

1. der Emittent für durch eigenes Verschulden oder durch Verschulden seiner Leute oder sonstiger Personen, deren Tätigkeit zur Prospekterstellung herangezogen wurde, erfolgte unrichtige oder unvollständige Angaben,

2. die die Zulassung zum Handel an einem geregelten Markt beantragende Person sowie der Garantiegeber, je für durch eigenes Verschulden oder durch Verschulden ihrer Leute oder sonstiger Personen, deren Tätigkeit zur Prospekterstellung herangezogen wurde, erfolgte unrichtige oder unvollständige Angaben,

3. der Prospektkontrollor von Prospekten für Veranlagungen jedoch nur für durch eigenes grobes Verschulden oder grobes Verschulden seiner Leute oder sonstiger Personen, deren Tätigkeit zur Prospektkontrolle herangezogen wurde, erfolgte unrichtige oder unvollständige Kontrollen,

4. derjenige, der im eigenen oder im fremden Namen die Vertragserklärung des Anlegers entgegengenommen hat und der Vermittler des Vertrages, sofern die in Anspruch genommene Person den Handel oder die Vermittlung von Wertpapieren oder Veranlagungen gewerbsmäßig betreibt und sie oder ihre Leute die Unrichtigkeit oder Unvollständigkeit der Angaben im Sinne der Z 1 oder der Kontrolle gekannt haben oder infolge grober Fahrlässigkeit nicht gekannt haben, und

5. der Abschlussprüfer, der in Kenntnis der Unrichtigkeit oder Unvollständigkeit der Angaben im Sinne der Z 1 und in Kenntnis, dass der von ihm bestätigte Jahresabschluss eine Unterlage für die Prospektkontrolle darstellt, einen Jahresabschluss mit einem Bestätigungsvermerk versehen hat.

Bei Vorliegen eines Ausschlussgrundes beim Prospektkontrollor braucht der Anleger das Vorliegen des in den Z 1 oder 2 genannten Verschuldens nicht zu beweisen. Die Haftung nach Z 4 besteht nur gegenüber jenem Anleger, dessen Vertragserklärung ein Haftungspflichtiger entgegengenommen oder dessen Erwerb von Wertpapieren oder Veranlagungen er vermittelt hat. Derjenige, der ein prospektpflichtiges Angebot im Inland ohne Zustimmung des Emittenten gemäß § 5 Abs. 5 oder gemäß Art. 5 der Verordnung (EU) 2017/1129 stellt, haftet Anlegern, die im Rahmen seines Angebotes oder seiner Zeichnungseinladung angenommen haben, anstelle des Emittenten nach Z 1, sofern der Emittent nicht wusste oder wissen musste, dass der Prospekt einem Angebot gemäß § 2 oder gemäß der Verordnung (EU) 2017/1129 ohne seine Zustimmung zu Grunde gelegt wurde und er dessen daher unzulässige Verwendung der Meldestelle und der FMA unverzüglich nachdem er von der unzulässigen Verwendung Kenntnis erlangt hat oder Kenntnis haben musste, mitgeteilt hat. Die Meldestelle hat mit ihr zugegangenen Mitteilungen gemäß § 23 Abs. 2 zu verfahren.

(2) Bei Wertpapieren oder Veranlagungen von Emittenten aus Drittstaaten trifft die Haftpflicht gemäß Abs. 1 Z 1 auch denjenigen, der das prospektpflichtige Angebot im Inland gestellt hat.

(3) Trifft die Haftpflicht mehrere, so haften sie zur ungeteilten Hand. Ihre Haftung wird nicht dadurch gemindert, dass auch andere für den Ersatz desselben Schadens haften.

(4) Die Haftpflicht kann im Voraus zum Nachteil von Anlegern weder ausgeschlossen noch beschränkt werden.

(5) Ersatzansprüche können nicht aus dem Umstand abgeleitet werden, dass infolge unrichtiger oder unvollständiger Prospektangaben oder Prospektnachtragsangaben die im Prospekt beschriebenen Wertpapiere oder Veranlagungen nicht erworben wurden.

(6) Die Höhe der Haftpflicht gegenüber jedem einzelnen Anleger ist, sofern das schädigende Verhalten nicht auf Vorsatz beruhte, begrenzt durch den von ihm bezahlten Erwerbspreis, zuzüglich Spesen und Zinsen ab Zahlung des Erwerbspreises. Bei unentgeltlichem Erwerb ist der letzte bezahlte Erwerbspreis zuzüglich Spesen und Zinsen ab Zahlung des Erwerbspreises maßgeblich.

(7) Ansprüche der Anleger nach diesem Bundesgesetz müssen bei sonstigem Ausschluss binnen zehn Jahren nach Beendigung des prospektpflichtigen Angebotes gerichtlich geltend gemacht werden.

(8) Schadenersatzansprüche aus der Verletzung anderer gesetzlicher Vorschriften oder aus der Verletzung von Verträgen bleiben hievon unberührt.

(9) Bei Wertpapierprospekten können Schadenersatzansprüche jedoch nicht lediglich aufgrund der Zusammenfassung nach Art. 7 der Verordnung (EU) 2017/1129 oder der speziellen Zusammenfassung eines EU-Wachstumsprospekts nach Art. 15 Abs. 1 Unterabs. 2 der Verordnung (EU) 2017/1129 samt etwaiger Übersetzungen gestellt werden, es sei denn,

1. die Zusammenfassung ist, wenn sie zusammen mit den anderen Teilen des Prospekts gelesen wird, irreführend, unrichtig oder widersprüchlich oder

2. sie vermittelt, wenn sie zusammen mit den anderen Teilen des Prospekts gelesen wird, nicht die Basisinformationen, die in Bezug auf Anlagen

in die Wertpapiere für die Anleger eine Entscheidungshilfe darstellen würden.

(10) Bei Wertpapierprospekten liegt die Haftung für die in einem Registrierungsformular oder in einem einheitlichen Registrierungsformular enthaltenen Informationen nur in solchen Fällen bei den in Abs. 1 genannten Personen, in denen das Registrierungsformular oder das einheitliche Registrierungsformular als Bestandteil eines gebilligten Prospekts verwendet wird. Die gilt unbeschadet der Art. 4 und 5 der Richtlinie 2004/109/EG zur Harmonisierung der Transparenzanforderungen in Bezug auf Informationen über Emittenten, deren Wertpapiere zum Handel auf einem geregelten Markt zugelassen sind, und zur Änderung der Richtlinie 2001/34/EG, ABl. Nr. L 390 vom 31.12.2004 S. 38, zuletzt geändert durch die Richtlinie 2013/50/EU, ABl. Nr. L 294 vom 06.11.2013 S. 13, wenn die gemäß jenen Artikeln offenzulegenden Informationen in einem einheitlichen Registrierungsformular enthalten sind.

(11) Die Regelungen über die Haftung der FMA gemäß dem Finanzmarktaufsichtsbehördengesetz – FMABG, BGBl. I Nr. 97/2001, gelten unbeschadet der Verordnung (EU) 2017/1129.

(12) Gegenüber den Anlegern haften auch der Anbieter sowie die in Abs. 1 Z 4 genannten Personen, je für durch eigenes Verschulden oder durch Verschulden ihrer Leute oder sonstiger Personen, deren Tätigkeit zum Vertrieb von den Wertpapieren oder Veranlagungen herangezogen wurde, für im Widerspruch zu den Prospektangaben oder den Angaben in einem Nachtrag stehenden getätigten sonstigen fehlerhaften Angaben, sofern diese schadenskausal waren.

Meldestelle

§ 23. (1) Die Meldestelle nach diesem Bundesgesetz ist die Oesterreichische Kontrollbank Aktiengesellschaft. Sie hat die auf Basis einer Übertragungsvereinbarung nach § 13 Abs. 3 bei ihr eingelangten Wertpapierprospekte und sonstigen Angaben nach diesem Bundesgesetz auf das Vorhandensein der Billigung durch die FMA oder einer Notifizierungsbestätigung zu prüfen und aufzubewahren und die eingelangten Veranlagungsprospekte und sonstigen Angaben nach diesem Bundesgesetz auf das Vorhandensein der erforderlichen Unterfertigungen (Emittent, Prospektkontrollor) gemäß § 5 Abs. 4, § 7 Abs. 1 oder § 9 Z 2 zu prüfen und aufzubewahren. Die Meldestelle darf die eingelangten Prospekte und sonstigen Angaben nach diesem Bundesgesetz frühestens 15 Jahre nach der Hinterlegung bei der Meldestelle vernichten. Die Meldestelle ist berechtigt, für ihre Tätigkeit den meldenden oder hinterlegenden Anbietern eine angemessene Vergütung zu verrechnen.

(2) Die Meldestelle ist verpflichtet, raschestmöglich, längstens jedoch binnen fünf Werktagen, Anfragen darüber zu beantworten, ob für Wertpapiere oder Veranlagungen, die Gegenstand der Anfrage sind, ein Prospekt oder sonstige Angaben nach diesem Bundesgesetz veröffentlicht und der Meldestelle übermittelt wurden und ob der Veranlagungsprospekt oder die sonstigen Angaben nach diesem Bundesgesetz die nach diesem Bundesgesetz erforderlichen Unterfertigungen aufweisen und ob zu einem Wertpapierprospekt oder den sonstigen Angaben nach diesem Bundesgesetz die Billigung (Amtssignatur) oder Notifizierungsbestätigung (Certificate of Approval) der FMA vorliegen. Gleichzeitig sind über Anfrage Ort und Datum der Veröffentlichung und das Vorliegen einer allfälligen Versicherungsbestätigung gemäß § 7 Abs. 1 anzugeben. Zu diesem Zweck haben der Anbieter und der Emittent die Meldestelle, sofern sich dies aus dem eingelangten Prospekt oder aus den eingelangten Angaben über die Änderungen oder Ergänzungen nicht ohnehin ergibt, über Ort und Datum der Veröffentlichung unverzüglich in Kenntnis zu setzen. Über Verlangen hat die Meldestelle Abschriften des Prospekts oder der sonstigen Angaben an Interessenten gegen Kostenersatz zu übermitteln.

(3) Die Meldestelle hat ferner

1. aus den Prospekten die Angaben über die Wertpapiere, die Veranlagungen und die Emittenten statistisch und automationsunterstützt auszuwerten, soweit dies zur Erfüllung ihrer Aufgaben nach diesem Bundesgesetz erforderlich ist;

2. den Bundesminister für Finanzen und die FMA regelmäßig über die wahrgenommenen Entwicklungen auf dem Kapitalmarkt sowie unverzüglich aus besonderem Anlass zu unterrichten;

3. der FMA zum Zwecke der Erfüllung ihrer Aufgaben als Wertpapieraufsicht und der Datenübermittlung den jederzeitigen automationsunterstützten Zugriff auf Daten basierend auf Meldungen gemäß diesem Bundesgesetz und auf Grund dieses Bundesgesetzes erlassener Verordnungen zu ermöglichen.

Emissionskalender

§ 24. (1) Wer Wertpapiere oder Veranlagungen im Inland erstmals anzubieten beabsichtigt, hat die Meldestelle ehestmöglich über den Emittenten, den voraussichtlichen Zeitpunkt der Emission, das Gesamtvolumen, die Stückelung, die Laufzeit und, im Falle öffentlicher Angebote, die sonstigen Konditionen, sowie gegebenenfalls über jene Umstände, die gemäß § 3 oder gemäß der Verordnung (EU) 2017/1129 eine Ausnahme von der Prospektpflicht begründen, in Kenntnis zu setzen; einzelne Angaben, die erst kurz vor der Zeichnungsfrist festgelegt werden können, dürfen nachgereicht werden. Bei den Angaben über die für die Ausnahme von der Prospektpflicht maßgeblichen Umstände ist der entsprechende Ausnahmetatbestand gemäß § 3 oder der Verordnung (EU) 2017/1129 oder anderen bundesgesetzlichen Bestimmungen ausdrücklich anzugeben. Der Anbieter hat weiters zum Zwecke der eindeutigen Identifikation der zu meldenden Emission die von der Oesterreichischen Kontrollbank Aktiengesellschaft (inländische ISIN Vergabestelle) oder einer ausländischen ISIN Vergabestelle vergebene ISIN oder eine gleichwertige Identifikation und den LEI des Emittenten bekannt zu geben. Die Angaben sind im Wege eines von der Meldestelle elektronisch zur Verfügung zu stellenden Meldeportals zu übermitteln. Handelt es sich bei dem Angebot um ein der Prospektpflicht nach der Verordnung (EU) 2017/1129 unterliegendes Angebot oder wurde ein Prospekt gemäß dieser Verordnung auf freiwilliger Basis erstellt und ist die FMA zuständige Billigungsbehörde, so haben die Konditionen nach diesem Abs. neben den endgültigen Bedingungen auch die für die Klassifizierung der Prospekte relevanten begleitenden emissionsbezogenen Daten zu enthalten, sofern diese Daten in einem von der Europäischen Kommission nach Art. 21 Abs. 13 der Verordnung (EU) 2017/1129 erlassenen und im Amtsblatt der Europäischen Union veröffentlichten technischen Regulierungsstandard spezifiziert wurden. Sofern der endgültige Emissionspreis oder das endgültige Emissionsvolumen gemäß Art. 17 der Verordnung (EU) 2017 vor Angebotsbeginn noch nicht feststehen, können diese Angaben nachgereicht werden. Die Meldestelle hat die für die Zwecke dieses Absatzes erforderlichen Meldefelder vorzusehen.

(2) Die Meldepflicht gemäß Abs. 1 gilt nicht für Wertpapiere gemäß Art. 1 Abs. 2 Buchstaben a und c, Abs. 4 Buchstaben e, h und i der Verordnung (EU) 2017/1129 und Veranlagungen nach § 3 Abs. 1 Z 1.

(3) Die Meldestelle hat die gemäß Abs. 1 erhaltenen Meldungen auf ihrer Webseite fortlaufend zu veröffentlichen. Die Meldestelle hat das Veröffentlichungsorgan und jede Änderung desselben im Amtsblatt zur Wiener Zeitung bekanntzugeben.

(4) Wenn die Meldestelle aus den gemäß Abs. 1 erhaltenen Meldungen begründete Zweifel daran hat, dass entgegen den gemäß Abs. 1 übermittelten Angaben über einen Ausnahmetatbestand von der Prospektpflicht bei einer Emission ein solcher Ausnahmetatbestand nicht gegeben ist, so hat sie den Anbieter auf diesen Umstand hinzuweisen. Hat die Meldestelle aus den gemäß Abs. 1 erhaltenen Meldungen den begründeten Verdacht einer mit Strafe bedrohten Handlung dadurch, dass ein öffentliches Angebot ohne den gemäß § 2 oder den gemäß Art. 3 der Verordnung (EU) 2017/1129 erforderlichen Prospekt erfolgt ist, so hat sie hierüber unverzüglich die FMA in Kenntnis zu setzen.

(5) Schadenersatzansprüche an die Meldestelle können aus dem Umstand, dass Mitteilungen an die FMA gemäß Abs. 4 fahrlässig zu Unrecht erfolgt sind oder unterlassen wurden, nicht erhoben werden.

Amtsgeheimnis

§ 25. Alle Personen, die für die FMA tätig sind oder waren, einschließlich der Meldestelle, sind an das Amtsgeheimnis gebunden.

§ 26. Nach anderen Bundesgesetzen bestehende Vorschriften über das Berufsgeheimnis bleiben von den Bestimmungen dieses Bundesgesetzes unberührt.

4. Hauptstück

Übergangs- und Schlussbestimmungen

§ 27. Soweit in diesem Bundesgesetz personenbezogene Bezeichnungen nur in männlicher Form angeführt sind, beziehen sie sich auf Frauen und Männer in gleicher Weise. Bei der Anwendung auf bestimmte Personen ist die jeweils geschlechtsspezifische Form zu verwenden.

§ 28. Für die Vollstreckung eines Bescheids nach diesem Bundesgesetz tritt an die Stelle eines in § 5 Abs. 3 des Verwaltungsvollstreckungsgesetzes – VVG, BGBl. Nr. 53/1991, angeführten niedrigeren Betrages der Betrag von 35 000 Euro.

§ 29. (1) Soweit in diesem Bundesgesetz auf andere Bundesgesetze verwiesen wird, sind diese in ihrer jeweils geltenden Fassung anzuwenden.

(2) Soweit in diesem Bundesgesetz auf die Verordnung (EU) 2017/1129 verwiesen wird, so ist, sofern nichts Anderes angeordnet ist, die Verordnung (EU) 2017/1129 über den Prospekt, der beim öffentlichen Angebot von Wertpapieren oder bei deren Zulassung zum Handel an einem geregelten Markt zu veröffentlichen ist und zur Aufhebung der Richtlinie 2003/71/EG, ABl. Nr. L 168 vom 30.06.2017 S. 12, anzuwenden.

Inkrafttreten

§ 30. (1) Dieses Bundesgesetz tritt mit 21. Juli 2019 in Kraft. Die §§ 10 und 15 treten jedoch mit dem Tag, der auf die Kundmachung dieses Bundesgesetzes im Bundesgesetzblatt folgt, in Kraft.

(2) Das Kapitalmarktgesetz – KMG, BGBl. Nr. 625/1991 in der Fassung des Bundesgesetzes BGBl. I Nr. 62/2019, tritt unbeschadet Art. 46 Abs. 3 der Verordnung (EU) 2017/1129 mit Ablauf des 20. Juli 2019 außer Kraft.

Vollzugsklausel

§ 31. Mit der Vollziehung dieses Bundesgesetzes sind betraut:

1. Hinsichtlich § 22 der Bundesminister für Verfassung, Reformen, Deregulierung und Justiz;

2. hinsichtlich aller übrigen Bestimmungen der Bundesminister für Finanzen.

Anlage A

Schema A
SCHEMA FÜR VERANLAGUNGEN
KAPITEL 1
Angaben über jene, welche gemäß den §§ 7 und 22 haften

(Name, Stellung)

KAPITEL 2
Angaben über die Veranlagung

1. Die Veranlagungsbedingungen, insbesondere die Ausstattung der Veranlagung,
2. die Zahl-, Einreichungs- und Hinterlegungsstellen,
3. Übersicht über die allenfalls bisher ausgegebenen Vermögensrechte,
4. Rechtsform der Veranlagung (Anteils-, Gläubigerrecht oder Mischform), Gesamtbetrag, Stückelung sowie Zweck des Angebotes,
5. Art der Veranlagung (offene oder geschlossene Form),
6. Art und Anzahl sonstiger Veranlagungsgemeinschaften des Emittenten oder sonstiger Veranlagungsgemeinschaften, die auf die Veranlagung von Einfluss sein können,
7. Angabe der Börsen, an denen die Veranlagung, die Gegenstand des öffentlichen Angebotes ist, und sonstige Wertpapiere des Emittenten bereits notieren oder gehandelt werden,
8. allfällige Haftungserklärungen Dritter für die Veranlagung,
9. Personen, die das Angebot fest übernommen haben oder dafür garantieren,
10. Angaben über die Personen, denen das aus der Emission erworbene Kapital zur wirtschaftlichen Verfügung zufließt, sofern diese Personen nicht mit dem Emittenten identisch sind,
11. die auf die Einkünfte der Veranlagung erhobenen Steuern (z. B. Kapitalertragsteuer, ausländische Quellensteuern),
12. Zeitraum für die Zeichnung,
13. etwaige Beschränkungen der Handelbarkeit der angebotenen Veranlagung und Markt, auf dem sie gehandelt werden kann,
14. Vertriebs- und Verwaltungskosten, Managementkosten, jeweils nach Höhe und Verrechnungsform,
15. Angabe der Bewertungsgrundsätze,
16. Angabe allfälliger Belastungen,
17. nähere Bestimmungen über die Erstellung des Rechnungsabschlusses und etwaiger Rechenschaftsberichte,
18. Bestimmungen über die Ausschüttung und Verwendung des Jahresüberschusses/Jahresgewinnes,
19. letzter Rechenschaftsbericht samt Bestätigungsvermerk,
20. Darstellung des Kaufpreises der Veranlagung samt aller Nebenkosten,
21. Art und Umfang einer Absicherung der Veranlagung durch Eintragung in öffentliche Bücher,
22. Angabe über zukünftige Wertentwicklungen der Veranlagung,
23. Bedingungen und Berechnung des Ausgabepreises für Veranlagungen, die nach Schluss der Erstemission begeben werden,
24. Angaben über allfällige Bezugsrechte der vorhandenen Anleger und deren Bezugspreise im Falle einer Erhöhung des Veranlagungsvolumens, Angaben, in welcher Form die Substanz- und Ertragszuwächse der bestehenden Anleger gegenüber den neuen Anlegern gesichert sind,
25. Darlegung der Möglichkeiten und Kosten einer späteren Veräußerung der Veranlagung,
26. Leistungen der Verwaltungsgesellschaft und die dafür verrechneten Kosten,
27. Kündigungsfristen seitens der Verwaltungsgesellschaften,
28. Bestimmungen über die Abwicklung und die Stellung der Anleger im Insolvenzfall,
29. Wertpapierkennnummer (falls vorhanden).

KAPITEL 3
Angaben über den Emittenten

1. Firma und Sitz des Emittenten, Unternehmensgegenstand,
2. eine Darstellung seiner rechtlichen und wirtschaftlichen Verhältnisse, insbesondere Angaben zum Grundkapital oder dem Grundkapital entsprechenden sonstigen Gesellschaftskapital, dessen Stückelung samt Bezeichnung etwaiger verschiedener Gattungen von Anteilsrechten,
3. Mitglieder der Organe der Geschäftsführung, der Verwaltung und der Aufsicht (Name, Stellung),
4. Angabe der Anteilseigner, die in der Geschäftsführung des Emittenten unmittelbar oder mittelbar eine beherrschende Rolle ausüben oder ausüben können,
5. der letzte Jahresabschluss samt etwaiger Lageberichte und Bestätigungsvermerk(e).

KAPITEL 4
Angaben über die Depotbank (falls vorhanden)

1. Firma und Sitz,
2. Jahresabschluss samt Bestätigungsvermerk.

KAPITEL 5

1. Art und Umfang der laufenden Informationen der Anleger über die wirtschaftliche Entwicklung der Veranlagung,
2. sonstige Angaben, die für den Anleger erforderlich sind, um sich ein fundiertes Urteil im Sinne des § 5 Abs. 1 zu bilden.

KAPITEL 6
Kontrollvermerk des Prospektkontrollors

Anlage B

Schema B
SCHEMA FÜR DEN ZUSATZPROSPEKT FÜR VERANLAGUNGEN IN IMMOBILIEN
(§ 9)

KAPITEL 1
Angaben über jene, welche gemäß den §§ 7 und 22 haften

(Name, Stellung)

KAPITEL 2
Angaben über die angebotene Veranlagung in Immobilien

1. Rechtsform der Veranlagung, Gesamtvolumen und allfällige Stückelung,
2. Art der Veranlagungsgemeinschaft (offene oder geschlossene Form),
3. Art, Anzahl und Lage (In- und Ausland) der vorhandenen Immobilien und Art und Anzahl der zu erwartenden Immobilien,
4. Grundsätze, nach denen die Anschaffung, Veräußerung und Verwaltung der Immobilien erfolgt,
5. Vertriebs- und Managementkosten der Veranlagungsgemeinschaft, jeweils nach Höhe und Art der Verrechnung unter Angabe der Leistungen der Verwaltung,
6. Rechtsbeziehungen der Veranlagungsgemeinschaft zu den in den Vertrieb und in das Management der Veranlagungsgemeinschaft eingeschalteten Dritten und die von den Dritten verrechneten Kosten und erbrachten oder zu erbringenden Leistungen,
7. Methoden der Wertermittlung, die innerhalb jeder Veranlagungsgemeinschaft einheitlich sein müssen,
8. je Immobilie: Anschaffungskosten, vermietbare Flächen, Errichtungsjahr, Summe der Kosten der durchgeführten Instandsetzungs-, Instandhaltungs-, Erhaltungs- und Verbesserungsarbeiten, Summe der Kosten geplanter Instandsetzungs-, Instandhaltungs-, Erhaltungs- und Verbesserungsarbeiten, Art der Betriebskostenverrechnung,
9. bücherliche Belastungen und sonstige Belastungen, soweit sie für die Wertermittlung von wesentlicher Bedeutung sind, je Immobilie,
10. nähere Bestimmungen über die Ermittlung des Jahresgewinnes bzw. -überschusses und die Erstellung des jährlichen Rechenschaftsberichtes,
11. Bestimmungen über die Ausschüttung und Verwendung des Jahresgewinnes bzw. -überschusses,
12. Darstellung des Kaufpreises der angebotenen Veranlagung samt aller Nebenkosten,
13. Art und Umfang der grundbücherlichen Sicherung der Veranlagung,
14. zukünftige Stellung und Rechte des Anlegers bei strukturellen Veränderungen,
15. Angaben über allfällige Bezugsrechte und deren Preise bzw. deren Preisermittlung für die Anleger im Falle einer Erhöhung des Veranlagungsvolumens und Angaben, in welcher Form die bestehenden Vermögensrechte der Anleger gegenüber neuen Anlegern gesichert sind oder angemessen ausgeglichen werden,
16. projektierte Rentabilität und Berechnungsmethode der Rentabilität,
17. Möglichkeiten der Aufgabe der Veranlagung und Ermittlung des Aufgabepreises,
18. Bestimmungen über die Abwicklung und die Stellung der Anleger im Insolvenzfall.

KAPITEL 3
Angaben über Dritte, die in den Vertrieb der Veranlagung und das Management der Veranlagungsgemeinschaft eingebunden sind

1. Firma und Sitz, Unternehmensgegenstand,
2. Personen, die mit der Geschäftsleitung und der Aufsicht über die Geschäftsleitung betraut sind,
3. letzter Jahresabschluss samt Bestätigungsvermerk und etwaiger Geschäftsbericht.

KAPITEL 4
Angaben über den Versicherungsschutz je Immobilie

Feuerversicherung, deren Versicherungssumme und Deckungsgrad.

KAPITEL 5

Art und Umfang der laufenden Information der Anleger über die wirtschaftliche Entwicklung der Veranlagung

KAPITEL 6

Etwaiger Rechenschaftsbericht des Vorjahres

Anlage C

Schema C

GLIEDERUNG FÜR DEN RECHENSCHAFTSBERICHT VON IMMOBILIENVERANLAGUNGSGEMEINSCHAFTEN

I. Angaben über die Ansprüche des Anlegers

A. Jahresüberschussrechnung

a) Mittelzuflüsse
   1. aus der Ausgabe von Veranlagungen,
   2. aus Immobilien,
   3. aus der Veräußerung von Immobilien,
   4. aus Veranlagungen in Veranlagungsgemeinschaften in Immobilien,
   5. aus der Veräußerung von Veranlagungen in Veranlagungsgemeinschaften in Immobilien,
   6. aus Beteiligungen an Unternehmungen,
   7. aus der Veräußerung von Beteiligungen an Unternehmungen,
   8. aus sonstigen Vermögensrechten, getrennt nach Arten der Vermögensrechte,
   9. aus der Veräußerung sonstiger Vermögensrechte, getrennt nach Arten der Vermögensrechte,
   10. aus anderen kassenmäßigen Zugängen,
   11. sonstige Zugänge.

b) Mittelabflüsse
   1. in Immobilien,
   2. in Veranlagungen in Veranlagungsgemeinschaften in Immobilien,
   3. in Beteiligungen an Unternehmungen,
   4. in sonstige Vermögensrechte, getrennt nach Arten der Vermögensrechte,
   5. Errichtungskosten,
   6. Vergütungen und Kosten der Verwaltung, getrennt nach Vergütungs- und Kostenarten,
   7. in die Bildung von Reserven, getrennt nach den einzelnen Arten der Vermögensrechte,
   8. aus anderen kassenmäßigen Abgängen,
   9. sonstige Abgänge.

c) Jahresüberschuss/-fehlbetrag

B. Alternativ zu A – Gewinnermittlung gemäß den hiefür vorgesehenen gesetzlichen Vorschriften

II. Angaben über das Vermögen

A. Veranlagung je Immobilie

a) Lage
b) Größe
c) Errichtungsjahr
d) Anschaffungsjahr
e) Anschaffungskosten, getrennt nach Kaufpreis und Nebenkosten, oder Herstellungskosten
f) vermietbare Fläche
g) Art der Betriebskostenverrechnung
h) Summe der Kosten durchgeführter Instandsetzungen, Instandhaltungen, Erhaltungsarbeiten, Verbesserungsarbeiten und Erweiterungen

i) Summe der Kosten geplanter Instandsetzungen, Instandhaltungen, Erhaltungsarbeiten, Verbesserungsarbeiten und Erweiterungen
j) Kosten der Verwaltung, soweit sie nicht unter Betriebskosten verrechnet wurden
k) baubehördliche Auflagen, sofern für die Wertermittlung von Bedeutung
l) bücherliche Belastungen und sonstige Belastungen, soweit sie für die Wertermittlung von wesentlicher Bedeutung sind
m) Feuerversicherung, deren Versicherungssumme und Deckungsgrad

B. Veranlagungen in Veranlagungsgemeinschaften in Immobilien, je Veranlagungsgemeinschaft

1. Emittent
   a) Firma
   b) Register
   c) Rechtsform
   d) Gründungsjahr
   e) Sitz/Hauptniederlassung
   f) Gegenstand
   g) Mitglieder der Organe der Geschäftsführung, der Verwaltung und der Aufsicht (Name, Stellung)
2. Buchwert der Veranlagung
3. Ausschüttung auf die Veranlagung

C. Beteiligungen an Unternehmen, je Beteiligung (soweit nicht unter B angeführt)

1. Unternehmen
   a) Firma
   b) Register
   c) Rechtsform
   d) Gründungsjahr
   e) Sitz/Hauptniederlassung
   f) Gegenstand
   g) Mitglieder der Organe der Geschäftsführung, der Verwaltung und der Aufsicht (Name, Stellung)
2. Buchwert der Beteiligung
3. Ausschüttung auf die Beteiligung
4. Unternehmenskennzahlen
   a) Eigenkapitalquote
   b) Cashflow zu Betriebsleistung
   c) Rentabilität des Gesamtkapitals
   d) Effektivverschuldung zu Cashflow
   e) Zahl der Beschäftigten
5. Mittelbare und unmittelbare Beteiligungen des unter C angegebenen Unternehmens, soweit der durchgerechnete Anteil zumindest 25% beträgt
   a) Firma
   b) Rechtsform
   c) Anschaffungskosten
   d) Laufzeit

D. Sonstige Vermögensrechte, je Vermögensrecht

a) Art des Vermögensrechts
b) investiertes Kapital
c) Rentabilität des eingesetzten Kapitals
d) Kündigungsmöglichkeiten und Kündigungsfristen

E. Veranlagungsreserve, getrennt nach der jeweiligen Form

F. Geschäftsführungs-, Personal- und Sachkosten, soweit sie nicht unter II. A. erfasst wurden

III. Ausschüttung je Veranlagung

1. Gesamtvolumen der Veranlagungen
2. Stückelung
3. Jahresüberschuss
4. Ausschüttung je Veranlagung

IV. Darstellung der Vermögensentwicklung je Veranlagung

1. Gesamtvermögen inklusive Darstellung der Wertermittlung
2. Vermögen je Veranlagung
3. Rentabilität der Veranlagung und deren Berechnungsmethode

V. Erläuterungen

VI. Publizitätsbestimmungen

VII. Bestätigungsvermerk

Anlage D

Schema D
SCHEMA FÜR DEN VEREINFACHTEN PROSPEKT FÜR VERANLAGUNGEN UND WERTPAPIERE
(Soweit das Schema für Wertpapiere heranzuziehen ist, ist der darin verwendete Begriff der Veranlagung sinngemäß durch den Begriff des Wertpapieres zu ersetzen.)

KAPITEL 1
Angaben über jene, welche gemäß den §§ 7 und 22 haften

(Name, Stellung)

KAPITEL 2
Angaben über die Veranlagung

1. Die Veranlagungsbedingungen, insbesondere die Kündigungsfristen und die Ausstattung der Veranlagung,
2. die Zahl-, Einreichungs- und Hinterlegungsstellen,
3. Übersicht über die allenfalls bisher ausgegebenen Vermögensrechte,
4. Rechtsform der Veranlagung (Anteils-, Gläubigerrecht oder Mischform), Gesamtbetrag, Stückelung sowie Zweck des Angebotes,
5. Art der Veranlagung (offene oder geschlossene Form),
6. allfällige Haftungserklärungen Dritter für die Veranlagung,
7. Personen, die das Angebot fest übernommen haben oder dafür garantieren,
8. die auf die Einkünfte der Veranlagung erhobenen Steuern (beispielsweise Kapitalertragsteuer, ausländische Quellensteuern),
9. Zeitraum für die Zeichnung,
10. etwaige Beschränkungen der Handelbarkeit der angebotenen Veranlagung und Markt, auf dem sie gehandelt werden kann,
11. Angabe allfälliger Belastungen,
12. Bestimmungen über die Ausschüttung und Verwendung des Jahresüberschusses/Jahresgewinnes,
13. Darstellung des Kaufpreises der Veranlagung samt allen Nebenkosten,
14. Art und Umfang einer Absicherung der Veranlagung durch Eintragung in öffentliche Bücher,
15. Darlegung der Möglichkeiten und Kosten einer späteren Veräußerung der Veranlagung,
16. Bestimmungen über die Abwicklung und die Stellung der Anleger im Insolvenzfall,
17. Wertpapierkennnummer (falls vorhanden)
18. allfällige Vertriebs- und Verwaltungskosten, Managementkosten, jeweils nach Höhe und Verrechnungsform.

KAPITEL 3
Angaben über den Emittenten

1. Firma, Sitz und Unternehmensgegenstand,
2. Darstellung der rechtlichen und wirtschaftlichen Verhältnisse, insbesondere Angaben zum Grundkapital oder dem Grundkapital entsprechenden sonstigen Gesellschaftskapital, dessen Stückelung samt Bezeichnung etwaiger verschiedener Gattungen von Anteilsrechten,
3. Mitglieder der Organe der Geschäftsführung, der Verwaltung und der Aufsicht (Name, Stellung),
4. Angabe der Anteilseigner, die in der Geschäftsführung des Emittenten unmittelbar oder mittelbar eine beherrschende Rolle ausüben oder ausüben können,
5. der letzte Jahresabschluss samt etwaiger Lageberichte und Bestätigungsvermerk(e).

KAPITEL 4
Angaben über die Depotbank (falls vorhanden)

1. Firma und Sitz,
2. Jahresabschluss samt Bestätigungsvermerk.

KAPITEL 5

1. Art und Umfang der laufenden Informationen der Anleger über die wirtschaftliche Entwicklung der Veranlagung,
2. sonstige Angaben, die für den Anleger erforderlich sind, um sich ein fundiertes Urteil im Sinne des § 5 Abs. 1 zu bilden.

KAPITEL 6
Kontrollvermerk des Prospektkontrollors

Anlage E

Versicherungsbestätigung gemäß § 7 Abs. 1 des Kapitalmarktgesetzes 2019 – KMG 2019

Firmenwortlaut und Zustelladresse des Versicherungsunternehmens oder von dessen Bevollmächtigten

Zur Vorlage an die

............................/ Meldestelle gemäß KMG 2019

Versicherungsbestätigung gemäß § 7 Abs. 1 KMG 2019

Hiermit wird gegenüber .... als Meldestelle gemäß KMG 2019 bekannt gegeben, dass bei dem unter **(i)** angegebenen, in Österreich zum Betrieb des Versicherungsgeschäftes berechtigten **Versicherungsunternehmen** für den unter **(ii)** angegebenen **Prospektkontrollor** zu der in **(iii)** genannten **Polizzennummer** eine Haftpflichtversicherung mit der unter **(iv)** angegebenen **Versicherungssumme** pro einjähriger Versicherungsperiode für die Tätigkeit als Kontrollor im Sinne des KMG 2019 aufrecht besteht, die das Risiko abdeckt, das aus der gemäß § 7 Abs. 1 KMG 2019 erfolgten Kontrolle des unter **(v)** näher bezeichneten **Prospekts/Prospektnachtrags** resultiert. Der Empfang der zur Gänze geleisteten Versicherungsprämie wird bestätigt.

(i) Versicherungsunternehmen:

(ii) Prospektkontrollor:

(iii) Polizzennummer

(iv) Versicherungssumme (nach § 7 Abs. 1 oder § 9 Z 2 KMG 2019):

(v) Prospektidentifikation

- Bezeichnung des Prospekts/Prospektnachtrags:
- Emittent/in:
- Datum des Prospekts/Prospektnachtrags:
- Datum des Prospektkontrollvermerks:

Datum (der Unterfertigung der Versicherungsbestätigung):

Firmenmäßige Unterfertigung (des Versicherungsunternehmens oder im Falle der offengelegten Bevollmächtigung des Bevollmächtigten):

26/1. Mindestinhalts-, Veröffentlichungs- und Sprachenverordnung 2019

BGBl II 2019/222

Verordnung der Finanzmarktaufsichtsbehörde (FMA) über die Mindestinhalte von Prospekte ersetzenden Dokumenten, über die Veröffentlichung von Prospekten in Zeitungen und über die Sprachenregelung 2019 (Mindestinhalts-, Veröffentlichungs- und Sprachenverordnung 2019 – MVSV 2019)

Auf Grund des § 8 Abs. 3 und des § 13 Abs. 4 und 6 des Kapitalmarktgesetzes 2019– KMG 2019, BGBl. I Nr. 62/2019, wird verordnet:

1. Abschnitt

Öffentliches Angebot von Veranlagungen

Veröffentlichung von Prospekten in Zeitungen

§ 1. (1) Die Veröffentlichung eines Prospekts von Veranlagungen gemäß § 8 Abs. 3 Z 1 KMG 2019 hat, sofern sie nicht im Amtsblatt zur Wiener Zeitung vorgenommen wird, in einer werktäglich erscheinenden Zeitung zu erfolgen, die regelmäßig im gesamten Bundesgebiet an den üblichen Verkaufsstellen erhältlich ist und im Jahresdurchschnitt folgende Schwellen pro Ausgabe überschreitet:

1. Druckauflage von 100 000 Stück und

2. verbreitete Auflage im Inland von 75 000 Stück.

(2) Erscheint eine Zeitung in mehreren Bundesländerausgaben, so sind die von den einzelnen Bundesländerausgaben erreichten Werte gemäß Abs. 1 Z 1 und 2 zu addieren. Die Veröffentlichung hat in sämtlichen Bundesländerausgaben zu erfolgen.

2. Abschnitt

Öffentliches Angebot von Wertpapieren

Dokument für Tauschangebote

§ 2. Das Dokument, das anlässlich der Übernahme von Wertpapieren im Wege eines Tauschangebots gemäß Art. 1 Abs. 4 Buchstabe f oder Abs. 5 Buchstabe e der Verordnung (EU) 2017/1129 zur Verfügung gestellt wird und die Pflicht zur Veröffentlichung eines Prospekts ersetzt, muss kurz und in allgemein verständlicher Form abgefasst sein und hat mindestens folgende Angaben zu enthalten:

1. eine gemäß § 7 ÜbG erstellte Angebotsunterlage und

2. eine Bestätigung der Angebotsunterlage gemäß § 9 Abs. 1 ÜbG.

Das Dokument ersetzt die Pflicht zur Erstellung eines Prospekts nur, wenn es gemäß § 11 Abs. 1 ÜbG veröffentlicht werden darf.

Dokument für Verschmelzungen und Spaltungen

§ 3. Das Dokument, das anlässlich der Übernahme oder Zuteilung von Wertpapieren im Wege einer Verschmelzung oder Spaltung gemäß Art. 1 Abs. 4 Buchstabe g oder Abs. 5 Buchstabe f der Verordnung (EU) 2017/1129 zur Verfügung gestellt wird und die Pflicht zur Veröffentlichung eines Prospekts ersetzt, muss kurz und in allgemein verständlicher Form abgefasst sein und hat mindestens folgende Angaben zu enthalten:

1. im Falle einer Verschmelzung diejenigen aus den gemäß § 221a Abs. 2 AktG und

2. im Falle einer Spaltung diejenigen aus den gemäß § 7 Abs. 2 SpaltG

zur Einsicht der Anteilsinhaber aufzulegenden Unterlagen.

Dokument für Dividenden in Form von Aktien oder Belegschaftsprogramme

§ 4. (1) Das Dokument, das

1. anlässlich der Ausschüttung von Dividenden an vorhandene Aktieninhaber in Form von Aktien derselben Gattung wie die Aktien, für die solche Dividenden ausgeschüttet werden, gemäß Art. 1 Abs. 4 Buchstabe h oder Abs. 5 Buchstabe g der Verordnung (EU) 2017/1129 oder

2. anlässlich des Angebots oder der Zuteilung von Wertpapieren an derzeitige oder ehemalige Führungskräfte oder Beschäftigte von ihrem Arbeitgeber oder von einem verbundenen Unternehmen, gemäß Art. 1 Abs. 4 Buchstabe i oder Abs. 5 Buchstabe h der Verordnung (EU) 2017/1129,

zur Verfügung gestellt wird und die Pflicht zur Veröffentlichung eines Prospekts ersetzt, hat mindestens die in Abs. 2 genannten Angaben zu enthalten und muss kurz und in allgemein verständlicher Form abgefasst sein.

(2) Dokumente gemäß Abs. 1 haben mindestens folgende Angaben zu enthalten:

1. Firma und Sitz des Emittenten;

2. Angabe, wo zusätzliche Informationen über den Emittenten gemäß Abs. 4 erhältlich sind;

3. Erklärung über die Gründe des öffentlichen Angebotes oder der Zulassung der Wertpapiere zum Handel an einen geregelten Markt;

4. Angabe der gesetzlichen Bestimmung, auf Grund derer das Dokument erstellt wird;

5. Einzelheiten des Angebots gemäß Abs. 3.

(3) Zu den Einzelheiten des Angebots zählen insbesondere die wichtigsten Bedingungen des Angebots wie der Adressatenkreis, der Zeitraum des Angebots, der Mindest- bzw. Höchstbetrag je Erwerber und der Ausgabepreis, Angaben über die Art des Wertpapiers, die damit verbundenen Rechte, die Risiken sowie Angaben über etwaige mit der Ausgabe oder der Zulassung der Wertpapiere verbundenen Auflagen. Steht der Ausgabepreis zum Zeitpunkt der Veröffentlichung des Dokuments noch nicht fest, so ist stattdessen anzugeben, anhand welcher Kriterien er ermittelt wird und an welcher Stelle er später eingesehen werden kann.

(4) Zusätzliche Informationen über den Emittenten sind insbesondere der letzte veröffentlichte Jahresabschluss sowie die innerhalb der letzten zwölf Monate in Erfüllung von Publizitätsverpflichtungen erfolgten Veröffentlichungen des Emittenten.

Sprachenregelung

§ 5. (1) Anerkannte Sprachen im Sinne des Art. 27 der Verordnung (EU) 2017/1129 in Verfahren der FMA als für Österreich zuständige Behörde gemäß Art. 31 Abs. 1 der Verordnung (EU) 2017/1129 sind Deutsch und Englisch.

(2) Eine Prospektzusammenfassung gemäß Art. 7 der Verordnung (EU) 2017/1129, die der FMA gemäß Art. 27 Abs. 2 Unterabs. 2 der Verordnung (EU) 2017/1129 zu notifizieren ist, muss ihr in Deutsch oder Englisch vorgelegt werden.

3. Abschnitt

Verweise, Übergangs- und Schlussbestimmungen

Verweise

§ 6. (1) Soweit in dieser Verordnung auf die Verordnung (EU) 2017/1129 verwiesen wird, so ist die Verordnung (EU) 2017/1129 über den Prospekt, der beim öffentlichen Angebot von Wertpapieren oder bei deren Zulassung zum Handel an einem geregelten Markt zu veröffentlichen ist und zur Aufhebung der Richtlinie 2003/71/EG, ABl. Nr. L 168 vom 30.06.2017 S. 12, anzuwenden.

(2) Soweit in dieser Verordnung auf das

1. ÜbG verwiesen wird, so ist das Übernahmegesetz – ÜbG, BGBl. I Nr. 127/1998, in der Fassung des Bundesgesetzes BGBl. I Nr. 107/2017,

2. AktG verwiesen wird, so ist das Aktiengesetz – AktG, BGBl. Nr. 98/1965, in der Fassung des Bundesgesetzes BGBl. I Nr. 76/2018,

3. SpaltG verwiesen wird, so ist das Spaltungsgesetz – SpaltG, BGBl. Nr. 304/1996, in der Fassung des Bundesgesetzes BGBl. I Nr. 107/2017

anzuwenden.

Übergangs- und Schlussbestimmungen

§ 7. (1) Bei allen in dieser Verordnung verwendeten personenbezogenen Bezeichnungen gilt die gewählte Form für jedes Geschlecht in gleicher Weise.

(2) Die Verordnung der Finanzmarktaufsichtsbehörde (FMA) über die Mindestinhalte von Prospekte ersetzenden Dokumenten, über die Veröffentlichung von Prospekten in Zeitungen und über die Sprachenregelung (Mindestinhalts-, Veröffentlichungs- und Sprachenverordnung – MVSV), BGBl. II Nr. 236/2005, tritt unbeschadet des Art. 46 Abs. 3 der Verordnung (EU) 2017/1129 mit Ablauf des Tag der Kundmachung außer Kraft.

27. Scheckgesetz 1955

BGBl 1955/50 idF

1 BGBl 1963/190
2 BGBl 1976/91
3 BGBl 1978/306
4 BGBl 1989/343
5 BGBl I 1999/186 (Hemmung des Fristenlaufes durch den 31. 12. 1999)
6 BGBl I 2001/64 (Hemmung des Fristenlaufes durch den 31. 12. 2001)
7 BGBl I 2001/98
8 BGBl I 2003/112
9 BGBl I 2010/58 (IRÄ-BG)

GLIEDERUNG

STICHWORTVERZEICHNIS

Stichwortverzeichnis

Bundesgesetz vom 16. Feber 1955, betreffend das Scheckrecht (Scheckgesetz 1955)

ERSTER ABSCHNITT

Ausstellung und Form des Schecks

Artikel 1.

Der Scheck enthält:

1. die Bezeichnung als Scheck im Text der Urkunde, und zwar in der Sprache, in der sie ausgestellt ist;

2. die unbedingte Anweisung, eine bestimmte Geldsumme zu zahlen;

3. den Namen dessen, der zahlen soll (Bezogener);

4. die Angabe des Zahlungsortes;

5. die Angabe des Tages und des Ortes der Ausstellung;

6. die Unterschrift des Ausstellers.

Artikel 2.

(1) Eine Urkunde, in der einer der im vorstehenden Artikel bezeichneten Bestandteile fehlt, gilt nicht als Scheck, vorbehaltlich der in den folgenden Absätzen bezeichneten Fälle.

(2) Mangels einer besonderen Angabe gilt der bei dem Namen des Bezogenen angegebene Ort als Zahlungsort. Sind mehrere Orte bei dem Namen des Bezogenen angegeben, so ist der Scheck an dem an erster Stelle angegebenen Ort zahlbar.

(3) Fehlt eine solche und jede andere Angabe, so ist der Scheck an dem Ort zahlbar, an dem der Bezogene seine Hauptniederlassung hat.

(4) Ein Scheck ohne Angabe des Ausstellungsortes gilt als ausgestellt an dem Ort, der bei dem Namen des Ausstellers angegeben ist.

Artikel 3.

Der Scheck darf nur auf einen Bankier gezogen werden, bei dem der Aussteller ein Guthaben hat, und gemäß einer ausdrücklichen oder stillschweigenden Vereinbarung, wonach der Aussteller das Recht hat, über dieses Guthaben mittels Schecks zu verfügen. Die Gültigkeit der Urkunde als Scheck wird jedoch durch die Außerachtlassung dieser Vorschriften nicht berührt.

Artikel 4.

Der Scheck kann nicht angenommen werden. Ein auf den Scheck gesetzter Annahmevermerk gilt als nicht geschrieben.

Artikel 4a.

(1) Versieht die Oesterreichische Nationalbank einen auf sie gezogenen Scheck mit einem Bestätigungsvermerk, so wird sie dadurch dem Inhaber zur Einlösung verpflichtet; für die Einlösung haftet sie auch dem Aussteller und dem Indossanten. Die Oesterreichische Nationalbank ist nur nach vorheriger Deckung befugt, Schecks mit einem Bestätigungsvermerk zu versehen.

(2) Die Einlösung des bestätigten Schecks darf auch dann nicht verweigert werden, wenn inzwischen über das Vermögen des Ausstellers „ein Insolvenzverfahren“ eröffnet wurde. Die Verpflichtung aus der Bestätigung erlischt, wenn der Scheck nicht binnen acht Tagen nach der Ausstellung zur Zahlung vorgelegt wird. Auf den Nachweis der Vorlegung sind die Vorschriften des Art. 40 anzuwenden. *(BGBl I 2010/58)*

(3) Der Anspruch aus der Bestätigung verjährt in zwei Jahren vom Ablauf der Vorlegungsfrist an.

(4) Die Bestätigung begründet nicht die Verpflichtung zur Entrichtung einer öffentlichen Abgabe.

Artikel 5.

(1) Der Scheck kann zahlbar gestellt werden:
an eine bestimmte Person, mit oder ohne den ausdrücklichen Vermerk „an Order“;
an eine bestimmte Person, mit dem Vermerk „nicht an Order“ oder mit einem gleichbedeutenden Vermerk;
an den Inhaber.

(2) Ist im Scheck eine bestimmte Person mit dem Zusatz „oder Überbringer“ oder mit einem gleichbedeutenden Vermerk als Zahlungsempfänger bezeichnet, so gilt der Scheck als auf den Inhaber gestellt.

(3) Ein Scheck ohne Angabe des Nehmers gilt als zahlbar an den Inhaber.

Artikel 6.

(1) Der Scheck kann an die eigene Order des Ausstellers lauten.

(2) Der Scheck kann für Rechnung eines Dritten gezogen werden.

(3) Der Scheck kann nicht auf den Aussteller selbst gezogen werden, es sei denn, daß es sich um einen Scheck handelt, der von einer Niederlassung auf eine andere Niederlassung des Ausstellers gezogen wird.

Artikel 7.

Ein in den Scheck aufgenommener Zinsvermerk gilt als nicht geschrieben.

Artikel 8.

Der Scheck kann bei einem Dritten, am Wohnort des Bezogenen oder an einem anderen Ort, zahlbar gestellt werden, sofern der Dritte Bankier ist.

Artikel 9.

(1) Ist die Schecksumme in Buchstaben und in Ziffern angegeben, so gilt bei Abweichungen die in Buchstaben angegebene Summe.

(2) Ist die Schecksumme mehrmals in Buchstaben oder mehrmals in Ziffern angegeben, so gilt bei Abweichungen die geringste Summe.

Artikel 10.

Trägt ein Scheck Unterschriften von Personen, die eine Scheckverbindlichkeit nicht eingehen können, gefälschte Unterschriften, Unterschriften erdichteter Personen oder Unterschriften, die aus irgendeinem anderen Grund für die Personen, die unterschrieben haben, oder mit deren Namen unterschrieben worden ist, keine Verbindlichkeit begründen, so hat dies auf die Gültigkeit der übrigen Unterschriften keinen Einfluß.

Artikel 11.

Wer auf einen Scheck seine Unterschrift als Vertreter eines anderen setzt, ohne hiezu ermächtigt zu sein, haftet selbst scheckmäßig und hat, wenn er den Scheck einlöst, dieselben Rechte, die der angeblich Vertretene haben würde. Das gleiche gilt von einem Vertreter, der seine Vertretungsbefugnis überschritten hat.

Artikel 12.

Der Aussteller haftet für die Zahlung des Schecks. Jeder Vermerk, durch den er diese Haftung ausschließt, gilt als nicht geschrieben.

Artikel 13.

Wenn ein Scheck, der bei der Begebung unvollständig war, den getroffenen Vereinbarungen zuwider ausgefüllt worden ist, so kann die Nichteinhaltung dieser Vereinbarungen dem Inhaber nicht entgegengesetzt werden, es sei denn, daß er den Scheck in bösem Glauben erworben hat oder ihm beim Erwerb eine grobe Fahrlässigkeit zur Last fällt.

ZWEITER ABSCHNITT

Übertragung

Artikel 14.

(1) Der auf eine bestimmte Person zahlbar gestellte Scheck mit oder ohne den ausdrücklichen Vermerk „an Order“ kann durch Indossament übertragen werden.

(2) Der auf eine bestimmte Person zahlbar gestellte Scheck mit dem Vermerk „nicht an Order“ oder mit einem gleichbedeutenden Vermerk kann nur in der Form und mit den Wirkungen einer gewöhnlichen Abtretung übertragen werden.

(3) Das Indossament kann auch auf den Aussteller oder jeden anderen Scheckverpflichteten lauten. Diese Personen können den Scheck weiter indossieren.

Artikel 15.

(1) Das Indossament muß unbedingt sein. Bedingungen, von denen es abhängig gemacht wird, gelten als nicht geschrieben.

(2) Ein Teilindossament ist nichtig.

(3) Ebenso ist ein Indossament des Bezogenen nichtig.

(4) Ein Indossament an den Inhaber gilt als Blankoindossament.

(5) Das Indossament an den Bezogenen gilt nur als Quittung, es sei denn, daß der Bezogene mehrere Niederlassungen hat und das Indossament auf eine andere Niederlassung lautet als diejenige, auf die der Scheck gezogen worden ist.

Artikel 16.

(1) Das Indossament muß auf den Scheck oder ein mit dem Scheck verbundenes Blatt (Anhang) gesetzt werden. Es muß von dem Indossanten unterschrieben werden.

(2) Das Indossament braucht den Indossatar nicht zu bezeichnen und kann selbst in der bloßen Unterschrift des Indossanten bestehen (Blankoindossament). In diesem letzteren Fall muß das Indossament, um gültig zu sein, auf die Rückseite des Schecks oder auf den Anhang gesetzt werden.

Artikel 17.

(1) Das Indossament überträgt alle Rechte aus dem Scheck.

(2) Ist es ein Blankoindossament, so kann der Inhaber

1. das Indossament mit seinem Namen oder mit dem Namen eines anderen ausfüllen;

2. den Scheck durch ein Blankoindossament oder an eine bestimmte Person weiter indossieren;

3. den Scheck weiterbegeben, ohne das Blankoindossament auszufüllen und ohne ihn zu indossieren.

Artikel 18.

(1) Der Indossant haftet mangels eines entgegenstehenden Vermerks für die Zahlung.

(2) Er kann untersagen, daß der Scheck weiter indossiert wird; in diesem Fall haftet er denen nicht, an die der Scheck weiter indossiert wird.

Artikel 19.

Wer einen durch Indossament übertragbaren Scheck in Händen hat, gilt als rechtmäßiger Inhaber, sofern er sein Recht durch eine ununterbrochene Reihe von Indossamenten nachweist, und zwar auch dann, wenn das letzte ein Blankoindossament ist. Ausgestrichene Indossamente gelten hiebei als nicht geschrieben. Folgt auf ein Blankoindossament ein weiteres Indossament, so wird angenommen, daß der Aussteller dieses Indossaments den Scheck durch das Blankoindossament erworben hat.

Artikel 20.

Ein Indossament auf einem Inhaberscheck macht den Indossanten nach den Vorschriften über den Rückgriff haftbar, ohne aber die Urkunde in einen Orderscheck umzuwandeln.

Artikel 21.

Ist der Scheck einem früheren Inhaber irgendwie abhanden gekommen, so ist der Inhaber, in dessen Hände der Scheck gelangt ist – sei es, daß es sich um einen Inhaberscheck handelt, sei es, daß es sich um einen durch Indossament übertragbaren Scheck handelt und der Inhaber sein Recht gemäß Art. 19 nachweist –, zur Herausgabe des Schecks nur verpflichtet, wenn er ihn in bösem Glauben erworben hat oder ihm beim Erwerb eine grobe Fahrlässigkeit zur Last fällt.

Artikel 22.

Wer aus dem Scheck in Anspruch genommen wird, kann dem Inhaber keine Einwendungen entgegensetzen, die sich auf seine unmittelbaren Beziehungen zu dem Aussteller oder zu einem früheren Inhaber gründen, es sei denn, daß der Inhaber beim Erwerb des Schecks bewußt zum Nachteil des Schuldners gehandelt hat.

Artikel 23.

(1) Enthält das Indossament den Vermerk „Wert zur Einziehung“, „zum Inkasso“, „in Prokura“ oder einen anderen nur eine Bevollmächtigung ausdrückenden Vermerk, so kann der Inhaber alle Rechte aus dem Scheck geltend machen; aber er kann ihn nur durch ein weiteres Vollmachtindossament übertragen.

(2) Die Scheckverpflichteten können in diesem Fall dem Inhaber nur solche Einwendungen entgegensetzen, die ihnen gegen den Indossanten zustehen.

(3) Die in dem Vollmachtindossament enthaltene Vollmacht erlischt weder mit dem Tod noch mit dem Eintritt der Handlungsunfähigkeit des Vollmachtgebers.

Artikel 24.

(1) Ein Indossament, das nach Erhebung des Protestes oder nach Vornahme einer gleichbedeutenden Feststellung oder nach Ablauf der Vorlegungsfrist auf den Scheck gesetzt wird, hat nur die Wirkungen einer gewöhnlichen Abtretung.

(2) Bis zum Beweis des Gegenteils wird vermutet, daß ein nicht datiertes Indossament vor Erhebung des Protestes oder vor der Vornahme einer gleichbedeutenden Feststellung oder vor Ablauf der Vorlegungsfrist auf den Scheck gesetzt worden ist.

DRITTER ABSCHNITT
Scheckbürgschaft

Artikel 25.

(1) Die Zahlung der Schecksumme kann ganz oder teilweise durch Scheckbürgschaft gesichert werden.

(2) Diese Sicherheit kann von einem Dritten, mit Ausnahme des Bezogenen, oder auch von einer Person geleistet werden, deren Unterschrift sich schon auf dem Scheck befindet.

Artikel 26.

(1) Die Bürgschaftserklärung wird auf den Scheck oder auf einen Anhang gesetzt.

(2) Sie wird durch die Worte „als Bürge“ oder einen gleichbedeutenden Vermerk ausgedrückt; sie ist von dem Scheckbürgen zu unterschreiben.

(3) Die bloße Unterschrift auf der Vorderseite des Schecks gilt als Bürgschaftserklärung, soweit es sich nicht um die Unterschrift des Ausstellers handelt.

(4) In der Erklärung ist anzugeben, für wen die Bürgschaft geleistet wird; mangels einer solchen Angabe gilt sie für den Aussteller.

Artikel 27.

(1) Der Scheckbürge haftet in der gleichen Weise wie derjenige, für den er sich verbürgt hat.

(2) Seine Verpflichtungserklärung ist auch gültig, wenn die Verbindlichkeit, für die er sich verbürgt hat, aus einem anderen Grund als wegen eines Formfehlers nichtig ist.

(3) Der Scheckbürge, der den Scheck bezahlt, erwirbt die Rechte aus dem Scheck gegen denjenigen, für den er sich verbürgt hat, und gegen alle, die diesem scheckmäßig haften.

VIERTER ABSCHNITT

Vorlegung und Zahlung

Artikel 28.

(1) Der Scheck ist bei Sicht zahlbar. Jede gegenteilige Angabe gilt als nicht geschrieben.

(2) Ein Scheck, der vor Eintritt des auf ihm angegebenen Ausstellungstages zur Zahlung vorgelegt wird, ist am Tag der Vorlegung zahlbar.

Artikel 29.

(1) Ein Scheck, der in dem Staat der Ausstellung zahlbar ist, muß binnen acht Tagen zur Zahlung vorgelegt werden.

(2) Ein Scheck, der in einem anderen Staat als dem der Ausstellung zahlbar ist, muß binnen zwanzig Tagen vorgelegt werden, wenn Ausstellungsort und Zahlungsort sich in demselben Erdteil befinden, und binnen siebzig Tagen, wenn Ausstellungsort und Zahlungsort sich in verschiedenen Erdteilen befinden.

(3) Hiebei gelten die in einem Staat Europas ausgestellten und in einem an das Mittelmeer grenzenden Staat zahlbaren Schecks, ebenso wie die in einem an das Mittelmeer grenzenden Staat ausgestellten und in einem Staat Europas zahlbaren Schecks als Schecks, die in demselben Erdteil ausgestellt und zahlbar sind.

(4) Die vorstehend erwähnten Fristen beginnen an dem Tag zu laufen, der in dem Scheck als Ausstellungstag angegeben ist.

Artikel 30.

Ist ein Scheck auf einen Ort gezogen, dessen Kalender von dem des Ausstellungortes abweicht, so wird der Tag der Ausstellung in den nach dem Kalender des Zahlungsortes entsprechenden Tag umgerechnet.

Artikel 31.

(1) Die Einlieferung in eine Abrechnungsstelle steht der Vorlegung zur Zahlung gleich.

(2) Als Abrechnungsstellen im Sinne des vorstehenden Absatzes sind die Abrechnungsstellen, die bei der Hauptanstalt der Oesterreichischen Nationalbank in Wien oder bei einer ihrer Zweiganstalten errichtet sind oder errichtet werden, anzusehen. Schecks können in eine Abrechnungsstelle eingeliefert werden, wenn der Bezogene oder die Zahlstelle bei der Abrechnungsstelle als Teilnehmer am Abrechnungsverkehr zugelassen ist oder bei ihr durch einen Teilnehmer vertreten wird. Die Einlieferungen müssen den für den Geschäftsverkehr der Abrechnungsstelle maßgebenden Bestimmungen entsprechen.

Artikel 32.

(1) Ein Widerruf des Schecks ist erst nach Ablauf der Vorlegungsfrist wirksam.

(2) Wenn der Scheck nicht widerrufen ist, kann der Bezogene auch nach Ablauf der Vorlegungsfrist Zahlung leisten.

Artikel 33.

Auf die Wirksamkeit des Schecks ist es ohne Einfluß, wenn der Aussteller nach der Begebung des Schecks stirbt oder handlungsunfähig wird.

Artikel 34.

(1) Der Bezogene kann vom Inhaber gegen Zahlung die Aushändigung des quittierten Schecks verlangen.

(2) Der Inhaber darf eine Teilzahlung nicht zurückweisen.

(3) Im Falle der Teilzahlung kann der Bezogene verlangen, daß sie auf dem Scheck vermerkt und ihm eine Quittung erteilt wird.

Artikel 35.

Der Bezogene, der einen durch Indossament übertragbaren Scheck einlöst, ist verpflichtet, die Ordnungsmäßigkeit der Reihe der Indossamente, aber nicht die Unterschriften der Indossanten zu prüfen.

Artikel 36.

(1) Lautet der Scheck auf eine Währung, die am Zahlungsort nicht gilt, so kann die Schecksumme in der Landeswährung nach dem Wert gezahlt werden, den sie am Tag der Vorlegung besitzt. Wenn die Zahlung bei Vorlegung nicht erfolgt ist, so kann der Inhaber wählen, ob die Schecksumme nach dem Kurs des Vorlegungstages oder nach dem Kurs des Zahlungstages in die Landeswährung umgerechnet werden soll.

(2) Der Wert der fremden Währung bestimmt sich nach den Handelsgebräuchen des Zahlungsortes. Der Aussteller kann jedoch im Scheck für die zu zahlende Summe einen Umrechnungskurs bestimmen.

(3) Die Vorschriften der beiden ersten Absätze finden keine Anwendung, wenn der Aussteller

die Zahlung in einer bestimmten Währung vorgeschrieben hat (Effektivvermerk).

Artikel 37.

Lautet der Scheck auf eine Geldsorte, die im Staat der Ausstellung dieselbe Bezeichnung, aber einen anderen Wert hat als in dem der Zahlung, so wird vermutet, daß die Geldsorte des Zahlungsortes gemeint ist.

FÜNFTER ABSCHNITT

Verrechnungsscheck

Artikel 38.

(1) Der Aussteller sowie jeder Inhaber eines Schecks kann durch den quer über die Vorderseite gesetzten Vermerk „nur zur Verrechnung" oder durch einen gleichbedeutenden Vermerk untersagen, daß der Scheck bar bezahlt wird.

(2) Der Bezogene darf in diesem Fall den Scheck nur im Weg der Gutschrift einlösen (Verrechnung, Überweisung, Ausgleichung). Die Gutschrift gilt als Zahlung.

(3) Die Streichung des Vermerks „nur zur Verrechnung" gilt als nicht erfolgt.

(4) Der Bezogene, der den vorstehenden Vorschriften zuwiderhandelt, haftet für den entstandenen Schaden, jedoch nur bis zur Höhe der Schecksumme.

Artikel 39.

(1) Die im Ausland ausgestellten gekreuzten Schecks (zwei gleichlaufende Striche auf der Vorderseite des Schecks) werden im Inland als Verrechnungsscheck behandelt.

(2) Die Streichung der Kreuzung gilt als nicht erfolgt.

SECHSTER ABSCHNITT

Rückgriff mangels Zahlung

Artikel 40.

Der Inhaber kann gegen die Indossanten, den Aussteller und die anderen Scheckverpflichteten Rückgriff nehmen, wenn der rechtzeitig vorgelegte Scheck nicht eingelöst und die Verweigerung der Zahlung festgestellt worden ist:

1. durch eine öffentliche Urkunde (Protest) oder

2. durch eine schriftliche, datierte Erklärung des Bezogenen auf dem Scheck, die den Tag der Vorlegung angibt, oder

3. durch eine datierte Erklärung einer Abrechnungsstelle, daß der Scheck rechtzeitig eingeliefert und nicht bezahlt worden ist.

Artikel 41.

(1) Der Protest oder die gleichbedeutende Feststellung muß vor Ablauf der Vorlegungsfrist vorgenommen werden.

(2) Ist die Vorlegung am letzten Tag der Frist erfolgt, so kann der Protest oder die gleichbedeutende Feststellung auch noch an dem folgenden Werktag vorgenommen werden.

Artikel 42.

(1) Der Inhaber muß seinen unmittelbaren Vormann und den Aussteller von dem Unterbleiben der Zahlung innerhalb der vier Werktage benachrichtigen, die auf den Tag der Protesterhebung oder der Vornahme der gleichbedeutenden Feststellung oder, im Fall des Vermerks „ohne Kosten", auf den Tag der Vorlegung folgen. Jeder Indossant muß innerhalb zweier Werktage nach Empfang der Nachricht seinem unmittelbaren Vormann von der Nachricht, die er erhalten hat, Kenntnis geben und ihm die Namen und Adressen derjenigen mitteilen, die vorher Nachricht gegeben haben, und so weiter in der Reihenfolge bis zum Aussteller. Die Fristen laufen vom Empfang der vorhergehenden Nachricht.

(2) Wird nach Maßgabe des vorhergehenden Absatzes einer Person, deren Unterschrift sich auf dem Scheck befindet, Nachricht gegeben, so muß die gleiche Nachricht in derselben Frist ihrem Scheckbürgen gegeben werden.

(3) Hat ein Indossant seine Adresse nicht oder in unleserlicher Form angegeben, so genügt es, daß sein unmittelbarer Vormann benachrichtigt wird.

(4) Die Nachricht kann in jeder Form gegeben werden, auch durch die bloße Rücksendung des Schecks.

(5) Der zur Benachrichtigung Verpflichtete hat zu beweisen, daß er in der vorgeschriebenen Frist benachrichtigt hat. Die Frist gilt als eingehalten, wenn ein Schreiben, das die Benachrichtigung enthält, innerhalb der Frist zur Post gegeben worden ist.

(6) Wer die rechtzeitige Benachrichtigung versäumt, verliert nicht den Rückgriff; er haftet für den etwa durch seine Nachlässigkeit entstandenen Schaden, jedoch nur bis zur Höhe der Schecksumme.

Artikel 43.

(1) Der Aussteller sowie jeder Indossant oder Scheckbürge kann durch den Vermerk „ohne Kosten", „ohne Protest" oder einen gleichbedeutenden auf den Scheck gesetzten und unterzeichneten Vermerk den Inhaber von der Verpflichtung befreien, zum Zweck der Ausübung des Rück-

griffs Protest erheben oder eine gleichbedeutende Feststellung vornehmen zu lassen.

(2) Der Vermerk befreit den Inhaber nicht von der Verpflichtung, den Scheck rechtzeitig vorzulegen und die erforderlichen Nachrichten zu geben. Der Beweis, daß die Frist nicht eingehalten worden ist, liegt demjenigen ob, der sich dem Inhaber gegenüber darauf beruft.

(3) Ist der Vermerk vom Aussteller beigefügt, so wirkt er gegenüber allen Scheckverpflichteten; ist er von einem Indossanten oder einem Scheckbürgen beigefügt, so wirkt er nur diesen gegenüber. Läßt der Inhaber ungeachtet des vom Aussteller beigefügten Vermerks Protest erheben oder eine gleichbedeutende Feststellung vornehmen, so fallen ihm die Kosten zur Last. Ist der Vermerk von einem Indossanten oder einem Scheckbürgen beigefügt, so sind alle Scheckverpflichteten zum Ersatz der Kosten eines dennoch erhobenen Protestes oder einer gleichbedeutenden Feststellung verpflichtet.

Artikel 44.

(1) Alle Scheckverpflichteten haften dem Inhaber als Gesamtschuldner.

(2) Der Inhaber kann jeden einzeln oder mehrere oder alle zusammen in Anspruch nehmen, ohne an die Reihenfolge gebunden zu sein, in der sie sich verpflichtet haben.

(3) Das gleiche Recht steht jedem Scheckverpflichteten zu, der den Scheck eingelöst hat.

(4) Durch die Geltendmachung des Anspruchs gegen einen Scheckverpflichteten verliert der Inhaber nicht seine Rechte gegen die anderen Scheckverpflichteten, auch nicht gegen die Nachmänner desjenigen, der zuerst in Anspruch genommen worden ist.

Artikel 45.

Der Inhaber kann im Wege des Rückgriffs verlangen:

1. die Schecksumme, soweit der Scheck nicht eingelöst worden ist;

2. Zinsen zu sechs vom Hundert seit dem Tag der Vorlegung;

3. die Kosten des Protestes oder der gleichbedeutenden Feststellung und der Nachrichten sowie die anderen Auslagen;

4. eine Vergütung, die mangels besonderer Vereinbarung ein Drittel vom Hundert der Hauptsumme des Schecks beträgt und diesen Satz keinesfalls überschreiten darf.

Artikel 46.

Wer den Scheck eingelöst hat, kann von seinen Vormännern verlangen:

1. den vollen Betrag, den er gezahlt hat;

2. die Zinsen dieses Betrages zu sechs vom Hundert seit dem Tag der Einlösung;

3. seine Auslagen;

4. eine Vergütung, die nach den Vorschriften des Art. 45 Z. 4 berechnet wird.

Artikel 47.

(1) Jeder Scheckverpflichtete, gegen den Rückgriff genommen wird oder genommen werden kann, ist berechtigt, zu verlangen, daß ihm gegen Entrichtung der Rückgriffssumme der Scheck mit dem Protest oder der gleichbedeutenden Feststellung und eine quittierte Rechnung ausgehändigt werden.

(2) Jeder Indossant, der den Scheck eingelöst hat, kann sein Indossament und die Indossamente seiner Nachmänner ausstreichen.

Artikel 48.

(1) Steht der rechtzeitigen Vorlegung des Schecks oder der rechtzeitigen Erhebung des Protestes oder der Vornahme einer gleichbedeutenden Feststellung ein unüberwindliches Hindernis entgegen (gesetzliche Vorschrift eines Staates oder ein anderer Fall höherer Gewalt), so werden die für diese Handlungen bestimmten Fristen verlängert.

(2) Der Inhaber ist verpflichtet, seinen unmittelbaren Vormann von dem Fall der höheren Gewalt unverzüglich zu benachrichtigen und die Benachrichtigung unter Beifügung des Tages und Ortes sowie seiner Unterschrift auf dem Scheck oder einem Anhang zu vermerken; im übrigen sind die Vorschriften des Artikels 42 anzuwenden.

(3) Fällt die höhere Gewalt weg, so muß der Inhaber den Scheck unverzüglich zur Zahlung vorlegen und gegebenenfalls Protest erheben oder eine gleichbedeutende Feststellung vornehmen lassen.

(4) Dauert die höhere Gewalt länger als fünfzehn Tage seit dem Tag, an dem der Inhaber, selbst vor Ablauf der Vorlegungsfrist, seinen Vormann von dem Fall der höheren Gewalt benachrichtigt hat, so kann Rückgriff genommen werden, ohne daß es der Vorlegung oder der Protesterhebung oder einer gleichbedeutenden Feststellung bedarf.

(5) Tatsachen, die rein persönlich den Inhaber oder denjenigen betreffen, den er mit der Vorlegung des Schecks oder mit der Erhebung des Protestes oder mit der Herbeiführung einer gleichbedeutenden Feststellung beauftragt hat, gelten nicht als Fälle höherer Gewalt.

(6) Wird die rechtzeitige Vornahme einer Handlung, die im Ausland zur Ausübung oder Erhaltung der Rechte aus einem Scheck vorzuneh-

men ist, durch eine dort erlassene Vorschrift verhindert, so kann die Bundesregierung durch Verordnung bestimmen, daß die Rechte ungeachtet der Versäumung bestehen bleiben, sofern die Handlung unverzüglich nach Wegfall des Hindernisses nachgeholt wird. In gleicher Weise kann verordnet werden, daß bei einer solchen Verhinderung nach einer bestimmten Frist Rückgriff genommen werden kann, ohne daß es der Vornahme der Handlung bedarf.

SIEBENTER ABSCHNITT

Ausfertigung mehrerer Stücke eines Schecks

Artikel 49.

Schecks, die nicht auf den Inhaber gestellt sind und in einem anderen Staat als dem der Ausstellung oder in einem überseeischen Gebiet des Staates der Ausstellung zahlbar sind, und umgekehrt, oder in dem überseeischen Gebiet eines Staates ausgestellt und zahlbar sind, oder in dem überseeischen Gebiet eines Staates ausgestellt und in einem anderen überseeischen Gebiet desselben Staates zahlbar sind, können in mehreren gleichen Ausfertigungen ausgestellt werden. Diese Ausfertigungen müssen im Text der Urkunde mit fortlaufenden Nummern versehen sein; andernfalls gilt jede Ausfertigung als besonderer Scheck.

Artikel 50.

(1) Wird eine Ausfertigung bezahlt, so erlöschen die Rechte aus allen Ausfertigungen, auch wenn diese nicht den Vermerk tragen, daß durch die Zahlung auf eine Ausfertigung die anderen ihre Gültigkeit verlieren.

(2) Hat ein Indossant die Ausfertigungen an verschiedene Personen übertragen, so haften er und seine Nachmänner aus allen Ausfertigungen, die ihre Unterschrift tragen und nicht herausgegeben worden sind.

ACHTER ABSCHNITT

Änderungen

Artikel 51.

Wird der Text eines Schecks geändert, so haften diejenigen, die ihre Unterschrift nach der Änderung auf den Scheck gesetzt haben, entsprechend dem geänderten Text; wer früher unterschrieben hat, haftet nach dem ursprünglichen Text.

NEUNTER ABSCHNITT

Verjährung

Artikel 52.

(1) Die Rückgriffsansprüche des Inhabers gegen die Indossanten, den Aussteller und die anderen Scheckverpflichteten verjähren in sechs Monaten vom Ablauf der Vorlegungsfrist.

(2) Die Rückgriffsansprüche eines Verpflichteten gegen einen anderen Scheckverpflichteten verjähren in sechs Monaten von dem Tag, an dem der Scheck von dem Verpflichteten eingelöst oder ihm gegenüber gerichtlich geltend gemacht worden ist.

Artikel 53.

(1) Die Unterbrechung der Verjährung wirkt nur gegen den Scheckverpflichteten, in Ansehung dessen die Tatsache eingetreten ist, welche die Unterbrechung bewirkt.

(2) Der Anbringung der Klage stehen in bezug auf die Unterbrechung der scheckrechtlichen Verjährung die vom Beklagten bewirkte Streitverkündigung und die Geltendmachung des Anspruchs in der mündlichen Verhandlung gleich.

ZEHNTER ABSCHNITT

Allgemeine Vorschriften

Artikel 54.

Als Bankiers im Sinne dieses Bundesgesetzes sind anzusehen:

1. diejenigen Anstalten des öffentlichen Rechtes, diejenigen unter staatlicher Aufsicht stehenden Anstalten sowie diejenigen in das Firmenbuch eingetragenen Genossenschaften, die sich nach den für ihren Geschäftsbetrieb maßgebenden Bestimmungen mit der Annahme von Geld und der Leistung von Zahlungen für fremde Rechnung befassen, ferner die unter amtlicher Aufsicht stehenden Sparkassen, wenn sie die für sie geltenden Aufsichtsbestimmungen erfüllen;

2. die in das Firmenbuch eingetragenen Firmen, die gewerbsmäßig Bankiergeschäfte betreiben.

Artikel 55.

(1) Die Vorlegung und der Protest eines Schecks können nur an einem Werktag stattfinden.

(2) Fällt der letzte Tag einer Frist, innerhalb derer eine auf den Scheck bezügliche Handlung, insbesondere die Vorlegung, der Protest oder eine gleichbedeutende Feststellung vorgenommen werden muß, auf einen gesetzlichen Feiertag, so wird die Frist bis zum nächsten Werktag verlän-

gert. Feiertage, die in den Lauf einer Frist fallen, werden bei der Berechnung der Frist mitgezählt.

(3) Feiertage im Sinne des vorstehenden Absatzes sind außer den Sonntagen die nach dem Feiertagsruhegesetz 1957, BGBl. Nr. 153, in der jeweils geltenden Fassung als Feiertage bestimmten Tage; Samstage, der Karfreitag und der 24. Dezember werden den Feiertagen gleichgestellt. *(BGBl 1978/306)*

(4) Im übrigen sind auf die Vorlegung des Schecks und den Protest die Vorschriften der Art. 79 bis 88 des Wechselgesetzes 1955, BGBl. Nr. 49/1955, sinngemäß anzuwenden.

Artikel 56.

Bei der Berechnung der in diesem Bundesgesetz vorgesehenen Fristen wird der Tag, an dem sie zu laufen beginnen, nicht mitgezählt.

Artikel 57.

Weder gesetzliche noch richterliche Respekttage werden anerkannt.

ELFTER ABSCHNITT

Ergänzende Vorschriften

Artikel 58.

(1) Der Aussteller, dessen Rückgriffsverbindlichkeit durch Unterlassung rechtzeitiger Vorlegung oder Verjährung erloschen ist, bleibt dem Inhaber des Schecks so weit verpflichtet, als er sich mit dessen Schaden bereichern würde.

(2) Der Anspruch verjährt in einem Jahr seit der Ausstellung des Schecks.

Artikel 59.

(1) Für das Verfahren zur Kraftloserklärung von Schecks gilt das Kraftloserklärungsgesetz 1951, BGBl. Nr. 86, soweit nicht im folgenden etwas anderes bestimmt wird. Die Aufgebotsfrist beträgt zwei Monate; sie läuft von dem Tag, an dem der Scheck spätestens vorzulegen war (Art. 29). Von der Einleitung des Verfahrens zur Kraftloserklärung sind, soweit dies tunlich ist, alle im Scheck genannten Personen zu verständigen. Nach Einleitung des Verfahrens zur Kraftloserklärung kann der Antragsteller vom Aussteller des rechtzeitig zur Zahlung vorgelegten, aber vom Bezogenen nicht eingelösten Schecks oder vom Scheckbürgen Zahlung fordern, wenn er bis zur Kraftloserklärung Sicherheit leistet. Ohne eine solche Sicherstellung ist der Antragsteller nur berechtigt zu verlangen, daß die Schecksumme auf seine Kosten bei Gericht hinterlegt werde. Der Verpflichtete, der diesem Verlangen entspricht, wird von seiner Scheckverbindlichkeit frei. Eine abhanden gekommene oder vernichtete Protesturkunde kann durch ein Zeugnis über die Protesterhebung ersetzt werden. Es ist von jener Stelle zu erteilen, die die beglaubigte Abschrift der Urkunde verwahrt. In dem Zeugnis muß der Inhalt des Protestes und des Vermerkes über den Inhalt des Schecks oder der Scheckabschrift angegeben sein. Der Vermerk hat den Betrag des Schecks, den Ort und den Tag der Ausstellung, den Namen des Ausstellers, den Namen dessen, an den oder an dessen Order gezahlt werden soll, und den Namen des Bezogenen zu enthalten. In den Fällen der Z. 2 und 3 des Art. 40 genügt ein Zeugnis der dort genannten Stelle.

(2) Bei Einleitung des Verfahrens zur Kraftloserklärung kann das Gericht auf Antrag des Berechtigten dem Bezogenen mittels einstweiliger Verfügung die Einlösung des Schecks untersagen (§§ 389 bis 400 Exekutionsordnung). Eine dem Verbot zuwider vorgenommene Einlösung des Schecks ist dem Antragsteller gegenüber unwirksam.

(3) Für Anträge auf Kraftloserklärung von Schecks ist das Handelsgericht (Handelssenat des „Landesgerichtes"[1]) des Zahlungsortes zuständig.

[1]) *Gem Art XI § 3 BGBl 1993/91.*

Artikel 59a.

(1) Für die Geltendmachung von Rückgriffsansprüchen aus einem Scheck und von Ansprüchen auf Grund der Bestätigung (Art. 4a) gelten die für Wechselsachen erlassenen Zuständigkeits- und Prozeßvorschriften.

(2) Die Zuständigkeit für die gerichtliche Verfolgung von Schadenersatzansprüchen wegen mangelnder Deckung des Schecks und für Streitigkeiten aus dem unmittelbaren Rechtsverhältnis zwischen dem Inhaber des Schecks und dem Aussteller oder dem unmittelbaren Vormann des Inhabers richtet sich nach den allgemeinen Zuständigkeitsvorschriften für streitige Rechtssachen.

ZWÖLFTER ABSCHNITT.

Geltungsbereich der Gesetze.

Artikel 60.

(1) Die Fähigkeit einer Person, eine Scheckverbindlichkeit einzugehen, bestimmt sich nach dem Recht des Staates, dem sie angehört. Erklärt dieses Recht das Recht eines anderen Staates für maßgebend, so ist das letztere Recht anzuwenden.

(2) Wer nach dem im vorstehenden Absatz bezeichneten Recht eine Scheckverbindlichkeit nicht eingehen kann, wird gleichwohl gültig verpflichtet, wenn die Unterschrift in dem Gebiet eines Staates abgegeben worden ist, nach dessen Recht er scheckfähig wäre. Diese Vorschrift ist

nicht anzuwenden, wenn die Verbindlichkeit von einem Inländer im Ausland übernommen worden ist.

Artikel 61.

(1) Das Recht des Staates, in dem der Scheck zahlbar ist, bestimmt die Personen, auf die ein Scheck gezogen werden kann.

(2) Ist nach diesem Recht der Scheck im Hinblick auf die Person des Bezogenen nichtig, so sind gleichwohl die Verpflichtungen aus Unterschriften gültig, die in Staaten auf den Scheck gesetzt worden sind, deren Recht die Nichtigkeit aus einem solchen Grund nicht vorsieht.

Artikel 62.

(1) Die Form einer Scheckerklärung bestimmt sich nach dem Recht des Staates, in dessen Gebiet die Erklärung unterschrieben worden ist. Es genügt jedoch die Beobachtung der Form, die das Recht des Zahlungsortes vorschreibt.

(2) Wenn eine Scheckerklärung, die nach den Vorschriften des vorstehenden Absatzes ungültig ist, dem Recht des Staates entspricht, in dessen Gebiet eine spätere Scheckerklärung unterschrieben worden ist, so wird durch Mängel in der Form der ersten Scheckerklärung die Gültigkeit der späteren Scheckerklärung nicht berührt.

(3) Eine Scheckerklärung, die ein Inländer im Ausland abgegeben hat, ist im Inland gegenüber anderen Inländern gültig, wenn die Erklärung den Formerfordernissen des inländischen Rechts genügt.

Artikel 63.

Die Wirkungen der Scheckerklärungen bestimmen sich nach dem Recht des Staates, in dessen Gebiet die Erklärungen unterschrieben worden sind.

Artikel 64.

Die Fristen für die Ausübung der Rückgriffsrechte werden für alle Scheckverpflichteten durch das Recht des Ortes bestimmt, an dem der Scheck ausgestellt worden ist.

Artikel 65.

Das Recht des Staates, in dessen Gebiet der Scheck zahlbar ist, bestimmt:

1. ob der Scheck notwendigerweise bei Sicht zahlbar ist oder ob er auf eine bestimmte Zeit nach Sicht gezogen werden kann, und welches die Wirkungen sind, wenn auf dem Scheck ein späterer als der wirkliche Ausstellungstag angegeben worden ist;

2. die Vorlegungsfrist;

3. ob ein Scheck angenommen, zertifiziert, bestätigt oder mit einem Visum versehen werden kann, und welches die Wirkungen dieser Vermerke sind;

4. ob der Inhaber eine Teilzahlung verlangen kann und ob er eine solche annehmen muß;

5. ob ein Scheck gekreuzt oder mit dem Vermerk „nur zur Verrechnung“ oder mit einem gleichbedeutenden Vermerk versehen werden kann, und welches die Wirkungen der Kreuzung oder des Verrechnungsvermerks oder eines gleichbedeutenden Vermerks sind;

6. ob der Inhaber besondere Rechte auf die Deckung hat und welches der Inhalt dieser Rechte ist;

7. ob der Aussteller den Scheck widerrufen oder gegen die Einlösung des Schecks Widerspruch erheben kann;

8. die Maßnahmen, die im Fall des Verlustes oder des Diebstahls des Schecks zu ergreifen sind;

9. ob ein Protest oder eine gleichbedeutende Feststellung zur Erhaltung des Rückgriffs gegen die Indossanten, den Aussteller und die anderen Scheckverpflichteten notwendig ist.

Artikel 66.

Die Form des Protestes und die Fristen für die Protesterhebung sowie die Form der übrigen Handlungen, die zur Ausübung oder Erhaltung der Scheckrechte erforderlich sind, bestimmen sich nach dem Recht des Staates, in dessen Gebiet der Protest zu erheben oder die Handlung vorzunehmen ist.

DREIZEHNTER ABSCHNITT

Strafbestimmung

Artikel 67.

(1) Unterbleibt die Einlösung eines Schecks, weil dem Aussteller zur Zeit der rechtzeitigen Vorlegung des Schecks zur Zahlung bei dem Bezogenen kein zur Scheckeinlösung verwendbares Guthaben zusteht, oder wird der Scheck wegen unzureichender Deckung nicht voll eingelöst, so ist über den Aussteller, sofern er nicht bei der Ausstellung des Schecks mit Grund annehmen konnte, daß zur Zeit der rechtzeitigen Vorlegung genügende Deckung vorhanden sein werde, eine Ordnungsstrafe in der Höhe bis zu zwanzig vom Hundert des nichtgedeckten Scheckbetrages, mindestens aber in der Höhe von „72 Euro“ zu verhängen. Die Strafe fließt der Gemeinde zu, in der der Aussteller seinen Wohnsitz hat; wenn ein solcher im Inland nicht besteht oder nicht bekannt ist, der Gemeinde, in der das Gericht, das die Strafe verhängte, seinen Sitz hat. *(BGBl 1989/343; BGBl I 2001/98, Art 67 Abs 1 idF*

BGBl I 2001/98 ist auf Handlungen anzuwenden, die nach dem 31. 12. 2001 gesetzt worden sind – vgl Art 96 Z 4 BGBl I 2001/98.)

(2) Bei Zahlungsunfähigkeit ist die Ordnungsstrafe in Haft umzuwandeln. Die Dauer der Haft hat das Gericht zu bestimmen; sie darf zehn Tage nicht überschreiten.

(3) Die Ordnungsstrafe wird von dem Bezirksgericht verhängt, in dessen Sprengel der Aussteller seinen allgemeinen Gerichtsstand hat; falls ein solcher im Inland nicht besteht, vom Bezirksgericht Innere Stadt Wien. Das der Strafverhängung vorausgehende Verfahren richtet sich nach den „Bestimmungen des Außerstreitgesetzes". *(BGBl I 2003/112)*

(4) Das Verfahren wird von Amts wegen eingeleitet, wenn ein Gericht durch einen vor ihm durchgeführten Prozeß von der mangelnden Deckung des Schecks Kenntnis erlangt, sonst auf Antrag des Inhabers des Schecks. Das Verfahren kann von Amts wegen nur binnen sechs Monaten seit der Vorlegung des Schecks zur Zahlung eingeleitet werden; die gleiche Frist gilt für den Antrag des Scheckinhabers auf Einleitung des Verfahrens.

(5) Die Ordnungsstrafe ist unbeschadet einer etwaigen strafgerichtlichen Verfolgung des Ausstellers wegen Betruges zu verhängen. Durch die Verhängung der Ordnungsstrafe werden die dem Inhaber des Schecks nach diesem Bundesgesetz zustehenden Ansprüche nicht berührt. Neben ihnen kann der Inhaber des Schecks, auch wenn gegen den Aussteller die Ordnungsstrafe verhängt wurde, vom Aussteller Ersatz jenes Schadens begehren, der ihm durch die unterbliebene oder unvollständige Einlösung des Schecks verursacht wurde.

VIERZEHNTER ABSCHNITT

Schlußbestimmungen

Artikel 68.

Soweit in Gesetzen und Verordnungen auf das Scheckgesetz verwiesen ist, treten an dessen Stelle die entsprechenden Vorschriften des Scheckgesetzes 1955.

Artikel 69.

Folgende Vorschriften treten außer Kraft:

1. das Scheckgesetz vom 14. August 1933, Deutsches RGBl. I S. 597, in der Fassung des Gesetzes vom 28. März 1934, Deutsches RGBl. I S. 251;

2. der Art. 2 des Einführungsgesetzes zum Scheckgesetz vom 14. August 1933, Deutsches RGBl. I S. 605, in Verbindung mit den Vorschriften des Gesetzes über die Wechsel- und Scheckzinsen vom 3. Juli 1925, Deutsches RGBl. I S. 93;

3. der Art. 3 des Einführungsgesetzes zum Scheckgesetz vom 14. August 1933, Deutsches RGBl. I S. 605;

4. die Verordnung über die Einführung des Scheckrechts im Lande Österreich vom 21. April 1938, Deutsches RGBl. I S. 422.

Artikel 70.

Dieses Bundesgesetz tritt mit 1. Mai 1955 in Kraft. Ist die Kraftloserklärung eines Schecks vor dem Inkrafttreten dieses Bundesgesetzes beantragt worden, so bleibt es hinsichtlich der Zuständigkeit bei den bisherigen Vorschriften.

Artikel 71.

Mit der Vollziehung dieses Bundesgesetzes ist das Bundesministerium für Justiz im Einvernehmen mit den [Bundesministerien für Handel und Wiederaufbau][1)] und für Finanzen, hinsichtlich der Bestimmung des Art. 48 Abs. 6 die Bundesregierung betraut.

[1)] *Jetzt: Bundesministerium für Wissenschaft, Forschung und Wirtschaft*

28. Wechselgesetz 1955

BGBl 1955/49 idF

1 BGBl 1963/190
2 BGBl 1978/306
3 BGBl I 1999/186 (Hemmung des Fristenlaufes durch den 31. 12. 1999)
4 BGBl I 2001/61 (Hemmung des Fristenlaufes durch den 31. 12. 2001)
5 BGBl I 2010/58 (IRÄ-BG)

GLIEDERUNG

STICHWORTVERZEICHNIS

Stichwortverzeichnis

Bundesgesetz vom 16. Feber 1955, betreffend das Wechselrecht (Wechselgesetz 1955).

ERSTER TEIL

Gezogener Wechsel

ERSTER ABSCHNITT

Ausstellung und Form des gezogenen Wechsels

Artikel 1.

Der gezogene Wechsel enthält:

1. die Bezeichnung als Wechsel im Text der Urkunde, und zwar in der Sprache, in der sie ausgestellt ist;

2. die unbedingte Anweisung, eine bestimmte Geldsumme zu zahlen;

3. den Namen dessen, der zahlen soll (Bezogener);

4. die Angabe der Verfallzeit;

5. die Angabe des Zahlungsortes;

6. den Namen dessen, an den oder an dessen Order gezahlt werden soll;

7. die Angabe des Tages und des Ortes der Ausstellung;

8. die Unterschrift des Ausstellers.

Artikel 2.

(1) Eine Urkunde, der einer der im vorstehenden Artikel bezeichneten Bestandteile fehlt, gilt nicht als gezogener Wechsel, vorbehaltlich der in den folgenden Absätzen bezeichneten Fälle.

(2) Ein Wechsel ohne Angabe der Verfallzeit gilt als Sichtwechsel.

(3) Mangels einer besonderen Angabe gilt der bei dem Namen des Bezogenen angegebene Ort als Zahlungsort und zugleich als Wohnort des Bezogenen.

(4) Ein Wechsel ohne Angabe des Ausstellungsortes gilt als ausgestellt an dem Ort, der bei dem Namen des Ausstellers angegeben ist.

Artikel 3.

(1) Der Wechsel kann an die eigene Order des Ausstellers lauten.

(2) Er kann auf den Aussteller selbst gezogen werden.

(3) Er kann für Rechnung eines Dritten gezogen werden.

Artikel 4.

Der Wechsel kann bei einem Dritten, am Wohnort des Bezogenen oder an einem anderen Ort zahlbar gestellt werden.

Artikel 5.

(1) In einem Wechsel, der auf Sicht oder auf eine bestimmte Zeit nach Sicht lautet, kann der Aussteller bestimmen, daß die Wechselsumme zu verzinsen ist. Bei jedem anderen Wechsel gilt der Zinsvermerk als nicht geschrieben.

(2) Der Zinsfuß ist im Wechsel anzugeben; fehlt diese Angabe, so gilt der Zinsvermerk als nicht geschrieben.

(3) Die Zinsen laufen vom Tag der Ausstellung des Wechsels, sofern nicht ein anderer Tag bestimmt ist.

Artikel 6.

(1) Ist die Wechselsumme in Buchstaben und in Ziffern angegeben, so gilt bei Abweichungen die in Buchstaben angegebene Summe.

(2) Ist die Wechselsumme mehrmals in Buchstaben oder mehrmals in Ziffern angegeben, so gilt bei Abweichungen die geringste Summe.

Artikel 7.

Trägt ein Wechsel Unterschriften von Personen, die eine Wechselverbindlichkeit nicht eingehen können, gefälschte Unterschriften, Unterschriften erdichteter Personen oder Unterschriften, die aus irgendeinem anderen Grund für die Personen, die unterschrieben haben oder mit deren Namen unterschrieben worden ist, keine Verbindlichkeit begründen, so hat dies auf die Gültigkeit der übrigen Unterschriften keinen Einfluß.

Artikel 8.

Wer auf einen Wechsel seine Unterschrift als Vertreter eines anderen setzt, ohne hiezu ermächtigt zu sein, haftet selbst wechselmäßig und hat, wenn er den Wechsel einlöst, dieselben Rechte, die der angeblich Vertretene haben würde. Das gleiche gilt von einem Vertreter, der seine Vertretungsbefugnis überschritten hat.

Artikel 9.

(1) Der Aussteller haftet für die Annahme und die Zahlung des Wechsels.

(2) Er kann die Haftung für die Annahme ausschließen; jeder Vermerk, durch den er die Haftung für die Zahlung ausschließt, gilt als nicht geschrieben.

Artikel 10.

Wenn ein Wechsel, der bei der Begebung unvollständig war, den getroffenen Vereinbarungen zuwider ausgefüllt worden ist, so kann die Nichteinhaltung dieser Vereinbarungen dem Inhaber nicht entgegengesetzt werden, es sei denn, daß er den Wechsel in bösem Glauben erworben hat oder ihm beim Erwerb eine grobe Fahrlässigkeit zur Last fällt.

ZWEITER ABSCHNITT

Indossament

Artikel 11.

(1) Jeder Wechsel kann durch Indossament übertragen werden, auch wenn er nicht ausdrücklich an Order lautet.

(2) Hat der Aussteller in den Wechsel die Worte „nicht an Order" oder einen gleichbedeutenden Vermerk aufgenommen, so kann der Wechsel nur in der Form und mit den Wirkungen einer gewöhnlichen Abtretung übertragen werden.

(3) Das Indossament kann auch auf den Bezogenen, gleichviel ob er den Wechsel angenommen hat oder nicht, auf den Aussteller oder auf jeden anderen Wechselverpflichteten lauten. Diese Personen können den Wechsel weiter indossieren.

Artikel 12.

(1) Das Indossament muß unbedingt sein. Bedingungen, von denen es abhängig gemacht wird, gelten als nicht geschrieben.

(2) Ein Teilindossament ist nichtig.

(3) Ein Indossament an den Inhaber gilt als Blankoindossament.

Artikel 13.

(1) Das Indossament muß auf den Wechsel oder auf ein mit dem Wechsel verbundenes Blatt (Anhang) gesetzt werden. Es muß von dem Indossanten unterschrieben werden.

(2) Das Indossament braucht den Indossatar nicht zu bezeichnen und kann selbst in der bloßen Unterschrift des Indossanten bestehen (Blankoindossament). In diesem letzteren Fall muß das Indossament, um gültig zu sein, auf die Rückseite des Wechsels oder auf den Anhang gesetzt werden.

Artikel 14.

(1) Das Indossament überträgt alle Rechte aus dem Wechsel.

(2) Ist es ein Blankoindossament, so kann der Inhaber

1. das Indossament mit seinem Namen oder mit dem Namen eines anderen ausfüllen;

2. den Wechsel durch ein Blankoindossament oder an eine bestimmte Person weiter indossieren;

3. den Wechsel weiter begeben, ohne das Blankoindossament auszufüllen und ohne ihn zu indossieren.

Artikel 15.

(1) Der Indossant haftet mangels eines entgegenstehenden Vermerks für die Annahme und die Zahlung.

(2) Er kann untersagen, daß der Wechsel weiter indossiert wird; in diesem Fall haftet er denen nicht, an die der Wechsel weiter indossiert wird.

Artikel 16.

(1) Wer den Wechsel in Händen hat, gilt als rechtmäßiger Inhaber, sofern er sein Recht durch eine ununterbrochene Reihe von Indossamenten nachweist, und zwar auch dann, wenn das letzte ein Blankoindossament ist. Ausgestrichene Indossamente gelten hiebei als nicht geschrieben. Folgt auf ein Blankoindossament ein weiteres Indossament, so wird angenommen, daß der Aussteller dieses Indossaments den Wechsel durch das Blankoindossament erworben hat.

(2) Ist der Wechsel einem früheren Inhaber irgendwie abhanden gekommen, so ist der neue Inhaber, der sein Recht nach den Vorschriften des vorstehenden Absatzes nachweist, zur Herausgabe des Wechsels nur verpflichtet, wenn er ihn in bösem Glauben erworben hat oder ihm beim Erwerb eine grobe Fahrlässigkeit zur Last fällt.

Artikel 17.

Wer aus dem Wechsel in Anspruch genommen wird, kann dem Inhaber keine Einwendungen entgegensetzen, die sich auf seine unmittelbaren Beziehungen zu dem Aussteller oder zu einem früheren Inhaber gründen, es sei denn, daß der Inhaber bei dem Erwerb des Wechsels bewußt zum Nachteil des Schuldners gehandelt hat.

Artikel 18.

(1) Enthält das Indossament den Vermerk „Wert zur Einziehung", „zum Inkasso", „in Prokura" oder einen anderen nur eine Bevollmächtigung ausdrückenden Vermerk, so kann der Inhaber alle Rechte aus dem Wechsel geltend machen; aber er kann ihn nur durch ein weiteres Vollmachtsindossament übertragen.

(2) Die Wechselverpflichteten können in diesem Fall dem Inhaber nur solche Einwendungen entgegensetzen, die ihnen gegen den Indossanten zustehen.

(3) Die in dem Vollmachtsindossament enthaltene Vollmacht erlischt weder mit dem Tod noch mit dem Eintritt der Handlungsunfähigkeit des Vollmachtgebers.

Artikel 19.

(1) Enthält das Indossament den Vermerk „Wert zur Sicherheit", „Wert zum Pfande" oder

einen anderen eine Verpfändung ausdrückenden Vermerk, so kann der Inhaber alle Rechte aus dem Wechsel geltend machen; ein von ihm ausgestelltes Indossament hat aber nur die Wirkung eines Vollmachtsindossaments.

(2) Die Wechselverpflichteten können dem Inhaber keine Einwendungen entgegensetzen, die sich auf ihre unmittelbaren Beziehungen zu dem Indossanten gründen, es sei denn, daß der Inhaber bei dem Erwerb des Wechsels bewußt zum Nachteil des Schuldners gehandelt hat.

Artikel 20.

(1) Ein Indossament nach Verfall hat dieselben Wirkungen wie ein Indossament vor Verfall. Ist jedoch der Wechsel erst nach Erhebung des Protestes mangels Zahlung oder nach Ablauf der hiefür bestimmten Frist indossiert worden, so hat das Indossament nur die Wirkungen einer gewöhnlichen Abtretung.

(2) Bis zum Beweis des Gegenteils wird vermutet, daß ein nicht datiertes Indossament vor Ablauf der für die Erhebung des Protestes bestimmten Frist auf den Wechsel gesetzt worden ist.

DRITTER ABSCHNITT

Annahme

Artikel 21.

Der Wechsel kann von dem Inhaber oder von jedem, der den Wechsel auch nur in Händen hat, bis zum Verfall dem Bezogenen an seinem Wohnort zur Annahme vorgelegt werden.

Artikel 22.

(1) Der Aussteller kann in jedem Wechsel mit oder ohne Bestimmung einer Frist vorschreiben, daß der Wechsel zur Annahme vorgelegt werden muß.

(2) Er kann im Wechsel die Vorlegung zur Annahme untersagen, wenn es sich nicht um einen Wechsel handelt, der bei einem Dritten oder an einem von dem Wohnort des Bezogenen verschiedenen Ort zahlbar ist oder der auf eine bestimmte Zeit nach Sicht lautet.

(3) Er kann auch vorschreiben, daß der Wechsel nicht vor einem bestimmten Tag zur Annahme vorgelegt werden darf.

(4) Jeder Indossant kann, wenn nicht der Aussteller die Vorlegung zur Annahme untersagt hat, mit oder ohne Bestimmung einer Frist vorschreiben, daß der Wechsel zur Annahme vorgelegt werden muß.

Artikel 23.

(1) Wechsel, die auf eine bestimmte Zeit nach Sicht lauten, müssen binnen einem Jahr nach dem Tag der Ausstellung zur Annahme vorgelegt werden.

(2) Der Aussteller kann eine kürzere oder eine längere Frist bestimmen.

(3) Die Indossanten könne die Vorlegungsfristen abkürzen.

Artikel 24.

(1) Der Bezogene kann verlangen, daß ihm der Wechsel am Tag nach der ersten Vorlegung nochmals vorgelegt wird. Die Beteiligten können sich darauf, daß diesem Verlangen nicht entsprochen worden ist, nur berufen, wenn das Verlangen im Protest vermerkt ist.

(2) Der Inhaber ist nicht verpflichtet, den zur Annahme vorgelegten Wechsel in der Hand des Bezogenen zu lassen.

Artikel 25.

(1) Die Annahmeerklärung wird auf den Wechsel gesetzt. Sie wird durch das Wort „angenommen“ oder ein gleichbedeutendes Wort ausgedrückt, sie ist vom Bezogenen zu unterschreiben. Die bloße Unterschrift des Bezogenen auf der Vorderseite des Wechsels gilt als Annahme.

(2) Lautet der Wechsel auf eine bestimmte Zeit nach Sicht oder ist er infolge eines besonderen Vermerks innerhalb einer bestimmten Frist zur Annahme vorzulegen, so muß die Annahmeerklärung den Tag bezeichnen, an dem sie erfolgt ist, sofern nicht der Inhaber die Angabe des Tages der Vorlegung verlangt. Ist kein Tag angegeben, so muß der Inhaber, um seine Rückgriffsrechte gegen die Indossanten und den Aussteller zu wahren, diese Unterlassung rechtzeitig durch einen Protest feststellen lassen.

Artikel 26.

(1) Die Annahme muß unbedingt sein; der Bezogene kann sie aber auf einen Teil der Wechselsumme beschränken.

(2) Wenn die Annahmeerklärung irgendeine andere Abweichung von den Bestimmungen des Wechsels enthält, so gilt die Annahme als verweigert. Der Annehmende haftet jedoch nach dem Inhalt seiner Annahmeerklärung.

Artikel 27.

(1) Hat der Aussteller im Wechsel einen von dem Wohnort des Bezogenen verschiedenen Zahlungsort angegeben, ohne einen Dritten zu bezeichnen, bei dem die Zahlung geleistet werden

soll, so kann der Bezogene bei der Annahmeerklärung einen Dritten bezeichnen. Mangels einer solchen Bezeichnung wird angenommen, daß sich der Annehmer verpflichtet hat, selbst am Zahlungsort zu zahlen.

(2) Ist der Wechsel beim Bezogenen selbst zahlbar, so kann dieser in der Annahmeerklärung eine am Zahlungsort befindliche Stelle bezeichnen, wo die Zahlung geleistet werden soll.

Artikel 28.

(1) Der Bezogene wird durch die Annahme verpflichtet, den Wechsel bei Verfall zu bezahlen.

(2) Mangels Zahlung hat der Inhaber, auch wenn er der Aussteller ist, gegen den Annehmer einen unmittelbaren Anspruch aus dem Wechsel auf alles, was auf Grund der Art. 48 und 49 gefordert werden kann.

Artikel 29.

(1) Hat der Bezogene die auf den Wechsel gesetzte Annahmeerklärung vor der Rückgabe des Wechsels gestrichen, so gilt die Annahme als verweigert. Bis zum Beweis des Gegenteils wird vermutet, daß die Streichung vor der Rückgabe des Wechsels erfolgt ist.

(2) Hat der Bezogene jedoch dem Inhaber oder einer Person, deren Unterschrift sich auf dem Wechsel befindet, die Annahme schriftlich mitgeteilt, so haftet er diesen nach dem Inhalt seiner Annahmeerklärung.

VIERTER ABSCHNITT

Wechselbürgschaft

Artikel 30.

(1) Die Zahlung der Wechselsumme kann ganz oder teilweise durch Wechselbürgschaft gesichert werden.

(2) Diese Sicherheit kann von einem Dritten oder auch von einer Person geleistet werden, deren Unterschrift sich schon auf dem Wechsel befindet.

Artikel 31.

(1) Die Bürgschaftserklärung wird auf den Wechsel oder auf einen Anhang gesetzt.

(2) Sie wird durch die Worte „als Bürge“ oder einen gleichbedeutenden Vermerk ausgedrückt; sie ist von dem Wechselbürgen zu unterschreiben.

(3) Die bloße Unterschrift auf der Vorderseite des Wechsels gilt als Bürgschaftserklärung, soweit es sich nicht um die Unterschrift des Bezogenen oder des Ausstellers handelt.

(4) In der Erklärung ist anzugeben, für wen die Bürgschaft geleistet wird; mangels einer solchen Angabe gilt sie für den Aussteller.

Artikel 32.

(1) Der Wechselbürge haftet in der gleichen Weise wie derjenige, für den er sich verbürgt hat.

(2) Seine Verpflichtungserklärung ist auch gültig, wenn die Verbindlichkeit, für die er sich verbürgt hat, aus einem anderen Grund als wegen eines Formfehlers nichtig ist.

(3) Der Wechselbürge, der den Wechsel bezahlt, erwirbt die Rechte aus dem Wechsel gegen denjenigen, für den er sich verbürgt hat, und gegen alle, die diesem wechselmäßig haften.

FÜNFTER ABSCHNITT

Verfall

Artikel 33.

(1) Ein Wechsel kann gezogen werden auf Sicht; auf eine bestimmte Zeit nach Sicht; auf eine bestimme Zeit nach der Ausstellung; auf einen bestimmten Tag.

(2) Wechsel mit anderen oder mit mehreren aufeinanderfolgenden Verfallzeiten sind nichtig.

Artikel 34.

(1) Der Sichtwechsel ist bei der Vorlegung fällig. Er muß binnen einem Jahr nach der Ausstellung zur Zahlung vorgelegt werden. Der Aussteller kann eine kürzere oder eine längere Frist bestimmen. Die Indossanten können die Vorlegungsfristen abkürzen.

(2) Der Aussteller kann vorschreiben, daß der Sichtwechsel nicht vor einem bestimmten Tag zur Zahlung vorgelegt werden darf. In diesem Fall beginnt die Vorlegungsfrist mit diesem Tag.

Artikel 35.

(1) Der Verfall eines Wechsels, der auf eine bestimmte Zeit nach Sicht lautet, richtet sich nach dem in der Annahmeerklärung angegebenen Tag oder nach dem Tag des Protestes.

(2) Ist in der Annahmeerklärung ein Tag nicht angegeben und ein Protest nicht erhoben worden, so gilt dem Annehmer gegenüber der Wechsel als am letzten Tag der für die Vorlegung zur Annahme vorgesehenen Frist angenommen.

Artikel 36.

(1) Ein Wechsel, der auf einen oder mehrere Monate nach der Ausstellung oder nach Sicht lautet, verfällt an dem entsprechenden Tag des

Zahlungsmonats. Fehlt dieser Tag, so ist der Wechsel am letzten Tag des Monats fällig.

(2) Lautet der Wechsel auf einen oder mehrere Monate und einen halben Monat nach der Ausstellung oder nach Sicht, so werden die ganzen Monate zuerst gezählt.

(3) Ist als Verfallzeit der Anfang, die Mitte oder das Ende eines Monats angegeben, so ist darunter der erste, der fünfzehnte oder der letzte Tag des Monats zu verstehen.

(4) Die Ausdrücke „acht Tage“ oder „fünfzehn Tage“ bedeuten nicht eine oder zwei Wochen, sondern volle acht oder fünfzehn Tage.

(5) Der Ausdruck „halber Monat“ bedeutet fünfzehn Tage.

Artikel 37.

(1) Ist ein Wechsel an einem bestimmten Tag an einem Ort zahlbar, dessen Kalender von dem des Ausstellungsortes abweicht, so ist für den Verfalltag der Kalender des Zahlungsortes maßgebend.

(2) Ist ein zwischen zwei Orten mit verschiedenem Kalender gezogener Wechsel eine bestimmte Zeit nach der Ausstellung zahlbar, so wird der Tag der Ausstellung in den nach dem Kalender des Zahlungsortes entsprechenden Tag umgerechnet und hienach der Verfalltag ermittelt.

(3) Auf die Berechnung der Fristen für die Vorlegung von Wechseln findet die Vorschrift des vorstehenden Absatzes entsprechende Anwendung.

(4) Die Vorschriften dieses Artikels finden keine Anwendung, wenn sich aus einem Vermerk im Wechsel oder sonst aus dessen Inhalt ergibt, daß etwas anderes beabsichtigt war.

SECHSTER ABSCHNITT

Zahlung

Artikel 38.

(1) Der Inhaber eines Wechsels, der an einem bestimmten Tag oder bestimmte Zeit nach der Ausstellung oder nach Sicht zahlbar ist, hat den Wechsel am Zahlungstag oder an einem der beiden folgenden Werktage zur Zahlung vorzulegen.

(2) Die Einlieferung in eine Abrechnungsstelle steht der Vorlegung zur Zahlung gleich.

(3) Als Abrechnungsstellen im Sinne des vorstehenden Absatzes sind die Abrechnungsstellen, die bei der Hauptanstalt der Oesterreichischen Nationalbank in Wien oder bei einer ihrer Zweiganstalten errichtet sind oder errichtet werden, anzusehen. Wechsel können in eine Abrechnungsstelle eingeliefert werden, wenn der Bezogene oder die am Zahlungsort befindliche Stelle, wo die Zahlung geleistet werden soll, bei der Abrechnungsstelle als Teilnehmer am Abrechnungsverkehr zugelassen ist oder bei ihr durch einen Teilnehmer vertreten wird. Die Einlieferungen müssen den für den Geschäftsverkehr der Abrechnungsstelle maßgebenden Bestimmungen entsprechen.

Artikel 39.

(1) Der Bezogene kann vom Inhaber gegen Zahlung die Aushändigung des quittierten Wechsels verlangen.

(2) Der Inhaber darf eine Teilzahlung nicht zurückweisen.

(3) Im Fall der Teilzahlung kann der Bezogene verlangen, daß sie auf dem Wechsel vermerkt und ihm eine Quittung erteilt wird.

Artikel 40.

(1) Der Inhaber des Wechsels ist nicht verpflichtet, die Zahlung vor Verfall anzunehmen.

(2) Der Bezogene, der vor Verfall zahlt, handelt auf eigene Gefahr.

(3) Wer bei Verfall zahlt, wird von seiner Verbindlichkeit befreit, wenn ihm nicht Arglist oder grobe Fahrlässigkeit zur Last fällt. Er ist verpflichtet, die Ordnungsmäßigkeit der Reihe der Indossamente, aber nicht die Unterschriften der Indossanten zu prüfen.

Artikel 41.

(1) Lautet der Wechsel auf eine Währung, die am Zahlungsort nicht gilt, so kann die Wechselsumme in der Landeswährung nach dem Wert gezahlt werden, den sie am Verfalltag besitzt. Wenn der Schuldner die Zahlung verzögert, so kann der Inhaber wählen, ob die Wechselsumme nach dem Kurs des Verfalltages oder nach dem Kurs des Zahlungstages in die Landeswährung umgerechnet werden soll.

(2) Der Wert der fremden Währung bestimmt sich nach den Handelsgebräuchen des Zahlungsortes. Der Aussteller kann jedoch im Wechsel für die zu zahlende Summe einen Umrechnungskurs bestimmen.

(3) Die Vorschriften der beiden ersten Absätze finden keine Anwendung, wenn der Aussteller die Zahlung in einer bestimmten Währung vorgeschrieben hat (Effektivvermerk).

(4) Lautet der Wechsel auf eine Geldsorte, die im Land der Ausstellung dieselbe Bezeichnung, aber einen anderen Wert hat als in dem der Zahlung, so wird vermutet, daß die Geldsorte des Zahlungsortes gemeint ist.

Artikel 42.

Wird der Wechsel nicht innerhalb der im Artikel 38 bestimmten Frist zur Zahlung vorgelegt, so kann der Schuldner die Wechselsumme bei der zuständigen Behörde auf Gefahr und Kosten des Inhabers hinterlegen.

SIEBENTER ABSCHNITT

Rückgriff mangels Annahme und mangels Zahlung

Artikel 43.

(1) Der Inhaber kann gegen die Indossanten, den Aussteller und die anderen Wechselverpflichteten bei Verfall des Wechsels Rückgriff nehmen, wenn der Wechsel nicht bezahlt worden ist.

(2) Das gleiche Recht steht dem Inhaber schon vor Verfall zu,

1. wenn die Annahme ganz oder teilweise verweigert worden ist;

2. wenn über das Vermögen des Bezogenen, gleichviel, ob er den Wechsel angenommen hat oder nicht, „das Insolvenzverfahren" eröffnet oder die Geschäftsaufsicht angeordnet worden ist oder wenn der Bezogene auch nur seine Zahlungen eingestellt hat oder wenn eine Zwangsvollstreckung in sein Vermögen fruchtlos verlaufen ist; *(BGBl I 2010/58)*

3. wenn über das Vermögen des Ausstellers eines Wechsels, dessen Vorlegung zur Annahme untersagt ist, „das Insolvenzverfahren" eröffnet oder über dessen Geschäftsführung die Aufsicht angeordnet worden ist. *(BGBl I 2010/58)*

Artikel 44.

(1) Die Verweigerung der Annahme oder der Zahlung muß durch eine öffentliche Urkunde (Protest mangels Annahme oder mangels Zahlung) festgestellt werden.

(2) Der Protest mangels Annahme muß innerhalb der Frist erhoben werden, die für die Vorlegung zur Annahme gilt. Ist im Fall des Art. 24 Abs. 1 der Wechsel am letzten Tag der Frist zum ersten Mal vorgelegt worden, so kann der Protest noch am folgenden Tag erhoben werden.

(3) Der Protest mangels Zahlung muß bei einem Wechsel, der an einem bestimmten Tag oder bestimmte Zeit nach der Ausstellung oder nach Sicht zahlbar ist, an einem der beiden auf den Zahlungstag folgenden Werktage erhoben werden. Bei einem Sichtwechsel muß der Protest mangels Zahlung in den gleichen Fristen erhoben werden, wie sie im vorhergehenden Absatz für den Protest mangels Annahme vorgesehen sind.

(4) Ist Protest mangels Annahme erhoben worden, so bedarf es weder der Vorlegung zur Zahlung noch des Protestes mangels Zahlung.

(5) Hat der Bezogene, gleichviel ob er den Wechsel angenommen hat oder nicht, seine Zahlungen eingestellt oder ist eine Zwangsvollstreckung in sein Vermögen fruchtlos verlaufen, so kann der Inhaber nur Rückgriff nehmen, nachdem der Wechsel dem Bezogenen zur Zahlung vorgelegt und Protest erhoben worden ist.

(6) Ist über das Vermögen des Bezogenen, gleichviel ob er den Wechsel angenommen hat oder nicht, oder ist über das Vermögen des Ausstellers eines Wechsels, dessen Vorlegung zur Annahme untersagt ist, das Insolvenzverfahren eröffnet oder die Geschäftsaufsicht angeordnet worden, so genügt es zur Ausübung des Rückgriffsrechts, dass der gerichtliche Beschluss über die Eröffnung des Insolvenzverfahrens oder über die Anordnung der Geschäftsaufsicht vorgelegt wird. Die Vorlage der Bekanntmachung des gerichtlichen Beschlusses im amtlichen Kundmachungsorgan, insbesondere eines Ausdrucks aus der Insolvenzdatei, ist der Vorlage des gerichtlichen Beschlusses gleichzuhalten. *(BGBl I 2010/58)*

Artikel 45.

(1) Der Inhaber muß seinen unmittelbaren Vormann und den Aussteller von dem Unterbleiben der Annahme oder der Zahlung innerhalb der vier Werktage benachrichtigen, die auf den Tag der Protesterhebung oder im Fall des Vermerks „ohne Kosten" auf den Tag der Vorlegung folgen. Jeder Indossant muß innerhalb zweier Werktage nach Empfang der Nachricht seinem unmittelbaren Vormann von der Nachricht, die er erhalten hat, Kenntnis geben und ihm die Namen und Adressen derjenigen mitteilen, die vorher Nachricht gegeben haben, und so weiter in der Reihenfolge bis zum Aussteller. Die Fristen laufen vom Empfang der vorhergehenden Nachricht.

(2) Wird nach Maßgabe des vorhergehenden Absatzes einer Person, deren Unterschrift sich auf dem Wechsel befindet, Nachricht gegeben, so muß die gleiche Nachricht in derselben Frist ihrem Wechselbürgen gegeben werden.

(3) Hat ein Indossant seine Adresse nicht oder in unleserlicher Form angegeben, so genügt es, daß sein unmittelbarer Vormann benachrichtigt wird.

(4) Die Nachricht kann in jeder Form gegeben werden, auch durch die bloße Rücksendung des Wechsels.

(5) Der zur Benachrichtigung Verpflichtete hat zu beweisen, daß er in der vorgeschriebenen Frist benachrichtigt hat. Die Frist gilt als eingehalten, wenn ein Schreiben, das die Benachrichtigung enthält, innerhalb der Frist zur Post gegeben worden ist.

(6) Wer die rechtzeitige Benachrichtigung versäumt, verliert nicht den Rückgriff; er haftet für den etwa durch seine Nachlässigkeit entstandenen Schaden, jedoch nur bis zur Höhe der Wechselsumme.

Artikel 46.

(1) Der Aussteller sowie jeder Indossant oder Wechselbürge kann durch den Vermerk „ohne Kosten“, „ohne Protest“ oder einen gleichbedeutenden auf den Wechsel gesetzten und unterzeichneten Vermerk den Inhaber von der Verpflichtung befreien, zum Zweck der Ausübung des Rückgriffs Protest mangels Annahme oder mangels Zahlung erheben zu lassen.

(2) Der Vermerk befreit den Inhaber nicht von der Verpflichtung, den Wechsel rechtzeitig vorzulegen und die erforderlichen Nachrichten zu geben. Der Beweis, daß die Frist nicht eingehalten worden ist, liegt demjenigen ob, der sich dem Inhaber gegenüber darauf beruft.

(3) Ist der Vermerk vom Aussteller beigefügt, so wirkt er gegenüber allen Wechselverpflichteten; ist er von einem Indossanten oder einem Wechselbürgen beigefügt, so wirkt er nur diesen gegenüber. Läßt der Inhaber ungeachtet des vom Aussteller beigefügten Vermerks Protest erheben, so fallen ihm die Kosten zur Last. Ist der Vermerk von einem Indossanten oder einem Wechselbürgen beigefügt, so sind alle Wechselverpflichteten zum Ersatz der Kosten eines dennoch erhobenen Protestes verpflichtet.

Artikel 47.

(1) Alle, die einen Wechsel ausgestellt, angenommen, indossiert oder mit einer Bürgschaftserklärung versehen haben, haften dem Inhaber als Gesamtschuldner.

(2) Der Inhaber kann jeden einzeln oder mehrere oder alle zusammen in Anspruch nehmen, ohne an die Reihenfolge gebunden zu sein, in der sie sich verpflichtet haben.

(3) Das gleiche Recht steht jedem Wechselverpflichteten zu, der den Wechsel eingelöst hat.

(4) Durch die Geltendmachung des Anspruchs gegen einen Wechselverpflichteten verliert der Inhaber nicht seine Rechte gegen die anderen Wechselverpflichteten, auch nicht gegen die Nachmänner desjenigen, der zuerst in Anspruch genommen worden ist.

Artikel 48.

(1) Der Inhaber kann im Weg des Rückgriffs verlangen:

1. die Wechselsumme, soweit der Wechsel nicht angenommen oder nicht eingelöst worden ist, mit den etwa bedungenen Zinsen;

2. Zinsen zu sechs vom Hundert seit dem Verfalltag;

3. die Kosten des Protestes und der Nachrichten sowie die anderen Auslagen;

4. eine Vergütung, die mangels besonderer Vereinbarung ein Drittel vom Hundert der Hauptsumme des Wechsels beträgt und diesen Satz keinesfalls überschreiten darf.

(2) Wird der Rückgriff vor Verfall genommen, so werden von der Wechselsumme Zinsen abgezogen. Diese Zinsen werden auf Grund des öffentlich bekanntgemachten Diskontsatzes (Satz der Zentralnotenbank) berechnet, der am Tag des Rückgriffs am Wohnort des Inhabers gilt.

Artikel 49.

Wer den Wechsel eingelöst hat, kann von seinen Vormännern verlangen:

1. den vollen Betrag, den er gezahlt hat;

2. die Zinsen dieses Betrages zu sechs vom Hundert seit dem Tag der Einlösung;

3. seine Auslagen;

4. eine Vergütung, die nach den Vorschriften des Art. 48 Abs. 1 Z. 4 berechnet wird.

Artikel 50.

(1) Jeder Wechselverpflichtete, gegen den Rückgriff genommen wird oder genommen werden kann, ist berechtigt, zu verlangen, daß ihm gegen Entrichtung der Rückgriffssumme der Wechsel mit dem Protest und eine quittierte Rechnung ausgehändigt werden.

(2) Jeder Indossant, der den Wechsel eingelöst hat, kann sein Indossament und die Indossamente seiner Nachmänner ausstreichen.

Artikel 51.

Bei dem Rückgriff nach einer Teilannahme kann derjenige, der den nicht angenommenen Teil der Wechselsumme entrichtet, verlangen, daß dies auf dem Wechsel vermerkt und ihm darüber Quittung erteilt wird. Der Inhaber muß ihm ferner eine beglaubigte Abschrift des Wechsels und den Protest aushändigen, um den weiteren Rückgriff zu ermöglichen.

Artikel 52.

(1) Wer zum Rückgriff berechtigt ist, kann mangels eines entgegenstehenden Vermerks den Rückgriff dadurch nehmen, daß er auf einen seiner Vormänner einen neuen Wechsel (Rückwechsel) zieht, der auf Sicht lautet und am Wohnort dieses Vormannes zahlbar ist.

(2) Der Rückwechsel umfaßt, außer den in den Art. 48 und 49 angegebenen Beträgen, die Mäklergebühr und die Stempelgebühr für den Rückwechsel.

(3) Wird der Rückwechsel vom Inhaber gezogen, so richtet sich die Höhe der Wechselsumme nach dem Kurs, den ein vom Zahlungsort des ursprünglichen Wechsels auf dem Wohnort des

Vormannes gezogener Sichtwechsel hat. Wird der Rückwechsel von einem Indossanten gezogen, so richtet sich die Höhe der Wechselsumme nach dem Kurs, den ein vom Wohnort des Ausstellers des Rückwechsels auf den Wohnort des Vormannes gezogener Sichtwechsel hat.

Artikel 53.

(1) Mit der Versäumung der Fristen für die Vorlegung eines Wechsels, der auf Sicht oder auf eine bestimmte Zeit nach Sicht lautet,

für die Erhebung des Protestes mangels Annahme oder mangels Zahlung,

für die Vorlegung zur Zahlung im Falle des Vermerks „ohne Kosten"

verliert der Inhaber seine Rechte gegen die Indossanten, den Aussteller und alle anderen Wechselverpflichteten, mit Ausnahme des Annehmers.

(2) Versäumt der Inhaber die vom Aussteller für die Vorlegung zur Annahme vorgeschriebene Frist, so verliert er das Recht, mangels Annahme und mangels Zahlung Rückgriff zu nehmen, sofern nicht der Wortlaut des Vermerks ergibt, daß der Aussteller nur die Haftung für die Annahme hat ausschließen wollen.

(3) Ist die Frist für die Vorlegung in einem Indossament enthalten, so kann sich nur der Indossant darauf berufen.

Artikel 54.

(1) Steht der rechtzeitigen Vorlegung des Wechsels oder der rechtzeitigen Erhebung des Protestes ein unüberwindliches Hindernis entgegen (gesetzliche Vorschrift eines Staates oder ein anderer Fall höherer Gewalt), so werden die für diese Handlungen bestimmten Fristen verlängert.

(2) Der Inhaber ist verpflichtet, seinen unmittelbaren Vormann von dem Fall der höheren Gewalt unverzüglich zu benachrichtigen und die Benachrichtigung unter Beifügung des Tages und Ortes sowie seiner Unterschrift auf dem Wechsel oder einem Anhang zu vermerken; im übrigen finden die Vorschriften des Art. 45 Anwendung.

(3) Fällt die höhere Gewalt weg, so muß der Inhaber den Wechsel unverzüglich zur Annahme oder zur Zahlung vorlegen und gegebenenfalls Protest erheben lassen.

(4) Dauert die höhere Gewalt länger als dreißig Tage nach Verfall, so kann Rückgriff genommen werden, ohne daß es der Vorlegung oder der Protesterhebung bedarf.

(5) Bei Wechseln, die auf Sicht oder auf eine bestimmte Zeit nach Sicht lauten, läuft die dreißigtägige Frist von dem Tag, an dem der Inhaber seinen Vormann von dem Fall der höheren Gewalt benachrichtigt hat; diese Nachricht kann schon vor Ablauf der Vorlegungsfrist gegeben werden. Bei Wechseln, die auf bestimmte Zeit nach Sicht lauten, verlängert sich die dreißigtägige Frist um die im Wechsel angegebene Nachsichtfrist.

(6) Tatsachen, die rein persönlich den Inhaber oder denjenigen betreffen, den er mit der Vorlegung des Wechsels oder mit der Protesterhebung beauftragt hat, gelten nicht als Fälle höherer Gewalt.

(7) Wird die rechtzeitige Vornahme einer Handlung, die im Ausland zur Ausübung oder Erhaltung der Rechte aus einem Wechsel vorzunehmen ist, durch eine dort erlassene Vorschrift verhindert, so kann die Bundesregierung durch Verordnung bestimmen, daß die Rechte ungeachtet der Versäumung bestehen bleiben, sofern die Handlung unverzüglich nach Wegfall des Hindernisses nachgeholt wird. In gleicher Weise kann verordnet werden, daß bei einer solchen Verhinderung nach einer bestimmten Frist Rückgriff genommen werden kann, ohne daß es der Vornahme der Handlung bedarf.

ACHTER ABSCHNITT
Ehreneintritt

1. Allgemeine Vorschriften

Artikel 55.

(1) Der Aussteller sowie jeder Indossant oder Wechselbürge kann eine Person angeben, die im Notfall annehmen oder zahlen soll.

(2) Der Wechsel kann unter den nachstehend bezeichneten Voraussetzungen zu Ehren eines jeden Wechselverpflichteten, gegen den Rückgriff genommen werden kann, angenommen oder bezahlt werden.

(3) Jeder Dritte, auch der Bezogene, sowie jeder aus dem Wechsel bereits Verpflichtete, mit Ausnahme des Annehmers, kann einen Wechsel zu Ehren annehmen oder bezahlen.

(4) Wer zu Ehren annimmt oder zahlt, ist verpflichtet, den Wechselverpflichteten, für den er eintritt, innerhalb zweier Werktage hievon zu benachrichtigen. Hält er die Frist nicht ein, so haftet er für den etwa durch seine Nachlässigkeit entstandenen Schaden, jedoch nur bis zur Höhe der Wechselsumme.

2. Ehrenannahme

Artikel 56.

(1) Die Ehrenannahme ist in allen Fällen zulässig, in denen der Inhaber vor Verfall Rückgriff nehmen kann, es sei denn, daß es sich um einen Wechsel handelt, dessen Vorlegung zur Annahme untersagt ist.

(2) Ist auf dem Wechsel eine Person angegeben, die im Notfall am Zahlungsort annehmen

oder zahlen soll, so kann der Inhaber vor Verfall gegen denjenigen, der die Notadresse beigefügt hat, und gegen seine Nachmänner nur Rückgriff nehmen, wenn er den Wechsel der in der Notadresse bezeichneten Person vorgelegt hat und im Fall der Verweigerung der Ehrenannahme die Verweigerung durch einen Protest hat feststellen lassen.

(3) In den anderen Fällen des Ehreneintritts kann der Inhaber die Ehrenannahme zurückweisen. Läßt er sie aber zu, so verliert er den Rückgriff vor Verfall gegen denjenigen, zu dessen Ehren die Annahme erklärt worden ist, und gegen dessen Nachmänner.

Artikel 57.

Die Ehrenannahme wird auf dem Wechsel vermerkt; sie ist von demjenigen, der zu Ehren annimmt, zu unterschreiben. In der Annahmeerklärung ist anzugeben, für wen die Ehrenannahme stattfindet; mangels eine solchen Angabe gilt sie für den Aussteller.

Artikel 58.

(1) Wer zu Ehren annimmt, haftet dem Inhaber und den Nachmännern desjenigen, für den er eingetreten ist, in der gleichen Weise wie dieser selbst.

(2) Trotz der Ehrenannahme können der Wechselverpflichtete, zu dessen Ehren der Wechsel angenommen worden ist, und seine Vormänner vom Inhaber gegen Erstattung des im Art. 48 angegebenen Betrags die Aushändigung des Wechsels und gegebenenfalls des erhobenen Protestes sowie einer quittierten Rechnung verlangen.

3. Ehrenzahlung

Artikel 59.

(1) Die Ehrenzahlung ist in allen Fällen zulässig, in denen der Inhaber bei Verfall oder vor Verfall Rückgriff nehmen kann.

(2) Die Ehrenzahlung muß den vollen Betrag umfassen, den der Wechselverpflichtete, für den sie stattfindet, zahlen müßte.

(3) Sie muß spätestens am Tag nach Ablauf der Frist für die Erhebung des Protestes mangels Zahlung stattfinden.

Artikel 60.

(1) Ist der Wechsel von Personen zu Ehren angenommen, die ihren Wohnsitz am Zahlungsort haben, oder sind am Zahlungsort wohnende Personen angegeben, die im Notfall zahlen sollen, so muß der Inhaber spätestens am Tag nach Ablauf der Frist für die Erhebung des Protestes mangels Zahlung den Wechsel allen diesen Personen vorlegen und gegebenenfalls Protest wegen unterbliebener Ehrenzahlung erheben lassen.

(2) Wird der Protest nicht rechtzeitig erhoben, so werden derjenige, der die Notadresse angegeben hat oder zu dessen Ehren der Wechsel angenommen worden ist, und die Nachmänner frei.

Artikel 61.

Weist der Inhaber die Ehrenzahlung zurück, so verliert er den Rückgriff gegen diejenigen, die frei geworden wären.

Artikel 62.

(1) Über die Ehrenzahlung ist auf dem Wechsel eine Quittung auszustellen, die denjenigen bezeichnet, für den gezahlt wird. Fehlt die Bezeichnung, so gilt die Zahlung für den Aussteller.

(2) Der Wechsel und der etwa erhobene Protest sind dem Ehrenzahler auszuhändigen.

Artikel 63.

(1) Der Ehrenzahler erwirbt die Rechte aus dem Wechsel gegen den Wechselverpflichteten, für den er gezahlt hat, und gegen die Personen, die diesem aus dem Wechsel haften. Er kann jedoch den Wechsel nicht weiter indossieren.

(2) Die Nachmänner des Wechselverpflichteten, für den gezahlt worden ist, werden frei.

(3) Sind mehrere Ehrenzahlungen angeboten, so gebührt derjenigen der Vorzug, durch welche die meisten Wechselverpflichteten frei werden. Wer entgegen dieser Vorschrift in Kenntnis der Sachlage zu Ehren zahlt, verliert den Rückgriff gegen diejenigen, die sonst frei geworden wären.

NEUNTER ABSCHNITT

Ausfertigung mehrerer Stücke eines Wechsels; Wechselabschriften

1. Ausfertigungen

Artikel 64.

(1) Der Wechsel kann in mehreren gleichen Ausfertigungen ausgestellt werden.

(2) Diese Ausfertigungen müssen im Text der Urkunde mit fortlaufenden Nummern versehen sein; andernfalls gilt jede Ausfertigung als besonderer Wechsel.

(3) Jeder Inhaber eines Wechsels kann auf seine Kosten die Übergabe mehrerer Ausfertigungen verlangen, sofern nicht aus dem Wechsel zu ersehen ist, daß er in einer einzigen Ausfertigung ausgestellt worden ist. Zu diesem Zweck hat sich der Inhaber an seinen unmittelbaren Vormann zu wenden, der wieder an seinen Vormann zurück-

gehen muß, und so weiter in der Reihenfolge bis zum Aussteller. Die Indossanten sind verpflichtet, ihre Indossamente auf den neuen Anfertigungen zu wiederholen.

Artikel 65.

(1) Wird eine Ausfertigung bezahlt, so erlöschen die Rechte aus allen Ausfertigungen, auch wenn diese nicht den Vermerk tragen, daß durch die Zahlung auf eine Ausfertigung die anderen ihre Gültigkeit verlieren. Jedoch bleibt der Bezogene aus jeder angenommenen Ausfertigung, die ihm nicht zurückgegeben worden ist, verpflichtet.

(2) Hat ein Indossant die Ausfertigungen an verschiedene Personen übertragen, so haften er und seine Nachmänner aus allen Ausfertigungen, die ihre Unterschrift tragen und nicht herausgegeben worden sind.

Artikel 66.

(1) Wer eine Ausfertigung zur Annahme versendet, hat auf den anderen Ausfertigungen den Namen dessen anzugeben, bei dem sich die versendete Ausfertigung befindet. Dieser ist verpflichtet, sie dem rechtmäßigen Inhaber einer anderen Ausfertigung auszuhändigen.

(2) Wird die Aushändigung verweigert, so kann der Inhaber nur Rückgriff nehmen, nachdem er durch einen Protest hat feststellen lassen:

1. daß ihm die zur Annahme versendete Ausfertigung auf sein Verlangen nicht ausgehändigt worden ist;

2. daß die Annahme oder die Zahlung auch nicht auf eine andere Ausfertigung zu erlangen war.

2. Abschriften

Artikel 67.

(1) Jeder Inhaber eines Wechsels ist befugt, Abschriften davon herzustellen.

(2) Die Abschrift muß die Urschrift mit den Indossamenten und allen anderen darauf befindlichen Vermerken genau wiedergeben. Es muß angegeben sein, wie weit die Abschrift reicht.

(3) Die Abschrift kann auf dieselbe Weise und mit denselben Wirkungen indossiert und mit einer Bürgschaftserklärung versehen werden wie die Urschrift.

Artikel 68.

(1) In der Abschrift ist der Verwahrer der Urschrift zu bezeichnen. Dieser ist verpflichtet, die Urschrift dem rechtmäßigen Inhaber der Abschrift auszuhändigen.

(2) Wird die Aushändigung verweigert, so kann der Inhaber gegen die Indossanten der Abschrift und gegen diejenigen, die eine Bürgschaftserklärung auf die Abschrift gesetzt haben, nur Rückgriff nehmen, nachdem er durch einen Protest hat feststellen lassen, daß ihm die Urschrift auf sein Verlangen nicht ausgehändigt worden ist.

(3) Enthält die Urschrift nach dem letzten, vor Anfertigung der Abschrift daraufgesetzten Indossament den Vermerk „von hier ab gelten Indossamente nur noch auf der Abschrift“ oder einen gleichbedeutenden Vermerk, so ist ein später auf die Urschrift gesetztes Indossament nichtig.

ZEHNTER ABSCHNITT

Änderungen

Artikel 69.

Wird der Text eines Wechsels geändert, so haften diejenigen, die nach der Änderung ihre Unterschrift auf den Wechsel gesetzt haben, entsprechend dem geänderten Text; wer früher unterschrieben hat, haftet nach dem ursprünglichen Text.

ELFTER ABSCHNITT

Verjährung

Artikel 70.

(1) Die wechselmäßigen Ansprüche gegen den Annehmer verjähren in drei Jahren vom Verfalltag.

(2) Die Ansprüche des Inhabers gegen die Indossanten und gegen den Aussteller verjähren in einem Jahr vom Tag des rechtzeitig erhobenen Protestes oder im Fall des Vermerks „ohne Kosten“ vom Verfalltag.

(3) Die Ansprüche eines Indossanten gegen andere Indossanten und gegen den Aussteller verjähren in sechs Monaten von dem Tag, an dem der Wechsel vom Indossanten eingelöst oder ihm gegenüber gerichtlich geltend gemacht worden ist.

Artikel 71.

(1) Die Unterbrechung der Verjährung wirkt nur gegen den Wechselverpflichteten, in Ansehung dessen die Tatsache eingetreten ist, welche die Unterbrechung bewirkt.

(2) Der Anbringung der Klage stehen in bezug auf die Unterbrechung der wechselrechtlichen Verjährung die vom Beklagten bewirkte Streitverkündigung und die Geltendmachung des Anspruchs in der mündlichen Verhandlung gleich.

ZWÖLFTER ABSCHNITT
Allgemeine Vorschriften

Artikel 72.

(1) Verfällt der Wechsel an einem gesetzlichen Feiertag, so kann die Zahlung erst am nächsten Werktag verlangt werden. Auch alle anderen auf den Wechsel bezüglichen Handlungen, insbesondere die Vorlegung zur Annahme und die Protesterhebung, können nur an einem Werktag stattfinden.

(2) Fällt der letzte Tag einer Frist, innerhalb deren eine dieser Handlungen vorgenommen werden muß, auf einen gesetzlichen Feiertag, so wird die Frist bis zum nächsten Werktag verlängert. Feiertage, die in den Lauf einer Frist fallen, werden bei der Berechnung der Frist mitgezählt.

(3) Feiertage im Sinne der vorstehenden Absätze sind außer den Sonntagen die nach dem Feiertagsruhegesetz 1957, BGBl. Nr. 153, in der jeweils geltenden Fassung als Feiertage bestimmten Tage; Samstage, der Karfreitag und der 24. Dezember werden den Feiertagen gleichgestellt. *(BGBl 1978/306)*

Artikel 73.

Bei der Berechnung der gesetzlichen oder im Wechsel bestimmten Fristen wird der Tag, von dem sie zu laufen beginnen, nicht mitgezählt.

Artikel 74.

Weder gesetzliche noch richterliche Respekttage werden anerkannt.

ZWEITER TEIL
Eigener Wechsel

Artikel 75.

Der eigene Wechsel enthält:

1. die Bezeichnung als Wechsel im Text der Urkunde, und zwar in der Sprache, in der sie ausgestellt ist;

2. das unbedingte Versprechen, eine bestimmte Geldsumme zu zahlen;

3. die Angabe der Verfallzeit;

4. die Angabe des Zahlungsortes;

5. den Namen dessen, an den oder an dessen Order gezahlt werden soll;

6. die Angabe des Tages und des Ortes der Ausstellung;

7. die Unterschrift des Ausstellers.

Artikel 76.

(1) Eine Urkunde, der einer der im vorstehenden Artikel bezeichneten Bestandteile fehlt, gilt nicht als eigener Wechsel, vorbehaltlich der in den folgenden Absätzen bezeichneten Fälle.

(2) Ein eigener Wechsel ohne Angabe der Verfallzeit gilt als Sichtwechsel.

(3) Mangels einer besonderen Angabe gilt der Ausstellungsort als Zahlungsort und zugleich als Wohnort des Ausstellers.

(4) Ein eigener Wechsel ohne Angabe des Ausstellungsortes gilt als ausgestellt an dem Ort, der bei dem Namen des Ausstellers angegeben ist.

Artikel 77.

(1) Für den eigenen Wechsel gelten, soweit sie nicht mit seinem Wesen in Widerspruch stehen, die für den gezogenen Wechsel gegebenen Vorschriften über
das Indossament (Art. 11 bis 20),
den Verfall (Art. 33 bis 37),
die Zahlung (Art. 38 bis 42),
den Rückgriff mangels Zahlung (Art. 43 bis 50, 52 bis 54),
die Ehrenzahlung (Art. 55, 59 bis 63),
die Abschriften (Art. 67 und 68),
die Änderungen (Art. 69),
die Verjährung (Art. 70 und 71),
die Feiertage, die Fristenberechnung und
das Verbot der Respekttage (Art. 72 bis 74).

(2) Ferner gelten für den eigenen Wechsel die Vorschriften über gezogene Wechsel, die bei einem Dritten oder an einem von dem Wohnort des Bezogenen verschiedenen Ort zahlbar sind (Art. 4 und 27), über den Zinsvermerk (Art. 5), über die Abweichungen bei der Angabe der Wechselsumme (Art. 6), über die Folgen einer ungültigen Unterschrift (Art. 7) oder die Unterschrift einer Person, die ohne Vertretungsbefugnis handelt oder ihre Vertretungsbefugnis überschreitet (Art. 8) und über den Blankowechsel (Art. 10).

(3) Ebenso finden auf den eigenen Wechsel die Vorschriften über die Wechselbürgschaft Anwendung (Art. 30 bis 32); im Fall des Art. 31 Abs. 4 gilt die Wechselbürgschaft, wenn die Erklärung nicht angibt, für wen sie geleistet wird, für den Aussteller des eigenen Wechsels.

Artikel 78.

(1) Der Aussteller eines eigenen Wechsels haftet in der gleichen Weise wie der Annehmer eines gezogenen Wechsels.

(2) Eigene Wechsel, die auf eine bestimmte Zeit nach Sicht lauten, müssen dem Aussteller innerhalb der im Art. 23 bezeichneten Fristen zur Sicht vorgelegt werden. Die Sicht ist von dem

Aussteller auf dem Wechsel unter Angabe des Tages und Beifügung der Unterschrift zu bestätigen. Die Nachsichtfrist läuft vom Tag des Sichtvermerks. Weigert sich der Aussteller, die Sicht unter Angabe des Tages zu bestätigen, so ist dies durch einen Protest festzustellen (Art. 25); die Nachsichtfrist läuft dann vom Tag des Protestes.

DRITTER TEIL
Ergänzende Vorschriften

ERSTER ABSCHNITT
Protest

Artikel 79.

Jeder Protest muß durch einen Notar oder einen Gerichtsbeamten aufgenommen werden.

Artikel 80.

(1) In den Protest sind aufzunehmen:

1. der Name dessen, für den protestiert wird, sowie der Name dessen, gegen den protestiert wird;

2. die Angabe, daß derjenige, gegen den protestiert wird, ohne Erfolg zur Vornahme der wechselrechtlichen Leistung aufgefordert worden oder nicht anzutreffen gewesen ist oder daß seine Geschäftsräume oder seine Wohnung sich nicht haben ermitteln lassen;

3. die Angabe des Ortes und des Tages, an dem die Aufforderung geschehen oder ohne Erfolg versucht worden ist.

(2) Verlangt der Bezogene, dem ein Wechsel zur Annahme vorgelegt wird, die nochmalige Vorlegung am nächsten Tag, so ist dies im Protest zu vermerken.

(3) Der Protest ist von dem Protestbeamten zu unterschreiben und mit dem Amtssiegel oder dem Amtsstempel zu versehen.

Artikel 81.

(1) Der Protest ist auf dem Wechsel oder auf ein mit dem Wechsel zu verbindendes Blatt zu setzen.

(2) Er soll unmittelbar hinter den letzten auf der Rückseite des Wechsels befindlichen Vermerk, in Ermangelung eines solchen unmittelbar an einen Rand der Rückseite gesetzt werden.

(3) Wird der Protest auf ein Blatt gesetzt, das mit dem Wechsel verbunden wird, so soll die Verbindungsstelle mit dem Amtssiegel oder dem Amtsstempel versehen werden. Ist dies geschehen, so braucht der Unterschrift des Protestbeamten ein Siegel oder Stempel nicht beigefügt zu werden.

(4) Wird der Protest unter Vorlegung mehrerer Ausfertigungen desselben Wechsels oder unter Vorlegung der Urschrift und einer Abschrift erhoben, so genügt die Beurkundung auf einer der Ausfertigungen oder auf der Urschrift. Auf den anderen Ausfertigungen oder auf der Abschrift ist zu vermerken, auf welche Ausfertigung der Protest gesetzt worden ist oder daß er sich auf der Urschrift befindet. Auf den Vermerk finden die Vorschriften des Abs. 2 und des Abs. 3 Satz 1 entsprechende Anwendung. Der Protestbeamte hat den Vermerk zu unterschreiben.

Artikel 82.

(1) Der Protest, den der Inhaber einer Abschrift nach Art. 68 Abs. 2 gegen den Verwahrer der Urschrift erheben läßt, ist auf die Abschrift oder auf ein damit zu verbindendes Blatt zu setzen.

(2) Wird Protest erhoben, weil die Annahme auf einen Teil der Wechselsumme beschränkt worden ist, so ist eine Abschrift des Wechsels anzufertigen und der Protest auf diese Abschrift oder auf ein damit zu verbindendes Blatt zu setzen. Die Abschrift hat auch die auf dem Wechsel befindlichen Indossamente und anderen Vermerke zu enthalten.

(3) Die Vorschriften des Art. 81 Abs. 2 und 3 finden entsprechende Anwendung.

Artikel 83.

Muß eine wechselrechtliche Leistung von mehreren Personen oder von derselben Person mehrfach verlangt werden, so ist über die mehrfache Aufforderung nur eine Protesturkunde erforderlich.

Artikel 84.

Der Wechsel kann an den Protestbeamten bezahlt werden. Die Befugnis des Protestbeamten zur Annahme der Zahlung kann nicht ausgeschlossen werden.

Artikel 85.

(1) Schreibfehler, Auslassungen und sonstige Mängel der Protesturkunde können bis zur Aushändigung der Urkunde an denjenigen, für den der Protest erhoben worden ist, von dem Protestbeamten berichtigt werden. Die Berichtigung ist als solche unter Beifügung der Unterschrift kenntlich zu machen.

(2) Von dem Protest ist eine beglaubigte Abschrift zurückzubehalten. Über den Inhalt des Wechsels oder der Wechselabschrift ist ein Vermerk aufzunehmen.

Der Vermerk hat zu enthalten:

1. den Betrag des Wechsels;

2. die Verfallzeit;

3. den Ort und den Tag der Ausstellung;

4. den Namen des Ausstellers, den Namen dessen, an den oder an dessen Order gezahlt werden soll, und den Namen des Bezogenen;

5. falls eine vom Bezogenen oder bei eigenen Wechseln vom Aussteller verschiedene Person angegeben ist, bei der die Zahlung geleistet werden soll, den Namen dieser Person sowie die Namen der etwaigen Notadressen und derjenigen, die den Wechsel zu Ehren angenommen haben.

(3) Die Abschriften und Vermerke sind geordnet aufzubewahren.

Artikel 86.

Proteste sollen in der Zeit von neun Uhr vormittags bis sechs Uhr abends erhoben werden, außerhalb dieser Zeit nur dann, wenn derjenige, gegen den protestiert wird, ausdrücklich einwilligt.

Artikel 87.

Die Vorlegung zur Annahme oder Zahlung, die Protesterhebung, die Abforderung einer Ausfertigung sowie alle sonstigen bei einer bestimmten Person vorzunehmenden Handlungen müssen in deren Geschäftsräumen oder, wenn sich solche nicht ermitteln lassen, in deren Wohnung vorgenommen werden. An einer anderen Stelle, insbesondere an der Börse, kann dies nur mit beiderseitigem Einverständnis geschehen.

Artikel 88.

(1) Ist in dem Protest vermerkt, daß sich die Geschäftsräume oder die Wohnung nicht haben ermitteln lassen, so ist der Protest nicht deshalb unwirksam, weil die Ermittlung möglich war.

(2) Die Verantwortlichkeit des Protestbeamten, der es unterläßt, geeignete Ermittlungen anzustellen, wird durch die Vorschrift des ersten Absatzes nicht berührt. Ist eine Nachfrage bei der Polizeibehörde des Ortes ohne Erfolg geblieben, so ist der Protestbeamte zu weiteren Nachforschungen nicht verpflichtet.

ZWEITER ABSCHNITT

Bereicherung

Artikel 89.

(1) Ist die wechselmäßige Verbindlichkeit des Ausstellers oder des Annehmers durch Verjährung oder dadurch erloschen, daß eine zur Erhaltung des Wechselrechts notwendige Handlung versäumt worden ist, so bleiben sie dem Inhaber des Wechsels soweit verpflichtet, als sie sich mit dessen Schaden bereichern würden. Der Anspruch auf Herausgabe der Bereicherung verjährt in drei Jahren nach dem Erlöschen der wechselmäßigen Verbindlichkeit.

(2) Gegen die Indossanten, deren wechselmäßige Verbindlichkeit erloschen ist, findet ein solcher Anspruch nicht statt.

DRITTER ABSCHNITT

Abhanden gekommene Wechsel und Protesturkunden

Artikel 90.

(1) Für das Verfahren zur Kraftloserklärung von Wechseln gilt das Kraftloserklärungsgesetz 1951, BGBl. Nr. 86, soweit nicht im folgenden etwas anderes bestimmt wird. Die Aufgebotsfrist beträgt zwei Monate; sie läuft, wenn der Wechsel noch nicht fällig ist, vom ersten Tag nach der Verfallzeit des Wechsels. Von der Einleitung des Verfahrens zur Kraftloserkärung sind, soweit dies tunlich ist, alle im Wechsel genannten Personen zu verständigen. Nach Einleitung des Verfahrens zur Kraftloserklärung und nach der Verfallzeit des Wechsels kann der Antragsteller vom Annehmer eines gezogenen Wechsels (Aussteller eines eigenen Wechsels) oder dessen Wechselbürgen Zahlung fordern, wenn er bis zur Kraftloserklärung Sicherheit leistet. Ohne eine solche Sicherstellung ist der Antragsteller nur berechtigt, zu verlangen, daß die Wechselsumme auf seine Kosten bei Gericht hinterlegt werde. Der Verpflichtete, der diesem Verlangen entspricht, wird von seiner Wechselverbindlichkeit frei.

(2) Eine abhanden gekommene oder vernichtete Protesturkunde kann durch ein Zeugnis über die Protesterhebung ersetzt werden. Es ist von jener Stelle zu erteilen, die die beglaubigte Abschrift der Urkunde verwahrt. In dem Zeugnis muß der Inhalt des Protestes und des gemäß Art. 85 Abs. 2 aufgenommenen Vermerkes angegeben sein.

VIERTER TEIL

Geltungsbereich der Gesetze

Artikel 91.

(1) Die Fähigkeit einer Person, eine Wechselverbindlichkeit einzugehen, bestimmt sich nach dem Recht des Staates, dem sie angehört. Erklärt dieses Recht das Recht eines anderen Staates für maßgebend, so ist das letztere Recht anzuwenden.

(2) Wer nach dem im vorstehenden Absatz bezeichneten Recht nicht wechselfähig ist, wird gleichwohl gültig verpflichtet, wenn die Unterschrift in dem Gebiet eines Staates abgegeben worden ist, nach dessen Recht er wechselfähig wäre. Diese Vorschrift findet keine Anwendung, wenn die Verbindlichkeit von einem Inländer im Ausland übernommen worden ist.

Artikel 92.

(1) Die Form einer Wechselerklärung bestimmt sich nach dem Recht des Staates, in dessen Gebiet die Erklärung unterschrieben worden ist.

(2) Wenn jedoch eine Wechselerklärung, die nach den Vorschriften des vorstehenden Absatzes ungültig ist, dem Recht des Staates entspricht, in dessen Gebiet eine spätere Wechselerklärung unterschrieben worden ist, so wird durch Mängel in der Form der ersten Wechselerklärung die Gültigkeit der späteren Wechselerklärung nicht berührt.

(3) Eine Wechselerklärung, die ein Inländer im Ausland abgegeben hat, ist im Inland gegenüber anderen Inländern gültig, wenn die Erklärung den Formerfordernissen des inländischen Rechtes genügt.

Artikel 93.

(1) Die Wirkungen der Verpflichtungserklärungen des Annehmers eines gezogenen Wechsels und des Ausstellers eines eigenen Wechsels bestimmen sich nach dem Recht des Zahlungsortes.

(2) Die Wirkungen der übrigen Wechselerklärungen bestimmen sich nach dem Recht des Staates, in dessen Gebiet die Erklärungen unterschrieben worden sind.

Artikel 94.

Die Fristen für die Ausübung der Rückgriffsrechte werden für alle Wechselverpflichteten durch das Recht des Ortes bestimmt, an dem der Wechsel ausgestellt worden ist.

Artikel 95.

Das Recht des Ausstellungsortes bestimmt, ob der Inhaber eines gezogenen Wechsels die seiner Ausstellung zugrunde liegende Forderung erwirbt.

Artikel 96.

(1) Das Recht des Zahlungsortes bestimmt, ob die Annahme eines gezogenen Wechsels auf einen Teil der Summe beschränkt werden kann und ob der Inhaber verpflichtet oder nicht verpflichtet ist, eine Teilzahlung anzunehmen.

(2) Dasselbe gilt für die Zahlung bei einem eigenen Wechsel.

Artikel 97.

Die Form des Protestes und die Fristen für die Protesterhebung sowie die Form der übrigen Handlungen, die zur Ausübung oder Erhaltung der Wechselrechte erforderlich sind, bestimmen sich nach dem Recht des Staates, in dessen Gebiet der Protest zu erheben oder die Handlung vorzunehmen ist.

Artikel 98.

Das Recht des Zahlungsortes bestimmt die Maßnahmen, die bei Verlust oder Diebstahl eines Wechsels zu ergreifen sind.

FÜNFTER TEIL

Schlußbestimmungen

Artikel 99.

Soweit in Gesetzen und Verordnungen auf die Wechselordnung oder das Wechselgesetz verwiesen ist, treten an dessen Stelle die entsprechenden Vorschriften des Wechselgesetzes 1955.

Artikel 100.

(1) Folgende Vorschriften treten außer Kraft:

1. das Wechselgesetz vom 21. Juni 1933, Deutsches RGBl. I S. 399;

2. der Art. 2 des Einführungsgesetzes zum Wechselgesetz vom 21. Juni 1933, Deutsches RGBl. I S. 409, in Verbindung mit den Vorschriften des Gesetzes über die Wechsel- und Scheckzinsen vom 3. Juli 1925, Deutsches RGBl. I S. 93;

3. die Verordnung über benachbarte Orte im Wechsel- und Scheckverkehr vom 26. Feber 1934, Deutsches RGBl. I S. 161, nebst der zu ihrer Ergänzung erlassenen Verordnung vom 7. Dezember 1935, Deutsches RGBl. I S. 1432;

4. die Verordnung über die Einführung des Wechselrechtes im Lande Österreich vom 21. April 1938, Deutsches RGBl. I S. 421;

5. die Verordnung über Abrechnungsstellen im Wechsel- und Scheckverkehr vom 28. Oktober 1943, Deutsches RGBl. I S. 582;

6. die Verordnung, betreffend die Festsetzung der Feiertage im Sinne des Wechselgesetzes vom 29. Dezember 1933, BGBl. Nr. 606.

(2) Der § 558 der ZPO erhält nachfolgende Fassung:

„**§ 558.** Die Vorschriften des § 557 gelten auch für die Geltendmachung von Rückgriffsansprüchen vor Verfall des Wechsels, wenn die in den Art. 43 und 44 des Wechselgesetzes weiters hiefür geforderten Voraussetzungen durch glaubwürdige, der Klage in Urschrift beigelegte Urkunden nachgewiesen sind. Zum Nachweis der Eröffnung des Konkurses (Ausgleichsverfahrens, der Geschäftsaufsicht) genügt die Vorlegung einer der im Art. 44 Abs. 6 des Wechselgesetzes angeführten Bekanntmachungen.“

Artikel 101.

Dieses Bundesgesetz tritt mit 1. Mai 1955 in Kraft.

Artikel 102.

Mit der Vollziehung dieses Bundesgesetzes ist das Bundesministerium für Justiz im Einvernehmen mit den [Bundesministerien für Handel und Wiederaufbau][1] und für Finanzen, hinsichtlich der Bestimmung des Art. 54 Abs. 7 die Bundesregierung betraut.

[1] Jetzt: Bundesministerium für Wissenschaft, Forschung und Wirtschaft

29. Kraftloserklärungsgesetz 1951

BGBl 1951/86 (WV) idF

1 BGBl 1972/142

2 BGBl I 2003/112 (ab 1. 1. 2005)

GLIEDERUNG

STICHWORTVERZEICHNIS

Kraftloserklärungsgesetz 1951

Zulässigkeit des Aufgebotsverfahrens

§ 1. (1) Urkunden, die abhanden gekommen oder vernichtet worden sind, können nach den folgenden Bestimmungen für kraftlos erklärt werden.

(2) Soweit in diesem Bundesgesetz nichts anderes bestimmt ist, richtet sich das Verfahren nach den allgemeinen Bestimmungen des Außerstreitgesetzes, ausgenommen die Bestimmungen über das Abänderungsverfahren. *(BGBl I 2003/112, ab 1. 1. 2005)*

§ 2. (1) Bestehende Vorschriften, die die Kraftloserklärung gewisser Urkunden zulassen oder ausschließen, bleiben in Geltung.

(2) Insbesondere können folgende Urkunden nicht für kraftlos erklärt werden:

1. Staats- und Banknoten;

2. Einlagescheine der Zahlenlotterie sowie Lose der Klassenlotterie und der zu wohltätigen Zwecken veranstalteten Lotterien;

3. die Erneuerungsscheine (Talons) der Wertpapiere (§ 16);

4. Karten und Marken des täglichen Verkehrs, wie Eintritts- und Fahrkarten, Speisemarken und ähnliches.

Antrag auf Einleitung des Verfahrens

§ 3. (1) Zu dem Antrag auf Einleitung des Aufgebotsverfahrens ist berechtigt, wer ein Recht aus oder auf Grund der Urkunde geltend machen kann oder wer sonst ein rechtliches Interesse an der Kraftloserklärung der Urkunde hat.

(2) Der Antragsteller hat:

1. eine Abschrift der Urkunde vorzulegen oder deren wesentlichen Inhalt und alles anzugeben, was zur Erkennbarkeit der Urkunde erforderlich ist;

2. den Verlust der Urkunde sowie die Tatsachen glaubhaft zu machen, von denen seine Berechtigung zur Antragstellung abhängt.

Erste Anfrage

§ 4. (1) Erachtet das Gericht nach sorgfältiger Prüfung der über Erwerb, Besitz und Verlust der Urkunde vorgebrachten Angaben und Beweise die Bescheinigung für erbracht und den Antrag für zulässig, so hat es den Verpflichteten und nach Erfordernis auch andere Beteiligte zu befragen, ob eine Urkunde unter den angegebenen Merkmalen besteht sowie ob und welche Hindernisse der Einleitung des Aufgebotsverfahrens entgegenstehen. Der Verpflichtete kann die Organe bezeichnen, die zur Beantwortung der Anfragen und zur Abgabe der Erklärungen berufen sind.

(2) Die Anfrage an den Verpflichteten unterbleibt, wenn er selbst den Antrag stellt, wenn eine glaubwürdige Erklärung des Verpflichteten aus letzter Zeit über den Gegenstand der Anfrage vorgelegt wird, wenn bereits eine Verlustanzeige bekanntgemacht ist (§ 14), schließlich wenn infolge Kriegs, Unterbrechung des Verkehrs oder infolge anderer ungewöhnlicher Ereignisse der Anfrage oder der Beantwortung ein vorläufig nicht zu beseitigendes Hindernis im Weg steht.

Aufgebotsedikt

§ 5. (1) Die Einleitung des Aufgebotsverfahrens ist durch Edikt öffentlich kundzumachen.

(2) Das Edikt hat zu enthalten:

1. die Bezeichnung des Antragstellers und seines Vertreters nach Namen, Beruf, Wohnort (Adresse);

2. eine genaue Beschreibung oder Bezeichnung der Urkunde;

3. die Bestimmung der Aufgebotsfrist;

4. die Aufforderung, die Urkunde bei Gericht vorzuweisen oder Einwendungen gegen den Antrag zu erheben;

5. die Ansage, daß nach fruchtlosem Ablauf der Frist die Urkunde für kraftlos erklärt wird.

Zustellung und Kundmachung des Ediktes

§ 6. (1) Das Edikt ist den Beteiligten zuzustellen und sein Inhalt in die Ediktsdatei aufzunehmen. Im Übrigen ist § 117 Abs. 2 ZPO sinngemäß anzuwenden. *(BGBl I 2003/112, ab 1. 1. 2005)*

(2) Betrifft das Edikt eine der im § 7 Z. 1 bezeichneten Urkunden, so ist ein Auszug auch in einem durch Verordnung bestimmten Anzeiger kundzumachen und diese Kundmachung bis zur Kraftloserklärung der Urkunde oder bis zur Einstellung des Verfahrens ohne Unterbrechung fortzusetzen. Diese Vorschrift findet auf Einlagebücher, Versicherungsscheine, Depotscheine, Pfandscheine und andere Urkunden, die nicht Gegenstand des regelmäßigen Verkehrs sind, keine Anwendung.

Aufgebotsfrist

§ 7. Die Aufgebotsfrist beträgt:

1. für Urkunden, die auf den Inhaber lauten oder durch Indossament übertragbar und mit einem Blankoindossament versehen sind oder denen auf den Inhaber lautende Zins-, Renten- oder Gewinnanteilscheine beigegeben sind, sowie für solche auf den Inhaber lautende Scheine selbst ein Jahr;

2. für Lagerscheine, die durch Indossament übertragen werden können, zwei Monate;

3. für alle anderen Urkunden sechs Monate.

§ 8. „Die Aufgebotsfrist läuft vom Tag der Aufnahme des Edikts in die Ediktsdatei und, wenn es sich um eine der im § 7 Z 1 bezeichneten Urkunden handelt, vom Tag der ersten Kundmachung im Anzeiger.“ Ist bei den im § 7 Z. 2 genannten Urkunden die bedungene Lagerzeit noch nicht abgelaufen, so läuft die Aufgebotsfrist vom ersten Tag nach Ablauf der Lagerzeit. *(BGBl I 2003/112, ab 1. 1. 2005)*

Wirkung der Einleitung des Verfahrens; Zahlungssperre

§ 9. (1) Durch die Einleitung des Verfahrens wird die Verjährung gegenüber dem Antragsteller mit dem Tag unterbrochen, an dem der Antrag beim zuständigen Gericht gestellt wurde.

(2) Der Verpflichtete und seine Erfüllungsgehilfen (Filialen, Zahlstellen) dürfen nach Ablauf des Tages, an dem ihnen das Edikt zugestellt oder durch den Anzeiger bekanntgeworden ist oder bei Anwendung der gehörigen Sorgfalt bekanntwerden konnte, weder auf Grund der Urkunde, der Zins-, Renten- oder Gewinnanteilscheine leisten noch eine Änderung daran, einen Umtausch in andere Urkunden derselben Gattung oder eine Umschreibung vornehmen noch neue Zins-, Renten- oder Gewinnanteilscheine oder einen Erneuerungsschein ausfolgen (Zahlungssperre). Dieses Verbot dauert so lange, bis das Verfahren eingestellt oder die Urkunde für kraftlos erklärt ist. Das Verbot bezieht sich nicht auf den Umtausch und die Umschreibung der nicht verlosbaren staatlichen Wertpapiere, die auf den Inhaber lauten. Auf Grund eines Lagerscheins, der durch Indossament übertragen werden kann, kann der Berechtigte nach Einleitung des Aufgebotsverfahrens vom Lagerhalter Leistung nach Maßgabe des Lagerscheins verlangen, wenn er bis zur Kraftloserklärung Sicherheit bestellt.

(3) Der Verpflichtete und seine Erfüllungsgehilfen sind berechtigt, eine vorgelegte, von der Zahlungssperre betroffene Urkunde gegen Empfangsbestätigung zurückzubehalten. Sie haben von der Vorlegung einer solchen Urkunde, auch wenn sie nicht zurückbehalten wird, das aufbietende Gericht unter Angabe der Person und der Adresse des Vorweisenden, soweit sie ihnen bekannt sind, in Kenntnis zu setzen. Das Gericht hat den Antragsteller zu benachrichtigen.

Einstellung des Verfahrens

§ 10. (1) Das Verfahren und die weitere Kundmachung sind unter Benachrichtigung der Beteiligten einzustellen, wenn der Antragsteller dies begehrt oder die Einschaltungsgebühr nicht in angemessener Frist erlegt, wenn ein Dritter die Urkunde dem Gericht vorlegt oder auf andere Weise deren Innehabung nachweist oder wenn die Angaben des Antragstellers (§ 3 Abs. 2) sich nachträglich als unrichtig erweisen.

(2) Anmeldungen Dritter sind zu prüfen, wenngleich sie nach Ablauf der Aufgebotsfrist, jedoch vor Fassung des Beschlusses über die Kraftloserklärung bei Gericht einlangen. Der Antragsteller ist von jeder Anmeldung zu benachrichtigen. Wegen Versäumung der Anmeldungsfrist findet eine Wiedereinsetzung in den vorigen Stand nicht statt.

(3) Meldet sich der Inhaber und legt er die Urkunde vor, so ist dem Antragsteller vor Einstellung des Verfahrens die Einsicht der Urkunde binnen einer angemessenen Frist zu gestatten. Sonst ist zu diesem Zweck auf Antrag dem Inhaber die Vorlage der Urkunde an das aufbietende Gericht oder das Gericht des Ortes, an dem die Urkunde sich befindet, aufzutragen. Legt der angebliche Inhaber die Urkunde oder einen ausreichenden Nachweis der Innehabung nicht vor, so ist seine Anmeldung nicht weiter zu berücksichtigen.

Zweite Anfrage

§ 11. (1) Nach Ablauf der Aufgebotsfrist hat das Gericht auf „Antrag“ des Antragstellers den Verpflichteten zu befragen, ob nicht seit Beantwortung der ersten Anfrage auf Grund der Urkunde eine Leistung bewirkt oder eine Änderung der Urkunde (Umtausch, Umschreibung) vorgenommen worden ist. Die Anfrage unterbleibt, wenn eine nach Ablauf der Aufgebotsfrist ausgestellte glaubwürdige Erklärung des Verpflichteten über den Gegenstand der Anfrage vorgelegt wird. *(BGBl I 2003/112, ab 1. 1. 2005)*

(2) Hat der Verpflichtete die Urkunde zur Gänze eingelöst, eine Änderung daran (Umtausch, Umschreibung) vorgenommen oder neue Zins-, Renten- oder Gewinnanteilscheine ausgefolgt, so ist das Verfahren einzustellen und der Antragsteller davon in Kenntnis zu setzen. Der Verpflichtete haftet für die schuldhafte Nichtbeachtung der Zahlungssperre.

Kraftloserklärung

§ 12. (1) Das Gericht kann vor der Kraftloserklärung weitere Erhebungen pflegen. Wird der Anspruch auf die Urkunde mit Klage geltend gemacht, so ist „das Verfahren“ über die Kraftloserklärung bis zur Beendigung des Rechtsstreites „zu unterbrechen“. *(BGBl I 2003/112, ab 1. 1. 2005)*

(2) Der Beschluß, mit dem die Urkunde für kraftlos erklärt wird, hat die im § 5 Abs. 2 Z. 1

und 2 bezeichneten Angaben und die Feststellung zu enthalten, daß die Aufgebotsfrist fruchtlos abgelaufen ist.

(3) Der Beschluß ist den Beteiligten zuzustellen. Die fortlaufende Kundmachung im Anzeiger ist einzustellen.

Wirkung der Kraftloserklärung

§ 13. Der Beschluß, mit dem die Urkunde für kraftlos erklärt wird, tritt, insolange nicht eine neue Urkunde ausgefertigt ist, an die Stelle der für kraftlos erklärten Urkunde. Wer die Kraftloserklärung erlangt hat, kann unter Vorweisung des Beschlusses die ihm zustehenden Rechte aus der Urkunde oder auf Grund der Urkunde dem Verpflichteten gegenüber geltend machen oder die Ausfertigung einer neuen Urkunde gegen Ausfolgung des Beschlusses und Ersatz der Kosten verlangen. Der Verpflichtete wird durch die Leistung an diese Person insoweit befreit, als er durch die Leistung an den Inhaber der kraftlos erklärten Urkunde befreit worden wäre.

Verlustanzeige

§ 14. (1) Wenn eine auf den Inhaber lautende Urkunde, die für kraftlos erklärt werden kann, abhanden gekommen ist, kann der Verlustträger bei der Sicherheitsbehörde seines Aufenthalts- oder des Verlustortes beantragen, daß der Verlust auf seine Kosten im Anzeiger bekanntgemacht werde. Diese Bestimmung findet auf Zins-, Renten- und Gewinnanteilscheine sowie auf Einlagebücher, Versicherungsscheine, Depotscheine, Pfandscheine und andere Urkunden, die nicht Gegenstand des regelmäßigen Verkehrs sind, keine Anwendung.

(2) Dem Antrag muß entsprochen werden, wenn der Ansuchende den Bestimmungen des § 3 Genüge getan hat und die Kosten der Bekanntmachung erlegt. Der Verpflichtete ist von der Anordnung der Bekanntmachung zu benachrichtigen. Sie ist bis zur Kundmachung des Aufgebots, längstens aber bis zum Ablauf des zweiten, auf den Beginn der Bekanntmachung folgenden Kalendermonats ohne Unterbrechung fortzusetzen. Sie ist früher einzustellen, wenn der Antragsteller dies begehrt oder wenn die Urkunde der Behörde, die die Bekanntmachung angeordnet hat, vorgelegt wird.

(3) Gegen den Verpflichteten hat diese Bekanntmachung, sobald sie ihm durch behördliche Mitteilung oder durch den Anzeiger bekannt wird oder bei Anwendung der gehörigen Sorgfalt bekannt werden konnte, die gleiche Wirkung wie die Zahlungssperre (§ 9 Abs. 2).

Zahlungspflicht ohne Kraftloserklärung

§ 15. Sind Zins-, Renten- oder Gewinnanteilscheine abhanden gekommen oder vernichtet worden, so kann der Verlustträger innerhalb eines Jahres nach Ablauf der Verjährungsfrist vom Verpflichteten Zahlung verlangen, wenn er ihm vor Ablauf der Verjährungsfrist den Verlust unter Vorweisung der Hauptkunde angezeigt hat und wenn in dieser Frist weder der Schein vorgelegt noch der Anspruch gerichtlich geltend gemacht worden ist.

Besondere Bestimmungen für Erneuerungsscheine

§ 16. (1) Erneuerungsscheine (Talons) sind unwirksam, solange das Verfahren zur Kraftloserklärung der Haupturkunde anhängig (§ 9 Abs. 2) oder der Verlust der Haupturkunde bekanntgemacht ist oder wenn deren Inhaber unter Vorlage der Haupturkunde beim Verpflichteten Einspruch dagegen erhoben hat, daß auf Grund des Erneuerungsscheins neue Scheine ausgefolgt werden. Wenn Einspruch erhoben worden ist, dürfen weitere Zins-, Renten- oder Gewinnanteilscheine und ein weiterer Erneuerungsschein nur dem ausgefolgt werden, der die Haupturkunde vorlegt. Der Einspruch ist vom Verpflichteten auf der Haupturkunde anzumerken.

(2) Durch die Kraftloserklärung der Haupturkunde wird auch der Erneuerungsschein kraftlos.

Anzeiger aufgebotener Wertpapiere und ähnlicher Urkunden

(BGBl 1972/142)

§ 16a. (1) Der im § 6 Abs. 2 und im § 14 Abs. 1 genannte Anzeiger führt die Bezeichnung „Anzeiger aufgebotener Wertpapiere und ähnlicher Urkunden“. Er ist von einem geeigneten, vom Bundesminister für Justiz durch Vertrag zu bestellenden Unternehmer herauszugeben. Der Bundesminister für Justiz hat durch die jährliche Einholung von Berichten den gesetzgemäßen Ablauf der Herausgabe zu überwachen.

(2) Durch Verordnung sind festzulegen

1. die Art der Herausgabe, der Aufbau und der Inhalt des Anzeigers, die Art der Kundmachungen und der Bekanntmachungen sowie die Voraussetzungen für den Entfall der Einschaltungen, das Erscheinen des Anzeigers in regelmäßigen Zeitabschnitten; dabei ist darauf zu achten, daß sich die Personen und die Behörden, für die eine solche Verlautbarung von Bedeutung ist, schnell, einfach und verläßlich einen Überblick über die noch aufrechten Verlautbarungen verschaffen können, und daß dies möglichst sparsam erreicht wird;

2. die Pflicht des Herausgebers zur Auskunfterteilung und zur unentgeltlichen Überlassung des Anzeigers an die beteiligten Gerichte und Sicherheitsbehörden und

3. das Entgelt, das dem Herausgeber für die Einschaltung des Ediktes oder der Verlustanzeige in den Anzeiger zusteht. Dieses Entgelt ist nach dem Wert der den Gegenstand der Einschaltungen bildenden Urkunden in einem Hundertsatz festzusetzen; für die einzelne Urkunde kann dabei ein Mindestentgelt vorgesehen werden. Bei der Festsetzung des Hundertsatzes und des Mindestentgelts sind die Kosten der Herausgabe und die mit dieser verbundenen Verkaufs- und sonstigen Einnahmen zu berücksichtigen. Als Wert des Gegenstandes der Einschaltung ist der letzte Börsekurswert der Urkunde, wenn ein solcher nicht besteht, ihr Nennwert, mangels auch eines solchen, ihr Ausgabepreis maßgebend. Zins-, Renten- und Gewinnanteilscheine, die mit der Hauptburkunde zugleich aufgeboten werden, bleiben bei der Berechnung des Entgelts außer Betracht; werden solche Scheine allein aufgeboten, so ist ihr letzter Börsekurswert, wenn ein solcher nicht besteht, ihr Nennwert maßgebend; mangels auch eines solchen ist anzunehmen, daß der nach dem vorangehenden Satz zu berechnende Wert der Haupturkunde jährlich mit 5 vom Hundert verzinst wird.

(BGBl 1972/142)

Unberührt bleibende Vorschriften[1)]

[1)] Größtenteils überholt.

§ 17. (1) Unberührt bleiben die Bestimmungen über die Kraftloserklärung von Wechseln, Schecks und anderen Urkunden, deren Kraftloserklärung zufolge gesetzlicher Vorschrift sich nach Artikel 90 des Wechselgesetzes und Artikel 4 der Verordnung über die Einführung des Wechselrechts im Lande Österreich vom 21. April 1938, Deutsches RGBl. I S. 421, zu richten hat; insoweit in jenen Bestimmungen eine Vorschrift fehlt, sind die Bestimmungen dieses Bundesgesetzes anzuwenden. Die Kundmachung im Anzeiger und die Zahlungssperre im Sinne des § 9 Abs. 2 finden jedoch nicht statt. *(Verordnung Deutsches RGBl. I S. 421/1938, Art. 4, 7.)*

(2) Unberührt bleiben ferner die Vorschriften der §§ 18 und 24 der Ersten Durchführungsverordnung zum Erlaß zur Regelung des Postsparkassenwesens im Deutschen Reich vom 11. November 1938, Deutsches RGBl. I S. 1645 (Postsparkassenordnung), in der Fassung der Zweiten und Dritten Durchführungsverordnungen vom 8. August 1940, Deutsches RGBl. I S. 1094, und vom 2. Jänner 1942, Deutsches RGBl. I S. 16, über die Nichtigerklärung verlorener oder vernichteter Postsparbücher oder deren Ausweiskarten der Deutschen Reichspost und der Nameneinlagebücher der Österreichischen Postsparkasse sowie des § 12 der Verordnung vom 21. März 1927, BGBl. Nr. 86, über die Ausgabe von Prämieneinlagebüchern der Österreichischen Postsparkasse, in der Fassung der Verordnung vom 20. Jänner 1929, BGBl. Nr. 46, und des § 10 der Ministerialverordnung vom 24. April 1885, RGBl. Nr. 49, über verlorene Pfandscheine der Pfandleiher.

Wirksamkeitsbeginn

§ 18. (1) Dieses Gesetz ist in seinem ursprünglichen Wortlaut am 1. Oktober 1915 in Wirksamkeit getreten.

(2) *(gegenstandslos).*

§ 19. (1) und (2) *(gegenstandslos).*

(3) Die §§ 1, 6, 8, 11 und 12 in der Fassung des Bundesgesetzes BGBl. I Nr. 112/2003 treten mit 1. Jänner 2005 in Kraft. *(BGBl I 2003/112)*

(4) Die §§ 1, 11 und 12 in der im Abs. 3 genannten Fassung sind auf Verfahren anzuwenden, bei denen der verfahrenseinleitende Antrag nach dem 31. Dezember 2004 eingebracht worden ist. Zu diesem Zeitpunkt bereits anhängige Verfahren sind nach den bis dahin geltenden Bestimmungen zu Ende zu führen. *(BGBl I 2003/112)*

(5) Die §§ 6 und 8 in der im Abs. 3 genannten Fassung sind anzuwenden, wenn das Datum der bekannt zu machenden Entscheidung nach dem 31. Dezember 2004 liegt. Auf alle vor diesem Datum ergangenen Edikte sind die bisher in Geltung gestandenen Vorschriften über die Bekanntmachung weiter anzuwenden. *(BGBl I 2003/112)*

§ 20. Mit der Vollziehung dieses Bundesgesetzes sind die Bundesministerien für Justiz, für Finanzen und für Inneres betraut.

29/1. Verordnung über den Anzeiger aufgebotener Wertpapiere und ähnlicher Urkunden

BGBl 1972/145 idF

1 BGBl 1986/463 **2** BGBl 1995/424

STICHWORTVERZEICHNIS

Verordnung der Bundesminister für Justiz, für Finanzen und für Inneres vom 31. Mai 1972 über den Anzeiger aufgebotener Wertpapiere und ähnlicher Urkunden

Auf Grund der §§ 6 Abs. 2 und 16a Abs. 2 des Kraftloserklärungsgesetzes 1951, BGBl. Nr. 86, in der Fassung des Bundesgesetzes BGBl. Nr. 142/1972 wird verordnet:

§ 1. Der „Anzeiger aufgebotener Wertpapiere und ähnlicher Urkunden" (§ 16a Abs. 1 des Kraftloserklärungsgesetzes 1951), im folgenden „Anzeiger" genannt, dient den Kundmachungen und Bekanntmachungen, im folgenden „Einschaltungen" genannt, im Sinn der §§ 6 Abs. 2 beziehungsweise 14 Abs. 1 des Kraftloserklärungsgesetzes 1951.

§ 2. (1) Der Anzeiger hat in der Form eines Heftes einmal im Monat zu erscheinen.

(2) Er hat, in übersichtlicher Anordnung, an erster Stelle Auszüge der Edikte über die Einleitung des Aufgebotsverfahrens gemäß § 6 Abs. 2 des Kraftloserklärungsgesetzes 1951 und sodann den Gegenstand der Verlustanzeigen gemäß § 14 Abs. 1 des Kraftloserklärungsgesetzes 1951 wiederzugeben sowie schließlich die Verlautbarung zu enthalten, welche Einschaltungen künftighin zu entfallen haben.

§ 3. (1) Jedes Stück des Anzeigers hat Verzeichnisse aller Wertpapiere und ähnlicher Urkunden zu enthalten,

1. von deren Aufgebot oder Verlust der Herausgeber durch Mitteilung der Gerichte oder der Sicherheitsbehörden seit dem Abschluß der Arbeiten, auf Grund deren das zuletzt erschienene Stück gestaltet worden ist, Kenntnis erlangt hat;

2. für die eine weitere Einschaltung zu entfallen hat, weil die Urkunde bereits für kraftlos erklärt, das Kraftloserklärungsverfahren eingestellt worden oder die Verlustanzeige unwirksam geworden ist; der Inhalt dieses Verzeichnisses ist nach dem Grund des Entfalles der Einschaltung in Gruppen zu ordnen; in diesen Gruppen sind auch diejenigen Wertpapiere und ähnlichen Urkunden anzuführen, bei denen der Entfall der weiteren Einschaltung im selben Jahr bereits verlautbart worden ist, außer es wird an geeigneter Stelle auf die frühere Verlautbarung des Entfalles hingewiesen.

(2) Außerdem hat der Anzeiger im Jänner eines jeden Jahres ein vollständiges Verzeichnis aller Wertpapiere und ähnlichen Urkunden zu enthalten, von deren Aufgebot oder Verlust der Herausgeber Kenntnis erlangt hat, außer sie sind für kraftlos erklärt worden, das Kraftloserklärungsverfahren ist eingestellt worden oder die Verlustanzeige ist unwirksam geworden.

§ 3a. (1) Statt in der Form eines Heftes kann der Anzeiger auch als Lose-Blatt-Sammlung so eingerichtet werden, daß er die nach § 3 Abs. 2 anzuführenden Wertpapiere und ähnlichen Urkunden jeweils auf Grund monatlicher Ergänzungs- oder Austauschblätter enthält. In diesem Fall entfällt die Verpflichtung zur Herausgabe des jährlichen Verzeichnisses (§ 3 Abs. 2).

(2) Im Einvernehmen mit dem einzelnen Bezieher können diesem die im Anzeiger enthaltenen Daten auch in maschinell lesbarer Form (Diskette) oder elektronisch übermittelt werden. Abs. 1 ist entsprechend anzuwenden.

(BGBl 1995/424)

§ 4. Die Kundmachung des Ediktes über die Einleitung des Aufgebotsverfahrens ist bis zur Kraftloserklärung der Wertpapiere oder ähnlichen Urkunden oder bis zur Einstellung des Kraftloserklärungsverfahrens fortzusetzen. Die Bekanntmachung des Verlustes ist bis zur Kundmachung des Ediktes über die Einleitung des Aufgebotsverfahrens, längstens aber bis zum Ablauf des zweiten, auf den Beginn des der Bekanntmachung folgenden Monats fortzusetzen; sie hat früher zu entfallen, wenn die Verlustanzeige unwirksam geworden ist, weil der Antragsteller den Entfall der Einschaltung begehrt oder die Urkunde der Behörde, die die Bekanntmachung angeordnet hat, vorgelegt wird.

§ 5. (1) Der Herausgeber hat auf Anfrage Auskunft zu erteilen, auf wessen Antrag und bei welcher Behörde das einer Einschaltung zugrunde liegende Verfahren anhängig ist oder aus welchem Grund eine Einschaltung entfallen ist.

(2) Der Herausgeber hat allen mit der Zivilgerichtsbarkeit befaßten Gerichtshöfen erster Instanz und den Sicherheitsbehörden in den Landeshauptstädten den Anzeiger regelmäßig und unentgeltlich zu übersenden. Anderen Gerichten und Sicherheitsbehörden ist dasjenige Stück unentgeltlich zu übersenden, in dem das von ihnen erlassene Aufgebot beziehungsweise die mitgeteilte Verlustanzeige zum erstenmal eingeschaltet worden ist.

§ 6. (1) Das Entgelt, das dem Herausgeber für die Einschaltung in den Anzeiger zusteht, beträgt bis zu einem Wert der einzelnen Urkunde von 200 000 S 3 vH, von einem darüber hinausgehenden Wert 1 vH. Es beträgt jedoch zumindest 140 S; bezieht sich die Einschaltung auf Grund desselben Verfahrens auf mehrere Urkunden, so ist hiebei vom Gesamtwert der Urkunden auszugehen. *(BGBl 1995/424)*

(2) Ist für den Wert der letzte Börsekurswert der Urkunde maßgebend, so bestimmt er sich nach dem amtlichen Kurs am Tag vor der Antragstellung; diesen Kurs hat der Antragsteller nachzuweisen.

§ 7. (1) Die Gerichte haben in den im § 6 Abs. 2 des Kraftloserklärungsgesetzes 1951 angeführten Fällen eine Ausfertigung der Edikte über die Einleitung des Aufgebotsverfahrens und der Beschlüsse über die Kraftloserklärung oder die Einstellung des Kraftloserklärungsverfahrens dem Herausgeber zu übersenden.

(2) Die Mitteilungen der Sicherheitsbehörden über Verlustanzeigen haben die im § 5 Abs. 2 Z. 1 und 2 des Kraftloserklärungsgesetzes 1951 bezeichneten Angaben zu enthalten. Ferner ist ein Widerruf vor Ablauf der Höchstdauer der Bekanntmachungsfrist, nicht aber der Ablauf der gesetzlichen Frist dem Herausgeber bekanntzugeben.

(3) Die Ausfertigungen der Edikte und die Mitteilungen über Verlustanzeigen sind dem Herausgeber erst zu übersenden, wenn das Entgelt für die Eintschaltung entrichtet worden ist.

§ 8. (1) Dieses Verordnung tritt mit dem 1. Juni 1972 in Kraft.

(2) Mit demselben Tag tritt die Verordnung der Bundesministerien für Justiz, für Inneres und für Finanzen vom 8. Mai 1951, BGBl. Nr. 133, über die Verlautbarung des Verlustes und des Aufgebots von Wertpapieren und ähnlichen Urkunden außer Kraft.

§ 9. Das sich aus dem § 6 ergebende Entgelt ist nur für Edikte und Verlustanzeigen zu entrichten, die nach dem Inkrafttreten dieser Verordnung eingeschaltet werden. Für die bis dahin eingeschalteten Edikte und Verlustanzeigen sind die bisherigen Anordnungen anzuwenden.

§ 10. § 3a und § 6 Abs. 1 in der Fassung der Verordnung BGBl. Nr. 424/1995 treten mit dem 1. Juli 1995 in Kraft. § 9 ist entsprechend anzuwenden.

(BGBl 1995/424)

30. Allgemeine Österreichische Spediteur-Bedingungen

Inhaltsverzeichnis

Allgemeine Österreichische Spediteurbedingungen (AÖSp)

I.

Allgemeines

§ 1

Der Spediteur verrichtet seine Geschäfte mit der Sorgfalt eines ordentlichen Kaufmannes. Er nimmt dabei das Interesse des Auftraggebers wahr.

§ 2

a) Die AÖSp gelten für alle Verrichtungen des Spediteurs im Verkehr mit Kaufleuten und mit Unternehmen im Sinne des § 1 Abs. 2 KSchG, gleichgültig, ob es sich um Speditions-, Fracht-, Lager-, Kommissions- oder sonstige mit dem Speditionsgewerbe zusammenhängende Geschäfte handelt.

b) Die AÖSp werden nicht angewendet

1. wenn der Spediteur nur als Erfüllungsgehilfe einer Beförderungsunternehmung aufgrund besonderer Bedingungen oder nach dem Flächenverkehrsvertrag als ÖBB – Flächenverkehrsunternehmer tätig ist.
2. beim Transport von Umzugsgut mit Möbelauto (Möbelanhänger, Kofferwechselaufbau, Container, Liftvan) sowie bei der Einlagerung von Umzugsgut. Transporte von Umzugsgut für Auftraggeber im Sinne der lit. a) im Inland sowie vom und nach dem Ausland unterliegen den AÖSp, sofern es sich um Speditionstätigkeit gemäß § 407 HGB handelt.

c) Die AÖSp gehen örtlichen und bezirklichen Handelsbräuchen vor. Gesetzliche Bestimmungen zwingender Natur schränken den Wirkungskreis der AÖSp sinngemäß ein. Bei See- und Binnenschifftransporten können abweichende Vereinbarungen nach den dafür etwa aufgestellten besonderen Beförderungsbedingungen des Spediteurs getroffen werden.

d) Außerdem gelten diejenigen Bedingungen, die Dritte an der Ausführung Beteiligte aufgestellt haben.

§ 3

Eine Abtretung der Rechte des Auftraggebers an einen Dritten sowie die Geltendmachung von Ansprüchen gegen den Spediteur namens oder für Rechnung eines Dritten (vgl. § 67 Vers VG) kann nur insoweit erfolgen, als Rechte gegen den Spediteur auf Grund dieser Bedingungen bestehen.

§ 4

Alle Angebote des Spediteurs gelten nur bei unverzüglicher Annahme zur sofortigen Ausführung des betreffenden Auftrages, sofern sich nichts Gegenteiliges aus dem Angebot ergibt, und nur, wenn bei Erteilung des Auftrages auf das Angebot Bezug genommen wird.

II.

Von der Annahme ausgeschlossene Güter

§ 5

a) Von der Annahme sind Güter, die Nachteile für Personen, Tiere, andere Güter oder sonstige Gegenstände zur Folge haben könnten oder die schnellem Verderben oder Fäulnis ausgesetzt sind, mangels schriftlicher Vereinbarung ausgeschlossen.

b) Werden derartige Güter dem Spediteur ohne besonderen Hinweis und ohne Kennzeichnung übergeben, so haftet der Auftraggeber auch ohne Verschulden für jeden daraus entstehenden Schaden.

c) Der Spediteur kann, sofern die Sachlage es rechtfertigt, derartige Güter im Wege der Selbsthilfe öffentlich oder freihändig verkaufen. Der Auftraggeber ist vom beabsichtigten Verkauf nach Möglichkeit zu verständigen. Bei Gefahr im Verzuge kann der Spediteur derartige Güter auch ohne vorherige Benachrichtigung des Auftraggebers vernichten.

III.

Auftrag, Mitteilungen, Weisungen, Ermessen des Spediteurs

§ 6

Für die Befolgung mündlicher, telefonischer und telegrafischer Aufträge oder sonstiger Mitteilungen, die von keiner Seite schriftlich bestätigt sind, ebenso für die Befolgung von Mitteilungen an Fahr- und Begleitpersonal, übernimmt der Spediteur keine Gewähr. Die Übergabe von Gütern und Schriftstücken irgendwelcher Art an Arbeitnehmer des Spediteurs erfolgt ausschließlich auf Gefahr des Auftraggebers, wenn sie nicht vorher mit dem Spediteur oder einem seiner bevollmächtigten Angestellten ausdrücklich oder stillschweigend vereinbart war.

§ 7

a) Der dem Spediteur erteilte Auftrag hat Zeichen, Nummer, Art, Inhalt der Stücke und alle sonstigen, für die ordnungsmäßige Ausführung des Auftrages erheblichen Angaben zu enthalten. Die etwaigen Folgen unrichtiger oder unvollständiger Angaben fallen dem Auftraggeber zur Last, auch wenn ihn kein Verschulden trifft; es sei denn, die Unrichtigkeit oder Unvollständigkeit der Angaben war dem Spediteur bekannt. Der Spediteur ist nur dann verpflichtet, ohne Auftrag die Angaben nachzuprüfen und zu ergänzen, wenn dies geschäftsüblich ist. Der Auftraggeber haftet ferner für alle Schäden, die dem Spediteur oder Dritten dadurch entstehen, dass auf Frachtgütern von mindestens 1000 kg Rohgewicht die Gewichtsbezeichnung nicht angebracht ist.

b) Zur Verwiegung des Gutes ist der Spediteur nur über besonderen schriftlichen Auftrag verpflichtet.

c) Eine vom Spediteur erteilte Empfangsbescheinigung enthält im Zweifel keine Gewähr für Art, Inhalt, Wert, Gewicht oder Verpackung.

d) Die Empfangsbescheinigung bei Gütern, deren Menge im Speditionsgewerbe üblicherweise nicht nachgeprüft wird, wie bei Massengütern, Wagenladungen u. dgl., enthält keine Bestätigung der Menge.

§ 8

Übergibt ein Hersteller oder Händler bestimmter Erzeugnisse dem Spediteur eine Sendung ohne Inhaltsangabe zum Versand, so ist im Zweifel anzunehmen, dass die Sendung die Erzeugnisse des Versenders enthält. Die Bestimmungen des § 7 werden hierdurch nicht berührt.

§ 9

Der Auftraggeber hat seine Adresse und etwaige Adressenänderung dem Spediteur unverzüglich anzuzeigen; andernfalls ist die letzte dem Spediteur bekanntgegebene Adresse maßgebend.

§ 10

Der Spediteur braucht ohne besonderen schriftlichen Auftrag Benachrichtigungen nicht eingeschrieben und Urkunden aller Art nicht versichert zu versenden.

a) Der Spediteur ist nicht verpflichtet, die Echtheit der Unterschriften auf irgendwelchen das Gut betreffende Mitteilungen oder sonstigen Schriftstücken oder die Befugnis der Unterzeichner zu prüfen, es sei denn, dass mit dem Auftraggeber schriftlich etwas anderes vereinbart oder der Mangel der Echtheit oder der Befugnis offensichtlich erkennbar ist.

b) Der Spediteur ist berechtigt, aber nicht verpflichtet, eine von ihm versandte Benachrichtigung (Aviso) als hinreichenden Ausweis zu betrachten; er ist berechtigt, aber nicht verpflichtet, die Berechtigung des Vorzeigers zu prüfen.

§ 11

a) Eine über das Gut erteilte Weisung bleibt für den Spediteur bis zu einem Widerruf des Auftraggebers maßgebend.

b) Ein Auftrag, das Gut zur Verfügung eines Dritten zu halten, kann nicht mehr widerrufen werden, sobald die Verfügung des Dritten beim Spediteur eingegangen ist.

§ 12

Die Mitteilung des Auftraggebers, der Auftrag sei für Rechnung eines Dritten auszuführen, berührt die Verpflichtung des Auftraggebers gegenüber dem Spediteur nicht.

§ 13

Mangels ausreichender oder Ausführbarer Weisung darf der Spediteur unter Wahrnehmung der Interessen des Auftraggebers nach seinem Ermessen handeln, insbesondere Art, Weg oder Mittel der Beförderung wählen.

§ 14

Der Spediteur darf die Versendung des Gutes zusammen mit Gütern anderer Versender in Sammelladungen (bzw. auf Sammelkonnossement) bewirken, falls ihm nicht das Gegenteil ausdrücklich schriftlich vorgeschrieben ist. Die Übergabe eines Stückgutfrachtbriefes ist kein gegenteiliger Auftrag.

§ 15

Übernimmt der Spediteur das Gut mit einem ihm vom Auftraggeber übergebenen Frachtbrief oder sonstigen Frachtpapier, so darf er das Gut mil einem neuen, seine Firmenbezeichnung tragenden Frachtpapier unter Nennung des Namens des Auftraggebers befördern, falls dieser nicht etwas anderes bestimmt hat.

IV.

Untersuchung, Erhaltung und Verpackung des Gutes

§ 16

a) Der Spediteur ist zur Untersuchung, Erhaltung oder Besserung des Gutes und seiner Verpackung mangels schriftlicher Vereinbarung nur im Rahmen des Geschäftsüblichens verpflichtet. § 388 Abs. 1 HGE wird hierdurch nicht berührt.

b) Der Spediteur ist mangels gegenteiliger Weisung ermächtigt, alle auf das Fehlen oder die Mängel der Verpackung bezüglichen, von der Eisenbahn verlangten Erklärungen abzugeben.

V.

Fristen

§ 17

Verladefristen, Lieferfristen und eine bestimmte Reihenfolge in der Abfertigung von Gütern gleicher Beförderungsart werden mangels Vereinbarung nicht gewährleistet. Die Bezeichnung als Messe- oder Marktgut beding keine bevorzugte Abfertigung.

VI.

Hindernisse

§ 18

Ereignisse, die vom Spediteur nicht verschuldet sind, ihn aber an der Erfüllung seiner Pflichten ganz oder teilweise behindern, ferner Streiks und Aussperrungen befreien den Spediteur für die Zeit ihrer Dauer von seinen Verpflichtungen aus den von diesen Ereignissen berührten Aufträgen. In solchen Fällen ist der Spediteur, selbst wenn eine feste Übernahme vereinbart ist, berechtigt, aber nicht verpflichtet, vom Vertrag zurückzutreten, auch wenn der Auftrag schon teilweise ausgeführt worden ist. Dem Auftraggeber steht in diesen Fällen das gleiche Recht zu, wenn ihm die Fortsetzung des Vertrages billigerweise nicht zugemutet werden kann. Tritt der Spediteur oder der Auftraggeber nach den vorstehenden Bestimmungen zurück, so sind dem Spediteur die entstandenen Kosten zu erstatten.

§ 19

In den Grenzen seiner Sorgfaltspflicht hat der Spediteur zu prüfen, ob gesetzliche oder behördliche Hindernisse für die Versendung vorliegen und den Auftraggeber entsprechend zu informieren.

VII.

Leistungen, Entgelt und Auslagen des Spediteurs

§ 20

Angebote des Spediteurs und Vereinbarungen mit ihm über Preise und Leistungen beziehen sich stets nur auf die namentlich angeführten eigenen Leistungen und/oder Leistungen Dritter und, wenn nichts anderes schriftlich vereinbart ist, nur auf Güter normalen Umfangs, normalen Gewichts und normaler Beschaffenheit; sie setzen normale unveränderte Beförderungsverhältnisse, ungehinderte Verbindungswege, Möglichkeit unmittelbarer sofortiger Weiterversendung sowie Weitergeltung der bisherigen Frachten Valutaverhältnisse und Tarife, welche der Vereinbarung zugrunde lagen voraus. Die üblichen Sondergebühren und Sonderauslagen können vom Spediteur unter der Voraussetzung eingehoben werden, dass er den Auftraggeber darauf aufmerksam gemacht hat. Dabei genügt ein genereller Hinweis, wie etwa „zuzüglich der üblichen Nebenspesen".

§ 21

Wird ein Auftrag wieder entzogen, so steht dem Spediteur nach seiner Wahl entweder der Anspruch auf die vereinbarte Vergütung, unter Anrechnung der ersparten Aufwendungen, oder eine angemessene Provision zu.

§ 22

Lehnt der Empfänger die Annahme einer ihm zugestellten Sendung ab, so steht dem Spediteur für die Rückbeförderung ein angemessenes Entgelt zu. Entstehen dem Spediteur durch verzögerte Annahme Kosten, sind diese vom Auftraggeber zu tragen.

§ 23

Die Provision wird auch dann erhoben, wenn ein Nachnahme- oder sonstiger Einziehungsauftrag nachträglich zurückgezogen wird oder der Betrag nicht eingeht.

§ 24

Hat der Spediteur die Versendung von Gütern nach dem Ausland bis ins Haus des außerösterreichischen Empfängers zu einem festen Prozentsatz des Fakturenwertes einschließlich des Zolles übernommen, so ist der Auftraggeber verpflichtet, den vollen Fakturenwert ohne Rücksicht auf einen etwa eingeräumten Kassaskonto einschließlich Zoll, Fracht und Verpackung anzugeben.

§ 25

a) Der Auftrag zur Versendung nach einem Bestimmungsort im Ausland schließt den Auftrag zur Verzollung ein, wenn ohne sie die Beförderung bis zum Bestimmungsort nicht Ausführbar ist.

b) Für die Verzollung kann der Spediteur neben den tatsächlich auflaufenden Kosten eine besondere Provision einheben.

c) Der Auftrag, unter Zollverschluss eingehende Sendungen zuzustellen oder frei Haus zu liefern, schließt die Ermächtigung für den Spediteur ein, nach seinem Ermessen (siehe § 13) die erforderlichen Zollförmlichkeiten zu erledigen und die zollamtlich festgesetzten Zollbeträge auszulegen.

d) Erteilt der Auftraggeber dem Spediteur Anweisungen für die zollamtliche Abfertigung, so sind diese genau zu beachten. Falls die zollamtliche Abfertigung nach den erteilten Weisungen nicht möglich ist, hat der Spediteur den Auftraggeber unverzüglich zu unterrichten.

§ 26

Der Auftrag, ankommende Güter in Empfang zu nehmen, ermächtigt den Spediteur, verpflichtet ihn aber nicht, auf dem Gut ruhende Frachten, Wertnachnahmen, Zölle und Spesen auszulegen.

§ 27

Der Spediteur ist berechtigt, von ausländischen Empfängern oder Auftraggebern nach seiner Wahl Zahlung in ihrer Landeswährung oder in österreichischer Währung zu verlangen, unter Beachtung der bestehenden Devisenvorschriften.

§ 28

Wird der Spediteur fremde Währung schuldig oder hat er fremde Währung ausgelegt, so ist er soweit nicht öffentlich-rechtliche Bestimmungen entgegenstehen berechtigt, nach seiner Wahl entweder Zahlung in der fremden oder in der österreichischen Währung zu verlangen. Verlangt er Österreichische Währung, so erfolgt die Umrechnung zum Warenkurs des Tages der Auftragserteilung, es sei denn, dass er nachweisbar einen höheren Kurs bezahlt hat.

§ 29

Rechnungen des Spediteurs sind sofort zu begleichen. Zahlungsverzug tritt, ohne dass es einer Mahnung oder sonstiger Voraussetzungen bedarf, spätestens nach Ablauf von fünf Tagen nach Fälligkeit ein, sofern er nicht nach dem Gesetz schon vorher eingetreten ist. Der Spediteur darf im Falle des Verzuges die ortsüblichen Spesen und Zinsen berechnen. Weitergehende gesetzliche Ansprüche bleiben unberührt.

§ 30

a) Von Forderungen oder Nachforderungen für Frachten, Havarieeinschüsse oder – beiträge, Zölle, Steuern und sonstige Abgaben, die an den Spediteur, insbesondere als Verfügungsberechtigten oder als Besitzer fremden Gutes gestellt werden, hat der Auftraggeber den Spediteur über Aufforderung sofort zu befreien. Andernfalls ist der Spediteur berechtigt, die zu seiner Sicherung oder Befreiung ihm geeignet erscheinenden Maßnahmen zu treffen, nötigenfalls, sofern die Sachlage es rechtfertigt, auch durch Vernichtung des Gutes.

b) Der Auftraggeber hat den Spediteur in geschäftsüblicher Weise rechtzeitig auf alle öffentlich rechtlichen, z. B. zollrechtlichen, Verpflichtungen aufmerksam zu machen, die mit dem Besitz des Gutes verbunden sind. Für alle Folgen der Unterlassung haftet der Auftraggeber dem Spediteur.

§ 31

Durch eine Beschlagnahme oder andere öffentlich rechtliche Akte werden die Rechte des Spediteurs gegenüber dem Auftraggeber nicht berührt; der Auftraggeber bleibt Vertragspartner des Spediteurs und haftet, auch wenn ihn kein Verschulden trifft, dem Spediteur für alle aus solchen Ereignissen entstehenden Folgen. Etwaige Ansprüche des Spediteurs gegenüber dem Staat oder einem sonstigen Dritten werden hierdurch nicht berührt.

§ 32

Gegenüber Ansprüchen des Spediteurs ist eine Aufrechnung oder Zurückbehaltung nur mit fälligen Gegenansprüchen des Auftraggebers, denen ein Einwand nicht entgegensteht, zulässig.

VIII.

Ablieferung

§ 33

a) Die Ablieferung des Gutes darf mit befreiender Wirkung an jede zum Geschäft oder Haushalt gehörige, in den Räumen des Empfängers anwesende erwachsene Person erfolgen.

b) Mangels anderer Vereinbarung stellt der Spediteur das Gut in oder auf dem Beförderungsmittel (z. B. Lkw, Wechselbrücke u. dgl.) dem Empfänger vor oder, falls möglich, auf dessen Grundstück zur Annahme bereit.

c) Der Empfänger kann gegen Übernahme der Kosten und Gefahr verlangen, dass Güter in Höfe, auf Rampen, in Räume, Regale und dgl. abgetragen werden. Dies gilt nicht für Güter mit einem Gewicht ab 50 kg das Stück oder für solche, die wegen ihres Umfanges von einer Person nicht befördert werden können.

§ 34

a) Die Annahme des Gutes verpflichtet den Empfänger zur sofortigen Zahlung der auf dem Gute ruhenden Kosten einschließlich von Nachnahmen. Erfolgt die Zahlung nicht, so ist das Fahr- oder Begleitpersonal berechtigt, das Gut wieder an sich zu nehmen.

b) Unterbleibt bei der Ablieferung aus Versehen oder aus sonstigen Gründen die Bezahlung der Kosten einschließlich von Nachnahmen, so ist der Empfänger, wenn er trotz Aufforderung den Betrag nicht zahlt, zur sofortigen bedingungslosen Rückgabe des Gutes an den Spediteur oder im Unvermögensfalle zum Schadenersatz an den Spediteur verpflichtet. Die Geltendmachung eines Gegenanspruches oder eines Zurückbehaltungsrechtes sowie Verfügungen über das Gut sind unzulässig.

IX.

Versicherung des Gutes (Transport-, Feuerversicherung u. a.)

§ 35

a) Zur Versicherung des Gutes ist der Spediteur nur verpflichtet, soweit ein ausdrücklicher schriftlicher Auftrag dazu unter Angabe des Versicherungswertes und der zu deckenden Gefahren vorliegt. Bei ungenauen oder unausführbaren Versicherungsaufträgen ist Art und Umfang der Versicherung dem Ermessen des Spediteurs anheimgestellt. Die Versicherung tritt erst in Kraft, sobald der Spediteur bei ordnungsgemäßem Geschäftsgang in der Lage gewesen ist, die Versicherung abzuschließen.

b) Der Spediteur ist nicht berechtigt, die bloße Wertangabe als Auftrag zur Versicherung anzusehen.

c) Durch Entgegennahme eines Versicherungsscheines (Polizze) Übernimmt der Spediteur nicht die Pflichten, die dem Versicherungsnehmer obliegen; jedoch hat der Spediteur alle üblichen Maßnahmen zur Erhaltung des Versicherungsanspruches zu treffen.

§ 36

Mangels abweichender schriftlicher Vereinbarung versichert der Spediteur nur zu den an seinem Erfüllungsort üblichen Versicherungsbedingungen und nicht gegen Bruchgefahr. Der Spediteur genügt seiner Versicherungspflicht stets durch Versicherung aufgrund einer etwaigen Generalpolizze.

§ 37

a) Im Falle der Versicherung steht dem Auftraggeber als Ersatz nur zu, was der Spediteur vom Versicherer nach Maßgabe der Versicherungsbedingungen erhalten hat.

b) Der Spediteur genügt seinen Verpflichtungen, wenn er dem Auftraggeber auf Wunsch die Ansprüche gegen den Versicherer abtritt; zur Verfolgung der Ansprüche ist er nur aufgrund besonderer schriftlicher Abmachung und nur auf Rechnung und Gefahr des Auftraggebers verpflichtet.

c) Soweit der Schaden durch eine vom Spediteur im Auftrag des Auftraggebers abgeschlossene Versicherung gedeckt ist, haftet der Spediteur nicht.

d) Versichert der Auftraggeber selbst, so ist jeder Schadenersatzanspruch aus den durch diese Versicherung gedeckten Gefahren gegen den Spediteur ausgeschlossen, geht also nicht auf den Versicherer über.

§ 38

Für die Versicherungsbesorgung, Einziehung des Schadensbetrages und sonstigen Bemühungen bei Abwicklung von Versicherungsfällen und Havarien steht dem Spediteur eine besondere Vergütung zu.

X.

Speditionsversicherungsschein und Rollfuhrversicherungsschein (SVS und RVS)

§ 39

a) Der Spediteur ist, wenn der Auftraggeber es nicht ausdrücklich schriftlich untersagt, verpflichtet, die Schäden, die dem Auftraggeber durch den Spediteur bei der Ausführung des Auftrages erwachsen können, bei Versicherern seiner Wahl auf Kosten des Auftraggebers zu versichern. Die Polizze für die Versicherung muss, insbesondere in ihrem Deckungsumfang, mindestens dem Speditions- und Rollfuhrversicherungsschein (SVS/RVS) entsprechen. Die Prämie hat der Spediteur für jeden einzelnen Verkehrsvertrag auftragsbezogen zu erheben und sie als Aufwendungen des Auftraggebers ausschließlich für die Speditionsversicherung in voller Höhe an die jeweiligen Versicherer abzuführen. Der Spediteur hat dem Auftraggeber auf Verlangen anzuzeigen, bei wem er die Speditionsversicherung gezeichnet hat.

b) Nach Maßgabe des SVS werden auch Schäden versichert, die denjenigen Personen erwachsen können, denen das versicherte Interesse zur Zeit des den Schaden verursachenden Ereignisses zugestanden ist.

c) Es wird nachdrücklichst darauf hingewiesen, dass laut § 5 Abs. 1 SVS alle Schäden, die durch Transport- oder Lagerversicherung gedeckt sind oder üblicherweise gedeckt werden, von der Speditionsversicherung ausgeschlossen sind. Dagegen wird der Auftraggeber gegen die sogenannten Rollfuhrschäden gemäß dem Rollfuhrversicherungsschein (RVS) versichert, sofern er diese Zusatzversicherung nicht ausdrücklich schriftlich untersagt hat.

d) Versichert der Auftraggeber die Speditionsversicherung selbst, so ist jeder Schadenersatzanspruch aus den durch diese Versicherung gedeckten Gefahren gegen den Spediteur ausgeschlossen, geht also nicht auf den Speditionsversicherer über.

§ 40

Der Auftraggeber unterwirft sich sowie alle Personen, in deren Interesse oder für deren Rechnung er handelt, allen Bedingungen des SVS und des RVS. Insbesondere hat er für rechtzeitige Schadensanmeldung zu sorgen (§ 10 SVS).

§ 41

a) Hat der Spediteur infolge ausdrücklichen oder vermuteten Auftrages (§ 39) die Speditionsversicherung gedeckt, so ist er von der Haftung für jeden durch diese Versicherung gedeckten Schaden frei. Dies gilt insbesondere auch für den Fall, dass infolge fehlender oder ungenügender Wertangabe des Auftraggebers die Versicherungssumme hinter dem wirklichen Wert oder Schadensbetrag zurückbleibt.

b) Darüber, ob ein Schaden durch die Speditionsversicherung gedeckt ist, hat im Streitfalle ausschließlich das zuständige Gericht zu entscheiden.

c) Hat der Spediteur keine Speditionsversicherung nach § 39 abgeschlossen, so darf er sich dem Auftraggeber gegenüber nicht auf die AÖSp berufen.

d) Die lit. a) bis c) gelten entsprechend für die durch den RVS gedeckte Versicherung.

§ 42

Für die Speditionsversicherung und die Rollfuhrversicherung gilt § 35 lit. a) 2. und 3. Satz entsprechend.

XI.

Lagerung

§ 43

a) Die Lagerung erfolgt nach Wahl des Lagerhalters in dessen eigenen oder fremden (privaten oder öffentlichen) Lagerräumen. Lagert der Lagerhalter in einem fremden Lager ein, so hat er den Lagerort und den Namen des fremden Lagerhalters dem Einlagerer schriftlich bekanntzugeben oder, falls ein Lagerschein ausgestellt ist, auf diesem zu vermerken. Diese Bestimmung gilt nicht, wenn es sich um eine Lagerung im Ausland oder um eine mit dem Transport zusammenhängende Lagerung handelt.

b) Hat der Lagerhalter das Gut in einem fremden Lager eingelagert, so sind für das Verhältnis zwischen ihm und seinem Auftraggeber gemäß § 2 lit. c) die gleichen Bedingungen maßgebend, die im Verhältnis zwischen dem Lagerhalter und dem fremden Lagerhalter gelten. Der Lagerhalter hat auf Wunsch diese Bedingungen dem Auftraggeber zu übersenden. Die Bedingungen des fremden Lagerhalters sind insoweit für das Verhältnis zwischen dem Auftraggeber und dem Lagerhalter nicht maßgebend, als sie ein Pfandrecht enthalten, das über das im § 50 dieser Bedingungen festgelegte Pfandrecht hinausgeht.

c) Eine Verpflichtung des Lagerhalters zur Sicherung oder Bewachung von Lagerräumen besteht nur insoweit, als es sich um seine eigenen Lagerräume handelt und die Sicherung und Bewachung unter Berücksichtigung aller Umstände geboten und ortsüblich ist. Der Lagerhalter genügt seiner Bewachungspflicht, wenn er bei der Anstellung oder Annahme von Bewachung die nötige Sorgfalt angewendet hat.

d) Dem Einlagerer steht es frei, die Lagerräume zu besichtigen oder besichtigen zu lassen. Einwände oder Beanstandungen gegen die Unterbringung des Gutes oder gegen die Wahl des Lagerraumes muss er unverzüglich vorbringen. Macht er von dem Besichtigungsrecht keinen Gebrauch, so begibt er sich aller Einwände gegen die Art und Weise der Unterbringung, soweit die Wahl des Lagerraumes und die Unterbringung unter Wahrung der Sorgfalt eines ordentlichen Lagerhalters erfolgt sind.

§ 44

a) Das Betreten des Lagers ist dem Einlagerer nur in Begleitung des Lagerhalters oder eines vom Lagerhalter beauftragten Angestellten erlaubt.

b) Das Betreten darf nur während der bei dem Lagerhalter eingeführten Geschäftsstunden verlangt werden, und auch dann nur, wenn ein Arbeiten bei Tageslicht möglich ist.

§ 45

a) Nimmt der Einlagerer irgendwelche Handlungen mit dem Gut vor (z. B. Probeentnahmen), so hat er danach dem Lagerhalter das Gut neuerlich in einer den Umständen und der Verkehrssitte entsprechenden Weise zu übergeben und erforderlichenfalls Anzahl, Gewicht und Beschaffenheit des Gutes gemeinsam mit ihm festzustellen. Andernfalls ist jede Haftung des Lagerhalters für später festgestellte Schäden ausgeschlossen.

b) Der Lagerhalter behält sich das Recht vor, die Handlungen, die der Einlagerer mit dem Lagergut vorzunehmen wünscht, durch seine Angestellten Ausführen zu lassen.

§ 46

a) Der Einlagerer haftet für alle Schäden, die er, seine Angestellten oder Beauftragten beim Betreten des Lagers oder beim Betreten oder Befahren des Lagergrundstückes dem Lagerhalter, anderen Einlagerern oder dem Hauseigentümer zufügen, es sei denn, dass den Einlagerer, seine Angestellten oder Beauftragten kein Verschulden trifft. Als Beauftragter des Einlagerers gelten auch

Dritte, die auf seine Veranlassung das Lager oder das Lagergrundstück aufsuchen.

b) Der Lagerhalter darf die ihm gemäß lit. a) zustehenden Ansprüche, soweit sie über die gesetzlichen Ansprüche hinausgehen, an Dritte nicht abtreten.

§ 47

a) Der Lagerhalter darf, wenn nicht schriftlich etwas anderes vereinbart ist, den Lagervertrag jederzeit mit einmonatiger Frist durch eingeschriebenen Brief an die letzte ihm bekanntgegebene Adresse kündigen.

b) Eine Kündigung ohne Kündigungsfrist ist insbesondere zulässig, wenn das Gut andere Güter gefährdet.

c) Entstehen dem Lagerhalter Zweifel, ob seine Ansprüche durch den Wert des Gutes sichergestellt sind, so ist er berechtigt, dem Einlagerer eine angemessene Frist zu setzen, in der dieser entweder für Sicherstellung der Ansprüche des Lagerhalters oder für anderweitige Unterbringung des Lagergutes Sorge tragen kann. Kommt der Einlagerer diesem Verlangen nicht nach, so ist der Lagerhalter zur Kündigung ohne Kündigungsfrist berechtigt.

§ 48

a) Sobald das Gut ordnungsgemäß eingelagert ist, wird auf Verlangen hierüber entweder ein Lagerempfangsschein oder ein Namenslagerschein ausgestellt. Im Zweifel gilt die vom Lagerhalter erteilte Bescheinigung nur als Lagerempfangsschein.

b) Der Lagerempfangsschein ist lediglich eine Bescheinigung des Lagerhalters über den Empfang des Gutes. Der Lagerhalter ist nicht verpflichtet, das Gut nur dem Vorzeiger des Scheines herauszugeben.

c) Der Lagerhalter ist berechtigt, aber nicht verpflichtet, die Legitimation des Vorzeigers des Empfangsscheines zu prüfen; er ist ohne weiteres berechtigt, gegen Aushändigung des Scheines das Gut an den Vorzeiger herauszugeben.

d) Eine Abtretung oder Verpfändung der Rechte des Einlagerers aus dem Lagervertrag ist gegenüber dem Lagerhalter erst wirksam, wenn sie ihm schriftlich vom Einlagerer mitgeteilt worden ist. In solchen Fällen ist dem Lagerhalter gegenüber nur derjenige, dem die Rechte abgetreten oder verpfändet worden sind, zur Verfügung über das Lagergut berechtigt.

e) Ist ein „Namenslagerschein" ausgestellt, so ist der Lagerhalter verpflichtet, das eingelagerte Gut nur gegen Aushändigung des Namenslagerscheines, insbesondere nicht lediglich gegen einen Lieferschein, Auslieferungsschein o. dgl., und im Falle der Abtretung nur an denjenigen Inhaber des Lagerscheines herauszugeben, der durch eine zusammenhängende Kette von auf dem Lagerschein stehenden Abtretungserklärungen legitimiert ist.

f) Der Lagerhalter ist zur Prüfung

1. der Echtheit der Unterschriften der Abtretungserklärungen,
2. der Echtheit der Unterschriften auf Lieferscheinen u. dgl.,
3. der Befugnis der Unterzeichner zu 1. und 2.

nicht verpflichtet, es sei denn, dass mit dem Auftraggeber etwas anderes vereinbart worden oder der Mangel der Echtheit oder Befugnis offensichtlich erkennbar ist.

g) Die Abtretung oder Verpfändung der Rechte des Einlagerers aus dem Lagervertrag ist dem Lagerhalter gegenüber nur dann wirksam, wenn sie auf dem Lagerschein schriftlich erklärt und im Falle der Verpfändung außerdem dem Lagerhalter mitgeteilt worden ist.

h) Der Lagerhalter kann dem nach vorstehenden Bestimmungen legitimierten Rechtsnachfolger des Einlagerers nur solche Einwendungen entgegensetzen, die die Gültigkeit der Ausstellung des Scheines betreffen oder sich aus dem Schein ergeben oder dem Lagerhalter unmittelbar gegen den Rechtsnachfolger zustehen. Das gesetzliche Pfand- oder Zurückbehaltungsrecht des Lagerhalters wird durch diese Bestimmung nicht berührt.

§ 49

Die Bestimmungen dieses Abschnittes gelten auch bei nur vorübergehender Aufbewahrung von Gütern, z. B. zwecks Versendung, soweit nicht § 43 etwas anderes bestimmt.

XII.

Pfandrecht

§ 50

a) Der Spediteur hat wegen aller fälligen und nicht fälligen Ansprüche, die ihm aus den im § 2 lit. a) genannten Verrichtungen gegen den Auftraggeber zustehen, ein Pfandrecht und ein Zurückbehaltungsrecht an den in seiner Verfügungsgewalt befindlichen Gütern oder sonstigen Werten. Soweit das Pfand- oder Zurückbehaltungsrecht nach dem 1. Satz Ansprüche sichert, die durch das gesetzliche Pfand- oder Zurückbehaltungsrecht nicht gesichert sind, werden nur solche Güter und Werte erfasst, die dem Auftraggeber gehören.

b) Soweit das Pfand- oder Zurückbehaltungsrecht aus lit. a) über das gesetzliche Pfand- oder Zurückbehaltungsrecht hinausgehen würde, ergreift es bei Aufträgen eines Spediteurs an einen anderen Spediteur nur solche Güter und sonstige Werte, die dem auftraggebenden Spediteur gehören oder die der beauftragte Spediteur für Eigentum des auftraggebenden Spediteurs hält und halten darf (z. B. Möbelauto, Decken u. dgl.).

c) Der Spediteur darf ein Pfand- oder Zurückbehaltungsrecht wegen solcher Forderungen, die mit dem Gut nicht im Zusammenhang stehen, nur ausüben, soweit sie nicht strittig sind oder wenn die Vermögenslage des Schuldners die Forderung des Spediteurs gefährdet.

d) Der Spediteur darf bei einem Auftrag, das Gut zur Verfügung eines Dritten zu halten oder einem Dritten herauszugeben, ein Pfand- oder Zurückbehaltungsrecht wegen Forderungen gegen einen Dritten, die mit dem Gut nicht im Zusammenhang stehen, nicht ausüben, soweit und solange die Ausübung der Weisung und den berechtigten Interessen des ursprünglichen Auftraggebers zuwiderlaufen würde.

e) Etwa weitergehende gesetzliche Pfand- und Zurückbehaltungsrechte des Spediteurs werden durch die vorstehenden Bestimmungen nicht berührt.

f) Wird der zwangsweise Verkauf des Gutes angedroht, wird dem Schuldner zur Ordnung der Angelegenheit eine Frist von einer Woche gestellt. Vom Verkauf des Gutes ist der Schuldner zu verständigen.

g) Für den Pfand- oder Selbsthilfeverkauf kann der Spediteur in allen Fällen eine Verkaufsprovision vom Bruttoerlös in Höhe der ortsüblichen Sätze berechnen.

XIII.

Haftung des Spediteurs

§ 51

a) Der Spediteur haftet bei allen seinen Verrichtungen (siehe § 2 lit. a) grundsätzlich nur, soweit ihn ein Verschulden trifft. Die Entlastungspflicht trifft den Spediteur; ist jedoch ein Schaden am Gut äußerlich nicht erkennbar gewesen oder kann aus sonstigen Gründen dem Spediteur die Aufklärung der Schadensursache nach Lage der Umstände billigerweise nicht zugemutet werden, so hat der Auftraggeber nachzuweisen, dass der Spediteur den Schaden verschuldet hat.

b) Im Übrigen ist die Haftung des Spediteurs nach Maßgabe der vorangegangenen und der folgenden Bestimmungen beschränkt bzw. aufgehoben, außer bei Vorsatz oder grober Fahrlässigkeit.

c) Dem Auftraggeber steht es – abgesehen von der Versicherungsmöglichkeit (siehe §§ 35 ff., 39 ff.) – frei, mit dem Spediteur eine über diese Bedingungen hinausgehende Haftung gegen besondere Vergütung zu vereinbaren. Eine solche Vereinbarung bedarf der Schriftform.

§ 52

a) Ist ein Schaden bei einem Dritten, namentlich einem Frachtführer, Lagerhalter, Schiffer, Zwischen- oder Unterspediteur, Versicherer, einer Eisenbahn oder Gütersammelstelle, bei Banken oder sonstigen an der Ausführung des Auftrages beteiligten Unternehmern entstanden, so tritt der Spediteur seinen etwaigen Anspruch gegen den Dritten dem Auftraggeber auf dessen Verlangen ab, es sei denn, dass der Spediteur aufgrund besonderer Abmachungen die Verfolgung des Anspruches für Rechnung und Gefahr des Auftraggebers übernimmt. Die vorstehend erwähnten Dritten gelten nicht als Erfüllungsgehilfen des Spediteurs.

b) Eine weitergehende Verpflichtung oder eine Haftung besteht für den Spediteur nur, wenn ihm eine schuldhafte Verletzung der Pflichten aus § 408 Abs. 1 HGB zur Last fällt.

c) Der Spediteur haftet auch in den Fällen der §§ 412 und 413 HGB nur nach Maßgabe dieser Bedingungen.

§ 53

Die Haftung des Spediteurs ist beendet, sobald die Güter dem Empfänger zur Annahme (§ 33 lit. b) bereitgestellt und von diesem abgenommen sind.

§ 54

a) Soweit der Spediteur überhaupt haftet, gelten folgende Höchstgrenzen für seine Haftung:

1. € 7.267,28 je Schadensfall für Schäden, die auf Unterschlagung oder Veruntreuung durch einen Arbeitnehmer des Spediteurs beruhen. Hierzu gehören nicht gesetzliche Vertreter und Prokuristen, für deren Handlungen keine Haftungsbegrenzung besteht. Ein Schadensfall im Sinne der Vorschrift des 1 .Absatzes ist jeder Schaden, der von ein und demselben Arbeitnehmer des Spediteurs durch Veruntreuung oder Unterschlagung verursacht wird, gleichviel, ob außer ihm noch andere Arbeitnehmer des Spediteurs an der schädigenden Handlung beteiligt sind und ob der Schaden einen Auftraggeber oder mehrere voneinander unabhängige Auftraggeber des Spediteurs trifft. Der Spediteur ist verpflichtet, seinem Auftraggeber auf Verlangen anzugeben, ob und bei welcher Versicherungsgesellschaft er dieses Haftungsrisiko abgedeckt hat.
2. € 1,09 je kg brutto jedes beschädigten oder in Verlust geratenen Kollos, höchstens jedoch € 1.090,09 je Schadensfall.
3. Für alle sonstigen Schäden, mit Ausnahme des Abs. 1, höchstens € 2.180,18 je Schadensfall.

b) Ist der angegebene Wert des Gutes niedriger als die Beträge in lit. a), so wird der angegebene Wert zugrunde gelegt.

c) Ist der nach lit. b) in Betracht kommende Wert höher als der gemeine Handelswert bzw. in dessen Ermangelung der gemeine Wert, den das Gut derselben Art und Beschaffenheit zur Zeit und am Ort der Übergabe an den Spediteur gehabt hat, so tritt dieser gemeine Handelswert bzw. gemeine Wert an die Stelle des angegebenen Wertes.

d) Bei etwaigen Unterschieden in den Wertangaben gilt stets der niedrigere Wert.

§ 55

Bei Schäden an einem Sachteil, der einen selbständigen Wert hat (z. B. Maschinenteil), oder bei Schäden an einer von mehreren zusammengehörigen Sachen (z. B. Wohnungseinrichtung) bleibt die etwaige Wertminderung des Restes der Sache oder der übrigen Sachteile oder Sachen außer Betracht.

§ 56

a) Bei allen Gütern, deren Wert mehr als € 29,06 für das kg brutto beträgt, sowie bei Geld, Urkunden und Wertzeichen haftet der Spediteur für jeden wie auch immer gearteten Schaden nur, wenn ihm eine schriftliche Wertangabe vom Auftraggeber so rechtzeitig zugegangen ist, dass er seinerseits in der Lage war, sich über Annahme oder Ablehnung des Auftrages und über die für Empfangnahme, Verwahrung oder Versendung zu treffenden Vorsichtsmaßregeln schlüssig zu werden.

b) Die Übergabe einer Wertangabe an Fahr- und Begleitpersonal ist ohne rechtliche Wirkung, solange sie nicht in den Besitz des Spediteurs oder seiner zur Empfangnahme ermächtigten kaufmännischen Angestellten gelangt ist, es sei denn, dass eine andere Vereinbarung getroffen worden ist.

c) Beweist der Auftraggeber, dass der Schaden auf andere Umstände als auf die Unterlassung der Wertangabe zurückzuführen ist oder auch bei erfolgter Wertangabe entstanden wäre, so findet lit. a) keine Anwendung.

d) Die Bestimmungen der übrigen Paragraphen, soweit sie über die Bestimmungen dieses Paragraphen hinaus die Haftung beschränken oder aufheben, bleiben unberührt.

§ 57

Die Haftung des Spediteurs ist ausgeschlossen:

a)

1. für Schäden, insbesondere auch Beraubungsschäden, an nicht oder mangelhaft verpackten Gütern, soweit nicht eine vorherige besondere schriftliche Vereinbarung über die Haftung erfolgt ist;
2. für Güter, die nach den zur Anwendung kommenden Beförderungsbestimmungen als unverpackt oder mangelhaft verpackt gelten; diese gelten auch dem Spediteur gegenüber als unverpackt oder mangelhaft verpackt;
3. für äußerlich erkennbare Schäden der Verpackung, die sogleich oder später zutage treten; diese darf der Spediteur auf Kosten des Auftraggebers beseitigen lassen, er übernimmt dadurch aber keine über die vorhergehenden Absätze hinausgehende Haftung;

b) für Schäden, die durch Aufbewahrung im Freien entstehen, wenn solche Aufbewahrung vereinbart oder eine andere Aufbewahrung nach dem üblichen Geschäftsbetrieb oder nach den Umständen untunlich war;

c) für Schäden, die durch Diebstahl im Sinne der §§ 127 ff. oder durch Erpressung oder Raub im Sinne der §§ 144 ff. und §§ 142 ff. StGB entstehen;

d) für die unmittelbaren oder mittelbaren Folgen jedes sonstigen Ereignisses, das der Spediteur nicht verschuldet hat (z. B. höhere Gewalt, Witterungseinflüsse, Schadhaftwerden irgendwelcher Geräte oder Leitungen, Einwirkung anderer Güter, Beschädigungen durch Tiere, natürliche Veränderung des Gutes);

e) für Verluste und Schäden in der Binnenschifffahrtsspedition (einschließlich der damit zusammenhängenden Vor- und Anschlusstransporte mit Landtransportmitteln sowie der Vor-, Zwischen- und Anschlusslagerungen), die durch Transport- oder Lagerversicherung gedeckt sind oder durch eine Transport- oder Lagerversicherung allgemein üblicher Art hätten gedeckt werden können oder nach den herrschenden Gepflogenheiten sorgfältiger Kaufleute über den Rahmen einer Transport- oder Lagerversicherung allgemein üblicher Art hinaus gedeckt werden, es sei denn, dass eine ordnungsgemäß geschlossene Versicherung durch fehlerhafte Maßnahmen des Spediteurs unwirksam wird.

§ 58

a) Konnte ein Schaden den Umständen nach aus einer im § 57 bezeichneten Gefahr entstehen. so wird vermutet. dass er aus dieser Gefahr entstanden sei. Der Spediteur haftet in diesen Fällen nur insoweit, als nachgewiesen wird, dass er den Schaden schuldhaft verursacht hat.

b) Die Bestimmungen der übrigen Paragraphen bleiben unberührt, soweit sie über die §§ 57 und 58 lit. a) hinaus die Haftung des Spediteurs einschränken oder aufheben.

§ 59

Jede Haftung des Spediteurs ist ausgeschlossen, wenn er nachweist, dass er das Gut in derselben äußeren Beschaffenheit, wie er es bekommen, abgeliefert hat. Die Verpflichtungen des Spediteurs aus § 388 HGB werden hierdurch nicht berührt

§ 60

a) Alle Schäden, auch soweit sie äußerlich nicht erkennbar sind, müssen dem Spediteur unverzüglich schriftlich mitgeteilt werden. Ist die Ablieferung des Gutes durch einen Spediteur erfolgt, so muss der abliefernde Spediteur spätestens am sechsten Tage nach der Ablieferung im Besitz der Schadensmitteilung sein.

b) Bei Nichteinhaltung vorstehender Bestimmungen gelten die Schäden als nach der Ablieferung entstanden.

c) Geht dem Spediteur eine Schadensmitteilung zu einem Zeitpunkt zu, zu dem ihm die Wahrung der Rechte gegen Dritte nicht mehr möglich ist, so ist der Spediteur für die Folgen nicht verantwortlich.

§ 61

In allen Fällen, in denen der vom Spediteur zu zahlende oder freiwillig angebotene Schadensbetrag den vollen Wert des Gutes erreicht, ist der Spediteur zur Zahlung nur Zug um Zug gegen Übereignung des Gutes und gegen Abtretung der Ansprüche, die hinsichtlich des Gutes dem Auftraggeber oder dem Zahlungsempfänger gegen Dritte zustehen, verpflichtet.

§ 62

Der in diesen Bedingungen gebrauchte Ausdruck „Schaden" oder „Schäden" ist, soweit nicht frühere Paragraphen eine Beschränkung vorsehen, im weitesten Sinn (§§ 1295 ff. ABGB) zu verstehen, umfasst also insbesondere gänzlichen oder teilweisen Verlust, Minderung, Wertminderung, Bruch, Diebstahlschaden und Beschädigungen sowie Folgeschäden.

§ 63

a) Beruft sich der Spediteur auf eine in diesen Bedingungen vorgesehene Haftungsbeschränkung oder -ausschließung, so ist der Einwand, es liege unerlaubte Handlung vor, unzulässig.

b) Erhebt ein Dritter, der an dem Gegenstand oder der Ausführung des dem Spediteur erteilten Auftrages unmittelbar oder mittelbar interessiert ist, gegen den Spediteur Ansprüche wegen einer angeblich begangenen unerlaubten Handlung, die dem Spediteur nach lit. a) nicht entgegengehalten werden kann, so hat der Auftraggeber den Spediteur von diesen Ansprüchen unverzüglich zu befreien.

XIV.

Verjährung

§ 64

Alle Ansprüche gegen den Spediteur, gleichviel aus welchem Rechtsgrund und unabhängig vom Grad des Verschuldens, verjähren in sechs Monaten. Die Verjährung beginnt mit der Kenntnis des Berechtigten von dem Anspruch, spätestens jedoch mit der Ablieferung des Gutes.

XV.

Erfüllungsort, Gerichtsstand, anzuwendendes Recht

§ 65

a) Der Erfüllungsort ist der Ort, an dem die Handelsniederlassung des Spediteurs, an die der Auftrag gerichtet ist, ihren Sitz hat.

b) Der Gerichtsstand für alle Rechtsstreitigkeiten, die aus dem Auftragsverhältnis oder im Zusammenhang damit entstehen, ist für alle Beteiligten der Ort derjenigen Handelsniederlassung des Spediteurs, an die der Auftrag gerichtet ist; für Ansprüche gegen den Spediteur ist dieser Gerichtsstand ausschließlich.

c) Für die Rechtsbeziehungen des Spediteurs zum Auftraggeber oder zu dessen Rechtsnachfolgern gilt österreichisches Recht.

Anlage 1 zu §§ 39-42 der AÖSp

Speditionsversicherungsschein SVS

§ 1
Versicherter

Die Versicherung erfolgt für fremde Rechnung. Versichert ist der Wareninteressent als Auftraggeber oder derjenige, dem das versicherte Interesse zur Zeit des den Schaden verursachenden Ereignisses zugestanden ist.

§ 2
Haftpflicht im Allgemeinen

1. Die Gesellschaften haften für alle Schäden, die dem Versicherten erwachsen und wegen welcher der Spediteur auf Grund eines Verkehrsvertrages in Anspruch genommen wird und gesetzlich in Anspruch genommen werden kann.

2. Unter Verkehrsverträgen im Sinne dieses Versicherungsscheines sind zu verstehen:

Speditions- und Frachtverträge sowie Lagerverträge innerhalb Österreichs einschließlich der bei solchen Verträgen üblichen Nebenaufträge – diese aber auch als selbständige Verträge –, wie z. B. Nachnahmeerhebung, Verwiegung, andere Mengenfeststellung, Verpackung, Musterziehung, Verladung, Ausladung, Verzollung, Vermittlung von Transport-, Feuer- und Einbruchdiebstahlversicherungen ausschließlich Versicherungsaufträge jeder anderen Art (vgl. § 9).

§ 3
Umfang der Versicherung im Allgemeinen

1. Die Gesellschaften vergüten den Schaden nach Maßgabe der gesetzlichen Bestimmungen über die Haftung des Versicherungsnehmers aus einem Verkehrsvertrage. Sie verzichten auf die Einwendungen, die der Spediteur aus den in den AÖSp und sonstigen Abmachungen oder Handels- und Verkehrsbräuchen enthaltenen Bestimmungen über Ausschluss und Minderung der gesetzlichen Haftung erheben könnte.

2. Die Versicherung deckt auch Ansprüche, die der Versicherte nicht auf einen Verkehrsvertrag, sondern auf Eigentum, unerlaubte Handlung oder ungerechtfertigte Bereicherung stützt, sofern diese Ansprüche mit einem mit dem Spediteur abgeschlossenen Verkehrsvertrag unmittelbar zusammenhängen.

3. Die Versicherung deckt auch Ansprüche, die durch Versäumung der Regresswahrung entstanden sind, sofern dadurch nachgewiesenermaßen dem Versicherten ein Schaden erwachsen ist.

4. Es ist auch der Schaden mitversichert, der durch den Vorsatz des Spediteurs, seiner gesetzlichen Vertreter, Angestellten oder Erfüllungsgehilfen herbeigeführt wird.

5. Die Versicherer ersetzen Warenschäden und Vermögensschäden, soweit diese unmittelbar mit einem versicherten Verkehrsauftrag im Zusammenhang stehen.

§ 4
Besondere Bestimmungen

Die Versicherung deckt auch die Ansprüche des Versicherten gegen den Spediteur:

1. wegen Verschuldens bei der Auswahl eines Zwischenspediteurs oder Lagerhalters;

2. wegen derjenigen Schäden (auch aus Vorsatz, siehe aber § 5 Abs. 6), wegen welcher ein Zwischenspediteur, ob im Inland oder europäischen Ausland inklusive Türkei, gesetzlich in Anspruch genommen werden kann. Eine Erweiterung der Haftung auf den außereuropäischen Zwischenspediteur bedarf der vorherigen Zustimmung der Versicherer.

§ 5
Beschränkung der Haftpflicht

Ausgeschlossen von der Versicherung sind:

1. alle Gefahren, die durch eine andere Versicherung, insbesondere Transport-, Lager- (z. B. Feuer, Einbruchdiebstahl-, Leitungswasser- und Sturmschadenversicherung u. a.) oder Speditionsversicherung gedeckt sind, es sei denn, dass eine solche ordnungsgemäß abgeschlossene Versicherung durch fehlerhafte Maßnahmen des Spediteurs unwirksam wird;

2. Warenschäden, die im Ausland von ausländischen Zwischenspediteuren oder anderen in Ausführung des Verkehrsvertrages tätige Unternehmen verursacht wurden;

3. Warenschäden in der See- und Binnenschifffahrtsspedition;

4. alle Schäden, die dem Grunde nach von einem Unternehmer im Güterfernverkehr zu vertreten sind;

5. diejenigen Ansprüche, die aus im Spediteurgewerbe nicht allgemein üblichen Abreden zwischen Versicherten und Spediteur herrühren (z. B. Vertragsstrafen, Lieferfristgarantien usw.), und alle diejenigen Ansprüche, die auf Vereinbarungen des Spediteurs mit dem Versicherten beruhen, die nicht zu den unter § 2 Abs. 2 fallenden Geschäften gehören oder über die gesetzliche Haftpflicht des Spediteurs hinausgehen;

6. alle diejenigen Schäden, die durch Unterschlagung oder Veruntreuung entstehen;

7. bei Lagerverträgen auch Schäden am Gut, entstanden durch unterlassene oder fehlerhafte Bearbeitung des Gutes während der Lagerung, wenn diese Schäden nach dem 15. Tag der Lagerung (Sonn- und Feiertage nicht mitgerechnet) entstanden sind;

8. Personenschäden;

9. Schäden, die unmittelbar dadurch entstehen, dass Vorschüsse, Erstattungsbeiträge o.ä. nicht zweckentsprechend verwendet, weitergeleitet oder zurückgezahlt werden. Ein dadurch verursachter weitergehender Schaden bleibt davon unberührt.

10. Schäden jeglicher Art, die mittel- oder unmittelbar durch Krieg, Aufruhr und Plünderung, Streik, bürgerliche Unruhen entstehen;

11. Schäden durch Kernenergie und Radioaktivität.

§ 6
Versicherungsauftrag, -summe, -wert und Anmeldung

a) Versichert ist im Sinne vorstehender Bestimmungen jeder Verkehrsvertrag einschließlich Einlagerung.

b) Bei Verkehrsverträgen gilt im Allgemeinen Folgendes als vereinbart:

1. Der Auftraggeber ist berechtigt, die Versicherung zu untersagen. Die Untersagung ist durch den Spediteur oder den Auftraggeber den Gesellschaften zuhanden der beauftragten Bearbeitungsstelle schriftlich mitzuteilen. Sie kann nur durch schriftliche Mitteilung zurückgenommen werden, die allenfalls unverzüglich der genannten Bearbeitungsstelle einzusenden ist.

2. a) Der Versicherungswert ist der Verkaufspreis, in Ermangelung dessen der gemeine Handelswert bzw. gemeine Wert, den das Gut zur Zeit der Erteilung des Verkehrsauftrages an dem Ort der Übernahme unter Einschluss der Transport-, Speditions- und Zollkosten hat. Will der Auftraggeber oder ein sonst nach § 1 Versicherter einen höheren Betrag als € 1.453,46 für den Verkehrsauftrag versichern, so hat er dem Spediteur sofort bei Erteilung des Verkehrsauftrages, spätestens jedoch vor der Abfertigung, unter genauer Bezeichnung des einzelnen Verkehrsauftrages die Versicherungssumme als solche schriftlich aufzugeben.

   b) Der Spediteur ist aber auch mangels Aufgabe sofort bei Annahme des Verkehrsauftrages, spätestens vor der Abfertigung, zur Schätzung nach einwandfreien Unterlagen berechtigt.

   c) Mangels Aufgabe nach lit. a) oder Schätzung nach lit. b) ist jeder Verkehrsvertrag nach § 2 für den unter § 1 Versicherten bis zu einem Höchstbetrag von € 1.453,46 versichert (vgl. jedoch § 8 Abs. 3).

   d) Versehen des Spediteurs bei der Versicherungsanmeldung oder bei der Weitergabe der höheren Versicherungssumme als € 1.453,46 nach lit. a) oder bei der Prämienzahlung oder bei gänzlicher Unterlassung sollen dem Versicherten nicht zum Nachteil gereichen. Für Versehen des Spediteurs bei der Weitergabe der höheren Versicherungssumme als € 1.453,46 gilt dies nur dann, wenn der Auftraggeber oder der sonst nach § 1 Versicherte der Vorschrift der lit. a) genügt hat. Schätzungsfehler fallen nicht unter die Versehensklausel.

3. Versicherungssummen über € 1.090.092,51 für den einzelnen Verkehrsvertrag sind ausgeschlossen. Bei Sendungen mit einem höheren Wert als € 1.090.092,51 können, wenn tatsächlich zu € 1.090.092,51 versichert ist, die Versicherer den Einwand der Unterversicherung nicht erheben.

4. Der Spediteur hat alle versicherten Verkehrsverträge am Ende jedes Kalendermonats, spätestens jedoch am 10. des darauffolgenden Monats, den Gesellschaften zuhanden der beauftragten Bearbeitungsstelle anzumelden und gleichzeitig die dafür zu entrichtende Prämie zu bezahlen. Versicherungen für Verkehrsverträge im Betrage von über € 1.453,46 muss der Spediteur einzeln mit der Versicherungssumme sowie den Zeichen, den Nummern, dem Inhalt und der Anzahl der Stücke auf den dazu bestimmten Spezifikationsformularen einmal monatlich am Ende eines jeden Kalendermonats, spätestens jedoch am 10. des darauffolgenden Monats, den Gesellschaften zuhanden der beauftragten Bearbeitungsstelle melden.

§ 7
Prüfungsrecht der Gesellschaften

Die Gesellschaften sind berechtigt, die Anmeldung des Spediteurs durch Einsichtnahme in die Geschäftsbücher und sonstige Unterlagen, soweit sie die Versicherung betreffen, nachzuprüfen. Das Recht der Nachprüfung besteht auch dem Versicherten gegenüber.

§ 8
Ersatzpflicht im Schadensfalle

1. Hat der Versicherte zur Zeit der Erteilung des Verkehrsauftrages das Gut verkauft, so erhält er im Höchstfalle den Verkaufspreis unter Berücksichtigung etwa entstandener bzw. ersparter Barauslagen (Frachten, Zölle u. dgl.), es wäre denn, die beschädigte oder in Verlust geratene Ware konnte vom anspruchsberechtigten Verkäufer nachgeliefert werden. In letzterem Fall bezahlen die Versicherer nur die Gestehungskosten der zu Schaden gekommenen Ware.

2. In anderen Fällen erhält der Versicherte als Höchstbetrag den gemeinen Handelswert bzw. gemeinen Wert, den das Gut zur Zeit der Erteilung des Verkehrsauftrages an dem Ort hatte, an dem es abzuliefern war, unter Berücksichtigung etwa entstandener bzw. ersparter Barauslagen.

3. Unter allen Umständen bildet die Versicherungssumme im Sinne des § 6 Abschnitt B Abs. 2 lit. a) die Höchstgrenze der Ersatzpflicht. Im Falle der Unterversicherung haften die Gesellschaften nur verhältnismäßig. Für reine Vermögensschäden erhöht sich die Versicherungssumme um 100%.

4. Die Gesellschaften haften dem Versicherten auch in den Fällen der §§ 12 Abs. 2, 15 und 16, und zwar bei fristloser Kündigung des Versiche-

rungsvertrages aus allen bis zum Wirksamwerden der Kündigung versicherten Verkehrsverträgen.

§ 9
Höchstgrenze

1. Die Gesellschaften haften im Umfang ihrer Beteiligung (vgl. § 19) für alle aus diesem Versicherungsvertrag auf ein Schadensereignis angemeldeten Ansprüche bis zu einem Betrag von € 1.090.092,51, auch wenn mehrere Versicherte desselben versicherungsnehmenden Spediteurs durch dieses Schadensereignis betroffen werden.

2. Bei Vor-, Zwischen- und Nachlagerungen beträgt die Höchsthaftungsgrenze der Gesellschaften für Feuerschäden, die auf ein Verschulden des Spediteurs zurückzuführen sind, € 1.090.092,51.

3. Die Haftung für Schäden aus fehlerhafter Vermittlung oder gänzlicher Unterlassung der Vermittlung von Transport-, Feuer- und Einbruchdiebstahlversicherungen durch den Spediteur beträgt für ein Schadensereignis € 181.682,08.

§ 10
Geltendmachung des Schadens, Obliegenheiten des Versicherten und des Spediteurs, Ausschlussfrist

1. Der Versicherte hat jeden Schaden unverzüglich, spätestens jedoch innerhalb eines Monats, nachdem er hiervon Kenntnis erlangt hat, den Gesellschaften zuhanden der beauftragten Bearbeitungsstelle oder über den Spediteur schriftlich anzumelden. Die Frist wird durch rechtzeitige Absendung der Anmeldung gewahrt. Im Falle der schuldhaften Versäumung der Frist sind die Gesellschaften von der Leistung frei.

2. Der Versicherte ist verpflichtet, unter Beachtung etwaiger Anweisungen der Gesellschaften tunlichst für Abwendung und Minderung des Schadens zu sorgen, den Gesellschaften jede verlangte Auskunft zu erteilen und die verlangten Unterlagen zu liefern, überhaupt alles zu tun, was zur Klarstellung des Schadens dienen kann und von den Gesellschaften deshalb verlangt wird und billigerweise verlangt werden kann. Werden diese Obliegenheiten vom Versicherten grobfahrlässig oder vorsätzlich verletzt, so sind die Gesellschaften von der Leistung frei.

3. Der Spediteur ist gleichfalls verpflichtet, unter Beachtung etwaiger Anweisungen der Gesellschaften für Abwendung und Minderung des Schadens zu sorgen, den Gesellschaften jede Auskunft zu erteilen und die verlangten Unterlagen zu liefern, überhaupt alles zu tun, was zur Klarstellung des Schadens dienen kann und von den Gesellschaften verlangt wird und billigerweise verlangt werden kann. Werden diese Obliegenheiten vom Spediteur, seinem gesetzlichen Vertreter, Prokuristen oder selbständigen Leiter seiner Zweigniederlassung grobfahrlässig oder vorsätzlich verletzt, so ist der Spediteur den Gesellschaften für den dadurch entstandenen Schaden im vollen Umfang ersatzpflichtig.

4. Die Auszahlung der Schadenssumme erfolgt an den Versicherten oder seinen Beauftragten.

5. Bei Fehlverladungen aus einem versicherten Verkehrsvertrag bzw. aus einer versicherten Einlagerung erstatten die Gesellschaften dem Spediteur die Beförderungsmehrkosten einschließlich etwaiger Telegramm-, Telefon- und Portogebühren, die von diesem zur Verhütung eines weiteren Schadens aufgewendet worden sind und aufgewendet werden mussten, wenn er auf Grund gesetzlicher Vorschriften entweder vom Auftraggeber oder einem sonst nach § 1 Versicherten für den Schaden hätte in Anspruch genommen werden können (vgl. aber § 14). Der Spediteur ist verpflichtet, die Fehlverladung, nachdem er hiervon Kenntnis erhalten hat, unverzüglich zuhanden der beauftragten Bearbeitungsstelle zu melden und alle sachlichen Auskünfte zu erteilen. Im Falle grobfahrlässiger oder vorsätzlicher Verletzung dieser Obliegenheiten sind die Gesellschaften von ihrer Leistungspflicht gegenüber dem Spediteur frei. Die eigenen Ansprüche des Auftraggebers werden hiervon nicht berührt.

6. Die Ansprüche des Versicherten bzw. bei Abs. 5 des Spediteurs erlöschen, wenn nicht innerhalb Jahresfrist, seit der Schadensanmeldung gerechnet, die Klage gegen die Gesellschaften erhoben worden ist.

§ 11
Abtretung und Übergang von Rechten

1. Die Abtretung der Rechte des Versicherten aus diesem Vertrage gegen die Gesellschaften nach einem Schadensfall an andere Personen als an die Spedition ist unzulässig.

2. Ansprüche anderer Versicherter auf Grund eines etwaigen gesetzlichen Überganges sind aus diesem Versicherungsvertrag ausgeschlossen.

3. Die Abtretung der Rechte des Spediteurs an andere Personen als an die Gesellschaft ist unzulässig.

§ 12
Rückgriffsrecht

1. Die Gesellschaften verzichten auf einen Rückgriff gegen den Spediteur und seine Arbeitnehmer sowie gegen den Zwischenspediteur, der den SVS gezeichnet hat, und dessen Arbeitnehmer.

2. Ein Rückgriff in voller Höhe ist jedoch gegen jeden gestattet, der den Schaden vorsätzlich herbeigeführt hat.

§ 13
Prämie

1. Prämienpflichtig ist jeder Verkehrsvertrag, u. zw. grundsätzlich jeder einzelne Verkehrsvertrag mit jedem einzelnen Auftraggeber. Schließt indessen ein Verkehrsvertrag Dispositionen an mehrere Empfänger ein, so gilt jede Disposition als prämienpflichtiger Verkehrsvertrag, es sei denn, dass es sich nur um Auslieferungen an Selbstabholer handelt. Im letzteren Fall liegt nur ein versicherungspflichtiger Verkehrsvertrag vor.

2. Die Prämiensätze für jeden Verkehrsvertrag einschließlich der Versicherungssteuer sind in der Prämientabelle festgelegt.

3. Für eine vorübergehende Einlagerung bis zur Dauer von 15 Tagen (Sonn- und Feiertage nicht gerechnet), die im unmittelbaren Zusammenhang mit einem Speditions- und Frachtvertrag steht, wird nur die für die Speditions- und Frachtverträge jeweils festgesetzte Prämie erhoben.

Für eine vorübergehende Einlagerung bis zur gleichen Dauer, die im unmittelbaren Zusammenhang mit einem Lagervertrag steht, wird von Beginn der Einlagerung an die jeweilige Prämie des Lagervertrages erhoben.

Für Lagerverträge ist die Prämie je angefangenen Lagermonat zu berechnen.

Werden in einem Lagervertrag zusätzliche Leistungen, wie Kommissionierung, Verpackung, Preisauszeichnung u. ä. übernommen, ist einmal die doppelte Prämie, und zwar zum Zeitpunkt der Einlagerung, zu berechnen.

§ 14
Schadensbeteiligung des Spediteurs

1. Der Spediteur hat den Gesellschaften zuhanden der beauftragten Bearbeitungsstelle 10% desjenigen Betrages unverzüglich zurückzuerstatten, den die Gesellschaften je Schadensfall bezahlt haben, mindestens € 10,90, höchstens jedoch € 181,68.Der Erstspediteur ist berechtigt, von dem, der einen von den Versicherern ersetzten Schaden verschuldet hat, die Selbstbeteiligung zu verlangen.

2. Hat ein gesetzlicher Vertreter, Prokurist oder selbständiger Leiter einer Zweigniederlassung des Spediteurs den Schaden durch ein vorsätzlich begangenes Vergehen oder Verbrechen verursacht und hat der Spediteur die Überwachungspflicht eines sorgfältigen Kaufmannes verletzt, so erhöht sich die Beteiligung des Spediteurs am Schaden von 10% auf 20% .Die Höchstgrenze der Beteiligung beträgt in einem solchen Fall € 726,73. Unberührt hiervon bleiben die Bestimmungen des § 12 Abs. 2.

§ 15
Ersatzpflicht des Spediteurs

Der Spediteur ist außer in den Fällen des § 10 Abs. 3 und des § 12 Abs. 2 den Gesellschaften in voller Höhe ersatzpflichtig:

1. wenn er vorsätzlich die in § 6 Abschnitt B. festgesetzte Anmeldungspflicht verletzt hat (den Vorsatz haben die Gesellschaften nachzuweisen);

2. wenn er mit einer fälligen Prämienzahlung länger als zwei Wochen nach empfangener Mahnung im Verzug bleibt. Die Mahnung muss durch eingeschriebenen Brief erfolgen und die Rechtsfolgen angeben, die mit dem Ablauf der Frist verbunden sind;

3. wenn ein Schaden durch erhebliche Mängel im Betrieb des Spediteurs entstanden ist, deren Beseitigung die Gesellschaften wegen eines Vorschadens billigerweise verlangen konnten und innerhalb einer angemessenen Frist unter Hinweis auf die Rechtsfolgen verlangt hatten, der Spediteur diese Mängel aber nicht abgestellt oder abzustellen sich geweigert hatte.

§ 16
Kündigung

Den Gesellschaften steht nach Zustimmung des Fachverbandes der Spediteure das Recht zur Kündigung dieses Vertrages zu. Die Zustimmung des Fachverbandes der Spediteure zur Kündigung gilt als erteilt, wenn sie nicht innerhalb vier Wochen, nachdem das schriftliche Ersuchen der Gesellschaften bei ihm eingegangen ist, schriftlich verweigert worden ist.

1. Fristlose Kündigung

Eine fristlose Kündigung steht den Gesellschaften zu:

a) in den Fällen des § 12 Abs. 2 und des § 15;

b) wenn der Spediteur mit einem von ihm gemäß § 14 zu zahlenden Betrag oder mit einer von ihm ziffernmäßig anerkannten oder vom ordentlichen Gericht rechtskräftig festgestellten Urteilssumme länger als zwei Wochen nach empfangener Mahnung im Verzuge bleibt. Die Mahnung muss mittels eingeschriebenen Briefes erfolgen und die Rechtsfolgen angeben, die mit dem Ablauf der Frist verbunden sind;

c) unter sonstigen im Gesetz geregelten Voraussetzungen, insbesondere wegen eines wichtigen Grundes. Soweit ein Kündigungsgrund in diesen Bedingungen geregelt ist, geht die vertragliche Regelung dem Gesetz vor.

d) Die Wirksamkeit der fristlosen Kündigung tritt ein mit Ablauf des fünften Tages nach dem Tag, an dem das Kündigungsschreiben der Post zur Beförderung übergeben wurde.

2. Besonderes Kündigungsrecht Übersteigen die in einem Kalenderjahr erbrachten Leistungen die für denselben Zeitraum vom Spediteur bezahl-

ten Bruttoprämien abzüglich Versicherungssteuer, so sind die Versicherer berechtigt, für das Folgejahr vom Spediteur individuelle Sanierungsmaßnahmen zu verlangen. Kommt innerhalb einer angemessenen Frist keine Einigung zustande, sind die Versicherer berechtigt, den Vertrag unter Einhaltung einer Frist von einem Monat zu kündigen.

3. Besteht keine Übereinstimmung in den Anschauungen zwischen dem Fachverband der Spediteure und den Gesellschaften, so hat ein Schiedsgericht zu entscheiden. Zu diesem Schiedsgericht ernennen beide Parteien je einen Schiedsrichter, die einen Obmann wählen. Können sich die Schiedsrichter über die Person des Obmannes innerhalb einer Frist von zwei Wochen nicht einigen, so erfolgt seine Ernennung auf Antrag einer oder beider Parteien durch den Präsidenten der Bundeskammer der gewerblichen Wirtschaft oder im Falle seiner Verhinderung durch seinen Stellvertreter.

4. Die Kündigung ist dem Spediteur mittels eingeschriebenen Briefes zu übersenden. Sie ist gleichzeitig, ebenfalls mittels eingeschriebenen Briefes, dem Fachverband der Spediteure bekanntzugeben.

§ 17
Dauer der Versicherung

1. Dieser Vertrag ist für die Zeit vom 1. Jänner 1989 bis 31. Dezember 1989 abgeschlossen.

Er verlängert sich jeweils um ein Jahr, wenn er nicht unter Einhaltung einer Kündigungsfrist von drei Monaten zum Ablauf gekündigt wird. Die Kündigung ist in allen Fällen den Gesellschaften zuhanden der beauftragten Bearbeitungsstelle zuzustellen.

2. Sollten Änderungen zu diesem Vertrag zwischen den an diesem Versicherungsschein beteiligten Versicherungsgesellschaften und dem Fachverband der Spediteure vereinbart werden, so treten diese an Stelle der bisherigen Bestimmungen.

§ 18
Gerichtsbarkeit

1. Für Klagen der Gesellschaften gegen den versicherungsnehmenden Spediteur auf Prämienzahlung oder Zahlung des Beteiligungsbetrages nach § 14 SVS gilt der Gerichtsstand Wien als vereinbart.

2. Die führende Gesellschaft ist von den mitbeteiligten Gesellschaften ermächtigt, alle Rechtsstreitigkeiten auch bezüglich ihrer Anteile als Klägerin oder Beklagte zu führen. Ein gegen die führende Gesellschaft ergangenes Urteil wird von den beteiligten Gesellschaften als auch gegen sie verbindlich anerkannt.

3. Die von den Gesellschaften beauftragte Bearbeitungsstelle ist berechtigt, die Rechte der Versicherer aus diesem Vertrag im eigenen Namen geltend zu machen.

§ 19
Führungsklausel und Beteiligungsliste

An der vorstehenden Polizze sind die in der Beteiligungsliste genannten Versicherungsgesellschaften mit den dabei angegebenen Quoten unter Ausschluss einer solidarischen Haftung beteiligt. Die Geschäftsführung liegt in den Händen der Wiener Allianz Versicherungs-Aktiengesellschaft, Wien.

Beteiligungsliste

Wiener Allianz, Versicherungs AG (Führung)	14,0%
Anglo Elementar, Versicherungs AG	11,6%
Erste Allgemeine Unfall- u. Schadensvers. Ges.	11,6%
Donau, Allgemeine Versicherungs AG	9,3%
RAS-Österreich, Adriat. Vers. AG	9,3%
Vers. Anstalt der österr. Bundesländer	9,3%
„Winterthur" Versicherungs AG	8,8%
Wiener Städtische Wechselseitige Vers.	7%
Basler Versicherungs Gesellschaft	3,7%
Helvetia, Schweizerische Feuervers. Ges.	3.7%
Nordstern, Allgem. Versicherungs AG	3%
Schweiz, Allgem. Versicherungs AG	2,9%
Mannheimer Versicherungs-Ges.	2%
Internat. Unfall- und Schadensvers. AG	1,8%
Colonia, Versicherungs AG	1%
Grazer Wechselseitige Versicherung	1%
	100%
Vorausbeteiligung HANNOVER Intern. AG	1%

Anlage 2 zu §§ 39-42 der AÖSp

Rollfuhrversicherungsschein RVS Betrifft Warenschäden aus Rollfuhraufträgen im Orts- und Nahverkehr

§ 1

Umfang der Versicherung und Versicherungsauftrag

1. Aufgrund der nachstehenden Versicherungsbedingungen haften die im SVS genannten Gesellschaften für Schäden an der Ware selbst, wenn diese bei der Rollung von Gütern im Orts- und Nahverkehr in Österreich entstanden sind und der Spediteur oder seine Beauftragten hierfür in Anspruch genommen werden und gesetzlich in Anspruch genommen werden können. Schäden an der Ware, die während einer mit der Rollung im unmittelbaren Zusammenhang stehenden Lagerung bis zur Dauer von 15 Tagen (Sonn- und Feiertage nicht gerechnet) entstanden sind, sind mitversichert.

2. Versichert ist jeder einzelne Rollfuhrauftrag, es sei denn, dass der Auftraggeber die Versicherung ausdrücklich schriftlich untersagt hat.

3. Der Rollfuhrauftrag umfasst das Rollen eingehender, abgehender oder zu Lager gehender Güter neben dem damit in Verbindung stehenden Umschlag. Versichert ist auch ein im unmittelbaren Zusammenhang mit einem Verkehrsvertrag stehender Rollfuhrauftrag.

§ 2

Beschränkung der Haftpflicht

Ausgeschlossen von der Versicherung sind:

1. alle Schäden, die durch Transport- und/oder Lagerversicherungsverträge gedeckt sind, es sei denn, dass eine ordnungsgemäß geschlossene Versicherung durch fehlerhafte Maßnahmen des Spediteurs unwirksam wird;

2. die in § 5 SVS unter Abs. 1 lit. 5, 8, 9, 10 und 11 angeführten Fälle;

3. die durch SVS versicherten Fälle.

§ 3

Versicherungssumme und Anmeldung

1. Jeder Rollfuhrauftrag im Sinne des § 1 gilt bis zu dem eingedeckten Wert versichert. Die Bestimmungen des § 8 SVS gelten analog.

2. Der Spediteur hat alle Versicherungen aufgrund dieses Versicherungsscheines am Ende jedes Kalendermonats, spätestens jedoch am 10. des darauffolgenden Monats, den Gesellschaften, zuhanden der beauftragten Bearbeitungsstelle auf dem hierzu bestimmten Formular anzumelden und gleichzeitig die Prämien zu bezahlen.

§ 4

Prämie

Die Prämiensätze für jeden Verkehrsvertrag einschließlich der Versicherungssteuer sind in der Prämientabelle festgelegt.

§ 5

Verweisung auf SVS

Soweit im vorstehenden nichts anderes bestimmt ist, gelten im Übrigen die Bestimmungen des Speditionsversicherungsscheines.

Beförderungsbedingungen für den Möbeltransport

XVI.

Allgemeines

§ 1

a) Die Beförderungsbedingungen für den Möbeltransport gelten für den Transport von Umzugsgut im Möbelauto (Möbelanhänger, Kofferwechselaufbau, Container, Liftvan) im Inland sowie von und nach dem Ausland. Sie gelten für alle Verrichtungen und die damit zusammenhängenden Geschäfte des Auftragnehmers, soweit ihnen nicht gesetzliche Vorschriften, insbesondere solche zum Schutze von Verbrauchern, entgegenstehen.

b) Der Auftragnehmer hat seine Verpflichtungen mit der verkehrsüblichen Sorgfalt eines ordentlichen Kaufmannes auszuführen.

XVII.

Haftung

A.

Des Auftragnehmers

§ 2

a) Der Auftragnehmer haftet für Verlust oder Beschädigung des Gutes, sofern der Verlust oder die Beschädigung aus seinem Verschulden während der dem Auftragnehmer obliegenden Behandlung oder Beförderung des Gutes eintritt.

b) Der Auftragnehmer hat den Schaden unter Ausschluss der Haftung für etwaige Wertminderung in Natur zu beseitigen, jedoch steht es ihm in jedem Fall frei, die Entschädigung in Geld zu leisten. In jedem Fall ist die Haftung des Auftragnehmers mit € 1.090,09 pro Möbelmeter beschränkt.

§ 3

Die Haftung ist ausgeschlossen:

a) für den Inhalt von Behältern aller Art, deren Ein- und Auspacken im Vertrag nicht übernommen wurde;

b) für den Inhalt von auf Veranlassung des Auftraggebers beladen stehenbleibenden Möbelautos, sofern nichts Besonderes vereinbart ist;

c) für Schäden, die infolge der natürlichen oder der mangelhaften Beschaffenheit des Gutes entstehen, wie z. B. Bruch oder Beschädigung von Marmorplatten, Glas, Porzellan, Spiegeln, Glühkörpern, Stuckrahmen, Beleuchtungskörpern, Lampenschirmen, Ofen und mechanischen Werken, es sei denn, dem Auftragnehmer wird ein Verschulden nachgewiesen. Eine besondere Versicherung gegen Schäden an Marmor, Glas, Porzellan usw. kann abgeschlossen werden.

Die Haftung ist ferner ausgeschlossen für Schäden, wie z. B. zu große Belastung der Möbel, Lösen von Verleimungen, Rissig- oder Blindwerden der Politur, Oxydation, innerer Verderb, Lecken oder Auslaufen sowie Witterungseinflüsse.

d)

1. für Schäden an Edelmetallen, Juwelen, Edelsteinen, Geld, Briefmarken, Münzen, Wertpapieren jeder Art, Dokumenten und Urkunden;
2. für Funktionsschäden an Elektrogeräten, wie z. B. Waschmaschinen, Rundfunk-, Fernseh-, EDV- oder ähnlich empfindlichen Geräten;
3. für Schäden an Pflanzen oder Tieren;
4. für Schäden, die durch explosive, feuergefährliche, strahlende, selbstentzündliche, giftige, ätzende Stoffe, durch Öle, Fette sowie Tiere entstehen ;

e) für Beschädigung der Güter während des Be- oder Entladens, Ab- und Aufseilens, wenn ihre Größe oder Schwere den Raumverhältnissen an der Be- oder Entladestelle nicht entspricht, der Auftragnehmer den Auftraggeber oder Empfänger vorher darauf hingewiesen und der Auftraggeber auf der Durchführung der Leistung bestanden hat.

§ 4

Die Haftung ist weiters ausgeschlossen:

a) für Beschädigung der Wände, Fenster, Böden und Stiegengeländer, wenn die Größe und Schwere der zu transportierenden Güter den Raumverhältnissen nicht entsprechen;

b) für Verzögerungen, Schäden und Verluste, die durch nicht rechtzeitige Gestellung der Transportmittel (Eisenbahn, Schiff) hervorgerufen sind oder die sich aus unverschuldeten Verkehrszwischenfällen ergeben (z. B. Autopannen, Wegeverhältnisse);

c) für Einhaltung festgesetzter Termine bei verspätetem Eingang amtlicher Urkunden sowie für Auskünfte über Zollbehandlung, Ausfuhrbestimmungen oder sonstige gesetzliche Vorschriften.

§ 5

a) Die Haftung erlischt, wenn äußerlich erkennbare Mängel nicht sofort bei Ablieferung, äußerlich nicht erkennbare Mängel spätestens am sechsten Tag nach Ablieferung dem Auftragnehmer schriftlich zur Kenntnis gebracht werden.

b) Hat der Auftragnehmer aufgrund des Vertrages für Verlust des Gutes Ersatz zu leisten, so ist der gemeine Wert zu ersetzen, welches Gut derselben Art und Beschaffenheit am Orte der Ablieferung zu dem Zeitpunkt hatte, in welchem die Ablieferung zu bewirken war; hiervon kommt in Abzug, was infolge des Verlustes an Zöllen und sonstigen Kosten sowie an Fracht erspart ist.

c) Im Falle der Beschädigung richtet sich die Entschädigung nach dem Unterschied zwischen dem Verkaufswert des Gutes in beschädigtem Zustand und dem gemeinen Wert, welchen das Gut ohne die Beschädigung am Ort und zur Zeit der Ablieferung gehabt haben würde; hiervon kommt in Abzug, was infolge der Beschädigung an Zöllen und sonstigen Kosten erspart ist.

d) Für Schäden infolge verspäteter Ablieferung ist die Haftung des Auftragnehmers in jedem Falle mit € 109,01 pro Tag, höchstens jedoch mit € 1.090,09, beschränkt.

e) Der Auftragnehmer haftet nicht für Schäden, die als Folge des Verlustes oder der Beschädigung des Gutes eintreten.

§ 6

Für Verluste und Schäden, die während des Transportes auf der Eisenbahn, mit dem Schiff oder mit dem Flugzeug entstehen, erfüllt der Auftragnehmer seine Verpflichtung durch Abtretung seines Anspruches gegen die Eisenbahn, die Schifffahrts- oder Luftfahrtgesellschaft.

§ 7

a) Der Auftragnehmer ist verpflichtet, die Schäden, die dem Auftraggeber durch den Auftragnehmer bei der Ausführung des Auftrages erwachsen können, bei Versicherern seiner Wahl auf Kosten des Auftraggebers zu versichern. Die Polizze für die Versicherung muss, insbesondere in ihrem Deckungsumfang, mindestens dem Möbel-Speditionsversicherungsschein (Möbel-SVS) entsprechen. Die Prämie hat der Auftragnehmer für jeden einzelnen Möbeltransportvertrag auftragsbezogen zu erheben und sie als Aufwendungen des Auftraggebers ausschließlich für die Möbel-Speditionsversicherung in voller Höhe an die jeweiligen Versicherer abzuführen. Der Auftragnehmer hat dem Auftraggeber auf Verlangen anzuzeigen, bei wem er die Möbel-Speditionsversicherung gezeichnet hat.

b) Der Auftraggeber unterwirft sich sowie alle Personen, in deren Interesse oder für deren Rechnung er handelt, allen Bedingungen des Möbel-SVS.

c)

1. Ist durch den Abschluss des Möbel-SVS die Möbel-Speditionsversicherung gedeckt, so ist der Auftragnehmer von der Haftung für jeden durch diese Versicherung gedeckten Schaden frei. Dies gilt insbesondere auch für den Fall, dass infolge fehlender oder ungenügender Wertangabe des Auftraggebers die Versicherungssumme hinter dem wirklichen Wert oder Schadensbetrag zurückbleibt.
2. Hat der Auftragnehmer keine Möbel-Speditionsversicherung nach lit. a) abgeschlossen, so darf er sich dem Auftraggeber gegenüber nicht auf die Beförderungsbedingungen für den Möbeltransport berufen.

B.

Des Auftraggebers

§ 8

Der Auftraggeber haftet:

a) für die Echtheit, Richtigkeit und Vollständigkeit der übergebenen Belege;

b) für Verlust und Beschädigung der Transportmittel, Zubehörteile und Packmittel, soweit diese durch ihn oder durch von ihm gestellte Hilfskräfte zu verantworten sind;

c) für das Möbelauto einschließlich Material des Auftragnehmers im Falle der Selbstbe- oder -entladung des Transportgutes;

d) für die Folgen fehlerhafter Angaben über Gewicht, Inhalt und Art des Transportgutes; eine Verpflichtung zur Nachprüfung besteht für den Auftragnehmer nicht. Mangels ausdrücklicher schriftlicher Anweisung übernimmt und deklariert der Auftragnehmer auf Gefahr des Auftraggebers den Transport als Umzugsgut im Sinne des Möbeltransporttarifes des Fachverbandes der Spediteure;

e) für den Schaden, der durch den Transport der in § 3 lit. d) Abs. 4 bezeichneten Gegenstände entsteht;

f) für alle Unkosten, die infolge einer nicht durch Verschulden des Auftragnehmers entstandenen Transportverzögerung oder -behinderung erwachsen, wie z. B. Elementarereignisse, Krieg, behördliche Maßnahmen, Streik, Behinderung der Schifffahrt oder Eisenbahn usw.

XVIII.

Transportversicherung

§ 9

a) Zur Versicherung des Gutes ist der Auftragnehmer verpflichtet, sofern ein schriftlicher Auftrag dazu unter Angabe des Versicherungswertes und der zu deckenden Gefahren vorliegt.

b) Die Transportversicherung erstreckt sich nur auf Transportmittelunfall, Feuergefahr, Diebstahl, Unfälle durch höhere Gewalt und Möbelbruch.

c) Gegen Bruch von Glas, Porzellan usw. sowie gegen Kriegsrisiko, Plünderung und Aufruhr kann eine gesonderte Versicherung abgeschlossen werden.

d) Im Schadensfall erfüllt der Auftragnehmer seine Verpflichtung durch Abtretung seines Anspruches gegen die Versicherungsgesellschaft. Versichert der Auftraggeber selbst, so ist jeder Schadenersatzanspruch aus den durch diese Versicherung gedeckten Gefahren gegen den Auftragnehmer ausgeschlossen, geht also nicht auf den Versicherer über.

XIX.

Preisberechnung[*)]

§ 10

a) Die Kostenberechnung erfolgt aufgrund der zur Zeit der Ausführung des Umzuges geltenden Tarifsätze, Frachten und Wechselkurse.

b) Wenn sich vom Zeitpunkt des überreichten Angebotes, (Anlagen 1 und 2), bis zur Ausführung des Umzuges die Tarifsätze, Frachten und Wechselkurse vermindern oder erhöhen, so ändern sich entsprechend die vereinbarten Transportkosten.

§ 11

Besonders zu bezahlen sind:

a) Transporte von Klavieren, Tresoren und anderen Schwergütern;

b) Mehraufwendungen bzw. Mehrleistungen im Interesse des Umzuges, auch ohne besonderen Auftrag. Die Art der Ausführung steht lediglich in der Wahl des Auftragnehmers;

c) Installations-, Dekorations-, Tischler- und Reinigungsarbeiten;

d) Mehraufwendungen durch Witterungsverhältnisse oder falls in gesperrten oder aufgerissenen Straßen das Möbelauto nicht vor das Haus gefahren werden kann, desgleichen für Wartezei-

*) *Diese Bestimmungen gelten nur insoweit, als ihnen keine kartellgesetzlichen Vorschriften entgegenstehen (Anmerkung des Fachverbandes der Spediteure).*

ten des Möbelautos und des Personals, die der Auftragnehmer nicht verschuldet hat, ferner angemessene Zuschläge für das Tragen der Güter auf weiten oder ungewöhnlichen Wegen, soweit nicht bei der Preisvereinbarung eine ausdrückliche Berücksichtigung dieser Umstände stattgefunden hat, sowie Mehrkosten, die durch Umwege entstehen, falls die direkten Wege gesperrt oder nicht benutzbar sind;

e) amtliche Gebühren und Zollspesen sowie allfällige öffentliche Abgaben.

XX.

Pflichten des Auftraggebers

§ 12

a) Die Besorgung aller für die Durchführung des Transportes erforderlichen Dokumente und Bewilligungen obliegt dem Auftraggeber.

b) Kann die Entladung des Möbelautos nicht sofort nach dem Eintreffen am Bestimmungsort erfolgen, kann der Auftragnehmer Ersatz aller aus der verzögerten Annahme entstehenden Unkosten und Schäden verlangen und auf Kosten des Auftraggebers das Gut entladen und einlagern.

c) Bei Abholung des Gutes ist der Auftraggeber verpflichtet nachzuprüfen, dass kein Gegenstand oder keine Einrichtung irrtümlich mitgenommen oder stehen gelassen wird.

§ 13

Bei Transporten, die bis oder ab Station oder Flughafen vereinbart wurden, hat der Auftraggeber sowohl den beladenen als auch den leeren Kofferwechselaufbau, Container oder Liftvan samt dem zugehörigen Inventar zu übernehmen oder zu übergeben. In diesem Fall obliegt ihm bei sonstiger Haftung die Wahrung der Rechte gegenüber dem Verkehrsträger, insbesondere durch Veranlassung eines gemeinsamen Schadensprotokolles.

§ 14

a) Der Rechnungsbetrag ist zu bezahlen:

1. bei Inlandstransporten vor Entladung;

2. bei Auslandstransporten vor Beladung.

Der Auftragnehmer ist berechtigt, einen Vorschub zu verlangen.

b) Gegenüber Ansprüchen des Auftragnehmers ist eine Aufrechnung oder Zurückbehaltung nur mit fälligen Gegenansprüchen des Auftraggebers zulässig, die der Höhe nach feststehen und dem Grunde nach unbestritten sind.

§ 15

Wird in Verbindung mit einer Übersiedlung eine Einlagerung notwendig, so gelten hierfür die vom Fachverband der Spediteure veröffentlichten Einlagerungsbedingungen. Erfolgt der Abtransport eingelagerter Güter nicht durch den Auftragnehmer, so ist dieser berechtigt, eine Entschädigung unter Zugrundelegung des Möbeltransporttarifes des Fachverbandes der Spediteure zu berechnen.

§ 16

Zur Abholung der dem Auftraggeber überlassenen Packmaterialien muss dieser auffordern.

XXI.

Mündliche Abreden

§ 17

Für die Ausführung mündlich erteilter Aufträge, die von keiner Seite schriftlich bestätigt sind, trägt der Auftraggeber die Gefahr.

XXII.

Verjährung

§ 18

Alle Ansprüche gegen den Auftragnehmer, gleichviel aus welchem Rechtsgrund, verjähren in sechs Monaten. Die Verjährung beginnt mit der Kenntnis des Berechtigten von dem Anspruch, spätestens jedoch mit der Ablieferung des Gutes.

XXIII.

Gerichtsstand

§ 19

Der Gerichtsstand für alle Beteiligten wird durch den Ort der Handelsniederlassung des Auftragnehmers bestimmt, mit dem das Geschäft abgeschlossen wurde.

Ist jedoch der Auftraggeber ein Verbraucher im Sinne des Konsumentenschutzgesetzes, BGBl. Nr. 140/1979 in der jeweils gültigen Fassung, und hat dieser im Inland seinen Wohnsitz oder seinen gewöhnlichen Aufenthalt oder ist er im Inland beschäftigt, so kann für eine Klage gegen ihn nach den §§ 88, 89, 93 Abs. 2 und 104 Abs. 1 Jurisdiktionsnorm (JN) nur die Zuständigkeit eines Gerichtes begründet werden, in dessen Sprengel der Wohnsitz, der gewöhnliche Aufenthalt oder der Ort der Beschäftigung liegt.

Einlagerungsbedingungen für den Möbeltransport

XXIV.

Geltungsbereich

§ 1

a) Die Einlagerungsbedingungen für den Möbeltransport gelten für die Einlagerung von Umzugsgut. Sie gelten für alle Verrichtungen und die damit zusammenhängenden Geschäfte des Lagerhalters, soweit ihnen nicht gesetzliche Vorschriften, insbesondere solche zum Schutze von Verbrauchern, entgegenstehen.

b) Der Lagerhalter hat seine Verpflichtungen mit der verkehrsüblichen Sorgfalt eines ordentlichen Kaufmannes auszuführen.

XXV.

Haftung

A.

Des Lagerhalters

§ 2

a) Der Lagerhalter haftet für Verlust oder Beschädigung des Gutes, sofern der Verlust oder die Beschädigung aus seinem Verschulden während der dem Lagerhalter obliegenden Behandlung oder Lagerung des Gutes eintritt.

b) Der Lagerhalter hat den Schaden unter Ausschluss der Haftung für etwaige Wertminderung in Natur zu beseitigen, jedoch steht es ihm in jedem Fall frei, die Entschädigung in Geld zu leisten. In jedem Fall ist die Haftung des Lagerhalters mit dem Betrag des Lagergeldes, höchstens jedoch mit dem Betrag des Lagergeldes für zwölf Monate, beschränkt.

§ 3

Die Haftung ist ausgeschlossen:

a) für den Inhalt von Behältern aller Art, deren Ein- und Auspacken im Vertrag nicht übernommen wurde;

b) für Schäden, die infolge der natürlichen oder der mangelhaften Beschaffenheit des Gutes entstehen, wie z. B. Bruch oder Beschädigung von Marmorplatten, Glas, Porzellan, Spiegeln, Glühkörpern, Stuckrahmen, Beleuchtungskörpern, Lampenschirmen, Ofen und mechanischen Werken, es sei denn, dem Lagerhalter wird ein Verschulden nachgewiesen;

c) für Schäden, wie z. B. zu große Belastung der Möbel, Lösen von Verleimungen, Rissig- oder Blindwerden der Politur, Oxydation, innerer Verderb, Lecken oder Auslaufen sowie Witterungseinflüsse;

d)

1. für Schäden an Edelmetallen, Juwelen, Edelsteinen, Geld, Briefmarken, Münzen, Wertpapieren jeder Art, Dokumenten und Urkunden;
2. für Funktionsschäden an Elektrogeräten, wie z. B. Waschmaschinen, Rundfunk-, Fernseh-, EDV- oder ähnlich empfindlichen Geräten;
3. für Schäden, die durch explosive, feuergefährliche, strahlende, selbstentzündliche, giftige, ätzende Stoffe, durch Öle sowie Fette entstehen;
4. für Schäden, die durch Einbruchdiebstahl, Erpressung oder Raub entstehen;

e) für Zahl, Art und äußere Beschaffenheit des Lagergutes ist das Lagerverzeichnis maßgebend. Weist der Lagerhalter nach, dass ein Gut in derselben äußeren Beschaffenheit, in der er es bekommen hat, ausgeliefert ist, ist jeder Schadenersatzanspruch gegen ihn ausgeschlossen.

§ 4

a) Die Haftung erlischt, wenn äußerlich erkennbare Mängel nicht sofort bei Auslagerung, äußerlich nicht erkennbare Mängel spätestens am sechsten Tag nach Auslagerung dem Lagerhalter schriftlich zur Kenntnis gebracht werden.

b) Hat der Lagerhalter aufgrund des Vertrages für Verlust des Gutes Ersatz zu leisten, so ist, unbeschadet des § 2, der gemeine Wert zu ersetzen, welches Gut derselben Art und Beschaffenheit bei Auslagerung hatte.

c) Unbeschadet des § 2 richtet sich im Falle der Beschädigung die Entschädigung nach dem Unterschied zwischen dem Verkaufswert des Gutes in beschädigtem Zustand und dem gemeinen Wert, welcher das Gut ohne die Beschädigung bei Auslagerung gehabt haben würde.

d) Der Lagerhalter haftet nicht für Schäden, die als Folge des Verlustes oder der Beschädigung des Gutes eintreten.

§ 5

a) Der Lagerhalter ist verpflichtet, die Schäden, die dem Auftraggeber durch den Lagerhalter bei der Ausführung des Auftrages erwachsen können, bei Versicherern seiner Wahl auf Kosten des Auftraggebers zu versichern. Die Polizze für die Versicherung muss, insbesondere in ihrem Deckungsumfang, mindestens dem Möbel-Speditionsversicherungsschein (Möbel-SVS) entsprechen. Die Prämie hat der Lagerhalter für jeden einzelnen Möbellagervertrag auftragsbezogen zu erheben und sie als Aufwendungen des Auftraggebers ausschließlich für die Möbel-Speditionsversicherung in voller Höhe an die jeweiligen Versicherer abzuführen. Der Lagerhalter hat dem Auftraggeber auf Verlangen anzuzeigen, bei wem er die Möbel-Speditionsversicherung gezeichnet hat.

b) Der Auftraggeber unterwirft sich sowie alle Personen, in deren Interesse oder für deren Rechnung er handelt, allen Bedingungen des Möbel-SVS.

c)

1. Ist durch den Abschluss des Möbel-SVS die Möbel-Speditionsversicherung gedeckt, so ist der Lagerhalter von der Haftung für jeden durch diese Versicherung gedeckten Schaden frei. Dies gilt insbesondere auch für den Fall, dass infolge fehlender oder ungenügender Wertangabe des Auftraggebers die Versicherungssumme hinter dem wirklichen Wert oder Schadensbetrag zurückbleibt.
2. Hat der Lagerhalter keine Möbel-Speditionsversicherung nach lit. a) abgeschlossen, so darf er sich dem Auftraggeber gegenüber nicht auf die Einlagerungsbedingungen für den Möbeltransport berufen.

B.

Des Auftraggebers

§ 6

a) Feuer- und explosionsgefährliche, strahlende, zur Selbstentzündung neigende, giftige, ätzende, übelriechende und überhaupt solche Güter, die Nachteile für das Lager oder für andere Lagergüter befürchten lassen, sind, abgesehen von besonderer schriftlicher Vereinbarung, von der Lagerung ausgeschlossen. Dasselbe gilt von solchen Gütern, die schnellem Verderb oder Fäulnis ausgesetzt sind.

b) Werden solche Güter dennoch eingelagert, so haftet der Einlagerer für jeden daraus entstehenden Schaden. Diese Haftung tritt nicht ein, wenn dem Lagerhalter die nachteilige Eigenschaft des Gutes bei der Übergabe zur Lagerung angegeben worden ist und der Lagerhalter die Annahme des Gutes nicht abgelehnt hat.

XXVI.

Lagerversicherung

§ 7

a) Zur Versicherung des Gutes ist der Lagerhalter verpflichtet, sofern ein schriftlicher Auftrag dazu unter Angabe des Versicherungswertes und der zu deckenden Gefahren vorliegt. Eine bloße Wertangabe oder ungenaue oder unausführbare Versicherungsweisungen genügen nicht zur Begründung einer Versicherungspflicht des Lagerhalters.

b) Die Lagerversicherung erstreckt sich nur auf Feuer, Einbruchdiebstahl und Leitungswasser.

c) Im Falle der Versicherung ist der Anspruch des Auftraggebers gegen den Lagerhalter aus den durch die Versicherung gedeckten Gefahren im Schadensfall auf das beschränkt, was der Lagerhalter selbst Von der Versicherung ausgezahlt erhält. Der Lagerhalter ist berechtigt, etwaige Forderungen, die ihm gegen den Auftraggeber zustehen, davon in Abzug zu bringen. Der Lagerhalter erfüllt seine Verpflichtung durch Abtretung seines Anspruches gegen die Versicherungsgesellschaft.

d) Versichert der Auftraggeber selbst, so ist jeder Schadenersatzanspruch aus den durch diese Versicherung gedeckten Gefahren gegen den Lagerhalter ausgeschlossen, geht also nicht auf den Versicherer über.

XXVII.

Mündliche Abreden

§ 8

Für Befolgung mündlicher Anweisungen. die von keiner Seite schriftlich bestätigt werden, übernimmt der Lagerhalter keine Verantwortung.

XXVIII.

Allgemeines

§ 9

a) Der Auftraggeber erhält über die eingelagerten Güter einen Lagerschein, (Anlage 1), der vor Auslieferung des Gutes zurückzugeben ist. Der Lagerschein gilt nur als Empfangsbestätigung. Der Lagerhalter ist daher insbesondere nicht verpflichtet, das Gut nur dem Vorzeiger des Lagerscheines auszuhändigen. Der Lagerhalter ist berechtigt, aber nicht verpflichtet, die Legitimation des Vorzeigers des Lagerscheines zu prüfen. Er ist ohne weiteres berechtigt, gegen Rückgabe des Lagerscheines das Gut an den Vorzeiger des Scheines auszuliefern.

b) Eine Abtretung oder Verpfändung der Rechte aus dem Lagervertrag ist gegenüber dem Lagerhalter nur verbindlich, wenn sie ihm schriftlich vom Auftraggeber mitgeteilt worden ist. In solchen Fällen ist dem Lagerhalter gegenüber nur derjenige, dem die Rechte abgetreten oder verpfändet worden sind, zur Verfügung über das Lagergut berechtigt.

c) Der Lagerhalter ist nicht verpflichtet, die Echtheit der Unterschriften auf den das Gut betreffenden Schriftstücken oder die Befugnis der Unterzeichner zu prüfen.

§ 10

a) Die Lagerung erfolgt in betriebseigenen oder fremden Lagerräumen. Lagert der Lagerhalter nicht im eigenen Lager ein, so hat er den Lagerort dem Auftraggeber schriftlich bekanntzugeben. Muss die Lagerung in einem öffentlichen Lager erfolgen, so gelten primär dessen Geschäftsbedingungen.

b) Eine Verpflichtung des Lagerhalters zur Sicherung oder Bewachung von Lagerräumen besteht nur insoweit, als die Sicherung und Bewachung unter Berücksichtigung aller Umstände geboten und ortsüblich ist. Der Lagerhalter genügt seiner Bewachungspflicht, wenn er bei Einstellung, Annahme und Durchführung der Bewachung die notwendige Sorgfalt angewendet hat.

c) Dem Auftraggeber steht es frei, die Lagerräume zu besichtigen oder besichtigen zu lassen. Einwände oder Beanstandungen gegen die Unterbringung des Gutes oder gegen die Wahl des Lagerraumes muss er unverzüglich vorbringen. Macht er vom Besichtigungsrecht keinen Gebrauch, so begibt er sich aller Einwände gegen die Art und Weise der Unterbringung, soweit die Wahl des Lagerraumes und die Unterbringung unter Wahrung der Sorgfalt eines ordentlichen Lagerhalters erfolgt sind.

§ 11

a) Der Zutritt zum Lager ist dem Auftraggeber oder seinem Beauftragten nur während der Geschäftsstunden in Begleitung des Lagerhalters oder berufener Angestellter erlaubt, wenn der Besuch mindestens drei Tage vorher angemeldet ist und der Lagerschein vorgelegt wird. In den ersten und letzten drei Tagen jedes Monatswechsels ist eine Besichtigung des Lagers nicht gestattet.

b) Nimmt der Auftraggeber irgendwelche Handlungen mit dem Gut vor, so hat er danach dem Lagerhalter das Gut aufs Neue zu übergeben und erforderlichenfalls Zahl, Art und Beschaffenheit des Gutes gemeinsam mit ihm festzustellen. Andernfalls ist jede Haftung des Lagerhalters für später festgestellte Schäden, die den Umständen nach durch den Eingriff des Auftraggebers verursacht sein können, ausgeschlossen. Der Lagerhalter behält sich das Recht vor, die Handlungen, die der Auftraggeber mit seinem Lagergut vornehmen will, durch seine Angestellten Ausführen zu lassen. Die durch die Besichtigung oder Heraussuchung entstehenden Kosten sind nach dem im Geschäft des Lagerhalters geltenden Tarif oder in Ermangelung dessen nach ortsüblichen Preisen zu bezahlen.

§ 13

Der Transport der Lagergüter zu der künftigen Wohnung des Auftraggebers oder nach einem sonstigen Bestimmungsort soll durch den Lagerhalter erfolgen.

§ 14

Ohne besonderen schriftlichen Auftrag ist der Lagerhalter zur Vornahme von Arbeiten zur Erhaltung oder Bewahrung des Gutes oder seiner Verpackung nicht verpflichtet.

§ 15

a) Der Lagerhalter kann den Lagervertrag jederzeit durch eingeschriebenen Brief mit Monatsfrist kündigen.

b) Der Auftraggeber kann den Lagervertrag jederzeit ohne Frist kündigen, unbeschadet des Anspruches des Lagerhalters auf Lagergeld gemäß § 16.

c) In den ersten und letzten drei Tagen jedes Monatswechsels werden Lagergüter nicht ausgefolgt. Dem Auftraggeber entstehen hierdurch keine zusätzlichen Lagergelder.

XXIX.

Preisberechnung

§ 16

a) Das Lagergeld wird monatlich berechnet. Jeder angefangene Kalendermonat gilt als voller Monat. Ändern sich nach erfolgter Preisvereinbarung die ortsüblichen Sätze oder die örtlichen Tarife des Gewerbes, so ändert sich entsprechend der vereinbarte Preis.

b) Die Kosten der Einlagerung, Aufstapelung und der späteren Auslagerung werden nach den ortsüblichen oder tarifmäßigen Preisen gesondert berechnet. Allfällige öffentliche Abgaben hat der Auftraggeber zu tragen.

c) Die Lagerkosten sind, soweit es sich um Auslagen handelt, sofort, sonst monatlich am ersten Wochentag jedes Monats zu bezahlen.

d) Gegenüber Ansprüchen des Lagerhalters ist eine Aufrechnung oder Zurückbehaltung nur mit fälligen Gegenansprüchen des Auftraggebers zulässig, die der Höhe nach feststehen und dem Grunde nach unbestritten sind.

§ 17

a) Der Lagerhalter hat wegen aller fälligen Ansprüche, die ihm aus laufender Rechnung oder aus sonstigen Gründen gegen den Auftraggeber zustehen, ein Pfandrecht und ein Zurückbehaltungsrecht an den Lagergütern.

b) Für den Pfand- oder Selbsthilfe-Verkauf kann der Lagerhalter in allen Fällen eine Verkaufsprovision von 10% des Bruttoerlöses berechnen.

XXX.

Verjährung

§ 18

Alle Ansprüche gegen den Lagerhalter, gleichviel aus welchem Rechtsgrund, verjähren nach sechs Monaten. Die Verjährung beginnt mit der Kenntnis des Berechtigten von dem Anspruch, spätestens jedoch mit der Auslagerung.

XXXI.

Gerichtsstand

§ 19

Der Gerichtsstand für alle Beteiligten wird durch den Ort der Handelsniederlassung des Lagerhalters bestimmt, mit dem das Geschäft abgeschlossen wurde.

Ist jedoch der Auftraggeber ein Verbraucher im Sinne des Konsumentenschutzgesetzes, BGBl. Nr. 140/1979 in der jeweils gültigen Fassung, und hat dieser im Inland seinen Wohnsitz oder seinen gewöhnlichen Aufenthalt oder ist er im Inland beschäftigt, so kann für eine Klage gegen ihn nach den §§ 88, 89, 93 Abs. 2 und 104 Abs. 1 Jurisdiktionsnorm (JN) nur die Zuständigkeit eines Gerichtes begründet werden, in dessen Sprengel der Wohnsitz, der gewöhnliche Aufenthalt oder der Ort der Beschäftigung liegt.

Möbel-Speditionsversicherungsschein (Möbel-SVS)

Bundeskammer der gewerblichen Wirtschaft Fachverband der Spediteure

Kundmachung

Gemäß den „Beförderungsbedingungen für den Möbeltransport" und den „Einlagerungsbedingungen für den Möbeltransport", kundgemacht von der Bundeskammer der gewerblichen Wirtschaft, Sektion Verkehr, Fachverband der Spediteure, in der „Wiener Zeitung" vom 9. August 1947, ist die Haftung des Spediteurs für die ihm zur Beförderung beziehungsweise zur Verwahrung übergebenen Möbel beschränkt.

Um nun dem Auftraggeber des Spediteurs die Möglichkeit zu wahren, Schäden, die ihm bei der Ausführung des Auftrages erwachsen können, ersetzt zu erhalten, hat der Fachverband der Spediteure sich entschlossen, in die vorgenannten Bedingungen einen obligatorischen Versicherungsschutz zugunsten der Auftraggeber des Spediteurs einzubauen, um hierdurch den Interessen beider Vertragsteile Rechnung zu tragen.

Der Fachverband der Spediteure hat in seiner Sitzung vom 13. September 1951 eine dementsprechende Ergänzung der „Beförderungsbedingungen für den Möbeltransport" und der „Einlagerungsbedingungen für den Möbeltransport" beschlossen, mit der mit Wirkung vom 1. Oktober 1951 die Bestimmungen der vorgenannten Bedingungen erweitert und ein Möbel-Speditionsversicherungsschein (Möbel-SVS) eingeführt wird.

Dieser Beschluß wird im amtlichen Teil der „Wiener Zeitung" dreimal veröffentlicht; mit der drittmaligen Verlautbarung wird der Wortlaut der Ergänzung und des Möbel-Speditionsversicherungsscheines veröffentlicht, wodurch dem Erfordernis gehöriger Publikation Genüge getan wird.

Der Vorsteher: *Minkus* Der Sekretär: *Winkler*

Anlage A zu § 7 lit. a) bzw. § 5 lit. a) der Beförderungs- bzw. Einlagerungsbedingungen

Möbel-Speditionsversicherungsschein

§ 1
Gegenstand der Versicherung und Geltungsbereich

1. Die Versicherung erstreckt sich auf Transporte von Umzugsgut im Möbelauto (Möbelanhänger, Kofferwechselaufbau, Container, Liftvan) im Inland sowie von und nach dem Ausland, in der Folge Möbeltransporte genannt.

2. Darunter sind alle Leistungen nach dem vom Fachverband der Spediteure herausgegebenen Möbeltransporttarif einschließlich aller üblichen Nebenleistungen zu verstehen.

3. Der Begriff Umzugsgut bezieht sich nicht auf für den Handel bestimmte Neumöbel.

§ 2
Versicherungsnehmer und Versicherter

1. Die Versicherung erfolgt für fremde Rechnung. Versichert ist der Auftraggeber oder derjenige, dem das versicherte Interesse zur Zeit des den Schaden verursachenden Ereignisses zugestanden ist bzw. der Auftragnehmer.

2. Versicherungsnehmer ist der Auftragnehmer, der Möbeltransporte und Möbeleinlagerungen ausführt (im folgenden kurz Möbelspediteur genannt) und nach den Bestimmungen der Beförderungsbedingungen für den Möbeltransport und der Einlagerungsbedingungen für den Möbeltransport arbeitet.

§ 3
Umfang der Versicherung im Allgemeinen

Die Versicherer leisten Ersatz:

1. für solche Schäden, für die der Möbelspediteur dem Versicherten nach den Beförderungsbedingungen für den Möbeltransport oder nach den Einlagerungsbedingungen für den Möbeltransport haftet. Schäden durch vorsätzlich herbeigeführte Handlungen, insbesondere Veruntreuung und Unterschlagung durch den Firmeninhaber, seiner gesetzlichen Vertreter, Prokuristen oder selbständigen Leiter einer Zweigniederlassung, gelten als ausgeschlossen.

2. für solche Schäden, für die über die unter Abs. 1 erwähnte Deckung hinaus der Möbelspediteur dem Versicherten aufgrund von Verschulden nach den gesetzlichen Bestimmungen des ABGB und HGB haftbar gemacht werden kann, im Rahmen der Bedingungen unter § 4. Die Versicherer verzichten auf die Einwendungen, die der Möbelspediteur aus den in den Beförderungsbedingungen für den Möbeltransport und den Einlagerungsbedingungen für den Möbeltransport enthaltenen Bestimmungen über Ausschluss und Minderung der gesetzlichen Haftung erheben könnte.

3. Bedient sich der Möbelspediteur im Zuge der Ausführung des ihm erteilten Auftrages nachgeordneter Spediteure sowie weiterer Beauftragter, so ist auch deren Verschulden mit gedeckt.

§ 4
Umfang der Versicherung im Einzelnen bei gesetzlicher Haftung

Für die Ersatzleistung der Versicherer nach Maßgabe der gesetzlichen Haftungsbestimmungen des ABGB und HGB gelten im Einzelnen folgende Bestimmungen:

A.
Eingeschlossene Gefahren

1. Bei Möbeltransporten wird für den Schaden Ersatz geleistet, der dem Versicherten durch Verschulden des Möbelspediteurs bei der Abwicklung des erteilten Transportauftrages durch Dispositionsfehler entsteht. Unter Dispositionsfehlern im Sinne der Versicherungsbedingungen sind insbesondere zu verstehen:

a) Wahl eines falschen Beförderungsmittels;

b) versäumte Benachrichtigung;

c) Fehlleitung oder mangelhafte Adressierung;

d) falsche Zustellung;

e) fehlerhafte Vermittlung oder gänzliche Unterlassung von Transportversicherungsaufträgen

f) Die mit einem Möbeltransportauftrag im unmittelbaren Zusammenhang stehende, nicht disponierte Lagerung gilt bis zur Dauer von 15 Tagen (Sonn- und Feiertage nicht gerechnet) mitversichert.

2. Bei Lagerungen werden insbesondere ersetzt:

a) Fehlauslieferung vom Lagergut, Verlust und Beschädigung, soweit nicht die Ausschlussbestimmungen des Abschnittes B. Abs. 5 in Betracht kommen;

b) fehlerhafte Vermittlung oder gänzliche Unterlassung von Lagerversicherungsaufträgen (Feuer-, Einbruchdiebstahl- und Leitungswasserschaden).

3. Auf Kostbarkeiten, echte Teppiche und Kunstgegenstände erstreckt sich die Versicherung sowohl bei Möbeltransporten als auch bei Lagerungen grundsätzlich nur dann, wenn diese Gegenstände dem Möbelspediteur oder dem Lagerhalter im Sinne der Beförderungsbedingungen für den Möbeltransport oder nach den Einlagerungsbedingungen für den Möbeltransport unter Angabe des Wertes schriftlich gesondert bekanntgegeben werden. Geld und Wertpapiere sind in jedem Fall von dieser Versicherung ausgeschlossen.

4. Die Versicherer ersetzen auch Ansprüche, die durch schuldhafte Versäumung einer Regresswahrung entstanden sind, sofern dadurch nachgewiesenermaßen dem Auftraggeber ein Schaden erwachsen ist.

5. Die Versicherung erstreckt sich ferner auf Ansprüche, die der Auftraggeber nicht auf einen Beförderungs- oder Lagervertrag, sondern auf Eigentum, unerlaubte Handlung oder ungerechtfertigte Bereicherung stützt, sofern diese Ansprüche mit einem mit dem Möbelspediteur abgeschlossenen Beförderungs- oder Lagerauftrag unmittelbar zusammenhängen.

6. Bei Fehlverladungen, die sich auf einen versicherten Möbeltransport oder eine versicherte Möbeleinlagerung beziehen, erstatten die Versicherer dem Möbelspediteur die Beförderungsmehrkosten einschließlich etwaiger Telegramm-, Telefon- und Portogebühren, die zur Minderung des Schadens aufgewendet worden sind und aufgewendet werden mussten.

B.
Ausgeschlossene Gefahren

Vom Versicherungsschutz ausgenommen sind:

1. Schäden, die durch Verschulden des Auftraggebers oder dessen Beauftragten sowie durch hö-

here Gewalt entstanden sind. Weiters Schäden, die sich im Falle von Kriegs- oder kriegsähnlichen Ereignissen, Verfügungen von hoher Hand, Bandenkrieg, innere Unruhen, Plünderung, Streik oder Aussperrung ergeben, es sei denn, dass der Versicherungsnehmer nachweist, dass diese Schäden mit einem der vorerwähnten Ereignisse beziehungsweise deren Auswirkung weder mittelbar noch unmittelbar im Zusammenhang stehen.

2. Ansprüche, die der Auftraggeber gegen den Möbelspediteur aus einer im Möbelspeditionsgewerbe nicht allgemein üblichen Abrede herleitet oder die auf einer Vereinbarung des Auftraggebers mit dem Möbelspediteur beruhen, die nicht zu den unter § 1 fallenden Geschäften gehören oder über die gesetzliche Haftung des Möbelspediteurs hinausgehen.

3. Schäden, die auf Vorsatz des Firmeninhabers, seiner gesetzlichen Vertreter, Prokuristen oder selbständigen Leiter einer Zweigniederlassung beruhen. Darunter sind insbesondere Schäden durch Veruntreuung und Unterschlagung durch genannte Personen zu verstehen.

4. Schäden, die an lose im Waggon verladenen, unverpackten oder mangelhaft verpackten Gütern entstehen, auch wenn sie durch eine Transportversicherung nicht deckbar sind.

5. Bei Lagerverträgen Schäden am Gut, die durch eine Feuer-, Einbruchdiebstahl- und Leitungswasserschadenversicherung gedeckt sind oder hätten gedeckt werden können.

6. Schrammschäden, Politurrisse, Leimlösungen oder Scheuerschäden, es sei denn, dass diese auf Vorsatz solcher Angestellter beruhen, die nicht als leitende Angestellte im Sinne des Abs. 3 anzusehen sind.

7. Sogenannte Bagatellschäden bis einschließlich € 36,34 werden nicht vergütet.

8. Jeder Transport von EDV-Geräten und EDV-Anlagen. Im Zuge von Büroübersiedlungen werden EDV-Geräte jedoch bis 10% der Versicherungssumme, höchstens bis zu € 7.267,28 mitversichert.

§ 5

Ersatzpflicht im Schadensfalle

1. Im Falle der Beschädigung oder des Verlustes eines Gutes wird der Zeitwert ersetzt, den das Gut im Zeitpunkt des Schadensereignisses hatte. Bei Verlust, Beschädigung oder Bruch eines Teiles einer Sacheinheit erfolgt die Schadensvergütung nur für den vom Schaden betroffenen Teil.

2. Treffen mehrere Schadensursachen, nämlich Schäden am Gut und Vermögensschäden zusammen, so ersetzen die Versicherer den Gesamtschaden nur bis zur Höhe der Versicherungssumme, die in allen Fällen die Höchstsumme der Ersatzpflicht bildet. Im Falle der Unterversicherung haften die Versicherer nur anteilsmäßig.

§ 6

Höchstgrenze der Ersatzpflicht

1. Die Versicherer haften im Umfang ihrer Beteiligung für alle auf ein Schadensereignis angemeldeten Ansprüche aus diesem Versicherungsschein bis zu einem Betrag von € 145.345,67, auch wenn mehrere Versicherte durch dieses Schadensereignis betroffen wurden. Übersteigt die Gesamtforderung mehrerer Auftraggeber den vorstehenden Höchstbetrag, dann haften die Versicherer den einzelnen Auftraggebern gegenüber nur im Verhältnis der Einzelwerte zum Gesamtwert. Bei Umzugsgut, dessen tatsächlicher Wert die Höchsthaftung von € 145.345,67 übersteigt, verzichten die Versicherer auf den Einwand der Unterversicherung.

2. Für einen Schaden aus fehlerhafter Vermittlung oder gänzlicher Unterlassung des Abschlusses einer Transport- oder Lagerversicherung durch den Möbelspediteur gilt die Höchsthaftung auf € 36.336,42 beschränkt.

§ 7

Versicherungsauftrag, Versicherungssumme

1. Prämienpflichtig ist jeder einzelne Beförderungs- und Lagerauftrag.

2. Jeder prämienpflichtige Auftrag ist mit der dem Wert des Gutes entsprechenden Versicherungssumme zu den im § 8 angeführten Prämien zu versichern:

a) Der Versicherungssumme ist der Zeitwert des Haushaltsgutes und der Möbel zugrunde zu legen. Der Möbelspediteur hat nach Tunlichkeit dafür zu sorgen, dass der Auftraggeber die richtige Versicherungssumme aufgibt. Sollte der Auftraggeber die Versicherungssumme nicht aufgeben, so hat der Möbelspediteur seinerseits die Versicherungssumme zu schätzen. Schätzungsfehler fallen nicht unter diese Versicherung und kann aus solchen weder für den Möbelspediteur noch für die Versicherung eine Haftung erwachsen.

b) Die Versicherer werden den Einwand der Unterversicherung bei Zugrundelegung der von dem Möbelspediteur gewählten Versicherungssumme nur dann erheben, wenn der Wert um mindestens 20% höher liegt als der Schätzungswert.

§ 8

Prämie

Die Prämiensätze für jeden Möbeltransport und für jede Möbellagerung einschließlich der Versicherungssteuer sind in der Prämientabelle festgelegt.

§ 9

Anmeldung

1. Der Möbelspediteur hat alle versicherten Beförderungs- und Lagerverträge am Ende eines jeden Kalendermonats, spätestens jedoch bis zum 10. des darauffolgenden Monats, den Gesellschaften zuhanden der beauftragten Bearbeitungsstelle auf den von ihnen gelieferten Vordrucken anzumelden und gleichzeitig die dafür zu entrichtende Prämie zu bezahlen. Beförderungs- und Lagerverträge im Einzelwert von über € 3.633,64 hat der Möbelspediteur gleichzeitig einzeln mit der höheren Versicherungssumme unter Angabe des Auftraggebers und unter Anführung seiner Positionsnummern auf den von den Versicherern gelieferten Spezifikationsformularen anzumelden.

2. Beförderungs- und Lagerverträge im Einzelwert von über € 14.534,57 sind unverzüglich bei Erteilung des Auftrages gesondert anzumelden.

3. Möbeltransporte und Einlagerungen, bei denen Kostbarkeiten, echte Teppiche und Kunstgegenstände je Auftrag den Wert von € 14.534,57 übersteigen, sind unter Nennung dieser Gegenstände und Bekanntgabe ihres Wertes unverzüglich bei Annahme des Auftrages gesondert anzumelden.

§ 10

Prüfungsrecht der Versicherer

Die Versicherer sind berechtigt, die Anmeldungen des Möbelspediteurs durch Einsichtnahme in die Geschäftsbücher und sonstige Unterlagen, soweit sie diese Versicherung betreffen, nachzuprüfen.

§ 11

Geltendmachung des Schadens, Obliegenheiten des Möbelspediteurs und des Versicherten

1. Der Möbelspediteur hat als Versicherungsnehmer jeden Schaden unverzüglich, spätestens innerhalb von sechs Wochen, nachdem er hiervon Kenntnis erhalten hat, den Gesellschaften zuhanden der beauftragten Bearbeitungsstelle schriftlich anzumelden. Die Frist wird durch rechtzeitige Absendung der Anmeldung gewahrt. Im Falle der schuldhaften Versäumnis der Frist sind die Gesellschaften von der Leistung frei.

2. Der Möbelspediteur ist verpflichtet, für rechtzeitige und neutrale Schadensfeststellung, soweit er darauf Einfluss nehmen kann, und unter Beachtung etwaiger Anweisungen der Versicherer tunlichst für Abwendung und Minderung des Schadens zu sorgen; er hat den Versicherern jede verlangte Auskunft zu erteilen und die Unterlagen zu liefern, die zur Klarstellung des Schadens dienen können. Werden diese Obliegenheiten vom Möbelspediteur grob fahrlässig verletzt, so sind die Gesellschaften von der Leistung frei.

3. Der Versicherte ist, sobald er von dieser Versicherung Kenntnis hat, gleichfalls verpflichtet, unter Beachtung etwaiger Anweisungen der Gesellschaften für sachdienliche Schadensfeststellung zu sorgen; er hat die Pflicht, den Schaden, soweit möglich, abzuwenden oder zu mindern. Soweit den Versicherern durch Verletzung der Schadensminderungspflicht seitens des Versicherten Nachteile erwachsen, sind die Versicherer von der Leistung frei.

4. Die Auszahlung der Schadenssumme erfolgt an den Versicherten als Geschädigten. Der Möbelspediteur gilt jedoch zur Empfangnahme der Schadenssumme ermächtigt, wenn er die Schadensanmeldung betrieben und die Abfindungserklärung des Versicherten vorgelegt hat.

5. Wegen der Verjährung der Versicherungsansprüche und des Erlöschens eines durch die Versicherer abgelehnten Versicherungsanspruches gilt die Bestimmung des § 12 Versicherungsvertragsgesetz.

§ 12

Rückgriffsrecht

1. Die Versicherer verzichten auf einen Rückgriff gegen den Möbelspediteur und seine Arbeitnehmer. Soweit der Möbelspediteur sich bei der Ausführung des ihm übergebenen Auftrages nachgeordneter Spediteure sowie weiterer Beauftragter bedient hat, verzichten die Versicherer gegen jene Möbelspediteure auf ein Rückgriffsrecht, die diesen Versicherungsschein generell gezeichnet haben.

2. Ein Rückgriff in voller Höhe ist jedoch gegen jeden gestattet, der den Schaden vorsätzlich herbeigeführt hat.

§ 13

Schadensbeteiligung des Spediteurs

1. Der Möbelspediteur hat den Gesellschaften zuhanden der beauftragten Bearbeitungsstelle 10% desjenigen Betrages unverzüglich zu erstatten, den die Gesellschaften je Schadensfall bezahlt haben, mindestens € 36,33, höchstens jedoch € 254,35.

2. Hat ein gesetzlicher Vertreter, Prokurist oder selbständiger Leiter einer Zweigniederlassung des Möbelspediteurs den Schaden durch grobe Fahrlässigkeit verursacht, so erhöht sich die Beteiligung des Möbelspediteurs am Schaden auf

20%, mindestens € 36,33, höchstens jedoch € 254,35. Unberührt hiervon bleiben die Bestimmungen des § 12 Abs. 2.

§ 14
Dauer der Versicherung

1. Dieser Vertrag ist für die Zeit vom 1. Jänner 1989 bis 31. Dezember 1989 abgeschlossen mit der Maßgabe, dass er jeweils um ein weiteres Jahr stillschweigend verlängert wird, wenn er nicht zum jeweiligen Ablauf unter Einhaltung einer Kündigungsfrist von drei Monaten durch eingeschriebenen Brief von einer der Parteien gekündigt wird.

2. Sollten Änderungen zu diesem Vertrag zwischen den beteiligten Versicherungsgesellschaften und dem Fachverband der Spediteure vereinbart werden, so treten diese an Stelle der bisherigen Bestimmungen.

§ 15
Außerordentliches Kündigungsrecht

1. Den Versicherern steht das Recht zu, vom Fachverband der Spediteure sofortige Verhandlungen über eine anderweitige Festsetzung der Prämie zu verlangen, falls die bezahlten Schäden aus dem Gesamtgeschäft 80% der angemeldeten Prämien erreicht haben. Kommt eine Einigung mit dem Fachverband der Spediteure innerhalb von 14 Tagen nicht zustande, so sind die Versicherer berechtigt, die Gesamtheit der Möbel-SVS-Scheine mit vierwöchiger Frist zu kündigen. In diesem Fall sind die Versicherer verpflichtet, die Kündigung sowohl gegenüber dem Fachverband der Spediteure als auch gegenüber jedem einzelnen Möbel-SVS-Zeichner mittels eingeschriebenen Briefes auszusprechen.

2. Die Versicherer sind mit Zustimmung des Fachverbandes der Spediteure berechtigt, einzelne Verträge mit einer Frist von drei Wochen jeweils zum Monatsende zu kündigen:

a) wenn sich erhebliche Mängel im Betrieb des Möbelspediteurs zeigen, deren Beseitigung die Versicherer zur Vermeidung von Schäden billigerweise verlangen können, der Möbelspediteur aber trotz Setzung einer angemessenen Frist diese Mängel nicht abstellt;

b) wenn der Möbelspediteur vorsätzlich die Prämienanmeldungsfrist verletzt hat;

c) wenn der Möbelspediteur mit einer fälligen Prämienzahlung länger als zwei Wochen nach empfangener Mahnung im Verzug ist. Die Mahnung muss durch eingeschriebenen Brief erfolgen und die Rechtsfolgen angeben, die mit dem Ablauf der Frist verbunden sind.

§ 16
Gerichtsbarkeit

1. Für Streitigkeiten aus diesem Vertrag sind die ordentlichen Gerichte zuständig.

2. Die führende Gesellschaft ist von den mitbeteiligten Gesellschaften ermächtigt, alle Rechtsstreitigkeiten auch bezüglich ihrer Anteile als Kläger oder Beklagter zu führen. Ein gegen die führende Gesellschaft ergangenes Urteil wird von den beteiligten Gesellschaften als auch gegen sie verbindlich anerkannt.

3. Die von den Gesellschaften beauftragte Bearbeitungsstelle ist berechtigt, die Rechte der Versicherer aus diesem Vertrag im eigenen Namen geltend zu machen.

§ 17
Führungsklausel und Beteiligungsliste

In diesem Versicherungsschein sind die nachbezeichneten Versicherer unter Ausschluss der solidarischen Haftung mit den dabei angegebenen Quoten beteiligt. Die Geschäftsführung liegt in den Händen der Wiener Allianz Versicherungs-Aktiengesellschaft, Wien.

31. Übereinkommen vom 19. 5. 1956 über den Beförderungsvertrag im internationalen Straßengüterverkehr (CMR)

BGBl 1961/138 idF

1 BGBl 1981/192 (Protokoll vom 5. 7. 1978)

STICHWORTVERZEICHNIS

CMR

Stichwortverzeichnis

(Übersetzung[1].)

[1] *Authentische Texte: Englisch, Französisch*

ÜBEREINKOMMEN ÜBER DEN BEFÖRDERUNGSVERTRAG IM INTERNATIONALEN STRASSENGÜTERVERKEHR (CMR)

PRÄAMBEL

Die Vertragsparteien haben

in der Erkenntnis, daß es sich empfiehlt, die Bedingungen für den Beförderungsvertrag im internationalen Straßengüterverkehr, insbesondere hinsichtlich der in diesem Verkehr verwendeten Urkunden und der Haftung des Frachtführers, einheitlich zu regeln,

folgendes vereinbart:

KAPITEL I
Geltungsbereich

Artikel 1

1. [1]Dieses Übereinkommen gilt für jeden Vertrag über die entgeltliche Beförderung von Gütern auf der Straße mittels Fahrzeugen, wenn der Ort der Übernahme des Gutes und der für die Ablieferung vorgesehene Ort, wie sie im Vertrage angegeben sind, in zwei verschiedenen Staaten liegen, von denen mindestens einer ein Vertragsstaat ist. [2]Dies gilt ohne Rücksicht auf den Wohnsitz und die Staatsangehörigkeit der Parteien.

2. Im Sinne des Übereinkommens bedeuten „Fahrzeuge" Kraftfahrzeuge, Sattelkraftfahrzeuge, Anhänger und Sattelanhänger, wie sie in Artikel 4 des Abkommens über den Straßenverkehr vom 19. September 1949 umschrieben sind.

3. Dieses Übereinkommen gilt auch dann, wenn in seinen Geltungsbereich fallende Beförderungen von Staaten oder von staatlichen Einrichtungen oder Organisationen durchgeführt werden.

4. Dieses Übereinkommen gilt nicht:

a) für Beförderungen, die nach den Bestimmungen internationaler Postübereinkommen durchgeführt werden;

b) für die Beförderung von Leichen;

c) für die Beförderung von Umzugsgut.

5. Die Vertragsparteien werden untereinander keine zwei- oder mehrseitigen Sondervereinbarungen schließen, die Abweichungen von den Bestimmungen dieses Übereinkommens enthalten; ausgenommen sind Sondervereinbarungen unter Vertragsparteien, nach denen dieses Übereinkommen nicht für ihren kleinen Grenzverkehr gilt, oder durch die für die Beförderungen, die ausschließlich auf ihrem Staatsgebiet durchgeführt werden, die Verwendung eines das Gut vertretenden Frachtbriefes zugelassen wird.

Artikel 2

1. [1]Wird das mit dem Gut beladene Fahrzeug auf einem Teil der Strecke zur See, mit der Eisenbahn, auf Binnenwasserstraßen oder auf dem Luftwege befördert und wird das Gut – abgesehen von Fällen des Artikels 14 – nicht umgeladen, so gilt dieses Übereinkommen trotzdem für die gesamte Beförderung. [2]Soweit jedoch bewiesen wird, daß während der Beförderung durch das andere Verkehrsmittel eingetretene Verluste, Beschädigungen oder Überschreitungen der Lieferfrist nicht durch eine Handlung oder Unterlassung des Straßenfrachtführers, sondern durch ein Ereignis verursacht worden sind, das nur während und wegen der Beförderung durch das andere Beförderungsmittel eingetreten sein kann, bestimmt sich die Haftung des Straßenfrachtführers nicht nach diesem Übereinkommen, sondern danach, wie der Frachtführer des anderen Verkehrsmittels gehaftet hätte, wenn ein lediglich das Gut betreffender Beförderungsvertrag zwischen dem Absender und dem Frachtführer des anderen Verkehrsmittels nach den zwingenden Vorschriften des für die Beförderung durch das andere Verkehrsmittel geltenden Rechts geschlossen worden wäre. [3]Bestehen jedoch keine solchen Vorschriften, so bestimmt sich die Haftung des Straßenfrachtführers nach diesem Übereinkommen.

2. Ist der Straßenfrachtführer zugleich der Frachtführer des anderen Verkehrsmittels, so haftet er ebenfalls nach Absatz 1, jedoch so, als ob seine Tätigkeit als Straßenfrachtführer und seine Tätigkeit als Frachtführer des anderen Verkehrsmittels von zwei verschiedenen Personen ausgeübt würden.

KAPITEL II
Haftung des Frachtführers für andere Personen

Artikel 3

Der Frachtführer haftet, soweit dieses Übereinkommen anzuwenden ist, für Handlungen und Unterlassungen seiner Bediensteten und aller anderen Personen, deren er sich bei Ausführung der Beförderung bedient, wie für eigene Handlungen und Unterlassungen, wenn diese Bediensteten oder andere Personen in Ausübung ihrer Verrichtungen handeln.

KAPITEL III

Abschluß und Ausführung des Beförderungsvertrages

Artikel 4

Der Beförderungsvertrag wird in einem Frachtbrief festgehalten. Das Fehlen, die Mangelhaftigkeit oder der Verlust des Frachtbriefes berührt weder den Bestand noch die Gültigkeit des Beförderungsvertrages, der den Bestimmungen dieses Übereinkommens unterworfen bleibt.

Artikel 5

1. [1]Der Frachtbrief wird in drei Originalausfertigungen ausgestellt, die vom Absender und vom Frachtführer unterzeichnet werden. [2]Die Unterschriften können gedruckt oder durch den Stempel des Absenders oder des Frachtführers ersetzt werden, wenn dies nach dem Recht des Staates, in dem der Frachtbrief ausgestellt wird, zulässig ist. [3]Die erste Ausfertigung erhält der Absender, die zweite begleitet das Gut, die dritte behält der Frachtführer.

2. Ist das zu befördernde Gut auf mehrere Fahrzeuge zu verladen, oder handelt es sich um verschiedenartige oder um in verschiedene Posten aufgeteilte Güter, können sowohl der Absender als auch der Frachtführer verlangen, daß so viele Frachtbriefe ausgestellt werden, als Fahrzeuge zu verwenden oder Güterarten oder -posten vorhanden sind.

Artikel 6

1. Der Frachtbrief muß folgende Angaben enthalten:

a) Ort und Tag der Ausstellung;

b) Name und Anschrift des Absenders;

c) Name und Anschrift des Frachtführers;

d) Stelle und Tag der Übernahme des Gutes sowie die für die Ablieferung vorgesehene Stelle;

e) Name und Anschrift des Empfängers;

f) die übliche Bezeichnung der Art des Gutes und die Art der Verpackung, bei gefährlichen Gütern ihre allgemein anerkannte Bezeichnung;

g) Anzahl, Zeichen und Nummern der Frachtstücke;

h) Rohgewicht oder die anders angegebene Menge des Gutes;

i) die mit der Beförderung verbundenen Kosten (Fracht, Nebengebühren, Zölle und andere Kosten, die vom Vertragsabschluß bis zur Ablieferung anfallen);

j) Weisungen für die Zoll- und sonstige amtliche Behandlung;

k) die Angabe, daß die Beförderung trotz einer gegenteiligen Abmachung den Bestimmungen dieses Übereinkommens unterliegt.

2. Zutreffendenfalls muß der Frachtbrief ferner folgende Angaben enthalten:

a) das Verbot umzuladen;

b) die Kosten, die der Absender übernimmt;

c) den Betrag einer bei der Ablieferung des Gutes einzuziehenden Nachnahme;

d) die Angabe des Wertes des Gutes und des Betrages des besonderen Interesses an der Lieferung;

e) Weisungen des Absenders an den Frachtführer über die Versicherung des Gutes;

f) die vereinbarte Frist, in der die Beförderung beendet sein muß;

g) ein Verzeichnis der dem Frachtführer übergebenen Urkunden.

3. Die Parteien dürfen in den Frachtbrief noch andere Angaben eintragen, die sie für zweckmäßig halten.

Artikel 7

1. Der Absender haftet für alle Kosten und Schäden, die dem Frachtführer dadurch entstehen, daß folgende Angaben unrichtig oder unvollständig sind:

a) die in Artikel 6 Absatz 1 Buchstabe b), d), e), f), g), h) und j) bezeichneten Angaben;

b) die in Artikel 6 Absatz 2 bezeichneten Angaben;

c) alle anderen Angaben oder Weisungen des Absenders für die Ausstellung des Frachtbriefes oder zum Zwecke der Eintragung in diesen.

2. Trägt der Frachtführer auf Verlangen des Absenders die in Absatz 1 bezeichneten Angaben in den Frachtbrief ein, wird bis zum Beweise des Gegenteils vermutet, daß der Frachtführer hiebei im Namen des Absenders gehandelt hat.

3. Enthält der Frachtbrief die in Artikel 6 Absatz 1 Buchstabe k) bezeichnete Angabe nicht, so haftet der Frachtführer für alle Kosten und Schäden, die dem über das Gut Verfügungsberechtigten infolge dieser Unterlassung entstehen.

Artikel 8

1. Der Frachtführer ist verpflichtet, bei der Übernahme des Gutes zu überprüfen:

a) die Richtigkeit der Angaben im Frachtbrief über die Anzahl der Frachtstücke und über ihre Zeichen und Nummern;

b) den äußeren Zustand des Gutes und seiner Verpackung.

2. [1]Stehen dem Frachtführer keine angemessenen Mittel zur Verfügung, um die Richtigkeit der

in Absatz 1 Buchstabe a) bezeichneten Angaben zu überprüfen, so trägt er im Frachtbrief Vorbehalte ein, die zu begründen sind. [2]Desgleichen hat er Vorbehalte zu begründen, die er hinsichtlich des äußeren Zustandes des Gutes und seiner Verpackung macht. [3]Die Vorbehalte sind für den Absender nicht verbindlich, es sei denn, daß er sie im Frachtbrief ausdrücklich anerkannt hat.

3. [1]Der Absender kann vom Frachtführer verlangen, daß dieser das Rohgewicht oder die anders angegebene Menge des Gutes überprüft. [2]Er kann auch verlangen, daß der Frachtführer den Inhalt der Frachtstücke überprüft. [3]Der Frachtführer hat Anspruch auf Ersatz der Kosten der Überprüfung. [4]Das Ergebnis der Überprüfung ist in den Frachtbrief einzutragen.

Artikel 9

1. Der Frachtbrief dient bis zum Beweise des Gegenteils als Nachweis für den Abschluß und Inhalt des Beförderungsvertrages sowie für die Übernahme des Gutes durch den Frachtführer.

2. Sofern der Frachtbrief keine mit Gründen versehenen Vorbehalte des Frachtführers aufweist, wird bis zum Beweise des Gegenteils vermutet, daß das Gut und seine Verpackung bei der Übernahme durch den Frachtführer äußerlich in gutem Zustande waren und daß die Anzahl der Frachtstücke und ihre Zeichen und Nummern mit den Angaben im Frachtbrief übereinstimmten.

Artikel 10

Der Absender haftet dem Frachtführer für alle durch mangelhafte Verpackung des Gutes verursachten Schäden an Personen, am Betriebsmaterial und an anderen Gütern sowie für alle durch mangelhafte Verpackung verursachten Kosten, es sei denn, daß der Mangel offensichtlich oder dem Frachtführer bei der Übernahme des Gutes bekannt war und er diesbezüglich keine Vorbehalte gemacht hat.

Artikel 11

1. Der Absender hat dem Frachtbrief die Urkunden beizugeben, die für die vor der Ablieferung des Gutes zu erledigende Zoll- oder sonstige amtliche Behandlung notwendig sind, oder diese Urkunden dem Frachtführer zur Verfügung zu stellen und diesem alle erforderlichen Auskünfte zu erteilen.

2. [1]Der Frachtführer ist nicht verpflichtet zu prüfen, ob diese Urkunden und Auskünfte richtig und ausreichend sind. [2]Der Absender haftet dem Frachtführer für alle aus dem Fehlen, der Unvollständigkeit oder Unrichtigkeit der Urkunden und Angaben entstehenden Schäden, es sei denn, daß den Frachtführer ein Verschulden trifft.

3. Der Frachtführer haftet wie ein Kommissionär für die Folgen des Verlustes oder der unrichtigen Verwendung der im Frachtbrief bezeichneten und diesem beigegebenen oder dem Frachtführer ausgehändigten Urkunden; er hat jedoch keinen höheren Schadenersatz zu leisten als bei Verlust des Gutes.

Artikel 12

1. [1]Der Absender ist berechtigt, über das Gut zu verfügen. [2]Er kann insbesondere verlangen, daß der Frachtführer das Gut nicht weiterbefördert, den für die Ablieferung vorgesehenen Ort ändert oder das Gut einem anderen als dem im Frachtbrief angegebenen Empfänger abliefert.

2. [1]Dieses Recht erlischt, sobald die zweite Ausfertigung des Frachtbriefes dem Empfänger übergeben ist oder dieser sein Recht nach Artikel 13 Absatz 1 geltend macht. [2]Von diesem Zeitpunkt an hat der Frachtführer den Weisungen des Empfängers nachzukommen.

3. Das Verfügungsrecht steht jedoch dem Empfänger bereits von der Ausstellung des Frachtbriefes an zu, wenn der Absender einen entsprechenden Vermerk in den Frachtbrief eingetragen hat.

4. Hat der Empfänger in Ausübung seines Verfügungsrechtes die Ablieferung des Gutes an einen Dritten angeordnet, so ist dieser nicht berechtigt, seinerseits andere Empfänger zu bestimmen.

5. Die Ausübung des Verfügungsrechtes unterliegt folgenden Bestimmungen:

a) der Absender oder in dem in Absatz 3 bezeichneten Falle der Empfänger hat, wenn er sein Verfügungsrecht ausüben will, die erste Ausfertigung des Frachtbriefes vorzuweisen, worin die dem Frachtführer erteilten neuen Weisungen eingetragen sein müssen, und dem Frachtführer alle Kosten und Schäden zu ersetzen, die durch die Ausführung der Weisungen entstehen;

b) die Ausführung der Weisungen muß zu dem Zeitpunkt, in dem sie die Person erreichen, die sie ausführen soll, möglich sein und darf weder den gewöhnlichen Betrieb des Unternehmens des Frachtführers hemmen noch die Absender oder Empfänger anderer Sendungen schädigen;

c) die Weisungen dürfen nicht zu einer Teilung der Sendung führen.

6. Kann der Frachtführer auf Grund der Bestimmungen des Absatzes 5 Buchstabe b) die erhaltenen Weisungen nicht durchführen, so hat er unverzüglich denjenigen zu benachrichtigen, der die Weisungen erteilt hat.

7. Ein Frachtführer, der Weisungen nicht ausführt, die ihm unter Beachtung der Bestimmungen dieses Artikels erteilt worden sind, oder der solche Weisungen ausführt, ohne die Vorlage der ersten

Ausfertigung des Frachtbriefes verlangt zu haben, haftet dem Berechtigten für den daraus entstehenden Schaden.

Artikel 13

1. [1]Nach Ankunft des Gutes an dem für die Ablieferung vorgesehenen Ort ist der Empfänger berechtigt, vom Frachtführer zu verlangen, daß ihm gegen Empfangsbestätigung die zweite Ausfertigung des Frachtbriefes übergeben und das Gut abgeliefert wird. [2]Ist der Verlust des Gutes festgestellt oder ist das Gut innerhalb der in Artikel 19 vorgesehenen Frist nicht angekommen, so kann der Empfänger die Rechte aus dem Beförderungsvertrag im eigenen Namen gegen den Frachtführer geltend machen.

2. [1]Der Empfänger, der die ihm nach Absatz 1 zustehenden Rechte geltend macht, hat den Gesamtbetrag der aus dem Frachtbrief hervorgehenden Kosten zu zahlen. [2]Bei Streitigkeiten hierüber ist der Frachtführer zur Ablieferung des Gutes nur verpflichtet, wenn ihm der Empfänger Sicherheit leistet.

Artikel 14

1. Wenn aus irgendeinem Grunde vor Ankunft des Gutes an dem für die Ablieferung vorgesehenen Ort die Erfüllung des Vertrages zu den im Frachtbrief festgelegten Bedingungen unmöglich ist oder unmöglich wird, hat der Frachtführer Weisungen des nach Artikel 12 über das Gut Verfügungsberechtigten einzuholen.

2. Gestatten die Umstände jedoch eine von den im Frachtbrief festgelegten Bedingungen abweichende Ausführung der Beförderung und konnte der Frachtführer Weisungen des nach Artikel 12 über das Gut Verfügungsberechtigten innerhalb angemessener Zeit nicht erhalten, so hat er die Maßnahmen zu ergreifen, die ihm im Interesse des über das Gut Verfügungsberechtigten die besten zu sein scheinen.

Artikel 15

1. [1]Treten nach Ankunft des Gutes am Bestimmungsort Ablieferungshindernisse ein, so hat der Frachtführer Weisungen des Absenders einzuholen. [2]Wenn der Empfänger die Annahme des Gutes verweigert, ist der Absender berechtigt, über das Gut zu verfügen, ohne die erste Ausfertigung des Frachtbriefes vorweisen zu müssen.

2. Der Empfänger kann, auch wenn er die Annahme des Gutes verweigert hat, dessen Ablieferung noch so lange verlangen, als der Frachtführer keine dem widersprechenden Weisungen des Absenders erhalten hat.

3. Tritt das Ablieferungshindernis ein, nachdem der Empfänger auf Grund seiner Befugnisse nach Artikel 12 Absatz 3 Anweisung erteilt hat, das Gut an einen Dritten abzuliefern, so nimmt bei der Anwendung der Absätze 1 und 2 dieses Artikels der Empfänger die Stelle des Absenders und der Dritte die des Empfängers ein.

Artikel 16

1. Der Frachtführer hat Anspruch auf Erstattung der Kosten, die ihm dadurch entstehen, daß er Weisungen einholt oder ausführt, es sei denn, daß er diese Kosten verschuldet hat.

2. [1]In den in Artikel 14 Absatz 1 und in Artikel 15 bezeichneten Fällen kann der Frachtführer das Gut sofort auf Kosten des Verfügungsberechtigten ausladen; nach dem Ausladen gilt die Beförderung als beendet. [2]Der Frachtführer hat sodann das Gut für den Verfügungsberechtigten zu verwahren. [3]Er kann es jedoch auch einem Dritten anvertrauen und haftet dann nur für die sorgfältige Auswahl des Dritten. [4]Das Gut bleibt mit den aus dem Frachtbrief hervorgehenden Ansprüchen sowie mit allen anderen Kosten belastet.

3. [1]Der Frachtführer kann, ohne Weisungen des Verfügungsberechtigten abzuwarten, den Verkauf des Gutes veranlassen, wenn es sich um verderbliche Waren handelt oder der Zustand des Gutes eine solche Maßnahme rechtfertigt oder wenn die Kosten der Verwahrung in keinem Verhältnis zum Wert des Gutes stehen. [2]Er kann auch in anderen Fällen den Verkauf des Gutes veranlassen, wenn er innerhalb einer angemessenen Frist gegenteilige Weisungen des Verfügungsberechtigten, deren Ausführung ihm billigerweise zugemutet werden kann, nicht erhält.

4. [1]Wird das Gut auf Grund der Bestimmungen dieses Artikels verkauft, so ist der Erlös nach Abzug der auf dem Gut lastenden Kosten dem Verfügungsberechtigten zur Verfügung zu stellen. [2]Wenn diese Kosten höher sind als der Erlös, kann der Frachtführer den Unterschied beanspruchen.

5. Art und Weise des Verkaufes bestimmen sich nach den Gesetzen oder Gebräuchen des Ortes, an dem sich das Gut befindet.

KAPITEL IV

Haftung des Frachtführers

Artikel 17

1. Der Frachtführer haftet für gänzlichen oder teilweisen Verlust und für Beschädigung des Gutes, sofern der Verlust oder die Beschädigung zwischen dem Zeitpunkt der Übernahme des Gutes und dem seiner Ablieferung eintritt, sowie für Überschreitung der Lieferfrist.

2. Der Frachtführer ist von dieser Haftung befreit, wenn der Verlust, die Beschädigung oder die Überschreitung der Lieferfrist durch ein Verschulden des Verfügungsberechtigten, durch eine

nicht vom Frachtführer verschuldete Weisung des Verfügungsberechtigten, durch besondere Mängel des Gutes oder durch Umstände verursacht worden ist, die der Frachtführer nicht vermeiden und deren Folgen er nicht abwenden konnte.

3. Um sich von seiner Haftung zu befreien, kann sich der Frachtführer weder auf Mängel des für die Beförderung verwendeten Fahrzeuges noch gegebenenfalls auf ein Verschulden des Vermieters des Fahrzeuges oder der Bediensteten des Vermieters berufen.

4. Der Frachtführer ist vorbehaltlich des Artikels 18 Absatz 2 bis 5 von seiner Haftung befreit, wenn der Verlust oder die Beschädigung aus den mit einzelnen oder mehreren Umständen der folgenden Art verbundenen besonderen Gefahren entstanden ist:

a) Verwendung von offenen, nicht mit Planen gedeckten Fahrzeugen, wenn diese Verwendung ausdrücklich vereinbart und im Frachtbrief vermerkt worden ist;

b) Fehlen oder Mängel der Verpackung, wenn die Güter ihrer Natur nach bei fehlender oder mangelhafter Verpackung Verlusten oder Beschädigungen ausgesetzt sind;

c) Behandlung, Verladen, Verstauen oder Ausladen des Gutes durch den Absender, den Empfänger oder Dritte, die für den Absender oder Empfänger handeln;

d) natürliche Beschaffenheit gewisser Güter, derzufolge sie gänzlichem oder teilweisem Verlust oder Beschädigung, insbesondere durch Bruch, Rost, inneren Verderb, Austrocknen, Auslaufen, normalen Schwund oder Einwirkung von Ungeziefer oder Nagetieren, ausgesetzt sind;

e) ungenügende oder unzulängliche Bezeichnung oder Numerierung der Frachtstücke;

f) Beförderung von lebenden Tieren.

5. Haftet der Frachtführer auf Grund dieses Artikels für einzelne Umstände, die einen Schaden verursacht haben, nicht, so haftet er nur in dem Umfange, in dem die Umstände, für die er auf Grund dieses Artikels haftet, zu dem Schaden beigetragen haben.

Artikel 18

1. Der Beweis, daß der Verlust, die Beschädigung oder die Überschreitung der Lieferfrist durch einen der in Artikel 17 Absatz 2 bezeichneten Umstände verursacht worden ist, obliegt dem Frachtführer.

2. [1]Wenn der Frachtführer darlegt, daß nach den Umständen des Falles der Verlust oder die Beschädigung aus einer oder mehreren der in Artikel 17 Absatz 4 bezeichneten besonderen Gefahren entstehen konnte, wird vermutet, daß der Schaden hieraus entstanden ist. [2]Der Verfügungsberechtigte kann jedoch beweisen, daß der Schaden nicht oder nicht ausschließlich aus einer dieser Gefahren entstanden ist.

3. Diese Vermutung gilt im Falle des Artikels 17 Absatz 4 Buchstabe a) nicht bei außergewöhnlich großem Abgang oder bei Verlust von ganzen Frachtstücken.

4. Bei Beförderung mit einem Fahrzeug, das mit besonderen Einrichtungen zum Schutze des Gutes gegen die Einwirkung von Hitze, Kälte, Temperaturschwankungen oder Luftfeuchtigkeit versehen ist, kann sich der Frachtführer auf Artikel 17 Absatz 4 Buchstabe d) nur berufen, wenn er beweist, daß er alle ihm nach den Umständen obliegenden Maßnahmen hinsichtlich der Auswahl, Instandhaltung und Verwendung der besonderen Einrichtungen getroffen und ihm erteilte besondere Weisungen beachtet hat.

5. Der Frachtführer kann sich auf Artikel 17 Absatz 4 Buchstabe f) nur berufen, wenn er beweist, daß er alle ihm nach den Umständen üblicherweise obliegenden Maßnahmen getroffen und ihm erteilte besondere Weisungen beachtet hat.

Artikel 19

Eine Überschreitung der Lieferfrist liegt vor, wenn das Gut nicht innerhalb der vereinbarten Frist abgeliefert worden ist oder, falls keine Frist vereinbart worden ist, die tatsächliche Beförderungsdauer unter Berücksichtigung der Umstände, bei teilweiser Beladung insbesondere unter Berücksichtigung der unter gewöhnlichen Umständen für die Zusammenstellung von Gütern zwecks vollständiger Beladung benötigten Zeit, die Frist überschreitet, die vernünftigerweise einem sorgfältigen Frachtführer zuzubilligen ist.

Artikel 20

1. Der Verfügungsberechtigte kann das Gut, ohne weitere Beweise erbringen zu müssen, als verloren betrachten, wenn es nicht binnen 30 Tagen nach Ablauf der vereinbarten Lieferfrist oder, falls keine Frist vereinbart worden ist, nicht binnen 60 Tagen nach der Übernahme des Gutes durch den Frachtführer abgeliefert worden ist.

2. Der Verfügungsberechtigte kann bei Empfang der Entschädigung für das verlorene Gut schriftlich verlangen, daß er sofort benachrichtigt wird, wenn das Gut binnen einem Jahr nach Zahlung der Entschädigung wieder aufgefunden wird. Dieses Verlangen ist ihm schriftlich zu bestätigen.

3. Der Verfügungsberechtigte kann binnen 30 Tagen nach Empfang einer solchen Benachrichtigung fordern, daß ihm das Gut gegen Befriedigung der aus dem Frachtbrief hervorgehenden Ansprüche und gegen Rückzahlung der erhaltenen Entschädigung, gegebenenfalls abzüglich der in der Entschädigung enthaltenen Kosten, abgeliefert

wird; seine Ansprüche auf Schadenersatz wegen Überschreitung der Lieferfrist nach Artikel 23 und gegebenenfalls nach Artikel 26 bleiben vorbehalten.

4. Wird das in Absatz 2 bezeichnete Verlangen nicht gestellt oder ist keine Anweisung in der in Absatz 3 bestimmten Frist von 30 Tagen erteilt worden oder wird das Gut später als ein Jahr nach Zahlung der Entschädigung wieder aufgefunden, so kann der Frachtführer über das Gut nach dem Recht des Ortes verfügen, an dem es sich befindet.

Artikel 21

Wird das Gut dem Empfänger ohne Einziehung der nach dem Beförderungsvertrag vom Frachtführer einzuziehenden Nachnahme abgeliefert, so hat der Frachtführer, vorbehaltlich seines Rückgriffsrechtes gegen den Empfänger, dem Absender bis zur Höhe des Nachnahmebetrages Schadenersatz zu leisten.

Artikel 22

1. [1]Der Absender hat den Frachtführer, wenn er ihm gefährliche Güter übergibt, auf die genaue Art der Gefahr aufmerksam zu machen und ihm gegebenenfalls die zu ergreifenden Vorsichtsmaßnahmen anzugeben. [2]Ist diese Mitteilung im Frachtbrief nicht eingetragen worden, so obliegt es dem Absender oder dem Empfänger, mit anderen Mitteln zu beweisen, daß der Frachtführer die genaue Art der mit der Beförderung der Güter verbundenen Gefahren gekannt hat.

2. Gefährliche Güter, deren Gefährlichkeit der Frachtführer nicht im Sinne des Absatzes 1 gekannt hat, kann der Frachtführer jederzeit und überall ohne Schadenersatzpflicht ausladen, vernichten oder unschädlich machen; der Absender haftet darüber hinaus für alle durch die Übergabe dieser Güter zur Beförderung oder durch ihre Beförderung entstehenden Kosten und Schäden.

Artikel 23

1. Hat der Frachtführer auf Grund der Bestimmungen dieses Übereinkommens für gänzlichen oder teilweisen Verlust des Gutes Schadenersatz zu leisten, so wird die Entschädigung nach dem Wert des Gutes am Ort und zur Zeit der Übernahme zur Beförderung berechnet.

2. Der Wert des Gutes bestimmt sich nach dem Börsenpreis, mangels eines solchen nach dem Marktpreis oder mangels beider nach dem gemeinen Wert von Gütern gleicher Art und Beschaffenheit.

3. Die Entschädigung darf jedoch 8,33 Rechnungseinheiten für jedes fehlende Kilogramm des Rohgewichts nicht übersteigen. *(BGBl 1981/192)*

4. Außerdem sind – ohne weiteren Schadenersatz – Fracht, Zölle und sonstige aus Anlaß der Beförderung des Gutes entstandene Kosten zurückzuerstatten, und zwar im Falle des gänzlichen Verlustes in voller Höhe, im Falle des teilweisen Verlustes anteilig.

5. Wenn die Lieferfrist überschritten ist und der Verfügungsberechtigte beweist, daß daraus ein Schaden entstanden ist, hat der Frachtführer dafür eine Entschädigung nur bis zur Höhe der Fracht zu leisten.

6. Höhere Entschädigungen können nur dann beansprucht werden, wenn der Wert des Gutes oder ein besonderes Interesse an der Lieferung nach den Artikeln 24 und 26 angegeben worden ist.

7. [1]Die in diesem Übereinkommen genannte Rechnungseinheit ist das Sonderziehungsrecht des Internationalen Währungsfonds. [2]Der in Absatz 3 genannte Betrag wird in die Landeswährung des Staates des angerufenen Gerichts umgerechnet; die Umrechnung erfolgt entsprechend dem Wert der betreffenden Währung am Tag des Urteils oder an dem von den Parteien vereinbarten Tag. [3]Der in Sonderziehungsrechten ausgedrückte Wert der Landeswährung eines Staates, der Mitglied des Internationalen Währungsfonds ist, wird nach der vom Internationalen Währungsfonds angewendeten Bewertungsmethode errechnet, die an dem betreffenden Tag für seine Operationen und Transaktionen gilt. [4]Der in Sonderziehungsrechten ausgedrückte Wert der Landeswährung eines Staates, der nicht Mitglied des Internationalen Währungsfonds ist, wird auf eine von diesem Staat bestimmte Weise errechnet. *(BGBl 1981/192)*

8. [1]Dessenungeachtet kann ein Staat, der nicht Mitglied des Internationalen Währungsfonds ist und dessen Recht die Anwendung des Absatzes 7 nicht zuläßt, bei der Ratifikation des Protokolls zum CMR oder dem Beitritt zu jenem Protokoll oder jederzeit danach erklären, daß sich der in seinem Hoheitsgebiet geltende Haftungshöchstbetrag des Absatzes 3 auf 25 Werteinheiten beläuft. [2]Die in diesem Absatz genannte Werteinheit entspricht 10/31 Gramm Gold von 900/1000 Feingehalt. [3]Die Umrechnung des Betrags nach diesem Absatz in die Landeswährung erfolgt nach dem Recht des betreffenden Staates. *(BGBl 1981/192)*

9. [1]Die in Absatz 7 letzter Satz genannte Berechnung und die in Absatz 8 genannte Umrechnung erfolgen in der Weise, daß der Betrag nach Absatz 3, in der Landeswährung des Staates ausgedrückt, soweit wie möglich dem dort in Rechnungseinheiten ausgedrückten tatsächlichen Wert entspricht. [2]Die Staaten teilen dem Generalsekretär der Vereinten Nationen die Art der Berechnung nach Absatz 7 oder das Ergebnis der Umrechnung nach Absatz 8 bei der Hinterlegung einer der in Artikel 3 des Protokolls zum CMR ge-

nannten Urkunden sowie immer dann mit, wenn sich die Berechnungsart oder das Umrechnungsergebnis ändert. *(BGBl 1981/192)*

Artikel 24

Der Absender kann gegen Zahlung eines zu vereinbarenden Zuschlages zur Fracht einen Wert des Gutes im Frachtbrief angeben, der den in Artikel 23 Absatz 3 bestimmten Höchstbetrag übersteigt; in diesem Fall tritt der angegebene Betrag an die Stelle des Höchstbetrages.

Artikel 25

1. Bei Beschädigung hat der Frachtführer den Betrag der Wertverminderung zu zahlen, die unter Zugrundelegung des nach Artikel 23 Absatz 1, 2 und 4 festgestellten Wertes des Gutes berechnet wird.

2. Die Entschädigung darf jedoch nicht übersteigen:

a) wenn die ganze Sendung durch die Beschädigung entwertet ist, den Betrag, der bei gänzlichem Verlust zu zahlen wäre;

b) wenn nur ein Teil der Sendung durch die Beschädigung entwertet ist, den Betrag, der bei Verlust des entwerteten Teiles zu zahlen wäre.

Artikel 26

1. Der Absender kann gegen Zahlung eines zu vereinbarenden Zuschlages zur Fracht für den Fall des Verlustes oder der Beschädigung und für den Fall der Überschreitung der vereinbarten Lieferfrist durch Eintragung in den Frachtbrief den Betrag eines besonderen Interesses an der Lieferung festlegen.

2. Ist ein besonderes Interesse an der Lieferung angegeben worden, so kann unabhängig von der Entschädigung nach den Artikeln 23, 24 und 25 der Ersatz des weiteren bewiesenen Schadens bis zur Höhe des als Interesse angegebenen Betrages beansprucht werden.

Artikel 27

1. [1]Der Verfügungsberechtigte kann auf die ihm gewährte Entschädigung Zinsen in Höhe von 5% jährlich verlangen. [2]Die Zinsen laufen von dem Tage der schriftlichen Reklamation gegenüber dem Frachtführer oder, wenn keine Reklamation vorausging, vom Tage der Klageerhebung an.

2. Wird die Entschädigung auf Grund von Rechnungsgrößen ermittelt, die nicht in der Währung des Landes ausgedrückt sind, in dem die Zahlung beansprucht wird, so ist die Umrechnung nach dem Tageskurs am Zahlungsort der Entschädigung vorzunehmen.

Artikel 28

1. Können Verluste, Beschädigungen oder Überschreitungen der Lieferfrist, die bei einer diesem Übereinkommen unterliegenden Beförderung eingetreten sind, nach dem anzuwendenden Recht zur Erhebung außervertraglicher Ansprüche führen, so kann sich der Frachtführer demgegenüber auf die Bestimmungen dieses Übereinkommens berufen, die seine Haftung ausschließen oder den Umfang der zu leistenden Entschädigung bestimmen oder begrenzen.

2. Werden Ansprüche aus außervertraglicher Haftung für Verlust, Beschädigung oder Überschreitung der Lieferfrist gegen eine der Personen erhoben, für die der Frachtführer nach Artikel 3 haftet, so kann sich auch diese Person auf die Bestimmungen dieses Übereinkommens berufen, die die Haftung des Frachtführers ausschließen oder den Umfang der zu leistenden Entschädigung bestimmen oder begrenzen.

Artikel 29

1. Der Frachtführer kann sich auf die Bestimmungen dieses Kapitels, die seine Haftung ausschließen oder begrenzen oder die Beweislast umkehren, nicht berufen, wenn er den Schaden vorsätzlich oder durch ein ihm zur Last fallendes Verschulden verursacht hat, das nach dem Recht des angerufenen Gerichtes dem Vorsatz gleichsteht.

2. [1]Das gleiche gilt, wenn Bediensteten des Frachtführers oder sonstigen Personen, deren er sich bei Ausführung der Beförderung bedient, Vorsatz oder ein dem Vorsatz gleichstehendes Verschulden zur Last fällt, wenn diese Bediensteten oder sonstigen Personen in Ausübung ihrer Verrichtungen handeln. [2]In solchen Fällen können sich auch die Bediensteten oder sonstigen Personen hinsichtlich ihrer persönlichen Haftung nicht auf die in Absatz 1 bezeichneten Bestimmungen dieses Kapitels berufen.

KAPITEL V

Reklamationen und Klagen

Artikel 30

1. [1]Nimmt der Empfänger das Gut an, ohne dessen Zustand gemeinsam mit dem Frachtführer zu überprüfen und ohne unter Angaben allgemeiner Art über den Verlust oder die Beschädigung an den Frachtführer Vorbehalte zu richten, so wird bis zum Beweise des Gegenteils vermutet, daß der Empfänger das Gut in dem im Frachtbrief beschriebenen Zustand erhalten hat; die Vorbehalte müssen, wenn es sich um äußerlich erkennbare Verluste oder Beschädigungen handelt, spätestens bei der Ablieferung des Gutes, oder, wenn es sich um äußerlich nicht erkennbare Verluste oder Be-

schädigungen handelt, spätestens binnen sieben Tagen, Sonntage und gesetzliche Feiertage nicht mitgerechnet, nach der Ablieferung gemacht werden. [2]Die Vorbehalte müssen schriftlich gemacht werden, wenn es sich um äußerlich nicht erkennbare Verluste oder Beschädigungen handelt.

2. Haben Empfänger und Frachtführer den Zustand des Gutes gemeinsam überprüft, so ist der Gegenbeweis gegen das Ergebnis der Überprüfung nur zulässig, wenn es sich um äußerlich nicht erkennbare Verluste oder Beschädigungen handelt und der Empfänger binnen sieben Tagen, Sonntage und gesetzliche Feiertage nicht mitgerechnet, nach der Überprüfung an den Frachtführer schriftliche Vorbehalte gerichtet hat.

3. Schadenersatz wegen Überschreitung der Lieferfrist kann nur gefordert werden, wenn binnen 21 Tagen nach dem Zeitpunkt, an dem das Gut dem Empfänger zur Verfügung gestellt worden ist, an den Frachtführer ein schriftlicher Vorbehalt gerichtet wird.

4. Bei der Berechnung der in diesem Artikel bestimmten Fristen wird jeweils der Tag der Ablieferung, der Tag der Überprüfung oder der Tag, an dem das Gut dem Empfänger zur Verfügung gestellt worden ist, nicht mitgerechnet.

5. Frachtführer und Empfänger haben sich gegenseitig jede angemessene Erleichterung für alle erforderlichen Feststellungen und Überprüfungen zu gewähren.

Artikel 31

1. Wegen aller Streitigkeiten aus einer diesem Übereinkommen unterliegenden Beförderung kann der Kläger, außer durch Vereinbarung der Parteien bestimmte Gerichte von Vertragsstaaten, die Gerichte eines Staates anrufen, auf dessen Gebiet

a) der Beklagte seinen gewöhnlichen Aufenthalt, seine Hauptniederlassung oder die Zweigniederlassung oder Geschäftsstelle hat, durch deren Vermittlung der Beförderungsvertrag geschlossen worden ist, oder

b) der Ort der Übernahme des Gutes oder der für die Ablieferung vorgesehene Ort liegt.

Andere Gerichte können nicht angerufen werden.

2. Ist ein Verfahren bei einem nach Absatz 1 zuständigen Gericht wegen einer Streitigkeit im Sinne des genannten Absatzes anhängig oder ist durch ein solches Gericht in einer solchen Streitsache ein Urteil erlassen worden, so kann eine neue Klage wegen derselben Sache zwischen denselben Parteien nicht erhoben werden, es sei denn, daß die Entscheidung des Gerichtes, bei dem die erste Klage erhoben worden ist, in dem Staat nicht vollstreckt werden kann, in dem die neue Klage erhoben wird.

3. [1]Ist in einer Streitsache im Sinne des Absatzes 1 ein Urteil eines Gerichtes eines Vertragsstaates in diesem Staat vollstreckbar geworden, so wird es auch in allen anderen Vertragsstaaten vollstreckbar, sobald die in dem jeweils in Betracht kommenden Staat hiefür vorgeschriebenen Formerfordernisse erfüllt sind. [2]Diese Formerfordernisse dürfen zu keiner sachlichen Nachprüfung führen.

4. Die Bestimmungen des Absatzes 3 gelten für Urteile im kontradiktorischen Verfahren, für Versäumnisurteile und für gerichtliche Vergleiche, jedoch nicht für nur vorläufig vollstreckbare Urteile sowie nicht für Verurteilungen, durch die dem Kläger bei vollständiger oder teilweiser Ab- oder Zurückweisung der Klage neben den Verfahrenskosten Schadenersatz und Zinsen auferlegt werden.

5. Angehörige der Vertragsstaaten, die ihren Wohnsitz oder eine Niederlassung in einem dieser Staaten haben, sind nicht verpflichtet, Sicherheit für die Kosten eines gerichtlichen Verfahrens zu leisten, das wegen einer diesem Übereinkommen unterliegenden Beförderung eingeleitet wird.

Artikel 32

1. [1]Ansprüche aus einer diesem Übereinkommen unterliegenden Beförderung verjähren in einem Jahr. [2]Bei Vorsatz oder bei einem Verschulden, das nach dem Recht des angerufenen Gerichtes dem Vorsatz gleichsteht, beträgt die Verjährungsfrist jedoch drei Jahre. Die Verjährungsfrist beginnt:

a) bei teilweisem Verlust, Beschädigung oder Überschreitung der Lieferfrist mit dem Tage der Ablieferung des Gutes;

b) bei gänzlichem Verlust mit dem 30. Tage nach Ablauf der vereinbarten Lieferfrist oder, wenn eine Lieferfrist nicht vereinbart worden ist, mit dem 60. Tage nach der Übernahme des Gutes durch den Frachtführer;

c) in allen anderen Fällen mit dem Ablauf einer Frist von drei Monaten nach dem Abschluß des Beförderungsvertrages.

Der Tag, an dem die Verjährung beginnt, wird bei der Berechnung der Frist nicht mitgerechnet.

2. [1]Die Verjährung wird durch eine schriftliche Reklamation bis zu dem Tage gehemmt, an dem der Frachtführer die Reklamation schriftlich zurückweist und die beigefügten Belege zurücksendet. [2]Wird die Reklamation teilweise anerkannt, so läuft die Verjährung nur für den noch streitigen Teil der Reklamation weiter. [3]Der Beweis für den Empfang der Reklamation oder der Antwort sowie für die Rückgabe der Belege obliegt demjenigen, der sich darauf beruft. [4]Weitere Reklamationen, die denselben Anspruch zum Gegenstand haben, hemmen die Verjährung nicht.

3. [1]Unbeschadet der Bestimmungen des Absatzes 2 gilt für die Hemmung der Verjährung das Recht des angerufenen Gerichtes. [2]Dieses Recht gilt auch für die Unterbrechung der Verjährung.

4. Verjährte Ansprüche können auch nicht im Wege der Widerklage oder der Einrede geltend gemacht werden.

Artikel 33

Der Beförderungsvertrag kann eine Bestimmung enthalten, durch die die Zuständigkeit eines Schiedsgerichtes begründet wird, jedoch nur, wenn die Bestimmung vorsieht, daß das Schiedsgericht dieses Übereinkommen anzuwenden hat.

KAPITEL VI

Bestimmungen über die Beförderung durch aufeinanderfolgende Frachtführer

Artikel 34

Wird eine Beförderung, die Gegenstand eines einzigen Vertrages ist, von aufeinanderfolgenden Straßenfrachtführern ausgeführt, so haftet jeder von ihnen für die Ausführung der gesamten Beförderung; der zweite und jeder folgende Frachtführer wird durch die Annahme des Gutes und des Frachtbriefes nach Maßgabe der Bedingungen des Frachtbriefes Vertragspartei.

Artikel 35

1. [1]Ein Frachtführer, der das Gut von dem vorhergehenden Frachtführer übernimmt, hat diesem eine datierte und unterzeichnete Empfangsbestätigung auszuhändigen. [2]Er hat seinen Namen und seine Anschrift auf der zweiten Ausfertigung des Frachtbriefes einzutragen. [3]Gegebenenfalls trägt er Vorbehalte nach Artikel 8 Absatz 2 auf der zweiten Ausfertigung des Frachtbriefes sowie auf der Empfangsbestätigung ein.

2. Für die Beziehungen zwischen den aufeinanderfolgenden Frachtführern gilt Artikel 9.

Artikel 36

Ersatzansprüche wegen eines Verlustes, einer Beschädigung oder einer Überschreitung der Lieferfrist können, außer im Wege der Widerklage oder der Einrede in einem Verfahren wegen eines auf Grund desselben Beförderungsvertrages erhobenen Anspruches, nur gegen den ersten, den letzten oder denjenigen Frachtführer geltend gemacht werden, der den Teil der Beförderung ausgeführt hat, in dessen Verlauf das Ereignis eingetreten ist, das den Verlust, die Beschädigung oder die Überschreitung der Lieferfrist verursacht hat; ein und dieselbe Klage kann gegen mehrere Frachtführer gerichtet sein.

Artikel 37

Einem Frachtführer, der auf Grund der Bestimmungen dieses Übereinkommens eine Entschädigung gezahlt hat, steht der Rückgriff hinsichtlich der Entschädigung, der Zinsen und der Kosten gegen die an der Beförderung beteiligten Frachtführer nach folgenden Bestimmungen zu:

a) der Frachtführer, der den Verlust oder die Beschädigung verursacht hat, hat die von ihm oder von einem anderen Frachtführer geleistete Entschädigung allein zu tragen;

b) ist der Verlust oder die Beschädigung durch zwei oder mehrere Frachtführer verursacht worden, so hat jeder einen seinem Haftungsanteil entsprechenden Betrag zu zahlen; ist die Feststellung der einzelnen Haftungsanteile nicht möglich, so haftet jeder nach dem Verhältnis des ihm zustehenden Anteiles am Beförderungsentgelt;

c) kann nicht festgestellt werden, welche der Frachtführer den Schaden zu tragen haben, so ist die zu leistende Entschädigung in dem unter Buchstabe b) bestimmten Verhältnis zu Lasten aller Frachtführer aufzuteilen.

Artikel 38

Ist ein Frachtführer zahlungsunfähig, so ist der auf ihn entfallende, aber von ihm nicht gezahlte Anteil zu Lasten aller anderen Frachtführer nach dem Verhältnis ihrer Anteile an dem Beförderungsentgelt aufzuteilen.

Artikel 39

1. Ein Frachtführer, gegen den nach Artikel 37 und 38 Rückgriff genommen wird, kann nicht einwenden, daß der Rückgriff nehmende Frachtführer zu Unrecht gezahlt hat, wenn die Entschädigung durch eine gerichtliche Entscheidung festgesetzt worden war, sofern der im Wege des Rückgriffs in Anspruch genommene Frachtführer von dem gerichtlichen Verfahren ordnungsgemäß in Kenntnis gesetzt worden war und in der Lage war, sich daran zu beteiligen.

2. Ein Frachtführer, der sein Rückgriffsrecht gerichtlich geltend machen will, kann seinen Anspruch vor dem zuständigen Gericht des Staates erheben, in dem einer der beteiligten Frachtführer seinen gewöhnlichen Aufenthalt, seine Hauptniederlassung oder die Zweigniederlassung oder Geschäftsstelle hat, durch deren Vermittlung der Beförderungsvertrag abgeschlossen worden ist. Ein und dieselbe Rückgriffsklage kann gegen alle beteiligten Frachtführer gerichtet sein.

3. Die Bestimmungen des Artikels 31 Absatz 3 und 4 gelten auch für Urteile über die Rückgriffsansprüche nach den Artikeln 37 und 38.

4. [1]Die Bestimmungen des Artikels 32 gelten auch für Rückgriffsansprüche zwischen Fracht-

führern. [2]Die Verjährung beginnt jedoch entweder mit dem Tage des Eintrittes der Rechtskraft eines Urteiles über die nach den Bestimmungen dieses Übereinkommens zu zahlende Entschädigung oder, wenn ein solches rechtskräftiges Urteil nicht vorliegt, mit dem Tage der tatsächlichen Zahlung.

Artikel 40

Den Frachtführern steht es frei, untereinander Vereinbarungen zu treffen, die von den Artikeln 37 und 38 abweichen.

KAPITEL VII

Nichtigkeit von dem Übereinkommen widersprechenden Vereinbarungen

Artikel 41

1. [1]Unbeschadet der Bestimmungen des Artikels 40 ist jede Vereinbarung, die unmittelbar oder mittelbar von den Bestimmungen dieses Übereinkommens abweicht, nichtig und ohne Rechtswirkung. [2]Die Nichtigkeit solcher Vereinbarungen hat nicht die Nichtigkeit der übrigen Vertragsbestimmungen zur Folge.

2. Nichtig ist insbesondere jede Abmachung, durch die sich der Frachtführer die Ansprüche aus der Versicherung des Gutes abtreten läßt, und jede andere ähnliche Abmachung sowie jede Abmachung, durch die die Beweislast verschoben wird.

KAPITEL VIII

Schlußbestimmungen

Artikel 42 – 51

(nicht abgedruckt)

(Übersetzung.)

UNTERZEICHNUNGSPROTOKOLL

Bei der Unterzeichnung des Übereinkommens über den Beförderungsvertrag im internationalen Straßengüterverkehr haben sich die gehörig bevollmächtigten Unterzeichneten auf folgende Feststellung und Erklärung geeinigt:

1. Dieses Übereinkommen gilt nicht für Beförderungen zwischen dem Vereinigten Königreich von Großbritannien und Nordirland einerseits und der Republik Irland anderseits.

2. Zu Artikel 1 Absatz 4
Die Unterzeichneten verpflichten sich, über ein Übereinkommen über den Beförderungsvertrag für Umzugsgut und ein Übereinkommen über den Beförderungsvertrag für den kombinierten Verkehr zu verhandeln.

VERTRAGSPARTEIEN

DES ÜBEREINKOMMENS ÜBER DEN BEFÖRDERUNGSVERTRAG IM INTERNATIONALEN STRASSENGÜTERVERKEHR (CMR)

Hinweis: Zu beachten ist, dass sich Änderungen sowohl im Zuge von Staatsauflösungen bzw Staatsspaltungen und Staatenvereinigungen oder Staatsneugründungen als auch hinsichtlich erklärter ***Vorbehalte*** *ergeben können. Staaten in eckigen Klammern existieren in dieser Form jedenfalls nicht mehr.*

Es ist daher anzuraten, die maßgeblichen BGBl zu beachten!

*Albanien III 135/2006, III 73/2007 P; *Armenien III 135/2006, III 136/2006 P; *Aserbaidschan III 72/2007; *Belarus 786/1993, III 3/2010 P; *Belgien 14/1963, 539/1996 P; *Bosnien-Herzegowina 161/1994; *Bulgarien 21/1982, 538/1996; *Dänemark 289/1965, 192/1981 P; *Deutschland/BRD 14/1963, 192/1981 P [**Deutschland/DDR 429/1976*]; *Estland 161/1994, 539/1996 P; *Finnland 43/1974, 192/1981 P; *Frankreich 138/1961, 540/1983 P; *Georgien III 213/1999, III 214/1999 P; *Griechenland 21/1982, 231/1986 P; *Großbritannien 347/1967, 323/1969, 235/1970, 43/1974, 192/1981 P, 787/1993 P; *Iran III 205/1998 P, III 171/1999; *Irland 786/1993, 787/1993 P; *Italien 138/1961, 540/1983 P; *Jordanien III 2/2010, III 3/2010 P; *Kasachstan 538/1996; *Kirgisistan III 171/1999, III 172/1999 P; *Kroatien 786/1993, BGBl III 2017/19; *Lettland 538/1996, 539/1996 P; *Libanon III 135/2006, III 136/2006 P; *Litauen 786/1993, 787/1993 P; *Luxemburg 239/1964, 192/1981 P; *Malta III 96/2008, III 97/2008 P; *Marokko 538/1996; *Mazedonien III 205/1998 P, III 171/1999; *Moldau 786/1993, III 73/2007 P; *Mongolei III 98/2004; *Montenegro III 72/2007; *Niederlande 138/1961, 231/1986 P; *Norwegen 334/1969, 231/1986 P; *Österreich 138/1961,

192/1981 P, 289/1982; *Pakistan III 2019/91, III 2019/92; *Polen 106/1964, III 171/1999, III 20/2013; *Portugal 398/1969, 787/1993 P; *Rumänien 43/1974, 540/1983 P; *Russland [*UdSSR*] 226/1984; *Schweden 323/1969, 231/1986 P; *Schweiz 235/1970, 231/1986 P; *Serbien/Montenegro III 98/2004 [vgl **Jugoslawien 138/1961*]; *Slowakei 161/1994, III 97/2008 P; *Slowenien 786/1993, III 313/2013; *Spanien 429/1976, 540/1983 P; *Syrien III 2/2010; *Tadschikistan III 171/1999; *Tschechische R 161/1994, III 136/2006 P [**Tschechoslowakei 429/1976, 786/1993*]; *Tunesien 538/1996, 539/1996 P; *Türkei 538/1996, 539/1996 P; *Turkmenistan III 205/1998 P, III 171/1999; *Ukraine III 72/2007; *Ungarn 235/1970, 786/1993, 787/1993 P; *Usbekistan 538/1996 III 205/1998 P; *Zypern III 98/2004, III 136/2006 P.

32. Bundesgesetz gegen den unlauteren Wettbewerb

BGBl 1984/448 (WV) idF

1 BGBl 1988/422
2 BGBl 1992/147
3 BGBl 1993/227
4 BGBl 1994/422 (VfGH)
5 BGBl I 1999/111
6 BGBl I 1999/185
7 BGBl I 1999/191
8 BGBl I 2000/55
9 BGBl I 2001/136
10 BGBl I 2006/106
11 BGBl I 2007/79 (UWG-Nov 2007)
12 BGBl I 2013/13 (KaWeRÄG 2012)
13 BGBl I 2013/112 (UWG-Nov 2013)
14 BGBl I 2015/49 (UWG-Nov 2015)
15 BGBl I 2016/99
16 BGBl I 2018/109 (UWG-Novelle 2018)
17 BGBl I 2019/104 (FORG)

GLIEDERUNG

STICHWORTVERZEICHNIS

Stichwortverzeichnis

Bundesgesetz gegen den unlauteren Wettbewerb 1984 – UWG

I. Abschnitt
Zivilrechtliche und strafrechtliche Bestimmungen

1. Handlungen unlauteren Wettbewerbes

Unlautere Geschäftspraktiken

§ 1. (1) Wer im geschäftlichen Verkehr

1. eine unlautere Geschäftspraktik oder sonstige unlautere Handlung anwendet, die geeignet ist, den Wettbewerb zum Nachteil von Unternehmen nicht nur unerheblich zu beeinflussen, oder

2. eine unlautere Geschäftspraktik anwendet, die den Erfordernissen der beruflichen Sorgfalt widerspricht und in Bezug auf das jeweilige Produkt geeignet ist, das wirtschaftliche Verhalten des Durchschnittsverbrauchers, den sie erreicht oder an den sie sich richtet, wesentlich zu beeinflussen,

kann auf Unterlassung und bei Verschulden auf Schadenersatz in Anspruch genommen werden.

(2) [1]Wendet sich eine Geschäftspraktik an eine Gruppe von Verbrauchern, so ist Durchschnittsverbraucher das durchschnittliche Mitglied dieser Gruppe. [2]Geschäftspraktiken gegenüber Verbrauchern, die voraussichtlich in einer für den Unternehmer vernünftigerweise vorhersehbaren Art und Weise das wirtschaftliche Verhalten nur einer eindeutig identifizierbaren Gruppe von Verbrauchern wesentlich beeinflussen, die auf Grund von geistigen oder körperlichen Gebrechen, Alter oder Leichtgläubigkeit im Hinblick auf diese Praktiken oder die ihnen zugrundeliegenden Produkte besonders schutzbedürftig sind, sind aus der Sicht eines durchschnittlichen Mitglieds dieser Gruppe zu beurteilen.

(3) Unlautere Geschäftspraktiken sind insbesondere solche, die

1. aggressiv im Sinne des § 1a oder

2. irreführend im Sinne des § 2

sind.

(4) Im Sinne dieses Gesetzes bedeutet

1. „Produkt“ jede Ware oder Dienstleistung, einschließlich Immobilien, Rechten und Verpflichtungen;

2. „Geschäftspraktik“ jede Handlung, Unterlassung, Verhaltensweise oder Erklärung, kommerzielle Mitteilung einschließlich Werbung und Marketing eines Unternehmens, die unmittelbar mit der Absatzförderung, dem Verkauf oder der Lieferung eines Produkts zusammenhängt;

3. „wesentliche Beeinflussung des wirtschaftlichen Verhaltens des Verbrauchers“ die Anwendung einer Geschäftspraktik, um die Fähigkeit des Verbrauchers, eine informierte Entscheidung zu treffen, spürbar zu beeinträchtigen und damit den Verbraucher zu einer geschäftlichen Entscheidung zu veranlassen, die er andernfalls nicht getroffen hätte;

4. „Verhaltenskodex“ eine Vereinbarung oder einen Vorschriftenkatalog, die bzw. der nicht durch die Rechts- und Verwaltungsvorschriften eines Mitgliedstaates der Europäischen Union vorgeschrieben ist und das Verhalten der Unternehmen definiert, die sich in Bezug auf eine oder mehrere spezielle Geschäftspraktiken oder Wirtschaftszweige zur Einhaltung dieses Kodex verpflichten;

5. „Aufforderung zum Kauf“ jede kommerzielle Kommunikation, welche die Merkmale des Produkts und den Preis in einer Weise angibt, die den Mitteln der verwendeten kommerziellen Kommunikation angemessen ist und den Verbraucher dadurch in die Lage versetzt, einen Kauf zu tätigen;

6. „unzulässige Beeinflussung eines Verbrauchers“ die Ausnutzung einer Machtposition gegenüber dem Verbraucher zur Ausübung von Druck – auch ohne die Anwendung oder Androhung von körperlicher Gewalt –, wodurch die Fähigkeit des Verbrauchers, eine informierte Entscheidung zu treffen, wesentlich eingeschränkt wird;

7. „geschäftliche Entscheidung eines Verbrauchers“ jede Entscheidung dessen darüber, ob, wie und unter welchen Bedingungen er einen Kauf tätigen, eine Zahlung insgesamt oder teilweise leisten, ein Produkt behalten oder abgeben oder ein vertragliches Recht im Zusammenhang mit dem Produkt ausüben will, unabhängig davon, ob der Verbraucher beschließt, tätig zu werden oder ein Tätigwerden zu unterlassen;

8. „berufliche Sorgfalt“ den Standard an Fachkenntnissen und Sorgfalt, bei dem billigerweise davon ausgegangen werden kann, dass ihn der Unternehmer gemäß den anständigen Marktgepflogenheiten in seinem Tätigkeitsbereich anwendet.

(5) Der Unternehmer hat in Verfahren auf Unterlassung oder Schadenersatz nach Abs. 1 bis 3 die Richtigkeit der Tatsachenbehauptungen im Zusammenhang mit einer Geschäftspraktik zu beweisen, wenn ein solches Verlangen unter Berücksichtigung der berechtigten Interessen des Unternehmers und anderer Marktteilnehmer wegen der Umstände des Einzelfalls angemessen erscheint.

(BGBl I 2007/79)

Aggressive Geschäftspraktiken

§ 1a. (1) Eine Geschäftspraktik gilt als aggressiv, wenn sie geeignet ist, die Entscheidungs- oder Verhaltensfreiheit des Marktteilnehmers in Bezug auf das Produkt durch Belästigung, Nötigung, oder durch unzulässige Beeinflussung wesentlich zu beeinträchtigen und ihn dazu zu veranlassen, eine geschäftliche Entscheidung zu treffen, die er andernfalls nicht getroffen hätte.

(2) Bei der Feststellung, ob eine aggressive Geschäftspraktik vorliegt, ist auch auf

1. Zeitpunkt, Ort, Art oder Dauer,

2. die Verwendung von drohenden oder beleidigenden Formulierungen oder Verhaltensweisen,

3. die Ausnutzung von konkreten Unglückssituationen oder Umständen von solcher Schwere durch den Unternehmer, welche das Urteilsvermögen des Verbrauchers beeinträchtigen, worüber sich der Unternehmer bewusst ist, um die Entscheidung des Verbrauchers in Bezug auf das Produkt zu beeinflussen.

4. belastende oder unverhältnismäßige Hindernisse nichtvertraglicher Art, mit denen der Unternehmer den Verbraucher an der Ausübung seiner vertraglichen Rechte – insbesondere am Recht, den Vertrag zu kündigen oder zu einem anderen Produkt oder einem anderen Unternehmen zu wechseln – zu hindern versucht und

5. Drohungen mit rechtlich unzulässigen Handlungen

abzustellen. *(BGBl I 2015/49)*

(3) Jedenfalls als aggressiv gelten die im Anhang unter Z 24 bis 31 angeführten Geschäftspraktiken.

(4) Jedenfalls als aggressiv gilt auch die im Anhang unter Z 32 genannte Geschäftspraktik. Vereinbarungen darüber sind absolut nichtig. *(BGBl I 2016/99)*

(BGBl I 2007/79)

Irreführende Geschäftspraktiken

§ 2. (1) Eine Geschäftspraktik gilt als irreführend, wenn sie unrichtige Angaben (§ 39) enthält oder sonst geeignet ist, einen Marktteilnehmer in Bezug auf das Produkt über einen oder mehrere der folgenden Punkte derart zu täuschen, dass dieser dazu veranlasst wird, eine geschäftliche Entscheidung zu treffen, die er andernfalls nicht getroffen hätte:

1. das Vorhandensein oder die Art des Produkts;

2. die wesentlichen Merkmale des Produkts oder die wesentlichen Merkmale von Tests oder Untersuchungen, denen das Produkt unterzogen wurde;

3. den Umfang der Verpflichtungen des Unternehmens, die Beweggründe für die Geschäftspraktik, die Art des Vertriebsverfahrens, die Aussagen oder Symbole jeder Art, die im Zusammenhang mit direktem oder indirektem Sponsoring stehen oder die sich auf eine Zulassung des Unternehmens oder des Produkts beziehen;

4. den Preis, die Art der Preisberechnung oder das Vorhandensein eines besonderen Preisvorteils;

5. die Notwendigkeit einer Leistung, eines Ersatzteils, eines Austauschs oder einer Reparatur;

6. die Person, die Eigenschaften oder die Rechte des Unternehmers oder seines Vertreters, wie Identität und Vermögen, seine Befähigungen, sein Status, seine Zulassung, Mitgliedschaften oder Beziehungen sowie gewerbliche oder kommerzielle Eigentumsrechte oder Rechte an geistigem Eigentum oder seine Auszeichnungen und Ehrungen;

7. die Rechte des Verbrauchers aus Gewährleistung und Garantie oder die Risiken, denen er sich möglicherweise aussetzt.

(2) Jedenfalls als irreführend gelten die im Anhang unter Z 1 bis 23 angeführten Geschäftspraktiken.

(3) Eine Geschäftspraktik gilt ferner als irreführend, wenn sie geeignet ist, einen Marktteilnehmer zu einer geschäftlichen Entscheidung zu veranlassen, die er andernfalls nicht getroffen hätte und das Folgende enthält:

1. jegliche Vermarktung eines Produkts einschließlich vergleichender Werbung, die eine Verwechslungsgefahr mit einem Produkt oder Unternehmenskennzeichen eines Mitbewerbers begründet;

2. das Nichteinhalten von Verpflichtungen, die der Unternehmer im Rahmen eines Verhaltenskodex, auf den er sich verpflichtet hat, eingegangen ist, sofern

a) es sich nicht um eine Absichtserklärung, sondern um eine eindeutige Verpflichtung handelt, deren Einhaltung nachprüfbar ist, und

b) der Unternehmer im Rahmen einer Geschäftspraktik darauf hinweist, dass er durch den Kodex gebunden ist.

(4) Eine Geschäftspraktik gilt auch als irreführend, wenn sie

1. unter Berücksichtigung aller tatsächlichen Umstände und der Beschränkungen des Kommunikationsmediums wesentliche Informationen vorenthält, die der Marktteilnehmer benötigt, um eine informierte geschäftliche Entscheidung zu treffen, oder

2. wesentliche Informationen gemäß Z 1 unter Berücksichtigung der darin beschriebenen Einzelheiten verheimlicht, oder auf unklare, unverständliche, zweideutige Weise oder nicht rechtzeitig bereitstellt oder ihren kommerziellen Zweck nicht kenntlich macht, sofern dieser sich nicht unmittelbar aus den Umständen ergibt

und somit geeignet ist, einen Marktteilnehmer zu einer geschäftlichen Entscheidung zu veranlassen, die er andernfalls nicht getroffen hätte. *(BGBl I 2015/49)*

(5) [1]Als wesentliche Informationen im Sinne des Abs. 4 gelten jedenfalls die im „Unionsrecht“ festgelegten Informationsanforderungen in Bezug auf kommerzielle Kommunikation einschließlich Werbung und Marketing. [2]„Bei der Beurteilung gemäß Abs. 4, ob bei der Geschäftspraktik im verwendeten Kommunikationsmedium Informationen vorenthalten wurden, sind die räumlichen oder zeitlichen Beschränkungen, die durch das Kommunikationsmedium auferlegt wurden und alle Maßnahmen, die der Unternehmer zur anderweitigen Zurverfügungstellung von Information getroffen hat, zu berücksichtigen.“ *(BGBl I 2015/49)*

(6) Bei einer Aufforderung an Verbraucher zum Kauf gelten folgende Informationen als wesentlich im Sinne des Abs. 4, sofern sich diese Informationen nicht unmittelbar aus den Umständen ergeben:

1. die wesentlichen Merkmale des Produkts in dem für das Medium und das Produkt angemessenen Umfang;

2. Name und geographische Anschrift des Unternehmens und gegebenenfalls des Unternehmens, für das gehandelt wird;

3. der Preis einschließlich aller Steuern und Abgaben oder, wenn dieser vernünftigerweise nicht im Voraus berechnet werden kann, die Art seiner Berechnung;

4. gegebenenfalls Fracht-, Liefer- und Zustellkosten oder, wenn diese vernünftigerweise nicht im Voraus berechnet werden können, die Tatsache, dass solche zusätzlichen Kosten anfallen können;

5. die Zahlungs-, Liefer- und Leistungsbedingungen sowie das Verfahren zum Umgang mit Beschwerden, falls sie von den Erfordernissen der beruflichen Sorgfalt abweichen;

6. gegebenenfalls das Bestehen eines „Rücktritts- oder Widerrufsrechts“. *(BGBl I 2015/49)*

(7) Der Anspruch auf Schadenersatz kann gegen Personen, die sich gewerbsmäßig mit der Verbreitung öffentlicher Ankündigungen befassen, nur geltend gemacht werden, wenn sie die Unrichtigkeit der Angaben kannten, gegen ein Medienunternehmen nur, wenn dessen Verpflichtung bestand, die Ankündigung auf ihre Wahrheit zu prüfen (§ 4 Abs. 2).

(BGBl I 2007/79)

Vergleichende Werbung

§ 2a. (1) Vergleichende Werbung, die unmittelbar oder mittelbar einen Mitbewerber oder die Waren oder Leistungen, die von einem Mitbewerber angeboten werden, erkennbar macht, ist zulässig, wenn sie nicht gegen die §§ 1, 1a, 2, 7 oder 9 Abs. 1 bis 3 verstößt. *(BGBl I 2015/49)*

(2) Im Fall des Vergleichs von Waren mit Ursprungsbezeichnung ist jedenfalls auf Waren mit gleicher Bezeichnung Bezug zu nehmen. *(BGBl I 2015/49)*

(3) Wer im geschäftlichen Verkehr gegen Abs. 2 verstößt, kann auf Unterlassung und bei Verschulden auf Schadenersatz in Anspruch genommen werden.

(4) § 1 Abs. 5 gilt sinngemäß.

(BGBl I 2007/79)

§ 3. (1) „Ist die in der irreführenden Geschäftspraktik enthaltene falsche Angabe in einer durch eine Zeitung veröffentlichten Mitteilung enthalten,“ die sich als eine von der Schriftleitung ausgehende Empfehlung des Unternehmens eines anderen darstellt, so besteht gegen den Herausgeber oder Eigentümer der Zeitung ein Anspruch auf Unterlassung der Veröffentlichung der Mitteilung. *(BGBl I 2007/79)*

(2) Die Anspruchsberechtigung (§ 14 erster Satz) richtet sich nach dem Unternehmen, auf das sich die empfehlende Mitteilung bezieht.

§ 4. (1) Wer im geschäftlichen Verkehr zu Zwecken des Wettbewerbes in einer öffentlichen Bekanntmachung oder in einem Medium (§ 1 Abs. 1 Z 1 MedienG) wissentlich aggressive oder irreführende Geschäftspraktiken anwendet, ist vom Gericht mit Geldstrafe bis zu 180 Tagessätzen zu bestrafen. *(BGBl I 2007/79)*

(2) Werden Angaben der im Abs. 1 erwähnten Art als Ankündigungen durch „Medien“ veröffentlicht, so „ist das Medienunternehmen“ nicht verpflichtet, ihre Wahrheit zu prüfen, sofern die Ankündigungen als entgeltliche deutlich zu erkennen sind. *(BGBl I 2007/79)*

(3) Die Verfolgung findet nur auf Verlangen eines nach § 14 erster Satz zur Geltendmachung des Unterlassungsanspruches Berechtigten statt. Zum Verfahren sind die in „Mediensachen (§§ 40, 41 Abs. 2 und 3 MedienG)“ zuständigen Gerichte berufen. *(BGBl I 2007/79)*

(4) *(entfällt, BGBl I 2007/79)*

Einziehung

§ 5. Auf Antrag des Anklägers oder des zur Anklage Berechtigten kann unter sinngemäßer Anwendung der §§ 33 und 41 des Mediengesetzes auf Einziehung erkannt werden.

(BGBl I 2007/79)

§ 6. (1) Die Verwendung von Namen, die im geschäftlichen Verkehr zur Benennung gewisser Waren oder Leistungen dienen, ohne deren Herkunft bezeichnen zu sollen, fällt nicht unter die §§ 2 bis 4.

(2) [1]Über die Frage, ob ein Name im geschäftlichen Verkehr eine solche Bedeutung hat, hat das Gericht ein Gutachten der „Wirtschaftskammer Österreich" einzuholen. [2]Bei Einholung des Gutachtens ist der „Wirtschaftskammer Österreich" eine angemessene Frist zu bestimmen. [3]Wird die Frist nicht eingehalten, so ist das Verfahren ohne weiteres Zuwarten fortzusetzen oder zu beenden. *(BGBl I 2007/79)*

(3) Die Abs. 1 und 2 sind auf Namen, die nach Maßgabe bestehender Vorschriften nur zur Kennzeichnung der Herkunft gebraucht werden dürfen, nicht anzuwenden.

§ 6a. *(entfällt samt Überschrift, BGBl I 2007/79)*

Herabsetzung eines Unternehmens

§ 7. (1) [1]Wer zu Zwecken des Wettbewerbes über das Unternehmen eines anderen, über die Person des Inhabers oder Leiters des Unternehmens, über die Waren oder Leistungen eines anderen Tatsachen behauptet oder verbreitet, die geeignet sind, den Betrieb des Unternehmens oder den Kredit des Inhabers zu schädigen, ist, sofern die Tatsachen nicht erweislich wahr sind, dem Verletzten zum Schadenersatz verpflichtet. [2]Der Verletzte kann auch den Anspruch geltend machen, daß die Behauptung oder Verbreitung der Tatsachen unterbleibe. [3]Er kann ferner den Widerruf und dessen Veröffentlichung verlangen.

(2) [1]Handelt es sich um vertrauliche Mitteilungen und hat der Mitteilende oder der Empfänger der Mitteilung an ihr ein berechtigtes Interesse, so ist der Anspruch auf Unterlassung nur zulässig, wenn die Tatsachen der Wahrheit zuwider behauptet oder verbreitet sind. [2]Der Anspruch auf Schadenersatz kann nur geltend gemacht werden, wenn der Mitteilende die Unrichtigkeit der Tatsachen kannte oder kennen mußte.

Geographische Angaben

§ 8. (1) Auf den Schutz geographischer Angaben im Sinne des Abkommens über handelsbezogene Aspekte der Rechte des geistigen Eigentums (TRIPS-Abkommen), BGBl. Nr. 1/1995, Anhang 1C in der Fassung BGBl. Nr. 379/1995, sind, sofern sich ihr Schutz nicht aus sondergesetzlichen Regelungen ergibt, die „§§ 4 und 7" unabhängig davon anzuwenden, ob die in diesen Bestimmungen genannten Handlungen zu Zwecken des Wettbewerbs „angewendet" wurden. *(BGBl I 2007/79)*

(2) Abs. 1 ist auch auf geographische Angaben zur Kennzeichnung der Herkunft von Dienstleistungen anzuwenden.

(BGBl I 1999/111)

Mißbrauch von Kennzeichen eines Unternehmens

§ 9. (1) Wer im geschäftlichen Verkehr einen Namen, eine Firma, die besondere Bezeichnung eines Unternehmens oder eines Druckwerkes, für das § 80 des Urheberrechtsgesetzes nicht gilt, oder eine registrierte Marke in einer Weise benützt, die geeignet ist, Verwechslungen mit dem Namen, der Firma oder der besonderen Bezeichnung hervorzurufen, deren sich ein anderer befugterweise bedient, kann von diesem auf Unterlassung in Anspruch genommen werden. *(BGBl I 1999/111)*

(2) Der Benützende ist dem Verletzten zum Ersatz des Schadens verpflichtet, wenn er wußte oder wissen mußte, daß die mißbräuchliche Art der Benützung geeignet war, Verwechslungen hervorzurufen.

(3) Der besonderen Bezeichnung eines Unternehmens stehen Geschäftsabzeichen und sonstige zur Unterscheidung des Unternehmens von anderen Unternehmen bestimmte Einrichtungen, insbesondere auch Ausstattungen von Waren, ihrer Verpackung oder Umhüllung und von Geschäftspapieren, gleich, die innerhalb beteiligter Verkehrskreise als Kennzeichen des Unternehmens gelten. *(BGBl I 1999/111)*

(4) [1]Ergänzend zu den nach diesem Bundesgesetz aus Verletzungen von Kennzeichenrechten nach den Abs. 1 und 3 erwachsenden Ansprüchen gelten § 150 Abs. 1 und Abs. 2 lit. b (angemessenes Entgelt und Herausgabe des Gewinns) sowie die §§ 151 (Rechnungslegung) und 152 Abs. 2 (Unternehmerhaftung) des Patentgesetzes 1970, BGBl. Nr. 259, in der jeweils geltenden Fassung, singgemäß. [2]§ 1489 ABGB gilt für alle Ansprüche in Geld und den Anspruch auf Rechnungslegung. [3]Die Verjährung aller dieser Ansprüche wird auch durch die Klage auf Rechnungslegung unterbrochen. *(BGBl I 1999/111)*

(5) § 58 des Markenschutzgesetzes 1970, BGBl. Nr. 260, in der jeweils geltenden Fassung, ist hinsichtlich der in den Abs. 1 und 3 genannten Kennzeichen sinngemäß anzuwenden. *(BGBl I 1999/111)*

§ 9a. *(entfällt samt Überschrift, BGBl I 2013/13)*

§ 9b. *(entfällt, BGBl 1994/422, VfGH)*

Verkauf gegen Vorlage von Einkaufsausweisen, Berechtigungsscheinen und dergleichen

§ 9c. Wer an Personen, die hinsichtlich der betreffenden Waren Verbraucher sind,

1. Einkaufsausweise, Berechtigungsscheine und dergleichen, die zu einem wiederholten Bezug von Waren berechtigen, ausgibt oder

2. Waren gegen Vorlage derartiger Ausweise verkauft,

kann auf Unterlassung in Anspruch genommen werden.

(BGBl 1992/147)

Bestechung von Bediensteten oder Beauftragten

§ 10. (1) Wer im geschäftlichen Verkehr zu Zwecken des Wettbewerbes dem Bediensteten oder Beauftragten eines Unternehmens Geschenke oder andere Vorteile anbietet, verspricht oder gewährt, um durch unlauteres Verhalten des Bediensteten oder Beauftragten bei dem Bezug von Waren oder Leistungen eine Bevorzugung für sich oder einen Dritten zu erlangen, ist vom Gericht mit Freiheitsstrafe bis zu drei Monaten oder mit Geldstrafe bis zu 180 Tagessätzen zu bestrafen.

(2) Die gleiche Strafe trifft den Bediensteten oder Beauftragten eines Unternehmens, der im geschäftlichen Verkehr Geschenke oder andere Vorteile fordert, sich versprechen läßt oder annimmt, damit er durch unlauteres Verhalten einem anderen beim Bezug von Waren oder Leistungen im Wettbewerb eine Bevorzugung verschaffe.

(3) Die Abs. 1 und 2 sind nicht anzuwenden, wenn die Tat nach anderen Bestimmungen mit gleicher oder strengerer Strafe bedroht ist.

(4) Die Verfolgung findet nur auf Verlangen eines nach § 14 erster Satz zur Geltendmachung des Unterlassungsanspruches Berechtigten statt.

Verletzung von Geschäfts- oder Betriebsgeheimnissen. Mißbrauch anvertrauter Vorlagen

§ 11. (1) Wer als Bediensteter eines Unternehmens Geschäfts- oder Betriebsgeheimnisse, die ihm vermöge des Dienstverhältnisses anvertraut oder sonst zugänglich geworden sind, während der Geltungsdauer des Dienstverhältnisses unbefugt anderen zu Zwecken des Wettbewerbes mitteilt, ist vom Gericht mit Freiheitsstrafe bis zu drei Monaten oder mit Geldstrafe bis zu 180 Tagessätzen zu bestrafen.

(2) Die gleiche Strafe trifft den, der Geschäfts- oder Betriebsgeheimnisse, deren Kenntnis er durch eine der im Abs. 1 bezeichneten Mitteilungen oder durch eine gegen das Gesetz oder die guten Sitten verstoßende eigene Handlung erlangt hat, zu Zwecken des Wettbewerbes unbefugt verwertet oder an andere mitteilt.

(3) Die Verfolgung findet nur auf Verlangen des Verletzten statt.

§ 12. (1) Wer die ihm im geschäftlichen Verkehr anvertrauten Vorlagen oder Vorschriften technischer Art zu Zwecken des Wettbewerbes unbefugt verwertet oder anderen mitteilt, ist vom Gericht mit Freiheitsstrafe bis zu drei Monaten oder mit Geldstrafe bis zu 180 Tagessätzen zu bestrafen.

(2) Abs. 1 ist nicht anzuwenden, wenn die Vorlagen oder Vorschriften vom Inhaber eines Unternehmens seinem Bediensteten anvertraut worden sind.

(3) Die Verfolgung findet nur auf Verlangen des Verletzten statt.

Zivilrechtliche Ansprüche im Falle des § 10

§ 13. Wer „dem § 10“ zuwiderhandelt, kann außerdem auf Unterlassung und Schadenersatz in Anspruch genommen werden. *(BGBl I 2018/109)*

2. Allgemeine Bestimmungen

Anspruch auf Unterlassung

§ 14. (1) [1]In den Fällen der „§§ 1, 1a, 2, 2a, 3, „ “*** 9c und 10“*** kann der Anspruch auf Unterlassung von jedem Unternehmer, der Waren oder Leistungen gleicher oder verwandter Art herstellt oder in den geschäftlichen Verkehr bringt (Mitbewerber), oder von Vereinigungen zur Förderung wirtschaftlicher Interessen von Unternehmern geltend gemacht werden, soweit diese Vereinigungen Interessen vertreten, die durch die Handlung berührt werden. [2]In den Fällen der „§§ 1, 1a, 2, 2a „ “*** und 9c“*** kann der Anspruch auf Unterlassung auch von der Bundeskammer für Arbeiter und Angestellte, der Wirtschaftskammer Österreich, der Präsidentenkonferenz der Landwirtschaftskammern Österreichs „ ,“* vom Österreichischen Gewerkschaftsbund „oder von der Bundeswettbewerbsbehörde“* geltend gemacht werden. [3]In den Fällen „aggressiver oder irreführender Geschäftspraktiken nach § 1 Abs. 1 Z 2, Abs. 2 bis 4, §§ 1a oder 2“*** kann der Unterlassungsanspruch auch vom Verein für Konsumenteninformation geltend gemacht werden. *(*BGBl I 2006/106; **BGBl I 2007/79; ***BGBl I 2013/13)*

(2) Liegt der Ursprung des Verstoßes in den Fällen „aggressiver oder irreführender Geschäftspraktiken nach § 1 Abs. 1 Z 2, Abs. 2 bis 4, §§ 1a oder 2“ in Österreich, so kann der An-

spruch auf Unterlassung auch von jeder der im Amtsblatt der Europäischen Gemeinschaften von der Kommission gemäß Art. 4 Abs. 3 der Richtlinie 98/27/EG über Unterlassungsklagen zum Schutz der Verbraucherinteressen, ABl. Nr. L 166 vom 11. Juni 1998, S 51, veröffentlichten Stellen und Organisationen eines anderen Mitgliedstaates der Europäischen Union geltend gemacht werden, sofern

1. die von dieser Einrichtung geschützten Interessen in diesem Mitgliedstaat beeinträchtigt werden und

2. der in der Veröffentlichung angegebene Zweck der Einrichtung diese Klagsführung rechtfertigt.
(BGBl I 2007/79)

(3) Die Veröffentlichung nach Abs. 2 ist bei Klagseinbringung nachzuweisen.

(BGBl I 1999/185)

Auskunftsanspruch

§ 14a. (1) [1]Unternehmer, die Postdienste oder Telekommunikationsdienste anbieten und die im geschäftlichen Verkehr die von ihren Nutzern angegebenen Namen und Anschriften für die Diensteerbringung verarbeiten, haben diese Daten binnen angemessener Frist auf schriftliches Verlangen (Abs. 2) einer der gemäß § 14 Abs. 1 zweiter und dritter Satz klagebefugten Einrichtungen oder des Schutzverbandes gegen unlauteren Wettbewerb bei deren begründetem Verdacht einer unlauteren Geschäftspraktik dieses Nutzers gemäß §§ 1, 1a oder § 2 schriftlich bekanntzugeben. [2]Sie sind nur insoweit zur Auskunft verpflichtet, als diese Daten ohne weitere Nachforschungen verfügbar sind und ein inländisches Postfach oder eine nicht in einem allgemein zugänglichen Teilnehmerverzeichnis eingetragene inländische Rufnummer betreffen.

(2) Der Auskunftswerber hat bei sonstigem Verlust seines Auskunftsanspruches in seinem Verlangen die Gründe für seinen Verdacht anzugeben und darzulegen, dass er die in Abs. 1 genannten Daten für die Rechtsverfolgung unlauterer Geschäftspraktiken nach §§ 1, 1a oder § 2 benötigt, ausschließlich dafür verwendet und nicht durch allgemein zugängliche Informationsquellen beschaffen kann.

(3) [1]Der Auskunftswerber, ausgenommen die Bundeswettbewerbsbehörde, hat dem zur Auskunft verpflichteten Diensteanbieter die angemessenen Kosten der Auskunftserteilung zu ersetzen. [2]Auch hat er ihn für alle aus der Auskunftserteilung allenfalls erwachsenden Ansprüche seiner Nutzer schadlos zu halten. [3]Eine Kopie seines schriftlichen Verlangens hat er für die Dauer von drei Jahren aufzubewahren.

(BGBl I 2007/79)

§ 15. Der Anspruch auf Unterlassung umfaßt auch das Recht, die Beseitigung des den Vorschriften des Gesetzes widerstreitenden Zustandes vom Verpflichteten, soweit ihm die Verfügung hierüber zusteht, zu verlangen.

Umfang der Schadenersatzpflicht

§ 16. (1) Wer auf Grund dieses Gesetzes berechtigt ist, einen Anspruch auf Schadenersatz zu stellen, kann auch den Ersatz des entgangenen Gewinns fordern.

(2) Außerdem kann das Gericht einen angemessenen Geldbetrag als Vergütung für erlittene Kränkungen oder andere persönliche Nachteile zusprechen, wenn dies in den besonderen Umständen des Falles begründet ist.

Haftung mehrerer für einen Schaden verantwortlicher Personen

§ 17. Sind für einen Schaden, dessen Ersatz auf Grund dieses Gesetzes zu leisten ist, mehrere Personen verantwortlich, so haften sie zur ungeteilten Hand.

Bestimmungen über die Haftung für Handlungen im Betrieb eines Unternehmens

§ 18. [1]Der Inhaber eines Unternehmens kann wegen einer nach den „§§ 1, 1a, 2, 2a, 7, 9 „“** 9c, 10 Abs. 1, 11 Abs. 2 und 12“* unzulässigen Handlung auch dann auf Unterlassung in Anspruch genommen werden, wenn die Handlung im Betrieb seines Unternehmens von einer anderen Person begangen worden ist. [2]Er haftet in diesen Fällen für Schadenersatz, wenn ihm die Handlung bekannt war oder bekannt sein mußte.
*(*BGBl I 2007/79; **BGBl I 2013/13)*

(BGBl 1992/147)

§ 19. (1) Die Strafen, die auf die in den §§ 4, 10 Abs. 1, 11 Abs. 2, 12 mit Strafe bedrohten Handlungen gesetzt sind, treffen den Inhaber eines Unternehmens auch dann, wenn er vorsätzlich die im Betrieb seines Unternehmens von einer anderen Person begangene Handlung nicht gehindert hat.

(2) *(entfällt, BGBl I 2007/79)*

(3) Die im Abs. 1 bezeichneten Strafbestimmungen sind auf Bedienstete nicht anzuwenden, die die Handlung im Auftrag ihres Dienstgebers vorgenommen haben, sofern ihnen wegen ihrer wirtschaftlichen Abhängigkeit nicht zugemutet werden konnte, die Vornahme dieser Handlung abzulehnen.

Verjährung zivilrechtlicher Ansprüche

§ 20. (1) Unterlassungsansprüche nach diesem Gesetz verjähren sechs Monate, nachdem der Anspruchsberechtigte von der Gesetzesverletzung und von der Person des Verpflichteten erfahren hat; ohne Rücksicht darauf drei Jahre nach der Gesetzesverletzung.

(2) Solange ein gesetzwidriger Zustand fortbesteht, bleibt der Anspruch auf seine Beseitigung (§ 15) und auf Unterlassung der Gesetzesverletzung gewahrt.

Einstellung unerlaubter Mitteilungen in Druckwerken

§ 21. (1) Wenn eine geschäftliche Kundgebung oder eine Mitteilung, in Ansehung deren ein Exekutionstitel auf Unterlassung im Sinne der „§§ 2, 2a, 7 „und“** 9 „ “***“* vorliegt, in einem nicht der Verfügung des Verpflichteten unterliegenden Druckwerk erscheint, kann auf Antrag des betreibenden Gläubigers von dem zur Bewilligung der Exekution zuständigen Gericht an den Inhaber des mit dem Verlag oder der Verbreitung des Druckwerks befaßten Unternehmens (Herausgeber oder Eigentümer der Zeitung) das Gebot (§ 355 EO) erlassen werden, das fernere Erscheinen der Kundgebung oder Mitteilung in den nach Zustellung des Gebots erscheinenden Nummern, Ausgaben oder Auflagen des Druckwerks oder, wenn das Druckwerk nur diese Kundgebung oder Mitteilung enthält, seine fernere Verbreitung einzustellen. *(BGBl 1992/147; *BGBl I 2007/79; **BGBl I 2013/13)*

(2) Diese Maßregel kann auch als einstweilige Verfügung im Sinne des § 382 EO nach Maßgabe der Bestimmungen der Exekutionsordnung auf Antrag einer gefährdeten Partei angeordnet werden. § 24 ist anzuwenden.

(3) Auf den dem Antragsteller wegen Zuwiderhandlungen gegen das Gebot (§ 355 EO) zustehenden Schadenersatzanspruch ist § 16 anzuwenden.

§§ 22 und 23. *(Entfallen)*

Einstweilige Verfügungen

§ 24. Zur Sicherung der in diesem Gesetz bezeichneten Ansprüche auf Unterlassung können einstweilige Verfügungen erlassen werden, auch wenn die im § 381 EO bezeichneten Voraussetzungen nicht zutreffen.

Urteilsveröffentlichung

§ 25. (1) In den Fällen der §§ 4 und 10 kann angeordnet werden, daß das verurteilende Erkenntnis auf Kosten des Verurteilten zu veröffentlichen sei.

(2) In den Fällen der §§ 4 und 10 kann das Gericht dem freigesprochenen Angeklagten auf seinen Antrag die Befugnis zusprechen, das freisprechende Urteil innerhalb bestimmter Frist auf Kosten des Privatanklägers zu veröffentlichen.

(3) Wird „ “ auf Unterlassung geklagt, so hat das Gericht der obsiegenden Partei, wenn diese daran ein berechtigtes Interesse hat, auf Antrag die Befugnis zuzusprechen, das Urteil innerhalb bestimmter Frist auf Kosten des Gegners zu veröffentlichen. *(BGBl I 2018/109)*

(4) Die Veröffentlichung umfaßt den Urteilsspruch. Die Art der Veröffentlichung ist im Urteil zu bestimmen.

(5) [1]Im Zivilverfahren kann das Gericht auf Antrag der obsiegenden Partei einen vom Urteilsspruch nach Umfang oder Wortlaut abweichenden oder ihn ergänzenden Inhalt der Veröffentlichung bestimmen. [2]Dieser Antrag ist spätestens vier Wochen nach Rechtskraft des Urteils zu stellen. [3]Ist der Antrag erst nach Schluß der mündlichen Streitverhandlung gestellt worden, so hat hierüber das Erstgericht nach Rechtskraft des Urteils mit Beschluß zu entscheiden.

(6) [1]Das Gericht erster Instanz hat auf Antrag der obsiegenden Partei die Kosten der Veröffentlichung festzusetzen und dem Gegner deren Ersatz aufzutragen. [2]Auf Antrag der obsiegenden Partei kann es der unterlegenen Partei auch die Vorauszahlung der voraussichtlich für die Veröffentlichung auflaufenden Kosten binnen einer Frist von vier Wochen auftragen. [3]Von einem Auftrag zur Vorauszahlung der Kosten ist abzusehen, wenn die unterlegene Partei bescheinigt, dass ihre Einkommens- und Vermögensverhältnisse eine solche Leistung derzeit nicht zulassen. [4]Der Lauf der Frist zur Urteilsveröffentlichung wird durch einen Antrag auf Erlag der voraussichtlichen Veröffentlichungskosten bis zum Tag des Einlangens der Vorauszahlung oder der Abweisung dieses Antrags gehemmt. [5]Die obsiegende Partei hat nach erfolgter Veröffentlichung der unterlegenen Partei hierüber unter Bekanntgabe der tatsächlich aufgelaufenen Kosten einen Mehrbetrag samt Zinsen zurückzuerstatten. *(BGBl I 2007/79)*

(7) Die Veröffentlichung auf Grund eines rechtskräftigen Urteils oder eines anderen vollstreckbaren Exekutionstitels ist vom Medienunternehmer ohne unnötigen Aufschub vorzunehmen.

Ausschließung der Öffentlichkeit der Verhandlung

§ 26. Die Öffentlichkeit der Verhandlung über eine Anklage oder einen zivilrechtlichen Anspruch auf Grund dieses Gesetzes kann auf Antrag ausgeschlossen werden, wenn durch die Öffentlichkeit der Verhandlung ein Geschäfts- oder Betriebsgeheimnis gefährdet würde.

3. Zivilrechtliche Sonderbestimmungen zum Schutz von Geschäftsgeheimnissen

Geltungsbereich

§ 26a. (1) Die Bestimmungen dieses Unterabschnitts enthalten zivil- und zivilverfahrensrechtliche Sonderbestimmungen für den Schutz von Geschäftsgeheimnissen.

(2) Folgende Vorschriften bleiben von den Bestimmungen dieses Unterabschnitts unberührt:

1. Vorschriften, nach denen die Inhaber von Geschäftsgeheimnissen verpflichtet sind, aus Gründen des öffentlichen Interesses Informationen, auch Geschäftsgeheimnisse, gegenüber der Öffentlichkeit oder den Verwaltungsbehörden oder den Gerichten offenzulegen, damit diese ihre Aufgaben wahrnehmen können;

2. Vorschriften, die den Organen und Einrichtungen der Union oder den nationalen Behörden vorschreiben oder gestatten, von Unternehmen vorgelegte Informationen offenzulegen, über die diese Organe, Einrichtungen oder Behörden in Einhaltung der Pflichten und gemäß den Rechten, die im Unionsrecht oder im nationalen Recht niedergelegt sind, verfügen;

3. Vorschriften über Sozialpartner und ihr Recht, Kollektivverträge einzugehen.

(BGBl I 2018/109)

Begriffsbestimmungen

§ 26b. (1) Geschäftsgeheimnis ist eine Information, die

1. geheim ist, weil sie weder in ihrer Gesamtheit noch in der genauen Anordnung und Zusammensetzung ihrer Bestandteile den Personen in den Kreisen, die üblicherweise mit dieser Art von Informationen zu tun haben, allgemein bekannt noch ohne weiteres zugänglich ist,

2. von kommerziellem Wert ist, weil sie geheim ist, und

3. Gegenstand von den Umständen entsprechenden angemessenen Geheimhaltungsmaßnahmen durch die Person ist, welche die rechtmäßige Verfügungsgewalt über diese Informationen ausübt.

(2) Inhaber eines Geschäftsgeheimnisses ist jede natürliche oder juristische Person, welche die rechtmäßige Verfügungsgewalt über ein Geschäftsgeheimnis besitzt.

(3) Rechtsverletzer ist jede natürliche oder juristische Person, die rechtswidrig Geschäftsgeheimnisse erwirbt, nutzt oder offenlegt.

(4) Rechtsverletzende Produkte sind Produkte, deren Konzeption, Merkmale, Funktionsweise, Herstellungsprozess oder Marketing in erheblichem Umfang auf rechtswidrig erworbenen, genutzten oder offengelegten Geschäftsgeheimnissen beruhen.

(BGBl I 2018/109)

Rechtswidriger Erwerb, rechtswidrige Nutzung und rechtswidrige Offenlegung von Geschäftsgeheimnissen

§ 26c. (1) Der Erwerb eines Geschäftsgeheimnisses ist rechtswidrig, wenn er erfolgt durch

1. unbefugten Zugang zu, unbefugte Aneignung oder unbefugtes Kopieren von Dokumenten, Gegenständen, Materialien, Stoffen oder elektronischen Dateien, die der rechtmäßigen Verfügungsgewalt durch den Inhaber des Geschäftsgeheimnisses unterliegen und die das Geschäftsgeheimnis enthalten oder aus denen sich das Geschäftsgeheimnis ableiten lässt;

2. jedes sonstige Verhalten, das unter den jeweiligen Umständen mit einer seriösen Geschäftspraktik nicht vereinbar ist.

(2) Die Nutzung oder Offenlegung eines Geschäftsgeheimnisses ist rechtswidrig, wenn sie durch eine Person erfolgt, die

1. das Geschäftsgeheimnis auf rechtswidrige Weise erworben hat oder

2. gegen eine Vertraulichkeitsvereinbarung oder eine vertragliche oder sonstige Verpflichtung, das Geschäftsgeheimnis nicht offenzulegen oder nur beschränkt zu nutzen, verstößt.

(3) Der Erwerb, die Nutzung oder die Offenlegung eines Geschäftsgeheimnisses ist weiters rechtswidrig, wenn eine Person zum Zeitpunkt des Erwerbs, der Nutzung oder der Offenlegung wusste oder unter den gegebenen Umständen hätte wissen müssen, dass ihr das Geschäftsgeheimnis unmittelbar oder mittelbar über eine andere Person, die dieses rechtswidrig im Sinne des Abs. 2 genutzt oder offengelegt hat, bekannt geworden ist.

(4) Das Herstellen, Anbieten oder Inverkehrbringen von rechtsverletzenden Produkten oder die Einfuhr, Ausfuhr oder Lagerung von rechtsverletzenden Produkten für diese Zwecke ist ebenfalls eine rechtswidrige Nutzung eines Geschäftsgeheimnisses, wenn die Person, die diese Tätigkeiten durchführt, wusste oder unter den gegebenen Umständen hätte wissen müssen, dass das Geschäftsgeheimnis rechtswidrig im Sinne des Abs. 2 genutzt oder offengelegt wurde.

(BGBl I 2018/109)

Rechtmäßiger Erwerb, rechtmäßige Nutzung und rechtmäßige Offenlegung von Geschäftsgeheimnissen sowie Ausnahmen

§ 26d. (1) Mit Zustimmung des Inhabers eines Geschäftsgeheimnisses sind der Erwerb, die Nutzung und Offenlegung eines Geschäftsgeheimnisses rechtmäßig.

(2) Der Erwerb eines Geschäftsgeheimnisses ist rechtmäßig, wenn das Geschäftsgeheimnis

1. durch unabhängige Entdeckung oder Schöpfung,

2. durch Beobachtung, Untersuchung, Rückbau oder Testen eines Produkts oder Gegenstands, das bzw. der öffentlich verfügbar gemacht wurde oder sich im rechtmäßigen Besitz des Erwerbers der Information befindet, der keiner rechtsgültigen Pflicht zur Beschränkung des Erwerbs des Geschäftsgeheimnisses unterliegt,

3. durch Inanspruchnahme des Rechts der Arbeitnehmer oder Arbeitnehmervertreter auf Information und Anhörung gemäß den bestehenden Vorschriften oder

4. durch jede andere Vorgehensweise, die unter den gegebenen Umständen mit einer seriösen Geschäftspraktik vereinbar ist,

bekannt wird.

(3) Der Erwerb, die Nutzung oder die Offenlegung eines Geschäftsgeheimnisses ist rechtmäßig, wenn dies

1. durch Unionsrecht oder nationales Recht vorgeschrieben oder erlaubt ist, oder

2. in einem der folgenden Fälle erfolgt:

a) zur Ausübung des Rechts der Freiheit der Meinungsäußerung und Informationsfreiheit gemäß der Charta der Grundrechte der Europäischen Union, einschließlich der Achtung der Freiheit und der Pluralität der Medien;

b) zur Aufdeckung einer rechtswidrigen Handlung in Verbindung mit einem beruflichen Fehlverhalten oder einer illegalen Tätigkeit im Zusammenhang mit dem Geschäftsgeheimnis, sofern die Person, welche das Geschäftsgeheimnis erwirbt, nutzt oder offenlegt, in der Absicht gehandelt hat, das allgemeine öffentliche Interesse zu schützen;

c) durch die Offenlegung von Arbeitnehmern gegenüber ihren Vertretern im Rahmen der rechtmäßigen Erfüllung der Aufgaben dieser Vertreter gemäß dem Unionsrecht oder dem nationalen Recht, sofern die Offenlegung zur Erfüllung dieser Aufgaben erforderlich war;

d) zum Schutz eines durch das Unionsrecht oder das nationale Recht anerkannten legitimen Interesses.

(BGBl I 2018/109)

Zivilrechtliche Ansprüche zum Schutz von Geschäftsgeheimnissen, Verjährung

§ 26e. (1) Wer Geschäftsgeheimnisse rechtswidrig erwirbt, nutzt oder offenlegt, kann auf Unterlassung, Beseitigung und bei Verschulden auf Schadenersatz im Sinne des § 16 in Anspruch genommen werden. Darüber hinaus kann der Geschädigte etwaige durch den Rechtsverletzer erzielte Gewinne aus dem rechtswidrigen Erwerb, der rechtswidrigen Nutzung oder rechtswidrigen Offenlegung des Geschäftsgeheimnisses fordern. Zur Klage ist der Inhaber des Geschäftsgeheimnisses berechtigt.

(2) Unabhängig vom Nachweis der Höhe des Schadens kann der Inhaber des Geschäftsgeheimnisses als Ersatz des ihm schuldhaft zugefügten Vermögensschadens das Entgelt begehren, das ihm im Falle seiner Einwilligung in den Erwerb, die Nutzung oder Offenlegung gebührt hätte.

(3) Auf Antrag der Person, gegen die sich ein Unterlassungs- oder Beseitigungsbegehren nach Abs. 1 richtet, kann das Gericht dem Beklagten anstelle der Unterlassung oder Beseitigung die Zahlung einer angemessenen Entschädigung für die Fortsetzung der rechtswidrigen Nutzung des Geschäftsgeheimnisses auftragen, wenn

1. der Nutzer oder Offenleger erst nach Beginn der Nutzung oder Offenlegung Kenntnis von Tatsachen erlangt, aufgrund derer er wusste oder hätte wissen müssen, dass ihm das Geschäftsgeheimnis unmittelbar oder mittelbar über eine andere Person, die dieses rechtswidrig genutzt oder offengelegt hat, bekannt geworden ist,

2. dem Nutzer oder Offenleger durch die Unterlassung oder Beseitigung ein unverhältnismäßig großer Schaden entsteht und

3. diese Entschädigung für den Kläger ein angemessener Ersatz für den Unterlassungsanspruch ist.

(4) Ansprüche nach diesem Unterabschnitt verjähren in drei Jahren ab Kenntnis der Gesetzesverletzung und der Person des Rechtsverletzers, längstens aber nach sechs Jahren.

(BGBl I 2018/109)

Unterlassungsanspruch und dessen Erlöschen

§ 26f. (1) Der Unterlassungsanspruch kann sich gegen die bereits erfolgte oder drohende rechtswidrige Verletzung eines Geschäftsgeheimnisses durch dessen Erwerb, Nutzung oder Offenlegung richten. Er umfasst auch das Verbot des Herstellens, Anbietens, Vermarktens oder der Nutzung rechtsverletzender Produkte und das Verbot der Einfuhr, Ausfuhr oder Lagerung rechtsverletzender Produkte für diese Zwecke.

(2) Der Anspruch auf Unterlassung erlischt, sobald die betroffenen Informationen aus Grün-

den, die dem Rechtsverletzer nicht zuzurechnen sind, kein Geschäftsgeheimnis mehr darstellen.

(BGBl I 2018/109)

Beseitigungsanspruch

§ 26g. (1) Im Rahmen des Beseitigungsanspruchs kann der Inhaber des Geschäftsgeheimnisses verlangen, dass auf Kosten des Rechtsverletzers die rechtsverletzenden Produkte und die Dokumente, Gegenstände, Materialien, Stoffe oder elektronischen Dateien, die das Geschäftsgeheimnis enthalten oder verkörpern, vernichtet werden. Er kann überdies den Rückruf der rechtsverletzenden Produkte vom Markt und die Beseitigung der rechtsverletzenden Qualität der rechtsverletzenden Produkte verlangen.

(2) Enthalten die in Abs. 1 genannten Gegenstände Teile, deren unveränderter Bestand und deren Gebrauch das Geschäftsgeheimnis nicht verletzen, so hat das Gericht diese Teile in dem die Vernichtung aussprechenden Urteil zu bezeichnen. Bei der Vollstreckung sind diese Teile, soweit es möglich ist, von der Vernichtung auszunehmen, wenn der Verpflichtete die damit verbundenen Kosten im Voraus bezahlt.

(3) Bei der Beurteilung eines Anspruchs nach Abs. 1 ist zu prüfen, ob die beantragten Maßnahmen nach den besonderen Umständen des Falls verhältnismäßig sind. Kann der dem Gesetz widerstreitende Zustand durch eine andere als die in Abs. 1 genannte, mit keiner oder einer geringeren Wertvernichtung verbundene Art beseitigt werden, so kann der Inhaber des Geschäftsgeheimnisses nur Maßnahmen dieser Art begehren.

(4) Statt der Vernichtung von Gegenständen sowie beim Rückruf der rechtsverletzenden Produkte vom Markt kann der Inhaber des Geschäftsgeheimnisses verlangen, dass ihm die Gegenstände überlassen werden, wobei das Gericht dem Rechtsverletzer auf dessen Antrag unter Berücksichtigung der Verhältnismäßigkeit gemäß den besonderen Umständen des Falls eine angemessene, die Herstellungskosten nicht übersteigende Vergütung zusprechen kann.

(5) Der Beseitigungsanspruch richtet sich gegen den Rechtsverletzer, soweit ihm die Verfügung über die Gegenstände zusteht.

(BGBl I 2018/109)

Wahrung der Vertraulichkeit von Geschäftsgeheimnissen im Verlauf von Gerichtsverfahren

§ 26h. (1) Die Information, von welcher der Inhaber behauptet, dass sie ein Geschäftsgeheimnis sei, ist im Verfahren zunächst nur so weit offenzulegen, als es unumgänglich ist, um das Vorliegen der Voraussetzungen eines Geschäftsgeheimnisses sowie seiner Verletzung glaubhaft darzulegen. In dem erstmals das Vorliegen eines Geschäftsgeheimnisses behauptenden Schriftsatz ist es hinreichend, wenn das Vorliegen eines Geschäftsgeheimnisses von der Partei vorgebracht wird und das Vorbringen zumindest soweit substanziiert ist, dass sich das Vorliegen eines Geschäftsgeheimnisses und der geltend gemachte Anspruch daraus schlüssig ableiten lassen.

(2) Das Gericht hat auf Antrag oder von Amts wegen Maßnahmen zu treffen, dass der Verfahrensgegner und Dritte keine Informationen über das Geschäftsgeheimnis erhalten, welche über ihren bisherigen diesbezüglichen Wissensstand hinausgehen. Die allenfalls zu treffenden Maßnahmen können auch umfassen, dass die Offenlegung des behaupteten Geschäftsgeheimnisses nur gegenüber einem vom Gericht bestellten Sachverständigen erfolgt. Der bestellte Sachverständige ist anzuweisen, dem Gericht eine Zusammenfassung vorzulegen, die keine vertraulichen Informationen über das Geschäftsgeheimnis enthält. Darüber hinaus hat er dem Gericht zur Beurteilung sämtliche Unterlagen, den Befund und das Gutachten zu den Geschäftsgeheimnissen vorzulegen und Geschäftsgeheimnisse als solche zu kennzeichnen. Diese Aktenbestandteile sind vom Recht auf Akteneinsicht ausgenommen. Das Gericht hat unbeschadet des Abs. 3 diese schriftlichen Aufzeichnungen über ein Geschäftsgeheimnis in einem gesonderten Aktenteil zu verwahren, der weder dem Verfahrensgegner noch Dritten zugänglich ist.

(3) Auf begründeten Antrag einer Partei kann das Gericht die Offenlegung des behaupteten Geschäftsgeheimnisses im Verfahren auftragen, wenn die Kenntnis für die eigene Rechtsverfolgung oder Rechtsverteidigung im Interesse eines fairen Verfahrens oder zur Durchsetzung legitimer Interessen dieser Partei erforderlich ist. Dabei ist insbesondere auch der mögliche Schaden zu berücksichtigen, der einer Partei und gegebenenfalls etwaigen Dritten durch die Gewährung oder Ablehnung dieser Offenlegung entsteht. Die Entscheidung, in der die Offenlegung angeordnet wird, kann von dem zur Offenlegung Verpflichteten angefochten werden.

(4) Alle Personen, die ausschließlich aufgrund der Teilnahme an dem Verfahren oder des Zugangs zu den Dokumenten von einem Geschäftsgeheimnis oder einem behaupteten Geschäftsgeheimnis Kenntnis erlangen, sind verpflichtet, das Geschäftsgeheimnis oder behauptete Geschäftsgeheimnis geheim zu halten. Dies gilt auch nach Abschluss des Gerichtsverfahrens. Die betroffenen Personen sind vom Gericht über die Verpflichtung zu belehren, dass das Geschäftsgeheimnis weder genutzt noch offengelegt werden darf. Das Gericht hat die Vornahme der Belehrung im Akt festzuhalten.

(5) Die Verpflichtung zur Geheimhaltung nach Abs. 4 besteht auch noch nach Abschluss des Gerichtsverfahrens. Diese Verpflichtung endet jedoch, wenn durch rechtskräftige Entscheidung festgestellt wird,

1. dass kein Geschäftsgeheimnis vorliegt, oder

2. im Laufe der Zeit die in Frage stehenden Informationen für Personen in den Kreisen, die üblicherweise mit der betreffenden Art von Informationen umgehen, allgemein bekannt oder ohne weiteres zugänglich werden.

(6) Bei der Beurteilung des berechtigten Interesses nach § 25 Abs. 3 auf Urteilsveröffentlichung und deren Verhältnismäßigkeit ist den besonderen Umständen des Falls Rechnung zu tragen.

(7) Das Gericht hat von der schriftlichen Abfassung der Entscheidung auch eine Fassung herzustellen, in der die Geschäftsgeheimnisse enthaltenden Passagen gelöscht werden. Diese nicht vertrauliche Fassung ist als solche zu kennzeichnen und auch für Personenkreise außerhalb des Inhabers des Geschäftsgeheimnisses und des Gerichts zu verwenden bzw. der Veröffentlichung zugrunde zu legen.

(BGBl I 2018/109)

Einstweilige Verfügung zur Sicherung vor Eingriffen in Geschäftsgeheimnisse

§ 26i. (1) Der Anspruch auf Unterlassung des rechtswidrigen Erwerbs, der rechtswidrigen Nutzung oder der rechtswidrigen Offenlegung eines Geschäftsgeheimnisses kann entsprechend § 24 mittels einstweiliger Verfügung insbesondere durch folgende Mittel gesichert werden:

1. Anordnung der Einstellung oder Verbot der Nutzung oder Offenlegung des Geschäftsgeheimnisses,

2. Verbot des Herstellens, Anbietens, Vermarktens oder der Nutzung rechtsverletzender Produkte oder der Ausfuhr oder Lagerung rechtsverletzender Produkte für diese Zwecke,

3. Beschlagnahme oder Herausgabe der rechtsverletzenden Produkte, einschließlich eingeführter Produkte, um deren Inverkehrbringen oder ihren Umlauf im Markt zu verhindern.

Sofern in diesem Gesetz nichts anderes geregelt ist, sind die §§ 379 bis 402 EO anzuwenden. Die einstweilige Verfügung kann auch zur Sicherung von Beweismitteln erlassen werden. § 26h gilt sinngemäß.

(2) Die Vollziehung der einstweiligen Verfügung ist auch dann zulässig, wenn seit deren Bewilligung mehr als ein Monat vergangen ist.

(3) Das Gericht kann anstelle der in Abs. 1 genannten Maßnahmen die Fortsetzung der behaupteten rechtswidrigen Nutzung eines Geschäftsgeheimnisses vom Erlag einer Sicherheit abhängig machen, die die Entschädigung des Inhabers des Geschäftsgeheimnisses sicherstellen soll. Die Offenlegung eines Geschäftsgeheimnisses gegen die Stellung von Sicherheiten darf nicht erlaubt werden.

(BGBl I 2018/109)

Voraussetzungen für Antragstellung der einstweiligen Verfügung sowie Sicherungsmittel

§ 26j. (1) Der Antragsteller nach § 26i Abs. 1 hat zu bescheinigen, dass

1. ein Geschäftsgeheimnis vorliegt,

2. er Inhaber dieses Geschäftsgeheimnisses ist und

3. das Geschäftsgeheimnis rechtswidrig erworben, genutzt oder offengelegt wurde oder eine solche Verletzung droht.

(2) Bei der Entscheidung über den Antrag und die Beurteilung der Verhältnismäßigkeit ist den besonderen Umständen des Falls Rechnung zu tragen.

(3) Die einstweilige Verfügung darf bei nicht ausreichender Bescheinigung des Anspruchs nicht gegen eine Sicherheitsleistung erlassen werden.

(4) Die einstweilige Verfügung ist auf Antrag des Antragsgegners aufzuheben, wenn die in Frage stehenden Informationen aus Gründen, die dem Antragsgegner nicht zuzurechnen sind, nicht mehr die in § 26b Abs. 1 genannten Kriterien erfüllen.

(5) Wenn die in § 26i genannten Maßnahmen auf der Grundlage von § 391 Abs. 2 EO aufgehoben oder aufgrund einer Handlung oder Unterlassung des Antragstellers hinfällig werden oder in der Folge festgestellt wird, dass das Geschäftsgeheimnis nicht rechtswidrig erworben, genutzt oder offengelegt wurde und eine solche Verletzung auch nicht drohte, hat das Gericht auf Antrag des Antragsgegners oder eines unmittelbar geschädigten Dritten anzuordnen, dass der Antragsteller dem Antragsgegner oder dem geschädigten Dritten angemessenen Ersatz für den durch diese Maßnahmen entstandenen Schaden zu leisten hat.

(BGBl I 2018/109)

II. ABSCHNITT

Verwaltungsrechtliche Bestimmungen

1. Verbot des Abschlusses von Verträgen nach dem Schneeballsystem und glückspielartiger Formen des Vertriebes von Waren

§ 27. (1) Es ist untersagt, in einem Geschäftsbetrieb Verträge nach dem sogenannten Schneeballsystem abzuschließen.

(2) Unter dieser Bezeichnung sind Vereinbarungen zu verstehen, durch die einem Kunden gegen

ein unbedingt zu leistendes Entgelt die Lieferung einer Ware oder die Verrichtung einer Leistung unter der Bedingung zugesichert wird, daß der Kunde mittels der ihm übergebenen Anweisungen oder Scheine dem Unternehmen des Zusichernden oder eines anderen weitere Abnehmer zuführt, die mit diesem Unternehmen in ein gleiches Vertragsverhältnis treten.

(3) Verträge dieser Art, die zwischen dem Geschäftsmann und dem Kunden oder zwischen diesem und einem Dritten geschlossen werden, sind nichtig.

(4) Das vom Kunden Geleistete kann gegen Verzicht auf die Lieferung der Ware oder auf die Verrichtung der Leistung oder gegen Rückstellung der schon empfangenen Ware zurückgefordert werden.

(5) Z 14 des Anhangs bleibt davon unberührt. *(BGBl I 2007/79)*

§ 28. Es ist verboten, Waren oder Leistungen in der Form zu vertreiben, daß die Lieferung der Ware oder die Verrichtung der Leistung vom Ergebnis einer Verlosung oder einem anderen Zufall abhängig gemacht ist.

§ 28a. „(1)" Es ist verboten, im geschäftlichen Verkehr zu Zwecken des Wettbewerbs für Eintragungen in Verzeichnisse, wie etwa Branchen-, Telefon- oder ähnliche Register, mit Zahlscheinen, Erlagscheinen, Rechnungen, Korrekturangeboten oder ähnlichem zu werben oder diese Eintragungen auf solche Art unmittelbar anzubieten, ohne entsprechend unmißverständlich und auch graphisch deutlich darauf hinzuweisen, daß es sich lediglich um ein Vertragsanbot handelt. *(BGBl I 2007/79)*

(2) Z 21 des Anhangs bleibt davon unberührt. *(BGBl I 2007/79)*

(BGBl I 1999/185)

§ 29. (1) Es ist untersagt, im geschäftlichen Verkehr durch Zusenden von Einladungen, Berechtigungsscheinen u. dgl. oder überhaupt durch schriftliche Mitteilungen, die für einen größeren Kreis von Personen bestimmt sind, zum Abschluß der in den §§ 27 und 28 verbotenen Verträge aufzufordern.

(2) Wer diesem Verbot oder den in den §§ 27, 28 und 28a ausgesprochenen Verboten zuwiderhandelt, begeht – sofern die Tat nicht den Tatbestand einer gerichtlich strafbaren Handlung erfüllt – eine Verwaltungsübertretung und ist von der Bezirksverwaltungsbehörde mit Geldstrafe bis zu 2 900 Euro zu bestrafen. *(BGBl I 2001/136)*

§ 30. *(entfällt samt Überschrift, BGBl I 2015/49, zum Außerkraftdatum vgl § 44 Abs. 9)*

3. Anmaßung von Auszeichnungen und Vorrechten

§ 31. (1) Es ist untersagt, beim Betrieb eines Unternehmens dem Inhaber oder dem Unternehmen eine ihnen nicht zustehende Auszeichnung beizulegen oder fälschlich den Besitz einer von einer Behörde anerkannten oder verliehenen Befähigung, Befugnis oder Berechtigung zuzuschreiben oder eine Auszeichnung oder eine auf eines der erwähnten Vorrechte hinweisende Bezeichnung in einer Weise zu gebrauchen, die zur Täuschung über den Anlaß oder Grund der Verleihung der Auszeichnung oder über den Umfang des Vorrechts geeignet ist.

(2) Mit Verordnung können Vorschriften darüber erlassen werden, welche Auszeichnungen und welche die im Abs. 1 angeführten Vorrechte betreffenden Bezeichnungen beim Betrieb eines Unternehmens geführt werden dürfen und in welcher Art und Weise der gestattete Gebrauch zulässig ist.

(3) Wer dem im Abs. 1 ausgesprochenen Verbot und den Vorschriften der auf Grund des Abs. 2 erlassenen Verordnungen zuwiderhandelt, begeht eine Verwaltungsübertretung und ist von der Bezirksverwaltungsbehörde mit Geldstrafe bis zu 2 900 Euro zu bestrafen. *(BGBl I 2001/136)*

(4) Z 2 des Anhangs bleibt davon unberührt. *(BGBl I 2007/79)*

4. Vorschriften über Kennzeichnungen

§ 32. (1) Mit Verordnung kann angeordnet werden, dass bestimmte Waren

1. nur in vorgeschriebenen Mengen, Verpackungen oder unter Einhaltung eines bestimmten Verhältnisses zwischen Verpackungsgröße und Füllmenge,

2. nur unter Ersichtlichmachung

a) des Namens (Firma) und des Geschäftssitzes des Erzeugers oder Händlers,

b) der Menge (Gewicht, Maß, Zahl),

c) der Beschaffenheit (einschließlich der für die Verwendung wesentlichen Angaben),

d) der für den ordnungsgemäßen Gebrauch und die Pflege wesentlichen Angaben sowie

e) der örtlichen Herkunft

gewerbsmäßig feilgehalten oder sonst in Verkehr gesetzt werden dürfen. *(BGBl I 2000/55)*

(2) Mit Verordnung kann angeordnet werden, daß bestimmte Dienstleistungen

1. nur in vorgeschriebenen Mengeneinheiten (insbesondere Leistungs-, Maß- oder Zeiteinheiten),

2. nur unter Ersichtlichmachung

a) des Namens (Firma) und des Geschäftssitzes desjenigen, der die Dienstleistung anbietet oder erbringt,

b) der Menge (insbesondere Leistung, Maß, Zeit),

c) der Beschaffenheit (einschließlich der für den Empfänger der Dienstleistung wesentlichen Angaben) sowie

d) des Preises

gewerbsmäßig angeboten oder erbracht werden dürfen. Z 2 lit. d gilt nicht für Dienstleistungen, deren Anbieten der Gewerbeordnung *1973* in der jeweils geltenden Fassung unterliegt. *(BGBl 1992/147)*

(3) [1]Die Verordnungen nach den Abs. 1 oder 2 können angeben, wie die Beschaffenheitsmerkmale festzustellen sind; dabei ist auf den jeweiligen Stand der Technik Bedacht zu nehmen. [2]Die Verordnungen können auch bestimmen, wie, wo (bei Waren nach Tunlichkeit auf diesen) und wann die vorgeschriebenen Kennzeichnungen anzubringen sind, und deren Inhalt sowie die wegen der Beschaffenheit der Waren oder Dienstleistungen oder besonderer Verhältnisse gestatteten Abweichungen oder Ausnahmen sowie die zur Einhaltung der Verordnung geeigneten Überwachungsmaßregeln festlegen. [3]Je nach Art der Waren oder Dienstleistungen können sich die Verordnungen auf alle oder auch nur auf einzelne Kennzeichnungsmerkmale beziehen. [4]Weiters können Verordnungen nach Abs. 1 auf Waren beschränkt werden, die zur Entnahme durch Kunden bestimmt sind. [5]In Vorschriften über Warenkennzeichnung kann auch vorgesehen werden, daß für ihre Einhaltung nur der Hersteller oder Importeur verantwortlich ist.

(4) In Verordnungen nach Abs. 1 können für Waren, deren Gewicht oder Größe sich infolge ihrer natürlichen Beschaffenheit während des Aufbewahrens in der Regel verringert, die hiefür statthaften Grenzen besonders festgesetzt werden.

(5) Mit Verordnung können auch bestimmte Bezeichnungen für Waren und Dienstleistungen vorgeschrieben, zugelassen oder verboten werden. Die vorstehenden Absätze gelten, soweit sie anwendbar sind, auch für diese Verordnung.

(6) Die Abs. 1, 3 und 5 sind auf Lebensmittel, Verzehrprodukte und Zusatzstoffe nur insoweit anzuwenden, als durch Verordnung angeordnet werden kann, daß diese Waren nur in vorgeschriebenen Mengeneinheiten oder nur unter Ersichtlichmachung des Preises in Beziehung auf bestimmte Gewichts- oder Mengeneinheiten feilgehalten oder sonst in Verkehr gesetzt werden dürfen. *(BGBl 1992/147)*

§ 33. (1) Wer den Vorschriften einer auf Grund des § 32 erlassenen Verordnung zuwiderhandelt, begeht eine Verwaltungsübertretung und ist von der Bezirksverwaltungsbehörde mit Geldstrafe bis zu 2 900 Euro zu bestrafen. *(BGBl I 2001/136)*

(2) Im Fall der Bestrafung wegen Verstoßes gegen eine nach § 32 erlassene Kennzeichnungsverordnung ist auf Anbringung der fehlenden vorschriftsmäßigen Kennzeichnung auf den der Verfügung des Bestraften unterliegenden Gegenständen, gegebenenfalls unter Beseitigung der vorhandenen unrichtigen oder vorschriftswidrigen Kennzeichnung oder nach Erfordernis der diese tragenden Umhüllung oder Verpackung, oder, wenn eines oder das andere nicht möglich ist, auf den Verfall dieser Gegenstände zu erkennen.

(3) Wenn einer nach § 32 Abs. 5 erlassenen Verordnung zuwidergehandelt wurde, ist im Fall der Bestrafung die Beseitigung der unrichtigen oder vorschriftswidrigen oder die Anbringung der fehlenden vorschriftsmäßigen Bezeichnung der der Verfügung des Bestraften unterliegenden Gegenstände oder, wenn dies nicht möglich ist, deren Verfall anzuordnen.

(4) Zur Sicherung dieser Maßregeln, die auf Kosten des Verurteilten zu vollziehen sind, kann die Bezirksverwaltungsbehörde schon während des Verfahrens die Beschlagnahme der Gegenstände verfügen, durch deren den Anordnungen der Verordnung nicht entsprechende Beschaffenheit die Übertretung begangen wurde.

(5) [1]Ist die Verfolgung oder Verurteilung einer bestimmten Person nicht zulässig oder nicht ausführbar, so können die nach den Abs. 2 bis 4 zulässigen Verfügungen hinsichtlich der für den geschäftlichen Verkehr bestimmten Gegenstände selbständig getroffen werden. [2]Gegen die Verfügung, die allen Beteiligten bekanntzugeben ist, steht jedem Beteiligten die Beschwerde zu.

(6) Einer gegen die Beschlagnahme (Abs. 4 oder 5) erhobenen Beschwerde kommt keine aufschiebende Wirkung zu. *(BGBl 1992/147)*

4a. Ankündigung von Ausverkäufen aus besonderen Gründen

§ 33a. (1) [1]Die Ankündigung eines Ausverkaufs mit der Behauptung, der Unternehmer werde demnächst sein Geschäft aufgeben oder seine Geschäftsräume verlegen, ist nur mit Bewilligung der nach dem Standort des Ausverkaufs zuständigen Bezirksverwaltungsbehörde zulässig. [2]Das Ansuchen um die Bewilligung ist schriftlich einzubringen und hat nachstehende Angaben samt Unterlagen für die Glaubhaftmachung der Gründe zu enthalten:

1. die zu veräußernden Waren nach Menge, Beschaffenheit und Verkaufswert;

2. den genauen Standort des Ausverkaufs;

3. den Zeitraum, währenddessen der Ausverkauf stattfinden soll;

4. die Gründe, aus denen dieser Ausverkauf stattfinden soll, wie Ableben des Geschäftsinhabers, Einstellung des Gewerbebetriebes, Übersiedlung des Geschäftes oder andere belegbare Tatsachen;

5. im Falle der Ausübung des Gewerbes durch einen Pächter, der noch vor dem Inkrafttreten der Novelle zur Gewerbeordnung 1994, BGBl. I Nr. 111/2002, bestellt wurde, die Zustimmungserklärung des Verpächters zur Ankündigung eines Ausverkaufs, wenn die Bewilligung des Ansuchens die Endigung der Gewerbeberechtigung gemäß § 33b Abs. 1 nach sich zieht.

(2) [1]Die Bezirksverwaltungsbehörde hat vor der Entscheidung über das Ansuchen die nach dem Standort des Ausverkaufs zuständige Landeskammer der Wirtschaftskammerorganisation aufzufordern, innerhalb einer Frist von zwei Wochen ein Gutachten abzugeben. [2]Die Bezirksverwaltungsbehörde hat über das Ansuchen binnen einem Monat nach dessen Einlangen zu entscheiden.

(3) Die Bewilligung ist zu verweigern, wenn keine Gründe im Sinne des Abs. 1 Z 4 vorliegen und somit eine unrichtige Behauptung nach Z 15 des Anhangs vorliegt.

(4) Der Bewilligungsbescheid hat in seinem Spruch nachstehende Angaben zu enthalten:

1. die zu veräußernden Waren nach Menge, Beschaffenheit und Verkaufswert;

2. den genauen Standort des Ausverkaufs;

3. den Zeitraum, währenddessen der Ausverkauf stattfinden soll;

4. den Grund, aus dem der Ausverkauf stattfinden soll.

(5) [1]Jede Ankündigung eines Ausverkaufs gemäß Abs. 1 hat insbesondere die Gründe des Ausverkaufs, den Zeitraum, währenddessen der Ausverkauf stattfinden soll, und eine allgemeine Bezeichnung der zum Verkauf gelangenden Waren zu enthalten. [2]Diese Angaben müssen dem Bewilligungsbescheid entsprechen.

(6) [1]Die Ankündigung eines Ausverkaufs wegen eines Elementarereignisses ist vor Beginn des beabsichtigten Ausverkaufs bei der nach dem Standort des Ausverkaufs zuständigen Bezirksverwaltungsbehörde anzuzeigen. [2]Bei der Anzeige sind die Angaben gemäß Abs. 1 Z 1 bis 3 samt Unterlagen für die Glaubhaftmachung der Gründe für das konkrete Elementarereignis, wie Hochwasser, Brand und dergleichen, beizubringen.

(7) Stellt die Bezirksverwaltungsbehörde fest, dass die tatsächliche Ankündigung eines Ausverkaufs gemäß Abs. 1 oder 6 gegen die §§ 1, 1a oder 2 oder den Anhang verstößt, so hat sie, unbeschadet der Bestrafung, dem Gewerbetreibenden unverzüglich die Unterlassung jeder weiteren Ankündigung eines Ausverkaufs gemäß Abs. 1 oder 6 aufzutragen.

(BGBl I 2013/112)

§ 33b. (1) [1]Wurde die Bewilligung zur Ankündigung wegen gänzlicher Auflassung des Geschäftes erteilt, so endigt mit dem Ablauf des im Bewilligungsbescheid angegebenen Verkaufszeitraumes die der Verkaufstätigkeit zugrundeliegende Gewerbeberechtigung bzw. das Recht zur Ausübung des der Verkaufstätigkeit zugrundeliegenden Gewerbes in der betreffenden weiteren Betriebsstätte. [2]Der Inhaber dieser Gewerbeberechtigung sowie im Falle der Verpachtung des Gewerbes auch der Pächter dürfen während der nachfolgenden drei Jahre in der Gemeinde des bisherigen Standortes weder einen gleichartigen Gewerbebetrieb eröffnen noch sich an einem solchen in einer Weise beteiligen, dass ihnen hieraus ein Gewinn zufließen kann. [3]Ist der Träger der Bewilligung eine eingetragene Personengesellschaft, so gilt das Verbot auch für die persönlich haftenden Gesellschafter. [4]Ist der Träger der Bewilligung eine juristische Person, so gilt das Verbot auch für Personen mit einem maßgebenden Einfluss auf den Betrieb der Geschäfte der juristischen Person. [5]Während dieses Zeitraumes dürfen sie sich auch nicht als persönlich haftende Gesellschafter oder Kommanditisten an einer eingetragenen Personengesellschaft beteiligen, die in der Gemeinde des bisherigen Standortes ein gleichartiges Gewerbe ausübt.

(2) [1]Die Bezirksverwaltungsbehörde kann Ausnahmen von Abs. 1 bewilligen, wenn eine nicht vom Einschreiter verschuldete Änderung der Umstände, die für die Auflassung des Gewerbebetriebes maßgebend war, eingetreten ist oder die Nichtbewilligung der Ausnahme eine schwerwiegende wirtschaftliche Beeinträchtigung des Einschreiters zur Folge hätte. [2]Vor der Entscheidung über ein solches Ansuchen ist die nach dem Standort zuständige Landeskammer der Wirtschaftskammerorganisation aufzufordern, innerhalb einer Frist von vier Wochen ein Gutachten abzugeben.

(3) [1]Die Abs. 1 und 2 gelten sinngemäß auch dann, wenn jemand den Ausverkauf gemäß § 33a Abs. 1 ohne Bewilligung ankündigt. [2]Die betreffende Gewerbeberechtigung endigt hierbei mit der tatsächlichen Beendigung der Ankündigung des Ausverkaufs; die Bezirksverwaltungsbehörde hat diese Endigung mit Bescheid festzustellen.

(BGBl I 2013/112)

§ 33c. Wer den Bestimmungen der §§ 33a Abs. 1, 5 und 6 und 33b Abs. 1 und 3 zuwiderhandelt, begeht eine Verwaltungsübertretung und ist von der Bezirksverwaltungsbehörde mit Geldstrafe bis zu 2900 € zu bestrafen.

(BGBl I 2013/112)

4b. Verbot von Geoblocking

§ 33d. (1) Wer den Bestimmungen der Artikel 3 bis 5 der Verordnung (EU) 2018/302 über Maßnahmen gegen ungerechtfertigtes Geoblocking und andere Formen der Diskriminierung aufgrund der Staatsangehörigkeit, des Wohnsitzes oder des Ortes der Niederlassung des Kunden innerhalb des Binnenmarkts und zur Änderung der Verordnungen (EG) Nr. 2006/2004 und (EU) 2017/2394 sowie der Richtlinie 2009/22/EG, ABl. Nr. L 60 vom 02.03.2018 S. 1, zuwiderhandelt, begeht eine Verwaltungsübertretung und ist von der Bezirksverwaltungsbehörde mit Geldstrafe bis zu 2900 € zu bestrafen.

(2) Auf Übertretungen des Abs. 1 durch Unternehmer im Sinne des Art. 2 des Anhangs der Empfehlung der Kommission 2003/361/EG betreffend die Definition der Kleinstunternehmen sowie der kleinen und mittleren Unternehmen, ABl. Nr. L 124 vom 20.05.2003 S. 36, ist § 371c Abs. 1 und 2 GewO 1994, BGBl. I Nr. 194/1994, in der jeweils geltenden Fassung sinngemäß anzuwenden.

(BGBl I 2018/109)

5. Allgemeine Bestimmungen zu den §§ 27 bis 33c

§ 34. (1) [1]Den in diesem Abschnitt dem Täter angedrohten Strafen unterliegt auch, wer einen anderen zu der Handlung anstiftet oder wer ihm dazu Beihilfe leistet. [2]§ 19 ist entsprechend anzuwenden.

(2) *(entfällt, BGBl I 2015/49)*

(3) [1]„Wer den Vorschriften nach §§ 27, 28a, 29, 31 und den Verordnungen nach § 32 zuwiderhandelt, kann unbeschadet der Strafverfolgung auf Unterlassung und bei Verschulden auf Schadenersatz in Anspruch genommen werden.“[2]Der Anspruch kann nur im ordentlichen Rechtsweg geltend gemacht werden. [3]Die §§ 14 bis 18 und 20 bis 26 sind entsprechend anzuwenden. *(BGBl I 2013/112)*

(BGBl 1992/147)

6. Zurückbehaltung von Waren durch das Zollamt Österreich

§ 35. Die Zollämter können nach Maßgabe näherer, mit Verordnung zu erlassender Bestimmungen Waren, die einer auf Grund des § 32 erlassenen Verordnung nicht entsprechen, bei der Einfuhr oder Ausfuhr bis zur Verfügung der Bezirksverwaltungsbehörde zurückbehalten.[1)]

[1)] *Siehe die VO BGBl 1987/635.*

Fassung ab 1. 7. 2020 (BGBl I 2019/104):
§ 35. „Das Zollamt Österreich kann“ nach Maßgabe näherer, mit Verordnung zu erlassender Bestimmungen Waren, die einer auf Grund des § 32 erlassenen Verordnung nicht entsprechen, bei der Einfuhr oder Ausfuhr bis zur Verfügung der Bezirksverwaltungsbehörde zurückbehalten.[1)] *(BGBl I 2019/104)*

[1)] *Siehe die VO BGBl 1987/635.*

§ 36. (1) Die Zollämter können nach Maßgabe näherer, mit Verordnung zu erlassender Bestimmungen Waren, die auf sich selbst oder auf ihrer Verpackung oder Umhüllung Bezeichnungen oder Aufschriften tragen, die falsche Angaben über die örtliche Herkunft oder die Beschaffenheit der Ware darstellen, auch wenn für sie eine auf Grund des § 32 erlassene Bezeichnungsvorschrift nicht besteht, bei der Einfuhr oder Ausfuhr zum Zwecke der Beseitigung der falschen Bezeichnung oder der Aufschrift bis zur Verfügung der Bezirksverwaltungsbehörde (Abs. 2) zurückbehalten.

Fassung ab 1. 7. 2020 (BGBl I 2019/104):
(1) „Das Zollamt Österreich kann“ nach Maßgabe näherer, mit Verordnung zu erlassender Bestimmungen Waren, die auf sich selbst oder auf ihrer Verpackung oder Umhüllung Bezeichnungen oder Aufschriften tragen, die falsche Angaben über die örtliche Herkunft oder die Beschaffenheit der Ware darstellen, auch wenn für sie eine auf Grund des § 32 erlassene Bezeichnungsvorschrift nicht besteht, bei der Einfuhr oder Ausfuhr zum Zwecke der Beseitigung der falschen Bezeichnung oder der Aufschrift bis zur Verfügung der Bezirksverwaltungsbehörde (Abs. 2) zurückbehalten. *(BGBl I 2019/104)*

(2) [1]Die Beseitigung der Bezeichnung oder der Aufschrift wird von der Bezirksverwaltungsbehörde, in deren Bezirk die Ware zurückbehalten wurde, angeordnet und vollzogen. § 33 Abs. 3 bis 6 ist entsprechend anzuwenden. [2]Die näheren Vorschriften über den von der Bezirksverwaltungsbehörde zu beobachtenden Vorgang werden mit Verordnung erlassen.

§ 37. (1) Das Zollamt hat dem über die Ware Verfügungsberechtigten die Gelegenheit zu geben, innerhalb angemessener Frist den für die Zurückbehaltung auf Grund der §§ 35 und 36 ursächlichen Mangel zu beheben.

UWG

Fassung ab 1. 7. 2020 (BGBl I 2019/104):
(1) Das Zollamt „Österreich“ hat dem über die Ware Verfügungsberechtigten die Gelegenheit zu geben, innerhalb angemessener Frist den für

die Zurückbehaltung auf Grund der §§ 35 und 36 ursächlichen Mangel zu beheben. *(BGBl I 2019/104)*

(2) [1]Wird der Mangel rechtzeitig behoben, so ist die Ware freizugeben. [2]Anderenfalls ist die Zurückbehaltung unverzüglich der Bezirksverwaltungsbehörde, in deren Bezirk die Ware zurückbehalten wurde, unter Mitteilung des Sachverhaltes anzuzeigen.

(3) Die Bezirksverwaltungsbehörde hat von den über eine solche Anzeige getroffenen Verfügungen das Zollamt, das die Ware zurückbehalten hat, sofort in Kenntnis zu setzen.

Fassung ab 1. 7. 2020 (BGBl I 2019/104):
(3) Die Bezirksverwaltungsbehörde hat von den über eine solche Anzeige getroffenen Verfügungen das Zollamt „Österreich", das die Ware zurückbehalten hat, sofort in Kenntnis zu setzen. *(BGBl I 2019/104)*

(4) Die Anwendung der Bestimmungen über die Bestrafung der Zollzuwiderhandlungen bleibt unberührt.

III. ABSCHNITT
Gemeinsame und Schlußbestimmungen

Anwendbarkeit des Gesetzes auf land- und forstwirtschaftliche Erzeugnisse und Leistungen

§ 38. Unter Waren im Sinne dieses Gesetzes sind auch land- und forstwirtschaftliche Erzeugnisse, unter Leistungen und wirtschaftlichen Interessen auch land- und forstwirtschaftliche zu verstehen.

Bildliche Darstellungen und sonstige Veranstaltungen

§ 39. (1) Als Behauptungen und Angaben im Sinne dieses Gesetzes sind auch bildliche Darstellungen und sonstige Veranstaltungen anzusehen, die wörtliche Angaben zu ersetzen bestimmt und geeignet sind.

(2) Zusätze, Weglassungen, Einschränkungen, Abänderungen und sonstige Veranstaltungen in solcher Art oder Form, daß sie ohne Anwendung besonderer Aufmerksamkeit der Wahrnehmung oder Beachtung entgehen, schließen bei den durch dieses Gesetz untersagten Handlungen die Anwendung dieses Gesetzes nicht aus.

Schutz von Ausländern

§ 40. Angehörige ausländischer Staaten, die im Inland eine Hauptniederlassung nicht besitzen, haben, sofern nicht zwischenstaatliche Vereinbarungen bestehen, auf den Schutz dieses Gesetzes nur insoweit Anspruch, als in dem Staat, in dem sich ihre Hauptniederlassung befindet, österreichische Staatsbürger nach einer im Bundesgesetzblatt verlautbarten Kundmachung entsprechenden Schutz genießen.

Vergeltungsrecht

§ 41. Wenn im Ausland Waren, die aus dem Geltungsgebiet dieses Gesetzes stammen, bei der Einfuhr oder Durchfuhr hinsichtlich der Bezeichnung ungünstiger als die Waren anderer Länder behandelt werden, kann mit Verordnung der Bundesregierung ein Vergeltungsrecht in Anwendung gebracht werden.

Übergangsbestimmungen

§ 42. (1) Auf vor dem Inkrafttreten des Bundesgesetzes BGBl. I Nr. 111/1999 gemäß § 9 eingebrachte Klagen ist dieses Bundesgesetz in der vor dem Inkrafttreten des Bundesgesetzes BGBl. I Nr. 111/1999 geltenden Fassung weiter anzuwenden.

(2) [1]Der Lauf der im § 58 des Markenschutzgesetzes 1970, BGBl. Nr. 260, in der jeweils geltenden Fassung, in Verbindung mit § 9 Abs. 5 geregelten Fünfjahresfrist beginnt hinsichtlich der im Zeitpunkt des Inkrafttretens des Bundesgesetzes BGBl. I Nr. 111/1999 bestehenden Ansprüche gegen den Inhaber einer vor dem Inkrafttreten dieses Bundesgesetzes BGBl. I Nr. 111/1999 registrierten Marke bzw. eines vor diesem Zeitpunkt erworbenen Kennzeichenrechts mit dem Inkrafttreten dieses Bundesgesetzes. [2]Eine allfällig bereits eingetretene Verjährung bleibt von dieser Regelung unberührt.

(BGBl I 1999/111)

§ 43. (1) Mit der Vollziehung dieses Gesetzes sind die [Bundesminister für *Wirtschaft und Arbeit*][1)], für Finanzen, für Land- und Forstwirtschaft, *Umwelt und Wasserwirtschaft* und für Justiz betraut; hinsichtlich der Erlassung von Verordnungen gemäß § 32, soweit es sich um Lebensmittel, Verzehrprodukte und Zusatzstoffe handelt, jedoch im Einvernehmen mit dem [*Bundesminister für soziale Sicherheit und Generationen*][2)]. *(BGBl I 1999/185)*

(2) Der Erlassung einer Verordnung auf Grund des zweiten Abschnittes dieses Gesetzes hat die Anhörung der Körperschaften voranzugehen, denen gesetzlich die Vertretung der in Betracht kommenden Interessen obliegt.

[1)] *Jetzt: Bundesminister für Wissenschaft, Forschung und Wirtschaft*
[2)] *Jetzt: Bundesminister für Arbeit, Soziales und Konsumentenschutz*

Inkrafttreten

§ 44. (1) Die §§ 2 Abs. 1 bis 6, 28a, 29 Abs. 2 und 43 Abs. 1 in der Fassung des Bundesgesetzes BGBl. I Nr. 185/1999 treten mit 1. April 2000 in Kraft.

(2) § 14 in der Fassung des Bundesgesetzes BGBl. I Nr. 185/1999 tritt mit 1. Jänner 2001 in Kraft.

(3) § 8 in der Fassung des Bundesgesetzes BGBl. I Nr. 111/1999 tritt rückwirkend mit 1. Jänner 1996 mit der Maßgabe in Kraft, dass diesbezüglich § 4 bis zum Inkrafttreten des Bundesgesetzes BGBl. I Nr. 55/2000 keine Anwendung findet.

(4) § 32 Abs. 1 in der Fassung des Bundesgesetzes BGBl. I Nr. 55/2000 tritt mit 1. September 2000 in Kraft.

(5) Die §§ 9a Abs. 2 Z 8, 29 Abs. 2, 30 Abs. 2, 31 Abs. 3, 33 Abs. 1 und 33f in der Fassung des Bundesgesetzes BGBl. I Nr. 136/2001 treten mit 1. Jänner 2002 in Kraft. *(BGBl I 2001/136)*

(6) § 14 Abs. 1 in der Fassung des Bundesgesetzes BGBl. I Nr. 106/2006 tritt mit dem der Kundmachung folgenden Tag in Kraft. *(BGBl I 2006/106)*

(7) Die §§ 1, 1a, 2, 2a, 3 Abs. 1, 4 Abs. 1 bis 3, 5, 6 Abs. 2, 8 Abs. 1, 14 Abs. 1 und 2, 18, 21, 27 Abs. 5, 28a, 31 Abs. 4, 33a Abs. 3, 45 und der Anhang in der Fassung des Bundesgesetzes BGBl. I Nr. 79/2007 treten mit 12. Dezember 2007 in Kraft. Die §§ 4 Abs. 4, 6a und 19 Abs. 2 treten mit 12. Dezember 2007 außer Kraft. *(BGBl I 2007/79)*

(8) [1]§ 9a samt seiner Überschrift in der Fassung des Bundesgesetzes BGBl. I Nr. 13/2013 tritt mit dem der Kundmachung folgenden Tag außer Kraft. [2]§ 14 Abs. 1, § 18, § 21 Abs. 1 sowie Z 6 des Anhangs in der Fassung des Bundesgesetzes BGBl. I Nr. 13/2013 treten mit dem der Kundmachung folgenden Tag in Kraft. *(BGBl I 2013/13)*

(9) § 30 samt Überschrift tritt mit Ablauf des Tages der Kundmachung im Bundesgesetzblatt, frühestens jedoch mit Ablauf des 30. Mai 2015 außer Kraft. *(BGBl I 2015/49)*

(10) § 1a Abs. 4 und Z 32 des Anhanges in der Fassung des Bundesgesetzes BGBl. I Nr. 99/2016 treten mit dem Ablauf eines Monats nach der Kundmachung in Kraft und sind auch auf Verträge anzuwenden, die vor diesem Zeitpunkt abgeschlossen wurden. *(BGBl I 2016/99)*

(11) Die §§ 13, 25 Abs. 3 und 26a bis 26j in der Fassung des Bundesgesetzes BGBl. I Nr. 109/2018 treten mit Ablauf eines Monats nach der Kundmachung in Kraft. *(BGBl I 2018/109)*

(12) Die Überschrift des 6. Unterabschnitts, § 35, § 36 Abs. 1 und § 37 Abs. 1 und 3 jeweils in der Fassung des Bundesgesetzes BGBl. I Nr. 104/2019, treten mit 1. Juli 2020 in Kraft. *(BGBl I 2019/104)*

(BGBl I 2000/55)

Bezugnahme auf Gemeinschaftsrecht

§ 45. Durch dieses Bundesgesetz werden folgende Richtlinien in österreichisches Recht umgesetzt:

1. Richtlinie 2005/29/EG über unlautere Geschäftspraktiken, ABl. Nr. L 149 vom 11.06.2005 S. 22.

2. Richtlinie 2006/114/EG vom 12. Dezember 2006 über irreführende und vergleichende Werbung (kodifizierte Fassung), ABl. Nr. L 376 vom 27.12.2006 S. 21.

3. Richtlinie 2016/943/EU über den Schutz vertraulichen Know-hows und vertraulicher Geschäftsinformationen (Geschäftsgeheimnisse) vor rechtswidrigem Erwerb sowie rechtswidriger Nutzung und Offenlegung, ABl. Nr. L 157 vom 15.06.2016 S. 1. *(BGBl I 2018/109)*

(BGBl I 2007/79)

Anhang

Geschäftspraktiken, die unter allen Umständen als unlauter gelten

(BGBl I 2013/112)

Irreführende Geschäftspraktiken

1. Die unrichtige Behauptung eines Unternehmers, zu den Unterzeichnern eines Verhaltenskodex zu gehören.

2. Die Verwendung von Gütezeichen, Qualitätskennzeichen oder Ähnlichem ohne die erforderliche Genehmigung.

3. Die unrichtige Behauptung, ein Verhaltenskodex sei von einer öffentlichen oder anderen Stelle gebilligt.

4. Die Behauptung, dass ein Unternehmen (einschließlich seiner Geschäftspraktiken) oder ein Produkt von einer öffentlichen oder privaten Stelle bestätigt, gebilligt oder genehmigt worden sei, obwohl dies nicht der Fall ist, oder das Aufstellen einer solchen Behauptung, ohne dass den Bedingungen für die Bestätigung, Billigung oder Genehmigung entsprochen wird.

5. Die Aufforderung zum Kauf von Produkten zu einem bestimmten Preis, ohne darüber aufzuklären, dass der Unternehmer hinreichende Gründe für die Annahme hat, dass er nicht in der Lage sein wird, dieses oder ein gleichwertiges

Produkt zu dem genannten Preis für einen Zeitraum und in einer Menge zur Lieferung bereitzustellen oder durch ein anderes Unternehmen bereitstellen zu lassen, wie es in Bezug auf das Produkt, den Umfang der für das Produkt eingesetzten Werbung und den Angebotspreis angemessen wäre (Lockangebote).

6. Die Aufforderung zum Kauf von Produkten zu einem bestimmten Preis und dann

a) Weigerung, dem Umworbenen den beworbenen Artikel zu zeigen, oder

b) Weigerung, Bestellungen dafür anzunehmen oder innerhalb einer vertretbaren Zeit zu liefern, oder

c) Vorführung eines fehlerhaften Exemplars

in der Absicht, stattdessen ein anderes Produkt abzusetzen („bait-and-switch"-Technik).

(BGBl I 2013/13, nur Gliederungsänderung)

7. Die unrichtige Behauptung, dass das Produkt nur eine sehr begrenzte Zeit oder nur eine sehr begrenzte Zeit zu bestimmten Bedingungen verfügbar sein werde, um so den Verbraucher zu einer sofortigen Entscheidung zu verleiten, so dass er weder Zeit noch Gelegenheit hat, eine informierte Entscheidung zu treffen.

8. Verbrauchern, mit denen das Unternehmen vor Abschluss des Geschäfts in einer Sprache kommuniziert hat, bei der es sich nicht um eine Amtssprache des Mitgliedstaats handelt, in dem das Unternehmen niedergelassen ist, wird eine nach Abschluss des Geschäfts zu erbringende Leistung zugesichert, diese Leistung anschließend aber nur in einer anderen Sprache erbracht, ohne dass der Verbraucher eindeutig hierüber aufgeklärt wird, bevor er das Geschäft tätigt.

9. Die unrichtige Behauptung oder anderweitiges Herbeiführen des unrichtigen Eindrucks, ein Produkt könne rechtmäßig verkauft werden.

10. Den Verbrauchern gesetzlich zugestandene Rechte werden als Besonderheit des Angebots des Unternehmens präsentiert.

11. Redaktionelle Inhalte werden in Medien zu Zwecken der Verkaufsförderung eingesetzt und das Unternehmen hat diese Verkaufsförderung bezahlt, ohne dass dies aus dem Inhalt oder aus für den Verbraucher klar erkennbaren Bildern und Tönen eindeutig hervorgehen würde (als Information getarnte Werbung).

12. Die unrichtige Behauptung über die Art und das Ausmaß der Gefahr für die persönliche Sicherheit des Umworbenen oder seiner Familie für den Fall, dass er das Produkt nicht kauft.

13. Die Werbung für ein Produkt, das einem Produkt eines bestimmten Herstellers ähnlich ist, in einer Weise, die den Umworbenen absichtlich dazu verleitet, zu glauben, das Produkt sei von jenem Hersteller hergestellt worden, obwohl dies nicht der Fall ist.

14. Einführung, Betrieb oder Förderung eines Schneeballsystems „ " zur Verkaufsförderung, bei dem der Verbraucher die Möglichkeit vor Augen hat, eine Vergütung zu erzielen, die überwiegend durch das Einführen neuer Verbraucher in ein solches System und weniger durch den Verkauf oder Verbrauch von Produkten zu erzielen ist. *(BGBl I 2013/112)*

15. Die unrichtige Behauptung, der Unternehmer werde demnächst sein Geschäft aufgeben oder seine Geschäftsräume verlegen.

16. Die unrichtige Behauptung, Produkte könnten die Gewinnchancen bei Glücksspielen erhöhen.

17. Die unrichtige Behauptung, ein Produkt könne Krankheiten, Funktionsstörungen oder Missbildungen heilen.

18. Unrichtige Informationen über die Marktbedingungen oder die Möglichkeit, das Produkt zu finden, mit dem Ziel, den Umworbenen dazu zu bewegen, das Produkt zu weniger günstigen als den normalen Marktbedingungen zu kaufen.

19. Das Anbieten von Wettbewerben und Preisausschreiben, ohne dass die beschriebenen Preise oder ein angemessenes Äquivalent vergeben werden.

20. Die Beschreibung eines Produktes als „gratis", „umsonst", „kostenfrei" oder ähnlich, obwohl der Umworbene weitergehende Kosten als die Kosten zu tragen hat, die im Rahmen des Eingehens auf die Geschäftspraktik und für die Abholung oder Lieferung der Ware unvermeidbar sind.

21. Die Beifügung einer Rechnung oder eines ähnlichen Dokuments mit einer Zahlungsaufforderung zu Werbematerialien, die dem Umworbenen den unrichtigen Eindruck vermittelt, dass er das beworbene Produkt bereits bestellt habe.

22. Die unrichtige Behauptung oder Erwecken des unrichtigen Eindrucks, dass der Händler nicht

für die Zwecke seines Handels, Geschäfts, Gewerbes oder Berufs handelt, oder fälschliches Auftreten als Verbraucher.

23. Das Erwecken des unrichtigen Eindrucks, dass der Kundendienst im Zusammenhang mit einem Produkt in einem anderen Mitgliedstaat verfügbar sei als demjenigen, in dem das Produkt verkauft wird.

Aggressive Geschäftspraktiken

24. Das Erwecken des Eindrucks, der Umworbene könne die Räumlichkeiten ohne Vertragsabschluss nicht verlassen.

25. Die Nichtbeachtung der Aufforderung des Verbrauchers bei persönlichen Besuchen in dessen Wohnung, diese zu verlassen bzw. nicht zurückzukehren, außer in Fällen und in den Grenzen, in denen dies gerechtfertigt ist, um eine vertragliche Verpflichtung durchzusetzen.

26. [1]Die Anwerbung von Kunden durch hartnäckiges und unerwünschtes Ansprechen über Telefon, Fax, E-Mail oder sonstige für den Fernabsatz geeignete Medien, außer in Fällen und in den Grenzen, in denen ein solches Verhalten gesetzlich gerechtfertigt ist, um eine vertragliche Verpflichtung durchzusetzen. [2]Dies gilt unbeschadet des Artikels 10 der Richtlinie 97/7/EG sowie der Richtlinien 95/46/EG und 2002/58/EG.

27. Die Aufforderung eines Verbrauchers, der eine Versicherungspolizze in Anspruch nehmen möchte, Dokumente vorzulegen, die vernünftigerweise als für die Gültigkeit des Anspruchs nicht relevant anzusehen sind, oder systematisches Nichtbeantworten einschlägiger Schreiben, um so den Verbraucher von der Ausübung seiner vertraglichen Rechte abzuhalten.

28. Die Einbeziehung einer direkten Aufforderung an Kinder in der Werbung, die beworbenen Produkte zu kaufen oder ihre Eltern oder andere Erwachsene zu überreden, die beworbenen Produkte für sie zu kaufen.

29. Die Aufforderung des Verbrauchers zur sofortigen oder späteren Zahlung oder zur Rücksendung oder Verwahrung von Produkten, die der Gewerbetreibende ohne Veranlassung des Verbrauchers geliefert hat (unbestellte Waren und Dienstleistungen).

30. Der ausdrückliche Hinweis gegenüber dem Verbraucher, dass Arbeitsplatz oder Lebensunterhalt des Unternehmers gefährdet sind, falls der Verbraucher das Produkt oder die Dienstleistung nicht erwirbt.

31. Das Erwecken des unrichtigen Eindrucks, der Verbraucher habe bereits einen Preis gewonnen, werde einen Preis gewinnen oder werde durch eine bestimmte Handlung einen Preis oder einen sonstigen Vorteil gewinnen, obwohl

a) es in Wirklichkeit keinen Preis oder sonstigen Vorteil gibt, oder

b) die Möglichkeit des Verbrauchers, Handlungen zur Inanspruchnahme des Preises oder eines sonstigen Vorteils vorzunehmen, von der Zahlung eines Betrags oder der Übernahme von Kosten „ “ durch den Verbraucher abhängig gemacht wird. *(BGBl I 2013/112)*

32. Das Verlangen eines Betreibers einer Buchungsplattform gegenüber einem Beherbergungsunternehmen, dass dieses auf anderen Vertriebswegen inklusive seiner eigenen Website keinen günstigeren Preis oder keine anderen günstigeren Bedingungen als auf der Buchungsplattform anbieten darf.

(BGBl I 2016/99)

(BGBl I 2007/79)

33. Kartellgesetz 2005

BGBl I 2005/61 idF

1 BGBl I 2008/2 (Art 2, 1. BVRBG)
2 BGBl I 2012/51 (Verwaltungsgerichtsbarkeits-Novelle 2012)
3 BGBl I 2013/13 (KaWeRÄG 2012)
4 BGBl I 2017/56 (KaWeRÄG 2017)
5 BGBl I 2019/109

Bundesgesetz gegen Kartelle und andere Wettbewerbsbeschränkungen (Kartellgesetz 2005 – KartG 2005)

Inhaltsverzeichnis

(BGBl I 2013/13)

Der Nationalrat hat beschlossen:

I. Hauptstück
Wettbewerbsbeschränkungen

1. Abschnitt
Kartelle

Kartellverbot

§ 1. (1) Verboten sind alle Vereinbarungen zwischen Unternehmern, Beschlüsse von Unternehmervereinigungen und aufeinander abgestimmte Verhaltensweisen, die eine Verhinderung, Einschränkung oder Verfälschung des Wettbewerbs bezwecken oder bewirken (Kartelle).

(2) Nach Abs. 1 sind insbesondere verboten

1. die unmittelbare oder mittelbare Festsetzung der An- oder Verkaufspreise oder sonstiger Geschäftsbedingungen;

2. die Einschränkung oder Kontrolle der Erzeugung, des Absatzes, der technischen Entwicklung oder der Investitionen;

3. die Aufteilung der Märkte oder Versorgungsquellen;

4. die Anwendung unterschiedlicher Bedingungen bei gleichwertigen Leistungen gegenüber Handelspartnern, wodurch diese im Wettbewerb benachteiligt werden;

5. die an den Abschluss von Verträgen geknüpfte Bedingung, dass die Vertragspartner zusätzliche Leistungen annehmen, die weder sachlich noch nach Handelsbrauch in Beziehung zum Vertragsgegenstand stehen.

(3) Die nach Abs. 1 verbotenen Vereinbarungen und Beschlüsse sind nichtig.

(4) [1]Einem Kartell im Sinn des Abs. 1 stehen Empfehlungen zur Einhaltung bestimmter Preise, Preisgrenzen, Kalkulationsrichtlinien, Handelsspannen oder Rabatte gleich, durch die eine Beschränkung des Wettbewerbs bezweckt oder bewirkt wird (Empfehlungskartelle). [2]Ausgenommen sind Empfehlungen, in denen ausdrücklich auf ihre Unverbindlichkeit hingewiesen wird und zu deren Durchsetzung wirtschaftlicher oder gesellschaftlicher Druck weder ausgeübt werden soll noch ausgeübt wird.

Ausnahmen

§ 2. (1) Vom Verbot nach § 1 sind Kartelle ausgenommen, die unter angemessener Beteiligung der Verbraucher an dem entstehenden Gewinn zur Verbesserung der Warenerzeugung oder -verteilung oder zur Förderung des technischen oder wirtschaftlichen Fortschritts beitragen, ohne dass den beteiligten Unternehmern

a) Beschränkungen auferlegt werden, die für die Verwirklichung dieser Ziele nicht unerlässlich sind, oder

b) Möglichkeiten eröffnet werden, für einen wesentlichen Teil der betreffenden Waren den Wettbewerb auszuschalten.

(2) Jedenfalls vom Verbot nach § 1 ausgenommen sind die folgenden Kartelle:

1. Kartelle, an denen Unternehmer beteiligt sind, die zueinander im Wettbewerb stehen und gemeinsam am relevanten Markt einen Anteil von nicht mehr als 10 % haben, oder Kartelle, an denen Unternehmer beteiligt sind, die nicht miteinander im Wettbewerb stehen und die jeweils am relevanten Markt einen Anteil von nicht mehr als 15 % haben, sofern sie in beiden Fällen weder die Festsetzung der Verkaufspreise, die Einschränkung der Erzeugung oder des Absatzes noch die Aufteilung der Märkte bezwecken (Bagatellkartelle); *(BGBl I 2013/13)*

2. Vereinbarungen über die Bindung des Letztverkäufers im Handel mit Büchern, Kunstdrucken, Musikalien, Zeitschriften und Zeitungen an den vom Verleger festgesetzten Verkaufspreis „, sowie Vereinbarungen zwischen Zeitungs- und Zeitschriftenverlagen einerseits und Unternehmen, die Zeitschriften oder Zeitungen mit Remissionsrecht beziehen und mit einem solchen an Letztverkäufer verkaufen (Pressegrossisten), andererseits, soweit diese Vereinbarungen für den flächendeckenden und diskriminierungsfreien Vertrieb von Zeitungs- und Zeitschriftensortimenten im stationären Einzelhandel erforderlich sind;“ *(BGBl I 2017/56)*

3. Wettbewerbsbeschränkungen zwischen Genossenschaftsmitgliedern sowie zwischen diesen und der Genossenschaft, soweit diese Wettbewerbsbeschränkungen durch die Erfüllung des Förderungsauftrags von Genossenschaften (§ 1

des Gesetzes über Erwerbs- und Wirtschaftsgenossenschaften, RGBl. Nr. 70/1873) berechtigt sind;

4. *(aufgehoben, BGBl I 2013/13)*

5. [1]Vereinbarungen, Beschlüsse und Verhaltensweisen von landwirtschaftlichen Erzeugerbetrieben, Vereinigungen von landwirtschaftlichen Erzeugerbetrieben oder Vereinigungen von solchen Erzeugervereinigungen über

a) die Erzeugung oder den Absatz landwirtschaftlicher Erzeugnisse oder

b) die Benutzung gemeinschaftlicher Einrichtungen für die Lagerung, Be- oder Verarbeitung landwirtschaftlicher Erzeugnisse,

sofern sie keine Preisbindung enthalten und den Wettbewerb nicht ausschließen. [2]Als landwirtschaftliche Erzeugerbetriebe gelten auch Pflanzen- und Tierzuchtbetriebe und die auf der Stufe dieser Betriebe tätigen Unternehmen. [3]Landwirtschaftliche Erzeugnisse sind die in Anhang II des Vertrages zur Gründung der Europäischen Gemeinschaft angeführten Erzeugnisse sowie die durch Be- oder Verarbeitung dieser Erzeugnisse gewonnenen Waren, deren Be- oder Verarbeitung durch landwirtschaftliche Erzeugerbetriebe oder ihre Vereinigungen üblicherweise durchgeführt werden.

Freistellungsverordnungen

§ 3. (1) [1]Der Bundesminister für Justiz kann im Einvernehmen mit dem [Bundesminister für Wirtschaft, Familie und Jugend][1)] durch Verordnung feststellen, dass bestimmte Gruppen von Kartellen nach § 2 Abs. 1 vom Kartellverbot ausgenommen sind. [2]In solchen Verordnungen kann auf die jeweils geltende Fassung einer Verordnung nach Art. 101 Abs. 3 AEUV verwiesen werden. *(BGBl I 2013/13)*

(2) Soweit eine Verordnung nach Abs. 1 besondere Bestimmungen für Kreditinstitute, Unternehmen der Vertragsversicherung oder Pensionskassen enthält, ist sie auch im Einvernehmen mit dem Bundesminister für Finanzen zu erlassen.

1) Jetzt: Bundesminister für Wissenschaft, Forschung und Wirtschaft

2. Abschnitt

Marktbeherrschung

Begriffsbestimmung

§ 4. (1) Marktbeherrschend im Sinn dieses Bundesgesetzes ist ein Unternehmer, der als Anbieter oder Nachfrager

1. keinem oder nur unwesentlichem Wettbewerb ausgesetzt ist oder

2. eine im Verhältnis zu den anderen Wettbewerbern überragende Marktstellung hat; dabei sind insbesondere die Finanzkraft, die Beziehungen zu anderen Unternehmern, die Zugangsmöglichkeiten zu den Beschaffungs- und Absatzmärkten sowie die Umstände zu berücksichtigen, die den Marktzutritt für andere Unternehmer beschränken.

(1a) Zwei oder mehr Unternehmer sind marktbeherrschend, wenn zwischen ihnen ein wesentlicher Wettbewerb nicht besteht und sie in ihrer Gesamtheit die Voraussetzungen des Abs. 1 erfüllen. *(BGBl I 2013/13)*

(2) Wenn ein Unternehmer als Anbieter oder Nachfrager am „ “ relevanten Markt *(BGBl I 2013/13)*

1. einen Anteil von mindestens 30% hat oder

2. einen Anteil von mehr als 5% hat und dem Wettbewerb von höchstens zwei Unternehmern ausgesetzt ist oder

3. einen Anteil von mehr als 5% hat und zu den vier größten Unternehmern auf diesem Markt gehört, die zusammen einen Anteil von mindestens 80% haben, dann trifft ihn die Beweislast, dass die Voraussetzungen nach Abs. 1 nicht vorliegen.

(2a) Wenn eine Gesamtheit von Unternehmern als Anbieter oder Nachfrager am relevanten Markt zusammen

1. einen Anteil von mindestens 50 % hat und aus drei oder weniger Unternehmern besteht oder

2. einen Anteil von mindestens zwei Dritteln hat und aus fünf oder weniger Unternehmern besteht,

dann trifft die beteiligten Unternehmer die Beweislast, dass die Voraussetzungen nach Abs. 1a nicht bestehen. *(BGBl I 2013/13)*

(3) Als marktbeherrschend gilt auch ein Unternehmer, der eine im Verhältnis zu seinen Abnehmern oder Lieferanten überragende Marktstellung hat; eine solche liegt insbesondere vor, wenn diese zur Vermeidung schwerwiegender betriebswirtschaftlicher Nachteile auf die Aufrechterhaltung der Geschäftsbeziehung angewiesen sind.

Missbrauchsverbot

§ 5. (1) Der Missbrauch einer marktbeherrschenden Stellung ist verboten. Dieser Missbrauch kann insbesondere in Folgendem bestehen:

1. der Forderung nach Einkaufs- oder Verkaufspreisen oder nach sonstigen Geschäftsbedingungen, die von denjenigen abweichen, die sich bei wirksamem Wettbewerb mit hoher Wahrscheinlichkeit ergeben würden, wobei insbesondere die Verhaltensweisen von Unternehmern auf vergleichbaren Märkten mit wirksamem Wettbewerb zu berücksichtigen sind, *(BGBl I 2013/13)*

2. der Einschränkung der Erzeugung, des Absatzes oder der technischen Entwicklung zum Schaden der Verbraucher,

3. der Benachteiligung von Vertragspartnern im Wettbewerb durch Anwendung unterschiedlicher Bedingungen bei gleichwertigen Leistungen,

4. der an die Vertragsschließung geknüpften Bedingung, dass die Vertragspartner zusätzliche Leistungen annehmen, die weder sachlich noch nach Handelsbrauch in Beziehung zum Vertragsgegenstand stehen,

5. dem sachlich nicht gerechtfertigten Verkauf von Waren unter dem Einstandspreis.

(2) Im Fall des Abs. 1 Z 5 trifft den marktbeherrschenden Unternehmer die Beweislast für die Widerlegung des Anscheins eines Verkaufs unter dem Einstandspreis sowie für die sachliche Rechtfertigung eines solchen Verkaufs.

Verbot von Vergeltungsmaßnahmen

§ 6. Ein Verfahren zur Abstellung des Missbrauchs einer marktbeherrschenden Stellung (§ 26) oder eine darauf gerichtete Beschwerde an eine Amtspartei (§ 40) darf vom marktbeherrschenden Unternehmer nicht zum Anlass genommen werden, den durch den Missbrauch unmittelbar betroffenen Unternehmer von einer weiteren Belieferung oder Abnahme zu angemessenen Bedingungen auszuschließen.

3. Abschnitt

Zusammenschlüsse

Begriffsbestimmung

§ 7. (1) Als Zusammenschluss im Sinn dieses Bundesgesetzes gelten

1. der Erwerb eines Unternehmens, ganz oder zu einem wesentlichen Teil, durch einen Unternehmer, insbesondere durch Verschmelzung oder Umwandlung,

2. der Erwerb eines Rechts durch einen Unternehmer an der Betriebsstätte eines anderen Unternehmers durch Betriebsüberlassungs- oder Betriebsführungsverträge,

3. der unmittelbare oder mittelbare Erwerb von Anteilen an einer Gesellschaft, die Unternehmer ist, durch einen anderen Unternehmer sowohl dann, wenn dadurch ein Beteiligungsgrad von 25%, als auch dann, wenn dadurch ein solcher von 50% erreicht oder überschritten wird,

4. das Herbeiführen der Personengleichheit von mindestens der Hälfte der Mitglieder der zur Geschäftsführung berufenen Organe oder der Aufsichtsräte von zwei oder mehreren Gesellschaften, die Unternehmer sind,

5. jede sonstige Verbindung von Unternehmen, auf Grund deren ein Unternehmer unmittelbar oder mittelbar einen beherrschenden Einfluss auf ein anderes Unternehmen ausüben kann.

(2) Als Zusammenschluss gilt auch die Gründung eines Gemeinschaftsunternehmens, das auf Dauer alle Funktionen einer selbständigen wirtschaftlichen Einheit erfüllt.

(3) *(aufgehoben, BGBl I 2013/13)*

(4) Gehören alle beteiligten Unternehmen einem Konzern (§ 15 Aktiengesetz 1965, BGBl. Nr. 98, § 115 des Gesetzes über Gesellschaften mit beschränkter Haftung, RGBl. Nr. 58/1906) an, so liegt kein Zusammenschluss vor.

Medienzusammenschlüsse

§ 8. (1) Ein Zusammenschluss ist ein Medienzusammenschluss, wenn mindestens zwei der beteiligten Unternehmer beziehungsweise Unternehmen zu einer der folgenden Gruppen gehören:

1. Medienunternehmen oder Mediendienste (§ 1 Abs. 1 Z 6 und 7 Mediengesetz, BGBl. Nr. 314/1981),

2. Medienhilfsunternehmen (Abs. 2) oder

3. Unternehmen, die an einem Medienunternehmen, Mediendienst oder Medienhilfsunternehmen einzeln oder gemeinsam mittelbar oder unmittelbar zu mindestens 25% beteiligt sind.

(2) Als Medienhilfsunternehmen im Sinn dieses Bundesgesetzes gelten

1. Verlage, sofern sie nicht Medienunternehmen sind,

2. Druckereien und Unternehmen der Druckvorstufe (Repro- und Satzanstalten),

3. Unternehmen, die Werbeaufträge beschaffen oder vermitteln,

4. Unternehmen, die den Vertrieb von Medienstücken im großen besorgen,

5. Filmverleihunternehmen.

(3) Ein Zusammenschluss ist ein Medienzusammenschluss auch dann, wenn nur eines der beteiligten Unternehmen zu den im Abs. 1 Z 1 bis 3 aufgezählten Unternehmen gehört und an mindestens einem weiteren am Zusammenschluss beteiligten Unternehmen ein oder mehrere Medienunternehmen, Mediendienste oder Medienhilfsunternehmen mittelbar oder unmittelbar insgesamt zu mindestens 25% beteiligt sind.

Anmeldebedürftige Zusammenschlüsse

§ 9. (1) Zusammenschlüsse bedürfen der Anmeldung bei der Bundeswettbewerbsbehörde, wenn die beteiligten Unternehmen im letzten Geschäftsjahr vor dem Zusammenschluss die folgenden Umsatzerlöse erzielten:

1. weltweit insgesamt mehr als 300 Millionen Euro,

2. im Inland insgesamt mehr als 30 Millionen Euro und

3. mindestens zwei Unternehmen weltweit jeweils mehr als fünf Millionen Euro.

(2) Ausgenommen von Abs. 1 sind Zusammenschlüsse, wenn die beteiligten Unternehmen im letzten Geschäftsjahr vor dem Zusammenschluss die folgenden Umsatzerlöse erzielten:

1. nur eines der beteiligten Unternehmen im Inland mehr als fünf Millionen Euro und

2. die übrigen beteiligten Unternehmen weltweit insgesamt nicht mehr als 30 Millionen Euro.

(3) Bei der Anwendung der Abs. 1 Z 1 und 2 und des Abs. 2 Z 2 auf Medienzusammenschlüsse (§ 8) sind die Umsatzerlöse von Medienunternehmen und Mediendiensten mit 200, die Umsatzerlöse von Medienhilfsunternehmen mit 20 zu multiplizieren.

(4) Zusammenschlüsse, auf die Abs. 1 nicht anwendbar ist, bedürfen auch der Anmeldung bei der Bundeswettbewerbsbehörde, wenn

1. die beteiligten Unternehmen im letzten Geschäftsjahr vor dem Zusammenschluss Umsatzerlöse von weltweit insgesamt mehr als 300 Millionen Euro erzielten,

2. die beteiligten Unternehmen im letzten Geschäftsjahr vor dem Zusammenschluss im Inland Umsatzerlöse von insgesamt mehr als 15 Millionen Euro erzielten,

3. der Wert der Gegenleistung für den Zusammenschluss mehr als 200 Millionen Euro beträgt und

4. das zu erwerbende Unternehmen in erheblichem Umfang im Inland tätig ist.
(BGBl I 2017/56)

Anmeldung

§ 10. (1) Zur Anmeldung ist jeder am Zusammenschluss beteiligte Unternehmer berechtigt. Die Anmeldung ist mit den Beilagen in vier Gleichschriften einzubringen; sie hat zu enthalten:

1. genaue und erschöpfende Angaben zu den Umständen, durch die eine marktbeherrschende Stellung entstehen oder verstärkt werden kann, vor allem

a) zur Unternehmensstruktur, und zwar insbesondere für jedes beteiligte Unternehmen die Angabe

– der Eigentumsverhältnisse einschließlich von Unternehmensverbindungen im Sinn des § 7,

– der im letzten Geschäftsjahr vor dem Zusammenschluss erzielten Umsätze (Menge und Erlöse) getrennt nach bestimmten Waren und Dienstleistungen im Sinn des § 23,

b) für jedes beteiligte Unternehmen die Angabe der Marktanteile bei den in lit. a angeführten Waren und Dienstleistungen,

c) zur allgemeinen Marktstruktur;

2. wenn es sich um einen Medienzusammenschluss handelt, auch genaue und erschöpfende Angaben zu den Umständen, durch die die Medienvielfalt überdies beeinträchtigt werden kann.

(2) Der Bundesminister für Justiz kann im Einvernehmen mit dem Bundesminister für Wirtschaft und Arbeit[1)] durch Verordnung nähere Bestimmungen über Form und Inhalt von Anmeldungen erlassen.

(3) [1]Unverzüglich nach dem Einlangen der Anmeldung hat die Bundeswettbewerbsbehörde

1. die Anmeldung und ihre Beilagen in zwei Gleichschriften an den Bundeskartellanwalt weiterzuleiten;

2. die Anmeldung öffentlich bekanntzumachen. [1]Die Bekanntmachung hat den Namen der Beteiligten und in kurzer Form die Art des Zusammenschlusses, die betroffenen Geschäftszweige sowie alle sonstigen für die rechtmäßige Durchführung des Zusammenschlusses maßgeblichen Umstände anzugeben. [2]Ebenso ist jede Änderung der Anmeldung, die bekannt zu machende Tatsachen betrifft, bekannt zu machen.

(4) [1]Jeder Unternehmer, dessen rechtliche oder wirtschaftliche Interessen durch den Zusammenschluss berührt werden, kann binnen 14 Tagen ab der Bekanntmachung nach Abs. 3 gegenüber der Bundeswettbewerbsbehörde und dem Bundeskartellanwalt eine schriftliche Äußerung abgeben; darauf ist in der Bekanntmachung hinzuweisen. [2]Der Einschreiter hat kein Recht auf eine bestimmte Behandlung der Äußerung. [3]Die Amtspartei (§ 40), bei der eine solche Äußerung einlangt, hat die andere Amtspartei hievon unverzüglich zu verständigen.

[1)] Jetzt: Bundesminister für Wissenschaft, Forschung und Wirtschaft

Prüfungsantrag

§ 11. (1) Binnen vier Wochen nach dem Einlangen der dem § 10a WettbG entsprechenden Anmeldung bei der Bundeswettbewerbsbehörde können die Amtsparteien (§ 40) beim Kartellgericht die Prüfung des Zusammenschlusses beantragen.

(1a) [1]Die Frist nach Abs. 1 verlängert sich auf sechs Wochen, wenn dies der Anmelder innerhalb der vierwöchigen Frist gegenüber der Bundeswettbewerbsbehörde begehrt. [2]Die Bundeswettbewerbsbehörde hat das Begehren unverzüglich an den Bundeskartellanwalt weiterzuleiten. [3]In einem Prüfungsantrag ist auf die Fristverlängerung unter Anschluss des Begehrens hinzuweisen. *(BGBl I 2013/13)*

(2) Wenn ein Prüfungsantrag gestellt worden ist, hat die Bundeswettbewerbsbehörde dies unverzüglich öffentlich bekannt zu machen.

(3) Jeder Unternehmer, dessen rechtliche oder wirtschaftliche Interessen durch den Zusam-

menschluss berührt werden, kann im Prüfungsverfahren gegenüber dem Kartellgericht schriftliche Äußerungen abgeben; darauf ist in der Bekanntmachung hinzuweisen. [1]Der Einschreiter erlangt hiedurch keine Parteistellung.

(4) [1]Vor Ablauf der Frist können die Amtsparteien gegenüber dem Anmelder auf die Stellung eines Prüfungsantrags verzichten. [2]Haben sie auf die Stellung eines Prüfungsantrags zwar nicht verzichtet, innerhalb der Antragsfrist aber keinen Prüfungsantrag gestellt, dann haben sie dies dem Anmelder unverzüglich mitzuteilen.

Prüfung

§ 12. (1) Wenn die Prüfung des Zusammenschlusses beantragt worden ist, hat das Kartellgericht

1. den Antrag zurückzuweisen, wenn kein anmeldebedürftiger Zusammenschluss vorliegt;

2. den Zusammenschluss zu untersagen, wenn zu erwarten ist, dass durch den Zusammenschluss eine marktbeherrschende Stellung (§ 4) entsteht oder verstärkt wird; oder, wenn dies nicht der Fall ist,

3. auszusprechen, dass der Zusammenschluss nicht untersagt wird.

(2) Trotz Vorliegens der Untersagungsvoraussetzungen nach Abs. 1 hat das Kartellgericht auszusprechen, dass der Zusammenschluss nicht untersagt wird, wenn

1. zu erwarten ist, dass durch den Zusammenschluss auch Verbesserungen der Wettbewerbsbedingungen eintreten, die die Nachteile der Marktbeherrschung überwiegen, oder

2. der Zusammenschluss zur Erhaltung oder Verbesserung der internationalen Wettbewerbsfähigkeit der beteiligten Unternehmen notwendig und volkswirtschaftlich gerechtfertigt ist.

(3) [1]Wenn die Voraussetzungen sonst nicht gegeben sind, kann das Kartellgericht den Ausspruch, dass der Zusammenschluss nicht untersagt wird, mit entsprechenden Beschränkungen oder Auflagen verbinden. [2]Wenn sich nach diesem Ausspruch die maßgeblichen Umstände ändern, kann das Kartellgericht auf Antrag eines am Zusammenschluss beteiligten Unternehmers erteilte Beschränkungen oder Auflagen ändern oder aufheben.

Prüfung von Medienzusammenschlüssen

§ 13. (1) [1]Ein Medienzusammenschluss ist nach § 12 auch dann zu untersagen, wenn zu erwarten ist, dass durch den Zusammenschluss die Medienvielfalt beeinträchtigt wird. [2]§ 12 Abs. 2 Z 2 gilt auch für diesen Fall.

(2) Unter Medienvielfalt ist eine Vielfalt von selbständigen Medienunternehmen zu verstehen, die nicht im Sinne des § 7 miteinander verbunden sind und durch die eine Berichterstattung unter Berücksichtigung unterschiedlicher Meinungen gewährleistet wird.

Entscheidungsfristen

§ 14. (1) [1]Das Kartellgericht darf den Zusammenschluss nur binnen fünf Monaten nach dem Einlangen des Prüfungsantrags bzw. des ersten von zwei Prüfungsanträgen untersagen. [2]Diese Frist verlängert sich auf sechs Monate, wenn dies der Anmelder innerhalb der fünfmonatigen Frist gegenüber dem Kartellgericht begehrt. [3]Nach Ablauf dieser Fristen und nach Zurückziehung des oder der Prüfungsanträge hat das Kartellgericht das Prüfungsverfahren einzustellen. *(BGBl I 2013/13)*

(2) Über Rekurse gegen die Entscheidung des Kartellgerichts hat das Kartellobergericht binnen zwei Monaten nach dem Einlangen der Akten zu entscheiden.

Bekanntmachung von Entscheidungen

§ 15. Die Bundeswettbewerbsbehörde hat den Spruch von Entscheidungen, mit denen ein Zusammenschluss mit Beschränkungen oder Auflagen im Sinn des § 12 Abs. 3 nicht untersagt wird, nach deren Rechtskraft öffentlich bekanntzumachen.

Nachträgliche Maßnahmen

§ 16. Nach der zulässigen Durchführung eines anmeldebedürftigen Zusammenschlusses kann das Kartellgericht den am Zusammenschluss beteiligten Unternehmern unter Beachtung des Grundsatzes der Verhältnismäßigkeit nachträglich Maßnahmen auftragen, durch die die Wirkungen des Zusammenschlusses abgeschwächt oder beseitigt werden, wenn

1. die Nichtuntersagung des Zusammenschlusses bzw. der Verzicht auf einen Prüfungsantrag, die Unterlassung eines Prüfungsantrags oder die Zurückziehung eines Prüfungsantrags auf unrichtigen oder unvollständigen Angaben beruht, die von einem der beteiligten Unternehmen zu vertreten sind, oder

2. einer mit der Nichtuntersagung verbundenen Auflage zuwidergehandelt wird.

Durchführungsverbot

§ 17. (1) [1]Ein anmeldebedürftiger Zusammenschluss darf erst durchgeführt werden, wenn die Amtsparteien auf die Stellung eines Prüfungsantrags verzichtet oder innerhalb der Antragsfrist keinen Prüfungsantrag gestellt haben. [2]Wenn ein Prüfungsantrag gestellt worden ist, dürfen sie erst nach Einstellung des Prüfungsverfahrens oder nach Rechtskraft der Entscheidung durchgeführt werden, womit das Kartellgericht den Antrag zurückgewiesen oder den Zusammenschluss nicht untersagt hat.

(2) [1]Wenn ein Zusammenschluss mit Beschränkungen oder Auflagen im Sinn des § 12 Abs. 3 nicht untersagt worden ist, ist die Durchführung des Zusammenschlusses anders als mit diesen Beschränkungen oder Auflagen verboten. [2]Gleiches gilt, wenn sich die am Zusammenschluss beteiligten Unternehmer gegenüber einer Amtspartei (§ 40) zur Einhaltung von Beschränkungen oder Auflagen verpflichtet haben, um die Unterlassung oder Zurückziehung eines Prüfungsantrags zu erreichen.

(3) Verträge sind unwirksam, soweit sie dem Durchführungsverbot widersprechen.

Verordnungsermächtigung

§ 18. (1) Die Bundesministerin für Justiz kann nach Anhörung der Wettbewerbskommission im Einvernehmen mit dem [Bundesminister für Wirtschaft, Familie und Jugend][1)] durch Verordnung anordnen, dass bei der Anwendung des § 9 Abs. 1 und 2 die Umsatzerlöse, die auf einem bestimmten Markt (§ 23) erzielt werden, mit einem bestimmten Faktor zu multiplizieren sind. *(BGBl I 2013/13)*

(2) [1]Eine Verordnung nach Abs. 1 kann erlassen werden, wenn wegen der Besonderheiten des betroffenen Marktes auch Zusammenschlüsse umsatzschwächerer Unternehmer zu schwerwiegenden Beeinträchtigungen des Wettbewerbs auf diesem Markt führen können und diese Beeinträchtigungen nicht durch andere wettbewerbs- oder handelspolitische Maßnahmen verhindert werden können. [2]Hiebei sind insbesondere die folgenden Umstände zu berücksichtigen:

1. der Umfang der auf dem betroffenen Markt insgesamt erzielten Umsatzerlöse,

2. Umstände, die den Marktzutritt für andere Unternehmer beschränken,

3. die Verflechtung des betroffenen Marktes mit den ausländischen Märkten.

[1)] Jetzt: Bundesminister für Wissenschaft, Forschung und Wirtschaft

Ausnahmen

§ 19. (1) Die §§ 7 bis 18 gelten nicht für den Erwerb von Anteilen an einer Gesellschaft, die Unternehmer ist,

1. wenn ein Kreditinstitut die Anteile zum Zweck der Veräußerung erwirbt;

2. wenn ein Kreditinstitut die Anteile zum Zweck der Sanierung einer notleidenden Gesellschaft oder der Sicherung von Forderungen gegen die Gesellschaft erwirbt;

3. wenn die Anteile in Ausübung des Beteiligungsfonds- oder des Kapitalfinanzierungsgeschäftes (§ 1 Abs. 1 Z 14 und 15 BWG) oder sonst durch eine Gesellschaft erworben werden, deren einziger Zweck darin besteht, Beteiligungen an anderen Unternehmen zu erwerben sowie die Verwaltung und Verwertung dieser Beteiligungen wahrzunehmen.

(2) Wenn der Anteilserwerb ohne die Ausnahme nach Abs. 1 ein anmeldebedürftiger Zusammenschluss wäre, gelten für den Erwerber der Anteile die folgenden Beschränkungen:

1. Der Erwerber darf die mit den Anteilen verbundenen Stimmrechte nicht ausüben, um das Wettbewerbsverhalten des Unternehmens zu bestimmen; die Stimmrechte dürfen jedoch ausgeübt werden, um den vollen Wert der Investition zu erhalten sowie um eine Veräußerung der Gesamtheit oder von Teilen des Unternehmens oder seiner Vermögenswerte oder die Veräußerung der Anteile vorzubereiten;

2. er muss die Anteile im Fall des Abs. 1 Z 1 binnen einem Jahr, im Fall des Abs. 1 Z 2 nach Beendigung des Sanierungs- beziehungsweise Sicherungszweckes wiederveräußern.

(3) [1]Das Kartellgericht hat dem Erwerber der Anteile aufzutragen, ein gegen Abs. 2 verstoßendes Verhalten abzustellen. [2]Das Kartellgericht hat hiebei die Einjahresfrist nach Abs. 2 Z 2 zu verlängern, wenn die Veräußerung innerhalb der Frist unzumutbar ist.

4. Abschnitt

Gemeinsame Bestimmungen

Wirtschaftliche Betrachtungsweise

§ 20. Für die Beurteilung eines Sachverhalts nach diesem Bundesgesetz ist in wirtschaftlicher Betrachtungsweise der wahre wirtschaftliche Gehalt und nicht die äußere Erscheinungsform des Sachverhalts maßgebend.

Berechnung von Marktanteilen

§ 21. Bei der Anwendung dieses Bundesgesetzes sind Marktanteile nach den folgenden Grundsätzen zu berechnen:

1. es ist auf eine bestimmte Ware oder Leistung (§ 23) abzustellen;

2. Unternehmen, die in der im § 7 beschriebenen Form miteinander verbunden sind, gelten als ein einziges Unternehmen;

3. bei der Berechnung von Anteilen auf dem inländischen Markt sind auch die inländischen Marktanteile ausländischer Unternehmer zu berücksichtigen.

Berechnung des Umsatzerlöses

§ 22. Bei der Anwendung dieses Bundesgesetzes sind Umsatzerlöse nach den folgenden Grundsätzen zu berechnen:

1. Unternehmen, die in der im § 7 beschriebenen Form miteinander verbunden sind, gelten als ein einziges Unternehmen; Umsätze aus Lieferungen und Leistungen zwischen diesen Unternehmen (Innenumsätze) sind in die Berechnung nicht einzubeziehen;

2. bei Kreditinstituten tritt an die Stelle der Umsatzerlöse die Summe der folgenden Ertragsposten:

a) Zinserträge und ähnliche Erträge,

b) Erträge aus Aktien, anderen Anteilsrechten und nicht festverzinslichen Wertpapieren, Erträge aus Beteiligungen und Erträge aus Anteilen an verbundenen Unternehmen,

c) Provisionserträge,

d) Nettoerträge aus Finanzgeschäften und

e) sonstige betriebliche Erträge;

3. bei Versicherungsunternehmungen treten an die Stelle der Umsatzerlöse die Prämieneinnahmen.

Bestimmte Ware oder Leistung

§ 23. Als bestimmte Ware (Leistung) im Sinn dieses Bundesgesetzes gelten alle Waren (Leistungen), die unter den gegebenen Marktverhältnissen der Deckung desselben Bedarfes dienen.

Anwendungsbereich

§ 24. (1) **(Verfassungsbestimmung)** *(aufgehoben, BGBl I 2012/51)*

(2) Dieses Bundesgesetz ist nur anzuwenden, soweit sich ein Sachverhalt auf den inländischen Markt auswirkt, unabhängig davon, ob er im Inland oder im Ausland verwirklicht worden ist.

(3) Dieses Bundesgesetz ist nicht anzuwenden

1. auf einen Sachverhalt der auf Grund gesetzlicher Bestimmungen der Aufsicht der Finanzmarktaufsichtsbehörde über Kreditinstitute, Bausparkassen oder private Versicherungsunternehmungen oder des Bundesministers für Verkehr, Innovation und Technologie über Verkehrsunternehmen unterliegt; dies gilt jedoch nicht für Prämienbeträge des Unternehmenstarifs in der Kraftfahrzeug- Haftpflichtversicherung,

2. auf staatliche Monopolunternehmen, soweit sie in Ausübung der ihnen gesetzlich übertragenen Monopolbefugnisse tätig werden.

Verhältnis zu anderen Rechtsvorschriften

§ 25. Rechtsvorschriften, die Preise, Preisgrenzen oder Kalkulationsrichtlinien festsetzen oder zu ihrer Festsetzung ermächtigen, werden durch dieses Bundesgesetz nicht berührt.

II. Hauptstück
Rechtsdurchsetzung

1. Abschnitt
Abstellung von Zuwiderhandlungen und Feststellungen

Abstellung

§ 26. [1]Das Kartellgericht hat Zuwiderhandlungen gegen die im ersten Hauptstück enthaltenen Verbote wirksam abzustellen und den beteiligten Unternehmern und Unternehmervereinigungen die hiezu erforderlichen Aufträge zu erteilen; diese Aufträge dürfen mit Beziehung auf die Zuwiderhandlung nicht unverhältnismäßig sein. [2]Eine Änderung der Unternehmensstruktur darf das Kartellgericht nur dann auftragen, wenn keine anderen gleich wirksamen Maßnahmen zur Verfügung stehen oder diese mit einer größeren Belastung für die beteiligten Unternehmer verbunden wären.

Verpflichtungszusagen

§ 27. (1) [1]Statt der in § 26 vorgesehenen Abstellung kann das Kartellgericht Verpflichtungszusagen der beteiligten Unternehmer und Unternehmervereinigungen für bindend erklären, wenn zu erwarten ist, dass diese Zusagen künftige Zuwiderhandlungen ausschließen. [2]Durch diese Entscheidung wird das Verfahren beendet.

(2) Das Kartellgericht hat das Verfahren wieder aufzunehmen,

1. wenn sich die tatsächlichen Verhältnisse in einem für die Entscheidung wesentlichen Punkt geändert haben,

2. wenn die beteiligten Unternehmer oder Unternehmervereinigungen ihre Verpflichtungen nicht einhalten oder

3. wenn die Entscheidung auf unvollständigen, unrichtigen oder irreführenden Angaben der beteiligten Unternehmer oder Unternehmervereinigungen beruht.

Feststellungen

§ 28. (1) Wenn die Zuwiderhandlung gegen ein im ersten Hauptstück enthaltenes Verbot bereits beendet ist, hat das Kartellgericht die Zuwiderhandlung festzustellen, soweit daran ein berechtigtes Interesse besteht.

(1a) Ein berechtigtes Interesse im Sinn des Abs. 1 liegt auch vor, wenn

1. die Feststellung einer Zuwiderhandlung gegen einen Unternehmer oder eine Unternehmervereinigung begehrt wird, dem oder der die Bun-

deswettbewerbsbehörde Kronzeugenstatus zuerkannt hat, oder

2. die Feststellung begehrt wird, um Schadenersatz wegen der Zuwiderhandlung geltend zu machen, es sei denn, dass das Kartellgericht gegen die Zuwiderhandlung bereits eine Abstellungsentscheidung erlassen, deswegen eine Geldbuße verhängt oder die Zuwiderhandlung festgestellt hat oder ein hierauf gerichtetes Verfahren anhängig ist.
(BGBl I 2013/13)

(2) Im Übrigen hat das Kartellgericht festzustellen, ob und inwieweit ein Sachverhalt diesem Bundesgesetz unterliegt.

2. Abschnitt
Geldbußen

Geldbußentatbestände

§ 29. Das Kartellgericht hat Geldbußen zu verhängen, und zwar

1. bis zu einem Höchstbetrag von 10% des im vorausgegangenen Geschäftsjahr erzielten Gesamtumsatzes gegen einen Unternehmer oder eine Unternehmervereinigung, der oder die vorsätzlich oder fahrlässig

a) dem Kartellverbot (§ 1), dem Missbrauchsverbot (§ 5), dem Verbot von Vergeltungsmaßnahmen (§ 6) oder dem Durchführungsverbot (§ 17) zuwiderhandelt,

b) einem Auftrag nach § 16 nicht nachkommt,

c) nach § 27 für verbindlich erklärte Verpflichtungszusagen nicht einhält oder

d) gegen Art. 101 oder Art. 102 AEUV verstößt; *(BGBl I 2013/13)*

2. bis zu einem Höchstbetrag von 1% des im vorausgegangenen Geschäftsjahr erzielten Gesamtumsatzes gegen einen Unternehmer oder eine Unternehmervereinigung, der oder die vorsätzlich oder fahrlässig

a) einer Entscheidung des Kartellgerichts nach § 19 Abs. 3 nicht nachkommt;

b) in der Anmeldung eines Zusammenschlusses nach § 9 unrichtige oder irreführende Angaben macht „.“ *(BGBl I 2013/13)*

c) *(aufgehoben, BGBl I 2013/13)*

Bemessung

§ 30. (1) Bei der Bemessung der Geldbuße ist insbesondere auf die Schwere und die Dauer der Rechtsverletzung, auf die durch die Rechtsverletzung erzielte Bereicherung, auf den Grad des Verschuldens und die wirtschaftliche Leistungsfähigkeit Bedacht zu nehmen.

(2) Ein Erschwerungsgrund ist es insbesondere, wenn

1. das Kartellgericht gegen den Unternehmer oder die Unternehmervereinigung schon wegen einer gleichartigen oder ähnlichen Zuwiderhandlung eine Geldbuße verhängt oder eine solche Zuwiderhandlung festgestellt hat oder

2. der Unternehmer oder die Unternehmervereinigung als Urheber oder Anstifter einer von mehreren begangenen Rechtsverletzung oder an einer solchen Rechtsverletzung führend beteiligt gewesen ist.

(3) Ein Milderungsgrund ist es insbesondere, wenn der Unternehmer oder die Unternehmervereinigung

1. an einer von mehreren begangenen Rechtsverletzung nur in untergeordneter Weise beteiligt war,

2. die Rechtsverletzung aus eigenem beendet hat „,“ *(BGBl I 2017/56)*

3. wesentlich zur Aufklärung der Rechtsverletzung beigetragen hat „oder“ *(BGBl I 2017/56)*

4. den aus der Rechtsverletzung entstandenen Schaden ganz oder teilweise gutgemacht hat. *(BGBl I 2017/56)*

(BGBl I 2013/13)

Unternehmervereinigungen

§ 31. [1]Bei der Bemessung von Geldbußen nach § 29 Z 1 gegen eine Unternehmervereinigung, deren Zuwiderhandlung mit der Tätigkeit ihrer Mitglieder im Zusammenhang steht, ist die Summe der Gesamtumsätze derjenigen Mitglieder maßgeblich, die auf dem Markt tätig waren, auf dem sich die Zuwiderhandlung der Vereinigung auswirkte. [2]Dies gilt jedoch nicht für Unternehmervereinigungen mit gesetzlicher Mitgliedschaft.

Einbringung

§ 32. „(1)“ Die Geldbuße fließt dem Bund zu und ist nach den Bestimmungen über die Eintreibung von gerichtlichen Geldstrafen einzubringen. *(BGBl I 2017/56)*

(2) Von den Geldbußen sollen jährlich 1,5 Millionen Euro für Zwecke der Bundeswettbewerbsbehörde verwendet werden. *(BGBl I 2019/109)*

Verjährung

§ 33. [1]Eine Geldbuße darf nur verhängt werden, wenn der Antrag binnen fünf Jahren ab Beendigung der Rechtsverletzung gestellt wurde.[2]„Diese Frist wird unterbrochen, sobald mindestens einem an der Rechtsverletzung beteiligten Unternehmer oder einer beteiligten Unternehmervereinigung eine auf Ermittlung oder Verfolgung der Rechtsverletzung gerichtete Handlung der Bundeswettbewerbsbehörde bekannt gegeben wird. [3]Mit jeder Unterbrechung beginnt die Frist neu zu laufen;

sie endet jedoch jedenfalls zehn Jahre ab Beendigung der Rechtsverletzung. [4]Die Dauer eines Verfahrens vor einem Gericht wird in die Frist nicht eingerechnet.“ *(BGBl I 2017/56)*

3. Abschnitt
Exekution

Exekution auf Grund kartellgerichtlicher Beschlüsse und Vergleiche

§ 34. (1) Einstweilige Verfügungen des Kartellgerichts und rechtskräftige Beschlüsse des Kartellgerichts und des Kartellobergerichts sowie die vor ihnen geschlossenen Vergleiche sind Exekutionstitel.

(2) Zum Antrag auf Bewilligung der Exekution auf Grund von Beschlüssen, mit denen die Zuwiderhandlung gegen ein Verbot nach den §§ 5 oder 6 abgestellt wird, ist neben dem Antragsteller im kartellgerichtlichen Verfahren auch der durch den Missbrauch einer marktbeherrschenden Stellung unmittelbar betroffene Unternehmer berechtigt.

(3) Die Bewilligung und der Vollzug der Exekution ist auf Grund von kartellgerichtlichen Exekutionstiteln bei dem Bezirksgericht, in dessen Sprengel der Verpflichtete seinen allgemeinen Gerichtsstand in Streitsachen hat (§§ 66, 75 JN), oder bei dem in den §§ 18 und 19 EO bezeichneten Exekutionsgericht zu beantragen.

Zwangsgelder

§ 35. (1) Das Kartellgericht hat gegen einen Unternehmer oder eine Unternehmervereinigung Zwangsgelder bis zu einem Höchstbetrag von 5% des im vorausgegangenen Geschäftsjahr erzielten durchschnittlichen Tagesumsatzes für jeden Tag des Verzugs von dem in seiner Entscheidung bestimmten Zeitpunkt an festzusetzen, um ihn beziehungsweise sie zu zwingen,

a) eine Abstellungsentscheidung nach § 26, einen Auftrag nach § 16 oder eine einstweilige Verfügung nach § 48 zu befolgen;

b) eine durch Entscheidung nach§ 27 für bindend erklärte Verpflichtungszusage einzuhalten „;“ *(BGBl I 2017/56)*

c) im Rahmen einer Hausdurchsuchung (§ 12 WettbG) den Zugang zu Beweismitteln, die in elektronischer Form in den zu durchsuchenden Räumlichkeiten abgerufen werden können, zu ermöglichen. *(BGBl I 2017/56)*

(2) Ist der Unternehmer oder die Unternehmervereinigung der Verpflichtung nachgekommen, zu deren Durchsetzung das Zwangsgeld festgesetzt worden war, so kann das Kartellgericht die endgültige Höhe des Zwangsgelds auf einen Betrag festsetzen, der unter dem Betrag liegt, der sich aus der ursprünglichen Entscheidung ergeben würde.

4. Abschnitt
Gemeinsame Bestimmungen

Antragsprinzip

§ 36. (1) Das Kartellgericht entscheidet grundsätzlich nur auf Antrag.

(1a) [1]Ein Antrag auf Verhängung von Geldbußen hat ein bestimmtes Begehren zu enthalten, das die Bezeichnung der belangten Unternehmer oder Unternehmervereinigungen sowie Angaben über die näheren Umstände des Verstoßes enthält. [2]Ferner sind im Antrag die Ergebnisse des von der antragstellenden Amtspartei durchgeführten Ermittlungsverfahrens zusammenzufassen und die Beweise anzuführen, die vom Kartellgericht aufgenommen werden sollen. [3]Wird eine Geldbuße in bestimmter Höhe beantragt, so ist auch dies zu begründen. *(BGBl I 2013/13)*

(2) [1]„Zum Antrag auf Prüfung von Zusammenschlüssen, auf nachträgliche Maßnahmen nach § 16 Z 1, auf eine Feststellung nach § 28 Abs. 1a Z 1 sowie auf Verhängung von Geldbußen und Zwangsgeldern sind nur die Bundeswettbewerbsbehörde und der Bundeskartellanwalt berechtigt.“[2]Das Kartellgericht darf keine höhere Geldbuße und kein höheres Zwangsgeld verhängen als beantragt. *(BGBl I 2013/13)*

(3) Hat die Bundeswettbewerbsbehörde den Bundeskartellanwalt benachrichtigt, dass sie gegen einen Unternehmer oder eine Unternehmervereinigung im Sinn des „§ 11 Abs. 3 und 4 WettbG“ vorgeht, dann entfällt die Berechtigung des Bundeskartellanwaltes wegen der gegenständlichen Zuwiderhandlung einen Antrag auf Verhängung einer Geldbuße zu stellen. *(BGBl I 2013/13)*

(4) In allen anderen Fällen sind zum Antrag berechtigt:

1. die Bundeswettbewerbsbehörde und der Bundeskartellanwalt,

2. durch bundesgesetzliche Vorschriften zur Regulierung bestimmter Wirtschaftszweige eingerichtete Behörden (Regulatoren),

3. die Wirtschaftskammer Österreich, die Bundeskammer für Arbeiter und Angestellte und die Präsidentenkonferenz der Landwirtschaftskammern Österreichs,

4. jeder Unternehmer und jede Unternehmervereinigung, der oder die ein rechtliches oder wirtschaftliches Interesse an der Entscheidung hat.

(5) [1]Der Antrag kann bis zur Entscheidung des Kartellgerichts zurückgenommen werden; das Verfahren ist damit jedoch nur dann beendet, wenn keine der Amtsparteien (§ 40) binnen 14 Tagen nach Zustellung der Zurücknahmeerklärung die Fortsetzung des Verfahrens beantragt. [2]Wurde ein zulässiger Rekurs erhoben, so kann der Antrag, soweit er Gegenstand des Rekursver-

fahrens ist, noch bis zur Entscheidung des Kartellobergerichts, allerdings nur mit Zustimmung des Antragsgegners und der Amtsparteien zurückgenommen werden.

Entscheidungsveröffentlichung

§ 37. (1) [1]Das Kartellgericht hat „sowohl stattgebende als auch ab- oder zurückweisende“ rechtskräftige Entscheidungen über die Abstellung einer Zuwiderhandlung, die Feststellung einer Zuwiderhandlung, die Verhängung einer Geldbuße „ Anträge auf Erlassung einstweiliger Verfügungen“ oder über Anträge nach den §§ 11 und 16 durch Aufnahme in die Ediktsdatei (§ 89j GOG) zu veröffentlichen. [2]Die Veröffentlichung erfolgt unter Angabe der Beteiligten und des wesentlichen Inhalts der Entscheidung einschließlich der verhängten Sanktionen. [3]Sie muss einem berechtigten Interesse der Unternehmen an der Wahrung ihrer Geschäftsgeheimnisse Rechnung tragen. [4]Wurde die Entscheidung des Kartellgerichts durch eine Entscheidung des Kartellobergerichts abgeändert, so ist die Entscheidung des Kartellobergerichts zu veröffentlichen. *(BGBl I 2017/56)*

(2) [1]Das Kartellgericht hat den Parteien Gelegenheit zu geben, die Teile der Entscheidung zu bezeichnen, die sie von der Veröffentlichung ausnehmen wollen. [2]Es hat über die zur Veröffentlichung bestimmte Fassung der Entscheidung mit Beschluss des Vorsitzenden zu entscheiden.

(BGBl I 2013/13)

5. Abschnitt

Ersatz des Schadens aus Wettbewerbsrechtsverletzungen

Geltungsbereich und Zweck des Abschnitts

§ 37a. (1) Die Bestimmungen dieses Abschnitts regeln die zivilrechtliche Haftung für und die Geltendmachung von Schäden, die durch Wettbewerbsrechtsverletzungen verursacht werden.

(2) Sie dienen der Umsetzung der Richtlinie 2014/104/EU des Europäischen Parlaments und des Rates über bestimmte Vorschriften für Schadenersatzklagen nach nationalem Recht wegen Zuwiderhandlungen gegen wettbewerbsrechtliche Bestimmungen der Mitgliedstaaten und der Europäischen Union, ABl. Nr. L 349 vom 5.12.2014, S. 1.

(BGBl I 2017/56)

Begriffsbestimmungen

§ 37b. Im Sinn der Bestimmungen dieses Abschnitts bedeuten:

1. Wettbewerbsrechtsverletzung: eine Zuwiderhandlung gegen das Kartellverbot (§ 1), das Missbrauchsverbot (§ 5) und das Verbot gegen Vergeltungsmaßnahmen (§ 6) sowie gegen Artikel 101 oder 102 AEUV, oder gegen solche Bestimmungen des nationalen Rechts eines Mitgliedstaats der Europäischen Union oder eines Vertragsstaats des Abkommens über den Europäischen Wirtschaftsraum, mit denen überwiegend das gleiche Ziel verfolgt wird wie mit den Artikeln 101 und 102 AEUV und die nach Artikel 3 Absatz 1 der Verordnung (EG) Nr. 1/2003 des Rates zur Durchführung der in den Artikeln 81 und 82 des Vertrags niedergelegten Wettbewerbsregeln, ABl. Nr. L 1 vom 4.1.2003, S. 1, auf denselben Fall und parallel zum Wettbewerbsrecht der Union angewandt werden, mit Ausnahme nationaler Rechtsvorschriften, mit denen natürlichen Personen strafrechtliche Sanktionen auferlegt werden, sofern diese nicht als Mittel dienen, um die für Unternehmen geltenden Wettbewerbsregeln durchzusetzen;

2. Rechtsverletzer: der Unternehmer oder die Unternehmensvereinigung, der beziehungsweise die eine Wettbewerbsrechtsverletzung (Z 1) begangen hat;

3. Wettbewerbsbehörde: das Kartellgericht, die Bundeswettbewerbsbehörde, der Bundeskartellanwalt, die Kommission der Europäischen Union oder eine andere Wettbewerbsbehörde im Sinn der Verordnung (EG) Nr. 1/2003;

4. Kronzeugenerklärung: die freiwillige Erklärung einer an einem Kartell zwischen Wettbewerbern beteiligten Person über deren Kenntnis des Kartells und über ihre Beteiligung daran, die gegenüber einer Wettbewerbsbehörde abgegeben wird, um den Erlass oder die Ermäßigung der wegen dieser Beteiligung zu verhängenden Geldbuße durch Beschluss oder Einstellung des Verfahrens zu erwirken; davon erfasst ist auch die Aufzeichnung einer Erklärung;

5. Vergleichsausführung: die freiwillige Darlegung eines Unternehmers gegenüber einer Wettbewerbsbehörde, die ein Anerkenntnis oder den Verzicht auf das Bestreiten seiner Beteiligung an einer Wettbewerbsrechtsverletzung und seiner Verantwortung dafür enthält und eigens dazu abgegeben wird, um der Wettbewerbsbehörde ein vereinfachtes oder beschleunigtes Verfahren zu ermöglichen;

6. unmittelbarer Abnehmer: eine Person, die Waren oder Dienstleistungen, die Gegenstand einer Wettbewerbsrechtsverletzung waren, unmittelbar von einer Person erworben hat, die die Wettbewerbsrechtsverletzung begangen hat;

7. mittelbarer Abnehmer: eine Person, die Waren oder Dienstleistungen nicht unmittelbar von einer Person erworben hat, die die Wettbewerbsrechtsverletzung begangen hat, sondern von einem unmittelbaren Abnehmer oder einem nachfolgenden Abnehmer, wobei die Waren oder Dienstleistungen entweder Gegenstand einer

Wettbewerbsrechtsverletzung waren oder solche Waren oder Dienstleistungen enthalten oder aus solchen hervorgegangen sind.

(BGBl I 2017/56)

Haftung

§ 37c. (1) Wer schuldhaft eine Wettbewerbsrechtsverletzung begeht, ist zum Ersatz des dadurch verursachten Schadens verpflichtet.

(2) Es wird vermutet, dass ein Kartell zwischen Wettbewerbern einen Schaden verursacht. Diese Vermutung kann widerlegt werden.

(BGBl I 2017/56)

Gegenstand des Ersatzes

§ 37d. (1) Der Ersatz des Schadens umfasst auch den entgangenen Gewinn.

(2) Der Ersatzpflichtige hat die Schadenersatzforderung ab Eintritt des Schadens in sinngemäßer Anwendung des § 1333 ABGB zu verzinsen.

(BGBl I 2017/56)

Mehrheit von Ersatzpflichtigen

§ 37e. (1) Unternehmer, die durch gemeinschaftliches Handeln eine Wettbewerbsrechtsverletzung begangen haben, haften solidarisch für den durch diese Wettbewerbsrechtsverletzung verursachten Schaden.

(2) Ein Rechtsverletzer haftet aber nur seinen unmittelbaren und mittelbaren Abnehmern oder Lieferanten, wenn

1. er ein kleines oder mittleres Unternehmen im Sinn der Empfehlung 2003/361/EG der Kommission betreffend die Definition der Kleinstunternehmen sowie der kleinen und mittleren Unternehmen, ABl. Nr. L 124 vom 20.5.2003, S. 36, ist, das weniger als 250 Personen beschäftigt und entweder einen Jahresumsatz von höchstens 50 Mio. Euro erzielt oder eine Jahresbilanzsumme von höchstens 43 Mio. Euro aufweist,

2. sein Anteil am relevanten Markt in der Zeit der Wettbewerbsrechtsverletzung stets weniger als 5 % betrug und

3. eine uneingeschränkte Haftung seine wirtschaftliche Lebensfähigkeit unwiederbringlich gefährdet und seine Aktiva völlig entwertet,

es sei denn, der Rechtsverletzer hat die Wettbewerbsrechtsverletzung organisiert, andere Unternehmer gezwungen, sich an der Wettbewerbsrechtsverletzung zu beteiligen, oder nach Feststellung einer Wettbewerbsbehörde (§ 37i Abs. 2) bereits früher eine Wettbewerbsrechtsverletzung begangen.

(3) Eine Person, die ihre Kenntnis eines geheimen Kartells zwischen Wettbewerbern und ihre Beteiligung daran freiwillig gegenüber einer Wettbewerbsbehörde offengelegt hat und der dafür durch Beschluss oder Einstellung des Verfahrens die wegen ihrer Beteiligung am Kartell zu verhängende Geldbuße erlassen wurde (Kronzeuge), haftet nur gegenüber ihren unmittelbaren und mittelbaren Abnehmern oder Lieferanten, es sei denn, die anderen Geschädigten können von den anderen Haftpflichtigen keinen vollständigen Schadenersatz erlangen.

(4) [1]Der Rückersatzanspruch eines in Anspruch genommenen Rechtsverletzers gegen die übrigen Rechtsverletzer (Ausgleichsbetrag) bestimmt sich anhand der relativen Verantwortung aller Rechtsverletzer für den durch die Wettbewerbsrechtsverletzung entstandenen Schaden. [2]Diese relative Verantwortung hängt von den Umständen des Einzelfalls ab, insbesondere von den Umsätzen, Marktanteilen und Rollen der beteiligten Rechtsverletzer bei der Wettbewerbsrechtsverletzung. [3]Der Rückersatzanspruch gegen einen Kronzeugen (Abs. 3) ist für den Schaden, der unmittelbaren oder mittelbaren Abnehmern oder Lieferanten der Rechtsverletzer entstanden ist, mit der Höhe des Schadens begrenzt, den der Kronzeuge seinen eigenen unmittelbaren oder mittelbaren Abnehmern oder Lieferanten verursacht hat.

(BGBl I 2017/56)

Beweislast bei Schadensüberwälzung

§ 37f. (1) [1]Die beklagte Partei kann in einem Verfahren über den Ersatz des Schadens aus einer Wettbewerbsrechtsverletzung die Einrede erheben, dass die klagende Partei den sich aus einer Wettbewerbsrechtsverletzung ergebenden Preisaufschlag ganz oder teilweise weitergegeben hat. [2]Dafür ist die beklagte Partei beweispflichtig. [3]Die erfolgreiche Einrede lässt das Recht der klagenden Partei unberührt, Schadenersatz wegen entgangenen Gewinns zu fordern.

(2) Macht ein mittelbarer Abnehmer gegen einen Rechtsverletzer einen Schaden geltend, der auf ihn im Sinn des Abs. 1 von einem Abnehmer einer vorgelagerten Vertriebsstufe überwälzt wurde, so liegt ihm der Beweis ob, dass der Preisaufschlag an ihn weiter gegeben wurde.

(3) [1]Weist der mittelbare Abnehmer in einer Situation nach Abs. 2 nach, dass

1. die beklagte Partei eine Wettbewerbsrechtsverletzung begangen hat,

2. diese einen Preisaufschlag für deren unmittelbare Abnehmer zur Folge hatte, und

3. er Waren oder Dienstleistungen erworben hat, die Gegenstand der Wettbewerbsrechtsverletzung waren oder solche Waren oder Dienstleistungen enthalten oder aus solchen hervorgegangen sind,

so wird die Weitergabe eines Preisaufschlags vermutet. [2]Die beklagte Partei kann die Vermutung durch die Glaubhaftmachung des Gegenteils entkräften.

(4) Zur Frage der Schadensüberwälzung kann den Streit verkünden (§ 21 ZPO):

1. die von einem unmittelbaren Abnehmer als Rechtsverletzer geklagte Partei einem mittelbaren Abnehmer;

2. die von einem mittelbaren Abnehmer als Rechtsverletzer geklagte Partei einem unmittelbaren Abnehmer.

Der unmittelbare oder mittelbare Abnehmer, dem der Beklagte rechtzeitig den Streit verkündet hat, ist an die rechtskräftige Entscheidung des Gerichts über die Schadensüberwälzung gebunden.

(5) Abs. 1 bis 4 gelten sinngemäß, wenn die Wettbewerbsrechtsverletzung die Belieferung des Rechtsverletzers betrifft und der Schaden in einem zu geringen Preis besteht.

(BGBl I 2017/56)

Wirkung einer einvernehmlichen Streitbeilegung

§ 37g. (1) Einigt sich ein Geschädigter mit einem Rechtsverletzer über die Leistung eines Ersatzbetrages (Vergleich), so verringert sich sein Ersatzanspruch gegen die übrigen Rechtsverletzer um den Anteil, mit dem der vergleichende Rechtsverletzer verantwortlich ist.

(2) [1]Ein Rechtsverletzer, der sich mit einem Geschädigten verglichen hat, ist anderen Rechtsverletzern gegenüber für die Ersatzansprüche dieses Geschädigten nicht zum Rückersatz verpflichtet. [2]Dem Geschädigten haftet er für einen nach Abs. 1 verringerten Ersatzanspruch nur soweit, als dieser Ersatzanspruch bei den anderen Rechtsverletzern uneinbringlich ist. [3]Die Haftung im Fall der Uneinbringlichkeit kann vertraglich abbedungen werden.

(3) Bei Rückersatzansprüchen (§ 37e Abs. 4 erster Satz) gegen einen Rechtsverletzer, der sich mit einem Geschädigten verglichen hat, für Zahlungen an einen nicht am Vergleich beteiligten Geschädigten sind aus dem Vergleich geleistete Zahlungen entsprechend der relativen Verantwortung anteilig zu berücksichtigen.

(4) [1]Wenn eine einvernehmliche Regelung zwischen den Parteien zu erwarten ist, kann das Gericht, das über den Ersatz des Schadens aus einer Wettbewerbsrechtsverletzung entscheidet, mit dem Verfahren innehalten. [2]Das Innehalten darf während des Verfahrens über eine Sache nur für einen Zeitraum von höchstens zwei Jahren angeordnet werden; ansonsten ist § 29 Abs. 2 bis 4 AußStrG anzuwenden.

(BGBl I 2017/56)

Verjährung

§ 37h. (1) [1]Das Recht, den Ersatz eines Schadens geltend zu machen, der durch eine Wettbewerbsrechtsverletzung verursacht wurde, verjährt in fünf Jahren von dem Zeitpunkt an, in dem der Geschädigte von der Person des Schädigers, vom Schaden, von dem den Schaden verursachenden Verhalten sowie von der Tatsache, dass dieses Verhalten eine Wettbewerbsrechtsverletzung darstellt, Kenntnis erlangt hat oder vernünftigerweise hätte erlangen müssen. [2]Ohne Rücksicht auf die Kenntnis oder das Kennenmüssen verjährt der Ersatzanspruch in zehn Jahren vom Schadenseintritt an. [3]Die Fristen beginnen nicht, bevor die Wettbewerbsrechtsverletzung beendet ist.

(2) Die Verjährung eines Ersatzanspruchs wird gehemmt:

1. für die Dauer eines auf die Entscheidung einer Wettbewerbsbehörde gegen die Wettbewerbsrechtsverletzung gerichteten Verfahrens,

2. für die Dauer einer Untersuchungsmaßnahme einer Wettbewerbsbehörde gegen die Wettbewerbsrechtsverletzung und

3. für die Dauer von Vergleichsverhandlungen im Sinn des § 37g.

[1]Die Hemmung endet im Fall der Z 1 und 2 ein Jahr nach der rechtskräftigen Entscheidung oder anderweitigen Beendigung des auf eine Entscheidung einer Wettbewerbsbehörde gegen die Wettbewerbsrechtsverletzung gerichteten Verfahrens oder der Beendigung der Untersuchungsmaßnahme. [2]Im Fall der Z 3 ist nach Abbruch der Vergleichsverhandlungen zur Verhinderung des Ablaufs der Verjährungsfrist eine Klage binnen angemessener Frist einzubringen und gehörig fortzusetzen.

(3) [1]Die Verjährungsfrist des Ersatzanspruchs eines Geschädigten, der nicht unmittelbarer und mittelbarer Abnehmer oder Lieferant eines Kronzeugen (§ 37e Abs. 3) ist, gegen diesen Kronzeugen ist für die Dauer von Verfahren zur Geltendmachung und zwangsweisen Einbringung des Ersatzanspruchs gegen die anderen Rechtsverletzer gehemmt. [2]Die Hemmung endet ein Jahr nach einem erfolglosen Exekutionsversuch jeweils gegen die anderen Rechtsverletzer.

(BGBl I 2017/56)

Wirkung eines Verfahrens vor einer Wettbewerbsbehörde

§ 37i. (1) Ein Rechtsstreit über den Ersatz des Schadens aus einer Wettbewerbsrechtsverletzung kann bis zur Erledigung des Verfahrens einer Wettbewerbsbehörde über die Wettbewerbsrechtsverletzung unterbrochen werden.

(2) Ein Gericht, das über den Ersatz des Schadens aus einer Wettbewerbsrechtsverletzung entscheidet, ist an die Feststellung der Wettbewerbs-

rechtsverletzung gebunden, wie sie in einer rechtskräftigen Entscheidung einer Wettbewerbsbehörde oder eines Gerichts, das im Instanzenzug über die Entscheidung einer Wettbewerbsbehörde abspricht, getroffen wurde.

(BGBl I 2017/56)

Offenlegung von Beweismitteln

§ 37j. (1) In Verfahren, die Ersatzansprüche aus einer Wettbewerbsrechtsverletzung zum Gegenstand haben, reicht es aus, wenn die Klage zumindest soweit substanziiert ist, als diejenigen Tatsachen und Beweismittel enthalten sind, die dem Kläger mit zumutbarem Aufwand zugänglich sind und die die Plausibilität eines Schadenersatzanspruchs ausreichend stützen.

(2) [1]Auf begründeten Antrag einer Partei kann das Gericht in Verfahren nach Abs. 1 der Gegenpartei oder einem Dritten nach ihrer Anhörung auftragen, Beweismittel offenzulegen, die sich in ihrer Verfügungsgewalt befinden, einschließlich solcher Beweismittel, die vertrauliche Informationen enthalten, wenn die Offenlegung unter Berücksichtigung der berechtigten Interessen aller Parteien und der betroffenen Dritten verhältnismäßig ist. [2]Auch ein Dritter, von dem Offenlegung begehrt wird, kann gemäß § 307 Abs. 1 ZPO vom Gericht vernommen werden.

(3) Der Kläger oder der Beklagte muss Beweismittel oder relevante Kategorien von Beweismitteln, deren Offenlegung nach Abs. 2 begehrt wird, so genau und so präzise wie möglich abgrenzen, wie dies auf der Grundlage der mit zumutbarem Aufwand zugänglichen Tatsachen möglich ist.

(4) Bei der Prüfung der Verhältnismäßigkeit im Sinn des Abs. 2 sind die berechtigten Interessen aller Parteien und betroffenen Dritten gegeneinander abzuwägen; insbesondere ist zu berücksichtigen,

1. inwieweit das Vorbringen der Parteien durch zugängliche Tatsachen und Beweismittel gestützt wird, die den Antrag auf Offenlegung von Beweismitteln rechtfertigen;

2. welcher Umfang und welche Kosten mit der Offenlegung, insbesondere für betroffene Dritte, verbunden sind, wobei eine nicht gezielte Suche nach Informationen, die für die Verfahrensbeteiligten wahrscheinlich nicht relevant sind, verhindert werden sollte, und

3. ob die offenzulegenden Beweismittel vertrauliche Informationen — insbesondere über Dritte — enthalten und welche Vorkehrungen zum Schutz dieser vertraulichen Informationen bestehen.

(5) Das Interesse von Unternehmern, Schadenersatzklagen aufgrund von Wettbewerbsrechtsverletzungen zu vermeiden, ist nicht schutzwürdig und im Rahmen der Verhältnismäßigkeitsprüfung unbeachtet zu lassen.

(6) Das Gericht hat wirksame Maßnahmen für den Schutz vertraulicher Informationen anzuordnen; dabei kann es insbesondere

1. die Vorlage eines von vertraulichen Informationen bereinigten Auszugs eines Dokuments anordnen,

2. die Öffentlichkeit von der Verhandlung ausschließen,

3. bis auf die Parteien und ihre Vertreter den Personenkreis beschränken, der von den Beweismitteln Kenntnis erlangen darf, soweit dadurch nicht die Parteienrechte ungebührlich eingeschränkt werden, oder

4. einen Sachverständigen anweisen, eine Zusammenfassung vorzulegen, die keine vertraulichen Informationen enthält.

(7) [1]Der zur Offenlegung eines Beweismittels Verpflichtete kann verlangen, dass bestimmte, einzeln bezeichnete Beweismittel wegen einer gesetzlich anerkannten Verschwiegenheitspflicht oder eines ihm zustehenden Rechts zur Verweigerung der Aussage gemäß § 157 Abs. 1 Z 2 bis 5 StPO nur gegenüber dem Gericht offengelegt werden. [2]In diesem Fall hat das Gericht nach Sichtung der Beweismittel ohne Beteiligung der Parteien mit Beschluss zu entscheiden, ob sie auch der die Offenlegung begehrenden Partei gegenüber offengelegt werden.

(8) [1]Die Entscheidung, die die Offenlegung anordnet, kann von dem zur Offenlegung Verpflichteten angefochten werden. [2]Die Verweigerung der Offenlegung kann erst mit der Endentscheidung von der die Offenlegung begehrenden Partei angefochten werden.

(9) [1]Ein Beschluss nach Abs. 2 ist nach seiner Rechtskraft vollstreckbar. [2]Für die Durchsetzung eines solchen Beschlusses gilt § 79 AußStrG sinngemäß.

(BGBl I 2017/56)

Offenlegung und Verwendung von aktenkundigen Beweismitteln

§ 37k. (1) Das Gericht kann auch um Offenlegung von Beweismitteln, die sich in Akten von Gerichten oder Behörden befinden, im Weg der Rechts- und Amtshilfe ersuchen, wenn solche Beweismittel nicht von den Parteien oder einem Dritten mit zumutbarem Aufwand beigeschafft werden können.

(2) [1]Ist der Antrag auf die Offenlegung von Informationen gerichtet, die sich in den Akten einer Wettbewerbsbehörde befinden, so hat das Gericht im Rahmen der Prüfung der Verhältnismäßigkeit des Offenlegungsantrags neben § 37j Abs. 4 auch zu berücksichtigen, wie bestimmt einzelne Unterlagen hinsichtlich Art, Gegenstand oder Inhalt bezeichnet wurden und ob die Notwendigkeit besteht, die Offenlegung zu beschränken,

um die Wirksamkeit der behördlichen Rechtsdurchsetzung zu wahren. [2]Das Gericht hat der Wettbewerbsbehörde vor der Entscheidung über den Antrag Gelegenheit zu geben, zu den Voraussetzungen Stellung zu nehmen; die Wettbewerbsbehörde kann auch von sich aus dem Gericht ihre Ansichten über die Verhältnismäßigkeit von Offenlegungsanträgen darlegen.

(3) Die Offenlegung folgender Inhalte der Akten einer Wettbewerbsbehörde darf erst angeordnet werden, wenn die Wettbewerbsbehörde ihr Verfahren beendet hat:

1. Informationen, die eigens für das Verfahren vor der Wettbewerbsbehörde erstellt wurden,

2. Informationen, die die Wettbewerbsbehörde im Laufe ihres Verfahrens erstellt und den Parteien übermittelt hat, und

3. zurückgezogene Vergleichsausführungen aus solchen Verfahren.

(4) [1]Die Offenlegung von Kronzeugenerklärungen oder Vergleichsausführungen darf nicht angeordnet werden. [2]Dieses Verbot umfasst nicht Informationen, die unabhängig von einem wettbewerbsbehördlichen Verfahren vorliegen, auch wenn diese Informationen in den Akten einer Wettbewerbsbehörde vorhanden sind.

(5) [1]Die Beschränkungen für die Offenlegung von Beweismitteln aus den Akten einer Wettbewerbsbehörde nach den Abs. 3 und 4 gelten auch für Aufträge an die Parteien, solche Beweismittel vorzulegen. [2]Die Verwendung von Beweismitteln aus den Akten einer Wettbewerbsbehörde ist unzulässig, soweit deren Vorlage nicht angeordnet werden kann.

(6) Beweismittel, die eine Person allein durch Einsicht in die Akten einer Wettbewerbsbehörde erlangt hat, dürfen unbeschadet des Abs. 5 zweiter Satz nur von dieser Person in einem Verfahren über Ersatzansprüche aus einer Wettbewerbsrechtsverletzung oder von einer Person, die in die Rechte einer solchen Person eingetreten ist, verwendet werden.

(7) [1]Wird vorgebracht, dass sich das Offenlegungsbegehren auf eine Kronzeugenerklärung oder Vergleichsausführungen bezieht, so kann das Gericht die Vorlage dieser Beweismittel anordnen, um zu prüfen, ob und in welchem Ausmaß ihr Inhalt dem Verbot nach Abs. 4 unterliegt. [2]Das Gericht darf für diese Beurteilung nur die zuständige Wettbewerbsbehörde zur Unterstützung heranziehen und den Verfasser der Beweismittel anhören. [3]Das Gericht hat mit Beschluss zu entscheiden, ob und gegebenenfalls welche Teile der Beweismittel dem Verbot nach Abs. 4 unterliegen und daher nicht zum Akt zu nehmen sind. [4]Eine solche Entscheidung kann nur vom Offenlegungspflichtigen und dem Verfasser des Beweismittels angefochten werden. [5]Anderen Parteien oder Dritten darf das Gericht Zugang zu diesen Beweismitteln ausschließlich dann und in dem Umfang gewähren, in dem das Gericht rechtskräftig entschieden hat, dass diese Beweismittel dem Verbot nach Abs. 4 nicht unterliegen.

(8) Wenn Teile eines Beweismittels unterschiedlichen Beschränkungen im Sinn dieser Bestimmung unterliegen, ist über die Offenlegung der betroffenen Teile nach den jeweils maßgeblichen Regeln zu entscheiden.

(BGBl I 2017/56)

Unterstützung durch Kartellgericht, Bundeskartellanwalt und Bundeswettbewerbsbehörde

§ 37l. Das Kartellgericht, der Bundeskartellanwalt und die Bundeswettbewerbsbehörde können auf Ersuchen eines Gerichts dieses bei der Festlegung der Höhe des Schadenersatzes unterstützen.

(BGBl I 2017/56)

Ordnungsstrafen

§ 37m. Das Gericht hat gegen Parteien und deren Vertreter sowie Dritte Ordnungsstrafen bis zu 100.000 Euro zu verhängen, wenn diese

1. relevante Beweismittel dem Beweisführer entziehen, beseitigen oder zur Benützung untauglich machen,

2. die Erfüllung der mit einer Anordnung zum Schutz vertraulicher Informationen auferlegten Verpflichtungen unterlassen oder verweigern oder

3. nach § 37k Abs. 5 und 6 unzulässig Beweismittel benutzen.

(BGBl I 2017/56)

III. Hauptstück

Verfahren vor dem Kartellgericht und dem Kartellobergericht

Verfahrensart

§ 38. [1]Das Kartellgericht und das Kartellobergericht entscheiden in Angelegenheiten nach diesem Bundesgesetz im Verfahren außer Streitsachen.[2]„Im Verfahren über die Verhängung einer Geldbuße ist § 39 Abs. 4 AußStrG nicht anzuwenden.“ *(BGBl I 2017/56)*

Schutz von Geschäftsgeheimnissen

§ 39. (1) Mehrere Verfahren dürfen nicht verbunden werden, wenn dadurch eine Partei Zugang zu Geschäfts- und Betriebsgeheimnissen bekäme, auf deren Offenlegung sie sonst keinen Anspruch hätte, es sei denn, dass die Person, die an der Nichtverbreitung ein berechtigtes Interesse hat, der Verbindung zustimmt. *(BGBl I 2013/13)*

(2) In die Akten des Kartellgerichts können am Verfahren nicht als Partei beteiligte Personen nur mit Zustimmung der Parteien Einsicht nehmen.

Amtsparteien

§ 40. Die Bundeswettbewerbsbehörde und der Bundeskartellanwalt haben als Amtspartei Parteistellung auch dann, wenn sie nicht Antragsteller sind.

Kostenersatz

§ 41. [1]In Verfahren wegen der Abstellung von Zuwiderhandlungen (§§ 26 und 27), wegen Feststellungen (§ 28) und wegen der Verhängung von Geldbußen und Zwangsgeldern sind die Bestimmungen der Zivilprozessordnung über den Kostenersatz sinngemäß mit der Maßgabe anzuwenden, dass die Kostenersatzpflicht der unterliegenden Partei nur soweit eintritt, als die Rechtsverfolgung oder Rechtsverteidigung mutwillig war.[2]„Hat eine Partei Gebühren der Zeugen, Sachverständigen, Dolmetscher, Übersetzer oder Vergütungen für die fachkundigen Laienrichter getragen, so hat sie gegen eine Gegenpartei, die Gerichtsgebühren zu entrichten hat, Anspruch auf Ersatz mit jenem Teil, der dem Ausmaß ihres Obsiegens entspricht.“[3]Auf die Kostenentscheidung ist § 273 ZPO sinngemäß anzuwenden. *(BGBl I 2017/56)*

Schriftsätze

§ 42. Schriftsätze und Beilagen sind in so vielen Gleichschriften einzubringen, dass jeder Partei, einschließlich der Amtsparteien, eine Gleichschrift zugestellt werden kann.

Verbesserung von Zusammenschlussanmeldungen

§ 43. (1) Soweit die Anmeldung eines Zusammenschlusses, dessen Prüfung nach § 11 beantragt worden ist, dem § 10 Abs. 1 und 2 nicht entspricht, hat der Vorsitzende von Amts wegen oder auf Antrag dem Anmelder bei sonstiger Zurückweisung der Anmeldung deren Verbesserung binnen angemessener Frist aufzutragen; ein solcher Antrag ist spätestens mit dem Prüfungsantrag zu stellen.

(2) [1]Der Verbesserungsauftrag darf nur binnen einem Monat nach Einlangen des Prüfungsantrags erteilt werden. [2]Wenn ein Verbesserungsauftrag erteilt worden ist, ist die Entscheidungsfrist nach § 14 Abs. 1 vom Einlangen der verbesserten Anmeldung zu berechnen.

Fristen

§ 44. Soweit Fristen nicht durch das Gesetz bestimmt werden, hat der Vorsitzende sie angemessen zu bestimmen; er hat sie auf Antrag einer Partei aus berücksichtigungswürdigen Gründen zu verlängern.

Stellungnahmen der Kammern

§ 45. Die Wirtschaftskammer Österreich, die Bundeskammer für Arbeiter und Angestellte und die Präsidentenkonferenz der Landwirtschaftskammern Österreichs sind berechtigt, in allen kartellgerichtlichen Verfahren Stellungnahmen abzugeben.

Stellungnahmen der Regulatoren

§ 46. Das Kartellgericht kann durch bundesgesetzliche Vorschriften zur Regulierung bestimmter Wirtschaftszweige eingerichtete Behörden (Regulatoren) auffordern, Stellungnahmen zu den den jeweiligen Wirtschaftszweig betreffenden Fragen auch in den Verfahren abzugeben, in denen sie nicht Antragsteller sind; die Regulatoren sind berechtigt, solche Stellungnahmen auch ohne Aufforderung durch das Kartellgericht abzugeben.

Verhandlungen

§ 47. (1) [1]Auf Antrag einer Partei hat eine Verhandlung stattzufinden. [2]Die Verhandlung ist öffentlich, auf Antrag einer Partei ist die Öffentlichkeit jedoch auszuschließen, soweit dies zur Wahrung von Geschäfts- oder Betriebsgeheimnissen notwendig ist.[3]„Regulatoren bleibt der Zutritt trotz Ausschlusses der Öffentlichkeit auch dann gestattet, wenn sie keine Parteistellung im Verfahren haben.“ *(BGBl I 2013/13)*

(2) Den Parteien ist je eine Abschrift des Verhandlungsprotokolls zuzustellen.

Einstweilige Verfügungen

§ 48. (1) Soweit die Voraussetzungen für die Abstellung einer Zuwiderhandlung bescheinigt sind, hat das Kartellgericht auf Antrag einer Partei die erforderlichen Aufträge mit einstweiliger Verfügung zu erteilen.

(2) [1]Der Antragsgegner ist vor der Erlassung einer einstweiligen Verfügung zu hören. [2]Der Rekurs gegen eine solche Entscheidung hat keine aufschiebende Wirkung. [3]Das Kartellgericht hat auf Antrag des Rekurswerbers dem Rekurs aufschiebende Wirkung zuzuerkennen, wenn dies unter Abwägung aller beteiligten Interessen gerechtfertigt ist.

Rechtsmittelverfahren

§ 49. (1) Die Amtsparteien (§ 40) müssen sich auch im Verfahren vor dem Kartellobergericht nicht durch Rechtsanwälte vertreten lassen.

(2) [1]Die Rekursfrist gegen Endentscheidungen beträgt vier Wochen, die Rekursfrist gegen einstweilige Verfügungen, Entscheidungen nach § 37 Abs. 2 oder Zwischenerledigungen vierzehn Tage. [2]Die anderen Parteien können binnen der jeweils selben Frist nach der Zustellung des Re-

kurses eine Rekursbeantwortung einbringen. *(BGBl I 2013/13)*

(3) Der Rekurs kann sich auch darauf gründen, dass sich aus den Akten erhebliche Bedenken gegen die Richtigkeit der der Entscheidung des Kartellgerichts zugrunde gelegten entscheidenden Tatsachen ergeben. *(BGBl I 2017/56)*

IV. Hauptstück

Gebühren

Gerichtsgebühren

§ 50. In Verfahren vor dem Kartellgericht und dem Kartellobergericht sind folgende Gerichtsgebühren zu entrichten:

1. für ein Verfahren über die Prüfung eines Zusammenschlusses (§ 11) eine Rahmengebühr bis 34.000 Euro;

2. für ein Verfahren über die Abstellung einer Zuwiderhandlung (§§ 26, 27 und 28 Abs. 1) eine Rahmengebühr bis 34.000 Euro;

3. für ein Verfahren über Feststellungen (§ 28 Abs. 2) eine Rahmengebühr bis 17.000 Euro;

4. für ein Verfahren über die Verhängung einer Geldbuße, das nicht mit einem Verfahren nach Z 2 verbunden ist, sowie für das Verfahren zur Abschöpfung (§ 111 TKG 2003, § 56 PMG) eine Rahmengebühr bis 34.000 Euro;

5. für ein Verfahren über die Verhängung von Zwangsgeldern (§ 35) und in Verfahren über Hausdurchsuchungen „, sofern Widerspruch gegen die Einsichtnahme in oder Beschlagnahme von Urkunden (§ 12 Abs. 5 WettbG) erhoben wird," eine Rahmengebühr bis 8.500 Euro; *(BGBl I 2017/56)*

6. für sonstige Verfahren eine Rahmengebühr bis 34.000 Euro.

(BGBl I 2013/13)

Ausschluss weiterer Gebühren

§ 51. Neben den Rahmengebühren nach § 50 sind keine weiteren Gerichtsgebühren zu entrichten; dies gilt auch dann, wenn ein Rechtsmittel erhoben wird.

Zahlungspflichtige Personen

§ 52. (1) Zahlungspflichtig für die Gebühr nach § 50 Z 1 ist der Anmelder.

(2) Die Zahlungspflicht für die Gebühr nach „§ 50 Z 2 bis 6" ist nach Maßgabe des Verfahrenserfolgs dem Antragsteller, dem Antragsgegner oder beiden verhältnismäßig aufzuerlegen; die Amtsparteien sind jedoch von der Zahlung der sie treffenden Gebühren befreit. *(BGBl I 2013/13)*

Haftung mehrerer Personen

§ 53. Mehrere Personen, die zur Entrichtung desselben Gebührenbetrags verpflichtet sind, haften zur ungeteilten Hand.

Festsetzung der Rahmengebühren

§ 54. [1]Die Höhe der Rahmengebühr ist vom Vorsitzenden nach Abschluss des Verfahrens nach freiem Ermessen mit Beschluss festzusetzen; hiebei sind insbesondere die wirtschaftspolitische Bedeutung des Verfahrens, der mit der Amtshandlung verbundene Aufwand, die wirtschaftlichen Verhältnisse des Zahlungspflichtigen und die Tatsache zu berücksichtigen, inwieweit der Zahlungspflichtige Anlass für die Amtshandlung gegeben hat.[2]„Ein Verfahren, das unterbrochen ist oder ruht, gilt als abgeschlossen, wenn innerhalb von zwei Jahren ab Unterbrechung oder Ruhen kein Antrag auf Fortsetzung (§ 26 Abs. 3, § 28 Abs. 4 AußStrG) gestellt wird." *(BGBl I 2017/56)*

Gerichtliche Kosten

§ 55. Für sonstige Kosten, insbesondere Sachverständigengebühren und nach der Anzahl der Sitzungen oder Verhandlungen bemessene Vergütungen für die fachkundigen Laienrichter des Kartellgerichts und des Kartellobergerichts, sind die Personen zahlungspflichtig, die die Gerichtsgebühr zu entrichten haben.

Gebührenfreiheit von Vergleichen

§ 56. Der Abschluss eines Vergleiches unterliegt keiner Gebühr.

Einbringung

§ 57. Die Einbringung der Gebühren und Kosten richtet sich nach den für bürgerliche Rechtssachen geltenden Vorschriften „." *(BGBl I 2017/56)*

V. Hauptstück

Institutionen

1. Abschnitt

Kartellgericht und Kartellobergericht

Gerichtsorganisation

§ 58. (1) Das Oberlandesgericht Wien ist als Kartellgericht für das ganze Bundesgebiet zuständig.

(2) Der Rechtszug gegen Beschlüsse des Kartellgerichts geht in zweiter und letzter Instanz an den Obersten Gerichtshof als Kartellobergericht.

Zusammensetzung der Senate

§ 59. (1) In Ausübung der Kartellgerichtsbarkeit bestehen

1. die Senate des Oberlandesgerichtes Wien aus einem Richter als Vorsitzendem, einem weiteren Richter und zwei fachkundigen Laienrichtern,

2. die einfachen Senate des Obersten Gerichtshofs aus einem Richter als Vorsitzenden, zwei weiteren Richtern und zwei fachkundigen Laienrichtern,

3. die verstärkten Senate des Obersten Gerichtshofs aus sieben Richtern und zwei fachkundigen Laienrichtern.

(2) Die fachkundigen Laienrichter in einem Senat müssen je zur Hälfte dem Kreis der von der Bundeskammer für Arbeiter und Angestellte und von der Wirtschaftskammer Österreich entsandten Personen angehören.

(3) [1]Hat ein Kartell ausschließlich Waren zum Gegenstand, die in der Anlage zu diesem Bundesgesetz angeführt sind, so muss dem Senat des Kartellgerichts anstelle des von der Bundeskammer für Arbeiter und Angestellte entsandten fachkundigen Laienrichters ein von der Präsidentenkonferenz der Landwirtschaftskammern Österreichs entsandter fachkundiger Laienrichter angehören. [2]Hat ein Kartell sowohl Waren, die in der Anlage zu diesem Bundesgesetz angeführt sind, als auch andere Waren zum Gegenstand, so sind für diese beiden Warengruppen gesonderte Verfahren durchzuführen.

Geschäftsverteilung

§ 60. (1) Die §§ 45 und 46 des Gerichtsorganisationsgesetzes, RGBl. Nr. 217/1896, sind mit der Maßgabe anzuwenden, dass Sachen der Kartellgerichtsbarkeit beim Oberlandesgericht Wien auf zumindest zwei, höchstens jedoch auf fünf Senatsabteilungen zu verteilen sind.

(2) § 13 des Bundesgesetzes über den Obersten Gerichtshof, BGBl. Nr. 328/1968, ist mit der Maßgabe anzuwenden, dass Sachen der Kartellgerichtsbarkeit beim Obersten Gerichtshof nur einer einzigen Senatsabteilung zuzuweisen sind.

(3) Durch die Geschäftsverteilung müssen auch die fachkundigen Laienrichter, die den einzelnen Senaten angehören, bestimmt werden.

Berichterstatter

§ 61. Der Senatsvorsitzende beim Oberlandesgericht Wien kann, sofern er nicht selbst Bericht erstattet, einen fachkundigen Laienrichter als Berichterstatter bestimmen.

Entscheidung durch den Vorsitzenden und durch den Dreiersenat des Kartellobergerichts

§ 62. (1) Zwischenerledigungen des Kartellgerichts trifft der Vorsitzende allein; Endentscheidungen trifft er außer in den in diesem Bundesgesetz sonst vorgesehenen Fällen nur dann allein, wenn eine Partei dies beantragt und die anderen Parteien zustimmen.

(2) Der Oberste Gerichtshof als Kartellobergericht hat durch einen Dreiersenat (§ 7 des Bundesgesetzes über den Obersten Gerichtshof) zu entscheiden über Rechtsmittel gegen Entscheidungen, die der Vorsitzende allein getroffen hat, sowie gegen Entscheidungen über Gebühren und über den Kostenpunkt.

Abstimmung

§ 63. [1]Für die Abstimmung gilt § 10 Abs. 2 der Jurisdiktionsnorm mit der Maßgabe, dass die an Lebensjahren älteren fachkundigen Laienrichter vor den jüngeren abstimmen. [2]Bei Stimmengleichheit entscheidet die Stimme des Vorsitzenden.

Stellung der fachkundigen Laienrichter

§ 64. (1) [1]Die fachkundigen Laienrichter haben das Recht zur Führung des Titels „Kommerzialrat". [2]Sofern ein fachkundiger Laienrichter dem Kartellgericht oder dem Kartellobergericht mindestens fünf Jahre angehört hat, besteht dieses Recht auch nach Beendigung des Amtes weiter.

(2) Die fachkundigen Laienrichter sind in Ausübung ihres Amtes unabhängig; sie haben hiebei die mit dem Richteramt verbundenen Befugnisse in vollem Umfang.

(3) [1]Für jede Sitzung oder Verhandlung haben die fachkundigen Laienrichter beim Kartellgericht Anspruch auf eine Vergütung von 4,68%, die fachkundigen Laienrichter beim Kartellobergericht auf eine Vergütung von 6,68% des Gehaltes eines Beamten der Allgemeinen Verwaltung in der Dienstklasse V, Gehaltsstufe 2, zuzüglich allfälliger Teuerungszulagen. [2]Wird ein fachkundiger Laienrichter als Berichterstatter tätig, so hat er Anspruch auf die doppelte Vergütung.

(4) Finden an einem Tag mehrere Sitzungen oder Verhandlungen in verschiedenen Rechtssachen statt, so gebührt für jede Sitzung oder Verhandlung die volle Vergütung.

(5) Die fachkundigen Laienrichter haben Anspruch auf Ersatz der Reise- und Aufenthaltskosten sowie auf Entschädigung für Zeitversäumnis entsprechend den für Zeugen geltenden Bestimmungen des GebAG 1975, BGBl. Nr. 136, mit der Maßgabe, dass für die Dauer der Sitzungen und Verhandlungen keine Entschädigung für Zeitversäumnis zusteht und sich der in § 18 Abs. 1 Z 1 des genannten Bundesgesetzes jeweils genannte Betrag um die Hälfte erhöht.

Ernennung

§ 65. Die fachkundigen Laienrichter des Kartellgerichts und des Kartellobergerichts werden vom Bundespräsidenten auf Vorschlag des Bundesministers für Justiz im Einvernehmen mit dem Bundesminister für Wirtschaft und Arbeit[1)] ernannt.

[1)] Jetzt: Bundesminister für Wissenschaft, Forschung und Wirtschaft

Eignung

§ 66. Als fachkundige Laienrichter dürfen nur Personen ernannt werden, die

1. zur Übernahme des Amtes bereit sind;

2. zum Amt eines Geschwornen oder Schöffen fähig sind;

3. ein inländisches rechts-, handels- oder wirtschaftswissenschaftliches Hochschulstudium vollendet haben;

4. längere Berufserfahrungen auf rechtlichem oder wirtschaftlichem Gebiet haben.

Unvereinbarkeit

§ 67. Ein fachkundiger Laienrichter darf nicht

1. gleichzeitig auf Vorschlag mehrerer vorschlagsberechtigter Stellen oder gleichzeitig zum Kartellgericht und zum Kartellobergericht ernannt sein;

2. Mitglied der Bundesregierung oder einer Landesregierung, des Nationalrats oder des Bundesrats sein.

Nominierung

§ 68. (1) [1]Je fünf fachkundige Laienrichter des Kartellgerichts sind vom Bundesminister für Justiz auf Grund von Vorschlägen der Wirtschaftskammer Österreich, der Bundeskammer für Arbeiter und Angestellte und der Präsidentenkonferenz der Landwirtschaftskammern Österreichs vorzuschlagen. [2]Je „fünf" fachkundige Laienrichter des Kartellobergerichts sind vom Bundesminister für Justiz auf Grund von Vorschlägen der Wirtschaftskammer Österreich und der Bundeskammer für Arbeiter und Angestellte vorzuschlagen. *(BGBl I 2017/56)*

(2) [1]Die vorschlagsberechtigten Stellen sollen in ihren Vorschlag für jeden fachkundigen Laienrichter wenigstens zwei Personen aufnehmen und diese Personen reihen. [2]Die Voraussetzungen für die Ernennung und die Zustimmung der vorgeschlagenen Personen sind nachzuweisen.

(3) Der Bundesminister für Justiz darf jeweils nur eine der ihm vorgeschlagenen Personen vorschlagen; wird jedoch das Vorschlagsrecht nicht binnen einer angemessenen, vom Bundesminister für Justiz zu bestimmenden Frist ausgeübt, so ist er bei Erstattung seines Vorschlags an Vorschläge der genannten Stellen nicht gebunden.

Amtsdauer

§ 69. Das Amt eines fachkundigen Laienrichters endet mit Ablauf des Jahres, in dem er das 65. Lebensjahr vollendet hat.

Amtsenthebung

§ 70. (1) Ein fachkundiger Laienrichter ist seines Amtes zu entheben, wenn

1. die Ernennungsvoraussetzungen nicht gegeben waren oder nachträglich weggefallen sind;

2. Umstände vorgelegen oder nachträglich eingetreten sind, mit denen das Amt eines fachkundigen Laienrichters unvereinbar ist;

3. er ohne genügende Entschuldigung die Pflichten seines Amtes wiederholt vernachlässigt;

4. er sich eines Verhaltens schuldig macht, das mit dem Ansehen seines Amtes unvereinbar ist.

(2) Der Oberste Gerichtshof hat über die Enthebung nach Abs. 1 Z 1 bis 3 in dem nach § 93 Abs. 1 „RStDG" vorgesehenen Verfahren, über die Enthebung nach Abs. 1 Z 4 in dem nach den §§ 112 bis 120, 122 bis 138, 142 bis 144, 146 Abs. 1, §§ 147 bis 149, 151, 152 lit. a, 153, 154, 155 Abs. 1, §§ 157, 161 bis 163 und 165 „RStDG" vorgesehenen Verfahren mit der Maßgabe zu entscheiden, dass außer der Enthebung keine Strafe verhängt werden darf. *(BGBl I 2013/13)*

(3) Überdies ist ein fachkundiger Laienrichter auf sein Ersuchen durch den Bundesminister für Justiz seines Amtes zu entheben.

Meldepflichten

§ 71. Die fachkundigen Laienrichter haben dem Präsidenten des Gerichtshofs (dem Vorsitzenden des Senats) umgehend die folgenden Umstände zu melden:

1. jeden Umstand, der sie daran hindert, einer Ladung als fachkundiger Laienrichter nachzukommen,

2. jeden Wohnungswechsel,

3. das Eintreten einer länger dauernden Verhinderung an ihrer Amtsausübung,

4. den Eintritt einer Unvereinbarkeit und

5. den Verlust der Voraussetzungen für das Wahlrecht zum Nationalrat.

Ablehnung von fachkundigen Laienrichtern

§ 72. Fachkundige Laienrichter können auch deshalb abgelehnt werden, weil ihnen die Voraussetzungen für die Ernennung fehlen oder Umstände vorliegen, mit denen das Amt eines fachkundigen Laienrichters unvereinbar ist.

Sachverständige in Kartellangelegenheiten

§ 73. Abweichend von § 3 Sachverständigen- und Dolmetschergesetz, BGBl. Nr. 137/1975, ist die Liste für das Fachgebiet oder die Fachgruppe „Wettbewerbsökonomie" bundesweit durch den Präsidenten oder die Präsidentin des Handelsgerichts Wien zu führen.

(BGBl I 2017/56)

Tätigkeitsbericht des Kartellobergerichts

§ 74. [1]Das Kartellobergericht hat nach Schluss jedes Jahres nach Anhörung des Kartellgerichts einen Bericht über die Tätigkeit des Kartellgerichts und des Kartellobergerichts und die hierbei gesammelten Erfahrungen unter Bedachtnahme auf die Wahrung der Geschäfts- und Betriebsgeheimnisse der betroffenen Unternehmer zu verfassen und dem Bundesminister für Justiz zu übermitteln. [2]In den Bericht können auch Anregungen für die Vorbereitung von Maßnahmen der Gesetzgebung oder die Erlassung von Verordnungen aufgenommen werden. „ " *(BGBl I 2013/13)*

2. Abschnitt

Bundeskartellanwalt

Aufgaben

§ 75. (1) [1]Der Bundeskartellanwalt ist zur Vertretung der öffentlichen Interessen in Angelegenheiten des Wettbewerbsrechts beim Oberlandesgericht Wien als Kartellgericht berufen. [2]Er ist bei der Erfüllung seiner Aufgaben vom Kartellgericht unabhängig.

(2) Der Bundeskartellanwalt ist dem Bundesminister für Justiz unmittelbar unterstellt.

(3) Für den Bundeskartellanwalt sind ein oder mehrere Stellvertreter zu bestellen (Bundeskartellanwalt-Stellvertreter). *(BGBl I 2017/56)*

Bestellung

§ 76. (1) [1]Der Bundeskartellanwalt und der Bundeskartellanwalt-Stellvertreter werden vom Bundespräsidenten jeweils für die Dauer von fünf Jahren bestellt. [2]Die Wiederbestellung ist zulässig.

(2) Die Bestellung des Bundeskartellanwalts erfolgt auf Vorschlag der Bundesregierung, die Bestellung des Bundeskartellanwalt-Stellvertreters auf Vorschlag des Bundesministers für Justiz.

(3) [1]Dem Vorschlag der Bundesregierung und dem Vorschlag des Bundesministers für Justiz hat jeweils eine Ausschreibung zur allgemeinen Bewerbung durch den Bundesminister für Justiz voranzugehen. [2]Die öffentliche Ausschreibung ist im Amtsblatt zur Wiener Zeitung kundzumachen.

Bestellungsvoraussetzungen

§ 77. (1) Zum Bundeskartellanwalt oder Bundeskartellanwalt-Stellvertreter kann nur bestellt werden, wer

1. persönlich und fachlich zur Ausübung des Amtes geeignet ist,

2. das rechtswissenschaftliche oder wirtschaftswissenschaftliche Studium abgeschlossen hat und

3. eine mindestens fünfjährige Berufserfahrung in Verwaltung, Rechtsprechung oder Wissenschaft jeweils auf dem Gebiet des Wettbewerbsrechts aufweist.

(2) [1]Personen mit Anspruch auf Bezüge nach den bezügerechtlichen Regelungen des Bundes und der Länder dürfen nicht zum Bundeskartellanwalt oder Bundeskartellanwalt-Stellvertreter bestellt werden. [2]Überdies darf nicht bestellt werden, wer in den letzten vier Jahren Mitglied der Bundesregierung oder einer Landesregierung oder Staatssekretär gewesen ist.

Funktionsdauer und Enthebung

§ 78. (1) Die Funktion des Bundeskartellanwalts (Bundeskartellanwalt-Stellvertreters) endet

1. mit Ablauf der Funktionsperiode, wenn keine Wiederbestellung erfolgt,

2. mit Auflösung des Dienstverhältnisses,

3. mit der Enthebung vom Amt,

4. mit Ablauf des Jahres, in dem er das 65. Lebensjahr vollendet.

(2) Der Bundeskartellanwalt ist vom Bundespräsidenten auf Antrag der Bundesregierung, der Bundeskartellanwalt-Stellvertreter vom Bundespräsidenten auf Antrag des Bundesministers für Justiz seiner Funktion zu entheben, wenn er

1. schriftlich darum ersucht,

2. sich Verfehlungen von solcher Art und Schwere zu Schulden kommen lässt, dass die weitere Ausübung seiner Funktion den Interessen der Funktion abträglich wäre,

3. infolge seiner körperlichen oder geistigen Verfassung seine Aufgaben als Bundeskartellanwalt (Bundeskartellanwalt-Stellvertreter) nicht erfüllen kann und die Wiedererlangung der Funktionsfähigkeit voraussichtlich ausgeschlossen ist,

4. infolge von Krankheit, Unfall oder Gebrechen länger als sechs Monate seine Funktion nicht ausüben kann.

Dienst- und Besoldungsrecht

§ 79. (1) [1]Durch die Bestellung zum Bundeskartellanwalt (Bundeskartellanwalt-Stellvertreter) wird die dienstrechtliche Stellung eines öffentlich-rechtlich oder vertraglich beschäftigten Bundesbediensteten nicht verändert. [2]Er ist für die Dauer der Funktion unter Entfall der Bezüge von seiner bisherigen Dienstleistung entbunden. [3]Dienstbehörde ist der Bundesminister für Justiz.

(2) Es gebührt eine fixe Bezahlung

1. für die Dauer der Verwendung als Bundeskartellanwalt in der Höhe des Gehalts eines Richters der Gehaltsgruppe R2, „Gehaltsstufe 9“; *(BGBl I 2017/56)*

2. für die Dauer der Verwendung als Bundeskartellanwalt-Stellvertreter in der Höhe des Gehalts eines Richters der Gehaltsgruppe R2, Gehaltsstufe 7 „zuzüglich einer ruhegenussfähigen Dienstzulage im Ausmaß eines halben Vorrückungsbetrags“. *(BGBl I 2017/56)*

(3) Die Zeit der Ausübung der Funktion eines Bundeskartellanwalts (Bundeskartellanwalt-Stellvertreters) bleibt bei einem Bundesbediensteten für Rechte, die sich nach der Dauer der Dienstzeit richten, wirksam.

(4) [1]Durch die Bestellung einer nicht in einem öffentlich-rechtlichen oder vertraglichen Bundesdienstverhältnis stehenden Person zum Bundeskartellanwalt (Bundeskartellanwalt-Stellvertreter) wird ein auf die Dauer der Funktion (§ 76 Abs. 1) befristetes vertragliches Dienstverhältnis nach dem Vertragsbedienstetengesetz 1948, BGBl. Nr. 86, begründet, wobei eine Bezahlung nach Maßgabe des Abs. 2 gebührt. [2]Bei der Wiederbestellung ist § 4 Abs. 4 des Vertragsbedienstetengesetzes 1948 nicht anzuwenden; durch eine Wiederbestellung wird neuerlich ein befristetes Dienstverhältnis begründet.

(5) [1]Die Funktionen des Bundeskartellanwalts und des Bundeskartellanwalt-Stellvertreters sind hauptberuflich auszuüben. [2]Der Bundeskartellanwalt und der Bundeskartellanwalt-Stellvertreter dürfen für die Dauer ihrer Funktion keine weitere Tätigkeit ausüben, die sie an der Erfüllung ihrer Aufgaben behindert oder geeignet ist, ihre volle Unbefangenheit in Zweifel zu ziehen, oder sonstige wesentliche Interessen ihrer Funktion gefährdet; dies gilt insbesondere für die in § 4 Unvereinbarkeitsgesetz 1983 umschriebenen Tätigkeiten.

Kanzleigeschäfte und Ausgaben

§ 80. (1) Die Kanzleigeschäfte des Bundeskartellanwalts sind von der Geschäftsstelle des Oberlandesgerichts Wien wahrzunehmen.

(2) Zustellungen an den Bundeskartellanwalt und an den Bundeskartellanwalt-Stellvertreter sind im Wege der Geschäftsstelle des Oberlandesgerichts Wien vorzunehmen.

(3) Die Personal- und Sachausgaben des Bundeskartellanwalts werden aus den Kreditmitteln des Oberlandesgerichts Wien getragen.

Zusammenwirken mit der Bundeswettbewerbsbehörde

§ 81. (1) Eingaben an den Bundeskartellanwalt, in denen angeregt wird, den Antrag auf Einleitung eines Verfahrens vor dem Kartellgericht zu stellen oder eine Untersuchung in diese Richtung durchzuführen, kann der Bundeskartellanwalt zur weiteren Veranlassung an die Bundeswettbewerbsbehörde weiterleiten. „ “ *(BGBl I 2013/13)*

(2) Vor Stellung eines Prüfungsantrags nach § 11 hat der Bundeskartellanwalt der Bundeswettbewerbsbehörde Gelegenheit zur Stellungnahme zu geben.

(3) Soweit dies zur Erfüllung seiner Aufgaben erforderlich ist, kann der Bundeskartellanwalt

1. die Bundeswettbewerbsbehörde um Auskünfte ersuchen,

2. in die Akten der Bundeswettbewerbsbehörde Einsicht nehmen und

3. die Bundeswettbewerbsbehörde um die Durchführung von Ermittlungen ersuchen.

Verzicht auf Prüfungsanträge

§ 82. (1) [1]Der Bundeskartellanwalt kann mit Beziehung auf die Anmeldung eines Zusammenschlusses auch gegenüber der Bundeswettbewerbsbehörde rechtswirksam auf die Stellung eines Prüfungsantrags verzichten. [2]Die Bundeswettbewerbsbehörde kann den Bundeskartellanwalt mit Beziehung auf die Anmeldung eines Zusammenschlusses um die schriftliche Erklärung ersuchen, ob er auf die Stellung eines Prüfungsantrags verzichtet. [3]Gibt der Bundeskartellanwalt binnen 14 Tagen ab Zustellung dieses Ersuchens keine Erklärung ab, dann gilt dies als Verzicht auf die Stellung eines Prüfungsantrags.

(2) Abs. 1 gilt auch für beabsichtigte Anmeldungen von Zusammenschlüssen; in einem solchen Fall bindet die Verzichtserklärung den Bundeskartellanwalt nur dann, wenn die beabsichtigte Anmeldung mit der tatsächlich vorgenommenen übereinstimmt und die Verzichtserklärung nicht auf unrichtigen oder unvollständigen Angaben beruht, die von einem der beteiligten Unternehmen zu vertreten sind.

VI. Hauptstück

Anwendung des Gemeinschaftsrechts

Zuständigkeit

§ 83. (1) Mit Beziehung auf die Anwendung der Art. 101 und 102 AEUV und der aufgrund der Artikel 42 und 43 AEUV erlassenen Wettbewerbsregeln im Einzelfall ist zuständige Wettbewerbsbehörde im Sinn der Verordnung (EG) Nr. 1/2003 zur Durchführung der in den Art. 81 und 82 des Vertrags niedergelegten Wettbewerbsregeln, ABl. Nr. L 1 vom 4.1.2003, S. 1 (Verordnung 1/2003),

1. das Kartellgericht für die Erlassung von Entscheidungen;

2. unbeschadet des § 3 Abs. 1 WettbG der Bundeskartellanwalt für die Antragstellung beim Kartellgericht.

(2) Das Kartellgericht und der Bundeskartellanwalt haben bei der Anwendung der Art. 101 und 102 AEUV und der aufgrund der Artikel 42 und 43 AEUV erlassenen Wettbewerbsregeln die Verfahrensvorschriften dieses Gesetzes anzuwenden.

(BGBl I 2013/13)

Zusammenarbeit

§ 84. Der Bundeskartellanwalt kann gegenüber der Kommission und den Wettbewerbsbehörden der anderen Mitgliedstaaten Erklärungen abgeben, die der Durchführung der Bestimmungen der Verordnung 1/2003 über die Zusammenarbeit der Kommission und der Wettbewerbsbehörden der Mitgliedstaaten dienen; dies gilt insbesondere mit Beziehung auf die Einhaltung von Regeln über den Schutz von Antragstellern, die den Rechtsvorteil eines Kronzeugenprogramms beansprucht haben.

Übermittlung von Urteilen

§ 85. Soweit die Mitgliedstaaten nach Art. 15 Abs. 2 der Verordnung 1/2003 zur Übermittlung einer Kopie schriftlicher Urteile verpflichtet sind, hat das entscheidende Gericht gleichzeitig mit der Zustellung an die Parteien eine Urteilsausfertigung der Bundeswettbewerbsbehörde zwecks Weiterleitung an die Kommission zuzustellen.

VII. Hauptstück

Schlussbestimmungen

Inkrafttreten

§ 86. (1) *(nicht mehr geltend, BGBl I 2008/2)*

(2) Verordnungen auf Grund dieses Bundesgesetzes können bereits von dem seiner Kundmachung folgenden Tag an erlassen werden; sie werden jedoch frühestens mit dem Inkrafttreten dieses Bundesgesetzes wirksam.

(3) § 2 Abs. 2 Z 1, § 3 Abs. 1, § 4 Abs. 1a, 2 und 2a, § 5 Abs. 1 Z 1, § 11 Abs. 1a, § 14 Abs. 1, § 18 Abs. 1, § 28 Abs. 1a, § 29 Z 1 lit. d und Z 2, §§ 30, 35 Abs. 1, § 36 Abs. 1a, 2 und 3, §§ 37, 37a, 39 Abs. 1, § 47 Abs. 1, § 49 Abs. 2, §§ 50, 52 Abs. 2, § 70 Abs. 2, § 73 Abs. 1, § 74, § 81 Abs. 1 und § 83 in der Fassung des Bundesgesetzes BGBl. I Nr. 13/2013 treten am 1. März 2013 in Kraft. § 2 Abs. 2 Z 4 und § 7 Abs. 3 treten mit 28. Februar 2013 außer Kraft. *(BGBl I 2013/13)*

(4) [1]„§ 2 Abs. 2 Z 1 in der Fassung des Bundesgesetzes BGBl. I Nr. 13/2013 ist auf Kartelle anzuwenden, die nach dem 28. Februar 2013 gebildet werden, und auf Kartelle, die vor dem 1. März 2013 gebildet wurden und nach dem Tag der Verlautbarung des Bundesgesetzes BGBl. I Nr. 56/2017 im Bundesgesetzblatt noch nicht beendet wurden. [2]Auf Kartelle, die vor dem 1. März 2013 gebildet wurden und vor dem Tag des Inkrafttretens des Bundesgesetzes BGBl. I Nr. 56/2017 beendet wurden, ist § 2 Abs. 2 Z 1 in der Fassung vor dem Bundesgesetz BGBl. I Nr. 13/2013 anzuwenden.“[3]§ 4 Abs. 1a, 2 und 2a, § 5 Abs. 1 Z 1 in der Fassung des Bundesgesetzes BGBl. I Nr. 13/2013 sind auf Handlungen anzuwenden, die nach dem 28. Februar 2013 begangen werden. § 28 Abs. 1a, § 36 Abs. 1a und Abs. 2, §§ 37, 39 Abs. 1, § 49 Abs. 2, §§ 50, 52 Abs. 2 in der Fassung des Bundesgesetzes BGBl. I Nr. 13/2013 gelten für Verfahren, bei denen der verfahrenseinleitende Antrag nach dem 28. Februar 2013 eingebracht wird. §§ 30 und 37a in der Fassung des Bundesgesetzes BGBl. I Nr. 13/2013 sind auf Wettbewerbsverstöße anzuwenden, die nach dem 28. Februar 2013 begangen werden. *(BGBl I 2013/13; BGBl I 2017/56)*

(5) [1]§ 2 Abs. 2, § 33, § 35 Abs. 1, § 37 Abs. 1, § 41, § 49 Abs. 3, § 50, § 54, § 68 Abs. 1, § 73 und § 75 in der Fassung des Bundesgesetzes BGBl. I Nr. 56/2017 treten mit 1. Mai 2017 in Kraft. [2]§ 9 Abs. 4 in der Fassung des Bundesgesetzes BGBl. I Nr. 56/2017 tritt am 1. November 2017 in Kraft. § 32 in der Fassung des Bundesgesetzes BGBl. I Nr. 56/2017 tritt mit 1. Jänner 2018 in Kraft. [3]Der dort genannte Betrag erhöht oder vermindert sich ab 2019 jährlich in dem Maß, in dem sich der Indexwert des von der Bundesanstalt „Statistik Österreich“ verlautbarten Verbraucherpreisindex 2015 für den Monat Oktober des jeweiligen Vorjahres gegenüber dem Indexwert für den Monat Oktober 2017 verändert. [4]Die Zweckmäßigkeit der nach § 32 Abs. 2 eingesetzten Mittel und deren Valorisierung sind im Jahr 2020 zu evaluieren. § 92 Abs. 2 tritt mit Ablauf des 30. April 2017 außer Kraft. *(BGBl I 2017/56)*

(6) [1]§ 37 Abs. 1 in der Fassung des Bundesgesetzes BGBl. I Nr. 56/2017 ist auf Entscheidungen anzuwenden, die nach dem 30. April 2017 erlassen werden, wenn der verfahrenseinleitende Antrag nach dem 28. Februar 2013 eingelangt ist. [2]§ 41, § 49 Abs. 3, § 50 und § 54 in der Fassung des Bundesgesetzes BGBl. I Nr. 56/2017 sind in Verfahren anzuwenden, in denen der verfahrenseinleitende Schriftsatz nach dem 30. April 2017 eingebracht wird. [3]Die besondere Sachverständigenliste nach § 73 in der Fassung vor dem Bundesgesetz BGBl. I Nr. 56/2017 ist mit dem Ablauf der im Zeitpunkt des Inkrafttretens des Bundesgesetzes BGBl. I Nr. 56/2017 laufenden Fünfjahresfrist nach § 73 Abs. 2 in der Fassung vor dem Bundesgesetz BGBl. I Nr. 56/2017 nicht

mehr weiterzuführen. [4]Diejenigen Sachverständigen, die in einem Verfahren als Sachverständige bestellt sind, das zu diesem Zeitpunkt noch nicht abgeschlossen ist, behalten für das betreffende Verfahren die Eigenschaft als allgemein beeidet. *(BGBl I 2017/56)*

(7) Der Bundesminister für Justiz hat nach dem Inkrafttreten des § 68 Abs. 1 in der Fassung des Bundesgesetzes BGBl. I Nr. 56/2017 erst dann weitere fachkundige Laienrichter des Kartellobergerichts zur Ernennung vorzuschlagen, wenn ihre Zahl fünf unterschreitet. *(BGBl I 2017/56)*

(8) [1]§ 30 Abs. 3, §§ 37a bis 37m in der Fassung des Bundesgesetzes BGBl. I Nr. 56/2017 treten mit 27. Dezember 2016 in Kraft. [2]§ 79 Abs. 2 in der Fassung des Bundesgesetzes BGBl. I Nr. 56/2017 tritt mit 12. Februar 2015 in Kraft. *(BGBl I 2017/56)*

(9) [1]Die §§ 37a bis 37g in der Fassung des Bundesgesetzes BGBl. I Nr. 56/2017 sind auf den Ersatz von Schäden anzuwenden, die nach dem 26. Dezember 2016 entstanden sind. [2]§ 37h ist auf Ansprüche anzuwenden, die am 26. Dezember 2016 noch nicht verjährt sind, sofern nicht die Anwendung des bis dahin geltenden Rechts für den Geschädigten günstiger ist. [3]Die §§ 37j bis 37m in der Fassung des Bundesgesetzes BGBl. I Nr. 56/2017 sind auf Verfahren anzuwenden, in denen der verfahrenseinleitende Schriftsatz nach dem 26. Dezember 2016 eingebracht wird. [4]Ordnungstrafen nach § 37m dürfen jedoch nur für ein Verhalten verhängt werden, das nach dem 30. April 2017 gesetzt wurde. [5]§ 37a Abs. 1 und 4 in der Fassung vor dem Bundesgesetz BGBl. I Nr. 56/2017 ist auf den Ersatz von Schäden weiterhin anzuwenden, die vor dem 27. Dezember 2016 entstanden sind. *(BGBl I 2017/56)*

(10) § 32 Abs. 2 in der Fassung des Bundesgesetzes BGBl. I Nr. 109/2019 tritt am 1. Jänner 2020 in Kraft. *(BGBl I 2019/109)*

Außerkrafttreten

§ 87. (1) *(nicht mehr geltend, BGBl I 2008/2)*

(2) Die §§ 142 bis 143c KartG 1988 sind auf Sachverhalte, die vor dem Inkrafttreten dieses Bundesgesetzes verwirklicht worden sind, weiterhin anzuwenden; die §§ 29 bis 33 sind auf diese Sachverhalte nicht anzuwenden.

(3) Für Sachverhalte, die vor dem Inkrafttreten der Kartellgesetznovelle 2002, BGBl. I Nr. 62/2002, verwirklicht worden sind, gilt weiterhin deren Art. V Abs. 6 und 7.

Kartellregister

§ 88. (1) [1]Das Kartellregister nach dem KartG 1988 ist mit dem Tag vor dem In-Kraft-Treten dieses Bundesgesetzes abzuschließen. [2]Es ist samt Urkundensammlung und Hilfsverzeichnissen von diesem Zeitpunkt an 5 Jahre aufzubewahren; § 78 Abs. 2 und § 80 Z 11 KartG 1988 sind während dieser Zeit weiterhin anzuwenden.

(2) Die Pflicht zur Aufbewahrung der in § 148 Abs. 3 KartG 1988 angeführten Register und Verzeichnisse endet mit dem In-Kraft-Treten dieses Bundesgesetzes.

Genehmigte Kartelle

§ 89. Vom Kartellgericht genehmigte Kartelle dürfen, auch wenn sie sonst nach diesem Bundesgesetz verboten wären, bis zum 31. Dezember 2006 durchgeführt werden, längstens jedoch bis zum Ablauf der Genehmigungsdauer.

Fortsetzung anhängiger Verfahren

§ 90. Für Verfahren, die im Zeitpunkt des In-Kraft-Tretens dieses Bundesgesetzes vor dem Kartellgericht oder dem Kartellobergericht anhängig sind, gilt Folgendes:

1. Nicht fortzusetzen sind Verfahren

a) über Feststellungsanträge und Anzeigen nach § 19 KartG 1988,

b) über Anträge auf Genehmigung von Kartellen (§§ 23, 26 KartG 1988),

c) über Anträge auf Verlängerung der Genehmigungsdauer eines Kartells und auf die Genehmigung der Verlängerung der Geltungsdauer eines Kartells (§ 24 KartG 1988),

d) über Anträge auf Widerruf der Genehmigung eines Kartells nach § 27 Abs. 1 Z 1 KartG 1988,

e) über Anzeigen vertikaler Vertriebsbindungen (§ 30b KartG 1988),

f) über Anzeigen unverbindlicher Verbandsempfehlungen (§ 32 KartG 1988),

g) über den Widerruf einer unverbindlichen Verbandsempfehlung (§ 33 KartG 1988) und

h) über Anzeigen nach § 60 Z 5 KartG 1988.

2. Nach den Bestimmungen des Kartellgesetzes 1988 fortzusetzen sind Verfahren

a) über richterliche Vertragshilfe (§ 30 KartG 1988),

b) über Feststellungsanträge nach § 42a Abs. 5 KartG 1988,

c) über die Anmeldung und Prüfung von Zusammenschlüssen (§§ 42a und 42b KartG 1988) und

d) über Anträge auf Verhängung von Geldbußen nach § 142 KartG 1988.

3. Nach den Bestimmungen dieses Bundesgesetzes fortzusetzen sind alle anderen Verfahren, wobei

a) Feststellungsanträge nach § 8a KartG 1988 als Anträge nach § 28 Abs. 2 und

b) Anträge auf Untersagung der Durchführung von Kartellen (§ 25 KartG 1988) und von vertikalen Vertriebsbindungen (§ 30c KartG 1988), auf

Widerruf der Genehmigung eines Kartells nach § 27 Abs. 1 Z 2 und auf Abstellung des Missbrauchs einer marktbeherrschenden Stellung (§ 35 KartG 1988) und von Vergeltungsmaßnahmen (§ 36 KartG 1988) als Anträge nach § 26 zu behandeln sind.

Gebühren für nicht fortgesetzte Verfahren

§ 91. (1) Für Verfahren, die nach § 90 Z 1 nicht fortzusetzen sind, sind Gerichtsgebühren nach den Bestimmungen des Kartellgesetzes 1988 zu entrichten.

(2) Die Zahlungspflicht für die Gebühr nach § 80 Z 8 KartG 1988 entfällt, wenn das Verfahren auf Antrag einer Amtspartei eingeleitet wurde; anderenfalls trifft die Zahlungspflicht den Antragsteller.

Weitergeltung von Ernennungen und Eintragungen

§ 92. (1) Die Ernennung der fachkundigen Laienrichter des Kartellgerichts und des Kartellobergerichts nach § 95 KartG 1988 gilt als Ernennung nach § 65 dieses Bundesgesetzes weiter.

(2) *(entfällt, BGBl I 2017/56)*

Sprachliche Gleichbehandlung

§ 93. [1]Soweit in diesem Bundesgesetz personenbezogene Bezeichnungen nur in männlicher Form angeführt sind, beziehen sie sich in gleicher Weise auf Frauen und Männer. [2]Bei der Anwendung auf bestimmte Personen ist die jeweils geschlechtsspezifische Form zu verwenden.

Verweisungen

§ 94. Soweit in diesem Bundesgesetz auf andere Bundesgesetze verwiesen wird und nichts Abweichendes bestimmt ist, beziehen sich diese Verweisungen auf die jeweils geltende Fassung.

Vollziehung

§ 95. Mit der Vollziehung dieses Bundesgesetzes ist der Bundesminister für Justiz betraut, und zwar

1. hinsichtlich des § 3 Abs. 1, des § 10 Abs. 2, des § 18 Abs. 1 und des § 65 im Einvernehmen mit dem Bundesminister für Wirtschaft und Arbeit[1)],

2. hinsichtlich des § 3 Abs. 2 im Einvernehmen mit dem Bundesminister für Wirtschaft und Arbeit[1)] und dem Bundesminister für Finanzen und

3. hinsichtlich des IV. Hauptstücks im Einvernehmen mit dem Bundesminister für Finanzen.

1) Jetzt: Bundesminister für Wissenschaft, Forschung und Wirtschaft

Anlage

[Gemäß § 87 Abs. 1 KartG 2005 gilt die (nachstehende) Anlage zum KartG 1972 (in der 1988 geltenden Fassung BGBl 1973/561 – DFB) als Anlage zum KartG 2005 weiter.]

Zolltarif-Nr. (Bezieht sich auf das ZolltarifG 1958)	
05.15	Rohstoffe und Roherzeugnisse tierischen Ursprungs, anderweitig weder genannt noch inbegriffen; tote Tiere der Kapitel 1 oder 3, zum menschlichen Genuß nicht geeignet
12.03	Samen, Sporen und Früchte zur Aussaat
23.01	Mehl und Pulver von Fleisch, Innereien, anderem Schlachtanfall, von Fischen, Schaltieren oder Weichtieren, zum menschlichen Genuß nicht geeignet; Grammeln
23.02	Kleie und andere Rückstände vom Sieben, Mahlen oder anderen Bearbeitungen von Getreide oder Hülsenfrüchten
23.03	Ausgelaugte Rübenschnitzel, ausgepreßtes Zuckerrohr und andere Abfälle von der Zuckerherstellung[1)]; Treber aus Brauereien oder Brennereien[1)]; Rückstände von der Stärkeherstellung und Rückstände ähnlicher Art[1)]
23.04	Ölkuchen, Oliventrester und andere Rückstände von der Pflanzenölgewinnung, ausgenommen Bodensatz (Öldraß)[1)]
23.05	Weinhefe; Weinstein, roh
23.06	Erzeugnisse pflanzlichen Ursprungs, wie sie üblicherweise als Tierfutter verwendet werden, anderweitig weder genannt noch inbegriffen
23.07	Tierfutter, melassiert oder gezuckert; andere Futtermittelzubereitungen
aus 30.03 B	Arzneiwaren für die Veterinärmedizin
31.01	Guano und andere natürliche tierische oder pflanzliche Düngemittel, auch untereinander gemischt, nicht chemisch aufbereitet
31.02	Stickstoffdüngemittel, mineralische oder chemische
31.03	Phosphordüngemittel, mineralische oder chemische
31.04	Kalidüngemittel, mineralische oder chemische
31.05	Andere Düngemittel; Düngemittel dieses Kapitels in Tabletten, Pastillen oder ähnlichen Formen oder in Einzelpackungen mit einem Gewicht von 10 kg oder weniger
38.11	Desinfektionsmittel, Pflanzenschutz- und Schädlingsbekämpfungsmittel (Insekticide, Fungicide, Herbicide, Mittel gegen Nagetiere und Schmarotzer) und dergleichen, in Zubereitungen oder geformt oder in Aufmachungen für den Kleinverkauf oder in Form von Waren, wie z. B. Schwefelschnitten (Einschlag), Schwefelfäden, Schwefelkerzen und Fliegenfänger
42.01	Sattler- und Riemerwaren für alle Tiere (Sättel, Geschirre, Kummete, Zügel, Kniekappen und dergleichen), aus Stoffen aller Art
aus 69.09	Tröge, Wannen und ähnliche Behälter, für die Landwirtschaft
73.23 A	Milchtransportkannen aus Eisen- oder Stahlblech, verzinnt oder lackiert, auch aus nichtrostendem Blech
73.31 A 2	Hufnägel, andere
82.01 B	Gabeln, Rechen, Schaber, Harken und Kultivatoren
82.01 C	Äxte, Beile, Haumesser, Keile und ähnliche Werkzeuge mit Schneiden
82.01 D	Sensen und Sicheln, Heumesser und Strohmesser
82.01 E	andere Waren dieser Nummer
82.02 A 1	Zug- und Einmannsägen und deren Blätter
82.0 A 4	Kreissägeblätter
82.09 B 2	Hippen, Okulier- und Gärtnermesser
82.13 B	Gärtnerscheren und Scheren für den landwirtschaftlichen Gebrauch sowie andere Scheren, mit Federung
84.06 C	Kolbenverbrennungsmotoren, andere
aus 84.17 B	Getreidetrockenanlagen
84.18 A	Milchseparatoren, auch mit Motor

aus 84.21 C Pflanzenschutzgeräte, Beregnungsanlagen

aus 84.22 B Ladegeräte für Traktoren

84.22 C Seilwinden aller Art

84.24 Maschinen, Apparate und Geräte für die Landwirtschaft und den Gartenbau, zur Vorbereitung, Bearbeitung oder Bestellung des Bodens sowie zur Pflege der Pflanzen, einschließlich der Walzen für Rasenflächen oder Sportplätze

84.25 Maschinen, Apparate und Geräte zum Ernten und Dreschen landwirtschaftlicher Erzeugnisse; Stroh- und Futtermittelpressen; Rasen- und Grasmähmaschinen; Getreidereinigungsmaschinen (Windsichter), Sortiermaschinen und -geräte für Eier, Obst und andere landwirtschaftliche Erzeugnisse, mit Ausnahme der Müllereimaschinen und -apparate der Nummer 84.29

84.26 Melkmaschinen und andere Maschinen und Apparate für die Milchwirtschaft

84.27 Pressen, Mühlen und andere Geräte zur Herstellung von Wein, Obstwein und dergleichen

84.28 Andere Maschinen und Apparate für die Landwirtschaft, den Gartenbau, die Geflügel- und die Bienenzucht einschließlich der Keimapparate mit mechanischen oder wärmetechnischen Vorrichtungen und der Brut- und Aufzuchtapparate für die Geflügelzucht

87.01 A Radtraktoren, auch mit Ansteckraupen aus

87.02 A Lastentransportfahrzeuge[2)]

87.14 A Anhänger und Ladewagen

44.01 Brennholz, in Form von Rundlingen, etc. (BGBl 1993/693)

aus 44.03 Rundholz, auch entrindet, entsplintet oder grob zwei oder vierseitig zugerichtet (BGBl 1993/693); die Positionen 20A, 20 B 2, 91 B, 92, 99 B (BGBl 1993/693)

44.04 Reifholz; Stecken aus Holz, etc. (BGBl 1993/693)

[1)] *Jedoch dann nicht, wenn ein Kartell ein Schlüssel(Haupt)produkt erfasst, für welches die angeführte Ware ein Neben- oder Abfallprodukt ist.*

[2)] *Jedoch nur, soweit es sich um Motorkarren (Bergbauernfahrzeuge) handelt.*

34. Wettbewerbsgesetz

BGBl I 2002/62 idF

1 BGBl I 2005/62
2 BGBl I 2006/106
3 BGBl I 2008/2 (Art 2, 1. BVRBG)
4 BGBl I 2010/111 (BudgetbegleitG 2011)
5 BGBl I 2013/13 (KaWeRÄG 2012)
6 BGBl I 2013/129 (VwGbk-AnpassungsG – BMWFJ)
7 BGBl I 2015/144 (Budgetbegleitgesetz 2016)
8 BGBl I 2017/56 (KaWeRÄG 2017)
9 BGBl I 2018/32 (Materien-Datenschutz-Anpassungsgesetz 2018)

GLIEDERUNG

Bundesgesetz über die Einrichtung einer Bundeswettbewerbsbehörde (Wettbewerbsgesetz – WettbG)

Der Nationalrat hat beschlossen:

Einrichtung der Bundeswettbewerbsbehörde

§ 1. (1) Beim „Bundesministerium für Wirtschaft, Familie und Jugend" wird eine Bundeswettbewerbsbehörde mit dem Ziel eingerichtet, *(BGBl I 2013/13)*

a) funktionierenden Wettbewerb sicherzustellen und Wettbewerbsverzerrungen oder -beschränkungen im Sinne des KartG 2005, BGBl. I Nr. 62/2005, oder der Europäischen Wettbewerbsregeln (§ 4 Abs. 1) in Einzelfällen entgegenzutreten sowie

b) eine die Vereinbarkeit mit dem „Unionsrecht" und den Zusammenhang mit Entscheidungen der Regulatoren (§ 4 Abs. 2) wahrende Anwendung des KartG 2005, BGBl. I Nr. 62/2005, zu gewährleisten. *(BGBl I 2013/13)*
(BGBl I 2005/62)

(2) [1]Die Bundeswettbewerbsbehörde wird vom Generaldirektor für Wettbewerb geleitet. [2]Dieser wird im Verhinderungsfall vom Leiter der Geschäftsstelle „oder bei dessen Verhinderung durch

WettbG

dessen Stellvertreter“** vertreten. [3]Der Generaldirektor für Wettbewerb hat „ “* eine Geschäftsordnung zu erlassen, in der insbesondere nähere Bestimmungen über die Aufgaben des Leiters der Geschäftsstelle zu treffen sind. *(*BGBl I 2005/62; **BGBl I 2017/56)*

(3) „ “ Der Generaldirektor für Wettbewerb und im Verhinderungsfall der Stellvertreter sind bei der Besorgung der in § 2 genannten Aufgaben weisungsfrei und unabhängig. *(BGBl I 2008/2)*

Aufgaben der Bundeswettbewerbsbehörde

§ 2. (1) Zur Erreichung ihrer Ziele gemäß § 1 ist die Bundeswettbewerbsbehörde befugt zur Untersuchung und Bekämpfung vermuteter oder drohender Wettbewerbsverzerrungen oder -beschränkungen (§ 1), insbesondere durch Ausübung der in den folgenden Ziffern genannten Befugnisse:

1. Wahrnehmung der der Bundeswettbewerbsbehörde in Verfahren vor dem Kartellgericht und Kartellobergericht zukommenden Parteistellung nach § 40 KartG 2005,

2. Durchführung der Europäischen Wettbewerbsregeln in Österreich (§ 3),

3. allgemeine Untersuchung eines Wirtschaftszweigs, sofern die Umstände vermuten lassen, dass der Wettbewerb in dem betreffenden Wirtschaftszweig eingeschränkt oder verfälscht ist,

4. Leistung von Amtshilfe in Wettbewerbsangelegenheiten gegenüber Kartellgericht, Kartellobergericht, Gerichten und Verwaltungsbehörden einschließlich der Regulatoren sowie des Bundeskartellanwaltes,

5. Abgabe von Stellungnahmen zu allgemeinen Fragen der Wirtschaftspolitik „ ,“ *(BGBl I 2006/106)*

6. Antragstellung nach § 7 Abs. 2 Bundesgesetz zur Verbesserung der Nahversorgung und der Wettbewerbsbedingungen, *(BGBl I 2013/13)*

7. Geltendmachung von Unterlassungsansprüchen nach § 14 Abs. 1 des Bundesgesetzes gegen den unlauteren Wettbewerb 1984 – UWG, wobei die §§ 11 bis 14 WettbG keine Anwendung finden „,“ *(BGBl I 2013/13; BGBl I 2017/56)*

8. Durchführung eines Wettbewerbsmonitorings, insbesondere über die Entwicklung der Wettbewerbsintensität in einzelnen Wirtschaftszweigen oder wettbewerbsrechtlich relevanten Märkten „,“ *(BGBl I 2013/13; BGBl I 2017/56)*

9. Wahrnehmung der Aufgaben nach § 6a des Bundesgesetzes über den Österreichischen Rundfunk (ORF-Gesetz), BGBl. Nr. 379/1984 sowie *(BGBl I 2017/56)*

10. Wahrnehmung der Aufgaben nach § 3 Abs. 1 Z 3 Bundesgesetz über die Zusammenarbeit von Behörden im Verbraucherschutz (Verbraucherbehörden-Kooperationsgesetz – VBKG), BGBl. I Nr. 148/2006. *(BGBl I 2017/56)* *(BGBl I 2005/62)*

(2) Der Bundeswettbewerbsbehörde obliegt die Geschäftsführung für die Wettbewerbskommission (§ 16). *(BGBl I 2005/62)*

„(3)“ Die Bundeswettbewerbsbehörde nimmt ihre Befugnisse von Amts wegen wahr. *(BGBl I 2005/62)*

„(4)“* [1]Die Bundeswettbewerbsbehörde veröffentlicht in regelmäßigen Zeitabständen, zumindest aber jedes Jahr, einen Bericht über ihre Tätigkeit. [2]Dieser Bericht ist nach Anhörung der Wettbewerbskommission vom „Bundesminister für Wirtschaft, Familie und Jugend“** unverzüglich dem Nationalrat vorzulegen.[3]„Im Übrigen kann die Bundeswettbewerbsbehörde über von ihr geführte Verfahren von öffentlicher Bedeutung, über Untersuchungen von Wirtschaftszweigen sowie über die Durchführung eines Wettbewerbsmonitorings unter Wahrung von Geschäfts- und Betriebsgeheimnissen informieren. [4]§ 35b Staatsanwaltschaftsgesetz über die Information der Medien ist sinngemäß anzuwenden.“*** *(*BGBl I 2005/62; **BGBl I 2013/13; ***BGBl I 2017/56)*

Zuständigkeit für die Durchführung der Europäischen Wettbewerbsregeln

§ 3. (1) [1]Die Bundeswettbewerbsbehörde (§ 1) ist, soweit nicht gemäß Abs. 2 die Zuständigkeit des [Bundesministers für Wirtschaft und Arbeit] oder der Gerichte gegeben ist, die für die Durchführung der Europäischen Wettbewerbsregeln (§ 4 Abs. 1) zuständige österreichische Behörde.[2]„Es obliegt ihr dabei insbesondere die Unterstützung der Europäischen Kommission sowie das Zusammenwirken mit der Europäischen Kommission und den Wettbewerbsbehörden der Mitgliedstaaten in den in diesen Rechtsakten genannten Fällen. [3]Die Bundeswettbewerbsbehörde kann gegenüber der Kommission und den Wettbewerbsbehörden der Mitgliedstaaten Erklärungen abgeben, die der Durchführung der Bestimmungen der Verordnung (EG) Nr. 1/2003 des Rates zur Durchführung der in den Artikeln 81 und 82 des Vertrags niedergelegten Wettbewerbsregeln, ABl. Nr. L 1 vom 04.01.2003 S. 1, dienen; dies gilt insbesondere mit Beziehung auf die Einhaltung von Regeln über den Schutz von Antragstellern, die den Rechtsvorteil eines Kronzeugenprogramms beansprucht haben.“ *(BGBl I 2005/62)*

(2) [1]Vom „Unionsrecht“ vorgesehene Mitwirkungsbefugnisse der Mitgliedstaaten an der Erlassung von Verordnungen, Richtlinien oder anderen generell-abstrakten Akten zur Durchführung der „Art. 101 bis 106 AEUV“ sind vom „Bundesminister für Wirtschaft, Familie und Jugend“ wahrzunehmen. [2]Betreffen diese Akte ausschließlich

oder überwiegend Unternehmen oder Unternehmensverbände des Verkehrsbereichs, ist im Einvernehmen mit dem Bundesminister für Verkehr, Innovation und Technologie vorzugehen. [3]Der Bundeswettbewerbsbehörde sowie dem Bundeskartellanwalt ist die Möglichkeit einzuräumen, jederzeit Stellungnahmen abzugeben. *(BGBl I 2013/13)*

(3) Der [Bundesminister für Wirtschaft und Arbeit] kann zur Wahrnehmung seiner Aufgabe gemäß Abs. 2 die Bundeswettbewerbsbehörde um die Erteilung von Auskünften ersuchen.

Begriffsbestimmungen

§ 4. (1) Unter Europäischen Wettbewerbsregeln im Sinne dieses Bundesgesetzes sind die „Art. 101 bis 106 AEUV" sowie die zur Durchführung dieser Bestimmungen erlassenen Verordnungen, Richtlinien und Entscheidungen „sowie die aufgrund von Art. 42 und 43 AEUV erlassenen Wettbewerbsregeln" zu verstehen, insbesondere:

1. die Verordnung (EG) Nr. 1/2003 zur Durchführung der in den Artikeln 81 und 82 des Vertrags niedergelegten Wettbewerbsregeln,

2. die Verordnung (EG) Nr. 139/2004 über die Kontrolle von Unternehmenszusammenschlüssen („EG-Fusionskontrollverordnung"),

3. die Verordnung (EU) Nr. 261/2012 des Europäischen Parlaments und des Rates vom 14. März 2012 zur Änderung der Verordnung (EG) Nr. 1234/2007 des Rates im Hinblick auf Vertragsbeziehungen im Sektor Milch und Milcherzeugnisse, ABl. Nr. L 94 vom 30.3.2012 S. 38. *(BGBl I 2013/13)*
(BGBl I 2005/62; BGBl I 2013/13)

(2) Unter Regulatoren im Sinne dieses Bundesgesetzes sind durch Bundesgesetz eingerichtete Behörden zu verstehen, die mit der Ausübung von Regulierungsaufgaben hinsichtlich bestimmter Sektoren betraut sind.

Ausnahmen vom Anwendungsbereich

§ 5. Ausgenommen vom Anwendungsbereich dieses Bundesgesetzes sind Verfahren nach „Art. 106 Abs. 3 AEUV" , sofern sie Angelegenheiten staatlicher Monopole gemäß lit. E Z 5, BGBl. Nr. 76/1986, Teil 2 der Anlage zu § 2 des Bundesministeriengesetzes 1986 in der Fassung BGBl. Nr. 78/1987 zum Gegenstand haben. *(BGBl I 2013/13)*

Ernennung des Generaldirektors

§ 6. [1]Der „Generaldirektor für Wettbewerb" wird auf Vorschlag der Bundesregierung vom Bundespräsidenten für eine Funktionsperiode von fünf Jahren gemäß § 141 BDG 1979, BGBl. Nr. 333/1979, ernannt. [2]Neuerliche Ernennungen sind zulässig. [3]Dem Vorschlag der Bundesregierung hat eine Ausschreibung zur allgemeinen Bewerbung durch den [Bundesminister für Wirtschaft und Arbeit] voranzugehen, auf die das Ausschreibungsgesetz 1989, BGBl. Nr. 85/1989, anzuwenden ist. *(BGBl I 2005/62)*

Ernennungsvoraussetzungen

§ 7. (1) Zum Generaldirektor kann ernannt werden, wer

1. persönlich und fachlich zur Ausübung des Amtes geeignet ist,

2. das rechtswissenschaftliche oder wirtschaftswissenschaftliche Studium abgeschlossen hat und

3. eine mindestens fünfjährige Berufserfahrung auf dem Gebiet des Wettbewerbsrechts hat.

(2) [1]Personen mit Anspruch auf Aktivbezüge nach den bezügerechtlichen Regelungen des Bundes und der Länder dürfen nicht zum Generaldirektor ernannt werden. [2]Überdies darf nicht ernannt werden, wer in den letzten vier Jahren Mitglied der Bundesregierung oder einer Landesregierung oder Staatssekretär gewesen ist.

(3) Der Generaldirektor der Bundeswettbewerbsbehörde darf für die Dauer seiner Funktion keine weitere Tätigkeit ausüben, die ihn an der Erfüllung seiner Aufgaben behindert oder geeignet ist, seine volle Unbefangenheit in Zweifel zu ziehen, oder sonstige wesentliche Interessen seiner Funktion gefährdet; dies gilt insbesondere für die in § 4 „Bundesgesetz über die Transparenz und Unvereinbarkeiten für oberste Organe und sonstige öffentliche Funktionäre (Unvereinbarkeits- und Transparenz-Gesetz), BGBl. Nr. 330/1983," umschriebenen Tätigkeiten. *(BGBl I 2017/56)*

(4) Der Generaldirektor scheidet aus dem Amt aus

1. mit Ablauf der Funktionsperiode, wenn keine neuerliche Ernennung erfolgt,

2. durch Auflösung des Dienstverhältnisses,

3. mit der Enthebung vom Amt oder

4. durch Versetzung oder Übertritt in den Ruhestand.

(5) Der Generaldirektor ist auf Vorschlag der Bundesregierung vom Bundespräsidenten seines Amtes zu entheben, wenn er

1. sich Verfehlungen von solcher Art oder Schwere zu Schulden kommen lässt, dass die weitere Ausübung seines Amtes den Interessen des Amtes abträglich wäre,

2. schriftlich darum ansucht oder

3. infolge seiner körperlichen oder geistigen Verfassung seine Aufgaben als Generaldirektor nicht erfüllen kann (Amtsunfähigkeit) und die Wiedererlangung der Amtsfähigkeit voraussichtlich ausgeschlossen ist.

(6) Das Dienstverhältnis des Generaldirektors endet spätestens mit Ablauf des Jahres, in dem er das 70. Lebensjahr vollendet hat.

Dienst- und Besoldungsrecht

§ 8. (1) Durch die Ernennung zum Generaldirektor wird ein definitives öffentlich-rechtliches Dienstverhältnis zum Bund begründet, soweit ein solches nicht bereits besteht.

(2) Die §§ 4 Abs. 1 Z 4 (Ernennungserfordernisse), 10 (provisorisches Dienstverhältnis), 11 und 12 (definitives Dienstverhältnis), §§ 24 bis 35 (Grundausbildung), 38 (Versetzung), 39 bis 41 (Dienstzuteilung und Verwendungsänderung), 41a (Berufung), 75b (Auswirkungen des Karenzurlaubes auf den Arbeitsplatz), 90 (Bericht über den provisorischen Beamten), 138 (Ausbildungsphase) und 139 (Verwendungszeiten und Grundausbildung) BDG 1979 sind auf den Generaldirektor nicht anzuwenden.

(3) Amtstitel im Sinne des § 63 BDG ist die im § 1 Abs. 2 geregelte Funktionsbezeichnung.

(4) Dem Generaldirektor gebührt ein Fixgehalt der Funktionsgruppe 9 der Verwendungsgruppe A 1 gemäß § 31 des Gehaltsgesetzes, BGBl. Nr. 54/1956

(5) [1]Soweit das BDG 1979 dem Vorgesetzten oder Dienststellenleiter Aufgaben zuweist, sind diese vom Generaldirektor wahrzunehmen. [2]Im Übrigen ist der [Bundesminister für Wirtschaft und Arbeit] Dienstbehörde.

Geschäftsstelle

§ 9. (1) Die „ “ Unterstützung des Generaldirektors und seines Stellvertreters obliegt der Geschäftsstelle, für die der Generaldirektor eine „Geschäfts- und Personaleinteilung“ zu erlassen hat. *(BGBl I 2015/144)*

(2) [1]Die Geschäftsstelle besteht aus einem Leiter der Geschäftsstelle „, seinem Stellvertreter“** und der erforderlichen Anzahl von sonstigen Bediensteten. [2]„In der Geschäftsstelle können Abteilungen eingerichtet werden.“*[3]Dem Leiter „der Geschäftsstelle“* „und in dessen Verhinderungsfall seinem Stellvertreter“„** obliegt die Leitung des inneren Dienstes. [4]Die der Wettbewerbsabteilung des [Bundesministeriums für Wirtschaft und Arbeit] zugewiesenen Bediensteten gehören mit In- Kraft-Treten dieses Bundesgesetzes der Geschäftsstelle der Bundeswettbewerbsbehörde an. *(*BGBl I 2015/144; **BGBl I 2017/56)*

(3) „ “*[1]Die Bediensteten sind bei der Besorgung ihrer Aufgaben nur an die Anordnungen des Generaldirektors und im Verhinderungsfall des Stellvertreters gebunden.[2]„Sind Abteilungen eingerichtet (Abs. 2), sind die Bediensteten auch an die Anordnungen des Leiters und im Verhinderungsfall des Stellvertreters der Abteilung, der sie zugewiesen sind, gebunden.“** *(*BGBl I 2008/2; **BGBl I 2015/144)*

(4) [1]Der Leiter der Wettbewerbsabteilung im [Bundesministerium für Wirtschaft und Arbeit] ist mit In- Kraft-Treten dieses Bundesgesetzes Leiter der Geschäftsstelle. [2]Dem Leiter der Geschäftsstelle gebührt das Gehalt der Verwendungsgruppe A 1. [3]Hinzu tritt die jeweilige Zulage der Funktionsgruppe 6.

(5) [1]Der Generaldirektor kann im Interesse einer raschen und zweckmäßigen Geschäftsbehandlung unbeschadet seiner Verantwortlichkeit einzelnen Bediensteten Angelegenheiten zur selbständigen Behandlung übertragen. [2]Dabei ist auf die Bedeutung der einzelnen Angelegenheiten gebührend Bedacht zu nehmen. [3]Angelegenheiten, zu deren selbständiger Behandlung ein Bediensteter ermächtigt wurde, sind im Namen des Generaldirektors zu erledigen und zu unterfertigen. [4]§ 10 Abs. 3 des Bundesgesetzes über die Zahl, den Wirkungsbereich und die Einrichtung der Bundesministerien (Bundesministeriengesetz 1986 - BMG), BGBl. Nr. 76/1986, gilt sinngemäß. *(BGBl I 2017/56)*

Zusammenarbeit mit anderen Behörden

§ 10. (1) [1]Soweit es zur Erfüllung der ihr übertragenen Aufgaben notwendig ist und dem keine „unionsrechtlichen“** Verpflichtungen entgegenstehen, ist die Bundeswettbewerbsbehörde berechtigt, unter Bedachtnahme auf schutzwürdige Geheimhaltungsinteressen im Sinne des Datenschutzgesetzes „ “***, BGBl. I Nr. 165/1999, dem Kartellgericht, dem Kartellobergericht, dem Bundeskartellanwalt, der Wettbewerbskommission, der Europäischen Kommission, Wettbewerbsbehörden anderer Mitgliedstaaten der Europäischen Union und den Regulatoren sämtliche Informationen zur Kenntnis zu bringen und Unterlagen zu übermitteln, die diese zur Erfüllung ihrer Aufgaben benötigen. [2]„Sie ist weiters berechtigt, den Bundeskartellanwalt, die Wettbewerbskommission, die Europäische Kommission, die Wettbewerbsbehörden anderer Mitgliedstaaten der Europäischen Union und die Regulatoren um Auskünfte sowie Stellungnahmen zu ersuchen. [3]Sie ist zu diesem Zweck befugt, den genannten Stellen nach den Vorschriften des ersten Satzes sämtliche Informationen zur Kenntnis zu bringen und Unterlagen zu übermitteln, die diese dafür benötigen.“* *(*BGBl I 2005/62; **BGBl I 2013/13; ***BGBl I 2018/32)*

(1a) Kriminalpolizei, Staatsanwaltschaft und Gerichte sind berechtigt, der Bundeswettbewerbsbehörde sämtliche nach der Strafprozessordnung, insbesondere auch durch Ermittlungsmaßnahmen nach dem 4. bis 6. Abschnitt des 8. Hauptstücks, ermittelte personenbezogene Daten zu übermitteln, die für die Verfolgung von Verstößen gegen das KartG 2005, BGBl. I Nr. 61/2005, und gegen Art. 101 und 102 AEUV notwendig sind. *(BGBl I 2018/32)*

(2) Soweit dies zur Erfüllung ihrer Aufgaben erforderlich ist, können Kartellgericht und Kartellobergericht die Bundeswettbewerbsbehörde um die Erteilung von Auskünften sowie die Abgabe von begründeten Stellungnahmen ersuchen.

(3) Soweit dies zur Erfüllung ihrer Aufgaben erforderlich ist, kann die Bundeswettbewerbsbehörde den Bundeskartellanwalt um Auskünfte ersuchen und in die Akten des Bundeskartellanwaltes Einsicht nehmen.

(4) Ist der Luftverkehrssektor betroffen, so ist dem Bundesminister für Verkehr, Innovation und Technologie, ist der Medienbereich betroffen, so ist der KommAustria (BGBl. I Nr. 32/2001) Gelegenheit zur Stellungnahme zu geben.

(5) Beabsichtigt die Bundeswettbewerbsbehörde, insbesondere wegen Modifikationen des ursprünglichen Zusammenschlussvorhabens, die dessen nunmehrige Vereinbarkeit mit dem KartG sicherstellen,

a) die Erklärung abzugeben, dass sie einen Antrag nach „§ 11 KartG 2005“ nicht stellen wird, oder *(BGBl I 2005/62)*

b) einen nach „§ 11 KartG 2005“ gestellten Antrag zurückzuziehen, *(BGBl I 2005/62)*

so hat die Bundeswettbewerbsbehörde dem Bundeskartellanwalt – und, hat sie eine Empfehlung im Sinne des § 17 abgegeben, der Wettbewerbskommission – Gelegenheit zur Stellungnahme zu geben.

(6) Die Bundeswettbewerbsbehörde trägt dafür Sorge, dass dem Bundeskartellanwalt eine Zusammenschlussanmeldung (§ 9 KartG 2005) unverzüglich nach dem Einlagen mit ihren Beilagen in zwei Gleichschriften weitergeleitet wird. *(BGBl I 2005/62)*

Anmeldegebühren

§ 10a. (1) [1]Für Zusammenschlussanmeldungen (§ 9 KartG 2005) ist eine Pauschalgebühr von „3 500“ Euro zu entrichten. [2]Die Bundeswettbewerbsbehörde hat die zulässigen Entrichtungsarten nach Maßgabe der vorhandenen technisch-organisatorischen Voraussetzungen festzulegen und auf ihrer Website bekannt zu machen. [3]Die Bundeswettbewerbsbehörde hat halbjährlich ein Neuntel der eingenommenen Anmeldegebühren an den Bundesminister für Justiz zu überweisen und dieser hat die überwiesenen Beträge als Justizverwaltungsgebühren zu vereinnahmen. *(BGBl I 2017/56)*

(2) [1]Die Frist zur Stellung eines Prüfungsantrags (§ 11 Abs. 1 KartG 2005) beginnt erst mit ordnungsgemäßer Vergebührung zu laufen, frühestens aber mit Einlangen der Anmeldung. [2]Die ordnungsgemäße Vergebührung ist in der Anmeldung nachzuweisen.

(BGBl I 2005/62)

Bekanntmachungen

§ 10b. (1) Die Bundeswettbewerbsbehörde kommt ihren in den §§ 10 Abs. 3, 11 Abs. 2 und 15 KartG 2005 festgelegten Bekanntmachungspflichten im Zusammenschlussverfahren durch Bekanntmachung auf ihrer Website nach.

(2) [1]Die Bundeswettbewerbsbehörde hat unter Wahrung von Geschäfts- und Betriebsgeheimnissen auf ihrer Website bekannt zu machen, dass sie oder der Bundeskartellanwalt einen Antrag gemäß §§ 26, 27 und 28 KartG 2005 an das Kartellgericht gestellt hat. [2]Die Bekanntmachung kann die Namen des oder der betroffenen Unternehmen und in kurzer Form die Art der vermuteten Zuwiderhandlung und den betroffenen Geschäftszweig enthalten.

(3) [1]Die Bundeswettbewerbsbehörde hat auf ihrer Website unter Angabe der Geschäftszahl den Spruch rechtskräftiger Entscheidungen gemäß den §§ 26 bis 29 KartG 2005 unverzüglich zu veröffentlichen. [2]Die Veröffentlichung kann die Namen des oder der betroffenen Unternehmen und den betroffenen Geschäftszweig enthalten. [3]Wird in einer Entscheidung ein Verstoß gegen Art. 101 AEUV oder § 1 KartG 2005 zwar festgestellt, aber wegen des Vorgehens der Bundeswettbewerbsbehörde nach § 11b Abs. 1 Z 1 lit. a keine Geldbuße verhängt, hat die Veröffentlichung im Fall eines Kronzeugen iSd § 37e Abs. 3 KartG 2005 jedenfalls den Namen des Unternehmens sowie den Hinweis auf seinen Status zu enthalten. [4]Mit dieser Veröffentlichung sieht die Bundeswettbewerbsbehörde in dieser Sache endgültig von einem Antrag auf Geldbuße ab. *(BGBl I 2017/56)*

(BGBl I 2005/62)

Ermittlungen

§ 11. (1) [1]Die Bundeswettbewerbsbehörde kann nach Maßgabe dieses Bundesgesetzes alle Ermittlungen führen, die ihr zur Wahrnehmung ihrer Aufgaben gemäß diesem Bundesgesetz zukommen. [2]Die im Rahmen von Ermittlungen erlangten Kenntnisse dürfen – sofern nicht eine Berechtigung zur Zusammenarbeit nach § 10 Abs. 1 besteht – nur zu dem mit der Ermittlungshandlung verfolgten Zweck verwertet werden.

(2) [1]Die Bundeswettbewerbsbehörde ist befugt, sich unter sinngemäßer Anwendung des AVG, BGBl. Nr. 51/1991, Sachverständiger zu bedienen sowie Zeugen und Beteiligte heranzuziehen. [2]„Die §§ 7, 9 bis 16, 18 bis 20, 45 Abs. 1 und 2, 46 bis 51, 54, 55, 74 Abs. 1, 75 Abs. 1 und 2 sowie die Abschnitte 4, 5 und 6 des I. Teiles des AVG sind anzuwenden.“ *(BGBl I 2005/62)*

(3) Die Bundeswettbewerbsbehörde ist berechtigt, sämtliche personenbezogenen Daten zu verarbeiten, die zur Erreichung ihrer Ziele gemäß § 1 Abs. 1 sowie zur Erfüllung ihrer Aufgaben gemäß § 2 Abs. 1 erforderlich sind. *(BGBl I 2018/32)*

(4) Eine Auskunftserteilung gemäß Art. 15 Verordnung (EU) 2016/679 zum Schutz natürlicher Personen bei der Verarbeitung personenbezogener Daten, zum freien Datenverkehr und zur Aufhebung der Richtlinie 95/46/EG (Datenschutz-Grundverordnung), ABl. Nr. L 199 vom 4.5.2016 S 1, (im Folgenden: DSGVO) hat zu unterbleiben, soweit dies den Zielen der Bundeswettbewerbsbehörde gemäß § 1 Abs. 1 zuwiderlaufen würde oder dadurch die Erfüllung der der Bundeswettbewerbsbehörde gemäß § 2 Abs. 1 übertragenen Aufgaben beeinträchtigt würde. *(BGBl I 2018/32)*

(5) Hinsichtlich der Verarbeitung personenbezogener Daten ist das Widerspruchsrecht gemäß Art. 21 DSGVO insoweit zu beschränken, als dieses Recht die Erreichung der Ziele gemäß § 1 Abs. 1 sowie die Erfüllung der Aufgaben gemäß § 2 Abs. 1 dieses Bundesgesetzes voraussichtlich unmöglich macht oder ernsthaft beeinträchtigt und die Beschränkung notwendig und verhältnismäßig ist. Darüber ist der Betroffene in geeigneter Weise zu informieren. *(BGBl I 2018/32)*

(6) *(entfällt, BGBl I 2017/56)*

(7) *(entfällt, BGBl I 2017/56)*

Auskunftsverlangen und Unterlagenvorlage

§ 11a. (1) Die Bundeswettbewerbsbehörde ist, soweit dies zur Wahrnehmung ihrer Aufgaben gemäß diesem Bundesgesetz erforderlich ist, auch befugt:

1. von Unternehmern und Unternehmervereinigungen die Erteilung von Auskünften innerhalb einer jeweils zu setzenden, angemessenen Frist anzufordern,

2. geschäftliche Unterlagen, auf die im oder vom Unternehmen aus zugegriffen werden kann, unabhängig davon, in welcher Form diese vorliegen, einzusehen und zu prüfen oder durch geeignete Sachverständige einsehen und prüfen zu lassen, Abschriften und Auszüge der Unterlagen anzufertigen sowie *(BGBl I 2017/56)*

3. vor Ort alle für die Durchführung von Ermittlungshandlungen erforderlichen Auskünfte zu verlangen sowie von allen Vertretern oder Beschäftigten des Unternehmens oder der Unternehmensvereinigung Erläuterungen zu Sachverhalten oder Unterlagen zu verlangen, die mit Gegenstand und Zweck der Ermittlungen in Zusammenhang stehen. *(BGBl I 2013/13)*

(2) [1]Die Inhaber der Unternehmen und deren Vertreter, bei juristischen Personen und teilrechtsfähigen Personengesellschaften die nach Gesetz oder Satzung zur Vertretung berufenen Personen, sind – es sei denn, sie setzen sich dadurch der Gefahr strafgerichtlicher Verfolgung aus – verpflichtet, die verlangten Auskünfte (Abs. 1 Z 1 und 3) zu erteilen.[2]„Dies gilt auch für die Vorlage der geschäftlichen Unterlagen, hinsichtlich solcher in elektronischer Form die Ermöglichung des Zugriffs auf diese und auf Verlangen die Vorlage derselben auf einem elektronischen Datenträger in einem allgemein gebräuchlichen Dateiformat, und die Erlaubnis zur Prüfung der geschäftlichen Unterlagen sowie das Anfertigen von Abschriften und Auszügen aus diesen Unterlagen (Abs. 1 Z 2).“ *(BGBl I 2017/56)*

(3) [1]Die Erteilung der Auskünfte und die Vorlage von Unterlagen nach Abs. 1 kann unter Anwendung des AVG auch mit Bescheid angeordnet werden. [2]Einer „Beschwerde“ gegen diesen Bescheid kommt keine aufschiebende Wirkung zu. [3]Auf Antrag ist die aufschiebende Wirkung von der Rechtsmittelbehörde binnen zwei Wochen nach Vorlage des Rechtsmittels zuzuerkennen, wenn diese unter Abwägung aller beteiligten Interessen gerechtfertigt ist. *(BGBl I 2013/13; BGBl I 2013/129)*

(4) [1]Die Bundeswettbewerbsbehörde ist zur Vollstreckung der von ihr erlassenen Bescheide, mit Ausnahme der Verwaltungsstrafbescheide, zuständig. [2]Es gilt das Verwaltungsvollstreckungsgesetz 1991 - VVG, BGBl. Nr. 53/1991, mit der Maßgabe, dass die Zwangsmittel nach § 5 Abs. 3 VVG den Höchstbetrag von 5% des im vorausgegangenen Geschäftsjahr erzielten durchschnittlichen Tagesumsatzes für jeden Tag des Verzugs von dem im Bescheid bestimmten Zeitpunkt an nicht übersteigen dürfen. *(BGBl I 2013/13)*

(5) [1]Wer entgegen einem Bescheid nach Abs. 3 keine, unrichtige, irreführende oder unvollständige Auskünfte erteilt, begeht eine Verwaltungsübertretung und ist von der Bundeswettbewerbsbehörde mit einer Geldstrafe bis zu 75 000 Euro zu bestrafen. [2]Eine mit bis zu 25 000 Euro zu bestrafende Verwaltungsübertretung begeht, wer in einer Auskunft nach Abs. 2 unrichtige oder irreführende Angaben macht. [3]Es gilt das Verwaltungsstrafgesetz 1991 - VStG, BGBl. Nr. 52/1991. *(BGBl I 2013/13)*

(6) Gegen Bescheide der Bundeswettbewerbsbehörde nach Abs. 3 bis 5 ist das Rechtsmittel der Beschwerde an das Bundesverwaltungsgericht zulässig. *(BGBl I 2013/129)*

(7) *(aufgehoben, BGBl I 2013/129)*

(8) Hat die Erteilung von Auskünften oder die Vorlage von Unterlagen zum Zwecke einer Untersuchung gemäß § 2 Abs. 1 Z 3 zu erfolgen, so hat der Anwendung des Abs. 3 jedenfalls ein Verlangen gemäß Abs. 2 voranzugehen. *(BGBl I 2013/13)*

(9) Das Wettbewerbsmonitoring gemäß § 2 Abs. 1 Z 8 wird ausschließlich aufgrund öffentlich verfügbarer Daten durchgeführt. *(BGBl I 2013/13)*

(BGBl I 2005/62)

Kronzeugen

§ 11b. (1) Die Bundeswettbewerbsbehörde kann davon Abstand nehmen, die Verhängung einer Geldbuße gegen Unternehmer oder Unternehmervereinigungen zu beantragen, die

1. a) der Bundeswettbewerbsbehörde als Erste Informationen und Beweismittel vorlegen, die es ihr ermöglichen, unmittelbar wegen des Verdachts einer Zuwiderhandlung gegen § 1 KartG 2005 oder Art. 101 Abs. 1 AEUV einen begründeten Antrag nach § 12 Abs. 1 zu stellen, oder

b) der Bundeswettbewerbsbehörde, sofern sie bereits über ausreichende Informationen und Beweismittel aus anderer Quelle verfügt, um eine Hausdurchsuchung zu beantragen, als Erste zusätzliche Informationen und Beweismittel vorlegen, die es ihr ermöglichen, unmittelbar einen begründeten Antrag nach § 36 Abs. 1a KartG 2005 vor dem Kartellgericht einzubringen,

2. ihre Mitwirkung an der Zuwiderhandlung eingestellt haben,

3. in der Folge wahrheitsgemäß, uneingeschränkt und zügig mit der Bundeswettbewerbsbehörde zwecks vollständiger Aufklärung des Sachverhaltes zusammenarbeiten sowie sämtliche Beweismittel für die vermutete Zuwiderhandlung, die sich in ihrem Besitz befinden oder auf die sie Zugriff haben, vorlegen und

4. andere Unternehmer oder Unternehmervereinigungen nicht zur Teilnahme an der Zuwiderhandlung gezwungen haben.

Beantragt die Bundeswettbewerbsbehörde gegen mindestens einen Teilnehmer an einer Zuwiderhandlung gegen § 1 KartG 2005 oder Art. 101 AEUV eine Geldbuße, so stellt sie gegen das Unternehmen, gegen das sie aufgrund der Anwendung von Abs. 1 Z 1 lit. a oder b keinen Antrag auf Geldbuße stellt, einen Feststellungsantrag nach § 28 Abs. 1a KartG 2005.

(2) [1]Gegen Unternehmer oder Unternehmervereinigungen, die die Voraussetzungen von Abs. 1 Z 1 lit. a oder b nicht erfüllen, kann die Bundeswettbewerbsbehörde bei Vorliegen der übrigen Voraussetzungen (Z 2 bis 4) eine geminderte Geldbuße beantragen. [2]Um für eine Ermäßigung der Geldbuße in Betracht zu kommen, müssen der Bundeswettbewerbsbehörde Informationen und Beweismittel für die vermutete Zuwiderhandlung vorgelegt werden, die gegenüber den bereits in ihrem Besitz befindlichen Informationen und Beweismitteln einen erheblichen Mehrwert darstellen. [3]Bei der Bestimmung des Umfangs der jeweiligen Reduktion ist auf den Zeitpunkt der Abgabe der zusätzlichen Informationen und Beweismittel sowie das Ausmaß des Mehrwerts gegenüber der bereits bekannten Information abzustellen.

(3) [1]Die Bundeswettbewerbsbehörde hat ihre Praxis bei der Durchführung der Abs. 1 und 2 in einem Handbuch darzulegen. [2]Darin ist jedenfalls zu erläutern, in welchen Fällen des § 1 KartG 2005 und Art. 101 Abs. 1 AEUV eine Aufdeckung durch ein Kronzeugenprogramm besonders förderlich ist, welche Informationen mindestens beizubringen sind, um eine Hausdurchsuchung durchführen zu können, welche Pflichten die Zusammenarbeit mit der Bundeswettbewerbsbehörde umfasst, unter welchen Voraussetzungen sie eine geminderte Geldbuße beantragt und in welchem Ausmaß diese Reduktion erfolgt. [3]Das Handbuch ist auf der Website der Bundeswettbewerbsbehörde zu veröffentlichen.

(4) [1]Möchte ein Unternehmer oder eine Unternehmervereinigung Abs. 1 oder 2 in Anspruch nehmen, hat die Bundeswettbewerbsbehörde innerhalb angemessener Frist in einer rechtsunverbindlichen Mitteilung bekannt zu geben, ob sie von diesen Absätzen Gebrauch machen wird. [2]Die Bundeswettbewerbsbehörde hat den Bundeskartellanwalt zu benachrichtigen, wenn sie beabsichtigt, keine oder eine geminderte Geldbuße zu beantragen.

(5) [1]Informationen aus dem Netzwerk der Wettbewerbsbehörden infolge eines Ersuchens um Kronzeugenbehandlung dürfen nicht als Grundlage für einen Antrag auf Verhängung einer Geldbuße herangezogen werden. [2]Die Befugnis der Bundeswettbewerbsbehörde, Ermittlungen aufgrund von Informationen aus anderen Quellen als dem Netzwerk der Wettbewerbsbehörden einzuleiten und auf Grundlage der Ermittlungsergebnisse insbesondere Anträge auf Verhängung einer Geldbuße zu stellen, bleibt unberührt.

(6) Bei der Bundeswettbewerbsbehörde kann ein internetbasiertes Hinweisgebersystem, über welches begründete Hinweise über mögliche Wettbewerbsrechtsverletzungen im Sinne von § 37b KartG 2005 auch anonym gemeldet werden können, eingerichtet werden.

(BGBl I 2017/56)

Hausdurchsuchung

§ 12. (1) Das Kartellgericht hat, wenn dies zur Erlangung von Informationen aus geschäftlichen Unterlagen erforderlich ist, auf Antrag der Bundeswettbewerbsbehörde bei Vorliegen des begründeten Verdachts einer Zuwiderhandlung gegen §§ 1, 5 oder 17 KartG 2005, „Art. 101 oder 102 AEUV“ eine Hausdurchsuchung anzuordnen. *(BGBl I 2005/62; BGBl I 2013/13)*

(2) [1]Das Kartellgericht hat weiters auf Antrag der Bundeswettbewerbsbehörde eine Hausdurch-

suchung anzuordnen auf Grund einer Nachprüfungsentscheidung der Europäischen Kommission wegen des Verdachts eines Verstoßes gegen die Wettbewerbsregeln. [2]Dem Antrag ist das Original oder eine beglaubigte Ausfertigung der Nachprüfungsentscheidung anzuschließen. [3]Das Kartellgericht hat neben der Echtheit der Nachprüfungsentscheidung der Europäischen Kommission nur zu prüfen, ob die beabsichtigte Durchsuchung nicht willkürlich oder, gemessen am Gegenstand der Nachprüfung, unverhältnismäßig ist. [4]„Im Falle von Nachprüfungen nach Art. 21 Verordnung (EG) Nr. 1/2003 gilt der Hausdurchsuchungsbefehl nach dem ersten Satz auch als Genehmigung im Sinne des Art. 21 Abs. 3 erster Satz der zitierten Verordnung." *(BGBl I 2005/62)*

(3) [1]Die Hausdurchsuchung ist vom „Senatsvorsitzenden"* im Verfahren außer Streitsachen mit Beschluss anzuordnen. [2]Gegen den Beschluss steht ausschließlich das Rechtsmittel des Rekurses offen; dieses hat keine aufschiebende Wirkung. [3]Mit der Durchführung der Hausdurchsuchung ist die Bundeswettbewerbsbehörde zu beauftragen, die den Hausdurchsuchungsbefehl „den in § 11a Abs. 2 genannten Personen"** sogleich oder doch innerhalb von 24 Stunden zuzustellen hat. *(* BGBl I 2005/62; ** BGBl I 2006/106)*

(4) [1]Bei der Durchführung der Hausdurchsuchung sind Aufsehen, Belästigungen und Störungen auf das unvermeidbare Maß zu beschränken. [2]Die Eigentums- und Persönlichkeitsrechte desjenigen, bei dem die Hausdurchsuchung vorgenommen wird (Betroffener), sind soweit wie möglich zu wahren. [3]Die Bundeswettbewerbsbehörde hat über die Hausdurchsuchung ein Protokoll aufzunehmen und das Kartellgericht darüber zu informieren. [4]Der Betroffene hat das Recht, bei der Durchsuchung anwesend zu sein und eine Person seines Vertrauens zuzuziehen. [5]Der Bundeswettbewerbsbehörde kommen bei Hausdurchsuchungen die in § 11a Abs. 1 Z 2 und 3 genannten Befugnisse zu. [6]Die Bundeswettbewerbsbehörde ist befugt, für die Dauer der Hausdurchsuchung in dem hierfür erforderlichen Ausmaß alle Räumlichkeiten zu versiegeln und Beweismittel in Beschlag zu nehmen, soweit dies zur Sicherung des Ermittlungserfolges geboten ist. *(BGBl I 2013/13)*

(5) [1]Unmittelbar vor einer auf Grund von Abs. 1 angeordneten Hausdurchsuchung ist der Betroffene (Abs. 4) zu den Voraussetzungen der Hausdurchsuchung zu befragen, es sei denn, dies würde den Ermittlungserfolg wegen Gefahr im Verzug gefährden. [2]Widerspricht er im Rahmen der Prüfung von Unterlagen, unabhängig davon, in welcher Form diese vorliegen, der Einsichtnahme in bestimmte, einzeln bezeichnete Unterlagen oder ihrer Beschlagnahme unter Berufung auf eine ihn treffende gesetzlich anerkannte Pflicht zur Verschwiegenheit oder ein ihm zustehendes Recht zur Verweigerung der Aussage gemäß § 157 Abs. 1 Z 2 bis 5 StPO, so sind diese Unterlagen auf geeignete Art und Weise gegen unbefugte Einsichtnahme oder Veränderung zu sichern und dem Kartellgericht vorzulegen; zuvor dürfen sie nicht eingesehen werden. [3]Das Kartellgericht hat die Unterlagen zu sichten und mit Beschluss des Senatsvorsitzenden zu entscheiden, ob und in welchem Umfang sie eingesehen und Abschriften und Auszüge daraus angefertigt werden dürfen oder sie dem Betroffenen (Abs. 4) zurückzustellen sind. [4]Gegen diesen Beschluss steht ausschließlich das Rechtsmittel des Rekurses offen. *(BGBl I 2013/13)*

(6) [1]Ist eine Bezeichnung einzelner Unterlagen im Zuge der Hausdurchsuchung nicht möglich, weil diese dadurch in unverhältnismäßiger Weise verzögert würde, so sind auf Verlangen des Betroffenen (Abs. 4) Kategorien von Unterlagen auf geeignete Art und Weise gegen unbefugte Einsichtnahme zu sichern und bei der Bundeswettbewerbsbehörde getrennt vom Ermittlungsakt zu hinterlegen. [2]Der Betroffene (Abs. 4) ist von der Bundeswettbewerbsbehörde aufzufordern, innerhalb einer von ihr zu setzenden Frist von mindestens zwei Wochen die Unterlagen einzeln zu bezeichnen. [3]Zu diesem Zweck ist er berechtigt, in die hinterlegten Unterlagen Einsicht zu nehmen. [4]Unterlässt er fristgerecht die Bezeichnung von einzelnen Unterlagen, so werden die Unterlagen Bestandteil des Ermittlungsaktes der Bundeswettbewerbsbehörde. [5]Hinsichtlich der einzeln bezeichneten Unterlagen ist im Sinne des Abs. 5 vorzugehen. *(BGBl I 2013/13)*

Rechtliches Gehör

§ 13. (1) Sind einem von der Bundeswettbewerbsbehörde beabsichtigten Antrag auf Einleitung eines kartellgerichtlichen Verfahrens nach §§ 26, 27 oder 28 KartG 2005 Ermittlungen nach §§ 11, 11a oder 12 WettbG vorausgegangen, so ist dem Antragsgegner Gelegenheit zu geben, von den Ermittlungsergebnissen Kenntnis und in angemessener Frist Stellung dazu zu nehmen. *(BGBl I 2005/62)*

(2) Geben die im Hinblick auf eine Antragstellung der Bundeswettbewerbsbehörde durchgeführten Ermittlungen im Sinne des Abs. 1 keinen Anlass zu einer Antragstellung der Bundeswettbewerbsbehörde nach Abs. 1, ist dies dem Antragsgegner „innerhalb angemessener Frist" mitzuteilen. *(BGBl I 2017/56)*

Offenlegung von Beweismitteln der Bundeswettbewerbsbehörde in Schadenersatzverfahren

§ 13a. (1) Die Bundeswettbewerbsbehörde darf nur auf Anordnung der nationalen Gerichte und erst nach Beendigung eines Verfahrens wegen Zuwiderhandlungen gegen wettbewerbsrechtliche Bestimmungen durch Erlass einer Entscheidung oder in anderer Weise folgende Kategorien von Beweismitteln offenlegen:

1. Informationen, die von einer natürlichen oder juristischen Person eigens für das wettbewerbsbehördliche Verfahren erstellt wurden,

2. Informationen, die sie im Laufe ihrer Ermittlungen erstellt und den Parteien übermittelt hat sowie

3. Vergleichsausführungen, die zurückgezogen wurden.

Mit der ersten nach außen tretenden Ermittlungshandlung der Bundeswettbewerbsbehörde gegenüber einem Unternehmer oder einer Unternehmervereinigung gilt ein Verfahren als eingeleitet.

(2) [1]Die Bundeswettbewerbsbehörde muss Beweismittel, die in den Akten der Bundeswettbewerbsbehörde enthalten sind, auf Anordnung eines nationalen Gerichts nur dann offenlegen, wenn die Beweismittel nicht mit zumutbarem Aufwand von einer anderen Partei oder von Dritten erlangt werden können. [2]Interne Schriftstücke der Bundeswettbewerbsbehörde und der Schriftverkehr zwischen den Wettbewerbsbehörden sowie zwischen Wettbewerbsbehörden und Strafverfolgungsbehörden sind zu keinem Zeitpunkt offen zu legen.

(3) Die Bundeswettbewerbsbehörde legt zu keinem Zeitpunkt Kronzeugenerklärungen und Vergleichsausführungen offen.

(BGBl I 2017/56)

Kooperation der Bundeswettbewerbsbehörde in Schadenersatzverfahren

§ 13b. Die Bundeswettbewerbsbehörde kann auf Ersuchen eines nationalen Gerichts eine Stellungnahme im Rahmen eines Schadenersatzverfahrens nach §§ 37a ff. KartG 2005 abgeben, wenn die Bundeswettbewerbsbehörde dies für angebracht hält.

(BGBl I 2017/56)

Heranziehung der Organe des öffentlichen Sicherheitsdienstes

§ 14. „(1)" Die Organe des öffentlichen Sicherheitsdienstes haben der Bundeswettbewerbsbehörde über deren Ersuchen zur Sicherung der Ermittlungen und Hausdurchsuchungen „(§§ 11a und 12)" im Rahmen ihres gesetzmäßigen Wirkungsbereiches Hilfe zu leisten. *(BGBl I 2013/13)*

(2) Im Rahmen einer Hausdurchsuchung der Bundeswettbewerbsbehörde sind die gemäß Abs. 1 hilfeleistenden Organe des öffentlichen Sicherheitsdienstes auch ermächtigt, die Bundeswettbewerbsbehörde durch die Sicherung von Unterlagen in elektronischer Form zu unterstützen. *(BGBl I 2013/13)*

(3) *(aufgehoben, BGBl I 2018/32)*

Vertretung

§ 15. (1) In Wahrnehmung ihrer Aufgaben nach diesem Bundesgesetz ist die Bundeswettbewerbsbehörde berechtigt, vor allen Behörden und Gerichten selbst aufzutreten, sofern nicht die Vertretung durch einen Rechtsanwalt vorgeschrieben ist.

(2) Die Bundeswettbewerbsbehörde kann mit ihrer Vertretung auch die Finanzprokuratur oder einen Rechtsanwalt betrauen.

Wettbewerbskommission

§ 16. (1) [1]Bei der Bundeswettbewerbsbehörde ist eine Wettbewerbskommission (Kommission) als beratendes Organ einzurichten. [2]Diese erstattet im Auftrag der Bundeswettbewerbsbehörde oder des [Bundesministers für Wirtschaft und Arbeit] Gutachten über allgemeine wettbewerbspolitische Fragestellungen und kann Empfehlungen zu angemeldeten Zusammenschlüssen (§ 17) abgeben. [3]Für die Erstattung von Gutachten ist von der beauftragenden Stelle eine angemessene Frist zu setzen. [4]Des Weiteren legt die Kommission der Bundeswettbewerbsbehörde jährlich bis 1. Oktober Vorschläge für Schwerpunkte bei der Erfüllung ihrer Aufgaben im folgenden Kalenderjahr vor.

(2) [1]Die Kommission besteht aus acht Mitgliedern, die über besondere volkswirtschaftliche, betriebswirtschaftliche, sozialpolitische, technologische oder wirtschaftsrechtliche Kenntnisse und Erfahrungen verfügen müssen. [2]Für jedes Mitglied ist ein Ersatzmitglied zu bestellen. [3]Mitglied (Ersatzmitglied) der Kommission kann nicht sein, wer fachkundiger Laienrichter des Kartellgerichts oder des Kartellobergerichts „ " ist. [4]Die Kommission wählt aus ihrer Mitte einen Vorsitzenden. *(BGBl I 2013/13)*

(3) [1]Die Mitglieder (Ersatzmitglieder) der Kommission werden vom [Bundesminister für Wirtschaft und Arbeit] auf die Dauer von vier Jahren berufen. [2]„Scheidet ein Mitglied (Ersatzmitglied) vorzeitig aus, so ist für seine restliche Funktionsperiode ein neues Mitglied (Ersatzmitglied) zu bestellen." [3]Je ein Mitglied (Ersatzmitglied) wird auf Vorschlag der Wirtschaftskammer Österreich, der Bundeskammer für Arbeiter und Angestellte, des Österreichischen Gewerkschaftsbundes sowie der Präsidentenkonferenz der Landwirtschaftskammern Österreichs ernannt. [4]Wiederbestellungen sind zulässig. *(BGBl I 2005/62)*

(4) [1]Die Mitglieder (Ersatzmitglieder) sind auf ihr Ersuchen durch den [Bundesminister für Wirtschaft und Arbeit] ihres Amtes zu entheben, ebenso auch auf Antrag der Stelle, die sie vorgeschlagen hat. [2]Im Übrigen ist für die Amtsenthebung der Mitglieder (Ersatzmitglieder) § 7 Abs. 5 sinngemäß anzuwenden.

(5) Die Mitglieder der Kommission sind bei Ausübung ihrer Tätigkeit an keine Weisungen gebunden und zur Amtsverschwiegenheit verpflichtet.

(6) [1]Der [Bundesminister für Wirtschaft und Arbeit] hat nach Anhörung der Kommission durch Verordnung eine Geschäftsordnung zu erlassen, die insbesondere die Wahl des Vorsitzenden bzw. dessen Stellvertreter, die Einberufung, die Meinungsbildung und die Arbeitsweise der Kommission in der Vollversammlung bzw. in Senaten regelt. [2]Die Beschlüsse der Kommission werden mit Stimmenmehrheit gefasst, bei Stimmengleichheit entscheidet die Stimme des Vorsitzenden; die Einberufung hat durch den Vorsitzenden zu erfolgen. [3]Dieser hat die Kommission einzuberufen, wenn dies zwei oder mehr Mitglieder verlangen. [4]In Angelegenheiten der Zusammenschlusskontrolle (§ 17) kann jedes Mitglied die Einberufung der Wettbewerbskommission verlangen. [5]Der Vorsitzende hat daraufhin binnen einer Woche eine Sitzung anzuberaumen. [6]Auf Verlangen eines Kommissionsmitgliedes hat die Kommission eine schriftliche Empfehlung hinsichtlich der Stellung eines Antrages auf Prüfung eines angemeldeten Zusammenschlusses an die Bundeswettbewerbsbehörde abzugeben.[7]„Der Generaldirektor für Wettbewerb, sein Stellvertreter oder in Vertretung des Generaldirektors ein von ihm namhaft gemachter Mitarbeiter der Bundeswettbewerbsbehörde ist berechtigt, an den Sitzungen ohne Stimmrecht teilzunehmen.“ *(BGBl I 2005/62)*

(7) [1]Die Mitglieder der Kommission erhalten eine pauschale Entschädigung, bei deren Bemessung Anzahl und Dauer der Sitzungen, Anreisekosten sowie Zeitaufwand angemessen zu berücksichtigen sind. [2]Diese wird vom [Bundesminister für Wirtschaft und Arbeit] festgesetzt. Der [Bundesminister für Wirtschaft und Arbeit] stellt der Kommission die notwendigen Mittel zur Verfügung.

Mitwirkung der Wettbewerbskommission in Angelegenheiten der Zusammenschlusskontrolle

§ 17. (1) [1]Die Wettbewerbskommission ist berechtigt, gegenüber der Bundeswettbewerbsbehörde zu „ “ angemeldeten Zusammenschlüssen eine begründete schriftliche Empfehlung hinsichtlich der Stellung eines Antrages auf Prüfung eines angemeldeten Zusammenschlusses abzugeben.[2] Diese muss bis spätestens eine Woche vor Ablauf der für die Stellung eines Prüfungsantrages vorgesehenen Frist bei der Bundeswettbewerbsbehörde einlangen. *(BGBl I 2013/13)*

(2) Zur Erfüllung der Aufgaben im Rahmen der Zusammenschlusskontrolle ist jedem Mitglied der Wettbewerbskommission auf Verlangen Einsicht in die Anmeldeunterlagen zu gewähren und auf Verlangen Abschriften davon zur Verfügung zu stellen.

(3) Die Bundeswettbewerbsbehörde ist berechtigt, der Wettbewerbskommission die Gelegenheit zur Abgabe einer Empfehlung nach Abs. 1 zu geben.

(4) [1]Stellt die Bundeswettbewerbsbehörde entgegen einer rechtzeitig eingebrachten Empfehlung der Kommission nach Abs. 1 keinen Prüfungsantrag, sind der Kommission die dafür maßgeblichen Gründe ehestmöglich mitzuteilen. [2]Diese sowie die Empfehlung der Wettbewerbskommission sind unter Wahrung gesetzlicher Verschwiegenheitspflichten auf der Homepage der Bundeswettbewerbsbehörde umgehend nach Ablauf der Prüfungsfrist zu veröffentlichen.

(5) Die Empfehlung der Kommission samt der Mitteilung der Gründe der Bundeswettbewerbsbehörde nach Abs. 4 sind im Bericht nach „§ 2 Abs. 4“ unter Wahrung gesetzlicher Verschwiegenheitspflichten aufzunehmen. *(BGBl I 2006/106)*

(6) Unbeschadet anderer gesetzlicher Verschwiegenheitspflichten dürfen in Anwendung des § 17 erlangte Kenntnisse ausschließlich zu dem Zweck der Abgabe einer Empfehlung im Sinne des Abs. 1 verwendet werden.

Sprachliche Gleichbehandlung

§ 18. [1]Soweit in diesem Bundesgesetz personenbezogene Bezeichnungen nur in männlicher Form angeführt sind, beziehen sie sich auf Frauen und Männer in gleicher Weise. [2]Bei der Anwendung auf bestimmte Personen ist die jeweils geschlechtsspezifische Form zu verwenden.

Verweisungen

§ 19. Soweit in diesem Bundesgesetz auf andere Bundesgesetze verwiesen wird und nichts abweichendes bestimmt ist, beziehen sich diese Verweisungen auf die jeweils geltende Fassung.

Vollziehung

§ 20. „(1)“ Mit der Vollziehung

1. des § 14 ist der Bundesminister für Inneres,

2. der §§ 11 und 12 je nach ihrem Zuständigkeitsbereich der Bundesminister für Justiz und der [Bundesminister für Wirtschaft und Arbeit] und

3. der übrigen Bestimmungen der [Bundesminister für Wirtschaft und Arbeit] – und zwar hinsichtlich des § 3 Abs. 2 im Einvernehmen mit dem Bundesminister für Verkehr, Innovation und Technologie – betraut.
(BGBl I 2010/111)

(2) Sofern in diesem Bundesgesetz nichts anderes bestimmt ist, entscheidet die Bundeswettbewerbsbehörde in den Fällen, in denen sie zur Bescheiderlassung zuständig ist, in oberster Instanz und unterliegen ihre Bescheide nicht der Aufhebung oder Abänderung im Verwaltungsweg. *(BGBl I 2013/13)*

Inkrafttreten

§ 21. „(1)" Dieses Bundesgesetz in der Fassung des Bundesgesetzes BGBl. I Nr. 62/2005 tritt am 1. Jänner 2006 in Kraft. *(BGBl I 2006/106)*

(2) Dieses Bundesgesetz in der Fassung des Bundesgesetzes BGBl. I Nr. 106/2006 tritt mit dem der Kundmachung folgenden Tag in Kraft. *(BGBl I 2006/106)*

(3) § 11 Abs. 3 bis 5 ist auch auf Sachverhalte anzuwenden, die vor dem 1. Jänner 2006 verwirklicht wurden und den Verdacht einer Zuwiderhandlung gegen § 18 KartG 1988, BGBl. Nr. 600/1988, begründen. *(BGBl I 2013/13)*

(4) Die Anordnung einer Hausdurchsuchung gemäß § 12 Abs. 1 hat auch bei Vorliegen des begründeten Verdachts einer Zuwiderhandlung gegen §§ 18 und 35 KartG 1988, BGBl. Nr. 600/1988, der Sachverhalte betrifft, die vor dem 1. Jänner 2006 verwirklicht wurden, zu erfolgen. *(BGBl I 2013/13)*

(5) § 1 Abs. 1 und § 1 Abs. 1 lit. b, § 2 Abs. 1 Z 6 bis 8, § 2 Abs. 4, § 3 Abs. 2, § 4 Abs. 1 und § 4 Abs. 1 Z 3, § 5, § 10 Abs. 1, § 10b Abs. 1 und 2, § 11 Abs. 3 bis 7, § 11a Abs. 1 Z 3, § 11a Abs. 3 bis 9 § 12 Abs. 1, § 12 Abs. 4 bis 6, § 14 Abs. 1 bis 3, § 16 Abs. 2, § 17 Abs. 1, § 20 Abs. 2, die Überschrift zu § 21 und § 21 Abs. 3 bis 5 in der Fassung des Bundesgesetzes BGBl. I Nr. 13/2013 treten mit 1. März 2013 in Kraft. *(BGBl I 2013/13)*

(6) [1]§ 11a Abs. 3 und § 11a Abs. 6 in der Fassung des Bundesgesetzes BGBl. I Nr. 129/2013 treten mit 1. Jänner 2014 in Kraft. [2]§ 11a Abs. 7 tritt mit 1.1.2014 außer Kraft. *(BGBl I 2013/129)*

(7) Der § 13 Abs. 2 in der Fassung des Bundesgesetzes BGBl. I Nr. 56/2017 gilt für alle Verfahren, die nach Inkrafttreten dieses Bundesgesetzes eingeleitet wurden. *(BGBl I 2017/56)*

(8) § 10 Abs. 1 und 1a sowie § 11 Abs. 3 bis 5 in der Fassung des Materien-Datenschutz-Anpassungsgesetzes 2018, BGBl. I Nr. 32/2018, treten mit 25. Mai 2018 in Kraft; gleichzeitig tritt § 14 Abs. 3 außer Kraft. *(BGBl I 2018/32)*

(BGBl I 2005/62)

35. Urheberrechtsgesetz

BGBl 1936/111 idF

1 BGBl 1949/206
2 BGBl 1953/106
3 BGBl 1963/175
4 BGBl 1972/492
5 BGBl 1973/142 (DFB)
6 BGBl 1974/422
7 BGBl 1980/321 (UrhGNov 1980)
8 BGBl 1982/295 (UrhGNov 1982)
9 BGBl 1988/601 (UrhGNov 1988)
10 BGBl 1989/612 (UrhGNov 1989)
11 BGBl 1993/93 (UrhGNov 1993)
12 BGBl 1996/151 (UrhGNov 1996)
13 BGBl I 1998/25 (UrhGNov 1997)
14 BGBl I 2000/110 (UrhGNov 2000)
15 BGBl I 2003/32 (UrhGNov 2003)
16 BGBl I 2006/22 (UrhG-Nov 2005)
17 BGBl I 2006/81 (UrhG-Nov 2006)
18 BGBl I 2009/75 (FamRÄG 2009)
19 BGBl I 2009/135 (EPG)
20 BGBl I 2010/2 (UrhG-Nov 2009)
21 BGBl I 2010/29 (IRÄG 2010; Begriffsersetzungen)
22 BGBl I 2010/58 (IRÄ-BG)
23 BGBl I 2013/150 (Urh-Nov 2013)
24 BGBl I 2015/11 (UrhG-Nov 2014)
25 BGBl I 2015/99 (Urh-Nov 2015)
26 BGBl I 2018/63 (UrhG-Nov 2018)
27 BGBl I 2018/105 (VfGH)

GLIEDERUNG

STICHWORTVERZEICHNIS

Bundesgesetz über das Urheberrecht an Werken der Literatur und der Kunst und über verwandte Schutzrechte (Urheberrechtsgesetz)

I. Hauptstück

Urheberrecht an Werken der Literatur und der Kunst

1. Abschnitt

Das Werk

Werke der Literatur und der Kunst

§ 1. (1) Werke im Sinne dieses Gesetzes sind eigentümliche geistige Schöpfungen auf den Gebieten der Literatur, der Tonkunst, der bildenden Künste und der Filmkunst.

(2) Ein Werk genießt als Ganzes und in seinen Teilen urheberrechtlichen Schutz nach den Vorschriften dieses Gesetzes.

Werke der Literatur

§ 2. Werke der Literatur im Sinne dieses Gesetzes sind:

1. Sprachwerke aller Art einschließlich Computerprogrammen (§ 40 a); *(BGBl 1993/93)*

2. Bühnenwerke, deren Ausdrucksmittel Gebärden und andere Körperbewegungen sind (choreographische und pantomimische Werke);

3. Werke wissenschaftlicher oder belehrender Art, die in bildlichen Darstellungen in der Fläche oder im Raume bestehen, sofern sie nicht zu den Werken der bildenden Künste zählen.

Werke der bildenden Künste

§ 3. (1) Zu den Werken der bildenden Künste im Sinne dieses Gesetzes gehören auch die Werke der Lichtbildkunst (Lichtbildwerke), der Baukunst und „der angewandten Kunst (des Kunstgewerbes)". *(BGBl 1996/151)*

(2) Werke der Lichtbildkunst (Lichtbildwerke) sind durch ein photographisches oder durch ein der Photographie ähnliches Verfahren hergestellte Werke.

(BGBl 1953/106)

Werke der Filmkunst

§ 4. Unter Werken der Filmkunst (Filmwerke) versteht dieses Gesetz Laufbildwerke, wodurch die den Gegenstand des Werkes bildenden Vorgänge und Handlungen entweder bloß für das Gesicht oder gleichzeitig für Gesicht und Gehör zur Darstellung gebracht werden, ohne Rücksicht auf die Art des bei der Herstellung oder Aufführung des Werkes verwendeten Verfahrens.

Bearbeitungen

§ 5. (1) Übersetzungen und andere Bearbeitungen werden, soweit sie eine eigentümliche geistige Schöpfung des Bearbeiters sind, unbeschadet des am bearbeiteten Werke bestehenden Urheberrechtes, wie Originalwerke geschützt.

(2) Die Benutzung eines Werkes bei der Schaffung eines anderen macht dieses nicht zur Bearbeitung, wenn es im Vergleich zu dem benutzten Werke ein selbständiges neues Werk darstellt.

Sammelwerke

§ 6. Sammlungen, die infolge der Zusammenstellung einzelner Beiträge zu einem einheitlichen Ganzen eine eigentümliche geistige Schöpfung darstellen, werden als Sammelwerke urheberrechtlich geschützt; die an den aufgenommenen Beiträgen etwa bestehenden Urheberrechte bleiben unberührt.

(BGBl 1953/106)

Freie Werke

§ 7. (1) Gesetze, Verordnungen, amtliche Erlässe, Bekanntmachungen und Entscheidungen sowie ausschließlich oder vorwiegend zum amtlichen Gebrauch hergestellte amtliche Werke der im § 2 Z. 1 oder 3 bezeichneten Art genießen keinen urheberrechtlichen Schutz.

(2) Vom Bundesamt für Eich- und Vermessungswesen hergestellte oder bearbeitete (§ 5 Abs. 1) und zur Verbreitung (§ 16) bestimmte Landkartenwerke sind keine freien Werke.

(BGBl 1953/106)

Veröffentlichte Werke

§ 8. Ein Werk ist veröffentlicht, sobald es mit Einwilligung des Berechtigten der Öffentlichkeit zugänglich gemacht worden ist.

Erschienene Werke

§ 9. (1) Ein Werk ist erschienen, sobald es mit Einwilligung des Berechtigten der Öffentlichkeit dadurch zugänglich gemacht worden ist, daß Werkstücke in genügender Anzahl feilgehalten oder in Verkehr gebracht worden sind.

(2) Ein Werk, das innerhalb eines Zeitraumes von 30 Tagen im Inland und im Ausland erschienen ist, zählt zu den im Inland erschienenen Werken.

(BGBl 1953/106)

II. Abschnitt

Der Urheber

§ 10. (1) Urheber eines Werkes ist, wer es geschaffen hat.

(2) In diesem Gesetz umfaßt der Ausdruck „Urheber“, wenn sich nicht aus dem Hinweis auf die Bestimmung des Absatzes 1 das Gegenteil ergibt, außer dem Schöpfer des Werkes auch die Personen, auf die das Urheberrecht nach seinem Tode übergegangen ist.

Miturheber

§ 11. (1) Haben mehrere gemeinsam ein Werk geschaffen, bei dem die Ergebnisse ihres Schaffens eine untrennbare Einheit bilden, so steht das Urheberrecht allen Miturhebern gemeinschaftlich zu.

(2) [1]Jeder Miturheber ist für sich berechtigt, Verletzungen des Urheberrechtes gerichtlich zu verfolgen. Zu einer Änderung oder Verwertung des Werkes bedarf es des Einverständnisses aller Miturheber. [2]Verweigert ein Miturheber seine Einwilligung ohne ausreichenden Grund, so kann ihn jeder andere Miturheber auf deren Erteilung klagen. [3]Hat der Beklagte im Inland keinen allgemeinen Gerichtsstand, so sind die Gerichte, in deren Sprengel der erste Wiener Gemeindebezirk liegt, zuständig.

(3) Die Verbindung von Werken verschiedener Art – wie die eines Werkes der Tonkunst mit einem Sprachwerk oder einem Filmwerk – begründet an sich keine Miturheberschaft.

Vermutung der Urheberschaft

§ 12. (1) Wer auf den Vervielfältigungsstücken eines erschienenen Werkes oder auf einem Urstück eines Werkes der bildenden Künste in der üblichen Weise als Urheber bezeichnet wird, gilt bis zum Beweis des Gegenteils als Urheber (§ 10, Absatz 1) des Werkes, wenn die Bezeichnung in der Angabe seines wahren Namens oder eines von ihm bekanntermaßen gebrauchten Decknamens oder – bei Werken der bildenden Künste – in einem solchen Künstlerzeichen besteht.

(2) Dasselbe gilt von dem, der bei einem öffentlichen Vortrag, einer öffentlichen Aufführung oder Vorführung, bei einer Rundfunksendung oder öffentlichen Zurverfügungstellung des Werkes auf die im Absatz 1 angegebene Art als Urheber bezeichnet wird, wenn nicht die im Absatz 1 aufgestellte Vermutung der Urheberschaft für einen anderen spricht. *(BGBl I 2003/32, die Gesetzmäßigkeit von Vervielfältigungsstücken eines Werks, der Aufzeichnung eines Vortrags oder einer Aufführung, eines Lichtbildes, eines Schallträgers oder der Aufzeichnung einer Rundfunksendung, die vor dem 1. 7. 2003 hergestellt worden sind, ist nach der bisher geltenden Rechtslage zu beurteilen. Soweit die Verbreitung von Vervielfältigungsstücken nach der bisher geltenden Rechtslage zulässig ist, dürfen sie auch weiterhin frei verbreitet werden.)*

Ungenannte Urheber

§ 13. [1]Solange der Urheber (§ 10, Absatz 1) eines erschienenen Werkes nicht auf eine Art bezeichnet worden ist, die nach § 12 die Vermutung der Urheberschaft begründet, gilt der Herausgeber oder, wenn ein solcher auf den Werkstücken nicht angegeben ist, der Verleger als mit der Verwaltung des Urheberrechtes betrauter Bevollmächtigter des Urhebers. [2]Auch ist der Herausgeber oder Verleger in einem solchen Falle berechtigt, Verletzungen des Urheberrechtes im eigenen Namen gerichtlich zu verfolgen.

III. Abschnitt

Das Urheberrecht

1. Verwertungsrechte

§ 14. (1) Der Urheber hat mit den vom Gesetz bestimmten Beschränkungen das ausschließliche Recht, das Werk auf die ihm durch die folgenden Vorschriften vorbehaltenen Arten zu verwerten (Verwertungsrechte).

(2) Der Urheber einer Übersetzung oder anderen Bearbeitung darf diese auf die ihm vorbehaltenen Arten nur verwerten, soweit ihm der Urheber des bearbeiteten Werkes das ausschließliche Recht oder die Bewilligung dazu (Bearbeitungs- oder Übersetzungsrecht) erteilt.

(3) Die öffentliche Mitteilung des Inhaltes eines Werkes der Literatur oder der Filmkunst ist dem Urheber vorbehalten, solange weder das Werk noch dessen wesentlicher Inhalt mit Einwilligung des Urhebers veröffentlicht ist.

Vervielfältigungsrecht

§ 15. (1) Der Urheber hat das ausschließliche Recht, das Werk – gleichviel in welchem Verfahren, in welcher Menge und ob vorübergehend oder dauerhaft – zu vervielfältigen. *(BGBl I 2003/32, Anm zu § 12 Abs 2)*

(2) Eine Vervielfältigung liegt namentlich auch in dem Festhalten des Vortrages oder der Aufführung eines Werkes auf Mitteln zur wiederholbaren Wiedergabe für Gesicht oder Gehör (Bild- oder Schallträger), wie zum Beispiel auf Filmstreifen oder Schallplatten.

(3) Solchen Schallträgern stehen der wiederholbaren Wiedergabe von Werken dienende Mittel gleich, die ohne Schallaufnahme durch Lochen, Stanzen, Anordnen von Stiften oder auf ähnliche Art hergestellt werden (Drehorgeln, Spieldosen u. dgl.).

(4) Bei Plänen und Entwürfen zu Werken der bildenden Künste umfaßt das Vervielfältigungsrecht auch das ausschließliche Recht, das Werk danach auszuführen.

Verbreitungsrecht

§ 16. (1) [1]Der Urheber hat das ausschließliche Recht, Werkstücke zu verbreiten. [2]Kraft dieses Rechtes dürfen Werkstücke ohne seine Einwilligung weder feilgehalten noch auf eine Art, die das Werk der Öffentlichkeit zugänglich macht, in Verkehr gebracht werden.

(2) Solange ein Werk nicht veröffentlicht ist, umfaßt das Verbreitungsrecht auch das ausschließliche Recht, das Werk durch öffentliches Anschlagen, Auflegen, Aushängen, Ausstellen oder durch eine ähnliche Verwendung von Werkstücken der Öffentlichkeit zugänglich zu machen.

(3) Dem Verbreitungsrecht unterliegen – vorbehaltlich des § 16a – Werkstücke nicht, die mit Einwilligung des Berechtigten durch Übertragung des Eigentums in einem Mitgliedstaat der Europäischen Gemeinschaft oder in einem Vertragsstaat des Europäischen Wirtschaftsraums in Verkehr gebracht worden sind. *(BGBl I 2003/32, s Anm zu § 12 Abs 2)*

(4) Dem an einem Werke der bildenden Künste bestehenden Verbreitungsrecht unterliegen Werkstücke nicht, die Zugehör einer unbeweglichen Sache sind.

(5) Wo sich dieses Gesetz des Ausdruckes „ein Werk verbreiten" bedient, ist darunter nur die nach den Absätzen 1 bis 3 dem Urheber vorbehaltene Verbreitung von Werkstücken zu verstehen.

Vermieten und Verleihen

§ 16a. (1) § 16 Abs. 3 gilt nicht für das Vermieten (Abs. 3) von Werkstücken.

(2) [1]§ 16 Abs. 3 gilt für das Verleihen (Abs. 3) von Werkstücken mit der Maßgabe, daß der Urheber einen Anspruch auf angemessene Vergütung hat. [2]Solche Ansprüche können nur von Verwertungsgesellschaften geltend gemacht werden.

(3) Im Sinn dieser Bestimmung ist unter Vermieten die zeitlich begrenzte, Erwerbszwecken dienende Gebrauchsüberlassung zu verstehen, unter Verleihen die zeitlich begrenzte, nicht Erwerbszwecken dienende Gebrauchsüberlassung durch eine der Öffentlichkeit zugängliche Einrichtung (Bibliothek, Bild- oder Schallträgersammlung, Artothek und dergleichen).

(4) Die Abs. 1 und 2 gelten nicht.

1. für das Vermieten und Verleihen zum Zweck der Rundfunksendung (§ 17) sowie des öffentlichen Vortrags und der öffentlichen Aufführung und Vorführung (§ 18),

2. für Werke der angewandten Kunst (des Kunstgewerbes).

(5) [1]Gestattet ein Werknutzungsberechtigter oder der nach § 38 Abs. 1 berechtigte Filmhersteller gegen Entgelt anderen das Vermieten oder Verleihen von Werkstücken, so hat der Urheber gegen den Werknutzungsberechtigten beziehungsweise den Filmhersteller einen unverzichtbaren Anspruch auf einen angemessenen Anteil an diesem Entgelt. [2]Steht der Vergütungsanspruch für das Verleihen von Werkstücken nach dem Gesetz oder auf Grund eines Vertrages einem anderen zu, so hat der Urheber einen unverzichtbaren Anspruch auf einen angemessenen Anteil an der Vergütung.

(BGBl 1993/93, gilt auch für Werkstücke, an denen das Verbreitungsrecht nach § 16 Abs. 3 davor erloschen ist. Solche Werkstücke dürfen jedoch bis 31. 12. 1994 vermietet werden; der Urheber hat hiefür einen Anspruch auf angemessene Vergütung. § 16a Abs. 2, 4 und 5 nF gilt für diesen Vergütungsanspruch sinngemäß)

Folgerecht

§ 16b. (1) § 16 Abs. 3 gilt für die Weiterveräußerung des Originals eines Werkes der bildenden Künste nach der ersten Veräußerung durch den Urheber mit der Maßgabe, dass der Urheber gegen den Veräußerer einen Anspruch auf eine Vergütung in der Höhe des folgenden Anteils am Verkaufspreis ohne Steuern (Folgerechtsvergütung) hat:

4% von den ersten	50.000 EUR,
3% von den weiteren	150.000 EUR,
1% von den weiteren	150.000 EUR,
0,5% von den weiteren	150.000 EUR,
0.25% von allen weiteren Beträgen;	

die Vergütung beträgt insgesamt jedoch höchstens 12.500 EUR.

(2) „[1]Der Anspruch auf Folgerechtsvergütung steht nur zu, wenn der Verkaufspreis mindestens 2.500 EUR beträgt und an der Veräußerung ein Vertreter des Kunstmarkts – wie ein Auktionshaus, eine Kunstgalerie oder ein sonstiger Kunsthändler – als Verkäufer, Käufer oder Vermittler beteiligt ist; diese Personen haften als Bürge und Zahler, soweit sie nicht selbst zahlungspflichtig sind."[2]Auf den Anspruch kann im Voraus nicht verzichtet werden. [3]Der Anspruch kann auch durch Verwertungsgesellschaften geltend gemacht werden; im Übrigen ist der Anspruch unveräußerlich. § 23 Abs. 1 gilt sinngemäß. *(BGBl I 2010/2)*

(3) Als Originale im Sinn des Abs. 1 gelten Werkstücke,

1. die vom Urheber selbst geschaffen worden sind,

2. die vom Urheber selbst oder unter seiner Leitung in begrenzter Auflage hergestellt und in der Regel nummeriert sowie vom Urheber signiert oder auf andere geeignete Weise autorisiert worden sind,

3. die sonst als Originale angesehen werden.

(4) Ein Anspruch auf Folgerechtsvergütung steht nicht zu, wenn der Verkäufer das Werk vor weniger als drei Jahren vom Urheber erworben hat und der Verkaufspreis 10.000 EUR nicht übersteigt.

(BGBl I 2006/22, ab 1. 1. 2006, gilt gem Art IV Abs 1 UrhG-Nov 2005 auch für Werke, die davor geschaffen worden sind)

Senderecht

§ 17. (1) Der Urheber hat das ausschließliche Recht, das Werk durch Rundfunk oder auf eine ähnliche Art zu senden.

(2) Einer Rundfunksendung steht es gleich, wenn ein Werk von einer im In- oder im Ausland gelegenen Stelle aus der Öffentlichkeit im Inland, ähnlich wie durch Rundfunk, aber mit Hilfe von Leitungen wahrnehmbar gemacht wird. *(BGBl 1980/321)*

(3) [1]Die Übermittlung von Rundfunksendungen

1. durch eine Rundfunkvermittlungsanlage und

2. durch eine Gemeinschaftsantennenanlage,

a) wenn sich die Standorte aller Empfangsanlagen nur auf zusammenhängenden Grundstücken befinden, kein Teil der Anlage einen öffentlichen Weg benützt oder kreuzt und die Antenne vom Standort der am nächsten liegenden Empfangsanlage nicht mehr als 500 m entfernt ist oder

b) wenn an die Anlage nicht mehr als 500 Teilnehmer angeschlossen sind,

gilt nicht als neue Rundfunksendung. [1]Im übrigen gilt die gleichzeitige, vollständige und unveränderte Übermittlung von Rundfunksendungen des Österreichischen Rundfunks mit Hilfe von Leitungen im Inland als Teil der ursprünglichen Rundfunksendung.

(BGBl 1980/321)

§ 17a. Wenn die programmtragenden Signale verschlüsselt gesendet werden, liegt eine Rundfunksendung nur dann vor, wenn die Mittel zur Entschlüsselung der Sendung durch den Rundfunkunternehmer selbst oder mit seiner Zustimmung der Öffentlichkeit zugänglich gemacht worden sind.

(BGBl 1996/151)

§ 17b. (1) [1]Im Fall der Rundfunksendung über Satellit liegt die dem Urheber vorbehaltene Verwertungshandlung in der unter der Kontrolle und Verantwortung des Rundfunkunternehmers vorgenommenen Eingabe der programmtragenden Signale in eine ununterbrochene Kommunikationskette, die zum Satelliten und zurück zur Erde führt. [2]Die Rundfunksendung über Satellit findet daher vorbehaltlich des Abs. 2 nur in dem Staat statt, in dem diese Eingabe vorgenommen wird.

(2) Findet die in Abs. 1 bezeichnete Eingabe in einem Staat statt, der kein Mitgliedstaat des Europäischen Wirtschaftsraums ist und in dem das in Kapitel II der Richtlinie des Rates der Europäischen Gemeinschaften vom 27. September 1993 zur Koordinierung bestimmter urheber- und leistungsschutzrechtlicher Vorschriften betreffend Satellitenrundfunk und Kabelweiterverbreitung, ABl. Nr. L 248 vom 6. Oktober 1993, S 15, in der für Österreich gemäß Anh. XVII des EWR-Abkommens geltenden Fassung, vorgesehene Schutzniveau nicht gewährleistet ist, dann findet die Sendung statt

1. in dem Mitgliedstaat des Europäischen Wirtschaftsraums, in dem die Erdfunkstation liegt, von der aus die programmtragenden Signale zum Satelliten geleitet werden;

2. wenn die Voraussetzung nach Z 1 nicht vorliegt, in dem Mitgliedstaat des Europäischen Wirtschaftsraums, in dem die Hauptniederlassung des Rundfunkunternehmers liegt, der die Eingabe im Sinn des Abs. 1 in Auftrag gegeben hat.

(3) In den Fällen des Abs. 2 gilt das Betreiben der Erdfunkstation beziehungsweise die Auftragserteilung zur Eingabe im Sinn des Abs. 1 als Sendung im Sinn des § 17 Abs. 1.

(BGBl 1996/151)

Vortrags-, Aufführungs- und Vorführungsrecht

§ 18. (1) Der Urheber hat das ausschließliche Recht, ein Sprachwerk öffentlich vorzutragen oder aufzuführen, ein Werk der im § 2, Z. 2, bezeichneten Art, ein Werk der Tonkunst oder ein Filmwerk öffentlich aufzuführen und ein Werk der bildenden Künste durch optische Einrichtungen öffentlich vorzuführen.

(2) Dabei macht es keinen Unterschied, ob der Vortrag oder die Aufführung unmittelbar oder mit Hilfe von Bild- oder Schallträgern vorgenommen wird.

(3) Zu den öffentlichen Vorträgen, Aufführungen und Vorführungen gehören auch die Benutzung einer Rundfunksendung oder öffentlichen Zurverfügungstellung eines Werkes zu einer öffentlichen Wiedergabe des gesendeten oder der Öffentlichkeit zur Verfügung gestellten Werkes durch Lautsprecher oder durch eine andere technische Einrichtung sowie die auf eine solche Art bewirkte öffentliche Wiedergabe von Vorträgen, Aufführungen oder Vorführungen eines Werkes außerhalb des Ortes (Theater, Saal, Platz, Garten u. dgl.), wo sie stattfinden. *(BGBl I 2003/32, s Anm zu § 12 Abs 2)*

Zurverfügungstellungsrecht

§ 18a. (1) Der Urheber hat das ausschließliche Recht, das Werk der Öffentlichkeit drahtgebunden oder drahtlos in einer Weise zur Verfügung zu stellen, dass es Mitgliedern der Öffentlichkeit von Orten und zu Zeiten ihrer Wahl zugänglich ist.

(2) Wenn sich dieses Gesetz des Ausdrucks „ein Werk der Öffentlichkeit zur Verfügung stellen" oder „öffentliche Zurverfügungstellung eines Werkes" bedient, ist darunter nur die dem Urheber nach Abs. 1 vorbehaltene Verwertung zu verstehen.

(BGBl I 2003/32, s Anm zu § 12 Abs 2)

2. Schutz geistiger Interessen

Schutz der Urheberschaft

§ 19. (1) [1]Wird die Urheberschaft an einem Werke bestritten oder wird das Werk einem anderen als seinem Schöpfer zugeschrieben, so ist dieser berechtigt, die Urheberschaft für sich in Anspruch zu nehmen. [2]Nach seinem Tode steht in diesen Fällen den Personen, auf die das Urheberrecht übergegangen ist, das Recht zu, die Urheberschaft des Schöpfers des Werkes zu wahren.

(2) Ein Verzicht auf dieses Recht ist unwirksam.

Urheberbezeichnung

§ 20. (1) Der Urheber bestimmt, ob und mit welcher Urheberbezeichnung das Werk zu versehen ist.

(2) Eine Bearbeitung darf mit der Urheberbezeichnung nicht auf eine Art versehen werden, die der Bearbeitung den Anschein eines Originalwerkes gibt.

(3) Vervielfältigungsstücken von Werken der bildenden Künste darf durch die Urheberbezeichnung nicht der Anschein eines Urstückes verliehen werden.

Werkschutz

§ 21. (1) [1]Wird ein Werk auf eine Art, die es der Öffentlichkeit zugänglich macht, benutzt oder zum Zweck der Verbreitung vervielfältigt, so dürfen auch von dem zu einer solchen Werknutzung Berechtigten an dem Werke selbst, an dessen Titel oder an der Urheberbezeichnung keine Kürzungen, Zusätze oder andere Änderungen vorgenommen werden, soweit nicht der Urheber einwilligt oder das Gesetz die Änderung zuläßt. [2]Zulässig sind insbesondere Änderungen, die der Urheber dem zur Benutzung des Werkes Berechtigten nach den im redlichen Verkehr geltenden Gewohnheiten und Gebräuchen nicht untersagen kann, namentlich Änderungen, die durch die Art oder den Zweck der erlaubten Werknutzung gefordert werden.

(2) Für Urstücke von Werken der bildenden Künste gelten die Vorschriften des Absatzes 1 auch dann, wenn die Urstücke nicht auf eine Art benutzt werden, die das Werk der Öffentlichkeit zugänglich macht.

(3) Die Erteilung der Einwilligung zu nicht näher bezeichneten Änderungen hindert den Urheber nicht, sich Entstellungen, Verstümmelungen und anderen Änderungen des Werkes zu widersetzen, die seine geistigen Interessen am Werke schwer beeinträchtigen.

3. Pflichten des Besitzers eines Werkstückes

§ 22. [1]Der Besitzer eines Werkstückes hat es dem Urheber auf Verlangen zugänglich zu machen, soweit es notwendig ist, um das Werk vervielfältigen zu können; hiebei hat der Urheber die Interessen des Besitzers entsprechend zu berücksichtigen. [2]Der Besitzer ist nicht verpflichtet, dem Urheber das Werkstück zu dem angeführten Zwecke herauszugeben; auch ist er dem Urheber gegenüber nicht verpflichtet, für die Erhaltung des Werkstückes zu sorgen.

4. Übertragung des Urheberrechtes

§ 23. (1) Das Urheberrecht ist vererblich; in Erfüllung einer auf den Todesfall getroffenen Anordnung kann es auch auf Sondernachfolger übertragen werden.

(2) [1]Wird die Verlassenschaft eines Miturhebers von niemand erworben und auch nicht als erbloses Gut vom Staat übernommen, so geht das Miturheberrecht auf die anderen Miturheber über. [2]Dasselbe gilt im Falle des Verzichtes eines Miturhebers auf sein Urheberrecht, soweit dieser Verzicht wirkt.

(3) Im übrigen ist das Urheberrecht unübertragbar.

(4) Geht das Urheberrecht auf mehrere Personen über, so sind auf sie die für Miturheber (§ 11) geltenden Vorschriften entsprechend anzuwenden.

5. Werknutzungsbewilligung und Werknutzungsrecht

§ 24. (1) Der Urheber kann anderen gestatten, das Werk auf einzelne oder alle nach den „§§ 14 bis 18a" dem Urheber vorbehaltenen Verwertungsarten zu benutzen (Werknutzungsbewilligung). Auch kann er einem anderen das ausschließliche Recht dazu einräumen (Werknutzungsrecht). *(BGBl I 2003/32, s Anm zu § 12 Abs 2)*

(2) Eine Werknutzungsbewilligung, die vor Einräumung oder Übertragung eines Werknutzungsrechts erteilt worden ist, bleibt gegenüber dem Werknutzungsberechtigten wirksam, wenn mit dem Inhaber der Werknutzungsbewilligung nichts anderes vereinbart ist. *(BGBl 1982/295)*

6. Exekutionsbeschränkungen

§ 25. (1) Verwertungsrechte sind der Exekution wegen Geldforderungen entzogen.

(2) Die wegen einer Geldforderung auf ein Werkstück geführte Exekution ist unzulässig, wenn durch dessen Verkauf das Verbreitungsrecht des Urhebers oder eines Werknutzungsberechtigten verletzt würde.

(3) Absatz 2 gilt nicht für Werkstücke, die zur Zeit der Pfändung von dem zu ihrer Verbreitung Berechtigten oder mit seiner Einwilligung verpfändet sind.

(4) Bei Werken der bildenden Künste wird durch das Verbreitungsrecht die Exekution auf Werkstücke nicht gehindert, die von dem zur Verbreitung Berechtigten zum Verkauf bereitgestellt sind.

(5) Mittel, die ausschließlich zur Vervielfältigung eines Werkes bestimmt sind (wie Formen, Platten, Steine, Holzstöcke, Filmstreifen u. dgl.) und einem dazu Berechtigten gehören, dürfen wegen einer Geldforderung nur gleich einem Zugehör des Vervielfältigungsrechtes mit diesem in Exekution gezogen werden.

(6) Dasselbe gilt entsprechend für Mittel, die ausschließlich zur Aufführung eines Filmwerkes bestimmt sind (Filmstreifen u. dgl.) und einem dazu Berechtigten gehören.

IV. Abschnitt

Werknutzungsrechte

§ 26. [1]Auf welche Art, mit welchen Mitteln und innerhalb welcher örtlichen und zeitlichen Grenzen das Werk von einem Werknutzungsberechtigten (§ 24 Abs. 1 Satz 2) benutzt werden darf, richtet sich nach dem mit dem Urheber abgeschlossenen Vertrag. [2]Soweit hienach das Werknutzungsrecht reicht, hat sich auch der Urheber gleich einem Dritten, jedoch unbeschadet seines Rechtes, Verletzungen des Urheberrechtes gerichtlich zu verfolgen, der Benutzung des Werkes zu enthalten. Mit dem Erlöschen dieser Verpflichtung erlangt das Verwertungsrecht seine frühere Kraft.

(BGBl 1982/295)

Übertragung der Werknutzungsrechte

§ 27. (1) Werknutzungsrechte sind vererblich und veräußerlich.

(2) [1]Auf Sondernachfolger kann ein Werknutzungsrecht in der Regel nur mit Einwilligung des Urhebers übertragen werden. [2]Die Einwilligung kann nur aus einem wichtigen Grunde verweigert werden. [3]Sie gilt als erteilt, wenn der Urheber sie nicht binnen zwei Monaten nach dem Empfang der schriftlichen Aufforderung des Werknutzungsberechtigten oder dessen, auf den das Werknutzungsrecht übertragen werden soll, versagt; auf diese Wirkung muß in der Aufforderung ausdrücklich hingewiesen sein.

(3) [1]Wer ein Werknutzungsrecht im Wege der Sondernachfolge erwirbt, hat an Stelle des Veräußerers die Verbindlichkeiten zu erfüllen, die diesem nach dem mit dem Urheber geschlossenen Vertrag obliegen. [2]Für das dem Urheber gebührende Entgelt sowie für den Schaden, den der Erwerber im Falle der Nichterfüllung einer der aus diesem Vertrag für ihn entspringenden Pflichten dem Urheber zu ersetzen hat, haftet der Veräußerer dem Urheber wie ein Bürge und Zahler.

(4) Vom Veräußerer mit dem Erwerber ohne Einwilligung des Urhebers getroffene Vereinbarungen, die dem Absatz 3 zum Nachteil des Urhebers widersprechen, sind diesem gegenüber unwirksam.

(5) Die Haftung des Erwerbers für einen schon vor der Übernahme gegen den Veräußerer entstandenen Schadenersatzanspruch des Urhebers richtet sich nach den allgemeinen Vorschriften.

§ 28. (1) Ist nichts anderes vereinbart, so kann ein Werknutzungsrecht mit dem Unternehmen, zu dem es gehört, oder mit einem solchen Zweige des Unternehmens auf einen anderen übertragen werden, ohne daß es der Einwilligung des Urhebers bedarf.

(2) Ferner können, wenn der Werknutzungsberechtigte zur Ausübung seines Rechtes nicht verpflichtet ist und mit dem Urheber nichts anderes vereinbart hat, ohne dessen Einwilligung übertragen werden:

1. Werknutzungsrechte an Sprachwerken und Werken der im § 2, Z. 3, bezeichneten Art, die entweder auf Bestellung des Werknutzungsberechtigten nach seinem den Inhalt und die Art der Behandlung bezeichnenden Plane oder bloß als Hilfs- oder Nebenarbeit für ein fremdes Werk geschaffen werden;

2. Werknutzungsrechte an Werken der Lichtbildkunst (Lichtbildwerken) und des Kunstgewerbes, die auf Bestellung oder im Dienst eines gewerblichen Unternehmens für dieses geschaffen werden. *(BGBl 1953/106)*

Vorzeitige Auflösung des Vertragsverhältnisses

§ 29. (1) Wird von einem Werknutzungsrecht ein dem Zwecke seiner Bestellung entsprechender Gebrauch überhaupt nicht oder nur in so unzureichendem Maße gemacht, daß wichtige Interessen des Urhebers beeinträchtigt werden, so kann dieser, wenn ihn kein Verschulden daran trifft, das Vertragsverhältnis, soweit es das Werknutzungsrecht betrifft, vorzeitig lösen.

(2) [1]Die Auflösung kann erst nach fruchtlosem Ablauf einer vom Urheber dem Werknutzungsberechtigten gesetzten angemessenen Nachfrist erklärt werden. [2]Der Setzung einer Nachfrist bedarf es nicht, wenn die Ausübung des Werknutzungsrechtes dem Erwerber unmöglich ist oder von ihm

verweigert wird oder wenn die Gewährung einer Nachfrist überwiegende Interessen des Urhebers gefährdet.

(3) [1]Auf das Recht, das Vertragsverhältnis aus den im Absatz 1 bezeichneten Gründen zu lösen, kann im voraus für eine drei Jahre übersteigende Frist nicht verzichtet werden. [2]In diese Frist wird die Zeit nicht eingerechnet, in der der Werknutzungsberechtigte durch Umstände, die auf seiten des Urhebers liegen, daran verhindert war, das Werk zu benutzen.

(4) Die Wirksamkeit der vom Urheber abgegebenen Erklärung, das Vertragsverhältnis aufzulösen, kann nicht bestritten werden, wenn der Werknutzungsberechtigte diese Erklärung nicht binnen 14 Tagen nach ihrem Empfang zurückweist.

§ 30. (1) Bei den im § 28, Absatz 2, Z. 1 und 2, bezeichneten Werknutzungsrechten gelten die Vorschriften des § 29 nur, wenn der Werknutzungsberechtigte zur Ausübung seines Rechtes verpflichtet ist.

(2) Durch die Vorschriften des § 29 werden die dem Urheber nach Vertrag oder Gesetz zustehenden Rechte nicht berührt, den Vertrag aus anderen Gründen aufzuheben, vom Vertrag zurückzutreten oder dessen Erfüllung zu begehren sowie Schadenersatz wegen Nichterfüllung zu verlangen.

Werknutzungsrechte an künftigen Werken

§ 31. (1) Auch über erst zu schaffende Werke kann im voraus gültig verfügt werden.

(2) [1]Hat sich der Urheber verpflichtet, einem anderen Werknutzungsrechte an allen nicht näher oder nur der Gattung nach bestimmten Werken einzuräumen, die er zeit seines Lebens oder binnen einer fünf Jahre übersteigenden Frist schaffen wird, so kann jeder Teil den Vertrag kündigen, sobald seit dessen Abschluß fünf Jahre abgelaufen sind. [2]Auf das Kündigungsrecht kann im voraus nicht verzichtet werden. [3]Die Kündigungsfrist beträgt drei Monate, wenn keine kürzere Frist vereinbart ist. [4]Durch die Kündigung wird das Vertragsverhältnis nur hinsichtlich der Werke beendet, die zur Zeit des Ablaufs der Kündigungsfrist noch nicht vollendet sind.

(3) Durch die Vorschrift des Absatzes 2 werden andere Rechte, den Vertrag aufzuheben, nicht berührt.

Eröffnung eines Insolvenzverfahrens

§ 32. (1) Hat der Urheber einem anderen das ausschließliche Recht eingeräumt, ein Werk zu vervielfältigen und zu verbreiten, und wird über das Vermögen des Werknutzungsberechtigten ein Insolvenzverfahren eröffnet, so wird die Anwendung der Vorschriften der Insolvenzordnung über noch nicht erfüllte zweiseitige Verträge dadurch nicht ausgeschlossen, dass der Urheber dem Werknutzungsberechtigten das zu vervielfältigende Werkstück schon vor der Eröffnung des Insolvenzverfahrens übergeben hat.

(2) Ist zur Zeit der Eröffnung des Insolvenzverfahrens mit der Vervielfältigung des Werkes noch nicht begonnen worden, so kann der Urheber vom Vertrag zurücktreten. Auf Antrag des Schuldners oder des Insolvenzverwalters hat das Insolvenzgericht eine Frist zu bestimmen, nach deren Ablauf der Urheber den Rücktritt nicht mehr erklären kann.

(BGBl I 2010/58)

V. Abschnitt

Vorbehalte zugunsten des Urhebers

Auslegungsregeln

§ 33. (1) Wenn nicht das Gegenteil vereinbart worden ist, erstreckt sich die Gewährung des Rechtes, ein Werk zu benutzen, nicht auf Übersetzungen und andere Bearbeitungen, die Gewährung des Rechtes, ein Werk der Literatur oder Tonkunst zu vervielfältigen, nicht auf die Vervielfältigung des Werkes auf Bild- oder Schallträgern und die Gewährung des Rechtes, ein Werk zu senden (§ 17), nicht auf das Recht, das Werk während der Sendung oder zum Zwecke der Sendung auf Bild- oder Schallträgern festzuhalten. *(BGBl 1953/106)*

(2) In der Übertragung des Eigentums an einem Werkstück ist im Zweifel die Einräumung eines Werknutzungsrechtes oder die Erteilung einer Werknutzungsbewilligung nicht enthalten.

Gesamtausgaben

§ 34. [1]Der Urheber, der einem anderen das ausschließliche Recht eingeräumt hat, ein Werk der Literatur oder Tonkunst zu vervielfältigen und zu verbreiten, behält gleichwohl das Recht, das Werk in einer Gesamtausgabe zu vervielfältigen und zu verbreiten, sobald seit dem Ablauf des Kalenderjahrs, in dem das Werk erschienen ist, zwanzig Jahre verstrichen sind. [2]Dieses Recht kann durch Vertrag weder beschränkt noch aufgehoben werden.

Vorbehalt bei Werken der bildenden Künste

§ 35. Der Urheber, der einem anderen das ausschließliche Recht eingeräumt hat, ein Werk der bildenden Künste zu vervielfältigen und zu verbreiten, behält gleichwohl das Recht, es in Aufsätzen über die künstlerische Tätigkeit des Schöpfers des Werkes oder als Probe seines Schaffens zu vervielfältigen und zu verbreiten.

Beiträge zu Sammlungen

§ 36. (1) Wird ein Werk als Beitrag zu einer periodisch erscheinenden Sammlung (Zeitung, Zeitschrift, Jahrbuch, Almanach u. dgl.) angenommen, so bleibt der Urheber berechtigt, das Werk anderweit zu vervielfältigen und zu verbreiten, wenn nichts anderes vereinbart und wenn auch nicht aus den Umständen zu entnehmen ist, daß der Herausgeber oder Verleger der Sammlung das Recht, das Werk darin zu vervielfältigen und zu verbreiten, als ausschließliches Recht in dem Sinn erwerben soll, daß das Werk sonst nicht vervielfältigt oder verbreitet werden darf.

(2) [1]Ein solches ausschließliches Recht erlischt bei Beiträgen zu einer Zeitung sogleich nach dem Erscheinen des Beitrages in der Zeitung. [2]Bei Beiträgen zu anderen periodisch erscheinenden Sammlungen sowie bei Beiträgen, die zu einer nicht periodisch erscheinenden Sammlung angenommen werden und für deren Überlassung dem Urheber kein Anspruch auf ein Entgelt zusteht, erlischt ein solches ausschließliches Recht, wenn seit dem Ablauf des Kalenderjahrs, in dem der Beitrag in der Sammlung erschienen ist, ein Jahr verstrichen ist.

§ 37. [1]Nimmt der Herausgeber oder Verleger einer periodisch erscheinenden Sammlung ein Werk als Beitrag an und wird über die Zeit nichts vereinbart, wann der Beitrag in der Sammlung zu vervielfältigen und zu verbreiten ist, so ist der Herausgeber oder Verleger im Zweifel dazu nicht verpflichtet. [2]Der Urheber kann aber in diesem Falle das Recht des Herausgebers oder Verlegers für erloschen erklären, wenn der Beitrag nicht binnen einem Jahre nach der Ablieferung in der Sammlung erscheint; der Anspruch des Urhebers auf das Entgelt bleibt unberührt. § 29, Absatz 4, gilt entsprechend.

Zweitverwertungsrecht von Urhebern wissenschaftlicher Beiträge

§ 37a. [1]Der Urheber eines wissenschaftlichen Beitrags, der von diesem als Angehörigem des wissenschaftlichen Personals einer mindestens zur Hälfte mit öffentlichen Mitteln finanzierten Forschungseinrichtung geschaffen wurde und in einer periodisch mindestens zweimal jährlich erscheinenden Sammlung erschienen ist, hat auch dann, wenn er dem Verleger oder Herausgeber ein Werknutzungsrecht eingeräumt hat, das Recht, den Beitrag nach Ablauf von zwölf Monaten seit der Erstveröffentlichung in der akzeptierten Manuskriptversion öffentlich zugänglich zu machen, soweit dies keinem gewerblichen Zweck dient. [2]Die Quelle der Erstveröffentlichung ist anzugeben. [3]Eine zum Nachteil des Urhebers abweichende Vereinbarung ist unwirksam.

(BGBl I 2015/99)

VI. Abschnitt

Sondervorschriften für gewerbsmäßig hergestellte Filmwerke

Rechte am Filmwerk

§ 38. (1) [1]Wer sich zur Mitwirkung bei der Herstellung eines Filmes verpflichtet, räumt damit für den Fall, dass er ein Urheberrecht am Filmwerk erwirbt, dem Filmhersteller im Zweifel das ausschließliche Recht ein, das Filmwerk sowie Übersetzungen und andere filmische Bearbeitungen oder Umgestaltungen des Filmwerkes auf alle Nutzungsarten zu nutzen. Hat der Urheber des Filmwerkes dieses Nutzungsrecht im Voraus einem Dritten eingeräumt, so behält er gleichwohl stets die Befugnis, dieses Recht beschränkt oder unbeschränkt dem Filmhersteller einzuräumen. [2]Das Urheberrecht an den zur Herstellung des Filmwerkes benutzten Werken, wie Roman, Drehbuch und Filmmusik, bleibt unberührt. [3]Dieser Absatz gilt für die Rechte zur filmischen Verwertung der bei der Herstellung eines Filmwerkes entstehenden Lichtbildwerke entsprechend. [4]Die gesetzlichen Vergütungsansprüche des Filmurhebers stehen dem Filmhersteller und dem Filmurheber je zur Hälfte zu, soweit sie nicht unverzichtbar sind. *(BGBl I 2015/99)*

(1a) [1]Gestattet der nach Abs. 1 berechtigte Filmhersteller oder ein Werknutzungsberechtigter gegen Entgelt anderen die Benutzung eines Filmwerks zur gleichzeitigen, vollständigen und unveränderten Weitersendung mit Hilfe von Leitungen, so hat der Urheber Anspruch auf einen Anteil an diesem Entgelt; dieser Anteil beträgt ein Drittel, soweit der Filmhersteller mit dem Urheber nichts anderes vereinbart hat. [2]Gestattet der Filmhersteller oder Werknutzungsberechtigte die Benutzung auch als Inhaber anderer Ausschließungsrechte und wird hiefür ein pauschales Entgelt vereinbart, so steht dem Urheber der Anspruch nach dieser Bestimmung nur an dem Teil des Entgelts zu, der auf die Abgeltung des Werknutzungsrechts am Filmwerk entfällt. [3]Der Urheber kann den Anspruch nach dieser Bestimmung unmittelbar gegenüber demjenigen geltend machen, der zur Zahlung des Entgelts verpflichtet ist, wenn er diesem gegenüber nachweist, dass der Anspruch vom Filmhersteller beziehungsweise Werknutzungsberechtigten anerkannt oder gegen diesen gerichtlich festgestellt ist. Der Anspruch des Urhebers nach dieser Bestimmung kann nur durch Verwertungsgesellschaften geltend gemacht werden. *(BGBl I 2006/22, s Art IV UrhG-Nov 2005)*

(2) Änderungen des Filmwerkes, seines Titels und der Bezeichnung des Filmherstellers dürfen, unbeschadet der Vorschrift des § 39, Absatz 3, ohne Einwilligung des Filmherstellers nur vorgenommen werden, soweit sie nach der auf den

Filmhersteller entsprechend anzuwendenden Vorschrift des § 21, Absatz 1, zulässig sind.

(3) [1]Bis zum Beweis des Gegenteils gilt als Filmhersteller, wer als solcher auf den Vervielfältigungsstücken eines Filmwerkes in der üblichen Weise durch Angabe seines wahren Namens, seiner Firma oder eines von ihm bekanntermaßen gebrauchten Decknamens oder Unternehmenskennzeichens bezeichnet wird. [2]Dasselbe gilt von dem, der bei einer öffentlichen Aufführung oder bei einer Rundfunksendung des Filmwerkes auf die angegebene Art als Filmhersteller bezeichnet wird, sofern nicht die im vorigen Satz aufgestellte Vermutung dafür spricht, daß Filmhersteller ein anderer ist. *(BGBl 1982/295)*

Urheber

§ 39. (1) Wer an der Schaffung eines gewerbsmäßig hergestellten Filmwerkes derart mitgewirkt hat, daß der Gesamtgestaltung des Werkes die Eigenschaft einer eigentümlichen geistigen Schöpfung zukommt, kann vom Hersteller verlangen, auf dem Film und in Ankündigungen des Filmwerkes als dessen Urheber genannt zu werden.

(2) Die Urheberbezeichnung (Absatz 1) ist in den Ankündigungen von öffentlichen Aufführungen und von Rundfunksendungen des Filmwerkes anzuführen.

(3) Zu einer nach § 21 nur mit Einwilligung des Urhebers zulässigen Änderung des Filmwerkes, seines Titels und der Urheberbezeichnung bedarf es, unbeschadet der Vorschrift des § 38, Absatz 2, der Einwilligung der in der Urheberbezeichnung genannten Urheber.

(4) [1]Zur Verwertung von Bearbeitungen und Übersetzungen des Filmwerkes bedarf es außer der Einwilligung des Filmherstellers auch der Einwilligung der in der Urheberbezeichnung genannten Urheber. „[2]Soweit diese Urheber mit dem Filmhersteller nichts anderes vereinbart haben, bedarf es dieser Einwilligung nicht für Übersetzungen und Bearbeitungen einschließlich der Fertigstellung des unvollendet gebliebenen Filmwerks, die nach den im redlichen Verkehr geltenden Gewohnheiten und Gebräuchen zur normalen Verwertung des Filmwerks erforderlich sind und die geistigen Interessen der Urheber am Werk nicht beeinträchtigen.“ *(BGBl 1996/151, s Art VI UrhG-Nov 1996)*

(5) *(aufgehoben, BGBl 1996/151, s Art VI UrhGNov 1996)*

Verwertungsrechte und Werknutzungsrechte

§ 40. (1) [1]Die dem Filmhersteller zustehenden Verwertungsrechte sind vererblich und veräußerlich und können ohne Einschränkung in Exekution gezogen werden. Werden sie auf einen anderen übertragen, so kann dem Erwerber auch das Recht eingeräumt werden, sich als Hersteller des Filmwerkes zu bezeichnen. [2]In diesem Falle gilt der Erwerber fortan als Filmhersteller und genießt auch den diesem nach § 38, Absatz 2, zukommenden Schutz.

(2) Werknutzungsrechte an gewerbsmäßig hergestellten Filmwerken können, wenn mit dem Hersteller nichts anderes vereinbart worden ist, ohne dessen Einwilligung auf einen anderen übertragen werden.

(3) Die Vorschriften des § 29 gelten für Werknutzungsrechte an gewerbsmäßig hergestellten Filmwerken nicht.

VIa. Abschnitt

Sondervorschriften für Computerprogramme

Computerprogramme

§ 40a. (1) Computerprogramme sind Werke im Sinn dieses Gesetzes, wenn sie das Ergebnis der eigenen geistigen Schöpfung ihres Urhebers sind.

(2) In diesem Gesetz umfaßt der Ausdruck „Computerprogramm“ alle Ausdrucksformen einschließlich des Maschinencodes sowie das Material zur Entwicklung des Computerprogramms.

(BGBl 1993/93)

Dienstnehmer

§ 40b. [1]Wird ein Computerprogramm von einem Dienstnehmer in Erfüllung seiner dienstlichen Obliegenheiten geschaffen, so steht dem Dienstgeber hieran ein unbeschränktes Werknutzungsrecht zu, wenn er mit dem Urheber nichts anderes vereinbart hat. [2]In solchen Fällen ist der Dienstgeber auch zur Ausübung der in § 20 und § 21 Abs. 1 bezeichneten Rechte berechtigt; das Recht des Urhebers, nach die Urheberschaft für sich in Anspruch zu nehmen, bleibt unberührt.

(BGBl 1993/93, gilt nicht für Computerprogramme, die davor geschaffen wurden)

Werknutzungsrechte

§ 40c. [1]Werknutzungsrechte an Computerprogrammen können, wenn mit dem Urheber nichts anderes vereinbart worden ist, ohne dessen Einwilligung auf einen anderen übertragen werden. [2]Die Vorschriften des § 29 gelten für Werknutzungsrechte an Computerprogrammen nicht.

(BGBl 1993/93, s Anm zu § 40b)

Freie Werknutzungen

§ 40d. (1) § 42 gilt für Computerprogramme nicht.

(2) Computerprogramme dürfen vervielfältigt und bearbeitet werden, soweit dies für ihre bestim-

mungsgemäße Benutzung durch den zur Benutzung Berechtigten notwendig ist; hiezu gehört auch die Anpassung an dessen Bedürfnisse.

(3) Die zur Benutzung eines Computerprogramms berechtigte Person darf

1. Vervielfältigungsstücke für Sicherungszwecke (Sicherungskopien) herstellen, soweit dies für die Benutzung des Computerprogramms notwendig ist;

2. das Funktionieren des Programms beobachten, untersuchen oder testen, um die einem Programmelement zugrunde liegenden Ideen und Grundsätze zu ermitteln, wenn sie dies durch Handlungen zum Laden, Anzeigen, Ablaufen, Übertragen oder Speichern des Programms tut, zu denen sie berechtigt ist.

(4) Auf die Rechte nach Abs. 2 und 3 kann wirksam nicht verzichtet werden; dies schließt Vereinbarungen über den Umfang der bestimmungsgemäßen Benutzung im Sinn des Abs. 2 nicht aus.

(BGBl 1993/93)

Dekompilierung

§ 40e. (1) Der Code eines Computerprogramms darf vervielfältigt und seine Codeform übersetzt werden, sofern folgende Bedingungen erfüllt sind:

1. Die Handlungen sind unerläßlich, um die erforderlichen Informationen zur Herstellung der Interoperabilität eines unabhängig geschaffenen Computerprogramms mit anderen Programmen zu erhalten;

2. die Handlungen werden von einer zur Verwendung des Vervielfältigungsstücks eines Computerprogramms berechtigten Person oder in deren Namen von einer hiezu ermächtigten Person vorgenommen;

3. die für die Herstellung der Interoperabilität notwendigen Informationen sind für die unter Z 1 genannten Personen noch nicht ohne weiteres zugänglich gemacht; und

4. die Handlungen beschränken sich auf die Teile des Programms, die zur Herstellung der Interoperabilität notwendig sind.

(2) Die nach Abs. 1 gewonnenen Informationen dürfen nicht

1. zu anderen Zwecken als zur Herstellung der Interoperabilität des unabhängig geschaffenen Programms verwendet werden;

2. an Dritte weitergegeben werden, es sei denn, daß dies für die Interoperabilität des unabhängig geschaffenen Programms notwendig ist;

3. für die Entwicklung, Vervielfältigung oder Verbreitung eines Programms mit im wesentlichen ähnlicher Ausdrucksform oder für andere, das Urheberrecht verletzende Handlungen verwendet werden.

(3) Auf das Recht der Dekompilierung (Abs. 1) kann wirksam nicht verzichtet werden.

(BGBl 1993/93)

VIb. Abschnitt

Sondervorschriften für Datenbankwerke

Datenbanken und Datenbankwerke

§ 40f. (1) [1]Datenbanken im Sinn dieses Gesetzes sind Sammlungen von Werken, Daten oder anderen unabhängigen Elementen, die systematisch oder methodisch angeordnet und einzeln mit elektronischen Mitteln oder auf andere Weise zugänglich sind. [2]Ein Computerprogramm, das für die Herstellung oder den Betrieb einer elektronisch zugänglichen Datenbank verwendet wird, ist nicht Bestandteil der Datenbank.

(2) Datenbanken werden als Sammelwerke (§ 6) urheberrechtlich geschützt, wenn sie infolge der Auswahl oder Anordnung des Stoffes eine eigentümliche geistige Schöpfung sind (Datenbankwerke).

(3) Die §§ 40b und 40c gelten für Datenbankwerke entsprechend.

(BGBl I 1998/25, gilt auch für Datenbankwerke, die davor geschaffen worden sind)

Wiedergaberecht

§ 40g. Der Urheber hat das ausschließliche Recht, ein Datenbankwerk öffentlich wiederzugeben.

(BGBl I 1998/25, s Anm zu § 40f)

Freie Werknutzungen

§ 40h. (1) [1]§ 42 Abs. 1, 3 und 4 ist auf Datenbankwerke nicht anzuwenden. [2]Jedoch darf jede natürliche Person von einem Datenbankwerk, dessen Elemente nicht einzeln mit Hilfe elektronischer Mittel zugänglich sind, einzelne Vervielfältigungsstücke zum privaten Gebrauch und weder für unmittelbare noch mittelbare kommerzielle Zwecke herstellen. *(BGBl I 2003/32, s Anm zu § 12 Abs 2)*

(2) § 42 Abs. 2 gilt für Datenbankwerke mit der Maßgabe, dass die Vervielfältigung auch auf Papier oder einem ähnlichen Träger zulässig ist. *(BGBl I 2003/32, s Anm zu § 12 Abs 2)*

(3) [1]Die zur Benutzung eines Datenbankwerks oder eines Teiles desselben berechtigte Person darf die dem Urheber sonst vorbehaltenen Verwertungshandlungen vornehmen, wenn sie für den Zugang zum Inhalt des Datenbankwerks oder des Teiles derselben oder für deren bestimmungsgemäße Benutzung notwendig sind. [2]Auf dieses Recht kann wirksam nicht verzichtet werden; dies

schließt Vereinbarungen über den Umfang der bestimmungsgemäßen Benutzung nicht aus.

(BGBl I 1998/25, s Anm zu § 40f; Abs 2 ist nicht auf Verträge anzuwenden, die vor dem 1. 1. 1998 geschlossen worden sind)

VII. Abschnitt

Beschränkungen der Verwertungsrechte

1. Freie Werknutzungen

Freie Werknutzungen im Interesse der Rechtspflege und der Verwaltung

§ 41. Der Benutzung eines Werkes zu Zwecken der öffentlichen Sicherheit oder zur Sicherstellung des ordnungsgemäßen Ablaufs von Verwaltungsverfahren, parlamentarischen Verfahren oder Gerichtsverfahren steht das Urheberrecht nicht entgegen.

(BGBl I 2003/32, s Anm zu § 12 Abs 2)

Flüchtige und begleitende Vervielfältigungen

§ 41a. Zulässig ist die vorübergehende Vervielfältigung,

1. wenn sie flüchtig oder begleitend ist und

2. wenn sie ein integraler und wesentlicher Teil eines technischen Verfahrens ist und

3. wenn ihr alleiniger Zweck die Übertragung in einem Netz zwischen Dritten durch einen Vermittler oder eine rechtmäßige Nutzung ist und

4. wenn sie keine eigenständige wirtschaftliche Bedeutung hat.

(BGBl I 2003/32, s Anm zu § 12 Abs 2)

Vervielfältigung zum eigenen und zum privaten Gebrauch

§ 42. (1) Jedermann darf von einem Werk einzelne Vervielfältigungsstücke auf Papier oder einem ähnlichen Träger zum eigenen Gebrauch herstellen.

(2) Jedermann darf von einem Werk einzelne Vervielfältigungstücke auf anderen als den in Abs. 1 genannten Trägern zum eigenen Gebrauch zu Zwecken der Forschung herstellen, soweit dies zur Verfolgung nicht kommerzieller Zwecke gerechtfertigt ist.

(3) Jedermann darf von Werken, die im Rahmen der Berichterstattung über Tagesereignisse veröffentlicht werden, einzelne Vervielfältigungsstücke zum eigenen Gebrauch herstellen, sofern es sich nur um eine analoge Nutzung handelt.

(4) Jede natürliche Person darf von einem Werk einzelne Vervielfältigungsstücke auf anderen als den in Abs. 1 genannten Trägern zum privaten Gebrauch und weder für unmittelbare noch mittelbare kommerzielle Zwecke herstellen.

(5) [1]„Eine Vervielfältigung zum eigenen oder privaten Gebrauch liegt vorbehaltlich der Abs. 6 und 7 nicht vor, wenn sie zu dem Zweck vorgenommen wird, das Werk mit Hilfe des Vervielfältigungsstückes der Öffentlichkeit zugänglich zu machen, oder wenn hiefür eine offensichtlich rechtswidrig hergestellte oder öffentlich zugänglich gemachte Vorlage verwendet wird.“[2] Zum eigenen oder privaten Gebrauch hergestellte Vervielfältigungsstücke dürfen nicht dazu verwendet werden, das Werk damit der Öffentlichkeit zugänglich zu machen. *(BGBl I 2015/99)*

(6) „[1]„Schulen, Universitäten und andere Bildungseinrichtungen“** dürfen für Zwecke des Unterrichts beziehungsweise der Lehre in dem dadurch gerechtfertigten Umfang Vervielfältigungsstücke in der für eine bestimmte Schulklasse beziehungsweise Lehrveranstaltung erforderlichen Anzahl herstellen (Vervielfältigung zum eigenen Schulgebrauch) und verbreiten; dies gilt auch für Musiknoten. [2]Auf anderen als den im Abs. 1 genannten Trägern ist dies aber nur zur Verfolgung nicht kommerzieller Zwecke zulässig.“*[3]Die Befugnis zur Vervielfältigung zum eigenen Schulgebrauch gilt nicht für Werke, die ihrer Beschaffenheit und Bezeichnung nach zum Schul- oder Unterrichtsgebrauch bestimmt sind. *(*BGBl I 2006/22; **BGBl I 2015/99)*

(7) [1]Der Öffentlichkeit zugängliche Einrichtungen, die Werkstücke sammeln, dürfen Vervielfältigungsstücke zur Aufnahme in ein eigenes Archiv herstellen (Vervielfältigung zum eigenen Gebrauch von Sammlungen), wenn und soweit die Vervielfältigung zu diesem Zweck geboten ist. Dies ist auf anderen als den im Abs. 1 genannten Trägern aber nur dann zulässig, wenn sie damit keinen unmittelbaren oder mittelbaren wirtschaftlichen oder kommerziellen Zweck verfolgen. [2]Unter dieser Einschränkung dürfen sie ferner

1. von eigenen Werkstücken jeweils ein Vervielfältigungsstück herstellen und dieses statt des vervielfältigten Werkstücks unter denselben Voraussetzungen wie jenes ausstellen (§ 16 Abs. 2), verleihen (§ 16a) und nach § 56b benützen;

2. von veröffentlichten, aber nicht erschienenen oder vergriffenen Werken einzelne Vervielfältigungsstücke herstellen und diese ausstellen (§ 16 Abs. 2), nach § 16a verleihen und nach § 56b benützen, solange das Werk nicht erschienen beziehungsweise vergriffen ist.

(BGBl I 2015/99)

(8) „Die folgenden Vervielfältigungen sind – unbeschadet des Abs. 6 – jedoch stets nur mit Einwilligung des Berechtigten zulässig:“ *(BGBl I 2006/22)*

1. die Vervielfältigung ganzer Bücher, ganzer Zeitschriften oder von Musiknoten; dies gilt auch dann, wenn als Vervielfältigungsvorlage nicht das Buch, die Zeitschrift oder die Musiknoten

selbst, sondern eine gleichviel in welchem Verfahren hergestellte Vervielfältigung des Buches, der Zeitschrift oder der Musiknoten verwendet wird; „jedoch ist auch in diesen Fällen die Vervielfältigung durch Abschreiben, die Vervielfältigung nicht erschienener oder vergriffener Werke sowie die Vervielfältigung unter den Voraussetzungen des Abs. 7 zulässig;“ *(BGBl I 2015/99)*

2. die Ausführung eines Werkes der Baukunst nach einem Plan oder Entwurf oder der Nachbau eines solchen Werkes.

(BGBl I 2003/32, s Anm zu § 12 Abs 2)

§ 42a. „(1)“ [1]Auf Bestellung dürfen unentgeltlich einzelne Vervielfältigungsstücke auch zum eigenen Gebrauch eines anderen hergestellt werden. [2]Eine solche Vervielfältigung ist jedoch auch entgeltlich zulässig,

1. wenn die Vervielfältigung mit Hilfe reprographischer oder ähnlicher Verfahren vorgenommen wird;

2. wenn ein Werk der Literatur oder Tonkunst durch Abschreiben vervielfältigt wird;

3. wenn es sich um eine Vervielfältigung nach § 42 Abs. 3 handelt. *(BGBl I 2003/32, s Anm zu § 12 Abs 2)*
(BGBl I 2015/99)

(2) Der Öffentlichkeit zugängliche Einrichtungen, die Werkstücke sammeln, dürfen auf Bestellung unentgeltlich oder gegen ein die Kosten nicht übersteigendes Entgelt Vervielfältigungsstücke auf beliebigen Trägern zum eigenen Schulgebrauch oder zum eigenen oder privaten Gebrauch für Zwecke der Forschung herstellen. *(BGBl I 2015/99)*

(BGBl 1996/151)

§ 42b. (1) Ist von einem Werk, das durch Rundfunk gesendet, der Öffentlichkeit zur Verfügung gestellt oder auf einem zu Handelszwecken hergestellten Speichermedium festgehalten worden ist, seiner Art nach zu erwarten, dass es durch Festhalten auf einem Speichermedium nach § 42 Abs. 2 bis 7 zum eigenen oder privaten Gebrauch vervielfältigt wird, so hat der Urheber Anspruch auf eine angemessene Vergütung (Speichermedienvergütung), wenn Speichermedien jeder Art, die für solche Vervielfältigungen geeignet sind, im Inland gewerbsmäßig in Verkehr kommen. *(BGBl I 2015/99)*

(2) Ist von einem Werk seiner Art nach zu erwarten, daß es mit Hilfe reprographischer oder ähnlicher Verfahren zum eigenen Gebrauch vervielfältigt wird, so hat der Urheber Anspruch auf eine angemessene Vergütung (Reprographievergütung),

1. wenn ein Gerät, das seiner Art nach zur Vornahme solcher Vervielfältigungen bestimmt ist (Vervielfältigungsgerät), im Inland gewerbsmäßig entgeltlich in den Verkehr kommt (Gerätevergütung) und

2. wenn ein Vervielfältigungsgerät in Schulen, Hochschulen, Einrichtungen der Berufsbildung oder der sonstigen Aus- und Weiterbildung, Forschungseinrichtungen, öffentlichen Bibliotheken oder in Einrichtungen betrieben wird, die Vervielfältigungsgeräte entgeltlich bereithalten (Betreibervergütung).

(2a) Die Ansprüche nach Abs. 1 und 2 entfallen, soweit nach den Umständen erwartet werden kann, dass den Urhebern durch die Vervielfältigung zum eigenen oder privaten Gebrauch nur ein geringfügiger Nachteil entsteht. *(BGBl I 2015/99)*

(3) Folgende Personen haben die Vergütung zu leisten:

1. die Speichermedien- und die Gerätevergütung derjenige, der die Speichermedien oder das Vervielfältigungsgerät von einer im In- oder im Ausland gelegenen Stelle aus als erster gewerbsmäßig in Verkehr bringt; wer die Speichermedien oder das Vervielfältigungsgerät im Inland gewerbsmäßig, jedoch nicht als erster in Verkehr bringt oder feil hält, haftet wie ein Bürge und Zahler; von der Haftung für die Speichermedienvergütung ist jedoch ausgenommen, wer im Halbjahr Speichermedien mit nicht mehr als 10.000 Stunden Spieldauer bezieht oder Kleinunternehmer im Sinne des UStG 1994 ist; hat der Beklagte im Inland keinen allgemeinen Gerichtsstand, so sind die Gerichte, in deren Sprengel der erste Wiener Gemeindebezirk liegt, zuständig; *(BGBl I 2015/99)*

2. die Betreibervergütung der Betreiber des Vervielfältigungsgeräts.

(4) Bei der Bemessung der Vergütung ist insbesondere auf die folgenden Umstände Bedacht zu nehmen:

1. auf die bisher in Geltung gestandenen vergleichbaren Vergütungssätze und das Gesamtvolumen der Vergütung, wobei unverhältnismäßige Veränderungen vermieden werden sollen;

2. auf vergleichbare Vergütungssätze und -volumina in Mitgliedstaaten der Europäischen Union oder Vertragsstaaten des EWR;

3. auf den Schaden für den Urheber durch die Vervielfältigungen, deren Auswirkung auf die normale Werkverwertung und auf dic berechtigten Interessen des Urhebers;

4. auf den Vorteil desjenigen, der vervielfältigt, und auf den Vorteil des Zahlungspflichtigen unter Berücksichtigung der wirtschaftlichen Entwicklung des betreffenden Wirtschaftszweigs, einschließlich des Umsatzes mit Geräten und Speichermedien;

5. auf das Ausmaß, in dem die Speichermedien und Geräte durchschnittlich für Vervielfältigungen zum eigenen oder privaten Gebrauch genutzt

werden und auf das Gesamtausmaß solcher Nutzungen, wobei auch die Auswirkungen der Anwendung technischer Schutzmaßnahmen auf die Nutzung der betreffenden Werke für vergütungspflichtige Vervielfältigungen zu berücksichtigen sind;

6. auf die nutzungsrelevanten Eigenschaften der Speichermedien und Geräte, insbesondere die Leistungsfähigkeit von Geräten sowie die Speicherkapazität und Mehrfachbeschreibbarkeit von Speichermedien;

7. auf die wirtschaftlichen Interessen der Hersteller, Händler und Importeure von Geräten und Speichermedien, die nicht unzumutbar beeinträchtigt werden dürfen;

8. auf ein wirtschaftlich angemessenes Verhältnis der Vergütung zum typischen Preisniveau der Geräte oder der Speichermedien, wobei „ “ die Gerätevergütung 11% dieses Preisniveaus für Geräte nicht übersteigen soll; soweit aufgrund empirischer Nachweise eine fast ausschließliche Nutzung eines Gerätes und eines Speichermediums nach Abs. 1 oder 2 nachgewiesen wird, ist ein Überschreiten dieser Grenze zulässig; *(BGBl I 2018/105 (VfGH))*

9. bei der Betreibervergütung auf die Art und den Umfang der Nutzung des Vervielfältigungsgeräts, die nach den Umständen, insbesondere nach der Art des Betriebs, dem Standort des Geräts und der üblichen Verwendung wahrscheinlich ist.

(BGBl I 2015/99)

(5) Vergütungsansprüche nach den Abs. 1 und 2 können nur von Verwertungsgesellschaften geltend gemacht werden.

(6) Die Verwertungsgesellschaft hat bezahlte Vergütungen zurückzuzahlen

1. an denjenigen, der Speichermedien oder ein Vervielfältigungsgerät vor der Veräußerung an den Letztverbraucher in das Ausland ausführt;

2. an den Letztverbraucher, der Speichermedien zu einem Preis erworben hat, der die bezahlte Vergütung einschließt, diese jedoch nicht für Vervielfältigungen zum eigenen oder privaten Gebrauch benutzt oder benutzen lässt.

Die den Rückzahlungsanspruch begründenden Tatsachen sind glaubhaft zu machen. *(BGBl I 2015/99)*

(7) Vergütungsansprüche nach Abs. 1 stehen nicht zu, wenn der Zahlungspflichtige glaubhaft macht, dass die Speichermedien weder von ihm selbst noch von Dritten für Vervielfältigungen zum eigenen oder privaten Gebrauch verwendet werden. *(BGBl I 2015/99)*

(8) Die Verwertungsgesellschaft hat auf ihrer Website einen einfachen, verständlichen und für den durchschnittlichen Nutzer nachvollziehbaren Weg für die Geltendmachung des Rückersatzanspruchs und der Befreiung von der Zahlungspflicht anzubieten, der eine wirksame Geltendmachung ermöglicht und mit keiner übermäßigen Erschwernis verbunden ist. *(BGBl I 2015/99)*

(9) In Rechnungen über die Veräußerung oder ein sonstiges Inverkehrbringen der in Abs. 1 und 2 genannten Speichermedien und Geräte ist auf die auf das Speichermedium oder das Gerät entfallende Vergütung hinzuweisen. *(BGBl I 2015/99)*

(BGBl 1996/151)

Berichterstattung über Tagesereignisse

§ 42c. Zur Berichterstattung über Tagesereignisse dürfen Werke, die bei Vorgängen, über die berichtet wird, öffentlich wahrnehmbar werden, in einem durch den Informationszweck gerechtfertigten Umfang vervielfältigt, verbreitet, durch Rundfunk gesendet, der Öffentlichkeit zur Verfügung gestellt und zu öffentlichen Vorträgen, Aufführungen und Vorführungen benutzt werden.

(BGBl I 2003/32, s Anm zu § 12 Abs 2)

Menschen mit Behinderungen

§ 42d. (1) Seh- oder lesebehindert im Sinn dieser Bestimmung sind Menschen, die

1. blind sind,

2. an einer nicht ausgleichbaren Sehbehinderung, einer Wahrnehmungsstörung oder einer Lesebehinderung leiden, aufgrund derer sie nicht in der Lage sind, Druckwerke in im Wesentlichen gleicher Weise wie ein Mensch ohne eine solche Beeinträchtigung zu lesen, oder

3. aufgrund einer körperlichen Behinderung nicht in der Lage sind, ein Buch zu halten oder handzuhaben oder ihre Augen in dem Umfang zu fokussieren oder zu bewegen, wie es für das Lesen normalerweise erforderlich wäre.

(2) Befugte Stellen für Seh- und Lesebehinderungen sind Organisationen, die auf Grundlage einer staatlichen Anerkennung, Befugnis oder finanziellen Unterstützung für Menschen mit Seh- oder Lesebehinderungen Ausbildung, Schulung und adaptiven Lese- oder Informationszugang auf gemeinnütziger Basis bereitstellen, sowie öffentliche Einrichtungen oder gemeinnützige Organisationen, die als eine ihrer Kerntätigkeiten, institutionellen Aufgaben oder als Teil ihrer im Gemeinwohl liegenden Aufgaben Menschen mit Seh- oder Lesebehinderungen diese Dienste anbieten.

(3) Ein Vervielfältigungsstück in einem barrierefreien Format ist ein Vervielfältigungsstück eines Werkes,

1. das einem seh- oder lesebehinderten Menschen den Zugang zu dem Werk ermöglicht, einschließlich eines genauso leichten und komfortablen Zugangs wie ihn ein Mensch ohne eine Behinderung der Seh- oder Lesefähigkeit hat, und

2. bei dem das vervielfältigte Werk davor in Form eines Buches, einer Zeitung, einer Zeitschrift, eines Magazins oder eines anderen Schriftstücks, einer Notation einschließlich von Notenblättern, und zugehöriger Illustrationen in einer beliebigen Medienform, auch in Audioformat wie Hörbüchern, und in digitaler Form veröffentlicht oder anderweitig rechtmäßig öffentlich zugänglich gemacht wurde.

(4) Seh- oder lesebehinderte Menschen und in deren Namen handelnde Personen dürfen ein Vervielfältigungsstück in einem barrierefreien Format zur ausschließlichen Nutzung durch die seh- oder lesebehinderte Person herstellen, wenn diese rechtmäßigen Zugang zu dem Werk hat.

(5) Befugte Stellen für Seh- und Lesebehinderungen dürfen

1. ein Vervielfältigungsstück in einem barrierefreien Format herstellen, wenn sie rechtmäßigen Zugang zu dem Werk haben, und

2. ein Vervielfältigungsstück in einem barrierefreien Format zugunsten von Menschen mit Seh- oder Lesebehinderungen und anderen befugten Stellen für Seh- und Lesebehinderungen, die ihren Wohnsitz oder Sitz im Inland oder in einem anderen Mitgliedstaat der EU oder Vertragsstaat des EWR haben, in gemeinnütziger Weise verbreiten, durch Rundfunk senden, der Öffentlichkeit zur Verfügung stellen, nach § 40g öffentlich wiedergeben und zu öffentlichen Vorträgen, Aufführungen und Vorführungen nutzen.

(6) Befugte Stellen für Seh- und Lesebehinderungen, die nach Abs. 5 Z 2 grenzüberschreitende Handlungen vornehmen, haben Verfahren festzulegen und zu befolgen, die sicherstellen, dass

1. es sich bei den Menschen, die in den Genuss ihrer Dienste kommen, um Menschen mit Seh- oder Lesebehinderungen handelt, und nur solchen Menschen oder anderen befugten Stellen für Seh- und Lesebehinderungen Vervielfältigungen von Werken zugänglich gemacht werden,

2. der unbefugten Vervielfältigung, Verbreitung, Sendung, öffentlichen Zurverfügungstellung, öffentlichen Wiedergabe nach § 40g sowie Nutzung zu Vorträgen, Aufführungen und Vorführungen durch geeignete Schritte entgegengewirkt wird,

3. die für die Handhabung der Werke und der Vervielfältigungsstücke in einem barrierefreien Format erforderliche Sorgfalt angewandt wird und darüber Aufzeichnungen geführt werden sowie

4. Informationen darüber, wie sie den Verpflichtungen nach den Z 1 bis 3 nachkommen, soweit zweckmäßig auf ihrer Internetseite oder über sonstige Online- oder Offline-Kanäle veröffentlicht und auf dem neuesten Stand gehalten werden.

(7) Befugte Stellen für Seh- und Lesebehinderungen im Sinn des Abs. 6 haben seh- oder lesebehinderten Menschen und anderen befugten Stellen für Seh- und Lesebehinderungen mit Wohnsitz oder Sitz im Inland, in einem anderen Mitgliedstaat der EU oder Vertragsstaat des EWR sowie Rechteinhabern auf Anfrage Auskunft über

1. die Liste der Werke, von denen sie Vervielfältigungsstücke in einem barrierefreien Format besitzen,

2. die Formate, über die sie für diese Werke verfügen, sowie

3. die Namen und Kontaktangaben der befugten Stellen für Seh- und Lesebehinderungen, mit denen sie Vervielfältigungsstücke in einem barrierefreien Format grenzüberschreitend austauschen,

in barrierefreier Form zu erteilen.

(8) Für die Vervielfältigung, Verbreitung, Sendung, öffentliche Zurverfügungstellung, öffentliche Wiedergabe nach § 40g sowie Nutzung zu Vorträgen, Aufführungen und Vorführungen durch eine befugte Stelle für Seh- und Lesebehinderungen mit Sitz im Inland steht dem Urheber ein Anspruch auf einen finanziellen Ausgleich zu. Bei der Bestimmung der Höhe des Ausgleichs ist den besonderen Umständen des Einzelfalls und der Tatsache, dass die Tätigkeiten befugter Stellen für Seh- und Lesebehinderungen keinen Erwerbszweck haben, ebenso Rechnung zu tragen wie den mit dieser Bestimmung verfolgten im Gemeinwohl liegenden Zielen, den Interessen der Menschen mit Seh- oder Lesebehinderungen, dem eventuellen Schaden für Urheber und der Notwendigkeit, die grenzüberschreitende Verbreitung von Vervielfältigungsstücken in barrierefreien Formaten sicherzustellen. Dieser Anspruch kann nur von Verwertungsgesellschaften geltend gemacht werden.

(9) Die freie Werknutzung nach Abs. 4 und 5 kann vertraglich nicht abbedungen werden.

(10) Für Menschen mit anderen Behinderungen, die den Zugang zu Werken in vergleichbarer Weise erschweren, und für die Nutzung von anderen als den in Abs. 3 Z 2 genannten Werken durch oder zugunsten von Menschen mit Seh- und Lesebehinderungen gelten Abs. 2, Abs. 3 Z 1 und Abs. 4 bis 9 ohne die in Abs. 5 Z 2 vorgesehenen Beschränkungen auf bestimmte Staaten sinngemäß.

(BGBl I 2018/63)

Unwesentliches Beiwerk

§ 42e. Werke dürfen vervielfältigt, verbreitet, durch Rundfunk gesendet, der Öffentlichkeit zur Verfügung gestellt und zu öffentlichen Vorträgen, Aufführungen und Vorführungen benutzt werden, wenn sie dabei nur zufällig oder beiläufig und ohne Bezug zum eigentlichen Gegenstand der Verwertungshandlung genutzt werden.

(BGBl I 2015/99)

Zitate

§ 42f. (1) [1]Ein veröffentlichtes Werk darf zum Zweck des Zitats vervielfältigt, verbreitet, durch Rundfunk gesendet, der Öffentlichkeit zur Verfügung gestellt und zu öffentlichen Vorträgen, Aufführungen und Vorführungen benutzt werden, sofern die Nutzung in ihrem Umfang durch den besonderen Zweck gerechtfertigt ist. [2]Zulässig ist dies insbesondere, wenn

1. einzelne Werke nach ihrem Erscheinen in ein die Hauptsache bildendes wissenschaftliches Werk aufgenommen werden; ein Werk der in § 2 Z 3 bezeichneten Art oder ein Werk der bildenden Künste darf nur zur Erläuterung des Inhaltes aufgenommen werden;

2. veröffentlichte Werke der bildenden Künste bei einem die Hauptsache bildenden wissenschaftlichen oder belehrenden Vortrag bloß zur Erläuterung des Inhaltes öffentlich vorgeführt und die dazu notwendigen Vervielfältigungsstücke hergestellt werden;

3. einzelne Stellen eines veröffentlichten Sprachwerkes in einem selbstständigen neuen Werk angeführt werden;

4. einzelne Stellen eines veröffentlichten Werkes der Tonkunst in einer literarischen Arbeit angeführt werden;

5. einzelne Stellen eines erschienenen Werkes in einem selbstständigen neuen Werk angeführt werden.

(2) [1]Für die Zwecke dieser Bestimmung ist einem erschienenen Werk ein Werk gleichzuhalten, das mit Zustimmung des Urhebers der Öffentlichkeit in einer Weise zur Verfügung gestellt wurde, dass es für die Allgemeinheit zugänglich ist.

(BGBl I 2015/99)

Öffentliche Zurverfügungstellung für Unterricht und Lehre

§ 42g. (1) Schulen, Universitäten und andere Bildungseinrichtungen dürfen für Zwecke des Unterrichts beziehungsweise der Lehre veröffentlichte Werke zur Veranschaulichung im Unterricht für einen bestimmt abgegrenzten Kreis von Unterrichtsteilnehmern beziehungsweise Lehrveranstaltungsteilnehmern vervielfältigen und der Öffentlichkeit zur Verfügung stellen, soweit dies zu dem jeweiligen Zweck geboten und zur Verfolgung nicht kommerzieller Zwecke gerechtfertigt ist.

(2) [1]Abs. 1 gilt nicht für Werke, die ihrer Beschaffenheit und Bezeichnung nach zum Schul- oder Unterrichtsgebrauch bestimmt sind. [2]Für Filmwerke gilt Abs. 1, wenn seit der Erstaufführung des Filmwerkes entweder im Inland oder in deutscher Sprache oder in einer Sprache einer in Österreich anerkannten Volksgruppe mindestens zwei Jahre vergangen sind.

(3) Für die Vervielfältigung und die öffentliche Zurverfügungstellung nach Abs. 1 steht dem Urheber ein Anspruch auf angemessene Vergütung zu. Solche Ansprüche können nur von Verwertungsgesellschaften geltend gemacht werden.

(BGBl I 2015/99)

Freie Werknutzungen an Werken der Literatur

§ 43. (1) Reden, die in einer zur Besorgung öffentlicher Angelegenheiten zuständigen Versammlung oder in Verfahren vor den Gerichten oder anderen Behörden gehalten werden, sowie öffentlich gehaltene politische Reden dürfen „für Informationszwecke“ vervielfältigt, verbreitet, öffentlich vorgetragen, durch Rundfunk gesendet und der Öffentlichkeit zugänglich gemacht werden. *(BGBl I 2003/32, s Anm zu § 12 Abs 2; BGBl I 2018/63)*

(2) Ist eine Rede dieser Art auf einem Schallträger festgehalten worden, so darf dieser nur mit Einwilligung des Urhebers verbreitet werden.

(3) Die Vervielfältigung, die Verbreitung und die öffentliche Zurverfügungstellung der im Abs. 1 bezeichneten Reden in Sammlungen solcher Werke sind dem Urheber vorbehalten. *(BGBl I 2003/32, s Anm zu § 12 Abs 2)*

§ 44. (1) Einzelne in einer Zeitung oder Zeitschrift enthaltene Aufsätze über wirtschaftliche, politische oder religiöse Tagesfragen dürfen in anderen Zeitungen und Zeitschriften vervielfältigt und verbreitet werden. Dies gilt jedoch nicht, wenn die Vervielfältigung ausdrücklich verboten wird. Zu einem solchen Verbot genügt der Vorbehalt der Rechte bei dem Aufsatz oder am Kopfe der Zeitung oder Zeitschrift.

(2) In einer Zeitung oder Zeitschrift enthaltene Aufsätze, deren Vervielfältigung nach Abs. 1 zulässig ist, dürfen auch öffentlich vorgetragen, durch Rundfunk gesendet und der Öffentlichkeit zur Verfügung gestellt werden. *(BGBl I 2003/32, s Anm zu § 12 Abs 2)*

(3) [1]Einfache Mitteilungen, darstellende Presseberichte (vermischte Nachrichten, Tagesneuigkeiten) genießen keinen urheberrechtlichen Schutz. [2]Für solche Presseberichte gilt § 79.

§ 45. (1) „Zur Verfolgung nicht kommerzieller Zwecke dürfen einzelne Sprachwerke oder Werke der im § 2 Z 3 bezeichneten Art nach ihrem Erscheinen in einem durch den Zweck gerechtfertigten Umfang vervielfältigt, verbreitet und der Öffentlichkeit zur Verfügung gestellt werden;“

1. in einer Sammlung, die Werke mehrerer Urheber enthält und ihrer Beschaffenheit und Bezeichnung nach zum Kirchen-, Schul- oder Unterrichtsgebrauch bestimmt ist; ein Werk der im § 2 Z 3 bezeichneten Art darf bloß zur Erläuterung des Inhalts aufgenommen werden;

2. in einem Werk, das seiner Beschaffenheit und Bezeichnung nach zum Schulgebrauch bestimmt ist, bloß zur Erläuterung des Inhalts. *(BGBl 1996/151; BGBl I 2003/32, s Anm zu § 12 Abs 2)*

(2) Auch dürfen zur Verfolgung nicht kommerzieller Zwecke Sprachwerke nach ihrem Erscheinen in einem durch den Zweck gerechtfertigten Umfang zu Rundfunksendungen verwendet werden, deren Benutzung zum Schulgebrauch von der Unterrichtsbehörde für zulässig erklärt worden ist und die als Schulfunk bezeichnet werden. *(BGBl I 2003/32, s Anm zu § 12 Abs 2)*

(3) „[1]Für die Vervielfältigung, die Verbreitung und die öffentliche Zurverfügungstellung nach Abs. 1 und für die Rundfunksendung nach Abs. 2 steht dem Urheber ein Anspruch auf angemessene Vergütung zu.“[2]Solche Ansprüche können nur von Verwertungsgesellschaften geltend gemacht werden. *(BGBl 1993/93, gilt nicht für Werkstücke, die davor erstmals verbreitet wurden; BGBl I 2003/32, s Anm zu § 12 Abs 2)*

§ 46. *(aufgehoben, BGBl I 2015/99)*

§ 47. (1) Kleine Teile eines Sprachwerkes oder Sprachwerke von geringem Umfang dürfen nach ihrem Erscheinen als Text eines zum Zweck ihrer Vertonung geschaffenen Werkes der Tonkunst in Verbindung mit diesem vervielfältigt, verbreitet, öffentlich vorgetragen, durch Rundfunk gesendet und der Öffentlichkeit zur Verfügung gestellt werden. *(BGBl I 2003/32, ab 1. 7. 2003, s Anm zu § 12 Abs 2)*

(2) Doch gebührt dem Urheber des vertonten Sprachwerkes ein angemessener Anteil an dem Entgelt, das der zur öffentlichen Aufführung oder Rundfunksendung des Werkes der Tonkunst ausschließlich Berechtigte für die Bewilligung von öffentlichen Aufführungen oder von Rundfunksendungen dieses Werkes in Verbindung mit dem vertonten Sprachwerk erhält.

(3) Abs. 1 gilt nicht für die Vervielfältigung und Verbreitung von Sprachwerken auf Schallträgern und für die öffentliche Zurverfügungstellung mit Hilfe eines Schallträgers. *(BGBl I 2003/32, s Anm zu § 12 Abs 2)*

(4) Absatz 1 gilt ferner weder für Sprachwerke, die ihrer Gattung nach zur Vertonung bestimmt sind, wie die Texte zu Oratorien, Opern, Operetten und Singspielen, noch für Sprachwerke, die als Text eines Werkes der Tonkunst mit einem die Anwendung des Absatzes 1 ausschließenden Vorbehalt erschienen sind.

§ 48. Kleine Teile eines Sprachwerkes und Sprachwerke von geringem Umfang, die vertont worden sind, dürfen nach ihrem Erscheinen auch abgesondert von dem Werke der Tonkunst vervielfältigt und verbreitet werden:

1. zum Gebrauch der Zuhörer, die einer unmittelbaren persönlichen Wiedergabe der verbundenen Werke am Aufführungsorte beiwohnen, mit Andeutung dieser Bestimmung;

2. in Programmen, worin die Rundfunksendung der verbundenen Werke angekündigt wird;

3. in Aufschriften auf Schallträgern oder in Beilagen dazu; die Schallträger dürfen nicht mit Verletzung eines ausschließlichen Rechtes, die darauf festgehaltenen Werke zu vervielfältigen oder zu verbreiten, hergestellt oder verbreitet, die Beilagen müssen als solche bezeichnet sein.

§ 49. *(aufgehoben, BGBl 1982/295)*

§ 50. (1) Zulässig ist der öffentliche Vortrag eines erschienenen Sprachwerkes, wenn die Zuhörer weder ein Eintrittsgeld noch sonst ein Entgelt entrichten und der Vortrag keinerlei Erwerbszwecken dient oder wenn sein Ertrag ausschließlich für wohltätige Zwecke bestimmt ist.

(2) Diese Vorschrift gilt aber nicht, wenn die Mitwirkenden ein Entgelt erhalten; sie gilt ferner nicht, wenn der Vortrag mit Hilfe eines Schallträgers vorgenommen wird, der mit Verletzung eines ausschließlichen Rechtes, das darauf festgehaltene Sprachwerk zu vervielfältigen oder zu verbreiten, hergestellt oder verbreitet worden ist.

Freie Werknutzungen an Werken der Tonkunst

§ 51. (1) „Zur Verfolgung nicht kommerzieller Zwecke dürfen einzelne Werke der Tonkunst nach ihrem Erscheinen in Form von Notationen in einem durch den Zweck gerechtfertigten Umfang in einem Werk vervielfältigt, verbreitet und der Öffentlichkeit zur Verfügung gestellt werden, das seiner Beschaffenheit und Bezeichnung nach zum Schulgebrauch bestimmt ist,“

1. wenn sie in eine für den Gesangsunterricht bestimmte Sammlung aufgenommen werden, die Werke mehrerer Urheber vereinigt,

2. wenn sie bloß zur Erläuterung des Inhalts aufgenommen werden.
(BGBl 1996/151; BGBl I 2003/32, s Anm zu § 12 Abs 2)

(2) „[1]Für die Vervielfältigung, die Verbreitung und die öffentliche Zurverfügungstellung nach Abs. 1 steht dem Urheber ein Anspruch auf angemessene Vergütung zu.“[2]Solche Ansprüche können nur von Verwertungsgesellschaften geltend gemacht werden. *(BGBl 1993/93, s Anm zu § 45 Abs 3; BGBl I 2003/32, s Anm zu § 12 Abs 2)*

§ 52. *(aufgehoben, BGBl I 2015/99)*

§ 53. (1) Zulässig ist die öffentliche Aufführung eines erschienenen Werkes der Tonkunst:

1. wenn die Aufführung mit Drehorgeln, Spieldosen oder anderen Schallträgern der im § 15, Absatz 3, bezeichneten Art vorgenommen wird, die nicht auf eine Weise beeinflußt werden können, daß das Werk damit nach Art einer persönlichen Aufführung wiedergegeben werden kann;

2. wenn das Werk bei einer kirchlichen oder bürgerlichen Feierlichkeit oder aus einem militärdienstlichen Anlaß aufgeführt wird und die Zuhörer ohne Entgelt zugelassen werden;

3. wenn die Zuhörer weder ein Eintrittsgeld noch sonst ein Entgelt entrichten und die Aufführung keinerlei Erwerbszwecken dient oder wenn ihr Ertrag ausschließlich für wohltätige Zwecke bestimmt ist;

4. wenn die Aufführung von einer nicht aus Berufsmusikern bestehenden „Musikkapelle oder einem solchen Chor"** veranstaltet wird, deren Bestand nach einem von der zuständigen Landesregierung ausgestellten Zeugnis der Pflege volkstümlichen Brauchtums dient und deren Mitglieder nicht um des Erwerbes willen mitwirken, „und wenn bei dieser Aufführung – zumindest weitaus überwiegend – volkstümliche Brauchtumsmusik oder infolge Ablaufs der Schutzfrist freigewordene Musik oder Bearbeitungen von infolge Ablaufs der Schutzfrist freigewordener Musik gepflegt werden;"* doch darf die Aufführung in Gemeinden mit mehr als 2500 Einwohnern nicht im Betriebe eines Erwerbsunternehmens, in Gemeinden bis zu 2500 Einwohnern nur dann im Betriebe eines Erwerbsunternehmens stattfinden, wenn andere passende Räume nicht zur Verfügung stehen und der Reingewinn nicht dem Erwerbsunternehmen zufließt. *(BGBl 1949/206; *BGBl 1953/106; **BGBl 1996/151)*

(2) Die Vorschriften des Abs. 1 Z. 1 bis 3 gelten nicht, wenn die Aufführung mit Hilfe eines Schallträgers vorgenommen wird, der mit Verletzung eines ausschließlichen Rechtes, das darauf festgehaltene Werk zu vervielfältigen oder zu verbreiten, hergestellt oder verbreitet worden ist; die Vorschriften des Abs. 1 Z. 3 gelten ferner nicht, wenn die Mitwirkenden ein Entgelt erhalten. *(BGBl 1953/106)*

(3) Die Vorschriften des Absatzes 1 gelten weder für bühnenmäßige Aufführungen einer Oper oder eines anderen mit einem Werke der Literatur verbundenen Werkes der Tonkunst noch für die Aufführung eines Werkes der Tonkunst in Verbindung mit einem Filmwerk oder einem anderen kinematographischen Erzeugnisse.

Freie Werknutzungen an Werken der bildenden Künste

§ 54. (1) Es ist zulässig:

1. Werke der bildenden Künste nach bleibend zu einer öffentlichen Sammlung gehörenden Werkstücken in den vom Eigentümer der Sammlung für ihre Besucher herausgegebenen Verzeichnissen zu vervielfältigen, zu verbreiten und der Öffentlichkeit zur Verfügung zu stellen, soweit dies zur Förderung des Besuchs der Sammlung erforderlich ist; jede andere kommerzielle Nutzung ist ausgeschlossen; *(BGBl I 2003/32, s Anm zu § 12 Abs 2)*

2. veröffentlichte Werke der bildenden Künste nach Werkstücken, die versteigert werden sollen oder sonst öffentlich zum Kauf angeboten werden, in Verzeichnissen der feilgebotenen Werkstücke oder in ähnlichen Werbeschriften zu vervielfältigen, zu verbreiten und der Öffentlichkeit zur Verfügung zu stellen, soweit dies zur Förderung der Veranstaltung erforderlich ist; doch dürfen solche Werbeschriften vom Herausgeber nur unentgeltlich oder zu einem die Herstellungskosten nicht übersteigenden Preis verbreitet oder der Öffentlichkeit zur Verfügung gestellt werden; jede andere kommerzielle Nutzung ist ausgeschlossen; *(BGBl I 2003/32, s Anm zu § 12 Abs 2)*

3. zur Verfolgung nicht kommerzieller Zwecke einzelne erschienene Werke der bildenden Künste in einem seiner Beschaffenheit und Bezeichnung nach zum Schul- oder Unterrichtsgebrauch bestimmten Sprachwerk bloß zur Erläuterung des Inhalts oder in einem solchen Schulbuch zum Zweck der Kunsterziehung der Jugend zu vervielfältigen, zu verbreiten und der Öffentlichkeit zur Verfügung zu stellen; *(BGBl I 2003/32, s Anm zu § 12 Abs 2)*

3a. bis 4. *(aufgehoben, BGBl I 2015/99)*

5. „Werke der Baukunst nach einem ausgeführten Bau oder andere Werke der bildenden Künste nach Werkstücken, die dazu angefertigt wurden, sich bleibend an einem öffentlichen Ort zu befinden, zu vervielfältigen, zu verbreiten, durch optische Einrichtungen öffentlich vorzuführen, durch Rundfunk zu senden und der Öffentlichkeit zur Verfügung zu stellen;" ausgenommen sind das Nachbauen von Werken der Baukunst, die Vervielfältigung eines Werkes der Malkunst oder der graphischen Künste zur bleibenden Anbringung an einem Orte der genannten Art sowie die Vervielfältigung von Werken der Plastik durch die Plastik. *(BGBl I 2003/32, s Anm zu § 12 Abs 2)*

(2) „[1]Für die Vervielfältigung, die Verbreitung und die öffentliche Zurverfügungstellung nach Abs. 1 Z 3 steht dem Urheber ein Anspruch auf angemessene Vergütung zu."[2]Diese Ansprüche können nur von Verwertungsgesellschaften geltend gemacht werden. *(BGBl 1993/93, s Anm zu § 12 Abs 2; BGBl I 2003/32, s Anm zu § 12 Abs 2)*

§ 55. (1) Von einem auf Bestellung geschaffenen Bildnis einer Person dürfen, wenn nichts anderes vereinbart ist, der Besteller und seine Erben sowie der Abgebildete und nach seinem Tode die mit ihm in gerader Linie Verwandten und sein überlebender Ehegatte oder Lebensgefährte einzelne Lichtbilder herstellen oder durch einen anderen, auch gegen Entgelt, herstellen lassen. *(BGBl I 2009/75)*

(2) Abs. 1 gilt jedoch für Bildnisse, die in einem Druckverfahren, in einem photographischen oder in einem der Photographie ähnlichen Verfahren hergestellt sind, nur, wenn sich die im Abs. 1 angeführten Personen weitere in diesen Verfahren hergestellte Werkstücke von dem Berechtigten überhaupt nicht oder nur mit unverhältnismäßig großen Schwierigkeiten beschaffen können. *(BGBl 1953/106)*

(3) Vervielfältigungsstücke, deren Herstellung nach den Absätzen 1 und 2 zulässig ist, dürfen unentgeltlich verbreitet werden.

Anmerkung zu § 55: Die „für Ehegatten, Ehesachen oder in Eheangelegenheiten maßgebenden Bestimmungen in der jeweils geltenden Fassung sind auf eingetragene Partner, Partnersachen oder Partnerangelegenheiten sinngemäß anzuwenden" (§ 43 Abs 1 EPG, BGBl I 2009/135, ab 1. 1. 2010).

Benutzung von Bild- oder Schallträgern und Rundfunksendungen in bestimmten Geschäftsbetrieben

§ 56. (1) In Geschäftsbetrieben, die die Herstellung, den Vertrieb oder die Instandsetzung von Bild- oder Schallträgern oder von Vorrichtungen zu ihrer Herstellung oder zu ihrem Gebrauch zum Gegenstand haben, dürfen Vorträge, Aufführungen und Vorführungen von Werken auf Bild- oder Schallträgern festgehalten und Bild- oder Schallträger zu öffentlichen Vorträgen, Aufführungen und Vorführungen der darauf festgehaltenen Werke benutzt werden, soweit es notwendig ist, um die Kunden mit den Bild- oder Schallträgern oder mit Vorrichtungen zu ihrer Herstellung oder zu ihrem Gebrauch bekanntzumachen oder die Brauchbarkeit zu prüfen.

(2) Dasselbe gilt für die Benutzung von Rundfunksendungen zur öffentlichen Wiedergabe eines Werkes durch Lautsprecher oder eine andere technische Einrichtung in Geschäftsbetrieben, die die Herstellung, den Vertrieb oder die Instandsetzung von Rundfunkgeräten zum Gegenstand haben. *(BGBl 1972/492)*

(3) Absatz 1 gilt nicht, wenn ein Bild- oder Schallträger benutzt wird, der mit Verletzung eines ausschließlichen Rechtes, das darauf festgehaltene Werk zu vervielfältigen oder zu verbreiten, hergestellt oder verbreitet worden ist.

(BGBl 1972/492)

Überlassung von Bild- oder Schallträgern an bestimmte Bundesanstalten

§ 56a. (1) [1]Bild- oder Schallträger, auf denen ein veröffentlichtes Werk festgehalten ist, dürfen durch Überlassung an „wissenschaftliche Anstalten des öffentlichen Rechts des Bundes, die die Sammlung, Bewahrung und Erschließung von audiovisuellen Medien zur Aufgabe haben und keine kommerziellen Zwecke verfolgen," verbreitet werden. [2]Zum Zweck der Überlassung darf auch eine Vervielfältigung des Bild- oder Schallträgers hergestellt werden. *(BGBl I 2003/32, s Anm zu § 12 Abs 2)*

(2) Abs. 1 gilt nicht für Bild- oder Schallträger, die mit Verletzung eines ausschließlichen Rechtes, das darauf festgehaltene Werk zu vervielfältigen oder zu verbreiten, hergestellt oder verbreitet worden sind.

(BGBl 1996/151)

Benutzung von Bild- oder Schallträgern in Bibliotheken

§ 56b. (1) [1]Der Öffentlichkeit zugängliche Einrichtungen (Bibliothek, Bild- oder Schallträgersammlung und dergleichen) dürfen Bild- oder Schallträger zu öffentlichen Vorträgen, Aufführungen und Vorführungen der darauf festgehaltenen Werke für jeweils nicht mehr als zwei Besucher der Einrichtung benützen, sofern dies nicht zu Erwerbszwecken geschieht. [2]Hiefür steht dem Urheber ein Anspruch auf angemessene Vergütung zu. Solche Ansprüche können nur von Verwertungsgesellschaften geltend gemacht werden.

(2) Abs. 1 gilt nicht, wenn ein Bild- oder Schallträger benutzt wird, der mit Verletzung eines ausschließlichen Rechtes, das darauf festgehaltene Werk zu vervielfältigen oder zu verbreiten, hergestellt oder verbreitet worden ist.

(BGBl 1996/151)

Öffentliche Wiedergabe im Unterricht

§ 56c. (1) Schulen und Universitäten dürfen für Zwecke des Unterrichts beziehungsweise der Lehre in dem dadurch gerechtfertigten Umfang Werke der Filmkunst und die damit verbundenen Werke der Tonkunst öffentlich aufführen. *(BGBl I 2003/32, s Anm zu § 12 Abs 2)*

(2) Für die öffentliche Aufführung nach Abs. 1 steht dem Urheber ein Anspruch auf angemessene Vergütung zu. Solche Ansprüche können nur von Verwertungsgesellschaften geltend gemacht werden.

(3) Die Abs. 1 und 2 gelten nicht

1. für Filmwerke, die ihrer Beschaffenheit und Bezeichnung nach zum Schul- oder Unterrichtsgebrauch bestimmt sind;

2. wenn ein Bild- oder Schallträger benutzt wird, der mit Verletzung eines ausschließlichen Rechtes, das darauf festgehaltene Werk zu vervielfältigen oder zu verbreiten, hergestellt oder verbreitet worden ist.

(BGBl 1996/151)

Öffentliche Wiedergabe in Beherbergungsbetrieben

§ 56d. (1) Beherbergungsunternehmer dürfen für die von ihnen aufgenommenen Gäste Werke der Filmkunst öffentlich aufführen, wenn

1. seit der Erstaufführung des Filmwerkes entweder im Inland oder in deutscher Sprache oder in einer Sprache einer in Österreich anerkannten Volksgruppe mindestens zwei Jahre vergangen sind,

2. die Aufführung mit Hilfe eines zu Handelszwecken hergestellten Bild- oder Schallträgers, dessen Verbreitung nach § 16 Abs. 3 zulässig ist, vorgenommen wird und

3. die Zuschauer ohne Entgelt zugelassen werden.

(2) [1]Für die öffentliche Aufführung nach Abs. 1 steht dem Urheber ein Anspruch auf angemessene Vergütung zu. [2]Solche Ansprüche können nur von Verwertungsgesellschaften geltend gemacht werden.

(BGBl 1996/151)

Verwaiste Werke

§ 56e. (1) Öffentlich zugängliche Einrichtungen, die Werkstücke sammeln, dürfen von Werken, für die keine zur Gestattung der Vervielfältigung und der Zurverfügungstellung berechtigte Person bekannt ist (verwaiste Werke), Vervielfältigungsstücke von eigenen Werkstücken herstellen und der Öffentlichkeit zur Verfügung stellen,

1. wenn dies der Erfüllung ihrer im Gemeinwohl liegenden Aufgaben dient, insbesondere der Bewahrung, der Restaurierung sowie der Bereitstellung des kulturellen und bildungspolitischen Zwecken dienenden Zugangs zu ihrem Werkbestand, und unentgeltlich oder nur gegen ein die Kosten der Digitalisierung und Zurverfügungstellung deckendes Entgelt erfolgt, und

2. wenn das Werk in die Sammlung einer berechtigten Einrichtung aufgenommen wurde und entweder

a) in Form von Büchern, Fachzeitschriften, Zeitungen, Zeitschriften oder in sonstiger Schriftform veröffentlicht wurde, wobei auch Werke oder Schutzgegenstände umfasst sind, die in solche schriftlichen Werke eingebettet oder eingebunden sind, oder

b) auf einem Schallträger oder in Laufbildern festgehalten ist, und

3. wenn das Werk in einem Mitgliedstaat der Europäischen Union oder einem Vertragsstaat des Europäischen Wirtschaftsraums

a) erschienen (§ 9) ist oder,

b) wenn es nicht erschienen ist, mit Einwilligung des Berechtigten erstmals gesendet wurde, oder,

c) wenn es weder erschienen ist noch gesendet wurde, mit Einwilligung des Berechtigten durch die Einrichtung der Öffentlichkeit zugänglich gemacht wurde und anzunehmen ist, dass sich der Rechteinhaber der Vervielfältigung und Zurverfügungstellung nicht widersetzen würde, und

4. soweit und solange

a) in Österreich nach sorgfältiger Suche keine zur Gestattung der Vervielfältigung und Zurverfügungstellung berechtigte Person festgestellt oder ausfindig gemacht werden konnte und die Ergebnisse dieser Suche dokumentiert und an die Aufsichtsbehörde für Verwertungsgesellschaften weitergeleitet wurden, oder

b) in einem anderen Mitgliedstaat der Europäischen Union oder einem Vertragsstaat des EWR das Ergebnis der sorgfältigen Suche im Sinn der Richtlinie 2012/28/EG in der vom Harmonisierungsamt für den Binnenmarkt eingerichteten Datenbank erfasst ist.

(2) Öffentlich-rechtliche Rundfunkunternehmer dürfen Vervielfältigungsstücke von einem auf einem Schallträger oder in Laufbildern festgehaltenen Werk unter den Voraussetzungen des Abs. 1 Z 1, 3 und 4 herstellen und diese der Öffentlichkeit zur Verfügung stellen, wenn das Werk im Auftrag dieses oder eines anderen öffentlich-rechtlichen Rundfunkunternehmers vor dem 1. Januar 2003 hergestellt und in das Archiv einer dieser Rundfunkunternehmer aufgenommen wurde.

(3) [1]Zur Feststellung, ob ein Werk verwaist ist, haben die berechtigten Einrichtungen vor dessen Nutzung sorgfältig nach der zur Gestattung der Vervielfältigung und Zurverfügungstellung des Werks berechtigten Person zu suchen. [2]Dabei haben sie geeignete Quellen nach Treu und Glauben zu konsultieren. [3]Geeignet sind zumindest die im Anhang der Richtlinie 2012/28/EU angeführten Quellen. [4]Der Bundesminister für Justiz kann durch Verordnung die Quellen für die einzelnen Kategorien von Werken bestimmen, die im Rahmen der Suche zu konsultieren sind.

(4) [1]Die Suche ist in Österreich durchzuführen, wenn das Werk in Österreich erschienen ist oder zuerst gesendet wurde. [2]Bei Filmwerken ist die Suche in Österreich durchzuführen, wenn deren Hersteller seine Hauptniederlassung oder seinen gewöhnlichen Aufenthalt in Österreich hat. [3]Bei nicht erschienenen oder gesendeten Werken ist die Suche in Österreich durchzuführen, wenn die Einrichtung, die das Werk mit Zustimmung des

Rechteinhabers öffentlich zugänglich gemacht hat, in Österreich belegen ist. [4]Bei Hinweisen auf relevante Informationen zu Rechteinhabern in anderen Ländern sind auch verfügbare Informationsquellen in diesen anderen Ländern zu konsultieren.

(5) [1]Die Suche nach Abs. 4 ist in einem Protokoll zu dokumentieren. [2]Dieses Protokoll ist für die Dauer der Nutzung und für einen Zeitraum von sieben Jahren nach deren Beendigung aufzubewahren. [3]Folgende Informationen sind an die Aufsichtsbehörde für Verwertungsgesellschaften weiterzuleiten:

1. die genaue Bezeichnung jener Werke, die nach den Ergebnissen der Suche als verwaist anzusehen sind;

2. die Art der Nutzung dieser Werke durch die Einrichtung;

3. den Umstand, dass eine Person nachträglich festgestellt oder ausfindig gemacht werden konnte, die zur Gestattung der Vervielfältigung und Zurverfügungstellung berechtigt ist;

4. die jeweiligen Kontaktangaben der betreffenden Einrichtung.

Die Aufsichtsbehörde für Verwertungsgesellschaften hat diese Informationen unverzüglich nach deren Erhalt an das Harmonisierungsamt für den Binnenmarkt zur Veröffentlichung in der von diesem geführten Online-Datenbank weiterzuleiten.

(6) [1]Sobald eine Einrichtung Kenntnis von der Identität und dem Aufenthaltsort einer zur Gestattung der Vervielfältigung und Zurverfügungstellung berechtigten Person erlangt, hat sie jede weitere Nutzung des verwaisten Werks ohne deren Zustimmung unverzüglich einzustellen. [2]Für die vorherige Nutzung hat die Einrichtung auf Verlangen des Berechtigten eine angemessene Vergütung zu leisten. [3]Bei Bemessung der Höhe der Vergütung ist davon auszugehen, dass das Werk in demjenigen Mitgliedstaat der Europäischen Union oder Vertragsstaat des EWR genutzt worden ist, in dem die das Werk nutzende Einrichtung belegen ist. [4]Der Anspruch auf die Vergütung verjährt in zehn Jahren ab der Nutzung des Werks.

(BGBl I 2015/11)

Schutz geistiger Interessen bei freien Werknutzungen

§ 57. (1) [1]Die Zulässigkeit von Kürzungen, Zusätzen und anderen Änderungen an dem Werke selbst, an dessen Titel oder an der Urheberbezeichnung ist auch bei freien Werknutzungen nach § 21 zu beurteilen. [2]Sinn und Wesen des benutzten Werkes dürfen in keinem Fall entstellt werden.

(2) [1]Wird ein Werk ganz oder zum Teil auf Grund der §§ 42f, 45, 47, 48 oder 51 oder des § 54 Abs. 1 Z 1 bis 3 vervielfältigt, so ist stets die Quelle deutlich anzugeben. [2]In der Quellenangabe sind der Titel und die Urheberbezeichnung des benutzten Werkes gemäß § 21 Abs. 1 anzuführen. [3]Bei einer nach § 45 zulässigen Benutzung einzelner Teile von Sprachwerken in Schulbüchern muss der Titel des benutzten Werkes nur angegeben werden, wenn dieses nicht mit dem Namen oder Decknamen des Urhebers bezeichnet ist. [4]Werden Stellen oder Teile von Sprachwerken nach § 42f Abs. 1 Z 1 oder 3 vervielfältigt, so sind sie in der Quellenangabe so genau zu bezeichnen, dass sie in dem benutzten Werk leicht aufgefunden werden können. [5]Wird im Fall einer nach § 42f Abs. 1 Z 1 oder 3 zulässigen Vervielfältigung das benutzte Sprachwerk einer Sammlung entnommen, so ist auch diese anzugeben; dabei kann die Angabe des Titels des Werkes durch einen Hinweis auf die in Betracht kommende Stelle der Sammlung ersetzt werden. *(BGBl I 2015/99)*

(3) [1]In den im § 44, Absatz 1 und 2, bezeichneten Fällen ist außer dem in der benutzten Quelle angeführten Namen oder Decknamen des Urhebers des Aufsatzes auch die Zeitung oder Zeitschrift, aus der der Aufsatz entnommen ist, wenn aber dort eine andere Zeitung oder Zeitschrift als Quelle angeführt ist, diese deutlich anzugeben. [2]Wird die Angabe der Zeitung oder Zeitschrift unterlassen, so stehen ihrem Herausgeber oder, wenn ein solcher nicht genannt ist, ihrem Verleger die gleichen Ansprüche zu wie einem Urheber im Fall einer rechtswidrigen Unterlassung der Angabe der Urheberbezeichnung.

(3a) Darüber hinaus ist in den folgenden Fällen die Quelle, einschließlich des Namens des Urhebers, anzugeben, es sei denn, dies erweist sich als unmöglich:

1. wenn Werke ganz oder zum Teil auf Grund des § 42c vervielfältigt werden, es sei denn, sie werden in die Berichterstattung nur beiläufig einbezogen;

2. wenn Werke ganz oder zum Teil auf Grund des § 42f Abs. 1 Z 2, des § 43 oder des § 56a vervielfältigt werden; *(BGBl I 2015/99)*

3. wenn Stellen eines Werkes nach § 42f auf Schallträgern oder in Laufbildern vervielfältigt werden. *(BGBl I 2015/99)*

4. wenn ein Werk nach § 56e vervielfältigt wird. *(BGBl I 2015/11)*

(BGBl I 2003/32, s Anm zu § 12 Abs 2)

(4) Ob und inwieweit bei anderen als den in den „Abs. 2, 3 und 3a“ bezeichneten freien Werknutzungen eine Quellenangabe unterbleiben kann, ist nach den im redlichen Verkehr geltenden Gewohnheiten und Gebräuchen zu beurteilen. *(BGBl I 2003/32, s Anm zu § 12 Abs 2)*

2. Bewilligungszwang bei Schallträgern

§ 58. (1) [1]Hat der Berechtigte einem anderen gestattet, ein Werk der Tonkunst auf Schallträgern zu vervielfältigen und zu verbreiten, so kann, sobald das Werk erschienen ist, jeder Hersteller von Schallträgern vom Berechtigten verlangen, daß auch ihm die gleiche Werknutzung gegen angemessenes Entgelt bewilligt wird; dies gilt, wenn der Hersteller seinen Wohnsitz oder seine Hauptniederlassung im Ausland hat, unbeschadet von Staatsverträgen nur unter der Voraussetzung, daß Hersteller mit Wohnsitz oder Hauptniederlassung im Inland auch in diesem Staat in annähernd gleicher Weise behandelt werden, jedenfalls aber in gleicher Weise wie die Hersteller mit Wohnsitz oder Hauptniederlassung in diesem Staat. [2]Diese Gegenseitigkeit ist dann anzunehmen, wenn sie in einer Kundmachung des Bundesministers für Justiz im Hinblick auf die in dem betreffenden Staat bestehende Rechtslage festgestellt worden ist. [3]Darüber hinaus können die zuständigen Behörden die Gegenseitigkeit mit einem anderen Staat vertraglich vereinbaren, wenn dies zur Wahrung der Interessen österreichischer Hersteller von Schallträgern geboten erscheint. [4]Die Werknutzungsbewilligung gilt nur für die Vervielfältigung und Verbreitung des Werkes auf Schallträgern im Inland und für die Ausfuhr nach Staaten, in denen der Urheber keinen Schutz gegen die Vervielfältigung und Verbreitung des Werkes auf Schallträgern genießt. *(BGBl 1982/295)*

(2) Absatz 1 gilt für die mit einem Werke der Tonkunst als Text verbundenen Sprachwerke entsprechend, wenn der Berechtigte einem anderen gestattet hat, das Sprachwerk in dieser Verbindung auf Schallträgern zu vervielfältigen und zu verbreiten.

(3) Für Klagen auf Erteilung der Bewilligung nach Absatz 1 oder 2 sind, wenn der Beklagte im Inland keinen allgemeinen Gerichtsstand hat, die Gerichte, in deren Sprengel der erste Wiener Gemeindebezirk liegt, zuständig.

(4) Bei Anwendung der Vorschriften der Absätze 1 und 2 bleiben Mittel, die zur gleichzeitigen wiederholbaren Wiedergabe von Werken für Gesicht und Gehör bestimmt sind (Bild- und Schallträger), außer Betracht.

3. Benutzung von Rundfunksendungen

§ 59. [1]Rundfunksendungen von Sprachwerken sowie von Werken der Tonkunst dürfen zu öffentlichen Vorträgen und Aufführungen der gesendeten Werke mit Hilfe von Lautsprechern benutzt werden, wenn der Veranstalter einer solchen öffentlichen Wiedergabe die Bewilligung dazu von der zuständigen Verwertungsgesellschaft „(§ 1 Verwertungsgesellschaftengesetz 2006)“ erhalten hat. [2]Die Verwertungsgesellschaft hat das Entgelt für solche Bewilligungen auf gleiche Weise zu verteilen wie das Entgelt, das sie von „einem inländischen Rundfunkunternehmer“ für die Bewilligung erhält, Sprachwerke oder Werke der Tonkunst durch Rundfunk zu senden. *(BGBl I 2015/99)*

§ 59a. (1) Das Recht, Rundfunksendungen von Werken einschließlich solcher über Satellit zur gleichzeitigen, vollständigen und unveränderten Weitersendung mit Hilfe von Leitungen zu benutzen, kann nur von Verwertungsgesellschaften geltend gemacht werden; dies gilt jedoch nicht für das Recht, Verletzungen des Urheberrechtes gerichtlich zu verfolgen.

(2) [1]Rundfunksendungen dürfen zu einer Weitersendung im Sinn des Abs. 1 benutzt werden, wenn der weitersendende Rundfunkunternehmer die Bewilligung dazu von der zuständigen Verwertungsgesellschaft „(§ 1 Verwertungsgesellschaftengesetz 2006)“ erhalten hat. [2]Mit Beziehung auf diese Bewilligung haben auch die Urheber, die mit der Verwertungsgesellschaft keinen Wahrnehmungsvertrag geschlossen haben und deren Rechte auch nicht auf Grund eines Gegenseitigkeitsvertrags mit einer ausländischen Verwertungsgesellschaft wahrgenommen werden, dieselben Rechte und Pflichten wie die Bezugsberechtigten der Verwertungsgesellschaft. *(BGBl I 2015/99)*

(3) Die Abs. 1 und 2 gelten jedoch nicht, soweit das Recht zur Weitersendung im Sinn des Abs. 1 dem Rundfunkunternehmer, dessen Sendung weitergesendet wird, zusteht.

(BGBl 1996/151)

§ 59b. (1) Kommt ein Vertrag über die Bewilligung der Weitersendung im Sinn des § 59a nicht zustande, so kann jeder der Beteiligten bei „dem Schlichtungsausschuss (§ 36 Verwertungsgesellschaftengesetz 2006)“ Vertragshilfe beantragen. „Der Schlichtungsausschuss“ kann den Parteien Vorschläge unterbreiten. Ein solcher Vorschlag gilt als von den Parteien angenommen, wenn keine der Parteien binnen drei Monaten Einwände erhebt. *(BGBl I 2006/22)*

(2) Kommt ein Vertrag über die Bewilligung einer Weitersendung im Sinn des § 59a Abs. 1 nur deshalb nicht zustande, weil die Verwertungsgesellschaft oder der berechtigte Rundfunkunternehmer (§ 59a Abs. 3) die Verhandlungen darüber nicht nach Treu und Glauben aufgenommen oder sie ohne triftigen Grund be- oder verhindert hat, dann hat der weitersendende Rundfunkunternehmer einen Anspruch auf Erteilung der Bewilligung zu angemessenen Bedingungen.

(BGBl 1996/151)

4. Schulbücher und Prüfungsaufgaben

§ 59c. „(1)" Die in § 45 Abs. 1 und 2, in § 51 Abs. 1 und in § 54 Abs. 1 Z 3 bezeichneten Werknutzungen sind auch zur Verfolgung kommerzieller Zwecke zulässig, wenn der Nutzer die hiefür erforderlichen Rechte von der zuständigen Verwertungsgesellschaft („§ 1 Verwertungsgesellschaftengesetz 2006") erworben hat. Mit Beziehung auf diese Bewilligung haben auch die Urheber, die mit der Verwertungsgesellschaft keinen Wahrnehmungsvertrag geschlossen haben und deren Rechte auch nicht auf Grund eines Gegenseitigkeitsvertrags mit einer ausländischen Verwertungsgesellschaft wahrgenommen werden, dieselben Rechte und Pflichten wie die Bezugsberechtigten der Verwertungsgesellschaft. *(BGBl I 2015/99)*

(2) [1]Abs. 1 gilt sinngemäß, wenn Werke nach ihrem Erscheinen in einem durch den Zweck gerechtfertigten Umfang in Prüfungsaufgaben, die die Auseinandersetzung des zu Prüfenden mit dem Werk in Schulen, Universitäten oder anderen Bildungseinrichtungen zum Gegenstand haben, vervielfältigt, verbreitet oder der Öffentlichkeit zur Verfügung gestellt werden. [2]§ 42 Abs. 6 bleibt unberührt. *(BGBl I 2015/99)*

(BGBl I 2003/32)

VIII. Abschnitt

Dauer des Urheberrechtes

Werke der Literatur, der Tonkunst und der bildenden Künste

§ 60. (1) Das Urheberrecht an Werken der Literatur, der Tonkunst und der bildenden Künste endet siebzig Jahre nach dem Tod des Urhebers (§ 10 Abs. 1). Bei einem von mehreren Urhebern gemeinsam geschaffenen Werk (§ 11) endet das Urheberrecht siebzig Jahre nach dem Tod des letztlebenden Miturhebers (§ 10 Abs. 1). *(BGBl I 2015/99, s § 116 Abs 10)*

(2) Ist ein Werk der Tonkunst mit einem Sprachwerk verbunden (Musikkomposition mit Text) und wurden beide Werke eigens für diese Werkverbindung geschaffen, so endet das Urheberrecht an beiden Werken siebzig Jahre nach dem Tod des letztlebenden Urhebers oder Miturhebers des Werkes der Tonkunst oder des Sprachwerks. *(BGBl I 2013/150, s § 116 Abs 2 bis 4)*

(BGBl 1972/492)

§ 61. (1) Das Urheberrecht an anonymen und pseudonymen Werken endet siebzig Jahre nach ihrer Schaffung. Wenn aber das Werk vor dem Ablauf dieser Frist veröffentlicht wird, endet das Urheberrecht siebzig Jahre nach der Veröffentlichung.

(2) Wenn die Identität des Urhebers innerhalb der in Abs. 1 bezeichneten Frist offenbart wird oder das vom Urheber angenommene Pseudonym keinen Zweifel an seiner Identität zulässt, ist die Schutzfrist nach § 60 zu bemessen.

(3) Zur Offenbarung der Identität des Urhebers ist er selbst oder eine Person berechtigt, auf die das Urheberrecht nach seinem Tod übergegangen ist.

(BGBl I 2015/99, s § 116 Abs 10)

§§ 61a bis 61c. *(aufgehoben samt Überschrift, BGBl I 2015/99, s § 116 Abs 10)*

Filmwerke

§ 62. Das Urheberrecht an Filmwerken endet siebzig Jahre nach dem Tode des Letztlebenden der folgenden Personen, und zwar des Hauptregisseurs sowie des Urhebers des Drehbuchs, der Dialoge und des für das Filmwerk besonders geschaffenen Werkes der Tonkunst.

(BGBl 1996/151, s Art VIII UrhGNov 1996)

Lieferungswerke

§ 63. Bei Werken, die in mehreren Bänden, Teilen, Lieferungen, Nummern oder Episoden veröffentlicht werden und bei denen die Veröffentlichung die für den Beginn der Schutzfrist maßgebende Tatsache darstellt, wird die Schutzfrist von der Veröffentlichung jedes einzelnen Bestandteils berechnet.

(BGBl 1996/151, s Art VIII UrhGNov 1996)

Berechnung der Schutzfristen

§ 64. Bei Berechnung der Schutzfristen (§§ 60 bis 63) ist das Kalenderjahr, in dem die für den Beginn der Frist maßgebende Tatsache eingetreten ist, nicht mitzuzählen.

Die Schutzfrist überdauernde Rechte

§ 65. Der Schöpfer eines Werkes kann die ihm nach den §§ 19 und 21, Absatz 3, zustehenden Rechte zeit seines Lebens geltend machen, wenngleich die Schutzfrist schon abgelaufen ist.

II. Hauptstück

Verwandte Schutzrechte

I. Abschnitt

Schutz von Darbietungen

Ausübender Künstler

§ 66. Ausübender Künstler im Sinn dieses Bundesgesetzes ist, wer ein Werk vorträgt, aufführt, auf eine andere Weise darbietet oder an einer solchen Darbietung künstlerisch mitwirkt, und zwar unabhängig davon, ob das dargebotene

Werk den urheberrechtlichen Schutz dieses Bundesgesetzes genießt oder nicht.

(BGBl I 2015/99)

Schutz geistiger Interessen

§ 67. (1) Der ausübende Künstler hat das Recht, in Bezug auf seine Darbietung als solcher anerkannt zu werden. Er kann dabei bestimmen, ob und mit welchem Namen er genannt wird.

(2) Eine Darbietung darf weder auf eine Art, die sie der Öffentlichkeit zugänglich macht, benutzt noch zum Zweck der Verbreitung vervielfältigt werden, wenn sie mit solchen Änderungen oder so mangelhaft wiedergegeben wird, dass dadurch der künstlerische Ruf des ausübenden Künstlers beeinträchtigt werden kann.

(3) [1]Die in den Abs. 1 und 2 bezeichneten Rechte enden keinesfalls vor dem Tod des ausübenden Künstlers. [2]Nach seinem Tod stehen sie bis zum Erlöschen der Verwertungsrechte denjenigen Personen zu, auf die die Verwertungsrechte übergegangen sind. [3]Haben mehrere ausübende Künstler gemeinsam eine Darbietung erbracht, so ist der Tod des letzten der beteiligten ausübenden Künstler maßgeblich.

(4) Die Abs. 1 bis 3 gelten für diejenigen Personen, die bloß in einem Chor oder Orchester oder auf ähnliche Art mitwirken, mit der Maßgabe, dass anstelle des Namens des Verwertungsberechtigten der Name des Chores oder Orchesters anzugeben ist; § 70 gilt sinngemäß.

(BGBl I 2015/99)

Verwertungsrechte

§ 68. (1) Der ausübende Künstler hat mit den von diesem Bundesgesetz bestimmten Beschränkungen das ausschließliche Recht,

1. seine Darbietung auf einem Bild- oder Schallträger festzuhalten, diesen zu vervielfältigen und zu verbreiten und die Darbietung der Öffentlichkeit zur Verfügung zu stellen;

2. seine Darbietung durch Rundfunk zu senden, es sei denn, dass die Sendung mit Hilfe eines Bild- oder Schallträgers vorgenommen wird, der mit seiner Einwilligung hergestellt und verbreitet wurde;

3. seine Darbietung durch Lautsprecher oder durch eine andere technische Einrichtung außerhalb des Ortes (Theater, Saal, Platz, Garten u. dgl.), wo sie stattfindet, öffentlich wiederzugeben, es sei denn, dass die Wiedergabe mit Hilfe eines Bild- oder Schallträgers, der mit seiner Einwilligung hergestellt und verbreitet wurde, oder mit Hilfe einer zulässigen Rundfunksendung vorgenommen wird.

(2) Ohne Einwilligung des ausübenden Künstlers hergestellte oder verbreitete Bild- oder Schallträger dürfen zu einer Rundfunksendung oder öffentlichen Wiedergabe der Darbietung nicht benutzt werden.

(3) [1]Unbeschadet des § 67 Abs. 3 erlöschen die Verwertungsrechte der ausübenden Künstler fünfzig Jahre nach der Darbietung, wenn aber vor dem Ablauf dieser Frist eine Aufzeichnung der Darbietung erscheint oder öffentlich wiedergegeben (§§ 17, 18 und 18a) wird, fünfzig Jahre nach dem Erscheinen oder der öffentlichen Wiedergabe, je nach dem, welches Ereignis zuerst stattgefunden hat. [2]Erscheint vor dem Ablauf derselben Frist eine Aufzeichnung der Darbietung auf einem Schallträger oder wird sie auf einem Schallträger öffentlich wiedergegeben, so erlöschen die Verwertungsrechte erst siebzig Jahre nach dem Erscheinen oder der öffentlichen Wiedergabe, je nach dem, welches Ereignis zuerst stattgefunden hat. [3]Die Fristen sind nach § 64 zu berechnen.

(4) Die §§ 11, 12, 13, § 15 Abs. 1, § 16 Abs. 1 und 3, §§ 16a, 18a, 23, 24, § 25 Abs. 1, 2, 3 und 5, §§ 26, 27, § 28 Abs. 1, §§ 29, 31, 32, 33, 59a und 59b gelten entsprechend; an die Stelle der im § 31 Abs. 2 genannten Frist von fünf Jahren tritt jedoch eine solche von einem Jahr.

(BGBl I 2015/99)

Rechte an Darbietungen für ein Filmwerk

§ 69. [1]Die Verwertungsrechte ausübender Künstler, die an den zum Zweck der Herstellung eines gewerbsmäßig hergestellten Filmwerkes oder anderen kinematographischen Erzeugnisses vorgenommenen Darbietungen in Kenntnis dieses Zwecks mitgewirkt haben, stehen dem Inhaber des Unternehmens (Filmhersteller oder Hersteller) zu. [2]Die gesetzlichen Vergütungsansprüche stehen den ausübenden Künstlern und dem Filmhersteller oder Hersteller je zur Hälfte zu, soweit sie nicht unverzichtbar sind.

(BGBl I 2015/99)

Gemeinsame Darbietung mehrerer ausübender Künstler

§ 70. (1) Bei Darbietungen, die – wie die Aufführung eines Schauspiels oder eines Chor- oder Orchesterwerkes – durch das Zusammenwirken mehrerer Personen unter einer einheitlichen Leitung zustande kommen, können die Rechte derjenigen Personen, die bloß in einem Chor oder Orchester oder auf ähnliche Art mitwirken, nur durch einen gemeinsamen Vertreter wahrgenommen werden.

(2) Falls die Vertretung nicht bereits kraft Gesetzes oder durch Satzung, Kollektiv- oder Einzelvertrag geregelt ist, wird der gemeinsame Vertreter von den im Abs. 1 erwähnten Mitwirkenden mit einfacher Mehrheit ohne Berücksichtigung allfälliger Stimmenthaltungen gewählt.

(3) [1]In Ermangelung eines gemeinsamen Vertreters hat das Bezirksgericht Innere Stadt Wien

im Verfahren außer Streitsachen einen gemeinsamen Vertreter zu bestellen. [2]Zur Antragstellung ist jeder berechtigt, der ein Interesse an der Verwertung der Darbietung glaubhaft macht.

(BGBl I 2015/99)

Freie Nutzungen

§ 71. (1) Jede natürliche Person darf eine durch Rundfunk gesendete und der Öffentlichkeit zur Verfügung gestellte Darbietung sowie die mit Hilfe eines Bild- oder Schallträgers bewirkte Wiedergabe einer Darbietung auf einem Bild- oder Schallträger festhalten und von diesem einzelne Vervielfältigungsstücke herstellen, soweit dies zum privaten Gebrauch und weder für unmittelbare noch mittelbare kommerzielle Zwecke geschieht. § 42 Abs. 2 und 3 sowie 5 bis 7, § 42a und § 42b Abs. 1 und 3 bis 9 gelten entsprechend.

(2) Zur Berichterstattung über Tagesereignisse darf eine Darbietung, die bei Vorgängen, über die berichtet wird, öffentlich wahrnehmbar wird, in einem durch den Informationszweck gerechtfertigten Umfang auf Bild- oder Schallträgern festgehalten, durch Rundfunk gesendet, öffentlich wiedergegeben und der Öffentlichkeit zur Verfügung gestellt werden; solche Bild- oder Schallträger dürfen in diesem Umfang vervielfältigt und verbreitet werden. In diesen Fällen ist die Quelle anzugeben, es sei denn, dass sich dies als unmöglich erweist oder die Vorträge und Aufführungen nur beiläufig in die Berichterstattung einbezogen worden sind.

(3) Die Benutzung einzelner Darbietungen zu Zwecken der Wissenschaft oder des Unterrichts in einem durch den nicht kommerziellen Zweck gerechtfertigten Umfang ist zulässig. In diesen Fällen ist die Quelle anzugeben, es sei denn, dass sich dies als unmöglich erweist. Dasselbe gilt für die Nutzung von Darbietungen zum Zweck des Zitats.

(4) Darbietungen dürfen durch den Veranstalter auf einem Bild- oder Schallträger festgehalten und mit Hilfe eines solchen Bild- oder Schallträgers oder einer anderen technischen Einrichtung innerhalb des Gebäudes, in dem die Veranstaltung stattfindet, zu dem Zweck wiedergegeben werden, die Veranstaltung in einem anderen Raum wahrnehmbar zu machen.

(5) Für den Vortrag einer der im § 43 bezeichneten Reden durch den Redner selbst gelten die Vorschriften der §§ 66 bis 70 und 72 nicht.

(6) Im Übrigen gelten die §§ 41, 41a, 42d, 42e, 42g, § 56 Abs. 1 und 3 sowie die §§ 56a und 56e für die an Darbietungen bestehenden Schutzrechte entsprechend. *(BGBl I 2018/63)*

(BGBl I 2015/99)

Schutz des Veranstalters

§ 72. (1) Der Veranstalter, der die Darbietung angeordnet hat, hat mit den von diesem Bundesgesetz bestimmten Beschränkungen neben dem ausübenden Künstler das ausschließliche Recht,

1. die Darbietung auf einem Bild- oder Schallträger festzuhalten und die Darbietung der Öffentlichkeit zur Verfügung zu stellen,

2. die Darbietung durch Rundfunk zu senden, es sei denn, dass die Sendung mit Hilfe eines Bild- oder Schallträgers vorgenommen wird, der mit seiner Einwilligung hergestellt und verbreitet wurde, und

3. die Darbietung durch Lautsprecher oder durch eine andere technische Einrichtung außerhalb des Ortes (Theater, Saal, Platz, Garten u. dgl.), wo sie stattfindet, öffentlich wiederzugeben, es sei denn, dass die Wiedergabe mit Hilfe eines Bild- oder Schallträgers, der mit seiner Einwilligung hergestellt und verbreitet wurde, oder mit Hilfe einer zulässigen Rundfunksendung vorgenommen wird.

(2) Ohne Einwilligung des Veranstalters hergestellte oder verbreitete Bild- oder Schallträger dürfen zu einer Rundfunksendung oder öffentlichen Wiedergabe der Darbietung nicht benutzt werden.

(3) Ob gegenüber dem Veranstalter von Darbietungen die Verpflichtung besteht, daran mitzuwirken und eine Verwertung zu gestatten, ist nach den das Rechtsverhältnis der Mitwirkenden zum Veranstalter regelnden Vorschriften und Vereinbarungen zu beurteilen. Hiernach richtet sich auch, ob einem Mitwirkenden ein Anspruch auf ein besonderes Entgelt gegen den Veranstalter zusteht. In jedem Fall hat der Veranstalter, mit dessen Einwilligung eine Darbietung festgehalten werden soll, hievon die Mitwirkenden, auch wenn sie zur Mitwirkung verpflichtet sind, vorher auf angemessene Art in Kenntnis zu setzen.

(4) Die Verwertungsrechte der Veranstalter erlöschen fünfzig Jahre nach der Darbietung, wenn aber vor dem Ablauf dieser Frist eine Aufzeichnung der Darbietung veröffentlicht wird, fünfzig Jahre nach der Veröffentlichung. Die Fristen sind nach § 64 zu berechnen.

(5) Im Übrigen gelten für die Verwertungsrechte des Veranstalters nach Abs. 1 die für die Verwertungsrechte des ausübenden Künstlers geltenden Bestimmungen entsprechend.

(BGBl I 2015/99)

II. Abschnitt
Schutz von Lichtbildern, Schallträgern, Rundfunksendungen und nachgelassenen Werken

1. Lichtbilder

§ 73. (1) [1]Lichtbilder im Sinne dieses Gesetzes sind durch ein photographisches Verfahren hergestellte Abbildungen. [2]Als photographisches Verfahren ist auch ein der Photographie ähnliches Verfahren anzusehen.

(2) Derart hergestellte Laufbilder (kinematographische Erzeugnisse) unterliegen, unbeschadet der urheberrechtlichen Vorschriften zum Schutze von Filmwerken, den für Lichtbilder geltenden Vorschriften.

Schutzrecht

§ 74. (1) „[1]Wer ein Lichtbild aufnimmt (Hersteller), hat mit den vom Gesetz bestimmten Beschränkungen das ausschließliche Recht, das Lichtbild zu vervielfältigen, zu verbreiten, durch optische Einrichtungen öffentlich vorzuführen, durch Rundfunk zu senden und der Öffentlichkeit zur Verfügung zu stellen.“[2]Bei gewerbsmäßig hergestellten Lichtbildern gilt der Inhaber des Unternehmens als Hersteller. *(BGBl I 2003/32, s Anm zu § 12 Abs 2)*

(2) Die dem Hersteller nach Absatz 1 zustehenden Verwertungsrechte sind vererblich und veräußerlich.

(3) [1]Hat der Hersteller ein Lichtbild mit seinem Namen (Decknamen, Firma) bezeichnet, so sind auch die von anderen hergestellten, zur Verbreitung bestimmten Vervielfältigungsstücke mit einem entsprechenden Hinweis auf den Hersteller zu versehen. [2]Gibt ein derart bezeichnetes Vervielfältigungsstück das Lichtbild mit wesentlichen Änderungen wieder, so ist die Herstellerbezeichnung mit einem entsprechenden Zusatz zu versehen.

(4) Bei den mit einer Herstellerbezeichnung versehenen Vervielfältigungsstücken darf auch die Gegenstandsbezeichnung von der vom Hersteller angegebenen nur so weit abweichen, als es der Übung des redlichen Verkehrs entspricht.

(5) [1]Nach dem Tode des Herstellers kommt der ihm durch die Absätze 3 und 4 gewährte Schutz den Personen zu, auf die die Verwertungsrechte übergehen. [2]Werden die Verwertungsrechte auf einen anderen übertragen, so kann dem Erwerber auch das Recht eingeräumt werden, sich als Hersteller des Lichtbildes zu bezeichnen. [3]In diesem Falle gilt der Erwerber fortan als Hersteller und genießt, wenn er als solcher auf den Lichtbildstücken genannt ist, auch Schutz nach den Vorschriften der Absätze 3 und 4.

(6) [1]Das Schutzrecht an Lichtbildern erlischt „fünfzig Jahre“ nach der Aufnahme, wenn aber das Lichtbild vor dem Ablauf dieser Frist veröffentlicht wird, „fünfzig Jahre“ nach der Veröffentlichung. [2]Die Fristen sind nach § 64 zu berechnen. *(BGBl 1972/492; BGBl 1996/151, s Art VIII UrhGNov 1996)*

(7) Die §§ 5, 7 bis 9, 11 bis 13, § 14 Abs. 2, § 15 Abs. 1, die §§ 16, 16a, 17, 17a, 17b, § 18 Abs. 3, § 18a, § 23 Abs. 2 und 4, § 24, § 25 Abs. 2 bis 6, § 26, § 27 Abs. 1, 3, 4 und 5, § 31 Abs. 1, § 32 Abs. 1, § 33 Abs. 2, die §§ 36, 37, 41, 41a, 42, §§ 42a bis 42g, § 54 Abs. 1 Z 3 und Abs. 2, die §§ 56, 56a, 56b und 56e, § 57 Abs. 3a Z 1, 2 und 4 sowie die §§ 59a und 59b gelten für Lichtbilder, die §§ 56c und 56d für kinematographische Erzeugnisse entsprechend; § 42a Abs. 1 Z 1 gilt jedoch nicht für die Vervielfältigung von gewerbsmäßig hergestellten Lichtbildern nach einer Vorlage, die in einem photographischen Verfahren hergestellt worden ist. *(BGBl I 2018/63)*

(8) § 38 Abs. 1 gilt für die Rechte zur filmischen Verwertung der bei der Herstellung eines Filmwerkes entstandenen Lichtbilder entsprechend. *(BGBl I 2015/99)*

Sondervorschriften für Lichtbildnisse von Personen

§ 75. (1) Von einem auf Bestellung aufgenommenen Lichtbildnis einer Person dürfen, wenn nichts anderes vereinbart ist, der Besteller und seine Erben sowie der Abgebildete und nach seinem Tode die mit ihm in gerader Linie Verwandten und sein überlebender Ehegatte oder Lebensgefährte einzelne Vervielfältigungsstücke herstellen oder durch einen anderen, auch gegen Entgelt, herstellen lassen, in einem photographischen Verfahren aber nur dann, wenn sie sich in einem solchen Verfahren hergestellte Vervielfältigungsstücke von dem Berechtigten überhaupt nicht oder nur mit unverhältnismäßig großen Schwierigkeiten beschaffen können. *(BGBl I 2009/75)*

(2) Vervielfältigungsstücke, deren Herstellung nach Absatz 1 zulässig ist, dürfen unentgeltlich verbreitet werden.

Anmerkung zu § 75: Die „für Ehegatten, Ehesachen oder in Eheangelegenheiten maßgebenden Bestimmungen in der jeweils geltenden Fassung sind auf eingetragene Partner, Partnersachen oder Partnerangelegenheiten sinngemäß anzuwenden“ (§ 43 Abs 1 EPG, BGBl I 2009/135).

2. Schallträger

§ 76. (1) „[1]Wer akustische Vorgänge zu ihrer wiederholbaren Wiedergabe auf einem Schallträger festhält (Hersteller), hat mit den vom Gesetz bestimmten Beschränkungen das ausschließliche Recht, den Schallträger zu vervielfältigen, zu verbreiten und der Öffentlichkeit zur Verfügung zu stellen."[2]Unter der Vervielfältigung wird auch die Benutzung einer mit Hilfe eines Schallträgers bewirkten Wiedergabe zur Übertragung auf einen anderen verstanden. Bei gewerbsmäßig hergestellten Schallträgern gilt der Inhaber des Unternehmens als Hersteller. *(BGBl I 2003/32, s Anm zu § 12 Abs 2)*

(2) Dem Absatz 1 zuwider vervielfältigte oder verbreitete Schallträger dürfen zu einer Rundfunksendung (§ 17) oder öffentlichen Wiedergabe nicht benutzt werden.

(3) „[1]Wird ein zu Handelszwecken hergestellter oder ein der Öffentlichkeit zur Verfügung gestellter Schallträger zu einer Rundfunksendung (§ 17) oder öffentlichen Wiedergabe benutzt, so hat der Benutzer dem Hersteller (Abs. 1), vorbehaltlich „der § 68 Abs. 2 und § 72 Abs. 2"** und des vorstehenden Abs. 2, eine angemessene Vergütung zu entrichten."*[2]Die „ausübenden Künstler"** haben gegen den Hersteller einen Anspruch auf einen Anteil an dieser Vergütung. [3]Dieser Anteil beträgt mangels Einigung der Berechtigten die Hälfte der dem Hersteller nach Abzug der Einhebungskosten verbleibenden Vergütung. [4]Die Ansprüche des Herstellers und der „ausübenden Künstler"** können nur von Verwertungsgesellschaften oder durch eine einzige Verwertungsgesellschaft geltend gemacht werden. „Für den Anspruch für die Sendung und öffentliche Wiedergabe zugunsten von Menschen mit Seh- oder Lesebehinderungen gilt § 42d Abs. 8."*** *(BGBl 1982/295; *BGBl I 2003/32, s Anm zu § 12 Abs 2; **BGBl I 2015/99; ***BGBl I 2018/63)*

(4) [1]Zum privaten Gebrauch und weder für unmittelbare noch mittelbare kommerzielle Zwecke darf jede natürliche Person eine mit Hilfe eines Schallträgers bewirkte Wiedergabe auf einem Schallträger festhalten und von diesem einzelne Vervielfältigungsstücke herstellen. [2]§ 42 Abs. 2 und 3 sowie 5 bis 7, § 42a, „§ 42b Abs. 1 und 3 bis 9" und § 56a gelten entsprechend. *(BGBl I 2003/32, s Anm zu § 12 Abs 2; BGBl I 2015/99)*

(5) [1]Das Schutzrecht an Schallträgern erlischt 70 Jahre nach dem Erscheinen des Schallträgers. Ist der Schallträger innerhalb von 50 Jahren nach der Aufnahme nicht erschienen, aber rechtmäßig zur öffentlichen Wiedergabe (§§ 17, 18 und 18a) benutzt worden, so erlischt das Schutzrecht 70 Jahre nach dieser. [2]Ist der Schallträger innerhalb dieser Frist weder erschienen noch rechtmäßig zur öffentlichen Wiedergabe benutzt worden, so erlischt das Schutzrecht 50 Jahre nach der Aufnahme. Die Fristen sind nach § 64 zu berechnen. *(BGBl I 2013/150, s § 116 Abs 5 und 6)*

(6) Die §§ 5, 7, 8, 9, 11, 12, 13, § 14 Abs. 2, § 15 Abs. 1, § 16 Abs. 1 und 3, die §§ 16a, 18a, § 23 Abs. 2 und 4, § 24, § 25 Abs. 2, 3 und 5, § 26, § 27 Abs. 1, 3, 4 und 5, § 31 Abs. 1, § 32 Abs. 1, § 33 Abs. 2, die §§ 41, 41a, 42c, 42d, 42e, 42g, 56, 56e, 57 Abs. 3a Z 1 und 4, § 71 Abs. 3 und § 74 Abs. 2 bis 5 gelten entsprechend. *(BGBl I 2018/63)*

(7) [1]Bietet der Hersteller nach Ablauf von fünfzig Jahren nach dem Beginn des Laufs der Schutzfrist den Schallträger nicht in ausreichender Menge zum Verkauf an (§ 9) oder stellt er ihn nicht der Öffentlichkeit zur Verfügung (§ 18a), so hat die im § 66 Abs. 1 bezeichnete Person das unverzichtbare Recht, den Vertrag, mit dem sie ausschließliche Rechte an der Aufzeichnung ihrer Darbietung dem Hersteller eingeräumt hat, vorzeitig zu lösen. [2]Die Auflösung wird wirksam, wenn der Hersteller nicht innerhalb eines Jahres ab dem Zugang der Auflösungserklärung den Schallträger in ausreichender Menge zum Verkauf anbietet und der Öffentlichkeit zur Verfügung stellt. [3]In den Fällen des § 70 ist das Auflösungsrecht durch den gemeinsamen Vertreter wahrzunehmen. [4]Wird der Vertrag nach diesem Absatz aufgelöst, so erlöschen die Rechte des Herstellers am Schallträger. *(BGBl I 2013/150, s § 116 Abs 5 und 6)*

(8) [1]Eine im § 66 Abs. 1 bezeichnete Person, die ihre ausschließlichen Rechte dem Hersteller gegen ein pauschales Entgelt eingeräumt hat, hat einen unverzichtbaren Anspruch auf eine zusätzliche, jährlich vom Hersteller zu zahlende Vergütung für jedes vollständige Jahr ab dem 51. Jahr nach dem Beginn des Laufs der Schutzfrist. [2]Der Hersteller hat für die Vergütung aller betroffenen Personen insgesamt 20% der Einnahmen aus der Vervielfältigung, der Verbreitung und der öffentlichen Zurverfügungstellung des betreffenden Schallträgers bereit zu stellen, die der Hersteller während des Vorjahres erzielt hat. Hersteller, die Schallträger ab dem 51. Jahr nach dem Beginn des Laufs der Schutzfrist vervielfältigen, verbreiten oder öffentlich zur Verfügung stellen, haben dem Berechtigten auf Verlangen richtig und vollständig alle Auskünfte zu geben, die für die Sicherung der Zahlung der Vergütung erforderlich sein können. [3]Der Anspruch kann nur von einer Verwertungsgesellschaft geltend gemacht werden. *(BGBl I 2013/150, s § 116 Abs 5 und 6)*

(9) Hat eine im § 66 Abs. 1 bezeichnete Person ihre ausschließlichen Rechte dem Hersteller gegen ein nutzungsabhängiges Entgelt eingeräumt, so darf ein solches Entgelt ab dem 50. Jahr nach dem Beginn des Laufs der Schutzfrist weder durch den Abzug von Vorschüssen noch durch andere vertraglich vereinbarte Abzüge geschmälert werden. *(BGBl I 2013/150, s § 116 Abs 5 und 6)*

3. Rundfunksendungen

§ 76a. (1) „[1]Wer Töne oder Bilder durch Rundfunk oder auf eine ähnliche Art sendet (§ 17, Rundfunkunternehmer), hat mit den vom Gesetz bestimmten Beschränkungen das ausschließliche Recht, die Sendung gleichzeitig über eine andere Sendeanlage zu senden und zu einer öffentlichen Wiedergabe im Sinne des § 18 Abs. 3 an Orten zu benutzen, die der Öffentlichkeit gegen Zahlung eines Eintrittsgeldes zugänglich sind; der Rundfunkunternehmer hat weiter das ausschließliche Recht, die Sendung auf einem Bild- oder Schallträger (insbesondere auch in Form eines Lichtbildes) festzuhalten, diesen zu vervielfältigen, zu verbreiten und zur öffentlichen Zurverfügungstellung zu benutzen."[2]Unter der Vervielfältigung wird auch die Benutzung einer mit Hilfe eines Bild- oder Schallträgers bewirkten Wiedergabe zur Übertragung auf einen anderen verstanden. *(BGBl I 2003/32, s Anm zu § 12 Abs 2)*

(2) Dem Abs.1 zuwider vervielfältigte oder verbreitete Bild- oder Schallträger dürfen zu einer Rundfunksendung (§ 17) oder zu einer öffentlichen Wiedergabe nicht benutzt werden.

(3) [1]Zum privaten Gebrauch und weder für unmittelbare noch mittelbare kommerzielle Zwecke darf jede natürliche Person eine Rundfunksendung auf einem Bild- oder Schallträger festhalten und von diesem einzelne Vervielfältigungsstücke herstellen. [2]§ 42 Abs. 2 und 3 sowie 5 bis 7 und § 42a gelten entsprechend. *(BGBl I 2003/32, s Anm zu § 12 Abs 2)*

(4) Das Schutzrecht an Rundfunksendungen erlischt „fünfzig Jahre" nach der Sendung. Die Frist ist nach § 64 zu berechnen. *(BGBl 1996/151, s Art VIII UrhGNov 1996)*

(5) Die §§ 5, 7, 8, 9, 11, 12 und 13, § 14 Abs. 2, § 15 Abs. 1, § 16 Abs. 1 und 3, §§ 16a und 18a, § 18 Abs. 2, § 23 Abs. 2 und 4, § 24, § 25 Abs. 2, 3 und 5, § 26, § 27 Abs. 1, 3, 4 und 5, § 31 Abs. 1, § 32 Abs. 1, § 33 Abs. 2, die §§ 41, 41a, 42c, 42d, 42e, 42g, 56, 56a und 56e, § 57 Abs. 3a Z 1 und 4, § 71 Abs. 3 und § 74 Abs. 2 bis 5 gelten entsprechend. *(BGBl I 2018/63)*

(BGBl 1972/492)

4. Nachgelassene Werke

§ 76b. [1]Wer ein nichtveröffentlichtes Werk, für das die Schutzfrist abgelaufen ist, erlaubterweise veröffentlicht, dem stehen die Verwertungsrechte am Werk wie einem Urheber zu. [2]Dieses Schutzrecht erlischt fünfundzwanzig Jahre nach der Veröffentlichung; die Frist ist nach § 64 zu berechnen.

(BGBl 1996/151, s Art IX UrhGNov 1996)

IIa. Abschnitt

Geschützte Datenbanken

§ 76c. (1) Eine Datenbank (§ 40f Abs. 1) genießt den Schutz nach diesem Abschnitt, wenn für die Beschaffung, Überprüfung oder Darstellung ihres Inhalts eine nach Art oder Umfang wesentliche Investition erforderlich war.

(2) Eine in ihrem Inhalt nach Art oder Umfang wesentlich geänderte Datenbank gilt als neue Datenbank, wenn die Änderung eine nach Art oder Umfang wesentliche Investition erfordert hat; dies gilt auch dann, wenn diese Voraussetzung nur durch mehrere aufeinander folgende Änderungen gemeinsam erfüllt wird.

(3) Der Schutz nach diesem Abschnitt ist unabhängig davon, ob die Datenbank als solche oder ihr Inhalt für den urheberrechtlichen oder einen anderen sonderrechtlichen Schutz in Betracht kommt.

(4) Der Schutz nach diesem Abschnitt berührt nicht die am Inhalt der Datenbank etwa bestehenden Rechte.

(BGBl I 1998/25, gilt auch für Datenbanken, deren Herstellung zwischen dem 1. 1. 1983 und dem 31. 12. 1997 abgeschlossen worden ist. Die Schutzfrist beginnt in diesen Fällen am 1. 1. 1998)

Schutzrecht

§ 76d. (1) „Wer die Investition im Sinne des § 76c vorgenommen hat (Hersteller), hat mit den vom Gesetz bestimmten Beschränkungen das ausschließliche Recht, die ganze Datenbank oder einen nach Art oder Umfang wesentlichen Teil derselben zu vervielfältigen, zu verbreiten, durch Rundfunk zu senden, öffentlich wiederzugeben und der Öffentlichkeit zur Verfügung zu stellen." Diesen Verwertungshandlungen stehen die wiederholte und systematische Vervielfältigung, Verbreitung, Rundfunksendung und öffentliche Wiedergabe von unwesentlichen Teilen der Datenbank gleich, wenn diese Handlungen der normalen Verwertung der Datenbank entgegenstehen oder die berechtigten Interessen des Herstellers der Datenbank unzumutbar beeinträchtigen. *(BGBl I 2003/32, s Anm zu § 12 Abs 2)*

(2) Das Verbreitungsrecht des Herstellers umfaßt nicht das Verleihen (§ 16a Abs. 3).

(3) Die Vervielfältigung eines wesentlichen Teils einer veröffentlichten Datenbank ist zulässig

1. für private Zwecke; dies gilt nicht für eine Datenbank, deren Elemente einzeln mit Hilfe elektronischer Mittel zugänglich sind;

2. zu Zwecken der Wissenschaft oder des Unterrichts in einem durch den Zweck gerechtfertigten Umfang, wenn dies ohne Erwerbszweck geschieht und die Quelle angegeben wird.

(4) Das Schutzrecht an Datenbanken erlischt 15 Jahre nach Abschluß der Herstellung der Datenbank, wenn aber die Datenbank vor dem Ablauf dieser Frist veröffentlicht wird, 15 Jahre nach der Veröffentlichung. Die Fristen sind nach § 64 zu berechnen.

(5) Die §§ 8, 9, 11 bis 13, 14 Abs. 2, § 15 Abs. 1, §§ 16, 16a Abs. 1 und 3, §§ 17, 17a, 17b, § 23 Abs. 2 und 4, §§ 24, 25 Abs. 2, 3 und 5, §§ 26, 27 Abs. 1 und 3 bis 5, § 31 Abs. 1, § 32 Abs. 1, § 33 Abs. 2, § 41 und § 42d gelten entsprechend. *(BGBl I 2018/63, wohl aufgrund eines*

Redaktionsversehens wurde § 76d Abs 5 nicht im § 116 Abs 12 genannt)

(BGBl I 1998/25, s Anm zu § 76c)

Verträge über die Benutzung einer Datenbank

§ 76e. Eine vertragliche Vereinbarung, durch die sich der rechtmäßige Benutzer einer veröffentlichten Datenbank gegenüber dem Hersteller verpflichtet, die Vervielfältigung, Verbreitung, Rundfunksendung oder öffentliche Wiedergabe von nach Art und Umfang unwesentlichen Teilen der Datenbank zu unterlassen, ist insoweit unwirksam, als diese Handlungen weder der normalen Verwertung der Datenbank entgegenstehen noch die berechtigten Interessen des Datenbankherstellers unzumutbar beeinträchtigen.

(BGBl I 1998/25, s Anm zu § 76c, ist nicht auf Verträge anzuwenden, die vor dem 1. 1. 1998 geschlossen worden sind)

III. Abschnitt

Brief- und Bildnisschutz

Briefschutz

§ 77. (1) Briefe, Tagebücher und ähnliche vertrauliche Aufzeichnungen dürfen weder öffentlich vorgelesen noch auf eine andere Art, wodurch sie der Öffentlichkeit zugänglich gemacht werden, verbreitet werden, wenn dadurch berechtigte Interessen des Verfassers oder, falls er gestorben ist, ohne die Veröffentlichung gestattet oder angeordnet zu haben, eines nahen Angehörigen verletzt würden.

(2) [1]Nahe Angehörige im Sinn des Abs. 1 sind die Verwandten in auf- und absteigender Linie sowie der überlebende Ehegatte oder Lebensgefährte. [2]Die mit dem Verfasser im ersten Grade Verwandten und der überlebende Ehegatte oder Lebensgefährte genießen diesen Schutz Zeit ihres Lebens, andere Angehörige nur, wenn seit dem Ablauf des Todesjahres des Verfassers zehn Jahre noch nicht verstrichen sind. *(BGBl I 2009/75)*

(3) Briefe dürfen auch dann nicht auf die im Absatz 1 bezeichnete Art verbreitet werden, wenn hiedurch berechtigte Interessen dessen, an den der Brief gerichtet ist, oder, falls er gestorben ist, ohne die Veröffentlichung gestattet oder angeordnet zu haben, eines nahen Angehörigen verletzt würden. Absatz 2 gilt entsprechend.

(4) [1]Die Absätze 1 bis 3 gelten ohne Rücksicht darauf, ob die im Absatz 1 bezeichneten Schriften den urheberrechtlichen Schutz dieses Gesetzes genießen oder nicht. [2]Die Anwendung urheberrechtlicher Bestimmungen auf solche Schriften bleibt unberührt.

(5) Die Absätze 1 bis 3 gelten nicht für Schriften, die, wenngleich nicht ausschließlich, zum amtlichen Gebrauch verfaßt worden sind.

(6) Die Vorschriften des § 41 gelten entsprechend.

Anmerkung zu § 77: Die „für Ehegatten, Ehesachen oder in Eheangelegenheiten maßgebenden Bestimmungen in der jeweils geltenden Fassung sind auf eingetragene Partner, Partnersachen oder Partnerangelegenheiten sinngemäß anzuwenden" (§ 43 Abs 1 EPG, BGBl I 2009/135, ab 1. 1. 2010).

Bildnisschutz

§ 78. (1) Bildnisse von Personen dürfen weder öffentlich ausgestellt noch auf eine andere Art, wodurch sie der Öffentlichkeit zugänglich gemacht werden, verbreitet werden, wenn dadurch berechtigte Interessen des Abgebildeten oder, falls er gestorben ist, ohne die Veröffentlichung gestattet oder angeordnet zu haben, eines nahen Angehörigen verletzt würden.

(2) Die Vorschriften der §§ 41 und 77, Absatz 2 und 4, gelten entsprechend.

IV. Abschnitt

Nachrichtenschutz. Schutz des Titels von Werken der Literatur und der Kunst

Nachrichtenschutz

§ 79. (1) Presseberichte der im § 44 Abs. 3 bezeichneten Art, die in Zeitungskorrespondenzen oder anderen der entgeltlichen Vermittlung von Nachrichten an Zeitungen oder Zeitschriften dienenden Mitteilungen enthalten sind, dürfen in Zeitungen oder Zeitschriften erst dann wiedergegeben werden, wenn seit ihrer Verlautbarung in einer vom Nachrichtensammler dazu ermächtigten Zeitung oder Zeitschrift mindestens 12 Stunden verstrichen sind.

(2) Bei der Anwendung des Abs. 1 stehen den Zeitungen und Zeitschriften alle anderen Einrichtungen gleich, die die periodische Verbreitung von Nachrichten an jedermann besorgen. § 59 a gilt jedoch entsprechend.

(BGBl 1982/295)

Titelschutz

§ 80. (1) Im geschäftlichen Verkehr darf weder der Titel oder die sonstige Bezeichnung eines Werkes der Literatur oder Kunst noch die äußere Ausstattung von Werkstücken für ein anderes Werk auf eine Weise verwendet werden, die geeignet ist, Verwechslungen hervorzurufen.

(2) Absatz 1 gilt auch für Werke der Literatur und der Kunst, die den urheberrechtlichen Schutz dieses Gesetzes nicht genießen.

III. Hauptstück
Rechtsdurchsetzung

I. Abschnitt
Zivilrechtliche Vorschriften

Unterlassungsanspruch

§ 81. (1) [1]Wer in einem auf dieses Gesetz gegründeten Ausschließungsrecht verletzt worden ist oder eine solche Verletzung zu besorgen hat, kann auf Unterlassung klagen. [2]Der Inhaber eines Unternehmens kann hierauf auch dann geklagt werden, wenn eine solche Verletzung im Betrieb seines Unternehmens von einem Bediensteten oder Beauftragten begangen worden ist oder droht „; § 81 Abs. 1a gilt sinngemäß.“ *(BGBl 1982/295; BGBl I 2003/32)*

(1a) Bedient sich derjenige, der eine solche Verletzung begangen hat oder von dem eine solche Verletzung droht, hiezu der Dienste eines Vermittlers, so kann auch dieser auf Unterlassung nach Abs. 1 geklagt werden. Wenn bei diesem die Voraussetzungen für einen Ausschluss der Verantwortlichkeit nach den §§ 13 bis 17 ECG vorliegen, kann er jedoch erst nach Abmahnung geklagt werden. *(BGBl I 2003/32, s Anm zu § 12 Abs 2)*

(2) *(aufgehoben, BGBl I 2006/81)*

Beseitigungsanspruch

§ 82. (1) Wer in einem auf dieses Gesetz gegründeten Ausschließungsrechte verletzt wird, kann verlangen, daß der dem Gesetz widerstreitende Zustand beseitigt werde; „§ 81 Abs. 1a gilt sinngemäß.“ *(BGBl I 2003/32, s Anm zu § 12 Abs 2)*

(2) Der Verletzte kann insbesondere verlangen, dass die den Vorschriften dieses Gesetzes zuwider hergestellten oder verbreiteten sowie die zur widerrechtlichen Verbreitung bestimmten Vervielfältigungsstücke vernichtet und dass die ausschließlich oder überwiegend zur widerrechtlichen Vervielfältigung bestimmten Mittel (Formen, Steine, Platten, Filmstreifen und dergleichen) unbrauchbar gemacht werden. *(BGBl I 2003/32, s Anm zu § 12 Abs 2)*

(3) [1]Enthalten die im Absatz 2 bezeichneten Eingriffsgegenstände oder Eingriffsmittel Teile, deren unveränderter Bestand und deren Gebrauch durch den Beklagten das Ausschließungsrecht des Klägers nicht verletzen, so hat das Gericht diese Teile in dem die Vernichtung oder Unbrauchbarmachung aussprechenden Urteil zu bezeichnen. [2]Bei der Vollstreckung sind diese Teile, soweit es möglich ist, von der Vernichtung oder Unbrauchbarmachung auszunehmen, wenn der Verpflichtete die damit verbundenen Kosten im voraus bezahlt. [3]Zeigt sich im Exekutionsverfahren, daß die Unbrauchbarmachung von Eingriffsmitteln unverhältnismäßig große Kosten erfordern würde, und werden diese vom Verpflichteten nicht im voraus bezahlt, so ordnet das Exekutionsgericht nach Einvernehmung der Parteien die Vernichtung dieser Eingriffsmittel an.

(4) Kann der dem Gesetz widerstreitende Zustand auf eine andere als die im Absatz 2 bezeichnete, mit keiner oder einer geringeren Wertvernichtung verbundene Art beseitigt werden, so kann der Verletzte nur Maßnahmen dieser Art begehren. Namentlich dürfen Werkstücke nicht bloß deshalb vernichtet werden, weil die Quellenangabe fehlt oder dem Gesetz nicht entspricht.

(5) Statt der Vernichtung von Eingriffsgegenständen oder Unbrauchbarmachung von Eingriffsmitteln kann der Verletzte verlangen, daß ihm die Eingriffsgegenstände oder Eingriffsmittel von ihrem Eigentümer gegen eine angemessene, die Herstellungskosten nicht übersteigende Entschädigung überlassen werden.

(6) [1]Der Beseitigungsanspruch richtet sich gegen den Eigentümer der Gegenstände, die den der Beseitigung des gesetzwidrigen Zustandes dienenden Maßnahmen unterliegen. [2]Der Anspruch kann während der Dauer des verletzten Rechtes so lange geltend gemacht werden, als solche Gegenstände vorhanden sind.

Unterlassungs- und Beseitigungsanspruch bei Werken der bildenden Künste

§ 83. (1) Ist ein Urstück eines Werkes der bildenden Künste unbefugt geändert worden, so kann der Urheber, soweit im folgenden nichts anderes bestimmt ist, nur verlangen, daß die Änderung auf dem Urstück als nicht vom Schöpfer des Werkes herrührend gekennzeichnet oder daß eine darauf befindliche Urheberbezeichnung beseitigt oder berichtigt werde.

(2) Ist die Wiederherstellung des ursprünglichen Zustandes möglich und stehen ihr nicht überwiegende öffentliche Interessen oder überwiegende Interessen des Eigentümers entgegen, so kann der Schöpfer des Werkes nach seiner Wahl an Stelle der im Absatz 1 bezeichneten Maßnahmen verlangen, daß ihm die Wiederherstellung gestattet werde.

(3) [1]Bei Werken der Baukunst kann der Urheber auf Grund des § 81 eine unbefugte Änderung nicht untersagen. Auch kann er nicht verlangen, daß Bauten abgetragen, umgebaut oder ihm nach § 82, Absatz 5, überlassen werden. [2]Doch ist auf sein Verlangen je nach der Sachlage eine der im Absatz 1 bezeichneten Maßnahmen zu treffen oder auf dem Nachbau eine der Wahrheit entsprechende Urheberbezeichnung anzubringen.

Unterlassungs- und Beseitigungsanspruch in den Fällen der §§ 79 und 80

§ 84. (1) Im Falle des § 79 können Unterlassungs- und Beseitigungsansprüche nicht nur vom Nachrichtensammler geltend gemacht werden, sondern auch von jedem Unternehmer, der mit dem Täter in Wettbewerb steht, sowie von Vereinigungen zur Förderung wirtschaftlicher Interessen von Unternehmern, wenn diese Interessen durch die Tat berührt werden.

(2) [1]Im Falle des § 80 können Unterlassungs- und Beseitigungsansprüche von einer solchen Vereinigung sowie von jedem Unternehmer geltend gemacht werden, der sich damit befaßt, Stücke des Werkes, dessen Titel, Bezeichnung oder Ausstattung für ein anderes Werk verwendet wird, in Verkehr zu bringen oder es öffentlich vorzutragen, aufzuführen oder vorzuführen, und dessen Interessen durch die Tat beeinträchtigt werden. [2]Bei urheberrechtlich geschützten Werken ist dazu stets auch der Urheber berechtigt.

(3) Eingriffsgegenstände unterliegen in den Fällen der §§ 79 und 80 dem Beseitigungsanspruch nur, wenn sie zur widerrechtlichen Verbreitung bestimmt sind. Ein Anspruch auf Überlassung von Eingriffsgegenständen oder Eingriffsmitteln (§ 82, Absatz 5) besteht in diesen Fällen nicht.

Urteilsveröffentlichung

§ 85. (1) Wird auf Unterlassung oder Beseitigung oder Feststellung des Bestehens oder Nichtbestehens eines auf dieses Gesetz gegründeten Ausschließungsrechtes oder der Urheberschaft (§ 19) geklagt, so hat das Gericht der obsiegenden Partei, wenn diese daran ein berechtigtes Interesse hat, auf Antrag die Befugnis zuzusprechen, das Urteil innerhalb bestimmter Frist auf Kosten des Gegners zu veröffentlichen. Die Art der Veröffentlichung ist im Urteil zu bestimmen.

(2) [1]Die Veröffentlichung umfaßt den Urteilsspruch. Auf Antrag der obsiegenden Partei kann jedoch das Gericht einen vom Urteilsspruch nach Umfang oder Wortlaut abweichenden oder ihn ergänzenden Inhalt der Veröffentlichung bestimmen. [2]Dieser Antrag ist spätestens vier Wochen nach Rechtskraft des Urteils zu stellen. Ist der Antrag erst nach Schluß der mündlichen Streitverhandlung gestellt worden, so hat hierüber das Gericht erster Instanz nach Rechtskraft des Urteils mit Beschluß zu entscheiden.

(3) Das Gericht erster Instanz hat auf Antrag der obsiegenden Partei die Kosten der Veröffentlichung festzusetzen und deren Ersatz dem Gegner aufzutragen.

(4) Die Veröffentlichung auf Grund eines rechtskräftigen Urteils oder eines anderen vollstreckbaren Exekutionstitels ist vom Medienunternehmer ohne unnötigen Aufschub vorzunehmen.

(BGBl 1982/295)

Anspruch auf angemessenes Entgelt

§ 86. (1) Wer unbefugt

1. ein Werk der Literatur oder Kunst auf eine nach den §§ 14 bis 18a dem Urheber vorbehaltene Verwertungsart benutzt,

2. eine Darbietung auf eine nach dem § 68 dem ausübenden Künstler vorbehaltene Verwertungsart benutzt,

3. eine Darbietung auf eine nach dem § 72 dem Veranstalter vorbehaltene Verwertungsart benutzt,

4. ein Lichtbild oder einen Schallträger auf eine nach den §§ 74 oder 76 dem Hersteller vorbehaltene Verwertungsart benutzt,

5. eine Rundfunksendung auf eine nach § 76a dem Rundfunkunternehmer vorbehaltene Verwertungsart benutzt oder

6. eine Datenbank auf eine nach § 76d dem Hersteller vorbehaltene Verwertungsart benutzt,

hat, auch wenn ihn kein Verschulden trifft, dem Verletzten, dessen Einwilligung einzuholen gewesen wäre, ein angemessenes Entgelt zu zahlen. *(BGBl I 2015/99)*

(2) Auf ein solches Entgelt besteht aber kein Anspruch, wenn eine Rundfunksendung, eine öffentliche Wiedergabe oder eine öffentliche Zurverfügungstellung nur deshalb unzulässig gewesen ist, weil sie mit Hilfe von Bild- oder Schallträgern oder Rundfunksendungen vorgenommen worden ist, die nach dem § 50 Abs. 2, § 53 Abs. 2, § 56 Abs. 3, § 56b Abs. 2, § 56c Abs. 3 Z 2, § 56d Abs. 1 Z 2, §§ 68, 72, 74, 76 oder 76a Abs. 2 und 3 dazu nicht verwendet werden durften, und wenn diese Eigenschaft der Bild- oder Schallträger oder Rundfunksendungen ihrem Benutzer ohne sein Verschulden unbekannt gewesen ist. *(BGBl I 2015/99)*

(3) Wer einen Pressebericht dem § 79 zuwider benutzt, hat, auch wenn ihn kein Verschulden trifft, dem Nachrichtensammler ein angemessenes Entgelt zu bezahlen.

Anspruch auf Schadenersatz und auf Herausgabe des Gewinnes

§ 87. (1) Wer durch eine Zuwiderhandlung gegen dieses Gesetz einen anderen schuldhaft schädigt, hat dem Verletzten ohne Rücksicht auf den Grad des Verschuldens auch den entgangenen Gewinn zu ersetzen.

(2) Auch kann der Verletzte in einem solchen Fall eine angemessene Entschädigung für die in keinem Vermögensschaden bestehenden Nachteile verlangen, die er durch die Handlung erlitten hat.

(3) Der Verletzte, dessen Einwilligung einzuholen gewesen wäre, kann als Ersatz des ihm schuldhaft zugefügten Vermögensschadens (Abs. 1), wenn kein höherer Schaden nachgewiesen wird, das Doppelte des ihm nach § 86 gebührenden Entgelts begehren. *(BGBl 1982/295)*

(4) [1]Wird ein Werk der Literatur oder Kunst unbefugt vervielfältigt oder verbreitet, so kann der Verletzte, dessen Einwilligung einzuholen gewesen wäre, auch die Herausgabe des Gewinnes verlangen, den der Schädiger durch den schuldhaften Eingriff erzielt hat. [2]„Dasselbe gilt, wenn eine Darbietung dem § 68 Abs. 1 zuwider oder eine Rundfunksendung dem § 76a zuwider auf einem Bild- oder Schallträger verwertet oder wenn ein Lichtbild dem § 74 zuwider oder ein Schallträger dem § 76 zuwider vervielfältigt oder verbreitet wird.“** „[3]Dasselbe gilt schließlich, wenn das Zurverfügungstellungsrecht (§ 18a) verletzt wird.“* *(BGBl 1972/492; *BGBl I 2003/32, s Anm zu § 12 Abs 2; **BGBl I 2015/99)*

(5) Neben einem angemessenen Entgelt (§ 86) oder der Herausgabe des Gewinnes (Absatz 4) kann ein Ersatz des Vermögensschadens nur begehrt werden, soweit er das Entgelt oder den herauszugebenden Gewinn übersteigt.

Anspruch auf Rechnungslegung

§ 87a. (1) [1]Wer nach diesem Gesetz zur Leistung eines angemessenen Entgelts oder einer angemessenen Vergütung, eines angemessenen Anteils an einer solchen Vergütung, zum Schadenersatz, zur Herausgabe des Gewinnes oder zur Beseitigung verpflichtet ist, hat dem Anspruchsberechtigten Rechnung zu legen und deren Richtigkeit durch einen Sachverständigen prüfen zu lassen. [2]Wenn sich dabei ein höherer Betrag als aus der Rechnungslegung ergibt, sind die Kosten der Prüfung vom Zahlungspflichtigen zu tragen. [3]Wer zur Rechnungslegung verpflichtet ist, hat dem Anspruchsberechtigten darüber hinaus über alle weiteren zur Rechtsverfolgung erforderlichen Umstände Auskunft zu erteilen. *(BGBl I 2003/32, s Anm zu § 12 Abs 2)*

(2) Wer nach § 42b Abs. 3 Z 1 als Bürge und Zahler haftet, hat dem Anspruchsberechtigten auch anzugeben, von wem er das Trägermaterial oder das Vervielfältigungsgerät bezogen hat, sofern er nicht die Vergütung leistet. *(BGBl 1996/151)*

(3) Die Abs. 1 und 2 gelten sinngemäß auch für denjenigen, der nach „§ 42b Abs. 3 Z 1“ von der Haftung ausgenommen ist. *(BGBl 1989/612; BGBl 1996/151)*

Anspruch auf Auskunft

§ 87b. (1) [1]Wer im Inland Werkstücke verbreitet, an denen das Verbreitungsrecht durch In-Verkehr-Bringen in einem Mitgliedstaat der Europäischen Gemeinschaft oder in einem Vertragsstaat des Europäischen Wirtschaftsraums erloschen ist (§ 16 Abs. 3), hat dem Berechtigten auf Verlangen richtig und vollständig Auskunft über Hersteller, Inhalt, Herkunftsland und Menge der verbreiteten Werkstücke zu geben. [2]Anspruch auf Auskunft hat, wem das Recht, die Werkstücke im Inland zu verbreiten, im Zeitpunkt des Erlöschens zugestanden ist.

(2) Wer in einem auf dieses Gesetz gegründeten Ausschließungsrecht verletzt worden ist, kann Auskunft über den Ursprung und die Vertriebswege der rechtsverletzenden Waren und Dienstleistungen verlangen, sofern dies nicht unverhältnismäßig im Vergleich zur Schwere der Verletzung wäre und nicht gegen gesetzliche Verschwiegenheitspflichten verstoßen würde; zur Erteilung der Auskunft sind der Verletzer und die Personen verpflichtet, die gewerbsmäßig

1. rechtsverletzende Waren in ihrem Besitz gehabt,

2. rechtsverletzende Dienstleistungen in Anspruch genommen oder

3. für Rechtsverletzungen genutzte Dienstleistungen erbracht haben.
(BGBl I 2006/81)

(2a) Die Pflicht zur Auskunftserteilung nach Abs. 2 umfasst, soweit angebracht,

1. die Namen und Anschriften der Hersteller, Vertreiber, Lieferanten und der anderen Vorbesitzer der Waren oder Dienstleistungen sowie der gewerblichen Abnehmer und Verkaufsstellen, für die sie bestimmt waren,

2. die Mengen der hergestellten, ausgelieferten, erhaltenen oder bestellten Waren und die Preise, die für die Waren oder Dienstleistungen bezahlt wurden.
(BGBl I 2006/81)

(3) [1]Vermittler im Sinn des § 81 Abs. 1a haben dem Verletzten auf dessen schriftliches und ausreichend begründetes Verlangen Auskunft über die Identität des Verletzers (Name und Anschrift) beziehungsweise die zur Feststellung des Verletzers erforderlichen Auskünfte zu geben. [2]In die Begründung sind insbesondere hinreichend konkretisierte Angaben über die den Verdacht der Rechtsverletzung begründenden Tatsachen aufzunehmen. [3]Der Verletzte hat dem Vermittler die angemessenen Kosten der Auskunftserteilung zu ersetzen. *(BGBl I 2006/81)*

(4) [1]Vertreter des Kunstmarkts, die an einer dem Folgerecht unterliegenden Veräußerung im Sinn des § 16b Abs. 2 beteiligt waren, haben dem Berechtigten auf Verlangen richtig und vollständig alle Auskünfte zu geben, die für die Sicherung der Zahlung aus dieser Veräußerung erforderlich sein können. [2]Der Anspruch erlischt, wenn die Auskünfte nicht in einem Zeitraum von drei Jah-

UrhG

ren nach der Weiterveräußerung verlangt werden. *(BGBl I 2006/22)*

(BGBl I 2003/32, s Anm zu § 12 Abs 2)

Einstweilige Verfügungen

§ 87c. (1) Mit Beziehung auf Ansprüche auf Unterlassung, Beseitigung, angemessenes Entgelt, Schadenersatz und Herausgabe des Gewinns nach diesem Gesetz können einstweilige Verfügungen sowohl zur Sicherung des Anspruchs selbst als auch zur Sicherung von Beweismitteln erlassen werden.

(2) Zur Sicherung von Ansprüchen auf angemessenes Entgelt, Schadenersatz und Herausgabe des Gewinns können im Fall von gewerbsmäßig begangenen Rechtsverletzungen einstweilige Verfügungen erlassen werden, wenn wahrscheinlich ist, dass die Erfüllung dieser Forderungen gefährdet ist.

(3) Zur Sicherung von Unterlassungs- und Beseitigungsansprüchen können einstweilige Verfügungen erlassen werden, auch wenn die im § 381 der Exekutionsordnung bezeichneten Voraussetzungen nicht zutreffen.

(4) Einstweilige Verfügungen nach Abs. 1 sind auf Antrag der gefährdeten Partei ohne Anhörung des Gegners zu erlassen, wenn der gefährdeten Partei durch eine Verzögerung wahrscheinlich ein nicht wieder zu gut machender Schaden entstünde oder wenn die Gefahr besteht, dass Beweise vernichtet werden.

(BGBl I 2006/81)

Haftung des Inhabers eines Unternehmens

§ 88. (1) Wird der einen Anspruch auf angemessenes Entgelt (§ 86) begründende Eingriff im Betrieb eines Unternehmens von einem Bediensteten oder Beauftragten begangen, so trifft die Pflicht zur Zahlung des Entgeltes den Inhaber des Unternehmens.

(2) [1]Hat ein Bediensteter oder Beauftragter im Betrieb eines Unternehmens diesem Gesetz zuwidergehandelt, so haftet, unbeschadet einer allfälligen Ersatzpflicht dieser Personen, der Inhaber des Unternehmens für den Ersatz des dadurch verursachten Schadens (§ 87, Absatz 1 bis 3), wenn ihm die Zuwiderhandlung bekannt war oder bekannt sein mußte. [2]Auch trifft ihn in einem solchen Falle die Pflicht zur Herausgabe des Gewinnes nach § 87, Absatz 4.

Haftung mehrerer Verpflichteter

§ 89. Soweit derselbe Anspruch auf ein angemessenes Entgelt (§ 86), auf Schadenersatz (§ 87, Absatz 1 bis 3) oder auf Herausgabe des Gewinnes (§ 87, Absatz 4) gegen mehrere Personen begründet ist, haften sie zur ungeteilten Hand.

Verjährung

§ 90. (1) Die Verjährung der Ansprüche auf angemessenes Entgelt, angemessene Vergütung, Herausgabe des Gewinnes und Auskunft richtet sich nach den Vorschriften für Entschädigungsklagen. *(BGBl 1988/601)*

(2) Die Ansprüche der einzelnen Anspruchsberechtigten oder Gruppen von Anspruchsberechtigten gegen die Verwertungsgesellschaft verjähren ohne Rücksicht auf die Kenntnis des Anspruchsberechtigten von den die Zahlungspflicht der Verwertungsgesellschaft begründenden Tatsachen in drei Jahren ab diesem Zeitpunkt.

(BGBl 1982/295)

Meldepflicht für das Inverkehrbringen von Speichermedien und Vervielfältigungsgeräten

§ 90a. (1) [1]Wer Speichermedien oder Vervielfältigungsgeräte von einer im In- oder im Ausland gelegenen Stelle aus als erster gewerbsmäßig in Verkehr bringt, ist unbeschadet der Auskunftspflicht nach § 87a Abs. 1 den zur Vergütung nach § 42b Berechtigten gegenüber verpflichtet, Art und Stückzahl der eingeführten Gegenstände einer gemeinsamen Empfangsstelle vierteljährlich bis zum fünfzehnten Tag nach Ablauf jedes dritten Kalendermonats schriftlich mitzuteilen. [2]Die Verwertungsgesellschaften haben der Aufsichtsbehörde für Verwertungsgesellschaften jeweils eine gemeinsame Empfangsstelle für die Speichermedienvergütung und die Reprographievergütung zu bezeichnen; die Aufsichtsbehörde gibt diese auf ihrer Website bekannt.

(2) Kommt der Meldepflichtige seiner Meldepflicht nicht, nur unvollständig oder sonst unrichtig nach, kann von ihm der doppelte Vergütungssatz für den betroffenen Teil verlangt werden.

(BGBl I 2015/99)

Schutz von Computerprogrammen

§ 90b. [1]Der Inhaber eines auf dieses Gesetz gegründeten Ausschließungsrechts an einem Computerprogramm, der sich technischer Mechanismen zum Schutz dieses Programms bedient, kann auf Unterlassung und Beseitigung des dem Gesetz widerstreitenden Zustands klagen, wenn Mittel in Verkehr gebracht oder zu Erwerbszwecken besessen werden, die allein dazu bestimmt sind, die unerlaubte Beseitigung oder Umgehung dieser technischen Mechanismen zu erleichtern. [2]Die §§ 81, 82 Abs. 2 bis 6, §§ 85, 87 Abs. 1 und 2, § 87a Abs. 1, § 88 Abs. 2, §§ 89 und 90 gelten entsprechend.

(BGBl I 2003/32, s Anm zu § 12 Abs 2)

Schutz technischer Maßnahmen

§ 90c. (1) Der Inhaber eines auf dieses Gesetz gegründeten Ausschließungsrechts, der sich wirksamer technischer Maßnahmen bedient, um eine Verletzung dieses Rechts zu verhindern oder einzuschränken, kann auf Unterlassung und Beseitigung des dem Gesetz widerstreitenden Zustandes klagen,

1. wenn diese Maßnahmen durch eine Person umgangen werden, der bekannt ist oder den Umständen nach bekannt sein muss, dass sie dieses Ziel verfolgt,

2. wenn Umgehungsmittel hergestellt, eingeführt, verbreitet, verkauft, vermietet und zu kommerziellen Zwecken besessen werden,

3. wenn für den Verkauf oder die Vermietung von Umgehungsmitteln geworben wird oder

4. wenn Umgehungsdienstleistungen erbracht werden.

(2) [1]Unter wirksamen technischen Maßnahmen sind alle Technologien, Vorrichtungen und Bestandteile zu verstehen, die im normalen Betrieb dazu bestimmt sind, die in Abs. 1 bezeichneten Rechtsverletzungen zu verhindern oder einzuschränken, und die die Erreichung dieses Schutzziels sicherstellen. [2]Diese Voraussetzungen sind nur erfüllt, soweit die Nutzung eines Werks oder sonstigen Schutzgegenstandes kontrolliert wird

1. durch eine Zugangskontrolle,

2. einen Schutzmechanismus wie Verschlüsselung, Verzerrung oder sonstige Umwandlung des Werks oder sonstigen Schutzgegenstands oder

3. durch einen Mechanismus zur Kontrolle der Vervielfältigung.

(3) Unter Umgehungsmitteln beziehungsweise Umgehungsdienstleistungen sind Vorrichtungen, Erzeugnisse oder Bestandteile beziehungsweise Dienstleistungen zu verstehen,

1. die Gegenstand einer Verkaufsförderung, Werbung oder Vermarktung mit dem Ziel der Umgehung wirksamer technischer Maßnahmen sind,

2. die, abgesehen von der Umgehung wirksamer technischer Maßnahmen, nur einen begrenzten wirtschaftlichen Zweck oder Nutzen haben oder

3. die hauptsächlich entworfen, hergestellt, angepasst oder erbracht werden, um die Umgehung wirksamer technischer Maßnahmen zu ermöglichen oder zu erleichtern.

(4) Die §§ 81, 82 Abs. 2 bis 6, §§ 85, 87 Abs. 1 und 2, § 87a Abs. 1, § 88 Abs. 2, §§ 89 und 90 gelten entsprechend.

(5) Die Abs. 1 bis 4 gelten nicht mit Beziehung auf Rechte an Computerprogrammen.

(6) Soweit sich ein Inhaber eines auf dieses Gesetz gegründeten Ausschließungsrechts technischer Maßnahmen im Sinn des Abs. 1 bedient, ist er verpflichtet, den durch § 42d Abs. 1 bis 9 Begünstigten, soweit sie rechtmäßig Zugang zu dem Werk oder Schutzgegenstand haben, die notwendigen Mittel zur Verfügung zu stellen, dass sie von dieser Bestimmung im erforderlichen Maß Gebrauch machen können. Vereinbarungen zum Ausschluss dieser Verpflichtung sind unwirksam. *(BGBl I 2018/63)*

(7) Wer gegen das Gebot nach Abs. 6 verstößt, kann vom Begünstigen darauf in Anspruch genommen werden, die zur Verwirklichung der Befugnis benötigten Mittel zur Verfügung zu stellen. *(BGBl I 2018/63)*

(8) Zur Erfüllung der Verpflichtungen aus Abs. 6 angewandte technische Maßnahmen, einschließlich der zur Umsetzung freiwilliger Vereinbarungen angewandten Maßnahmen, genießen Rechtsschutz nach den Abs. 1 bis 4. *(BGBl I 2018/63)*

(BGBl I 2003/32, s Anm zu § 12 Abs 2)

Schutz von Kennzeichnungen

§ 90d. (1) Der Inhaber eines auf dieses Gesetz gegründeten Ausschließungsrechts, der Kennzeichnungen im Sinne dieser Bestimmung anwendet, kann auf Unterlassung und Beseitigung des dem Gesetz widerstreitenden Zustandes klagen,

1. wenn solche Kennzeichnungen entfernt oder geändert werden,

2. wenn Vervielfältigungsstücke von Werken oder sonstigen Schutzgegenständen, von beziehungsweise auf denen Kennzeichnungen unbefugt entfernt oder geändert worden sind, verbreitet oder zur Verbreitung eingeführt oder für eine Sendung, für eine öffentliche Wiedergabe oder für eine öffentliche Zurverfügungstellung verwendet werden.

(2) Der Anspruch nach Abs. 1 besteht nur gegen Personen, die die angeführten Handlungen unbefugt und wissentlich vornehmen, wobei ihnen bekannt ist oder den Umständen nach bekannt sein muss, dass sie dadurch die Verletzung eines auf dieses Gesetz gegründeten Ausschließungsrechtes veranlassen, ermöglichen, erleichtern oder verschleiern.

(3) Unter Kennzeichnungen sind Angaben zu verstehen,

1. die in elektronischer Form festgehalten sind, auch wenn sie durch Zahlen oder in anderer Form verschlüsselt sind,

2. die mit einem Vervielfältigungsstück des Werkes oder sonstigen Schutzgegenstandes verbunden sind oder in Zusammenhang mit dem Werk oder sonstigen Schutzgegenstand gesendet, öffentlich wiedergegeben oder der Öffentlichkeit zur Verfügung gestellt werden und

3. die folgenden Inhalt haben:

a) die Bezeichnung des Werkes oder sonstigen Schutzgegenstandes, des Urhebers oder jedes anderen Rechtsinhabers, sofern alle diese Angaben vom Rechtsinhaber stammen, oder

b) die Modalitäten und Bedingungen für die Nutzung des Werkes oder sonstigen Schutzgegenstands.

(4) Die §§ 81, 82 Abs. 2 bis 6, §§ 85, 87 Abs. 1 und 2, § 87a Abs. 1, § 88 Abs. 2, §§ 89 und 90 gelten entsprechend.

(BGBl I 2003/32, s Anm zu § 12 Abs 2)

II. Abschnitt

Strafrechtliche Vorschriften

Eingriff

§ 91. (1) „[1]Wer einen Eingriff der im § 86 Abs. 1, § 90b, § 90c Abs. 1 oder § 90d Abs. 1 bezeichneten Art begeht, ist mit Freiheitsstrafe bis zu sechs Monaten oder mit Geldstrafe bis zu 360 Tagessätzen zu bestrafen.“[2]Der Eingriff ist jedoch dann nicht strafbar, wenn es sich nur um eine unbefugte Vervielfältigung oder um ein unbefugtes Festhalten eines Vortrags oder einer Aufführung jeweils zum eigenen Gebrauch oder unentgeltlich auf Bestellung zum eigenen Gebrauch eines anderen handelt. *(BGBl 1996/151; BGBl I 2003/32, s Anm zu § 12 Abs 2)*

(1a) *(aufgehoben, BGBl I 2003/32, s Anm zu § 12 Abs 2)*

(2) Ebenso ist zu bestrafen, wer als Inhaber oder Leiter eines Unternehmens einen im Betrieb des Unternehmens von einem Bediensteten oder Beauftragten begangenen Eingriff dieser Art (Abs. 1 und 1a) nicht verhindert. *(BGBl 1993/93)*

(2a) Wer eine nach den Abs. 1, 1a oder 2 strafbare Handlung gewerbsmäßig begeht, ist mit Freiheitsstrafe bis zu zwei Jahren zu bestrafen. *(BGBl 1996/151)*

(3) Der Täter ist nur auf Verlangen des in seinem Recht Verletzten zu verfolgen.

(4) § 85 Abs. 1, 3 und 4 über die Urteilsveröffentlichung gilt entsprechend.

(5) Das Strafverfahren obliegt dem Einzelrichter des Gerichtshofes erster Instanz.

(BGBl 1982/295)

Vernichtung und Unbrauchbarmachung von Eingriffsgegenständen und Eingriffsmitteln

§ 92. (1) „[1]In dem Urteil, womit ein Angeklagter des Vergehens nach § 91 schuldig erkannt wird, ist auf Antrag des Privatanklägers die Vernichtung der zur widerrechtlichen Verbreitung bestimmten Eingriffsgegenstände sowie die Unbrauchbarmachung der ausschließlich oder überwiegend zur widerrechtlichen Vervielfältigung bestimmten und der im § 90b sowie im § 90c Abs. 3 bezeichneten Eingriffsmittel anzuordnen.“[2]Solche Eingriffsgegenstände und Eingriffsmittel unterliegen diesen Maßnahmen ohne Rücksicht darauf, wem sie gehören. [3]Bauten sind diesen Maßnahmen nicht unterworfen. Die Vorschriften des § 82, Absatz 3, gelten entsprechend. *(BGBl I 2003/32, s Anm zu § 12 Abs 2)*

(2) [1]Kann keine bestimmte Person verfolgt oder verurteilt werden, so hat das Strafgericht auf Antrag des Verletzten die im Absatz 1 bezeichneten Maßnahmen im freisprechenden Erkenntnis oder in einem selbständigen Verfahren anzuordnen, wenn die übrigen Voraussetzungen dieser Maßnahmen vorliegen. [2]Im selbständigen Verfahren erkennt hierüber das Gericht, das zur Durchführung des Strafverfahrens zuständig wäre, nachdem die etwa erforderlichen Erhebungen gepflogen worden sind, nach mündlicher Verhandlung durch Urteil. Auf die Verhandlung, die Entscheidung und ihre Veröffentlichung sowie auf die Anfechtung der Entscheidung sind die Vorschriften entsprechend anzuwenden, die für die Entscheidung über den Strafanspruch gelten. [3]Für den Kostenersatz gelten dem Sinne nach die allgemeinen Vorschriften über den Ersatz der Kosten des Strafverfahrens; wird dem Antrag stattgegeben, so trifft die Kostenersatzpflicht die an dem Verfahren als Gegner des Antragstellers Beteiligten.

(3) [1]In den Fällen der Absätze 1 und 2 sind, soweit es möglich ist, auch die Eigentümer der der Vernichtung oder Unbrauchbarmachung unterliegenden Gegenstände zur Verhandlung zu laden. [2]Sie sind, soweit es sich um die gesetzlichen Voraussetzungen dieser Maßnahmen handelt, berechtigt, tatsächliche Umstände vorzubringen, Anträge zu stellen und gegen die Entscheidung die nach der Strafprozeßordnung zulässigen Rechtsmittel zu ergreifen. [3]Wegen Nichtigkeit können sie das Urteil auch dann anfechten, wenn das Gericht die ihm nach den Absätzen 1 und 2 zustehenden Befugnisse überschritten hat. [4]Sie können ihre Sache selbst oder durch einen Bevollmächtigten führen und sich eines Rechtsbeistandes aus der Zahl der in die Verteidigerliste eingetragenen Personen bedienen. [5]Die Frist zur Erhebung von Rechtsmitteln beginnt für sie mit der Verkündung des Urteils, auch wenn sie dabei nicht anwesend waren. [6]Gegen ein in ihrer Abwesenheit gefälltes Urteil können sie keinen Einspruch erheben.

Beschlagnahme

§ 93. (1) Zur Sicherung der auf Grund des § 92 beantragten Maßnahmen können die ihnen unterliegenden Eingriffsgegenstände und Eingriffsmittel auf Antrag des Privatanklägers vom Strafgericht in Beschlag genommen werden.

(2) [1]Das Strafgericht hat über einen solchen Antrag sofort zu entscheiden. [2]Es kann die Bewil-

ligung der Beschlagnahme von dem Erlag einer Sicherstellung abhängig machen. [3]Die Beschlagnahme ist auf das unbedingt notwendige Maß zu beschränken. [4]Sie muß aufgehoben werden, wenn eine angemessene Sicherheit dafür geleistet wird, daß die beschlagnahmten Gegenstände nicht auf eine unerlaubte Art benutzt und dem Zugriff des Gerichtes nicht entzogen werden.

(3) Wird die Beschlagnahme nicht schon früher aufgehoben, so bleibt sie bis zur rechtskräftigen Erledigung des Verfahrens über den Antrag auf Vernichtung der Eingriffsgegenstände oder Unbrauchbarmachung der Eingriffsmittel und, wenn im Urteil hierauf erkannt wird, bis zur Vollstreckung der angeordneten Maßnahmen aufrecht.

(4) Gegen Beschlüsse, betreffend die Anordnung, Einschränkung oder Aufhebung der Beschlagnahme, kann „binnen 14 Tagen" Beschwerde erhoben werden; sie hat nur dann aufschiebende Wirkung, wenn sie sich gegen die Aufhebung oder Beschränkung der Beschlagnahme richtet. *(BGBl I 2003/32, s Anm zu § 12 Abs 2)*

(5) [1]Erkennt das Gericht nicht auf Vernichtung oder Unbrauchbarmachung der beschlagnahmten Gegenstände, so hat der Antragsteller dem von der Beschlagnahme Betroffenen alle hiedurch verursachten vermögensrechtlichen Nachteile zu ersetzen. [2]Kommt es infolge einer von den Parteien getroffenen Vereinbarung zu keiner Entscheidung über den Antrag auf Vernichtung oder Unbrauchbarmachung, so kann der Betroffene den Anspruch auf Ersatz nur erheben, wenn er sich ihn in der Vereinbarung vorbehalten hat.

(6) Der Anspruch auf den nach Absatz 5 gebührenden Ersatz ist im ordentlichen Rechtswege geltend zu machen.

IV. Hauptstück

Anwendungsbereich des Gesetzes

1. Werke der Literatur und der Kunst

Werke der Staatsbürger

§ 94. Ein Werk genießt ohne Rücksicht darauf, ob und wo es erschienen ist, den urheberrechtlichen Schutz dieses Gesetzes, wenn der Urheber (§ 10, Absatz 1) oder ein Miturheber österreichischer „Staatsbürger" ist. *(BGBl 1953/106)*

Im Inland erschienene und mit inländischen Liegenschaften verbundene Werke

§ 95. Den urheberrechtlichen Schutz dieses Gesetzes genießen ferner alle nicht schon nach § 94 geschützten Werke, die im Inland erschienen sind, sowie die Werke der bildenden Künste, die Bestandteil oder Zugehör einer inländischen Liegenschaft sind.

(2) *(aufgehoben, BGBl 1972/492)*

(BGBl 1953/106)

Nicht im Inland erschienene und nicht mit inländischen Liegenschaften verbundene Werke von Ausländern

§ 96. (1) [1]Für Werke ausländischer Urheber (§ 10 Abs. 1), die nicht nach § 94 oder nach § 95 geschützt sind, besteht der urheberrechtliche Schutz unbeschadet von Staatsverträgen unter der Voraussetzung, daß die Werke österreichischer Urheber auch in dem Staat, dem der ausländische Urheber angehört, in annähernd gleicher Weise geschützt sind, jedenfalls aber im selben Ausmaß wie die Werke der Angehörigen dieses Staates. [2]Diese Gegenseitigkeit ist dann anzunehmen, wenn sie in einer Kundmachung des Bundesministers für Justiz im Hinblick auf die in dem betreffenden Staat bestehende Rechtslage festgestellt worden ist. [3]Darüber hinaus können die zuständigen Behörden die Gegenseitigkeit mit einem anderen Staat vertraglich vereinbaren, wenn dies zur Wahrung der Interessen von österreichischen Urhebern geboten erscheint.

(2) Für die Berechnung der Dauer des Schutzes, den ausländische Urheber für ihre Werke in Österreich nach dem Welturheberrechtsabkommen vom 6. September 1952, BGBl. Nr. 108/1957, oder nach dem Welturheberrechtsabkommen, revidiert am 24. Juli 1971, BGBl. Nr. 293/1982, genießen, sind ihre Art. IV Z 4 Abs. 1 bzw. Art. IV Abs. 4 lit. a anzuwenden.

(BGBl 1982/295)

2. Darbietungen

§ 97. (1) Darbietungen, die im Inland stattfinden, sind nach den Vorschriften der §§ 66 bis 72 ohne Rücksicht darauf geschützt, welchem Staat der ausübende Künstler oder der Veranstalter angehören.

(2) [1]Bei Darbietungen, die im Ausland stattfinden, gelten die §§ 66 bis 72 zugunsten österreichischer Staatsbürger. Ausländer werden bei solchen Darbietungen unbeschadet von Staatsverträgen unter der Voraussetzung geschützt, dass die Darbietungen österreichischer Staatsbürger auch in dem Staat, dem der Ausländer angehört, in annähernd gleicher Weise geschützt sind, jedenfalls aber im selben Ausmaß wie Darbietungen der Angehörigen dieses Staates. [2]Diese Gegenseitigkeit ist dann anzunehmen, wenn sie in einer Kundmachung des Bundesministers für Justiz im Hinblick auf die in dem betreffenden Staat bestehende Rechtslage festgestellt worden ist. [3]Darüber hinaus können die zuständigen Behörden die Gegenseitigkeit mit einem anderen Staat vertraglich vereinbaren, wenn dies zur Wahrung der Interes-

sen von österreichischen ausübenden Künstlern geboten erscheint.

(BGBl I 2015/99)

3. Lichtbilder

§ 98. (1) Für die Anwendbarkeit der Vorschriften zum Schutze von Lichtbildern (§§ 73 bis 75) gelten die Vorschriften der §§ 94 bis 96 entsprechend.

(2) Ist der Hersteller eine juristische Person, so ist dem Erfordernis der österreichischen „Staatsbürgerschaft" genügt, wenn die juristische Person ihren Sitz im Inland hat. *(BGBl 1953/106)*

4. Schallträger und Rundfunksendungen

Anm: In der Überschrift werden die nachgelassenen Werke (§ 99b) irrtümlich nicht erwähnt.

Schallträger

§ 99. (1) Schallträger werden nach § 76 ohne Rücksicht darauf geschützt, ob und wie sie erschienen sind, wenn der Hersteller österreichischer Staatsbürger ist. § 98 Abs. 2 gilt entsprechend.

(2) Andere Schallträger werden nach § 76 Abs. 1, 2 und 4 bis 6 geschützt, wenn sie im Inland erschienen sind.

(3) [1]Schallträger ausländischer Hersteller, die nicht im Inland erschienen sind, werden nach § 76 Abs. 1, 2 und 4 bis 6 unbeschadet von Staatsverträgen unter der Voraussetzung geschützt, daß Schallträger österreichischer Hersteller auch in dem Staat, dem der ausländische Hersteller angehört, in annähernd gleicher Weise geschützt sind, jedenfalls aber im selben Ausmaß wie die Schallträger der Angehörigen dieses Staates. [2]Diese Gegenseitigkeit ist dann anzunehmen, wenn sie in einer Kundmachung des Bundesministers für Justiz im Hinblick auf die in dem betreffenden Staat bestehende Rechtslage festgestellt worden ist. [3]Darüber hinaus können die zuständigen Behörden die Gegenseitigkeit mit einem anderen Staat vertraglich vereinbaren, wenn dies zur Wahrung der Interessen österreichischer Hersteller von Schallträgern geboten erscheint.

(4) Nicht im Inland erschienene Schallträger ausländischer Hersteller werden ferner nach § 76 Abs. 1, 2 und 4 bis 6 geschützt, wenn der Hersteller einem Vertragsstaat des Übereinkommens vom 29. Oktober 1971, BGBl. Nr. 294/1982, zum Schutz der Hersteller von Tonträgern gegen die unerlaubte Vervielfältigung ihrer Tonträger angehört.

(5) Auf den Schutz nach § 76 Abs. 3 haben Ausländer jedenfalls nur nach Maßgabe von Staatsverträgen Anspruch.

(BGBl 1982/295)

Rundfunksendungen

§ 99a. Rundfunksendungen, die nicht im Inland ausgestrahlt werden, sind nur nach Maßgabe von Staatsverträgen geschützt.

(BGBl 1972/492)

Nachgelassene Werke

§ 99b. Für den Schutz nachgelassener Werke (§ 76b) gelten die Vorschriften der §§ 94 bis 96 entsprechend.

(BGBl 1996/151)

4a. Datenbanken

§ 99c. (1) [1]Datenbanken werden nach § 76d geschützt, wenn der Hersteller österreichischer Staatsbürger ist oder seinen gewöhnlichen Aufenthalt im Inland hat. [2]§ 98 Abs. 2 gilt entsprechend.

(2) Andere Datenbanken werden nach § 76d geschützt, wenn der Hersteller eine juristische Person ist, die nach den Rechtsvorschriften eines Mitgliedstaates der Europäischen Gemeinschaft oder eines Vertragsstaates des Abkommens über den Europäischen Wirtschaftsraum gegründet worden ist und

1. ihre Hauptverwaltung oder Hauptniederlassung in einem dieser Staaten hat oder

2. ihren satzungsmäßigen Sitz in einem dieser Staaten hat und deren Tätigkeit eine tatsächliche ständige Verbindung zu der Wirtschaft eines dieser Staaten hat.

(3) Im übrigen werden Datenbanken nach Maßgabe von Staatsverträgen sowie von Vereinbarungen geschützt, die der Rat der Europäischen Gemeinschaft nach Art. 11 Abs. 3 der Richtlinie 96/9/EG des Europäischen Parlaments und des Rates über den rechtlichen Schutz von Datenbanken (ABl. Nr. L 77 vom 27. März 1996, S 20) schließt.

(BGBl I 1998/25)

5. Nachrichtenschutz und Titelschutz

§ 100. (1) Ausländern, die im Inland keine Hauptniederlassung haben, kommt der Schutz nach den §§ 79 und 80 nur nach Maßgabe von Staatsverträgen oder unter Voraussetzung der Gegenseitigkeit zu; der Bundesminister für Justiz ist ermächtigt, im Bundesgesetzblatt kundzumachen, daß und allenfalls wieweit die Gegenseitigkeit nach den innerstaatlichen Rechtsvorschriften des fremden Staates verbürgt ist. *(BGBl 1972/492)*

(2) Dem Urheber eines geschützten Werkes und den Personen, denen ein Werknutzungsrecht daran zusteht, wird der im § 80 bezeichnete Schutz auch dann gewährt, wenn die im Absatz 1 bezeichneten Voraussetzungen nicht vorliegen.

V. Hauptstück
Übergangs- und Schlußbestimmungen

§ 101. (1) Die urheberrechtlichen Vorschriften dieses Gesetzes gelten, soweit es nichts anderes bestimmt, auch für die vor seinem Inkrafttreten geschaffenen Werke der Literatur und der Kunst, die nicht schon früher infolge Ablaufs der Schutzfrist freigeworden sind.

(2) Werke, die zur Zeit des Inkrafttretens dieses Gesetzes urheberrechtlichen Schutz genießen, weil sie nach älteren Vorschriften als im Inland erschienen anzusehen sind, bleiben gleich den im Inland erschienenen Werken geschützt, auch wenn sie nach § 9 nicht zu den im Inland erschienenen Werken gehören.

(3) Der durch Verordnungen gewährte Gegenseitigkeitsschutz im Verhältnis zu fremden Staaten erstreckt sich auch auf den Schutz nach diesem Gesetze.

§ 102. (1) [1]Wem das Urheberrecht an den aus unterscheidbaren Beiträgen verschiedener Mitarbeiter gebildeten, gleichwohl ein einheitliches Ganzes darstellenden Werken, die vor dem Inkrafttreten dieses Gesetzes von Behörden, Korporationen, Unterrichtsanstalten und öffentlichen Instituten, von Vereinen oder Gesellschaften herausgegeben worden sind (§ 40 des Urheberrechtsgesetzes, St.G.Bl. Nr. 417/1920), zusteht, ist nach dem neuen Gesetz zu beurteilen. [2]Doch stehen die Werknutzungsrechte an solchen Sammelwerken im Zweifel den genannten Herausgebern zu.

(2) [1]Wem das Urheberrecht an einem gegen Entgelt bestellten Porträt (§ 13 des Urheberrechtsgesetzes, St.G.Bl.Nr. 417/1920) zusteht, das vor dem Inkrafttreten des neuen Gesetzes geschaffen wurde, ist nach diesem zu beurteilen. [2]Doch stehen die Werknutzungsrechte an einem solchen Porträt im Zweifel dem Besteller zu.

§ 103. Ist die Ausübung des Urheberrechtes vor dem Inkrafttreten dieses Gesetzes einem anderen beschränkt oder unbeschränkt überlassen worden, so erstreckt sich diese Verfügung im Zweifel nicht auf Befugnisse, die dem Urheber durch dieses Gesetz neu eingeräumt werden.

§ 104. [1]Die Verwertungsrechte an einem gewerbsmäßig hergestellten Filmwerk stehen auch dann, wenn es vor dem Inkrafttreten dieses Gesetzes geschaffen worden ist, nach § 38 dem Filmhersteller zu, soweit dem nicht eine diese Rechte des Filmherstellers einschränkende Vereinbarung der Parteien entgegensteht. [2]Will der Urheber ein nach § 38 dem Filmhersteller zukommendes Verwertungsrecht an einem solchen Werke für sich in Anspruch nehmen, so muß er sein Recht bei sonstigem Verlust binnen einem Jahre nach dem Inkrafttreten dieses Gesetzes geltend machen.

§ 105. Die Rechte der Urheber von Übersetzungen, die vor dem Inkrafttreten dieses Gesetzes erlaubterweise erschienen sind, ohne daß es der Einwilligung des Urhebers des übersetzten Werkes bedurfte, werden durch dieses Gesetz nicht berührt.

§ 106. (1) Soweit die freie Verbreitung von Vervielfältigungsstücken eines Werkes nach den bisherigen Vorschriften zulässig ist, dürfen vor dem Inkrafttreten dieses Gesetzes hergestellte Vervielfältigungsstücke auch weiterhin frei verbreitet werden, wenngleich ihre Verbreitung ohne Einwilligung des Berechtigten nach den Vorschriften dieses Gesetzes über freie Werknutzungen nicht erlaubt ist.

(2) Die Gesetzmäßigkeit der Beschaffenheit von Vervielfältigungsstücken, die vor dem Inkrafttreten dieses Gesetzes hergestellt worden sind, ist nach den bisherigen Vorschriften zu beurteilen.

§ 107. Der zu einem Werke der Tonkunst gehörige Text, der vor dem Inkrafttreten dieses Gesetzes erlaubterweise (§ 25, Z. 5, des Urheberrechtsgesetzes, St.G.Bl.Nr. 417/1920) in Verbindung mit dem Werke der Tonkunst herausgegeben worden ist, darf in dieser Verbindung auch weiterhin auf die nach § 47, Absatz 1 und 3, zulässige Art benutzt werden. Dabei ist jedoch die Vorschrift des § 47, Absatz 2, anzuwenden.

§ 108. [1]Ist ein Werk der Literatur oder Tonkunst vor dem Inkrafttreten dieses Gesetzes auf eine Vorrichtung zur mechanischen Wiedergabe für das Gehör übertragen worden, so erlischt mit dem Inkrafttreten dieses Gesetzes das nach § 23, Absatz 3, und § 28, Absatz 2, des Urheberrechtsgesetzes, St.G.Bl.Nr. 417/1920, an der Übertragung bestehende Urheberrecht der danach als Bearbeiter geltenden Personen. [2]Das vom Urheber einem anderen eingeräumte Recht, ein Werk zur mechanischen Wiedergabe für das Gehör zu verwerten, bleibt unberührt. [3]Doch erstreckt sich dieses Recht im Zweifel weder auf Mittel, die zur gleichzeitigen wiederholbaren Wiedergabe für Gesicht und Gehör bestimmt sind, noch darauf, das Werk mit Hilfe von Schallträgern öffentlich vorzutragen oder aufzuführen oder durch Rundfunk zu senden.

§ 109. (1) Vorrichtungen, die zur mechanischen Wiedergabe von Werken der Literatur oder Tonkunst für das Gehör dienen, dürfen noch bis zum Ablauf des Jahres 1936 wie bisher (§ 25, Z. 6, und § 30, Z. 5, des Urheberrechtsgesetzes, St.G.Bl.Nr. 417/1920) zu öffentlichen Vorträgen und Aufführungen frei verwendet werden.

(2) Absatz 1 gilt nicht für Mittel, die zur gleichzeitigen wiederholbaren Wiedergabe für Gesicht und Gehör bestimmt sind.

§ 110. (1) Die Vorschriften der §§ 66 bis 72 gelten zugunsten der im „§ 66 Abs. 1" bezeichneten Personen auch dann, wenn der Vortrag oder die Aufführung eines Werkes der Literatur oder Tonkunst vor dem Inkrafttreten dieses Gesetzes stattgefunden hat. *(BGBl 1972/492)*

(2) [1]Ist der Vortrag oder die Aufführung vor dem Inkrafttreten dieses Gesetzes mit Einwilligung des nach „§ 66 Abs. 1" Verwertungsberechtigten auf einem Bild- oder Schallträger festgehalten worden, so ist mit dieser Einwilligung dem Hersteller des Bild- oder Schallträgers im Zweifel auch das ausschließliche Nutzungsrecht eingeräumt worden, diesen auf die dem Verwertungsberechtigten nach § 66 vorbehaltene Art zu vervielfältigen und zu verbreiten. [2]Auch enthält die Einwilligung in einem solchen Fall im Zweifel die Erteilung der Erlaubnis, die Bild- oder Schallträger mit dem Namen der vortragenden oder aufführenden Person zu bezeichnen. *(BGBl 1982/295)*

§ 111. Für die vor dem Inkrafttreten dieses Bundesgesetzes aufgenommenen Lichtbilder (§§ 73 bis 75) gelten die Vorschriften der §§ 101 bis 103 und 106 entsprechend.

§ 112. Schallträger sind nach § 76 geschützt, auch wenn die Aufnahme der akustischen Vorgänge vor dem Inkrafttreten dieses Gesetzes stattgefunden hat.

§ 113. (1) Das Urheberrechtsgesetz, R.G.Bl. Nr. 197/1895, wird in seiner derzeit geltenden Fassung (Vollzugsanweisung St.G.Bl.Nr. 417/1920 und Verordnung B.G.Bl.Nr. 555/1933) aufgehoben. Desgleichen wird die Verordnung B.G.Bl.Nr. 347/1933 außer Kraft gesetzt.

(2) und (3) *(betreffen ABGB bzw UWG)*

(4) *(gegenstandslos)*

§ 114. (1) Dieses Bundesgesetz tritt am 1. Juli 1936 in Kraft.

(2) Mit seiner Vollziehung ist der Bundesminister für Justiz betraut, hinsichtlich des § 90 a Abs. 1 bis 4 jedoch im Einvernehmen mit dem Bundesminister für Finanzen. *(BGBl 1989/612)*

(3) Auf Grund dieses Bundesgesetzes können Verordnungen von dem auf seine Kundmachung folgenden Tag an erlassen werden; doch treten sie frühestens mit diesem Gesetz in Kraft.

Verhältnis zum Recht der Europäischen Union

§ 115. „(1)" Mit § 60 Abs. 2, § 67 Abs. 1 sowie § 76 Abs. 5 und 7 bis 9 und § 116 in der Fassung des Bundesgesetzes BGBl. I Nr. 150/2013 wird die Richtlinie 2011/77/EU zur Änderung der Richtlinie 2006/116/EG über die Schutzdauer des Urheberrechts und bestimmter verwandter Schutzrechte (kodifizierte Fassung) umgesetzt. *(BGBl I 2015/11)*

(2) Mit § 56e und § 57 Abs. 3a Z 4 in der Fassung des Bundesgesetzes BGBl. I Nr. 11/2015 und den Verweisen auf diese Bestimmungen in § 72 Abs. 2, § 74 Abs. 7, § 76 Abs. 6 und § 76a Abs. 5 wird die Richtlinie 2012/28/EU über bestimmte zulässige Formen der Nutzung verwaister Werke „ , ABl. Nr. L 299 vom 27.10.2012 S. 5" umgesetzt. *(BGBl I 2015/11; BGBl I 2015/99)*

(3) Die §§ 38, 42, 42a, 42b, 42d bis 42g, 57, 59a und 59c in der Fassung des Bundesgesetzes BGBl. I Nr. 99/2015 sind Rechtsvorschriften, die in den Anwendungsbereich

1. der Richtlinie 93/83/EWG zur Koordinierung bestimmter urheber- und leistungsschutzrechtlicher Vorschriften betreffend Satellitenrundfunk und Kabelweiterverbreitung, ABl. Nr. L 248 vom 06.10.1993 S. 15, und

2. der Richtlinie 2001/29/EG zur Harmonisierung bestimmter Aspekte des Urheberrechts und der verwandten Schutzrechte in der Informationsgesellschaft, ABl. Nr. L 167 vom 22.06.2001 S. 10, in der Fassung der Berichtigung ABl. Nr. L 6 vom 10.01.2002 S. 71

fallen. *(BGBl I 2015/99)*

(4) Die §§ 60, 61 und 68 Abs. 3 in der Fassung des Bundesgesetzes BGBl. I Nr. 99/2015 sind Rechtsvorschriften, die in den Anwendungsbereich der Richtlinie 2006/116/EG über die Schutzdauer des Urheberrechts und bestimmter verwandter Schutzrechte (kodifizierte Fassung), ABl. Nr. L 372 vom 27.12.2006 S. 12, zuletzt geändert durch die Richtlinie 2011/77/EU, ABl. Nr. L 265 vom 11.10.2011 S. 1, fallen. *(BGBl I 2015/99)*

(5) Die §§ 66 bis 72, 74, 76 und 76a in der Fassung des Bundesgesetzes BGBl. I Nr. 99/2015 sind Rechtsvorschriften, die in den Anwendungsbereich

1. der Richtlinie 2001/29/EG,

2. der Richtlinie 2006/115/EG zum Vermietrecht und Verleihrecht sowie zu bestimmten dem Urheberrecht verwandten Schutzrechten im Bereich des geistigen Eigentums (kodifizierte Fassung), ABl. Nr. L 376 vom 27.12.2006 S. 28,

3. der Richtlinie 2006/116/EG, und

4. der Richtlinie 2012/28/EU

fallen. *(BGBl I 2015/99)*

(6) Die §§ 86 und 87 in der Fassung des Bundesgesetzes BGBl. I Nr. 99/2015 sind Rechtsvorschriften, die in den Anwendungsbereich

1. der Richtlinie 2001/29/EG und

2. der Richtlinie 2004/48/EG zur Durchsetzung der Rechte des geistigen Eigentums ABl. Nr. L 157 vom 30.04.2004 S. 45, zuletzt geändert durch die Verordnung (EG) Nr. 219/2009, ABl. Nr. L 87 vom 31.03.2009 S. 109,

fallen. *(BGBl I 2015/99)*

(7) Mit § 42d, § 71 Abs. 6, § 74 Abs. 7, § 76 Abs. 3 und 6, § 76a Abs. 5 und § 90c Abs. 6 bis 8 in der Fassung der Urheberrechtsgesetz-Novelle 2018, BGBl. I Nr. 63/2018, wird die Richtlinie (EU) 2017/1564 über bestimmte zulässige Formen der Nutzung bestimmter urheberrechtlich oder durch verwandte Schutzrechte geschützter Werke und sonstiger Schutzgegenstände zugunsten blinder, sehbehinderter oder anderweitig lesebehinderter Personen und zur Änderung der Richtlinie 2001/29/EG zur Harmonisierung bestimmter Aspekte des Urheberrechts und der verwandten Schutzrechte in der Informationsgesellschaft, ABl. Nr. L 242 vom 20.9.2017, S. 6, umgesetzt. *(BGBl I 2018/63)*

(8) § 43 Abs. 1 und § 90c Abs. 6 bis 8 in der Fassung der Urheberrechtsgesetz-Novelle 2018, BGBl. I Nr. 63/2018, sind Rechtsvorschriften, die überdies in den Anwendungsbereich der Richtlinie 2001/29/EG zur Harmonisierung bestimmter Aspekte des Urheberrechts und der verwandten Schutzrechte in der Informationsgesellschaft, ABl. Nr. L 167 vom 22.6.2001, S. 10, fallen. *(BGBl I 2018/63)*

(BGBl I 2013/150)

Inkrafttreten von Novellen

§ 116. (1) §§ 60, 67 Abs. 1 und 1a, § 76 Abs. 5 und 7 bis 9 in der Fassung des Bundesgesetzes BGBl. I Nr. 150/2013 treten mit 1. November 2013 in Kraft.

(2) § 60 Abs. 2 in der Fassung des Bundesgesetzes BGBl. I Nr. 150/2013 gilt für Werkverbindungen, wenn zumindest eines der verbundenen Werke am 1. November 2013 in zumindest einem Mitgliedstaat des Europäischen Wirtschaftsraums noch geschützt ist.

(3) Hat der Urheber (§ 10 Abs. 2 UrhG) vor dem 1. November 2013 ein Werknutzungsrecht begründet, eine Werknutzungsbewilligung erteilt oder über einen gesetzlichen Vergütungsanspruch verfügt, so erstreckt sich diese Verfügung im Zweifel nicht auf den Zeitraum der durch dieses Bundesgesetz bewirkten Verlängerung der Schutzfristen; wer jedoch ein Werknutzungsrecht oder eine Werknutzungsbewilligung gegen Entgelt erworben hat, bleibt gegen Zahlung einer angemessenen Vergütung zur Werknutzung auch während dieser Verlängerung berechtigt.

(4) [1]Soweit der Schutz von Werken, für die die Schutzfrist nach den bisher geltenden Bestimmungen schon abgelaufen war, nach Abs. 2 wiederauflebt, dürfen vor dem 1. November 2011 bereits begonnene Vervielfältigungen solcher Werke auch nach dem 31. Oktober 2013 vollendet und diese Vervielfältigungen sowie vor dem 1. November 2011 bereits vorhandene Vervielfältigungsstücke auch nach dem 31. Oktober 2013 verbreitet werden. [2]Ferner kann derjenige, der eine Werknutzungsbewilligung über die Benutzung eines mit einem gemeinfreien Werk verbundenen Werkes vor dem 1. November 2013 entgeltlich erworben hat, die Nutzung des vormals gemeinfreien Werkes, dessen Schutz wiederauflebt, nach dem 1. November 2013 zu angemessenen Bedingungen verlangen.

(5) § 67 Abs. 1 sowie § 76 Abs. 5 und 7 bis 9 in der Fassung des Bundesgesetzes BGBl. I Nr. 150/2013 gelten für Darbietungen und Schallträger, für die am 1. November 2013 die Schutzfrist nach den bisher geltenden Bestimmungen noch nicht abgelaufen ist.

(6) [1]Hat eine im § 66 Abs. 1 bezeichnete Person ihre ausschließlichen Rechte dem Hersteller vor dem 1. November 2013 eingeräumt, so erstreckt sich diese Verfügung im Zweifel auf den Zeitraum der durch das Bundesgesetz BGBl. I Nr. 150/2013 bewirkten Verlängerung der Schutzfrist. [2]Im Übrigen ist Abs. 3 sinngemäß anzuwenden.

(7) Die Verlängerung der Schutzdauer durch das Bundesgesetz BGBl. I Nr. 150/2013 rechtfertigt weder eine Erhöhung der Tarife der Verwertungsgesellschaften für die Vergütungen nach § 42b in Verbindung mit § 76 Abs. 4 oder nach § 76 Abs. 3 noch eine Änderung der Verteilung der Einnahmen aus diesen Vergütungen zwischen verschiedenen Rechteinhabergruppen.

(8) § 56e, § 57 Abs. 3a Z 4, § 72 Abs. 2, § 74 Abs. 7, § 76 Abs. 6 und 76a Abs. 5 in der Fassung des Bundesgesetzes BGBl. I Nr. 11/2015 treten mit 29. Oktober 2014 in Kraft. *(BGBl I 2015/11)*

(9) § 37a, § 38 Abs. 1 und die Überschrift zu § 38, § 42 Abs. 5 bis 8, § 42a, § 42b Abs. 1, Abs. 3 Z 1, Abs. 4, Abs. 6 bis 9, §§ 42d bis 42g, § 57 Abs. 2 und 3a, §§ 59, 59a Abs. 2, die Abschnittsüberschrift vor § 59c, § 59c, § 60 Abs. 1, § 61, §§ 66 bis 72 und die Überschrift des I. Abschnitts des II. Hauptstücks, § 74 Abs. 7 und 8, § 76 Abs. 3, 4 und 6, § 76a Abs. 5, § 86 Abs. 1 und 2, § 87 Abs. 4, § 90a und § 97 in der Fassung des Bundesgesetzes BGBl. I Nr. 99/2015 treten mit 1. Oktober 2015 in Kraft; §§ 46, 52, 54 Abs. 1 Z 3a und 4, §§ 61a bis 61c treten mit 30. September 2015 außer Kraft. *(BGBl I 2015/99)*

(10) [1]Das vom Bundesminister für Justiz geführte Urheberregister ist mit dem Tag des Inkrafttretens dieses Bundesgesetzes abzuschließen und nicht fortzuführen. § 60 Abs. 1 und § 61 in der Fassung des Bundesgesetzes BGBl. I Nr. 99/2015 gelten für alle Werke, deren Schutzdauer am Tag des Inkrafttretens dieses Bundesgesetzes noch nicht abgelaufen ist. [2]Die Schutzfrist von Werken, für die vor dem Inkrafttreten dieses Bundesgesetzes die Eintragung des Urhebers im Amtsblatt zur Wiener Zeitung gemäß § 61c öffentlich bekanntgemacht wurde, ist weiterhin nach § 60 zu bemessen. *(BGBl I 2015/99)*

(11) Für die Jahre 2016 bis 2019 sollen die Einnahmen aus der Speichermedienvergütung und der Reprographievergütung insgesamt den Richtwert von 29 Millionen Euro vor Abzug der Rückerstattungen am jährlichen Gesamtaufkommen nicht übersteigen. *(BGBl I 2015/99)*

(12) § 42d, § 43 Abs. 1, § 71 Abs. 6, § 74 Abs. 7, § 76 Abs. 3 und 6, § 76a Abs. 5[1)] und § 90c Abs. 6 bis 8 in der Fassung der Urheberrechtsgesetz-Novelle 2018, BGBl. I Nr. 63/2018 treten mit 12. Oktober 2018 in Kraft. *(BGBl I 2018/63)*

(BGBl I 2013/150)

[1)] *Offensichtlich wurde die Nennung von § 76d Abs 5 übernommen.*

36. Markenschutzgesetz

BGBl 1970/260 (WV) idF

1 BGBl 1977/350
2 BGBl 1981/256 (VfGH)
3 BGBl 1984/126
4 BGBl 1987/653
5 BGBl 1992/418
6 BGBl 1992/773
7 BGBl 1993/109
8 BGBl I 1999/111
9 BGBl I 1999/191
10 BGBl I 2001/143
11 BGBl I 2004/149
12 BGBl I 2005/131
13 BGBl I 2005/151
14 BGBl I 2006/96
15 BGBl I 2007/81
16 BGBl I 2009/126
17 BGBl I 2013/126 (Patent- und Markenrechts-Novelle 2014)
18 BGBl I 2015/130
19 BGBl I 2016/71
20 BGBl I 2017/124
21 BGBl I 2018/37
22 BGBl I 2018/91

GLIEDERUNG

STICHWORTVERZEICHNIS

Markenschutzgesetz 1970

I. ABSCHNITT

Allgemeine Bestimmungen

§ 1. Marken können Zeichen aller Art sein, insbesondere Wörter, einschließlich Personennamen, oder Abbildungen, Buchstaben, Zahlen, Farben, die Form oder Verpackung der Ware oder Klänge, soweit solche Zeichen geeignet sind,

1) Waren oder Dienstleistungen eines Unternehmens von denjenigen anderer Unternehmen zu unterscheiden und

2) im Markenregister in einer Weise dargestellt zu werden, dass die zuständigen Behörden und das Publikum den Gegenstand des ihrem Inhaber gewährten Schutzes klar und eindeutig bestimmen können.

(BGBl I 2018/91)

§ 2. (1) Der Erwerb des Markenrechtes erfordert die Eintragung der Marke in das Markenregister.

(2) [1]Für Markenrechte, die für das Gebiet von Österreich auf Grund zwischenstaatlicher Vereinbarungen erworben werden, gilt dieses Bundesgesetz sinngemäß. [2]Solche Marken sind außerdem auf Gesetzmäßigkeit (§ 20) zu prüfen. *(BGBl 1977/350)*

(3) [1]Markenrechte, die aufgrund der Verordnung (EU) 2017/1001 über die Unionsmarke, ABl. Nr. L 154 vom 16.06.2017 S.1, erworben werden, sind aufgrund dieses Bundesgesetzes erworbenen Markenrechten gleichzuhalten, sofern aus unionsrechtlichen Bestimmungen betreffend das Markenwesen nichts Gegenteiliges hervorgeht. [2]Im Übrigen sind die Vorschriften des VIII. Abschnittes anzuwenden. *(BGBl I 2018/91)*

§ 3. *(entfällt, BGBl I 1999/111)*

§ 4. (1) [1]Von der Registrierung ausgeschlossen sind Zeichen, die

1. ausschließlich bestehen

a) aus Staatswappen, aus Staatsfahnen oder anderen staatlichen Hoheitszeichen oder aus Wappen inländischer Gebietskörperschaften,

b) aus amtlichen Prüfungs- oder Gewährzeichen, die im Inland oder nach Maßgabe einer im Bundesgesetzblatt zu verlautbarenden Kundmachung (§ 6 Abs. 2) in einem ausländischen Staat für dieselben Waren oder Dienstleistungen, für die die Marke bestimmt ist, oder für ähnliche Waren oder Dienstleistungen eingeführt sind, *(BGBl I 1999/111)*

c) aus Zeichen internationaler Organisationen, denen ein Mitgliedsland des Pariser Verbandes zum Schutz des gewerblichen Eigentums als Mitglied angehört, sofern die Zeichen im Bundesgesetzblatt[1)] kundgemacht worden sind und ihre Eintragung als Marke geeignet ist, beim Publikum den Eindruck einer Verbindung zu der betreffenden Organisation hervorzurufen oder das Publikum über das Bestehen einer solchen Verbindung irrezuführen. Für die Kundmachung gilt § 6 Abs. 2 letzter Satz; *(BGBl I 2018/91)*

2. nicht als Marke gemäß § 1 eintragungsfähig sind; *(BGBl I 1999/111)*

3. keine Unterscheidungskraft haben; *(BGBl I 1999/111)*

4. ausschließlich aus Zeichen oder Angaben bestehen, welche im Verkehr zur Bezeichnung der Art, der Beschaffenheit, der Menge, der Bestimmung, des Wertes, der geographischen Herkunft oder der Zeit der Herstellung der Ware oder der Erbringung der Dienstleistung oder zur Bezeichnung sonstiger Merkmale der Ware oder Dienstleistung dienen können; *(BGBl I 1999/111)*

5. ausschließlich aus Zeichen oder Angaben bestehen, die im allgemeinen Sprachgebrauch oder in den redlichen und ständigen Verkehrsgepflogenheiten zur Bezeichnung der Ware oder Dienstleistung üblich sind; *(BGBl I 1999/111)*

6. ausschließlich aus der Form oder einem anderen charakteristischen Merkmal bestehen, die beziehungsweise das durch die Art der Ware selbst bedingt ist oder zur Erreichung einer technischen Wirkung erforderlich ist oder der Ware einen wesentlichen Wert verleiht; *(BGBl I 2018/91)*

7. gegen die öffentliche Ordnung oder gegen die guten Sitten verstoßen; *(BGBl I 1999/111)*

8. geeignet sind, das Publikum zum Beispiel über die Art, die Beschaffenheit oder die geographische Herkunft der Ware oder Dienstleistung zu täuschen; *(BGBl I 1999/111)*

9. nach Maßgabe von Unionsvorschriften oder von österreichischen Rechtsvorschriften einschließlich internationaler Übereinkünfte, denen die Union oder die Republik Österreich angehört, und die Ursprungsbezeichnungen und geografische Angaben schützen, vom Markenschutz ausgeschlossen sind; *(BGBl I 2018/91)*

10. nach Maßgabe von Unionsvorschriften oder von internationalen Übereinkünften, denen die Union angehört, und die dem Schutz von traditionellen Bezeichnungen für Weine dienen, vom Markenschutz ausgeschlossen sind; *(BGBl I 2018/91)*

11. nach Maßgabe von Unionsvorschriften oder von internationalen Übereinkünften, denen die Union angehört, und die dem Schutz von traditionellen Spezialitäten dienen, vom Markenschutz ausgeschlossen sind; *(BGBl I 2018/91)*

12. aus einer im Einklang mit den Unionsvorschriften oder den österreichischen Rechtsvor-

[1)] Gemäß BGBl II 2008/330 das Emblem des Europäischen Patentamtes (EPA), welches im Markenregister des Österreichischen Patentamtes für jedermann zur Einsicht aufliegt.

schriften oder internationalen Übereinkünften, denen die Union oder die Republik Österreich angehört, zu Sortenschutzrechten eingetragenen früheren Sortenbezeichnung bestehen oder diese in ihren wesentlichen Elementen wiedergeben und die sich auf Pflanzensorten derselben Art oder eng verwandter Arten beziehen. *(BGBl I 2018/91)*

(2) Die Registrierung wird jedoch in den Fällen des Abs. 1 Z 3, 4 und 5 zugelassen, wenn das Zeichen innerhalb der beteiligten Verkehrskreise vor der Anmeldung infolge seiner Benutzung Unterscheidungskraft im Inland erworben hat. *(BGBl I 1999/111)*

§ 5. Marken, die eine Auszeichnung oder eines der im § 4 Abs. 1 Z 1 erwähnten Zeichen als Bestandteile enthalten, dürfen, sofern die Benützung gesetzlichen Beschränkungen unterliegt, nur registriert werden, nachdem das Recht zur Benützung der Auszeichnung oder des Zeichens nachgewiesen worden ist.

§ 6. (1) [1]Es ist untersagt, im geschäftlichen Verkehr zur Kennzeichnung von Waren oder Dienstleistungen oder als Bestandteil von Waren- oder Dienstleistungskennzeichnungen unbefugt das Staatswappen, die Staatsfahne, ein anderes staatliches Hoheitszeichen oder das Wappen einer inländischen Gebietskörperschaft oder ohne Zustimmung der Berechtigten die im § 4 Abs. 1 Z 1 lit. c genannten Zeichen zu benutzen. [2]Ebenfalls untersagt ist die Benutzung eines Prüfungs- oder Gewährzeichens ohne Zustimmung der das Prüfungs- oder Gewährzeichen verleihenden Behörde zur Kennzeichnung oder als Bestandteil der Kennzeichnung solcher Waren oder Dienstleistungen, für die das Zeichen eingeführt ist, oder ähnlicher Waren oder Dienstleistungen. *(BGBl I 1999/111)*

(2) [1]Auf ausländische staatliche Hoheitszeichen und amtliche Prüfungs- oder Gewährzeichen ist Abs. 1 nur anzuwenden, wenn eine zwischenstaatliche Vereinbarung oder Gegenseitigkeit besteht und wenn das ausländische Zeichen im Bundesgesetzblatt kundgemacht worden ist. [2]Wird in die Kundmachung keine Darstellung der amtlichen Ausführungsform des Zeichens aufgenommen, so ist zu verlautbaren, wo eine solche Darstellung öffentlich zugänglich ist. *(BGBl 1977/350)*

(3) [1]Wer dem Verbot (Abs. 1) zuwiderhandelt, wird von der Bezirksverwaltungsbehörde mit Geldstrafe bis zu 218 Euro oder mit Arrest bis zu einem Monat bestraft. [2]Bei erschwerenden Umständen können diese Strafen auch nebeneinander verhängt werden. *(BGBl I 2001/143)*

§ 7. [1]§ 4 Abs. 1 Z 1 und die §§ 5 und 6 gelten auch für Darstellungen, die der amtlichen Ausführungsform der Auszeichnung oder des Zeichens ähnlich sind. [2]Befugt geführte Auszeichnungen und Zeichen der im § 4 Abs. 1 Z 1 bezeichneten Art können jedoch auch dann, wenn sie anderen derartigen Auszeichnungen oder Zeichen ähnlich sind, Bestandteile von Marken bilden (§ 5) und zur Kennzeichnung von Waren oder Dienstleistungen benutzt werden (§ 6).

(BGBl I 1999/111)

§ 8. *(entfällt, BGBl 1977/350)*

§ 9. Der Bundesminister für *Verkehr, Innovation und Technologie* kann, wenn dies zur leichteren Feststellung der Herkunft von Waren einer bestimmten Gattung wegen ihrer Beschaffenheit, insbesondere Gefährlichkeit, oder aus volkswirtschaftlichen Gründen geboten ist, anordnen, daß derartige Waren nur in Verkehr gesetzt werden dürfen, wenn sie mit einer eingetragenen Marke in einer durch die Verordnung zu bezeichnenden Weise versehen sind.

(BGBl 1992/773)

§ 10. (1) Vorbehaltlich der Wahrung älterer Rechte gewährt die eingetragene Marke ihrem Inhaber das ausschließliche Recht, Dritten zu verbieten, ohne seine Zustimmung im geschäftlichen Verkehr

1. ein mit der Marke gleiches Zeichen für Waren oder Dienstleistungen zu benutzen (§ 10a), die mit denjenigen gleich sind, für die die Marke eingetragen ist;

2. ein mit der Marke gleiches oder ähnliches Zeichen für gleiche oder ähnliche Waren oder Dienstleistungen zu benutzen (§ 10a), wenn dadurch für das Publikum die Gefahr von Verwechslungen besteht, die die Gefahr einschließt, daß das Zeichen mit der Marke gedanklich in Verbindung gebracht wird.

(2) Der Inhaber einer eingetragenen Marke hat auch das Recht, Dritten zu verbieten, ohne seine Zustimmung im geschäftlichen Verkehr ein mit der Marke gleiches oder ihr ähnliches Zeichen für Waren oder Dienstleistungen zu benutzen (§ 10a), unabhängig davon, ob diese Waren oder Dienstleistungen gleich oder ähnlich oder nicht ähnlich sind mit denjenigen, für die die Marke eingetragen ist, wenn diese im Inland bekannt ist und die Benutzung des Zeichens die Unterscheidungskraft oder die Wertschätzung der Marke ohne rechtfertigenden Grund in unlauterer Weise ausnutzt oder beeinträchtigt. Die Bekanntheit der älteren Marke muss spätestens am Tag der Anmeldung der jüngeren Marke, gegebenenfalls am prioritäts- oder zeitrangbegründenden Tag, oder im Entstehungszeitpunkt des jüngeren sonstigen

Kennzeichenrechts vorgelegen sein. *(BGBl I 2018/91)*

(2a) [1]Unbeschadet älterer Rechte ist der Inhaber einer eingetragenen Marke auch berechtigt, Dritten zu untersagen, im geschäftlichen Verkehr Waren ins Inland zu verbringen, ohne die Waren in den zollrechtlich freien Verkehr zu überführen, wenn die Waren, einschließlich ihrer Verpackung, aus Drittstaaten stammen und ohne Zustimmung eine Marke aufweisen, die mit der für derartige Waren eingetragenen Marke gleich ist oder in ihren wesentlichen Aspekten nicht von dieser Marke zu unterscheiden ist. [2]Diese Berechtigung des Markeninhabers erlischt, wenn während eines Verfahrens, das der Feststellung dient, ob eine eingetragene Marke verletzt wurde, und das gemäß der Verordnung (EU) Nr. 608/2013 zur Durchsetzung der Rechte geistigen Eigentums durch die Zollbehörden, ABl. Nr. L 181 vom 29.06.2013 S. 15, eingeleitet wurde, der zollrechtliche Anmelder oder der Besitzer der Waren nachweist, dass der Inhaber der eingetragenen Marke nicht berechtigt ist, das Inverkehrbringen der Waren im endgültigen Bestimmungsland zu untersagen. *(BGBl I 2018/91)*

(2b) Besteht die Gefahr, dass die Verpackung, Etiketten, Anhänger, Sicherheits- oder Echtheitshinweise oder –nachweise oder andere Kennzeichnungsmittel, auf denen die Marke angebracht wird, für Waren oder Dienstleistungen benutzt werden und dass diese Benutzung eine Verletzung der Rechte des Markeninhabers gemäß Abs. 1 oder 2 darstellt, so hat der Inhaber der Marke das Recht, die folgenden Handlungen zu verbieten, wenn diese im geschäftlichen Verkehr vorgenommen werden:

1. das Anbringen eines mit der Marke gleichen oder eines ihr ähnlichen Zeichens auf diesen Kennzeichnungsmitteln;

2. das Anbieten, Inverkehrbringen oder Besitzen für diese Zwecke oder die Einfuhr oder Ausfuhr von diesen Kennzeichnungsmitteln, auf denen die Marke oder ein ihr ähnliches Zeichen angebracht wird.

(BGBl I 2018/91)

(3) Die eingetragene Marke gewährt ihrem Inhaber nicht das Recht, einem Dritten zu verbieten,

1. den Namen oder die Adresse des Dritten, wenn es sich bei diesem um eine natürliche Person handelt,

2. Zeichen oder Angaben ohne Unterscheidungskraft oder über die Art, die Beschaffenheit, die Menge, die Bestimmung, den Wert, die geografische Herkunft oder die Zeit der Herstellung der Ware oder der Erbringung der Dienstleistung oder über andere Merkmale der Ware oder Dienstleistung,

3. die Marke zu Zwecken der Identifizierung von oder zum Verweis auf Waren oder Dienstleistungen als die des Inhabers dieser Marke, insbesondere wenn die Benutzung der Marke als Hinweis auf die Bestimmung einer Ware oder einer Dienstleistung, beispielsweise als Zubehör oder Ersatzteil, erforderlich ist,

im geschäftlichen Verkehr zu benutzen, sofern dies den anständigen Gepflogenheiten in Gewerbe und Handel entspricht. *(BGBl I 2018/91)*

(BGBl I 1999/111)

§ 10a. Als Benutzung eines Zeichens zur Kennzeichnung einer Ware oder Dienstleistung wird insbesondere angesehen:

1. das Zeichen auf Waren, auf deren Verpackung oder auf Gegenständen, an denen die Dienstleistung ausgeführt wird oder ausgeführt werden soll, anzubringen;

2. unter dem Zeichen Waren anzubieten, in den Verkehr zu bringen oder zu den genannten Zwecken zu besitzen oder unter dem Zeichen Dienstleistungen anzubieten oder zu erbringen;

3. Waren unter dem Zeichen einzuführen oder auszuführen;

4. das Zeichen als Handelsnamen oder Unternehmensbezeichnung oder als Teil von solchen zu benutzen;

5. das Zeichen in den Geschäftspapieren, in Ankündigungen oder in der Werbung zu benutzen;

6. das Zeichen in der vergleichenden Werbung in einer den Bestimmungen des Bundesgesetzes gegen den unlauteren Wettbewerb, BGBl. Nr. 448/1984, in der jeweils geltenden Fassung, zur Umsetzung der Richtlinie 2006/114/EG über irreführende und vergleichende Werbung, ABl. Nr. L 376 vom 27.12.2006 S. 21, zuwiderlaufenden Weise zu benutzen.

(BGBl I 2018/91)

§ 10b. (1) Die Marke gewährt ihrem Inhaber nicht das Recht, einem Dritten zu verbieten, die Marke für Waren zu benutzen, die unter dieser Marke von ihrem Inhaber oder mit seiner Zustimmung im EWR in den Verkehr gebracht worden sind.

(2) Abs. 1 findet keine Anwendung, wenn berechtigte Gründe es rechtfertigen, daß der Inhaber sich dem weiteren Vertrieb der Waren widersetzt, insbesondere wenn der Zustand der Waren nach ihrem Inverkehrbringen verändert oder verschlechtert ist.

(BGBl I 1999/111)

§ 11. (1) [1]Die Marke kann, unabhängig von einem Eigentumswechsel am Unternehmen, für alle oder einen Teil der Waren oder Dienstleistungen, für die sie eingetragen ist, übertragen werden. [2]Gehört das Markenrecht zu einem Unternehmen, so geht das Markenrecht samt allfälligen Lizenzrechten daran im Falle eines Eigentumswechsels am gesamten Unternehmen auf den neuen Eigentümer über, soweit nichts anderes vereinbart worden ist. *(BGBl I 1999/111)*

(2) Ergibt sich aus dem Antrag auf Umschreibung oder den dazu vorgelegten Unterlagen in offensichtlicher Weise, daß die Marke auf Grund des Rechtsüberganges geeignet ist, das Publikum insbesondere über die Art, die Beschaffenheit oder die geographische Herkunft der Waren oder Dienstleistungen zu täuschen, so ist der Antrag auf Umschreibung abzuweisen, es sei denn, der Erwerber stimmt einer Einschränkung des Waren- und Dienstleistungsverzeichnisses zur Beseitigung der Täuschungsgefahr zu. *(BGBl I 1999/111)*

(3) Solange die Marke nicht umgeschrieben ist, kann das Markenrecht vor dem Patentamt nicht geltend gemacht werden und können alle Verständigungen, welche die Marke betreffen, mit Wirkung gegen den Erwerber dem als Markeninhaber Eingetragenen zugestellt werden.

(BGBl 1977/350)

§ 12. Niemand darf ohne Zustimmung des Berechtigten den Namen, die Firma oder die besondere Bezeichnung des Unternehmens eines anderen zur Kennzeichnung von Waren oder Dienstleistungen benutzen.

(BGBl I 1999/111)

§ 13. Erweckt die Wiedergabe einer eingetragenen Marke in einem Wörterbuch, Lexikon oder ähnlichem Nachschlagewerk in gedruckter oder elektronischer Form den Eindruck, als sei sie eine Gattungsbezeichnung der Waren oder Dienstleistungen, für die sie eingetragen ist, so hat der Verleger des Werkes auf Verlangen des Inhabers der Marke sicherzustellen, dass der Wiedergabe der Marke unverzüglich, bei Druckererzeugnissen spätestens bei einer Neuauflage des Werkes, der Hinweis beigefügt wird, dass es sich um eine eingetragene Marke handelt.

(BGBl I 2018/91)

§ 14. (1) Die Marke kann für alle oder einen Teil der Waren oder Dienstleistungen, für die sie eingetragen ist, und für das gesamte Bundesgebiet oder einen Teil davon Gegenstand von ausschließlichen oder nicht ausschließlichen Lizenzen sein.

(2) Der Inhaber einer Marke kann die Rechte aus der Marke gegen einen Lizenznehmer geltend machen, der hinsichtlich

1. der Dauer der Lizenz,

2. der von der Registrierung erfaßten Form, in der die Marke verwendet werden darf,

3. der Art der Waren oder Dienstleistungen, für die die Lizenz erteilt wurde,

4. des Gebietes, in dem die Marke verwendet werden darf, oder

5. der Qualität der vom Lizenznehmer hergestellten Waren oder erbrachten Dienstleistungen

gegen eine Bestimmung des Lizenzvertrages verstößt.

(3) [1]Der Lizenznehmer kann ein Verfahren wegen Verletzung einer Marke nur mit Zustimmung ihres Inhabers anhängig machen. [2]Der Inhaber einer ausschließlichen Lizenz kann dies jedoch auch, wenn der Inhaber der Marke nach ausdrücklicher Aufforderung nicht selbst innerhalb einer angemessenen Frist Verletzungsklage erhoben hat. *(BGBl I 2018/91)*

(4) [1]Jeder Lizenznehmer kann einer vom Inhaber der Marke erhobenen Verletzungsklage als Nebenintervenient beitreten. [2]Das Interesse an der künftigen Geltendmachung seines eigenen Schadens in einem eigenen Verfahren begründet das rechtliche Interesse am Beitritt als Nebenintervenient. *(BGBl I 2018/91)*

(5) Die Abs. 1 bis 4 gelten auch für angemeldete Marken. *(BGBl I 2018/91)*

(BGBl I 1999/111)

§ 15. *(entfällt, BGBl 1977/350)*

II. ABSCHNITT

Registrierung, Umschreibung und Löschung der Marken

1. Registrierung

§ 16. (1) Das Markenregister wird vom Patentamt geführt.

(2) [1]Die Marke muss beim Patentamt schriftlich angemeldet werden. [2]Sofern sie nicht bloß aus Zahlen, Buchstaben oder aus Worten besteht und hierfür keine bestimmte Schriftform beansprucht wird, ist eine Wiedergabe der Marke in Form von Abbildungen oder als Datei und erforderlichenfalls zusätzlich eine mit der Wiedergabe in Einklang stehende, den Schutzgegenstand nicht erweiternde Beschreibung zu überreichen. [3]Die Zahl der vorzulegenden Markendarstellungen, ihre Beschaffenheit und Abmessungen, die der Markenart entsprechende Dateiart und das Dateiformat sowie der zur Vorlage zulässige Datenträger, der notwendige Inhalt und der Umfang der Beschreibung sowie die Art der Zeichen in Standardschrift, beispielsweise Satzzeichen, die wie Buchstaben oder Zahlen behandelt werden, werden durch Verordnung festgesetzt. *(BGBl I 2018/91)*

(3) [1]In der Anmeldung sind die Waren und Dienstleistungen, für die Markenschutz beantragt wird, so klar und eindeutig anzugeben (Waren- und Dienstleistungsverzeichnis), dass jedermann

allein auf dieser Grundlage den beantragten Schutzumfang bestimmen kann. [2]Allgemeine Begriffe einschließlich Oberbegriffe der Nizzaer Klassifikation (Abkommen von Nizza über die Internationale Klassifikation von Waren und Dienstleistungen für die Eintragung von Marken, BGBl. Nr. 401/1973 in der jeweils geltenden Fassung) schließen alle Waren oder Dienstleistungen ein, die eindeutig von der wörtlichen Bedeutung des jeweiligen Begriffs erfasst sind. [3]Die näheren Erfordernisse des Waren- und Dienstleistungsverzeichnisses werden durch Verordnung bestimmt. *(BGBl I 2018/91)*

(4) Bei den von der Präsidentin oder dem Präsidenten des Patentamtes zu erlassenden Verordnungen nach den Abs. 2 und 3 ist auf die Erfordernisse des Registrierungsverfahrens sowie der Registrierung und der Veröffentlichung der Marke Bedacht zu nehmen, insbesondere sind die Erfordernisse für die Markenwiedergabe so festzulegen, dass die Wiedergabe im Register eindeutig, präzise, abgeschlossen, leicht zugänglich, verständlich, dauerhaft und objektiv dargestellt werden kann, sodass jedermann klar und präzise feststellen kann, für welchen Gegenstand Schutz gewährt wird. *(BGBl I 2018/91)*

§ 17. (1) In das Markenregister sind bei der Registrierung einzutragen:

1. die Marke und gegebenenfalls eine Beschreibung der Marke, *(BGBl I 2018/91)*

2. die Registernummer,

3. der Tag der Anmeldung und gegebenenfalls die beanspruchte Priorität,

4. der Inhaber der Marke und gegebenenfalls dessen Vertreter,

5. die Waren und Dienstleistungen, für welche die Marke bestimmt ist, geordnet nach der Internationalen Klasseneinteilung (Abkommen von Nizza über die Internationale Klassifikation von Waren und Dienstleistungen für die Eintragung von Marken, BGBl. Nr. 401/1973 in der jeweils geltenden Fassung),

6. der Beginn der Schutzdauer,

7. gegebenenfalls der Hinweis, daß die Marke auf Grund eines Verkehrsgeltungsnachweises registriert worden ist.
(BGBl 1977/350)

(2) [1]Erfolgt die Registrierung auf Grund eines Umwandlungsantrages, so ist ein Hinweis darauf ins Register aufzunehmen. [2]Außerdem gilt folgendes:

1. [1]Beruht die Registrierung auf einem Umwandlungsantrag gemäß Art. 139 der Verordnung (EU) 2017/1001, so gilt als Tag der Anmeldung im Sinne des Abs. 1 Z 3 der Anmeldetag der Unionsmarke im Sinne des Art. 32 dieser Verordnung. [2]Gegebenenfalls ist auch der gemäß Art. 39 oder 40 dieser Verordnung zustehende Zeitrang im Register einzutragen. *(BGBl I 2018/91)*

2. [1]Beruht die Registrierung auf einem Umwandlungsantrag gemäß Art. $9^{quinquies}$ des Protokolls zum Madrider Abkommen über die internationale Registrierung von Marken, BGBl. III Nr. 32/1999, so gilt als Tag der Anmeldung im Sinne des Abs. 1 Z 3 das Datum der internationalen Registrierung im Sinne des Art. 3 Abs. 4 oder das Datum der Eintragung der territorialen Ausdehnung im Sinne des Art. 3ter Abs. 2 des Protokolls. [2]Gegebenenfalls ist auch der der Marke gemäß Art. 4bis des Protokolls zukommende Zeitrang im Register einzutragen.
(BGBl I 1999/111)

(2a) [1]Erfolgt die Registrierung auf Grund der Teilung einer Anmeldung oder Registrierung, so ist ein Hinweis auf die Teilung und das Aktenzeichen der Anmeldung, von der die Teilung ursprünglich ausgegangen ist, ins Register aufzunehmen. [2]Als Tag der Anmeldung im Sinne des Abs. 1 Z 3 gilt der Tag der Anmeldung, von der die Teilung ausgegangen ist; ebenso gelten eine für diese Anmeldung beanspruchte Priorität oder ein zustehender Zeitrang gemäß Abs. 2 auch für die Teilung, sofern die Waren oder Dienstleistungen der Teilung von der Priorität oder dem Zeitrang erfasst sind. *(BGBl I 2017/124)*

(3) [1]Marken, die bloß aus Zahlen, Buchstaben oder Worten ohne bildmäßige Ausgestaltung bestehen und für die keine bestimmte Schriftform beansprucht wurde, sind in Großbuchstaben und Kleinbuchstaben oder arabischen Ziffern sowie den nach § 16 Abs. 2 zulässigen weiteren Zeichen einzutragen. [2]Für Marken, deren Wiedergabe nur in einer Datei ohne Abbildung besteht, erfolgt die Eintragung gemäß Abs. 1 Z 1 durch einen Hinweis auf die Zugänglichmachung der Datei in elektronischer Form. *(BGBl I 2018/91)*

(4) [1]Über die Registereintragungen gemäß Abs. 1 und Abs. 2a erhält der Markeninhaber eine amtliche Bestätigung. [2]Diese umfasst gegebenenfalls auch die Eintragungen gemäß § 28a. *(BGBl I 2018/91)*

(5) Die Marke ist nach ihrer Registrierung zu veröffentlichen. *(BGBl I 1999/111)*

(6) [1]Das Markenregister und die über seinen Inhalt anzulegenden Kataloge stehen jedermann zur Einsicht offen. [2]Von den Eintragungen ist auf Verlangen eine beglaubigte Abschrift auszustellen. *(BGBl I 1999/111)*

§ 18. *(entfällt, BGBl I 2004/149)*

§ 19. (1) [1]Das Markenrecht entsteht mit dem Tag der Eintragung in das Markenregister (Registrierung). [2]Die Schutzdauer beträgt zehn Jahre ab dem Tag der Anmeldung. [3]Sie kann durch rechtzeitige Zahlung einer Erneuerungsgebühr immer wieder um zehn Jahre verlängert werden. [4]Die neue Schutzdauer ist ohne Rücksicht auf den Tag der Erneuerung vom Ende der unmittelbar vorangegangenen Schutzdauer an zu berechnen.

(2) Über die Verlängerung ist ein Hinweis in das Register einzutragen.

(BGBl I 2017/124)

§ 19a. (1) [1]Das Patentamt informiert den Markeninhaber spätestens sechs Monate im Voraus über das Ende der Schutzdauer. [2]Dieses Informationsschreiben bedarf weder einer Unterschrift noch einer Beglaubigung der Behörde.

(2) Die Information gemäß Abs. 1 oder ihr Unterbleiben ist für die Schutzdauer oder Erneuerung ohne Belang und begründet keine Ansprüche.

(BGBl I 2017/124)

§ 20. (1) Jede Markenanmeldung ist auf Gesetzmäßigkeit zu prüfen.

(2) [1]Ergibt diese Prüfung, dass gegen die Zulässigkeit der Registrierung der Marke Bedenken bestehen, so ist der Anmelder aufzufordern, sich binnen einer bestimmten Frist zu äußern. [2]Wird nach rechtzeitiger Äußerung oder nach Ablauf der Frist die Unzulässigkeit der Registrierung festgestellt, so ist die Markenanmeldung mit Beschluss abzuweisen. „ “ *(BGBl I 2004/149; BGBl I 2009/126)*

(3) Bestehen Bedenken gegen die Zulässigkeit der Registrierung gemäß § 4 Abs. 1 Z 3, 4 oder 5, so ist auf Antrag des Anmelders vor der Abweisung mit Beschluss festzustellen, dass das angemeldete Zeichen nur unter den Voraussetzungen des § 4 Abs. 2 registrierbar ist; ein solcher Beschluss kann mit Rekurs (§ 37 Abs. 1) angefochten werden. *(BGBl I 2013/126)*

(BGBl 1977/350)

§ 21. (1) [1]Wenn mit der Markenanmeldung eine Ähnlichkeitsrecherche beantragt wird, hat das Patentamt schriftlich Auskunft darüber zu geben, ob das angemeldete Zeichen prioritätsälteren Marken, die für Waren oder Dienstleistungen derselben Klasse registriert sind, gleich oder möglicherweise ähnlich ist. [2]Sofern die hierfür erforderlichen technischen und organisatorischen Voraussetzungen gegeben sind, umfasst diese Ähnlichkeitsrecherche auch angemeldete Zeichen, Unionsmarken und angemeldete Unionsmarken. [3]Gleiche oder möglicherweise ähnliche Marken sind dem Anmelder mit dem Hinweis mitzuteilen, dass das angemeldete Zeichen im Fall der Zulässigkeit (§ 20 Abs. 2) registriert werden wird, sofern die Anmeldung nicht innerhalb der vom Patentamt gesetzten Frist zurückgenommen wird.

(2) [1]Die Mitteilung gemäß Abs. 1 ist für die Beurteilung des Schutzbereiches der betroffenen Zeichen ohne Belang. [2]Sie bedarf weder einer Unterschrift noch einer Beglaubigung der Behörde.

(BGBl I 2017/124)

§ 21a. *(entfällt, BGBl I 2017/124)*

§ 22. [1]Auf Antrag hat das Patentamt jedermann schriftlich Auskunft darüber zu geben, ob ein bestimmtes Zeichen Marken, deren Waren und Dienstleistungen in die im Antrag bezeichneten Klassen fallen, gleich oder möglicherweise ähnlich ist. [2]Für solche Auskünfte gilt § 21 Abs. 2. [3]Wenn das Zeichen eine eingetragene Marke ist, genügt die Angabe der Registernummer. [4]Sofern die hierfür erforderlichen technischen und organisatorischen Voraussetzungen gegeben sind, umfasst diese Ähnlichkeitsrecherche auch angemeldete Zeichen, „Unionsmarken“ und angemeldete „Unionsmarken“. *(BGBl I 2017/124)*

(BGBl I 2016/71)

§ 23. Mit dem Tag der ordnungsgemäßen Anmeldung einer Marke erlangt der Anmelder das Recht der Priorität.

(BGBl I 2017/124)

§ 23a. (1) [1]Durch eine Teilungserklärung kann der Anmelder einer Marke die Anmeldung oder der Inhaber einer registrierten Marke die Registrierung hinsichtlich bestimmter Waren oder Dienstleistungen teilen, die sich weder mit den verbleibenden Waren oder Dienstleistungen noch mit jenen anderer Teilungen überschneiden dürfen. [2]§ 16 Abs. 3 ist sinngemäß anzuwenden.

(2) [1]Wird die Entrichtung der Teilungsgebühr nicht binnen zwei Monaten ab Einreichung der Teilungserklärung veranlasst, so gilt die Teilungserklärung als nicht eingebracht. [2]Eine Verlängerung der Frist, eine Weiterbehandlung oder eine Wiedereinsetzung in die Frist zur Entrichtung der Teilungsgebühr findet nicht statt.

(3) Im Übrigen gelten bei einer Teilung einer angemeldeten Marke die Vorschriften über die Anmeldung von Marken sinngemäß.

(4) [1]Betrifft die Teilungserklärung eine Registrierung, so wird die Teilung mit der Eintragung in das Register wirksam. [2]Eintragungen im Register zur Marke, von der die Teilung erfolgt, werden zu der durch die Teilung entstehenden Eintragung ins Register übernommen, sofern sie einen Bezug zu deren Waren oder Dienstleistungen aufweisen.

(5) [1]Für registrierte Marken ist vor Ablauf der Widerspruchsfrist (§ 29a Abs. 1) eine Teilungserklärung nicht zulässig. [2]Betrifft eine Teilungserklärung Waren oder Dienstleistungen, die Gegen-

stand eines Widerspruchs oder eines Antrages gemäß §§ 30 bis 34, §§ 66 oder 66a sind, wird eine Teilung erst in das Register eingetragen, wenn das betreffende Verfahren gemäß § 29b Abs. 6 erledigt oder rechtskräftig entschieden ist.

(BGBl I 2017/124)

§ 24. (1) [1]Die auf Grund zwischenstaatlicher Vereinbarungen eingeräumten Prioritätsrechte sowie Prioritätsrechte gemäß Abs. 2 sind ausdrücklich in Anspruch zu nehmen. [2]Dabei sind der Tag der Anmeldung, deren Priorität in Anspruch genommen wird, und das Land, in dem diese Anmeldung bewirkt worden ist, anzugeben (Prioritätserklärung). [3]Ferner ist das Aktenzeichen dieser Anmeldung anzuführen. *(BGBl I 1999/111)*

(2) [1]Dem Anmelder steht innerhalb einer Frist von sechs Monaten nach dem Anmeldetag einer früheren Markenanmeldung, die bei einer Anmeldestelle eingereicht wurde, die nicht vom Geltungsbereich einer zwischenstaatlichen Vereinbarung über die Anerkennung der Priorität erfaßt ist, für eine dieselbe Marke betreffende spätere Anmeldung im Inland das Recht der Priorität der früheren Markenanmeldung zu, wenn eine entsprechende Gegenseitigkeit mit dieser Anmeldestelle durch eine vom Bundesminister für *Verkehr, Innovation und Technologie* im Bundesgesetzblatt zu verlautbarende Kundmachung festgestellt ist. [2]Die Voraussetzungen und die Wirkungen dieses Prioritätsrechtes entsprechen denen des Artikels 4 der Pariser Verbandsübereinkunft zum Schutz des gewerblichen Eigentums, BGBl. Nr. 399/1973. *(BGBl I 1999/111)*

(3) [1]Die Prioritätserklärung ist binnen zwei Monaten nach dem Einlangen der Anmeldung beim Patentamt abzugeben. [2]Innerhalb dieser Frist kann die Berichtigung der Prioritätserklärung beantragt werden. *(BGBl I 2004/149)*

(4) [1]Hängt die Erlangung oder Aufrechterhaltung des Schutzrechtes davon ab, ob die Priorität zu Recht beansprucht wurde, so ist das Prioritätsrecht nachzuweisen. [2]Mit Verordnung des Präsidenten des Patentamtes ist zu bestimmen, welche Belege im Verfahren vor dem Patentamt für diesen Nachweis (Prioritätsbelege) erforderlich und wann diese Belege vorzulegen sind. *(BGBl I 2013/126)*

(5) Wird die Prioritätserklärung nicht rechtzeitig abgegeben, werden die Prioritätsbelege nicht rechtzeitig vorgelegt oder wird das Aktenzeichen der Anmeldung, deren Priorität in Anspruch genommen wird, nach amtlicher Aufforderung nicht fristgerecht bekanntgegeben, so bestimmt sich die Priorität nach dem Tag der Anmeldung im Inland. *(BGBl I 1999/111)*

§ 25. (1) Marken, die auf einer inländischen oder einer ausländischen Ausstellung zur Kennzeichnung von dort zur Schau gestellten Waren benutzt werden, genießen einen Prioritätsschutz nach den Bestimmungen der §§ 26 und 27. *(BGBl I 1999/111)*

(2) Die Bestimmungen der §§ 26 und 27 gelten insbesondere auch für Schaustellungen auf Muster- und Warenmessen.

§ 26. (1) Der Schutz besteht nur, wenn der Bundesminister für *Verkehr, Innovation und Technologie* der Ausstellung die Begünstigung des Prioritätsschutzes für die Marken, die zur Kennzeichnung von dort zur Schau gestellten Waren benutzt werden, zuerkannt hat. *(BGBl I 1999/111)*

(2) [1]Um die Zuerkennung hat die Ausstellungsleitung anzusuchen. [2]Dieses Ansuchen hat die für die Entscheidung über die beanspruchte Prioritätsbegünstigung erforderlichen Angaben zu enthalten.

(3) Dem Ansuchen ist stattzugeben, wenn die Zuerkennung des Schutzes auf Grund zwischenstaatlicher Verpflichtungen geboten oder im Hinblick auf die wirtschaftliche Bedeutung der Ausstellung gerechtfertigt ist. *(BGBl 1977/350)*

(4) Die Zuerkennung der Begünstigung des Prioritätsschutzes ist auf Kosten der Ausstellungsleitung im „Amtsblatt zur Wiener Zeitung“ und im „Österreichischen Patentblatt“ zu verlautbaren.

§ 27. (1) [1]Der Schutz hat die Wirkung, daß die Marke vom Tag der Einbringung der mit der Marke gekennzeichneten Waren in den Ausstellungsraum an ein Prioritätsrecht genießt, wenn sie innerhalb von drei Monaten nach dem Tag der Schließung der Ausstellung beim Patentamt angemeldet wird. [2]Die Anmeldung darf nur die zur Schau gestellten Waren, zu deren Kennzeichnung die Marke auf der Ausstellung gebraucht worden ist, umfassen. *(BGBl 1977/350)*

(2) Werden gleiche oder ähnliche Waren, die mit gleichen oder ähnlichen Marken gekennzeichnet sind, gleichzeitig in den Ausstellungsraum eingebracht, so genießt jene Marke den Vorrang, deren Anmeldung zuerst erfolgt. *(BGBl I 1999/111)*

(3) [1]Das Prioritätsrecht ist ausdrücklich in Anspruch zu nehmen. [2]Dabei sind die Ausstellung und der Tag der Einbringung der mit der Marke gekennzeichneten Waren in den Ausstellungsraum zu bezeichnen (Prioritätserklärung). [3]Die Bestimmungen des § 24 Abs. 3 gelten sinngemäß. *(BGBl I 2004/149)*

(4) Das Prioritätsrecht ist durch eine Darstellung der Marke und eine Bestätigung der Ausstellungsleitung, welche Waren mit dieser Marke zur Schau gestellt und wann diese in den Ausstellungsraum eingebracht wurden, nachzuweisen (Prioritätsbelege).

(5) Wird die Prioritätserklärung nicht rechtzeitig abgegeben oder werden die Prioritätsbelege nach amtlicher Aufforderung nicht fristgerecht vorgelegt, so bestimmt sich die Priorität nach dem Tag der Anmeldung. *(BGBl 1977/350)*

2. Änderungen des Registerstandes

§ 28. (1) [1]Die Umschreibung der Marke, die Eintragung und Löschung von Lizenzrechten sowie von Pfandrechten und sonstigen dinglichen Rechten und Maßnahmen der Zwangsvollstreckung erfolgen auf schriftlichen Antrag eines Beteiligten. [2]Die Eintragung und Löschung von Pfandrechten, sonstigen dinglichen Rechten und Maßnahmen der Zwangsvollstreckung erfolgt auch auf gerichtliches Ersuchen. *(BGBl I 2018/91)*

(2) [1]Mit dem Antrag ist die Urkunde, auf Grund der die Eintragung geschehen soll, in Kopie vorzulegen. [2]Wenn das Original der Urkunde keine öffentliche Urkunde ist, muss sie mit der beglaubigten Unterschrift des über sein Recht Verfügenden versehen sein. [3]Im Fall der Umschreibung der Marke kann an Stelle der Urkunde auch eine übereinstimmende Erklärung der Parteien oder ihrer Vertreter zur Umschreibung vorgelegt werden.

(3) [1]Der Antrag, die Urkunde und die Erklärungen unterliegen nach Form und Inhalt der Prüfung des Patentamts. [2]Das Patentamt kann, wenn sich begründete Zweifel ergeben, Originale oder beglaubigte Kopien oder weitere Unterlagen verlangen.

(4) Rechtsstreitigkeiten über Rechte an Marken sowie die Verfahren auf Löschung (§§ 30 bis 34 und §§ 66 bis 66a), auf Übertragung (§ 30a) sowie auf nachträgliche Feststellung der Ungültigkeit einer Marke (§ 69a) sind auf Antrag im Markenregister anzumerken (Streitanmerkung).

(5) Im Übrigen gelten § 43 Abs. 3 und 4 sowie § 45 Abs. 2 des Patentgesetzes 1970, BGBl. Nr. 259, sinngemäß.

(6) Die im Abs. 1 erwähnten Eintragungen sind auf Antrag in der amtlichen Bestätigung über die Registereintragung (§ 17 Abs. 4) zu vermerken.

(7) Die Umschreibung der Marke ist zu veröffentlichen.

(BGBl I 2017/124)

§ 28a. [1]Die Übertragung von angemeldeten Marken wird auf schriftlichen Antrag eines Beteiligten in das Register eingetragen. [2]Ebenso erfolgt die Eintragung und Löschung von Lizenzrechten sowie von Pfandrechten und sonstigen dinglichen Rechten und Maßnahmen der Zwangsvollstreckung zu angemeldeten Marken im Register. [3]§ 28 Abs. 1 letzter Satz und Abs. 2 und 3 sowie § 43 Abs. 3 und 4 des Patentgesetzes 1970 gelten für Registereintragungen bei angemeldeten Marken sinngemäß.

(BGBl I 2018/91)

3. Löschung

§ 29. (1) Die Marke ist zu löschen

1. auf Antrag des Inhabers;

2. wenn die Registrierung nicht rechtzeitig erneuert worden ist (§ 19);

3. wenn das Markenrecht aus anderen als den unter Z 1 und 2 angeführten Gründen erloschen ist;

4. auf Grund einer rechtskräftigen Entscheidung, mit der eine Registrierung wegen eines Widerspruchs aufgehoben wurde;

5. auf Grund einer rechtskräftigen Entscheidung, mit der einem bei der Nichtigkeitsabteilung gestellten Löschungsantrag stattgegeben wurde. *(BGBl I 2009/126)*

(2) Die Löschung ist im Markenregister (§ 17) einzutragen und zu veröffentlichen.

§ 29a. (1) [1]Innerhalb von drei Monaten ab dem Tag der Veröffentlichung der Registrierung der Marke (§ 17 Abs. 5) kann gegen die Registrierung Widerspruch erhoben werden. [2]Dieser kann nur auf eine Marke unter den Voraussetzungen des § 30 Abs. 1 oder 2, eine notorisch bekannte Marke gemäß Art. 6bis der Pariser Verbandsübereinkunft oder auf eine Ursprungsbezeichnung oder geografische Angabe gemäß § 32a gestützt werden. *(BGBl I 2018/91)*

(1a) [1]Ein Widerspruch kann auf ein oder mehrere ältere Rechte gemäß Abs. 1 gestützt werden, vorausgesetzt, sie gehören demselben Inhaber oder Anmelder. [2]Wird ein Widerspruch auf eine ältere Unionsmarke gestützt, so gilt § 30 Abs. 4 sinngemäß. [3]Wird ein Widerspruch auf der Grundlage einer notorisch bekannten Marke erhoben, muss die notorische Bekanntheit gemäß Art. 6bis der Pariser Verbandsübereinkunft am Anmelde- oder Prioritätstag vorgelegen sein. [4]Ein Widerspruch kann auf einen Teil oder die Gesamtheit der von einem älteren Recht umfassten Waren und Dienstleistungen gestützt und gegen einen Teil oder die Gesamtheit der Waren und Dienstleistungen der Marke gerichtet sein. *(BGBl I 2018/91)*

(2) [1]Bei Registrierung einer Marke nach dem Madrider Abkommen über die internationale Registrierung von Marken, BGBl. Nr. 400/1973, und dem Protokoll zum Madrider Abkommen über die internationale Registrierung von Marken, BGBl. III Nr. 32/1999, tritt die Veröffentlichung in dem vom Internationalen Büro der Weltorganisation für geistiges Eigentum herausgegebenen Veröffentlichungsblatt an die Stelle der nach Abs. 1 genannten Veröffentlichung. [2]Die Wider-

spruchsfrist beginnt mit dem ersten Tag des Monats, der dem Monat folgt, der als Ausgabemonat jenes Veröffentlichungsblattes angegeben ist, in dem die Veröffentlichung der international registrierten Marke enthalten ist.

(3) [1]Der begründete Widerspruch muss spätestens am letzten Tag der Frist im Patentamt eingelangt sein. [2]Er ist schriftlich zusammen mit allen Beilagen in zweifacher Ausfertigung einzubringen.

(4) Wird die Entrichtung der Widerspruchsgebühr nicht innerhalb der Widerspruchsfrist veranlasst, so gilt der Widerspruch als nicht eingebracht. *(BGBl I 2013/126)*

(5) Eine Wiedereinsetzung in die Frist zur Einbringung eines Widerspruchs und zur Entrichtung der Widerspruchsgebühr findet nicht statt.

(6) Die Möglichkeiten einer Antragstellung an die Nichtigkeitsabteilung bleiben unberührt.

(BGBl I 2009/126)

§ 29b. (1) [1]Der Markeninhaber ist nach Ablauf der Widerspruchsfrist über alle fristgerecht eingelangten Widersprüche in Kenntnis zu setzen und es ist ihm zur Erstattung einer schriftlichen Äußerung eine angemessene, aus rücksichtswürdigen Gründen verlängerbare Frist einzuräumen. [2]Innerhalb dieser Frist hat der Markeninhaber gegebenenfalls auch die Einrede der mangelnden Benutzung der widerspruchsbegründenden Marke (Abs. 3) zu erheben. [3]Bringt der Markeninhaber innerhalb der ihm gesetzten Frist keine Äußerung ein, so ist ohne weiteres Verfahren antragsgemäß die gänzliche oder teilweise Aufhebung der Marke zu verfügen, selbst wenn der Widerspruch auf einer Anmeldung beruht, die zum Entscheidungszeitpunkt noch nicht zur Registrierung geführt hat. [4]Die im § 35 Abs. 5 angeführten Bestimmungen über die Anfechtung sind im Widerspruchsverfahren anzuwenden, soweit im Folgenden nichts Gegenteiliges bestimmt ist. *(BGBl I 2013/126)*

(2) [1]Nach fristgerechter Äußerung des Markeninhabers trifft das nach § 35 Abs. 1 zuständige Mitglied wegen eines etwa notwendigen Schriftwechsels, Herbeischaffung der von den Parteien angebotenen Beweismittel sowie der Aufnahme von Beweisen die entsprechenden Verfügungen. [2]Es hat auf Antrag einer Partei, oder wenn es dies im Einzelfall zur Entscheidung über den Widerspruch für erforderlich hält, von Amts wegen eine mündliche Verhandlung anzuberaumen. [3]Das Mitglied hat unter freier Würdigung des vorliegenden Tatsachen- und Beweismaterials Beschluss zu fassen.

(3) [1]Sofern ein Widerspruch auf eine am Anmelde- oder Prioritätstag der Marke, gegen die er sich richtet, seit mehr als fünf Jahren registrierte Marke gestützt ist, kann ihm nur stattgegeben werden, wenn auf Verlangen des Markeninhabers innerhalb einer angemessenen Frist glaubhaft gemacht wird, dass ein § 33a entsprechender Verfallsgrund zum Anmelde- oder Prioritätstag der jüngeren Marke nicht vorliegt. [2]Die zum Nachweis der Markenbenutzung vorgelegten Unterlagen sind dem Markeninhaber zur Ermöglichung einer Stellungnahme zuzustellen. [3]Bringt der Markeninhaber innerhalb einer Frist von zwei Monaten ab Zustellung der zur Glaubhaftmachung der Benutzung vorgelegten Unterlagen bei der zuständigen Stelle einen § 33a entsprechenden Verfallsantrag gegen die Marke des Widersprechenden ein, und weist dies innerhalb einer angemessenen Frist nach, so ist das Widerspruchsverfahren zu unterbrechen und nach rechtskräftiger Entscheidung dieses Verfahrens von Amts wegen oder über Antrag aufzunehmen. [4]Die Marke des Widersprechenden gilt für das Widerspruchsverfahren nur für den Teil der Waren und Dienstleistungen als zu Recht bestehend, für den sie benutzt worden ist. *(BGBl I 2018/91)*

(3a) [1]Bis zum Ablauf der Äußerungsfrist gemäß Abs. 1 oder gegebenenfalls der Frist zur Stellungnahme gemäß Abs. 3 ist über gemeinsamen Antrag der Parteien eine Frist zur Ermöglichung einer gütlichen Einigung auch ohne weitere Begründung im Ausmaß von insgesamt maximal sechs Monaten ab dem Antragszeitpunkt einzuräumen. [2]Offene Fristen gemäß Abs. 1 oder Abs. 3 enden, vorbehaltlich ihrer sonstigen Verlängerungsmöglichkeit bei Vorliegen rücksichtswürdiger Gründe, zeitgleich mit der Frist zur Ermöglichung einer gütlichen Einigung. *(BGBl I 2018/91)*

(4) [1]Ergänzend kann ein Widerspruchsverfahren gemäß § 190 ZPO unterbrochen werden, wenn der Widerspruch auf eine Anmeldung gestützt ist, bei einer streitverfangenen internationalen Registrierung die Gesetzmäßigkeitsprüfung (§ 20) noch nicht rechtskräftig abgeschlossen ist, eine der streitverfangenen Marken in ihrem Bestand angefochten oder die widerspruchsbegründende Marke selbst widerspruchsverfangen ist, oder mehrere Widersprüche gegen dieselbe Markenregistrierung eingereicht wurden. [2]Im letztgenannten Fall ist im Wege einer Vorprüfung unter Einbeziehung der schriftlichen Äußerungen darauf abzustellen, ob die Markenregistrierung aufgrund eines anderen oder mehrerer anderer Widersprüche voraussichtlich aufgehoben wird.

(5) Die aus einem Widerspruch resultierende gänzliche oder teilweise Aufhebung einer Marke wirkt auf den Beginn der Schutzdauer zurück.

(6) [1]Soweit eine Marke rechtskräftig aufgehoben wurde oder einer internationalen Registrierung im Rahmen der Gesetzmäßigkeitsprüfung (§ 20) rechtskräftig der Schutz verweigert wurde oder soweit eine Marke aufgrund einer rechtskräftigen Entscheidung, mit der einem bei der Nichtigkeitsabteilung gestellten Löschungsantrag mit

Wirkung auf den Beginn der Schutzdauer zurück stattgegeben wurde, gelöscht wurde, gilt ein anhängiges Widerspruchsverfahren gegen diese Marke im entsprechenden Umfang als erledigt und sind die Parteien darüber in Kenntnis zu setzen. [2]In gleicher Weise wird ein Widerspruchsverfahren beendet, wenn während des Verfahrens das Eintragungsverfahren bezüglich der widerspruchsbegründenden Anmeldung ohne Registrierung beendet wird oder die widerspruchsbegründende Marke oder Ursprungsbezeichnung oder geografische Angabe rechtsgültig ihren Schutz für Österreich verliert. *(BGBl I 2018/91)*

(7) Die Parteien haben die Kosten des Widerspruchsverfahrens selbst zu tragen.

(BGBl I 2009/126)

§ 29c. (1) [1]Das zuständige Mitglied hat die mündliche Verhandlung zu eröffnen und zu leiten. [2]Es hat sich von der Identität der Erschienenen zu überzeugen sowie ihre Parteistellung und die etwaige Vertretungsbefugnis zu prüfen. [3]Es hat die Verhandlung ohne Zulassung von Abschweifungen oder Weitläufigkeiten so zu führen, dass den Parteien das Recht auf Gehör gewahrt wird. [4]Als Verhandlungsleiter bestimmt das Mitglied die Reihenfolge, in der die Parteien zu hören, die Beweise aufzunehmen und die Ergebnisse früher aufgenommener Beweise oder Erhebungen vorzutragen und zu erörtern sind. [5]Es entscheidet über Beweisanträge und hat offensichtlich unerhebliche Anträge zurückzuweisen. [6]Ihm steht auch die Befugnis zu, die Verhandlung nach Bedarf zu unterbrechen und zu vertagen und den Zeitpunkt für die Fortsetzung der Verhandlung mündlich zu bestimmen. [7]Über die Verhandlung ist ein Protokoll aufzunehmen.

(2) Das Gebührenanspruchsgesetz – GebAG ist anzuwenden.

(3) [1]Der jeweilige Zeitpunkt des Beginns der Fünfjahresfrist gemäß § 33a Abs. 1a wird für die jeweils betreffenden Waren und Dienstleistungen einer Marke in das Register eingetragen. [2]Für diese Zwecke gilt eine Ruhensanzeige als Beendigung des Verfahrens. *(BGBl I 2018/91)*

(BGBl I 2009/126)

§ 30. (1) Der Inhaber einer früher angemeldeten Marke kann die Löschung einer Marke beantragen, sofern entweder

1. die beiden Marken und die Waren oder Dienstleistungen, für die die Marken eingetragen sind, gleich sind, oder

2. die beiden Marken und die Waren oder Dienstleistungen, für die die Marken eingetragen sind, gleich oder ähnlich sind und dadurch für das Publikum die Gefahr von Verwechslungen besteht, die die Gefahr einschließt, dass die Marke mit der älteren Marke gedanklich in Verbindung gebracht würde.

(2) [1]Der Inhaber einer früher angemeldeten Marke, die im Inland bekannt ist, kann die Löschung einer Marke auch beantragen, sofern die beiden Marken gleich oder ähnlich sind, unabhängig davon, ob die Waren oder Dienstleistungen gleich oder ähnlich oder nicht ähnlich sind und sofern die Benutzung der jüngeren Marke die Unterscheidungskraft oder die Wertschätzung der bekannten Marke ohne rechtfertigenden Grund in unlauterer Weise ausnutzen oder beeinträchtigen würde. [2]Die Bekanntheit der älteren Marke muss spätestens am Tag der Anmeldung der jüngeren Marke, gegebenenfalls am prioritäts- oder zeitrangbegründenden Tag, vorgelegen sein.

(2a) Wenn der Löschungsantrag gemäß Abs. 1 oder 2 auf eine Anmeldung gestützt ist, kann dem Antrag nur vorbehaltlich der Markenregistrierung stattgegeben werden.

(3) [1]Anträge nach Abs. 1 oder 2 sind abzuweisen, wenn der Antragsteller die Benutzung der jüngeren eingetragenen Marke während eines Zeitraumes von fünf aufeinanderfolgenden Jahren in Kenntnis dieser Benutzung geduldet hat. [2]Dies gilt nur für die Waren oder Dienstleistungen, für die die jüngere Marke benutzt worden ist, und auch nur dann, wenn die Anmeldung der jüngeren Marke nicht bösgläubig vorgenommen worden ist.

(4) Wird ein Löschungsantrag gemäß Abs. 2 auf eine ältere Unionsmarke gestützt, so ist anstelle der Bekanntheit im Inland die Bekanntheit in der Europäischen Union nachzuweisen.

(5) Anträge nach Abs. 1 oder 2 sind abzuweisen, wenn die ältere Marke aus den Gründen des § 4 Abs. 1 Z 3, 4 oder 5 bei einer Antragstellung zum Zeitpunkt der Anmeldung oder am Prioritätstag der jüngeren Marke gelöscht bzw. nichtig erklärt werden könnte und nicht bis zu diesem Zeitpunkt Unterscheidungskraft im Sinne des § 33 Abs. 2 erworben hat oder wenn die ältere Marke bis zu diesem Zeitpunkt keine hinreichende Unterscheidungskraft erworben hat, um zu einer Verwechslungsgefahr gemäß Abs. 1 zu führen.

(6) [1]Anträge nach Abs. 1 oder 2 sind abzuweisen, wenn die ältere Marke für die jeweiligen Waren oder Dienstleistungen vor dem Tag dieser Antragstellung im Sinne des § 33a Abs. 1 ohne berechtigte Gründe nicht benutzt wurde und bei der Antragstellung die Fünfjahresfrist gemäß § 33a Abs. 1a oder 1b vorüber ist. [2]Wenn diese Fünfjahresfrist bereits am Anmelde- oder Prioritätstag der später angemeldeten Marke vorüber ist, hat der Inhaber der älteren Marke zusätzlich den Nachweis zu erbringen, dass die Marke in den fünf Jahren vor dem Anmelde- oder Prioritätstag der später angemeldeten Marke ernsthaft benutzt worden ist oder berechtigte Gründe für die Nichtbenutzung vorlagen. [3]Hinsichtlich Unions-

marken ist die ernsthafte Benutzung nach Art. 18 Verordnung (EU) 2017/1001 zu beurteilen.

(BGBl I 2018/91)

§ 30a. (1) Bewirkt der Agent oder Vertreter dessen, der im Inland oder im Ausland durch Registrierung oder Benutzung ein Markenrecht erworben hat, ohne dessen Zustimmung die Eintragung dieser Marke auf seinen eigenen Namen, so kann der Inhaber die Löschung dieser Marke beantragen, es sei denn, der Agent oder Vertreter rechtfertigt seine Handlungsweise.

(2) Anstelle der Löschung der Marke nach Abs. 1 kann der Antragsteller die Übertragung auf ihn beantragen.

(3) Wenn der Antrag auf eine registrierte Marke gestützt ist, gilt § 30 Abs. 6 sinngemäß.

(BGBl I 2018/91)

§ 31. (1) Die Löschung einer Marke kann begehren, wer nachweist, daß das von ihm für dieselben oder für ähnliche Waren oder Dienstleistungen geführte nichtregistrierte Zeichen bereits zur Zeit der Anmeldung der angefochtenen, seinem nichtregistrierten Zeichen gleichen oder ähnlichen Marke innerhalb beteiligter Verkehrskreise als Kennzeichen der Waren oder Dienstleistungen seines Unternehmens gegolten hat, es sei denn, die Marke wurde vom Markeninhaber mindestens ebenso lange unregistriert geführt, wie vom Unternehmen des Antragstellers. *(BGBl I 1999/111)*

(2) [1]Der Antrag ist abzuweisen, wenn der Antragsteller die Benutzung der eingetragenen Marke während eines Zeitraumes von fünf aufeinanderfolgenden Jahren in Kenntnis dieser Benutzung geduldet hat. [2]Dies gilt nur für die Waren und Dienstleistungen, für die die eingetragene Marke benutzt worden ist, und auch nur dann, wenn die Anmeldung der eingetragenen Marke nicht bösgläubig vorgenommen worden ist. *(BGBl I 1999/111)*

(3) *(entfällt, BGBl I 2018/91)*

§ 32. (1) Ein Unternehmer kann die Löschung einer Marke begehren, wenn sein Name, seine Firma oder die besondere Bezeichnung seines Unternehmens oder eine diesen Bezeichnungen ähnliche Bezeichnung ohne seine Zustimmung als Marke oder als Bestandteil einer Marke registriert worden ist (§ 12) und wenn die Benutzung der Marke geeignet wäre, im geschäftlichen Verkehr die Gefahr von Verwechslungen mit einem der vorerwähnten Unternehmenskennzeichen des Antragstellers hervorzurufen. *(BGBl I 1999/111)*

(2) [1]Der Antrag ist abzuweisen, wenn der Antragsteller die Benutzung der eingetragenen Marke während eines Zeitraumes von fünf aufeinanderfolgenden Jahren in Kenntnis dieser Benutzung geduldet hat. [2]Dies gilt nur für die Waren und Dienstleistungen, für die die eingetragene Marke benutzt worden ist, und auch nur dann, wenn die Anmeldung der eingetragenen Marke nicht bösgläubig vorgenommen worden ist. *(BGBl I 1999/111)*

(3) *(entfällt, BGBl I 2018/91)*

§ 32a. Wer nach Maßgabe von Unionsvorschriften zum Schutz von Ursprungsbezeichnungen und geografischen Angaben oder nach österreichischen Rechtsvorschriften einschließlich internationaler Übereinkünfte, denen die Union oder die Republik Österreich angehört, berechtigt ist, aufgrund einer Ursprungsbezeichnung oder geografischen Angabe die Benutzung einer jüngeren Marke zu untersagen, kann die Löschung der Marke beantragen, sofern der Antrag auf Eintragung der Ursprungsbezeichnung oder geografischen Angabe vorbehaltlich deren späterer Eintragung bereits vor dem Anmelde- oder Prioritätstag der Marke gestellt wurde.

(BGBl I 2018/91)

§ 32. [1]Wer nach §§ 81 oder 84 Abs. 2 des Urheberrechtsgesetzes, BGBl. Nr. 111/1936, einen Unterlassungsanspruch aufgrund fehlender Zustimmung des Urhebers zur Nutzung des Werkes als Marke hat, kann die Löschung der Marke beantragen. [2]§ 31 Abs. 2 gilt sinngemäß.

(BGBl I 2018/91)

§ 32c. [1]Wer nach § 34 des Musterschutzgesetzes 1990, BGBl. Nr. 497, einen Unterlassungsanspruch gegen die Benutzung einer Marke hat, kann die Löschung der Marke beantragen. [2]§ 31 Abs. 2 gilt sinngemäß.

(BGBl I 2018/91)

§ 33. (1) Aus einem von Amts wegen wahrzunehmenden Grund kann die Löschung einer Marke von jedermann begehrt werden. *(BGBl 1992/773)*

(2) Eine Marke wird in den Fällen des § 4 Abs. 1 Z 3, 4 oder 5 nicht gelöscht, wenn sie vor der Antragstellung nach Abs. 1 infolge ihrer Benutzung Unterscheidungskraft im Sinne des § 4 Abs. 2 erworben hat. *(BGBl I 2018/91)*

§ 33a. (1) Jedermann kann die Löschung einer im Inland registrierten oder gemäß § 2 Abs. 2 in Österreich Schutz genießenden Marke beantragen, soweit diese für die Waren oder Dienstleistungen, für die sie eingetragen ist, innerhalb der letzten fünf Jahre vor dem Tag der Antragstellung im Inland weder vom Markeninhaber noch mit dessen Zustimmung von einem Dritten ernsthaft kennzeichenmäßig im Sinne des § 10a benutzt wurde, es sei denn, dass der Markeninhaber die Nichtbenutzung rechtfertigen kann.

(1a) Ein Antrag gemäß Abs. 1 kann bei einer im Inland registrierten Marke, wenn kein Widerspruch erfolgt ist, frühestens fünf Jahre nach dem Ende der Widerspruchsfrist gemäß § 29a Abs. 1 oder nach rechtskräftiger Entscheidung eines Widerspruchsverfahrens oder dessen Beendigung nach § 29b Abs. 6 oder § 29c Abs. 3 2. Satz für die jeweils betreffenden Waren und Dienstleistungen eingebracht werden.

(1b) [1]Bei einer gemäß § 2 Abs. 2 in Österreich Schutz genießenden Marke kann, wenn kein Widerspruch erfolgt ist, ein Antrag gemäß Abs. 1 frühestens fünf Jahre ab dem Zeitpunkt eingereicht werden, zu dem die Frist des Art. 5 Abs. 2 des Protokolls zum Madrider Markenabkommen zur Mitteilung einer Schutzverweigerung ungenützt verstrichen ist. [2]Wenn eine vorläufige Schutzverweigerung ergangen ist, kann der Antrag gemäß Abs. 1 frühestens fünf Jahre nach dem Tag der Rechtskraft einer Entscheidung über die Schutzzulassung gemäß Regel 18ter Abs. 2 der Gemeinsamen Ausführungsordnung zum Madrider Abkommen über die internationale Registrierung von Marken und zum Protokoll zu diesem Abkommen, BGBl. III Nr. 109/1997, unabhängig davon, ob das Verfahren auf absolute Schutzverweigerungsgründe oder auf einen Widerspruch gestützt war, oder eine Beendigung nach § 29b Abs. 6 oder § 29c Abs. 3 2. Satz vorliegt, für die jeweils betreffenden Waren und Dienstleistungen eingebracht werden.

(2) Soweit Marken infolge gesetzlicher Beschränkungen des Verkehrs mit den Waren oder Dienstleistungen, für die sie eingetragen sind, nicht benutzt wurden, unterliegen sie der Löschung gemäß Abs. 1 nur dann nicht, wenn wegen der ernsthaften Benutzung des Zeichens im Ausland oder aufgrund anderer berücksichtigungswürdiger Umstände ein schutzwürdiges Interesse am Markenschutz in Österreich anzuerkennen ist.

(3) Eine erstmalige oder wiederaufgenommene Benutzung nach einem ununterbrochenen Zeitraum der Nichtbenutzung von fünf Jahren, die innerhalb von drei Monaten vor einem Löschungsantrag gemäß Abs. 1 erfolgt ist, bleibt unberücksichtigt, wenn die Vorbereitungen für diese Benutzung erst stattgefunden haben, nachdem der Markeninhaber Kenntnis davon erlangt hat, dass der Löschungsantrag gestellt werden könnte.

(4) Als Benutzung einer Marke gilt auch:

1. die Benutzung der Marke in einer Form, die von der Eintragung nur in Bestandteilen abweicht, ohne dass dadurch die Unterscheidungskraft der Marke beeinflusst wird, unabhängig davon, ob die Marke in der benutzten Form auch auf den Namen des Inhabers eingetragen ist;

2. das Anbringen der Marke auf Waren oder deren Verpackung ausschließlich für den Export.

(5) Die Benutzung ist vom Markeninhaber nachzuweisen.

(BGBl I 2018/91)

§ 33b. „“ Jedermann kann die Löschung einer Marke begehren, wenn sie nach dem Zeitpunkt ihrer Eintragung infolge des Verhaltens oder der Untätigkeit ihres Inhabers im geschäftlichen Verkehr zur gebräuchlichen Bezeichnung einer Ware oder Dienstleistung, für die sie eingetragen ist, geworden ist. *(BGBl I 2018/91)*

(BGBl 1992/773)

§ 33c. „“ Jedermann kann die Löschung einer Marke begehren, wenn sie nach dem Zeitpunkt ihrer Eintragung infolge ihrer Benutzung durch den Inhaber oder mit seiner Zustimmung für Waren oder Dienstleistungen, für die sie eingetragen ist, geeignet ist, das Publikum insbesondere über die Art, die Beschaffenheit oder die geographische Herkunft dieser Waren oder Dienstleistungen irrezuführen. *(BGBl I 2018/91)*

(BGBl 1992/773)

§ 34. „“ Jedermann kann die Löschung einer Marke begehren, wenn der Anmelder bei der Anmeldung bösgläubig war. *(BGBl I 2018/91)*

(BGBl I 1999/111)

§ 34a. (1) [1]Eine Entscheidung mit der einem bei der Nichtigkeitsabteilung gestellten Löschungsantrag stattgegeben wird, kann einen Teil oder die Gesamtheit der Waren und Dienstleistungen einer Marke betreffen. [2]Ebenso gilt hinsichtlich der Einrede der Nichtbenutzung im Sinne des § 30 Abs. 6 eine Marke für dieses Verfahren nur für den Teil der Waren und Dienstleistungen als zu Recht bestehend, für den sie benutzt worden ist.

(2) Bei einer Zustimmung des Inhabers der älteren Marke oder des älteren Rechts zur Eintragung der jüngeren Marke kann unter geeigneten Umständen ein auf die Bestimmungen gemäß §§ 30 bis 32c gestützter Löschungsantrag abgewiesen werden.

(3) [1]Mit einem Löschungserkenntnis gemäß §§ 30 bis 33, 34, 66 Abs. 2 oder § 66a Abs. 2 wird die Marke mit Wirkung zum Beginn der Schutzdauer (§ 19 Abs. 1) nichtig erklärt. [2]Wenn der Löschungsgrund gemäß § 66 Abs. 2 oder § 66a Abs. 2 in einer geänderten Satzung begründet ist, wird die Marke mit Wirkung zum Zeitpunkt der Eintragung der Satzung im Register nichtig erklärt.

(4) [1]Mit einem Löschungserkenntnis gemäß §§ 33a, 33b, 33c, 66 Abs. 1 oder § 66a Abs. 1 wird die Marke mit Wirkung zum Zeitpunkt der Antragstellung für verfallen erklärt. [2]Über Antrag

einer Partei kann bei einem früheren Eintritt des Verfallsgrundes ein früherer Zeitpunkt der Wirksamkeit festgesetzt werden, bei einem Löschungserkenntnis gemäß § 33a jedoch höchstens bis zum Ablauf des fünften Jahres nach dem Zeitpunkt gemäß § 33a Abs. 1a oder 1b.

(BGBl I 2018/91)

4. Behörden und Verfahren

§ 35. (1) Im Patentamt ist zur Beschlussfassung und zu den sonstigen Erledigungen in allen Angelegenheiten des Markenschutzes sowie des Schutzes der geografischen Angaben und Ursprungsbezeichnungen nach dem VII. Abschnitt, soweit sie nicht dem Präsidenten oder der Nichtigkeitsabteilung vorbehalten sind, das nach der Geschäftsverteilung zuständige Mitglied der mit diesen Angelegenheiten betrauten Rechtsabteilung berufen. *(BGBl I 2013/126)*

(2) Die §§ 58 bis 61 des Patentgesetzes 1970, BGBl. Nr. 259, sind sinngemäß anzuwenden.

(3) [1]Durch Verordnung des Präsidenten können Bedienstete, die nicht Mitglieder des Patentamtes sind, zur Besorgung von der Art nach bestimmt zu bezeichnenden Angelegenheiten der Rechtsabteilung ermächtigt werden, sofern dies wegen der Einfachheit der Erledigungen zweckmäßig ist und die Ausbildung der ermächtigten Bediensteten Gewähr für ordnungsgemäße Erledigungen bietet. [2]Zur Fassung von Beschlüssen über die Schutzfähigkeit von Marken und die Zulässigkeit von Waren- und Dienstleistungsverzeichnissen können diese Bediensteten nicht ermächtigt werden. [3]Sie sind an die Weisungen des nach der Geschäftsverteilung zuständigen Mitgliedes der Rechtsabteilung gebunden. [4]Dieses kann Erledigungen jederzeit sich vorbehalten oder an sich ziehen.

(4) Die Beschlüsse der nach Abs. 3 ermächtigten Bediensteten können wie die des zuständigen Mitgliedes angefochten werden. *(BGBl I 2004/149)*

(5) Im Übrigen sind, soweit im Folgenden nichts anderes bestimmt ist, auf das Verfahren die §§ 52 bis 56, 57b, § 62 Abs. 8, §§ 64, 66 bis 69, 79, 82 bis 86, 112 bis 115, 116 bis 126, 127 Abs. 1, 2, 4 und 5, § 128 erster Satz, §§ 128a bis 133 Abs. 2, §§ 134, 135, 137 und 165 des Patentgesetzes 1970 sinngemäß anzuwenden. *(BGBl I 2013/126)*

(6) [1]Die im § 17 Abs. 5, im § 28 Abs. 5 und im § 29 Abs. 2 vorgesehenen Veröffentlichungen erfolgen im Österreichischen Markenanzeiger. [2]Die Bewilligung der Wiedereinsetzung ist im Österreichischen Markenanzeiger zu verlautbaren, wenn dadurch das Markenrecht wiederhergestellt wird. *(BGBl I 2013/126)*

(BGBl I 1999/111)

§ 36. (1) Mitglieder des Patentamtes sind unter den Voraussetzungen des § 76 Abs. 1 des Patentgesetzes 1970 von der Mitwirkung ausgeschlossen.

(2) Mitglieder des Patentamtes sind von der Mitwirkung in der Nichtigkeitsabteilung ausgeschlossen

1. im Verfahren über Anträge auf Löschung einer Marke gemäß § 30 oder auf nachträgliche Feststellung der Ungültigkeit einer Marke gemäß § 69a in Verbindung mit § 30, an deren Prüfung auf Ähnlichkeit (§§ 21 und 22) oder an deren Prüfung in einem Widerspruchsverfahren, sofern es sich um dieselben betroffenen Marken handelt (§§ 29a bis 29c), sie mitgewirkt haben;

2. im Verfahren über Anträge auf Löschung einer Marke gemäß § 33 oder auf nachträgliche Feststellung der Ungültigkeit einer Marke gemäß § 69a in Verbindung mit § 33, bei der sie an der Beschlussfassung über die Zulässigkeit der Registrierung mitgewirkt haben.

(3) Die Bestimmungen des § 76 Abs. 2 und 3 des Patentgesetzes 1970 gelten sinngemäß.

(BGBl I 2013/126)

Rechtsmittel gegen die Beschlüsse und Entscheidungen der Rechtsabteilung des Patentamtes

§ 37. (1) Die Beschlüsse der Rechtsabteilung können durch Rekurs an das Oberlandesgericht Wien angefochten werden.

(2) Gegen die einen Beschluss der Rechtsabteilung vorbereitenden Verfügungen des Referenten und Zwischenentscheidungen – Unterbrechungsbeschlüsse im Widerspruchsverfahren ausgenommen – ist kein Rechtsmittel zulässig.

(3) Auf das Verfahren ist § 139 des Patentgesetzes 1970 sinngemäß anzuwenden.

(BGBl I 2013/126)

§ 38. [1]Gegen einen im Rahmen des Rekursverfahrens ergangenen Beschluss des Rekursgerichts ist der Revisionsrekurs nach Maßgabe des § 62 AußStrG zulässig. [2]Auf das Verfahren ist § 140 Abs. 2 des Patentgesetzes 1970 sinngemäß anzuwenden.

(BGBl I 2013/126)

Verfahren zur Verfallserklärung oder Nichtigerklärung

§ 39. (1) [1]Über Anträge auf Löschung einer registrierten Marke (§§ 30 bis 34 und 66 bis 66a), über Anträge auf Übertragung (§ 30a) sowie über Anträge auf nachträgliche Feststellung der Ungültigkeit einer Marke (§ 69a) entscheidet die Nichtigkeitsabteilung durch drei Mitglieder, von denen eines den Vorsitz führt. [2]Der Vorsitzende und ein weiteres Mitglied müssen rechtskundig sein.

(1a) [1]Hinsichtlich der Einreden gemäß § 30 Abs. 3, 5 und 6 sowie § 30a Abs. 3 genügt die Glaubhaftmachung wie bei der Einrede nach § 29b Abs. 3. [2]Die Einreden gemäß § 30 Abs. 3, 5 und 6 sowie § 30a Abs. 3 sind ausdrücklich und bei sonstigem Ausschluss innerhalb der Frist zur Erstattung der Gegenschrift zu erheben. [3]Eine gesonderte Wiedereinsetzung zur Erhebung der Einreden findet nicht statt, sondern kann eine Wiedereinsetzung nur gemeinsam mit der Wiedereinsetzung in die Frist zur Erstattung der Gegenschrift erfolgen. [4]Wenn eine Einrede fristgerecht erhoben wird, ist diese dem Antragsteller zuzustellen und die Möglichkeit einer Stellungnahme vor der Ausschreibung der Verhandlung im Sinne des § 118 des Patentgesetzes 1970 einzuräumen. [5]Zur möglichst abschließenden Erörterung einer Einrede zwischen den Parteien im Vorverfahren (§ 116 des Patentgesetzes 1970), insbesondere wenn Nachweismittel zur Entgegnung einer Einrede vorgelegt worden sind, ist dem Antragsgegner im Vorverfahren Gelegenheit zur schriftlichen Äußerung zur Stellungnahme des Antragstellers zu geben. [6]§ 115 Abs. 2 des Patentgesetzes 1970 ist mit der Maßgabe anzuwenden, dass die Fristen zur Stellungnahme und Äußerung mindestens ein Monat dauern.

(2) Abweichend von Abs. 1 erfolgen verfahrenseinstellende Entscheidungen ohne Erfordernis einer Entscheidung in der Sache selbst, Entscheidungen der Nichtigkeitsabteilung nach Abs. 3 sowie Beschlüsse über Ansprüche nach dem Gebührenanspruchsgesetz durch den Vorsitzenden.

(3) [1]Bringt der belangte Markeninhaber innerhalb der ihm gesetzten Frist keine Gegenschrift ein, so hat die Nichtigkeitsabteilung ohne weiteres Verfahren antragsgemäß die gänzliche oder teilweise Löschung oder Übertragung der Marke zu verfügen oder die gänzliche oder teilweise Ungültigkeit der Marke nachträglich festzustellen. [2]Bei einer Antragstellung gemäß § 30 Abs. 2a gilt dies ungeachtet der Registrierung der Antragsmarke im Entscheidungszeitpunkt. [3]Wenn in einem Verfahren sowohl die Löschung als auch die Übertragung einer Marke beantragt wird, so hat die Nichtigkeitsabteilung, sofern sich aus dem Antrag nichts Gegenteiliges ergibt, die Übertragung zu verfügen.

(BGBl I 2018/91)

Rechtsmittel gegen die Beschlüsse und Entscheidungen der Nichtigkeitsabteilung des Patentamtes

§ 40. [1]Die Endentscheidungen der Nichtigkeitsabteilung des Patentamtes können durch Berufung an das Oberlandesgericht Wien angefochten werden. [2]Auf das Verfahren ist § 141 Abs. 2 des Patentgesetzes 1970 sinngemäß anzuwenden.

(BGBl I 2013/126)

§ 41. (1) [1]Gegen eine vorbereitende Verfügung des Referenten ist kein Rechtsmittel zulässig. [2]Gegen die im Lauf des Vorverfahrens oder der Verhandlung gefassten Beschlüsse der Nichtigkeitsabteilung findet vorbehaltlich Abs. 2 ein abgesondertes Rechtsmittel nicht statt, sie können nur mit der Berufung angefochten werden, sofern sie auf die Endentscheidung einen Einfluss geübt haben.

(2) [1]Gegen Unterbrechungsbeschlüsse, Beschlüsse, mit denen eine Berufung zurückgewiesen wird, Beschlüsse gemäß § 130 Abs. 2 des Patentgesetzes 1970, sowie Beschlüsse über Ansprüche nach dem Gebührenanspruchsgesetz ist der Rekurs an das Oberlandesgericht Wien zulässig. [2]Beschlüsse des Berufungsgerichts können nach Maßgabe des § 519 ZPO beim Obersten Gerichtshof angefochten werden.

(3) Auf das Rekursverfahren ist § 142 Abs. 3 des Patentgesetzes 1970 sinngemäß anzuwenden.

(BGBl I 2013/126)

§ 42. [1]Gegen Urteile des Berufungsgerichts ist die Revision nach Maßgabe des § 502 ZPO, gegen einen Beschluss des Rekursgerichtes (§ 41 Abs. 2) der Revisionsrekurs nach Maßgabe des § 528 ZPO zulässig. [2]Auf die Verfahren ist § 143 Abs. 2 und 3 des Patentgesetzes 1970 sinngemäß anzuwenden.

(BGBl I 2013/126)

§ 43. (1) Die §§ 144 (Verfahrenshilfe) und 145 Abs. 1 bis 3 (Zustellung, Vertretung, Eintritt in das Verfahren) des Patentgesetzes 1970 sind sinngemäß anzuwenden.

(2) Für die Senatszusammensetzung beim Oberlandesgericht Wien in Rechtsmittelverfahren gegen eine Entscheidung der Rechtsabteilung oder der Nichtigkeitsabteilung ist § 146 Abs. 1 und 4 des Patentgesetzes 1970 sinngemäß anzuwenden.

(BGBl I 2013/126)

§§ 44 bis 49. *(entfallen, BGBl 1977/350)*

§ 50. (1) [1]Die an einem Verfahren Beteiligten sind berechtigt, in die das Verfahren betreffenden Geschäftsstücke Einsicht zu nehmen und Abschriften anzufertigen. [2]Anderen Personen steht dieses Recht mit Zustimmung der Beteiligten oder bei Glaubhaftmachung eines rechtlichen Interesses zu.

(2) In Geschäftsstücke, die eine noch zu Recht bestehende Marke betreffen, kann jedermann

Einsicht nehmen, von ihnen Abschriften anfertigen oder Kopien herstellen lassen.

(3) Die Abschriften sind auf Antrag vom Patentamt zu beglaubigen.

(4) [1]Der Wortlaut oder die Darstellung der angemeldeten Marke und das Waren- und Dienstleistungsverzeichnis zum Anmeldezeitpunkt sind jedermann bekanntzugeben. [2]Auskünfte und amtliche Bestätigungen darüber, wann, von wem, gegebenenfalls durch welchen Vertreter eine Marke angemeldet wurde, welches Aktenzeichen die Anmeldung trägt, welche Priorität beansprucht wird, welches Aktenzeichen die prioritätsbegründende Anmeldung trägt, ob die Anmeldung noch in Behandlung steht sowie ob und wem das Recht aus ihr übertragen wurde, sind jedermann zu erteilen. *(BGBl I 1999/111)*

(5) [1]Von der Einsichtnahme sind Beratungsprotokolle und nur den inneren Geschäftsgang betreffende Aktenteile ausgenommen. [2]Auf Antrag können bei Vorliegen eines Geschäfts- oder Betriebsgeheimnisses oder eines sonstigen berücksichtigungswürdigen Grundes auch Aktenteile von der Einsicht ausgenommen werden, deren Offenlegung nicht zur Information der Öffentlichkeit erforderlich ist. *(BGBl I 1999/111)*

(6) [1]Soweit personenbezogene Daten im Markenregister oder in öffentlich zugänglichen elektronischen Informationsdiensten des Patentamts verarbeitet werden, bestehen nicht

1. das Recht auf Auskunft gemäß Art. 15 Abs. 1 lit. c der Verordnung (EU) 2016/679 zum Schutz natürlicher Personen bei der Verarbeitung personenbezogener Daten, zum freien Datenverkehr und zur Aufhebung der Richtlinie 95/46/EG (Datenschutz-Grundverordnung), ABl. Nr. L 119 vom 04.05.2016 S. 1, in der Fassung der Berichtigung ABl. Nr. L 314 vom 22.11.2016 S. 72, (im Folgenden: DSGVO),

2. die Mitteilungspflicht gemäß Art. 19 zweiter Satz DSGVO sowie

3. das Recht auf Einschränkung der Verarbeitung gemäß Art. 18 und das Recht auf Widerspruch gemäß Art. 21 DSGVO, wobei die betroffenen Personen darüber in geeigneter Weise zu informieren sind.

[2]Das Recht auf Erhalt einer Kopie dieser Daten gemäß Art. 15 Abs. 3 DSGVO wird dadurch erfüllt, dass die betroffene Person Einsicht in das Markenregister oder in öffentlich zugängliche elektronische Informationsdienste des Patentamts nehmen kann. *(BGBl I 2018/37)*

III. ABSCHNITT

Zivilrechtliche Ansprüche bei Markenrechtsverletzungen

§ 51. „(1)" Wer in einer der ihm aus einer Marke zustehenden Befugnisse verletzt wird oder eine solche Verletzung zu besorgen hat, kann auf Unterlassung klagen. *(BGBl I 2018/91)*

(2) Abs. 1 gilt sinngemäß für einen Anspruchsberechtigten nach § 30a. *(BGBl I 2018/91)*

(BGBl I 1999/111)

§ 52. (1) Der Markenverletzer ist zur Beseitigung des dem Gesetz widerstreitenden Zustandes verpflichtet.

(2) Der Verletzte kann insbesondere verlangen, daß auf Kosten des Verletzers die markenverletzenden Gegenstände sowie etwa vorhandene Vorräte von nachgemachten Marken (Eingriffgegenstände) vernichtet und die ausschließlich oder vorzugsweise zur Herstellung markenverletzender Gegenstände dienlichen Werkzeuge, Vorrichtungen und anderen Hilfsmittel (Eingriffsmittel) für diesen Zweck unbrauchbar gemacht werden, soweit dadurch nicht in dingliche Rechte Dritter eingegriffen wird.

(3) [1]Enthalten die im Abs. 2 bezeichneten Eingriffsgegenstände oder Eingriffsmittel Teile, deren unveränderter Bestand und deren Benutzung durch den Beklagten das Ausschließungsrecht des Klägers nicht verletzen, so hat das Gericht diese Teile in dem die Vernichtung oder Unbrauchbarmachung aussprechenden Urteil zu bezeichnen. [2]Bei der Vollstreckung sind diese Teile, soweit es möglich ist, von der Vernichtung oder Unbrauchbarmachung auszunehmen, wenn der Verpflichtete die damit verbundenen Kosten im voraus bezahlt.

(4) Zeigt sich im Exekutionsverfahren, daß die Unbrauchbarmachung von Eingriffsmitteln größere Kosten als ihre Vernichtung erfordern würde, und werden diese vom Verpflichteten nicht im voraus bezahlt, so hat das Exekutionsgericht nach Einvernahme der Parteien die Vernichtung dieser Eingriffsmittel anzuordnen.

(5) [1]Kann der gesetzwidrige Zustand auf eine andere als die im Abs. 2 bezeichnete, mit keiner oder mit einer geringeren Wertvernichtung verbundene Art, beseitigt werden, so kann der Verletzte nur Maßnahmen dieser Art begehren. [2]Das bloße Entfernen der Marke von der Ware genügt allerdings nur, wenn eine andere Vorgehensweise zu unverhältnismäßigen Härten für den Verletzer führen würde.

(6) Statt der Vernichtung der Eingriffsgegenstände oder der Unbrauchbarmachung von Eingriffsmitteln kann der Verletzte verlangen, daß ihm die Eingriffsgegenstände oder Eingriffsmittel von ihrem Eigentümer gegen eine angemessene, die Herstellungskosten nicht übersteigende Entschädigung überlassen werden.

(BGBl I 1999/111)

§ 53. (1) Der durch unbefugte Benutzung einer Marke Verletzte hat gegen den Verletzer Anspruch auf ein angemessenes Entgelt.

(2) Bei schuldhafter Markenverletzung kann der Verletzte anstelle des angemessenen Entgelts

1. Schadenersatz einschließlich des ihm entgangenen Gewinnes oder

2. die Herausgabe des Gewinnes, den der Verletzer durch die Markenverletzung erzielt hat,

verlangen.

(3) Unabhängig vom Nachweis eines Schadens kann der Verletzte das Doppelte des ihm nach Abs. 1 gebührenden Entgelts begehren, sofern die Markenverletzung auf grober Fahrlässigkeit oder Vorsatz beruht.

(4) Der Verletzte hat auch Anspruch auf eine angemessene Entschädigung für die in keinem Vermögensschaden bestehenden Nachteile, die er durch die schuldhafte Markenverletzung erlitten hat, soweit dies in den besonderen Umständen des Falles begründet ist.

(5) Soweit derselbe Anspruch in Geld gegen mehrere Personen besteht, haften sie zur ungeteilten Hand.

(BGBl I 1999/111)

§ 54. (1) [1]Der Inhaber eines Unternehmens kann auf Unterlassung (§ 51) geklagt werden, wenn eine Markenverletzung im Betrieb seines Unternehmens von einem Bediensteten oder Beauftragten begangen wird oder droht. [2]Er ist zur Beseitigung (§ 52) verpflichtet, wenn er Eigentümer der Eingriffsgegenstände oder Eingriffsmittel ist.

(2) Wird die einen Anspruch auf angemessenes Entgelt begründende Markenverletzung im Betrieb eines Unternehmens von einem Bediensteten oder Beauftragten begangen, so trifft die Pflicht zur Zahlung des Entgelts (§ 53 Abs. 1), zur Rechnungslegung (§ 55) und zur Auskunft (§ 55a) nur den Inhaber des Unternehmens, es sei denn, dass dieser von der Markenverletzung weder wusste noch daraus einen Vorteil erlangt hat. *(BGBl I 2004/149)*

(3) Wird eine Markenverletzung im Betrieb eines Unternehmens von einem Bediensteten oder Beauftragten begangen, so haftet, unbeschadet der Haftung dieser Personen, der Inhaber des Unternehmens nach § 53 Abs. 2 bis 4, wenn ihm die Markenverletzung bekannt war oder bekannt sein musste. *(BGBl I 2004/149)*

(BGBl I 1999/111)

§ 55. Im übrigen gilt § 119 Abs. 2 (Ausschluß der Öffentlichkeit), § 149 (Urteilsveröffentlichung), § 151 (Rechnungslegung) und § 154 (Verjährung) des Patentgesetzes 1970, BGBl. Nr. 259, sinngemäß.

(BGBl I 1999/111)

§ 55a. (1) Wer in einer der ihm aus einer Marke zustehenden Befugnisse verletzt worden ist, kann Auskunft über den Ursprung und die Vertriebswege der rechtsverletzenden Waren und Dienstleistungen verlangen, sofern dies nicht unverhältnismäßig im Vergleich zur Schwere der Verletzung wäre und nicht gegen gesetzliche Verschwiegenheitspflichten verstoßen würde; zur Erteilung der Auskunft sind der Verletzer und die Personen verpflichtet, die gewerbsmäßig

1. rechtsverletzende Waren in ihrem Besitz gehabt,

2. rechtsverletzende Dienstleistungen in Anspruch genommen oder

3. für Rechtsverletzungen genutzte Dienstleistungen erbracht haben.

(2) Die Pflicht zur Auskunftserteilung nach Abs. 1 umfasst, soweit angebracht,

1. die Namen und Anschriften der Hersteller, Vertreiber, Lieferanten und der anderen Vorbesitzer der Waren oder Dienstleistungen sowie der gewerblichen Abnehmer und Verkaufsstellen, für die sie bestimmt waren,

2. die Mengen der hergestellten, ausgelieferten, erhaltenen oder bestellten Waren und die Preise, die für die Waren oder Dienstleistungen bezahlt wurden.

(BGBl I 2006/96)

§ 56. (1) [1]Mit Beziehung auf Ansprüche auf Unterlassung, Beseitigung, angemessenes Entgelt, Schadenersatz und Herausgabe des Gewinns nach diesem Gesetz können einstweilige Verfügungen sowohl zur Sicherung des Anspruchs selbst als auch zur Sicherung von Beweismitteln erlassen werden. [2]Jedoch kann eine einstweilige Verfügung, die auf eine Marke gestützt wird, gegen die ein Verfallsantrag gemäß § 33a Abs. 1a oder 1b möglich ist, nur erlassen werden, wenn glaubhaft gemacht wird, dass der Verfallsgrund des § 33a im Zeitpunkt der Klagserhebung und Antragstellung, gegebenenfalls auch im Zeitpunkt gemäß § 30 Abs. 6 2. und 3. Satz nicht vorliegt. *(BGBl I 2018/91)*

(2) Zur Sicherung von Ansprüchen auf angemessenes Entgelt, Schadenersatz und Herausgabe des Gewinns können im Fall von gewerbsmäßig begangenen Rechtsverletzungen einstweilige Verfügungen erlassen werden, wenn wahrscheinlich ist, dass die Erfüllung dieser Forderungen gefährdet ist.

(3) Zur Sicherung von Unterlassungs- und Beseitigungsansprüchen können einstweilige Verfügungen erlassen werden, auch wenn die im § 381

der Exekutionsordnung bezeichneten Voraussetzungen nicht zutreffen.

(4) Einstweilige Verfügungen nach Abs. 1 sind auf Antrag der gefährdeten Partei ohne Anhörung des Gegners zu erlassen, wenn der gefährdeten Partei durch eine Verzögerung wahrscheinlich ein nicht wieder gut zu machender Schaden entstünde oder wenn die Gefahr besteht, dass Beweise vernichtet werden.

(BGBl I 2006/96)

§ 56a. Für Klagen und einstweilige Verfügungen nach diesem Abschnitt ist ausschließlich das Handelsgericht Wien zuständig.

(BGBl I 2013/126)

§ 56b. (1) Der Inhaber einer Marke kann sich der Benutzung eines Zeichens nur soweit widersetzen, als die Marke im Zeitpunkt der Klagserhebung nicht gemäß § 33a gelöscht werden könnte.

(2) Die Benutzung einer jüngeren Marke kann vom Inhaber einer älteren Marke nicht untersagt werden, sofern gemäß § 30 Abs. 2 oder 4 bis 6 kein Löschungsanspruch besteht.

(3) Die Benutzung einer jüngeren Unionsmarke kann nach Abs. 1 nicht untersagt werden, wenn diese nicht entsprechend Art. 60 Abs. 1, 3 oder 4 oder Art. 64 Abs. 2 der Verordnung (EU) 2017/1001 nichtig erklärt werden könnte.

(4) Im Fall der Abs. 2 bis 3 kann sich der Inhaber der jüngeren Marke der Benutzung der älteren Marke nicht widersetzen, obwohl diese ihm gegenüber nicht mehr geltend gemacht werden kann.

(BGBl I 2018/91)

§ 57. Ergibt sich im Lauf eines gerichtlichen Verfahrens, daß die Entscheidung von der Vorfrage abhängt, ob das Markenrecht, dessen Verletzung behauptet wird, nach Maßgabe der Bestimmungen dieses Gesetzes besteht, und hat das Gericht das Verfahren bis zur rechtskräftigen Entscheidung der Vorfrage durch das Patentamt, bei dem die Vorfrage schon vor Beginn oder während des gerichtlichen Verfahrens anhängig gemacht worden ist, unterbrochen, so ist diese Entscheidung dem Urteil zugrunde zu legen.

§ 58. (1) [1]Hat der Inhaber einer älteren Marke die Benutzung eine jüngeren registrierten Marke im Inland während eines Zeitraumes von fünf aufeinanderfolgenden Jahren in Kenntnis dieser Benutzung geduldet, so kann er sich hinsichtlich der Waren oder Dienstleistungen, für die diese jüngere Marke benutzt worden ist, nicht aufgrund seines älteren Rechts der Benutzung widersetzen, es sei denn, die Anmeldung der jüngeren Marke wurde bösgläubig vorgenommen. [2]Bei der älteren Marke kann es sich um eine registrierte Marke oder um eine angemeldete Marke vorbehaltlich ihrer Registrierung oder um eine notorisch bekannte Marke gemäß Art. 6bis der Pariser Verbandsübereinkunft handeln.

(2) Im Fall des Abs. 1 kann sich der Inhaber der jüngeren Marke der Benutzung der älteren Marke nicht widersetzen, obwohl diese ihm gegenüber nicht mehr geltend gemacht werden kann.

(3) Gegenüber einer jüngeren Unionsmarke gilt das Untersagungsrecht gemäß Abs. 1 als verwirkt, wenn die Unionsmarke gemäß Art. 61 Abs. 1 oder 2 der Verordnung (EU) 2017/1001 nicht mehr nichtig erklärt werden könnte.

(BGBl I 2018/91)

§ 59. (1) Wenn eine geschäftliche Kundgebung oder Mitteilung, in Ansehung deren ein Exekutionstitel auf Unterlassung im Sinne des § 51 vorliegt, in einem nicht der Verfügung des Verpflichteten unterliegenden Druckwerk erscheint, kann auf Antrag des betreibenden Gläubigers von dem zur Bewilligung der Exekution zuständigen Gericht an den Inhaber des mit dem Verlag oder der Verbreitung des Druckwerks befaßten Unternehmens (Herausgeber oder Eigentümer der Zeitung) das Gebot (§ 355 EO) erlassen werden, das fernere Erscheinen der Kundgebung oder Mitteilung in den nach Zustellung des Gebots erscheinenden Nummern, Ausgaben oder Auflagen des Druckwerks oder, wenn das Druckwerk nur diese Kundgebung oder Mitteilung enthält, seine fernere Verbreitung einzustellen.

(2) [1]Diese Maßregel kann auch als einstweilige Verfügung im Sinne des § 382 der Exekutionsordnung nach Maßgabe der Bestimmungen der Exekutionsordnung auf Antrag einer gefährdeten Partei angeordnet werden. [2]§ 56 Abs. 1 erster Satz und Abs. 3 und 4 ist anzuwenden. *(BGBl I 2006/96)*

(3) Auf den dem Antragsteller wegen Zuwiderhandlungen gegen das Gebot (§ 355 EO) zustehenden Schadenersatzanspruch ist § 53 Abs. 2 Z 1 und Abs. 4 sinngemäß anzuwenden.

(BGBl I 1999/111)

IV. ABSCHNITT

Strafbare Kennzeichenverletzungen

§ 60. (1) [1]Wer im geschäftlichen Verkehr eine Marke verletzt, ist vom Gericht mit Geldstrafe bis zu 360 Tagessätzen zu bestrafen. [2]Wer die Tat gewerbsmäßig begeht, ist mit Freiheitsstrafe bis zu zwei Jahren zu bestrafen. *(BGBl 1992/773)*

(2) Ebenso wird bestraft, wer in einer Weise, die geeignet ist, Verwechslungen im geschäftlichen Verkehr hervorzurufen, einen Namen, eine Firma oder die besondere Bezeichnung eines Unternehmens oder ein diesen Bezeichnungen ähnliches Zeichen zur Kennzeichnung von Waren

oder Dienstleistungen gemäß § 10a unbefugt benutzt.

(3) Der Inhaber oder Leiter eines Unternehmens ist zu bestrafen, wenn er eine im Betrieb des Unternehmens von einem Bediensteten oder Beauftragten begangene Verletzung nach Abs. 1 oder 2 nicht verhindert.

(4) Ist der Inhaber des Unternehmens nach Abs. 3 eine Gesellschaft, eine Genossenschaft, ein Verein oder ein anderes, nicht zu den physischen Personen gehöriges Rechtssubjekt, so ist Abs. 3 auf die Organe anzuwenden, wenn sie sich einer solchen Unterlassung schuldig gemacht haben. „ “ *(BGBl I 2005/151)*

(5) Die in den Abs. 1 und 2 bezeichneten Strafbestimmungen sind auf Bedienstete oder Beauftragte nicht anzuwenden, die die Handlung im Auftrag ihres Dienstgebers oder Auftraggebers vorgenommen haben, sofern ihnen wegen ihrer wirtschaftlichen Abhängigkeit nicht zugemutet werden konnte, die Vornahme dieser Handlung abzulehnen.

(BGBl I 1999/111)

§ 60a. (1) Die im § 60 bezeichneten Vergehen werden nur auf Verlangen des Verletzten verfolgt.

(2) Die Gerichtsbarkeit in Strafsachen nach diesem Abschnitt steht dem Landesgericht für Strafsachen Wien zu. *(BGBl I 2013/126)*

(3) [1]Für die Geltendmachung der Ansprüche nach § 53 gelten die Bestimmungen des 17. Hauptstückes der Strafprozessordnung 1975 (StPO), BGBl. Nr. 631/1975. [2]Gegen den Ausspruch über den Entschädigungsanspruch steht beiden Teilen die Berufung zu. *(BGBl I 2013/126)*

(BGBl I 1999/111)

§ 60b. [1]Für das Strafverfahren bei Markenverletzungen und Kennzeichenverletzungen gelten § 52 dieses Bundesgesetzes (Beseitigung) sowie § 119 Abs. 2 (Ausschluß der Öffentlichkeit) und § 149 (Urteilsveröffentlichung) des Patentgesetzes 1970, BGBl. Nr. 259, sinngemäß. [2]Auf Strafverfahren bei Markenverletzungen ist auch § 57 (Vorfragen) anzuwenden.

(BGBl I 1999/111)

§ 60c. [1]Wer den Vorschriften einer auf Grund des § 9 erlassenen Verordnung zuwiderhandelt, wird von der Bezirksverwaltungsbehörde mit Geld bis zu 72 Euro oder mit Arrest bis zu einem Monat bestraft. [2]Bei erschwerenden Umständen können diese Strafen auch nebeneinander verhängt werden. [3]Im Fall der Verurteilung ist stets auf den Verfall der betreffenden Waren zu erkennen.

(BGBl I 2001/143)

V. ABSCHNITT

Vertreter

§ 61. (1) [1]„Wer als Vertreter vor dem Patentamt einschreitet, muss seinen Wohnsitz oder Niederlassung im EWR oder in der Schweizerischen Eidgenossenschaft haben; für Rechtsanwälte, Patentanwälte oder Notare gelten allerdings die berufsrechtlichen Vorschriften.“[2]Der Vertreter hat seine Bevollmächtigung durch eine schriftliche Vollmacht darzutun, die in Urschrift oder in ordnungsgemäß beglaubigter Abschrift vorzulegen ist. [3]Sind mehrere Personen bevollmächtigt, so ist auch jeder einzelne allein zur Vertretung befugt. *(BGBl I 2013/126; BGBl I 2018/91)*

(2) Schreitet ein Rechtsanwalt, Patentanwalt oder Notar ein, so ersetzt die Berufung auf die ihm erteilte Bevollmächtigung deren urkundlichen Nachweis.

(3) Schreitet ein Vertreter ohne Vollmacht ein oder, im Fall des Abs. 2, ohne sich auf die ihm erteilte Bevollmächtigung zu berufen, so ist die von ihm vorgenommene Verfahrenshandlung nur unter der Bedingung wirksam, daß er innerhalb der ihm gesetzten angemessenen Frist eine ordnungsgemäße Vollmacht vorlegt oder sich auf die ihm erteilte Bevollmächtigung beruft.

(4) [1]Wer im EWR oder in der Schweizerischen Eidgenossenschaft weder Wohnsitz noch Niederlassung hat, kann Rechte aus diesem Bundesgesetz vor dem Patentamt nur geltend machen, wenn er einen Vertreter hat, der die Erfordernisse des Abs. 1 erfüllt. [2]Vor der Nichtigkeitsabteilung des Patentamtes kann er diese Rechte nur geltend machen, wenn er durch einen Rechtsanwalt, Patentanwalt oder Notar vertreten ist. [3]Für die Inanspruchnahme von Service- und Informationsleistungen des Patentamtes ist keine Bestellung eines Vertreters erforderlich. *(BGBl I 2018/91)*

(5) Die einem Rechtsanwalt, Patentanwalt oder Notar zur Vertretung vor dem Patentamt erteilte Bevollmächtigung ermächtigt ihn kraft Gesetzes, alle Rechte aus diesem Bundesgesetz vor dem Patentamt und - soweit er gesetzlich dazu befugt ist – vor den Rechtsmittelinstanzen geltend zu machen, insbesondere Marken anzumelden, Anmeldungen zurückzuziehen, auf Markenrechte zu verzichten, von der Nichtigkeitsabteilung zu behandelnde Anträge sowie Rechtsmittel einzubringen und zurückzuziehen, ferner Vergleiche zu schließen, Zustellungen aller Art sowie amtliche Gebühren und die vom Gegner zu erstattenden Verfahrens- und Vertretungskosten anzunehmen sowie einen Stellvertreter zu bestellen. *(BGBl I 2013/126)*

(6) [1]Die Bevollmächtigung gemäß Abs. 5 kann auf ein bestimmtes Schutzrecht und auf die Vertretung in einem bestimmten Verfahren beschränkt werden. [2]Sie wird jedoch weder durch den Tod des Vollmachtgebers noch durch eine

Veränderung in seiner Handlungsfähigkeit aufgehoben.

(7) Soll ein Vertreter, der nicht Rechtsanwalt, Patentanwalt oder Notar ist, auch ermächtigt sein, auf eine Marke ganz oder zum Teil zu verzichten, so muß er hiezu ausdrücklich bevollmächtigt sein.

(BGBl 1992/418)

§ 61a. Ergänzend zu § 83c JN gilt der Ort, an dem

1. der Vertreter seinen inländischen Wohnsitz oder seine inländische Niederlassung hat, oder

2. der Zustellungsbevollmächtigte seinen inländischen Wohnsitz hat, oder

3. in Ermangelung eines Vertreters mit inländischem Wohnsitz oder inländischer Niederlassung oder eines Zustellungsbevollmächtigten mit inländischem Wohnsitz der Ort, an dem das Patentamt seinen Sitz hat,

für die die Marke betreffenden Angelegenheiten als Wohnsitz oder Niederlassung eines Markeninhabers, der im Inland weder Wohnsitz noch Niederlassung hat.

(BGBl I 1999/111)

VI. ABSCHNITT

Verbandsmarken und Gewährleistungsmarken

§ 62. (1) Verbände mit Rechtspersönlichkeit können Marken anmelden, die zur Kennzeichnung der Waren oder Dienstleistungen ihrer Mitglieder dienen sollen und zur Unterscheidung dieser Waren oder Dienstleistungen von denen anderer Unternehmen geeignet sind (Verbandsmarken).

(2) Die juristischen Personen des öffentlichen Rechtes stehen den im Abs. 1 bezeichneten Verbänden gleich.

(3) [1]Auf die Verbandsmarken finden die Vorschriften dieses Bundesgesetzes entsprechende Anwendung, soweit nicht im Abs. 4 und in den §§ 63 bis 67 etwas anderes bestimmt ist. [2]Insbesondere treten auch die im § 4 Abs. 2 und § 31 dieses Bundesgesetzes und im § 9 Abs. 3 des Bundesgesetzes gegen den unlauteren Wettbewerb 1984, BGBl. Nr. 448, zugunsten nichtregistrierter Zeichen vorgesehenen Rechtswirkungen ein, wenn ein Zeichen in den beteiligten Verkehrskreisen als Kennzeichen der Waren oder Dienstleistungen der Mitglieder eines Verbandes gilt. *(BGBl 1992/773)*

(4) [1]Abweichend von Abs. 1 und § 4 Abs. 1 Z 4 können Verbandsmarken ausschließlich aus Zeichen oder Angaben bestehen, die im Verkehr zur Bezeichnung der geographischen Herkunft der Waren oder Dienstleistungen dienen können. [2]Eine solche Marke berechtigt ihren Inhaber oder ein gemäß der Satzung allenfalls selbständig klagslegitimiertes Mitglied des Verbandes nicht dazu, einem Dritten die Benutzung dieser Zeichen oder Angaben im geschäftlichen Verkehr zu untersagen, sofern diese Benutzung den anständigen Gepflogenheiten in Gewerbe oder Handel entspricht; insbesondere kann eine solche Marke einem Dritten, der zur Benutzung einer geographischen Bezeichnung berechtigt ist, nicht entgegengehalten werden.

(BGBl I 1999/111)

§ 63. (1) Der Anmeldung der Verbandsmarke muss eine Satzung beigefügt sein, die zumindest folgende Angaben enthalten muss:

1. Name und Sitz des Verbandes,

2. Zweck und Vertretung des Verbandes,

3. den Kreis der zur Benutzung der Verbandsmarke Berechtigten

4. die Bedingungen der Benutzung, einschließlich Sanktionen bei Missbrauch der Verbandsmarke wie insbesondere die Entziehung des Benutzungsrechts,

5. die Rechte und Pflichten der Beteiligten im Falle der Verletzung der Verbandsmarke.

(2) Bei Verbandsmarken nach § 62 Abs. 4 muss die Satzung darüber hinaus vorsehen, dass jede Person, deren Waren oder Dienstleistungen aus dem betreffenden geografischen Gebiet stammen und den in der Markensatzung enthaltenen Bedingungen für die Benutzung der Verbandsmarke entsprechen, Mitglied des Verbandes werden kann, sofern diese Person auch alle anderen Bedingungen der Satzung erfüllt.

(3) [1]Jede Änderung der Satzung ist dem Patentamt vorzulegen. [2]Sie wird für die Zwecke des Verbandsmarkenschutzes erst ab dem Zeitpunkt wirksam, zu dem der Hinweis auf die Änderung ins Markenregister eingetragen worden ist.

(4) Die Einsicht in eine beim Patentamt eingebrachte Satzung steht jedermann frei.

(5) Unbeschadet § 62 und § 63 Abs. 1 und 2 ist die Anmeldung einer Verbandsmarke oder der Antrag auf Eintragung einer Satzungsänderung in das Markenregister abzuweisen, wenn

1. die Satzung gegen die öffentliche Ordnung oder die guten Sitten verstößt oder

2. die Gefahr besteht, dass das Publikum über den Charakter oder die Bedeutung der Marke irregeführt wird, insbesondere wenn diese Marke den Eindruck erwecken kann, als wäre sie etwas anderes als eine Verbandsmarke.

(BGBl I 2017/124)

§ 63a. (1) Eine Gewährleistungsmarke ist eine Marke, die bei der Anmeldung als solche bezeichnet wird und geeignet ist, die Waren oder Dienstleistungen, für die der Inhaber der Marke das Material, die Art und Weise der Herstellung der Waren oder der Erbringung der Dienstleistungen, die Qualität, Genauigkeit oder andere Eigenschaften, ausgenommen die geografische Herkunft, gewährleistet, von solchen zu unterscheiden, für die keine derartige Gewährleistung besteht.

(2) Eine Gewährleistungsmarke kann nur anmelden, wer keine gewerbliche Tätigkeit ausübt, die die Lieferung von Waren oder Dienstleistungen, für die eine Gewährleistung besteht, umfasst.

(3) Der Anmeldung der Gewährleistungsmarke muss eine Markensatzung beigefügt sein, die zumindest folgende Angaben enthalten muss:

1. Name und Sitz des Rechtsträgers,

2. eine Erklärung des Rechtsträgers, die Anforderungen des Abs. 2 zu erfüllen,

3. eine Wiedergabe der Gewährleistungsmarke,

4. den Waren- oder Dienstleistungsbereich, für den die Gewährleistungsmarke bestimmt ist,

5. die durch die Marke zu gewährleistenden Eigenschaften der Waren oder Dienstleistungen,

6. die Bedingungen für die Benutzung der Gewährleistungsmarke, einschließlich Sanktionen,

7. die zur Benutzung der Gewährleistungsmarke berechtigten Personen,

8. die Art und Weise, wie die von der Gewährleistung umfassten Eigenschaften zu prüfen und die Benutzung der Marke zu überwachen ist.

(4) [1]Jede Änderung der Satzung ist dem Patentamt vorzulegen. [2]Sie wird für die Zwecke des Gewährleistungsmarkenschutzes erst ab dem Zeitpunkt wirksam, zu dem der Hinweis auf die Änderung ins Markenregister eingetragen worden ist.

(5) Die Einsicht in eine beim Patentamt eingebrachte Markensatzung steht jedermann frei.

(6) [1]Im Übrigen finden die Vorschriften dieses Bundesgesetzes auf Gewährleistungsmarkenanmeldungen und Gewährleistungsmarken entsprechende Anwendung, soweit in diesem Abschnitt nichts anderes bestimmt ist. [2]Insbesondere gilt eine ernsthafte Benutzung der Gewährleistungsmarke durch eine gemäß der Markensatzung hierzu berechtigte Person als Benutzung im Sinne des § 33a.

(7) Unbeschadet Abs. 2 bis 3 und Abs. 6 1. Satz ist die Anmeldung einer Gewährleistungsmarke oder der Antrag auf Eintragung einer Satzungsänderung in das Markenregister abzuweisen, wenn

1. die Satzung gegen die öffentliche Ordnung oder die guten Sitten verstößt oder

2. die Gefahr besteht, dass das Publikum über den Charakter oder die Bedeutung der Marke irregeführt wird, insbesondere wenn diese Marke den Eindruck erwecken kann, als wäre sie etwas anderes als eine Gewährleistungsmarke.

(BGBl I 2017/124)

§ 64. (1) Bei der Registrierung von Verbandsmarken hat das Patentamt in das Markenregister und in die der Partei auszufolgende Bestätigung die im § 17 Abs. 1 und 2a vorgeschriebenen Angaben, gegebenenfalls auch die Eintragungen gemäß § 28a, mit folgender Ergänzung und Änderung aufzunehmen:

1. unter der Registernummer das Wort „Verbandsmarke"

2. einen Hinweis auf die Satzung und ihr Datum.

(BGBl I 2018/91)

(2) Auf Gewährleistungsmarken ist Abs. 1 sinngemäß anzuwenden.

(BGBl I 2017/124)

§ 65. (1) [1]Verbandsmarken können nur auf Verbände im Sinne des § 62 Abs. 1 oder 2 übertragen werden. [2]Dem Umschreibungsantrag muss eine Satzung gemäß § 63 beigefügt sein.

(2) [1]Gewährleistungsmarken können nur auf Rechtsträger im Sinne des § 63a Abs. 2 übertragen werden. [2]Dem Umschreibungsantrag muss eine Satzung gemäß § 63a Abs. 3 beigefügt sein und § 63a Abs. 7 gilt für den Umschreibungsantrag sinngemäß.

(BGBl I 2017/124)

§ 66. (1) Unbeschadet der sonst für die Löschung von Marken geltenden Vorschriften (§ 62 Abs. 3) ist eine Verbandsmarke zu löschen,

1. wenn ein Verband im Sinne des § 62 Abs. 1 oder 2 als Inhaber der Verbandsmarke nicht mehr besteht,

2. wenn der Verband keine angemessenen Maßnahmen ergreift, um eine den Benutzungsbedingungen gemäß der Satzung widersprechende Benutzung der Marke zu verhindern,

3. wenn die Verbandsmarke von berechtigten Personen in einer Art benutzt worden ist, dass die Gefahr besteht, dass das Publikum im Sinne des § 63 Abs. 5 Z 2 irregeführt wird.

(2) [1]Im Übrigen gilt § 33 auch für jede im Register angemerkte Satzung sinngemäß. [2]Jedoch wird die Verbandsmarke nicht gelöscht, wenn der Löschungsantrag auf die Satzung gestützt ist und der Verband die Satzung so ändert, dass der Löschungsgrund nicht mehr besteht. [3]In diesen Verfahren ist § 117 Patentgesetz 1970 sinngemäß anzuwenden.

(3) Eine ernsthafte Benutzung der Verbandsmarke durch eine gemäß der Satzung hierzu berechtigte Person gilt als Benutzung im Sinne des § 33a.

(BGBl I 2017/124)

§ 66a. (1) Unbeschadet der sonst für die Löschung von Marken geltenden Vorschriften (§ 63a Abs. 6) ist eine Gewährleistungsmarke über Antrag zu löschen,

1. wenn der Inhaber der Gewährleistungsmarke die Anforderung des § 63a Abs. 2 nicht mehr erfüllt,

2. wenn der Inhaber der Gewährleistungsmarke keine angemessenen Maßnahmen ergreift, um eine den Benutzungsbedingungen laut Satzung nicht entsprechende Benutzung der Marke zu verhindern,

3. wenn die Gewährleistungsmarke von berechtigten Personen in einer Art benutzt worden ist, dass die Gefahr besteht, dass das Publikum im Sinne des § 63a Abs. 7 Z 2 irregeführt wird.

(2) [1]Im Übrigen gilt § 33 auch für jede im Register angemerkte Satzung sinngemäß. [2]Jedoch wird die Gewährleistungsmarke nicht gelöscht, wenn der Löschungsantrag auf die Markensatzung gestützt ist und der Inhaber der Gewährleistungsmarke die Markensatzung so ändert, dass der Löschungsgrund nicht mehr besteht. [3]In diesen verfahren ist § 117 Patentgesetz 1970 sinngemäß anzuwenden.

(BGBl I 2017/124)

§ 67. (1) Soweit in der Satzung nach § 63 nichts anderes bestimmt ist, kann ein zur Benutzung der Verbandsmarke berechtigtes Mitglied Klage wegen Verletzung der Verbandsmarke nur mit Zustimmung des Verbandes erheben.

(2) Der Verband kann im Namen der zur Benutzung der Marke berechtigten Mitglieder Entschädigung wegen unbefugter Benutzung der Verbandsmarke für einen den Mitgliedern entstandenen Schaden verlangen.

(3) Die Abs. 1 und 2 gelten für Gewährleistungsmarken sinngemäß.

(BGBl I 2017/124)

VII. Abschnitt

Geografische Angaben und Ursprungsbezeichnungen gemäß der Verordnung (EU) Nr. 1151/2012 über Qualitätsregelungen für Agrarerzeugnisse und Lebensmittel, ABl. Nr. L 343 vom 14.12.2012, S. 1

(BGBl I 2013/126)

§ 68. (1) Anträge auf Eintragung einer Bezeichnung als geografische Angabe oder Ursprungsbezeichnung gemäß der Verordnung (EU) Nr. 1151/2012, auf Änderung der Spezifikation oder auf Löschung einer eingetragenen Bezeichnung sind beim Patentamt einzureichen und von diesem zu prüfen.

(2) [1]Durch Verordnung des Präsidenten des Patentamtes können Form und Inhalt dieser Anträge näher geregelt sowie Ort und Art der im Rahmen der Vollziehung der Verordnung (EU) Nr. 1151/2012 durchzuführenden Veröffentlichungen festgelegt werden. [2]Dabei ist auf möglichste Zweckmäßigkeit und Einfachheit sowie bei elektronischen Veröffentlichungen besonders auf die Erkennbarkeit des Datums der Veröffentlichung und des Verfahrensstatus, die erforderliche Datensicherheit und die einfache aber dauerhafte Zugänglichkeit der Daten während des Bestehens des Gemeinschaftsschutzes Bedacht zu nehmen.

(3) [1]Entspricht der Antrag nicht den vorgeschriebenen Anforderungen, so ist die Antragstellerin aufzufordern, die Mängel innerhalb einer bestimmten, auf Antrag verlängerbaren Frist zu beheben. [2]Nicht verbesserte Anträge sind mit Beschluss zurückzuweisen.

(4) Sofern in diesem Abschnitt nichts anderes bestimmt ist, finden die übrigen Vorschriften dieses Bundesgesetzes auf die Verfahren gemäß diesem Abschnitt sinngemäß Anwendung.

(BGBl I 2013/126)

§ 68a. (1) [1]Das Patentamt veröffentlicht den ordnungsgemäßen Antrag in elektronischer Form sowie einen Hinweis auf diese Veröffentlichung im Patentblatt. [2]Innerhalb von drei Monaten ab dem Tag der elektronischen Veröffentlichung kann gegen diesen Antrag beim Patentamt schriftlich Einspruch erhoben werden. [3]Der begründete Einspruch muss zusammen mit allen Beilagen spätestens am letzten Tag der Frist im Patentamt eingelangt sein. [4]Eine Wiedereinsetzung in den vorigen Stand wegen Versäumung der Einspruchsfrist oder der Berufungsfrist (Abs. 7) findet nicht statt.

(2) [1]Der zulässige Einspruch ist der Antragstellerin zur Erstattung einer schriftlichen Äußerung innerhalb einer angemessenen, aus rücksichtswürdigen Gründen verlängerbaren Frist zuzustellen. [2]Unterbleibt eine rechtzeitige schriftliche Äußerung, so gilt dies als Zurückziehung des Antrages.

(3) [1]Nach fristgerechter Äußerung trifft der zuständige Bearbeiter wegen eines etwa notwendigen Schriftwechsels, Herbeischaffung der von den Parteien angebotenen Beweismittel sowie der Aufnahme von Beweisen die entsprechenden Verfügungen. [2]Er hat auf Antrag einer Partei, oder wenn er dies im Einzelfall zur Entscheidung über den Einspruch für erforderlich hält, von Amts wegen eine mündliche Verhandlung anzuberaumen, die er eröffnet und leitet. [3]Er hat sich von der Identität der Erschienenen zu überzeugen, ihre Parteistellung und die etwaige Vertretungsbefugnis zu prüfen sowie die Verhandlung ohne Zulassung von Abschweifungen oder Weitläufigkeiten so zu führen, dass den Parteien das Recht auf Gehör gewahrt wird. [4]Als Verhandlungsleiter

bestimmt er die Reihenfolge, in der die Parteien zu hören, die Beweise aufzunehmen und die Ergebnisse früher aufgenommener Beweise oder Erhebungen vorzutragen und zu erörtern sind. [5]Er entscheidet über Beweisanträge und hat offensichtlich unerhebliche Anträge zurückzuweisen. [6]Darüber hinaus steht ihm die Befugnis zu, die Verhandlung nach Bedarf zu unterbrechen und zu vertagen und den Zeitpunkt für die Fortsetzung der Verhandlung mündlich zu bestimmen. [7]Über die Verhandlung ist ein Protokoll aufzunehmen. [8]Der Bearbeiter hat unter freier Würdigung des vorliegenden Tatsachen- und Beweismaterials zu entscheiden.

(4) [1]Die Parteien haben die Kosten des Einspruchsverfahrens selbst zu tragen. [2]Das Gebührenanspruchsgesetz – GebAG, ist anzuwenden.

(5) [1]Entspricht der Antrag den Anforderungen der Verordnung (EU) Nr. 1151/2012 und den zu ihrer Anwendung erlassenen nationalen und gemeinschaftsrechtlichen Bestimmungen, so stellt dies das Patentamt, gegebenenfalls unter gleichzeitiger Abweisung eines erhobenen Einspruches, mit Beschluss fest und veröffentlicht diese positive Entscheidung in elektronischer Form. [2]Andernfalls ist, sofern nicht nach Abs. 8 vorzugehen ist, der Antrag mit Beschluss abzuweisen.

(6) In der positiven Entscheidung kann unter den Voraussetzungen des Art. 15 Abs. 4 der Verordnung (EU) Nr. 1151/2012 eine den Umständen des Einzelfalles angemessene Übergangsfrist festgesetzt werden.

(7) Gegen die Entscheidung gemäß Abs. 5 steht jeder natürlichen oder juristischen Person mit einem berechtigten Interesse und Sitz oder Niederlassung im Inland innerhalb von zwei Monaten ab der elektronischen Veröffentlichung der Entscheidung das Rechtsmittel des Rekurses offen.

(8) Wird im Rahmen der Prüfung der vorgebrachten Einspruchsgründe festgestellt, dass die gemäß Abs. 1 veröffentlichten Angaben des Einzigen Dokuments nicht bloß geringfügig abgeändert werden müssen, so ist das vorstehend festgelegte Verfahren erneut durchzuführen.

(BGBl I 2013/126)

§ 68b. (1) [1]Einsprüche nach Art. 51 der Verordnung (EU) Nr. 1151/2012 sind innerhalb von zwei Monaten ab der Bezug habenden Veröffentlichung im Amtsblatt der Europäischen Union gemäß Art. 51 Abs. 1 Unterabsatz 2 dieser Verordnung beim Patentamt zu erheben und spätestens innerhalb einer daran anschließenden Frist von zwei Monaten zu begründen. [2]Eine Wiedereinsetzung in den vorigen Stand wegen Versäumung der Einspruchsfrist oder der Frist zur Begründung findet nicht statt.

(2) Verspätete oder nicht nach dem Muster des vorgesehenen Formblattes eingereichte Einsprüche gelten als nicht erhoben.

(3) Zuständige Behörde für Verfahren nach Art. 51 Abs. 3 der Verordnung (EU) Nr. 1151/2012 ist das Patentamt.

(BGBl I 2013/126)

§ 68c. (1) Auf Anträge zur Änderung der Spezifikation gemäß Art. 53 Abs. 2 1. Satz der Verordnung (EU) Nr. 1151/2012 ist das Verfahren gemäß § 68 Abs. 3 und 4 sowie § 68a entsprechend anzuwenden.

(2) Anträge auf Änderung der Produktspezifikation können nur von der in der Spezifikation genannten antragstellenden Vereinigung oder deren Rechtsnachfolgerin gestellt werden, sofern sie die Anforderungen gemäß § 15 des EU-Qualitätsregelungen-Durchführungsgesetz – EU-QuaDG, BGBl. I Nr. 130/2015, erfüllt. Andernfalls können Anträge auch von anderen Vereinigungen im Sinne von Art. 3 Abs. 2 der Verordnung (EU) Nr. 1151/2012, gestellt werden. *(BGBl I 2015/130)*

„(3)“ Auf Anträge auf Löschung einer eingetragenen Bezeichnung gemäß Art. 54 Abs. 1 der Verordnung (EU) Nr. 1151/2012 ist das Verfahren gemäß § 68 Abs. 3 und 4 sowie § 68a Abs. 1 bis 5, 7 und 8 entsprechend anzuwenden. *(BGBl I 2015/130)*

(BGBl I 2013/126)

§ 68d. In Verfahren nach diesem Abschnitt kann das Patentamt Stellungnahmen insbesondere von Bundesministerien, Gebietskörperschaften sowie von Verbänden, Organisationen und Institutionen der Wirtschaft einholen.

(BGBl I 2015/130)

§ 68e. Wenn ein berechtigtes Interesse glaubhaft gemacht wird, so hat das Patentamt in Verfahren nach den §§ 68 bis 68c Akteneinsicht zu gewähren sowie die Anfertigung von Abschriften zu gestatten. § 50 Abs. 2 bis 6 ist sinngemäß anzuwenden.

(BGBl I 2018/37)

§ 68f. (1) [1]Wer im geschäftlichen Verkehr Handlungen vornimmt, die gegen Art. 12 Abs. 1 oder Art. 13 der Verordnung (EU) Nr. 1151/2012 verstoßen, kann von zur Verwendung der geschützten geografischen Angabe oder Ursprungsbezeichnung Berechtigten oder von Vereinigungen zur Förderung wirtschaftlicher Interessen von Unternehmern, soweit diese Vereinigungen Interessen vertreten, die durch die Handlung berührt werden, von der Bundesarbeitskammer, der Wirtschaftskammer Österreich, der Präsidentenkonferenz der Landwirtschaftskammern Österreichs oder vom Österreichischen Gewerkschaftsbund auf Unterlassung und, soweit ihm die Verfügung darüber zusteht, auch auf Beseitigung des den genannten Bestimmungen widerstreitenden Zustandes in Anspruch genommen werden. [2]§ 52 Abs. 2 bis 6 ist sinngemäß anzuwenden. *(BGBl I 2013/126)*

(2) Wird eine der im Abs. 1 genannten Handlungen schuldhaft vorgenommen, so stehen dem zur Verwendung der geschützten geographischen Angabe oder Ursprungsbezeichnung Berechtigten Ansprüche in Geld in sinngemäßer Anwendung des § 53 Abs. 2, 4 und 5 zu.

(3) [1]Der Inhaber eines Unternehmens kann gemäß Abs. 1 auf Unterlassung geklagt werden, wenn eine der im Abs. 1 genannten Handlungen im Betrieb seines Unternehmens von einem Bediensteten oder Beauftragten begangen wird oder droht. [2]Er ist zur Beseitigung nach Abs. 1 verpflichtet, wenn er Eigentümer der Eingriffsgegenstände oder Eingriffsmittel ist.

(4) Hat ein Bediensteter oder Beauftragter im Betrieb eines Unternehmens eine der im Abs. 1 genannten Handlungen vorgenommen, so kann der Inhaber des Unternehmens, unbeschadet einer allfälligen Haftung dieser Personen, auf Schadenersatz unter sinngemäßer Anwendung des § 53 Abs. 2 und 4 und auf Rechnungslegung in Anspruch genommen werden, wenn ihm die Rechtsverletzung bekannt war oder bekannt sein musste. *(BGBl I 2004/149)*

(BGBl I 1999/111)

§ 68g. (1) [1]Mit Beziehung auf Ansprüche auf Unterlassung, Beseitigung, Schadenersatz und Herausgabe des Gewinns nach diesem Gesetz können einstweilige Verfügungen sowohl zur Sicherung des Anspruchs selbst als auch zur Sicherung von Beweismitteln erlassen werden. [2]§ 56 Abs. 2 bis 4 ist sinngemäß anzuwenden. *(BGBl I 2006/96)*

(2) Im Übrigen sind § 55a sowie § 119 Abs. 2 (Ausschluss der Öffentlichkeit), § 149 (Urteilsveröffentlichung), § 151 (Rechnungslegung) und § 154 (Verjährung) des Patentgesetzes 1970 auf die zivilgerichtlichen Verletzungsverfahren nach diesem Abschnitt sinngemäß anzuwenden. *(BGBl I 2004/149)*

(BGBl I 1999/111)

§ 68h. (1) [1]Wer im geschäftlichen Verkehr ohne Rechtfertigung durch das Vorliegen einer gemeinschaftsrechtlich anerkannten Ausnahmebestimmung für die Führung einer geschützten geographischen Angabe oder Ursprungsbezeichnung eine solche Angabe oder Bezeichnung

1. zur Kennzeichnung anderer, als in der ihr zugehörigen Spezifikation genannter, jedoch mit diesen vergleichbarer Erzeugnisse verwendet oder

2. sich widerrechtlich aneignet, nachahmt oder auf die geschützte Bezeichnung anspielt, selbst wenn der wahre Ursprung des Erzeugnisses angegeben ist oder wenn die geschützte Bezeichnung in Übersetzung oder zusammen mit Ausdrücken wie „Art", „Typ", „Verfahren", „Fasson", „Nachahmung" oder dergleichen verwendet wird oder

3. in einer Weise verwendet, wodurch das Ansehen dieser geschützten Bezeichnung ausgenützt wird oder

4. in sonstiger irreführender Art und Weise im Zusammenhang mit dem Vertrieb von Waren oder Dienstleistungen oder zur Kennzeichnung seines Unternehmens benutzt,

ist vom Gericht mit Geldstrafe bis zu 360 Tagessätzen zu bestrafen. [2]Wer die Tat gewerbsmäßig begeht, ist mit Freiheitsstrafe bis zu zwei Jahren zu bestrafen.

(2) In gleicher Weise wird bestraft, wer gemäß Abs. 1 gekennzeichnete Waren feilhält, in Verkehr bringt oder zu den genannten Zwecken einführt, ausführt oder besitzt.

(3) Der Inhaber oder Leiter eines Unternehmens ist zu bestrafen, wenn er eine im Betrieb des Unternehmens von einem Bediensteten oder Beauftragten begangene Verletzung nach den Abs. 1 oder 2 nicht verhindert.

(4) Ist der Inhaber des Unternehmens nach Abs. 3 eine Gesellschaft, eine Genossenschaft, ein Verein oder ein anderes, nicht zu den physischen Personen gehöriges Rechtssubjekt, so ist Abs. 3 auf die Organe anzuwenden, wenn sie sich einer solchen Unterlassung schuldig gemacht haben. „ " *(BGBl I 2005/151)*

(5) Die in den Abs. 1 und 2 bezeichneten Strafbestimmungen sind auf Bedienstete oder Beauftragte nicht anzuwenden, die die Handlung im Auftrag ihres Dienstgebers oder Auftraggebers vorgenommen haben, sofern ihnen wegen ihrer wirtschaftlichen Abhängigkeit nicht zugemutet werden konnte, die Vornahme dieser Handlung abzulehnen.

(BGBl I 1999/111)

§ 68i. (1) Die im § 68h bezeichneten Vergehen werden nur auf Verlangen eines zur Verwendung der geschützten geographischen Angabe oder Ursprungsbezeichnung Berechtigten verfolgt.

(2) [1]Für die Geltendmachung der Ansprüche nach § 68f Abs. 2 gelten die Bestimmungen des 17. Hauptstückes der Strafprozessordnung 1975 (StPO), BGBl. Nr. 631/1975. [2]Gegen den Ausspruch über den Entschädigungsanspruch steht beiden Teilen die Berufung zu. *(BGBl I 2013/126)*

(3) Die Bestimmungen über die Beseitigung gemäß § 68f Abs. 1 dieses Bundesgesetzes sowie § 119 Abs. 2 (Ausschluß der Öffentlichkeit) und § 149 (Urteilsveröffentlichung) des Patentgesetzes 1970, BGBl. Nr. 259, gelten im Strafverfahren sinngemäß.

(BGBl I 1999/111)

§ 68j. (1) [1]Für Klagen nach diesem Abschnitt ist ohne Rücksicht auf den Streitwert das Handelsgericht Wien in erster Instanz ausschließlich zuständig. [2]In diesen Rechtssachen kommt dem Handelsgericht Wien auch die ausschließliche Zuständigkeit für einstweilige Verfügungen zu.

(2) Die Gerichtsbarkeit in Strafsachen nach diesem Abschnitt steht dem Landesgericht für Strafsachen Wien zu.

(BGBl I 2013/126)

VIII. Abschnitt

„Unionsmarken"

(BGBl I 2017/124)

§ 69. *(entfällt, BGBl I 2017/124)*

§ 69a. (1) Wurde für eine angemeldete oder eingetragene Unionsmarke gemäß Art. 39 oder 40 der Verordnung (EU) 2017/1001 der Zeitrang einer in das Markenregister des Patentamtes eingetragenen Marke oder einer Marke, die aufgrund internationaler Registrierung in Österreich Schutz genießt, in Anspruch genommen und ist diese, den Zeitrang begründende Marke wegen Verzichts des Inhabers oder wegen nicht rechtzeitiger Erneuerung gelöscht worden, so kann, gestützt auf die Löschungstatbestände der §§ 30 bis 34 und 66 und 66a, die Ungültigkeit der Marke nachträglich festgestellt werden, sofern der Nichtigkeits- oder Verfallsanspruch zum Zeitpunkt des Verzichts oder Erlöschens hätte durchgesetzt werden können.

(2) Anträge nach Abs. 1 sind gegen den eingetragenen Unionsmarkeninhaber zu richten.

(BGBl I 2018/91)

§ 69b. Zu einem vom Amt der Europäischen Union für Geistiges Eigentum übermittelten Antrag auf Umwandlung einer angemeldeten oder eingetragenen Unionsmarke in eine nationale Anmeldung hat der Anmelder nach Aufforderung durch das Patentamt innerhalb einer auf Antrag verlängerbaren Frist von zwei Monaten

1. die für eine nationale Anmeldung zu zahlenden Gebühren zu zahlen,

2. die geforderten Darstellungen der Marke und gegebenenfalls die Beschreibung vorzulegen,

3. eine deutschsprachige Übersetzung des Umwandlungsantrages und der ihm beigefügten Unterlagen vorzulegen, wenn der Umwandlungsantrag oder die ihm beigefügten Unterlagen nicht bereits in deutscher Sprache übermittelt wurden, und

4. sofern er nicht gemäß § 61 durch einen befugten Vertreter vertreten ist, eine Anschrift im EWR oder in der Schweizerischen Eidgenossenschaft bekannt zu geben.

Andernfalls ist die aus dem Umwandlungsantrag hervorgegangene Anmeldung mit Beschluss zurückzuweisen.

(BGBl I 2018/91)

§ 69c. (1) Der Antrag ist wie eine nationale Markenanmeldung zu behandeln und mit Ausnahme des im Abs. 2 geregelten Falles auf Gesetzmäßigkeit (§ 20) zu prüfen.

(2) Betrifft der Umwandlungsantrag eine Marke, die bereits als „Unionsmarke" eingetragen war, so ist die Marke nicht auf Gesetzmäßigkeit (§ 20) zu prüfen und besteht nach erfolgter Registrierung keine Möglichkeit des Widerspruchs (§ 29a). *(BGBl I 2013/126; BGBl I 2017/124)*

(BGBl I 1999/111)

§ 69d. (1) [1]„Unionsmarkengericht erster Instanz im Sinne des Art. 123 Abs. 1 der Verordnung (EU) 2017/1001 ist ohne Rücksicht auf den Streitwert das Handelsgericht Wien."**[2]In Rechtssachen, in denen das „Unionsmarkengericht"* für Klagen zuständig ist, kommt diesem auch die ausschließliche Zuständigkeit für einstweilige Verfügungen zu. *(BGBl I 2013/126; *BGBl I 2017/124; **BGBl I 2018/91)*

(2) Die Gerichtsbarkeit in Strafsachen betreffend „Unionsmarken" steht dem Landesgericht für Strafsachen Wien zu. *(BGBl I 2017/124)*

(BGBl I 1999/111)

§ 69e. Für die Erteilung der Vollstreckungsklausel gemäß Art. 110 der Verordnung (EU) 2017/1001 ist das Patentamt zuständig.

(BGBl I 2018/91)

IX. Abschnitt

Marken nach dem Madrider Markenabkommen und dem Protokoll zu diesem Abkommen

§ 70. (1) [1]Ein Antrag auf Umwandlung einer internationalen Registrierung ist als solcher zu bezeichnen und hat die Nummer der internationalen Registrierung zu enthalten. [2]Darüber hinaus sind innerhalb einer über Antrag verlängerbaren Frist von zwei Monaten

1. eine Bescheinigung des Internationalen Büros der Weltorganisation für geistiges Eigentum

im Original oder in beglaubigter Kopie, aus der sich die Marke und die Waren oder Dienstleistungen ergeben, auf die sich der Schutz der internationalen Registrierung bis zum Zeitpunkt der Löschung im internationalen Register auf das Gebiet der Republik Österreich erstreckt hatte, und

2. eine deutschsprachige Übersetzung aller Unterlagen, sofern sie nicht in deutscher Sprache abgefaßt sind,

vorzulegen. [3]Entspricht der Antrag nicht den genannten Voraussetzungen, ist er mit Beschluß zurückzuweisen.

(2) Der Antrag ist wie eine nationale Markenanmeldung zu behandeln und mit Ausnahme des im Abs. 3 geregelten Falles auf Gesetzmäßigkeit (§ 20) zu prüfen.

(3) Betrifft der Antrag eine internationale Registrierung, bei der zum Zeitpunkt der Löschung bereits eine Erklärung über die Schutzgewährung nach Regel 18ter Abs. 1 oder 2 der Gemeinsamen Ausführungsordnung zum Madrider Abkommen über die internationale Registrierung von Marken und zum Protokoll zu diesem Abkommen, BGBl. III Nr. 109/1997, übermittelt wurde oder die Frist zur Schutzverweigerung gemäß Artikel 5 Abs. 2 des Protokolls bereits ungenützt verstrichen ist, so ist die Marke nicht auf Gesetzmäßigkeit (§ 20) zu prüfen und besteht nach erfolgter Registrierung keine Möglichkeit des Widerspruchs (§ 29a). *(BGBl I 2013/126)*

(BGBl I 1999/111)

§ 70a. (1) [1]Ein Antrag nach Regel 27bis der Gemeinsamen Ausführungsordnung zum Madrider Abkommen über die internationale Registrierung von Marken und zum Protokoll zu diesem Abkommen, BGBl. III Nr. 21/2017 auf Weiterleitung eines Gesuchs auf Teilung einer internationalen Registrierung mit Schutz in Österreich ist als solcher zu bezeichnen und hat die Nummer der internationalen Registrierung sowie eine nach den Klassen der betreffenden internationalen Registrierung geordnete Zusammenstellung der abzutrennenden Waren oder Dienstleistungen zu enthalten. [2]Im Übrigen ist, vorbehaltlich des Abs. 2, § 23a sinngemäß anzuwenden.

(2) [1]Vor Ablauf der Widerspruchsfrist (§ 29a Abs. 2) ist ein Antrag auf Weiterleitung eines Gesuchs auf Teilung einer internationalen Registrierung nicht zulässig. [2]Entspricht der Antrag nicht den genannten Voraussetzungen, ist er mit Beschluss zurückzuweisen.

(BGBl I 2017/124)

X. ABSCHNITT

Verbot der Winkelschreiberei

§ 71. (1) Wer auf dem Gebiet des Markenschutzes, ohne im Inland zur berufsmäßigen Parteienvertretung in solchen Angelegenheiten befugt zu sein, gewerbsmäßig

1. für das Verfahren vor inländischen oder ausländischen Behörden schriftliche Anbringen oder Urkunden verfaßt,

2. Auskünfte erteilt,

3. vor inländischen Behörden Parteien vertritt oder

4. sich zu einer der unter Z 1 bis 3 erwähnten Tätigkeiten anbietet,

macht sich der Winkelschreiberei schuldig und ist von der Bezirksverwaltungsbehörde mit einer Geldstrafe bis zu 4 360 Euro zu bestrafen. *(BGBl I 2001/143)*

(2) [1]Die Vertretung einer juristischen Person durch Angestellte einer anderen, mit ihr wirtschaftlich verbundenen juristischen Person gilt nicht als Winkelschreiberei. [2]Den juristischen Personen sind andere Rechtsträger mit Ausnahme natürlicher Personen gleichgestellt. *(BGBl I 1999/111)*

(3) Die besonderen Vorschriften über die Behandlung der Winkelschreiber bei den ordentlichen Gerichten bleiben unberührt.

(BGBl I 1999/111)

XI. ABSCHNITT

Besondere Gebühren

(entfällt, BGBl I 2004/149)

XII. Abschnitt

Übergangsbestimmungen

§ 73. Auf vor dem 1. Jänner 1996 gutgläubig angemeldete Marken ist die Bestimmung des § 4 Abs. 1 Z 9 weder in der Gesetzmäßigkeitsprüfung (§ 20) noch im Löschungsverfahren gemäß § 33 anzuwenden.

(BGBl I 1999/111)

§ 74. Der Lauf der im § 32 Abs. 2 genannten Fünfjahresfrist beginnt hinsichtlich der im Zeitpunkt des Inkrafttretens des Bundesgesetzes BGBl. I Nr. 111/1999 bestehenden Ansprüche gegen den Inhaber einer vor dem Inkrafttreten des Bundesgesetzes BGBl. I Nr. 111/1999 registrierten Marke mit dem Inkrafttreten dieses Bundesgesetzes.

(BGBl I 1999/111)

§ 75. (1) Auf vor dem Inkrafttreten des Bundesgesetzes BGBl. I Nr. 111/1999 eingereichte Anträge auf Löschung einer Marke gemäß § 33 in Verbindung mit den §§ 1, 3, 4, 7, 60 oder 66 sind diese Bestimmungen in der vor dem Inkrafttreten des Bundesgesetzes BGBl. I Nr. 111/1999 geltenden Fassung weiter anzuwenden.

(2) Wird nach dem Inkrafttreten des im Abs. 1 genannten Bundesgesetzes ein Antrag auf Löschung einer vorher registrierten Marke gemäß § 33 eingereicht, so kann dieser Antrag nicht mehr auf § 33 in Verbindung mit §§ 1, 3, 4, 7, 60 oder 66 in der vor dem Inkrafttreten des in Abs. 1 genannten Bundesgesetzes geltenden Fassung, sondern nur auf § 33 in Verbindung mit §§ 4, 7 oder 66 in der nach dem Inkrafttreten des in Abs. 1 genannten Bundesgesetzes geltenden Fassung gestützt werden.

(BGBl I 1999/111)

§ 76. Auf Anträge nach § 33a ist für die Beurteilung der bis zum 1. Jänner 1994 erfolgten Benutzung einer Marke § 33a in der vor dem Inkrafttreten des Bundesgesetzes BGBl. I Nr. 111/1999 geltenden Fassung weiter anzuwenden.

(BGBl I 1999/111)

§ 77. (1) Auf vor dem Inkrafttreten des Bundesgesetzes BGBl. I Nr. 111/1999 eingebrachte Klagen sind die Bestimmungen des III. Abschnittes in der vor dem Inkrafttreten des Bundesgesetzes BGBl. I Nr. 111/1999 geltenden Fassung weiter anzuwenden.

(2) [1]Der Lauf der im § 58 genannten Fünfjahresfrist beginnt hinsichtlich der im Zeitpunkt des Inkrafttretens des Bundesgesetzes BGBl. I Nr. 111/1999 bestehenden Ansprüche gegen den Inhaber einer vor dem Inkrafttreten des Bundesgesetzes BGBl. I Nr. 111/1999 registrierten Marke oder den Benutzer eines Kennzeichens, dessen Benutzung vor diesem Zeitpunkt aufgenommen wurde, mit dem Inkrafttreten dieses Bundesgesetzes. [2]Eine allfällig bereits eingetretene Verjährung bleibt von dieser Regelung unberührt.

(BGBl I 1999/111)

§ 77a. (1) Auf Beschlüsse der ermächtigten Bediensteten, die vor dem Inkrafttreten des Bundesgesetzes BGBl. I Nr. 149/2004 gefasst werden, ist § 35 Abs. 4 in der vor dem Inkrafttreten des genannten Bundesgesetzes geltenden Fassung weiter anzuwenden.

(2) [1]Für Anmeldungen, die vor dem Inkrafttreten des Bundesgesetzes BGBl. I Nr. 149/2004 eingereicht werden, und für Anträge, die vor dem Inkrafttreten des genannten Bundesgesetzes eingereicht werden und als Anmeldungen zu behandeln sind, sind § 18 Abs. 1 und § 63 Abs. 2 in der vor dem Inkrafttreten des genannten Bundesgesetzes geltenden Fassung weiter anzuwenden. [2]Für Schutzdauergebühren und Druckkostenbeiträge, zu deren Zahlung vor dem Inkrafttreten des genannten Bundesgesetzes aufgefordert wurde, sind § 18 Abs. 2 und 3 und § 63 Abs. 2 in der vor dem Inkrafttreten des genannten Bundesgesetzes geltenden Fassung anzuwenden.

(3) [1]Für Anträge, die vor dem Inkrafttreten des Bundesgesetzes BGBl. I Nr. 149/2004 eingereicht werden, sind § 18 Abs. 4, § 22 Abs. 3 und 4, § 24 Abs. 3, § 28 Abs. 4, § 40 Abs. 1 und 2 erster Satz, § 68 Abs. 2 und 5 und § 69b Abs. 2 Z 1 in der vor dem Inkrafttreten des genannten Bundesgesetzes geltenden Fassung weiter anzuwenden. [2]Für Wiedereinsetzungsanträge, die vor dem Inkrafttreten des genannten Bundesgesetzes eingereicht werden, sind § 132 Abs. 1 und 3 des Patentgesetzes 1970 und § 42 Abs. 1 letzter Halbsatz in der vor dem Inkrafttreten des genannten Bundesgesetzes geltenden Fassung weiter anzuwenden.

(4) [1]Für Marken, deren Schutzdauer vor dem Inkrafttreten des Bundesgesetzes BGBl. I Nr. 149/2004 endet, sind § 19 Abs. 2 und 3 und § 63 Abs. 2 in der vor dem Inkrafttreten des genannten Bundesgesetzes geltenden Fassung weiter anzuwenden. [2]Dies gilt auch für Marken, deren Schutzdauer nach dem Inkrafttreten des genannten Bundesgesetzes endet, für die aber bereits vor dem Inkrafttreten des genannten Bundesgesetzes die Erneuerungsgebühr ordnungsgemäß gezahlt wird.

(BGBl I 2004/149)

§ 77b. (1) Widerspruch kann nur gegen Marken erhoben werden, deren Veröffentlichung (§ 29a Abs. 1 oder Abs. 2) nicht vor dem 1. Juli 2010 erfolgt ist. *(BGBl I 2009/126)*

(2) Auf bis zum 1. Jänner 2010 bei der „Rechtsmittelabteilung" anhängige Beschwerden ist § 36 in der bis zum 31. Dezember 2009 geltenden Fassung weiterhin anzuwenden. *(BGBl I 2009/126)*

§ 77c. (1) § 176b des Patentgesetzes 1970 ist anzuwenden.

(2) Das Ende einer im Zeitpunkt des Inkrafttretens des Bundesgesetzes BGBl. I Nr. 126/2013 laufenden Einspruchsfrist gemäß § 68a Abs. 1 bestimmt sich nach § 68a Abs. 1 in der vor Inkrafttreten des genannten Bundesgesetzes geltenden Fassung.

(3) Die §§ 56a, 60a Abs. 2 und § 68j in der Fassung des Bundesgesetzes BGBl. I Nr. 126/2013 sind auf Verfahren anzuwenden, bei denen die Klage oder Privatanklage nach dem 31. Dezember 2013 eingebracht wurde.

(4) § 69c Abs. 2 und § 70 Abs. 3 in der Fassung des Bundesgesetzes BGBl. I Nr. 126/2013 sind – soweit sie den Ausschluss umgewandelter Gemeinschaftsmarken und umgewandelter internationaler Registrierungen vom Widerspruch betreffen – ausschließlich auf nach dem Inkrafttreten dieses Bundesgesetzes veröffentlichte nationale Marken anzuwenden.

(BGBl I 2013/126)

§ 77d. (1) Auf vor dem Inkrafttreten des § 19 in der Fassung des BGBl. I Nr. 124/2017 registrierte Marken ist § 19 in der davor geltenden Fassung für die Berechnung der nächstfolgenden Fälligkeit der Erneuerungsgebühr vorbehaltlich des Abs. 2 weiter anzuwenden.

(2) Die Höhe der gemäß Abs. 1 zu entrichtenden Erneuerungsgebühr reduziert sich um den im Folgenden angegebenen Prozentsatz, wenn die darauf folgende Zeitdauer bis zur nächsten Fälligkeit gemäß § 19 in der Fassung des BGBl. I Nr. 124/2017 weniger als folgendes Ausmaß beträgt:

1. bei weniger als 9 Jahren reduziert sich die Erneuerungsgebühr um 10 vH,

2. bei weniger als 8 Jahren reduziert sich die Erneuerungsgebühr um 20 vH,

3. bei weniger als 7 Jahren reduziert sich die Erneuerungsgebühr um 30 vH,

4. bei weniger als 6 Jahren reduziert sich die Erneuerungsgebühr um 40 vH,

5. bei weniger als 5 Jahren reduziert sich die Erneuerungsgebühr um 50 vH,

6. bei weniger als 4 Jahren reduziert sich die Erneuerungsgebühr um 60 vH,

7. bei weniger als 3 Jahren reduziert sich die Erneuerungsgebühr um 70 vH,

8. bei weniger als 2 Jahren reduziert sich die Erneuerungsgebühr um 80 vH,

9. bei weniger als 1 Jahr reduziert sich die Erneuerungsgebühr um 90 vH.

(BGBl I 2017/124)

§ 77e. (1) Auf vor dem Inkrafttreten des Bundesgesetzes, BGBl. I Nr. 124/2017 eingereichte Anträge gemäß § 23 Abs. 2 ist diese Bestimmung in der vor dem Inkrafttreten des Bundesgesetzes, BGBl. I Nr. 124/2017 geltenden Fassung weiter anzuwenden.

(2) Auf vor dem Inkrafttreten des Bundesgesetzes, BGBl. I Nr. 124/2017 eingereichte Anträge auf Löschung einer Marke gemäß § 66 ist diese Bestimmung in der vor dem Inkrafttreten des Bundesgesetzes, BGBl. I Nr. 124/2017 geltenden Fassung weiter anzuwenden.

(3) Wird nach dem Inkrafttreten des BGBl. I Nr. 124/2017 ein Antrag auf Löschung einer vorher registrierten Marke gemäß § 66 eingereicht, so kann dieser Antrag nicht mehr auf § 66 in der vor dem Inkrafttreten des genannten Bundesgesetzes geltenden Fassung, sondern nur auf § 66 in der nach dem Inkrafttreten dieses Bundesgesetzes geltenden Fassung gestützt werden.

(BGBl I 2017/124)

§ 77f. (1) [1]Auf vor dem Inkrafttreten des Bundesgesetzes BGBl. I Nr. 91/2018 eingereichte Anträge auf Löschung einer Marke gemäß §§ 30 bis 32 sowie 33 in Verbindung mit den §§ 1 oder 4 und gemäß §§ 33a bis 34 sind diese Bestimmungen in der vor dem Inkrafttreten des Bundesgesetzes BGBl. I Nr. 91/2018 geltenden Fassung weiter anzuwenden. [2]Auf vor dem Inkrafttreten des Bundesgesetzes BGBl. I Nr. 91/2018 eingereichte Anträge auf Löschung sind die §§ 34a und 39 in der Fassung des Bundesgesetzes BGBl. I Nr. 91/2018 nicht anzuwenden, sondern ist § 39 in der vor dem Inkrafttreten des Bundesgesetzes BGBl. I Nr. 91/2018 geltenden Fassung weiter anzuwenden.

(2) Wird nach dem Inkrafttreten des im Abs. 1 genannten Bundesgesetzes ein Antrag auf Löschung einer vorher registrierten Marke gemäß § 33 eingereicht, so kann dieser Antrag nur auf § 33 in Verbindung mit §§ 1 oder 4 in der nach dem Inkrafttreten des in Abs. 1 genannten Bundesgesetzes geltenden Fassung gestützt werden.

(3) Bei vor dem 1. Juli 2010 veröffentlichten Markenregistrierungen im Sinne des § 77b Abs. 1 ist der Beginn der Frist nach § 33a Abs. 1a und 1b ungeachtet des Umstandes, dass kein Widerspruch möglich war, drei Monate nach der Veröffentlichung der Markenregistrierung.

(4) Auf vor dem Inkrafttreten des Bundesgesetzes BGBl. I Nr. 91/2018 eingebrachte Klagen und Anträge sind die Bestimmungen des III. Abschnittes in der vor dem Inkrafttreten des Bundesgesetzes BGBl. I Nr. 91/2018 geltenden Fassung weiter anzuwenden.

(BGBl I 2018/91)

XIII. ABSCHNITT

Schlußbestimmungen

§ 78. Die in diesem Bundesgesetz verwendeten personenbezogenen Bezeichnungen beziehen sich auf Frauen und Männer in gleicher Weise.

(BGBl I 1999/111)

§ 79. Soweit in diesem Bundesgesetz auf Bestimmungen anderer Bundesgesetze verwiesen wird, sind diese, sofern nichts anderes bestimmt wird, in ihrer jeweils geltenden Fassung anzuwenden.

(BGBl I 1999/111)

§ 79a. Die in diesem Bundesgesetz enthaltenen Begriffe „Gemeinschaftsmarke“ und „Gemeinschaftsmarkengericht“ werden durch die Begriffe „Unionsmarke“ bzw. „Unionsmarkengericht“, die Bezeichnung „Harmonisierungsamt für den Binnenmarkt (Marken, Muster und Modelle)“ durch die Bezeichnung „Amt der Europäischen

Union für Geistiges Eigentum" in der jeweils grammatikalisch richtigen Form ersetzt.

(BGBl I 2017/124, Anm: Die in diesem Gesetz genannte Verordnung (EG) Nr. 207/2009 über die Gemeinschaftsmarke, ABl. Nr. L 78 vom 26. 2. 2008, S 1, wurde nicht unterzeichnet.)

§ 80. Mit der Vollziehung dieses Bundesgesetzes sind betraut:

1. hinsichtlich der §§ 10, 10a, 10b, 12, 14, 23, 37, 38, 40 bis 43 und 57 der Bundesminister für Verkehr, Innovation und Technologie und der Bundesminister für Justiz, *(BGBl I 2013/126)*

2. hinsichtlich des § 6 Abs. 2 der Bundesminister für Verkehr, Innovation und Technologie im Einvernehmen mit dem Bundesminister für auswärtige Angelegenheiten,

3. hinsichtlich der §§ 13, 51 bis 56a, 58 bis 60b, 67, 68f bis 68j und 69d der Bundesminister für Verfassung, Reformen, Deregulierung und Justiz, *(BGBl I 2018/91)*

„4." hinsichtlich aller übrigen Bestimmungen der Bundesminister für Verkehr, Innovation und Technologie. *(BGBl I 2018/91)*

(BGBl I 2007/81)

§ 81. (1) § 18 Abs. 1, 2 und 4, § 40 Abs. 1, §§ 42, 61, 69 Abs. 1, § 70 sowie die Überschrift des IX. Abschnittes in der Fassung des Bundesgesetzes BGBl. Nr. 418/1992 treten mit Beginn des vierten auf die Kundmachung des Bundesgesetzes BGBl. Nr. 418/1992 folgenden Monats in Kraft. [17. 7. 1992 bzw 1. 11. 1992] *(BGBl 1992/773)*

(2) § 4 Abs. 1 Z 2, §§ 9, 10a, 16 Abs. 2, § 17 Abs. 4, §§ 18, 22 Abs. 3, §§ 26, 28 Abs. 2, §§ 30, 30a, 31 Abs. 3, §§ 32, 33, 33a Abs. 3 und 6, §§ 33b, 33c, 37, 42, 60 Abs. 1, § 62 Abs. 3, §§ 70, 71 und 72 Abs. 1 in der Fassung des Bundesgesetzes BGBl. Nr. 773/1992 treten gleichzeitig mit dem Abkommen über den Europäischen Wirtschaftsraum in Kraft. [1. 1. 1994][1)] *(BGBl 1992/773)*

(3) § 2 Abs. 3, § 4 Abs. 1 Z 9, § 17 Abs. 2 Z 1, § 24 Abs. 1 sowie der VIII. Abschnitt mit Ausnahme des § 69d in der Fassung des Bundesgesetzes BGBl. I Nr. 111/1999 treten rückwirkend mit 1. Jänner 1996 in Kraft. *(BGBl I 1999/111)*

(4) § 17 Abs. 2 Z 2, § 18 Abs. 4 sowie der IX. Abschnitt in der Fassung des Bundesgesetzes BGBl. I Nr. 111/1999 treten mit dem Inkrafttreten des Protokolls zum Madrider Abkommen über die internationale Registrierung von Marken für die Republik Österreich, BGBl. III Nr. 32/1999, in Kraft. *(BGBl I 1999/111)*

(5) § 6 Abs. 3, § 18 Abs. 1, 2 und 4, § 19 Abs. 2, § 28 Abs. 4, § 40 Abs. 1, §§ 60c, 68 Abs. 2, § 71 Abs. 1 und § 72 Abs. 1 in der Fassung des Bundesgesetzes BGBl. I Nr. 143/2001 treten mit 1. Jänner 2002 in Kraft. *(BGBl I 2001/143)*

(6) [1]§ 19, § 20 Abs. 2, § 24 Abs. 3, § 27 Abs. 3, § 28 Abs. 4 und 5, § 35 Abs. 4, § 38 Abs. 2, § 39 Abs. 1, § 41 Abs. 4, § 42 Abs. 1 und 2, § 54 Abs. 2 und 3, §§ 55a, 63, 65, die Überschrift des VII. Abschnittes, §§ 68, 68c, 68f Abs. 4, § 68g Abs. 2, § 69b Abs. 2 Z 1, §§ 77a und 80 Z 4 in der Fassung des Bundesgesetzes BGBl. I Nr. 149/2004 treten mit Beginn des siebenten auf die Kundmachung des genannten Bundesgesetzes folgenden Monats in Kraft. [2]Zugleich treten §§ 18, 22 Abs. 3 und 4, § 28 Abs. 4, §§ 40, der XI. Abschnitt und § 80 Z 4 in der bisher geltenden Fassung außer Kraft. *(BGBl I 2004/149)*

(7) § 39 Abs. 2 in der Fassung des Bundesgesetzes BGBl. I Nr. 149/2004 tritt mit Beginn des auf die Kundmachung des genannten Bundesgesetzes folgenden Tages in Kraft. *(BGBl I 2004/149)*

(8) § 60 Abs. 4 und § 68h Abs. 4 in der Fassung des Bundesgesetzes BGBl. Nr. 151/2005 treten mit 1. Jänner 2006 in Kraft. *(BGBl I 2005/151)*

(BGBl I 1999/111)

[1)] Die anderen dem BG BGBl 1992/773 entstammenden Bestimmungen sind mit Beginn des auf die Kundmachung (4. 12. 1992) folgenden Tages in Kraft getreten, also mit 5. 12. 1992. § 4 Abs 1 Z 5 ist mit 1. 3. 1993 in Kraft getreten (BGBl 1993/109 Art V § 1 Abs 1).

§ 81a. „(1)" § 24 Abs. 4 in der Fassung des Bundesgesetzes BGBl. I Nr. 131/2005 tritt mit 1. Jänner 2006 in Kraft. *(BGBl I 2006/96)*

(2) §§ 55a, 56, 59 Abs. 2, § 68g Abs. 1, §§ 69b und 83 in der Fassung des Bundesgesetzes BGBl. I Nr. 96/2006 treten mit Beginn des auf die Kundmachung des genannten Bundesgesetzes folgenden Tages in Kraft. *(BGBl I 2006/96)*

(3) § 61 Abs. 4, die Überschrift des VII. Abschnittes, § 68 Abs. 1 und 2, die §§ 68a bis 68d, § 68f Abs. 1 und § 80 in der Fassung des Bundesgesetzes BGBl. I Nr. 81/2007 treten mit Beginn des auf die Kundmachung des genannten Bundesgesetzes folgenden Tages in Kraft. *(BGBl I 2007/81)*

(4) [1]§§ 22, 36 und 77b Abs. 2 in der Fassung des Bundesgesetzes BGBl. I Nr. 126/2009 treten am 1. Jänner 2010 in Kraft. [2]Gleichzeitig tritt § 20 Abs. 2 letzter Satz außer Kraft. *(BGBl I 2009/126)*

(5) § 29 Abs. 1, §§ 29a bis 29c, 41 Abs. 2 und 3, § 42 Abs. 1 und § 77b Abs. 1 in der Fassung des Bundesgesetzes BGBl. I Nr. 126/2009 treten am 1. Juli 2010 in Kraft. *(BGBl I 2009/126)*

(6) § 2 Abs. 3, § 17 Abs. 2 Z 1, § 20 Abs. 3, § 24 Abs. 4, § 29a Abs. 4, § 29b Abs. 1, § 35 Abs. 1, 5 und 6, §§ 36 bis 43 samt Überschriften, §§ 56a, 60a Abs. 2 und 3, § 61 Abs. 1, 4 und 5, die Überschrift des VII. Abschnitts, §§ 68 bis 68c,

§ 68f Abs. 1, § 68i Abs. 2, § 68j, §§ 69, 69a Abs. 1, § 69b Z 4, § 69c Abs. 2, § 69d Abs. 1, § 70 Abs. 3, §§ 77c und 80 Z 1 und 3 in der Fassung der Patent- und Markenrechts- Novelle 2014, BGBl. I Nr. 126/2013, treten mit 1. Jänner 2014 in Kraft. *(BGBl I 2013/126)*

(7) §§ 68d und 68c in der Fassung des Bundesgesetzes BGBl. I Nr. 130/2015 treten mit 1. Jänner 2016 in Kraft. *(BGBl I 2015/130)*

(BGBl I 2005/131)

§ 81b. (1) § 21 Abs. 1 und § 22 in der Fassung des Bundesgesetzes BGBl. I Nr. 71/2016 treten mit Beginn des zehnten auf die Kundmachung des genannten Bundesgesetzes folgenden Monats in Kraft.

(2) § 28 in der Fassung des Bundesgesetzes BGBl. I Nr. 124/2017 tritt mit Beginn des auf die Kundmachung des genannten Bundesgesetzes folgenden Tages in Kraft.

(3) [1]§ 17 Abs. 2a und 4, §§ 21, 23, 23a, die Überschrift des VI. Abschnitts, §§ 63 bis 67, 77e, 79a und 83 in der Fassung des Bundesgesetzes BGBl. I Nr. 124/2017 treten mit Beginn des auf die Kundmachung des genannten Bundesgesetzes folgenden Monats in Kraft. [2]Gleichzeitig treten §§ 21a und 69 in der bisher geltenden Fassung außer Kraft.

(4) §§ 19 und 77d in der Fassung des Bundesgesetzes BGBl. I Nr. 124/2017 treten mit Beginn des dreizehnten auf die Kundmachung des genannten Bundesgesetzes folgenden Monats in Kraft.

(5) § 19a in der Fassung des Bundesgesetzes BGBl. I Nr. 124/2017 tritt mit Beginn des siebten auf die Kundmachung des genannten Bundesgesetzes folgenden Monats in Kraft.

(6) Die Überschrift des IX. Abschnitts sowie § 70a in der Fassung des Bundesgesetzes BGBl. I Nr. 124/2017 treten mit 1. Februar 2019 in Kraft.

(7) § 50 Abs. 6 und § 68e in der Fassung des 2. Materien-Datenschutz-Anpassungsgesetzes, BGBl. I Nr. 37/2018, treten mit 25. Mai 2018 in Kraft. *(BGBl I 2018/37)*

(BGBl I 2017/124)

§ 81c. §§ 1, 2 Abs. 3, § 4 Abs. 1 Z 1 lit. c, § 4 Abs. 1 Z 6, 9 bis 12, § 10 Abs. 2 bis 3, §§ 10a, 13, 14 Abs. 3 bis 5, § 16 Abs. 2 bis 4, § 17 Abs. 1 Z 1, § 17 Abs. 2 Z 1, § 17 Abs. 3 und 4, § 28 Abs. 1, §§ 28a, 29a Abs. 1 und 1a, § 29b Abs. 3 bis 3a und 6, § 29c Abs. 3, §§ 30, 30a, 32a bis 32c, 33 Abs. 2, §§ 33a, 33b, 33c, 34, 34a, 39 samt Überschrift, § 51 Abs. 2, § 56 Abs. 1, §§ 56b, 58, 61 Abs. 1 erster Satz, § 61 Abs. 4, § 64 Abs. 1, §§ 69a, 69b, 69d Abs. 1 erster Satz, §§ 69e, 77f, 80 Z 3 und 4, sowie § 83 Abs. 3 in der Fassung des Bundesgesetzes BGBl. I Nr. 91/2018 treten mit 14. Jänner 2019 in Kraft. Gleichzeitig treten § 31 Abs. 3, § 32 Abs. 3, § 33a Abs. 6, § 33b Abs. 2, § 33c Abs. 2, § 34 Abs. 2 und § 80 Z 4 in der bisher geltenden Fassung außer Kraft.

(BGBl I 2018/91)

§ 82. Verordnungen auf Grund dieses Bundesgesetzes in seiner jeweiligen Fassung dürfen bereits von dem Tag an erlassen werden, der der Kundmachung des durchzuführenden Bundesgesetzes folgt; sie dürfen jedoch nicht vor den durchzuführenden Gesetzesbestimmungen in Kraft treten.

(BGBl I 2001/143)

§ 83. „(1)“ Mit diesem Bundesgesetz wird das Markenschutzgesetz an die Richtlinie 2004/48/EG des Europäischen Parlaments und des Rates zur Durchsetzung der Rechte des geistigen Eigentums, ABl. Nr. L 157 vom 30.4.2004, Seite 45, angepasst. *(BGBl I 2017/124)*

(2) Mit dem Bundesgesetz BGBl. I Nr. 124/2017 wird das Markenschutzgesetz in § 17 Abs. 2a, §§ 19, 19a, 23a, 63 bis 67, 77d und 81b Abs. 3 bis 6 an die Richtlinie 2015/2436/EU des Europäischen Parlaments und des Rates zur Angleichung der Rechtsvorschriften der Mitgliedstaaten über die Marken, ABl. Nr. L 336 vom 23.12.2015, Seite 1, angepasst. *(BGBl I 2017/124)*

(3) Mit dem in Abs. 2 genannten Bundesgesetz sowie dem Bundesgesetz BGBl. I Nr. 91/2018 wird das Markenschutzgesetz an die Richtlinie 2015/2436/EU zur Angleichung der Rechtsvorschriften der Mitgliedstaaten über die Marken, ABl. Nr. L 336 vom 23.12.2015 S.1, angepasst. *(BGBl I 2018/91)*

(BGBl I 2006/96)

37. Musterschutzgesetz

BGBl 1990/497 idF

1 BGBl 1992/772
2 BGBl I 2001/143
3 BGBl I 2003/81
4 BGBl I 2004/149
5 BGBl I 2005/131
6 BGBl I 2005/151
7 BGBl I 2013/126 (Patent- und Markenrechts-Novelle 2014)
8 BGBl I 2016/71
9 BGBl I 2017/124
10 BGBl I 2018/37

GLIEDERUNG

STICHWORTVERZEICHNIS

Stichwortverzeichnis

Bundesgesetz vom 7. Juni 1990 über den Schutz von Mustern (Musterschutzgesetz 1990 – MuSchG)

I. Allgemeine Bestimmungen

Gegenstand des Musterschutzes

§ 1. (1) [1]Für Muster, die neu sind und Eigenart haben (§§ 2, 2a) und weder gegen § 2b noch die öffentliche Ordnung oder die guten Sitten verstoßen, kann nach diesem Bundesgesetz Musterschutz erworben werden. [2]Muster, die unter das Doppelschutzverbot (§ 3) fallen, werden nicht geschützt.

(2) Muster im Sinne dieses Bundesgesetzes ist die Erscheinungsform eines ganzen Erzeugnisses oder eines Teils davon, die sich insbesondere aus den Merkmalen der Linien, Konturen, Farben, der Gestalt, Oberflächenstruktur und/oder der Werkstoffe des Erzeugnisses selbst und/oder seiner Verzierung ergibt.

(3) Erzeugnis im Sinne des Abs. 2 ist jeder industrielle oder handwerkliche Gegenstand, einschließlich – unter anderem – von Einzelteilen, die zu einem komplexen Erzeugnis zusammengebaut werden sollen, Verpackung, Ausstattung, graphischen Symbolen und typographischen Schriftbildern; ein Computerprogramm gilt jedoch nicht als Erzeugnis.

(4) Ein komplexes Erzeugnis im Sinne des Abs. 3 ist ein Erzeugnis aus mehreren Bauelementen, die sich ersetzen lassen, so dass das Erzeugnis auseinander- und wieder zusammengebaut werden kann.

(5) [1]Musterrechte, die auf Grund der Verordnung (EG) Nr. 6/2002 über das Gemeinschaftsgeschmacksmuster, ABl. Nr. L 3 vom 5. Jänner 2002, S 1, erworben werden, sind auf Grund dieses Bundesgesetzes erworbenen Musterrechten gleichzuhalten, sofern aus gemeinschaftsrechtlichen Bestimmungen betreffend das Musterwesen nichts Gegenteiliges hervorgeht. [2]Im Übrigen sind die Vorschriften des VII. Abschnittes anzuwenden.

(BGBl I 2003/81)

Neuheit und Eigenart

§ 2. (1) [1]Ein Muster gilt als neu, wenn der Öffentlichkeit vor dem Tag der Anmeldung des Musters zur Registrierung oder, wenn eine Priorität in Anspruch genommen wird, vor dem Prioritätstag kein identisches Muster zugänglich gemacht worden ist. [2]Muster gelten als identisch, wenn sich ihre Merkmale nur in unwesentlichen Einzelheiten unterscheiden.

(2) Ein Muster hat Eigenart, wenn sich der Gesamteindruck, den es beim informierten Benutzer hervorruft, von dem Gesamteindruck unterscheidet, den ein anderes Muster bei diesem Benutzer hervorruft, das der Öffentlichkeit vor dem Tag seiner Anmeldung zur Registrierung oder, wenn eine Priorität in Anspruch genommen wird, vor dem Prioritätstag zugänglich gemacht worden ist.

(3) Bei der Beurteilung der Eigenart wird der Grad der Gestaltungsfreiheit des Schöpfers bei der Entwicklung des Musters berücksichtigt.

(4) Das Muster, das bei einem Erzeugnis, das Bauelement eines komplexen Erzeugnisses ist, benutzt oder in dieses Erzeugnis eingefügt wird, gilt nur dann als neu und hat nur dann Eigenart, wenn das Bauelement, das in das komplexe Erzeugnis eingefügt ist, bei dessen bestimmungsgemäßer Verwendung sichtbar bleibt und soweit diese sichtbaren Merkmale des Bauelements selbst die Voraussetzungen der Neuheit und Eigenart erfüllen.

(5) Bestimmungsgemäße Verwendung im Sinne des Abs. 4 bedeutet die Verwendung durch den Endbenutzer, ausgenommen Maßnahmen der Instandhaltung, Wartung oder Reparatur.

(BGBl I 2003/81)

§ 2a. (1) [1]Im Sinne des § 2 gilt ein Muster als der Öffentlichkeit zugänglich gemacht, wenn es nach der Registrierung oder auf sonstige Weise bekannt gemacht, ausgestellt, im Verkehr verwendet oder aus anderen Gründen offenbart wurde, es sei denn, dass dies den im Europäischen Wirtschaftsraum tätigen Fachkreisen des betreffenden Sektors im normalen Geschäftsverlauf nicht vor dem Tag der Anmeldung zur Registrierung oder, wenn eine Priorität in Anspruch genommen wird, vor dem Prioritätstag bekannt sein konnte. [2]Ein Muster gilt jedoch nicht als der Öffentlichkeit zugänglich gemacht, wenn es lediglich einem Dritten unter der ausdrücklichen oder stillschweigenden Bedingung der Vertraulichkeit offenbart wurde.

(2) Eine Offenbarung bleibt bei der Anwendung des § 2 unberücksichtigt, wenn das Muster der Öffentlichkeit nicht früher als zwölf Monate vor dem Tag der Anmeldung oder, wenn eine Priorität in Anspruch genommen wird, vor dem Prioritätstag zugänglich gemacht wird, und zwar:

1. durch den Schöpfer oder seinen Rechtsnachfolger oder durch einen Dritten als Folge von Informationen oder Handlungen des Schöpfers oder seines Rechtsnachfolgers oder

2. als Folge einer missbräuchlichen Handlung gegen den Schöpfer oder seinen Rechtsnachfolger.

(BGBl I 2003/81)

Durch ihre technische Funktion bedingte Muster und Muster von Verbindungselementen

§ 2b. (1) Ein Recht an einem Muster besteht nicht an Erscheinungsmerkmalen eines Erzeugnisses, die ausschließlich durch dessen technische Funktion bedingt sind.

(2) Ein Recht an einem Muster besteht nicht an Erscheinungsmerkmalen eines Erzeugnisses, die zwangsläufig in ihrer genauen Form und ihren genauen Abmessungen nachgebildet werden müssen, damit das Erzeugnis, in das das Muster aufgenommen oder bei dem es verwendet wird, mit einem anderen Erzeugnis mechanisch zusammengebaut oder verbunden oder in diesem, an diesem oder um dieses herum angebracht werden kann, so dass beide Erzeugnisse ihre Funktion erfüllen.

(3) Ungeachtet des Abs. 2 besteht unter den im § 2 festgelegten Voraussetzungen ein Recht an einem Muster, das dem Zweck dient, den Zusammenbau oder die Verbindung einer Vielzahl von untereinander austauschbaren Teilen innerhalb eines modularen Systems zu ermöglichen.

(BGBl I 2003/81)

Verbot des Doppelschutzes

§ 3. Ein Muster ist vom Musterschutz ausgeschlossen, wenn es mit einem früheren Muster kollidiert, das der Öffentlichkeit nach dem Tag der Anmeldung oder, wenn eine Priorität in Anspruch genommen wird, nach dem Prioritätstag zugänglich gemacht wurde und das durch ein eingetragenes Gemeinschaftsgeschmacksmuster oder eine Anmeldung als Gemeinschaftsgeschmacksmuster oder ein nach diesem Bundesgesetz registriertes Muster oder die Anmeldung eines solchen Rechts von einem Tag an geschützt ist, der vor dem erwähnten Tag liegt.

(BGBl I 2003/81)

Wirkung des Musterschutzes

§ 4. (1) [1]Die Registrierung eines Musters gewährt seinem Inhaber das ausschließliche Recht, es zu benutzen und Dritten zu verbieten, es ohne seine Zustimmung zu benutzen. [2]Die erwähnte Benutzung schließt insbesondere die Herstellung, das Anbieten, das In-Verkehr-Bringen, die Einfuhr, die Ausfuhr oder die Benutzung eines Erzeugnisses, in das das Muster aufgenommen oder bei dem es verwendet wird, oder den Besitz des Erzeugnisses zu den genannten Zwecken ein.

(2) Der Umfang des Schutzes aus einem Recht an einem Muster erstreckt sich auf jedes Muster, das beim informierten Benutzer keinen anderen Gesamteindruck hervorruft.

(3) Bei der Beurteilung des Schutzumfangs wird der Grad der Gestaltungsfreiheit des Schöpfers bei der Entwicklung seines Musters berücksichtigt.

(4) Ein registriertes Muster entbindet nicht von der Einhaltung der Rechtsvorschriften.

(BGBl I 2003/81)

Beschränkung der Rechte aus dem Muster

§ 4a. (1) Die Rechte aus einem registrierten Muster können nicht geltend gemacht werden für:

1. Handlungen, die im privaten Bereich zu nichtgewerblichen Zwecken vorgenommen werden;

2. Handlungen zu Versuchszwecken;

3. die Wiedergabe zum Zweck der Zitierung oder zum Zweck der Lehre, vorausgesetzt, solche Handlungen sind mit den Gepflogenheiten des redlichen Geschäftsverkehrs vereinbar, beeinträchtigen die normale Verwertung des Musters nicht über Gebühr und die Quelle wird angegeben.

(2) Die Rechte aus einem registrierten Muster können außerdem nicht geltend gemacht werden für:

1. Einrichtungen in Schiffen und Luftfahrzeugen, die in einem anderen Land zugelassen sind und vorübergehend in das Inland gelangen;

2. die Einfuhr von Ersatzteilen und Zubehör für die Reparatur solcher Fahrzeuge im Inland;

3. die Durchführung von Reparaturen an solchen Fahrzeugen.

(BGBl I 2003/81)

Vorbenützerrecht

§ 5. (1) Die Wirkung des Musterschutzes tritt gegen den nicht ein, der gutgläubig ein unter den Schutzumfang eines registrierten Musters fallendes Muster bereits vor dem Prioritätstag im Inland benützt oder die hiefür erforderlichen Veranstaltungen getroffen hat (Vorbenützer). *(BGBl I 2003/81)*

(2) Der Vorbenützer darf das Muster für die von der Benützung erfaßten Erzeugnisse für die Bedürfnisse seines eigenen Unternehmens in eigenen oder fremden Betriebsstätten weiterbenützen.

(3) Diese Befugnis kann nur gemeinsam mit dem Unternehmen vererbt oder veräußert werden.

(4) [1]Der Vorbenützer kann verlangen, daß seine Befugnis vom Musterinhaber schriftlich anerkannt wird. [2]Die anerkannte Befugnis ist auf Antrag des Vorbenützers in das Musterregister einzutragen.

(5) Wird die Anerkennung verweigert, so hat darüber auf Antrag das Patentamt zu entscheiden und gegebenenfalls die Eintragung der Befugnis in das Musterregister zu verfügen.

Erschöpfung der Rechte

§ 5a. Die Rechte aus einem registrierten Muster erstrecken sich nicht auf Handlungen, die ein Erzeugnis betreffen, in das ein unter den Schutzumfang des Rechts an einem Muster fallendes Muster eingefügt oder bei dem es verwendet wird, wenn das Erzeugnis vom Rechtsinhaber oder mit seiner Zustimmung im Europäischen Wirtschaftsraum in den Verkehr gebracht worden ist.

(BGBl I 2003/81)

Schutzdauer

§ 6. [1]Der Musterschutz beginnt mit dem Tag der Registrierung des Musters. [2]Die Schutzdauer beträgt fünf Jahre beginnend mit dem Tag der Anmeldung. [3]Der Rechtsinhaber kann die Schutzfrist durch rechtzeitige Zahlung einer Erneuerungsgebühr viermal um je fünf Jahre bis zu einer Gesamtlaufzeit von 25 Jahren ab dem Tag der Anmeldung verlängern lassen. [4]Für die Zahlung der Erneuerungsgebühr gilt als Ende der Schutzdauer jeweils der letzte Tag des Monats, der durch seine Benennung dem Monat entspricht, in den der Anmeldetag fällt.

(BGBl I 2003/81)

Anspruch auf Musterschutz

§ 7. (1) Anspruch auf Musterschutz hat grundsätzlich der Schöpfer des Musters oder sein Rechtsnachfolger.

(2) Fällt jedoch das Muster eines Arbeitnehmers in das Arbeitsgebiet des Unternehmens, in dem dieser tätig ist, und hat die Tätigkeit, die zu dem Muster geführt hat, zu den dienstlichen Obliegenheiten des Arbeitnehmers gehört oder ist das Muster außerhalb eines Arbeitsverhältnisses im Auftrag geschaffen worden, so steht der Anspruch auf Musterschutz, wenn nichts anderes vereinbart worden ist, dem Arbeitgeber bzw. dem Auftraggeber oder seinem Rechtsnachfolger zu.

Nennung als Schöpfer des Musters

§ 8. (1) Der Schöpfer eines Musters hat Anspruch, im Musterregister bei der Veröffentlichung gemäß § 17 und in den vom Patentamt auszustellenden Prioritätsbelegen als Schöpfer genannt zu werden.

(2) [1]Der Anspruch kann weder übertragen noch vererbt werden. [2]Ein Verzicht auf den Anspruch ist ohne rechtliche Wirkung.

(3) [1]Der Antrag auf Nennung kann vom Schöpfer des Musters, vom Anmelder oder vom Musterinhaber gestellt werden. [2]Sind hiezu mehrere Personen berechtigt, so ist, wenn der Antrag nicht von allen Berechtigten gemeinsam gestellt wird, die Zustimmung der übrigen Berechtigten nachzuweisen. [3]Soll neben dem bereits als Schöpfer Genannten oder an dessen Stelle ein anderer genannt werden, so ist auch die Zustimmung des bisher als Schöpfer Genannten nachzuweisen.

(4) [1]Verweigert der Anmelder, der Musterinhaber oder der bereits als Schöpfer Genannte die Zustimmung, so hat das Patentamt auf Antrag über den Anspruch auf Nennung als Schöpfer zu entscheiden. [2]Auf Grund der dem Antrag stattgebenden rechtskräftigen Entscheidung ist der Schöpfer gemäß Abs. 1 zu nennen.

Verhältnis mehrerer Musterinhaber zueinander

§ 9. [1]Das Rechtsverhältnis mehrerer Musterinhaber zueinander bestimmt sich nach bürgerlichem Recht. [2]Das Recht, Dritten die Benützung eines geschützten Musters zu gestatten, steht im Zweifel nur der Gesamtheit der Inhaber zu, jeder einzelne ist aber befugt, gegen Verletzer des Musterrechtes vorzugehen.

Übertragung

§ 10. (1) Das Recht aus der Anmeldung eines Musters und das Musterrecht können für alle oder einzelne Erzeugnisse des Warenverzeichnisses zur Gänze oder nach ideellen Anteilen übertragen werden.

(2) Ein Heimfallsrecht (§ 760 ABGB) besteht nicht.

II. Anmeldeverfahren und Musterregister

Anmeldung

§ 11. [1]Ein Muster ist beim Patentamt schriftlich zum Schutz anzumelden. [2]Als Anmeldetag gilt der Tag des Einlangens der Anmeldung beim Patentamt.

(BGBl I 2003/81)

§ 12. „(1)“ [1]Das Muster ist bei der Anmeldung durch Vorlage einer Musterabbildung oder eines Musterexemplares zu offenbaren. [2]Wird ein Musterexemplar vorgelegt, so ist für die Veröffentlichung (§ 17) und die Registrierung (§ 18 Abs. 1 Z 4) stets auch eine Abbildung des Musters zu überreichen, die das Musterexemplar möglichst deutlich wiederzugeben, für die Offenbarung jedoch außer Betracht zu bleiben hat. *(BGBl I 2003/81)*

„(2)“ Zur Erläuterung des Musters kann eine Beschreibung überreicht werden. *(BGBl I 2003/81)*

„(3)“ Die Erzeugnisse, für die das Muster bestimmt ist, sind geordnet nach der Einteilung der Klassen und Unterklassen des Abkommens von Locarno zur Errichtung einer Internationalen Klassifikation für gewerbliche Muster und Modelle, BGBl. Nr. 496/1990, anzugeben (Warenverzeichnis). *(BGBl I 2003/81)*

§ 13. [1]Muster, die derselben Klasse angehören, können in einer Sammelanmeldung zusammengefaßt werden. [2]Die Sammelanmeldung darf nicht mehr als fünfzig Muster umfassen. [3]Von der Möglichkeit des § 14 kann jedoch nur für alle in einer Sammelanmeldung zusammengefaßten Muster gemeinsam Gebrauch gemacht werden.

§ 14. [1]Das Exemplar und die Abbildung des Musters sowie die Beschreibung können offen oder in einem versiegelten Umschlag überreicht werden (Geheimmuster). [2]Der Umschlag ist zu öffnen:

1. auf Antrag des Musteranmelders; *(BGBl 1992/772)*

2. auf Antrag eines Dritten, sofern dieser nachweist, daß sich der Musteranmelder ihm gegenüber auf das Muster berufen hat; *(BGBl 1992/772)*

3. von Amts wegen achtzehn Monate nach dem Prioritätstag des Musters.

§ 15. Die näheren Erfordernisse der Beschreibung und des Warenverzeichnisses, die Zahl der davon vorzulegenden Stücke sowie die Zahl, Beschaffenheit und Abmessungen der vorzulegenden Abbildungen und Exemplare des Musters sind vom Präsidenten des Patentamtes unter Bedachtnahme auf die Erfordernisse des Anmeldeverfahrens, der Drucklegung und der Veröffentlichung des Musters mit Verordnung festzusetzen.

Gesetzmäßigkeitsprüfung

§ 16. (1) [1]Das Patentamt hat jede Musteranmeldung auf Gesetzmäßigkeit zu prüfen, und zwar bei offen überreichten Mustern nach deren Einlangen, bei versiegelt überreichten Mustern, soweit dies nach deren Einlangen nicht möglich ist, nach dem Öffnen des Umschlags (§ 14). [2]Eine Prüfung auf Vorliegen der Voraussetzungen der §§ 2 bis 3 sowie darauf, ob der Anmelder Anspruch auf Musterschutz hat (§ 7), erfolgt im Anmeldeverfahren jedoch nicht. *(BGBl I 2003/81)*

(2) [1]Ergibt die Prüfung, daß gegen die Registrierung des Musters Bedenken bestehen, so ist der Anmelder aufzufordern, sich binnen einer angemessenen Frist zu äußern. [2]Wird nach rechtzeitiger Äußerung oder nach Ablauf der Frist die Unzulässigkeit der Registrierung festgestellt, so ist die Musteranmeldung abzuweisen.

(3) Bestehen gegen die Registrierung des Musters keine Bedenken, so sind dessen Veröffentlichung (§ 17) und Registrierung (§ 18) zu verfügen.

Veröffentlichung des Musters

§ 17. [1]Das Muster ist am Tag seiner Registrierung im Österreichischen Musteranzeiger (§ 33) zu veröffentlichen. [2]Inhalt und Umfang der Veröffentlichung des Musters sind vom Präsidenten des Patentamtes unter Bedachtnahme auf das Informationsbedürfnis der Öffentlichkeit mit Verordnung festzusetzen.

(BGBl I 2003/81)

Registrierung

§ 18. (1) Bei der Registrierung sind in das vom Patentamt geführte Musterregister aufzunehmen:

1. die Registernummer;

2. der Tag der Anmeldung und gegebenenfalls die beanspruchte Priorität;

3. der Beginn der Schutzdauer (§ 6);

4. die Abbildung des Musters;

5. gegebenenfalls der Hinweis, daß auch ein Exemplar des Musters oder eine Beschreibung vorgelegt worden ist;

6. die Erzeugnisse, für die das Muster bestimmt ist (Warenverzeichnis);

7. der Name sowie der Wohnsitz (Sitz) des Musterinhabers und gegebenenfalls seines Vertreters;

8. gegebenenfalls der als Schöpfer Genannte (§ 8).

(2) Über die Registereintragungen gemäß Abs. 1 erhält der Musterinhaber eine amtliche Bestätigung (Musterzertifikat).

(3) [1]Das Musterregister steht jedermann zur Einsicht offen. [2]Auf Verlangen ist ein beglaubigter Registerauszug auszustellen.

Priorität

§ 19. Mit dem Tag der ordnungsgemäßen Anmeldung eines Musters erlangt der Anmelder das Prioritätsrecht.

§ 20. (1) [1]Die auf Grund von zwischenstaatlichen Vereinbarungen oder des § 20a eingeräumten Prioritätsrechte sind ausdrücklich in Anspruch zu nehmen. [2]Dabei sind der Tag der Anmeldung, deren Priorität in Anspruch genommen wird, und das Land, in dem diese Anmeldung bewirkt worden ist, anzugeben (Prioritätserklärung). [3]Ferner ist das Aktenzeichen der Anmeldung anzuführen. *(BGBl I 2003/81)*

(2) [1]Die Prioritätserklärung ist innerhalb von zwei Monaten nach dem Einlangen der Anmeldung beim Patentamt abzugeben. [2]Innerhalb dieser Frist kann die beanspruchte Priorität berichtigt werden. *(BGBl I 2004/149)*

(3) [1]Hängt die Aufrechterhaltung des Musterrechtes davon ab, ob die Priorität zu Recht bean-

sprucht wurde, so ist das Prioritätsrecht nachzuweisen. [2]Mit Verordnung des Präsidenten des Patentamtes ist zu bestimmen, welche Belege im Verfahren vor dem Patentamt und im Rechtsmittelverfahren für diesen Nachweis (Prioritätsbelege) erforderlich und wann diese Belege vorzulegen sind. *(BGBl I 2017/124)*

(4) Wird die Prioritätserklärung nicht rechtzeitig abgegeben, werden die Prioritätsbelege nicht rechtzeitig vorgelegt oder wird das Aktenzeichen der Anmeldung, deren Priorität in Anspruch genommen wird, auf amtliche Aufforderung nicht fristgerecht bekanntgegeben, so bestimmt sich die Priorität nach dem Tag der Anmeldung im Inland.

§ 20a. [1]Dem Anmelder steht innerhalb einer Frist von sechs Monaten nach dem Anmeldetag einer früheren Musteranmeldung, die bei einer Anmeldestelle eingereicht wurde, die nicht vom Geltungsbereich einer zwischenstaatlichen Vereinbarung über die Anerkennung der Priorität erfasst ist, für eine dasselbe Muster betreffende spätere Musteranmeldung im Inland das Recht der Priorität der früheren Musteranmeldung zu, wenn eine entsprechende Gegenseitigkeit mit dieser Anmeldestelle durch eine vom Bundesminister für Verkehr, Innovation und Technologie im Bundesgesetzblatt zu verlautbarende Kundmachung festgestellt ist. [2]Die Voraussetzungen und die Wirkungen dieses Prioritätsrechtes entsprechen denen des Artikels 4 der Pariser Verbandsübereinkunft zum Schutz des gewerblichen Eigentums, BGBl. Nr. 399/1973.

(BGBl I 2003/81)

Eintragungen in das Musterregister

§ 21. In das Musterregister sind außer den im § 18 Abs. 1 erwähnten Angaben das Ende des Musterschutzes, die Nichtigerklärung, die Übertragung von Musterrechten, Pfandrechte und sonstige dingliche Rechte an Musterrechten, Lizenzrechte, Vorbenützerrechte, Wiedereinsetzungen in den vorigen Stand, Feststellungsentscheidungen und Streitanmerkungen sowie Hinweise auf gemäß § 36 übermittelte Urteile einzutragen.

(BGBl I 2003/81)

§ 22. (1) Dingliche Rechte an Musterrechten sowie das Musterrecht selbst im Fall seiner Übertragung (§ 10) werden mit der Eintragung in das Musterregister erworben.

(2) [1]Mit dem Antrag auf Eintragung ist die Urkunde, auf Grund der die Eintragung geschehen soll, in Kopie vorzulegen. [2]Wenn das Original der Urkunde keine öffentliche Urkunde ist, muss sie mit der beglaubigten Unterschrift des über sein Recht Verfügenden versehen sein. [3]Im Fall der Übertragung des Musterrechts kann an Stelle der Urkunde auch eine übereinstimmende Erklärung der Parteien oder ihrer Vertreter zur Übertragung vorgelegt werden.

(3) [1]Der Antrag, die Urkunde und die Erklärungen unterliegen nach Form und Inhalt der Prüfung des Patentamts. [2]Das Patentamt kann, wenn sich begründete Zweifel ergeben, Originale oder beglaubigte Kopien oder weitere Unterlagen verlangen.

(4) Rechtsstreitigkeiten, die Musterrechte betreffen, sind auf Antrag im Musterregister einzutragen (Streitanmerkung).

(5) Im Übrigen sind § 43 Abs. 2 bis 5 (Eintragung in das Patentregister), § 44 (Belastungen) und § 45 Abs. 2 (Streitanmerkungen) des Patentgesetzes 1970, BGBl. Nr. 259, sinngemäß anzuwenden.

(6) Auf die Übertragung des Rechtes aus der Anmeldung eines Musters sind die Abs. 2 und 3 sowie § 43 Abs. 5 des Patentgesetzes 1970 sinngemäß anzuwenden.

(BGBl I 2017/124)

III. Nichtigerklärung und Aberkennung

Nichtigerklärung von Mustern

§ 23. (1) Das Musterrecht wird auf Antrag nichtig erklärt, wenn

1. das Muster kein Muster im Sinne des § 1 Abs. 2 ist, oder

2. das Muster die Schutzvoraussetzungen des § 1 Abs. 1 erster Satz nicht erfüllt, oder

3. das Muster unter das Doppelschutzverbot (§ 3) fällt, oder

4. der Inhaber des Musterrechts keinen Anspruch auf Musterschutz (§ 7) hat.

(2) Der Nichtigkeitsgrund nach Abs. 1 Z 3 kann nur vom Inhaber des kollidierenden Rechts geltend gemacht werden.

(3) Der Nichtigkeitsgrund nach Abs. 1 Z 4 kann nur von der Person, die Anspruch auf das Recht an dem Muster hat, geltend gemacht werden.

(4) Trifft einer der Nichtigkeitsgründe des Abs. 1 nur auf einen Teil des Warenverzeichnisses zu, so ist dieses entsprechend einzuschränken.

(5) [1]Trifft einer der Nichtigkeitsgründe des Abs. 1 Z 2 nur teilweise zu, kann das Muster teilweise nichtig erklärt werden, sofern es seine Identität behält. [2]Die teilweise Nichtigerklärung und Beibehaltung des Musterrechts kann von der Vorlage geänderter Unterlagen durch den Musterinhaber abhängig gemacht werden, die auch eine freiwillige Einschränkung (Disclaimer) umfassen können.

(6) [1]Die rechtskräftige Nichtigerklärung wirkt auf den Tag der Anmeldung des Musters zurück. [2]Wird das Musterrecht gemäß Abs. 1 Z 3 nichtig

erklärt, so ist der zweite Satz des § 48 Abs. 3 des Patentgesetzes 1970 sinngemäß anzuwenden.

(7) Ein Recht an einem Muster kann auch noch nach seinem Erlöschen oder nach dem Verzicht darauf für nichtig erklärt werden.

(BGBl I 2003/81)

§ 24. *(entfällt, BGBl I 2003/81)*

Aberkennung und Übertragung von Mustern

§ 25. (1) [1]Wer behauptet, Anspruch auf das Recht an dem Muster zu haben, kann anstelle der Nichtigerklärung gemäß § 23 Abs. 1 Z 4 begehren, dass das Musterrecht dem Musterinhaber aberkannt und dem Antragsteller übertragen wird. [2]Der Musterinhaber kann bis zur Rechtskraft der Entscheidung nur mit Zustimmung des Antragstellers auf das Muster verzichten. *(BGBl I 2003/81)*

(2) Trifft der Aberkennungsgrund (Abs. 1) nur auf einen Teil des Warenverzeichnisses zu, so wird das Musterrecht nur teilweise aberkannt bzw. übertragen.

(3) Der Anspruch verjährt gegenüber dem gutgläubigen Musterinhaber innerhalb dreier Jahre vom Tag seiner Eintragung in das Musterregister an. § 49 Abs. 4, 6 und 7 des Patentgesetzes 1970 ist sinngemäß anzuwenden. *(BGBl I 2004/149)*

IV. Zuständigkeit und Verfahren

Allgemeines

§ 26. (1) [1]Zur Beschlussfassung und zu den sonstigen Erledigungen in Angelegenheiten des Musterschutzes ist, soweit in diesem Bundesgesetz nichts anderes bestimmt ist, das Patentamt zuständig. [2]Im Patentamt ist hiezu das nach der Geschäftsverteilung zuständige Mitglied der mit diesen Angelegenheiten betrauten Rechtsabteilung berufen, soweit sie nicht dem Präsidenten oder der Nichtigkeitsabteilung vorbehalten sind.

(2) [1]Die §§ 52 bis 56, 57 Abs. 2, §§ 57b, 58, 60, 61, 64, 66 bis 69, 76, 79, 82 bis 86 und 126 bis 137 des Patentgesetzes 1970 sind sinngemäß anzuwenden. *(BGBl I 2016/71, siehe § 46b)*

(BGBl I 2013/126)

Ermächtigte Bedienstete

§ 27. (1) [1]Durch Verordnung des Präsidenten können Bedienstete, die nicht Mitglieder des Patentamtes sind, zur Besorgung von der Art nach bestimmt zu bezeichnenden Angelegenheiten der Rechtsabteilung ermächtigt werden, sofern dies wegen der Einfachheit der Erledigungen zweckmäßig ist und die Ausbildung der ermächtigten Bediensteten Gewähr für ordnungsgemäße Erledigungen bietet. [2]Sie sind an die Weisungen des zuständigen Mitgliedes der Rechtsabteilung gebunden. [3]Dieses kann Erledigungen jederzeit sich vorbehalten oder an sich ziehen.

(2) § 76 des Patentgesetzes 1970 ist auf die ermächtigten Bediensteten sinngemäß anzuwenden. *(BGBl I 2013/126)*

(3) Die Beschlüsse der nach Abs. 1 ermächtigten Bediensteten können wie die des zuständigen Mitgliedes angefochten werden.

(BGBl I 2004/149)

§ 28. *(entfällt samt Überschrift, BGBl I 2013/126)*

Verfahren vor der Nichtigkeitsabteilung

§ 29. (1) Über Anträge auf Anerkennung eines Vorbenützerrechtes (§ 5 Abs. 5), Nennung als Schöpfer (§ 8 Abs. 4), Nichtigerklärung (§ 23), Aberkennung und Übertragung (§ 25) und Feststellung (§ 39) entscheidet die Nichtigkeitsabteilung durch ein rechtskundiges Mitglied.

(2) [1]Die Nichtigkeitsabteilung verhandelt über die im Abs. 1 genannten Anträge und Ansprüche in sinngemäßer Anwendung der §§ 112 Abs. 2 bis 114a, 115 Abs. 2 bis 4, § 116 Abs. 2 bis 5, 117 bis 120 und 122 bis 125 des Patentgesetzes 1970. [2]Eine mündliche Verhandlung ist jedoch nur dann anzuberaumen, wenn sie vom zuständigen Mitglied für nötig gehalten oder von einer Partei beantragt wird. *(BGBl I 2013/126)*

(3) Bringt der Musterinhaber bei einem Antrag auf vollständige Nichtigerklärung des Musters (§ 23) innerhalb der ihm gemäß Abs. 2 in Verbindung mit § 115 Abs. 2 des Patentgesetzes 1970 eingeräumten Frist keine Gegenschrift ein, hat die Nichtigkeitsabteilung das Muster nichtig zu erklären.

(BGBl I 2003/81)

§ 30. *(entfällt samt Überschrift, BGBl I 2013/126)*

Akteneinsicht und Datenschutz

§ 31. (1) Die an einem Verfahren Beteiligten sind zur Einsicht in die das Verfahren betreffenden Akten berechtigt.

(2) In Akten, die registrierte Muster betreffen, darf jedermann Einsicht nehmen. *(BGBl I 2003/81)*

(3) [1]Dritten ist in Akten, die nicht registrierte Muster betreffen, nur mit Zustimmung des Anmelders Einsicht zu gewähren. [2]Der Zustimmung bedarf derjenige nicht, demgegenüber sich der Anmelder auf seine Musteranmeldung berufen hat. *(BGBl I 2003/81)*

(4) [1]Das Recht auf Akteneinsicht umfaßt auch das Recht, Kopien anzufertigen. [2]Diese sind auf Antrag vom Patentamt zu beglaubigen.

(5) Auskünfte und amtliche Bestätigungen darüber, wann, von wem und gegebenenfalls durch welchen Vertreter ein Muster angemeldet wurde, ob es sich um die Anmeldung eines Geheimmusters handelt, welches Aktenzeichen die Anmeldung trägt, welche Priorität beansprucht wird, welches Aktenzeichen die prioritätsbegründende Anmeldung trägt, für welche Erzeugnisse das Muster bestimmt ist (Warenverzeichnis), gegebenenfalls wer als Schöpfer genannt ist, ob die Anmeldung noch in Behandlung steht sowie ob und an wen das Recht aus ihr übertragen wurde, sind jedermann zu erteilen.

(6) Von der Einsichtnahme sind Beratungsprotokolle und nur den inneren Geschäftsgang betreffende Aktenteile ausgenommen.

(7) [1]Soweit personenbezogene Daten im Musterregister oder in öffentlich zugänglichen elektronischen Informationsdiensten des Patentamts verarbeitet werden, bestehen nicht

1. das Recht auf Auskunft gemäß Art. 15 Abs. 1 lit. c der Verordnung (EU) 2016/679 zum Schutz natürlicher Personen bei der Verarbeitung personenbezogener Daten, zum freien Datenverkehr und zur Aufhebung der Richtlinie 95/46/EG (Datenschutz-Grundverordnung), ABl. Nr. L 119 vom 04.05.2016 S. 1, in der Fassung der Berichtigung ABl. Nr. L 314 vom 22.11.2016 S. 72, (im Folgenden: DSGVO),

2. die Mitteilungspflicht gemäß Art. 19 zweiter Satz DSGVO sowie

3. das Recht auf Einschränkung der Verarbeitung gemäß Art. 18 und das Recht auf Widerspruch gemäß Art. 21 DSGVO, wobei die betroffenen Personen darüber in geeigneter Weise zu informieren sind.

[2]Das Recht auf Erhalt einer Kopie dieser Daten gemäß Art. 15 Abs. 3 DSGVO wird dadurch erfüllt, dass die betroffene Person Einsicht in das Musterregister oder in öffentlich zugängliche elektronische Informationsdienste des Patentamts nehmen kann. *(BGBl I 2018/37)*

Vertreter

§ 32. (1) [1]Wer in Angelegenheiten des Musterschutzes vor dem Patentamt als Vertreter einschreitet, muss seinen Wohnsitz im Inland haben; für Rechtsanwälte, Patentanwälte und Notare gelten allerdings die berufsrechtlichen Vorschriften. [2]Der Vertreter hat seine Bevollmächtigung durch eine schriftliche Vollmacht darzutun, die in Urschrift oder in ordnungsgemäß beglaubigter Abschrift vorzulegen ist. [3]Sind mehrere Personen bevollmächtigt, so ist auch jeder einzelne allein zur Vertretung befugt. *(BGBl I 2013/126)*

(2) Schreitet ein Rechtsanwalt, Patentanwalt oder Notar ein, so ersetzt die Berufung auf die ihm erteilte Bevollmächtigung deren urkundlichen Nachweis. *(BGBl I 2004/149)*

(3) Schreitet ein Vertreter ohne Vollmacht ein oder, im Fall des Abs. 2, ohne sich auf die ihm erteilte Bevollmächtigung zu berufen, so ist die von ihm vorgenommene Verfahrenshandlung nur unter der Bedingung wirksam, daß er innerhalb der ihm gesetzten angemessenen Frist eine ordnungsgemäße Vollmacht vorlegt oder sich auf die ihm erteilte Bevollmächtigung beruft.

(4) [1]Wer im Inland weder Wohnsitz noch Niederlassung hat, kann Rechte aus diesem Bundesgesetz vor dem Patentamt nur geltend machen, wenn er einen Vertreter hat, der die Erfordernisse des Abs. 1 erfüllt. [2]Vor der Nichtigkeitsabteilung des Patentamtes kann er diese Rechte nur geltend machen, wenn er durch einen Rechtsanwalt, Patentanwalt oder Notar vertreten ist. [3]Sofern sich Wohnsitz oder Niederlassung im Europäischen Wirtschaftsraum befinden, genügt jedoch für die Geltendmachung von Rechten aus diesem Bundesgesetz die Bestellung eines im Inland wohnhaften Zustellungsbevollmächtigten. [4]Das Erfordernis des Hauptwohnsitzes im Inland gilt nicht für Staatsangehörige von EWR-Vertragsstaaten, falls Zustellungen durch Staatsverträge mit dem Vertragsstaat des Wohnsitzes des Zustellungsbevollmächtigten oder auf andere Weise sichergestellt sind. *(BGBl I 2013/126)*

(5) Die einem Rechtsanwalt, Patentanwalt oder Notar zur Vertretung vor dem Patentamt erteilte Bevollmächtigung ermächtigt ihn kraft Gesetzes, alle Rechte aus diesem Bundesgesetz vor dem Patentamt und - soweit er gesetzlich dazu befugt ist - vor den Rechtsmittelinstanzen geltend zu machen, insbesondere Muster anzumelden, Anmeldungen zurückzuziehen, auf registrierte Muster zu verzichten, von der Nichtigkeitsabteilung zu behandelnde Anträge sowie Rechtsmittel einzubringen und zurückzuziehen, ferner Vergleiche zu schließen, Zustellungen aller Art sowie amtliche Gebühren und die vom Gegner zu erstattenden Verfahrens- und Vertretungskosten anzunehmen sowie einen Stellvertreter zu bestellen. *(BGBl I 2013/126)*

(6) [1]Die Bevollmächtigung gemäß Abs. 5 kann auf ein bestimmtes Schutzrecht und auf die Vertretung in einem bestimmten Verfahren beschränkt werden. [2]Sie wird jedoch weder durch den Tod des Vollmachtgebers noch durch eine Veränderung in seiner Handlungsfähigkeit aufgehoben.

(7) Soll ein Vertreter, der nicht Rechtsanwalt, Patentanwalt oder Notar ist, auch ermächtigt sein, auf ein registriertes Muster ganz oder zum Teil zu verzichten, so muss er hiezu ausdrücklich bevollmächtigt sein. *(BGBl I 2003/81)*

Österreichischer Musteranzeiger

§ 33. Das Patentamt hat einen periodisch erscheinenden amtlichen Musteranzeiger herauszugeben, in den insbesondere Veröffentlichungen gemäß § 17, Veröffentlichungen über das Ende des Musterschutzes, über Teilverzichte, über Änderungen des Firmenwortlautes und der Person des Musterinhabers sowie jene Veröffentlichungen aufzunehmen sind, die nach § 26 Abs. 2 in sinngemäßer Anwendung der §§ 128 und 133 Abs. 3 des Patentgesetzes 1970 zu erfolgen haben.

V. Musterrechtsverletzungen und Feststellungsanträge

Musterrechtsverletzungen

§ 34. [1]Wer in seinem Musterrecht verletzt worden ist, hat Anspruch auf Unterlassung, Beseitigung, Urteilsveröffentlichung, angemessenes Entgelt, Schadenersatz, Herausgabe des Gewinnes, Rechnungslegung und Anspruch auf Auskunft über die Herkunft und den Vertriebsweg. [2]Auch wer eine solche Verletzung zu besorgen hat, hat Anspruch auf Unterlassung. [3]Die §§ 147 bis 154 des Patentgesetzes 1970 gelten sinngemäß.

(BGBl I 2004/149)

§ 35. (1) [1]Wer ein Musterrecht verletzt, ist vom Gericht mit Geldstrafe bis zu 360 Tagessätzen zu bestrafen. [2]Wer die Tat gewerbsmäßig begeht, ist mit Freiheitsstrafe bis zu zwei Jahren zu bestrafen.

(2) Ebenso ist der Inhaber oder Leiter eines Unternehmens zu bestrafen, der eine im Betrieb des Unternehmens von einem Bediensteten oder Beauftragten begangene Musterrechtsverletzung nicht verhindert.

(3) Ist der Inhaber des Unternehmens nach Abs. 2 eine Gesellschaft, eine Genossenschaft, ein Verein oder ein anderes, nicht zu den physischen Personen gehöriges Rechtssubjekt, so ist Abs. 2 auf die Organe anzuwenden, wenn sie sich einer solchen Unterlassung schuldig gemacht haben. „ “ *(BGBl I 2005/151)*

(4) Abs. 1 ist auf Bedienstete oder Beauftragte nicht anzuwenden, die die Handlung im Auftrag ihres Dienstgebers oder Auftraggebers vorgenommen haben, sofern ihnen wegen ihrer wirtschaftlichen Abhängigkeit nicht zugemutet werden konnte, die Vornahme dieser Handlungen abzulehnen.

(5) Die Verfolgung erfolgt nur auf Verlangen des Verletzten.

(6) Für das Strafverfahren gelten die §§ 148, 149 und 160 des Patentgesetzes 1970 sinngemäß.

(BGBl I 2004/149)

§ 36. [1]Das Gericht erster Instanz hat dem Patentamt von jedem Urteil, in dem die Gültigkeit oder Wirksamkeit eines Musterrechtes beurteilt worden ist, eine mit der Bestätigung der Rechtskraft versehene Ausfertigung zum Anschluß an die Musterakten zu übermitteln. [2]Auf ein solches Urteil ist im Musterregister (§ 21) hinzuweisen.

§ 37. Wer Erzeugnisse in einer Weise bezeichnet, die geeignet ist, den Eindruck zu erwecken, daß sie Musterschutz genießen, hat auf Verlangen jedermann darüber Auskunft zu geben, auf welches Musterrecht sich die Bezeichnung stützt.

§ 38. (1) Für Klagen und einstweilige Verfügungen nach diesem Bundesgesetz ist ausschließlich das Handelsgericht Wien zuständig.

(2) Die Gerichtsbarkeit in Strafsachen nach diesem Bundesgesetz steht dem Landesgericht für Strafsachen Wien zu.

Feststellungsanträge

§ 39. (1) Wer ein Erzeugnis betriebsmäßig herstellt, in Verkehr bringt, feilhält oder gebraucht oder solche Maßnahmen beabsichtigt, kann gegen den Inhaber eines geschützten Musters oder einer ausschließlichen Lizenz beim Patentamt die Feststellung beantragen, daß das Erzeugnis weder ganz noch teilweise unter das Musterrecht fällt.

(2) Der Inhaber eines geschützten Musters oder einer ausschließlichen Lizenz kann gegen jemanden, der ein Erzeugnis betriebsmäßig herstellt, in Verkehr bringt, feilhält oder gebraucht oder solche Maßnahmen beabsichtigt, beim Patentamt die Feststellung beantragen, daß das Erzeugnis ganz oder teilweise unter das Musterrecht fällt.

(3) Anträge gemäß Abs. 1 und 2 sind zurückzuweisen, wenn der Antragsgegner nachweist, daß ein zwischen denselben Parteien früher anhängig gemachtes Verletzungsverfahren, welches dasselbe Musterrecht und dasselbe Erzeugnis betrifft, noch anhängig oder rechtskräftig abgeschlossen ist.

(4) [1]Der Antrag kann sich nur auf ein einzelnes Musterrecht beziehen. [2]Mit dem Antrag ist eine Abbildung des Erzeugnisses in vier Stücken zu überreichen; eine Ausfertigung ist der Endentscheidung anzuheften.

(5) Die Verfahrenskosten sind vom Antragsteller zu tragen, wenn der Antragsgegner durch sein Verhalten zur Antragstellung nicht Anlaß gegeben und den Anspruch innerhalb der ihm für die Gegenschrift gesetzten Frist anerkannt hat.

VI. DAS OBERLANDESGERICHT WIEN UND DER OBERSTE GERICHTSHOF ALS RECHTSMITTELINSTANZEN

(BGBl I 2013/126)

A. Rechtsmittel gegen die Beschlüsse der Rechtsabteilung des Patentamtes

Rekurs

§ 40. (1) Die Beschlüsse der Rechtsabteilung können durch Rekurs an das Oberlandesgericht Wien angefochten werden.

(2) Gegen die einen Beschluss der Rechtsabteilung vorbereitenden Verfügungen des Referenten ist kein Rechtsmittel zulässig.

(BGBl I 2013/126)

Verfahren

§ 41. Für das Rekursverfahren gelten die Bestimmungen des Außerstreitgesetzes (AußStrG), BGBl. I Nr. 111/2003, sinngemäß mit Ausnahme der §§ 44, 49 AußStrG und folgenden Besonderheiten:

1. Verweise im AußStrG auf das Gericht erster Instanz gelten als Verweise auf die Rechtsabteilung.

2. Die Rekursfrist und die Frist für die Rekursbeantwortung betragen zwei Monate; sie sind nicht verlängerbar.

3. Neue Tatsachen oder Beweismittel dürfen nur zur Stützung oder zur Widerlegung der in der ersten Instanz rechtzeitig vorgebrachten Tatsachen und Beweise vorgebracht werden.

4. [1]Weist ein rechtzeitig überreichter Rekurs Mängel auf, so hat das zuständige Mitglied dem Rekurswerber eine Frist zur Verbesserung zu setzen. [2]Verspätet überreichte Rekurse oder Rekurse, die innerhalb der festgesetzten Frist nicht verbessert werden, sind vom zuständigen Mitglied zurückzuweisen. [3]Rekurse gegen Beschlüsse des ermächtigten Bediensteten sind durch das zuständige Mitglied zurückzuweisen.

5. [1]Beschlüsse gemäß § 50 AußStrG sind vom zuständigen Mitglied zu erlassen, von dem der angefochtene Beschluss erlassen wurde. [2]Ist der Beschluss durch den ermächtigten Bediensteten erlassen worden, hat das zuständige Mitglied zu beschließen.

6. § 51 Abs. 1 AußStrG ist mit der Maßgabe anzuwenden, dass die die Sache betreffenden Akten gegebenenfalls mit einem aufklärenden Bericht vorzulegen sind.

7. Die Parteien haben die Kosten des Verfahrens selbst zu tragen.

8. Rekursentscheidungen des Rekursgerichts sind durch das Rekursgericht zuzustellen.

(BGBl I 2013/126)

Revisionsrekurs

§ 42. (1) Gegen einen im Rahmen des Rekursverfahrens ergangenen Beschluss des Rekursgerichts ist der Revisionsrekurs nach Maßgabe des § 62 AußStrG zulässig.

(2) Für das Revisionsrekursverfahren gelten die Bestimmungen des AußStrG sinngemäß mit folgenden Besonderheiten:

1. Die Revisionsrekursfrist und die Frist für die Revisionsrekursbeantwortung betragen zwei Monate; sie sind nicht verlängerbar.

2. [1]Der Revisionsrekurs sowie gegebenenfalls die Zulassungsvorstellung sind beim Rekursgericht einzubringen; die Zurückweisung nach § 67 AußStrG erfolgt durch das Rekursgericht. [2]Außer im Fall des § 68 Abs. 4 Z 2 AußStrG ist auch die Revisionsrekursbeantwortung beim Rekursgericht einzubringen.

3. Die Parteien haben die Kosten des Verfahrens selbst zu tragen.

(BGBl I 2013/126)

B. Rechtsmittel gegen die Beschlüsse und Entscheidungen der Nichtigkeitsabteilung des Patentamtes

Berufung

§ 43. (1) Die Endentscheidungen der Nichtigkeitsabteilung des Patentamtes können durch Berufung an das Oberlandesgericht Wien angefochten werden.

(2) Für das Berufungsverfahren gelten die Bestimmungen der Zivilprozessordnung (ZPO), RBGl. Nr. 113/1895, sinngemäß mit Ausnahme des § 461 Abs. 2 ZPO und folgenden Besonderheiten:

1. Verweise in der ZPO auf das Gericht erster Instanz gelten als Verweise auf die Nichtigkeitsabteilung.

2. Die Berufungsfrist und die Frist für die Berufungsbeantwortung betragen zwei Monate; sie sind nicht verlängerbar.

3. [1]Weist eine rechtzeitig überreichte Berufung Mängel auf, so hat das rechtskundige Mitglied dem Berufungswerber eine Frist zur Verbesserung zu setzen. [2]Werden die Mängel innerhalb der Frist behoben, so gilt die Berufung als ordnungsgemäß eingebracht.

4. Berufungsentscheidungen des Berufungsgerichts sind durch das Berufungsgericht zuzustellen.

(BGBl I 2013/126)

Rekurs

§ 43a. (1) [1]Gegen eine vorbereitende Verfügung des rechtskundigen Mitglieds ist kein Rechtsmittel zulässig. [2]Gegen die im Lauf des Vorverfahrens oder der Verhandlung gefassten Beschlüsse der Nichtigkeitsabteilung findet vorbehaltlich Abs. 2 ein abgesondertes Rechtsmittel nicht statt, sie können nur mit der Berufung angefochten werden, sofern sie auf die Endentscheidung einen Einfluss geübt haben.

(2) [1]Gegen Unterbrechungsbeschlüsse, Beschlüsse, mit denen eine Berufung zurückgewiesen wird, Beschlüsse gemäß § 26 in Verbindung mit § 130 Abs. 2 des Patentgesetzes 1970, BGBl. Nr. 259/1970, sowie Beschlüsse über Ansprüche nach dem Gebührenanspruchsgesetz ist der Rekurs an das Oberlandesgericht Wien zulässig. [2]Beschlüsse des Berufungsgerichts können nach Maßgabe des § 519 ZPO beim Obersten Gerichtshof angefochten werden.

(3) Für das Rekursverfahren gelten die Bestimmungen der ZPO sinngemäß mit folgenden Besonderheiten:

1. Verweise in der ZPO auf das Gericht erster Instanz gelten als Verweise auf die Nichtigkeitsabteilung.

2. Rekurse nach Abs. 2 erster Satz sind bei der Nichtigkeitsabteilung, Rekurse nach Abs. 2 zweiter Satz beim Berufungsgericht einzubringen.

3. [1]Weist ein rechtzeitig überreichter Rekurs nach Abs. 2 erster Satz Mängel auf, so hat der rechtskundige Referent der Nichtigkeitsabteilung dem Rekurswerber eine Frist zur Verbesserung zu setzen. [2]Werden die Mängel innerhalb der Frist behoben, so gilt der Rekurs als rechtzeitig eingebracht.

4. Rekursentscheidungen des Rekursgerichts sind durch das Rekursgericht zuzustellen.

(BGBl I 2013/126)

Revision und Revisionsrekurs

§ 43b. (1) Gegen Urteile des Berufungsgerichts ist die Revision nach Maßgabe des § 502 ZPO, gegen einen Beschluss des Rekursgerichts der Revisionsrekurs nach Maßgabe des § 528 ZPO zulässig.

(2) Für das Revisionsverfahren gelten die Bestimmungen der ZPO sinngemäß mit folgenden Besonderheiten:

1. Die Revisionsfrist und die Frist für die Revisionsbeantwortung betragen zwei Monate; sie sind nicht verlängerbar.

2. [1]Die Revision ist beim Berufungsgericht einzubringen. [2]Die Verweise auf das Prozessgericht erster Instanz gelten als Verweise auf das Berufungsgericht, mit Ausnahme jener, die sich auf die Zurückverweisung an die erste Instanz beziehen. [3]Außer im Fall des § 507a Abs. 3 Z 2 ZPO ist auch die Revisionsbeantwortung beim Berufungsgericht einzubringen.

(3) Für das Revisionsrekursverfahren gelten die Bestimmungen der ZPO sinngemäß mit der Maßgabe, dass der Revisionsrekurs beim Rekursgericht einzubringen ist.

(BGBl I 2013/126)

C. Gemeinsame Bestimmungen

Verfahrenshilfe

§ 43c. [1]Verfahrenshilfe für ein Rechtsmittelverfahren nach diesem Hauptstück ist beim Patentamt zu beantragen. [2]Über den Antrag auf Bewilligung der Verfahrenshilfe hat die Nichtigkeitsabteilung durch einen der Vorsitzenden durch Beschluss zu entscheiden. [3]§ 7 Abs. 2 AußStrG, §§ 63, 64, 66 bis 73 ZPO und § 45 RAO, RGBl. Nr. 96/1868, sind mit der Maßgabe anzuwenden, dass Verweise auf das Gericht als Verweise auf die Nichtigkeitsabteilung gelten. [4]Anstelle der Beigebung eines Rechtsanwaltes kann auch die Beigebung eines Patentanwaltes für das Rechtsmittelverfahren vor dem Oberlandesgericht Wien gewährt werden. [5]Gegen den Beschluss kann Rekurs binnen zwei Wochen erhoben werden.

(BGBl I 2013/126)

Zustellung, Vertretung, Eintritt in das Verfahren, Akteneinsicht

§ 43d. (1) Die Zustellung von Schriftstücken durch das Patentamt in einem Rechtsmittelverfahren nach diesem Hauptstück erfolgt nach § 26 Abs. 2 in Verbindung mit §§ 85 und 86 des Patentgesetzes 1970.

(2) [1]Im Verfahren vor dem Oberlandesgericht Wien sind auch Patentanwälte und Notare vertretungsbefugt. [2]Die Berufung auf die Bevollmächtigung ersetzt deren urkundlichen Nachweis.

(3) In mehrseitigen Verfahren kann der Erwerber eines streitverfangenen Rechts auch ohne Zustimmung des Gegners in das Verfahren eintreten.

(4) Auf die Akteneinsicht in Rechtsmittelverfahren nach diesem Hauptstück ist § 31 sinngemäß anzuwenden.

(BGBl I 2013/126)

Zusammensetzung der Senate

§ 43e. Für die Senatszusammensetzung beim Oberlandesgericht Wien ist § 146 Abs. 1 und 4 des Patentgesetzes 1970 sinngemäß anzuwenden.

(BGBl I 2013/126)

VII. Gemeinschaftsgeschmacksmuster

§ 44a. [1]Anmeldungen für Gemeinschaftsgeschmacksmuster können gemäß Art. 35 Abs. 1 lit. b der Verordnung (EG) Nr. 6/2002 beim Patentamt eingereicht werden. [2]Das Patentamt vermerkt auf der Anmeldung den Tag des Einlangens und leitet die Unterlagen ungeprüft innerhalb der im Art. 35 Abs. 2 dieser Verordnung vorgesehenen Frist von zwei Wochen an das Harmonisierungsamt für den Binnenmarkt (Marken, Muster und Modelle) in Alicante weiter.

(BGBl I 2003/81)

§ 44b. (1) [1]Gemeinschaftsgeschmacksmustergericht erster Instanz im Sinne des Art. 80 Abs. 1 der Verordnung (EG) Nr. 6/2002 ist das Handelsgericht Wien. [2]In Rechtssachen, in denen das Gemeinschaftsgeschmacksmustergericht für Klagen zuständig ist, kommt diesem auch die ausschließliche Zuständigkeit für einstweilige Verfügungen zu.

(2) Die Gerichtsbarkeit in Strafsachen betreffend Gemeinschaftsgeschmacksmuster steht dem Landesgericht für Strafsachen Wien zu.

(BGBl I 2003/81)

VIII. Übergangs- und Schlußbestimmungen

Übergangsbestimmungen

„§ 44c.“ (1) [1]Auf Musteranmeldungen und registrierte Muster, deren Anmeldetag vor dem In-Kraft-Treten des Bundesgesetzes BGBl. I Nr. 81/2003 liegt, sind die §§ 1, 2, 3, 12 Abs. 1, §§ 24, 25, 29 und 44 Abs. 3 in der vor dem In-Kraft-Treten des genannten Bundesgesetzes geltenden Fassung weiter anzuwenden. [2]Die §§ 2a und 23 in der Fassung des genannten Bundesgesetzes sind auf diese Musteranmeldungen und registrierten Muster nicht anzuwenden.

(2) Für Verfahren zur amtswegigen Nichtigerklärung, die vor dem In-Kraft-Treten des Bundesgesetzes BGBl. I Nr. 81/2003 eingeleitet wurden, ist § 23 in der vor dem In-Kraft-Treten des genannten Bundesgesetzes geltenden Fassung weiter anzuwenden.

(3) Sofern Handlungen vor dem Tag des In-Kraft-Tretens des Bundesgesetzes BGBl. I Nr. 81/2003 auf Grund der §§ 4 und 5 in der vor dem In-Kraft-Treten des genannten Bundesgesetzes geltenden Fassung nicht verhindert werden konnten, können Rechte aus dem Muster gemäß den §§ 4 bis 5 in der Fassung des genannten Bundesgesetzes nicht geltend gemacht werden, um eine Fortsetzung solcher Handlungen durch eine Person, die mit diesen Handlungen vor dem Tag des In-Kraft-Tretens des genannten Bundesgesetzes begonnen hat, zu verhindern.

(BGBl I 2004/149)

§ 44d. (1) Auf vor dem Inkrafttreten des Bundesgesetzes BGBl. I Nr. 149/2004 eingebrachte Klagen ist § 150 Abs. 3 des Patentgesetzes 1970 in der vor dem Inkrafttreten des genannten Bundesgesetzes geltenden Fassung weiter sinngemäß anzuwenden.

(2) Für Anmeldungen, die vor dem Inkrafttreten des Bundesgesetzes BGBl. I Nr. 149/2004 eingereicht werden, ist § 40 in der vor dem Inkrafttreten des genannten Bundesgesetzes geltenden Fassung weiter anzuwenden.

(3) [1]Für Anträge, die vor dem Inkrafttreten des Bundesgesetzes BGBl. I Nr. 149/2004 eingereicht werden, ist § 42 Abs. 1, 2 und 3 erster Satz in der vor dem Inkrafttreten des genannten Bundesgesetzes geltenden Fassung weiter anzuwenden. [2]Für Wiedereinsetzungsanträge, die vor dem Inkrafttreten des genannten Bundesgesetzes eingereicht werden, ist § 132 Abs. 1 und 3 des Patentgesetzes 1970 in der vor dem Inkrafttreten des genannten Bundesgesetzes geltenden Fassung weiter sinngemäß anzuwenden.

(4) [1]Für Muster, deren Schutzdauer vor dem Inkrafttreten des Bundesgesetzes BGBl. I Nr. 149/2004 endet, ist § 41 in der vor dem Inkrafttreten des genannten Bundesgesetzes geltenden Fassung weiter anzuwenden. [2]Dies gilt auch für Muster, deren Schutzdauer nach dem Inkrafttreten des genannten Bundesgesetzes endet, für die aber bereits vor dem Inkrafttreten des genannten Bundesgesetzes die Erneuerungsgebühr ordnungsgemäß gezahlt wird.

(5) § 176b des Patentgesetzes 1970 und § 4 Verwaltungsgerichtsbarkeits-Übergangsgesetz, BGBl. I Nr. 33/2013, sind sinngemäß anzuwenden. *(BGBl I 2013/126)*

(BGBl I 2004/149)

Schlussbestimmungen

§ 45. Die in diesem Bundesgesetz genannten bundesgesetzlichen Bestimmungen sind in ihrer jeweils geltenden Fassung anzuwenden.

§ 45a. Bei allen in diesem Bundesgesetz verwendeten personenbezogenen Bezeichnungen gilt die gewählte Form für beide Geschlechter.

(BGBl I 2004/149)

§ 46. (1) Dieses Bundesgesetz tritt mit 1. Jänner 1991 in Kraft.

(2) Verordnungen auf Grund dieses Bundesgesetzes in seiner jeweiligen Fassung dürfen bereits von dem Tag an erlassen werden, der der Kundmachung des durchzuführenden Bundesgesetzes folgt; sie dürfen jedoch nicht vor den durchzuführenden Gesetzesbestimmungen in Kraft treten. *(BGBl I 2001/143)*

(3) Mit dem Inkrafttreten dieses Bundesgesetzes treten außer Kraft:

1. das Musterschutzgesetz 1970, BGBl. Nr. 261,

2. die Verordnung des Bundesministeriums für Handel und Wiederaufbau vom 11. November 1959 über bestimmte Erfordernisse bei der Hinterlegung von Mustern, BGBl. Nr. 255,

3. die Verordnung des Bundesministers für Handel, Gewerbe und Industrie vom 11. Novem-

ber 1969 über die Einrichtung der Musterhinterlegungsstellen und über den Nachweis des Prioritätsrechtes (Musterverordnung), BGBl. Nr. 387.

(4) Die gemäß Abs. 3 aufgehobenen Rechtsvorschriften sind jedoch auf Muster, die vor dem 1. Jänner 1991 hinterlegt worden sind, weiter anzuwenden.

(5) § 40 Abs. 1, § 41 Abs. 1, § 42 Abs. 1 und § 43 Abs. 1 in der Fassung des Bundesgesetzes BGBl. I Nr. 143/2001 treten mit 1. Jänner 2002 in Kraft. *(BGBl I 2001/143)*

(6) [1]§ 1, die Überschrift des § 2, §§ 2, 2a, die Überschrift des § 2b, §§ 2b, 3, 4, die Überschrift des § 4a, §§ 4a, 5 Abs. 1, die Überschrift des § 5a, §§ 5a, 6, die Überschrift des § 11, §§ 11, 12, 16 Abs. 1, §§ 17, 20 Abs. 1 und 2, §§ 20a, 21, die Überschrift des § 23, § 23, die Überschrift des § 25, § 25 Abs. 1, § 26 Abs. 2, §§ 29, 31 Abs. 2 und 3, § 32 Abs. 1, 4, 5 und 7, § 41 Abs. 1, der VII. Abschnitt, die Bezeichnung des VIII. Abschnittes, §§ 46a und 48 in der Fassung des Bundesgesetzes BGBl. I Nr. 81/2003 treten mit Beginn des auf die Kundmachung des genannten Bundesgesetzes folgenden Tag in Kraft. [2]Zugleich treten die Überschrift des § 12, § 24 samt Überschrift und § 44 Abs. 3 außer Kraft. *(BGBl I 2003/81)*

(7) [1]Die Verordnung des Bundesministers für wirtschaftliche Angelegenheiten über die Errichtung von Musteranmeldestellen (Musteranmeldestellenverordnung – MAStV), BGBl. Nr. 715/1990, tritt mit dem In-Kraft-Treten des Bundesgesetzes BGBl. I Nr. 81/2003 außer Kraft. [2]Die Rechtsvorschriften sind jedoch auf Muster, die vor dem In-Kraft-Treten des genannten Bundesgesetzes angemeldet worden sind, weiter anzuwenden. *(BGBl I 2003/81)*

(8) [1]§ 20 Abs. 2, § 25 Abs. 3, § 26 Abs. 2, die Überschrift des § 27, §§ 27, 28 Abs. 1 bis 7, § 30 Abs. 2, 4 und 5, § 32 Abs. 2, §§ 34, 35, die Überschrift des VIII. Abschnittes, die Überschrift des § 44c, §§ 44c, 44d, die Überschrift des § 45, §§ 45a und 47 Z 3 in der Fassung des Bundesgesetzes BGBl. I Nr. 149/2004 treten mit Beginn des siebenten auf die Kundmachung des genannten Bundesgesetzes folgenden Monats in Kraft. [2]Zugleich treten § 28 Abs. 5, der VI. Abschnitt und § 47 Z 3 in der bisher geltenden Fassung außer Kraft. *(BGBl I 2004/149)*

(9) § 35 Abs. 3 in der Fassung des Bundesgesetzes BGBl. Nr. 151/2005 tritt mit 1. Jänner 2006 in Kraft. *(BGBl I 2005/151)*

(10) [1]§§ 26, 27 Abs. 2, die Überschrift des § 29, § 29 Abs. 2, § 32 Abs. 1, 4 und 5, die Überschrift des VI. Hauptstücks, §§ 40 bis 43e samt Überschriften, § 44d Abs. 5 und § 47 Z 2 in der Fassung der Patent- und Markenrechts-Novelle 2014, BGBl. I Nr. 126/2013, treten mit 1. Jänner 2014 in Kraft. [2]Zugleich treten § 28 samt Überschrift und § 30 in der bisher geltenden Fassung außer Kraft. *(BGBl I 2013/126)*

(11) § 20 Abs. 3 und § 22 in der Fassung des Bundesgesetzes BGBl. I Nr. 124/2017 treten mit Beginn des auf die Kundmachung des genannten Bundesgesetzes folgenden Tages in Kraft. *(BGBl I 2017/124)*

(12) Die Überschrift des § 31 und § 31 Abs. 7 in der Fassung des 2. Materien-Datenschutz-Anpassungsgesetzes, BGBl. I Nr. 37/2018, treten mit 25. Mai 2018 in Kraft. *(BGBl I 2018/37)*

§ 46a. § 20 Abs. 3 in der Fassung des Bundesgesetzes BGBl. I Nr. 131/2005 tritt mit 1. Jänner 2006 in Kraft.

(BGBl I 2005/131)

§ 46b. [1]§ 26 Abs. 2 in der Fassung des Bundesgesetzes BGBl. I Nr. 71/2016 tritt mit Beginn des zehnten auf die Kundmachung des genannten Bundesgesetzes folgenden Monats in Kraft.

(BGBl I 2016/71)

Anm.: Das Gesetz wurde am 1. 8. 2016 kundgemacht.

§ 47. Mit der Vollziehung dieses Bundesgesetzes sind betraut:

1. hinsichtlich § 25 Abs. 2 in Verbindung mit § 49 Abs. 4 des Patentgesetzes 1970 sowie hinsichtlich der §§ 34 bis 38 in Verbindung mit den §§ 148 bis 154 und 160 des Patentgesetzes 1970 der Bundesminister für Justiz,

2. hinsichtlich § 26 Abs. 2 in Verbindung mit § 126 des Patentgesetzes 1970 und der §§ 40 bis 43e der Bundesminister für Verkehr, Innovation und Technologie und der Bundesminister für Justiz, *(BGBl I 2013/126)*

„3.“ hinsichtlich aller übrigen Bestimmungen dieses Bundesgesetzes der Bundesminister für *Verkehr, Innovation und Technologie. (BGBl I 2004/149)*

§ 48. Durch dieses Bundesgesetz wird die Richtlinie 98/71/EG des Europäischen Parlaments und des Rates vom 13. Oktober 1998 über den rechtlichen Schutz von Mustern und Modellen, ABl. Nr. L 289 vom 28. Oktober 1998, S 28, umgesetzt.

(BGBl I 2003/81)

38. Patentgesetz

BGBl 1970/259 (WV) idF

1 BGBl 1971/137 (DFB)
2 BGBl 1973/167 (VfGH)
3 BGBl 1973/560 (VfGH)
4 BGBl 1973/581
5 BGBl 1977/349
6 BGBl 1981/526
7 BGBl 1982/201
8 BGBl 1984/126
9 BGBl 1984/234
10 BGBl 1985/104
11 BGBl 1986/382
12 BGBl 1987/653
13 BGBl 1992/418
14 BGBl 1992/771
15 BGBl 1994/212
16 BGBl 1994/634
17 BGBl 1994/819 (DFB)
18 BGBl 1996/181
19 BGBl I 1998/175
20 BGBl I 1999/191
21 BGBl I 2001/143
22 BGBl I 2004/149
23 BGBl I 2005/42
24 BGBl I 2005/130
25 BGBl I 2005/151
26 BGBl I 2006/51 (VfGH)
27 BGBl I 2006/96
28 BGBl I 2007/81
29 BGBl I 2009/126
30 BGBl I 2009/135 (EPG)
31 BGBl I 2013/126 (Patent- und Markenrechts-Novelle 2014)
32 BGBl I 2016/71
33 BGBl I 2017/124
34 BGBl I 2018/37

GLIEDERUNG

Gliederung

STICHWORTVERZEICHNIS

Stichwortverzeichnis

Stichwortverzeichnis

Patentgesetz

I. ALLGEMEINE BESTIMMUNGEN

Patentierbare Erfindungen

§ 1. (1) Für Erfindungen auf allen Gebieten der Technik werden, sofern sie neu sind (§ 3), sich für den Fachmann nicht in nahe liegender Weise aus dem Stand der Technik ergeben und gewerblich anwendbar sind, auf Antrag Patente erteilt. *(BGBl I 2007/81, zum Inkrafttreten vgl § 180a Abs 5!)*

(2) [1]Erfindungen, die die Voraussetzungen des Abs. 1 erfüllen, können auch dann patentiert werden, wenn sie ein Erzeugnis, das aus biologischem Material besteht oder dieses enthält, oder ein Verfahren, mit dem biologisches Material hergestellt, bearbeitet oder verwendet wird, zum Gegenstand haben, wobei biologisches Material ein Material ist, das genetische Informationen enthält und sich selbst reproduzieren oder in einem biologischen System reproduziert werden kann. [2]Zu diesen patentierbaren Erfindungen zählen auch

1. biologisches Material, das mit Hilfe eines technischen Verfahrens aus seiner natürlichen Umgebung isoliert oder hergestellt wird, auch wenn es in der Natur schon vorhanden war;

2. ein isolierter Bestandteil des menschlichen Körpers oder ein auf andere Weise durch ein technisches Verfahren gewonnener Bestandteil, einschließlich der Sequenz oder Teilsequenz eines Gens, selbst wenn der Aufbau dieses Bestandteils mit dem Aufbau eines natürlichen Bestandteils identisch ist.
(BGBl I 2005/42)

(3) Als Erfindungen werden insbesondere nicht angesehen:

1. Entdeckungen sowie wissenschaftliche Theorien und mathematische Methoden;

2. der menschliche Körper in den einzelnen Phasen seiner Entstehung und Entwicklung;

3. die bloße Entdeckung eines Bestandteils des menschlichen Körpers, einschließlich der Sequenz oder Teilsequenz eines Gens;

4. ästhetische Formschöpfungen;

5. Pläne, Regeln und Verfahren für gedankliche Tätigkeiten, für Spiele oder für geschäftliche Tätigkeiten sowie Programme für Datenverarbeitungsanlagen;

6. die Wiedergabe von Informationen.
(BGBl I 2005/42)

(4) Abs. 3 steht der Patentierung der dort genannten Gegenstände oder Tätigkeiten nur entgegen, soweit für sie als solche Schutz begehrt wird.
(BGBl I 2005/42)

(BGBl 1984/234)

Ausnahmen von der Patentierbarkeit

§ 2. (1) Patente werden nicht erteilt für:

1. Erfindungen, deren Verwertung gegen die öffentliche Ordnung oder die guten Sitten verstoßen würde; ein solcher Verstoß kann nicht allein daraus hergeleitet werden, dass die Verwertung der Erfindung durch Rechts- oder Verwaltungsvorschriften verboten ist; als nicht patentierbar gelten in diesem Sinne unter anderem:

a) Verfahren zum Klonen von menschlichen Lebewesen;

b) Verfahren zur Veränderung der genetischen Identität der Keimbahn des menschlichen Lebewesens;

c) die Verwendung von menschlichen Embryonen;

d) die Herstellung und Verwertung von hybriden Lebewesen, die aus Keimzellen, totipotenten Zellen oder Zellkernen von Menschen und Tieren entstehen;

e) Verfahren zur Veränderung der genetischen Identität von Tieren, die geeignet sind, Leiden dieser Tiere ohne wesentlichen medizinischen Nutzen für den Menschen oder das Tier zu verursachen, sowie die mit Hilfe solcher Verfahren erzeugten Tiere;

2. Verfahren zur chirurgischen oder therapeutischen Behandlung des menschlichen oder tierischen Körpers und Diagnostizierverfahren, die am menschlichen oder tierischen Körper vorgenommen werden; dies gilt nicht für Erzeugnisse, insbesondere Stoffe oder Stoffgemische, zur Anwendung in einem dieser Verfahren.

(2) [1]„Patente werden nicht erteilt für Pflanzensorten oder Tierrassen sowie für im Wesentlichen biologische Verfahren zur Züchtung von Pflanzen oder Tieren und die ausschließlich durch solche Verfahren gewonnenen Pflanzen oder Tiere.“[2]Der Begriff der Pflanzensorte wird durch Artikel 5 der Verordnung (EG) Nr. 2100/94 über den gemeinschaftlichen Sortenschutz, ABl. Nr. L 227 vom 1. September 1994 S. 1, in der Fassung der Verordnung (EG) Nr. 2506/95, ABl. Nr. L 258 vom 28. Oktober 1995 S. 3, definiert. [3]Ein Verfahren zur Züchtung von Pflanzen oder Tieren ist im wesentlichen biologisch, wenn es vollständig auf natürlichen Phänomenen wie Kreuzung oder Selektion beruht. [4]Erfindungen, deren Gegenstand Pflanzen oder Tiere sind, können patentiert werden, wenn die Ausführung der Erfindung technisch nicht auf eine bestimmte Pflanzensorte oder Tierrasse beschränkt ist. [5]Satz 1 Teil 2, wonach Patente nicht für im wesentlichen biologische Verfahren zur Züchtung von Pflanzen oder Tieren erteilt werden, berührt nicht die Patentierbarkeit von Erfindungen, die ein mikrobiologisches oder sonstiges technisches Verfahren oder ein durch diese Verfahren gewonnenes Erzeugnis zum Gegenstand haben, wobei ein mikrobiologisches

Verfahren jedes Verfahren ist, bei dem mikrobiologisches Material verwendet, ein Eingriff in mikrobiologisches Material durchgeführt oder mikrobiologisches Material hervorgebracht wird. *(BGBl I 2016/71)*

(3) Bei der Anwendung des Abs. 1 Z 1 lit. a bis c sind die entsprechenden Vorschriften des Fortpflanzungsmedizingesetzes, „BGBl. Nr. 275/1992“, in der zum Zeitpunkt des In-Kraft-Tretens dieses Gesetzes gültigen Fassung zu beachten. *(BGBl I 2017/124)*

(BGBl I 2005/42)

Neuheit

§ 3. (1) [1]Eine Erfindung gilt als neu, wenn sie nicht zum Stand der Technik gehört. [2]Den Stand der Technik bildet alles, was der Öffentlichkeit vor dem Prioritätstag der Anmeldung durch schriftliche oder mündliche Beschreibung, durch Benützung oder in sonstiger Weise zugänglich gemacht worden ist. *(BGBl 1994/634)*

(2) [1]Als Stand der Technik gilt auch der Inhalt prioritätsälterer

1. Patentanmeldungen auf Grund dieses Bundesgesetzes,

2. Gebrauchsmusteranmeldungen auf Grund des Gebrauchsmustergesetzes, BGBl. Nr. 211/1994,

3. internationaler Anmeldungen im Sinne des § 1 Z 6 des Patentverträge-Einführungsgesetzes, BGBl. Nr. 52/1979, wenn die Voraussetzungen gemäß § 16 Abs. 2 des Patentverträge-Einführungsgesetzes erfüllt sind,

4. europäischer Patentanmeldungen im Sinne des § 1 Z 4 des Patentverträge-Einführungsgesetzes, und

5. europäischer Patentanmeldungen im Sinne des § 1 Z 4 des Patentverträge-Einführungsgesetzes, wenn die europäische Patentanmeldung aus einer internationalen Anmeldung hervorgegangen ist, aber nur sofern die Voraussetzungen des Artikels 153 Abs. 5 des Europäischen Patentübereinkommens, BGBl. Nr. 350/1979, erfüllt sind,

in der ursprünglich eingereichten Fassung, deren Inhalt erst am Prioritätstag der jüngeren Anmeldung oder danach amtlich veröffentlicht worden ist. [2]Bei der Beurteilung der Frage, ob sich die Erfindung für den Fachmann nicht in nahe liegender Weise aus dem Stand der Technik ergibt, werden solche prioritätsälteren Anmeldungen nicht in Betracht gezogen. *(BGBl I 2007/81, zum Inkrafttreten vgl § 180a Abs 5!)*

(3) [1]Die Patentierbarkeit von Stoffen oder Stoffgemischen, die zum Stand der Technik gehören, wird durch die Abs. 1 und 2 nicht ausgeschlossen, sofern sie zur Anwendung in einem Verfahren nach § 2 Abs. 1 Z 2 bestimmt sind und ihre Anwendung in einem dieser Verfahren nicht zum Stand der Technik gehört. [2]Ebenso wenig wird die Patentierbarkeit der genannten Stoffe oder Stoffgemische zur spezifischen Anwendung in einem der genannten Verfahren durch die Abs. 1 und 2 ausgeschlossen, wenn diese Anwendung nicht zum Stand der Technik gehört. *(BGBl I 2007/81, zum Inkrafttreten vgl § 180a Abs 5!)*

(4) Für die Anwendung der Abs. 1 und 2 bleibt eine Offenbarung der Erfindung außer Betracht, die nicht früher als sechs Monate vor Einreichung der Anmeldung erfolgt ist und unmittelbar oder mittelbar zurückgeht

1. auf einen offensichtlichen Missbrauch zum Nachteil des Anmelders oder seines Rechtsvorgängers oder

2. darauf, dass der Anmelder oder sein Rechtsvorgänger die Erfindung auf amtlichen oder amtlich anerkannten Ausstellungen im Sinne des Übereinkommens über internationale Ausstellungen, BGBl. Nr. 445/1980, zur Schau gestellt hat.

(BGBl I 2004/149)

(5) [1]Abs. 4 Z 2 ist nur anzuwenden, wenn der Anmelder bei der Einreichung der Anmeldung angibt, daß die Erfindung bei der Ausstellung zur Schau gestellt worden ist, und hierüber innerhalb von vier Monaten nach der Einreichung eine Bestätigung der Ausstellungsleitung vorlegt. [2]Darin ist der Tag der Ausstellungseröffnung und, sofern die erstmalige Offenbarung nicht gleichzeitig erfolgt ist, auch deren Tag anzugeben. [3]Der Bestätigung ist eine Darstellung der Erfindung beizufügen, die mit einem Beglaubigungsvermerk der Ausstellungsleitung versehen ist.

(BGBl 1994/634)

Anspruch auf ein Patent

§ 4. (1) [1]Auf die Erteilung des Patentes hat nur der Erfinder oder sein Rechtsnachfolger Anspruch. [2]Bis zum Beweis des Gegenteils wird als Erfinder der erste Anmelder angesehen. *(BGBl 1994/634)*

(2) Wird die Verbesserung oder sonstige weitere Ausbildung einer bereits durch Patent geschützten oder zur Patentierung angemeldeten und hiezu führenden Erfindung von dem Inhaber des Stammpatentes oder von dessen Rechtsnachfolger angemeldet, so steht es diesem frei, für die Verbesserung oder sonstige weitere Ausbildung entweder ein selbständiges Patent oder ein vom Stammpatent abhängiges Zusatzpatent zu erwirken.

(3) *(entfällt, BGBl I 2004/149)*

§ 5. (1) Der erste Anmelder hat jedoch keinen Anspruch auf Erteilung des Patentes, wenn er nicht der Erfinder oder dessen Rechtsnachfolger ist oder wenn der wesentliche Inhalt seiner Anmeldung den Beschreibungen, Zeichnungen, Modellen, Gerätschaften oder Einrichtungen eines anderen oder einem von diesem angewendeten Verfahren ohne dessen Einwilligung entnommen ist. *(BGBl I 2004/149)*

(2) Ist die Erfindung der Reihe nach von einem Erfindungsbesitzer dem anderen ohne Einwilligung entnommen worden, so geht im Falle des Widerstreites der frühere Erfindungsbesitzer dem späteren vor.

Erfindungen von Dienstnehmern

§ 6. (1) Dienstnehmer haben auch für die von ihnen während des Bestandes des Dienstverhältnisses gemachten Erfindungen den Anspruch auf die Erteilung des Patentes (§ 4), wenn nicht durch Vertrag (§ 7 Abs. 1) oder auf Grund des § 7 Abs. 2 etwas anderes bestimmt ist.

(2) Als Dienstnehmer gelten Angestellte und Arbeiter jeder Art.

§ 7. (1) [1]Vereinbarungen zwischen Dienstgebern und Dienstnehmern, nach denen künftige Erfindungen des Dienstnehmers dem Dienstgeber gehören sollen oder dem Dienstgeber ein Benützungsrecht an solchen Erfindungen eingeräumt werden soll, haben nur dann rechtliche Wirkung, wenn die Erfindung eine Diensterfindung (Abs. 3) ist. [2]Die Vereinbarung bedarf zu ihrer Gültigkeit der schriftlichen Form, der auch Genüge geleistet ist, wenn darüber ein Kollektivvertrag (§ 2 Abs. 1 des Arbeitsverfassungsgesetzes, BGBl. Nr. 22/1974) vorliegt. *(BGBl I 2004/149)*

(2) [1]Ist das Dienstverhältnis ein öffentlich-rechtliches, so kann der Dienstgeber, ohne daß es einer Vereinbarung mit dem Dienstnehmer bedarf, dessen Diensterfindungen zur Gänze oder ein Benützungsrecht an solchen Erfindungen für sich in Anspruch nehmen; das Benützungsrecht ist auch gegen Dritte wirksam. [2]In diesen Fällen finden die Bestimmungen des folgenden Absatzes und der §§ 8 bis 17 und des § 19 sinngemäß Anwendung.

(3) Eine Diensterfindung ist die Erfindung eines Dienstnehmers, wenn sie ihrem Gegenstande nach in das Arbeitsgebiet des Unternehmens, in dem der Dienstnehmer tätig ist, fällt und wenn

a) entweder die Tätigkeit, die zu der Erfindung geführt hat, zu den dienstlichen Obliegenheiten des Dienstnehmers gehört oder

b) wenn der Dienstnehmer die Anregung zu der Erfindung durch seine Tätigkeit in dem Unternehmen erhalten hat oder

c) das Zustandekommen der Erfindung durch die Benützung der Erfahrungen oder der Hilfsmittel des Unternehmens wesentlich erleichtert worden ist.

§ 8. (1) Dem Dienstnehmer gebührt in jedem Falle für die Überlassung einer von ihm gemachten Erfindung an den Dienstgeber sowie für die Einräumung eines Benützungsrechtes hinsichtlich einer solchen Erfindung eine angemessene besondere Vergütung.

(2) Wenn der Dienstnehmer jedoch ausdrücklich zur Erfindertätigkeit im Unternehmen des Dienstgebers angestellt und auch tatsächlich damit vorwiegend beschäftigt ist und wenn die ihm obliegende Erfindertätigkeit zu der Erfindung geführt hat, so gebührt ihm eine besondere Vergütung nur insoweit, als nicht schon in dem ihm auf Grund des Dienstverhältnisses im Hinblick auf seine Erfindertätigkeit zukommenden höheren Entgelt eine angemessene Vergütung für die Erfindung gelegen ist.

§ 9. Bei der Bemessung der Vergütung (§ 8) ist nach den Umständen des Falles insbesondere Bedacht zu nehmen

a) auf die wirtschaftliche Bedeutung der Erfindung für das Unternehmen;

b) auf eine sonst etwa erfolgte Verwertung der Erfindung im Inland oder Ausland;

c) auf den Anteil, den Anregungen, Erfahrungen, Vorarbeiten oder Hilfsmittel des Unternehmens des Dienstgebers oder dienstliche Weisungen an dem Zustandekommen der Erfindung gehabt haben.

§ 10. (1) [1]Die Vergütung kann nachträglich auf Antrag eines der Beteiligten nach billigem Ermessen geändert werden, wenn eine wesentliche Änderung der für die Angemessenheit der Vergütung maßgebenden Verhältnisse eingetreten ist. [2]Keinesfalls sind jedoch Leistungen zurückzuerstatten, die der Dienstnehmer auf Grund der früheren Festsetzung empfangen hat. [3]Ebensowenig sind Leistungen, die auf Grund der früheren Festsetzung bereits bewirkt oder fällig geworden sind, nachträglich zu ergänzen, es sei denn, daß die Vergütung in einer einmaligen Leistung besteht.

(2) Der Anspruch auf Änderung der Vergütung steht dem Dienstnehmer auch im Fall der Übertragung der Erfindung durch den Dienstgeber auf einen Dritten dann zu, wenn der vom Dienstgeber bei dieser Übertragung erzielte Erlös in auffälligem Mißverhältnis zu der dem Dienstnehmer gewährten Vergütung steht oder wenn der Dienstgeber an der Ausnützung der Erfindung beteiligt bleibt und hiebei ein Erträgnis erzielt, das in auffälligem Mißverhältnis zu der dem Dienstnehmer gewährten Vergütung steht.

(3) Der Antrag (Abs. 1 und 2) kann erst nach Ablauf eines Jahres nach der letzten Festsetzung der Vergütung gestellt werden.

§ 11. (1) Wenn das Ausmaß der Vergütung (§§ 8 bis 10) von der Benützung der Erfindung durch den Dienstgeber abhängig gemacht ist und dieser es unterläßt, die Erfindung in einem ihrer wirtschaftlichen Bedeutung für das Unternehmen angemessenen Umfang zu benützen, so ist die Vergütung so zu bemessen, als hätte der Dienstgeber die Erfindung in dem ihrer wirtschaftlichen Bedeutung für das Unternehmen angemessenen Umfang benützt.

(2) In gleicher Weise ist die Vergütung zu bemessen, wenn der Dienstgeber die Erfindung auf einen Dritten übertragen oder in anderer Weise über sie verfügt hat, es sei denn, daß der Dienstnehmer einer solchen Übertragung oder Verfügung zugestimmt hat und der Dienstnehmer nicht beweist, daß diese Übertragung oder Verfügung nur zum Schein geschehen ist.

(3) [1]Der Dienstgeber wird von der im Abs. 1 festgesetzten Verbindlichkeit zur Leistung der Vergütung befreit, wenn er sich verpflichtet, einem vom Dienstnehmer zu bezeichnenden Dritten das Recht zur Benützung der Erfindung einzuräumen. [2]Der Dritte, dem das Benützungsrecht eingeräumt wird, hat dem Dienstgeber für dessen unter Berücksichtigung der Vorschriften des § 9 lit. c zu ermittelnden Anteil an der Erfindung eine Vergütung zu leisten. [3]In Ansehung dieser Vergütung kann gemäß § 10 nachträglich Abänderung gefordert werden.

(4) [1]Der Anspruch (Abs. 1 und 2) ist ausgeschlossen, wenn dem Dienstgeber unter billiger Berücksichtigung der Umstände des Falles eine Benützung der Erfindung überhaupt nicht oder nicht in einem größeren Umfang, als sie stattgefunden hat, zugemutet werden kann oder, falls eine Übertragung oder eine andere Verfügung unterblieben wäre, zugemutet werden könnte. [2]Wenn jedoch der Dienstgeber aus der Erfindung Nutzen zieht, ohne sie auszuüben, so gebührt dem Dienstnehmer eine angemessene Vergütung.

§ 12. (1) [1]Wenn eine Vereinbarung besteht, nach der künftige Erfindungen des Dienstnehmers dem Dienstgeber gehören sollen (§ 7), so hat der Dienstnehmer jede Erfindung, die er macht, ausgenommen solche, die offenbar nicht unter die Vereinbarung fallen, dem Dienstgeber unverzüglich mitzuteilen. [2]Der Dienstgeber hat binnen vier Monaten nach dem Tag, an dem er diese Mitteilung erhalten hat, dem Dienstnehmer zu erklären, ob er die Erfindung auf Grund der bestehenden Vereinbarung als Diensterfindung für sich in Anspruch nimmt.

(2) [1]Versäumt der Dienstnehmer diese Mitteilung, so haftet er dem Dienstgeber, unbeschadet des diesem zustehenden Anspruches auf die Erfindung, für den Ersatz des Schadens, der auch den entgangenen Gewinn umfaßt. [2]Versäumt der Dienstgeber die Erklärung oder gibt er eine verneinende Erklärung ab, so verbleibt die Erfindung dem Dienstnehmer.

§ 13. (1) Der Dienstgeber und der Dienstnehmer sind zur Geheimhaltung der Erfindungen verpflichtet, die den Gegenstand der im § 12 Abs. 1 vorgesehenen Mitteilung und Erklärung bilden.

(2) Die Geheimhaltungspflicht des Dienstnehmers erlischt

a) wenn der Dienstgeber die im § 12 Abs. 1 vorgesehene Erklärung versäumt hat oder wenn er innerhalb der Frist eine verneinende Erklärung abgegeben hat;

b) wenn der Dienstgeber die Erfindung rechtzeitig für sich in Anspruch genommen (§ 12 Abs. 1) und die Geheimhaltung aufgegeben hat.

(3) Durch das Erlöschen der Geheimhaltungspflicht nach der vorstehenden Bestimmung wird die Geheimhaltungspflicht, soweit sie sonst dem Dienstnehmer obliegt, nicht berührt.

(4) Die Geheimhaltungspflicht des Dienstgebers erlischt, wenn er die Erfindung rechtzeitig für sich in Anspruch genommen (§ 12 Abs. 1) und der Dienstnehmer dagegen keinen Widerspruch erhoben hat.

(5) Die Geheimhaltungspflicht hindert den Dienstgeber und den Dienstnehmer nicht, zur Wahrung ihrer Rechte hinsichtlich der Erfindung die Patentanmeldung zu bewirken sowie die sonst erforderlichen Schritte zu unternehmen.

(6) Der Dienstgeber oder der Dienstnehmer, der die Geheimhaltungspflicht verletzt, ist zum Ersatz des Schadens, der auch den entgangenen Gewinn umfaßt, an den anderen Teil verpflichtet.

§ 14. Wenn der Dienstgeber dem Dienstnehmer für eine Diensterfindung eine Vergütung geleistet hat und dann hervorkommt, daß nicht dieser Dienstnehmer, sondern ein anderer Dienstnehmer desselben Dienstgebers die Erfindung gemacht hat oder daß ein anderer Dienstnehmer desselben Dienstgebers an der Erfindung mitgewirkt hat, so kann der Dienstgeber dem Berechtigten gegenüber die dem Nichtberechtigten geleistete Vergütung ganz oder in dem dem Anteil des Berechtigten an der Erfindung entsprechenden Verhältnis aufrechnen, wenn er im guten Glauben geleistet hat und die Erfindung auch nach dem mit dem Berechtigten bestehenden Rechtsverhältnis dem Dienstgeber gehört.

§ 15. (1) [1]Wenn der Dienstgeber mit dem Dienstnehmer Vereinbarungen wegen einer Diensterfindung getroffen hat, so kann er dennoch jederzeit erklären, auf seine Rechte an der Erfindung ganz oder zum Teil zu verzichten. [2]Der Dienstnehmer kann in einem solchen Fall verlangen, daß die Rechte des Dienstgebers an der Erfindung, soweit der Verzicht reicht, auf ihn übertragen werden.

(2) [1]Wenn der Dienstgeber auf seine Rechte an der Erfindung ganz verzichtet, so hört die Verpflichtung zur Leistung der Vergütung mit dem Zeitpunkt der Abgabe der Verzichtserklärung auf. [2]Im Fall eines Teilverzichtes kann der Dienstgeber eine entsprechende Herabsetzung der Vergütung verlangen, sofern eine gesonderte Verwertung der auf den Dienstnehmer übertragenen Rechte möglich ist.

(3) Die Verpflichtung zur Leistung einer auf die Zeit bis zur Abgabe der Verzichtserklärung entfallenden Vergütung bleibt unberührt.

§ 16. Die nach den Bestimmungen der §§ 6 bis 15 begründeten Rechte des Dienstgebers und des Dienstnehmers werden durch die Auflösung des Dienstverhältnisses nicht berührt.

§ 17. Die Rechte, die dem Dienstnehmer auf Grund der Bestimmungen der §§ 6 bis 16 zustehen, können durch Vereinbarung weder aufgehoben noch beschränkt werden.

§ 18. *(entfällt, BGBl 1985/104)*

§ 19. Ansprüche von Dienstgebern und Dienstnehmern nach den Bestimmungen der §§ 7 bis 15 verjähren in drei Jahren.

Anspruch auf Erfindernennung

§ 20. (1) Der Erfinder hat Anspruch auf Nennung als Erfinder. *(BGBl 1984/234)*

(2) [1]Der Anspruch kann nicht übertragen werden und geht nicht auf die Erben über. [2]Ein Verzicht auf den Anspruch ist ohne rechtliche Wirkung.

(3) [1]Die Nennung als Erfinder geschieht auf Antrag durch Anführung in der Veröffentlichung der Anmeldung, in der Bekanntmachung der Veröffentlichung, in der Bekanntmachung der Patenterteilung, in der Patentschrift, in der Patenturkunde und durch Eintragung in das Patentregister. [2]Ist die Bekanntmachung der Patenterteilung schon erfolgt und ist die Patenturkunde bereits ausgefertigt, so ist auf Antrag eine besondere Bescheinigung über die Nennung als Erfinder auszufertigen und eine besondere Bekanntmachung im Patentblatt zu veröffentlichen. [3]Die Nennung als Erfinder ist auch in die vom Patentamt auszustellenden Prioritätsbelege aufzunehmen. *(BGBl I 2004/149)*

(4) [1]Der Antrag kann sowohl vom Erfinder als auch vom Anmelder oder vom Patentinhaber gestellt werden. [2]Sind zur Stellung des Antrages mehrere Personen berechtigt, so hat, wenn der Antrag nicht von allen Berechtigten gemeinsam gestellt wird, der Antragsteller die Zustimmung der übrigen Berechtigten nachzuweisen. [3]Soll ein anderer als der bereits als Erfinder Genannte neben diesem oder an seiner Stelle als Erfinder genannt werden, so ist auch die Zustimmung des bisher als Erfinder Genannten nachzuweisen. *(BGBl 1984/234)*

(5) Verweigert der Anmelder, der Patentinhaber oder der bereits als Erfinder Genannte die Zustimmung, so hat das Patentamt auf Antrag über den Anspruch auf Nennung als Erfinder zu entscheiden. *(BGBl I 2004/149)*

(6) [1]Über den Antrag (Abs. 5) wird nach den Verfahrensvorschriften für den Anfechtungsstreit verhandelt. [2]Die Erteilung des Patentes wird durch die Anhängigkeit des Verfahrens über einen solchen Antrag nicht aufgeschoben. [3]Auf Grund der dem Antrag stattgebenden rechtskräftigen Entscheidung ist auf Antrag des Berechtigten nach Abs. 3 vorzugehen.

Vertreter

§ 21. (1) [1]Wer als Vertreter vor dem Patentamt einschreitet, muss seinen Wohnsitz oder seine Niederlassung im Inland haben; für Rechtsanwälte, Patentanwälte und Notare gelten allerdings die berufsrechtlichen Vorschriften. [2]Der Vertreter hat seine Bevollmächtigung durch eine schriftliche Vollmacht darzutun, die in Urschrift oder in ordnungsgemäß beglaubigter Abschrift vorzulegen ist. [3]Sind mehrere Personen bevollmächtigt, so ist auch jeder einzelne allein zur Vertretung befugt. *(BGBl I 2013/126)*

(2) Schreitet ein Rechtsanwalt, Patentanwalt oder Notar ein, so ersetzt die Berufung auf die ihm erteilte Bevollmächtigung deren urkundlichen Nachweis. *(BGBl I 2004/149)*

(3) Schreitet ein Vertreter ohne Vollmacht ein oder, im Fall des Abs. 2, ohne sich auf die ihm erteilte Bevollmächtigung zu berufen, so ist die von ihm vorgenommene Verfahrenshandlung nur unter der Bedingung wirksam, daß er innerhalb der ihm gesetzten angemessenen Frist eine ordnungsgemäße Vollmacht vorlegt oder sich auf die ihm erteilte Bevollmächtigung beruft.

(4) [1]Wer im Inland weder Wohnsitz noch Niederlassung hat, kann Rechte aus diesem Bundesgesetz vor dem Patentamt nur geltend machen, wenn er durch einen im § 77 angeführten Parteienvertreter vertreten ist. [2]Sofern sich Wohnsitz oder Niederlassung im EWR oder in der Schweizerischen Eidgenossenschaft befinden, genügt jedoch für die Geltendmachung von Rechten aus diesem Bundesgesetz die Bestellung eines im Inland wohnhaften Zustellungsbevollmächtigten. [3]Das Erfordernis des Hauptwohnsitzes im Inland gilt nicht für Staatsangehörige von EWR-Vertragsstaaten, falls Zustellungen durch Staatsverträge mit dem Vertragsstaat des Wohnsitzes des Zustel-

lungsbevollmächtigten oder auf andere Weise sichergestellt sind. [4]Für die Inanspruchnahme von Service- und Informationsleistungen des Patentamtes einschließlich Gutachten und Recherchen ist weder die Bestellung eines Vertreters noch eines Zustellungsbevollmächtigten erforderlich. *(BGBl I 2013/126)*

(5) Ergänzend zu § 83c JN gilt der Ort, an dem

1. der Vertreter seinen inländischen Wohnsitz oder seine inländische Niederlassung hat, oder

2. der Zustellungsbevollmächtigte seinen inländischen Wohnsitz hat, oder

3. in Ermangelung eines Vertreters mit inländischem Wohnsitz oder inländischer Niederlassung oder eines Zustellungsbevollmächtigten mit inländischem Wohnsitz der Ort, an dem das Patentamt seinen Sitz hat,

für die das Patent betreffenden Angelegenheiten als Wohnsitz oder Niederlassung eines Patentinhabers, der im Inland weder Wohnsitz noch Niederlassung hat. *(BGBl I 2004/149)*

(6) Die einem Rechtsanwalt, Patentanwalt oder Notar zur Vertretung vor dem Patentamt erteilte Bevollmächtigung ermächtigt ihn kraft Gesetzes, alle Rechte aus diesem Bundesgesetz vor dem Patentamt und - soweit er gesetzlich dazu befugt ist - den Rechtsmittelinstanzen geltend zu machen, insbesondere Patente anzumelden, Anmeldungen einzuschränken oder zurückzuziehen, Einsprüche zu erheben, auf Patente zu verzichten, von der Nichtigkeitsabteilung zu behandelnde Anträge sowie Rechtsmittel einzubringen und zurückzuziehen, ferner Vergleiche zu schließen, Zustellungen aller Art sowie amtliche Gebühren und die vom Gegner zu erstattenden Verfahrens- und Vertretungskosten anzunehmen sowie einen Stellvertreter zu bestellen. *(BGBl I 2013/126)*

(7) [1]Die Bevollmächtigung gemäß Abs. 6 kann auf ein bestimmtes Schutzrecht und auf die Vertretung in einem bestimmten Verfahren beschränkt werden. [2]Sie wird jedoch weder durch den Tod des Vollmachtgebers noch durch eine Veränderung in seiner Handlungsfähigkeit aufgehoben.

(8) Soll ein Vertreter, der nicht Rechtsanwalt, Patentanwalt oder Notar ist, auch ermächtigt sein, auf ein erteiltes Patent ganz oder zum Teil zu verzichten, so muß er hiezu ausdrücklich bevollmächtigt sein.

(BGBl 1994/212)

Wirkung des Patentes

§ 22. (1) [1]Das Patent berechtigt den Patentinhaber andere davon auszuschließen, den Gegenstand der Erfindung betriebsmäßig herzustellen, in Verkehr zu bringen, feilzuhalten oder zu gebrauchen oder zu den genannten Zwecken einzuführen oder zu besitzen. [2]Die Wirkung des Patentes erstreckt sich nicht auf Studien und Versuche sowie die sich daraus ergebenden praktischen Anforderungen, soweit sie für die Erlangung einer arzneimittelrechtlichen Genehmigung, Zulassung oder Registrierung für das Inverkehrbringen erforderlich sind. *(BGBl I 2005/130)*

(2) Ist das Patent für ein Verfahren erteilt, so erstreckt sich die Wirkung auch auf die durch dieses Verfahren unmittelbar hergestellten Erzeugnisse.

(3) Das Patent hat ferner die Wirkung, dass es jedem Dritten verboten ist, ohne Zustimmung des Patentinhabers anderen als den zur Benützung der Erfindung berechtigten Personen Mittel, die sich auf ein wesentliches Element der Erfindung beziehen, zur Benützung der Erfindung anzubieten oder zu liefern, wenn der Dritte weiß oder es aufgrund der Umstände offensichtlich ist, dass diese Mittel dazu geeignet und bestimmt sind, für die Benützung der Erfindung verwendet zu werden. *(BGBl I 2004/149)*

(4) Abs. 3 ist nicht anzuwenden, wenn diese Mittel allgemein im Handel erhältliche Erzeugnisse sind, es sei denn, dass der Dritte den Belieferten bewusst veranlasst, in einer nach Abs. 1 verbotenen Weise zu handeln. *(BGBl I 2004/149)*

(5) Personen, die die im Abs. 1 genannten Handlungen nicht betriebsmäßig vornehmen, gelten im Sinne des Abs. 3 nicht als Personen, die zur Benützung der Erfindung berechtigt sind. *(BGBl I 2004/149)*

(BGBl 1996/181)

§ 22a. (1) [1]Der Schutzbereich der veröffentlichten Anmeldung und des Patentes wird durch die Patentansprüche bestimmt. [2]Die Beschreibung und die Zeichnungen sind jedoch zur Auslegung der Patentansprüche heranzuziehen. [3]Dabei ist das Protokoll über die Auslegung des Artikels 69 des Europäischen Patentübereinkommens sinngemäß anzuwenden.

(2) [1]Für den Zeitraum bis zur Erteilung des Patentes wird der Schutzbereich der Anmeldung durch die zuletzt eingereichten Patentansprüche, die in der Veröffentlichung gemäß § 101 enthalten sind, bestimmt. [2]Jedoch bestimmt das Patent in seiner erteilten oder im Einspruchs- oder Nichtigkeitsverfahren geänderten Fassung rückwirkend den Schutzbereich der Anmeldung, soweit deren Schutzbereich nicht erweitert wird.

(BGBl I 2007/81, zum Inkrafttreten vgl § 180a Abs 5!)

§ 22b. (1) Der Schutz eines Patentes für biologisches Material, das aufgrund der Erfindung mit bestimmten Eigenschaften ausgestattet ist, umfasst jedes biologische Material, das aus diesem biologischen Material durch generative oder vegetative Vermehrung in gleicher oder abweichender Form gewonnen wird und mit denselben Eigenschaften ausgestattet ist.

(2) Der Schutz eines Patentes für ein Verfahren, das die Gewinnung eines aufgrund der Erfindung mit bestimmten Eigenschaften ausgestatteten biologischen Materials ermöglicht, umfasst das mit diesem Verfahren unmittelbar gewonnene biologische Material und jedes andere mit denselben Eigenschaften ausgestattete biologische Material, das durch generative oder vegetative Vermehrung in gleicher oder abweichender Form aus dem unmittelbar gewonnenen biologischen Material gewonnen wird.

(3) Der Schutz, der durch ein Patent für ein Erzeugnis erteilt wird, das aus einer genetischen Information besteht oder sie enthält, erstreckt sich vorbehaltlich § 1 Abs. 3 Z 2 und 3 auf jedes Material, in das dieses Erzeugnis Eingang findet und in dem die genetische Information enthalten ist und ihre Funktion erfüllt.

(BGBl I 2005/42)

§ 22c. (1) Der im § 22b vorgesehene Schutz erstreckt sich nicht auf das biologische Material, das durch generative oder vegetative Vermehrung von biologischem Material gewonnen wird, das im Europäischen Wirtschaftsraum vom Patentinhaber oder mit dessen Zustimmung in Verkehr gebracht wurde, wenn die generative oder vegetative Vermehrung notwendigerweise das Ergebnis der Verwendung ist, für die das biologische Material in Verkehr gebracht wurde, vorausgesetzt, dass das so gewonnene Material anschließend nicht für andere generative oder vegetative Vermehrung verwendet wird.

(2) Abweichend von § 22b beinhaltet der Verkauf oder das sonstige Inverkehrbringen von pflanzlichem Vermehrungsmaterial durch den Patentinhaber oder mit dessen Zustimmung an einen Landwirt zum landwirtschaftlichen Anbau dessen Befugnis, sein Erntegut für die generative oder vegetative Vermehrung durch ihn selbst im eigenen Betrieb zu verwenden, wobei Ausmaß und Modalitäten dieser Ausnahmeregelung denjenigen des Artikels 14 der Verordnung (EG) Nr. 2100/94 entsprechen.

(3) [1]Abweichend von § 22b beinhaltet der Verkauf oder das sonstige Inverkehrbringen von Zuchtvieh oder von tierischem Vermehrungsmaterial durch den Patentinhaber oder mit dessen Zustimmung an einen Landwirt dessen Befugnis, das geschützte Vieh zu landwirtschaftlichen Zwecken zu verwenden. [2]Diese Befugnis erstreckt sich auch auf die Überlassung des Viehs oder anderen tierischen Vermehrungsmaterials zur Fortführung seiner landwirtschaftlichen Tätigkeit, jedoch nicht auf den Verkauf mit dem Ziel oder im Rahmen einer gewerblichen Viehzucht. [3]Für diese Befugnis ist eine angemessene Entschädigung zu zahlen.

(4) [1]§ 22b gilt nicht für biologisches Material, das im Bereich der Landwirtschaft zufällig oder technisch nicht vermeidbar gewonnen wurde. [2]Daher kann ein Landwirt nicht in Anspruch genommen werden, wenn er nicht diesem Patentschutz unterliegendes Saat- oder Pflanzgut angebaut hat.

(BGBl I 2005/42)

§ 23. (1) Die Wirkung des Patentes tritt gegen denjenigen nicht ein, der bereits zur Zeit der Anmeldung im guten Glauben die Erfindung im Inland in Benützung genommen oder die zu solcher Benützung erforderlichen Veranstaltungen getroffen hat (Vorbenützer).

(2) Der Vorbenützer ist befugt, die Erfindung für die Bedürfnisse seines eigenen Betriebes in eigenen oder fremden Werkstätten auszunützen.

(3) Diese Befugnis kann nur zusammen mit dem Betrieb vererbt oder veräußert werden.

(4) [1]Der Vorbenützer kann verlangen, daß seine Befugnis vom Patentinhaber durch Ausstellung einer Urkunde anerkannt wird. [2]Wird diese Anerkennung verweigert, so hat auf Antrag das Patentamt über den erhobenen Anspruch in dem für den Anfechtungsprozeß vorgesehenen Verfahren zu entscheiden. [3]Die anerkannte Befugnis ist auf Ansuchen des Berechtigten in das Patentregister einzutragen.

§§ 24 und 25. *(entfallen, BGBl 1996/181)*

§ 26. Auf Fahrzeuge und auf Einrichtungen an Fahrzeugen, die nur vorübergehend aus Anlaß ihrer Benützung im Verkehr in das Inland gelangen, erstreckt sich die Wirkung eines Patentes nicht.

Verhältnis mehrerer Patentinhaber zueinander

§ 27. (1) Das von mehreren Personen als Teilhabern derselben Erfindung angemeldete Patent wird ihnen ohne Bestimmung der Teile erteilt. *(BGBl 1977/349)*

(2) Das Rechtsverhältnis der Teilhaber an einem Patent untereinander richtet sich nach bürgerlichem Recht.

(3) Das Recht, dritten Personen die Benützung der Erfindung zu gestatten, steht im Zweifel nur der Gesamtheit der Teilhaber zu; jeder für sich ist aber befugt, Eingriffe in das Patent gerichtlich zu verfolgen.

Dauer des Patentes

§ 28. (1) Die Höchstdauer des Patentes beträgt 20 Jahre ab dem Anmeldetag. *(BGBl 1996/181)*

(2) [1]Zusatzpatente erreichen ihr Ende mit dem Stammpatent. [2]Ein Zusatzpatent kann jedoch als

selbständiges Patent ausdrücklich aufrechterhalten werden, wenn das Stammpatent widerrufen, zurückgenommen, nichtig erklärt oder darauf verzichtet wird. [3]In Ansehung der Dauer, des Fälligkeitstages und des Ausmaßes der Jahresgebühren tritt das selbständig gewordene Zusatzpatent an die Stelle des Stammpatentes. *(BGBl I 2004/149)*

(BGBl 1984/234)

§ 29. *(entfällt, BGBl 1996/181)*

Bindung des Patentinhabers an die Rechtsvorschriften

§ 30. Ein Patent entbindet nicht von der Einhaltung der Rechtsvorschriften.

§ 31. (1) [1]Der Patentinhaber kann die Erfindung vom Tag der Bekanntmachung der Erteilung des Patentes an in dem aus der Patentschrift sich ergebenden Schutzumfang gewerbsmäßig ausüben, ohne an die Vorschriften für die Erlangung einer Gewerbeberechtigung gebunden zu sein. [2]Die Begünstigung umfasst das Herstellen, das In-Verkehr-Bringen und das Feilhalten des Gegenstandes der Erfindung. [3]Ist Gegenstand der Erfindung ein Verfahren, so erstreckt sich die Begünstigung auch auf dessen Gebrauch.

(2) Bei einer Mehrheit von Patentinhabern kommt diese Begünstigung nur jenen zu, denen das Patent wenigstens zu einem Viertel zusteht.

(3) [1]Wird die Begünstigung von einer Person in einem Zeitpunkt in Anspruch genommen, in dem das Patent nicht mehr als vier Personen zusteht, so wird vermutet, dass diese Person die Voraussetzung des Abs. 2 erfüllt, solange das Gegenteil nicht erwiesen ist. [2]§ 27 Abs. 2 wird hiedurch nicht berührt.

(4) [1]Wird das Patent rechtskräftig widerrufen, nichtig erklärt oder aberkannt, so darf von diesem Zeitpunkt an die Erfindung gewerbsmäßig nur auf Grund der für die betreffende Tätigkeit jeweils erforderlichen Gewerbeberechtigung ausgeübt werden. [2]Das gleiche gilt, wenn das Patent nur teilweise widerrufen, nichtig erklärt oder aberkannt wurde, für jede durch den Schutzumfang des Patentes nicht mehr gedeckte Gewerbeausübung. [3]Wenn das Patent jedoch erlischt (§ 46) oder zurückgenommen wird (§ 47), besteht die Begünstigung gemäß Abs. 1 weiter, wenn sie beim Erlöschen oder bei der Rücknahme des Patentes bereits in Anspruch genommen worden war.

(BGBl I 2004/149)

§ 32. (1) Wer von der Begünstigung des § 31 Abs. 1 Gebrauch machen will, hat dies der Bezirksverwaltungsbehörde, in deren Wirkungsbereich die Ausübung erfolgen soll, spätestens gleichzeitig mit dem Beginn der Ausübung der Erfindung anzuzeigen.

(2) [1]In der Anzeige hat der Patentinhaber seinen Wohnort und seine Staatsangehörigkeit sowie den Standort der Ausübung anzugeben. [2]Der Anzeige ist die Patentschrift und ein höchstens ein Monat alter Registerauszug (§ 80 Abs. 6) beizulegen.

(3) [1]Der Widerruf, die Nichtigerklärung oder Aberkennung eines Patentes für eine Erfindung, deren Ausübung gemäß Abs. 1 angezeigt wurde, ist der Bezirksverwaltungsbehörde binnen einem Monat nach Rechtskraft der Entscheidung anzuzeigen. [2]Wird das Patent nur teilweise widerrufen, nichtig erklärt oder aberkannt, ist auch eine beglaubigte Abschrift des Spruches dieser Entscheidung vorzulegen.

(4) Zu der Anzeige gemäß Abs. 3 ist verpflichtet, wer die Erfindung im Zeitpunkt der im Abs. 3 genannten Ereignungen ausübt.

(5) Personen, die einen unter Inanspruchnahme der Begünstigung des § 31 geführten Betrieb einstellen, haben dies der zuständigen Bezirksverwaltungsbehörde binnen einem Monat anzuzeigen.

(6) Wer die Anzeigen gemäß Abs. 1, 3 oder 5 nicht rechtzeitig erstattet, begeht eine Verwaltungsübertretung und ist von der Bezirksverwaltungsbehörde mit einer Geldstrafe bis zu 1 090 Euro zu bestrafen.

(BGBl I 2004/149)

Übertragung

§ 33. (1) Das Recht aus der Anmeldung eines Patentes und das Patentrecht gehen auf die Erben über; ein Heimfallsrecht findet an diesen Rechten nicht statt.

(2) Beide Rechte können zur Gänze oder nach ideellen Teilen durch Rechtsgeschäft, richterlichen Ausspruch oder letztwillige Verfügung auf andere übertragen werden.

(3) [1]Wird das Recht aus der Anmeldung eines Patentes übertragen, so wird im Falle der Erteilung das Patent dem Rechtsnachfolger des Anmelders erteilt. [2]Die Bestimmungen des § 43 Abs. 5 bis 7 finden entsprechende Anwendung.

Pfandrechte

§ 34. Das Patentrecht kann den Gegenstand eines Pfandrechtes bilden.

Freiwillige Lizenzen

§ 35. Der Patentinhaber ist berechtigt, die Benützung der Erfindung dritten Personen für das ganze Geltungsgebiet des Patentes oder für einen Teil desselben mit oder ohne Ausschluß anderer Benützungsberechtigter zu überlassen (Lizenz).

Zwangslizenzen

§ 36. (1) [1]Kann eine patentierte Erfindung nicht verwertet werden, ohne eine mit besserem Zeitrang patentierte Erfindung (älteres Patent) zu verletzen, hat der Inhaber des jüngeren Patentes Anspruch auf eine nicht ausschließliche Lizenz an dem älteren Patent, wenn die mit dem jüngeren Patent geschützte Erfindung gegenüber der mit dem älteren Patent geschützten Erfindung einen wichtigen technischen Fortschritt von erheblicher wirtschaftlicher Bedeutung darstellt. [2]Im Falle der Lizenzeinräumung hat auch der Inhaber des älteren Patentes Anspruch auf eine nicht ausschließliche Lizenz am jüngeren Patent.

(2) Kann ein Pflanzenzüchter ein Sortenschutzrecht nicht erhalten oder verwerten, ohne eine mit besserem Zeitrang patentierte Erfindung (älteres Patent) zu verletzen, hat er Anspruch auf eine nicht ausschließliche Lizenz an dem Patent, soweit die Pflanzensorte einen bedeutenden technischen Fortschritt von erheblichem wirtschaftlichen Interesse gegenüber der patentgeschützten Erfindung darstellt und soweit diese Lizenz zur Verwertung der zu schützenden Pflanzensorte erforderlich ist. *(BGBl I 2005/42)*

(3) Wird dem Inhaber eines Patentes für eine biotechnologische Erfindung eine nicht ausschließliche Lizenz für eine durch ein mit besserem Zeitrang erteiltes Sortenschutzrecht (älteres Sortenschutzrecht) geschützte Pflanzensorte erteilt, weil er die biotechnologische Erfindung nicht verwerten kann, ohne ein älteres Sortenschutzrecht zu verletzen, dann hat der Inhaber des älteren Sortenschutzrechtes Anspruch auf eine nicht ausschließliche Lizenz an dem jüngeren Patent zur Verwertung der geschützten Erfindung. *(BGBl I 2005/42)*

„(4)“ Wird eine patentierte Erfindung im Inland nicht in angemessenem Umfang ausgeübt, wobei die Ausübung auch durch Import erfolgen kann, und hat der Patentinhaber nicht alles zu einer solchen Ausübung Erforderliche unternommen, so hat jedermann für seinen Betrieb Anspruch auf eine nicht ausschließliche Lizenz an dem Patent, es sei denn, der Patentinhaber weist nach, daß die Ausübung der Erfindung im Inland wegen der der Ausübung entgegenstehenden Schwierigkeiten nicht oder nicht in größerem Umfang zumutbar ist, als dies geschehen ist. *(BGBl 1994/634; BGBl I 2005/42)*

„(5)“ [1]Ist die Erteilung einer Lizenz an einer patentierten Erfindung im öffentlichen Interesse geboten, hat jedermann für seinen Betrieb Anspruch auf eine nicht ausschließliche Lizenz an der Erfindung. [2]Der diesbezügliche Anspruch der Bundesverwaltung ist hingegen an keinen Betrieb gebunden. *(BGBl I 2005/42)*

(6) und (7) *(aufgehoben, BGBl I 2005/42)*

(BGBl 1996/181)

§ 37. (1) [1]Verweigert der zur Einräumung einer Lizenz gemäß § 36 Berechtigte deren Einräumung, obwohl sich der Lizenzwerber bemüht hat, die Zustimmung innerhalb einer angemessenen Frist zu angemessenen geschäftsüblichen Bedingungen zu erhalten, so entscheidet auf Antrag des Lizenzwerbers das Patentamt in dem für die Anfechtung von Patenten vorgeschriebenen Verfahren. [2]Im Fall der Lizenzeinräumung ist eine angemessene Vergütung zu bestimmen, wobei der wirtschaftliche Wert der Lizenz in Betracht zu ziehen ist. [3]Die gegebenenfalls erforderliche Sicherstellung sowie die sonstigen Bedingungen der Benützung sind unter Berücksichtigung der Natur der Erfindung und der Umstände des Falles festzusetzen. [4]Umfang und Dauer der Lizenz gemäß § 36 werden vorwiegend für die Versorgung des inländischen Marktes gestattet und sind auf den Zweck zu begrenzen, der sie erforderlich gemacht hat. [5]Im Falle der Halbleitertechnik kann die Lizenz nur für den öffentlichen, nicht gewerblichen Gebrauch oder um eine in einem Gerichts- oder Verwaltungsverfahren festgestellte wettbewerbswidrige Praxis abzustellen, eingeräumt werden.

(2) Die Einräumung einer Lizenz gemäß § 36 Abs. 4 kann erst vier Jahre nach der Anmeldung oder drei Jahre nach der Kundmachung der Erteilung des Patentes, an dem die Lizenz begehrt wird, beantragt werden; maßgebend ist diejenige Frist, die zuletzt abläuft.

(3) [1]Vom Erfordernis der Einholung der Zustimmung des zur Einräumung einer Lizenz Berechtigten kann im Fall des § 36 Abs. 5 bei Vorliegen eines nationalen Notstandes oder sonstiger Umstände von äußerster Dringlichkeit abgesehen werden. [2]In diesem Fall ist durch Zwischenentscheidung eine vorläufige Bewilligung zur Benützung der Erfindung zu erteilen.

(4) [1]Eine gemäß Abs. 1 eingeräumte Lizenz ist vorbehaltlich eines angemessenen Schutzes der berechtigten Interessen der ermächtigten Personen auf Antrag aufzuheben, wenn und sofern die Umstände, die zu ihr geführt haben, zu bestehen aufhören und wahrscheinlich nicht wieder eintreten. [2]Das Patentamt entscheidet über diesen Antrag in dem für die Anfechtung von Patenten vorgeschriebenen Verfahren.

(5) Bei Verfahren über die Einräumung oder Aufhebung von Lizenzen gemäß § 36 Abs. 2 und 3 hat jedem Senat der Nichtigkeitsabteilung ein Mitglied anzugehören, das auf Vorschlag des Bundesministers für Land- und Forstwirtschaft, Umwelt und Wasserwirtschaft vom Bundesminister für Verkehr, Innovation und Technologie ernannt worden ist. *(BGBl I 2013/126)*

(BGBl I 2005/42)

Lizenzübertragung

§ 38. [1]Lizenzen gemäß den §§ 35 und 36 Abs. 2 bis 5 sowie am jüngeren Patent gemäß § 36 Abs. 1 können ohne Zustimmung des Patentinhabers unter Lebenden nur gemeinsam mit dem lizenzberechtigten Teil des Unternehmens oder des Geschäftsbetriebs übertragen werden und gehen von Todes wegen nur dann auf die Rechtsnachfolger über, wenn von diesen der lizenzberechtigte Teil des Unternehmens oder des Geschäftsbetriebs fortgeführt wird. [2]Eine gemäß § 36 Abs. 1 am älteren Patent eingeräumte Lizenz ist nicht übertragbar, es sei denn zusammen mit der Übertragung des jüngeren Patentes.

(BGBl I 2005/42)

§§ 39 bis 42. *(entfallen, BGBl 1996/181)*

Eintragung in das Patentregister

§ 43. (1) Das Patentrecht (§ 33), das Pfandrecht und die sonstigen dinglichen Rechte an Patentrechten werden mit der Eintragung in das Patentregister erworben und gegen Dritte wirksam.

(2) [1]Für den Zeitpunkt der Erwerbung der Lizenzrechte bleiben die Bestimmungen des bürgerlichen Rechtes maßgebend. [2]Dritten Personen gegenüber werden die Lizenzrechte erst mit der Eintragung in das Patentregister wirksam.

(3) Die Rangordnung der vorgenannten Rechte wird durch die Reihenfolge der an das Patentamt gelangten Eingaben um Eintragung bestimmt, vorausgesetzt, daß die Eingabe zur Eintragung führt.

(4) Gleichzeitig eingelangte Eingaben genießen die gleiche Rangordnung.

(5) Die Eintragungen in das Patentregister nach den Abs. 1 und 2 sowie die Eintragung des Erlöschens der in das Patentregister eingetragenen Rechte an Patentrechten geschehen auf schriftlichen Antrag eines der Beteiligten oder auf gerichtliches Ersuchen. *(BGBl I 2004/149)*

(6) [1]Mit dem Antrag auf Eintragung ist die Urkunde, auf Grund der die Eintragung geschehen soll, in Kopie vorzulegen. [2]Wenn das Original der Urkunde keine öffentliche Urkunde ist, muss sie mit der beglaubigten Unterschrift des über sein Recht Verfügenden versehen sein. [3]Im Fall der Übertragung des Patentrechts kann an Stelle der Urkunde auch eine übereinstimmende Erklärung der Parteien oder ihrer Vertreter zur Übertragung vorgelegt werden. *(BGBl I 2017/124)*

(7) [1]Der Antrag auf Eintragung, die Urkunde und die Erklärungen unterliegen nach Form und Inhalt der Prüfung des Patentamts. [2]Das Patentamt kann, wenn sich begründete Zweifel ergeben, Originale oder beglaubigte Kopien oder weitere Unterlagen verlangen. *(BGBl I 2017/124)*

Belastungen

§ 44. Wer ein Patent erwirbt, übernimmt die darauf haftenden Lasten, welche im Zeitpunkt der Überreichung des Eintragungsgesuches beim Patentamt aus dem Patentregister ersichtlich oder zur Eintragung ordnungsmäßig angemeldet sind.

Streitanmerkungen

§ 45. (1) Bei Gericht anhängige Streitverfahren über die Zugehörigkeit von Patenten, über Pfandrechte oder sonstige dingliche Rechte an Patenten sowie die Verfahren über Nennung als Erfinder (§ 20 Abs. 5 und 6), Bestehen eines Vorbenützerrechtes (§ 23) und Einräumung von Zwangslizenzen (§ 36), über einen Einspruch (§ 102), ferner wegen Rücknahme (§ 47), Nichtigerklärung (§ 48), Aberkennung (§ 49) und Abhängigerklärung (§ 50) sind auf Antrag im Patentregister anzumerken (Streitanmerkung). *(BGBl I 2004/149)*

(2) Die Streitanmerkung hat die Wirkung, daß die Entscheidung auch gegen die Personen, welche erst nach dem Zeitpunkt des Einlangens des Gesuches um Streitanmerkung beim Patentamt Eintragungen in das Patentregister erwirkt haben, ihre volle Wirksamkeit äußert.

Erlöschen

§ 46. (1) Das Patent erlischt

1. bei rechtzeitiger Zahlung der Jahresgebühren spätestens mit Erreichung der Höchstdauer;

2. wenn die fällige Jahresgebühr nicht rechtzeitig eingezahlt wurde;

3. wenn der Patentinhaber auf das Patent verzichtet.

(BGBl 1984/234)

(2) Betrifft der Verzicht nur einzelne Teile des Patentes, so bleibt das Patent hinsichtlich der übrigen Teile, sofern dieselben noch den Gegenstand eines selbständigen Patentes bilden können, aufrecht.

(3) Das Erlöschen wirkt im Fall des Abs. 1 Z 1 mit dem auf die Erreichung der Höchstdauer, im Fall des Abs. 1 Z 2 mit dem auf den Ablauf des letzten Gültigkeitsjahres und im Fall des Abs. 1 Z 3 mit dem auf die Bekanntgabe des Verzichtes an das Patentamt folgenden Tag. *(BGBl 1984/234)*

Rücknahme

§ 47. (1) [1]Das Patent kann ganz oder teilweise zurückgenommen werden, wenn die Einräumung von Zwangslizenzen (§ 36 Abs. 4) nicht genügt hat, um die Ausübung der Erfindung im Inland in angemessenem Umfang zu sichern. [2]Die Rücknahme wird mit Rechtskraft der Entscheidung wirksam. *(BGBl I 2005/42)*

(2) [1]Die Rücknahme kann erst zwei Jahre nach rechtskräftiger Erteilung einer Zwangslizenz ausgesprochen werden. [2]Sie ist ausgeschlossen, wenn der Patentinhaber dartut, daß ihm wegen der der Ausübung der Erfindung entgegenstehenden Schwierigkeiten billigerweise nicht zugemutet werden kann, die Erfindung im Inland überhaupt oder in einem größeren Umfang, als sie stattgefunden hat, auszuüben oder ausüben zu lassen.

(3) *(entfällt, BGBl 1996/181)*

Nichtigerklärung

§ 48. (1) Das Patent wird nichtig erklärt, wenn

1. der Gegenstand des Patentes den §§ 1 bis 3 nicht entspricht, *(BGBl I 2004/149)*

2. das Patent die Erfindung nicht so deutlich und vollständig offenbart, daß ein Fachmann sie ausführen kann, *(BGBl 1994/634)*

3. der Gegenstand des Patentes über den Inhalt der Anmeldung in ihrer ursprünglich eingereichten, den Anmeldetag begründenden Fassung hinausgeht, *(BGBl I 2004/149)*

4. das gemäß § 87a Abs. 2 Z 1 hinterlegte biologische Material nicht ständig entweder bei der ursprünglichen Hinterlegungsstelle im Sinne des Budapester Vertrages über die internationale Anerkennung der Hinterlegung von Mikroorganismen für die Zwecke von Patentverfahren vom 28. April 1977, BGBl. Nr. 104/1984, (Budapester Vertrag) oder bei einer anderen Hinterlegungsstelle, an das es nach diesem Vertrag weitergeleitet worden ist, zugänglich war, es sei denn, der Patentinhaber weist nach,

a) dass er das biologische Material erneut hinterlegt hat und die Hinterlegung gemäß Art. 4 dieses Vertrages zu behandeln ist, als wäre sie am Tag der ursprünglichen Hinterlegung erfolgt, oder

b) dass er an einer solchen erneuten Hinterlegung durch ein unvorhergesehenes oder unabwendbares Ereignis gehindert worden ist und sie binnen zwei Monaten nach dem Wegfall des Hindernisses nachgeholt hat.
(BGBl I 2005/42)
(BGBl 1994/634)

(2) Treffen die Nichtigkeitsgründe nur teilweise zu, so wird die Nichtigkeit durch entsprechende Beschränkung des Patentes erklärt.

(3) [1]Die rechtskräftige Nichtigerklärung wirkt in den Fällen des Abs. 1 Z 1 bis 3 auf den Anmeldetag, im Fall des Abs. 1 Z 4 auf den Tag zurück, an dem die Hinterlegungsstelle erstmals festgestellt hat, dass sie nicht in der Lage ist, Proben des biologischen Materials abzugeben. [2]Wenn der Gegenstand des Patentes nach § 3 Abs. 2 nicht patentierbar war, bleiben jedoch von dieser Rückwirkung die vom späteren Anmelder rechtmäßig bestellten und von Dritten redlich erworbenen Lizenzrechte, die seit einem Jahr im Patentregister eingetragen und durch keine rechtlich begründete Streitanmerkung betroffen sind (§ 45), unberührt, dies unbeschadet der hieraus gegen den späteren Anmelder entspringenden Ersatzansprüche. *(BGBl I 2005/42)*

(BGBl 1984/234)

Aberkennung

§ 49. (1) Das Patent wird dem Patentinhaber aberkannt, wenn der Nachweis erbracht wird,

1. daß dem Patentinhaber der Anspruch auf die Erteilung des Patentes (§ 4 Abs. 1, §§ 6 und 7) nicht zustand;

2. daß der wesentliche Inhalt der Anmeldung den Beschreibungen, Zeichnungen, Modellen, Gerätschaften oder Einrichtungen eines anderen oder einem von diesem angewendeten Verfahren ohne dessen Einwilligung entnommen war.

(2) Trifft eine dieser Voraussetzungen (Abs. 1 Z. 1 und 2) nur teilweise zu, so wird das Patent dem Patentinhaber nur teilweise aberkannt.

(3) Der Anspruch auf Aberkennung des Patentes steht im ersten Fall nur dem, der den Anspruch auf die Erteilung des Patentes hat, im zweiten Fall nur dem Beeinträchtigten zu und verjährt gegen den gutgläubigen Patentinhaber innerhalb dreier Jahre vom Zeitpunkt seiner Eintragung in das Patentregister.

(4) Die aus der Aberkennung entspringenden wechselseitigen Ersatz- und Rückforderungsansprüche sind nach bürgerlichem Recht zu beurteilen und im Zivilrechtsweg geltend zu machen.

(5) [1]Anstelle der Aberkennung kann die Übertragung des Patentes begehrt werden. [2]Besteht der Anspruch auf Übertragung nur hinsichtlich eines Anteils, dann ist das Patent anteilsmäßig zu übertragen. [3]Wird keine Übertragung begehrt und das Patent zur Gänze aberkannt, endet der Patentschutz mit Rechtskraft der die Aberkennung aussprechenden Entscheidung. [4]Wird die Übertragung des Patentes begehrt, kann der Patentinhaber bis zur Rechtskraft der Entscheidung nur mit Zustimmung des Antragstellers auf das Patent verzichten. *(BGBl I 2004/149)*

„(6)" Die vom früheren Patentinhaber rechtmäßig bestellten, von dritten Personen redlich erworbenen und seit einem Jahr im Patentregister eingetragenen Lizenzrechte bleiben, sofern sie durch keine rechtlich begründete Streitanmerkung betroffen wurden (§ 45), unbeschadet der hieraus gegen den bisherigen Patentinhaber entspringenden Ersatzansprüche, im Fall einer solchen Patentübertragung auch gegenüber dem neuen Patentinhaber aufrecht. *(BGBl I 2004/149)*

(7) [1]Der Antrag auf Aberkennung oder Übertragung kann auch schon vor der Erteilung des Patentes hinsichtlich der Patentanmeldung gestellt

werden, wobei die Abs. 1 bis 5 sinngemäß anzuwenden sind. [2]Über den Antrag ist nach den Verfahrensvorschriften über die Aberkennung eines Patentes zu verhandeln. [3]Wird die Übertragung der Patentanmeldung begehrt, dann ist das Anmeldeverfahren bis zur rechtskräftigen Entscheidung über den Antrag auszusetzen und kann vorher nur mit Zustimmung des Antragstellers fortgesetzt werden. *(BGBl I 2004/149)*

Abhängigerklärung

§ 50. [1]Der Inhaber eines prioritätsälteren Patentes oder eines prioritätsälteren Gebrauchsmusters im Sinne des Gebrauchsmustergesetzes kann beim Patentamt die Entscheidung beantragen, dass die gewerbliche Verwendung einer patentierten Erfindung die vollständige oder teilweise Benützung seiner Erfindung voraussetzt. [2]Über einen solchen Antrag hat das Patentamt in dem für den Anfechtungsprozess vorgesehenen Verfahren zu entscheiden.

(BGBl I 2004/149)

Vergeltungsrecht

§ 51. Gegen Angehörige eines ausländischen Staates, der Erfindungen österreichischer Bundesbürger keinen oder unvollständigen Schutz gewährt, kann durch Verordnung der Bundesregierung ein Vergeltungsrecht in Anwendung gebracht werden.

Fristen

§ 52. (1) Wenn die Dauer einer Frist nicht durch ein Gesetz oder eine Verordnung festgesetzt ist, so hat sie die Behörde mit Rücksicht auf die Erfordernisse und die Beschaffenheit des einzelnen Falles festzusetzen, soweit nicht der Präsident des Patentamtes Bestimmungen über das Ausmaß von Fristen trifft (§ 99 Abs. 6 dritter Satz). *(BGBl I 2004/149)*

(2) [1]Die durch ein Gesetz oder eine Verordnung festgesetzten Fristen können, wenn nicht ausdrücklich anderes bestimmt ist, nicht verlängert werden. [2]Die von der Behörde festgesetzten Fristen können verlängert werden.

§ 53. (1) Der Lauf einer Frist beginnt mit der durch das Gesetz oder die Verordnung bestimmten Ereignung, nach der sich der Anfang der Frist richten soll, oder, sofern bei der Festsetzung der Frist nicht anderes bestimmt wurde, mit der Zustellung des die Frist festsetzenden Beschlusses oder der sie festsetzenden Verfügung an die Partei, oder, wenn der Beschluß oder die Verfügung nicht zugestellt, sondern verkündet wurde, mit der Verkündung.

(2) Bei der Berechnung einer Frist, die nach Tagen bestimmt ist, wird der Tag nicht mitgerechnet, in den die Ereignung, die Zustellung oder die Verkündung fällt, nach der sich der Anfang der Frist richten soll.

(3) [1]Nach Wochen, Monaten oder Jahren bestimmte Fristen enden mit dem Ablauf des Tages der letzten Woche oder des letzten Monats, der durch seine Benennung oder Zahl dem Tag entspricht, an dem die Frist begonnen hat. [2]Fehlt dieser Tag im letzten Monat, so endet die Frist mit dem Ablauf des letzten Tages dieses Monats.

§ 54. (1) Der Beginn und der Lauf einer Frist wird durch Sonn- und Feiertage nicht behindert.

(2) Fällt das Ende einer Frist auf einen Sonn- oder Feiertag oder auf einen Werktag, an dem die Eingangsstelle des Patentamts geschlossen ist, so ist der nächste Werktag als letzter Tag der Frist anzusehen. *(BGBl I 2009/126)*

(3) [1]Die Tage des Postenlaufes werden bei Eingaben, die im Inland zur Post gegeben worden sind, in die Frist nicht eingerechnet. [2]Dies gilt nicht in den Fällen, in denen der Tag des Einlangens der Eingabe beim Patentamt maßgebend ist (§ 102 Abs. 1 und § 129 Abs. 3).

§ 55. Laufen die Fristen, die mehreren an einer und derselben Angelegenheit beteiligten Personen zur Vornahme derselben Handlung zustehen, zu verschiedenen Zeiten ab, so kann die Handlung von jeder dieser Personen so lange vorgenommen werden, als noch einer von ihnen die Frist für diese Handlung offensteht.

§ 56. [1]Wenn eine Eingabe mehrere gewerbliche Schutzrechte (Patente, Marken, Muster) oder Anmeldungen solcher Rechte umfaßt, so kann unter Festsetzung einer Frist die Überreichung gesonderter Eingaben für jede oder einzelne dieser Rechte (Anmeldungen) angeordnet werden. [2]Die rechtzeitig überreichten gesonderten Eingaben gelten als am Tag des Einlangens der ursprünglichen Eingabe überreicht. [3]§ 163 Abs. 4 bleibt unberührt.

(BGBl 1984/234)

II. Patent-Behörden und Patent-Einrichtungen

Wirkungskreis des Patentamtes

§ 57. (1) Für die Erteilung von Patenten, den Widerruf, die Rücknahme, die Nichtigerklärung, die Aberkennung, die Abhängigerklärung, die Entscheidung über die Nennung als Erfinder (§ 20), über das Bestehen des Vorbenützerrechtes (§ 23), über Lizenzeinräumungen (§ 36), über Feststellungsanträge (§ 163) sowie Service- und Informationsleistungen auf dem Gebiet des gewerblichen Rechtsschutzes (§§ 57a, 57b) und alle Eintragungen in das Patentregister ist das Patentamt zuständig. *(BGBl I 2004/149)*

(2) [1]Im Interesse der internationalen Zusammenarbeit auf dem Gebiet des gewerblichen Rechtsschutzes kann vereinbart werden, daß das Patentamt Staaten oder internationalen staatlichen oder nichtstaatlichen Organisationen, die mit Aufgaben auf dem genannten Gebiet befaßt sind, unentgeltlich oder gegen angemessenen Kostenersatz technische oder rechtliche Hilfe leistet. [2]Unentgeltlichkeit darf nur vereinbart werden, wenn die Hilfeleistung im öffentlichen Interesse liegt, zu Zwecken der Entwicklungshilfe erbracht wird oder bloß geringfügige Kosten verursacht.

(BGBl 1984/234)

Service- und Informationsleistungen des Patentamtes

§ 57a. Das Patentamt hat auf Antrag schriftliche

1. Recherchen über den Stand der Technik bezüglich eines konkreten technischen Problems und

2. Gutachten darüber, ob eine nach den §§ 1 bis 3 patentierbare Erfindung gegenüber dem vom Antragsteller bekannt gegebenen oder vom Patentamt zu recherchierenden Stand der Technik vorliegt, zu erstatten.

(BGBl I 2005/130)

§ 57b. „“* [1]Das Patentamt hat seine Service- und Informationsleistungen auszubauen und hiebei insbesondere seine Dokumentation zum Zwecke ihrer leichteren Zugänglichkeit zu erschließen und der Öffentlichkeit eine verbesserte Information auf allen einschlägigen Gebieten zu gewähren. [2]„§ 81 Abs. 4 erster Satz ist sinngemäß anzuwenden.“** *(*BGBl I 2004/149; **BGBl I 2016/71)*

(2) *(entfällt, BGBl I 2004/149)*

(3) *(entfällt, BGBl 1992/771)*

(BGBl 1984/234)

Organisation, Sitz und Zusammensetzung des Patentamtes

§ 58. (1) [1]„Das Patentamt ist eine Bundesbehörde, die als der Bundesministerin oder dem Bundesminister für Verkehr, Innovation und Technologie nachgeordnete Dienstbehörde errichtet ist und ihren Sitz in Wien hat.“[2]Es ist die österreichische Zentralbehörde für den gewerblichen Rechtsschutz. [3]Die Tätigkeiten des Patentamtes haben mit den sich aus seiner öffentlich-rechtlichen Stellung als Bundesbehörde ergebenden Verpflichtungen zur Objektivität und Gleichbehandlung in Einklang zu stehen. *(BGBl I 2009/126; BGBl I 2016/71)*

(2) Das Patentamt besteht aus einem Präsidenten, einem für den juristischen Bereich und einem für den fachtechnischen Bereich zuständigen Vizepräsidenten sowie den zur Erfüllung seiner Aufgaben erforderlichen rechtskundigen und fachtechnischen Mitgliedern und sonstigen Mitarbeitern.

(3) [1]Der Präsidentin oder dem Präsidenten obliegt – unbeschadet der Bereichsverantwortung der Vizepräsidentinnen und Vizepräsidenten – die Leitung des Patentamts. *(BGBl I 2016/71, siehe § 180c)*

(4) [1]Die rechtskundigen Mitglieder müssen das Universitätsstudium der Rechtswissenschaften vollendet haben. [2]Die fachtechnischen Mitglieder müssen ein Universitätsstudium vollendet haben, das ein Gebiet der Technik oder der Naturwissenschaften zum Gegenstand hat. [3]Für die Bestellung der Mitglieder gelten im Übrigen die einschlägigen dienstrechtlichen Vorschriften.

(5) Die Vizepräsidenten sollen über die für Mitglieder des Patentamtes vorgesehene förmliche Befähigung (der technische Vizepräsident jene als fachtechnisches Mitglied, der rechtskundige Vizepräsident jene als rechtskundiges Mitglied) oder über gleichwertige Kenntnisse verfügen.

(BGBl I 2004/149)

§ 58a. *(aufgehoben, BGBl I 2016/71)*

§ 58b. *(aufgehoben, BGBl I 2016/71)*

§ 59. *(entfällt, BGBl I 2004/149)*

Einrichtungen des Patentamtes

§ 60. (1) Im Patentamt bestehen die zur Erfüllung seiner Aufgaben vorgesehenen Abteilungen und die erforderlichen sonstigen Organisationseinheiten. *(BGBl I 2004/149)*

(2) Die Zahl der Abteilungen und Organisationseinheiten, ihr Aufgabenbereich und ihre personelle Ausstattung ist vom Präsidenten nach den jeweiligen Erfordernissen festzusetzen. *(BGBl I 2004/149)*

(3) Unbeschadet der in anderen Rechtsvorschriften diesen Abteilungen und Organisationseinheiten übertragenen Aufgaben sind zuständig:

1. die Technischen Abteilungen für das Verfahren zur Erteilung von Patenten, das Einspruchsverfahren, die Verfahren betreffend den Verzicht und die Erstattung schriftlicher Recherchen und Gutachten; *(BGBl I 2009/126)*

2. die Rechtsabteilung für das Verfahren in Angelegenheiten, die sich auf die Übertragung des Rechtes aus der Anmeldung, auf andere

rechtliche Verfügungen über ein solches Recht, auf erteilte Patente oder auf Anträge auf Wiedereinsetzung in den vorigen Stand beziehen, soweit nicht die Technische Abteilung oder die Nichtigkeitsabteilung zuständig ist; *(BGBl I 2013/126)*

3. die Nichtigkeitsabteilung für das Verfahren über Anträge auf Rücknahme, Nichtigerklärung, Aberkennung, Abhängigerklärung, auf Nennung als Erfinder nach § 20 Abs. 5, auf Anerkennung des Vorbenützerrechtes, über Feststellungsanträge und über die Anträge auf Erteilung von Zwangslizenzen. *(BGBl I 2013/126)*

4. *(entfällt, BGBl I 2013/126)*
(BGBl I 2005/130)

(4) und (5) *(entfällt, BGBl I 2004/149)*

§ 61. (1) Der Präsident hat das gesamte Gebiet der Technik in Patentklassen zu gliedern und diese erforderlichenfalls weiter zu unterteilen; er hat die einzelnen Patentklassen oder Unterteilungen den Technischen Abteilungen nach den jeweiligen Erfordernissen zuzuweisen.

(2) [1]In die Technischen Abteilungen sind fachtechnische Mitglieder, in die Rechtsabteilungen rechtskundige Mitglieder zu berufen. [2]Zu Mitgliedern der Nichtigkeitsabteilung sind rechtskundige und fachtechnische Mitglieder zu berufen. [3]Die Mitglieder der Technischen Abteilungen und der Rechtsabteilungen können gleichzeitig auch in die Nichtigkeitsabteilung berufen werden. *(BGBl I 2013/126)*

(3) Der Präsident hat aus den Mitgliedern der Nichtigkeitsabteilung die erforderliche Anzahl zu Vorsitzenden und aus den Mitgliedern der übrigen Abteilungen zur Leitung und zur Überwachung des Geschäftsganges einen Vorstand zu bestimmen sowie Verfügungen für deren Stellvertretung zu treffen. *(BGBl I 2013/126)*

(4) [1]Jeder Technischen Abteilung ist zur Mitwirkung an ihren Kollegialbeschlüssen oder zur Erstattung von Äußerungen (§ 62 Abs. 4) ein rechtskundiges Mitglied zuzuweisen. [2]Dasselbe rechtskundige Mitglied kann auch mehreren Technischen Abteilungen zugewiesen werden.

(5) Die Geschäftsverteilung in den Technischen Abteilungen und den Rechtsabteilungen wird vom Vorstand der jeweiligen Abteilung festgesetzt.

(6) [1]In der Nichtigkeitsabteilung sind die einzelnen Geschäftsfälle den Vorsitzenden vom Präsidenten zuzuweisen. [2]Dabei ist auf die Belastung und bei den fachtechnischen Vorsitzenden auch auf das im Einzelfall in Betracht kommende Fachgebiet Bedacht zu nehmen. *(BGBl I 2013/126)*

(BGBl I 2004/149)

Beschlußfassung in den Abteilungen

§ 62. (1) Mit den Beschlüssen und Verfügungen im Wirkungsbereich der Technischen Abteilungen ist das nach der Geschäftsverteilung zuständige fachtechnische Mitglied (Prüfer) betraut, soweit nicht in den Abs. 3 und 4 etwas anderes bestimmt ist. *(BGBl I 2009/126)*

(2) [1]Zur Beschlussfassung sowie zu allen Verfügungen in Angelegenheiten des Patentschutzes, die in den Wirkungsbereich der Rechtsabteilung fallen, ist dasjenige Mitglied zuständig, das der Technischen Abteilung zugewiesen ist (§ 61 Abs. 4), in deren Patentklassen oder Unterteilungen das betreffende Patent oder die betreffende Anmeldung gehört (§ 61 Abs. 1). [2]Falls solche Angelegenheiten mehrere Patente (Patentanmeldungen) betreffen, ist dasjenige Mitglied zuständig, das gemäß § 61 Abs. 5 für das in der betreffenden Eingabe an erster Stelle genannte Patent oder für die an erster Stelle genannte Patentanmeldung zuständig ist. *(BGBl I 2005/130)*

(3) [1]Über die vollständige oder teilweise Zurückweisung einer Anmeldung gemäß § 100 Abs. 1 und über den Einspruch hat die Technische Abteilung durch drei Mitglieder, unter denen sich zwei fachtechnische Mitglieder befinden müssen, zu entscheiden. [2]Dem Senat haben der Vorstand der Abteilung und der Prüfer anzugehören. [3]Der Vorstand führt den Vorsitz. *(BGBl I 2004/149)*

(4) Das der Technischen Abteilung zugewiesene rechtskundige Mitglied hat an der Beschlussfassung nach Abs. 3 als Stimmführer mitzuwirken, oder es hat der Prüfer, wenn ihm die Beschlussfassung allein zusteht (Abs. 1), vorher die Äußerung des rechtskundigen Mitgliedes einzuholen, sofern

1. über die Patentierbarkeit unter dem Gesichtspunkt der gewerblichen Anwendbarkeit oder auf Grund des § 2 zu entscheiden ist,

2. über Prioritätsrechte (§§ 93 bis 95) zu entscheiden ist, deren rechtliche Voraussetzungen zweifelhaft oder bestritten sind,

3. Zeugen oder Sachverständige vernommen werden oder ein Augenschein durchzuführen ist,

4. über eine Ordnungs- oder Mutwillensstrafe zu entscheiden ist.
(BGBl I 2004/149)

(5) Vertritt in einer Sitzung der Technischen Abteilung in der Besetzung von drei fachtechnischen Mitgliedern die Mehrheit die Ansicht, daß auch über eine der im Abs. 4 zu behandelnden Fragen zu beschließen ist, so hat an der Beschlußfassung an Stelle eines fachtechnischen Mitgliedes das der Technischen Abteilung zugewiesene rechtskundige Mitglied mitzuwirken. *(BGBl 1977/349)*

(6) [1]Soweit die Zusammensetzung des Senates nicht durch die Abs. 3 bis 5 bestimmt wird, obliegt sie dem Vorstand der Technischen Abtei-

lung. [2]Er hat dabei auf das im Einzelfall in Betracht kommende Fachgebiet Bedacht zu nehmen. *(BGBl 1977/349)*

(7) Vor der Entscheidung von Angelegenheiten, die in den Wirkungsbereich der Rechtsabteilung fallen (§ 60 Abs. 3 Z 2) und in denen technische Fragen von Bedeutung sein können, hat das rechtskundige Mitglied die Äußerung des zuständigen fachtechnischen Mitgliedes einzuholen. *(BGBl I 2005/130)*

(8) Über Ansprüche nach dem Gebührenanspruchsgesetz 1975, BGBl. Nr. 136, entscheidet das Mitglied, im Fall eines Senates der Vorsitzende. *(BGBl I 2017/124)*

§ 62a. (1) [1]Durch Verordnung des Präsidenten können Bedienstete, die nicht Mitglieder des Patentamtes sind, zur Besorgung von der Art nach bestimmt zu bezeichnenden Angelegenheiten betreffend Anmeldungen und erteilte Patente ermächtigt werden, sofern dies wegen der Einfachheit der Erledigungen zweckmäßig ist und die Ausbildung der ermächtigten Bediensteten Gewähr für ordnungsgemäße Erledigungen bietet. [2]Sie sind an die Weisungen des nach der Geschäftsverteilung zuständigen Mitgliedes gebunden. [3]Dieses kann Erledigungen jederzeit sich vorbehalten oder an sich ziehen.

(2) Die Beschlüsse der nach Abs. 1 ermächtigten Bediensteten können wie die des zuständigen Mitgliedes angefochten werden.

(BGBl I 2004/149)

§ 63. (1) Die Nichtigkeitsabteilung beschließt ihre Endentscheidungen mit Einschluss des Vorsitzenden durch zwei rechtskundige und drei fachtechnische Mitglieder.

(2) [1]Für Zwischenentscheidungen in der Nichtigkeitsabteilung genügt die Anwesenheit von drei Mitgliedern. [2]Verfahrenseinstellende Entscheidungen ohne Erfordernis einer Entscheidung in der Sache selbst sowie Beschlüsse über Ansprüche nach dem Gebührenanspruchsgesetz erfolgen durch den Vorsitzenden.

(BGBl I 2013/126)

§ 64. (1) [1]Für Entscheidungen im Senat genügt die einfache Stimmenmehrheit. [2]Bei Stimmengleichheit entscheidet die Stimme des Vorsitzenden.

(2) [1]Die Entscheidungen des Patentamtes sind mit Gründen zu versehen. [2]„Wird im einseitigen Verfahren vor einer Technischen Abteilung oder der Rechtsabteilung einem Antrag vollinhaltlich stattgegeben, so kann die Begründung entfallen.“ [3]Alle Erledigungen sind schriftlich auszufertigen und allen Beteiligten von Amts wegen zuzustellen oder telegraphisch, fernschriftlich oder mit Telefax zu übermitteln. [4]Im Wege automationsunterstützter Datenübertragung oder in jeder anderen technisch möglichen Weise können schriftliche Ausfertigungen dann übermittelt werden, wenn

1. die Partei Eingaben in derselben Weise zulässigerweise eingebracht und dieser Übermittlungsart nicht gegenüber der Behörde ausdrücklich widersprochen hat, oder

2. die Partei dieser Übermittlungsart ausdrücklich zugestimmt hat.

(BGBl I 2004/149; BGBl I 2009/126)

(3) [1]Die Genehmigung einer Erledigung erfolgt durch die Unterschrift des Genehmigenden. [2]Davon kann jedoch abgesehen werden, wenn sichergestellt ist, daß derjenige, der die Genehmigung erteilt hat, auf andere Weise festgestellt werden kann. *(BGBl I 1998/175)*

(4) Die Form und Art der Erledigungen sowie der Ausfertigungen wird durch Verordnung des Präsidenten des Patentamtes geregelt. *(BGBl I 2005/130)*

(5) Schriftliche Ausfertigungen, die automationsunterstützt erstellt werden oder die telegraphisch, fernschriftlich, mit Telefax, im Wege automationsunterstützter Datenübertragung oder in jeder anderen technisch möglichen Weise übermittelt werden, bedürfen weder einer Unterschrift noch einer Beglaubigung. *(BGBl I 2004/149)*

§ 65. (1) [1]Die die Beschlußfassung der Technischen Abteilung vorbereitenden Verfügungen sind vom Prüfer zu treffen. [2]Sofern es sich nicht nur um die Behebung äußerer Mängel von Eingaben oder um die Berichtigung der überreichten Beschreibung handelt, ist über die Vernehmung von Parteien, Zeugen oder Sachverständigen stets ein Protokoll aufzunehmen. *(BGBl 1977/349)*

(2) [1]Die Beschlußfassung findet auf Grund eines schriftlich begründeten Antrages statt. [2]In der Sitzung beschlossene Abänderungen sind im Entwurf des Antrages durchzuführen. [3]Weicht der Beschluß wesentlich vom Antrag ab, so ist der Entwurf im Einvernehmen mit dem Mitglied, dessen Antrag zum Beschluß erhoben wurde, neu zu verfassen.

(3) [1]Jedes Senatsmitglied kann bis zum Schluß der Sitzung seinen Standpunkt ändern. [2]Hat hiedurch der gefaßte Beschluß nicht mehr die Stimmenmehrheit, so ist neuerlich abzustimmen.

(4) [1]Herrscht im Senat über den Spruch oder die Begründung des Beschlusses keine Einhelligkeit, so ist ein Protokoll aufzunehmen, in dem die Auffassungen der Senatsmitglieder und das Stimmenverhältnis ersichtlich zu machen sind. [2]Andernfalls genügt ein Abstimmungsvermerk, der von allen Senatsmitgliedern zu unterfertigen ist.

§ 66. [1]Die Senate der Nichtigkeitsabteilung sind von den Vorsitzenden von Fall zu Fall zusammenzusetzen. [2]Dabei ist auf die Belastung und bei den fachtechnischen Mitgliedern auch auf das im Einzelfall in Betracht kommende Fachgebiet Bedacht zu nehmen.

(BGBl I 2013/126)

Amtskleid

§ 67. (1) [1]Bei allen mündlichen Verhandlungen haben die Mitglieder der Nichtigkeitsabteilung ein Amtskleid zu tragen. [2]Die näheren Bestimmungen über die Beschaffenheit und das Tragen des Amtskleides werden durch Verordnung des Präsidenten des Patentamtes getroffen.

(2) Die im § 77 angeführten Parteienvertreter sind berechtigt, ihr Amtskleid zu tragen, wenn sie in mündlichen Verhandlungen der Nichtigkeitsabteilung einschreiten.

(BGBl I 2013/126)

Geschäftsgang

§ 68. [1]Der Geschäftsgang ist unter Bedachtnahme auf einen geordneten und raschen Ablauf und unter Berücksichtigung der dem Patentamt obliegenden Aufgaben durch Verordnung des Präsidenten des Patentamtes näher zu regeln. [2]Dabei ist auch zu bestimmen, wie Eingaben unmittelbar beim Patentamt eingebracht werden können und wann sie als beim Patentamt eingelangt gelten. [3]Die Eingaben sind mit dem Tag des Einlangens zu kennzeichnen.

(BGBl I 2004/149)

§ 69. [1]Gegen die Entscheidungen des Präsidenten, zu denen dieser nach diesem Bundesgesetz berufen ist, ist ein ordentliches Rechtsmittel nur zulässig, wenn es in diesem Bundesgesetz ausdrücklich vorgesehen ist. [2]§ 2 Abs. 2 des Dienstrechtsverfahrensgesetzes 1984, BGBl. Nr. 29, wird hiedurch nicht berührt.

(BGBl I 2004/149)

§§ 70 bis 75. *(entfällt samt Überschrift, BGBl I 2013/126)*

Ausschließungsgründe

§ 76. (1) Mitglieder des Patentamtes sind von der Mitwirkung ausgeschlossen:

1. in Angelegenheiten, in denen sie selbst Partei sind oder in Ansehung deren sie zu einer der Parteien im Verhältnis eines Mitberechtigten, Mitverpflichteten oder Regresspflichtigen stehen;

2. in Angelegenheiten ihrer Ehegatten oder eingetragenen Partner oder solcher Personen, die mit ihnen in gerader Linie verwandt oder verschwägert sind oder mit denen sie in der Seitenlinie bis zum vierten Grad verwandt oder im zweiten Grad verschwägert sind;

3. in Angelegenheiten ihrer Wahl- oder Pflegeeltern, Wahl- oder Pflegekinder, ihrer Mündel oder Pflegebefohlenen;

4. in Angelegenheiten, in denen sie eine der Parteien vertreten oder vertreten haben oder bezüglich deren sie einen materiellen Vorteil oder Schaden erfahren oder in Aussicht haben;

5. wenn sonst wichtige Gründe vorliegen, die geeignet sind, ihre volle Unbefangenheit in Zweifel zu setzen.

(2) [1]Ein Mitglied des Patentamtes, das sich von der Mitwirkung bei einer Entscheidung für ausgeschlossen erachtet (Abs. 1), hat dies dem Abteilungsvorstand oder dem Vorsitzenden unter Angabe der Gründe anzuzeigen. [2]Dieser hat, wenn er den Ausschließungsgrund für gegeben erachtet, die erforderlichen Verfügungen wegen der Beiziehung eines Ersatzmitgliedes zu treffen. [3]Ist der Vorstand oder der Vorsitzende von dem Ausschließungsgrund betroffen, so ist die Anzeige an den Präsidenten des Patentamtes zu richten.

(3) Wird in einem Verfahren vor dem Patentamt von einer Partei ein Ausschließungsgrund geltend gemacht, so ist im Sinne des Abs. 2 vorzugehen.

(BGBl I 2013/126)

Parteienvertreter

§ 77. Zur berufsmäßigen Vertretung von Parteien vor dem Patentamt sind nur Rechtsanwälte, Patentanwälte und Notare sowie die Finanzprokuratur befugt.

(BGBl I 2013/126)

Verbot der Winkelschreiberei

§ 78. (1) Wer auf dem Gebiet des Erfindungsschutzes, ohne im Inland zur berufsmäßigen Parteienvertretung in solchen Angelegenheiten befugt zu sein, gewerbsmäßig

1. für den Gebrauch vor inländischen oder ausländischen Behörden Schriftstücke oder Zeichnungen verfaßt,

2. Auskünfte erteilt,

3. vor inländischen Behörden Parteien vertritt oder

4. sich zu einer der unter Z 1 bis 3 erwähnten Tätigkeiten anbietet,

macht sich der Winkelschreiberei schuldig und ist von der Bezirksverwaltungsbehörde mit Geldstrafe bis zu 4 360 Euro zu bestrafen. *(BGBl I 2001/143)*

(2) [1]Die Vertretung einer juristischen Person durch Angestellte einer anderen, mit ihr wirtschaft-

lich verbundenen juristischen Person gilt nicht als Winkelschreiberei. [2]Den juristischen Personen sind andere Rechtsträger mit Ausnahme natürlicher Personen gleichgestellt. *(BGBl I 2004/149)*

„(3)“ Die besonderen Vorschriften über die Behandlung der Winkelschreiber bei den ordentlichen Gerichten bleiben unberührt. *(BGBl I 2004/149)*

Patentblatt

§ 79. (1) [1]Vom Patentamt ist ein periodisch erscheinendes amtliches Patentblatt herauszugeben, in welchem die in diesem Bundesgesetz vorgesehenen Bekanntmachungen sowie die vom Präsidenten des Patentamtes zu erlassenden Verordnungen zu verlautbaren sind. [2]Diese Verordnungen treten, wenn nicht ausdrücklich etwas anderes bestimmt ist, am Tage nach der Ausgabe des Patentblattes, das die Verlautbarung enthält, in Kraft. *(BGBl I 2004/149)*

(2) Die Einrichtung und die Herausgabe dieses Blattes wird vom Präsidenten im Verordnungsweg geregelt. *(BGBl I 2005/130)*

(BGBl 1992/418)

Patentregister, Patentschriften

§ 80. (1) [1]Beim Patentamt ist ein Patentregister zu führen. [2]Es hat die Nummer, den Titel, den Anmeldetag und gegebenenfalls die Priorität der erteilten Patente sowie den Namen und den Sitz oder Wohnort der Patentinhaber und ihrer Vertreter zu enthalten. [3]Der Anfang, das Erlöschen, der Widerruf, die Rücknahme, die Nichtigerklärung, die Aberkennung, die Abhängigerklärung, die Nennung als Erfinder, die Selbständigerklärung eines Zusatzpatentes und die Übertragung von Patenten, Pfandrechte und sonstige dingliche Rechte an Patenten, Lizenzrechte, das Benützungsrecht des Dienstgebers, Vorbenützerrechte, Wiedereinsetzungen in den vorigen Stand, Feststellungsentscheidungen und Streitanmerkungen sowie Hinweise gemäß § 156 Abs. 2 sind ebenfalls im Register einzutragen. *(BGBl I 2004/149)*

(2) Die zu den bestehenden Patenten gehörigen Beschreibungen und Zeichnungen sowie die den Registereintragungen zugrunde liegenden Gesuche und Urkunden werden vom Patentamt während des aufrechten Patentbestandes aufbewahrt. *(BGBl I 2004/149)*

(3) Die Einsicht in das Patentregister steht jedermann frei. *(BGBl 1984/234)*

(4) [1]Das Patentamt veröffentlicht die Beschreibungen, Patentansprüche, Zeichnungen und Zusammenfassungen der erteilten Patente, soweit deren Einsicht jedermann freisteht, in einer Patentschrift. [2]In der Patentschrift sind die Entgegenhaltungen anzugeben, die das Patentamt für die Beurteilung der Patentierbarkeit der angemeldeten Erfindung in Betracht gezogen hat. *(BGBl I 2017/124)*

(5) Öffentlich-rechtlichen Institutionen kann über Ansuchen je ein Exemplar aller ab dem Zeitpunkt des Einlangens des Ansuchens ausgegebenen Patentschriften kostenlos überlassen werden, wenn diese der Öffentlichkeit zugänglich gemacht werden. *(BGBl 1973/581)*

(6) Auf Verlangen erteilt das Patentamt beglaubigte Ausfertigungen über die Registereintragungen. *(BGBl 1973/581)*

Akteneinsicht und Datenschutz

§ 81. (1) Die an einem Verfahren Beteiligten sind zur Einsicht in die das Verfahren betreffenden Akten berechtigt.

(2) In Akten, die veröffentlichte Patentanmeldungen und darauf erteilte Patente betreffen, darf jedermann Einsicht nehmen. *(BGBl I 2004/149)*

(3) [1]Dritten ist in Akten, die nicht veröffentlichte Patentanmeldungen betreffen, nur mit Zustimmung des Anmelders Einsicht zu gewähren. [2]Der Zustimmung bedarf derjenige nicht, demgegenüber sich der Anmelder auf seine Patentanmeldung berufen hat. [3]Nach der Veröffentlichung einer gesonderten Anmeldung kann jedermann ohne Zustimmung des Anmelders in die Akten der früheren Anmeldung Einsicht nehmen. *(BGBl I 2004/149)*

(4) [1]In Akten, die Recherchen und Gutachten gemäß § 57a betreffen, ist Dritten nur mit Zustimmung des Antragstellers Einsicht zu gewähren. [2]Der Zustimmung bedarf derjenige nicht, dem gegenüber sich der Antragsteller auf eine solche Recherche oder ein solches Gutachten berufen hat. *(BGBl I 2005/130)*

(5) [1]Das Recht auf Akteneinsicht umfaßt auch das Recht, Kopien anzufertigen. [2]Diese sind auf Antrag vom Patentamt zu beglaubigen. *(BGBl 1984/234)*

(6) Auskünfte und amtliche Bestätigungen darüber, wann, unter welchem Titel, von wem und gegebenenfalls durch welchen Vertreter eine Anmeldung eingereicht wurde, welches Aktenzeichen sie trägt, welcher Patentklasse sie angehört, welche Priorität beansprucht wird, welches Aktenzeichen die prioritätsbegründende Anmeldung trägt, ob ein selbständiges Patent oder ein Zusatzpatent erwirkt werden soll, gegebenenfalls wer als Erfinder genannt ist, ob die Anmeldung noch in Behandlung steht sowie ob und an wen das Recht aus ihr übertragen wurde, sind jedermann zu erteilen. *(BGBl 1984/234)*

(7) [1]Von der Einsichtsnahme sind Beratungsprotokolle und nur den inneren Geschäftsgang betreffende Aktenteile ausgenommen. [2]Auf Antrag können bei Vorliegen eines Geschäfts- oder Betriebsgeheimnisses oder eines sonstigen berücksichtigungswürdigen Grundes auch Aktenteile

von der Einsicht ausgenommen werden, deren Offenlegung nicht zur Information der Öffentlichkeit erforderlich ist. *(BGBl 1996/181)*

(8) [1]Soweit personenbezogene Daten im Register oder in öffentlich zugänglichen elektronischen Informationsdiensten des Patentamts verarbeitet werden, bestehen nicht

1. das Recht auf Auskunft gemäß Art. 15 Abs. 1 lit. c der Verordnung (EU) 2016/679 zum Schutz natürlicher Personen bei der Verarbeitung personenbezogener Daten, zum freien Datenverkehr und zur Aufhebung der Richtlinie 95/46/EG (Datenschutz-Grundverordnung), ABl. Nr. L 119 vom 04.05.2016 S. 1, in der Fassung der Berichtigung ABl. Nr. L 314 vom 22.11.2016 S. 72, (im Folgenden: DSGVO),

2. die Mitteilungspflicht gemäß Art. 19 zweiter Satz DSGVO sowie

3. das Recht auf Einschränkung der Verarbeitung gemäß Art. 18 und das Recht auf Widerspruch gemäß Art. 21 DSGVO, wobei die betroffenen Personen darüber in geeigneter Weise zu informieren sind.

[2]Das Recht auf Erhalt einer Kopie dieser Daten gemäß Art. 15 Abs. 3 DSGVO wird dadurch erfüllt, dass die betroffene Person Einsicht in das Patentregister oder in öffentlich zugängliche elektronische Informationsdienste des Patentamts nehmen kann. *(BGBl I 2018/37)*

(BGBl 1977/349)

Proben hinterlegten biologischen Materials

§ 81a. (1) [1]Vor dem Tag der Veröffentlichung der Anmeldung hat jede Person, der das Recht auf Akteneinsicht nach § 81 Abs. 3 zusteht, Anspruch auf eine Probe eines gemäß § 87a Abs. 2 Z 1 hinterlegten biologischen Materials. [2]Vom Tag der Veröffentlichung der Anmeldung an hat diesen Anspruch jede Person, die einen entsprechenden Antrag stellt. [3]Der Zugang wird vorbehaltlich Abs. 2 und 3 durch Herausgabe einer Probe des hinterlegten biologischen Materials an den Antragsteller oder einen unabhängigen Sachverständigen hergestellt.

(2) Die Herausgabe erfolgt nur dann, wenn der Antragsteller sich für die Dauer der Wirkung des Patentes oder bis die Anmeldung zurückgezogen oder zurückgewiesen worden ist, verpflichtet,

1. Dritten keine Probe des hinterlegten biologischen Materials oder eines daraus abgeleiteten Materials zugänglich zu machen und

2. keine Probe des hinterlegten Materials oder eines daraus abgeleiteten Materials zu anderen als zu Versuchszwecken zu verwenden,

es sei denn, der Anmelder oder der Inhaber des Patentes verzichtet ausdrücklich auf eine derartige Verpflichtung.

(3) Bis zum Abschluss der technischen Vorbereitungen für die Veröffentlichung der Anmeldung kann der Anmelder beantragen, dass der im Abs. 1 bezeichnete Zugang

1. bis zur Erteilung des Patentes oder

2. im Fall der Zurückziehung oder Zurückweisung der Anmeldung für die Dauer von zwanzig Jahren ab dem Anmeldetag

nur durch Herausgabe einer Probe an einen unabhängigen Sachverständigen hergestellt wird.

(4) [1]Als Sachverständiger im Sinne des Abs. 3 kann benannt werden:

1. jede natürliche Person, sofern der Antragsteller nachweist, dass die Benennung mit Zustimmung des Anmelders erfolgt,

2. jede natürliche Person, die vom Präsidenten des Patentamtes als Sachverständiger anerkannt und in das beim Patentamt geführte Verzeichnis von Sachverständigen eingetragen ist.

[2]Mit der Benennung ist eine Erklärung des Sachverständigen vorzulegen, in der er gegenüber dem Anmelder die Verpflichtungen gemäß Abs. 2 eingeht.

(BGBl I 2005/42)

Ordnungs- und Mutwillensstrafen

§ 82. (1) Der Leiter einer Verhandlung, einer Vernehmung, eines Augenscheines oder einer Beweisaufnahme hat für die Aufrechterhaltung der Ordnung und für die Wahrung des Anstandes zu sorgen.

(2) [1]Personen, die die Amtshandlung stören oder durch ungeziemendes Benehmen den Anstand verletzen, sind zu ermahnen. [2]Bleibt die Ermahnung erfolglos, so kann ihnen nach vorausgegangener Androhung das Wort entzogen, ihre Entfernung verfügt und ihnen die Bestellung eines Bevollmächtigten aufgetragen werden oder gegen sie eine Ordnungsstrafe bis 726 Euro verhängt werden. *(BGBl I 2004/149)*

(3) Die gleichen Ordnungsstrafen können gegen Personen verhängt werden, die sich in schriftlichen Eingaben einer beleidigenden Schreibweise bedienen.

(4) [1]Maßnahmen nach Abs. 2 stehen dem Leiter der Amtshandlung zu. [2]Im Verfahren vor der Nichtigkeitsabteilung hat über die Entfernung einer an einer Verhandlung beteiligten Person oder die Verhängung einer Ordnungsstrafe während einer Verhandlung der Senat zu entscheiden. [3]Ordnungsstrafen nach Abs. 3 sind in Verfahren, in denen die Entscheidung einem Senat zusteht, von diesem zu verhängen. *(BGBl I 2013/126)*

(5) Gegen öffentliche Organe und gegen Bevollmächtigte, die zur berufsmäßigen Parteienvertretung befugt sind, ist, wenn sie einem Disziplinarrecht unterstehen, keine Ordnungsstrafe zu

verhängen, sondern Anzeige an die Disziplinarbehörde zu erstatten. *(BGBl I 2004/149)*

(6) Die Verhängung einer Ordnungsstrafe schließt die strafgerichtliche Verfolgung wegen derselben Handlung nicht aus.

§ 83. [1]Gegen Personen, die die Tätigkeit des Patentamtes offenbar mutwillig in Anspruch nehmen oder in der Absicht einer Verschleppung der Angelegenheit unrichtige Angaben machen, kann eine Mutwillensstrafe bis 726 Euro verhängt werden. [2]In Verfahren, in denen die Entscheidung einem Senat zusteht, hat über Mutwillensstrafen der Senat zu entscheiden.

(BGBl I 2013/126)

§ 84. (1) [1]Die Ordnungs- und Mutwillensstrafen fließen dem Bund zu. [2]Die Bestimmungen des Verwaltungsstrafgesetzes 1991, BGBl. Nr. 52, über den Strafvollzug sind sinngemäß anzuwenden. *(BGBl I 2004/149)*

(2) [1]Zur Verhängung von Ordnungsstrafen ist jenes Organ zuständig, das die gestörte Amtshandlung vornimmt oder vor dem der Anstand durch ungeziemendes Benehmen verletzt wird oder an das Eingaben (§ 82 Abs. 3) gerichtet sind. [2]Zur Verhängung von Mutwillensstrafen ist jenes Organ zuständig, dessen Tätigkeit mutwillig in Anspruch genommen wird oder vor dem in der Absicht einer Verschleppung der Angelegenheit unrichtige Angaben gemacht werden.

(3) [1]Gegen einen Beschluss der Technischen Abteilung, der Rechtsabteilung oder der Nichtigkeitsabteilung, mit dem eine Ordnungs- oder Mutwillensstrafe verhängt wird, ist Rekurs zulässig. [2]Das Rechtsmittel ist binnen zwei Wochen einzubringen und hat keine aufschiebende Wirkung. [3]Gegen die Entscheidung der zweiten Instanz ist kein Rechtsmittel zulässig. *(BGBl I 2013/126)*

Zustellung

§ 85. Die Zustellung von Schriftstücken des Patentamtes ist, soweit § 86 nicht anderes bestimmt, nach dem Zustellgesetz, BGBl. Nr. 200/1982, vorzunehmen.

(BGBl I 2013/126)

§ 86. Wird ein Anbringen von mehreren Personen gemeinsam eingebracht, die nicht alle im Inland wohnen, so gilt im Zweifel die im Inland wohnende Person, die an erster Stelle genannt ist, als gemeinsamer Zustellungsbevollmächtigter.

(BGBl 1982/201)

III. VERFAHREN

A. Erteilung von Patenten

Patentanmeldung

§ 87. (1) Die Anmeldung einer Erfindung zur Erlangung eines Patentes hat beim Patentamt schriftlich zu erfolgen. *(BGBl I 2004/149)*

(2) Als Tag der Anmeldung gilt der Tag des Einlangens der Anmeldung beim Patentamt. *(BGBl 1977/349)*

Offenbarung

§ 87a. (1) Die Erfindung ist in der Patentanmeldung so deutlich und vollständig zu offenbaren, daß sie ein Fachmann ausführen kann.

(2) Betrifft eine Erfindung biologisches Material, das der Öffentlichkeit nicht zugänglich ist und in der Anmeldung auch nicht so beschrieben werden kann, dass ein Fachmann die Erfindung danach ausführen kann, oder beinhaltet die Erfindung die Verwendung eines solchen Materials, so gilt die Erfindung nur dann als gemäß Abs. 1 geoffenbart, wenn

1. das biologische Material spätestens am Anmeldetag bei einer Hinterlegungsstelle im Sinne des Budapester Vertrages hinterlegt worden ist,

2. die Anmeldung die einschlägigen Informationen enthält, die dem Anmelder bezüglich der Merkmale des hinterlegten biologischen Materials bekannt sind und

3. die Hinterlegungsstelle und das Aktenzeichen der Hinterlegung in der Anmeldung angegeben sind.

(BGBl I 2005/42)

(3) Die in Abs. 2 Z 3 genannten Angaben können nachgereicht werden entweder

1. innerhalb von sechzehn Monaten nach dem Anmeldetag oder, wenn eine Priorität in Anspruch genommen worden ist, nach dem Prioritätstag, oder

2. bis zum Tag der Einreichung eines Antrags auf vorzeitige Veröffentlichung der Anmeldung oder

3. innerhalb eines Monats, nachdem das Patentamt dem Anmelder mitgeteilt hat, dass ein Recht auf Akteneinsicht gemäß § 81 Abs. 3 besteht,

wobei maßgeblich ist, welche Frist zuerst abläuft. *(BGBl I 2005/42)*

(BGBl 1984/234)

Einheitlichkeit

§ 88. Die Anmeldung darf nur eine einzige Erfindung oder eine Gruppe von Erfindungen enthalten, die untereinander in der Weise verbunden sind, daß sie eine einzige allgemeine erfinderische Idee verwirklichen.

(BGBl 1984/234)

Erfordernisse der Anmeldung

§ 89. (1) Die Anmeldung muß enthalten:

1. den Namen und den Sitz bzw. den Wohnort des Anmelders sowie gegebenenfalls seines Vertreters;

2. den Antrag auf Erteilung eines Patentes;

3. eine kurze, sachgemäße Bezeichnung der zu patentierenden Erfindung (Titel);

4. eine Beschreibung der Erfindung;

5. einen oder mehrere Patentansprüche (§ 91 Abs. 1);

6. die zum Verständnis der Erfindung nötigen Zeichnungen;

7. eine Zusammenfassung (§ 91 Abs. 2). *(BGBl 1992/418)*

(2) [1]Die im Abs. 1 Z 4 bis 7 genannten Teile der Anmeldung sind in zwei Ausfertigungen vorzulegen. [2]Sie können auch in englischer oder in französischer Sprache abgefaßt sein.

(BGBl 1984/234)

§ 89a. Die gewerbliche Anwendbarkeit einer Sequenz oder Teilsequenz eines Gens muss in der Anmeldung konkret beschrieben werden.

(BGBl I 2005/42)

§ 90. *(entfällt, BGBl I 2004/149)*

§ 91. (1) [1]Die Patentansprüche müssen genau und in unterscheidender Weise angeben, wofür Schutz begehrt wird. [2]Sie müssen von der Beschreibung gestützt sein.

(2) [1]Die Zusammenfassung muß eine Kurzfassung der in der Anmeldung enthaltenen Offenbarung enthalten. [2]Sie dient ausschließlich der technischen Information und kann nicht für andere Zwecke herangezogen werden, insbesondere nicht zur Bestimmung des Schutzbereiches.

(3) [1]Bis zur Fassung des Erteilungsbeschlusses (§ 101c Abs. 1) dürfen die Beschreibung, die Patentansprüche, die Zeichnungen und die Zusammenfassung abgeändert werden. [2]Soweit die Abänderungen das Wesen der Erfindung berühren, sind sie aus der Anmeldung auszuscheiden und, wenn der Anmelder den Schutz auch für sie erwirken will, gesondert anzumelden (§ 99 Abs. 5). *(BGBl I 2004/149)*

(BGBl 1984/234)

§ 91a. [1]„Sind Teile der Anmeldung in englischer oder französischer Sprache abgefasst (§ 89 Abs. 2), so ist der Anmelder im Rahmen der Gesetzmäßigkeitsprüfung unter Beifügung eines vorläufigen Recherchenergebnisses aufzufordern, innerhalb der im § 99 Abs. 2 vorgesehenen Frist eine Übersetzung ins Deutsche vorzulegen.“[2]Diese Übersetzung ist dem Anmeldeverfahren zugrunde zu legen; ihre Richtigkeit wird im Anmeldeverfahren nicht geprüft. *(BGBl I 2017/124)*

(BGBl I 2004/149)

§ 92. [1]Durch Verordnung des Präsidenten des Patentamtes sind Form und Inhalt der Anmeldung näher zu regeln, sowie in welcher Form die Anmeldung und die Patentschrift veröffentlicht werden. [2]Dabei ist auf möglichste Zweckmäßigkeit und Einfachheit sowie auf die Erfordernisse der Veröffentlichungen Bedacht zu nehmen.

(BGBl I 2017/124)

Teilung der Anmeldung

§ 92a. [1]Der Anmelder oder Inhaber eines erteilten Patentes oder der jeweilige Rechtsnachfolger kann während des gesamten Anmeldeverfahrens sowie bis zum Ablauf einer Frist

1. von zwei Monaten nach Rechtskraft der Entscheidung, mit der die Patentanmeldung zurückgewiesen wurde, oder

2. von sechs Monaten nach der Bekanntmachung der Erteilung des Patentes gemäß § 101c Abs. 2, wenn kein Einspruch eingelegt wurde, oder

3. von zwei Monaten nach Rechtskraft der Entscheidung über einen rechtzeitig erhobenen Einspruch

eine gesonderte Anmeldung (Teilanmeldung) einreichen. [2]Dieser Teilanmeldung kommt als Anmeldetag der Tag zu, an dem die ursprüngliche Anmeldung beim Patentamt eingereicht worden ist, wenn der Anmelder in der Teilanmeldung diesen Tag als Anmeldetag beansprucht und die Teilanmeldung nicht über den Inhalt der früheren Anmeldung in der ursprünglich eingereichten Fassung hinausgeht.

(BGBl I 2004/149)

Umwandlung der Anmeldung

§ 92b. [1]Der Anmelder kann bis zur Fassung des Erteilungsbeschlusses (§ 101c Abs. 1) oder des Zurückweisungsbeschlusses (§ 100) die Umwandlung der Anmeldung in eine Gebrauchsmusteranmeldung im Sinne des Gebrauchsmustergesetzes beantragen. [2]Dieser Gebrauchsmusteranmeldung kommt als Anmeldetag der Tag zu, an dem die Patentanmeldung beim Patentamt eingereicht worden ist. [3]Die Umwandlung einer Patentanmeldung ist nicht zulässig, wenn es sich um eine gemäß § 21 des Gebrauchsmustergesetzes umgewandelte Gebrauchsmusteranmeldung handelt.

(BGBl I 2004/149)

Priorität

§ 93. (1) Mit dem Tag der ordnungsgemäßen Anmeldung eines Patentes erlangt der Anmelder das Recht der Priorität für seine Erfindung. *(BGBl I 2004/149)*

(2) Ab diesem Tag hat er gegenüber jeder später angemeldeten gleichen Erfindung den Vorrang.

(3) Weist die Anmeldung Mängel auf, so wirkt deren rechtzeitige Behebung (§ 99) auf den Tag der ersten Überreichung zurück, sofern die Behebung der Mängel das Wesen der Erfindung nicht berührt hat.

(BGBl 1984/234)

§ 93a. [1]Dem Anmelder steht innerhalb einer Frist von zwölf Monaten nach dem Anmeldetag einer beim Patentamt eingereichten früheren Patent- oder Gebrauchsmusteranmeldung für eine dieselbe Erfindung betreffende spätere Patentanmeldung das Recht der Priorität der früheren Patent- oder Gebrauchsmusteranmeldung zu (innere Priorität). [2]Die Voraussetzungen und die Wirkungen dieses Prioritätsrechtes entsprechen denen des Artikels 4 der Pariser Verbandsübereinkunft zum Schutz des gewerblichen Eigentums, BGBl. Nr. 399/1973.

(BGBl I 1998/175)

§ 93b. [1]Dem Anmelder steht innerhalb einer Frist von zwölf Monaten nach dem Anmeldetag einer früheren Patent- oder Gebrauchsmusteranmeldung, die bei einer Anmeldestelle eingereicht wurde, die nicht vom Geltungsbereich einer zwischenstaatlichen Vereinbarung über die Anerkennung der Priorität erfaßt ist, für eine dieselbe Erfindung betreffende spätere Patentanmeldung im Inland das Recht der Priorität der früheren Patent- oder Gebrauchsmusteranmeldung zu, wenn eine entsprechende Gegenseitigkeit mit dieser Anmeldestelle durch eine vom Bundesminister für *Verkehr, Innovation und Technologie* im Bundesgesetzblatt zu verlautbarende Kundmachung festgestellt ist. [2]Die Voraussetzungen und die Wirkungen dieses Prioritätsrechtes entsprechen denen des Artikels 4 der Pariser Verbandsübereinkunft zum Schutz des gewerblichen Eigentums, BGBl. Nr. 399/1973.

(BGBl I 1998/175)

§ 94. „“ [1]Gesonderte Prioritäten für einzelne Teile des Anmeldungsgegenstandes (Teilprioritäten) können nur auf Grund der §§ 93a oder 93b oder von zwischenstaatlichen Vereinbarungen beansprucht werden. [2]Solche Teilprioritäten sind auch dann zulässig, wenn für die Priorität eines Merkmales des Anmeldungsgegenstandes der Tag des Einlangens der Anmeldung beim Patentamt maßgebend bleibt. [3]Für einen Patentanspruch können auch mehrere Prioritäten beansprucht werden. *(BGBl I 1998/175; BGBl I 2004/149)*

(2) *(entfällt, BGBl I 2004/149)*

(BGBl 1984/234)

§ 95. (1) [1]Die auf Grund der §§ 93a oder 93b oder von zwischenstaatlichen Vereinbarungen eingeräumten Prioritätsrechte sind ausdrücklich in Anspruch zu nehmen. [2]Dabei sind der Tag der Anmeldung, deren Priorität in Anspruch genommen wird, und das Land, in dem diese Anmeldung bewirkt worden ist, anzugeben (Prioritätserklärung). [3]Ferner ist das Aktenzeichen dieser Anmeldung anzuführen. *(BGBl I 1998/175)*

(2) [1]Die Prioritätserklärung ist innerhalb von zwei Monaten nach dem Einlangen der Anmeldung beim Patentamt abzugeben. [2]Innerhalb dieser Frist kann die Berichtigung der Prioritätserklärung beantragt werden. *(BGBl I 2004/149)*

(3) [1]Hängt die Erlangung oder Aufrechterhaltung des Schutzrechtes davon ab, ob die Priorität zu Recht beansprucht wurde, so ist das Prioritätsrecht nachzuweisen. [2]Mit Verordnung des Präsidenten des Patentamtes ist zu bestimmen, welche Belege im Verfahren vor dem Patentamt für diesen Nachweis (Prioritätsbelege) erforderlich und wann diese Belege vorzulegen sind. *(BGBl I 2013/126)*

(4) Wird die Prioritätserklärung nicht rechtzeitig abgegeben, werden die Prioritätsbelege nicht rechtzeitig vorgelegt oder wird das Aktenzeichen der Anmeldung, deren Priorität in Anspruch genommen wird, auf amtliche Aufforderung nicht fristgerecht bekanntgegeben, so bestimmt sich die Priorität nach dem Tag der Anmeldung im Inland. *(BGBl 1984/234)*

§§ 96 bis 98. *(entfallen, BGBl 1984/234)*

Gesetzmäßigkeitsprüfung

§ 99. (1) [1]Jede Anmeldung ist vom Patentamt durch die Technische Abteilung auf Gesetzmäßigkeit zu prüfen, wobei dabei jedoch eine Prüfung, ob der Anmelder Anspruch auf Erteilung des Patentes hat, nicht erfolgt. [2]Die finanzielle Ertragfähigkeit der Erfindung ist nicht zu beurteilen.

(2) Entspricht die Anmeldung nicht den vorgeschriebenen formalen Anforderungen, so ist der Anmelder aufzufordern, die Mängel innerhalb einer bestimmten Frist zu beheben.

(3) Ergibt die Prüfung, erforderlichenfalls nach der Vernehmung von Sachverständigen, dass eine patentierbare Erfindung nicht vorliegt, so ist hie-

von der Anmelder nach allfälliger Vernehmung durch den Prüfer unter Angabe der Gründe mit der Aufforderung zu benachrichtigen, sich binnen einer bestimmten Frist zu äußern.

(4) [1]Ergibt die Prüfung, dass die Anmeldung uneinheitlich (§ 88) ist, ist dem Anmelder aufzutragen, die Einheitlichkeit binnen einer bestimmten Frist herzustellen. [2]Auf Antrag des Anmelders ist in diesem Fall mit Beschluss festzustellen, dass die Anmeldung uneinheitlich ist. [3]Wird ein solcher Beschluss rechtskräftig, ist dem Anmelder eine nochmalige Frist zur Herstellung der Einheitlichkeit einzuräumen.

(5) [1]Ist die Anmeldung unzulässig abgeändert worden (§ 91 Abs. 3), so ist der Anmelder zur Ausscheidung der unzulässigen Abänderungen binnen einer bestimmten Frist aufzufordern. [2]Für den auszuscheidenden Teil kann während des im § 92a genannten Zeitraumes eine gesonderte Anmeldung eingereicht werden, der als Anmeldetag der Tag zukommt, an dem die Abänderungen dem Patentamt im Verfahren über die ursprüngliche Anmeldung bekanntgegeben worden sind.

(6) [1]Die in den Abs. 2 bis 5 vorgesehenen Fristen können auf Antrag verlängert werden. [2]Der Präsident des Patentamtes kann Richtlinien über Grundsätze der Prüfung sowie über das dabei von der Technischen Abteilung zu beachtende Verfahren aufstellen. [3]Er kann dabei insbesondere das Ausmaß der amtlich festzusetzenden Fristen bestimmen. [4]Dabei ist auf eine möglichst rationelle und genaue Prüfung sowie auf eine einheitliche Behandlung der Anmeldungen durch die Technische Abteilung Bedacht zu nehmen.

(BGBl I 2004/149)

Zurückweisung der Anmeldung

§ 100. (1) [1]Ergibt die Prüfung gemäß § 99 die Unzulässigkeit der Patenterteilung, ist die Anmeldung zurückzuweisen. [2]Treffen diese Voraussetzungen nur zum Teil zu, so ist nur der entsprechende Teil der Anmeldung zurückzuweisen.

(2) Die Anmeldung ist in jedem Fall zur Gänze zurückzuweisen, wenn eine der gemäß § 99 eingeräumten Fristen ungenützt verstreicht und bis zur Fassung des Zurückweisungsbeschlusses keine Äußerung einlangt.

(BGBl I 2004/149)

Veröffentlichung der Anmeldung

§ 101. (1) [1]Die Anmeldung ist vorbehaltlich § 101a unverzüglich nach Ablauf von achtzehn Monaten nach dem Anmeldetag oder, wenn eine Priorität in Anspruch genommen worden ist, nach dem Prioritätstag zu veröffentlichen. [2]Sie kann jedoch auf Antrag des Anmelders vor Ablauf dieser Frist veröffentlicht werden.

(2) [1]Die Veröffentlichung der Anmeldung hat die Beschreibung, die Patentansprüche, die Zeichnungen und die Zusammenfassung jeweils in der ursprünglich eingereichten Fassung sowie als Anlage einen Recherchenbericht, wenn dieser vor Abschluss der technischen Vorbereitungen für die Veröffentlichung vorliegt, zu enthalten. [2]In dem Recherchenbericht sind die vom Patentamt zum Zeitpunkt der Erstellung des Berichtes ermittelten Schriftstücke zu nennen, die zur Beurteilung der Patentierbarkeit in Betracht gezogen werden können. [3]Dem Recherchenbericht sind die Patentansprüche in ihrer ursprünglich eingereichten Fassung zugrundezulegen, wobei § 22a Abs. 1 Satz 2 und 3 sinngemäß anzuwenden ist. [4]„Ist der Recherchenbericht nicht mit der Anmeldung veröffentlicht worden, so ist er gesondert zu veröffentlichen, sofern die Anmeldung nicht vor Abschluss der technischen Vorbereitungen für diese gesonderte Veröffentlichung zurückgezogen oder zurückgewiesen worden ist.“ *(BGBl I 2017/124)*

(3) Sind vor Abschluss der technischen Vorbereitungen der Veröffentlichung der Anmeldung die Patentansprüche geändert worden, sind auch die zuletzt eingereichten Patentansprüche in die Veröffentlichung aufzunehmen.

(4) Im Patentblatt ist auf die Veröffentlichung der Anmeldung unter Angabe von Namen und Sitz oder Wohnort des Anmelders, einer kurzen sachgemäßen Bezeichnung des Gegenstandes der Erfindung (Titel) und des Tages der Anmeldung hinzuweisen (Bekanntmachung der Anmeldung).

(5) [1]Die Anmeldung gibt dem Anmelder vom Tag ihrer Bekanntmachung im Patentblatt (Abs. 4) an einstweilen gegen denjenigen einen Anspruch auf ein angemessenes Entgelt, der den Gegenstand der Anmeldung unbefugt benützt hat. [2]§ 154 ist mit der Maßgabe, dass dieser Anspruch nicht vor dem Ablauf eines Jahres nach der Bekanntmachung der Erteilung (§ 101c Abs. 2) verjährt, sinngemäß anzuwenden.

(BGBl I 2004/149)

§ 101a. (1) [1]Wird die Entscheidung, durch die das Patent erteilt worden ist, vor Ablauf der im § 101 Abs. 1 angeführten Frist rechtskräftig, so ist die Anmeldung gleichzeitig mit der Patentschrift (§ 80 Abs. 4) zu veröffentlichen. [2]In diesem Fall erfolgt keine Veröffentlichung eines Recherchenberichtes.

(2) [1]Die Anmeldung ist nicht zu veröffentlichen, wenn sie vor Abschluss der technischen Vorbereitungen für die Veröffentlichung zurückgezogen oder zurückgewiesen worden ist. [2]Wird der Zurückweisungsbeschluss nicht rechtskräftig, ist die Anmeldung auch noch nach Ablauf der im § 101 Abs. 1 angeführten Frist zu veröffentlichen.

(3) Wird eine Gebrauchsmusteranmeldung gemäß § 21 des Gebrauchsmustergesetzes in eine

Patentanmeldung umgewandelt und kann eine Veröffentlichung innerhalb der im § 101 Abs. 1 angeführten Frist nicht mehr erfolgen, dann ist die Anmeldung auch noch nach Ablauf dieser Frist zu veröffentlichen.

(4) Kann eine gesonderte Anmeldung innerhalb der im § 101 Abs. 1 angeführten Frist nicht mehr veröffentlicht werden, dann ist die Anmeldung auch noch nach Ablauf dieser Frist zu veröffentlichen.

(BGBl I 2004/149)

Einwendungen Dritter

§ 101b. (1) [1]Nach der Veröffentlichung der Anmeldung kann jeder Dritte Einwendungen gegen die Patentierbarkeit der angemeldeten Erfindung erheben. [2]Die Einwendungen sind zu begründen. [3]Der Dritte hat im Verfahren vor dem Patentamt keine Parteistellung und keinen Anspruch auf Kostenersatz.

(2) Die Einwendungen werden dem Anmelder mitgeteilt, der dazu Stellung nehmen kann.

(BGBl I 2004/149)

Erteilung des Patentes

§ 101c. (1) Bestehen gegen die Erteilung keine Bedenken und wurde die Veröffentlichungsgebühr für die Patentschrift gezahlt, so hat die Technische Abteilung die Erteilung des Patentes zu beschließen.

(2) [1]Die Erteilung des Patentes ist im Patentblatt bekanntzumachen. [2]Gleichzeitig ist die Patentschrift zu veröffentlichen (§ 80 Abs. 4), das Patent in das Patentregister einzutragen und die Patenturkunde für den Patentinhaber auszufertigen. [3]Mit der Bekanntmachung im Patentblatt treten die gesetzlichen Wirkungen des Patentes ein.

(BGBl I 2004/149)

Bekanntmachung der Zurückziehung oder Zurückweisung der Anmeldung

§ 101d. (1) Wird die Anmeldung nach der Veröffentlichung zurückgezogen oder wird die Patentanmeldung zurückgewiesen, so ist dies ebenfalls im Patentblatt bekanntzumachen.

(2) Mit der Bekanntmachung der Zurückziehung oder der Zurückweisung der Anmeldung gelten die Wirkungen des einstweiligen Schutzes (§ 101 Abs. 5) als nicht eingetreten.

(BGBl I 2004/149)

Einspruch

§ 102. (1) [1]Innerhalb von vier Monaten ab dem Tag der Bekanntmachung der Erteilung des Patentes (§ 101c Abs. 2) kann gegen die Patenterteilung Einspruch erhoben werden. [2]Der Einspruch muss spätestens am letzten Tag der Frist im Patentamt eingelangt sein.

(2) [1]Der Einspruch ist schriftlich in zweifacher Ausfertigung einzubringen. [2]Er kann nur auf folgende durch bestimmte Tatsachen begründete Behauptungen gestützt werden:

1. dass der Gegenstand des Patentes den §§ 1 bis 3 nicht entspricht;

2. dass das Patent die Erfindung nicht so deutlich und vollständig offenbart, dass ein Fachmann sie ausführen kann;

3. dass der Gegenstand des Patentes über den Inhalt der Anmeldung in ihrer ursprünglich eingereichten, den Anmeldetag begründenden Fassung hinausgeht;

4. dass das gemäß § 87a Abs. 2 Z 1 hinterlegte biologische Material nicht ständig entweder bei der ursprünglichen Hinterlegungsstelle im Sinne des Budapester Vertrages oder bei einer anderen Hinterlegungsstelle, an die es nach diesem Vertrag weitergeleitet worden ist, zugänglich war, es sei denn, der Patentinhaber weist nach,

a) dass er das biologische Material erneut hinterlegt hat und die Hinterlegung gemäß Art. 4 dieses Vertrages zu behandeln ist, als wäre sie am Tag der ursprünglichen Hinterlegung erfolgt, oder

b) dass er an einer solchen erneuten Hinterlegung durch ein unvorhergesehenes oder unabwendbares Ereignis gehindert worden ist und sie binnen zwei Monaten nach dem Wegfall des Hindernisses nachgeholt hat.
(BGBl I 2005/42)

(3) Eine Ausfertigung des Einspruches ist dem Patentinhaber zur Erstattung seiner schriftlichen Äußerung innerhalb einer zweimonatigen, aus rücksichtswürdigen Gründen verlängerbaren Frist zuzustellen.

(BGBl I 2004/149)

Einspruchsverfahren

§ 103. (1) Sobald die Äußerung erstattet oder die Frist zu ihrer Erstattung abgelaufen ist, trifft der mit der Angelegenheit betraute Referent wegen des etwa notwendigen weiteren Schriftenwechsels, wegen Vernehmung der Beteiligten, Herbeischaffung der von den Parteien angebotenen Beweismittel, Aufnahme von Beweisen sowie überhaupt zum Zweck der möglichst verläßlichen Aufklärung des wahren Sachverhaltes die entsprechenden Verfügungen. *(BGBl 1977/349)*

(2) [1]Der Vorsitzende kann, wenn er dies im einzelnen Fall zur Entscheidung über den Einspruch für erforderlich hält, auf Antrag oder von Amts wegen eine mündliche Verhandlung anbe-

raumen. [2]Die Verhandlung ist öffentlich. § 119 Abs. 2 ist anzuwenden. *(BGBl I 2004/149)*

(3) [1]Der Vorsitzende hat die Verhandlung zu eröffnen und sich von der Identität der Erschienenen zu überzeugen sowie ihre Parteistellung und die etwaige Vertretungsbefugnis zu prüfen. [2]Er hat die Verhandlung ohne Zulassung von Abschweifungen oder Weitläufigkeiten so zu führen, dass den Parteien das Recht auf Gehör gewahrt wird. *(BGBl I 2004/149)*

(4) [1]Der Vorsitzende bestimmt die Reihenfolge, in der die Parteien zu hören, die Beweise aufzunehmen und die Ergebnisse früher aufgenommener Beweise oder Erhebungen vorzutragen und zu erörtern sind. [2]Der Vorsitzende oder von diesem bestimmte Senatsmitglieder haben die Sache mit den Parteien sachlich und rechtlich zu erörtern. *(BGBl I 2004/149)*

(5) [1]Über die mündliche Verhandlung ist durch einen Schriftführer ein Protokoll aufzunehmen. [2]Dieses hat neben den Angaben über Ort, Zeit und Gegenstand der Verhandlung, die Namen der Senatsmitglieder, des Schriftführers, der Parteien, ihrer Vertreter, der vernommenen Zeugen und der Sachverständigen eine zusammenfassende Darstellung des Inhaltes und Verlaufes der Verhandlung zu enthalten. [3]Das Protokoll ist vom Vorsitzenden und vom Schriftführer zu unterfertigen. [4]Anstelle der Beiziehung eines Schriftführers kann sich der Vorsitzende eines Schallträgers bedienen, wobei die in Satz 2 genannten Angaben in jedem Fall in das Protokoll aufzunehmen sind. [5]Von der Aufnahme auf dem Schallträger ist eine schriftliche Übertragung anzufertigen. [6]Dieses Protokoll ist nur vom Vorsitzenden zu unterfertigen. *(BGBl I 2013/126)*

(6) Das Gebührenanspruchsgesetz 1975 ist anzuwenden. *(BGBl I 2004/149)*

Beweiswürdigung und Beschluß

§ 104. (1) Die Technische Abteilung hat unter freier Würdigung des vorliegenden Tatsachen- und Beweismaterials Beschluss zu fassen.

(2) [1]Beratung und Abstimmung der Technischen Abteilung erfolgen in nichtöffentlicher Sitzung. [2]Einstellungen können schriftlich im Umlaufweg beschlossen werden, sofern nicht ein Mitglied widerspricht. [3]§ 117 erster Satz ist sinngemäß anzuwenden.

(3) [1]Der Referent hat die Entscheidung auf Grund der gefassten Beschlüsse zu entwerfen. [2]Ist er mit seiner Ansicht in der Minderheit geblieben, so hat er den Entwurf im Einvernehmen mit dem Mitglied, dessen Antrag zum Beschluss erhoben wurde, neu auszuarbeiten. [3]Der Vorsitzende kann jedoch mit der Ausarbeitung des Entwurfes oder einzelner Teile desselben auch ein anderes Senatsmitglied betrauen.

(4) [1]Das Patent ist zu widerrufen, wenn der Einspruch Erfolg hat. [2]Hat der Einspruch teilweisen Erfolg, ist nur der entsprechende Teil des Patentes zu widerrufen. [3]In allen anderen Fällen ist der Einspruch abzuweisen.

(BGBl I 2004/149)

Kosten

§ 105. Die Parteien haben die Kosten des Einspruchsverfahrens selbst zu tragen.

(BGBl I 2004/149)

§ 106. *(entfällt samt Überschrift, BGBl I 2004/149)*

Bekanntmachung der Entscheidung über den Einspruch

§ 107. [1]Der gänzliche oder teilweise Widerruf eines Patentes ist im Patentblatt bekanntzumachen. [2]Wird das Patent nur teilweise widerrufen, hat das Patentamt die Änderungen zu veröffentlichen.

(BGBl I 2004/149)

Wirkungen des Widerrufs

§ 108. Die Wirkungen der Anmeldung und des Patentes gelten in dem Umfang, in dem das Patent rechtskräftig widerrufen wird, als von Anfang an nicht eingetreten.

(BGBl I 2004/149)

Patenturkunde, Kundmachung

§ 109. *(entfällt samt Überschrift, BGBl I 2004/149)*

§ 110. *(entfällt samt Überschrift, BGBl I 1998/175)*

Versagung

§ 111. *(entfällt samt Überschrift, BGBl I 2004/149)*

B. Recherchen und Gutachten Erfordernisse und Behandlung der Anträge

§ 111a. (1) [1]Ein Antrag auf Recherchen gemäß § 57a Z 1 darf nur ein einziges konkretes technisches Problem zum Gegenstand haben. [2]Im Antrag kann auch begehrt werden, daß die Recherche auf einen zurückliegenden Tag abgestellt wird. [3]Dem Antrag sind eine genaue und deutliche Beschreibung und erforderlichenfalls eine gedrängte Zusammenfassung des konkreten technischen Problems und Zeichnungen anzuschließen.

(2) [1]Dem Antrag auf Erstattung eines Gutachtens gemäß § 57a Z 2 sind die Beschreibung der Erfindung, Ansprüche und erforderlichenfalls Zeichnungen anzuschließen. [2]§ 91 Abs. 1 ist sinngemäß anzuwenden. [3]Gibt der Antragsteller nicht an, von welchem Stand der Technik das Gutachten auszugehen hat, so ist dem Gutachten der Stand der Technik zugrunde zu legen, der dem Patentamt am Tag des Einlangens des Antrages bekannt ist. [4]Im Antrag kann auch begehrt werden, daß das Gutachten auf einen früheren Tag abgestellt wird.

(3) [1]Die Anträge auf Recherchen oder auf Erstattung eines Gutachtens gemäß § 57a samt Beilagen (Abs. 1 und 2) sind in zweifacher Ausfertigung schriftlich einzubringen. [2]Die Beschreibung, die Ansprüche und die Zusammenfassung können auch in englischer oder in französischer Sprache abgefasst sein, doch ist das Patentamt berechtigt, eine deutsche Übersetzung zu verlangen. *(BGBl I 2005/130)*

(4) [1]Zur Erledigung der Anträge ist das nach der Geschäftsverteilung zuständige fachtechnische Mitglied (§ 61) berufen. [2]Sofern dies der Antragsteller ausdrücklich beantragt, hat die Recherche oder das Gutachten in englischer Sprache zu ergehen. [3]Der Erledigung ist eine Ausfertigung der vom Antragsteller beigebrachten Beilagen (Abs. 1 und 2) anzuheften. *(BGBl I 2017/124)*

(5) [1]Ist der Antrag oder eine Beilage mangelhaft, so ist der Antragsteller aufzufordern, den Mangel binnen einer bestimmten Frist zu beheben. [2]Wird der Mangel nicht behoben, so ist der Antrag mit Beschluss zurückzuweisen. [3]Der Beschluss kann mit Rekurs angefochten werden. *(BGBl I 2013/126)*

(BGBl 1984/234)

C. Anfechtung von Patenten

Antragstellung

§ 112. (1) [1]Die Einleitung des Verfahrens wegen Rücknahme, Nichtigerklärung oder Aberkennung von Patenten erfolgt nur auf Antrag. [2]Das Patentamt ist jedoch berechtigt, das über einen Rücknahme- oder Nichtigkeitsantrag eingeleitete Verfahren im Falle der Rückziehung des Antrages von Amts wegen fortzusetzen.

(2) [1]Der Antragsteller, der seinen Wohnsitz nicht in einem Staat hat, in dem die Entscheidung, die dem Antragsteller den Kostenersatz aufträgt, vollstreckt würde, hat dem Antragsgegner auf dessen Begehren für die Kosten des Verfahrens Sicherheit zu leisten. [2]Dieses Begehren muss bei sonstigem Verlust des Anspruches auf Sicherstellung binnen 14 Tagen nach der Zustellung des Antrages gestellt werden. *(BGBl I 2004/149)*

(3) [1]Die Höhe der Sicherstellung wird vom Patentamt nach freiem Ermessen festgesetzt. [2]Dem Antragsteller wird für die Leistung der Sicherstellung eine Frist bestimmt, in der sie zu leisten ist. [3]Erfolgt die Sicherstellung nicht vor Ablauf der Frist, so gilt der Antrag als zurückgenommen.

Sofortige Zurückweisung

§ 113. (1) Anträge auf Rücknahme, Nichtigerklärung oder Aberkennung eines Patentes, die sich offenbar nicht auf einen gesetzlichen Grund stützen, sowie Eingaben, die kein bestimmtes Begehren enthalten oder zu deren Einbringung der Antragsteller nicht berechtigt ist (§§ 49 und 50), sind von der Nichtigkeitsabteilung unter Angabe der Gründe ohne weiteres Verfahren zurückzuweisen.

(2) Ebenso sind Anträge wegen Unzuständigkeit der Nichtigkeitsabteilung, wegen entschiedener Sache oder wegen Streitanhängigkeit unter Angabe der Gründe ohne weiteres Verfahren zurückzuweisen.

(3) Derartige Beschlüsse sind als Endentscheidungen anzusehen.

Form und Inhalt des Antrages

§ 114. (1) Der Antrag hat eine gedrängte Darstellung des Streitfalles und nebst dem bestimmten Begehren die Bezeichnung der geltend zu machenden Beweismittel zu enthalten.

(2) Der Antrag samt Beilagen ist, sofern er nur gegen einen Patentinhaber gerichtet ist, in zweifacher Ausfertigung beim Patentamt einzubringen. *(BGBl 1977/349)*

(3) Ist der Antrag gegen mehrere Patentinhaber gerichtet, so ist nebst der für das Patentamt bestimmten Ausfertigung für jeden der Antragsgegner eine Ausfertigung des Antrages samt Abschriften der Beilagen beizubringen. *(BGBl I 2004/149)*

(4) *(entfällt, BGBl 1984/234)*

Nebenintervention

§ 114a. (1) [1]Wer ein rechtliches Interesse daran hat, dass in einem vor der Nichtigkeitsabteilung zwischen anderen Personen anhängigen Verfahren die eine Person obsiege, kann dieser Partei im Verfahren beitreten (Nebenintervention). [2]Der Nebenintervenient hat, auch wenn die Voraussetzungen des § 20 Zivilprozessordnung (ZPO), RGBl. Nr. 113/1895, nicht vorliegen, die Stellung eines Streitgenossen (§ 14 ZPO). *(BGBl I 2013/126)*

(2) Im übrigen gelten die §§ 18 bis 20 ZPO sinngemäß.

(BGBl 1977/349)

Verfahren über Anfechtungsanträge

§ 115. (1) Der Vorsitzende hat ein fachtechnisches und ein rechtskundiges Mitglied zu Referenten zu bestellen. *(BGBl I 2004/149)*

(2) Der rechtskundige Referent hat, sofern der Antrag zur Einleitung des Verfahrens geeignet befunden wurde, eine Ausfertigung samt den Abschriften der Beilagen dem Antragsgegner mit der Aufforderung zuzustellen, innerhalb einer mindestens zweimonatigen Frist, deren Verlängerung der Referent bei Vorliegen rücksichtswürdiger Gründe zu bewilligen hat, seine Gegenschrift in zweifacher Ausfertigung schriftlich zu erstatten. *(BGBl I 2004/149)*

(3) Nach der Zustellung gemäß Abs. 2 gilt § 112 ZPO sinngemäß für Rechtsanwälte und Patentanwälte gleichermaßen. *(BGBl I 2013/126)*

(4) Die Vorschriften der §§ 168 und 169 ZPO gelten sinngemäß. *(BGBl I 2013/126)*

Unterbrechung aufgrund eines Einspruchsverfahrens

§ 115a. [1]Ein anhängiges Verfahren auf Nichtigerklärung eines Patentes ist von Amts wegen zu unterbrechen, wenn ein Einspruchsverfahren anhängig ist oder anhängig gemacht wird. [2]Das unterbrochene Verfahren ist nach rechtskräftigem Abschluss des Einspruchsverfahrens auf Antrag oder von Amts wegen fortzusetzen, wenn das Patent nicht widerrufen wurde. [3]Wurde das Patent widerrufen, ist das Verfahren von Amts wegen einzustellen.

(BGBl I 2004/149)

Vorverfahren

§ 116. (1) [1]Nach Erstattung der Gegenschrift oder nach fruchtlosem Verstreichen der hiefür eingeräumten Frist hat der rechtskundige Referent erforderlichenfalls ein Vorverfahren (Abs. 2 und 3) zur Vorbereitung der mündlichen Verhandlung durchzuführen. [2]Die Referenten haben im Vorverfahren das Einvernehmen zu pflegen. [3]Bei Meinungsverschiedenheiten entscheidet der Vorsitzende.

(2) [1]Im Vorverfahren ist der gesamte Prozeßstoff für die mündliche Verhandlung so weit vorzubereiten, daß diese, wenn möglich, ohne Unterbrechung durchgeführt werden kann. [2]Insbesondere ist, sofern sich dies nicht aus den Schriftsätzen ergibt, durch Anhörung der Parteien oder Einholung ihrer Äußerung festzustellen, welche tatsächlichen Behauptungen nicht bestritten werden.

(3) Im Vorverfahren haben auch Beweisaufnahmen, wie Vornahme eines Augenscheins, Vernehmung auswärtiger Zeugen und zeitraubende Untersuchungen durch Sachverständige zu erfolgen, wenn die Beweisaufnahme in der mündlichen Verhandlung diese erheblich erschweren oder verzögern oder unverhältnismäßig hohe Kosten verursachen würde oder wenn die sofortige Aufnahme der Beweise zur Beweissicherung notwendig ist.

(4) [1]Zu allen Beweisaufnahmen im Vorverfahren sind die Parteien zu laden. [2]Ihr Ausbleiben steht der Beweisaufnahme nicht im Wege.

(5) [1]Für die Aufnahme von Beweisen im Vorverfahren gilt § 120. [2]Beweis durch Vernehmung der Parteien ist im Vorverfahren nicht zulässig.

(6) Der rechtskundige Referent hat im Vorverfahren alle in den §§ 180 bis 185 der Zivilprozeßordnung angeführten Befugnisse und Obliegenheiten eines Vorsitzenden.

(7) Der Vorsitzende kann die Ergänzung des Vorverfahrens hinsichtlich einzelner bestimmt zu bezeichnender Sachverhalte anordnen.

(8) [1]Nach dem Einlangen der Gegenschrift oder nach fruchtlosem Verstreichen der hiefür eingeräumten Frist sowie gegebenenfalls nach der Durchführung des Vorverfahrens hat der Referent die Akten mit einer schriftlichen Darlegung des Sachverhaltes sowie aller für die Entscheidung wesentlichen Tat- und Rechtsfragen und einer Stellungnahme zu diesen (Referat) dem Vorsitzenden vorzulegen. [2]Der rechtskundige Referent hat über die rechtlichen Fragen und der fachtechnische Referent über die fachtechnischen Fragen zu referieren. [3]Der Vorsitzende kann einem Referenten oder einem anderen Stimmführer die Ergänzung des Referates auftragen.

Beendigung des Verfahrens ohne Verhandlung

§ 117. [1]Erlischt das Patent während des Verfahrens vor der Nichtigkeitsabteilung, so ist das Verfahren mit Beschluß einzustellen, sofern der Antragsteller nicht unter Glaubhaftmachung eines rechtlichen Interesses auf der Durchführung beharrt. [2]In den Fällen des § 46 Abs. 1 Z 2 und 3 hat grundsätzlich der Antragsteller Anspruch auf Kostenersatz, der Antragsgegner hingegen nur dann, wenn er durch sein Verhalten zur Antragstellung nicht Anlaß gegeben hat und das Patent während der Frist für die Erstattung der Gegenschrift erloschen ist. [3]Im Einstellungsbeschluß ist auch über den Kostenersatz zu erkennen (§ 122 Abs. 1). [4]Dieser Beschluß ist als Endentscheidung anzusehen.

(BGBl 1977/349)

Ausschreibung der mündlichen Verhandlung

§ 118. (1) [1]Die mündliche Verhandlung ist vom Vorsitzenden auszuschreiben. [2]Spätestens mit der Ausschreibung der Verhandlung ist dem Antragsteller die Gegenschrift zuzustellen.

(2) Die Verhandlung kann aus wichtigen Gründen auf Antrag oder von Amts wegen durch den Vorsitzenden auf einen anderen Zeitpunkt verlegt werden.

(3) Zur Verhandlung sind die Parteien oder ihre Vertreter sowie die bei der Verhandlung einzuvernehmenden Zeugen und Sachverständigen zu laden.

(4) Das Ausbleiben der Parteien oder ihrer Vertreter steht der Verhandlung und Entscheidung nicht im Wege.

(5) Wird eine Vertagung bei der mündlichen Verhandlung beantragt, so hat darüber der Senat zu entscheiden.

Verhandlung

§ 119. (1) [1]Die Verhandlung ist nach den sinngemäß anzuwendenden Vorschriften der §§ 171 bis 203 ZPO zu leiten und durchzuführen. [2]Der Vorsitzende oder von diesem bestimmte Senatsmitglieder haben die Sache mit den Parteien sachlich und rechtlich zu erörtern. *(BGBl I 2013/126)*

(2) Die Öffentlichkeit der Verhandlung kann, außer in den im § 172 der Zivilprozeßordnung erwähnten Fällen, auf Antrag auch dann für einen Teil des Verfahrens oder für die ganze Verhandlung ausgeschlossen werden, wenn durch die Öffentlichkeit ein wichtiges Interesse des Bundes oder ein Betriebs- oder Geschäftsgeheimnis einer der Parteien oder eines Zeugen einer Gefährdung ausgesetzt würde.

(3) Den Mitgliedern des Patentamtes sowie den Bundesbediensteten des höheren Dienstes des Bundesministeriums für [Verkehr, Innovation und Technologie][1)] bleibt trotz Ausschluss der Öffentlichkeit der Zutritt gestattet. *(BGBl I 2013/126)*

[1)] Jetzt: BM für Verkehr, Innovation und Technologie.

Beweis und Beweisaufnahme

§ 120. (1) Das Beweisverfahren ist, soweit durch dieses Gesetz nicht abweichende Bestimmungen getroffen werden, in sinngemäßer Anwendung der Vorschriften der §§ 266 bis 383 der Zivilprozeßordnung durchzuführen.

(2) Das von den Zeugen vor dem Patentamt abgelegte Zeugnis sowie die von den Parteien vor dem Patentamt eidlich abgegebene Aussage steht einem gerichtlichen Zeugnis gleich.

(3) Die vorstehenden Grundsätze über das Beweisverfahren gelten sowohl für das Vorverfahren als auch für die Verhandlung.

(4) Das Gebührenanspruchsgesetz 1975 ist anzuwenden. *(BGBl I 2004/149)*

(5) [1]Die nach den §§ 313, 326, 333 und 354 der Zivilprozeßordnung zu verhängenden Ordnungs- und Mutwillensstrafen dürfen 726 Euro nicht übersteigen. [2]Bei Beweisaufnahmen während einer mündlichen Verhandlung sind die Ordnungs- und Mutwillensstrafen vom Senat, im Vorverfahren vom rechtskundigen Referenten (§ 116 Abs. 1) zu verhängen. [3]§ 84 Abs. 1 und 3 findet Anwendung. *(BGBl I 2004/149)*

Beratung und Abstimmung

§ 121. [1]Beratung und Abstimmung der Nichtigkeitsabteilung erfolgen in nichtöffentlicher Sitzung. [2]Einstellungen können schriftlich im Umlaufweg beschlossen werden, sofern nicht ein Mitglied widerspricht.

(BGBl 1984/234)

Prozeßkosten

§ 122. (1) Über den Ersatz der Verfahrens- und Vertretungskosten ist, vorbehaltlich des Abs. 2 und des § 117, in sinngemäßer Anwendung der §§ 40 bis 55 ZPO zu entscheiden. *(BGBl I 2004/149)*

(2) Wer einen Antrag zurücknimmt, hat dem Antragsgegner die Kosten zu ersetzen.

(BGBl 1977/349)

Inhalt der Entscheidung

§ 123. Die Ausfertigung der Entscheidung hat zu enthalten

1. die Bezeichnung der Abteilung und die Namen der Mitglieder, die an der Entscheidung mitgewirkt haben;

2. die Bezeichnung der Parteien, ihrer Vertreter und Bevollmächtigten sowie ihre Parteistellung;

3. die Entscheidung;

4. den Tatbestand der Entscheidung, bestehend in einer gedrängten Darstellung des aus der mündlichen Verhandlung sich ergebenden Sachverhaltes unter Hervorhebung der in der Hauptsache von den Parteien gestellten Anträge;

5. die Entscheidungsgründe;

6. die Rechtsmittelbelehrung.

Verkündung der Entscheidung

§ 124. (1) Die Verkündung der Entscheidung mit den wesentlichen Entscheidungsgründen hat, wenn möglich, mündlich unmittelbar nach Schluß der mündlichen Verhandlung zu geschehen.

(2) In allen Fällen ist aber den Parteien die Entscheidung samt den vollständigen Entscheidungsgründen in schriftlicher Ausfertigung baldigst zuzustellen.

Protokollführung

§ 125. (1) [1]Über alle Beweisaufnahmen im Vorverfahren und über die mündliche Verhandlung ist durch einen Schriftführer ein Protokoll aufzunehmen. [2]Dieses hat neben den Angaben über Ort, Zeit und Gegenstand der Verhandlung, die Namen der Senatsmitglieder, des Schriftführers, der Parteien, ihrer Vertreter, der vernommenen Zeugen und der Sachverständigen eine zusammenfassende Darstellung des Inhaltes und Verlaufes der Verhandlung zu enthalten. [3]Das Protokoll ist vom Vorsitzenden und vom Schriftführer zu unterfertigen. [4]Anstelle der Beiziehung eines Schriftführers kann sich der Vorsitzende eines Schallträgers bedienen, wobei die in Satz 2 genannten Angaben in jedem Fall in das Protokoll aufzunehmen sind. [5]Von der Aufnahme auf dem Schallträger ist eine schriftliche Übertragung anzufertigen. [6]Dieses Protokoll ist nur vom Vorsitzenden zu unterfertigen. *(BGBl I 2013/126)*

„(2)“ [1]Über die nichtöffentliche Sitzung (§ 121) ist ein abgesondertes Protokoll zu führen, aus dem das Ergebnis der Beratung und Abstimmung ersichtlich ist. [2]Dieses Protokoll ist vom Vorsitzenden und vom Schriftführer zu unterfertigen. *(BGBl I 2004/149)*

Rechtshilfe

§ 126. Die Gerichte und das Patentamt sind verpflichtet, einander Rechtshilfe zu leisten.

(BGBl I 2013/126)

Wiederaufnahme des Verfahrens

§ 127. (1) Wurde ein Patent gänzlich oder teilweise widerrufen, zurückgenommen, nichtig erklärt oder aberkannt oder ein darauf abzielender Antrag ganz oder teilweise abgewiesen, so kann auf Antrag einer Partei das geschlossene Verfahren wieder aufgenommen werden,

1. wenn eine Urkunde, auf welche die Entscheidung gegründet ist, fälschlich angefertigt oder verfälscht ist;

2. wenn sich ein Zeuge oder ein Sachverständiger einer falschen Aussage oder der Gegner bei seiner Vernehmung eines falschen Eides schuldig gemacht hat und die Entscheidung auf diese Aussage gegründet ist;

3. wenn die Entscheidung durch eine im Weg des gerichtlichen Strafverfahrens zu verfolgende Betrugshandlung des Vertreters der Partei, ihres Gegners oder dessen Vertreters erwirkt wurde;

4. wenn ein Mitglied, das bei der Entscheidung oder bei einer der Entscheidung zugrunde liegenden früheren Entscheidung mitgewirkt hat, sich im Streit zum Nachteil der Partei einer nach dem Strafgesetz zu ahndenden Verletzung seiner Amtspflicht schuldig gemacht hat;

5. wenn ein strafgerichtliches Erkenntnis, auf das die Entscheidung gegründet ist, durch ein anderes rechtskräftig gewordenes Urteil aufgehoben ist.

(BGBl I 2004/149)

(2) Die Wiederaufnahme kann jedoch nur innerhalb eines Jahres nach Rechtskraft der zu behebenden Entscheidung und unbeschadet der inzwischen erworbenen Rechte dritter Personen von den Streitteilen begehrt werden.

(3) Insbesondere erwerben diejenigen, welche seither die Erfindung in Benützung genommen haben oder die hiezu erforderlichen Veranstaltungen getroffen haben, die einem Vorbenützer der Erfindung zustehende Befugnis (§ 23).

(4) [1]Zur Entscheidung über das Wiederaufnahmebegehren ist jene Instanz (Technische Abteilung, Nichtigkeitsabteilung, Oberlandesgericht Wien, Oberster Gerichtshof) berufen, welche die angefochtene Entscheidung gefällt hat. [2]Wird dem Wiederaufnahmebegehren von einer höheren Instanz stattgegeben, so hat diese zu bestimmen, ob das wiederaufgenommene Verfahren vor ihr oder vor einer Unterinstanz durchzuführen ist. *(BGBl I 2013/126)*

(5) Dem Gesuch um Wiederaufnahme des Verfahrens kommt eine den Vollzug der Entscheidung hemmende Wirkung nicht zu.

§ 128. [1]Ist die Eintragung der Außerkraftsetzung eines Patentes in das Patentregister durch das Patentamt aus Versehen erfolgt, so hat das Patentamt nach Feststellung des Versehens die Löschung dieser Eintragung zu verfügen und bekanntzumachen. [2]Inzwischen im guten Glauben erworbene Rechte dritter Personen bleiben in einem solchen Fall wie im Fall der Wiederaufnahme gewahrt.

(BGBl I 2004/149)

Weiterbehandlung der Anmeldung

§ 128a. [1]Ist nach Versäumung einer vom Patentamt eingeräumten Frist die Anmeldung zurückgewiesen worden, so kann der Anmelder oder dessen Rechtsnachfolger die Weiterbehandlung der Anmeldung beantragen. [2]Der Antrag ist binnen zwei Monaten nach der Zustellung des Zurückweisungsbeschlusses beim Patentamt einzureichen. [3]Die versäumte Handlung ist innerhalb dieser Frist nachzuholen. [4]Dem Antrag ist nur dann stattzugeben, wenn die Weiterbehandlungsgebühr gezahlt wird. [5]Mit der Stattgebung des Weiterbehandlungsantrages tritt der Zurückweisungsbeschluss außer Kraft.

(BGBl I 2004/149)

Wiedereinsetzung in den vorigen Stand

§ 129. (1) [1]Wer durch ein unvorhergesehenes oder unabwendbares Ereignis verhindert war, eine Frist einzuhalten, deren Versäumung nach einer den Erfindungsschutz betreffenden Vorschrift einen kraft dieser Vorschrift ohne weiteres eintretenden Rechtsnachteil zur Folge hat, hat einen Anspruch auf Wiedereinsetzung in den vorigen Stand. [2]Eine Versäumung, die auf einem minderen Grade des Versehens beruht, hindert die Wiedereinsetzung nicht. *(BGBl 1984/234)*

(2) Eine Wiedereinsetzung in den vorigen Stand findet nicht statt wegen Versäumung der Frist für den Wiedereinsetzungsantrag (§ 131 Abs. 1), der Frist für den Rekurs gegen die Entscheidung hinsichtlich eines solchen Antrags und der Frist für den Einspruch (§ 102 Abs. 1). *(BGBl I 2013/126)*

(3) [1]In die Frist zur Abgabe einer Prioritätserklärung, zu deren Berichtigung oder zur Vorlage der Prioritätsbelege (§ 95 Abs. 2 und 3) ist eine Wiedereinsetzung in den vorigen Stand nur zulässig, wenn der Antrag, unbeschadet der für die Antragstellung gemäß § 131 geltenden Fristen, spätestens am Tag vor der Bekanntmachung der Erteilung des Patentes (§ 101c Abs. 2) im Patentamt eingelangt ist. [2]Mit der Bewilligung der Wiedereinsetzung tritt ein allenfalls bereits erlassener Erteilungsbeschluss (§ 101c Abs. 1) oder Zurückweisungsbeschluss (§ 100) außer Kraft. *(BGBl I 2004/149)*

§ 130. (1) [1]Über den Antrag entscheidet die Abteilung, bei der die versäumte Handlung vorzunehmen war. [2]Wurde eine Handlung bei einer Technischen Abteilung versäumt, so entscheidet über den Antrag das dieser Abteilung zugewiesene rechtskundige Mitglied. *(BGBl 1977/349)*

(2) [1]Im Wirkungsbereich der Nichtigkeitsabteilung des Patentamtes ist der Vorsitzende zur Entscheidung berufen. [2]Gegen diesen Beschluss ist Rekurs an das Oberlandesgericht Wien zulässig. *(BGBl I 2013/126)*

§ 131. (1) Der Wiedereinsetzungsantrag ist binnen zwei Monaten nach dem Tag, an dem das Hindernis weggefallen ist, in jedem Fall jedoch spätestens binnen zwölf Monaten nach dem Tag, an dem die Frist abgelaufen ist, zu überreichen.

(2) [1]Der Antragsteller hat die zur Begründung des Antrages dienenden Umstände anzuführen und, sofern sie nicht bei der Behörde offenkundig sind, glaubhaft zu machen. [2]Zugleich mit dem Antrag ist die versäumte Handlung nachzuholen.

(3) Für jeden an der Angelegenheit allenfalls beteiligten Gegner des Antragstellers ist eine Abschrift des Antrages und seiner Beilagen zu überreichen.

§ 132. *(entfällt, BGBl I 2004/149)*

§ 133. (1) Ist der Antrag oder die nachgeholte Handlung mangelhaft, so ist der Antragsteller vor der Entscheidung aufzufordern, binnen einer bestimmten Frist den Mangel zu beheben.

(2) Wenn es sich um ein in ein öffentliches Register eingetragenes Schutzrecht handelt, so ist der Antrag und die Art seiner Erledigung in das Register einzutragen.

(3) Die Bewilligung der Wiedereinsetzung ist im Patentblatt zu verlautbaren, sofern durch die Bewilligung der Wiedereinsetzung ein Schutzrecht, über dessen Untergang eine amtliche Verlautbarung stattfindet, wiederhergestellt wird.

§ 134. (1) Vor der Entscheidung ist dem allenfalls an der Angelegenheit beteiligten Gegner des Antragstellers Gelegenheit zu geben, sich binnen einer bestimmten Frist zu äußern (§ 131 Abs. 3).

(2) Dem Antragsteller sind, ohne Rücksicht darauf, ob dem Antrag stattgegeben wird oder nicht, die dem Gegner verursachten Kosten des Verfahrens über den Antrag und der Vertretung in diesem Verfahren aufzuerlegen.

§ 135. [1]Durch die Bewilligung der Wiedereinsetzung in den vorigen Stand treten die Rechtsfolgen der Versäumung der Frist außer Kraft. [2]Die Behörde trifft zur Durchführung der Entscheidung die der Sachlage angemessenen Verfügungen.

§ 136. (1) [1]Ist ein Schutzrecht versagt worden, verfallen, erloschen oder sonst außer Kraft getreten und wird es durch die Bewilligung der Wiedereinsetzung wiederhergestellt, so tritt seine Wirkung gegen den nicht ein, der im Inland nach dem Untergang des Schutzrechtes und vor dem Tag der amtlichen Verlautbarung der Bewilligung der Wiedereinsetzung (§ 133 Abs. 3) oder im Fall des § 133 Abs. 2 spätestens am Tag der Eintragung des Antrages in das Register, in allen anderen Fällen spätestens am Tag des Einlangens des Antrages bei der zuständigen Behörde den Gegenstand in Benützung genommen oder die zu solcher Benützung erforderlichen Veranstaltungen getroffen hat (Zwischenbenützer). [2]Dieser ist befugt, den Gegenstand für die Bedürfnisse seines eigenen Betriebes in eigenen oder fremden Werkstätten auszunützen. [3]Diese Befugnis kann nur zusammen mit dem Betrieb vererbt oder veräußert werden. [4]Überdies gelten die Vorschriften über den Vorbenützer.

(2) Besteht hinsichtlich des wiederhergestellten Schutzrechtes ein während seines früheren Bestehens abgeschlossener Lizenzvertrag und wird das Recht des Lizenznehmers durch einen Zwischenbenützer (Abs. 1) beeinträchtigt, so kann der Lizenznehmer eine den Umständen des Falles ange-

messene Minderung des bedungenen Entgeltes verlangen oder, wenn für ihn wegen dieser Beeinträchtigung an der weiteren Erfüllung des Vertrages kein Interesse mehr besteht, den Vertrag auflösen.

Vollstreckung

§ 137. (1) Rechtskräftige Aussprüche des Patentamtes sind Exekutionstitel im Sinne des § 1 der Exekutionsordnung (EO), RGBl. Nr. 79/1896.

(2) [1]Das Patentamt hat die zur Durchführung seiner rechtskräftigen Entscheidungen und jener der Rechtsmittelinstanzen notwendigen Eintragungen und Löschungen in den von ihm zu führenden Registern von Amts wegen zu vollziehen. [2]Bei Kollegialentscheidungen hat die erforderlichen Verfügungen der Vorsitzende zu treffen.

(BGBl I 2013/126)

IV. DAS OBERLANDESGERICHT WIEN UND DER OBERSTE GERICHTSHOF ALS RECHTSMITTELINSTANZEN

(BGBl I 2013/126)

A. Rechtsmittel gegen die Beschlüsse der Technischen Abteilung und der Rechtsabteilung des Patentamtes

Rekurs

§ 138. (1) Die Beschlüsse der Technischen Abteilung und der Rechtsabteilung können durch Rekurs an das Oberlandesgericht Wien angefochten werden.

(2) Gegen die einen Beschluss der Technischen Abteilung oder Rechtsabteilung vorbereitenden Verfügungen des Referenten ist kein Rechtsmittel zulässig.

(BGBl I 2013/126)

Verfahren

§ 139. Für das Rekursverfahren gelten die Bestimmungen des Außerstreitgesetzes (AußStrG), BGBl. I Nr. 111/2003, sinngemäß mit Ausnahme der §§ 44, 49 AußStrG und folgenden Besonderheiten:

1. Verweise im AußStrG auf das Gericht erster Instanz gelten als Verweise auf die Technische Abteilung oder Rechtsabteilung.

2. Die Rekursfrist und die Frist für die Rekursbeantwortung betragen zwei Monate; sie sind nicht verlängerbar.

3. Neue Tatsachen oder Beweismittel dürfen nur zur Stützung oder zur Widerlegung der in der ersten Instanz rechtzeitig vorgebrachten Tatsachen und Beweise vorgebracht werden.

4. [1]Weist ein rechtzeitig überreichter Rekurs Mängel auf, so hat das zuständige Mitglied dem Rekurswerber eine Frist zur Verbesserung zu setzen. [2]Verspätet überreichte Rekurse oder Rekurse, die innerhalb der festgesetzten Frist nicht verbessert werden, sind von der Abteilung in der Zusammensetzung zurückzuweisen, in der der angefochtene Beschluss erlassen wurde. [3]Rekurse gegen Beschlüsse des ermächtigten Bediensteten sind durch das zuständige Mitglied zurückzuweisen.

5. [1]Beschlüsse gemäß § 50 AußStrG sind von der Abteilung in der Zusammensetzung zu erlassen, in der der angefochtene Beschluss erlassen wurde. [2]Ist der Beschluss durch den ermächtigten Bediensteten erlassen worden, hat das zuständige Mitglied zu beschließen.

6. § 51 Abs. 1 AußStrG ist mit der Maßgabe anzuwenden, dass die die Sache betreffenden Akten gegebenenfalls mit einem aufklärenden Bericht vorzulegen sind.

7. Die Parteien haben die Kosten des Verfahrens selbst zu tragen.

8. Rekursentscheidungen des Rekursgerichts sind durch das Rekursgericht zuzustellen.

(BGBl I 2013/126)

Revisionsrekurs

§ 140. (1) Gegen einen im Rahmen des Rekursverfahrens ergangenen Beschluss des Rekursgerichts ist der Revisionsrekurs nach Maßgabe des § 62 AußStrG zulässig.

(2) Für das Revisionsrekursverfahren gelten die Bestimmungen des AußStrG sinngemäß mit folgenden Besonderheiten:

1. Die Revisionsrekursfrist und die Frist für die Revisionsrekursbeantwortung betragen zwei Monate; sie sind nicht verlängerbar.

2. [1]Der Revisionsrekurs sowie gegebenenfalls die Zulassungsvorstellung sind beim Rekursgericht einzubringen; die Zurückweisung nach § 67 AußStrG erfolgt durch das Rekursgericht. [2]Außer im Fall des § 68 Abs. 4 Z 2 AußStrG ist auch die Revisionsrekursbeantwortung beim Rekursgericht einzubringen.

3. Die Parteien haben die Kosten des Verfahrens selbst zu tragen.

(BGBl I 2013/126)

B. Rechtsmittel gegen die Beschlüsse und Entscheidungen der Nichtigkeitsabteilung des Patentamtes

Berufung

§ 141. (1) Die Endentscheidungen der Nichtigkeitsabteilung des Patentamtes können durch

Berufung an das Oberlandesgericht Wien angefochten werden.

(2) Für das Berufungsverfahren gelten die Bestimmungen der ZPO sinngemäß mit Ausnahme des § 461 Abs. 2 ZPO und folgenden Besonderheiten:

1. Verweise in der ZPO auf das Gericht erster Instanz gelten als Verweise auf die Nichtigkeitsabteilung.

2. Die Berufungsfrist und die Frist für die Berufungsbeantwortung betragen zwei Monate; sie sind nicht verlängerbar.

3. [1]Weist eine rechtzeitig überreichte Berufung Mängel auf, so hat der rechtskundige Referent der Nichtigkeitsabteilung dem Berufungswerber eine Frist zur Verbesserung zu setzen. [2]Werden die Mängel innerhalb der Frist behoben, so gilt die Berufung als rechtzeitig eingebracht.

4. Berufungsentscheidungen des Berufungsgerichts sind durch das Berufungsgericht zuzustellen.

(BGBl I 2013/126)

Rekurs

§ 142. (1) [1]Gegen eine vorbereitende Verfügung des Referenten ist kein Rechtsmittel zulässig. [2]Gegen die im Lauf des Vorverfahrens oder der Verhandlung gefassten Beschlüsse der Nichtigkeitsabteilung findet vorbehaltlich Abs. 2 ein abgesondertes Rechtsmittel nicht statt, sie können nur mit der Berufung angefochten werden, sofern sie auf die Endentscheidung einen Einfluss geübt haben.

(2) [1]Gegen Unterbrechungsbeschlüsse, Beschlüsse, mit denen eine Berufung zurückgewiesen wird, Beschlüsse gemäß § 130 Abs. 2 sowie Beschlüsse über Ansprüche nach dem Gebührenanspruchsgesetz ist der Rekurs an das Oberlandesgericht Wien zulässig. [2]Beschlüsse des Berufungsgerichts können nach Maßgabe des § 519 ZPO beim Obersten Gerichtshof angefochten werden.

(3) Für das Rekursverfahren gelten die Bestimmungen der ZPO sinngemäß mit folgenden Besonderheiten:

1. Verweise in der ZPO auf das Gericht erster Instanz gelten als Verweise auf die Nichtigkeitsabteilung.

2. Rekurse nach Abs. 2 erster Satz sind bei der Nichtigkeitsabteilung, Rekurse nach Abs. 2 zweiter Satz beim Berufungsgericht einzubringen.

3. [1]Weist ein rechtzeitig überreichter Rekurs nach Abs. 2 erster Satz Mängel auf, so hat der rechtskundige Referent der Nichtigkeitsabteilung oder der Vorsitzende, wenn ihm die Beschlussfassung alleine zustand, dem Rekurswerber eine Frist zur Verbesserung zu setzen. [2]Werden die Mängel innerhalb der Frist behoben, so gilt der Rekurs als rechtzeitig eingebracht.

4. Rekursentscheidungen des Rekursgerichts sind durch das Rekursgericht zuzustellen.

(BGBl I 2013/126)

Revision und Revisionsrekurs

§ 143. (1) Gegen Urteile des Berufungsgerichts ist die Revision nach Maßgabe des § 502 ZPO, gegen einen Beschluss des Rekursgerichts der Revisionsrekurs nach Maßgabe des § 528 ZPO zulässig.

(2) Für das Revisionsverfahren gelten die Bestimmungen der ZPO sinngemäß mit folgenden Besonderheiten:

1. Die Revisionsfrist und die Frist für die Revisionsbeantwortung betragen zwei Monate; sie sind nicht verlängerbar.

2. [1]Die Revision ist beim Berufungsgericht einzubringen. [2]Die Verweise auf das Prozessgericht erster Instanz gelten als Verweise auf das Berufungsgericht, mit Ausnahme jener, die sich auf die Zurückverweisung an die erste Instanz beziehen. [3]Außer im Fall des § 507a Abs. 3 Z 2 ZPO ist auch die Revisionsbeantwortung beim Berufungsgericht einzubringen.

(3) [1]Für das Revisionsrekursverfahren gelten die Bestimmungen der ZPO sinngemäß mit der Maßgabe, dass der Revisionsrekurs beim Rekursgericht einzubringen ist.[2]

(BGBl I 2013/126)

C. Gemeinsame Bestimmungen

Verfahrenshilfe

§ 144. [1]Verfahrenshilfe für ein Rechtsmittelverfahren nach diesem Hauptstück ist beim Patentamt zu beantragen. [2]Über den Antrag auf Bewilligung der Verfahrenshilfe hat die Nichtigkeitsabteilung durch einen der Vorsitzenden durch Beschluss zu entscheiden. [3]§ 7 Abs. 2 AußStrG, die §§ 63, 64, 66 bis 73 ZPO und § 45 RAO, RGBl. Nr. 96/1868, sind mit der Maßgabe anzuwenden, dass Verweise auf das Gericht als Verweise auf die Nichtigkeitsabteilung gelten. [4]Anstelle der Beigebung eines Rechtsanwaltes kann auch die Beigebung eines Patentanwaltes für das Rechtsmittelverfahren vor dem Oberlandesgericht Wien gewährt werden. [5]Gegen den Beschluss kann Rekurs binnen zwei Wochen erhoben werden.

(BGBl I 2013/126)

Zustellung, Vertretung, Eintritt in das Verfahren, Akteneinsicht

§ 145. (1) Die Zustellung von Schriftstücken durch das Patentamt in einem Rechtsmittelverfahren nach diesem Hauptstück erfolgt nach den §§ 85 und 86.

(2) [1]Im Verfahren vor dem Oberlandesgericht Wien sind auch Patentanwälte und Notare vertretungsbefugt. [2]Die Berufung auf die Bevollmächtigung ersetzt deren urkundlichen Nachweis.

(3) In mehrseitigen Verfahren kann der Erwerber eines streitverfangenen Rechts auch ohne Zustimmung des Gegners in das Verfahren eintreten.

(4) Auf die Akteneinsicht in Rechtsmittelverfahren nach diesem Hauptstück sind die §§ 81 und 81a sinngemäß anzuwenden.

(BGBl I 2013/126)

Zusammensetzung der Senate

§ 146. (1) [1]§ 8 Abs. 2 JN ist mit der Maßgabe anzuwenden, dass die Stelle des Laienrichters entweder durch fachmännische Laienrichter aus dem Handelsstand oder durch andere Personen mit besonderer Fachkunde, wie insbesondere Mitglieder des Patentamtes, die vom Bundesminister für Justiz auf Vorschlag des Bundesministers für Verkehr, Innovation und Technologie jeweils für eine Funktionsperiode von fünf Jahren bestellt werden, ausgeübt werden kann. [2]Werden Mitglieder des Patentamtes oder sonstige Bundesbedienstete als Laienrichter bestellt, erbringen sie die Tätigkeit als fachmännische Laienrichter als dienstliche Aufgabe und sind in Ausübung ihres Amtes unabhängig und an keine Weisungen gebunden. [3]Die §§ 19 bis 25 JN sind sinngemäß anzuwenden.

(2) Der Oberste Gerichtshof hat bei Rechtsmitteln gegen eine Entscheidung, der eine Entscheidung der Technischen Abteilung oder der Nichtigkeitsabteilung zugrunde liegt, in einem Senat zu entscheiden, der neben drei Richtern zwei Laienrichter nach Abs. 1 umfasst.

(3) Bei Verfahren über die Einräumung oder Aufhebung von Lizenzen gemäß § 36 Abs. 2 und 3 sind Abs. 1 und 2 mit der Maßgabe anzuwenden, dass den Senaten ein Mitglied anzugehören hat, das vom Bundesminister für Justiz auf Vorschlag des Bundesministers für Land- und Forstwirtschaft, Umwelt und Wasserwirtschaft ernannt worden ist.

(4) [1]Soweit nichts anderes bestimmt ist, sind die für fachmännische Laienrichter aus dem Handelsstand geltenden Bestimmungen sinngemäß anzuwenden. [2]Der Vorsitzende hat ein Senatsmitglied zum Referenten zu bestellen.

(BGBl I 2013/126)

V. Patentverletzungen und Auskunftspflicht

Unterlassungsanspruch

§ 147. „“ Wer in einer der ihm aus einem Patent zustehenden Befugnis verletzt worden ist oder eine solche Verletzung zu besorgen hat, kann auf Unterlassung klagen. *(BGBl I 2006/96)*

(2) *(entfällt, BGBl I 2006/96)*

(BGBl 1977/349)

Beseitigungsanspruch

§ 148. (1) Der Patentverletzer ist zur Beseitigung des dem Gesetz widerstreitenden Zustandes verpflichtet.

(2) Der Verletzte kann insbesondere verlangen, dass auf Kosten des Verletzers die patentverletzenden Gegenstände (Eingriffsgegenstände) vernichtet und die ausschließlich oder vorzugsweise zur Herstellung patentverletzender Gegenstände dienlichen Werkzeuge, Vorrichtungen und anderen Hilfsmittel (Eingriffsmittel) für diesen Zweck unbrauchbar gemacht werden, soweit dadurch nicht in dingliche Rechte Dritter eingegriffen wird.

(3) [1]Enthalten die im Abs. 2 bezeichneten Eingriffsgegenstände oder Eingriffsmittel Teile, deren unveränderter Bestand und deren Benutzung durch den Beklagten das Ausschließungsrecht des Klägers nicht verletzen, so hat das Gericht diese Teile in dem die Vernichtung oder Unbrauchbarmachung aussprechenden Urteil zu bezeichnen. [2]Bei der Vollstreckung sind diese Teile, soweit es möglich ist, von der Vernichtung oder Unbrauchbarmachung auszunehmen, wenn der Verpflichtete die damit verbundenen Kosten im Voraus zahlt.

(4) Zeigt sich im Exekutionsverfahren, dass die Unbrauchbarmachung von Eingriffsmitteln größere Kosten als ihre Vernichtung erfordern würde, und werden diese vom Verpflichteten nicht im voraus gezahlt, so hat das Exekutionsgericht nach Einvernahme der Parteien die Vernichtung dieser Eingriffsmittel anzuordnen.

(5) Kann der gesetzwidrige Zustand auf eine andere als die im Abs. 2 bezeichnete, mit keiner oder mit einer geringeren Wertvernichtung verbundene Art, beseitigt werden, so kann der Verletzte nur Maßnahmen dieser Art begehren.

(6) Statt der Vernichtung der Eingriffsgegenstände oder der Unbrauchbarmachung von Eingriffsmitteln kann der Verletzte verlangen, dass ihm die Eingriffsgegenstände oder Eingriffsmittel von ihrem Eigentümer gegen eine angemessene, die Herstellungskosten nicht übersteigende Entschädigung überlassen werden.

(7) Der Exekution auf Beseitigung ist erforderlichenfalls ein Sachverständiger zur Bezeichnung der der Exekution zu unterziehenden Gegenstände beizuziehen.

(BGBl I 2004/149)

Urteilsveröffentlichung

§ 149. (1) Wird auf Unterlassung oder Beseitigung geklagt, so hat das Gericht der obsiegenden Partei, wenn diese daran ein berechtigtes Interesse hat, auf Antrag die Befugnis zuzusprechen, das Urteil in einer nach § 409 Abs. 2 ZPO zu bestimmenden Frist auf Kosten des Gegners zu veröffentlichen. Umfang und Art der Veröffentlichung sind im Urteil zu bestimmen.

(2) [1]Die Veröffentlichung umfaßt den Urteilsspruch. [2]Auf Antrag der obsiegenden Partei kann jedoch das Gericht einen vom Urteilsspruch nach Umfang oder Wortlaut abweichenden oder ihn ergänzenden Inhalt der Veröffentlichung bestimmen. [3]Dieser Antrag ist spätestens vier Wochen nach Rechtskraft des Urteils zu stellen. [4]Ist der Antrag erst nach Schluß der mündlichen Streitverhandlung gestellt worden, so hat hierüber das Gericht erster Instanz nach Rechtskraft des Urteils mit Beschluß zu entscheiden. *(BGBl 1984/234)*

(3) Das Prozeßgericht erster Instanz hat auf Antrag der obsiegenden Partei mit Beschluß die Kosten der Urteilsveröffentlichung festzusetzen und deren Ersatz dem Gegner aufzutragen. *(BGBl 1984/234)*

(BGBl 1977/349)

Ansprüche in Geld

§ 150. (1) Der durch unbefugte Verwendung eines Patentes Verletzte hat gegen den Verletzer Anspruch auf ein angemessenes Entgelt.

(2) Bei schuldhafter Patentverletzung kann der Verletzte an Stelle des angemessenen Entgeltes (Abs. 1)

a) Schadenersatz einschließlich des ihm entgangenen Gewinnes oder

b) die Herausgabe des Gewinnes, den der Verletzer durch die Patentverletzung erzielt hat,

verlangen.

(3) Unabhängig vom Nachweis eines Schadens kann der Verletzte das Doppelte des ihm nach Abs. 1 gebührenden Entgelts begehren, sofern die Patentverletzung auf grober Fahrlässigkeit oder Vorsatz beruht. *(BGBl I 2004/149)*

(4) Der Verletzte hat auch Anspruch auf eine angemessene Entschädigung für die in keinem Vermögensschaden bestehenden Nachteile, die er durch die schuldhafte Patentverletzung erlitten hat, soweit dies in den besonderen Umständen des Falles begründet ist. *(BGBl I 2004/149)*

Rechnungslegung

§ 151. [1]Der Verletzer ist dem Verletzten zur Rechnungslegung und dazu verpflichtet, deren Richtigkeit durch einen Sachverständigen prüfen zu lassen. [2]Wenn sich dabei ein höherer Betrag als aus der Rechnungslegung ergibt, sind die Kosten der Prüfung vom Verletzer zu tragen.

(BGBl 1977/349)

Auskunft über Herkunft und Vertriebsweg

§ 151a. (1) Wer in einer der ihm aus einem Patent zustehenden Befugnisse verletzt worden ist, kann Auskunft über den Ursprung und die Vertriebswege der rechtsverletzenden Waren und Dienstleistungen verlangen, sofern dies nicht unverhältnismäßig im Vergleich zur Schwere der Verletzung wäre und nicht gegen gesetzliche Verschwiegenheitspflichten verstoßen würde; zur Erteilung der Auskunft sind der Verletzer und die Personen verpflichtet, die gewerbsmäßig

1. rechtsverletzende Waren in ihrem Besitz gehabt,

2. rechtsverletzende Dienstleistungen in Anspruch genommen oder

3. für Rechtsverletzungen genutzte Dienstleistungen erbracht haben.

(2) Die Pflicht zur Auskunftserteilung nach Abs. 1 umfasst, soweit angebracht,

1. die Namen und Anschriften der Hersteller, Vertreiber, Lieferanten und der anderen Vorbesitzer der Waren oder Dienstleistungen sowie der gewerblichen Abnehmer und Verkaufsstellen, für die sie bestimmt waren,

2. die Mengen der hergestellten, ausgelieferten, erhaltenen oder bestellten Waren und die Preise, die für die Waren oder Dienstleistungen bezahlt wurden.

(BGBl I 2006/96)

Einstweilige Verfügungen

§ 151b. (1) Mit Beziehung auf Ansprüche auf Unterlassung, Beseitigung, angemessenes Entgelt, Schadenersatz und Herausgabe des Gewinns nach diesem Gesetz können einstweilige Verfügungen sowohl zur Sicherung des Anspruchs selbst als auch zur Sicherung von Beweismitteln erlassen werden.

(2) Zur Sicherung von Ansprüchen auf angemessenes Entgelt, Schadenersatz und Herausgabe des Gewinns können im Fall von gewerbsmäßig begangenen Rechtsverletzungen einstweilige Verfügungen erlassen werden, wenn wahrscheinlich ist, dass die Erfüllung dieser Forderungen gefährdet ist.

(3) Zur Sicherung von Unterlassungs- und Beseitigungsansprüchen können einstweilige Verfügungen erlassen werden, auch wenn die im § 381 der Exekutionsordnung bezeichneten Voraussetzungen nicht zutreffen.

(4) Einstweilige Verfügungen nach Abs. 1 sind auf Antrag der gefährdeten Partei ohne Anhörung des Gegners zu erlassen, wenn der gefährdeten

Partei durch eine Verzögerung wahrscheinlich ein nicht wieder gut zu machender Schaden entstünde oder wenn die Gefahr besteht, dass Beweise vernichtet werden.

(BGBl I 2006/96)

Unternehmerhaftung

§ 152. (1) 1Der Inhaber eines Unternehmens kann auf Unterlassung (§ 147) geklagt werden, wenn eine Patentverletzung im Betrieb seines Unternehmens von einem Bediensteten oder Beauftragten begangen worden ist oder droht. 2Er ist zur Beseitigung (§ 148) verpflichtet, wenn er Eigentümer der Eingriffsgegenstände oder Eingriffsmittel ist.

(2) Wird die einen Anspruch auf angemessenes Entgelt begründende Patentverletzung im Betrieb eines Unternehmens von einem Bediensteten oder Beauftragten begangen, so trifft die Pflicht zur Zahlung des Entgeltes (§ 150 Abs. 1), zur Rechnungslegung (§ 151) und zur Auskunft (§ 151a) nur den Inhaber des Unternehmens, es sei denn, dass dieser von der Patentverletzung weder wusste noch daraus einen Vorteil erlangt hat. *(BGBl I 2004/149)*

(3) Wird eine Patentverletzung im Betrieb eines Unternehmens von einem Bediensteten oder Beauftragten begangen, so haftet, unbeschadet der Haftung dieser Personen, der Inhaber des Unternehmens nach § 150 Abs. 2 bis 4, wenn ihm die Patentverletzung bekannt war oder bekannt sein musste. *(BGBl I 2004/149)*

Haftung mehrerer Verpflichteter

§ 153. Soweit derselbe Anspruch in Geld (§ 150) gegen mehrere Personen besteht, haften sie zur ungeteilten Hand.

(BGBl 1984/234)

Verjährung

§ 154. 1§ 1489 ABGB gilt für alle Ansprüche in Geld (§ 150), den Anspruch auf Rechnungslegung (§ 151) und den Anspruch auf Auskunft (§ 151a). 2Die Verjährung aller dieser Ansprüche wird auch durch die Klage auf Rechnungslegung oder einen Feststellungsantrag (§ 163) unterbrochen.

(BGBl I 2004/149)

Verfahrenspatente

§ 155. Bei einem Patent für ein Verfahren zur Herstellung eines neuen Erzeugnisses gilt bis zum Beweis des Gegenteiles jedes Erzeugnis von gleicher Beschaffenheit als nach dem patentierten Verfahren hergestellt.

(BGBl 1996/181)

Vorfragen

§ 156. (1) Die Gültigkeit oder Wirksamkeit eines Patentes, auf das die Verletzungsklage gestützt wird, kann vorbehaltlich des Abs. 3 vom Gericht als Vorfrage selbständig beurteilt werden.

(2) 1Das Gericht erster Instanz hat dem Patentamt von jedem Urteil, in dem die Gültigkeit oder Wirksamkeit eines Patentes beurteilt worden ist, eine mit der Bestätigung der Rechtskraft versehene Ausfertigung zum Anschluß an die Erteilungsakten zu übermitteln. 2Auf ein solches Urteil ist im Patentregister hinzuweisen.

(3) 1Hängt ein Urteil davon ab, ob das Patent nichtig (§ 48) ist, so hat das Gericht diese Frage vorerst selbständig zu prüfen. 2Das Patentamt erstellt auf Ersuchen des Gerichts ein schriftliches Gutachten, ob aufgrund der im gerichtlichen Verfahren vorgelegten Schriftstücke die Nichtigerklärung des Patentes wahrscheinlich ist. 3Hält das Gericht die Nichtigkeit des Patentes aufgrund des Beweisverfahrens für wahrscheinlich, so hat es das Verfahren zu unterbrechen. 4Wenn der Beklagte nicht binnen einem Monat ab Zustellung des Unterbrechungsbeschlusses nachweist, dass er beim Patentamt einen Nichtigkeitsantrag eingebracht hat, dass ein Nichtigerklärungsverfahren zwischen den Streitteilen bereits anhängig ist oder dass er sich einem solchen Verfahren als Nebenintervenient angeschlossen hat, hat das Gericht das Verfahren auf Antrag des Klägers fortzusetzen. 5In diesem Fall hat das Gericht ohne Rücksicht auf den Einwand der Nichtigkeit zu entscheiden. 6Eine hierüber vor dem Schluss der mündlichen Verhandlung ergehende Entscheidung der Nichtigkeitsabteilung ist jedoch zu berücksichtigen. *(BGBl I 2004/149)*

(4) Ist ein Verfahren über eine Verletzungsklage gemäß Abs. 3 unterbrochen worden, kann der Beklagte anstelle des Nachweises, dass er einen Nichtigkeitsantrag eingebracht hat, dass ein Nichtigerklärungsverfahren zwischen den Streitteilen bereits anhängig ist oder dass er sich einem solchen Verfahren als Nebenintervenient angeschlossen hat, den Nachweis erbringen, dass er gegen das Patent einen Einspruch erhoben hat. *(BGBl I 2004/149)*

„(5)" Ist das Gerichtsverfahren wegen eines beim Patentamt anhängigen Verfahrens unterbrochen worden, so hat das Gericht nach Rechtskraft der Entscheidung über die Vorfrage das Verfahren auf Antrag einer Partei fortzusetzen und ihm die Vorfragenentscheidung zugrunde zu legen. *(BGBl I 2004/149)*

(6) Ist die Gültigkeit oder Wirksamkeit eines Patentes vom Patentamt oder den Rechtsmittelin-

stanzen anders beurteilt worden als vom Gericht im Verletzungsstreit, so kann darauf eine Wiederaufnahmsklage (§ 530 Abs. 1 ZPO) gestützt werden; es sind für die Zuständigkeit der § 532 Abs. 2 ZPO und für die Unterbrechung des Rechtsmittelverfahrens der § 544 Abs. 1 ZPO sinngemäß anzuwenden; die Klagefrist (§ 534 Abs. 1 ZPO) ist von dem Tag an zu berechnen, an dem die Entscheidung über die Gültigkeit oder Wirksamkeit des Patentes in Rechtskraft erwachsen ist. *(BGBl I 2013/126)*

Behandlung präjudizieller Verfahren

(BGBl I 2013/126)

§ 157. (1) Wird in einem Nichtigerklärungsverfahren ein Unterbrechungsbeschluss (§ 156) vorgelegt, so gelten für das Verfahren ab der Vorlage folgende Besonderheiten:

1. Das Verfahren ist beschleunigt zu behandeln.

2. Demjenigen, der den Unterbrechungsbeschluss vorlegt, ist von der Eingangsstelle sofort auf einer Halbschrift zu bestätigen, dass er ein Verfahren vor der Nichtigkeitsabteilung anhängig gemacht, sich einem anhängigen Verfahren als Nebenintervenient angeschlossen oder zu einem anhängigen Verfahren einen Unterbrechungsbeschluss vorgelegt hat. *(BGBl I 2009/126)*

3. Die Gegenschrift (§ 115 Abs. 2) ist innerhalb der unerstreckbaren Frist von einem Monat einzubringen.

4. Beweise über Behauptungen, die nicht spätestens zwei Wochen vor der mündlichen Verhandlung dem Patentamt vorgebracht und dem Gegner mitgeteilt worden sind, dürfen nur aufgenommen werden, wenn der Gegner nicht widerspricht.

5. Die Fristen für die Berufung, die Berufungsbeantwortung, die Revision und die Revisionsbeantwortung betragen einen Monat und sind unerstreckbar. *(BGBl I 2013/126)*

(2) Wird in einem Verfahren über einen Einspruch ein Unterbrechungsbeschluss (§ 156) vorgelegt, ist Abs. 1 sinngemäß anzuwenden.

(BGBl I 2004/149)

Einstweiliger Schutz

§ 158. [1]Wird vor der Bekanntmachung der Erteilung des Patentes (§ 101c Abs. 2) ein Anspruch gemäß § 101 Abs. 5 gerichtlich geltend gemacht und hängt das Urteil davon ab, ob dieser Anspruch zu Recht besteht, kann das Gericht das Verfahren bis zur Bekanntmachung der Erteilung unterbrechen. [2]Das unterbrochene Verfahren ist nach der Bekanntmachung der Erteilung auf Antrag oder von Amts wegen fortzusetzen.

(BGBl I 2004/149)

Strafbare Patentverletzung

§ 159. (1) [1]Wer ein Patent verletzt, ist vom Gericht mit Geldstrafe bis zu 360 Tagessätzen zu bestrafen. [2]Wer die Tat gewerbsmäßig begeht, ist mit Freiheitsstrafe bis zu zwei Jahren zu bestrafen.

(2) Ebenso ist der Inhaber oder Leiter eines Unternehmens zu bestrafen, der eine im Betrieb des Unternehmens von einem Bediensteten oder Beauftragten begangene Patentverletzung nicht verhindert.

(3) Ist der Inhaber des Unternehmens nach Abs. 2 eine Gesellschaft, eine Genossenschaft, ein Verein oder ein anderes, nicht zu den physischen Personen gehöriges Rechtssubjekt, so ist Abs. 2 auf die Organe anzuwenden, wenn sie sich einer solchen Unterlassung schuldig gemacht haben. „ “ *(BGBl I 2005/151)*

(4) Abs. 1 ist auf Bedienstete oder Beauftragte nicht anzuwenden, die die Handlung im Auftrag ihres Dienstgebers oder Auftraggebers vorgenommen haben, sofern ihnen wegen ihrer wirtschaftlichen Abhängigkeit nicht zugemutet werden konnte, die Vornahme dieser Handlungen abzulehnen.

(5) Die Verfolgung erfolgt nur auf Verlangen des Verletzten.

(BGBl I 2004/149)

Privatrechtliche Ansprüche

§ 160. [1]Für die Geltendmachung der Ansprüche nach § 150 gelten die Bestimmungen des 17. Hauptstückes der Strafprozessordnung 1975 (StPO), BGBl. Nr. 631/1975. [2]Gegen den Ausspruch über den Entschädigungsanspruch steht beiden Teilen die Berufung zu.

(BGBl I 2013/126)

Besonderheiten der Strafverfolgung

§ 161. [1]Für das Strafverfahren gelten § 119 Abs. 2 und die §§ 148, 149 und 157 sinngemäß. [2]Ebenso ist § 156 sinngemäß anzuwenden, jedoch mit der Maßgabe, dass der Lauf der Monatsfrist des § 156 Abs. 3 mit der Zustellung einer Aufforderung des Strafgerichtes an den Beschuldigten beginnt, zu bescheinigen, dass er beim Patentamt einen Nichtigkeitsantrag eingebracht hat, dass ein Nichtigerklärungsverfahren zwischen den Streitteilen bereits anhängig ist, dass er sich einem solchen Verfahren als Nebenintervenient angeschlossen oder einen Einspruch eingelegt hat. [3]Bringt der Beschuldigte den Nichtigkeitsantrag oder den Einspruch nicht rechtzeitig ein, so hat das Gericht, wenn es die Nichtigkeit des Patentes für wahrscheinlich hält, den Nichtigkeitsantrag oder den Einspruch von Amts wegen zu stellen. [4]Parteien in diesem Verfahren sind das antragstellende Gericht, der Privatankläger und der Beschuldigte. [5]Die in diesem Verfahren erwachsenden Kosten sind Kosten des Strafverfahrens.

(BGBl I 2004/149)

Zuständigkeit

§ 162. (1) [1]Für Klagen und einstweilige Verfügungen nach diesem Bundesgesetz ist ausschließlich das Handelsgericht Wien zuständig. [2]Ohne Rücksicht auf den Streitwert hat der Senat (§ 7 Abs. 2 erster Satz JN) zu entscheiden. [3]Das gilt auch für einstweilige Verfügungen. [4]Für die Senatszusammensetzung in erster und zweiter Instanz ist § 146 Abs. 1, in dritter Instanz ist § 146 Abs. 2 anzuwenden. *(BGBl I 2013/126)*

(2) Die Gerichtsbarkeit in Strafsachen nach diesem Bundesgesetz steht dem Landesgericht für Strafsachen Wien zu.

(BGBl 1977/349)

Feststellungsanträge

§ 163. (1) Wer einen Gegenstand betriebsmäßig herstellt, in Verkehr bringt, feilhält oder gebraucht, ein Verfahren betriebsmäßig anwendet oder solche Maßnahmen beabsichtigt, kann gegen den Inhaber eines Patentes oder den ausschließlichen Lizenznehmer beim Patentamt die Feststellung beantragen, daß der Gegenstand oder das Verfahren weder ganz noch teilweise unter das Patent fällt.

(2) Der Inhaber eines Patentes oder der ausschließliche Lizenznehmer kann gegen jemanden, der einen Gegenstand betriebsmäßig herstellt, in Verkehr bringt, feilhält oder gebraucht, ein Verfahren betriebsmäßig anwendet oder solche Maßnahmen beabsichtigt, beim Patentamt die Feststellung beantragen, daß der Gegenstand oder das Verfahren ganz oder teilweise unter das Patent fällt.

(3) Anträge gemäß Abs. 1 und 2 sind zurückzuweisen, wenn der Antragsgegner nachweist, daß bei Gericht zwischen denselben Parteien eine vor Überreichung des Feststellungsantrages eingebrachte Verletzungsklage, die denselben Gegenstand oder dasselbe Verfahren betrifft, anhängig ist.

(4) [1]Der Feststellungsantrag kann sich nur auf ein Patent samt dessen Zusatzpatenten beziehen. [2]Dem Antrag sind eine genaue und deutliche Beschreibung des Gegenstandes oder Verfahrens und erforderlichenfalls Zeichnungen in vier Ausfertigungen anzuschließen. [3]Eine Ausfertigung dieser Beschreibung, gegebenenfalls samt Zeichnungen, ist der Endentscheidung anzuheften.

(5) Bei der Beurteilung des Schutzbereiches des Patentes, das Gegenstand des Feststellungsverfahrens ist, hat das Patentamt den Inhalt der Erteilungsakten und den von den Parteien nachgewiesenen Stand der Technik zu berücksichtigen. *(BGBl 1984/234)*

(6) Die Verfahrenskosten sind vom Antragsteller zu tragen, wenn der Antragsgegner durch sein Verhalten zur Antragstellung nicht Anlaß gegeben und den Anspruch innerhalb der ihm für die Gegenschrift gesetzten Frist anerkannt hat. *(BGBl 1984/234)*

(7) Im übrigen gelten für das Feststellungsverfahren die Bestimmungen des Anfechtungsverfahrens. *(BGBl 1984/234)*

(BGBl 1977/349)

§ 164. *(entfällt, BGBl 1996/181)*

Auskunftspflicht über Patentschutz

§ 165. Wer Gegenstände in einer Weise bezeichnet, die geeignet ist, den Eindruck zu erwecken, daß sie Patentschutz genießen, hat auf Verlangen Auskunft darüber zu geben, auf welches Schutzrecht sich die Bezeichnung stützt.

VI. BIOPATENT MONITORING KOMITEE

§ 166. (1) Das Biopatent Monitoring Komitee beobachtet und bewertet die Auswirkungen der Umsetzung der Richtlinie 98/44/EG des Europäischen Parlaments und des Rates vom 6. Juli 1998 über den rechtlichen Schutz biotechnologischer Erfindungen, ABl. Nr. L 213 vom 30. Juli 1998, S.13, in österreichisches Recht im Hinblick auf relevante mit Schutzwirkung für die Republik Österreich erteilte nationale Patente und Gebrauchsmuster.

(2) Dem Biopatent Monitoring Komitee kommen insbesondere die sich aus der Entschließung des Nationalrats vom 16. April 1998, 107/E (XX. GP), ergebenden Aufgaben zu:

1. Überprüfung der Auswirkungen der in Umsetzung der Richtlinie erlassenen österreichischen Rechtsvorschriften auf Menschenrechte, Tiere, Pflanzen und ökologische Systeme sowie auf den Konsumentenschutz, die Landwirtschaft und die Entwicklungsländer;

2. Überprüfung der nationalen Erteilungs- und Spruchpraxis, insbesondere hinsichtlich § 1 Abs. 3 Z 2 und 3, § 2 Abs. 2 Satz 1 sowie §§ 36 und 37;

3. Überprüfung, ob die in Umsetzung der Richtlinie erlassenen österreichischen Rechtsvorschriften folgenden Grundsätzen gerecht werden:

a) kein Patentschutz für Verfahren zum Klonen von Menschen und zur Veränderung der menschlichen Keimbahn;

b) kein Patentschutz für Verfahren, in denen menschliche Embryonen verwendet werden, und für Embryonen selbst;

c) keine weitere Einschränkung der „Tierschutzklausel" gemäß Art. 6 Abs. 2 lit. d der Richtlinie;

d) Gewährung des Viehzüchter- und Landwirteprivilegs gemäß Art. 11 der Richtlinie;

e) Wahrung der Verpflichtungen aus dem Übereinkommen über die biologische Vielfalt, BGBl. Nr. 213/1995.

4. Beobachtung der forschungs- und wirtschaftspolitischen Konsequenzen, insbesondere auch auf kleine und mittlere Unternehmen.

(3) [1]Der Bundesminister für Verkehr, Innovation und Technologie hat in Abständen von drei Jahren dem Nationalrat einen Bericht über die Beobachtungen und Bewertungen des Biopatent Monitoring Komitees zu übermitteln. [2]Der erste Bericht ist spätestens am 30. Juni 2012 zu übermitteln.

(BGBl I 2009/126)

§ 167. (1) Dem Biopatent Monitoring Komitee gehören folgende Mitglieder an:

1. ein Vertreter des Bundeskanzleramts;
2. ein Vertreter des Bundesministers für Gesundheit;
3. ein Vertreter des Bundesministers für Land- und Forstwirtschaft, Umwelt und Wasserwirtschaft;
4. ein Vertreter des Bundesministers für Verkehr, Innovation und Technologie;
5. ein Vertreter des [Bundesministers für Wirtschaft, Familie und Jugend[1)];
6. ein Vertreter des [Bundesministers für Wissenschaft und Forschung][1)];
7. ein Vertreter der Bioethikkommission;
8. ein Vertreter der Wirtschaftskammer Österreich;
9. ein Vertreter der Landwirtschaftskammer Österreich;
10. ein Vertreter des Österreichischen Gewerkschaftsbundes;
11. ein Vertreter der Österreichischen Patentanwaltskammer;
12. ein Vertreter des Österreichischen Rechtsanwaltskammertages;
13. ein Vertreter der Vereinigung der Österreichischen Industrie;
14. ein Vertreter der Österreichischen Vereinigung für gewerblichen Rechtsschutz und Urheberrecht;
15. ein Vertreter des Rings der Industrie-Patentingenieure Österreichs;
16. ein Vertreter des Vereins für Konsumenteninformation;
17. ein Vertreter der Umweltbundesamt GmbH;
18. ein Vertreter des Ökobüro - Koordinationsstelle österreichischer Umweltorganisationen.

(2) Das Komitee soll für den Dialog mit interessierten Bürgerinnen und Bürgern offen sein.

(3) [1]Der Vorsitzende des Biopatent Monitoring Komitees und ein allfälliger Stellvertreter werden von den Mitgliedern des Komitees gewählt. [2]Das Komitee ist beschlussfähig, wenn mindestens die Hälfte seiner Mitglieder anwesend ist. [3]Die Beschlüsse werden mit einfacher Stimmenmehrheit gefasst, bei Stimmengleichheit entscheidet die Stimme des Vorsitzenden.

(4) [1]Das Komitee hat sich eine Geschäftsordnung zu geben und kann auch Arbeitsgruppen bilden. [2]In Erfüllung seiner Aufgaben ist das Komitee berechtigt, Experten und sonstige Auskunftspersonen beizuziehen und an diese entgeltliche Aufträge zu vergeben.

(5) [1]Dem Vorsitzenden des Komitees obliegt die Vertretung des Komitees nach außen. [2]Die Tätigkeit der Mitglieder des Komitees ist ein unbesoldetes Ehrenamt.

(6) [1]Die beim Patentamt eingerichtete Geschäftsstelle unterstützt das Komitee, seinen Vorsitzenden und allfällig eingerichtete Arbeitsgruppen bei der Erfüllung ihrer Aufgaben. [2]Die Geschäftsstelle hat für jedes Kalenderjahr einen Voranschlag und einen Rechnungsabschluss zu erstellen.

(BGBl I 2009/126)

[1)] Jetzt: Bundesminister für Wissenschaft, Forschung und Wirtschaft

§§ 168 bis 171. *(entfällt, BGBl I 2004/149)*

§ 172. *(entfällt, BGBl 1996/181)*

§ 172a. *(entfällt, BGBl I 2004/149)*

VII. ÜBERGANGS- UND SCHLUSSBESTIMMUNGEN

§ 172b. *(entfällt, BGBl I 2004/149)*

§ 172c. *(entfällt, BGBl I 2004/149)*

Übergangsbestimmungen

§ 173. (1) Für Patente und Patentanmeldungen, deren Anmeldetag vor dem 1. Jänner 1994 liegt, ist bei der Beurteilung der Patentierbarkeit § 2 Z 2, bei der Beurteilung der Neuheit § 3, als Nichtigerklärungsgrund § 48 Abs. 1 Z 2 sowie als Einspruchsgrund § 102 Abs. 2 Z 2 jeweils in der vor dem Inkrafttreten des Bundesgesetzes BGBl. Nr. 634/1994 geltenden Fassung weiter anzuwenden.

(2) [1]Für die Dauer und das Erlöschen von Patenten, die auf vor dem 1. Dezember 1984 eingereichten Patentanmeldungen beruhen, ist Arti-

kel VI der Patentrechts-Novelle 1984, BGBl. Nr. 234/1984, weiter anzuwenden, wobei jedoch die Dauer dieser Patente mindestens 20 Jahre ab dem Anmeldetag beträgt. [2]Auf Rechte, die vor dem 1. Jänner 1996 von der Heeres- oder Monopolverwaltung auf Grund der §§ 24 und 25 in Anspruch genommen wurden, sind die §§ 24, 25 und 173 Z 3 in der vor dem 1. Jänner 1996 geltenden Fassung weiter anzuwenden.

(3) [1]Vorbehaltlich Abs. 1 ist für Patente und Patentanmeldungen, deren Anmeldetag vor dem In-Kraft-Treten des Bundesgesetzes BGBl. I. Nr. 81/2007 liegt, § 3 Abs. 2 Z 4 in der vor dem In-Kraft-Treten des genannten Bundesgesetzes geltenden Fassung weiter anzuwenden. [2]§ 3 Abs. 3 zweiter Satz ist auf alle bei In-Kraft-Treten des Bundesgesetzes BGBl. I Nr. 81/2007 anhängigen Patentanmeldungen anzuwenden, soweit eine Entscheidung über die Erteilung des Patentes noch nicht ergangen ist. *(BGBl I 2007/81, zum Inkrafttreten vgl § 180a Abs 5!)*

(BGBl I 2004/149)

§ 173a. *(entfällt, BGBl I 2004/149)*

§ 174. (1) Für Patente und Patentanmeldungen, hinsichtlich der der Bekanntmachungsbeschluss vor dem Inkrafttreten des Bundesgesetzes BGBl. I Nr. 149/2004 gefasst wird, sind § 4 Abs. 3, § 5 Abs. 1, § 20 Abs. 3, § 28 Abs. 2, §§ 31, 32, 45 Abs. 1, § 52 Abs. 1, § 57 Abs. 1, § 60 Abs. 3 lit a bis c, § 62 Abs. 3 und 4, § 80 Abs. 1, § 81 Abs. 2 und 3, § 91 Abs. 3, §§ 92a, 92b, 101, 102, 103 bis 109, 111, 127 Abs. 1 und 4, §§ 128, 129 Abs. 3, § 156 Abs. 4 und 5, §§ 157, 158 und 171 Abs. 1, 3 und 5 in der vor dem Inkrafttreten des genannten Bundesgesetzes geltenden Fassung weiter anzuwenden.

(2) Für Patente und Patentanmeldungen gemäß Abs. 1 gilt § 81a in der Fassung des Bundesgesetzes BGBl. I Nr. 149/2004 mit der Maßgabe, dass an die Stelle der Veröffentlichung der Anmeldung die Bekanntmachung der Anmeldung tritt.

(3) Für Patentanmeldungen, die am Tag des Inkrafttretens des Bundesgesetzes BGBl. I Nr. 149/2004 als zurückgenommen gelten, hinsichtlich der aber vor diesem Tag die Frist von vier Monaten gemäß § 99 Abs. 5 in der vor dem Inkrafttreten des genannten Bundesgesetzes geltenden Fassung noch nicht abgelaufen ist, tritt die Rechtsfolge, dass die Anmeldung als zurückgenommen gilt, außer Kraft, wenn die im § 99 Abs. 5 in der vor dem Inkrafttreten des genannten Bundesgesetzes geltenden Fassung vorgeschriebenen Erfordernisse erfüllt werden.

(4) Für Patentanmeldungen, hinsichtlich der die im § 99 Abs. 4 in der vor dem Inkrafttreten des Bundesgesetzes BGBl. I Nr. 149/2004 geltenden Fassung vorgesehene Frist von zwei Wochen nach der Zustellung des abweisenden Beschlusses vor dem Tag des Inkrafttretens des genannten Bundesgesetzes noch nicht abgelaufen ist, kann die Äußerung noch bis zum Ablauf der Frist nachgeholt werden.

(5) [1]Patentanmeldungen, hinsichtlich der der Bekanntmachungsbeschluss vor dem Inkrafttreten des Bundesgesetzes BGBl. I Nr. 149/2004 nicht gefasst wird, sind nach den nach dem Inkrafttreten des genannten Bundesgesetzes geltenden Verfahrensbestimmungen fortzuführen. [2]Die Rechtsfolge des § 99 Abs. 5 in der vor dem Inkrafttreten des genannten Bundesgesetzes geltenden Fassung tritt nicht ein, wenn die Frist zur Äußerung auf den Vorbescheid am Tag des Inkrafttretens des genannten Bundesgesetzes noch nicht abgelaufen ist. [3]Diese Patentanmeldungen sind, wenn innerhalb der im § 101 Abs. 1 in der Fassung des genannten Bundesgesetzes angeführten Frist eine Veröffentlichung nicht mehr erfolgen kann, auch noch nach Ablauf dieser Frist zu veröffentlichen.

(6) Für die im Abs. 5 genannten Patentanmeldungen kann, wenn die im § 87a Abs. 3 Z 1 in der Fassung des Bundesgesetzes BGBl. I Nr. 149/2004 vorgesehene Frist am Tag des Inkrafttretens des genannten Bundesgesetzes bereits verstrichen ist, die Nachreichung der im § 87a Abs. 2 Z 3 genannten Angaben noch bis zum Abschluss der technischen Vorarbeiten für die Veröffentlichung erfolgen.

(7) Für die im Abs. 5 genannten Patentanmeldungen, hinsichtlich der eine Frist zur gesonderten Anmeldung gemäß § 92a Abs. 1, 2, 3 oder 4 in der vor dem Inkrafttreten des Bundesgesetzes BGBl. I Nr. 149/2004 geltenden Fassung gesetzt wurde, gilt diese Frist als nicht gesetzt und kann die gesonderte Anmeldung noch bis zum Ablauf der im § 92a in der Fassung des genannten Bundesgesetzes vorgesehenen Fristen eingereicht werden.

(8) § 92b letzter Satz in der Fassung des Bundesgesetzes BGBl. I Nr. 149/2004 ist für Umwandlungsanträge, die vor dem Inkrafttreten des genannten Bundesgesetzes eingereicht werden, nicht anzuwenden.

(BGBl I 2004/149)

§ 175. (1) Auf vor dem Inkrafttreten des Bundesgesetzes BGBl. I Nr. 149/2004 eingereichte Aberkennungsanträge ist § 49 Abs. 5 bis 7 in der vor dem Inkrafttreten des genannten Bundesgesetzes geltenden Fassung weiter anzuwenden.

(2) Die §§ 145a und 145b in der Fassung des Bundesgesetzes BGBl. I Nr. 149/2004 sind anzuwenden, wenn die Entscheidung der Beschwerdeabteilung nach dem vor dem Inkrafttreten des genannten Bundesgesetzes liegenden Tag gefasst wird.

(3) Auf vor dem Inkrafttreten des Bundesgesetzes BGBl. I Nr. 149/2004 eingebrachte Klagen

sind § 150 Abs. 3, § 156 Abs. 3 bis 5 und § 161 in der vor dem Inkrafttreten des genannten Bundesgesetzes geltenden Fassung weiter anzuwenden.

(4) Eine schriftliche Vollmacht gemäß § 21 Abs. 1 in der Fassung des Bundesgesetzes BGBl. I Nr. 149/2004 kann nur dann als Bezugsvollmacht herangezogen werden, wenn sie nach dem Inkrafttreten des genannten Bundesgesetzes dem Patentamt vorgelegt wird.

(BGBl I 2004/149)

§ 176. (1) Für Patentanmeldungen, die vor dem Inkrafttreten des Bundesgesetzes BGBl. I Nr. 149/2004 eingereicht werden, ist § 94 Abs. 2 in der vor dem Inkrafttreten des genannten Bundesgesetzes geltenden Fassung weiter anzuwenden.

(2) Für Anträge, die vor dem Inkrafttreten des Bundesgesetzes BGBl. I Nr. 149/2004 eingereicht werden, sind § 95 Abs. 2, § 132 Abs. 1, 3 und 4, § 168 Abs. 1, 2 und 3 erster, vierter und fünfter Satz in der vor dem Inkrafttreten des genannten Bundesgesetzes geltenden Fassung weiter anzuwenden.

(3) [1]Für Jahresgebühren, deren Fälligkeitstag vor dem Inkrafttreten des Bundesgesetzes BGBl. I Nr. 149/2004 liegt, ist § 166 Abs. 2 bis 10 in der vor dem Inkrafttreten des genannten Bundesgesetzes geltenden Fassung weiter anzuwenden. [2]Dies gilt auch für Jahresgebühren, deren Fälligkeitstag nach dem Inkrafttreten des genannten Bundesgesetzes liegt, die aber vor dem Inkrafttreten des genannten Bundesgesetzes bereits ordnungsgemäß gezahlt werden.

(BGBl I 2004/149)

§ 176a. (1) Bis zum In-Kraft-Treten des § 101 in der Fassung des Bundesgesetzes BGBl. I Nr. 149/2004 (Patentrechts- und Gebührennovelle 2004) ist

1. § 81a in der Fassung des Bundesgesetzes BGBl. I Nr. 42/2005 (Biotechnologie-Richtlinie – Umsetzungsnovelle) mit der Maßgabe anzuwenden, dass an die Stelle der Veröffentlichung die Bekanntmachung tritt,

2. § 87a Abs. 3 Z 1 in der Fassung des Bundesgesetzes BGBl. I Nr. 42/2005 (Biotechnologie-Richtlinie – Umsetzungsnovelle) mit der Maßgabe anzuwenden, dass die Nachreichung der im § 87a Abs. 2 Z 3 genannten Angaben noch bis zu Fassung des Bekanntmachungsbeschlusses erfolgen kann,

3. § 87a Abs. 3 Z 2 in der Fassung des Bundesgesetzes BGBl. I Nr. 42/2005 (Biotechnologie-Richtlinie – Umsetzungsnovelle) nicht anzuwenden.

(2) Bis zum Inkrafttreten des § 48 in der Fassung des Bundesgesetzes BGBl. I Nr. 42/2005 (Biotechnologie-Richtlinie – Umsetzungsnovelle) ist § 48 in der vor dem In-Kraft-Treten des genannten Gesetzes geltenden Fassung mit der Maßgabe anzuwenden, dass an die Stelle des Begriffes „Mikroorganismus" der Begriff „biologisches Material" tritt.

(BGBl I 2005/42)

§ 176b. (1) Die Zuständigkeit zur Weiterführung der mit Ablauf des 31. Dezember 2013 anhängigen Verfahren geht hinsichtlich jener

1. der Rechtsmittelabteilung und des Obersten Patent- und Markensenates als zweite Instanz auf das Oberlandesgericht Wien und

2. des Obersten Patent- und Markensenates als dritte Instanz auf den Obersten Gerichtshof über, wobei die Voraussetzungen des § 62 AußStrG nicht anzuwenden sind.

(2) [1]Ist eine Entscheidung der Technischen Abteilung oder der Rechtsabteilung, gegen die eine Beschwerde zulässig ist, vor Ablauf des 31. Dezember 2013 gefasst worden und wurde gegen diese Entscheidung nicht bereits bis zum Ablauf dieses Tages Beschwerde erhoben, so kann gegen die Entscheidung innerhalb der offenen Frist Rekurs erhoben werden. [2]Eine gegen eine solche Entscheidung bis zum Ablauf des 31. Dezember 2013 erhobene Beschwerde gilt als rechtzeitig erhobener Rekurs.

(3) [1]Ist eine Entscheidung der Nichtigkeitsabteilung, gegen die eine Berufung zulässig ist, vor Ablauf des 31. Dezember 2013 gefasst worden und wurde gegen diese Entscheidung nicht bereits bis zum Ablauf dieses Tages Berufung erhoben, so kann gegen die Entscheidung innerhalb von zwei Monaten ab deren Zustellung Berufung oder Rekurs erhoben werden. [2]Eine gegen eine solche Entscheidung bis zum Ablauf des 31. Dezember 2013 erhobene Berufung gilt als rechtzeitig erhobene Berufung oder als rechtzeitig erhobener Rekurs, wenn das nach dem 31. Dezember 2013 zulässige Rechtsmittel der Rekurs ist.

(4) Für Berufungen gegen Entscheidungen der Nichtigkeitsabteilung, die vor Ablauf des 31. Dezember 2013 eingereicht werden, ist § 482 ZPO nicht anzuwenden.

(5) [1]Ist eine Entscheidung der Rechtsmittelabteilung, gegen die eine Beschwerde an den Obersten Patent- und Markensenat zulässig ist, vor Ablauf des 31. Dezember 2013 gefasst worden und wurde gegen diese Entscheidung nicht bereits bis zum Ablauf dieses Tages Beschwerde erhoben, so kann gegen die Entscheidung innerhalb der offenen Frist Revisionsrekurs (§ 140 Abs. 2) erhoben werden. [2]Der Revisionsrekurs ist ohne die Voraussetzungen des § 62 AußStrG zulässig und beim Oberlandesgericht Wien einzubringen. [3]Eine gegen eine Entscheidung der Rechtsmittelabteilung bis zum Ablauf des

31. Dezember 2013 erhobene Beschwerde gilt als rechtzeitig erhobener Revisionsrekurs.

(6) [1]Gegen Entscheidungen des Obersten Patent- und Markensenates, die vor Ablauf des 31. Dezember 2013 gefasst worden sind, kann eine Beschwerde gemäß Art. 144 Abs. 1 B-VG an den Verfassungsgerichtshof erhoben werden. [2]In den Verfahren vor dem Verfassungsgerichtshof treten an die Stelle des Obersten Patent- und Markensenates, sofern er in zweiter Instanz entschieden hat, das Oberlandesgericht Wien, sofern er in dritter Instanz entschieden hat, der Oberste Gerichtshof. [3]Gegebenenfalls ist das Verfahren vor dem jeweiligen Gericht fortzusetzen.

(7) Für Wiedereinsetzungsverfahren, die mit Ablauf des 31. Dezember 2013 in Rechtsmittelverfahren anhängig sind, sind die §§ 129 bis 136 weiter anzuwenden.

(8) Ist die angefochtene Entscheidung, hinsichtlich der die Wiederaufnahme gemäß § 127 begehrt wird, vor dem Ablauf des 31. Dezember 2013 durch die Rechtsmittelabteilung oder durch den Obersten Patent- und Markensenat gefasst worden, ist das Oberlandesgericht Wien zur Entscheidung über das Wiederaufnahmebegehren zuständig.

(BGBl I 2013/126)

§ 176c. (1) [1]Arbeitnehmerinnen und Arbeitnehmer, die in einem Arbeitsverhältnis zum Patentamt im Rahmen seiner Teilrechtsfähigkeit gemäß § 58b stehen und nicht gleichzeitig Mitarbeiterinnen oder Mitarbeiter des Patentamts im Rahmen eines Dienstverhältnisses zum Bund sind, sind berechtigt, mit dem Außerkrafttreten des § 58b in ein vertragliches Dienstverhältnis zum Bund (Bundesministerium für Verkehr, Innovation und Technologie - Patentamt) zu wechseln. [2]Diese haben die Erklärung der Bereitschaft zum Wechsel spätestens sieben Monate vor dem Außerkrafttreten des § 58b schriftlich gegenüber dem Patentamt abzugeben. [3]Die Erklärung ist rechtsunwirksam, wenn ihr die Arbeitnehmerin oder der Arbeitnehmer eine Bedingung beigefügt hat. [4]Das Arbeitsverhältnis jener Arbeitnehmerinnen und Arbeitnehmer, die die Erklärung nicht rechtzeitig abgeben, oder die nicht ausschließlich in einem Arbeitsverhältnis zum Patentamt im Rahmen seiner Teilrechtsfähigkeit stehen, ist nach den für dieses Arbeitsverhältnis maßgeblichen Bestimmungen zu beenden.

(2) [1]Für jene Arbeitnehmerinnen und Arbeitnehmer, die eine Erklärung zum Wechsel in ein vertragliches Dienstverhältnis zum Bund gemäß Abs. 1 abgeben, aber kein solches Dienstverhältnis eingehen, endet das Arbeitsverhältnis zum Patentamt im Rahmen der Teilrechtsfähigkeit mit dem Außerkrafttreten des § 58b unter Wahrung der arbeitsrechtlichen Ansprüche.

(3) [1]Die vertraglichen Dienstverhältnisse zum Bund gemäß Abs. 1 sind so abzuschließen, dass sie mit dem Außerkrafttreten des § 58b beginnen. [2]Anlässlich des Wechsels in ein Dienstverhältnis zum Bund besteht kein Anspruch auf Zahlung einer Abfertigung. [3]Für die Dienstnehmer und Dienstnehmerinnen gelten die Bestimmungen des Dienst- und Besoldungsrechtes für Vertragsbedienstete des Bundes. [4]Die im vorangegangenen Arbeitsverhältnis zum Patentamt im Rahmen seiner Teilrechtsfähigkeit verbrachte Dienstzeit ist jedoch für alle zeitabhängigen Rechte zu berücksichtigen. [5]Auf Dienstnehmerinnen und Dienstnehmer, die vor dem Wechsel eine Anwartschaft auf eine Abfertigung nach dem Angestelltengesetz erworben haben, ist § 84 VBG anzuwenden.

(4) [1]Der Bund übernimmt mit dem Außerkrafttreten der §§ 58a und 58b das Vermögen sowie sonstige Rechte und Verbindlichkeiten, die das Patentamt im Rahmen seiner Teilrechtsfähigkeit nach Maßgabe der gesetzlichen Bestimmungen erworben oder begründet hat. [2]Der Bund haftet nur bis zum Ausmaß des übernommenen Vermögens.

(5) [1]Zivilrechtliche Vertragsverhältnisse zwischen dem Bund und dem Patentamt im Rahmen seiner Teilrechtsfähigkeit erlöschen mit dem Außerkrafttreten des § 58b.

(6) [1]Mit Beginn des vierten auf das Außerkrafttreten des § 58b folgenden Monats hat die Präsidentin oder der Präsident des Patentamts der Bundesministerin oder dem Bundesminister für Verkehr, Innovation und Technologie einen Rechnungsabschluss über die Gebarung im Rahmen der Teilrechtsfähigkeit vorzulegen.

(7) [1]Alle Vorgänge gemäß diesem Bundesgesetz im Zusammenhang mit der Auflösung des teilrechtsfähigen Bereichs des Patentamts, der Vermögensübertragung bzw. der Einräumung von Rechten, Forderungen und Verbindlichkeiten vom teilrechtsfähigen Bereich des Patentamts an den Bund sind von allen bundesgesetzlich geregelten Gebühren, Abgaben und Steuern mit Ausnahme der Umsatzsteuer befreit.

(BGBl I 2016/71)

Schlussbestimmungen

§ 177. Soweit in diesem Bundesgesetz auf Bestimmungen anderer Bundesgesetze verwiesen wird, sind diese, sofern nichts anderes bestimmt wird, in ihrer jeweils geltenden Fassung anzuwenden.

(BGBl I 2004/149)

§ 178. Bei allen in diesem Bundesgesetz verwendeten personenbezogenen Bezeichnungen gilt die gewählte Form für beide Geschlechter.

(BGBl I 2004/149)

§ 178a. *(entfällt, BGBl I 2013/126)*

§ 179. Mit der Vollziehung dieses Bundesgesetzes sind betraut:

1. hinsichtlich § 51 die Bundesregierung,

2. hinsichtlich § 49 Abs. 4, §§ 147 bis 156, 158 bis 162 und 165 der Bundesminister für Justiz,

3. hinsichtlich § 126 und der §§ 138 bis 146 der Bundesminister für Verkehr, Innovation und Technologie und der Bundesminister für Justiz, *(BGBl I 2013/126)*

4. hinsichtlich § 57 Abs. 2 der Bundesminister für Verkehr, Innovation und Technologie im Einvernehmen mit dem [Bundesminister für auswärtige Angelegenheiten][1)],

5. hinsichtlich § 58b Abs. 6 der Bundesminister für Verkehr, Innovation und Technologie im Einvernehmen mit dem [Bundesminister für Wirtschaft, Familie und Jugend][2)], *(BGBl I 2009/126)*

6. hinsichtlich aller übrigen Bestimmungen dieses Bundesgesetzes der Bundesminister für Verkehr, Innovation und Technologie. *(BGBl I 2009/126)*

(BGBl I 2004/149)

1) Jetzt: Bundesminister für Europa, Integration und Äußeres

2) Jetzt: Bundesminister für Wissenschaft, Forschung und Wirtschaft

§ 180. (1) Die §§ 21, 60 Abs. 4 und 5, § 64 Abs. 3 und 4, §§ 68, 78 Abs. 1, §§ 79, 89 Abs. 1, §§ 90, 94 Abs. 2, § 99 Abs. 5, § 166 Abs. 3 und 4, §§ 168, 169, 171 Abs. 2, die Überschrift des § 172a, § 172a, die Überschrift des VI. Abschnittes sowie § 173 in der Fassung des Bundesgesetzes BGBl. Nr. 418/1992 treten mit Beginn des vierten auf die Kundmachung des Bundesgesetzes BGBl. Nr. 418/1992 folgenden Monats in Kraft.

(2) § 167 tritt mit Ende des dritten auf die Kundmachung des Bundesgesetzes BGBl. Nr. 418/1992 folgenden Monats außer Kraft.

(3) § 4 Abs. 3, § 21, § 48 Abs. 1 Z 2, § 50, § 77, § 81 Abs. 3, § 90, § 91a Abs. 1, die Überschrift des § 92b, § 92b, § 102 Abs. 2 Z 2 und 4 sowie § 102 Abs. 5 in der Fassung des Bundesgesetzes BGBl. Nr. 212/1994 treten mit 1. April 1994 in Kraft.

(4) Die §§ 22 und 28 Abs. 1, §§ 36, 37 und 47 Abs. 1, § 80 Abs. 1, § 81 Abs. 7, § 110 und 112 Abs. 2, § 137 Abs. 2, §§ 155 und 166 Abs. 3, § 173 Z 2 bis 7 sowie § 173a in der Fassung des Bundesgesetzes BGBl. Nr. 181/1996 treten mit 1. Jänner 1996 in Kraft.

(5) Die §§ 24, 25, die Überschrift des § 29, § 29, die Überschrift des § 38, §§ 38 bis 42 und 47 Abs. 3, § 110 Abs. 2, die Überschrift des § 164 sowie §§ 164, 172 und § 173 Z 3 treten mit Ablauf des 31. Dezembers 1995 außer Kraft.

(6) [1]§ 3 Abs. 2, § 58 Abs. 2, §§ 58a und 60 Abs. 3 lit. d, § 61 Abs. 6, § 62 Abs. 4 Z 3 bis 5, § 64 Abs. 3 bis 5, § 70 Abs. 5, § 81 Abs. 4, §§ 93a, 93b und 94 Abs. 1, § 95 Abs. 1, § 166 Abs. 1, §§ 172b und 172c sowie § 173 Z 2 in der Fassung des Bundesgesetzes BGBl. I Nr. 175/1998 treten mit Beginn des zweiten auf die Kundmachung des Bundesgesetzes BGBl. I Nr. 175/1998 folgenden Monats in Kraft. [2]Zugleich treten § 62 Abs. 4 Z 3 in der bisher geltenden Fassung und § 110 samt Überschrift außer Kraft.

(7) § 36 Abs. 4 in der Fassung des Bundesgesetzes BGBl. I Nr. 175/1998 tritt mit 1. Jänner 1996 in Kraft.

(8) § 78 Abs. 1, § 82 Abs. 2, §§ 83, 120 Abs. 5, § 166 Abs. 1, 3 und 4 und § 168 Abs. 1, 3 und 4 in der Fassung des Bundesgesetzes BGBl. I Nr. 143/2001 treten mit 1. Jänner 2002 in Kraft.

(9) [1]§ 3 Abs. 4, § 5 Abs. 1, § 7 Abs. 1, § 20 Abs. 3 und 5, § 21 Abs. 1 und 2, § 22 Abs. 3 bis 5, §§ 22a, 28 Abs. 2, §§ 31, 32, 43 Abs. 5, § 45 Abs. 1, § 48 Abs. 1 Z 1, 3 und 4, § 48 Abs. 3, § 49 Abs. 5 bis 7, §§ 50, 52 Abs. 1, § 57 Abs. 1, §§ 57b, 58b Abs. 3, § 60 Abs. 3, § 62 Abs. 3 und 4, §§ 62a, 63 Abs. 2, § 64 Abs. 2, 4 und 5, §§ 68, 69, 70 Abs. 2 und 5, die Überschrift des § 71, §§ 71, 72 Abs. 2, § 73 Abs. 4, 8 und 9, § 74 Abs. 1, 4, 10 und 11, § 76 Abs. 2 bis 4, § 78 Abs. 2 und 3, § 79 Abs. 1, § 80 Abs. 1 und 2, § 81 Abs. 2 und 3, §§ 81a, 82 Abs. 2 und 5, §§ 83, 84 Abs. 1, § 87 Abs. 1, § 87a Abs. 2 und 3, § 91 Abs. 3, §§ 91a, 92a, 92b, 93 Abs. 1, §§ 94, 95 Abs. 2, die Überschrift des § 99, §§ 99, 100, die Überschrift des § 101, §§ 101, 101a, die Überschrift des § 101b, § 101b, die Überschrift des § 101c, § 101c, die Überschrift des § 101d, §§ 101d, 102, 103 Abs. 2 bis 6, §§ 104, 105, die Überschrift des § 107, § 107, die Überschrift des § 108, §§ 108, 112 Abs. 2, § 114 Abs. 3, § 115 Abs. 2, die Überschrift des § 115a, §§ 115a, 120 Abs. 4 und 5, § 122 Abs. 1, §§ 125, 127 Abs. 1 und 4, § 128, die Überschrift des § 128a, §§ 128a, 129 Abs. 2 Z 2, § 129 Abs. 3, § 137 Abs. 2, § 138 Abs. 2, § 139 Abs. 2 und 3, §§ 141, 142 Abs. 1 Z 1, die Überschrift des § 145a, § 145a, die Überschrift des § 145b, §§ 145b, 148, 150 Abs. 3 und 4, die Überschrift des § 151a, §§ 151a, 152 Abs. 2 und 3, §§ 154, 156 Abs. 3 bis 6, die Überschrift des § 157, § 157, die Überschrift des § 158, §§ 158, 159, 160, 161, die Überschrift des VI. Abschnittes, die Überschrift des § 173, §§ 173 bis 176, die Überschrift des § 177 und §§ 177 bis 179 in der Fassung des Bundesgesetzes BGBl. I

Nr. 149/2004 treten mit Beginn des siebenten auf die Kundmachung des genannten Bundesgesetzes folgenden Monats in Kraft. [2]Zugleich treten § 4 Abs. 3, § 49 Abs. 6, § 76 Abs. 5, § 90, die Überschrift des § 106, § 106, die Überschrift des § 109, § 109, die Überschrift des § 111, § 111, § 129 Abs. 2 Z 3, § 132, der V. Abschnitt, §§ 172b, 172c und 173a in der bisher geltenden Fassung außer Kraft. *(BGBl I 2004/149)*

(10) [1]§ 21 Abs. 4 und 5, §§ 58, 58a Abs. 4, § 60 Abs. 1 und 2, §§ 61, 72 Abs. 1, § 74 Abs. 3, § 75 Abs. 1, § 115 Abs. 1, § 119 Abs. 3 und § 181 in der Fassung des Bundesgesetzes BGBl. I Nr. 149/2004 treten mit Beginn des auf die Kundmachung des genannten Bundesgesetzes folgenden Tages in Kraft. [2]Zugleich treten §§ 59 und 60 Abs. 4 und 5 in der bisher geltenden Fassung außer Kraft. *(BGBl I 2004/149)*

(11) [1]§ 1 Abs. 2 bis 4, §§ 2, 3 Abs. 3, §§ 22b, 22c, 36 Abs. 2 bis 5, § 37, die Überschrift des § 38, §§ 38, 47 Abs. 1, die Überschrift des § 81a, §§ 81a, 87a Abs. 2 und 3, §§ 89a, 102 Abs. 2 Z 4 und § 182 in der Fassung des Bundesgesetzes BGBl. I Nr. 42/2005 (Biotechnologie-Richtlinie – Umsetzungsnovelle) treten mit Beginn des auf die Kundmachung des genannten Bundesgesetzes folgenden Tages in Kraft. [2]Zugleich treten § 36 Abs. 4 bis 7 und die Überschrift vor § 37 in der bisher geltenden Fassung sowie § 81a, § 87a Abs. 2 und 3 und § 102 Abs. 2 Z 4 in der Fassung des Bundesgesetzes BGBl. I Nr. 149/2004 (Patentrechts- und Gebührennovelle 2004) außer Kraft. *(BGBl I 2005/42)*

(12) [1]§ 48 Abs. 1 Z 4 und § 48 Abs. 3 in der Fassung des Bundesgesetzes BGBl. I Nr. 42/2005 (Biotechnologie-Richtlinie – Umsetzungsnovelle) treten mit dem Inkrafttreten des § 101 in der Fassung des Bundesgesetzes BGBl. I Nr. 149/2005 (Patentrechts- und Gebührennovelle 2004) in Kraft. [2]Zugleich treten § 48 Abs. 1 Z 4 und § 48 Abs. 3 in der Fassung des Bundesgesetzes BGBl. I Nr. 149/2004 (Patentrechts- und Gebührennovelle 2004) außer Kraft. *(BGBl I 2005/42)*

(13) § 159 Abs. 3 in der Fassung des Bundesgesetzes BGBl. Nr. 151/2005 tritt mit 1. Jänner 2006 in Kraft. *(BGBl I 2005/151)*

§ 180a. (1) § 22 Abs. 1, §§ 57a, 60 Abs. 3, § 61 Abs. 3, § 62 Abs. 2 und 7, § 81 Abs. 4, die Überschriften vor § 111a, § 111a Abs. 3 und § 181a in der Fassung des Bundesgesetzes BGBl. I Nr. 130/2005 treten mit Beginn des auf die Kundmachung des genannten Bundesgesetzes folgenden Tages in Kraft.

(2) § 64 Abs. 4, § 67 Abs. 1, § 75 Abs. 2, § 79 Abs. 2, §§ 92 und 95 Abs. 3 in der Fassung des Bundesgesetzes BGBl. I Nr. 130/2005 treten mit 1. Jänner 2006 in Kraft.

(3) Die Verordnung des Bundesministeriums für Handel und Wiederaufbau vom 2. Oktober 1965 über die Beschaffenheit und das Tragen des Amtskleides der Mitglieder des Obersten Patent- und Markensenates, BGBl. Nr. 293/1965, die Verordnung des Bundesministers für wirtschaftliche Angelegenheiten betreffend die Durchführung des Patentgesetzes 1970, des Patentverträge-Einführungsgesetzes, des Schutzzertifikatsgesetzes 1996, des Gebrauchsmustergesetzes, des Halbleiterschutzgesetzes, des Markenschutzgesetzes 1970 und des Musterschutzgesetzes 1990 (Patent-, Gebrauchsmuster-, Marken- und Musterverordnung – PGMMV), BGBl. Nr. 226/1994, und die Verordnung des Bundesministers für wirtschaftliche Angelegenheiten über die Herausgabe amtlicher Publikationen des Patentamtes, BGBl. II Nr. 237/1997, treten mit 31. Dezember 2005 außer Kraft.

(4) § 151a, die Überschrift des § 151b, §§ 151b und 183 in der Fassung des Bundesgesetzes BGBl. I Nr. 96/2006 treten mit Beginn des auf die Kundmachung des genannten Bundesgesetzes folgenden Tages in Kraft. *(BGBl I 2006/96)*

(5) § 1 Abs. 1, § 3 Abs. 2 und 3, §§ 22a, 60 Abs. 3 Z 1 und § 173 Abs. 3 in der Fassung des Bundesgesetzes BGBl. I Nr. 81/2007 treten mit dem In-Kraft-Treten der revidierten Fassung des Europäischen Patentübereinkommens in Kraft. *(BGBl I 2007/81)*

(6) § 21 Abs. 4 in der Fassung des Bundesgesetzes BGBl. I Nr. 81/2007 tritt mit Beginn des auf die Kundmachung des genannten Bundesgesetzes folgenden Tages in Kraft. *(BGBl I 2007/81)*

(7) § 54 Abs. 2, § 58b Abs. 6, § 74 Abs. 9, § 157 Abs. 1 Z 2, §§ 178a und 179 Z 5 und 6 in der Fassung des Bundesgesetzes BGBl. I Nr. 126/2009 treten mit 1. Jänner 2010 in Kraft. *(BGBl I 2009/126)*

(8) § 58 Abs. 1, § 58a Abs. 1 und 2, § 58b Abs. 3 und 5, § 60 Abs. 3 Z 1, § 62 Abs. 1, § 64 Abs. 2 zweiter Satz und Abschnitt V in der Fassung des Bundesgesetzes BGBl. I Nr. 126/2009 treten mit Beginn des auf die Kundmachung des genannten Bundesgesetzes folgenden Tages in Kraft. *(BGBl I 2009/126)*

(BGBl I 2005/130)

§ 180b. „(1)“ § 76 Abs. 1 Z 2 in der Fassung des Bundesgesetzes BGBl. I Nr. 135/2009 tritt mit 1. Jänner 2010 in Kraft. *(BGBl I 2013/126)*

(2) [1]§ 21 Abs. 1, 4 und 6, § 37 Abs. 5, § 60 Abs. 3 Z 2 und 3, § 61 Abs. 2, 3 und 6, § 62 Abs. 8, §§ 63, 66, 67, 76, 77, 82 Abs. 4, §§ 83, 84 Abs. 3, §§ 85, 95 Abs. 3, § 103 Abs. 5, § 111a Abs. 5, § 114a Abs. 1, § 115 Abs. 3 und 4, § 119 Abs. 1 und 3, § 125 Abs. 1, §§ 126, 127 Abs. 4, § 129 Abs. 2, § 130 Abs. 2, § 137, die Überschrift des IV. Hauptstücks, §§ 138 bis 146 samt Über-

schriften, die Umbenennung des bisherigen IV. Hauptstücks, § 156 Abs. 6, die Überschrift des § 157, § 157 Abs. 1 Z 5, §§ 160, 162 Abs. 1, die Umbenennung des bisherigen V. und VI. Hauptstücks, §§ 176b und 179 Z 3 in der Fassung des Bundesgesetzes, BGBl. I Nr. 126/2013, treten mit 1. Jänner 2014 in Kraft. [2]Zugleich treten § 60 Abs. 3 Z 4, §§ 70 bis 75 samt Überschriften und § 178a in der bisher geltenden Fassung außer Kraft. *(BGBl I 2013/126)*

(3) § 2 Abs. 3, § 43 Abs. 6 und 7, § 62 Abs. 8, § 80 Abs. 4, § 91a erster Satz, §§ 92, 101 Abs. 2 letzter Satz und § 111a Abs. 4 in der Fassung des Bundesgesetzes BGBl. I Nr. 124/2017 treten mit Beginn des auf die Kundmachung des genannten Bundesgesetzes folgenden Tages in Kraft. *(BGBl I 2017/124)*

(4) Die Überschrift des § 81 und § 81 Abs. 8 in der Fassung des 2. Materien-Datenschutz-Anpassungsgesetzes, BGBl. I Nr. 37/2018, treten mit 25. Mai 2018 in Kraft. *(BGBl I 2018/37)*

(BGBl I 2009/135)

§ 180c. (1) [1]§ 58 Abs. 3 in der Fassung des Bundesgesetzes BGBl. I Nr. 71/2016 tritt mit Beginn des zehnten auf die Kundmachung des genannten Bundesgesetzes folgenden Monats in Kraft. [2]Gleichzeitig treten § 58a und § 58b außer Kraft. [3]§ 2 Abs. 2 erster Satz, § 57b letzter Satz, die Überschrift zu § 58, § 58 Abs. 1 erster Satz und § 176c treten mit Beginn des auf die Kundmachung des genannten Bundesgesetzes folgenden Tages in Kraft.

(2) [1]Die Verordnung des Präsidenten des Patentamts über die im Rahmen der Teilrechtsfähigkeit des Patentamts zu erbringenden Service- und Informationsleistungen (Teilrechtsfähigkeitsverordnung 2010 – TRFV 2010), PBl. 2010, Nr. 2, Anhang, tritt mit Beginn des zehnten auf die Kundmachung des genannten Bundesgesetzes folgenden Monats außer Kraft.

(BGBl I 2016/71)

§ 181. Verordnungen auf Grund dieses Bundesgesetzes in seiner jeweiligen Fassung dürfen bereits von dem Tag an erlassen werden, der der Kundmachung des durchzuführenden Bundesgesetzes folgt; sie dürfen jedoch nicht vor den durchzuführenden Gesetzesbestimmungen in Kraft treten.

(BGBl I 2004/149)

§ 181a. (1) Durch dieses Bundesgesetz wird Art. 10 Abs. 6 der Richtlinie 2001/83/EG zur Schaffung eines Gemeinschaftskodexes für Humanarzneimittel, zuletzt geändert durch die Richtlinie 2004/27/EG des Europäischen Parlaments und des Rates vom 31. März 2004 zur Änderung der Richtlinie 2001/83/EG, ABl. Nr. L 136 vom 30. April 2004 S. 34, umgesetzt.

(2) Durch dieses Bundesgesetz wird Art. 13 Abs. 6 der Richtlinie 2001/82/EG zur Schaffung eines Gemeinschaftskodexes für Tierarzneimittel, zuletzt geändert durch die Richtlinie 2004/28/EG des Europäischen Parlaments und des Rates vom 31. März 2004 zur Änderung der Richtlinie 2001/82/EG, ABl. Nr. L 136 vom 30. April 2004 S. 58, umgesetzt.

(BGBl I 2005/130)

§ 182. Durch dieses Bundesgesetz wird die Richtlinie 98/44/EG des Europäischen Parlaments und des Rates vom 6. Juli 1998 über den rechtlichen Schutz biotechnologischer Erfindungen, ABl. Nr. L 213 vom 30. Juli 1998 S. 13, umgesetzt.

(BGBl I 2005/42)

§ 183. Mit diesem Bundesgesetz wird das Patentgesetz an die Richtlinie 2004/48/EG des Europäischen Parlaments und des Rates zur Durchsetzung der Rechte des geistigen Eigentums, ABl. Nr. L 157 vom 30.4.2004, Seite 45, angepasst.

(BGBl I 2006/96)

Richtlinie des europäischen Parlaments und des Rates über Gesellschaften mit beschränkter Haftung mit einem einzigen Gesellschafter – Vorschlag

EUROPÄISCHE
KOMMISSION

Brüssel, den 9.4.2014
COM(2014) 212 final

2014/0120 (COD)

Vorschlag für eine

RICHTLINIE DES EUROPÄISCHEN PARLAMENTS UND DES RATES

über Gesellschaften mit beschränkter Haftung mit einem einzigen Gesellschafter

(Text von Bedeutung für den EWR)

{SWD(2014) 123 final}
{SWD(2014) 124 final}
{SWD(2014) 125 final}

BEGRÜNDUNG

1. KONTEXT DES VORSCHLAGS

Bessere Rahmenbedingungen für alle Unternehmen und insbesondere für kleine und mittlere Unternehmen (KMU) gehören zu den wichtigsten Prioritäten der auf zehn Jahre angelegten EU-Wachstumsstrategie „Europa 2020“[1], mit der die Geschäftstätigkeit vereinfacht und erleichtert werden soll. In der Mitteilung „Eine integrierte Industriepolitik für das Zeitalter der Globalisierung“[2], einer der sieben Leitinitiativen im Rahmen von Europa 2020, wurde eine Reihe von Maßnahmen, die für KMU relevant sind, festgelegt. Im Zuge der Überarbeitung des „Small Business Act“[3] und in den Binnenmarktakten I[4] und II[5] wurden ebenfalls Maßnahmen vorgeschlagen, mit denen der Zugang zu Kapital verbessert und die Geschäftskosten in Europa weiter gesenkt werden sollen.

Für Unternehmen ist eine grenzüberschreitende Geschäftstätigkeit kostspielig und schwierig, und nur wenige KMU investieren im Ausland. Gründe hierfür sind u. a. die Vielfalt der nationalen Rechtsvorschriften, insbesondere die Unterschiede im nationalen Gesellschaftsrecht, und das mangelnde Vertrauen von Kunden und Geschäftspartnern in ausländische Unternehmen. Um dieses Misstrauen zu überwinden, gründen Unternehmen häufig Tochtergesellschaften in anderen Mitgliedstaaten. Dies hat den Vorteil, dass sie den Kunden mit der Marke und dem Ruf der Muttergesellschaft gegenübertreten und ihnen gleichzeitig die Sicherheit bieten können, Geschäfte mit einem Unternehmen zu tätigen, das rechtlich den Status eines einheimischen und nicht eines ausländischen Unternehmens hat. Bei der Gründung eines Unternehmens im Ausland entstehen unter anderem Kosten für die Erfüllung der dort geltenden rechtlichen und administrativen Voraussetzungen, die sich häufig von denjenigen unterscheiden, die die Unternehmen aus ihrem „Heimatland“ kennen. Diese Kosten (u. a. für die zusätzlich erforderliche Rechtsberatung und Übersetzung) dürften für Unternehmensgruppen besonders hoch sein, da die Muttergesellschaft, vor allem wenn es sich um ein KMU handelt, derzeit in jedem Land, in dem sie eine Tochtergesellschaft gründen will, andere Voraussetzungen erfüllen muss.

Die europäischen KMU spielen bei der Stärkung der Wirtschaft der Union eine wichtige Rolle. Es bestehen jedoch nach wie vor zahlreiche Hindernisse, die ihre volle Entfaltung im Binnenmarkt beeinträchtigen und sie daran hindern, ihr Potenzial als Rückgrat der Wirtschaft der Union voll auszuschöpfen.

Die Europäische Kommission wollte diese Hindernisse mit ihrem 2008 unterbreiteten Vorschlag für das Statut der Europäischen Privatgesellschaft (SPE) in den Griff bekommen.[6] Den KMU sollte damit ein einfaches, flexibles und in allen Mitgliedstaaten einheitliches Instrument zur Erleichterung grenzüberschreitender Tätigkeiten an die Hand gegeben werden. Anlass für den Vorschlag waren Forderungen aus Unternehmenskreisen, eine wirklich europäische Form einer Gesellschaft mit beschränkter Haftung zu schaffen. Trotz großer Unterstützung aus der Wirtschaft kam jedoch kein Kompromiss zustande, der eine einstimmige Annahme des Status durch die Mitgliedstaaten ermöglicht hätte. Die

---

1 KOM(2010) 2020 endg. vom 3.3.2010.
2 KOM(2010) 614 endg. vom 28.10.2010.
3 KOM(2011) 78 endg. vom 23.2.2011.
4 KOM(2011) 206 endg. vom 13.4.2011.
5 COM(2012) 573 final vom 3.10.2012.
6 Vorschlag für eine Verordnung des Rates über das Statut der Europäischen Privatgesellschaft (KOM(2008) 396 endg. vom 25.6.2008).

Kommission beschloss daraufhin (im Rahmen des Programms REFIT[7]), den SPE-Vorschlag zurückzuziehen, und kündigte an, stattdessen einen Vorschlag für eine alternative Maßnahme vorzulegen, mit der zumindest einige der im SPE-Vorschlag behandelten Probleme gelöst werden sollen. Diese Vorgehensweise steht mit dem Aktionsplan für europäisches Gesellschaftsrecht und Corporate Governance von 2012[8] im Einklang, in dem die Kommission ihre Zusage bekräftigt, nach dem SPE-Vorschlag weitere Initiativen auf den Weg zu bringen, um die Möglichkeiten für grenzüberschreitende Tätigkeiten von KMU zu verbessern.

Das übergeordnete Ziel dieses Vorschlags, der eine Alternative zur SPE darstellt, besteht darin, potenziellen Unternehmensgründern und insbesondere KMU die Gründung von Gesellschaften im Ausland zu erleichtern. Dies dürfte das Unternehmertum fördern und unterstützen und mehr Wachstum, Innovation und Beschäftigung in der Union herbeiführen.

In dem Vorschlag werden die Mitgliedstaaten aufgefordert, in ihren Rechtsordnungen eine nationale Gesellschaftsrechtsform vorzusehen, für die in allen Mitgliedstaaten dieselben Vorschriften und die unionsweite Abkürzung SUP (*Societas Unius Personae*) gelten würden; dies würde den Unternehmen grenzüberschreitende Tätigkeiten erleichtern. Da diese Gesellschaften nach den in allen Mitgliedstaaten harmonisierten Vorschriften errichtet und betrieben würden, würden die Einrichtungs- und Betriebskosten sinken. Die Kosten könnten insbesondere durch ein harmonisiertes Eintragungsverfahren, die Möglichkeit der Online-Eintragung mit einer einheitlichen Vorlage für die Satzung und ein niedriges Mindestgründungskapital verringert werden. Die Gläubiger würden durch die den Geschäftsführern (und in einigen Fällen dem einzigen Gesellschafter) der SUP auferlegten Pflicht zur Kontrolle der Gewinnausschüttungen geschützt. Damit die Unternehmen die Vorteile des Binnenmarkts in vollem Umfang nutzen können, sollten die Mitgliedstaaten nicht verlangen, dass sich der satzungsmäßige Sitz und die Hauptverwaltung einer SUP in demselben Mitgliedstaat befinden müssen.

Parallel zu diesem Vorschlag arbeitet die Kommission im Einklang mit dem Stockholmer Programm des Europäischen Rates von 2009[9] an einer Verbesserung der Rechtssicherheit für Unternehmen und ganz allgemein an der für sie bei einer Tätigkeit in anderen Mitgliedstaaten geltenden Rechtsvorschriften.

Im Falle des Erlasses der vorgeschlagenen Richtlinie würde die Richtlinie 2009/102/EG aufgehoben und die Verordnung (EU) Nr. 1024/2012[10] geändert, damit das Binnenmarkt-Informationssystem (Internal Market Information System – IMI) genutzt werden kann.

---

[7] Die Rücknahme des SPE-Vorschlages wurde im Anhang der Mitteilung „Effizienz und Leistungsfähigkeit der Rechtsetzung (REFIT): Ergebnisse und Ausblick“ (COM(2013) 685 final vom 2.10.2013) angekündigt.

[8] Aktionsplan: Europäisches Gesellschaftsrecht und Corporate Governance – ein moderner Rechtsrahmen für engagiertere Aktionäre und besser überlebensfähige Unternehmen (COM(2012) 740 final vom 12.12.2012).

[9] Das Stockholmer Programm – Ein offenes und sicheres Europa im Dienste und zum Schutz der Bürger (ABl. C 115 vom 4.5.2010, S. 1).

[10] Verordnung (EU) Nr. 1024/2012 des Europäischen Parlaments und des Rates vom 25. Oktober 2012 über die Verwaltungszusammenarbeit mit Hilfe des Binnenmarkt-Informationssystems („IMI“) (ABl. L 316 vom 14.11.2012, S. 1).

2. KONSULTATION INTERESSIERTER KREISE UND FOLGENABSCHÄTZUNG

Die Initiative stützt sich auf Untersuchungen, die zur Vorbereitung früherer Initiativen der Union wie des SPE-Vorschlags von 2008 durchgeführt wurden, und auf eine Reihe einschlägiger Konsultationen und Beratungen, die im Anschluss an diesen Vorschlag stattgefunden haben.

Im Rahmen des Reflexionsprozesses zur Zukunft des Gesellschaftsrechts der Union hat die Reflexionsgruppe der Gesellschaftsrechtsexperten im April 2011 einen Bericht mit Empfehlungen veröffentlicht.[11] Darin wird zu verstärkten Bemühungen um eine Vereinfachung der für KMU geltenden Rechtsvorschriften aufgerufen. So müssten insbesondere die Formalitäten für die Gründung einer Gesellschaft (z. B. Eintragung oder Zugang zu elektronischen Verfahren) verschlankt werden. In dem Bericht wird ferner die Einführung eines vereinfachten Modells für Einpersonengesellschaften in der Union vorgeschlagen, das sowohl Unternehmensneugründungen mit einem einzigen Gesellschafter als auch Holdinggesellschaften mit hundertprozentigen Tochtergesellschaften zusätzliche Transaktionskosten und unnötige Formalitäten erspart.

Auf der Grundlage dieses Berichts leitete die Kommission im Februar 2012 eine breit angelegte öffentliche Konsultation zur Zukunft des europäischen Gesellschaftsrechts ein. In die Schlussfolgerungen sind die Stellungnahmen interessierter Kreise zu möglichen Maßnahmen zur weiteren Unterstützung europäischer KMU auf Unionsebene eingeflossen. Es gingen fast 500 Stellungnahmen von einem breiten Spektrum von Interessenträgern ein, darunter Behörden, Gewerkschaften, Wirtschaftsverbände, Investoren, Vertreter von Wissenschaft und Lehre sowie einzelne Bürger. Die große Mehrheit befürwortete zwar Maßnahmen der Kommission zur Unterstützung von KMU, die Meinungen darüber, wie dieses Ziel verwirklicht werden soll, gingen jedoch auseinander. Die Kommission berücksichtigte auch Beiträge der an der Reflexionsgruppe beteiligten Gesellschaftsrechtsexperten, z. B. den fachlichen Rat zu den zentralen Aspekten der möglichen künftigen Richtlinie über Einpersonengesellschaften.

Eine ausführlichere Online-Konsultation der Öffentlichkeit zu Einpersonengesellschaften[12] wurde im Juni 2013 eingeleitet. Ziel war es zu prüfen, ob mit einer Harmonisierung der nationalen Vorschriften über Einpersonengesellschaften einfachere und flexiblere Vorschriften für Unternehmen, insbesondere KMU, und Kostensenkungen bewirkt werden könnten. Insgesamt gingen 242 Stellungnahmen von einem breiten Spektrum von Interessenträgern ein, darunter Unternehmen, Behörden, Gewerkschaften, Wirtschaftsverbände, Universitäten und einzelne Bürger. Davon waren 62 % der Auffassung, dass bei Gesellschaften mit beschränkter Haftung mit einem einzigen Gesellschafter eine Harmonisierung der Vorschriften die grenzüberschreitenden Tätigkeiten erleichtern würde; 64 % meinten, dass eine solche Initiative Vorschriften über die Online-Eintragung mit einem in der ganzen Union einheitlichen Standardformular umfassen sollte.

Am 13. September 2013 traf sich die Generaldirektion Binnenmarkt und Dienstleistungen der Kommission mit einer Gruppe von Wirtschaftsvertretern aus der Union[13]. Die meisten

---

11 Bericht der Reflexionsgruppe unter: http://ec.europa.eu/internal_market/company/docs/modern/reflectiongroup_report_en.pdf.

12 http://ec.europa.eu/internal_market/consultations/2013/single-member-private-companies.

13 Business Europe, Rat der Notariate der Europäischen Union, European Small Business Alliance, Rat der Anwaltschaften der Europäischen Union, Chambre de Commerce et d'Industrie de région Paris et Ile-de-France, Association Nationale des Sociétés par Actions und Eurochambers.

Teilnehmer unterstützten die Initiative und hoben ihre möglichen positiven Auswirkungen auf Unternehmen in der Union hervor. Sie betonten jedoch, dass diese Initiative keine vollwertige Alternative zum SPE-Vorschlag sei und die Bemühungen um die Einführung der SPE fortgesetzt werden sollten.

Andere Interessenträger, z. B. Notare, waren zwar ebenfalls grundsätzlich für die Initiative, äußerten jedoch eine Reihe von Bedenken, die vor allem die Sicherheit der Online-Eintragung von Gesellschaften und die Sicherstellung einer angemessenen Kontrolle des Verfahrens betrafen. Darüber hinaus waren einige Interessenträger der Auffassung, dass bei einer Verringerung des Mindestkapitals auch geeignete flankierende Maßnahmen wie Solvenztests oder Beschränkungen in Bezug auf die Ausschüttung von Dividenden vorgesehen werden sollten.

Laut der von der Kommission vorgenommenen Folgenabschätzung scheiden einige Optionen wegen Undurchführbarkeit und/oder mangelnder Unterstützung durch die Interessenträger von vornherein aus (insbesondere die Einführung einer neuen supranationalen Rechtsform und die Harmonisierung des Gesellschaftsrechts in Bezug auf die Gründung von Tochtergesellschaften nur durch KMU oder in Bezug auf die Gründung sowohl in Form von Aktiengesellschaften als auch von Gesellschaften mit beschränkter Haftung).

In den nach der Folgenabschätzung in Betracht kommenden Optionen ist vorgesehen, im nationalen Gesellschaftsrecht Rechtsformen für Gesellschaften mit beschränkter Haftung mit einem einzigen Gesellschafter zu schaffen, für die harmonisierte Voraussetzungen insbesondere in Bezug auf den Eintragungsvorgang und das Mindestkapital gelten.

Gewählt wurde die Option mit der Möglichkeit der Online-Eintragung, einer Standardvorlage für die Satzung, einem Mindestkapitalerfordernis von 1 EUR sowie einem Bilanztest und einer Solvenzbescheinigung. Im Vergleich zu den anderen Optionen stellt diese Option angesichts ihrer Zielgerichtetheit (insbesondere der Senkung der Kosten für Unternehmen), ihrer Effizienz und ihrer Kohärenz mit der Politik der Union insgesamt die beste Lösung dar.

Der Ausschuss für Folgenabschätzung gab am 20. November 2013 eine insgesamt positive Stellungnahme zur Folgenabschätzung ab. Auf Anraten des Ausschusses wurden die Abschnitte über die Problemstellung und den Problembaum, die Größe des Marktes und die Optionen und ihre Auswirkungen geändert. Ferner wurde die Lage in den Mitgliedstaaten tabellarisch dargestellt und die Zusammenfassung der Ergebnisse der Online-Konsultation von 2013 hinzugefügt. Insbesondere wurden in Anbetracht der Stellungnahme des Ausschusses für Folgenabschätzung die Optionen für das Mindestkapitalerfordernis und den Gläubigerschutz sowie für die Online-Eintragung und die Verwendung einer einheitlichen Vorlage für die Satzung in die Folgenabschätzung aufgenommen. Außerdem wurde die Größe des betroffenen Marktes in der Folgenabschätzung stärker herausgestellt. In der Union gibt es rund 21 Millionen KMU, von denen rund 12 Millionen beschränkt haftende Gesellschaften sind, davon etwa die Hälfte (5,2 Millionen) Gesellschaften mit beschränkter Haftung mit einem einzigen Gesellschafter.

3. RECHTLICHE ASPEKTE

Rechtsgrundlage, Subsidiarität und Verhältnismäßigkeit

Der Vorschlag stützt sich auf Artikel 50 des Vertrags über die Arbeitsweise der Europäischen Union (AEUV) als Rechtsgrundlage für ein Tätigwerden der Union im Bereich des Gesellschaftsrechts. Insbesondere ist in Artikel 50 Absatz 2 Buchstabe f AEUV die schrittweise Aufhebung von Beschränkungen der Niederlassungsfreiheit in Bezug auf die Voraussetzungen für die Errichtung von Tochtergesellschaften vorgesehen.

Mit dem vorliegenden Entwurf wird nicht die Einführung einer neuen supranationalen Rechtsform für Einpersonengesellschaften vorgeschlagen, es soll vielmehr ein Beitrag dazu geleistet werden, Beschränkungen der Niederlassungsfreiheit, die sich in den Voraussetzungen für die Gründung von Tochtergesellschaften im Hoheitsgebiet der Mitgliedstaaten widerspiegeln, schrittweise aufzuheben. Das Ziel des Vorschlags könnte daher im Prinzip auch dadurch verwirklicht werden, dass die Mitgliedstaaten unabhängig voneinander identische Rechtsvorschriften erlassen. Unter diesen Umständen reicht Artikel 50 AEUV als Rechtsgrundlage für den Vorschlag aus, so dass nicht auf Artikel 352 AEUV zurückgegriffen werden muss.

Nach dem Subsidiaritätsprinzip sollte die Union nur dann tätig werden, wenn sie bessere Ergebnisse erzielen kann, als dies bei einem Tätigwerden auf der Ebene der Mitgliedstaaten der Fall wäre.

Die Lösungen für eine Senkung der Einrichtungskosten, für die sich einzelne Mitgliedstaaten bisher entschieden haben, sind noch nicht auf Unionsebene koordiniert worden. Eine solche Koordinierung zwischen den Mitgliedstaaten mit dem Ziel, in den nationalen Rechtsordnungen identische Anforderungen an eine bestimmte nationale Gesellschaftsrechtsform einzuführen, wäre zwar theoretisch möglich, erscheint aber in naher Zukunft unwahrscheinlich. Wahrscheinlich ist vielmehr, wie in der Folgenabschätzung ausführlich dargelegt, dass einzelne Maßnahmen der Mitgliedstaaten weiter zu unterschiedlichen Ergebnissen führen werden.

Insbesondere konzentrieren sich die Mitgliedstaaten meist auf ihre besonderen nationalen Gegebenheiten und bemühen sich in der Regel nicht um die Erleichterung der Gründung von Gesellschaften im Ausland. So stellt das Erfordernis, persönlich vor dem Notar oder einer anderen Behörde des Eintragungsmitgliedstaats zu erscheinen, zwar keine unmittelbare Diskriminierung dar, hat jedoch unterschiedliche Auswirkungen, je nachdem, ob der Gründer seinen Wohnsitz im Inland oder im Ausland hat. Ausländern dürften erheblich höhere Kosten entstehen als Inländern. Auch eine Online-Eintragung, die in der Praxis nur für Inländer oder Personen mit Wohnsitz im Inland zugänglich ist und im nationalen Kontext akzeptabel erscheint, führt zu Mehrkosten für ausländische Unternehmen, die inländischen Unternehmen nicht entstehen.

Ohne Maßnahmen auf Unionsebene würden demnach nur nicht harmonisierte nationale Lösungen bestehen. KMU wären weiterhin mit Hindernissen konfrontiert, die ihre Expansion auf andere Länder erschweren, und die dadurch bedingten Kosten würden insbesondere ausländische Gründer belasten. Eine Vereinfachung durch harmonisierte Vorschriften kann zwar theoretisch von den einzeln handelnden Mitgliedstaaten erreicht werden, ist aber höchst unwahrscheinlich. Eine gezielte Maßnahme der Union dürfte daher mit dem Subsidiaritätsprinzip vereinbar sein.

Nach dem Verhältnismäßigkeitsprinzip sollte die Maßnahme der Union geeignet sein, die angestrebten politischen Ziele zu erreichen, und auf das zu ihrer Erreichung erforderliche Maß beschränkt sein. Es ist zweckmäßig, die Voraussetzungen für die Gründung und die Tätigkeit beschränkt haftender Gesellschaften mit einem einzigen Gesellschafter zu harmonisieren, um eine stärkere grenzüberschreitende Teilnahme von KMU am Binnenmarkt zu erreichen. Diese Maßnahme sollte die Gründung von Unternehmen erleichtern und fördern und insbesondere zu einer höheren Zahl von Tochtergesellschaften in der Union führen. Sie geht nicht über das für die Erreichung dieses Ziels erforderliche Maß hinaus, da sie nicht versucht, alle Aspekte der Tätigkeit beschränkt haftender Gesellschaften mit einem einzigen Gesellschafter vollständig zu harmonisieren, sondern sich auf diejenigen Aspekte beschränkt, die für grenzüberschreitende Tätigkeiten am wichtigsten sind. Mit der neuen Richtlinie, durch die die bestehende Richtlinie über Einpersonengesellschaften aufgehoben wird, wird zudem sichergestellt, dass Inhalt und Form der vorgeschlagenen Unionsmaßnahme nicht über das zur Erreichung des Regulierungsziels erforderliche Maß hinausgehen und angemessen sind.

Einzelerläuterung zum Vorschlag

Teil 1: Allgemeine Vorschriften für Gesellschaften mit beschränkter Haftung mit einem einzigen Gesellschafter

Die allgemeinen Vorschriften für Gesellschaften mit beschränkter Haftung mit einem einzigen Gesellschafter (Artikel 1 bis 5) gelten für alle in Anhang I aufgeführten Gesellschaften, einschließlich der in Teil 2 der Richtlinie genannten Gesellschaften. Mit der Zwölften Richtlinie 89/667/EWG des Rates auf dem Gebiet des Gesellschaftsrechts, kodifiziert durch die Richtlinie 2009/102/EG, wurde in der ganzen Union ein Rechtsinstrument eingeführt, mit dem die Haftung von Einpersonengesellschaften beschränkt werden kann. Ferner wird in Teil 1 der Richtlinie die Offenlegung von Informationen über die Einpersonengesellschaft in einem der Öffentlichkeit zugänglichen Register vorgeschrieben, und es werden Beschlüsse des einzigen Gesellschafters und Verträge zwischen diesem und der Gesellschaft geregelt. Wenn ein Mitgliedstaat auch Aktiengesellschaften die Möglichkeit einräumt, einen einzigen Anteilseigner zu haben, gelten die Vorschriften des Teils 1 der Richtlinie auch für diese Gesellschaften.

Teil 2: Besondere Vorschriften für die *Societas Unius Personae* (SUP)

Kapitel 1: Allgemeine Bestimmungen

Die Bestimmungen des Teils 2 der Richtlinie gelten für Gesellschaften mit beschränkter Haftung mit einem einzigen Gesellschafter, die in Form einer SUP gegründet werden (Artikel 6).

Für in der Richtlinie nicht geregelte Fragen gilt das einschlägige nationale Recht.

Kapitel 2: Errichtung einer SUP

Nach der Richtlinie kann eine SUP nur durch Gründung einer neuen Gesellschaft (ex nihilo) oder durch Umwandlung einer bereits in einer anderen Gesellschaftsrechtsform bestehenden Gesellschaft entstehen. Die Richtlinie enthält einige Bestimmungen (Artikel 8 und 9) über diese beiden Möglichkeiten; im Übrigen richtet sich das Verfahren für die Errichtung einer SUP nach den nationalen Vorschriften für Gesellschaften mit beschränkter Haftung.

Eine SUP kann von einer natürlichen oder einer juristischen Person ex nihilo errichtet werden, auch wenn letztere eine Gesellschaft mit beschränkter Haftung mit einem einzigen Gesellschafter ist. Die Mitgliedstaaten sollten SUP nicht daran hindern, einzige Gesellschafter anderer Gesellschaften zu sein.

Nur die in Anhang I aufgeführten Gesellschaften mit beschränkter Haftung können sich in eine SUP umwandeln. Eine in eine SUP umgewandelte Gesellschaft behält ihre Rechtspersönlichkeit. Hinsichtlich des Verfahrens für die Umwandlung verweist die Richtlinie auf das nationale Recht.

Nach der Richtlinie muss eine SUP ihren satzungsmäßigen Sitz und entweder ihre Hauptverwaltung oder ihre Hauptniederlassung in der Union haben (Artikel 10).

Kapitel 3: Satzung

In der Richtlinie ist eine Standardvorlage für die Satzung vorgesehen, deren Verwendung im Falle der Online-Eintragung vorgeschrieben ist. Ferner ist der Mindestinhalt der Vorlage festgelegt, die Gegenstand eines von der Kommission zu erlassenden Durchführungsrechtsakts sein wird (Artikel 11).

Die Satzung kann nach der Eintragung geändert werden, die Änderungen müssen jedoch mit der Richtlinie und dem nationalen Recht vereinbar sein (Artikel 12).

Kapitel 4: Eintragung einer SUP

Die Bestimmungen über das Eintragungsverfahren bilden den Hauptteil der Richtlinie, da sie für die Erleichterung der Gründung von Tochtergesellschaften in anderen Mitgliedstaaten der Union als dem Sitzland der Gesellschaft von entscheidender Bedeutung sind. Die Richtlinie verpflichtet die Mitgliedstaaten, ein Eintragungsverfahren anzubieten, das vollständig auf elektronischem Wege und aus der Ferne abgewickelt werden kann, ohne dass der Gründer persönlich vor den Behörden des Eintragungsmitgliedstaats erscheinen muss. Auch der gesamte Schriftwechsel zwischen der für die Eintragung zuständigen Stelle und dem Gründer muss daher elektronisch erfolgen können. Die Eintragung der SUP muss innerhalb von drei Arbeitstagen abgeschlossen sein, um die schnelle Errichtung von Gesellschaften zu ermöglichen (Artikel 14).

Darüber hinaus enthält die Richtlinie eine vollständige Liste der Unterlagen und Angaben, die die Mitgliedstaaten für die Eintragung einer SUP verlangen dürfen. Nach der Eintragung kann die SUP die Unterlagen und Angaben nach dem im nationalen Recht vorgesehenen Verfahren ändern (Artikel 13).

Kapitel 5: Einziger Anteil

Da eine SUP nur einen Gesellschafter hat, darf sie nur einen Anteil ausgeben, der nicht geteilt werden darf (Artikel 15).

Kapitel 6: Stammkapital

Nach der Richtlinie beträgt das Stammkapital mindestens 1 EUR bzw. in den Mitgliedstaaten, in denen der Euro nicht die Landeswährung ist, mindestens eine Einheit der Landeswährung. Die Mitgliedstaaten sollten weder einen Höchstwert für den einzigen Anteil oder das eingezahlte Kapital festsetzen noch die SUP zur Bildung gesetzlicher Rücklagen verpflichten. Die Richtlinie erlaubt der SUP jedoch, freiwillige Rücklagen zu bilden (Artikel 16).

Ferner enthält die Richtlinie Vorschriften über Gewinnausschüttungen (z. B. Dividenden) an den einzigen Gesellschafter der SUP. Eine Gewinnausschüttung ist zulässig, wenn der Bilanztest ergeben hat, dass die nach der Gewinnausschüttung verbleibenden Vermögenswerte der SUP ausreichen, um ihre Verbindlichkeiten in vollem Umfang abzudecken. Zudem muss das Leitungsorgan dem einzigen Gesellschafter eine Solvenzbescheinigung vorlegen, bevor eine Gewinnausschüttung vorgenommen wird. Mit der Aufnahme dieser beiden Voraussetzungen in die Richtlinie wird ein hohes Maß an Gläubigerschutz gewährleistet, das der SUP helfen dürfte, sich einen guten Ruf zu erwerben (Artikel 18).

Kapitel 7: Organisation und Verfahren der SUP

Die Richtlinie regelt die Beschlussfassungsbefugnisse des einzigen Gesellschafters, die Arbeit des Leitungsorgans und die Vertretung der SUP gegenüber Dritten (Artikel 21).

Um KMU und anderen Unternehmen grenzüberschreitende Tätigkeiten zu erleichtern, räumt die Richtlinie dem einzigen Gesellschafter das Recht ein, Beschlüsse zu fassen, ohne eine Gesellschafterversammlung einberufen zu müssen; ferner legt sie fest, zu welchen Fragen der einzige Gesellschafter Beschlüsse fassen muss. Der einzige Gesellschafter sollte auch andere als die in der Richtlinie genannten Beschlüsse fassen können, unter anderem zur Übertragung seiner Befugnisse auf das Leitungsorgan, sofern dies nach nationalem Recht zulässig ist.

Geschäftsführer einer SUP können nur natürliche Personen werden, es sei denn, das Recht des Eintragungsmitgliedstaats erlaubt dies auch juristischen Personen. Die Richtlinie enthält einige Bestimmungen über die Bestellung und die Entlassung der Geschäftsführer, die für die Leitung der SUP verantwortlich sind und die SUP auch gegenüber Dritten vertreten. Da die SUP auch für Unternehmensgruppen ein attraktives Modell sein soll, erlaubt die Richtlinie dem einzigen Gesellschafter, dem Leitungsorgan Weisungen zu erteilen. Diese Weisungen müssen jedoch mit den nationalen Rechtsvorschriften zum Schutz der Interessen anderer Parteien vereinbar sein (Artikel 22).

Die SUP kann in eine andere Rechtsform nach nationalem Recht umgewandelt werden. Wenn eine SUP nicht mehr die Voraussetzungen der Richtlinie erfüllt, muss sie entweder in eine andere Gesellschaftsrechtsform umgewandelt oder aufgelöst werden. Für den Fall, dass dies nicht geschieht, müssen die nationalen Behörden über die Befugnis verfügen, die Gesellschaft aufzulösen (Artikel 25).

Teil 3: Schlussbestimmungen

Die Richtlinie verpflichtet die Mitgliedstaaten, geeignete Sanktionen im Falle eines Verstoßes gegen die Richtlinie, das nationale Recht oder die Satzung festzulegen (Artikel 28). Zudem wird der Kommission die Befugnis übertragen, delegierte Rechtsakte und Durchführungsrechtsakte zu erlassen.

Um die Liste der in den Mitgliedstaaten bestehenden Gesellschaftsrechtsformen aktualisieren zu können, wird die Kommission bei Bedarf vorschlagen, Anhang I durch einen delegierten Rechtsakt zu ändern, der keine Änderung der Richtlinie als solcher erfordert und nicht das Gesetzgebungsverfahren durchlaufen muss (Artikel 1 Absatz 2). Ferner wird vorgeschlagen, der Kommission die Befugnis zum Erlass zweier Durchführungsrechtsakte zu übertragen, mit denen die Vorlagen für die Satzung und die Eintragung festgelegt werden (Artikel 11 Absatz 3 bzw. Artikel 13 Absatz 2). Wenn diese Vorlagen Gegenstand von Durchführungsrechtsakten sind, können sie leichter an sich ändernde Rahmenbedingungen für Unternehmen angepasst werden, als wenn sie im ordentlichen Gesetzgebungsverfahren festgelegt würden. Bei der Ausarbeitung der Vorlagen wird die Kommission vom Ausschuss für Gesellschaftsrecht unterstützt.

Mit der Richtlinie wird die Richtlinie 2009/102/EG, die durch die vorliegende Richtlinie ersetzt wird, aufgehoben und die Verordnung (EU) Nr. 1024/2012[14] geändert, damit das Binnenmarkt-Informationssystem (Internal Market Information System – IMI) genutzt werden kann (Artikel 29 und 30).

Die Mitgliedstaaten müssen die Richtlinie spätestens zwei Jahre nach ihrem Erlass in nationales Recht umsetzen. Bis dahin wird die Kommission die erforderlichen Durchführungsrechtsakte erlassen. Die Mitgliedstaaten werden aufgefordert, den Umsetzungsprozess unmittelbar nach Inkrafttreten der Richtlinie einzuleiten.

---

[14] Verordnung (EU) Nr. 1024/2012 des Europäischen Parlaments und des Rates vom 25. Oktober 2012 über die Verwaltungszusammenarbeit mit Hilfe des Binnenmarkt-Informationssystems („IMI") (ABl. L 316 vom 14.11.2012, S. 1).

4. ERLÄUTERNDE DOKUMENTE

Nach der Gemeinsamen Politischen Erklärung vom 27. Oktober 2011 sollte die Europäische Kommission nur dann um erläuternde Dokumente bitten, wenn sie „im Einzelfall ... die Notwendigkeit und die Verhältnismäßigkeit der Übermittlung derartiger Dokumente begründen [kann], wobei sie insbesondere die Komplexität der Richtlinie bzw. ihrer Umsetzung sowie den etwaigen zusätzlichen Verwaltungsaufwand berücksichtigt.“

Nach Auffassung der Kommission ist es im vorliegenden Fall unter anderem wegen der sehr unterschiedlichen Art und Weise, wie das Gesellschaftsrecht in den Mitgliedstaaten geregelt ist (z. B. in Zivilgesetzbüchern, Gesellschaftsrechtsgesetzbüchern oder Gesellschaftsgesetzen), gerechtfertigt, die Mitgliedstaaten um die Übermittlung erläuternder Dokumente zu den mit der Umsetzung verbundenen Problemen zu ersuchen.

Die Umsetzungsmaßnahmen werden Auswirkungen auf nationaler Ebene haben und beispielsweise das nationale Gesellschaftsrecht, das Eintragungsverfahren, die Kommunikation zwischen der für die Eintragung zuständigen Stelle und dem Gründer, die Websites der zuständigen Behörden und das Online-Verfahren für den elektronischen Identitätsnachweis verändern. Insbesondere werden die Bestimmungen des Teils 2 der Richtlinie sehr wahrscheinlich in mehrere nationale Rechtsakte umgesetzt werden müssen. Dies könnte vor allem in Mitgliedstaaten mit mehr als einem zentralen Unternehmensregister der Fall sein.

Hierbei kommt der Mitteilung der Umsetzungsmaßnahmen wesentliche Bedeutung zu, da aus ihnen der Zusammenhang zwischen den Bestimmungen der Richtlinie und den nationalen Umsetzungsmaßnahmen hervorgeht und somit die Vereinbarkeit der nationalen Rechtsvorschriften mit der Richtlinie geprüft werden kann.

Eine einfache Mitteilung einzelner Umsetzungsmaßnahmen würde jedoch nicht ausreichen, da sich die Kommission nicht vergewissern könnte, dass alle unionsrechtlichen Bestimmungen ordnungsgemäß und vollständig umgesetzt wurden. Die erläuternden Dokumente sind notwendig, um genau zu verstehen, wie die Mitgliedstaaten die Bestimmungen der Richtlinie in nationales Recht umsetzen. Die Mitgliedstaaten sind aufgefordert, die erläuternden Dokumente in Form übersichtlicher Tabellen vorzulegen, aus denen klar hervorgeht, wie die einzelnen nationalen Maßnahmen, die getroffen wurden, den Bestimmungen der Richtlinie entsprechen.

In die vorgeschlagene Richtlinie wird daher folgender Erwägungsgrund aufgenommen: *„Gemäß der Gemeinsamen Politischen Erklärung der Mitgliedstaaten und der Kommission zu erläuternden Dokumenten vom 28. September 2011 haben sich die Mitgliedstaaten verpflichtet, in begründeten Fällen zusätzlich zur Mitteilung ihrer Umsetzungsmaßnahmen ein oder mehrere Dokumente zu übermitteln, in denen der Zusammenhang zwischen den Bestandteilen einer Richtlinie und den entsprechenden Teilen nationaler Umsetzungsinstrumente erläutert wird. In Bezug auf diese Richtlinie hält der Gesetzgeber die Übermittlung derartiger Dokumente für gerechtfertigt."*

2014/0120 (COD)

Vorschlag für eine

RICHTLINIE DES EUROPÄISCHEN PARLAMENTS UND DES RATES

über Gesellschaften mit beschränkter Haftung mit einem einzigen Gesellschafter

(Text von Bedeutung für den EWR)

DAS EUROPÄISCHE PARLAMENT UND DER RAT DER EUROPÄISCHEN UNION –

gestützt auf den Vertrag über die Arbeitsweise der Europäischen Union, insbesondere auf Artikel 50,

auf Vorschlag der Europäischen Kommission,

nach Zuleitung des Entwurfs des Gesetzgebungsakts an die nationalen Parlamente,

nach Stellungnahme des Europäischen Wirtschafts- und Sozialausschusses,

gemäß dem ordentlichen Gesetzgebungsverfahren,

in Erwägung nachstehender Gründe:

(1) Die Richtlinie 2009/102/EG des Europäischen Parlaments und des Rates vom 16. September 2009 auf dem Gebiet des Gesellschaftsrechts betreffend Gesellschaften mit beschränkter Haftung mit einem einzigen Gesellschafter[15] hat es Einzelunternehmern ermöglicht, in der ganzen Union mit beschränkter Haftung tätig zu sein.

(2) Die Bestimmungen der Richtlinie 2009/102/EG, die alle beschränkt haftenden Gesellschaften mit einem einzigen Gesellschafter betreffen, wurden in Teil 1 dieser Richtlinie übernommen. Wenn alle Anteile in der Hand eines einzigen Gesellschafters vereinigt sind, sollte dessen Identität durch einen Registereintrag der Öffentlichkeit gegenüber offengelegt werden. In dieser Richtlinie ist ferner vorgesehen, dass die Beschlüsse, die der einzige Gesellschafter in Ausübung der Befugnisse der Gesellschafterversammlung fasst, und die Verträge zwischen dem Gesellschafter und der Gesellschaft schriftlich niederzulegen sind, es sei denn, es handelt sich um im normalen Geschäftsgang unter Marktbedingungen geschlossene Verträge.

(3) Die Gründung beschränkt haftender Gesellschaften mit einem einzigen Gesellschafter als Tochtergesellschaften in anderen Mitgliedstaaten ist wegen der verschiedenen rechtlichen und administrativen Anforderungen, die in den betreffenden Mitgliedstaaten erfüllt werden müssen, mit Kosten verbunden. Nach wie vor sind die bestehenden Anforderungen in den Mitgliedstaaten unterschiedlich.

(4) In ihrer Mitteilung „Eine integrierte Industriepolitik für das Zeitalter der Globalisierung – Vorrang für Wettbewerbsfähigkeit und Nachhaltigkeit"[16] befürwortet die Kommission die Gründung, Entwicklung und Internationalisierung kleiner und

---

[15] ABl. L 258 vom 1.10.2009, S. 20.
[16] KOM(2010) 614 endg. vom 28.10.2010.

mittlerer Unternehmen (KMU). Dies ist für die Wirtschaft der Union wichtig, da KMU zwei Drittel der Arbeitsplätze in der Union stellen und über ein erhebliches Wachstums- und Beschäftigungspotenzial verfügen.

(5) Die Verbesserung der Rahmenbedingungen für Unternehmen und insbesondere für KMU durch eine Senkung der Transaktionskosten in Europa, die Förderung von Clustern und die Förderung der Internationalisierung von KMU waren die zentralen Punkte der Initiative „Industriepolitik im Zeitalter der Globalisierung“, die die Kommission in ihrer Mitteilung über die Strategie Europa 2020[17] vorgeschlagen hat.

(6) Im Einklang mit der Strategie Europa 2020 sprach sich die Kommission im Rahmen der Überprüfung des „Small Business Act“ für Europa[18] für weitere Fortschritte in Bezug auf eine intelligente Regulierung, die Verbesserung des Marktzugangs sowie die Förderung des Unternehmertums, der Schaffung von Arbeitsplätzen und inklusiven Wachstums aus.

(7) Um den KMU grenzüberschreitende Tätigkeiten und die Gründung von Einpersonengesellschaften als Tochtergesellschaften in anderen Mitgliedstaaten zu erleichtern, sollten die mit der Gründung solcher Gesellschaften verbundenen Kosten und Verwaltungslasten verringert werden.

(8) Die Bereitstellung eines harmonisierten rechtlichen Rahmens für die Errichtung von Einpersonengesellschaften, einschließlich einer einheitlichen Vorlage für die Satzung, soll dazu beitragen, Beschränkungen der Niederlassungsfreiheit in Bezug auf die Voraussetzungen für die Gründung von Tochtergesellschaften im Hoheitsgebiet der Mitgliedstaaten schrittweise aufzuheben und die damit verbundenen Kosten zu senken.

(9) Gesellschaften mit beschränkter Haftung mit einem einzigen Gesellschafter, die im Einklang mit dieser Richtlinie errichtet wurden und tätig sind, sollten ihrem Namen die gemeinsame, leicht erkennbare Abkürzung „SUP“ (*Societas Unius Personae*) anfügen.

(10) Zur Achtung der gesellschaftsrechtlichen Traditionen in den Mitgliedstaaten sollten diese selbst entscheiden können, wie und in welchem Umfang sie die harmonisierten Vorschriften über die Errichtung und die Tätigkeit von SUP anwenden wollen. Die Mitgliedstaaten können Teil 2 dieser Richtlinie auf alle Gesellschaften mit beschränkter Haftung mit einem einzigen Gesellschafter anwenden, so dass alle diese Gesellschaften als SUP tätig sein und firmieren würden. Alternativ dazu sollten sie die Gründung einer SUP als eigene Gesellschaftsrechtsform vorsehen, die parallel zu anderen im nationalen Recht vorgesehenen Formen von Gesellschaften mit beschränkter Haftung mit einem einzigen Gesellschafter bestehen würde.

(11) Um sicherzustellen, dass die harmonisierten Vorschriften möglichst umfassend angewandt werden, sollten sowohl natürliche als auch juristische Personen berechtigt sein, SUP zu errichten. Aus demselben Grund sollten Gesellschaften mit beschränkter Haftung, die nicht als SUP errichtet wurden, den SUP-Rahmen nutzen können. Es sollte möglich sein, solche Gesellschaften im Einklang mit dem anwendbaren nationalen Recht in SUP umzuwandeln.

---

[17] KOM(2010) 2020 endg. vom 3.3.2010.
[18] KOM(2011) 78 endg. vom 23.2.2011.

(12) Damit die Unternehmen die Vorteile des Binnenmarkts in vollem Umfang nutzen können, sollten die Mitgliedstaaten nicht verlangen, dass sich der satzungsmäßige Sitz und die Hauptverwaltung einer SUP in demselben Mitgliedstaat befinden müssen.

(13) Damit die Gründung von Tochtergesellschaften in anderen Mitgliedstaaten einfacher und kostengünstiger wird, sollten die Gründer von SUP nicht verpflichtet sein, persönlich vor der Eintragungsstelle eines Mitgliedstaats zu erscheinen. Das Register sollte von jedem Mitgliedstaat aus zugänglich sein, und die Unternehmensgründer sollten die bestehenden einheitlichen Ansprechpartner, die mit der Richtlinie 2006/123/EG des Europäischen Parlaments und des Rates[19] geschaffen wurden, als Portal zu den nationalen Online-Eintragungsstellen nutzen können. Es sollte daher möglich sein, SUP aus der Ferne und ganz auf elektronischem Wege zu gründen.

(14) Zur Gewährleistung eines hohen Maßes an Transparenz sollten alle im Handelsregister hinterlegten Unterlagen über das in Artikel 4a Absatz 2 der Richtlinie 2009/101/EG des Europäischen Parlaments und des Rates[20] genannte System der Registervernetzung öffentlich zugänglich gemacht werden.

(15) Im Interesse eines hohen Maßes an Einheitlichkeit und Online-Zugänglichkeit sollten die zur Eintragung von SUP verwendeten Unterlagen auf einer einheitlichen Vorlage beruhen, die in allen Amtssprachen der Union verfügbar ist. Die Mitgliedstaaten können zwar verlangen, dass die Eintragung in einer der Landessprachen des betreffenden Mitgliedstaats abgewickelt wird, sind aber auch aufgefordert, die Eintragung in anderen Amtssprachen der Union zuzulassen.

(16) Im Einklang mit den Empfehlungen zur Verringerung der für die Unternehmensgründung notwendigen Zeit, die die Europäische Kommission 2011 im Rahmen der Überprüfung des „Small Business Act"[21] ausgesprochen hat, sollten SUP die Bescheinigung über die Eintragung im einschlägigen Register eines Mitgliedstaats innerhalb von drei Arbeitstagen erhalten. Dies sollte nur für Neugründungen gelten, nicht aber für die Umwandlung bestehender Unternehmen in SUP, da die Eintragung solcher Unternehmen naturgemäß mehr Zeit in Anspruch nimmt.

(17) Jeder Mitgliedstaat sollte eine zuständige elektronische Eintragungsstelle benennen. Zur Unterstützung der benannten Stellen beim Informationsaustausch über die Identität des Gründers können die Mitgliedstaaten die in der Verordnung (EU) Nr. 1024/2012 des Europäischen Parlaments und des Rates[22] vorgesehenen Mittel nutzen.

(18) Die Bestimmungen über die Gründung von Gesellschaften mit beschränkter Haftung mit einem einzigen Gesellschafter sollten nicht das Recht der Mitgliedstaaten berühren, bestehende Vorschriften für die Überprüfung des Eintragungsvorgangs

---

[19] Richtlinie 2006/123/EG des Europäischen Parlaments und des Rates vom 12. Dezember 2006 über Dienstleistungen im Binnenmarkt (ABl. L 376 vom 27.12.2006, S. 36).

[20] Richtlinie 2009/101/EG des Europäischen Parlaments und des Rates vom 16. September 2009 zur Koordinierung der Schutzbestimmungen, die in den Mitgliedstaaten den Gesellschaften im Sinne des Artikels 48 Absatz 2 des Vertrags im Interesse der Gesellschafter sowie Dritter vorgeschrieben sind, um diese Bestimmungen gleichwertig zu gestalten (ABl. L 258 vom 1.10.2009, S. 11).

[21] KOM(2011) 78 endg. vom 23.2.2011.

[22] Verordnung (EU) Nr. 1024/2012 des Europäischen Parlaments und des Rates vom 25. Oktober 2012 über die Verwaltungszusammenarbeit mit Hilfe des Binnenmarkt-Informationssystems und zur Aufhebung der Entscheidung 2008/49/EG der Kommission („IMI-Verordnung") (ABl. L 316 vom 14.11.2012, S. 1).

beizubehalten, sofern das gesamte Eintragungsverfahren auf elektronischem Wege und aus der Ferne abgewickelt werden kann.

(19) Die Verwendung der Vorlage für die Satzung sollte vorgeschrieben sein, wenn die SUP elektronisch eingetragen wird. Wenn nach nationalem Recht eine andere Form der Eintragung zulässig ist, braucht die Vorlage nicht verwendet zu werden, die Satzung muss jedoch den Anforderungen der Richtlinie genügen. Das Mindestkapital für die Errichtung einer Gesellschaft mit beschränkter Haftung mit einem einzigen Gesellschafter ist von Mitgliedstaat zu Mitgliedstaat verschieden. Die meisten Mitgliedstaaten haben bereits Schritte eingeleitet, um das Mindestkapitalerfordernis abzuschaffen oder auf einen Nominalbetrag zu begrenzen. Für SUP sollte kein hohes Mindestkapital vorgeschrieben sein, da dies die Errichtung solcher Gesellschaften behindern würde. Allerdings sollten Gläubiger vor unverhältnismäßig hohen Gewinnausschüttungen an den einzigen Gesellschafter geschützt werden, die die Schuldentilgungsfähigkeit der SUP mindern könnten. Ein solcher Schutz sollte dadurch sichergestellt werden, dass bestimmte Mindestanforderungen an die Bilanz gestellt werden (die Verbindlichkeiten dürfen nicht höher sein als die Vermögenswerte) und dass das Leitungsorgan eine Solvenzbescheinigung ausstellen und unterzeichnen muss. Weitere Beschränkungen in Bezug auf die Verwendung des Kapitals sollten dem einzigen Gesellschafter nicht auferlegt werden.

(20) Um Missbrauch zu verhindern und die Kontrolle von SUP zu vereinfachen, sollten weder weitere Anteile ausgegeben noch der einzige Anteil geteilt werden dürfen. Ferner sollte der einzige Anteil der SUP von dieser weder direkt oder indirekt erworben werden noch direkt oder indirekt in ihrem Eigentum stehen dürfen. Die mit dem einzigen Anteil verbundenen Rechte sollten nur von einer Person ausgeübt werden. Wenn die Mitgliedstaaten Miteigentum an dem einzigen Anteil zulassen, sollte nur ein Vertreter befugt sein, im Namen der Miteigentümer zu handeln, und für die Zwecke dieser Richtlinie als einziger Gesellschafter gelten.

(21) Um ein hohes Maß an Transparenz zu gewährleisten, sollten die Beschlüsse, die der einzige Gesellschafter einer SUP in Ausübung der Befugnisse der Gesellschafterversammlung fasst, schriftlich niedergelegt werden. Diese Beschlüsse sollten der Gesellschaft gegenüber offengelegt und die entsprechenden schriftlichen Aufzeichnungen mindestens fünf Jahre lang aufbewahrt werden.

(22) Das Leitungsorgan einer SUP sollte einen oder mehrere Geschäftsführer umfassen. Zum Geschäftsführer sollten nur natürliche Personen bestellt werden, es sei denn, der Eintragungsmitgliedstaat lässt auch juristische Personen als Geschäftsführer zu.

(23) Um die Tätigkeit von Unternehmensgruppen zu erleichtern, sollten die Weisungen des einzigen Gesellschafters an das Leitungsorgan bindend sein. Nur wenn solche Weisungen gegen das nationale Recht des Mitgliedstaats, in dem die Gesellschaft eingetragen ist, verstoßen würden, sollte das Leitungsorgan sie nicht befolgen. Mit Ausnahme von Satzungsbestimmungen, nach denen nur alle Geschäftsführer gemeinsam die Gesellschaft vertreten können, sollten Beschränkungen der Befugnisse der Geschäftsführer, die sich aus der Satzung ergeben, insoweit nicht bindend sein, als sie Dritte betreffen.

(24) Die Mitgliedstaaten sollten Vorschriften für Sanktionen bei Verstößen gegen diese Richtlinie festlegen und ihre Durchsetzung sicherstellen. Diese Sanktionen sollten wirksam, verhältnismäßig und abschreckend sein.

(25) Um die Verwaltungs- und Rechtskosten für die Errichtung von Gesellschaften zu senken und ein hohes Maß an Kohärenz des Eintragungsvorgangs in den Mitgliedstaaten zu gewährleisten, sollten die Durchführungsbefugnisse zur Festlegung der Vorlagen für die Eintragung und für die Satzung einer SUP der Kommission übertragen werden. Diese Befugnisse sollten im Einklang mit der Verordnung (EU) Nr. 182/2011 des Europäischen Parlaments und des Rates[23] ausgeübt werden.

(26) Um künftige Änderungen der Rechtsvorschriften der Mitgliedstaaten und der Union, die die Rechtsformen von Gesellschaften betreffen, berücksichtigen zu können, sollte der Kommission die Befugnis übertragen werden, nach Artikel 290 AEUV Rechtsakte zur Aktualisierung der Liste der Rechtsformen von Gesellschaften in Anhang I zu erlassen. Es ist von besonderer Bedeutung, dass die Kommission im Zuge ihrer Vorbereitungsarbeit angemessene Konsultationen, auch auf der Ebene von Sachverständigen, durchführt. Bei der Vorbereitung und Ausarbeitung delegierter Rechtsakte sollte die Kommission gewährleisten, dass die einschlägigen Dokumente dem Europäischen Parlament und dem Rat gleichzeitig, rechtzeitig und auf angemessene Weise übermittelt werden.

(27) Gemäß der Gemeinsamen Politischen Erklärung der Mitgliedstaaten und der Kommission zu erläuternden Dokumenten vom 28. September 2011[24] haben sich die Mitgliedstaaten verpflichtet, in begründeten Fällen zusätzlich zur Mitteilung ihrer Umsetzungsmaßnahmen ein oder mehrere Dokumente zu übermitteln, in denen der Zusammenhang zwischen den Bestandteilen einer Richtlinie und den entsprechenden Teilen nationaler Umsetzungsinstrumente erläutert wird. In Bezug auf diese Richtlinie hält der Gesetzgeber die Übermittlung derartiger Dokumente für gerechtfertigt.

(28) Da das Ziel dieser Richtlinie, nämlich die Erleichterung der Gründung von Gesellschaften mit beschränkter Haftung mit einem einzigen Gesellschafter, einschließlich SUP, auf Ebene der Mitgliedstaaten nicht ausreichend erreicht werden kann und daher wegen ihres Umfangs und ihrer Wirkungen besser auf Unionsebene zu erreichen ist, kann die Union im Einklang mit dem in Artikel 5 des Vertrags über die Europäische Union niedergelegten Subsidiaritätsprinzip tätig werden. Diese Richtlinie geht im Einklang mit dem ebenfalls in diesem Artikel festgelegten Verhältnismäßigkeitsgrundsatz nicht über das für die Erreichung dieser Ziele erforderliche Maß hinaus.

(29) Da gegenüber der Richtlinie 2009/102/EG erhebliche Änderungen vorgenommen werden, sollte die genannte Richtlinie im Interesse der Klarheit und der Rechtssicherheit aufgehoben werden –

HABEN FOLGENDE RICHTLINIE ERLASSEN:

---

[23] Verordnung (EU) Nr. 182/2011 des Europäischen Parlaments und des Rates vom 16. Februar 2011 zur Festlegung der allgemeinen Regeln und Grundsätze, nach denen die Mitgliedstaaten die Wahrnehmung der Durchführungsbefugnisse durch die Kommission kontrollieren (ABl. L 55 vom 28.2.2011, S. 13).

[24] ABl. C 369 vom 17.12.2011, S. 14.

Teil 1
Allgemeine Bestimmungen

Artikel 1
Anwendungsbereich

(1) Die in dieser Richtlinie vorgesehenen Koordinierungsmaßnahmen gelten für die Rechts- und Verwaltungsvorschriften der Mitgliedstaaten für

a) die in Anhang I aufgeführten Rechtsformen von Gesellschaften;

b) die in Artikel 6 genannte *Societas Unius Personae* (SUP).

(2) Die Mitgliedstaaten unterrichten die Kommission innerhalb von zwei Monaten über sich auf den Inhalt von Anhang I auswirkende Änderungen in Bezug auf die in ihrem nationalen Recht vorgesehenen Rechtsformen von Gesellschaften mit beschränkter Haftung.

Für diesen Fall wird der Kommission die Befugnis übertragen, die Liste der Rechtsformen von Gesellschaften in Anhang I mittels delegierter Rechtsakte im Einklang mit Artikel 26 anzupassen.

(3) Erlaubt ein Mitgliedstaat, dass andere als die in Anhang I aufgeführten Rechtsformen von Gesellschaften als Einpersonengesellschaften im Sinne des Artikels 2 Nummer 1 gegründet werden oder in Einpersonengesellschaften umgewandelt werden, so gilt Teil 1 auch für sie.

Artikel 2
Begriffsbestimmungen

Im Sinne dieser Richtlinie bezeichnet der Ausdruck

(1) „Einpersonengesellschaft" eine Gesellschaft, deren Anteile sich in der Hand einer einzigen Person befinden;

(2) „Umwandlung" jeden Vorgang, durch den eine bestehende Gesellschaft zu einer SUP wird oder aufhört, eine SUP zu sein;

(3) „Gewinnausschüttung" jeden finanziellen Vorteil, den der einzige Gesellschafter aufgrund des einzigen Anteils direkt oder indirekt aus der SUP zieht, einschließlich einer Übertragung von Geld oder Immobilien. Gewinnausschüttungen können in Form einer Dividende, durch Immobilienerwerb oder -verkauf oder auf jedem anderen Wege erfolgen;

(4) „Satzung" die Satzung, den Gesellschaftsvertrag oder sonstige Vorschriften oder Urkunden zur Gründung einer Gesellschaft;

(5) „Geschäftsführer" jedes Mitglied des Leitungsorgans, das entweder förmlich zum Geschäftsführer bestellt wurde oder de facto als Geschäftsführer agiert.

Artikel 3
Offenlegung

Wird eine Gesellschaft durch die Vereinigung aller Anteile in einer Hand zur Einpersonengesellschaft, so muss diese Tatsache sowie die Identität des einzigen Gesellschafters entweder im Sinne des Artikels 3 Absätze 1 und 3 der Richtlinie 2009/101/EG in der Akte hinterlegt beziehungsweise in das Register eingetragen oder in einem Register vermerkt werden, das bei der Gesellschaft geführt wird und der Öffentlichkeit zugänglich ist.

Artikel 4

Gesellschafterversammlung

(1) Der einzige Gesellschafter übt die Befugnisse der Gesellschafterversammlung aus.

(2) Die Beschlüsse, die von dem einzigen Gesellschafter in Ausübung der in Absatz 1 genannten Befugnisse gefasst werden, sind schriftlich niederzulegen.

Artikel 5

Verträge zwischen dem einzigen Gesellschafter und der Gesellschaft

(1) Verträge zwischen dem einzigen Gesellschafter und der Gesellschaft sind schriftlich niederzulegen.

(2) Die Mitgliedstaaten können beschließen, Absatz 1 nicht auf im normalen Geschäftsgang unter Marktbedingungen geschlossene Verträge anzuwenden, aus denen der Einpersonengesellschaft keine Nachteile entstehen.

Teil 2
Societas Unius Personae

Kapitel 1
Rechtsform und allgemeine Grundsätze

Artikel 6
Rechtsform

(1) Die Mitgliedstaaten sehen die Möglichkeit vor, Gesellschaften mit beschränkter Haftung mit einem einzigen Gesellschafter im Einklang mit den Vorschriften und Verfahren dieses Teils eintragen zu lassen. Diese Gesellschaften werden SUP genannt.

(2) Die Mitgliedstaaten hindern SUP nicht daran, einzige Gesellschafter anderer Gesellschaften zu sein.

Artikel 7
Allgemeine Grundsätze

(1) Die Mitgliedstaaten verleihen den SUP volle Rechtspersönlichkeit.

(2) Die Mitgliedstaaten sehen vor, dass der einzige Gesellschafter nur bis zur Höhe des gezeichneten Stammkapitals haftet.

(3) Dem Namen einer Gesellschaft, die die Rechtsform einer SUP hat, ist die Abkürzung „SUP" nachzustellen. Nur eine SUP darf die Abkürzung „SUP" verwenden.

(4) Für die SUP und ihre Satzung ist das nationale Recht des Mitgliedstaats maßgebend, in dem die SUP eingetragen ist (im Folgenden „anwendbares nationales Recht").

(5) Die Mitgliedstaaten sehen vor, dass die SUP für einen unbegrenzten Zeitraum gegründet wird, sofern in der Satzung nichts anderes bestimmt ist.

Kapitel 2
Errichtung

Artikel 8
Gründung

Eine SUP kann von einer natürlichen oder einer juristischen Person gegründet werden.

Artikel 9
Umwandlung in eine SUP

(1) Die Mitgliedstaaten stellen sicher, dass eine SUP durch Umwandlung der in Anhang I genannten Rechtsformen von Gesellschaften errichtet werden kann.

(2) Die Errichtung einer SUP durch Umwandlung hat weder Liquidationsverfahren oder den Verlust oder eine Unterbrechung der Rechtspersönlichkeit zur Folge, noch berührt sie die vor der Umwandlung bestehenden Rechte und Pflichten.

(3) Die Mitgliedstaaten stellen sicher, dass eine Gesellschaft nur dann zu einer SUP wird, wenn

a) ein Beschluss ihrer Gesellschafter oder ihres einzigen Gesellschafters zur Genehmigung der Umwandlung der Gesellschaft in eine SUP gefasst worden ist,

b) ihre Satzung mit dem anwendbaren nationalen Recht vereinbar ist und

c) ihr Nettovermögen mindestens dem Betrag ihres gezeichneten Stammkapitals zuzüglich der Rücklagen, die nach ihrer Satzung nicht ausgeschüttet werden dürfen, entspricht.

Artikel 10
Sitz der SUP

Eine SUP muss ihren satzungsmäßigen Sitz sowie entweder ihre Hauptverwaltung oder ihre Hauptniederlassung in der Union haben.

Kapitel 3
Satzung

Artikel 11
Einheitliche Vorlage für die Satzung

(1) Die Mitgliedstaaten verlangen, dass die Satzung mindestens den in Absatz 2 vorgesehenen Inhalt hat.

(2) In der einheitlichen Vorlage für die Satzung werden die Errichtung, die Anteile, das Stammkapital, die Organisation, die Buchführung und die Auflösung einer SUP behandelt.

Die Vorlage wird auf elektronischem Wege zur Verfügung gestellt.

(3) Die Kommission legt die einheitliche Vorlage für die Satzung mit einem Durchführungsrechtsakt fest. Dieser Durchführungsrechtsakt wird nach dem in Artikel 27 genannten Prüfverfahren erlassen.

Artikel 12
Änderung der Satzung

(1) Nach der Eintragung kann die SUP ihre Satzung im Einklang mit dem anwendbaren nationalen Recht auf elektronischem oder anderem Wege ändern. Die betreffenden Informationen werden im Handelsregister des Eintragungsmitgliedstaats vermerkt.

(2) Die geänderte Satzung muss mindestens den nach Artikel 11 Absatz 2 in der einheitlichen Vorlage vorgesehenen Inhalt haben.

Kapitel 4
Eintragung

Artikel 13
Eintragungsformalitäten

(1) Für die Eintragung einer SUP dürfen die Mitgliedstaaten nur die folgenden Informationen beziehungsweise Unterlagen verlangen:

a) den Namen der SUP;

b) die Anschrift des satzungsmäßigen Sitzes, der Hauptverwaltung und/oder der Hauptniederlassung der SUP;

c) den Unternehmensgegenstand der SUP;

d) die Namen, Anschriften und sonstigen Informationen, die für die Identifizierung des Gründungsgesellschafters und gegebenenfalls des wirtschaftlichen Eigentümers sowie eines Vertreters, der die SUP im Namen des Gesellschafters eintragen lässt, erforderlich sind;

e) die Namen, Anschriften und sonstigen Informationen, die für die Identifizierung der zur gerichtlichen und außergerichtlichen Vertretung der SUP gegenüber Dritten befugten Personen erforderlich sind, und die Angabe, ob diese Personen nach dem Recht von Mitgliedstaaten im Sinne des Artikels 22 nicht für ungeeignet erklärt worden sind;

f) das Stammkapital der SUP;

g) den Nominalwert des einzigen Geschäftsanteils, falls erforderlich;

h) die Satzung der SUP;

i) gegebenenfalls den Beschluss zur Genehmigung der Umwandlung der Gesellschaft in eine SUP.

(2) Die Kommission legt mit einem Durchführungsrechtsakt eine Vorlage fest, die für die Eintragung von SUP in die Handelsregister der Mitgliedstaaten im Einklang mit Absatz 1 zu verwenden ist. Dieser Durchführungsrechtsakt wird nach dem in Artikel 27 genannten Prüfverfahren erlassen.

Artikel 14
Eintragung

(1) Die SUP wird in dem Mitgliedstaat eingetragen, in dem sie ihren satzungsmäßigen Sitz haben soll.

(2) Die SUP erwirbt die Rechtspersönlichkeit am Tag ihrer Eintragung in das Handelsregister des Eintragungsmitgliedstaats.

(3) Die Mitgliedstaaten stellen sicher, dass das gesamte Eintragungsverfahren für neu gegründete SUP auf elektronischem Wege abgewickelt werden kann, ohne dass der Gründungsgesellschafter vor einer Behörde im Eintragungsmitgliedstaat erscheinen muss (Online-Eintragung).

(4) Die nationalen Websites für die Online-Eintragung müssen Links zu den Eintragungswebsites in den anderen Mitgliedstaaten enthalten. Die Mitgliedstaaten stellen sicher, dass für die Online-Eintragung die folgenden Vorlagen verwendet werden:

a) die in Artikel 11 genannte einheitliche Vorlage für die Satzung und

b) die in Artikel 13 genannte Vorlage für die Eintragung.

Die Mitgliedstaaten stellen eine Eintragungsbescheinigung aus, mit der bestätigt wird, dass das Eintragungsverfahren abgeschlossen ist. Die Eintragungsbescheinigung ist spätestens drei Arbeitstage nach Eingang aller erforderlichen Unterlagen bei der zuständigen Behörde auszustellen.

(5) Die Mitgliedstaaten können Vorschriften für die Überprüfung der Identität des Gründungsgesellschafters und jeder sonstigen Person, die die Eintragung im Namen des Gesellschafters veranlasst, und der Zulässigkeit der der Eintragungsstelle übermittelten Unterlagen und sonstigen Informationen erlassen. Ausweise, die in einem anderen Mitgliedstaat von den Behörden dieses Staates oder in deren Namen ausgestellt wurden, einschließlich elektronisch ausgestellter Ausweise, werden vom Eintragungsmitgliedstaat für die Zwecke der Überprüfung anerkannt und akzeptiert.

Wenn Mitgliedstaaten für die Zwecke des Unterabsatzes 1 untereinander eine Verwaltungszusammenarbeit in Anspruch nehmen müssen, wenden sie die Verordnung (EU) Nr. 1024/2012 an.

(6) Die Mitgliedstaaten dürfen die Eintragung einer SUP nicht von der Erteilung einer Lizenz oder Genehmigung abhängig machen. Die Eintragung der SUP, alle während des Eintragungsvorgangs übermittelten Unterlagen und später daran vorgenommene Änderungen werden unmittelbar nach der Eintragung in dem betreffenden Handelsregister offengelegt.

Kapitel 5
Einziger Anteil

Artikel 15
Einziger Anteil

(1) Die SUP gibt nicht mehr als einen Anteil aus. Dieser einzige Anteil ist unteilbar.

(2) Der einzige Anteil der SUP darf von dieser weder direkt oder indirekt erworben werden noch direkt oder indirekt in ihrem Eigentum stehen.

(3) Wenn der einzige Anteil einer SUP im Einklang mit dem anwendbaren nationalen Recht im Eigentum von mehr als einer Person steht, gelten diese Personen im Verhältnis zur SUP als ein Gesellschafter. Sie üben ihre Rechte über einen Vertreter aus und teilen dem Leitungsorgan der SUP unverzüglich den Namen sowie jede Änderung bezüglich dieses Vertreters mit. Bis zu dieser Mitteilung ist die Ausübung ihrer Rechte in der SUP ausgesetzt. Die Eigentümer des einzigen Anteils haften gesamtschuldnerisch für die Verpflichtungen, die der Vertreter eingeht.

Die Identität des Vertreters wird in dem betreffenden Handelsregister eingetragen.

Kapitel 6
Stammkapital

Artikel 16
Stammkapital

(1) Das Stammkapital der SUP beträgt mindestens 1 EUR. In Mitgliedstaaten, in denen der Euro nicht die Landeswährung ist, entspricht das Stammkapital mindestens einer Einheit der jeweiligen Landeswährung.

(2) Das Kapital der SUP wird in voller Höhe gezeichnet.

(3) Die Mitgliedstaaten setzen keinen Höchstwert für den einzigen Anteil fest.

(4) Die Mitgliedstaaten stellen sicher, dass für die SUP keine Vorschriften gelten, nach denen die Gesellschaft gesetzliche Rücklagen bilden muss. Die Mitgliedstaaten erlauben den Gesellschaften, im Einklang mit ihrer Satzung Rücklagen zu bilden.

(5) Die Mitgliedstaaten verlangen, dass das gezeichnete und eingezahlte Kapital in Brief- und Auftragsformularen auf Papier oder sonstigen Trägern angegeben wird. Verfügt die Gesellschaft über eine Website, so ist diese Information auch dort zugänglich zu machen.

Artikel 17
Gegenleistung für den Anteil

(1) Die Gegenleistung für den Anteil wird zum Zeitpunkt der Eintragung der SUP in voller Höhe eingezahlt.

(2) Im Falle der Online-Eintragung wird die Gegenleistung auf das Bankkonto der SUP eingezahlt. Die anschließende Erhöhung oder Senkung des Stammkapitals muss mindestens in bar und als Sachleistung zulässig sein.

(3) Im Falle von Barzahlungen erkennt der Mitgliedstaat, in dem die SUP eingetragen wird, die Zahlung auf ein Bankkonto bei einer in der Union tätigen Bank als Nachweis für die Zahlung oder die Erhöhung des Stammkapitals an.

Artikel 18
Gewinnausschüttungen

(1) Die SUP kann auf der Grundlage einer Empfehlung des Leitungsorgans eine Gewinnausschüttung an den einzigen Gesellschafter vornehmen, sofern sie mit den Absätzen 2 und 3 im Einklang steht.

(2) Die SUP nimmt keine Gewinnausschüttung an den einzigen Gesellschafter vor, wenn das im Jahresabschluss der SUP ausgewiesene Nettovermögen bei Abschluss des letzten Geschäftsjahres den Betrag des Stammkapitals zuzüglich der Rücklagen, die nach der Satzung der SUP nicht ausgeschüttet werden dürfen, unterschreitet oder durch eine solche Gewinnausschüttung unterschreiten würde. Der Berechnung wird die letzte festgestellte Bilanz zugrunde gelegt. Nach Abschluss des Geschäftsjahres eingetretene Veränderungen des Stammkapitals oder des Teils der Rücklagen, der nicht ausgeschüttet werden darf, werden ebenfalls berücksichtigt.

(3) Die SUP nimmt keine Gewinnausschüttung an den einzigen Gesellschafter vor, wenn diese dazu führen würde, dass die SUP nicht mehr in der Lage wäre, ihre nach der Gewinnausschüttung fällig werdenden Schulden zu begleichen. Das Leitungsorgan muss schriftlich bestätigen, nach umfassender Prüfung der Geschäfte und der Geschäftsaussichten der SUP zu der begründeten Auffassung gelangt zu sein, dass die SUP in dem auf die geplante Gewinnausschüttung folgenden Jahr in der Lage sein wird, ihre Schulden bei Fälligkeit im normalen Geschäftsgang zu begleichen („Solvenzbescheinigung"). Die Solvenzbescheinigung ist vom Leitungsorgan zu unterzeichnen und dem einzigen Gesellschafter 15 Tage, bevor der Beschluss über die Gewinnausschüttung gefasst wird, in Kopie vorzulegen.

(4) Die Solvenzbescheinigung wird offengelegt. Verfügt die Gesellschaft über eine Website, so ist die Solvenzbescheinigung auch dort zugänglich zu machen.

(5) Geschäftsführer haften persönlich für die Empfehlung oder Anordnung einer Gewinnausschüttung, wenn sie wussten oder in Anbetracht der Umstände hätten

wissen müssen, dass die Gewinnausschüttung gegen Absatz 2 oder 3 verstoßen würde. Dies gilt auch für den einzigen Gesellschafter in Bezug auf die in Artikel 21 genannten Beschlüsse über die Vornahme einer Gewinnausschüttung.

Artikel 19
Rückforderung zu Unrecht vorgenommener Gewinnausschüttungen

Die Mitgliedstaaten stellen sicher, dass gegen Artikel 18 Absatz 2 oder 3 verstoßende Gewinnausschüttungen an die SUP zurückgezahlt werden, wenn feststeht, dass der einzige Gesellschafter wusste oder in Anbetracht der Umstände hätten wissen müssen, dass die Gewinnausschüttung gegen Artikel 18 Absatz 2 oder 3 verstoßen würde.

Artikel 20
Senkung des Stammkapitals

Die Mitgliedstaaten stellen sicher, dass Senkungen des Stammkapitals einer SUP, die de facto zu einer Gewinnausschüttung an den einzigen Gesellschafter führen, mit Artikel 18 Absätze 2 und 3 im Einklang stehen.

Kapitel 7
Organisation

Artikel 21
Beschlüsse des einzigen Gesellschafters

(1) Die von dem einzigen Gesellschafter einer SUP gefassten Beschlüsse sind von dem einzigen Gesellschafter schriftlich niederzulegen. Die Aufzeichnungen der gefassten Beschlüsse sind mindestens fünf Jahre lang aufzubewahren.

(2) Der einzige Gesellschafter fasst Beschlüsse über Folgendes:

a) Genehmigung des Jahresabschlusses;

b) Gewinnausschüttung an den Gesellschafter;

c) Erhöhung des Stammkapitals;

d) Senkung des Stammkapitals;

e) Bestellung und Entlassung der Geschäftsführer;

f) gegebenenfalls Vergütung der Geschäftsführer, und zwar auch dann, wenn der einzige Gesellschafter Geschäftsführer ist;

g) Verlegung des satzungsmäßigen Sitzes;

h) gegebenenfalls Bestellung und Entlassung des Wirtschaftsprüfers;

i) Umwandlung der SUP in eine andere Gesellschaftsform;

j) Auflösung der SUP;

k) Änderung der Satzung.

Der einzige Gesellschafter kann die in Unterabsatz 1 genannten Beschlüsse nicht dem Leitungsorgan übertragen.

(3) Der einzige Gesellschafter darf Beschlüsse ohne Einberufung einer Gesellschafterversammlung fassen. Die Mitgliedstaaten erlegen dem einzigen

Gesellschafter keine förmlichen Beschränkungen in Bezug auf seine Beschlussfassungsbefugnis auf, auch nicht hinsichtlich Ort und Zeitpunkt der Beschlussfassung.

Artikel 22
Leitung

(1) Die SUP wird von einem Leitungsorgan geleitet, das einen oder mehrere Geschäftsführer umfasst.

(2) Die Zahl der Geschäftsführer ist in der Satzung anzugeben.

(3) Das Leitungsorgan kann alle Befugnisse der SUP ausüben, die nicht vom einzigen Gesellschafter oder gegebenenfalls vom Aufsichtsrat ausgeübt werden.

(4) Geschäftsführer sind natürliche Personen oder können, wenn dies nach dem anwendbaren nationalen Recht zulässig ist, auch juristische Personen sein. Sie werden für einen unbegrenzten Zeitraum bestellt, sofern in dem Beschluss des einzigen Gesellschafters zu ihrer Bestellung oder in der Satzung nichts anderes bestimmt ist. Auch der einzige Gesellschafter kann Geschäftsführer werden.

(5) Der einzige Gesellschafter kann einen Geschäftsführer jederzeit durch Beschluss entlassen. Mit seiner Entlassung verliert der Geschäftsführer die Befugnis, als Geschäftsführer im Namen der SUP zu handeln. Sonstige Rechte und Pflichten, die sich aus dem anwendbaren nationalen Recht ergeben, bleiben unberührt.

(6) Eine natürliche Person kann nicht Geschäftsführer sein, wenn sie nach dem Recht oder nach einer Gerichts- oder Verwaltungsentscheidung des Eintragungsmitgliedstaats ungeeignet ist. Ist der Geschäftsführer durch eine in einem anderen Mitgliedstaat erlassene Gerichts- oder Verwaltungsentscheidung für ungeeignet erklärt worden und ist diese Entscheidung noch in Kraft, so muss diese Entscheidung im Einklang mit Artikel 13 bei der Eintragung offengelegt werden. Ein Mitgliedstaat kann die Eintragung einer Gesellschaft aus Gründen der öffentlichen Ordnung ablehnen, wenn der Geschäftsführer in einem anderen Mitgliedstaat Gegenstand einer bestehenden Ungeeignetheitserklärung ist.

Wenn Mitgliedstaaten für die Zwecke dieses Absatzes untereinander eine Verwaltungszusammenarbeit in Anspruch nehmen müssen, wenden sie die Verordnung (EU) Nr. 1024/2012 an.

(7) Personen, deren Anordnungen oder Weisungen die Geschäftsführer der Gesellschaft für gewöhnlich befolgen, gelten, ohne förmlich bestellt worden zu sein, in Bezug auf alle Pflichten, denen Geschäftsführer unterliegen, als Geschäftsführer. Eine Person gilt allerdings nicht allein deshalb als Geschäftsführer, weil das Leitungsorgan aufgrund eines von ihr erteilten fachlichen Rates handelt.

Artikel 23
Weisungen des Gesellschafters

(1) Der einzige Gesellschafter ist berechtigt, dem Leitungsorgan Weisungen zu erteilen.

(2) Die Weisungen des einzigen Gesellschafters sind für die Geschäftsführer nicht bindend, soweit sie gegen die Satzung oder das anwendbare nationale Recht verstoßen.

Artikel 24
Befugnis, im Namen der SUP zu handeln und Verpflichtungen einzugehen

(1) Das Leitungsorgan einer SUP, das einen oder mehrere Geschäftsführer umfasst, ist befugt, die SUP unter anderem beim Abschluss von Vereinbarungen mit Dritten und vor Gericht zu vertreten.

(2) Die SUP kann unter anderem beim Abschluss von Vereinbarungen mit Dritten und vor Gericht von einem Geschäftsführer allein vertreten werden, sofern in der Satzung nicht die gemeinsame Vertretung vorgesehen ist. Sonstige Beschränkungen der Befugnisse der Geschäftsführer durch die Satzung, durch einen Beschluss des einzigen Gesellschafters oder durch einen Beschluss des Leitungsorgans können bei Streitigkeiten mit Dritten auch dann nicht geltend gemacht werden, wenn die betreffende Beschränkung offengelegt wurde. Die Handlungen des Leitungsorgans binden die SUP auch dann, wenn sie nicht unter den Gegenstand der SUP fallen.

(3) Das Leitungsorgan kann das Recht zur Vertretung der SUP delegieren, soweit dies nach der Satzung zulässig ist. Die Pflicht des Leitungsorgans, Konkurs anzumelden oder ein ähnliches Insolvenzverfahren einzuleiten, kann nicht delegiert werden.

Artikel 25
Umwandlung der SUP in eine andere Gesellschaftsrechtsform

(1) Die Mitgliedstaaten stellen sicher, dass die SUP nach ihrem nationalen Recht aufgelöst oder in eine andere Gesellschaftsform umgewandelt wird, wenn die SUP die Voraussetzungen dieser Richtlinie nicht mehr erfüllt. Für den Fall, dass die SUP keine geeigneten Schritte zur Umwandlung in eine andere Gesellschaftsrechtsform unternimmt, sind der zuständigen Behörde die für die Auflösung der SUP erforderlichen Befugnisse zu übertragen.

(2) Eine SUP kann jederzeit beschließen, sich nach dem im anwendbaren nationalen Recht festgelegten Verfahren in eine andere Gesellschaftsrechtsform umzuwandeln.

(3) Eine SUP, die nach Absatz 1 oder 2 in eine andere Gesellschaftsrechtsform umgewandelt oder aufgelöst worden ist, darf die Abkürzung SUP nicht mehr verwenden.

Teil 3
Schlussbestimmungen

Artikel 26

Ausübung übertragener Befugnisse

(1) Die Befugnis zum Erlass delegierter Rechtsakte wird der Kommission unter den in diesem Artikel festgelegten Bedingungen übertragen.

(2) Die in Artikel 1 Absatz 2 genannte Befugnis wird der Kommission auf unbestimmte Zeit übertragen.

(3) Die Befugnisübertragung nach Artikel 1 Absatz 2 kann vom Europäischen Parlament oder vom Rat jederzeit widerrufen werden. Der Beschluss über den Widerruf beendet die Übertragung der in diesem Beschluss angegebenen Befugnis. Er wird am Tag nach seiner Veröffentlichung im Amtsblatt der Europäischen Union oder zu einem im Beschluss über den Widerruf angegebenen späteren Zeitpunkt wirksam. Die Gültigkeit von delegierten Rechtsakten, die bereits in Kraft sind, wird von dem Beschluss über den Widerruf nicht berührt.

(4) Sobald die Kommission einen delegierten Rechtsakt erlässt, übermittelt sie ihn gleichzeitig dem Europäischen Parlament und dem Rat.

(5) Ein delegierter Rechtsakt, der nach Artikel 1 Absatz 2 erlassen wurde, tritt nur in Kraft, wenn weder das Europäische Parlament noch der Rat innerhalb einer Frist von zwei Monaten nach Übermittlung dieses Rechtsakts an das Europäische Parlament und den Rat Einwände erhoben haben oder wenn vor Ablauf dieser Frist das Europäische Parlament und der Rat beide der Kommission mitgeteilt haben, dass sie keine Einwände erheben werden. Auf Initiative des Europäischen Parlaments oder des Rates wird diese Frist um zwei Monate verlängert.

Artikel 27
Ausschussverfahren

(1) Die Kommission wird vom Ausschuss für Gesellschaftsrecht unterstützt. Dieser Ausschuss ist ein Ausschuss im Sinne der Verordnung (EU) Nr. 182/2011.

(2) Wird auf diesen Absatz Bezug genommen, so gilt Artikel 5 der Verordnung (EU) Nr. 182/2011.

Artikel 28
Sanktionen

Die Mitgliedstaaten legen Sanktionen für Verstöße gegen die zur Umsetzung dieser Richtlinie erlassenen nationalen Vorschriften fest und treffen alle erforderlichen Maßnahmen, um sicherzustellen, dass die Sanktionen durchgesetzt werden. Die Sanktionen müssen wirksam, verhältnismäßig und abschreckend sein.

Artikel 29
Aufhebung

(1) Die Richtlinie 2009/102/EG wird 24 Monate und einen Tag nach dem Tag des Erlasses dieser Richtlinie aufgehoben.

(2) Verweise auf die aufgehobene Richtlinie gelten als Verweise auf die vorliegende Richtlinie nach Maßgabe der Entsprechungstabelle in Anhang II.

Artikel 30
Änderung der Verordnung (EU) Nr. 1024/2012

Im Anhang der Verordnung (EU) Nr. 1024/2012 wird folgende Nummer 6 angefügt:

„6. Richtlinie [.../.../EU] des Europäischen Parlaments und des Rates vom [...] über Gesellschaften mit beschränkter Haftung mit einem einzigen Gesellschafter*: Artikel 14 und 22.

---

* ABl. L [...]."

Artikel 31
Umsetzung

(1) Die Mitgliedstaaten erlassen und veröffentlichen 24 Monate nach dem Tag des Erlasses dieser Richtlinie die Rechts- und Verwaltungsvorschriften, die erforderlich sind, um dieser Richtlinie nachzukommen. Sie teilen der Kommission unverzüglich den Wortlaut dieser Vorschriften mit.

(2) Sie wenden diese Vorschriften ab [24 Monate und einen Tag nach dem Tag des Erlasses dieser Richtlinie] an.

Wenn die Mitgliedstaaten diese Vorschriften erlassen, nehmen sie in den Vorschriften selbst oder durch einen Hinweis bei der amtlichen Veröffentlichung auf diese Richtlinie Bezug. Die Mitgliedstaaten regeln die Einzelheiten der Bezugnahme.

Die Mitgliedstaaten teilen der Kommission den Wortlaut der wichtigsten nationalen Rechtsvorschriften mit, die sie auf dem unter diese Richtlinie fallenden Gebiet erlassen.

Artikel 32
Inkrafttreten

Die Richtlinie tritt am zwanzigsten Tag nach ihrer Veröffentlichung im *Amtsblatt der Europäischen Union* in Kraft.

Artikel 33
Adressaten

Diese Richtlinie ist an die Mitgliedstaaten gerichtet.

Geschehen zu Brüssel am [...]

Im Namen des Europäischen Parlaments	*Im Namen des Rates*
Der Präsident	*Der Präsident*

KODEX
DES ÖSTERREICHISCHEN RECHTS
HERAUSGEBER: UNIV.-PROF. DR. WERNER DORALT
VERFASSUNGS-
RECHT
LexisNexis
1 B-VG
1a ÜG, B-VGNov
2a StGG
2b EMRK
3a BVG
3b VfBest in BG
6 StbG
14 RHG
16 VwGG
17 VfGG
18 VolksanwG
19 AHG, OrgHG
20 AuskPfl
21 EUV, AEUV EU-GRC
Anh

KODEX
DES ÖSTERREICHISCHEN RECHTS
HERAUSGEBER: UNIV.-PROF. DR. WERNER DORALT
VÖLKER-
RECHT
LexisNexis
1 UN
2 WVK
3 Österreich
4 Immunität
5 Dipl. Verkehr
6 Streitbeileg.
7 Gewaltverbot
8 Humanitäres VR
9 Seerecht
10 Polarrecht
11 LuftfahrtR
12 WeltraumR
13 WirtschaftsR
14 UmweltR
15 Menschenrechte
16 Strafrecht
17 Verantwortlk.

KODEX
DES ÖSTERREICHISCHEN RECHTS
HERAUSGEBER: UNIV.-PROF. DR. WERNER DORALT
UNTERNEHMENS-
RECHT
LexisNexis
1 UGB
2 ABGB
3 E-Commerce-G
4 FBG
6 KSchG
7 UN-KaufR
8 GmbHG
9 AktG
10 SE (EU-Ges) SE-Gesetz
11 GenG
12 SCE (EU-Gen) SCEG
13 VerG
14 EWIVG
15 PSG
16 ArbVG
17 StellenbesG
18 GesAusG
19 KapBG
20 EKEG
21 URG
22 UmwG
23 SpaltG
24 EU-VerschG
25 UmgrStG
26 KMG
27 ScheckG
28 WechselG
29 KEG
30 AÖSp
31 CMR
32 UWG
33 KartG
34 WettbG
35 UrhG
36 MarkSchG
37 MuSchG
38 PatG
Anhang: Entwurf Europäische Einmann-GmbH

KODEX
DES ÖSTERREICHISCHEN RECHTS
HERAUSGEBER: UNIV.-PROF. DR. WERNER DORALT
ASYL- UND
FREMDENRECHT
LexisNexis
1 FPG
Erläuterungen
FPG-DV
ReisedokVO
LichtbildVO
VISA-VO
Visakodex
VIS-VO
2 NAG
Erläuterungen
NLV 2015
NAG-DV
IV-V
3 AsylG
Erläuterungen
StDokBeirV
AsylG-DV
HerkSt-V
Entsch.RB
Dublin III
EurodacV
FlüchtKonv
4 GVG-B
Erläuterungen
BEBV
GV-Vereinb
5 BFA-VG
Erläuterungen
BFA-VG-DV
BFA-G
Erläuterungen
BFA-G-DV
6 GrekoG
Erläuterungen
Kundm.
Grenzkodex
7 SDÜ
Kundm.
Protokoll

KODEX
DES ÖSTERREICHISCHEN RECHTS
SAMMLUNG DER ÖSTERREICHISCHEN BUNDESGESETZE
VERFASSUNGS-RECHT
LexisNexis
1 B-VG
1a ÜG, B-VGNov
2a StGG
2b EMRK
3a BVG
3b VfBest in BG
6 StbG
9 GOG-NR
14 RHG
15 UBASG
16 VwGG
17 VfGG
18 VolksanwG
19 AHG, OrgHG
20 AuskPfl
21 EUV/EGV

KODEX
DES ÖSTERREICHISCHEN RECHTS
SAMMLUNG DER ÖSTERREICHISCHEN BUNDESGESETZE
BÜRGERLICHES RECHT
LexisNexis
1 ABGB
3 TEG
4 EheG
5 PStG
6 NÄG
7 RelKEG
9 JWG
10 NotwegeG
11 GSGG
12 WWSGG
13 EisbEG
14 WEG
16 BauRG
17 LPG
18 KlGG
21 AnerbG
23 WucherG
25 RHPflG
27 AtomHG
29 OrgHG
30 DHG
33 UN-KaufR
34 AngG
35 NotaktsG
36 ECG
37 SigG
38 RAPG

KODEX
DES ÖSTERREICHISCHEN RECHTS
HERAUSGEBER: UNIV.-PROF. DR. WERNER DORALT
UNTERNEHMENS-RECHT
LexisNexis
1 UGB
2 ABGB
4 HVertrG
5 MaklerG
6 KSchG
7 UN-KaufR
8 GmbHG
14 EWIVG
15 PSG
18 GesAusG
19 KapBG
20 EKEG
21 URG
22 UmwG
23 SpaltG
24 EU-VerschG
25 UmgrStG
27 ImmoInvFG
28 BeteilFG
29 KMG
30 ScheckG
31 WechselG
33 AÖSp
34 CMR
35 UWG
36 KartG
37 WettbG
38 UrhG
39 MarkSchG
40 MuSchG
41 PatG
Anhang

KODEX
DES ÖSTERREICHISCHEN RECHTS
SAMMLUNG DER ÖSTERREICHISCHEN BUNDESGESETZE
ZIVIL-GERICHTLICHES VERFAHREN
LexisNexis
1 JN
2 ZPO
3 ZustellG ZustellV
4 ASGG
5 OGHG
6 ProkG
7 RpflG
10 EO
11 EO-ÜbgB
12 LBG
13 VGebG
14 VVG
15 USchG
16 KO
17 AO
19 AnfO
20 GenKV
21/1 BWG
21/2 URG
22 IESG
23 EuInsVO
24 AußStrG
25 GKoärG
26 KEG
27 VerwEinzG
28 UVG
29 AuslUG
30 UhG
31 HeimAufG
Anhang

KODEX

DES ÖSTERREICHISCHEN RECHTS
SAMMLUNG DER ÖSTERREICHISCHEN BUNDESGESETZE

SOZIAL-VERSICHERUNG

LINDE VERLAG

1 ASVG
2 AlVG
3 KGG/KBGG
4 SUG
5 NSchG
6 BPGG
7 NeuFÖG
8 IVF-Fonds-G
9 AMPFG
10 GSVG
11 BSVG
12 FSVG
13 K-SVFG
14 NVG
15 B-KUVG
16 EU-BSVG
17 ARÜG
18 SV-EG
19 Int. Abk.

KODEX

DES ÖSTERREICHISCHEN RECHTS
SAMMLUNG DER ÖSTERREICHISCHEN BUNDESGESETZE

VERGABE-GESETZE

LINDE

1 BVergG, Begl. Best., ABVV, ÖNORM, ErstreckVO, FormVO, BeschVO, Schw.Werte
2 Bgld VergG
3 Krnt VergG, DurchfVO
4 NÖ VergG, VergO
5 OÖ VergG
6 Sbg VergG, VergO
7 Stmk VergG
8 Tirol VergG
9 Vlbg VergG, Vergform
10 Wien VergG

KODEX

DES ÖSTERREICHISCHEN RECHTS
SAMMLUNG DER ÖSTERREICHISCHEN BUNDESGESETZE

WIRTSCHAFTS-GESETZE

TEIL I

LINDE VERLAG

1 GewO, ÖffnungsZG, Sonn-, FBZG, NahVG, ReisebR, MaklerR, VerbrKV, ProduktSG, GelVG, KraftFLG, GüterbefG
2 BVergG, BB-GmbHG, EU-Recht, Dienstl.-RL, LieferK-RL, BauA-RL, RechtsM-RL, Sek-RL, SekRM-RL, StandF-RL
3 ElWOG, E-RegBG, EigentEG, ÖkostromG, GWG, PreisTrG, RohrLG, EU-Recht, ElektrBM-RL, ErdgasBM-RL, EnergieT-RL
4 DSG, EU-Recht, DatenS-RL, DatenB-RL
5 PreisG, PreisAG, Preis-BÜG, EU-Recht, PreisA-RL
6 VerssG, EnLG, Erdöl-BMG, LMBG

KODEX

DES ÖSTERREICHISCHEN RECHTS
SAMMLUNG DER ÖSTERREICHISCHEN BUNDESGESETZE

WIRTSCHAFTS-GESETZE

TEIL II

LINDE VERLAG

1 WettbG, KartellG, EU-Recht, EGV, VO Nr. 17, Anhör-VO, Bagatt-Bek, WettbR-VO, GruFr-VO, FusKon-VO
2 PatentG, SchuZG, GebrMG, HalblSG, MarkenSG, MusterSG, ProdPirG, UrhebRG, VerwertG, EU-Recht, MarkenR-RL, Gem-Mark-VO, GemGM-VO, HalbL-RL, CompPr-RL, Verm-Verl-RL, SchutzD-RL, UrhebR-RL, Sat-RL, Biotech-E-RL, FolgeR-RL, ProdPir-VO
3 UWG, EU-Recht, IrrWerb-RL

KODEX
DES ÖSTERREICHISCHEN RECHTS
SAMMLUNG DER ÖSTERREICHISCHEN BUNDESGESETZE
DOPPEL-
BESTEUERUNGS-
ABKOMMEN
1 Deutschland
2 Liechtenstein
3 Schweiz
4 Italien
5 Slowenien
6 Ungarn
7 Slowakei
8 Tschechien
9 CSSR
10 Belgien
11 Bulgarien
12 Dänemark
13 Finnland
14 Frankreich
15 Griechenland
16 Großbritannien
17 Irland
18 Kroatien
19 Luxemburg
20 Malta
21 Moldova
22 Niederlande
23 Norwegen
24 Polen
25 Portugal
26 Rumänien
27 Russland
28 Schweden
29 Spanien
30 Türkei
31 UdSSR
32 Ukraine
33 Weißrussland
34 Zypern
35 USA
36 Kanada
37 Argentinien
38 Brasilien
39 Australien
40 China
41 Japan
42 Armenien
43 Aserbaidschan
44 Georgien
45 Indien
46 Indonesien
47 Israel
48 Korea, Rep.
49 Malaysia
50 Pakistan
51 Philippinen
52 Tadschikistan
53 Thailand
54 Turkmenistan
55 Usbekistan
56 Ägypten
57 Südafrika
58 Tunesien
Anhang EU-Recht
LINDE VERLAG

KODEX
DES ÖSTERREICHISCHEN RECHTS
SAMMLUNG DER ÖSTERREICHISCHEN BUNDESGESETZE
VERKEHRS-
RECHT
1 StVO VO
2 PARKGEBÜHRENGESETZE Bgld Kärnten NÖ OÖ Salzburg Steiermark Tirol Vorarlberg Wien
3 BStG
4 KFG KDV PBStV Kraftstoff-VO FSG + VO
5 GGBG VO
6 GüterbefG VO
7 GelegenheitsVG VO
8 KraftfahrlinienG
9 KHVG 1994 Kfz SiG 1992 Nov AG 1991 BStFG 1996 Mautstrecken-VO StraBAG 1994
10 TGSt VO TGEisb
11 EKHG
12 EisenbahnG E-Kr VO SchLV SchlV
13 EBG
14 Transit
15 Ökopunkte-Vereinbarungen
16 EWG-RECHTSAKTE VO 3820 VO 3821 Einheitsformulare Verfahrensrichtlinie
LexisNexis

KODEX
DES ÖSTERREICHISCHEN RECHTS
SAMMLUNG DER ÖSTERREICHISCHEN BUNDESGESETZE
WEHR-
RECHT
1 WG
2 B-VG NeutralVG SichVertDok NSR EMRK ZDG
3 AuslEins KSE-BVG AuslEG AZHG
4 HGG
5 APSG
6 HVG
7 MilStG
8 HDG
9 MBG
10 SperrGG
11 MunLG
12 MAG VerwMG
13 EZG
14 MilBFG
15 VFüDgrd
16 TrAufG InfoSiG NATO-SOFA NATO-PFP-SOFA
LexisNexis

KODEX
DES ÖSTERREICHISCHEN RECHTS
SAMMLUNG DER ÖSTERREICHISCHEN BUNDESGESETZE
ZOLLRECHT UND
VERBRAUCHSTEUERN
1 ZK
2 ZBefrVO
3 ZK-DVO
4 ZollR-DG
5 ZollR-DV
6 KN-VO
7 EGV
8 EUBeitr
9 FristVO
10 AußHR
11 AußHStat
12 AHVO
13 BeitrRL
14 Nachg Waren
15 AusfErst
16 GrekoG
17 StraBAG
18 KfzStG
19 SystemRL
20 BeglDokVO VereinfBeglDokVO FrStellBeschVO
21 VStBefrV VStBeglDokV
22 AlkStG
23 BierStG
24 SchwStG
25 TabStG
26 MinStG
27 €
28 EG-AHG
29 EG-VAHG
30 TabMG
31 ALSaG
32 UStG
33 AVOG
34 FinStrG
35 BetrBek
LexisNexis

KODEX
DES ÖSTERREICHISCHEN RECHTS
SAMMLUNG DER ÖSTERREICHISCHEN BUNDESGESETZE
VETERINÄR-RECHT
1 TierÄG -Verordnungen
2 Staatliche VetVerwalt
3 TierSG -Verordnungen
4 BangSG -BangS-VO
5 RindLeukG -RindLeuk-UntersVO
6 IBR/IPV-G -Verordnungen
7 DeckSG -DeckS-VO
8 DasselBG
9 Veterinär-rechts-anpassG ArtV
10 BienenSG
11 TGG -Verordnungen
12 Desinfektions-vorschriften
13 Tierkörper-verwertung
14 FleischUG -Verordnungen
15 TAKG -Verordnungen
16 Völkerrecht Verträge Übersicht
17 Neben-vorschriften
LexisNexis

KODEX
DES ÖSTERREICHISCHEN RECHTS
SAMMLUNG DER ÖSTERREICHISCHEN BUNDESGESETZE
ÄRZTE-RECHT
1 ÄrzteG
2 FA ZMK
3 PsychologenG
4 GuKG
5 AusbVorbG
6 AIDS-G
7 KrebsstatistikG
8 KAG
9 ASchG
10 StrahlenschutzG
11 AMG
12 ApothekenG
13 FMedG
14 MuKiPaßV
15 ASVG
16 SMG
17 PStG
18 StVO
19 StGB
20 ABGB
LexisNexis

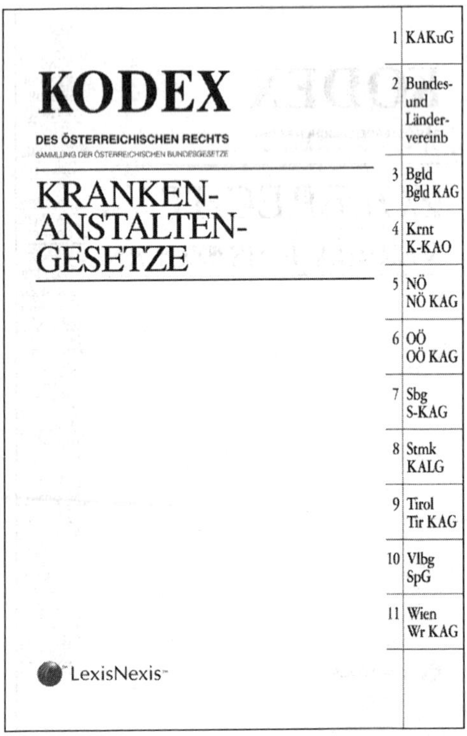
KODEX
DES ÖSTERREICHISCHEN RECHTS
SAMMLUNG DER ÖSTERREICHISCHEN BUNDESGESETZE
KRANKEN-ANSTALTEN-GESETZE
1 KAKuG
2 Bundes- und Länder-vereinb
3 Bgld Bgld KAG
4 Krnt K-KAO
5 NÖ NÖ KAG
6 OÖ OÖ KAG
7 Sbg S-KAG
8 Stmk KALG
9 Tirol Tir KAG
10 Vlbg SpG
11 Wien Wr KAG
LexisNexis

KODEX
DES ÖSTERREICHISCHEN RECHTS
SAMMLUNG DER ÖSTERREICHISCHEN BUNDESGESETZE
VERWALTUNGS-VERFAHRENS-GESETZE
1 EGVG
2 AVG BVwAbgVO BKommGebVO AufwandersatzVO UVS-Verfhilfe-PauschVO BeglaubigungsVO
3 VStG VerfallsVO ArrhO VorlSiVO OrgStVfVO
4 VVG EintrVO
5 AgrVG
6 DVG DVV
7 ZustellG ZFormVO ZustellÜb
8 VwFormV
9 FristenÜb
10 AmtssprVOen
11 AuskPflG B-BerichtspflG
LexisNexis

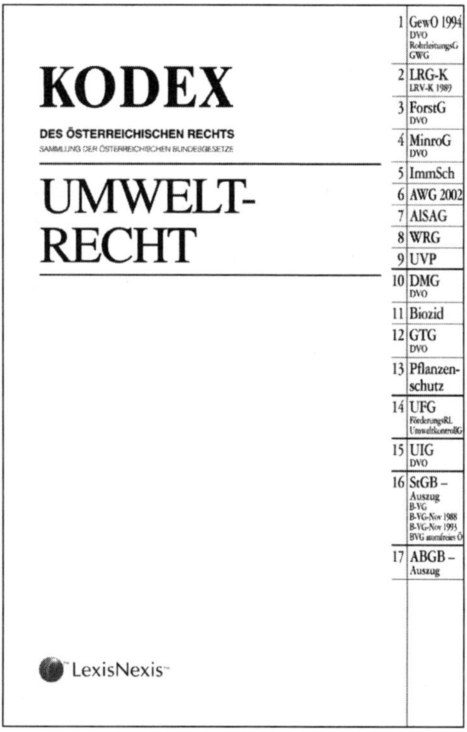
KODEX
DES ÖSTERREICHISCHEN RECHTS
SAMMLUNG DER ÖSTERREICHISCHEN BUNDESGESETZE
UMWELT-
RECHT
1 GewO 1994 DVO RohrleitungsG GWG
2 LRG-K LRV-K 1989
3 ForstG DVO
4 MinroG DVO
5 ImmSch
6 AWG 2002
7 AlSAG
8 WRG
9 UVP
10 DMG DVO
11 Biozid
12 GTG DVO
13 Pflanzen-schutz
14 UFG FörderungsRL UmweltkontrollG
15 UIG DVO
16 StGB – Auszug B-VG B-VG-Nov 1988 B-VG-Nov 1993 BVG atomfreies Ö
17 ABGB – Auszug
LexisNexis

KODEX
DES ÖSTERREICHISCHEN RECHTS
SAMMLUNG DER ÖSTERREICHISCHEN BUNDESGESETZE
CHEMIKALIEN-
RECHT
1 ChemG
2 VO
2/1 ChemV
2/2 AnmV
2/3 FCKW-VO
2/4 Selbst-bedienungsV
2/5 Gift-MeldeV
2/6 mindgift Zub
2/7 GiftV 2000
2/8 FormaldehydV
2/9 vollhalFCKW
2/10 AsbestV
2/11 HalonenV
2/12 Antifoulings
2/13 Pentachlor-phenol
2/14 Lösungs-mittelV
2/15 HFCKW-V
2/16 TrichlorethanV
2/17 HalogenV
2/18 GiftlisteV
2/19 GiftinfoV
2/20 PICV
2/21 Pflanzen-schutzV
2/22 CadmiumV
2/23 EU-V
2/24 Phosphatbe-stimmungsVO
2/25 KreosotV
2/26 HalonbankV
2/27 GLP-V
3 EU
3/1 Stoff-RL
3/1/1 ZusatzRL
3/2 Einstufungs-RL
3/3 Verbots-RL
3/4 Altstoff-V und DVO
3/5 PIC-V
3/6 Ozon-V
LexisNexis

KODEX
DES ÖSTERREICHISCHEN RECHTS
SAMMLUNG DER ÖSTERREICHISCHEN BUNDESGESETZE
WASSER-
RECHT
1 WRG
2 VO
3/1 Best im AWG für Deponien
3/2 DeponieV
4 EU-RL
LexisNexis

KODEX
DES ÖSTERREICHISCHEN RECHTS
SAMMLUNG DER ÖSTERREICHISCHEN BUNDESGESETZE
ABFALL-
RECHT UND ÖKO-AUDIT
1/1. AWG 2002
1/2/1. AltölVO
1/2/2. LampenVO
1/2/3. Kunststoff GetränkeVO
1/2/4. BatterieVO
1/2/5/1. FestsetzungsVO
1/2/5/2. K Ausstufung
1/2/6. SchmiermittelVO
1/2/9. AbfallnachweisVO
1/2/10. BauschuttVO
1/2/11. BiogeneVO
1/2/12. KunststoffkennVO
1/2/13. KühlgeräteVO
1/2/14/1. VO Aufkerkommen und Inkraftreten VerpackungsVO
1/2/14/2. VerpackungsVO
1/2/14/3. ZielVO Verpackabfälle
1/2/16. DeponieVO
1/2/17. V Verbrennung gef Abfälle
1/2/18. AbfallWP 2001
1/2/19. KompostV
1/3. Basler Übereinkommen
1/4/1. GewO 1994 (Auszug)
1/4/2. V Verbrennung gef A in gewerbl BA
1/5. MinroG (Auszug)
2. Landesabfall-vorschriften (Auszug)
2/1. Burgenland
2/2. Kärnten
2/3. Niederösterreich
2/4. Oberösterreich
2/5. Salzburg
2/6. Steiermark
2/7. Tirol
2/8. Vorarlberg
2/9. Wien
3. AlSAG
4. EU-Richtlinien und Verordnungen
5. Öko-Audit
LexisNexis

KODEX

DES ÖSTERREICHISCHEN RECHTS

HERAUSGEBER: UNIV.-PROF. DR. WERNER DORALT

FINANZMARKT-RECHT I

1 BWG
CRR-BegleitV
KI-RMV
MündelsicherheitsV
ReservemeldungsV
ZKR-Austausch-VO
AP-VO
JKAB-V
VERA-V
STDM-V 2016
ZKRMV
EKV 2016
SK-EMV
KP-V
ParameterV

2 CRR + Ven
EZB-Finrep Ext-VO
EZB-Wahlrechte-VO
EZB-AnaCredit-VO
CRD-IV + Ven

3 ESAEG + Ven

4 BaSAG + Ven
EU-DelV und DVen
SRM-VO + Ven

5 SpG

6 BSpG + V

7 PSK-G

8 HypBG
PfandbriefG
+ EinfVen
FBSchVG
PfandbriefstelleG
KuratorenG

9 WBIB-G

LexisNexis®

KODEX

DES ÖSTERREICHISCHEN RECHTS

HERAUSGEBER: UNIV.-PROF. DR. WERNER DORALT

FINANZMARKT-RECHT II

1 ZaDiG + Ven
SEPA-VO
VZKG + VO
ÜberweisungsVO
Auftraggeberdaten VO
GeldtransferVO
ZertifizierungsVO
ZertifizierungsVO -Beschl
ZahlungsdiensteRL (PSD II)
Interbankenentgelte VO (MIF)
E-GeldG + VO
DevisenG + Ven
SanktionenG
Euro-Begleitgesetze
SchMG
WechselG + ScheckG

2 VKrG
VKrRL
HIKrG
FMA-MiKaNa-V
ImmoKrRL + VO
FernFinG
FernFinRL

3 FM-GwG + V
4. GW-RL
DelVO Drittländer

4 StabAbgG

5 KontRegG/KapAbflMG + Ven

6 GMSG + V
ADG
EU-Amtshilfe-RL

7 FMABG + Ven
NBG
EBA-VO
ESRB-VO
SSM-VO + Ven

8 FinStaG + Ven
ZaBiStaG
ÖIAG-G/ÖBIB-G
HypoSanG
HaftungsG Ktn

9 FinanzkonglomerateG + V
FK-DelVO

10 APAG
RL-KG

LexisNexis®

KODEX

DES ÖSTERREICHISCHEN RECHTS

HERAUSGEBER: UNIV.-PROF. DR. WERNER DORALT

FINANZMARKT-RECHT III

1 WAG
HTAusnV
AusnV
IIKV
WPMV
WAG 2018
MiFIR
MiFIR DfVO
MiFID II
MiFID DfVO

2 BörseG + Ven
BörseG 2018
Veröff-V
MpV
VMV
TransV
ECV
2.LVV

3 Short-Selling-VO

4 Benchmark-VO
Benchmark-DfVO
RW-VG

5 REMIT-VO

6 Strommärkte-VO

7 Treibhausgas-VO

8 Marktmissbrauchs-VO + Ven
MAD-Sankt
DRL-Meldung
Del-VO Ausn
DfVO Meldung Form
DfVO Eigengeschäft
DfVO Insider
TransRL + delVen
DfVO Infoaustausch ESMA

9 ESMA-VO

LexisNexis®

KODEX

DES ÖSTERREICHISCHEN RECHTS

HERAUSGEBER: UNIV.-PROF. DR. WERNER DORALT

FINANZMARKT-RECHT IV

1 KMG
HGebV
MVS-V
EU-ProspektVO
Prospekt-DfV
DelV VeröffNach
DelV Veröff
ÄquivalenzV

2 UDRBG
UDRB-KorrV

3 AltFG
AltF-InfoV

4 PRIIP-VO

5 DepG

6 FinSG

7 KEG

8 InvFG
AnteileV
InfoGlwV
4. DerRiskM-V
Geldmarktf-V
EU-Geldmarktf-VO
ÜbHi-V
TeilfondsV
KID-V
InvF-LRMV
FMV, WPV
OGAW KID-V
OGAW VerfV
OGAW Asset-RL
OGAW VwGesRL
OGAW-MF-RL
OGAW DelV VwSt
OGAW DfV Infoü

9 AIFMG
AIF-WarnV
AIFM-MV
AIFM-Ven
RisikokapitalfondsVO + DfVO
SozUnternehmFondsVO + DfVO
ELIF-VO

10 ImmoInvFG
RisikohinweisV
OTC DerV
ProspInV

11 EMIR-VO + Ven
SFT-VO
SFT-VollzugsG
ZGVG + ZG-EKV

12 FinalitätsG
CSD-VO + ZvVG

13 BMSVG + Ven
PKG, BPG
DfV Pensfonds
EU-EbAV-RL

14 CRA-VO
RAVG
Ratingagenturliste

LexisNexis®

KODEX

DES ÖSTERREICHISCHEN RECHTS

HERAUSGEBER: UNIV.-PROF. DR. WERNER DORALT

LEBENSMITTELRECHT

1 LMSVG
2 Kennzeichnung
3 Lebensmittel
4 LM für spez. Gruppen
5 Wasser
6 Zusatzstoffe
7 Hygiene
8 Gebrauchsgegenstände
9 Kosmetika
10 Amtl Kontrolle
11 EG-Basis-Verordnung
12 EG-Hygiene-Verordnungen
13 EG-KontrollV
14 EG-ClaimsV
15 EG-AnreicherungsV
16 EU-Novel FoodV
17 EU-QuaDG

LexisNexis

KODEX

DES ÖSTERREICHISCHEN RECHTS

HERAUSGEBER: UNIV.-PROF. DR. WERNER DORALT

GESUNDHEITSBERUFE

1 GuKG: GuK-AV, GuK-TAV, FH-GuK-AV, GuK-SV, GuK-LFV, PA-PFA-AV, GuK-WV, GuK-BAV, GuK-AusweisV, GBR-BAV, GuK-EWRV, Art. 15a-B-VG-V, SozbetrB
2 HebG: Heb-AV, FH-Heb-AV, HebAV, Heb-EWRV 2008, HebGSV, Heb-GWO
3 KTG: KT-AV
4 MABG: MAB-AV, TT-AV, TT-AkkV
5 MMHmG: MMHm-AV, MMHm-ZV, Hm-BerufsausweisV
6 MTD-G: FH-MTD-AV, V-RFS-MTD, MTD-AusweisV
7 MTF-SHD-G
8 MuthG
9 PsychologenG: EWR-PsychologenG, EWR-PsychologenV, PsychotherapieG, EWR-PsychotherapieG, EWR-PsychotherapieV
10 SanG: San-AV, SanAFV
11 ZÄG: ZASS-VO, BAG, Lehre ZfAO
12 GBRG

LexisNexis

KODEX

DES ÖSTERREICHISCHEN RECHTS

HERAUSGEBER: UNIV.-PROF. DR. WERNER DORALT

POLIZEIRECHT

1 SPG + Ven
2 PStSG
3 WaffGebrG
4 BKA-G
5 BAK-G
6 PolKG, EU-PolKG
7 Sonstige
8 StGB, VbVG
9 NebenG
10 StPO, JGG
11 StRegG, TilgG
12 Sonstige
13 EGVG + Sonstige
14 AVG
15 VStG, VVG + VwGVG
16 ZustellG
17 MeldeG + DV
18 PassG + DV
19 BFA-G + DV, BFA-VG + DV
20 FPG + DV
21 NAG + DV
22 AsylG + DV
23 GrekoG
24 SDÜ + Sonstige
25 AuslBG
26 WaffG + Ven
27 KriegsmatG + V
28 PyroTG + DV
29 SprG + Ven
30 MedienG
31 VersammlG
32 StVO + Ven
33 FSG + DV
34 KFG + Ven
35 Sonstige
36 B-VG
37 EMRK + ZP, StGG, HausRG, PersFrG
38 Sonstige
39 ABGB
40 AHG, OrgHG, PolBEG
41 ASVG
42 BDG + Ven

LexisNexis

KODEX

DES ÖSTERREICHISCHEN RECHTS

HERAUSGEBER: UNIV.-PROF. DR. WERNER DORALT

BESONDERES VERWALTUNGSRECHT

1 BVergG 2006
2 DSG
3 UG 2002
4 DMSG
5 KAKuG
6 GTG
7 SPG + BG KorruptPräv + PStSG
8 MeldeG
9 PassG
10 FPG
11 NAG
12 AsylG 2005
13 GVG-B 2005
14 WaffG
15 BFA-G
16 BFA-VG
17 PStG 2013
18 ForstG
19 WRG
20 AWG
21 IG-L
22 EG-K
23 UVP-G
24 StVO
25 KFG
26 FSG
27 GewO

LexisNexis

KODEX-Bestellformular

Titel	Abo EUR	Einzelpreis EUR
Verfassungsrecht 2020, inkl. App	[illegible]	40,-
Europarecht (EU-Verfassungsrecht) 2019, inkl. App	29,20	36,50
Völkerrecht 2020, inkl. App	27,60	34,50
Einführungsgesetze ABGB und B-VG 2019/20, inkl. App		13,-
Bürgerliches Recht 2019/20, inkl. App	28,80	36,-
Taschen-Kodex ABGB 2019		19,-
Familienrecht 2017, inkl. App	40,80	51,-
Unternehmensrecht 2020, inkl. App	30,-	37,50
Zivilgerichtliches Verfahren 2019/20, inkl. App	32,-	40,-
Internationales Privatrecht 2020, inkl. App	27,20	34,-
Taschen-Kodex Strafgesetzbuch 2019		14,-
Strafrecht 2020, inkl. App	28,80	36,-
Gerichtsorganisation 2019, inkl. App	60,80	76,-
Anwalts- und Gerichtstarife 7/2019	29,-	23,20
Justizgesetze 2018/19, inkl. App	21,20	26,50
Wohnungsgesetze 2020, inkl. App	44,80	56,-
Finanzmarktrecht Band I (Bankenaufsicht), inkl. App	76,-	95,-
Finanzmarktrecht Band II (Zahlungsverkehr), inkl. App	64,80	81,-
Finanzmarktrecht Band III (Wertpapierrecht, Börse), inkl. App	60,80	76,-
Finanzmarktrecht Band IV (Kapitalmarkt, Prospektrecht), inkl. App	60,80	76,-
Versicherungsrecht Band I 2019/20, inkl. App	60,-	75,-
Versicherungsrecht Band II 2018/19, inkl. App	44,-	55,-
Compliance für Unternehmen 2019/20, inkl. App	58,40	73,-
Legal Tech, inkl. App	49,60	62,-
Wirtschaftsprivatrecht, inkl. App	23,20	29,-
WirtschaftsG I (Öffentliches Wirtschaftsrecht) 2018/19, inkl. App	46,40	58,-
WirtschaftsG II (Wettbewerb, Gew. Rechtsschutz) 2019, inkl. App	52,-	65,-
WirtschaftsG III (UWG) 2019/20, inkl. App	31,20	39,-
WirtschaftsG IV (Telekommunikation) 2019/20	65,60	82,-
WirtschaftsG V (Wettbewerbs- und Kartellrecht) 2019, inkl. App	52,-	65,-
WirtschaftsG VI (Datenschutz) 2020, inkl. App	52,-	65,-
Vergabegesetze 2019	42,40	53,-
Arbeitsrecht 2019/20	32,-	40,-
EU-Arbeitsrecht 2016/17	52,-	65,-
Arbeitnehmerschutz 2019	28,-	35,-
Sozialversicherung (Bd. I) 2019/20, inkl. App	32,-	40,-
Sozialversicherung (Bd. II) 2019/20, inkl. App	30,40	38,-
Sozialversicherung (Bd. III) 2019	25,60	32,-
Personalverrechnung 2019	30,40	38,-
Steuergesetze 2019, inkl. App	31,20	39,-
Steuer-Erlässe (Bd. I) 2019, inkl. App	47,20	59,-
Steuer-Erlässe (Bd. II) 2019, inkl. App	25,60	32,-
Steuer-Erlässe (Bd. III) 2018/19, inkl. App	46,40	58,-
Steuer-Erlässe (Bd. IV) 2019, inkl. App	47,20	59,-
EStG - Richtlinienkommentar 2019, inkl. App	54,40	68,-
LStG - Richtlinienkommentar 2019	45,60	57,-
KStG - Richtlinienkommentar 2018	37,60	47,-
UmgrStG - Richtlinienkommentar 2018/19	46,40	58,-
UStG - Richtlinienkommentar 2019	40,80	51,-
Doppelbesteuerungsabkommen 2019, inkl. App	49,60	62,-
Zollrecht 2020, inkl. App	92,80	116,-
Finanzpolizei 2017, inkl. App	36,-	45,-
Rechnungslegung- und Prüfung 2019	41,60	52,-
Internationale Rechnungslegung IAS/IFRS 2019	22,40	28,-
Verkehrsrecht 2019, inkl. App	69,60	87,-
Wehrrecht 2020, inkl. App	44,80	56,-
Ärzterecht 2020, inkl. App	76,-	95,-
Krankenanstaltengesetze 2019	56,80	71,-
Gesundheitsberufe 2019, inkl. App	44,80	56,-
Veterinärrecht 2019/20	76,80	96,-
Umweltrecht 2019/20, inkl. App	84,-	105,-
EU-Umweltrecht 2019, inkl. App	78,40	98,-
Wasserrecht 2019/20, inkl. App	77,60	97,-
Abfallrecht mit ÖKO-Audit 2019/20, inkl. App	83,20	104,-
Chemikalienrecht 2020, inkl. App	34,40	43,-
EU-Chemikalienrecht 2019, inkl. App	76,-	95,-
Lebensmittelrecht 2018/19, inkl. App	69,60	87,-
Schulgesetze 2019/20	56,80	71,-
Universitätsrecht 2019, inkl. App	47,20	59,-
Besonderes Verwaltungsrecht 2020, inkl. App	55,20	69,-
Innere Verwaltung 2020, inkl. App	79,20	99,-
Asyl- und Fremdenrecht 2019/20, inkl. App	38,30	48,-
Polizeirecht 2020, inkl. App	46,40	58,-
Verwaltungsverfahrensgesetze (AVG) 2019/20, inkl. App	19,20	24,-
Landesrecht Vorarlberg 2018	92,-	115,-
Landesrecht Tirol 2019	102,40	128,-
IP-/IT-Recht 2020	52,-	65,-

Die Preise beziehen sich auf die angegebene Auflage, zzgl. Porto und Versandspesen. Satz- und Druckfehler vorbehalten.

Für Ihre Bestellung einfach Seite kopieren, gewünschte Anzahl eintragen, Bestellabschnitt ausfüllen und an Ihren Buchhändler oder an den Verlag LexisNexis ARD Orac **faxen: (01) 534 52-141** oder Tel.: (01) 534 52-5555.

Firma: .... Kundennr.: ....

Name: ....

Straße: ....

PLZ/Ort: .... Datum/Unterschrift: ....